DUDEN

Band 11

Der Duden in 12 Bänden

Das Standardwerk zur deutschen Sprache

Herausgegeben vom Wissenschaftlichen Rat
der Dudenredaktion:
Dr. Annette Klosa,
Dr. Werner Scholze-Stubenrecht,
Dr. Matthias Wermke (Vors.)

1. Rechtschreibung

2. Stilwörterbuch

3. Bildwörterbuch

4. Grammatik

5. Fremdwörterbuch

6. Aussprachewörterbuch

7. Herkunftswörterbuch

8. Sinn- und sachverwandte Wörter

9. Richtiges und gutes Deutsch

10. Bedeutungswörterbuch

11. Redewendungen und sprichwörtliche
Redensarten

12. Zitate und Aussprüche

DUDEN

Redewendungen und sprichwörtliche Redensarten

Wörterbuch der deutschen Idiomatik

Bearbeitet von Günther Drosdowski
und Werner Scholze-Stubenrecht
Nach den Regeln der
neuen deutschen Rechtschreibung
überarbeiteter Nachdruck
der 1. Auflage

DUDEN BAND 11

DUDENVERLAG
Mannheim · Leipzig · Wien · Zürich

Die Deutsche Bibliothek – CIP-Einheitsaufnahme
Der **Duden:** in 12 Bänden; das Standardwerk zur deutschen Sprache/
hrsg. vom Wissenschaftlichen Rat der Dudenredaktion: Annette Klosa ... –
[Ausg. in 12 Bd.]. – Mannheim; Leipzig; Wien; Zürich: Dudenverl.
Bd. 11. Duden, Redewendungen und sprichwörtliche Redensarten. –
Nach den Regeln der neuen dt. Rechtschreibung
überarb. Nachdr. der 1. Aufl. – 1998
Duden, Redewendungen und sprichwörtliche Redensarten:
Wörterbuch der deutschen Idiomatik/
bearb. von Günther Drosdowski und Werner Scholze-Stubenrecht. –
Nach den Regeln der neuen dt. Rechtschreibung
überarb. Nachdr. der 1. Aufl. –
Mannheim; Leipzig; Wien; Zürich: Dudenverl., 1998
(Der Duden; Bd. 11)
ISBN 3-411-04111-0

Das Werk wurde in neuer Rechtschreibung verfasst.

© Bibliographisches Institut & F. A. Brockhaus AG,
Mannheim 1998
Satz: Bibliographisches Institut & F. A. Brockhaus AG
(PageOne Siemens Nixdorf)
Druck und Bindearbeit: Graphische Betriebe Langenscheidt,
Berchtesgaden
Printed in Germany
ISBN 3-411-04111-0

Vorwort

Während sich der Mensch in der Bautechnik erst spät – verstärkt erst seit der Mitte des 20. Jahrhunderts – der Fertigbauweise bedient, verwendet er in der Sprache von jeher vorgefertigte Bauteile. Er verknüpft beim Sprechen und Schreiben nicht nur einzelne Wörter zu Sätzen, sondern gebraucht auch Wortgruppen und ganze Sätze in immer derselben Weise: »durch dick und dünn; mit Kind und Kegel; ins Gras beißen; das Kind mit dem Bade ausschütten; ach, du grüne Neune!; das kannst du deiner Großmutter erzählen!«. Charakteristisch für diese sprachlichen Fertigteile ist, dass sie der Form nach stabil sind, ihre Bestandteile also nicht oder nur begrenzt verändert oder ausgetauscht werden können, und dass sie eine Gesamtbedeutung haben, die sich nicht oder nur schwer aus den Bedeutungen der Einzelwörter erschließen lässt: »ab und an« (= manchmal), »blauer Brief« (= Mahn-, Kündigungsschreiben), »haste, was kannste« (= äußerst schnell), »sich freuen wie ein Schneekönig« (= sich sehr freuen), »das ist nicht mein Bier« (= das geht mich nichts an).

Die deutsche Sprache verfügt über einen großen Bestand an solchen Fertigteilen, und ständig werden neue produziert. Neueren Datums sind z.B. »ein Fass aufmachen; auf den Putz hauen; weg vom Fenster sein; die Sau rauslassen; von der Rolle sein; das Handtuch werfen; jemanden im Regen stehen lassen; die Kuh vom Eis kriegen; die Chemie stimmt nicht; da wird der Hund in der Pfanne verrückt; das haut den stärksten Eskimo vom Schlitten; ich denk, mich tritt ein Pferd«. Vor allem die Umgangssprache ist gekennzeichnet durch ihren Reichtum an anschaulichen, oft derb-komischen Wendungen und Redensarten, und es ist erstaunlich, wie häufig sie in der alltäglichen Kommunikation gebraucht werden. Deshalb kommt auch der Idiomatik beim Erwerb des Deutschen als Fremdsprache eine besondere Bedeutung zu.

Die Redewendungen stammen aus den verschiedensten Lebensbereichen, viele beziehen sich auf Lebensumstände, Bräuche, Vorstellungen vergangener Jahrhunderte, die uns fremd geworden sind, weil sich die kulturellen und gesellschaftlichen Verhältnisse gewandelt haben, etwa »jemanden in die Schranken fordern; jemandem den Fehdehandschuh hinwerfen; etwas im Schilde führen« (Rittertum und Turnierwesen), »Spießruten laufen; mit etwas hinterm Berg halten; ins Hintertreffen geraten« (Militärwesen), »auf den Busch klopfen; durch die Lappen gehen; auf den Leim gehen« (Jagd und Vogelfang), »seine Felle fortschwimmen sehen; aufpassen wie ein Heftelmacher; das schlägt dem Fass den Boden aus« (Handwerk) oder »den Stab über jemanden brechen; jemanden an den Pranger stellen; für jemanden, für etwas die Hand ins Feuer legen« (Rechtswesen).

Das vorliegende Wörterbuch verzeichnet die geläufigen Redewendungen und sprichwörtlichen Redensarten der deutschen Gegenwartssprache. Es gibt ihre Bedeutung an und illustriert ihren Gebrauch mit Beispielen und Literaturbelegen. Darüber hinaus macht das Wörterbuch – wo es für das Verständnis nötig ist – Angaben zur Herkunft der Wendungen, erklärt, worauf sie sich ursprünglich bezogen und was sie eigentlich bedeuten, und leuchtet den volkskundlichen und kulturgeschichtlichen Hintergrund aus.

Das Wörterbuch ist alphabetisch geordnet. Ein umfangreiches Verweissystem soll nicht nur das Auffinden der einzelnen Wendung erleichtern, sondern auch dazu anregen, weiterzublättern und Entdeckungen zu machen und damit einen der interessantesten Bereiche der deutschen Sprache besser kennen zu lernen.

Mannheim, im Oktober 1992
Der Wissenschaftliche Rat der Dudenredaktion

P.S. Dezember 1997: In der Rechtschreibung folgt dieser Band den am 1. Juli 1996 in Wien verabschiedeten neuen Regeln.

Einleitung

Die festen Wendungen in der deutschen Gegenwartssprache

Feste oder idiomatische Verbindungen, Redewendungen, Idiome, Wortgruppenlexeme, Phraseologismen, Phraseolexeme – mit diesen und anderen Termini versucht man in der Sprachwissenschaft, bestimmte sprachliche Erscheinungen zu fassen, die man als »vorgeformte«, nicht frei gebildete Wortketten umschreiben könnte. Der Satz *Sie hat ihm einen Bären aufgebunden* ist nicht verständlich, wenn man versucht, seine Bedeutung »wörtlich«, also aus der Kombination der Bedeutung seiner einzelnen Wörter, zu erfassen. Nur wenn man weiß, dass die Wortgruppe *jmdm. einen Bären aufbinden* in ihrer Gesamtheit eine bestimmte Bedeutung hat, und wenn man diese »Gesamtbedeutung« kennt, dann versteht man den Satz richtig: Sie hat ihn dazu gebracht, etwas Unwahres zu glauben.
Kennzeichen der idiomatischen Verbindung ist, dass ihre Bedeutung nicht oder nur teilweise aus den Einzelbedeutungen ihrer Bestandteile erschlossen werden kann und dass sie in der Regel eine feste, nur begrenzt veränderbare Struktur hat. Wie sie am sichersten von der nichtidiomatischen Verbindung abgegrenzt werden kann, wie man sie klassifizieren könnte und welche Wendungen in diesem Wörterbuch erfasst und beschrieben werden sollen, wird im Folgenden gezeigt werden.

1. Abgrenzung gegenüber freien Wortgruppen

Feste Wendungen sind in der Regel nicht »wörtlich« zu verstehen. Der Satz *Der Junge hat lange Finger gemacht* (= hat gestohlen) unterscheidet sich insofern von *Der Junge hat kleine Schiffchen aus Papier gemacht.* Es wäre aber falsch, daraus zu schließen, dass alle nicht wörtlich gebrauchten Wortgruppen feste Wendungen seien. Die beiden Sätze

> *Das ist ein dicker Hund!*
> *Das ist ein elender Hund!*

kann man zwar zunächst ganz wörtlich auffassen, in bestimmten Kontexten aber ist *ein dicker Hund* nur als »eine erstaunliche Sache, eine große Frechheit« o. Ä. zu verstehen, während mit *ein elender Hund* häufig »ein niederträchtiger, böser Mensch« gemeint ist. Der Unterschied zwischen beiden Fügungen liegt darin, dass im ersten Fall das Wort *Hund* nur in Verbindung mit dem Adjektiv *dick* zum Ausdruck der Überraschung oder Empörung gebraucht werden kann – Formen wie *ein schlimmer Hund* oder *ein erstaunlicher Hund* können diesen Bedeutungsgehalt nicht vermitteln. Im zweiten Fall dagegen kann *Hund* auch ganz allein oder in Verbindung mit anderen Attributen für »schlechter Mensch« stehen, etwa in *du Hund!*, *dieser gemeine Hund!*, *ein hinterhältiger Hund* usw.

Vor allem die dichterische Sprache neigt dazu, Wörter in besonderer Weise zu verwenden und neue Ausdrucksmöglichkeiten zu schaffen. Auch von der poetischen Metapher ist die feste Wendung abzugrenzen; die folgende Gegenüberstellung soll dies verdeutlichen:

der goldene Mittelweg
das goldene Himmelsfeuer

Wieder ist die erste Wortgruppe als idiomatisch, als fest anzusehen: *der goldene Mittelweg* bedeutet »angemessene, vermittelnde Lösung, die man zwischen zwei extremen, einander entgegengesetzten Ansichten, Vorschlägen o.Ä. findet«. Die zweite Wortkette könnte z.B. als Umschreibung für »Sonne« verstanden werden, ein *goldenes Himmelsfeuer* könnte aber ebensogut ein Wetterleuchten oder ein Feuerwerk bezeichnen; die Sonne wäre in ähnlicher Weise auch als *goldglänzendes Himmelsfeuer, goldenes Himmelsgestirn* und auf viele andere Arten zu umschreiben. Dagegen ist ein *goldglänzender Mittelweg* nicht austauschbar mit dem *goldenen Mittelweg* in der oben angegebenen Bedeutung. Die feste Wendung ist im Gegensatz zur Metapher einer bestimmten Bedeutung eindeutig zugeordnet, ist andererseits in ihren Bestandteilen nur wenig oder gar nicht variabel, während die Metapher fast beliebig abgewandelt werden kann. (Sprachgeschichtlich ist es übrigens sehr häufig der Fall, dass sich eine heute feste Wendung aus einer Metapher entwickelt hat, die im Laufe der Zeit in einer bestimmten Form fixiert und einer bestimmten Bedeutung fest zugeordnet wurde.) Feste Wendungen sperren sich oft gegen eine ganze Reihe von syntaktischen Operationen, die bei freien Wortgruppen ohne weiteres möglich sind. An einem Beispiel soll dies verdeutlicht werden: 1. Kommutation (Ersetzung): Man kann in der nichtidiomatischen Verbindung *ein Mann und eine Frau* einen Bestandteil durch einen bedeutungsgleichen oder -ähnlichen ersetzen: *ein Mann und ein weibliches Wesen.* 2. Attribuierung (Beifügung): Man kann einen erläuternden Zusatz oder eine nähere Bestimmung zu einem der Wörter hinzufügen: *ein Mann und eine schöne Frau.* 3. Diskontinuität (Unterbrechung): Man kann die nichtidiomatische Verbindung um ein Wort oder mehrere Wörter erweitern: *ein Mann und vielleicht auch eine Frau.* 4. Permutation (Umstellung): Man kann die Glieder umstellen bzw. vertauschen: *eine Frau und ein Mann.* 5. Morphologische Veränderung (Formenabwandlung): Man kann die Form der Wörter abwandeln, z.B. die Substantive in den Plural setzen: *Männer und Frauen.* Bei freien Wortgruppen wie dieser sind alle Operationen möglich, ohne dass das Ergebnis das Sprachempfinden stört; alle neuen syntaktischen Verknüpfungen sind genauso akzeptabel wie die Ausgangsform. Anders ist es dagegen bei festen Wendungen wie z.B. *mit Mann und Maus untergehen.* Führt man hier dieselben Operationen durch, so könnte sich Folgendes ergeben:

Kommutation: *mit Mann und Nagetier untergehen*
Attribuierung: *mit Mann und kleiner Maus untergehen*
Diskontinuität: *mit Mann und vielleicht auch mit Maus untergehen*
Permutation: *mit Maus und Mann untergehen*
morphologische Veränderung: *mit Männern und Mäusen untergehen*

In allen diesen Fällen wird der kompetente Sprecher des Deutschen die Wortfolge als nicht richtig oder zumindest als unüblich empfinden. Er wird in der Regel sofort die »eigentliche« Form *mit Mann und Maus untergehen* assoziieren und die abgewandelten Formen höchstens als Sprachspielereien, als gewollte Abweichungen akzeptieren.

Zu beachten ist, dass die beschriebenen Operationen bei festen Wendungen keineswegs grundsätzlich alle unzulässig sind. Attribuierung ist zum Beispiel möglich bei *Wert auf etwas legen (großen Wert auf etwas legen)* oder *die Kehrseite der Medaille (die traurige Kehrseite der Medaille).* Diskontinuität und Permutation sind vor allem bei verbalen Wendungen in weitem Maße zulässig, etwa bei *Kohldampf schieben (wir schieben seit Tagen Kohldampf).* Auch morphologische Veränderbarkeit, z. B. bei *blinder Passagier (die blinden Passagiere),* ist vielfach nicht ausgeschlossen. Dagegen ist Kommutation nur in bestimmten Fällen und nur in begrenztem Umfang möglich. Für die Fügung *wie aus dem Ei gepellt* gibt es zwar die Variante *wie aus dem Ei geschält,* aber *wie aus einem Ei gepellt, wie aus dem Hühnerei gepellt* oder *wie von der Eierschale befreit* entsprechen nicht dem üblichen Sprachgebrauch. Die Kommutations- oder Ersatzprobe ist also insgesamt das sicherste formale Abgrenzungsmittel für feste Wendungen.

2. Grenzgebiete des Idiomatischen

In einer gewissen Nähe zu den festen Wendungen, aber deutlich von diesen abzugrenzen, liegen Wortgruppen, deren Besonderheit man gewöhnlich als »lexikalische Solidarität« bezeichnet. Ein Beispiel dafür ist *der späte Hölderlin* in einem Satz wie *Der späte Hölderlin hat keine Liebesgedichte mehr geschrieben.* Nur in attributiver Verbindung mit dem Namen einer bekannten schöpferischen Persönlichkeit heißt das Adjektiv *spät* so viel wie »in seinen letzten Lebens- und Schaffensjahren stehend«. *Hölderlin* kann in diesem Kontext nicht durch *Briefträger* oder *Großvater* ersetzt werden; dagegen wäre dies durch *Goethe* oder *Shakespeare* durchaus möglich. Es gibt also eine ganze Wortklasse, die durch bestimmte Bedeutungsmerkmale charakterisiert wird, mit der das Adjektiv *spät* im oben genannten Sinne ohne Einschränkung der Ersetzbarkeit verknüpft werden kann. Ähnlich ist es mit dem Verb *bellen,* das in einem konkreten Bedeutung in der Regel als Träger der Handlung *Hund* einschließt – dieses aber wieder als ganze Wortklasse, deren Elemente ersetzbar sind:

Der Hund bellt   *der Jagdhund bellt*
der Pudel bellt   *der Dackel Waldi bellt*
der Rüde bellt

Die feste Wendung kennt solche Möglichkeiten der Austauschbarkeit nicht. Der Ausdruck *mich laust der Affe!* ist z. B. nicht abwandelbar zu *mich laust der Gorilla!* oder *mich laust das Affenweibchen!*

Abzugrenzen sind die festen Wendungen auch von den – besonders im Fremdsprachenunterricht wichtigen – Verknüpfungen von Verben mit bestimmten Präpositionen. Das Wort *glauben* z. B. kann im Deutschen ein präpositionales Objekt mit der Präposition *an* haben *(er glaubt an Geister).* Da die Bedeutung von *an etwas glauben* nicht ohne weiteres aus den Einzelwörtern *an* und *glauben* zu erschließen ist (*an* gibt ja im Allgemeinen räumliche oder zeitliche Verhältnisse an), könnte man solche Verbindungen aus Verb und Präposition theoretisch zu den festen Wendungen rechnen. Berücksichtigt man aber, dass die Bedeutungen von Präpositionen ohnehin oft nur schwer exakt einzugrenzen sind und dass in den meisten dieser Verbindungen das Verb nicht oder nur wenig von seiner freien Bedeutung abweicht, so weist man dieses Problem besser dem Bereich der Rektion des Verbs zu. Man betrachtet also *glauben an* nicht als feste Wendung (als eigene lexikalische Einheit), sondern man beschreibt das Wort *glauben* als syntaktisch verknüpfbar mit einem Dativobjekt *(ich glaube ihm),* einem Akkusativobjekt *(ich glaube die Geschichte),* einem Objektsatz *(ich glaube, dass es wahr ist)* und einem präpositionalen Objekt aus *an* + Akkusativ *(ich glaube an böse Geister).*

Eine weniger eindeutige Abgrenzung der festen von den freien Wortgruppen gibt es im Bereich der Vergleichsformeln. Freie Vergleichsbildungen *(er war groß wie ein Riese, ihre Hand war weich wie Samt* usw.) sind in unbegrenzter Zahl möglich. Ein Teil der möglichen Vergleiche ist aber so häufig im Gebrauch, dass die entsprechenden Fügungen formelhaft geworden sind. Gelegentlich bleiben sie als Vergleiche auch dann noch in der Sprache lebendig, wenn im Laufe der Sprachentwicklung ihre einzelnen Elemente an Verständlichkeit einbüßen. Warum z. B. das Wort *Bohnenstroh* die Eigenschaft *dumm* verdeutlichen soll, ist nicht auf den ersten Blick zu erkennen. Zur Erklärung der festen Vergleichsformel *dumm wie Bohnenstroh* muss man in die Geschichte zurückgehen. Dabei stößt man auf die ältere Form *grob wie Bohnenstroh,* die sich darauf bezieht, dass sich arme Leute ihre Schlafstatt nicht auf Stroh bereiten konnten, sondern mit dem härteren, gröberen Kraut der Futterbohne vorlieb nehmen mussten. Bei der Übertragung des Vergleichs auf den Menschen wurde *grob* dann in späterer Zeit durch das heutige *dumm* ersetzt.

Im Gegensatz zu solchen festen Vergleichsformeln gehören stereotype Vergleiche wie *weiß wie Schnee* oder *hart wie Stahl* nicht zum engeren Bereich der festen Wendungen, da sie sich bei Kommutations- und anderen Proben als relativ stark veränderbar erweisen *(weiß wie ein Schwan, weiß wie frisch gefallener Schnee, wie Schnee so weiß).* Eine strenge schematische Grenzziehung ist hier aber nicht möglich; der Grad der idiomatischen Festigkeit kann in Fällen wie *schnell wie der Blitz* oder *hungrig wie ein Wolf* unterschiedlich eingeschätzt werden.

Ebenso unscharf ist die Abgrenzung der festen Wendungen im Bereich der so genannten Funktionsverbgefüge. Dies sind Verbindungen eines Substantivs (meist einer Ableitung von einem Verb) mit einem Verb, das in dieser Verbindung seine eigentliche Bedeutung verliert. Die Bedeutung der Funktionsverbgefüge entspricht meist mehr oder weniger der Bedeutung des Verbs, von dem das Substantiv der Fügung abgeleitet ist: *eine Entscheidung treffen* heißt so viel wie »entscheiden«, *etwas in Rechnung stellen* bedeutet »etwas anrechnen«. Mit bestimmten Verben lässt sich aber eine große Zahl solcher Fügungen bilden, z. B. mit *bringen (zur Aufführung bringen, zur Verteilung bringen, zur Entfaltung bringen* usw.); in diesen Fällen hat *bringen* in der Verbindung mit *zu* wieder eine eigene Bedeutung, nämlich »bewirken«, und bei der Vielzahl der Verknüpfungsmöglichkeiten wird man nicht mehr generell von festen Wendungen sprechen können.

Eine weitere notwendige, aber nicht immer eindeutige Grenzziehung betrifft den Bereich der festen Attribuierungen. Während »kalter Kaffee«, »ein heißes Eisen« oder »blinder Passagier« zum Bestand der festen Wendungen gehören, bei denen mindestens ein Element nicht austauschbar ist (in *blinder Fahrgast* hat *blind* eine andere Bedeutung als ein *blinder Passagier*), gibt es zahlreiche Fälle wie *armes Würstchen,* wo zumindest eine bestimmte Zahl von Austauschmöglichkeiten (*armes Kerlchen, armes Schwein* usw.; *kleines Würstchen, lächerliches Würstchen* usw.) besteht. Hinzu kommt das Problem, dass solche Fügungen häufig im fachsprachlichen Bereich *(faradayscher Käfig, englische Krankheit)* oder bei den Namen *(Rotes Meer, Hohe Tatra)* und namenähnlichen Fügungen *(Fleißiges Lieschen, italienischer Salat)* anzusiedeln sind und leicht den Rahmen der allgemeinsprachlich orientierten Nachschlagewerke sprengen können.

Auch bei Routineformeln, bei Wortgruppen, die für bestimmte alltägliche Sprech- oder Schreibsituationen typisch und formelhaft sind, ist es schwer, eine genaue Trennungslinie zwischen festen Wendungen und freiem Wortgebrauch anzugeben. Grußformeln wie *guten Tag* und *auf Wiedersehen* z. B. haben einen höheren Grad von Festigkeit als rhetorische Formeln wie *ich habe die Ehre und das große Vergnügen ...* oder Handlungsanweisungen wie *alles aussteigen!, die Fahrkarten, bitte!* oder *der Nächste, bitte!*

Wie das Deutsche immer wieder einzelne Wörter aus fremden Sprachen aufnimmt und sie im Laufe der Zeit dem deutschen Wortschatz eingliedert, so werden auch Fügungen und ganze Wortgruppen übernommen und als feste Wendungen gebräuchlich. Beispiele hierfür sind *last, not least* oder *à la bonne heure!* oder *Status quo,* die je nach Bildungsgrad dem deutschen Sprecher geläufig oder weniger geläufig sind. Oft werden auch Redewendungen anderer Sprachen ins Deutsche übersetzt; Lehnwendungen dieser Art sind z. B. *eiserner Vorhang* (nach engl. iron curtain) oder *das Gesicht verlieren* (nach engl. lose face).

Eine letzte große Gruppe, die zu den Grenzgebieten der festen Wendungen gehört, bilden Redensarten, Sprichwörter und Zitate. Diesen Wortgruppen ist gemeinsam, dass sie im Gegensatz zu den festen Wendungen in der Regel als selbstständige Sätze (mit einem Verb in der Personalform) gebraucht werden. Redensarten sind z. B. *ich denk, mich tritt ein Pferd!* oder *das kannst du deiner Großmutter erzählen!,* Sprichwörter z. B. *wer wagt, gewinnt* oder *trocken Brot macht Wangen rot* und Zitate etwa *auch du, mein Sohn Brutus* oder *es ist etwas faul im Staate Dänemark.*[1]

3. Ordungsprinzipien

Sieht man davon ab, dass eine exakte Klassifizierung schwer oder überhaupt nicht möglich ist, dann lassen sich auf der Bedeutungsebene zwei Grundtypen von festen Wendungen unterscheiden. Zum einen gibt es Wortgruppen bei denen keines der einzelnen sinntragenden Wörter außer-

---

[1] Eine ausführliche Darstellung der geläufigen deutschen Zitate bietet der Band 12 der Dudenreihe (»Zitate und Aussprüche«).

halb der Wendung in einer Bedeutung gebraucht werden kann, die im Zusammenhang mit der Gesamtbedeutung der Wendung steht. Ein Beispiel hierfür wäre *das Kind mit dem Bade ausschütten;* die Bedeutung »im Übereifer zu weit gehen, das Gute mit dem Schlechten verwerfen« ist völlig unabhängig von den freien Bedeutungen der Wörter *Kind, Bad* und *ausschütten.* Zum anderen gibt es sehr viele feste Wendungen, bei denen ein Bestandteil seine freie Bedeutung behält, z. B. *hässlich* in *hässlich wie die Nacht* oder *lachen* in *sich einen Ast lachen.*

Unter funktionalem Aspekt ist eine weitaus differenziertere Einteilung der festen Wendungen möglich. Sie können erstens als feste syntaktische Verknüpfungen (Syntagmen) in der Funktion eines Satzgliedes stehen, zweitens als Sprichwörter, Zitate oder Redensarten selbstständige Sätze in einer spezifischen Textfunktion bilden, drittens als Routineformeln (Grüße, Glückwünsche, Höflichkeitsformeln o. Ä.) verwendet werden. Die erste dieser drei Gruppen lässt sich noch weiter unterteilen; feste syntaktische Verknüpfungen (Syntagmen) können innerhalb des Satzes nominal, verbal, adverbial und präpositional fungieren. Die nominale Funktion kann man weiterhin untergliedern nach der Verwendung als Subjekt oder Objekt, attributiv oder prädikativ. Daraus ergibt sich folgendes Schema:

1	Syntagmen	
1.1	nominal	
1.1.1	Subjekt	*(Kein Aas hat sich um ihn gekümmert.)*
1.1.2	Objekt	*(Sie haben all ihr Hab und Gut verloren.)*
1.1.3	attributiv	*(Er hatte ein hieb- und stichfestes Alibi.)*
1.1.4	prädikativ	*(Sie war das Enfant terrible der Familie.)*
1.2	verbal	*(Du darfst die Entscheidung nicht auf die lange Bank schieben.)*
1.3	adverbial	*(Sie hat die Prüfung mit Glanz und Gloria bestanden.)*
1.4	präpositional	*(Es gab keine Schwierigkeiten vonseiten der Behörde.)*
2	selbstständige Sätze	
2.1	Redensarten	*(Das ist ein Ding wie 'ne Wanne!)*
2.2	Sprichwörter	*(Früh übt sich, was ein Meister werden will.)*
2.3	Zitate	*(Durch diese hohle Gasse muss er kommen.)*
3	Routineformeln	
3.1	Grußformeln o. Ä.	*(Machs gut!)*
3.2	Glückwünsche o. Ä.	*(Hoch soll er leben!)*
3.3	Höflichkeitsformeln o. Ä.	*(Keine Ursache!)*
3.4	Handlungsanweisungen	*(Bitte nur einzeln eintreten!)*

Die Problematik einer solchen Unterteilung liegt darin, dass eine große Zahl von Wendungen sich mehreren Untergruppen zugleich zuordnen lässt. Fügungen wie z. B. *dummer August* sind sowohl in der Subjekt- wie in der Objektrolle als auch attributiv oder prädikativ einsetzbar.

Unabhängig von ihrer Funktion lassen sich feste Syntagmen auch nach ihrer Struktur zu bestimmten Typen zusammenfassen. Hier gibt es z. B. die Gruppe der festen attributiven Fügungen wie *tote Hose, blauer Brief, der Stein des Anstoßes* oder *des Pudels Kern.* Weiterhin haben die festen Vergleichsformeln eine deutlich erkennbare spezifische Struktur, z. B. *frieren wie die Schneider, überflüssig wie ein Kropf* oder *wie ein geölter Blitz, wie*

von der Tarantel gestochen. Auffällig sind auch die so genannten Paarformeln wie *Krethi und Plethi, mit Fug und Recht, gut und gern, bitten und
betteln* oder *ab und an.* Die größte Gruppe bilden die verbalen festen Wendungen wie *jmdn. im Regen stehen lassen, den Wald vor lauter Bäumen nicht
sehen* oder *den Bock zum Gärtner machen.*
Auch diese Typologie ließe sich noch weiter differenzieren; aber wenn man
bedenkt, dass z. B. die Paarformeln Teile von verbalen Wendungen bilden
können *(Blut und Wasser schwitzen, jmdm. etwas kund und zu wissen tun)*
oder dass eine Vergleichsformel wie *sich freuen wie ein Schneekönig* auch
als eine verbale Wendung angesehen werden kann, dann erweist sich auch
hier eine exakte und eindeutige Klassifizierung als sehr schwierig.

4. Auswahlkriterien für das Wörterbuch

Der Duden»Redewendungen und sprichwörtliche Redensarten« setzt sich
zum Ziel, die gebräuchlichen festen Wendungen der deutschen Gegenwartssprache möglichst umfassend zu dokumentieren. Dabei geht es in erster Linie um den Kernbereich der eindeutig zu identifizierenden festen
Wendungen, aber auch aus den meisten der oben beschriebenen Grenz-
bereiche und Übergangszonen werden die sehr geläufigen Wortgruppen
(zumindest exemplarisch) berücksichtigt. Die Auswahl wurde sowohl an-
hand der im Literaturverzeichnis angegebenen allgemeinen Wörterbücher
und Spezialwörterbücher als auch auf der Grundlage der umfangreichen
Belegsammlung der Dudenredaktion vorgenommen.
Die Wendungen werden, sofern ihre Struktur das nicht ausschließt, in den
lexikographisch üblichen»Grundformen« aufgeführt; verbale Wendungen
also in der Regel im Infinitiv, nominale und adjektivische Wendungen im
Nominativ. Obgleich ein Hauptmerkmal der festen Wendungen ihre formale Fixiertheit ist, gibt es in vielen Fällen doch ein gewisses Maß an Va-
riationsmöglichkeiten. Zu der Wendung *zwei linke Hände **haben*** kann man
z. B. Belege finden wie *er ist **mit seinen** zwei linken Händen für diese Arbeit
nicht geeignet.* In diesem Wörterbuch werden solche vereinzelt auftretenden Abwandlungen zumeist nicht berücksichtigt; es beschränkt sich auf die
üblichen Erscheinungsweisen der Wendungen. Gelegentlich kann aber
durchaus einmal ein Zitat angeführt werden, das eine solche Gebrauchs-
variante aufzeigt.
Grundsätzlich soll bei den verzeichneten Wendungen keine schematische
Vollständigkeit erreicht werden, die nur auf systematischer Analogie beruht, aber nicht durch konkrete Belege abgesichert ist. Zu *jmdm. ein paar
hinter die Ohren hauen* gibt es die komplementäre passivische Wendung *ein
paar hinter die Ohren bekommen,* und es ist sehr wahrscheinlich, dass diese
Umformung bei nahezu allen Wendungen desselben Typs möglich ist.
Ebenso ist bei derartigen Wendungen mit *bekommen* wohl immer auch eine
Variante mit *kriegen* denkbar. Solche möglichen Formen werden im vorliegenden Wörterbuch im Allgemeinen nur berücksichtigt, wenn sie in
Quellenbelegen nachgewiesen werden konnten.

5. Literaturhinweise (Auswahl)

1. Wörterbuch

Agricola, Erhard (Hrsg.): Wörter und Wendungen. Wörterbuch zum deutschen Sprachgebrauch. Leipzig 1977.

Büchmann, Georg: Geflügelte Worte. Der Zitatenschatz des deutschen Volkes. Frankfurt/Main, Berlin, 37. Aufl. 1986.

Drosdowski, Günther (Hrsg.): DUDEN – Das große Wörterbuch der deutschen Sprache in sechs Bänden. Mannheim, Wien, Zürich 1976–1981.

Drosdowski, Günther (Hrsg.): DUDEN – Deutsches Universalwörterbuch. Mannheim, Wien, Zürich, 2. Aufl. 1989.

Drosdowski, Günther: DUDEN – Etymologie. Herkunftswörterbuch der deutschen Sprache. (Der Duden in 10 Bänden, Bd. 7) Mannheim, Wien, Zürich, 2. Aufl. 1989.

Drosdowski, Günther (Bearb.): DUDEN – Stilwörterbuch der deutschen Sprache. Die Verwendung der Wörter im Satz. (Der Duden in 10 Bänden, Bd. 2) Mannheim, Wien, Zürich, 7. Aufl. 1988.

Frey, Christa/Herzog, Annelies/Michel, Arthur/Schütze, Ruth: Deutsche Sprichwörter für Ausländer. Eine Auswahl mit Beispielen. Leipzig 1974.

Friederich, Wolf: Moderne deutsche Idiomatik. Alphabetisches Wörterbuch mit Definitionen und Beispielen. München, 2. Aufl. 1976.

Görner, Herbert: Redensarten. Kleine Idiomatik der deutschen Sprache. Leipzig 1979.

Grimm, Jacob und Wilhelm: Deutsches Wörterbuch. 16 Bde. in 32 Teilen. Leipzig 1854–1960, Quellenverzeichnis 1971. Neubearbeitung A–Allmende 1966–1990, D 1970–1983, E–Einunger 1984–1990.

Herzog, Annelies/Michel, Arthur/Liedel, Herbert: Deutsche idiomatische Wendungen für Ausländer. Eine Auswahl mit Beispielen. Leipzig 1972.

Kempcke, Günter (Leitung des Autorenkollektivs): Handwörterbuch der deutschen Gegenwartssprache. In zwei Bänden. Berlin 1984.

Klappenbach, Ruth/Steinitz, Wolfgang (Hrsg): Wörterbuch der deutschen Gegenwartssprache. Berlin 1964–1977.

Kluge, Friedrich: Etymologisches Wörterbuch der deutschen Sprache. 22. Auflage, unter Mithilfe von Max Bürgisser und Bernd Gregor völlig neu bearbeitet von Elmar Seebold. Berlin, New York 1989.

Küpper, Heinz: Illustriertes Lexikon der deutschen Umgangssprache. 8 Bde. Stuttgart 1982–1984.

Paul, Hermann: Deutsches Wörterbuch. 9., vollständig neu bearbeitete Auflage von Helmut Henne und Georg Objartel unter Mitarbeit von Heidrun Kämper-Jensen. Tübingen 1992.

Röhrich, Lutz: Lexikon der sprichwörtlichen Redensarten. Feiburg, Basel, Wien 1973.

Schemann, Hans: Synonymwörterbuch der deutschen Redensarten. Unter Mitarbeit von Renate Birkenhauer. Straelen 1989.

Trübners Deutsches Wörterbuch. Begründet von A. Götze, herausgegeben von W. Mitzka. 8 Bde. Berlin 1939–1957.

Wander, Karl Friedrich Wilhelm: Deutsches Sprichwörter-Lexikon. Ein Hausschatz für das deutsche Volk. 5 Bde. Darmstadt 1964. (Unveränderter Nachdruck der Ausgabe Leipzig 1867).

2. Sekundärliteratur

Barz, Irmhild: Probleme der phraseologischen Modifikation. In: Deutsch als Fremdsprache 6/1986.

Bernstein, Wolf Z.: Die Phraseologie als Verständnisproblem im Leseunterricht. In: Lebende Sprachen 2/1985.

Burger, Harald: Idiomatik des Deutschen (Germanistische Arbeitshefte 16.) Tübingen 1973.

Burger, Harald/Buhofer, Annelies/Sialm, Abros: Handbuch der Phraseologie. Berlin/New York 1982.

Černyševa, Irina: Aktuelle Probleme der deutschen Phraseologie. In: Deutsch als Fremdsprache 1/1984.

Coseriu, Eugenio: Lexikalische Solidaritäten. In: Poetica 1/1967.

Daniels, Karlheinz: Neue Aspekte zum Thema Phraseologie in der gegenwärtigen Sprachforschung. In: Muttersprache 86/1976 (Teil 1), 89/1979 (Teil 2), 93/1983 (Teil 3), 95/1984–85 (Teil 4 u. 5).

Dobrowol'skij, Dmitrij: Zum Problem der phraseologisch gebundenen Bedeutung. In: Beiträge zur Erforschung der deutschen Sprache 2/1982.

Fleischer, Wolfgang: Phraseologie der deutschen Gegenwartssprache. Leipzig 1982.

Fleischer, Wolfgang: Eigenständigkeit und Wechselbeziehungen der Phraseologismen. Zur Charakterisierung der Phraseologismen als sprachliche Einheit. In: Erhard Agricola/Jochen Schildt/Dieter Viewweger (Hrsg.): Wortschatzforschung heute. Aktuelle Probleme der Lexikologie und Lexikographie (Linguistische Studien). Leipzig 1982.

Fleischer, Wolfgang: Zur Bedeutungsbeschreibung von Phraseologismen. In: Jochen Schildt/Dieter Viewweger (Hrsg.): Die Lexikographie von heute und das Wörterbuch von morgen. Analysen – Probleme – Vorschläge. Linguistische Studien, Reihe A, Arbeitsbereiche 109. Berlin 1984.

Gréciano, Gertrud: Zur Semantik der deutschen Idiomatik. In: Zeitschrift für Germanistische Linguistik 10. 3/1982.

Günther, Kurt: Wörterbuch phraseologischer Termini. Linguistische Studien, Reihe A, Arbeitsberichte 205. Berlin 1990.

Häusermann, Jürg: Phraseologie. Hauptprobleme der deutschen Phraseologie auf der Basis sowjetischer Forschungsergebnisse. (Linguistische Arbeiten 47.) Tübingen 1977.

Hausmann, Franz-Josef: Was taugen die Wörterbücher des heutigen Deutsch? In: Helmut Henne/Wolfgang Mentrup (Hrsg.): Wortschatz und Verständigungsprobleme. Was sind »schwere Wörter« im Deutschen? Jahrbuch 1982 des Instituts für deutsche Sprache. (Sprache der Gegenwart 57.) Düsseldorf 1983.

Heller, Dorothea: Idiomatik. In: Hans Peter Althaus/Helmut Henne/Herbert Ernst Wiegand (Hrsg.): Lexikon der Germanistischen Linguistik. Tübingen ²1980.

Klappenbach, Ruth: Probleme der Phraseologie. In: Wissenschaftliche Zeitschrift der Karl-Marx-Universität. Leipzig, 17/1968.

Kolde, Gottfried: Zur Valenz fester verbaler Syntagmen. In: Heinrich Löffler/Karl Pestalozzi/Martin Stern (Hrsg.): Standard und Dialekt. Studien zur gesprochenen und geschriebenen Gegenwartssprache. Festschrift für Heinz Rupp zum 60. Geburtstag. Bern/München 1979.

Koller, Werner: Redensarten. Linguistische Aspekte, Vorkommensanalysen, Sprachspiel (Reihe Germanistische Linguistik 5.) Tübingen 1977.

Korhonen, Jarmo (Hrsg.): Beiträge zur allgemeinen und germanistischen Phraseologieforschung. Oulu 1987.

Kühn, Peter: Pragmatische und lexikographische Beschreibung phraseologischer Einheiten: Phraseologismen und Routineformeln. In: Herbert Ernst Wiegand (Hrsg.): Studien zur neuhochdeutschen Lexikographie III, 1983 (Germanistische Linguistik 84–86/1986).

Kunkel, Kathrin: Untersuchungen zum Gebrauch von substantivischen Phraseologismen. In: Beiträge zur Erforschung der deutschen Sprache 5/1985.

Pilz, Klaus Dieter: Phraseologie. Versuch einer interdisziplinären Abgrenzung, Begriffsbestimmung und Systematisierung unter besonderer Berücksichtigung der deutschen Gegenwartssprache. (Göppinger Arbeiten zur Germanistik 239.) Göppingen 1978.

von Polenz, Peter: Funktionsverben im heutigen Deutsch. Sprache in der rationalisierten Welt. (Beihefte zur Zeitschrift »Wirkendes Wort«, 5.) Düsseldorf 1963.

Püschel, Ulrich: Wortbildung und Idiomatik. In: Zeitschrift für Germanistische Linguistik 6/1978.

Rothkegel, Amely: Feste Syntagmen. Grundlagen, Strukturbeschreibung und automatische Analyse. (Linguistische Arbeiten 6.) Tübingen 1973.

Schemann, Hans: Das Idiomatische Sprachzeichen. Braga 1981.

Schemann, Hans: Zur Integration der Funktionsverbgefüge in die Idiomatikforschung. In: Deutsche Sprache 1/1982.

Scholze-Stubenrecht, Werner: Phraseologismen im Wörterbuch. In: Gisela Haras (Hrsg.): Das Wörterbuch. Artikel und Verweisstrukturen. Jahrbuch 1987 des Instituts für deutsche Sprache. (Sprache der Gegenwart 74.) Düsseldorf 1988.

Seiler, Friedrich: Deutsche Sprichwörterkunde. München 1967. (Unveränderter Nachdruck der 1922 erschienenen Ausgabe.)

Serébrennikow, B. A. (Hrsg.): Allgemeine Sprachwissenschaft, Band II. Die innere Struktur der Sprache. Berlin 1975.

Sternkopf, Jochen: Bedeutungsschichten in phraseologischen Einheiten. In: Deutsch als Fremdsprache 2/1992.

Wissemann, Heinz: Das Wortgruppenlexem und seine lexikographische Erfassung. In: Indogermanische Forschungen 66/1961.

Wotjak, Barbara: Zur Inhalts- und Ausdrucksstruktur ausgewählter somatischer Phraseolexeme. In: Deutsch als Fremdsprache 4/1985 (Teil 1), 5/1985 (Teil 2).

Wotjak, Barbara: Zu einer integrativen Mehrebenenbeschreibung von Phraseologismen. In: Deutsch als Fremdsprache 6/1986.

Hinweise für die Benutzung des Wörterbuchs

1. Anordnung der Stichwörter und Wendungen

Die Anordnung der Wendungen erfolgt in der Regel nach dem jeweils ersten oder wichtigsten sinntragenden Wort. Dieses Wort ist das Hauptstichwort; die Hauptstichwörter sind alphabetisch geordnet. Handelt es sich dabei um Substantive, so sind die Wendungen untereinander noch einmal danach geordnet, in welchem Kasus das Substantiv steht (Nominativ, Akkusativ, Dativ, Genitiv). Nach dem Stichwort im Genitiv folgt das Stichwort mit vorangestellter Präposition in der alphabetischen Reihenfolge der einzelnen Präpositionen:

Herz:	jmdm. blutet das Herz	(Nominativ)
	jmdm. das Herz brechen	(Akkusativ)
	seinem Herzen Luft machen	(Dativ)
	schweren Herzens	(Genitiv)
	jmdm. ans Herz gewachsen sein	(an)
	etwas auf dem Herzen haben	(auf)
	jmdn. ins Herz schließen	(in)
	mit halbem Herzen	(mit)
	etwas nicht übers Herz bringen	(über)
	von Herzen gern	(von)
	sich etwas zu Herzen nehmen	(zu)

Da nicht immer eindeutig festzulegen ist, welches das sinntragende Wort einer Wendung ist, arbeitet das Wörterbuch mit einem umfassenden Verweissystem.

Nur die rein fremdsprachlichen Wendungen werden nicht einem Hauptstichwort zugeordnet, sondern werden als ganze Wendung wie ein Stichwort behandelt. »Alter Ego« findet sich also nach dem Stichwort »Alter« mit dessen zugehörigen Wendungen und vor »alters«.

2. Artikelaufbau

Jede angeführte feste Wendung erhält zunächst eine stilistische Bewertung, sofern sie nicht als standardsprachlich anzusehen ist, und eine Bedeutungserläuterung. Danach folgen in der Regel Beispiele für den typischen Gebrauch der Wendung im Kontext. In vielen Fällen werden die Beispiele durch Zitate aus der Dudenkartei ergänzt; wenn diese Belege hinreichend typisch sind, können sie die Beispiele auch ganz ersetzen.

Feste Wendungen wecken häufig den Wunsch nach Erklärung ihrer sprachgeschichtlichen Entstehung; wo eine solche Erklärung sinnvoll und nach dem Stand der Forschung möglich ist, schließt sie die Darstellung der festen Wendung unter dem Symbol ▶ ab.

3. Abkürzungen
(Vgl. auch S. 847)

Amtsspr.	Amtssprache	nordd.	norddeutsch
AT	Altes Testament	NT	Neues Testament
bayr.	bayrisch	o. Ä.	oder Ähnliches
Bergmannsspr.	Bergmannssprache	o. dgl.	oder dergleichen
berlin.	berlinisch	österr.	österreichisch
bes.	besonders	ostmd.	ostmitteldeutsch
bildungsspr.	bildungssprachlich	Papierdt.	Papierdeutsch
bzw.	beziehungsweise	Ps.	Psalm
dgl.	dergleichen	Röm.	Römer
d. h.	das heißt	s.	siehe
fam.	familiär	S.	Seite
Gaunerspr.	Gaunersprache	scherzh.	scherzhaft
geh.	gehoben	Schülerspr.	Schülersprache
iron.	ironisch	schweiz.	schweizerisch
Jh.	Jahrhundert	Seemannsspr.	Seemannssprache
jidd.	jiddisch	Soldatenspr.	Soldatensprache
jmd.	jemand	Studentenspr.	Studentensprache
jmdm.	jemandem	südd.	süddeutsch
jmdn.	jemanden	u. a.	und andere[s]
jmds.	jemandes	u. Ä.	und Ähnliches
Joh.	Johannes	u. dgl.	und dergleichen
Kinderspr.	Kindersprache	ugs.	umgangssprachlich
Kor.	Korinther	usw.	und so weiter
landsch.	landschaftlich	verhüll.	verhüllend
Luk.	Lukas	vgl.	vergleiche
Mark.	Markus	westmd.	westmitteldeutsch
Matth.	Matthäus	z. B.	zum Beispiel

A

a: eins a: ↑eins

A: das A und O: *die Hauptsache, das Wesentliche, der Kernpunkt:* Verständnis für den anderen ist immer noch das A und O einer guten Ehe. Er beherrschte nicht das A und O eines Ausbilders von Rang (Kirst, 08/15, 116).
▶ Die Wendung bedeutet eigentlich »der Anfang und das Ende«. A (Alpha) ist der erste und O (Omega) ist der letzte Buchstabe des griechischen Alphabets; vgl. die Offenbarung des Johannes, Kapitel 1, Vers 8: »Ich bin das A und O, der Anfang und das Ende, spricht Gott der Herr.«

wer A sagt, muss auch B sagen: *wer etwas beginnt, muss es fortsetzen [und auch unangenehme Folgen auf sich nehmen]:* Eigentlich würde ich die Klage ja lieber wieder zurückziehen, aber wer A sagt, muss auch B sagen. Jetzt können Sie keinen Rückzieher mehr machen – wer A sagt, muss auch B sagen.»Tja, mein lieber, wer A sagt, muss auch B sagen.« (Apitz, Wölfe 211)
▶ Die Wendung bezieht sich auf das Aufsagen des Alphabets, das mit A beginnt und mit B fortgeführt wird.

von A bis Z (ugs.): *von Anfang bis Ende, ohne Ausnahme, vollständig:* Die Geschichte ist von A bis Z erfunden. Keine Rolle, die er nicht von A bis Z umgeschrieben hätte (Hörzu 25, 1975, 18).
▶ A steht für den ersten Buchstaben des Alphabets und eines alphabetisch geordneten Nachschlagewerks, Z für den letzten.

Aa: Aa machen (Kinderspr.): *seine große Notdurft verrichten:* Du bist ja so still, musst du mal Aa machen? Mami, der Junge hat Aa in die Sandkiste gemacht!

Aal: sich winden/krümmen wie ein Aal: ↑winden. **glatt wie ein Aal sein:** ↑glatt.

Aas: kein Aas (ugs.): *niemand:* Diesen Ort kennt kein Aas. Es ist noch kein Aas da. Kein Aas von Lehrer traute sich doch, mir eine Fünf oder was zu geben (Plenzdorf, Leiden 16). Er kommt zurück und nickt. »Kein Aas zu sehen.« (Remarque, Westen 186).

ein Aas/Ass auf der [Bass]geige sein (ugs., scherzh.): *ein Teufelskerl sein, sich in allen Tricks und Schlichen auskennen:* Mein Freund hat noch zwei Karten aufgetrieben, der ist ein Aas auf der Bassgeige. ... im Grunde sind Sie böse, hoffärtig, selbstgerecht ... was man in Berlin nennt: ein Aas auf der Bassgeige (Bergengruen, Rittmeisterin 52).
▶ Die Entstehung dieses Ausdrucks ist trotz aller Deutungsversuche unklar.

aasen: oh, aase nicht so mit dem Gänseschmalz! (ugs.; scherzh.): *Aufforderung, mit etwas sparsamer umzugehen.*

ab: ab und an: *manchmal, von Zeit zu Zeit:* Der Sturm ließ allmählich nach, und ab und an brach die Sonne durch die Wolken. Ab und an besuchte er uns und erzählte von seiner neuen Tätigkeit. Sie ging tanzen ab und an, aber am liebsten war sie in der Freischicht für sich ... (Johnson, Ansichten 13).

ab und zu: *manchmal, von Zeit zu Zeit:* Ab und zu huschte ein Lächeln über ihr Gesicht. Es wurde dunkler, und ab und zu blitzte es in der Ferne. Man verehrt den Funken Leben, der selbst in einem Regenwurm pulst und ihn ab und zu ans Licht treibt (Remarque, Triomphe 45).

ab nach Kassel! (ugs.): *schnell fort!:* Hier, nimm noch deine Sachen, und dann ab nach Kassel!
▶ Die Wendung bezieht sich auf die Zwangsrekrutierungen in Hessen für die englische Krone während des Unabhängigkeitskrieges der englischen Kolonien

in Nordamerika (1775–83). Kassel war die Sammelstelle der Zwangsrekrutierten.

ab damit!; ab dafür! (ugs.): *fort damit!:* Der Hund schnappte nach der Wurst, und ab damit zur Tür hinaus. Wo willst du denn mit deinen Koffern hin? ... Na, denkste, ich schaff sie aufs Fundamt? ... nischt wie ab damit in die Münzstraße (Fallada, Jeder 45). ▶ Bei diesen Fügungen handelt es sich wahrscheinlich um einen Kaufmannsausdruck, der ursprünglich »fort mit der Ware für einen Schleuderpreis« meinte. **ab durch die Mitte!** (ugs.): *schnell fort!; los, vorwärts!:* Los, packt die Sachen auf und dann ab durch die Mitte! Die Panzerfäuste in den Anhänger! Dann aber ab durch die Mitte! (Bieler, Bonifaz 39). ▶ Diese Aufforderung, schnell zu verschwinden, stammt aus der Theatersprache, vgl. die Regieanweisungen »ab nach rechts« und »ab nach links« (von der Bühne). **ab die Post!** (ugs.): *schnell fort!; los, vorwärts!:* Wir müssen noch tanken, und dann wieder ab die Post! Sie entschied nach kurzem Zögern: »... In einer Stunde nischt wie ab die Post!« (Fallada, Jeder 58). **auf und ab:** ↑ auf. **Hut ab:** ↑ Hut. **ab mit Schaden:** ↑ Schaden. **ab trimo/trumo:** ↑ trimo.

abarbeiten: sich die Finger abarbeiten: ↑ Finger.

abasten: sich einen abasten (ugs.): *sich mit etwas Schwerem abplagen:* Ich habe mir mit dem Koffer ganz schön einen abgeastet.

abbeißen: einen abbeißen (bes. nordd.): *ein Glas Alkohol trinken:* Lass uns noch einen abbeißen, bevor die Kneipe zumacht.

da[von] beißt die Maus keinen Faden ab: ↑ Maus. **sich eher die Zunge abbeißen:** ↑ Zunge.

abberufen: in die Ewigkeit abberufen werden: ↑ Ewigkeit. **aus dem Leben abberufen werden:** ↑ Leben.

abbinden: jmdm. den Sack abbinden: ↑ Sack.

Abbitte: [jmdm.] Abbitte leisten/tun: *[jmdm.] um Verzeihung bitten:* Ich muss dir Abbitte leisten; ich hatte nicht ge-

glaubt, dass du es ehrlich meinst. Die Meisterin leistete mit dem zweiten Ei wohl Abbitte für die Ohrfeige (Strittmatter, Wundertäter 91). Er sah seinen Fehler ein und tat Abbitte.

abbrechen: sich keinen abbrechen (ugs.): *sich bei einer Tätigkeit nicht übermäßig anstrengen:* Ich habe mir beim Umgraben des Gartens keinen abgebrochen. **alle Brücken hinter sich abbrechen:** ↑ Brücke. **ein abgebrochener Riese:** ↑ Riese. **einer Sache die Spitze abbrechen:** ↑ Spitze. **sich keine Verzierung abbrechen:** ↑ Verzierung. **die/seine Zelte abbrechen:** ↑ Zelt. **sich an/bei etwas die Zunge abbrechen:** ↑ Zunge.

abbrennen: dreimal umgezogen ist einmal abgebrannt: ↑ umziehen.

abbringen: keine zehn Pferde können jmdn. von etwas abbringen: ↑ Pferd. **jmdn. vom rechten Weg abbringen:** ↑ Weg.

Abbruch: jmdm., einer Sache Abbruch tun: *jmdm., einer Sache Schaden zufügen, etwas beeinträchtigen:* Der Zwischenfall tat uns/unserer Fröhlichkeit keinen Abbruch. ... ich kann mir keinen Leitartikel, keine Rundfunk- oder Fernsehsendung ausmalen, die dem Ansehen der Bundesrepublik so viel Abbruch getan hat (Dönhoff, Ära 62).

das tut der Liebe keinen Abbruch (ugs.; scherzh.): *das schadet nichts:* Wenn er auch unseren Wagen kaputtgefahren hat, das tut der Liebe keinen Abbruch.

auf Abbruch heiraten (ugs.; scherzh.): *jmdn., mit dessen baldigem Ableben zu rechnen ist, heiraten, um ihn zu beerben:* Ihren zwanzig Jahre älteren Mann hat sie wohl auf Abbruch geheiratet.

etwas auf Abbruch verkaufen: *etwas zum Abriss[wert] verkaufen:* Die beiden Häuserblocks konnten nicht mehr saniert werden und wurden deshalb auf Abbruch verkauft.

abdrehen: jmdm. das Gas/den Gashahn abdrehen: ↑ Gas. **jmdm. den Geldhahn abdrehen/zudrehen:** ↑ Geldhahn. **jmdm. die Gurgel/den Hals abdrehen:** ↑ Gurgel, ↑ Hals. **jmdm. die Luft abdrehen:** ↑ Luft.

abdrücken: jmdm. das Herz abdrücken: ↑ Herz. **jmdm. die Luft abdrücken:** ↑ Luft.

Abend: bunter Abend: *Abendveranstaltung mit heiterem, abwechslungsreichem Programm:* Zum Abschluss der diesjährigen Feriensaison veranstaltet die Kurverwaltung einen bunten Abend im Bürgerhaus. Bald wurden die Tanzabende durch »bunte Abende« ergänzt (Leonhard, Revolution 178).

Heiliger Abend: *[Tag und] Abend des 24. Dezember:* Am Heiligen Abend gab es immer ein gutes Essen. Ein Heiliger Abend ohne Besuch der Christmette war für Großmutter undenkbar.

es ist noch nicht aller Tage Abend: *es ist noch nichts entschieden, es kann noch viel geschehen:* Der Vertrag ist noch nicht unter Dach und Fach, aber es ist ja auch noch nicht aller Tage Abend. Wir haben dem Osten zu verdanken, dass noch nicht aller Tage Abend ist (Bloch, Wüste 37). Noch ist nicht aller Tage Abend. Noch ist er ja nicht verurteilt (Th. Mann, Buddenbrooks 376).

guten Abend: *Grußformel am Abend:* Guten Abend, liebe Hörer, wir begrüßen Sie zu unserer Sendung: »Musik bis Mitternacht«.

du kannst mich am Abend besuchen (ugs.): *mit dir will ich nichts zu tun haben:* Meine Freundin hat mich jetzt schon das dritte Mal versetzt, die kann mich mal am Abend besuchen.

► In dieser Wendung steht »am Abend besuchen« verhüllend für die derbe Abweisung »am Arsch lecken«.

zu Abend essen: *Die Abendmahlzeit einnehmen:* Habt ihr schon zu Abend gegessen?

je später der Abend, desto schöner die Gäste: ↑spät. **man soll den Tag nicht vor dem Abend loben:** ↑Tag.

Abendmahl: das Abendmahl auf etwas nehmen (ugs.): *etwas beschwören können:* Sie ist dabei gewesen, darauf nehme ich das Abendmahl. Auf seine Unschuld können wir das Abendmahl nehmen.

abends: hier/da werden abends die Bürgersteige hochgeklappt: ↑Bürgersteig.

Abendstunde: Schreck in der Abendstunde: ↑Schreck.

aber: aber, aber!: *nicht doch!, was soll das?:* Aber, aber! Wer wird denn gleich so böse werden!

aber hallo!: ↑hallo. **Wenn und Aber:** ↑wenn.

abessen: bei jmdm. abgegessen haben (ugs., landsch.): *bei jmdm. nicht mehr er-*

wünscht, beliebt sein: Dein Freund hat sich auf der Feier wieder vorbeibenommen, der hat bei uns abgegessen.

abfahren: dieser Zug ist abgefahren (ugs.): *diese Chance ist verpasst worden, kann nicht mehr genützt werden:* Reformen in diesem Bereich sind jetzt nicht mehr möglich. Für Rosenbauer, der ins Bonner ARD-Studio zurückgeht, ist dieser Zug abgefahren (Hörzu 43, 1976, 20).

abfingern: sich etwas am Arsch abfingern können: ↑Arsch. **sich etwas an beiden Händen abfingern können:** ↑Hand.

abfrieren: sich einen abfrieren (ugs.): *sehr frieren:* Wir haben uns auf dem Fußballplatz ganz schön einen abgefroren. Die Bunker vorn ... sind ... nicht heizbar. Die frieren sich schon ganz schön einen ab (Kuby, Sieg 33).

sich den Arsch abfrieren: ↑Arsch.

Abgang: sich einen guten Abgang verschaffen: *sich zum Schluss in Szene setzen, einen guten Eindruck machen:* Mit einem Appell an die Öffentlichkeit versuchte sich der Politiker einen guten Abgang zu verschaffen.

einen Abgang machen (ugs.): *fortgehen, verschwinden:* Mensch, mach 'n Abgang, sonst brech ich dir alle Knochen!

keinen Abgang finden (ugs.): *sich nicht entschließen können aufzubrechen:* Die Freundin meiner Frau konnte wieder einmal keinen Abgang finden.

abgeben: eine gute/schlechte/traurige Figur abgeben: ↑Figur.

abgehen: jmdm. geht einer ab (derb): *jmd. hat einen Samenerguss [ohne Geschlechtsverkehr auszuüben]:* Er kriegt keinen hoch, oder es geht ihm vorschnell einer ab (Amendt, Sexbuch 81).

da geht der Bär ab: ↑Bär.

abgewinnen: einer Sache Geschmack abgewinnen: ↑Geschmack.

abgießen: [die] Kartoffeln abgießen: ↑Kartoffel. **das/sein Kartoffelwasser abgießen:** ↑Kartoffelwasser.

abgraben: jmdm. das Wasser abgraben: ↑Wasser.

abgucken: jmdm. nichts abgucken (fam.; scherzh.): *in Aufforderungen [an Kinder], sich auszuziehen und sich nicht zu genieren:* Du brauchst keine Angst zu haben, wir gucken dir nichts ab.

abhaben: einen abhaben (ugs.): 1. *betrunken sein:* Wenn er einen abhat, wird er ausgesprochen redselig. 2. *nicht recht gescheit sein:* Die muss doch einen abhaben – mit Vollgas durch die Fußgängerzone zu rasen!

ein Rad abhaben! ↑ Rad.

abhacken: sich für jmdn. die Hand abhacken lassen: ↑ Hand.

abhalten: keine zehn Pferde können jmdn. von etwas abhalten: ↑ Pferd.

abhanden: [jmdm.] abhanden kommen: *verloren gehen, plötzlich verschwinden:* Mir ist meine Brieftasche abhanden gekommen. Und meist sind es gerade die Erfolgreichen, denen plötzlich jegliche Motivation abhanden kommt (Schreiber, Krise 34).

abhold: jmdm., einer Sache abhold sein (geh.): *jmdm., einer Sache gegenüber ablehnend eingestellt sein:* Sie war bisweilen auch einem Gläschen Wermut nicht abhold. Er ist diesem Menschen abhold, das war deutlich zu spüren. Nur der Kanzler, dem Fernsehen abhold, ließe gern alles beim Alten (Capital 2, 1980, 73).

abholen: wie bestellt und nicht abgeholt: ↑ bestellen.

abklavieren: sich etwas am Arsch abklavieren können: ↑ Arsch.

abkriegen: eins mit dem Holzhammer abgekriegt haben: ↑ Holzhammer.

ablassen: Dampf ablassen: ↑ Dampf. **Luft ablassen:** ↑ Luft.

ablaufen: jmdn. ablaufen lassen (ugs.): *jmdn. kühl abweisen:* Die Regierung wollte ein gemeinsames Vorgehen erreichen, aber die Opposition hat sie ablaufen lassen. Wenn Wehner die beiden Vorsitzenden ... zu schwach für eine kleine Koalition erschienen, warum erwog er nicht einmal, Kiesinger ablaufen zu lassen (Spiegel 50, 1966, 26).

▶ Die Wendung stammt aus der Fechtersprache und meint eigentlich »den Hieb des Gegners an der eigenen Klinge abgleiten lassen«.

an jmdm. ablaufen wie das Wasser am Entenflügel/an der Gans/am Pudel: *jmdn. unbeeindruckt lassen, jmdn. innerlich nicht sonderlich berühren:* Kritik nimmt sie nicht ernst, alle Angriffe laufen an ihr ab wie das Wasser an der Gans. Man beschuldigte ihn, machte ihm Vorwürfe, aber er ließ das alles an sich ablaufen wie das Wasser am Entenflügel.

sich den Arsch ablaufen: ↑ Arsch. **sich die Beine/die Füße/die Hacken/die [Schuh]sohlen nach etwas ablaufen:** ↑ Hacken. **sich die Hörner ablaufen.** ↑ Horn. **jmdm. den Rang ablaufen:** ↑ Rang. **das habe ich mir längst an den Schuhen/[Schuh]sohlen abgelaufen:** ↑ Schuh. **jmds. Uhr ist abgelaufen:** ↑ Uhr.

ablegen: [jmdm., sich über etwas] Rechenschaft ablegen: ↑ Rechenschaft.

ablesen: jmdm. etwas an/von den Augen ablesen: ↑ Auge.

abmalen: da möchte ich nicht abgemalt sein (ugs.): *dort möchte ich auf keinen Fall sein:* Er schwärmt immer von seinem Wochenendhaus im Norden – in so einer gottverlassenen Gegend möchte ich nicht abgemalt sein!

abmelden: [bei jmdm.] abgemeldet sein (ugs.): *jmds. Wohlwollen verloren haben, von jmdm. nicht mehr beachtet werden:* Von einem Tag auf den anderen war er bei ihr abgemeldet. Wer sich unkollegial verhält, der ist in der Abteilung abgemeldet. Wenn einer säuft, ist er bei mir abgemeldet (Kirst, 08/15, 484).

sich von der Verpflegung abmelden: ↑ Verpflegung.

Abnahme: Abnahme finden: *sich verkaufen lassen:* Die modischen Sonnenbrillen fanden reißende Abnahme.

abonnieren: auf etwas abonniert sein: 1. *etwas abonniert haben:* Ich bin seit zwei Jahren auf diese Zeitschrift abonniert. 2. (ugs.) *etwas immer wieder erreichen, erleiden o. Ä.:* Die kubanischen Boxer waren jahrelang auf Olympiamedaillen abonniert. Seine Schwester war jeden Sommer auf Sonnenbrand abonniert.

Abraham: [wie] in Abrahams Schoß (ugs.): *absolut sicher, geborgen:* Hier sind wir sicher wie in Abrahams Schoß. Ist es ihm nun gelungen, hier einzudringen, hat er die durchschnittlichen Kenntnisse, ... dann sitzt er so ziemlich wie in Abrahams Schoß (Tucholsky, Werke II, 102).

▶ Die Wendung bezieht sich auf das Gleichnis vom armen Lazarus und vom reichen Mann (vgl. Lukas, Kapitel 16, Vers 20ff.). Der arme Lazarus wurde nach seinem Tode von den Engeln in Abrahams Schoß getragen, wo er, geborgen und glücklich, keine Not mehr leiden musste.

noch in Abrahams Wurstkessel sein (ugs.): *noch nicht geboren sein:* Das war damals, in den Dreißigerjahren, da wart ihr beide noch in Abrahams Wurstkessel.

Abrechnung: etwas in Abrechnung bringen (Kaufmannsspr.): *etwas abziehen, abrechnen:* Die Kosten für die Montage kann unsere Firma nicht in Abrechnung bringen.

in Abrechnung kommen (Kaufmannsspr.): *abgezogen, abgerechnet werden:* Der Preis beträgt 2 400 Mark, wenn die Transportkosten in Abrechnung kommen.

Abrede: etwas in Abrede stellen: *etwas abstreiten, bestreiten:* Er hat seine Mittäterschaft in Abrede gestellt. Die Verhafteten stellen in Abrede, an der Verschwörung beteiligt gewesen zu sein. Und ich stellte nicht in Abrede, dass der Kuchen ein Viertel der Fläche des Küchentischs einnahm (Kunze, Jahre 19).

abreißen: jmdm. nicht gleich den Kopf abreißen: ↑ Kopf.

absägen: den Ast absägen, auf dem man sitzt: ↑ Ast.

Absatz: sich auf dem Absatz umdrehen/umwenden; auf dem Absatz kehrtmachen: *spontan umkehren:* Als er unter den Gästen seine frühere Frau entdeckte, drehte er sich auf dem Absatz um. Sie machte auf dem Absatz kehrt und verließ das Haus. Dumont hatte auf dem Absatz kehrt gemacht und winkte schon im Gehen (Gaiser, Jagd 58).

abschieben: jmdn. aufs Altenteil abschieben: ↑ Altenteil.

Abschied: Abschied nehmen: *sich vor einer längeren Trennung verabschieden:* Sie nahm von ihrem Mann und den Kindern Abschied und flog nach Oslo, um den Posten zu übernehmen. Er hatte von niemand Abschied genommen, aber Mathilde wusste, dass er gegangen war (Seidel, Sterne 172).

abschießen: zum Abschießen aussehen/sein (ugs.): *überaus komisch, unmöglich aussehen; äußerst unsympathisch sein:* Mit dem Hut sieht seine Frau zum Abschießen aus.

einen Korken abschießen: ↑ Korken. **den Vogel abschießen:** ↑ Vogel.

abschlagen: sich für jmdn. die Hand abschlagen lassen: ↑ Hand. **sein Wasser/sich das Wasser abschlagen:** ↑ Wasser.

abschließen: mit dem /seinem Leben abgeschlossen haben: ↑ Leben.

Abschluss: etwas zum Abschluss bringen (nachdrücklich): *etwas abschließen:* Wir werden die Vorverhandlungen in der nächsten Woche zum Abschluss bringen. ... wenn er ein vorteilhaftes Geschäft zum Abschluss gebracht hätte (Th. Mann, Buddenbrooks 149).

zum Abschluss gelangen/kommen (Papierdt.): *abgeschlossen werden:* Die Verhandlungen werden bald zum Abschluss kommen.

abschnallen: da schnallst du ab! (ugs.): *das ist nicht zu glauben!:* Die machen da eine Bouillabaisse, da schnallst du einfach ab! Was die Wohnung an Miete kostet, da schnallst du ab!

abschneiden: jmdm. die Ehre abschneiden: ↑ Ehre. **jmdm. den Hals abschneiden:** ↑ Hals. **jmdm. den Lebensfaden abschneiden:** ↑ Lebensfaden. **sich von jmdm., von etwas eine Scheibe abschneiden können:** ↑ Scheibe. **jmdm. den Weg abschneiden:** ↑ Weg. **jmdm. das Wort abschneiden:** ↑ Wort. **einen alten Zopf/alte Zöpfe abschneiden:** ↑ Zopf.

abschnüren: jmdm. die Luft abschnüren: ↑ Luft.

abschöpfen: das Fett/den Rahm abschöpfen: ↑ Fett, ↑ Rahm.

abschreiben: sich die Finger abschreiben: ↑ Finger.

Abschussliste: auf der Abschussliste stehen (ugs.): *vorgesehen sein, aus seiner Stellung entfernt zu werden, entlassen zu werden:* Ich habe gehört, dass zwei Funktionäre aus unserem Bezirk auf der Abschussliste stehen sollen. Churchill stand während dieser Konferenz bereits auf der Abschussliste und wurde ... durch den Labour-Führer Attlee ersetzt (Hörzu 41, 1975, 20).

abschütten: das/sein Kartoffelwasser abschütten: ↑ Kartoffelwasser.

abschwätzen: dem Teufel ein Ohr abschwätzen: ↑ Ohr.

absehen: es auf jmdn. abgesehen haben:
1. *jmdn. ständig schikanieren:* Der Chef hat es heute mal wieder auf mich abgesehen. Auf Kropp ... und mich hatte er es besonders abgesehen, weil er unsern stillen Trotz spürte (Remarque, Westen 22). 2. *jmdn. gern als Ehepartner, Freund bzw. Freundin o. Ä. haben wollen:* Beide hatten es auf das Mädchen mit dem Zopf abgesehen. Nimm dich in Acht, ich glaube, der Lange mit der Brille hat es auf dich abgesehen!
es auf etwas abgesehen haben: 1. *etwas gern haben wollen:* Ihr habt es doch alle nur auf mein Geld abgesehen! Selbst wenn du es auf meine Barschaft abgesehen hast ... (Th. Mann, Tod 23). 2. *etwas anstreben:* Man hatte es darauf abgesehen, die Polizisten zu provozieren. Er hat mir meine Offenheit sehr übel genommen, dabei hatte ich es gar nicht auf eine Kränkung abgesehen.
absetzen: es setzt was ab (ugs.): *es gibt Prügel:* Halt jetzt den Mund, sonst setzt es was ab!
Absicht: [auf jmdn.] Absichten haben: *heiraten wollen:* Er hat ehrliche Absichten auf dieses Mädchen. Sie glauben vielleicht ... mir liegt nichts mehr am Franz. Ich hab keine Absichten auf ihn (Lederer, Liebe 54). Ihr zwei habt Absichten, oder? (Gabel, Fix 48).
sich mit der Absicht tragen, etwas zu tun: *beabsichtigen, etwas zu tun:* Wir tragen uns mit der Absicht, ein neues Auto zu kaufen. Tragen Sie sich mit der Absicht, einen Film über dieses Land zu drehen? Kleist vertraute mir an, Herr von Bismarck trage sich mit der Absicht, sein Amt zur Verfügung zu stellen (Niekisch, Leben 241).
mit Absicht: *absichtlich:* Das hast du mit Absicht gemacht, du gemeiner Kerl! Sie hat ihn mit voller Absicht aus dem Fenster gestoßen.
man merkt die Absicht und ist verstimmt: ↑ merken.
absitzen: etwas auf einer Backe/auf der linken Backe absitzen: ↑ Backe.
absparen: sich etwas am/vom Mund[e] absparen: *unter Entbehrungen sparen:* Ich habe mir das Geld für die Teilnahme an der Expedition vom Munde abgespart. Es war ihnen nicht befohlen, Brot zu rei-

chen, das sie sich am Munde absparten ... (Wiechert, Jeromin-Kinder 148).
sich jeden/den letzten Bissen am/vom Mund[e] absparen: *unter Entbehrungen sparen, sparsam leben:* Um studieren zu können, habe ich mir jeden Bissen vom Munde abgespart. Die Eltern sparten sich den letzten Bissen am Munde ab, ihren Kindern ein schuldenfreies Haus hinterlassen zu können.
sich etwas am eigenen Leibe absparen: ↑ Leib.
abspenstig: jmdm. jmdn. abspenstig machen: *jmdn. dazu bringen, sich von seinem Partner abzuwenden und sich einem selbst zuzuwenden:* Wenn ich schon mal eine Freundin hatte, dann hat er sie mir regelmäßig abspenstig gemacht. Die falsche Schlange wollte mir meinen Mann abspenstig machen, das spürte ich genau. Im gleichen Jahrzehnt, da Martin Luther halb Deutschland dem Papst abspenstig machte (Jacob, Kaffee 109).
jmdm. etwas abspenstig machen: *jmdn. dazu überreden, etwas herzugeben:* Mal sehen, ob wir ihm seinen Wagen abspenstig machen können; er braucht ihn heute Abend sicher nicht. Und die (= die Schüler) machen Sie der Schule und Pflicht abspenstig! Die verführen Sie! (H. Mann, Unrat 36).
abspielen: da/hier spielt sich nichts ab: *das kommt nicht infrage, daraus wird nichts:* Vor den Ausfahrten darf nicht geparkt werden, da spielt sich nichts ab. Hier spielt sich gar nichts ab, für ein Picknick ist es viel zu kalt!
Abstand: mit Abstand (ugs.): *bei weitem:* Er ist mit Abstand der beste Sprinter in Europa. Mit Abstand bestes Apfelmus im Test war: Apfelmus aus Boskop-Äpfeln (DM 5, 1966, 29). »Schweinchen Dick« – seit drei Jahren mit Abstand meistgesehene Vorprogrammserie des ZDF – bleibt im Programm (Hörzu 3, 1973, 101).
von etwas Abstand nehmen (geh.): *von etwas absehen, zurücktreten:* Der Minister hat von seinem Vorhaben Abstand genommen. »Darf ich Eure Majestät bitten, von diesem Plane Abstand zu nehmen?« (Benrath, Konstanze 117).
abstehen: sich die Beine abstehen: ↑ Bein.

absteigend: auf dem absteigenden Ast sein/sich befinden: ↑ Ast.

Abstellgleis: jmdn. aufs Abstellgleis schieben (ugs.): *jmdn. seines Einflusses, Wirkungsbereiches berauben:* Er wollte sich von niemandem aufs Abstellgleis schieben lassen. Sie war noch nicht mal fünfzig, da hatte sie die Amtsleitung schon aufs Abstellgleis geschoben.

Abstimmung: etwas gelangt/kommt zur Abstimmung (Papierdt.): *über etwas wird abgestimmt:* Zwei Anträge der Opposition gelangten zur Abstimmung. Es ist nicht sicher, ob der Gesetzentwurf heute noch zur Abstimmung kommt.

abstoßen: sich die Hörner abstoßen: ↑ Horn.

Abtrag: jmdm., einer Sache Abtrag tun (geh.): *jmdm., einer Sache schaden:* Die harmlose kleine Affäre wird ihrer Popularität keinen Abtrag tun. Eine nachgewiesene Steuerhinterziehung könnte auch einem so mächtigen Mann in der Partei Abtrag tun.

abtreten: von der Bühne [des Lebens] abtreten: ↑ Bühne.

abwarten: abwarten und Tee trinken (ugs.): *nur Geduld, haben wir Geduld!:* Abwarten und Tee trinken ist wohl das Beste. Vom Transfer reden wir vielleicht mal nächste Woche wieder (Bild 12. 6. 1964, 6). Abwarten und Tee trinken. In einem halben Jahr kann man vielleicht schon Sachen machen, die heute noch nicht gehen (Fallada, Jeder 52). ▶ Die Herkunft dieser Wendung ist unklar. Angeblich war sie ursprünglich eine Mahnung an ungeduldige Kranke, Kräutertee zu trinken und auf die Heilung zu warten.

Abwasch: das ist ein Abwasch[en]; das geht/das machen wir in einem Abwaschen: ↑ Aufwasch.

Abwechslung: die Abwechslung lieben (ugs.): *häufig die Liebhaber, die Freundinnen wechseln:* Mein Freund liebt die Abwechslung.

Abweg: auf Abwege geraten: vom rechten *Lebensweg abkommen; im Begriff sein, sittlich herunterzukommen:* Die Mutter wusste nicht, dass ihr Kind auf Abwege geraten war.

abweichen: vom Pfad der Tugend abweichen: ↑ Pfad.

Abwesenheit: durch Abwesenheit glänzen (ugs.): *nicht zugegen sein:* Mehrere Abgeordnete glänzten auf dem Empfang durch Abwesenheit. In der zweiten Versammlung im VEB Schachtbau glänzten die drei durch Abwesenheit (Volk 2. 7. 1964, 7). ▶ Diese Wendung stammt aus dem Stück »Tibère« des französischen Dramatikers Marie-Joseph de Chémier (1764–1811). Sie bezieht sich auf eine Stelle in den Annalen des Tacitus, wo dieser berichtet, dass Junia, die Witwe des Cassius und Schwester des Brutus, beerdigt worden sei, ohne dass die Bilder dieser beiden dem Leichenzug vorangetragen worden seien. Cassius und Brutus, die Mörder Cäsars, leuchteten aber gerade dadurch hervor, dass ihre Bilder fehlten.

abwinken: bis zum Abwinken (ugs.): *in großer Menge [bei ständigem Nachschub]; bis zur Übersättigung:* Der Gastgeber ließ sich nicht lumpen: Es gab Champagner bis zum Abwinken.

abzählen: sich etwas an den fünf/zehn Fingern abzählen können: ↑ Finger. **sich etwas an beiden Händen abzählen können:** ↑ Hand. **sich etwas an den Knöpfen abzählen:** ↑ Knopf.

abziehen: seine/die schützende, helfende Hand von jmdm. abziehen: ↑ Hand. **mit langer Nase abziehen müssen:** ↑ Nase. **eine Nummer abziehen:** ↑ Nummer. **mit roten Ohren abziehen:** ↑ Ohr. **eine Schau/Show abziehen:** ↑ Schau, Show.

Abzug: etwas in Abzug bringen (Papierdt.): *etwas abziehen:* Die Unkosten sind bereits in Abzug gebracht worden. Wie sollte man die kleine Unsicherheit beim Aufsprung – wenn sie kein Sturz war – in Abzug bringen? (Olymp. Spiele, 72). Dort tragen die Leute nicht Stirnaugen und Hornpanzer ...: es sind Menschen wie wir – einige träumerische Ungenauigkeit ihres Denkens als leicht verzeihlich in Abzug gebracht (Th. Mann, Joseph 54).

ach: ach, du ahnst es nicht: ↑ ahnen. **ach, du armer Arsch:** ↑ Arsch. **ach, du heiliger Bimbam:** ↑ Bimbam. **ach, du liebes bisschen:** ↑ bisschen. **ach, du dickes Ei:** ↑ Ei. **ach, du ahnungsloser Engel:** ↑ Engel. **ach, du meine Fresse:** ↑ Fresse. **ach [du lieber**

Gott: ↑Gott. **ach, du meine Güte:** ↑Güte. **ach, du lieber Himmel:** ↑Himmel. **ach, du armer Körper:** ↑Körper. **ach, du grüne Neune:** ↑Neune. **ach, du Schreck:** ↑Schreck. **ach, du gerechter/heiliger Strohsack:** ↑Strohsack. **ach, du kriegst die Tür nicht zu:** ↑Tür. **ach, du dicker Vater:** ↑Vater. **ach was:** ↑was. **ach woher [denn]:** ↑woher.

Ach: mit Ach und Krach (ugs.): *mit Mühe und Not, gerade noch:* Sie hat die Prüfung mit Ach und Krach bestanden. Mit Ach und Krach haben wir den Zug erreicht. Als nach der mit Ach und Krach bestandenen Reifeprüfung der Neffe in das Seminar ... eintrat, brach der Weltkrieg aus (Werfel, Himmel 33).

mit vielem Ach und Weh: *ständig stöhnend, seufzend:* Mit vielem Ach und Weh hatte sie endlich die fünf Mark Bußgeld bezahlt.

Ach und Weh schreien: *jammern und klagen:* Nachdem das Unglück geschehen war, schrien alle Betroffenen Ach und Weh.

Achse: auf [der] Achse sein (ugs.): *unterwegs, auf Reisen sein:* Als Vertreter ist er ständig auf der Achse. Wir sind gestern mehr als vierzehn Stunden auf Achse gewesen. Sie war doch jede Nacht auf Achse und je nach Geschäftsgang kam sie gegen zwei oder erst gegen 4³⁰ Uhr nach Hause (MM 5. 9. 1967, 4).

Achsel: die Achsel[n]/mit den Achseln zucken: *mit einem Hochziehen der Schultern zu verstehen geben, dass man etwas nicht weiß, nicht versteht:* Er blickte sie ratlos an und zuckte mit den Achseln. Pinneberg schüttet sein Herz aus. Erst erzählt er von Jänecke, aber da zuckt Heilbutt nur die Achsel (Fallada, Mann 176). Herr Rácz István sah auf seine Uhr, zuckte verzweifelt die Achseln und tutete dann viermal kurz in sein Hörnchen (Hartung, Piroschka 56).

etwas auf die leichte Achsel nehmen: *etwas nicht ernst genug nehmen:* Du darfst deine Krankheit nicht auf die leichte Achsel nehmen. Leider habe ich diese Entwicklung auf die leichte Achsel genommen. Der Bischof von Tarbes nimmt dabei die leidige Geschichte durchaus nicht auf die leichte Achsel (Werfel, Bernadette 179).

▶ Mit der »leichten Achsel« ist die Achsel oder Schulter gemeint, auf der man nur leichte Lasten tragen kann (im Gegensatz zur »guten« Achsel, auf der man gewöhnlich trägt).

jmdn. über die Achsel ansehen: *auf jmdn. herabsehen:* Du brauchst gar nicht deine Verwandtschaft über die Achsel anzusehen. Als Vorleser ... blieb der Küster dort bis zu seinem Tode und verließ das Schlossgut erst, als die Söhne seines Stiefbruders groß genug waren, ihn über die Achsel anzusehen (Langgässer, Siegel 539). Der Geschäftsmann, der den Groschen, den sauer erarbeiteten Groschen des Arbeiters über die Achsel ansieht, begeht einen schweren Fehler (Brecht, Groschen 155).

¹Acht: jmdn. in Acht und Bann tun/erklären (hist.): *jmdn. aus der Gemeinschaft ausschließen:* Er wurde in Acht und Bann getan. Der König ließ ihn und seine Familie in Acht und Bann erklären. Eine Reihe von anderen nicht ganz unbekannten Kompatrioten wurde zusammen mit mir in Acht und Bann getan (K. Mann, Wendepunkt 266).

²Acht: etwas außer Acht lassen; etwas aus der/aus aller Acht lassen: *etwas nicht beachten:* Sie hatte alle Warnungen außer Acht gelassen. Ein vor der Öffentlichkeit handelnder Verband trägt eine Verantwortung, die ein heimlich agierender oft außer Acht lässt (Fraenkel, Staat 74). Rücksichten, die nicht lieber außer Acht gelassen zu haben sie jetzt bedauerten, hätten sie veranlasst ... (Th. Mann, Buddenbrooks 377).

sich in Acht nehmen: *vorsichtig sein, aufpassen:* Bei diesem Wetter muss man sich vor Erkältungen in Acht nehmen. Nimm dich vor diesem Menschen in Acht! ... jeder Landwirt oder Reiter weiß, wie sehr man sich vor den Hinterbeinen und auch vor den Vorderhufen in Acht nehmen muss (Grzimek, Serengeti 306).

etwas in Acht nehmen: *mit etwas vorsichtig sein, auf etwas aufpassen:* Wenn Sie mit ihm tanzen, nehmen Sie Ihre Füße in Acht! Ich schließe die Tür, nehmt eure Finger in Acht!

Achter: jmdm. 'nen Achter ins Hemd treten (landsch.; ugs.): *jmdn. verprügeln:* Nimm deine Pfoten da weg, oder ich tret dir 'nen Achter ins Hemd! Wenn er erfährt, dass du ihn verpfiffen hast, tritt er dir 'nen Achter ins Hemd. ► Das verbogene Rad eines Fahrrades wird in manchen Gegenden »Achter« oder »Acht« genannt, weil es von vorn gesehen einer Acht ähnelt. Die Wendung spielt also darauf an, dass sich der Körper des Getretenen vor Schmerz wie eine Acht im Rad krümmen wird.

achtkantig: jmdn. achtkantig/vierkantig hinauswerfen/rausschmeißen (ugs.): *jmdn. grob und nachdrücklich hinauswerfen:* Als man merkte, dass sie ihre Zeugnisse gefälscht hatte, hat man sie achtkantig hinausgeworfen. Mein Meister hätte mich achtkantig rausgeschmissen, wenn ich mich so »lässig« benommen hätte wie die jungen Leute heutzutage (Hörzu 37, 1981, 149).

Achtung: alle Achtung!: *das verdient Anerkennung!* (Ausruf der Bewunderung): Er hat dem Chef anständig seine Meinung gesagt, alle Achtung! »Alle Achtung!« rief Ullrich aus, in unwillkürlicher Anerkennung der militärbehördlichen Einsicht (Musil, Mann 1252).

achtzig: auf achtzig kommen (ugs.): *wütend werden:* Seine Frau ist auf achtzig, weil er noch nicht zurück ist. Mein Zittern wurde zu einem Zittern der Wut ... Ich kam »auf achtzig« und stürzte mich auf den Jungen (Genet, Miracle 141).

auf achtzig sein (ugs.): *wütend sein:* Hör auf, mich zu ärgern, ich bin schon auf achtzig! Der Chef ist wieder auf achtzig gewesen.

jmdn. auf achtzig bringen (ugs.): *jmdn. wütend machen:* Der bringt mich mit seinem Gequatsche auf achtzig. ► In allen drei Wendungen ist mit »achtzig« die Zahl der Stundenkilometer gemeint. Die Wendungen stammen also aus einer Zeit, als 80 km/h noch die höchste Geschwindigkeit war, die ein Auto erreichen konnte.

zwischen achtzig und scheintot sein (ugs.; scherzh.): *sehr alt sein:* Meine Tante ist zwischen achtzig und scheintot.

Acker: mach dich vom Acker! (ugs.): *verschwinde!:* Mach dich vom Acker! Mach Mücke! (Degener, Heimsuchung 118)

Ackerbau: von Ackerbau und Viehzucht keine Ahnung haben: ↑ Ahnung.

ad absurdum: etwas ad absurdum führen (bildungsspr.): *die Unsinnigkeit von etwas aufzeigen:* Ich werde diese Behauptungen ad absurdum führen. Was ich ... sehe, sage, höre, wird vom nächsten Moment bereits überholt und ad absurdum geführt (Simmel, Stoff 361).

ad acta: etwas ad acta legen (bildungsspr.): *etwas als erledigt betrachten; über etwas nicht mehr sprechen, verhandeln:* Wir wollen die Sache ad acta legen. ► Die Wendung bedeutet eigentlich »zu den Akten« (latein. ad acta) legen.

Adam: der alte Adam: *die alten Schwächen, Gewohnheiten eines Mannes:* Er versucht den alten Adam auszuziehen (seine Gewohnheiten abzulegen, ein neuer Mensch zu werden). ... von ... dem Egoismus ihrer männlichen Wünsche sprechen sie kaum. Der alte Adam feiert ... hier fröhliche Urständ (Dierichs, Männer 8). ► Alle Wendungen beziehen sich auf den biblischen Adam, den Urvater der Menschheit. Vgl. auch das Stichwort »Adamskostüm«.

seit Adams Zeiten/Tagen (ugs.): *seit je, solange man denken kann:* Das ist doch schon seit Adams Zeiten bekannt. Nach diesem Verfahren arbeiten wir seit Adams Tagen. Es gibt Gedanken, die sich seit Adams Zeiten suchen, ohne etwas voneinander zu wissen (Reik, Verlangen 7).

bei Adam und Eva anfangen (ugs.): *bei seinen Ausführungen sehr weit ausholen:* Der Redner fing bei Adam und Eva an. Wenn mein Vater etwas erzählt, fängt er immer bei Adam und Eva an.

von Adam und Eva stammen (ugs.): *schon lange bekannt, uralt sein:* Dieser Witz stammt von Adam und Eva.

Adam Riese: nach Adam Riese (ugs.; scherzh.): *richtig gerechnet:* Nach Adam Riese macht das zwölf Mark. ... ich hatte ja die Daten ... so gewählt, dass die Rechnung stimmte; fix blieb nur der Geburtstag von Sabeth, und der Rest ging nach Adam Riese, bis mir ein Stein vom Herzen fiel (Frisch, Homo 172). ► Die Wendung bezieht sich auf den deutschen Rechenmeister Adam Riese (oder Ries), 1492–1559, der eines der ersten deutschen Rechenbücher für die

Schule verfasste und dadurch allgemein bekannt wurde.

Adamskostüm: im Adamskostüm (ugs.; scherzh.): *nackt:* Er stand im Adamskostüm in der Küche. »Blitzer« oder »Flitzer« nannte man die Leute, die aus Jux im Adamskostüm über die Straße rannten.

Vgl. das Stichwort »Adam«.

ad calendas graecas (bildungsspr.): *niemals:* Eine wirklich vernünftige Reform werden wir wohl erst ad calendas graecas erleben.

▶ Der römische Schriftsteller Sueton berichtet in seinen Kaiserbiographien von Kaiser Augustus, er habe von säumigen Schuldnern gesagt, sie bezahlten »ad calendas graecas«. Die lateinische Fassung heißt wörtlich übersetzt »an den griechischen Kalenden«; da die Griechen in ihrer Zeitrechnung aber keine Kalenden hatten, ist dies eine Umschreibung für »niemals«.

Adel: Adel verpflichtet (oft ironisch): *Zugehörigkeit zu einer gehobenen Gesellschaftsschicht verpflichtet zu einer bestimmten Lebensweise, einem bestimmten Lebensstil:* Die Gräfin soll eine beachtliche Summe für den geplanten Kindergarten gespendet haben. – Tja, Adel verpflichtet. Achtzehn uneheliche Kinder soll der Kronprinz gehabt haben, und jedes wurde mit einem einträglichen Posten bei Hofe versorgt – Adel verpflichtet!

Ader: eine Ader haben: *eine Anlage, Veranlagung haben:* Mein Vater hatte eine poetische Ader. Sie hat keine Ader für Kunst. »Ich möchte wirklich wissen, woher du deine ordinäre Ader hast.« (Konsalik, Promenadendeck 216). Am besten, Männer sind unter sich, wenn sie von Dichtung reden. Frauen haben in der Regel keine Ader für diese (Strittmatter, Wundertäter 279).

▶ Diese Wendung beruht auf dem alten Volksglauben, dass das Blut und damit auch die Adern, in denen es fließt, in irgendeiner Beziehung zum Wesen des Menschen stünden.

jmdn. zur Ader lassen (scherzh.): *jmdm. Geld abnehmen:* Die Burschen haben mich gestern beim Skatabend ganz schön zur Ader gelassen.

blaues Blut in den Adern haben: ↑ Blut.

ad hoc (bildungsspr.): *aus dem Augenblick heraus [zu einem bestimmten Zweck]:* Ein Wörterbuch kann unmöglich alle ad hoc gebildeten Zusammensetzungen des Deutschen verzeichnen. Die Entscheidung musste ad hoc getroffen werden, zu Beratungen war keine Zeit. Zweieinhalbtausend Teilnehmer kamen zu einem ad hoc einberufenen Teach-in (Nuissl, Hochschulreform 61).

ad infinitum (bildungsspr.): *unbegrenzt, bis ins Unendliche:* Die Aufzählung seiner Verbrechen ließe sich mühelos ad infinitum fortsetzen. ... natürlich wird sich niemand ad infinitum gegen diplomatische Beziehungen zu dem großen Nachbarn im Osten wehren (Dönhoff, Ära 215).

ad libitum (bildungsspr.): *nach Belieben:* Wir können einige Beispiele aus der deutschen Geschichte ad libitum herausgreifen. Sie dürfen diese Übung ad libitum wiederholen, solange Sie sich dabei nicht überanstrengen. Male dir die Szenerie nach Belieben aus! ... ich überlasse dir alles ad libitum (Hauptmann, Schuß 18).

ad oculos: jmdm. etwas ad oculos demonstrieren (bildungsspr.): *jmdm. etwas durch den Augenschein beweisen:* Kommen Sie in mein Labor, dort kann ich Ihnen ad oculos demonstrieren, wie sehr die Belastung des Sees durch Schadstoffe zugenommen hat.

Adresse: sich an die richtige Adresse wenden (ugs.): *sich an die zuständige Stelle wenden:* Er hätte sich mit der Sache besser gleich an die richtige Adresse wenden sollen.

bei jmdm. an die richtige Adresse geraten/kommen (ugs.; ironisch): *von jmdm. scharf abgewiesen werden:* Ich sollte ihm seine Hemden waschen und seine Socken stopfen, während er sich mit einer anderen amüsierte – da war er bei mir an die richtige Adresse geraten! Mit ihrer scheinheiligen Mitleidstour war sie bei der resoluten alten Dame an die richtige Adresse gekommen.

an die falsche/unrechte/verkehrte Adresse kommen/geraten; an der falschen/unrechten/verkehrten Adresse sein (ugs.): *an den Unrechten kommen, scharf abge-*

wiesen werden: Mit solchen Mätzchen kommst du bei mir an die falsche Adresse. »Dass eins klar ist, Herr Schenk. Wenn Sie 'n Denunzianten brauchen, sind Sie bei mir an der verkehrten Adresse.« (Bieler, Bär 95).

ad usum Delphini (bildungsspr.): *für die Jugend, den Schulgebrauch überarbeitet [und von »anstößigen« Stellen gereinigt]:* Der Verlag hat eine Reihe lateinischer und griechischer Klassiker ad usum Delphini herausgegeben. Doch handelt es sich bei dieser Freiheit ... nur um eine mehr oder weniger symbolische Freiheit ad usum Delphini (Heringer, Holzfeuer 143).
▶ Die neulateinische Fügung heißt wörtlich übersetzt »zum Gebrauch des Dauphins«. Der Dauphin war früher der französische Thronfolger, für dessen Unterricht die literarischen Werke in der oben beschriebenen Weise bearbeitet wurden.

Advocatus Diaboli (bildungsspr.): *jmd., der mit seinen Argumenten die gegnerische Sache vertritt, ohne selbst der Gegenseite anzugehören:* Du musst doch zugeben – wenn ich jetzt einmal den Advocatus Diaboli spielen darf –, dass du letztlich nur deshalb in den Unfall verwickelt wurdest, weil du nicht genügend Sicherheitsabstand eingehalten hast. Aber Sie haben ihn doch nicht als Advocatus Diaboli engagiert? (Spiegel 45, 1982, 24).
▶ Die Fügung stammt aus dem katholischen Kirchenrecht. Der Advocatus Diaboli hat beim Prozess um eine Selig- oder Heiligsprechung die Gründe vorzubringen, die dagegen sprechen könnten.

Affäre: sich [mit etwas] aus der Affäre ziehen: *geschickt [mit etwas] aus einer unangenehmen Situation herausgelangen:* Die Ministerin hat sich sehr routiniert aus der Affäre gezogen. Man spürt sofort, ob ein windiger Schaumschläger so etwas sagt, der sich nur mit billigen Mätzchen aus der Affäre ziehen will (Thielicke, Ich glaube 53). Und du wirst dich nicht mit einem Witz aus der Affäre ziehen? (Goetz, Prätorius 14).

Affe: mich laust der Affe! (ugs.): *das überrascht mich!:* Als sich die Tür öffnet – ich denke, mich laust der Affe! –, steht vor mir meine alte Klavierlehrerin. Er kniff

das linke Auge zu, grinste und sagte: »Mich laust der Affe! Du bist doch der Abi!« (Hörzu 48, 1980, 32).

einen Affen sitzen haben (ugs.): *betrunken sein:* Als er nachts nach Hause kam, hatte er einen Affen sitzen.

sich einen Affen kaufen/antrinken (ugs.): *sich betrinken:* Heute Abend werden wir uns einen Affen kaufen.

einen Affen an jmdn. gefressen haben (ugs.): *jmdn. im Übermaß mögen, gern haben:* Sie hat an ihren Kindern einen Affen gefressen. An dem Münchner Libero hat der Bundestrainer einen Affen gefressen. Willi hatte an der schwarzhaarigen, immer lustigen Lilli, wie man so sagt, »einen Affen gefressen« (Kühn, Zeit 430).
▶ Diese Wendung bezieht sich wahrscheinlich wie die drei vorangehenden auf den Kobold, der manchmal wie ein ausgelassenes Äffchen in einem herumspukt, z. B. wenn man Alkohol getrunken hat oder wenn man nach jmdm. ganz närrisch ist. Auch die Beobachtung, dass die Affenmutter ihr Junges vor Zärtlichkeit fast erdrückt und auffrisst, kann dieser Wendung zugrunde liegen.

seinem/dem Affen Zucker geben (ugs.): *sein Steckenpferd reiten, über sein Lieblingsthema immer wieder sprechen:* Die meisten, die sich zur Diskussion meldeten, wollten nur ihrem Affen Zucker geben. Jeder gibt seinem Affen Zucker, so gut er kann (Jaeger, Freudenhaus 113). Man freut sich, wie er dem Affen Zucker gibt, wenn er in vielerlei Masken schlüpft (Hörzu 50, 1983, 13).
▶ Auch diese Wendung bezieht sich auf die Ausgelassenheit und das närrische Benehmen des Affen. So einen putzigen Kobold vermeint man im Leibe zu haben, wenn man etwas getrunken hat, oder man möchte ihn in sich haben. Man gibt ihm Zucker, um ihn bei guter Laune zu halten, so wie früher einmal der Leierkastenmann oder Scherenschleifer seinem Äffchen ein Stück Zucker gab, damit es neue Kunststücke zeigte.

jmdn. zum Affen halten (ugs.): *jmdn. anführen, narren:* Ich lass mich doch nicht von euch zum Affen halten.

[wie] vom wilden Affen gebissen [sein] (ugs.): *verrückt, von Sinnen [sein:]:* Was machst du denn da? Du bist wohl vom wilden Affen gebissen! Ich spritze hoch wie vom wilden Affen gebissen (Quick 28, 1958, 32).

das ist Geschmack[s]sache, sagte der Affe und biss in die Seife: ↑ Geschmack[s]sache. **Klappe zu, Affe tot:** ↑ Klappe. **schwitzen wie ein Affe:** ↑ schwitzen. **wie ein Affe auf dem Schleifstein sitzen:** ↑ sitzen. **nicht für einen Wald von Affen:** ↑ Wald.

affenartig: mit affenartiger Geschwindigkeit (ugs.): *sehr schnell:* Der Ladendieb verschwand mit affenartiger Geschwindigkeit.

Affenschande: eine Affenschande sein (ugs.): *unglaublich, unerhört sein:* Wie man uns hier untergebracht hat, ist eine Affenschande. Dieses Deutsch ist eine Affenschande (Tucholsky, Werke 362). »... Eine Affenschande, dass dieses Werk im Schreibtisch liegt«, eiferte sich Theaterdirektor Striese (Hörzu 52, 1973, 39).

Affenzahn: einen Affenzahn draufhaben (ugs.): *sehr schnell sein:* Sie hatte einen Affenzahn drauf, als sie gegen die Leitplanke prallte.

mit einem Affenzahn (ugs.): *sehr schnell:* Ich bin mit einem Affenzahn die Treppe runtergerannt. Der Bus fuhr mit einem Affenzahn die Serpentinen hinunter. Das zweimotorige Riva-Boot schoss mit einem wahren Affenzahn über das Meer (Borell, Verdammt 167).

à fonds perdu (bildungsspr.): *ohne Aussicht, etwas [bes. Geld] wiederzubekommen:* Er konnte es sich leisten, seinen Parteifreunden eine halbe Million à fonds perdu zur Verfügung zu stellen. Ich bin bereits darauf angewiesen, à fonds perdu Bücher auszuleihen, um Ordnung zu halten (Muschg, Gegenzauber 11).

Aftersausen: Aftersausen bekommen/kriegen (ugs.): *Angst bekommen:* Bleib lieber unten, sonst bekommst du Aftersausen.

Aftersausen haben: *Angst haben:* Als er oben auf dem Gerüst stand, hatte er ein leichtes Aftersausen.

Ägide: unter jmds. Ägide (bildungsspr.): *unter jmds. Leitung oder Schirmherrschaft:* Die Präsidentin bestritt energisch, dass unter ihrer Ägide die demokratischen Rechte der Bürger eingeschränkt worden seien. Auch plätten lernte ich unter der Ägide der Mädchen (Dönhoff, Ostpreußen 87).

▶ Das Wort »Ägide« geht auf das griechische »aigís« (= Schild des Zeus) zurück. Es hat sich im übertragenen Sinne mit der Bedeutung »Schutz, Obhut« eingebürgert.

à gogo: *in beliebiger Menge, reichlich:* Auf der Party bei Neureichs gab es Champagner, Austern und Kaviar à gogo. Er hatte schlechte Zähne, fettige Haare und Pickel à gogo. Hits à gogo (Hörzu 3, 1971, 45).

▶ Das Wort »gogo« in dieser Fügung ist ursprünglich eine Verdoppelung der ersten Silbe des altfranzösischen Wortes »gogue« (= Scherz).

Ägypten: sich nach den Fleischtöpfen Ägyptens [zurück]sehnen: ↑ Fleischtopf.

ägyptisch: ägyptische Finsternis (ugs.): *tiefste Finsternis:* Mach doch mal einer Licht, hier drin herrscht ja eine ägyptische Finsternis! Kein Mond, keine Sterne – draußen ist eine ägyptische Finsternis.

▶ Der Ausdruck geht auf das Alte Testament (2. Mose 10, 21–23) zurück. Dort heißt es: »Da ward eine dicke Finsternis in ganz Ägyptenland drei Tage, dass niemand den andern sah.« Die Finsternis war eine der von Jahwe verhängten zehn Plagen.

ahnen: ach, du ahnst es nicht! (ugs.): *Ausruf der Überraschung:* Seine Freundin ist auch da – ach, du ahnst es nicht! Ach, du ahnst es nicht, das gehört alles mir?

ähnlich: jmdm. ähnlich sehen (ugs.): *zu jmdm. passen; jmdm. zuzutrauen sein:* Er hat sich gleich das größte Stück genommen; das sieht ihm wieder einmal ähnlich. Oder sie ist in die Kirche gegangen, weiß Gott, das sähe ihr ähnlich (Seidel, Sterne 7). ... den Engländern sieht dieser Plan nicht sonderlich ähnlich (Dönhoff, Ära 84).

Ahnung: keine blasse Ahnung haben (ugs.): *von einer Sache nicht das Geringste verstehen:* Sie hatte keine blasse Ahnung, um was es ging. ... mussten die Prüfer überrascht und enttäuscht feststellen, dass die Lehrlinge keine blasse

Ahnung von der Führung eines Betriebes hatten (Hessischer Rundfunk 8. 2. 66).

von Ackerbau und Viehzucht/von Tuten und Blasen keine Ahnung haben (ugs.): *von einer Sache nicht das Geringste verstehen:* Er mischt sich in alles ein, obwohl er von Ackerbau und Viehzucht keine Ahnung hat. Kaum warst du aus dem Zimmer, hab ich sie natürlich nochmal angerufen und ihr gesagt, dass du von Tuten und Blasen keine Ahnung hast (K. Mann, Wendepunkt 117).

hast du eine Ahnung! (ugs.): *du täuschst dich; wenn du wüsstest:* In deinem Beruf verdient man sicher viel Geld. – Hast du eine Ahnung! »Keine Gefahr? Mann, hast du eine Ahnung!« (Apitz, Wölfe 206).

keinen Schimmer vom Dunst einer Ahnung haben: ↑ Schimmer.

ahnungslos: ach, du ahnungsloser Engel: ↑ Engel.

akademisch: das akademische Viertel: *die Viertelstunde nach dem angegebenen oder vereinbarten Termin:* Es ist schon zehn nach, dein Bruder nimmt wohl das akademische Viertel in Anspruch!

Akazie: das ist, um auf die Akazien zu klettern! (ugs.): *Ausruf der Verärgerung:* Ausgerechnet jetzt streikt der Fernsehapparat. Das ist, um auf die Akazien zu klettern!
▶ Die Redewendung ist eine Abwandlung von »es ist, um auf die Bäume zu klettern« (↑ Baum).

Akte: über etwas die Akten schließen: *etwas beenden; über etwas nicht mehr verhandeln:* Über diese Unterstellungen in der Fernsehsendung sind die Akten noch nicht geschlossen.

etwas zu den Akten legen (ugs.): *etwas als erledigt betrachten:* Es ist das Beste, wenn wir die ganze Angelegenheit zu den Akten legen.

Aktie: wie stehen die Aktien? (ugs.; scherzh.): *wie gehts?:* Kollege Keßler schiebt sich heran: »Na, Pinneberg, wie stehen die Aktien?« (Fallada, Mann 215).

jmds. Aktien steigen (ugs.): *jmds. Aussichten auf Erfolg werden besser:* Seit er einen Sportwagen besitzt, sind seine Aktien bei ihr wieder gestiegen.

Aktion: in [voller] Aktion: *in Tätigkeit:* Man wollte den Journalisten ein Fernsehstudio in voller Aktion vorführen. Schon traten bei einigen Zuschauern die Taschentücher in Aktion (Kranz, Märchenhochzeit 25).

Akzent: Akzente setzen: *richtungweisend sein:* Mit ihrem unbekümmerten Offensivfußball haben die Aufsteiger in der Bundesliga Akzente gesetzt. Mit seinen Entscheidungen der ersten Wochen ... wollte Sozialist Mitterrand Akzente setzen (Spiegel 26, 1981, 102).

à la: 1. (ugs.): *im Stil von:* Er hat früher einige Kurzgeschichten à la Hemingway geschrieben. ... ein Fußgängerweg ... mit viel Grün und alten Laternen à la Gas (Stadtblatt 21, 1984, 12). 2. (Gastronomie) *nach Art von:* Wir kochen heute Filetspitzen à la Stroganoff.

à la bonne heure! (bildungsspr.): *recht so, vortrefflich!:* Sie haben zu Ihren vier eigenen Kindern noch zwei Waisen aus Südamerika adoptiert? A la bonne heure!
▶ Diese französische Fügung heißt wörtlich »zur guten Stunde!« und ist wohl ein verkürzter Ausdruck für »zur rechten Zeit das Richtige getan!«, woraus sich die heutige Bedeutung der beifälligen Zustimmung oder bewundernden Anerkennung herleitet.

à la carte (Gastronomie): *nach der Speisekarte [selbst zusammengestellt], nicht als festes Menü:* Im Pensionspreis ist ein Abendessen à la carte inbegriffen. Das Menü sagt mir nicht zu, ich möchte lieber à la carte bestellen. Die Pensionierung à la carte ist heute für viele Wirklichkeit (Basler Zeitung 26. 7. 1984, 7).

Alarm: Alarm schlagen: *alarmieren, Aufmerksamkeit erregen:* Die Posten schlugen Alarm, als sich die Kolonne dem Tor näherte. Ich hatte 220 Blutdruck, und der Arzt schlug Alarm. Inzwischen haben die ... Kollegen des Dr. Blaich in zunehmender Häufigkeit Alarm geschlagen, weil sie ... befürchten mussten, die Länge des konsumierten »Seelendochtes« könnte in ... umgekehrtem Verhältnis stehen zu der Länge unseres Lebenslichtes (Welt 18. 1. 1964, Das Forum).

blinder Alarm: ↑ blind.

alea iacta est (bildungsspr.) = **der Würfel ist gefallen:** ↑ Würfel.

Alkohol: etwas in/im Alkohol ertränken: *etwas beim Genuss von Alkohol zu vergessen suchen:* Er wollte seinen Liebeskummer im Alkohol ertränken.

jmdn. unter Alkohol setzen: *jmdn. betrunken machen:* Sie nahmen die Mädchen an Bord und setzten sie unter Alkohol. Er widerruft sofort; erklärt, die Geständnisse seien ihm in der Voruntersuchung entrungen worden, nachdem man ihn unter Alkohol gesetzt habe (Noack, Prozesse 252).

unter Alkohol stehen: *betrunken sein:* Der Fahrer des Lieferwagens stand ganz offensichtlich unter Alkohol. Aber da er meist unter Alkohol stand ..., ist ihm eigentlich nie etwas Ernsthaftes passiert (Schnurre, Bart 136).

all: alles in allem: *im Ganzen gesehen, zusammengenommen:* Alles in allem war die Aufführung ein Erfolg. Wir können mit dem Vertrag alles in allem zufrieden sein. Adalbert benötigte zu seinen Entscheidungen, die er nach kurzem Abwägen unwiderruflich fällte, alles in allem drei Viertelstunden (Beheim-Schwarzbach, Freuden 23).

alles und jedes: *jegliches ohne Ausnahme:* Um alles und jedes muss man sich hier selbst kümmern. Und doch hatten diesen Diplomaten die Leiden der Seele ... dahin gebracht, dass er in allem und jedem nur noch pazifistische Machenschaften sah (Musil, Mann 1249).

alles, was recht ist (ugs.): *das muss man zugeben:* Sie hat in dieser Situation, alles, was recht ist, Zivilcourage bewiesen. Alles, was recht ist, das war eine nette Geste. Ich hingegen, alles was recht ist, kanns ihr nicht verübeln – obgleich ich andererseits Herrn Goron ... ganz wohl begreifen kann (Maass, Gouffé 300).

alles, was Beine hat (ugs.): *jedermann:* Alles, was Beine hat, war auf dem Sportplatz.

alles, was Rang und Namen hat: *alle bekannten und einflussreichen Persönlichkeiten:* Alles, was Rang und Namen hat, wird zur Eröffnung der Ausstellung erscheinen.

nicht [mehr] alle [beisammen]haben (ugs.): *nicht normal, nicht recht bei Verstand sein:* Seit er vom Gerüst gestürzt ist, hat er sie nicht mehr alle. Er hat mich

anpumpen wollen, ich glaube, der hat sie nicht mehr alle beisammen.

vor allem: *hauptsächlich, besonders:* Es geht vor allem darum, kein Aufsehen zu erregen. Hierzu gehören vor allem die Monsunwaldungen, deren Hauptprodukt das harte, widerstandsfähige Teakholz ist (Mantel, Wald 25).

es ist noch nicht aller Tage Abend: ↑Abend. **alle Achtung:** ↑Achtung. **alles andere als:** ↑andere. **allem Anschein nach:** ↑Anschein. **da hört sich doch alles auf:** ↑aufhören. **alle Augenblicke:** ↑Augenblick. **über alle vier Backen grinsen/strahlen:** ↑Backe. **alles Banane:** ↑Banane. **alles ein Brei sein:** ↑Brei. **es ist alles in Butter:** ↑Butter. **nicht alle auf dem Christbaum haben:** ↑Christbaum. **jmdm. dreht sich alles:** ↑drehen. **jmdm. alle Ehre machen:** ↑Ehre. **in allen Ehren:** ↑Ehre. **mit allen Ehren:** ↑Ehre. **jmds. Ein und Alles sein:** ↑ein. **Ende gut, alles gut:** ↑Ende. **mit allen Fasern [seines Herzens]:** ↑Faser. **in aller Gemütlichkeit:** ↑Gemütlichkeit. **es ist nicht alles Gold, was glänzt:** ↑Gold. **es ist alles im grünen Bereich:** ↑grün. **alles bis aufs Hemd verlieren:** ↑Hemd. **alle Jubeljahre:** ↑Jubeljahr. **unter aller Kanone:** ↑Kanone. **alles auf eine Karte setzen:** ↑Karte. **nicht alle im Karton haben:** ↑Karton. **alles tun, was in jmds. Kraft/Kräften steht:** ↑Kraft. **jmdm. dreht sich alles im Kreis:** ↑Kreis. **in alles seinen Kren reiben:** ↑Kren. **unter aller Kritik:** ↑Kritik. **aus allen Lagen schießen:** ↑Lage. **aus aller Herren Länder/** (veraltend:) **Ländern:** ↑Land. **nicht alle auf der Latte haben:** ↑Latte. **bei aller Liebe:** ↑Liebe. **alles, was in jmds. Macht steht:** ↑Macht. **Mädchen für alles:** ↑Mädchen. **ein für allemal:** ↑Mal. **alle Mann:** ↑Mann. **über die/über alle Maßen:** ↑Maß. **jmd. merkt aber auch alles:** ↑merken. **in aller Munde sein** ↑Mund. **Müßiggang ist aller Laster Anfang:** ↑Müßiggang. **alle nas[e]lang:** ↑naselang. **alles, was nicht niet- und nagelfest ist:** ↑niet- und nagelfest. **alles paletti:** ↑paletti. **nicht alle in der Reihe haben:** ↑Reihe. **unter aller Sau:** ↑Sau. **alle Schaltjahre:** ↑Schaltjahr. **alles Scheiße, deine Emma:** ↑Scheiße. **mit allen Schikanen:** ↑Schikane. **mit/in aller Seelenruhe:** ↑Seelenruhe. **es ist nicht aller Tage Sonntag:** ↑Sonntag. **in**

aller Stille: ↑ Stille. **in allen Stücken:** ↑ Stück. **alle Tage, die Gott werden lässt:** ↑ Tag. **nicht alle Tassen im Schrank haben:** ↑ Tasse. **jmdm. stehen alle Türen offen:** ↑ Tür. **zu allem Übel:** ↑ Übel. **zum/zu allem Überfluss:** ↑ Überfluss. **zu allem Unglück:** ↑ Unglück. **alles unter sich gehen lassen:** ↑ unter. **man darf nicht alles so verbissen sehen:** ↑ verbissen. **auf allen vieren:** ↑ vier. **alles wieder von sich geben:** ↑ von. **aller Voraussicht nach:** ↑ Voraussicht. **alles auf die Waagschale legen:** ↑ Waagschale. **mit allen Wassern gewaschen sein:** ↑ Wasser. **den Weg allen/alles Fleisches gehen:** ↑ Weg. **den Weg alles Irdischen gehen:** ↑ Weg. **jmdm. stehen alle Wege offen:** ↑ Weg. **alle Welt:** ↑ Welt. **aus aller Welt:** ↑ Welt. **in alle Welt:** ↑ Welt. **in aller Welt:** ↑ Welt. **was/wo/wer/warum usw. in aller Welt:** ↑ Welt. **um alles in der Welt:** ↑ Welt. **nicht um alles in der Welt:** ↑ Welt. **alle Wetter:** ↑ Wetter. **alles eine Wichse:** ↑ Wichse. **in alle [vier] Winde:** ↑ Winde. **alle Wohlgerüche Arabiens:** ↑ Wohlgeruch. **unter aller Würde sein:** ↑ Würde. **für alle Zeit:** ↑ Zeit. **alles zu seiner Zeit:** ↑ Zeit. **außer allem Zweifel stehen:** ↑ Zweifel.

alle: jmdn. **alle machen** (derb): *jmdn. umbringen:* »Wenn du mich verpfeifst, mache ich dich alle«, warnte der Straßenräuber (BM 11. 3. 1977, 16).
die Dummen werden nicht alle: ↑ dumm.

allein: allein **stehen:** *nicht verheiratet, ohne Familie sein:* Alle, die wie ich allein stehen, werden begreifen, wie wichtig mir eine dauerhafte Freundschaft ist.
mit etwas allein stehen: *etwas als einziger vertreten:* Er konnte nicht begreifen, dass er mit seiner Meinung völlig allein stand.
von allein[e] (ugs.): *von sich aus, automatisch:* Von allein wäre sie niemals auf die Idee gekommen. Wenn man erst einmal einen guten Anfang hat, dann schreibt sich der Rest der Geschichte fast von allein. In einer solchen Umwelt, die Spannungen von ganz allein produziert, genügen zumeist nichtige Anlässe ... (NZZ 1. 2. 1983, 5).
allein auf weiter Flur [stehen]: ↑ Flur. **verarschen/verscheißern kann ich mich alleine:** ↑ verarschen.
allemal: **ein für alle Mal:** ↑ ein.

allererste: allererste **Sahne:** ↑ erste.
allerhand: das ist [doch/schon/ja] **allerhand [für 'n Groschen]!** (ugs.): *Ausruf der Entrüstung:* Das ist doch allerhand, dass aus den Toten jetzt auch noch politisches Kapital geschlagen wird. Ich sage euch, dass der einfache Soldat hier vorn so aushält, das ist allerhand! (Remarque, Westen 37). ... und Bilder an den Wänden, nackte Mädels, das ist ja allerhand! (Plievier, Stalingrad 141).
allerhöchste: es **ist/wird allerhöchste Zeit:** ↑ Zeit.
allgemein: im **Allgemeinen:** *meistens, gewöhnlich:* Von dieser Reise hatte der Autor ... im Allgemeinen Wahres berichtet ... (Jacob, Kaffee 75). Aber drüben, da leiden sie an ideologischer Zersetzung, und das ist im Allgemeinen ein unheilbares Leiden (Dönhoff, Ära 225).
allmächtig: allmächtiger **Gott!:** ↑ Gott.
allzu: allzu **scharf macht schartig:** ↑ scharf.
allzu viel: allzu viel **ist ungesund:** *man soll nichts übertreiben:* Sie müssen geschäftlich mal ein wenig kürzer treten, Sie wissen doch: Allzu viel ist ungesund!
Alsterwasser: mit Alsterwasser **getauft sein:** ↑ taufen.
alt: Alt **und Jung:** *jedermann:* Alt und Jung strömte zum Oktoberfest.
alt und grau [bei etwas] werden: *[bei etwas] sehr lange warten müssen:* Da kann man ja alt und grau werden, bis man endlich einen Gerichtstermin bekommt. Bei diesem Job wirst du alt und grau, bevor du die erste Gehaltserhöhung bekommst.
▶ Diese Wendung geht auf die Bibelstelle 1. Sam. 12, 2 zurück.
da/hier o. Ä. **nicht alt werden** (ugs.): *da/hier o. Ä. nicht lange bleiben, es nicht lange aushalten:* Hier ist ja heute gar nichts los, hier werden wir nicht alt. Dieser Kerl war mir gleich verdächtig ... Wenn einer schon so heißt. Der wird hier nicht alt (Bobrowski, Mühle 253).
alt aussehen (ugs.): *einen schwachen, schlechten Eindruck machen (bes. im Sport):* Seine schnellen Dribblings lassen jeden Gegenspieler alt aussehen. Gegen die überalterte Gurkentruppe vom FC Liverpool hat Breitners FC Bayern ganz schön alt ausgesehen (Spiegel 25, 1981, 165). Die Praxis in den USA ...

lässt die Argumente der deutschen Autoindustrie recht alt aussehen (Wochenpresse 5. 6. 1984, 35).

alt wie Methusalem (ugs.): *sehr alt:* Mein Großvater ist alt wie Methusalem geworden. Er war schon alt wie Methusalem, als er aus dem Amt ausschied.

▶ Dieser Vergleich bezieht sich auf Methusalem, den Großvater Noahs, der nach 1. Moses 5, 27 mit 969 Jahren das höchste Alter der biblischen Urväter erreichte.

aus Alt mach Neu: *etwas Altes wurde aufgearbeitet/soll aufgearbeitet werden:* Weiß gestrichen sieht das alte Büffet ja richtig toll aus! – Tja, aus Alt mach Neu. Wir werden nicht umziehen, sondern unsere Wohnung von oben bis unten renovieren – aus Alt mach Neu!

Alte Dame (ugs.; scherzh.): *Mutter:* Was sagt denn deine Alte Dame dazu, dass du keinen Abend mehr zu Haus bist? Verflucht, ich hab vergessen, dass die Alte Dame heute Geburtstag hat!

Alte Herrschaften (ugs.; scherzh.): *Eltern:* Was sagen deine Alten Herrschaften dazu, dass du Schauspieler werden willst?

Alter Herr: 1. (ugs. scherzh.) *Vater:* Ich habe unseren Alten Herrn noch nie so wütend gesehen. 2. (Studentenspr.) *ehemaliges aktives Mitglied einer Verbindung:* Zum Sommerfest waren natürlich alle Alten Herren eingeladen. 3. (Sport) *Spieler der Altersklasse über 32 Jahre:* Gelegentlich kickt er noch ein bisschen bei den Alten Herren mit.

der alte Adam: ↑ Adam. **einen alten Baum soll man nicht verpflanzen:** ↑ Baum. **ein alter Mann/eine alte Frau/Oma ist doch kein D-Zug:** ↑ D-Zug. **Einfälle haben wie ein altes Haus/wie ein alter [Back]ofen:** ↑ Einfall. **jmdn., etwas zum alten Eisen werfen:** ↑ Eisen. **in alter Frische:** ↑ Frische. **als der Alte Fritz noch Gefreiter war/noch Fahnenjunker war/noch [mit der Schippe] im Sand spielte:** ↑ Fritz. **für den Alten Fritzen sein:** ↑ Fritz. **[noch] von der alten Garde sein:** ↑ Garde. **das älteste Gewerbe der Welt:** ↑ Gewerbe. **im alten Gleis sein:** ↑ Gleis. **ein alter Hase sein:** ↑ Hase. **ein alter Hut sein:** ↑ ¹Hut. **eine alte Jacke sein:** ↑ Jacke. **jung getan, alt gewohnt:** ↑ jung. **alte Kamellen:** ↑ Kamellen.

ein Kavalier der alten Schule: ↑ Kavalier. **alten Kohl aufwärmen:** ↑ Kohl. **man wird alt wie eine Kuh und lernt immer noch dazu:** ↑ Kuh. **alte Liebe rostet nicht:** ↑ Liebe. **[immer wieder] das alte Lied anstimmen:** ↑ Lied. **[immer] das alte Lied sein:** ↑ Lied. **die alte Litanei:** ↑ Litanei. **die alte Platte laufen lassen/spielen:** ↑ Platte. **eine alte Rechnung [mit jmdm.] begleichen:** ↑ Rechnung. **ins alte Register kommen:** ↑ Register. **altes Register:** ↑ Register. **alter Schwede:** ↑ Schwede. **ein älteres Semester sein:** ↑ Semester. **seinen alten Stiefel/im alten Stiefel weitermachen:** ↑ Stiefel. **auf meine alten Tage:** ↑ Tag. **die alte Walze:** ↑ Walze. **junger Wein in alten Schläuchen:** ↑ Wein. **die Alte Welt:** ↑ Welt. **alte Wunden [wieder] aufreißen:** ↑ Wunde. **ein alter Zopf:** ↑ Zopf. **einen alten Zopf/alte Zöpfe abschneiden:** ↑ Zopf. **zusammenpassen wie zwei alte Latschen:** ↑ zusammenpassen. **Zustände wie im alten Rom:** ↑ Zustand.

Altar: **jmdn. zum Altar führen** (geh.): *[eine Frau] heiraten:* Gestern hat er seine langjährige Mitarbeiterin zum Altar geführt.

jmdn., etwas auf dem Altar der Freundschaft/der Liebe/des Vaterlandes opfern (geh.): *jmdn., etwas für die Freundschaft/die Liebe/das Vaterland preisgeben:* Er hat alle Träume von einer großen Karriere auf dem Altar der Liebe geopfert.

Alten (Plural): **wie die Alten sungen, so zwitschern auch die Jungen:** *die negativen Eigenschaften der Eltern zeigen sich auch bei den Kindern.*

Altenteil: **sich auf sein/aufs Altenteil setzen/zurückziehen:** *aus Altersgründen Leitung und Verantwortung einem anderen abtreten, mit der Arbeit aufhören:* Mein Vater wird sich im nächsten Jahr auf sein Altenteil zurückziehen, dann trage ich allein die Verantwortung für die Firma. Marika Rökk denkt noch nicht daran, sich »aufs Altenteil« zurückzuziehen! (Bild und Funk 32, 1966, 33).

jmdn. aufs Altenteil setzen/abschieben: *jmdn. vorzeitig aus einer Stellung verdrängen, ihn nicht mehr an allem teilhaben lassen:* Sein Vater dachte gar nicht daran, sich mit 58 bereits aufs Altenteil setzen zu lassen. »Helga, ich lasse mich nicht aufs Altenteil abschieben.« »Auf die Idee käme keiner, der dich sieht«, sagte sie zärtlich (Danella, Hotel 345). ▶ Das Altenteil ist der Verfügungsbereich des alten Bauern nach Übergabe des Hofes an den Nachfolger, sind die ihm laut Übergabevertrag zustehenden Rechte.

Alter: **Alter schützt vor Torheit nicht:** *auch alte oder gereifte Menschen können sich töricht benehmen:* Jetzt will Opa unbedingt mit einem Motorrad nach Pakistan fahren. – Alter schützt vor Torheit nicht! **biblisches Alter:** ↑ biblisch. **im zarten Alter von...:** ↑ zart.

Alter Ego: 1. *jmd., der die Eigenschaften, Fähigkeiten o. Ä. hat, die einem fehlen, mit dem man – sich ergänzend – eng verbunden ist:* Da kommt mein Alter Ego. 2. *zweites, anderes Ich:* Sie war häuslich, aber ihr Alter Ego suchte Freiheit und Abenteuer. Im Aussteiger erkannte er sein Alter Ego.

alters: **seit alters** (geh.): *seit langer Zeit, von jeher:* Seit alters wird dieses Fest im Herbst gefeiert. Für die Geschichte der Kunst interessieren sich die Menschen seit alters (Bild. Kunst I, 27). Jesus ist seit alters latent im jüdischen Volk (Bloch, Wüste 134).

von alters her (geh.): *seit langer Zeit, von jeher:* Silvester hören wir die Neunte, das ist von alters her bei uns so Brauch. Dazu kam noch, dass der Anteil der Akkordarbeit in der Forstwirtschaft von alters her größer ist (Mantel, Wald 110). Zwischen den Ziegen und den Menschen besteht von alters her ein Vertrag (Jacob, Kaffee 7).

vor alters (veraltet): *vor langer Zeit, einstmals:* Vor alters stand dort eine Burg.

am: **am Stück:** ↑ Stück.

Amboss: **zwischen Hammer und Amboss:** ↑ Hammer.

amen: **sein Amen zu etwas geben** (ugs.): *seine Zustimmung zu etwas geben:* Mein Freund will auch als Schlachtenbummler mitfahren, wenn seine Frau ihr Amen dazu gibt.

das ist so sicher wie das Amen in der Kirche (ugs.): *das ist ganz gewiss:* Er wird sich zu rächen versuchen, das ist so sicher wie das Amen in der Kirche. Es ist so sicher wie das Amen in der Kirche: Ab 1974 wird das elektronische Hör- und Sehvergnügen erheblich teurer (Hörzu 18, 1973, 20).

zu allem Ja und Amen sagen: ↑ ja.

Amok: **Amok laufen/fahren:** *in einem Anfall von Geistesgestörtheit umherlaufen/ umherfahren und blindwütig töten:* Im Hafenviertel war/hatte ein Matrose Amok gelaufen. Wir müssen also damit rechnen, dass Asch, allerdings nur geistig, Amok läuft (Kirst, 08/15, 231). Dann reiste er ... in das Dorf Mülhausen an der Enz, wo er mit zwei Pistolen Amok lief (Spiegel 33, 1966, 81). ▶ Das Wort Amok stammt aus dem Malaiischen (malai. amuk »wütend, rasend«). Seeleute und Reisende beobachteten das Amoklaufen bei den Eingeborenen Südostasiens und der Südsee, wo dieses Phänomen häufig vorkommt.

Amor: **Amors Pfeil/Pfeile** (dichter.): *plötzliches Sichverlieben:* Hüte dich vor Amors Pfeilen, genieße deine Jugend frei und ungebunden! Amors Pfeil hatte ihn [ins Herz] getroffen (er hatte sich verliebt).

Amt: **in Amt und Würden sein:** *eine Position fest innehaben, einen Posten bekleiden:* Unser Pfarrer ist schon lange nicht mehr in Amt und Würden. Der zu Unrecht entlassene Direktor hoffte, bald wieder in Amt und Würden zu sein. Auch dieser (= der Einlassdienst) hatte vor Wochen erst seinen Standort gewechselt, war aus der Pförtnerloge der Kongresshalle an dieses Portal gekommen, saß wachend wieder in Amt und Würden (Fries, Weg 218).

seines Amtes walten (geh.): *eine Handlung, die in jmds. Aufgabenbereich liegt, ausführen:* Darf ich Sie nun bitten, ihres Amtes zu walten und ... Viele Jahre hatte der Bürgermeister zur Zufriedenheit aller seines Amtes gewaltet. Selbst höheren Beamten, die mit gutem Willen ehrlich und anständig ihres Amtes walten wollten, war dies nahezu unmöglich gemacht (Thieß, Reich 305).

von Amts wegen: 1. *dienstlich, aus beruflichen Gründen:* Ich bin heute von Amts wegen hier. Gustav packte die Hebamme. ... Sie kreischte: Dank deinem Gott, dass ich von Amts wegen keine langen

Fingernägel haben darf! (Strittmatter, Wundertäter 14). ... wozu wär ich ein Amtsdiener geworden, wenn ich jetzt ausplaudern würde, was von Amts wegen nicht ausgeplaudert werden darf (Walser, Eiche 74). 2. *in behördlichem Auftrag:* Das baufällige Gebäude wurde von Amts wegen abgebrochen.

das Fräulein vom Amt: ↑ Fräulein.

Amtsmiene: eine Amtsmiene aufsetzen/ aufstecken (iron.): *gewichtig-streng dreinschauen:* Urplötzlich setzte er eine Amtsmiene auf und erklärte ihr, sie könne den Papagei nicht ins Schwimmbad mitnehmen.

Amtsschimmel: den Amtsschimmel reiten (ugs.; scherzh.): *die Dienstvorschriften übertrieben genau einhalten:* Kleine Beamten reiten gern den Amtsschimmel. Wenn der Herr Kollege unbedingt den Amtsschimmel reiten will, dann kann ihn niemand daran hindern.

der Amtsschimmel wiehert (ugs.; scherzh.): *es herrscht Bürokratie:* In unserer Verwaltung wiehert laut der Amtsschimmel. Bevor diese Fahrzeuge die ihnen danach zustehende Steuerbefreiung erhalten, wiehert kräftig der Amtsschimmel, denn die Autos müssen überflüssigerweise gebührenpflichtig dem TÜV vorgeführt werden (Zivildienst 2, 1986, 32).

▶ Bei dem zweiten Bestandteil von »Amtsschimmel« handelt es sich wahrscheinlich um ein volksetymologisch umgestaltetes österr. Simile »Formular« (aus lat. similis »ähnlich«). Das Simile war im alten Österreich ein Musterformular, nach dem bestimmte wiederkehrende Angelegenheiten schematisch erledigt wurden. Daher nannte man Beamte, die alles nach dem gleichen Schema erledigten, scherzhaft Simile- oder Schimmelreiter. Andererseits könnte der Ausdruck von der Schweiz ausgegangen sein und sich darauf beziehen, dass die Schweizer Amtsboten früher auf Pferden (Schimmeln) Akten und Entscheidungen zu überbringen pflegten.

an: an [und für] sich: *eigentlich, im Grunde genommen:* Er ist an sich ein anständiger Kerl. Das ist eine an und für sich gute Lösung. Aber Loulous Äuglein ... zeigten recht deutlich, dass es ihm darum zu

tun war, keine Einzelheit eines Juxes zu versäumen, der ihm an und für sich ... den größten Spaß machte (Th. Mann, Krull 295).

etwas an sich: *etwas in seinem Wesen, seiner eigentlichen Bedeutung:* Das Problem an sich ist gar nicht richtig zur Sprache gekommen.

ab und an: ↑ ab. **es ist an dem, dass ...:** ↑ dem. **etwas so an sich haben:** ↑ haben. **an jmds. Statt:** ↑ Statt. **an einem Stück:** ↑ Stück. **zwei/drei** usw. **an der Zahl:** ↑ Zahl.

anbeißen: zum Anbeißen/Anknabbern aussehen/sein (ugs.): *reizend, überaus anziehend aussehen/sein:* Die Mädchen vom Ballett sahen zum Anbeißen aus. Ist die Kleine da drüben nicht zum Anbeißen? Was für ein Kind, diese Antje! Zum Knuddeln, zum Anbeißen (Bastian, Brut 44).

anbelangen: was jmdn., etwas anbelangt: *was jmdn., etwas betrifft:* Was mich anbelangt, ich habe keinen Hunger. Wir haben, was die Tatwaffe und die genaue Tatzeit anbelangt, zur Stunde noch keine neuen Erkenntnisse. Was aber die Christbaumkringel anbelangte, so plünderte er den Baum (Beheim-Schwarzbach, Freuden 81).

anbellen: den Mond anbellen: ↑ Mond.

anbeten: das Goldene Kalb anbeten: ↑ Kalb.

Anbetracht: in Anbetracht: *im Hinblick auf:* In Anbetracht seiner Verdienste um die Waisen wurde ihm ein Denkmal gesetzt. In Anbetracht der Lage hat jeder volle Handlungsfreiheit (Plievier, Stalingrad 198). In Anbetracht seiner geistigen Erkrankung war er bloß zu fünf Jahren Zuchthaus verurteilt worden (Niekisch, Leben 341).

anbetreffen: was jmdn., etwas anbetrifft: *was jmdn., etwas betrifft:* Was das Essen beim Präsidenten anbetrifft – man hat uns einfach wieder ausgeladen! Was ihn anbetreffe, so sagte er, gebe es keine Probleme. ... alles, was Gesamtdeutschland anbetrifft, können wir laut Artikel 2 der Pariser Verträge ohne die westlichen Alliierten sowieso nicht aushandeln (Dönhoff, Ära 214).

anbinden: angebunden sein: *Pflichten haben und nicht wegkönnen:* Wenn man kleine Kinder hat, ist man immer angebunden.

kurz angebunden: *unfreundlich und abweisend:* Er war kurz angebunden und ging auf nichts ein. »Ich weiß es nicht. Ich bin nicht seine Amme!«, kam es kurz angebunden vom Herde (Thiess, Legende 161). Auf meine Frage erwiderte sie kurz angebunden, Georg habe Nachtdienst in der Mühle (Seghers, Transit 45).

ein Kalb anbinden: ↑ Kalb.

Anblick: ein Anblick für Götter: ↑ Bild.

anbrennen: nichts anbrennen lassen: 1. (ugs.; landsch.) *sich nichts entgehen lassen:* Ich habe, als ich jung war, nichts anbrennen lassen. Einstweilen wollten sie sich amüsieren, nichts anbrennen lassen (Lynen, Kentaurenfährte 19). Er hatte eine hübsche stramme Frau und einen Haufen Kinder; doch sagte man ihm nach, er ließe auch sonst nichts anbrennen (Löns, Gesicht 150). 2. (Sport) *kein Tor zulassen:* Der Torwart der Gäste ließ nichts anbrennen.

andere: alles andere als: *überhaupt nicht, das Gegenteil von:* Die Premiere des Stücks war alles andere als ein Erfolg. Und was die ... Verpflegungsoffiziere ... erzählten, war alles andere als schön (Plievier, Stalingrad 163). Was es da zu hören gibt, ist für Frauen alles andere als schmeichelhaft (Baselland. Zeitung 27. 3. 1985, 15).

dem hätte ich etwas anderes erzählt!/dem werde ich etwas anderes erzählen!: *ich hätte ihm deutlich gesagt/werde ihm deutlich sagen, dass ich seinen Vorschlag, sein Ansinnen o. Ä. für unverschämt halte:* Er will das Geld nicht zurückzahlen? Dem werde ich etwas anderes erzählen! Sie wollte, dass du aus der Wohnung ausziehst? Der hätte ich was anderes erzählt!

beinahe hätte ich etwas anderes gesagt (ugs.): *ich habe mir eine derbe, bösartige o. ä. Ausdrucksweise gerade noch versagt:* Deine Freundin ist eine – beinahe hätte ich etwas anderes gesagt – sehr »lebenslustige« Frau.

das kannst du einem anderen erzählen! (ugs.): *das glaube ich nicht!:* Das Geld hast du im Lotto gewonnen? Das kannst du einem anderen erzählen!

unter anderem: *außerdem:* Wir sprachen unter anderem auch über Politik. Nichts an dieser Inszenierung verrät, dass Ibsen unter anderem auch ein Meister der Ökonomie ... ist (MM 28. 12. 1973, 32).

von einem Bein aufs andere treten: ↑ Bein. **jmdn. eines anderen belehren:** ↑ belehren. **sich eines anderen besinnen:** ↑ besinnen. **das steht auf einem anderen Blatt:** ↑ Blatt. **von einem Extrem ins andere fallen:** ↑ Extrem. **von der anderen Fakultät sein:** ↑ Fakultät. **ein anderes Gesicht bekommen:** ↑ Gesicht. **eine Hand wäscht die andere:** ↑ Hand. **die Hand in anderer Leute Tasche haben:** ↑ Hand. **aus anderem Holz geschnitzt sein:** ↑ Holz. **eine Krähe hackt der anderen kein Auge aus:** ↑ Krähe. **andere Länder, andere Sitten:** ↑ Land. **ein ums andere Mal:** ↑ Mal. **ein anderer Mensch werden/sein:** ↑ Mensch. **eine andere Platte auflegen:** ↑ Platte. **was dem einen recht ist, ist dem anderen billig:** ↑ recht. **andere Saiten aufziehen:** ↑ Saite. **diese Schweinerei muss eine andere werden:** ↑ Schweinerei. **eine andere Sprache sprechen:** ↑ Sprache. **andere Städtchen, andere Mädchen:** ↑ Stadt. **keinen Stein auf dem anderen lassen:** ↑ Stein. **von einem Tag auf den anderen:** ↑ Tag. **einen anderen Ton anschlagen:** ↑ Ton. **vom anderen Ufer sein:** ↑ Ufer. **was dem einen sin Uhl, ist dem anderen sin Nachtigall:** ↑ Uhl. **in anderen Umständen sein:** ↑ Umstand. **hier/dort weht ein anderer Wind:** ↑ Wind. **in die andere Woche gucken:** ↑ Woche. **ein Wort gibt das andere:** ↑ Wort. **andere Zeiten, andere Sitten:** ↑ Zeit. **was du nicht willst, dass man dir tu, das füg auch keinem andern zu:** ↑ zufügen.

ändern: wenn der Hahn kräht auf dem Mist, ändert sich das Wetter, oder es bleibt wie es ist: ↑ Hahn.

anders: erstens kommt es anders, und zweitens als man denkt: ↑ kommen. **vor Tische las mans anders:** ↑ Tisch. **... gehen/ticken die Uhren anders:** ↑ Uhr. **es nicht anders verdienen:** ↑ verdienen. **wenn anders:** ↑ wenn.

anderthalb: auf einen Schelm anderthalbe setzen: ↑ Schelm.

andudeln: sich einen andudeln (ugs.): *sich betrinken:* Am Abend hatten sie sich ganz gemütlich einen angedudelt. Warum musst du dir einen andudeln, Mama? Um meine Jugendlichkeit zu unterstreichen (Schnurre, Ich 32).

Anfall: einen Anfall bekommen/kriegen (ugs.): *außer sich geraten, sehr wütend werden:* Er bekommt wegen jeder Kleinigkeit gleich einen Anfall. Aber der Preis war hoch: Ärger mit dem Hauswirt, mit den Nachbarn ... Und seine Familie würde schlicht einen Anfall bekommen (Baldwin [Übers.], Welt 36).

Anfang: der Anfang vom Ende sein: *den Untergang einleiten:* Mitte März drangen die Truppen in die Außenbezirke ein; das war der Anfang vom Ende. Als er auch noch zu trinken begann, war das der Anfang vom Ende.

den Anfang machen: *anfangen; der Erste sein:* Wer macht den Anfang? Wenn sich keiner traut, muss ich wohl wieder den Anfang machen. Kurz, ich war ein Stück weitergekommen ... der Anfang war gemacht (Jens, Mann 51). Pfui, der Kuss, der gar zarte Austausch! Er macht den Anfang (Th. Mann, Krull 411).

seinen Anfang nehmen (geh.): *anfangen:* Die Feier nahm ihren Anfang. Damals hatte meine Vereinsamung ihren Anfang genommen (Hesse, Steppenwolf 59). ... sie (= die Kunst) konnte im Sinnlichen beginnen und ins Abstrakte führen, oder konnte in einer reinen Ideenwelt ihren Anfang nehmen (Hesse, Narziß 227).

wehre/wehret den Anfängen! (geh.): *etwas Schlechtes, das gerade entsteht, soll man sofort bekämpfen; einer unheilvollen Entwicklung soll man sofort entgegentreten:* Wenn man an die Ereignisse im Dritten Reich denkt, kann man nur sagen: Wehret den Anfängen!

▶ Diese Warnung geht auf den römischen Dichter Ovid in seinen »Remedia amoris« (Heilmittel gegen die Liebe) zurück. Mit »Principiis obsta!« warnt er vor den Gefahren des Sichverliebens.

von Anfang bis Ende: *vollständig, ohne Auslassungen:* Später musste ich die ganze Geschichte von Anfang bis Ende noch einmal erzählen.

Müßiggang ist aller Laster Anfang: ↑Müßiggang.

anfangen: das fängt ja gut an!: *Ausdruck des Galgenhumors, wenn etwas unglücklich beginnt, gleich am Anfang misslingt:*

bei Adam und Eva anfangen: ↑Adam.

anfassen: jmdn., etwas nicht mit der Beißzange / Feuerzange / Kneifzange / Kohlenzange/Mistgabel/Zange anfassen [mögen] (ugs.): *vor jmdm., etwas Abscheu empfinden, mit jmdm., etwas nichts zu tun haben wollen:* Diesen schleimigen Kerl möchte ich nicht mit der Beißzange anfassen. Das ist eine Sorte Literatur, die ein anständiger Mensch nicht mit der Mistgabel anfasst. ... dass ich jedenfalls vollkommen abgerückt bin von dieser Dame, die ich nicht mit der Feuerzange mehr anfassen möchte (Maass, Gouffé 145).

zum Anfassen: *bürgernah, im unmittelbaren Kontakt mit der Öffentlichkeit:* Wir wollen eine Politik zum Anfassen machen, die alle Bürger an den wichtigen Entscheidungen beteiligt. Koalas mal zum Anfassen! Wollen Sie Australiens Lieblingstiere hautnah erleben? (Hörzu 10, 1983, 133). Die Spanier ... wünschen sich einen Star zum Anfassen und nicht nur einen, der gut Fußball spielt (Hörzu 45, 1982, 15).

solang der Arsch in die Hosen passt, wird keine Arbeit angefasst: ↑Arsch. **jmdn. anfassen wie ein rohes Ei:** ↑behandeln. **etwas am falschen/verkehrten/richtigen Ende anfassen:** ↑Ende. **etwas mit spitzen Fingern anfassen:** ↑Finger. **jmdn. mit Glacéhandschuhen/mit Samthandschuhen anfassen:** ↑Glacéhandschuh, ↑Samthandschuh. **ein heißes Eisen anfassen:** ↑heiß. **Ringelpiez mit Anfassen:** ↑Ringelpiez.

anfeuchten: sich die Kehle anfeuchten: ↑Kehle.

anführen: den Reigen anführen: ↑Reigen. **angeben: wie ein Wald voll Affen/wie eine Tüte Mücken o. Ä. angeben** (ugs.): *sehr prahlen:* Die Jugendlichen in der Gruppe haben angegeben wie ein Wald voll Affen. ... gib nicht so an wie 'ne Tüte Mücken (Rechy [Übers.], Nacht 31).

▶ Die Vergleiche haben wahrscheinlich keinen konkreten Hintergrund, sondern dienen lediglich der Verstärkung und komischen Wirkung.

eine Stange angeben: ↑Stange. **den Takt angeben:** ↑Takt. **den Ton angeben:** ↑Ton. **angedeihen: jmdm. etwas angedeihen lassen** (geh.): *jmdm. etwas zuteil werden* *lassen:* Er lässt seinen Kindern eine gute Erziehung angedeihen. Darf ich die Gelegenheit benützen, Ihnen für die rührende Sorgfalt zu danken, die Sie meinem Bruder angedeihen ließen (Goetz, Prätorius 29). Es versteht sich von selbst, dass wir dem UNO-Abgeordneten ... einen besonderen Schutz angedeihen lassen müssen (Cotton, Silver-Jet 16).

Angedenken: seligen Angedenkens: ↑ selig. **unseligen Angedenkens:** ↑ unselig.

angegossen: wie angegossen sitzen/passen: *sehr gut passen:* Das Kleid sitzt wie angegossen. Meine Schuhe passten ihm wie angegossen. Ich trug lacklederne Reitstiefel vom besten Schuster in Berlin, die wie angegossen saßen (Fallada, Herr 7).

▶ Der Vergleich stammt aus der Gießereitechnik und bezog sich ursprünglich auf die Gussmasse, die sich genau der Form anpasst.

angehen: das geht dich einen feuchten Kehricht/einen feuchten Lehm an: ↑ Kehricht, ↑ Lehm. **georgelt haben, bevor die Kirche angegangen ist:** ↑ orgeln. **jmdn. einen feuchten Staub angehen:** ↑ Staub.

angekränkelt: [nicht] von des Gedankens Blässe angekränkelt sein: ↑ Gedanke.

Angel: etwas aus den Angeln heben: *etwas grundsätzlich verändern:* Eine Minderheit versuchte, die Verfassung aus den Angeln zu heben. Ist es wirklich so leicht bei uns, das Recht und die Menschlichkeit aus den Angeln zu heben, ohne dass etwas passiert? (Dönhoff, Ära 79). Sie waren zu kühler Objektivität gar nicht in der Lage. Denn hier wurde ja ihr Leben aus den Angeln gehoben (Thielicke, Ich glaube 105). **aus den Angeln gehen:** *auseinander fallen, zugrunde gehen:* Er hoffte darauf, dass das Imperium bald aus den Angeln gehen würde. **zwischen Tür und Angel:** ↑ Tür. **die Welt aus den Angeln heben:** ↑ Welt.

angelegen: sich etwas angelegen sein lassen (geh.): *sich um etwas bemühen, sich um etwas kümmern:* Ich werde es mir angelegen sein lassen, ihm jeden Wunsch von den Augen abzulesen. Statt stündlich und halbstündlich an die technischen Unternehmungen zu denken, lasse

ich es mir angelegen sein, eine Frau von meinem Charakter zu überzeugen (R. Walser, Gehülfe 78). Die Akteure dürften Ähnliches empfunden haben, während sie es sich angelegen sein ließen, das Unglaubliche ... künstlerisch plausibel zu machen (K. Mann, Wendepunkt 313).

Angelpunkt: Dreh- und Angelpunkt: ↑ Drehpunkt.

angenehm: das Angenehme mit dem Nützlichen verbinden: *etwas, das Gewinn bringt oder wozu man verpflichtet ist (und was man ohnehin tun muss oder sollte), mit etwas Angenehmem verbinden:* Wenn ich zu der Tagung nach München muss, kann ich das Angenehme mit dem Nützlichen verbinden und mal aufs Oktoberfest gehen.

angeschrieben: bei jmdm. gut/schlecht angeschrieben sein: ↑ anschreiben.

Angesicht: im Angesicht (geh.): 1. *angesichts, beim Anblick:* Im Angesicht des Todes wollte er sein Gewissen erleichtern. Gehen Sie, was erlauben Sie sich im Angesicht des Heiligen Vaters! (Hochhuth, Stellvertreter 173). 2. *im Hinblick auf:* Im Angesicht der Tatsache, dass Sie unser Ansehen geschädigt haben, schließen wir Sie aus dem Verein aus. Gewiss, die technischen Schwierigkeiten der Umlegung werden sehr groß sein, aber was bedeuten sie im Angesicht der Geschichte (Dönhoff, Ära 66).

von Angesicht zu Angesicht (geh.): *persönlich:* Es war ein beklemmendes Gefühl, dem Diktator von Angesicht zu Angesicht gegenüberzustehen. Ich habe mit ihr von Angesicht zu Angesicht gesprochen und konnte keine Anzeichen von Krankheit oder Erschöpfung erkennen. Und dazu noch anschauen müssen, dass die anderen sind ... die Gott von Angesicht zu Angesicht sehen (Strauß, Niemand 58). Satane sind es ... Ich wollte sie sehen, nur ein einziges Mal, von Angesicht zu Angesicht! (Frisch, Nun singen 108).

im Schweiße meines Angesichts: ↑ Schweiß.

angetan: es jmdm. angetan haben: *jmdn. für sich einnehmen:* Na, der junge Tennisstar hat es Ihrer Tochter wohl sehr angetan? Ihre schwarzbraunen Augen hatten es ihm angetan. Ich würde mich ... freuen, wenn ihr mir da helfen könntet. Der »Jules« hat es mir echt angetan (Oxmox 6, 1983, 46).

von jmdm., von etwas angetan sein: *von jmdm., von etwas [sehr] angenehm berührt sein:* Das Preisgericht war von der Kür der jungen Französin sehr angetan. Er war im Allgemeinen von seinen eigenen Kindern nur wenig angetan. Ich habe Freunde in Wien, die waren ... sehr angetan von den Festspielen (Danella, Hotel 298).

danach/dazu angetan sein, etwas zu tun: *geeignet, günstig dafür sein, etwas zu tun:* Ihre Leistungen im letzten Quartal sind nicht dazu angetan, Ihnen einen größeren Verantwortungsbereich zuzuweisen. Was ich hier lese, ist durchaus danach angetan, mich in meinen Hoffnungen zu bestärken. So ... sei jene ziemlich schäbige List, mit der man sich in Aufsichtsrats- oder Vereinssitzungen gelegentlich einmal aus der Affäre ziehen kann, dazu angetan, sich um Entscheidungen ... für die nächsten vier Jahre zu drücken (Dönhoff, Ära 29).

Angriff: etwas in Angriff nehmen: *mit etwas beginnen:* Wann nehmen wir den nächsten Bauabschnitt in Angriff? Ein geschickter Koch konnte während der viereinhalb Minuten noch nebenbei etwas anderes in Angriff nehmen (Brecht, Groschen 333).

angst: jmdm. wird angst [und bange]: *jmd. bekommt Angst, fürchtet sich:* Als er mit Vollgas die Kurve ansteuerte, wurde mir angst und bange. Im Winter zumal wird mir angst und bange um ihn, bei Frost, wenn er keuchend die eisige Luft in sein erhitztes Inneres pumpt (Th. Mann, Herr 131).

jmdm. ist angst [und bange]: *jmd. hat Angst:* Mir ist angst und bange um ihn. Ihr war angst und bange, wenn sie an das Wiedersehen dachte. Morgen würde er sein Ferngespräch mit Jill führen, obgleich ihm jetzt schon angst und bange davor war (Ruark [Übers.], Honigsauger 488).

Angst: jmdm. sitzt die Angst im Nacken: *jmd. hat große Angst:* Kleine Schweißperlen auf seiner Stirn zeigten, wie sehr ihm die Angst im Nacken saß. ... wegen des Polizeihundes saß ihm eine große Angst im Nacken (Spoerl, Maulkorb 26).

mehr Angst als Vaterlandsliebe haben (ugs.): *sehr ängstlich sein:* Die anderen aus der Klasse werden uns nicht helfen, die haben doch mehr Angst als Vaterlandsliebe. Der Leutnant, der uns nach vorn fahren sollte, hatte mehr Angst als Vaterlandsliebe.

es mit der Angst [zu tun] bekommen/kriegen: *ängstlich werden:* Als er erfuhr, dass er aufs Polizeirevier kommen sollte, bekam er es mit der Angst zu tun. Weißt du, als ich dich so dick Freund mit R. (dem Polizisten) sah, bekam ich es mit der Angst zu tun (Genet, [Übers.], Tagebuch 241).

jmdm. Angst [und Bange] machen: *jmdn. in Angst versetzen:* Er machte dem Kind mit seinen Drohungen Angst und Bange.

anhaben: jmdm., einer Sache etwas/nichts anhaben können/wollen: *jmdm., einer Sache schaden/nicht schaden können/wollen:* Sei nur ruhig, hier will dir niemand etwas anhaben. Fliegerbomben, die auf der Wasseroberfläche detonierten und dem getauchten Boot nichts anhaben konnten ... (Ott, Haie 228). Wenn wir uns einig sind, kann uns niemand was anhaben (Sebastian, Krankenhaus 169). Ich bin ein einfältiger Mensch, dem die Erziehung nichts hat anhaben können (Jahnn, Geschichten 202).

die Hosen anhaben: ↑Hose. **seine Schussstiefel anhaben:** ↑Schussstiefel. **die Spendierhosen anhaben:** ↑Spendierhosen. **dicke/wollene Strümpfe anhaben:** ↑Strumpf. **nichts um- und anhaben:** ↑umhaben.

anhalten: den Atem anhalten: ↑Atem. **um jmds. Hand/um jmdn. anhalten:** ↑Hand. **halt die Luft an!:** ↑Luft.

Anhalter: per Anhalter: *indem man mit einem fremden Fahrzeug, das man angehalten hat, mitfährt:* Trotz aller Warnungen der Polizei fahren noch immer viele junge Mädchen per Anhalter. Im letzten Sommer hatten sie per Anhalter die ganze Westküste kennen gelernt. Vermutlich am 23. April wollte Gerda Oed wiederum per Anhalter nach Paris zurückfahren (MM 31. 5. 1966, 10).

anhängen: jmdm. hängt etwas an wie die Krätze: ↑Krätze.

anhänglich: anhänglich wie Rheumatismus sein (ugs.): *in aufdringlicher, unangenehmer Weise sehr anhänglich sein:* Der picklige Pennäler war anhänglich wie Rheumatismus und wollte dauernd mit ihr tanzen.

anheischig: sich anheischig machen (geh.): *sich bereit erklären:* Er machte sich anheischig, mir bei der Arbeit zu helfen. Pastor Quittjens mache sich anheischig, für Unrats Wiederaufnahme bei den Besseren zu sorgen (H. Mann, Unrat 110). Und wenn sie sich dennoch anheischig machten, von dem zu berichten, was ... hinter diesem Wunder der Wandlung stand, dann konnten sie es nur stammelnd und in Bildern tun (Thielicke, Ich glaube 122).

Anhieb: auf Anhieb/auf den ersten Anhieb (ugs.): *sofort, gleich zu Beginn:* Es klappte auf Anhieb. Sie konnte die Frage nicht auf Anhieb beantworten. »So, so«, sagte Nowack und begriff nicht auf Anhieb, welch ein Ball ihm hier zugespielt wurde (Kirst, 08/15, 746).
▶ »Anhieb« meint eigentlich den ersten Hieb beim Baumfällen.

Anker: Anker werfen/vor Anker gehen: 1. (Seemannsspr.) *den Anker auswerfen, ankern:* In einer einsamen Bucht warfen sie Anker. Die Erregung hatte sich gelegt, der Schleppzug ging für die Nacht vor Anker (Klepper, Kahn 50). Die »Queen« geht am 3. Mai in Hamburg vor Anker. 2. (ugs.) *[irgendwo] Rast machen; sich niederlassen:* In diesem Lokal können wir Anker werfen. Nach seiner Pensionierung wollte er raus aus Hamburg und in einem kleinen Ort in den Marschen vor Anker gehen. Hier warf ich Anker, hier war es für eine Stunde auszuhalten (Hesse, Steppenwolf 47).
vor Anker liegen (Seemannsspr.): *mit dem Anker am Grund festgemacht sein:* Draußen vor der Hafeneinfahrt lag das holländische Frachtschiff vor Anker. Ronni ... sah, dass der Dampfer vor Anker lag (Geissler, Wunschhütlein 71).

Anklage: unter Anklage stehen: *[vor Gericht] angeklagt sein:* Sie sollten die Fragen des Gerichts durchaus ernst nehmen, junger Mann, schließlich stehen Sie unter Anklage! ... sein Brief ... machte sie ähnlich betroffen, wie es ein Mensch sein mag, der ohnehin unter Anklage steht (Musil, Mann 954).
jmdn. unter Anklage stellen: *jmdn. [vor Gericht] anklagen:* Der Staatsanwalt wird den Verdächtigen unter Anklage stellen, sobald eindeutige Beweise vorliegen.

Anklagebank: auf der Anklagebank sitzen: *angeklagt sein:* Er sitzt schon zum dritten Mal auf der Anklagebank. Darüber hinaus saßen auf der Anklagebank drei ehemalige Volkskommissare (Leonhard, Revolution 41).
jmdn. auf die Anklagebank bringen: *jmdn. anklagen:* Er schwor sich, nicht zu ruhen, bis er den Waffenschieber auf die Anklagebank gebracht hatte.

Anklang: Anklang finden: *mit Zustimmung, mit Beifall aufgenommen werden:* Das Konzert fand viel Anklang. Die Vorschläge des Betriebsrates fanden bei der Geschäftsleitung keinen Anklang. ... im Ausland fanden vor allem die Erzeugnisse der Kunstabteilung Anklang (Feuchtwanger, Erfolg 100).

anklopfen: bei Petrus anklopfen: ↑Petrus.

anknabbern: zum Anknabbern aussehen/ sein: ↑anbeißen.

ankommen: es auf etwas ankommen lassen: *vor etwas nicht zurückschrecken:* Auf einen offenen Bruch können es die Koalitionspartner nicht ankommen lassen. Sie werden es nicht auf einen Prozess ankommen lassen. Sie werden es nicht auf einen Kampf mit den Amerikanern ankommen lassen, sie werden fliehen (Apitz, Wölfe 64).
es darauf ankommen lassen: 1. *nicht davor zurückschrecken:* Er ließ es ganz kaltschnäuzig darauf ankommen, sein Amt zu verlieren. Aber der Unteroffizier wollte es nicht darauf ankommen lassen, in Verdacht zu geraten (Kirst, 08/15, 181). 2. (ugs.) *abwarten, wie sich die Dinge entwickeln:* Du kannst es ja einfach mal darauf ankommen lassen. Ich weiß nicht, ob das mit dem Medizinstudium etwas wird; ich lasse es halt darauf ankommen.
jmdn. hart/sauer ankommen (geh.): *jmdm. [sehr] schwer fallen:* Es ist ihn doch sehr hart angekommen, dass er die Wahl verloren hat. Dass ich mich öffent-

lich entschuldigen musste, das kam mich recht sauer an. Blanvalet hat 100 000 Mark für den Erwerb des US-Bestsellers ... vorauszahlen müssen – es ist ihn hart angekommen (Spiegel 39, 19. 9. 1966, 152).

auf dem Nullpunkt ankommen: ↑Nullpunkt.

Ankratz: Ankratz haben/finden (ugs.; landsch.): *Chancen haben, umworben sein:* Das hübsche Flüchtlingsmädchen hatte überall Ankratz. Sie fand auf dem Fest keinen Ankratz.

► »Ankratz« bezieht sich wahrscheinlich darauf, dass Hunde und Katzen an der Kleidung kratzen, wenn sie auf den Schoß genommen werden wollen, oder dass sie an der Tür kratzen, wenn sie eingelassen werden wollen, vgl. die Bedeutung des Verbs ankratzen »sich einschmeicheln« und »eine Bekanntschaft machen«. – Andere Deutungsversuche (z. B. mit Bezug auf den Kratzfuß als Höflichkeitsgebärde) sind wenig überzeugend.

ankümmeln: sich einen ankümmeln (ugs.): *sich betrinken:* Erst gucken wir uns das Fußballspiel an, und danach werden wir uns ganz gemütlich einen ankümmeln.

Anlass: Anlass nehmen, etwas zu tun (Papierdt.): *sich veranlasst fühlen, sich erlauben, etwas zu tun:* Wir nehmen Anlass, Ihnen mitzuteilen, dass ...

etwas zum Anlass nehmen: *eine Gelegenheit nutzen, etwas zu tun:* Der Fraktionsvorsitzende nahm das Gespräch zum Anlass, die bestehenden Meinungsverschiedenheiten auszuräumen. Darum besagen alle Berichte aus London und Washington, dass die Westmächte die Berlin-Krise zum Anlass nehmen wollen, die gesamte deutsche Frage zu diskutieren (Dönhoff, Ära 113).

Anlauf: einen [neuen] Anlauf nehmen/machen: *[neu] ansetzen:* Ihr Chef nahm einen neuen Anlauf und diktierte den nächsten Abschnitt. Er ist durch die Fahrprüfung gefallen und wird in sechs Wochen einen neuen Anlauf machen. Doch ehe es so weit kommt, hat Theodahad einen Anlauf von Energie genommen und in Rom Silverius zum Papste weihen lassen (Thieß, Reich 634).

anlaufen: bei jmdm. schief anlaufen: ↑schief.

anlegen: jmdm. Daumenschrauben anlegen: ↑Daumenschraube. **Hand anlegen:** ↑Hand. **die letzte Hand anlegen:** ↑Hand. **jmdm. die Kandare anlegen:** ↑Kandare. **seinen Gefühlen kein Korsett anlegen:** ↑Korsett. **jmdm. den/einen Maulkorb anlegen:** ↑Maulkorb. **jmdm., einer Sache Zügel anlegen:** ↑Zügel.

Anmarsch: im Anmarsch sein (ugs.): *anrücken; unterwegs sein; sich ankündigen:* Die feindlichen Truppen waren bereits im Anmarsch auf die Außenbezirke der Stadt. Als er den Eindruck gewonnen hatte, dass die Räterepublik im Anmarsch sei, machte er sich zum Wortführer (Niekisch, Leben 79). In München heiratete er die Kölner Cutterin Claudia Lange ... Nachwuchs ist auch im Anmarsch (Hörzu 38, 1975, 15).

Annahme: der Annahme sein (Papierdt.): *annehmen:* Ich war der Annahme, dass er krank sei.

Annalen (Plural): **in die Annalen eingehen** (bildungsspr.): *unvergessen bleiben:* Diese Tat wird zweifellos in die Annalen eingehen.

annehmen: das kannst du annehmen! (ugs.): *das ist sicher, ganz gewiss!:* Ich werde ihm ganz schön die Meinung geigen, das kannst du annehmen!

Formen annehmen: ↑Form. **Gestalt annehmen:** ↑Gestalt. **Haltung annehmen:** ↑Haltung. **Räson annehmen:** ↑Räson. **jmdn. an Kindes statt annehmen:** ↑statt. **Vernunft annehmen:** ↑Vernunft.

anno: anno dazumal/(scherzh.:) **dunnemals; anno Tobak; anno X** (ugs.): *frühere Zeiten; in früheren Zeiten:* Das war vielleicht anno dazumal modern. Sie trug einen Hut von anno Tobak. Hier gelts nicht um die Bill of Rights von anno Tobak und um Mr. Jefferson (Fr. Wolf, Menetekel 91). Dieses Grammophon stammt aus anno X.

anno Domini (veraltet): *im Jahre [des Herrn]:* Ein spanisches Kauffahrteischiff verließ im Sommer anno Domini 1728 den Hafen von Barcelona mit unbekanntem Ziel.

anno Schnee: ↑Schnee.

anpfeifen: sich einen anpfeifen (ugs.): *sich betrinken:* Wir haben uns in einer

Kneipe einen angepfiffen und von einer besseren Zukunft geträumt.

anpreisen: etwas wie sauer/saures Bier anpreisen: ↑ Bier.

anquatschen: jmdn. [dumm] von der Seite anquatschen: ↑ Seite.

anrechnen: jmdm. etwas hoch anrechnen: *anerkennend beurteilen, würdigen:* Man muss es ihm hoch anrechnen, dass er sich für die Freilassung der politischen Gefangenen eingesetzt hat. Auch Herse Andernoth habe ich es immer hoch angerechnet, dass sie mit mir redete wie vielleicht mit anderen jungen Mädchen (Gaiser, Schlussball 16).

Anrechnung: etwas in Anrechnung bringen (nachdrücklich): *etwas anrechnen:* Wir werden Ihnen den Betrag in Anrechnung bringen. Dabei können folgende Punktabzüge in Anrechnung gebracht werden ... (Gast, Bretter 106).

Anregung: etwas in Anregung bringen (Papierdt.): *etwas anregen:* Er wollte den Einsatz von Sonderzügen in Anregung bringen.

anrufen: der Storch hat angerufen: ↑ Storch. **den heiligen Ulrich anrufen:** ↑ Ulrich. **jmdn. als Zeugen/zum Zeugen anrufen:** ↑ Zeuge.

anrühren: keinen Bissen anrühren: ↑ Bissen.

ans: ans Werk!: ↑ Werk.

ansagen: angesagt sein (ugs.): 1. *nötig sein:* Ich habe die neuen Kontoauszüge bekommen – ab sofort ist Sparen angesagt! Bei diesem Wetter ist wasserdichte Kleidung angesagt. Um die Anfänger zu mehr Vorsicht anzuhalten, ist der »Führerschein auf Probe« angesagt (Zivildienst 10, 1986, 1). 2. *unmittelbar bevorstehen:* Schon nach der ersten Halbzeit wussten alle, dass eine Niederlage der Heimmannschaft angesagt war. Für viele steht der Winterurlaub vor der Tür. Reisen sind angesagt (Zivildienst 10, 1986, 1).

jmdm., einer Sache den Kampf ansagen: ↑ Kampf.

Ansatz: außer Ansatz bleiben (Papierdt.): *nicht mit eingerechnet werden:* Sonderzahlungen in sozialen Härtefällen sind bei den Kalkulationen zunächst außer Ansatz geblieben. Bei der Berechnung dieser Jahresarbeitsverdienstgrenze

bleiben Sonderausgaben ... außer Ansatz (MM 24. 7. 1966, 54). Dabei sind die beiden Fundstellen ... außer Ansatz geblieben (Fallada, Jeder 253).

etwas in Ansatz bringen (Papierdt.): *etwas veranschlagen, ansetzen:* Für den Umbau des Rathauses wurden 7,8 Millionen DM in Ansatz gebracht.

ansaufen: sich einen [Rausch] ansaufen (ugs.): *sich betrinken [bis man einen Rausch hat]:* Sie wollte sich einen ansaufen, weil sie ihren Freund mit einer anderen gesehen hatte. Heute haben wir noch Zeit ... uns einen Rausch anzusaufen (Fels, Sünden 104). Letzte Nacht ... habe ich mir ziemlich einen angesoffen (Baldwin [Übers.], Welt 106).

ansäuseln: sich einen ansäuseln (ugs.): *sich leicht betrinken:* Die Dame hat sich einen angesäuselt, wir sollten ihr ein Taxi bestellen.

Anschaffe: auf [die] Anschaffe gehen (derb): *der Prostitution nachgehen:* Sie erklärte ihm, dass sie keine Lust mehr habe, für ihn auf Anschaffe zu gehen. Aber vorerst gehe ich noch zwei oder drei Jahre auf die Anschaffe (Jaeger, Freudenhaus 131).

anschaffen: sich ein dickes Fell anschaffen: ↑ Fell. **wer zahlt, schafft an:** ↑ zahlen.

Anschein: dem/allem Anschein nach: *anscheinend, vermutlich:* Er war allem Anschein nach Ausländer. Comment allez-vous? Sehr gut allem Anschein nach (Th. Mann, Krull 268). Eigentlich hat sie es immer nur um sich herum ruhig und friedlich haben wollen, wenn nicht anders möglich, dann wenigstens dem Anschein nach (Wohmann, Absicht 365).

sich den Anschein geben: *etwas vortäuschen, so tun:* Er gab sich den Anschein, als ob er krank sei. Ihrer Theorie zufolge müssten Sie weniger gesund sein, als Sie sich den Anschein geben (Th. Mann, Zauberberg 138). Er war einer von jenen drei Verwandten des Fürsten, die sich den Anschein gaben, in der Puri von Wichtigkeit zu sein (Baum, Bali 56).

anscheißen: jmdn. haben sie durch ein Sieb angeschissen: ↑ Sieb. **scheiß die Wand an:** ↑ Wand.

Anschlag: etwas in Anschlag bringen (Papierdt.): *etwas berücksichtigen, einkal-*

kulieren: Man muss auch die hohen Transportkosten in Anschlag bringen. Bei diesem Test sind die sozialen Verhältnisse nicht in Anschlag gebracht worden. ... andere mögen anders urteilen – über Bekenntnisse, bei denen immerhin in Anschlag zu bringen ist, dass ich sie freiwillig ablege (Th. Mann, Krull 140).

anschlagen: einen [anderen] Ton/eine Tonart anschlagen: ↑ Ton, ↑ Tonart.

Anschluss: im Anschluss an: 1. *unmittelbar nach:* Im Anschluss an die Preisverleihung fand ein Empfang statt. 2. *nach dem Vorbild von, in Anlehnung an:* Das kleinformatige Bildnis hat seit dem 16. Jh. und fast immer im Anschluss an die Miniaturen Holbeins stets seine besondere Bedeutung gehabt (Bild. Kunst III, 14). 3. *unter Bezugnahme auf:* Im Anschluss an unseren letzten Brief möchten wir Ihnen mitteilen, dass ...

den Anschluss verpasst haben (ugs.): *keinen Ehepartner gefunden haben:* Meine Schwester ist schon 44, die hat den Anschluss verpasst.

anschreiben: bei jmdm. gut/schlecht angeschrieben sein (ugs.): *bei jmdm. in gutem/schlechtem Ansehen stehen:* Sprich du doch einmal mit ihm, du bist doch bei ihm gut angeschrieben. Die 9. Klasse war beim Direktor schlecht angeschrieben. Ich war nicht dumm, trotz meiner Jugend, und also war ich gar bald gut angeschrieben bei meinen Vorgesetzten (Roth, Beichte 64).

▶ Die Wendung stammt aus dem kaufmännischen Bereich und bezieht sich auf das Anschreiben von Schulden und Guthaben.

mit doppelter Kreide anschreiben: ↑ Kreide.

ansehen: sieh [mal] einer an! (ugs.): *wer hätte das gedacht!* (Ausruf der Überraschung): Jetzt geht er mit der Chefin sogar schon aus, sieh mal einer an! »Sieh mal einer an, wer hätte das gedacht, dass die gute Lisa ein Mittelding zwischen einem Spanner und Jacula ... ist« (Rocco [Übers.], Schweine 158).

das sehe sich einer an! (ugs.): *das ist doch nicht zu glauben!* (Ausruf der Überraschung oder Entrüstung): Das sehe sich einer an! Jetzt tut er so, als ob nichts ge-

wesen wäre. Nüsse haben sie geknackt, sehe sich einer diesen Schutthaufen an (Frisch, Cruz 49).

jmdn. nicht für voll ansehen (ugs.): *nicht ernst nehmen:* In politischen Dingen ist er ein Kind, da kann man ihn nicht für voll ansehen.

jmdn. nicht mit dem Arsch ansehen: ↑ Arsch. **jmdn., etwas mit scheelen Augen ansehen:** ↑ Auge. **etwas als Freibrief für etwas ansehen:** ↑ Freibrief. **das Geld nicht ansehen:** ↑ Geld. **jmdn. von hinten ansehen:** ↑ hinten. **jmdm. etwas an der Nase[nspitze] ansehen:** ↑ Nasenspitze. **sich die Radieschen/den Rasen von unten ansehen:** ↑ Radieschen, ↑ Rasen. **... [dann] kannst du dir die Radieschen von unten ansehen:** ↑ Radieschen. **jmdn. mit dem Rücken ansehen:** ↑ Rücken. **jmdn. schief ansehen:** ↑ schief. **jmdn. über die Schulter ansehen:** ↑ Schulter. **jmdn. von der Seite ansehen:** ↑ Seite.

Ansehen: nur von/vom Ansehen: *nur vom Sehen, nicht mit dem Namen:* Ich kenne den Mann nur vom Ansehen.

ohne Ansehen der Person: *ohne Rücksichtnahme auf jmdn.:* Wir werden bei den Ermittlungen ohne Ansehen der Person vorgehen. Das in Großbritannien ... errichtete System des ›welfare state‹ wollte der gesamten Bevölkerung ohne Ansehen der Person oder des Vermögens eine möglichst hohe soziale Sicherheit zukommen lassen (Fraenkel, Staat 380).

Ansehung: in Ansehung (veraltend): *angesichts, unter Berücksichtigung:* In Ansehung seiner Verdienste um die Verwaltungsreform wurde auf Disziplinarmaßnahmen verzichtet.

ansetzen: den Hebel irgendwo ansetzen: ↑ Hebel. **Moos ansetzen:** ↑ Moos.

ansichtig: jmds., einer Sache ansichtig werden (geh.): *jmdn., etwas erblicken:* Als er seines Vetters ansichtig wurde, gefror sein Lächeln zu einer Grimasse. Er runzelte die Stirn, als er meiner ansichtig wurde (Saarbr. Zeitung 7. 7. 1980, 11). Kolkraben, Elstern ... greifen aber jedes behaarte oder gefiederte Raubtier an, dessen sie ... ansichtig werden (Lorenz, Verhalten 21).

Ansichtssache: das ist Ansichtssache: *darüber kann man verschiedener Mei-*

nung sein: Wie man darauf reagiert, das ist doch wohl Ansichtssache. Die Art der Kopfbedeckung ist Ansichtssache (Gast, Bretter 48).

anspitzen: auf jmds. Kopf kann man Pfähle anspitzen: ↑ Kopf.

Anspruch: [keine] Ansprüche stellen: *[nicht] anspruchsvoll sein:* Ich stelle keine Ansprüche; ein Bett, ein Tisch und ein Stuhl sind alles, was ich in dem Zimmer brauche. Sie stellt Ansprüche, als sei sie hier die Chefin! Aber da ich nicht unglücklich war und keine übertriebenen Ansprüche an das Leben stellte, kam ich mit mir überein, ich sei glücklich (Rinser, Mitte 22).

Anspruch auf etwas erheben: *etwas beanspruchen:* Die Schwester des Verstorbenen erhob Anspruch auf das ihr zustehende Erbteil. Die Delegierten ... erhoben den Anspruch, das ganze Königreich »virtuell« zu vertreten (Fraenkel, Staat 295).

jmdn., etwas in Anspruch nehmen: *jmdn., etwas beanspruchen:* Die Arbeit nimmt mich sehr in Anspruch. Darf ich Ihre Gastfreundschaft in Anspruch nehmen? Die Aussagen des Gerichtsarztes und der Kriminalbeamten nahmen nicht viel Zeit in Anspruch (Brecht, Groschen 244). Der Geistliche gab keine Antwort, sondern war von dem Tanzen des Bällchens völlig in Anspruch genommen (Langgässer, Siegel 296).

Anstalten (Plural): **Anstalten treffen/zu etwas machen:** *sich anschicken, etwas zu tun:* Sie machten keinerlei Anstalten, das Abteil zu räumen. Die Regierung hatte alle Anstalten getroffen, den Putsch zu verhindern. 1928 traf ich Anstalten, einen eigenen Verlag zu gründen (Niekisch, Leben 141). Es machte schon die ersten Anstalten zur Dämmerung, als das Telefon draußen im Vorzimmer wieder läutete (Baum, Paris 65).

Anstand: [keinen] Anstand an etwas nehmen: *etwas [nicht] beanstanden; sich [nicht] an etwas stoßen, sich [nicht] von etwas abhalten lassen:* Die Gegenpartei hat an den Vertragsänderungen keinen Anstand genommen. Er war ein unverträglicher Mensch, der an allem Anstand nahm. Dieser Schüler besitzt nämlich eine Großmutter, welche keinen Anstand

nimmt, ihn mit Prügeln zu versehen ... (H. Mann, Unrat 88).

anständig: wo der Rücken seinen anständigen Namen verliert/keinen anständigen Namen mehr hat: ↑ Rücken.

anstehen: nicht anstehen, etwas zu tun (geh.): *etwas ohne weiteres tun:* Er stand nicht an, die Konsequenzen zu ziehen. Sie stehe nicht an zu behaupten, dass die Verwaltung korrumpiert ist. Ich stehe nicht an zu sagen, dass ich ... entschlossen war, mich in das Abenteuer zu werfen (Th. Mann, Krull 284).

etwas anstehen lassen: *etwas hinausschieben, nicht in Angriff nehmen:* Solche Probleme darf man nicht lange anstehen lassen, hier muss sofort gehandelt werden. ... dieser Landrat ... hätte das ja von sich aus machen können, aber natürlich: lässt die Geschichte anstehen ... erwartet Weisungen (Bobrowski, Mühle 262). Wenn er es anstehen lässt, müssen die Zähne extrahiert werden (Wohmann, Absicht 235).

anstellen: sich anstellen wie der Ochs beim Seiltanzen (ugs.): *sich sehr ungeschickt anstellen:* Gib mir mal den Schraubenschlüssel, du stellst dich ja an wie der Ochs beim Seiltanzen!

anstimmen: ein Klagelied über jmdn., über etwas anstimmen: ↑ Klagelied. **[immer wieder] dasselbe/das alte/gleiche Lied anstimmen:** ↑ Lied. **ein Loblied auf jmdn., auf etwas anstimmen:** ↑ Loblied.

anstinken: gegen jmdn., gegen etwas nicht anstinken können (ugs.): *gegen jmdn., gegen etwas nichts ausrichten können:* Er spielt schon ganz gut Schach, aber gegen einen Großmeister kann er natürlich nicht anstinken. Sie hat das Geld und die guten Beziehungen, dagegen kannst du nicht anstinken. ... aber man hält die Schnauze. Du kannst doch nicht gegen die da oben anstinken! (Bredel, Prüfung 103). Alfred war ein echter Hit, dagegen konnten die ZDF-Schlagerstars nicht anstinken (Hörzu 4, 1974, 104).

Anstoß: Anstoß erregen (geh.): *Missbilligung hervorrufen:* Die Rede des Ministers hat Anstoß erregt. »Ich würde vor allem die Farbe wechseln«, sagte Fräulein Böttscher. »Die Farbe erregt Anstoß.« (Roehler, Würde 25). Wohin konnte sie ausweichen, ohne Anstoß zu erregen? (A. Kolb, Daphne 140).

an etwas Anstoß nehmen: *etwas missbilligen:* Sie nahm an seinem Benehmen keinen Anstoß. An einigen Stellen hat die Zensur Anstoß genommen. Aber Herr Professor! Nehmen Sie gar an dieser entblößten Brust aus Stein Anstoß? (Andres, Liebesschaukel 142).

der Stein des Anstoßes: ↑ Stein.

anstreichen: sich etwas [rot] im Kalender anstreichen: ↑ Kalender.

Anteil: Anteil an etwas haben: *an etwas beteiligt sein:* Wir haben an diesem Erfolg keinen Anteil. An der Sicherung des Friedens hatte die UNO nur geringen Anteil. Lesurques aber hat überhaupt nicht den geringsten Anteil an diesem Verbrechen gehabt (Mostar, Unschuldig 26).

Anteil an etwas nehmen: 1. *sich an etwas beteiligen:* Er nahm an dem Spiel keinen Anteil. Sie saß blass dabei, ohne an dem Gespräch tätigen Anteil zu nehmen (Musil, Mann 557). 2. *sich für etwas interessieren:* Auch im hohen Alter nahm er noch lebhaften Anteil an der Politik. ... ich weiß, dass Sie Anteil an meinem Schüler Pieter nehmen (Seidel, Sterne 167). Die Frau ... gehörte zu jenen scheinbar bedingungslos verheirateten weiblichen Wesen, die glühenden Anteil zu nehmen pflegen an den geschäftlichen oder politischen Erfolgen ihrer Männer (Kirst, Aufruhr 109).

Antenne: eine Antenne für etwas haben (ugs.): *etwas richtig einschätzen, ein Gefühl für etwas haben:* Er wird die Angelegenheit nicht auf sich beruhen lassen, ich habe eine Antenne dafür. Klar ersichtlich, dass er neben seinen Fähigkeiten zur Regie ... eine sensible Antenne für die Menschen hat, mit denen er hantiert (Hörzu 44, 1975, 34). Die zweite Gruppe von Menschen, die keine Antenne für die Vollendung der Geschichte haben, sind die faustischen Leute (Thielicke, Ich glaube 260).

Anton: keinen Ton, nicht mal Anton: ↑ Ton.

antreten: die Flucht nach vorn antreten: ↑ Flucht. **den Beweis antreten:** ↑ Beweis.

seine letzte Reise antreten: ↑ Reise.

antrinken: sich einen antrinken (ugs.): *trinken, bis man einen Rausch hat:* Heute Abend werd ich mir einen antrinken. Bei den Katholischen, sagte er, trinkt sich der Pastor jeden Morgen einen an mit Wein, aber den anderen gibt er nichts ab (Degenhardt, Zündschnüre 68).

sich einen Affen antrinken: ↑ Affe.

antun: sich etwas antun (fam.): *Selbstmord begehen:* Wenn du mich verlässt, tue ich mir etwas an. Hoffentlich hat sie sich nichts angetan. Wir hörten überhaupt nichts, keine Schritte, kein Schluchzen ... und mit der Zeit hatte meine Frau offenbar Angst, unser Freund könnte sich etwas antun (Frisch, Stiller 517).

jmdm., einer Sache zu viel Ehre antun: ↑ Ehre. **jmdm. Gewalt antun:** ↑ Gewalt. **sich Gewalt antun [müssen]:** ↑ Gewalt. **sich ein Leid/ein Leids antun:** ↑ Leid. **jmdm. einen Schur antun:** ↑ Schur. **sich keinen Zwang antun:** ↑ Zwang.

Antwort: [jmdm.] keine Antwort schuldig bleiben: *nicht um eine Antwort verlegen sein, sich seiner Haut zu wehren wissen:* Der Verteidiger blieb dem Staatsanwalt keine Antwort schuldig. Aber du bist ein kluges Mädchen und wirst deinem Polykarp keine Antwort und keinen Kuss schuldig bleiben (Langgässer, Siegel 524).

keine Antwort ist auch eine Antwort: *Bemerkung, mit der man ausdrückt, dass man den Grund kennt, warum der Gesprächspartner es vorzieht zu schweigen.* **wer viel fragt, kriegt viel Antwort:** ↑ fragen. **jmdm. Rede und Antwort stehen:** ↑ Rede.

Anwendung: Anwendung finden (Papierdt.): *angewendet werden:* Die neuen Bestimmungen haben bisher noch keine Anwendung gefunden. Heute ist das Penizillin in seiner chemischen Struktur genau aufgeklärt und findet eine weltweite Anwendung (Fischer, Medizin II, 122).

etwas in/zur Anwendung bringen (Papierdt.): *etwas anwenden:* Bei der Berechnung der Liegegelder wird ein anderer Satz in Anwendung gebracht. Wir werden uns bemühen, die Ergebnisse dieser Beratungen in Anwendung zu bringen. Der Denker Narziß zum Beispiel hat die Ergebnisse seines Denkens auf ... jeden seiner Mönche hundertmal zur Anwendung gebracht (Hesse, Narziß 376).

zur Anwendung kommen/gelangen (Papierdt.): *angewendet werden:* Bei den nächsten Europameisterschaften werden die neuen Bestimmungen bereits zur Anwendung kommen. Dieses Formprinzip kommt aber in doppelter Weise zur Anwendung (Curschmann, Oswald 132).

anwurzeln: wie angewurzelt [da]stehen/ stehen bleiben: *reibungslos [da]stehen/ abrupt regungslos stehen bleiben:* Sie stand wie angewurzelt da und schaute mich mit großen Augen an. Der Torwart stand wie angewurzelt auf der Torlinie. Er blieb stehen wie angewurzelt, während sie davonschlenderten in enger Umarmung (Kronauer, Bogenschütze 107).

Anzeige: jmdn., etwas zur Anzeige bringen (Papierdt.): *jmdn., etwas anzeigen:* Der Fall wurde zur Anzeige gebracht. Morgen bringe ich ... das Geschehene zur Anzeige (H. Mann, Unrat 46). Den Bürgern wird empfohlen, alle Personen mit Zeichen unrepublikanischer Gesinnung zur Anzeige zu bringen (Siegburg, Robespierre 197).

anziehen: von jmdm. angezogen werden wie die Motten vom Licht: *von jmdm. unwiderstehlich angezogen werden:* Die Männer werden von Rosemarie angezogen wie die Motten vom Licht.
Gegensätze ziehen sich an: ↑ Gegensatz. **sich die Jacke anziehen:** ↑ Jacke. **wem die Jacke passt, der zieht sie sich an:** ↑ Jacke. **jmdn. die Kandare anziehen:** ↑ Kandare. **den bunten/des Kaisers Rock anziehen:** ↑ Rock. **wem der Schuh passt, der zieht ihn sich an:** ↑ Schuh. **die Spendierhosen anziehen:** ↑ Spendierhosen. **die Steuerschraube anziehen:** ↑ Steuerschraube. **sich warm anziehen sollen/müssen:** ↑ warm. **die Zügel straffer anziehen:** ↑ Zügel.

Anzug: aus dem Anzug gehen/springen (ugs.): *sich aufregen, in Wut geraten:* Wenn ich mal 'ne schlechte Zensur nach Hause bringe, springst du gleich aus dem Anzug (Quick 33, 1958, 47).
jmdn. aus dem Anzug boxen/pusten/ schütteln/stoßen (ugs.): *jmdn. [der einem körperlich unterlegen ist] verprü-*

geln: Wenn du noch ein Wort sagst, stoße ich dich aus dem Anzug! Die allgemeine Situation ist jetzt schon so weit gediehen, dass ein einziger unserer Soldaten ein ganzes großdeutsches Regiment aus dem Anzug stoßen kann (Kirst, 08/15, 885).
aus dem Anzug kippen (ugs.): *sehr überrascht sein:* Ich bin fast aus dem Anzug gekippt, als sie plötzlich vor mir stand. ... sag ihm, du weißt, wie er dich vor deiner Verhaftung geleimt hat. Dann kippt er aus'm Anzug (Bieler, Bär 424).
aus dem Anzug fallen (ugs.): *so abgemagert sein, dass man seine Kleider nicht mehr ausfüllt:* Den Wirt erkennt man kaum noch wieder, so ist der aus dem Anzug gefallen.
im Anzug[e] sein: *sich nähern:* Feindliche Truppen waren im Anzug. Er war davon überzeugt, dass Gefahr im Anzug sei. Ende Juli kamen die Ultimaten, und das Gewitter, das seit Jahren im Anzuge war, brach los (Niekisch, Leben 30).
dumm aus dem Anzug gucken/kucken: ↑ gucken. **das haut den stärksten Mann aus dem Anzug:** ↑ Mann.

anzwitschern: sich einen anzwitschern (ugs.): *sich einen Schwips antrinken:* Jeden Abend nach dem Essen hat sich Großmutter ihre Flasche Kümmellikör neben den Sessel gestellt und sich gemütlich einen angezwitschert.

Apfel: der Apfel fällt nicht weit vom Stamm/(ugs.; scherzh.) **nicht weit vom Pferd:** *jmd. ist in den negativen Anlagen den Eltern sehr ähnlich.*
Äpfel mit Birnen vergleichen; Äpfel und Birnen zusammenzählen (ugs.): *Unvereinbares zusammenbringen:* Man kann zwei so unterschiedliche Arbeiten nicht miteinander vergleichen; das hieße, Äpfel und Birnen zusammenzählen. Herr Schiele ... hat es in diesem Fall an beidem fehlen lassen und Äpfel mit Birnen verglichen (MM 9. 5. 1980, 27). Aber wie leicht kann man ... »Äpfel und Birnen zusammenzählen« und »aus normalen Vorgängen alle möglichen Verdächte ... zusammenbrauen« (Spiegel 44, 1984, 24).
für einen Apfel/Appel und ein Ei (ugs.): *spottbillig, fast umsonst:* Für einen Apfel und ein Ei kann man im Ausverkauf schöne Pullover bekommen. Er hat das

Land für einen Apfel und ein Ei gekauft. In diesem Park treibt sich doch nur das Letzte rum – die tuns fürn Appel und 'n Ei (Rechy [Übers.], Nacht 189).

▶ Die Wendung erklärt sich wohl daraus, dass – in normalen Zeiten – auf jedem Bauernhof Äpfel und Eier reichlich vorhanden sind und keinen großen Wert darstellen. Man kann einen Apfel und ein Ei – wie auch ein Butterbrot – ruhig abgeben, ohne davon arm zu werden.

in den sauren Apfel beißen: *etwas Unangenehmes notgedrungen tun:* Wenn das keiner übernehmen will, muss ich wohl in den sauren Apfel beißen.

so voll sein, dass kein Apfel zur Erde fallen kann: ↑ voll.

Apfelmus: gerührt sein wie Apfelmus: ↑ gerührt.

a posteriori (bildungsspr.): *nachträglich, später:* Es war eine Schwäche des Systems, die sich erst a posteriori herausgestellt hatte.

Apparat: am Apparat verlangt werden (ugs.; scherzh.): *sich rasieren müssen:* Ich glaube, du wirst am Apparat verlangt.

▶ An die Stelle von Apparat im Sinne von »Telefonapparat« (am Apparat verlangt werden »einen Anruf erhalten«) ist hier scherzhaft Apparat im Sinne von »Rasierapparat« gesetzt worden.

Appetit: der Appetit kommt beim Essen: *wenn man erst einmal mit etwas angefangen hat, kommt auch die Lust dazu:* Eigentlich hatte er sich nie fürs Skifahren interessiert, aber der Appetit kommt beim Essen: Heute steht er jede freie Minute auf den Brettern.

guten Appetit!: *Höflichkeitsformel zur Einleitung einer gemeinsamen Mahlzeit; Wunschformel, wenn man jmdn. essen sieht:* Hat jeder seine Suppe? Also dann, guten Appetit! Sie haben gerade Frühstückspause? Dann will ich nicht stören; guten Appetit auch!

April: April, April!: *Spottruf, wenn man jmdn. in den April geschickt hat, getäuscht, angeführt hat:* Ich sehe gar keinen Fleck auf meiner Hose. – April, April! Erst hat man uns eine Mietbeihilfe in Aussicht gestellt, aber dann – April, April! – wollte niemand mehr dafür zuständig sein.

jmdn. in den April schicken: *jmdn. am 1. April zum Besten halten:* Die Mädchen hatten sich etwas ausgedacht, womit sie ihre Lehrerin in den April schicken wollten. Die Arbeiter schicken ihn gern in den April ... (Zenker, Froschfest 192).

▶ Die seit dem Beginn des 17. Jh.s bezeugte Wendung bezieht sich auf den Brauch der Aprilscherze, bei denen es meist darum geht, jmdn. etwas besorgen zu lassen, was es gar nicht gibt, oder etwas tun zu lassen, was er gar nicht tun soll. Auch in Holland, Frankreich und England ist es üblich, andere Menschen am 1. April zum Narren zu halten. Warum dieser Brauch am 1. April stattfindet, ist nicht sicher geklärt. Da er vermutlich von Frankreich nach Deutschland gelangte, könnte es damit zusammenhängen, dass Karl IX. im Jahr 1564 den Neujahrstag vom 1. April auf den 1. Januar verlegte. Wer das vergaß, traf seine Vorbereitungen umsonst.

a priori (bildungsspr.): *von vornherein, grundsätzlich:* Unkontrollierter Einsatz von Schusswaffen muss a priori abgelehnt werden. Durch sein Bestreben, schon a priori für sich Entlastungsmaterial zu schaffen, wies er selbst den Weg zu seiner Entlarvung (Mostar, Unschuldig 88).

Arabien: alle Wohlgerüche Arabiens: ↑ Wohlgeruch.

Arbeit: erst die Arbeit, dann das Vergnügen: Nun lasst mal die Pullen zu, erst die Arbeit, dann das Vergnügen.

Arbeit schändet nicht: *es ist nicht unehrenhaft, seinen Lebensunterhalt durch Arbeit zu verdienen:* Warum soll ein Baron nicht mit gebrauchten Autos handeln? Arbeit schändet nicht!

Arbeit und Brot: *Erwerbsmöglichkeiten* Industrieansiedlungen hatten Arbeit und Brot in die früher bettelarme Provinz gebracht.

die Arbeit nicht erfunden haben (ugs.; scherzh.): *nicht gern arbeiten, faul sein:* Der Neue drückt sich wo er nur kann, der hat die Arbeit auch nicht erfunden.

ganze/gründliche Arbeit leisten/tun/ (ugs.) **machen:** *etwas so gründlich tun, dass nichts mehr zu tun übrig bleibt:* Die Durchfahrt war frei; die Minenboote hatten ganze Arbeit geleistet. Die Einbrecher hatten ganze Arbeit gemacht. Wir haben zwar gemeinsam erst einen Brand gelöscht, aber ich muss schon sagen, dass wir ganze Arbeit geleistet haben (Kirst, Aufruhr 143).

nur halbe Arbeit machen: *etwas nur unvollkommen ausführen:* Der Klempner hat nur halbe Arbeit gemacht, die Spülung geht schon wieder nicht.

etwas in Arbeit geben: *etwas anfertigen, machen lassen:* Die neue Glocke für die Kirche war bereits in Arbeit gegeben worden. ... es fand sich ein schönes braunes Tuch, von dem wurde ein Anzug ... in Arbeit gegeben (Hesse, Narziß 137). Es war ein Industrieller, der dieses Stück für sich exklusiv in Persien in Arbeit gab (Spiegel 36, 1982, 10).

etwas in Arbeit nehmen: *mit der Anfertigung von etwas beginnen:* Der Meister hatte die kostbarsten Stücke bereits in Arbeit genommen.

in Arbeit sein: *gerade bearbeitet, angefertigt werden:* Der Verkäufer versicherte, dass die Sitzecke bereits in Arbeit sei. Allerorten sind Untersuchungen über handelspolitische Fragen und Währungsprobleme in Arbeit (Dönhoff, Ära 190). Das Buch ... war in drei große Kapitel eingeteilt, von denen ... das zweite in Arbeit und das dritte geplant war (Jens, Mann 155).

etwas in Arbeit haben: *an etwas gerade arbeiten, etwas gerade anfertigen:* Die Firma hat den bestellten Öltank noch nicht in Arbeit.

[bei jmdm.] in Arbeit sein/stehen: *[bei jmdm.] beschäftigt, angestellt sein:* Wo waren Sie bisher in Arbeit? Er hatte viele Jahre bei diesem Werk in Arbeit gestanden. Ob Mann oder Frau: man muss in Arbeit stehen, um Staatsbürgerrecht, ja Lebensrecht überhaupt zu genießen (Niekisch, Leben 221).

nach getaner Arbeit ist gut ruhn: *wenn man seine Arbeit hinter sich gebracht hat, darf man sich zufrieden [und zu Recht] ausruhen.*

von seiner Hände Arbeit leben (geh.): *sich seinen Lebensunterhalt selbst mühsam verdienen:* In den ersten Monaten fiel es ihm sehr schwer, von seiner Hände Arbeit zu leben. Sie (= die Grabsteine) sind bereits zu teuer für den Mann, der von seiner Hände Arbeit gelebt hat (Remarque, Obelisk 18).

solang der Arsch in die Hosen passt, wird keine Arbeit angefasst: ↑ Arsch.

arbeiten: arbeiten wie ein Pferd/wie ein Kuli (ugs.): *sehr hart und unermüdlich arbeiten:* Wenn man den ganzen Tag gearbeitet hat wie ein Pferd, möchte man abends seine Ruhe haben. Mein Großvater konnte trotz seiner siebzig Jahre noch arbeiten wie ein Pferd. Er ... ist der Boss, der die Konkurrenz in Schach hält, und er arbeitet wie ein Pferd (Prodöhl, Tod 57).

wer nicht arbeitet, soll auch nicht essen: *wer zum Arbeiten zu faul ist, hat keinen Anspruch darauf, von den anderen mit ernährt zu werden.*

▶ Diese Redensart geht auf eine Stelle in den Paulusbriefen des N. T. zurück. In 2 Thess. 3, 10 heißt es: »Wenn jemand nicht will arbeiten, der soll auch nicht essen.«

viele Hände machen der Arbeit schnell ein Ende: ↑ Hand. **Hand in Hand arbeiten:** ↑ Hand. **jmdm. in die Hand/in die Hände arbeiten:** ↑ Hand. **in die eigene Tasche arbeiten/wirtschaften:** ↑ Tasche. **jmdm. in die Tasche arbeiten/in jmds. Tasche arbeiten:** ↑ Tasche. **die Zeit arbeitet für jmdn.:** ↑ Zeit.

Arbeiterdenkmal: ein Arbeiterdenkmal machen (ugs.; scherzh.): *untätig (auf sein Arbeitsgerät gestützt) herumstehen:* Einer schippte die Erde aus der Grube, die drei anderen machten ein Arbeiterdenkmal.

arg: im Argen liegen: *sich in Unordnung befinden; nicht so sein, wie es sein sollte:* Bei der Betreuung der Gastarbeiter liegt noch vieles im Argen. Unsere Außenpolitik liegt noch immer im Argen. Im Argen lag vor allem ihre Sprachdisziplin (Welt 8. 6. 1967, 9). Export-Import liegt immer im Argen, wenn man sich nicht persönlich darum kümmert (Ruark [Übers.], Honigsauger 310).

ein arges Loch in jmds. Beutel reißen: ↑ Loch.

Arg: jmd., etwas ist ohne Arg; an jmdn., an etwas ist kein Arg (veraltet): *jmd., etwas ist ohne Falschheit, ohne Böses:* An diesem Kind ist kein Arg. Es ist kein Arg an eures Oheims Absichten, er hat nur euer

Wohl im Sinn. Er ist ein einfacher Bursche, leutselig und ohne Arg.

Ärger: schwarz/grün und gelb/grün und blau vor Ärger werden (ugs.): *sich sehr ärgern:* Wenn sie mein neues Kleid sieht, wird sie grün und gelb vor Ärger. Man könnte schwarz vor Ärger werden, wenn man an das viele vergeudete Geld denkt. **seinem Ärger Luft machen:** ↑ Luft.

ärgern: sich schwarz/grün und blau/gelb und grün ärgern (ugs.): *sich sehr ärgern:* Nun sieh dir bloß die Pfuscharbeit der Handwerker an, da kann man sich doch schwarz ärgern. Ich ärgere mich schwarz über die Gedankenlosigkeit meiner Mitmenschen (Hörzu 48, 1972, 144). Der Brigadier ... ärgert sich grün und blau über das, was er sieht (Werfel, Bernadette 170).

nicht ärgern, nur wundern!: *Beschwichtigungsformel:* Hast du gesehen, wie der mir die Vorfahrt genommen hat! – Nicht ärgern, nur wundern!

sich die Krätze/die Schwindsucht an den Hals ärgern (ugs.): *sich sehr ärgern:* Ich habe allen Grund, mir mit euch die Krätze an den Hals zu ärgern. Der Pauker ärgerte sich die Schwindsucht an den Hals, wenn wir ihm einen Fehler nachweisen konnten.

jmdn. ärgert die Fliege an der Wand: ↑ Fliege. **sich die Platze ärgern:** ↑ Platze.

arm: Arm und Reich (veraltend): *alle Menschen ohne Unterschied:* Arm und Reich müssen das Gesetz achten, da gibt es keine Ausnahmen.

arm wie eine Kirchenmaus sein (ugs.): *nichts besitzen:* Als ich die Universität besuchte, war ich arm wie eine Kirchenmaus. Unser Verein wird bald arm wie eine Kirchenmaus sein, wenn sich keine neuen, finanzstarken Sponsoren finden. Die »Armee« war nach fünf Umzügen arm wie eine Kirchenmaus (Plievier, Stalingrad 305).

▶ Die Wendung bezieht sich darauf, dass Mäuse, die in Kirchen leben, dort nicht genügend zum Fressen finden.

es trifft ja keinen Armen (ugs.): *du hast/ er hat ja genug Geld, daher kannst du/ kann er den Verlust, die Ausgabe leicht verkraften:* Der neue Wagen muss dich eine Kleinigkeit gekostet haben – na, es trifft ja keinen Armen!

arm am Beutel, krank am Herzen: ↑ Beutel. **arm dran sein:** ↑ dran. **ach, du armer Arsch:** ↑ Arsch. **ach, du armer Körper:** ↑ Körper. **das ist ja nicht wie bei armen Leuten:** ↑ Leute. **armer Schlucker:** ↑ Schlucker. **jetzt hat die arme Seele Ruh:** ↑ Seele. **hinter etwas her sein wie der Teufel hinter der armen Seele:** ↑ Teufel.

Arm: jmds., einer Sache verlängerter Arm sein: *für jmdn. agieren, jmdm. zuarbeiten:* Politiker sollten nicht nur der verlängerte Arm der Industrie sein. Als Polizeibeamter sind Sie der verlängerte Arm des Gesetzes. Das ... Laiengremium der deutschen Katholiken hat sich ... längst von dem Geruch befreit, nichts anderes als der verlängerte Arm der Bischöfe zu sein ... (MM 6./7. 11. 1976, 2).

einen langen Arm haben: *weit reichenden Einfluss haben:* Vielleicht kann ich dir helfen. Mein Onkel gehört dem Ausschuss an und hat einen langen Arm. Ich würde mich vor ihm in Acht nehmen, er hat einen langen Arm. Lass das doch, du ziehst nur den Kürzeren, ich kenn das, die haben einen langen Arm (v. d. Grün, Glatteis 293).

jmdn. am steifen/ausgestreckten Arm verhungern lassen (ugs.): *unnachgiebig sein; sich von jmdm. nicht beeindrucken lassen und ihn in die Knie zwingen:* Der Konzern wird auf dieses Angebot nicht eingehen und uns am steifen Arm verhungern lassen. Die Scheißfranzosen ... lassen wir am ausgestreckten Arm verhungern (Kuby, Sieg 43).

jmdn. auf den Arm nehmen (ugs.): *jmdn. zum Besten haben, sich über jmdn. lustig machen:* Seine Kollegen nahmen ihn mit seinem alten Auto ganz schön auf den Arm. Von euch lasse ich mich nicht auf den Arm nehmen. Geheimdienst! woll'n Sie mich auf'n Arm nehmen! sagte sie (Johnson, Ansichten 135).

▶ Der Betreffende wird sozusagen auf den Arm genommen wie ein kleines Kind, mit dem man scherzt und spielt.

jmdn. in den Arm fallen: *jmdn. an etwas hindern:* Nachdem uns auch noch die Regierungsstellen in den Arm fielen, mussten wir die Hilfsflüge für die Bewohner dieser Gebiete einstellen. Ich kann ihm auch gar nicht in den Arm fallen, wenn er nach meiner Mitgift greift,

er ist so großzügig (Brecht, Groschen 227). ... weiterhin hätte man Hitler als den Heiland, Erlöser, Wundertäter betrachtet, dem man vorzeitig in den Arm gefallen sei (Niekisch, Leben 366).
▶ Die Wendung schließt an »fallen« in der Bedeutung »eine schnelle Bewegung machen« an. Der Angegriffene stürzt auf den erhobenen Arm des Angreifers zu, um den Hieb oder Stich abzuwehren.

jmdm. in die Arme laufen (ugs.): *jmdm. zufällig begegnen:* Gestern bin ich meiner ehemaligen Verlobten in die Arme gelaufen. Wir müssen aufpassen, dass wir nicht unserem Chef auf dem Fußballplatz in die Arme laufen. ... wenn sie dem Schlächter in die Arme läuft, wird sie zwar eine glaubhafte Erklärung finden, aber besser ist es doch, wenn das nicht passiert (Remarque, Obelisk 125).

jmdn. einem anderen, einer Sache in die Arme treiben: *bewirken, dass jmd. auf die Gegenseite tritt, sich einer Sache ergibt:* Mit diesen Maßnahmen treibt man die Jugend den Radikalinskis in die Arme. ... in derselben Zeit ... bauten sie Unterseeboote, die sie nicht schützen konnten, Bomber, die sie den feindlichen Jägern in die Arme trieben (Menzel, Herren 95). Ich habe Alba etwas zu sagen, das ihr gegen Ihren Liebhaber Hass machen wird und sie in die Arme dessen treiben wird, der ihn getötet hat (H. Mann, Stadt 227).

sich jmdm./dem Laster/der Wollust in die Arme werfen: *sich jmdm./dem Laster/ der Wollust ganz hingeben:* Nachdem seine Ehe gescheitert war, blieb er in der Stadt und warf sich dem Laster in die Arme. Sie warf sich den Männern in die Arme. Durch ihre hemmungslose Sinnlichkeit ... hatte Polly sich einem mehr als dunklen Individuum in die Arme geworfen (Brecht, Groschen 107).

Arm in Arm: *eingehakt:* Sie betraten Arm in Arm den Ballsaal. Arm in Arm mit ihm hatte Konrad Adenauer sich auf Wahlplakaten den Wählern präsentiert (Dönhoff, Ära 26). Sie gingen Arm in Arm, und er sah glücklich aus (Hesse, Steppenwolf 28).

jmdn. mit offenen Armen aufnehmen/ empfangen: *jmdn. gern bei sich aufnehmen, freudig willkommen heißen:* Der Fischer empfing uns mit offenen Armen und versprach, uns zum Fischfang mitzunehmen. Man wird Sie drüben mit offenen Armen aufnehmen (Zwerenz, Quadriga 300). Als Helga ein Jahr lang am Pariser Konservatorium studierte, wurde sie von den ehemaligen Patienten des cher docteur mit offenen Armen aufgenommen (Kolb, Daphne 15).

per Arm gehen (ugs.): *eingehakt gehen:* Früher einmal durfte man nur per Arm gehen, wenn man verlobt war.

jmdm. [mit etwas] unter die Arme greifen: *jmdm. in einer Notlage [mit etwas] helfen:* Er hat den jungen Leuten mit 500 DM unter die Arme gegriffen. Selbstverständlich helfe ich Ihnen gerne, denn Sie haben mir ja auch einmal unter die Arme gegriffen. Wir haben beschlossen, Ihnen im Notfall unter die Arme zu greifen (Brecht, Mensch 59).
▶ In dieser Wendung ist das Bild von der Hilfeleistung noch recht deutlich erhalten. Man greift einem Menschen, der zu stürzen oder zusammenzubrechen droht, unter die Arme und fängt ihn auf. Auch verletzte Personen birgt man, indem man ihnen unter die Arme greift.

die Beine unter den Arm nehmen: ↑ Bein.

den Kopf unter dem Arm tragen: ↑ Kopf.

jmdn. aus Morpheus' Armen reißen: ↑ Morpheus. **in Morpheus' Armen:** ↑ Morpheus. **Pudding in den Armen haben:** ↑ Pudding.

Ärmel: die Ärmel aufkrempeln/hochkrempeln (ugs.): *bei einer Arbeit tüchtig zupacken wollen:* Wir wollen hier nicht lange herumstehen, sondern die Ärmel hochkrempeln. Es macht sich bezahlt, dass sie ihre Ärmel aufkrempeln und ihr Bestes geben (Bild u. Funk 7, 1967, 35).

leck mich am Ärmel! (derb): *lass mich in Ruhe:* Du könntest mal 'nen Zahn zulegen bei der Arbeit! – Leck mich am Ärmel!
▶ Das Wort »Ärmel« steht hier verhüllend für »Arsch«.

etwas aus dem Ärmel schütteln (ugs.): *etwas mit Leichtigkeit schaffen, besorgen:* So eine hohe Summe kann ich mir doch nicht einfach aus dem Ärmel schütteln. Mein Bruder schüttelt sich alles aus dem Ärmel, während ich hart trainieren muss. Ein einzelner Mensch kann diese

Finanzierung nicht aus dem Ärmel
schütteln (MM 26./27. 8. 1972, 7).
▶ Die Wendung erklärt sich daraus,
dass die Ärmel der spätmittelalterlichen
Kleidungsstücke oft sehr weit waren und
als Taschen dienten. Man konnte also
ohne weiteres Geldstücke, ein Schreiben
o. dgl. regulär aus dem Ärmel schütteln.
Bei der Entstehung der Wendung kann
speziell die Vorstellung der weiten Ärmel der Taschenspieler und Zauberer
mitgewirkt haben.
etwas im Ärmel haben/behalten (ugs.):
etwas in Reserve haben: Niemand glaubte, dass der Gegenkandidat noch weitere
schlagende Argumente im Ärmel haben
könnte. Bisher hatte der General eine
Reise nach Moskau als Trumpf im Ärmel behalten. Jetzt spielt er ihn aus
(Spiegel 5, 24. 1. 1966, 69).
▶ Diese Wendung spielt wahrscheinlich
auf das Repertoire des Falschspielers an,
der Spielkarten im Ärmel versteckt hält.
einer mit Ärmeln sein (berlin.): *ein gerissener Bursche, ein Schlingel sein:* Darauf
will er vielleicht raus, der will ihn bei mir
schlecht machen, det is eener mit Ärmel
(Döblin, Berlin 293).
**Armenkasse: etwas aus der Armenkasse
kriegen** (fam.): *Prügel bekommen:* Wenn
du frech wirst, kriegst du etwas aus der
Armenkasse!
Armut: Armut schändet nicht: *wer arm
ist, braucht sich dessen nicht zu schämen:*
Will sie den wirklich heiraten? – Warum
nicht? Armut schändet nicht!
**Armutszeugnis: ein Armutszeugnis für
jmdn. sein:** *jmds. Unfähigkeit, Unvermö-
gen beweisen:* Die Alten- und Pflegehei-
me sind ein Armutszeugnis für uns.
**jmdm., sich, einer Sache ein Armutszeug-
nis ausstellen:** *jmdn., sich, etwas als unfähig oder unzulänglich erweisen:* Mit
diesem Vortrag hat er sich ein Armutszeugnis ausgestellt. Eine Regierung, die
zu solchen Mitteln greift, stellt sich ein
Armutszeugnis aus. In der Tat: womit
könnte ein Denker oder Künstler sich
und seiner Zeit ein größeres Armutszeugnis ausstellen als durch den Rat, irgendetwas, wie groß es auch sei, nachzuahmen? (Friedell, Aufklärung 150).
▶ Das Armutszeugnis ist eigentlich eine
Bescheinigung der Gemeinde für eine
Person, die das Armenrecht beantragt
hat.
Arsch: Arsch mit Ohren (derb): *widerli-
cher oder hässlicher Mensch:* Unser Polier meckert dauernd auf dem Bau herum, das ist vielleicht ein Arsch mit Ohren. Der Hopper aber reagiert auf dieses
Angebot sauer, ihm ist Arno, dieser
»Arsch mit Ohren«, zuwider (Fr. Wolf,
Zwei 122). Wenn du glaubst, du kannst
uns verscheißern, da liegst du falsch, mit
dir werden wir fertig, du Arsch mit Ohren (Kuby, Sieg 37).
Schütze Arsch (Soldatenspr.): *einfacher
Soldat:* Er ist schon sieben Monate Soldat und noch Schütze Arsch. ... statt dessen lebte er wie ein Schütze Arsch, obgleich die Generäle ihm in den Hintern
krochen (Ruark [Übers.], Honigsauger
541).
ach, du armer Arsch! (derb): *Ausruf der
Überraschung, der Enttäuschung:* Ach,
du armer Arsch, unsere Mannschaft hat
1:5 verloren.
**jmdm. geht der Arsch mit Grundeis/auf
Grundeis** (derb): *jmd. hat große Angst:*
Immer wenn er zum Chef muss, geht ihm
der Arsch mit Grundeis. Uns ging ganz
schön der Arsch mit Grundeis, als sie
uns aus dem Versteck herausholten. ...
wie wird erst sein Arsch auf Grundeis gehen, wenn hier normale Zustände eingetreten sind (Kirst, 08/15, 934).
▶ »Grundeis« ist ein anderer Ausdruck
für Bodeneis, d. h. die unterste Eis-
schicht oberhalb des Bodens in Gewäs-
sern, die bei Tauwetter als erste, pol-
ternd und krachend abbricht. Wenn die
Flüsse »mit Grundeis gehen«, führen sie
das abgebrochene morsche Eis und sind
voller Unruhe. An diesen Gebrauch
schließt sich die Wendung im Sinne von
»jemand hat vor Angst Durchfall, jemandem rumort es in den Eingeweiden«
an.
mein Arsch ist doch keine Münzanstalt
(derb): *so viel Geld habe ich nicht:* Dauernd soll ich dir 'nen neuen Fummel kaufen, und immer vom Feinsten und Teuersten – mein Arsch ist doch keine
Münzanstalt!
**solang der Arsch [noch] in die Hosen
passt, wird keine Arbeit angefasst** (derb):
Redensart, mit der man zum Ausdruck

bringt, dass man keine Lust hat zu arbeiten.
▶ Die Redensart spielt darauf an, dass jemandem, dem es schlecht geht und der hungern muss, die Kleider am Leib schlottern.

den Arsch offen haben (derb): *nicht bei Verstand sein:* Da machte er eine Handbewegung, dass ihr Brot vom Tisch gefegt wurde. Sie stand auf und sagte: Du hast wohl den Arsch offen (M. Walser, Seelenarbeit 276). Als Apel ... versicherte, Atomwaffen seien »ihrer Natur nach politische Waffen«, kommentierte eine junge Christin: »Der hat doch den Arsch offen« (Spiegel 36, 1985, 116).

sich den Arsch abfrieren (derb): *sehr frieren:* Ist das kalt heute, man friert sich ja den Arsch ab.

sich den Arsch ablaufen (derb): *viel herumlaufen, um etwas zu besorgen oder zu erledigen:* Für die Ersatzteile habe ich mir den Arsch abgelaufen.

sich den Arsch ausreißen (derb): *sich anstrengen, sich sehr bemühen:* Ich reiß mir den Arsch aus, und ihr steht rum.

sich den Arsch voll saufen (derb): *sich betrinken:* Seit neuestem säuft er sich jeden Abend den Arsch voll.

sich mit etwas den Arsch [ab]wischen können (derb): *etwas, bes. ein Schriftstück, als wertlos, ungültig, nicht verbindlich ansehen können:* Die Firma ist pleite, mit seinem Schuldschein kann er sich jetzt den Arsch wischen. Mit Ihrer einstweiligen Verfügung können Sie sich den Arsch wischen, wir ziehen hier nicht aus! Mit deinem Antrag ... kannst du dir den Arsch abwischen (Bieler, Bär 111).

ein ganzer Arsch voll (derb): *sehr viel:* Du versäufst hier in der Kneipe dein Geld, und zu Hause liegt ein ganzer Arsch voll unbezahlter Rechnungen herum! Du kannst das Feuerzeug behalten, ich habe noch 'nen ganzen Arsch voll davon.

das soll meinen Arsch nicht kratzen (derb): *das ist mir gleichgültig:* Wenn er will, kann er mich aus seinem Testament streichen – das soll meinen Arsch nicht kratzen. Ob Hitler noch lebe? »Das soll meinen Arsch nicht kratzen« (Kempowski, Uns 279).

einen kalten Arsch haben (derb): *tot sein:* ... als wir ihn ... rauftrugen, hatte er

schon 'nen kalten Arsch, und im Schauhaus wollte ich ihn auch nicht mehr sehn (Fr. Wolf, Menetekel 319). Wenn ich ihn in den Bunker gebracht hätte, dann hätte er jetzt schon 'nen kalten Arsch (Apitz, Wölfe 96).

einen kalten Arsch kriegen; sich einen kalten Arsch holen (derb): *sterben:* Wenn wir hier nicht verschwinden, holen wir uns einen kalten Arsch.

den Arsch zukneifen/zusammenkneifen (derb): *sterben:* Eines Tages müssen wir alle den Arsch zukneifen. ... wenn jemand stirbt, dann heißt es, dass er den Arsch zugekniffen hat, und so reden wir über alles (Remarque, Westen 102).

jmdm. den Arsch [bis zum Stehkragen] aufreißen (derb): *jmdn. hart herannehmen:* Wenn ihr nicht spurt, reiße ich euch den Arsch bis zum Stehkragen auf. Dir werde ich den Arsch aufreißen, du beschissener Dreckskerl! (Simmel, Stoff 267).

den Arsch betrügen (derb; scherzh.): *aufstoßen:* Prost, nur munter weiter den Arsch betrogen!

am Arsch der Welt (derb): *sehr abgelegen:* Klar, Mensch, da gibts doch keinen Zweifel, am Arsch der Welt, das ist die Eifel (Kuby, Sieg 15).
▶ In dieser Wendung steht »Arsch« derb für »Ende«, vgl. »am Ende der Welt«.

jmdn. am/beim Arsch haben (derb): *jmdn. für etwas verantwortlich machen:* Aber dich haben sie genauso am Arsch wie mich und euch (Kuby, Sieg 152). Und wenn es herauskommt, wen haben sie dann beim Arsch? Dich oder mich? (Apitz, Wölfe 70).

sich etwas am Arsch abfingern/abklavieren können (derb): *sich etwas denken, ausrechnen können:* Was der Chef zu deinen Eskapaden sagt, das kannst du dir ja am Arsch abfingern!

leck mich am Arsch! (derb): *lass mich in Ruhe, scher dich fort!:* ... verdünnisier dich, geh und leck mich am Arsch (Bamm, Weltlaterne 43). Leckt mich doch alle am Arsch, schrie Fänä, riss die Noten vom Boden und lief raus (Degenhardt, Zündschnüre 32).

jmdm. am Arsch vorbeigehen (derb): *jmdn. nicht berühren, kalt lassen:* Deine Vorwürfe gehen mir am Arsch vorbei.

**aus einem traurigen Arsch fährt kein
fröhlicher Furz** (derb): *in einer tristen Situation kann man keine Fröhlichkeit erwarten:* Die Stimmung war mies, und über die verkrampften Witzchen des Feldwebels konnte niemand lachen. Aus einem traurigen Arsch fährt nun mal kein fröhlicher Furz.

jmdm. in den Arsch kriechen (derb): *jmdm. schmeicheln, jmdn. würdelos umwerben:* Es ist zum Kotzen, wie der Neue seinem Vorgesetzten in den Arsch kriecht. Wenn sie dann sah, was sie gemacht hatte, wollte sie mir immer wieder in den Arsch kriechen (Ossowski, Bewährung 31).

► Die Wendung besagt, dass der Betreffende vor keiner Erniedrigung zurückschreckt.

jmdm./jmdn. in den Arsch treten (derb): *jmdn. mit groben Mitteln zu etwas veranlassen:* Er arbeitet nur, wenn man ihm ab und an kräftig in den Arsch tritt.

im Arsch sein (derb): *entzwei, verloren sein:* Ich fürchte, der Motor ist im Arsch. Wenn einer verliebt ist, ist sein Verstand im Arsch. Deutschland ist im Arsch, da ist für die nächsten tausend Jahre nichts mehr zu wollen (Fühmann, Judenauto 139).

in den Arsch gehen (derb): *entzweigehen:* Die Sicherung ist schon wieder in den Arsch gegangen. ... drei Abende pro Woche, wo ich zu Hause bleiben muss, damit die Familiensituation nicht ganz in den Arsch geht (Rocco [Übers.], Schweine 46).

etwas in den Arsch fahren (derb): *etwas zuschanden fahren:* Er hat den neuen Wagen in den Arsch gefahren.

in den Arsch gekniffen sein (derb): *sich in einer schlimmen Lage befinden, schlecht dran sein:* Wenn der Libero auch nicht spielen kann, sind wir ganz schön in den Arsch gekniffen.

sich etwas in den Arsch stecken können (derb): *etwas behalten können, weil es ein anderer um keinen Preis haben will:* Deine Geschenke kannst du dir in den Arsch stecken!

sich in den Arsch beißen [können] (derb): *sich maßlos ärgern:* Ich hätte mir vor Wut in den Arsch beißen können – fünf Richtige, und den Lottoschein nicht ab-

gegeben! Wenn ich daran denke ..., könnt ich mich in den eigenen Arsch beißen (Spiegel 41, 1976, 72).

jmdn. nicht mit dem Arsch ansehen (derb): *jmdn. seine Missachtung spüren lassen:* Deine Freundin hat mich schwer beleidigt, die sehe ich nicht mehr mit dem Arsch an.

jmdm. mit dem [nackten] Arsch ins Gesicht springen (derb): *auf jmdn. losgehen* (als Drohung): Ich dachte, der Chef springt mir mit dem nackten Arsch ins Gesicht.

Blei im Arsch haben: ↑ Blei. **dunkel wie im Arsch sein:** ↑ dunkel. **Himmel, Arsch und Zwirn:** ↑ Himmel. **Himmel, Arsch und Wolkenbruch:** ↑ Himmel. **mit einem Arsch auf zwei Hochzeiten tanzen:** ↑ Hochzeit. **da ist kein Kopf und kein Arsch dran:** ↑ Kopf. **mit jmdm. ein Kopf und ein Arsch sein:** ↑ Kopf. **an etwas keinen Kopf und keinen Arsch finden:** ↑ Kopf. **jmdm. ein Loch in den Arsch fragen:** ↑ Loch. **sich ein Monogramm in den Arsch beißen:** ↑ Monogramm. **Morgenstund hat Blei im Arsch:** ↑ Morgenstunde. **Pech am Arsch haben:** ↑ Pech. **Pfeffer im Arsch haben:** ↑ Pfeffer. **jmdm. Pfeffer in den Arsch blasen:** ↑ Pfeffer. **Quecksilber im Arsch haben:** ↑ Quecksilber. **jmdn. schleifen, bis ihm das Wasser im Arsch kocht:** ↑ schleifen. **jmdm. [Staub]zucker in den Arsch blasen:** ↑ Zucker.

Art: ... **dass es [nur so] eine Art hat** (ugs.): *wie es kaum besser sein könnte:* Die Gruppe wedelte den Hang hinunter, dass es nur so eine Art hat. Er sagte ihm seine Meinung, dass es nur so eine Art hatte. ... die Beine haben wir lang von uns gestreckt, und wir spucken gemütlich in die Gegend, dass es nur so eine Art hat (Remarque, Westen 111). Er quirlte das Stichwort 'Kriegschronik' aus dem Stegreif auf, dass es eine Art hatte (Kuby, Sieg 313).

Art und Weise: *Verhaltens-, Verfahrensweise:* Man hat ihn in einer Art und Weise behandelt, die nur als rüde zu bezeichnen ist. Auf diese Art und Weise hat sie vor einigen Jahren ihr gesamtes Vermögen verloren. Bühnendekoration ist die Art und Weise, in der der Schauplatz eines Schauspielers gestaltet wird (Bild. Kunst III).

das ist doch keine Art [und Weise]! (ugs.): *das gehört sich nicht!:* Eine alte Frau einfach aus der Wohnung zu werfen, das ist doch keine Art und Weise! Plötzlich in mein Schlafzimmer zu stürzen und die Vorhänge aufzureißen, das ist doch keine Art und Weise!

nicht die feine [englische] Art sein: *nicht fair, nicht ehrenhaft sein:* Wie die Parteibasis vom Präsidium in dieser Frage einfach übergangen wurde, das war auch nicht die feine englische Art. Auf solche Weise den Katalog-Verkauf anzuheizen, wäre allerdings nicht ganz die feine Art (MM 16. 5. 1975, 18).

aus der Art schlagen: *anders als die übrigen Familienangehörigen sein:* Unser zweiter Sohn ist etwas aus der Art geschlagen. Es ist wahr, du warst ein Schauspielerkind, und wenn die Deinen spielten, so wollten sie gesehen sein; aber du schlugst aus der Art (Rilke, Brigge 157). Musste sie nicht glauben, dass sie nichts taugte, wenn ihr Sohn missriet, aus der Art schlug (Fels, Sünden 19).

in jmds. Art schlagen: *einem seiner Verwandten ähneln, nach jmdm. geraten:* Die Tochter schlug ganz in die Art des Vaters.

nach Art des Hauses: 1. (Kochkunst) *auf eine dem Restaurant, der Küche eigentümliche Weise zubereitet:* Besonders zu empfehlen: Kutteln in Weißweinsoße nach Art des Hauses. 2. (scherzh.) *wie es bei jmdm. üblich ist:* Probleme mit den Behörden wurden nach Art des Hauses durch Bestechung oder Erpressung aus dem Weg geräumt.

Asche: sich Asche aufs Haupt streuen; sein Haupt mit Asche bestreuen (geh.): *demütig bereuen:* Er gehörte zu denen, die nach dem Zusammenbruch es nicht nötig hatten, sich Asche aufs Haupt zu streuen. Sie werde bald ihr Haupt mit Asche bestreuen müssen, prophezeite man ihr. In meinem Freundeskreis gibt es schon eine Reihe von Männern, die herumlaufen und sich Asche aufs Haupt streuen ... (Dierichs, Männer 201).

▶ Die Wendung nimmt Bezug auf den Brauch, sich zum Zeichen der Trauer mit Asche oder Staub zu bestreuen, vgl. z. B. 2. Samuel, 13, 19: Thamar warf Asche auf ihr Haupt.

wie ein Phönix aus der Asche steigen/erstehen: ↑ Phönix. **in Sack und Asche gehen:** ↑ Sack. **etwas in Schutt und Asche legen:** ↑ Schutt. **in Schutt und Asche versinken:** ↑ Schutt. **in Schutt und Asche liegen:** ↑ Schutt. **zu Staub und Asche werden:** ↑ Staub.

aschgrau: bis ins Aschgraue (ugs.): *unendlich lange, bis zum Überdruss:* Und in solchen Kommissionen wird dann bis ins Aschgraue diskutiert, ohne dass irgendwas dabei rauskommt.

Ass: ein Ass auf der Bassgeige sein: ↑ Aas.

Assmann: das kannst du halten wie der Pfarrer Assmann: ↑ halten.

Ast: den Ast absägen, auf dem man sitzt (ugs.): *sich selbst seiner Lebensgrundlage berauben, seinen eigenen Sturz bewirken:* So dumm kann er doch gar nicht sein, dass er selber den Ast absägt, auf dem er sitzt. Man nennt ihn daher auch den »Astabschneider«, weil er nämlich den Ast, auf welchem er sitzt, abzusägen versucht (Langgässer, Siegel 229).

einen Ast durchsägen (ugs.): *laut schnarchen:* Mensch, hast du heute Nacht einen Ast durchsägt!

sich einen Ast lachen (ugs.): *sehr lachen:* Wir haben uns einen Ast gelacht, als unsere Frauen die gleichen Hüte aufhatten. Franz lachte sich einen Ast, der Junge nahm die Weiber wirklich ernst (Döblin, Berlin 156).

▶ In dieser Wendung hat »Ast« die Bedeutung »verwachsener Rücken, Buckel« (vgl. einen Ast haben »einen Buckel haben«, einen Ast bekommen »krumm, buckelig werden«); sich einen Ast lachen meint also »sich vor Lachen krümmen, so lachen, dass man einen Buckel bekommt«.

auf dem absteigenden Ast sein/sich befinden: *über den Höhepunkt hinweg sein, in seinen Leistungen nachlassen:* Bei den diesjährigen Meisterschaften ist er schon in der Vorrunde ausgeschieden; der ist auch schon auf dem absteigenden Ast. Die Firma unseres Geschäftsfreundes soll sich auf dem absteigenden Ast befinden.

▶ Diese Wendung knüpft an den fachsprachlichen Gebrauch von »Ast« in der Mathematik und Physik an, z. B. »Ast einer Hyperbel, Ast einer Geschossbahn«.

ata: ata [ata] gehen (Kinderspr.): *spazieren gehen:* Komm, mein Schätzchen, die Omi will mit dir ata gehen!

Atem: jmdm. geht der Atem aus: *jmd. ist mit seiner Kraft, ist wirtschaftlich am Ende:* Gegen Ende des Turniers ging dem Weltmeister der Atem aus. Dem Einzelhandel geht allmählich der Atem aus. Sie sollten daraus den Schluss ziehen, der Commercial Bank hinter den Aaron- und B.-Läden gehe langsam der Atem aus (Brecht, Groschen 171).

Atem holen/schöpfen (geh.): *sich zu weiterem Tun rüsten:* Die Parteien können jetzt erst einmal Atem schöpfen. Ich bin wieder in meinem Hause, aber nur für einen Augenblick, nur um Atem zu holen (Jens, Mann 69).

einen langen Atem haben/den längeren Atem haben: *es lange/länger [als der Gegner] aushalten:* Wir wollen doch mal sehen, wer von uns beiden den längeren Atem hat. Die Guerillas haben einen langen Atem. Er besaß einen langen Atem im Kampf (Gaiser, Jagd 122).

einen kurzen Atem haben (geh.): *asthmatisch sein:* Mein Vater war damals schon weit über 50 und hatte einen kurzen Atem.

den Atem anhalten: *gebannt auf etwas warten:* Die Welt hielt den Atem an, als auf dem Balkan die ersten Schüsse fielen. Was war noch zu sagen, außer dem anderen, das zwischen ihnen in der kalten Luft stand und vor dem sie insgeheim den Atem anhielten? (Müthel, Baum 15).

jmdm. den Atem verschlagen: *jmdn. sprachlos machen:* Sein Erscheinen auf dem Fest verschlug mir den Atem. Jedesmal, wenn man diese Stadt wieder sieht, verschlägt es einem von neuem den Atem: Welche Dimensionen! (Dönhoff, Ära 73).

jmdn., etwas in Atem halten: *jmdn., etwas in Spannung halten, nicht zur Ruhe kommen lassen:* Die Ereignisse auf dem Subkontinent hielten die Welt in Atem. Der Chef hält uns ständig in Atem. Es war längst nicht mehr die Lust, die andern in Atem zu halten, aus der Klenk an seinen Memoiren schrieb (Feuchtwanger, Erfolg 788).

in einem/im selben/im gleichen Atem: *fast gleichzeitig:* Du kannst doch nicht diese beiden Dinge in einem Atem nennen. Sie sagte, dass sie ihn verlassen wolle, und im selben Atem erklärte sie, dass sie sich niemals von ihm trennen werde. Diese Selow ist schwermütig und ordinär, beides in einem Atem (Erich Kästner, Fabian 89).

wieder zu Atem kommen: *wieder Ruhe finden:* Nach all dem Stress machst du am besten ein paar Tage Urlaub, um erst mal wieder zu Atem zu kommen.

a tempo (ugs.): *sofort, schnell:* Solch eine Angelegenheit kann nicht a tempo entschieden werden. Der Stift soll uns mal a tempo ein paar Bier besorgen!

Atemzug: bis zum letzten Atemzug (geh.): *bis zum Tod:* Bis zum letzten Atemzug hatten sie die Grenze verteidigt. »Während sich Verräter und Saukerle bereicherten«, rief Greifer mit zügelloser Berauschtheit, »haben wir uns bis zum letzten Atemzug eingesetzt« (Kirst, 08/15, 882).

im nächsten Atemzug: *gleich danach:* Seine Frau war völlig verzweifelt und weinte, doch im nächsten Atemzug lachte sie wieder. Gibt es das, ein katholisches Gewissen? Die Bischöfe erläuterten es im nächsten Atemzug: Das heißt ... (Augstein, Spiegelungen 96).

in einem/im selben/im gleichen Atemzug: *fast gleichzeitig:* Der Oppositionsführer beschimpfte die Regierung, und im selben Atemzug bot er ihr Zusammenarbeit an. Bitte – ich breche das Gespräch sofort ab, wenn du Pius XII. und Hitler in einem Atemzug nennst (Hochhut, Stellvertreter 82). In einem Atemzug bedauern Sie, dass ich illegal hier arbeiten muss, und gleichzeitig fragen Sie mich, warum ich kein Appartement miete (Remarque, Triomphe 47).

Athen: Eulen nach Athen tragen: ↑ Eule.

atmen: [wieder] frei atmen können (geh.): *sich nicht [mehr] unterdrückt fühlen:* Nach dem Sturz des Diktators konnten die Bürger wieder frei atmen. Sie musste heraus aus der Enge der Familie, wollte frei atmen können, selbstständig sein. **gesiebte Luft atmen:** ↑ Luft. **jmdm. nicht die Luft zum Atmen gönnen:** ↑ Luft. **mit jmdm. die gleiche Luft atmen:** ↑ Luft.

Attacke: eine Attacke gegen jmdn., gegen etwas reiten: *sich scharf gegen jmdn., ge-*

gen etwas wenden: Die Opposition ritt eine Attacke gegen den Haushaltsplan der Regierung. Eine wüste Attacke gegen den britischen Labourführer Harold Wilson hat jetzt einer der außenpolitischen Scharfmacher der CDU/CSU, Majonica, geritten (Neues Deutschland 6. 6. 1964, 5).

Attentat: ein Attentat auf jmdn. vorhaben (ugs.; scherzh.): *etwas von jmdm. wollen:* Hoffentlich habt ihr euch noch nichts vorgenommen, wir haben nämlich ein Attentat auf euch vor.

attisch: attisches Salz: ↑ Salz.

au: au Backe [mein Zahn]! (ugs.): *was für eine Überraschung!; wenn das nur gut geht!:* Au Backe! Jetzt versucht er vom Dach auf den Balkon zu kommen. Au Backe, mein Zahn! Die Lehrerin hat einen Stapel Hefte unter dem Arm – das sieht nach Mathearbeit aus. Da gibt es plötzlich einen Moment, wo du merkst: Au Backe, jetzt wirds langweilig (Hörzu 38, 1973, 56).

auch: was/wer/wie usw. **auch immer:** ↑ immer. **Teufel auch!:** ↑ Teufel.

au contraire (bildungsspr.): *im Gegenteil:* Unsere Firma in Schwierigkeiten? Au contraire, Verehrtester, uns geht es so gut wie nie! Es gab keinen Anlass zur Eile; au contraire – man hatte ihnen mehr Zeit eingeräumt, als sie brauchten.

auf: auf und ab: 1. *nach oben und wieder nach unten:* Er bewegte die Klinke vorsichtig einige Male auf und ab. Vor ihm bewegte sich ... das Hinterteil des Nashorns wie eine gewaltige Halbkugel auf und ab (Schneider, Erdbeben 23). 2. *hin und her:* Die Besucher gingen in den Gängen auf und ab. Auf der Promenade flanierten die Kurgäste auf und ab.

auf und davon: *schnell fort:* Als ich mich umdrehte, um ihm zu danken, war er schon auf und davon. Noch in der Nacht wollte sie auf und davon gehen. Als die Polizei kam, waren die Diebe schon längst auf und davon. Für Feyerabend ... ist der personifizierte Unfriede, mein Großvater also, auf und davon (Bobrowski, Mühle 292).

auf und nieder: 1. *nach oben und wieder nach unten:* Die Zweige schwankten auf und nieder. Auch der zahnlose Mund ging dabei auf und nieder (Werfel, Himmel 18). Wie die großen langen Wellen des Atlantik, die auch bei Windstille und klarem Himmel die Schiffe geheimnisvoll auf und nieder tragen, lief sein Atem (Schneider, Erdbeben 40). 2. (veraltend) *hin und her:* Der Geheimrat ging in seinem Zimmer auf und nieder.

auf Borg: ↑ Borg. **auf Dauer:** ↑ Dauer. **auf einmal:** ↑ einmal. **auf einen Hieb:** ↑ Hieb. **auf ein Neues:** ↑ neu. **aufs Neue:** ↑ neu. **auf Nimmerwiedersehen:** ↑ Nimmerwiedersehen. **auf Probe:** ↑ Probe. **auf einen Sitz:** ↑ Sitz. **auf dein Spezielles!:** ↑ speziell. **auf einen Sprung:** ↑ Sprung. **auf einen Streich:** ↑ Streich. **auf den Stutz:** ↑ Stutz. **aufs Tüttelchen:** ↑ Tüttelchen. **auf Verdacht:** ↑ Verdacht. **auf dem Wege einer Sache:** ↑ Weg. **bis auf weiteres:** ↑ weiter. **auf Wiedersehen:** ↑ Wiedersehen. **aufs Wort:** ↑ Wort. **auf mein Wort:** ↑ Wort. **auf Zuwachs:** ↑ Zuwachs.

aufbekommen: den Mund/das Maul/die Fresse nicht aufbekommen: ↑ Mund.

aufbinden: jmdm. einen Bären aufbinden: ↑ Bär. **jmdm. einen Russen aufbinden:** ↑ Russe. **sich eine Rute aufbinden:** ↑ Rute.

aufbrechen: zu neuen Ufern aufbrechen: ↑ Ufer.

aufbrennen: jmdm. eins aufbrennen (ugs.): 1. *jmdm. einen kräftigen Schlag versetzen:* Der Kutscher hatte ihm vor Wut eins mit der Peitsche aufgebrannt. 2. *jmdn. anschießen:* Der Förster wollte dem Wilddieb eins aufbrennen, traf aber nicht. Ich träumte, dass ich dich killen wollte, dich einfach abmurksen, dir einen aufbrennen wollte, um von dir loszukommen (Amory [Übers.], Matten 174).

aufdecken: die/seine Karten aufdecken: ↑ Karte.

aufdrehen: den Gashahn aufdrehen: ↑ Gashahn.

aufdrücken: jmdm. einen aufdrücken (ugs.): *jmdm. einen Kuss geben:* Bevor sie auf die Bahn sprang, drückte er ihr noch einen auf. Sie war ein bisschen angetütert, ließ sich gehen und drückte mir unter dem Mistelzweig einen auf (Ruark [Übers.], Honigsauger 391).

jmdm., einer Sache seinen Stempel aufdrücken: ↑ Stempel.

Aufenthalt: Aufenthalt nehmen (Papierdt.): *sich einen Ort als Wohnsitz aus-*

wählen, sich irgendwo aufhalten: Bald danach hatte er ein langes Gespräch mit Rabbi Elimelech, wonach er in Lanzut ... Aufenthalt nahm (Buber, Gog 99).

Auferstehung: [fröhliche] Auferstehung feiern (iron.): *wider alle Erwartung zum Leben wieder erwachen:* Im 20. Jahrhundert feierten seine Ideen fröhliche Auferstehung. Das Wunschdenken Achesons ... der Selbstbetrug des John Foster Dulles ... die Weltfremdheit Kissingers – hier feiern sie alle drei fröhliche Auferstehung (Augstein, Spiegelungen 113).

auffahren: schweres/grobes Geschütz auffahren: ↑ Geschütz.

auffassen: etwas persönlich auffassen: ↑ persönlich.

Auffassungssache: das/etwas ist Auffassungssache (ugs.): *darüber/über etwas kann man unterschiedlicher Meinung sein:* Wie man seine Kinder am besten auf die Schule vorbereitet, ist weitgehend Auffassungssache.

Aufforderung: eine Aufforderung zum Tanz (ugs.): *eine Herausforderung:* Das so genannte Friedensangebot war in Wahrheit eine Zumutung, eine unverhüllte Aufforderung zum Tanz!

aufführen: einen Tanz aufführen: ↑ Tanz. **Freudentänze aufführen:** ↑ Freudentanz.

Aufführung: etwas zur Aufführung bringen (Papierdt.): *etwas aufführen:* Der neue Intendant will in der nächsten Spielzeit Grass und Hochhuth zur Aufführung bringen. Diese Lieder fanden ... keinerlei Verständnis ..., berichtet Orff ... von einem Vortragsabend ..., in dem er ... Werfel-Lieder zur Aufführung brachte (Melos 3, 1984, 69). **zur Aufführung gelangen** (Papierdt.): *aufgeführt werden:* Die neue Oper gelangt bald zur Aufführung. Aber die meisten seiner Stücke gelangten erst gar nicht zur Aufführung (Riess, Cäsar 373).

aufgeben: seinen/den Geist aufgeben: ↑ Geist. **jmdm. Rätsel aufgeben:** ↑ Rätsel. **das Rennen aufgeben:** ↑ Rennen.

aufgeblasen: ein aufgeblasenes Nachthemd: ↑ Nachthemd.

aufgehen: wie ein Hefekloß/ein Pfannkuchen/eine Dampfnudel aufgehen (ugs.): *dick, korpulent werden:* Seine Frau ist in letzter Zeit wie ein Hefekloß aufgegangen.

jmdm. gehen die Augen auf: ↑ Auge. **jmdm. geht das Herz auf:** ↑ Herz. **jmdm. geht der Knopf auf:** ↑ Knopf. **jmdm. geht ein Kronleuchter auf:** ↑ Kronleuchter. **jmdm. geht eine Laterne/eine Stalllaterne/ein Licht/ein Kirchenlicht/ein Seifensieder auf:** ↑ Laterne, Licht, Kirchenlicht, Seifensieder. **jmdm. geht das Messer in der Tasche/im Sack auf:** ↑ Messer. **in Rauch und Flammen aufgehen:** ↑ Flamme. **in Rauch aufgehen:** ↑ Rauch. **die Rechnung geht nicht auf:** ↑ Rechnung.

aufgehoben: gut o. ä. aufgehoben sein: *in guter o. ä. Obhut sein:* Die Kinder sind bei den Großeltern gut aufgehoben. Lassen Sie die Erinnerung daran meine Sache sein, bei mir ist sie wohl aufgehoben (Th. Mann, Krull 257). Und ich fügte in Gedanken hinzu, dass im Schutz dieser Mutter das Töchterchen sicherer aufgehoben sei als unter jeder männlichen Chaperonage (Th. Mann, Krull 334).

aufgeschoben ist nicht aufgehoben: ↑ aufgeschoben.

aufgelegt: gut/glänzend/schlecht o. ä. **aufgelegt sein:** *gut/glänzend/schlecht o. ä. gestimmt, gelaunt, in Form sein:* Sie war glänzend aufgelegt und sprühte vor Charme. Der Titelverteidiger war schlecht aufgelegt und hatte Mühe, zu einem knappen Punktsieg zu kommen. Aber weil ich gut aufgelegt war, nahm ich die Kleinigkeiten nicht so schwer (Gaiser, Schlussball 169).

aufgeschoben: aufgeschoben ist nicht aufgehoben: *das wird zu einem späteren Zeitpunkt ganz bestimmt besorgt oder erledigt:* Wir können den Festzug in diesem Jahr nicht durchführen, aber aufgeschoben ist nicht aufgehoben. ... zwei Stunden unter Wachtmeister Platzek hätten ihm gut getan. Aber aufgeschoben ist ja nicht aufgehoben (Kirst, 08/15, 85). ▶ Die Redensart ist lateinischen Ursprungs. In einem Kommentar von Arnobius dem Jüngeren zu Psalm 36 heißt es: »Quod differtur, non aufertur.«

aufhalten: kaum die Augen aufhalten können: ↑ Auge. **Augen und Ohren aufhalten:** ↑ Auge. **die Hand aufhalten:** ↑ Hand. **Reisende soll man nicht aufhalten:** ↑ Reisende.

aufheben: einen Stein gegen jmdn. aufheben: ↑ Stein. **die Tafel aufheben:** ↑ Tafel.

Aufheben: viel **Aufheben[s] von etwas machen:** *einer Sache große Bedeutung beimessen:* Ich werde nie verstehen, warum er von dieser Publikation viel Aufheben macht. Von der Ähnlichkeit ... sollten wir uns vielleicht nicht zu sehr blenden lassen, man hat gar zu viel Aufhebens davon gemacht (Th. Mann, Krull 312). Die Leute auf der Straße machten nicht viel Aufhebens von dem bunten Zuge (Sieburg, Blick 44). **kein Aufheben[s] von etwas machen:** *einer Sache keine große Bedeutung beimessen:* Er selbst machte von seinen Erstbesteigungen kein Aufheben. Es war etwas Ironie dabei, seine Art, den Besatzungen seine Anerkennung auszusprechen und doch kein Aufhebens davon zu machen (Ott, Haie 143). **nicht des Aufhebens wert sein** (geh.): *nicht das Aufsehen, das etwas erregt, rechtfertigen:* Die ganze Angelegenheit ist nicht des Aufhebens wert. Es war nicht das Aufhebens wert, das man davon machte (Sebastian, Krankenhaus 69). **ohne jedes/ohne großes Aufheben** (geh.): *ohne große Umstände:* Die Männer von der Bergwacht hatten sich bereits ohne großes Aufheben entfernt. Hinzu kam, dass Asch Extraschnäpse ohne jedes Aufheben spendierte (Kirst 08/15, 14). ... Schuldscheindarlehen, die besonders von Versicherungsgesellschaften ohne großes Aufheben, aber zu hohen Zinssätzen gewährt wurden (Spiegel 21, 1966, 44).
▶ Mit »Aufheben« ist in diesen Wendungen das Aufheben der Waffen zum Fechten gemeint. Früher war es beim Schaufechten üblich, die Waffen vor dem Kampf in einem festgelegten Zeremoniell mit prahlerischem Getöse aufzuheben, um die Zuschauer zu beeindrucken. Vgl. Lessing: »Endlich scheint der Hr. Hauptpastor Goeze nach so langem ärgerlichen Aufheben, welches nur bei der schlechtesten Art von Klopffechtern im Gebrauch ist, zur Klinge kommen und bei der Klinge bleiben zu wollen.« (Gotth. Ephr. Lessings nöthige Antwort auf eine sehr unnöthige Frage des Hrn. Hauptpastor Goeze in Hamburg, 1778.)
aufhorchen: aufhorchen lassen: *[allgemeine] Aufmerksamkeit erregen:* Schon ihre frühe Prosa hatte in Fachkreisen aufhorchen lassen. Er wills nicht glauben; er hat Gründe, die aufhorchen lassen (Frisch, Gantenbein 311). Die Nachricht, dass Altpapier neuerdings der Kehrichtverbrennung zugeführt wird, lässt aufhorchen (NZZ 27. 8. 1986, 9).
aufhören: da hört sich doch alles auf! (ugs.): *nun ist's aber genug!* (Ausruf des Erstaunens, der Verärgerung): Da hört sich doch alles auf! Jetzt will der Kerl uns doch schon wieder etwas verkaufen. Was, du kennst ihn nicht? Aber da hört sich doch alles auf! (K. Mann, Wendepunkt 155).
da hört [sich] doch die Gemütlichkeit auf!: ↑ Gemütlichkeit. **wenn es am besten schmeckt, soll man aufhören:** ↑ schmecken. **da hört [für mich] der Spaß auf:** ↑ Spaß. **da hört sich doch Verschiedenes auf:** ↑ verschieden. **da hört [sich] doch die Weltgeschichte auf:** ↑ Weltgeschichte.
aufklären: es klärt sich auf zum Wolkenbruch (ugs. scherzh.): *es fängt heftig an zu regnen:* Bleibt besser zu Hause, es klärt sich gerade auf zum Wolkenbruch!
aufklingen: verwandte Saiten in jmdm. aufklingen lassen: ↑ Saite.
aufkrempeln: die Ärmel aufkrempeln: ↑ Ärmel.
aufkriegen: den Mund nicht aufkriegen: ↑ Mund.
auflaufen: zu großer Form auflaufen: ↑ Form.
auflegen: eine andere Platte auflegen: ↑ Platte. **die alte/gleiche/dieselbe Walze auflegen:** ↑ Walze.
auflesen: jmdn. aus der Gosse auflesen: ↑ Gosse. **jmdn. von der Straße auflesen:** ↑ Straße.
auflösen: sich in seine Bestandteile auflösen: ↑ Bestandteil. **sich in Luft aufgelöst haben:** ↑ Luft. **sich in Rauch auflösen:** ↑ Rauch. **sich in Tränen auflösen:** ↑ Träne. **sich in Wohlgefallen auflösen:** ↑ Wohlgefallen.
aufmachen: die Augen aufmachen: ↑ Auge. **Dampf aufmachen:** ↑ Dampf. **ein Fass aufmachen:** ↑ Fass. **den Mund aufmachen:** ↑ Mund. **die Ohren aufmachen:** ↑ Ohr. **jmdm. eine Rechnung aufmachen:** ↑ Rechnung. **den Schnabel aufmachen:** ↑ Schnabel. **die Schnauze aufmachen:** ↑ Schnauze.

aufmessen: jmdm. eins aufmessen (ugs., veraltend): *jmdm. einen Schlag, eine Tracht Prügel mit dem Rohrstock geben:* Wenn die Jungen es zu arg trieben, maß er ihnen eins auf.

Aufnahme: Aufnahme finden: *aufgenommen werden:* Viele ausgewiesene Personen haben in England Aufnahme gefunden. Die Vorschläge fanden eine freundliche Aufnahme. Die Zahl der Kinder, die in den das ganze Jahr geöffneten Kindergärten Aufnahme finden, belief sich Ende 1956 auf annähernd zwei Millionen (Mehnert, Sowjetmensch 74).

aufnehmen: es mit jmdm., mit etwas aufnehmen [können]: *den Wettstreit mit jmdm., mit etwas nicht zu scheuen brauchen:* In puncto Schlagfertigkeit konnte sie es mit jedem aufnehmen. Mit der Wirtschaftlichkeit dieses Autos kann es kein Konkurrenzmodell aufnehmen. ... unser Kaiser hatte Schneid genug, es mit der ganzen feigen Bande aufzunehmen (K. Mann, Wendepunkt 44). **jmdn. mit offenen Armen aufnehmen:** ↑Arm. **den [Fehde]handschuh aufnehmen:** ↑[Fehde]handschuh. **jmdn. in Gnaden wieder aufnehmen:** ↑Gnade.

aufpassen: aufpassen wie ein Schießhund/wie ein Heftelmacher/wie ein Luchs (ugs.): *ganz genau aufpassen:* Der Nebel wurde immer dichter, und man musste wie ein Heftelmacher aufpassen, um nicht von der Straße abzukommen. Ich habe aufgepasst wie ein Luchs, aber keine einzige Sternschnuppe gesehen. ... die lieben Kollegen werden aufpassen wie die Schießhunde (Cotton, Silver-Jet 34). Und wie ein Schießhund hat er aufgepasst, dass keiner ihm ein Wörtlein an seinen Texten änderte (Hörzu 25, 1975, 18). ► Schießhund hieß früher in der Jägersprache ein Hund, der das angeschossene Wild aufzuspüren hatte. Große Anforderungen an die Aufmerksamkeit bei der Arbeit wurden früher auch an die Heftelmacher gestellt, die die kleinen Häkchen und Spangen zum Zusammenhalten der Kleidungsstücke herstellten.

aufregen: sich künstlich aufregen (ugs.): *sich ohne Grund übertrieben über etwas aufregen:* Nun reg dich bloß nicht künstlich auf, es ist ja gar nichts passiert! Du brauchst dich gar nicht künstlich aufzuregen. Gib mir was Passendes, oder behalte deinen Krempel (Ott, Haie 34).

aufreißen: jmdm. den Arsch [bis zum Stehkragen] aufreißen: ↑Arsch. **die Augen aufreißen:** ↑Auge. **die Klappe aufreißen:** ↑Klappe. **das Maul aufreißen:** ↑Maul. **den Mund aufreißen:** ↑Mund. **Mund und Nase aufreißen:** ↑Mund. **alte Wunden [wieder] aufreißen:** ↑Wunde.

Aufreizung: Aufreizung zum Klassenhass sein (ugs., scherzh.): *sozial sehr ungerecht sein:* Sieh dir mal die Portionen an, die sie den anderen gibt, das ist ja Aufreizung zum Klassenhass!

aufs: aufs Neue: ↑neu. **aufs Tüttelchen:** ↑Tüttelchen. **aufs Wort:** ↑Wort.

aufsagen: sein Sprüchlein aufsagen: ↑Spruch. **etwas vorwärts und rückwärts aufsagen können:** ↑vorwärts.

aufschieben: aufgeschoben ist nicht aufgehoben: ↑aufgeschoben.

aufschlagen: ein aufgeschlagenes Buch für jmdn. sein: ↑Buch. **die/seine Zelte aufschlagen:** ↑Zelt.

Aufschwung: einen Aufschwung nehmen: *sich lebhaft aufwärts entwickeln:* Die Karriere des Diplomaten nahm 1944 jähen Aufschwung (Spiegel 48, 1965, 40). Noch einmal schien der Komsomol einen mächtigen Aufschwung zu nehmen, als 1928 der erste Fünfjahresplan anlief (Leonhard, Revolution 55).

aufsetzen: eine Amtsmiene aufsetzen: ↑Amtsmiene. **jmdm., einer Sache einen Dämpfer aufsetzen:** ↑Dämpfer. **seinen Dickkopf/Trotzkopf aufsetzen:** ↑Dickkopf, ↑Trotzkopf. **einer Sache Glanzlichter aufsetzen:** ↑Glanzlicht. **jmdm. Hörner aufsetzen:** ↑Horn. **seinen Kopf aufsetzen:** ↑Kopf. **einer Sache die Krone aufsetzen:** ↑Krone.

aufsperren: die Augen aufsperren: ↑Auge. **die Löffel aufsperren:** ↑Löffel. **Mund und Nase aufsperren:** ↑Mund. **den Mund/das Maul aufsperren:** ↑Mund. **die Ohren aufsperren:** ↑Ohr. **den Schnabel aufsperren:** ↑Schnabel.

aufstecken: eine Amtsmiene aufstecken: ↑Amtsmiene. **jmdm. ein Licht aufstecken:** ↑Licht.

aufstehen: da musst du früher/eher aufstehen (ugs.): *da musst du dir schon et-*

was Besseres einfallen lassen, um etwas auszurichten; damit kommst du zu spät: Du willst mir zeigen, wie man die Enden zusammenschweißt? Da musst du eher aufstehen! ... man muss früher aufstehen, wenn man der ... Theologie ein Schnippchen schlagen will (Winckler, Bomberg 160).

nicht mehr/nicht wieder aufstehen (verhüll.): *sterben:* Mit siebzig hatte er einen Schlaganfall, und wir fürchteten alle, er würde nicht wieder aufstehen.

mit dem linken Bein/Fuß [zuerst] aufgestanden sein (ugs.): *schlecht gelaunt sein:* Was ist mit dir denn los, du bist wohl mit dem linken Bein zuerst aufgestanden? ▶ Die Wendung wurzelt in der abergläubischen Auffassung, dass die linke Seite die Unglücksseite ist. Wer mit dem linken, den falschen Bein aufsteht, dem geht alles schief, dem droht Unheil.

mit den Hühnern aufstehen: ↑ Huhn.

aufstellen: seine Borsten aufstellen: ↑ Borste.

Aufstellung: Aufstellung nehmen: *sich aufstellen:* Vor dem Portal nahmen zwei schwer bewaffnete Soldaten Aufstellung. Später nehmen zwei Hirten vor einem Tisch Aufstellung und singen im Wechsel (Chotjewitz, Friede 193). Die vierte Kolonne ... hat auf der Place des Victoires Aufstellung genommen (Sieburg, Blick 84).

aufstoßen: jmdm. übel/sauer aufstoßen: *üble Folgen für jmdn. haben:* Dass er mich beim Chef angeschwärzt hat, das wird ihm noch übel aufstoßen. Es ist merkwürdig genug: Nach neun Jahren stößt den Deutschen der Krieg sauer auf (Tucholsky, Werke II, 266).

aufsuchen: den Boden aufsuchen: ↑ Boden.

auftauchen: aus der Versenkung auftauchen: ↑ Versenkung.

Auftrag: etwas [bei jmdm.] in Auftrag geben: *etwas [bei jmdm.] bestellen:* Der Stadtrat hatte einen Bebauungsplan in Auftrag gegeben. Ich habe bei meinem Schneider einen neuen Smoking in Auftrag gegeben. Er gab dem Zimmermann einen Zeichentisch und anderes Gerät in Auftrag (Hesse, Narziß 377).

auftragen: dick/stark auftragen (ugs.): *übertreiben:* Du hast so dick aufgetragen, dass uns keiner glauben wird. Sie war beschwipst und trug ein bisschen stark auf. Joseph empfand nicht die dick aufgetragene Bitterkeit und Tücke in den Worten der Frauen (Th. Mann, Joseph 484). ▶ Die Wendung meinte ursprünglich das zu dicke Auftragen der Farbe beim Malen und das zu starke Auftragen von Schminke.

auftun: den Mund auftun: ↑ Mund. **die Ohren auftun:** ↑ Ohr.

aufwärmen: alten Kohl aufwärmen: ↑ Kohl.

Aufwartung: jmdm. seine Aufwartung machen (veraltend; noch scherzh.): *jmdm. einen Höflichkeitsbesuch abstatten:* Er bat darum, den Damen am Sonntag seine Aufwartung machen zu dürfen. Wünschen Sie vielleicht auch noch, dass der Herr Offizier Ihnen seine Aufwartung macht hier im Haus? (H. Kolb, Wilzenbach 51). Am Montag kommt er wieder vorbei und wird seine Aufwartung machen (Langgässer, Siegel 137).

Aufwasch[en]: das ist ein Aufwasch[en]/Abwasch[en]; das geht/das machen wir in einem Aufwasch[en]/Abwasch[en] (ugs.): *das lässt sich gleichzeitig mit anderem erledigen:* Wenn ich den Koffer aufgebe, kann ich auch gleich die Fahrkarten besorgen, das ist dann ein Aufwasch. Nicht nur sich selbst genehmigte er eine »sprühende« Erfrischung, auch diese ... Wäsche wurde von ihm »getränkt«, – schließlich ging es in einem »Aufwaschen«! (MM 15./16. 4. 1967, 28). ▶ Mit »Aufwasch« ist das Geschirrspülen gemeint, bei dem es nichts ausmacht, wenn noch ein Teller oder Glas mehr gespült werden muss.

aufwecken: ein Lärm/Krach, um Tote aufzuwecken: ↑ Tote.

aufweisen: etwas aufzuweisen haben: *etwas haben, über etwas verfügen:* Haben Sie Referenzen aufzuweisen? Der Angeklagte hat kein Vermögen aufzuweisen. ... er gehörte zu den Erfolgreichen und hatte über ein Dutzend Abschüsse aufzuweisen (Gaiser, Jagd 157).

aufwiegen: nicht mit Gold aufzuwiegen sein: ↑ Gold.

aufwirbeln: Staub aufwirbeln: ↑ Staub.

aufzählen: jmdm. welche/ein paar/zwanzig aufzählen (ugs.): *jmdn. [zur Strafe] schlagen:* Der Lausejunge soll mir nur nach Hause kommen, dem werd ich ein paar aufzählen!

aufzäumen: das Pferd am/beim Schwanz aufzäumen: ↑ Pferd.

aufziehen: andere/strengere Saiten aufziehen: ↑ Saite.

Augapfel: jmdn., etwas wie seinen Augapfel hüten/hegen: ↑ hüten.

Auge: das Auge des Gesetzes (scherzh.): *die Polizei:* Das gestrenge Auge des Gesetzes duldete kein Parken auf dem Platz vor dem Schloss.

▶ Dieser idiomatische Ausdruck ist allgemein bekannt durch Schillers »Lied von der Glocke« (»... denn das Auge des Gesetzes wacht.«). Schon bei antiken Autoren ist vom »Auge der [strafenden] Gerechtigkeit« die Rede.

jmdm. gehen die Augen auf (ugs.): *jmd. durchschaut plötzlich alles:* Da gingen ihm die Augen auf. Die beiden kannten sich und wollten ihn hereinlegen. Als sie ihn für ihre Propagandazwecke einspannen wollten, gingen ihm endlich die Augen auf. Einigen Leuten im Zimmer gingen die Augen auf (Brecht, Groschen 40).

jmdm. gehen die Augen über: 1. (ugs.) *jmd. ist von einem Anblick überwältigt:* Als der Schmuck vor ihnen auf dem Tisch lag, gingen ihnen die Augen über. Am Ende möchten dem Bürger »von so viel Staat ... noch die Augen übergehen« (Spiegel 21, 1975, 36). 2. (geh.) *jmd. beginnt zu weinen:* Manchem gingen die Augen über, als die toten Kumpels aus dem Schacht gebracht wurden.

ganz Auge und Ohr sein (ugs.): *genau aufpassen:* Schon nach wenigen Minuten waren die Kinder ganz Auge und Ohr und folgten gebannt dem Spiel.

da bleibt kein Auge trocken (ugs.): 1. *alle weinen vor Rührung:* Da blieb kein Auge trocken, als die toten Seeleute an Land gebracht wurden. 2. *alle lachen Tränen:* Wenn die Clowns der Eisrevue ihre Späße treiben, da bleibt kein Auge trocken. Für die fünfteilige Unterhaltungsserie ... verspricht man: »Da bleibt kein Auge trocken!« (MM 21./22. 9. 1971, 23). 3. *keiner bleibt davon verschont:* Wenn

die erst einmal mit der Säuberung der Partei anfangen, da bleibt kein Auge trocken. ... die gehen ran wie Blücher. Da bleibt kein Auge trocken (Kuby, Sieg 229). Temperamentgeladene Löwen (= die unter dem Sternbild Löwe Geborenen) kommen auf ihre Kosten! Es bleibt kein Auge trocken (Bild und Funk 3, 1967, 51).

jmds. Augen brechen (geh.): *jmd. stirbt:* Als der Priester endlich eintraf, waren die Augen der Mutter bereits gebrochen. In der Ecke lag zusammengekrümmt der Hund. Die Augen seines treuen Begleiters waren gebrochen. ... die Augen wollen brechen, die Welle überschwemmt mich und löscht mich dunkel aus (Remarque, Westen 55).

so weit das Auge reicht: *so weit man sehen kann:* Vor ihnen lag, so weit das Auge reicht, fruchtbares Weideland.

die Augen sind größer als der Magen (fam.): *sich mehr auf den Teller tun, als man essen kann:* Na, da waren die Augen wohl mal wieder größer als der Magen.

in diese Suppe schauen mehr Augen hinein als heraus (ugs.; scherzh.): *diese Suppe ist ohne Fett zubereitet, ist wässrig.*

▶ Diese Redensart ist ein Wortspiel mit »Auge« in der Bedeutung »auf einer Flüssigkeit schwimmender Fetttropfen«.

vier Augen sehen mehr als zwei: *zwei Menschen, die gemeinsam aufpassen, entgeht weniger als einem [und sie sind weniger gefährdet]:* Ich verstehe nicht, warum du ohne mich dorthin fahren willst, vier Augen sehen doch mehr als zwei.

kleine Augen machen (ugs.): *sehr müde sein [und die Augen kaum noch offen halten können]:* Kind, du gehörst ins Bett, du machst ja schon ganz kleine Augen!

[große] Augen machen (ugs.): *staunen, sich wundern:* Der hat aber Augen gemacht, als ich mit einem Porsche ankam. Stanko machte große Augen, als ich eine Treppe höher bei ihm eintrat und er mich im Schein der Hängebirne musterte (Th. Mann, Krull 193). Von Helena hatte er sich bereits gestern verabschiedet, und wenn er sie jetzt noch einmal besuchte, würde sie große Augen machen (Geissler, Wunschhütlein 119).

Augen machen wie ein [ab]gestochenes Kalb (ugs.): *dümmlich, verwundert dreinblicken:* Er machte Augen wie ein abgestochenes Kalb, als seine Frau plötzlich vor ihm stand.

jmdm. [schöne] Augen machen (ugs.): *jmdn. verführerisch ansehen; flirten:* Der Doktor machte der Frau des Apothekers schöne Augen. Du brauchst mir gar nicht schöne Augen zu machen, ich kann dir den Pelz nicht kaufen. Sie habe panische Angst, von Männern abgewiesen zu werden, wenn sie ihnen schöne Augen mache (Hörzu 45, 1970, 145).

jmdm. verliebte Augen machen (ugs.): *jmdn. verliebt ansehen:* Der Oberkellner machte der Chefin verliebte Augen. Sie ... machte verliebte Augen, guckte ihn groß an (Hilsenrath, Nazi 115).

das Auge beleidigen; eine Beleidigung für das Auge sein: *abstoßend wirken; für einen ästhetischen Menschen nicht zumutbar sein:* Die Farben beleidigen mein Auge. Dieses Spiel, das als Werbung für den Fußball gedacht war, war eine Beleidigung für das Auge.

die Augen aufmachen/aufsperren/auftun (ugs.): *genau auf das achten, was um einen herum vorgeht:* Mach die Augen auf, wenn du über die Straße gehst! Man muss schon die Augen auftun, wenn einem bei dem Skizirkus nichts passieren soll.

die Augen aufreißen (ugs.): *äußerst erstaunt sein:* Die Begleiter rissen die Augen auf, als der Minister aus dem Auto sprang und auf die Demonstranten zuging. Er sprang auf, als Goldmund kam, und riss die Augen auf (Hesse, Narziß 274).

kaum die Augen aufhalten können (ugs.): *sich kaum wach halten können:* Sie waren nun schon fünfzig Stunden ohne Schlaf und konnten kaum die Augen aufhalten.

Augen und Ohren aufhalten (ugs.): *aufmerksam etwas verfolgen:* Sie mussten Augen und Ohren aufhalten, denn in der Gegend wimmelte es von Partisanen.

die Augen offen haben/offen halten: *Acht geben, aufpassen:* Wir werden die Augen offen halten und uns nicht in eine Falle locken lassen. Es hat neunundneunzig geschlagen, bald wird es hundert schlagen! Ich werde meine Augen offen halten

(Mostar, Unschuldig 164). Man muss die Augen offen haben für den vielfältigen Zauber, den die Natur hier bietet (Gast, Bretter 73).

die Augen schließen/zumachen/zutun (verhüll.): *sterben:* Der Opa wird bald die Augen zumachen. Was also geschieht mit den Menschen, die wir geliebt haben, wenn sie die Augen schließen? (Thielicke, Ich glaube 184). Mehr hatte der Alte eigentlich nie gewollt ... Er konnte ruhig die Augen schließen und tat dies vier Monate später (Thieß, Reich 443).

die Augen auf null stellen/drehen (ugs.): *sterben:* Ich hatte jedenfalls tierisch Schiss, dass mein Kollege die Augen auf null dreht (Stern 39, 1980, 22). »Der hat 'nen Abgang gemacht«, »die Augen auf null gestellt«, kommentieren die Fixer aus der Szene, wenn es einen von ihnen erwischt (Spiegel 23, 1977, 185).

jmdm. die Augen öffnen: *jmdn. darüber aufklären, wie unerfreulich etwas in Wirklichkeit ist:* Ich muss dir mal über deinen Freund die Augen öffnen. Er wollte den Bauern über den Gemeinderat die Augen öffnen. Könnten Sie nicht einmal zu uns kommen und Gerda ein wenig die Augen für die Unreife von Hans und seinen Gefährten öffnen? (Musil, Mann 309).

ein Auge/beide Augen zudrücken (ugs.): *etwas nachsichtig, wohlwollend übersehen:* Der Richter wollte noch einmal ein Auge zudrücken und gab ihm drei Monate mit Bewährung. Der Chef drückte beide Augen zu und warf den Kassierer nicht hinaus. ... ich hätte damals Methoden angewendet, bei denen man heute beide Augen zudrücken müsste (H. Weber, Einzug 77).

ein Auge riskieren (ugs.): *einen verstohlenen Blick auf jmdn. oder etwas werfen:* Er wusste, dass die Mädchen im Umkleideraum waren, und hätte gern ein Auge riskiert. Der lässt sich lieber die Eselsohren abreißen, als dass er ein Auge auf Lore riskiert (Kirst, 08/15, 13).

kein Auge zutun/zumachen (ugs.): *nicht schlafen [können]:* Das ist ein sehr unruhiges Hotel; ich habe die ganze Nacht kein Auge zugetan. Glauben Sie vielleicht, wir hätten heute Nacht ein Auge zugetan? (Zuckmayer, Hauptmann 86).

ein Auge/ein paar Augen voll Schlaf nehmen (ugs.; landsch.): *ein wenig schlafen:* Bevor wir zur nächsten Etappe aufbrechen, möchte ich noch ein Auge voll Schlaf nehmen. So versuchen wir ein Auge voll Schlaf zu nehmen (Remarque, Westen 33).

seine Augen überall/vorn und hinten haben (ugs.): *alles genau beobachten, damit einem nichts entgeht:* Es war nicht viel mit Faulenzen auf dem Bau, denn der Polier hatte seine Augen überall. Eine Kindergärtnerin muss ihre Augen vorn und hinten haben.

hinten keine Augen haben (ugs.): *nach rückwärts nicht sehen können und nichts dafür können, wenn man jmdn. tritt oder stößt:* Es tut mir furchtbar leid, dass ich Sie getreten habe, aber hinten habe ich keine Augen.

Augen im Kopf haben (ugs.): *etwas durchschauen, beurteilen können:* Ich weiß, was mit den beiden los ist, ich habe doch Augen im Kopf! ... und es ist ja auch wirklich für jeden Menschen, der Augen im Kopf hat, eine Freude, diese junge Frau anzusehen (Fallada, Mann 122).

keine Augen im Kopf haben (ugs.): *nicht aufpassen:* Sie haben mich zweimal fast umgerissen, haben Sie denn keine Augen im Kopf?

Augen haben wie ein Luchs: *ungewöhnlich gut sehen können:* Der Chefin entgeht nichts, die hat Augen wie ein Luchs.

sich die Augen nach jmdm., nach etwas ausgucken/aus dem Kopf gucken/schauen (fam.): *angestrengt Ausschau halten:* Da bist du ja endlich, ich habe mir schon die Augen nach dir ausgeguckt.

sich die Augen ausweinen/rot weinen/aus dem Kopf weinen: *heftig weinen:* Sie hatte sich damals die Augen aus dem Kopf geweint, als sie erfuhr, dass ihr Mann in Gefangenschaft gestorben war. Das Fräulein kann sich nun die Augen ausweinen um ihren toten Schatz (Hausmann, Salut 198).

sich die Augen aus dem Kopf schämen: *sich sehr schämen:* Ich schämte mir die Augen aus dem Kopf, weil sie mich in der Unterhose gesehen hatte.

jmdm. [am liebsten] die Augen auskratzen [mögen] (ugs.): *(meist von Frauen gesagt) auf jmdn. so wütend sein, dass man ihm am liebsten etwas Böses antun möchte:* Was hat die meinen Kurt so anzulächeln? Dem Biest möchte ich am liebsten die Augen auskratzen! ... wer mir in mein Gehege kommt, dem kratze ich rücksichtslos beide Augen ... aus (Langgässer, Siegel 460).

ein Auge auf jmdn., auf etwas werfen (ugs.): *Gefallen an jmdm., an etwas finden:* Es kam ihm fast so vor, als hätte der Untermieter ein Auge auf seine Frau geworfen. Auf das neue Coupé habe ich auch schon ein Auge geworfen. Möglicherweise lag es daran, dass ich merkte, dass dieser Torrin ein Auge auf mich geworfen hatte (Cotton, Silver-Jet 97).

ein Auge auf jmdn., auf etwas haben: 1. *auf jmdn., auf etwas achten, aufpassen:* Die Regierung muss auf diese Radikalinskis ein Auge haben. Sie war ja eine tüchtige Frau, ... und auf alles hatte sie ein Auge (Thieß, Legende 116). Aber er vergaß keineswegs, während der nächsten Tage ein Auge darauf zu haben, ob zwischen den beiden Lehrern wieder ein gutes Einvernehmen bestehe (Hesse, Narziß 17). 2. *an jmdm., an etwas Gefallen finden, etwas gerne haben wollen:* Zum Geburtstag schenkte er ihr das Armband, auf das sie schon lange ein Auge hatte. Auf dem Ball tanzte mehr als ein Kleid, das aus meiner Hand kam. Trotzdem hatte ich den ganzen Abend ein Auge auf Diemut (Gaiser, Schlussball 183).

nur Augen für jmdn., für etwas haben (ugs.): *jmdn., etwas ganz allein beachten:* Seit dem Studentenball hat er nur noch Augen für die neue Bibliothekarin. Die Regierungsparteien haben zur Zeit nur Augen für die Ratifizierung der Verträge. Aber sie hatten nur Augen für Grün und Gold und ihren Chef, der jetzt aus den Lautsprechern zu ihnen sprach (Bieler, Bonifaz 232).

ein Auge für etwas haben: *das richtige Verständnis, das nötige Urteilsvermögen für etwas haben:* Lass ihn das machen, er hat das Auge dafür! Verzeihen Sie, wenn ich bis jetzt kein Auge dafür hatte ..., aber nun habe ich bald ein Auge dafür (Andres, Liebesschaukel 120).

kein Auge von jmdm., von etwas lassen/ wenden: *jmdn. unablässig ansehen, be-*

obachten: Auf dem Ball ließ er kein Auge von seiner neuen Bekanntschaft. Während wir zur Eingangstür gingen, folgte uns der Hund und ließ kein Auge von uns. Der Voyageur mit dem Einsteinkomplex lässt kein Auge von dem goldenen Fenster (Remarque, Obelisk 50).

die Augen vor etwas verschließen: *etwas nicht wahrhaben wollen:* Vor den Problemen der Studenten verschließen die zuständigen Stellen die Augen. Wir dürfen die Augen vor der wachsenden Gefährdung der Jugend durch Rauschgift nicht verschließen. ... weil die Produktionsministerien ... dazu neigen, die Augen vor der schlechten Qualität der Produktion »ihrer« Werke zu verschließen (Mehnert, Sowjetmensch 114).

seinen [eigenen] Augen nicht trauen (ugs.): *vor Überraschung etwas nicht fassen:* Sie traute ihren Augen nicht, als eines Tages ihr Mann an der Tür läutete. Ich wollte meinen eigenen Augen nicht trauen, aber es war wirklich mein Ring. In den Dörfern, wo immer Ali mit seiner Alil erschien, trauten die Leute ihren eigenen Augen nicht (Frisch, Gantenbein 251).

jmdm. etwas an/von den Augen ablesen: *von allein etwas erkennen, was jmd. insgeheim haben möchte:* Sie las ihrem Freund jeden Wunsch an den Augen ab. Wir bemühten uns sehr um Großmutter, versuchten ihr von den Augen abzulesen, was ihr eine Freude machen könnte.

jmdm. etwas aufs Auge drücken (ugs.): *jmdm. etwas [Unangenehmes] aufbürden:* Wenn er selbst was nicht machen will, drückt er mir das aufs Auge. Die Firma hatte ihr die gesamte Auslandskorrespondenz aufs Auge gedrückt.

auf zwei Augen stehen/ruhen (veraltend): *in seinem Fortbestand dem Leben eines Menschen abhängen:* Seit dem Tode des Seniorchefs steht das Riesenunternehmen auf zwei Augen. Man muss sich diese Tatsachen gegenwärtig halten ..., dass sein Weltreich politisch zusammenbrach, weil es nur auf zwei Augen stand (Thieß, Reich 116).

aus den Augen, aus dem Sinn: *wen man nicht mehr sieht, den vergisst man, zu dem reißt der Kontakt ab:* Seit seiner Übersiedlung nach Genf habe ich nichts

mehr von ihm gehört. Na ja, aus den Augen, aus dem Sinn.

jmdn., etwas nicht aus dem Auge/aus den Augen lassen: *jmdn., etwas scharf beobachten:* Während er badete, ließ er seine Sachen am Ufer nicht aus dem Auge. Der Schäferhund folgte uns und ließ uns nicht aus den Augen. ... dabei fühlte sie, wie der Fremde sie nicht aus den Augen ließ und ihr den eigenen Körper so bewusst machte, als ob er ihn streichelte (Langgässer, Siegel 510).

jmdn./jmdn., etwas aus den Augen schaffen: *jmdn., etwas wegschaffen, fortbringen:* Schafft mir das Zeug da aus den Augen. Der Polizeichef befahl, ihm den Kerl aus den Augen zu schaffen.

jmdn., etwas aus dem Auge/aus den Augen verlieren: *die Verbindung mit jmdm. verlieren, etwas nicht weiter verfolgen:* In den letzten Kriegstagen haben wir uns aus den Augen verloren. ... wir haben hier jetzt die siebzehnte Brechung einer Nebenerscheinung am Wickel und verlieren die Idee aus dem Auge (Kant, Impressum 242). Die Hügel waren doch höher, als ich gedacht hatte; oft verlor ich Onkel Hugo aus den Augen (Schnurre, Vaters Bart 47).

jmdm. aus den Augen kommen: *keine Verbindung mehr mit jmdm. haben:* Als er in den diplomatischen Dienst trat, kam er mir aus den Augen. Darüber war mir Frau Andernoth aus den Augen gekommen (Gaiser, Schlussball 187).

jmdm. aus den Augen gehen: *sich nicht mehr bei jmdm. sehen lassen:* Geh mir bloß aus den Augen! Weil er ihm noch Geld schuldete, schien es ihm ratsam, seinem Bekannten aus den Augen zu gehen.

jmdm. wie aus den Augen geschnitten sein: *jmdm. sehr ähnlich sein:* Er ist ihm wie aus den Augen geschnitten.

jmdm. aus den Augen sehen: *an jmds. Blick, Gesichtsausdruck abzulesen sein:* Der alten Dame sah der Schalk aus den Augen, als sie uns erzählte, sie habe in ihrem Garten eine Schatzkiste ausgegraben. Trauen Sie dem Kerl nicht, dem sieht doch die Verschlagenheit aus den Augen!

vor etwas nicht mehr aus den Augen sehen können: *von etwas ganz in Anspruch* *genommen sein [und keine Zeit für etwas anderes haben]:* Wenn die Saison beginnt, können die Hoteliers vor Arbeit nicht aus den Augen sehen.

für die Augen zu wenig, für den Bauch/ (derb) **Arsch zu viel** (fam.).): *mehr auf dem Teller, als man essen kann:* Den Rest schaffe ich nicht mehr, na ja, für die Augen zu wenig, für den Bauch zu viel.

etwas im Auge haben: *etwas im Sinn haben, vorhaben, anstreben:* Er hat nur seinen Vorteil im Auge. Hatten Sie ein bestimmtes Modell im Auge? Es sah wirklich so aus, als schenke man seiner Stimme besondere Beachtung, habe Großes mit ihr vor, bestimmte Pläne im Auge (Thieß, Legende 116).

jmdn., etwas im Auge behalten/haben: *jmdn., etwas beobachten, in seinem weiteren Verlauf, bei den weiteren Aktivitäten verfolgen:* Die Polizei behielt ihn nach seiner Entlassung weiter im Auge. Die Vorstände wollten eine Fusion der beiden Vereine im Auge behalten. Einstweilen also sollten wir uns auf diese Bahn beschränken, denn dabei konnten die auf der Veranda sitzenden Erwachsenen uns im Auge haben (Bergengruen, Rittmeisterin 262).

in jmds. Augen ...: *nach jmds. Ansicht ...:* In den Augen der Leute ist er der Täter. In meinen Augen ist sie eine Heilige. ... ein ausgesägter Flurboden, ein mit Heu gefüllter Keller wären in den Augen der Polizei doch recht ungewöhnliche Geburtstagsvorbereitungen gewesen (Fallada, Herr 88).

in jmds. Augen steigen/sinken: *bei jmdm. an Ansehen, Achtung gewinnen/verlieren:* Mit dem Doktortitel war ich natürlich in den Augen meiner Schwiegereltern enorm gestiegen. Er begann in unseren Augen zu sinken, als sich die ersten Anzeichen seiner Labilität zeigten.

jmdm. Auge in Auge gegenüberstehen: *jmdm. ganz nah gegenüberstehen:* Demonstranten und Polizisten standen sich Auge in Auge gegenüber.

ins Auge/in die Augen springen/fallen: *auffallen, die Aufmerksamkeit auf sich ziehen:* Der Qualitätsunterschied der beiden Teppiche fiel ihm sofort ins Auge. Ins Auge springt bei dieser Wahl die hohe Wahlbeteiligung. Die einfachste, ins

Auge fallende Einteilung des Waldes ist die nach Nadelwald, Laubwald und Mischwald (Mantel, Wald 24).

[jmdm.] ins Auge/in die Augen stechen (ugs.): 1. *[jmdm.] so sehr gefallen, dass er es haben möchte:* Der Hosenanzug stach seiner Frau schon lange ins Auge. 2. *[jmdm.] auffallen:* Der Major ... war ein Hüne, dessen organische Unschuld an der Disposition und Aufnahmelustigkeit des Töchterchens in die Augen stach (Th. Mann, Zauberberg 420). Das Mädchen ... streckte eine Hand aus, deren rote Fingernägel Sartorik in die Augen stachen (Sebastian, Krankenhaus 62).

einer Sache ins Auge sehen/blicken: 1. *etwas Unangenehmem gelassen entgegensehen:* Die Vereine sahen den sinkenden Zuschauerzahlen gelassen ins Auge. Die Besatzung des Jumbos sah der Gefahr ruhig ins Auge. 2. *etwas realistisch sehen; sich einer Sache stellen:* Sie mussten den Tatsachen ins Auge sehen: Die Firma stand vor dem Ruin. Man hat der Regierung in Bonn häufig vorgeworfen, sie sei nicht bereit, den Realitäten ins Auge zu blicken (Dönhoff, Ära 85).

jmdm. zu tief ins Auge/in die Augen sehen: *sich in jmdn. verlieben:* Du hast wohl der neuen Laborantin zu tief ins Auge gesehen?

etwas ins Auge fassen: *etwas erwägen; sich etwas vornehmen:* Wir werden die Verbesserungsvorschläge noch einmal ins Auge fassen. Er hatte eine Scheidung bisher noch nicht ins Auge gefasst. Ob 1969 eine Erhöhung der Ertragssteuern ins Auge gefasst werden muss, bleibt vorläufig offen (MM 6. 7. 1967, 1).

ins Auge gehen (ugs.): *übel ausgehen, schlimme Folgen haben:* Unser Nachbar lässt den Motor immer ziemlich lange in der Garage laufen, wenn das mal nicht ins Auge geht. Wenn ein junger Mann im Krieg für den Frieden wirbt, so kann das leicht ins Auge gehen (Hörzu 18, 1973, 75). Eine Öllache verschmiert die Straße. Das kann verdammt ins Auge gehen (Quick 15, 1958, 25).

jmdm. nicht in die Augen sehen können: *jmds. Blick nicht ertragen können; ein schlechtes Gewissen haben:* Seit unserem letzten Gespräch kann er mir nicht mehr in die Augen sehen. Er wagte es anscheinend nicht, den frisch Ankommenden ins Auge zu sehen (Brecht, Groschen 54).

mit bloßem/nacktem/unbewaffnetem Auge: *ohne optisches Hilfsmittel:* Man kann die Larven mit unbewaffnetem Auge erkennen. Aber auch mit bloßem Auge sah er, wie der weiße Raubfisch davonzog (Geissler, Wunschhütlein 83).

mit einem lachenden und einem weinenden Auge: *teils erfreut, teils betrübt:* Da der Spitzenreiter auch verloren hat, haben wir die Niederlage mit einem lachenden und einem weinenden Auge hingenommen.

mit offenen Augen/(geh.) **sehenden Auges ins Unglück rennen:** *eine deutlich erkennbare Gefahr nicht erkennen wollen:* Die Kriegstrommel wurde bereits gerührt, und beide Länder rannten offenen Auges ins Unglück.

mit offenen Augen durch die Welt gehen: *alles unvoreingenommen betrachten, um daraus zu lernen:* Kinder gehen noch mit weit offenen Augen durchs Leben.

mit offenen Augen schlafen (ugs.): *nicht aufpassen:* Ich habe dir nun schon dreimal gesagt, du sollst das Fenster schließen. Schläfst du mit offenen Augen?

mit einem blauen Auge davonkommen (ugs.): *glimpflich davonkommen:* Die jugendlichen Rowdys sind noch einmal mit einem blauen Auge davongekommen. Sie müssen nur den Schaden ersetzen. Ich bin mit einem blauen Auge davongekommen, denn ich habe mir bei dem Sturz nichts gebrochen. Der Angeklagte kam noch mit einem blauen Auge davon, denn er war nachweislich schon 29-mal vorbestraft (MM 7./8. 10. 1967, 44).

jmdn., etwas mit anderen/mit neuen Augen [an]sehen: *bei jmdm., etwas zu einem neuen Verständnis gelangen, eine neue Einstellung gewinnen:* Indien sieht jetzt die Politik der USA mit neuen Augen an. Und weil sie seit fünf Minuten ihren Mann mit ganz anderen Augen ansieht, fällt ihr auf, dass er die rechte Hand in der Hosentasche hat (Fallada, Mann 26). Seit ich höre, dass ihm solche Sachen wie die jetzt vorgeworfen werden, sehe ich alles mit ganz anderen Augen an (Brecht, Groschen 336).

jmdn., etwas mit den Augen verschlingen (ugs.): *jmdn., etwas mit begehrlichen Au-*

gen ansehen: Der Clochard verschlang die Auslagen mit den Augen. Die neue Mitarbeiterin wurde vom Abteilungsleiter förmlich mit den Augen verschlungen. Hast du nicht Hände zu sehen, und musst du die Makellose auch noch mit den Augen verschlingen ...? (Th. Mann, Joseph 296).

jmdn., etwas mit scheelen Augen ansehen/betrachten (ugs.): *jmdn., etwas mit Neid, mit Missgunst ansehen:* Die Opposition sah die Erfolge der Regierungsparteien mit scheelen Augen an. Innerhalb der ... Partei wurde diese Gruppe mit scheelen Augen betrachtet (Niekisch, Leben 138).

etwas mit eigenen Augen gesehen haben: *bei etwas Augenzeuge gewesen sein und daher genau darüber Bescheid wissen:* Einige Hotelgäste sprangen mit brennenden Kleidern aus den Fenstern, ich habe es mit eigenen Augen gesehen.

etwas nicht nur um jmds. schöner/blauer Augen willen tun; etwas nicht nur wegen jmds. schöner/blauer Augen tun (ugs.): *etwas nicht aus reiner Gefälligkeit tun:* Doch nicht um deiner blauen Augen willen! Wenn du glaubst, dass er das alles nur wegen deiner schönen, blauen Augen tut, dann irrst du dich aber.

Auge um Auge, Zahn um Zahn: *Gleiches wird mit Gleichem vergolten:* Wir werden uns diese Grenzübergriffe nicht länger gefallen lassen, Auge um Auge, Zahn um Zahn.

▶ Die Wendung stammt aus der Bibel, vgl. z. B. 3. Moses 24, 19: »Und wer seinen Nächsten verletzt, dem soll man tun, wie er getan hat. Schade um Schade, Auge um Auge, Zahn um Zahn.« Es handelt sich dabei also eigentlich um Strafen, wie sie für die Rechtsprechung in den Bußkatalogen festgelegt waren.

unter vier Augen: *ohne Zeugen:* Ich möchte dich mal unter vier Augen sprechen. Die beiden Autokraten de Gaulle und Adenauer berieten dort zwei Tage lang, teils mit ihren Wirtschaftsexperten, teils unter vier Augen (Dönhoff, Ära 137). ... es ist dies überhaupt ein Gebiet, von dem sich schicklich nur schwer reden lässt, und wenn schon, so nur nachts unter vier Augen (Dürrenmatt, Grieche 135).

unter jmds. Augen: *in Anwesenheit von jmdm., unter jmds. Aufsicht:* Unter den Augen des Bundestrainers mussten alle Spieler das Abschlusstraining absolvieren. Wollen Sie es denn unter den Augen der Russen zu einer Revolte kommen lassen, Herr Feldmarschall? (Plievier, Stalingrad 302). Armand, du sollst bei mir stehlen. Hier unter meinen Augen (Th. Mann, Krull 210).

jmdm. unter die Augen kommen/treten: *sich bei jmdm. sehen lassen:* Wenn der Kerl mir noch einmal unter die Augen kommt, passiert etwas. Nach diesem Krach möchte ich ihm nicht mehr unter die Augen treten. Dass ich ihr nicht mehr unter die Augen treten durfte, war sicher (Hartung, Piroschka 54).

jmdm. etwas vor Augen führen/halten/ stellen: *jmdm. etwas deutlich zeigen, klarmachen:* Der Film führt uns die furchtbaren Folgen eines Atomkrieges vor Augen. ... dennoch hielt ich ihm vor Augen, dass Diebstahl viel schöner sei als Prostitution (Genet [Übers.], Tagebuch 106). Immer wird Menschengeschichte sich lesen als Geschichte, die uns bedeutend vor Augen stellt, wie viel ein Einzelner vermag (Goes, Hagar 127).

jmdm. vor Augen stehen: *jmdm. deutlich in Erinnerung sein:* Die Nächte, in denen Berlin in Schutt und Asche sank, stehen ihr noch immer vor Augen. Und so war das Leben, das mir immer, wenn auch selten deutlich, vor Augen stand (Musil, Mann 1 217).

vor aller Augen: *in der Öffentlichkeit; so, dass es jeder sehen kann:* Der Intendant ohrfeigte seine Frau vor aller Augen und ließ sie dann einfach stehen. Wie aber, wenn die Geschichte den Sowjets vor aller Augen eine Niederlage beibringt? (Augstein, Spiegelungen 44). Ihrem Element entzogen, vor aller Augen auf den Tischen der Händler liegend, sind sie (= die Fische) doch wie etwas, das der Mensch nicht sehen sollte (Koeppen, Rußland 186).

jmdm. den Daumen aufs Auge drücken/ halten/setzen: ↑ Daumen. **jmdm. ein Dorn im Auge sein:** ↑ Dorn. **einen Knick im Auge haben:** ↑ Knick. **Knöpfe auf den Augen haben:** ↑ Knopf. **eine Krähe hackt** der anderen kein Auge aus: ↑ Krähe. **wie die Faust aufs Auge passen:** ↑ passen. **jmdm. Sand in die Augen streuen:** ↑ Sand. **sich den Schlaf aus den Augen reiben:** ↑ Schlaf. **jmdm. fällt ein Schleier von den Augen:** ↑ Schleier. **es fällt jmdm. wie Schuppen von den Augen:** ↑ Schuppe. **jmdm. wird[es] schwarz/Nacht vor [den] Augen:** ↑ schwarz. **sehenden Auges:** ↑ sehen. **den Splitter in fremdem Auge, aber den Balken im eigenen nicht sehen:** ↑ Splitter. **dem Tod in die Augen schauen:** ↑ Tod. **Tomaten auf den Augen haben:** ↑ Tomate. **jmdm. nicht das Weiße im Auge gönnen:** ↑ weiß. **mit dem linken Auge in die rechte Westentasche sehen/mit dem rechten Auge in die linke Westentasche sehen:** ↑ Westentasche.

Augenblick: einen lichten Augenblick haben: 1. *vorübergehend bei klarem Verstand sein:* Kurz bevor er starb, hatte er noch einen lichten Augenblick und wollte sein Testament aufsetzen. 2. (scherzh.) *einen guten Einfall haben:* Na, hast du auch mal einen lichten Augenblick?

alle Augenblicke (ugs.): *immer wieder in ganz kurzen Abständen:* Es nervt sie, wenn die Kinder alle Augenblicke etwas von ihr wissen wollen! Jeder greift nach seinen Sachen und vergewissert sich alle Augenblicke von neuem, dass sie da sind (Remarque, Westen 79).

im Augenblick: *jetzt, momentan:* Es gibt im Augenblick keine neuen Informationen. Niemand kann im Augenblick den Präsidenten oder einen seiner Minister sprechen. ... als Stefan sich noch einmal umwandte, setzte die Mutter ein flüchtiges Lächeln auf, das im Augenblick wieder von ihrem ... Gesicht verschwand (Kuby, Sieg 351).

Augenblick – Sie werden gleich rasiert! ↑ rasieren.

Augendeckel: mit den Augendeckeln klappern (ugs.): *flirten, jmdn. verliebt anschauen:* Sie kann so viele Tippfehler machen, wie sie will; wenn sie ein bisschen mit den Augendeckeln klappert, ist der Chef sofort besänftigt.

Augenmerk: sein Augenmerk auf jmdn., auf etwas richten/(selten:)**lenken:** *jmdn., etwas besonders beachten; jmdm., einer Sache besondere Aufmerksamkeit schenken:* Der Wirt richtete sein Augenmerk auf die beiden Fremden. Die Delegierten hatten ihr Augenmerk nur auf Verfahrensfragen gerichtet. So mochte der Mann, auf den sie ihr Augenmerk richtete, sie wohl übersehen haben (A. Kolb, Daphne 55).

Augenschein: jmdn., etwas in Augenschein nehmen: *jmdn., etwas genau und kritisch betrachten:* Nachdem er alles in Augenschein genommen hatte, mietete er die Wohnung. Der Internatsleiter nahm die Ankömmlinge schweigend in Augenschein. Wir wollen nun zunächst die Gestalten in Augenschein nehmen, die in unserm Text auftauchen (Thielicke, Ich glaube 224).

Augenschondienst: Augenschondienst haben/machen (ugs.; scherzh.): *schlafen:* Ich bin hundemüde, ich muss jetzt erst mal Augenschondienst machen.

Augiasstall: den Augiasstall ausmisten/ reinigen: *verrottete Zustände, Missstände beseitigen:* Die Zustände in Halle 5 waren ihm schon lange ein Dorn im Auge, und er beschloss, diesen Augiasstall auszumisten. »Es war Aufräumarbeit zu leisten«, rief er, »der Augiasstall musste ausgemistet werden« (B. Vesper, Reise 463).

▶ Die Wendung bezieht sich auf die griechische Sage, nach der Herkules an einem Tage den völlig verschmutzten Rinderstall des Königs Augias reinigen musste.

August: dummer August: ↑ dumm.

augusteisch: ein augusteisches Zeitalter (bildungsspr.): *eine Zeit, in der Kunst und Literatur sehr gefördert werden:* Und es sage niemand, wir lebten heute, da überall die Kulturetats gekürzt werden, in einem augusteischen Zeitalter!

▶ Das Adjektiv augusteisch leitet sich von dem römischen Kaiser Augustus her, der als Förderer der schönen Künste gilt.

aus: bei jmdm. aus und ein/(seltener:) **ein und aus gehen:** *bei jmdm. oft sein, mit jmdm. verkehren:* Es heißt, er gebe bei dem Gewerkschaftsboss aus und ein. Bei Büdners würde ein Gendarm aus und ein gehen und gleichsam zu Hause sein (Strittmatter, Wundertäter 54).

weder aus noch ein/(seltener:) **ein noch aus wissen; nicht aus noch ein/**(seltener:)

ein noch aus wissen; nicht aus und ein/ (seltener:) **ein und aus wissen:** *völlig ratlos sein:* Vergeblich zermarterten wir uns das Gehirn, wir wussten weder aus noch ein. ... sie hielten den Krieg gleich für ein Unglück, während die besser Gestellten vor Freude nicht aus noch ein wussten (Remarque, Westen 14). In der Nacht lag sie dann wieder schlaflos und zerpeinigte ihr Gehirn und wußte nicht aus noch aus (Werfel, Himmel 157).

aus und vorbei sein: *endgültig vorbei sein:* Der Rechtsradikalismus hat keine Chance mehr, das ist aus und vorbei. Elsbeth entschuldigte sich darin (= im Brief) für ihre Heftigkeit, aber jetzt sei es aus und vorbei, sie käme nimmer heim (Strittmatter, Wundertäter 39).

aus Daffke: ↑ Daffke. **aus den Federn:** ↑ Feder. **aus der Hand:** ↑ Hand. **aus dem Stegreif:** ↑ Stegreif. **aus der Traum:** ↑ Traum. **von mir aus:** ↑ von.

ausbaden: etwas ausbaden müssen (ugs.): *die Folgen von etwas tragen müssen:* Ihr habt den Fehler gemacht, und ich muss ihn jetzt ausbaden. Meine Sonntagslaune hatte mir ein Schnippchen geschlagen; jetzt musste ich es ausbaden (Hagelstange, Spielball 120). Den schönen Wahnsinn, den dieser lyrische Volksredner anrichtete, haben andere ausbaden müssen (Hasenclever, Die Rechtlosen 396).

▶ Die Wendung bezieht sich wahrscheinlich darauf, dass früher, wenn mehrere Personen nacheinander gebadet hatten, der Letzte das Wasser ausgießen und das Bad säubern musste (ausbaden bedeutet eigentlich »zu Ende baden«).

ausbeißen: sich die Zähne an etwas ausbeißen: ↑ Zahn.

ausbieten: etwas wie sauer (auch: saures) Bier ausbieten: ↑ Bier.

ausbitten: das möchte ich mir ausgebeten haben: *das erwarte ich, darauf bestehe ich:* Nach 21 Uhr herrscht hier im Hause Ruhe, das möchte ich mir ausgebeten haben!

ausblasen: blas mir den Hobel aus: ↑ Hobel. **jmdm. das Lebenslicht ausblasen:** ↑ Lebenslicht.

ausbrechen: jmdm. die Giftzähne ausbrechen: ↑ Giftzahn.

Ausbruch: zum Ausbruch kommen: *ausbrechen:* Sein lang gehegter Groll gegen die Funktionäre kam zum Ausbruch. Mein Schnupfen ist noch nicht zum Ausbruch gekommen. Seine ganze aufgestaute Wut gegen die Generäle kommt zum Ausbruch (Quick 51, 1958, 46).

ausbügeln: jmdm. die Runzeln ausbügeln: ↑ Runzel.

Ausbund: ein Ausbund von/an etwas [sein]: *der Inbegriff von etwas [sein]:* Der Sohn des Gutsherrn war ein Ausbund von Gemeinheit. Der Dieselmotor ist zwar kein Ausbund an Temperament, aber elastisch und sparsam (ADAC-Motorwelt 2, 1987, 31). Er hielt sich ... für sehr durchtrieben – dabei war er harmlos; sicher glaubte er, ein Ausbund an Männlichkeit zu sein (H. Weber, Einzug 232).

ausdenken: da musst du dir schon etwas anderes ausdenken! (ugs.): *das musst du klüger anstellen:* Auf solche plumpen Tricks falle ich nicht herein, da musst du dir schon etwas anderes ausdenken.

nicht auszudenken sein: *nicht vorstellbar sein:* Die Folgen sind nicht auszudenken. Atombomben in der Hand eines Diktators? Das ist nicht auszudenken! ... sinnlos, völlig sinnlos, und nicht auszudenken – vor achtundvierzig Stunden war er noch in Berlin (Plievier, Stalingrad 108).

Ausdruck: das ist gar kein Ausdruck! (ugs.): *das ist viel zu schwach ausgedrückt:* Beschwipst soll sie gewesen sein? Das ist gar kein Ausdruck! Dieses Gefühl machte uns verrückt. Nervenkitzel war schon gar kein Ausdruck mehr dafür (Cotton, Silver-Jet 5). Bist du noch ärgerlich? Das ist gar kein Ausdruck, sagte Benhard (Kuby, Sieg 320).

Ausdrücke gebrauchen/im Munde führen/an sich haben (geh.): *sich derb ausdrücken, Schimpfwörter gebrauchen:* Sie hasste ihren Mann, wenn er betrunken war und Ausdrücke gebrauchte. ... und dass dort Personen jeden Standes und Alters gewohnheitsmäßig die gemeinsten Ausdrücke im Munde führen (Tucholsky, Werke II, 241).

einer Sache Ausdruck geben/verleihen (geh.): *etwas zu erkennen geben, äußern:* Er gab seinem Wunsch Ausdruck, sie bald wieder zu sehen. Peter gab der Ansicht Ausdruck, so ein bisschen Fischgestank möchte er ganz gern (Hausmann, Abel 21). Er fand nicht die rechten Worte, seiner steigenden Verwunderung Ausdruck zu verleihen (Kirst, Aufruhr 160).

in etwas [seinen] Ausdruck finden/gewinnen: *sich in etwas niederschlagen:* Sein Glaube findet hierin seinen Ausdruck. Nur in der lakonischen Klarheit und Kürze fand der griechische Geist reizvollen Ausdruck (Thieß, Reich 98). Ihren bedeutendsten Ausdruck gewinnt diese Geistesverfassung ... in einem Ideal, das man das Ideal eines Lebenswerks nennen könnte (Musil, Mann 245).

sich im Ausdruck vergreifen: *in unhöflichem, unangemessenem Ton mit jmdm. sprechen:* Er spürte sofort, dass er sich im Ausdruck vergriffen hatte. Lieber, du vergreifst dich im Ausdruck, ... die Kunst bringt einen in den Mund der Leute (Seidel, Sterne 106).

mit dem Ausdruck ... (geh.): *unter Bekundung ...:* Mit dem Ausdruck vorzüglicher Hochachtung ... (Schlussformel in Briefen). Er nahm die Behauptung mit dem Ausdruck des Bedauerns zurück. ... unter heftig zusammengezogenen Brauen starrten seine erweiterten Augen mit dem Ausdruck entsetzter Abwehr geradeaus (Th. Mann, Tod 100).

etwas zum Ausdruck bringen (nachdrücklich): *etwas erkennen lassen, ausdrücken:* Ich wollte damit zum Ausdruck bringen, dass ich mich auch für diesen Plan einsetzen werde. Der Musiklehrer hatte mir bisher immer seine Geringschätzung zum Ausdruck gebracht (Niekisch, Leben 20). Wie sollte ich ihr gegenüber meine Zuneigung und Dankbarkeit zum Ausdruck bringen, die ohnegleichen waren? (Kessel, Patricia 95).

in etwas zum Ausdruck kommen (nachdrücklich): *sich in etwas ausdrücken:* In ihren Worten kam ihre große Dankbarkeit zum Ausdruck. Und von allem, was er hatte sagen wollen, blieb nichts mehr als ein mühsames Atmen, in dem eine große Ratlosigkeit zum Ausdruck kam (Benrath, Konstanze 127). In dieser Definition kommt schon zum Ausdruck, dass zum Waldbegriff eine gewisse Mindestfläche gehört (Mantel, Wald 15).

auserwählt: viele sind berufen, aber nur wenige sind auserwählt: ↑berufen.

ausfallen: wegen Nebel[s] ausfallen: ↑Nebel.

ausfechten: einen Strauß mit jmdm. ausfechten: ↑Strauß.

ausfindig: jmdn., etwas ausfindig machen: *jmdn., etwas [nach längerer, schwieriger Suche] finden:* Eine Detektei hatte seinen Aufenthaltsort ausfindig gemacht. Die Technik macht es möglich, anonyme Anrufer manchmal doch ausfindig zu machen. Nach stundenlangen Vernehmungen ... waren ihr doch noch Einzelheiten ... eingefallen, die es ermöglichten, die Mordwohnung ausfindig zu machen (Prodöhl, Tod 104).

ausfliegen: der Vogel ist ausgeflogen: ↑Vogel.

Ausflucht: Ausflüchte machen: *Ausreden vorbringen:* Mach jetzt bitte keine Ausflüchte – sag uns klipp und klar, warum du uns nicht helfen willst! Der Verkehrssünder wird Ausflüchte machen, und natürlich wird sich die Polizei dadurch nicht beirren lassen. Wenn wir keine Ausflüchte machen und nicht lügen, haben wir vielleicht schon in einer halben Stunde unser Urteil (Fallada, Jeder 355).

ausfragen: so fragt man die Leute aus: *ausweichende Antwort auf eine Frage, die man nicht beantworten will und die man als zu aufdringlich o. ä. empfindet:* Legen Sie Ihre Einkünfte mehr in Aktien an, oder kaufen Sie Immobilien? – So fragt man die Leute aus – das überlasse ich meinem Anlageberater.

ausfressen: etwas ausgefressen haben (ugs.): *etwas angestellt, verbrochen haben:* Die Kinder scheinen wieder etwas ausgefressen zu haben. Der Chef hat die Telefonistin angepfiffen. Was hat sie denn ausgefressen? Einen Kanonier Vierbein gibt es bei uns. Hat der was ausgefressen? (Kirst, 08/15, 83). Aus Angst vor seinen Eltern, weil er etwas »ausgefressen« hatte, lief er zu einer Bekannten (MM 10. 8. 1967, 8).
▶ Die Wendung meinte ursprünglich, dass jemand oder ein Tier etwas verbotenerweise leer gefressen hat, z. B. die Katze eine Schüssel mit Milch.

Ausführung: etwas zur Ausführung bringen (nachdrücklich): *etwas ausführen:* Die Beschlüsse sind unverzüglich zur Ausführung zu bringen. Die Heirat der Prinzessin Konstanze ... wird als doppelt überflüssig ... erscheinen, wenn wir erst das von mir entworfene nationale Arbeitsprogramm zur Ausführung gebracht haben werden (Benrath, Konstanze 27). zur Ausführung kommen/gelangen (nachdrücklich): *ausgeführt werden:* Die Bestimmungen sollen im nächsten Jahr zur Ausführung gelangen. Wenn dieser Plan damals nicht zur Ausführung gelangte, so geschah es ... auf Drängen und Drohen des Papstes (Benrath, Konstanze 15). ... die Reaktion kommt ohne äußeren Reiz zur Ausführung (Lorenz, Verhalten I, 275).

Ausgang: von etwas seinen Ausgang nehmen (nachdrücklich): *von etwas ausgehen:* Dieser Plan nahm von den Jungsozialisten seinen Ausgang. Er ... kam in die Fleischergasse, von der einst der Bau der Judenstadt seinen Ausgang genommen hatte (Buber, Gog 104).

ausgeben: jeden Mark/jeden Pfennig [zweimal/dreimal] umdrehen, bevor man sie/ihn ausgibt: ↑¹Mark.

ausgehen: ausgehen wie das Hornberger Schießen (ugs.): *[nach großer Ankündigung] ohne ein Ergebnis enden:* Ich fürchte, die Sache geht aus wie das Hornberger Schießen. Der Versuch, die Olympischen Spiele zu modernisieren, ging aus wie das Hornberger Schießen. ... er sehe dem Prozess gelassen entgegen. Juristisch sei »nichts drin«. Er werde ausgehen wie das Hornberger Schießen (MM 1./2. 7. 1978, 37).
▶ Der Ursprung der Redensart ist dunkel. (Von den Geschichten, die erfunden worden sind, um die Herkunft der Redensart zu erklären, ist die folgende die netteste: Als die Einwohner des Schwarzwaldortes Hornberg vor Jahrhunderten einmal fürstlichen Besuch erwarteten, da probten sie das Böllerschießen so lange, bis ihnen das Pulver ausging. Um den Landesherrn nicht ohne Begrüßungssalut einziehen zu lassen, versuchten einige Hornberger die Böllerschüsse durch lautes Brüllen nachzuahmen).

jmdm. geht der Atem/die Luft/die Puste aus: ↑Atem, ↑Luft, ↑Puste. **auf Bauern-**

fang ausgehen: ↑Bauernfang. **auf Eroberungen ausgehen:** ↑Eroberung. **leer ausgehen:** ↑leer. **hier/in dieser Stadt o. Ä. gehen die Lichter aus:** ↑Licht.
ausgelitten: ausgelitten haben: 1. (geh.)
[nach schwerem Leiden] gestorben sein:
Nun hat das arme Tantchen ausgelitten.
Gott hab sie selig! 2. (ugs.; scherzh.) *entzwei sein und deshalb ausgedient haben:*
Diese Schuhe haben auch ausgelitten, eine Reparatur lohnt sich nicht mehr.
ausgerechnet: ausgerechnet Bananen!:
Ausruf der Enttäuschung, des Unmuts:
Im Vorprogramm soll jetzt eine Rock-
gruppe aus Finnland auftreten. Ausgerechnet Bananen!
▶ Der Ausruf stammt aus dem Kehrreim des alten Schlagers »Ausgerechnet
Bananen verlangt sie von mir«.
ausgesorgt: ausgesorgt haben (ugs.):
*sich nicht mehr um seinen Lebensunter-
halt kümmern müssen, gut versorgt sein:*
Mit dem Lottogewinn in der Tasche hatte die Familie eine Weile ausgesorgt. Als
Nummer vier der Weltrangliste dürfte
man als Tennisspieler ausgesorgt haben.
Solche Frauen lieben im Grunde nur
sich selbst und glauben, wenn sie einmal
einen Mann eingefangen haben, hätten
sie für ihr Leben ausgesorgt (Hörzu 16,
1973, 141).
ausgespielt: ausgespielt haben: *keine
Macht, keinen Einfluss mehr haben:* Der
Spitzel hatte ausgespielt, die Ohren der
Auftraggeber waren ihm verschlossen.
... man beginnt mit Ärgernis und Ab-
standsgefühlen, auf einmal aber »kommt
ganz anderes dazwischen«, was »mit Urteilen gar nichts zu tun hat«, und die Sit-
tenstrenge hat ausgespielt (Th. Mann,
Zauberberg 320).
bei jmdm. ausgespielt haben (ugs.): *es
mit jmdm. verdorben haben:* Wer mich so
gemein behandelt, hat bei mir ausgespielt!
**ausgetreten: die ausgetretenen Pfade
verlassen:** ↑Pfad. **auf ausgetretenen Pfaden wandeln:** ↑Pfad.
ausgewechselt: wie ausgewechselt sein:
↑auswechseln.
ausgraben: das Kriegsbeil ausgraben:
↑Kriegsbeil.
**Ausguck: nach jmdm., nach etwas Aus-
guck halten** (ugs.): *nach jmdm, nach et-*

was ausschauen: Omi kommt zu Besuch,
die Kinder halten schon den ganzen Tag
nach ihr Ausguck.
**ausgucken: sich nach jmdm., nach etwas
die Augen ausgucken:** ↑Auge.
**aushacken: eine Krähe hackt der ande-
ren kein Auge aus:** ↑Krähe.
aushaken: bei jmdm. hakt es aus (ugs.):
jmd. verliert die Nerven, den Verstand:
Als er nach dem Kriege seinem Peiniger
plötzlich gegenüberstand, hakte es bei
ihm aus. Ich wollte sie nicht töten ... Bei
mir ist was ausgehakt, als wenn ich unter
Zwang gehandelt hätte (BM 13. 11. 1975,
8).
aushalten: nicht zum Aushalten sein: *unerträglich sein:* Es ist nicht zum Aushalten, was der Mensch für einen Blödsinn
von sich gibt! Er stank auf zwei Meter so,
dass es nicht zum Aushalten war (Christiane, Zoo 204).
etwas im Kopf nicht aushalten: ↑Kopf.
das hält ja kein Pferd aus: ↑Pferd.
aushängen: jmdm. das Kreuz aushängen:
↑Kreuz.
**aushauchen: den/seinen Geist, das/sein
Leben, die/seine Seele aushauchen:**
↑Geist, ↑Leben, ↑Seele.
auskämpfen: ausgekämpft haben (geh.):
nach schwerem Leiden gestorben sein:
Gegen Morgen war alles vorbei; der Patient hatte ausgekämpft.
**auskehren: mit eisernem Besen [aus]keh-
ren:** ↑Besen.
**ausklopfen: jmdm. die Hose/die Jacke/
das Wams ausklopfen:** ↑Hose, ↑Jacke,
↑Wams.
**Auskommen: mit jmdm. ist kein Aus-
kommen:** *jmd. ist unverträglich:* Der
neue Werkmeister war ein kleinlicher,
rechthaberischer Mann, es war kein
Auskommen mit ihm. ... Frau Kempowski ging rüber zu dem Ollen ... Mit
dem war kein Auskommen nicht (Kempowski, Zeit 138).
**auskratzen: jmdm. [am liebsten] die Au-
gen auskratzen mögen:** ↑Auge.
auslernen: man lernt nie aus: *man macht
im Verlauf des Lebens immer neue Erfahrungen:* Von ihr hätte ich so eine Gemeinheit niemals erwartet – na ja, man
lernt eben nie aus.
**Auslieferung: zur Auslieferung kommen/
gelangen** (nachdrücklich): *ausgeliefert*

werden: Die zweite Auflage kommt Anfang April zur Auslieferung.

auslöffeln: auslöffeln, was man sich/was einem jmd. eingebrockt hat: *die Folgen von etwas tragen:* Du konntest ja nicht auf uns hören. Nun müssen wir auslöffeln, was du uns eingebrockt hast. Bitte, sollen sie doch auslöffeln, was sie sich eingebrockt haben. Sie haben den tausendjährigen Damm gegen Asien zerstört (B. Vesper, Reise 465). **die Suppe auslöffeln, die man sich eingebrockt hat:** ↑ Suppe.

ausmachen: jmdn. etwas/viel/nichts ausmachen: *jmdm. einige/große/keine Mühe, Unannehmlichkeiten bereiten:* Würde es Ihnen etwas ausmachen, das Radio leiser zu stellen? Es macht mir gar nichts aus, Ihnen ein paar Brötchen vom Bäcker mitzubringen. Macht es Ihnen etwas aus, wenn ich Ihnen einige Bestellungen diktiere? (Remarque, Obelisk 140). Hoffentlich macht es dir nichts aus ..., schließlich gehen wir ja nicht oft zusammen aus (Dariaux [Übers.], Eleganz 100).

ausmisten: den Augiasstall ausmisten: ↑ Augiasstall.

Ausnahme: Ausnahmen bestätigen die Regel: *Einzelfälle, die der Regel widersprechen, heben noch nicht die allgemeine Gültigkeit der Regel auf.*

ausnehmen: jmdn. ausnehmen wie eine Weihnachtsgans (ugs.): *jmdn. [auf unehrliche Weise] um sehr viel Geld o. Ä. bringen:* Der Alte ist stinkreich und strohdumm, den nehmen wir aus wie eine Weihnachtsgans! Er war zwei Berufsspielern in die Hände gefallen, die ihn ausnahmen wie eine Weihnachtsgans. Du hast sie ausgenommen wie eine Weihnachtsgans, mit ihrer Angst vor der Schande (Fels, Sünden 26). ... gerade diese Typen brauchten wir, weil sie Kohle brachten, weil man sie ausnehmen konnte wie Weihnachtsgänse (Christiane, Zoo 107).

auspressen: jmdn. auspressen/ausquetschen wie eine Zitrone (ugs.): 1. *jmdn. sehr zusetzen, um etwas von ihm zu erfahren:* Die Reporter hatten den zurückgetretenen Politiker über seine Beweggründe ausgepresst wie eine Zitrone. Wir werden spätnachts notlanden, und

nachher werden es sich die Nordkoreaner nicht nehmen lassen, uns wie Zitronen auszuquetschen (Habe, Namen 311). 2. *jmdn. zu großen Geldzahlungen o. Ä. zwingen:* Die Erpresser hatten sie ausgequetscht wie eine Zitrone. Durch das neue Steuerpaket wird der Bürger ausgequetscht wie eine Zitrone.

auspusten: jmdm. das Licht auspusten: ↑ Licht.

ausquetschen: jmdn. ausquetschen wie eine Zitrone: ↑ auspressen.

ausrechnen: sich etwas ausrechnen können: *etwas vorhersehen, im Voraus erkennen, wissen können:* Bei so hohen Unkosten kannst du dir leicht ausrechnen, dass die Firma bald pleite sein wird. Ihr könnt euch ausrechnen, was solche Aktionen für einen Eindruck bei der Bevölkerung machen.

ausreißen: ausreißen wie Schafleder (ugs.): *eilig fliehen:* Wenns brenzlig wird, reißt der Feigling doch aus wie Schafleder! **sich den Arsch ausreißen:** ↑ Arsch. **Bäume ausreißen:** ↑ Baum. **sich kein Bein ausreißen:** ↑ Bein. **keiner Fliege ein Bein ausreißen können:** ↑ Fliege.

ausruhen: sich auf seinen Lorbeeren ausruhen: ↑ Lorbeer.

ausrutschen: jmdm. rutscht die Hand aus: ↑ Hand.

Ausschau: nach jmdm., nach etwas Ausschau halten (nachdrücklich): *nach jmdm., nach etwas ausschauen:* Er stand auf dem Balkon und hielt nach den Gästen Ausschau. Wir werden nach einer passenden Gelegenheit Ausschau halten. Über der Cyrenaica wechseln Michael und ich uns am Steuer ab und halten dazwischen nach Tieren Ausschau (Grzimek, Serengeti 33).

ausscheißen: bei jmdm. ausgeschissen haben (derb): *jmds. Achtung, Wohlwollen verloren haben:* Wenn sie erfährt, was du über sie erzählt hast, hast du bei ihr ausgeschissen. **wie ausgeschissen aussehen:** ↑ aussehen.

Ausschlag: den Ausschlag geben: *entscheidend für etwas sein:* Die bessere Kondition des Europameisters gab in diesem Kampf den Ausschlag. Doch hat Ihre Frau Gemahlin den letzten Ausschlag gegeben – sie versteht es, Männer zu bitten (Seghers, Transit 200). Seine Erfahrung, seine Intuition geben bei der Beurteilung des Täters in erster Linie den Ausschlag (Noack, Prozesse 147).

ausschlagen: das schlägt dem Fass den Boden aus: ↑ Fass.

Ausschluss: unter Ausschluss der Öffentlichkeit: *ohne die Allgemeinheit zu beteiligen, zu informieren:* Solche Absprachen dürfen nicht länger unter Ausschluss der Öffentlichkeit getroffen werden. Das Militärgericht verhandelte grundsätzlich unter Ausschluss der Öffentlichkeit. Die großen Organisationen streben mit dem Staat und untereinander politische Kompromisse, möglichst unter Ausschluss der Öffentlichkeit, an (Fraenkel, Staat 225).

ausschreien: sich den Hals/die Kehle/die Lunge ausschreien: ↑ Hals, ↑ Kehle, ↑ Lunge.

ausschütten: sich ausschütten vor Lachen: *sehr lachen:* Die Zuschauer schütteten sich aus vor Lachen. Ich hätte mich vor Lachen ausschütten können, als ich ihn in Unterhosen im Fahrstuhl sah. Über infernalische Intrigen, falls sie gelungen waren, schüttete man sich aus vor Lachen (Thieß, Reich 594). **jmdm. sein Herz ausschütten:** ↑ Herz. **das Kind mit dem Bade ausschütten:** ↑ Kind.

Ausschüttung: zur Ausschüttung kommen (nachdrücklich): *ausgeschüttet werden:* Mehr als 100 000 Mark kommen zur Ausschüttung. Ein ... Faktor für die Ergiebigkeit der Aktienanlage ist ... der Unternehmensgewinn ... Ein Teil kommt zur Ausschüttung an die Aktionäre (Aktien, Dresdner Bank 1975, 16).

aussehen: nach [et]was/nicht viel/nichts aussehen (ugs.): *sehr/wenig/gar nicht ansprechend, beeindruckend aussehen:* In das Buch müssen noch ein paar Hochglanzfotos, damit es auch nach was aussieht. Ein Kleid in diesen matten Farben sieht bei einem jungen Mädchen nach nicht viel aus. Was heißt hier schlichte Eleganz – der Krempel sieht einfach nach nichts aus! ... sie trug sogar ein Pincenez auf der Nase und sah überhaupt nach nichts aus (Thieß, Legende 55). Tatsache ist, dass sie mit aufgestecktem Haar nach nichts aussieht (H. Mann, Stadt 233).

so siehst du aus! (ugs.): *das stellst du dir so vor!; da irrst du dich aber!:* Während du dich amüsierst, soll ich zu Hause bleiben und auf die Kinder aufpassen? So siehst du aus! Jetzt nach Haus? So siehst du aus! Dass der Emil sie tagelang aufzieht (Fallada, Mann 42).

sehe ich so/danach aus? (ugs.): *kann man das von mir glauben?:* Und ich soll ihn niedergeschlagen haben, sehe ich danach aus, Herr Richter? Sicher haben Sie selbst eine Frau. Nein. Sehe ich danach aus? (Gaiser, Jagd 172).

wie das Leiden Christi/wie Braunbier und/mit Spucke aussehen (ugs.): *schlecht, elend aussehen:* Der Alkohol rumorte noch in seinem Schädel, und er sah aus wie das Leiden Christi. Wann machst du eigentlich Urlaub ... Du siehst aus wie Braunbier mit Spucke (Bieler, Bär 215).

wie das blühende Leben aussehen (ugs.): *gesund und frisch aussehen:* Nach zwei Wochen Urlaub siehst du wieder aus wie das blühende Leben. Der Erich ist wieder da und sieht aus wies blühende Leben (Kant, Impressum 212).

wie ausgeschissen/wie an die Wand gepisst/gepinkelt aussehen (derb): *sehr blass, erschöpft, kränklich aussehen:* Ich erschrak vor meinem Spiegelbild – ich sah aus wie ausgeschissen!

wie geleckt aussehen (ugs.): 1. *sehr sauber aussehen:* Ihre Wohnung sah aus wie geleckt. 2. *sehr sorgfältig gekleidet sein:* Er sah aus wie geleckt.

wie ein Stück Malheur aussehen (ugs.): *sehr unglücklich, elend aussehen:* Der ertappte Sünder sah aus wie ein Stück Malheur.

wie Milch und Blut aussehen: *ein sehr gesundes, frisches Aussehen haben:* Seine Frau sah immer aus wie Milch und Blut.

wie drei Tage Regenwetter aussehen (ugs.): *griesgrämig aussehen:* Seit Tagen waren keine Aufträge eingegangen, und der Chef sah wie drei Tage Regenwetter aus.

wie eine lebende Leiche/ein lebender/wandelnder Leichnam/wie eine Wasserleiche aussehen; wie das leibhaftige Elend aussehen; wie der Tod [von Basel/Warschau] aussehen (ugs.): *leichenblass, elend aussehen:* Was hast du bloß heute

Nacht angestellt? Du siehst ja aus wie
der Tod von Warschau.
**aussehen, als ob man nicht bis drei zählen
könnte** (ugs.): *aussehen, als ob man sehr
dumm wäre:* Seine Frau sieht aus, als ob
sie nicht bis drei zählen könnte, dabei hat
sie Philosophie studiert.
**aussehen, als hätten einem die Hühner
das Brot weggefressen** (ugs.): *verdutzt,
ratlos aussehen:* Er sah aus, als hätten
ihm die Hühner das Brot weggefressen,
denn der Knirps wuchtete tatsächlich
den Koffer hoch.
zum Abschießen aussehen: ↑ abschießen.
alt aussehen: ↑ alt. **zum Anbeißen aussehen:** ↑ anbeißen. **zum Fressen aussehen:**
↑ fressen. **geküsst aussehen:** ↑ küssen.
verboten aussehen: ↑ verboten.
aus sein: der Ofen ist aus: ↑ Ofen. **das
Spiel ist aus:** ↑ Spiel.
außen: außen vor bleiben (bes. nordd.):
unberücksichtigt bleiben: Die Mächtigen
und die Cleveren sahnen ab, und die
Interessen der breiten Bevölkerungs-
schichten bleiben wieder mal außen vor.
Eine neue Wortschöpfung macht die
Runde. ... für Festredner wird sie demnächst eine gängige Floskel sein ... Dieser oder jener darf nicht »außen vor«
bleiben, ein schwieriges Problem lässt
man zunächst »außen vor«, will meinen,
unberücksichtigt (Stuttgarter Zeitung
24. 9. 1973). ... ausschließlich Ärzte,
Rechtsanwälte ... spielen die Zentralrol-
len, und die Arbeiter bleiben außen vor
(Spiegel 16, 1982, 262).
etwas außen vor lassen (bes. nordd.): *etwas unberücksichtigt lassen:* Die Detail-
fragen wollen wir zunächst einmal außen
vor lassen. Man kann nicht verlangen,
dass wir die Gesundheit unserer Kinder
außen vor lassen, wenn es um den Standort der neuen Sondermülldeponie geht.
Man kann doch nicht außen vor lassen,
dass es da wirklich massive politische
Unterschiede gibt (Spiegel 38, 1982, 40).
nach außen hin: ↑ hin. **außen hui, innen
pfui:** ↑ hui. **die Tür von außen zumachen:**
↑ Tür.
außer: außer sich sein: *sich nicht zu fassen
wissen:* Ich bin vor Freude ganz außer
mir. Sie umklammerte die Arme und den
Hals des Mannes, sie schrie und ... war
ganz außer sich (Hausmann, Abel 56).

Mein Schwager Gouffé war vor Entsetzen und Angst wie außer sich (Maass,
Gouffé 48).
außer sich geraten: *die Selbstbeherrschung verlieren:* Ich geriet vor Wut über
die Selbstgerechtigkeit dieser Menschen
fast außer mich/mir. Wenn es vier Mädchen und zwei Buben gewesen wären,
wäre ich außer mich geraten (K. Mann,
Memoiren 29). Dass auch Elisabeths
Tod selbst ... außer sich gerät, kann, etwa
in der Vision seines grausamen und kläglichen Endes, angedeutet werden (Kaschnitz, Wohin 183).
außer Kraft: ↑ Kraft. **etwas außer Kraft
setzen:** ↑ Kraft. **außer Kraft treten:**
↑ Kraft.
**außerhalb: etwas außerhalb der Legali-
tät:** ↑ Legalität.
aussetzen: bei jmdm. setzt es aus (ugs.):
jmd. verliert jede Selbstbeherrschung:
Als sie glaubte, ihr Kind sei in Gefahr,
setzte es bei ihr aus. Wenn die Rede auf
seinen früheren Chef kommt, setzt es regelmäßig bei ihm aus.
**Aussicht: auf etwas Aussicht haben; et-
was in Aussicht haben:** *etwas zu erwarten
haben:* Er hat eine Stelle in Aussicht. Wir
haben Aussicht auf eine größere Wohnung. Parteirebellen haben ... in Aus-
nahmefällen Aussicht auf Wiederwahl
(Fraenkel, Staat 243).
jmdm. etwas in Aussicht stellen: *jmdm.
etwas versprechen:* Die Firma stellte den
Arbeitern eine Prämie in Aussicht. Der
Vertrauensarzt stellte ihr eine Kur in
Aussicht. Annerl wartet verabredungs-
gemäß vor dem Theater, man hat ihr eine
lustige Nacht zu dritt in Aussicht gestellt
(Brod, Annerl 172).
**jmdn., etwas für etwas in Aussicht neh-
men:** *jmdn., etwas für etwas vorsehen:*
Der Vorstand hatte ihn für den Posten des
Schatzmeisters in Aussicht genommen.
Ein anderer war schon durch seine Beziehungen zur hohen Direktion ... für diesen Posten in Aussicht genommen worden (Thieß, Reich 468). ... wir hatten für
unseren Ausflug drei bis vier Tage in Aussicht genommen, und jetzt war es eine
Woche geworden (Brecht, Groschen 12).
in Aussicht stehen: *zu erwarten sein:*
Nach Ansicht der Weinbauern steht eine
gute Ernte in Aussicht. Lila denkt jetzt

an alles, sogar ... an Besucher, die in Aussicht stehen (Frisch, Gantenbein 354). Ich versicherte, dass Bessy nicht in Aussicht stehe und dass ich gern den Weg mitgemacht hätte (Fallada, Herr 184).

ausspielen: die letzte Karte ausspielen: ↑ Karte. **seine Rolle ausgespielt haben:** ↑ Rolle. **einen Trumpf ausspielen:** ↑ Trumpf.

Aussprache: eine feuchte Aussprache haben (ugs.; scherzh.): *beim Sprechen ungewollt spucken:* Unser Pfarrer hat eine etwas feuchte Aussprache.

aussprechen: du sprichst ein großes Wort gelassen aus: ↑ Wort.

ausstehen: jmdn., etwas nicht ausstehen können: *gegen jmdn., etwas eine heftige Abneigung empfinden:* Sie kann ihre Geschwister nicht ausstehen. Wenn ich etwas nicht ausstehen kann, dann ist das Heuchelei. Theo ... war reizbar wie alle Köche und konnte es nicht ausstehen, wenn man ihm auf die Finger sah (Danella, Hotel 60). Ich kann Personen nicht ausstehen, die so viel Gegenwart verbreiten (Gaiser, Jagd 68).

ausgestanden sein: *vorbei, überstanden sein:* Entschuldige dich bei deiner Tante, dann ist die ganze unerfreuliche Geschichte endlich ausgestanden. Damit ist dann im Interesse der Beteiligten der Fall ausgestanden (MM 17./18. 12. 1966, 36). Nun mal los ... mahnte der Scharfrichter. »Mach jetzt keine langen Geschichten. In zwei Minuten hast du es ausgestanden« (Fallada, Jeder 397).

jmdn., etwas auf den Tod nicht ausstehen können: ↑ Tod.

aussteigen: jmdn. aussteigen lassen (bes. Fußball): *jmdn. umspielen:* Müller ließ zwei Verteidiger aussteigen und schoss unhaltbar zum 4 : 0 ein. Mit blitzschnellen Täuschungen ließen die Moskauer ... oft drei SCL-Spieler aussteigen (Junge Welt 259 B, 30. 10. 1976, 8).

ausstellen: jmdm., sich, einer Sache ein Armutszeugnis ausstellen: ↑ Armutszeugnis. **jmdm. einen Freibrief für etwas ausstellen:** ↑ Freibrief.

Ausstellung: an jmdm., an etwas Ausstellungen machen (Papierdt.): *etwas an jmdm., an etwas auszusetzen haben:* Der Gemeinderat hat verschiedene Ausstellungen an dem Projekt gemacht.

Aussterbeetat: auf dem Aussterbeetat stehen/sich befinden/sein: (ugs.; scherzh.): *jede Bedeutung verlieren, bergab, zu Ende gehen:* Der Kleinhandel steht auf dem Aussterbeetat. Heute spricht man ... von einer »Sportart«, die im Bundesgebiet vor sechs Jahren auf dem Aussterbeetat war (Spiegel 6, 1966, 68). Er (= Soeft) saß fest im Sattel – Asch war praktisch schon auf dem Aussterbeetat (Kirst, 08/15, 309).

jmdn., etwas auf den Aussterbeetat setzen (ugs.; scherzh.): *zum Niedergang, zum Verschwinden verurteilen:* Die meisten hatten den Vereinsboss bereits auf den Aussterbeetat gesetzt. Und dann könne die Mutti ... erklären, wie ... verbreitet diese Spezies einmal gewesen sei ..., welcher Mühe es bedurft habe, sie auf dem Aussterbeetat zu setzen (Muschg, Sommer 162).

aussterben: die Dummen sterben nicht aus: ↑ dumm.

ausstrecken: seine/die Fühler ausstrecken: ↑ Fühler. **die Hand nach jmdm. ausstrecken:** ↑ Hand. **nach etwas ausstrecken:** ↑ Hand.

Austrag (Austragung): **etwas zum Austrag bringen** (Papierdt.): 1. *etwas austragen, entscheiden:* Wir werden diesen Streit vor Gericht zum Austrag bringen. In der Sitzung will er die Sache zum Austrag bringen. 2. *durchführen:* Wie viel Städte haben sich beworben, die Meisterschaften zum Austrag zu bringen?

zum Austrag kommen/gelangen (Papierdt.): 1. *ausgetragen, entschieden werden:* Dieser Prozess wird in den nächsten Tagen zum Austrag kommen. Hier wird eine strittige Sache verhandelt. Ich begrüße es, dass sie zum Austrag kommt und nicht verschwiegen und vermulmt wird (Reinig, Schiffe 75). Schon nach kürzester Zeit kommt die öffentliche Verhandlung vor dem Friedensrichter Duprat zum Austrag (Werfel, Bernadette 340). 2. *durchgeführt werden:* Wegen des schlechten Wetters konnte die Veranstaltung nicht zum Austrag kommen. ... der Entscheidungskampf mit folgender Taufe der Heiden kommt also bereits im Laufe der Entführung zum Austrag (Curschmann, Oswald 76).

austragen: etwas auf jmds. Rücken austragen: ↑ Rücken.

austräumen: der Traum ist ausgeträumt: ↑Traum.

austreiben: jmdm. die Grillen/Mucken austreiben: ↑Grille, ↑Mucken. **den Teufel mit/durch Beelzebub austreiben:** ↑Teufel.

austreten: die Kinderschuhe ausgetreten haben: ↑Kinderschuh.

auswachsen: das/es ist zum Auswachsen! (ugs.): *das ist zum Verzweifeln!:* Das ist ja heute wieder einmal zum Auswachsen mit dir! Was pusseln Sie denn dauernd an Ihren Schuhen herum. Das ist ja zum Auswachsen! (Weber, Tote 124). ... es ist doch zum Auswachsen. Seit drei Wochen wird hier gearbeitet, als ob nichts passiert wäre (v. d. Grün, Glatteis 138).

auswärts: auswärts reden/sprechen (ugs.; scherzh.): *eine fremde, unverständliche Sprache sprechen:* Ich verstehe kein Wort von dem, was der Kleine brabbelt, ich glaube, der spricht perfekt auswärts!

auswechseln: wie ausgewechselt sein: *in Stimmung und Benehmen umgewandelt, völlig verändert:* Nachdem er mit ihr noch einmal gesprochen hatte, war er wie ausgewechselt.

ausweinen: sich die Augen ausweinen: ↑Auge.

Ausweis: nach Ausweis (Papierdt.): *wie aus etwas zu erkennen ist:* Nach Ausweis des Berichts ist der Mann unschuldig. ... die Fälle ... die dem deutschen Dichter nach Ausweis seines Werks und sonstiger Äußerungen bekannt gewesen sein mussten (Archiv 198, 1961, 170).

auswendig: etwas in- und auswendig können: ↑inwendig.

auswetzen: eine Scharte [wieder] auswetzen: ↑Scharte.

auswischen: jmdm. eins auswischen (ugs.): *jmdn. [aus Rache] übel mitspielen:* Die Matrosen wollten dem Maat beim Landgang eins auswischen. Wenn wir der herrschenden Autorität eins auswischen können, sind uns alle Mittel gut genug (Werfel, Bernadette 130). Die Gräfin gehörte zu den Frauen, die immer jemanden brauchen, dem sie eins auswischen können (Zwerenz, Kopf 203).

▶ Die Wendung stammt aus der Studentensprache und meint eigentlich »jmdm.

mit einer schnellen (wischenden) Bewegung einen Schlag versetzen« (vgl. den umgangssprachlichen Ausdruck »jmdm. eine wischen«).

Auszahlung: zur Auszahlung gelangen (Papierdt.): *ausgezahlt werden:* Die Renten A bis D gelangen am Dienstag zur Auszahlung.

ausziehen: jmdn. bis aufs Hemd ausziehen: ↑Hemd. **sich das Hemd ausziehen lassen:** ↑Hemd. **des Kaisers Rock ausziehen:** ↑Rock. **die Kinderschuhe ausziehen:** ↑Kinderschuh. **sich hinter einem Laternenpfahl ausziehen können:** ↑Laternenpfahl. **einem die Schuhe/die Socken/die Stiefel ausziehen:** ↑Schuh, ↑Socke, ↑Stiefel.

Auto: wie ein Auto gucken/kucken: ↑gucken.

Avance: jmdm. Avancen machen: 1. (geh.) *jmdm. zu erkennen geben, dass man an einer [sexuellen] Beziehung interessiert ist:* Auf dem Betriebsausflug hatte sie ihm Avancen gemacht. ... wie die Athenerin ... mich beständig mit dem Fächer geklapst ..., mit einem Auge gezwinkert und mir die losesten Avancen gemacht habe (Mann, Krull 407). 2. *jmdm. deutliches Entgegenkommen zeigen, weil man sich davon Vorteile verspricht:* Die Firma war um eine gute Presse bemüht und hatte eine Reihe von Journalisten überraschende Avancen gemacht.

Avec: mit [einem] Avec (ugs.; veraltend): *mit Schwung:* Er kriegte den Griff zu fassen und war mit einem Avec auf der Plattform. Marie packt mit einem Avec ihren Stoß Wäsche auf den frei gewordenen Tisch (Fallada, Mann 66).

▶ Die Wendung stammt aus der Studentensprache. Sie bezieht sich auf die Mensur und meint eigentlich »mit Treffer, mit Verletzung« (französ. »mit«), drückte also ursprünglich aus, dass es bei der Mensur heiß hergegangen war.

Axt: die Axt im Haus erspart den Zimmermann/ (ugs.; scherzh.) **die Ehescheidung/den Scheidungsrichter:** *wer selbst mit Handwerkszeug umgehen kann, braucht nicht die Dienste des Fachmanns in Anspruch zu nehmen.*

▶ Bei dieser Redensart handelt es sich um ein geflügeltes Zitat aus dem dritten Akt von Schillers »Wilhelm Tell«.

die Axt an etwas legen: *sich anschicken, etwas (einen Missstand) zu beseitigen:* Der Stadtrat versprach, die Axt an diese Missstände zu legen. Man muss die Axt an die Wurzel der Drogenkriminalität legen.
▶ Diese Redewendung hat ihren Ursprung in der Bußpredigt Johannes des Täufers (Matth. 3, 10): »Es ist schon die Axt den Bäumen an die Wurzel gelegt. Darum, welcher Baum nicht gute Frucht bringt, wird abgehauen und ins Feuer geworfen.«

wie eine/wie die Axt im Walde (ugs.): *ungehobelt:* Dieser Mann mag sich vielleicht wie ein Rüpel, wie eine Axt im Walde oder wie ein rauher Krieger benehmen, aber er hat das Gemüt eines Kindes (Kirst, 08/15, 115).
▶ Diesem Vergleich liegt die Anschauung zugrunde, dass die Axt (eigentlich der Holzfäller mit seiner Axt) rücksichtslos alles umhaut.

jmdm. den Scheitel mit der Axt ziehen: ↑ Scheitel.

B

B: wer A sagt, muss auch B sagen: ↑ A. **ein Engel mit einem B davor sein:** ↑ Engel. **Vitamin B:** ↑ Vitamin.

babylonisch: babylonische Sprachverwirrung/babylonisches Sprachengewirr (bildungsspr.): *Vielfalt von Sprachen, die an einem Ort gesprochen werden [und deren Sprecher einander nicht richtig verstehen]:* Terminologisch gesehen, herrscht in der Linguistik seit den 60er-Jahren eine babylonische Sprachverwirrung.
▶ Diese Fügung geht auf das Alte Testament zurück, wo es heißt, dass nach der Zerstörung des Turmes von Babel die Sprachen der Menschen verwirrt waren (1. Moses 11, 9).

Bacchus: [dem] Bacchus huldigen (geh.; verhüllend): *[reichlich] Wein trinken:* Man saß in fröhlicher Runde bis spät in die Nacht, huldigte dem Bacchus und schwelgte in Erinnerungen. ... am Abend gab es pro Soldat zwei Flaschen Bier ... Dafür haben unsere Vorgesetzten Bacchus um so mehr gehuldigt (Spiegel 9, 1977, 41).
▶ Bacchus ist der griechisch-römische Gott des Weines.

Bach: einen Bach/ein Bächlein machen (fam.; verhüllend): *urinieren:* Der Vater fragte seinen Sohn, ob er ein Bächlein machen müsse.

den Bach hinunter/herunter/runter sein (ugs.): *[geschäftlich] am Ende, rettungslos verloren sein:* Wenn die Sportkommission am Freitag tagt und du nicht erscheinst, werden sie den Kampf absagen. Dann ist alles den Bach runter, was ich besitze (Spiegel 43, 1975, 98).

den Bach hinuntergehen (ugs.): *zugrunde gehen, Bankrott machen:* Diese Firma gibt es nicht mehr, die ist schon vor Jahren den Bach hinuntergegangen.

in den Bach fallen (Seemannsspr.): *kentern:* Bei der Halse wären wir um ein Haar in den Bach gefallen.

bachab: bachab gehen (schweiz.): *zunichte werden:* Es gab viele Projekte zur Sanierung der Altstadt, aber die sind alle bachab gegangen.

etwas bachab schicken (schweiz.): *etwas verwerfen, ablehnen:* Die Schulleitung hat alle Vorschläge zu einer neuen Pausenregelung bachab geschickt. Obwohl die Kandidatur ... von offizieller Seite breite Zustimmung fand, schickte das Volk das Projekt bachab (Basler Zeitung 27. 7. 1984, 33). Damals hatte der Souverän eine Vorlage des Gemeinderates bachab geschickt (Vaterland 26. 7. 1984, 27).

Backe: etwas auf einer/auf der linken Backe absitzen (ugs.): *etwas ohne große Probleme, ziemlich unbeeindruckt hinter sich bringen:* Die zwei Jahre wegen Betrugs sitze ich doch auf einer Backe ab.

sich etwas von der Backe putzen können (ugs.): *die Hoffnung auf etwas aufgeben müssen:* Noch eine Fünf in Mathe, und du kannst dir das Studium in Amerika von der Backe putzen!

über beide/(scherzh.) **alle vier Backen grinsen/strahlen:** *besonders auffällig*

grinsen, ein auffällig fröhliches Gesicht machen: Die beiden Jungen grinsten über alle vier Backen, als die Maus im Briefkasten verschwand. Hast du im Lotto gewonnen? Du strahlst ja über beide Backen!
au Backe! [mein Zahn]: ↑au. **jmdm. ein[en] Bonbon auf die Backe kleben:** ↑Bonbon.
¹backen: dann muss sich jmd. einen/eine/ eins backen lassen (ugs.): *das gibt es so, wie es jmd. unbedingt haben will, nicht:* Wenn dir keiner meiner Entwürfe gefällt, dann musst du dir einen backen lassen! Er will ein Auto mit mehr Komfort für weniger Geld! – Dann muss er sich eins backen lassen!
kleine/kleinere Brötchen backen: ↑Brötchen.
²backen: backen und banken (Seemannsspr.): *Platz nehmen zum Essen:* Alle Mann backen und banken, das Labskaus ist fertig!
▶ In der Seemannssprache bezeichnet »Back« unter anderem den zusammenklappbaren Esstisch; die Wendung bedeutet ursprünglich so viel wie »Esstisch und Sitzbank herunterklappen«.
Backenbremse: die Backenbremse ziehen (ugs.; scherzh.): *sich (beim Skilaufen) auf das Gesäß fallen lassen [um ein Abrutschen zu verhindern oder abzubremsen]:* Wenn man als Anfänger auf einen zu steilen Hang gerät, zieht man am besten die Backenbremse.
Backobst: danke für Backobst: ↑danken.
Backofen: Einfälle haben wie ein alter Backofen: ↑Einfall.
Backschaft: Backschaft machen (Seemannsspr.): *das Essgeschirr säubern und wegräumen:* Fertig gegessen? Dann zurück an Deck, hier wird jetzt Backschaft gemacht!
Bad: Bad in der Menge: *unmittelbarer Kontakt mit den Menschen in einer [positiv eingestellten] Menschenmenge:* Als Vollblutpolitiker und überzeugter Populist genoss er das Bad in der Menge, schüttelte Hunderte von Händen und küsste Dutzende von Kindern. Johannes Paul ... wird sich dem Bad in der Menge seiner Landsleute nicht entziehen können (Spiegel 23, 1979, 118). Offenbar sucht er das Bad in der Menge. Kann

nicht genug davon kriegen (Strauß, Niemand 174).
ein Bad nehmen: *baden:* Sie ging auf ihr Zimmer und nahm ein Bad. Loulou hatte ihr abendliches Bad im See unbehindert nehmen können (Seidel, Sterne 77).
das Kind mit dem Bade ausschütten: ↑Kind.
baden: baden gehen (ugs.): *keinen Erfolg mit etwas haben; hereinfallen [und enttäuscht sein]:* Ich bin mit meinem Plan ganz schön baden gegangen. Wenn wir nicht den Ersatzkanister mitgenommen hätten, wären wir baden gegangen. Unsere Gewerkschaft ist jetzt Unternehmer geworden, und da muss sie sich nach den Methoden der Unternehmer richten, wenn sie nicht baden gehen will (v. d. Grün, Glatteis 278).
▶ Mit »baden gehen« war ursprünglich gemeint, dass etwas (z. B. ein Ausflug oder eine Veranstaltung im Freien) in wolkenbruchartigem Regen untergeht.
du bist wohl [als Kind] zu heiß gebadet worden!; dich haben sie wohl [als Kind] zu heiß gebadet! (ugs.): *du bist wohl nicht recht bei Verstand!:* Ich haben sie wohl [als Kind] zu heiß gebadet, mit meiner Haarbürste Nägel in die Wand klopfen! Mit dieser Figur willst du an der Wahl »Miss Ostsee« teilnehmen? Du bist wohl als Kind zu heiß gebadet worden!
in Schweiß gebadet sein: ↑Schweiß. **den Wurm baden:** ↑Wurm.
baff: baff sein (ugs.): *verblüfft sein:* Ich war ganz baff, als meine Schwester plötzlich vor uns stand. ... na, da bist du baff, was? Natürlich, mich schätzt jeder jünger (v. d. Grün, Glatteis 231). Er sei völlig baff gewesen, als er ... wegen dieser Nötigung Post vom Gericht bekam (ADAC-Motorwelt 1, 1987, 41).
Bahn: sich Bahn brechen: *sich durchsetzen:* Das Gute bricht sich Bahn. Er war davon überzeugt, dass sich der Sozialismus Bahn brechen würde.
einer Sache Bahn brechen: *einer Sache zum Durchbruch verhelfen, Anerkennung verschaffen:* Er hat dieser Theorie Bahn gebrochen.
▶ Beide Wendungen knüpfen an die alte Bedeutung »Durchhau, durch Wald oder unwegsames Gelände gebahnter Weg« an.

jmdm., einer Sache die Bahn ebnen (geh.): *jmdn., etwas fördern, indem man Schwierigkeiten aus dem Weg räumt:* Er nahm sich seines Neffen an und ebnete ihm die Bahn.

freie Bahn haben: *alle Schwierigkeiten beseitigt haben, ungehindert vorgehen können:* Die Finanzierung ist gesichert, die Genehmigungen liegen vor – die Firma hat freie Bahn für den Bau der neuen Produktionsanlagen.

freie Bahn dem Tüchtigen!: *der Begabte, der Tüchtige soll sich ungehindert entfalten können:* Und der andere Teil, dem gaben die Sieger die Devise auf den Weg: freie Bahn dem Tüchtigen (Dönhoff, Ära 52).

auf die schiefe Bahn geraten/kommen: *auf Abwege geraten, herunterkommen:* In der Großstadt können Jugendliche leicht auf die schiefe Bahn geraten. Da lebt der Vater da, die Mutter dort, und die Kinder hängen dazwischen. Meistens geraten solche Kinder auch noch auf die schiefe Bahn (Hornschuh, Ich bin 53). 1910 in Paris geboren und als uneheliches Fürsorgekind bei einer Bauernfamilie aufgewachsen, kam er schon früh auf die schiefe Bahn (Bild und Funk 21, 1966, 37).

auf der rechten Bahn sein: *das Richtige tun:* Lassen Sie sich durch die Kritik nicht beirren, Sie sind mit Ihrem Vorschlag auf der rechten Bahn!

jmdn. aus der Bahn schleudern/werfen: *jmdn. aus seinem gewohnten Lebensgang reißen [und ihn etwas Falsches tun lassen]:* Der Tod seiner jungen Frau hatte ihn völlig aus der Bahn geworfen. Durch dieses Unglück war er aus der Bahn geworfen und begann zu trinken. »Ich kann nicht sagen, dass Dantes ›Hölle‹ ... mich nicht aufs Tiefste ergriffen und mich gleichsam aus meiner bisherigen Bahn geschleudert hätte« (Becher, Prosa 7).

etwas in die richtige Bahn lenken: *dafür sorgen, dass etwas sich in der vorgesehenen oder wünschenswerten Weise entwickelt:* Einer verständnisvollen Lehrerin gelang es, meine Begeisterung für Musik in die richtige Bahn zu lenken. Vernünftige Ansätze waren durchaus erkennbar; es galt nun, das Projekt in die richtige Bahn zu lenken.

Bahndamm: Marke Bahndamm: ↑ Marke.

Bahnhof: [immer] nur Bahnhof verstehen (ugs.): *nicht richtig, überhaupt nicht verstehen:* Wenn die beiden über Wirtschaftspolitik sprechen, verstehe ich nur Bahnhof. Englischkurse, in denen die Begabteren vor Gähnen umkommen ..., während die weniger Begabten immer nur Bahnhof verstehen (Welt 8. 3. 1978, 5). Ich verstand natürlich nur Bahnhof, weil der ja englisch sprach (Spiegel 49, 1979, 89).

▶ Der Ursprung der Wendung, die in den Zwanzigerjahren – vor allem in Berlin – modisch war, ist unklar. Vielleicht nimmt sie darauf Bezug, dass jemand, der den Bahnhof als Ausgangspunkt der Urlaubsreise im Sinn hat, an nichts anderes mehr denken kann und nicht aufmerksam zuhört.

großer Bahnhof: ↑ groß.

Bahre: von der Wiege bis zur Bahre: ↑ Wiege.

bald: wirds bald?: ↑ werden.

Bälde: in Bälde (Papierdt.): *in kurzer Zeit, bald:* Die Vorlage ist in Bälde an die zuständigen Ausschüsse weiterzuleiten. Mit einer definitiven Entscheidung wird in Bälde zu rechnen sein.

Balg: jmdm. den Balg abziehen (veraltet): *jmdn. gründlich übervorteilen:* Er dachte, er verstände sich aufs Kartenspiel, doch die beiden Spitzbuben hatten ihm im Nu den Balg abgezogen.

jmdm. auf den Balg rücken (ugs.): *jmdm. sehr zusetzen, jmdn. stark bedrängen:* Bevor ihr die Gläubiger auf den Balg rücken konnten, setzte sie sich nach Panama ab. Der Minister war überrascht, dass ihm an seinem Urlaubsort eine Horde Journalisten auf den Balg rückte.

Balken: lügen, dass sich die Balken biegen: ↑ lügen. **den Splitter im fremden Auge, aber den Balken im eigenen nicht sehen:** ↑ Splitter. **Wasser hat keine Balken:** ↑ Wasser.

Ball: sich [gegenseitig] die Bälle zuwerfen/zuspielen: 1. (veraltend) *sich begünstigen, sich Vorteile verschaffen:* Sie haben beide in der Planung gearbeitet und sich die Bälle zugespielt. **2.** *sich durch Fragen, Bemerkungen geschickt im Gespräch verständigen:* Es machte ihr Freude, zu sehen, wie Großvater und Enkel sich die Bälle zuwarfen, ohne dass die anderen es merkten.

am Ball bleiben (ugs.): *aktiv bleiben, etwas weiterverfolgen:* Wir werden trotz der starken Konkurrenz am Ball bleiben. Die Kriminalpolizei hat eine heiße Spur und bleibt weiter am Ball. Die Regierung will offenbar dokumentieren, dass sie am Ball zu bleiben und die Initiative in der Hand zu behalten gedenkt.

am Ball sein (ugs.): *aktiv sein, handeln [können]:* Noch ist unsere Firma am Ball und wettbewerbsfähig. Wenn der Junior erst einmal am Ball ist, wird sich vieles ändern. Aus seiner Einstellung zur Sportmoderation machte er nie ein Hehl: Es muss nicht immer ein Sport-Fachmann am Ball sein! (Hörzu 11, 1973, 8).

ballen: die Fäuste/die Faust in der Tasche ballen: ↑ Faust.

ballern: jmdm. eine/ein paar ballern (ugs.): *jmdm. eine Ohrfeige/mehrere Ohrfeigen geben:* Wenn du das noch einmal machst, ballere ich dir ein paar! Mein Onkel leckt dem Kollegen ins Ohr. Der ballert ihm eine (Imog, Wurliblume 165).

eine/ein paar geballert bekommen/kriegen (ugs.): *eine Ohrfeige/mehrere Ohrfeigen bekommen:* Du kriegst gleich eine geballert, du unverschämter Lümmel! Du willst wohl ein paar geballert bekommen ... Womöglich ein blaues Auge zum Vorzeigen (Grass, Butt 517).

einen ballern (ugs.): *[ein Glas] Schnaps trinken:* Auf den Schreck hin haben wir erst mal einen geballert.

Ballon: [so] einen Ballon kriegen/bekommen (ugs.): *rot werden, einen roten Kopf bekommen:* Als er plötzlich merkte, dass sein Schlitz offen stand, kriegte er so einen Ballon. Jenny errötete, wenn wir auf der Elsenstraße einander nicht ausweichen konnten; und ich bekam einen Ballon, sobald mir Tulla ... begegnete (Grass, Hundejahre 322).

einen/ein paar vor den Ballon kriegen (ugs.): *einen Schlag/mehrere Schläge ins Gesicht bekommen:* Ich hatte nur gegrinst, schon kriegte ich einen vor den Ballon! Wenn er sich mit solchen Typen anlegt, muss er sich nicht wundern, dass er ein paar vor den Ballon kriegt!

Balz: auf die Balz gehen (Jägerspr.): *Jagd auf balzende Vögel machen:* Am Waldrand begegnete uns ein Jäger, der auf die Balz gehen wollte.

Bammel: Bammel haben (ugs.; landsch.): *Angst haben:* Er hatte einen mächtigen Bammel vor der Prüfung. Nach rund 1 000 Auftritten als Ansagerin hat Ann Ladiges ein »bisschen Bammel« vor ihrer ersten Livesendung (Hörzu 5, 1973, 117). Vor der Zukunft hat die kluge Frau, die der Starvergangenheit keine Träne nachweint, keinen Bammel (Hörzu 28, 1971, 82).

▷ »Bammel« ist eine Bildung zu »bammeln«, meint also ein Hin- und Herschwingen, die innere Unruhe.

Banane[nschale]: alles Banane (ugs.; bes. nordd.): *es gibt keine Schwierigkeiten; es ist alles so, wie es sein soll:* Alles Banane, Alter, deinem Motorrad ist nichts passiert!

warum ist die Banane krumm?: *unwillige Antwort auf eine mit* »warum?« *eingeleitete Frage, die man nicht beantworten will oder kann:* Papi, warum hast du denn schon eine Glatze? – Warum, warum! Warum ist die Banane krumm?

dich/den haben sie wohl mit der Banane[nschale] aus dem Urwald gelockt (ugs.): *du bist/der ist reichlich naiv:* Wie kannst du dem Kerl einfach dein Geld geben? Dich haben sie wohl mit der Banane aus dem Urwald gelockt!

▶ Mit dieser Redensart drückt man eigentlich aus, dass man jmdn. für einen Affen hält. Der Affe frisst gerne Bananen.

ausgerechnet Bananen: ↑ ausgerechnet.

¹Band: am laufenden Band (ugs.): *unablässig, immer wieder:* Mit dem neuen Wagen habe ich am laufenden Band Ärger. Die Feuerwehr hatte Großeinsatz am laufenden Band, wobei sie als Schwerpunkte der Sturmschäden die Innenstadt und die nördlichen Stadtteile bis vor den Waldhof erkannte (MM 16. 8. 1971, 6).

▶ Der Wendung liegt die Anschauung der Arbeit am Fließband zugrunde.

jmdn. in Bande schlagen (veraltet): *jmdn. fesseln, in Ketten legen:* Der Offizier ließ den Bauern und seine Söhne in Bande schlagen.

die **Bande des Blutes:** ↑ Band. **außer Rand und Band geraten/sein:** ↑ Rand. **zarte Bande knüpfen:** ↑ zart.

²**Band: Bände sprechen** (ugs.): *aufschlussreich sein, alles sagen:* Dass er seine Sekretärin auf Reisen mitnimmt, spricht doch Bände. Es war ein Gesicht, das er genau kannte; hier sprachen selbst die winzigsten Regungen für ihn Bände (Kirst, 08/15, 816).

über etwas Bände schreiben/reden/erzählen können (ugs.): *in der Lage sein, sich zu etwas zu äußern, einen Sachverhalt aus genauer Kenntnis heraus umfassend darzustellen:* Ich kenne die beiden schon sehr lange und könnte über ihr Verhältnis Bände schreiben.

Bandage: mit harten Bandagen kämpfen: *hart, erbittert, rücksichtslos kämpfen:* Die Konkurrenz kämpft seit Jahren mit harten Bandagen, da dürfen wir auch nicht so zimperlich sein. Heidi ... hat gelernt, mit harten Bandagen zu kämpfen. Eine Karriere-Frau (Hörzu 46, 1973, 34). Bei Verträgen mit den Amerikanern kann man nicht vorsichtig genug sein. Die kämpfen mit harten Bandagen (Borell, Lockruf 28).

Bändel: jmdn. am Bändel haben (ugs.; bes. südd., schweiz.): *jmdn. leiten können, wie man will:* Er ist seit Jahren ein erfolgreicher Geschäftsmann, aber zu Hause hat ihn seine Mutter immer noch am Bändel.

bang[e]: Bange machen (Bangemachen) gilt nicht! (fam.): *keine Angst, ich lasse mich nicht einschüchtern!:* Und wenn er sonst wen mitbringt, Bange machen gilt nicht, ich werde trotzdem hingehen. Bangemachen gilt nicht – bei drei springen wir alle zugleich ins Wasser! Bangemachen gilt nicht – so in seiner Begründung des Einspruchs gegen den Bußgeldbescheid (Spiegel 16, 1977, 49).

jmdm. wird bang und bänger (meist scherzh.): *jmd. bekommt immer mehr Angst:* Als die Maschine vom Sturm hin und her geschleudert wurde und durchsackte, wurde ihr bang und bänger. Dem Kandidaten wurde bang und bänger, als die Prüfungskommission nach zwei Stunden immer noch beriet.

jmdm. ist angst und bange: ↑ angst. **jmdm. wird angst und bange:** ↑ angst.

Bange: Bange haben (fam.): *Angst haben:* [Hab] keine Bange, du schaffst es schon. Schieffenzahn hat Bange vor dem Onkel (Zweig, Grischa 358). Haben Sie keine Bange, ich fass Sie nicht wieder an, wenn Sie solche Angst vor mir haben (Fallada, Jeder 216).

jmdm. Angst und Bange machen: ↑ Angst. **bangen: mit Hangen und Bangen:** ↑ hangen.

Bank: eine Bank sein (ugs.): *zuverlässig zum Erfolg führen:* Der neu erworbene Mittelstürmer ist eine Bank; seit drei Jahren ist er der Torschützenkönig der Liga.

▶ Als eine »Bank« bezeichnen Totospieler eine Tippreihe, in der durchgehend dasselbe Ergebnis vorhergesagt wird. Wer eine Bank tippt, ist sich über den Ausgang eines Spiels völlig sicher.

etwas auf die lange Bank schieben (ugs.): *etwas nicht gleich erledigen, aufschieben:* Warum sollen wir die Aufnahme diplomatischer Beziehungen auf die lange Bank schieben? Unsere Firma darf den Abschluss nicht auf die lange Bank schieben. Der Status von Berlin, ein Friedensvertrag, das Verhältnis zur DDR, all das sind Fragen, die sich nicht mehr auf die lange Bank schieben lassen (Dönhoff, Ära 145).

▶ Die Wendung bezieht sich darauf, dass früher bei den Gerichten die Akten nicht in Schränken, sondern in langen bankähnlichen Truhen aufbewahrt wurden. Was dorthin kam, blieb lange unerledigt liegen, während die Akten, die auf dem Tisch des Richters blieben, schneller bearbeitet wurden.

auf der Bank sitzen: *Reservespieler sein:* Kein Spieler kann damit zufrieden sein, immer nur auf der Bank zu sitzen. Wegen einer leichten Verletzung saß der etatmäßige Libero bei diesem Spiel zunächst nur auf der Bank.

durch die Bank (ugs.): *durchweg, alle ohne Ausnahme:* Sie hat uns alle durch die Bank angeführt. In meiner Einfalt nahm ich an, die Herren Professoren seien durch die Bank solche Geistesriesen (Zwerenz, Kopf 106). Die Casterots sind durch die Bank halbe Doktoren, pflegt Tante Bernarde zu behaupten (Werfel, Bernadette 426).

▶ Die Wendung drückte ursprünglich aus, dass alle, die auf einer Bank sitzen, sozial gleichgestellt sind und keiner irgendwelche Vorteile genießt.

wenn die Katze aus dem Haus ist, tanzen die Mäuse auf Tischen und Bänken: ↑Katze.

banken: backen und banken: ↑²backen.

Bankrott: Bankrott gehen: *zahlungsunfähig werden:* Man sagt, er sei schon dreimal Bankrott gegangen. Damals wurden 155 000 Reservisten und Angehörige der National Guard eingezogen ... Geschäfte gingen Bankrott, Firmen wurden verkauft (Dönhoff, Ära 199).

Bankrott machen: *zahlungsunfähig werden:* Viele Einzelhändler haben in den letzten Jahren Bankrott gemacht.

Bann: jmdn. in seinen Bann schlagen/ziehen: *jmdn. ganz gefangen nehmen, fesseln:* Die Musik schlug alle in ihren Bann. Der Leser wird in Bann geschlagen, seine Aufmerksamkeit gefesselt, dann der Faden abgespult (Zwerenz, Kopf 117). Politik als geistige Kategorie aufzufassen – dies Abenteuer hat die schöpferischen Kräfte in Bann geschlagen (Dönhoff, Ära 190).

jmdn. in Acht und Bann tun/erklären: ↑Acht.

bannen: jmdn. auf die Platte bannen: ↑Platte.

bar: bar Geld (Bargeld) lacht! (ugs.): *die Summe, die mir zusteht, möchte ich sofort in bar haben; ich pumpe und stunde nichts:* In der Kneipe hingen zwei Schilder mit den Aufschriften »Gepumpt wird nur an Hundertjährige in Begleitung der Eltern« und »Bar Geld lacht«. »So«, sagte er und knallte den Teller auf den Tisch, »ein Schnitzel, macht zehn Franken, der Wein drei fünfzig, bitte sehr, bitte gleich, Bargeld lacht« (Kuby, Sieg 328).

gegen bar: *gegen Geldscheine oder Münzen:* Verkauf nur gegen bar, keine Kreditkarten! Die Rechte an seinem Bild sind nur gegen bar zu kaufen (Saarbrücker Zeitung 5. 10. 1979, 14).

in bar: *in Form von Geldscheinen oder Münzen:* Sie trug fast zehntausend Mark in bar bei sich. Zahlen Sie in bar oder mit Scheck? ... meine Absicht ist nicht, diese Uhr, die mir sehr gut gefällt, in bar zu bezahlen (Th. Mann, Krull 182).

etwas für bare Münze nehmen: ↑Münze.

bar auf den Tisch des Hauses: ↑Tisch.

Bär: jmdm. einen Bären aufbinden: *jmdm. mit heimlicher Freude etwas Unwahres so erzählen, dass er es auch glaubt; jmdm. etwas vormachen:* Da haben die beiden Burschen mir doch einen Bären aufgebunden. Ich lasse mir von dir doch keinen Bären aufbinden. Uns bindest du keinen Bären auf. Du bist blank. Das ist es. Deswegen willst du nicht mehr mitmachen (Cotton, Silver-Jet 156).

▶ Die Wendung – früher auch in der Form »jmdm. einen Bären anbinden« gebräuchlich – geht davon aus, dass es praktisch unmöglich ist, jmdm. (ohne dass er es merkt) einen Bären an- oder aufzubinden.

da o. ä. ist der Bär los/geht der Bär ab (ugs.): *da ist etwas los, herrscht Stimmung, kann man viel erleben:* Heute Abend machen wir eine Party, da ist bestimmt der Bär los. Wenn der FC Bayern spielt, geht der Bär ab.

▶ Die Wendung bezieht sich wohl auf den Tanzbären auf Jahrmärkten oder den Bären, der im Zirkus Kunststücke vollbringt.

wie ein Bär (ugs.): *sehr:* Er ist hungrig wie ein Bär. Der Matrose schwitzte vor Anstrengung wie ein Bär.

schlafen wie ein Bär: ↑schlafen.

barbieren: jmdn. über den Löffel barbieren/balbieren: *jmdn. in plumper Form betrügen:* Du willst mich wohl über den Löffel barbieren? Sie hat sich von dem Teppichverkäufer über den Löffel barbieren lassen. Die Kerle haben sich doch nur »kameradschaftlich« betätigt, um Sie, ihren Unteroffizier, über den Löffel zu barbieren (Kirst, 08/15, 117).

▶ Die Wendung nimmt darauf Bezug, dass früher schlechte Barbiere alten [zahnlosen] Männern mit eingefallenen Wangen einen Löffel in den Mund schoben, um damit die eingefallenen Gesichtspartien zum Rasieren herauszuwölben.

Bärendienst: jmdm. einen Bärendienst erweisen (ugs.): *jmdm. einen schlechten Dienst erweisen, jmdm. mehr schaden als nutzen:* Dadurch, dass sie den Polizisten erzählte, sie hätte am Steuer gesessen, hat sie mir einen Bärendienst erwiesen.

Entweder hatte mir jemand durch diese Veröffentlichung schaden oder aber helfen wollen. Wenn dieser Jemand mir aber helfen wollte, hatte er mir jetzt einen Bärendienst erwiesen (v. d. Grün, Glatteis 153).

▶ Die Wendung geht von der Fabel »Der Bär und der Gartenliebhaber« von La Fontaine aus. In dieser Fabel zerschmettert der Bär, der dem Gärtner immer treue Dienste leistet, eine lästige Fliege, die sich auf der Nasenspitze seines Herrn niedergelassen hat, mit einem Stein. Zwar ist nun die Fliege tot, der Gärtner aber auch.

Bärenführer: den Bärenführer spielen/machen (ugs.): *die Rolle des Fremdenführers übernehmen, jmdn. herumführen:* Wenn wir in Berlin sind, kannst du den Bärenführer spielen.

▶ Mit dem »Bärenführer« ist der Halter eines Tanzbären gemeint. Der Bär trabte an einer Kette hinter seinem Herrn her und musste sich nach dessen Willen richten.

Bärenhaut: auf der Bärenhaut liegen (ugs.): *faulenzen:* Es ist gleich 12 Uhr, und du liegst noch auf der Bärenhaut. Wenn du immer nur auf der Bärenhaut liegst, wirst du dein Examen nicht schaffen. Also wäre es doch gelacht, wenn Ihr Sohn ... keine Stellung fände – wenn er wirklich arbeiten und nicht auf der Bärenhaut liegen will (Hörzu 31, 1981, 79).

▶ Die Wendung beruht auf einer alten übertreibenden Ausschmückung der Lebensgewohnheiten der alten Germanen, wie sie Tacitus in seiner »Germania« (Kap. 15) schildert. Die Germanen hätten, wenn sie nicht im Krieg oder auf der Jagd waren, faul auf Fellen herumgelegen und den Frauen die Arbeit überlassen, vgl. das Studentenlied: »Die alten Deutschen, die wohnten auf beiden Seiten des Rheins, sie lagen auf Bärenhäuten und tranken immer noch eins.«

barfuß: barfuß bis an den/bis zum Hals (ugs.; scherzh.): *nackt:* Sie stand barfuß bis an den Hals in der Küche und kochte. Jede Menge Mädchen – barfuß bis zum Hals (= am Nudistenstrand; MM 25. 10. 1973, 33).

barfuß in den Park gehen (ugs.; verhüll.): *Geschlechtsverkehr ohne Präservativ*

ausführen (vom Mann gesagt): Schwanger ist sie? Da musstest du wohl unbedingt barfuß in den Park gehen, was?

barmherzig: barmherziger Samariter: *selbstlos helfender Mensch:* Als ich mich auf dem riesigen Flughafen rettungslos verlaufen hatte, fand ich einen barmherzigen Samariter in Gestalt einer freundlichen Stewardess.

▶ Diese Fügung geht auf das biblische Gleichnis (Luk. 10, 33) zurück, in dem ein Reisender aus Samaria einem ausgeraubten und verwundeten Mann in vorbildlicher Weise Hilfe leistet.

Barmherzigkeit: aus Gnade und Barmherzigkeit: ↑ Gnade.

Barock: Gelsenkirchener Barock: ↑ Gelsenkirchen.

Barometer: das Barometer steht auf Sturm (ugs.): *die Lage ist gespannt, es droht etwas zu passieren:* In ihrer Ehe steht das Barometer auf Sturm.

Barrikade: auf die Barrikaden gehen/steigen: *gegen etwas angehen, Widerstand leisten:* Wenn ich nicht bald eine Gehaltserhöhung kriege, gehe ich auf die Barrikaden. Bürger, rettet eure Städte! Geht auf die Barrikaden, bevor es zu spät ist! (Hörzu 8, 1973, 73). Sollten Sie zu jenen gehören, die für die Gleichberechtigung der Frau auf die Barrikaden steigen, kommen Sie ganz schnell wieder herunter (Hörzu 14, 1973, 114).

Bart: jetzt ist der Bart [aber] ab! (ugs.): *nun ist Schluss!; nun ists aber genug!:* Eine Stunde lang habe ich mir das Gequatsche angehört, jetzt ist der Bart [aber] ab!

▶ Der Ursprung der Redensart ist nicht sicher geklärt. Sie kann Ende des 19. Jahrhunderts aufgekommen sein, als auf den Vollbart Wilhelms I. und Friedrichs III. der Schnurrbart Wilhelms II. folgte; sie kann aber auch ursprünglich den abgebrochenen Bart des Schlüssels gemeint haben.

sich den Bart kratzen (ugs.): *sich rasieren:* Lieber einmal im Jahr gebären, als sich Tag für Tag den Bart kratzen zu müssen.

[so] einen Bart haben (ugs.): *altbekannt sein:* Dieser Witz hat aber wirklich so einen Bart! Sehn Sie, diese Masche hat doch schon 'nen Bart (Bamm, Weltlaterne 73). Immer nur nackte Frauen – das hat ja schon so'n Bart! (Hörzu 39, 1971, 59).

▶ Die Wendung, die in der ersten Hälfte des 20. Jahrhunderts aufkam, beruht darauf, dass der Vollbart, als er im Wechsel der Bartmode außer Gebrauch kam und nur noch von alten Männern getragen wurde, zum Sinnbild des Alten und Rückständigen wurde.

einen Bart mit Dauerwellen haben (ugs.; scherzh.): *längst bekannt, völlig überholt sein:* Was der Redner uns da auftischt, hat einen Bart mit Dauerwellen. Deine angeblich so neuen Ideen haben alle einen Bart mit Dauerwellen.

bei seinem Barte/beim Barte des Propheten schwören (ugs.): *feierlich beteuern:* Er schwor bei seinem Barte, dass er den Mann noch nie gesehen hatte. ... hier kann unbedenklich beim Barte des Propheten geschworen werden (Bergengruen, Rittmeisterin 211).

beim Barte des Propheten! (ugs.): *Beteuerungsformel:* Beim Barte des Propheten, ich habe den Wagen für fünfhundert Mark gekauft.

▶ Mit dem Propheten ist wahrscheinlich Mohammed gemeint. Mohammedanischer Brauch war es, beim Schwören den Bart zu berühren.

etwas in seinen Bart brummen/murmeln (ugs.): *etwas leise und undeutlich sagen, vor sich hin reden:* Was murmelst du in deinen Bart? Du willst nicht mehr mitmachen? Aber vielleicht hat er doch manches in seinen Bart hineingebrummt, hm, wer weiß? (Andres, Liebesschaukel 34).

jmdn. um den Bart gehen/streichen: *jmdm. schmeicheln:* Seine Frau versteht es, ihm um den Bart zu gehen. Sieh dir mal an, wie der dem Chef um den Bart geht. Denn Macht wurde ja von oben verliehen, nicht ›unten‹ gesucht und erworben, indem man dem Volk um den Bart ging (Dönhoff, Ära 42).

▶ Die Wendung meint eigentlich »mit der Hand um den Bart gehen«, den Bart (als Manneswürde) liebevoll streichen.

streiten/das ist ein Streit um des Kaisers Bart (ugs.): *um etwas Belangloses streiten/das ist überflüssiger Streit um Nichtigkeiten:* Die beiden streiten mal wieder

um des Kaisers Bart. Ob der Treibstoff ausgereicht oder nicht ausgereicht hätte, das ist doch ein Streit um des Kaisers Bart.

▶ Des »Kaisers Bart« ist vermutlich entstellt und umgedeutet aus »Geiß[en]haar« (= Ziegenhaar), vgl. die lateinische Redensart »de lana caprina rixari«, eigentlich »um Ziegenwolle, d. h. um nichts, streiten«. Die Wendung wurde dann auf die Streitereien von Gelehrten bezogen, in denen es darum ging, ob bestimmte deutsche Kaiser einen Bart getragen hatten oder nicht, vgl. auch die Scherzfrage, ob Kaiser Barbarossas roter Bart inzwischen weiß geworden sei.

jmdm. Honig um den Bart schmieren: ↑ Honig.

Bart[auf]wickelmaschine: im Keller läuft/rasselt die Bart[auf]wickelmaschine (ugs.; scherzh.): *das ist längst bekannt:* Das soll ein Gag sein? Da rasselt ja im Keller die Bartwickelmaschine!

Barthel: wissen, wo Barthel den Most holt (ugs.): *alle Kniffe kennen:* Mein Freund kann uns bestimmt in der Sache helfen, der weiß, wo Barthel den Most holt.

▶ Die Herkunft der Wendung ist nicht sicher geklärt. Vielleicht stammt sie aus der Gaunersprache und ist aus rotwelsch »Barsel« (= Brecheisen) und »Moos« (= Geld) entstellt, bedeutete also eigentlich »wissen, wo das Brecheisen das Geld holt, wo bei einem Einbruch etwas zu holen ist«.

bass: baß erstaunt/verwundert sein (altertümelnd): *sehr erstaunt/verwundert sein:* Wir waren bass erstaunt, dass die Tante kein Wort über die zerbrochene Vase verlor. Ich hatte überhaupt nicht mehr an den Schutzbrief gedacht und war bass erstaunt, als der Rückflug ... für mich ohne Kosten blieb (ADAC-Motorwelt 2, 1982, 80).

▶ Das Wort »bass« ist eine alte (unregelmäßige) Steigerungsform zu »wohl«, die erst in jüngerer Zeit die Bedeutung »sehr« angenommen hat.

Bassgeige: ein Aas/Ass auf der Bassgeige sein: ↑ Aas. **den Himmel voller Bassgeigen sehen:** ↑ Himmel.

Bau: vom Bau [sein] (ugs.): *vom Fach [sein]:* Wir sind Leute vom Bau. Was habe er denn da für eine Meinung, da er die

Kollegen besser kenne als sie, vom Bau sei, wie man so sagen könnte (Fries, Weg 186).

Bauch: ein voller Bauch studiert nicht gern: *ein satter Mensch ist träge und denkfaul:* Nach dem Mittagessen ist eine zweistündige Pause bis zum nächsten Vortrag vorgesehen, ein voller Bauch studiert nicht gern.

▶ Die sprichwörtliche Redensart wird auch in lateinischer Form (»plenus venter non studet libenter«) gebraucht.

sich [vor Lachen] den Bauch halten (ugs.): *sehr lachen:* Die Zuschauer hielten sich den Bauch vor Lachen. Ich habe mir den Bauch vor Lachen gehalten, als er plötzlich in Unterhosen vor mir stand. Diesmal wars aber besonders nett, wir haben uns den Bauch gehalten vor Lachen (MM 5. 1. 1976, 17).

einen dicken Bauch haben (derb): *schwanger sein:* Keine fünf Monate nach der Entbindung hatte seine Frau schon wieder einen dicken Bauch. Sie mit 'm dicken Bauch, Walterli drin, Roberding mit geschwollenen Mandeln ... Das war ein Jahr! (Kempowski, Uns 173).

[mit etwas] auf den Bauch fallen (ugs.): *[mit etwas] scheitern, erfolglos bleiben:* Ich bin mit meinem Projekt auf den Bauch gefallen. Sie ist schon so oft auf den Bauch gefallen, dass sie Angst vor jeder neuen Beziehung hat. Sie haben ... keinen Versuch ausgelassen, mir etwas nachzuweisen, was nicht korrekt war. Meistens sind sie damit auf den Bauch gefallen (Spiegel 39, 1987, 35).

vor jmdm. auf den Bauch liegen/rutschen (ugs.; abwertend): *jmdm. gegenüber unterwürfig, kriecherisch sein:* Der Feigling fühlt sich noch wohl dabei, wenn er vor dem Chef auf dem Bauch rutschen darf! Wir brauchen keine Staatssekretäre, die vor ihrem Minister auf dem Bauch liegen, sondern kritische und selbstbewusste Verwaltungsspezialisten.

aus dem hohlen Bauch (ugs.): *ohne Vorbereitung, ohne Unterlagen:* Wie viel wir genau umgesetzt haben, kann ich so aus dem hohlen Bauch nicht sagen. Höfer wollte einmal zeigen, wie man ohne ... Vorbereitung, einfach aus dem hohlen Bauch der Menschlichkeit so eine »Talkshow« ... macht (Spiegel 41, 1977, 237).

für die Augen zu wenig, für den Bauch zu viel: ↑ Auge. **sich die Beine in den Bauch stehen:** ↑ Bein. **jmdm. ein Kind in den Bauch reden:** ↑ Kind. **du kriegst Läuse in den Bauch:** ↑ Laus. **jmdm. ein Loch/Löcher in den Bauch fragen:** ↑ Loch. **jmdm. ein Loch/Löcher in den Bauch reden:**↑ reden. **sich ein Monogramm in den Bauch beißen:** ↑ Monogramm. **sich den Bauch voll schlagen:** ↑ voll schlagen. **eine [Mords]wut im Bauch haben:** ↑ Wut.

bauen: jmdm. eine goldene Brücke/goldene Brücken bauen: ↑ Brücke. **einen Flachmann bauen:** ↑ Flachmann. **so wie jmd. gebaut ist:** ↑ gebaut. **Häuser auf jmdn. bauen:** ↑ Haus. **hier lasst uns Hütten bauen:** ↑ Hütte. **seinen Kohl bauen:** ↑ Kohl. **Luftschlösser bauen:** ↑ Luftschloss. **Männchen bauen:** ↑ Männchen. **Mist bauen:** ↑ Mist. **Rom ist [auch] nicht an einem Tag erbaut worden:** ↑ Rom. **auf Sand gebaut haben/sein:** ↑ Sand. **einen Schwanz bauen:** ↑ Schwanz. **einen Türken bauen:** ↑ Türke. **Türme auf jmdn. bauen:** ↑ Turm. **nahe am/ans Wasser gebaut haben:** ↑ Wasser.

Bauer: was der Bauer nicht kennt, frisst er nicht: *scherzhaft-spöttischer Kommentar, wenn jmd. eine ihm unbekannte Speise ablehnt:* Denkst du, er hätte den köstlichen Tintenfischsalat auch nur einmal probiert? Was der Bauer nicht kennt, frisst er nicht!

die dümmsten Bauern haben/ernten die dicksten/größten Kartoffeln: *Kommentar, wenn jemand mühelos und völlig unverdient erfolgreich ist:* Der Mann konnte seine Bilanz lesen, ist aber mit 35 schon Chef geworden – die dümmsten Bauern haben die dicksten Kartoffeln!

kalter Bauer: ↑ kalt.

Bäuerchen: [ein] Bäuerchen machen (fam.): *aufstoßen, rülpsen:* Wenn das Baby getrunken hat, muss es Bäuerchen machen.

▶ »Bäuerchen« ist die Koseform von »Bauer« in der Bedeutung »grober, ungeschliffener Kerl«.

Bauernfang: auf Bauernfang ausgehen: *auf leicht durchschaubare Weise seine Mitmenschen zu betrügen suchen:* Wir sind ein seriöses Werbeinstitut, wir versuchen nicht, mit billigen Tricks auf Bauernfang auszugehen.

▶ Die Wendung stammt aus der Berliner Gaunersprache und meint eigentlich »einen einfältigen Bauern, einen Menschen aus der Provinz, der in Berlin zu Besuch ist, überlisten«. Dazu stellt sich die Bildung »Bauernfänger«.

Bauklotz: Bauklötze[r] staunen (ugs.): *sehr staunen:* Die Zuschauer staunten Bauklötzer, als der Dompteur seinen Kopf in den Rachen des Tigers steckte. Schulz staunte Bauklötze. War das Vierbein? (Kirst, 08/15, 518).
▶ Die Redewendung stammt aus dem Berlinischen. Welche Anschauung ihr zugrunde liegt, ist nicht sicher geklärt. Vielleicht bezieht sie sich – übertreibend – darauf, dass vor Staunen aufgerissene Augen die Größe von Bauklötzen haben.

Baum: die Bäume wachsen nicht in den Himmel: *jeder Erfolg hat seine Grenzen:* Der wirtschaftliche Aufschwung des Landes ist beachtlich, aber auch hier wachsen die Bäume nicht in den Himmel. ... meine Gegnerinnen aus aller Welt sorgen schon dafür, dass die Bäume nicht in den Himmel wachsen (Maegerlein, Piste 90).

einen alten Baum soll man nicht verpflanzen: *einen alten Menschen soll man nicht aus seiner gewohnten Umgebung reißen:* Opa wollte nicht mit uns in die Stadt ziehen; er meinte, einen alten Baum solle man nicht verpflanzen.

Bäume ausreißen [können] (ugs.): *Kraft und Schwung haben, viel leisten können:* Als er bei uns anfing, glaubte er, er könne Bäume ausreißen. Der neue Chef reißt auch keine Bäume aus. Als ich so alt war. Bäume hab ich da ausreißen können (Sebastian, Krankenhaus 82).

es ist, um auf die Bäume zu klettern (ugs.): *es ist zum Verzweifeln:* Es ist, um auf die Bäume zu klettern; jetzt habe ich ihn wieder verpasst. 7 : 0 haben wir verloren, es ist, um auf die Bäume zu klettern!
▶ Die Wendung drückt scherzhaft übertreibend aus, dass jmd. bei starker Gemütsbewegung, besonders wenn er wütend ist, »hochgeht«, vgl. die Wendungen »auf die Palme gehen«, »jmdn. auf die Palme bringen« und »die Wände hochgehen«.

zwischen Baum und Borke stecken/stehen: *sich in einer Situation befinden, in der man nicht weiß, wie man sich angesichts zweier unvereinbarer Gegensätze verhalten soll:* Ich weiß nicht, ob ich nach Frankfurt gehen soll oder das Engagement in Düsseldorf annehmen soll. Ich stehe mal wieder zwischen Baum und Borke. Die Experten stehen mit diesen Fragen gleichsam »zwischen Baum und Borke«, was gewiss nicht ihre Schuld ist (MM 27./28. 1. 1968, 65).

den Wald vor lauter Bäumen nicht sehen: ↑Wald.

Bäumchen: »Bäumchen, wechsle dich« spielen (ugs.; scherzh.): *den Geschlechtspartner wechseln:* Zu vorgerückter Stunde wollte man noch »Bäumchen, wechsle dich« spielen, aber die meisten waren schon zu betrunken.
▶ Dieser Wendung liegt das Kinderspiel »Bäumchen, wechsle dich« zugrunde, bei dem alle Mitspieler außer einem an je einem Baum stehen und auf den Ruf des in der Mitte stehenden Spielers hin zu einem anderen Baum laufen, während dieser eine versucht, auch einen freien Baum zu erreichen.

Bausch: in Bausch und Bogen: *ganz und gar, im Ganzen genommen:* Er lehnt alle Reformpläne in Bausch und Bogen ab. Man kann die Nahostpolitik der Regierung nicht in Bausch und Bogen verurteilen. Nun, was die Franzl und die Burgl anging, so sind sie diesmal natürlich in Bausch und Bogen freigesprochen worden (Mostar, Unschuldig 120).
▶ Die Wendung stammt aus der Rechts- und Kaufmannssprache. Sie meinte ursprünglich beim Kauf oder Verkauf von Grundstücken die Abmessung eines Grundstücks ohne Berücksichtigung einzelner Abweichungen im Grenzverlauf. »Bausch« bezeichnete bei einer Grenze die nach außen gehende, »Bogen« die nach innen gehende Biegung.

Beachtung: Beachtung finden (nachdrücklich): *beachtet werden:* Die Inszenierung fand große Beachtung. Dieser Absatz fand natürlich in der Sowjetunion die stärkste Beachtung (Leonhard, Revolution 86).

Beamter: ein ruhiger Beamter sein (ugs.): *ein verträglicher Mensch sein, der ruhig* und ohne Ehrgeiz seine Arbeit verrichtet und sich nicht um die Angelegenheiten anderer kümmert: Der Neue ist ein ganz ruhiger Beamter, mit dem werden wir gut auskommen.

Beantwortung: in Beantwortung einer Sache (Amtsdt.; Kaufmannsspr.): *auf etwas antwortend:* In Beantwortung Ihres Schreibens teilen wir Ihnen mit, dass wir zu Verhandlungen bereit sind.

Becher: die Becher schwingen (veraltend): *fröhlich zechen:* Am Abend ging es in den Dorfkrug, wo bis spät in die Nacht die Becher geschwungen wurden. **zu tief in den Becher gucken/schauen** (ugs.; scherzh.): *zu viel Alkohol trinken, sich beschwipsen:* Lautes Singen in der Nachbarschaft ließ vermuten, dass der freundliche Herr von nebenan mal wieder zu tief in den Becher geschaut hatte. **ein Wermutstropfen im Becher der Freude sein:** ↑ Wermutstropfen.

Becken: ein fruchtbares Becken haben (ugs.; scherzh.): *leicht empfangen, Kinder bekommen:* Seine Frau hat ein fruchtbares Becken.

bedacht: auf etwas bedacht sein: *etwas beachten, sich um etwas bemühen:* Wir waren darauf bedacht, kein unnötiges Aufsehen zu erregen. Am Tage, während Bullit das Reservat ablief und nur auf das Wohl seiner Tiere bedacht war ..., blieb sie ... allein (Kessel [Übers.], Patricia 75).

Bedacht: auf etwas Bedacht nehmen (Papierdt.; veraltend): *etwas beachten, sich um etwas bemühen:* Bei Ausführung der obigen Verordnung ist auf die besonderen Belange der ortsansässigen Kleingewerbetreibenden Bedacht zu nehmen. Er nahm zwar kläglich Bedacht auf den Segen, doch tat ers wieder nicht (Th. Mann, Joseph 356). Jede wissenschaftliche Beschäftigung mit einem Teilgebiet ... hat hierauf Bedacht zu nehmen (Mantel, Wald 89). **mit/voll Bedacht:** *mit genauer/sorgfältiger Überlegung:* Der Text wurde mit Bedacht in der modernen Umgangssprache abgefasst. Der Karawanenführer hatte voll Bedacht den Weg entlang der Hügelkette gewählt. Christine schien sich diesen Abend mit Bedacht ausgesucht zu haben (Bieler, Mädchenkrieg 80). Alle

wichtigen Dinge im Leben ... sollte man mit Bedacht tun: Essen, Trinken, die Liebe (Danella, Hotel 73). **ohne Bedacht:** *unüberlegt:* Die schönsten Grundstücke waren ohne Bedacht an die Betreiber einer Färberei verkauft worden. Ohne Bedacht gesprochene Worte hatten unsere Geschäftspartner schwer gekränkt.

Bedarf: jmds. Bedarf ist gedeckt (ugs.; scherzh.): *jmd. hat endgültig genug; jmdm. reichts:* Fast drei Jahre habe ich in dem Betrieb gearbeitet, mein Bedarf ist gedeckt. Mein Freund war zweimal verheiratet, sein Bedarf ist gedeckt. Ihr Bedarf an Geschichten ist gedeckt; Camilla hat selbst eine Geschichte (Frisch, Gantenbein 406).

bedeckt: sich bedeckt halten; bedeckt bleiben (ugs.): *sich nicht äußern, nicht Stellung beziehen, im Hintergrund bleiben:* Zu dem drohenden Skandal wollte sich der Kanzler nicht äußern, und auch der zuständige Ressortminister hielt sich bedeckt. Wir bleiben erst einmal bedeckt, bis sich abzeichnet, wie die Basis das neue Parteiprogramm aufnimmt. Der ... Abteilungsleiter ... hielt sich ebenfalls bedeckt. »Kein Kommentar!« (CCI 12, 1985, 14). ... sie werden sich auch, in Erinnerung an das, was er zu Amtszeiten für sie getan hat, hübsch bedeckt halten (MM 24. 2. 1986, 2).

bedenken: etwas zu bedenken geben: *bitten, etwas zu erwägen:* Ich möchte noch einmal zu bedenken geben, welche Vorteile sich aus einem Zusammenschluss ergeben. Tschanz gab zu bedenken, dass Schmied unter seinem Mantel einen Gesellschaftsanzug getragen habe (Dürrenmatt, Richter 24).

auf etwas bedacht sein: ↑ bedacht.

Bedenken: Bedenken tragen (geh.): *noch nicht entschlossen sein, zögern:* Ich trage keine Bedenken, ihn mit diesen Aufgaben zu betrauen. Die Opposition trägt Bedenken, den Verträgen zuzustimmen. Der Kaninchenmäulige trug jetzt keine Bedenken mehr, den Damen der Stammtischrunde seinen berühmten Sträfling vorzuführen (Feuchtwanger, Erfolg 534).

bedeuten: die Bretter, die die Welt bedeuten: ↑ Brett.

bedeutend: um ein Bedeutendes (geh.): *viel:* Sie sieht jetzt um ein Bedeutendes besser aus. Auch wenn der Haken ausbricht, wird trotzdem die Wucht des Sturzes um ein Bedeutendes verringert (Eidenschink, Fels 64). Ein sonderbarer Gemütszauber machte die lebhaften Spiele noch um ein Bedeutendes beliebter und stürmischer (R. Walser, Gehülfe 64).

bedienen: bedient sein (ugs.): *genug haben:* Drei Jahre bin ich beim Barras gewesen, ich bin bedient. Wenn man sich das Gequatsche zwei Stunden lang anhören muss, ist man bedient. ... die Mütter sind oft bedient: »Hast du schon wieder die Bonbontüten in der Hand?« (Hörzu 48, 1970, 110).

[mit etwas] gut/schlecht bedient sein: 1. (veraltend) *[mit etwas] gut/schlecht beraten sein:* Er war schlecht bedient, als er den Kaufvertrag unterschrieb. 2. (ugs.) *[mit etwas] gut/schlecht versorgt sein, davonkommen:* Dass wir mit der Richtgeschwindigkeit auf unseren Autobahnen gut bedient sind, hat sich längst herumgesprochen (Allgemeine Zeitung 6. 2. 1985, 20).

Beelzebub: den Teufel mit/durch Beelzebub austreiben: ↑Teufel.

Beerdigung: [das] ist nicht meine Beerdigung (ugs.): *was da an Unangenehmem zu erwarten ist, geht mich nichts an, betrifft mich nicht:* Wenn du dich unbedingt mit den Hooligans anlegen willst – bitte, ist ja nicht meine Beerdigung!

auf der falschen Beerdigung sein (ugs.; scherzh.): *sich nicht am richtigen Ort befinden:* Das ist gar nicht der Kreuzberger Tuntenball? Dann sind wir hier aber auf der völlig falschen Beerdigung!

Befehl: zu Befehl! (Milit.): *ja, ich werde den Befehl ausführen:* Lassen Sie die Männer wegtreten, Fähnrich! – Zu Befehl, Herr Oberst! »Zu Befehl, Herr Kriegsarzt«, erwiderte ich in dienstfertigem Tone (Th. Mann, Krull 123). Zu Befehl, Herr General! – Zu Befehl, in Woroponowo sind die Russen (Plievier, Stalingrad 193).

Ihr/dein usw. Wunsch ist/sei mir Befehl: ↑Wunsch.

befehlen: Gott befohlen: ↑Gott.

befinden: sich im/in Besitz von jmdm. befinden: ↑Besitz. **sich in guter Gesell-**

schaft befinden: ↑Gesellschaft. **sich auf dem Holzweg befinden:** ↑Holzweg. **sich im Irrtum befinden:** ↑Irrtum. **gewogen und zu leicht befunden:** ↑wiegen.

beflattern: vom Hahn beflattert sein: ↑Hahn.

befördern: jmdn. in die ewigen Jagdgründe befördern: ↑Jagdgründe. **jmdn. ins Jenseits befördern:** ↑Jenseits. **jmdn. an die [frische] Luft/zur Tür hinaus/ins Freie befördern:** ↑Luft, ↑Tür, ↑Freie.

befragen: nie sollst du mich befragen (scherzh.): *darüber sollte man besser schweigen:* Hast du eine Erklärung dafür, woher die Tante plötzlich so viel Geld hat? – Nie sollst du mich befragen! ▶ Diese Redensart stammt aus Richard Wagners Oper »Lohengrin«. Mit diesen Worten verbietet Lohengrin Elsa von Brabant, ihn nach seinem Namen und seiner Herkunft zu fragen.

jmdn. zur Person befragen: ↑Person.

begeben: sich ins Bett begeben: ↑Bett. **sich auf schwankenden/unsicheren Boden begeben:** ↑Boden. **wer sich in Gefahr begibt, kommt darin um:** ↑Gefahr. **sich in die Höhle des Löwen begeben:** ↑Höhle. **sich ans Werk begeben:** ↑Werk.

begegnen: jmd. kann mir [mal] im Mondschein begegnen: ↑Mondschein.

begehren: alles, was das Herz begehrt: ↑Herz. **Herz, was begehrst du mehr:** ↑Herz.

begießen: sich die Nase begießen: ↑Nase. **wie ein begossener Pudel:** ↑Pudel.

begleichen: eine alte Rechnung [mit jmdm.] begleichen: ↑Rechnung.

begleiten: jmdn. auf dem/seinem letzten Weg begleiten: ↑Weg.

begraben: sich [mit etwas] begraben lassen können/sollen: (ugs.): *nichts taugen, zu nichts zu gebrauchen sein, keine Aussicht auf Erfolg haben:* Unsere Mannschaft kann sich begraben lassen, sie hat auswärts wieder verloren. Da liegen die Rosen ... und daneben ein Zettel mit einer Botschaft von Fritz. »Die Dame sagt, Sie sollen sich begraben lassen. Gruß, Fritz« (Remarque, Obelisk 72).

da/dort möchte ich nicht begraben sein (ugs.): *da/dort möchte ich unter keinen Umständen längere Zeit wohnen, bleiben:* In Staffenhagen wohnt ihr jetzt? Da möchte ich nicht begraben sein.

da liegt der Hund begraben: ↑ Hund. wissen, wo der Hund begraben liegt: ↑ Hund. das Kriegsbeil begraben: ↑ Kriegsbeil. tot und begraben sein: ↑ tot.

begreifen: das begreife, wer will: *das verstehe ich nicht, das ist völlig unsinnig:* Er hat für seinen Bruder immer alles getan, und der hilft ihm jetzt nicht. Das begreife, wer will.

Begriff: ein Begriff sein: *als Gütezeichen bekannt sein:* Der Name Duden ist ein Begriff. Diese Sängerin ist in der ganzen Welt ein Begriff.

jmdm. ein Begriff sein: *jmdm. bekannt, vertraut sein:* Sie fragte ihn, ob ihm die Firma Felixmüller ein Begriff sei. Untersuchungshaft, Polizeipräsidium, Kavalleriestraße, wenn Ihnen das ein Begriff ist (Grass, Hundejahre 434). Ich habe ... von der Gestapo den Auftrag, von dem Kommissar Escherich ..., wenn der Ihnen ein Begriff ist (Fallada, Jeder 188).

im Begriff sein/stehen, etwas zu tun: *gerade etwas anfangen, tun wollen:* Wir waren gerade im Begriff aufzubrechen, als draußen ein fürchterliches Unwetter einsetzte. Er eilte in sein Zimmer zurück, fasste den Hut und stand im Begriff, das Pfarrhaus, so wie er war, zu verlassen (Langgässer, Siegel 109).

schwer/langsam von Begriff sein (ugs.): *eine schwere, langsame Auffassungsgabe haben:* Die neue Stenotypistin scheint ein bisschen schwer von Begriff zu sein. Seine Tante ist gar nicht so langsam von Begriff. Margarete glaubte, ... die Leute seien gar nicht so böse, sie seien verhetzt, dazu ein wenig langsam und schwer von Begriff (Feuchtwanger, Herzogin 102).

begründen: in etwas begründet sein/liegen: *sich aus etwas erklären, herleiten lassen:* Diese Klimaverhältnisse sind in der geographischen Lage des Ortes begründet. Es liegt in der Natur des Menschen begründet, dass er auf seinen Vorteil bedacht ist. ... obschon man ihn selbst nicht einmal kennt, so ist diese Namenlosigkeit in der Sache begründet (Nigg, Wiederkehr 143).

begucken: sich von innen begucken: ↑ innen.

behalten: jmdn., etwas im Auge behalten: ↑ Auge. **das Heft in der Hand behalten:** ↑ Heft. **etwas im Hinterkopf behalten:** ↑ Hinterkopf. **den Kopf oben behalten:** ↑ Kopf. **etwas im Kopf behalten:** ↑ Kopf. **die Nerven behalten:** ↑ Nerv. **die Oberhand behalten:** ↑ Oberhand. **Platz behalten:** ↑ Platz. **Recht behalten:** ↑ Recht. **seine Weisheit für sich behalten:** ↑ Weisheit. **das letzte Wort behalten:** ↑ Wort.

behandeln: jmdn., etwas behandeln/anfassen wie ein rohes Ei (ugs.): *jmdn./etwas sehr vorsichtig behandeln, mit jmdm., mit etwas äußerst behutsam umgehen:* Der Trainer dachte gar nicht daran, den Star der Mannschaft wie ein rohes Ei zu behandeln. So ein hoch technisiertes Gerät muss man behandeln wie ein rohes Ei. Dass man jemanden wie ein rohes Ei behandelt, so etwas gibts in unseren Film- und Fernsehstudios nicht (Hörzu 1, 1971, 8).

jmdn. wie einen dummen Jungen behandeln (ugs.): *jmdn. so behandeln, wie es sich nicht gehört:* Der Gast behandelte den Ober wie einen dummen Jungen. Ich lasse mich doch von Ihnen nicht wie ein dummer Junge behandeln.

jmdn. wie Luft behandeln (ugs.): *jmdn. ignorieren:* Find ich fies von dir, dass du mich den ganzen Abend wie Luft behandelt hast! Sie nahm sich fest vor, diesen Flegel in Zukunft wie Luft zu behandeln.

jmdn. wie ein Stück Dreck/wie den letzten Dreck/wie einen Hund behandeln (ugs.): *jmdn. mit großer Verachtung behandeln:* Der Schalterbeamte hat die alte Frau wie ein Stück Dreck behandelt. Ich lasse mich doch von diesem Kerl nicht wie der letzte Dreck behandeln! Und bei der Polizei sind wir ... wie der letzte Dreck behandelt worden (Klee, Pennbrüder 43).

jmdn. wie ein Stück Vieh behandeln (ugs.): *jmdn. roh und rücksichtslos behandeln:* Der Gefangene wurde wie ein Stück Vieh behandelt. Er war ein Säufer und Taugenichts, der seine Frau wie ein Stück Vieh behandelte.

Beharrlichkeit: Beharrlichkeit führt zum Ziel: *wer sich von seinem Vorhaben nicht abbringen lässt, hat letztlich Erfolg:* Seit Jahren versucht sie, ihn zu einem neuen Auto zu überreden – gestern war er endlich beim Autohändler! Beharrlichkeit führt zum Ziel.

behaupten: das Feld behaupten: ↑ Feld.

beherrschen: ich kann mich beherr-
schen! (ugs.): *ich werde das ganz be-*
stimmt nicht tun: Ich soll dir 50 Mark
pumpen? Ich kann mich beherrschen!
Wetten, du wärst gerne mit einigen von
den Modellen zusammen? Ich könnte
mich beherrschen (Praunheim, Armee
126).
etwas aus dem Effeff beherrschen: ↑ Effeff. **das Feld beherrschen:** ↑ Feld. **die Sze-**
ne beherrschen: ↑ Szene.
Beherrschung: seine/die Beherrschung
verlieren: *eine emotionale Äußerung, Re-*
aktion nicht mehr unterdrücken können:
Seine Kälte und Unnahbarkeit wurden
ihr unerträglich; sie verlor die Beherrschung und brach in Tränen aus. Ich
wollte dich nicht so anbrüllen, ich habe
einfach die Beherrschung verloren. Da
hat mich einer vom Lager angebrüllt,
und ich habe die Beherrschung verloren
und ihm die Brocken vor die Füße geworfen (v. d. Grün, Glatteis 59).
Behuf: zu dem/diesem Behufe (veraltet):
zu diesem Zweck: Sie gedachte einen ge-
harnischten Leserbrief zu verfassen und
begab sich zu diesem Behufe an ihre Schreibmaschine. ... sie überschütten
dich mit Vokabeln, die sie zu diesem Behuf erfunden haben (Tucholsky, Werke
II, 243).
behüten: [Gott] behüte: ↑ Gott. **behüt dich**
Gott: ↑ Gott.
bei: nicht [ganz] bei sich sein (ugs.): *nicht*
bei vollem Bewusstsein, nicht recht bei
Verstand sein: Was ist mit dir los, du bist
wohl nicht mehr ganz bei dir? Er ist noch
nicht ganz bei sich; bei jeder Bewegung
schmerzt ihm der Kopf, und der Marktplatz schwankt leise (Spoerl, Maulkorb
22).
bei Gott: ↑ Gott. **bei Tisch:** ↑ Tisch. **bei**
weitem: ↑ weit.
beibringen: jmdm. die Flötentöne bei-
bringen: ↑ Flötenton. **jmdm. etwas mit**
dem Holzhammer beibringen: ↑ Holzhammer. **jmdm. Räson beibringen:** ↑ Räson.
beide: über beide Backen grinsen/strah-
len: ↑ Backe. **mit beiden Beinen/Füßen**
[fest] auf der Erde/im Leben stehen:
↑ Bein. **sich etwas an beiden Händen ab-**
zählen/abfingern können: ↑ Hand. **mit**
beiden Händen zugreifen: ↑ Hand. **auf**

beiden Schultern [Wasser] tragen:
↑ Schulter.
beieinander haben: nicht alle beieinan-
der haben (ugs.): *nicht recht bei Verstand,*
verrückt sein: Manchmal glaube ich, du
hast sie nicht alle beieinander. Die Stadtverwaltung will die Fahrpreise schon
wieder erhöhen, die haben sie doch nicht
mehr alle beieinander.
beieinander sein: gut beieinander sein
(ugs.): 1. *gut genährt, korpulent sein:* Seine Frau ist ganz gut beieinander. 2. *in gu-*
tem gesundheitlichem Zustand sein: Ich
war nach der Operation ziemlich schnell
wieder gut beieinander.
schlecht/nicht recht beieinander sein
(ugs.): *in einem gesundheitlich schlech-*
ten Zustand sein: Seit seiner Operation
ist er nicht mehr recht beieinander. Wir
hätten euch ja schon lange mal besucht,
aber unsere Mutter ist in letzter Zeit zu
schlecht beieinander.
nicht ganz beieinander sein (ugs.): *nicht*
recht bei Verstand sein: Sie muss nicht
ganz beieinander gewesen sein, als sie
den Vertrag unterschrieb.
beigeben: klein beigeben: *ohne lautes*
Murren nachgeben: Ich denke gar nicht
daran, klein beizugeben. Geben Sie
nicht klein bei, gnädige Frau. Ich bitte
Sie. Es ist nicht Ihr Stil (Nossack, Begegnung 226). Klein bei gibt er erst, als ein
zynischer Militärpfarrer ihm die Bibel
wegnimmt (MM 26. 8. 1971, 24).
beileibe: beileibe nicht: *keineswegs,*
durchaus nicht: Ihre Körper wahren ge-
messenen Abstand – nur keine zu große
Nähe, beileibe nicht! (Th. Mann, Krull
421). Auch er huldigte dem Sprichwort,
dass aufgeschoben beileibe nicht gleich-
bedeutend war mit aufgehoben (Kirst,
08/15, 306).
Bein: kein Bein! (ugs.): *überhaupt nicht,*
keine Spur: Ich kann gar nicht singen,
kein Bein!
Beine bekommen/kriegen (ugs.): *ver-*
schwinden, gestohlen werden: Wenn du
in der Badeanstalt nicht aufpasst, bekommen deine Sachen Beine. In der
nächsten Zeit drückten wir uns ... immer
an den Weihnachtsbaumverkaufsstän-
den herum. Baum auf Baum bekam Beine ... aber wir hatten noch immer keinen
(Schnurre, Bart 53).

das Bein heben: *(vom männlichen Hund gesagt) Wasser lassen:* Fiffi muss an jeder Ecke das Bein heben.

die Beine breit machen (ugs.): *sich [als Frau] zum Geschlechtsverkehr bereit finden:* Wenn er in Stimmung ist, hat sie natürlich sofort die Beine breit zu machen. Weil ich keine Lust mehr hatte, die Beine breit zu machen, bin ich kriminell geworden (Spiegel 44, 1989, 102).

sich die Beine abstehen (ugs.): *lange stehen und warten:* Ich habe mir nach den Eintrittskarten die Beine abgestanden.

sich die Beine nach etwas ablaufen (ugs.): *viele Gänge machen, um etwas zu finden, zu erledigen:* Nach diesem Berechtigungsschein habe ich mir die Beine abgelaufen.

sich kein Bein ausreißen (ugs.): *sich nicht sonderlich anstrengen:* Keiner der Spieler hat sich heute ein Bein ausgerissen. ... schließlich hat son Beamter ooch bloß zwee Beene, und für die paar Pimperlinge, die die verdienen, reißen sie sich ooch keen Bein aus (Döblin, Berlin 315). Nach Eds Meinung kann ihm überhaupt nur bei Dreharbeiten etwas passieren. Denn zu Haus, im Londoner Vorort Hampton Court, reißt er sich kein Bein aus (Hörzu 29, 1971, 27).

jüngere Beine haben (ugs.): *besser als ein Älterer laufen oder stehen können:* Kannst du das nicht erledigen? Du hast doch jüngere Beine.

jmdm. [lange] Beine machen (ugs.): 1. *jmdn. fortjagen:* Wenn ihr hier die Leute im Lokal anpöbelt, werde ich euch Beine machen. 2. *jmdn. antreiben, sich schneller zu bewegen:* Sie müssen den Männern lange Beine machen, die schlafen ja gleich ein beim Verladen. »Abführen den Mann«, schrie der Obergruppenführer. »Und macht ihm ein bisschen Beine, Kerls!« (Fallada, Jeder 240).

jmdm. ein Bein stellen: 1. *jmdn. mithilfe des Beines zu Fall bringen, sich jmdm. so in den Weg stellen, dass er stolpert oder fällt:* Ich trete zur Seite, stelle ihm ein Bein, und er schlägt mit einem dumpfen Aufschlag aufs Neue gegen den Obelisken (Remarque, Obelisk 315). Wenn ich erwischt werde, hau ich ab, und du stellst denen, die mir nachlaufen, ein Bein (Roehler, Würde 55). 2. (ugs.) *jmdm.*

durch eine bestimmte Handlung Schaden zufügen, jmdn. hereinlegen: Er versuchte, ihm ein Bein zu stellen. Wenn Sie nicht aufpassen, stolpern Sie ... über ein Bein, das Ihnen ein ... Kollege gestellt hat (Erné, Fahrgäste 317).

sich die Beine vertreten (ugs.): *nach langem Sitzen etwas spazieren gehen:* Ich habe mir im Garten ein bisschen die Beine vertreten. Moosbrugger stand auf, vertrat sich die Beine und gähnte (Musil, Mann 1 480). Wir vertraten uns vor der Riesenflugzeughalle zunächst einmal die Beine und stellten fest, dass die Luft hier auch nicht besser war als in Manhattan (Cotton, Silver-Jet 29).

kein Bein auf die Erde kriegen (ugs.): *nicht zum Zuge kommen:* Gegen den Pokalverteidiger kriegt unsere Mannschaft kein Bein auf die Erde. Bei den Landtagswahlen haben die Radikalen kein Bein auf die Erde gekriegt. Chemie würde heute verlieren, gegen den technisch hervorragenden Club bekäme Chemie kein Bein auf die Erde (Loest, Pistole 200).

▶ Die Wendung stammt wahrscheinlich aus der Ringersprache und meint eigentlich, dass jemand ständig ausgehoben und geworfen wird.

die Beine in die Hand/unter den Arm nehmen (ugs.): 1. *sich beeilen:* Wenn wir die Beine unter den Arm nehmen, schaffen wir vielleicht noch den Zug. 2. *schnell weglaufen:* Die Jungen klingelten Sturm und nahmen dann die Beine in die Hand.

sich die Beine aus dem Leib rennen (ugs.): *mit aller Kraft [bis zur Erschöpfung] rennen:* Jeden Morgen sind wir deinetwegen zu spät dran, jeden Morgen müssen wir uns die Beine aus dem Leib rennen, um die Bahn noch zu erreichen!

sich die Beine in den Leib/in den Bauch stehen (ugs.): *sehr lange stehen und warten:* Drei Stunden habe ich mir nach den Eintrittskarten die Beine in den Bauch gestanden. Im Heidelberger Kunstverein kann sich ... der geneigte Besucher die Beine in den Bauch stehen (MM 21./22. 7. 1979, 68). So thront sie nun ... auf dem mobilen Untersatz und braucht sich nicht mehr die Beine in den Bauch zu stehen (Hörzu 27, 1976, 15).

die Beine unter jmds. Tisch strecken (ugs.): *von jmdm. finanziell abhängig* *sein, sich von jmdm. ernähren lassen:* Mein Freund arbeitet nicht. Der streckt immer noch die Beine unter seines Vaters Tisch. Vier Jahre hat dieser Bursche die Beine unter seinen Tisch gestreckt, und dann ist er mit seiner Frau durchgebrannt.

ein/das Bein stehen lassen (Fußball): *sein Bein so stellen, dass der [den Ball führende] Gegner darüber fällt:* Es gab einen Freistoß, weil der Verteidiger das Bein hatte stehen lassen.

ein langes Bein machen (Fußball): *den ballführenden Gegner durch einen Spreiz- oder Grätschschritt vom Ball zu trennen suchen:* Der Bayernspieler machte ein langes Bein und klärte zur Ecke.

etwas noch am Bein haben (ugs.): *etwas noch bezahlen müssen, als Verpflichtung haben:* Wir können in diesem Sommer nicht verreisen, wir haben noch die Kosten für die Renovierung am Bein. Vgl. die folgende Wendung.

jmdm., sich etwas ans Bein binden (ugs.): *jmdm., sich etwas aufbürden:* Jetzt will man ihr auch noch die Materialausgabe ans Bein binden. Ich habe nicht geahnt, was ich mir mit der Vereinsarbeit da ans Bein binde.

▶ Wie die Wendungen »einen Klotz am Bein haben« und »jmdm., sich einen Klotz ans Bein binden« nehmen auch diese Wendungen darauf Bezug, dass dem Vieh auf nicht eingezäunter Weide die Vorderbeine zusammengebunden werden und ein Holzklotz an die Beine gebunden wird, um es in seiner Bewegungsfreiheit einzuschränken. Auch Gefangene schmiedete man früher an einen Klotz, um ihnen die Bewegungsfreiheit zu nehmen.

etwas ans Bein binden (ugs.): *etwas drangeben, einbüßen:* Das ist ein ganz teures Lokal, da muss man für einen Abend mindestens 150 Mark ans Bein binden. Das Geld, das ich meinem Freund gepumpt habe, kann ich [mir] wohl ans Bein binden. Freiwillige VP-Helfer geehrt ... Sie haben viele Stunden Freizeit ans Bein gebunden, manche ... tun das schon seit ... Jahrzehnten (NNN 26. 9. 1987, 1).

▶ Die Wendung meint eigentlich, dass etwas, was man sich ans Bein – früher auch: unters Knie – bindet, nicht bis

zum Herzen dringen kann, dass man sich also etwas nicht zu Herzen gehen lässt und es leicht verschmerzt.

auf den Beinen sein (ugs.): *in Bewegung, unterwegs sein:* Als Vertreter ist er viel auf den Beinen. Sein Vater, der Tischlermeister, hatte geschwollene Füße, weil er den ganzen Tag über auf den Beinen hatte sein müssen (Grass, Hundejahre 378). Ganz Constantinopel war auf den Beinen, um dem vergötterten General zuzujubeln (Thieß, Reich 589).

auf schwachen Beinen stehen: *nicht sicher, nicht gut begründet sein:* Seine Argumente stehen auf schwachen Beinen. Die Wirtschaftspolitik der Regierung steht auf schwachen Beinen. Das zeigt doch jedem Einsichtigen, das heißt jedem, der keine Zeitung liest, auf welch jämmerlich schwachen Beinen die Anklage steht (Brecht, Groschen 250).

schwach auf den Beinen sein: 1. *durch Krankheit o. Ä. geschwächt sein:* Die Infektion ist überwunden, aber sie ist immer noch recht schwach auf den Beinen. Sie hatte vor, nach Sonthofen zu kommen, kam aber nicht weit. Sie war noch recht schwach auf den Beinen (Brecht, Geschichten 154). 2. (ugs.) *nicht bewiesen, ungesichert sein:* Die grundlegende These des Aufsatzes ist ziemlich schwach auf den Beinen.

sich nicht mehr/kaum noch auf den Beinen halten können: *vor Müdigkeit, Schwäche o. Ä. nicht mehr/kaum noch stehen od. gehen können:* Der alte Mann konnte sich kaum noch auf den Beinen halten, aber niemand bot ihm einen Stuhl an.

wieder auf die Beine kommen (ugs.): *wieder gesund werden, gesunden:* Lass den Kopf nicht hängen, du kommst schon wieder auf die Beine. Unser Export muss erst wieder auf die Beine kommen.

wieder auf den Beinen sein (ugs.): *wieder gesund sein:* Die Operation ist glatt verlaufen, in ein paar Tagen sind Sie wieder auf den Beinen. Wenn sich die Lage weiter stabilisiert, ist unsere Wirtschaft bald wieder auf den Beinen. Sobald ich wieder auf den Beinen bin, muss ich zum Zahnarzt (Frisch, Homo 244).

jmdm. auf die Beine helfen/jmdn. [wieder] auf die Beine bringen (ugs.): *jmdn.*

wieder aufrichten, ihm helfen, eine Schwäche o. dgl. zu überwinden: Wir brauchen mindestens 100 000 Mark, um der Firma auf die Beine zu helfen. Mein Bekannter ist ein guter Arzt; der wird Sie schon wieder auf die Beine bringen. Europa ist kaum mehr auf die Beine zu helfen, sein Niedergang und sein Abstieg scheinen unaufhaltsam zu sein (Niekisch, Leben 148). Wir sind die Einzigen, die eine Idee haben. Wir werden auch die Franzosen wieder auf die Beine bringen (Kuby, Sieg 336).

etwas auf die Beine stellen/bringen (ugs.): *etwas in bewundernswerter, erstaunlicher Weise zustande bringen:* Der Trainer hat in wenigen Monaten wieder eine Klassemannschaft auf die Beine gestellt. Ich weiß bis heute nicht, wie er diese Tankerflotte auf die Beine gestellt hat. Bedenke, unter welchen Umständen er handelt, was er alles gegen sich auf die Beine bringt (H. Mann, Unrat 93).

jmdn. auf die Beine bringen (ugs.): *jmdn. zur Teilnahme an einer Veranstaltung o. Ä. veranlassen:* Wie bringen wir die Massen auf die Beine? Immerhin werden wir für die Demo noch ein paar Hundert Leute auf die Beine bringen können.

sich auf die Beine machen (ugs.): *[schnell] weggehen:* Wenn wir zu Hause sein wollen, bevor es dunkel wird, müssen wir uns auf die Beine machen.

auf einem Bein kann man nicht stehen! (ugs.; scherzh.): *Aufforderung, ein zweites Glas zu trinken.*

in die Beine gehen (ugs.): 1. *die Beine schwerer machen, das [Auf]stehen und Gehen erschweren:* Schon nach dem zweiten Glas Johannisbeerwein spürten wir, wie das Gebräu in die Beine ging. 2. *einen Rhythmus haben, der zum Bewegen, zum Tanzen reizt:* Die Band spielte einen Rock 'n' Roll, der allen in die Beine ging. ... wenn Swing oder Charleston den Gästen in die Beine gehen, ist das für ihn eine emotionale Bestätigung (Zivildienst 10, 1986, 33). Nicht mehr ganz fit ... bei der Musik? Hören Sie mal hin, geht das nicht in die Beine? (Hörzu 51, 1970, 53).

jmdm. in die Beine fahren: *jmdn. zutiefst erschrecken:* Die Nachricht vom Absturz der Maschine war uns in die Beine gefah-

ren. Die Aufregung über den verunglückten Tag war ihr in die Beine gefahren (Ossowski, Liebe ist 66).

▶ In dieser Wendung steht »Bein« in der sonst weitgehend veralteten Bedeutung von »Gebein, Knochen«.

mit beiden Beinen/Füßen [fest] auf der Erde/im Leben stehen: *die Dinge realistisch sehen, lebenstüchtig sein:* Wenn man Erfolg haben will, muss man mit beiden Beinen fest auf der Erde stehen. Der Intuitionstyp ... steht oft nicht mit beiden Beinen auf der Erde (Ruthe, Partnerwahl 157). Sie blieb mit beiden Beinen auf der Erde und verpulverte ihr Geld nicht sinnlos (Hörzu 14, 1972, 112).

mit einem Bein in etwas stehen (ugs.): *etwas fast oder sehr wahrscheinlich erreicht haben:* Nach dem hohen Auswärtssieg stehen die Kölner mit einem Bein im Halbfinale. Sie hatte sich gründlich geirrt, als sie glaubte, schon mit einem Bein in der Direktionsetage zu stehen. Er steht bereits mit einem Bein in der Nationalliga A (Nordschweiz 74, 29. 3. 1985, 24).

mit einem Bein im Gefängnis stehen (ugs.): *in Gefahr sein, mit dem Gesetz in Konflikt zu kommen:* Die Sache ist mir zu gefährlich, da steht man ja mit einem Bein im Gefängnis.

mit einem Bein im Grabe stehen (ugs.): *dem Tod sehr nahe sein:* Du siehst aus, als würdest du schon mit einem Bein im Grabe stehen.

von einem Bein aufs andere treten: *als Ausdruck ungeduldigen Wartens oder von Nervosität ständig das Standbein wechseln:* Siehst du den Mann mit dem Blumenstrauß, der dauernd von einem Bein aufs andre tritt? Der wird bald gemerkt haben, dass meine Schwester ihn versetzt hat!

alles, was Beine hat: ↑ all. **mit dem linken Bein zuerst aufgestanden sein:** ↑ aufstehen. **keiner Fliege ein Bein ausreißen können:** ↑ Fliege. **Stein und Bein frieren:** ↑ frieren. **auf eigenen Beinen/Füßen stehen:** ↑ Fuß. **immer [wieder] auf die Beine/Füße fallen:** ↑ Fuß. **einen Klotz am Bein haben:** ↑ Klotz. **jmdm. ein Klotz am Bein sein:** ↑ Klotz. **jmdm., sich einen Klotz ans Bein binden:** ↑ Klotz. **jmdm. Knüppel/einen Knüppel zwischen die Beine werfen:**

↑Knüppel. **was man nicht im Kopf hat, [das] muss man in den Beinen haben:** ↑Kopf. **und wenn du dich auf den Kopf stellst und mit den Beinen wackelst:** ↑Kopf. **Lügen haben kurze Beine:** ↑Lüge. **jmdm. durch Mark und Bein dringen/gehen:** ↑Mark. **Pudding in den Beinen haben:** ↑Pudding. **Stein und Bein schwören:** ↑Stein. **der [Klapper]storch beißt jmdn. ins Bein:** ↑Storch. **den Weg zwischen die Beine nehmen:** ↑Weg.

beinahe: beinahe hätte ich etwas anderes gesagt: ↑andere.

Beinbruch: das ist [doch] kein Beinbruch! (ugs.): *das ist [doch] gar nicht so schlimm!:* Mein Gott, ich habe vergessen, meinen Mann anzurufen! – Das ist doch kein Beinbruch, du kannst auch vom Bahnhof aus telefonieren! Übelkeit und Erbrechen sind kein Beinbruch, die Mutter hat Zäpfchen ..., das Kind wird ... damit versorgt (MM 14. 1. 1976, 16). ... auf keinen Fall die Angst der Kinder vor Klassenarbeiten ... durch Drohungen verstärken, denn eine Fünf ... ist doch kein Beinbruch (Hörzu 19, 1973, 115).

Hals- und Beinbruch: ↑Halsbruch.

beisammenhaben: nicht alle beisammenhaben (ugs.): *nicht recht bei Verstand, verrückt sein:* Du hast sie wohl nicht alle beisammen, so zu einem Aufzug hier zu erscheinen. Zum Schluss hatte ich nicht mehr alle beisammen. Zwei Jahre hat es gedauert, bis ich mich wieder gefangen hatte (Hörzu 16, 1972, 42). **seine Gedanken beisammenhaben:** ↑Gedanke. **seine fünf Sinne nicht richtig beisammenhaben:** ↑Sinn.

beisammen sein: gut beisammen sein (ugs.): 1. *gut genährt, korpulent sein:* Seine Frau ist ganz gut beisammen. 2. *in gutem gesundheitlichen Zustand sein:* Mit Ausnahme dreier Kümmerlinge, die eingingen, waren die 1928er-Dohlen körperlich viel besser beisammen als die 1927er (Lorenz, Verhalten 47). Unsere Nachbarsleute waren samt und sonders noch ganz gut beisammen (K. Mann, Wendepunkt 60).

Beisein: in jmds. Beisein/im Beisein von jmdm.: *während jmd. anwesend ist:* Wir wollen im Beisein der Kinder nicht darüber sprechen. Fast genau das gleiche Verhalten zeigte bei Heinroth ein Wachtelkönig, der im Beisein seiner Pfleger sich auch nicht um ein artgleiches Weibchen kümmerte (Lorenz, Verhalten 79). In Ihrem Beisein darf ich den ersten Spatenstich tun (M. Walser, Eiche 80). **ohne jmds. Beisein/ohne Beisein von jmdm.:** *ohne jmds. Anwesenheit:* Ohne sein Beisein hätte der Plan nicht beschlossen werden dürfen. Der Vertrag wurde ohne Beisein von Anwälten ausgehandelt.

beiseite: Spaß/Scherz beiseite: ↑Spaß, ↑Scherz.

Beispiel: sich ein Beispiel [an jmdm., etwas] nehmen: *jmdm., etwas nacheifern; sich jmdn., etwas zum Vorbild nehmen:* Schau mal, wie artig dein Bruder spielt – nimm dir ein Beispiel! Sie hätte sich ein Beispiel am Fleiß ihrer Mutter nehmen können oder an der Gewissenhaftigkeit ihres Vaters, aber ihr schien das sorglose Leben ihres Onkels viel reizvoller. Kapitulieren gibt es nicht, hat er gesagt. Wir sollen uns ein Beispiel an ihm nehmen (Plievier, Stalingrad 142).

ein Beispiel geben: *als Vorbild zur Nachahmung herausfordern:* Die Eltern sollten ihren Kindern ein Beispiel geben und nicht bei Rot über die Straße laufen. Ein so verlottertes Subjekt kann unserer Jugend kein Beispiel geben. ... es gehören die Heiligen dazu, die Wunder getan, die den Märtyrertod erlitten und den Menschen ein großes Beispiel gegeben haben (H. Hesse, Steppenwolf 176).

mit gutem Beispiel vorangehen: *andere durch vorbildhaftes Handeln zur Nachahmung anspornen:* Der Chef ging mit gutem Beispiel voran und spendete zweihundert Mark für die Familie des kranken Kollegen. Lass dich durch den Spott deiner Klassenkameraden nicht irritieren, geh ihnen mit gutem Beispiel voran!

ohne Beispiel [sein]: *noch nie da gewesen, unerhört [sein]:* Die Frechheit dieses Menschen ist ohne Beispiel! Ein Skandal ohne Beispiel erschütterte die sonst so beschauliche Stadt. Völkermord, Vernichtung, Hass ohne Beispiel. Tod und unermessliches Leid um uns her (v. Weizsäcker, Deutschland 48).

[wie] zum Beispiel: *[wie] etwa, beispielshalber:* Eine Frau wie zum Beispiel deine

Großmutter hätte sich eine solche Behandlung niemals bieten lassen. Ein Polizist zum Beispiel hat einen viel nervenaufreibenderen Beruf als wir. Außerdem waren ja auch noch viel mehr Leute arbeitslos, fast alle von Vaters Freunden zum Beispiel (Schnurre, Bart 33).

beißen: nichts zu beißen [und zu brechen] haben (veraltend): *arm sein, nicht viel zu essen haben:* Wenn man nichts zu beißen hat, ist einem jede Arbeit recht. Ihr Magen liegt brach, sie haben nichts zu beißen (Hacks, Stücke 24). Herr Hauptmann, da die überhaupt nichts zu beißen haben, muss man ihnen geistig etwas vorbrocken (Plievier, Stalingrad 129).

etwas wird jmdn. gleich beißen (ugs.): *etwas ist ganz in jmds. Nähe:* »Wo ist bloß meine Brille?« – »Sie wird dich gleich beißen!«

[wie] vom wilden Affen gebissen [sein]: ↑ Affe. **in den sauren Apfel beißen:** ↑ Apfel. **sich [am liebsten] in den Arsch beißen:** ↑ Arsch. **auf Eisen beißen:** ↑ Eisen. **das ist Geschmack[s]sache, sagte der Affe und biss in die Seife:** ↑ Geschmack[s]sache. **[bei jmdm.] auf Granit beißen:** ↑ Granit. **ins Gras beißen:** ↑ Gras. **sich in den Hintern beißen:** ↑ Hintern. **Hunde, die bellen, beißen nicht:** ↑ Hund. **da beißt sich die Katze in den Schwanz:** ↑ Katze. **den Letzten beißen die Hunde:** ↑ letzte. **sich ein Monogramm in den Bauch/Hintern/Arsch beißen:** ↑ Monogramm. **nichts zu nagen und zu beißen haben:** ↑ nagen. **die Schlange beißt sich in den Schwanz:** ↑ Schwanz. **der [Klapper]storch beißt jmdn. ins Bein:** ↑ Storch. **sich auf die Zunge beißen:** ↑ Zunge.

Beißzange: jmdn. nicht mit der Beißzange anfassen [mögen]: ↑ anfassen.

beistehen: Gott steh mir/uns bei: ↑ Gott.

beizeiten: was ein Häkchen werden will, krümmt sich beizeiten: ↑ Haken.

bekannt: bekannt sein wie ein bunter/scheckiger Hund (ugs.): *sehr bekannt sein:* In Travemünde kann ich mich nicht sehen lassen, da bin ich bekannt wie ein bunter Hund. Man schämt sich ja, wenn man einkaufen geht. Du bist schon bekannt wie ein bunter Hund (Gabel, Fix 110).

[jmdn. mit jmdm.] bekannt machen: *[jmdn. jmdn.] vorstellen:* Würden Sie mich bitte mit der jungen Dame bekannt machen? Darf ich bekannt machen? – Herr Meier, das ist Herr Müller; Herr Müller, das ist Herr Meier! ... Zouzou ... machte mich mit den ... jungen Herrschaften bekannt (Th. Mann, Krull 393).

Bekanntschaft: mit etwas Bekanntschaft machen: *mit etwas Unangenehmem in Berührung kommen:* Er hatte schon öfter mit der Polizei Bekanntschaft gemacht. In der ... Gefangenschaft ... hätte er ... mit Tigerkäfig und Wasserschaukel Bekanntschaft gemacht (Spiegel 17, 1976, 126).

bekennen: Farbe bekennen: ↑ Farbe.

bekleckern: sich nicht [gerade] mit Ruhm bekleckern: ↑ Ruhm.

bekommen: es über sich bekommen [etwas zu tun]: *sich überwinden [etwas zu tun]:* Selbst wenn ich es über mich bekäme, sie zu belügen, sie würde es sofort merken. Großmutter konnte es nicht über sich bekommen, die alten Bücher einfach wegzuwerfen.

Aftersausen bekommen: ↑ Aftersausen. **einen Anfall bekommen:** ↑ Anfall. **es mit der Angst zu tun bekommen:** ↑ Angst. **[so] einen Ballon bekommen:** ↑ Ballon. **Beine bekommen:** ↑ Bein. **festen Boden unter die Füße bekommen:** ↑ Boden. **eins aufs Dach bekommen:** ↑ Dach. **einen Dämpfer bekommen:** ↑ Dämpfer. **eins auf den Deckel bekommen:** ↑ Deckel. **ein dickes Fell bekommen:** ↑ Fell. **sein Fett bekommen:** ↑ Fett. **jmdn., etwas in die Finger bekommen:** ↑ Finger. **eins/etwas auf die Finger bekommen:** ↑ Finger. **Frühlingsgefühle bekommen:** ↑ Frühlingsgefühl. **kalte Füße bekommen:** ↑ Fuß. **jmdn., etwas zu Gesicht bekommen:** ↑ Gesicht. **ein anderes Gesicht bekommen:** ↑ Gesicht. **etwas in den Griff bekommen:** ↑ Griff. **Gummiknie bekommen:** ↑ Gummiknie. **jmdn., etwas auf den Hals bekommen:** ↑ Hals. **etwas in den falschen/unrechten/verkehrten Hals bekommen:** ↑ Hals. **jmdn., etwas in die Hand/in die Hände bekommen:** ↑ Hand. **etwas von jmdm. zu hören bekommen:** ↑ hören. **etwas in die falsche Kehle bekommen:** ↑ Kehle. **einen Klaps bekommen:** ↑ Klaps. **eins auf den Kopf bekommen:** ↑ Kopf. **einen Korb bekommen:** ↑ Korb. **jmdn., etwas in die Krallen bekommen:** ↑ Kralle. **den Laufpass bekommen: ↑ Laufpass. **noch nichts [Ordentliches] in den Leib bekommen haben:** ↑ Leib. **eins/ein paar hinter die Löffel bekommen:** ↑ Löffel. **[neue] Nahrung bekommen:** ↑ Nahrung. **eine tüchtige Naht bekommen:** ↑ Naht. **eins auf die Nase bekommen:** ↑ Nase. **jmdn. vor die Nase gesetzt bekommen:** ↑ Nase. **die Oberhand bekommen:** ↑ Oberhand. **Oberwasser bekommen:** ↑ Oberwasser. **eins/ein paar hinter die Ohren bekommen:** ↑ Ohr. **Recht bekommen:** ↑ Recht. **etwas satt bekommen:** ↑ satt. **eine/ein paar gescheuert bekommen:** ↑ scheuern. **eine/ein paar geschmiert bekommen:** ↑ schmieren. **jmd. bekommt eine böse Schwiegermutter:** ↑ Schwiegermutter. **Stielaugen bekommen:** ↑ Stielauge. **es mit jmdm., mit etwas zu tun bekommen:** ↑ tun. **das Übergewicht bekommen:** ↑ Übergewicht. **Unrecht bekommen:** ↑ Unrecht. **eine gewinnert bekommen:** ↑ wienern. **von etwas Wind bekommen:** ↑ Wind. **Witterung von etwas bekommen:** ↑ Witterung. **wohl bekomms:** ↑ wohl. **Zunder bekommen:** ↑ Zunder. **Zuwachs bekommen:** ↑ Zuwachs. Vgl. auch das Stichwort »kriegen«.

bekucken: ... **[dann] kannst du dir die Radieschen von unten bekucken:** ↑ Radieschen.

Belang: von/ohne Belang sein: *von gro-ßer/keiner Bedeutung sein:* Solche Untersuchungen sind für das Projekt von Belang, sie sollten unbedingt ausgewertet werden. Es ist für mich völlig ohne Belang, welcher Konfession dein Verlobter angehört. ... der Schluss des Blankverses bietet Stilmöglichkeiten: Er kann stumpf oder klingend sein; aber es ist auch von Belang, ob viele stumpfe oder klingende einander folgen (Seidler, Stilistik 228).

belangen: was jmdn., etwas belangt: *soweit jmd., etwas betroffen ist:* Was die Lieferfristen belangt, gibt es eine klare vertragliche Abmachung. Was mich belangt, so lege ich keinen Wert auf seine Bekanntschaft.

belassen: jmdn. auf freiem Fuß belassen: ↑ Fuß.

belasten: erblich belastet sein: ↑ erblich.

belecken: von etwas wenig/nicht beleckt sein (ugs.): *etwas wenig/nicht kennen:* Seine Freundin ist noch sehr jung und

von Umgangsformen nicht beleckt. ... Zuzug erhielten sie noch von einer anderen Reisegesellschaft ..., recht abgerissenes Volk übrigens und von Gesittung wenig beleckt (Th. Mann, Joseph 715). **von [der] Kultur beleckt sein:** ↑ Kultur.

belegen: jmdn., etwas mit Beschlag belegen: ↑ Beschlag.

belehren: jmdn. eines anderen/eines Besseren belehren: *jmdm. zeigen, dass er im Irrtum ist, wie etwas sich wirklich verhält:* Die Briefe, die er in ihrem Schreibtisch fand, belehrten ihn eines anderen. Er hat sich selbst eines Besseren belehrt. Und wer annimmt, dass gerade Lyrik notwendigerweise eine Frucht besinnlicher Zeiten sein müsse, wird eines Besseren belehrt (Thieß, Reich 42).

beleidigen: das Auge beleidigen: ↑ Auge. **die beleidigte Leberwurst spielen:** ↑ Leberwurst.

Beleidigung: eine Beleidigung für das Auge sein: ↑ Auge.

Belieben: in jmds. Belieben stehen (geh.): *jmds. Entscheidung überlassen sein:* Sie können gerne an der Exkursion teilnehmen, das steht ganz in Ihrem Belieben. Hier sitz ich am Steuer, und es steht durchaus in meinem Belieben, ob ich bei der nächsten Kurve das Rad drehe oder nicht (Geissler, Wunschhütlein 102). **nach Belieben:** *nach Wunsch, Geschmack, Laune:* Verfahren Sie mit dem Geld nach Belieben! Nach Belieben kann man auch ... Fleischreste dazugeben (Horn, Gäste 177). Da halten sie sich ... mit dem Grüßen offizieller Personen schadlos, die sie dann nach Belieben auch wieder ohne Schwierigkeiten übersehen (Kronauer, Bogenschütze 116).

bellen: Hunde, die [laut] bellen, beißen nicht: ↑ Hund. **die Hunde bellen, und/aber die Karawane zieht weiter:** ↑ Hund.

bemerkbar: sich bemerkbar machen: 1. *auf sich aufmerksam machen:* Wir versuchten uns durch Rufen und Winken bemerkbar zu machen, aber er hatte nur Augen für seine charmante Begleiterin. 2. *sich zeigen, seine Wirkung spüren lassen:* Beim Treppensteigen machte sich sein Alter doch schon deutlich bemerkbar. Heute macht es sich unangenehm bemerkbar, dass früher nicht sparsam genug gewirtschaftet wurde. Der Struktur ... der Reichsverfassung ... hat es hieran in der Vergangenheit weitgehend gefehlt, ein Mangel, der sich bis in die Gegenwart bemerkbar macht (Fraenkel, Staat 230).

bemüßigt: sich bemüßigt fühlen/sehen/ finden, etwas zu tun (abwertend): *sich genötigt sehen, etwas zu tun, was gar nicht nötig gewesen wäre:* Er fühlt sich offenbar bemüßigt, eine Rede zu halten. Sie fühlte sich bemüßigt, bei der Begrüßung aufzustehen. Das Spiel hatte aufgehört, ohne dass man sich bemüßigt gesehen hätte, Karten und Geld vom Tische zu räumen (Th. Mann, Zauberberg 790).

benehmen: sich wie ein Elefant im Porzellanladen benehmen (ugs.): *durch Ungeschicklichkeit Unheil anrichten:* Er war peinlich berührt, als er erfuhr, dass er sich wie ein Elefant im Porzellanladen benommen hatte. Die Pfadfinder des Hauptwachtmeisters schienen sich wie Elefanten im Porzellanladen benommen zu haben (Kirst, 08/15, 268).

Benehmen: sich mit jmdm. ins Benehmen setzen (Papierdt.): *mit jmdm. Kontakt aufnehmen, sich mit jmdm. verständigen:* Man forderte ihn auf, sich mit dem Beschaffungsamt ins Benehmen zu setzen. Ich werde mich mit dem Antragsteller ins Benehmen setzen. Er entwickelte ihr, dass sich die Bank in diesem Falle wahrscheinlich sogleich mit ihm ins Benehmen setzen würde (Brecht, Groschen 225).

ein Benehmen wie im Urwald: ↑ Urwald.

Benutzung: etwas in Benutzung nehmen (Papierdt.): *etwas benutzen:* Die neuen Rechenanlagen sind bereits in Benutzung genommen worden.

beraten: gut/schlecht beraten sein (ugs.): *sich richtig/falsch verhalten:* Sind wir gut beraten, wenn wir alle unsere Reserven in das neue Projekt investieren? Der Kanzler wäre schlecht beraten, wenn er die Verhandlungsbereitschaft der anderen Seite als Schwäche auslegen würde. ... schwangere Frauen sind gut beraten, wenn sie sich vor dem Wundstarrkampf schützen lassen (Hörzu 48, 1972, 163).

berauben: jmdn. nicht berauben [wollen/ mögen]: *jmdn. von etwas Angebotenem*

nicht zu viel wegnehmen wollen (in Höflichkeitsformeln): Ich möchte Sie aber nicht berauben!

Bereich: es ist alles im grünen Bereich: ↑ grün.

bereit: zu jeder Schandtat bereit sein: ↑ Schandtat.

bereiten: einer Sache ein Ende bereiten: ↑ Ende. **jmdm. Kopfschmerzen/Kopfzerbrechen bereiten:** ↑ Kopfschmerz. **jmdm. schlaflose Nächte bereiten:** ↑ Nacht.

bereuen: das sollst du am Kreuze bereuen: ↑ Kreuz.

Berg: der Berg kreißte und gebar eine Maus (geh.): *ein übergroßer Aufwand brachte ein lächerliches, unbedeutendes Ergebnis.*

▶ Diese Redensart stammt aus der »Ars poetica« des römischen Dichters Horaz. Mit »parturient montes, nascetur ridiculus mus« (= es kreißen die Berge, zur Welt kommt eine lächerliche Maus) kritisierte Horaz die Dichter, die nur wenig von dem halten, was sie versprechen. **wenn der Berg nicht zum Propheten kommt, muss der Prophet zum Berg gehen:** *wenn ein Vorhaben nicht gelingt oder sich als unmöglich erweist, muss man eine (scheinbar) genau entgegengesetzte Lösungsmöglichkeit in Erwägung ziehen.*

▶ Diese Redensart stammt wohl aus dem Orient. Ein türkisches Sprichwort lautet: »Berg wandle, Berg wandle; wenn der Berg nicht wandelt, wandle du, Heiliger!«

Berge versetzen [können]: *nahezu Unmögliches vollbringen:* Mit Kleinmut kann man keine Berge versetzen. ... beweist sie doch, dass ein unbeirrbarer Glaube nicht nur Berge versetzt, sondern auch ungeduldige Alliierte in Schach zu halten vermag (Dönhoff, Ära 44).

Vgl. die Redensart »der Glaube versetzt Berge« (↑ Glaube).

jmdm. goldene Berge versprechen: *jmdm. große, unerfüllbare Versprechungen machen:* Vor der Wahl hat uns die Regierung goldene Berge versprochen.

▶ Die Wendung stammt aus Terenz' »Phormio« (I, 2, 18). Dort heißt es: »montes auri pollicens« (= Berge Goldes versprechend).

mit etwas hinter dem/hinterm Berg halten (ugs.): *etwas absichtlich noch nicht mitteilen, aus taktischen Gründen für sich behalten:* Die Opposition hält mit ihrer Meinung hinterm Berg. Leider aber hatte, wie sich nun herausstellte, der Loisl schon vorher in bierseliger Stimmung mit der lustigen und lüsternen Wahrheit nicht hinter dem Berge halten können (Mostar, Unschuldig 119). Heinzens Streben, sie an ein anderes Leben zu gewöhnen, ist ihr nun nur noch lästig – mit dieser Ansicht hält sie nicht hinter dem Berg (Brod, Annerl 131).

▶ Die Wendung nimmt darauf Bezug, dass man früher bei Gefechten oft Truppenteile hinter Anhöhen oder Hügeln verbarg, um dem Gegner nicht gleich die militärische Stärke zu zeigen und um ihn immer wieder überraschend anzugreifen oder zu beschießen.

[längst] über alle Berge sein (ugs.): *auf und davon sein:* Als die Polizei eintraf, waren die Einbrecher längst über alle Berge. Unser Kassierer ist mit dem Geld über alle Berge. Irgendein Saukerl hat sie in die Finger gekriegt, Rauschgift und so, und jetzt sitzt sie da, und er ist natürlich über alle Berge (Baldwin [Übers.], Welt 154).

▶ Die Wendung nimmt darauf Bezug, dass es bei den schlechten Wegverhältnissen, wie sie früher einmal bestanden, sinnlos war, einen Flüchtenden – zumal im bergigen Gelände – zu verfolgen.

[noch nicht] über den Berg sein (ugs.): *die größte Schwierigkeit, die Krise [noch nicht] überstanden haben:* Wir hoffen, dass der Patient in zwei bis drei Tagen über den Berg ist. Unsere Firma ist noch nicht über den Berg. Ende nächsten Jahres sind wir über den Berg. Dann ist alles bezahlt (Hörzu 37, 1972, 100).

dastehen wie der Ochs am/vorm Berg: ↑dastehen. **der Glaube versetzt Berge:** ↑Glaube. **jmdm. stehen die Haare zu Berge:** ↑Haar.

Berlichingen: Götz von Berlichingen: ↑Götz.

Berserker: wüten wie ein/die Berserker: ↑wüten.

bersten: [bis] zum Bersten voll/gefüllt: *übervoll:* Morgens vor neun Uhr waren die Züge immer zum Bersten voll. Eine bis zum Bersten mit Zigaretten gefüllte Reisetasche war dem Zöllner aufgefallen. ... mein Kopf ist bis zum Bersten gefüllt mit Gedanken (Langgässer, Siegel 356).

berufen: aus berufenem Munde: *von kompetenter Seite; von jmdm., der es wissen muss:* Den Journalisten war aus berufenem Munde mitgeteilt worden, dass der Kanzler das Kabinett entlassen habe.

viele sind berufen, aber nur wenige sind auserwählt: *von den vielen, die etwas erreichen möchten, haben nur wenige Erfolg.*

▶ Bei dieser Redensart handelt es sich um ein Zitat aus der Bibel (Matth. 22, 14).

beruhen: etwas auf sich beruhen lassen: *etwas nicht weiterverfolgen:* Die Polizei will den Fall auf sich beruhen lassen. Ich schlage vor, dass wir die Angelegenheit vorläufig auf sich beruhen lassen. ... die Beschuldigung einfach auf sich beruhen zu lassen war doch mit amtlichem Pflichtgefühl nicht zu vereinen (Maass, Gouffé 71).

berühmt: nach berühmtem Muster: ↑Muster.

Berühmtheit: traurige Berühmtheit erlangen: 1. *einen schlechten Ruf bekommen:* Es war ein kleines Städtchen im Süden, das als Versammlungsort rechtsradikaler Parteien traurige Berühmtheit erlangt hatte. 2. *an ein trauriges, schlimmes Ereignis erinnern:* Noch ahnte niemand, dass das Hotel als Schauplatz einer Familientragödie traurige Berühmtheit erlangen würde.

berühren: das Berühren der Figuren mit den Pfoten ist verboten (ugs.; scherzh.): *körperliche Annäherungsversuche sind unerwünscht.*

Bescheid: Bescheid wissen: 1. *Kenntnis von etwas haben, unterrichtet sein:* Du brauchst mir nichts zu sagen, ich weiß schon Bescheid. Er hatte den Eindruck, als ob die Polizei schon Bescheid wüsste. Höfel weiß schon Bescheid. Sag, du kommst in meinem Auftrag (Apitz, Wölfe 33). 2. *etwas gut kennen, sich auskennen:* Sie weiß in Hamburg genau Bescheid, sie hat dort viele Jahre gelebt und gearbeitet. Er weiß in Mathematik gut

Bescheid. Wer weiß hier mit der Schaltanlage Bescheid? Hunde aber wissen mit Menschen Bescheid, sie sind ja bei ihnen in die Lehre gegangen (Schnurre, Bart 192).

jmdm. Bescheid sagen: 1. *jmdn. benachrichtigen, von etwas unterrichten:* Hast du allen Teilnehmern an der Exkursion Bescheid gesagt, dass wir uns erst um 9⁰⁰ Uhr treffen? »Pass auf«, sagte sie dann, »du sagst jetzt Walter Bescheid, er soll sich noch ein bisschen gedulden ...« (Schnurre, Bart 35). Ich gehe in die Baracke und sage Tjaden Bescheid, damit er verschwindet (Remarque, Westen 68). 2. (ugs.) *jmdm. die Meinung sagen:* Wenn das Zimmermädchen unsere Handtücher morgen wieder nicht wechselt, werd ich ihm mal Bescheid sagen. Die sollten ihm mal kommen, denen würd er schon Bescheid sagen (Kempowski, Tadellöser 180).

jmdm. Bescheid stoßen (ugs.): *jmdm. gehörig die Meinung sagen:* Diesem widerlichen Kerl werde ich mal Bescheid stoßen. Na, hat er Ihnen Bescheid gestoßen über Ihren Heilbutt? Ziemliches Schwein, finde ich (Fallada, Mann 183). Wen habt ihr denn als Spieß? Springorum? Dem werde ich Bescheid stoßen (Kuby, Sieg 163).

jmdm. Bescheid tun (geh.; veraltend): *jmds. Zutrunk erwidern:* Das Mädchen blickte an ihm vorbei und tat ihm nicht Bescheid. Fagin geht mit einer Flasche herum und tut, wo er eingießt, auch jedesmal ausführlich Bescheid (Bobrowski, Mühle 69). Wedderkop ... tat ihnen Bescheid und grölte fast noch lauter als die anderen (Plievier, Stalingrad 171).

bescheiden: eine bescheidene Frage [haben]: ↑ Frage.

Bescheidenheit: Bescheidenheit ist eine Zier, doch weiter kommt man ohne ihr (ugs.): *zu große Bescheidenheit ist hinderlich, wenn man erfolgreich sein will.*

bescheißen: sich im Schlaf bescheißen: ↑ Schlaf.

Bescherung: da haben wir die Bescherung! (ugs.; iron.): *Ausruf des Verärgertseins über etwas Missglücktes:* Da haben wir die Bescherung! Ich habe gleich gesagt, wir dürfen die Presse nicht informieren. – Und nun haben wir die Bescherung. Sie ist begeistert von dem jungen Türken (Hörzu 5, 1974, 79).

das ist ja eine schöne/nette/reizende Bescherung! (ugs.; iron.): *Ausruf des ärgerlichen Verwundertseins:* Das ist ja eine reizende Bescherung! In die Couch hat auch noch jemand mit der Zigarette ein Loch gebrannt.

da liegt die ganze Bescherung! (ugs.; iron.): *da liegt alles [kaputt] am Boden!:* Da lag nun die ganze Bescherung, nicht ein Teller war heil geblieben.

beschissen: beschissen wäre noch geprahlt (derb): *sehr, sehr schlecht:* Wie gehts denn so? – Beschissen wäre noch geprahlt.

Beschlag: jmdn., etwas mit Beschlag belegen/jmdn., etwas in Beschlag nehmen: *jmdn., etwas ganz für sich beanspruchen:* Die Gastgeberin hat den Dirigenten den ganzen Abend mit Beschlag belegt. Am Wochenende nehmen uns unsere Kinder in Beschlag. Als Schliemanns Haus auf Veranlassung des türkischen Gesandten mit Beschlag belegt wird, entdecken die Beamten keine Spur des Goldes (Ceram, Götter 55). Die Mädchen waren oben beschäftigt, und wenn eine runterkam, wurde sie gleich von einem der Gäste in Beschlag genommen (Ott, Haie 15).

beschließen: den Reigen beschließen: ↑ Reigen.

beschlossen: beschlossene Sache sein: *endgültig beschlossen sein:* Du kommst nächstes Jahr in ein Internat in der Schweiz, das ist beschlossene Sache. Dass die Mannschaft auch dieses Jahr den Pokal gewinnen wird, ist für die Fans schon längst beschlossene Sache. Die Renovierung und der Umbau des Schlosstheaters waren ... beschlossene Sache (Danella, Hotel 107).

in etwas beschlossen sein/liegen (geh.): *in etwas enthalten sein:* In dieser Malerei liegt eine ganze Weltanschauung beschlossen. In diesen vielfältigen Wechselbeziehungen ... liegt freilich zugleich die Problematik jenes einseitig nationalstaatlichen Ordnungsdenkens beschlossen (Fraenkel, Staat 215). ... niemand wusste noch, ob Freude oder Trauer in dieser Botschaft beschlossen lagen (Wiechert, Jeromin-Kinder 208).

beschmieren: Narrenhände beschmieren Tisch und Wände: ↑ Narrenhand.

beschmutzen: das eigene/sein eigenes Nest beschmutzen: ↑ Nest.

beschneiden: jmdm. die Flügel beschneiden: ↑ Flügel.

Beschränkung: in der Beschränkung zeigt sich erst der Meister: *wahre Meisterschaft benötigt keinen großen Aufwand, kann mit geringen Mitteln Großes leisten:*
▶ Bei dieser Redensart handelt es sich um ein Zitat aus Goethes Sonett »Was wir bringen« (anderer Titel: »Natur und Kunst«).

Beschreibung: jeder Beschreibung spotten: *unerhört sein, jedes Maß übersteigen:* Die hygienischen Zustände im Lager spotteten jeder Beschreibung. Auf dem Wege hierher habe ich Bilder gesehen, die jeder Beschreibung spotten (Plievier, Stalingrad 218).

Beschuss: unter Beschuss geraten/stehen: *[in der Öffentlichkeit] scharf kritisiert werden:* Auch eine strikte Informationssperre konnte nicht verhindern, dass die Konzernleitung immer mehr unter Beschuss geriet. Regierung und Parlament stehen ... unter dem massiven Beschuss von Umweltschützern, die eine ... Einschränkung des Fernstraßenbaues fordern (ADAC-Motorwelt 10, 1985, 17). Westberlins Ordnungshüter sind wieder einmal unter Beschuss geraten – wegen einer Schießerei (Spiegel 53, 1971, 55).

jmdn., etwas unter Beschuss nehmen: *jmdn., etwas [in der Öffentlichkeit] scharf kritisieren:* Selbst die eigenen Parteigenossen nahmen das Milliardenprojekt des Oberbürgermeisters unter Beschuss. In der Frage des Scheidungsrechts von Muslimfrauen hat er, gleich von mehreren Seiten unter Beschuss genommen, der Parteitaktik ... den Vorrang geben müssen (NZZ 30. 8. 1986, 5).

besehen: bei Licht besehen: ↑ Licht.

Besen: neue Besen kehren gut: *wenn jmd. eine neue Aufgabe, ein neues Amt o. Ä. übernimmt, ist er übereifrig [und macht seine Sache zunächst oft besonders gut]:* Er ist erst seit vier Wochen Trainer, und schon steht die Mannschaft sechs Plätze besser in der Tabelle – neue Besen keh-

ren eben gut! Neue Besen aber kehren gut, und Konvertiten übertreffen die Altgläubigen zumeist an Eifer (Werfel, Himmel 164).

den Besen schwingen: *kehren, mit dem Besen sauber machen:* Der Speicher ist ziemlich eingestaubt, hier müssen wir erst einmal kräftig den Besen schwingen.

ich fresse einen Besen/will einen Besen fressen (ausschmückend oder verstärkend: ... einen beschissenen Besen/einen Besen, der 14 Tage in der Scheiße gestanden hat/einen Besen samt Putzfrau/einen Besen, aber weich gekocht) (ugs.): *Formel, um etwas zu beteuern oder in Zweifel zu ziehen:* Wenn es nicht klappt, fresse ich einen Besen (= ich glaube fest, dass es klappt). Ich will einen Besen fressen, wenn das stimmt (= ich glaube nicht, dass es stimmt). »Mensch«, sagte jemand ziemlich vernehmlich, »ich fress einen Besen, wenn das nicht dem Jungen seine Schwester ist« (Baldwin [Übers.], Welt 269).

jmdn. auf den Besen laden (ugs.; landsch.): *jmdn. zum Narren halten:* Ich lasse mich doch nicht von euch auf den Besen laden. Vorsicht, der Bursche will euch auf den Besen laden!
▶ Die Herkunft der Wendung ist umstritten. Am ehesten könnte sie noch mit einem Brauch zusammenhängen, den Verlierer aus einem Spiel oder Wettkampf auf einen Besenstiel zu setzen und dann herumzutragen, um ihn zu veralbern.

mit eisernen Besen [aus]kehren: *rücksichtslos Ordnung schaffen:* In unserer Verwaltung herrschen unbeschreibliche Zustände. Da müsste man mal mit eisernen Besen auskehren. So empfand er, und wäre es nach ihm gegangen, ... so hätte er alle diese Kunststätten mit eisernem Besen ausgekehrt (Musil, Mann 1055).

Besenstiel: ich fresse einen Besenstiel/will einen Besenstiel fressen (ugs.): *Formel, um etwas zu beteuern oder in Zweifel zu stellen:* Ich fresse einen Besenstiel, wenn ich von ihr einen Korb kriege. Vgl. das Stichwort »Besen«.

[wohl] einen Besenstiel verschluckt haben (ugs.): *sich sehr gerade und steif halten:* Guck mal, der hat wohl einen Besenstiel

verschluckt! Steh doch nicht da, als hättest du einen Besenstiel verschluckt!

**besiegeln: etwas mit seinem Blut besie-
geln:** ↑ Blut.

**besinnen: sich eines anderen/eines Bes-
seren besinnen:** *seinen Entschluss ändern:* Er wollte sie begrüßen, besann sich
aber eines anderen. Der Ober hatte sich
eines Besseren besonnen und bediente
ihn höflich. Herr Bonmarché ... nahm
das Schild mit zwei Fingern ab, besann
sich jedoch eines Besseren und hängte es
wieder an seinen Platz (Langgässer, Siegel 367).

**Besitz: von etwas Besitz ergreifen/neh-
men:** *sich einer Sache bemächtigen, sich
etwas [gewaltsam] aneignen:* Nach und
nach nahm er von allen Sachen seines
Freundes Besitz. Die Aufständischen
hatten von den Bergwerken Besitz ergriffen. Seine Brust dehnt sich gewaltig
unter dem groben Hemd, er ist nicht alt
und nicht jung, aber breit und stark, darum nimmt er Besitz von diesem Lande
(Waggerl, Brot 6).

von jmdm. Besitz ergreifen (geh.): *sich
jmds. bemächtigen:* Der Gedanke, alle
Brücken hinter sich abzubrechen, hatte
von ihm Besitz ergriffen. Sie vermochte
das Entsetzen und die Enttäuschung, die
von ihr Besitz ergriffen hatten, nicht aus
ihrer Stimme zu bannen (Sebastian,
Krankenhaus 117).

etwas in Besitz nehmen: *sich etwas [als
Eigentum] nehmen:* Nach dem Tod des
Bauern nahm er den Hof in Besitz. Der
Gegner hatte bereits weite Gebiete in
Besitz genommen. Der frei gewordene
Platz wurde augenblicklich von der
nachdrückenden Flut der Verwundeten
in Besitz genommen (Plievier, Stalin-
grad 317).

sich in den Besitz von etwas setzen: *sich
etwas [als Eigentum] nehmen, zu Eigen
machen:* Er hatte sie nur geheiratet, um
sich in den Besitz ihres Vermögens zu
setzen. Gelang es mir, mich in den Besitz
der greeahahnschen Archive zu setzen,
dann wollte ich ... den Inhalt des entdeckten Materials aufteilen (Habe, Namen 245). ... die Bundesrepublik würde
nie den Versuch machen, sich mit Gewalt in den Besitz dieser Territorien zu
setzen (Dönhoff, Ära 160).

etwas in seinen Besitz bringen: *sich etwas
zu Eigen machen, sich etwas aneignen:*
Sie hatte den Schmuck ihrer Schwiegermutter unrechtmäßig in ihren Besitz gebracht. Die Aufständischen versuchten,
den Flughafen in ihren Besitz zu bringen.

**in jmds. Besitz kommen/gelangen/über-
gehen:** *etwas als Eigentum erhalten, bekommen:* Nach dem Tod ihres Vaters
war das Vermögen in ihren Besitz gekommen. Ich wollte nur wissen, wie ...
dieses Wirtshaus in Ihren Besitz gekommen ist (Kafka, Schloß 83). Wie ist das
Geld in seinen Besitz gelangt? Alle Fabriken gingen in den Besitz des Volkes
über. Wir fordern, dass alle Werkstätten
und Fabriken in unsern Besitz übergehn
(Weiss, Marat 65).

**im/in Besitz von jmdm. sein/sich befin-
den:** *jmdm. gehören:* Der Hof ist schon
lange im/in Besitz der Familie. Alle Pro-
duktionsmittel befinden sich im Besitz
des Volkes. Ich hatte ihr ... die Badewanne verkauft, in welcher Marat ermordet
wurde, die sich – was vielleicht nicht allgemein bekannt ist – bis dahin in meinem Besitz befunden hatte (Hildesheimer, Legenden 7).

im/in Besitz von etwas sein: *etwas besitzen, haben:* Sein Bruder ist im Besitz einer sehr wertvollen Kunstsammlung. Sie
war nicht mehr im vollen Besitz ihrer
Kräfte. »Ich will nicht sprechen, du bist
mir widerwärtig!«, antwortete Clarisse,
plötzlich wieder in vollem Besitz ihrer
Stimmmittel (Musil, Mann 609).

etwas im/in Besitz haben: *etwas besitzen,
haben:* Er hat einige kostbare Gemälde
in Besitz.

**besitzlos: [das ist der] Neid der Besitzlo-
sen:** ↑ Neid.

besondere: im Besonderen: *vornehm-
lich, besonders:* Er interessiert sich für
Grafik, im Besonderen für alte Stiche.
Ihr wisst es und blickt einander an, ihr im
Besonderen, bemüht um Großmut durch
Ironie, die vergeblich ist (Frisch, Gan-
tenbein 208).

besorgen: es jmdm. besorgen (ugs.):
1. *jmdm. etwas Schlechtes antun, jmdm.
etwas heimzahlen:* Diesem fiesen Ober
habe ich es aber gründlich besorgt. Die
Sprechstundenhilfe hat den kleinen En-

no Kluge auf seinen Platz gejagt, sie geht zurück über den Flur. Dem hat sie es aber besorgt! (Fallada, Jeder 135). 2. *jmdn. geschlechtlich befriedigen:* Wenn du Angst vor Aids hast, dann lass es dir doch mit der Hand besorgen. Wir gingen zu ihr, noch immer zu zweit, denn wir hatten abgemacht, es ihr gemeinsam zu besorgen (Perrin, Frauen 149). ... besucht der Berliner einschlägige Etablissements oder lässt es sich auf der Straße besorgen, je nach Lust und Laune (Spiegel 8, 1990, 97).

verschiebe nicht auf morgen, was du heute kannst besorgen: ↑ verschieben.

besser: jmds. bessere Hälfte (scherzh.): *jmds. Ehefrau:* Na, hast du dich mit deiner besseren Hälfte wieder ausgesöhnt? Er hatte seine bessere Hälfte mitgebracht und damit für einige Unruhe im Klub gesorgt. Deutlich spüren lässt mancher Ehemann seine bessere Hälfte, dass er Herr im Haus ... ist (MM 10./11. 6. 1967, 37).

besser ist besser: *seien wir vorsichtig, kontrollieren wir lieber noch einmal:* Ich sehe mal nach, ob der Herd wirklich abgedreht ist, besser ist besser. Schnall dich lieber an, besser ist besser!

besser als in die hohle Hand [geschissen] (derb): *besser als gar nichts:* Zwei Mark hat er mir dafür gegeben – na, besser als in die hohle Hand geschissen.

das wäre ja noch besser (iron.): *das darf nicht sein, das ist strikt abzulehnen:* Erst klaut man uns unsere Ideen, und dann will man uns großzügig zur Mitarbeit einladen, das wäre ja noch besser!

das Bessere ist des Guten Feind: *etwas mag noch so gut sein, es muss weichen, wenn Besseres, Vollkommeneres an seine Stelle treten kann.*
▶ Diese Redensart stammt aus Voltaires »Philosophischem Wörterbuch«. Dort heißt es: »Le mieux est l'ennemi du bien«.

Besseres zu tun haben: *sich mit etwas nicht abgeben können oder wollen:* Verlassen Sie bitte mein Büro, ich habe Besseres zu tun, als mir Ihre windigen Angebote anzuhören! Die Polizei kann doch nicht täglich alle Parkuhren kontrollieren – die Beamten haben wahrhaftig Besseres zu tun.

jmdn. eines Besseren belehren: ↑ belehren. **sich eines Besseren besinnen:** ↑ besinnen. **doppelt genäht hält besser:** ↑ nähen. **drum prüfe, wer sich ewig bindet [ob sich nicht noch was Bessres findet]:** ↑ prüfen. **besser schlecht gefahren als gut gelaufen:** ↑ schlecht. **besser spät als nie:** ↑ spät. **bessere Tage/Zeiten gesehen/gekannt haben:** ↑ Tag. **das bessere Teil/den besseren Teil gewählt haben:** ↑ Teil. **es nicht besser verdienen:** ↑ verdienen. **Vorsicht ist besser als Nachsicht:** ↑ Vorsicht.

Besserung: gute Besserung!: *ich wünsche dir, dass es dir bald besser geht! (Wunsch an einen Kranken):* Ihre Grippe ist wohl fast überstanden – trotzdem noch gute Besserung!

Selbsterkenntnis ist der erste Schritt zur Besserung: ↑ Selbsterkenntnis. **auf dem Wege der Besserung sein:** ↑ Weg.

Bestand: eiserner Bestand: *Vorrat, der nur im äußersten Notfall angegriffen werden darf:* Im hinteren Teil der Hütte war der eiserne Bestand an Fleisch- und Gemüsekonserven gelagert; man musste damit rechnen, im Winter ein paar Wochen eingeschneit zu sein.

von Bestand sein; Bestand haben: *fortdauern, dauerhaft sein:* Solche politischen Modeströmungen sind im Allgemeinen nicht von Bestand. Das so mühsam ausgehandelte Abkommen sollte fast einhundert Jahre lang Bestand haben. ... was für kurz hätte sein sollen, hatte ewigen Bestand (Seghers, Transit 235).

zum eisernen Bestand gehören: *unbedingt und immer wieder dazugehören:* Dieses Stück gehört zum eisernen Bestand des Spielplans. Wir weisen diesen Satz ... zwar nicht von vornherein ab, er gehört sozusagen zum eisernen Bestande der christlichen Konvention (Thielicke, Ich glaube 193).

Bestandteil: sich in seine Bestandteile auflösen (ugs.): *auseinander fallen:* Diese Schuhe lösen sich auch bald in ihre Bestandteile auf.

bestätigen: Ausnahmen bestätigen die Regel: ↑ Ausnahme.

beste: der erste/nächste Beste: *jeder, der kommt, ganz gleich wer; der sich zunächst Anbietende:* Dem ersten Besten hat er bereits alles weitererzählt. ... als ob Amelia ein hässliches Nesthäkchen wäre, das man dem ersten Besten an den Hals wirft (Ruark [Übers.], Honigsauger 233).

für jmdn. ist das Beste gerade gut genug: *jmd. stellt sehr hohe Ansprüche:* Kaviar, Champagner, teure Sportwagen – für den karrierebewussten Yuppie ist das Beste gerade gut genug.

das Beste aus etwas machen: *die größtmöglichen Vorteile aus etwas [das gar nicht so viel versprechend ist oder zu sein scheint] ziehen:* Die finanziellen Ressourcen waren weitgehend erschöpft, aber mit viel Engagement und Fantasie versuchte die Organisation, das Beste aus den noch verfügbaren Mitteln zu machen. Ich weiß, dass die Lage nicht rosig ist – lasst uns das Beste daraus machen!

mit jmdm., etwas steht es nicht zum Besten: *jmds. [finanzielle, gesundheitliche o. ä.] Situation ist nicht gut; etwas ist in einer recht ungünstigen, bedenklichen Lage, Verfassung:* Seit die Banken ihm weitere Kredite gesperrt haben, steht es mit seiner Firma nicht zum Besten. Mit ihrer Gesundheit steht es schon lange nicht mehr zum Besten. Es steht nicht zum Besten mit ihm, kein Verlag mehr will seine Manuskripte drucken.

etwas zum Besten geben: *etwas zur Unterhaltung vortragen:* Würden Sie bitte noch ein Lied für unsere Gäste zum Besten geben? Der betrunkene Apotheker gab einen obszönen Witz nach dem anderen zum Besten.

► Mit »das Beste« war ursprünglich der Siegerpreis gemeint. Die Wendung bedeutete eigentlich »etwas als Preis für den Sieger in einem Spiel oder Wettkampf aussetzen«, dann »etwas als [wichtigsten] Beitrag zu einer Unterhaltung beisteuern«.

jmdn. zum Besten haben/halten: *jmdn. necken, anführen:* Diese Burschen wollten mich doch zum Besten haben. Der Wirt hat seine Gäste ganz schön zum Besten gehalten. Aber plötzlich zweifelte Ulrich, ob Tuzzi wirklich so ahnungslos sei oder sich nur so stelle und ihn zum Besten habe (Musil, Mann 803).

► Die Wendung hat ihren Ursprung darin, dass man jemanden zum Spaß so behandelt, als ob er der Beste wäre.

das kommt in den besten Familien vor: ↑Familie. **hoffen wir das Beste [lieber Leser]:** ↑hoffen. **Hunger ist der beste Koch:** ↑Hunger. **in den besten Jahren:** ↑Jahr. **nach besten Kräften:** ↑Kraft. **wer zuletzt lacht, lacht am besten:** ↑lachen. **alles ist in bester Ordnung:** ↑Ordnung. **das beste Pferd im Stall:** ↑Pferd. **wenn es am besten schmeckt, soll man aufhören:** ↑schmecken. **sich von seiner besten Seite zeigen:** ↑Seite. **mein/unser bestes Stück:** ↑Stück. **auf dem besten Wege sein:** ↑Weg. **nach bestem Wissen und Gewissen:** ↑Wissen.

bestehen: die Feuerprobe bestehen: ↑Feuerprobe.

besteigen: den Pegasus besteigen: ↑Pegasus.

bestellen: nichts/nicht viel zu bestellen haben (ugs.): *nichts/nicht viel ausrichten, eine untergeordnete Rolle spielen:* Er hat bei seiner Frau nicht viel zu bestellen. Auf unserem Platz hat der Gegner nichts zu bestellen. Ich begriff ... langsam, dass ich bei Charlie vorläufig nichts zu bestellen hatte (Plenzdorf, Leiden 83).

es ist um jmdn., um etwas/mit jmdm., etwas [in bestimmter Weise] bestellt: *es steht um jmdn., etw. in einer bestimmten Weise:* Um seine Gesundheit ist es schlecht bestellt. Mit unserer Landwirtschaft ist es nicht rosig bestellt. Wie ist es um den Export bestellt? Es wäre um uns Menschen besser bestellt, wenn wir die Umgangsformen von Löwen hätten (Grzimek, Serengeti 85).

wie bestellt und nicht abgeholt (ugs.): *deplaciert, enttäuscht, missmutig:* Sie sah aus wie bestellt und nicht abgeholt. Peggys Mann und Sheilas Mann, aus Deutschland angereist, stehen herum wie bestellt und nicht abgeholt (Hörzu 1, 1974, 8).

das/sein Haus bestellen: ↑Haus. **sich etwas Kleines bestellen:** ↑klein.

bestimmt: für jmds. Ohren bestimmt sein: ↑Ohr.

bestreuen: sein Haupt mit Asche bestreuen: ↑Asche.

besuchen: du kannst mich am Abend besuchen: ↑Abend.

besudeln: jmdn., etwas mit Kot besudeln: ↑Kot.

Betracht: außer Betracht bleiben: *unberücksichtigt bleiben:* Diese Frage bleibt hier außer Betracht. Schließlich kann nicht außer Betracht bleiben, dass die Anerkennung der Zurechnung solcher Leistungsaustauschverbände ... in anderen Fällen leicht missbraucht werden könne (NJW 19, 1984, 1115).

etwas außer Betracht lassen: *etwas nicht berücksichtigen, unbeachtet lassen:* Lassen wir zunächst einmal die Probleme der Resozialisierung außer Betracht. ... es gelang ihr nicht, das gemeinsam Erlebte außer Betracht zu lassen (H. Weber, Einzug 403).

in Betracht kommen: *beachtet, berücksichtigt werden:* Er kommt als Vorsitzender nicht in Betracht. Kommt denn eine Programmänderung überhaupt noch in Betracht? Für Herrn Coax kamen die Schiffe der Herren Brookley & Brookley in keiner Weise in Betracht (Brecht, Groschen 32).

jmdn., etwas in Betracht ziehen: *jmdn., etwas berücksichtigen, beachten:* Wir müssen bei der Berechnung auch den Seitenwind in Betracht ziehen. Fabian von Schlabrendorff, der ... als Wehrbeauftragter genannt wurde, wird dagegen nicht in Betracht gezogen (Dönhoff, Ära 33). Es wäre ja die schiere Ungezogenheit, eine solche Vermutung auch nur in Betracht zu ziehen (Maass, Gouffé 320).

betrachten: etwas durch eine gefärbte/durch seine eigene Brille betrachten: ↑ Brille. **bei Licht betrachtet:** ↑ Licht. **etwas durch eine rosa[rote] Brille betrachten:** ↑ rosarot.

betrampeln: vom Hahn betrampelt sein: ↑ Hahn.

Betreff: in dem/diesem Betreff (Papierdt.): *in dieser Beziehung:* In diesem Betreff kann man nicht von einer Radikalisierung der Universitäten sprechen. ... so will ich nur auch in diesem Betreff der Wahrheit die Ehre geben und freimütig eingestehen ... (Th. Mann, Krull 73).

in Betreff (Papierdt.): *bezüglich:* Unsere Bemühungen in Betreff eines baldigen Vertragsabschlusses waren erfolgreich. Hans Castorp hatte keinen Kalender auf seinen Ausflug mitgenommen, und so fand er sich in Betreff des Datums nicht immer ganz genau auf dem Laufenden (Th. Mann, Zauberberg 284). Ich ... gebe bindende Versprechungen ab in Be-

treff des morgenden Tages (Th. Mann, Herr 44).

Betreiben: auf jmds. Betreiben [hin]: *auf jmds. Veranlassung:* Auf Betreiben der Gewerkschaft kam er in den Vorstand. Auf mein Betreiben hin zahlt man ihm wenigstens eine kleine Entschädigung. Helmcke wurde ... vor Anklageerhebung aber wieder auf freien Fuß gesetzt – auf Betreiben amerikanischer Stellen (Prodöhl, Tod 8).

Betrieb: außer Betrieb sein: *nicht arbeiten, nicht in Funktion sein:* Der Aufzug ist außer Betrieb, wir müssen die Treppe nehmen. Alle Produktionsanlagen waren seit zwei Jahren außer Betrieb. Sie hatte versucht, Rolf anzurufen, aber vergeblich; das Telefon war bereits außer Betrieb (Frisch, Stiller 343).

etwas außer Betrieb setzen: *den Betrieb von etwas [vorübergehend] einstellen:* Die Firma musste eine veraltete Heizanlage auf Verlangen der Umweltbehörde außer Betrieb setzen. Schon hab ich berechnet, dass wir die elektrische Anlage aus Geldmangel ... außer Betrieb setzen müssen (H. Mann, Stadt 169).

in Betrieb sein: *arbeiten, in Funktion sein:* Entlang der Küste waren bereits mehrere Kernkraftwerke in Betrieb. Wie lange ist die neue Entschwefelungsanlage schon in Betrieb? ... vor den Fenstern hat er Bleche angebracht ... eine Alarmanlage ist in Betrieb, die Türen sind mit Riegeln gesichert (Genet [Übers.], Tagebuch 256).

in Betrieb gehen: *zu arbeiten beginnen, eingesetzt werden:* Zwei zusätzliche Turbinen sollen nächstes Jahr in Betrieb gehen. Die Gemeinde ... errichtet ... eine riesige Hauptkläranlage, die im Juni ... in Betrieb gehen soll (profil 17, 1979, 34). ... erst wenn München II in Betrieb geht, kann Riem nicht nur akustisch stillgelegt werden (Welt 4. 7. 1977, 3).

etwas in Betrieb nehmen/setzen: *mit etwas zu arbeiten beginnen, etwas bei der Arbeit einsetzen:* Morgen soll das Kraftwerk in Betrieb genommen werden. Bis zum Jahre 1908 wurden im Ganzen 17 Linien in Betrieb genommen (Auto 8, 1965, 38).

betrübt: himmelhoch jauchzend, zu Tode betrübt: ↑ himmelhoch.

Betrug: ein frommer Betrug: 1. *eine Selbsttäuschung:* Er glaubt ganz fest, dass er bald wieder ohne Krücken gehen kann, aber das ist ein frommer Betrug. Die hundert Meter, die Brüning sich vor dem Ziel der Tributbefreiung glaubte, waren entweder ein frommer Betrug oder eine lächerliche Fantasterei (Niekisch, Leben 197). 2. *eine Täuschung in guter Absicht:* Sie hat ihrem Sohn immer gesagt, sein Vater sei auf einer Forschungsexpedition ums Leben gekommen – wer wollte ihr diesen frommen Betrug verdenken?

betrügen: den Arsch betrügen: ↑ Arsch.

Bett: das Bett hüten müssen: *wegen Krankheit im Bett bleiben müssen:* Der Minister wird einige Tage das Bett hüten müssen. Kurz entschlossen ließ sich Dufhues, der ohnehin das Bett hüten musste, in der Kölner Universitätsklinik die Geschwulst entfernen (Spiegel 6, 1966, 15). Er war nicht recht beisammen, musste oft das Bett hüten; etwas zehrte an ihm, eine schleichende Krankheit (Feuchtwanger, Erfolg 384).

das Bett an/bei fünf Zipfeln packen wollen (ugs.): *mehr erreichen wollen, als möglich ist:* Ich glaube, wir wollen das Bett an fünf Zipfeln packen. Deutsche Meisterschaft, der Pokal und Europapokal, das ist einfach zuviel für unsere Mannschaft.

mit jmdm. das Bett teilen (veraltend): *mit jmdm. Geschlechtsverkehr haben:* Der Richter fragte sie, ob sie mit dem Angeklagten das Bett geteilt habe.

ans Bett gefesselt sein (geh.): *wegen Krankheit im Bett bleiben müssen:* Er ist nun schon drei Wochen ans Bett gefesselt. Seit ihrem Schlaganfall war sie ans Bett gefesselt.

mit jmdm. ins Bett gehen/steigen (ugs.): *mit jmdm. Geschlechtsverkehr haben:* Ich möchte nicht wissen, mit wieviel Männern die ins Bett gegangen ist. Er wäre mit der neuen Sprechstundenhilfe gern ins Bett gestiegen. Die (= Männer) wollen mit jedem Mädchen ins Bett gehen, und dann lassen sie die anschließend sitzen (Hornschuh, Ich bin 30).

sich ins gemachte Bett legen (ugs.) *ohne eigene Anstrengung eine gute Existenzgrundlage bekommen [um ein angeneh-*

mes Leben zu führen]: Seine Frau verfügt über ein Riesenvermögen. Er hat sich doch nur ins gemachte Bett gelegt.

ins Bett/zu Bett gehen; sich ins Bett begeben (geh.)**; sich ins Bett hauen** (ugs.)**:** *schlafen gehen:* Wir sind kurz nach 11 Uhr ins Bett gegangen. Er war furchtbar müde und haute sich gleich ins Bett. Gehen Sie jetzt zu Bett, und vergessen Sie nicht, ein Hustenbonbon in Ihren Mund zu stecken (Langgässer, Siegel 206).

wer nie sein Brot im Bette aß, weiß nicht, wie Krümel piken: ↑ Brot. **Frau Holle macht/schüttelt die Betten/ihr Bett:** ↑ Frau Holle. **von Tisch und Bett getrennt sein:** ↑ Tisch.

Bettel: [jmdm.] den [ganzen] Bettel hinschmeißen/hinwerfen/vor die Füße schmeißen/vor die Füße werfen (ugs.): *seiner Arbeit o. ä. überdrüssig sein, abrupt aufhören, für jmdn. zu arbeiten, [und ihm dies in drastischer Form zu erkennen geben]:* Bei der kleinsten Schwierigkeit wollte er den Bettel hinwerfen. Zwei Wochen hatte sie sich vom Chef schikanieren lassen, dann warf sie ihm den ganzen Bettel vor die Füße. ... und wenn ich einen Treffer lande, werf ich dieser gottverfluchten Zeitung den Bettel hin ... (Ruark [Übers.], Honigsauger 262).

▶ »Bettel« gehört zum Verb »betteln«, bedeutete zunächst »Bettelei; Zusammengebetteltes«, dann auch »Kram, Plunder«.

betteln: bitten und betteln: ↑ bitten.

Bettelstab: an den Bettelstab kommen (geh.; veraltend): *völlig verarmen:* Sein Vater hatte die Firma in Riga aufgeben müssen und war an den Bettelstab gekommen.

jmdn. an den Bettelstab bringen (geh.; veraltend): *jmdn. wirtschaftlich völlig ruinieren:* Seine Spielleidenschaft hatte ihn an den Bettelstab gebracht.

▶ Mit »Bettelstab« ist der Stab des Bettlers gemeint, der Stock, auf den sich ein kranker oder alter Mensch beim Betteln stützte, wenn er seinen Lebensunterhalt nicht mehr durch Arbeit bestreiten konnte.

betten: wie man sich bettet, so liegt/schläft man: *es hängt von einem selbst ab, wie man sein Leben gestaltet:* Er wollte nie etwas lernen, und heute lebt er im Obdachlosenasyl – wie man sich bettet, so liegt man.

nicht auf Rosen gebettet sein: ↑Rose. **wie auf Rosen gebettet:** ↑Rose. **jmdn. zur letzten Ruhe betten:** ↑Ruhe.

Bettschwere: die nötige Bettschwere haben (ugs.): *zum Schlafen müde genug sein [weil man ausreichend Alkohol getrunken hat]:* Nach vier bis sechs Bierchen hatte ich die nötige Bettschwere und ging hinauf in mein Zimmer.

Bettzipfel: nach dem Bettzipfel schielen/ sich sehnen (ugs.): *sehr müde sein:* Na, du schielst wohl auch schon nach dem Bettzipfel?

nach dem Bettzipfel schnappen (ugs.): *[durch Gähnen] erkennen lassen, dass man sehr müde ist:* Geht doch schlafen, Kinder, ihr schnappt doch schon nach dem Bettzipfel!

beugen: den Nacken beugen: ↑Nacken. **jmdm. den Nacken beugen:** ↑Nacken. **jmdm. den Rücken beugen:** ↑Rücken.

Beute: des Wahnsinns fette/kesse Beute sein: ↑Wahnsinn.

Beutel: sich den Beutel füllen (ugs.; veraltend): *sich bereichern:* Er war der Einzige, der sich nicht wie andere im Gemeinderat den Beutel gefüllt hatte.

arm am Beutel, krank am Herzen (geh.; oft scherzh.): *ohne Geld und sehr bekümmert:* Kannst du das mit ansehen, wie ich hier vor dir stehe, arm am Beutel, krank am Herzen?

▶ Bei dieser Redensart handelt es sich um ein Zitat aus Goethes Ballade »Der Schatzgräber«.

tief in den Beutel greifen müssen (ugs.): *viel zahlen müssen:* Wir haben für die Anschaffung der beiden Gemälde tief in den Beutel greifen müssen. Wenn du in München richtig ausgehen willst, musst du tief in den Beutel greifen.

▶ Alle drei Wendungen knüpfen an die veraltende Bedeutung »Geldbeutel« an, vgl. z. B. »den Beutel ziehen, der Beutel ist leer«.

ein großes/arges Loch in jmds. Beutel reißen: ↑Loch.

bewaffnet: bis an die Zähne bewaffnet sein (ugs.): *schwer bewaffnet sein:* Die drei Männer, die den Raum betraten, waren bis an die Zähne bewaffnet. Habt

ihr nicht Wachtposten an alle Grenzen eures Raumes gestellt, bewaffnet bis an die Zähne? (Aichinger, Hoffnung 49). Sowjetische Soldaten, die bis an »die Zähne bewaffnet« sind, beherrschen zur Zeit das Bild der Prager Straßen (MM, 26. 8. 1968, 20).

bewahren: i bewahre! (ugs.): *durchaus nicht, nicht doch!:* »Hat es weh getan?« – »I bewahre!« I bewahre, Klaus Heinrich, keine Besorgnis! Er ist ein ganz artiges Männchen (Th. Mann, Hoheit 120).

kaltes Blut bewahren: ↑Blut. **ruhig[es] Blut bewahren:** ↑Blut. **Gott bewahre:** ↑Gott. **einen kühlen/klaren Kopf bewahren:** ↑Kopf.

Bewandtnis: mit jmdm., mit etwas hat es [s]eine eigene/besondere Bewandtnis, hat es die folgende Bewandtnis: *für jmdn., für etwas sind besondere/folgende Umstände maßgebend:* Mit diesem Brief hat es seine eigene Bewandtnis. Mit seiner Herkunft hat es folgende Bewandtnis. Nun hat es mit Zauberern insofern eine besondere Bewandtnis, als ihnen das Töten ausdrücklich untersagt ist (Kusenberg, Mal 40).

bewegen: sich in ausgefahrenen Gleisen bewegen: ↑Gleis. **sich im Kreis bewegen:** ↑Kreis.

Bewegung: sich in Bewegung setzen: *sich [in eine Richtung] zu bewegen beginnen:* Gezogen von vier kräftigen Kaltblutpferden, setzte sich der Wagen mit den Bierfässern in Bewegung. Pünktlich um zehn Uhr hatte sich der Festzug in Bewegung gesetzt. Die Lokomotive schrie hysterisch auf, und der Zug setzte sich ruckend in Bewegung (Koeppen, Rußland 14).

etwas in Bewegung setzen: *bewirken, dass sich etwas zu bewegen beginnt:* Mit einem einfachen Knopfdruck kann man die komplizierte Mechanik der Maschine in Bewegung setzen. Kurze Böen ... stürzten durch die Luftspalte und setzten die Hängelampe in schaukelnde Bewegung (Müthel, Baum 116).

alle Hebel/Himmel und Hölle/Himmel und Erde in Bewegung setzen: ↑Hebel, ↑Himmel.

Beweis: den Beweis für etwas antreten (nachdrücklich): *den Beweis für etwas* *erbringen:* Hoffentlich kann die Journalistin für ihre Behauptungen auch den Beweis antreten. Es ist wohl die höchste Zeit, den Beweis dafür anzutreten, dass ein Kasernenhof alles andere als eine göttliche Institution ist (Kirst, 08/15, 165). ... seit die Zeiten des Zweikampfes und des Gottesurteils vorüber waren, hatte man es keinem Angeklagten verwehren können, vor aller Öffentlichkeit den Beweis für seine Unschuld anzutreten (Mostar, Unschuldig 5).

etwas unter Beweis stellen: *etwas beweisen, erkennen lassen:* Mit zwei Toren in der ersten Halbzeit hatte der italienische Stürmer seine Klasse unter Beweis gestellt. Sie suchte eine Betätigung, bei der sie ihre besonderen Fähigkeiten unter Beweis stellen könnte. Sie wollte der Mutter keine unnötige Arbeit bereiten, andererseits aber auch keinen Gehorsam unter Beweis stellen (Ossowski, Liebe ist 174).

bewenden: es bei/(seltener:) mit etwas bewenden lassen: *es mit etwas genug, abgetan sein lassen:* Wir wollen es diesmal noch bei einer Geldstrafe bewenden lassen. Wenn ich einmal auf dem Gipfel wäre, könnten sie mir nichts mehr verbieten ... höchstens fragen, ob ich den Befehl nicht kenne, und es bei der Bergkameradschaft bewenden lassen (Frisch, Gantenbein 79). Warum lasse ich es nicht bei einer schönen Freundschaft mit Nina bewenden? (Rinser, Mitte 73).

Bewenden: damit mag/soll es sein Bewenden haben: *damit soll es genug, abgetan sein:* Mit der dreimonatigen Sperre sollte es noch nicht sein Bewenden haben.

bewerfen: jmdn., etwas mit Dreck bewerfen: ↑Dreck. jmdn., etwas mit Kot bewerfen: ↑Kot. jmdn., etwas mit Schmutz bewerfen: ↑Schmutz.

bewilligen: jmdm. eins/eine[n]/ein Ding bewilligen (ugs.): *jmdm. eine Ohrfeige, einen Schlag, Tritt o. Ä. versetzen:* Als sein Vater von der kaputten Fensterscheibe erfuhr, hat er ihm erst mal eine bewilligt. Die Zeitlupe zeigt, dass der Verteidiger seinem Gegenspieler ein ganz schönes Ding bewilligt hat.

Bewusstlosigkeit: bis zur Bewusstlosigkeit (ugs.): *unaufhörlich, maßlos:* Er üb-

te das Stück bis zur Bewusstlosigkeit. Sie liebte ihn bis zur Bewusstlosigkeit.

Bewusstsein: jmdm. zu[m] Bewusstsein kommen: *jmdm. klar werden, von jmdm. erkannt werden:* Erst später kam uns zum Bewusstsein, wie knapp wir der Gefahr entronnen waren. Als er später heiratete ... kam ihm erst ganz zu Bewusstsein, wie vernünftig seine Lebensgewohnheiten früher gewesen waren (Musil, Mann 345).

bezahlen: sich bezahlt machen: *den Aufwand lohnen:* Der Einbau der Klimageräte hat sich bereits bezahlt gemacht. Ein Unterbodenschutz muss deshalb sehr sorgfältig aufgetragen werden, wenn er sich bezahlt machen soll (DM 49, 1965, 38). Ich habe ... nie daran geglaubt, dass Philologie und Kunstgeschichte sich bezahlt machen (Frisch, Homo 203). **als ob es jmd. bezahlt bekäme** (ugs.): *sehr schnell:* Er läuft, als ob er es bezahlt bekäme. Seine Frau quatscht, als ob sies bezahlt bekäme.

nicht mit Geld zu bezahlen sein: ↑Geld. **etwas aus der linken Hosentasche bezahlen:** ↑Hosentasche. **in/mit klingender Münze bezahlen:** ↑Münze. **aus eigener/der eigenen Tasche bezahlen:** ↑Tasche. **etwas aus der Westentasche bezahlen:** ↑Westentasche. **die Zeche bezahlen müssen:** ↑Zeche.

bezeichnend: ein bezeichnendes Licht auf jmdn., auf etwas werfen: ↑Licht.

beziehen: eine [tüchtige] Naht beziehen: ↑Naht. **Stellung beziehen:** ↑Stellung.

Bezug: auf etwas Bezug nehmen (Kaufmannsspr.): *sich auf etwas beziehen:* Wir nehmen Bezug auf unser Schreiben vom ... Die Präambel der Verfassung der V. Republik vom 4. Oktober 1958 brauchte darauf nur in einem Satz Bezug zu nehmen (Fraenkel, Staat 125). **in Bezug auf jmdn., auf etwas:** *was jmdn.,/ etwas betrifft:* Ich habe in Bezug auf unseren Plan nichts Neues erfahren. Es gibt in Bezug auf Nachtkleider zwei moderne Richtungen: die ultrakurzen und die ultralangen (Dariaux [Übers.], Eleganz 42). Doch in Bezug auf Spengler und so weiter habe ich mir selbst den größten Vorwurf zu machen (Plievier, Stalingrad 257). **unter/mit Bezug auf etwas** (Kaufmannsspr.): *Bezug nehmend auf etwas:*

Mit Bezug auf Ihr Schreiben vom 3. Mai teilen wir Ihnen mit ...

Bezugnahme: unter/mit Bezugnahme auf etwas (Kaufmannsspr.): *in Bezug auf etwas:* Unter Bezugnahme auf Ihr Schreiben vom ...

biblisch: biblisches Alter: *sehr hohes Alter:* Trotz vieler Krankheiten erreichte sie das biblische Alter von 96 Jahren. Hundert Jahre alt zu werden – wer träumt nicht davon. Herr Trost ... hat dieses »biblische« Alter erreicht (Hörzu 38, 1978, 71). Das schönste Kompliment erhielt Vicky von einem Mann im biblischen Alter: »Ein 83-jähriger Opa ...« (Hörzu 4, 1975, 15).

▶ Diese Fügung geht wahrscheinlich auf die hohen Altersangaben von Personen im Alten Testament zurück (z. B. Methusalem).

Biege: eine Biege fahren/fliegen/gehen (ugs.): *ein Stück fahren/fliegen/gehen:* Mit dieser Sportmaschine würde ich gerne mal eine Biege fliegen. Na, wollen wir noch eine Biege gehen, oder bist du zu müde?

biegen: auf Biegen und/oder Brechen: *unter allen Umständen, um jeden Preis:* Er will auf Biegen oder Brechen bis morgen fertig werden. Wir müssen dieses Spiel auf Biegen oder Brechen gewinnen. Das wird ein Kampf auf Biegen oder Brechen (= mit äußerstem Einsatz geführter Kampf). ...morgen wollen wir auf Biegen und Brechen unsere Reise beenden (Grzimek, Serengeti 47).

es geht auf Biegen oder Brechen: *es geht hart auf hart:* Es wird sicherlich auf Biegen oder Brechen gehen, wenn wir in die Kommandozentrale eindringen.

▶ Die beiden Wendungen gehen von der Erfahrung aus, dass man bestimmte Bäume oder Pflanzen biegen kann, andere dagegen brechen. Auch die biegsamen Bäume und Pflanzen können brechen, wenn man sie zu stark [um]biegt.

sich vor Lachen biegen: ↑lachen. **lügen, dass sich die Balken biegen:** ↑lügen.

Biene: eine Biene machen/drehen (ugs.): *sich rasch [unbemerkt] entfernen:* Als ich mich umdrehte, hatte der kleine Gauner schon längst 'ne Biene gemacht. Vgl. die Wendung »eine Fliege machen« (↑Fliege).

Bier: das ist [nicht] mein Bier (ugs.): *das ist [nicht] meine Angelegenheit:* Wie ich das Geld besorge, soll Ihnen doch egal sein, das ist mein Bier. Ich brauche den Lieferwagen der Firma nicht zu waschen, das ist nicht mein Bier. Noch besser als Vorbeugehaft sei eine rechtzeitige Resozialisierung ... Aber das ist nicht mein Bier. Ich bin Polizist und kein Pädagoge (MM, 8. 5. 1969, 6).

▶ »Bier« ist in dieser Wendung eine volksetymologische Umgestaltung einer Mundartform von »Birne«, vgl. kölnisch »dat sönd ding Beäre net« (= das geht dich nichts an).

etwas wie sauer/saures Bier ausbieten/anpreisen (ugs.): *eifrig für etwas werben, was niemand haben will:* In den Kaufhäusern wurden die Ringelsocken wie sauer Bier angepriesen. Die Stadt bietet die Freiplätze wie saures Bier aus.

Bierkutscher: fluchen wie ein Bierkutscher: ↑fluchen.

bieten: jmdm. eine Blöße bieten: ↑Blöße. **was Küche und Keller zu bieten haben:** ↑Küche. **jmdm., einer Sache Paroli bieten:** ↑Paroli. **jmdm. Schach bieten:** ↑Schach. **jmdm., einer Sache die Spitze bieten:** ↑Spitze. **jmdm., einer Sache die Stirn bieten:** ↑Stirn.

Bilanz: Bilanz machen (ugs.): *seine persönlich verfügbaren Mittel überprüfen:* Wenn wir noch etwas bleiben wollen, muss ich erst mal Bilanz machen.

die Bilanz [aus etwas] ziehen: *das Ergebnis von etwas feststellen:* Wir müssen die Bilanz aus dieser Entwicklung ziehen. Bei ihrer Entlassung sechs Wochen später zieht die 23-jährige Kindergärtnerin Bilanz: Der Traum vom Abitur ist zu Ende (DM 45, 1965, 8). Wollte einer ... schon eine verbindliche Bilanz ziehen und seine Schlussfolgerungen anderen aufzwingen, wir kämen nicht weit (Kantorowicz, Tagebuch I, 432).

Bild: [ein] schwaches Bild! (ugs.): *das ist schlecht, unbefriedigend, enttäuschend!:* Das Fernsehen überträgt das Spiel gar nicht live? Schwaches Bild! Ein schwaches Bild – die ganze Aktion hat nicht mehr als 120 Mark an Spenden eingebracht!

ein Bild von ... [sein]: *besonders schön, ansehnlich [sein]:* Sie sieht aus wie die junge Loren – ein Bild von einem Mädchen! Er hat das gewisse Etwas und ist überhaupt ein Bild von einem Mann. Hinter ihr steht ein Bild von einem Mann. Schlank, dunkelhäutig ... (Chotjewitz, Friede 100).

ein Bild des Jammers (geh.): *ein sehr trauriger Anblick:* Nach dem Erdbeben bot das früher so romantische Städtchen ein Bild des Jammers. Hungernde und kranke Menschen säumten die Straßen – ein schreckliches Bild des Jammers!

ein Bild/(auch:) Anblick für [die] Götter sein (ugs.): *grotesk, komisch wirken:* Mit den Kirschen als Ohrringen und dem Gemüseladen auf dem Hut war sie ein Bild für die Götter. Einige Gäste lagen laut schnarchend zwischen den Beeten. Es war ein Bild für die Götter.»... und dann sprach der Pfarrer ein Gebet, und das war 'ne Pleite für uns, weil keiner wusste, ob man nun aufstehen oder sitzen bleiben soll«. – »Muss 'n Bild für die Götter gewesen sein« (Ott, Haie 49).

sich ein Bild von jmdm., von etwas machen: *sich über jmdn., etwas informieren und eine Meinung bilden:* Ich muss mir erst ein genaues Bild von den Ereignissen machen, bevor ich dazu Stellung nehmen kann. Die Geschäftsleitung hatte sich ein Bild von ihr gemacht, das mit der Wirklichkeit nicht viel zu tun hatte.

[über etwas] im Bilde sein: *[über etwas] Bescheid wissen:* Ich bin noch nicht darüber im Bilde, was hier eigentlich vorgefallen ist. Vermutlich sind Sie im Bilde, worüber wir uns zu unterhalten haben werden (Gaiser, Schlussball 119).
▶ Die Herkunft der Wendung ist unklar. Da sie im Militärwesen aufkam, hängt sie kaum mit dem Fotografieren zusammen. Vielleicht knüpft sie an »Bild« im Sinne von »gedankliches Bild, Vorstellung« an.

jmdn. [über etwas] ins Bild setzen: *jmdn. [über etwas] informieren:* Der General ließ sich von einem Offizier an Ort und Stelle ins Bild setzen. Er fühlte sich verpflichtet, seine Vorgesetzen über die Vorgänge ins Bild zu setzen. Ich setzte ihn ins Bild und forderte ihn auf, den Marquis Imperiali zu verhaften (Niekisch, Leben 61).

in Wort und Bild: ↑ Wort.

Bilderbuch: wie im/aus dem Bilderbuch: *sehr schön:* Es war ein Wetter wie im Bilderbuch, warm und sonnig, aber nicht zu heiß. Sie feierten eine Hochzeit wie aus dem Bilderbuch. Ein Kerl wie aus dem Bilderbuch: einsneunzig groß, breite Schultern (Hörzu 23, 1982, 120).

Bildfläche: auf der Bildfläche erscheinen (ugs.): *plötzlich herbeikommen, auftreten:* Wir hatten uns gerade zum Essen hingesetzt, als doch tatsächlich die Verwandtschaft auf der Bildfläche erschien. Und dabei hatte noch einer gefehlt; denn der, den man Piroschka gerufen hatte, war nicht auf der Bildfläche erschienen (Hartung, Piroschka 42). Bei Dohlen und Raben werden ... Liebesbeziehungen zu einem gleichgeschlechtlichen Artgenossen sofort abgebrochen, wenn ein passender Geschlechtspartner auf der Bildfläche erscheint (Lorenz, Verhalten I, 227).
▶ Die Wendung knüpft an »Bildfläche« als alten technischen Ausdruck der Fotografie an und meinte ursprünglich das Erscheinen des Bildes beim Entwickeln der Platte.

von der Bildfläche verschwinden (ugs.): 1. *sich plötzlich entfernen, verschwinden:* Als der Kommissar ihn noch einmal befragen wollte, war er von der Bildfläche verschwunden. ... meistenteils da acht, neun sind sie von der Bildfläche verschwunden, weil das ja alles Leute sind, die früh zu Bett gehen (Aberle, Stehkneipen 90). 2. *in Vergessenheit geraten:* Nach dem Zusammenbruch war dieser große Schauspieler einige Jahre von der Bildfläche verschwunden. Als kindlicher Sonnenschein hatte er seinen letzten öffentlichen Auftritt. Dann verschwand er von der Bildfläche (Hörzu 11, 1973, 18).

Bildung: Einbildung ist auch eine Bildung: ↑ Einbildung.

billig: der billige Jakob (ugs.): *ein Händler, bei dem die Waren besonders billig sind:* Die Möbel sehen aus, als kämen sie vom billigen Jakob.

[nur] recht und billig sein: ↑²recht. **was dem einen recht ist, ist dem anderen billig:** ↑²recht. **Ruhe auf den billigen Plätzen:** ↑ Ruhe.

Bimbam: [ach] du heiliger Bimbam! (ugs.): *Ausruf der Überraschung, der Be-*

troffenheit: Ach, du heiliger Bimbam, Zollkontrolle! »Ach, du heiliger Bimbam!«, schimpfte die Frau in Weiß, als ich ihr den Fünfziger reichte (Martin, Henker 89).

Binde: jmdm. fällt die Binde von den Augen (geh.; veraltend): *jmd. erkennt plötzlich, was ihm unklar war:* Die Binde war ihm von den Augen gefallen, seine Nachbarn hatten ihn also denunziert.

[sich] einen hinter die Binde gießen/kippen (ugs.): *Alkohol trinken:* Wollen wir uns nicht mal wieder einen hinter die Binde gießen? Der Polier hatte sich anständig einen hinter die Binde gegossen. Nach sechs kriecht Reinhold raus, pusselt am Auto, dann gießt er einen hinter die Binde (Döblin, Berlin 378)
► Die Wendung geht von »Binde« in der heute veralteten Bedeutung »Binder, Schlips« aus.

jmdm. die Binde von den Augen nehmen/ reißen (geh.; veraltend): *jmdn. etwas plötzlich erkennen lassen, ihn von seinen falschen Vorstellungen befreien:* Ein Brief seines Freundes hatte ihm endlich die Binde von den Augen gerissen, und ihm war klar geworden, wie schändlich man ihn betrogen hatte.

binden: jmdm., sich etwas ans Bein binden: ↑Bein. **jmdm. etwas ans Bein binden:** ↑Bein. **jmdm. sind die Hände gebunden:** ↑Hand. **jmdm., sich einen Klotz ans Bein binden:** ↑Klotz. **jmdm. etwas auf die Nase binden:** ↑Nase. **drum prüfe, wer sich ewig bindet [ob sich nicht noch was Besseres findet]:** ↑prüfen. **sich eine Rute auf den Rücken binden:** ↑Rute. **jmdm. etwas auf die Seele binden:** ↑Seele.

Bindfaden: es regnet Bindfäden (ugs.): *es regnet sehr stark:* Doch keine 12 Stunden später regnete es Bindfäden. Das erwartete Hoch hatte sich statt auf- abgebaut (Hörzu 42, 1972, 80).

binnen: binnen Jahr und Tag: ↑Jahr. **binnen kurzem:** ↑kurz.

Binse: in die Binsen gehen (ugs.): *verloren gehen, zunichte gemacht werden:* Alle unsere Ersparnisse sind nach dem Krieg in die Binsen gegangen. Seine Hoffnungen auf eine Goldmedaille sind in die Binsen gegangen. Tja, wer hätte gedacht, dass eure Ehe so schnell in die Binsen ginge (Jaeger, Freudenhaus 241).

► Die Wendung stammt aus der Jägersprache und bezieht sich wahrscheinlich darauf, dass die Wildente, die in die Binsen oder ins Schilf (»Binse« bedeutet landschaftlich auch »Schilf«) flüchtet, vom Jagdhund nicht erreicht werden kann.

Birne: eine weiche Birne haben (ugs.): *nicht ganz normal, nicht recht bei Verstand sein:* Wie könnt ihr den zum Vorsitzenden wählen, der hat doch eine weiche Birne.

► Die Wendung bezieht sich darauf, dass eine weiche Birne nicht mehr ganz in Ordnung, innen faul ist, und spielt mit der umgangssprachlichen Bedeutung »Kopf« des Wortes; vgl. z. B. »Ich habe mir die Birne gestoßen«.

Äpfel und Birnen zusammenzählen: ↑Apfel. **Äpfel mit Birnen vergleichen:** ↑Apfel.

bis: bis zum Abwinken: ↑abwinken. **bis ins Aschgraue:** ↑aschgrau. **bis zur Bewusstlosigkeit:** ↑Bewusstlosigkeit. **bis dann:** ↑dann. **bis dato:** ↑dato. **bis dorthinaus:** ↑dorthinaus. **bis zum Erbrechen:** ↑erbrechen. **bis zum Gehtnichtmehr:** ↑Gehtnichtmehr. **bis ans/ins Grab:** ↑Grab. **bis zum Hals; bis über den Hals:** ↑Hals. **bis in die Puppen:** ↑Puppe. **bis aufs Tüpfelchen:** ↑Tüpfelchen. **bis zum tz:** ↑tz. **bis zur Vergasung:** ↑Vergasung. **bis auf weiteres:** ↑weiter.

bisschen: [ach] du liebes bisschen! (ugs.): *Ausruf der Überraschung, des Erschreckens:* »Ach, du liebes bisschen, wie sieht das hier wieder aus.« Fred liegt inmitten seiner sämtlichen Spielsachen (DM 45, 1965, 41). In den von Ihnen veröffentlichten Zuschauerkritiken ist von beschämendem Niveau und Geschmacklosigkeit die Rede – ach, du liebes bisschen! (Hörzu 5, 1974, 107).

ein bisschen plötzlich: ↑plötzlich.

Bissen: jmdm. bleibt der Bissen im Hals stecken (ugs.): *jmd. erschrickt sehr, ist verblüfft:* Mir blieb der Bissen im Hals stecken, als ich ihn plötzlich vor mir sah.

keinen Bissen anrühren (ugs.): *nichts essen:* Ich war so aufgeregt, dass ich keinen Bissen anrühren konnte. Der Hund lag teilnahmslos in der Ecke, er hatte keinen Bissen angerührt. Er ist weiß wie ein Aktenbogen und rührt keinen Bissen an (Spoerl, Maulkorb 40).

jmdm. keinen Bissen gönnen (ugs.): *sehr missgünstig, neidisch sein:* Er will alle in der Mannschaft ausstechen, der gönnt seinen Kameraden keinen Bissen.
jmdm. die Bissen in den Mund/im Mund zählen (ugs.): *jmdm. aus Sparsamkeit das Essen nicht gönnen:* Ich habe nur ein Stück gegessen, denn seine Frau zählte jedem die Bissen in den Mund. Beim Essen aber störst du, weil du einem wie ein Bernhardiner die Bissen in den Mund zählst (Remarque, Obelisk 198).
jmdm. die besten Bissen zuschieben/zustecken (ugs.): *jmdn. bevorzugen, indem man ihm das Beste zukommen lässt:* In dieser Firma kann keiner etwas werden, weil der Chef die besten Bissen seinen Schwiegersöhnen zuschiebt.
sich jeden/den letzen Bissen am/vom Mund[e] absparen: ↑ absparen. **von dem nimmt kein Hund einen Bissen Brot:** ↑ Hund.
bitte: bitte, bitte machen (fam.): *durch mehrmaliges Zusammenschlagen der Hände eine Bitte ausdrücken:* Du brauchst gar nicht bitte, bitte zu machen, du kriegst keine Schokolade mehr.
na bitte!: *das habe ich doch gleich gesagt, das bestätigt mich:* Na bitte, hab ichs nicht gesagt? Jetzt ist das ganze Essen kalt geworden! Er hat das Geld jetzt doch überwiesen? Na bitte, habe ich mir doch gleich gedacht! Na bitte! Die Kommandogewalt liegt in meiner Hand, oder etwa nicht? (Apitz, Wölfe 240).
bitten: bitten und betteln (fam.): *inständig bitten:* Wenn die Kinder bitten und betteln, lässt sich die Großmutter immer erweichen.
ich muss doch sehr bitten! (ugs.): *Ausruf der Entrüstung:* Das geht aber zu weit, meine Herren, ich muss doch sehr bitten. »Ich muss doch sehr bitten«, sagt er schließlich, »in meinem Lokal kann man nicht solchen Lärm machen.« (Remarque, Obelisk 23). Aber nun muss ich doch sehr bitten! Wenn das nicht Haarspalterei ist (Maass, Gouffé 322).
[aber] ich bitte Sie! (ugs.): *Ausruf der Entrüstung, des Protests:* Aber ich bitte Sie, so war es doch gar nicht gemeint. Ich bitte Sie, wie reden Sie vom Kuss, dem zartesten Austausch der Welt (Th. Mann, Krull 410).

wenn ich bitten darf: *bitte* (sehr nachdrücklich): Nun sagen Sie mal die Wahrheit, wenn ich bitten darf! Hier durch diesen Gang, wenn ich bitten darf, dann nach links. Aufstehen und ins Büro kommen! Aber leise, wenn ich bitten darf! (Ziegler, Labyrinth 55).
darf ich bitten?: *höfliche Aufforderung zum Tanz:* Sie spielen unser Lied, Elise – darf ich bitten?
um Gehör bitten: ↑ Gehör. **jmdn. um die Hand seiner Tochter bitten:** ↑ Hand. **jmdn. zur Kasse bitten:** ↑ Kasse. **um ein geneigtes Ohr bitten:** ↑ Ohr. **um gut[es]/schön[es] Wetter bitten:** ↑ Wetter. **ums Wort bitten:** ↑ Wort.
bitter: den bitteren Kelch bis auf den Grund/bis zur Neige leeren [müssen]: ↑ Kelch. **die bittere Pille schlucken:** ↑ Pille. **eine bittere Pille für jmdn. sein:** ↑ Pille. **jmdm. eine bittere Pille versüßen:** ↑ Pille.
blamieren: jeder blamiert sich so gut, wie er kann/jeder blamiert sich, so gut er kann: *jemand hat sich fürchterlich blamiert:* In vorgerückter Stunde versuchte er der Frau des Gastgebers schmutzige Witze zu erzählen. Na, jeder blamiert sich, so gut er kann.
die ganze Innung blamieren: ↑ Innung.
blank: blank [wie 'ne Eisenbahn (berlin.)] **sein** (ugs.): *kein Geld mehr haben:* Kannst du mir etwas pumpen? Ich bin völlig blank! Schon vier oder fünf Tage vor dem Ersten war sie regelmäßig blank. Du bist blank. Das ist es. Deswegen willst du dich nicht mehr mitmachen (Cotton, Silver-Jet 156).
blink und blank: ↑ blink.
Blase: Blasen ziehen (ugs.; landsch.): *unangenehme Folgen haben:* Wir wollen nur hoffen, dass dieser Zwischenfall keine Blasen zieht.
▶ Die Wendung bezieht sich vermutlich auf die Blasen, die sich z. B. bei Verbrennungen auf der Haut bilden, die also mit unangenehmen Empfindungen verbunden sind.
blasen: jmdm. [et]was blasen (ugs.): *jmds. Ansinnen ablehnen:* Wenn er noch einmal meinen Wagen haben will, werde ich ihm was blasen.
von Tuten und Blasen keine Ahnung haben: ↑ Ahnung. **du kannst mir am Hobel blasen:** ↑ Hobel. **ins gleiche Horn blasen:**

↑Horn. **jmdm. den Marsch blasen:** ↑Marsch. **jmdm. etwas in die Ohren blasen:** ↑Ohr. **jmdm. das Ohr voll blasen:** ↑Ohr. **jmdm. Pfeffer in den Arsch/Hintern blasen:** ↑Pfeffer. **Trübsal blasen:** ↑Trübsal. **jmdm. bläst der Wind scharf ins Gesicht:** ↑Wind. **jmdm. [Staub]zucker in den Arsch/Hintern blasen:** ↑Zucker.

blass: keine blasse Ahnung/keinen blassen Dunst/keine blasse Idee/keinen blassen Schimmer von etwas haben (ugs.): *von etwas nicht das Geringste wissen oder verstehen:* Mein Freund hat von Technik keinen blassen Dunst. Was mischen Sie sich hier ein? Sie haben doch von Fußball keinen blassen Schimmer. In Wahrheit ist der Titelheld des 1961 gedrehten Spielfilms »Der Hochtourist« ein Hochstapler. Denn Fabrikant Wilhelm Mylius aus Köln hat keinen blassen Schimmer vom Bergsteigen (Bild und Funk 13, 1966, 29).

Blässe: von des Gedankens Blässe angekränkelt sein: ↑Gedanke.

Blatt: das Blatt/das Blättchen hat sich gewendet (ugs.): *die Situation hat sich verändert, es ist ein Umschwung eingetreten:* Das Blatt hat sich gewendet, jetzt werden wir uns um eine Fusion bemühen müssen. Ganz plötzlich hatte sich das Blatt gewendet, ich gewann wieder Spiel um Spiel. In wenigen Wochen hatte sich das Blatt gewendet, in Le Creusot begann der Hunger umzugehen (Kuby, Sieg 321). ▶ Der Ursprung der Wendung lässt sich nicht sicher deuten. Man kann an das Blatt beim Kartenspielen anknüpfen und davon ausgehen, dass jmd., der lange Zeit gute Karten hatte, plötzlich schlechte bekommt. **das Blatt wenden** (ugs.): *einen Umschwung herbeiführen:* Die Spieler versuchten noch einmal das Blatt zu wenden und das Anschlusstor zu erzielen. In den 60 Spielen ... gelang es den Platzbesitzern neunmal, nach Hinspielniederlagen das Blatt noch zu wenden (NNN 3. 10. 1986, 4). **[noch] ein unbeschriebenes Blatt sein** (ugs.): 1. *[noch] unbekannt sein:* Sie ist hier noch ein unbeschriebenes Blatt. Heute ist er im Süd-Fußball kein unbe-

schriebenes Blatt mehr. Zusammen mit Torjäger Rainer Ohlhauser hat er ... 59 Tore geschossen (Bild, 10. 6. 1964, 5). 2. *noch ohne Kenntnisse, Erfahrungen sein:* Der neue Mitarbeiter ist noch ein unbeschriebenes Blatt. Die Laborantin ist alles andere als ein unbeschriebenes Blatt. Dieser Vierbein ist bestimmt kein unbeschriebenes Blatt. ... Der hat es faustdick hinter den Ohren (Kirst, 08/15, 17).

[sich] kein Blatt vor den Mund nehmen (ugs.): *offen seine Meinung sagen:* Der Betriebsrat nahm kein Blatt vor den Mund und prangerte die Missstände im Betrieb an. Du brauchst beim Chef kein Blatt vor den Mund zu nehmen. ... wie mag sie ihn erst, wenn er sie gereizt hat ..., genannt haben, wo sie doch grundsätzlich kein Blatt vor den Mund nimmt (Maass, Gouffé 300). ▶ Die Wendung meint, dass jemand nicht hinter einem vorgehaltenen Blatt [Papier] tuschelt oder seine Meinung mit gedämpfter Stimme vorträgt.

das steht auf einem anderen Blatt: *das gehört nicht in diesen Zusammenhang:* Warum die diplomatischen Beziehungen abgebrochen worden sind, das steht auf einem anderen Blatt. Ob man ihnen glaubt, steht auf einem anderen Blatt (MM 5. 9. 1968, 2).

jmdm. schießt das Blatt (veraltet; noch landsch.): *jmdm. kommt eine Erkenntnis:* Als er die beiden im Park sah, schoss ihm das Blatt. ▶ Mit »Blatt« ist in dieser Wendung wahrscheinlich das Zwerchfell (frühneuhochdt. [Herz]blatt) gemeint, an dem man Erregung o. dgl. empfindet. Die Wendung drückte ursprünglich aus, dass jemand in Erregung gerät.

Blätterwald: es rauscht im Blätterwald: ↑rauschen.

blau: blauer Brief (ugs.): 1. *Kündigungsschreiben:* In der Dienststelle rätselt man herum, wer einen blauen Brief bekommen könnte. Der blaue Brief mit der Kündigung warf sie wieder zurück auf den Lebensstandard von 1950 (Spiegel 16, 1967, 73). 2. *Mahnbrief an die Eltern eines Schülers, dessen Versetzung gefährdet ist:* Seine Mutter saß in der Küche und weinte, sie hatte den blauen Brief des

Direktors bekommen. Jeder zweite Gymnasiast in der Bundesrepublik bleibt mindestens einmal sitzen, ein Viertel aller Schüler bekommt jährlich einen »blauen Brief« (Spiegel 17, 1975, 176).

▶ Der »blaue Brief« hat seinen Namen von den blauen Umschlägen preußischer Kabinettsschreiben im 19. Jh., mit denen auch Offiziere aufgefordert wurden, ihren Abschied zu nehmen.

blauer Montag (ugs.): *Montag, an dem man der Arbeit fernbleibt:* Wenns heute spät wird, ist für mich morgen auch mal blauer Montag.

▶ Der »blaue Montag« war ursprünglich wohl der Montag vor dem Fasten und ist dann nach der an diesem Tage vorgeschriebenen liturgischen Farbe benannt. Später ging diese Bezeichnung auf den Montag über, an dem die Gesellen nach altem Handwerksbrauch freihatten. Da sich die Handwerksburschen an dem freien Montag zu bezechen pflegten, wurde »blau« später im Sinne von »betrunken« aufgefasst; vgl. auch den ugs. Ausdruck »blaumachen« (= der Arbeit fernbleiben, bummeln).

blaue Bohnen (ugs.): *Gewehrkugeln:* Die Männer hatten das Waldstück fast erreicht, als ihnen plötzlich blaue Bohnen um die Ohren pfiffen. Man kommt ins Gedränge, und schon hat man eine blaue Bohne im Arm oder hat die Beine gebrochen (Döblin, Berlin 203).

▶ Bei den »blauen Bohnen« handelt es sich wahrscheinlich um eine scherzhafte Bezeichnung für »Bleikugeln«.

blaue Jungs (ugs.): *Matrosen:* Wenn die blauen Jungs Landurlaub haben, ist wenigstens was los in der Stadt. Nach bisherigem Finanzierungsplan wird Bonn seinen blauen Jungs ... nur so viele Mittel bewilligen, dass die Bundesmarine ... frühestens Ende 1972 vier (= Korvetten) beisammenhat (Spiegel 18, 1966, 72).

der Blaue Planet: *die Erde:* Ökologisches Denken ist entscheidend für die Zukunft des Blauen Planeten. Es könnte ja sein, dass wir das Ende des lebenswerten Lebens auf dem Blauen Planeten auch ohne Atomwaffen schaffen (Alt, Frieden 101).

▶ Der »Blaue Planet« wird so genannt, seitdem die Weltraumforschung es möglich macht, die Erde aus dem All zu betrachten; sie erscheint dann als ein Himmelskörper mit einem bläulichen Schimmer.

die blaue Stunde (geh.): *die Zeit der Dämmerung:* Lasst uns die blaue Stunde im Garten verbringen und dem Gesang der Vögel lauschen.

blau sein wie ein Veilchen/wie eine Frostbeule/wie eine [Strand]haubitze/wie eine [zehn]tausend Mann/wie ein Eckhaus u. Ä. (ugs.): *völlig betrunken sein:* Am Zahltag ist er immer blau wie ein Veilchen. Als es schon hell zu werden begann, kam er blau wie 'ne Strandhaubitze nach Hause.

▶ Die scherzhaften Vergleiche und Übersteigerungen sollen den hohen Grad der Trunkenheit ausdrücken. Die Bedeutung »betrunken« rührt wohl von dem Schwindelgefühl des Betrunkenen her, der einen [blauen] Schleier vor den Augen zu haben glaubt, daher sagte man früher auch »es wird mir blau (heute: schwarz) vor den Augen«, wenn man ohnmächtig zu werden drohte.

jmdm. das Blaue vom Himmel [herunter] versprechen (ugs.): *jmdm. ohne Hemmungen Unmögliches versprechen:* Der Angeklagte hatte den Gastarbeitern das Blaue vom Himmel herunter versprochen und sie dann schamlos ausgebeutet. Der Kleine braucht einen, der ihm nicht das Blaue vom Himmel verspricht, der braucht einen, der immer da ist, nicht bloß heute (Bieler, Bonifaz 222).

das Blaue vom Himmel [herunter]lügen/schwindeln (ugs.): *ohne Hemmungen lügen:* Der Kerl lügt das Blaue vom Himmel herunter, um seinen Kopf zu retten. Lauer sagte, der Koch lüge das Blaue vom Himmel runter (Ott, Haie 116).

das Blaue vom Himmel [herunter]reden (ugs.): *sehr viel [von unwichtigen Dingen] reden:* Von Ulm bis München hatten wir einen Mann im Abteil, der das Blaue vom Himmel herunterredete – wir hatten keine Minute Ruhe.

ins Blaue [hinein] (ugs.): *ohne klares Ziel, ohne Konzept:* Sie wusste nicht, um was es ging, und redete einfach so ins Blaue hinein. ..., was wir dachten. Nicht ins Blaue hinein dachten, sondern mit einer ganz bestimmten Vorstellung von

Deutschland vor Augen ... (Dönhoff, Ära 15).

sich grün und blau ärgern: ↑ ärgern. grün und blau vor Ärger werden: ↑ Ärger. mit einem blauen Auge davonkommen: ↑ Auge. blaues Blut in den Adern haben: ↑ Blut. jmdm. blauen Dunst vormachen: ↑ Dunst. eine Fahrt ins Blaue: ↑ Fahrt. jmdn. grün und blau schlagen: ↑ grün. jmdm. wird es grün und blau vor Augen: ↑ grün. sein blaues Wunder erleben: ↑ Wunder.

Blech: jmdm. fliegt das Blech weg (ugs.): *jmd. ist äußerst überrascht, verblüfft:* Vor zwei Minuten stand mein Auto noch hier, und jetzt ist es weg – da fliegt dir doch das Blech weg!

Blei: jmdm. Blei/ein paar Unzen Blei in den Körper pumpen/einpumpen (ugs.): *jmdm. ein paar Kugeln verpassen:* Der Gangster drohte ihm, dass er ihm einige Unzen Blei einpumpen werde, wenn er nicht die Klappe hielte.

▶ Diese Wendung ist entlehnt aus englisch »to pump lead into someone«.

Blei im Hintern/(derb:) Arsch haben (ugs.): *nicht aufstehen, nicht aufbrechen, weggehen wollen:* Um vier Uhr früh waren die immer noch bei uns, die hatten mal wieder Blei im Arsch.

jmdm. wie Blei in den Gliedern/Knochen liegen: *jmdn. durch Müdigkeit, Schwäche oder Schreck lähmen:* Das Länderspiel vom Mittwoch lag den Spielern wie Blei in den Knochen. Eine Grippe lag ihr wie Blei in den Gliedern.

jmdm. schwer wie Blei im Magen liegen: ↑ Magen. Morgenstund hat Blei im Arsch/Hintern: ↑ Morgenstunde.

bleiben: außer Ansatz bleiben: ↑ Ansatz. [jmdm.] keine Antwort schuldig bleiben: ↑ Antwort. da bleibt kein Auge trocken: ↑ Auge. außen vor bleiben: ↑ außen. am Ball bleiben: ↑ Ball. bedeckt bleiben: ↑ bedeckt. außer Betracht bleiben: ↑ Betracht. dahingestellt bleiben: ↑ dahingestellt. auf der Erde bleiben: ↑ Erde. das bleibt in der Familie: ↑ Familie. jmdm. auf den Fersen bleiben: ↑ Ferse. mit jmdm. im Gespräch bleiben: ↑ Gespräch. jmdm. gestohlen bleiben können: ↑ gestohlen. wenn der Hahn kräht auf dem Mist, ändert sich das Wetter, oder es bleibt, wie es ist: ↑ Hahn. jmdm. mit etwas vom Hals bleiben: ↑ Hals.

im Krieg bleiben: ↑ Krieg. Herr der Lage/Situation bleiben: ↑ Lage. bleibe im Lande, und nähre dich redlich: ↑ Land. auf dem Laufenden bleiben: ↑ laufend. jmdm. [mit etwas] vom Leibe bleiben: ↑ Leib. jmdm. bleibt das Nachsehen: ↑ Nachsehen. jmdm. im Ohr bleiben: ↑ Ohr. bleiben, wo der Pfeffer wächst: ↑ Pfeffer. doof bleibt doof, da helfen keine Pillen: ↑ Pille. im Rahmen bleiben: ↑ Rahmen. jmdm. ein Rätsel bleiben: ↑ Rätsel. was Recht ist, muss Recht bleiben: ↑ Recht. am Ruder bleiben: ↑ Ruder. auf dem Schlachtfeld bleiben: ↑ Schlachtfeld. wer schreibt, der bleibt: ↑ schreiben. jmdm. drei Schritt vom Leib bleiben: ↑ Schritt. jmdm. nichts schuldig bleiben: ↑ schuldig. aus der Schusslinie bleiben: ↑ Schusslinie. Schuster, bleib bei deinem Leisten: ↑ Schuster. auf See bleiben: ↑ See. sehen, wo man bleibt: ↑ sehen. bleib senkrecht: ↑ senkrecht. immer [schön] senkrecht bleiben!: ↑ senkrecht. zweiter Sieger bleiben: ↑ Sieger. aus dem Spiel bleiben: ↑ Spiel. bei der Stange bleiben: ↑ Stange. kein Stein bleibt auf dem anderen: ↑ Stein. auf der Strecke bleiben: ↑ Strecke. stumm bleiben wie ein Grab: ↑ stumm. auf Tauchstation bleiben: ↑ Tauchstation. auf dem Teppich bleiben: ↑ Teppich. ungeschoren bleiben: ↑ ungeschoren. das bleibt unter uns: ↑ unter. jmdm. vorbehalten bleiben: ↑ vorbehalten. wer nicht kommt zur rechten Zeit, der muss nehmen, was übrig bleibt: ↑ Zeit.

bleiern: schwimmen wie eine bleierne Ente: ↑ schwimmen.

Bleifuß: mit Bleifuß [fahren] (ugs.): *ständig mit Vollgas [fahren]:* Wenn du immer nur mit Bleifuß fährst, ist es kein Wunder, dass der Wagen 16 Liter auf 100 km schluckt! Bei Viernheim gings auf die Autobahn und dann mit Bleifuß durch bis München.

Blick: wenn Blicke töten könnten!: *Reaktion auf einen feindseligen Blick:* Wie er sie jetzt wieder ansieht – wenn Blicke töten könnten!

den bösen Blick haben: *durch bloßes Ansehen, Betrachten Unheil bringen:* Von der Alten hieß es, sie habe den bösen Blick. Es gibt auch heute noch alte Weiber in Città morta, die glauben, ich hätte den bösen Blick und brächte Unglück (Andres, Liebesschaukel 29).

einen Blick hinter die Kulissen werfen/ tun: *die Hintergründe einer Sache kennen lernen:* Ich würde zu gerne einmal einen Blick hinter die Kulissen werfen. Als ich noch in der Planung arbeitete, konnte ich gelegentlich auch einen Blick hinter die Kulissen tun.

einen Blick auf jmdn., etwas werfen: *jmdn., etwas kurz ansehen:* Sie warf einen Blick auf die Zeichnung und sagte, so könne man heutzutage nicht mehr bauen. Der Sanitäter warf einen Blick auf den Bewusstlosen und winkte sofort eine Tragbahre heran.

einen Blick riskieren (ugs.): *vorsichtig, heimlich hinsehen:* Die Kinder versuchten einen Blick durchs Schlüsselloch zu riskieren. Der FKK-Strand war in unmittelbarer Nähe des Hotels, und er hätte gerne einen Blick riskiert. Borkhausen riskiert einen raschen Blick in das Gesicht seines Gegenübers (Fallada, Jeder 20).

einen/keinen Blick für jmdn., etwas haben: *jmdn., etwas sehr gut/nicht beurteilen, erkennen können:* Als erfolgreicher Filmproduzent glaubte er, einen Blick für viel versprechende Talente zu haben. In der Gegend gibt es kein Öl, für so etwas habe ich einen Blick. Ein Jammer, dass du keinen Blick für die verborgenen Schönheiten dieser Küstenlandschaft hast! Es ist die Niere. Ich habe einen Blick für Krankheiten (Hacks, Stücke 266).

keinen Blick für jmdn., etwas haben: *jmdn., etwas nicht beachten:* Der alternde Star hatte keinen Blick für die jungen Damen, die zu gerne von ihm zum Tanz gebeten worden wären. Die Schaufenster waren hell erleuchtet, aber die meisten Passanten hatten keinen Blick für die Auslagen. ... da Errico zum ersten Mal die Arie ... vortrug, hielt ihn die Schwierigkeit der Atemführung ... so im Banne, dass er für die Zuhörer keine Blicke hatte (Thieß, Legende 124).

jmdn., etwas keines Blickes würdigen: *jmdn., etwas [bewusst] nicht beachten:* Kaviar und Hummer wurden von ihr keines Blickes gewürdigt, sie griff gleich nach einem Drink. Er hatte seinen Widersacher keines Blickes gewürdigt und recht bald die Party verlassen. ... als er

eintritt ... bleibt er in der Tür stehn. Die Söhne würdigt er keines Blicks (Werfel, Bernadette 66).

auf den ersten/auf einen/mit einem Blick: *sofort, bei nur einmaligem, kurzem Hinsehen:* Man erkennt auf den ersten Blick, dass es sich um ein außergewöhnliches Talent handelt. Ich hatte auf einen Blick gesehen, warum der Plan nicht gelingen konnte. Auf den ersten Blick war ihm dieser Einmann sehr sympathisch (Ruark [Übers.], Honigsauger 593).

auf den ersten Blick: *bei nur flüchtigem Hinsehen, ohne genauere Untersuchung:* Auf den ersten Blick schienen die Dokumente echt zu sein. Wie stark die Bausubstanz geschädigt war, konnte man dem Haus auf den ersten Blick nicht ansehen. Ein Ende weiter rennt eine zweite Gruppe, die auf den ersten Blick ebenso groß aussieht (Grzimek, Serengeti 60).

auf den zweiten Blick: *bei näherem Hinsehen:* Wir hielten es für Gold, aber auf den zweiten Blick erwies es sich als poliertes Messing. ... erst auf den zweiten Blick konnte einem der Verdacht kommen, dass die ... Mädchen nicht nur Speisen und Getränke servierten (Ott, Haie 89).

blicken: sich blicken lassen (ugs.): *zu jmdn. kommen, jmdn. besuchen:* Wann lässt du dich mal wieder bei uns blicken? Verschwindet und lasst euch hier nicht wieder blicken! Ach was, der wird sich niemals mehr hier blicken lassen (Plievier, Stalingrad 252).

das lässt tief blicken: *das ist aufschlussreich:* Das lässt tief blicken, dass sie auch in dieser Zeit in St. Moritz ist. Er schwitzte gern, das ließ unter Umständen tief blicken. War er der geborene Ziegelsteinträger? (R. Walser, Gehülfe 117).

einer Sache ins Auge blicken: ↑ Auge. **jmdm. nicht ins Gesicht blicken können:** ↑ Gesicht. **hinter die Kulissen blicken:** ↑ Kulisse. **mit Stielaugen nach/auf etwas blicken:** ↑ Stielauge.

blind: blinder Alarm: *grundlose Aufregung, Beunruhigung:* Alles nur blinder Alarm, der Präsident wird nicht die Vertrauensfrage stellen. Von Januar bis März flogen und fuhren die Briten 32 Einsätze – stets war es blinder Alarm (Spiegel 17, 1966, 123).

blinder Passagier: *Schiffs- oder Flugzeugpassagier, der sich heimlich an Bord verbirgt und ohne Berechtigung mitreist:* Unser Schiff war noch in griechischen Hoheitsgewässern, als im Maschinenraum ein blinder Passagier entdeckt wurde.

blinder Eifer schadet nur: *mit Übereifer kommt man nicht zum Erfolg; es ist besser, sich die Dinge in Ruhe zu überlegen:* Du wirst deinen Ärger hinunterschlucken und ihn nicht zur Rede stellen – in solchen Situationen schadet blinder Eifer nur!

das sieht doch ein Blinder [mit dem Krückstock]! (ugs.): *das ist doch einleuchtend, völlig klar:* Die beiden haben doch etwas miteinander, das sieht doch ein Blinder mit dem Krückstock!

unter den Blinden ist der Einäugige König: *wer wenig kann, ragt dennoch unter denen hervor, die noch weniger können.*

ein blindes Huhn findet auch mal ein Korn: ↑ Huhn. **Liebe macht blind:** ↑ Liebe. **wie ein Blinder von der Farbe reden:** ↑ reden.

Blindheit: [wie] mit Blindheit geschlagen sein: *etwas Wichtiges nicht sehen, nicht erkennen:* Ich muss doch mit Blindheit geschlagen gewesen sein, als ich ihm diese Vertrauensstellung gab. Die Bundesregierung in Bonn war ein zweites Mal mit Blindheit geschlagen, als sie vor 14 Tagen den Gesetzentwurf für die nächsten Bundestagswahlen verabschiedete (Augstein, Spiegelungen 7).

blink: blink und blank (ugs.): *vor Sauberkeit glänzend:* Heute ist Putztag; bis zum Abend muss in der Wohnung alles blink und blank sein.

Blitz: wie ein Blitz aus heiterem Himmel (ugs.): *ohne Vorbereitung, plötzlich, völlig unerwartet:* Die Nachricht von dem Unglück traf uns wie ein Blitz aus heiterem Himmel. Die Zustimmung des Hauseigentümers kam wie ein Blitz aus heiterem Himmel. Mein Gesuch ... war schon geschrieben, als, wie der Blitz aus heiterem Himmel, der Anruf der Sekretärin ... bei mir anlangte (Dürrenmatt, Grieche 40).

wie der Blitz (ugs.): *sehr schnell:* Die Kinder waren wie der Blitz verschwunden. Wie der Blitz war die Meute bei ihm

(Grzimek, Serengeti 211). Peter warf die Stange an Deck und holte zusammen mit Abel den Anker hoch. ... Muss wie der Blitz gehen, sonst kommt man nicht wieder los (Hausmann, Abel 32).

wie ein geölter Blitz (ugs.): *sehr schnell:* Die Katze war wie ein geölter Blitz auf dem Schrank. Wie ein geölter Blitz, bald hier, bald dort auftauchend, schlängelte er sich durch die Großen (Maegerlein, Triumph 68).

dastehen wie vom Blitz getroffen: ↑ dastehen. **Donner und Blitz!:** ↑ Donner. **einschlagen wie ein Blitz:** ↑ einschlagen. **potz Blitz!:** ↑ potz.

blöd: blöd aus dem Anzug gucken: ↑ gucken. **zu blöd sein, einen Eimer Wasser umzustoßen:** ↑ Wasser.

Blödsinn: höherer Blödsinn: 1. (scherzh.) *Nonsens, Ulk, Spaß ohne tieferen Sinn:* In unserer beliebten Serie »Slapstick, Parodie und höherer Blödsinn« sehen Sie heute Abend ... 2. (ugs.) *unsinniges Gerede, unsinniges Tun:* Mit dem Fahrrad will er in zwei Tagen bis nach Sizilien gefahren sein, das ist doch höherer Blödsinn!

blond: blondes Gift (ugs.; scherzh.): *verführerische Blondine:* Die neue Chefsekretärin ist ein blondes Gift! Das blonde Gift spielt die hinreißende Marilyn Monroe (Hörzu 1, 1979, 31).

Blondine: von hinten Blondine, von vorne Ruine (ugs.): *spöttische Bemerkung über eine ältere Frau, die durch elegant frisierte, blond gefärbte Haare von hinten sehr viel jünger und attraktiver aussieht.*

bloß: mit bloßem Auge: ↑ Auge. **der bloße Gedanke:** ↑ Gedanke. **bloße Mache sein:** ↑ Mache. **sag bloß!:** ↑ sagen.

Blöße: sich eine Blöße geben: *sich bloßstellen, sich blamieren:* Die Opposition wartet darauf, dass sich die Regierung eine Blöße gibt. Ich werde mir doch nicht vor dir eine Blöße geben! Jetzt haben sie, die Persickes, sich ein bisschen viel Blößen gegeben (Fallada, Jeder 52).

jmdm. eine Blöße bieten: *jmdm. eine Gelegenheit zum Angriff, zur Kritik geben:* Wir werden unseren politischen Gegnern keine Blöße mehr bieten.

▶ Diese Wendungen stammen aus der Fechtersprache und meinen eigentlich »eine Stelle ungedeckt lassen«.

Blücher: rangehen wie Blücher: ↑rangehen. **aber sicher, sagte Blücher:** ↑sicher.

blühen: neues Leben blüht aus den Ruinen: ↑Leben. **jmds. Weizen blüht:** ↑Weizen.

Blume: durch die Blume: *andeutungsweise, verhüllt:* Ich habe ihm durch die Blume zu verstehen gegeben, dass er alt genug sei, um sein Geld selber zu verdienen. Durch die Blume gesprochen, ja. Niemand, den man durch die Blume ... fragte, hatte eine Ahnung (Winckler, Bomberg 112). Durch die Blume droht man mit Kündigung (Chotjewitz, Friede 162).
▶ Die Wendung knüpft an Blume im Sinne von »rednerische Ausschmückung« an, vgl. mhd. redebluome »Redeschmuck«. Sie meinte also ursprünglich »etwas in Floskeln, nicht mit direkten Worten sagen«.

vielen Dank für die Blumen!: *ironische Dankesformel:* Du hast ja heute großartig gehalten. – Vielen Dank für die Blumen, vier Tore in einem Spiel habe ich schon lange nicht mehr kassiert.

jmdn. schleifen, dass die Blümchen weinen: ↑schleifen.

Blumentopf: mit etwas ist kein Blumentopf zu gewinnen/kann man keinen Blumentopf gewinnen (ugs.): *mit etwas hat man keinen Erfolg, kann man nichts erreichen:* Mit Radikalismus ist in Österreich kein Blumentopf zu gewinnen. Das sind doch völlig unausgegorene Ideen, damit kannst du beim Chef keinen Blumentopf gewinnen. »Wir brauchen kein besonderes Bühnenbild, wir haben die Stars.« Besessene Bühnenbildner können bei ihm keinen Blumentopf gewinnen (Hörzu 44, 1972, 24).
▶ »Blumentopf« meint in dieser Wendung wahrscheinlich umgangssprachlich scherzhaft den Renommierblumenstrauß, wie er z. B. Künstlern auf der Bühne überreicht wird, vgl. Duftbesen für »großer Blumenstrauß«. Weniger wahrscheinlich ist die Annahme, dass mit »Blumentopf« wirklich ein Blumentopf gemeint war, den man an einer Bude auf dem Rummelplatz gewinnen kann.

Bluse: etwas in/unter der Bluse haben (ugs.): *einen großen Busen haben:* Die Neue hat ganz schön etwas in der Bluse.

eine prall gefüllte Bluse haben (ugs.): *einen großen Busen haben:* Das Mädchen, mit dem er tanzte, hatte eine prall gefüllte Bluse.

Blut: Blut ist dicker als Wasser: *verwandtschaftliche Bindungen sind stärker als alles andere:* Sie wird ihren Vater niemals anzeigen, Blut ist immer noch dicker als Wasser. Zwischen uns hats gleich gefunkt, und ich habe sofort gesagt: Blut ist dicker als Wasser (MM 21. 9. 1977, 10).

jmdm. kocht das Blut in den Adern: *jmd. ist sehr erregt, sehr zornig:* Als er die verwüsteten Blumenbeete sah, kochte ihm das Blut in den Adern.

jmdm. erstarrt/gefriert/gerinnt/stockt das Blut in den Adern: *jmd. ist starr vor Schreck, ist vor Entsetzen wie gelähmt:* Beim Anblick der Häftlinge erstarrte ihnen das Blut in den Adern. Als er den Keller betrat, war ihm, als gefröre ihm das Blut in den Adern.

an jmds. Händen klebt Blut (geh.): *jmd. ist ein Mörder:* An den Händen des Diktators klebt Blut.

Blut geleckt haben (ugs.): *Gefallen an etwas finden:* Wenn die Neue erst einmal Blut geleckt hat, macht er von alleine mit. ... sie haben Blut geleckt, sie wissen, wies ist, sie werden fordern, und die Konkurrenz ist geschwächt (Benn, Stimme 24). Die hat Blut geleckt, sagte Tünnemann, ich kenn doch unser Oma. Paar Tage, dann isse weich (Degenhardt, Zündschnüre 60).

Blut [und Wasser] schwitzen (ugs.): *[in einer schwierigen Situation] große Angst vor einem Misserfolg, vor einem unangenehmen Ausgang o. Ä. haben:* Sie schwitzte Blut und Wasser, als die Polizei das Fahrzeug kontrollierte. Ich habe in der Prüfung Blut und Wasser geschwitzt. Joan, meine Frau, hat immer Blut und Wasser geschwitzt, dass die Kinder bei den Fotografen nicht was Fürchterliches anstellten (Hörzu 23, 1975, 23).

Blut rühren (ugs.): *eine Auseinandersetzung äußerst rücksichtslos führen:* Bei der Grundsatzdiskussion brachen alte Gegensätze auf, schon bald wurde wieder Blut gerührt, obwohl man eine faire Diskussion angekündigt hatte.

Blut sehen wollen: *eine brutale, blutige Auseinandersetzung, grausame Straf-*

maßnahmen anstreben: Das Volk wollte Blut sehen. Betrunkene Krawallmacher drängten in die gegnerische Fankurve, sie waren völlig enthemmt und wollten Blut sehen.

blaues Blut in den Adern haben: *adliger Abkunft sein:* Es heißt, sie habe blaues Blut in den Adern.

▶ Die Wendung ist spanischen Ursprungs (span. sangre azul) und bezog sich ursprünglich auf die westgotischen Adligen, durch deren helle Haut – im Gegensatz zu der dunkelfarbigen Haut der Mauren – die Adern bläulich durchschimmerten.

böses Blut machen/schaffen: *Unwillen erregen:* Die Rede des Parteivorsitzenden hat im Ausland viel böses Blut gemacht. Sie hat mit ihrer Bemerkung nur böses Blut geschaffen. Übrigens war es sofort ersichtlich, dass der Vorfall böses Blut im Dorfe machte (Seidel, Sterne 137).

heißes/wildes/feuriges Blut haben (ugs.): *leidenschaftlich, sehr temperamentvoll sein:* Die Choreographin hatte, ob sie heißes Blut hätte. Sie war sizilianischer Abkunft und hatte wildes Blut.

kaltes Blut bewahren: *sich beherrschen, kaltblütig bleiben:* Auch in dieser Krisensituation bewahrte der Regierungschef kaltes Blut. Der Makler verstand, kaltes Blut zu bewahren (Brecht, Groschen 111).

ruhig[es] Blut bewahren: *in einer aufregenden Situation Ruhe bewahren:* Die Gäste wurden gebeten, ruhig Blut zu bewahren und auf das Eintreffen der Polizei zu warten.

[nur immer] ruhig Blut!: *nur keine Aufregung!:* Nur ruhig Blut, meine Herrschaften, die Fähre wird ihre Fahrt bald wieder fortsetzen können. »Ruhig Blut, Alfred«, sage ich. »Keine Botschaft aus dem Jenseits ...« (Remarque, Obelisk 246). Nun mal ruhig Blut! Müssen nicht immer gleich die Flinte ins Korn werfen (Hausmann, Abel 105).

die Bande des Blutes (geh.): *verwandtschaftliche Bindungen:* Sie weigerte sich, ihren Bruder der Justiz auszuliefern, die Bande des Blutes waren stärker.

jmdn. bis aufs Blut quälen/peinigen/reizen: *jmdn. sehr quälen/peinigen/reizen:* Die beiden Prüfer haben mich mit ihren Fragen bis aufs Blut gepeinigt. Man quälte den alten Mann im Verhör bis aufs Blut. Es war kein Raubmord, es war Totschlag, in Wut und Verzweiflung hat er seinen Kahnschiffer, der den Schiffsjungen Bruhn bis aufs Blut peinigte, erschlagen (Fallada, Blechnapf 25).

jmdm. im Blut liegen: *jmdm. als Begabung angeboren sein:* Sie ging zum Theater, weil ihr Musik und Tanz im Blut lagen. Das Kaufmännische liegt unserer ganzen Familie im Blut.

im Blut/in jmds. Blut waten (geh.): *seine Gegner massenweise töten, Massen grausam hinrichten:* Die neuen Machthaber wateten im Blut. Die Junta schlug brutal zurück, der Generalissimo watete im Blut der Oppositionellen.

etwas im Blut/in jmds. Blut ersticken (geh.): *etwas durch jmds. Tötung/durch Tötung der Gegner unterdrücken:* Die Truppen des Diktators erstickten den Aufstand im Blut. Der Freiheitskampf der Bevölkerung wurde im Blut der Revolutionäre erstickt.

ins Blut gehen: *sich anregend übertragen:* Der Rhythmus ging ihnen ins Blut. Das ist eine Musik, die ins Blut geht. ... sie (= Musik) muss zuerst gespielt und gehört und ins Blut gegangen sein, eh einer daheim in seiner Kammer an sie denken ... kann (Hesse, Steppenwolf 149).

in seinem Blut schwimmen (geh.): *blutig niedergemetzelt worden sein:* Sie feuerten mit Maschinengewehren in die Menge, bis die Aufständischen in ihrem Blut schwammen.

etwas mit seinem Blut besiegeln (dichter.): *für etwas im Kampf sterben:* Sie hatten die Verteidigung der Heimat mit ihrem Blut besiegelt.

nach Blut lechzen/dürsten (geh.): *[aus Rache] töten wollen:* Die Schmach musste getilgt werden, das ganze Volk lechzte nach Blut.

aussehen wie Milch und Blut: ↑ aussehen. **sein eigen Fleisch und Blut:** ↑ Fleisch. **jmdm. in Fleisch und Blut übergehen:** ↑ Fleisch. **ein junges Blut:** ↑ jung. **ein Mensch aus/von Fleisch und Blut:** ↑ Mensch. **Musik im Blut haben:** ↑ Musik. **jmds. Blut in Wallung bringen:** ↑ Wallung. **jmds. Blut gerät in Wallung:** ↑ Wallung.

Blüte: seltsame/wunderliche Blüten treiben: *seltsame/wunderliche Formen annehmen:* Ihr Hang zum Samaritertum trieb seltsame Blüten. Die Auseinandersetzungen um die Reform begannen wunderliche Blüten zu treiben.
in der Blüte seiner/ihrer usw. Jahre (geh.): *in jungen Jahren:* Viele Söhne der Stadt waren in der Blüte ihrer Jahre auf dem Schlachtfeld gefallen. Der durchaus nicht mehr in der Blüte der Jahre stehende Tenor war seinem Charakter nach ein Buffo, klein und pfiffig (Thieß, Legende 201).
in Blüte stehen: *blühen:* Schon Ende Februar standen die ersten Mandelbäume in Blüte.
bluten: bluten wie ein [gestochenes] Schwein (ugs.): *stark bluten:* Der Betrunkene hatte sich an den Scherben verletzt und blutete wie ein Schwein.
▶ Gemeint ist natürlich »wie ein Schwein, wenn es geschlachtet wird«.
blutenden Herzens: ↑Herz. **jmdm. blutet das Herz:** ↑Herz.
blütenweiß: eine blütenweiße Weste haben: ↑Weste.
Blutgruppe: dieselbe Blutgruppe haben (ugs.): *dieselbe Lebenseinstellung haben und daher gut zueinander passen:* Inge und ich, wir haben dieselbe Blutgruppe.
jmds. Blutgruppe sein (ugs.): *jmdm. zusagen:* Die Freundin, die sie mitgebracht hat, ist die deine Blutgruppe? Ferien auf Mallorca, nein, das ist nicht meine Blutgruppe.
blutig: sich blutige Köpfe holen: ↑Kopf.
blutige Tränen weinen: ↑Träne.
Blutwurst: Rache ist Blutwurst: ↑Rache.
Bock: jmdn. stößt der Bock (fam.): *jmd. ist störrisch, trotzig:* Unseren Jüngsten stößt heute mal wieder der Bock.
▶ Die Wendung bezieht sich auf das störrische Verhalten des Ziegenbocks; vgl. dazu auch die Bildungen »bocken, bockig, bockbeinig«.
jetzt ist der Bock fett (ugs.): *jetzt ist meine Geduld erschöpft, jetzt reicht es:* Das ist die vierte kaputte Fensterscheibe in drei Wochen – jetzt ist der Bock fett!
▶ Die Wendung meint eigentlich, dass man nicht länger warten muss, weil der Bock fett ist und geschlachtet werden kann.

[einen] Bock [auf etwas] haben (ugs.): *[auf etwas] Lust haben:* Wenn ich einen Bock auf Pizza habe, dann kaufe ich mir eben eine. Wenn man sich den neuen Parteivorstand ansieht, kann man verstehen, warum so viele Jugendliche null Bock auf Politik haben.»Da hat sie eben 'n Bock drauf: Mit 'm Macker schlafen, ohne dass einer zwischenkommt ...« (Hörzu 40, 1972, 135).
einen Bock haben (fam.): *störrisch, trotzig sein:* Na, hast du noch einen Bock? Wenn unser Junge einen Bock hat, lassen wir ihn einfach gehen.
Vgl. »jmdn. stößt der Bock«.
einen Bock schießen (ugs.): *einen Fehler machen:* Ich habe bei der Fahrprüfung einen schweren Bock geschossen. Er hatte, seitdem er als Mechaniker arbeitete, schon mehrere Böcke geschossen.
▶ Die Wendung bezieht sich auf einen alten Brauch der Schützengilden, wonach der schlechteste Schütze als Trostpreis einen Bock erhielt.
den Bock zum Gärtner machen (ugs.): *einen völlig Ungeeigneten mit einer Aufgabe betrauen:* Ihr werdet doch nicht den Bock zum Gärtner machen wollen und diesen Kriecher in den Betriebsrat wählen. Da hatte man allerdings, wie man so sagt, den Bock zum Gärtner gemacht (Langgässer, Siegel 179).
▶ Die Wendung bezieht sich darauf, dass ein Ziegenbock in einem Garten die Pflanzen abfrisst und die Beete zertrampelt.
den Bock melken (ugs.): *etwas Unsinniges tun:* Wenn wir damit in Serie gehen, melken wir doch einen Bock.
aus Bock (ugs.): *aus Übermut:* »Nur so aus Bock« traten Rocker in Hamburg einen Mann zusammen ... (Spiegel 29, 1974, 38).
wie Bolle auf dem Bock: ↑Bolle. **die Schafe von den Böcken scheiden/trennen:** ↑Schaf.
Bockshorn: sich nicht ins Bockshorn jagen lassen (ugs.): *sich nicht einschüchtern lassen:* Sie können auch an der Wattseite der Insel baden, lassen Sie sich bloß nicht ins Bockshorn jagen. So leicht lasse ich mich doch nicht ins Bockshorn jagen! Es berührt seine Person nicht, was die beiden machen, und er lässt sich

nicht ins Bockshorn jagen (Frisch, Gantenbein 369).
▶ Der Ursprung der seit dem 15. Jh. bezeugten Wendung ist nicht sicher geklärt. Vielleicht hängt sie mit dem Haberfeldtreiben (eigentlich Ziegenfelltreiben) zusammen, einem früher üblichen [nächtlichen] Rügegericht, bei dem der Übeltäter in ein Ziegenfell gesteckt und umhergetrieben wurde. »Bockshorn« wäre dann eine Umdeutung aus bockes hamo »Ziegenfell«.

Boden: jmdm. brennt der Boden unter den Füßen (ugs.): *jmdm. wird es an seinem Aufenthaltsort zu gefährlich:* Als den Agenten der Boden unter den Füßen zu brennen begann, setzten sie sich nach Schweden ab.

jmdm. wird der Boden unter den Füßen zu heiß (ugs.): *jmdm. wird es an seinem Aufenthaltsort zu gefährlich:* Den Gangstern wurde allmählich der Boden unter den Füßen zu heiß.
▶ Beide Wendungen beziehen sich darauf, dass es bei einem Brand höchste Zeit ist, zu flüchten, wenn der Boden heiß wird und zu brennen beginnt.

festen Boden unter den Füßen haben: *eine sichere Grundlage haben, sich sicher fühlen:* Als seine alte Firma ihn wieder einstellte, hatte er endlich festen Boden unter den Füßen. Einiges hatte zu tun mit Himmel und Erde, und es war so wie wenn einige Leute wieder festen Boden unter den Füßen haben wollten (Degenhardt, Zündschnüre 135). ... ich müsste festen Boden unter den Füßen haben oder mich in den Straßengraben setzen und ein bisschen heulen dürfen (Geissler, Wunschhütlein 104).

festen Boden unter die Füße bekommen/kriegen: *eine sichere Grundlage, einen Halt finden:* Wir sind alle sehr froh, dass sie wieder festen Boden unter die Füße bekommen hat. Durch Kredit ... bekam er wieder festen Boden unter die Füße (Bieler, Bonifaz 147). Seiffert gehört zu jener Generation, die ... besondere Anstrengungen nötig hatte, wieder festen Boden unter die Füße zu kriegen (Wolf, Himmel 170).

Boden wieder gutmachen/wettmachen (ugs.): *jmdm. gegenüber aufholen, Fortschritte machen:* Der demokratische Kandidat konnte bei den Vorwahlen Boden wettmachen. Einige afrikanische Staaten haben in der industriellen Entwicklung Boden gutgemacht. Toini Pöysti machte zwar gegen Britt Strandberg Boden gut, konnte den zweiten Platz der schwedischen Staffel aber nicht mehr gefährden (Olymp. Spiele 29).

einer Sache den Boden entziehen: *etwas entkräften:* Mit dieser Erklärung hat die Regierung allen Gerüchten den Boden entzogen. Das Auftreten des Diktators in der Öffentlichkeit entzog allen Spekulationen den Boden. Und damit ist die Annahme, dass man für alle verschiedenartigen Schandtaten vielleicht nur nach zwei Tätern zu suchen brauche, wieder einmal der Boden entzogen (Quick 47, 1958, 38).

jmdm. den Boden unter den Füßen wegziehen: *jmdn. der Existenzgrundlage berauben:* Durch die Supermärkte wird immer mehr Kleinhändlern der Boden unter den Füßen weggezogen. Diese These ist für die Bolschewiken höchst unangenehm, da sie ihnen, wenn sie sich durchsetzte, den Boden unter den Füßen wegziehen würde (Mehnert, Sowjetmensch 326).

den Boden unter den Füßen verlieren: *die Existenzgrundlage verlieren; haltlos werden:* Wenn er weiter so wirtschaftet, wird er bald den Boden unter den Füßen verlieren. Nach dem Tod seiner Frau verlor er völlig den Boden unter den Füßen. Hat die Politik Adenauers wirklich den Boden unter den Füßen verloren? (Dönhoff, Ära 108).

den Boden für jmdn., für etwas vorbereiten: *günstige Bedingungen, Voraussetzungen für jmdn., für etwas schaffen:* Als er zurückkehrte, war der Boden für den Sturz des Regimes lange vorbereitet. Sein Schwiegervater hatte für ihn den Boden in der Firma gut vorbereitet.

einen guten/günstigen Boden für etwas [vor]finden: *gute/günstige Voraussetzungen für etwas vorfinden:* Gerade in Studentenkreisen fand er einen guten Boden für seine umstürzlerischen Pläne vor.

den Boden aufsuchen (Boxen): *nach einem Schlag zu Boden gehen:* Bereits in der ersten Runde musste der Herausforderer zweimal den Boden aufsuchen.

Der Gast fiel um, und der Vollmond erhielt von Stollenberg einen Handkantenschlag gegen die Halsschlagader und musste wieder den Boden aufsuchen (Ott, Haie 17).
am Boden zerstört sein (ugs.): *völlig erschöpft, deprimiert sein:* Nach der langen Fahrt waren wir völlig am Boden zerstört. Sie ist restlos am Boden zerstört, weil man ihr ihren Führerschein abgenommen hat.
▶ Die Wendung stammt aus der Sprache der Kriegsberichterstattung und bezog sich zunächst auf Flugzeuge, die durch Bomben zerstört wurden, bevor sie zum Einsatz kamen.
[an] Boden gewinnen: *sich ausbreiten, zunehmen:* Auch in Ländern außerhalb des Ostblocks haben sozialistische Ideen Boden gewonnen. Die faschistische Partei ... vermochte aber als Gegenbewegung gegen den anwachsenden Kommunismus rasch an Boden zu gewinnen (Fraenkel, Staat 83).
[an] Boden verlieren: *an Einfluss, Macht verlieren; in eine schlechtere Position geraten:* Bei den letzten Kommunalwahlen haben die Konservativen Boden verloren. In einigen Ländern hat das Französische an Boden verloren. Reineboth verlor durch Krämers Sicherheit ... Boden (Apitz, Wölfe 159).
auf fruchtbaren Boden fallen: *günstig aufgenommen werden, wirksam werden:* Die Warnungen der Polizei sind nicht auf fruchtbaren Boden gefallen. Die damit verbundene verstärkte Verherrlichung Lenins fiel auf fruchtbaren Boden (Mehnert, Sowjetmensch 308).
sich auf schwankenden/unsicheren Boden begeben: *den Boden der Tatsachen, des Gesicherten verlassen, unsichere Voraussetzungen einbeziehen:* Mit diesen Theorien begab er sich auf unsicheren Boden.
etwas aus dem Boden stampfen: *etwas hervorzaubern, aus dem Nichts hervorbringen:* Ich kann das Geld doch nicht aus dem Boden stampfen. Sollte er das Beweismaterial aus dem Boden stampfen? Also kam man auf die Idee, in Peru, und zwar mitten in der Wildnis, einen völlig neuen Flugplatz aus dem Boden zu stampfen (Cotton, Silver-Jet 104).

wie Pilze aus dem Boden/aus der Erde schießen: *rasch in großer Zahl entstehen:* An der spanischen Mittelmeerküste schossen die Hotels wie Pilze aus dem Boden. Versicherungspaläste schossen wie Pilze aus dem Boden. ... dann sind natürlich alle weiteren Überlegungen und auch die vielen Pläne und Vorschläge, die wie Pilze aus dem Boden schießen, müßig (Dönhof, Ära 93).
wie aus dem Boden gewachsen (ugs.): *plötzlich:* Wie aus dem Boden gewachsen standen die beiden Männer vor ihr. Wie aus dem Boden gewachsen tauchen die Figuren rund um den Wagen auf, sehen herein ... (Ossowski, Flatter 105).
jmd. würde [vor Scham] am liebsten in den [Erd]boden versinken/wäre [vor Scham] am liebsten in den [Erd]boden versinken: *jmd. schämt sich sehr/hat sich sehr geschämt:* Dem Lehrer war der kleine Betrug nicht verborgen geblieben, und der arme Sünder wäre am liebsten in den Boden versunken. Das Mädchen mit dem zerrissenen Kleid sieht aus, als würde es vor Scham am liebsten in den Erdboden versinken.
zu Boden gehen: *niederstürzen:* Nach einer schweren Rechten ging der Herausforderer zu Boden. Ich bekam einen Stoß in die Magengrube und ging, nach Luft japsend, zu Boden. Ein Beamter sei zu Boden gegangen und habe daraufhin seine Dienstwaffe gezückt (Spiegel 34, 1981, 32).
jmdn. zu Boden strecken (geh.): *jmdn. niederschlagen:* Mit einem gezielten Fausthieb hatte er den Störenfried zu Boden gestreckt.
etwas schlägt dem Fass den Boden aus: ↑ Fass. **ein Fass ohne Boden sein:** ↑ Fass. **in Grund und Boden:** ↑ Grund. **Handwerk hat goldenen Boden:** ↑ Handwerk. **ohne Netz und doppelten Boden:** ↑ Netz. **dich/den hau ich ungespitzt in den Boden:** ↑ ungespitzt. **so voll sein, dass kein Apfel/keine [Steck]nadel zu Boden fallen kann:** ↑ voll. **jmdm. wankt der Boden unter den Füßen:** ↑ wanken.
Bodensee: ein Ritt über den Bodensee: ↑ Ritt.
Bogen: den Bogen überspannen: *etwas auf die Spitze treiben, zu hohe Forderungen stellen:* Ich habe dir gleich gesagt, du

sollst den Bogen nicht überspannen. Mit diesem Vorgehen hat die Regierung den Bogen überspannt. Der Spieß schaute auf den Oberleutnant ... irgendwie hatten sie das Gefühl, es sei nicht gut, den Bogen zu überspannen (Kuby, Sieg 421).

▶ »Bogen« in dieser und der folgenden Wendung meint die Schusswaffe, die entzweigeht, wenn man sie zu stark spannt; vgl. aus Schillers »Tell«: Allzu straff gespannt zerspringt der Bogen.

den Bogen zu straff spannen (geh.): *zu hohe Anforderungen stellen:* Das Versagen der Mannschaft ist verständlich; man hat in der letzten Zeit den Bogen wohl zu straff gespannt.

einen Bogen um jmdn., um etwas machen (ugs.): *jmdn., etwas meiden:* Ich mache um meine Verwandtschaft am liebsten einen großen Bogen. Und wenn »Smoking« vorgeschrieben ist, macht er um solche Festlichkeiten sowieso einen Bogen (Hörzu 18, 1971, 10). Pornofreunde machen um diesen Film besser einen großen Bogen (Spiegel 6, 1976, 144).

den Bogen heraushaben (ugs.): *wissen, wie man etwas machen muss:* Keine fünf Minuten hatte sie sich damit beschäftigt, da hatte sie schon den Bogen heraus. Hau, Mann, du hast den Bogen aber raus! (Hausmann, Abel 16).

▶ Der Ursprung der Wendung ist nicht sicher zu klären. Vielleicht meinte »Bogen« den Bogen beim Schlittschuhlaufen.

große Bogen spucken (ugs.): *sich aufspielen, sich wichtig machen:* Wenn er angeheitert ist, spuckt er immer große Bogen. Ich spuckte bewusst keine großen Bogen, denn ich wusste, dass von Herberger immer fünfundzwanzig bis dreißig Mann benachrichtigt wurden (Walter, Spiele 31).

▶ Die Wendung meint eigentlich, dass jemand damit prahlt, am weitesten (in großem Bogen) zu spucken, ursprünglich wohl über die Reling oder am Geländer ins Wasser, wie man es in Seemannskreisen beobachten kann.

jmdn. im hohen Bogen hinauswerfen/ rauswerfen (ugs.): 1. *jmdn., ohne lange zu zögern, hinauswerfen:* Der Wirt warf die beiden Betrunkenen im hohen Bogen hinaus. 2. *jmdn. fristlos entlassen:* Der

Verein hat den Kassierer im hohen Bogen hinausgeworfen.

im hohen Bogen hinausfliegen/rausfliegen (ugs.): 1. *ohne viel Aufhebens hinausgeworfen werden:* Wer stört, fliegt im hohen Bogen hinaus. Und aus der Garderobe von Lisa ist eben einer rausgeflogen. Und zwar in hohem Bogen (Kirst, 08/15, 434). 2. *fristlos entlassen werden:* Auch in seiner neuen Firma flog er bald im hohen Bogen hinaus.

in Bausch und Bogen: ↑ Bausch.

böhmisch: jmdm. böhmisch vorkommen (ugs.): *jmdn. seltsam anmuten, von jmdm. nicht verstanden werden:* Es kam ihm böhmisch vor, dass seine Frau plötzlich über so viel Geld verfügte.

jmdm./für jmdn. böhmische Dörfer/ein böhmisches Dorf sein (ugs.): *für jmdn. unverständlich, unerklärlich, seltsam sein:* Alles, was er ihr erzählte, waren böhmische Dörfer für sie. Für Sophie war der Inhalt des Untersuchungsberichtes ein böhmisches Dorf (Kühn, Zeit 337). Eine Republik? So viel wie ein böhmisches Dorf war es für ihn gewesen (Kühn, Zeit 15).

▶ Die Wendung meinte ursprünglich die slawischen Namen vieler Dörfer in Böhmen, die den Deutschen in Böhmen fremdartig klangen und unverständlich waren.

Bohne: nicht die/(selten:) **keine Bohne** (ugs.): *überhaupt nicht[s]:* Er hat nicht die Bohne von dem Stück verstanden. Mit mir war nicht die Bohne los. Ich war bloß irgend so ein Idiot (Plenzdorf, Leiden 86). »Sind Sie Kommunist, Meister?« – »Ich? Keine Bohne ...« (Fallada, Mann 233).

▶ Die verstärkende Verneinung geht von der einzelnen Bohne als etwas völlig Wertlosem, als einer Nichtigkeit aus.

Bohnen in den Ohren haben (ugs.): *[absichtlich] nicht hören:* Warum kommt er denn nicht? Er hat wohl Bohnen in den Ohren! Ja, was ist denn mit Ihnen los? Haben Sie Bohnen in den Ohren oder was? (Heim, Traumschiff 150).

blaue Bohnen: ↑ blau.

Bohnenstroh: dumm wie Bohnenstroh sein: ↑ dumm.

bohren: das Brett/das Holz bohren, wo es am dünnsten ist: ↑ Brett. **etwas in den**

Grund bohren: ↑ Grund. **sich lieber ein Loch ins Knie bohren [lassen]:** ↑ Loch.

Bolle: wie Bolle auf dem Milchwagen/auf dem Bock (ugs.; landsch.): *ganz vortrefflich, sehr [gut]:* Wir haben uns mal wieder amüsiert wie Bolle auf dem Milchwagen. Der lebt doch hier wie Bolle auf dem Bock.

▸ Die aus Berlin stammende Wendung bezog sich ursprünglich wahrscheinlich auf den bekannten Refrain »Aber dennoch hat sich Bolle ganz köstlich amüsiert« und spielte dann auf die Milchwagen (Bolle-Wagen) des Berliner Milchhändlers Bolle an.

Bombe: die Bombe platzt (ugs.): *das [gefürchtete] Ereignis tritt ein:* Mit dem Rücktritt des Wirtschaftsministers war die Bombe geplatzt. Nächsten Sonntag soll die Bombe platzen; bis dahin liegt das Beweismaterial im Tresor der Zeitung. Die »Bombe« platzte ... als das Schweizer Nationalkomitee ... mitteilte, dass dem Bund Deutscher Radfahrer alle Unterlagen zugegangen seien (Saarbrücker Zeitung 27. 6. 1980, 8).

mit Bomben und Granaten durchfallen (ugs.): *in einer Prüfung o. Ä. völlig versagen:* Beim Eignungstest waren beide Bewerber mit Bomben und Granaten durchgefallen.

wie eine Bombe einschlagen: ↑ einschlagen.

Bonbon: sich ein[en] Bonbon ins Hemd machen (ugs.): *sich übervorsichtig anstellen, ängstlich sein:* Nun mach dir bloß keinen Bonbon ins Hemd, wenn du mal zum Zahnarzt musst. Der macht sich gleich ein Bonbon ins Hemd, wenn er mal zum Chef gerufen wird.

jmdm. ein[en] Bonbon ans Hemd/auf die Backe kleben (ugs.): *jmdn. veralbern:* Ich lass mir doch von so einem Schnösel kein Bonbon ans Hemd kleben! Der will dir bloß einen Bonbon auf die Backe kleben – er hat gar kein Boot, das er dir leihen könnte! Einen Bonbon ans Hemd kleben wollten sie Walter Scheel (Hörzu 41, 1975, 53).

bongen: gebongt sein (ugs.): *abgemacht sein, wie besprochen erledigt werden:* Ist gebongt, morgen früh kommen zwei Mann und holen den Kühlschrank ab. Ich habe mit dem Anwalt gesprochen; die Sache ist gebongt, er macht die Dokumente schnellstens fertig. Wir hattens zwar schon geahnt, aber nun wars gebongt (Hörzu 27, 1980, 24).

Boot: im gleichen/in einem Boot sitzen: *gemeinsam eine schwierige Situation bewältigen müssen:* Alleingänge haben gar keinen Sinn, wir sitzen doch alle in einem Boot. Bedenken sollten Sie im Übrigen, dass wir jedenfalls im gleichen Boot sitzen (Maass, Gouffé 248). Wir sind nicht in der Lage zu kritisieren. Wir sitzen alle im selben Boot (Ruark [Übers.], Honigsauger 125).

▸ Die Wendung ist entlehnt aus englisch »to be in the same boat« und meint, dass diejenigen, die auf See in einem Boot sind, dasselbe Schicksal teilen und aufeinander angewiesen sind.

Bord: etwas über Bord werfen: *etwas aufgeben, fallen lassen:* Nach einigem Zögern warf er die Bedenken über Bord. Ich kann meine Grundsätze nicht so einfach über Bord werfen. Greta! ... ich hätte mit dir zum Plattensee fahren sollen. Alles über Bord werfen ... und mit dir kommen, ganz egal, was daraus werden sollte (Hartung, Piroschka 35).

Mann über Bord: ↑ Mann.

Borg: auf Borg: *ohne sofortige Bezahlung:* Der Wagen ist natürlich auf Borg gekauft; bar hätte sie ihn nie bezahlen können. Er war ein Lebenskünstler und Bohemien, dem es nichts ausmachte, ständig auf Borg zu leben.

Borke: zwischen Baum und Borke stehen/stecken: ↑ Baum.

Borste: seine Borsten aufstellen/zeigen: *sich widerspenstig, abweisend gebärden:* Gegenüber Journalisten hatte der Erfolgsautor seit jeher seine Borsten aufgestellt. Die Tante war meist sehr freundlich, konnte aber auch ihre Borsten zeigen.

böse: eine böse Sieben (ugs.): *ein zanksüchtiges Weib:* Schon nach wenigen Jahren merkte er, was für eine böse Sieben er geheiratet hatte.

▸ Der Ausdruck rührt aus dem Karnöffelspiel her, wo die höchste Karte zunächst das Bild des Teufels und dann das eines bösen Weibes trug.

der böse Bube: *derjenige, der an allem schuld ist; der Bösewicht:* Ich habe mich

nicht jahrelang für mehr Arbeitsplätze in der Region eingesetzt, um jetzt als der böse Bube dazustehen, der die Umwelt kaputtmacht.
den bösen Blick haben: ↑Blick. **böses Blut machen/schaffen:** ↑Blut. **ein böses Ende nehmen:** ↑Ende. **das ist der Fluch der bösen Tat:** ↑Fluch. **jenseits von Gut und Böse sein:** ↑gut. **im Guten wie im Bösen:** ↑gut. **ein böses Mundwerk/Maul, eine böse Zunge haben:** ↑Mundwerk, ↑Maul, ↑Zunge. **in eine böse Suppe kommen:** ↑Suppe. **böse Zungen:** ↑Zunge.
Bosheit: mit konstanter Bosheit: ↑konstant.

Bote: der hinkende Bote kommt nach/hinterher: *das Unangenehme bleibt nicht aus, zum Schluss geschieht noch etwas Unerfreuliches:* Das wäre ja ein großartiger Erfolg, hoffentlich kommt nicht der hinkende Bote nach.
▶ Die Redensart meint, dass dem schnellen Boten, der die gute Nachricht bringt, oft der langsamere Bote mit der Einschränkung, mit der Hiobsbotschaft folgt.

Botschaft: die Botschaft hör ich wohl (geh.; scherzh.): *das klingt nicht sehr glaubhaft, ich bin skeptisch:* Bis Ostern willst du dich in Englisch um zwei Noten verbessern? Die Botschaft hör ich wohl.
▶ Bei dieser Redensart handelt es sich um ein geflügeltes Zitat aus Goethes Faust. Die Verszeile lautet vollständig: »Die Botschaft hör ich wohl, allein mir fehlt der Glaube«.
boxen: jmdn. aus dem Anzug boxen: ↑Anzug.

Brand: etwas in Brand setzen/stecken: *etwas anzünden:* Er setzte umständlich seine Pfeife in Brand. Die abziehenden Soldaten steckten das Dorf in Brand. Vorn und achtern am Floß wurden die Natriumbehälter in Brand gesteckt (Ott, Haie 174).
Mord und Brand schreien: ↑Mord.
Brandung: ein Fels in der Brandung: ↑Fels.
braten: da/nun/jetzt brat mir einer einen Storch! (ugs.): *Ausruf der Verwunderung:* Die wohnt jetzt auch in München? Da brat mir einer einen Storch! Wenn man dreißig und noch nicht verheiratet oder verlobt ist, brat mir einer 'nen

Storch, wenn da alles seine Ordnung hat (Borell, Romeo 70).
▶ Gemeint ist, dass etwas so erstaunlich ist wie das Braten eines Storches.
jmdm. eine Extrawurst braten: ↑Extrawurst. **die gebratenen Tauben fliegen einem nicht ins Maul:** ↑Taube.
Braten: den Braten riechen/schmecken (ugs.): *etwas schon vorher merken; Gefahr wittern:* Die beiden Mitreisenden versuchten den Zollbeamten in ein Gespräch zu verwickeln, aber der hatte den Braten schon gerochen. Vielleicht riechen andere den Braten auch, und vielleicht sind andere besser angeschrieben als wir! (Fallada, Jeder 14).
dem Braten nicht trauen (ugs.): *misstrauisch sein:* Er hat mir angeboten, sein Teilhaber zu werden, aber ich traue dem Braten nicht recht.
die Brühe ist oft teurer als der Braten: ↑Brühe.
Bratkartoffel: daher der Name Bratkartoffel! (ugs.): *jetzt weiß ich den Grund!; jetzt verstehe ich!:* Daher der Name Bratkartoffel! Die beiden kannten sich also schon von früher.
▶ Die Herkunft der Wendung ist unklar. Vielleicht meint sie eigentlich, dass etwas so leicht zu verstehen ist wie die Zusammensetzung Bratkartoffel als »gebratene Kartoffel«.
brauchen: nur mit dem kleinen Finger winken brauchen: ↑Finger. **eine feste Hand brauchen:** ↑Hand. **das Maul brauchen:** ↑Maul. **wer den Schaden hat, braucht für den Spott nicht zu sorgen:** ↑Schaden. **sich vor/neben jmdm. nicht zu verstecken brauchen:** ↑verstecken.
Braunbier: aussehen wie Braunbier mit Spucke: ↑aussehen.
Braus: in Saus und Braus leben: ↑Saus.
brausen: einen unter das Jackett brausen: ↑Jackett. **mit dem Düsenjäger/im D-Zug durch die Kinderstube gebraust sein:** ↑Kinderstube. **sich einen hinter den Kehlkopf brausen:** ↑Kehlkopf.
Brautschau: auf Brautschau gehen (ugs.; scherzh.): *eine Ehefrau suchen:* Für dich wird es auch langsam Zeit, dass du auf Brautschau gehst. Sie wusste indessen auch, dass er nicht verheiratet war, kaum ein Dutzend Freitage im Jahr hatte und sie nicht dazu verwandte, um auf Braut-

schau zu gehen (Jahnn, Geschichten 151).

brav: der brave Mann denkt an sich selbst zuletzt/zuerst: ↑Mann.

brechen: jmds. Augen brechen: ↑Auge. sich Bahn brechen: ↑Bahn. einer Sache Bahn brechen: ↑Bahn. nichts zu beißen und zu brechen haben: ↑beißen. auf Biegen oder Brechen: ↑biegen. es geht auf Biegen oder Brechen: ↑biegen. das Eis brechen: ↑Eis. einer Flasche den Hals brechen: ↑Flasche. sich das Genick brechen: ↑Genick. jmdm., einer Sache das Genick brechen: ↑Genick. Glück und Glas, wie leicht bricht das: ↑Glück. jmdm. den Hals brechen: ↑Hals. etwas bricht jmdm. das Herz: ↑Herz. die Herzen [der Frauen] brechen: ↑Herz. in die Knie brechen: ↑Knie. etwas übers Knie brechen: ↑Knie. der Krug geht so lange zum Brunnen/zum Wasser, bis er bricht: ↑Krug. für jmdn. eine Lanze brechen: ↑Lanze. sich nicht die Ohren brechen: ↑Ohr. jmdm., einer Sache das Rückgrat brechen: ↑Rückgrat. einen Stab über jmdn. brechen: ↑Stab. einen Streit vom Zaun[e] brechen: ↑Streit. brechend/zum Brechen voll sein: ↑voll. sich keinen Zacken aus der Krone brechen: ↑Zacken.

Brei: alles ein Brei sein (ugs.; abwertend): *alles dasselbe sein:* Hör mir nur mit Politik; Parteien, Wirtschaft, Verwaltung – das ist doch alles ein Brei, der Dumme ist immer der kleine Mann!

jmdm. Brei um den Mund/ums Maul schmieren (ugs.): *jmdm. schmeicheln:* Du brauchst mir gar nicht dauernd Brei um den Mund zu schmieren, mein Auto verleihe ich doch nicht!

▶ Die Wendung bedeutete ursprünglich »jmdn. sehr verwöhnen« und bezog sich darauf, dass man jemanden (bes. ein Kind) füttert und ihm mehr Brei in den Mund stopft, als hineingeht.

um den [heißen] Brei herumreden (ugs.): *nicht über den Kern einer Sache reden:* Rede doch bloß nicht dauernd um den heißen Brei herum! Was haben wir im Dienst noch von einem Vorgesetzten zu erwarten, der so um den heißen Brei herumredet? (Spiegel 14, 1966, 29).

Vgl. die Wendung »herumgehen/herumschleichen wie die Katze um den heißen Brei« (↑herumgehen).

jmdn. zu Brei schlagen (derb): *jmdn. gehörig verprügeln:* Wenn ihr euch hier noch einmal blicken lasst, schlage ich euch zu Brei. Den leg ich um, den schlag ich zu Brei (Denneny [Übers.], Lovers 61).

herumgehen/herumschleichen wie die Katze um den heißen Brei: ↑herumgehen.

viele Köche verderben den Brei: ↑Koch.

breit: so breit wie lang sein (ugs.): *sehr dick sein:* Der ist nicht nur ein bisschen mollig, der ist so breit wie lang! **die Beine breit machen**: ↑Bein. **einen breiten Buckel/Rücken haben**: ↑Buckel. **groß und breit**: ↑groß. **lang und breit/des Langen und Breiten**: ↑lang. **getretener Quark wird breit, nicht stark**: ↑Quark. **weit und breit**: ↑weit.

Breite: in die Breite gehen (ugs.): *dick, füllig werden:* Seine Frau ist in letzter Zeit ganz schön in die Breite gegangen.

breiten: den Schleier des Vergessens/der Vergessenheit über etwas breiten: ↑Schleier.

bremsen: sich bremsen können (ugs.): *sich beherrschen, an etwas nicht im Entferntesten denken:* Ich fahre nicht mit, ich kann mich bremsen. Aber ich konnte mich bremsen. Jäh ernüchtert, als wäre ich aus dem schönen Traum erwacht, antwortete ich ... (Hörzu 19, 1985, 118).

brennen: wo brennts [denn]? (ugs.): *was ist denn los?:* So, da bin ich, wo brennts denn? Warum so eilig, wo brennts denn? Wo brennt es? Brauchen Sie Geld für die Rote Mühle? (Remarque, Obelisk 208).

brennen wie Zunder: *sehr leicht, sehr gut brennen:* Das Lagerhaus stand in hellen Flammen; die antiken Möbel brannten wie Zunder. Die gestern erst aufmontierten Baracken brannten wie Zunder (v. d. Grün, Glatteis 140).

gebranntes Kind [scheut das Feuer]: *jmd., der schlechte Erfahrungen gemacht hat [versucht ähnliche Risiken zu vermeiden]:* Nie wieder werden wir auf einen politischen Rattenfänger hereinfallen, gebranntes Kind scheut das Feuer! In finanziellen Dingen war Vater nach zwei Inflationen ein gebranntes Kind, er vertraute nur noch auf Sachwerte und Grundbesitz.

jmdm. brennt der Boden unter den Füßen: ↑Boden. **jmdm. brennt der Kittel**

↑ Kittel. **jmdm. auf den Nägeln brennen:** ↑ Nagel. **jmdm. eins auf den Pelz brennen:** ↑ Pelz. **jmdm. auf der Seele brennen:** ↑ Seele. **sengend und brennend:** ↑ sengen. **es brennt jmdm. unter den Sohlen:** ↑ Sohle. **jmdm. auf der Zunge brennen:** ↑ Zunge.

Bresche: für jmdn., für etwas eine Bresche schlagen: *sich für jmdn., für etwas erfolgreich einsetzen:* Wir müssen für die Reformpläne eine Bresche schlagen. Der Leichtathletikverband will für den Nachwuchs eine Bresche schlagen und mehrere neue Leistungszentren einrichten. **[für jmdn., für etwas] in die Bresche springen/treten:** *für jmdn., für etwas einspringen; eintreten:* Wenn du nicht mehr kannst, werde ich [für dich] in die Bresche springen. Wenn inländische und ausländische Kunden nur wenig kaufen, muss der Staat in die Bresche springen (Zeit 6. 6. 1975, 1). **sich [für jmdn., für etwas] in die Bresche werfen:** *für jmdn., für etwas einspringen; eintreten:* Falls das deutsche Boot nicht an den Start gehen kann, will sich der Schweizer Achter in die Bresche werfen. Am Ende könnte durchaus ein völliger, vom Kongress erzwungener Verzicht ... resultieren, es sei denn, der Präsident werfe sich ... selber in die Bresche (Nordschweiz 74, 1985, 36).
▶ Alle Wendungen knüpfen an »Bresche« im Sinne von »Loch, das bei einer Belagerung in die Festungsmauer gebrochen wird« an.

Brett: die Bretter, die die Welt bedeuten (geh.): *die Theaterbühne:* Seit frühester Jugend zog es sie zu den Brettern, die die Welt bedeuten.
▶ Diese Wendung ist ein Zitat aus Schillers Gedicht »An die Freunde«.
ein Brett vor dem Kopf haben (ugs.): *begriffsstutzig sein:* Wenn man mit ihm über Politik redet, hat er einfach ein Brett vorm Kopf. ... da sieht er auf einmal Machtblöcke und den Chef sieht er nicht, da hat er ein Brett vorm Kopf (Männerbilder 151).
▶ Die Wendung geht darauf zurück, dass man früher einem störrischen Ochsen bei der Arbeit die Augen mit einem Brett verdeckte.

das Brett/(auch:)**das Holz bohren, wo es am dünnsten ist** (ugs.): *sich eine Sache leicht machen:* Mein Neffe ist ein ganz fauler Strick, der bohrt das Brett immer, wo es am dünnsten ist.
wie kommst du denn auf dieses schmale Brett? (ugs.): *wie kommst du auf diese unsinnige Idee?:* Ich soll mit deinem Freund was angefangen haben? Wie kommst du denn auf dieses schmale Brett?
das schwarze Brett: ↑ schwarz. **bei jmdm. einen [dicken] Stein im Brett haben:** ↑ Stein. **hier ist die Welt [wie] mit Brettern vernagelt:** ↑ Welt.

Brezelbacken: das geht [ja] wies Brezelbacken: ↑ gehen.

Brief: jmdm. Brief und Siegel [auf etwas] geben: *jmdm. etwas fest versichern, garantieren:* Ich gebe Ihnen Brief und Siegel [darauf], dass er nichts unternehmen wird. Weit wies er die Idee von sich, er werde die Justiz bemühen. »Brief und Siegel« wollte er geben, er sei kein »Prozesshansel« (Spiegel 14, 1975, 22).
▶ Die Wendung geht von »Brief« in der alten Bedeutung »Urkunde« aus, meint also eigentlich »jmdm. Urkunde und Siegel«, d. h. vollgültigen Rechtsanspruch, geben.
blauer Brief: ↑ blau. **offener Brief:** ↑ offen.

Briefkasten: toter Briefkasten: *Stelle, an der von Agenten, Spionen unauffällig Nachrichten deponiert werden können:* Ein hohler Baum war jahrelang als toter Briefkasten benutzt worden. ... in einem Wäldchen ... wurden von russischen Agenten tote Briefkästen angelegt (Spiegel 41, 1974, 65).

Briefmarke: platt sein wie eine Briefmarke: ↑ platt.

Brieftasche: eine dicke Brieftasche [haben] (ugs.): *viel Geld [haben]:* Hier machen nur Leute Urlaub, die eine ganz dicke Brieftasche haben. ... flegelige Manieren kann man sich heute nur noch leisten, wenn eine dicke Brieftasche sie zudeckt (Remarque, Obelisk 96).

Brille: auf der Brille kann man Torf stechen (ugs.; scherzh.): *die Brillengläser sind stark verschmutzt:* Siehst du überhaupt noch was? Auf deiner Brille kann man ja Torf stechen!

etwas durch eine gefärbte/durch seine eigene Brille betrachten/sehen: *etwas subjektiv beurteilen:* Er betrachtete die Dinge durch seine eigene Brille.

etwas durch die rosa[rote] Brille sehen: ↑rosarot. alles durch die schwarze Brille sehen: ↑schwarz.

bringen: der/die/das bringts [voll]/bringts nicht (ugs.): *der/die/das ist ausgezeichnet/schlecht:* Mit 'ner Harley-Davidson über den Highway rauschen, ich sag dir, das bringts voll! Hab den Film schon gesehen; kannste vergessen, der bringts nicht.

wer vieles bringt, wird manchem etwas bringen: *ein breit gefächertes Angebot [an Unterhaltung, Waren] wird auch eine breite Nachfrage finden, viele Menschen zufrieden stellen.*

▶ Diese Redensart ist ein Zitat aus Goethes »Faust« (Vorspiel auf dem Theater). etwas in Abrechnung bringen: ↑Abrechnung. etwas zum Abschluss bringen: ↑Abschluss. etwas in Abzug bringen: ↑Abzug. jmdn. auf achtzig bringen: ↑achtzig. etwas in Anrechnung bringen: ↑Anrechnung. etwas in Anregung bringen: ↑Anregung. etwas in Ansatz bringen: ↑Ansatz. etwas in Anschlag bringen: ↑Anschlag. etwas in/zur Anwendung bringen: ↑Anwendung. etwas zur Anzeige bringen: ↑Anzeige. (ugs.): etwas zur Aufführung bringen: ↑Aufführung. etwas zum Ausdruck bringen: ↑Ausdruck. etwas zur Ausführung bringen: ↑Ausführung. etwas zum Austrag bringen: ↑Austrag. etwas in seinen Besitz bringen: ↑Besitz. an den Bettelstab bringen: ↑Bettelstab. etwas über die Bühne bringen: ↑Bühne. etwas unter Dach und Fach bringen: ↑Dach. jmdn. wieder auf den Damm bringen: ↑Damm. jmdn. auf Draht bringen: ↑Draht. jmdn. um die Ecke bringen: ↑Ecke. jmdn. unter die Erde bringen: ↑Erde. etwas in Erfahrung bringen: ↑Erfahrung. sich in Erinnerung bringen: ↑Erinnerung. etwas zum Erliegen bringen: ↑Erliegen. jmdn., etwas in Fahrt bringen: ↑Fahrt. jmdn., etwas zu Fall bringen: ↑Fall. etwas in Fluss bringen: ↑Fluss. jmdn. an den Galgen bringen: ↑Galgen. etwas in Gang bringen: ↑Gang. Geduld bringt Rosen: ↑Geduld. etwas zu Gehör bringen: ↑Gehör. sein Geld unter die Leute bringen: ↑Geld. jmdn. zur Geltung bringen: ↑Geltung. jmdn. ins Gerede bringen: ↑Gerede. jmdn. hinter Gitter bringen: ↑Gitter. etwas ins Gleiche bringen: ↑gleich. etwas ins [rechte] Gleis bringen: ↑Gleis. jmdn., etwas aus dem Gleis bringen: ↑Gleis. jmdn. ins Grab bringen: ↑Grab. jmdn. in Harnisch bringen: ↑Harnisch. jmdn. unter die Haube bringen: ↑Haube. jmdn. aus dem Häuschen bringen: ↑Häuschen. es nicht übers Herz bringen: ↑Herz. jmdn. ins Hintertreffen bringen: ↑Hintertreffen. etwas auf Hochglanz bringen: ↑Hochglanz. jmdn. auf Hochtouren/Touren bringen: ↑Hochtouren, ↑Tour. etwas in die Höhe bringen: ↑Höhe. jmdn. auf den Hund bringen: ↑Hund. jmdn. auf hundert bringen: ↑hundert. jmdn., etwas unter einen Hut bringen: ↑Hut. etwas zur Kenntnis bringen: ↑Kenntnis. zum Klappen bringen: ↑klappen. jmdn. aus dem Konzept bringen: ↑Konzept. sich um Kopf und Kragen bringen: ↑Kopf. die Kuh vom Eis bringen: ↑Kuh. etwas unter die Leute bringen: ↑Leute. etwas ans Licht bringen: ↑Licht. Licht in etwas bringen: ↑Licht. Linie in etwas bringen: ↑Linie. etwas nicht über die Lippen bringen: ↑Lippe. jmdn. um Lohn und Brot bringen: ↑Lohn. etwas ins [rechte] Lot bringen: ↑Lot. frische Luft in etwas bringen: ↑Luft. jmdn. an den Mann bringen: ↑Mann. etwas auf den Markt bringen: ↑Markt. etwas in Misskredit bringen: ↑Misskredit. etwas auf einen [gemeinsamen] Nenner bringen: ↑Nenner. etwas in Ordnung bringen: ↑Ordnung. jmdn. auf die Palme bringen: ↑Palme. etwas zu Papier bringen: ↑Papier. jmdn. bringen keine zehn Pferde irgendwohin/dazu, etwas zu tun: ↑Pferd. etwas zu Protokoll bringen: ↑Protokoll. etwas auf den Punkt bringen: ↑Punkt. jmdn. an den Rand des Grabes bringen: ↑Rand. jmdn. unter den Rasen bringen: ↑Rasen. jmdn. zur Räson bringen: ↑Räson. sich regen bringt Segen: ↑regen. jmdn. aus der Reihe bringen: ↑Reihe. [wieder] in die Reihe bringen: ↑Reihe. etwas ins Reine bringen: ↑rein. jmdn. von der Rolle bringen: ↑Rolle. etwas ins Rollen bringen: ↑rollen. jmdn. ans Ruder bringen: ↑Ruder. jmdn. aus der Ruhe bringen: ↑Ruhe. jmdn. über die Runden bringen: ↑ Runde. etwas über die Runden bringen: ↑ Runde. sein Schäfchen ins Trockene bringen: ↑ Schaf. Scherben bringen Glück: ↑ Scherbe. jmdn. auf den Schub bringen: ↑ Schub. jmdn., etwas zum Schweigen bringen: ↑ Schweigen. etwas in Schwung bringen: ↑ Schwung. jmdn. auf seine Seite bringen: ↑ Seite. etwas auf die Seite bringen: ↑ Seite. jmdn., etwas in Sicherheit bringen: ↑ Sicherheit. die Sonne bringt es an den Tag: ↑ Sonne. jmdn., etwas ins Spiel bringen: ↑ Spiel. Spinne am Morgen bringt Kummer und Sorgen: ↑ Spinne. die Sprache auf etwas bringen: ↑ Sprache. etwas zur Sprache bringen: ↑ Sprache. jmdn. auf die Spur bringen: ↑ Spur. den Stein ins Rollen bringen: ↑ Stein. etwas in Stellung bringen: ↑ Stellung. etwas, jmdn. zur Strecke bringen: ↑ Strecke. etwas an den Tag bringen: ↑ Tag. jmdn. aus dem Takt bringen: ↑ Takt. etwas aufs Tapet bringen: ↑ Tapet. jmdn. aus dem Text bringen: ↑ Text. etwas vom Tisch bringen: ↑ Tisch. jmdn. [mit jmdm.] an einen Tisch bringen: ↑ Tisch. jmdn. auf Trab bringen: ↑ Trab. etwas aufs Trapez bringen: ↑ Trapez. jmdn. auf den [richtigen] Trichter bringen: ↑ Trichter. etwas in Umlauf bringen: ↑ Umlauf. jmdn. zur Vernunft bringen: ↑ Vernunft. jmdn., etwas in Verruf bringen: ↑ Verruf. jmdn., etwas auf Vordermann bringen: ↑ Vordermann. etwas zum Vorschein bringen: ↑ Vorschein. etwas in Vorschlag bringen: ↑ Vorschlag. etwas zum Vortrag bringen: ↑ Vortrag. jmdn. in Wallung bringen: ↑ Wallung. jmds. Blut in Wallung bringen: ↑ Wallung. jmdn., etwas ins Wanken bringen: ↑ wanken. jmdn. [bis] zur Weißglut bringen: ↑ Weißglut. etwas mit auf die Welt bringen: ↑ Welt. jmdn. zur Welt bringen: ↑ Welt. jmdn. in die Wolle bringen: ↑ Wolle. jmdn., etwas auf Zack bringen: ↑ Zack. etwas über die Zeit bringen: ↑ Zeit. etwas zustande bringen: ↑ zustande. etwas zuwege bringen: ↑ zuwege.

Brocken: die Brocken hinschmeißen/hinwerfen (ugs.): *etwas aufgeben, [aus Verärgerung o. Ä.] nicht mehr weitermachen:* Als sie keine Chance mehr sah, ihre Ideen durchzusetzen, hat sie die Brocken einfach hingeschmissen. Anfang des Jahres überlegte er, ob er »nach 13

Jahren im Bundesvorstand die Brocken hinwerfen« solle (Spiegel 41, 1987, 146). Arbeit hat mir immer Spaß gemacht – aber jetzt bin ich drauf und dran, die Brocken hinzuschmeißen (Hörzu 37, 1981, 149).

Bröckchen lachen/husten (ugs.): *sich übergeben:* Hast du mal einen Wischlappen? Der Kleine hat schon wieder Bröckchen gehustet. Karl ist draußen auf'm Klo; ich glaub, der muss Bröckchen lachen.

Brot: ein hartes/schweres Brot sein: *ein mühevoller Gelderwerb sein:* Manchmal ist er mit seinem Lastzug drei Tage unterwegs. Das ist schon ein hartes Brot. Er brummelte ... das könne doch nie gut gehen – Vertreter, Reisender, das sei ein hartes Brot (Richartz, Büroroman 100)

mehr können als Brot essen (ugs.): *intelligenter sein, als man aussieht, Überdurchschnittliches leisten:* Du solltest den Burschen mal am Arbeitsplatz erleben. Der kann mehr als Brot essen. ... er hatte den ganzen Kopf voller Dummheiten, aber auch voller Klugheit, und man sagte von ihm, dass er mehr könne als Brot essen (Löns, Werwolf 12).

anderer Leute Brot essen (geh.; veraltend): *unselbstständig sein:* Er ging schon auf die Vierzig zu und musste immer noch anderer Leute Brot essen.

überall sein Brot finden (geh.): *so anstellig, fleißig, geschickt sein, dass man überall Arbeit findet:* Um unseren Jüngsten mache ich mir keine Sorgen, der findet überall sein Brot.

wer nie sein Brot mit Tränen aß (geh.): *wer niemals Kummer und Leid erfahren hat:* Wer nie sein Brot mit Tränen aß, der wird das Leid der Flüchtlinge nicht ermessen.

▶ Mit diesen Worten zitieren wir den Harfenspieler aus Goethes »Wilhelm Meisters Lehrjahre«.

wer nie sein Brot im Bette aß, weiß nicht, wie Krümel piken (ugs.): *wer niemals Kummer und Leid erfahren hat, kann das nicht ermessen.*

▶ Diese Redensart ist eine scherzhafte Abwandlung des Zitats aus Goethes »Wilhelm Meisters Lehrjahre«.

wes Brot ich ess, des Lied ich sing: *ich vertrete die Meinung dessen, widerspre-*

che dem nicht, von dem ich wirtschaftlich abhängig bin: Seit er bei der Elektrizitätsgesellschaft arbeitet, ist er gar nicht mehr so strikt gegen Kernkraftwerke. – Kein Wunder, wes Brot ich ess, des Lied ich sing! ... auch gilt bei uns nicht, wie anscheinend beim »Rheinischen Merkur«, das Gesetz: »Wes Brot ich ess, des Lied ich sing!« (Dönhoff, Ära 17). **Arbeit und Brot:** ↑Arbeit. **sich nicht die Butter vom Brot nehmen lassen:** ↑Butter. **jmdm. fiel die Butter vom Brot/ist die Butter vom Brot gefallen:** ↑Butter. **jmdm. nicht die Butter vom Brot gönnen:** ↑Butter. **flüssiges Brot:** ↑flüssig. **aussehen/ein Gesicht machen, als hätten einem die Hühner das Brot weggefressen:** ↑Gesicht. **kein Hund nimmt von jmdm. ein Stück Brot mehr:** ↑Hund. **die Kunst geht nach Brot:** ↑Kunst. **jmdn. in Lohn und Brot nehmen:** ↑Lohn. **in Lohn und Brot stehen:** ↑Lohn. **jmdn. um Lohn und Brot bringen:** ↑Lohn. **der Mensch lebt nicht vom Brot allein:** ↑Mensch. **etwas nötig haben wie das liebe Brot:** ↑nötig: **Salz und Brot macht Wangen rot:** ↑Salz. **nicht das Salz zum Brot haben:** ↑Salz. **jmdm. Steine statt Brot geben:** ↑Stein. **viel Steine gabs und wenig Brot:** ↑Stein. **trocken Brot macht Wangen rot:** ↑trocken. **bei Wasser und Brot sitzen:** ↑Wasser.

Brötchen: **[seine] Brötchen verdienen** (ugs.): *seinen Lebensunterhalt verdienen:* Wo verdienst du denn deine Brötchen? Er liebt es nicht, wenn die Frau, die er liebt, auch Brötchen verdient (Hörzu 23, 1972, 18). **kleine[re] Brötchen backen [müssen]** (ugs.): *sich bescheiden, zurückstecken [müssen]:* Wenn die Wirtschaftslage sich nicht bessert, werden wir alle kleinere Brötchen backen müssen. Zunächst, so heißt es hier, müssen in der Europapolitik noch »kleine Brötchen gebacken« werden (MM 18. 2. 1969, 2). ... hat vielleicht der Justiziar in Düsseldorf die Firmenleitung aufgeklärt, dass sie kleine Brötchen backen muss (v. d. Grün, Glatteis 146).

Brotkorb: **jmdm. den Brotkorb höher hängen** (ugs.): *jmdm. weniger zu essen geben, jmdn. [finanziell] knapp halten:* Die jungen Spieler im Verein werden immer übermütiger; wir müssen denen mal den Brotkorb höher hängen. Die Regierung will uns doch nur den Brotkorb höher hängen. Den Brotkorb hat er mir höher gehängt. Ich werde hier ausziehen müssen (Jaeger, Freudenhaus 283). ► **Brotkorb** (»Körbchen, in dem das Brot aufbewahrt wird«) steht in dieser Wendung wohl für Futterkorb. Um zu verhindern, dass ein Pferd zu viel frisst, zog man im Pferdestall den Futterkorb einfach ein Stück in die Höhe.

brotlos: **eine brotlose Kunst:** ↑Kunst.

Bruch: **Bruch machen** (Fliegerspr.): *so landen, dass das Flugzeug beschädigt oder zerstört wird:* Er fliegt schon über 25 Jahre und hat noch nicht einmal Bruch gemacht. Zwei Flieger waren eingeliefert worden, sie hatten sich verfranzt und bei der Notlandung Bruch gemacht (Ott, Haie 207). Unseren beiden schwarzen Helfern ist zunächst gar nicht aufgefallen, dass wir Bruch gemacht haben (Grzimek, Serengeti 88).

sich einen Bruch lachen (ugs.): *heftig lachen:* Der Film ist umwerfend komisch; ich habe mir einen Bruch gelacht.

in die Brüche gehen: *entzweigehen, in Trümmer gehen; zunichte werden:* Was, eure Verlobung ist in die Brüche gegangen? Weil Bob in Mary nur die kluge und ironische Journalistin sah, ihre Schönheit aber übersah, ging die Ehe vor einiger Zeit in die Brüche (Hörzu 4, 1974, 62). ► Die Wendung bezog sich ursprünglich wahrscheinlich auf das Rechnen und meinte, dass eine Rechnung in die Bruchzahlen geht, also nicht glatt aufgeht. Die Bedeutungen »zunichte werden; entzweigehen« können sich dann unter dem Einfluss von Bruch im Sinne von »Zerbrechen; Zerbrochenes« entwickelt haben (vgl. die folgenden Wendungen).

zu Bruch gehen: *entzweigehen, in Trümmer gehen:* Die Maschine ist bei der Notlandung zu Bruch gegangen. »Ich hatte das ganze Gesicht verplättet gekriegt«, berichtet der Überfallene, dessen Brille zu Bruch ging (MM 18./19. 3. 1967, 4). Selbstverständlich ging vieles zu Bruch, und es lässt sich nicht verschweigen, dass manche Menschen Streifschüsse erlitten (Kusenberg, Mal 87).

etwas zu Bruch fahren: *etwas kaputtfahren:* Er hatte es fertig gebracht, innerhalb von zwei Jahren drei Autos zu Bruch zu fahren. Auf einer nebligen Landstraße hatte sie den Wagen ihres Vaters zu Bruch gefahren. ... welcher Idiot fuhr ... mutwillig seinen Wagen zu Bruch? (Cotton, Silver-Jet 138).

Brücke: alle Brücken hinter sich abbrechen: *sich von allen bisherigen Bindungen endgültig lösen:* Nach dem Kriege brach er alle Brücken hinter sich ab und ging nach Tunesien. Es ist gar nicht so leicht, alle Brücken hinter sich abzubrechen. Sie verlangte von ihrem Mann, sofort alle Brücken hinter sich abzubrechen (Chr. Wolf, Himmel 251).

▶ Gemeint ist, dass es kein Zurück gibt, wenn man die Brücken hinter sich zerstört.

jmdm. eine goldene Brücke/goldene Brücken bauen: *jmdm. ein Eingeständnis seiner Schuld, das Nachgeben erleichtern:* Er versuchte seinem Freund eine goldene Brücke zu bauen, indem er ihm die Geschichte von dem Diebstahl im Schwimmbad erzählte. Dass die Folter bei besonders Hartnäckigen ... angewandt wurde, ist sicher, doch ebenso, dass man ihnen, wie oben erwähnt, oft genug goldene Brücken gebaut ... hat (Thieß, Reich 328).

▶ Die Wendung geht auf eine alte Kriegsregel zurück, die besagt, dass man einen abziehenden oder flüchtenden Feind nicht in Kämpfe verwickeln soll, sondern ihm – wenn nötig – sogar Brücken baut, um seine Flucht zu erleichtern. Das sekundär hinzugefügte Adjektiv »golden« unterstreicht diese Regel nur.

eine Brücke schlagen: *eine Verbindung herstellen:* Der Sport schlägt Brücken zu den jungen Völkern Afrikas. Ein Schluck Wein ist mehr als ein wohlschmeckendes Getränk. Er ist ein Symbol der Gastlichkeit und schlägt Brücken zwischen den Menschen (Spoerl, Maulkorb 67). Mit diesem Holzteilchen ... ist die Brücke geschlagen vom Angeklagten zum Hammer, vom Hammer zur Tat (Mostar, Unschuldig 62).

über die Brücke möchte ich nicht gehen: *das erscheint mir wenig glaubhaft:* Ich warte lieber, bis der Motorschaden behoben ist. Über die Brücke möchte ich nicht gehen, dass wir zu Fuß schneller dort sind.

▶ Die Wendung bezieht sich auf Gellerts Fabel »Der Bauer und sein Sohn«. Der Vater kuriert seinen Sohn vom Lügen dadurch, dass er ihm erklärt, sie würden jetzt an eine Brücke kommen, auf der jeder, der lügt, sich ein Bein bräche. Je näher die beiden der Brücke kommen, desto mehr schränkt der Sohn seine Behauptung, er habe einen Hund von der Größe eines Pferdes gesehen, ein.

Bruder: Bruder Lustig/Leichtfuß/Liederlich (veraltet; noch scherzhaft): *lebenslustiger, leichtfertiger Mensch:* Er war für ein bürgerliches Leben nicht geschaffen und blieb ein Bruder Liederlich. Dem Bruder Leichtfuß auf dem Tanzboden sind keine moralischen Fehltritte nachzuweisen (Spiegel 42, 1978, 230).

Bruder Straubinger (veraltet; noch scherzhaft): *Landstreicher:* Mit seinen etwas abgerissenen Hosen und dem Bündel über der Schulter sah er aus wie ein echter Bruder Straubinger. Wenn er ihn (= einen altmodischen Hut) aufsetzte ... war Stefan ... ein klassischer Vertreter des Typus Bruder Straubinger (Hesse, Sonne 41).

und willst du nicht mein Bruder sein, so schlag ich dir den Schädel ein: *wenn du dich nicht auf meine Seite stellst, bekämpfe ich dich mit allen Mitteln.*

▶ Diese Redensart ist wahrscheinlich um 1848 in Anlehnung an den jakobinischen Spruch »La fraternité ou la mort« (= Brüderlichkeit oder Tod) entstanden.

unter Brüdern (ugs.): *offen und ehrlich; unter guten Bekannten [gesagt]:* Was hast du unter Brüdern dafür bezahlt? Das Auto ist unter Brüdern keine dreitausend Mark wert.

▶ Eigentlich so, wie es unter Verwandten und guten Freunden, die sich nicht belügen und betrügen, üblich ist.

der große Bruder: ↑ groß. warmer Bruder: ↑ warm.

Brüderschaft: [mit jmdm.] Brüderschaft trinken: *[mit jmdm.] gleichzeitig einen Schluck trinken (wobei die die Gläser haltenden Arme ineinander gehakt sind), um eine Duzfreundschaft zu besiegeln:*

Komm, jetzt trinken wir Brüderschaft – ich heiße Peter, wie heißt du? Warum wolltest du mit dem Chef nicht Brüderschaft trinken? ... mit eisgekühltem Orangensaft tranken wir morgens um halb zwei Uhr Brüderschaft (Ziegler, Labyrinth 133).

Brühe: eine lange Brühe um etwas machen (ugs.): *viele unnütze Worte über etwas reden:* Mach doch nicht so eine lange Brühe um die paar Kratzer.

die Brühe ist oft teurer als der Braten: *Nebensächlichkeiten sind oft teurer als die eigentliche Hauptausgabe.*

brüllen: brüllen wie am Spieß (ugs.): *lauthals schreien:* Der kleine Junge brüllte wie am Spieß und wollte zu seiner Mutti.

brüllen wie ein Stier (ugs.): *(meist von Männern gesagt) lauthals schreien:* Der Spieß brüllte wie ein Stier, als er merkte, dass man ihn eingesperrt hatte.

zum Brüllen sein (ugs.): *sehr komisch wirken, überaus lustig sein:* Es war zum Brüllen, als der betrunkene Schwiegervater eine Rede auf das Brautpaar hielt.

gut gebrüllt, Löwe!: *das ist treffend gesagt:* Jörg grinste, stieß Karin heimlich an und flüsterte:»Gut gebrüllt, Löwe ...« (Kranz, Märchenhochzeit 9).

▶ Die Redensart ist ein Zitat aus Shakespeares »Ein Sommernachtstraum« (V, 1). Dort heißt es »Well roared, lion«.

vor Dummheit brüllen: ↑ Dummheit. **und wenn du dich auf den Kopf stellst und mit den Beinen Hurra brüllst:** ↑ Kopf. **nur noch Scheiße brüllen [können]:** ↑ Scheiße.

brummen: etwas in seinen Bart brummen: ↑ Bart. **jmd. ist so dumm, dass er brummt:** ↑ dumm. **vor Dummheit brummen:** ↑ Dummheit. **jmdm. brummt der Schädel:** ↑ Schädel.

Brummschädel: einen Brummschädel haben (ugs.): *einen benommenen, schmerzenden Kopf nach Alkoholgenuss haben:* Als sie am Morgen zu sich kam, hatte sie einen furchtbaren Brummschädel. Er hatte einen mächtigen Brummschädel, als er am nächsten Morgen beim Frühstück saß (Bernstorff, Leute 43). Vielleicht hätte er sogar einen schweren Brummschädel gehabt (Rechy, Nacht 160).

Brunnen: den Brunnen zudecken, wenn das Kind hineingefallen ist: *erst etwas un-* ternehmen, wenn bereits etwas passiert ist: Jetzt auf einmal wird die gefährliche Kreuzung beampelt. Na ja, wenn das Kind in den Brunnen gefallen ist, deckt man ihn zu.

der Krug geht so lange zum Brunnen, bis er bricht: ↑ Krug.

Brunnenputzer: Durst haben wie ein Brunnenputzer: ↑ Durst.

Brust: Brust an Brust: *dicht beieinander:* Sie kämpften Brust an Brust. ... als habe ein Riese ... sich ihr entgegengeworfen und ihr Brust an Brust Einhalt geboten (Langgässer, Siegel 279).

sich an die Brust schlagen: *Reue empfinden, sich seine Fehler vorhalten:* Jetzt, wo sie ihn zugrunde gerichtet hatte, schlug sie sich an die Brust.

sich etwas an die Brust heften (ugs.): *das Verdienst an etwas für sich beanspruchen:* Wir haben uns wochenlang abgestrampelt, damit der Alte sich den Erfolg allein an die Brust heftet!

schwach auf der Brust sein (ugs.): 1. *anfällige Atmungsorgane haben:* Seine Frau war schwach auf der Brust und kränkelte oft. 2. *wenig Geld haben:* Kannst du mir mal 50 Mark pumpen? Ich bin ein bisschen schwach auf der Brust. 3. *über wenig Kraft, Können o. Ä. verfügen:* Da zeigt sichs, ob einer was kann oder ob er schwach auf der Brust ist (Kreuder, Gesellschaft 24).

es auf der Brust haben (ugs.): *an den Bronchien erkrankt, lungenkrank sein:* Er konnte nicht mehr in der Setzerei arbeiten, weil er es auf der Brust hatte. Wenn du es auf der Brust hast, musst du zum Arzt gehen.

sich in die Brust werfen (ugs.): *sich brüsten, prahlen:* Ihr braucht euch nicht in die Brust zu werfen, so gut habt ihr gar nicht gespielt. Sie warf sich stolz in die Brust, weil sie den Betrieb von nun an ganz allein leiten würde. »Aber ehrlich war ich mein Lebtag«, wirft sich Soubirous in die Brust, »und hab immer mehr gegeben als bekommen« (Werfel, Bernadette 113).

mit geschwellter Brust: *voll Stolz:* Mit geschwellter Brust gab der junge Vater eine Lokalrunde nach der anderen aus. Sie trug ihr Schulzeugnis mit geschwellter Brust nach Hause.

[sich] jmdn., etwas zur Brust nehmen (ugs.): *sich mit jmdm., etwas energisch [tadelnd] auseinander setzen:* Mit so einem Zeugnis kommt der Bengel bei mir nicht durch, den werd ich mir mal zur Brust nehmen. Die Opposition hatte sich den Referentenentwurf tüchtig zur Brust genommen. Er hat sich die »Eliteeinheiten« der französischen Armee ... zur Brust genommen (ran 2, 1980, 16).
einen zur Brust nehmen (ugs.): *Alkohol trinken:* Wollen wir heute Abend mal einen zur Brust nehmen? Die beiden Männer, die die Kneipe betraten, hatten schon einen zur Brust genommen. Eine Gruppe von Schauerleuten hatte nur rasch im Stehen eine Runde »zur Brust genommen« (Erné, Kellerkneipe 67).
▶ Die Wendung geht vom Zutrinken aus, bei dem man das Glas in Brusthöhe hält.
von hinten durch die Brust [ins Auge]: ↑ hinten. **wie 'ne Mutter ohne Brust:** ↑ Mutter. **jmdm. die Pistole auf die Brust setzen:** ↑ Pistole. **zwei Seelen wohnen, ach, in meiner Brust:** ↑ Seele.
Brustton: im Brustton der Überzeugung: *voller Überzeugungskraft:* Er erklärte dem Polizisten im Brustton der Überzeugung, dass ihm der Wagen gehöre. Im Brustton der Überzeugung bringt er Gründe vor, die aber einer Selbsttäuschung entspringen (Ruthe, Partnerwahl 37). »Der Stoff ist gesünder als Alkohol und Zigaretten«, erklären sie im Brustton der Überzeugung und werden dabei von ernsten nehmenden Wissenschaftlern unterstützt (MM 7. 8. 1970, 3).
Brutus: auch du, mein [Sohn] Brutus? (geh.): *auch du verrätst mich, lässt mich im Stich?*
▶ Shakespeare lässt in seinem »Julius Cäsar« den Titelhelden diese Worte bei seiner Ermordung zu Brutus sagen. Bei Shakespeare heißt es in lateinischer Sprache: »Et tu, Brute«. Historisch verbürgt ist dieser Wortlaut nicht.
Bube: der böse Bube: ↑ böse.
Buch: das Buch der Bücher: *die Bibel:* Des Abends las man andachtsvoll im Buch der Bücher.
das Goldene Buch: *das Gästebuch einer Stadt:* Er durfte sich in das Goldene Buch Stuttgarts eintragen.

ein aufgeschlagenes/offenes Buch für jmdn. sein: *jmdm. selbst in den innersten Regungen völlig vertraut sein, von jmdm. jederzeit durchschaut werden:* Nach vierundzwanzig Ehejahren war ihr Mann für sie wie ein aufgeschlagenes Buch. Du kannst mir nichts verheimlichen, du bist ein offenes Buch für mich.
jmdm./für jmdn. ein Buch mit sieben Siegeln sein: *jmdm. dunkel und unverständlich bleiben:* Die moderne Malerei ist mir ein Buch mit sieben Siegeln. Dieses Stück ist und bleibt für mich ein Buch mit sieben Siegeln. Sie werden eine Welt entdecken, die für die meisten Städter ein Buch mit sieben Siegeln ist (Spiegel 18, 1966, 59).
▶ Die Wendung bezieht sich auf die Offenbarung Johannes' 5, 1, wo das Lamm ein rätselhaftes Buch empfängt: »Und ich sah in der rechten Hand des, der auf dem Thron saß, ein Buch ... versiegelt mit sieben Siegeln.«
über etwas Buch führen: *über etwas genaue, regelmäßige Aufzeichnungen machen:* Man hatte über alle Besucher des Hauses genau Buch geführt. Ich kann doch nicht über jedes Bier, das ich trinke, Buch führen! Viele Verbände führen Buch über die Stellungnahme einzelner Abgeordneter bei den Abstimmungen (Dönhoff, Ära 36). Gewitzt durch ihre Erfahrungen, führte sie Buch über die Männer, mit denen sie zusammen war (Feuchtwanger, Erfolg 630).
sein, wie jmd., wie etwas im Buche steht (ugs.): *etwas ganz typisch sein:* Er ist ein Lehrer, wie er im Buche steht. Das war ein Urlaub, wie er im Buche steht. Das war ein Pokalkampf zwischen dem 1. FC Saarbrücken und Eintracht Braunschweig, wie er im Buche steht (Bild 23. 4. 1964, 5).
▶ Die Wendung meint, dass etwas so ist, wie es in einem Buch, in einem Roman als typisch dargestellt wird. Die Annahme, dass »Buch« hier für »das Buch der Bücher«, die Bibel, steht und dass sich die Wendung auf den Psalm 40, 8 (»Siehe, ich komme; im Buche steht von mir geschrieben« [David]) bezieht, lässt sich nicht beweisen.
sich mit etwas ins Buch der Geschichte eintragen (geh.): *sich mit etwas unsterb-*

Büchse

lichen Ruhm erwerben: Der Fürst war einer der wenigen, die sich mit einem nicht geführten Krieg ins Buch der Geschichte eingetragen haben.
mit etwas zu Buche stehen (bes. Kaufmannsspr.): *etwas noch bezahlen müssen:* Ihre Firma steht inzwischen mit rund fünfzigtausend bei uns zu Buche.
zu Buch[e] schlagen: *ins Gewicht fallen:* Die Proteste aus aller Welt sind schließlich doch zu Buche geschlagen. ... auch die Zigaretten, die man dem Verkäufer zustecken muss, schlagen im Familienbudget zu Buche (FAZ 30. 12. 1961, 17). Beim Kauf eines Grundstücks schlagen die Nebenkosten erheblich zu Buch (MM 4./5. 3. 1967, 41).
▶ Die Wendung stammt aus der Kaufmannssprache (Buch = Geschäftsbuch) und meint, dass sich etwas auf das Geschäft auswirkt.
die/seine Nase in ein Buch stecken: ↑Nase. **reden wie ein Buch:** ↑reden. **ein schlaues Buch:** ↑schlau.
Büchse: die Büchse der Pandora (geh.): *etwas Unheil Bringendes:* Würde die Kernspaltung zur Büchse der Pandora für die Menschheit werden?
▶ Nach der griechischen Sage, wie sie Hesiod überliefert, soll Zeus der Menschheit (zur Strafe für den Raub des Feuers durch Prometheus) Pandora mit einem Gefäß geschickt haben, das alle Übel dieser Welt enthielt.
ein goldenes Nichtschen in einem silbernen Büchschen: ↑Nichtschen. **wie die Sardinen in der Büchse:** ↑Sardine.
Buchstabe: am Buchstaben kleben; sich an den Buchstaben klammern: *übergenau, allzu wörtlich interpretieren:* Wir wollen uns nicht an den Buchstaben klammern, aber der Vertrag regelt die Kostenverteilung ganz eindeutig.
sich auf seine vier Buchstaben setzen (ugs.): *sich hinsetzen:* Nun setz dich auf deine vier Buchstaben, damit wir anfangen können! Wenn es abends draußen sogar für todesmutige Rotznasen zu kalt und zu dunkel war, saßen wir still in der warmen Stube auf unseren vier Buchstaben (Wilhelm, Unter 19).
▶ Mit den vier Buchstaben sind die Buchstaben des Wortes »Popo« gemeint.

etwas bis auf den letzten Buchstaben erfüllen: *etwas voll und ganz, ohne Einschränkung erfüllen:* In dieser Branche gilt es als selbstverständlich, dass geschäftliche Vereinbarungen bis auf den letzten Buchstaben zu erfüllen sind.
nach dem Buchstaben des Gesetzes: *[genau so,] wie das Gesetz es vorschreibt:* Nach dem Buchstaben des Gesetzes bin ich zu gar nichts verpflichtet. Als Richterin hat sie nicht stur nach den Buchstaben des Gesetzes geurteilt, sondern sich bemüht, jeden Fall individuell zu untersuchen und zu bewerten.
Buckel: jmdm./jmdn. juckt der Buckel (ugs.): *jmd. benimmt sich so, dass er bald Prügel bekommen könnte:* Den Kerl juckt heut der Buckel, so frech war der schon lange nicht mehr!
sich den Buckel freihalten (ugs.): *sich absichern:* Er hätte sich auf ein so riskantes Geschäft nie eingelassen, ohne sich finanziell den Buckel freizuhalten.
den Buckel voll Schulden haben (ugs.): *sich sehr verschuldet haben:* Wenn man schon den Buckel voll Schulden hat, sollte man nicht noch ein Kind nach dem anderen in die Welt setzen.
einen breiten Buckel haben (ugs.): *viel Kritik vertragen:* Der Chef kann ruhig auf mir herumhacken. Das stört mich nicht, ich habe einen breiten Buckel.
einen krummen Buckel/Rücken machen; (auch:) den Buckel/Rücken krumm machen (ugs.): *sich unterwürfig zeigen:* Er war ein schleimiger Typ, der, wenn die Chefin das Büro betrat, einen krummen Buckel machte. Keiner war durch diese Zeit hindurchgekommen ... ohne den Buckel krumm zu machen (Loest, Pistole 137).
den Buckel hinhalten (ugs.): *die Folgen auf sich nehmen, die Verantwortung tragen:* Na, da werde ich wohl wieder den Buckel hinhalten müssen. Der Architekt muss den Buckel hinhalten, wenn es Krach mit dem Bauherrn gibt. Da wird sich die BGL (= Betriebsgewerkschaftsleitung) aber freuen. Und ich halt den Buckel hin (Brot und Salz 204).
jmdm. den Buckel voll hauen (ugs.): *jmdn. verprügeln:* Die Zeiten, als der Meister dem Lehrling den Buckel voll haute, sind längst vorbei.

den Buckel voll kriegen/voll bekommen (ugs.): *Prügel bekommen:* Halt die Klappe, sonst kriegst du den Buckel voll.

rutsch mir den Buckel [he]runter! (ugs.): *lass mich in Ruhe; bleib mir gestohlen!:* Ach, rutsch mir doch den Buckel runter mit deinen Weibergeschichten. Sag ihm, er kann mir den Buckel herunterrutschen! Rutscht mir doch den Buckel runter, allesamt! (Fallada, Mann 67).

steig mir den Buckel rauf! (ugs.): *lass mich in Ruhe; bleib mir gestohlen!:* Ich will nicht mehr mit ihm darüber verhandeln, der soll mir den Buckel raufsteigen. Einmal hörte Joseph den Melker sagen, das Vaterländli könne ihm in seiner ganzen Größe, wenn es wolle, den Buckel hinaufsteigen (R. Walser, Gehülfe 131).

etwas auf dem Buckel haben (ugs.): 1. *etwas hinter sich gebracht, erlebt haben:* Jetzt merkt man es doch allmählich, dass er schon viele Jahre auf dem Buckel hat. Der Wagen hat jetzt auch schon seine 100 000 km auf dem Buckel. Sie (= die Kupplung) passt sogar für einen alten VW, selbst wenn er zehn Jahre auf dem Buckel hat (Bild 31. 3. 1964, 3). 2. *mit etwas belastet sein:* Wenn du als junger Mensch schon drei Vorstrafen auf dem Buckel hast, musst du froh sein, wenn du überhaupt noch eine Stelle bekommst. Sie haben mehr Schulden auf dem Buckel als Haare auf dem Kopf. ▸ Die Wendung geht von der Vorstellung aus, dass man sein Alter, seine Probleme wie eine Last auf dem (gekrümmten) Rücken trägt.

genug auf dem Buckel haben (ugs.): *viele Aufgaben zu erledigen haben, es schwer haben:* Die Stationsärzte können die Auswertung nicht übernehmen, die haben genug auf dem Buckel. Vgl. auch das Stichwort »Rücken«.

Bude: eine sturmfreie Bude (ugs.): *ein Zimmer, in dem man nicht von dem Vermieter o. Ä. kontrolliert wird:* Als ich noch studierte, war es nicht so einfach, eine sturmfreie Bude zu bekommen. Aber Sonnabendmittag fuhren sie immer zu ihren Kindern ... und ich hatte sturmfreie Bude (Kirsch, Pantherfrau 75).

jmdm. fällt die Bude auf den Kopf (ugs.): *jmd. hält es in seiner Wohnung nicht mehr aus:* Seit zehn Tagen regnet es, und wir können nicht raus – allmählich fällt uns die Bude auf den Kopf!

jmdm. die Bude einlaufen/einrennen (ugs.): *jmdn. immer wieder wegen der gleichen Sache aufsuchen:* Seit Jahren rennt er uns mit seinen Verbesserungsvorschlägen die Bude ein. Das fand ich doch verdrießlich. Mir erst die Bude einzulaufen, und mich dann zu versetzen! (K. Mann, Wendepunkt 241).

die Bude auf den Kopf stellen (ugs.): *ausgelassen feiern:* Nach bestandenem Examen hat sie mit ein paar Freunden die Bude auf den Kopf gestellt.

jmdm. auf die Bude rücken (ugs.): *jmdn., mit dem man etwas zu bereinigen hat, aufsuchen:* Wenn wir die Miete nicht bald zahlen, rückt uns der Hausbesitzer auf die Bude. Unmöglich kann ich ihm auf die Bude rücken und mich dazu in verbotenen Glanz kleiden (Zweig, Grischa 144).

jmdm. hat es in die Bude geschneit (ugs.): *jmd. hat Unannehmlichkeiten:* Ich glaube, deiner Schwester hat es in die Bude geschneit, sie war ganz schön miesepetrig heute früh.

Leben in die Bude bringen: ↑ Leben.

Bug: jmdm. eine vor den Bug knallen (ugs.): *jmdn. eine deutliche Warnung durch einen Schlag, eine heftige Ermahnung o. Ä. zukommen lassen, jmdn. in seinem Tatendrang bremsen:* Als er frech werden wollte, habe ich ihm gleich eine vor den Bug geknallt. Weil die junge Kollegin sehr ehrgeizig war, überlegten sie, wie sie ihr eine vor den Bug knallen könnten.

jmdm. einen Schuss vor den Bug geben: ↑ Schuss.

bügeln: gebügelt sein: ↑ gebügelt. **geschniegelt und gebügelt:** ↑ geschniegelt. **die Hosen über einem/ein Fass/über der/die Tonne gebügelt haben:** ↑ Hose.

Buhei: Buhei machen (ugs.): *großes Aufheben von etwas machen:* Mensch, macht der einen Buhei wegen des Kratzers an seinem Wagen. Mach bloß nicht so einen Buhei! Ich weiß überhaupt nicht, was man wegen dem bisschen Maulkorb für ein Buhei macht. Morgens der erste Schutzmann hätte ihn gleich herunterholen sollen (Spoerl, Maulkorb 77).

Bühne: etwas über die Bühne bringen/ kriegen (ugs.): *etwas [erfolgreich] durch- führen:* Die Regierung hofft, dass er den Vertrag über die Bühne bringt. Ich weiß nicht, wie er die Sache über die Bühne bringen will. Falls der Bundesrat keine Einwände geltend macht, muss dieser Volksentscheid bis spätestens 30. Juni nächsten Jahres über die Bühne gebracht werden (MM 8. 7. 1969, 5).

über die Bühne gehen (ugs.): *in einer be- stimmten Weise verlaufen, vor sich gehen:* Die Veranstaltung ging glatt über die Bühne. Die turbulente Prunksitzung der »Määnzer Fassenacht« geht voluminös wie eh und je über die Bühne (Hörzu 8, 1973, 85). Die Verhandlung bei meiner Verwaltungsrechtssache ging ohne mei- nen Anwalt über die Bühne, weil er ein- fach nicht erschien (DM 34, 1965, 49).

über die Bühne sein (ugs.): *[erfolgreich] durchgeführt sein:* Wenn die laufenden Projekte erst mal über die Bühne sind, mach ich sechs Wochen Urlaub!

von der Bühne abtreten/verschwinden; die Bühne verlassen: *aus dem Blickpunkt der Öffentlichkeit verschwinden:* Er war seinerzeit mit einem Eklat von der poli- tischen Bühne abgetreten. Die legendä- ren Chikagoer Gangster hatten die Büh- ne längst verlassen, als ein kleiner sizilia- nischer Einwanderer im Rauschgifthan- del von sich reden machte.

von der Bühne [des Lebens] abtreten (geh.; verhüllend): *sterben:* Er hatte Großes geleistet, als er von der Bühne des Lebens abtrat. ... mit ihren eigenen Plänen scheiternd, vom Fremden betro- gen, treten sie oft genug von der Bühne ab (Dönhoff, Ära 8).

Bulette: [immer/nur] ran an die Buletten! (ugs.; landsch.): *Aufforderung, Ermun- terung zum Handeln:* So, noch ein Schluck Bier, und dann immer ran an die Buletten! Auch am Ehrentag ran an die Buletten (MM 7. 4. 1967, 8). Mensch, Laumann, hau ab und nix wie ran an die Buletten! (Borell, Lockruf 258).

rangehen wie Hektor an die Buletten: ↑rangehen.

Bund: den Bund der Ehe eingehen (geh.): *heiraten:* Der Gedanke, mit diesem Mann den Bund der Ehe einzugehen, war für sie nicht sehr verlockend.

den Bund fürs Leben schließen (geh.): *heiraten:* In einem kleinen bayerischen Gebirgsdorf hatten sie den Bund fürs Leben geschlossen. Prinzessin Margriet der Niederlande hat am Dienstag ... mit dem Bürgerlichen Pieter van Vollenho- ven den Bund fürs Leben geschlossen (MM 14./15. 1. 1967, 32).

mit jmdm. im Bunde sein/stehen: *mit jmdm. verbündet sein:* Es stellte sich he- raus, dass der Besitzer der Luxusjacht im Bunde stand mit ein paar ziemlich miesen Typen (H. Weber, Einzug 266). Vielleicht stand sie auch im Bunde mit einem der Polizisten, dem Führer der Razzien (Seghers, Transit 76).

der Dritte im Bunde: ↑Dritte. **sich die Hand zum Bunde reichen:** ↑Hand.

Bündel: sein Bündel packen/schnüren (ugs.): *aufbrechen, weggehen:* Es wird langsam Zeit, dass wir unser Bündel pa- cken. Wenn es dir bei uns nicht gefällt, kannst du ja jederzeit dein Bündel schnüren und gehen. Aber nein, Rosa hat einmal damit angefangen, ihr Bündel zu schnüren, nun gibt es kein Zurück mehr (Waggerl, Brot 76).

▶ Mit »Bündel« waren ursprünglich die (in einem Tuch verpackten) Habseligkei- ten der Handwerksburschen gemeint, wenn sie auf Wanderschaft waren.

jeder hat sein Bündel zu tragen: *jeder hat seine Sorgen.*

bündig: kurz und bündig: ↑kurz.

bunt: jmdm. wird es zu bunt (ugs.): *jmds. Geduld ist zu Ende:* Zum Schluss wurde es den Zuhörern zu bunt, und sie pfiffen den Redner aus. Plötzlich wurde das dem Warzenschwein zu bunt, es drehte sich um und ging auf den Elefanten los (Grzimek, Serengeti 90). Langsam wird mir die Sache zu bunt. Ich bin schließlich über sechzig (Hörzu 17, 1972, 137).

es zu bunt treiben (ugs.): *über das erträg- liche Maß hinausgehen:* Wenn ihr es zu bunt treibt, werf ich euch alle miteinan- der raus. Die Studenten haben es in letz- ter Zeit an den Universitäten zu bunt ge- trieben. Eines Nachts nun trieb es Wir- sich doch zu bunt. Er kam ... tobend nach Hause und begehrte Einlass (R. Walser, Gehülfe 23).

bunte Reihe machen (ugs.): *sich so grup- pieren, dass jeweils eine männliche und* *eine weibliche Person nebeneinander sitzen:* Die Betriebsangehörigen machten bunte Reihe und begannen zu schunkeln. Willy Brandt macht das alles mit – auch Landsergesänge und Bierzeltgeschunkel und »bunte Reihe« am Ehrentisch (Spiegel 38, 1974, 84).

bunter Abend: ↑ Abend. **bekannt sein wie ein bunter Hund:** ↑ bekannt. **den bunten Rock anziehen:** ↑ Rock. **den bunten Rock ausziehen:** ↑ Rock. **bunter Teller:** ↑ Teller.

Bürger: Bürger in Uniform: *Bundeswehrsoldat, der seine soldatischen Pflichten aus den staatsbürgerlichen Rechten ableitet:* Wer nur unter Zwang den Wehrdienst ableistet, kann sich nicht als Bürger in Uniform fühlen. Generalleutnant ... Baudissin gilt als der geistige Vater des Leitbildes vom »Bürger in Uniform« (MM 1. 3. 1967, 2). Der »Bürger in Uniform« leidet unter Frustrationen (Basler Zeitung 27. 8. 1980, 5).

Bürgerpflicht: Ruhe ist die erste Bürgerpflicht: ↑ Ruhe.

Bürgersteig: hier/da werden abends die Bürgersteige hochgeklappt (ugs.): *hier/da ist abends nichts mehr los, gibt es abends keine Möglichkeiten mehr, sich zu vergnügen:* Hier gibts nicht mal ein Kino, in diesem Kuhdorf werden abends die Bürgersteige hochgeklappt. Abends werden in unserer Stadt die Bürgersteige hochgeklappt, nach neun Uhr ist nichts mehr los.

bürsten: etwas gegen den Strich bürsten: ↑ Strich.

Bürstenbinder: trinken/saufen wie ein Bürstenbinder: ↑ saufen.

Busch: [bei jmdm.] auf den Busch klopfen (ugs.): *etwas durch geschicktes Fragen zu erfahren suchen:* Kannst du nicht mal bei ihm auf den Busch klopfen, ob er uns bei dem Plan hilft? Er spielte den Allwissenden und klopfte doch nur auf den Busch (Zwerenz, Quadriga 25). Ich wollt nur mal bei Ihnen auf den Busch klopfen (Ruark [Übers.], Honigsauger 547).

▶ Die Wendung stammt aus der Jägersprache. Man schlägt auf Gebüsch, um festzustellen, ob sich ein Tier darin verbirgt, um das Wild aufzuscheuchen.

mit etwas hinter dem Busch halten: *mit einer Äußerung zurückhalten:* Der Staatsanwalt hatte den Eindruck, dass die Verteidigung mit irgend etwas hinter dem Busch hält. Sie wollte mit ihrer Meinung nicht länger hinter dem Busch halten.

▶ Die Wendung geht von Busch in der Bedeutung »Buschwerk, kleines Waldstück« aus. Im Buschwerk hielten sich früher Wegelagerer versteckt; vgl. die Bildungen »Buschklepper« und »Strauchdieb«. Auch Truppenteile hielt man früher hinter Büschen und Waldstücken verborgen, um sie dann überraschend ins Gefecht zu führen; vgl. die Wendung »mit etwas hinter dem Berg halten«.

sich [seitwärts] in die Büsche schlagen (ugs.): *heimlich verschwinden:* Als die Leute den Gendarm holten, schlug sich der Fremde seitwärts in die Büsche. Die Geschwister ... hatten sich ... klammheimlich in die Büsche geschlagen und waren sodann spurlos verschwunden (MM 11. 4. 1974, 15). Er glaubte offenbar, er könne den Polizeibeamten, der keine Waffen bei sich haben durfte, als Geisel benutzen und sich dann irgendwo in die Büsche schlagen (MM 3. 11. 1969, 3).

etwas ist im Busch (ugs.): *im Verborgenen bereitet sich etwas vor:* Nun geschah das allerdings ..., als er schon eindeutig wusste, dass da was im Busche war (Zwerenz, Quadriga 220). Wenn ich anrücke, weiß natürlich jeder, was im Busch ist (Hörzu 21, 1973, 30).

wie Zieten aus dem Busch: ↑ Zieten.

Busen: am Busen der Natur (scherzh.): *in der Natur, im Freien:* Damals brauchte man noch keine Luxushotels, da wurde am Busen der Natur geschlafen.

eine Natter/Schlange am Busen nähren: ↑ Schlange.

Buße: Buße tun (veraltend): *seine Verfehlungen mit Bußübungen sühnen:* Tuet Buße, meine Brüder, und lasset ab von Müßiggang und Völlerei! Wir haben den Zorn des Herrn auf uns herabbeschworen, wir wollen Buße tun und seine Vergebung erflehen. Mit einem Wort: Wir könnten Buße tun (Sommerauer, Sonntag 25).

Butter: jmdm. fiel die Butter vom Brot/ist die Butter vom Brot gefallen (ugs.): *jmd. ist enttäuscht, entsetzt:* Uns fiel fast die

Butter vom Brot, als wir den Preis hörten. Was ist denn mit dir los, ist dir die Butter vom Brot gefallen?

sich nicht die Butter vom Brot nehmen lassen (ugs.): *sich nichts gefallen lassen, sich nicht benachteiligen lassen:* Um ihn brauchst du dir keine Sorgen zu machen. Der lässt sich schon nicht die Butter vom Brot nehmen. Wir müssen aufpassen, dass man uns nicht die Butter vom Brot nimmt (Spiegel 4, 1966, 58).

Butter auf dem Kopf haben (ugs.; landsch.): *ein schlechtes Gewissen haben:* Jetzt habt ihr wohl Butter auf dem Kopf, was? ... es können doch nicht alle Belastungszeugen ... Butter auf dem Kopf haben. Man kann sie doch nicht alle erpressen! (Quick 32, 1958, 37). Aber wer würde ihm glauben, gerade jetzt, wo er diesen Streit mit dem Minister hatte? Er hatte so viel Butter auf dem Kopfe, und nun dies noch! (Fallada, Jeder 116).
▶ Die Wendung nimmt wohl darauf Bezug, dass einer Frau, die Butter (mit anderen Waren) in einem Korb auf dem Kopf trägt, die Butter auf den Kopf fließt, wenn sie gedankenlos zu lange in der Sonne geht oder steht.

jmdm. nicht die Butter auf dem Brot gönnen (ugs.): *jmdm. gegenüber äußerst missgünstig sein:* Von Geschwisterliebe kann bei denen keine Rede sein, die gönnen einander nicht die Butter auf dem Brot.

Butter an/bei die Fische! (ugs.; landsch.): *keine halben Sachen!:* Jetzt mal Butter bei die Fische und den vollen Kaufpreis auf den Tisch gelegt!
▶ Die Wendung nimmt darauf Bezug, dass zu einem Fischgericht unbedingt eine Buttertunke oder -sauce gehört.

es ist alles in [bester/schönster] Butter (ugs.): *es ist alles in Ordnung:* Ihr braucht die Polizei nicht zu rufen, es ist alles in Butter. Es schien alles in Butter zu sein, denn der Schiedsrichter pfiff das Spiel wieder an. »So!«, sagte der Kommissar Rusch und sah sich um. »Alles in bester Butter!« (Fallada, Jeder 99).
▶ Die Wendung meint eigentlich, dass alles mit guter Butter und nicht mit billigem Fett zubereitet ist.

[dahin]schmelzen wie Butter an der Sonne: ↑ dahinschmelzen. **dastehen wie Butter an der Sonne:** ↑ dastehen. **bei jmdm. liegt der Kamm bei der Butter:** ↑ Kamm.

Butterbrot: jmdm. etwas aufs Butterbrot schmieren/streichen (ugs.): *jmdm. etwas als Vorwurf überdeutlich sagen, immer wieder vorhalten:* Du brauchst mir nicht dauernd aufs Butterbrot zu schmieren, dass ich dir damals nicht geholfen habe. Der einzige Mensch, der mir das nicht dauernd aufs Butterbrot schmiert, ist Amelia selbst (Ruark [Übers.], Honigsauger 379).

für/(selten:) um ein Butterbrot (ugs.): *für so gut wie nichts, für einen lächerlichen Preis:* Ich habe den Plattenspieler für ein Butterbrot bekommen. Auf dem Fischkutter hatte er monatelang für ein Butterbrot gearbeitet. Amerikanische Touristen kaufen Barockmöbel für ein Butterbrot, ein echter Dürer ist für zwei Flaschen Whisky zu haben (K. Mann, Wendepunkt 112).

Buxtehude: in/aus/nach Buxtehude (ugs.): *in/aus/nach einem irgendwo fernab gelegenen, unbedeutenden kleinen Ort:* Ein so renommiertes Institut kann doch nicht von irgendeinem Privatgelehrten aus Buxtehude geführt werden!

C

c'est la vie: *so ist [nun einmal] das Leben:* Warum hat sie mich wegen so eines Lackaffen sitzen gelassen? – C'est la vie, mein Lieber, so etwas kommt eben vor! Er sagte nur »C'est la vie«, zuckte dabei mit den Achseln und vertiefte sich wieder in seine Zeitung. Schon Tucholsky klagte: »Man möchte immer eine große Lange, und dann bekommt man eine kleine Dicke! C'est la vie!« (Hörzu 49, 1974, 122).

chacun à son goût (bildungsspr.): *jeder nach seinem Geschmack, wie es ihm gefällt:* Sie zog die Augenbrauen hoch und verließ mit einem »Chacun à son goût« das Schlafzimmer. Hast du gehört, dass dein Freund eine Frau geheiratet hat, die über fünfzehn Jahre älter ist als er? – Was regst du dich auf – chacun à son goût!

Chambre séparée (veraltet): *kleiner Nebenraum in Restaurants, Nachtlokalen für ungestörte [intime] Zusammenkünfte:* Er war ein Lebemann, dem die Chambres séparées der Stadt besser vertraut waren als die Räume seiner Anwaltspraxis. ... ein vornehmer Urning, der mit seinen Freunden häufig im Chambre séparée speisen soll (Frings, Männer 120).

Charlottenburger: einen Charlottenburger machen (berlin.): *sich die Nase zwischen Daumen und Zeigefinger ohne Taschentuch schneuzen:* Der Bierkutscher machte einen geräuschvollen Charlottenburger, und die Damen wandten sich angewidert ab.

Charybdis: zwischen Scylla und Charybdis: ↑ Scylla.

Chemie: die Chemie stimmt (ugs.): *es herrscht Harmonie, man kommt gut miteinander aus:* Die Zusammenarbeit klappte mehr schlecht als recht; zwischen den Direktoren stimmte einfach die Chemie nicht. Solange bei den beiden die Chemie stimmt, werden sie als Team erfolgreich sein.

cherchez la femme! (bildungsspr.): *dahinter steckt bestimmt eine Frau!:* Mir ist es keineswegs unerklärlich, warum er mit seinem Geld nicht mehr auskommt – cherchez la femme!

China: ob/wenn in China ein Fahrrad/ Sack Reis umfällt; ob/wenn in Peking ein Fahrrad/Sack Reis umfällt: *ob/wenn etwas [für mich, uns] völlig Unwesentliches geschieht:* Wenn mein Mann schon wieder eine neue Freundin hat, dann interessiert mich das heute nicht mehr, als ob in China ein Sack Reis umfällt!

Christbaum: nicht alle auf dem Christbaum haben (ugs.): *nicht richtig bei Verstand sein:* Manchmal glaube ich, du hast sie nicht mehr alle auf dem Christbaum.
▶ Die Wendung geht davon aus, dass etwas nicht in Ordnung ist, wenn auf dem Tannenbaum nicht alle Kerzen brennen.

christlich: etwas mit dem Mantel der christlichen Nächstenliebe zudecken: ↑ Mantel.

comme il faut (bildungsspr.; veraltend): *wie es sich gehört:* Sein Verhalten gegenüber den Verwandten seiner Frau war an diesem Abend nicht ganz comme il faut. Ein Lustspielfilm comme il faut ... (MM 17./18. 12. 1966, 7). Meine Eltern hielten sich nicht für traurig, sondern für korrekt ... und comme il faut (Zorn, Mars 207).

Conditio sine qua non (bildungsspr.): *unabdingbare Voraussetzung:* Ein einseitiger Truppenabzug wurde als Conditio sine qua non für Friedensverhandlungen angesehen. Frauen und Männer gemeinsam ... ist die Conditio sine qua non einer ausgewogenen Gesellschaft (Wolff [Übers.], Bisexualität 70).

coram publico (bildungsspr.): *vor aller Welt, öffentlich:* Derartige Probleme sollten nicht coram publico diskutiert werden. Das Ehepaar pflegte seine Zwistigkeiten coram publico auszutragen. Coram publico wurden Ziele, Wege und Schwächen freidemokratischer Politik erörtert (MM 1. 9. 1969, 6).

Corpus: Corpus Delicti: Beweisstück [für eine Straftat]: Und hier haben wir das Corpus Delicti: Lippenstift auf deinem Hemdkragen! Obwohl er den gestrengen Augen des Gesetzes auch das »Corpus Delicti« vorzeigen konnte, kam er dennoch nicht um eine Blutprobe herum (MM 6./7. 7. 1968, 13).

Coup: einen Coup landen (ugs.): *ein großes, kühnes Unternehmen erfolgreich durchführen:* Die beiden kleinen Ganoven träumten davon, einen ganz großen Coup zu landen. Seinen 30. Coup landete der Fassadenkletterer, obwohl die gesamte Baden-Badener Kriminalpolizei auf den Beinen war (MM 10./11. 9. 1966, 10). Diese unglaubliche Entführung, einer der größten Coups, den Gangster seit Jahren in den Staaten gelandet hatten, sollte auf einmal ein Ende gefunden haben? (Cotton, Silver-Jet 169).

Cour: jmdm. die Cour machen/schneiden (veraltet): *jmdm. den Hof machen:* Als junger Fähnrich hatte er in Wien ihrer Tochter die Cour geschnitten. Pass auf, er wird dir die Cour machen (Th. Mann, Buddenbrooks 82).

Crème de la Crème (bildungsspr.): *die vornehmsten, bedeutendsten Vertreter* *(bes. der gesellschaftlichen Oberschicht):* Die Crème de la Crème der europäischen Filmwelt hatte sich zu den Festspielen eingefunden. Die Crème de la Crème des Empire versagte der Krone ihre Gefolgschaft (Spiegel 48, 1979, 153).

cum grano salis (bildungsspr.): *mit Einschränkungen, nicht ganz wörtlich:* Man könnte die Dichterin cum grano salis als eine »Expressionistin« des 16. Jahrhunderts ansehen. Dem Spruch des Volkes hat sich das Gericht ... nicht anschließen können, doch, cum grano salis, war damit eine Saite angeschlagen worden, die ... (Noack, Prozesse 173). ▶ Die lateinische Fügung heißt wörtlich »mit einem Körnchen Salz« und stammt wohl aus der »Naturgeschichte« des älteren Plinius, der über ein Gegengift schreibt, dass es nur dann wirke, wenn es zusammen mit einem Salzkorn genommen wird.

Cura posterior (bildungsspr.): *etwas, das gegenüber etwas Wichtigerem zurückstehen muss, erst nach diesem zu behandeln, zu erledigen ist:* Der Umfang des Buches sollte keineswegs als Cura posterior betrachtet werden; er hat schließlich auch Auswirkungen auf bestimmte inhaltliche Fragen.

D

da: da und da (ugs.): 1. *an einem bestimmten, zu benennenden Ort, Ziel:* Sie können dir jederzeit nachweisen, dass du dich da und da mit den und den Leuten getroffen hast. 2. *an ein bestimmtes, zu benennendes Ziel:* Bei einer solchen Entwicklung kann man nicht im Voraus sagen, das führt uns da und da hin, das bringt uns die und die Vorteile. 3. *von einem bestimmten, zu benennenden Ort:* Jeder Besucher muss genau angeben, er heißt so und so und er kommt da und da her.

da und dort: 1. *an einigen Orten, an manchen Stellen:* Da und dort blühten schon die ersten Krokusse. ... hier hängen die Wolkenfetzen immer tiefer, bis sie da und dort auf das schäumende Meer stoßen (Grzimek, Serengeti 30). ... der Faltensturz der Vorhänge, entfärbt zum Teil und verblichen an den gerafften Stellen, ließ da und dort den Tag durch Mottenlöcher scheinen (Th. Mann, Hoheit 75). 2. *manchmal, hin und wieder:* Da und dort wurde ihr kleines Boot von Möwen begleitet.

da haben wirs!/da hast dus! (ugs.): *nun ist das eingetreten, was zu befürchten war!:* Da haben wirs! Nun hat er mit der Konkurrenz abgeschlossen. Da hast dus! Jetzt hast du dir die Finger gequetscht.

da hört [sich] doch alles auf: ↑ aufhören. **da musst du früher aufstehen:** ↑ aufstehen. **da bleibt kein Auge trocken:** ↑ Auge. **da möchte ich nicht begraben sein:** ↑ begraben. **da haben wir die Bescherung:** ↑ Bescherung. **da liegt die ganze Bescherung:** ↑ Bescherung. **da soll doch gleich ein Donnerwetter dreinschlagen/dreinfahren:** ↑ Donnerwetter. **da ist das/ein Ende von weg:** ↑ Ende. **da gibts nichts:** ↑ geben. **da sei Gott vor:** ↑ Gott. **da liegt der Hase im Pfeffer:** ↑ Hase. **da schau her:** ↑ herschauen. **hier und da:** ↑ hier. **da ist Holland in Not/in Nöten:** ↑ Holland. **da lachen [ja] die Hühner:** ↑ Huhn. **da wird der Hund in der Pfanne verrückt:** ↑ Hund. **da liegt der Hund begraben:** ↑ Hund. **da kenne ich [gar] nichts:** ↑ kennen. **da ist kein Kopf und kein Arsch dran:** ↑ Kopf. **da kann man sich/kannst du dir [doch] nur an den Kopf greifen/fassen:** ↑ Kopf. **nichts da:** ↑ nichts. **da legst di' nieder:** ↑ niederlegen. **sieh da:** ↑ sehen. **da wackelt die Wand:** ↑ Wand.

Dach: [k]ein Dach über dem Kopf haben (ugs.): *[k]eine Unterkunft haben:* Tausende von Menschen im Erdbebengebiet hatten kein Dach über dem Kopf. ... da das Bankinstitut, in dessen Besitz unsere Liegenschaften übergegangen waren, uns aus Gnade und Erbarmen den vorläufigen Verbleib zwischen den nackten Wänden der Villa gewährte, so hatte er ein Dach über dem Kopf (Th. Mann, Krull 69). Simon hat ein Dach über dem

Kopf, ein eigenes fest gefügtes Dach (Waggerl, Brot 11).

jmdm. aufs Dach steigen: *jmdn. zurechtweisen, in die Schranken weisen:* Wenn du so weitermachst, wird dir der Chef bald aufs Dach steigen. Da werden dir deine eigenen Kollegen ganz schön aufs Dach steigen, wenn sie sich in der Zeitung wieder finden (v. d. Grün, Glatteis 224).

▶ Die Wendung geht von einem alten Rechtsbrauch aus: Einem Mann, der seine Stellung als Familienoberhaupt einbüßt und unter den Pantoffel kommt, wurde früher von Nachbarn, die ihn bloßstellen wollten, das Dach abgedeckt.

eins aufs Dach bekommen/kriegen (ugs.): *zurechtgewiesen, getadelt werden:* Waren sie unschuldig, würde man sie nach ein paar Stunden wieder laufen lassen; der falsche Angeber aber würde eins aufs Dach bekommen (Fallada, Jeder 249). Walter müsste mal gründlich eine aufs Dach kriegen, das wäre alles (Schnurre, Bart 34).

▶ Die Wendung knüpft an Dach im Sinne von »Schädel[decke]« an, meint also eigentlich »einen Schlag auf den Kopf bekommen«.

jmdm. eins/etwas aufs Dach geben (ugs.): *jmdn. zurechtweisen, tadeln:* Es war höchste Zeit, diesem unverschämten Burschen mal eins aufs Dach zu geben. Ein Galalithknopf zerbrach, und Jänecke, der Substitut, gab dem Maiwald was aufs Dach (Fallada, Mann 93). Und dem gottverfluchten Eisenbahnfritzen ..., dem gib bitte eins aufs Dach (Zweig, Grischa 103).

Vgl. die Wendung »eins aufs Dach bekommen«.

[mit jmdm.] unter einem Dach leben/wohnen/hausen (ugs.): *[mit jmdm.] im gleichen Haus wohnen:* Er konnte nicht mehr länger mit seinen Schwiegereltern unter einem Dach wohnen. Nicht nur meiner körperlichen und moralischen Leistung wegen errang ich ihren vollen Respekt, sondern auch, weil ich mit Brünhilde unter einem Dach lebte (Küpper, Simplicius 99).

etwas unter Dach und Fach bringen: *etwas glücklich zum Abschluss bringen:* Nach drei Wochen harter Arbeit hatten sie die Ernte unter Dach und Fach gebracht. Wir müssen das Projekt möglichst schnell unter Dach und Fach bringen. Die Leute rannten nach dem Raunen aus dem Bundesfinanzministerium schnell zu den Bausparkassen, um neue Verträge noch unter Dach und Fach zu bringen (DM 5, 1966, 8).

▶ Die Wendung rührt vom Hausbau her. Wenn ein Haus unter Dach und Fach war, d. h., wenn das Fachwerk (= Fach) und Dach fertig waren, galt der eigentliche Hausbau als beendet.

unter Dach und Fach sein: *glücklich abgeschlossen sein:* Wir sind froh, dass die Verträge unter Dach und Fach sind.

▶ Vgl. die Wendung »unter Dach und Fach bringen«.

bei jmdm. ist es unterm Dach nicht ganz richtig (ugs.): *jmd. ist nicht ganz bei Verstand:* Du hebst deine gesamten Ersparnisse in bar in einem Schuhkarton auf? Bei dir ist es doch unterm Dach nicht ganz richtig!

unterm Dach juchhe (ugs.; scherzh.): *in einer Wohnung direkt unterm Dach, in einer Mansarde:* Sieben Treppen hoch haben wir damals gewohnt, unterm Dach juchhe.

▶ Diese Wendung stammt aus der Liedzeile »Unterm Dach juchhe hat der Sperling seine Jungen«.

bei jmdm. ist gleich Feuer unter dem Dach; jmd. hat gleich Feuer unter dem Dach: ↑ Feuer. **dann ist/es ist Feuer am Dach:** ↑ Feuer. **jmdm. den roten Hahn aufs Dach setzen:** ↑ Hahn. **bei jmdm. sitzt der Pleitegeier auf dem Dach:** ↑ Pleitegeier. **besser einen/den Spatz in der Hand als eine/die Taube auf dem Dach:** ↑ Spatz. **das pfeifen die Spatzen von den Dächern:** ↑ Spatz.

Dachdecker: das kannst du halten wie ein Dachdecker: ↑ halten.

Dachs: schlafen wie ein Dachs: ↑ schlafen.

Daffke: aus Daffke (ugs., berlin.): *aus Trotz, nur so [zum Spaß]:* Aus Daffke ließ er sich eine Glatze rasieren. Sie freundete sich mit einem jungen Mann aus der Gesellschaft an, mehr aus Daffke als aus Liebe (Wochenpost 6. 6. 1964, 24). Er lernt sogar das Fliegen, nur aus Daffke, glaube ich – um seiner Elly die Luftherrschaft zu entreißen (Quick 23, 1958, 29).

dafür können: du kannst wohl nichts dafür! (ugs.): *du bist wohl verrückt!:* Du hast meinen Lieblingspullover einfach in die Altkleidersammlung gegeben? Du kannst wohl nichts dafür!

daheim: hinter dem Mond daheim sein: ↑ Mond. **habt ihr daheim Säcke an/vor der Tür hängen?:** ↑ Sack.

daher: daher der Name Bratkartoffel: ↑ Bratkartoffel. **[ach] daher weht der Wind!:** ↑ Wind.

daherschwimmen: nicht auf der Wassersuppe dahergeschwommen sein: ↑ Wassersuppe.

dahinschmelzen: [dahin]schmelzen wie die Butter/Schnee an der Sonne: *äußerst schnell aufgebraucht werden:* Die Vorräte waren dahingeschmolzen wie Butter an der Sonne. Durch Krankheit und Arbeitslosigkeit waren seine Ersparnisse geschmolzen wie Schnee an der Sonne.

dahinstellen: etwas dahingestellt sein lassen: *etwas nicht weiter diskutieren:* Lassen wir es dahingestellt sein, ob er das Signal nicht bemerkt hat. Ein wenig schlechtes Gewissen ist dabei, – worauf es sich bezieht, das lasse ich dahingestellt sein (Th. Mann, Krull 418).

dahingestellt sein/bleiben: *nicht bewiesen, fraglich sein/bleiben:* Es bleibt dahingestellt, ob er das Geld wirklich stehlen wollte. Es sei dahingestellt, wer in den vielen Auseinandersetzungen ... mit Manövrieren und Finassieren angefangen hat (Dönhoff, Ära 32).

Dalles: den Dalles haben: 1. (ugs.) *in Geldverlegenheit sein:* Der fährt seinen Kleinwagen nicht aus ökologischen Gründen, sondern weil er den Dalles hat. 2. (landsch.) *zerbrochen, entzwei sein:* Die Tasse hat den Dalles.

▶ Das Wort »Dalles« ist jiddischen Ursprungs; zugrunde liegt das hebräische »dallût«, das so viel wie »Armut« heißt.

Damaskus: sein Damaskus erleben; seinen Tag von Damaskus erleben: *bekehrt, ein neuer Mensch werden:* Als die Panzer in die Prager Innenstadt rollten, erlebten viele westliche Kommunisten ihren Tag von Damaskus.

▶ Die Wendung bezieht sich auf den Anfang des 9. Kapitels der Apostelge-

schichte. Dort wird berichtet, wie Saulus auf seiner Reise nach Damaskus zum Paulus bekehrt wurde.

Dame: Dame von Welt: *Frau, die gewandt und selbstsicher im Auftreten ist:* Als Dame von Welt hätte sie sich einen solchen Fauxpas nicht erlauben dürfen. Eine Dame von Welt versteht es, in jeder Situation den Überblick zu behalten.

Alte Dame: ↑ alt. **auf vielfachen Wunsch einer einzelnen Dame:** ↑ vielfach.

damit: und damit verließen sie ihn: ↑ verlassen.

dämlich: dämlich wie Schifferscheiße sein: ↑ dumm. **dumm und dämlich:** ↑ dumm. **dämlich aus dem Anzug/aus der Wäsche gucken:** ↑ gucken.

Damm: nicht auf dem Damm sein (ugs.): *nicht gesund und munter sein:* Wir mussten unsere Abreise verschieben, weil die Kinder nicht auf dem Damm waren. Er hatte es deutlich gespürt, dass er nicht auf dem Damm war (Feuchtwanger, Erfolg 393).

Vgl. die Wendung »jmdm. auf den Damm helfen«.

wieder auf dem Damm sein (ugs.): *wieder gesund und munter sein:* Der Bruch war gut verheilt, und er hoffte, bald wieder auf dem Damm zu sein. Ich freue mich sehr, dass Sie wieder auf dem Damm sind (Sebastian, Krankenhaus 194). ... meine letzte Hoffnung war, er sei wieder so weit auf dem Damm, dass ich ein Wort mit ihm sprechen und ihn um ein Stück Geld angehen konnte (Fallada, Herr 70).

Vgl. die Wendung »jmdm. auf den Damm helfen«.

jmdm. auf den Damm helfen/jmdn. wieder auf den Damm bringen (ugs.): *jmdn. [wieder] gesund machen; jmdm. weiterhelfen:* Er hatte seinem Freund, obwohl es ihm selber ziemlich schlecht ging, auf den Damm geholfen.

▶ Alle drei Wendungen knüpfen an Damm in der Bedeutung »befestigter Fahrweg, Fahrbahn, Straße« an: Wer auf der Straße ist, kommt gut voran.

Damokles: das Schwert des Damokles hängt/schwebt über jmdm./über jmds. Haupt (geh.): *jmd. ist in ständiger Gefahr, ist ständig bedroht:* Sehen Sie sich vor, über Ihnen schwebt das Schwert des

Damokles, nachdem die Unterlagen der Presse zugespielt worden sind.

▶ Diese Wendung geht auf eine Erzählung Ciceros zurück: Der Höfling Damokles rühmte den König von Syrakus als den glücklichsten König unter der Sonne. Der König bot dem Höfling daraufhin an, mit ihm den Platz zu tauschen; über den Thron aber ließ er ein Schwert aufhängen, das nur an einem Pferdehaar befestigt war. Damit zeigte er, dass der Platz des Mächtigen stets auch ein Ort der größten Gefahr ist.

Damoklesschwert: wie ein Damoklesschwert über jmdm., über jmds. Haupt hängen/schweben (geh.): *eine ständige Bedrohung für jmdn. sein:* Die Kündigung hing wie ein Damoklesschwert über vielen Bergleuten. Die Schließung des Stadions, die lange wie ein Damoklesschwert über uns schwebte, konnte doch verhindert werden (Maegerlein, Triumph 70). Während das Damoklesschwert über ihm schwebt, residiert Camillo im fernen Luxemburg und weiß von nichts (Hörzu 33, 1972, 14).
Vgl. die vorangehende Wendung.

Dampf: der Dampf ist [aus etwas] raus (ugs.): *etwas hat seinen Schwung verloren, ist langweilig geworden, erlahmt:* Ohne die Unterstützung durch die Gewerkschaften wäre aus der ganzen Aktion längst der Dampf raus. Schade, mit der Rudi-Carrell-Show ist der Dampf raus (Hörzu 23, 1975, 97).

Dampf [vor jmdm., vor etwas] haben (ugs.): *Angst [vor jmdm., vor etwas] haben:* Er hatte vor dem Auftritt mächtigen Dampf. Hast wohl Dampf vor den Mädels? (Fr. Wolf, Zwei 174).

▶ Die Wendung schließt sich an Dampf in der heute nicht mehr gebräuchlichen Bedeutung »Beklemmung, Atemnot« an.

Dampf ablassen (ugs.): *seinem Ärger Luft machen, seine Wut abreagieren:* Nach dem Krach im Büro musste er erst einmal Dampf ablassen und brüllte die Bedienung an. Wenn einer von unseren Kameras mal richtig Dampf ablässt, sollte man das besser nicht verwenden. Das könnte dem Betreffenden doch großen Ärger bringen (Hörzu 22, 1975, 12). Ich muss Dampf ablassen, um nicht vor

Zorn zu explodieren (Quick 41, 1958, 65).

▶ Die Wendung stammt aus dem Bereich der Technik. Gemeint ist, dass man Dampf entweichen lässt, damit der Druck sich verringert und der Kessel nicht explodiert.

Dampf draufhaben (ugs.): 1. *eine hohe Fahrgeschwindigkeit haben:* Auf den ersten Kilometern hatte die Spitzengruppe noch mächtig Dampf drauf. 2. *viel Schwung, Temperament haben:* Die Stimmung war gut, die Band hatte ordentlich Dampf drauf, alle amüsierten sich.

▶ Die Wendung geht von Dampf im Sinne von »Antriebskraft« aus.

Dampf aufmachen (ugs.): *sich beeilen, sich mehr anstrengen:* Wenn wir ordentlich Dampf aufmachen, können wir bis heute Abend fertig sein. ... Schöns Truppe brannte förmlich vor Ehrgeiz, Dampf auf ... der Gegner sollte erst gar keine Zeit haben, um Luft zu holen (MM 1. 7. 1974, 4).

jmdm. Dampf machen (ugs.): *jmdn. bei der Arbeit antreiben:* Der Polier musste den Leuten dauernd Dampf machen. ... er machte den Athleten Dampf, schob sie zur Tür hinaus und winkte einen Kampfrichter ... heran, der die Athleten beieinander halten sollte (Lenz, Brot 25).

hinter etwas Dampf machen/setzen (ugs.): *eine Arbeit beschleunigen; sich stärker einsetzen:* Wenn wir jetzt nicht Dampf dahinter machen, ist der Rohbau bis zum Herbst nicht fertig. Er will nicht etwa Krach machen, er will etwas Dampf hinter die Sache machen (Fallada, Mann 174). Na, noch keine Stellung, Pinneberg? Nu aber Dampf dahinter gemacht, die Kinder schreien nach Brot (Fallada, Mann 70).
Vgl. die Wendung »Dampf draufhaben«.

mit Dampf (ugs.): *voller Eifer, mit Fleiß:* An der Fertigstellung der Südtangente wird mit Dampf gearbeitet. Die Hochschulreform wird jetzt mit Dampf betrieben.
Vgl. die Wendung »Dampf draufhaben«.

unter Dampf stehen/sein: 1. *fahrbereit sein:* Die beiden Kriegsschiffe an der

Mole standen bereits unter Dampf. 2. (ugs.) *bereit sein, aktiv zu werden; voller Tatendrang sein:* Haben Sie den Mut, auch einmal »nein« zu sagen ... Und: Stehen Sie nicht ständig unter Dampf! (Hörzu 42, 1982, 149). ..., weil Sepp Wäsche, ein fast ständig unter Dampf stehender Schauspieler, für Nuancen nicht zu haben ist (Augsburger Allgemeine 13./14. 5. 1978, 25).

dampfen: die Kacke ist am Dampfen; da ist die Kacke am Dampfen: ↑ Kacke.

Dampfer: auf dem falschen Dampfer sein (ugs.): *etwas Falsches annehmen:* Wenn er glaubt, dass wir auf ihn warten, ist er auf dem falschen Dampfer. Mensch Maiwald, sagte er, so einen Luxus wie Moral, das können wir uns nicht leisten, da bist du von gestern, da bist du auf dem falschen Dampfer (v. d. Grün, Glatteis 254). Wie unsere Moderedakteurin ..., hierzu mitteilt, befindet sich der Autor dieses Reports auf dem falschen Dampfer (MM 27. 2. 1968, 3).

Dämpfer: jmdm., einer Sache einen Dämpfer aufsetzen (ugs.): *jmds. Überschwang mäßigen; etwas dämpfen, abschwächen:* Es war höchste Zeit, dass der Chef ihm mal einen Dämpfer aufgesetzt hat. Dieser Misserfolg setzte seiner Überheblichkeit einen Dämpfer auf. Einzig die ... föderalistische Staatsform, einzig ihr Vorkämpfer Bayern setzen der Bonner Regierungsmaschinerie noch gelinde Dämpfer auf (Augstein, Spiegelungen 17). ► Die Wendung geht von dem Dämpfer aus, mit dessen Hilfe man bei Saiteninstrumenten die Tonstärke abschwächt.

einen Dämpfer bekommen/erhalten (ugs.): *eine Rüge erhalten; eine Enttäuschung erfahren, die die bisherige Freude, Begeisterung stark abschwächt:* Wie siehst du denn aus, hast du einen Dämpfer bekommen? Vgl. die vorangehende Wendung.

Dampfnudel: aufgehen wie eine Dampfnudel: ↑ aufgehen.

daneben: dicht/knapp vorbei ist auch daneben: ↑ vorbei.

Dänemark: es ist etwas faul im Staate Dänemark: ↑ faul.

Dank: jmdm. [für etwas] Dank sagen: *jmdm. [für etwas] danken:* Für die schö-

nen Blumen sage ich Ihnen Dank. Ich habe mich sehr darüber gefreut. **vielen Dank für die Blumen:** ↑ Blume. **Gott sei Dank:** ↑ Gott. **Gott sei Lob und Dank:** ↑ Gott. **dem Himmel sei Dank:** ↑ Himmel.

danken: na, ich danke! (ugs.): *Ausruf der Verwunderung, des Erschreckens, der Zurückweisung:* Ich bin davon überzeugt, dass die Steuerreform vieles vereinfachen wird. – Na, ich danke! **[ich] danke für Obst und Südfrüchte!; danke für Backobst!** (ugs.): *das möchte ich nicht; davon möchte ich nichts wissen:* Du kannst doch auch hinkommen, es wird bestimmt sehr nett. – Ich danke für Obst und Südfrüchte! Das soll ein großzügiges Angebot sein? Danke für Backobst!

danke der [gütigen] Nachfrage; danke für die [gütige] Nachfrage (meist iron.): *Dankesformel (auf die Frage nach dem Befinden):* Wie geht es Ihnen? – Danke der gütigen Nachfrage, ganz gut. Und Ihr Rheumatismus, lieber Pater General? ... Danke der Nachfrage, Eminenz, ich fürchte, er kommt wie jedes Jahr (Hochhuth, Stellvertreter 114). Ich danke der Nachfrage, es geht meinem Paten sehr gut (Th. Mann, Krull 171). **[aber] sonst gehts dir danke?** (ugs.): *du bist nicht recht bei Verstand, wenn du das wirklich so meinst:* Wir könnten doch mit dem Lieferwagen in Urlaub fahren. – Sonst gehts dir aber danke? **die Firma dankt:** ↑ Firma. **Gott seis gedankt:** ↑ Gott. **dem Himmel seis gedankt:** ↑ Himmel. **du kannst Gott auf Knien danken, dass ...:** ↑ Knie. **du kannst deinem Schöpfer danken:** ↑ Schöpfer.

dann: dann und dann: *zu einem Zeitpunkt, der hier nicht genauer bezeichnet werden muss:* Er teilte ihm mit, die Spedition habe angerufen, dass die Ware dann und dann angeliefert werde. Ich meine, ich kann nicht 'n Menschen verurteilen als Richter und sagen, du hast da und da mit der Frau dann und dann, und da ist das entstanden und du bist der Vater (Aberle, Stehkneipen 59).

dann und wann: *ab und zu, zuweilen:* Dann und wann treffen wir uns noch auf dem Tennisplatz. Paasch gibt dann und wann das Zeichen zum Umstellen der

Liegestühle (Fries, Weg 108). Auf der Chaussee zog dann und wann ein bäuerliches Fuhrwerk dahin (Th. Mann, Hoheit 171).

bis dann! (ugs.): *Grußformel bei der Verabschiedung [für einen kürzeren Zeitraum]:* Ich muss jetzt gehen, also bis dann!

dann wollen wir mal: ↑ wollen. **dann man zu:** ↑ zu.

dannen: von dannen: ↑ von.

daran: nahe daran sein, etwas zu tun: *etwas beinahe tun:* Er war nahe daran, ihm die Unterlagen um die Ohren zu schlagen. Der Christ im humanistischen Zeitalter war vielmehr daran, sein wahres Selbst zu verlieren (Nigg, Wiederkehr 16). Verwandte von ihr halfen ihm noch einmal aus, als er nahe daran war, seiner Schulden wegen den Dienst quittieren zu müssen (Th. Mann, Hoheit 176).

gut daran tun ...: *richtig handeln:* Du tust gut daran, wenn du an der Besprechung teilnimmst. Die Regierung hat gut daran getan, einen neuen Vorstoß in dieser Frage zu unternehmen. Der Pilger zeigte dem vom Unglauben Angefochtenen, dass er nicht gut daran getan habe, aus bloßer Furcht vor der Hölle ... der Sünde zu entsagen (Nigg, Wiederkehr 187). Vgl. auch das Stichwort »dran«.

darauf: darauf kannst du Gift nehmen: ↑ Gift.

daraus: sich nichts daraus machen: ↑ machen.

darstellen: etwas in rosigem/im rosigsten Licht darstellen: ↑ Licht. **etwas in schwarz/in den schwärzesten Farben/in düsteren Farben darstellen:** ↑ schwarz.

darüber: darüber hinaus: *außerdem:* Er war nicht nur ein großer Gelehrter, sondern darüber hinaus auch einer der bedeutendsten Diplomaten seiner Zeit. ... der Lebensstandard ergab sich aus dem dringenden Lebensbedarf, Wohnung, Kleidung und darüber hinaus aus Gütern zivilisatorischer Art (Niekisch, Leben 53). Darüber hinaus hat nur technisches Können, technische Bildung Kurswert (Niekisch, Leben 223).

darüber schweigt des Sängers Höflichkeit: ↑ Höflichkeit.

darum: darum keine Feindschaft: ↑ Feindschaft.

darunter setzen: seinen Friedrich Wilhelm darunter setzen: ↑ Friedrich.

das: das und das: *etwas, das nicht näher bezeichnet wird:* Wenn er zu mir gekommen wäre und gesagt hätte, das und das ist passiert, dann wäre ich der Letzte gewesen, der ihm nicht geholfen hätte. Natürlich muss man Vorgaben erfüllen. Es heißt dann: 1 000 Wohnungen, und dazu gehören laut Richtlinie das und das (NNN 4. 9. 1986, 3).

das ist [doch/ja/schon] allerhand: ↑ allerhand. **das ist ein Aufwasch[en]; das geht/das machen wir in einem Aufwasch[en]:** ↑ Aufwasch[en]. **das ist gar kein Ausdruck:** ↑ Ausdruck. **das ist zum Auswachsen:** ↑ auswachsen. **das begreife, wer will:** ↑ begreifen. **das ist [ja] eine [reizende/schöne/nette] Bescherung:** ↑ Bescherung. **das ist mein Bier:** ↑ Bier. **dies und das:** ↑ dies. **das ist doppelt gemoppelt:** ↑ doppelt. **das kannst du einem erzählen, der sich die Hosen mit der Kneifzange anzieht/der keine Krempe am Hut hat:** ↑ erzählen. **das bleibt in der Familie:** ↑ Familie. **das kommt in den besten Familien vor:** ↑ Familie. **das fehlte mir gerade noch; das hat mir gerade noch gefehlt; das hat gerade noch zu meinem Glück gefehlt:** ↑ fehlen. **das ist [schon] nicht mehr feierlich:** ↑ feierlich. **das wird sich [alles] finden:** ↑ finden. **das ist doch kaum/nicht zu glauben:** ↑ glauben. **das ist nicht gehauen und nicht gestochen:** ↑ hauen. **das ist gehauen wie gestochen:** ↑ hauen. **das ist/wird ja heiter; das kann ja heiter werden:** ↑ heiter. **das ist um junge Hunde zu kriegen/zum Junge-Hunde-Kriegen:** ↑ Hund. **das ist gehüpft/gehupft (gehoppt) wie gesprungen:** ↑ hüpfen. **das ist eine Idee von Schiller:** ↑ Idee. **das ist des Pudels Kern:** ↑ Kern. **das ist nichts für kleine Kinder:** ↑ Kind. **das ist [doch] klar wie Kloßbrühe/wie dicke Tinte/wie Klärchen:** ↑ klar. **das durfte jetzt nicht kommen:** ↑ kommen. **das ist ja noch schöner:** ↑ schön. **das wärs:** ↑ sein.

dasitzen: dasitzen/dastehen wie ein Stück Holz: *steif [und stumm] dasitzen/dastehen:* Sitz nicht da wie ein Stück Holz! Er stand nach Stunden immer noch da wie ein Stück Holz. Sie ärgerte sich darüber, dass ihr Mann wie ein Stück Holz unter den Gästen stand.

dass: ... dass die Heide wackelt: ↑Heide.
dass ich nicht kichere: ↑kichern. dass mir
keine Klagen kommen/dass ich keine
Klagen höre: ↑Klage. ... dass es kracht:
↑krachen. ... dass es nur so rauscht: ↑rau-
schen. ... dass es nur so staubt: ↑stauben.
dasselbe: ein und dasselbe: ↑¹ein. dasselbe in Grün: ↑grün. auf dasselbe [he]raus-
kommen: ↑herauskommen.

dastehen: dastehen wie vom Blitz/Don-
ner getroffen: *starr und völlig verstört dastehen:* Er stand da wie vom Blitz getroffen, als sein totgeglaubter Freund das
Zimmer betrat.
dastehen wie ein Fragezeichen (ugs.)/ wie
ein beschissenes Fragezeichen (derb)/
wie ein in die Luft geschissenes Fragezeichen (derb): *in schlechter Körperhaltung
dastehen, eine unglückliche Figur machen:* Er stand da wie ein Fragezeichen.
**nun stehst du/stehen wir da mit gewa-
schenem Hals** (ugs.; scherzh.): *was nun,
nachdem das, worauf wir uns vorbereitet
haben, nicht stattfindet, nicht möglich
ist?; nun waren alle Mühen vergeblich!:*
Ich glaube, deine Freunde sind gar nicht
zu Hause, nun stehen wir da mit unserem
gewaschenen Hals!
dastehen wie das Kind beim Dreck (ugs.;
landsch.): *hilflos dastehen; nicht wissen,
wie man sich verhalten soll:* Ich habe ihm
gleich gesagt, der Kübel kippt um. Nun
steht er da wie das Kind beim Dreck.
▶ Die Wendung bezieht sich auf die
Hilflosigkeit eines Kindes, dem ein
Missgeschick passiert ist (»Dreck« steht
verhüllend für »Kot«).
dastehen wie Butter an der Sonne (ugs.):
sich nicht zu helfen wissen: Er stand da
wie Butter an der Sonne und musste sich
den Spott der anderen gefallen lassen.
**dastehen wie der Ochs am/vorm Berg/wie
die Kuh vorm neuen Tor/wie die Kuh,
wenns donnert** (ugs.): *völlig ratlos sein,
sich nicht zu helfen wissen.* Nun stehst du
da wie der Ochs vorm Berg, du Großmaul.
wie angewurzelt dastehen: ↑anwurzeln.
wie eingewurzelt dastehen: ↑einwurzeln.
dato: bis dato: *bisher:* Selbst der Kenner
Münchens erfährt ... Dinge, die zu München ganz einfach gehören, aber bis dato
wenig bekannt waren (Alpinismus 2,
1980, 52). 30 000 DM hat die groß ange-

legte Spendenaktion bis dato schon gebracht (Saarbr. Zeitung 5. 10. 1979, 17).
▶ In dieser Fügung ist der veraltete
Kaufmannsausdruck »dato« noch lebendig, der »zum heutigen Datum« bedeutet.
Dauer: auf die Dauer: *für längere Zeit; für
die Zukunft:* Auf die Dauer ist dieser
Lärm nicht zu ertragen. Es geht nicht auf
die Dauer, dass er unseren Rasenmäher
benutzt. Zuerst habe ich eine Zeichen-
sprache entwickelt mit der Elli, aber das
war auf die Dauer zu schwierig (Keun,
Mädchen 101). Herr Kowalski ... eine
Heiratsurkunde mag vielleicht für den
Augenblick genügen, aber doch nicht auf
die Dauer! (Kirst, 08/15, 774).
dauernd: etwas dauernd im Munde führen: ↑Mund.
Dauerwelle: einen Bart mit Dauerwellen
haben: ↑Bart.
Daumen: jmdm. den Daumen aufs Auge
drücken/halten/setzen (ugs.): *jmdm.
hart zusetzen, jmdn. zu etwas zwingen:*
Du kannst sagen, was du willst, ich lasse
mir doch nicht von dir den Daumen aufs
Auge drücken.
**[jmdm./für jmdn.] den Daumen/die Dau-
men halten/drücken** (ugs.): *in Gedanken
bei jmdm. sein und ihm in einer schwierigen Sache Erfolg wünschen:* Drück mir
mal den Daumen, dass es klappt! Ich
werde dir beide Daumen halten. Schütz
war begeistert und drückte der Mexika-
nerin die Daumen, dass auch ihre neue
Platte »Wo und wann« ein Hit wird
(Hörzu 47, 1970, 22).
▶ Die Wendung beruht wohl darauf,
dass man seine Hände unwillkürlich zu-
sammenkrampft, wenn man angespannt
ganz stark wünscht, dass jmd. etwas
schafft (z. B. im Wettkampf); vgl. auch
die englische Wendung »keep one's fin-
gers crossed«. Auch abergläubische Vorstellungen, die sich um den Daumen ran-
ken (das Einklemmen des Daumens soll
vor Albträumen schützen), können hi-
neingespielt haben.
den Daumen auf etwas halten/haben
(ugs.): *etwas nicht gerne hergeben:* Bei
uns hat meine Stiefmutter den Daumen
auf dem Geld, die rückt freiwillig keinen
Pfennig heraus. Und ich hatte schon gedacht, sie würde sich von Scheuermann

beschwatzen lassen und den Daumen auf den Geldbeutel halten (Kirst, Aufruhr 110).

den Daumen auf etwas drücken (ugs.): *auf etwas bestehen:* Sein Vater drückte den Daumen darauf, dass er das Geld zurückzahlte.

Daumen/Däumchen drehen (ugs.): *nichts tun, sich langweilen:* Wir sitzen hier nun schon geschlagene zwei Stunden herum und drehen Däumchen. Ich kann doch nicht verlangen, dass er in derselben Stadt hockt und Däumchen dreht! (Hörzu 45, 1972, 56). Bloß um hier Kohlsuppe zu fressen und die Daumen zu drehen, sind wir nicht übrig geblieben (Spiegel 43, 1966, 87).

per Daumen (ugs.): *als Anhalter:* Sie sind im Sommer per Daumen durch ganz Skandinavien gereist. Wer wenig Geld hatte, fuhr per Daumen.
▶ Diese Fügung spielt darauf an, dass wartende Anhalter den Autofahrern durch den ausgestreckten Arm mit hoch gestelltem Daumen den Wunsch signalisieren, mitgenommen zu werden.

[etwas] über den Daumen peilen (ugs.): *[etwas] nur ungefähr schätzen:* Ich habe die Entfernung nur über den Daumen gepeilt. Das sind, über den Daumen gepeilt, 700 Mark. Diese Werte sind natürlich auch nur über den Daumen gepeilt (BM 9. 11. 1975, 24).
▶ Die Wendung bezieht sich darauf, dass beim Militär der Daumen als Hilfsmittel beim Abschätzen von Entfernungen verwendet wird. Vgl. dazu die Bildungen »Daumenbreite« und »Daumensprung«.

einen grünen Daumen/eine grüne Hand haben: ↑ Hand. **Pi mal Daumen:** ↑ Pi. **Rheumatismus zwischen Daumen und Zeigefinger haben:** ↑ Rheumatismus.

Daumenschraube: jmdm. Daumenschrauben anlegen/(selten:) **aufsetzen:** *jmdn. brutal zu etwas zwingen:* Der Kardinal dachte gar nicht daran, sich von den Machthabern Daumenschrauben anlegen zu lassen. Um der SPD die Daumenschrauben anzulegen und den gewünschten ... Konsens herbeizuzwingen, wichen RWE und Preußen Elektra noch einmal aus (Spiegel 44, 1991, 54). Hättest du ihn nicht noch ein bisschen aus-

quetschen können? ... Sollte ich ihm vielleicht Daumenschrauben anlegen? (Chotjewitz, Friede 240).
▶ Die Redewendung rührt von den mittelalterlichen Folterungen her. Die Daumenschraube war im Mittelalter ein häufig angewandtes Folterinstrument, mit dem man Geständnisse zu erpressen suchte.

Daus: ei der Daus! (veraltet): *Ausruf des Erstaunens, der Verwunderung:* Ei der Daus, was ist das denn für ein hübsches Vögelchen?
▶ Die Herkunft des Wortes »Daus« ist nicht genau geklärt; man vermutet, dass es sich um eine verhüllende Entstellung von »Teufel« handelt.

davon: auf und davon: ↑ auf. **davon gehen zwölf aufs Dutzend:** ↑ Dutzend. **das kommt davon:** ↑ kommen.

davonkommen: mit einem blauen Auge davonkommen: ↑ Auge. **mit heiler Haut davonkommen:** ↑ Haut. **ungeschoren davonkommen:** ↑ ungeschoren.

davonlaufen: zum Davonlaufen sein (ugs.): *unerträglich, sehr schlecht sein:* Die Rede des Parteivorsitzenden war zum Davonlaufen. Als Gast sang ein Tenor aus Wien, es war zum Davonlaufen. Mit so einem Gesicht ... schau doch einmal die rechte Seite an, die ist ja zum Davonlaufen (Sommer, Und keiner 181).

davonschwimmen: jmdm. sind die/alle Felle davongeschwommen: ↑ Fell. **seine Felle davonschwimmen sehen:** ↑ Fell.

dazugeben: seinen Senf dazugeben [müssen]: ↑ Senf.

dazulernen: man wird alt wie eine Kuh und lernt immer noch dazu: ↑ Kuh.

dazumal: anno dazumal: ↑ anno.

Dazutun: ohne jmds. Dazutun: *ohne jmds. Beteiligung, Unterstützung:* Die Dinge haben sich ohne unser Dazutun in eine ganz neue Richtung entwickelt. ... ob der Tod ... ohne fremdes Dazutun eingetreten war, ist bis heute von ungeklärten Vermutungen überschattet (Prodöhl, Tod 9). Wie sie sich wieder den Dingen zuwendet, die ohne ihr Dazutun existieren (Wolf, Himmel 155).

Debatte: etwas zur Debatte/Diskussion stellen: *etwas als Thema für eine Debatte, Diskussion vorschlagen:* Sie haben den Vorschlag der Referentin gehört –

ich möchte diese Anregung jetzt zur Debatte stellen. Wir können die Frage nicht entscheiden, aber wir können sie öffentlich zur Diskussion stellen. ... unwillkürlich arbeiten alle darauf hin, so lange wie möglich ... beisammen zu bleiben, beanstanden, machen Vorschläge, stellen zur Debatte ... (Frischmuth, Herrin 47).

zur Debatte/Diskussion stehen: *Thema, Gegenstand der Debatte, Diskussion sein:* Meine privaten Beziehungen zur Staatssekretärin stehen hier überhaupt nicht zur Debatte! Im Augenblick steht lediglich zur Diskussion, wer der neue Einkaufsleiter werden soll. Man kann ... von physikalischen Gesetzen sprechen, sowie aber biologische Dinge zur Debatte stehen ... hört die ... Erkenntnis ... auf (Mantel, Wald 100).

Debüt: sein Debüt geben: *erstmals öffentlich auftreten, in Erscheinung treten:* Der frühere Mittelstürmer gibt heute sein Debüt als Libero. Die Preisträgerin hatte ihr literarisches Debüt schon vor dem Zweiten Weltkrieg gegeben. Außer Müller gab auch Hansen nach fünfeinhalb Monaten sein Debüt (MM 15. 12. 1975, 10). VW ... plant einen Dieselmotor ..., der im Herbst sein Debüt gibt (ADAC-Motorwelt 8, 1980, 16).

Deck: nicht auf Deck sein (ugs.): *nicht gesund sein, sich schlecht fühlen:* Sie war schon einige Tage nicht auf Deck und musste alle Arbeiten liegen lassen.

wieder auf Deck sein (ugs.): *wieder gesund sein:* Er hoffte, in einigen Tagen wieder auf Deck zu sein.

▶ Beide Wendungen stammen aus der Seemannssprache. Sie beziehen sich darauf, dass sich auf einem Schiff die Kranken unter Deck aufhalten.

Decke: jmdm. fällt die Decke auf den Kopf (ugs.): *jmd. fühlt sich in einem Raum beengt und niedergedrückt:* Drei Tage Regen – allmählich fällt mir im Hotel die Decke auf den Kopf. Karin kann oder will nicht begreifen, dass einem zu Hause manchmal die Decke auf den Kopf fällt (v. d. Grün, Glatteis 115). Jetzt hock ich alleine bei mir in der Bude, mir fällt die Decke auf'n Kopf (Aberle, Stehkneipen 55).

vor Freude [fast] an die Decke springen (ugs.): *sich sehr freuen:* Er sprang vor Freude fast an die Decke, als er erfuhr, dass sein Entwurf den ersten Preis gewonnen hatte.

an die Decke gehen (ugs.): *aufbrausen, sehr zornig, wütend werden:* Wenn der Ober nicht bald kommt, gehe ich an die Decke. Du brauchst nicht gleich an die Decke zu gehen, wenn dir einer mal die Wahrheit sagt. Am Schluss der Sendung kommt immer wieder der Punkt, wo man wegen der »Experten«-Urteile an die Decke gehen möchte (Hörzu 36, 1978, 145).

sich nach der Decke strecken müssen (ugs.): *mit wenig auskommen, sparsam sein müssen:* In den ersten Nachkriegsjahren mussten wir uns auch nach der Decke strecken. Das Marbacher Museum dagegen erhalte keine differenzierten Zuwendungen und müsse sich dann »nach der Decke strecken« (MM 17. 2. 1966, 11). ... dass das sein Geld ist, was da vertrödelt wird, und dass er sich auch nach der Decke hat strecken müssen (Kempowski, Zeit 23).

▶ Die Wendung meint eigentlich, dass man, wenn man unter einer kurzen, bescheidenen [Bett]decke schläft oder wenn mehrere Personen unter einer Decke schlafen, darauf achten muss, dass man nicht am Rücken oder an den Füßen friert.

[mit jmdm.] unter einer Decke stecken (ugs.): *[mit jmdm.] insgeheim die gleichen schlechten Ziele verfolgen:* Es ist doch ganz offenkundig, dass die beiden unter einer Decke stecken. Das ... Geld entnehmen die mit den Direktoren und einer Decke steckenden Buchhalter häufig dem Fonds für Transportkosten (Mehnert, Sowjetmensch 41). Die Bande schämte sich nicht, sogar mit der Polizei darin unter einer Decke zu stecken (Brecht, Groschen 125).

▶ Die Wendung nimmt darauf Bezug, dass diejenigen, die unter einer Decke schlafen, gewöhnlich auch Kumpane sind oder – wie bei Eheleuten – gleiche Interessen verfolgen.

Deckel: jmdm. eins auf den Deckel geben (ugs.): *jmdn. zurechtweisen:* Es tut ihm ganz gut, dass der Chef ihm eins auf den Deckel gegeben hat. Diesem Burschen ... traute die Frau offenbar zu, dass er ihrem immerhin 90 Kilo schweren Mann nach Kräften eine »auf den Deckel geben« könnte (MM 5. 2. 1974, 15).

eins auf den Deckel bekommen/kriegen (ugs.): *zurechtgewiesen werden:* Die Nachtschwester hat vom Stationsarzt eins auf den Deckel bekommen. Und wenn die Kripo das sehen würde, dann kriegte die Familie eins auf den Deckel (Hornschuh, Ich bin 13, 17). »Mach, dass das Aas die Schnauze hält!«, brüllte Prall, der wahrscheinlich auch was auf den Deckel gekriegt hat (Fallada, Jeder 239).

▶ Beide Wendungen knüpfen an Deckel in der umgangssprachlichen Bedeutung »Hut« an.

jeder Topf findet seinen Deckel; für jeden Topf findet sich ein Deckel: ↑ Topf. **wie Topf und Deckel zusammenpassen:** ↑ zusammenpassen.

decken: jmds. Bedarf ist gedeckt: ↑ Bedarf. **jmdn. deckt die kühle Erde:** ↑ Erde. **jmdn. deckt der kühle/grüne Rasen:** ↑ Rasen.

Deckung: in Deckung gehen: *Schutz gegen Sicht oder Beschuss suchen:* Als die ersten Schüsse fielen, ging ich hinter dem Baum in Deckung. ... das Kind geht hinter der Mutter in Deckung (Grzimek, Serengeti 52). Schüsse im Wald. Förster ... und Kripobeamter ... gehen in Deckung (Hörzu 33, 1973, 29).

de facto: *tatsächlich, nach Lage der Dinge:* De facto hat das Militär nach wie vor die Macht. Seinem Vater gehört die Firma, aber de facto bestimmt er, was getan wird. Freuds »Oedipuskomplex« illustriert de facto die Angst des Kindes vor dem Verlust seines Sicherheitsankers – der Mutter (Wolff [Übers.], Bisexualität 114).

dein: mein und dein verwechseln/nicht unterscheiden können: ↑ mein.

de jure: *formalrechtlich, rechtlich betrachtet:* De jure wurde das Land von einem zweijährigen Kind regiert. Sie ist de jure die Inhaberin der Firma, aber ihre Tochter bestimmt, was getan wird. De jure besitzen ... lediglich die Entscheidungen des Bundesverfassungsgerichts rechtlich bindende Kraft (Fraenkel, Staat 105).

Delle: jmdm. eine Delle ins Hemd treten 1. (salopp): *jmdn. nachdrücklich zurecht-*

weisen: Mensch, dem könntest du mal 'ne Delle ins Hemd treten! 2. *an jmdm.* *Bestimmten seine Wut auslassen:* Schließlich trat sie ihm eine Delle ins Hemd, dann war Ruhe.

dem: es ist an dem, dass ... (veraltet): *es ist so, dass ...:* Mein Sohn, es ist nun an dem, dass dein Vater sich allmählich von seinen Geschäften zurückziehen wird.

demnächst: demnächst in diesem Theater (ugs.; scherzh.): *an gleicher Stelle irgendwann einmal in nächster Zeit:* Dreschen wir wieder mal einen Skat? – Klar, demnächst in diesem Theater.

▶ Die Wendung stammt aus der Werbung. Mit diesen Worten endet die Filmvorschau im Kino.

demonstrieren: jmdm. etwas ad oculos demonstrieren: ↑ ad oculos.

Denkart: die Milch der frommen Denkart: ↑ Milch.

denken: denkste [Frieda]! (ugs.): *das hast du dir so gedacht!:* Krieg ich heute mal deinen Wagen? – Denkste, Frieda, und ich sitze zu Hause! ... er dachte, was im Duden nicht steht, existiert nicht. Denkste (Sprachspiegel 4, 1966, 117).

denk mal an! (ugs.): *Ausruf der Verwunderung, der bewundernden Anerkennung:* Wir haben die Strecke in knapp sechs Stunden zurückgelegt. – Denk mal an, wir waren von morgens bis abends unterwegs. »Tag, Joachim. Ich hoffe, dass du den alten Franke wieder erkennst.« ... »Franke«, sagte Rohdewald, »... denke mal an ...« (Loest, Pistole 146).

wo denkst du hin! (ugs.): *da irrst du dich aber sehr; das muss ich zurückweisen:* Kannst du mir 50 Mark pumpen? – Wo denkst du hin, ich bin selbst knapp bei Kasse! »Und Sie waren immer Herrenreiter?« – »Nein! Wo denken Sie hin?« (Bieler, Bonifaz 180).

ich denk, ich hör/seh nicht recht!: *was ich höre/sehe, ist kaum zu glauben:* Und plötzlich – ich denk, ich seh nicht recht! – steht meine geschiedene Frau vor der Tür! Zweitausend soll es kosten – ich denk, ich hör nicht recht!

gedacht, getan (veraltend): *kaum überlegt, schon ausgeführt:* Also, gedacht, getan, wir setzten den Betrunkenen auf das Pferd und ließen ihn vor das Rathaus reiten.

nicht an etwas denken (ugs.): *etwas zurückweisen, ablehnen, nicht tun wollen:* Möchtest du dich nicht bei ihm entschuldigen? – Ich denke nicht [im Traum] daran! Augenscheinlich dachte der General nicht daran, sein Quartier aufzugeben (Plivier, Stalingrad 318). Julika dachte ja nicht daran, seine Dienerin zu werden (Frisch, Stiller 125).

jmdm. zu denken geben: *jmdn. nachdenklich machen:* Es gab ihm zu denken, dass die beiden Mädchen ständig hinter seinem Rücken tuschelten und kicherten. Die Fasanenstraße ist still; ein einzelner Fußgänger, wenn er sich ohne erkennbaren Zweck in ihr bewegt, gibt zu denken (Gaiser, Schlussball 92). Dieser Umstand wird uns später für das Vorleben der Kaiserin Theodora zu denken geben (Thieß, Reich 356).

Denken ist Glückssache [aber du hast kein Glück]: *du bist begriffsstutzig, hast nicht richtig überlegt, hast das falsch gemacht:* Zwei Mann können doch nicht den Öltank transportieren. Na ja, Denken ist Glückssache.

überlass das Denken den Pferden, die haben größere Köpfe (ugs.): *Aufforderung, sich nicht den Kopf zu zerbrechen, weil doch nichts dabei herauskommt.*

ich denk, mich küsst/knutscht ein Elch: ↑ Elch. **erstens kommt es anders, und zweitens, als man denkt:** ↑ kommen. **der brave Mann denkt an sich selbst zuerst/zuletzt:** ↑ Mann. **der Mensch denkt, Gott lenkt:** ↑ Mensch. **ich denk, mich tritt ein Pferd:** ↑ Pferd. **sich sein[en] Teil denken:** ↑ Teil. **typischer Fall von denkste:** ↑ typisch. **ich denk, ich steh im Wald:** ↑ Wald.

Denkmal: sich ein Denkmal setzen: *eine Leistung vollbringen und dadurch in der Erinnerung anderer bleiben:* Mit dieser Tat hat sich der »Engel der Armen«, wie man sie nannte, ein Denkmal gesetzt. Spuren hinterlassen in der Welt, sich in der Welt ein Denkmal setzen, eine Tat, von der noch nach hunderten Jahren gesungen wird, ist der Sinn alles Heroismus (Musil, Mann 1525).

Denkungsart: die Milch der frommen Denkungsart: ↑ Milch.

denn: wohl denn: ↑ wohl.

dennschon: wennschon – dennschon: ↑ wennschon.

der: der und der: *jemand, der nicht näher bezeichnet wird:* Wenn wir noch nicht klar sagen können, der und der übernimmt die und die Aufgaben, dann ist eine genaue Planung unmöglich. Früher, als ich selber noch verheiratet war, da hab ich immer gesagt ... der und der ist fremdgegangen (Aberle, Stehkneipen 18).

derjenige: derjenige, welcher (ugs.): *der, auf den es ankommt, von dem die Rede ist:* Sollte ein zusätzlicher Betriebswirt in den Vorstand berufen werden, dann ist er derjenige, welcher.

Dernier Cri: *allerletzte Neuheit [bes. in der Mode]:* Flauschige Stoffe und Applikationen aus Goldbrokat sind in diesem Herbst der Dernier Cri.
Vgl. die Wendung »der letzte Schrei« (↑ Schrei).

des: des Weiteren: ↑ weiter.

Detail: der Teufel steckt im Detail: ↑ Teufel.

Deus ex Machina (bildungsspr.): *unerwarteter, im richtigen Moment auftauchender Helfer; überraschende Lösung eines Problems:* Ein überraschend gebildetes Bankenkonsortium war der Deus ex Machina, der den Konkurs der Firma abgewendet hatte. Der erfolgreiche Sheriff aus Texas schien dem Münchner Fahnder zunächst ein »Deus ex Machina« (Spiegel 42, 1975, 57).
► Die lateinische Fügung bedeutet »der Gott aus der [Theater]maschine«. Sie geht darauf zurück, dass im antiken Theater die Götter an einer kranähnlichen Flugmaschine auf die Bühne schwebten.

Deut: keinen/nicht einen Deut: *gar nicht[s]:* Er ist nicht einen Deut besser als sein Vorgänger. Die »Sago-Kaulquappen« schwimmen nämlich im Glas durcheinander und kümmern sich keinen Deut um ihre Brüder und Schwestern (Kosmos 3, 1965, 131).
► Der Deut war früher die kleinste holländische Münze.

deuteln: an etwas ist nicht zu drehen und zu deuteln: ↑ drehen. **an etwas ist nicht zu rütteln und zu deuteln:** ↑ rütteln.

deutlich: eine deutliche Sprache [mit jmdm.] sprechen: ↑ Sprache. **einen deutlichen Trennungsstrich ziehen:** ↑ Trennungsstrich.

deutsch: auf [gut] Deutsch (ugs.): *unverblümt, ohne Beschönigung:* Einige Fußballspieler sollen Geld genommen haben, auf gut Deutsch heißt das, dass sie bestochen worden sind. Hier, was in Hamburg getrieben wird, das ist 'ne große Schweinerei. Finde ich. Auf Deutsch gesagt (Aberle, Stehkneipen 87).

mit jmdm. deutsch reden (ugs.): *jmdm. unverblümt die Wahrheit, die Meinung sagen:* Wenn du hier nicht spurst, muss ich mal deutsch mit dir reden. Sei so gut, und halt du deinen Schnabel, sonst schwätz ich deutsch mit dir (Hesse, Sonne 43).

du verstehst wohl kein Deutsch mehr/ nicht mehr Deutsch? (ugs.): *du willst wohl nicht hören?:* Ich habe dir doch gesagt, du sollst die Werkstatt aufräumen. Du verstehst wohl kein Deutsch mehr, was?

der deutsche Michel: ↑ Michel.

diamanten: **diamantene Hochzeit:** ↑ Hochzeit.

dich: dich haben sie/hat man wohl mit dem Klammerbeutel gepudert: ↑ Klammerbeutel.

dicht: nicht ganz dicht sein (ugs.): *nicht ganz bei Verstand sein:* Wer auf einen so primitiven Schwindel hereinfällt, der muss doch nicht ganz dicht sein. Du bist wohl nicht ganz dicht – dreh sofort das Radio leiser! Die war nicht ganz dicht. Und äußerst hysterisch, das fand ich bald heraus (Danella, Hotel 436).

dicht vorbei ist auch daneben: ↑ vorbei.

dichten: jmds. Dichten und Trachten (geh.): *jmds. ganzes Streben:* Das Dichten und Trachten der meisten Menschen ist auf den Erwerb materieller Güter gerichtet.

▶ Die Wendung geht auf eine Formulierung des Alten Testaments zurück, wo es in 1. Moses 6,5 von den Menschen heißt, dass »alles Dichten und Trachten ihres Herzens nur böse war immerdar«.

Dichter: was will uns der Dichter damit sagen? (scherzh.): *was soll das bedeuten, worauf willst du/will er usw. hinaus?:* Der Rasen müsste mal wieder gemäht werden! – Und was will uns der Dichter damit sagen?

▶ Diese Redensart geht auf den Schulunterricht zurück; sie gilt als typische Frage des Lehrers, wenn ein Gedicht o. Ä. interpretiert werden soll.

Dichtung: Dichtung und Wahrheit: *Erlogenes, Erfundenes und Wahres:* Es dürfte nicht leicht sein, bei der Aussage dieses Zeugen Dichtung und Wahrheit zu unterscheiden.

▶ Mit dieser Wendung zitiert man den bekannten Titel der goetheschen Beschreibung seines eigenen Lebens.

dick: jmdn., etwas dick[e] haben (ugs.): *einer Sache überdrüssig sein, mit seiner Geduld am Ende sein:* Allmählich habe ich deine Faxen dicke. Nun hätte er das Portierspielen aber dick, so ginge das nicht weiter (A. Zweig, Grischa 426).

es dick[e] haben (ugs.): *wohlhabend sein:* »... wenn Naphta es nun doch so dicke hat, ... warum nimmt er sich nicht eine andere Wohnung ...?« (Th. Mann, Zauberberg 567). ... es war schon drei Tage her, seit sie mich wegen der Abziehbildchen verklatscht hatte und mein Vater die Tapeten bezahlen musste, obwohl er es doch auch nicht so dick hat (Keun, Mädchen 28).

[sich] [mit etwas] dick[e]tun; sich [mit etwas] dick[e] machen (ugs.): *[mit etwas] angeben, prahlen:* Da er von Buchführung nichts verstand, tat er sich mit seiner schönen Handschrift dicke (Bredel, Väter 372). Das war, als vor zwei Jahren etwa die Torpedobootflottille aus Pillau hier festmachte, dicke tat, »Blaue Jungs« spielte und die Marjellchen meschugge wurden (Grass, Blechtrommel 215).

jmdn. dick machen (ugs.): *jmdn. schwängern:* Erst das Mädel dick machen, und dann nicht heiraten wollen – das haben wir gerne! Nun, da sie jedem ... erzählte: »Jemand hat mich dick gemacht«, ... wurde sie nachgiebiger (Grass, Hundejahre 376).

mit jmdm. durch dick und dünn gehen: *jmdm. ein treuer Kamerad sein:* Er ist froh darüber, einen Menschen gefunden zu haben, der mit ihm durch dick und dünn geht.

▶ Die Wendung knüpft an dick in der Bedeutung »dicht« an und meint eigentlich »mit jmdm. durch dicht und dünn bewachsenes oder bewaldetes Terrain gehen«, also auch in der Gefahr zu einem Menschen halten, denn im Buschwerk und Wald lauerten früher die Strauchdiebe.

dick auftragen: ↑ auftragen. **einen dicken Bauch haben:** ↑ Bauch. **die dümmsten Bauern haben die dicksten Kartoffeln:** ↑ Bauer. **Blut ist dicker als Wasser:** ↑ Blut. **eine dicke Brieftasche haben:** ↑ Brieftasche. **[ach] du dickes Ei:** ↑ Ei. **ein dickes Ei:** ↑ Ei. **das dicke Ende kommt nach/ kommt noch:** ↑ Ende. **ein dickes Fell bekommen:** ↑ Fell. **ein dickes Fell haben:** ↑ Fell. **ein dicker Fisch:** ↑ Fisch. **das ist ein dicker Hund:** ↑ Hund. **das ist doch klar wie dicke Tinte:** ↑ klar. **eine dicke Lippe riskieren:** ↑ Lippe. **es ist/herrscht dicke Luft:** ↑ Luft. **bei jmdm. eine dicke Nummer haben:** ↑ Nummer. **der dicke Onkel:** ↑ Onkel. **über den dicken Onkel gehen:** ↑ Onkel. **ein dickes Portemonnaie haben:** ↑ Portemonnaie. **einen dicken Schädel haben:** ↑ Schädel. **bei jmdm. einen dicken Stein im Brett haben:** ↑ Stein. **jmdm. einen dicken Strich durch die Rechnung machen:** ↑ Strich. **einen dicken Strich unter etwas machen/ziehen:** ↑ Strich. **dicke Strümpfe anhaben:** ↑ Strumpf. **[ach] du dicker Vater:** ↑ Vater. **den dicken Wilhelm spielen:** ↑ Wilhelm.

Dickkopf: seinen Dickkopf aufsetzen (ugs.): *trotzen, auf seinem Willen beharren:* Seine Tochter wollte nicht an dem Ausflug teilnehmen. Sie war auf ihrem Zimmer und hatte ihren Dickkopf aufgesetzt.

die: die da oben (ugs.): *die Herrschenden, die führende Schicht:* Wir rackern uns ab, und die da oben saufen Champagner! Ich glaube nicht an echte Mitbestimmung; die da oben machen schließlich doch, was sie wollen.

die und die: 1. *weibliche Person, die nicht näher bezeichnet wird:* Heute kann man noch nicht sagen, dass die und die unsere neue Präsidentin wird, aber es gibt natürlich einige aussichtsreiche Kandidatinnen. ... dass man sehr wohl von einer Dame nichts wissen kann und sie doch in ein Gästebuch mit ziemlicher Wahrscheinlichkeit als die und die eintragen kann (Fallada, Herr 40). 2. *Personen, die nicht näher bezeichnet werden:* Sobald klar wird, dass die und die nicht weiter bei uns mitarbeiten wollen, werden wir uns nach Ersatz umsehen.

Dieb: wie ein Dieb in der Nacht (geh.): *unbemerkt, heimlich und überraschend:* Als Ehrengast des Gesellschaftsabends würde er sich nicht wie ein Dieb in der Nacht davonschleichen können. Wie ein Dieb in der Nacht hatte sich ein seltsamer Gedanke in ihr Herz geschlichen.

die kleinen Diebe hängt man, die großen lässt man laufen: *die wirklich schwerwiegenden Verbrechen bleiben oft ungesühnt, während Kleinigkeiten konsequent bestraft werden:* Das Finanzamt hat mir wegen ein paar Mark ein saftiges Bußgeld aufgebrummt, aber die Industriebosse dürfen ihre Millionengewinne auf Schweizer Konten verstecken – nun ja, die kleinen Diebe hängt man, die großen lässt man laufen.

Gelegenheit macht Diebe: ↑ Gelegenheit.

dienen: von der Pike auf dienen: ↑ Pike.

Dienst: Dienst ist Dienst, und Schnaps ist Schnaps (ugs.): *Arbeit und Privatvergnügen sind zweierlei.* Hat Würzbach etwa Schwierigkeiten mit der Soldatenregel Nummer eins ...: Dienst ist Dienst, und Schnaps ist Schnaps? (Spiegel 18, 1986, 32).

seinen Dienst/seine Dienste tun: *für den vorgesehenen Zweck zu gebrauchen sein:* Besonders schön ist der Sessel nicht mehr, aber er wird noch einige Zeit seinen Dienst tun. Wenn man kein Bett hat, tut auch eine Matratze ihren Dienst.

[jmdm.] gute Dienste tun/leisten: *[jmdm.] sehr nützlich sein:* Bei diesem Wetter tut ein Anorak gute Dienste. Ungehinderter Zugang zum Archiv könnte uns gute Dienste leisten.

jmdm. mit etwas einen schlechten Dienst erweisen: *jmdm. mit etwas [trotz guter Absicht] schaden:* Mit eurem Übereifer habt ihr mir einen schlechten Dienst erwiesen. Du hast Onkel Mutsch einen schlechten Dienst erwiesen. Mit deinen Prügeleien hast du ihm geschadet (Kirst, Aufruhr 52).

jmdm. den Dienst versagen: *schwach werden, versagen:* Sie wollte schreien, aber die Stimme versagte ihr den Dienst. Meine Beine versagten mir vor Erschöpfung den Dienst.

etwas in Dienst stellen: *etwas in Betrieb nehmen:* Wann wurde dieses Schiff in Dienst gestellt?

sich in den Dienst einer Sache stellen: *sich für etwas einsetzen, etwas fördern:* Nach ihrer Pensionierung hat sie sich ganz in den Dienst der sozialen Krankenfürsorge gestellt.

im Dienst einer Sache stehen: *etwas fördern, für etwas arbeiten:* Seit über zwanzig Jahren stehen unsere ehrenamtlichen Helfer im Dienst der kommunalen Landschaftspflege.

vom Dienst: 1. *Dienst habend, zu einer bestimmten Zeit verantwortlich:* Rufen Sie mir sofort den Unteroffizier vom Dienst! 2. *üblich, wie immer auftretend:* Natürlich ist in solchen Filmen immer ein Asiat der Bösewicht vom Dienst.

zu jmds. Diensten stehen: *von jmdm. eingesetzt werden, jmdm. helfen können:* Im Büro nebenan steht eine Sekretärin zu Ihren Diensten. Wenn Sie noch etwas brauchen, läuten Sie bitte – ich stehe jederzeit zu Ihren Diensten.

dienstbar: dienstbarer Geist (ugs.; scherzh.): *jmd., der sich eifrig um jmdn. bemüht, jmdn. bedient:* Als er zum Auto zurückkehrte, hatten dienstbare Geister sein Gepäck schon ins Hotel geschafft. ... die Garderobe des großen Hauses wird weiterhin von dienstbaren Geistern betreut (MM 15. 9. 72, 5). Ist kein dienstbarer Geist vorhanden, so öffnet der Hausherr (Horn, Gäste 21).

Diensteid: einen auf den Diensteid nehmen (ugs.; scherzh.): *im Dienst ein Glas Alkohol trinken:* Kollege Maier ist befördert worden, da könnten wir doch eigentlich alle einen auf den Diensteid nehmen! ▶ Diese Wendung spielt auf das dienstliche Alkoholverbot an, das sie in paradoxer Formulierung ins Gegenteil verkehrt.

dieser: dies und das/jenes: *mancherlei:* Wenn wir mehr Geld hätten, könnten wir uns auch mal dies und das leisten. Rund um den weiß gescheuerten Tisch löffeln die Mägde und Knechte ihre Milchsuppe mit Klieben darin und erzählen dies und das (Nachbar, Mond 281).

dieses und jenes: *mancherlei:* Sie wollte in die Stadt, um noch dieses und jenes für den Urlaub zu besorgen.

dieser und/oder jener: *mancher:* Dieser und jener wird mal geschnappt, aber die meisten Rowdys kommen ungeschoren davon. Er verteilt Eiserne Kreuze und spricht diesen und jenen an (Remarque, Westen 144).

dieser Tage: ↑ Tag.

Ding: gut Ding will Weile haben: *es braucht eine gewisse Zeit, bis etwas Solides, Ordentliches, Vernünftiges fertig gestellt, erreicht wird:* Die Restaurierungsarbeiten werden einige Jahre in Anspruch nehmen; gut Ding will Weile haben. Politische Reformen soll man nicht übers Knie brechen – gut Ding will Weile haben.

jedes Ding hat zwei Seiten: *jede Sache hat ihre gute und ihre schlechte Seite, hat Vor- und Nachteile:* Das reine Paradies wird dein Job als Korrespondent in Hongkong nicht werden; jedes Ding hat zwei Seiten.

ist das ein Ding!; das ist ein Ding! (ugs.): *Ausruf der Bewunderung, der Überraschung:* Hast du schon gehört, dass der Kassierer mit der Frau vom Chef durchgebrannt ist? – Mensch, das ist ein Ding, unglaublich. Das ist ein Ding! Das müsst ihr lesen! Leute, das ist ein Ding! (v. d. Grün, Glatteis 278).

das ist ein Ding wie 'ne Wanne! (ugs.): *das ist ganz außergewöhnlich, ganz großartig:* Du, der alte Schiffer will uns seinen Kahn verkaufen. – Das ist ja ein Ding wie 'ne Wanne!

das ist ein Ding mit 'nem Pfiff (ugs.): *das ist etwas ganz Besonderes, Außergewöhnliches:* Mit diesem Fernglas kannst du auch in der Dunkelheit alles sehen, das ist ein Ding mit 'nem Pfiff. Der Staat frisst uns auf. Ein Gespenst. Ein Begriff. Der Staat, das ist ein Ding mit'm Pfiff (Tucholsky, Zwischen 177).

das ist ein Ding der Unmöglichkeit: *das ist nicht möglich:* In einem Paddelboot kann man doch nicht den Atlantik überqueren, das ist ein Ding der Unmöglichkeit. ... doch versteht es sich, dass auch Beklommenheit mich ankam bei dem Gedanken, Zouzou die Bilder sehen zu lassen, was ja ... eigentlich ein Ding der Unmöglichkeit war (Th. Mann, Krull 424).

aller guten Dinge sind drei: *von guten Dingen gibt es immer drei; wenn etwas wirklich gut sein soll, muss man es drei-*

mal probieren: Wir können es ja noch einmal versuchen, aller guten Dinge sind drei.

mach keine Dinger! (ugs.): *Ausruf des Erstaunens, der Überraschung:* Die wollen die Mehrwertsteuer senken? Mach keine Dinger!

krumme Dinger machen (ugs.): *etwas Unerlaubtes, Rechtswidriges tun:* Er hat in seiner Jugend ein paar krumme Dinger gemacht, aber seit damals ist er viel vernünftiger geworden. Versucht freundlich zu sein, versucht keine krummen Dinge zu machen (Eppendorfer, Ledermann 80).

guter Dinge sein: *gut aufgelegt, voller Optimismus sein:* Sie hatte gerade eins ihrer Bilder verkauft und war guter Dinge. Er ist guter Dinge, er erzählt lebhaft, aber am nächsten Morgen hat er große Sorgen (Grzimek, Serengeti 36). Warum sollte er nicht guter Dinge sein? Das Leben war von unerschöpflicher Buntheit (K. Mann, Wendepunkt 119).

unverrichteter Dinge: *ohne etwas verwirklicht, erreicht zu haben:* Unverrichteter Dinge musste er wieder nach Hause gehen. Er kehrte unverrichteter Dinge nach St. Jules zurück und wurde angebrüllt (Kuby, Sieg 394).

der Dinge harren, die da kommen sollen (geh.): *abwarten, was geschehen wird:* Ich bin noch nicht davon überzeugt, dass damit die Streitigkeiten aus der Welt geschafft sind. Na, harren wir der Dinge, die da kommen sollen. ... inmitten davon stand Jans Repschläger und harrte der Dinge, die da kommen sollten (Winckler, Bomberg 221).
▶ Diese Redewendung geht auf die Bibel (Lukas 21, 26) zurück.

ein Ding drehen (ugs.): *etwas anstellen; ein Verbrechen begehen:* Die Polizei hatte erfahren, dass die beiden Ganoven ein Ding drehen wollten. Die Dinger, die man gedreht hat, sind wahre Juwelen, und man darf erst von ihnen reden, wenn man schon im Knast sitzt (Genet [Übers.], Totenfest 189). Hab mir gleich gedacht, dass du das Ding gedreht hast (Grass, Katz 103).

jmdm. ein Ding verpassen (ugs.): *jmdm. eins auswischen:* Er hatte schon lange darauf gewartet, ihm mal ein Ding zu verpassen. Diesem Pitt werd ich 'n Ding verpassen, dass er wochenlang wie 'ne schwangere Jungfrau rumläuft (Ott, Haie 68).

nicht mit rechten Dingen zugehen: *merkwürdig, unerklärlich sein; nicht legal vor sich gehen:* Bei den Grundstücksverkäufen soll es nicht mit rechten Dingen zugegangen sein. ... es hätte doch nicht mit rechten Dingen zugehen müssen, hätte der Vermisste, ein gesunder und normaler Mann, aus diesem Umstand nicht Nutzen und Freude ziehen wollen (Maass, Gouffé 37).

über den Dingen stehen: *sich nicht allzu sehr von etwas beeindrucken lassen:* Er tat immer so, als wenn er über den Dingen stünde, in Wirklichkeit aber litt er unter dem Zerwürfnis. Curd Jürgens hatte es nie nötig, mit seinem Alter zu kokettieren ... Der Mann stand über den Dingen (Hörzu 37, 1974, 6).

vor allen Dingen: *vor allem, besonders:* Die Menschen in diesen Trabantenstädten fühlen sich sehr einsam, vor allen Dingen die alten Leute. ... von Deckung haben sie wenig Ahnung, vor allen Dingen haben sie keinen Blick dafür (Remarque, Westen 95). ... nach den Bildern hatte ich ihn mir größer und mächtiger vorgestellt, vor allen Dingen mit einer donnernden Stimme (Remarque, Westen 144).

jmdm. ein Ding bewilligen: ↑ bewilligen. **nach Lage der Dinge:** ↑ Lage. **die letzten Dinge:** ↑ letzte.

dingfest: jmdn. dingfest machen: *jmdn. verhaften, festnehmen:* Es gelang der Polizei, den Täter innerhalb von vierundzwanzig Stunden dingfest zu machen. Knauft flog überstürzt nach Hamburg, wo er dingfest gemacht werden konnte (MM 20. 5. 1966, 10). Für den Fall des Falles hat Haas vorsorglich die Verantwortlichen dingfest gemacht (Wochenpresse 46, 1983, 26).

dir: ich steck/setz dir den Kopf zwischen die Ohren!: ↑ Kopf. **wie du mir, so ich dir:** ↑ mir. **mir nichts, dir nichts:** ↑ mir.

Diskussion: etwas zur Diskussion stellen: ↑ Debatte. **zur Diskussion stehen:** ↑ Debatte.

Disziplin: keine Disziplin in den Knochen haben (ugs.): *undiszipliniert sein:* Die jungen Spieler haben keine Disziplin in den Knochen. Wenn ihr keine Disziplin in den Knochen habt, muss ich andere Saiten aufziehen.

Docht: jmdm. auf den Docht gehen (ugs.): *jmdm. lästig werden:* Die Alten gehen mir auf den Docht mit ihrem dauernden Gemecker.

Doktorarbeit: eine Doktorarbeit aus etwas machen (ugs.): *etwas äußerst umständlich, mit viel zu großem Aufwand angehen:* Wenn er mal einen Nagel in die Wand schlagen soll, macht er gleich eine Doktorarbeit daraus.

Dolce Vita: *[luxuriöses] Leben, das aus Müßiggang und Vergnügungen besteht:* Wenn ich heute im Lotto gewinne, dann heißt es ab morgen nur noch Dolce Vita in der Südsee! Das 21-jährige »Partygirl« ..., das in Kaiserslautern durch »Enthüllungen« über das angebliche »Dolce Vita« prominenter Kaiserslauterner Bürger zur Schlüsselfigur im Sittenskandal ... wurde, braucht nicht ins Gefängnis zurück (MM 9. 12. 1965, 11).

Donner: Donner und Blitz! (ugs.): *Ausruf des Erstaunens, der Verwünschung:* Donner und Blitz! Nun hat uns der Bursche doch wieder hereingelegt.

Donner und Doria (ugs.): *Ausruf des Erstaunens, der Verwünschung:* Donner und Doria, hast du denn keinen Funken Ehrgefühl? (Ziegler, Labyrinth 206).

▶ In Schillers »Verschwörung des Fiesco« benutzt der ungehobelte Gianettino Doria seinen Namen zur Abwandlung der Verwünschung »Donner und Blitz«; beide Formen stehen heute im Sprachgebrauch nebeneinander.

ach du Donnerchen! (ugs.): *Ausruf des Erstaunens:* Ach du Donnerchen, ihre Freundin hat das gleiche Kleid an wie sie.

potz Donner: ↑potz. **wie vom Donner gerührt:** ↑rühren.

donnern: dastehen wie die Kuh, wenns donnert: ↑dastehen. **schielen wie eine Gans, wenns donnert:** ↑schielen.

Donnerschlag: aus einem Furz einen Donnerschlag machen: ↑Furz.

Donnerwetter: da soll doch gleich ein Donnerwetter dreinschlagen/dreinfahren! (ugs.): *Ausruf der Verärgerung:* Da soll doch gleich ein heiliges Donnerwet-

ter dreinschlagen! Jetzt parkt doch schon wieder jemand vor der Ausfahrt.

zum Donnerwetter! (ugs.): *Ausruf der Verärgerung:* Zum Donnerwetter [noch einmal], wo sind denn bloß meine Manschettenknöpfe. Zum Donnerwetter, spielen Sie doch nicht den unschuldigen Hasen (v. d. Grün, Irrlicht 19).

zum Donnerwetter auch! (ugs.): *Ausruf der Bewunderung, der Überraschung:* Zum Donnerwetter auch, ist das ein Prachtexemplar!

Himmel, Kreuz, Donnerwetter: ↑Himmel. **potz Donnerwetter:** ↑potz.

doof: doof und dusslig: ↑dumm. **ein Happen doof sein:** ↑Happen. **doof bleibt doof, da helfen keine Pillen:** ↑Pille.

Doofi: Klein Doofi mit Plüschohren: ↑klein.

doppelt: doppelt und dreifach: *über das Notwendige hinausgehend:* Die Anlage ist doppelt und dreifach gesichert.

das ist doppelt gemoppelt (ugs.): *das ist unnötigerweise zweimal gesagt:* Die Wohnung neu renovieren? Das ist doch doppelt gemoppelt. Was einmal sehr gut gesagt ist, muss nicht noch einmal in der Optik gesagt werden. Das ist ja doppelt gemoppelt (MM 5. 7. 1987, 26).

[alles] doppelt sehen (ugs.): *betrunken sein:* Was ist denn mit dir los, du siehst wohl schon alles doppelt?

doppelt [genäht] hält besser: *eine zweifach getroffene Vorsorge ist sicherer:* Die Kiste war nur geleimt, ich habe noch ein paar Schrauben hineingedreht – doppelt genäht hält besser.

geteilte Freude ist doppelte Freude, geteilter Schmerz ist halber Schmerz: ↑Freude. **mit doppelter Kreide anschreiben:** ↑Kreide. **ohne Netz und doppelten Boden:** ↑Netz.

Dorf: auf die Dörfer gehen (Kartenspiel): *Farben statt Trumpf ausspielen:* Aha, nun geht er schon auf die Dörfer.

auf/über die Dörfer gehen (ugs.): *sehr umständlich vorgehen, erzählen:* Berichten Sie uns kurz, was damals geschehen ist, ohne über die Dörfer zu gehen, bitte! Auf direktem Weg erreicht man bei dieser Behörde gar nichts, da muss man schon ein bisschen auf die Dörfer gehen.

aus jedem Dorf einen Hund haben (Kartenspiel): *Karten jeder Farbe haben:* Ich passe, ich habe schon wieder aus jedem Dorf einen Hund.

jmdm./für jmdn. böhmische Dörfer sein: ↑böhmisch. **die Kirche im Dorf lassen:** ↑Kirche. **die Kirche ums Dorf tragen; mit der Kirche ums Dorf fahren:** ↑Kirche. **potemkinsche Dörfer:** ↑potemkinsch. **eine Sau durchs Dorf treiben:** ↑Sau. **die Welt ist ein Dorf:** ↑Welt.

Dorn: jmdm. ein Dorn im Auge sein: *jmdn. stören und ihm deshalb verhasst sein:* Dieser Kerl war mir schon lange ein Dorn im Auge; ich bin froh, dass er in eine andere Abteilung versetzt worden ist. Der Nazismus erklärte unserem Haus den Krieg: Die Familie Mann war ihm ein Dorn im Auge (K. Mann, Wendepunkt 234). Der Welt sind solche Leute wie wir ein Dorn im Auge (Kreuder, Gesellschaft 143). ▶ Die Wendung stammt aus der Bibel. Im Alten Testament findet sich im vierten Buch Moses (16, 5) die Stelle, in der zur Vertreibung der Ureinwohner des Landes geraten wird, damit nicht »die, die ihr übrig lasst, zu Dornen in euren Augen werden«.

keine Rose ohne Dornen: ↑Rose.

dort: dort möchte ich nicht begraben sein: ↑begraben. **da und dort:** ↑da. **hier und dort:** ↑hier. **dort sein/dorthin gehen, wo auch der Kaiser zu Fuß hingeht:** ↑Kaiser.

dorthinaus: bis dorthinaus (ugs.): *überaus, in hohem Maße:* Lass dich durch seinen Charme nicht einwickeln, er ist egoistisch bis dorthinaus! ... wir wollten bei aller Kunstzucht (mithin Kontranaturalistik) ehrlich bis dorthinaus sein (Hiller, Radioaktiv 251). »Wir sind geschmacklos bis dorthinaus«, resümiert Verleger Flynt (Spiegel 7, 1976, 152).

Dose: eine/die Wucht in Dosen sein: ↑Wucht.

Draht: auf Draht sein (ugs.): *aufpassen und im entscheidenden Augenblick richtig handeln, wendig sein:* Das ist ein prima Mädchen, die ist unheimlich auf Draht. Wenn du nicht noch Prügel beziehen willst, dann musst du schwer auf Draht sein (Apitz, Wölfe 230). Alec entdeckte plötzlich, dass sechs Stunden Schlaf mehr als genug waren, um auf Draht zu sein (Ruark [Übers.], Honigsauger 147).

▶ Der Ursprung dieser und der folgenden Wendung, obwohl sie erst im 20. Jh. aufgekommen sind, ist nicht sicher geklärt. Am ehesten ist von »Draht« in der älteren Bedeutung »Telegrafendraht, Telegraf« auszugehen; vgl. das veraltende »drahten« (= telegrafieren). Die Wendung meinte dann ursprünglich, dass jemand (für Geschäftsabschlüsse, für Dienstleistungen) ständig telegrafisch zu erreichen ist.

jmdn. auf Draht bringen (ugs.): *jmdn. dazu bringen, rasch und richtig zu handeln:* In wenigen Monaten hatte die neue Direktorin ihre Leute auf Draht gebracht.

heißer Draht: ↑heiß.

Drahtseil: Nerven wie Drahtseile haben: ↑Nerv.

dran: dran/am dransten sein (ugs.): 1. *an der Reihe sein:* Sie sind noch lange nicht dran. Träum nicht, du bist am dransten! Da Konrad Adenauer in sechs Wochen keine Koalition zustande gebracht hat, dürfte nun wohl Ludwig Erhard dran sein (Dönhoff, Ära 27). 2. *zur Verantwortung gezogen werden:* Wenn du das noch einmal tust, bist du dran. In Dünkirchen haben sie einen Mann hingerichtet, ... er hatte einen Raubmord begangen, und deswegen war er dran (Tucholsky, Werke I, 347). Wenn Sie erwischt werden, dann sind Sie dran, und nicht ich! (Apitz, Wölfe 78.)

an etwas/da ist was dran (ugs.): *etwas/das ist nicht ganz falsch, könnte richtig sein:* ... ist er jederzeit bereit, zuzugeben, dass an dieser Theorie etwas dran sein muss (Haber, Welten 77). ... so würden ihn »die deutschen Kritiker« als »einen ... Trivialautor etikettieren«. Da ist was dran (Spiegel 34, 1975, 82).

dran glauben müssen (ugs.): *vom Schicksal ereilt werden, sterben müssen:* Drei Personen haben bei dem Lawinenunglück dran glauben müssen. Kreysler seinerseits hatte kein Glück, er hatte dran glauben und gehen müssen (Gaiser, Jagd 136). Den (= Leutnant) kann er sowieso nicht leiden ... der vorige hatte nämlich dran glauben müssen (H. Kolb, Wilzenbach 39).

nicht wissen, wie man bei jmdm./mit jmdm. dran ist: *nicht wissen, was man von* *jmdm. zu halten hat:* Er arbeitet seit mehr als fünf Jahren bei uns, ich weiß aber bis heute nicht, wie ich bei ihm dran bin.

gut, arm/schlecht/übel [mit jmdm., mit etwas] dran sein (ugs.): *es gut, schlecht haben:* Er ist gut dran, er hat seit Jahren keine Reparatur an seinem Wagen. Mit seiner zweiten Frau ist er übel dran. Erst hat sie ihren Job verloren, dann ist er schwer krank geworden – die beiden sind wirklich arm dran. Dennoch sind Frauen besser dran als Männer … Ihr Haarausfall ist einer Behandlung zugänglich (Hörzu 21, 1973, 125).

da ist alles dran (ugs.; oft iron.): *das hat alle Vorzüge, ist vollkommen:* Das ist ein Auto, da ist alles dran. Ich hatte eine Erkältung, da war alles dran.

drauf und dran sein, etwas zu tun: ↑ drauf. **… was drum und dran ist:** ↑ drum. **das ganze Drum und Dran:** ↑ Drum. **da ist kein Kopf und kein Arsch dran:** ↑ Kopf. **ist kein Zeiger dran:** ↑ Zeiger. Vgl. das Stichwort »daran«.

drängen: jmdn., etwas in den Hintergrund drängen: ↑ Hintergrund. **sich in den Vordergrund drängen:** ↑ Vordergrund.

drauf: drauf und dran sein, etwas zu tun (ugs.): *fast so weit sein, etwas [Negatives] zu tun:* Sie war drauf und dran, ihm das Geld zu geben. Er blieb ziemlich lange weg, sodass Frieda schon drauf und dran war, mich auch noch nachsehen zu schicken (Schnurre, Vaters Bart 82). Besonders die Weißstörchin schien oft drauf und dran, über den Gatten herzufallen, wenn er durchaus nicht klappern wollte (Lorenz, Verhalten I, 151).

etwas draufhaben (ugs.): 1. *mit einer bestimmten Geschwindigkeit fahren:* Die Wagen haben etwa 180 drauf, wenn sie in die Südkehre gehen. Ich hatte nicht viel drauf, als ich den Baum streifte. 2. *etwas gut können:* Er hat es drauf, eine Firma innerhalb kurzer Zeit zu sanieren. Es kommt nicht so drauf an, dass man etwas kann, man muss es draufhaben, so zu tun (Plenzdorf, Leiden 45).

nichts draufhaben (ugs.): *nichts können, wenig leisten:* Der neue Rechtsaußen hat auch nichts drauf.

gut/schlecht o. ä. **drauf sein** (ugs.): *sich gut/schlecht* o. ä. *fühlen, in guter/*

schlechter o. ä. *[seelischer] Verfassung sein:* Das Examen habe ich verbockt, ich war an dem Tag einfach nicht gut drauf. Wenn du schlecht drauf bist, brauchst du erst gar nicht anzutreten.

eine Naht draufhaben: ↑ Naht. **scheiß drauf:** ↑ scheißen. **da hat der Staatsanwalt [noch] den Finger drauf:** ↑ Staatsanwalt. **einen Zacken draufhaben:** ↑ Zacken. **einen Zahn draufhaben:** ↑ Zahn.

draufbekommen: einen/eins draufbekommen/draufkriegen (ugs.): 1. *getadelt, gedemütigt, enttäuscht werden:* Wird Zeit, dass der überhebliche Kerl mal einen draufbekommt. 2. *einen Schlag, Klaps bekommen:* Du kriegst gleich eins drauf, du kleiner Frechdachs! Wenn man zur Schwester freche … Wörter sagt, dann kriegt man eine drauf (Ziegler, Gesellschaftsspiele 168).

draufgeben: jmdm. einen/eins draufgeben (ugs.): 1. *jmdn. tadeln, demütigen:* Die Chefin hat ihm vor versammelter Mannschaft eins draufgegeben. 2. *jmdm. einen Schlag, Klaps geben:* Als er dann so unverschämt gegrinst hat, da musste ich ihm einfach einen draufgeben.

draufhauen: ↑ draufmachen.

draufkriegen: ↑ draufbekommen.

draufmachen: einen draufmachen/draufhauen (ugs.): *ausgiebig feiern:* Als das Projekt genehmigt war, haben wir erst mal einen draufgemacht. Leute, kommt ihr mit? Ich will heute Abend einen draufmachen! Wenn du jung bist, Mann, bist du immer dabei, einen draufzumachen (Praunheim, Armee 191).

draus: sich nichts draus machen: ↑ machen.

draußen: die Tür von draußen zumachen: ↑ Tür.

Dreck: ein Dreck/der letzte Dreck [für jmdn.] [sein] (ugs.): *[für jmdn.] äußerst verachtenswert [sein]:* Die behandeln einen so von oben herab, dass du denkst, du wärst der letzte Dreck. Blasen Sie sich doch nicht so auf – im Grunde sind Sie ein Dreck! Die Radfahrer, die früher »Freiwild« waren, werden jetzt mehr geachtet – dafür sind die Fußgänger nun der letzte Dreck (ADAC-Motorwelt 5, 1986, 192). Lehrlinge klagen: Wir sind für die anderen der letzte Dreck (Bild 30. 8. 1968, 1).

einen Dreck (ugs.): *gar nicht[s]:* Er machte sich einen Dreck daraus. Sie haben uns hier einen Dreck zu sagen. Einen Dreck verstehen sie vom Militär, aber immer quatschen sie dazwischen (Kirst, 08/15, 61).

Dreck am Stecken haben (ugs.): *nicht integer sein, sich etwas haben zuschulden kommen lassen:* Du brauchst dich nicht zum Richter aufzuwerfen, du hast doch selbst Dreck am Stecken. Sie hatten durchweg Dreck am Stecken, meist moralische Verfehlungen, einer schlief mit zwei Frauen, der andere ließ sich als Exhibitionist erwischen (Zwerenz, Kopf 107).
▶ Die Wendung geht davon aus, dass man manchmal nur noch am Spazierstock erkennen kann, dass jemand durch Schmutz gewatet ist, weil beim Säubern und Wechseln des Schuhwerks und der Kleidung der Stock gewöhnlich vergessen wird. Mit diesem Bild soll einem Menschen vor Augen geführt werden, dass er jetzt zwar moralisch einwandfrei lebt, in der Vergangenheit aber auch etwas Unrechtes getan hat.

aus dem größten/gröbsten Dreck [heraus] sein (ugs.): *die größten Schwierigkeiten überwunden haben:* Als sie das Waldstück erreichten, glaubten die Flüchtlinge, aus dem größten Dreck heraus zu sein.

jmdn. aus dem Dreck ziehen (ugs.): *jmdm. aus einer schlimmen Lage heraushelfen:* Sei nicht so undankbar – schließlich waren wir es, die dich damals aus dem Dreck gezogen haben. ... zu der Zeit habe ich auf der Straße gelegen, da haben die mich aufgenommen. Die haben mich aus dem Dreck gezogen (Zeit 7. 2. 1975, 55).

[bis an den Hals/bis über die Ohren] im Dreck sitzen/stecken (ugs.): *in großen Schwierigkeiten, in großer Not sein:* Die und Geld haben, die sitzen bis an den Hals im Dreck. Er sitzt im Dreck, und seine Frau macht sich bei ihrer Freundin ein schlaues Leben. Du ahnst gar nicht, wie wichtig das ist für andere Leute, die auch im Dreck sitzen (Hörzu 45, 1972, 58).

jmdn., etwas durch den Dreck ziehen/in den Dreck ziehen/treten (ugs.): *jmdn.,*

etwas schlecht machen, verunglimpfen: Er wollte sich an ihm rächen, weil er den Namen seiner Familie in den Dreck gezogen hatte. Es ist schmerzlich, davon zu sprechen, wie man viele Gründungsmitglieder ... in den Dreck zog (Spiegel 16, 1975, 126). Aber der gute Name der deutschen Industrie braucht deswegen nicht in den Dreck gezogen zu werden (Bild 4. 5. 1964, 1).

jmdn., etwas mit Dreck bewerfen: *jmdn. verleumden, etwas verunglimpfen:* Er ließ es nicht zu, dass man seine Mitarbeiter mit Dreck bewarf. ... sobald man sich als ihr Freund aufspielte, wurde man mit Dreck beworfen (Quick 46, 1958, 63).

mit/in Dreck und Speck (ugs.): *schmutzig, ungewaschen:* Die Besatzung war völlig erledigt und haute sich mit Dreck und Speck in die Koje. Ich werde in Dreck und Speck zur Untersuchung gehen (Ott, Haie 20).

stehen vor Dreck (ugs.): *[von Kleidungsstücken] sehr schmutzig sein:* Die Hose steht ja vor Dreck!

jmdn. behandeln wie ein Stück Dreck/den letzten Dreck: ↑behandeln. **frech wie Dreck:** ↑frech. **Geld wie Dreck haben:** ↑Geld. **die Karre/den Karren aus dem Dreck ziehen:** ↑Karre. **die Karre/den Karren in den Dreck fahren:** ↑Karre. **sich vorkommen wie ein Stück Dreck/der letzte Dreck:** ↑vorkommen.

dreckig: **dreckig und speckig** (ugs.): *schmutzig, ungewaschen:* Wasch dich erst mal, so dreckig und speckig setzt du dich nicht an den Abendbrottisch! Dreckig und speckig kommst du daher ... alles zerfranst ... Möchtest wohl gern einer von diesen halbstarken Gammlern sein (Fels, Sünden 12).

Dreh: um den Dreh [herum] (ugs.): *ungefähr:* Ich weiß nicht, ob der neue Geschäftswagen nun genau 20 000 Mark gekostet hat, aber bestimmt so um den Dreh herum.

drehen: sich drehen wie eine Wetterfahne: *seine Meinung ständig ändern, anpassen:* Von dem, was er gestern gesagt hat, will er heute nichts mehr wissen – er dreht sich wie eine Wetterfahne.

jmdm. dreht sich alles (ugs.): *jmdm. ist schwindlig:* Ich muss mich einen Moment setzen, mir dreht sich alles.

sich drehen und winden: *sich aus einer unangenehmen, peinlichen Lage zu befreien suchen:* Er hat sich gedreht und gewunden, aber wir haben ihn festgenagelt.

an etwas ist nicht zu drehen und zu deuteln: *etwas ist ganz eindeutig, steht fest:* Sie ist für den Job besser qualifiziert als er, daran ist nicht zu drehen und zu deuteln. Das sind beweisbare Fakten, an denen nicht zu drehen und zu deuteln ist.

sich drehen und wenden, wie man will: *alles nur Erdenkbare tun:* Man kann sich drehen und wenden, wie man will, man kommt doch auf keinen grünen Zweig.

etwas drehen und wenden, wie man will: *etwas von jedem nur denkbaren Blickpunkt aus betrachten:* Man kann es drehen und wenden, wie man will, seine Chancen stehen sehr schlecht.

da hat doch jmd. dran gedreht (ugs.): *da stimmt doch etwas nicht, da ist etwas nicht in Ordnung:* An meinem Schrank fehlt auch das Namensschild. Da hat doch jemand dran gedreht!

eine Biene drehen: ↑Biene. **Daumen/ Däumchen drehen:** ↑Daumen. **ein Ding drehen:** ↑Ding. **eine Ehrenrunde drehen:** ↑Ehrenrunde. **die/seine Fahne nach dem Wind[e] drehen:** ↑Fahne. **sich wie durch den Wolf gedreht fühlen:** ↑fühlen. **sich um hundertachtzig Grad drehen:** ↑Grad. **sich im Kreis drehen:** ↑Kreis. **jmdm. dreht sich alles im Kreis:** ↑Kreis. **jmdn. durch die Mangel drehen:** ↑Mangel. **jmdm. eine [lange] Nase drehen:** ↑Nase. **eine/seine Runde drehen:** ↑Runde. **an der Steuerschraube drehen:** ↑Steuerschraube. **jmdm. einen Strick aus etwas drehen:** ↑Strick. **der Wind hat sich gedreht:** ↑Wind. **jmdn. durch den Wolf drehen:** ↑Wolf.

Drehpunkt: Dreh- und Angelpunkt: *das, worum sich alles dreht; der entscheidende Punkt:* Die Theorie von der Selbstregulierung des Marktes wurde zum Dreh- und Angelpunkt der Wirtschaftspolitik. Nachdem ... de Gaulle in den 60er-Jahren ... europäische Institutionen aus Paris »verbannt« hatte, wurde Brüssel zum Dreh- und Angelpunkt europäischer Politik (Zivildienst 5, 1986, 6).

▶ Mit »Angelpunkt« wird in dieser Wendung auf die Tür- oder Fensterangel Bezug genommen.

Drehwurm: den Drehwurm kriegen (ugs.): *schwindlig werden:* Wenn man eine Weile auf die rotierende Scheibe sieht, kriegt man den Drehwurm.

den Drehwurm haben: 1. *schwindlig sein:* Ich habe immer den Drehwurm, wenn ich mit dem Kettenkarussell fahre. 2. *nicht recht bei Verstand sein:* Was machst du denn da, du hast wohl den Drehwurm?

▶ Drehwurm ist die volkstümliche Bezeichnung für die Blasenfinne eines Bandwurms im Gehirn von Haustieren, besonders von Schafen. Tiere, die davon befallen sind, leiden an Gleichgewichtsstörungen und drehen sich im Kreise.

drei: nicht bis drei zählen können (ugs.): *dumm sein:* Der kann nicht bis drei zählen und will sein Meister machen.

aussehen, als ob man nicht bis drei zählen könnte: ↑aussehen. **aller guten Dinge sind drei:** ↑Ding. **eins, zwei, drei:** ↑eins. **ewig und drei Tage:** ↑ewig. **ein Gesicht machen wie drei Tage Regenwetter:** ↑Gesicht. **drei Meilen gegen den Wind riechen:** ↑riechen. **jmdm. drei Schritte vom Leibe bleiben:** ↑Schritt. **sich jmdn., etwas drei Schritte vom Leibe halten:** ↑Schritt. **drei Meilen gegen den Wind stinken:** ↑stinken. **in drei Teufels Namen:** ↑Teufel. **Tobias sechs, Vers drei:** ↑Tobias.

Dreier: flotter Dreier: ↑flott.

dreifach: doppelt und dreifach: ↑doppelt.

dreimal: dreimal darfst du raten! (ugs.): *das ist doch ganz einfach zu begreifen, das weißt du doch selbst!:* Meinst du, er wird wieder versuchen, dich anzupumpen? – Dreimal darfst du raten! Wer hat denn den Fernseher ausgeschaltet? – Dreimal darfst du raten! »Wir haben das beste Denkmalgeschäft in der Stadt« ... »Warum?« – »Warum? Mein Gott ... dreimal darfst du raten!« (Remarque, Obelisk 338).

Hokuspokus Fidibus, dreimal schwarzer Kater: ↑Hokuspokus. **jede Mark/jeden Pfennig [zweimal/dreimal] umdrehen:** ↑¹Mark. **dreimal umgezogen ist so gut wie einmal abgebrannt:** ↑umziehen.

dreinfahren: da soll doch gleich ein Donnerwetter dreinfahren: ↑Donnerwetter.

dreinschlagen: da soll doch gleich ein Donnerwetter dreinschlagen: ↑Donnerwetter.

dreist: dreist und gottesfürchtig (ugs.): *unverfroren, ohne jeden Skrupel:* Dreist und gottesfürchtig fragt sie mich doch, ob sie nicht mein Auto haben könne. ... er erzählt Sachen, die liegen schon eine Weile zurück, ganz dreist und gottesfürchtig (Bobrowski, Mühle 116).

dreizehn: jetzt schlägts [aber] dreizehn! (ugs.): *das geht zu weit, das ist doch nicht zu glauben, jetzt ist aber Schluss damit:* Jetzt schlägts dreizehn! Der Fernseher ist schon wieder kaputt. Jetzt schlägts aber dreizehn! Für dieses Foul muss ihn der Schiedsrichter vom Platz stellen.

▶ Die Wendung geht davon aus, dass eine Uhr höchstens zwölfmal schlagen kann, dreizehn Schläge also über das Normale hinausgehen.

dreschen: du sollst dem Ochsen, der da drischt, nicht das Maul verbinden: ↑ Ochse. leere] Phrasen dreschen: ↑ Phrase. leeres Stroh dreschen: ↑ Stroh.

drin: drin sein: *im Bereich des Möglichen sein, sich machen lassen:* In diesem Spiel ist noch alles drin. Sagen Sie mal, in erotischer Hinsicht ist wohl nichts drin? (Hörzu 8, 1971, 72). heute usw. ist der Wurm drin: ↑ Wurm. in etwas ist/sitzt der Wurm drin: ↑ Wurm.

drinstecken: man steckt/da steckt man nicht drin (ugs.): *das kann man nicht vorhersehen [und nicht beeinflussen]:* Bei so einem alten Auto kann jederzeit was kaputtgehen, da steckt man nicht drin.

dritte: die Dritte Welt: ↑ Welt. dritte Zähne: ↑ Zahn.

Dritte: der Dritte im Bunde: *der zu zwei [schon bekannten] Personen Hinzukommende:* Drei Männer sollen den Überfall geplant haben; zwei hat die Polizei bereits gefasst, aber wer ist der Dritte im Bunde?

▶ Diese Wendung ist ein Zitat aus Schillers Ballade »Die Bürgschaft«. Dort heißt es: »Ich sei, gewährt mir die Bitte, in eurem Bunde der Dritte.« der lachende Dritte: ↑ lachen. wenn zwei sich streiten, freut sich der Dritte: ↑ streiten.

drüben: hüben und drüben/hüben wie drüben: ↑ hüben.

drüber: es/alles geht drunter und drüber: ↑ drunter. das Drunter und Drüber: ↑ drunter. Schwamm drüber: ↑ Schwamm.

Druck: hinter etwas Druck machen (ugs.): *dafür sorgen, dass etwas beschleunigt erledigt wird:* Wenn der Architekt keinen Druck dahinter macht, ist das Haus im Herbst immer noch nicht fertig. jmdn. unter Druck setzen: *jmdn. bedrängen:* Einflussreiche Kreise hatten versucht, den Abgeordneten unter Druck zu setzen. In der zweiten Halbzeit konnten unsere Stürmer die gegnerische Verteidigung stark unter Druck setzen. ... ich hätte die Westmächte nicht unter »massiven Druck« setzen dürfen (W. Brandt, Begegnungen 29).

unter Druck stehen: *bedrängt werden:* Es müssen rasche Entscheidungen gefällt werden, die Regierung steht unter Druck. Da wir damals mächtig unter Druck standen, haben wir dem Vertrag in dieser Form zugestimmt. Die Besatzungen standen nicht unter dem Druck einer knappen Flugzeit (Gaiser, Jagd 90).

drucken: lügen wie gedruckt: ↑ lügen.

drücken: jmdm. etwas aufs Auge drücken: ↑ Auge. jmdm. den Daumen drücken: ↑ Daumen. jmdm. die Daumen auf etwas drücken: ↑ Daumen. jmdm. den Daumen aufs Auge drücken: ↑ Daumen. wissen, wo jmdn. der Schuh drückt: ↑ Schuh. wo drückt denn der Schuh?: ↑ Schuh. die Schulbank drücken: ↑ Schulbank. aufs Tempo drücken: ↑ Tempo. auf die Tränendrüsen drücken: ↑ Tränendrüse. auf die Tube drücken: ↑ Tube. jmdn. an die Wand drücken: ↑ Wand.

Drücker: am Drücker sein/sitzen (ugs.): *Einfluss haben; bestimmen, was geschieht:* Wenn der Junior erst einmal am Drücker ist, wird sich hier vieles ändern. Die alten Parteigenossen möchten am liebsten ewig am Drücker sitzen. Nicht frech werden! Wir sind immer noch am Drücker (M. Walser, Eiche 44).

▶ Vgl. die Wendung »die Hand am Drücker haben«.

an den Drücker kommen (ugs.): *Einfluss gewinnen, eine einflussreiche Stellung erreichen:* Er versuchte alles, um auch einmal an den Drücker zu kommen. Aber die warten ab, ob bei uns die unbelehrbaren alten Parteigenossen an den Drücker kommen oder die jungen Leute (Spiegel 15, 1966, 39).

Vgl. die Wendung »die Hand am Drücker haben«.

die Hand am Drücker haben (ugs.): *Einfluss haben; bestimmen, was geschieht:* Wer hat eigentlich im Verein die Hand am Drücker?

▶ Mit »Drücker« ist in diesen Wendungen die Türklinke gemeint oder auch der Knopf, der gedrückt werden muss, um den Türverschluss zu lösen. Auszugehen ist also von einer Bedeutung »darüber befinden, ob jemand Zugang zu etwas hat oder bei jmdm. vorgelassen wird«.

auf den letzten Drücker (ugs.): *im letzten Augenblick:* Kommt bloß nicht wieder auf den letzten Drücker! Ich habe mich erst auf den letzten Drücker entschieden. »Auf den letzten Drücker« vor der Liveausstrahlung ... amüsiert sich der pfiffige Rätsel-Mann über eine Sportmütze (Hörzu 11, 1975, 26).

▶ Gemeint ist wohl die Klinke, der Türgriff des letzten Wagens eines abfahrenden Zuges.

drum: das ganze Drum und Dran (ugs.): *alles, was dazugehört:* Das ganze Drum und Dran der Veranstaltung war wenig erfreulich. Ich beherrschte mich und sagte kein Wort, sammelte ihre Schuhe, ihre Wäsche, ihr ganzes Drum und Dran (Frisch, Homo 88).

mit allem Drum und Dran (ugs.): *mit allem, was dazugehört:* Mit allem Drum und Dran kostet der Wagen 32 000 Mark. Wir sollten wieder mal feiern, so mit allem Drum und Dran. Es ist häufig genug vorgekommen, dass er ... ein riesiges Steak mit allem Drum und Dran verzehrte und anschließend zur sprachlosen Kellnerin sagte:»Das Ganze noch mal« (Hörzu 23, 1972, 21).

... was drum und dran ist/hängt (ugs.): *... was dazugehört, was damit in Verbindung steht:* Mit dem, was drum und dran hängt, kostet so ein Wochenendflug nach Mallorca 570 Mark. ... die Brinkgasse selber, die kann bleiben – aber was drum und dran hängt, ist das Schlimmste (Aberle, Stehkneipen 120).

drum prüfe, wer sich ewig bindet: ↑ prüfen. **seis drum:** ↑ sein.

drunter: es/alles geht drunter und drüber (ugs.): *es herrscht heillose Unordnung:* Unsere Nachbarn haben vier Kinder, bei denen geht immer alles drunter und drüber. Im Übrigen durfte alles drunter und drüber gehen; Unrat war einverstanden (H. Mann, Unrat 134). Im Südkessel geht es drunter und drüber, und wenn der Südkessel fällt, sind wir hier im Nordkessel dran (Plievier, Stalingrad 216).

das Drunter und Drüber (ugs.): *die Unordnung, die ungeordneten Verhältnisse:* In dem ganzen Drunter und Drüber hat natürlich keiner auf die Kinder geachtet. Es herrschte ein allgemeines Drunter und Drüber, an vernünftige Arbeit war nicht mehr zu denken. Nach all dem Drunter und Drüber kommen Sie endlich zur Ruhe (Bild und Funk 43, 1966, 68). Er ... lauschte in sich hinein, wo immer noch Träume sind ... und ein Drunter und Drüber unordentlicher Gedanken (Sacher-Masoch, Parade 73).

Strich drunter: ↑ Strich.

du: [mit jmdm.] per du sein (ugs.): *sich [mit jmdm.] duzen:* Seit wann seid ihr beide denn per du? Die Studenten waren mit ihrem Professor per du. Seit dem Feuerwehrball waren sie miteinander per du (Frischmuth, Herrin 34).

auch du, mein [Sohn] Brutus?: ↑ Brutus. **[ach] du ahnungsloser Engel:** ↑ Engel. **du kannst Gott auf den Knien danken, dass ...:** ↑ Knie. **du kannst dir die Knochen nummerieren lassen:** ↑ Knochen. **du sollst den Ochsen, der da drischt, nicht das Maul verbinden:** ↑ Ochse. **was du nicht willst, dass man dir tu, das füg auch keinem andern zu:** ↑ tun. **wie du mir, so ich dir:** ↑ wie. **du sprichst ein großes Wort gelassen aus:** ↑ Wort.

Duft: der Duft der großen, weiten Welt: *das Flair der Weltoffenheit, Freiheit, Unabhängigkeit:* Mit Namen wie Rio de Janeiro, New York, San Francisco oder Las Vegas verbinden viele Europäer so etwas wie den Duft der großen, weiten Welt.

▶ Diese Wendung geht auf eine Zigarettenwerbung der Sechzigerjahre zurück.

dumm: dummer August (ugs.): *Clown; Spaßmacher:* Die Kinder freuten sich an den Späßen des dummen Augusts. Ich denke nicht daran, hier den dummen August zu spielen. Sie marschieren wieder auf den Hof hinaus, Gerner als dummer August immer mit (Döblin, Berlin 131).

dumm und dämlich; (seltener:) **doof und dusslig** (ugs.): *bis an die Grenze des Erträglichen:* Ich habe mich dumm und dämlich gesucht, und du hast den Autoschlüssel in der Handtasche. Da zahlst du dich dumm und dämlich, wenn du keinen reichen Vater hast (Chotjewitz, Friede 126).

jmd. ist so dumm, dass er brummt (ugs.): *jmd. ist sehr dumm:* Er sieht zwar gut aus, aber er ist so dumm, dass er brummt.

dumm wie Bohnenstroh/wie die Nacht sein (ugs.): *sehr dumm sein:* Du, ich habe ein Mädchen gekannt: Sie war dumm wie die Nacht, aber ihr Haar kitzelte ihre Kniekehlen (Goetz, Prätorius 10). Weil dieses Mädchen so dumm ist, dumm wie ... Bohnenstroh! Sie versteht nichts vom Leben, vom Benehmen (Lederer, Liebe 25).

▶ Der Vergleich mit »Bohnenstroh« geht auf das ältere »grob wie Bohnenstroh« zurück. Arme, ungebildete Menschen konnten ihre Schlafstatt nicht auf Stroh bereiten, sondern mussten mit dem härteren, gröberen Kraut der Futterbohne vorlieb nehmen.

dumm/dämlich wie Schifferscheiße sein (derb): *sehr dumm sein:* Er ist nicht nur ein bisschen begriffsstutzig, er ist dumm wie Schifferscheiße.

dümmer sein, als die Polizei erlaubt (ugs.): *sehr dumm sein:* Die meisten Bewerber waren dümmer, als die Polizei erlaubt.

dumm geboren und nichts dazugelernt [und auch das wieder vergessen] (ugs.): *sehr dumm:* Natürlich musste er den Zettel ausgerechnet meiner Freundin geben. Na ja, dumm geboren und nichts dazugelernt.

der Dumme sein (ugs.): *der Benachteiligte sein, den Schaden tragen:* Er war wieder einmal der Dumme, denn ausgerechnet ihn hatte man erwischt und eingelocht. Und seine Bücher werden gekauft werden oder vielmehr die seiner Nachschreiber, denn der Erste ist ja immer der Dumme (Tucholsky, Werke II, 181).

die Dummen werden nicht alle/sterben nicht aus (ugs.): *Ausdruck der Enttäuschung, der Resignation, wenn man jemandes Handlungsweise für töricht hält:* Er ist auch noch stolz darauf, dass er sich an keinerlei Geschwindigkeitsbegrenzung hält. Na ja, die Dummen sterben nicht aus.

einen Dummen finden (ugs.): *jmdn. finden, der naiv, gutmütig genug ist:* Na, hast du einen Dummen gefunden, der dir sein Auto leiht? Natürlich hat sie wieder einen Dummen gefunden, der für sie den Abwasch macht.

jmdm. dumm kommen (ugs.): *zu jmdm. frech, unverschämt werden:* Wenn der mir dumm kommen will, wird er mich kennen lernen! Angeblich war er den sowjetischen Soldaten dumm gekommen mit russischen Flüchen (Ossowski, Liebe ist 307).

jmdm. ist/wird etwas zu dumm (ugs.): *jmds. Geduld ist am Ende:* Die Lärmbelästigung wurde den Anwohnern zu dumm. Allmählich ist es mir aber zu dumm; geschlagene 45 Minuten warte ich nun schon auf mein Essen. Sie bestellen die Nationalhymne immer wieder, und immer wieder steht eine Anzahl Leute nicht auf, weil es ihnen zu dumm ist (Remarque, Obelisk 136).

jmdn. für dumm verkaufen (ugs.): *jmdm. etwas vormachen, jmdn. täuschen:* Er dachte gar nicht daran, sich von dem jungen Burschen für dumm verkaufen zu lassen. Will man eigentlich die sportbegeisterten Zuschauer für dumm verkaufen? (Hörzu 27, 1972, 42). Ich frage Sie jetzt zum letzten Mal. Wo sind die Blätter. Sie können uns doch nicht für dumm verkaufen (v. d. Grün, Glatteis 43).

die dümmsten Bauern haben die dicksten/größten Kartoffeln: ↑ Bauer. **wie einen dummen Jungen behandeln:** ↑ behandeln. **dumm aus dem Anzug/aus der Wäsche gucken:** ↑ gucken. **zu dumm sein, [um] einen Pudding an die Wand zu nageln:** ↑ Pudding. **jmdn. dumm von der Seite anquatschen:** ↑ Seite. **zu dumm, einen Eimer Wasser umzustoßen:** ↑ Wasser. **dummes Zeug:** ↑ Zeug.

Dummbach: ↑ Dummsdorf.

Dummheit: wenn Dummheit weh täte, müsste er/müsste sie/müsstest du den ganzen Tag schreien (ugs.): *er ist/sie ist/du bist sehr dumm:* Seine Sekretärin kann noch nicht einmal eine einfache Reisekostenabrechnung machen. Wenn

Dummheit weh täte, müsste sie den ganzen Tag schreien.

gegen Dummheit kämpfen Götter selbst vergebens: *gegen Dummheit ist man machtlos:* Wie konnten die Menschen nur glauben, was dieser Schwindler ihnen versprach? Gegen Dummheit kämpfen Götter selbst vergebens.
▶ Diese Redensart ist die Abwandlung eines Zitats aus Schillers »Jungfrau von Orleans«. Im dritten Akt heißt es dort: »Mit der Dummheit (= mit der Dummheit verbündet) kämpfen Götter selbst vergebens.«

vor Dummheit brüllen/brummen/schreien (ugs.): *sehr dumm sein:* Sein Bruder ist für so was nicht zu gebrauchen, der brüllt doch vor Dummheit!

Dummsdorf: aus/von Dummsdorf/(seltener:) **Dummbach sein** (ugs.): *dumm sein:* Natürlich kann ich das, ich bin doch nicht aus Dummsdorf. ... wir sind beide Großstadtkinder und nicht aus Dummsdorf. Reden wir also nicht lange um den Brei herum (Borell, Lockruf 16).

dunkel: dunkel wie im Arsch (derb)/**wie im Negerarsch** (derb)/**wie in einer Kuh** (ugs.) **sein:** *sehr dunkel sein:* In der Baracke war es dunkel wie im Arsch.

so dunkel, dass man die Hand nicht vor Augen sehen kann: *sehr dunkel:* Unter Deck war es so dunkel, dass die Männer nicht die Hand vor Augen sehen konnten.

im Dunkeln tappen: *in einer aufzuklärenden Sache noch keinen Anhaltspunkt haben:* ... wer du auch immer seist, du weißt ja besser als ich, wie sehr ich noch im Dunkeln tappe (Thielicke, Ich glaube 32). Aber das sehe ich doch, dass Sie hier genauso wie ich im Dunkeln tappen und auf irgendeinen Zufall warten (Fallada, Blechnapf 349).
▶ Diese Wendung geht auf eine Stelle im Alten Testament zurück. In 5. Moses 28, 29 heißt es, dass die, die nicht auf die Stimme Gottes hören, »tappen am Mittag, wie ein Blinder tappet im Dunkeln«.

im Dunkeln ist gut munkeln (ugs.): *Heimlichkeiten tut man lieber, wenn es dunkel ist und man dabei nicht beobachtet wird:* Die beiden haben immer noch nicht das Licht angemacht. Nun ja, im Dunkeln ist gut munkeln.

ein dunkler Punkt: ↑ Punkt. **ein Sprung ins Dunkle:** ↑ ¹Sprung.

dünn: dünn gesät sein: *[leider] selten sein, nicht häufig vorkommen:* Gute Außenstürmer sind auch in England dünn gesät. Die wirklich guten Stellen sind in dieser Stadt nur dünn gesät (Sebastian, Krankenhaus 21).

mit jmdm. durch dick und dünn gehen: ↑ dick.

dunnemals: anno dunnemals: ↑ anno.

Dunst: jmdm. blauen Dunst vormachen (ugs.): *jmdm. etwas vorgaukeln:* Die Touristen merkten nicht, dass ihnen der Sizilianer blauen Dunst vormachte. Die Wähler wollen sich von den Parteien keinen blauen Dunst vormachen lassen. Eigentlich eine Frechheit, dass Sie sich hier blicken lassen. Mit dem Sender habt ihr mir blauen Dunst vorgemacht (Kuby, Sieg 173).
▶ Die Wendung nimmt darauf Bezug, dass die Zauberer früher vor ihren Tricks blauen Rauch aufsteigen ließen, damit die Zuschauer sie nicht allzu genau beobachten konnten.

keinen blassen Dunst von etwas haben: ↑ blass. **keinen Schimmer vom Dunst einer Ahnung haben:** ↑ Schimmer.

durch: durch und durch: *völlig; ganz und gar:* Der kleine Junge war durch und durch nass. Sie war durch und durch davon überzeugt, dass die beiden die Täter waren. Er kannte, sagte Herr Peters, da einen Herrn, General a. D. übrigens, also einen durch und durch honorigen Mann (Schnurre, Vaters Bart 131).

jmdm. durch und durch gehen (ugs.): *jmdm. wehtun, von jmdm. in fast unerträglicher Weise empfunden werden:* Ihr gellendes Lachen ging ihm durch und durch. Nur manchmal trifft einen ein einzelner Ausruf, ein Wort ... Das geht einem durch und durch, rasch und flüchtig (Seghers, Transit 6).

durch die Bank: ↑ Bank. **durch die Blume:** ↑ Blume. **durch die Hintertür/ein Hintertürchen:** ↑ Hintertürchen.

durchblicken: etwas durchblicken lassen: *etwas andeuten, zu verstehen geben:* Er ließ durchblicken, dass er mit dem Minister befreundet sei. Zuweilen ließ er seine feineren Sitten durchblicken (Hausmann, Abel 149). Das Mädchen hatte versteckt durchblicken lassen, dass sie wohl bemerkt habe, aus welchem Grunde wir ins Hotel ... gekommen waren (Andres, Liebesschaukel 97).

durchbrennen: bei jmdm. brennt die Sicherung/brennen die Sicherungen durch: ↑ Sicherung.

Durchfahrt: die Ohren auf Durchfahrt stellen: ↑ Ohr.

Durchfall: Ruhe im Kuhstall, der Ochs hat Durchfall: ↑ Ruhe.

durchfallen: mit Bomben und Granaten durchfallen: ↑ Bombe.

Durchführung: zur Durchführung gelangen (Papierdt.): *durchgeführt werden:* Es steht noch nicht fest, wann die Aktion zur Durchführung gelangt.

jmdm. gehen die Nerven durch: ↑ Nerv.

jmdm. gehen die Pferde durch: ↑ Pferd.

durchhauen: den [gordischen] Knoten durchhauen: ↑ Knoten.

durchkommen: lass deinen Kragen mal wieder teeren, da kommt schon das Weiße durch: ↑ Kragen.

durchsägen: einen Ast durchsägen: ↑ Ast.

durch sein: bei jmdm. unten durch sein (ugs.): *jmds. Wohlwollen verloren, verscherzt haben:* Jetzt fährt der (Franz Josef Strauß) schon wieder nach China. Bei den Russen ist der doch unten durch (Spiegel 25, 1975, 28).

Durchzug: die Ohren auf Durchzug stellen: ↑ Ohr.

dürfen: wenn ich bitten darf: ↑ bitten. **darf ich bitten?:** ↑ bitten. **das durfte [jetzt] nicht kommen:** ↑ kommen. **mal an etwas riechen dürfen:** ↑ riechen. **sich irgendwo/bei jmdm. nicht mehr sehen lassen dürfen:** ↑ sehen. **mit etwas darf man nicht spaßen:** ↑ spaßen. **man darf das alles nicht so verbissen sehen:** ↑ verbissen. **das darf doch nicht wahr sein:** ↑ wahr.

Durst: Durst haben wie ein Brunnenputzer: *sehr großen Durst haben:* Abends hatte ich Durst wie ein Brunnenputzer.

ein Glas/einen/eins über den Durst trinken: ↑ Glas. **vor Durst umfallen:** ↑ umfallen.

dürsten: nach Blut dürsten: ↑ Blut.

durstig: eine durstige Leber haben: ↑ Leber.

Dusche: [für jmdn.] wie eine kalte Dusche sein; [auf jmdn.] wie eine kalte Dusche

wirken (ugs.): *eine Enttäuschung, Ernüchterung für jmdn. sein:* Die Versetzung in eine Kleinstadt wirkte wie eine kalte Dusche auf ihn. Aber die nächste Äußerung, die aus Washington kam, war die Eisenhower-Doktrin ... Das war wie eine kalte Dusche (Dönhoff, Ära 168).

Düsenjäger: mit dem Düsenjäger durch die Kinderstube gebraust sein: ↑ Kinderstube.

dusslig: doof und dusslig: ↑ dumm.

düster: etwas in düsteren Farben malen: ↑ schwarz.

Dutzend: davon gehen zwölf aufs/auf ein Dutzend (ugs.): *das ist nichts Besonderes:* Das ist ein Film, wie sie zwölf aufs Dutzend gehen.

Duzfuß: mit jmdm., mit etwas auf [dem] Duzfuß stehen (ugs.): 1. *sich mit jmdm. duzen:* Wir stehen schon lange miteinander auf dem Duzfuß. 2. *mit jmdm., etwas vertraut sein:* Sie stand seit langem mit der Polizei auf dem Duzfuß. ... der Mann ist familiär nicht sauber, dass er mit dem Alkohol auf Duzfuß steht, sieht man ihm an (Döblin, Berlin 402).

D-Zug: ein alter Mann/eine alte Frau/eine Oma ist doch kein D-Zug (ugs.; scherzh.): *ich kann nicht schneller; in meinem Alter geht es etwas langsamer:* Hast du denn nicht gehört, dass es geklingelt hat? – Ich gehe ja schon, ein alter Mann ist doch kein D-Zug.

im D-Zug durch die Kinderstube gebraust sein: ↑ Kinderstube.

E

Ebbe: in etwas (Portemonnaie, Geldbeutel, Kasse o. Ä.) **ist/herrscht Ebbe** (ugs.; scherzh.): *in etwas ist kein Geld, es herrscht Geldmangel:* Ich kann dir nichts pumpen, in meinem Portemonnaie ist auch Ebbe. Der Streik dauerte schon vier Monate, und in der Gewerkschaftskasse herrschte Ebbe. Obwohl in meiner Kasse tiefe Ebbe herrschte, wehrte ich

stolz ab (Fallada, Herr 35). In der See-
mannskneipe ... sitzen ... mürrische Matrosen. Ebbe in der Kasse, kein Schiff in
Sicht, wie soll da ein Seemann in Stimmung kommen? (Bild u. Funk 39, 1966,
29).

eben: eben vor Tor[es]schluss: ↑Tor[es]-
schluss.

**Ebene: auf die schiefe Ebene geraten/
kommen:** *auf Abwege geraten, herunterkommen:* Nach dem Tod seiner Frau geriet er auf die schiefe Ebene.

**ebnen: jmdm., einer Sache die Bahn eb-
nen:** ↑Bahn. **jmdm., einer Sache den
Weg/die Wege ebnen:** ↑Weg.

echt: von echtem Schrot und Korn:
↑Schrot.

Eck: im Eck sein (Sport): *in schlechter
Verfassung, außer Form sein:* An diesem
Tag war der Nationalverteidiger im
Eck – das Eigentor kurz vor dem Abpfiff
»krönte« seine insgesamt miserable
Leistung.
über/(südd., österr.:) **übers Eck:** *diago-
nal:* Das Tuch wird über Eck zusammengelegt und um den Hals geschlungen.
Man kann die Boxen auch über Eck aufstellen, wobei sich dann der Schall auf
eine Zimmerecke konzentriert (Freie
Presse 14. 12. 1984, 6).

Eckart: ein getreuer Eckart: ↑getreu.

Ecke: an allen Ecken [und Enden/Kanten]
(ugs.): *überall:* Die Stadt brannte an allen Ecken und Enden. Es hapert an allen
Ecken und Kanten. Und hier ziehts ja
an allen Ecken und Enden (Sebastian,
Krankenhaus 95).
jmdn. um die Ecke bringen (ugs.): *jmdn.
ermorden:* Weil er zu viel wusste, brachten sie ihn um die Ecke. Wie bringt man
unliebsame Zeitgenossen am besten um
die Ecke? (Hörzu 49, 1970, 71). Er ist
von zwei kaiserlichen Rittern ... in
Reims um die Ecke gebracht worden
(Benrath, Konstanze 154).
▶ Auszugehen ist von »Ecke« in der Bedeutung »Haus-, Straßenecke«; vgl. die
veraltende Wendung »um die Ecke gehen« (= aus dem Gesichtskreis verschwinden; übertragen »sterben«). Eingewirkt hat sicherlich auch, dass Verbrecher früher oft hinter Straßenecken lauerten und Passanten in stillere Seitenstra-
ßen zerrten, um sie dort auszurauben.

jmdm. nicht um die Ecke trauen: *jmdm.
gegenüber höchst misstrauisch sein:* Der
Bursche hat mich damals hereingelegt,
dem traue ich nicht mehr um die Ecke.
▶ In dieser Wendung steht »um die
Ecke« für eine sehr kurze Entfernung
(die nächste Straßenecke ist meist nicht
weit weg); vgl. auch die Fügung »gleich
um die Ecke« (= ganz in der Nähe). Außerdem spielt die Vorstellung mit, dass
man denjenigen nicht mehr sieht, der um
die Ecke gegangen ist.
**mit jmdm. um/über fünf/sieben Ecken
verwandt sein** (ugs.): *mit jmdm. weitläu-
fig verwandt sein:* Angeblich ist sie um
sieben Ecken mit der italienischen Sop-
ranistin verwandt. Opa war schon über
achtzig und über fünf Ecken richtig mit
uns verwandt (Wilhelm, Unter 76).
[das ist] schon [längst] um die Ecke
(ugs.): *[das Thema] ist schon erledigt, ich
will mich nicht wiederholen:* Was habt ihr
da gerade über mich gesagt? – Schon um
die Ecke!
**einen Schirm in die Ecke stellen; einen
Schirm in der Ecke stehen lassen:**
↑Schirm. **eine Stange [Wasser] in die
Ecke stellen:** ↑Stange. **einen Strahl in die
Ecke stellen:** ↑Strahl.

Eckhaus: blau sein wie ein Eckhaus:
↑blau.

eckig: wir kriegen den Kreis schon eckig:
↑Kreis. **das ist mir zu rund für meinen
eckigen Kopf:** ↑rund.

**Effeff: etwas aus dem Effeff beherrschen/
können/verstehen** (ugs.): *etwas sehr gut
beherrschen, können, gründlich verstehen:* ... sie beherrschen die »Four-Let-
ter-Words« aus dem Effeff und werfen
damit herum, dass es eine Lust ist (MM
29./30. 11. 1969, 70). Zudem versteht er
technisch seine Sache aus dem Effeff
(Fr. Wolf, Menetekel 92).
▶ Die Wendung stammt aus der Kaufmannssprache und gibt die Aussprache
von »ff« (kaufmännisch = sehr fein;
»f« = sehr fein) wieder.

eh: seit eh und je: *solange man denken
kann, sich erinnern kann:* Seit eh und je
läuft er in diesem grauen Anzug herum.
Diskussionen, die in kritischer Absicht
die Ausübung politischer Herrschaft
zum Thema machen, gibt es aber nicht
seit eh und je (Fraenkel, Staat 221). Ein

Torero ... den Svoboda seit eh und je, wenn auch bisher nur im Spaß, für die Gefahr gehalten hat (Frisch, Gantenbein 366).

wie eh und je: *wie schon immer:* Trotz der Trennung verstanden wir uns wie eh und je. Die geistesschwache Rosina, Tullio hörig und hündisch ergeben wie eh und je, muss Linda den Schlüssel zu der Wohnung in Bologna entwenden (Mostar, Unschuldig 74). Sehr gute Papiere, die besten, die wir haben, sind so begehrt wie eh und je (Hochhuth, Stellvertreter 156).

ehe: ehe ich mich schlagen lasse: ↑ schlagen. **ehe jmd. sichs versieht:** ↑ versehen.

Ehe: eine Ehe zur linken Hand: *eine nicht standesgemäße Ehe:* In den Augen seiner Familie war es eine Ehe zur linken Hand. Nicht nur in fürstlichen, auch in bürgerlichen Häusern gibt es so etwas wie Ehen zur linken Hand (Fussenegger, Haus 62).

wilde Ehe (veraltend): *Zusammenleben von Mann und Frau ohne standesamtliche Trauung:* Sie hatte viele Jahre mit ihm in wilder Ehe gelebt und sich dann ohne Groll von ihm getrennt. Ich kann nicht vor meinen Kindern mit dir in wilder Ehe leben (Jaeger, Freudenhaus 117). Zweimal hat sie geheiratet. Beide Male nach zwölf Jahren wilder Ehe (Hörzu 38, 1972, 24).

den Bund der Ehe eingehen: ↑ Bund. **im Hafen der Ehe landen:** ↑ Hafen. **in den Hafen der Ehe einlaufen:** ↑ Hafen. **in den Stand der [heiligen] Ehe treten:** ↑ Stand.

Ehre: Ehre, wem Ehre gebührt!: *Formel, mit der man jemandem seine Anerkennung ausdrückt, Hochachtung bekundet:* Jetzt soll seine Frau auch noch den Vorsitz übernehmen. Na ja, Ehre, wem Ehre gebührt! Ehre, wem Ehre gebührt, wir werden ihm stets ein dankbares Andenken bewahren (Hausmann, Salut 178).

habe die Ehre! (südd., österr. veraltend): *Grußformel:* Habe die Ehre, Herr Direktor, wie ist das werte Befinden?

was verschafft mir die Ehre?: *was ist der Grund Ihres Besuchs?:* Ah, Sie sind es, Herr Nachbar – was verschafft mir die Ehre?

jmdm. alle Ehre machen: *jmds. Ansehen fördern:* Ihr Engagement für die sozial Benachteiligten macht ihr alle Ehre.

sich die Ehre geben (geh.): *sich beehren, sich es erlauben:* Darf ich mir die Ehre geben, Sie zu unserem Treffen als Ehrengast einzuladen?

jmdm. die Ehre abschneiden (veraltend): *jmdn. verleumden, in schlechten Ruf bringen:* Er wollte sich nicht von diesem hergelaufenen Kerl die Ehre abschneiden lassen. ... diese (= Protektorin), obwohl sie Daphne unentwegt die Ehre abschnitt, interessierte sich nach wie vor für die Familie Herbst (A. Kolb, Daphne 119). Ulrich lachte über die Bereitwilligkeit seiner Schwester, dem Wissen gleich die Ehre ganz abzuschneiden (Musil, Mann 1 090).

mit jmdm., mit etwas Ehre einlegen: *mit jmdm., mit etwas Anerkennung gewinnen:* Mit dem neuen Mitarbeiter können wir keine Ehre einlegen. Er hoffte, mit dieser Veröffentlichung Ehre einlegen zu können. Alle übrigen Fraktionsgenossen waren brave, ordentliche Männer, mit denen aber weiter keine Ehre einzulegen war (Niekisch, Leben 105).

jmdm. die letzte Ehre erweisen (geh.): *zu jmds. Beerdigung gehen:* Tausende von Menschen erwiesen den Opfern des Zugunglücks die letzte Ehre. Außerstande, jedem Einzelnen ... zu danken, erlauben wir uns, auf diesem Wege unseren herzlichen Dank allen zu sagen, die unserem Bruder ... die letzte Ehre erwiesen haben (Sonntagspost 3. 12. 1967, 23). Ribeiro ging mit ihm, zur Seite des Wagens, wie um ihm die letzte Ehre zu erweisen (Th. Mann, Krull 436).

der Wahrheit die Ehre geben: *die Wahrheit ehrlich bekennen:* Um der Wahrheit die Ehre zu geben, ich habe von den Vorgängen gewusst. Wenn wir der Wahrheit die Ehre geben wollen, müssen wir zugeben, dass uns bei den Berechnungen Fehler unterlaufen sind. ... so will ich nur auch in diesem Betreff der Wahrheit die Ehre geben und ... eingestehen, dass ich ... nicht einmal die Beharrlichkeit besessen haben würde, meine Arbeit nur bis zum gegenwärtigen Punkte zu fördern (Th. Mann, Krull 73).

jmdm., einer Sache zu viel Ehre antun: *jmdn., etwas überbewerten, zu viel Aufhebens von jmdm., etwas machen:* Wir wollen in unserer Sendung einem solchen Machwerk nicht zu viel Ehre antun und lieber ausführlicher über einige erfreuliche Neuerscheinungen berichten.

keine Ehre im Leib haben: *kein Ehrgefühl besitzen:* Wie kann man sich bloß so schäbig benehmen, hast du denn gar keine Ehre im Leibe? Ehre haben Sie wohl gar nicht mehr im Leib? (Schnurre, Fall 28). ... ihr alle seid ein ganz übler ... Haufen – keine Ehre mehr im Leib und nur noch Gedanken an euren Profit (Kirst, 08/15, 940).

aller Ehren wert sein (geh.): *Lob, Anerkennung verdienen:* Seine Leistung als jüngster Teilnehmer ist aller Ehren wert. Er hat sich bemeistert, es war aller Ehren wert und nicht leicht (Doderer, Abenteuer 72). Gewiss setzt er (= der Automobilweltrekord) technische Vorbereitungen und Kenntnisse voraus, die aller Ehren wert sind (Frankenberg, Fahren 126).

etwas auf Ehre und Gewissen erklären/versichern: *etwas nachdrücklich erklären, versichern:* Er versicherte auf Ehre und Gewissen, nicht am Steuer des Unglückswagens gesessen zu haben.

auf Ehre!: *Beteuerungsformel:* Auf Ehre, ich habe nicht gewusst, dass du die Sachen noch brauchst. Auf Ehre, da ist der Kanal, da liegt auch schon die große Stadt (Kisch, Reporter 72).

bei meiner Ehre!: *Beteuerungsformel:* Bei meiner Ehre, das werde ich dir heimzahlen.

jmdn. bei seiner Ehre packen: *an jmds. Ehrgefühl appellieren:* Er war von seiner ablehnenden Haltung enttäuscht und versuchte, ihn bei seiner Ehre zu packen.

jmd., etwas in Ehren: *ohne jmdn., etwas herabwürdigen zu wollen:* Deine Tante in Ehren, aber von moderner Kindererziehung hat sie nun wirklich keine Ahnung! Seine Rettungsmedaille und seine ... Strebsamkeit in Ehren, aber dieser Mann war kein angenehmer Mitbürger (Th. Mann, Hoheit 78). Ihre Person in Ehren, aber Ihren Champagner sollte die Polizei verbieten (Th. Mann, Krull 12).

etwas in Ehren halten: *etwas achten und bewahren:* Wir werden das Andenken unseres teuren Verblichenen stets in Ehren halten. Er hat die Briefe seines verehrten Lehrers zeitlebens in Ehren gehalten. ... er hat nichts mehr als seine

Montur, aber die hält er in Ehren (Brecht, Groschen 63).

in allen Ehren: *ohne hässliche Nebengedanken:* Ich möchte Sie in allen Ehren zu einem Glas Wein nach der Vorstellung einladen. ... das ist mein netter Sergeant. Der hat mich nun mal ins Herz geschlossen. Ganz in allen Ehren ... Er ist jung verheiratet (Danella, Hotel 26).

in Ehren ergraut sein (geh.): *[in hohem Ansehen] alt geworden sein:* Der Gründer des Unternehmens war längst in Ehren ergraut und hatte die Geschäfte seinen Söhnen übertragen.

mit [allen] Ehren: *ehrenvoll:* Er war mit allen Ehren aus dem Dienst entlassen worden.

jmdm. zu Ehren: *um jmdn. zu ehren:* Ihm zu Ehren wurde die Fußgängerüberführung »Bürgermeister-Müller-Brücke« getauft. ... bei einer Ausstellung, die ... zu Ehren meines verstorbenen Lehrers ... veranstaltet wurde (Jens, Mann 155). Im ... Osten entstand eine ganze Stadt, die nur von Komsomolzen aufgebaut war und die ihnen zu Ehren den Namen »Komsomolsk« erhielt (Leonhard, Revolution 55).

zu jmds. Ehre: *um jmdm. gerecht zu werden:* Zu ihrer Ehre muss gesagt werden, dass sie sich für keine Arbeit zu schade war. Zur Ehre des Untersuchungsausschusses wollen wir nicht vergessen, wie wenig gesicherte Fakten seinerzeit bekannt waren.

wieder zu Ehren kommen: *wieder geachtet, genutzt werden:* In den schlechten Zeiten war auch die gute, alte Kochkiste wieder zu Ehren gekommen. Trotz Fernsehen und Video ist in vielen Großstädten das Programmkino wieder zu Ehren gekommen. ... die Ulmen, die Weiden und schließlich die Pappeln, die neuerdings wieder zu Ehren gekommen sind, als ... rascher Holzlieferant (Mantel, Wald 22).

viel Feind, viel Ehr: ↑ Feind. **ein Küsschen in Ehren kann niemand verwehren:** ↑ Kuss. **seinem Namen Ehre machen:** ↑ Name.

ehren: wer den Pfennig nicht ehrt, ist des Talers nicht wert: ↑ Pfennig.

Ehrenrunde: eine Ehrenrunde drehen (ugs.): *eine Klasse wiederholen:* Sie steht in Latein und Englisch auf Fünf – sie wird wohl eine Ehrenrunde drehen müssen.

Ehrenwort: großes Ehrenwort (ugs.; scherzh.): *Beteuerungsformel:* Kannst du mir das Geld leihen? – Nein, das geht nicht, großes Ehrenwort, ich bin selbst pleite.

ehrlich: ehrlich währt am längsten: *man soll immer ehrlich bleiben, das ist auf die Dauer am besten.*

der ehrliche Makler: ↑ Makler. **wo der Rücken seinen ehrlichen Namen verliert/ keinen ehrlichen Namen mehr hat:** ↑ Rücken.

ei: ei [ei] machen (Kinderspr.): *streicheln:* Nicht den Wauwau hauen! Schön ei, ei machen!

ei der Daus: ↑ Daus. **ei der Tausend:** ↑ Tausend. **ei der Teufel:** ↑ Teufel.

Ei: das Ei des Kolumbus: *eine überraschend einfache Lösung:* Das ist das Ei des Kolumbus! Wir transportieren das Klavier über den Balkon in die Wohnung. Es bleibt nur noch das Ei des Kolumbus: Regiment aller Parteien gleichzeitig (Jahnn, Geschichten 131). Er übergab die erste Stahlflachstraße an der Autobahn Kassel–Frankfurt. Wird sie das »Ei des Kolumbus« sein? (Bild 6. 4. 1964, 2).

▶ Die Wendung stammt aus einer – erst später auf Kolumbus übertragenen – älteren Anekdote, die am Beispiel des Eis zeigt, wie verblüffend einfach sich manchmal schwierige Probleme lösen lassen: So kann man z. B. ein Ei zum Stehen bringen, wenn man es an der Spitze eindrückt.

das Ei/Küken will klüger sein als die Henne (ugs.; scherzh.): *als älterer, erfahrener Mensch weiß ich das besser; die Jugend glaubt erfahrener zu sein als das Alter:* Ich habe ihm gesagt, dass er ohne Taucherausrüstung nicht in die Höhle gelangen kann, aber das Ei will mal wieder klüger sein als die Henne.

ungelegte Eier (ugs.): *Dinge, die noch nicht spruchreif sind:* Das sind doch noch alles ungelegte Eier. Kümmere dich nicht um ungelegte Eier! Doch abergläubisch wie die meisten Künstler, will er über ungelegte Eier nicht sprechen (Hörzu 6, 1973, 16).

[ach] du dickes Ei! (ugs.): *Ausruf der Überraschung:* Ach, du dickes Ei! Was haben sie denn mit dir angestellt? Münchenhagen ... kommentierte ... einen Schranz-Unfall – eine Slalomstange traf ihn »am Unterleib«, sehr unten – mit der anschaulichen ... Bemerkung: »Ach du dickes Ei.« (Spiegel 6, 1976, 137).

ein [dickes] Ei (ugs.): 1. *eine unangenehme, bedenkliche Sache:* Alle Zuschüsse sollen ab sofort gestrichen werden? Das ist ein Ei! Da denkt man, alles läuft nach Plan, und dann kommt aus heiterem Himmel so ein dickes Ei! Was haben Sie ... mit Olympia zu tun? ... Überhaupt nichts ... Das war vielleicht ein Ei! Bei so einer Antwort ist ein Interviewer doch einfach am Boden zerstört (Hörzu 38, 1972, 14). 2. *eine hervorragende, ausgezeichnete Sache:* Mensch, das ist vielleicht ein Ei – wir sind für die Ferien nach Nizza eingeladen! »Willst du nicht doch einsteigen?« – »Ich sag dir doch, ich bin nicht der Typ.« ... »Mensch, das ist doch ein Ei, ein ganz dickes Ei, das Filmgeschäft.« (Zeit 3. 4. 1964, 12).

dicke Eier haben (derb): *eine Geschlechtskrankheit haben (vom Mann):* Als er noch zur See fuhr, hatte er auch schon mal dicke Eier, wenn er nach Hause kam.

das Ei unterm Huhn verkaufen müssen (ugs.): *in Geldnöten sein:* Die Gläubiger haben uns so unter Druck gesetzt, dass wir jetzt das Ei unterm Huhn verkaufen müssen.

ein Ei legen (ugs.; scherzh.): 1. *seine Notdurft verrichten, defäkieren:* Wir können noch nicht abfahren, er muss noch ein Ei legen. »Ernst, 's ist draußen frei.« – »Dann will ich mal 'n dickes Ei legen«, sagte der Mann mit den Büchern (Ott, Haie 189). 2. *etwas mühsam Ausgeklügeltes produzieren:* Zweihundert Seiten über die Normierung von Gartenschlauchanschlüssen – da hat die Kommission wieder mal ein Ei gelegt.

jmdn. die Eier polieren (derb): *jmdn. schlagen, verprügeln:* Wenn du nicht spurst, polieren wir dir die Eier!

jmdm. die Eier schleifen (derb): *jmdn. hart herannehmen, drillen, schleifen:* Auf dem Truppenübungsplatz wurden den Rekruten ganz schön die Eier geschliffen. In wenigen Sekunden stehen die 39 Gefangenen angetreten vor dem Sturmführer.»Jetzt woll'n wir euch mal ein bisschen die Eier schleifen!« (Bredel, Prüfung 122).

jmdm. auf die Eier gehen (derb): *jmdm. äußerst lästig werden:* Du gehst mir auf die Eier! Er geht mir unwahrscheinlich auf die Eier, schon wenn er zur Tür reinkommt mit seinem satten Idiotenbauch (Rocco [Übers.], Schweine 28).

wie aus dem Ei gepellt/(selten:) **geschält** (ugs.): *sehr sorgfältig gekleidet:* Er sieht jeden Tag wie aus dem Ei gepellt aus. Aber an jedem neu anbrechenden Tag standen die Männer wieder wie aus dem Ei geschält auf ihren Appellplätzen (Kuby, Sieg 182).

für einen Apfel und ein Ei: ↑ Apfel. **jmdn., etwas behandeln/anfassen wie ein rohes Ei:** ↑ behandeln. **wer gackert, muss auch ein Ei legen:** ↑ gackern. **wie auf Eiern gehen:** ↑ gehen. **[nicht] das Gelbe vom Ei sein:** ↑ Gelbe. **sich gleichen wie ein Ei dem anderen:** ↑ gleichen. **das Huhn, das goldene Eier legt, schlachten:** ↑ Huhn. **das ist Sache mit Ei:** ↑ Sache. **schmecken wie Titte mit Ei:** ↑ schmecken. **auf etwas sitzen wie die Glucke auf den Eiern:** ↑ sitzen.

eichen: auf etwas geeicht sein (ugs.): *sich auf etwas besonders gut verstehen:* Sie war darauf geeicht, allen kniffligen Fragen geschickt auszuweichen. Weil so ein Drehbuchschreiber darauf geeicht ist, vorhandene Fakten zu sinnvollen Geschehnissen aufzubereiten (Zwerenz, Quadriga 78).

Eichhörnchen: mühsam nährt sich das Eichhörnchen (ugs.): *die Ausführung dieses Vorhabens ist langwierig und mühselig:* In drei Wochen soll wieder darüber verhandelt werden. Na ja, mühsam nährt sich das Eichhörnchen.

▶ Die Herkunft der Redensart ist dunkel. Angeblich soll es sich dabei um einen Satz aus einer Geschichte in einem alten Lesebuch handeln.

Eid: an Eides statt: ↑ statt.

Eierkuchen: Friede, Freude, Eierkuchen: ↑ Friede[n].

Eierlegen: ein Wetter zum Eierlegen: ↑ Wetter.

Eier legend: Eier legende Wollmilchsau: ↑ Wollmilchsau.

Eierschale: jmdm. kleben die Eierschalen noch an (ugs.): *jmd. ist noch sehr unerfahren:* Du kannst da gar nicht mitreden, dir kleben ja noch die Eierschalen an. **noch die Eierschalen hinter den Ohren haben** (ugs.): *noch sehr unerfahren sein:* Der Kleine ist kein Gegner für dich, der hat doch noch die Eierschalen hinter den Ohren.

Eifer: im Eifer des Gefechts: *in der Eile:* Das habe ich im Eifer des Gefechts übersehen. So etwas kann im Eifer des Gefechts schon mal passieren. **blinder Eifer schadet nur:** ↑ blind.

eigen: etwas zu Eigen haben (geh.): *besitzen, haben:* Er betrat das Haus, das er früher einmal zu Eigen hatte.

jmdm. etwas zu Eigen geben (geh.): *jmdm. etwas schenken:* Es waren zwei kleinere Aquarelle, die er ihr, als er noch nicht berühmt war, zu Eigen gegeben hatte.

sich etwas zu Eigen machen (geh.): *sich etwas aneignen, erlernen, übernehmen:* Ich kann mir Ihren Standpunkt nicht zu Eigen machen. Aber der Besucher Spaniens sollte sich das Wort vom Misstrauen nicht zu Eigen machen (Koeppen, Rußland 11). Wer sich diesen Ratschlag zu Eigen macht, den wird der Nebel kaum erschrecken können (Eidenschink, Fels 94).

jmdn., etwas sein Eigen nennen: *etwas besitzen, haben, über jmdn. verfügen:* Er nannte eine Flotte von 40 Tankern sein Eigen. Wer sich für seine Familie, wie Tobler, verantwortlich fühlte, wer Frau und vier Kinder sein Eigen nannte, den stieß man doch nicht so rasch von einem einmal erworbenen und bewohnten Platz und Punkt herunter (R. Walser, Gehülfe 67). So kam es, dass Währingens weber auf dem Lande sich in ihrem Stadthaus einen nennenswerten Bücherschrank ihr Eigen nannten (A. Kolb, Daphne 23).

etwas mit eigenen Augen gesehen haben: ↑ Auge. **auf eigene Faust:** ↑ Faust. **sein eigen Fleisch und Blut:** ↑ Fleisch. **sich ins eigene Fleisch schneiden:** ↑ Fleisch. **auf eigenen Füßen stehen:** ↑ Fuß. **sich auf eigene Füße stellen:** ↑ Fuß. **auf eigene Gefahr:** ↑ Gefahr. **eigener Herd ist Goldes wert:** ↑ Herd. **sein eigener Herr sein:** ↑ Herr. **aus eigener Kraft:** ↑ Kraft. **etwas**

am eigenen Leib erfahren/[ver]spüren: ↑ Leib. sich etwas am eigenen Leibe absparen: ↑ Leib. sich an die eigene Nase fassen: ↑ Nase. das eigene/sein eigenes Nest beschmutzen: ↑ Nest. sich im eigenen Netz/in den eigenen Netzen verstricken: ↑ Netz. in eigener Person: ↑ Person. auf eigene Rechnung: ↑ Rechnung. in eigener Regie: ↑ Regie. in eigener Sache: ↑ Sache. den Splitter im fremden Auge, aber den Balken im eigenen nicht sehen: ↑ Splitter. etwas aus der eigenen Tasche/aus eigener Tasche bezahlen: ↑ Tasche. sich in die eigene Tasche lügen: ↑ Tasche. sich in die eigene Tasche arbeiten/wirtschaften: ↑ Tasche. in seinen/in den eigenen vier Wänden: ↑ Wand. eigene Wege gehen: ↑ Weg.

Eigenlob: Eigenlob stinkt: *man soll sich nicht selbst loben:* Ich habe heute besser gespielt als alle anderen! – Sei still, Eigenlob stinkt. Eigenlob stinkt zwar, aber meine Idee mit der Verlängerungsschnur war einfach genial!

eigentlich: wie kommst du mir eigentlich vor?: ↑ vorkommen.

eilen: eile mit Weile: *erledige auch eilige Dinge nicht überhastet:* Schnell, schnell, wir verpassen sonst den Zug! – Eile mit Weile, erst will ich mal nachsehen, ob ich auch die Fahrkarten eingesteckt habe. zu den Fahnen eilen: ↑ Fahne.

Eimer: im Eimer sein (ugs.): *entzwei, verdorben sein:* Sein neuer Anzug war restlos im Eimer. Die schöne Stimmung war plötzlich im Eimer. Den Schaden am Lastwagen bezahlt meine Versicherung. Mein Cadillac ist im Eimer (Kinski, Erdbeermund 214). Wenn die Maschine Feuer fängt, ist alles im Eimer (Cotton, Silver-Jet 26).

▶ Die Wendung meint eigentlich, dass etwas im Mülleimer ist, dass man etwas als nicht mehr verwendbar weggeworfen hat.

es gießt wie aus/wie mit Eimern: ↑ gießen. zu blöd/dumm, einen Eimer Wasser umzustoßen: ↑ Wasser.

¹ein: ein für alle Mal: *für alle Zeit, endgültig:* Seit dem schweren Unfall ist er hoffentlich ein für alle Mal von der Raserei kuriert. Ich möchte mit dir nichts mehr zu tun haben, lass dir das ein für alle Mal gesagt sein. Da stand ich nunmehr in meiner Zelle, die Gewissheit vor mir, ein für alle Mal verurteilt zu sein (Niekisch, Leben 308).

jmds. Ein und Alles sein: *jmds. ganzes Glück sein:* Das Kind war ihr Ein und Alles. Immer wieder betont sie ihre Liebe zu Rudi, ihrem Ein und Alles (Noack, Prozesse 144).

ein und dasselbe: *genau das Gleiche:* Das ist doch ein und dasselbe. Zufällig hatten ein Sicherheitsbeamter der Marine und Houghton ein und dasselbe Stammlokal (Spiegel 48, 1965, 137).

in einem fort: *ununterbrochen:* Er hatte in einem fort etwas an ihr auszusetzen. Seine Frau redete in einem fort. Ich bin wirklich froh, dass die Tini eine Ansprache hat und nicht in einem fort zu Hause sitzt (Schnitzler, Liebelei 41).

einen abhaben: ↑ abhaben. ein andermal: ↑ andermal. sich einen ankümmeln: ↑ ankümmeln. sich einen anpfeifen: ↑ anpfeifen. sich einen ansaufen: ↑ ansaufen. sich einen ansäuseln: ↑ ansäuseln. sich einen anzwitschern: ↑ anzwitschern. eine Art [von]: ↑ Art. jmdm. eins aufbrennen: ↑ aufbrennen. jmdm. eins auswischen: ↑ auswischen. einen ballern: ↑ ballern. jmdm. eine/ein paar ballern: ↑ ballern. eine/ein paar geballert kriegen: ↑ ballern. einen/ein paar vor den Ballon kriegen: ↑ Ballon. jmdm. eins/eine bewilligen: ↑ bewilligen. einen hinter die Binde gießen: ↑ Binde. einen zur Brust nehmen: ↑ Brust. einen/eins draufbekommen/draufkriegen: ↑ draufbekommen. jmdm. einen/eins draufgeben: ↑ draufgeben. einen draufhauen/draufmachen: ↑ draufmachen. einen/eins über den Durst trinken: ↑ Durst. sich einen einpfeifen: ↑ einpfeifen. eine[n] an jedem Finger haben: ↑ Finger. eins auf die Finger bekommen: ↑ Finger. sich einen genehmigen: ↑ genehmigen. sich eine ins Gesicht stecken: ↑ Gesicht. einen heben: ↑ heben. jmdm. eine herunterhauen: ↑ herunterhauen. in einem hingehen: ↑ hingehen. einen hochkriegen: ↑ hochkriegen. eins auf den Hut kriegen: ↑ Hut. jmdm. eins auf den Hut geben: ↑ Hut. jmdm. eins auf die Klappe geben: ↑ Klappe. jmdm. eine/ein paar knallen: ↑ knallen. eins auf den Kopf bekommen: ↑ Kopf. einen auf die Lampe gießen: ↑ Lampe. jmdm. eine/einen/eins vor den Latz knallen: ↑ Latz.

jmdm. eine pfeffern: ↑pfeffern. **sich eins pfeifen:** ↑pfeifen. **eins auf den Ranzen kriegen:** ↑Ranzen. **eins rauf mit Mappe:** ↑rauf. **was dem einen recht ist, ist dem anderen billig:** ↑recht. **jmdm. eine reinhauen:** ↑reinhauen. **jmdm. eine reinsemmeln:** ↑reinsemmeln. **jmdm. eins in die Rippen geben:** ↑Rippe. **jmdm. eins auf/über die Rübe geben/hauen:** ↑Rübe. **eins auf/über die Rübe kriegen:** ↑Rübe. **jmdm., sich einen runterholen:** ↑runterholen. **jmdm. eins scheißen:** ↑scheißen. **einen schmettern:** ↑schmettern. **jmdm. eins auf die Schnauze hauen:** ↑Schnauze. **einen sitzen haben:** ↑sitzen. **jmdm. eine stecken:** ↑¹stecken. **eine gesteckt kriegen:** ↑¹stecken. **einen stemmen:** ↑stemmen. **eine von der Straße:** ↑Straße. **eins mit dem Topflappen gekriegt haben:** ↑Topflappen. **es hat sich schon mal einer totgemischt:** ↑totmischen. **einen trinken:** ↑trinken. **einen bekommen/überkriegen:** ↑überbekommen. **jmdm. eins/ein paar überziehen:** ↑überziehen. **was dem einen sin Uhl, ist dem andern sin Nachtigall:** ↑Uhl. **jmdm. eine verpassen:** ↑verpassen. **einen weghaben:** ↑weghaben. **jmdm. eine wichsen:** ↑wichsen. **eine gewichst kriegen:** ↑wichsen. **jmdm. einen wienern:** ↑wienern. **eine gewienert kriegen/bekommen:** ↑wienern. **jmdm. eine wischen:** ↑wischen. **eine gewischt kriegen:** ↑wischen. **einen zischen:** ↑zischen. **einen zwitschern:** ↑zwitschern.

²ein: bei jmdm. aus und ein/ein und aus gehen: ↑aus. **weder aus noch ein/ein noch aus wissen; nicht aus noch ein/ein noch aus wissen; nicht aus und ein/ein und aus wissen:** ↑aus.

einäugig: unter den Blinden ist der Einäugige König: ↑blind.

einbalsamieren: sich einbalsamieren lassen können (ugs.): *versagt haben, zu nichts zu gebrauchen sein:* Die Flasche kann sich einbalsamieren lassen – mit so einer schwachen Leistung kann man kein Spiel gewinnen!

einbilden: bilde dir nur keine Schwachheiten ein: ↑Schwachheit. **sich einen Stiefel einbilden:** ↑Stiefel.

Einbildung: Einbildung ist auch eine Bildung (ugs.): *das ist reine Einbildung, nichts als Überheblichkeit:* Du hättest die Frage besser beantwortet als er? Einbildung ist auch eine Bildung!

einbrechen: bei dir haben sie [wohl] eingebrochen [und den Verstand geklaut] (ugs.): *du bist [wohl] nicht recht bei Verstand:* Die alte Frau so zu erschrecken – bei dir haben sie wohl eingebrochen und den Verstand geklaut!

einbrocken: auslöffeln, was man sich/was einem jmd. eingebrockt hat: ↑auslöffeln. **jmdm., sich eine schöne Suppe einbrocken:** ↑Suppe. **die Suppe auslöffeln, die man sich eingebrockt hat:** ↑Suppe.

einfach: warum einfach, wenns auch umständlich geht? (ugs.): *das ist unnötig umständlich:* Na gut, dann füllen wir eben einen formellen Antrag mit sieben Durchschlägen aus – warum einfach, wenns auch umständlich geht? **Karo einfach:** ↑Karo. **schlicht und einfach:** ↑schlicht.

Einfall: Einfälle haben wie ein altes Haus/wie ein alter [Back]ofen (ugs.; scherzh.): *sonderbare Einfälle haben:* Du willst deinen Urlaub im Ruderboot verbringen? Du hast Einfälle wie ein altes Haus!

einfallen: sich etwas einfallen lassen: *sich etwas ausdenken:* Macht euch keine Sorgen wegen des Gerichtsvollziehers – ich lasse mir schon noch was einfallen. Für ihren Geburtstag hatte er sich etwas Besonderes einfallen lassen. Welche Ausrede sie sich wohl diesmal hat einfallen lassen? Wenn aufgrund der gegebenen Situation gegenüber den Tätern ein weiter gehender Schutz notwendig ist, lassen wir uns ... etwas einfallen (Hörzu 44, 1972, 20).

jmdm. nicht im Traum einfallen: ↑Traum.

Einfalt: [du] heilige Einfalt!: *du bist/er ist usw. außerordentlich naiv, arglos:* Du hast diesem Schuft alles geglaubt, was er dir erzählt hat? Du heilige Einfalt! Heilige Einfalt – wie kann man einem wildfremden Menschen nur so viel Geld anvertrauen!

eingehen: eingehen wie eine Primel/wie ein Primeltopf (ugs.): *innerhalb kurzer Zeit zugrunde gehen:* Bei dieser Hitze braucht man dauernd etwas zu trinken, sonst geht man ja ein wie eine Primel. Der Herausforderer ging bereits in der ersten Runde wie ein Primeltopf gegen den Europameister ein.

in die Annalen eingehen: ↑Annalen. **den Bund der Ehe eingehen:** ↑Bund. **in die**

Ewigkeit eingehen: ↑ Ewigkeit. **in die ewigen Jagdgründe eingehen:** ↑ Jagdgrund. **ins ewige Leben eingehen:** ↑ Leben. **zur ewigen Ruhe eingehen:** ↑ Ruhe.

Eingemachtes: ans Eingemachte gehen (ugs.): *an die Substanz gehen, die Substanz angreifen:* Die Liquidität der Firma ist erschöpft, jetzt gehts ans Eingemachte. Der Sprecher der Evangelikalen ... erklärte, dieser ... Substanzverlust zeige, dass es der evangelischen Kirche an das Eingemachte gehe (Welt 20. 2. 1986, 1).
▶ Die Wendung bezieht sich darauf, dass Nahrungsmittel früher speziell für den Winter, für Notzeiten eingemacht wurden und als eiserne Reserve galten.

eingeschlafen: wie eingeschlafene Füße schmecken: ↑ schmecken.

Einhalt: jmdm., einer Sache Einhalt/(selten auch:) **Halt gebieten/tun** (geh.): *[durch energisches Entgegentreten] jmdn. an der Weiterführung seines Tuns hindern; eine Sache an der Ausbreitung, Fortentwicklung hindern:* Der weiteren Verschandelung unserer Städte durch riesige Betonklötze muss Einhalt getan werden. Es gab niemanden, der den Mächtigen des Landes hätte Einhalt gebieten können. ... von Hunden zerfleischt zu werden, wäre mir nicht erspart geblieben, wenn nicht schrille Pfiffe ... den Tieren Einhalt geboten hätten (Hartung, Piroschka 51).

einherschreiten: auf hohem Kothurn einherschreiten: ↑ Kothurn.

einherstolzieren: einherstolzieren wie der Hahn auf dem Mist (ugs.): *hochnäsig, angeberisch einherstolzieren:* Der italienische Polizeileutnant stolzierte in der Wachstube wie ein Hahn auf dem Mist einher.

Einkehr: bei sich Einkehr halten (geh.): *sich auf sich selbst besinnen, in sich gehen:* Er hielt bei sich Einkehr und bat sie um Verzeihung. Wir sollten die Feiertage dazu nutzen, bei uns Einkehr zu halten.

einkneifen: den Schwanz einkneifen: ↑ Schwanz.

einkochen: sich in Sauer einkochen lassen können: ↑ Sauer. **sich etwas in Sauer einkochen lassen können:** ↑ Sauer.

einlaufen: jmdm. die Bude einlaufen: ↑ Bude. **in den Hafen der Ehe einlaufen:** ↑ Hafen. **in den letzten Hafen einlaufen:** ↑ Hafen. **jmdm. das Haus einlaufen:** ↑ Haus. **jmdm. die Tür einlaufen:** ↑ Tür.

einlegen: mit jmdm., mit etwas Ehre einlegen: ↑ Ehre. **für jmdn. eine Lanze einlegen:** ↑ Lanze. **den Schongang einlegen:** ↑ Schongang. **ein gutes Wort für jmdn. einlegen:** ↑ Wort.

einmal: einmal ist keinmal: *bei einem Mal, bei einem Versuch soll man es nicht belassen:* Versuchen wirs noch einmal, einmal ist keinmal.

einmal mehr: *wiederum:* Einmal mehr hat sich gezeigt, dass der Schlüssel zum sportlichen Erfolg hartes Training ist. ... an der liberalen Basis wurde einmal mehr der Ruf laut, man müsse dem Innenminister endlich seine Grenzen zeigen (Spiegel 37, 1983, 23). Abwegig das eine, unhaltbar das andere. Und damit wird einmal mehr deutlich, was die ganze Kontroverse ... kennzeichnet (Hörzu 48, 1970, 5).
▶ »Einmal mehr« ist eine Lehnwendung nach engl. »once more«.

auf einmal: 1. *plötzlich:* Auf einmal brach die Sonne durch die Wolken. Schwärme von Radfahrern kreuzen auf einmal den Marktplatz (Koeppen, Rußland 73). Auf einmal, mitten im Stück, verstummte das kleine Orchester (Th. Mann, Krull 430). 2. *zugleich:* Ich kann nicht alles auf einmal tun. Man muss bedenken, dass Joseph nie viel Geld auf einmal besessen hat (R. Walser, Gehülfe 18). Paasch ... gewöhnt sich an, lange dünne Zigarren zu rauchen, die er in der Werkskantine kauft, immer nur fünf auf einmal (Fries, Weg 175).

wer einmal lügt, dem glaubt man nicht, und wenn er auch die Wahrheit spricht: ↑ lügen. **dreimal umgezogen ist so gut wie einmal abgebrannt:** ↑ umziehen.

einmotten: sich [mit etwas] einmotten lassen (ugs.): *[mit etwas] aufhören, weil man nichts erreicht, weil etwas nichts taugt:* Lass dich doch einmotten mit deinen komischen Ideen! Nationalspieler will er werden? Der soll sich einmotten lassen!

einnehmen: ein einnehmendes Wesen haben: ↑ Wesen.

einpacken: einpacken können (ugs.): *nichts erreichen, nichts ausrichten:* Wenn unsere Mannschaft in der zweiten Halbzeit auch so schlecht spielt, kann sie einpacken. Mit meinem miserablen Englisch kann ich einpacken. Mensch, du bist erledigt, du bist hin, du kannst einpacken (Döblin, Berlin 88).

sich [mit etwas] einpacken lassen (ugs.): *[mit etwas] aufhören, weil man nichts ausrichtet, weil etwas nichts taugt:* Lass dich mit deiner Singerei bloß einpacken.

einpfeifen: sich einen einpfeifen (ugs.): *[ein Glas] Alkohol trinken:* Ich gehe jetzt in die Kneipe, ich muss mir vorm Schlafengehen noch einen einpfeifen.

einrahmen: sich etwas einrahmen lassen können: *mit etwas unerwünscht sein, zurückgewiesen werden:* Den Vertrag können die sich einrahmen lassen, den unterschreibe ich auf keinen Fall. Dein Manuskript ist völlig unbrauchbar, das kannst du dir einrahmen lassen.

einrennen: jmdm. die Bude einrennen: ↑ Bude. **jmdm. das Haus einrennen:** ↑ Haus. **sich den Kopf einrennen:** ↑ Kopf. **sich den Schädel einrennen:** ↑ Schädel. **jmdm. die Tür einrennen:** ↑ Tür. **[bei jmdm.] offene Türen einrennen:** ↑ Tür.

einrichten: sich häuslich einrichten: ↑ niederlassen.

einrühren: jmdm. eine schöne Suppe einrühren: ↑ Suppe.

eins: eins, zwei, drei (ugs.): *im Handumdrehen:* Er war eins, zwei, drei damit fertig. Eins, zwei, drei war alles vorüber.

eins a (ugs.): *prima, hervorragend:* An der Bude gibts eins a Pommes. Der Broiler dagegen schmeckt eins a. Da ist ihnen was gelungen, muss man neidlos anerkennen (Gerlach, Demission 218).

▶ Der Ausdruck stammt aus der Kaufmannssprache und ist eigentlich eine Gütebezeichnung für Waren.

eins zu null für jmdn. (ugs.): *in diesem Punkt ist jmds. Überlegenheit anzuerkennen:* Das hast du clever gemacht, eins zu null für dich! Papa wäscht jetzt doch sein Auto – eins zu null für Mama! Eins zu null für sie, wie immer. Aber ich gebe mich noch nicht geschlagen (Rocco [Übers.], Schweine 153).

auf eins [he]rauskommen: ↑ herauskommen. ... **Nummer eins:** ↑ Nummer. **eins rauf [mit Sternchen/mit Mappe]!:** ↑ rauf. **Thema [Nummer] eins:** ↑ Thema.

Eins: stehen wie eine Eins: ↑ stehen.

einsalzen: sich [mit etwas] einsalzen lassen (ugs.): *mit etwas aufhören, weil man nichts ausrichtet, weil etwas nichts taugt:* Lass dich einsalzen, du Flasche, du schaffst die Qualifikation doch nicht!

einsargen: sich [mit etwas] einsargen lassen (ugs.): *mit etwas aufhören, weil man nichts ausrichtet, weil etwas nichts taugt:* Wenn sich unsere Mannschaft nicht erheblich steigert, kann sie sich einsargen lassen. Er warf ihr das schwarze Kleid ... ins Gesicht. Zieh das an, und lass dich einsargen mit deiner República (Fries, Weg 13).

Einsatz: zum Einsatz kommen/gelangen (nachdrücklich): *eingesetzt werden:* Als Demonstranten die Botschaft zu stürmen versuchten, kamen Wasserwerfer zum Einsatz. Schon bis Ende dieses Jahres sollen ... 2 500 sowjetische Entwicklungshelfer im Nahen Osten zum Einsatz kommen (MM 21. 8. 1967, 2). 1956 war die letzte Rennsaison, in der die AWE (= Sportwagen) zum Einsatz kamen (Frankenberg, Fahren 53).

einsaugen: etwas mit der Muttermilch einsaugen: ↑ Muttermilch.

einschalten: den Schongang einschalten: ↑ Schongang.

einschenken: jmdm. reinen Wein einschenken: ↑ Wein.

einschlagen: einschlagen wie eine Bombe/wie ein Blitz (ugs.): *sensationell wirken, Überraschung auslösen:* Die Zeitungsanzeige schlug wie eine Bombe ein. Die Nachricht von der fristlosen Entlassung des allgemein geschätzten Borussen-Trainers Eppenhoff hat in der Bierstadt wie eine Bombe eingeschlagen (Bild 6. 5. 1964, 7). ... wir veröffentlichten es so schön verspätet, dass es wie eine Bombe einschlagen muss (Simmel, Stoff 574).

und willst du nicht mein Bruder sein, so schlag ich dir den Schädel ein: ↑ Bruder.

Einsehen: ein Einsehen haben: *für jmdn., für etwas Verständnis haben:* Der Regisseur hatte ein Einsehen und brach die Probe ab. Der Wettergott hatte endlich ein Einsehen (= das Wetter wurde besser). ... schließlich könnten wir verlangen, dass man für unsere Notlage ein Einsehen hat (Bieler, Bonifaz 39).

einsetzen: jmdm. Korsettstangen einsetzen: ↑Korsettstangen.

einst: wie einst im Mai: ↑Mai.

einsteigen: auf nass einsteigen: ↑nass.

einstürzen: einstürzen wie ein Kartenhaus: *jäh zunichte werden, ein plötzliches Ende nehmen:* Ihre Hoffnungen waren wie ein Kartenhaus eingestürzt. Seine Aussichten auf den neuen Job stürzten wie ein Kartenhaus ein.

eintragen: sich mit etwas ins Buch der Geschichte eintragen: ↑Buch.

eintränken: es jmdm. eintränken (ugs.): *sich an jmdm. rächen, jmdm. etwas heimzahlen:* Sie wollte es ihm eintränken, dass er sie vor den anderen bloßgestellt hatte. Sie haben geschossen wie eine gesengte Sau ... Aber das werde ich Ihnen schon noch eintränken (Kirst, 08/15, 560). Ärgerlich blickte er nach der Schwester, er hasste ihre Rührseligkeiten und wollte es ihr eintränken (Fussenegger, Haus 342).

► Die Wendung meint eigentlich, dass man jmdm. etwas in den Trank, den man ihm reicht, mischt (eintränken = in den Trank geben).

Einundfünfziger: den Einundfünfziger haben (ugs.): *unzurechnungsfähig sein:* Hör nicht auf den, der hat doch den Einundfünfziger.

► Diese Wendung spielt auf den Paragraphen 51 des Strafgesetzbuches an, der sich auf strafbare Handlungen Geisteskranker bezieht.

Einvernehmen: sich mit jmdm. ins Einvernehmen setzen: *sich mit jmdm. einigen:* Nach langwierigen Verhandlungen konnte die Behörde sich mit dem Bauunternehmer ins Einvernehmen setzen. Meine Augen wurden nur trüber und ratloser ... angesichts seiner Versuche, sich mit mir ins Einvernehmen zu setzen (Mann, Krull 50).

einwurzeln: wie eingewurzelt [da]stehen/stehen bleiben: *regungslos [da]stehen/abrupt regungslos stehen bleiben:* Steh nicht da wie eingewurzelt – hilf mir lieber, die Scherben einzusammeln! »Das hat er also gemeint«, rief sie plötzlich und blieb wie eingewurzelt stehen.

einzeln: auf vielfachen Wunsch einer einzelnen Dame/eines einzelnen Herrn: ↑vielfach.

einziehen: jmdm. Korsettstangen einziehen: ↑Korsettstange. die Krallen einziehen: ↑Kralle. den Schwanz einziehen: ↑Schwanz. zieh dir keinen Span ein: ↑Span. sich einen Spreißel einziehen: ↑Spreißel.

einzig: einzig und allein: *nur:* Ihren Sieg verdankt die Mannschaft einzig und allein dem Torwart. ... alles ohne Ausnahme musste dem gleichen Zweck, einzig und allein dem Schießen und dem Zerschossenwerden zugeführt werden (Plievier, Stalingrad 268).

das einzig Senkrechte sein: ↑senkrecht.

das einzig Wahre sein: ↑wahr.

Eis: das Eis brechen: *[Anfangs]schwierigkeiten, Hemmungen, Zurückhaltung überwinden:* Mit dieser Maßnahme möchte die Regierung das Eis in der Nahostpolitik brechen. Nach ein paar Schnäpsen war das Eis bereits gebrochen. »Mit allem hätte ich gerechnet«, brach ich das Eis, »aber dass ich erst nach Peru fliegen muss, um Sie wieder zu sehen, hätte ich im Traum nicht erwartet« (Cotton, Silver-Jet 132).

► Mit »Eis« ist die Eisdecke eines zugefrorenen Gewässers gemeint, die für das Fischen oder die Schifffahrt aufgebrochen wird.

etwas auf Eis legen (ugs.): *verschieben, vorläufig nicht weiter bearbeiten:* Der Plan wurde auf Eis gelegt. Man befürchtet, dass die Deutschlandfrage wegen der Wahlen in den USA und England auf Eis gelegt werden könnte (Bild 11. 5. 1964, 1). Aber die Partei hat auch diese »Sünde« in ihren Akten vermerkt und auf Eis gelegt (Kantorowicz, Tagebuch I, 397).

► Die Wendung bezieht sich darauf, dass man Nahrungsmittel, die nicht gleich verzehrt werden, auf Eis aufbewahrt.

jmdn. auf Eis legen (ugs.): *jmdn. nicht einsetzen, nicht zum Zuge kommen lassen:* Die Spieler, die in den Skandal verwickelt sind, sollen erst einmal auf Eis gelegt werden. Die Partei hatte ihn auf Eis gelegt.

aufs Eis tanzen gehen (ugs.): *übermütig werden, im Übermut viel riskieren:* Ich habe den Eindruck, du willst aufs Eis tanzen gehen.

Vgl. auch das Stichwort »Glatteis«.

wenns dem Esel zu wohl wird, geht er aufs Eis [tanzen]: ↑ Esel. **die Kuh vom Eis bringen/kriegen:** ↑ Kuh.

Eisen: zwei/mehrere/noch ein Eisen im Feuer haben: *mehr als eine Möglichkeit haben:* Es ist gut, wenn man mehrere Eisen im Feuer hat. Die Händler haben noch ein zweites Eisen im Feuer (Welt 12. 11. 1965, 13). Aber Russland hat immer zwei Eisen im Feuer, treibt seine Politik immer auf zwei verschiedenen Gleisen voran (Dönhoff, Ära 213). ▸ Die Wendung hat ihren Ursprung im Schmiedehandwerk. Der Schmied hat meistens mehrere Eisen zum Schmieden in der Feuerschüssel, damit er seine Arbeit nicht zu unterbrechen braucht.

man muss das Eisen schmieden, solange es heiß ist: *man darf unter günstigen Umständen nicht versäumen, seine Chance konsequent zu nutzen.*

[bei jmdm.] auf Eisen beißen (ugs.): *[bei jmdm.] unüberwindlichen Widerstand finden:* Mit diesen Forderungen werden die Gewerkschaften bei der Regierung auf Eisen beißen.

in die Eisen steigen/treten (ugs.): *[beim Autofahren] scharf bremsen:* Als der Lastwagen links ausscherte, bin ich natürlich sofort in die Eisen gestiegen. Mit Tempo 30 rollt das Golf-Trio auf den Bremspunkt zu, an der Markierung treten die Fahrer voll in die Eisen (ADAC-Motorwelt 10, 1984, 15). Ich stellte blitzartig die Zündung aus und trat voll in die Eisen (rallye racing 10, 1979, 11).

jmdn., etwas zum alten Eisen werfen (ugs.): *jmdn., etwas als untauglich, als nicht mehr verwendungsfähig ausscheiden:* Er dachte nicht daran, sich mit 58 schon zum alten Eisen werfen zu lassen. Ohne auf Subventionen zu warten, hat ... IBM in seinen Berliner Schreibmaschinenwerken die herkömmliche Fließbandarbeit zum alten Eisen geworfen (Zeit 6. 6. 1975, 19). Vgl. die folgende Wendung.

zum alten Eisen gehören/zählen (ugs.): *nicht mehr arbeits-, verwendungsfähig sein:* Er wusste, wie sehr sein Vater darunter litt, dass er nun zum alten Eisen gehörte. ... er benötigt ... den seelischen Beistand seines Arztes, der ihm bei dieser

Gelegenheit sehr treffend auseinander setzen kann, dass er noch nicht zum »alten Eisen« gehört (Hörzu 37, 1972, 108). ▸ In diesen beiden Wendungen steht »altes Eisen« für die Zusammensetzung »Alteisen« (= Schrott).

ein heißes Eisen: ↑ heiß.

Eisenbahn: es ist [die] höchste Eisenbahn (ugs.): *es ist höchste Zeit:* Es ist die höchste Eisenbahn, dass ich ins Büro fahre. Gleich vier. Also jetzt wird es höchste Eisenbahn, dass wir ins Bett kommen, wenn wir noch ein bisschen schlafen wollen (Fallada, Mann 202). Die Stiefel sind dreckig, aber jetzt ists zu spät, höchste Eisenbahn, kann sie nicht mehr putzen (Lederer, Liebe 9). ▸ Die Wendung stammt aus einem Volksstück von A. Glaßbrenner, in dem die Zerstreutheit einer der Figuren durch den Versprecher »Es ist die allerhöchste Eisenbahn, die Zeit ist schon vor drei Stunden angekommen« charakterisiert wird.

blank wie 'ne Eisenbahn sein: ↑ blank.

eisern: der Eiserne Vorhang (hist.): *die für Informationsaustausch, Reiseverkehr usw. weitgehend undurchlässige Grenze zwischen den kommunistischen und nichtkommunistischen Staaten Europas:* Wer wusste bei uns schon Genaueres über das Leben der Menschen hinter dem Eisernen Vorhang? Anfänglich hatte der Eiserne Vorhang die Bundesrepublik vor der Infiltration des Kommunismus geschützt (Dönhoff, Ära 12). ... das wollte man sich doch nicht nachsagen lassen, dass man den Eisernen Vorhang von deutscher Seite aus dicht halten möchte (Zeit 12. 6. 1964, 24). ▸ Dieser Ausdruck entstand wahrscheinlich nach dem Zweiten Weltkrieg und wurde durch Winston Churchill, der ihn in seinen Reden verwendete, allgemein bekannt. »Eiserner Vorhang« gibt engl. iron curtain wieder, daher auch »eiserner Vorhang (im Theater)«.

mit eisernem Besen [aus]kehren: ↑ Besen. **eiserner Bestand:** ↑ Bestand. **zum eisernen Bestand gehören:** ↑ Bestand. **mit eiserner Faust:** ↑ Faust. **eiserne Hochzeit:** ↑ Hochzeit. **eiserne Ration:** ↑ Ration. **mit eiserner Stirn:** ↑ Stirn. **mit eisernem Zepter regieren:** ↑ Zepter.

Elch: ich denk, mich küsst/knutscht ein Elch (ugs.): *Ausdruck der Überraschung:* Ich denk, mich küsst ein Elch – steht doch plötzlich mein alter Freund Willi neben mir! ▶ Die Redensart ist eine Abwandlung von »ich denk, mich tritt ein Pferd«. Das absurde Bild soll das völlig Überraschende einer Situation noch stärker veranschaulichen.

Elefant: sich wie ein Elefant im Porzellanladen benehmen: ↑ benehmen. ein Gedächtnis wie ein [indischer] Elefant haben: ↑ Gedächtnis. aus einer Mücke einen Elefanten machen: ↑ Mücke. nachtragend wie ein indischer Elefant sein: ↑ nachtragend.

elektrisch: der elektrische Stuhl: ↑ Stuhl.

Element: sich in seinem Element fühlen; in seinem Element sein (ugs.): *sich in der einem gemäßen Umgebung wohl fühlen:* Wenn er die Berliner Philharmoniker dirigierte, war er ganz in seinem Element. In der neuen Küche fühlte sie sich in ihrem Element. Wir haben gesehen, dass Pamela sich erst richtig in ihrem Element fühlte, wenn sie Lügen über Lügen ... aufstapelte (A. Kolb, Daphne 122).

Elend: langes Elend (ugs.): *sehr hoch gewachsener [dünner] Mensch:* Er ist fast zwei Meter groß, und sein Bruder ist auch so ein langes Elend.

wie ein Häufchen Elend (ugs.): *sehr unglücklich, in trostlosem Zustand:* Nach dem Kampf war der Herausforderer nichts als ein Häufchen Elend. Der Kraftkoloss saß da wie ein Häufchen Elend (Ott, Haie 81).

das graue/heulende Elend kriegen/haben (ugs.): *sich tief unglücklich fühlen, niedergeschlagen sein:* Als er den völlig demolierten Wagen sah, kriegte er das heulende Elend. Trink nicht so viel, sonst hast du morgen früh wieder das graue Elend. Dann schluchzte er auf. Er bekam jetzt das heulende Elend in ganz großem Maßstab (Erich Kästner, Fabian 28).

mit jmdm., mit etwas ist es ein Elend (ugs.): *jmd., etwas gibt Grund zur Unzufriedenheit, bereitet viel Kummer:* Mit unserem Fernsehapparat ist es ein Elend, dauernd ist er kaputt. Ihr Mann trinkt und geht keiner geregelten Arbeit nach. Es ist ein Elend mit ihm.

wie das leibhaftige Elend aussehen: ↑ aussehen.

elfenbeinern: in einem elfenbeinernen Turm leben/sitzen: ↑ Turm.

Ellbogen: seine Ellbogen [ge]brauchen: *sich rücksichtslos durchsetzen:* In dieser Firma kann man nur etwas werden, wenn man seine Ellbogen gebraucht. Der ist zwar nicht doof, aber eher gerissen als intelligent, und im Übrigen weiß er seine Ellenbogen zu gebrauchen (Hörzu 41, 1974, 26).

keine Ellbogen haben: *sich nicht durchsetzen können:* Er kommt für diesen Posten nicht infrage, weil er viel zu weich ist und keine Ellbogen hat.

Elle: [wohl] eine Elle verschluckt haben (ugs.): *sich sehr gerade und steif halten:* Du hast wohl eine Elle verschluckt, setz dich doch zu uns!

jmdn., etwas mit gleicher Elle messen: *jmdn., etwas gleich werten, behandeln:* Man kann doch nicht alles mit gleicher Elle messen.

Elster: stehlen wie eine Elster: ↑ stehlen.

Eltern (Plural): nicht von schlechten Eltern sein (ugs.): *Format haben:* Dieser Witz war nicht von schlechten Eltern. Der Europameister schlägt einen rechten Haken, der nicht von schlechten Eltern ist. ... simuliert hat der Kerl bestimmt nicht, er hat einen Klaps gehabt, der nicht von schlechten Eltern war (Döblin, Berlin 491).

Emil: ich will Emil heißen, wenn ...: ↑ heißen.

Eminenz: graue Eminenz: ↑ grau.

Emma: alles Scheiße, deine Emma: ↑ Scheiße.

Empfang: etwas in Empfang nehmen (nachdrücklich): *etwas empfangen, sich aushändigen lassen:* Voll Stolz nahm die junge Forscherin die Urkunde aus den Händen des schwedischen Königs in Empfang. ... ich sehe, wie er sie (= die Hand) durch das Schiebefenster seiner Zelle streckt, um den Suppennapf in Empfang zu nehmen (Genet [Übers.], Notre-Dame 149).

jmdn. in Empfang nehmen (ugs.): *jmdn. empfangen, aufnehmen:* Zwei Polizisten hatten den Betrüger am Bahnhof in Empfang genommen. Tatsächlich wurde die Reisegesellschaft, als sie unter dem Hallendach hervortrat, schweigend in Empfang genommen (Maass, Gouffé 216).

die Ohren auf Empfang stellen: ↑ Ohr.

empfangen: jmdn. mit offenen Armen empfangen: ↑ Arm.

empfehlen: sich [auf] Französisch empfehlen: ↑ französisch.

en bloc: *im Ganzen, nicht einzeln, pauschal:* Unsere Vorschläge wurden en bloc abgelehnt. Die meisten gaben ihre Wehrpässe ab. Sie wurden en bloc dem Kreiswehrersatzamt zurückgeschickt (Spiegel 28, 1981, 10). Gäste berichteten, sie mussten en bloc buchen (sie wollten nur drei Tage bleiben, mussten aber für sieben Tage zahlen) (ADAC-Motorwelt 5, 1986, 158).

Ende: Ende gut, alles gut: *bei glücklichem Ausgang einer Sache sind die vorausgegangenen Schwierigkeiten nicht mehr wichtig:* Manchmal dachte ich, wir werden nie fertig. Aber was solls – Ende gut, alles gut!

das Ende vom Lied sein: *den [enttäuschenden] Ausgang von etwas bilden:* Das Ende vom Lied war dann, dass er auch noch alles bezahlen musste. Nach diesen Vorfällen wurde das Turnier abgebrochen. Das war das Ende vom Lied. ▶ Die Wendung nimmt Bezug auf den meist wehmütigen oder traurigen Schluss von Volksliedern und Bänkelgesängen.

das dicke Ende kommt nach/kommt noch (ugs.): *die unerwarteten größten Schwierigkeiten stehen noch bevor, das Unangenehmste kommt zum Schluss:* Das dicke Ende kommt nach, denn nach den Zuschauerkrawallen wird das Spiel bestimmt wiederholt werden müssen. Aber das dicke Ende kommt erst noch. Nämlich dann, wenn man die Erfolge ... von 1972 mit denen von 1936 vergleicht (Spiegel 5, 1972, 7). ▶ Die Herkunft der Wendung ist nicht sicher geklärt. Vielleicht rührt sie vom Transport oder von der Unterbringung von Gegenständen her, die am hinteren Ende einen größeren Umfang haben [und schwerer sind], oder aus der Seemannssprache, wo »Ende« das Tau bezeichnet. Die dicken Enden (= Stahltrossen) werden mit dünnen Enden beim Festmachen der Schiffe verholt.

Ende der Fahnenstange [Weiterklettern auf eigene Gefahr]! (ugs.; scherzh.): *jetzt geht es nicht weiter; an diesem Punkt ist Schluss:* Drei Stunden habe ich mir das Gequatsche angehört – Ende der Fahnenstange!

da ist das/ein Ende von weg! (ugs.): *das ist unvorstellbar, unglaublich, unerhört:* Wie der finnische Läufer den Schlussspurt anzog, da war das Ende von weg! Es gießt, da ist ein Ende von weg. ▶ Gemeint ist eigentlich, dass an einem Gegenstand ein Stück fehlt (abgebrochen oder abgeschlagen ist).

lieber ein Ende mit Schrecken als ein Schrecken ohne Ende: *es ist besser, einen [schmerzhaften] Schlussstrich zu ziehen, als sich ständig zu quälen.* ▶ Diese Worte rief der preußische Offizier Ferdinand von Schill einer begeisterten Schar von Freiheitskämpfern 1809 auf dem Marktplatz von Arneburg zu. Die Fügung »ein Ende mit Schrecken« stammt aus der Bibel. Dort heißt es im Psalm 73, 19 von den Gottlosen: »Wie werden sie so plötzlich zunichte! Sie gehen unter und nehmen ein Ende mit Schrecken.«

ein/kein Ende nehmen: *aufhören, enden/ nicht aufhören, nicht enden:* Niemand hatte damit gerechnet, dass die Veranstaltung so ein Ende nehmen würde. Der Beifall wollte kein Ende nehmen. Ach, nimmt der Regen kein Ende? Wie lange soll ich noch hier stehen? (v. d. Grün, Irrlicht 20).

kein/nie ein Ende finden: *nicht aufhören:* Wenn die Männer über Fußball sprechen, können sie kein Ende finden. Macht das Geigenspiel eine Pause, dann ruft der Kuckuck ... und er kann kein Ende finden (Bergengruen, Rittmeisterin 447).

ein böses/kein gutes Ende nehmen: *böse ausgehen, schlimm enden:* Die Feier nahm ein böses Ende. Mit ihm wird es kein gutes Ende nehmen. ... beim ersten Anblicke dieses Mannes hätten sie es ihm an den Augen angesehen, ... dass es kein gutes Ende mit ihm nehmen werde (Th. Mann, Buddenbrooks 377).

ein Ende haben: *aufhören:* Auch die schönste Feier muss einmal ein Ende haben. Diese Bummelei hat jetzt ein Ende, hast du mich verstanden! Ich war glücklich. Othmars Tyrannei hatte ein Ende (Lentz, Muckefuck 164).

alles hat ein Ende, nur die Wurst hat zwei (scherzh.): *alles muss einmal aufhören.*

einer Sache ein Ende machen/setzen/bereiten (geh.): *etwas beenden, abschaffen:* Wir müssen diesem Unfug endlich ein Ende machen. Die Regierung will dem Drogenmissbrauch ein Ende setzen. Jetzt muss der Bundespräsident dem unwürdigen Treiben ein Ende bereiten und von sich aus dem Parlament einen Kanzlerkandidaten vorschlagen (Dönhoff, Ära 27).

mit etwas ein Ende machen (geh.): *etwas beenden:* Mit diesem unsinnigen Blutvergießen muss ein Ende gemacht werden.

letzten Endes: *schließlich:* Ich bin ihm nicht böse, letzten Endes ist er nicht schuld an meinem Unfall. Der Dumme ist letzten Endes der kleine Sparer. Letzten Endes, Alois, sind wir doch alle bloß Menschen (M. Walser, Eiche 73).

am Ende: 1. *schließlich, im Grunde:* Das ist am Ende dasselbe. Aber die Musik ist schön ... Am Ende ist sie das Einzige, was unsere Bomben nicht zerschmettern können (Frisch, Nun singen 113). Eine Diktatur wird stets an der Qualität ihrer Emigranten erkannt, am Ende auch nach ihrer Quantität (Fries, Weg 25). 2. (nordd.) *womöglich, vielleicht:* Bist du es am Ende selbst gewesen? Am Ende sind das alles nur Wahlmanöver.

am Ende sein (ugs.): *sehr müde, erschöpft sein:* Einige Marathonläufer waren völlig am Ende. Gibst du zu, dass du vollständig am Ende bist? (Hausmann, Abel 157). Meine Tochter war völlig am Ende. Sie konnte kaum noch die Oberschule besuchen (Hörzu 17, 1971, 147).

mit seinem Latein/mit seiner Kunst/mit seinem Verstand/mit seiner Weisheit am Ende sein (ugs.): *nicht mehr weiterwissen:* Auch der Meister war mit seinem Latein am Ende und schlug vor, den Wagen abschleppen zu lassen. Hier war der arme Arcadius mit seiner tönenden Weisheit am Ende (Thieß, Reich 359). Sie wissen nicht weiter. Sie sind mit Ihrem Latein am Ende, stimmts? (Cotton, Silver-Jet 140).

etwas am falschen/verkehrten/richtigen Ende anfassen: *etwas falsch/richtig anstellen, machen:* Du hast die Sache am verkehrten Ende angefasst, sonst hättest du die Erlaubnis bestimmt bekommen.

zu Ende sein: *aus, fertig, aufgebraucht sein:* Der Film ist zu Ende.

zu Ende gehen: *aufhören, allmählich aufgebraucht sein:* Die Vorräte gehen zu Ende. Der Tag geht zu Ende.

mit jmdm. geht es zu Ende (verhüllend): *jmd. stirbt:* Mit der Großmutter wird es wohl bald zu Ende gehen. Wie zu sich selber bemerkte er dann, es wäre ja möglich, ... dass es mit der Fremden zu Ende ginge (Hauptmann, Schuß 60).

etwas zu Ende führen: *etwas beenden:* Dieses Projekt wurde erst Generationen später zu Ende geführt. Madame Soubirous möge daher gestatten, dass die Tochter ihre Sendung zu Ende führe (Werfel, Bernadette 102).

der Anfang vom Ende: ↑ Anfang. **von Anfang bis Ende:** ↑ Anfang. **an allen Ecken und Enden:** ↑ Ecke. **viele Hände machen der Arbeit schnell ein Ende:** ↑ Hand. **seinem Leben ein Ende machen/setzen:** ↑ Leben. **eine Schraube ohne Ende:** ↑ Schraube. **bis ans Ende der Welt:** ↑ Welt. **am Ende der Welt:** ↑ Welt.

enden: in der Gosse enden: ↑ Gosse.

endlich: was lange währt, wird endlich gut: ↑ lange. **nun/jetzt mach aber endlich einen Punkt!:** ↑ Punkt. **schließlich und endlich:** ↑ schließlich.

Enfant terrible (bildungsspr.): *jmd., der gegen die geltenden [gesellschaftlichen] Regeln verstößt und dadurch seine Umgebung schockiert oder in Verlegenheit bringt:* Seit ihrer Affäre mit dem Popsänger galt sie als das Enfant terrible der Fürstenfamilie. ... und Regie führte das Enfant terrible britischer Bildschirme, Toni Garnett (Welt 8. 6. 1967, 9).

eng: etwas nicht so eng sehen (ugs.): *einer Sache gegenüber tolerant, nicht kleinlich sein:* Was ist schon dabei, wenn sie sich die Haare lila färben lässt? Das darf man nicht so eng sehen. Die avancierten Stars haben da weniger Schwierigkeiten, sie wollen alles nicht so eng sehen (Kraushaar, Lippen 186). Nicht wahr, Herr Lueg, das mit der Konkurrenz sollte man nicht so eng sehen (Hörzu 40, 1983, 8).

den Riemen/Gürtel enger schnallen: ↑ Riemen.

Enge: jmdn. in die Enge treiben: *jmdn. durch Fragen in Bedrängnis, in Verlegenheit bringen:* Der Staatsanwalt trieb den Angeklagten in die Enge. Die Lehrerin geriet in Verlegenheit, als sei sie in die Enge getrieben und müsse sich herausreden (Th. Mann, Zauberberg 192).

▶ Die Wendung geht davon aus, dass man früher beim Kampf den Gegner gegen die Wand oder in die Ecke zu treiben versuchte, um seine Bewegungsfreiheit einzuschränken und um ihm die Möglichkeit zur Flucht zu nehmen.

Engel: [ach] du ahnungsloser Engel! (ugs.): *Ausruf der Überraschung:* Ich bin davon überzeugt, dass er mir das Geld zurückgibt. – Ach, du ahnungsloser Engel! Nicht einen Pfennig wirst du von deinem Geld sehen. »Unsere Männer dürfen nicht schlechter gestellt sein als andere Soldaten auf der Welt auch. Das Beste ist ... gerade gut genug.« Ihr ahnungslosen Engel! (Augstein, Spiegelungen 84).

ein Engel geht/fliegt durchs Zimmer: *Redensart, mit der man das plötzliche Verstummen eines Gesprächs kommentiert.* In dem kleinen Salon ... ging ein Engel durchs Zimmer. Alle hörten nur das schwere Keuchen des Apothekers (Borell, Romeo 142).

▶ Die Redensart geht von der Vorstellung aus, dass man (wie auch in der Kirche) ehrfürchtig schweigen muss, wenn ein überirdisches Wesen anwesend ist.

ein Engel mit einem B davor sein (fam.; scherzh.): *ein Bengel, ein ungezogenes, freches Kind sein:* Lassen Sie sich nicht von seinem unschuldigen Gesichtsausdruck täuschen, er ist ein Engel mit einem B davor.

die Engel [im Himmel] singen/pfeifen hören (ugs.): *seine Schmerzen fast nicht ertragen können:* Du bekommst gleich eine Ohrfeige, dass du die Engel im Himmel singen hörst. Ich habe die Engel im Himmel pfeifen hören, als ich mir den Splitter einriss.

▶ Die Wendung meint, dass jemand vor Schmerz so außer sich ist, dass er bereits die Chöre der Engel im Himmel zu hören vermeint.

der rettende Engel: ↑ retten.

Engelszunge: [wie] mit Engelszungen [reden] (ugs.): *mit großer Beredsamkeit und Eindringlichkeit [sprechen]:* Sie redete wie mit Engelszungen auf ihn ein. Mit Engelszungen versucht er, Bernard zu einer positiven Weltanschauung zu überreden (Bild u. Funk 29, 1966, 39).

▶ Die Wendung stammt aus der Bibel. In den Briefen des Apostels Paulus (1. Kor. 13, 1) heißt es: »Wenn ich mit Menschen- und Engelszungen redete und hätte der Liebe nicht, so wäre ich ein tönend Erz oder eine klingende Schelle.«

englisch: nicht die feine englische Art sein: ↑ Art. **schief ist englisch [und englisch ist modern]!:** ↑ schief. **englische Woche:** ↑ Woche.

ent: ent oder weder (ugs.): *entscheide dich!:* Also, was nun? Ent oder weder!

▶ Die Wendung ist eine scherzhafte Umbildung von »entweder – oder«.

entblöden: sich nicht entblöden, etwas zu tun (geh.; abwertend): *sich nicht schämen, sich erdreisten, etwas zu tun:* Er entblödete sich doch tatsächlich nicht, der Frau seines Chefs zu schmeicheln. Denn von nun an war ich ... der naseweise Sohn eines berühmten Vaters, der sich nicht entblödet, den Vorteil seiner Geburt ... auszunutzen (K. Mann, Wendepunkt 134).

entdecken: sein Herz für etwas entdecken: ↑ Herz.

Ente: kalte Ente: ↑ kalt. **lahme Ente:** ↑ lahm. **schwimmen wie eine bleierne Ente:** ↑ schwimmen.

Entenflügel: an jmdm. ablaufen wie das Wasser am Entenflügel: ↑ ablaufen.

Entfaltung: zur Entfaltung kommen (nachdrücklich): *sich entfalten:* Die Panzerverbände kamen nicht zur Entfaltung. Sie ließ ihre Gegnerin nicht zur Entfaltung kommen.

entfernt: nicht entfernt; nicht im Entferntesten: *absolut nicht, überhaupt nicht:* Er dachte nicht im Entferntesten daran, auch nur eine Mark zu spenden. Der neue Entwurf ist auch nicht entfernt das, was wir uns vorgestellt haben. Da es sich aber um Juden handelte, erregten solche Bulletins bei den kriegsführenden Christen beider Parteien nicht im Entferntesten das Aufsehen, das ihnen zugestanden hätte (Hochhuth, Stellvertreter 247).

[meilen]weit davon entfernt sein, etwas zu tun: ↑ weit.

entgegenkommen: jmdm. auf halbem Weg[e] entgegenkommen: ↑ Weg.

entgegensehen: Mutterfreuden entgegensehen: ↑ Mutterfreuden. **Vaterfreuden entgegensehen:** ↑ Vaterfreuden.

entsagen: der Welt entsagen: ↑ Welt.

Entschluss: einen Entschluss fassen: *sich entschließen:* Sie war völlig verwirrt und nicht in der Lage, einen Entschluss zu fassen. In dieser Situation fasste Martin den verzweifelten Entschluss, sich selbst zu helfen oder zu sterben (Thorwald, Chirurgen 42). Er wollte seinen ... Bruder begrüßen ... der den glückhaften Entschluss gefasst hatte, die Habsburger aus seinem Land hinauszujagen (Feuchtwanger, Herzogin 131).

entspringen: dem Irrenhaus entsprungen sein: ↑ Irrenhaus.

entwachsen: den Kinderschuhen entwachsen: ↑ Kinderschuh.

entziehen: einer Sache den Boden entziehen: ↑ Boden. **sich jmds. Kenntnis entziehen:** ↑ Kenntnis. **jmdm. das Wort entziehen:** ↑ Wort.

entzücken: ein schöner Rücken kann entzücken: ↑ Rücken.

entzweischneiden: das Tischtuch zwischen sich und jmdm. entzweischneiden: ↑ Tischtuch.

en vogue: en vogue sein: *in Mode, im Schwange sein:* Zu ihrer Tanzstundenzeit waren Petticoats und Pferdeschwänze en vogue. ... schwarzer und blauer Nagellack waren damals auch bei den Spontis en vogue (Frings, Männer 58). Wald-und-Wiesen-Cocktails sind in Washington ohnehin nicht mehr en vogue (Hörzu 41, 1975, 12).

Epoche: Epoche machen: *durch eine besondere Leistung für einen [neuen] Zeitabschnitt bestimmend, in Aufsehen erregender Weise wichtig sein:* Er wusste, dass diese Erfindung Epoche machen würde. Zwischen diesem Werk und dem nächsten ... setzt die Kritik eine tiefe Zäsur an. Ein neues, offenbar verdunkeltes Lebensgefühl Balthasar Demuths habe hier Epoche gemacht (Muschg, Gegenzauber 220).

Erachten: meines Erachtens/meinem Erachten nach: *meiner Meinung nach:* Das Unglück beruht meines Erachtens auf menschlichem Versagen. Freilich kann, meines Erachtens, das Erotische in dieser Haft der Langeweile gar nicht genug gepriesen werden (Maass, Gouffé 313).

erbarmen: zum Erbarmen; dass [es] Gott erbarm (ugs.): *erbärmlich:* Er singt zum Erbarmen. Sie schrie, dass es Gott erbarm. Es ist ein Novembernachmittag, kalt und regnicht, dass Gott erbarm (Th. Mann, Buddenbrooks 18).

das/es kann/muss einen Hund erbarmen: ↑ Hund.

erbauen: Rom ist [auch] nicht an einem Tag erbaut worden: ↑ Rom.

Erbe: die lachenden Erben: ↑ lachen.

erblich: erblich belastet sein (ugs.; scherzh.): *bestimmte Anlagen mitbekommen haben:* Auch sein Vater war ein großartiger Tormann, er ist eben erblich belastet. ... wie die Verhältnisse aber in Wirklichkeit waren, lehnte sie sich gegen ihre Eltern ... auf, wollte nicht von ihnen erblich belastet sein und war blond, frei, deutsch und kraftvoll (Musil, Mann 312).

erblicken: das Licht der Welt erblicken: ↑ Licht.

erbötig: sich erbötig machen, etwas zu tun: *sich anbieten, etwas zu tun:* Wer macht sich erbötig, in der Küche zu helfen? Der Kammerherr machte sich erbötig, das gewünschte Dokument zu beschaffen. Ich saß ... neben einem Lithographen, der sich erbötig machte, mir ein Stillleben auf den Rücken zu tätowieren (Kisch, Reporter 106). So hatte ... Luise sich erbötig gemacht, immer am Nachmittag mit dem alten Herrn spazieren zu gehen (Simmel, Stoff 674).

erbrechen: bis zum Erbrechen (ugs.; abwertend): *bis zum Überdruss:* Er musste mit seiner Schwester das vierhändige Stück bis zum Erbrechen üben.

erbringen: den Nachweis für etwas erbringen: ↑ Nachweis.

Erbse: etwas an der Erbse haben (ugs.): *nicht recht bei Verstand sein, verrückt sein:* Der Kerl hat doch seinen Wagen genau vor der Arztausfahrt geparkt. Der muss doch etwas an der Erbse haben.

ein Plättbrett mit zwei Erbsen: ↑ Plättbrett. **eine Prinzessin auf der Erbse:** ↑ Prinzessin.

Erdboden: etwas dem Erdboden gleichmachen: *etwas völlig zerstören:* Bei den Kämpfen wurde der alte Kaiserpalast dem Erdboden gleichgemacht. Das letzte Bild ... war die totale Zerstörung Warschaus, das von den abziehenden Truppen Hitlers dem Erdboden gleichgemacht wurde (Dönhoff, Ära 149).

vom Erdboden verschwinden: *vernichtet, ausgerottet werden:* Viele Tierarten sind vom Erdboden verschwunden.

jmd. würde [vor Scham] am liebsten im [Erd]boden versinken/wäre [vor Scham] am liebsten im [Erd]boden versunken: ↑ Boden. **wie vom Erdboden verschluckt:** ↑ verschlucken.

Erde: jmdn. deckt die kühle Erde (geh.): *jmd. ist tot und beerdigt:* Meinen Freund deckt schon lange die kühle Erde. ... den armen guten Papa deckt längst die kühle Erde (Fallada, Herr 256). Vgl. das Stichwort »Rasen«.

auf Erden (geh.): *in der irdischen Welt:* Unser Dasein auf Erden ist nicht von Dauer. Niemand hatte ... vermutet, dass es in so frühen Zeiten schon richtige Menschen auf Erden gegeben haben sollte (Grzimek, Serengeti 325).

auf der Erde bleiben: *sich keinen Illusionen hingeben:* Sie war ein sympathisches Mädchen, das trotz des frühen Filmruhms auf der Erde blieb.

etwas aus der Erde stampfen: *etwas auf schnellstem Wege beschaffen, gewissermaßen aus dem Nichts schaffen:* Ich kann das Geld doch nicht aus der Erde stampfen. In wenigen Jahren hatte er eine schlagkräftige Armee aus der Erde gestampft. ... dann haben sie sich ... zusammengetan und wollten so ein Ledertreffen aus der Erde stampfen (Eppendorfer, Ledermann 98).

jmdn. unter die Erde bringen (verhüllend): *jmds. vorzeitigen Tod verschulden:* Der ständige Ärger mit seiner Frau hatte ihn unter die Erde gebracht.

unter der Erde liegen (verhüllend): *tot und beerdigt sein:* Ihr Mann liegt schon lange unter der Erde. ... die Frau, die unter der Erde lag und ihm das eingebrockt hatte, erschien ihm als ein derbes, böses Weibsstück (Musil, Mann 236).

kein Bein auf die Erde kriegen: ↑ Bein. **mit beiden Beinen/Füßen [fest] auf der**

Erde stehen: ↑ Bein, ↑ Fuß. **wie Pilze aus der Erde schießen:** ↑ Boden. **Himmel und Erde in Bewegung setzen:** ↑ Himmel. **jmdm. den Himmel auf Erden versprechen:** ↑ Himmel. **den Himmel/das Paradies auf Erden haben:** ↑ Himmel, ↑ Paradies. **die Hölle auf Erden sein:** ↑ Hölle. **die Hölle auf Erden haben:** ↑ Hölle. **so voll sein, dass kein Apfel zur Erde fallen kann:** ↑ voll.

Ereignis: große Ereignisse werfen ihre Schatten voraus: *es gibt erste Anzeichen für ein besonderes Ereignis.*

▶ Diese Redensart ist ein Zitat aus Thomas Campbells Gedicht »Lochiel's Warning«. Dort heißt es: »coming events cast their shadows before«.

ein freudiges Ereignis: ↑ freudig.

erfahren: am eigenen Leib erfahren: ↑ Leib.

Erfahrung: etwas in Erfahrung bringen: *durch Nachforschen erfahren:* Er versuchte in Erfahrung zu bringen, wo sie wohnte. ... was kosten Transportschiffe? – Das können wir in Erfahrung bringen (Brecht, Groschen 34).

erfinden: die Arbeit nicht erfunden haben: ↑ Arbeit. **das Pulver nicht erfunden haben:** ↑ Pulver.

Erfinder: nicht im Sinne des Erfinders sein: ↑ Sinn.

Erfolg: von Erfolg gekrönt werden/sein: *zum Erfolg führen, erfolgreich abgeschlossen werden:* Schließlich wurden die Bemühungen des Roten Kreuzes von Erfolg gekrönt. Ich bin sicher, dass das neue Projekt trotz aller Schwierigkeiten von Erfolg gekrönt sein wird. ... und meine hartnäckigen Übungen wurden, wie ich versichere, wirklich von Erfolg gekrönt (Th. Mann, Krull 18).

erfrieren: besser erstunken als erfroren; erfroren sind schon viele, aber erstunken ist noch keiner: ↑ erstunken.

erfüllen: etwas bis auf den letzten Buchstaben erfüllen: ↑ Buchstabe.

Erfüllung: in Erfüllung gehen: *sich erfüllen, Wirklichkeit werden:* Seine Prophezeiungen waren nicht in Erfüllung gegangen. Mögen alle deine Wünsche in Erfüllung gehen. Kaum neun Monate später, am Abend des 4. November 1847, ging Simpsons Wunschtraum in Erfüllung. An diesem Abend entdeckte er die schmerzbetäubende Wirkung des Chloroforms (Thorwald, Chirurgen 107).

ergehen: etwas über sich ergehen lassen: *etwas [geduldig] mit sich geschehen lassen:* Er ließ alle Ehrungen gelassen über sich ergehen. Seine Ruhe war bewundernswert. Eben noch hatte er ein Donnerwetter des Kommandanten über sich ergehen lassen müssen (Ott, Haie 249). Albert schenkte sich noch einen Kognak ein und beschloss, alles über sich ergehen zu lassen (Böll, Haus 156).

Gnade vor/für Recht ergehen lassen: ↑ Gnade.

ergrauen: in Ehren ergraut sein: ↑ Ehre.

ergreifen: von etwas Besitz ergreifen: ↑ Besitz. **von jmdm. Besitz ergreifen:** ↑ Besitz. **die Flucht ergreifen:** ↑ Flucht. **das Hasenpanier ergreifen:** ↑ Hasenpanier. **das Heft ergreifen:** ↑ Heft. **jmds. Partei/für jmdn. Partei ergreifen:** ↑ Partei. **das Wort ergreifen:** ↑ Wort.

ergreifend: schlicht und ergreifend: ↑ schlicht.

erhaben: über alles/über jedes Lob erhaben sein: ↑ Lob. **über jeden Verdacht erhaben sein:** ↑ Verdacht.

erhalten: einen Dämpfer erhalten: ↑ Dämpfer. **kleine Geschenke erhalten die Freundschaft:** ↑ Geschenk. **den Gnadenstoß erhalten:** ↑ Gnadenstoß. **einen Korb erhalten:** ↑ Korb. **Recht erhalten:** ↑ Recht.

erheben: erhebe dich, du schwacher Geist! (scherzh.): *steh auf!:* Die Pause ist um, erhebe dich, du schwacher Geist! Erhebe dich, du schwacher Geist, wir müssen weitermachen!
▶ Diese Redensart ist die Abwandlung der ersten Zeile eines alten Weihnachtsliedes von Johann Rist; sie lautet im Original »Ermuntre dich, mein schwacher Geist«.

Anspruch auf etwas erheben: ↑ Anspruch. **die Hand gegen jmdn. erheben:** ↑ Hand. **jmdn. auf den Thron erheben:** ↑ Thron.

Erinnerung: sich in Erinnerung bringen: *an sich erinnern [wollen]:* Mit dem Buch, das er ihr aus London schickte, wollte er sich nur in Erinnerung bringen.

sich etwas in Erinnerung bringen: *sich an etwas erinnern:* Ich versuchte, mir eine Zeit in Erinnerung zu bringen, die bald

dreißig Jahre zurücklag (v. d. Grün, Glatteis 228).

erkennen: am vielen Lachen erkennt man den Narren: ↑ lachen. **die Zeichen der Zeit erkennen:** ↑ Zeichen.

erkenntlich: sich erkenntlich zeigen: *seinen Dank durch ein Geschenk oder eine Gefälligkeit ausdrücken:* Ich werde mich dafür bei passender Gelegenheit erkenntlich zeigen. Die Frau wollte sich bei dem jungen Mann, der ihr den Wagen repariert hatte, erkenntlich zeigen. Ich schicke ... seit fünfzehn Monaten Werktag wie Sabbat, Menschen zu Gott. Glauben Sie, er zeigt sich erkenntlich? (Hochhuth, Stellvertreter 197).

jmdm. erkenntlich sein (geh.; veraltend): *jmdm. dankbar sein:* Sie war ihm für seine selbstlose Hilfe erkenntlich.

erklären: jmdn. in Acht und Bann erklären: ↑ Acht. **etwas auf Ehre und Gewissen erklären:** ↑ Ehre. **jmdn. einer Sache für verlustig erklären:** ↑ verlustig.

erlangen: traurige Berühmtheit erlangen: ↑ Berühmtheit.

erlauben: erlauben Sie mal! (ugs.): *wie kommen Sie dazu?; was fällt Ihnen ein?:* Na, erlauben Sie mal, jetzt bin ich aber an der Reihe!

was erlauben Sie sich! (ugs.): *Ausruf der Empörung, der Entrüstung:* Was erlauben Sie sich, Sie unverschämter Flegel!

erlaubt ist, was gefällt: *was allgemein Gefallen findet, kann sich über vorgegebene Normen hinwegsetzen:* Niemand regt sich heute über einen Hamlet in Rockerkluft auf oder über eine Ophelia mit Punkfrisur. Erlaubt ist, was gefällt – auf der Bühne wie im Leben.
▶ Diese Redensart ist ein Zitat aus dem zweiten Akt von Goethes »Torquato Tasso«.

dümmer sein, als die Polizei erlaubt: ↑ dumm.

erleben: hat man je so etwas/so etwas schon mal erlebt! (ugs.): *Ausruf des Erstaunens, der Entrüstung:* Hat man so etwas schon mal erlebt! Der Kerl versucht doch tatsächlich auf der Autobahn zu wenden.

du kannst etwas erleben! (ugs.): *Drohung, Ankündigung einer Strafe:* Wenn du mit dem Unsinn nicht aufhörst, kannst du etwas erleben! Wenn der Bursche nach Hause kommt, dann kann er aber etwas erleben! Wenn ich einmal älter bin als Sie, dann können Sie aber was erleben! (Hörzu 9, 1973, 48).

sein Damaskus/seinen Tag von Damaskus erleben: ↑Damaskus. **sein blaues Wunder erleben:** ↑Wunder.

erledigen: sein Geschäft erledigen: ↑Geschäft. **etwas an der Tischkante erledigen:** ↑Tischkante.

erleiden: Schiffbruch [mit etwas] erleiden: ↑Schiffbruch.

erliegen: etwas zum Erliegen bringen: *zum Stillstand bringen:* Der Nebel brachte die Schifffahrt zum Erliegen. ..., sodass seine eigentliche Arbeit darüber fast zum Erliegen gebracht worden sei (Kasack, Webstuhl 25).

zum Erliegen kommen: *zum Stillstand kommen, zusammenbrechen:* Durch den Schneefall kam der Verkehr zum Erliegen. Das, worauf es wirklich ankommt, ... die Angleichung im Bereich von Steuern, Energie, Verkehr, dies alles wird zum Erliegen kommen (Dönhoff, Ära 126).

erlogen: erstunken und erlogen sein: ↑erstunken.

Ermangelung: in Ermangelung (geh.): *mangels:* In Ermangelung einer Serviette trocknete ich mir die Lippen mit meinem Taschentuch.

Ermessen: nach menschlichem Ermessen: ↑menschlich.

ernähren: seinen Mann ernähren: ↑Mann.

ernst: etwas tierisch ernst nehmen: ↑tierisch.

Ernst: Ernst ist das Leben, heiter [ist] die Kunst.

▶ Diese Worte sind ein Zitat aus Schillers »Prolog zu Wallensteins Lager«.

der Ernst des Lebens: *der harte Alltag, das raue Berufsleben:* Nächstes Jahr kommt sie aus der Schule, dann beginnt für sie der Ernst des Lebens. Vaters Drohung mit dem Ernst des Lebens wirkt wie ein schleichendes Gift (Wilhelm, Unter 38). Das Theaterspielen ist jetzt vorbei! Jetzt beginnt wieder der Ernst des Lebens (Ziegler, Kein Recht 321).

[mit etwas] Ernst machen: *etwas verwirklichen, in die Tat umsetzen:* Wir müssen damit rechnen, dass er mit seinen Dro-

hungen Ernst macht. Es wäre schön, wenn du nun mit dem harten Training Ernst machen würdest. Aber dann machten sie Ernst ... Sie hielten alle die Pistolen auf uns (Bieler, Bonifaz 94).

tierischer Ernst: ↑tierisch.

Ernte: jmdm. ist die [ganze] Ernte verhagelt (ugs.): *jmd. ist enttäuscht, durch Misserfolg niedergeschlagen:* Sie hatte sich so auf die neue Tätigkeit gefreut, und nun war ihr die ganze Ernte verhagelt.

schreckliche/furchtbare Ernte halten (geh.): *Tod und Verderben bringen:* Der Bürgerkrieg hatte schreckliche Ernte gehalten. Es war ein Jahr, in dem der Terrorismus furchtbare Ernte gehalten hatte.

ernten: Lorbeeren ernten: ↑Lorbeer. **wer Wind sät, wird Sturm ernten:** ↑Sturm.

erobern: jmds. Herz im Sturm erobern: ↑Herz.

Eroberung: eine Eroberung/Eroberungen machen (ugs.; scherzh.): *jmdn. für sich gewinnen, jmds. Liebe, Zuneigung gewinnen:* Sie hatte als junges Mädchen auch viele Eroberungen gemacht. Na, hast du wieder Eroberungen gemacht? Ich ... hätte mich ganz gewiss entschlossen, Eroberungen innerhalb der Krankenanstalten zu machen, wenn ich damals noch meiner Trommel mächtig gewesen wäre (Grass, Blechtrommel 542).

auf Eroberungen ausgehen (ugs.; scherzh.): *jmds. Liebe, Zuneigung zu gewinnen suchen, jmdn. für sich zu gewinnen suchen:* Er geht jeden Abend auf Eroberungen aus. Unter dem Mantel von Tugend und Treue wird intrigiert, auf Eroberungen ausgegangen (Hörzu 18, 1973, 61).

eröffnen: den Reigen eröffnen: ↑Reigen.

erpicht: auf etwas erpicht sein: *an etwas stark interessiert, auf etwas begierig sein:* Als Journalistin ist sie natürlich auf jede Information erpicht. Wer hier auf Leute erpicht war, setzte sich nicht allein an einen Tisch, sondern stellte sich an die Theke (Ossowski, Liebe ist 74).

▶ Das Wort »erpicht« ist eine seltene Nebenform von »verpicht« (= mit Pech überzogen) und bezieht sich auf die früher beim Vogelfang verwendete Pechrute.

erproben: im Sturm/in vielen Stürmen erprobt: ↑Sturm.

erregen: Anstoß erregen: ↑Anstoß.

erreichen: den Nullpunkt erreichen: ↑Nullpunkt.

erringen: die Palme erringen: ↑Palme.

erschaffen: jmdn. hat Gott im Zorn erschaffen: ↑Gott.

erscheinen: auf der Bildfläche erscheinen: ↑Bildfläche. in einem guten/günstigen/schiefen Licht erscheinen: ↑Licht.

Erscheinung: in Erscheinung treten: *erscheinen; sichtbar, erkennbar werden:* Alle verstummten, als die Polizei in Erscheinung trat. An der Anlage sind technische Mängel in Erscheinung getreten. Eine kaum merkliche, aber eben doch in Erscheinung tretende Änderung ging in Peachums Sprechen vor sich (Brecht, Groschen 165).

erschießen: erschossen sein wie Robert Blum (ugs.): *am Ende seiner Kräfte, völlig erschöpft sein:* Nach dem dritten Walzer war er erschossen wie Robert Blum. ▶ Dieser Vergleich geht auf die Barrikadenkämpfe in Wien im Jahre 1848 zurück, in die der Verlagsbuchhändler Robert Blum aus Leipzig geriet. Er wurde als Aufständischer erschossen.

erschrecken: bis ins Mark erschrecken: ↑²Mark.

erschüttern: etwas in den/in seinen Grundfesten erschüttern: ↑Grundfeste. jmdn., etwas bis ins Mark erschüttern: ↑²Mark.

ersparen: die Axt im Haus erspart den Zimmermann/Scheidungsrichter: ↑Axt.

erst: erst die Arbeit, dann das Vergnügen: ↑Arbeit. erst komme ich [dann kommt eine ganze Weile gar nichts, dann kommt ein großer Misthaufen] und dann kommst du noch lange nicht: ↑kommen. erst recht: ↑²recht. erst einmal darüber schlafen: ↑schlafen.

erstarren: jmdm. erstarrt das Blut in den Adern: ↑Blut. zur Salzsäule erstarren: ↑Salzsäule.

Erstaunen: jmdn. in Erstaunen [ver]setzen: *jmdn. erstaunen:* Es versetzte mich in Erstaunen, dass der Mann mich zu kennen schien. Nichts setzte ihn so in Erstaunen wie die Zahl der Vereine, die es gibt (Musil, Mann 347). Nehmen Sie zur Kenntnis, dass Fräulein Shen Te und ich

vor der Bekanntgabe unserer Verlobung stehen ... Das setzt Sie in Erstaunen, wie? (Brecht, Mensch 79).

erstaunt: bass erstaunt sein: ↑bass.

erste: fürs Erste: *zunächst, vorläufig:* Vom Feiern hatte er fürs Erste genug. Fürs Erste wird sich hier nichts ändern. Mit der Versicherung, nur ein paar Tage ... das Zimmer in Anspruch zu nehmen, ... rang Daniela den Damen die Zustimmung ab, fürs Erste bleiben zu dürfen (Kuby, Sieg 94).

erste/(auch:) **allererste Sahne [sein]** (ugs.): *ausgezeichnet [sein]:* Der Wussow ist erste Sahne, der ist ein Großer (Hörzu 44, 1985, 15). Was der spielt und wie der spielt, das ist allererste Sahne (Hamburger Morgenpost 24. 5. 1985, 12).

Erster von hinten (scherzh.): *Letzter, Schlechtester:* In Mathe war ich immer Erster von hinten.

der erste Beste: ↑beste. **auf den ersten Blick:** ↑Blick. **die erste Geige spielen:** ↑Geige. **aus erster Hand:** ↑Hand. **das ist das Erste, was ich höre:** ↑hören. **die Letzten werden die Ersten sein:** ↑letzte. **in erster Linie:** ↑Linie. **der erste Mann an der Spritze sein:** ↑Mann. **wie der erste Mensch:** ↑Mensch. **erster Ordnung:** ↑Ordnung. **ersten Ranges:** ↑Rang. **Ruhe ist die erste Bürgerpflicht:** ↑Ruhe. **nicht vor dem ersten Schlaganfall:** ↑Schlaganfall. **der erste Schritt/die ersten Schritte:** ↑Schritt. **den ersten Schritt tun:** ↑Schritt. **den zweiten Schritt vor dem ersten tun:** ↑Schritt. **Selbsterkenntnis ist der erste Schritt zur Besserung:** ↑Selbsterkenntnis. **dieses/das war der erste Streich:** ↑Streich. **der ersten Stunde:** ↑Stunde. **erste Wahl:** ↑Wahl. **das ist ja mein erstes Wort:** ↑Wort.

ersticken: etwas im Blut/in jmds. Blut ersticken: ↑Blut. etwas im Keim[e] ersticken: ↑Keim.

erstunken: erstunken und erlogen sein (ugs.): *völlig aus der Luft gegriffen sein, eine bewusste Lüge sein:* Was, ich soll ihm die Informationen gegeben haben? Das ist doch erstunken und erlogen! Er hatte von vornherein gewusst, dass sie logen ... jedes Wort war erstunken und erlogen (Fallada, Jeder 229). Das sei erstunken und erlogen, sagte Pitt, der Obersteuermann könne sich ja durch Augenschein davon überzeugen (Ott, Haie 67). **besser erstunken als erfroren; erfroren sind schon viele, erstunken ist noch keiner** (ugs.): *lieber in einem warmen, ungelüfteten Raum als in einem gut gelüfteten, aber kalten:* Draußen ist es saukalt, lass bloß das Fenster zu – besser erstunken als erfroren.

ertappen: jmdn. auf frischer Tat ertappen: ↑Tat.

erteilen: jmdm. das Wort erteilen: ↑Wort.

ertragen: nichts ist schwerer zu ertragen als eine Reihe von guten Tagen: ↑Tag.

ertränken: etwas in/im Alkohol ertränken: ↑Alkohol.

Erwägung: etwas in Erwägung ziehen (nachdrücklich): *etwas erwägen:* Wir haben alle Möglichkeiten in Erwägung gezogen. Natürlich dachte er nicht im Entferntesten daran, beleidigt zu sein oder gar einen Protest in Erwägung zu ziehen (Kirst, 08/15, 108). Vielleicht würde der Herr Kaplan gerechtermaßen in Erwägung ziehen, dass es seine Schwester Iren nicht schwer gehabt hatte, ihn zu lieben (Werfel, Himmel 198).

erwähnen: etwas mit keiner Silbe erwähnen: ↑Silbe.

Erwähnung: jmds., einer Sache Erwähnung tun (veraltet): *jmds., etwas erwähnen:* Sogar des Stückes Guttapercha-Papier war ausführlich Erwähnung getan, denn Herr von Knobelsdorff schien Gewicht darauf zu legen (Th. Mann, Hoheit 221).

erwarten: Zuwachs erwarten: ↑Zuwachs.

erweichen: ... dass es einen Stein erweichen könnte: ↑Stein.

erweisen: jmdm. einen Bärendienst erweisen: ↑Bärendienst. **jmdm. einen schlechten Dienst erweisen:** ↑Dienst. **jmdm. die letzte Ehre erweisen:** ↑Ehre.

erwischen: jmdn. am/beim Rockzipfel erwischen: ↑Rockzipfel.

erzählen: das kannst du einem erzählen, der sich die Hosen mit der Kneifzange anzieht (ugs.): *das glaube ich nicht:* Du trittst im Fernsehen auf? Das kannst du einem erzählen, der sich die Hose mit der Kneifzange anzieht.

▶ Gemeint ist, dass der Betreffende das einem Menschen erzählen soll, der nicht recht bei Verstand ist, denn normalerweise zieht sich niemand die Hosen mit der Kneifzange an und hat – vgl. die folgende Wendung – auch niemand einen Hut ohne Krempe.

das kannst du einem erzählen, der keine Krempe am Hut hat (ugs.): *das glaube ich nicht:* Was ist, die Mieten sollen gesenkt werden? Das kannst du einem erzählen, der keine Krempe am Hut hat.

du kannst mir viel erzählen (ugs.): *das glaube ich nicht:* Dein Vater soll ein Schulfreund von Albert Einstein gewesen sein? Du kannst mir viel erzählen.

das kannst du einem anderen/deiner Großmutter erzählen (ugs.): ↑andere, ↑Großmutter. **dem hätte ich etwas anderes erzählt/dem werde ich etwas anderes erzählen:** ↑andere. **über etwas Bände erzählen können:** ↑²Band. **einen vom Pferd erzählen:** ↑Pferd. **Romane/einen ganzen Roman erzählen:** ↑Roman. **jmdm. ein paar Takte erzählen:** ↑Takt. **[einen] vom Wald erzählen:** ↑Wald.

es: es ist noch nicht aller Tage Abend: ↑Abend. **es jmdm. angetan haben:** ↑angetan. **bei jmdm. setzt es aus:** ↑aussetzen. **es über sich bekommen:** ↑bekommen. **es jmdm. geben:** ↑geben. **es ist zum Knochenkotzen:** ↑Knochenkotzen. **es sei denn:** ↑sein. **es jmdm. stecken:** ↑¹stecken. **es [mit jmdm.] treiben:** ↑treiben. **bei jmdm. trillert es:** ↑trillern. **es tun:** ↑tun. **es tut sich etwas:** ↑tun. **es [sich] mit jmdm. verderben:** ↑verderben. **es nicht besser/anders verdienen:** ↑verdienen. **es ist zum Verrücktwerden:** ↑Verrücktwerden. **es bei jmdm. verschissen haben:** ↑verscheißen. **es jmdm. zeigen:** ↑zeigen.

Esel: der Esel geht voran (ugs.): *jmd. lässt einem anderen nicht den gebührenden Vortritt:* Du musstest dich natürlich vor deiner Frau in den Zug zwängen – na ja, der Esel geht voran.

der Esel nennt sich [selbst] zuerst (ugs.): *jmd. nennt bei einer Aufzählung nicht, wie es als höflich gilt, die oder den anderen zuerst:* Morgen fahren ich, mein Bruder und meine Eltern in den Schwarzwald. – Der Esel nennt sich zuerst.

jmdn. hat der Esel im Galopp verloren (ugs.): *jmd. ist indiskutabel:* Den Neuen können wir doch nicht auf Montage schicken, den hat doch der Esel im Galopp verloren.

wenn man den Esel nennt [kommt er gerennt] (ugs.): *jmd. erscheint gerade dann, wenn man von ihm spricht:* Hast du unseren Schwiegersohn schon gesehen? Ach, da kommt er ja – wenn man den Esel nennt ...!

wenns dem Esel zu wohl wird, geht er aufs Eis [tanzen] (ugs.): *wenn sich jmd. aus Übermut und Selbstüberschätzung an etwas zu Schwieriges wagt, kommt er leicht zu Schaden:* Jetzt will unser Opa bei der Bergtour mitmachen – wenns dem Esel zu wohl wird, geht er aufs Eis!

den Sack schlagen und den Esel meinen: ↑ Sack. um den Schatten eines Esels streiten: ↑ Schatten. jmdm. zureden wie einem lahmen Esel: ↑ zureden.

Eskimo: das haut den stärksten Eskimo vom Schlitten (ugs.): *das ist unfassbar, das wirft einen um:* Sechs Wochen lang soll ich kein Bier trinken – das haut doch den stärksten Eskimo vom Schlitten!

Espenlaub: zittern wie Espenlaub: ↑ zittern.

essen: essen wie ein Spatz (ugs.): *sehr wenig essen:* Die Kleine muss ein bisschen mehr an die frische Luft, sie isst ja nur wie ein Spatz!

selber essen macht fett (ugs.): *Kommentar, wenn jmd., der reichlich von etwas hat, trotzdem anderen nichts abgeben will:* Nicht im Traum dachte er daran, seine Schokolade mit den Geschwistern zu teilen – na ja, selber essen macht fett.

es wird nichts so heiß gegessen, wie es gekocht wird: *man stellt sich vieles viel schlimmer vor, als es dann tatsächlich ist:* Lasst euch von diesen Drohungen nicht einschüchtern – es wird nichts so heiß gegessen, wie es gekocht wird.

zu Abend essen: ↑ Abend. wer nicht arbeitet, soll auch nicht essen: ↑ arbeiten. wes Brot ich ess, des Lied ich sing: ↑ Brot. wer nie sein Brot mit Tränen aß: ↑ Brot. wer nie sein Brot im Bette aß, weiß nicht, wie Krümel piken: ↑ Brot. anderer Leute Brot essen: ↑ Brot. mehr können als Brot essen: ↑ Brot. mit jmdm. ist nicht gut Kirschen essen: ↑ Kirsche. etwas aus der [kalten] Lamäng essen: ↑ Lamäng. zu Mittag essen: ↑ Mittag. zu Nacht essen: ↑ Nacht. etwas rückwärts essen: ↑ rückwärts. etwas mit dem Schaumlöffel gegessen haben: ↑ Schaumlöffel. einen

Spargel quer essen können: ↑ Spargel. die Speisekarte rauf und runter essen: ↑ Speisekarte. etwas mit Verstand essen: ↑ Verstand. mit langen Zähnen essen: ↑ Zahn.

Essen: Essen und Trinken hält Leib und Seele zusammen: *man muss essen, wenn man bei Kräften bleiben will:* Und wenn du noch so sehr im Stress bist, solltest du regelmäßig eine warme Mahlzeit zu dir nehmen – Essen und Trinken hält Leib und Seele zusammen!

nach dem Essen sollst du ruhn oder tausend Schritte tun: *nach dem Essen empfiehlt sich eine Ruhepause oder ein Spaziergang.*

der Appetit kommt beim Essen: ↑ Appetit.

Essig: mit etwas ist [es] Essig (ugs.): *etwas kommt nicht zustande:* Mit unserem Betriebsfest ist es Essig. Wir wollten morgen mit den Tests beginnen, damit ist ja nun Essig. Mit der Entlassung ist es Essig, daran glaube ich nicht mehr. Jeden Tag kann der Teufel hier losgelassen werden (Apitz, Wölfe 284).

▶ Die Wendung bezieht sich darauf, dass Wein, der zu Essig versäuert, nicht mehr genießbar ist und weggeschüttet werden kann.

etwa: in etwa: *in gewisser Hinsicht, ungefähr:* Die Produktionssteigerung entspricht in etwa unseren Erwartungen. Die Aussagen der Zeugen stimmen in etwa überein. Damit ist in etwa der Rahmen abgesteckt, was sich gegenwärtig als neuer deutscher Film abzeichnet (MM 13./14. 8. 1966, 41).

etwas: nach etwas aussehen: ↑ aussehen.

Etwas: das gewisse Etwas: ↑ gewiss.

Eule: Eulen nach Athen tragen: *etwas Überflüssiges tun:* Ihm ein Buch über Uhren schenken, hieße Eulen nach Athen tragen. Er gehört doch der Chronometrischen Gesellschaft an und besitzt die einschlägige Literatur.

▶ Die Redensart ist griechischen Ursprungs. Bei den alten Griechen galt die Eule, die in und um Athen häufig vorkam, als ein Sinnbild der Weisheit und war Attribut der weisen Göttin Athena, der Schutzgöttin Athens.

Eva: eine Tochter Evas: ↑ Tochter.

Evangelium: jmds. Evangelium/für jmdn. [das] Evangelium sein: *etwas blind glau-*

ben: Alles, was er sagt, ist für sie das reinste Evangelium. Die Lehren Marcuses sind sein Evangelium. Pressemitteilungen sind für uns alle zusammen kein Evangelium.

Evaskostüm: im Evaskostüm (ugs.; scherzh.): *nackt:* Sie war im Evaskostüm auf dem Balkon erschienen.

ewig: ewig und drei Tage (ugs.): *sehr lange:* Das dauert ja wieder ewig und drei Tage, bis du fertig bist. Wir stehen hier nun schon ewig und drei Tage herum, wollen wir nicht umkehren? Man kriegte in einer Stunde mit, wozu man sonst ewig und drei Tage im Geschichtsbuch rumlesen muss (Plenzdorf, Leiden 39).

ein ewiger Student (ugs.): *ein Student, der schon sehr lange studiert und noch immer keinen Studienabschluss hat:* Dein Bruder hat längst seinen Doktor gemacht, aber du willst uns wohl als ewiger Student bis ans Ende unserer Tage auf der Tasche liegen?

immer und ewig: ↑immer. **in die ewigen Jagdgründe eingehen:** ↑Jagdgründe. **ins ewige Leben eingehen:** ↑Leben. **drum prüfe, wer sich ewig bindet [ob sich nicht noch was Besseres findet]:** ↑prüfen. **die ewige Ruhe finden; zur ewigen Ruhe eingehen:** ↑Ruhe. **seit/vor ewigen Zeiten:** ↑Zeit.

Ewigkeit: in die Ewigkeit abberufen werden/eingehen/hinübergehen (geh.; verhüllend): *sterben:* Gestern Nacht ist die greise Monarchin in die Ewigkeit abberufen worden. Am 1. Februar durfte Maria im Alter von 88 Jahren ... in die Ewigkeit hinübergehen (Vaterland 27. 3. 1985, 19).

Exempel: ein Exempel [an jmdm.] statuieren: *durch drastisches Vorgehen ein abschreckendes Beispiel geben:* Die Staatsanwaltschaft wollte an den beiden Anarchisten ein Exempel statuieren. Der Kontrollausschuss wollte mit dem Ausschluss der Sportler ein Exempel statuieren. In den darauf folgenden Wochen war bei den Genossen vom Wahlverein öfter die Rede vom überraschend strengen Urteil, und es ging das Gerücht unter ihnen, dass Freiherr von Felkitzsch auf den Richter eingewirkt habe, ein Exempel zu statuieren (Kühn, Zeit 62). **die Probe aufs Exempel machen:** ↑Probe.

Extrawurst: jmdm. eine Extrawurst braten (ugs.): *jmdn. anders als andere behandeln, begünstigen:* Sie soll bloß nicht glauben, dass ihr hier eine Extrawurst gebraten wird. Oder erwarten Sie etwa, Vierbein, ... dass wir Ihnen wegen Ihres EK 1 eine Extrawurst braten? (Kirst, 08/15, 469).

Extrem: von einem Extrem ins andere fallen: *eine extreme Haltung aufgeben und sogleich eine entgegengesetzte, ebenso extreme einnehmen:* In seiner Aufregung fiel er von einem Extrem ins andere – erst versuchte er, die Beamtin mit Charme und Komplimenten einzuwickeln, dann brüllte er sie an und beschimpfte sie. »Fall nicht gleich von einem Extrem ins andere ...« (Becker, Irreführung 192).

F: nach Schema F: ↑Schema.

Fabel: ins Reich der Fabel gehören: *unwahr, nicht glaubhaft sein:* Die Behauptungen der beiden Flugzeugentführer gehören ins Reich der Fabel. Alle anderen Vermutungen gehören in das Reich der Fabel und der Fantasie (Welt 7. 11. 64, 8).

Fach: etwas unter Dach und Fach bringen: ↑Dach. **unter Dach und Fach sein:** ↑Dach. **ein Meister seines Faches:** ↑Meister.

Fachmann: da staunt der Laie, und der Fachmann wundert sich: ↑Laie.

fackeln: nicht [lange] fackeln (ugs.): *nicht lange zögern, keine Umstände machen:* Mit Verrätern wird die Organisation vermutlich nicht lange fackeln. Los, packen Sie mit an, hier wird nicht lange gefackelt! Ich fackle nicht lange. Was ich mir überlege, wird sofort ausgeführt (Bild 1. 6. 1964, 4).

▶ Die Wendung meint eigentlich »sich unruhig hin und her bewegen wie die Flamme einer Fackel, unstet brennen«.

Faden: der Faden ist gerissen: *der bisher fließende Fortgang einer Handlung ist unterbrochen, es tritt ein plötzlicher Leistungsabfall auf:* Mitte der zweiten Halbzeit war plötzlich der Faden gerissen, und der schon sicher geglaubte Sieg der Heimmannschaft geriet noch einmal in Gefahr.

alle Fäden laufen in jmds. Hand zusammen: *jmd. überschaut und lenkt alles:* In der Werft laufen alle Fäden in der Hand des technischen Direktors zusammen.

▶ Auch diese Wendung (vgl. »alle Fäden in der Hand haben/halten«) wurzelt in der Spinn- und Webarbeit.

den Faden verlieren: *den gedanklichen Zusammenhang verlieren:* Es trat eine peinliche Pause ein, weil der Redner den Faden verloren hatte. Vom Widerhall dieses Lachens erschreckt, blickte er auf und verlor dabei den Faden seiner Betrachtungen (Hauptmann, Thiel 24). Sie glauben ja nicht, wie viele Ratten in so einem Silo hausen. Hunderte. Doch lassen Sie mich meinen Faden nicht verlieren (Schnurre, Vaters Bart 132).

▶ Die Wendung meint eigentlich »den Faden beim Garnwickeln, Spinnen o. dgl. aus der Hand rutschen lassen«.

die/alle Fäden in der Hand haben/halten: *alles überschauen und lenken:* In der Firma hat nicht er, sondern seine Frau alle Fäden in der Hand. In Wahlnächten vor allem geht es noch zu wie vor 15 Jahren, mit ... Hochrechnern und dem Mann in der Zentrale, dem »Anchorman«, der alle Fäden in der Hand hält (Hörzu 39, 1971, 36). Es war unverkennbar, dass Herrnstadt allein die Fäden in der Hand hielt (Leonhard, Revolution 238).

▶ Die Wendung hat ihren Ursprung in der Spinn- oder Webarbeit. Sie ist dann auch auf den Marionettenspieler bezogen worden, der mithilfe der Fäden die Puppen bewegt.

keinen guten Faden an jmdm., an etwas lassen: *jmdn., etwas gründlich schlecht machen:* Seine Frau lässt an ihrem Mann keinen guten Faden. Der Kritiker ließ an der Aufführung keinen guten Faden.

▶ Die Wendung meint eigentlich, jmds. Äußeres, seine Kleidung kritisieren und schlecht machen. Unsere Kleidung besteht aus Tausenden von Fäden.

keinen trockenen Faden mehr am Leibe haben (ugs.): *völlig durchnässt sein:* Sie hatten, als sie die Hütte erreichten, keinen trockenen Faden mehr am Leibe. Was meinst du, was ich schwitzen würde, wenn ich so brüllte. Keinen trockenen Faden hätte ich am Leibe (Fallada, Mann 203).

▶ Die Wendung nimmt darauf Bezug, dass unsere Kleidung aus Tausenden von Fäden besteht.

keinen guten Faden miteinander spinnen (ugs.): *schlecht miteinander auskommen:* Die beiden spinnen schon lange keinen guten Faden mehr miteinander.

an einem [dünnen/seidenen] Faden hängen: *sehr gefährdet sein:* Das Leben des Patienten hing an einem dünnen Faden. Manchmal hatte ein waghalsiges Unternehmen an einem seidenen Faden gehangen (Apitz, Wölfe 173). Der erste Sieg des Clubs über Bochum war hart erkämpft und hing bis zur letzten Sekunde am seidenen Faden (Kicker 6, 1982, 34).

▶ Die Wendung wurzelt wohl in der Erzählung vom Schwert des Damokles (vgl. den Artikel Damokles).

der rote Faden: ↑rot. **da[von] beißt die Maus keinen Faden ab:** ↑Maus. **nach Strich und Faden:** ↑Strich.

Fahne: die Fahne hochhalten: *unentwegt für etwas eintreten, etwas beharrlich fortsetzen:* Zum letzten Klassentreffen sind nur noch sieben gekommen, wir sind die Einzigen, die noch die Fahne hochhalten. Jede Dame ... sagte einige freundliche Worte, lächelnd und in rasend schnellem Französisch ... sie mussten doch merken, dass ich sie nicht verstand, aber ich musste auch die Fahne meines Vaterlandes hochhalten (Salomon, Boche 30).

▶ In dieser und auch in den meisten anderen Wendungen ist die Fahne im militärischen Bereich gemeint, wo sie zunächst als Feldzeichen Richtungs- und Sammelpunkt für die Kämpfenden war, dann Zeichen für die Zusammengehörigkeit eines Truppenteils und Symbol für Ehre und Treue.

die/seine Fahne/das/sein Fähnchen nach dem Wind drehen: *sich der jeweils herrschenden Meinung anschließen:* Er gehört nicht zu den Leuten, die ihre Fahne nach dem Wind drehen. ... manchen kannte er noch von früher, nur hatte der jetzt die Fahne nach dem Wind gedreht (Fries, Weg 297).

etwas auf seine Fahne schreiben: *etwas als Programm verkünden:* In dem Lokal kamen junge Menschen zusammen, die die Beseitigung der Diktatur auf ihre Fahne geschrieben hatten. Aber der große Eindruck ... ließ Ollenhauer nicht ruhen, und so beschloss er am 26. Januar, den »Kampf gegen den Atomtod« auf seine Fahnen zu schreiben (Dönhoff, Ära 32). Wir wollen das Wort Gerechtigkeit auf unsere bescheidene Fahne schreiben (Böll, Und sagte 104).
▶ Die Wendung bezieht sich darauf, dass in Fahnen früher häufig Inschriften hineingestickt wurden.

mit fliegenden Fahnen [zu jmdm., zu etwas] übergehen: *seine Ansichten plötzlich und offen ändern, sich kurz entschlossen auf die andere Seite schlagen:* Die Zuschauer gingen mit fliegenden Fahnen zu den Kanadiern über und pfiffen die eigene Mannschaft aus.

mit fliegenden Fahnen untergehen: *ohne große Gegenwehr geschlagen, besiegt werden:* Die neue Partei war bei den Wahlen mit fliegenden Fahnen untergegangen.

unter der Fahne stehen (hist.): *Soldat sein:* Mehr als acht Jahre hatte er unter der Fahne gestanden, bevor er in seine Geburtsstadt zurückkehrte.

unter jmds. Fahne fechten (hist.): *einem Feldherrn folgen:* Seine Vorfahren hatten unter den Fahnen Napoleons gefochten.

zu den Fahnen eilen (hist.): *im Krieg Soldat werden:* Tausende eilten zu den Fahnen, um die Heimat zu verteidigen.

jmdn. zu den Fahnen rufen (hist.): *jmdn. zum Kriegsdienst einberufen:* Er war von seinem Feldherrn zu den Fahnen gerufen worden.

den Sieg an seine Fahnen heften: ↑ Sieg.

Fahnenstange: Ende der Fahnenstange: ↑ Ende.

fahrbar: ein fahrbarer Untersatz (ugs.; scherzh.): *ein Auto:* Wo habt ihr denn euren fahrbaren Untersatz abgestellt? Nicht jeder verfügt über einen fahrbaren Untersatz und ist daher auf den 73er-Bus angewiesen (MM 12./13. 8. 1972, 4).

»Wozu hat der junge Mann von heute überhaupt noch Hände?« Um seine Arbeit zu verrichten, einen fahrbaren Untersatz zu steuern, ein Glas zu stemmen (Freizeitmagazin 26, 1978, 40).

fahren: wie die Feuerwehr fahren (ugs.): *mit großem Tempo [und halsbrecherisch] fahren:* In knapp drei Stunden waren wir in Stockholm, wir sind wie die Feuerwehr gefahren.

einen fahren lassen (derb): *eine Blähung abgehen lassen:* Ungeniert ließ sie einen fahren. Er ließ einen fahren ... Anstatt nun zu gehen, ... bleibt doch dieser kleine Mann, wo er ist, und beginnt sich zu entschuldigen (Jägersberg, Leute 101).

aus einem traurigen Arsch fährt kein fröhlicher Furz: ↑ Arsch. **jmdm. in die Beine fahren:** ↑ Bein. **eine Biege fahren:** ↑ Biege. **mit Bleifuß fahren:** ↑ Bleifuß. **unter falscher Flagge fahren:** ↑ Flagge. **jmdm. in die Glieder/Knochen fahren:** ↑ Glied, ↑ Knochen. **in die Grube fahren:** ↑ Grube. **jmdm., etwas über den Haufen fahren:** ↑ Haufen. **aus der Haut fahren:** ↑ Haut. **fahr zur Hölle:** ↑ Hölle. **die Karre/ den Karren in den Dreck fahren:** ↑ Karre. **jmdm. an den Karren fahren:** ↑ Karren. **mit jmdm. Karussell fahren:** ↑ Karussell. **mit der Kirche ums Dorf fahren:** ↑ Kirche. **etwas in/zu Klump[en] fahren:** ↑ Klump[en]. **jmdm. in die Knochen fahren:** ↑ Knochen. **jmdm. in die Krone fahren:** ↑ Krone. **über Land fahren:** ↑ Land. **jmdm. über den Mund fahren:** ↑ Mund. **jmdm. in die Parade fahren:** ↑ Parade. **einen heißen Reifen fahren:** ↑ Reifen. **Retourkutsche fährt nicht:** ↑ Retourkutsche. **besser schlecht gefahren als gut gelaufen:** ↑ schlecht. **mit jmdm. Schlitten fahren:** ↑ Schlitten. **wer gut schmiert, der gut fährt:** ↑ schmieren. **zur See fahren:** ↑ See. **jmdm. durch den Sinn fahren:** ↑ Sinn. **in jmdn. ist wohl der Teufel gefahren:** ↑ Teufel. **fahr zum Teufel:** ↑ Teufel. **fahrendes Volk:** ↑ Volk. **jmdm. an den Wagen fahren:** ↑ Wagen.

Fahrrad: ob/wenn in China/Peking ein Fahrrad umfällt: ↑ China.

Fahrt: eine Fahrt ins Blaue: *Ausflugsfahrt, bei der das Ziel vorher nicht festgelegt wurde:* Am Wochenende wollen wir eine Fahrt ins Blaue machen. Er macht keine Fahrt ins Blaue, sondern ist sich allezeit seines Zieles bewusst (Nigg, Wiederkehr 80).

▸ Mit »das Blaue« ist in dieser Wendung die unbestimmte Ferne gemeint.

in Fahrt kommen/geraten (ugs.): 1. *in Schwung, in gute Stimmung kommen:* Wenn ihr Mann ein paar Gläschen getrunken hat, kommt er ganz schön in Fahrt. Diese Lucie war in Fahrt geraten, jetzt konnte sie fließender reden (Simmel, Stoff 220). 2. *wütend werden:* Allmählich kam auch der Schaffner in Fahrt und drohte den Burschen, die Polizei zu holen.

in Fahrt sein (ugs.): 1. *in Schwung, in Stimmung sein:* Die schwedische Mannschaft war toll in Fahrt und deklassierte ihren Gegner förmlich. Wenn seine Frau erst einmal in Fahrt ist, findet sie kein Ende. Da unterbrach ich ihn – er war gerade so schön in Fahrt –: Waren Sie eigentlich mal Soldat, Herr Pfarrer? (Ott, Haie 341). 2. *wütend sein:* Die Portiersfrau war auch in Fahrt und schimpfte hinter ihm her. Allein an diesem Punkt seiner Ausführungen verhedderte der furiose Staatsanwalt sich ... schlimmer als zuvor, er war eben recht in Fahrt (Maass, Gouffé 291). ... wenn ein Strauß erst einmal in Fahrt ist, springt er mühelos anderthalb Meter. Ein wütender Straußenhahn ist nicht zu unterschätzen (Grzimek, Serengeti 145).

jmdn. in Fahrt bringen (ugs.): 1. *jmdn. in Schwung, in Stimmung bringen:* Die heißen Rhythmen der Kapelle brachten die Gäste schnell in Fahrt. Wenn ich von zu Hause weg bin, bringen mich Gedanken an andere Frauen in Fahrt (Missildine [Übers.], Kind 1976). 2. *jmdn. wütend machen:* Ihre ständigen Sticheleien brachten ihn allmählich in Fahrt. Und gerade das scheint K. K. in Fahrt zu bringen: »Stellen Sie sich das doch vor, Doktor!« (Heim, Traumschiff 33). Eine Antwort erhält Viktor nicht, und das bringt ihn noch mehr in Fahrt (Heim, Traumschiff 345).

Fährte: jmdn. auf eine falsche Fährte locken: *jmdn. in die Irre führen:* Die Aussage des Zeugen hatte die Polizei auf eine völlig falsche Fährte gelockt.

Fahrwasser: in seinem/im richtigen/ rechten Fahrwasser sein (ugs.): *eifrig von* etwas reden oder etwas tun, was einem besonders liegt:* Wenn die Männer über Fußball reden, sind sie in ihrem Fahrwasser. Der Omnibusschaffner war im richtigen Fahrwasser und nahm die Burschen aus der Provinz auf den Arm. ... (er) verschwieg, dass er die gerügten Ansichten von Hans Sepp gehört hatte, seinem zukünftigen Schwiegersohn, der in der »zweiten Strömung des Zeitgeistes« recht in seinem Fahrwasser war (Musil, Mann 1011).

in jmds. Fahrwasser schwimmen/segeln: *die Gedanken eines anderen kritiklos übernehmen:* Die Gewerkschaften wollten nicht im Fahrwasser der Partei segeln. Die kriegshetzerische Rede ... ließ erkennen, wie abhängig die britische Regierung von Bonn geworden ist und wie sehr sie im westdeutschen Fahrwasser schwimmt (Berliner Zeitung 16. 3. 1969, 5). Es war wirklich schade, dass er so sehr im Fahrwasser ihres unidealistischen Bruders schwamm (Kirst, 08/15, 127).

in jmds. Fahrwasser geraten: *unter jmds. Einfluss geraten:* Die beiden jungen Leute gerieten immer mehr in das Fahrwasser der Extremisten. Mehr als gerechtfertigt dagegen ist Wachsamkeit. Denn ganz offenbar ist ihr Mann in ein gefährliches Fahrwasser geraten (Hörzu 45, 1971, 149).

Fakultät: von der anderen Fakultät sein (ugs.; scherzh.): *homosexuell sein:* Schau dir mal den Ober an, der scheint von der anderen Fakultät zu sein!

Fall: klarer Fall! (ugs.): *selbstverständlich:* Na, machst du mit? – Klarer Fall! Neben mir auf der Holzbank unter dem Schild der Lebensversicherung ... saßen drei schwarze Mäntel, sechs Handschuhe ... klarer Fall: Trauerfall (Bieler, Bonifaz 98).

ein hoffnungsloser Fall sein (ugs.; scherzh.): *unverbesserlich sein:* Wir haben kein Geld, und du bringst mir Blumen mit. Ach, du bist schon ein hoffnungsloser Fall. Ein Lehrer sagte, ich wär ein hoffnungsloser Fall (Kempowski, Immer 152).

der Fall sein: *sich so verhalten:* Wenn das der Fall ist, werde ich ihn zur Rede stellen. Er sagte, dass er Meldung erstattet habe, was aber gar nicht der Fall war. »Er kann mich aber gar nicht leiden ... – Bei mir ist genau das Gegenteil der Fall – und so gleicht sich das wieder aus.« (Kirst, 08/15, 850).

jmds. Fall sein (ugs.): *jmdm. gefallen, jmds. Vorstellungen entsprechen:* Bergsteigen ist nicht sein Fall. Na, schmeckt dir das Fondue? – Ja, das ist ganz mein Fall. Ihr Fall waren goldene Girlanden über Hochaltären, rote Baldachine, schwere seidene Quasten (A. Kolb, Daphne 78).

den Fall setzen: *als gegeben annehmen:* Setzten wir einmal den Fall, es entstünde eine Verknappung von Lebensmitteln. Aber ich setze nur den Fall, dass die Mauern bersten und sich verschieben (Nossack, Begegnung 265).

gesetzt den Fall: *angenommen:* Gesetzt den Fall, die Alarmanlage fällt aus, was passiert dann? Und gesetzt den Fall, Tuzzi betrüge sich sogar human und der Skandal bliebe aufs Kleinste beschränkt ... (Musil, Mann 501). Aber wenn seine Geschwindigkeit zu groß wird – gesetzt den Fall, er nähert sich wieder der Erde –, muss er in der Atmosphäre verbrennen (Bieler, Bonifaz 177).

auf jeden Fall; auf alle Fälle: *unbedingt:* Du solltest dir auf jeden Fall die Ausstellung ansehen. Auf jeden Fall ist der Tote schon in der ersten Nacht von den Hyänen und den Schakalen verzehrt (Grzimek, Serengeti 287). Auf alle Fälle verschwinden Sie jetzt schleunigst von hier (Th. Mann, Krull 154).

auf keinen Fall: *absolut nicht, keinesfalls:* Er wollte auf keinen Fall mit ihr zusammen gesehen werden. Nach dem Gespräch mit Robert ist Klaus entschlossen, sich auf keinen Fall von Evelyne beeinflussen zu lassen (Jens, Mann 124). ... wegwerfen können wir das Brot ja auf keinen Fall, weil wir morgen sonst nichts zu essen haben (Remarque, Westen 77).

in jedem Fall: *ob so oder so:* Du solltest in jedem Fall einen Arzt aufsuchen, auch wenn die Schmerzen nachlassen. ... in jedem Fall machte ich aus Schiff und Männern, was möglich war (Plievier, Stalingrad 214). Verkleidet also war ich in jedem Fall, und die unmaskierte Wirklichkeit zwischen den beiden Erscheinungs-

formen, das Ich-selber-Sein, war nicht bestimmbar, weil tatsächlich nicht vorhanden (Mann, Krull 266).

von Fall zu Fall: *in jedem Einzelfall, besonders:* Diese Angelegenheit muss von Fall zu Fall entschieden werden. Überhaupt bedurfte er zu seiner Berufsausübung gewisser sachlicher Kenntnisse, die er sich von Fall zu Fall verschaffte (Th. Mann, Hoheit 112). Bislang hatten die Stände mit ihren Fürsten Verträge ausgehandelt, in denen von Fall zu Fall die Machtansprüche abgegrenzt wurden (Fraenkel, Staat 223).

jmdn., etwas zu Fall bringen: 1. *jmdn. auf den Boden werfen; erreichen, dass jmd. hinfällt:* Auch dem japanischen Judoka gelang es nicht, ihn zu Fall zu bringen. Unwillkürlich stelle ich mich ... in Abwehrposition, denn seine Scheinabsicht, ... mich zu Falle zu bringen, hat unfehlbare Täuschungskraft (Th. Mann, Herr 8). 2. *jmdn., etwas stürzen:* Der Versuch, die Regierung zu Fall zu bringen, war fehlgeschlagen. Darin kommt jene Überheblichkeit zum Ausdruck, die in der Partei schon viele Funktionäre zu Fall gebracht hat (Leonhard, Revolution 184). 3. *etwas vereiteln, zunichte machen:* Die Opposition hat das Gesetz zu Fall gebracht. Die Preußenwahl vom 24. April 1932 brachte sein sorgfältig ausgewogenes, aber doch höchst gebrechliches Werk zu Fall (Niekisch, Leben 199).

zu Fall kommen: 1. *hinfallen, stürzen:* Er ist im Dunkel zu Fall gekommen. Ein Capeador, der strauchelte, wurde leider auf die gewaltigen Trinkhörner genommen und in die Luft geschleudert, von wo er schwer zu Fall kam (Th. Mann, Krull 432). 2. *gestürzt werden:* Der Minister ist über diesen Skandal zu Fall gekommen. 3. *vereitelt werden:* Die Vorlage der Koalition ist zu Fall gekommen.

Hochmut kommt vor dem Fall: ↑ Hochmut. **Knall und Fall:** ↑ Knall. **typischer Fall von denkste:** ↑ typisch.

fallen: aus dem Anzug fallen: ↑ Anzug. **der Apfel fällt nicht weit vom Stamm:** ↑ Apfel. **jmdm. in den Arm fallen:** ↑ Arm. **ins Auge/in die Augen fallen:** ↑ Auge. **in den Bach fallen:** ↑ Bach. **[mit etwas] auf den Bauch fallen:** ↑ Bauch. **jmdm. fällt die**

Binde von den Augen: ↑Binde. auf fruchtbaren Boden fallen: ↑Boden. jmdm. fällt die Bude auf den Kopf: ↑Bude. jmdm. fiel die Butter vom Brot/ist die Butter vom Brot fällt: ↑Butter. jmdm. fällt die Decke auf den Kopf: ↑Decke. von einem Extrem ins andere fallen: ↑Extrem. man muss die Feste feiern, wie sie fallen: ↑Fest. jmdm. in die Finger fallen: ↑Finger. vom Fleisch fallen: ↑Fleisch. immer [wieder] auf die Füße fallen: ↑Fuß. ins Gewicht fallen: ↑Gewicht. jmdm. aufs Gewissen fallen: ↑Gewissen. der Groschen fällt [bei jmdm.]: ↑Groschen. jmdm. in die Hände fallen: ↑Hand. mit der Tür ins Haus fallen: ↑Haus. jmdm. fällt das Herz in die Hose[n]: ↑Herz. aus allen Himmeln fallen: ↑Himmel. nicht [einfach] vom Himmel fallen: ↑Himmel. wissen, wie die Karten fallen [werden]: ↑Karte. bei jmdm. fällt die Klappe: ↑Klappe. nicht auf den Kopf gefallen sein: ↑Kopf. von den Kräften fallen: ↑Kraft. aufs Kreuz fallen: ↑Kreuz. jmdm. zur Last fallen: ↑Last. jmdm. fällt eine schwere Last/eine Zentnerlast vom Herzen: ↑Last. auf jmdn. fällt ein schlechtes/ungünstiges o. ä. Licht: ↑Licht. den Löffel fallen lassen: ↑Löffel. gefallenes Mädchen: ↑Mädchen. die Maske fallen lassen: ↑Maske. es ist noch kein Meister vom Himmel gefallen: ↑Meister. vom Mond gefallen sein: ↑Mond. nicht auf den Mund gefallen sein: ↑Mund. auf die Nase fallen: ↑Nase. jmdm. auf die Nerven fallen: ↑Nerv. aus einer Ohnmacht in die andere fallen: ↑Ohnmacht. jmdm. zum Opfer fallen: ↑Opfer. wenn Ostern und Pfingsten auf einen Tag fallen: ↑Ostern. aus dem Rahmen fallen: ↑Rahmen. unter die Räuber fallen: ↑Räuber. jmdm. in die Rede fallen: ↑Rede. aus der Rolle fallen: ↑Rolle. dem Rotstift zum Opfer fallen: ↑Rotstift. [fast] auf den Rücken fallen: ↑Rücken. jmdm. in den Rücken fallen: ↑Rücken. jmdm. auf den Sack fallen: ↑Sack. jmdm. fällt ein Schleier von den Augen: ↑Schleier. ins Schloss fallen: ↑'Schloss. jmdm. in den Schoß fallen: ↑Schoß. jmdm. fällt es wie Schuppen von den Augen: ↑Schuppen. wo gehobelt wird, da fallen Späne: ↑Span. fast von der Stange fallen: ↑Stange. fast vom Stängel fallen: ↑Stängel. mit jmdm., mit etwas

stehen und fallen: ↑stehen. jmdm. fällt ein Stein/Steinbruch vom Herzen: ↑Stein. jmdm. fällt kein Stein/keine Perle aus der Krone: ↑Stein. so still sein, dass man eine [Steck]nadel fallen hören kann: ↑still. fast vom Stuhl fallen: ↑Stuhl. jmdm. in die Suppe/in den Suppentopf fallen: ↑Suppe. unter den Tisch fallen: ↑Tisch. in den Tuschkasten gefallen sein: ↑Tuschkasten. bei jmdm. in Ungnade fallen: ↑Ungnade. so voll sein, dass kein Apfel/keine [Steck]nadel zu Boden/zur Erde fallen kann: ↑voll. in die Waagschale fallen: ↑Waagschale. ins Wasser fallen: ↑Wasser. jmdm. auf den Wecker fallen: ↑Wecker. aus allen Wolken fallen: ↑Wolke. jmdm. ins Wort fallen: ↑Wort. der Würfel ist gefallen/die Würfel sind gefallen: ↑Würfel. jmdm. fällt kein Zacken aus der Krone: ↑Zacken. [einem Pferd] in die Zügel fallen: ↑Zügel.

fallen lassen: jmdn., etwas fallen lassen *wie eine heiße Kartoffel: jmdn. abrupt jede Unterstützung entziehen, sich ohne Zögern von jmdm. lossagen; etwas abrupt aufgeben:* Als ihre Vorstrafe bekannt wurde, hat die Partei sie fallen gelassen wie eine heiße Kartoffel. »Die lassen dich fallen wie eine heiße Kartoffel«, sagt er (Hörzu 51, 1979, 14). Das heikle Problem ... wird immer wieder angepackt und immer wieder fallen gelassen wie eine heiße Kartoffel (Spiegel 40, 1984, 119).

► Diese Wendung ist aus engl. »drop somebody/something like a hot potato« entlehnt.

falsch: ein falscher Fuffziger (Fünfziger) (ugs.): *unehrlicher, scheinheiliger Mensch:* Deine Bekannte ist ein falscher Fuffziger, mit der will ich nichts zu tun haben. Ihr seid verpfiffen worden. Ihr habt ein paar falsche Fuffziger unter euch (Genet [Übers.], Totenfest 193).

► Bei dieser Wendung handelt es sich um den übertragenen Gebrauch von falscher Fünfziger im Sinne von »gefälschtes Fünfzigpfennigstück«.

falscher Hase: *Hackbraten:* Stammessen war wieder einmal falscher Hase mit Bratkartoffeln und Salat.

falscher Wilhelm (veralt.): *falscher Zopf:* Tante Auguste steckte ihren falschen Wilhelm fest, setzte das verwegene Hütchen mit den Federn auf und marschierte aus dem Haus. Der »falsche Wilhelm« aus der Zeit unserer Großmütter hat in den letzten Jahren einen wahren Siegeszug angetreten: ... (MM 12./13. 4. 1969, 45).

an den Falschen geraten/kommen: *an den Unrechten kommen, abgewiesen werden:* Die beiden Rowdys gerieten an den Falschen, denn der friedliche Spaziergänger entpuppte sich als der ehemalige Mittelgewichtsmeister. Für jede Antwort kriegt er eine geschmiert, und vor lauter Schiss spinnt er'n möglichst langen Faden ab, doch da gerät er an die Falschen (Bieler, Bär 405).

an die falsche Adresse geraten/kommen: ↑ Adresse. **auf der falschen Beerdigung sein:** ↑ Beerdigung. **mit dem falschen Bein zuerst aufgestanden sein:** ↑ Bein. **auf dem falschen Dampfer sein:** ↑ Dampfer. **etwas am falschen Ende anfassen:** ↑ Ende. **unter falscher Flagge segeln/fahren:** ↑ Flagge. **am falschen Fleck:** ↑ Fleck. **das falsche Gesangbuch haben:** ↑ Gesangbuch. **etwas auf ein falsches Gleis schieben:** ↑ Gleis. **auf ein falsches Gleis geraten:** ↑ Gleis. **auf die falsche Karte setzen:** ↑ Karte. **etwas in die falsche Kehle bekommen:** ↑ Kehle. **in [ein] falsches Licht geraten:** ↑ Licht. **das falsche Parteibuch haben:** ↑ Parteibuch. **aufs falsche Pferd setzen:** ↑ Pferd. **etwas in die falsche Pupille kriegen:** ↑ Pupille. **etwas in den falschen Rachen kriegen:** ↑ Rachen. **auf der falschen Spur sein:** ↑ Spur. **Vorspiegelung falscher Tatsachen:** ↑ Vorspiegelung. **auf dem falschen Weg sein:** ↑ Weg. **im falschen Zug sitzen:** ↑ ¹Zug.

Falsch: ohne Falsch sein (geh.): *ehrlich, aufrichtig sein:* Er hatte immer geglaubt, dass sein Vater ohne Falsch war. Der braune Blick unter dem dunklen Haar war ohne Falsch, und wenn Lothar nach einer richtigen Antwort die Lippen zwischen die Zähne rollte, verbarg er nur die Freude, den Wunsch seines Vaters erfüllt zu haben (Bieler, Bär 16).

es ist kein Falsch an jmdm. (geh.): *jmd. ist ehrlich, untadelig:* Es ist kein Falsch an diesem Mann. Du kannst ihr vertrauen, es ist kein Falsch an ihr.

Familie: das bleibt in der Familie (ugs.): *das bleibt unter uns, wird vertraulich behandelt:* Ich soll ab Januar den Export

übernehmen, das bleibt aber in der Familie, ja?

das kommt in den besten Familien vor (ugs.): *das ist nicht so schlimm, das kann schon mal vorkommen:* Du brauchst dich nicht zu entschuldigen, das kommt doch in den besten Familien vor.

Fang: einem Tier den Fang geben (Jägerspr.): *ein angeschossenes Wild mit der blanken Waffe töten:* Der Förster gab dem verendenden Hirsch den Fang.

fangen: Feuer fangen: ↑ Feuer. **mit Geduld und Spucke fängt man eine Mucke:** ↑ Geduld. **Grillen fangen:** ↑ Grille. **und wenn du dich auf den Kopf stellst und mit den Beinen Fliegen fängst:** ↑ Kopf. **einen Krebs fangen:** ↑ Krebs. **sich in der eigenen Schlinge fangen:** ↑ Schlinge. **mit Speck fängt man Mäuse:** ↑ Speck.

Farbe: Farbe bekennen (ugs.): *seine wahre Meinung offenbaren:* Die Studenten forderten die Regierung auf, in der Hochschulpolitik endlich Farbe zu bekennen. Er muss Farbe bekennen, ob er seinen Titel verteidigen will oder nicht. Es war ihm plötzlich klar, was seine Gegner gegen ihn in der Hand hatten, wenn er Farbe bekannte (Brecht, Geschichten 123).
► Die Wendung stammt aus dem Kartenspiel und meint eigentlich »die vom Gegner geforderte Farbe zugeben«.

die Farbe wechseln: *erbleichen:* Als er die Waffe auf sich gerichtet sah, wechselte er die Farbe und versuchte einzulenken. ... sie war sinnlich, wie andere Menschen andere Leiden haben, zum Beispiel an den Händen schwitzen oder leicht die Farbe wechseln (Musil, Mann 42).

[jmdm.] Farbe halten (veraltet): *treu ergeben sein:* Die Truppen hielten dem Feldherrn Farbe.
► Die Wendung meinte ursprünglich, dass das gefärbte Tuch auch in der Wäsche die künstliche Farbe behielt, also farbecht war.

etwas in den leuchtendsten/schillerndsten Farben malen: ↑ leuchtend. **wie ein Blinder von der Farbe reden:** ↑ reden. **etwas schwarz in schwarz/in den schwärzesten/düstersten Farben malen/darstellen/schildern:** ↑ schwarz.

färben: in der Wolle gefärbt: ↑ Wolle.

Faser: mit jeder Faser/mit allen Fasern [seines, ihres usw. Herzens] (geh.): *au-*

ßerordentlich stark, mit großer innerer Beteiligung: Sie spürte, dass er sie mit jeder Faser seines Herzens begehrte. Schon als Schüler hatte er sich mit allen Fasern seines Herzens dem Naturschutz verschrieben. Es zog mich mit allen Fasern zu Catriona, sie hatte so schrecklich geschrien (Fallada, Herr 170).

Fass: ein Fass ohne Boden sein: *eine Sache sein, in die man vergeblich immer wieder neue Mittel investiert:* Mehr als drei Milliarden hat das Sanierungsprogramm schon verschlungen, das ist doch ein Fass ohne Boden. Die Staatskasse der DDR wird für die Bundesrepublik Deutschland ein Fass ohne Boden (CDU-Werbung 1975, 4).

ein Fass aufmachen (ugs.): *eine ausgelassene Feier veranstalten:* Es wird Zeit, dass wir wieder einmal ein Fass aufmachen. Du hast ja nicht mal ein großes Fass aufgemacht, damals in Cleveland 1931, als du zum zweiten Mal mit dem Gürtel des Weltmeisters nach Hause kamst (Hörzu 38, 1975, 18).
▶ Die Wendung meint das [festliche] Anstechen des Bierfasses.

das schlägt dem Fass den Boden aus; (scherzh. entstellt:) **das schlägt dem Fass die Krone ins Gesicht** (ugs.): *jetzt ist es genug, das ist der Gipfel der Frechheit:* Erst foult er den Torwart, und dann beleidigt er den Schiedsrichter. Das schlägt doch dem Fass den Boden aus. Das hat dem Fass den Boden ausgeschlagen! Das hat meinen Entschluss ... mit einem Schlage zur Reife gebracht ... (Th. Mann, Buddenbrooks 263).
▶ Die Wendung nimmt darauf Bezug, dass der Fassboden leicht herausspringt, wenn der Böttcher die Reifen zu stark zur Mitte hin treibt.

die Hosen über ein/über einem Fass gebügelt haben: ↑ Hose.

fassen: sich kurz fassen: *nicht viele Worte machen, nicht lange sprechen:* Obwohl der Redner wiederholt ankündigte, sich kurz zu fassen, sprach er länger als zwei Stunden. Fasse dich kurz! Das Wiederkäuen dieser Konversation langweilt mich. Ich fasse mich kürzer (Roehler, Würde 165).

etwas ins Auge fassen: ↑ Auge. **einen Entschluss fassen :** ↑ Entschluss. **[festen] Fuß**

fassen: ↑ Fuß. **sich in Geduld fassen:** ↑ Geduld. **sich auf etwas gefasst machen:** ↑ gefasst. **die Gelegenheit beim Schopf[e] fassen:** ↑ Gelegenheit. **sich ein Herz fassen:** ↑ Herz. **da kann man sich/kannst du dir [doch] nur an den Kopf fassen:** ↑ Kopf. **in den Mustopf fassen:** ↑ Mustopf. **sich an die eigene Nase fassen:** ↑ Nase. **Posten/Posto fassen:** ↑ Posten. **Schritt fassen:** ↑ Schritt. **den Stier bei den Hörnern fassen:** ↑ Stier. **sich an die Stirn fassen:** ↑ Stirn. **Tritt fassen:** ↑ Tritt. **das Übel an der Wurzel fassen:** ↑ Übel. **Wurzel fassen:** ↑ Wurzel.

Fasson: aus der Fasson geraten (ugs.): *rundlich, füllig werden:* Die Frau des Bürgermeisters ist in letzter Zeit etwas aus der Fasson geraten.

jeder soll/kann nach seiner Fasson selig/ glücklich werden: *jeder soll sein Leben so gestalten, wie es ihm vorschwebt, kann das tun, was er gern tun möchte:* Ich verstehe zwar nicht, warum er diese Entbehrungen auf sich nimmt, aber jeder soll nach seiner Fasson selig werden. ... dass jedem von uns das Recht zusteht, nach seiner eigenen Fasson glücklich zu werden (Ziegler, Recht 144).
▶ Die Redensart geht auf einen die religiöse Toleranz betreffenden Ausspruch Friedrichs des Großen zurück.

fast: fast von der Stange fallen: ↑ Stange.

faul: faul wie die Sünde: *sehr faul:* Arbeiten kommt für ihn überhaupt nicht infrage, er ist faul wie die Sünde.

nicht faul (ugs.): *flink, ohne zu zögern:* Er, nicht faul, sprang über den Tisch und verschwand durch das Fenster. Nicht faul, schlug eine 24-jährige Bekannte des Rowdys dem am Boden Liegenden noch mit einer Bierflasche auf den Kopf (MM 21. 6. 1966, 4).

ein fauler Kunde (ugs.): *ein verdächtiger Mensch, der nichts taugt:* Die Razzia brachte nichts ein, nur ein paar faule Kunden, die man wieder laufen ließ.

es ist etwas faul im Staate Dänemark: *da stimmt etwas nicht, da ist etwas nicht in Ordnung:* Wenn die Preise noch mehr steigen, dann ist doch etwas faul im Staate Dänemark. Darauf, dass im Staate Dänemark ... etwas faul ist, kommt man offenbar erst, wenn die Krankheit noch ärger ist (Zorn, Mars 45).

▶ Die Redensart stammt aus Shakespeares »Hamlet« (1,4). Im Original heißt es: »Something is rotten in the state of Denmark.«

das sind faule Fische: ↑ Fisch. **auf der faulen Haut liegen/sich auf die faule Haut legen:** ↑ Haut. **einen faulen Lenz haben/ schieben:** ↑ Lenz. **morgen, morgen, nur nicht heute, sagen alle faulen Leute:** ↑ morgen. **fauler Zauber:** ↑ Zauber.

Faulheit: vor Faulheit stinken (ugs.): *sehr faul sein:* Die neue Laborantin räumt noch nicht einmal ihren Arbeitsplatz auf, die stinkt vor Faulheit.

Faust: die Faust/die Fäuste in der Tasche ballen: *heimlich drohen, seiner Wut, seiner Erbitterung nicht offen Ausdruck geben:* Es hat keinen Sinn, immer nur die Faust in der Tasche zu ballen. Wir müssen jetzt endlich in der Öffentlichkeit für unsere Forderungen eintreten. Er ballte die Fäuste in den Taschen und musterte jeden Vorübergehenden genau (Remarque, Triomphe 83).

die Faust im Nacken spüren: *unter Druck, unter Zwang stehen:* Du wirst bestimmt auch nicht anders handeln, wenn du die Faust im Nacken spürst. Die »Faust im Nacken« spüren derzeit einige Millionen westdeutsche Arbeitnehmer (Spiegel 15, 1975, 46).

auf eigene Faust (ugs.): *selbstständig, auf eigene Verantwortung:* Die Freunde hatten einfach nicht den Mumm, einmal etwas auf eigene Faust zu unternehmen. Die Firma deckte den Vertreter nicht, weil er auf eigene Faust gehandelt hatte. Als Kommandant der UNO-Streitkräfte wollte McArthur auf eigene Faust rotchinesische Stützpunkte bombardieren (Bild 7. 4. 1964, 2).

▶ Die Wendung schließt an »Faust« als Sinnbild der Stärke und Machtvollkommenheit an.

sich ins Fäustchen lachen (ugs.): *heimlich schadenfroh sein:* Der Koch lachte sich ins Fäustchen, als er erfuhr, dass die ganze Mannschaft Durchfall hatte. Da hat das Fernsehen den Autofahrern ein schönes Schnippchen geschlagen – und ein Bürgermeister lacht sich ins Fäustchen (Hörzu 43, 1973, 7). Dieweil sich der eisschädelige Delattre ins Fäustchen lachen mochte, ... war man auf der Cité

längst mit ernsten Dingen befasst (Maass, Gouffé 141).

▶ Die Wendung nimmt darauf Bezug, dass jemand, der seine Erheiterung oder Schadenfreude zu verbergen sucht, die [geschlossene] Hand vor den Mund hält, oft auch so tut, als ob er hinter der vorgehaltenen Hand hustet.

mit der Faust auf den Tisch hauen/schlagen (ugs.): *energisch auftreten, vorgehen:* Wenn der Architekt nicht bald einmal mit der Faust auf den Tisch schlägt, ist der Bau auch im Herbst noch nicht fertig. Erregt schlug Mussolini mit der Faust auf den Tisch. »Dies ist es«, rief er, »was ich Hitler selbst auch immer wieder sage!« (Niekisch, Leben 264).

mit eiserner Faust: *mit Gewalt:* Der Aufstand wurde mit eiserner Faust unterdrückt. Jawohl – jedoch nur unter der Voraussetzung, die Sie übersehen; dass nämlich zuvor die ewigen Ruhestörer mit eiserner Faust zermalmt worden sind (Benrath, Konstanze 116).

▶ Die Wendung geht von »Faust« im Sinne von »[rohe] Gewalt« aus.

passen wie die Faust aufs Auge: ↑ passen.

faustdick: es faustdick hinter den Ohren haben (ugs.): *durchtrieben, gerissen sein:* Von wegen nettes, unerfahrenes Mädchen, die hat es faustdick hinter den Ohren. Stille Wasser waren oft tief. Mancher hatte es faustdick hinter den Ohren (Th. Mann, Buddenbrooks 439).

▶ Die Wendung wurzelt in dem alten Volksglauben, dass Schalk und Verschlagenheit (als kleiner Dämon) beim Menschen hinter den Ohren sitzen, vgl. »jmdm. sitzt der Schalk im Nacken« und die veraltete Wendung »jmdm. schläft der Schalk hinter den Ohren«.

Fazit: das Fazit [aus etwas] ziehen (bildungsspr.): *das Ergebnis von etwas zusammenfassen:* Er zog das Fazit aus den Besprechungen. Dieses Gebiet ist für den Bau des Staudamms nicht geeignet, um das Fazit aus meinen drei Reisen zu ziehen. Da hatte der Tod das Fazit gezogen und hatte nun auch den Freund des Lazarus geholt (Thielicke, Ich glaube 228).

▶ Die Wendung stammt aus der Kaufmannssprache und meint eigentlich: »die Endsumme einer Rechnung feststellen«.

fechten: unter jmds. Fahne fechten: ↑ Fahne.

Feder: Federn lassen [müssen] (ugs.): *Schaden, Nachteile erleiden; etwas einstecken müssen:* Die Bauernpartei hat bei den Wahlen Federn gelassen. Sogar die Freitagskrimis müssen Federn lassen. »In einer Folge ... wurde gleich zweimal mit dem Messer auf jemanden eingestochen. Ein Stich genügt, entschied die Krimikommission ...« (Hörzu 51, 1972, 12).

▶ Die Wendung rührt wohl aus dem Jagdwesen her: Federwild, das sich aus der Falle befreit, verliert Federn (entsprechend vom Haarwild: Haare lassen [müssen]). Sie wird heute gewöhnlich auf Vögel oder Hähne bezogen, die aufeinander losgehen und einhacken, dass die Federn fliegen.

aus den Federn (ugs.): *aus dem Bett:* Ich muss morgens früh aus den Federn. Raus aus den Federn, der Wecker hat geläutet! »Ich hätte Ihnen mit Wonne das Geleit gegeben«, versicherte der alte Freitag, »aber ich muss morgen wieder früh aus den Federn.« (Kirst, 08/15, 142).

in die/in den Federn (ugs.): *ins Bett/im Bett:* Es ist schon nach elf, ab in die Federn! Wenn ihr Mann noch in den Federn liegt, hat sie schon die halbe Hausarbeit gemacht.

sich mit fremden Federn schmücken: *Verdienste anderer als eigene ausgeben:* Er hat es doch eigentlich gar nicht nötig, sich mit fremden Federn zu schmücken. Die neue Mitarbeiterin schmückt sich gerne mal mit fremden Federn.

▶ Die Wendung geht auf eine Fabel zurück, in der sich eine Krähe mit ausgefallenen Pfauenfedern schmückt (Quelle ist eine Fabel von Äsop).

jmdm. sträubt sich die Feder: ↑ sträuben.

Federlesen: nicht viel Federlesen[s] mit jmdm., mit etwas machen: *keine Umstände machen, nicht zaudern:* Die Behörden sollten mit den Luftpiraten nicht viel Federlesens machen. Der liebe Gott macht nicht viel Federlesen (Tucholsky, Zwischen 170).

Vgl. die folgende Wendung.

ohne viel Federlesen[s]/ohne langes Federlesen: *ohne Umstände:* Da die Stö-

rungen anhielten, brach er ohne viel Federlesen[s] die Veranstaltung ab. Man schleppte ihn ohne langes Federlesen zur Wache. Eine zweite (= Tochter) wurde kurzerhand nach ihrem Vater Constanze genannt und ein Sohn Franzl, ohne viel Federlesens (A. Kolb, Daphne 25).

▶ Die Wendungen meinten eigentlich das beflissene Wegklauben angeflogener Federn von der Kleidung höher gestellter Personen.

Federstrich: mit einem Federstrich/durch einen Federstrich: *durch einen bloßen Verwaltungsakt, kurzerhand:* Das kann man nicht mit einem Federstrich aus der Welt schaffen. Im Jahre 1797 besetzte Napoleon Venedig – und löschte die Republik mit einem Federstrich aus (Hörzu 51, 1974, 48). Männer und Frauen, die ihre Geburt nach Deutsche waren ..., verloren durch einen Federstrich ihre Nationalität (K. Mann, Wendepunkt 265).

▶ Mit Federstrich ist in dieser Wendung der unter ein Schriftstück, einen Erlass o. Ä. gesetzte Namenszug gemeint.

fegen: etwas vom Tisch fegen: ↑ Tisch. **jeder fege vor seiner eigenen Tür:** ↑ Tür.

Fehdehandschuh: jmdm. den Fehdehandschuh hinwerfen (geh.): *jmdn. herausfordern, jmdn. den Kampf ansagen:* Die Gewerkschaften hatten der Regierung den Fehdehandschuh hingeworfen. Der Fehdehandschuh, den man den Stuttgartern hinwarf, hieß Dino, barg unter der Haube einen 1,6-Liter-Motor ... und erwies sich als verteufelt schnell (Welt 24. 5. 1965, 16). Sie lehnten es ab, Papen zu unterstützen; ja sie warfen ihm geradezu den Fehdehandschuh hin (Niekisch, Leben 214).

Vgl. die folgende Wendung.

den Fehdehandschuh aufnehmen (geh.): *eine Herausforderung annehmen:* Die Herzöge zauderten, den Fehdehandschuh aufzunehmen.

▶ Beide Wendungen wurzeln in einer mittelalterlichen Sitte des Rittertums. Wenn ein Ritter einen anderen beleidigen und zum Kampf herausfordern wollte, warf er ihm den Handschuh vor die Füße. Hob der andere Ritter den Handschuh auf, so war der Kampf angenommen. Diese Sitte erklärt sich daraus, dass es Rittern nicht erlaubt war, sich zu schlagen.

fehl: fehl am Platz/(selten auch:) **Ort sein:** *falsch eingesetzt, nicht angebracht sein:* Seine Vorwürfe waren völlig fehl am Platz. In der Planung ist der Neue fehl am Platz. ... sein oberflächlich-tröstliches Lachen, seine im Grunde sadistische Zärtlichkeit, womit er meinte, eine Eifersüchtige aufrichten zu müssen, waren fehl am Platz (Frisch, Stiller 110).

Fehl: ohne Fehl und Tadel (geh.): *ohne Makel, untadelig:* Alle Beschuldigungen sind lächerlich, ihr Verhalten war ohne Fehl und Tadel. Die kleine Kanadierin ... meisterte ihre Höchstschwierigkeiten ohne Fehl und Tadel (NNN 29. 2. 1988, 3).

fehlen: weit gefehlt!: *das ist ein großer Irrtum; ganz im Gegenteil!:* Die Passanten dachten, er hätte sich alle Knochen gebrochen. Doch weit gefehlt, der Mann stand auf und kletterte wieder auf das Gerüst. Meine Eltern dachten – der Stall ist fertig, die Wiese ist auch gepachtet –, nun kann nichts mehr passieren! Weit gefehlt! (H. Grzimek, Tiere 11).

es fehlte nicht viel ...: *fast, beinahe:* Es fehlte nicht viel, und die beiden wären abgestürzt. Es fehlte nicht viel, so wäre ich ertrunken. Zum ersten Mal seit vier Jahren hörte ich wieder deutsche Befehle ... Es hätte nicht viel gefehlt, ich selbst wäre aufgesprungen und hätte strammgestanden (Seghers, Transit 12).

das fehlte [mir] gerade noch; das hat [mir] gerade noch gefehlt; das hat mir zu meinem Glück [gerade] noch gefehlt (iron.): *das kommt zu allem Unglück noch hinzu:* Das hat mir gerade noch gefehlt, dass der Motor nicht anspringt. Am Wochenende wollen mich meine Schwiegereltern besuchen. Das hat mir zu meinem Glück noch gefehlt. Das hat Lilli ... gerade noch gefehlt. Statt mit Ehemann Peter muss sie ihre Hochzeitsnacht zunächst einmal mit ihrer Mutter ... verbringen (Hörzu 8, 1973, 61).

jmdm. fehlt ein Groschen an der Mark: ↑Groschen. **du fehlst/er fehlt usw. mir [gerade] noch in meiner Käfersammlung:** ↑Käfersammlung. **jmdm. fehlt das/jedes Organ für etwas:** ↑Organ. **bei jmdm. fehlt ein Rad/Rädchen:** ↑Rad. **du fehlst/er**

fehlt usw. mir [gerade] noch in meiner Raupensammlung: ↑Raupensammlung. **der/die usw. fehlt mir noch in meiner Sammlung:** ↑Sammlung. **jmdm. fehlen die Worte:** ↑Wort.

Fehlzündung: Fehlzündung haben (ugs.): *begriffsstutzig sein:* Erklären wir es ihm noch mal, er hat wieder Fehlzündung!

Feier: zur Feier des Tages. *um einen Anlass würdig zu begehen:* Zur Feier des Tages kaufte er zwei Flaschen Sekt. Hochzeit ... Dietmars Haare sind zur Feier des Tages onduliert (Praunheim, Sex 217).

keine Feier ohne Meier (ugs.; scherzh.): *Bemerkung über jmdn., der an allen geselligen Ereignissen [in aufdringlicher Weise] teilnimmt:* Natürlich war auch er wieder am kalten Büfett zu finden – keine Feier ohne Meier!

Feierabend: damit/mit etwas ist [bei jmdn.] Feierabend (ugs.): *das ist [für jmdn.] abgeschlossen, wird [von jmdm.] nicht mehr geduldet:* Jede Nacht erst nach zwei nach Hause kommen und meistens stockbetrunken – damit ist jetzt Feierabend, mein Lieber! Mit dem ganzen Karrierestress war bei mir schon vor Jahren Feierabend. Das ist ein Stück meiner Geschichte, dazu stehe ich, und damit Feierabend! (Kraushaar, Lippen 172).

feierlich: das ist [schon] nicht mehr feierlich (ugs.): *das ist unerträglich, geht zu weit:* Das ist schon nicht mehr feierlich, wie sie sich dem Skilehrer an den Hals wirft.

feiern: fröhliche Auferstehung feiern: ↑Auferstehung. **man muss die Feste feiern, wie sie fallen:** ↑Fest. **[wahre] Orgien feiern:** ↑Orgie. **Triumphe feiern:** ↑Triumph. **fröhliche Urständ feiern:** ↑Urständ.

feilhalten: Maulaffen feilhalten: ↑Maulaffe.

fein: fein heraus sein (ugs.): *in einer glücklichen Lage sein:* Wenn sie die Stellung als Chefsekretärin bekommt, ist sie fein heraus. ... ich habe einen Kopfschuss gehabt, und darauf ist mir ein Attest ausgestellt worden, dass ich zeitweise unzurechnungsfähig bin. Seitdem bin ich fein heraus (Remarque, Westen 178). Wer Nachhilfestunden bezahlen kann ..., ist da fein raus (Spiegel 9, 1976, 59).

nicht die feine [englische] Art sein: ↑ Art.
einen feinen Gaumen haben: ↑ Gaumen.
Gottes Mühlen mahlen langsam, aber
fein: ↑ Gott. klein, aber fein: ↑ klein. eine
feine Nase [für etwas] haben: ↑ Nase. ein
feines Ohr für etwas haben: ↑ Ohr. es ist
nichts so fein gesponnen, es kommt doch
ans Licht der Sonnen: ↑ spinnen.
Feind: viel Feind, viel Ehr: *es ist ehrenvoll,
viele Feinde zu haben:* Nach dem Motto
»Viel Feind, viel Ehr« blieb sie ungeachtet aller Kritik ihrer politischen Linie
treu.
▶ Diese Redensart war der Wahlspruch
Georgs von Frundsberg, des Kriegs-
obersten Maximilians I.
ran an den Feind! (ugs.; scherzh.): *los,
anfangen, nicht länger gezögert!:* Das
Klavier muss hoch, und zwar jetzt
gleich – also, ran an den Feind!
das Bessere ist des Guten Feind: ↑ besser.
Freund und Feind: ↑ Freund.
Feindschaft: darum/deswegen keine
Feindschaft: *deswegen wollen wir uns
nicht entzweien:* Dieser Schlauberger hat
mich damals ganz schön hereingelegt,
aber darum keine Feindschaft. »... aber
deswegen keine Feindschaft. Ich meld
mich wieder bei Ihnen.« (Prodöhl, Tod
219)
Feld: ein weites Feld sein: *ein Thema sein,
zu dem sich viel sagen ließe:* Das Thema
Sicherheitspolitik ist ein weites Feld.
▶ Diese Wendung hat wohl literarische
Quellen. Man findet sie zum einen in
dem Roman »Der Nachsommer« (1857)
von Adalbert Stifter. Dort heißt es: »Das
ist ein weites Feld, von dem ihr da redet ...« Zum anderen steht sie in Theodor Fontanes Roman »Effi Briest«
(1895). Dort sagt der Vater von Effi zu
seiner Frau: »Ach, Luise, lass ... das ist
ein zu weites Feld.«
das Feld behaupten: *eine Stellung gegen
die Konkurrenz halten:* Unsere Automobilindustrie konnte auch in Südamerika
das Feld behaupten.
das Feld beherrschen: *maßgebend, allgemein anerkannt sein:* In China beherrschen auch heute noch seine Ideen das
Feld.
▶ In dieser wie auch in den meisten der
folgenden Wendungen ist mit »Feld« das
Schlachtfeld gemeint.

das Feld räumen: *seinen Platz freigeben,
weichen:* Der Kommissar dachte gar
nicht daran, das Feld zu räumen und einem anderen die Lösung des Falls zu
überlassen. Die Tsetsefliege jedoch
räumt nicht so leicht das Feld. Wo man
sie wirklich vernichten will, da braucht
man dazu kluge Überlegungen (Grzimek, Serengeti 294). Als er heiratete, haben wir das Feld geräumt, haben uns
aufs Land zurückgezogen und dem jungen Paar eine fast komplett eingerichtete
Wohnung überlassen (Hörzu 4, 1971,
87).
jmdm. das Feld überlassen: *sich vor
jmdm. zurückziehen, jmdm. weichen:* Ihre Mutter verstand nicht, dass sie der anderen das Feld überlassen hatte. Warum
lehnt sich auch niemand gegen sie (= die
Zeit) auf? Sie ist nicht so allmächtig, wie
man immer glaubt und dann nichts tut
und ihr das Feld kampflos überlässt
(Strauß, Niemand 33).
jmdm. das Feld streitig machen: *als jmds.
Rivale, Konkurrent auftreten:* Mit diesem neu entwickelten Modell werden die
Japaner den Amerikanern das Feld streitig machen.
jmdn. aus dem Feld[e] schlagen: *jmdn.
verdrängen, vertreiben:* Dem Konzern
gelang es nicht, die Konkurrenz aus dem
Feld zu schlagen. Mit dieser Eigenschaft, geistige Selbstbeschäftigung zu
verbreiten, hatte er auch Clarisse erobert und mit der Zeit alle Mitbewerber
aus dem Feld geschlagen (Musil, Mann
60).
etwas [gegen jmdn.] ins Feld führen: *etwas gegen jmdn. vorbringen, geltend machen:* Der Staatsanwalt führte ins Feld,
dass der Zeuge vorbestraft sei. Die Delegierten führen gegen ihn eine mangelnde Erfahrung in der Parteiarbeit ins
Feld.
im weiten/in weitem Feld[e] stehen: *völlig
ungewiss sein:* Das steht noch im weiten
Feld, wann hier das neue Einkaufszen-
trum entstehen wird. Mangels der notwendigen Glücksgüter stand ihre Heirat
auch um diese Zeit noch in weitem Felde
(Th. Mann, Krull 61).
**gegen jmdn., gegen etwas zu Felde zie-
hen:** *jmdn., etwas bekämpfen:* Die Spieler wollen gegen den Trainer zu Felde

ziehen. Der Betriebsrat ist in der Betriebsversammlung gegen die Geschäftsleitung zu Felde gezogen. Er nützte sie (= seine Urteilskraft), um in scharfsinnigen kritischen Aufsätzen gegen einige ausgewählte Dichter der Jahrhundertwende zu Felde zu ziehen (Hildesheimer, Legenden 35).

Fell: jmdm./jmdn. juckt das Fell (ugs.): *jmd. ist so übermütig, als wolle er Prügel haben:* Hört bloß mit diesem Unfug auf, euch juckt wohl wieder einmal das Fell? Und warum die sich von ihrem Mann getrennt hat – der gehört mal richtig der Hosenboden voll, der juckt ja nur das Fell (Kirsch, Pantherfrau 97). »Macht euch auf einiges gefasst, Burschen ... Dem Neuen juckt das Fell.« (Kirst, 08/15, 452)

▶ Das Jucken gilt nach dem Volksglauben als Vorankündigung eines Ereignisses, daher auch glaubt man, dass man Geld bekommt, wenn einem die Hand juckt, oder dass man eins auf die Nase bekommt, wenn sie einem juckt.

jmdm. sind die/sind alle Felle fortgeschwommen / davongeschwommen / weggeschwommen: *jmds. Hoffnungen sind zerronnen:* Er sah aus, als wären ihm alle Felle fortgeschwommen.

▶ Die Wendung stammt wahrscheinlich aus der Sprache der Lohgerber. Wenn man, wie es früher die Lohgerber taten, Felle in einem fließenden Gewässer, im Stadtbach wässert, kann es passieren, dass sie davontreiben.

seine Felle fortschwimmen/davonschwimmen/wegschwimmen sehen: *seine Hoffnungen zerrinnen sehen:* Als der neue Assistenzarzt ihr den Hof zu machen begann, sah er bereits seine Felle davonschwimmen. Je stärker die gegnerische Mannschaft wurde, umso deutlicher sahen unsere Jungs ihre Felle wegschwimmen.

ein dickes Fell haben (ugs.): *dickfellig sein, viel Ärger vertragen können:* Ihn regten die ständigen Bevormundungen auf, und er wünschte sich, er hätte auch so ein dickes Fell wie seine Kollegen. Man muss ein dickes Fell haben, wenn man hier vorankommen will.

▶ Diese und die beiden folgenden Wendungen knüpfen an Fell in der Bedeu-

tung »Haut« an und spielen mit der dicken Haut auf die Unempfindlichkeit an.

ein dickes Fell bekommen (ugs.): *dickfellig, unempfindlich werden:* Wenn du erst ein paar Jahre in diesem Betrieb arbeitest, bekommst du auch ein dickes Fell.

sich ein dickes Fell anschaffen (ugs.): *sich unempfindlich machen, dickfellig werden:* Wenn du in der Politik vorankommen willst, musst du dir ein dickes Fell anschaffen. In Einzelfällen muss man sich ein dickes Fell anschaffen und darf keine große Lippe riskieren (Dein Schicksalsweg 21, 1976, 16).

jmdm. das Fell/(selten auch:) **die Haut gerben** (ugs.): *jmdn. verprügeln:* Er drohte den Burschen, ihnen das Fell zu gerben, wenn sie seine Tochter nicht in Ruhe ließen. ... wenn es gilt, den Barbaren das Fell zu gerben, lässt man die Spartaner vorausmarschieren (Hagelstange, Spielball 209).

▶ Die Wendung nimmt Bezug auf die Bearbeitung der Felle, besonders auf das Geschmeidigmachen der Häute durch Kneten, Klopfen und Walken.

das Fell/(selten auch:) **die Haut versaufen** (ugs.; landsch.): *einen Leichenschmaus abhalten:* Wollen wir uns nach der Beerdigung noch zusammensetzen und das Fell versaufen? Und nachher wird geteilt und beerbt und das Fell versoffen. Mit den trauernden Hinterbliebenen (Bobrowski, Mühle 154).

▶ Die Wendung erklärt sich daraus, dass es früher bei Viehhändlern und Fleischern üblich war, den Erlös aus dem verkauften Fell den Viehknechten als Trinkgeld zu geben, die es dann gemeinsam vertranken.

jmdm. das Fell/(selten auch:) **die Haut über die Ohren ziehen** (ugs.): *jmdn. betrügen, ausbeuten, stark übervorteilen:* Er tat so, als merke er nicht, dass die beiden ihm das Fell über die Ohren ziehen wollten. Die Händler am Straßenrand ziehen den Touristen ganz schön das Fell über die Ohren. Dein Vater war ein ungelehrter Mann, aber kein Professor der Weltgeschichte konnte ihn lehren, wie man den Jungens das Fell über die Ohren zieht (Brecht, Groschen 157).

▶ Die Wendung meint eigentlich, dass man einem Schaf nicht die Wolle schert, sondern gleich das ganze Fell abzieht. Das Abhäuten geschah dann so, dass den Tieren (vom Abdecker, Schinder) das Fell am Bauch aufgeschnitten und bis zum Kopf abgezogen wurde. Dann wurde um jedes Ohr ein Rundschnitt gelegt und das Fell schließlich über Kopf und Ohren abgestreift. Vgl. dazu die Verwendung des Verbs schinden (eigtl. »häuten«) im Sinne von »plagen, drangsalieren, ausbeuten«.

sein Fell zu Markte tragen: ↑ Haut.

Fels: ein Fels in der Brandung: *ein unerschütterlicher, allen Widrigkeiten trotzender Mensch:* In der Abwehr war der Nationallibero ein Fels in der Brandung, ihm verdankte die Mannschaft das Unentschieden. Heynckes: »In der langen Drangphase der Bremer war ›Winne‹ ein Fels in der Brandung!« (Kicker 6, 1982, 36)

Fenster: sich zu weit aus dem Fenster lehnen/hängen: *sich zu weit vorwagen, sich zu sehr exponieren:* Mit seinen Vorschlägen zur Steuerreform hatte der Minister sich zu weit aus dem Fenster gelehnt und seine politische Karriere gefährdet. Deutschland und Italien, die sich mit ihren Wünschen nach einer Stärkung der Gemeinschaft und mehr Entscheidungsbefugnissen für das Europäische Parlament weit aus dem Fenster gehängt haben, kniffen plötzlich (Rheinpfalz 2. 10. 1991, 2).

weg vom Fenster sein (ugs.): *nicht mehr angesehen sein, seine Geltung, seinen Einfluss verlieren [und in Vergessenheit geraten]:* Wenn der Europameister diesen zweitklassigen Mann nicht besiegt, ist er weg vom Fenster. Mit allen Mitteln will Heidi Brühl doch noch die große Karriere erzwingen. Wer nicht kämpft, ist weg vom Fenster (Hörzu 46, 1973, 34). Schade um all die, die Knut Kiesewetters Berlin-Konzert nicht miterlebt haben, denn er ist noch lange nicht weg vom Fenster (BM 16. 11. 1975, 10).

▶ Gemeint ist der Fensterplatz, der es einem ermöglicht, an dem, was sich außerhalb der eigenen vier Wände tut, teilzuhaben.

zum Fenster hinausreden: 1. *vergeblich, ohne jeden Erfolg reden:* Der Lehrer erklärte den Schülern, dass er keine Lust mehr habe, dauernd zum Fenster hinauszureden. 2. *für die Öffentlichkeit, nur propagandistisch reden:* Die meisten Teilnehmer an der Tagung redeten nur zum Fenster hinaus.

das/sein Geld zum Fenster hinauswerfen/rausschmeißen/aus dem Fenster werfen: ↑ Geld.

fern: das sei fern[e] von mir! (geh.): *Gott behüte!:* Mit einem Reiseunternehmen in Urlaub fahren? Das sei fern von mir!

▶ Diese Floskel stammt aus der Bibel, z. B. 1. Moses 44, 17: »Das sei ferne von mir, solches zu tun!«

fern von Madrid: *weitab vom eigentlichen Geschehen:* Mein Freund hat nicht mehr viel Einfluss in der Partei; er lebt seit Jahren fern von Madrid.

▶ Die Redensart stammt aus Schillers Don Carlos I,6; in dieser Szene verbannt der König die Marquisin von Mondekar für zehn Jahre vom Hof.

aus/von nah und fern: ↑ nah. **fern vom Schuss sein:** ↑ Schuss. **unrasiert und fern der Heimat:** ↑ unrasiert.

Ferne: warum/wozu in die Ferne schweifen? (scherzh.): *tun wir doch das Nächstliegende, nehmen wir doch das, was wir haben und was wir nicht erst besorgen müssen:* Er ging darauf nicht ein und sagte: »Warum denn in die Ferne schweifen? Wenn Sie eine Heiratsannonce aufgeben wollen, können Sie es doch mit mir versuchen – ich bin ledig.«

▶ Dieser Redensart liegt Goethes Vierzeiler »Erinnerung« zugrunde: »Willst du immer weiter schweifen? Sieh, das Gute liegt so nah. Lerne nur das Glück ergreifen, denn das Glück ist immer da.«

ferner: ferner liefen (ugs.): *nicht zu den Spitzenkräften gehörend; bedeutungslos:* Von wegen großer Manager, der Mann ist doch nur »ferner liefen« in unserer Firma. Noch vor einem Jahr wäre die Festnahme eines deutschen Zwischenhändlers mit 100 Gramm Heroin eine kleine Sensation gewesen. Das wird heute unter ferner liefen registriert (Christiane, Zoo 218).

▶ Die Wendung stammt aus dem Pferdesport und meint eigentlich »außer den Siegern nahmen am Rennen teil«.

Ferse: sich an jmds. Fersen/sich jmdm. an die Fersen heften: *jmdm. hartnäckig fol-*

gen: Die beiden Polizisten hefteten sich an die Fersen des Ganoven. Ich heftete mich dem Paar an die Fersen ..., ich war ihnen eher willkommen als lästig (Seghers, Transit 131).

jmdm. auf den Fersen bleiben/sein: *hinter jmdm. her sein, jmdn. verfolgen:* Die Polizei blieb ihm dicht auf den Fersen. Von ihr wusste jeder im Ort: Zu ihr kann man gehen, wenn sie einem auf den Fersen sind (Müthel, Baum 131). Graf Löwenjoul also, dem die Polizei auf den Fersen war, ward flüchtig nach Amerika (Th. Mann, Hoheit 176).

jmdm. auf den Fersen folgen: *jmdm. sofort nachfolgen:* Sie verließ den Raum, und ihre Freundin folgte ihr auf den Fersen.

jmdn. auf den Fersen haben: *einen Verfolger nicht loswerden:* Bald musste er feststellen, dass er die beiden Männer immer noch auf den Fersen hatte.

jmdm. auf die Fersen treten (veraltend): *jmdn. kränken:* Was machst du denn für ein Gesicht, ist dir jemand auf die Fersen getreten?

Fersengeld: Fersengeld geben (ugs.): *davonlaufen, fliehen:* Als die Schüler ihren Lehrer sahen, gaben sie Fersengeld. Da hatte einer Fersengeld gegeben, Hals über Kopf, in stummer Eile, als müsse er die Entschlusskraft eines Augenblicks wahrnehmen (Th. Mann, Zauberberg 607). Vor Giftschlangen dagegen kann und soll man Fersengeld geben (Grzimek, Serengeti 185).

▶ Die Wendung wurde schon im Mittelalter als »Bezahlung mit der Ferse« – d. h. also Zuwenden der Ferse statt Begleichung einer Schuld – beim heimlichen Verlassen einer Herberge aufgefasst. Ursprünglich kann »Fersengeld« allerdings auch ein Bußgeld, eine Strafe für Flucht (Zeigen der Fersen = Fliehen) gewesen sein.

fertig: fertig sein (ugs.): *höchst erstaunt, überrascht sein:* Du hast nur Einsen im Zeugnis? Da bin ich aber fertig!

mit jmdm. fertig sein: *mit jmdm. nichts mehr zu tun haben [wollen]:* Mit diesem Kerl war sie fertig, sie würde ihn nie wieder sehen. Wir sind fertig. Wir sind für alle Zeit fertig miteinander (Lenz, Brot 156).

mit jmdm. fertig werden (ugs.): *sich bei jmdm. durchsetzen; der Stärkere bleiben:* Wir werden mit diesen schrägen Typen schon fertig, die können uns keine Angst machen. ... weil er mit diesem Weibe niemals fertig werden kann (Thieß, Reich 564).

mit etwas fertig werden: *etwas innerlich bewältigen:* Mit seiner Entlassung ist er bis heute nicht fertig geworden. Wie sollte man mit dem Leben fertig werden? (Hausmann, Abel 130). Ich werde mit allem fertig (Handke, Kaspar 68).

fertig werden (ugs.): *zum Orgasmus kommen:* Ihr Mann wird immer so schnell fertig, weil sie hat dann gar nichts davon gehabt. Ich bin der Meinung, dass ich also die meisten Gäste, auch wenn sie nicht fertig geworden sind, durch meine Art irgendwie so umfädele ..., dass sie trotzdem irgendwie zufrieden sind (Fichte, Wolli 183).

fertig ist der Lack! (ugs.): *und damit ist es schon geschafft!:* Du brauchst jetzt nur noch das Brett anzuschrauben, und fertig ist der Lack!
Vgl. die folgende Wendung.

fertig ist die Laube! (ugs.): *und damit ist es schon geschafft!:* Wir lassen jetzt nur noch den Kleister trocknen, und fertig ist die Laube! »... Und wo soll ich die Munition lassen?« – »Irgendwohin. Zeltbahn darüber, und fertig ist die Laube.« (Kirst, 08/15, 307)

▶ Beide Wendungen beziehen sich darauf, dass etwas (Lack und Laube) sehr schnell, mit wenigen Handgriffen herzustellen ist.

fix und fertig: ↑ fix.

fest: festen Boden/festen Grund unter den Füßen haben: ↑ Boden, ↑ Grund. **festen Fuß fassen:** ↑ Fuß. **auf festen Füßen stehen:** ↑ Fuß. **eine feste Hand brauchen:** ↑ Hand. **in festen Händen sein:** ↑ Hand. **mit fester Hand:** ↑ Hand. **fest im Sattel sitzen:** ↑ Sattel. **steif und fest:** ↑ steif.

Fest: man muss die Feste feiern, wie sie fallen: *man muss jede Gelegenheit zum Feiern nutzen:* Es ist doch urgemütlich hier, trinken wir doch noch einen. Man muss die Feste feiern, wie sie fallen.

Festessen: es ist mir ein Festessen (ugs.; scherzh.): *es freut mich sehr, es ist mir ein Genuss, ein Vergnügen:* Ich hoffe, Sie haben sich bei uns wohl gefühlt. – Es war mir ein Festessen.

festhalten: halt mal deinen Schirm fest: ↑Schirm.

fett: jetzt ist der Bock fett: ↑Bock. **selber essen macht fett:** ↑essen. **das macht den Kohl/das Kraut auch nicht fett:** ↑Kohl, ↑Kraut. **leck mich fett:** ↑lecken. **die sieben fetten Jahre:** ↑¹sieben. **das macht die Suppe auch nicht fett:** ↑Suppe. **des Wahnsinns fette Beute sein:** ↑Wahnsinn.

Fett: Fett schwimmt oben (scherzh.): *dicke Menschen brauchen wegen ihres Körperfetts keine Angst vor dem Ertrinken zu haben.*

das Fett abschöpfen (ugs.): *das Beste für sich nehmen:* Bei den alpinen Wettbewerben hat Österreich wieder einmal das Fett abgeschöpft.

sein Fett [ab]bekommen/kriegen (ugs.): *[mit Recht] ausgescholten, bestraft werden:* Halt dich raus, sonst bekommst du auch dein Fett ab. Na, wenn es schon sie traf, dann wollte sie dafür sorgen, dass die alte Hexe ebenfalls getroffen wurde, dass auch sie ihr Fett bekam, dass sie hier flog (Simmel, Stoff 87). Vgl. die folgende Wendung.

sein Fett weghaben (ugs.): *die verdiente Strafe bekommen haben:* Ständig hat er seine Leute schikaniert, nun hat er auch sein Fett weg. ... er sah so tückisch aus, dass sie den armen Deibel laufen ließen. Meck sagte selbst: »Der hat sein Fett weg.« (Döblin, Berlin 127) ▶ Der Ursprung beider Wendungen ist nicht sicher geklärt. Vielleicht ist von einem »Essens- oder Bewirtungsbild« auszugehen, wie bei »jmdm. etwas einbrocken, jmdm. eine Kopfnuss, eine Ohrfeige geben« u. dgl.

im Fett sitzen/schwimmen (ugs.): *in guten Verhältnissen leben:* Seitdem er die Baustoffhandlung übernommen hat, schwimmt er im Fett. »Na, also«, wiederholt er. »Heute sitzen wir im Dreck, und damals saßen wir im Fett. Die Schlussfolgerung werden ja wohl auch Sie ziehen können, wie?« (Remarque, Obelisk 264)

jmdn. im eigenen/in seinem eigenen Fett schmoren lassen: ↑Saft.

Fettlebe: Fettlebe machen (landsch.): *gut und üppig essen, angenehm leben:* Mit der dicken Pension und dem Geld von der Versicherung kann er jetzt erst mal ein paar Jahre Fettlebe machen. ... wie sie Fettlebe machen bei Rechtsanwälten und bei Bankiers, wie sie so rumscharwenzeln auf die feinsten Modetees (Tucholsky, Zwischen 26). »... Ich möcht ooch wieder Fettlebe machen und mir nicht die Zehen abfrieren.« (Döblin, Berlin 165)

Fettnäpfchen: ins Fettnäpfchen treten (ugs.): *jmds. Unwillen erregen, es mit jmdm. verderben:* Ich fürchte, du bist bei ihm wieder einmal gehörig ins Fettnäpfchen getreten. Weißt du, in der Religionsstunde, da bin ich ins Fettnäpfchen getreten. Ich habe nicht geglaubt, dass Adam und Eva die ersten Menschen waren (Jaeger, Freudenhaus 162). Im letzten Familienquiz geriet Dietmar Schönherr wegen einer roten Nelke im Knopfloch in die Schusslinie. Fragt sich, ob er auch diesmal wieder ins »Fettnäpfchen« tritt (Hörzu 19, 1971, 77). ▶ Die Wendung nimmt darauf Bezug, dass früher in Bauernhäusern [in der Nähe des Ofens] für die Eintretenden ein Topf mit Stiefelfett stand, damit sie gleich ihre nassen Stiefel einreiben konnten. Wer nun versehentlich in den Topf mit dem Fett trat und Flecken auf den Dielen machte, verärgerte die Hausfrau.

Fetzen: ..., dass die Fetzen fliegen (ugs.): *rücksichtslos, höchst energisch:* In der Abteilung wurde aufgeräumt, dass die Fetzen flogen. Der Autor ... empfiehlt als »beste Antwort« auf Gewalt »eine sofortige Gegenattacke, dass die Fetzen fliegen« (Spiegel 16, 1985, 117). ... mal so richtig schnell rennen und im letzten Augenblick den Ball erwischen und tüchtig zudreschen, dass die Fetzen fliegen (Kempowski, Zeit 281).

feucht: eine feuchte Aussprache haben: ↑Aussprache. **ein feuchtes Grab finden:** ↑Grab. **jmdn. einen feuchten Kehricht/einen feuchten Lehm/einen feuchten Staub angehen:** ↑Kehricht, ↑Lehm, ↑Staub. **noch feucht hinter den Ohren sein:** ↑Ohr.

Feuer: Feuer und Flamme sein: *sofort für etwas begeistert sein:* Die Schüler waren Feuer und Flamme für die Aktion. Meine Frau ist immer gleich Feuer und Flamme, aber dann kühlt ihre Begeisterung genauso schnell ab. Wenn Sophie gegen Abend nach Hause kam, war sie jedes Mal fest entschlossen, Sängerin zu werden, ... und Heinrich war Feuer und Flamme (Bieler, Mädchenkrieg 122). **es ist/dann ist Feuer am Dach** (österr., schweiz.): *dann/es herrscht großer Aufruhr:* Wenn jedoch auch in der so genannten Paradedisziplin des österreichischen Skiwettkampfsports derart enttäuschende Ergebnisse wie jene in Kitzbühel auftreten, dann ist Feuer am Dach, beim Skiverband, aber auch bei der Industrie (NZZ 29. 1. 1983, 33). Wenn wir jetzt im UEFA-CUP ausscheiden, dann wäre das sehr hart und wieder Feuer am Dach (Kronen-Zeitung 22. 11. 1983, 62). **bei jmdm. ist gleich Feuer unterm Dach/ jmd. hat gleich Feuer unterm Dach:** *jmd. ist sehr jähzornig:* Der neue Bürgermeister hatte gleich Feuer unter dem Dach, da mussten sich die Dorfbewohner vorsehen. **Feuer fangen:** 1. *in Brand geraten:* Im Handumdrehen hatten auch die Gardinen Feuer gefangen und brannten lichterloh. Die vier Soldaten waren auf der Rückfahrt zu ihrer Kaserne, als ihr Auto ... in einer Kurve ins Schleudern geriet, gegen einen Baum prallte und Feuer fing (MM 2. 7. 1968, 10). 2. *sich für etwas begeistern:* Als die Spieler erfuhren, dass der Verein an einem Neujahrsturnier in Madrid teilnehmen wolle, fingen sie sofort Feuer. Wer sich nämlich nur als Mitläufer bezeichnet und einer freundlichen Duldung überantwortet sieht, fängt kein Feuer (Thielicke, Ich glaube 227). 3. *sich verlieben:* Er hatte den Eindruck, dass seine Tochter für den Skilehrer Feuer gefangen hatte. Denn obwohl sie längst Feuer gefangen hatten, scheuten die Fern-Verliebten noch immer die Begegnung (Hörzu 38, 1971, 108). **jmdm. Feuer unter dem Hintern/**(derb auch:) **Arsch/Schwanz/Frack machen** (ugs.): *jmdn. antreiben, jmdn. dazu bringen, dass er sich mehr einsetzt:* Der Maat machte den Matrosen anständig Feuer unterm Hintern. Mein Großvater ... nimmt sich den Feller vor, der soll mal ein bisschen fleißiger sein: ... dort ein bisschen Öl auf die Seele, dort ein biss-

chen Feuer unter den Hintern (Bobrowski, Mühle 143). **Feuer hinter etwas machen** (ugs.): *etwas beschleunigen:* Ich habe immer noch keinen Bescheid erhalten und werde mal Feuer hinter das Verfahren machen. **etwas aus dem Feuer reißen:** *etwas, was schon sehr gefährdet, fast verloren war, doch noch retten, zu einem guten Ende bringen:* Mit einer energischen Schlussoffensive gelang es den Bayern, das Spiel noch aus dem Feuer zu reißen. **für jmdn. durchs Feuer gehen:** *bereit sein, für jmdn. alles zu tun:* Die Spieler gehen für ihren Trainer durchs Feuer. Auf Befragen, ob ich für diese Herse durchs Feuer gehen wolle, hätte ich das gesagt: ja (Gaiser, Schlussball 29). Wer würde Schwester Libertine nicht jeden Gefallen tun ...? ... Wir würden für sie durchs Feuer gehen (Remarque, Westen 179). ▶ Die Wendung bezieht sich wohl darauf, dass bei Bränden Menschen es auf sich nehmen, durch die Flammen zu dringen, um andere zu retten. **mit dem Feuer spielen:** *leichtsinnig eine Gefahr herausfordern:* Der Regierungschef warnte die Mitglieder der IRA, mit dem Feuer zu spielen. In Zukunft würde sie an die Ehre ihres Gatten denken und nicht mehr mit dem Feuer spielen (Brand [Übers.], Gangster 68). **zwischen zwei Feuer geraten:** *von zwei Seiten bedrängt werden:* Zu spät merkte er, dass durch seine Politik sein Land zwischen zwei Feuer geraten war. ▶ Die Wendung meint eigentlich »von zwei Bränden gleichzeitig bedroht werden und daher in doppelt großer Gefahr sein«. Sekundär wurde die Wendung z. T. an Feuer im Sinne von »Beschuss« angeknüpft und als »unter Beschuss von zwei Seiten geraten« aufgefasst. **gebranntes Kind scheut das Feuer:** ↑brennen. **zwei/mehrere/noch ein Eisen im Feuer haben:** ↑Eisen. **ein Gegensatz wie Feuer und Wasser:** ↑Gegensatz. **für jmdn., für etwas die Hand ins Feuer legen:** ↑Hand. **für jmdn. die Kastanien aus dem Feuer holen:** ↑Kastanie. **Öl ins Feuer gießen:** ↑Öl. **wo Rauch ist, [da] ist auch Feuer:** ↑Rauch. **ein Spiel mit dem Feuer sein:** ↑Spiel. **sein Süppchen am Feuer anderer kochen:** ↑Suppe.

feuern: jmdm. eine/ein paar feuern (ugs.): *jmdm. eine Ohrfeige/mehrere Ohrfeigen geben:* Du bekommst gleich eine gefeuert!

Feuerprobe: die Feuerprobe bestehen: *sich zum ersten Mal in harter Praxis bewähren:* Der neue Wagen hat die Feuerprobe glänzend bestanden. Die Feuerprobe in der Liebe bestehen Sie mit Auszeichnung (Bild und Funk 2, 1967, 47). Ein Buch, das seine Gültigkeit und seine Anziehungskraft im Kanonenfeuer ... bewährt, muss von echter, kraftvoller Substanz sein. Es hat die Feuerprobe bestanden (K. Mann, Wendepunkt 421).
▶ Mit »Feuerprobe« war ursprünglich die im Feuer vorgenommene Prüfung des Goldes auf seine Reinheit gemeint. Danach bezeichnete »Feuerprobe« auch ein Verfahren zum Herbeiführen eines Gottesurteils: Um seine Unschuld zu beweisen, musste der Angeklagte längere Zeit ein glühendes Eisen halten.

Feuerwehr: wie die Feuerwehr fahren: ↑fahren.

Feuerzange: jmdn., etwas nicht mit der Feuerzange anfassen [mögen]: ↑anfassen.

Feuerzeug: da scheißt der Hund ins Feuerzeug: ↑Hund.

feurig: feuriges Blut haben: ↑Blut. **feurige Kohlen auf jmds. Haupt sammeln:** ↑Kohle.

ff: ↑Effeff.

ficken: fick dir bloß nicht aufs/ins Knie! (vulgär): *sei bloß nicht so aufgeregt, stell dich nicht so an!:* Du kriegst dein Geld ja übermorgen wieder, fick dir bloß nicht aufs Knie!

Fidibus: Hokuspokus Fidibus [dreimal schwarzer Kater]: ↑Hokuspokus.

Figur: eine gute/schlechte/traurige Figur machen/abgeben: *durch Auftreten oder Erscheinung positiv/negativ beeindrucken:* Sie hatten an diesem Abend schlechte Figur gemacht, das war nicht zu übersehen (Musil, Mann 405). ... ich hatte eben schon eine recht traurige Figur abgegeben, ich war mir gar nicht sicher, dass ich bei einem zweiten Kampf besser abschneiden würde (Fallada, Herr 16).

das Berühren der Figuren mit den Pfoten ist verboten: ↑berühren.

Figura: wie Figura zeigt (veraltend): *wie man an diesem Beispiel ablesen kann:* Mit Ungestüm und allzu forschem Auftreten erreicht man, wie Figura zeigt, bei diesen Leuten überhaupt nichts.

Film: bei jmdm./jmdm. ist der Film gerissen (ugs.; scherzh.): *jmd. kann sich [plötzlich] nicht mehr erinnern [wie es weitergeht, was dann passiert ist]:* Dem Conférencier war der Film gerissen. Bei deinen Kindern ist das verzeihlich, aber bei dir scheint der ganze Film gerissen (Bieler, Bär 255).

Filmriss: einen Filmriss haben (ugs.): *sich [plötzlich] nicht mehr erinnern können [wie es weitergeht, was dann passiert ist]:* Ich weiß nur noch, dass der Tee so merkwürdig bitter war – von da an habe ich einen Filmriss. Ich hatte einen ganz schönen Filmriss an dem Tag (Spiegel 37, 1981, 112).

finden: das/es wird sich [alles] finden: 1. *das wird sich [alles] herausstellen:* Das wird sich finden, wie das Öl in das Grundwasser gelangen konnte. 2. *das wird [alles] in Ordnung kommen:* Nun lass dir mal keine grauen Haare wachsen, es wird sich alles finden. Kühn gab mir einen Schnaps. Trinken Sie erst mal. Alles andere wird sich finden (v. d. Grün, Glatteis 313).

die [beiden] haben sich gesucht und gefunden (ugs.): *die [beiden] passen (mit ihren schlechten Eigenschaften) zueinander:* Wenn sie früher auch in einer obskuren Bar gearbeitet hat, dann haben sich die beiden doch gesucht und gefunden.

wie finde ich denn das? (ugs.): *Ausruf der Entrüstung, Verwunderung o. Ä.:* Er hat sich einfach fünfzig Mark aus meinem Portemonnaie genommen – wie finde ich denn das?

keinen Abgang finden: ↑Abgang. **Abnahme finden:** ↑Abnahme. **Anklang finden:** ↑Anklang. **Ankratz finden:** ↑Ankratz. **Anwendung finden:** ↑Anwendung. **Aufnahme finden:** ↑Aufnahme. **in etwas [seinen] Ausdruck finden:** ↑Ausdruck. **Beachtung finden:** ↑Beachtung. **Berücksichtigung finden:** ↑Berücksichtigung. **einen guten/günstigen Boden finden:** ↑Boden. **überall sein Brot finden:** ↑Brot. **einen Dummen finden:** ↑dumm. **kein/nie**

ein Ende finden: ↑ Ende. **ein gefundenes Fressen für jmdn. sein:** ↑ Fressen. **an jmdn., an etwas Gefallen finden:** ↑ Gefallen. **Gegenliebe finden:** ↑ Gegenliebe. **Gehör finden:** ↑ Gehör. **an etwas Genüge finden:** ↑ Genüge. **Geschmack an etwas finden:** ↑ Geschmack. **Glauben finden:** ↑ Glauben. **vor jmdm./vor jmds. Augen Gnade finden:** ↑ Gnade. **sein Grab in den Wellen finden:** ↑ Grab. **ein feuchtes/nasses Grab finden:** ↑ Grab. **ein frühes Grab finden:** ↑ Grab. **ein Haar in der Suppe finden:** ↑ Haar. **jeder Hans findet seine Grete:** ↑ Hans. **ein blindes Huhn findet auch mal ein Korn:** ↑ Huhn. **an etwas keinen Kopf und keinen Arsch finden:** ↑ Kopf. **seinen Mann gefunden haben:** ↑ Mann. **in jmdm. seinen Meister finden:** ↑ Meister. **Mittel und Wege finden:** ↑ Mittel. **[neue] Nahrung finden:** ↑ Nahrung. **bei jmdm. ein geneigtes/offenes/williges Ohr finden:** ↑ Ohr. **etwas [ganz] in [der] Ordnung finden:** ↑ Ordnung. **drum prüfe, wer sich ewig bindet, ob sich nicht noch was Bessres findet:** ↑ prüfen. **sich in seine Rolle finden:** ↑ ²Rolle. **die ewige Ruhe finden:** ↑ Ruhe. **etwas nicht auf der Straße gefunden haben:** ↑ Straße. **einen nassen Tod finden:** ↑ Tod. **den Tod finden:** ↑ Tod. **jeder Topf findet seinen Deckel/für jeden Topf findet sich ein Deckel:** ↑ Topf. **[bei jmdm.] offene Türen finden:** ↑ Tür. **Verbreitung finden:** ↑ Verbreitung. **Verwendung finden:** ↑ Verwendung. **für jmdn., etwas keine Worte finden:** ↑ Wort.

Finger: **das sagt mir mein kleiner Finger** (ugs.; scherzh.): *ich habe eine untrügliche Ahnung:* Das sagt mir doch mein kleiner Finger, dass du mit ihm unter einer Decke steckst. – Wie kommst du darauf? – Das sagt mir mein kleiner Finger. ▶ Die Wendung fußt auf dem alten Volksglauben, dass die Finger der Hand zum Menschen sozusagen sprechen, ihm mitteilen, was sie erahnen und wissen (vgl. die Zusammensetzung »Fingerspitzengefühl« im Sinne von »Ahnungsvermögen, Feingefühl«).

ein schlimmer Finger sein (ugs.): *ein böser, gefährlicher Mensch sein:* Vor dem Typ da nimm dich lieber in Acht – das ist ein ganz schlimmer Finger.

jmdm./jmdn. jucken die Finger nach etwas (ugs.): *jmd. möchte etwas (mit seinen Händen) sehr gern tun:* Ihm juckten richtig die Finger, nach all den Monaten wieder einmal Gitarre zu spielen.

sich die Finger abarbeiten (ugs.): *überaus schwer, bis zur Erschöpfung arbeiten:* Ich muss mir die Finger abarbeiten, und ihr werft das Geld zum Fenster hinaus.

sich die Finger abschreiben/wund schreiben (ugs.): *sehr viel, bis zum Überdruss schreiben:* Soll ein anderer mal Protokoll führen. Ich denke gar nicht daran, mir die Finger abzuschreiben. Sie hat sich die Finger wund geschrieben, aber keine Bewerbung hatte Erfolg.

keinen Finger krumm machen (ugs.): *nichts tun:* Während die anderen klar Schiff machten, verzog er sich unter Deck und machte keinen Finger krumm. Und der Kreimeier macht dafür keinen Finger krumm und hat im Monat seine sechstausend Mark (v. d. Grün, Glatteis 70). ... die Seeleute, die unter Anleitung des Funkmaats, der aber keinen Finger krumm machte, Brenks Arme schienen wollten, stritten sich, wie man am zweckmäßigsten vorgeht (Ott, Haie 354).

keinen Finger rühren: *sich nicht für jmdn. einsetzen, untätig bleiben:* Wenn es dir einmal dreckig geht, werde ich auch keinen Finger rühren. Wir arbeiten nicht mehr, es lohnt nicht, und wenn der ganze Schnee verbrennt; wir rühren keinen Finger (Döblin, Berlin 144).

lange/krumme Finger machen (ugs.): *stehlen:* Bei uns im Betrieb hat auch jemand lange Finger gemacht. Der Geschäftsführer übergab die Frau, die krumme Finger gemacht hatte, den beiden Polizisten. Mit 16 Jahren machte Peter Rayston zum ersten Mal lange Finger (Hörzu 38, 1973, 74). ▶ Derjenige, der etwas stehlen will (z. B. Geld aus der Kasse oder ein Portemonnaie aus der Tasche), streckt vorsichtig die Hand nach dem zu stehlenden Gut aus, macht gleichsam die Finger lang; dann umschließt er die Beute mit den Fingern, um sie an sich zu bringen, vgl. dazu ugs. »krallen« (= stehlen).

klebrige Finger haben (ugs.): *ein Dieb sein, stehlen:* In der Wohnbaracke musste jemand klebrige Finger haben. Immer wieder verschwanden kleinere Geldbeträge.

wenn man jmdm. den kleinen Finger gibt, nimmt er gleich die ganze Hand: *wenn man jmdm. entgegenkommt, wird er gleich unverschämt in seinen Forderungen:* Wir brauchen nicht weiter zu verhandeln. Wenn man denen den kleinen Finger gibt, nehmen sie gleich die ganze Hand.

den Finger auf die [brennende] Wunde legen: *auf ein Übel deutlich hinweisen:* Der Stadtrat scheute sich nicht, den Finger auf die Wunde zu legen und die Bodenspekulanten anzuprangern.

den/seinen Finger darauf haben (ugs.): *die Kontrolle haben:* Sie würde gern an das Erbe herankommen, aber noch hat ihre Großmutter den Finger darauf.

die Finger in etwas/im Spiel haben (ugs.): *hinter etwas stecken:* Die Polizei war nicht sicher, ob er die Finger auch in dieser Sache hatte. Vom alten Voigt wurde in der Vorstadt erzählt, dass er überall seine Finger im Spiel habe, wenn er auch nur das kleinste Geschäft wittere (v. d. Grün, Glatteis 125). Dieses Volk hat ja seine Finger in allen unsauberen Geschäften, wahrscheinlich auch in diesem (Maass, Gouffé 150).

die Finger von jmdm., von etwas lassen (ugs.): *sich nicht mit jmdm., mit etwas abgeben:* Der Vater drohte ihr, sie hinauszuwerfen, wenn sie nicht die Finger von diesem Kerl lasse. Der Chef riet ihm, die Finger von der Sache zu lassen. Sie gaben ihm sein Soldbuch zurück und gaben ihm den Rat, künftig die Finger von solchen Weibern zu lassen (Ott, Haie 103).

sich nicht [gern] die Finger schmutzig machen (ugs.): *sich nichts zuschulden kommen lassen, sich an keiner ungesetzlichen Handlung beteiligen:* Ich denke nicht daran, mir die Finger schmutzig zu machen. Das soll ein anderer erledigen.

sich die Finger verbrennen (ugs.): *Schaden erleiden; eine Schlappe einstecken:* Ich habe mir bei der Sache gehörig die Finger verbrannt. Wenn er es auf eine Kraftprobe mit ihm ankommen lässt, wird er sich ganz schön die Finger verbrennen. Als ob sich der Mensch nicht schon genug die Finger verbrannt hat, und bringt ihm nicht fünf Pfennig ein (Döblin, Berlin 301).

sich die Finger/alle zehn Finger nach etwas lecken (ugs.): *Lust auf etwas haben, etwas gern haben wollen:* Du, das ist ein Flitzer, da leckst du dir die Finger danach. Alle Finger leckt man sich danach, euch zu bewirten (Brecht, Mensch 9). Hast du das schöne Fresko bemerkt? ... Unser Oberlehrer, wenn er das sehen könnte, er würde sich alle zehn Finger lecken (Frisch, Nun singen 100).

sich etwas an den [zehn/fünf] Fingern abzählen/(landsch. auch:) **abklavieren können** (ugs.): *sich etwas leicht denken können, etwas leicht voraussehen können:* Dass wir verlieren würden, hättest du dir an den fünf Fingern abzählen können.

eine[n]/zehn an jedem Finger haben (ugs.): *sehr viele Verehrer, Freundinnen haben:* Mit diesem Filou solltest du dich nicht einlassen, der hat an jedem Finger zehn und denkt gar nicht daran zu heiraten. ... wahrscheinlich hat Florian an jedem Finger eine, und jede spekuliert auf dasselbe wie ich (Bild 9. 7. 1964, 4).

eins/etwas auf die Finger bekommen (ugs.): *mit Schlägen bestraft, zurechtgewiesen werden:* Die Kleine bekam von der Mutter eins auf die Finger, weil sie dauernd mit dem Salzstreuer spielte.

jmdm. auf die Finger klopfen (ugs.): *jmdn. [warnend] zurechtweisen:* Die radikalen Gruppen werden immer unverschämter; denen muss man mal auf die Finger klopfen. Die Eier, von denen er anklagend behauptete, sie seien ihm entwendet worden, hatte er selbst in das Nest gelegt. In einer Glosse ... klopfte ich ihm auf die Finger (Niekisch, Leben 254).

jmdm. auf die Finger sehen/schauen/gucken (ugs.): *jmdn. genau beaufsichtigen, kontrollieren:* Er hatte plötzlich das Gefühl, dass man ihm im Werk auf die Finger sah, also auch ihn der Wirtschaftsspionage verdächtigte. Er wird weiterhin den Jungs mit den flotten Zungen und den schnellen Händen auf die Finger schauen (Hörzu 18, 1974, 12).

sich etwas aus den Fingern saugen (ugs.): *etwas frei erfinden, sich etwas ausdenken:* Nie im Leben stimmt das. Das hast du dir alles aus den Fingern gesogen. Maj gibt, ebenfalls in der Verhandlung, zu, dass er damals Geld gebraucht und sich die ganze Geschichte einfach aus

den Fingern gesogen habe (Mostar, Unschuldig 79).
▸ Die Wendung bezieht sich wohl darauf, dass viele Menschen, wenn sie (beim Schreiben) über ein Thema oder ein Problem nachdenken, an den Fingern suckeln.

jmdn., etwas nicht aus den Fingern lassen (ugs.): *jmdn., etwas nicht hergeben:* Ich bin froh, dass ich diese Uhr für meine Sammlung zurückkaufen konnte. Jetzt lasse ich sie auch nicht mehr aus den Fingern.

[jmdm.] durch die Finger sehen: *[jmds.] unkorrektes Verhalten absichtlich übersehen:* Er war auf der Baustelle recht beliebt, weil er kein Antreiber war und den Arbeitern durch die Finger sah. Es hieß, persönlich könne man ihm nichts vorwerfen, er lebe ganz seiner Idee. Da hat man ihm natürlich viel durch die Finger gesehen (Brecht, Groschen 335). Wurden politische Gefangene von ihren Angehörigen besucht, dann war er großzügig ... und sah auch in anderem Betracht ihnen gegenüber durch die Finger (Niekisch, Leben 344).
▸ Gemeint ist, dass jmd. es nicht so genau nimmt, Nachsicht übt, was er dadurch zum Ausdruck bringt, dass er die Hand vor die Augen hält. Durch die gespreizten Finger kann man nicht alles genau verfolgen.

jmdm. durch die Finger schlüpfen (ugs.): *jmdm. entgehen:* Obwohl die Polizei das Viertel hermetisch abriegelte, schlüpften ihr einige Bandenmitglieder durch die Finger. Warum hast du dir diese Nebeneinnahme durch die Finger schlüpfen lassen?

etwas im kleinen Finger haben (ugs.): *über etwas gründlich Bescheid wissen:* Die chemischen Elemente hat er im kleinen Finger. Der Meister machte ihm klar, dass er die Bedienungsanleitung im kleinen Finger haben müsse. Ist die Schöpfung wirklich so simpel zu begreifen, dass der religiöse Mensch diese Dinge im kleinen Finger hätte? (Thielicke, Ich glaube 53).
▸ Gemeint ist wohl, dass man etwas so beherrscht, dass man es selbst mit dem kleinen Finger machen kann, ohne Zuhilfenahme der anderen Finger.

sich in den Finger schneiden (ugs.): *sich gründlich täuschen:* Wenn du meinst, die Reparatur sei billig, dann schneidest du dich gewaltig in den Finger. Wenn seine Frau annahm, sie könne ihn dadurch zurückgewinnen, so hatte sie sich in den Finger geschnitten.

jmdn., etwas in die Finger bekommen/ kriegen (ugs.): *jmdn., etwas finden, zu fassen bekommen:* Die Unterlagen hätte er fast in die Finger bekommen. Wenn ich den Burschen einmal in die Finger kriege, kann er etwas erleben. Irgendein Saukerl hat sie in die Finger gekriegt, Rauschgift und so, und jetzt sitzt sie da, und er ist natürlich über alle Berge (Baldwin [Übers.], Welt 154).

jmdm. in die Finger fallen/geraten (ugs.): *in jmds. Gewalt geraten, jmds. Opfer werden:* Beim Kauf dieser Uhr sind Sie leider einem Betrüger in die Finger geraten. ... schließlich werde aber natürlich auch sie (= die Unwirklichkeit der Zeit) »entdeckt« werden und den geschäftigen Ingenieuren in die Finger geraten (Hesse, Steppenwolf 109).

es juckt/kribbelt jmdm./jmdn. in den Fingern (ugs.): 1. *jmd. möchte etwas (mit seinen Händen) sehr gern tun:* Es juckte ihm in den Fingern, ein paar Melodien auf dem Flügel zu spielen. Manchmal juckt es mich richtig in den Fingern, diesem Kerl eine Ohrfeige zu geben. 2. *jmd. möchte jmdn. ohrfeigen:* Wenn ich diesen Kerl nur sehe, juckt es mir in den Fingern.

etwas mit dem kleinen Finger [der linken Hand] machen (ugs.): *etwas ohne Mühe machen, nebenher erledigen:* Lass mich mal ran, das mache ich mit dem kleinen Finger.

etwas mit spitzen Fingern anfassen (ugs.): *etwas [aus Widerwillen] vorsichtig anfassen:* Sie amüsierte sich darüber, wie er mit spitzen Fingern die Raupe anfasste.

mit [den] Fingern/mit dem Finger auf jmdn., auf etwas zeigen: *jmdn., etwas in der Öffentlichkeit bloßstellen, anprangern:* Der Lebenswandel seiner Tochter hatte dazu geführt, dass die Nachbarn mit dem Finger auf sie zeigten. ... und die Folge davon war nicht etwa, dass sie meine Gutmütigkeit anerkannten, sondern dass sie mit Fingern nach mir zeigten (Brecht, Geschichten 50).

man zeigt nicht mit nackten Fingern auf angezogene Leute! (ugs.): *scherzhafte Zurechtweisung, dass es unhöflich ist oder als Bloßstellung missverstanden werden kann, wenn jmd. auf eine Person aufmerksam macht, indem er mit dem Finger auf sie deutet.*

nur mit dem kleinen Finger zu winken brauchen: *eine solche Macht über andere haben, dass man seine Wünsche nur anzudeuten braucht:* Sie braucht nur mit dem kleinen Finger zu winken, dann erfüllt er ihr jeden Wunsch. Der Maharadscha brauchte nur mit dem kleinen Finger zu winken, und ein Dutzend Diener kam herbeigelaufen.

jmdn. um den [kleinen] Finger wickeln können (ugs.): *jmdn. leicht lenken, beeinflussen können:* Der Junge hat schon viel Charme, der wickelt selbst die Chefin um den kleinen Finger. Er ist aber ein fein gebildeter Mann und ganz leicht um den Finger zu wickeln (H. Mann, Unrat 47). »Fliege« ist nicht schön, aber bezaubernd. So bezaubernd, dass sie fünf junge Männer im Nu um den Finger wickelt (Hörzu 26, 1971, 64).

▸ Die Wendung meint, dass jemand so nachgiebig ist, dass man ihn wie einen Faden o. Ä. um den Finger wickeln kann.

jmdm. unter/(auch:) zwischen die Finger kommen/geraten: 1. *in jmds. Gewalt geraten:* Er drohte, Hackfleisch aus ihm zu machen, wenn er ihm unter die Finger komme. 2. *zufällig von jmdm. [vor]gefunden werden:* Er ist der aktuellste Roman, der mir in der letzten Zeit unter die Finger gekommen ist (Tucholsky, Werke 273). Da ist mir nun wieder ein wunderliches Begriffspaar unter die Finger geraten (Musil, Mann 1 215).

jmdm. unter/zwischen den Fingern zerrinnen: *von jmdm. nicht zusammengehalten, bewahrt werden können:* Das ererbte Vermögen ist ihnen zwischen den Fingern zerronnen.

jmdm. rinnt das Geld durch die Finger: ↑Geld. **da hat der Staatsanwalt [wohl] den Finger drauf:** ↑Staatsanwalt. **gibt man dem Teufel den kleinen Finger, so nimmt er die ganze Hand:** ↑Teufel.

Fingernagel: ↑Nagel.

Fingerspitze: bis in die Fingerspitzen: *sehr, ganz und gar:* Er ist musikalisch bis in die Fingerspitzen. ... sie hatte alles von ihm, auch die Musikalität, die bis in die Fingerspitzen geht (K. Mann, Wendepunkt 82). Frage dich nach den geheimen Ursprüngen des Gefälligkeitszaubers, der vorhin seinen Körper bis in die Fingerspitzen durchdrang (Th. Mann, Krull 41).

finster: im Finstern tappen: *im Ungewissen sein:* Die Polizei tappt in dieser Sache noch völlig im Finstern.

finster in die Welt gucken: ↑Welt.

Finsternis: ägyptische Finsternis: ↑ägyptisch.

Firma: die Firma dankt (ugs.; scherzh.): *danke:* Hier sind die Unterlagen, die Sie angefordert haben. – Die Firma dankt.

First Lady: *Frau eines Staatsoberhauptes o. Ä.:* Am Nachmittag wird die amerikanische First Lady einen Wohltätigkeitsbasar eröffnen. Was bedeutet Liebe für Sie? Als Erste antwortet Bonns First Lady Dr. Veronica Carstens (Hörzu 2, 1983, 102). Ägyptens First Lady kümmert sich in erster Linie um die Unterprivilegierten im Lande (MM 7. 4. 1981, 12).

Fisch: ein großer/dicker Fisch (ugs.): *ein dringend gesuchter Verbrecher:* Diesmal ging es der Polizei nicht um ein paar kleine Taschendiebe, diesmal wollten sie einen wirklich großen Fisch schnappen. Doch selbst dann, wenn den Fahndern dabei mal ein »dicker Fisch« in die Fänge geraten ... sollte, dürften Großhändler und Kleindealer ihren Stoff auf immer neuen Wegen an den Mann bringen (Spiegel 50, 1975, 67).

[das sind] faule Fische (ugs.): *[das sind] dumme Ausreden, Lügen:* Die Unruhen haben doch ganz andere Ursachen. Das sind doch faule Fische, was man uns erzählt. Ich glaube den Politikern kein Wort, das sind nur Wahlversprechen, alles faule Fische.

[das sind] kleine Fische (ugs.): *[das sind] Kleinigkeiten; [das ist] nichts Bedeutendes:* Das Geschäft reizte ihn nicht. Fünftausend Mark, das waren kleine Fische für ihn. »Kleine Fische«, sagt Rudolf Mang (20) und streicht verlegen über seinen Bizeps ... 150 Kilo Eisen stemmt der

Schwabe so mühelos wie ein Bayer den Maßkrug (Hörzu 51, 1970, 77).

weder Fisch noch Fleisch sein (ugs.): *nichts Halbes und nichts Ganzes sein:* Wenn deine Eltern dabei sind, kannst du die Party abblasen. Das ist doch dann weder Fisch noch Fleisch. Ich bin eine Art dritter Daumen. Ich bin weder Fisch noch Fleisch (Ruark [Übers.], Honigsauger 560).

[der] Fisch will schwimmen: *Ausspruch, wenn man zum Fischessen ein Getränk haben möchte oder nach einem Fischessen großen Durst hat:* Das ist schon mein drittes Glas Bier, na ja, Fisch will schwimmen.

die Fische füttern (ugs.; scherzh.): *sich über die Reling erbrechen:* Die Fähre begann in der starken Dünung zu schlingern, und einige Passagiere mussten die Fische füttern.

Butter an die Fische!: ↑ Butter. **sich [wohl] fühlen wie ein Fisch im Wasser:** ↑ fühlen. **sich fühlen wie ein Fisch auf dem Trockenen:** ↑ fühlen. **gesund sein wie ein Fisch im Wasser:** ↑ gesund. **munter wie ein Fisch im Wasser:** ↑ munter. **stumm wie ein Fisch:** ↑ stumm.

Fischblut: Fischblut haben: *gefühlskalt sein:* Seiner Meinung nach hatte sie Fischblut, und er wollte ihr lieber nicht mehr begegnen. Dazwischen standen die wenigen Offiziere, die kühle Augen und ein kaltes Hirn hatten, die Unteroffiziere mit der Bierruhe und dem Fischblut (Kirst, 08/15, 610).

fischen: nach Komplimenten fischen: ↑ Kompliment. **im Trüben fischen:** ↑ trüb.

Fisimatenten (Plural): **Fisimatenten machen** (ugs.): *faule Ausreden gebrauchen:* Mach keine Fisimatenten, und komm jetzt mit! Kiepert und Guste wissen ja zu genau, dass sie bloß Fisimatenten machen fürs Geschäft (H. Mann, Unrat 43). Bloß kein Brimborium und keine Fisimatenten, hatte Heini Spormann immer gesagt, ... wenn er aus dem Lager oder Gefängnis zurückkam (Degenhardt, Zündschnüre 246).

▶ Die ursprüngliche Bedeutung der Wendung ist dunkel, weil die Herkunft von »Fisimatenten« trotz aller Deutungsversuche (z. B. aus mittellatein. visae patentes »ordnungsgemäß erworbenes Patent« unter Einwirkung von mhd. visamente »Zierrat«) nicht überzeugend geklärt ist.

Fittich: jmdn. unter seine Fittiche nehmen: *jmdn. beschützen, betreuen:* Er war ihm sehr dankbar, dass er ihn, als er als junger Mann in den Betrieb gekommen war, unter seine Fittiche genommen hatte. Die allgegenwärtige Partei hat auch die leichte Muse unter ihre Fittiche genommen (Hörzu 27, 1973, 20). ... es tat ihm wohl, den ... Schützling von Colonel Thompson, dem Einflussreichen, bald wieder unter seine Fittiche nehmen zu können (Kirst, 08/15, 853).

▶ Gemeint ist, dass man für jmdn. so sorgt wie ein Vogel für seine Jungen. Der Vogel wärmt und schützt seine Jungen unter den Flügeln (Fittichen).

fix: fixe Idee (ugs.): *Zwangsvorstellung:* Das ist so eine fixe Idee von ihm. Sie hatte die fixe Idee, von ihrer Nachbarin bespitzelt zu werden. Warum finden Euer Gnaden das wunderbar? ... Weil es einem Mann, der mit seinem Schicksal nicht mehr zufrieden sein möchte, die Flausen austreiben wird und die fixen Ideen (Frisch, Cruz 32).

fix und fertig (ugs.): 1. *ganz und gar fertig:* Die Arbeit ist fix und fertig. Der Glaube ist jedenfalls nicht etwas, das fix und fertig vom Himmel fiele (Thielicke, Ich glaube 31). Er sah ihn schon als ausgedienten Soldaten, als fix und fertigen Gendarmen in das Dorf einziehen (Strittmatter, Wundertäter 54). 2. *bereit* (verstärkt): Sie war fix und fertig zur Abfahrt. Die Kinder standen schon fix und fertig in der Diele. Der Wagen jedoch ließ immer noch auf sich warten, ... wie ich so fix und fertig zum Abmarsch hinter dem Tisch saß (H. Kolb, Wilzenbach 31). 3. *völlig erschöpft:* Nach der Sitzung war er fix und fertig. Ich weiß nur, dass mich die Arbeit im Kindergarten fix und fertig machen kann (v. d. Grün, Glatteis 245).

fix und foxi (Jugendspr.): *völlig erschöpft:* Wir sind über dreißig Kilometer gelaufen – ich bin total fix und foxi. Bohrende Kopfschmerzen, ich bin total übermüdet, fix und foxi, Nullpunkt erreicht (Spiegel 10, 1987, 72).

▶ Es handelt sich hier um eine scherzhafte Abwandlung der vorangehenden

Fügung, wobei auf zwei bekannte Co-
micfiguren angespielt wird.

flach: flach wie ein Plättbrett sein (ugs.):
[fast] keinen Busen haben: Direkt hässlich ist sie nicht, aber flach wie ein Plättbrett.

Flachmann: einen Flachmann bauen
(ugs.): *sterben:* Seinen Vater hat er nie
gesehen, der hat im Krieg 'nen Flachmann gebaut.

Flagge: die Flagge streichen (geh.): *sich
geschlagen erklären:* Vor den Argumenten seiner Gegner musste er die Flagge
streichen. Bereits nach dem achtzehnten
Zug musste er die Flagge streichen.
▸ Diese und die folgenden Wendungen
stammen aus der Seemannssprache. Ein
Schiff zeigt mit der Flagge an, zu welchem Land, zu welcher Reederei es gehört. Es kann, um Gegner oder Verfolger zu täuschen, eine andere Flagge setzen und zeigt im Seegefecht durch Einholen (Streichen) der Flagge an, dass es
sich ergibt.

Flagge zeigen: *seine Einstellung, Meinung deutlich zu erkennen geben:* In der
Frage der Steuerreform muss die Opposition jetzt Flagge zeigen. Der 8. Mai,
der Tag der Befreiung, wäre ein passendes Datum. Gegen die Kanzlerphrase,
der Rechtsstaat müsse Flagge zeigen, erinnert der 8. Mai daran, dass die historische Vernunft in diesem Land sich niemals zusammen mit der Flagge zeigte
(Pohrt, Endstation 29).

unter falscher Flagge segeln/fahren: *etwas vortäuschen:* Die gesamte Aktion war
unter falscher Flagge gesegelt. Daheim
angekommen, fanden sie dann heraus,
dass die Geräte in Formosa hergestellt
worden waren. Ob dies rechtens sei, wurde die Regierung gefragt. Ob ein in Tai-
wan gefertigtes kleines Radio unter falscher Flagge segeln dürfe (Hörzu 5,
1974, 80).

flaggen: über die Toppen flaggen: ↑ Topp.

Flamme: etwas den Flammen übergeben
(geh.): *etwas verbrennen:* Wenn meine
Forderungen nicht erfüllt werden, über-
gebe ich die Dokumente den Flammen.

ein Raub der Flammen werden (geh.):
vom Feuer zerstört, vernichtet werden:
Beide Flügel des Schlosses wurden ein
Raub der Flammen.

in [Rauch und] Flammen aufgehen
(geh.): *völlig vom Feuer zerstört werden,
verbrennen:* Auch seine Bibliothek ging
in Flammen auf. Städte und Dörfer gingen in Rauch und Flammen auf. Die
Feuerbestattung findet so statt, dass die
Leiche zusammen mit einem leichten
Sarg in den Verbrennungsraum geschoben wird ... Der Sarg geht sofort in Flammen auf (Fischer, Medizin II, 52).

in [hellen] Flammen stehen: *[lichterloh]
brennen:* Als die Feuerwehr eintraf,
stand der Dachstuhl bereits in hellen
Flammen. Kaum eine Nacht verging,
ohne dass der kleine Johann ein- oder
zweimal emporfuhr und ... nach Hilfe
oder Erbarmen rief, als stände er in
Flammen (Th. Mann, Buddenbrooks
349). Draußen blieb er stehen und
schaute zu, das Gesicht vom Feuer gerö-
tet, bis auch das ganze Dach in Flammen
stand (Hesse, Narziß 291).

Feuer und Flamme sein: ↑ Feuer.

Flasche: einer Flasche den Hals brechen
(ugs.): *eine Wein-, Schnapsflasche öffnen, um sie auszutrinken:* Heute ist unser Hochzeitstag, da wollen wir mal einer Flasche den Hals brechen.

zu tief in die Flasche gucken/schauen
(ugs.; scherzh.): *zu viel Alkohol trinken,
sich beschwipsen:* Der Schutzmann
glaubte zunächst, der Mann hätte nur zu
tief in die Flasche geguckt. Ihr Mann lag
auf der Couch und litt. Er hatte auf dem
Betriebsausflug zu tief in die Flasche geguckt. Phokas I., der aus den untersten
Schichten der Bevölkerung kam, wurde
... mit der Frage begrüßt: »Du hast wohl
wieder zu tief in die Flasche geguckt?«
(Thieß, Reich 419)

zur Flasche greifen (ugs.): *sich dem
Trunk ergeben:* Als er sein Steuermanns-
patent losgeworden war, hatte er zur Flasche gegriffen. Lionel Bellows, von der
Polizei verdächtigt, von seiner Frau verlassen, von den Nachbarn geächtet, hat
aus Verzweiflung zur Flasche gegriffen
(Bild u. Funk 21, 1966, 45).

Flatter: die Flatter machen (ugs.): *weggehen, verschwinden:* Nix los hier; komm,
wir machen die Flatter. Mit sechzehn hat
er die Flatter gemacht und ist nach Hamburg getrampt. Jetzt ist er weg, der Zi-
geuner, hat die Flatter gemacht, ist feige

und wird eine Anzeige an den Hals kriegen (Ossowski, Flatter 107).

flechten: dem Mimen flicht die Nachwelt keine Kränze: ↑Mime. **jmdn. aufs Rad flechten:** ↑Rad.

Fleck: sich einen Fleck ins Hemd machen (derb): *sich dumm, ängstlich anstellen, sich zieren:* Mach dir nur keinen Flecken ins Hemd! Er soll sich keinen Fleck ins Hemd machen (Johnson, Mutmaßungen 15).

▶ Die Wendung nimmt darauf Bezug, dass sich jemand aus Ängstlichkeit, vor Erregung in die Hosen macht.

einen Fleck[en] auf der [weißen] Weste haben (ugs.): *nicht mehr unbescholten sein:* Auch einige Stadtväter hatten einen Fleck auf der weißen Weste.

▶ Die weiße Weste, im 19. Jh. ein beliebtes Kleidungsstück, steht in dieser Wendung als Symbol für Unbescholtenheit und Redlichkeit. Vgl. auch das Stichwort »Weste«.

am falschen Fleck (ugs.): *wo es nicht angebracht ist:* Seine Frau war am falschen Fleck energisch.

vom Fleck weg: *sofort:* Er wollte sie vom Fleck weg heiraten. Sie war vom Fleck weg engagiert worden. ... und ein anständiger Deutscher heirate nicht, wie im Film, vom Fleck weg eine Frau, »ohne sich vorher nach deren rassischer Herkunft zu erkundigen« (Hörzu 23, 1980, 44).

nicht vom Fleck kommen: *mit etwas nicht vorankommen:* Wir sind mit der Arbeit nicht vom Fleck gekommen. Die Unterhändler kamen in dieser Frage nicht vom Fleck. Gregor legte sich in die Riemen, sie ruderten keuchend und gleichmäßig, aber sie kamen gegen die Böen so gut wie gar nicht vom Fleck (Andersch, Sansibar 138).

das Herz auf dem rechten Fleck haben: ↑Herz. **den Mund/das Maul auf dem rechten Fleck haben:** ↑Mund. **ein weißer Fleck auf der Landkarte:** ↑weiß.

Fleisch: sein/ihr eigen Fleisch und Blut (geh.): *sein[e]/ihr[e] Kind[er]:* Er verleugnete sein eigen Fleisch und Blut. »... Sie weigern sich, die anstrengende und entsagungsvolle Mutterrolle zu übernehmen, wenn es nicht um ihr ›eigen Fleisch und Blut‹ geht.« (Hörzu 23, 1982, 123)

jmdm. in Fleisch und Blut übergehen: *jmdm. zur selbstverständlichen Gewohnheit werden:* Die Handgriffe waren ihm längst in Fleisch und Blut übergegangen. Ihr war es in Fleisch und Blut übergegangen, jeden Abend einen Blick unters Bett zu werfen. Wenn Teta auch die Tiefe der Messe nicht verstand, alles Äußere war ihr während dieser sechzig treuen Jahre in Fleisch und Blut übergegangen (Werfel, Himmel 156).

sich ins eigene Fleisch schneiden: *sich selbst schaden:* Ich habe mir mit dieser Abmachung ins eigene Fleisch geschnitten. Wenn sie die Partei zum Sammelbecken für Radikale machen, schneiden sie sich ins eigene Fleisch. Aber sollen sie es nur wagen. Sie werden sich damit mehr ins eigene Fleisch schneiden, wenn eines Tages herauskommen sollte, warum ich nicht an den Start gehen konnte (Lenz, Brot 136).

vom Fleisch fallen (ugs.): *abmagern:* Seine Frau fiel immer mehr vom Fleisch, auch der Arzt konnte nichts dagegen tun. Sie erschrak richtig, so sehr war er vom Fleisch gefallen. Olga Pottmann sagte, guck dir mal den Kleinen an, fällt vom Fleisch da bei der Schwerarbeit (Degenhardt, Zündschnüre 55).

weder Fisch noch Fleisch sein: ↑Fisch. **der Geist ist willig, aber das Fleisch ist schwach:** ↑Geist. **ein Mensch aus/von Fleisch und Blut:** ↑Mensch. **ein Pfahl im/ in jmds. Fleisch:** ↑Pfahl. **den Weg allen/ alles Fleisches gehen:** ↑Weg.

Fleischerhund: ein Gemüt wie ein Fleischerhund haben: ↑Gemüt.

Fleischtopf: sich nach den Fleischtöpfen Ägyptens [zurück]sehnen: *sich nach dem Wohlleben früherer Zeiten sehnen:* Wer jetzt die Wirtschaftsreform noch bejubelt, wird sich in ein paar Jahren nach den Fleischtöpfen Ägyptens zurücksehnen.

▶ Diese Wendung stammt aus der Bibel. Ihr liegt der biblische Bericht über den Auszug der Kinder Israel aus Ägypten (2. Moses 16, 3) zugrunde.

Fleiß: mit Fleiß (veraltend): *absichtlich:* Das habe ich mit Fleiß unterlassen. ... dem Gemüse hatte man mit Fleiß das Aroma entzogen und es grellgrün gefärbt (Koeppen, Rußland 160).

ohne Fleiß kein Preis: *wenn man etwas erreichen will, muss man sich auch darum bemühen:* Wenn du ein gutes Zeugnis haben willst, musst du dich mehr anstrengen – ohne Fleiß kein Preis!

fletschen: die Zähne fletschen: ↑ Zahn.

fleucht: was da kreucht und fleucht: ↑ kriechen.

flicken: jmdm. etwas am Zeug[e] flicken: ↑ Zeug.

Fliege: jmdn. ärgert/stört die Fliege/Mücke an der Wand: *jmdn. ärgert/stört jede Kleinigkeit:* Lass ihn nur, den stört heute die Fliege an der Wand.

eine/die Fliege machen (ugs.): *sich davonmachen, verschwinden:* Als sie Schritte hörten, machten die beiden eine Fliege. ... sie ... sagte unverhofft aufgerichtet, streng, in eigener Sache: Machen Sie 'ne Fliege (Johnson, Ansichten 147).

▶ Gemeint ist, dass man abschwirrt wie eine Fliege, die verscheucht wird. Vgl. das Stichwort »Mücke«.

zwei Fliegen mit einer Klappe schlagen (ugs.): *einen doppelten Zweck auf einmal erreichen:* Wenn wir ihm dabei auch noch eins auswischen können, schlagen wir zwei Fliegen mit einer Klappe. »Und Sie glauben, dass er diese schwierige und nicht ungefährliche Aufgabe übernähme?« – »Er wird darauf brennen, sie zu übernehmen.« – »Dann wären zwei Fliegen mit einer Klappe zu schlagen ...« (Benrath, Konstanze 53). Schließlich schlage ich zwei Fliegen mit einer Klappe. Ich behalte ihn auf Hannendorf, und im Reichstag vertritt er unsere Sache (Nachbar, Mond 120).

keiner Fliege etwas zuleide tun/ein Leid zufügen/keiner Fliege ein Bein ausreißen können (ugs.): *sehr gutmütig sein und niemandem etwas zuleide tun [können]:* Er bestritt, der Mörder zu sein, und beteuerte immer wieder, dass er keiner Fliege etwas zuleide tun könne. Ich kann, wie meine Frau bezeugen wird, keiner Fliege ein Leid zufügen (Zwerenz, Erde 10).

umfallen wie die Fliegen: *in großer Zahl sterben:* Damals fielen die Menschen um wie die Fliegen.

und wenn du dich auf den Kopf stellst und mit den Beinen Fliegen fängst: ↑ Kopf.

matt sein wie eine Fliege: ↑ matt. **in der**

Not frisst der Teufel Fliegen: ↑ Not. **sterben wie die Fliegen:** ↑ sterben.

fliegen: einen fliegen lassen (ugs.): *eine Blähung abgehen lassen:* Was stinkt hier bloß so, hast du einen fliegen lassen?

eine Biege fliegen: ↑ Biege. **ein Engel fliegt durchs Zimmer:** ↑ Engel. **mit fliegenden Fahnen zu jmdm., zu etwas übergehen:** ↑ Fahne. **mit fliegenden Fahnen untergehen:** ↑ Fahne. **..., dass die Fetzen fliegen:** ↑ Fetzen. **..., dass die Funken fliegen:** ↑ Funke[n]. **fliegende Hitze:** ↑ Hitze. **was da kreucht und fleucht:** ↑ kriechen. **die Kuh fliegen lassen:** ↑ Kuh. **in die Luft fliegen:** ↑ Luft. **..., dass die Späne fliegen:** ↑ Span. **auf die Straße fliegen:** ↑ Straße. **fliegende Untertasse:** ↑ Untertasse.

fließen: das Land, wo Milch und Honig fließt: ↑ Land. **jmdm. glatt/leicht von den Lippen fließen:** ↑ Lippe. **in Strömen fließen:** ↑ Strom. **da/bis dahin fließt noch viel Wasser den Berg/die Elbe/die Spree/den Rhein o. Ä. hinunter:** ↑ Wasser.

flink: flink wie ein Wiesel: *sehr flink, schnell:* Flink wie ein Wiesel war sie die Leiter hinaufgeklettert.

ein flinkes Mundwerk haben: ↑ Mundwerk.

Flinte: die Flinte ins Korn werfen: *den Mut verlieren:* Du brauchst nicht gleich die Flinte ins Korn zu werfen, beim nächsten Mal klappt es bestimmt. Sie hat schon als Kind bei der geringsten Schwierigkeit die Flinte ins Korn geworfen. Na, Pinneberg, werfen Sie bloß nicht die Flinte ins Korn. Es wird ja alles werden (Fallada, Mann 216).

▶ Die Wendung nimmt darauf Bezug, dass früher Soldaten, die nicht in den Kampf wollten oder den Kampf aufgaben, ihr Gewehr einfach ins Kornfeld warfen, wo es schwer aufzufinden war.

Flitzbogen: gespannt sein wie ein Flitzbogen: ↑ gespannt.

Floh: die Flöhe husten/niesen hören (ugs.): *schon aus den kleinsten Veränderungen etwas für die Zukunft erkennen wollen:* Frag doch mal deinen Schwager, der hört doch immer die Flöhe husten. Sie hören die Flöhe husten und machen andere mit ihrer Unruhe ganz nervös (Bild u. Funk 43, 1966, 68).

▶ Da es nicht gut möglich ist, dass jemand Flöhe husten oder das Gras wachsen hört (vgl. »das Gras wachsen hören«), verspottet man mit dieser Wendung einen Menschen, der sich besonders klug vorkommt und jede Kleinigkeit gleich für bedeutsam hält.

jmdm. einen Floh ins Ohr setzen (ugs.): *in jmdm. einen unerfüllbaren Wunsch wecken:* Lass dir nicht von diesem Burschen einen Floh ins Ohr setzen! Ich habe das Grundstück auf Menorca nicht kaufen wollen. Du hattest mir doch diesen Floh ins Ohr gesetzt. Worin bestand seine Aufgabe anders, nur dass er hier im Armeestab saß und Generalen solche Flöhe ins Ohr zu setzen hatte (Plievier, Stalingrad 303).
▶ Die Wendung meint, dass man einem Menschen etwas mitteilt, was ihn – wie ein Floh – beunruhigt, peinigt, nicht mehr loslässt.

einen Floh im Ohr haben (ugs.): *nicht recht bei Verstand sein, verrückt sein:* Was machst du denn da mit unserem Auto, du hast wohl einen Floh im Ohr?
▶ Gemeint ist wohl, dass der unruhig im Ohr hüpfende Floh kein klares Denken zulässt oder dass er wie ein Dämon durch das Ohr in den Kopf eindringt und das Gehirn schädigt. Vgl. auch die Wendung »einen kleinen Mann im Ohr haben« (↑ Mann).

lieber Flöhe/einen Sack [voll] Flöhe hüten (ugs.; scherzh.): *lieber alles andere tun:* Lieber einen Sack voll Flöhe hüten, als mit diesen Rackern einen Ausflug machen zu müssen!

Flohbeißen: angenehmes Flohbeißen! (ugs.; scherzh.): *gute Nacht!:* Wir gehen jetzt auch schlafen, also, angenehmes Flohbeißen!

Flötenton: jmdm. die Flötentöne beibringen (ugs.): *jmdm. das richtige Benehmen, Ordnung lehren:* Die Mutter war davon überzeugt, dass man ihrem Sohn beim Militär die Flötentöne beibringen werde. Dir werde ich schon die nötigen Flötentöne beibringen!
▶ Gemeint ist wohl »jmdm. beibringen, sich nach den Signalen einer Flöte zu richten« und nicht »jmdn. im Flötenspiel unterweisen«. Vgl. die Wendung »nach jmds. Pfeife tanzen« (↑ Pfeife).

flott: flotter Dreier/Vierer usw. (ugs.): *Geschlechtsverkehr zu dritt/viert usw.:* Er

schlug vor, einen flotten Dreier zu machen. Thema in Erika Bergers Sex-Plausch ist heute der flotte Vierer ... vom Partnerwechsel mit anderen Paaren (Hörzu 48, 1991, 109).

der flotte Heinrich: ↑ Heinrich. **der flotte Otto:** ↑ Otto.

Fluch: das ist der Fluch der bösen Tat: *das ist die verhängnisvolle Folge einer bösen Tat, eines Unrechts:* Das ist der Fluch der bösen Tat, dass jetzt der Terror von den Vertriebenen über die Landesgrenzen hinausgetragen wird.
▶ Die Redensart stammt aus Schillers »Wallenstein« (Piccolomini V. 1). Dort heißt es: »Das eben ist der Fluch der bösen Tat, dass sie, fortzeugend, immer Böses muss gebären.«

fluchen: fluchen wie ein Bierkutscher: *heftig, mit groben Worten fluchen:* Er hatte sich auf den Daumen geschlagen und fluchte wie ein Bierkutscher.

Flucht: die Flucht ergreifen: *davonlaufen:* Das Antilopenrudel ergriff vor dem Auto die Flucht. Einen der Täter konnte der Bedrohte bis zum Eintreffen der Beamten festhalten, der zweite Amerikaner zog es vor, rechtzeitig die Flucht zu ergreifen (MM 4. 11. 1969, 4).

jmdn. in die Flucht schlagen: *jmdn. zur Flucht zwingen:* Es gelang dem neuen Verband, den Gegner in die Flucht zu schlagen. ... die Henne aber ging auf die Hyäne zu, schlug sie in die Flucht und verfolgte sie (Grzimek, Serengeti 143).

die Flucht nach vorn [antreten]: *eine riskante Aktivität, die vorhandene oder zu erwartende Schwierigkeiten bewusst annimmt und sich offensiv mit ihnen auseinander setzt [beginnen]:* Um die FDP bei der Stange zu halten und die eigene Basis zu besänftigen, trat er mit seiner Pressekonferenz die Flucht nach vorn an (Spiegel 39, 1987, 32).

sein Heil in der Flucht suchen: ↑ Heil.

flüchtig: flüchtig gehen (ugs.): *fliehen:* Als sie den Polizisten kommen sah, ist sie flüchtig gegangen. Die beiden Männer verfolgten den 34-Jährigen eine kurze Strecke, gingen dann aber flüchtig (MM 8. 11. 1974, 17).

Flug: [wie] im Fluge: *sehr schnell:* Die Zeit war im Fluge vergangen. Wie im Fluge gingen die Stunden dahin.

Flügel: jmdm. die Flügel beschneiden/ stutzen: *jmds. Tatendrang einschränken:* Die jungen Gewerkschaftler wollten sich nicht von den alten Gewerkschaftsbossen ständig die Flügel beschneiden lassen. Ernst braucht einen Vater ... wir müssen ihm die Flügel stutzen (Fels, Sünden, 23).

jmdm. Flügel verleihen (geh.): *jmdn. anspornen, beflügeln:* Allzu rasch verließ sie die Geborgenheit der Familie; ihre Verliebtheit hatte ihr Flügel verliehen.

die Flügel hängen lassen: *mutlos sein:* Nun lass mal nicht gleich die Flügel hängen, das kann ja auch ein Missverständnis sein.

Flunder: platt sein wie eine Flunder: ↑platt.

Flunsch: einen Flunsch ziehen/machen (ugs.): *mürrisch, verdrießlich dreinblicken:* Nun komm schon, mach keinen Flunsch! Zieh bloß keinen Flunsch, Vater, weil ich dir mal die Meinung gegeigt habe (Fallada, Jeder 14). Die Kampfrichter winken ab, übergetreten, und die stämmige Dame zieht einen Flunsch (Lenz, Brot 36).

Flur: allein auf weiter Flur [stehen]: *ganz allein [sein]:* Sie stand mit ihrer Meinung allein auf weiter Flur. Nur der Mittelstürmer versuchte, das Spiel seiner Mannschaft offensiv zu gestalten, aber er kämpfte allein auf weiter Flur. Ede ... stellte Vergleiche an mit Napoleons Russlandfeldzug. Aber er war allein auf weiter Flur mit seinen Unkenrufen (Lentz, Muckefuck, 189).

Fluss: im Fluss sein: *im Gang, in der Entwicklung sein:* Die Verhandlungen sind noch im Fluss! Er hatte jetzt nichts anderes mehr zu tun, als auf neue Befehle seines Kommandeurs zu warten. Alles war im Fluss (Kirst 08/15, 569). Die Systematik der Forstwissenschaft kann nicht abgeschlossen sein, sie ist stets im Fluss (Mantel, Wald 85).

etwas in Fluss bringen: *etwas in Gang, in Bewegung bringen:* Krampfhaft bemühte er sich, das Gespräch in Fluss zu bringen. Sie sollten die festen Dinge, die noch bestanden, ... in Fluss bringen (Niekisch, Leben 254). Und nun erzählte Clemens, manchmal stockend und von den Fragen des Kriminalkommissars

wieder in Fluss gebracht, folgende Geschichte (Zuckmayer, Fastnachtsbeichte 90).

in Fluss kommen/geraten: *in Gang kommen, weitergehen:* Die Arbeiten kamen nur allmählich in Fluss. ... draußen aber ist manches in Fluss gekommen, wovon sich noch vor Jahresfrist niemand etwas träumen ließ (Dönhoff, Ära 67). Doch die Dinge waren in Fluss geraten. Aus allen Löchern kamen die Gestalten (Niekisch, Leben 65).

flüssig: flüssiges Brot (scherzh.): *Bier:* Ich habe keinen Hunger, ich bleibe beim flüssigen Brot.

flüstern: jmdm. etwas flüstern (ugs.): *jmdm. gehörig die Meinung sagen:* Der Trainer hatte ganz offenkundig in der Pause seinen Spielern etwas geflüstert. ... jetzt will ich dir mal was flüstern. Wir sind nicht allein, das brauch ich dir ja nicht weiter zu erklären (Degenhardt, Zündschnüre 111).

▶ Die Wendung bezieht sich darauf, dass man gerade dann, wenn man jmdm. unverblümt seine Meinung sagt, leise (hinter der vorgehaltenen Hand) spricht, weil es nicht für andere Ohren bestimmt ist.

das kann ich dir flüstern! (ugs.): *darauf kannst du dich verlassen!:* Hast du bei der Sache gut verdient? – Das kann ich dir flüstern! ... wenn einer bei mir so einen Murks machte, der wär am nächsten Tag raus, das kann ich dir flüstern (Kuby, Sieg 218).

Folge: einer Sache Folge geben (veraltend): *einer Sache nachkommen, stattgeben:* Seinem Gesuch wurde Folge gegeben. Das Gericht gab dem Antrag Folge (H. Mann, Unrat 103).

einer Sache Folge leisten: *einer Sache nachkommen, folgen:* Den Anordnungen des Personals ist unbedingt Folge zu leisten. Ich werde Ihrer Einladung gern Folge leisten. ... da die patriotische Welle von mir wegebbte, hätte ich dem Kommando des jungen Bauern Folge leisten können (Hartung, Piroschka 79).

in der Folge; für die Folge: *künftig, später:* Es werden in der Folge noch weitere Sparmaßnahmen ergriffen werden müssen. Ich bitte, dies für die Folge zu beachten. Eines der beiden Motorräder prallte in der Folge gegen einen Personenwagen (Vaterland 1. 8. 1984, 17). **etwas zur Folge haben:** *zu etwas führen:* Die Indiskretionen des Staatssekretärs können diplomatische Verwicklungen zur Folge haben. Dies nun aber hatte zur Folge, dass er mir am Ende der Soiree unter vier Augen den Antrag machte (Th. Mann, Krull 376). Und wir wissen, dass der Einsatz taktischer Atomwaffen automatisch den Beginn des großen Massenmordes zur Folge haben muss (Augstein, Spiegelungen 112).

folgen: jmdm. auf den Fersen folgen: ↑Ferse. **auf dem Fuß[e] folgen:** ↑Fuß. **jmdm. ins Grab folgen:** ↑Grab. **der Herde folgen:** ↑Herde. **jmdm. wie ein Schatten folgen:** ↑Schatten.

Folter: jmdn., etwas auf die Folter spannen: *jmdn. in quälende Spannung versetzen:* Nun erzähl endlich, und spann mich nicht länger auf die Folter! Er spannte mit einer bedeutungsvollen Pause die Neugier seiner Frau noch mehr auf die Folter. Der Sturm schloss einen Reifen um Schläfen und Kopf, man war flattrig und wie auf die Folter gespannt (Erh. Kästner, Zeltbuch 171).

fordern: jmds. Kopf fordern: ↑Kopf. **[von jmdm.] Rechenschaft [über etwas] fordern:** ↑Rechenschaft. **jmdn. in die Schranken fordern:** ↑Schranke.

fördern: etwas zutage fördern: ↑zutage.

Form: Formen annehmen: *über das gewöhnliche Maß hinausgehen:* Die Unpünktlichkeit in der Firma nimmt allmählich Formen an. Seine Frechheiten hatten Formen angenommen. In Rom, Alexandria und Constantinopel hat die Wohnungsnot zeitweilig Formen angenommen (Thieß, Reich 352). **aus der Form gehen** (ugs.; scherzh.): *dick werden:* Seit er nicht mehr raucht, ist er ein bisschen aus der Form gegangen. **in aller Form:** *förmlich, feierlich:* Er hielt in aller Form um ihre Hand an. Der Regierungssprecher distanzierte sich in aller Form von diesen Äußerungen. Sie hatte es (= das Etui) soeben in aller Form von dem Brasilianer geschenkt bekommen (H. Mann, Unrat 120). **zu großer Form auflaufen:** *sich zu einer großen Leistung steigern:* Im entscheidenden Doppel liefen die Amerikaner zu großer Form auf. Im Wahlkampf war der Kanzler zu großer Form aufgelaufen. Sie werden sehen: Er läuft schnell wieder zu großer Form auf (Hörzu 7, 1973, 114).

fort: fort und fort (veraltend): *immerzu:* Er versprach ihr, fort und fort an sie zu denken. Geschichte ist das Geschehen und was fort und fort geschieht in der Zeit (Th. Mann, Joseph). Aus dem Schornstein qualmte es fort und fort. Man siedete das Badewasser (Strittmatter, Wundertäter 12). **in einem fort:** ↑ein. **fort mit Schaden:** ↑Schaden. **und so fort:** ↑und.

Fortgang: seinen Fortgang nehmen (nachdrücklich): *fortgesetzt werden:* Nach drei Tagen nahmen die Kämpfe wieder ihren Fortgang. ... so saßen sie, aneinander gelehnt, während der Film seinen Fortgang nahm (Baldwin [Übers.], Welt 348).

fortschwimmen: jmdm. sind die/alle Felle fortgeschwommen: ↑Fell. **seine Felle fortschwimmen sehen:** ↑Fell.

forttragen: das trägt die Katze auf dem Schwanz fort: ↑Katze. **das kann die/eine Maus auf dem Schwanz forttragen:** ↑Maus.

Fortuna: Fortuna lächelt jmdm.: *jmd. hat Glück:* Es wäre schön, wenn mir auch einmal Fortuna lächelte.

foxi: fix und foxi: ↑fix.

Frack: jmdm. saust der Frack (ugs.): *jmd. hat Angst:* Du brauchst ja nicht mitzukommen, wenn dir der Frack saust.
▶ Die Wendung bezieht sich darauf, dass sich Angst und Erregungszustände häufig auf den Darm legen, zu Durchfall führen (vgl. die Wendung »Aftersausen bekommen«). »Frack« steht hier scherzhaft für »Hose«; vgl. die Wendung »sich in den Frack machen«.
jmdm. den Frack voll hauen (ugs.): *jmdn. verprügeln:* Lass mich in Ruhe, sonst haut dir mein Bruder den Frack voll! **den Frack voll kriegen** (ugs.): *verprügelt werden:* Du willst wohl den Frack voll kriegen, du Armleuchter! **sich in den Frack machen** (ugs.): *Angst haben:* Mach dir bloß nicht in den Frack! **jmdm. Feuer unter dem Frack machen:** ↑Feuer.

Fracksausen: Fracksausen haben: *Angst haben:* Wenn du Fracksausen hast, bleib

lieber hier! Winckler ... kann so bleiben. Fracksausen hat er nie gehabt (Gaiser, Jagd 85).
Vgl. die Wendung »jmdm. saust der Frack«.

Frage: eine bescheidene Frage (ugs.): *Floskel, die eine Frage einleitet, mit der man Kritik oder Skepsis ausdrücken will:* Ich hab mal eine bescheidene Frage: »Glauben Sie wirklich an Vorahnungen?« Eine bescheidene Frage: »Wie lange wollen wir uns diesen Unsinn noch anhören?«

das ist [noch sehr] die Frage: *das ist [noch sehr] zweifelhaft:* Er ist zwar Favorit, ob er aber wirklich die Goldmedaille gewinnt, das ist noch sehr die Frage. »Das bedeutet eine solche Erniedrigung, dass wir uns ihr entziehen müssten« ... »Das ist sehr die Frage« (Musil, Mann 1 377).

das ist die große Frage: *das muss sich erst noch zeigen:* Wer von den beiden Schachweltmeister wird, das ist die große Frage. Wie sich der Wähler entscheiden wird, das ist die große Frage. Könnte ich noch andere Luft schmecken als die des Gefängnisses? Das ist die große Frage (Kafka, Erzählungen 292).

[das ist] gar keine Frage: *das ist ganz gewiss:* Eines Tages werden auch in diesen Ländern große Industrien entstehen, das ist gar keine Frage. Sie war zu bedauern, gar keine Frage (Langgässer, Siegel 102). Nur, sehen Sie, Ihr Manifest, es hat seine guten Seiten, gar keine Frage (Bieler, Bonifaz 52).

nur eine Frage der Zeit sein: *innerhalb einer bestimmten Zeit zwangsläufig eintreten:* Irgendwann erwischen sie diesen Betrüger, das ist nur eine Frage der Zeit. Es scheint, als ob ihre Beförderung zur Abteilungsleiterin nur eine Frage der Zeit sei. Sie wusste, dass er über sie siegen würde, es war nur eine Frage der Zeit (Hartlaub, Muriel 16).

was für eine Frage!: *das ist doch selbstverständlich!:* Das Kabinett wird zurücktreten, was für eine Frage! »Nehmen die Deutschen in der Bundesrepublik wirklich Anteil an dem Schicksal der Berliner?« Was für eine Frage! (Dönhoff, Ära 50).

außer Frage stehen/sein: *gewiss sein:* Die Demokraten werden die Wahl gewinnen, das steht doch außer Frage. Die Ratifizierung des Vertrages ist außer Frage. Natürlich, die Schwächen meines Charakters stehen doch außer Frage (Th. Mann, Zauberberg 731).

etwas infrage stellen: 1. *etwas anzweifeln:* Der Redner stellte die Brauchbarkeit dieser Methode infrage. ... seither scheint es mir unziemlich, infrage zu stellen, ob mich einer versteht, solange ich ihn nicht verstehe (Buber, Gog 28). Doch ein Mann meines Alters, der sich selbst infrage stellt, ist eine traurige Gestalt (Nossack, Begegnung 157). 2. *etwas gefährden:* Der Erfolg der Verhandlungen wird durch diese Maßnahmen infrage gestellt. Durch das schlechte Wetter wird die Bergung infrage gestellt. Wie Recht er mit dieser Behauptung hatte, fühle ich erst jetzt ganz richtig, seit unsere Zukunft so sehr infrage gestellt ist (Normann, Tagebuch 43).

[für jmdn., für etwas] infrage kommen: *geeignet sein; in Betracht kommen:* Für diese Stelle kommen nur Bewerber mit Englischkenntnissen infrage. Eine Verlängerung kommt nicht infrage. Jedenfalls kam nur ein Himmel infrage, wo auch Göttinnen gibt (Frisch, Homo 260).

ohne Frage: *ohne Zweifel:* Das war ohne Frage eine große Leistung. Der Vater-Sohn-Konflikt und die Erblindung eines Bekannten ... sind also ohne Frage wichtig und bedeutsam gewesen (Jens, Mann 118). Hauptsächlich aber war es doch wohl für den Alten bezeichnend, um ne Frage die eigentliche Charakterfigur ... der Familie gewesen war (Th. Mann, Zauberberg 38).

fragen: es fragt sich: *es ist zweifelhaft:* Es fragt sich, ob er mitkommt. Es fragt sich noch, ob die Gespräche fortgesetzt werden. ... es fragt sich bloß, ob Lila ihn nach dieser Frage noch als Vater des Kindes wollte (Frisch, Gantenbein 471).

da fragst du mich zu viel (ugs.): *das weiß ich auch nicht:* Ich kann dir nicht sagen, wer diesen Plan ausgeheckt hat, da fragst du mich zu viel.

frag mich was Leichtes/Leichteres! (ugs.): *das weiß ich auch nicht:* Warum er sich nicht mehr mit dir treffen will? Frag mich was Leichteres!

frag[e] lieber nicht! (ugs.): *darüber möchte ich nicht sprechen:* Wie viele Fische habt ihr denn geangelt? – Frag lieber nicht!

da fragst du noch? (ugs.): *das ist doch gewiss, selbstverständlich:* Natürlich hat er gewonnen, da fragst du noch?

das frage ich dich!: *das müsstest du wissen, nicht ich:* Weißt du, wo wir den Wagen geparkt haben? – Das frage ich dich!

fragen kostet nichts (ugs.): *es ist besser, wenn man sich vorher Gewissheit verschafft:* Frag ihn doch mal, wie das Ding funktioniert! Fragen kostet ja nichts.

wer viel fragt, kriegt viel Antwort (ugs.): *man soll sich [überflüssige] Fragen sparen und lieber selbstständig handeln:* Ich muss erst meine Eltern fragen, ob ich den Wagen nehmen darf. – Ach was, wer viel fragt, kriegt viel Antwort!

den Henker nach etwas fragen: ↑ Henker.

jmdm. ein Loch/Löcher in den Bauch/ein Loch in den Arsch fragen: Loch. **jmdm. die Seele aus dem Leib fragen:** ↑ Seele.

den Teufel nach etwas fragen: ↑ Teufel.

jmds. Typ ist nicht gefragt: ↑ Typ.

Fragezeichen: dastehen wie ein Fragezeichen/wie ein beschissenes Fragezeichen/wie ein in die Luft geschissenes Fragezeichen: ↑ dastehen.

Fraktur: [mit jmdm.] Fraktur reden (ugs.): *[jmdm.] unverblümt seine Meinung sagen:* Der Trainer sollte mal mit den Spielern Fraktur reden. Ich glaube, ich muss mal mit unserem Sohn Fraktur reden. Hat Lachow erst mit Albertchen Fraktur geredet, so ging es mit dem Teufel zu, wenn da nicht Gegenbefehl kam! (A. Zweig, Grischa 358).

▶ Die Wendung bezieht sich darauf, dass die gebrochenen, eckigen Formen der Frakturschrift im Vergleich zu den weichen, runden Formen der Lateinschrift als derb und grob empfunden werden. Sie meint also eigentlich »grob mit jmdm. reden«.

frank: frank und frei: *geradeheraus, offen:* Er gab frank und frei zu, dass er an dem Überfall beteiligt gewesen war. Du kannst frank und frei deine Meinung sagen. Nirgendwo geschieht die Plünderei so offen, so frank und frei und selbstverständlich (Zwerenz, Kopf 212).

franko: gratis und franko: ↑ gratis.

Frankreich: leben wie Gott in Frankreich: ↑ leben.

französisch: sich französisch/auf Französisch empfehlen/verabschieden (ugs.): *heimlich aus einer Gesellschaft weggehen:* Einige Gäste hatten sich bereits französisch/auf Französisch empfohlen. Gegen 22.00 Uhr verabschiedeten sich die Kohls auf »Französisch« von der CDU-Wahlparty im Konrad-Adenauer-Haus (MM 8. 3. 1983, 10).

▶ Die Unhöflichkeit des heimlichen Weggangs schiebt man den Fremden zu, redet man den Nachbarvölkern nach; vgl. in Frankreich »filer à l'anglaise« und in England »take French leave«.

Frau: eine Frau von Welt: *eine Frau, die gewandt im [gesellschaftlichen] Auftreten ist:* Sie war eine Frau von Welt und wurde von allen Kollegen respektiert.

jmdn. zur Frau nehmen (veraltend): *eine Frau heiraten:* Er verliebte sich in sie und nahm sie schon bald zur Frau.

dafür muss 'ne alte Frau lange stricken: ↑ stricken. **eine Frau mit Vergangenheit:** ↑ Vergangenheit. **weise Frau:** ↑ weise.

Frau Holle: Frau Holle macht/schüttelt die Betten/(auch:) ihr Bett (fam.): *es schneit:* Als die Kinder am nächsten Morgen aufwachten, hatte Frau Holle die Betten geschüttelt. Wenn Frau Holle im Winter die Federbetten ausschüttelt, dann schneits in unserer schönen deutschen Stadt (Hilsenrath, Nazi 99).

▶ Ausgangspunkt dieser Redensart ist das Märchen von Frau Holle.

Fräulein: das Fräulein vom Amt (veraltend): *die Vermittlerin im Telefonverkehr:* Das Fräulein vom Amt wird vom technischen Fortschritt immer mehr verdrängt.

frech: frech wie Oskar (ugs.): *sehr frech:* Das kleine Mädchen, frech wie Oskar, streckte ihm die Zunge heraus. In München und im Flugzeug warst du noch frech wie Oskar (Borell, Lockruf 21).

▶ Die Herkunft der Wendung ist nicht geklärt. Unklar ist, ob mit »Oskar« wirklich der Vorname einer bestimmten Person (z. B. des Kritikers Oskar Blumenthal) gemeint ist, zweifelhaft auch, ob »Oskar« eine volksetymologische Umdeutung des jiddischen »ossoker« (= freche Person) ist.

frech wie Dreck/Gassendreck (ugs.)/ **Rotz** (derb)/**Schifferscheiße** (derb): *sehr frech:* Der Bengel grinste frech wie Dreck, sagte aber kein Wort. Die Jungs sind frech wie Schifferscheiße, aber noch lange keine Kriminellen!

ein freches Mundwerk haben: ↑Mundwerk.

frei: frei/los und ledig: *völlig frei von; ohne jede Beeinträchtigung:* Er war froh, dass er aller Verantwortung frei und ledig war.

ich bin so frei (veraltend): *ich nehme Ihr Angebot an:* Hier, wenn Sie noch etwas trinken möchten, bedienen Sie sich. – Vielen Dank, ich bin so frei! Ich bin so frei, ich nehm mir noch eine Zigarette (Fallada, Mann 236).

[wieder] frei atmen können: ↑atmen. **freie Bahn haben:** ↑Bahn. **freie Bahn dem Tüchtigen:** ↑Bahn. **frank und frei:** ↑frank. **jmdn. auf freiem Fuß [be]lassen:** ↑Fuß. **auf freiem Fuß sein:** ↑Fuß. **jmdn. auf freien Fuß setzen:** ↑Fuß. **freie Hand haben:** ↑Hand. **jmdm. freie Hand lassen:** ↑Hand. **aus den freien Lamäng:** ↑Lamäng. **einer Sache freien Lauf lassen:** ↑¹Lauf. **frei von der Leber weg reden/ sprechen:** ↑Leber. **den Rücken frei haben:** ↑Rücken. **frei nach Schnauze:** ↑Schnauze. **freie Station:** ↑Station. **aus freien Stücken:** ↑Stück.

Freibrief: [k]ein Freibrief für etwas sein: *[nicht] mit der Erlaubnis verbunden sein, etwas zu tun:* Politische Macht darf kein Freibrief für die Unterdrückung anders Denkender sein. Freiheit ist kein Freibrief (Handke, Kaspar 49). Das soll aber kein Freibrief dafür sein, dass man in kurzen Höschen und einer fragwürdigen Oberbekleidung, gleichgültig ob Männlein oder Weiblein, auf Bergfahrt gehen kann (Eidenschink, Bergsteigen 31).

einen Freibrief für etwas haben: *die besondere Erlaubnis haben, etwas zu tun:* Sie kann diese Dinge in der Dienstzeit erledigen, sie hat einen Freibrief dafür. Vielleicht bin ich sogar treuer als mancher Ehemann, der glaubt, mit dem Trauschein hat er auch einen Freibrief (Hörzu 48, 1972, 43).

jmdm. einen Freibrief für etwas geben/ ausstellen: *jmdm. volle Freiheit geben, etwas zu tun:* Die Spieler stellten ihm ei-

nen Freibrief aus, Werbeverträge für sie abzuschließen. Mit Ihrem blödsinnigen Einfall haben Sie den Leuten einen Freibrief ausgestellt (Sebastian, Krankenhaus 168).

etwas als Freibrief für etwas ansehen: *etwas [völlig willkürlich] für die eigenen Zwecke ausnutzen:* Dass er zum Sprecher der Spieler gewählt wurde, sah er als Freibrief für Aktivitäten gegen den Vereinsvorstand an.

Freie: jmdn. ins Freie befördern (ugs.): *jmdn. hinauswerfen:* Ehe die Burschen so recht wussten, was gespielt wird, hatte der Wirt sie schon ins Freie befördert.

im Freien stehen (ugs.): *unbekleidet sein:* Du kannst doch nicht einfach den Vorhang wegziehen, wenn ich hier völlig im Freien stehe! Die Hose war aufgeplatzt, und er stand plötzlich hintenherum im Freien.

freien: jung gefreit hat nie gereut: *es schadet nicht, im jungen Alter zu heiraten:* Sie sind schon 25 Jahre glücklich verheiratet; da sieht man mal wieder: Jung gefreit hat nie gereut.

Freiersfüße (Plural): **auf Freiersfüßen gehen** (scherzh.): *sich eine Frau zum Heiraten suchen:* Im Dorf erzählt man, dass der Lehrer auf Freiersfüßen gehe.

freihalten: sich den Buckel/Rücken freihalten: ↑Buckel, Rücken.

freihändig: stehend freihändig: ↑stehen.

Freiheit: sich die Freiheit nehmen, etwas zu tun: *sich etwas erlauben, herausnehmen:* Er nahm sich die Freiheit, seinen Arm um ihre Taille zu legen. Sie hat sich die Freiheit genommen, ihn auf dieses Versehen aufmerksam zu machen. Ich für meinen Teil werde mir jetzt erst recht die Freiheit nehmen, Ihnen, Fräulein Flora Garlinda, mein Haus zur Verfügung zu stellen (H. Mann, Stadt 29).

jmdn., etwas in Freiheit setzen: *jmdn., etwas freilassen:* Wir werden die Tiere gesund pflegen und sie dann wieder in Freiheit setzen. Die neue Verwaltungspolizei verhaftet Leute, die der Sicherheitsausschuss gerade in Freiheit gesetzt hat ... (Sieburg, Robespierre 210).

fremd: sich mit fremden Federn schmücken: ↑Feder. **die Hand in fremder Leute Taschen haben:** ↑Hand. **nichts Menschliches ist jmdm. fremd:** ↑menschlich.

nichts für fremde Ohren sein: ↑ Ohr. **den Splitter im fremden Auge, aber den Balken im eigenen nicht sehen:** ↑ Splitter. **unter fremden Sternen:** ↑ Stern.

Fremdwort: [für jmdn.] ein Fremdwort sein: *[von jmdm.] nicht zu erwarten, [jmdm.] völlig fremd sein:* Großzügigkeit ist für diese Leute ein Fremdwort. Noch vor wenigen Jahren war Rücksichtnahme ein Fremdwort für ihn. Zum ... Wahlkreis 15 gehören darüber hinaus zwei so genannte Ortsamtsbereiche des Bezirks Wandsbek ... wo links ein Fremdwort ist (Spiegel 36, 1985, 116).

Fresse: [ach, du] meine Fresse! (ugs.): *Ausruf der Überraschung, der Verwunderung:* Ach, du meine Fresse, wie siehst du denn aus? Meine Fresse, waren wir gestern Abend blau! Mit der möchte ich mal Schinkenkloppen spielen, meine Fresse (Remarque, Westen 94). **jmdm. die Fresse polieren/lackieren** (derb): *jmds. Gesicht durch Schläge übel zurichten, jmdn. zusammenschlagen:* Die beiden Ganoven drohten, ihm die Fresse zu polieren, wenn er nicht zahlen würde. Verschwinde, sonst lackiere ich dir die Fresse! Mastroianni ... poliert der Diva zum Gaudi aller Fans ständig die Fresse (Spiegel 18, 1975, 156). **eine große Fresse haben, die Fresse halten** usw.: ↑ Mund.

fressen: friss, Vogel, oder stirb!: *es gibt keine andere Wahl:* Sie hatten mich in der Hand. Ich musste die Leute über die Grenze bringen, friss, Vogel, oder stirb! ► Einem Vogel, dem Geflügel setzt man gewöhnlich nur eine Sorte Futter vor. Will das Tier nicht verhungern, muss es das vorgesetzte Futter fressen.

jmdn., etwas gefressen haben [wie zehn Pfund grüne Seife/Schmierseife] (ugs.): *jmdn., etwas nicht leiden können:* Er hatte diesen Fatzke gefressen und war froh, dass er einen neuen Nachbarn bekam. Partys dieser Art habe ich gefressen wie zehn Pfund Schmierseife. Und leider ärgert sich Pinneberg jedesmal von frischem darüber, wird richtig wütend, möchte den Keßler vertrimmen, hat ihn gefressen, seit der Bemerkung damals (Fallada, Mann 118). ► Die Wendung nimmt Bezug auf den Genuss von schwer verdaulichen Spei-

sen, die einem dann im Magen liegen und Beschwerden verursachen. **er wird dich schon nicht/nicht gleich fressen** (fam.): *es wird schon nicht so schlimm werden, du brauchst keine Angst zu haben:* Am besten, du entschuldigst dich bei ihm. Er wird dich schon nicht fressen. **fressen wie ein Scheunendrescher** (ugs.): *unmäßig viel, große Portionen essen:* Das Essen war prima; wir haben gefressen wie die Scheunendrescher. Und der Junge, ist er nicht groß geworden? Er frisst wie ein Scheunendrescher (Brecht, Mensch 26). **zum Fressen sein/aussehen** (ugs.): *[von Mädchen, Kleinkindern] besonders hübsch, niedlich aussehen:* Wenn sie so schelmisch dreinschaut, ist die Kleine wirklich zum Fressen! In ihrem weißen Kleidchen sah sie zum Fressen aus. **einen Affen an jmdm. gefressen haben:** ↑ Affe. **was der Bauer nicht kennt, frisst er nicht:** ↑ Bauer. **ich fresse einen Besen[stiel]/will einen Besen[stiel] fressen:** ↑ Besen, ↑ Besenstiel. **jmdn. zum Fressen gern haben:** ↑ gern. **jmdm. die Haare vom Kopf fressen:** ↑ Haar. **jmdm. aus der Hand fressen:** ↑ Hand. **hilf, Herr/**(auch:) **o Herr, er will mich fressen:** ↑ Herr. **das hat die Katze gefressen:** ↑ Katze. **wies kommt, wirds gefressen:** ↑ kommen. **Kreide fressen:** ↑ Kreide. **einen Narren an jmdm., an etwas gefressen haben:** ↑ Narr. **in der Not frisst der Teufel Fliegen:** ↑ Not. **reim dich, oder ich fress dich:** ↑ reimen. **die Weisheit [auch] nicht mit Löffeln gefressen haben:** ↑ Weisheit. **glauben/meinen, die Weisheit mit Löffeln gefressen zu haben:** ↑ Weisheit.

Fressen: ein gefundenes Fressen für jmdn. sein (ugs.): *jmdm. sehr gelegen kommen, sehr willkommen sein, weil er es für sich ausnutzen kann:* Diese Nachricht war ein gefundenes Fressen für die Journalisten. Der Bestechungsskandal war so kurz vor der Wahl ein gefundenes Fressen für die Republikaner. Die Bauwerke und Baustellen wären ein gefundenes Fressen für jedes feindliche Flugzeug gewesen (Kuby, Sieg 46). **sich ein Fressen aus etwas machen** (ugs.): *etwas mit Freude tun, was andere ärgert, anderen schadet:* Die Zeitungen werden sich ein Fressen daraus machen, die Geheimprotokolle zu veröffentlichen. Sie machte sich ein Fressen daraus, der armen Verwandtschaft ihre luxuriöse Garderobe vorzuführen.

Freude: Freud und Leid (geh.): *jede Lebenssituation, schlechte und gute Tage des Lebens:* Sie hielten in Freud und Leid treu zusammen.

geteilte Freude ist doppelte Freude, geteilter Schmerz ist halber Schmerz: *positive Erfahrungen, die man mit anderen teilt, werden noch schöner, negative leichter erträglich.*

mit Freuden: *erfreut, beglückt:* Er hatte mit Freuden zugestimmt, als Vermittler aufzutreten.

Friede, Freude, Eierkuchen: ↑ Friede[n].

herrlich und in Freuden leben: ↑ leben.

Schadenfreude ist die reinste Freude: ↑ Schadenfreude. **aus Spaß an der Freude:** ↑ Spaß. **ein Wermutstropfen im Becher der Freude sein:** ↑ Wermutstropfen. **Wiedersehen macht Freude:** ↑ Wiedersehen.

Freudentanz: Freudentänze aufführen (ugs.): *sich unbändig freuen:* Nach dem Abpfiff führten Spieler und Betreuer [wahre] Freudentänze auf. Die Nazis in Paris. Deutschland jubelt ... Hitler führt Freudentänze auf (K. Mann, Wendepunkt 356).

freudig: ein freudiges Ereignis (verhüllend): *die Geburt eines Kindes:* Alle Kollegen gratulierten zum freudigen Ereignis. ... da hätte ich eine benachbarte Bäuerin, die ein freudiges Ereignis erwartete, in die Stadt ins Krankenhaus gefahren (Hildesheimer, Legenden 90).

freuen: das freut einen denn ja auch! (ugs.; iron.): *groß ist die Freude, weiß Gott, nicht:* Am Jahresende will er mir ein Drittel der gepumpten Summe zurückzahlen, na, das freut einen denn ja auch!

sich freuen wie ein Stint (nordd.): *sich sehr freuen:* Vater freute sich wie ein Stint, als er zum Vereinsvorsitzenden gewählt wurde. »Und gestern früh, wo ich die Stellung im Export haben sollte, freue ich mich noch wie ein Stint und denke: Alles geht gut ...« (Fallada, Blechnapf 170).

▶ Mit »Stint« bezeichnet man im norddeutschen Raum einen jungen Menschen; die Wendung bezieht sich also auf die unbekümmerte und ausgelassene Art, mit der sich vor allem Jugendliche freuen können.

sich freuen wie ein Schneekönig (ugs.): *sich sehr freuen:* Der Rentner freute sich wie ein Schneekönig, als er hörte, dass er fünf Richtige im Lotto habe. Vielleicht das schönste Tor des Tages! Unhaltbar! Ich freute mich wie ein Schneekönig (Walter, Spiele 51).

▶ Die Wendung bezieht sich darauf, dass der Schneekönig (landsch. für: Zaunkönig) ein Singvogel ist, der auch im Winter bei uns bleibt und »fröhlich« sein Lied erschallen lässt«.

wenn zwei sich streiten, freut sich der Dritte: ↑ streiten.

Freund: Freund und Feind: *jedermann:* Freund und Feind lobten seinen scharfen Verstand. Er war bei Freund und Feind angesehen.

mein lieber Freund und Kupferstecher! *Anrede, die eine Mahnung, Drohung oder einen Vorwurf enthält:* Mein lieber Freund und Kupferstecher, um ein Haar wärst du dem Mercedes hinten reingefahren. Mein lieber Freund und Kupferstecher, dachte er grimmig und maßlos überlegen zugleich, meine Frau geht dich doch einen Dreck an (Kirst, 08/15, 16). Mein lieber Freund und Kupferstecher ... das lass gefälligst meine Sorge sein (Kirst, 08/15, 426).

Freund Hein (verhüllend): *der Tod:* Er wusste, wie es um ihn stand, spürte, dass Freund Hein schon ums Haus ging.

kein Freund von etwas sein: *etwas nicht mögen:* Ich bin kein Freund von langen Erklärungen – wenn ich sage, das geht nicht, dann geht das eben nicht! Der alte Hausarzt war kein Freund von so genannten Naturheilmitteln.

Freunde in der Not gehen hundert/tausend auf ein Lot: *in Notzeiten hat man wenige oder keine Freunde.*

Freundschaft: kleine Geschenke erhalten die Freundschaft: ↑ Geschenk.

freundschaftlich: mit jmdm. auf freundschaftlichem Fuß stehen: ↑ Fuß.

Frieda: denkste, Frieda! ↑ denken.

Friede[n]: Friede, Freude, Eierkuchen (ugs.): *ungetrübte [aber fragwürdige] Harmonie:* Er hat sich bei ihr entschuldigt, und jetzt ist wieder Friede, Freude, Eierkuchen. Man könne doch nicht den CDU-Landesvorsitzenden ... mit heftigen Vorwürfen gegen Börner auftreten lassen, um dann am Abend »in Friede, Freude, Eierkuchen zu machen« (MM 19./20. 10. 1985, 4).

seinen Frieden mit jmdm., mit etwas machen: *sich mit jmdm. aussöhnen, etwas nicht länger bekämpfen:* Die einstigen Revolutionäre hatten inzwischen ihren Frieden mit der Welt gemacht. Seiner Mutter zuliebe will er seinen Frieden mit dem Stiefvater machen. Und nach dem zweiten Schlaganfall wäre immer noch Zeit, seinen Frieden mit Gott zu machen und den Teufel um seine Beute zu prellen (Thielicke, Ich glaube 165).

dem Frieden nicht trauen: *nicht von der Dauerhaftigkeit einer friedlichen Situation überzeugt sein, argwöhnisch sein:* Seit zwei Monaten hat es keine Zwischenfälle mehr gegeben, aber ich traue dem Frieden nicht. Sie ist jetzt immer sehr freundlich zu ihm, aber er scheint dem Frieden noch nicht ganz zu trauen. Da war der Hund wieder, er ... wollte zu mir, schien aber dem Frieden nicht zu trauen (v. d. Grün, Irrlicht 19).

jmdn. [mit etwas] in Frieden lassen: *jmdn. [mit etwas] nicht behelligen:* Tu mir einen Gefallen und lass mich mit deinen großartigen Ideen in Frieden! »Und ich bitte Sie, Herr Rakitsch ... Bitte, lassen Sie meine Tochter in Frieden.« (Gaiser, Schlussball 95)

um des lieben Friedens willen: *um einem Streit aus dem Wege zu gehen:* Um des lieben Friedens willen hatte sie auf das Rauchen verzichtet. Ich werde ihm um des lieben Friedens willen noch einmal tausend Mark leihen, aber das ist dann das letzte Mal! Aber die Frau, die schon um des lieben Friedens willen den Mund hält, ... muss als Blitzableiter dienen (Hörzu 45, 1971, 149).

seinen Frieden mit Gott machen: ↑ Gott.
Friedenspfeife: mit jmdm. die Friedenspfeife rauchen (ugs.; scherzh.): *sich mit jmdm. wieder vertragen:* Nun sei doch nicht so stur, und rauche mit ihm die Friedenspfeife!

▶ Die Wendung geht auf den Brauch nordamerikanischer Indianer zurück, bei friedfertigen Gesprächen oder Verhandlungen (mit dem Häuptling) eine Tabakspfeife kreisen zu lassen.

Friedrich: seinen Friedrich Wilhelm unter etwas setzen (ugs.): *etwas unterschreiben:* Nachdem er seinen Friedrich Wilhelm unter die Quittung gesetzt hatte, konnte er seine Sachen in Empfang nehmen.

▶ Mit Friedrich Wilhelm ist die Unterschrift preußischer Landesväter gemeint. Zu Wendungen mit »Friedrich der Große« vgl. die Wendungen mit »Alter Fritz« (↑ Fritz).

frieren: frieren wie ein junger Hund/wie ein Schneider (ugs.): *sehr frieren:* Barfuß stand sie im kalten Hausflur und fror wie ein junger Hund. Komm, wir suchen uns eine Kneipe zum Aufwärmen, ich friere wie ein Schneider.

▶ Der erste Vergleich bezieht sich darauf, dass junge Hunde noch kein dickes Fell haben und daher wärmebedürftig sind, der zweite Vergleich rührt wohl daher, dass Schneider früher häufig spindeldürr und daher besonders kälteempfindlich waren.

es friert Stein und Bein (ugs.): *es herrscht strenger Frost:* Am Start zum Abfahrtsrennen in fast 3 000 m Höhe fror es Stein und Bein.

▶ Die Wendung drückt aus, dass es so kalt ist, dass Stein und Knochen (alte Bedeutung von »Bein«) frieren, wobei allerdings die reimende Zwillingsformel nur noch als Verstärkung fungiert (wie in »Stein und Bein schwören«).

ich kann gar nicht so schnell zittern, wie ich friere: ↑ zittern.
Frikassee: aus jmdm. Frikassee machen (ugs.): *jmdn. verprügeln und dabei übel zurichten:* Noch ein Wort, und ich mache Frikassee aus dir.

frisch: frisch von der Leber weg reden/ sprechen: ↑ Leber. **frische Luft schnappen:** ↑ Luft. **frische Luft in etwas bringen:** ↑ Luft. **jmdn. an die frische Luft befördern/setzen:** ↑ Luft. **frisch/schön wie der junge Morgen:** ↑ schön. **jmdn. auf frischer Tat ertappen:** ↑ Tat. **frisch gewagt ist halb gewonnen:** ↑ wagen. **frisch ans Werk:** ↑ Werk. **frischer Wind:** ↑ Wind. **sich frischen Wind um die Nase/Ohren wehen lassen:** ↑ Wind.

Frische: in alter Frische (ugs.): *so gesund und unbeschwert wie heute:* Also tschüs dann, Weihnachten sehen wir uns in alter Frische wieder! Bis morgen in alter Frische!

frisieren: sich mit dem Schwamm frisieren können: ↑ Schwamm.

fristen: sein Leben fristen: ↑ Leben.

Fritz: als der Alte Fritz noch Gefreiter war/noch Fahnenjunker war/noch [mit der Schippe] im Sand spielte (ugs.; scherzh.): *früher einmal, vor langer Zeit:* Sie hatte schon getanzt und gesungen, als der Alte Fritz noch Gefreiter war, aber sie wollte im Showgeschäft bleiben. Den Witz hat man sich schon erzählt, als der Alte Fritz noch im Sand spielte.

für den Alten Fritzen sein (ugs.; scherzh.): *vergeblich, zwecklos sein:* Alle Anstrengungen, die Feier doch noch zu retten, waren für den Alten Fritzen.

▶ Die Wendung meinte ursprünglich wahrscheinlich, dass es sich nicht lohnte, für den Alten Fritz zu arbeiten, weil dieser schlecht (jedenfalls nicht fürstlich) bezahlte; vgl. die französische Redewendung »travailler pour le roi de Prusse« (= umsonst arbeiten).

froh: seines Lebens nicht mehr froh werden: ↑ Leben.

fröhlich: aus einem traurigen Arsch fährt kein fröhlicher Furz: ↑ Arsch. **fröhliche Urständ feiern:** ↑ Urständ. **fröhlich in die Welt gucken:** ↑ Welt.

fromm: ein frommer Betrug: ↑ Betrug. **die Milch der frommen Denk[ungs]art:** ↑ Milch. **ein frommer Wunsch:** ↑ Wunsch.

Frommen: zu jmds. Nutz und Frommen: ↑ Nutz.

Front: Front gegen jmdn., gegen etwas machen: *sich gegen jmdn., gegen etwas wenden:* Der IOC-Präsident machte Front gegen die Sportler, die den Amateurstatus verletzt hatten. Alle seine Sinne waren erstarrt und hatten Front gemacht gegen das Unheilvolle, das da draußen vor sich ging (Apitz, Wölfe 195). Dass die Romantiker später gegen Schiller so heftig Front machten, hatte seinen äußerlichen Grund in dem Bruch (Friedell, Aufklärung 265).

▶ Die Wendung stammt aus der Militärsprache und meint »Angriffsstellung beziehen, zum Angriff übergehen«.

Frosch: sei kein Frosch! (ugs.): *zier dich nicht so!:* Komm, sei kein Frosch, wir baden doch alle nackend. Ich darf dich so nicht herauslassen. – Nur für zwei Minuten, Ernst, sei kein Frosch (Kuby, Sieg 66).

▶ Die Wendung bezieht sich wohl darauf, dass der Frosch, selbst wenn man ihn fängt und in der Hand hält, nicht zutraulich wird und immer wieder weghüpft.

einen Frosch im Hals/in der Kehle haben (ugs.): *heiser sein, kein Wort herausbringen:* Sie hatte vor Rührung einen Frosch im Hals und musste sich furchtbar zusammennehmen, um nicht loszuheulen.

▶ Mit dem Bild vom Frosch im Hals soll ausgedrückt werden, dass man nicht richtig sprechen oder singen kann, sondern nur heiser quaken kann, entsprechend engl. »have a frog in one's throat«.

wie ein geprellter Frosch: ↑ prellen.

Frostbeule: blau sein wie eine Frostbeule: ↑ blau.

Frucht: eine Frucht der Liebe (geh.; veraltet): *ein uneheliches Kind:* Ihren Vater hat sie nie gekannt, sie war eine Frucht der Liebe.

verbotene Früchte: *verlockende, aber verbotene Genüsse:* Als Modefotograf kennst du doch sicher jede Menge hübsche Mädchen. – Verbotene Früchte, mein Lieber, ich bin seit fünf Jahren verheiratet.

[reiche] Frucht/Früchte tragen: 1. *[sehr] ergiebig sein, etwas abwerfen:* Das Stück Land, das er gekauft hatte, trug reiche Frucht. 2. *[viel] einbringen, sich auswirken, ein gutes Ergebnis haben:* Es müssen Sachverständige ... zur Verfügung gestellt werden, wenn die Entwicklungshilfe wirklich Früchte tragen soll (Dönhoff, Ära 173). Aber die jahrtausendealte Aufforderung, ... die Alten zu ehren, hat Früchte getragen (Erich Kästner, Fabian 88).

fruchtbar: ein fruchtbares Becken haben: ↑ Becken. **auf fruchtbaren Boden fallen:** ↑ Boden.

früh: von früh bis spät: *den ganzen Tag, unentwegt:* Sie rackerten beide von früh bis spät, aber sie kamen zu nichts. Als Hausfrau ist man von früh bis spät auf den Beinen.

früher oder später: *einmal bestimmt:* Früher oder später wird er diesen Schritt bereuen. ... sooft sich Clarisse den Vorgang ausmalte, ... kam es früher oder später zu einem grauenvollen Zusammenstoß (Musil, Mann 1 429). Der Widerstand, auf den sie früher oder später stoßen, radikalisiert sie (Fraenkel, Staat 298).

du kommst noch früh genug zu spät (scherzh.): *übereile dich nicht, du kommst sowieso zu spät:* Trink doch erst einmal in Ruhe deinen Kaffee, du kommst noch früh genug zu spät!

da musst du früher aufstehen: ↑ aufstehen. **ein frühes Grab finden:** ↑ Grab. **früh übt sich, was ein Meister werden will:** ↑ Meister.

Frühe: in aller Frühe: *früh am Morgen:* In aller Frühe brachen die Bergsteiger auf. Ganz gegen seine Erwartungen meldete sich Sibylle Tannhausen anderntags schon in aller Frühe (Geissler, Wunschhütlein 44). Sie blickte noch immer aus denselben Augen ... wie damals, da sie sich in aller Frühe aus dem Haus stahl (Plievier, Stalingrad 103).

Frühling: hasch mich, ich bin der Frühling! (ugs.; iron.): *Bemerkung, mit der man das zu jugendliche Äußere oder Gebaren eines Menschen ironisiert:* Schau dir mal die Frau mit dem kurzen Röckchen an – hasch mich, ich bin der Frühling!

Frühlingsgefühle (Plural): **Frühlingsgefühle bekommen/haben** (ugs.; scherzh.): *sich plötzlich stark zu den Frauen hingezogen fühlen:* Was ist mit dir denn los, hast du Frühlingsgefühle?

frühstücken: einen Furz gefrühstückt haben: ↑ Furz. **du hast wohl lange nicht mehr im Krankenhaus gefrühstückt?** ↑ Krankenhaus.

Fuchs: wo sich die Füchse/wo sich Hase und Fuchs Gute Nacht sagen (scherzh.): *an einem abgelegenen, einsamen Ort:* Sie kam aus einer Gegend, wo sich die Füchse Gute Nacht sagen. Hingeduckt unter den über 200-jährigen Ahornen liegt das »Torfhaus«, in einer Gegend, in der sich ... die Füchse »Gute Nacht« wünschen (Gast, Bretter 71).

das (diesen Weg, diese Entfernung o. Ä.) **hat der Fuchs gemessen [und den Schwanz dazugegeben]** (ugs.): *diese Entfernung ist viel weiter, als wir angenommen haben:* Von wegen in einer Stunde sind wir da, den Weg hat der Fuchs mit dem Schwanz gemessen.

► Die Redensart meint, dass der Fuchs eine Strecke nach seiner Körperlänge ausmisst, dabei aber seinen langen Schwanz mitrechnet.

stinken wie ein nasser Fuchs: ↑ stinken. **dem Fuchs sind die Trauben zu sauer/ hängen die Trauben zu hoch:** ↑ Traube.

Fuchtel: jmdn. unter der Fuchtel haben (ugs.): *jmdn. beherrschen:* Seine Frau hat ihn ganz schön unter der Fuchtel. Mein Mann ist ein Tyrann, er hat mich unter der Fuchtel, ich muss gehorchen (Hörzu 45, 1971, 149). Die drei Frauen könnten den schwachen Alten mühelos entwaffnen; aber er hat sie unter der Fuchtel (Remarque, Obelisk 296).

unter jmds. Fuchtel stehen (ugs.): *streng gehalten, beherrscht werden:* Im Geschäft stand er unter der Fuchtel seiner Tante. Er ... stand »unter der Fuchtel« der Mutter (Ruthe, Partnerwahl 122).

► »Fuchtel« bezeichnete früher eine Art Degen, der das Symbol der soldatischen, dann auch strengen Zucht allgemein war, weil mit seiner flachen Klinge Schläge ausgeteilt wurden.

Fuffzehn: Fuffzehn machen (ugs.; landsch., bes. berlin.): *eine Pause bei der Arbeit machen:* Wenn wir die Decke geweißt haben, machen wir erst mal Fuffzehn. Hör mal, Puppe, bei mir is Fuffzehn (Genet, Querelle 17).

► Mit »Fuffzehn« (= Fünfzehn) ist wohl die fünfzehnminütige Pause gemeint, die früher bei bestimmten, schwere körperliche Arbeit verrichtenden Berufsgruppen, z.B. den Steinmetzen, nach fünfundvierzigminütiger Arbeitsdauer eingelegt wurde. Auch vom Einrammen oder Einschlagen von Pfählen kann die Wendung herrühren, weil die Arbeiter sich nach fünfzehn Schlägen ablösten.

kurze Fuffzehn machen (ugs.; landsch.): *keine Umstände machen, nicht zögern:* Wenn er nicht kommen will, machen wir kurze Fuffzehn und holen ihn einfach ab.

Fuffziger: ein falscher Fuffziger (Fünfziger): ↑ falsch.

Fug: mit Fug und Recht: *mit voller Berechtigung:* Mit Fug und Recht kann man Konrad Duden als den Wegbereiter der deutschen Einheitsrechtschreibung ansehen. Nun muss man hinzufügen, dass vom Status einer Freien Stadt mit Fug und Recht doch wohl nur die Rede sein kann, wenn es sich um ganz Berlin handelt (Dönhoff, Ära 75).

Fuge: aus den Fugen gehen/geraten: *den Zusammenhalt verlieren, zerbrechen:* Ihre heile Welt war aus den Fugen geraten. Ihre Ehe drohte aus den Fugen zu gehen. Wie könnte man übersehen, dass die Menschenwelt nichts Schwebendes ist, ... weil sie bei jeder Unregelmäßigkeit fürchten muss, gleich ganz aus den Fugen zu gehen! (Musil, Mann 591).

in allen Fugen krachen: *morsch, dem Zusammenbrechen, dem Untergang nahe sein:* Das Bett krachte in allen Fugen, als er sich darauf legte. Das Regime krachte in allen Fugen, es war reif, gestürzt zu werden.

fühlen: sich [wohl] fühlen wie ein Fisch im Wasser/wie die Made im Speck: *sich sehr wohl fühlen:* In diesem Kreis junger Menschen fühlte er sich wohl wie ein Fisch im Wasser. Sonne, Strand, tolle Verpflegung – ich fühlte mich wohl wie die Made im Speck.

sich fühlen wie ein Fisch auf dem Trockenen: *sich hilflos, von seinem Lebenselement abgeschnitten fühlen:* Ohne ihren Beruf fühlt sie sich wie ein Fisch auf dem Trockenen.

sich wie neugeboren fühlen: *sich prächtig erholt fühlen:* Nach zehn Stunden Schlaf fühlte er sich wie neugeboren. Zwei Wochen an der See, und ich fühle mich wie neugeboren.

sich wie durch den Wolf gedreht fühlen (ugs.): *sich völlig zerschlagen und erschöpft fühlen:* Sie hatte kaum geschlafen und fühlte sich wie durch den Wolf gedreht. Nach einem Tag Kartoffelernte fühlten wir uns alle wie durch den Wolf gedreht.

sich gebauchkitzelt/gebauchklatscht/gebauchpinselt fühlen (ugs.): *sich geschmeichelt fühlen:* Du brauchst dich nicht gleich gebauchkitzelt zu fühlen. Sie fühlte sich mächtig gebauchklatscht, als er ihren Hut bewunderte.

sich bemüßigt fühlen: ↑ bemüßigt. sich in seinem Element fühlen: ↑ Element. sich gebum[s]fiedelt fühlen: ↑ gebum[s]fiedelt. sich in seiner Haut nicht wohl fühlen: ↑ Haut. sich wie im sieb[en]ten Himmel fühlen: ↑ Himmel. ein menschliches Rühren fühlen: ↑ menschlich. jmdm. [auf] den Puls fühlen: ↑ Puls. sich wie gerädert fühlen: ↑ rädern. sich versucht fühlen, etwas zu tun: ↑ versuchen. jmdm. auf den Zahn fühlen: ↑ Zahn.

Fühler: seine Fühler ausstrecken (ugs.): *vorsichtig die Lage erkunden, vorsichtig Verbindung aufnehmen:* Ich werde mal meine Fühler ausstrecken, ob er noch an dem Geschäft interessiert ist. Kannst du nicht deine Fühler ausstrecken, was die Konkurrenz vorhat? ... zu diesem Zwecke streckte ich ständig Fühler zu verschiedenen Bünden aus (Niekisch, Leben 124).

führen: etwas ad absurdum führen: ↑ ad absurdum. jmdn. zum Traualtar führen: ↑ Altar. jmdm. etwas vor Augen führen: ↑ Auge. Beharrlichkeit führt zum Ziel: ↑ Beharrlichkeit. über etwas Buch führen: ↑ Buch. etwas zu Ende führen: ↑ Ende. etwas gegen jmdn. ins Feld führen: ↑ Feld. jmdn. am Gängelband führen: ↑ Gängelband. etwas ins Gefecht führen: ↑ Gefecht. sich etwas zu Gemüte führen: ↑ Gemüt. jmdn. aufs Glatteis führen: ↑ Glatteis. ein großes Haus führen: ↑ Haus. jmdn. in die Irre führen: ↑ Irre. eine scharfe Klinge führen: ↑ Klinge. wie ein Lamm, das zur Schlachtbank geführt wird: ↑ Lamm. jmdn. auf den Leim führen: ↑ Leim. jmdn. hinters Licht führen: ↑ Licht. einen großen Mund führen: ↑ Mund. den Nachweis für etwas führen: ↑ Nachweis. große Reden führen: ↑ Rede. bei etwas Regie führen: ↑ Regie. das Regiment führen: ↑ Regiment. ein strenges Regiment führen: ↑ Regiment. etwas im Schild[e] führen: ↑ Schild. etwas ins Treffen führen: ↑ Treffen. jmdn. auf den rechten Weg führen: ↑ Weg. viele Wege führen nach Rom: ↑ Weg. zu weit führen: ↑ weit. das große Wort führen: ↑ Wort. das Zepter führen: ↑ Zepter.

Führerschein: seinen Führerschein im Lotto gewonnen haben (ugs.): *nur schlecht Auto fahren können:* Guck dir den an, wie der um die Ecke fährt – der hat doch seinen Führerschein im Lotto gewonnen.

Fülle: in Hülle und Fülle: ↑ Hülle.

füllen: sich den Beutel füllen: ↑ Beutel. **sich den Säckel füllen:** ↑ Säckel. **sich die Taschen füllen:** ↑ Tasche.

fündig: fündig werden: *mit einer [längeren] Suche, mit Nachforschungen Erfolg haben:* Im Staatsarchiv sind die Historiker schließlich fündig geworden; die wichtigsten Dokumente aus der Zeit waren noch erhalten. Erst nach etwa zwanzig vergeblichen Probebohrungen war das Geologenteam schließlich fündig geworden. Der Berliner Fußball-Zweitligist ... ist auf der Suche nach weiteren Verstärkungen für die neue Saison fündig geworden (Volksblatt 17. 6. 1984, 10).

fünf: fünf[e] gerade/eine gerade Zahl sein lassen (ugs.): *etwas nicht so genau nehmen:* Der Wachtmeister wollte fünf[e] gerade sein lassen und gab dem Steppke das Katapult zurück. Die Farbe deckt an einigen Stellen nicht, aber wir werden mal fünf eine gerade Zahl sein lassen.

es ist fünf [Minuten] vor zwölf: *es ist allerhöchste Zeit; es ist gleich alles vorüber:* Es war fünf vor zwölf, als der Rettungskreuzer eintraf. Fünf Minuten vor zwölf riskiert der Idiot wegen so einer Bagatelle noch sein Leben (Apitz, Wölfe 232).

sich etwas an den fünf Fingern abzählen können: ↑ Finger. **nicht für fünf Pfennige:** ↑ Pfennig. **seine fünf Sinne nicht richtig beisammenhaben:** ↑ Sinn. **seine fünf Sinne zusammennehmen:** ↑ Sinn. **verrückt und fünf ist neune:** ↑ verrückt.

fünfte: die fünfte Kolonne: *Sabotagetrupp:* Die Hafenanlagen wurden scharf bewacht, weil man mit Anschlägen der fünften Kolonne rechnete. Sie wollten ... erst einmal Einfluss gewinnen, um dann mit der geschulten fünften Kolonne die innere Ordnung bei uns zu zerstören (MM 5./6. 6. 1969, 25).

das fünfte Rad am Wagen sein: ↑ Rad.

fünfzehn, Fünfziger: ↑ fuffzehn, ↑ Fuffziger.

funken: es funkt [bei jmdm.] (ugs.): 1. *jmd. begreift endlich:* Jetzt hat es bei ihm gefunkt, dass diese Person nur auf sein Geld aus war. 2. *es kommt plötzlich zu Verständnis, Sympathie:* Zwischen uns hatte es sofort gefunkt ... Wir haben uns

sensationell gut verstanden (Hörzu 18, 1971, 14).

▶ Gemeint ist, dass der zündende Funke übergesprungen ist.

auf der gleichen Wellenlänge funken: ↑ Wellenlänge.

Funke[n]: ein Funke[n]/ein Fünkchen ...: *ein bisschen von etwas:* Wenn er nur einen Funken Verstand hat, lehnt er ab. Sie hat keinen Funken Anstand im Leibe. Die Eingeschlossenen wollten wissen, ob noch ein Fünkchen Hoffnung bestünde.

... arbeiten o. Ä., dass die Funken fliegen/sprühen/stieben (ugs.): *sehr eifrig, intensiv, schnell arbeiten o. Ä.:* Die Männer arbeiteten, dass die Funken flogen. »Picobello, Bessy!«, sagte ich und sprengte vom Hof, dass die Funken stoben (Fallada, Herr 219).

der Funke im Pulverfass sein: *das auslösende Moment für einen Streit, Konflikt sein:* Die Verhaftung einiger Studenten und die Schließung der Universitäten waren der Funke im Pulverfass.

den Funken ins Pulverfass schleudern: *einen schwelenden Konflikt zu einem offenen Streit werden lassen:* Die Welt hoffte, dass keine Seite den Funken ins Pulverfass schleudern würde.

¹für: für sich: *allein:* Sie wollte dem Trubel entfliehen und ein paar Tage für sich sein. Die Siedlung ist ein bisschen anonym; man wohnt für sich und sieht wenig von seinen Nachbarn. Wir Kinder ... sahen unsere Eltern selten; ... wir wohnten oben mit der Kinderfrau, aßen für uns, spielten für uns (Dönhoff, Ostpreußen 75).

das Für und Wider: *das, was dafür, und das, was dagegen spricht:* Man muss das Für und Wider einer so wichtigen Entscheidung sorgfältig abwägen. Wir können lange über das Für und Wider der Etatkürzungen streiten, aber wir werden sie nicht umgehen können. Der Urgrund für die ... Heftigkeit, mit der das Für und Wider dieser Maßnahme bisher diskutiert wurde, geht auf die ... Verschiedenartigkeit der Diagnose zurück (Dönhoff, Ära 143).

an und für sich: ↑ an. **fürs Erste:** ↑ erste. **für den Hausgebrauch:** ↑ Hausgebrauch. **für nass:** ↑ nass. **für nichts und wieder nichts:** ↑ nichts. **für die Zeit:** ↑ Zeit.

²für: für und für (dichter.): *[für] immer:* Sie bewahrte die Erinnerung an ihn für und für. Und ich sollte es vielleicht nicht erzählen, oder doch nur, um zu zeigen, wozu die Bösen fähig sind, auf dass du ihnen aus dem Wege gehest für und für (Leip, Klabauterflagge 61).

Furcht: ein Ritter ohne Furcht und Tadel: ↑ Ritter.

fürchten: jmdn., etwas fürchten wie der Teufel das Weihwasser: *vor jmdm., etwas große Angst haben:* Unangemeldete Inspektionen fürchteten einige Restaurants wie der Teufel das Weihwasser. Den kaiserlichen Steuereintreiber fürchteten die Bauern wie der Teufel das Weihwasser.

sich vor seinem eigenen Schatten fürchten: ↑ Schatten. **weder Tod noch Teufel fürchten:** ↑ Tod.

Furie: wie von Furien gehetzt/gejagt/gepeitscht: *in wildem Schrecken fliehend:* Er drängte sich, wie von Furien gejagt, durch die Menge. In das Bierlokal ... war ... eine Dame mittleren Alters mit aufgelösten Haaren und blutbesudelter Kleidung gestürzt und hatte, wie von Furien gehetzt, um Hilfe geschrien (Prodöhl, Tod 258).

▶ Eine Furie ist in der römischen Mythologie eine rasende, Furcht und Schrecken verbreitende Rachegöttin.

Furore: Furore machen: *Aufsehen erregen, großen Beifall erringen:* Mit diesem Badeanzug wirst du bestimmt Furore machen. Mit der Aufklärung dieses Verbrechens hat er Furore gemacht. Selten hat ein offizieller Besuch eines Staatsmannes so viel Furore gemacht (MM, 28. 7. 67, 2).

▶ Nach ital. »far furore« (= Begeisterung hervorrufen) gebildet.

fürs: fürs Erste: ↑ erste.

Fürst: gehe nie zu deinem Fürst, wenn du nicht gerufen wirst (ugs.): *man soll unnötiges Vorsprechen bei Vorgesetzten unterlassen [weil man sich dabei Ärger oder zusätzliche Arbeit einhandeln kann]:* Als ich den Chef fragen wollte, ob ich am Montag Vormittag Urlaub machen kann, hat er mir erst mal zwei unerledigte Akten aufgehalst. – Ich sag ja immer: Gehe nie zu deinem Fürst, wenn du nicht gerufen wirst!

leben wie ein Fürst: ↑ leben.

Furz: einen Furz/Fürze im Kopf haben (derb): *verrückte Ideen haben; nicht recht bei Verstand sein:* Mit deinem Freund können wir nichts anfangen, der hat doch einen Furz im Kopf.

einen Furz gefrühstückt haben (derb): *verrückte Ideen haben, nicht recht bei Verstand sein:* Der hat wohl einen Furz gefrühstückt, uns hier so anzubrüllen.

aus einem Furz einen Donnerschlag machen (derb): *etwas aufbauschen:* Der Bürovorsteher war überängstlich und machte aus einem Furz immer gleich einen Donnerschlag.

aus einem traurigen Arsch fährt kein fröhlicher Furz: ↑ Arsch. **hin und her sausen/rasen wie ein Furz auf der Gardinenstange:** ↑ hin.

Fuß: sich die Füße nach etwas ablaufen/wund laufen (ugs.): *viele Gänge machen, um etwas zu bekommen, zu erreichen:* Er war völlig fertig, denn er hatte sich den ganzen Tag nach dieser blöden Bescheinigung die Füße abgelaufen.

kalte Füße bekommen/kriegen (ugs.): *ein Vorhaben aufgeben, weil man Bedenken hat, weil man Angst bekommen hat:* Was ist los, hast du kalte Füße bekommen? ... da bekam der 19-Jährige kalte Füße. Er ging noch am gleichen Abend zur Polizei und schilderte den Sachverhalt (MM 5. 2. 1974, 15). Doch plötzlich bekamen die Verantwortlichen »kalte Füße« – und der Altcharmeur ließ den Taktstock unberührt (Hörzu 49, 1973, 12).

▶ Die Wendung nimmt darauf Bezug, dass man gewöhnlich nach Hause geht, wenn man kalte Füße bekommt. Man wartet nicht länger, setzt einen Spaziergang o. dgl. nicht fort, um sich nicht zu erkälten.

sich kalte Füße holen (ugs.): *einen Misserfolg haben:* Noch mit jedem deiner ehrgeizigen Projekte hast du dir letzten Endes kalte Füße geholt.

Füße bekommen: *verschwinden, nicht mehr zu finden sein:* In der Badeanstalt musst du aufpassen, sonst bekommt dein Portemonnaie Füße.

[festen] Fuß fassen: *heimisch werden, festen Boden unter die Füße bekommen:* China ist es gelungen, auch in Afrika politisch Fuß zu fassen. Trotzdem gelang es den Panthers nicht, in den Gettos der Stadt wirklich Fuß zu fassen (Wolfe [Übers.], Radical 90).

▶ Die Wendung meint eigentlich, einen festen Stand für die Füße erlangen, was z. B. eine wichtige Voraussetzung für einen Kampf ist.

jmdm. den Fuß in/auf den Nacken setzen (geh.): *jmdn. seine Macht fühlen lassen:* Der Sultan hatte den Führern der Bergstämme den Fuß auf den Nacken gesetzt. ... indem er diesen Luxus ... hinaustrage und dort kühnlich aufrechterhalte, setzte der Mensch gleichsam den Elementen den Fuß auf den Nacken (Th. Mann, Zauberberg 495).

▶ Die Wendung nimmt auf das schon in der Bibel belegte Ritual Bezug, dass der Sieger zum Zeichen des Sieges und der völligen Unterwerfung dem Besiegten den Fuß auf den Nacken setzte.

seinen Fuß irgendwohin setzen: *sich irgendwohin begeben:* Er schwor, nie mehr einen Fuß über die Schwelle dieses Hauses zu setzen. Italia war eben dabei, dem Apotheker zu schwören, dass sie keinen Fuß in die Unterpräfektur setzen würde (H. Mann, Stadt 238).

die Füße unter jmds. Tisch strecken (ugs.): *noch von jmdm. ernährt, unterhalten werden:* Er ist schon über dreißig und streckt noch immer die Füße unter seines Vaters Tisch.

sich die Füße vertreten (ugs.): *sich Bewegung verschaffen:* Nach dieser Marathonsitzung möchte ich mir erst etwas die Füße vertreten. Manche der Burschen ... schlenderten, um sich die Füße zu vertreten, zu zweien und dreien die Trampelpfade (Gaiser, Jagd 34). So lasse ich denn das Bier, auf das ich mich gespitzt hatte, und wir vertreten uns die Füße (Nossack, Begegnung 418).

stehenden Fußes (geh.): *sofort:* Als er seine erste Frau erblickte, verließ er stehenden Fußes das Fest. Es war kein Zweifel, dass Beaujean in seinem Hass ... stehenden Fußes ans Innenministerium ... Bericht erstattet hätte (Maass, Gouffé 230). ... des Äußersten gewärtig, begab ich mich stehenden Fußes in meines Vaters Zimmer (Th. Mann, Krull 70).

▶ Dieser Ausdruck (wohl eine Lehnübersetzung von lat. »stante pede«)

stammt aus der alten Rechtssprache. Gegen ein Urteil musste man stehenden Fußes vor den Gerichtsschranken Einspruch einlegen, sonst wurde das Urteil rechtskräftig.

immer [wieder] auf die Füße/Beine fallen (ugs.): *aus allen Schwierigkeiten ohne Schaden hervorgehen:* Er war schon ein toller Bursche, auch in Kriegsgefangenschaft fiel er immer wieder auf die Füße. Mit dem Jungen können Sie machen, was Sie wollen, der fällt immer auf die Beine (Döblin, Berlin 355).

▶ Die Wendung bezieht sich auf die Fähigkeit einer Katze, immer mit den Füßen zuerst auf den Boden zu kommen, selbst wenn sie herumgewirbelt und in die Luft geschleudert wird.

auf dem Fuß[e] folgen: *sofort nach etwas geschehen, unmittelbar folgen:* Die Strafe folgte auf dem Fuße.

jmdm. auf den Fuß/auf die Füße treten (ugs.): 1. *jmdn. kränken, beleidigen:* Wer ist dir denn auf die Füße getreten? 2. (veraltend) *jmdn. zurechtweisen:* Der Chefarzt hielt es für angebracht, der selbstgefälligen Operationsschwester einmal anständig auf den Fuß zu treten. Sie tritt auch gern mal jemandem auf die Füße. So machte sie Minister Ehmke ... darauf aufmerksam, dass sein Brief an sie ... überfrankiert war (Hörzu 47, 1971, 59).

auf eigenen Füßen/Beinen stehen: *wirtschaftlich unabhängig sein:* Sein Onkel war daran interessiert, dass er endlich auf eigenen Füßen stand. Der »Widerstand« gehörte zu den ganz seltenen deutschen Zeitschriften, die von keiner Organisation ... subventioniert werden; er stand völlig auf eigenen Beinen (Niekisch, Leben 141).

sich auf eigene Füße stellen: *sich selbstständig, unabhängig machen:* Sie war jetzt Ende zwanzig und wollte sich endlich auf eigene Füße stellen.

auf festen Füßen stehen: *eine sichere Grundlage haben:* Diese Theorie steht nicht auf festen Füßen.

sich selbst auf den Füßen stehen (ugs.): *sich selbst behindern:* Er gehört zu den unglücklichen Menschen, die nie Erfolg haben, weil sie sich immer selbst auf den Füßen stehen.

auf freiem Fuß sein; sich auf freiem Fuß befinden: *in Freiheit sein, nicht inhaftiert sein:* Wie verlautet, soll der Mörder noch auf freiem Fuß sein. Sie glaubten, ich befände mich auf freiem Fuß, da mein Begleiter in Zivil ging (Niekisch, Leben 84).

jmdn. auf freiem Fuß [be]lassen: *jmdn. nicht inhaftieren:* Die Polizei entschloss sich, die beiden kleinen Ganoven auf freiem Fuß zu belassen.

jmdn. auf freien Fuß setzen: *jmdn. freilassen:* Erst nach vierzehn Jahren wurden die Teilnehmer an dem Putsch auf freien Fuß gesetzt. Die Polizei musste den Ganoven wieder auf freien Fuß setzen. Gegen eine Kaution von 64 000 Mark wurde Akers wieder auf freien Fuß gesetzt (DM 5, 1966, 4).

mit jmdm. auf freundschaftlichem/gespanntem/vertrautem o. ä. **Fuß stehen:** *mit jmdm. ein freundschaftliches, gespanntes, vertrautes* o. ä. *Verhältnis haben:* Er stand mit allen Mitarbeitern im Labor auf freundschaftlichem Fuß. Die Mutter litt darunter, dass ihre beiden Töchter auf gespanntem Fuß standen. Seltsame Männer in schmutzigen Regenmänteln ... stehen mit diesen Tauben auf einem ganz besonders vertrauten Fuße (Sieburg, Blick 181).

▶ Die Wendung knüpft an die früher übliche Verwendung von »Fuß« im Sinne von »Stand, Zustand; Grundlage; Maß« an, an die sich auch Zusammensetzungen wie »Kriegsfuß, Duzfuß, Zinsfuß« anschließen. Für diese Verwendungsweise ist vom Verblassen der konkreten Bedeutung »Fuß« in Verbindung mit bestimmten Verben auszugehen.

auf großem Fuß leben: *aufwendig leben:* Er hatte nicht schlecht Lust, auch einmal auf großem Fuß zu leben.

▶ Die Wendung hat denselben Ursprung wie »auf freundschaftlichem/gespanntem/vertrautem Fuß stehen« (s. oben). Der Bezug auf die Größe der Schnabelschuhe der mittelalterlichen Mode, dem man öfter begegnen kann, ist nichts als eine nette erfundene Geschichte.

auf schwachen/schwankenden/tönernen/wackligen (ugs.) **Füßen stehen:** *nicht sicher sein, keine sichere Grundlage haben:* ... was ich erfuhr, bestärkte mich in

der Ansicht, dass das Dritte Reich auf sehr schwachen Füßen stehe (Niekisch, Leben 302). Die Beweisführung des Staatsanwalts steht auf schwankenden Füßen. Der überstürzt abgeschlossene Pakt stand auf tönernen Füßen.

mit beiden Füßen [fest] auf der Erde/im Leben stehen: *die Dinge realistisch sehen; lebenstüchtig sein:* Die Vereine müssen mit beiden Füßen [fest] auf der Erde stehen, um mit den schwindenden Zuschauerzahlen fertig zu werden. Ich bin nun einmal ein Typ, der mit beiden Füßen auf der Erde steht (Frisch, Homo 66).

jmdn., etwas mit Füßen treten: *jmdn., etwas missachten:* Die Generäle haben die Verfassung mit Füßen getreten. Sie hat ihr Glück mit Füßen getreten. Nur hier, in ihrem eigenen Land, werden sie (= Feininger, Hofer, Nolde u. Klee) beschimpft und mit Füßen getreten (Erh. Kästner, Zeltbuch 11).

mit einem Fuß im Grabe stehen: *dem Tod sehr nahe sein:* Der Altbauer stand schon mit einem Fuß im Grabe. Ich stehe mit einem Fuß im Grabe, mir bleibt nur eine kurze Frist (Th. Mann, Buddenbrooks 514).

mit einem Fuß im Gefängnis stehen (ugs.): *in Gefahr sein, mit dem Gesetz in Konflikt zu kommen:* Schon als Jugendlicher stand er ständig mit einem Fuß im Gefängnis.

jmdm. vor die Füße laufen (ugs.): *jmdm. zufällig begegnen:* Als ich gestern in der Stadt war, lief mir plötzlich mein alter Schulfreund Willi vor die Füße.

jmdm. den Kram/Krempel/Laden vor die Füße werfen/schmeißen (ugs.): *eine Arbeit nicht weiterführen:* Wenn Sie dauernd herummeckern, werfe ich Ihnen den Krempel vor die Füße.

zu Fuß: 1. *durch Gehen:* Wir sind zu Fuß gekommen, weil das Auto kaputt ist. Bei den ungünstigen Bahnverbindungen kann man auch gleich zu Fuß gehen. Ich schloss den Wagen ab und machte mich zu Fuß auf den Weg nach Tesch (Bieler, Bonifaz 226). 2. (ugs.): *mit der Hand zugereicht:* Wo ist denn jetzt wieder die Vorlegezange? – Ach geben Sie mir das Brot doch einfach zu Fuß!

jmdm. zu Füßen liegen: *jmdn. sehr verehren:* In der Stummfilmzeit haben ihr Millionen zu Füßen gelegen. Vor allem die weiblichen Studenten lagen ihm zu Füßen. Ich hätte reich und angesehen sein können, ... der König von Rumänien hätte mir damals zu Füßen gelegen (Brand, Gangster 11). **jmdm. etwas zu Füßen legen** (geh.): *jmdm. etwas aus Verehrung überreichen, schenken:* Er hatte versprochen, ihr eine Welt zu Füßen zu legen. Ein Bewunderer Ihrer Schönheit erlaubt sich, Ihnen diese Rosen zu Füßen zu legen (Remarque, Obelisk 68). ... ich war bereit, ihr alles zu opfern und zu Füßen zu legen, ohne doch im Mindesten in sie verliebt zu sein (Hesse, Steppenwolf 110).

gut/schlecht zu Fuß sein: *gut/schlecht gehen können:* Für ihr Alter ist sie noch gut zu Fuß. Ich sehe, Sie sind nicht gut zu Fuß, bitte lassen Sie mich noch etwas allein durch den Garten gehen (Zwerenz, Erde 9).

mit dem linken Fuß zuerst aufgestanden sein: ↑ aufstehen. **jmdm. den [ganzen] Bettel vor die Füße werfen/schmeißen:** ↑ Bettel. **festen Boden unter die Füße bekommen/kriegen:** ↑ Boden. **jmdm. den Boden unter den Füßen wegziehen:** ↑ Boden. **den Boden unter den Füßen verlieren:** ↑ Boden. **jmdm. brennt der Boden unter den Füßen:** ↑ Boden. **jmdm. wird der Boden unter den Füßen zu heiß:** ↑ Boden. **festen Boden/Grund unter den Füßen haben:** ↑ Boden, ↑ Grund. **Gewehr bei Fuß stehen:** ↑ Gewehr. **Hand und Fuß haben:** ↑ Hand. **mit Händen und Füßen reden:** ↑ Hand. **sich mit Händen und Füßen gegen etwas wehren/sträuben:** ↑ Hand. **jmdm. den Handschuh vor die Füße werfen:** ↑ Handschuh. **ein Koloss auf tönernen Füßen:** ↑ Koloss. **von Kopf bis Fuß:** ↑ Kopf. **was man nicht im Kopf hat, muss man in den Füßen haben:** ↑ Kopf. **wie eingeschlafene Füße schmecken:** ↑ schmecken. **den Staub von den Füßen schütteln:** ↑ Staub. **jmdm. wankt der Boden unter den Füßen:** ↑ wanken.

fusselig/fusslig: sich den Mund fusselig/fusslig reden: ↑ Mund.

Fuß[s]tapfe: in jmds. Fuß[s]tapfen treten: *jmds. Vorbild folgen:* Der Junge tritt ganz in die Fuß[s]tapfen seines Vaters.

futsch: futsch ist futsch, und hin ist hin (ugs.): *das ist verloren, weg, für immer*

verschwunden [und wir wollen der Sache nicht nachtrauern]:* Der Schmuck konnte angeblich in dem völlig niedergebrannten Haus nicht gefunden werden. Na ja, futsch ist futsch, und hin ist hin.

Futter: gut im Futter sein/stehen (ugs.; scherzh.): *gut genährt [und beleibt] sein:* Na, deine neue Freundin steht ja ziemlich gut im Futter! Pferd und Reiter waren so gut im Futter, dass man ihnen den Sprung über das Hindernis gar nicht zugetraut hätte. »Was wollt ihr essen?« – »Nichts, Dora, wir stehen gut im Futter.« (Ott, Haie 90)

Futterkrippe: an die Futterkrippe kommen (ugs.): *einen einträglichen Posten bekommen:* Nach zwanzig Jahren Dienst als kleiner Beamter sah er plötzlich die Chance, auch einmal an die Futterkrippe zu kommen.

an der Futterkrippe sitzen/sein (ugs.): *einen einträglichen Posten haben:* Diejenigen, die bereits an der Futterkrippe saßen, verteidigten eifersüchtig ihre Privilegien.

füttern: die Fische füttern: ↑ Fisch.

G

gäbe: gang und gäbe sein: ↑ gang.

Gabe: eine [gute] Gabe Gottes: *etwas sehr Schönes, Angenehmes, Positives:* So ein kühles Bier an einem heißen Tag, das ist doch eine gute Gabe Gottes!

gackern: wer gackert, muss auch ein Ei legen (ugs.): *wer etwas andeutet, ankündigt, soll sich dann auch erklären, etwas vorweisen:* Wer ist eine einzige Enttäuschung für dich? Na los, wer gackert, muss auch ein Ei legen!

gacks: weder gicks noch gacks sagen/verstehen/wissen: ↑ gicks.

gähnen: [es ist/herrscht] gähnende Leere: ↑ Leere.

Gala: sich in Gala werfen (ugs.): *sich für einen besonderen Anlass gut anziehen:* Ich bin gleich soweit, ich muss mich nur noch in Gala werfen. Berauscht von seiner hohen Notwendigkeit ... warf er sich in Gala und befestigte die fünf Orden an seinem Frack (Werfel, Himmel 215).

Galerie: für die Galerie spielen: *etwas stark übertreibend tun, um das breite Publikum zu beeindrucken:* Er ist ein hervorragender Torwart, aber er spielt dem Bundestrainer zu sehr für die Galerie. Das mit den Steuersenkungen hat die Ministerin nicht so ernst gemeint, da hat sie für die Galerie gespielt.

Galgen: jmdn. an den Galgen bringen: *jmdn. der Bestrafung ausliefern:* Er hatte geschworen, ihn an den Galgen zu bringen. ... in dem Gesicht des Pfarrers kämpfte Bedauern mit Heiterkeit, und der mitspielende fremde Arzt, der Moosbrugger beinahe schon an den Galgen gebracht hatte, munterte ihn von Zeit zu Zeit durch beizende Zwischenrufe auf (Musil, Mann 1 393).

Galle: jmdm. läuft die Galle über (ugs.): *jmd. wird wütend:* Als das Essen endlich nach einer Stunde kam und kalt war, lief dem Gast die Galle über. Heute ist mir im Büro die Galle übergelaufen. ... uns läuft noch nicht einmal die Galle über, wenn ... ein Mensch, dem wir 20 Jahre lang sklavisch gedient haben, nicht ... zögern würde, seinen Gratisservice mit dem Gesetz zu erzwingen (Schwarzer, Unterschied 106).

jmdm. kommt die Galle hoch (ugs.): *jmd. wird wütend:* Mir kommt schon die Galle hoch, wenn ich diesen Kerl nur sehe. Es gibt Bürger, denen die Galle hochkommt, wenn sie von Hausbesetzungen nur hören (Spiegel 13, 1981, 34).

Gift und Galle speien/spucken: ↑ Gift.

Galopp: im Galopp (ugs.): *schnell, im Eiltempo:* Er hat den Artikel im Galopp geschrieben. Himmelstoß weiß sichtlich nicht, wie er sich benehmen soll. Am liebsten möchte er uns jetzt im Galopp schleifen (Remarque, Westen 63). In diesem Augenblick schießt ein Liebespaar im Galopp hinter den Kreuzen hervor (Remarque, Obelisk 275).

jmdn. hat der Esel im Galopp verloren: ↑ Esel. **jmd. ist im Galopp durch die Kinderstube geritten:** ↑ Kinderstube.

Gamasche: [vor jmdm., vor etwas] Gamaschen haben (ugs.): *[vor jmdm., vor et-*

was] Angst haben: Sie hatte plötzlich Gamaschen, weil sie glaubte, dass die Verkäuferin sie beobachtet habe. Hast du vor der Prüfung Gamaschen?

▶ Der Ursprung der Wendung ist dunkel.

gang: gang und gäbe sein: *allgemein üblich sein:* Manipulationen dieser Art sind im Fernsehen gang und gäbe. Am Wochenende sind wir auf unserem Laubengrundstück, das ist bei uns so gang und gäbe. Allgemein und aus guten Gründen war damals die Verwandtenehe ... gang und gäbe (Th. Mann, Joseph 254).

▶ Die Wörter »gang« und »gäbe« sind Verbaladjektive zu »gehen« bzw. »geben«, sie bedeuten »Kurs oder Wert habend« (eigentlich »was gehen, umlaufen kann«) und »im Umlauf befindlich« (eigentlich »was gegeben werden kann«) von Münzen und Waren.

Gang: ein Gang nach Kanossa: *ein als erniedrigend empfundener Bittgang:* Da er ohne die Zustimmung der Opposition die Verfassungsreform nicht verwirklichen kann, sieht sich der Kanzler zu einem Gang nach Kanossa gezwungen. ... ein einfaches, blütenweißes Sporthemd, nur halb zugeknöpft, das alles sah nicht danach aus, als mache ... Heinz Schade einen Gang nach Kanossa (Borell, Romeo 346).

▶ Die Fügung bezieht sich auf den Bußgang des deutschen Kaisers Heinrich IV. zu Papst Gregor VI., der sich zu dieser Zeit in der norditalienischen Burg Canossa aufhielt.

einen Gang zulegen (ugs.): *sein Tempo [bei etwas] steigern:* Wenn du einen Gang zulegst, werden wir bis heute Abend fertig. Wenn es einen neuen Rekord geben soll, dann müssen die Läufer in den letzten beiden Runden aber noch einen Gang zulegen.

einen Gang zurückschalten (ugs.): *sein Tempo bei etwas mäßigen:* Sie muss beruflich einen Gang zurückschalten, sonst ist der erste Schlaganfall nur eine Frage der Zeit.

seinen Gang gehen: *in gewohnter Weise verlaufen:* An den Universitäten geht nach den Ausschreitungen der Vorlesungsbetrieb wieder seinen Gang. Wir hoffen, dass im Werk bald alles seinen al-

ten Gang geht. Dann hastete Peachum in seine Fabrik zurück. Auch hier ging alles seinen Gang (Brecht, Groschen 107).
etwas in Gang bringen/setzen: *bewirken, dass etwas allmählich beginnt, funktioniert, läuft:* Der Minister brachte die Verhandlung in Gang. Er rackert sich vergeblich ab, seinen kleinen Lastwagen wieder in Gang zu bringen (Grzimek, Serengeti 117). Das Läutwerk wird beizeiten in Gang gesetzt, die Schrankenarme sperren die Chaussee (Fries, Weg 297).
etwas in Gang halten: *verhindern, dass etwas zum Stillstand kommt:* Die Aktion konnte nur mit Mühe in Gang gehalten werden. Das Leben konnte nur mit Anstrengung in Gang gehalten werden, durch viel Bemühung, Willenskraft und Pflichtbewusstsein (Baum, Paris 64). ... er riss sich zusammen, hielt sich mit Kaffee und Hühnerbouillon in Gang und ging mit verbissener Energie an seine bedeutungsvolle Arbeit (Spoerl, Maulkorb 23).
in Gang kommen: *allmählich beginnen:* Die Regierung hofft, dass die Verhandlungen noch in diesem Jahr in Gang kommen. Danach wurden die Kerzen am Baum ausgeschaltet ..., und eine allgemeine Unterhaltung kam in Gang (Ott, Haie 144). Er ... würde dafür sorgen, dass die Fahndung nach Judith so spät wie möglich in Gang kam (Andersch, Sansibar 21).
im Gang[e] sein: *geschehen, vor sich gehen; durchgeführt werden:* Die Vorbereitungen sind noch im Gange. Als wir ankamen, war das Fest bereits in vollem Gange. Ich möchte nur wissen, was da im Gange ist. Gegen den Vorsitzenden scheint irgendetwas im Gange zu sein. Genauso gut konnte sie ... brüllen: »Ist die Hurerei schon wieder im Gange? Dein armer Mann, der in Russlands Erde schläft.« (Böll, Haus 68)
in Gang sein: *in Betrieb sein:* Die Anlage ist die ganze Nacht in Gang. Die Mühle war in Gang, die Steine der Mühle mahlten (Gaiser, Jagd 161). Der Mensch muss darauf gefasst sein, dass seine arme alte Maschine, die ihre Zeit in Gang war, sich schließlich abnutzt (Hacks, Stücke 268).
schönen Gruß vom Getriebe, der Gang ist drin: ↑ Gruß.

Gängelband: jmdn. am Gängelband führen/haben/halten: *jmdm. dauernd vorschreiben, wie er sich zu verhalten hat:* Er war zweiundzwanzig und wollte sich nicht länger von seiner Mutter am Gängelband führen lassen. Seine Frau hält ihn am Gängelband. Übereinstimmend meinen die befragten Frauen, dass in Basel nur wenig eigentliche Zuhälter käufliche Frauen am Gängelband halten (Nordschweiz 74, 29. 3. 1985, 3). Vgl. die folgende Wendung.
am Gängelband gehen: *in kleinlicher Weise dauernd bevormundet werden:* Dieser Dummkopf merkt gar nicht, dass er am Gängelband geht.
▷ »Gängelband« hieß früher ein Band, mit dem das Kind geführt wurde, damit es gehen lernt.

Gans: an jmdm. ablaufen wie das Wasser an der Gans: ↑ ablaufen. **ein Gesicht machen wie die Gans, wenns donnert:** ↑ Gesicht. **grün, wie die Gans ins Gras scheißt; grün scheißt die Gans ins Gras:** ↑ grün. **schielen wie die Gans, wenns donnert:** ↑ schielen.

Gänsehaut: jmdm. läuft eine Gänsehaut über den Rücken (ugs.): *jmdn. schaudert:* Als der Sturm plötzlich die Balkontür aufdrückte, lief ihr eine Gänsehaut über den Rücken. In der Nacht ... geschah jenes absonderliche Bubenstück, das noch heute allen Gutgesinnten eine Gänsehaut über den Rücken jagt (Spoerl, Maulkorb 5).

Gänsemarsch: im Gänsemarsch (ugs.): *in einer Reihe hintereinander:* Sie zogen im Gänsemarsch über den Marktplatz. Drin hocken die Sträflinge noch immer in ihren Zellen, hantieren in den Arbeitsräumen, ziehen im Gänsemarsch über den Spazierhof (Döblin, Berlin 108). Wir tappen uns vorwärts im Gänsemarsch durch Gräben und Trichter (Remarque, Westen 51).

Gänseschmalz: oh, aase nicht so mit dem Gänseschmalz!: ↑ aasen.

ganz: ganz und gar: *völlig:* Er hat ganz und gar versagt. Ach, wenn Sie doch einsähen, dass das etwas ganz und gar anderes war (Th. Mann, Hoheit 142).
ganz und gar nicht: *überhaupt nicht:* Seine Clownerien gefielen ihr ganz und gar nicht. Mein Vater glaubte nicht so recht

an die Engel, aber an die Bazillen glaubte er ganz und gar nicht (Küpper, Simplicius 208).

aufs Ganze gehen: *eine Entscheidung herbeiführen wollen; alles wagen, um etwas zu erreichen:* Er war ein Mann, der aufs Ganze ging und kein Risiko scheute. Wenn die Gewerkschaften noch etwas erreichen wollten, mussten sie aufs Ganze gehen. ... diese Frau ... geht in allem so durchaus aufs Ganze, dass man mittlere Temperaturen bei ihr für ausgeschlossen halten muss (Thieß, Reich 473).

im Ganzen: *insgesamt:* Im Ganzen war ich nur zweimal in Griechenland, aber schon fünfmal in Italien. Dem Aufsatz im Ganzen fehlte dagegen häufig die durchgängige, klar ausgeprägte Linie (Niekisch, Leben 132). Zweifellos ist die Jagd die ritterlichste Unterhaltung, aber ich bin im Ganzen kein Mann des Schießgewehrs (Th. Mann, Krull 388).

es geht ums Ganze: *es geht um Sieg oder Niederlage:* Strengt euch an, Männer, jetzt geht es ums Ganze!

ganze Arbeit leisten: ↑ Arbeit. **ein ganzer Arsch voll:** ↑ Arsch. **das ganze Drum und Dran:** ↑ drum. **im Großen und Ganzen:** ↑ groß. **nichts Halbes und nichts Ganzes sein:** ↑ halb. **von ganzem Herzen:** ↑ Herz. **die ganze Innung blamieren:** ↑ Innung. **nicht ganz richtig im Kopf sein:** ↑ Kopf. **den ganzen Kram/Krempel hinschmeißen:** ↑ Kram. **auf der ganzen Linie:** ↑ Linie. **ganz Ohr sein:** ↑ Ohr. **die ganze Pastete:** ↑ Pastete. **ganze Sachen machen:** ↑ Sache. **und wenn der ganze Schnee verbrennt:** ↑ Schnee. **von jmdm., etwas ganz zu schweigen:** ↑ schweigen. **mit ganzer Seele:** ↑ Seele. **der ganze Segen:** Segen. **ganz von den Socken sein:** ↑ Socke. **gibt man dem Teufel den kleinen Finger, so nimmt er die ganze Hand:** ↑ Teufel. **nicht ganz bei Trost sein:** ↑ Trost. **voll und ganz:** ↑ voll.

Gänze: in seiner/ihrer Gänze (geh.): *in seinem/ihrem ganzen Umfang:* Die altrömische Gesetzessammlung ist in ihrer Gänze neu übersetzt worden. Das umstrittene Gutachten sollte in seiner Gänze veröffentlicht werden. Menschen wie Sie kommen nicht zum Handeln, weil sie die Wahrheit nicht wollen! Der bürgerli-

che so genannte Geist ist in seiner Gänze nur eine Verzögerung und Ausrede! (Musil, Mann 1 325).

zur Gänze: *vollständig, ganz:* Der Strand war zur Gänze verseucht und für den Badebetrieb geschlossen. Nachdem du es für gut befunden hast, mir die Augen halb zu öffnen, wirst du es gütigst auch noch zur Gänze tun (Musil, Mann 1 246). Das Ortsschild ist beinahe zur Gänze hinter einer Trauerweide versteckt (Zenker, Froschfest 117).

gar: ganz und gar: ↑ ganz. **ganz und gar nicht:** ↑ ganz. **gar nicht undumm:** ↑ undumm. **gar nicht [so] uneben:** ↑ uneben.

Garantie: unter Garantie (ugs.): *ganz sicher:* Wenn du weiter so bummelst, kommen wir unter Garantie zu spät. Die Geschichte ist unter Garantie erstunken und erlogen. Hör gut zu, mein Junge, mich legt keiner ungestraft aufs Kreuz ... Dann bist du unter Garantie ein toter Mann (Prodöhl, Tod 40).

Garaus: jmdm. den Garaus machen (ugs.): *jmdn. umbringen:* Er hatte Angst, die beiden Burschen könnten ihm den Garaus machen. Während das christliche Europa vor den Türken erzitterte, hätten die Holländer ... sehr wohl die Möglichkeit gehabt, dem Sultan den Garaus zu machen (Jacob, Kaffee 110). Es will mir scheinen, dass ich weiß, warum mich die Rüpel von der Straße ermorden wollten und wer sie daran hinderte, mir vollends den Garaus zu machen (Jahnn, Nacht 133).

▶ »Garaus« geht zurück auf den Ruf »gar aus« (= vollständig aus), mit dem seit dem 15. Jh. in Süddeutschland die Polizeistunde geboten wurde. Der Ausdruck wurde dann auch auf das Tagesende und den das Tagesende angebenden Glockenschlag übertragen.

Garde: [noch] von der alten Garde sein: *ein zuverlässiger, die althergebrachten Tugenden verkörpernder und daran festhaltender Mensch sein:* Der Außenminister war noch von der alten Garde und genoss höchstes Ansehen in allen Teilen der Bevölkerung.

Gardine: hinter schwedischen Gardinen: ↑ schwedisch.

Gardinenpredigt: jmdm. eine Gardinenpredigt halten (ugs.; scherzh.): *jmdm. ei-*

ne Strafpredigt halten, ihn abkanzeln: Als man ihr die Geschichte zutrug, dachte sie gar nicht daran, ihrem Mann eine Gardinenpredigt zu halten.
▶ Für die Wendung ist von »Gardine« in der älteren Bedeutung »Bettvorhang« auszugehen. Die Gardinenpredigt ist demnach die Strafpredigt, mit der die Ehefrau den spät heimkehrenden Ehemann hinter dem Bettvorhang empfing.

Gardinenstange: hin und her sausen/rasen wie ein Furz auf der Gardinenstange: ↑hin.

Garn: ein/sein Garn spinnen (ugs.): *unwahre, fantastische Geschichten erzählen:* Der alte Kapitän spann wieder sein Garn. Mutsch spann das Garn weiter. »Und der Dichter fühlte sich von der Welt verkannt und ging ins Wasser.« (Kirst, Aufruhr 77)
▶ Die Wendung stammt aus der Seemannssprache und meinte ursprünglich die Geschichten, die sich die Matrosen erzählten, wenn sie in ihren freien Stunden auf See aus altem Tau und Takelwerk Garn spannen.

jmdm. ins Garn gehen: *auf jmds. List hereinfallen:* Die Polizei war davon überzeugt, dass ihr die beiden Ganoven bald ins Garn gehen würden. Ich begreife, dass er Ihnen ins Garn gehen musste (Maass, Gouffé 282). Die Kriminalpolizei weiß zunächst gar nicht, welcher Vogel ihr ins Garn gegangen ist (Noack, Prozesse 229).
Vgl. die folgende Wendung.

jmdn. ins Garn locken (veraltend): *jmdn. hereinlegen:* Sie dachte gar nicht daran, sich von ihm ins Garn locken zu lassen.
▶ Beide Wendungen knüpfen an »Garn« in der heute nicht mehr üblichen Bedeutung »aus Garn hergestelltes Netz, das zum Wild-, Fisch- und Vogelfang dient« an.

garstig: [ein] politisch Lied, [ein] garstig Lied: ↑politisch.

Garten: quer durch den Garten (ugs.): *in bunter Vielfalt:* Nationalitäten und Altersstufen quer durch den Garten waren zu dem Fest zusammengekommen.

jmdm. einen Stein in den Garten werfen: ↑Stein.

Gärtner: den Bock zum Gärtner machen: ↑Bock.

Gas: jmdm. das Gas/den Gashahn abdrehen (ugs.): *jmdn. [wirtschaftlich] zugrunde richten, ruinieren:* Er wusste, dass man ihm das Gas abdrehen würde, wenn er nicht das tat, was man von ihm verlangte.

Gashahn: den Gashahn aufdrehen (ugs.): *sich durch das Einatmen von Gas das Leben nehmen:* Als er von der Reise zurückkehrte, sagte man ihm, dass seine Frau den Gashahn aufgedreht hatte. Wenn Ihr Vergleich auf die heutige Lage zutrifft, können wir alle den Gashahn aufdrehen (Hasenclever, Die Rechtlosen 396). Mein Freund René Crevel schrieb diese furchtbaren Worte auf ein Stück Papier, ehe er den Gashahn aufdrehte (K. Mann, Wendepunkt 303).

jmdm. den Gashahn abdrehen: ↑Gas.

Gasse: Hansdampf in allen Gassen sein: ↑Hansdampf.

Gassendreck: frech wie Gassendreck: ↑frech.

Gast: hier/da wendet sich der Gast mit Grausen: *das ist unerträglich, man möchte nicht [und man geht fort]:* Wenn die allgemeine Ausgelassenheit in grölenden Gesang und Randalieren übergeht, da wendet sich der Gast mit Grausen und flieht in die Stille einer benachbarten Kneipe.
▶ Diese Redensart ist ein Zitat aus Schillers Ballade »Der Ring des Polykrates«.

je später der Abend, desto schöner die Gäste: ↑Abend.

Gaul: einem geschenkten Gaul sieht/schaut/guckt man nicht ins Maul: *an einem Geschenk soll man nicht herummäkeln:* Toll ist der Walkman nicht, aber einem geschenkten Gaul sieht man nicht ins Maul.
▶ Das Sprichwort geht auf den Pferdehandel zurück, bei dem der Blick ins Maul des Pferdes (nach dem Zustand der Zähne, der auf das Alter schließen lässt) zur kritischen Prüfung des Tieres gehört.

jmdm. zureden wie einem lahmen Gaul: ↑zureden.
Vgl. auch das Stichwort »Pferd«.

Gaumen: den/jmds. Gaumen kitzeln: *Appetit machen, gut schmecken:* Die Lachsröllchen mit Meerrettich kitzelten seinen

Gaumen. Probier mal davon, das kitzelt dir den Gaumen.

einen feinen Gaumen haben: *Feinschmecker sein:* Es stellte sich zur Überraschung aller heraus, dass der heruntergekommene Mann einen ausgesprochen feinen Gaumen hatte.

etwas für jmds. Gaumen sein: *jmdm. schmecken:* Frisches Pflaumenmus, das ist etwas für meinen Gaumen!

jmdm. klebt die Zunge am Gaumen: ↑Zunge.

Gebälk: es knistert/kracht im Gebälk: *etwas tritt in eine kritische Phase, wird von etwas bedroht:* Die Regierung wird sich nicht mehr lange halten, es knistert bereits im Gebälk.

gebären: der Berg kreißte und gebar eine Maus: ↑Berg. **dumm geboren und nichts dazugelernt:** ↑dumm. **zu etwas geboren sein:** ↑geboren.

gebauchkitzelt/gebauchklatscht/gebauchpinselt: sich gebauchkitzelt/gebauchklatscht/gebauchpinselt fühlen: ↑fühlen.

gebaut: so wie jmd. gebaut ist (ugs.; scherzh.): *so wie jmd. veranlagt ist, so wie jmd. nun einmal ist:* Das schaffst du schon – so wie du gebaut bist! Wir werden uns doch nicht einschüchtern lassen, so wie wir gebaut sind!

geben: Geben ist seliger denn/als Nehmen: *man soll nicht egoistisch sein, man soll anderen großzügig helfen.* ▶ Die Redensart stammt aus der Bibel (Apostelgeschichte 20,35).

was gibst du, was hast du (ugs.): *sehr eilig, so schnell wie möglich:* Er hatte mich kaum gesehen, als er schon was gibst du, was hast du davonlief. ▶ Die Herkunft dieser Wendung ist nicht genau geklärt. Möglicherweise geht sie auf den oft knappen und raschen Wortwechsel bei Kauf- und Tauschgeschäften, auf die rasche Folge von Gebot und Gegengebot zurück.

da gibts/gibt es nichts! (ugs.): *das steht einwandfrei fest!:* Du musst mir den Schaden ersetzen, da gibts nichts! Vorhin waren in der Kasse noch fünfzig Mark, da gibts nichts! ... die ersten acht Jahre haben Karin und ich eine prima Ehe geführt, da gibt es nichts (Hörzu 9, 1978, 12).

wo gibts denn so was? (ugs.): *das ist eine Zumutung; das kommt gar nicht infrage!:* Du willst mit meinem Wagen fahren? Wo gibts denn so was?

[dann/gleich] gibts was! (ugs.): *dann/gleich erfolgt eine Bestrafung, gibt es Schläge:* Wenn du das noch einmal machst, gibts was! Könnt ihr nicht still sein? Gleich gibts was!

es jmdm. geben (ugs.): 1. *jmdm. gehörig die Meinung sagen:* Dem hab ichs gegeben, der kommt das nächste Mal bestimmt pünktlich. Ich war drüben beim Doktor, hab ihm gesagt, dass er nicht gekommen ist am Mittwoch. Ich hab ihm gegeben (Döblin, Berlin 122). 2. *jmdn. verprügeln:* Los, gibs ihm, lass dir nichts gefallen!

auf etwas nichts geben: *einer Sache keine Bedeutung beimessen:* Auf sein Geschwätz brauchst du nichts zu geben. Jeden Tag waren sie auf dem Platz ... korrigierten einander, denn auf Kinzelmann, den Trainer von Viktoria, gaben sie beide nicht sehr viel (Lenz, Brot 130). Vielleicht bist du doch mein einziger Freund gewesen ... Es ist schade, dass du auf Freundschaft nichts gabst (Rilke, Brigge 83).

etwas/viel darum geben [wenn] ...: *etwas sehr wünschen:* Ich gäbe viel darum, wenn ich bei diesem Fest dabei sein könnte. Wilke, als Amateurwissenschaftler und Gespensterfürchter, hätte viel darum gegeben, Auskunft über das Dasein auf der anderen Seite zu erhalten (Remarque, Obelisk 245).

sich ein Air geben: ↑Air. **sein Amen zu etwas geben:** ↑amen. **sich den Anschein geben:** ↑Anschein. **etwas in Arbeit geben:** ↑Arbeit. **etwas [bei jmdm.] in Auftrag geben:** ↑Auftrag. **einer Sache Ausdruck geben:** ↑Ausdruck. **den Ausschlag geben:** ↑Ausschlag. **etwas zu bedenken geben:** ↑bedenken. **etwas zum Besten geben:** ↑beste. **ein Beispiel geben:** ↑Beispiel. **sich eine Blöße geben:** ↑Blöße. **Brief und Siegel geben:** ↑Brief. **jmdm. eins/etwas aufs Dach geben:** ↑Dach. **sein Debüt geben:** ↑Debüt. **jmdm. eins auf den Deckel geben:** ↑Deckel. **zu denken geben:** ↑denken. **der Wahrheit die Ehre geben:** ↑Ehre. **jmdm. etwas zu Eigen geben:** ↑eigen. **einem Tier den Fang geben:** ↑Fang.

Fersengeld geben: ↑Fersengeld. **wenn man jmdm. den kleinen Finger gibt, nimmt er gleich die ganze Hand:** ↑Finger. einer Sache Folge geben: Folge. jmdm. einen Freibrief geben: ↑Freibrief. jmdm. das Geleit geben: ↑Geleit. jmdm. das letzte Geleit geben: ↑Geleit. einer Sache Gestalt geben: ↑Gestalt. **einem Tier den Gnadenstoß geben:** ↑Gnadenstoß. gebe Gott, dass ...: ↑Gott. Gummi geben: ↑Gummi. jmdm. etwas an die Hand geben: ↑Hand. jmdm. auf etwas die Hand geben: ↑Hand. einen Trumpf/alle Trümpfe aus der Hand geben: ↑Hand. etwas aus der Hand geben: ↑Hand. jmdm. etwas in die Hand geben: ↑Hand. das Heft aus der Hand geben: ↑Heft. keinen [roten] Heller für etwas geben: ↑Heller. den Seinen gibts der Herr im Schlafe: ↑Herr. seinem Herzen einen Stoß geben: ↑Herz. jmdm. eins/ein paar hintendrauf/hintenvor geben: ↑hintendrauf. jmdm. eins auf den Hut geben: ↑Hut. dem Kaiser geben, was des Kaisers ist: ↑Kaiser. jmdm. Kattun geben: ↑Kattun. dem Kind einen Namen geben: ↑Kind. jmdm. eins auf die Klappe geben: ↑Klappe. sich die Klinke in die Hand geben: ↑Klinke. jmdm. Kontra geben: ↑Kontra. jmdm. einen Korb geben: ↑Korb. seinen Kren zu etwas geben: ↑Kren. da/hier gibt es [gar] nichts zu lachen: ↑lachen. einer Sache freien/ihren Lauf geben: ¹Lauf. jmdm. den Laufpass geben: ↑Laufpass. Laut geben: ↑Laut. Lehrgeld geben müssen: ↑Lehrgeld. grünes Licht geben: ↑Licht. jmdm. eins/ein paar hinter die Löffel geben: ↑Löffel. jmdm. [erst/selbst] das Messer in die Hand geben: ↑Messer. es gibt Mord und Totschlag: ↑Mord. sich Mühe geben: ↑Mühe. einer Sache [neue] Nahrung geben: ↑Nahrung. dem Kind einen Namen geben: ↑Name. jmdm. eins auf die Nase geben: ↑Nase. [auf jmdn., auf etwas] Obacht geben: ↑Obacht. jmdm. eins/ein paar hinter die Ohren geben: ↑Ohr. jmd. kann sich die Papiere geben lassen: ↑Papier. die Peitsche geben: ↑Peitsche. für jmdn., für etwas keinen Pfennig geben: ↑Pfennig. jmdm. eins auf die Pfoten geben: ↑Pfote. keinen Piep von sich geben: ↑Piep. jmdm. eine bittere Pille zu schlucken geben: ↑Pille. etwas zu Protokoll geben/bringen: ↑Protokoll. jmdm.

eins auf den Ranzen geben: ↑Ranzen. einer Sache Raum geben: ↑Raum. [jmdm., sich über etwas] Rechenschaft geben/ablegen: ↑Rechenschaft. jmdm. Recht geben: ↑recht. jmdm./einer Sache den Rest geben: ↑Rest. jmdm. eins in die Rippen geben: ↑Rippe. jmdm. eins auf/über die Rübe geben/hauen: ↑Rübe. sich einen Ruck geben: ↑Ruck. Ruhe geben: ↑Ruhe. jmdm. die Rute geben: ↑Rute. jmdm. Saures geben: ↑sauer. jmdm. kein Schauspiel geben: ↑Schauspiel. sich geschlagen geben: ↑schlagen. das kann ich dir schriftlich geben: ↑schriftlich. jmdm. Schuld geben: ↑Schuld. jmdm. einen Schuss vor den Bug geben: ↑Schuss. seinen Segen zu etwas geben: ↑Segen. jmdm. Steine statt Brot geben: ↑Stein. sich ein Stelldichein geben: ↑Stelldichein. jmdm. einen Stich geben/versetzen: ↑Stich. jmdm. einen Stich ins Herz geben: ↑Stich. das wird einen Tanz geben: ↑Tanz. sein[en] Teil geben: ↑Teil. gibt man dem Teufel den kleinen Finger, so nimmt er die ganze Hand: ↑Teufel. keinen Ton von sich geben: ↑Ton. sich die Tür[klinke] in die Hand geben: ↑Tür. jmdm. Unrecht geben: ↑Unrecht. etwas verloren geben: ↑verlieren. jmdm. etwas zu verstehen geben: ↑verstehen. da gibt es kein Vertun: ↑vertun. etwas in Verwahrung geben/nehmen/halten: ↑Verwahrung. alles wieder von sich geben: ↑von. jmdm., einer Sache den Vorzug geben: ↑Vorzug. jmdm. etwas mit auf den Weg geben: ↑Weg. davon gibts noch mehr auf der Welt: ↑Welt. jmdm. Widerpart geben: ↑Widerpart. jmdm. ein gutes Wort/gute Worte geben: ↑Wort. jmdm. das Wort geben/erteilen: ↑Wort. ein Wort gibt das andere: ↑Wort. etwas in Zahlung geben: ↑Zahlung. jmdm. Zunder geben: ↑Zunder.

Gebet: jmdn. ins Gebet nehmen: *jmdn. [wegen wiederholter Verfehlungen] zurechtweisen, ihm Vorhaltungen machen:* Er nahm sich vor, seinen Sohn bei nächster Gelegenheit einmal ins Gebet zu nehmen. Die Lehrerin hatte sie immer wieder ins Gebet genommen, aber sie blieb uneinsichtig und verstockt. Als die Beamten den 17-Jährigen ins Gebet nahmen, stellte sich heraus, dass er vierzehn Tage zuvor seinen Eltern fortgelaufen war (MM 17. 8. 1967, 8).

▶ Die Wendung rührt wahrscheinlich daher, dass der Beichtvater früher dem Beichtenden nach abgelegter Beichte Gebete vorsprach und ihn mitbeten ließ.

gebieten: jmdm., einer Sache Einhalt gebieten: ↑ Einhalt.

Gebieter: jmds. Herr und Gebieter: Herr.

geboren: mit einem goldenen/silbernen Löffel im Mund geboren sein: ↑ Löffel.

Gebot: jmdm. zu Gebote stehen (geh.): *jmdm. zur Verfügung stehen:* Sie verfolgte ihr Ziel mit allen ihr zu Gebote stehenden Mitteln. Teilhard steht eine reiche, nicht selten dichterische Sprache zu Gebote (Natur 22).

▶ »Gebot« schließt sich an das Verb gebieten im Sinne von »über etwas befehlen, herrschen, etwas zur Verfügung haben« an.

Not kennt kein Gebot: ↑ Not. **das Gebot der Stunde:** ↑ Stunde. **dem Gebot der Stunde gehorchen:** ↑ Stunde.

gebrannt: gebranntes Kind scheut das Feuer: ↑ brennen.

Gebrauch: außer Gebrauch kommen: *veralten:* Gummiüberschuhe sind völlig außer Gebrauch gekommen. Dieser Ausdruck ist schon im vorigen Jahrhundert außer Gebrauch gekommen.

etwas außer Gebrauch setzen: *nicht mehr gebrauchen:* Die vor 1945 angeschafften Maschinen sind außer Gebrauch gesetzt worden. ... derselbe Pfarrer, der die Leichenreden hasste und außer Gebrauch gesetzt hatte, er sprach vom Geheimnis des Todes (Andres, Die Vermummten 117).

etwas im/in Gebrauch haben: *etwas gebrauchen, verwenden:* Wie lange haben Sie das Radio schon in Gebrauch?

etwas in Gebrauch nehmen: *etwas gebrauchen, zu gebrauchen beginnen:* Ich glaube, wir sollten neue Wäsche in Gebrauch nehmen. Wann ist die Anlage in Gebrauch genommen worden? ..., gab er zu und erzählte, dass Graf Leinsdorf niemals das Wort »Festzug« in Gebrauch nehme (Musil, Mann 1 225).

in Gebrauch kommen: *üblich werden:* Damals waren gerade die ersten schlauchlosen Reifen in Gebrauch gekommen. Sein großer und ständig wachsender Einfluss ... zwang die Kirche zur Aufstellung eines andern und umfang-

reicheren Kanons, der ... als das so genannte »Neue Testament« in Gebrauch kam (Thieß, Reich 210).

in Gebrauch sein: *gebraucht, benutzt werden:* Die neue Anlage ist bereits in Gebrauch.

von etwas Gebrauch machen: *etwas ausnutzen:* Bitte machen Sie von dieser Mitteilung keinen Gebrauch! Sie konnten sich im Spiegel sehen, wenn sie miteinander sprachen; er machte oft Gebrauch davon (Müthel, Baum 6).

gebrauchen: Ausdrücke gebrauchen: ↑ Ausdruck. **seine Ellbogen gebrauchen:** ↑ Ellbogen.

gebügelt: gebügelt sein (ugs.): *völlig überrascht sein:* Ich habe ihm gesagt, er kann mich mal – da war er vielleicht gebügelt!

Gebühr: nach Gebühr (geh.): *angemessen, gebührend:* Erst nachdem er ihren Hut nach Gebühr bewundert hatte, durfte er sie umarmen.

über Gebühr (geh.): *mehr als nötig, übertrieben:* Sein neuer Roman wurde über Gebühr gelobt. Natürlich gefallen wir Frauen am besten, wenn sie nicht die landläufigen Schönheitsnormen über Gebühr erfüllen (Kronauer, Bogenschütze 64). Zahlreiche bürokratische Hemmnisse belasten Sie und Ihre Mitarbeiter über Gebühr (NJW 18, 2. 5. 1984, 16).

gebühren: Ehre, wem Ehre gebührt: ↑ Ehre.

gebum[s]fiedelt: sich gebum[s]fiedelt fühlen (ugs.; scherzh.): *sich geschmeichelt fühlen:* Der Alte hat dich zum Essen eingeladen? Da kannst du dich ganz schön gebumsfiedelt fühlen!

▶ Das Wort »gebum[s]fiedelt« ist vermutlich aus »bum!« und »fiedeln« (für den Klang von Trommel und Geige) zusammengesetzt, geht also auf die Vorstellung zurück, dass jemandem zur Ehrung ein Ständchen gebracht wird.

Geburt: eine schwere Geburt sein (ugs.): *nur mit großen Mühen zu erreichen sein, ein hartes Stück Arbeit sein:* Das Abkommen, das nun unterzeichnet werden sollte, war eine schwere Geburt gewesen.

Gedächtnis: ein Gedächtnis wie ein Sieb haben (ugs.): *sehr vergesslich sein:* Großvater hat ein Gedächtnis wie ein Sieb.

ein Gedächtnis wie ein [indischer] Elefant haben: *ein sehr gutes Gedächtnis haben, sich lange an etwas erinnern:* Großmutter war nachtragend, sie hatte ein Gedächtnis wie ein [indischer] Elefant.
▶ Der Vergleich geht davon aus, dass sich Elefanten angeblich noch nach Jahren daran erinnern, wer ihnen etwas Böses angetan hat.

Gedanke: kein Gedanke!: *unmöglich, keinesfalls!:* Dieser Gaul soll das Rennen gewinnen? Kein Gedanke! Und dann also war Moell ausgebrochen ... Kein Gedanke, dass man ihn fangen konnte (Gaiser, Jagd 180).

der bloße Gedanke ...: *schon wenn man daran denkt:* Der bloße Gedanke, dass man sein Gesuch ablehnen könnte, brachte ihn in Wut. Aber der bloße Gedanke an sein eigenes Zimmer ... trieb ihn ... zu der Frau, die er nicht wieder sehen wollte (Erich Kästner, Fabian 139). Es war allerhand, was da geboten wurde: keine Pornographie, aber schwindlig konnte einem schon werden beim bloßen Gedanken daran (Bieler, Bonifaz 31).

[jmds.] Gedanken lesen [können]: *erraten, was jmd. denkt:* Genau das wollte ich auch vorschlagen – kannst du Gedanken lesen? Er kann ihr nichts vormachen, sie liest seine Gedanken.

seine Gedanken beisammenhaben (ugs.): *konzentriert sein, aufpassen:* Hast du deine Gedanken nicht beisammen?

sich über etwas Gedanken machen: *über etwas länger nachdenken:* Ich muss mir darüber Gedanken machen, bevor ich mich entscheide. Er hat sich offenbar noch nie Gedanken darüber gemacht, was es bedeutet, wenn die deutsche Sprache ... nicht gepflegt wird (Dönhoff, Ära 158). Bei einer Abendeinladung wird die Hausfrau sich auch über die Beleuchtung Gedanken machen (Horn, Gäste 16).

sich [über jmdn., über etwas/wegen jmds., wegen einer Sache] Gedanken machen: *sich um jmdn., um etwas sorgen:* Sie machte sich wegen ihres Sohnes, der an die Front kommen sollte, Gedanken. Mach dir darüber keine Gedanken! Machst du dir wirklich Gedanken wegen Ulrichs Schweinen? (Chr. Wolf, Nachdenken 174).

[nicht] von des Gedankens Blässe angekränkelt sein: *[nicht] zur Nachdenklichkeit neigen:* Ohne von des Gedankens Blässe angekränkelt zu sein, versuchte er, alle Probleme mit der Brechstange zu lösen.
▶ Diese Wendung stammt aus dem berühmten Monolog in Shakespeares »Hamlet«. Dort heißt es: »Der angebornen Farbe der Entschließung wird des Gedankens Blässe angekränkelt« (engl.: »And thus the native hue of resolution is sicklied o'er with the pale cast of thought«).

etwas in Gedanken tun: *etwas, ohne es zu wollen, zu wissen, tun:* Ich habe es in Gedanken getan.

in Gedanken sein: *gedankenverloren sein:* Es tut mir leid, ich war ganz in Gedanken. Er legte das Buch von Rosen auf die Kommode, als sei er in Gedanken (Kesten, Geduld 41). Er kam mir auf der Fifth Avenue entgegen, ohne mich ... zu bemerken. Er war »in Gedanken«, wie man wohl sagt (K. Mann, Wendepunkt 388).

mit dem Gedanken spielen: *etwas als möglich erwägen:* Er spielt mit dem Gedanken, den Beruf zu wechseln. Ich habe schon längere Zeit mit diesem Gedanken gespielt. Ich ... spiele immer noch mit dem Gedanken, mein medizinisches Studium durchs Staatsexamen zu krönen (Böll, Erzählungen 86).

sich mit dem Gedanken tragen: *etwas vorhaben, beabsichtigen:* Er trug sich mit dem Gedanken, seine langjährige Mitarbeiterin zu heiraten. Anfang Januar hieß es, die Signoria trage sich mit dem Gedanken, dem Wunsch des Papstes nachzukommen und den Ketzer auszuliefern (Brecht, Geschichten 106). Seit langem trägt sie sich auch noch mit einem anderen großen Gedanken: Sie will Simon dahin bringen, dass er einen Balkon vor das Haus setzt (Waggerl, Brot 185).

zwei Seelen [und] ein Gedanke: ↑ Seele.

da ist der Wunsch der Vater des Gedankens: ↑ Wunsch.

Gedeih: auf Gedeih und Verderb/(veraltet:) **Ungedeih:** *bedingungslos:* Sie ist auf Gedeih und Verderb mit ihm verbunden. Es war ein ungeschriebenes Gesetz, dass all die alten ... Kriminalisten auf Gedeih und Verderb zusammenhielten (Fallada,

Jeder 240). »Nicht jeder«, sagte er, »muss auf Gedeih und Verderb ... abwarten, bis eine Aufgabe ... ihn erschlägt.« (Chr. Wolf, Himmel 233)

gedeihen: möge es dir zum Schmerbauch gedeihen: ↑ Schmerbauch. **unrecht Gut gedeihet nicht:** ↑ unrecht.

Gedicht: ein Gedicht sein (ugs.): *wunderbar sein:* Der kleine, weiße Sportwagen ist ein Gedicht. ... Ihre Rede, Herr Landrat, die war ein Gedicht (Bieler, Bär 430). ... versuchen Sie einmal Palatschinken mit Schokolade, das ist ein Gedicht (Caravan 1, 1980, 23).

[und] noch 'n Gedicht (ugs.): *noch etwas von derselben Art:* Mit den Worten »Und noch 'n Gedicht!« stellte er eine neue Flasche Schnaps auf den Tisch.

▶ Diese Redensart zitiert den Komiker Heinz Erhardt, der seine heiteren Verse oft mit diesen Worten ankündigte und eine Auswahl der Gedichte unter dem Titel »Noch 'n Gedicht« veröffentlichte.

Gedränge: ins Gedränge geraten/kommen (ugs.): *in Schwierigkeiten kommen:* Mit dem Termin sind wir ins Gedränge gekommen. ... durch dieses Arbeitsverbot wird sie ohnehin bald wirtschaftlich ins Gedränge kommen (Feuchtwanger, Erfolg 174).

Geduld: Geduld bringt Rosen: *Geduld führt zum Erfolg:* In dieser Situation verhält sich die Partei besser abwartend – Geduld bringt Rosen.

jmdm. reißt die Geduld (ugs.): *jmd. wird ungeduldig und wütend:* Als der Ober nach fünfzig Minuten das Essen immer noch nicht gebracht hatte, riss ihm die Geduld. Kutti ... lernte fix. Trotzdem riss mir manchmal die Geduld, wenn ihm der gleiche Fehler öfter unterlief (Wilhelm, Unter 20).

sich in Geduld fassen: *geduldig abwarten:* Die Journalisten mussten sich in Geduld fassen. Seit einem Jahr war nun Herr Haller da, machte seine Sache gut und fasste sich in Geduld (Danella, Hotel 238). Sie sind jetzt über eine Stunde zu spät. Die alte Frau kann sich nicht mehr in Geduld fassen. Es könnte ihnen schließlich etwas zugestoßen sein (Strauß, Niemand 16).

mit Geduld und Spucke fängt man eine Mucke (ugs.): *mit Geduld erreicht man*

sein Ziel: Nun versuchs noch einmal! Mit Geduld und Spucke fängt man eine Mucke.

geduldig: Papier ist geduldig: ↑ Papier.

Geduldsfaden: jmdm. reißt der Geduldsfaden (ugs.): *jmd. wird ungeduldig und wütend:* Ich warte jetzt schon drei Stunden, gleich reißt mir der Geduldsfaden. Allmählich reißt dem Schuldner der Geduldsfaden. Er bittet um sein Geld (MM 29. 3. 1969, 60).

Gefahr: wer sich in Gefahr begibt, kommt darin um: *man soll unnötige Risiken meiden:* Kriegsberichterstatter wäre kein Beruf für mich – wer sich in Gefahr begibt, kommt darin um.

Gefahr laufen ...: *in die Gefahr geraten ...:* Die Partei läuft Gefahr, dass sie das Vertrauen der Wähler verliert. Das Spiel lief Gefahr, dem Schiedsrichter aus den Händen zu gleiten. Wer ein schmutziges Bett besteige, ... mache dies nicht sauberer, sondern laufe nur Gefahr, auch sich selbst zu beflecken (Niekisch, Leben 269).

auf eigene Gefahr: *auf eigene Verantwortung:* Sie müssen auf eigene Gefahr handeln, wir können Ihnen keine Rückendeckung geben.

Gefahr für Leib und Leben: ↑ Leib. **es ist Gefahr im Verzug:** ↑ Verzug.

gefährlich: gefährlich ists, den Leu zu wecken: *man soll niemanden reizen, der einem gefährlich werden könnte:* Wenn der Chef so schlecht gelaunt ist wie heute, gehst du ihm besser aus dem Weg – gefährlich ists, den Leu zu wecken!

▶ Diese Redensart ist ein Zitat aus Schillers »Lied von der Glocke«.

Gefälle: ein gutes Gefälle haben (ugs.; scherzh.): *viel trinken können:* Unser Polier hat ein gutes Gefälle. Ist das nicht schon dein viertes Bier? Du hast aber ein verdammt gutes Gefälle!

gefallen: sich etwas gefallen lassen: *etwas (Unangenehmes, Kränkendes) hinnehmen:* Muss ich mir das gefallen lassen? Die Behandlung wollte er sich nicht länger gefallen lassen. Justinian denkt daran, sich eine so grobe Unhöflichkeit gefallen zu lassen (Thieß, Reich 633). **erlaubt ist, was gefällt:** ↑ erlauben. **jmdm. gefällt jmds. Nase nicht:** ↑ Nase. **sich in seiner Rolle als/des ... gefallen:** ↑ ²Rolle.

Gefallen: an jmdm., an etwas Gefallen finden/haben: *sich an jmdm., an etwas erfreuen, jmdn., etwas gern mögen:* An Wildwestfilmen kann ich keinen Gefallen finden. Sie fanden Gefallen aneinander, gaben sich zuerst Trost, dann Freude (Kirst, Aufruhr 56).

nach Gefallen (geh.): *wie es beliebt:* Das Geld gehört ihm, er mag es nach Gefallen verwenden. Augenblicklich, wo unser Denkorgan unsere Sinne in der Gewalt hat, können wir diese auch nach Gefallen modifizieren und dirigieren (Friedell, Aufklärung 266). Dom Antonio habe ja angeregt, ich möchte, nach Gefallen, mit Zouzous sportlichen Freunden meine vernachlässigte Fertigkeit im Tennisspiel wieder auffrischen (Th. Mann, Krull 369).

etwas jmdn. zu Gefallen tun: *etwas tun, um jmds. Wunsch zu erfüllen, jmdm. gefällig sein:* Ihrem Mann zu Gefallen will sie Kontaktlinsen tragen. Lychow fand, er könne diesem ulkigen Huhn zu Gefallen sich den Russen ganz gern einmal bekieken (A. Zweig, Grischa 165).

gefällig: da/hier/dann ist [et]was gefällig (ugs.): *da/hier/dann gehts hoch her, ist viel los:* Wenn wir in Hamburg an Land gehen, dann ist aber etwas gefällig. Steppenkopp streikt ... da ist was gefällig, Jungs (Schnurre, Fall 49).

Gefängnis: mit einem Bein/Fuß im Gefängnis stehen: ↑ Bein, ↑ Fuß.

gefasst: auf etwas gefasst sein: *mit etwas rechnen, auf etwas vorbereitet sein:* Es herrschte eine gedrückte Stimmung, jeder war auf das Schlimmste gefasst. Im Gefängnishof begannen die Erschießungen, und auch er war auf seinen Tod gefasst (Niekisch, Leben 129). Auf diese Frage war ich ... gefasst, ich wusste immer, dass sie einmal kommen musste (v. d. Grün, Glatteis 241).

sich auf etwas gefasst machen: *sich seelisch auf etwas Unangenehmes einstellen, es erwarten:* Die Gefangenen mussten sich auf eine Kürzung ihrer Essensrationen gefasst machen. Wenn die Eltern herausfinden, wo du gestern warst, dann mach dich auf etwas gefasst! ... ich lasse euch alle einsperren ... ihr habt jetzt nichts zu lachen, ihr habt euch auf etwas gefasst zu machen (Döblin, Berlin 441).

Gefecht: jmdn. außer Gefecht setzen: *[durch eine schnelle, plötzliche Maßnahme] bewirken, dass jmd. nicht mehr handeln kann:* Die Verbrecher hatten als Erstes den Nachtwächter außer Gefecht gesetzt. Sie versuchte gleich am Anfang der Diskussion, ihre Gegner außer Gefecht zu setzen. Meine Maschinen waren Kanonen, sie setzten ganze Armeen von Arbeitern außer Gefecht (Erich Kästner, Fabian 86).

etwas ins Gefecht führen: *etwas als Argument vorbringen:* Er konnte bei den Verhandlungen wichtige Gründe für eine Fusion ins Gefecht führen. Nun führte er seine stärkste Batterie ins Gefecht und fragte vertraulich: »Soll ich Ihnen vermitteln, dass Sie Notexamen machen?« (Remarque, Westen 125).

im Eifer/in der Hitze des Gefechts: ↑ Eifer, ↑ Hitze.

gefesselt: ans Bett gefesselt sein: ↑ Bett.

Gefieder: jmdm. sträubt sich das Gefieder (ugs.): *jmd. empfindet großen Widerwillen, wird wütend:* Wenn ich sehe, wie du den guten Wein mit Limonade mischst, sträubt sich mir das Gefieder!
▶ Die Wendung bezieht sich auf das Verhalten vieler Vögel, bei Gefahr oder Erregung die Federn hochzustellen, um größer und beeindruckender zu erscheinen.

geflügelt: geflügeltes Wort: ↑ Wort.

Gefolge: im Gefolge: *als Folge:* Kriege haben oft Umwälzungen im Gefolge. Im Gefolge des wachsenden Schiffsverkehrs nahm die Verschmutzung der Badestände zu. Die preußischen Landtagswahlen vom 24. April 1932 hatten eine starke nationalsozialistische Mandatszahl im Gefolge (Niekisch, Leben 211).

gefrieren: jmdm. gefriert das Blut in den Adern: ↑ Blut.

Gefühl: ein Gefühl wie Weihnachten [und Ostern] (ugs.; scherzh.): *ein sehr schönes Gefühl:* Es war ein Gefühl wie Weihnachten und Ostern, als endlich der Scheck mit dem Lottogewinn eintraf. Dass er mit seinem Lieblingsstar zusammen auf der Bühne stehen durfte, das war für ihn ein Gefühl wie Weihnachten.

das höchste der Gefühle (ugs.): *das Höchste, was man erreichen kann:* Für diesen Wagen gebe ich Ihnen 3 800

Mark, das ist aber auch das höchste der Gefühle. Wenn die Mannschaft zweimal in der Woche trainieren kann, so ist das das höchste der Gefühle.

mit gemischten Gefühlen: *nicht unbedingt mit Freude:* Er sah der Reise mit gemischten Gefühlen entgegen. Mit gemischten Gefühlen wartete er auf die Entscheidung des Kampfgerichts. Langsam schlenderte er an die Haustür und blickte die schmale Front des Gebäudes mit gemischten Gefühlen hoch (Langgässer, Siegel 455).

etwas im Gefühl haben: *etwas instinktiv wissen:* Eine gute Hausfrau hat die Menge der Zutaten im Gefühl. Er hat es im Gefühl, wie schnell er auf der nassen Straße fahren darf. Der Betreffende kommt nicht und wird nicht kommen, ich habe das im Gefühl (Langgässer, Siegel 34).

seinen Gefühlen kein Korsett anlegen: ↑ Korsett. **ein komisches Gefühl in der/ um die Rosette haben.** ↑ Rosette.

gefüllt: bis zum Bersten gefüllt: ↑ bersten.

gegen: gegen bar: ↑ bar.

Gegend: die Gegend unsicher machen (ugs.; scherzh.): *sich an einem Ort, in einem Gebiet aufhalten:* He, alter Junge, ich wusste ja gar nicht, dass du hier wieder die Gegend unsicher machst!

in der Gegend [um] (ugs.): *[in Bezug auf Zeit- und Mengenangaben] ungefähr:* Der Wagen kostet so in der Gegend um 40 000 Mark. Das nächste Treffen soll in der Gegend um Weihnachten stattfinden. Der Kleine wiegt jetzt schon 12 Pfund oder so in der Gegend.

Gegenliebe: Gegenliebe finden; auf Gegenliebe stoßen: *Anklang, Beifall, Zustimmung finden:* Der Gesetzentwurf des Ministers ist auch in der eigenen Fraktion auf wenig Gegenliebe gestoßen. Das so aufwendig produzierte Buch fand beim Publikum keine Gegenliebe.

Gegensatz: Gegensätze ziehen sich an: *Menschen sehr unterschiedlichen Charakters finden oft Gefallen aneinander:* Dass dieser Draufgänger ein so stilles, in sich gekehrtes Mädchen geheiratet hat, war für alle eine Überraschung – aber Gegensätze ziehen sich ja bekanntlich an.

ein Gegensatz wie Feuer und Wasser: *ein unüberbrückbarer Gegensatz:* Sozialis- mus und Kapitalismus – das ist ein Gegensatz wie Feuer und Wasser.

gegenüberstehen: jmdm. Auge in Auge gegenüberstehen: ↑ Auge.

gegenwärtig: etwas gegenwärtig haben (geh.): *sich an etwas genau erinnern können:* Ich habe die Zahlen jetzt nicht gegenwärtig, aber sie waren wenig erfreulich.

sich etwas gegenwärtig halten (geh.): *etwas bedenken:* Sie müssen sich gegenwärtig halten, dass hier das Ansehen der Firma auf dem Spiel steht. Bei allem, was Euere Königliche Hoheit erwägen und tun, wollen Sie sich gegenwärtig halten, dass ... (Th. Mann, Hoheit 225). Wollen wir ... aus dieser Tatsache keine voreiligen Schlüsse ziehen, so müssen wir uns früher Gesagtes gegenwärtig halten (Thieß, Reich 446).

jmdm. gegenwärtig sein: *jmdm. erinnerlich sein:* Ihr war noch jede Einzelheit des schrecklichen Unfalls gegenwärtig. Das ganze Bild jener Fahrt war ihm in diesem Augenblick wortlos gegenwärtig gewesen (Schröder, Wanderer 117). Wie gegenwärtig sind mir die Nachmittagsstunden ... die wir zusammen verbrachten (K. Mann, Wendepunkt 152).

gehaben: gehab dich wohl: ↑ wohl.

gehalten: gehalten sein, etwas zu tun (geh.): *etwas tun sollen, müssen:* Wir sind gehalten, keine Informationen an die Öffentlichkeit weiterzugeben. Jeder sei auf seine Weise gehalten, in dieser ... Frage seine ... unverbrochene Treue ... zu bestätigen (Glaube 5, 1967, 4). Bei aller inneren Betroffenheit ist man gehalten, über den religiösen Radikalismus länger nachzudenken (Nigg, Wiederkehr 77).

Gehege: jmdm. ins Gehege kommen/geraten: *sich störend in jmds. Angelegenheiten einmischen:* Der neue Laborant war peinlich darauf bedacht, niemandem ins Gehege zu kommen. Wenn dieser Kerl mir noch einmal ins Gehege kommt, passiert ein Unglück. Das Bassin war überraschend groß, keines dieser wassergefüllten Gevierte, wo zwei Badegäste einander schon ins Gehege kamen (Zwerenz, Quadriga 53).

▶ Die Wendung meint eigentlich, in jmds. umzäuntes Grundstück eindringen, seinen Grund und Boden betreten.

geheim: im Geheimen: *von anderen nicht bemerkt, heimlich:* Im Geheimen war bereits ein großes Fest vorbereitet worden. ... wir haben in der letzten Zeit viel zusammengebraut, ganz im Geheimen (Grzimek, Serengeti 220). Die ... Polizeipräfektur warf ... im Geheimen der Sicherheitspolizei vor, sie mache sich sensationell (Maass, Gouffé 12/13).

Geheimnis: ein offenes Geheimnis: *etwas, was zwar allgemein bekannt ist, offiziell aber noch geheim gehalten wird:* Es ist doch ein offenes Geheimnis, wer neuer Finanzminister wird. Das Ergebnis der Verhandlungen ist doch schon lange ein offenes Geheimnis. ... es ist ein offenes Geheimnis, dass wenigstens 10 v. H. allen französischen Kapitals in der Schweiz ... liegt (Dönhoff, Ära 105).

ein süßes Geheimnis haben (ugs.): *ein Baby erwarten:* Von seiner Schwiegermutter erfuhr er, dass seine Frau ein süßes Geheimnis habe.

den Schleier des Geheimnisses lüften: ↑Schleier.

gehen: wie jmd. ging und stand: *unverzüglich, ohne Aufenthalt oder Vorbereitungen:* Wie er ging und stand, eilte er zu den Leuten und half bei den Löscharbeiten.

wo jmd. geht und steht (geh.): *überall, immer:* Wo ich gehe und stehe, denke ich an dich. Wo sie geht und steht, hat sie Verehrer (Ruthe, Partnerwahl 100).

gehen wie am Schnürchen (ugs.): *reibungslos vonstatten gehen, genau nach Plan ablaufen:* Der Veranstalter strahlte, denn es ging alles wie am Schnürchen. Und diesmal ging alles wie am Schnürchen (Mostar, Unschuldig 47). Aber Sanson ist immer pünktlich zur Stelle, alles geht wie am Schnürchen (Sieburg, Robespierre 173). Vgl. die Wendung »klappen wie am Schnürchen« (↑klappen).

gehen wie nach Noten (ugs.): *reibungslos vonstatten gehen, nach Plan ablaufen:* Alle waren mit Freude bei der Sache, und die Arbeit ging wie nach Noten.

das geht [ja] wies Brezelbacken/Heftelmachen (ugs.): *das geht ja unglaublich schnell:* Die paar Löcher im Zaun sind schnell geflickt, das geht bei ihm wies Heftelmachen. Du hast schon alles Ge-

schirr weggeräumt? Das ging ja wies Brezelbacken.
▶ Diese Vergleiche beziehen sich auf Tätigkeiten wie das Formen von Brezeln oder das Herstellen von Hefteln (Häkchen oder Ösen), die geschickte Hände und sehr rasches Arbeiten verlangen.

wie auf Eiern gehen (ugs.): *behutsam, die Füße vorsichtig aufsetzend gehen:* Die Besucher gingen wie auf Eiern über die alten Parkettfußböden. Als er in die Praxis kam, ging er wie auf Eiern, weil er große Schmerzen hatte (MM 12. 8. 1988).

das geht [ja] wies Katzenmachen (ugs.)/**Katzenficken** (vulgär): *das geht ja unglaublich schnell:* Was, ihr seid mit der Arbeit schon fertig? Das ging ja wies Katzenmachen.

einen gehen lassen (derb): *eine Blähung abgehen lassen:* Vor Anstrengung ließ er einen gehen. Das stinkt ja fürchterlich, hat hier jemand einen gehen lassen?

etwas mit sich gehen heißen/lassen (ugs.): *etwas stehlen:* Er hieß alles mit sich gehen, was nicht niet- und nagelfest war.

wie gehts, wie stehts? (ugs.): *Begrüßungsformel:* Hallo, wie gehts, wie stehts – wir haben uns ja schon eine Ewigkeit nicht mehr gesehen!

in sich gehen: *über das eigene Verhalten (mit Bedauern) nachdenken und sich vornehmen, sich zu bessern:* Glaubst du denn, sie hat ihre Entschuldigung ehrlich gemeint und wird wirklich in sich gehen? Ich will in mich gehen und versuchen, mich zu bessern. Anstatt dass Sie jetzt in sich gehen und versuchen, ein ordentlicher Mensch zu werden ... (Ziegler, Konsequenz 48).

gegangen werden (ugs.; scherzh.): *entlassen werden:* Nach zwei Jahren in der Buchhaltung ist er dann gegangen – gegangen worden, um genau zu sein.

aus den Angeln gehen: ↑Angel. **vor Anker gehen:** ↑Anker. **auf Anschaffe gehen:** ↑Anschaffe. **per Arm gehen:** ↑Arm. **jmdm. geht der Arsch mit Grundeis:** ↑Arsch. **in den Arsch gehen:** ↑Arsch. **ata [ata] gehen:** ↑ata. **aus den Augen gehen:** ↑Auge. **mit offenen Augen gehen:** ↑Auge. **bei jmdm. aus und ein/ein und aus gehen:** ↑aus. **bachab ge-**

hen: ↑bachab. **auf die Balz gehen:** ↑Balz. **Bankrott gehen:** ↑Bankrott. **barfuß in den Park gehen:** ↑barfuß. **auf die Barrikaden gehen.** jmdm. um den **Bart gehen:** ↑Bart. **in die Beine gehen:** ↑Bein. **wenn der Berg nicht zum Propheten kommt, muss der Prophet zum Berg gehen:** ↑Berg. **in Betrieb gehen:** ↑Betrieb. **mit jmdm. ins Bett gehen:** ↑Bett. **ins Bett gehen:** ↑Bett. **zu Bett gehen:** ↑Bett. **eine Biege gehen:** ↑Biege. **in die Binsen gehen:** ↑Binse. **ins Blut gehen:** ↑Blut. **zu Boden gehen:** ↑Boden. **an Bord gehen:** ↑Bord. **von Bord gehen:** ↑Bord. **auf Brautschau gehen:** ↑Brautschau. **in die Breite gehen:** ↑Breite. **in die Brüche gehen:** ↑Bruch. **zu Bruch gehen:** ↑Bruch. **über die[se] Brücke möchte ich nicht gehen:** ↑Brücke. **über die Bühne gehen:** ↑Bühne. **sonst gehts dir danke?:** ↑danken. **an die Decke gehen:** ↑Decke. **in Deckung gehen:** ↑Deckung. **mit jmdm. durch dick und dünn gehen:** ↑dick. jmdm. **auf den Docht gehen:** ↑Docht. **auf/über die Dörfer gehen:** ↑Dorf. jmdm. **durch und durch gehen:** ↑durch. **davon gehen zwölf aufs Dutzend:** ↑Dutzend. jmdm. **auf die Eier gehen:** ↑Ei. **warum einfach, wenns auch umständlich geht:** ↑einfach. **ans Eingemachte gehen:** ↑Eingemachtes. **aufs Eis tanzen gehen:** ↑Eis. **mit jmdm. geht es zu Ende:** ↑Ende. **zu Ende gehen:** ↑Ende. **ein Engel geht durchs Zimmer:** ↑Engel. **in Erfüllung gehen:** ↑Erfüllung. **wenns dem Esel zu wohl wird, geht er aufs Eis [tanzen]:** ↑Esel. **für jmdn. durchs Feuer gehen:** ↑Feuer. **flüchtig gehen:** ↑flüchtig. **aus der Form gehen:** ↑Form. **auf Freiersfüßen gehen:** ↑Freiersfüße. **Freunde in der Not gehen hundert/tausend auf ein Lot:** ↑Freund. **aus den Fugen gehen:** ↑Fuge. **gehe nie zu deinem Fürst, wenn du nicht gerufen wirst:** ↑Fürst. **seinen Gang gehen:** ↑Gang. **am Gängelband gehen:** ↑Gängelband. **aufs Ganze gehen:** ↑ganz. **es geht ums Ganze:** ↑ganz. jmdm. **ins Garn gehen:** ↑Garn. jmdm. **auf den Geist gehen:** ↑Geist. **ins Geld gehen:** ↑Geld. **mit jmdm. ins Gericht gehen:** ↑Gericht. **ins Geschirr gehen:** ↑Geschirr. **einer Sache auf den Grund gehen:** ↑Grund. jmdm. **nicht von den Hacken gehen:** ↑Hacke. **es geht um den Hals:** ↑Hals. jmdm. **an die Hand gehen:** ↑Hand. **durch jmds. Hand/**

Hände gehen: ↑Hand. **durch viele Hände gehen:** ↑Hand. **mit etwas Hand in Hand gehen:** ↑Hand. **von Hand zu Hand gehen:** ↑Hand. jmdm. **von der Hand gehen:** ↑Hand. jmdm. **zur Hand gehen:** ↑Hand. **hart auf hart gehen:** ↑hart. **unter die Haut gehen:** ↑Haut. **heidi gehen:** ↑heidi. **geh zum Henker!:** ↑Henker. jmdm. **zu Herzen gehen:** ↑Herz. **in die Höhe gehen:** ↑Höhe. **geh zur Hölle!:** ↑Hölle. **in die Hose gehen:** ↑Hose. **vor die Hunde gehen:** ↑Hund. jmdm. **über die Hutschnur gehen:** ↑Hutschnur. **in medias res gehen:** ↑in medias res. **in die Irre gehen:** ↑Irre. **übern Jordan gehen:** ↑Jordan. **auf jmds. Kappe gehen:** ↑Kappe. jmdm. **geht es an die Kehle:** ↑Kehle. jmdm. **auf den Keks gehen:** ↑Keks. jmdm. **geht die Kimme/die Muffe:** ↑Kimme, ↑Muffe. **vor jmdm. in die Knie gehen:** ↑Knie. **auf die Knochen gehen:** ↑Knochen. **mit jmdm. konform gehen:** ↑konform. **auf jmds. Konto gehen:** ↑Konto. jmdm. **nicht in den Kopf gehen:** ↑Kopf. jmdm. **nicht aus dem Kopf gehen:** ↑Kopf. **sich etwas durch den Kopf gehen lassen:** ↑Kopf. **es geht um Kopf und Kragen:** ↑Kopf. **über jmds. Kraft/Kräfte gehen:** ↑Kraft. **es geht jmdm. an den Kragen:** ↑Kragen. **den Krebsgang gehen:** ↑Krebsgang. **der Krug geht so lange zum Brunnen/zu Wasser, bis er bricht:** ↑Krug. **geh zum Kuckuck:** ↑Kuckuck. **auf keine Kuhhaut gehen:** ↑Kuhhaut. **die Kunst geht nach Brot:** ↑Kunst. **ins Land gehen:** ↑Land. jmdm. **durch die Lappen gehen:** ↑Lappen. **bei jmdm. noch in die Lehre gehen können:** ↑Lehre. jmdm. **an die Leibe gehen:** ↑Leib. **einer Sache zu Leibe gehen:** ↑Leib. **über Leichen gehen:** ↑Leiche. jmdm. **auf den Leim gehen:** ↑Leim. **aus dem Leim gehen:** ↑Leim. **Liebe geht durch den Magen:** ↑Liebe. jmdm. **leicht/glatt von den Lippen gehen:** ↑Lippe. **auf los gehts los:** ↑los. **in die Luft gehen:** ↑Luft. jmdm. **durch Mark und Bein gehen:** ↑²Mark. jmdm. **durch Mark und Pfennig gehen:** ↑²Mark. **mit etwas zu Markte gehen:** ↑Markt. **auf den Matratzenball gehen:** ↑Matratzenball. **der Mohr hat seine Schuldigkeit getan, der Mohr kann gehen:** ↑Mohr. **nach dem Mond gehen:** ↑Mond. **von Mund zu Mund gehen:** ↑Mund. jmdm. **gegen/wider die Natur gehen:** ↑Natur. **auf die/zur Neige gehen:**

↑Neige. jmdm. auf die Nerven gehen: ↑Nerv. jmdm. ins Netz gehen: ↑Netz. jmdm. an die Nieren gehen: ↑Niere. auf Nummer Sicher gehen: ↑Nummer. ins Ohr gehen: ↑Ohr. in Ordnung gehen: ↑Ordnung. parterre gehen: ↑parterre. jmdm. von der Pelle gehen: ↑Pelle. in Pension gehen: ↑Pension. nach dem Pfandhaus gehen: ↑Pfandhaus. Pleite gehen: ↑Pleite. Probieren geht über Studieren: ↑probieren. etwas zu Protest gehen lassen: ↑Protest. jmdm. über die Puppen gehen: ↑Puppe. jmdm. geht alles der Quere: ↑Quere. mit sich zu Rate gehen: ↑Rat. es geht die Rede ...: ↑Rede. auf Reisen gehen: ↑Reise. in/auf Rente gehen: ↑Rente. jmdm. auf den Sack gehen: ↑Sack. in Sack und Asche gehen: ↑Sack. es geht die Sage ...: ↑Sage. in Scherben gehen: ↑Scherbe. nicht zu Schmidtchen gehen, sondern zu Schmidt: ↑Schmidtchen. vor die rechte Schmiede gehen: ↑Schmiede. wie geschmiert gehen: ↑schmieren. noch einen Schritt weiter gehen: ↑Schritt. bei jmdm. in die Schule gegangen sein: ↑Schule. hinter die Schule gehen: ↑Schule. mit etwas schwanger gehen: ↑schwanger. unter Segel gehen: ↑Segel. jmdm. nicht von der Seite gehen: ↑Seite. jmdm. auf den Senkel gehen: ↑Senkel. in Serie gehen: ↑Serie. jmdm. durch den Sinn gehen: ↑Sinn. jmdm. nicht aus dem Sinn gehen: ↑Sinn. der geht unter die Soldaten: ↑Soldat. an den Start gehen: ↑Start. in Stellung gehen: ↑Stellung. stempeln gehen: ↑stempeln. am Stock gehen: ↑Stock. da gehst du am Stock: ↑Stock. auf die Straße gehen: ↑Straße. auf den Strich gehen: ↑Strich. jmdm. gegen/wider den Strich gehen: ↑Strich. in Stücke gehen: ↑Stück. auf Tauchstation gehen: ↑Tauchstation. zum Teufel gehen: ↑Teufel. geh zum Teufel: ↑Teufel. zum Tisch des Herrn gehen: ↑Tisch. es geht um Tod oder Leben: ↑Tod. in den Tod gehen: ↑Tod. auf den Topf gehen: ↑Topf. in Trümmer gehen: ↑Trümmer. mit jmdm. auf Tuchfühlung gehen: ↑Tuchfühlung. ins Uferlose gehen: ↑uferlos. ... gehen die Uhren anders: ↑Uhr. alles unter sich gehen lassen: ↑unter. zur Urne gehen: ↑Urne. einer Sache verlustig gehen: ↑verlustig. über jmds. Verstand gehen: ↑Verstand. in die Vollen gehen:

↑voll. vonstatten gehen: ↑vonstatten. auf die Walze gehen: ↑Walze. jmdm. an die Wäsche gehen: ↑Wäsche. ins Wasser gehen: ↑Wasser. den Weg des geringsten Widerstandes gehen: ↑Weg. jmdm., einer Sache aus dem Wege gehen: ↑Weg. den Weg alles Irdischen gehen: ↑Weg. den Weg allen/alles Fleisches gehen: ↑Weg. seinen Weg gehen: ↑Weg. seiner Wege gehen: ↑Weg. eigene Wege gehen: ↑Weg. lange Wege gehen: ↑Weg. neue Wege gehen: ↑Weg. zu weit gehen: ↑weit. aus der Welt gehen: ↑Welt. zu Werke gehen: ↑Werk. in die Wicken gehen: ↑Wicke. die Wogen [der Empörung, der Entrüstung] gehen hoch: ↑Woge. es geht/jetzt geht es um die Wurst: ↑Wurst. auf dem Zahnfleisch gehen: ↑Zahnfleisch. jmdm. zeigen, wo es langgeht/längs geht: ↑zeigen. mit der Zeit gehen: ↑Zeit. mit jmdm., mit etwas scharf ins Zeug gehen: ↑Zeug. zugrunde gehen: ↑zugrunde. jmdm. leicht/glatt/schwer von der Zunge gehen: ↑Zunge.

Gehirn: dir hat man wohl ins Gehirn geschissen [und vergessen umzurühren] (derb): *du bist wohl nicht recht bei Verstand:* Dir hat man wohl ins Gehirn geschissen, hier einfach meine Sachen abräumen und auf die Erde werfen! »Du schaust ganz schön schwul aus ... Wie eine keusche Jungfrau ...« – »Euch hat man allen miteinander ins Gehirn geschissen«, sagte der Junge (Fels, Sünden 90).

einen Pup im Gehirn haben: ↑Pup. **Scheiße im Gehirn haben:** ↑Scheiße.

Gehör: Gehör finden: *angehört werden, [mit seinem Anliegen] bereitwillig aufgenommen werden:* Er hatte gehofft, dass er bei seinen Vorgesetzten Gehör finden werde. Sie fand mit ihrem Gesuch kein Gehör. Wer sich nicht der modernen Massenmedien bedient, findet in der Öffentlichkeit kein Gehör. ... dürfte ich hoffen, dass solche Ideen, die mir in den letzten Tagen gekommen sind, bei Fräulein Shen Te Gehör finden könnten? (Brecht, Mensch 75).

jmdm. Gehör schenken: *jmdn. anhören, auf seine Bitten eingehen:* Ich wäre Ihnen sehr dankbar, wenn Sie mir Gehör schenken würden. Der zuständige Sachbearbeiter schenkte ihm kein Gehör. Sie schien dem, was man ihr mitteilte, ... Gehör zu schenken (Musil, Mann 951).

sich Gehör verschaffen: *dafür sorgen, dass man angehört, beachtet wird:* Er sprang auf den Tisch und versuchte sich Gehör zu verschaffen. Mit ihrer leisen Stimme konnte sie sich kein Gehör verschaffen. Aber es gab so viele Gruppen, ... dass es schwer war, sich in dem allgemeinen Getöse überhaupt Gehör zu verschaffen (Wolfe [Übers.], Radical 103).

um Gehör bitten: *darum bitten, dass man angehört, beachtet wird:* Darf ich die Anwesenden kurz um Gehör bitten?

etwas zu Gehör bringen: *etwas vortragen:* Sie brachte zwei kleine Lieder von Schubert zu Gehör. Selbst dieses letzte Wort ... hatte Herr Settembrini ... wohllautend und ... plastisch zu Gehör gebracht (Th. Mann, Zauberberg 340). Die großen, bereits unzählige Male zu Gehör ... gebrachten Stoffe waren am Ende die verlockendsten (Kaschnitz, Wohin 190).

zu Gehör kommen (veraltend): *vorgetragen werden:* Am Eröffnungstag kommen die Rede des Präsidenten und zwei Vorträge zu Gehör. Es war das schonungsvollste Schriftstück, das je zu Gehör gekommen (Th. Mann, Hoheit 200).

gehorchen: der Not gehorchend [nicht dem eignen Triebe]: ↑ Not. **dem Gebot der Stunde gehorchen:** ↑ Stunde.

gehören: zum eisernen Bestand gehören: ↑ Bestand. **zum alten Eisen gehören:** ↑ Eisen. **ins Reich der Fabel gehören:** ↑ Fabel. **jmds. Herz gehört einer Sache:** ↑ Herz. **Kartoffeln gehören in den Keller:** ↑ Kartoffeln. **Klappern gehört zum Handwerk:** ↑ klappern. **auf einen groben Klotz gehört ein grober Keil:** ↑ Klotz. **in die Mottenkiste gehören:** ↑ Mottenkiste. **zum guten Ton gehören:** ↑ Ton. **einer Sache gehört die Zukunft:** ↑ Zukunft. **dazu gehören zwei:** ↑ zwei.

Gehtnichtmehr: bis zum Gehtnichtmehr (ugs.): *bis zum Überdruss:* Wir haben bis zum Gehtnichtmehr Vokabeln gepaukt. ... seine Mutter hat ihn verwöhnt und ihn bekocht bis zum Gehtnichtmehr (Spiegel 13, 1985, 218). Da dröhnten die Rolling Stones ... aus den Boxen, bis zum Gehtnichtmehr (Kraushaar, Lippen 10).

Geier: hols der Geier!; hol dich der Geier!: *Verwünschungen:* Hols der Geier,

jetzt ist er mit der Kasse abgehauen. Hols der Geier ... Alles, was einem Spaß dabei machen würde, das gilt nicht (Th. Mann, Buddenbrooks 425).

weiß der Geier! (ugs.): *das weiß ich nicht; ich weiß nicht ..:* Wo sind die Abrechnungen vom letzten Jahr? – Weiß der Geier! Weiß der Geier, wer jetzt wieder die Autoschlüssel mitgenommen hat! ... Zärtlichkeitsgefühle von einem Mann, der alles sein konnte: Bruder, Geliebter, Vater, weiß der Geier! (Eppendorfer, Ledermann 113).

Geige: die erste Geige spielen (ugs.): *die führende Rolle spielen, tonangebend sein:* Er will immer die erste Geige spielen. Zur Zeit spielt in Portugal die Nationalelf die erste Geige (Kicker 82, 1981, 34).

▶ Gemeint ist die erste Geige im Orchester, die die Melodie führt und nach der sich die zweite und dritte Geige zu richten haben.

die zweite Geige spielen (ugs.): *von untergeordneter Bedeutung, in untergeordneter Funktion sein:* Es wird ihn hart ankommen, dass er im Betrieb künftig nur die zweite Geige spielt. Muss ich dir erst sagen, wie bitter es ist, immer die zweite Geige zu spielen? (Brot und Salz 62). Vgl. die vorangehende Wendung.

jmdm. hängt der Himmel voller Geigen: *jmd. ist schwärmerisch glücklich, sieht erwartungsvoll in die Zukunft:* Sie hatte Bescheid bekommen, dass sie als Stewardess auf der Südamerikalinie fliegen würde, und der Himmel hing ihr voller Geigen. Sie war verliebt gewesen, und der Himmel hatte ihr voller Geigen gehangen.

▶ Die Wendung geht von der Vorstellung aus, dass der Himmel bei der Geburt Christi durch Geige spielende und singende Engel voller Harmonie war.

nach jmds. Geige tanzen (ugs.): *alles tun, was jmd. von einem verlangt:* Du hast hier gar nichts zu bestimmen, sondern gefälligst nach meiner Geige zu tanzen! **mit Klavier und Geige:** ↑ Klavier.

geigen: jmdm. die Meinung geigen: ↑ Meinung.

Geist: da/hier scheiden sich die Geister: *in diesem Punkt gehen die Meinungen auseinander:* Eine Einführung dieses Systems ist von den Fernsehanstalten befürwortet worden, da aber scheiden sich die Geister.

der Geist ist willig, [aber] das Fleisch ist schwach: *oft ist ein guter Vorsatz da, aber die Ausführung scheitert an menschlicher Schwäche:* Du rauchst ja wieder! Na ja, der Geist ist willig, aber das Fleisch ist schwach. Damals ... hieß es: Der Geist ist willig, aber das Fleisch ist schwach. Heute freilich müsste es heißen: Das Fleisch ist mächtig, aber der Geist ist schwach (Dönhoff, Ära 52). ▶ Die Wendung stammt aus der Bibel (Matthäus 26, 41). Dort sagt Jesus zu den Jüngern am Ölberg: »Wachet und betet, damit ihr nicht in die Versuchung fallet. Der Geist ist zwar willig, das Fleisch aber schwach.«

die Geister, die ich/er usw. rief: *bewusst eingesetzte Kräfte, die außer Kontrolle geraten sind:* Mit der Hilfe mächtiger Interessengruppen war er an die Macht gelangt; nun drohten die Geister, die er rief, ihn zu ihrer Marionette zu machen. ▶ Diese Wendung geht auf Goethes Ballade »Der Zauberlehrling« zurück. Dort heißt es: »Die ich rief, die Geister, werd ich nun nicht los.«

große Geister stört das nicht (ugs.; scherzh.): *das bringt einen nicht aus der Ruhe:* Du kannst ruhig gegen mich und die Geschäftsleitung stänkern, große Geister stört das nicht.

seinen/den Geist aushauchen (geh.; verhüll.): *sterben:* Die Königin hatte in der Nacht zuvor ihren Geist ausgehaucht.

seinen/den Geist aufgeben: 1. (veraltet) *sterben:* Versehen mit den Sakramenten seiner Kirche gab er zufrieden seinen Geist auf. Der große braun gebrannte Kerl stürzte zu Boden ... und verschied. Zum ersten Mal sah ich jemand den Geist aufgeben (Genet [Übers.], Tagebuch 53). **2.** (ugs.; scherzh.) *kaputtgehen, nicht mehr funktionieren:* Ausgerechnet mitten auf der Kreuzung musste die Klapperkiste ihren Geist aufgeben! ... der ... Verdampfer hatte aus unerfindlichen Gründen gerade in den heißesten Wochen seinen Geist aufgegeben (CCI 8, 1986, 37). ... vor vierzehn Tagen hat das Mofa seinen Geist aufgegeben, und nun wurde es verschrottet (Gute Fahrt 4, 1974, 8).

wes Geistes Kind jmd. ist: *wie jemand [eingestellt] ist:* Wenn du ein paar Sätze mit ihm gesprochen hast, merkst du gleich, wes Geistes Kind er ist. Wenn sie wieder Marmelade bringen, ... klatsche ich sie an die Wand, damit ... sie an unseren abstrakten Malereien erkennen mögen, wes Geistes Kinder wir sind (Fries, Weg 329). ... man betreibt »Konversation« ..., bis man weiß, wes Geistes Kind die Gesprächspartner sind (Horn, Gäste 61).

jmdm. auf den Geist gehen (ugs.): *jmdm. äußerst lästig werden, jmdn. verärgern:* Du glaubst gar nicht, wie mir dein dummes Gerede auf den Geist geht! Der arrogante Bursche geht mir gewaltig auf den Geist! Typen, die ... mit selbstgerechter Besserwisserei einem so herrlich unverfroren auf den Geist gehen (MM 7. 10. 1983, 40).

im Geist[e]: *in Gedanken, in der Vorstellung:* Ich sehe das alte Haus noch immer im Geiste vor mir. Im Geiste sah sie, wie er sich die Nase zuhielt (Genet [Übers.], Totenfest 159). Das heißt ... dass er uns im Stich gelassen und im Geiste schon ins Grab gelegt hat (Plievier, Stalingrad 127).

von allen guten Geistern verlassen sein (ugs.): *völlig unvernünftig, konfus sein:* In der zweiten Halbzeit schienen die Spieler von allen guten Geistern verlassen zu sein. Sag mal, du bist wohl von allen guten Geistern verlassen, hier so einen Krach zu machen. Was ist ... in uns Menschen für ein Geist eingezogen, nachdem zu viele von uns von allen guten Geistern verlassen scheinen? (Hörzu 36, 1975, 5).

dienstbarer Geist: ↑ dienstbar. **erhebe dich, du schwacher Geist:** ↑ erheben.

Geisterhand: wie von/durch Geisterhand: *wie durch eine unsichtbare Kraft bewegt:* Plötzlich schaltete sich wie durch Geisterhand das Radio ein. ... kein Mensch war zu sehen, die Schleusentore öffneten und schlossen sich wie von Geisterhand (Koeppen, Rußland 112).

geistig: einen geistigen Totalschaden haben: ↑ Totalschaden. **sich in geistige Unkosten stürzen:** ↑ Unkosten. **geistig völlig weggetreten sein:** ↑ weggetreten.

gekalkt: weiß wie die gekalkte Wand:
↑weiß.

gekniffen: in den Arsch gekniffen sein:
↑Arsch.

geknüppelt: geknüppelt voll sein: ↑voll.

Gelächter: homerisches Gelächter: ↑homerisch.

gelangen: zur Abstimmung gelangen:
↑Abstimmung. zur Anwendung gelangen: ↑Anwendung. zur Aufführung gelangen: ↑Aufführung. zur Ausführung gelangen: ↑Ausführung. zum Austrag gelangen: ↑Austrag. zur Auszahlung gelangen: ↑Auszahlung. zur Durchführung gelangen: ↑Durchführung. zum Einsatz gelangen: ↑Einsatz. zur Verteilung gelangen: ↑Verteilung.

gelassen: du sprichst ein großes Wort gelassen aus: ↑Wort.

gelb: grün und gelb vor Ärger werden:
↑Ärger. sich gelb und grün ärgern: ↑ärgern. jmdn. grün und gelb schlagen:
↑grün. jmdm. wird es grün und gelb vor Augen: ↑grün.

Gelbe: [nicht] das Gelbe vom Ei sein (ugs.): *[nicht] das Beste, Vorteilhafteste sein:* Sie merkte bald, dass der neue Job auch nicht gerade das Gelbe vom Ei war. Diehl bezeichnete den Plan als zu wenig ausgewogen und nicht das Gelbe vom Ei (Saarbr. Zeitung 24. 12. 1979, 5). Udo ... mit seinem schluffigen Rollmops-Sex ist auch nicht das Gelbe vom Ei (Kraushaar, Lippen 216).

Geld: Geld und Gut: *alles, was man besitzt:* Er hatte durch den Krieg Geld und Gut verloren.

Geld regiert die Welt: *wer reich ist, über Geld verfügt, hat auch Macht und Einfluss:* Natürlich haben die Großkonzerne Einfluss auf die Wirtschaftspolitik – Geld regiert die Welt!

Geld stinkt nicht: *auch unrechtmäßig oder auf unmoralischem Wege erworbenes Geld erfüllt seinen Zweck:* Sein ungeheurer Reichtum stammt aus illegalen Waffenverkäufen und aus dem Drogenhandel, aber das kümmert ihn wenig – Geld stinkt nicht.

▶ Von dem römischen Kaiser Vespasian wird überliefert, dass er von seinem Sohn getadelt worden sei, weil er die römischen Bedürfnisanstalten mit einer Steuer belegt hatte. Darauf habe der Kaiser seinem Sohn das so eingenommene Geld unter die Nase gehalten und ihn gefragt, ob es streng rieche. Die lateinische Feststellung »non olet« (es stinkt nicht) ist der Ausgangspunkt der uns heute geläufigen Redensart.

das Geld liegt auf der Straße (ugs.): *man kann leicht Geld verdienen:* Sie glaubte, in Amerika läge das Geld auf der Straße. Aber das Geld lag nicht, wie es sich ... die ... Auswanderer erhofft hatten, auf der Straße und den Feldern (Gast, Bretter 92).

jmdm. rinnt das Geld durch die Finger: *jmd. ist verschwenderisch:* Er hatte reich geerbt, aber das Geld rann ihm durch die Finger – bald stand er wieder vor dem Nichts.

das Geld nicht ansehen (ugs.): *das Geld leicht ausgeben:* Seine Frau ist sehr leichtsinnig, die sieht das Geld nicht an.

Geld wie Dreck/wie Heu haben (ugs.): *sehr reich sein:* Die beiden jungen Burschen schienen Geld wie Heu zu haben. Unsere Nachbarin hat Geld wie Dreck.

[das große] Geld machen (ugs.): *[sehr viel] Geld verdienen:* In dieser Branche kann man immer noch sehr gut Geld machen. Für ihn galt immer nur ein Gesetz und eine Moral: Geld machen, egal wie, egal womit! (Prödöhl, Tod 6). Das große Geld aber machte er als Personalberater (Konsalik, Promenadendeck 40).

das/sein Geld unter die Leute bringen: *das Geld [rasch] ausgeben:* Die Polizei wartete darauf, dass die Verbrecher das Geld unter die Leute bringen. Also, ich bestelle noch eine Lage, einer muss ja sein Geld unter die Leute bringen. ... können wir jetzt aufhören mit dem Gequassel? Ich will nämlich noch ein bisschen Geld unter die Leute bringen (Hörzu 39, 1971, 128).

sein/das Geld [mit beiden/vollen Händen] auf die Straße werfen (ugs.): *sein Geld leichtfertig ausgeben, verschwenderisch sein:* Er ist ein richtiger Geizkragen, und seine Frau wirft das Geld mit beiden Händen auf die Straße.

sein/das Geld [mit beiden/vollen Händen] zum Fenster hinauswerfen/rausschmeißen/aus dem Fenster werfen/zum Schornstein hinausjagen (ugs.): *sein Geld leichtfertig ausgeben, verschwende-*

risch sein: Die Polizei wurde auf ihn aufmerksam, als er in Bars sein Geld mit vollen Händen zum Fenster hinauswarf. Man kann ja schließlich nicht sein Geld zum Fenster hinauswerfen (Jaeger, Freudenhaus 132).

jmdm. das Geld aus der Tasche ziehen/ lotsen (ugs.): *jmdn. dazu bringen, Geld herzugeben; jmdm. das Geld abzunehmen versuchen:* Der Staat zieht den Bürgern das Geld aus der Tasche. Die beiden Mädchen machten sich an ihn heran und versuchten, ihm das Geld aus der Tasche zu lotsen. Das Geld für dein Studium hat dein Vater Penny für Penny aus den Taschen zäher Burschen ziehen müssen (Brecht, Groschen 158).

am Geld hängen/kleben (ugs.): *geizig sein:* Wie kann man bloß so am Geld hängen? Ihr Mann klebt am Geld und gönnt ihr gar nichts.

nicht für Geld und gute Worte: *um keinen Preis:* Von dem Kahn trenne ich mich nicht, auch nicht für Geld und gute Worte. Das tut sie nicht für Geld und gute Worte. ... niemals würden wir für Geld und gute Worte einen Massai ins Flugzeug bringen (Grzimek, Serengeti 273).

sich für Geld sehen lassen können (ugs.): *ein Original sein:* Der Omnibusschaffner konnte sich für Geld sehen lassen. Die Fahrgäste lachten über seine Berliner Schnauze Tränen.

für/mit Geld und Geldeswert (veraltend): *für/mit Geld und alles/allem, was den Wert von Geld hat:* Sie besaß alles, was man für Geld und Geldeswert bekommen kann.

im/in Geld schwimmen (ugs.): *sehr viel Geld haben:* Ich möchte auch einmal im Geld schwimmen. Er hat nicht einen Pfennig gespendet, dabei schwimmt er im Geld. Die Pumskolonne, die in Geld schwimmt, ist aus Berlin verschwunden (Döblin, Berlin 253).

ins Geld gehen/laufen (ugs.): *auf die Dauer zu teuer werden:* Wenn man öfter mit dem Taxi fährt, geht das ganz schön ins Geld. So ein Hobby läuft ins Geld. Ölsardinen gehen nicht ins Geld (Quick 51, 1958, 52).

nicht mit Geld zu bezahlen sein: *von unschätzbarem Wert, unersetzbar sein:* Seine Erfahrung im Karosseriebau ist nicht

mit Geld zu bezahlen. Der Bursche schießt fast in jedem Spiel sein Tor, der ist nicht mit Geld zu bezahlen.

nach Geld stinken (ugs.): *offenkundig sehr reich sein:* Wer so einen Wagen fährt, der stinkt doch nach Geld.

etwas zu Geld machen (ugs.): *etwas verkaufen:* In der Nachkriegszeit hatte sie ihren Schmuck zu Geld machen müssen. Von Chrestons Geschäften mussten einige abgebaut, zusammengelegt, zu Geld gemacht werden (Brecht, Groschen 270). Meine Familie will mich wieder einmal ins Irrenhaus bringen. Sie hofft wahrscheinlich, mir dabei die Notizen abzujagen und zu Geld zu machen (Erich Kästner, Fabian 100).

bar Geld (Bargeld) lacht: ↑ bar. **eine Stange Geld:** ↑ Stange. **Zeit ist Geld:** ↑ Zeit.

Geldbeutel: auf dem/auf seinem Geldbeutel/Geldsack sitzen (ugs.): *geizig sein:* Bei den großen Schwierigkeiten, mit denen die Entwicklungsländer zu kämpfen haben, dürfen die reichen Industrieländer nicht auf dem Geldbeutel sitzen bleiben. Der Alte sitzt auf seinem Geldsack und will nicht helfen.

Geldeswert: für/mit Geld und Geldeswert: ↑ Geld.

Geldhahn: [jmdm.] den Geldhahn abdrehen/zudrehen (ugs.): *[jmdm.] kein Geld mehr geben:* Der Konkurs war unabwendbar, nachdem die Bank der Firma den Geldhahn zugedreht hatte. Außerdem drehte Feisal König Saud den Geldhahn ab (Bild 31. 3. 1964, 2). Wenn ... das Geld ... knapp wird, würde den Musiksendungen zuerst der Geldhahn abgedreht (elan 2, 1980, 33).

geleckt: aussehen wie geleckt: ↑ aussehen.

Gelegenheit: Gelegenheit macht Diebe: *eine günstige Gelegenheit verführt dazu, etwas zu stehlen, etwas Unrechtes zu tun:* Nie hat er seinen Schrank abgeschlossen, und jetzt hat man ihm die Videokamera gestohlen – Gelegenheit macht eben Diebe! Der Mann auf dem Bett lag wie tot, und Gelegenheit macht Diebe. G. öffnete leise den Tresor (Borell, Verdammt 329). Gelegenheit macht Diebe, aber Mangel an Gelegenheit macht deshalb aus Spitzbuben noch keine Padres! (Borell, Verdammt 142).

**die Gelegenheit beim Schopf[e] fassen/
nehmen/packen:** *eine Gelegenheit entschlossen nützen:* Er fasste die Gelegenheit beim Schopfe und machte ihr einen
Heiratsantrag. Sie ärgerte sich, dass sie
die Gelegenheit nicht beim Schopf gepackt und um eine Gehaltserhöhung
nachgesucht hatte. Sinnloserweise ergriffen einige Gefangene die Gelegenheit beim Schopf und entwichen in der
Dunkelheit (Niekisch, Leben 93).

**Gelehrter: darüber streiten sich die Ge-
lehrten/sind sich die Gelehrten noch
nicht einig:** *das ist noch ungeklärt:* Wie
man eine höhere Beschleunigung erreicht, darüber sind sich die Gelehrten
noch nicht einig.

Geleit: jmdm. das Geleit geben (geh.):
jmdn. begleiten: Er gab seinem Besuch
bis zum Gartentor das Geleit. Düsenjäger gaben der Maschine das Geleit bis
zur Grenze. Ein überaus großer Leichenzug gab Gottfried Steinhauser auf
seinem letzten Gang das Geleite (Vorarlberger Nachr. 25. 11. 1968, 3). Zwei Tor-
pedoboote gaben den Teil der Flotte das
Geleit, der an diesem Nachmittag Sura-
baja verließ (Baum, Bali 251).

zum Geleit: *als einleitende Worte [einer
Publikation]:* Der Bundespräsident
schrieb zum Geleit der Dokumentation
einige erläuternde Sätze.

geleiten: jmdn. zur letzten Ruhe geleiten:
↑Ruhe.

geliefert: geliefert sein: ↑liefern.

**gelingen: Operation gelungen, Patient
tot:** ↑Operation.

Gelsenkirchen: Gelsenkirchener Barock
(ugs.; scherzh.): *billig wirkende Möbel in
überladenem, plumpem Stil:* Als ich ins
Wohnzimmer kam, wäre ich am liebsten
wieder rausgerannt: reinstes Gelsenkirchener Barock.

gelten: etwas geltend machen: *auf berech-
tigte Ansprüche o. Ä. hinweisen, um sie
durchzusetzen:* Die Geschädigten haben
Forderungen in Millionenhöhe geltend
gemacht. Auch außereheliche Kinder
können Erbansprüche geltend machen.

sich geltend machen: *sich auswirken, bemerkbar machen:* Die Folgen dieser
überstürzten Entscheidungen werden
sich schon bald geltend machen. Diese
Unterschiede in der wirtschaftlichen

Zielsetzung und des Wirtschaftsablaufes
machen sich konsequenterweise auch in
der Buchführung geltend (Mantel, Wald
131). Nachhaltiger hat sich der französische Einfluss ausgewirkt, der sich zunächst in Südwestdeutschland ... geltend
machte (Fraenkel, Staat 288).

**der Prophet gilt nichts in seinem Vater-
lande:** ↑Prophet. **Retourkutsche gilt
nicht:** ↑Retourkutsche.

**Geltung: jmdm., einer Sache Geltung ver-
schaffen:** *dafür sorgen, dass jmd., etwas
respektiert wird:* Der neue Polizeichef
war mit dem Vorsatz angetreten, dem
Gesetz in der ganzen Stadt Geltung zu
verschaffen. Als Lehrerin war es ihr immer gelungen, sich bei den Schülern Geltung zu verschaffen. Ich bewundere, wie
rasch Sie sich bei Anny Geltung verschafft haben ... mir ist es in Jahren nicht
gelungen (Brod, Annerl 163).

etwas zur Geltung bringen: *etwas vorteilhaft wirken lassen:* Das Kleid brachte ihre Figur auf äußerst reizvolle Weise zur
Geltung. Ein unauffälligerer Rahmen
hätte die raffinierte Farbgebung des Bildes besser zur Geltung gebracht. ..., sagte der Gemeindesekretär ... und brachte,
aufrecht neben seiner viel bewunderten
Frau, seine schlanke Büste zur Geltung
(H. Mann, Stadt 169).

zur Geltung kommen: *vorteilhaft wirken:*
Erst durch eine bestimmte Drucktechnik
kommen die feinen Farbnuancen der
Radierung zur Geltung. Sie war mit der
Fabrikation von Lampenschirmen be-
schäftigt, die ... besonders abends zu
sehr flotter Geltung kamen (A. Kolb,
Schaukel 115).

**Gemach: sich in seine Gemächer zurück-
ziehen** (oft scherzh.): *sich zurückziehen
und für niemanden mehr zu sprechen
sein:* Die Dame des Hauses zog sich
nach dem Tee in ihre Gemächer zurück.
Der Diener teilte mit, dass sich sein Herr
bereits in seine Gemächer zurückgezogen habe.

gemein: jmdm., einer Sache gemein sein
(geh.): *mehreren Personen oder Sachen
gemeinsam sein, sie verbinden:* Die Liebe zur Musik war allen Geschwistern gemein. Allen ... Bierrestaurants war vor
und nach dem Krieg gemein, dass Frau-
en sie kaum jemals betraten (Jacob, Kaf-

fee 189). ... seine Nester sind ... an verschiedenen Plätzen; allerdings müssen ihnen zwei Dinge gemein sein: Der Ort muss aus Fels sein ... und Vertiefungen haben (kosmos 3, 1965, 122).

etwas mit jmdm., etwas gemein haben: *mit jmdm., etwas eine gemeinsame Eigenschaft haben:* Mit den alten Tonbandgeräten der Fünfzigerjahre haben die modernen Kassettenrecorder nicht mehr viel gemein. Den südlichen Elfenbeinton der Haut hatte Zouzou ... mit ihrer Mutter gemein (Th. Mann, Krull 333). Mit dem Vorgänger hat Hondas neues Coupé nur noch den Frontantrieb gemein (ADAC-Motorwelt 4, 1983, 12).

sich mit jmdm. gemein machen (geh.): *mit jmdm., der als sozial oder moralisch tiefer stehend angesehen wird, in Beziehung treten; sich mit jmdm. einlassen:* Du wirst dich doch nicht mit diesen Chaoten gemein machen! Man warf ihr vor, sie habe sich mit den Huren und Dieben des Hafenviertels gemein gemacht. Mehr ... beeindruckte Karoline, dass diese hochwohlgeborene Mensch sich ganz mit den einfachen Arbeitern gemein machte (Kühn, Zeit 114).

Gemeinde: ein Zug durch die Gemeinde: ↑ Zug.

gemeinsam: etwas auf einen gemeinsamen Nenner bringen: ↑ Nenner. [mit jmdm.] gemeinsame Sache machen: ↑ Sache.

Gemeinschaft: in Gemeinschaft mit: *gemeinsam, zusammen mit:* Der Maler veranstaltet die Ausstellung in Gemeinschaft mit zwei anderen Künstlern.

gemischt: mit gemischten Gefühlen: ↑ Gefühl.

gemoppelt: das ist doppelt gemoppelt: ↑ doppelt.

Gemüse: junges Gemüse: ↑ jung.

Gemüt: ein Gemüt wie ein Fleischerhund/ wie ein Veilchen haben (ugs.): *kein Gefühl für etwas haben, roh und herzlos sein:* Der Chirurg hatte ein Gemüt wie ein Fleischerhund; ungerührt sprach er über die Sterblichkeitsziffer bei dieser Operation. Du hast aber auch ein Gemüt wie ein Veilchen!

ein Gemüt wie ein Schaukelpferd haben (ugs.): *sehr geduldig sein, viel ertragen können:* Ich habe ja ein Gemüt wie ein Schaukelpferd, aber eine geschlagene Stunde auf das Essen zu warten, das ist doch ein bisschen viel.

ein sonniges Gemüt haben (iron.): *ausgesprochen naiv, unbekümmert sein:* Du kannst doch nicht einfach davon ausgehen, dass sich jeder fremde Hund von dir streicheln lässt – du hast manchmal wirklich ein sonniges Gemüt! ... dass der choreographische Nachschöpfer überhaupt keine Perspektive auf die Schöpfung ... hat, nichts als ein sonniges Gemüt und den unverrückbaren Glauben, dass es beim Ballett halt reiche, wenn ... (Basler Zeitung 2. 10. 1985, 38).

jmdm. aufs Gemüt schlagen: *deprimierend auf jmdn. wirken:* Dieser Nieselregen kann einem wirklich aufs Gemüt schlagen. Was mit ihrem Mann passiert war, ist ihr verständlicherweise aufs Gemüt geschlagen. »Ich bekäme keinen Bissen runter.« – »Als Arzt? Schlägt Ihnen ein Toter immer so aufs Gemüt?« (Konsalik, Promenadendeck 147).

sich etwas zu Gemüte führen (ugs.): 1. *etwas beherzigen:* Er hat sich meine Ermahnungen zu Gemüte geführt. Das sollten sich auch diejenigen zu Gemüte führen, denen es obliegt, die Gelder für derartige Hirngespinste zu bewilligen (Spiegel 4, 1983, 10). 2. *etwas Gutes mit Genuss essen oder trinken:* Heute werde ich mir eine Pizza zu Gemüte führen. Er musste sich erst einmal einen Cognac zu Gemüte führen.

Gemütlichkeit: da hört [sich] doch die Gemütlichkeit auf! (ugs.): *das ist unerhört!:* Selbst der Sport soll für politische Zwecke missbraucht werden – da hört sich doch die Gemütlichkeit auf!

in aller Gemütlichkeit: *ganz gemächlich, ruhig:* Jetzt wollen wir erst einmal in aller Gemütlichkeit frühstücken. Sie kann dort in aller Gemütlichkeit hinfliegen. Wir sind erst in drei Tagen da (Konsalik, Promenadendeck 254). Sicher ist, dass innerhalb des großen Polizeirings der VW-Bus in aller Gemütlichkeit in die Tiefgarage ... chauffiert wurde (Spiegel 38, 1977, 33).

genau: es nicht so genau nehmen: ↑ nehmen. **mit genauer Not:** ↑ Not.

genehmigen: [sich] einen genehmigen (ugs.; scherzh.): *ein Glas Bier, Schnaps*

o. Ä. trinken: Mir ist ganz schlecht vor
Schreck, ich muss mir erst mal einen genehmigen. Bevor er aufbrach, genehmigte sich der Briefträger noch einen. ... es
wurde getrunken, ... sitzend wie stehend
wurde einer genehmigt und noch einer
(Grass, Hundejahre 231).
**geneigt: jmdm. ein geneigtes Ohr leihen/
schenken:** ↑ Ohr. **bei jmdm. ein geneigtes
Ohr finden:** ↑ Ohr.
**Genick: jmdm., einer Sache das Genick
brechen** (ugs.): *jmdn. ruinieren, etwas
vernichten:* Er suchte nach einem Weg,
wie man diesem Denunzianten das Genick brechen könne. Sein Leichtsinn hat
ihm das Genick gebrochen. Den Ausfall
der fünf zuerst Genannten ... hätten wir
noch überbrücken können, der Abgang
Steinmanns jedoch brach uns das Genick (Welt am Sonntag 5. 12. 1965, 9).
sich das Genick brechen (ugs.): *sich ruinieren, scheitern:* Der Neue wird sich mit
seiner großen Schnauze noch einmal das
Genick brechen. Ich habe mir bei der
Geschichte fast das Genick gebrochen.
Helmcke ... werde sich in dieser Gesellschaft das Genick brechen, am Ende die
Konzessionen für seine Bordelle verlieren (Prodöhl, Tod 31).
**genießen: der Kavalier genießt und
schweigt:** ↑ Kavalier. **Mutterfreuden genießen:** ↑ Mutterfreuden. **[nur] mit Vorsicht zu genießen sein:** ↑ Vorsicht. **etwas
in vollen Zügen genießen:** ↑ Zug.
Genre: nicht jmds. Genre sein: *nicht nach
jmds. Geschmack sein:* Diese Boulevard-
komödien sind nicht mein Genre.
genug: sich selbst genug sein: *auf den
Umgang mit anderen verzichten können:*
Sie war nicht menschenscheu, aber sie
gehörte zu denen, die sich selbst genug
sind. Es war Lorellas Lächeln, Lorellas
Charme, dieses L'art pour l'art einer
Schönheit, die sich selbst genug ist (Gregor-Dellin, Traumbuch 121).
es gut/genug sein lassen: ↑ gut. **Manns
genug sein, etwas zu tun:** ↑ Mann. **genug
des grausamen Spiels:** ↑ Spiel. **der Worte
sind genug gewechselt:** ↑ Wort.
Genüge: einer Sache Genüge tun/leisten
(geh.): *etwas einhalten, einer Sache entsprechen:* Den Erfordernissen der modernen Hochschule wird durch dieses
Gesetz Genüge getan. Meiner Neugier

war über jedes Erwarten hinaus Genüge
getan (Kessel [Übers.], Patricia 146).
Nachdem dieser Form Genüge getan
war, hielt er die Schneide des Messers
waagerecht ... und warf das blutende
Tier auf die Erde (Baum, Bali 21).
Genüge an etwas finden/haben (geh.;
veraltend): *mit etwas zufrieden sein, sich
begnügen:* Sie hatte darin Genüge gefunden, dass sie sich nur einmal in der Woche sehen konnten. Aber auch ihre geistige Intimität fand in jedem Tonfall ihr
Genüge, ihren Ausdruck (A. Kolb,
Daphne 45). Dieser Kreis hatte in den
kindlichen Vergnügungen Genüge.
jmdm., einer Sache geschieht Genüge
(geh.; veraltend): *jmds. Forderungen
werden erfüllt, etwas wird in genügender
Weise beachtet:* Er will so lange prozes-
sieren, bis seinem Recht Genüge geschieht. ... dem Trost als einer überper-
sönlichen Wesenheit ist noch nicht volle
Genüge geschehen (Brod, Annerl 157).
»Was hat mein Freund in seinem Sack?«,
fragte ich schließlich Tamor, als mir der
Höflichkeiten und Einleitungen Genüge
geschehen zu sein schien (Baum, Bali 7).
zur Genüge: *ausreichend:* Die Zustände
in dieser Firma kenne ich zur Genüge.
Er beschwerte sich, weil er nicht zur Genüge informiert worden war. Endlich bedeutete ihm der Vorsitzende, der Ge-
richtshof sei zur Genüge aufgeklärt über
des Professors Verhältnis zu seinen
Schülern (H. Mann, Unrat 104).
**genugtun: sich nicht genugtun können,
etwas zu tun** (veraltend): *etwas über die
Maßen tun:* Er konnte sich nicht genugtun, ihre Gastfreundschaft zu loben. ...
da kommt man von selbst ins Schwatzen
und kann sich nicht genugtun, der Öffentlichkeit zu erklären, auf welche Weise der Rohstoff ... in die Form gepresst
wird (Kaschnitz, Wohin 47). ... hatte
er ... sich nicht genugtun können in der
Beschreibung von Rebekkas liebreizen-
der Milde (Th. Mann, Joseph 122).
**Genuss: in den Genuss von etwas kom-
men:** *an einer Vergünstigung teilhaben:*
Etwa achtzigtausend Menschen kommen in den Genuss der höheren Rente.
Ist es sehr schwer, in den Genuss eines
Opernabonnements zu kommen? Trotzdem waren es nur wenige, die so in den

Genuss eines Liegeplatzes kamen (Apitz, Wölfe 210).

geölt: wie ein geölter Blitz: ↑ Blitz.

gerade: fünf[e] gerade/eine gerade Zahl sein lassen: ↑ fünf. **jmd. hat es gerade nötig:** ↑ nötig. **auf dich/ihn usw. habe ich/hat er usw. gerade gewartet:** ↑ warten.

gerade rücken: jmdm. die Möbel gerade rücken: ↑ Möbel. **jmdm. die Mütze gerade rücken:** ↑ Mütze.

gerammelt: gerammelt voll: ↑ voll.

gerappelt: gerappelt voll: ↑ voll.

geraten: auf Abwege geraten: ↑ Abweg. **an die falsche/verkehrte Adresse geraten:** ↑ Adresse. **bei jmdm. an die richtige Adresse geraten:** ↑ Adresse. **außer sich geraten:** ↑ außer. **auf die schiefe Bahn geraten:** ↑ Bahn. **unter Beschuss geraten:** ↑ Beschuss. **auf die schiefe Ebene geraten:** ↑ Ebene. **in Fahrt geraten:** ↑ Fahrt. **in jmds. Fahrwasser geraten:** ↑ Fahrwasser. **an den Falschen geraten:** ↑ falsch. **aus der Fasson geraten:** ↑ Fasson. **zwischen zwei Feuer geraten:** ↑ Feuer. **jmdm. in die Finger geraten:** ↑ Finger. **jmdm. unter die Finger geraten:** ↑ Finger. **in Fluss geraten:** ↑ Fluss. **ins Gedränge geraten:** ↑ Gedränge. **jmdm. ins Gehege geraten:** ↑ Gehege. **aufs Glatteis geraten:** ↑ Glatteis. **auf ein falsches/totes Gleis geraten:** ↑ Gleis. **aus dem Gleis geraten:** ↑ Gleis. **sich in die Haare geraten:** ↑ Haar. **in Harnisch geraten:** ↑ Harnisch. **ganz/rein aus dem Häuschen geraten:** ↑ Haus. **in den Hintergrund geraten:** ↑ Hintergrund. **ins Hintertreffen geraten:** ↑ Hintertreffen. **jmdm. in die falsche Kehle geraten:** ↑ Kehle. **mit etwas in Konflikt geraten:** ↑ Konflikt. **aus dem Konzept geraten:** ↑ Konzept. **in die Kreide geraten:** ↑ Kreide. **ins Kreuzfeuer geraten:** ↑ Kreuzfeuer. **in [ein] falsches/schiefes/schlechtes/ungünstiges Licht geraten:** ↑ Licht. **in Misskredit geraten:** ↑ Misskredit. **jmdm. in die Quere geraten:** ↑ Quere. **unter die Räder geraten:** ↑ Rad. **außer Rand und Band geraten:** ↑ Rand. **an den Rechten/Richtigen geraten:** ↑ ²Rechte. **in die Schusslinie geraten:** ↑ ²Schusslinie. **ins Schwimmen geraten:** ↑ schwimmen. **ins Stocken geraten:** ↑ stocken. **aus dem Takt geraten:** ↑ Takt. **in die Tinte geraten:** ↑ Tinte. **an den Unrechten geraten:** ↑ unrecht. **in Vergessenheit geraten:** ↑ Vergessenheit. **an**

den Verkehrten geraten: ↑ verkehrt. **in Verruf geraten:** ↑ Verruf. **[mit etwas] in Verzug geraten:** ↑ Verzug. **in Wallung geraten:** ↑ Wallung. **ins Wanken geraten:** ↑ wanken. **unter die Wölfe geraten:** ↑ Wolf. **mit jmdm. in die Wolle geraten:** ↑ Wolle. **in die roten/schwarzen Zahlen geraten:** ↑ Zahl.

Geratewohl: aufs Geratewohl: *auf gut Glück:* Aufs Geratewohl gingen die drei Männer nach Norden. Ich wusste nicht, dass er zu Hause ist, ich habe es aufs Geratewohl versucht. Alle verdächtigten die ehemalige Anstaltsleitung aufs Geratewohl (Wohmann, Absicht 31).

▶ »Geratewohl« ist eine Substantivierung von »gerate wohl!« (= gelinge gut!).

gerben: jmdm. das Fell gerben: ↑ Fell. **jmdm. das Leder gerben:** ↑ Leder. **jmdm. die Schwarte gerben:** ↑ Schwarte.

gerecht: gerechter Himmel: ↑ Himmel. **in allen Sätteln gerecht sein:** ↑ Sattel. **[ach] du gerechter Strohsack:** ↑ Strohsack.

Gerechte: der Gerechte muss viel leiden (oft scherzh.): *wohlmeinende, rechtschaffene Menschen werden oft verkannt, haben es im Leben nicht leicht:* Alle glaubten, ich hätte meine alte Tante nur deshalb so oft besucht, damit sie ihr Testament zu meinen Gunsten ändert – der Gerechte muss viel leiden!

▶ Diese Redensart stammt aus der Bibel (Ps. 34, 20).

den Schlaf des Gerechten schlafen: ↑ Schlaf.

Gerede: jmdn. ins Gerede bringen: *dafür sorgen, dass Nachteiliges über jmdn. geredet wird:* Er hatte, ohne es zu wollen, die junge Frau ins Gerede gebracht. In Mainz hat sich gerade, nach langer Testzeit, der joviale Walther Schmieding ins Gerede gebracht (Spiegel 52, 1975, 106). Er hat mich durch versiegene Bemerkungen ins Gerede gebracht, als er betrunken war (Benrath, Konstanze 154).

ins Gerede kommen: *Gegenstand des Klatsches werden:* Als Frau kommt man leicht ins Gerede. Weil Berlins Kultursenator Stein ... Siegfried Palm als Intendanten an die Deutsche Oper berufen wollte, kam das Institut ins Gerede (Spiegel 7, 1975, 5). Unsere Stadt kommt zwangsläufig ins Gerede, wenn wir Ihr

Material veröffentlichen (v. d. Grün, Glatteis 225).

gereuen: jung gefreit hat nie gereut: ↑freien.

Gericht: das Jüngste/Letzte Gericht: *das göttliche Gericht über die Menschheit am Tag des Weltuntergangs:* Sie hatten keine Angst vor dem Tod, denn sie glaubten fest an ihre Wiederauferstehung am Tag des Jüngsten Gerichts.

mit jmdm. ins Gericht gehen: *über jmdn. hart urteilen, jmdn. streng zurechtweisen:* Der Oppositionsführer ging mit der Regierung scharf ins Gericht. Du solltest einmal mit dir selbst ins Gericht gehen. Damals hatte Giese einen schweren Stand, alle gingen mit ihm ins Gericht (Lenz, Brot 70).

über jmdn. Gericht halten (geh.): 1. *über jmdn. bei Gericht verhandeln:* Der Tag war gekommen, an dem man über ihn Gericht halten wollte. 2. *jmds. Haltung, Tun, Ansichten verurteilen:* ... mit dieser Technik ... erreicht man alles auf einmal: die Gloriole des Moralhelden, der über sich selbst Gericht hält, und den Faszinationsreiz des verfluchten Kerls (Friedell, Aufklärung 88).

über jmdn. zu Gericht sitzen (geh.): 1. *über jmdn. bei Gericht verhandeln:* Er schaute sich die Gesichter der Männer an, die über ihn zu Gericht sitzen sollten. 2. *jmds. Haltung, Tun, Ansichten verurteilen:* Wollte dieser Dummkopf noch zu Gericht sitzen über Jeannine und ihr Vergehen? (Lederer, Bring 166). Sie (= die Kirche) war nicht imstande, über ihre Priester zu Gericht zu sitzen (Schaper, Kirche 179).

vor die/vor den Schranken des Gerichts: ↑Schranke.

gering: nicht das Geringste: *überhaupt nichts:* Ich habe von all dem Trubel nicht das Geringste mitbekommen. Sie sagte, es würde ihr nicht das Geringste ausmachen, während meines Urlaubs meine Blumen zu gießen. Hier herrschte die Rechtschaffenheit eines Lagers, und Anneliese begriff nicht das Geringste (Kronauer, Bogenschütze 334).

nicht im Geringsten: *überhaupt nicht:* Er kümmerte sich nicht im Geringsten um die Vorschriften. Sie war nicht im Geringsten gekränkt, eher amüsiert. »Sie

sind wohl verrückt, was?« – »Nicht im Geringsten. Es gibt viele hoch achtbare Leute, die sogar ihren Sarg in der Wohnung haben ...« (Remarque, Obelisk 299).

kein Geringerer als ...: *sogar:* Kein Geringerer als Goethe hat das schon gesagt. Der »producer«, der sich ein so kostspieliges Experiment leisten konnte, war kein Geringerer als das US-Government (K. Mann, Wendepunkt 313).

nicht die geringste Idee von etwas haben: ↑Idee. **vornehm und gering:** ↑vornehm. **den Weg des geringsten Widerstandes gehen:** ↑Weg.

gerinnen: jmdm. gerinnt das Blut in den Adern: ↑Blut.

geritzt: [die Sache] ist geritzt: ↑ritzen.

gern: jmdn. zum Fressen gern haben (ugs.): *jmdn. sehr mögen:* Sie hat ihr Enkelkind zum Fressen gern.

das hab ich gern[e]! (ugs.; iron.): *das kann ich nicht leiden, das regt mich auf (Äußerung des Unwillens, der Verärgerung):* Das hab ich gerne, mit meiner Nagelschere Packpapier schneiden.

gern geschehen!: *Antwort, wenn jemand sich bedankt hat:* Das war sehr nett von Ihnen, vielen Dank! – Gern geschehen!

der/die kann mich gern haben: *mit dem/der will ich nichts mehr zu tun haben:* Drei Stunden habe ich auf den Kerl gewartet, der kann mich mal gern haben.

Gleich und Gleich gesellt sich gern: ↑gleich. **gut und gern:** ↑gut. **von Herzen gern:** ↑Herz. **etwas für sein Leben gern tun:** ↑Leben.

Geruch: im Geruch stehen ...: *den Ruf haben ...:* Bei der Bevölkerung stand sie im Geruch einer Heiligen. Die Kommission stand im Geruch, korrupt zu sein.

▶ Das Wort »Geruch« hat in dieser Wendung nichts mit »riechen« zu tun, sondern es gehört seiner Herkunft nach zu »Gerücht«, das seinerseits auf ein älteres »Geruchte« mit der Bedeutung »Geruf, Geschrei« zurückgeht, also zur Wortfamilie von »rufen« gehört.

Gerücht: das halte ich für ein Gerücht (ugs.): *das glaube ich nicht:* Er will eine Eins in Mathe gekriegt haben? Das halte ich für ein Gerücht!

gerührt: gerührt sein wie Apfelmus (ugs.; scherzh.): *sehr ergriffen sein:* Das Par-

kett war gerührt wie Apfelmus. Wenn ich
diese kleinen Knirpse auf ihren Skiern
sehe, bin ich immer gerührt wie Apfelmus.
**gerüttelt: ein gerüttelt Maß von/an et-
was:** ↑ Maß.
gesagt: gesagt, getan: ↑ sagen.
**Gesangbuch: das falsche Gesangbuch
haben** (ugs.; scherzh.): *eine der Karriere
nicht förderliche Parteizugehörigkeit haben:* Sie konnte schon deshalb nicht
Amtsleiterin werden, weil sie das falsche
Gesangbuch hatte.
**Gesangverein: mein lieber Herr Gesang-
verein!** (ugs.): *Äußerung der Verwunderung, Verärgerung, Bekräftigung:* Mein
lieber Herr Gesangverein, das machst
du nicht noch einmal mit mir! Hier kenne ich mich aus, mein lieber Herr Gesangverein, Schleichwege, Zaunlücken,
Durchschlupfe ... (Zeller, Amen 190).
Mein lieber Herr Gesangverein! Blacky ... verbreitete gute Laune in ›Auf los
gehts los‹ (Hörzu 12, 1977, 67).
Geschäft: Geschäft ist Geschäft: *wenn
man Gewinne erzielen will, darf man keine Skrupel haben:* Unser Vorgehen
kommt dir vielleicht etwas rücksichtslos
vor, aber Geschäft ist Geschäft.
**ein [gutes] Geschäft [mit/bei etwas] ma-
chen:** *finanziellen Gewinn aus etwas ziehen:* Skrupellose Geldverleiher machen
ein Geschäft mit der Not anderer Menschen. Er hat sich politisch engagiert,
weil er glaubte, dabei ein gutes Geschäft
zu machen. Sie haben ... alle gegossene
Fußböden ... und der Hersteller des neu-
en Pflegemittels wird sein Geschäft machen (Müthel, Baum 223).
**sein Geschäft/Geschäftchen erledigen/
machen** (verhüllend): *seine Notdurft verrichten:* Wir können noch nicht gehen,
die Kleine muss noch ihr Geschäft erledigen. Musst du ein kleines oder großes
Geschäft machen? Und wie ich, mit Verlaub, mein Geschäft erledigt habe, merke ich: da ist kein Klosettpapier (Hacks,
Stücke 311).
**Geschäftchen: sein Geschäftchen ma-
chen:** ↑ Geschäft.
**geschehen: es geschehen noch Zeichen
und Wunder!** (iron.): *Ausruf der Überraschung:* Es geschehen noch Zeichen und
Wunder, du gibst das Buch zurück! Die
gesamte Belegschaft streikt wegen dir?
Das ist ja ungeheuerlich ... es geschehen
noch Zeichen und Wunder (v. d. Grün,
Glatteis 169).
▶ Die Formel »Zeichen und Wunder«
findet sich mehrfach in der Bibel, z. B.
Daniel 6, 28 oder Johannes 4, 48.
es ist um jmdn., um etwas geschehen:
jmd., etwas ist verloren, ist dahin: Wenn
du noch ein Wort sagst, ist es um dich geschehen. Als er das Mädchen sah, war es
um ihn geschehen (= war er rettungslos
verliebt). Mein Eindruck war, dass,
wenn er sich nur irgendwie verletzte und
sie sein Blut sähen, es um ihn geschehen
wäre (Th. Mann, Krull 227).
jmdm., einer Sache geschieht Genüge:
↑ Genüge. **gern geschehen:** ↑ gern. **jmdm.
recht geschehen:** ↑ ²recht.
**gescheit: du bist wohl nicht recht ge-
scheit!** (ugs.): *du bist wohl nicht recht bei
Verstand!:* Ich soll dir tausend Mark leihen? Du bist wohl nicht recht gescheit!
**aus jmdm., aus etwas nicht gescheit wer-
den:** ↑ schlau.
Geschenk: ein Geschenk des Himmels:
eine unerwartete günstige Fügung: Dieses Angebot ist ja ein Geschenk des Himmels! Dass du die Sachen mitnehmen
kannst, das ist ein Geschenk des Himmels. Eile tat Not; und das Dienstfahr-
rad war in diesem Augenblick ein Geschenk des Himmels (Kirst, Aufruhr 75).
**kleine Geschenke erhalten die Freund-
schaft:** *[gelegentlich ironischer] Kommentar, wenn man jmdm. etwas schenkt
oder wenn man ein Geschenk bekommt:*
Vielen Dank für den schönen Kalender! – Nicht der Rede wert, kleine Geschenke erhalten die Freundschaft.
Gescherr: wie der Herr, so 's Gescherr:
↑ Herr.
Geschichte: Geschichte machen: *historisch bedeutsam werden:* Damals ahnte
er noch nicht, dass er eines Tages Geschichte machen würde. Darum ist der
Mann als Symbol dessen, »was Geschichte macht«, ... hier nicht im Spiele
(Thielicke, Ich glaube 121). Wir reden
hier von dem Teil der Literatur, der nicht
Geschichte gemacht hat (Greiner, Trivi-
alroman 10).
mach keine Geschichten! (ugs.): 1. *tu
nichts Dummes!:* Mach keine Geschich-

ten, mit Gewalt erreichst du gar nichts!
2. *zier dich nicht!:* Na los, mach keine
Geschichten, du kannst das Geld ruhig
annehmen.
**sich mit etwas im Buch der Geschichte
eintragen:** ↑ Buch. **das Rad der Geschichte zurückdrehen:** ↑ Rad.
geschieden: geschiedene Leute sein:
↑ scheiden.
**Geschirr: sich ins Geschirr legen/ins Ge-
schirr gehen:** *sich sehr anstrengen, hart
arbeiten:* Wenn du den Termin noch
schaffen willst, musst du dich tüchtig ins
Geschirr legen. Na, dann wollen wir
noch mal ins Geschirr gehen! Und Ronni legte sich ins Geschirr (Geissler,
Wunschhütlein 37).
▶ Mit »Geschirr« ist das Leder- und
Riemenzeug gemeint, mit dem die Zugtiere angespannt werden. Die Wendung
bedeutet eigentlich »kräftig zu ziehen
beginnen«.
im Geschirr stehen: *[hart] arbeiten:* ...
von einer ergrauten, erfahrenen Dokto-
rin, die mehr als 30 Jahre im Geschirr
steht (Rheinische Post 12. 5. 1984, 12).
Von Schmidt wird gesagt, dass er im
Durchschnitt täglich um die 16 Stunden
»im Geschirr stehe« (NZZ 16. 10. 1981,
2).
Vgl. die vorangehende Wendung.
**geschlagen: wie mit Blindheit geschla-
gen sein:** ↑ Blindheit.
**Geschlecht: das schwache/schöne/zarte
Geschlecht** (ugs.; scherzh.): *die Frauen:*
Er fühlte sich sehr zum zarten Geschlecht hingezogen. Gehen wir doch ins
Nebenzimmer und lassen das schwache
Geschlecht allein. Doch da das ZDF-
Ballett zufällig auch in Mainz war, ließ es
sich nicht vermeiden, dass über das
schöne Geschlecht gesprochen wurde
(Hörzu 31, 1971, 10).
das starke Geschlecht (ugs.; scherzh.):
die Männer: Von dem starken Geschlecht wurde der Vorschlag mit Begeisterung aufgenommen. Der Reporter
wollte auch noch einen Vertreter des
starken Geschlechts ans Mikrofon bekommen. 50 Vertreter des starken Geschlechts stellten sich dem begeisterten
Publikum (MM 7. 5. 1968, 13).
**Geschmack: Geschmack an etwas gewin-
nen/finden; einer Sache Geschmack ab-**

gewinnen: *an etwas Gefallen finden:*
Nach einiger Zeit fand er Geschmack an
diesen Zusammenkünften. Ich kann
dem Kegeln keinen Geschmack abgewinnen. ... seitdem die Konsulin alterte,
begann auch sie an dieser Geistesrich-
tung Geschmack zu finden (Th. Mann,
Buddenbrooks 165).
auf den Geschmack kommen: *das Angenehme an etwas nach und nach herausfinden und genießen wollen:* Warte nur
ab, du wirst schon noch auf den Geschmack kommen. Wir sind jetzt auch
auf den Geschmack gekommen und wollen lieber im Winter Urlaub machen. Er
meint, mein Bruder käme schon noch
»auf den Geschmack« (Hörzu 49, 1970,
111).
**über Geschmack lässt sich nicht streiten;
die Geschmäcker sind verschieden** (ugs.):
*jeder hat seinen eigenen Geschmack; was
guter oder schlechter Geschmack ist,
kann man nicht durch Diskussionen klären:* Ich weiß auch nicht, was sie an diesem pickligen Jüngling findet – na ja,
über Geschmack lässt sich nicht streiten.
Er fühlt sich offensichtlich wohl in seinen scheußlichen Möbeln; die Geschmäcker sind halt verschieden. Das Odeon
ist auf dem besten Wege, ein Publikums-
forum zu werden ... Natürlich sind Geschmäcker verschieden (Mannheim illustriert 3, 1980, 24).
**Geschmack[s]sache: das ist Ge-
schmack[s]sache;** (ugs.; scherzh.:) **[das
ist] Geschmack[s]sache, sagte der Affe
und biss in die Seife:** *das muss jeder nach
seinem Geschmack entscheiden; das
kann man so oder so sehen:* Ich würde
mir nie ein Auto mit Heckspoiler kaufen! – Das ist Geschmackssache; viele
Leute wollen so etwas unbedingt haben.
Wie kann man nur diese alberne Popmusik gut finden? – Geschmackssache, sagte der Affe und biss in die Seife.
geschmiert: wie geschmiert laufen: ↑ laufen.
geschniegelt: geschniegelt und gebügelt
(ugs.): *tadellos angezogen und gepflegt:*
Er saß geschniegelt und gebügelt in der
Rezeption und wartete auf sie. Da war
dieser geschniegelte und gebügelte Herr
also noch einmal zu ihm gekommen (Fallada, Jeder 379).

geschnitten: jmdm. wie aus den Augen/ aus dem Gesicht geschnitten sein: ↑Auge, ↑Gesicht.

Geschoss: das war Tells Geschoss: ↑Tell.

Geschrei: viel Geschrei und wenig Wolle: *viel Lärm um nichts, viel Aufwand für eine schlechte Sache:* Das, was in den Zeitungen steht, stimmt nicht. Du brauchst dir das Musical nicht anzusehen, viel Geschrei und wenig Wolle.

▶ Die Redensart bezieht sich wahrscheinlich auf die Schafschur. Das Schaf, das geschoren wird, blökt furchtbar laut; dabei ist die Menge der Wolle von einem Schaf gar nicht so groß.

Geschütz: schweres/grobes Geschütz auffahren (ugs.): *[zu] starke Gegenargumente anführen; jmdm., einer Sache scharf entgegentreten:* Die Gewerkschaft fuhr schweres Geschütz auf und drohte mit Urabstimmung. Ich weiß nicht, ob es richtig war, gleich so grobes Geschütz aufzufahren. Nicht nur Geistliche fuhren schwerstes Geschütz auf. Ein Medizinprofessor folgte dem anderen in der Verurteilung des Chloroforms (Thorwald, Chirurgen 114).

Geschwätz: was kümmert mich mein Geschwätz von gestern (ugs.): *ich habe meine frühere Meinung nun einmal geändert:* Ich weiß, dass ich damals dafür war, aber was kümmert mich mein Geschwätz von gestern! Nach dem Motto »Was kümmert mich mein Geschwätz von gestern?« soll dies nun alles vergessen sein (Spiegel 45, 1977, 7).

geschwellt: mit geschwellter Brust: ↑Brust.

Geschwindigkeit: mit affenartiger Geschwindigkeit: ↑affenartig.

gesegnet: gesegneten Leibes sein: ↑Leib. **mit etwas gesegnet sein:** ↑segnen. **in gesegneten Umständen sein:** ↑Umstand.

gesellen: Gleich und Gleich gesellt sich gern: ↑gleich.

Gesellschaft: jmdm. Gesellschaft leisten: *bei jmdm. sein und sich mit ihm unterhalten:* Sie hatte es gerne, wenn er ihr Gesellschaft leistete. Darf ich Ihnen ein wenig Gesellschaft leisten? ... er selber habe im Augenblick zu wenig Zeit, ihm Gesellschaft zu leisten, denn gerade jetzt sei unendlich viel zu tun (Geissler, Wunschhütlein 143).

sich in guter Gesellschaft befinden (scherzh.): *einen Fehler machen, den schon größere Geister begangen haben:* Da befinden Sie sich in guter Gesellschaft. Die Meteorologen haben diese Erscheinung zunächst auch für Nordlicht gehalten.

gesengt: wie eine gesengte Sau: ↑Sau.

Gesetz: das Auge des Gesetzes: ↑Auge. **nach dem Buchstaben des Gesetzes:** ↑Buchstabe. **Hüter des Gesetzes:** ↑Hüter. **durch die Maschen des Gesetzes schlüpfen:** ↑²Masche. **ein ungeschriebenes Gesetz:** ↑ungeschrieben.

Gesicht: das Gesicht verlieren: *etwas von seiner Geltung einbüßen, sein Ansehen verlieren:* Selbst in der politischen Haft verlor er nicht sein Gesicht. Washington zögerte und lief Gefahr, bei Israelis wie Arabern das Gesicht zu verlieren (Spiegel 25, 1967, 22). Man kann Rücksicht darauf nehmen, dass Moskau sein Gesicht nicht verliert, wenn es nachgeben muss (Bild 1. 4. 1964, 1).

▶ Die Wendung ist aus engl. »lose [one's] face« entlehnt.

das Gesicht wahren: *so tun, als ob alles in Ordnung sei:* Er war krampfhaft darum bemüht, das Gesicht zu wahren. Ebenso ... ist es besser, wenn ... Missstände möglichst schnell beseitigt werden, als wenn man weiterhin den Tod junger Soldaten riskiert, nur um das »Gesicht« zu wahren (MM 5./6. 11. 1966, 2). Aber sie wusste auch, dass sie mehr als je das Gesicht wahren und die Ohren offen halten müssen (Benrath, Konstanze 122).

▶ Die Wendung ist aus engl. »save [one's] face« entlehnt.

sein wahres Gesicht zeigen: *sein Wesen, seinen Charakter offen zeigen, sich nicht mehr verstellen:* Als er erfuhr, dass er in dem Testament nicht bedacht worden sei, zeigte er sein wahres Gesicht. Er war überrascht, als sie plötzlich ihr wahres Gesicht zeigte. Das wird Ihnen Leid tun, jetzt haben Sie Ihr wahres Gesicht gezeigt! (Müthel, Baum 45).

ein anderes Gesicht bekommen: *in einem anderen Licht erscheinen, anders aussehen:* Durch die Anwesenheit hoher Funktionäre bekommt die Veranstaltung gleich ein anderes Gesicht. Wenn eine Frau moderiert, bekommt die Sendung ein anderes Gesicht. Es bedarf keiner großen Prophetie, vorherzusagen, dass unsere ... Lehrbücher in wenigen Jahren ... ein ganz anderes »Gesicht« bekommen (Medizin II, 65).

ein langes Gesicht/lange Gesichter machen: *enttäuscht dreinblicken:* Als sie das Päckchen öffnete, machte sie ein langes Gesicht. Die Spieler machten lange Gesichter, als sie nach dem Halbzeitpfiff in die Kabinen gingen. Er sei, sagte er, seit längerer Zeit nicht mehr so ganz gesund, der Arzt wenigstens mache ein langes Gesicht (Dürrenmatt, Richter 17).

ein schiefes Gesicht machen/ziehen: *missvergnügt dreinschauen:* Mach doch nicht so ein schiefes Gesicht, man muss auch verlieren können!

ein Gesicht wie drei/sieben/zehn/vierzehn Tage Regenwetter machen: *verdrießlich dreinschauen:* Er machte ein Gesicht wie drei Tage Regenwetter, als er hörte, dass sein Wagen abgeschleppt worden sei. Was ist mit dir denn los? Du machst ja ein Gesicht wie drei Tage Regenwetter.

ein Gesicht machen wie eine Gans, wenns donnert (ugs.): *ein verdutztes Gesicht machen:* Die Wirtin machte ein Gesicht wie eine Gans, wenns donnert, als der Mann nackend im Lokal erschien.

ein Gesicht machen, als hätten einem die Hühner das Brot weggefressen (ugs.): *verdutzt, ratlos aussehen:* Sie machte ein Gesicht, als hätten ihr die Hühner das Brot weggefressen – in ihrer Handtasche befanden sich weder Brieftasche noch Hausschlüssel!

jmdm. wie aus dem Gesicht geschnitten sein: *jmdm. sehr ähnlich sehen:* Sie ist ihrer Mutter wie aus dem Gesicht geschnitten. Die anderen Herren behaupteten jedenfalls, dass der Armeenachrichtenführer ihm wie aus dem Gesicht geschnitten ... wäre (Plievier, Stalingrad 305).

jmdn. aus dem Gesicht verlieren (veraltend): *die Verbindung mit jmdm. verlieren:* Später ... verlor ich den Clemens etwas aus dem Gesicht (Zuckmayer, Fastnachtsbeichte 79).

jmdm. aus dem Gesicht kommen (veraltend): *keine Verbindung mehr mit jmdm. haben:* Nach seinem Eintritt in den diplomatischen Dienst waren sie sich ganz aus dem Gesicht gekommen.

jmdm. im Gesicht geschrieben stehen: *in jmds. Gesichtszügen deutlich erkennbar sein:* Die Lüge stand ihr im Gesicht geschrieben. Dem Angeklagten stand im Gesicht geschrieben, dass er die Unwahrheit sagte. Der Beamte ... war ein großer, massiger Mann, dem die Brutalität im Gesicht geschrieben stand (Niekisch, Leben 343).

jmdm. etwas ins Gesicht sagen: *jmdm. etwas ohne Scheu, ohne Schonung sagen:* Ich habe ihm glatt ins Gesicht gesagt, was ich von ihm denke. Du hast nicht das geringste Recht, mir solche Dinge ins Gesicht zu sagen (Baldwin [Übers.], Welt 262). Gleich werde ich gehen und es ihr ins Gesicht hineinsagen, was für eine Rabenmutter sie ist (R. Walser, Gehülfe 120).

jmdm. ins Gesicht lachen: *jmdn. herausfordernd, höhnisch lachend ansehen:* Als er ihr erklärte, er werde sich scheiden lassen, lachte sie ihm nur ins Gesicht.

jmdm. ins Gesicht lügen: *jmdn. frech anlügen:* Lügt mir doch dieser Bursche ins Gesicht, er habe den Betrieb nicht verlassen.

jmdm. ins Gesicht springen/(derb:) **mit dem nackten Hintern/Arsch ins Gesicht springen:** *auf jmdn. losgehen, über ihn herfallen, ihn scharf zurechtweisen:* Ich spring dir gleich mit dem nackten Arsch ins Gesicht, wenn du das noch einmal machst. Sie sprang ihm vor Wut fast ins Gesicht, als er ihr sagte, dass sie eine alte Schlampe sei. Sie werden uns gleich ins Gesicht springen, wenn wir ... auf den rechtsfreien Raum hinweisen, der in der Staatskanzlei des ehemaligen Ministerpräsidenten ... geduldet wurde (Spiegel 50, 1987, 43).

der Wahrheit ins Gesicht schlagen: *ganz und gar falsch, erlogen sein:* Die Erklärung der Regierung über das Vorgehen der Truppen schlägt der Wahrheit ins Gesicht.

den Tatsachen ins Gesicht/Auge sehen: *die Lage realistisch sehen:* Es hat gar keinen Sinn, uns etwas vorzumachen. Wir müssen den Tatsachen ins Gesicht sehen. Es ist besser, wenn die Regierung den Tatsachen ins Auge sieht.

jmdm. nicht ins Gesicht sehen/blicken können: *jmdm. gegenüber ein schlechtes Gewissen haben, jmds. Blick nicht ertragen können:* Weil sie ihm nicht ins Gesicht sehen konnte, machte sie sich am Schreibtisch zu schaffen. Er kann mir seit dem Vorfall nicht mehr ins Gesicht sehen. ... hab keinen Mut. Was soll ich ihr nur sagen. Ich kann ihr nicht ins Gesicht sehen (Döblin, Berlin 56).

sich eine ins Gesicht stecken (ugs.): *eine Zigarette rauchen, zu rauchen beginnen:* Einen Moment, bitte, ich muss mir erst eine ins Gesicht stecken. Steckst du dir schon wieder eine ins Gesicht?

jmdn., etwas zu Gesicht bekommen/kriegen: *jmdn., etwas sehen:* Der Wähler hat seinen Abgeordneten noch nie zu Gesicht bekommen. Wenn ich mal eine hübsche alte Karte zu Gesicht bekomme, werde ich sie kaufen. Pastor Wunderlich bedauert, Bonaparte niemals zu Gesicht bekommen zu haben (Th. Mann, Buddenbrooks 20).

jmdm. zu Gesicht kommen: *von jmdm. gesehen, bemerkt werden:* Er war dem Präfekten schon einige Tage nicht mehr zu Gesicht gekommen. Wenn dir dieses Schreiben zu Gesicht kommt, sag mir doch bitte Bescheid! Und selbst wenn wir annehmen, dass dies Heft einem zu Gesicht kommt, ... was passiert dann? (Nossack, Begegnung 251).

jmdm. zu Gesicht stehen: *zu jmdm. passen:* Das neue Kostüm stand ihr ganz reizend zu Gesicht. Es steht Ihnen gar nicht zu Gesicht, worin Sie sich da versuchen (Th. Mann, Zauberberg 457). Sie wussten, wie affig ihnen der geborgte Zylinder zu Gesicht stand (Kant, Impressum 178).

jmdm. den Handschuh ins Gesicht schleudern/werfen: ↑ Handschuh. **jmdm. die Larve vom Gesicht reißen:** ↑ Larve. **jmdm. die Maske vom Gesicht reißen:** ↑ Maske. **[für jmdn.] ein Schlag ins Gesicht sein:** ↑ Schlag. **jmdm. den Schleier vom Gesicht reißen:** ↑ Schleier. **jmdm. den Spiegel vor das Gesicht halten:** ↑ Spiegel. **das zweite Gesicht:** ↑ zweite.

gesiebt: gesiebte Luft atmen: ↑ Luft.

gespannt: gespannt sein wie ein Regenschirm/wie ein Flitzbogen (ugs.): *sehr gespannt sein:* Los, erzähl mal, ich bin gespannt wie ein Flitzbogen! Er war gespannt wie ein Regenschirm, wie sie sich verhalten würde. Ob es am Ende dasselbe ist ...? Du, jetzt bin ich gespannt wie ein Flitzbogen (Bastian, Brut 27).

mit jmdm. auf gespanntem Fuß stehen: ↑ Fuß.

Gespenst: Gespenster sehen (ugs.): *unbegründet Angst haben, Einbildungen haben:* Ich fürchte, ihr seht alle schon am helllichten Tag Gespenster. Er war fest davon überzeugt, dass seine Frau Gespenster sähe. Lachend lief Frau Hete in ihren Laden, jetzt auch völlig überzeugt, dass sie, was diesen Jungen anlangte, Gespenster gesehen hatte (Fallada, Jeder 197).

gespornt: gestiefelt und gespornt: ↑ gestiefelt.

Gespött: jmdn. zum Gespött machen: *dafür sorgen, dass jmd. verspottet wird:* Sie hatte ihn zum Gespött des ganzen Dorfes gemacht. Er ließ sich nicht zum Gespött des Stammtisches machen. Sie lobt ... den Vater, ... der die Welt »mit ihrem Lachen und ihrem großen Zorn« zum Gespött macht (Thielicke, Ich glaube 50).

zum Gespött werden: *sich lächerlich machen und verspottet werden:* Er war, ehe er sichs versah, zum Gespött der Kollegen geworden. Westwärts war ein ganzes Volk im Aufbruch und erstickte an vielen Stellen die Bewegungen der eigenen Armee, die ihm von heute auf morgen zum Gespött geworden war (Kuby, Sieg 231).

Gespräch: im Gespräch sein: *Gegenstand von [öffentlich diskutierten] Verhandlungen und Überlegungen sein:* Der Finanzminister wollte nicht dementieren, dass weitere Steuererhöhungen im Gespräch seien. Sie ist für den Posten des Aufsichtsratsvorsitzenden im Gespräch. Als neuer Leiter der Handelsvertretung ... in Warschau ist der deutsche Botschafter ... im Gespräch (MM 12. 8. 1966, 1).

mit jmdm. im Gespräch bleiben: *mit jmdm. im Kontakt bleiben:* Der einzige Erfolg der Verhandlungen war die Vereinbarung, dass man weiterhin miteinander im Gespräch bleiben werde.

Gestalt: Gestalt annehmen/gewinnen: *deutlicher werden, sich in festeren Umrissen abzeichnen:* Der Plan nimmt allmählich Gestalt an. Dieser Verdacht gewann immer mehr Gestalt. Unbeirrt probten Soubrette und Tenor ihr Tändelspiel, das ... im Lokal akustische Gestalt annahm (Fries, Weg 242).

einer Sache Gestalt geben/verleihen: *etwas deutlicher werden lassen, fester umreißen:* Die Tagung hat einer neuen Konzeption der Olympischen Spiele Gestalt gegeben. ... bedeutender aber ist die Schwierigkeit, dieser Erinnerung eine Gestalt zu verleihen (Hagelstange, Spielball 217).

sich in seiner wahren Gestalt zeigen: *zeigen, wer man wirklich ist; sich entlarven:* Bald zeigte der angebliche »Mann des Volkes« sich in seiner wahren Gestalt.

ein Ritter von der traurigen Gestalt: ↑ Ritter.

gestern: nicht von gestern sein (ugs.): *aufgeweckt sein:* Ich werde das schon in Ordnung bringen, ich bin doch nicht von gestern. Er erinnerte sich daran, dass er die Masche doch längst kannte; er war ja nicht von gestern (Bamm, Weltlaterne 51). Man hat einen Blick dafür. Man ist nicht von gestern (Strittmatter, Wundertäter 412).

▶ Die Wendung stammt aus der Bibel. Im Buch Hiob des Alten Testaments heißt es: »Denn wir sind von gestern her und wissen nichts« (8, 9).

was kümmert mich mein Geschwätz von gestern: ↑ Geschwätz. **Schnee von gestern sein:** ↑ Schnee.

gestiefelt: gestiefelt und gespornt (ugs.): *bereit zum Aufbruch:* Gestiefelt und gespornt standen die Touristen vor der Hütte und warteten auf den Bergführer. Hahl kam gestiefelt und gespornt, mit Kartentasche und Staubbrille, aus dem Schloss (Kuby, Sieg 391). »Hab ihm vorhin sein Knäckebrot und das Mineralwasser raufgebracht«, sagte die Köchin; »... lag gestiefelt und gespornt auf der Couch und sah an die Decke.« (Schnurre, Bart 164)

▶ Die Formel meint eigentlich »mit Stiefeln und Sporen versehen«, d. h. »gerüstet zum Ritt«.

gestohlen: jmdm. gestohlen bleiben können (ugs.): *nichts mit jmdm., mit einer Sache zu tun haben wollen:* Er brüllte, dass ihm seine Verwandtschaft gestoh-

len bleiben könne. Meine Meinung zu Ärzten war: Sie konnten mir gestohlen bleiben (Plenzdorf, Leiden 113).

▶ Die Wendung meint eigentlich, dass etwas jmdm. so gleichgültig ist, dass es ihm durchaus gestohlen werden kann und er es nicht zurückhaben möchte.

gestrichen: [von jmdm., von etwas] die Nase gestrichen voll haben: ↑ Nase.

gesund: gesund sein wie ein Fisch im Wasser: *sehr gesund sein:* Drei Wochen nach der schweren Operation war sie schon wieder gesund wie ein Fisch im Wasser.

aber sonst bist du gesund? (ugs.): *du bist wohl nicht recht bei Verstand?:* Ich brauche ab sofort doppelt so viel Taschengeld! – Aber sonst bist du gesund?

getrennt: getrennt marschieren, vereint schlagen: *auf verschiedene Weise unabhängig voneinander dasselbe Ziel anstreben:* Wir können nicht offiziell mit Ihnen zusammenarbeiten, aber wir werden getrennt marschieren und vereint schlagen.

▶ Diese Wendung soll auf den preußischen General Scharnhorst zurückgehen; sie fasst eine taktisch-strategische Empfehlung von Moltke in prägnanter Form zusammen.

von Tisch und Bett getrennt sein: ↑ Tisch.

getreu: ein [ge]treuer Eckart: *ein treuer, stets hilfsbereiter Mann:* Er war seinem Parteivorsitzenden stets ein treuer Eckart geblieben, auf den dieser sich absolut verlassen konnte.

▶ Der »treue Eckart« ist eine Figur aus der deutschen Volkssage, ein aufrechter und zuverlässiger, vor Gefahren und falschem Handeln warnender Berater.

Getriebe: schönen Gruß vom Getriebe, der Gang ist drin: ↑ Gruß. **nur ein Rädchen im Getriebe sein:** ↑ Rädchen. **es ist Sand im Getriebe:** ↑ Sand.

getrübt: von keiner[lei] Sachkenntnis getrübt: ↑ Sachkenntnis.

gewachsen: jmdm., einer Sache gewachsen sein: *sich mit jmdm. messen können, eine Sache bewältigen können:* Bei unserem neuen Projekt wird sich zeigen, ob er auch größeren Anforderungen gewachsen ist. ... unsere Dorfpolizei ist ihrer Aufgabe sicher ebenso sehr gewachsen wie die Polizei von Chicago (Dürrenmatt, Richter 16).

wie aus dem Boden gewachsen: ↑ Boden.
gewähren: jmdn. gewähren lassen: *jmdn.
nicht an seinem Tun hindern:* Die Kinder
lärmten und tobten, aber ich ließ sie gewähren, da wir das Haus für uns allein
hatten. Wenn er unbedingt unabhängig
von dir arbeiten will, so lass ihn halt gewähren! ... dass sich diese Neurose vermeiden ließe, wenn man ... das kindliche
Sexualleben frei gewähren ließe (Freud,
Abriß 79).
**Gewahrsam: jmdn. in Gewahrsam neh-
men:** *jmdn. inhaftieren:* Der betrunkene
Autofahrer wurde von der Polizei vorläufig in Gewahrsam genommen. Nehmen Sie diese Frau in Gewahrsam, sie
hat meine Brieftasche gestohlen! Sie
schrie, ... dass es eine Schande sei, einen
Verbrecher in Gewahrsam zu nehmen,
bevor er seine Schulden bezahlt habe
(Brecht, Geschichten 102).
Gewalt: höhere Gewalt: *etwas [Unvorher-
gesehenes], auf das man keinen Einfluss
hat:* Bei solch einem Unwetter kann das
Gartenfest natürlich nicht stattfinden –
das ist höhere Gewalt! ... die Kölner Niederlage hatte andere Gründe. Ursachen,
die nicht von höherer Gewalt diktiert
waren (Kicker 6, 1982, 39).
jmdm. Gewalt antun (geh.; verhüllend):
vergewaltigen: Er hätte den Kerl, der seiner Tochter Gewalt angetan hatte, fast
umgebracht. Ein Unbekannter versuchte
... auf dem Friedhof einer 46-jährigen
Frau Gewalt anzutun (MM 24. 7. 1974,
16).
einer Sache Gewalt antun (geh.): *etwas
verfälschen, entstellen:* In dem Bericht
der Kommission wird den Tatsachen Gewalt angetan. ... er wollte mich überzeugen, dass seine Aktenveröffentlichung
der Wahrheit nicht Gewalt angetan habe
(Niekisch, Leben 40). Es blieb nichts übrig, als vernünftig zu werden, er musste
seiner Natur Gewalt antun (Musil, Mann
I 436).
sich Gewalt antun [müssen]: *sich zu etwas
zwingen [müssen]:* Ich musste mir Gewalt antun, um das völlig versalzene Essen herunterzuwürgen.
sich in der Gewalt haben: *sich beherrschen können:* Für einen Augenblick hatte er sich nicht in der Gewalt und hätte
sich beinahe verraten. Sie zuckte zusam-

men, hatte sich aber gleich wieder in der
Gewalt. Fantastisch, wie diese Frau sich
in der Gewalt hat (Hörzu 35, 1975, 10).
mit aller Gewalt: *unbedingt, unter allen
Umständen:* Die Mannschaft versuchte
mit aller Gewalt, dem Abstieg zu entgehen. Oder wollen Sie mit aller Gewalt einen Zusammenprall mit Colonel
Thompson riskieren? (Kirst, 08/15,
936). Warum soll ich denn mit aller Gewalt eine Dame vom Zirkus kennen?
(Remarque, Obelisk 224).
**gewaltig: ein gewaltiges Loch in die Kas-
se reißen:** ↑ Loch.
gewärtig: [einer Sache] gewärtig sein: *etwas erwarten und darauf eingestellt sein:*
Man muss schlimmer Nachrichten aus
dem Krisengebiet gewärtig sein. Wir waren dessen durchaus gewärtig, was passieren könnte. Er musste gewärtig sein,
seinen lukrativen Posten zu verlieren.
Gewehr: Gewehr bei Fuß stehen: *[zum
Einsatz bereit sein und] abwarten, eine
abwartende Haltung einnehmen:* Die radikalen Gruppen standen Gewehr bei
Fuß. Russland erwartet Gewehr bei Fuß
den Frieden (Zweig, Grischa 14).
haben ein Gewehr! (ugs.; scherzhaft):
*das ist leider nicht möglich, dazu fehlen
leider die Mittel:* Du könntest ihr doch
das Geld leihen. – Haben ein Gewehr,
ich bin selbst bis über die Ohren verschuldet!
▶ Diese Redensart zitiert verkürzt aus
einem alten Kinderlied, wo es heißt:
»Wer will unter die Soldaten, der muss
haben ein Gewehr...«
ran an die Gewehre! (ugs.): *fangt an!,
fangen wir an!:* Hier sind die Tapeten,
der Kleister ist angerührt, also ran an die
Gewehre!
Gewerbe: das horizontale Gewerbe (ugs.;
scherzh.); **das älteste Gewerbe der Welt**
(scherzh.; verhüll.): *die Prostitution:* In
den Randbezirken der Innenstadt breitete sich das horizontale Gewerbe aus. Auf
der Via Appia sind Tag und Nacht die
Damen des horizontalen Gewerbes zu
finden (Hörzu 23, 1976, 34). ... freut sich
das Finanzamt über die guten Geschäfte
im ältesten Gewerbe der Welt (MM
17. 4. 1991, 12).
sich ein Gewerbe machen (landsch.): *unter einem Vorwand eine Beschäftigung in*

der Nähe anderer suchen, um etwas zu erfahren: Sie hörte die beiden tuscheln und machte sich im Treppenhaus ein Gewerbe. Vielleicht hat sie gewollt, dass wir Freundschaft schließen ... Oder sie hat sich ein Gewerbe bei Ihnen machen wollen (Fallada, Herr 98).

▶ Die Wendung knüpft an »Gewerbe« in der veralteten Bedeutung »Beschäftigung, Besorgung« an.

aus allem ein Gewerbe machen: *aus allem einen Vorteil ziehen, immer seinen Nutzen aus etwas ziehen:* Mancher macht aus allem ein Gewerbe.

Gewese: [ein] Gewese [von jmdm., etwas/ um jmdn., etwas] machen (ugs.): *jmdm., einer Sache übertrieben große Bedeutung zumessen und dies auffällig erkennen lassen:* Mach doch nicht so ein Gewese von diesem harmlosen Streich! Macht man nicht ein zu großes Gewese um den Sport? (Augsburger Allgem. 27. / 28. 5. 1978, 7). Sie machte mit ihren drei Töchtern viel Gewese von sich (Feuchtwanger, Herzogin 36).

Gewicht: auf etwas Gewicht legen: *etwas für wichtig halten, auf etwas Wert legen:* Er legt Gewicht auf gute Umgangsformen. Seine Eltern legten größtes Gewicht darauf, dass er sein Studium fortsetzte. Der Kaiser legt aus Gründen des politischen Prestiges großes Gewicht darauf, dass die Kaiserin auf dieser Fahrt an seiner Seite sei (Benrath, Konstanze 102).

▶ Die Wendung bezieht sich auf den Vorgang des Wiegens: Man muss so viele Gewichte in die eine Waagschale legen, wie die Ware in der anderen Waagschale wiegt. Legt man viele Gewichte hinein, so wiegt etwas schwer, hat Gewicht (übertragen = Wert, Bedeutung).

ins Gewicht fallen: *ausschlaggebend sein, von großer Bedeutung sein:* Die Tatsache, dass die Anarchisten nicht vor Mord zurückschreckten, fällt besonders ins Gewicht. Es fiel kaum ins Gewicht, dass nicht alle eingeladenen Persönlichkeiten erschienen waren. Schlimmer fällt ins Gewicht, dass der geheiligte Grundsatz freier Wahlen diesmal vom Westen desavouiert werden musste (Augstein, Spiegelungen 32).

▶ Wie die vorangehende Wendung bezieht sich auch »ins Gewicht fallen« auf

den Vorgang des Wiegens: »in die Waage, ins Gewicht fallen« wurde früher im Sinne von »ein bestimmtes Gewicht haben« verwendet. Übertragen dann: »schwer wiegend sein, von ausschlaggebender Bedeutung sein«.

gewillt: gewillt sein, etwas zu tun: *entschlossen sein, etwas zu tun:* Sind Sie gewillt, sich mit all Ihrer Kraft für unsere Sache einzusetzen? Ich bin nicht gewillt, diese Zustände noch länger hinzunehmen. Oh, er war ein kluger Rebell, fest gewillt, sich nicht hinreißen zu lassen (Feuchtwanger, Erfolg 533).

gewinnen: wie gewonnen, so zerronnen: *sehr leicht und schnell Erworbenes ist oft ebenso schnell wieder verloren worden:* Seinen Lottogewinn hatte er innerhalb weniger Monate durchgebracht – wie gewonnen, so zerronnen.

von etwas Abstand gewinnen: ↑ Abstand. **in etwas [seinen] Ausdruck gewinnen:** ↑ Ausdruck. **mit etwas ist kein Blumentopf zu gewinnen/kann man keinen Blumentopf gewinnen:** ↑ Blumentopf. **[an] Boden gewinnen:** ↑ Boden. **Geschmack an etwas gewinnen:** ↑ Geschmack. **Gestalt gewinnen:** ↑ Gestalt. **seinen Führerschein im Lotto gewonnen haben:** ↑ Führerschein. **sieh zu, dass du Land gewinnst:** ↑ Land. **das große Los gewinnen:** ↑ Los. **die Oberhand gewinnen:** ↑ Oberhand. **bei etwas ist keine Seide zu gewinnen:** ↑ Seide. **gewonnenes Spiel haben:** ↑ Spiel. **wer wagt, gewinnt:** ↑ wagen. **frisch gewagt ist halb gewonnen:** ↑ wagen.

Gewinnerstraße: auf der Gewinnerstraße sein/liegen (Sport): *im Begriff sein zu gewinnen:* Nach dem zweiten Break im dritten Satz war das deutsche Doppel eindeutig auf der Gewinnerstraße.

gewiss: das gewisse Etwas: *eine besondere, interessant und anziehend wirkende Art, Eigenschaft, Fähigkeit:* Ihre Bilder haben das gewisse Etwas, das auch beim breiten Publikum ankommt. Er ist intelligent und begabt, aber ihm fehlt für diese Position das gewisse Etwas. ... etwas Rhythmik, Gestik und tänzerische Leichtigkeit lassen sich anerziehen. Aber das gewisse Etwas, das die Großen ihres Fachs auszeichnet, muss wohl angeboren sein (Herrenjournal 2, 1966, 110).

so gewiss/sicher sein, wie zwei mal zwei vier ist: *absolut gewiss sein:* Der Konjunkturaufschwung wird kommen, das ist so gewiss, wie zwei mal zwei vier ist.

das gewisse Örtchen: ↑ Örtchen. **seiner Sache gewiss sein:** ↑ Sache.

Gewissen: ein gutes Gewissen ist ein sanftes Ruhekissen: *wer nichts Böses tut, den quält auch nicht sein Gewissen [und er kann nachts ruhig schlafen].*

sich ein Gewissen aus etwas machen (geh.; veraltend): *Gewissensbisse haben:* Sie hatte sich damals kein Gewissen daraus gemacht, dass sie ihre Schwester schamlos ausnutzte. Zwei der Nonnen machten sich kein Gewissen daraus, dem Kinde alles andere wie eine Vorzugsbehandlung zu erweisen (A. Kolb, Daphne 30). Alles ... erfuhr er ... von seinen Freunden, die sich kein Gewissen daraus machten, dass sie den Meister viel dürftiger untergebracht hatten, als sie selbst wohnten (Musil, Mann 782).

etwas auf dem Gewissen haben: *an etwas schuld sein, etwas Böses getan haben:* Sein Sohn soll den Niedergang der Reederei auf dem Gewissen haben. ... doppelt unglücklich ist der, welcher den Tod des Mörders sterben soll und doch keinen Mord auf seinem Gewissen hat (Mostar, Unschuldig 39).

jmdn. auf dem Gewissen haben: *an jmds. Untergang, Tod schuld sein:* Die leichtsinnige Touristengruppe hatte den Bergführer auf dem Gewissen. Den haben die Gauner vom Personalbüro auf'm Gewissen (Ott, Haie 366). Der arme Jerzy. Wenn sie denn was tun, dann hat sie ihn auf'm Gewissen, das kannst du ihr sagen (M. Walser, Eiche 35).

jmdm. aufs Gewissen fallen (geh.; veraltend): *jmdn. sehr bedrücken, quälen:* Es fiel ihm schwer aufs Gewissen, dass er sich nie um sein uneheliches Kind gekümmert hatte.

jmdm. ins Gewissen reden: *ernst und eindringlich mit jmdm. reden, jmdm. Vorhaltungen machen:* Rede du ihm doch noch einmal ins Gewissen, vielleicht gibt er dann dieses törichte Vorhaben auf! Der Richter redete den beiden Jugendlichen ins Gewissen. Justis gab mir einen Wink, ihr ins Gewissen zu reden (Chr. Wolf, Nachdenken 204).

etwas auf Ehre und Gewissen erklären/ versichern: ↑ Ehre. **nach bestem Wissen und Gewissen:** ↑ Wissen.

gewogen: gewogen und zu leicht befunden: ↑ wiegen.

Gewohnheitstier: der Mensch ist ein Gewohnheitstier: *das Leben des Menschen wird häufig durch feste Gewohnheiten bestimmt:* Auch nach ihrer Pensionierung war sie jeden Morgen um sieben Uhr aufgestanden – der Mensch ist ein Gewohnheitstier.

gewohnt: jung getan, alt gewohnt: ↑ jung.

gicks: weder gicks noch gacks sagen/verstehen/wissen (ugs.): *überhaupt nichts sagen/verstehen/wissen:* Während der ganzen Diskussion hat sie weder gicks noch gacks gesagt. Diese jungen Schnösel wissen weder gicks noch gacks, wollen aber bei allen Dingen mitreden.

gießen: es gießt in Strömen; es gießt wie mit, wie aus Kübeln/Kannen/Eimern (ugs.): *es regnet sehr stark:* Die ganze Nacht hat es in Strömen gegossen. Als wir im Schwimmbad ankamen, begann es wie mit Kübeln zu gießen.

[sich] einen hinter die Binde gießen: ↑ Binde. **einen hinter die Krawatte gießen:** ↑ Krawatte. **einen auf die Lampe gießen:** ↑ Lampe. **Öl ins Feuer gießen:** ↑ Öl. **Öl auf die Wogen gießen:** ↑ Öl. **[sich] einen hinter den Schlips gießen:** ↑ Schlips. **[jmdm.] Wasser in den Wein gießen:** ↑ Wasser.

Gießkanne: sich die Gießkanne verbiegen/verbeulen (derb): *sich eine Gonorrhöe zuziehen (vom Mann):* Der Stabsarzt fragte ihn, ob er sich schon mal die Gießkanne verbeult habe.

▸ Die Wendung schließt sich an den Gebrauch von »Gießkanne« im Sinne von »Penis« an.

Gift: für jmdn., für etwas Gift sein (ugs.): *für jmdn., für etwas sehr schädlich sein:* Der Alkohol war Gift für ihn. Die ständige Anspannung beim Autofahren ist Gift für deine Gesundheit. Später hatte ihm einmal ein Arzt gesagt, ... Kartoffelsalat sei Gift für ihn (Böll, Adam 61).

darauf kannst du Gift nehmen (ugs.): *das ist ganz sicher; darauf kannst du dich verlassen:* Ich werde mich nicht von ihm einwickeln lassen, darauf kannst du Gift nehmen. Mein Bruder wird die Sache in Ordnung bringen, darauf kannst du Gift nehmen. Da kannst du Gift drauf nehmen, dass der an der Tür steht (Lederer, Liebe 19).

▶ Die Herkunft der Beteuerungsformel ist nicht sicher. Wahrscheinlich bezieht sie sich auf die mittelalterlichen Gottesurteile, drückte also ursprünglich aus, dass etwas so sicher ist, dass man ohne Sorge sich der Giftprobe unterziehen kann. (Nach der damaligen Auffassung konnte das Gift im Gottesurteil demjenigen, der die Wahrheit gesagt hatte und schuldlos war, nichts anhaben.)

sein Gift verspritzen: *sich boshaft äußern, gehässige Bemerkungen machen:* Warum musst du immer dein Gift verspritzen? Gelegenheit genug, um Ihr »Gift« zu verspritzen und jemand zur Weißglut zu bringen (Bild und Funk 47, 1966, 83).

Gift und Galle speien/spucken (ugs.): *sehr wütend sein, ausfallend, gehässig werden:* Der Autor spuckte Gift und Galle, als er von den Textänderungen erfuhr. Nun spuck mal nicht gleich Gift und Galle, wenn einmal im Jahr die Verwandtschaft zu Besuch kommt. ... sie spucken Gift und Galle über einen »lieben« Kollegen (Bild 1. 6. 1964, 2).

voller Gift stecken/sein: *sehr boshaft, gehässig sein:* Seine Schwiegermutter steckte voller Gift. Voller Gift, dass es die Häftlinge gewagt hatten, Trotz zu bieten, fauchte Klutting auf Schwahl ein (Apitz, Wölfe 298).

blondes Gift: ↑ blond. **schneiden wie Gift:** ↑ schneiden.

Giftzahn: jmdm. die Giftzähne ausbrechen/ziehen (ugs.): *jmdn. an weiteren gehässigen Äußerungen hindern:* Wir werden die Öffentlichkeit über alle Einzelheiten des Geschäfts informieren, um allen Verleumdern ein für alle Mal die Giftzähne zu ziehen. Die Kandidaten waren zeitweise zum Totlachen. Nur dem Rudi Carrell müsste man mal seinen Giftzahn ziehen (Hörzu 18, 1979, 173).

Gipfel: das ist doch der Gipfel!: *das ist unerhört:* Erst uneingeladen erscheinen und dann auch noch frech werden, das ist doch der Gipfel! ... die Tariferhöhung der Straßenbahn mit geplanten 33 ¹/₃ Prozent ist wirklich der Gipfel (MM 28. 12. 1970, 6).

Gitter: hinter Gittern sein/sitzen (ugs.): *im Gefängnis eine Strafe verbüßen:* Die Leute erzählten, der Inhaber des Lokals sei auch schon mal ein paar Jahre hinter Gittern gewesen. Wenn du so weitermachst, wirst du noch eines Tages hinter Gittern sitzen. Er hatte ein Jahr hinter Gittern gesessen, weil er in Hamburg Feuer im Dachstock eines Wohnhauses gelegt hatte (MM 13./14. 8. 1966, 10).

jmdn. hinter Gitter bringen (ugs.): *jmdn. ins Gefängnis bringen:* Der Kommissar hatte schon viele schwere Jungs hinter Gitter gebracht. Richter ... die ... nicht die Zivilcourage haben, sich zu weigern, mit diesen beknackten Rechtsnormen noch Menschen hinter Gitter zu bringen (Frings, Männer 278).

Glacéhandschuh: jmdn. mit Glacéhandschuhen anfassen (ugs.): *jmdn. rücksichtsvoll, sehr behutsam behandeln:* Seine Frau war gar nicht dafür, die Kinder immer nur mit Glacéhandschuhen anzufassen. Die Teilnehmer an dem Lehrgang wurden nicht mit Glacéhandschuhen angefasst. Gericht fasst Playboy mit Glacéhandschuhen an. Schon jetzt wetten Beobachter: Der ... kriegt Freispruch (Prödöhl, Tod 147).

Glanz: mit Glanz (ugs.): *sehr gut, hervorragend:* Er hat die Prüfung mit Glanz bestanden. Sie hat sich mit Glanz aus der Affäre gezogen.

mit Glanz und Gloria (ugs.; iron.): *ganz und gar, sehr deutlich, ohne Einschränkung:* Sie ist mit Glanz und Gloria durch die Fahrprüfung gefallen. In der zweiten Halbzeit ging die deutsche Elf mit Glanz und Gloria unter. Er hat das Examen mit Glanz und Gloria bestanden (Kranz, Märchenhochzeit 11).

welch [frommer] Glanz in meiner Hütte/ welcher Glanz kommt da in meine Hütte (scherzh.): *Ausdruck der freudigen Überraschung bei einem [unerwarteten] lieben Besuch.*

▶ Die Begrüßungsformel ist ein leicht abgewandeltes Zitat aus Schillers »Jungfrau von Orleans«. Dort heißt es: »Wie kommt nur solcher Glanz in meine Hütte?«

glänzen: durch Abwesenheit glänzen: ↑ Abwesenheit. **es ist nicht alles Gold, was glänzt:** ↑ Gold.

glänzend: glänzend aufgelegt sein: ↑aufgelegt.

Glanzlicht: einer Sache Glanzlichter aufsetzen: *einer Sache besondere Effekte verleihen:* Vorträge bekannter Künstler sollten der Feier Glanzlichter aufsetzen.

▶ Das Wort »Glanzlicht« stammt aus der Fachsprache der Malerei und bezeichnet einen [auf]gemalten tupfenartigen Lichteffekt.

Glas: ein Glas/ein Gläschen/einen/eins über den Durst trinken (ugs.; scherzh.): *zu viel Alkohol trinken, sich beschwipsen:* Er hatte ganz offenkundig ein Glas über den Durst getrunken und machte seiner Schwägerin Heiratsanträge. **die Gläser schwingen** (veraltend): *fröhlich zechen:* Man redete, stritt, schwang die Gläser und fühlte sich wohl. **du bist nicht aus Glas!** (ugs.): *du nimmst mir die Sicht!:* Hinsetzen, du da vorn – du bist nicht aus Glas! **zu tief ins Glas gucken/schauen** (ugs.; scherzh.): *zu viel Alkohol trinken, sich beschwipsen:* Er fühlte sich nicht gut, er hatte wohl am vergangenen Abend zu tief ins Glas geguckt. Zu tief ins Glas hatte offensichtlich ein 36-jähriger Autofahrer geschaut (MM 4. 8. 1970, 7). **Glück und Glas, wie leicht bricht das:** ↑Glück. **die Luft aus dem Glas machen/lassen:** ↑Luft. **die Nase zu tief ins Glas stecken:** ↑Nase.

Glaser: dein Vater ist/war wohl Glaser?; dein Vater ist doch nicht Glaser! (ugs.; scherzh.): *ich kann nichts sehen, versperr mir nicht den Blick:* Setz dich mal wieder hin, dein Vater ist doch nicht Glaser!

▶ Die Redensart will ausdrücken, dass ein Mensch nicht durchsichtig ist, dass man durch ihn nicht hindurchsehen kann, im Gegensatz zu der Glasscheibe, die der Glaser einsetzt.

Glashaus: wer im Glashaus sitzt, soll nicht mit Steinen werfen: *man soll anderen nicht Fehler vorwerfen, die man selbst macht oder hat:* Du beklagst dich, dass dein Sohn schlechte Manieren hat? Wer im Glashaus sitzt, soll nicht mit Steinen werfen!

glatt: glatt wie ein Aal sein: *nicht zu fassen sein; sich aus jeder Situation herauswinden:* Der Diplomat war glatt wie ein Aal und wich allen Fragen geschickt aus.

jmdm. **glatt von den Lippen gehen/fließen:** ↑Lippe. **etwas glatt aufs Parkett legen:** ↑Parkett. **glatt geschenkt sein:** ↑schenken. **glatt von den Socken sein:** ↑Socke. jmdm. **glatt von der Zunge gehen:** ↑Zunge.

Glatteis: jmdn. aufs Glatteis führen: *jmdn. irreführen, hereinlegen:* Die beiden Studenten, die im Betrieb aushalfen, versuchten den Meister aufs Glatteis zu führen. Die Kinder ließen sich nicht von ihrem Vater aufs Glatteis führen.

aufs Glatteis geraten: *sich unbeabsichtigt auf einem heiklen Gebiet bewegen, in dem man sich nicht auskennt, wo man unsicher ist und leicht Fehler macht:* Das Publikum spürte, dass der sonst so selbstsichere Kommentator aufs Glatteis geraten war.

glätten: die Wogen glätten sich: ↑Woge. **die Wogen glätten:** ↑Woge.

Glaube: der Glaube versetzt Berge/kann Berge versetzen: *wenn man von etwas fest überzeugt ist, kann man auch verwirklichen, was normalerweise unmöglich erscheint:* Vielleicht wird sie ja tatsächlich zur Parteivorsitzenden gewählt – der Glaube kann Berge versetzen.

▶ Diese Redensart stammt aus der Bibel (1. Kor. 13, 2).

jmdm., einer Sache Glauben schenken (nachdrücklich): *jmdm. glauben; etwas für wahr halten:* Der Staatsanwalt schenkte der Aussage der beiden Jugendlichen keinen Glauben. Ich redete mit solcher Überzeugungskraft, dass mir die Beamten beinahe Glauben schenkten (Niekisch, Leben 294).

Glauben finden (nachdrücklich): *geglaubt werden:* Die Geschichte, die er sich ausgedacht hatte, fand überall Glauben. Dieser Gewaltverzicht soll auch glaubhaft? ... wie könnte dann ein Territorialverzicht Glauben finden? (Dönhoff, Ära 160). ... dass im Westen ein höherer Lebensstandard zu finden ist ..., das findet umso mehr Glauben, als man es im eigenen Lande nicht anders gewöhnt ist (Mehnert, Sowjetmensch 327).

im guten/in gutem Glauben: *im Vertrauen auf die Richtigkeit:* Das Abkommen ist in gutem Glauben unterzeichnet worden.

auf Treu und Glauben: ↑Treue.

glauben: jmdn. **etwas glauben machen [wollen]:** *jmdn. etwas einzureden versuchen:* Er wollte mich allen Ernstes glauben machen, er hätte das Geld am Bahnhof gefunden. Die Terroristen wollten das Gericht glauben machen, dass sie nur Befehle ausgeführt hätten. Sie wollen uns aber doch andererseits glauben machen, die Angeklagte habe mit der umsichtigsten Energie darauf hingearbeitet (Maass, Gouffé 275). **das ist doch kaum/nicht zu glauben!** (ugs.): *das ist unglaublich, unerhört! (Ausruf der Überraschung, der Entrüstung):* Das ist doch kaum zu glauben, mein Freund hat schon wieder ein neues Auto, obwohl das alte erst ein Jahr alt war! Sechs Richtige im Lotto und dann nur vierundzwanzigtausend Mark, das ist doch nicht zu glauben! **ich glaube gar!** (ugs.): *Ausruf der Überraschung, der Ablehnung:* In der nächsten Woche willst du mir das Geld zurückgeben? Ich glaube gar! **wers glaubt, wird selig** (ugs.): *ich glaube das nicht:* Die Regierung hat versprochen, die Preise stabil zu halten. Na, wers glaubt, wird selig. Du willst für den Schaden aufkommen? Wers glaubt, wird selig! ▶ Bei dieser Redensart handelt es sich um den ironischen Gebrauch von »Wer da glaubet und getauft wird, der wird selig werden« (Markus 16, 16). **dran glauben müssen:** ↑ dran. **ich glaub, es hackt:** ↑ hacken. **ich glaube, es geht los:** ↑ losgehen. **wer einmal lügt, dem glaubt man nicht, und wenn er auch die Wahrheit spricht:** ↑ lügen. **[noch] an den Weihnachtsmann glauben:** ↑ Weihnachtsmann.

glaublich: [das/es ist] kaum glaublich: *[das/es ist] unwahrscheinlich, nicht fassbar:* Es ist kaum glaublich, was diese Frau alles durchgemacht hat.

gleich: Gleich und Gleich gesellt sich gern: *Menschen mit gleicher [schlechter] Gesinnung schließen sich gern zusammen:* Die Bande bestand zur Hälfte aus Trickbetrügern, zur Hälfte aus Taschendieben – Gleich und Gleich gesellt sich gern. ... vielleicht ist es doch dieser kurzen, kritischen Phase zuzuschreiben, dass ich damals mit einem Juden sprach.

Man sagt ja, Gleich und Gleich gesellt sich gern (Küpper, Simplicius 24). **von Gleich zu Gleich:** *ohne Rücksicht auf gesellschaftlichen Rang, Alter o. Ä., unvoreingenommen:* Er hat, gemeiner Soldat, der er ist, seinem Vorgesetzten gegenüber einen Ton von Gleich zu Gleich (A. Zweig, Grischa 471). Mit allen stand sie auf vertrautem Fuße und sprach zu ihnen von Gleich zu Gleich (Kesten, Geduld 34). **Gleiches mit Gleichem vergelten:** *jmdm. dasselbe antun, was er einem zuvor angetan hat:* Wir wollen nicht Gleiches mit Gleichem vergelten, aber wir werden solche Übergriffe auch nicht unwidersprochen hinnehmen. **auf das Gleiche/aufs Gleiche hinauslaufen/hinauskommen:** *sich am Ende gleich bleiben, dasselbe sein:* Ob wir jetzt mit einer Kolonne oder in vierzehn Tagen mit zwei Kolonnen die Ausschachtung vornehmen, läuft auf das Gleiche hinaus. Ob der Regierungsrat den Hasen verzehrte oder der Fuchs, das liefe aufs Gleiche hinaus (Schnurre, Bart 50). **etwas ins Gleiche bringen** (geh.): *etwas wieder in Ordnung bringen:* Er bemühte sich sehr darum, die Angelegenheit möglichst schnell ins Gleiche zu bringen. ... sie hatte sich die zehn Franken auf der »Verwaltung« ... auszahlen ... lassen, – womit die träge Schuldnerin denn überlistet und wenigstens diese Sache ins Gleiche gebracht war (Th. Mann, Zauberberg 377). **im gleichen Atem:** ↑ Atem. **im gleichen Atemzug:** ↑ Atemzug. **im gleichen Boot sitzen:** ↑ Boot. **jmdn., etwas mit gleicher Elle messen:** ↑ Elle. **aufs Gleiche [he]rauskommen:** ↑ herauskommen. **von jetzt auf gleich:** ↑ jetzt. **in die gleiche Kerbe hauen:** ↑ Kerbe. **jmdm. etwas mit gleicher Münze heimzahlen:** ↑ Münze. **gleich null sein:** ↑ null. **gleichen Sinnes [mit jmdm.] sein:** ↑ Sinn. **die gleiche Sprache sprechen:** ↑ Sprache. **gleich staubts:** ↑ stauben. **von etwas stirbt jmd./man nicht gleich:** ↑ sterben. **am gleichen Strang ziehen:** ↑ Strang. **jmdn., etwas auf die gleiche Stufe [wie jmdn., mit etwas] stellen:** ↑ Stufe. **die gleiche Walze [auflegen/spielen]:** ↑ Walze. **auf der gleichen Wellenlänge funken:** ↑ Wellenlänge.

gleichen: sich gleichen wie ein Ei dem anderen: *sich erstaunlich ähnlich sehen:* Die beiden gleichen sich wie ein Ei dem anderen. Da war ferner noch etwas, das wir ganz vernünftig fanden, alle diese Fahrzeuge glichen sich wie ein Ei dem anderen (Küpper, Simplicius 164).

gleichmachen: etwas dem Erdboden gleichmachen: ↑ Erdboden.

Gleis: etwas auf ein falsches Gleis/aufs falsche Gleis schieben: *etwas in seiner folgerichtigen Entwicklung stören, in andere Bahnen lenken:* Der Ausbau des sozialen Netzes ist durch diese Entscheidung auf ein falsches Gleis geschoben worden.

auf ein falsches Gleis/aufs falsche Gleis geraten: *sich nicht folgerichtig entwickeln, vom Ziel abkommen:* Die Umstrukturierung der Partei ist auf ein falsches Gleis geraten. Einmal hatte er sich durch seine Vorgesetzten aus der für richtig erkannten Abwartetaktik herausdrängen lassen, und gleich war alles auf ein falsches Gleis geraten (Fallada, Jeder 238).

etwas auf ein totes Gleis/aufs tote Gleis schieben: *etwas zurückstellen, nicht weiterentwickeln:* Die Hochschulreform darf nicht wieder auf ein totes Gleis geschoben werden.

auf ein totes Gleis/aufs tote Gleis geraten: *sich nicht weiterentwickeln können, an einen Punkt kommen, wo es nicht mehr weitergeht:* Die Abrüstungsgespräche sind auf ein totes Gleis geraten.

auf dem toten Gleis sein: *an einem Punkt angekommen sein, an dem es nicht mehr weitergeht:* Er bestritt heftig, dass er mit seiner Theorie auf dem toten Gleis sei!

jmdn., etwas aus dem Gleis bringen/werfen: *aus der gewohnten Ordnung herausreißen:* Der plötzliche Tod ihres Mannes hatte sie völlig aus dem Gleis gebracht. Diese Sache mit Otto und Anna muss ihn viel mehr aus dem Gleis geworfen haben, als er bisher gedacht hat (Fallada, Jeder 17).

aus dem Gleis geraten/kommen: *aus der gewohnten Ordnung herausgerissen werden:* Durch die lange Verletzungspause war er ein bisschen aus dem Gleis gekommen und musste sich im Training erst wieder in die Mannschaft einfügen.

77 Prozent der befragten Wähler haben das Gefühl, dass die Innen- und Außenpolitik aus dem Gleis geraten sind (Saarbr. Zeitung 12./13. 7. 1980, 3).

im [alten] Gleis sein: *unverändert weitergehen, wieder in Ordnung sein:* Die Missverständnisse hatten sich aufgeklärt, ihre Freundschaft war wieder im alten Gleis.

etwas ins [rechte] Gleis bringen: *etwas in Ordnung bringen:* Der Architekt hat mit dem Bauherrn gesprochen und die Angelegenheit wieder ins rechte Gleis gebracht.

ins [rechte] Gleis kommen: *in Ordnung gebracht werden:* Die Betriebsleitung hoffte, dass die Produktion bald wieder ins rechte Gleis kommen werde.

sich in ausgefahrenen Gleisen bewegen: *ohne Neuerungen weitergehen, nichts Neues bieten:* Die Bildungspolitik bewegt sich in ausgefahrenen Gleisen.

Glied: jmdm. in den Gliedern stecken/sitzen/liegen (ugs.): *jmdm. anhaften, von jmdm. gespürt werden:* Der Schreck steckte den Passagieren noch in den Gliedern. Mir sitzt eine Grippe in den Gliedern. Die Strapazen lagen ihnen noch in den Gliedern.

jmdm. in die Glieder fahren (ugs.): *jmdn. bis ins Innerste ergreifen, tief beeindrucken:* Der Schreck fuhr ihm in die Glieder. Die Nachricht vom Tode seines Lehrers war ihm in die Glieder gefahren. ... lediglich die fremden Anleihen, die über die Grenzen hereinflossen, linderten den Schrecken, der ihm in die Glieder gefahren war (Niekisch, Leben 198).

jmdm. wie Blei in den Gliedern liegen: ↑ Blei. **an Haupt und Gliedern:** ↑ Haupt. **in Reih und Glied:** ↑ Reihe.

Glocke: die Glocke läuten hören, aber nicht wissen, wo sie hängt (ugs.): *über etwas nicht genau Bescheid wissen [und dennoch darüber reden]:* Die Nervosität der Anwälte ist unübersehbar; sie hören die Glocke läuten, wissen aber nicht, wo sie hängt.

etwas an die große Glocke hängen (ugs.): *etwas überall herumerzählen:* Er hoffte, dass die Polizei die Sache nicht an die große Glocke hängen würde. Ich denke gar nicht daran, meine Privatangelegenheiten an die große Glocke zu hängen.

»Ich möchte nur«, sagt er zögernd, »dass mans nicht an die große Glocke hängt.« (Werfel, Bernadette 348)
▶ Die Wendung geht auf den alten Brauch zurück, Bekanntmachungen, öffentliche Rügen, drohende Gefahr usw. der Allgemeinheit mit einer Glocke (Schelle des Gemeindedieners, Kirchenglocke) anzukündigen.

an die große Glocke kommen (ugs.): *überall herumerzählt werden, in aller Leute Munde sein:* Die Stadtväter waren peinlich darauf bedacht, dass die Sache nicht an die große Glocke kommt. Einerseits war die Stadt so klein, dass man sich kannte, andererseits so groß, dass man inkognito leben konnte, wenn man das ... wollte. In Rostock kam nicht gleich alles an die große Glocke (Kempowski, Zeit 29). Vgl. die vorangehende Wendung.

wissen, was die Glocke/Stunde/Uhr geschlagen hat (ugs.): *über etwas Unangenehmes, das bevorsteht, Bescheid wissen und mit den Konsequenzen rechnen:* Du weißt, was die Glocke geschlagen hat. Wenn du das Geld nicht zurückgibst, erstatte ich Anzeige. Der Reinhold weiß gleich damals, wie er im Präsidium vernommen war, was die Glocke geschlagen hat (Döblin, Berlin 415).

Glockenschlag: mit dem/auf den Glockenschlag: *sehr pünktlich, auf die Minute genau:* Mit dem Glockenschlag betrat er den Saal und begab sich zum Rednerpult. Ich werde mit dem Glockenschlag da sein. »... habe ich Sie warten lassen?« – »Keineswegs, ich bin vorzeitig gekommen. Sie sind mit dem Glockenschlag da ...« (Bergengruen, Rittmeisterin 321).

Gloria: mit Glanz und Gloria: ↑ Glanz.

Glorienschein: jmdn., sich mit einem Glorienschein/Heiligenschein umgeben: *jmdn., sich glorifizieren, als viel besser darstellen, als es der Wahrheit entspricht:* Es ist lächerlich, wenn die in diese Affäre verwickelten Politiker sich jetzt öffentlich mit einem Glorienschein umgeben.

glotzen: glotzen wie ein [ab]gestochenes Kalb (ugs.): *dümmlich, verwundert dreinblicken:* Er glotzte wie ein abgestochenes Kalb, als ihm seine Frau die Sachen vor die Füße warf und verschwand.

gluck: gluck, gluck machen (ugs.): *Alkohol trinken:* Der Mann ist nicht mehr ansprechbar, der hat zu viel gluck, gluck gemacht.

Glück: das Glück des Tüchtigen: *das Glück, das jmd., der tüchtig ist, [verdientermaßen] hat:* Zweimal hatte der Torhüter glänzend reagiert, beim dritten Mal half ihm das Glück des Tüchtigen: Der Schuss ging an die Querlatte. Das torlose Remis hat sich der Gast ... aufgrund einer kämpferisch enorm starken Leistung verdient, wobei die Mannschaft allerdings in einigen Szenen auch das Glück des Tüchtigen besaß (Kicker 6, 1982, 44).

Glück und Glas, wie leicht bricht das: *auf das Glück ist auf die Dauer kein Verlass:* Unser Erfolg sollte uns nicht übermütig machen – Glück und Glas, wie leicht bricht das!

sein Glück versuchen/probieren: *etwas mit der Hoffnung auf Erfolg tun, unternehmen:* Er versuchte sein Glück im Spiel. Bevor sie Cutterin wurde, hatte sie ihr Glück als Sängerin versucht. Ich erzählte also, wie Laudon ... sein Glück bei den Preußen probieren wollte (Bergengruen, Rittmeisterin 335).

sein Glück machen: *erfolgreich sein, es zu etwas bringen:* Sein Onkel war fest davon überzeugt, dass er eines Tages sein Glück machen würde. Aber wir müssen dir zu bedenken geben, dass sich eine solche Gelegenheit, dein Glück zu machen, nicht alle Tage bietet (Th. Mann, Buddenbrooks 73).

bei jmdm. mit etwas Glück haben: *bei jmdm. mit etwas Erfolg haben, etwas erreichen:* Du kannst es ja mal probieren, vielleicht hast du mit diesem Vorschlag Glück bei der Betriebsleitung. Mit einer so dummen Ausrede hast du kein Glück bei mir!

mehr Glück als Verstand haben (ugs.): *unwahrscheinliches Glück haben, ein Glückspilz sein:* Der Pilot der Sportmaschine hatte mehr Glück als Verstand. Er wurde herausgeschleudert und blieb in einer Baumkrone hängen. Corinna schwebte in einer Todesangst ... Aber er hatte immer Glück. Er hatte überhaupt mehr Glück als Verstand (Hausmann, Abel 84).

Glück muss der Mensch haben! (scherzh.): *man muss schon ein Glückspilz sein:* Von einem erkrankten Arbeitskollegen habe ich noch zwei Karten für das Länderspiel bekommen. Glück muss der Mensch haben!

Glück im Unglück haben: *von einem Unglück, Missgeschick nicht ganz so schwer getroffen werden, wie es zu erwarten gewesen wäre:* Sie hat noch Glück im Unglück gehabt, da in der gestohlenen Tasche keine wichtigen Papiere waren.

auf gut Glück: *ohne die Gewissheit eines Erfolges:* Er hatte auf gut Glück bei dem neuen Intendanten vorgesprochen. Wir sind einfach auf gut Glück losgefahren. Wir haben da nur auf gut Glück aus dem Uferlosen ein Beispiel herausgegriffen (Th. Mann, Zauberberg 960).

von Glück sagen können: *etwas einem glücklichen Umstand verdanken:* Er konnte von Glück sagen, dass ihn die Polizei nicht zur Blutprobe mitnahm. Mehr oder weniger lebt die Familie vom Gehalt des Mannes und könnte dabei von Glück sagen, dass sich ein so zuverlässiger Ernährer gefunden hat (Nossack, Begegnung 178).

noch nichts von seinem Glück wissen (iron.): *eine unangenehme Nachricht noch nicht erhalten haben:* Seine Schwiegermutter kommt zu Besuch, aber er weiß noch gar nichts von seinem Glück.

zum Glück: *glücklicherweise:* ... zum Glück war Jennys Turnbeutel ... nicht im Rinnstein davongespült worden (Grass, Hundejahre 228). Zum Glück sah ich den Lastwagen noch zeitig genug, sodass ich auf die Straße laufen konnte (Frisch, Homo 182).

das hat mir [gerade] noch zu meinem Glück gefehlt: ↑fehlen. **Hans im Glück:** ↑Hans. **Scherben bringen Glück:** ↑Scherbe. **jeder ist seines Glückes Schmied:** ↑Schmied.

Glucke: auf etwas sitzen wie die Glucke auf den Eiern: ↑sitzen.

glücklich: dem Glücklichen schlägt keine Stunde: *wer glücklich ist, vergisst die Zeit:* Bis in den Morgen hinein feierte er seinen großen Sieg – dem Glücklichen schlägt keine Stunde!

einen glücklichen Griff tun: ↑Griff. **eine glückliche Hand haben:** ↑Hand. **jmdn.,**

sich glücklich preisen: ↑preisen. **sich glücklich schätzen, ...:** ↑schätzen. **unter einem glücklichen Stern geboren sein:** ↑Stern. **unter einem glücklichen Stern stehen:** ↑Stern.

Glückssache: Glückssache sein: *von einem glücklichen Zufall abhängen:* In diesem Durcheinander etwas zu finden ist reine Glückssache. Privatleben ist in diesem Job überhaupt Glückssache (Hörzu 12, 1971, 20).

Denken ist Glückssache: ↑denken.

glühen: [wie] auf glühenden Kohlen sitzen: ↑Kohle.

Gnade: vor jmdm./vor jmds. Augen Gnade finden (geh.): *jmdm. gefallen:* Sie hoffte, dass er vor den Augen ihrer Eltern Gnade finden werde. Von all den Geschenken fand nur ein kleiner Gebetsteppich vor ihren Augen Gnade. Die Suppe ließ sie zurückgehen ... Zum Glück fand das Lendensteak Gnade vor ihr (M. Walser, Seelenarbeit 213).

Gnade vor/für Recht ergehen lassen: *sehr nachsichtig sein und keine Strafe verhängen:* Die Schulleitung hat noch einmal Gnade vor Recht ergehen lassen und die beiden Schüler nicht der Schule verwiesen. Da bleibt einem nichts als die Hoffnung, dass ... auch die journalistischen Verwalter ... Gnade vor Recht ergehen lassen (Spiegel 52, 1975, 25). Er ... gibt mir jetzt leutselig bekannt, dass er noch einmal Gnade vor Recht ergehen lassen will (Remarque, Westen 118).

die Gnade haben (meist iron.): *sich herablassen, so gnädig sein:* Würden Sie die Gnade haben, die Delegation zu empfangen? Er hatte nicht die Gnade, uns persönlich zu begrüßen. Die Sache ist so, dass ... der Herr Papa die Gnade gehabt hat, ein Paar Stiefel bei mir zu bestellen (Th. Mann, Hoheit 48).

auf Gnade und/oder Ungnade: *bedingungslos:* Sie waren ihnen auf Gnade und Ungnade ausgeliefert. Die Rebellen mussten sich auf Gnade oder Ungnade ergeben. Wie versuchten wir nicht seit je her ihren Grundsatz zu erfüllen, nach dem der Schwache dem Starken auf Gnade und Ungnade ausgeliefert ist (Weiss, Marat 36).

aus Gnade und Barmherzigkeit: *aus Mitleid:* Aus Gnade und Barmherzigkeit gab

er ihm die Hälfte ab. Ich habe es nur aus Gnade und Barmherzigkeit getan.
jmdn. in Gnaden wieder aufnehmen: *jmdm. etwas nachsehen und ihn in einen Kreis wieder aufnehmen:* Nach drei Jahren wurde er aus der Provinz nach Paris zurückgeholt und in Gnaden wieder aufgenommen. ... sie hatten viel zu erzählen, ... wie sie gefleht hatten, vor Marcetus, vor Seidenzopf, vor Jauch – man möchte sie wieder in Gnaden aufnehmen (Fallada, Blechnapf 211).
bei jmdm. in hohen Gnaden stehen (geh.): *von jmdm. sehr geschätzt werden:* Er stand beim Parteivorsitzenden in hoher Gnade.
von jmds. Gnaden: *durch jmds. Gunst:* Mit einem Staatssekretärsposten von Kanzlers Gnaden war sein politischer Ehrgeiz keineswegs befriedigt. ... er hält sich für einen Zuchthausdirektor von Gottes Gnaden! (Ziegler, Kein Recht 225).
gnaden: gnade dir/uns Gott: ↑ Gott.
Gnadenstoß (auch: Gnadenschuss): **einem Tier den Gnadenstoß geben:** *ein Tier durch einen Stich mit dem Messer von seinen Qualen erlösen:* Der Förster gab dem Hirsch den Gnadenstoß. Ein ... sehr eitel sich gebärdender Matador musste ihm (= dem Stier) den Gnadenstoß geben, sodass die Griffe zweier Degen ihm aus dem Leibe ragten (Th. Mann, Krull 436).
▶ Ursprünglich bezeichnete »Gnadenstoß« den Stich, den der Henker dem auf das Rad Geflochtenen in das Herz oder Genick gab, um ihm weitere Folterqualen zu ersparen.
den Gnadenstoß erhalten: *von seinen Qualen durch einen Stich mit dem Messer erlöst werden:* Das Reh erhielt den Gnadenstoß.
Vgl. die vorangehende Wendung.
Goderl: jmdm. das Goderl kratzen (österr.; ugs.): *jmdm. schöntun, schmeicheln:* Du musst ihm halt das Goderl kratzen, dann wird er dir schon helfen.
▶ »Goderl« ist die Verkleinerungsform des umgangssprachlichen österreichischen Wortes »Goder«, das so viel wie »Doppelkinn« bedeutet.
Gold: es ist nicht alles Gold, was glänzt: *der äußere Schein ist oft trügerisch:* Auf den ersten Blick scheinen die Menschen glücklich und zufrieden zu sein, aber auch in dieser Gesellschaft ist nicht alles Gold, was glänzt.
Gold wert sein: *sehr wertvoll, nützlich, Gewinn bringend sein:* Ein solides Fachwissen ist in dieser Branche Gold wert. Der gute Kontakt zu den Behörden kann für solche Firmen Gold wert sein.
Gold in der Kehle haben: *besonders schön singen können:* Er war davon überzeugt, dass sein Sohn Gold in der Kehle habe.
▶ Gemeint ist, dass jemandes Stimme so schön ist, dass er damit viel Geld verdienen kann.
nicht mit Gold aufzuwiegen sein: *unbezahlbar, unersetzlich sein:* Wir müssen ihn für dieses Unternehmen gewinnen, sein Wissen und seine Erfahrung sind nicht mit Gold aufzuwiegen. Das sind ja Überlegungen, die nicht mit Gold aufzuwiegen sind (Weber, Tote 97).
eigener Herd ist Goldes wert: ↑ Herd. **Morgenstund[e] hat Gold im Mund[e]:** ↑ Morgenstunde. **Reden ist Silber, Schweigen ist Gold:** ↑ reden. **schwarzes Gold:** ↑ schwarz. **treu wie Gold sein:** ↑ treu.
golden: jmdm. goldene Berge versprechen: ↑ Berg. **jmdm. eine goldene Brücke/goldene Brücken bauen:** ↑ Brücke. **Handwerk hat goldenen Boden:** ↑ Handwerk. **goldene Hochzeit:** ↑ Hochzeit. **das Huhn, das goldene Eier legt, schlachten:** ↑ Huhn. **im/in einem goldenen Käfig sitzen:** ↑ Käfig. **das Goldene Kalb anbeten:** ↑ Kalb. **um das Goldene Kalb tanzen:** ↑ Kalb. **der Tanz ums Goldene Kalb:** ↑ Kalb. **mit einem goldenen Löffel im Mund geboren sein:** ↑ Löffel. **die goldene Mitte wählen:** ↑ Mitte. **der goldene Mittelweg:** ↑ Mittelweg. **sich eine goldene Nase verdienen:** ↑ Nase. **ein silbernes Nichtschen und ein goldenes Warteinweilchen/ein goldenes Nichtschen in einem silbernen Büchschen:** ↑ Nichtschen. **Goldener Sonntag:** ↑ Sonntag.
Goldwaage: jedes Wort/alles o.Ä. auf die Goldwaage legen: 1. *alles wortwörtlich, übergenau nehmen:* Du kannst doch nicht das, was er in der Erregung gesagt hat, auf die Goldwaage legen. Aber da hoffe ich, dass man nicht jedes Wort auf die Goldwaage legt (Hörzu 44, 1974, 12).

2. *in seinen Äußerungen sehr vorsichtig sein:* Bei ihrem Mann muss man jedes Wort auf die Goldwaage legen, er ist sehr empfindlich. In ihren Wahlreden gab sie sich stets spontan, legte nicht jedes Wort auf die Goldwaage.

▶ Die Wendung nimmt darauf Bezug, dass im Gegensatz zu anderen Waagen die Goldwaagen recht empfindliche Waagen waren, mit denen man sehr genau wiegen konnte, was wegen des Wertes des Goldes notwendig war.

Gomorrha: Sodom und Gomorrha: ↑ Sodom.

gönnen: jmdm. keinen Bissen gönnen: ↑ Bissen. jmdm. nicht die Butter auf dem Brot gönnen: ↑ Butter. jmdm. nicht die Luft [zum Atmen] gönnen: ↑ Luft. jmdm. nicht das Salz in der Suppe gönnen: ↑ Salz. jmdm. nicht das Schwarze unter dem [Finger]nagel gönnen: ↑ schwarz. jmdm. nicht das Weiße im Auge gönnen: ↑ weiß.

Gonorrhö[e]: Sodom und Gonorrhö[e]: ↑ Sodom.

gordisch: den gordischen Knoten durchhauen: ↑ Knoten.

Gosse: aus der Gosse kommen: *den übelsten Verhältnissen entstammen, in moralischer Verkommenheit gelebt haben:* In dieser Gegend wusste niemand, dass sie aus der Gosse kam.

jmdn. aus der Gosse/(auch:) aus dem Rinnstein auflesen/ziehen: *jmdn. aus den übelsten Verhältnissen und moralischer Verkommenheit herausholen:* Sie war ein Flittchen, das er aus der Gosse aufgelesen hatte.

jmdn., jmds. Namen durch die Gosse ziehen/schleifen: *jmdm. Übles nachsagen:* Es ließ ihn kalt, dass ihn die Portiersfrau durch die Gosse zog. Aber ich werde alles aufklären ..., wenn auch mein ehrbarer Name dabei noch so unbarmherzig durch die Gosse geschleift wird! (Maass, Gouffé 147).

in der Gosse/(auch:) im Rinnstein enden/landen: *völlig herunterkommen, moralisch verkommen:* Wenn du so weitermachst, wirst du eines Tages in der Gosse enden. ... ohne Zärtlichkeit gaunert man sich nicht durchs Leben, ohne Innerlichkeit landet man in der Gosse (Dürrenmatt, Meteor 27).

Gott: allmächtiger/großer/guter/gütiger Gott!: *Ausruf der Bestürzung, Verwunderung o. Ä.:* Allmächtiger Gott, was haben wir da angerichtet? Großer Gott, war das eine Massenkarambolage! »Das Wappen! Allmächtiger Gott – das Wappen!«, schrie der Wirt (Langgässer, Siegel 64).

ach [du lieber] Gott!: *Ausruf der Bestürzung, Verwunderung o. Ä.:* Ach, du lieber Gott, wie siehst du denn aus? Ach Gott, ich habe ja ganz vergessen, den Herd abzuschalten! »Othello« neulich, es war ja recht schön, aber wenn ich das höre, ach du lieber Gott! (Katia Mann, Memoiren 102).

o [mein] Gott!; mein Gott!: *Ausruf der Bestürzung, Verwunderung o. Ä.:* O mein Gott, das Kind ist einfach auf die Fahrbahn gerannt! Mein Gott, musst du unbedingt das Radio so laut stellen! O Gott, da drüben kommt mein Mathelehrer! O Gott, du hast ja ganz kalte Füße!

Gott im Himmel!: *Ausruf der Bestürzung, Verwunderung o. Ä.:* Gott im Himmel, wie siehst du denn aus! Gott im Himmel, das hat doch niemand wissen können!

behüt dich Gott! (südd.; österr.): *Abschiedsgruß:* Ich muss jetzt gehen, behüt dich Gott!

grüß [dich, euch, Sie] Gott!; Gott zum Gruß! (landsch.): *Grußformel:* Grüß dich Gott, Matthias, wie gehts denn so? Grüß Sie Gott, Herr Pfarrer! Grüß Gott, bin ich hier richtig bei der Einwohnermeldestelle? Gott zum Gruß, Freunde, wie gehts denn so?

Gott hab ihn/sie selig: *er/sie ist nun auch schon gestorben (als Einschub nach dem Namen o. Ä.):* Unser alter Apotheker, Gott hab ihn selig, hätte solche Sachen niemals ohne Rezept verkauft.

da sei Gott vor!: *Ausruf des Erschreckens, der Abwehr o. Ä.:* Nie wieder fahre ich im August an die Adria, da sei Gott vor! »... du meinst, es wird gleich Schrereien mit der Polente geben.« – »Da sei Gott vor!« (Bieler, Bonifaz 213).

Gott behüte! (ugs.): *Ausruf des Erschreckens, der Abwehr:* Gott behüte, mit diesem Denunzianten will ich nichts zu tun haben. Maître Rebattu ... fragte ..., ob sie sich nicht ... um ihr zukünftiges Schick-

sal Sorgen gemacht und gegrämt habe?
»Niemals!« ... »Gott behüte!« (Maass,
Gouffé 272).

Gott bewahre! (ugs.): *durchaus nicht,
nicht doch!:* Ich und heiraten, Gott bewahre!

helf Gott: *Gesundheit! (zu einem Niesen-
den gesagt):* Helf Gott, hier hast du ein
Taschentuch.

▶ Dieser Formel liegt die Vorstellung
zugrunde, dass beim Niesen etwas Böses
aus dem Menschen heraus- oder in ihn
hineinfährt.

vergelts Gott (bes. südd.): *Dankesformel:* Das Geld können wir gut gebrauchen, vergelts Gott. Ein herzliches »Vergelts Gott« gilt den Schwestern des Vin-
zentinums Augsburg für ihre monatelan-
ge, liebevolle und aufopfernde Pflege
unserer guten Luise ... (Augsburger Allgemeine 29./30. 4. 1978, 42).

wollte/gebe Gott, dass ...: *hoffentlich ist
es so, dass ...:* Wollte Gott, dass die Kinder alle gesund nach Hause gekommen
sind! Gebe Gott, dass das Unwetter bald
vorüber ist!

Gott steh mir/uns bei!: *Ausruf des Erschreckens:* Gott steh uns bei – der Staudamm bricht!

Gott soll mich strafen, wenn ...: *es ist bestimmt nicht wahr, dass ...:* Gott soll
mich strafen, wenn ich auch nur ein unwahres Wort gesagt habe!

Gott verdamm mich! (derb): *Fluch:* Gott
verdamm mich, jetzt ist die Spitze abgebrochen! ... nun finden sie, Gott verdamm mich, das Grab nicht mehr – so
schneit es draußen (Frisch, Cruz 7).

Gott sei gelobt!: *Ausruf der Erleichterung:* Gott sei gelobt, es ist niemand
ernsthaft verletzt worden. Gott sei gelobt, es gab auch Ausnahmen, es gab ...
auch andre Stunden, die brachten Er-
schütterungen, brachten Geschenke
(Hesse, Steppenwolf 40).

so Gott will (ugs.): *wenn nichts dazwi-
schenkommt:* So Gott will, sehen wir uns
nächstes Jahr wieder.

weiß Gott (ugs.): *wahrhaftig, wirklich,
gewiss:* Das wäre weiß Gott nicht nötig
gewesen. Weiß Gott, wir haben uns von
ihnen beschämen lassen. Bitte – dagegen
bin ich unempfindlich, völlig, weiß Gott!
(Hochhuth, Stellvertreter 65).

Gott weiß: *es ist ungewiss, niemand weiß
es:* Gott weiß, wann die Bergungsmann-
schaften uns hier finden werden. Sie hat
es Gott weiß wem [alles] erzählt. Visa
nach Gott weiß was für Ländern kann ich
mir beschaffen (Seghers, Transit 151).

hilf dir selbst, so hilft dir Gott!: *vertraue
nicht auf die Hilfe anderer Menschen; ich
kann/will dir nicht helfen; dir wird es aus
eigener Kraft am besten gelingen, dich
aus deiner schlimmen Lage zu befreien:*
Was kann ich schon tun, damit du beruflich vorankommst – hilf dir selbst, so
hilft dir Gott!

**... dass jmd. nicht mehr weiß, wo Gott
wohnt** (ugs.): *jmd. erlebt etwas sehr Unangenehmes mit solcher Heftigkeit, dass
er nicht weiß, wie ihm geschieht:* Diesen
Halunken werden wir uns so vorknöpfen, dass er nicht mehr weiß, wo Gott
wohnt!

jmdn. hat Gott im Zorn erschaffen: *jmd.
ist ausgesprochen hässlich, unsympathisch o. ä.:* Er ist sehr nett und überall
beliebt, aber seinen Bruder hat Gott im
Zorn erschaffen.

das wissen die Götter (ugs.): *das ist ganz
unbestimmt, ungewiss:* Wer in dem
Durcheinander die Scheibe zertrümmer-
te, das wissen die Götter. Ob er wirklich
kommt, das wissen die Götter.

Gott und die Welt (ugs.): *alles Mögliche,
alle möglichen Leute:* Wir haben über
Gott und die Welt geredet. Er hat Gott
und die Welt in Bewegung gesetzt, um
das Naturschutzgebiet zu erhalten. ...
manche regen sich da fürchterlich auf
und schimpfen auf Gott und die Welt
(Johnson, Mutmaßungen 155).

wie ein junger Gott: *strahlend schön;
großartig (in der Regel nur auf Männer
bezogen):* Er kam daher wie ein junger
Gott. Der neue Linksaußen spielt ja wie
ein junger Gott. Der Pilot fliegt wie ein
junger Gott (Quick 49, 1958, 54).

wie Gott jmdn. geschaffen hat (scherzh.):
nackt, völlig unbekleidet: Sie ging den
Strand entlang, wie Gott sie geschaffen
hat.

gnade dir/uns Gott! (ugs.): *es wird dir/
uns schlecht ergehen; wehe dir/uns:* In einer Stunde sind Sie wieder hier, sonst
gnade Ihnen Gott! Wenn jetzt die Bremsen versagen, gnade uns Gott. Nachher

in der Werkstatt kannste wieder aufwachen, aber jetzt weißte nischt und bist blöde, anders gnade dir Gott ...! (Kant, Impressum 94).

den lieben Gott einen guten/frommen Mann sein lassen (ugs.): *unbekümmert seine Zeit verbringen:* Die Soldaten vergaßen ganz, wo sie waren und dass Krieg war; sie ließen den lieben Gott einen guten Mann sein. Ich hab keine Lust, den ganzen Tag mit Steinen und Uhren zu werkeln, während er den lieben Gott einen guten Mann sein lässt (Fels, Sünden 114).

dass [es] Gott erbarm (ugs.): *erbärmlich, fürchterlich:* Die junge Frau schrie, dass es Gott erbarm. In unserem Urlaub hat es gegossen, dass es Gott erbarm. Es ist ein Novembernachmittag, kalt und regnicht, dass Gott erbarm (Th. Mann, Buddenbrooks 18).

Gott sei [Lob und] Dank! (ugs.): *Ausruf der Erleichterung:* Alle Passagiere sind, Gott sei Lob und Dank, gerettet worden. Gott sei Dank, da ist ja mein Portemonnaie. Gott sei Dank, dass wir keine Opfer gebracht haben, offenbar ist es gar nicht nötig (Dönhoff, Adenauer 205).

Gott seis gedankt!: *Ausruf der Erleichterung:* Es geht ihm, Gott seis gedankt, wieder besser.

Gott seis getrommelt und gepfiffen (ugs.): *Ausruf der Erleichterung:* Gott seis getrommelt und gepfiffen, ich habe die Fahrprüfung bestanden.

Gott befohlen! (veraltend): *Abschiedsgruß:* Ich muss nun wieder gehen; Gott befohlen, lieber Schwager, bis zum nächsten Mal!

Gott seis geklagt!: *leider:* Das Kind ist, Gott seis geklagt, nicht gerade eine Freude seiner Eltern. Die Bürgermeisterin ist schwer krank, Gott seis geklagt!

leider Gottes (ugs.): *bedauerlicherweise:* Für entsprechende Maßnahmen ist es leider Gottes zu spät. Leider Gottes befinden wir uns in einem Engpass.

Gottes Mühlen mahlen langsam [aber fein]: *es braucht oft lange Zeit, bis die göttliche Gerechtigkeit erkennbar wird, aber niemand kann ihr entgehen:* Jahre nach ihrem Verbrechen wurde die Frau schwer krank – Gottes Mühlen mahlen langsam, aber fein.

in Gottes Namen (ugs.): *meinetwegen:* Also komm in Gottes Namen mit! Wenn du es mit dem Zug nicht mehr schaffst, dann nimm in Gottes Namen meinen Wagen. Zwar war der Vater mit Georg Brauer als Schwiegersohn überhaupt nicht einverstanden. Aber als dann ein Kind unterwegs war, sagte er:»In Gottes Namen!« (Hörzu 44, 1975, 24).

um Gottes willen! (ugs.): *Ausruf des Erschreckens, der Abwehr o. Ä.:* Um Gottes willen, bist du verletzt? Sei um Gottes willen vorsichtig! Aber machen Sie um Gottes willen keine ausschließliche ... Methode daraus (Sommerauer, Sonntag 77).

etwas um Gottes Lohn tun (geh.): *etwas ohne Bezahlung, ohne Belohnung tun:* Du glaubst doch nicht im Ernst, dass ich alles das nur um Gottes Lohn für dich getan habe?

bei Gott: *Bekräftigungsformel:* Das ist bei Gott das schönste Fleckchen Erde, das ich je gesehen habe. Wir werden uns diese Frechheiten bei Gott nicht länger gefallen lassen! Bei Gott, ich wollte, die Umstände ... wären weniger der Möglichkeit entgegen, Heimlichkeiten mit Ihnen zu haben (Th. Mann, Krull 396).

bei Gott ist kein Ding unmöglich: *es ist nichts unmöglich:* Glaubst du, dass die Opposition diesmal die Wahlen gewinnt? – Bei Gott ist kein Ding unmöglich.

▶ Diese Redensart stammt aus der Bibel (Luk. 1, 37).

seinen Frieden mit Gott machen: *sich beim Nahen des Todes in Gottes Willen ergeben:* Die alte Frau hatte bereits ihren Frieden mit Gott gemacht und war an den Dingen der Welt nicht mehr interessiert.

[ganz und gar] von Gott/von allen [guten] Göttern verlassen sein (ugs.): *nicht recht bei Verstand sein (gewöhnlich in Ausrufen des Unwillens, der Missbilligung):* Mit deinen dreckigen Schuhen auf die Couch, bist du denn ganz und gar von Gott verlassen! Sie scheint von allen Göttern verlassen zu sein, sich mit achtzig wie ein achtzehnjähriges Mädchen anzuziehen!

ein Bild/Anblick für [die] Götter sein: ↑Bild. **gegen Dummheit kämpfen Götter**

selbst vergebens: ↑ Dummheit. eine [gute] Gabe Gottes: ↑ Gabe. Kind Gottes: ↑ Kind. du kannst Gott auf Knien danken, dass ...: ↑ Knie. leben wie Gott in Frankreich: ↑ leben. Mann Gottes: ↑ Mann. der Mensch denkt, Gott lenkt: ↑ Mensch. ein Schauspiel für die Götter sein: ↑ Schauspiel. eine Strafe Gottes sein: ↑ Strafe. dem lieben Gott den Tag stehlen: ↑ Tag. so wahr mir Gott helfe: ↑ wahr. wahrhaftiger Gott: ↑ wahrhaftig. das walte Gott: ↑ walten. wollte Gott: ↑ wollen. dein Wort in Gottes Ohr: ↑ Wort. dem lieben Gott die Zeit stehlen: ↑ Zeit.

Gotterbarmen: zum Gotterbarmen: 1. *jämmerlich, Mitleid erregend:* Die Kinder weinten zum Gotterbarmen. 2. *jämmerlich schlecht:* Die Kapelle spielte zum Gotterbarmen.

gottesfürchtig: dreist und gottesfürchtig: ↑ dreist.

Gotteslohn: um [einen] Gotteslohn (veraltend): *umsonst, ohne Bezahlung:* Der Fremde hatte die Arbeit um einen Gotteslohn getan. Nun soll niemand glauben, Amsel hätte die Gruppe ... kindlich fromm um einen Gotteslohn hergestellt: laut Diarium brachte sie zwei Gulden zwanzig ein (Grass, Hundejahre 72).

gottlos: ein gottloses Maul haben: ↑ Maul. der Rest [ist] für die Gottlosen: ↑ Rest.

Götz: Götz von Berlichingen! (ugs.; verhüllend): *lass mich in Ruhe!:* Lieg hier nicht so faul rum, arbeite was! – Götz von Berlichingen!

▶ Der Titel des goetheschen Theaterstücks steht hier für das bekannte »Götzzitat«: Er kann mich im Arsch lecken!

Grab: sich selbst sein Grab/[sich] sein eigenes Grab schaufeln/graben: *selbst seinen Untergang herbeiführen:* Ich denke gar nicht daran, mir mein eigenes Grab zu schaufeln. Wenn die Regierung nicht eingreift, gräbt sie ihr eigenes Grab.

sein Grab in den Wellen finden (geh.): *ertrinken:* Ihr Mann hatte sein Grab in den Wellen gefunden.

ein feuchtes/nasses Grab finden: (geh.): *ertrinken:* Zahllose Flüchtlinge brachen auf der dünnen Eisdecke ein und fanden ein nasses Grab.

ein frühes Grab finden (geh.): *jung sterben:* Der geliebte Bruder hatte auf dem Schlachtfeld ein allzu frühes Grab gefunden.

bis ans/ins Grab (geh.): *bis in den Tod:* Sie waren einander treu bis ans Grab. Sein Gewissen ließ ihn bis ins Grab keine Ruhe mehr finden.

ins Grab sinken (geh.): *sterben:* Was nützt uns all der Reichtum, wenn wir dereinst ins Grab sinken?

jmdn. ins Grab bringen: *an jmds. Tod schuld sein:* Der ewige Ärger wird mich noch ins Grab bringen. Sie hat ihren Mann mit dem ständigen Gemeckere ins Grab gebracht. ... manche hatten wohl ihre Männer nach freudlosem Leben ... ins frühe Grab gebracht, nun taten sie Gutes aus frommen Herzen (Koeppen, New York 45).

jmdm. ins Grab folgen (geh.): *[kurz] nach jmdm. sterben:* Bald folgte er völlig gebrochen seiner Frau ins Grab.

jmd. würde sich im Grabe [her]umdrehen, wenn ... (ugs.): *jmd. wäre, wenn er noch lebte, entsetzt, nicht einverstanden, wenn ...:* Ihr Vater würde sich im Grabe herumdrehen, wenn er sähe, wie sie die Firma heruntergewirtschaftet hat. Goethe würde sich im Grabe herumdrehen, wenn er das hörte. Die Männer der ersten Stunde, die diese Demokratie aus der Taufe gehoben haben, würden sich im Grabe umdrehen (Spiegel 51, 1982, 10).

etwas mit ins Grab nehmen: *ein Geheimnis niemals preisgeben:* Der Agent hat die Zahlenkombination mit ins Grab genommen. ... als hätte der Tote im letzten Augenblick sein Resümee über uns für alle Ewigkeit gezogen und die Bilanz unwiderruflich mit ins Grab genommen (Gregor-Dellin, Traumbuch 160).

bis über das Grab hinaus (geh.): *über den Tod hinaus; für immer:* Er schwor uns unverbrüchliche Treue bis über das Grab hinaus.

jmdn. zu Grabe tragen (geh.): *jmdn. beerdigen:* In der vergangenen Woche haben wir unseren Bürgermeister zu Grabe getragen.

etwas zu Grabe tragen (geh.): *etwas endgültig aufgeben:* Er musste alle seine Hoffnungen zu Grabe tragen. Wir werden es nie zulassen, dass Freiheit und Demokratie in unserem Land zu Grabe getragen werden. Bevor ein großes Sozialwerk zu Grabe getragen werde, sei das Gesundheitswesen neu zu strukturieren (Basler Zeitung 12. 5. 1984, 31).

mit einem Bein/Fuß im Grabe stehen: ↑ Bein, ↑ Fuß. **jmdn. an den Rand des Grabes bringen:** ↑ ¹Rand. **am Rande des Grabes stehen:** ↑ ¹Rand. **schweigen wie ein Grab:** ↑ schweigen. **stumm sein/bleiben wie ein Grab:** ↑ stumm. **verschwiegen sein wie ein Grab:** ↑ verschwiegen.

graben: sich selbst sein Grab/[sich] sein eigenes Grab graben: ↑ Grab. **wer andern eine Grube gräbt, fällt selbst hinein:** ↑ Grube.

Graben: noch nicht über den Graben sein (veraltend): *noch nicht alle Schwierigkeiten überwunden haben:* Die Produktion ist zwar etwas gestiegen, die Firma ist aber noch längst nicht über den Graben.

Grad: sich um hundertachtzig Grad drehen: *einen dem bisherigen Standpunkt völlig entgegengesetzten Standpunkt einnehmen:* Es wäre in seiner politischen Karriere nicht das erste Mal, dass er sich um hundertachtzig Grad dreht.

Graf: wie Graf Koks [von der Gasanstalt] (ugs.; scherzh.): *sehr vornehm:* Der neue Filialleiter tritt wie Graf Koks von der Gasanstalt auf. ... musst du dich immer so rausputzen, Junge? Du siehst aus wie Graf Koks von der Gasanstalt (Chotjewitz, Friede 123).

wie Graf Rotz von der Backe (ugs.; scherzh.): *arrogant:* Er benahm sich wie Graf Rotz von der Backe.

Granate: mit Bomben und Granaten durchfallen: ↑ Bombe.

Grand Old Lady/Man: *älteste/bedeutende weibliche/männliche Persönlichkeit in einem bestimmten Bereich:* Die Grand Old Lady des New-Orleans-Jazz wurde von den Fans begeistert gefeiert. Als Grand Old Man der deutschen Innenpolitik wusste er seinen Einfluss bei Polizei und Behörde geschickt einzusetzen.

Granit: [bei jmdm.] auf Granit beißen: *mit etwas bei jmdm. keinen Erfolg haben, bei jmdm. auf unüberwindlichen Widerstand stoßen:* Mit ihren Plänen, die Ferien auf dem Segelboot zu verbringen, bissen die Kinder bei ihrem Vater auf Granit. Ich habe mit meinen Forderungen bei ihm auf Granit gebissen. In solchen Fällen kann der Frager Glück haben

oder auf Granit beißen (Herrenjournal 3, 1966, 190).

Gras: über etwas wächst Gras (ugs.): *eine unangenehme Sache gerät in Vergessenheit:* Ich glaube, dass über eine dumme Geschichte längst Gras gewachsen ist. Auf dem Kiez ist das im Allgemeinen so, wenn über eine Sache mal Gras gewachsen ist, dann ist das gut (Fichte, Wolli 89). Es wächst noch kein Gras über der Spiegel-Aktion der Bundesanwaltschaft in der Nacht vom 26. auf den 27. Oktober 1962 (Spiegel 6, 1966, 22).

▶ Was vom Gras überwuchert wird, ist nicht mehr erkennbar und gerät in Vergessenheit (z. B. eine Markierung, ein Weg, ein Grab).

wo [d]er hinhaut/hintritt o. Ä., da wächst kein Gras mehr (ugs.): *[d]er schlägt/tritt derb zu, ist in seinem Handeln sehr rigoros:* Ihr Freund ist ein Bulle von einem Mann – wo der hintritt, da wächst kein Gras mehr. Seine Kritiken sind gefürchtet. Wo er hinhaut, da wächst kein Gras mehr.

das Gras wachsen hören (ugs.): *schon aus den kleinsten Veränderungen etwas für die Zukunft erkennen wollen:* In ihren Augen war er ein Spinner, einer, der das Gras wachsen hört. Doch im Funkhaus steht der Favorit schon fest: »Der Lindlau wirds«, sagen diejenigen, die schon immer das Gras wachsen hörten (Hörzu 30, 1971, 14).

▶ Eine ähnliche Verspottung neunmalkluger Menschen stellt die Wendung »die Flöhe husten hören« dar (vgl. das Stichwort »Floh«).

ins Gras beißen (ugs.): *sterben:* Das geplante Unternehmen war ihm viel zu gefährlich; er hatte keine Lust, ins Gras zu beißen. Der Soldat Hebenstreit hatte hingegen einer Einheit angehört, bei der es nicht üblich war, ins Gras zu beißen (Kuby, Sieg 205).

▶ Die Wendung rührt daher, dass Verwundete im Todeskampf in das Gras oder das Erdreich beißen, um sich die Schmerzen zu verbeißen. Diese Vorstellung findet sich schon im Altertum (vgl. Ilias 2, 418 und Aeneis 11, 118); auch der Franzose sagt »mordre la poussière« für »sterben«, eigentlich »den Staub beißen«.

grün, wie die Gans ins Gras scheißt; grün scheißt die Gans ins Gras: ↑grün.

Gräte: nur noch in den Gräten hängen (ugs.): *völlig abgearbeitet, erschöpft sein:* Mach endlich einmal Urlaub, du hängst ja nur noch in den Gräten.

▶ Gemeint ist, dass jmd. nur noch von seinem Knochengerüst gehalten und getragen wird. »Gräte« steht in dieser Wendung scherzhaft für »Knochen«.

gratis: gratis und franko (ugs.): *völlig unentgeltlich:* Die erste Lieferung kriegen Sie gratis und franko, Sie können dann in aller Ruhe entscheiden, ob Sie den Vertrag unterschreiben wollen. Und zu den Bomben komme noch ein Regen von Flaksplittern, das gäb es gratis und franko (Kempowski, Tadellöser 181).

Grätsche: die große Grätsche machen (ugs.): *sterben:* Wenn der Onkel die große Grätsche macht, gibts für uns 'ne Menge Kies.

gratulieren: sich gratulieren können (ugs.): *über etwas froh sein können:* Du kannst dir gratulieren, dass dich der Chef nicht gesehen hat. Tomas konnte sich gratulieren, dass er sich noch auf dem Flugfeld ... befand (Plievier, Stalingrad 153). Packet euch ins Bett, und wenn ich noch einen Ton hör, könnt ihr euch gratulieren (Hesse, Sonne 37).

grau: graue Eminenz: *einflussreiche [politische] Persönlichkeit, die als solche kaum nach außen in Erscheinung tritt:* ... die Frau des ehemaligen Bürgermeisters gilt als graue Eminenz der lokalen Kunstwelt (Spiegel 53, 1971, 100). Ein Mann, der als persönlicher Referent des Intendanten ... schon in jungen Jahren einen Hauch von grauer Eminenz erwarb (Hörzu 18, 1974, 5).

▶ Diese Fügung ist eine Übersetzung des französischen »l'Éminence grise«, des Beinamens des Kapuzinermönchs Père Joseph, der der engste Berater des Kardinals Richelieu war.

graue Maus (ugs.): *unscheinbare Person, Gruppe o. Ä.:* In dem Pfarrersmilieu ... galten Frauen wenig, sie waren graue Mäuse, die sich im Hintergrund zu halten hatten (Dierichs, Männer 63). Dundee United war jahrzehntelang eine graue Maus im schottischen Fußball (Kicker 82, 1981, 39).

alles grau in grau malen: *alles pessimistisch darstellen:* Je älter er wurde, desto mehr neigte er dazu, alles grau in grau zu malen.

alles grau in grau sehen: *alles pessimistisch beurteilen:* Ich kann mit einem Menschen, der immer alles grau in grau sieht, nichts anfangen.

alt und grau [bei etwas] werden: ↑alt. **das graue Elend haben:** ↑Elend. **sich keine grauen Haare wachsen lassen:** ↑Haar. **bei Nacht sind alle Katzen grau:** ↑Nacht. **graue Theorie sein:** ↑Theorie.

Gräuel: jmdm. ein Gräuel sein: *jmdm. äußerst zuwider sein:* Dieser Kerl ist mir ein Gräuel. Was Gantenbein unter Erziehung versteht, ist ihr ein Gräuel (Frisch, Gantenbein 459). Intellektuelle Schürzenjäger waren ihr ein Gräuel (Böll, Haus 20).

Graupe: [große] Graupen im Kopf haben (ugs.): *hochfliegende Pläne, Ideen haben:* Sie hatte schon als junges Mädchen große Graupen im Kopf, sah sich aber später vom Leben bitter enttäuscht.

▶ Vgl. die Wendung »große Rosinen im Kopf haben« (↑Rosine).

grausam: genug des grausamen Spiels: ↑Spiel.

Grausen: hier/da wendet sich der Gast mit Grausen: ↑Gast.

Grazie: die Grazien haben nicht an seiner/ ihrer Wiege gestanden (scherzhaft; verhüllend): *er/sie ist nicht sehr hübsch:* Er ist ein sehr netter Junge, aber die Grazien haben nicht an seiner Wiege gestanden.

greifen: hinter sich greifen müssen (Sport): *ein Tor hinnehmen, einstecken müssen (vom Torwart):* Schon wieder muss der Schlussmann der Hamburger hinter sich greifen. Der ausgezeichnete italienische Torwart musste doch dreimal hinter sich greifen. Eins ums andere Mal musste Zyperns Torwart ... hinter sich greifen (MM 22. 5. 1969, 17).

zum Greifen nahe sein/liegen: *ganz nahe, in unmittelbarer Nähe sein:* Der Erfolg war plötzlich zum Greifen nahe. Der Gipfel lag zum Greifen nahe vor den Bergsteigern. ... dabei scheint es ein warmer Tag zu sein, fast heiß, Föhn, die Berge sind zum Greifen nah (Frisch, Gantenbein 216).

zu hoch/zu niedrig gegriffen sein: *zu hoch/zu niedrig geschätzt sein:* Nein, 20 000 Mark sind eindeutig zu hoch gegriffen, so viel ist der Wagen nicht mehr wert. Eine Zinssteigerung von zwei Prozent ist mit Sicherheit zu erwarten; das ist wahrscheinlich sogar noch zu niedrig gegriffen. **jmdm. unter die Arme greifen:** ↑ Arm. **tief in den Beutel greifen müssen:** ↑ Beutel. **zur Flasche greifen:** ↑ Flasche. **mit Händen zu greifen sein:** ↑ Hand. **jmdm. ans Herz greifen:** ↑ Herz. **tief in die Kasse greifen müssen:** ↑ Kasse. **da kann man sich/kannst du dir [doch] nur an den Kopf greifen:** ↑ Kopf. **[wie] aus dem Leben gegriffen:** ↑ Leben. **aus der Luft gegriffen sein:** ↑ Luft. **einem nackten Mann in die Tasche greifen:** ↑ Mann. **nach dem Mond greifen:** ↑ Mond. **Platz greifen:** ↑ Platz. **tief ins Portemonnaie greifen:** ↑ Portemonnaie. **[tief] in den Säckel greifen:** ↑ Säckel. **nach den Sternen greifen:** ↑ Stern. **sich an die Stirn greifen:** ↑ Stirn. **zum Strick greifen:** ↑ Strick. **nach dem rettenden Strohhalm greifen:** ↑ Strohhalm. **tief in die Tasche greifen:** ↑ Tasche. **in die Tasten greifen:** ↑ Taste. **in ein Wespennest greifen:** ↑ Wespennest.

greis: sein greises Haupt schütteln: ↑ Haupt.

Grenze: einer Sache Grenzen setzen: *etwas an der Ausbreitung, an weiteren Erfolgen o. Ä. hindern:* Die finanziellen Mittel der Firma setzten ihrem Expansionsdrang enge Grenzen. Man muss dem Machtstreben solcher Leute Grenzen setzen.

einer Sache sind keine Grenzen/sind Grenzen gesetzt: *etwas kann sich ungehindert/nicht ungehindert entfalten, steigern:* Der Belastbarkeit des menschlichen Organismus sind Grenzen gesetzt. Der Steigerung der Holzerzeugung durch Anbau besonders wuchskräftiger Holzarten ... sind enge Grenzen gesetzt (Mantel, Wald 72). Der Fantasie sind jedenfalls keine Grenzen gesetzt (Horn, Gäste 265).

keine Grenzen kennen: *sehr groß sein:* Die Begeisterung der Massen kannte keine Grenzen. Ihre Empörung kannte keine Grenzen. Was ... Bauschan betrifft, so kennt sein Erstaunen über eine solche Veränderung der Dinge keine Grenzen (Th. Mann, Herr 96).

sich in Grenzen halten: *nicht sehr hoch, sehr stark sein:* Die Verluste der Angreifer hielten sich in Grenzen. Die Regierung versprach, dass sich der Preisauftrieb in engen Grenzen halten werde. Seine Freude über ihr Aufkreuzen hält sich aber in Grenzen (Hörzu 2, 1974, 37).

Grete: jeder Hans findet seine Grete: ↑ Hans.

Griff: der Griff zu etwas: *die Hinwendung zu etwas [bes. zu einem Suchtmittel]:* In ihrer Situation schien der Griff zur Flasche die einzige Lösung zu sein. Aufkommende Hungergefühle werden oft durch den Griff zur Zigarette bekämpft. **ein Griff ins Klo** (ugs.): *ein Misserfolg, Fehlschlag:* Der Beschwerdebrief an die Baubehörde war ein Griff ins Klo; das hat uns nur Ärger gebracht. **Griffe kloppen/**(seltener:) **klopfen** (Soldatenspr.): *mit dem Gewehr exerzieren, Gewehrgriffe üben:* Die Rekruten mussten in glühender Hitze Griffe kloppen. Lin Piao ließ die Garde unter Aufsicht der Volksarmee täglich eine Stunde Griffe klopfen (Spiegel 48, 1966, 130). **einen Griff in die Kasse tun** (ugs.; verhüllend): *Geld aus der Kasse stehlen:* Er sitzt, weil er einen [tiefen] Griff in die Kasse getan hat. **[mit jmdm., mit etwas] einen guten/glücklichen Griff tun** (ugs.): *eine gute Wahl treffen:* Mit der neuen Sekretärin hat der Chef einen guten Griff getan. Wenn Sie diese Kamera kaufen, tun Sie einen glücklichen Griff. Es kam hinzu, dass Mendel mit der Wahl der Erbse ... einen besonders glücklichen Griff getan hat (Kosmos 2, 1965, 81). **etwas im Griff haben** (ugs.): *etwas gut beherrschen, mit etwas gut umgehen können:* Die Matrosen waren auf die Flottenparade vorbereitet und hatten alles im Griff. Der Olympiasieger hat den Absprung von der Schanze noch nicht im Griff. Fangen Sie sie mit Ihren Berichten an, sobald Sie die Lage im Griff haben (Ruark [Übers.], Honigsauger 427). **etwas in den Griff bekommen/**(ugs.:) **kriegen:** *etwas meistern; lernen, mit etwas gut umzugehen:* Ich habe das neu entwickelte Boot noch nicht in den Griff bekommen. Es ist sehr merkwürdig, dass alle diese Experimente, die Gestalt Jesu in den Griff zu kriegen, misslungen sind (Thielicke, Ich glaube 104).

mit Griffen und Kniffen: *mit List und Spitzfindigkeiten:* Ihre Gegner hatten sie mit Griffen und Kniffen aus ihrer einflussreichen Position verdrängt.

Grille: Grillen fangen (veraltend): *grübeln, verdrießlich sein:* Warum sitzt du hier herum und fängst Grillen?

▶ Die Wendung will eigentlich ausdrücken, dass jemand einer nutzlosen Beschäftigung nachgeht. Heute wird die Wendung gewöhnlich auf »Grille« im Sinne von »seltsamer Gedanke, wunderlicher Einfall« bezogen, man versteht sie also eher im Sinne von »seltsamen Gedanken nachjagen«.

jmdm. die Grillen vertreiben/austreiben (veraltend): *jmdn. von seinen trüben Gedanken abbringen:* Trink einen Schluck mit uns, der Wein wird dir die Grillen vertreiben!
Vgl. die vorangehende Wendung.

grinsen: grinsen wie ein Primeltopf/wie ein Honigkuchenpferd (ugs.): *besonders auffällig grinsen:* Vor der Tür stand ihr totgeglaubter Mann und grinste wie ein Primeltopf. Mensch, grins doch nicht wie ein Honigkuchenpferd!

aus allen Knopflöchern grinsen (ugs.): *besonders auffällig grinsen:* Er hielt ihm das Bild vor die Nase und grinste aus allen Knopflöchern.

über beide/alle vier Backen grinsen: ↑ Backe.

grob: aus dem Gröbsten [he]raus sein (ugs.): *das Schwierigste überwunden haben:* Wenn wir aus dem Gröbsten heraus sind, wollen wir auch einmal Skiurlaub machen. Sie waren noch nicht aus dem Gröbsten heraus, denn die Kinder kosteten sie sehr viel Geld.

aus dem gröbsten Dreck heraus sein: ↑ Dreck. **grobes Geschütz auffahren:** ↑ Geschütz. **auf einen groben Klotz gehört ein grober Keil:** ↑ Klotz. **ein grobes Maul haben:** ↑ Maul.

Groschen: der Groschen fällt [bei jmdm.] (ugs.): *jmd. begreift, versteht etwas endlich:* Das dauert ja ewig, bis bei dir der Groschen fällt. Jetzt ist auch bei mir der Groschen gefallen. Bei Vögele ist an-

scheinend der Groschen gefallen (Ott, Haie 65).

▶ Die Wendung geht von der Vorstellung aus, dass der Mechanismus eines Automaten erst ausgelöst wird, wenn der Groschen gefallen ist.

der Groschen fällt [bei jmdm.] pfennigweise (ugs.; scherzh.): *jmd. begreift, versteht sehr langsam:* Du musst erst den Hebel nach rechts drehen und dann den Strom einschalten. Bei dir fällt der Groschen aber pfennigweise! Ach, das habt ihr gemeint – bei mir fällt heute der Groschen pfennigweise.
Vgl. die vorangehende Wendung.

jmdm. fehlt ein Groschen an der Mark (ugs.): *jmd. ist nicht recht bei Verstand:* Du kannst doch nicht einfach auf der Autobahn halten, dir fehlt wohl ein Groschen an der Mark.

nicht [ganz] bei Groschen sein (ugs.): *nicht recht bei Verstand sein:* Der junge Bursche, der dem Mann beim Abladen half, schien nicht ganz bei Groschen zu sein, denn er warf mit Kartoffeln nach dem Hofhund.

▶ Die Wendung bezog sich zunächst auf die Unbemitteltheit, die Mittellosigkeit eines Menschen und wurde dann auf die geistige Unbemitteltheit übertragen.

das ist allerhand für 'n Groschen: ↑ allerhand.

groß: großer Bahnhof (ugs.): *festlicher Empfang:* Großer Bahnhof von Ehrengästen eröffnet gut geölte Verkaufsfabrik (MM 24. 8. 1972, 6). Danach Einlenken, Abschied, großer Bahnhof und Aufbruch in Begleitung weniger Eingeweihter (Kaschnitz, Wohin 114).

der große Bruder: 1. *der größere, mächtigere Partner:* Um den großen Bruder jenseits des Atlantiks nicht zu verärgern, haben sich die europäischen Bündnispartner jedes Kommentars enthalten. Moskaus bisherige Freunde in Afrika beginnen, vom großen Bruder abzurücken (Spiegel 30, 1978, 4). 2. *die allmächtige, alles überwachende Staatsgewalt:* Die Grundrechte waren faktisch außer Kraft gesetzt, der große Bruder kontrollierte Post und Telefon und alle öffentlichen Medien. Im Sozialismus hat der »große Bruder« die Staatsmacht übernommen (Wilhelm, Unter 102).

▶ In ihrer zweiten Bedeutung geht diese Fügung auf George Orwells Roman »1984« zurück, in dem ein totalitäres Regime alle Bürger überall und jederzeit überwacht (»Big brother is watching you« – »Der große Bruder beobachtet dich«).

Groß und Klein: *jedermann, alle:* Groß und Klein drängte sich am Ufer, um die Flussprozession beobachten zu können. Dass ihr Komplize ein Mörder ist, weiß Groß und Klein (Maass, Gouffé 289). ... und zwar aufgrund ihrer schrankenlosen Beliebtheit bei Groß und Klein (Th. Mann, Hoheit 119).

groß und breit (ugs.): *sehr deutlich:* Die Mitteilung hat groß und breit am schwarzen Brett gestanden.

im großen [/ Großen und] Ganzen: *im Allgemeinen, insgesamt:* Der Trainer war im Großen und Ganzen mit dem Spiel seiner Mannschaft zufrieden. Ich bin mit Ihren Vorschlägen im Großen und Ganzen einverstanden. In Yvonnes Dorf gab es zwar auch schon eine Menge Flüchtlinge, ... aber im großen Ganzen war da doch noch ein gewöhnliches Bauernleben (Seghers, Transit 40).

groß [he]rauskommen (ugs.): *großen Erfolg haben:* Sie ist mit dem Chanson groß herausgekommen. Ich Idiot, ich dachte doch immer, ich würde mit der Spritze groß rauskommen (Plenzdorf, Leiden 114).

jmdn., etwas groß [he]rausbringen (ugs.): *jmdn., etwas mit viel Aufwand der Öffentlichkeit präsentieren, um einen großen Erfolg zu erzielen:* Eine so talentierte Sängerin braucht einen Manager, der sie ganz groß herausbringt. Das neue Produkt soll im Herbst groß rausgebracht werden.

groß machen (Kinderspr.): *seine große Notdurft verrichten:* Mami, ich muss groß machen!

große Augen machen: ↑ Auge. **die dümmsten Bauern haben die größten Kartoffeln:** ↑ Bauer. **große Bogen spucken:** ↑ Bogen. **die kleinen Diebe hängt man, die großen lässt man laufen:** ↑ Dieb. **aus dem größten Dreck heraus sein:** ↑ Dreck. **der Duft der großen, weiten Welt:** ↑ Duft. **großes Ehrenwort:** ↑ Ehrenwort. **große Ereignisse werfen ihre Schatten voraus:** ↑ Ereignis.

ein großer Fisch: ↑ Fisch. **auf großem Fuß leben:** ↑ Fuß. **große Geister stört das nicht:** ↑ Geist. **das große Geld machen:** ↑ Geld. **etwas an die große Glocke hängen:** ↑ Glocke. **an die große Glocke kommen:** ↑ Glocke. **großer Gott:** ↑ Gott. **die große Grätsche machen:** ↑ Grätsche. **große Graupen im Kopf haben:** ↑ Graupe. **ein großes Haus führen:** ↑ Haus. **die große Klappe haben/schwingen:** ↑ Klappe. **das große Kotzen kriegen:** ↑ kotzen. **keine große Leuchte sein:** ↑ Leuchte. **kein großes Licht sein:** ↑ Licht. **ein großes Loch in jmds. Beutel reißen:** ↑ Loch. **ein großes Loch in die Kasse reißen:** ↑ Loch. **mit jmdm., etwas das große Los ziehen:** ↑ Los. **das große Los gewinnen:** ↑ Los. **den großen Mann markieren:** ↑ Mann. **einen großen Mund** (eine große Klappe, Schnauze usw.) **haben:** ↑ Mund. **ein großes Mundwerk haben:** ↑ Mundwerk. **eine Nummer/ein paar Nummern zu groß für jmdn. sein:** ↑ Nummer. **bei jmdm. eine große Nummer haben:** ↑ Nummer. **der große Onkel:** ↑ Onkel. **über den großen Onkel gehen:** ↑ Onkel. **einen großen Rand riskieren:** ↑ ²Rand. **große Reden schwingen/führen:** ↑ Rede. **große Rosinen im Kopf haben:** ↑ Rosine. **eine große Schnauze haben:** ↑ Schnauze. **kleine Kinder, kleine Sorgen, große Kinder, große Sorgen:** ↑ Sorge. **große Sprüche machen/kloppen:** ↑ Spruch. **keine großen Sprünge machen können:** ↑ ¹Sprung. **im großen Stil/großen Stils:** ↑ Stil. **große Stücke auf jmdn. halten:** ↑ Stück. **der Große Teich:** ↑ Teich. **der Teufel scheißt immer auf den großen Haufen:** ↑ Teufel. **ein großes Tier:** ↑ Tier. **große Töne reden/spucken:** ↑ Ton. **kleine Ursachen, große Wirkungen:** ↑ Ursache. **die große Welt:** ↑ Welt. **du sprichst ein großes Wort gelassen aus:** ↑ Wort. **das große Wort führen:** ↑ Wort. **der/ein große/r Wurf:** ↑ Wurf.

Großmutter: das kannst du deiner Großmutter erzählen (ugs.; scherzh.): *das glaube ich dir nicht:* Um acht Uhr hast du schon im Bett gelegen und geschlafen? Das kannst du deiner Großmutter erzählen!

als der Großvater die Großmutter nahm: ↑ Großvater.

Großvater: als der Großvater die Großmutter nahm (scherzh.): *in alter Zeit, als*

alles noch ganz anders war: Als der
Großvater die Großmutter nahm, da
wusste man noch nichts von Umweltver-
giftung und Stress und all diesen
schrecklichen Dingen.
▶ Die Wendung geht auf die Anfangszei-
le des »Großvaterlieds« von August
Friedrich Ernst Langbein zurück.

**Grube: wer andern eine Grube gräbt, fällt
selbst hinein:** *wer andern zu schaden versucht, schadet sich dadurch oft nur selbst.*

in die Grube/zur Grube fahren (veraltet):
sterben: Eines Tages müssen wir alle in
die Grube fahren. Das Kind werde in die
Grube fahren und dennoch leben, es
werde sein wie das Korn, das nicht
Frucht trägt (Th. Mann, Joseph 341).
Oder kann man reizenden Menschen
Besseres wünschen, als dass sie lustig zur
Grube fahren mögen? (Goetz, Praeto-
rius 72).

grün: grüne Minna (ugs.): *Transportwa-
gen der Polizei für Gefangene, Festge-
nommene o. Ä.:* Die Prostituierten wehrten sich mit Händen und Füßen, als sie
von den Beamten in die grüne Minna
verfrachtet wurden. Die Ganoven wurden mit der grünen Minna abtranspor-
tiert. Es besteht kein Zweifel darüber,
dass die »grüne Minna« ... bei der Rückkehr vom Schwurgericht sehr langsam
fährt (Genet [Übers.], Miracle 240).
▶ Das Adjektiv »grün« bezieht sich auf
die grüne Farbe der Gefangenentrans-
portwagen. »Minna« bedeutet hier
»Dienstmädchen«; es ist der weibliche
Vorname Minna (Kurz- und Koseform
von Wilhelmine), der im 19. Jh. so häufig
vorkam, dass er als Dienstmädchenna-
me abgewertet wurde. Auszugehen ist also von der Vorstellung, dass die grüne
Minna der Polizei bei Einsätzen hilft
oder erscheint, wenn bei Razzien »aufgeräumt« wird.

grüne Welle: *straßenverkehrstechnische
Einrichtung an einer Hauptstraße, bei der
die Ampeln so geschaltet sind, dass der
Verkehr bei Einhaltung einer bestimmten
Geschwindigkeit immer Grün, also freie
Fahrt, hat:* Wenn wir über die Kaiser-
straße fahren, kommen wir schneller voran, weil wir dort grüne Welle haben. ...
und fuhr nun durch die Frankfurter Allee in Richtung Alexanderplatz. Hier

war für den Fahrzeugverkehr eine grüne
Welle installiert worden (Bastian, Brut
138).

grüne Witwe (ugs.): *Ehefrau, die sehr viel
allein, fast wie eine Witwe lebt, weil das
Haus, das sie mit ihrem Mann bewohnt,
in der grünen Natur (am Stadtrand) liegt
und ihr Mann wegen beruflicher Verpflichtungen selten zu Hause ist:* Sie hatte
es satt, als grüne Witwe zu leben, und
wollte wieder in eine Stadtwohnung zurück. Sie vermuteten, dass Angelo irgendwo ein Mädchen oder eine Witwe
oder eine grüne Witwe aufgetrieben habe (v. d. Grün, Glatteis 104). Wir wollen
die grünen Witwen abschaffen und ein
arbeitsplatznahes Zuhause bauen (Hörzu 2, 1971, 65).

es ist alles im grünen Bereich (ugs.): *es ist
alles unter Kontrolle, normal, in Ordnung:* Bis jetzt sind keine Hooligans aufgetaucht; hier am Hauptbahnhof ist alles
im grünen Bereich. Na wie gehts denn
so – noch alles im grünen Bereich?
▶ Diese Redensart geht auf die Anzeige
von Kontroll- oder Regelautomaten zurück, die mit roten Feldern den Gefahrenbereich, mit grünen Feldern den normalen Arbeitsbereich [bei Drehzahlen,
einer Stromspannung o. Ä.] markieren.

**grün, wie die Gans scheißt; grün scheißt
die Gans ins Gras** (Kartenspiel): *Kommentar, wenn man [beim deutschen
Blatt] Grün ausspielt.*

jmdm. nicht grün sein (ugs.): *jmdm. nicht
wohlgesinnt sein:* Er merkte bald, dass
man ihm als Abiturienten auf dem Bau
nicht grün war. Seit dem letzten Spiel
sind sich die Mannschaften wegen der
vielen Fouls nicht grün. Denn die beiden
bekämpfen sich seitdem nicht nur laut
Rolle vor der Kamera. Sie sind sich auch
sonst nicht grün (Hörzu 32, 1971, 10).
▶ Die Bedeutung »gewogen« hat sich
über »angenehm, günstig« aus »grün«
(als Farbe des Frühlings und der Hoffnung) entwickelt, vgl. dazu »grüne Seite«, z. B. in »komm an meine grüne Seite!«

**jmdn. grün und blau/grün und gelb schla-
gen** (ugs.): *jmdn. gehörig verprügeln:* Er
schlug seinen Sohn grün und blau. ... da
hat er getobt ... und mich grün und blau
geschlagen (Schwarzer, Unterschied 47).

jmdm. **wird es grün und blau/grün und gelb vor Augen** (ugs.): *jmdm. wird es übel:* Als das Schiff in schwere Dünung geriet, wurde ihm grün und blau vor Augen.

dasselbe in Grün (ugs.): *so gut wie dasselbe:* Du kannst das Schild auch an der rechten Schranktür anbringen, das ist dasselbe in Grün. Er sagt zu allem Ja, will morgen bei der Visite das Problem besprechen, am nächsten Tag dasselbe in Grün (Spiegel 13, 1985, 8).
▶ Die Herkunft der Redensart ist trotz aller Deutungsversuche dunkel.

bei Mutter Grün schlafen (scherzh.): *im Freien übernachten:* Als wir jung waren, haben wir oft bei Mutter Grün geschlafen.

grün und gelb/grün und blau vor Ärger werden: ↑ Ärger. **sich grün und blau/gelb und grün ärgern:** ↑ ärgern. **eine grüne Hand/einen grünen Daumen haben:** ↑ Hand. **grüne Hochzeit:** ↑ Hochzeit. **die grüne Hölle:** ↑ Hölle. **jmdn. über den grünen Klee loben:** ↑ Klee. **grünes Licht geben:** ↑ Licht. **[ach] du grüne Neune:** ↑ neun. **unter dem grünen Rasen liegen/ruhen:** ↑ Rasen. **jmdn. deckt der grüne Rasen:** ↑ Rasen. **jmds. grüne Seite:** ↑ Seite. **am grünen Tisch/vom grünen Tisch aus:** ↑ Tisch. **grüne Weihnachten:** ↑ Weihnachten. **auf der grünen Wiese:** ↑ Wiese. **auf keinen grünen Zweig kommen:** ↑ Zweig.

Grund: Grund und Boden: *Besitz an Land, Grundbesitz:* Er war einer der Franzosen, die Grund und Boden in Algerien verloren. Nach vielen Jahren stand er wieder auf eigenem Grund und Boden. Nun, über den Grund und Boden dieser Schalenbergs ritt ich jetzt seewärts (Fallada, Herr 11).

festen Grund unter den Füßen haben: *eine sichere Grundlage haben:* Wenn er als Philosoph über sprachwissenschaftliche Probleme spricht, hat er keinen festen Grund unter den Füßen.

den Grund zu etwas legen: *die Grundlage, Voraussetzung für etwas schaffen:* Mit der Entscheidung für die Marktwirtschaft wurde der Grund für einen raschen ökonomischen Aufschwung gelegt. ... und es wurde damals der Grund zu manchem gelegt, was später geschah (Musil, Mann 781).

einer Sache auf den Grund gehen/kommen: *den Sachverhalt klären, die wahren Ursachen einer Sache herausfinden:* Die Abgeordneten gaben sich mit der Erklärung nicht zufrieden und forderten, der Sache auf den Grund zu gehen. Der Kontrollausschuss wird den Manipulationen im Fußball schon noch auf den Grund kommen. Amerys Bemühungen, der Angelegenheit wenigstens nachträglich auf den Grund zu kommen, wurden durch zwei Vorfälle erleichtert (Bieler, Mädchenkrieg 255).

im Grunde [genommen]: *eigentlich:* Es war im Grunde nur ein Scherz. Im Grunde genommen war er kein schlechter Kerl. Im Grunde haben wir es mit der alten Parabel von der Ziege, dem Kohlkopf und dem Wolf zu tun, die über einen Fluss zu setzen sind (Dönhoff, Ära 208).

im Grunde seines, ihres usw. **Herzens:** *im tiefsten Inneren:* Im Grunde ihres Herzens war sie davon überzeugt, das Richtige getan zu haben. Er hatte sich im Grunde seines Herzens etwas ganz anderes gewünscht.

in Grund und Boden: 1. *bis jmd., etwas ruiniert, vernichtet, geschlagen ist:* Die brasilianischen Ballkünstler spielten die Mexikaner in Grund und Boden. Er hatte den Betrieb in Grund und Boden gewirtschaftet. Ihm sage ich es natürlich nicht, er redet mich ja in Grund und Boden mit seiner plastischen Mundart (Th. Mann, Zauberberg 411). 2. *völlig, ganz und gar; sehr:* Er verdammte die Gegner des Plans in Grund und Boden. Du solltest dich in Grund und Boden schämen, deinen Freund so auszunutzen!

etwas (ein Schiff) **in den Grund bohren:** *etwas versenken:* Mit zwei Torpedos bohrte das U-Boot den Tanker in den Grund.

von Grund auf/aus: *ganz und gar, völlig:* das Bildungswesen muss von Grund auf erneuert werden. Sie neigte zu der Annahme, dass ihre Tochter von Grund aus verdorben sei. Sein Fall wird also vor einem neuen Gericht von Grund auf nochmals untersucht (Mostar, Unschuldig 12).

den [bitteren] Kelch bis auf den Grund leeren [müssen]; ↑ Kelch. **aus diesem kühlen Grund[e]:** ↑ kühl.

Grundeis: jmdm. **geht der Arsch mit Grundeis:** ↑ Arsch.

Grundfeste (Plural): **an den Grundfesten von etwas rütteln:** *etwas grundsätzlich infrage stellen, verändern wollen:* Die Terroristen rütteln an den Grundfesten der staatlichen Ordnung. ... jede Lockerung der Hallsteindoktrin ... rüttele ja an den Grundfesten der bisherigen Außenpolitik (Dönhoff, Ära 85). **etwas in den/in seinen/bis in die/bis in seine Grundfesten erschüttern:** *etwas durch und durch erschüttern:* Die Revolution erschütterte den Staat in den Grundfesten. ... um dann ... ein Veto einzulegen, das die EWG bis in ihre Grundfesten erschüttert hat (Welt 11. 5. 1963, 1).

gründlich: gründliche Arbeit leisten/tun/machen: ↑ Arbeit.

Grundstein: der Grundstein zu etwas sein: *der entscheidende Ausgangspunkt, die richtige Grundlage für etwas sein:* Finanzielle Unabhängigkeit war der Grundstein für ihre künstlerische Weiterentwicklung.

den Grundstein zu etwas legen: 1. *mit etwas Neuem den Anfang machen:* Mit dieser Entdeckung legte er den Grundstein zu seinem späteren Reichtum. 2. *den Anfang von etwas bilden, etwas begründen:* Die Arbeit der Entwicklungshelfer legt den Grundstein zu einem besseren Verständnis. Schon sein erstes Konzert legte den Grundstein zu seiner großen Karriere. ... der Pfirsich gestand einen Kuss mit Smiles, allerdings nach endlosem Sträuben, sodass dieses Geständnis ... den Grundstein zu einer lange dauernden Liebe legte (Brecht, Groschen 90).

Gruß: schönen Gruß vom Getriebe, der Gang ist drin (ugs.): *scherzhafter Kommentar, wenn jmd. schlecht, holprig (ohne Kupplung) beim Autofahren schaltet.*

Gott zum Gruß: ↑ Gott.

grüßen: grüß dich: *Begrüßungsformel:* Grüß dich, Mike, wie gehts denn so? **grüßen lassen** (ugs.): *anklingen; sich in Erinnerung rufen:* Kein Geld, kein Job, keine Zukunft – die freie Marktwirtschaft lässt grüßen. Die drei Kandidaten schafften es nicht, innerhalb von zwei Minuten eine IC-Fahrkarte ... zu ziehen. Das Bahndefizit lässt grüßen (Hörzu 21, 1988, 43).

grüß [dich, euch, Sie] Gott: ↑ Gott. **Ungeschick lässt grüßen:** ↑ Ungeschick.

gucken (auch: kucken): **gucken wie ein Auto** (ugs.): *erstaunt, perplex dreinschauen:* Er guckte wie ein Auto, als er die Nacktfotos an den Wänden sah. Was guckst du denn wie ein Auto?

▶ Die Wendung geht davon aus, dass man vor Überraschung die Augen so weit aufreißt, dass sie an Autoscheinwerfer erinnern.

dumm/dämlich/blöd o. ä. **aus dem Anzug/ aus der Wäsche gucken** (ugs.): *einfältig, verdutzt dreinschauen:* Er guckte dumm aus der Wäsche, als er den totgeglaubten Reiseleiter in der Bodega fröhlich feiern sah. Zuerst saßen sie sprachlos da und guckten entgeistert aus der Wäsche (Grossmann, Schwul 82).

sich die Augen nach jmdm., nach etwas aus dem Kopf gucken: ↑ Auge. **zu tief in den Becher gucken:** ↑ Becher. **jmdm. auf die Finger gucken:** ↑ Finger. **zu tief in die Flasche/ins Glas/in die Kanne gucken:** ↑ Flasche, ↑ Glas, ↑ Kanne. **einem geschenkten Gaul guckt man nicht ins Maul:** ↑ Gaul. **jmdm. in die Karten gucken:** ↑ Karte. **sich nicht in die Karten gucken lassen:** ↑ Karte. **jmdm. aus allen Knopflöchern gucken:** ↑ Knopfloch. **ein Loch/Löcher in die Luft gucken:** ↑ Loch. **in die Luft gucken:** ↑ Luft. **in den Mond gucken:** ↑ Mond. **bei jmdm. guckt etwas durch alle Ritzen:** ↑ Ritze. **in die Röhre gucken:** ↑ Röhre. **in alle Töpfe gucken:** ↑ Topf. **fröhlich/finster** o. ä. **in die Welt gucken:** ↑ Welt. **in die andere Woche gucken:** ↑ Woche.

▶ Vgl. das Stichwort »sehen«.

Guckindieluft: Hans Guckindieluft: ↑ Hans.

Gummi: Gummi geben (ugs.): *schnell [los]fahren:* Gib Gummi, wir müssen in zehn Minuten am Bahnhof sein! Wenn ich richtig Gummi gebe, lass ich deine alte Mühle glatt stehen.

▶ Die Wendung spielt auf den Abrieb der Autoreifen bei schnellem [An]fahren an.

Gummibein: Gummibeine haben/bekommen (ugs.): 1. *nicht [mehr] die Kraft haben zu stehen:* Nach der zehnten Runde bekam er Gummibeine und ließ sich einfach auf den Rasen fallen. 2. *große Angst haben/bekommen:* Warum sagst du gar nichts mehr – hast du plötzlich Gummibeine bekommen?

günstig: einen günstigen Boden [vor]finden: ↑ Boden. **in einem günstigen Licht stehen/erscheinen:** ↑ Licht. **unter einem günstigen Stern geboren sein:** ↑ Stern. **unter einem günstigen Stern stehen:** ↑ Stern.

Gurgel: jmdm. die Gurgel abdrehen/umdrehen/zudrücken/zuschnüren (ugs.): *jmdn. zugrunde richten, wirtschaftlich ruinieren:* Er wollte kein zweites Teppichgeschäft in der Straße haben und versuchte, dem Türken die Gurgel abzudrehen. Der neu eröffnete Supermarkt drohte ihm die Gurgel zuzuschnüren. Jetzt drehen Sie mir die Gurgel zu. Ich werde Ihnen meine Kinder vor die Schwelle setzen, Sie Halsabschneiderin (Brecht, Menschen 19). **sich die Gurgel schmieren/ölen** (ugs.; scherzh.): *Alkohol trinken:* Du hast dir wohl nach der Arbeit noch die Gurgel geschmiert? Der Polier ölte sich gern die Gurgel.

Gürtel: den Gürtel enger schnallen: ↑ Riemen.

Gürtellinie: ein Schlag unter die Gürtellinie: *eine unfaire Attacke:* Die Frage nach dem Alkoholproblem ihres Bruders war ein bewusster Schlag unter die Gürtellinie. ... was sagt die Verlagsleitung, distanziert sie sich von diesem massiven Schlag unter die Gürtellinie? (Spiegel 10, 1983, 117).
▶ Dieser Ausdruck stammt aus dem Boxsport, wo Schläge unter die Gürtellinie des Gegners verboten sind.

gürten: seine Lenden gürten: ↑ Lende.

Guss: [wie] aus einem Guss: *in sich geschlossen, einheitlich, vollkommen:* Die Inszenierung wirkte wie aus einem Guss. Die Kür des deutschen Paares war aus einem Guss und wurde mit 5,8 Punkten bewertet. Das Kapitel im Buch der deutschen Geschichte, das Konrad Adenauer geschrieben hat, ist nicht aus einem Guss (Dönhoff, Ära 14).

gut: [und] damit gut! (ugs.): *damit ist es dann genug; Schluss!:* Einmal kannst du noch Autoskooter fahren, und damit gut!

so gut wie: *beinahe, fast:* Es ist so gut wie sicher, dass er den Nobelpreis bekommt.

Die Entscheidung ist so gut wie gefallen. Nach dem Frühstück waren wir so gut wie allein im Wald (H. Mann, Unrat 76). **du bist/Sie sind gut!** (ugs.): *über dich/über Sie kann ich mich nur wundern:* Du bist gut, du tust so, als ob ich daran schuld wäre. Ich soll Ihnen das Geld leihen? Sie sind gut, wann haben Sie mir denn mal geholfen? Sie sind gut, eben war er noch ein Verbrecher und Menschenfresser, und bei Faschist werden Sie betulich (Kant, Impressum 150).

gut und gern: *mindestens; ohne zu übertreiben:* Bis zum nächsten Ort sind es noch gut und gern zehn Kilometer. Ich hatte so einen Hunger, ich hätte gut und gern drei Portionen essen können. Das Beste ist noch die Kette, die ist gut und gern zehntausend Franken wert (Th. Mann, Krull 166). Wenn man ihn an einen sicheren Platz stellte, könnte so ein Schokoladenzwerg gut und gern seine achtzig bis hundert Jahre alt werden (Schnurre, Bart 96).

das ist [ja] alles/ganz gut und schön, aber...: *schon in Ordnung, aber...; richtig, aber...:* Einbauküche, Gästetoilette, zwei Balkons, das ist ja alles gut und schön, aber die Miete für die Wohnung ist viel zu hoch.

es [mit etwas] gut/genug sein lassen: *es bei etwas bewenden lassen, mit etwas nicht fortfahren:* Der Schiedsrichter ließ es mit einer Verwarnung gut sein. Lass es gut sein, ich kann nicht mehr! Wie voreilig er sich hier zufrieden gegeben hatte, bereit, umzukehren und es gut sein zu lassen (Kronauer, Bogenschütze 278).

gut lachen/reden haben: *nicht in jmds. [schwieriger] Situation sein:* Du hast gut lachen, schließlich heirate ich ja morgen. Die Touristen haben gut reden, sie leben ja nicht immer hier. Du hast gut reden, ... wenn ich meiner Rolle als Dandy gerecht werden will, muss ich eben auf solche Kleinigkeiten achten (Cotton, Silver-Jet 84).

gut daran tun: *in Bezug auf etwas richtig handeln:* Er täte gut daran, sich ein wenig mehr um seine Kinder zu kümmern. Du hast gut daran getan, dich aus dem Streit herauszuhalten.

für etwas gut sein (ugs.): *etwas erwarten lassen, wahrscheinlich erbringen:* Der neue Mittelstürmer ist in jedem Spiel für ein Tor gut. Es geht um einen Politiker, der ... stets für eine Überraschung gut ist (Spiegel 33, 1987, 30). Seine 350 PS sollen dann für eine Höchstgeschwindigkeit um 260 km/h gut sein (Rheinischer Merkur 2. 2. 85, 15).

sein Gutes haben: *eine positive Seite haben, sich günstig auswirken:* Es hat auch sein Gutes, wenn man mit einer Reisegesellschaft fährt – man wird als Frau nicht belästigt. Es hatte doch sein Gutes, dass das Gericht die Strafe auf Bewährung aussetzte. Er hat sich nie wieder etwas zuschulden kommen lassen.

zu viel des Guten/des Guten zu viel sein: *zu viel sein, über das erträgliche Maß hinausgehen:* Was mir da zugemutet wurde, war doch des Guten zu viel. Drei Stunden Popmusik, das war denn doch zu viel des Guten.

des Guten zu viel tun: *zu viel tun, über das gewöhnliche Maß hinausgehen:* Donnerwetter, ist der Kaffee stark. Da hast du aber des Guten zu viel getan. Seien Sie aber vorsichtig, man kann des Guten auch zu viel tun! (Dariaux [Übers.], Eleganz 99).

wie nichts Gutes (ugs.): *sehr; außerordentlich schnell, stark usw.:* Der Wind fegte durch die Bäume wie nichts Gutes. Der Qualm brannte in den Augen wie nichts Gutes.

im Guten: *friedlich, ohne Streit:* Sie sind im Guten auseinander gegangen. Können wir die Angelegenheit nicht im Guten regeln?

im Guten wie im Bösen: *mit Güte und mit Strenge:* Wir haben es im Guten wie im Bösen versucht, dem Bengel Manieren beizubringen.

jenseits von gut und böse sein (iron.): 1. *so alt sein, dass man keine sexuellen Bedürfnisse mehr hat:* Wer glaubt, dass Oma und Opa schon jenseits von gut und böse seien, der hat sich getäuscht. 2. *weltfremd, naiv sein:* Tantchen ist doch jenseits von gut und böse; sie hat diesem Schwindler jedes Wort geglaubt.

das fängt ja gut an: ↑ anfangen. **bei jmdm. gut angeschrieben sein:** ↑ anschreiben. **gut aufgelegt sein:** ↑ aufgelegt. **gut bedient sein:** ↑ bedienen. **mit gutem Beispiel vorangehen:** ↑ Beispiel. **gut beraten sein:**

↑ beraten. **neue Besen kehren gut:** ↑ Besen. **das Bessere ist des Guten Feind:** ↑ besser. **gute Besserung:** ↑ Besserung. **für jmdn. ist das Beste gerade gut genug:** ↑ beste. **einen guten Boden [vor]finden:** ↑ Boden. **gut gebrüllt, Löwe:** ↑ brüllen. **daran tun:** ↑ daran. **[jmdm.] gute Dienste leisten:** ↑ Dienst. **aller guten Dinge sind drei:** ↑ Ding. **guter Dinge sein:** ↑ Ding. **gut Ding will Weile haben:** ↑ Ding. **gut drauf sein:** ↑ drauf. **im Dunkeln ist gut munkeln:** ↑ dunkel. **Ende gut, alles gut:** ↑ Ende. **kein gutes Ende nehmen:** ↑ Ende. **keinen guten Faden an jmdm., an etwas lassen:** ↑ Faden. **keinen guten Faden miteinander spinnen:** ↑ Faden. **eine gute Figur machen/abgeben:** ↑ Figur. **wo sich die Füchse/Hase und Fuchs gute Nacht sagen:** ↑ Fuchs. **gut im Futter sein/stehen:** ↑ Futter. **eine gute Gabe Gottes:** ↑ Gabe. **ein gutes Gefälle haben:** ↑ Gefälle. **von allen guten Geistern verlassen sein:** ↑ Geist. **nicht für Geld und gute Worte:** ↑ Geld. **ein gutes Geschäft mit/bei etwas machen:** ↑ Geschäft. **sich in guter Gesellschaft befinden:** ↑ Gesellschaft. **in gutem/im guten Glauben:** ↑ Glaube. **auf gut Glück:** ↑ Glück. **den lieben Gott einen guten Mann sein lassen:** ↑ Gott. **guter Gott:** ↑ Gott. **einen guten Griff tun:** ↑ Griff. **kein gutes Haar an jmdm., an etwas lassen:** ↑ Haar. **in gute Hände kommen:** ↑ Hand. **in guten Händen sein:** ↑ Hand. **eine gute Handschrift schreiben:** ↑ Handschrift. **guter Hoffnung sein:** ↑ Hoffnung. **mit vollen Hosen lässt es sich gut stinken:** ↑ Hose. **guten Hunger:** ↑ Hunger. **gut bei Kasse sein:** ↑ Kasse. **gut gekaut ist halb verdaut:** ↑ kauen. **die Kirche hat einen guten Magen:** ↑ Kirche. **mit jmdm. ist nicht gut Kirschen essen:** ↑ Kirsche. **eine gute Klinge schlagen:** ↑ Klinge. **mit jmdm. gut können:** ↑ können. **kurz und gut:** ↑ kurz. **was lange währt, wird endlich gut:** ↑ lange. **gut bei Leibe sein:** ↑ Leib. **etwas gut leiden können/mögen:** ↑ leiden. **zu guter Letzt:** ↑ Letzt. **in einem guten Licht stehen/erscheinen:** ↑ Licht. **eine gute Lunge haben:** ↑ Lunge. **machs gut:** ↑ machen. **gute Miene zum bösen Spiel machen:** ↑ Miene. **guten Morgen:** ↑ Morgen. **ein gutes Mundwerk haben:** ↑ Mundwerk. **guten Mutes sein:** ↑ Mut. **gute Nacht:** ↑ Nacht. **na dann, gute Nacht:** ↑ Nacht. **einen guten**

Namen haben: ↑Name. eine gute Nase [für etwas] haben: ↑Nase. bei jmdm. eine gute Nummer haben: ↑Nummer. eine gute Partie sein: ↑Partie. gut im Preis stehen: ↑Preis. hier/da ist guter Rat teuer: ↑Rat. kein guter Ratgeber sein: ↑Ratgeber. keinen Guten rauchen: ↑rauchen. einen guten Riecher haben: ↑Riecher. rin in die gute Stube: ↑rin. guten Rutsch [ins neue Jahr]: ↑Rutsch. seine Sache gut machen: ↑Sache. in einer rauen Schale steckt oft ein guter Kern: ↑Schale. besser schlecht gefahren als gut gelaufen: ↑schlecht. wer gut schmiert, der gut fährt: ↑schmieren. schön und gut: ↑schön. einen guten Schritt am Leibe haben: ↑Schritt. gut mit jmdm. dran sein: ↑sein. sich von seiner guten Seite zeigen: ↑Seite. nicht gut auf jmdn. zu sprechen sein: ↑sprechen. bei jmdm. einen guten Stand haben: ↑Stand. gut im Stand[e] sein: ↑Stand. sich gut mit jmdm. stellen: ↑stellen. ein/jmds. guter Stern: ↑Stern. unter einem guten Stern geboren sein: ↑Stern. unter einem guten Stern stehen: ↑Stern. nicht gut bei Stimme sein: ↑Stimme. gut im Strumpf sein: ↑Strumpf. Guten Tag!: ↑Tag. jmdm., bei jmdm. Guten Tag sagen. ↑Tag. bei jmdm. keinen guten Tag haben: ↑Tag. nichts ist schwerer zu ertragen als eine Reihe von guten Tagen: ↑Tag. einen guten Tag haben: ↑Tag. sich einen guten Tag machen: ↑Tag. ein gut Teil: ↑Teil. der gute Ton: ↑Ton. zum guten Ton gehören: ↑Ton. dreimal umgezogen ist so gut wie einmal abgebrannt: ↑umziehen. einen guten Verlauf nehmen: ↑Verlauf. Vertrauen ist gut, Kontrolle ist besser: ↑Vertrauen. noch gut bei Wege sein: ↑Weg. mit etwas hat es noch gute Wege: ↑Weg. der Weg zur Hölle ist mit guten Vorsätzen gepflastert: ↑Weg. mit etwas hat es gute Weile. so weit, so gut: ↑weit. [bei jmdm.] gut Wetter machen: ↑Wetter. um gut[es] Wetter bitten: ↑Wetter. den guten Willen für die Tat nehmen: ↑Wille. jmdm. ein gutes Wort/gute Worte geben: ↑Wort. ein gutes Wort für jmdn. einlegen: ↑Wort. einen guten Zug [am Leibe] haben: ↑Zug. gut im Zuge/im besten Zuge sein: ↑Zug. noch gut zuwege sein: ↑zuwege.

Gut: Geld und Gut: ↑Geld. Hab und Gut: ↑Hab. unrecht Gut gedeih[e]t nicht: ↑unrecht. unrecht Gut tut selten gut: ↑unrecht.

Gütchen: sich an etwas ein Gütchen tun (ugs.; scherzh.): *etwas reichlich genießen:* Der Gast hatte sich an Brot und Butter ein Gütchen getan, die hausgemachte Marmelade jedoch verschmäht.

Güte: [ach] du meine/liebe Güte! (ugs.): *Ausruf der Überraschung:* Schau dir mal den Mann an! Du liebe Güte, ist der betrunken! Aber du meine Güte, das ist doch alles gar nicht wahr (Plievier, Stalingrad 129).

ein Vorschlag zur Güte: ↑Vorschlag.

gut gehen: [aber] sonst gehts dir gut? (ugs.): *du bist nicht recht bei Verstand, wenn du das wirklich so meinst:* Die zweihundert Meter willst du mit einem Taxi fahren? Aber sonst gehts dir gut?

gütig: danke der gütigen Nachfrage/danke für die gütige Nachfrage: ↑danken. gütiger Gott: ↑Gott. gütiger Himmel: ↑Himmel.

gütlich: sich an etwas gütlich tun: *etwas genießerisch und behaglich verzehren:* Der Kleine hatte die Salzstangen auf dem Tisch entdeckt und tat sich daran gütlich. Als wir die Pferde versorgt hatten, schlichen wir uns in die Speisekammer und taten uns an den Resten gütlich (Fallada, Herr 209).

gutmachen: Boden gutmachen: ↑Boden.

gut tun: Übermut tut selten gut: ↑Übermut. unrecht Gut tut selten gut: ↑unrecht.

H

hä: ein Happen hä sein: ↑Happen.

Haar: krauses Haar, krauser Sinn: *wer krauses Haar hat, ist sehr eigenwillig, hat ein etwas verworrenes, störrisches Wesen:* Unsere Tochter geht nun doch nicht zur Tanzstunde. Na, krauses Haar, krauser Sinn.

lange Haare, kurzer Verstand: *bissige Bemerkung einem Menschen gegenüber,*

*der seine Haare lang trägt und der etwas
Törichtes sagt oder tut:* Was kannst du
von diesen Hippies anderes erwarten?
Lange Haare, kurzer Verstand!
▶ Diese Redensart bezog sich zunächst
nur auf Frauen. Damit unterstellten
Männer, dass Frauen nicht so gut denken können wie sie.
**jmdm. stehen die Haare zu Berge; jmdm.
sträuben sich die Haare** (ugs.): *jmd. ist
erschrocken, entsetzt:* Den Menschen am
Ufer standen die Haare zu Berge, als der
Hai den Schwimmer angriff. Mir stehen
die Haare zu Berge, wenn ich höre, was
die Politiker manchmal für einen Unsinn
verzapfen. Im Bauch der »Schönen Anna« wurden Entdeckungen gemacht, die
den Zimmerleuten die Haare zu Berge
stehen ließen (Brecht, Groschen 44).
▶ Die Wendung bezieht sich darauf,
dass man bei einem Schock oder in hoch-
gradiger Erregung das Gefühl hat, die
Haare würden sich (wie bei manchen
Tieren) aufrichten; vgl. die Bildung
»haarsträubend«.
Haare lassen [müssen] (ugs.): *nicht ohne
Schaden, Nachteile davonkommen:* Der
Europameister hat in den 15 Runden
Haare lassen müssen. Doch Haare lassen musste vor allem die SPD, denn das
nun ausgehandelte Gesetzeswerk geht
zulasten der Gewerkschaften (Spiegel
50, 1975, 25).
▶ Gemeint sind die Haare, die einem bei
einer Schlägerei ausgerissen werden;
vgl. die Bedeutungen »ausrupfen«, (Haare) ausreißen« und »handgemein werden, sich prügeln«, des Verbs »raufen«.
Haare auf den Zähnen haben (ugs.): *bis-
sig [und bösartig] sein; schroff [und recht-
haberisch] sein:* Du wirst bei der neuen
Laborantin nichts erreichen, die hat
Haare auf den Zähnen. Sie weiß sich
schon zu helfen, das ist eine Resche mit
Haaren auf den Zähnen (Zwerenz,
Quadriga 94).
▶ Die Wendung geht wohl von der Vorstellung aus, dass starke Behaarung ein
Zeichen großer Männlichkeit, der Kraft
und der Couragiertheit sei. Wenn man
einem Menschen Haare sogar dort zu-
schreibt, wo sie normalerweise nicht
wachsen, z. B. auf den Zähnen oder –
wie man früher auch sagte – auf der Zun-

ge, so möchte man ihn als besonders
stark und couragiert hinstellen. Die
Wendung wurde dann auf die bissige,
schroffe Art einer Frau bezogen.
ein Haar in der Suppe/in etwas finden
(ugs.): *etwas an einer Sache auszusetzen,
zu kritisieren haben:* Wenn man will, findet man immer ein Haar in der Suppe.
Überhaupt kam man aus dem Verste-
ckenspielen mit gewesenen Dingen nie
mehr heraus, wenn ein Mann schon in
solchen offenbaren Kindereien wie der
Hünengrabgeschichte ein Haar fand
(H. Mann, Unrat 113).
▶ Der Wendung liegt eine ganz konkrete
Situation zugrunde: Findet man ein
Haar im Essen, so ist das eine unliebsame Entdeckung und ein Grund herum-
zumäkeln.
sich die Haare raufen: *völlig verzweifelt
sein:* Sie werden sich die Haare raufen,
wenn sie bemerken, welchen Fehler sie
gemacht haben.
Vgl. die Wendung »Haare lassen [müs-
sen]«.
**jmdm. kein Haar/niemandem ein Haar
krümmen [können]:** *jmdm. nichts/nie-
mandem etwas zuleide tun [können]:* Die
Flugzeugentführer hatten niemandem
ein Haar gekrümmt. Blues ist Berufsjä-
ger, ... der ... reiche Deutsche und Amerikaner begleitet und aufpasst, dass ihnen beim Löwen- und Elefantenschießen
kein Haar gekrümmt wird (Grzimek, Serengeti 235).
Vgl. die Wendung »Haare lassen [müs-
sen]«.
sich keine grauen Haare wachsen lassen
(ugs.): *sich keine unnützen Sorgen machen:* Er dachte gar nicht daran, sich wegen der verlorenen Papiere graue Haare
wachsen zu lassen. ... bei ihr käme der
Appetit beim Essen, ich sollte mir deswegen keine grauen Haare wachsen lassen (Brigitte 5, 1974, 76).
▶ Die Wendung beruht auf der Beobachtung, dass Menschen, die viel
durchmachen, über Nacht oder vorzeitig
ergrauen.
**kein gutes Haar an jmdm., an etwas las-
sen:** *jmdn., etwas schlecht machen, völlig
verreißen:* Der Kritiker hat an der Aufführung kein gutes Haar gelassen. Er
nannte den Funkmeister einen heimtü-

ckischen Arschkriecher und ließ an den Feldwebeln überhaupt kein gutes Haar (Kuby, Sieg 381).
▶ Die Wendung meint eigentlich, dass man an einem Menschen nichts Gutes, noch nicht einmal ein Haar lässt; vgl. die Wendung »keinen guten Faden an jmdm. lassen« (↑Faden).

an einem Haar hängen: *sehr gefährdet sein:* Der Wahlsieg der Kongresspartei hing an einem Haar. Es hing nur an einem Haar, und sie wäre im Fluss versunken (Kuby, Sieg 230).
Vgl. die Wendungen »an einem seidenen Faden hängen« (↑Faden) und »das Schwert des Damokles hängt über jmdm.« (↑Damokles).

jmdm. die Haare/Ohren vom Kopf fressen (ugs.): *auf jmds. Kosten leben und ihn arm machen:* Wir haben vier große Kinder, die fressen uns die Haare vom Kopf. Du kannst jetzt auch mal arbeiten. Du hast mir lange genug die Haare vom Kopf gefressen.

etwas an/bei den Haaren herbeiziehen (ugs.): *etwas anführen, was nicht oder nur entfernt zur Sache gehört:* Dieser Vergleich ist doch an den Haaren herbeigezogen. Hanna war schwarz, Sabeth blond ... ich fand es an den Haaren herbeigezogen, die beiden zu vergleichen (Frisch, Homo 111).
▶ Gemeint ist, dass etwas gewaltsam herangezogen wird, so wie man einen Menschen gegen seinen Willen brutal an den Haaren irgendwohin schleift.

aufs/auf ein Haar: *ganz genau:* Für den Laien stimmen Original und Imitation aufs Haar überein. In Hans Castorps Fall glich der erste Oktobertag auf ein Haar dem letzten Septembertage (Th. Mann, Zauberberg 315).

sich in die Haare geraten/kriegen (ugs.): *in Streit geraten:* Ich habe mich mit ihm wegen der Erstattung der Kosten in die Haare gekriegt. Doch über die Änderungswünsche kriegten die Parteien bald in die Haare (Hörzu 14, 1971, 22).
▶ Die Wendung bezieht sich darauf, dass sich bei einer handgreiflichen Auseinandersetzung die Gegner oft in die Haare greifen und an den Haaren reißen; vgl. die Wendung »Haare lassen [müssen]«.

das kannst du dir, kann er sich usw. **in die Haare schmieren** (ugs.): *das kannst du, kann er usw. behalten, darauf lege ich überhaupt keinen Wert:* Sag ihm, er kann sich sein Geld in die Haare schmieren, wir sind nicht käuflich! Du kannst dir deine selbst gemachten Kräutertees in die Haare schmieren, ich will jetzt einen richtigen Arzt!

sich in den Haaren liegen (ugs.): *Streit miteinander haben:* Die Sekretärin des Chefs und die Sachbearbeiterin liegen sich schon seit langem in den Haaren. Aber sobald es heißt, dass wir germanisieren, sind die Slowenen sofort mit uns gegen die Italienern verbündet, wenn sie sich sonst auch noch so wild in den Haaren liegen! (Musil, Mann 841).
Vgl. die Wendung »sich in die Haare geraten/kriegen«.

um ein Haar: *fast, beinahe:* Um ein Haar wäre der alte Mann überfahren worden. Um ein Haar hättet ihr das Ereignis des Tages verschlafen! (Cotton, Silver-Jet 54).
▶ Die Wendung schließt sich an »Haar« im übertragenen Sinne von »Winziges, Winzigkeit« an; vgl. »um Haaresbreite«.

nicht [um] ein Haar; [um] kein Haar: *um nichts; überhaupt nicht:* Er ist nicht um ein Haar von seinen Forderungen abgegangen. Denn Silvi wurde auch zu dieser Stunde noch um kein Haar besser als wie immer behandelt (Walser, Gehülfe 139).
Vgl. die vorangehende Wendung.

mit Haut und Haar: ↑Haut. **jmdm. wächst das Knie durch die Haare:** ↑Knie. **jmdm. wächst der Kopf durch die Haare:** ↑Kopf. **mehr Schulden als Haare auf dem Kopf haben:** ↑Schuld.

Haaresbreite: um Haaresbreite: 1. *äußerst knapp:* Die Bergsteiger sind um Haaresbreite dem Lawinentod entronnen. ... unser französischer Taxichauffeur ... weicht dabei um Haaresbreite einem hoch bepackten Esel aus (Grzimek, Serengeti 29). 2. *beinahe:* Beide benahmen sich wie Schuljungen, die um Haaresbreite vom Lehrer beim Abschreiben erwischt worden wären (Bastian, Brut 63). Ich erinnere hier nur an manche Ost- oder Westalpenwand, in der sich so manches Mal um Haaresbreite eine Tragödie abgespielt hätte (Eidenschink, Fels 102).

nicht um Haaresbreite: *kein bisschen, nicht im Geringsten:* Er ist von seinen Forderungen nicht um Haaresbreite abgewichen.

Habe: Hab und Gut: *alles, was man besitzt:* Die Flüchtlinge mussten Hab und Gut zurücklassen. Wir ... laden die Ausrüstung, den Proviant, die Berge von Drahtschlingen, das Hab und Gut der Wilderer auf (Grzimek, Serengeti 230).

haben: zu haben sein: *zu kaufen, erhältlich sein:* Die neuen Kameras sind bereits für weniger als vierhundert Mark zu haben. Amerikanische Touristen kaufen Barockmöbel für ein Butterbrot, ein echter Dürer ist für zwei Flaschen Whisky zu haben (K. Mann, Wendepunkt 112).

noch zu haben sein (ugs.): *noch geheiratet werden können:* Er ist reich, jung und sympathisch, und das Beste ist: Er ist noch zu haben! Da sollte die Geliebte ... die Einsicht haben, dass ... der Mann nicht mehr zu haben ist (Hörzu 3, 1974, 73).

für etwas zu haben sein: 1. *für etwas zu gewinnen sein:* Für solche Scherze bin ich nicht zu haben. Margret Dünser sprach mit zwei britischen Expremiers: Harold Wilson ... und Edward Heath, »der für alles zu haben war« (Spiegel 37, 1978, 256). 2. *etwas sehr gern mögen:* Für ein gutes Glas Wein ist er jederzeit zu haben.

etwas so an sich haben (ugs.): *etwas als Angewohnheit, Charakterzug haben:* Sie ist ein bisschen schroff und kurz angebunden, das hat sie nun einmal so an sich. Der Weiszmantel hat das so an sich: spricht aus, was die Leute denken (Bobrowski, Mühle 294).

was jmd. an jmdm., an etwas hat: *wie nützlich, hilfreich jmd., etwas für jmdn. ist:* Jeder Bergsteiger weiß, was man an einer soliden Ausrüstung hat. Ich weiß, was ich an Hans habe und dass ich ihn habe (Prodöhl, Tod 58).

mit etwas hat es nicht viel auf sich: *etwas ist ohne große Bedeutung:* Mit den neuen Verordnungen hat es in der Praxis gar nicht viel auf sich. Er hatte seinen Gefreiten zum Flicken begleitet und mit angesehen, dass es nicht viel auf sich habe mit der Schramme, wenn sie auch unangenehm blutete (Gaiser, Jagd 85).

was es mit etwas auf sich hat: *welche Bedeutung etwas hat:* Ihn interessierte vor allem, was es mit der so genannten Geistererscheinung auf sich hat. »Er wurde in dem Wagen gefunden«, sagte Christine. »Ich wüsste gern, was es damit auf sich hat.« (Bieler, Mädchenkrieg 307).

etwas für sich haben: *vorteilhaft sein, einleuchtend sein:* Der Vorschlag Ihrer Kollegin hat einiges für sich. Man soll sich den klaren Blick durch Sachkenntnis nicht trüben lassen, werden die Leute sagen ..., und das hat schon etwas für sich (Bobrowski, Mühle 6).

etwas gegen jmdn. haben: *gegen jmdn. eingestellt, voreingenommen sein:* Ich habe etwas gegen Leute, die nur auf ihren eigenen Vorteil aus sind. Was hat sie eigentlich gegen mich?

etwas hinter sich haben: *etwas erledigt, überstanden haben:* Das Schlimmste haben wir hinter uns; jetzt kann es nur noch besser werden. Was sind die Runen des Himalaja im Gesicht Asiens, verglichen mit den Runen im Antlitz eines alten Bettlers, der das Leid der Erde hinter sich hat! (Baum, Weltlaterne 45).

es in sich haben (ugs.): *nicht zu unterschätzen sein:* Vorsicht, dieser Landwein hat es in sich! Das Kreuzworträtsel hat es ganz schön in sich. In sich hat es auch jene Bestimmung ..., in der die Vergabe von Wohnbauförderungsmitteln für Mehrfamilienhäuser neu geregelt wird (Wochenpresse 25. 4. 79, 5).

es mit etwas haben (ugs.): 1. *mit etwas Beschwerden haben:* Er hat es schon lange mit den Bandscheiben. In das fahle Gesicht steigt ein Schimmer von Rosa, zum Gelblichen tendierend, hat der Mann es mit der Leber? (Heym, Nachruf 712). 2. *etwas mögen:* Für diejenigen, die's mit mehr oder minder steilen Pisten nicht so sehr haben, bietet das Großartal eine echte Alternative ... (Augsburger Allgemeine 11./12. 2. 78, VIII). Mit den Zeitwörtern, den Adjektiven und Füllwörtern hatte er es weniger (Süskind, Parfum 31).

etwas mit jmdm. haben (ugs.): *ein Verhältnis mit jmdm. haben:* Schau mal, wie die beiden sich angucken – ob die was miteinander haben? Ich hatte was mit ihm, wie du das so schön nennst. Aber es war vor deiner Zeit (Heim, Traumschiff 106). ... ihr Mann hat ihr gestanden, dass sie die erste Frau war, mit der er überhaupt etwas hatte (Schwaiger, Wie kommt 74).

etwas/nichts von etwas haben: *Nutzen/keinen Nutzen von etwas haben:* Was hat das Schwein davon, dass wir gern seinen Schinken essen? Und um auch noch was von dem Abend zu haben, hab ich mir 'n paar Whisky genehmigt (Schnurre, Ich 26).

etwas/wenig von jmdm. haben: 1. *Zeit/wenig Zeit mit jmdm. [zu privatem Austausch] verbringen können:* Er war zwar zwei Wochen zu Hause, aber seine Familie hatte wenig von ihm; zu viele gesellschaftliche Verpflichtungen waren zu erfüllen. Schick die Reporter weg, Mutter will endlich auch einmal etwas von ihrer berühmten Tochter haben. 2. *in einem Charakterzug/in wenigen Charakterzügen jmdm. ähnlich sein:* Diese Pingeligkeit hat er von seinem Vater. Der Jüngste hatte nur wenig von seinen Eltern, wurde aber von Tag zu Tag seinem Großvater ähnlicher.

ich habs! (ugs.): *jetzt weiß ich es:* Ich habs, wir kommen von einem Hubschrauber aus an die Kirchturmspitze heran.
▶ Der Ausruf steht elliptisch für »ich habs erraten!, ich habs geschafft!« o. Ä.

da hast dus!; da haben wirs! (ugs.): *Ausruf der Verärgerung, wenn etwas missglückt, wenn etwas Unangenehmes passiert:* Da haben wirs, nun ist die Trosse gerissen. Da habt ihr es. Die Helden liegen, und die Schützen sind gefallen (Gaiser, Jagd 131).
Vgl. die Wendung »da haben wir den Salat!« (↑ Salat).

und damit hat es sich/hat sichs (ugs.): *und weiter geschieht nichts; das ist alles:* Dann kriegen sie zu Weihnachten zwei Tafeln Schokolade und ein paar Orangen, mit besten Empfehlungen, und damit hat sichs (Ziegler, Konsequenz 205). Ich nehme das einfach mit leichtem Staunen hin, und damit hat es sich (Spiegel 15, 1982, 231).

hat sich was! (ugs.; veraltend): 1. *kommt nicht infrage; das geht nicht (Ausdruck der Ablehnung):* Streiken wollt ihr? Hat

sich was mit Streiken! Kannst du mir nicht das Geld besorgen? – Hat sich was! 2. *trifft nicht zu, ist nicht vorhanden:* Ich dachte, ich könnte mich jederzeit auf ihn verlassen, aber hat sich was! ... manchmal sind es aber nur fromme Stimmungen ... Ein verregneter Sonntag und es hat sich was mit der Ewigkeit (Bieler, Mädchenkrieg 318).
▶ Dieser Ausdruck geht auf die ursprüngliche Verwendung von »haben« mit Infinitiv und »zu« zurück, z. B. »es hat sich was zu bezahlen« = »es soll, muss bezahlt werden« = (iron.) »an Bezahlen ist nicht zu denken«.

wie gehabt (ugs.): *wie es bisher war:* Wir machen weiter wie gehabt. Nicht ein Gag war neu in der Show, alles wie gehabt.

wer hat, der hat: *es ist unbestreitbar, es ist nichts dagegen zu machen, dass jmd. wohlhabend ist, mit etwas besonders gut ausgestattet ist:* Mensch, hast du Muskeln am Oberarm! – Tja, wer hat, der hat – muss man natürlich auch was für tun. Der Boss hat sich schon wieder 'nen größeren Wagen gekauft! – Nur kein Neid, wer hat, der hat.

dich hats wohl! (ugs.): *du bist wohl nicht recht bei Verstand:* Dich hats wohl – ich kann dir doch nicht so ohne weiteres zehntausend Mark leihen!

hast dus nicht ein bisschen kleiner? (ugs.): *du solltest nicht so übertreiben, weniger pathetisch sein:* Du redest vom Untergang der deutschen Kultur, weil nebenan eine türkische Familie eingezogen ist – sag mal, hast dus nicht ein bisschen kleiner?

hast du was, dann bist du was: *Wohlstand bringt gesellschaftliches Ansehen und Einfluss mit sich:* Als reiche Bauunternehmerin kann sie in der Stadt schon einiges bewirken – hast du was, dann bist du was.

haste/hast du nicht gesehen (ugs.): *sehr schnell, im Nu:* Der Korb mit den Kirschen war haste nicht gesehen leer. Der Dieb sprang über den Zaun, und haste nicht gesehen war er in der Dunkelheit verschwunden.

haste, was kannste (ugs.): *sehr schnell:* Die Jugendlichen liefen haste, was kannste davon. Sie räumte haste, was kannste ihr Zimmer auf, wusch sich die Haare und zog sich um.

▶ Die Formel hat sich aus »was hast du, was kannst du?« entwickelt, hat also nichts mit dem Verb »hasten« zu tun.
[auf jmdn.] **Absichten haben:** ↑ Absicht. **eine Ader haben:** ↑ Ader. **einen Affen [sitzen] haben:** ↑ Affe. **Aftersausen haben:** ↑ Aftersausen. **nicht alle haben:** ↑ alle. **Anteil an etwas haben:** ↑ Anteil. **eine Antenne für etwas haben:** ↑ Antenne. **in Arbeit haben:** ↑ Arbeit. **etwas im Ärmel haben:** ↑ Ärmel. **jmdn. am/beim Arsch haben:** ↑ Arsch. **... dass es [nur so] eine Art hat:** ↑ Art. **etwas aufzuweisen haben:** ↑ aufweisen. **ein Auge auf jmdn., auf etwas haben:** ↑ Auge. **ein Auge für etwas haben:** ↑ Auge. **nur Augen für jmdn., für etwas haben:** ↑ Auge. **etwas im Auge haben:** ↑ Auge. **Augenschondienst haben:** ↑ Augenschondienst. **Ausdrücke an sich haben:** ↑ Ausdruck. **in Aussicht haben:** ↑ Aussicht. **Aussicht auf etwas haben:** ↑ Aussicht. **Bammel haben:** ↑ Bammel. **jmdn. am Bändel haben:** ↑ Bändel. **Bange haben:** ↑ Bange. **[so] einen Bart haben:** ↑ Bart. **nicht alle beieinander haben:** ↑ beieinander haben. **etwas noch am Bein haben:** ↑ Bein. **Besseres zu tun haben:** ↑ besser. **Bestand haben:** ↑ Bestand. **jmdn. zum Besten haben:** ↑ beste. **damit mag/soll es sein Bewenden haben:** ↑ Bewenden. **einen/keinen Blick für jmdn., etwas haben:** ↑ Blick. **etwas in/unter der Bluse haben:** ↑ Bluse. **dieselbe Blutgruppe haben:** ↑ Blutgruppe. **einen Bock haben:** ↑ Bock. **einen Bock auf etwas haben:** ↑ Bock. **einen Brummschädel haben:** ↑ Brummschädel. **es auf der Brust haben:** ↑ Brust. **etwas auf dem Buckel haben:** ↑ Buckel. **den Dalles haben:** ↑ Dalles. **Dampf draufhaben:** ↑ Dampf. **Dampf haben:** ↑ Dampf. **Dampf vor jmdm., vor etwas haben:** ↑ Dampf. **den Daumen auf etwas haben:** ↑ Daumen. **jmdn., etwas dick[e] haben:** ↑ dick. **nichts draufhaben:** ↑ drauf. **etwas draufhaben:** ↑ drauf. **den Drehwurm haben:** ↑ Drehwurm. **habe die Ehre:** ↑ Ehre. **etwas zu Eigen haben:** ↑ eigen. **ein Einsehen haben:** ↑ Einsehen. **den Einundfünfziger haben:** ↑ Einundfünfziger. **keine Ellbogen haben:** ↑ Ellbogen. **ein Ende haben:** ↑ Ende. **Fehlzündung haben:** ↑ Fehlzündung. **jmdn. auf den Fersen haben:** ↑ Fer-

se. **einen Filmriss haben:** ↑ Filmriss. **klebrige Finger haben:** ↑ Finger. **den/seinen Finger darauf haben:** ↑ Finger. **Fischblut haben:** ↑ Fischblut. **etwas zur Folge haben:** ↑ Folge. **Fracksausen haben:** ↑ Fracksausen. **Frühlingsgefühle haben:** ↑ Frühlingsgefühle. **jmdn. unter der Fuchtel haben:** ↑ Fuchtel. **Gamaschen haben:** ↑ Gamasche. **jmdn. am Gängelband haben:** ↑ Gängelband. **was gibst du, was hast du:** ↑ geben. **etwas im/in Gebrauch haben:** ↑ Gebrauch. **an jmdm., an etwas Gefallen haben:** ↑ Gefallen. **etwas im Gefühl haben:** ↑ Gefühl. **etwas gegenwärtig haben:** ↑ gegenwärtig. **etwas mit jmdm., etwas gemein haben:** ↑ gemein. **Genüge an etwas haben:** ↑ Genüge. **das hab ich gern[e]:** ↑ gern. **der/die kann mich gern haben:** ↑ gern. **sich in der Gewalt haben:** ↑ Gewalt. **haben ein Gewehr:** ↑ Gewehr. **jmdn., etwas auf dem Gewissen haben:** ↑ Gewissen. **bei jmdm., mit etwas Glück haben:** ↑ Glück. **etwas im Griff haben:** ↑ Griff. **sein Gutes haben:** ↑ gut. **einen Haken haben:** ↑ Haken. **jmdn., etwas am Hals/auf dem Hals haben:** ↑ Hals. **einen Hammer haben:** ↑ Hammer. **jmdn. an der Hand haben:** ↑ Hand. **etwas bei der Hand haben:** ↑ Hand. **jmdn., etwas in der Hand haben:** ↑ Hand. **sich in der Hand haben:** ↑ Hand. **etwas gegen jmdn. in der Hand/in [den] Händen haben:** ↑ Hand. **etwas unter den Händen haben:** ↑ Hand. **etwas zur Hand haben:** ↑ Hand. **die/seine Hand auf etwas haben:** ↑ Hand. **seine Hände in etwas haben:** ↑ Hand. **für etwas ein Händchen haben:** ↑ Hand. **einen Haschmich haben:** ↑ Haschmich. **einen Hau haben:** ↑ Hau. **nicht das Herz haben, etwas zu tun:** ↑ Herz. **etwas auf dem Herzen haben:** ↑ Herz. **ein Herz für jmdn. haben:** ↑ Herz. **etwas im Hinterhalt haben:** ↑ Hinterhalt. **etwas in der Hinterhand haben:** ↑ Hinterhand. **etwas im Hinterkopf haben:** ↑ Hinterkopf. **mit jmdm., etwas nichts am Hut haben:** ↑ ¹Hut. **etwas in petto haben:** ↑ petto. **etwas intus haben:** ↑ intus. **einen intus haben:** ↑ intus. **den Jagdschein haben:** ↑ Jagdschein. **einen im Kahn haben:** ↑ Kahn. **jmdn. an der Kandare haben:** ↑ Kandare. **etwas auf dem Kasten haben:** ↑ Kasten. **etwas im Kasten haben:** ↑ Kasten. **etwas auf dem Kerbholz haben:** ↑ Kerbholz. **jmdn. auf dem Kieker haben:**

↑Kieker. **etwas auf dem Kien haben:** ↑Kien. **jmdn. auf der Kimme haben:** ↑Kimme. **die große Klappe haben:** ↑Klappe. **einen Klaps haben:** ↑Klaps. **einen Knall haben:** ↑Knall. **etwas auf dem Konto haben:** ↑Konto. **etwas im Kopf haben:** ↑Kopf. **jmdn. auf dem Korn haben:** ↑Korn. **einen [Zacken] in der Krone haben:** ↑Krone. **etwas am Leib[e] haben:** ↑Leib. **noch nichts [Ordentliches] im Leib haben:** ↑Leib. **jmdn. an der Leine haben:** ↑Leine. **[wieder] Luft haben:** ↑Luft. **es auf der Lunge haben:** ↑Lunge. **etwas in der Mache haben:** ↑Mache. **jmdn. in der Mache haben:** ↑Mache. **eine Macke haben:** ↑Macke. **jmdn. im Magen haben:** ↑Magen. **[vor jmdm.] Manschetten haben:** ↑Manschette. **Matratzenhorchdienst haben:** ↑Matratzenhorchdienst. **Mattscheibe haben:** ↑Mattscheibe. **die Maulsperre haben:** ↑Maulsperre. **nichts zu melden haben:** ↑melden. **einen/seinen/den Moralischen haben:** ↑moralisch. **die Motten haben:** ↑Motte. **seine Mucken haben:** ↑Mucken. **das Nachsehen haben:** ↑Nachsehen. **jmdn. im Nacken haben:** ↑Nacken. **bei jmdm. noch etwas auf der Nadel haben:** ↑Nadel. **eine Naht draufhaben:** ↑Naht. **etwas auf der Naht haben:** ↑Naht. **eine Nase haben:** ↑Nase. **etwas vor der Nase haben:** ↑Nase. **jmd. hat [vielleicht] Nerven:** ↑Nerv. **den Nerv haben, etwas zu tun:** ↑Nerv. **keine Nerven haben:** ↑Nerv. **mit etwas hat es keine Not:** ↑Not. **jmd. hat es gerade nötig:** ↑nötig. **[auf jmdn., auf etwas] Obacht haben:** ↑Obacht. **die Oberhand haben:** ↑Oberhand. **Oberwasser haben:** ↑Oberwasser. **wo hast du deine Ohren:** ↑Ohr. **etwas im Ohr haben:** ↑Ohr. **kein Organ für etwas haben:** ↑Organ. **jmdn. unter dem Pantoffel haben:** ↑Pantoffel. **den Paragraph 51 haben:** ↑Paragraph. **nun/jetzt haben wir die Pastete:** ↑Pastete. **Pause/Sendepause haben:** ↑Pause. **etwas in petto haben:** ↑petto. **einen auf der Pfanne haben:** ↑Pfanne. **etwas auf der Pfanne haben:** ↑Pfanne. **ein Pferdchen laufen haben:** ↑Pferdchen. **einen Pferdefuß haben:** ↑Pferdefuß. **seine Pfoten überall drinhaben:** ↑Pfote. **'nen Piep[matz] haben:** ↑Piep. **einen Pik auf jmdn. haben:** ↑Pik. **in etwas keinen Platz haben:** ↑Platz. **ein dickes Portemonnaie haben:** ↑Portemon-

naie. **ein/das Prä haben:** ↑Prä. **etwas am Propeller haben:** ↑Propeller. **ein Rädchen zu viel haben:** ↑Rädchen. **Rasse haben:** ↑Rasse. **Recht haben:** ↑Recht. **seine Richtigkeit haben:** ↑Richtigkeit. **mit etwas hat es seine Richtigkeit:** ↑Richtigkeit. **nichts auf den Rippen haben:** ↑Rippe. **jmdn., etwas im Rücken haben:** ↑Rücken. **Rückgrat haben/zeigen:** ↑Rückgrat. **seine Ruhe haben:** ↑Ruhe. **etwas im Sack haben:** ↑Sack. **jmdn. im Sack haben:** ↑Sack. **[jmdm.] [etwas] zu sagen haben:** ↑sagen. **[jmdm.] nichts zu sagen haben:** ↑sagen. **etwas/nichts zu sagen haben:** ↑sagen. **das Sagen haben:** ↑sagen. **da haben wir den Salat:** ↑Salat. **jmdn. satt haben:** ↑satt. **etwas [bis dahin] satt haben:** ↑satt. **mit jmdm., mit etwas [nichts] zu schaffen haben:** ↑schaffen. **[vor jmdm., vor etwas] Schiss haben:** ↑Schiss. **bei jmdm. Schlag haben:** ↑Schlag. **Schlagseite haben:** ↑Schlagseite. **jmdn., etwas im Schlepp/Schlepptau haben:** ↑Schlepp/Schlepptau. **sonst hast du keine Schmerzen/hast du sonst noch Schmerzen?:** ↑Schmerz. **Schuld [an etwas] haben:** ↑Schuld. **Schwein haben:** ↑Schwein. **jmds. Segen haben:** ↑Segen. **nicht seinesgleichen haben:** ↑seinesgleichen. **etwas auf der Seite haben:** ↑Seite. **jmdn. auf seiner Seite haben:** ↑Seite. **Seltenheitswert haben:** ↑Seltenheitswert. **eine Sextanerblase haben:** ↑Sextanerblase. **etwas im Sinn haben:** ↑Sinn. **keinen/wenig/nicht viel Sinn haben:** ↑Sinn. **einen Sonnenstich haben:** ↑Sonnenstich. **deine Sorgen möchte ich haben:** ↑Sorge. **einen Span haben:** ↑Span. **einen Sparren [zu viel/zu wenig] haben:** ↑Sparren. **einen Stich haben:** ↑Stich. **die Stirn haben [etwas zu tun]:** ↑Stirn. **vor etwas Strang haben:** ↑Strang. **einen Straußenmagen haben:** ↑Straußenmagen. **einen Strich [zu viel] haben:** ↑Strich. **jmdn. auf dem Strich haben:** ↑Strich. **jmdn. an der Strippe haben:** ↑Strippe. **jmdn. in der Tasche haben:** ↑Tasche. **etwas [schon] in der Tasche haben:** ↑Tasche. **einen im Tee haben:** ↑Tee. **es hat den Teufel mit etwas:** ↑Teufel. **einen im Timpen haben:** ↑Timpen. **haste/hast du die Töne?:** ↑Ton. **seine Tour haben:** ↑Tour. **seine Tücken haben:** ↑Tücke. **mit jmdm., mit etwas nichts [mehr] zu tun haben wollen:** ↑tun. **mit etwas zu tun haben:**

↑tun. mit sich [selbst] zu tun haben: ↑tun. was habe ich/was hat er usw. damit zu tun?: ↑tun. [es] mit etwas zu tun haben: ↑tun. für jmdn. viel/etwas übrig haben: ↑übrig. für etwas viel/nichts übrig haben: ↑übrig. Unrecht haben: ↑Unrecht. etwas im Urin haben: ↑Urin. etwas zur Verfügung haben: ↑Verfügung. mit wem habe ich das Vergnügen?: ↑Vergnügen. nichts zu verlieren haben: ↑verlieren. irgendwo nichts verloren haben: ↑verlieren. nichts zu versäumen haben: ↑versäumen. einen Vogel haben: ↑Vogel. einen Webfehler haben: ↑Webfehler. es [mit etwas] wichtig haben: ↑wichtig. sich wichtig haben: ↑wichtig. jmdn. am/beim Wickel haben: ↑Wickel. etwas beim Wickel haben: ↑Wickel. sich mit jmdn. in der Wolle haben: ↑Wolle. wer nicht will, der hat schon: ↑wollen. das Wort haben: ↑Wort. hast du da noch Worte/hat man Worte?: ↑Wort. einen Zahn draufhaben: ↑Zahn. jmdn. in der Zange haben: ↑Zange. [noch] Zeit haben: ↑Zeit. [keine] Zukunft haben: ↑Zukunft. etwas auf der Zunge haben: ↑Zunge.

habhaft: jmds. habhaft werden [können] (geh.): *jmdn. aufspüren, fassen:* Die Polizei konnte des Betrügers habhaft werden. Da stand derselbe Mensch, ... den sie, wären sie damals seiner habhaft geworden, in wütendem Hass gelyncht hätten (Süskind, Parfum 299).

einer Sache habhaft werden [können]: *sich etwas aneignen:* Wir nahmen alles mit, dessen wir habhaft werden konnten. ... es handelt sich darum, des Wissens und des Vergessens habhaft zu werden, durch das unser Leben hindurchläuft (Broch, Versucher 5).

Hacke: sich die Hacken ablaufen/abrennen (ugs.): *viele Gänge machen, um etwas zu finden, zu erreichen:* Sie musste sich die Hacken ablaufen, um die Unterstützung zu erhalten. Sitzen hier herum, die Palms, alle beide, und unsereins kann sich die Hacken abrennen (Bobrowski, Mühle 57).

die Hacken voll haben; einen im Hacken haben (nordd.): *betrunken sein:* Mann, hatte ich gestern Abend wieder einen im Hacken! Und weil wir schon so ziemlich die Hacken voll hatten, lachten wir wie toll (Kempowski, Uns 138).

sich an jmds. Hacken/sich jmdm. an die Hacken hängen, heften: *jmdn. hartnäckig verfolgen:* Sobald er entlassen wird, werden sich die Reporter an seine Hacken heften. Ein Detektiv hatte sich dem Dealer an die Hacken gehängt.

jmdm. [dicht] auf den Hacken sein/sitzen (ugs.): *hinter jmdm. her sein, jmdn. verfolgen:* Der Waffenschieber wusste, dass ihm die Kripo und die Zollfahndung dicht auf den Hacken waren. Sie bildete sich wahrhaftig ein, dass die Mafia ihr auf den Hacken säße.

jmdm. nicht von den Hacken gehen (ugs.): *jmdn. dauernd behelligen, verfolgen:* Ich werde Ihnen nicht von den Hacken gehen, bis Sie alle meine Fragen beantwortet haben.

hacken: ich glaub, es hackt! (ugs.): *Ausdruck der Entrüstung, Ablehnung:* Ich glaub, es hackt – gib mir sofort die Tasche zurück! Hundert Mark will er für die Kiste? Ich glaub, es hackt!

Holz auf sich hacken lassen: ↑Holz.

Hackfleisch: aus jmdm. Hackfleisch/ (auch:) **Hackepeter machen** (ugs.): *jmdn. fürchterlich verprügeln, übel zurichten:* Wenn er nicht abgehauen wäre, hätten die beiden Hackfleisch aus ihm gemacht. Ich werde es nie sagen, eher kann sie aus mir Hackfleisch machen (Remarque, Westen 130).

Häcksel: Häcksel im Kopf haben (veraltend): *sehr dumm sein:* Mit den Leuten kann man nicht vernünftig reden, die haben doch alle Häcksel im Kopf.

Hafen: in den letzten Hafen einlaufen (verhüllend): *sterben:* Er wusste, dass er sehr krank war und bald in den letzten Hafen einlaufen würde.

im Hafen der Ehe landen; in den Hafen der Ehe einlaufen (scherzh.): *heiraten:* Nach all den Jahren war er nun doch in den Hafen der Ehe eingelaufen. Ihr Vater hatte sich damit abgefunden, dass sie nicht mehr im Hafen der Ehe landen würde.

Hafer: jmdn. sticht der Hafer (ugs.): *jmd. ist [zu] übermütig [weil es ihm zu gut geht]:* Dich sticht wohl der Hafer? Warum blieb ich nicht wie du ein seriöser Polizist, weit hätt ichs bringen können. Aber nein, der Hafer stach mich (Zwerenz, Quadriga 136).

▶ Die Wendung bezieht sich darauf, dass ein Pferd, das zu viel Hafer frisst, übermütig wird. Der Hafer sticht (= reizt, kitzelt) das Pferd.

Haft: jmdn. in Haft nehmen: *jmdn. inhaftieren:* Einige Besucher des Lokals wurden vorübergehend in Haft genommen. Anfang Juni 1959 wird Pohlmann ... zu 16 Monaten Gefängnis verurteilt, jedoch nicht sofort in Haft genommen (Noack, Prozesse 12).

Hahn: Hahn im Korb[e] sein (ugs.): *[als einziger Mann in einem Kreis von Frauen] Hauptperson, Mittelpunkt sein:* Na, du warst ja gestern Abend wieder einmal Hahn im Korbe. Als »Hahn im Korb« fühlt sich der geschwätzige Kritiker ... im Salon des Architekten Josef Ulrich (Hörzu 2, 1974, 43).

▶ Die Wendung bezieht sich darauf, dass der Hahn höher eingeschätzt wird als die ihn umgebenden Hennen. Mit Korb ist wahrscheinlich das korbartige Behältnis gemeint, in dem die Tiere auf den Markt gebracht werden.

nach jmdm., nach etwas kräht kein Hahn (ugs.): *niemand kümmert sich um jmdn., um etwas:* Die Sache wird doch jetzt nur von der Presse hochgespielt; in ein paar Jahren kräht kein Hahn mehr danach. ... heute kräht kein Hahn mehr danach, dass wir einmal die Sieger ... waren (Hörzu 49, 1972, 24).

▶ Die Wendung geht von der Vorstellung aus, dass der Hahn mit seinem Krähen die Hühner auf etwas aufmerksam macht.

wenn der Hahn kräht auf dem Mist, ändert sich das Wetter, oder es bleibt, wie es ist: *Wetterregeln [und -vorhersagen] sind nicht zuverlässig.*

jmdm. den roten Hahn aufs Dach setzen (veraltet): *jmds. Haus in Brand setzen:* Die Marodeure setzten dem Bauern den roten Hahn aufs Dach.

▶ Der rote Hahn ist das Sinnbild des flackernden Feuers.

vom Hahn beflattert, betrampelt sein (ugs.): *nicht recht bei Verstand sein:* Was machst du da, du bist wohl vom Hahn beflattert? Solch ein Mann, sah Matz gerührt auf den Schläfer hin, und den soll ich stören? Ich bin ja nicht vom Hahn beflattert ... (A. Zweig, Grischa 341).

einherstolzieren/umherstolzieren wie der Hahn auf dem Mist: ↑einherstolzieren, umherstolzieren. **von etwas so viel verstehen wie der Hahn vom Eierlegen:** ↑verstehen.

Hahnemann: vgl. Hannemann.

Haken: was ein Häkchen werden will, krümmt sich beizeiten: *schon in frühester Jugend muss sich zeigen, ob jmd. später etwas Besonderes erreichen kann:* Seit ihrem fünften Lebensjahr übt sie täglich am Klavier – was ein Häkchen werden will, krümmt sich beizeiten.

da ist/liegt/sitzt/steckt der Haken (ugs.): *da ist die Schwierigkeit:* Wenn ich diesen Posten annehme, muss ich dauernd unterwegs und von meiner Familie getrennt, da sitzt der Haken. »Führen Sie die Dame anderswohin und nicht gerade in Ihre Werkstatt.« – »Wohin denn? ... Da liegt ja der Haken! In ein Hotel? zu teuer« (Remarque, Obelisk 116).

Vgl. die folgende Wendung.

einen Haken haben (ugs.): *eine Schwierigkeit haben:* Die Arbeit hatte allerdings einen Haken: Die Menschen, die von ihr betreut werden sollten, waren lungenkrank. Obwohl der Käufer den Umständen nach annehmen musste, dass das »attraktive Angebot« irgendwo einen Haken hatte, will der Jugoslawe auf den Handel eingegangen sein (MM 4. 8. 1970, 4).

▶ Die Herkunft der schon im Mittelhochdeutschen gebräuchlichen Wendung ist nicht sicher zu klären. Vermutlich meint sie, dass ein Haken an etwas hinderlich ist, dass man daran hängen bleibt und nicht vorankommt. Dass es sich bei dem Haken ursprünglich um den im Köder versteckten Angelhaken gehandelt hat, lässt sich nicht nachweisen.

einen Haken schlagen (Jägerspr.): *beim Laufen plötzlich und scharf die Richtung ändern:* Der Hase schlug einen Haken und verschwand im Gebüsch. Das Trichtergewirr erscheint mir jetzt so unübersichtlich, dass ich vor Aufregung überhaupt nicht mehr weiß, wohin ich mich wenden soll ... Deshalb schlage ich wieder einen Haken (Remarque, Westen 151).

jmdn., etwas auf den Haken nehmen: *jmdn., etwas abschleppen:* Der Pkw wurde vom Abschleppdienst auf den Haken genommen. Die nächste Werkstatt ist nicht weit; wir nehmen Sie auf den Haken und schleppen Sie hin.

mit Haken und Ösen (bes. Sportspr.): *mit allen erlaubten und unerlaubten Mitteln:* Es war von Anfang an ein Spiel mit Haken und Ösen. Eine stürmische Krise um Wehner, einen Machtkampf mit Haken und Ösen kann sich die SPD schlecht leisten (MM 4. 9. 1974, 2).

▶ Die Formel bezieht sich auf die [versteckten] Tritte und sonstigen Fouls der Spieler mit den Fußballstiefeln.

halb: halbe Portion (ugs.): *Schwächling; Mann, den man nicht für voll nimmt:* Lass mal, mit dieser halben Portion werde ich allein fertig. Diese verdammte halbe Portion! ... Sticht mit einem Messer auf mich los! (Remarque, Obelisk 189).

halbes Hemd (ugs.): *schmächtiger Mann:* Er ist ja bloß ein halbes Hemd, wie sollte er sich da gegen diese Rowdys wehren!

halb und halb: *beinahe, fast:* Die Leute gingen halb und halb beruhigt wieder an die Arbeit. Es ist gut, mit ihm befreundet zu sein. Wir sind es, Kropp und ich, auch Haie Westhus gehört halb und halb dazu (Remarque, Westen 32).

[mit jmdm.] halb und halb/halbe-halbe machen (ugs.): *halbpart machen:* Wenn wir halb und halb machen, bin ich einverstanden. »Na, Kumpel?«, sagt die Ratte ... »Wollen wir nicht halbe-halbe machen?« (Fallada, Jeder 265).

nichts Halbes und nichts Ganzes sein: *zu wenig sein, als dass man damit etwas anfangen könnte:* Eine Veranstaltung dieser Art ohne Vertreter der Stadt und ohne Presse, das ist doch nichts Halbes und nichts Ganzes.

halb sieben! (bes. berlin.): *Spottruf auf einen Hinkenden.*

▶ Wenn die Zeiger der Uhr halb sieben anzeigen, sehen sie wie zwei ungleich lange Beine aus. Auf dieses Bild gründet sich der Spottruf.

nur halbe Arbeit machen: ↑ Arbeit. **geteilte Freude ist doppelte Freude, geteilter Schmerz ist halber Schmerz:** ↑ Freude. **mit halbem Herzen:** ↑ Herz. **gut gekaut ist halb verdaut:** ↑ kauen. **das ist nur halber Kram:** ↑ Kram. **geteiltes Leid ist halbes**

Leid: ↑ Leid. **nur noch ein halber Mensch sein:** ↑ Mensch. **die halbe Miete sein:** ↑ Miete. **mit halbem Ohr hinhören/zuhören:** ↑ Ohr. **Ordnung ist das halbe Leben:** ↑ Ordnung. **halb geschenkt sein:** ↑ schenken. **frisch gewagt ist halb gewonnen:** ↑ wagen. **sich auf halbem Weg[e] treffen:** ↑ Weg. **jmdm. auf halbem Weg[e] entgegenkommen:** ↑ Weg. **auf halbem Weg[e] stecken bleiben:** ↑ Weg. **auf halbem Weg[e] stehen bleiben:** ↑ Weg. **auf halbem Weg[e] umkehren:** ↑ Weg. **halb so wild:** ↑ wild.

Halbgott: Halbgötter in Weiß (iron.): *Ärzte, bes. die Chefärzte in Krankenhäusern:* Patienten wollen sich nicht den Halbgöttern in Weiß ausgeliefert fühlen, sondern individuell beraten und ernst genommen werden. Seitdem kämpft er – gegen den Hochmut von Halbgöttern in Weiß – für Alternativen zum Medizinbetrieb der Chefärzte ... (Stern 46, 1981, 162).

halblang: [nun/jetzt] mach halblang! (ugs.): *übertreibe nicht!:* Nun macht aber mal halblang, acht Mark für einen Stehplatz! Na, nu machen Sie aber mal halblang, Korporal, und machen Sie nächstens Ihre Ohren besser auf (H. Kolb, Wilzenbach 69).

halbmast: Die Hosen auf halbmast tragen: ↑ Hose.

halbpart: [mit jmdm.] halbpart machen (ugs.): *etwas [unrechtmäßig] Erworbenes [mit jmdm.] zur Hälfte teilen:* Er hat doch nur Schmiere gestanden, warum sollen wir mit ihm halbpart machen? Wenn ich dir eine sichere Adresse nenne, wollen wir dann halbpart machen? (Th. Mann, Krull 160).

halbwege: machs [nur] halbwege! (ugs.): *übertreibe nicht!:* In acht Sekunden beschleunigt der Wagen von 0 auf 100? Machs nur halbwege!

Hälfte: jmds. bessere Hälfte: ↑ besser.

hallo: aber hallo! (ugs.): *Ausruf der Anerkennung, Bekräftigung:* Die haben plötzlich einen Rock 'n' Roll aufs Parkett gelegt – aber hallo! Aber hallo, das ist ja 'ne riesige Portion.

Hals: Hals über Kopf (ugs.): *überstürzt, kopflos:* Als er erfuhr, dass seine frühere Frau im selben Hotel abgestiegen sei, reiste er Hals über Kopf ab. Die Pläne

mussten Hals über Kopf geändert werden. Als Dreizehnjährige brennt die rothaarige Chantal Hals über Kopf durch (Hörzu 15, 1976, 130).
▶ »Hals über Kopf« ist eine jüngere Nebenform von »über Hals und Kopf« und bedeutet eigentlich »mit Hals und Kopf zuerst, sich überschlagend, überstürzt«.

einen langen Hals machen (ugs.): *sich [neugierig] recken, um etwas besser sehen zu können:* Die Nachbarn am Gartenzaun machten lange Hälse, als seine Frau im neuen Bikini auf die Terrasse kam.

jmdm. den Hals abdrehen/abschneiden/ brechen/umdrehen (ugs.): *jmdn. zugrunde richten, ruinieren:* Er spielte sich als Herrscher über das Urlaubszentrum auf und wollte dem Bootsverleiher den Hals umdrehen. Ulrich hatte den Impuls, Walter den Hals abzudrehen (Musil, Mann 1 536).

jmdm./jmdn. den Hals kosten (selten): *jmds. Verderben sein, jmdn. ruinieren:* Diese Äußerungen in Gegenwart des Polizeichefs hätten ihn den Hals kosten können. Zu seinem nicht geringen Schrecken intrigierte Antonia diesmal gegen ihre beste Freundin, ... ein Unternehmen, das bisher noch jedem den Hals gekostet hatte (Thieß, Reich 596).
▶ Die Wendung bezieht sich auf das Gehängtwerden, die Todesstrafe durch den Strang, daher auch die Wendungen »den Hals wagen/riskieren«, »es geht um den Hals« und »sich um den Hals reden«.

es wird nicht gleich den Hals kosten (ugs.): *es wird schon nicht so schlimm werden:* Es ist besser, wenn du dem Meister sagst, dass durch deine Schuld das Lager heißgelaufen ist. Es wird nicht gleich den Hals kosten.
Vgl. die vorangehende Wendung.

den Hals in die Schlinge stecken (selten): *sich in Gefahr begeben:* Er hatte keine Lust, den Hals in die Schlinge zu stecken.
Vgl. die Wendung »jmdm./jmdn. den Hals kosten«.

den Hals aus der Schlinge ziehen: *sich im letzten Augenblick aus einer gefährlichen Lage befreien:* Bisher war es dem Meisterspion noch immer gelungen, den Hals aus der Schlinge zu ziehen.

Vgl. die Wendung »jmdm./jmdn. den Hals kosten«.

den/seinen Hals riskieren/(seltener:)**wagen** (ugs.): *sein Leben aufs Spiel setzen:* Er hatte oft genug bei den Einsätzen seinen Hals riskiert.
Vgl. die Wendung »jmdm./jmdn. den Hals kosten«.

den Hals nicht voll kriegen/nicht voll genug kriegen (ugs.): *nicht genug bekommen, nicht zufrieden zu stellen sein:* Die meisten Menschen können den Hals nicht voll genug kriegen. Erst packt sie sich den Koffer bis zum Platzen, und denn kannse ihn nicht tragen ... aber den Hals nicht voll kriegen! (Kant, Impressum 100).
▶ Diese und die Wendung »jmdm. den Hals stopfen« schließen sich an »Hals« in der veralteten Bedeutung »Gurgel, Schlund« an.

jmdm. den Hals stopfen (ugs.): *jmdn. zufrieden stellen:* Da die Wahlen bevorstanden, schien es ratsam, den Bergleuten den Hals zu stopfen.
Vgl. die vorangehende Wendung.

einen langen Hals machen (ugs.): *neugierige Blicke werfen:* Die Mädchen machten einen langen Hals, als die Frau des Präsidenten die Aula betrat.

sich den Hals nach jmdm., nach etwas verrenken (ugs.): *erwartungsvoll oder neugierig nach jmdm., nach etwas Ausschau halten:* Die Männer verrenkten sich nach dem leicht bekleideten Starlet den Hals. »Was bist denn du für einer? ...«, fuhr sie ihn in einer Lautstärke an, dass ... die Gäste sich die Hälse nach ihr verrenkten (Kühn, Zeit 292).

sich den Hals ausschreien (ugs.): *sehr laut schreien:* Die Zuschauer schrien sich nach dem Star den Hals aus. Ich habe mir den Hals ausgeschrien, aber du hast mich in dem Sturm nicht gehört.

jmdn., etwas am/auf dem Hals haben (ugs.): *für jmdn., für etwas verantwortlich sein; sehr viel Mühe, Ärger mit jmdn., mit etwas haben; mit jmdm., mit etwas belastet sein:* Seit mehr als drei Jahren hatte sie nun schon ihre pflegebedürftige Schwiegermutter am Hals. ... er hatte Verfahren wegen unberechtigter Führung akademischer Titel ... am Hals (Spiegel 49, 1966, 44).

▸ Die Wendung bezieht sich darauf, dass das Joch, das Tragjoch bei Menschen und das Zugjoch bei Tieren, auf dem Hals (Nacken) sitzt; vgl. die Bildung »aufhalsen«.

jmdm. etwas an den Hals hängen (ugs.): *jmdm. etwas aufbürden, jmdn. mit etwas belasten:* Er ahnte nicht, dass ihm sein Nachbar einen Prozess an den Hals hängen wollte. Man ertrug einen Mann, ... dem heute eine sich selbst ernst nehmende Kirche sicher ein Lehrzuchtverfahren an den Hals hängen würde (Thielicke, Ich glaube 226). Vgl. die vorangehende Wendung.

sich jmdm. an den Hals werfen/schmeißen (ugs.): *sich jmdm. aufdrängen:* Sie hatte sich dem ersten Besten an den Hals geworfen. In diesem Augenblick fürchteten die Staatsmänner ... Deutschland könne sich in seiner Verzweiflung dem bolschewistischen Russland an den Hals werfen (Niekisch, Leben 37).

bis an den/über den/zum Hals in Schulden stecken (ugs.): *stark verschuldet sein:* Er hatte alles Geld verjubelt und steckte bis an den Hals in Schulden.

sich jmdn., etwas auf den Hals laden (ugs.): *für jmdn., mit dem man viel Arbeit und Mühe hat, die Verantwortung übernehmen; sich etwas aufbürden:* Die jungen Mitarbeiter neigten dazu, sich zu viel Verpflichtungen auf den Hals zu laden. Ich packte den Fotoapparat aus dem Koffer, die große, ungelenke Maschinerie, mit der ich mir ... diese grässliche Piroschka auf den Hals geladen hatte (Hartung, Piroschka 103). Vgl. die Wendung »jmdm., etwas am/auf dem Hals haben«.

jmdm. auf dem Hals liegen/hocken (ugs.): *jmdm. zur Last fallen:* Er war ein asozialer Bursche, der seinen Eltern noch mit fünfundzwanzig auf dem Hals hockte. Vgl. die Wendung »jmdm., etwas am/auf dem Hals haben«.

jmdn., etwas auf den Hals bekommen (ugs.): *mit jmdm., mit einer Sache in unerwünschter Weise zu tun bekommen; etwas aufgebürdet bekommen:* Wenn ihr so einen Radau macht, bekommen wir die Nachbarn auf den Hals. Er bekam, obwohl er dagegen protestierte, auch noch die Betreuung der Lehrlinge auf den Hals. Vgl. die Wendung »jmdn., etwas am/auf dem Hals haben«.

jmdm. jmdn. auf den Hals hetzen/schicken (ugs.): *jmdn., der unerwünscht ist, zu jmdm. schicken:* Um ihn vollends zu ruinieren, hetzte er ihm die Gläubiger auf den Hals. Ihm jetzt auch noch ihre Eltern auf den Hals zu schicken. Das war geschmacklos (Fries, Weg 179). ▸ Die Wendung rührt wohl aus der Sprache der Jäger her und meint eigentlich »die Meute auf das Wild hetzen, das Wild verfolgen«.

aus vollem Hals[e]: *ganz laut, lauthals:* Er lachte aus vollem Hals, als er die Parkmanöver seiner Frau sah. Peter geht sehr weit auf den Anger hinauf, dort setzt er sich hin und singt aus vollem Halse (Waggerl, Brot 129).

jmdm. im Hals stecken bleiben (ugs.): *jmdm. nicht über die Lippen kommen, von jmdm. nicht geäußert werden können:* Die Worte bleiben ihm im Halse stecken. Als sie den Brief in seiner Hand sah, blieb ihr die Lüge im Hals stecken.

etwas in den falschen/unrechten/verkehrten Hals bekommen/kriegen (ugs.): *etwas falsch auffassen, missverstehen und darüber verärgert sein:* Ganz offenkundig hatte er die Bemerkung des Staatspräsidenten in den verkehrten Hals bekommen. Die (= Minister) zeigten keine große Begeisterung, ... weil sie das Gefühl hatten, das Auswärtige Amt könne die Reise und ihren Zweck in den falschen Hals bekommen (Zeit 12. 6. 1964, 24).

jmdm. etwas in den Hals werfen (ugs.; selten): *jmdm. etwas im Übermaß zukommen lassen:* Um andere Papiere zu bekommen, musste er ihm die Hälfte des Geldes in den Hals werfen.

da stehe ich jetzt mit meinem [un]gewaschenen Hals (ugs.): *[etwas Erwartetes ist nicht eingetreten, und] ich bin ratlos:* Das Fest war vorbereitet, aber plötzlich wollte niemand mehr kommen – da stand ich nun mit meinem gewaschenen Hals.

es geht um den Hals (selten): *das Leben, die Existenz steht auf dem Spiel:* Die Passagiere ahnten nicht, dass es um den Hals ging.

Vgl. die Wendung »jmdm./jmdn. den Hals kosten«.

sich um den/um seinen Hals reden (selten): *durch unvorsichtige Äußerungen sein Leben riskieren:* Der Wein hatte ihn berauscht, und er drohte sich um den Hals zu reden.
Vgl. die Wendung »jmdm./jmdn. den Hals kosten«.

jmdm. mit etwas vom Hals bleiben (ugs.): *jmdn. mit etwas verschonen, nicht belästigen:* Ach, bleiben Sie mir doch mit diesen alten Geschichten vom Hals!
Vgl. die Wendung »jmdn., etwas am/auf dem Hals haben«.

sich jmdn., etwas vom Hals halten (ugs.): *sich mit jmdm., auf etwas nicht einlassen:* Ich habe mir diese ehrenamtliche Tätigkeit leider nicht vom Hals halten können. ... genau dasselbe will ich ja auch – mir Kowalski vom Hals halten (Kirst, 08/15, 350).
Vgl. die Wendung »jmdn., etwas am/auf dem Hals haben«.

sich jmdn., etwas vom Hals schaffen (ugs.): *jmdn., etwas loswerden:* Ich werde mir die Angelegenheit schnell vom Hals schaffen. Er wollte sich den Burschen wieder vom Hals schaffen. Na, hören Sie mal, Sie haben sich schließlich die Leiche vom Hals geschafft, da werden Sie doch mit dem Handkoffer fertig werden (Seghers, Transit 24).
Vgl. die Wendung »jmdn., etwas auf dem Hals haben«.

jmdm. zum Hals heraushängen/herauswachsen (ugs.): *in jmdm. Widerwillen, Abneigung gegen etwas, was zu lange dauert, immer wiederkehrt, hervorrufen:* Dieses eintönige Essen hängt mir schon zum Hals heraus. Die Hälfte aller Zuschriften befasst sich mit Ehe, Liebe und so'm Zeug ... Das wächst mir, ehrlich gesagt, allmählich zum Hals heraus! (Hörzu 37, 1972, 8).
▶ Gemeint ist, dass etwas jmdn. so anekelt, dass er es wie eine Speise herauswürgt und erbricht.

bis zum Hals; bis über den Hals (ugs.): *völlig, ganz und gar:* Er hat sich bis über den Hals verschuldet. Sie war damals bis zum Hals in Schwierigkeiten geraten.

jmdm. bis zum Hals stehen (ugs.): *in jmdm. Widerwillen, Abneigung gegen et-*

was, was zu lange dauert, was immer wiederkehrt, hervorrufen: Den meisten Rekruten stand der Kantinenfraß bis zum Hals. Mir steht diese Stadt auch schon bis zum Hals, und ich will meine Ruhe (Seghers, Transit 254).
Vgl. die vorangehende Wendung.

barfuß bis an den Hals: ↑barfuß. **jmdm. bleibt der Bissen im Hals stecken:** ↑Bissen. **einer Flasche den Hals brechen:** ↑Flasche. **einen Frosch im Hals haben:** ↑Frosch. **jmdm. schlägt das Herz bis zum Hals:** ↑Herz. **sich die Kehle aus dem Hals schreien:** ↑Kehle. **einen Kloß im Hals haben:** ↑Kloß. **sich die Krätze/die Schwindsucht an den Hals ärgern:** ↑Krätze, ↑Schwindsucht. **sich die Lunge aus dem Hals schreien:** ↑Lunge. **sich die Lunge aus dem Hals husten:** ↑Lunge. **sich die Lunge aus dem Hals rennen:** ↑Lunge. **jmdm. die Pest/den Tod an den Hals wünschen:** ↑Pest, ↑Tod. **aus dem Hals riechen/stinken, wie die Kuh aus dem Arschloch:** ↑riechen. **jmdm. steht die Scheiße bis zum Hals:** ↑Scheiße. **jmdm. die Schlinge um den Hals legen:** ↑Schlinge. **sich den Teufel auf den Hals laden:** ↑Teufel. **jmdm. steht das Wasser bis zum Hals:** ↑Wasser. **jmdm. hängt die Zunge zum Hals[e] heraus:** ↑Zunge. **sich die Zunge aus dem Hals rennen:** ↑Zunge.
Vgl. auch die Stichwörter »Genick, Gurgel, Kehle, Kragen, Rachen«.

Halsbruch: Hals- und Beinbruch! (ugs.): *viel Glück! [an jmdn. gerichtet, der etwas Riskantes unternehmen will]:* Es ist eine wirklich schwere Rallye, aber ihr werdet es schon schaffen – Hals- und Beinbruch!

Halt: jmdm., einer Sache Halt gebieten: ↑Einhalt.

halten: das kannst du halten wie ein Dachdecker/wie der Pfarrer Assmann/wie der Pfarrer Nolte (ugs.): *das kannst du tun, wie du willst; das läuft auf das Gleiche hinaus:* Soll ich erst den Kotflügel ausbeulen und dann das Rad ausbauen? – Das kannst du halten wie der Pfarrer Assmann. (Oft weitergeführt: Und wie hielt der es? – Der hielt es wie der Pfarrer Nolte. – Und wie hielt der es? – Der hielt es, wie er wollte.)

sich nicht halten können vor Lachen: *heftig lachen:* Ich konnte mich nicht mehr halten vor Lachen, als ich ihn nach seiner Hose angeln sah.

▸ Die Wendung knüpft an die Bedeutung »sich zurückhalten, sich beherrschen« von »halten« an.

an sich halten: *sich beherrschen, sich zusammennehmen:* Sie musste an sich halten, um nicht laut aufzulachen. Halt an dich, mit einer Prügelei erreichst du auch nichts! Er konnte nicht länger an sich halten und verprügelte die Baetge, bis ihm seine eigenen Leibwächter in den Arm fielen (Prodöhl, Tod 68). **jmdm. zum Affen halten:** ↑Affe. **jmdn., etwas in Atem halten:** ↑Atem. **jmdm., sich etwas vor Augen halten:** ↑Auge. **Ausguck halten:** ↑Ausguck. **nach jmdm., nach etwas Ausschau halten:** ↑Ausschau. **sich den Bauch vor Lachen halten:** ↑Bauch. **sich bedeckt halten:** ↑bedeckt. **sich nicht mehr/kaum noch auf den Beinen halten können:** ↑Bein. **mit etwas hinter dem Berg/hinterm Berg halten:** ↑Berg. **jmdn. zum Besten halten:** ↑beste. **mit etwas hinter dem Busch halten:** ↑Busch. **jmdm. den Daumen halten:** ↑Daumen. **den Daumen auf etwas halten:** ↑Daumen. **jmdm. den Daumen aufs Auge halten:** ↑Daumen. **doppelt genäht hält besser:** ↑doppelt. **etwas in Ehren halten:** ↑Ehre. **bei sich Einkehr halten:** ↑Einkehr. **alle Fäden in der Hand halten:** ↑Faden. **[jmdm.] Farbe halten:** ↑Farbe. **etwas in Gang halten:** ↑Gang. **jmdn. am Gängelband halten:** ↑Gängelband. **jmdm. eine Gardinenpredigt halten:** ↑Gardinenpredigt. **sich etwas gegenwärtig halten:** ↑gegenwärtig. **über jmdn. Gericht halten:** ↑Gericht. **das halte ich für ein Gerücht:** ↑Gerücht. **sich in Grenzen halten:** ↑Grenze. **sich jmdn., etwas vom Hals halten:** ↑Hals. **die/seine [schützende oder helfende] Hand über jmdn. halten:** ↑Hand. **Händchen halten:** ↑Hand. **etwas in Händen halten:** ↑Hand. **die Hand auf die/auf der Tasche halten:** ↑Hand. **sich im Hintergrund halten:** ↑Hintergrund. **etwas instand halten:** ↑instand. **jmdn. an der Kandare halten:** ↑Kandare. **sich in jmds. Kielwasser halten:** ↑Kielwasser. **die Klappe halten:** ↑Klappe. **wo rohe Kräfte sinnlos walten, da kann kein Knopf die Hose halten:** ↑Kraft. **jmdn. auf dem Laufenden halten:** ↑laufen. **jmdn. bei Laune halten:** ↑Laune.

jmdm. jmdn., etwas vom Leibe halten: ↑Leib. **jmdn. an der Leine halten:** ↑Leine. **bei etwas das Licht [nicht] gehalten haben:** ↑Licht. **reinen Mund halten:** ↑Mund. **den/seinen Mund halten:** ↑Mund. **jmdn. zum Narren halten:** ↑Narr. **sich oben halten:** ↑oben. **den Rachen halten:** ↑Rachen. **sich im Rahmen halten:** ↑Rahmen. **den/seinen Rand halten:** ↑²Rand. **Rat halten:** ↑Rat. **Register halten:** ↑Register. **mit jmdm. Rücksprache halten:** ↑Rücksprache. **Ruhe halten:** ↑Ruhe. **sich im Sattel halten:** ↑Sattel. **jmdn. in Schach halten:** ↑Schach. **sich an jmdm. schadlos halten:** ↑schadlos. **sich an etwas schadlos halten:** ↑schadlos. **den Schnabel halten:** ↑Schnabel. **die Schnauze halten:** ↑Schnauze. **sich in Schranken halten:** ↑Schranke. **etwas in Schranken halten:** ↑Schranke. **[mit jmdm., mit etwas] Schritt halten:** ↑Schritt. **sich jmdn., etwas drei Schritte vom Leib halten:** ↑Schritt. **sich die Seiten vor Lachen halten:** ↑Seite. **jmdm. den Spiegel vor das Gesicht halten:** ↑Spiegel. **jmdm. eine Standpauke halten:** ↑Standpauke. **jmdn. bei der Stange halten:** ↑Stange. **jmdm. die Stange halten:** ↑Stange. **jmdm. den Steigbügel halten:** ↑Steigbügel. **die Stellung halten:** ↑Stellung. **Stich halten:** ↑Stich. **große Stücke auf jmdn. halten:** ↑Stück. **jmdn. über die Taufe halten:** ↑Taufe. **jmdn. in Trab halten:** ↑Trab. **mit jmdm. Tuchfühlung halten:** ↑Tuchfühlung. **sich zur Verfügung halten:** ↑Verfügung. **etwas unter Verschluss halten:** ↑Verschluss. **etwas in Verwahrung halten:** ↑Verwahrung. **[jmdm./bei jmdm.] Vortrag halten:** ↑Vortrag. **sich die Waage halten:** ↑Waage. **unter Waffen halten:** ↑Waffe. **jmdn./sich über Wasser halten:** ↑Wasser. **jmdm. Widerpart halten:** ↑Widerpart. **Wort halten:** ↑Wort. **sich, etwas im Zaum[e] halten:** ↑Zaum. **... was das Zeug hält:** ↑Zeug. **die Zügel lose/straff halten:** ↑Zügel. **die Zügel [fest] in der Hand halten:** ↑Zügel. **jmdm. etwas zugute halten:** ↑zugute. **seine Zunge im Zaum halten:** ↑Zunge. **zuschlagen, was das Leder hält:** ↑zuschlagen. **[mit jmdm.] Zwiesprache halten:** ↑Zwiesprache.

Halt machen: vor jmdm., etwas nicht Halt machen: *jmdn., etwas nicht ausnehmen, verschonen:* Die fürchterliche Seu-

che wütete immer schlimmer und machte auch vor den Vornehmen und Reichen des Landes nicht Halt. Auffallend ist sein Witz, der weder vor Kaisern Halt machte, noch sich vor Selbstironie scheute (Thieß, Reich 400).
vor nichts [und niemandem] Halt machen: *vor nichts zurückschrecken, skrupellos sein:* Solche Verbrecher machen vor nichts und niemandem Halt.
Haltung: Haltung annehmen (Soldatenspr.): *strammstehen:* Die Häftlinge mussten Haltung annehmen, wenn er die Baracke betrat. Alle nahmen Haltung an, als sie ihn sahen, produzierten Ehrenbezeigungen, rührten dann wieder, als er es ihnen erlaubte (Kirst, 08/15, 232). Nehmen Sie Haltung an, wenn Sie mit einem Vorgesetzten reden (Remarque, Westen 125).
Hammel: um wieder auf besagten Hammel zu kommen ...: *um [nach dieser Abschweifung] wieder das alte, das eigentliche Thema aufzunehmen ...:* Um wieder auf besagten Hammel zu kommen, der Einsatz von Computern wird sich eher kostengünstig auswirken.
► Die Redensart geht auf die französische Farce »Maître Patelin« (15. Jh.) zurück. In einem Prozess wegen veruntreuter Hammel sucht der Richter den ständig abschweifenden Kläger mit dem Zuruf »Revenons à nos moutons!« zur Sache zu bringen. In Deutschland wurde die Redensart durch Kotzebues viel gespieltes Stück »Die deutschen Kleinstädter« (1803) bekannt.
Hammelbeine: jmdm. die Hammelbeine lang ziehen (ugs.): *jmdn. [im Dienst, bei der Arbeit] hart herannehmen, schinden:* Angesichts der schwachen Leistungen musste der Trainer die Spielern die Hammelbeine lang ziehen. Platzek wird schon dafür sorgen, ... dass den Kerlen die Hammelbeine lang gezogen werden (Kirst, 08/15, 118).
► Die Wendung stammt aus der Soldatensprache und meinte wahrscheinlich eigentlich – mit Bezug auf den Drill – »jmds. Beine strecken, gerade machen, ihnen Haltung beibringen« (früher war neben »lang ziehen« auch das Verb »recken« gebräuchlich). »Hammelbeine« ist wie z. B. auch »Scheißständer« ein abwertender Ausdruck für Beine. Mit der Kastration der Hammel hat die Wendung nichts zu tun.
jmdn. bei/an den Hammelbeinen nehmen/kriegen (ugs.): *jmdn. scharf zurechtweisen, als Strafe für etwas hart herannehmen:* Der Chef hat mich ganz schön bei den Hammelbeinen gekriegt. Vgl. die vorangehende Wendung.
Hammer: das ist ein Hammer! (ugs.): 1. *das ist schlimm, unerhört, ein schwerer Schlag:* »... Hassan will mit dir Schluss machen.« Ein ganz schöner Hammer war das (Hornschuh, Ich bin 34). 2. *das ist toll, eine großartige Sache:* Du hast geerbt? Das ist ein Hammer! War das ein Hammer! Walter Schmidt schleuderte den Hammer auf die Weltrekordweite von 76,40 m (Hörzu 52, 1971, 71).
► Die Redensart drückt aus, dass man von einem Ereignis so sehr beeindruckt ist, als sei man mit einem Hammer geschlagen worden.
einen Hammer haben (ugs.): *nicht recht bei Verstand sein:* Sag mal, hast du einen Hammer? Du kannst doch nicht einfach mit meinen Sachen verschwinden.
► Gemeint ist, dass jmd. so handelt oder spricht, als hätte er einen Schlag mit dem Hammer auf den Kopf bekommen und könnte noch nicht klar denken.
unter den Hammer kommen: *[zwangs]versteigert werden:* Die gesamte Einrichtung kam unter den Hammer. ... schließlich zündeten sie da und dort Gehöfte an, die unter den Hammer kommen sollten (Niekisch, Leben 166). Ein Tigermantel kommt unter den Hammer ... Der Versteigerungssaal summt von Schau- und Kauflustigen (Hörzu 43, 1970, 12).
► Die Wendung bezieht sich darauf, dass bei Versteigerungen der Zuschlag mit einem Hammer erfolgt.
etwas unter den Hammer bringen: *etwas versteigern:* Wertvolle Kunstschätze wurden unter den Hammer gebracht. Roland ... erklärte mir, dass er es (= das Haus) nicht ohne weiteres aufgeben oder gar »unter den Hammer« bringen wollte (Frau im Spiegel 29, 1978, 18). Vgl. die voranstehende Wendung.
zwischen Hammer und Amboss: *zwischen zwei Fronten, zwei Parteien:* Er

hatte als Tourist keine Lust, zwischen Hammer und Amboss zu geraten. Sollten das Hindus und Moslems unter sich ausmachen.

Hampelmann: jmdn. zu seinem Hampelmann machen; einen Hampelmann aus jmdm. machen: *jmdn. völlig von sich abhängig, zu seinem willenlosen Werkzeug machen:* Niemand lässt gern einen Hampelmann aus sich machen. Der Chef wollte mich zu seinem Hampelmann machen, da habe ich lieber gekündigt.

Hand: jmdn. rutscht die Hand aus; jmds. Hand rutscht aus (ugs.): *jmd. gibt jmdm. eine Ohrfeige:* Mir rutscht gleich die Hand aus, wenn du das noch einmal machst. Ihm rutscht leicht die Hand aus (= er schlägt schnell zu). Ich habe ziemlich viel Alkohol konsumiert, und meine Hand ist auch oft ausgerutscht (Hörzu 37, 1973, 115).
Vgl. die Wendung »eine lose/lockere Hand haben«.

jmdm. sind die Hände/Hände und Füße gebunden: *jmd. kann nicht nach seinem freien Willen handeln:* Ich möchte dir gerne helfen, aber mir sind die Hände gebunden. Durch das Vorhandensein einer solchen Hilfstruppe ... seien ... der deutschen Regierung gegenüber der Sowjetunion die Hände gebunden (Niekisch, Leben 203).

jmds. rechte Hand: *jmds. vertrauter und wichtigster Mitarbeiter:* Er fühlte sich schon als die rechte Hand vom Chef. Sie ist die rechte Hand des Ministers. Für die Rechnungsführung hatte er einen Oberfeldwebel, und im Übrigen seine rechte Hand, seinen Unteroffizier, Kulicke (Plievier, Stalingrad 163).
► Die Wendung nimmt darauf Bezug, dass die Rechte im Allgemeinen die Hand ist, mit der bestimmte wichtige Tätigkeiten ausgeführt werden (z. B. Handschlag, Schreiben). Sie ist gewissermaßen die »richtige« Hand.

die linke Hand/die Linke kommt vom Herzen (ugs.; scherzh.): *Floskel, mit der man kundtut, dass man jmdm. aus einem bestimmten Grund zur Begrüßung nur die linke Hand reichen kann.*
► Die Redensart will ausdrücken, dass die Begrüßung mit der linken Hand zwar nicht der Form entspricht, dafür aber

umso herzlicher gemeint ist, da sie dem Gefühl entspricht.

eine Hand wäscht die andere: *jmd. hat mir einen Gefallen erwiesen, also erweise ich ihm auch einen; ich habe jmdm. einen Gefallen erwiesen, also erwarte ich, dass er mir auch einen erweist:* Paul leiht mir gelegentlich sein Auto; dafür kriegt er im Sommer etwas von den Erdbeeren und Kirschen aus meinem Garten ab – eine Hand wäscht die andere. Der Gewährsmann ... hatte Herbert Leibig nicht enttäuscht, und das sollte ... dessen Schade nicht sein. Eine Hand wäscht die andere (Ossowski, Liebe ist 108).

viele Hände machen der Arbeit schnell ein Ende: *zu mehreren kann man eine Arbeit schneller erledigen:* Wenn wir alle mithelfen, ist das Zimmer in einer halben Stunde ausgeräumt; viele Hände machen der Arbeit schnell ein Ende.

küss die Hand: *in Österreich noch übliche, sonst veraltete, an weibliche oder (seltener) an hoch gestellte männliche Personen gerichtete Grußformel:* Küss die Hand, gnädige Frau, Empfehlung an den Herrn Gemahl!

Händchen halten (ugs.): *sich zärtlich bei den Händen halten:* Wieso ist sie schwanger, wenn ihr immer nur Händchen gehalten habt?

Hand aufs Herz! (ugs.): *sei/seien Sie ehrlich!; sage/sagen Sie die Wahrheit!:* Also, Hand aufs Herz! Hast du mit ihr etwas gehabt? Das stimmt, Hand aufs Herz! Also Franz, Hand aufs Herz: Was haben sie dir draußen für eine Tolle gedreht? (Döblin, Berlin 66).
► Die Aufforderung, die Wahrheit zu sagen, bezieht sich darauf, dass es früher üblich war, bei Eidesleistungen oder feierlichen Erklärungen die Hand auf die linke Brustseite zu legen.

Hand drauf!: *ich verspreche dir das/versprich mir das [mit Handschlag]:* So etwas habe ich nie über dich gesagt, das kannst du mir glauben – Hand drauf! Hand drauf, dass du bis morgen alle Bücher zurückgebracht hast!

jmdm. auf etwas die Hand geben: *jmdm. etwas mit Handschlag versprechen:* Der Rektor gab ihm die Hand darauf, dass er eine Untersuchung des Vorfalls einleiten würde.

sich für jmdn., für etwas die Hand abhacken/abschlagen lassen (ugs.): *für jmdn., für etwas bürgen:* Es stimmt, was er sagt, dafür lasse ich mir die Hand abhacken. ▶ Die Wendung drückt aus, dass jemand völlig sicher, von jemandem oder etwas überzeugt ist, sodass er bereit ist, mit seiner Hand zu bürgen. Zu dem mittelalterlichen Strafenkatalog gehörte auch das Abschlagen der Hand.

[selbst] mit Hand anlegen: *mithelfen:* Wenn wir alle mit Hand anlegen, sind wir bald fertig. Er bot Zeugen dafür an, dass Herr Macheath in der kritischen Zeit oft selber in den Läden den Rock ausgezogen und mit Hand angelegt habe (Brecht, Groschen 257).

die/seine Hand aufhalten (ugs.): *immer etwas (Geld) haben wollen:* Sie fühlten sich nicht wohl in dem Hotel. Das Essen war schlecht, die Zimmer nicht besonders sauber, und dauernd hielt jemand die Hand auf. ... der König sieht zu und hält die Hand auf, er braucht etwas für seinen Handel mit Prinzessinnen (Bobrowski, Mühle 31).

die Hand/die Hände nach jmdm., nach etwas ausstrecken: *jmdn., etwas in seinen Besitz, in seine Gewalt bringen wollen:* Er streckte seine Hände nach dem Parteivorsitz aus. Der Diktator streckte seine Hände nach den Gebieten im Süden aus.

die Hand gegen jmdn. erheben (geh.): *jmdn. bedrohen, schlagen wollen:* Im Zorn hatte er die Hand gegen seinen Vater erhoben. ... so wie keiner von ihnen die Hand gegen seine Mutter erhoben hätte, so wenig konnten sie glauben, dass irgendjemand in ihrem Lande die Hand gegen das Recht erheben würde (Wiechert, Jeromin-Kinder, 848).

Hand und Fuß haben (ugs.): *gut durchdacht sein:* Die Sache schien Hand und Fuß zu haben, deshalb willigte er ein. ... was er über die Unterschiede in der Natur und Erlebnisart des Kranken und des Gesunden bemerkt habe, das habe schon Hand und Fuß (Th. Mann, Zauberberg 624). ▶ Gemeint war ursprünglich, dass jemand nicht verstümmelt ist, sodass man sich auf ihn verlassen kann.

die Hand/seine Hände im Spiel haben: *an etwas heimlich mitwirken:* Der Ange-

klagte beteuerte, dass er bei dem Putsch seine Hände nicht im Spiel gehabt habe. Das konnte er sich denken, dass natürlich der Chef da seine Hand wieder im Spiel hatte (Plievier, Stalingrad 287).

seine Hände in etwas haben (ugs.): *an etwas heimlich beteiligt sein:* Auch einige Skilifte am Arlberg sollen ihm gehören; der hat seine Hände überall drin. ▶ Die Wendung bezieht sich auf das Kartenspiel; vgl. auch die Wendung »jmdm. etwas in die Hand/in die Hände spielen«.

die/seine Hand auf etwas haben/halten: *über etwas verfügen:* Der Staat hatte seine Hand auf dem Vermögen ausländischer Unternehmer. Daher kommt es wohl, dass des Müllers Geldschrank so unerschöpflich ist! Allein niemand wagt zu murren, er hat seine Hand auf allem (Waggerl, Brot 122).

Hand an sich legen (geh.): *Selbstmord begehen:* In einem Anfall von Schwermut hatte sie Hand an sich gelegt. Der Pastor will nicht, dass mein Mann auf dem Kirchhof beerdigt wird, ... weil er Hand an sich gelegt hat (Remarque, Obelisk 60).

Hand an jmdn. legen (geh.): *jmdm. Gewalt antun:* Die Männer legten Hand an ihn und schleppten ihn zum Verhör. So manche ... Eltern erklären voller Stolz, dass sie »nie an ein Kind Hand angelegt haben« (Missildine [Übers.], Kind 242).

seine/die Hand auf jmdn., auf etwas legen (geh.): *jmdn., etwas in Beschlag nehmen:* Der Staat legte seine Hand auf das Eigentum der Emigranten. Wer war diese Adelssippschaft, die die Hand auf den Jungen gelegt hatte? (Feuchtwanger, Herzogin 137).

keine Hand rühren: *nicht [mit]helfen, tatenlos zusehen:* Im Haushalt rührt sie keine Hand, das muss alles er machen. Ein Polizist stand daneben, rührte aber keine Hand, als der Streit begann.

die Hände in den Schoß legen: *nichts tun, untätig sein:* Du bist noch zu jung, um die Hände in den Schoß zu legen. Wir, Herr Pfarrer, können dabei unsere Hände abwartend in den Schoß legen (Kirst, Aufruhr 222).

die Hände über dem Kopf zusammenschlagen: *entsetzt sein:* Wenn meine

Mutter diese Flecken sieht, wird sie die Hände über dem Kopf zusammenschlagen. Ich habe, weiß Gott, die Hände über dem Kopf zusammengeschlagen, als er anfing zu wirtschaften (Th. Mann, Buddenbrooks 17).

die/seine Hand für jmdn., für etwas ins Feuer legen: *für jmdn., für etwas bürgen:* Das stimmt, was er sagt, dafür lege ich meine Hand ins Feuer. Wir kennen sie, seit sie in die Stadt gekommen ist, und legen jederzeit die Hand für sie ins Feuer (Brecht, Mensch 25).

► Die Wendung bezieht sich auf die mittelalterlichen Feuerurteile, bei denen der Angeklagte, um seine Unschuld zu beweisen, seine Hand eine Weile ins Feuer halten musste. Erlitt er keine oder nur geringfügige Verbrennungen, so galt er als unschuldig.

sich die Hände reiben (ugs.): *Schadenfreude empfinden, zeigen:* Natürlich reibt sich die Konkurrenz die Hände, wenn wir auf unseren Lagerbeständen sitzen bleiben.

die Hände regen/rühren (geh.): *fleißig arbeiten:* Die Leute waren auf den Feldern gewesen und hatten fleißig die Hände geregt. Seine Mutter war schon über achtzig, aber sie rührte noch den ganzen Tag die Hände.

sich/(geh.:) einander die Hand reichen können: *sich in einer negativen Eigenschaft o. Ä. gleichen, gleich dumm, ungeschickt o. ä. sein:* Wir können uns die Hand reichen, ich habe auch nicht einen Treffer.

► Die Wendung meint, dass sich zwei Menschen zu etwas gegenseitig beglückwünschen, und zwar ironisch zu einer Torheit o. Ä.

sich/einander die Hand zum Bunde reichen (geh.): *[enge] Freundschaft schließen:* Vergessen wir alles, was gewesen ist, und reichen wir uns die Hand zum Bunde.

jmdm. die Hand fürs Leben reichen (geh.): *jmdn. heiraten:* Die ganze Stadt stand Kopf, als die alternde Diva einem dreißig Jahre jüngeren Mann die Hand fürs Leben reichte.

[jmdm.] die Hand zur Versöhnung reichen: *die Bereitschaft zeigen, sich mit jmdm. zu versöhnen:* Niemand glaubte

mehr daran, dass die verfeindeten Brüder einander noch einmal die Hand zur Versöhnung reichen würden. War es Mitleid ..., dass Justinian in dieser Stunde den Entschluss fasste, die Hand zur Versöhnung zu reichen? (Thieß, Reich 532).

ehe man die Hand umdreht: *im Handumdrehen, im Nu:* Die Katze war, ehe man die Hand umdreht, mit dem Wellensittich aus dem Zimmer verschwunden.

seine Hände in Unschuld waschen: *erklären, dass man unschuldig ist:* Keiner wollte an dem kläglichen Versagen der Mannschaft schuld sein, auch der Trainer wusch seine Hände in Unschuld. ... ich sehe schon ihr unverschämtes Strahlen, höre das Vivat und Halleluja, die Herren im Talar waschen ihre Hände in Unschuld (Maass, Gouffé 243).

► Die Wendung stammt aus der Bibel, vgl. z. B. Psalm 26, 6. Dort heißt es:»Ich wasche meine Hände in Unschuld und halte mich, Herr, zu deinem Altar.« Die Handlung des Händewaschens, Symbol der Schuldlosigkeit, wurzelt in dem Glauben an die reinigende Kraft des Wassers. Sie ist allgemein durch die Schilderung der Verurteilung Jesu bekannt, vgl. Matthäus 27, 24: »Da aber Pilatus sah, dass er nichts ausrichtete, ... nahm er Wasser und wusch die Hände vor dem Volk und sprach: Ich bin unschuldig an seinem Blut ...«.

alle/beide Hände voll zu tun haben: *viel zu tun haben:* Sie hatte beide Hände voll zu tun, weil sie in dem Lokal allein bediente. Habt ihr einem Arzt telefoniert? ... Noch nicht. Wir hatten alle Hände voll zu tun (Remarque, Obelisk 274).

eine feste Hand brauchen: *straff und energisch geleitet werden müssen:* Der Junge braucht eine feste Hand. Also das ist das reinste Affentheater mit euch beiden. Ihr braucht beide eine feste Hand, scheint mir (Faller, Frauen 123).

freie Hand haben: *nach eigenem Ermessen handeln können:* Der Polizeipräsident hatte bei den Verhandlungen mit den Terroristen völlig freie Hand. Zwar hat der Berichterstatter grundsätzlich freie Hand, in welchem Umfang er über derartige Sitzungen berichtet ... (NJW 19, 9. 5. 1984, 1127).

jmdm. freie Hand lassen: *jmdn. selbstständig arbeiten, nach eigenem Ermessen handeln lassen:* Die Regierung ließ dem Wirtschaftsminister bei den Verhandlungen freie Hand. Herr Hauptmann ... werden bald merken, dass bei mir alles klappt und mir dann, wie ich es gewohnt bin, freie Hand lassen (Kirst, 08/15, 395).

zwei linke Hände haben (ugs.): *sich sehr ungeschickt anstellen:* Lass mich das bloß machen, du hast zwei linke Hände. Die neue Hilfe in der Kantine hat zwei linke Hände, die richtet beim Servieren nur Unheil an.

▶ Die Wendung nimmt darauf Bezug, dass die Rechte als die richtige Hand gilt, mit der die Menschen im Allgemeinen geschickter sind als mit der linken Hand.

Vgl. die Wendung »mit der linken Hand«.

eine lockere/lose Hand haben (ugs.): *schnell dazu bereit sein, jmdm. eine Ohrfeige zu geben:* Er wusste, dass die Sekretärin des Chefs eine lose Hand hat, und traute sich nicht, mit ihr anzubandeln.

Vgl. die Wendung »jmdm. rutscht die Hand aus«.

eine milde/offene Hand haben (geh.): *freigebig sein:* Er war ein gern gesehener Gast, weil er für alle Bediensteten des Hotels eine offene Hand hatte. Auch sonst hatte Albrecht ein mildes Gesicht und eine offene Hand für alle Herren, die in Tirol von Einfluss waren (Feuchtwanger, Herzogin 108).

die Hand auf die/auf der Tasche halten (ugs.): *geizig sein:* Von ihm wirst du kein Geld kriegen, seine Frau hält die Hand auf der Tasche.

die Hand in anderer/fremder Leute Taschen haben: *auf Kosten anderer leben:* Treue Staatsdiener lassen sich nicht gern vorwerfen, sie hätten die Hand in fremder Leute Taschen.

eine hohle Hand machen (verhüllend): *bestechlich sein:* Auch unter den Zollbeamten gab es einige, die eine hohle Hand machten.

jmdm. die Hände schmieren/versilbern (ugs.): *jmdn. bestechen:* Hatte der Richter sich von der Mafia die Hände versilbern lassen? Die Genehmigung ist kein Problem, wenn man den richtigen Leuten die Hände schmiert.

[bei etwas/mit etwas] eine glückliche Hand haben: *in etwas geschickt sein, das richtige Gefühl für etwas haben [und daher erfolgreich sein]:* Der Trainer hat bei der Aufstellung der Mannschaft keine glückliche Hand gehabt. Lechner hatte das Haus renovieren lassen; aber er hatte da keine so glückliche Hand wie mit seinen alten Möbeln (Feuchtwanger, Erfolg 600).

[für etwas] ein Händchen haben (ugs.): *im Umgang mit etwas sehr geschickt sein, das richtige Gefühl für etwas haben:* Sie hat nun einmal ein Händchen für Zimmerpflanzen.

eine unglückliche Hand haben: *nicht geschickt sein in etwas, nicht das richtige Gefühl für etwas haben:* Er hat mit den Rosenstöcken eine ausgesprochen unglückliche Hand. Der Regisseur hat bei seinen letzten Filmen eine unglückliche Hand gehabt.

eine grüne Hand/einen grünen Daumen haben (ugs.): *guten Erfolg bei der Pflege von Pflanzen haben:* Mir wäre der Gummibaum fast eingegangen, aber bei meiner Mutter wächst und gedeiht er – sie hat halt eine grüne Hand.

seine/die [schützende oder helfende] Hand über jmdn./(seltener:) **über jmdm. halten:** *jmdn. schützen, jmdm. helfen:* Vieles misslang ihm, seitdem sein Vater nicht mehr seine helfende Hand über ihn hielt. ... so gab es bald hier, bald da erregte Massenaktionen, gegen die man wehrlos war, weil die Kirche schützend ihre Hand über dem Volk hielt (Thieß, Reich 314).

seine/die [schützende oder helfende] Hand von jmdm. abziehen (geh.): *jmdn. nicht mehr schützen; jmdm. nicht mehr helfen:* Als seine Leistungen immer schwächer wurden, zog auch der Trainer seine schützende Hand von ihm ab. Wie ich Fräulein Shen Te ... verstehe, hat sie nicht die Absicht, die Hand von Ihnen allen abzuziehen (Brecht, Mensch 106).

[die] letzte Hand an etwas legen (geh.): *etwas als Künstler vollenden, abschließen:* Er war froh, dass er bald letzte Hand an den Roman legen würde. ... während man die letzte Hand legte an die

Arbeiten zur Wiedererschließung der Teufelsklamm, ... lag Johanna Krain-Krüger neben dem schlafenden Heßreiter (Feuchtwanger, Erfolg 300).

reine/saubere Hände haben: *immer anständig gehandelt haben:* Er war der Einzige im Gemeinderat, der saubere Hände hatte. ... wir haben doch saubere Hände und wollen sie uns keinesfalls schmutzig machen! (Dönhoff, Ära 159).

schmutzige Hände haben: *sich etwas haben zuschulden kommen lassen:* Es gab kaum einen in der Wachmannschaft, der nicht schmutzige Hände hatte.

klebrige Hände haben (ugs.): *zum Stehlen neigen:* Pass auf dein Geld auf, das Personal hier soll klebrige Hände haben!

an Händen und Füßen gebunden sein: *nicht nach seinem freien Willen handeln können, machtlos sein:* Solange diese Bestimmungen bestehen, sind die Speditionsfirmen an Händen und Füßen gebunden.

jmdm. etwas an die Hand geben: *jmdm. etwas zur Verfügung stellen:* Die Verlage geben den Buchhandlungen für den Wettbewerb die neuesten Werbemittel an die Hand. Dadurch wird dem Leser ein umfassendes Werk zur Besteuerung der betrieblichen Altersversorgung ... an die Hand gegeben ... (NJW 19, 9. 5. 1984, XXVIII).

jmdn. an die Hand gehen: *jmdm. helfen, behilflich sein:* Sie gehen uns an die Hand, und wir setzen Ihnen dafür Ihre Heiratsannonce auf! (Brecht, Mensch 42). Das muss sich machen lassen ... Du musst mir bloß an die Hand gehn! (Musil, Mann 376).

jmdn. an der Hand haben (ugs.): *jmdn. kennen, dessen Dienste o. Ä. man in Anspruch nehmen kann; den man jmdm. vermitteln kann:* Es ist gut, wenn man in so einer Situation einen Automechaniker an der Hand hat. Er, Zucchi, habe denn freilich nur Künstler allerersten Ranges an der Hand ... (Thieß, Legende 164).

sich etwas an beiden Händen abzählen/abfingern können (ugs.): *sich etwas leicht denken können, etwas leicht voraussehen können:* Was bei einer derartigen Veranstaltung herauskommt, kann man sich an beiden Händen abzählen.

[klar] auf der Hand liegen: *offenkundig sein:* Die Vorteile dieses Projekts liegen doch klar auf der Hand. Ich will nicht darüber nachdenken ... Obwohl es eigentlich klar auf der Hand liegt, dass der Arme durch eine geheime Schuld seinen früheren Pfarrkindern ausgeliefert ... ist (Langgässer, Siegel 97).
Vgl. die Wendung »sich nicht von der Hand weisen lassen«.

auf den Händen sitzen (Schauspielersprache; scherzh.): *nicht Beifall klatschen:* Das Publikum saß mal wieder auf den Händen.

jmdn. auf Händen tragen: *jmdn. (eine Frau) mit Liebe und Fürsorge umgeben:* Vor der Ehe hatte er ihr versprochen, sie immer auf Händen zu tragen. Er liebt seine Frau abgöttisch und trägt sie auf Händen.

aus der Hand: *ohne nähere Prüfung:* Über diese Fragen darf nicht einfach aus der Hand entschieden werden. So aus der Hand kann ich das nicht genau sagen.

aus erster Hand: 1. *aus bester Quelle, authentisch:* Diese Nachricht habe ich aus erster Hand. ... die Redaktion wollte einen Artikel aus erster Hand über Gieses Trainingsmethoden (Lenz, Brot 70). Sehn Sie, ich kenn sie ja von Kindesbeinen an. Von mir haben Sie alles aus erster Hand (H. Mann, Unrat 58). 2. *vom ersten Besitzer:* Dieser Wagen stammt aus erster Hand.

aus zweiter Hand: 1. *von einem Mittelsmann:* Er hat diese Meldung aus zweiter Hand. 2. *vom zweiten Besitzer:* Er hat den Wagen aus zweiter Hand gekauft. ... alles, was Eddi Amsel am Leibe trug, wirkte wie aus zweiter Hand (Grass, Hundejahre 194).

etwas aus der Hand geben: *etwas von anderen erledigen lassen, auf etwas verzichten:* Er dachte nicht daran, den Parteivorsitz aus der Hand zu geben. Seine Frau wird die Leitung des Unternehmens nicht aus der Hand geben.

jmdm. etwas aus der Hand nehmen: *jmdn. etwas nicht mehr erledigen lassen, jmdm. etwas entziehen:* Die Versammlung beschloss, dem Trainer die Betreuung der Jugendmannschaft aus der Hand zu nehmen.

jmdm. aus der Hand fressen (ugs.; scherzh.): *sich jmdm. ganz unterordnen und das tun, was er verlangt:* Sie waren keine vier Wochen verheiratet, da fraß sie ihm schon aus der Hand. Denn ihm frisst der Star, der einst bei Plattenbossen als »launische Zicke« verschrien war, aus der Hand (Hörzu 37, 1972, 6).

[aus der] Hand spielen (Skat): *ohne den Skat aufzuheben spielen:* Ich spiele Pik [aus der] Hand. Seine Frau spielte noch einen Grand aus der Hand.

aus/von privater Hand: *von einer Privatperson, von Privatpersonen:* Der Kauf von Antiquitäten aus privater Hand ist nicht ohne Risiko.

etwas bei der Hand haben: *etwas greifbar, zur Verfügung haben:* Haben Sie die Unterlagen bei der Hand? Leider hatte er seinen Fotoapparat nicht bei der Hand. Natürlich haben auch dafür die Wirrköpfe Ausreden bei der Hand (Enzensberger, Einzelheiten I, 68).

mit etwas schnell/gleich/rasch bei der Hand/(auch:) zur Hand sein: *schnell/gleich zu etwas bereit sein:* Er war mit seiner Kritik schnell bei der Hand. ... mit dem Wort »feige« waren um diese Zeit sogar die Eltern rasch bei der Hand (Remarque, Westen 14).

durch jmds. Hand/Hände gehen: *von jmdm. eine gewisse Zeit gebraucht, bearbeitet, verwahrt, betreut o. Ä. werden:* Durch wessen Hände die Fundstücke in den letzten Jahren gegangen sind, lässt sich nicht mehr rekonstruieren. Der Jahresbericht ... bot in etwa einen Ausschnitt von dem, was alles in diesen 22 Jahren drinlag, in denen zirka 20 500 Kinder durch die Hände der Schwester in den Beratungsstellen hindurchgegangen sind (Vaterland 73, 27. 3. 1985, 26).

durch viele Hände gehen: *oft den Besitzer wechseln:* Dieser Wagen ist schon durch viele Hände gegangen. Er ahnte nicht, durch wie viele Hände sie gegangen war (= wie viele Männerbekanntschaften sie gehabt hatte). Es war ein recht zerlesenes Exemplar, das schon durch viele Hände gegangen war (Mehnert, Sowjetmensch 283).

hinter vorgehaltener Hand: *im Geheimen, inoffiziell:* Man sprach hinter vorgehaltener Hand bereits wieder von Aufrüstung und allgemeiner Wehrpflicht. ... »eine beispiellose Parteinahme« des zur Unparteilichkeit verpflichteten Richters, wie ein Berufskollege hinter vorgehaltener Hand zugab (Spiegel 26, 1979, 113).

Hand in Hand arbeiten: *zusammenarbeiten, etwas gemeinschaftlich bewerkstelligen:* Wir können im Breitensport viel mehr erreichen, wenn alle Vereine Hand in Hand arbeiten.

mit etwas Hand in Hand gehen: *mit etwas eng verbunden sein:* Diese Maßnahmen der Regierung gehen mit den Interessen der Arbeiter Hand in Hand. Infolge der ständigen historisch-politischen Veränderungen gibt es gute Gründe für die Schwankungen unseres Selbstbewusstseins, die Hand in Hand mit unserer Geschichte gehen ... (von Weizsäcker, Deutschland 42).

jmdm./einer Sache in die Hände arbeiten: *jmdm. mit etwas Vorschub leisten, nützen:* Mit seinen unbedachten Äußerungen arbeitete er der Opposition in die Hände. Ich konnte den Absichten des Gerichts in keiner Weise in die Hände arbeiten (Niekisch, Leben 323).

jmdm., etwas in die Hand/in die Hände bekommen/(ugs.:) kriegen: *[durch Zufall] einer Person/Sache habhaft werden:* Wenn die Staatsanwaltschaft die Dokumente in die Hände bekommt, muss sie Anklage erheben. Sie darf den Familienschmuck niemals in die Hand bekommen. Erst mit dem Feuer bekam der Mensch eine zerstörende Kraft in die Hand ... (Gruhl, Planet 41).

jmdm. in die Hand/in die Hände fallen/kommen: *[durch Zufall] von jmdm. gefunden werden:* Durch Zufall kam der Brief in die Hand ihres Mannes. Im Jahre 1921 hält sich eine Pariser Studentin ... eine Weile in Berlin auf, in einer Buchhandlung fällt ihr Thomas Manns Erzählung in die Hände ... (Reich-Ranicki, Th. Mann 102).

jmdm. in die Hände fallen/kommen: *in jmds. Gewalt, Besitz geraten:* Der Transport fiel den Aufständischen in die Hände. Ist man nicht amputiert, dann fällt man über kurz oder lang einem dieser Stabsärzte in die Hände (Remarque, Westen 195).

jmdm. etwas in die Hand geben: *jmdm. etwas zur Verfügung stellen, jmdn. mit etwas beauftragen:* Die Betreuung der Boxer bei den Olympischen Spielen ist dem früheren Europameister in die Hand gegeben worden. Die volle Verwirklichung dieser Forderung würde jedoch den militärischen Führern eine Macht in die Hand geben, die ... die Gefahr ... erhöht (Fraenkel, Staat 369).

jmdn., etwas in der Hand haben: *jmdn., etwas in der Gewalt haben; jmdn., etwas lenken; über jmdn., über etwas verfügen:* Die Aufständischen hatten das Gebiet fest in der Hand. Der Lehrer hat die Klasse überhaupt nicht in der Hand. Die Terroristen hatten es in der Hand, die Maschine zu sprengen. Er, der Hohe Kommissar, hatte also nur einen Zipfel der Souveränität in der Hand (Dönhoff, Ära 80).

etwas in der Hand haben: *etwas haben, worauf man sich berufen kann:* Wenn Sie wenigstens eine eidesstattliche Erklärung des Verstorbenen in der Hand hätten, dann stünden Ihre Chancen erheblich besser!

etwas in Händen halten: *über etwas verfügen:* Wer die Aktienmehrheit in Händen hält, bestimmt die Geschicke der Firma. Er selber jedoch ist sich in schöner Unschuld der Macht, die er in Händen hält, ... offenbar gar nicht bewusst ... (Dönhoff, Ära 58).

sich in der Hand haben: *sich beherrschen:* Ein Lehrer sollte sich immer in der Hand haben. Er hatte sich nicht mehr in der Hand und schlug mit dem Stock auf die Rowdys ein. Tante Huse hat sich schon wieder in der Hand (Bobrowski, Mühle 215).

etwas gegen jmdn. in der Hand/in [den] Händen haben: *etwas Belastendes und Nachteiliges von jmdm. wissen, was man notfalls als Druckmittel einsetzen wird:* Die Staatsanwaltschaft hat neues Beweismaterial gegen die Angeklagten in der Hand. Es war ihm plötzlich klar, was seine Gegner gegen ihn in der Hand hatten, wenn er Farbe bekannte (Brecht, Geschichten 123).

etwas in jmds. Hand/Hände legen/(geh.:) **geben:** *etwas jmdm. anvertrauen:* Er war stolz, dass man die Durchführung des Projekts in seine Hände gelegt hatte. Voller Vertrauen legte er sein Schicksal in Gottes Hand. Wäre nicht der Advokat gewesen ..., niemand hätte uns gehindert, die öffentliche Sache in Ihre Hand zu legen (H. Mann, Stadt 372).

in jmds. Hand/Händen liegen/stehen: *in jmds. Macht, Ermessen, Verantwortung liegen:* Diese Entscheidung liegt nicht in meiner Hand. Die Vorbereitung der Gesetzgebung liegt fast ausschließlich in den Händen der zuständigen Ministerien (Fraenkel, Staat 310).

etwas in die Hand/in seine Hände nehmen: *sich zielbewusst um etwas kümmern; die Leitung von etwas, die Verantwortung für etwas übernehmen:* Der Kommissar nahm die Angelegenheit selbst in die Hand. ... jetzt muss die Gewerkschaft die Sache in die Hand nehmen, wir können nichts mehr machen (v. d. Grün, Glatteis 92).

in jmds. Hand/Händen sein: *in jmds. Gewalt, Besitz sein:* Die Ortschaft war bereits in der Hand der Aufständischen. Die Firma ist jetzt in anderen Händen. Wir sind in den Händen eines Räubers (H. Mann, Stadt 371).

in festen Händen sein (ugs.): 1. *ein festes Verhältnis mit jmdm. haben, verheiratet sein:* Meine Schwester ist seit einem halben Jahr in festen Händen. Inzwischen ist er wieder in festen Händen. Die neue Frau an seiner Seite ... gewann sein Herz (Hörzu 39, 1974, 13). 2. *unverkäuflich sein:* Die Bilder sind in festen Händen.

in gute Hände kommen: *jmdm. anvertraut werden, der gut für einen, für etwas sorgt:* Dem Besitzer ging es nicht so sehr um den Preis; er wollte, dass der Hund in gute Hände kommt.

in sicheren/guten Händen sein: *in sicherer Obhut sein:* Bei der Bank ist dein Geld in guten Händen. Die wichtigen Dokumente sind alle in sicheren Händen.

in guten/schlechten Händen sein/liegen: *gut/schlecht versorgt sein, betreut werden:* Die Kinder waren bei der Großmutter in guten Händen. Die Leitung der Werft lag bei ihm in schlechten Händen.

jmdm. etwas in die Hand/in die Hände spielen: *jmdm. etwas wie zufällig zukommen lassen:* Dem König wird ein anonymes Schreiben in die Hand gespielt (Schneider, Leiden 54). Beim dritten Transport verriet ihn in Kopenhagen ein Spitzel und spielte ihn der Gestapo in die Hände (Niekisch, Leben 359).

in jmds. Hand/Hände übergehen: *in jmds. Besitz übergehen:* Die Fabriken gingen in die Hände des Volkes über. Wesen und Schicksal des Andreas Reindl ... habe sich überraschend geändert, als ... die verzweigten Betriebe in seine Hand übergingen (Feuchtwanger, Erfolg 147).

jmdm. etwas in die Hand versprechen: *jmdm. etwas [mit Handschlag] hoch und heilig versprechen:* Sie musste ihm in die Hand versprechen, für die Kinder zu sorgen. ... ich versprechs ihr in die Hand: Es wird ihr Recht geschehen! (Maass, Gouffé 289).

in die Hände spucken (ugs.): *ohne zu zögern und mit Schwung an die Arbeit gehen:* Wenn man etwas aufbauen will, dann muss man selbst in die Hände spucken und darf nicht auf die anderen warten.

jmdm. zuckt es in den Händen: *jmd. würde am liebsten zuschlagen:* Es zuckte ihm in den Händen, als er sah, wie die beiden Burschen den Hund quälten.

mit fester od. **starker/schwacher/sanfter** o. ä. **Hand:** *streng und ohne Schwäche/ ohne Durchsetzungskraft und zu nachgiebig/sanft o. Ä.:* Sie regierte mit fester Hand. Mit starker Hand hatte er die auseinander strebenden Gruppen zusammengehalten.

mit leichter Hand: *ohne Anstrengung, ohne sich zu bemühen:* In diesem Fall genügt es nicht, mit leichter Hand ein paar Zeilen zu Papier zu bringen, das muss man schon sorgfältiger ausarbeiten. Er hatte sich gefreut, zurückzukommen als der gute, lächelnde Onkel, der die Schwierigkeiten ringsum mit leichter Hand zum fröhlichen Ende bringt (Feuchtwanger, Erfolg 704).

mit leeren Händen: 1. *ohne etwas mitzubringen, ohne ein Geschenk:* Wir können doch nicht mit leeren Händen kommen, wenn wir das Wochenende über bei ihnen bleiben wollen. Ich sage, dass wir vermögende Leute sind, dass ich nicht mit leeren Händen zu dir gekommen bin

(Th. Mann, Buddenbrooks 137). 2. *ohne etwas erreicht zu haben, ohne ein Ergebnis:* Er kehrte von den Verhandlungen mit leeren Händen zurück. Gorons Gegenargumentation verschlug nichts, und mit leeren Händen verließ er Carnot (Maass, Gouffé 76).

mit der linken Hand (ugs.): *nebenher, ohne große Mühe:* Das Organisatorische macht sie mit der linken Hand. Das bisschen Haushalt würde er mit der linken Hand in zwei Stunden machen (Hörzu 40, 1973, 132). Ein richtiger Straßenbahnführer erledigt seinen Job sozusagen mit der linken Hand (MM 21./22. 9. 1974, 21).
► Was man mit der linken Hand, in der man weniger Kraft hat als in der rechten, erledigen kann, setzt wenig Mühe voraus. Vgl. die Wendungen »jmds. rechte Hand sein« und »zwei linke Hände haben«.

mit vollen Händen: *reichlich; überreichlich, verschwenderisch:* Er gab sein Geld mit vollen Händen aus. Die bei dem Überfall erbeuteten 15 000 Mark gab der Verbrecher mit vollen Händen in Schweden aus (Bild 12. 5. 1964, 2).

mit Händen zu greifen sein: *offenkundig sein:* Die Spannungen zwischen Trainer und Spielern waren mit Händen zu greifen. Der verfassungspolitisch regelwidrige Zustand, in dem sich Deutschland ... befand, war mit Händen zu greifen (Niekisch, Leben 194).

mit beiden Händen zugreifen: *eine Gelegenheit [ohne langes Zögern] nutzen, ein Angebot gern annehmen:* So günstig kommst du nie wieder nach Amerika, da muss man mit beiden Händen zugreifen!

mit den Händen/mit Händen und Füßen reden (ugs.): *heftig gestikulierend reden:* Der aufgeregte Wirt redet mit Händen und Füßen.

sich mit Händen und Füßen gegen etwas sträuben/wehren (ugs.): *sich sehr heftig gegen etwas wehren:* Die Frauen wehrten sich mit Händen und Füßen dagegen, in der Parteiarbeit von den Männern an die Wand gedrückt zu werden. Denn wo immer eine höhere Einheit geschaffen werden soll, sträuben sich gegen sie mit Händen und Füßen die Nutznießer der kleineren (Benrath, Konstanze 116).

um jmds. Hand anhalten (geh.): *einer Frau einen Heiratsantrag machen:* Schließlich hätte man ja auch sozusagen frei und offen bei Tuzzi um die Hand seiner Gattin anhalten können (Musil, Mann 501). Bendix Grünlich, das ist ein Geschäftsfreund meines Vaters, ein wohl situierter Kaufmann aus Hamburg, der ... um meine Hand angehalten hat (Th. Mann, Buddenbrooks 98).

jmdn. um die Hand seiner Tochter bitten (geh.): *die Einwilligung der Eltern einholen, ihre Tochter zu heiraten:* Darf ich Sie um die Hand Ihrer Tochter bitten?

etwas unter den Händen haben: *etwas in Arbeit haben, mit etwas für längere Zeit beschäftigt sein:* Der Künstler hatte eine Wandmalerei für die neue Oper unter den Händen. ... über bestimmte Arbeiten, die das Kriminallaboratorium der Präfektur unter der Hand habe ... (Maass, Gouffé 108).

jmdm. unter den Händen zerrinnen/zerfließen/(selten:) **schmelzen:** *laufend weniger werden, nicht zusammengehalten werden können:* Das Vermögen zerrann ihm unter den Händen. Die Zeit ist gekommen, die Lebensfähigkeit und den Tauschwert jener lang gehegten Fiktion zu überprüfen, ehe sie uns vielleicht unter den Händen in Nichts zerrinnt (Dönhoff, Ära 103).

[jmdm.] [leicht/gut/flott] von der Hand gehen: *[jmdm.] leicht fallen, ohne große Mühe gelingen:* Heute will mir aber auch nichts von der Hand gehen. ... das Dichten ging nicht mehr so flott von der Hand, als sich Ludmilla neben Stanislaus erwärmte (Strittmatter, Wundertäter 146).

von Hand zu Hand gehen: *rasch weitergegeben werden, oft den Besitzer wechseln:* Die Flugblätter gingen in den Betrieben von Hand zu Hand. Sie hatte in der Großstadt jeden Halt verloren und ging von Hand zu Hand.

von der Hand in den Mund leben: *die Einnahmen sofort für Lebensbedürfnisse wieder ausgeben:* In den ersten Nachkriegsjahren lebten die meisten Menschen von der Hand in den Mund. Früher war ich Vertreter, heute bin ich ein armer Rentner und lebe von der Hand in den Mund (Aberle, Stehkneipen 47).

etwas von langer Hand vorbereiten: *etwas (was gegen einen anderen gerichtet ist) gründlich vorbereiten:* Der Putsch war von den Militärs von langer Hand vorbereitet worden. Mit seiner von langer Hand vorbereiteten Aktion will Polizeipräsident Dr. Stümper den Sittensumpf nun wenigstens eindämmen (MM 23. 8. 1968, 4).

▶ »Von langer Hand« ist wahrscheinlich eine Lehnübersetzung von lateinisch »longa manus« (vgl. das französische »de longue main«).

sich nicht von der Hand weisen lassen/ nicht von der Hand zu weisen sein: *offenkundig, nicht zu verkennen sein, sich nicht ausschließen lassen:* Es ist nicht von der Hand zu weisen, dass mehrere Sportler gegen das Dopingverbot verstoßen haben. ... wie die Dinge sich nun einmal entwickelt hatten, war es nicht ganz von der Hand zu weisen, dass der Christengott über die Heidengötter der etwas wie einen Sieg davongetragen hatte (Thieß, Reich 231).

▶ Die Wendung bezieht sich wohl darauf, dass etwas, was sich auf der Hand befindet, deutlich sichtbar ist. Vgl. die Wendung »[klar] auf der Hand liegen«.

von jmds. Hand (geh.): *durch jmds. Tat, von jmdm. ausgeführt:* Der Frevel war gesühnt, der Schurke starb von seiner Hand.

zu Händen ...; zu Händen von ...: *an jmdn. persönlich (in Verbindung mit der Anschrift auf Briefen o. Ä.):* An den Verlag Euro-Buch zu Händen von Herrn ... Ich schrieb gestern an die Russen zu Händen Tulpanows (Kantorowicz, Tagebuch I, 610).

jmdm. zur Hand gehen: *jmdm. helfen, behilflich sein:* Er hätte die Aufstellung nicht machen können, wenn ihm die Kollegen nicht zur Hand gegangen wären. ... das war die uralte Mutter Glusch, die dort ihre verwitwete Schwiegertochter besuchte, um ihr beim Einkochen von Pflaumen zur Hand zu gehen (Böll, Erzählungen 181).

etwas zur Hand haben: *etwas bereit, zu seiner Verfügung haben:* Er hatte die Unterlagen nicht zur Hand. Bitte haben Sie Papier und Bleistift zur Hand. Neben ihr saß Dasnis Mutter und murmelte die

Trostworte, die alte erfahrene Leute immer zur Hand haben (Baum, Bali 273).
etwas zur Hand nehmen: *etwas ergreifen:* Er nahm ein Buch zur Hand. Die Bewegungen, mit denen er Papier und Schreibzeug zur Hand nahm, waren ... kurz und schroff (Th. Mann, Buddenbrooks 215).
zur Hand sein: *greifbar sein, zur Verfügung stehen:* Das Spiel musste abgebrochen werden, weil kein Ersatzball zur Hand war. Dennoch hat sie es für ratsam gehalten, mich herzubestellen, damit ich zur Hand bin (Kemelmann [Übers.], Dienstag 63).
jmdm. etwas zu treuen Händen übergeben: *jmdm. etwas anvertrauen, etwas in jmds. Obhut geben:* Er hatte ihm das Geld zu treuen Händen übergeben. Sie wusste, dass er es (= das Testament) Markward von Anweiler zu treuen Händen übergeben hatte (Benrath, Konstanze 158).
etwas zu treuen Händen haben: *etwas anvertraut erhalten, in seiner Obhut haben:* Hier haben Sie den Schlüssel zum Tresor zu treuen Händen.
von seiner Hände Arbeit leben: ↑ Arbeit.
die Beine in die Hand nehmen: ↑ Bein.
besser als in die hohle Hand [geschissen]: ↑ besser. **an jmds. Händen klebt Blut:** ↑ Blut. **die Hand am Drücker haben:** ↑ Drücker. **so dunkel, dass man die Hand nicht vor Augen sehen kann:** ↑ dunkel. **eine Ehe zur linken Hand:** ↑ Ehe. **alle Fäden in der Hand haben/halten:** ↑ Faden. **alle Fäden laufen in jmds. Hand zusammen:** ↑ Faden. **das Heft [fest] in der Hand haben/behalten:** ↑ Heft. **sein Herz in die Hand nehmen:** ↑ Herz. **linker Hand:** ↑ link. **zur linken Hand:** ↑ link. **die linke Hand weiß nicht, was die rechte tut:** ↑ Linke. **jmdm. [erst/selbst] das Messer in die Hand geben:** ↑ Messer. **die öffentliche Hand:** ↑ öffentlich. **rechter Hand:** ↑ recht. **zur rechten Hand:** ↑ recht. **schlanker Hand:** ↑ schlank. **reich mir die Hand, mein Leben:** ↑ reichen. **die schöne Hand/das schöne Händchen:** ↑ schön. **besser einen/den Spatz in der Hand, als eine/die Taube auf dem Dach:** ↑ Spatz. **bei etwas hat der Teufel die/seine Hand im Spiel:** ↑ Teufel. **gibt man dem Teufel den kleinen Finger, so nimmt er die ganze Hand:**

↑ Teufel. **einen Trumpf/alle Trümpfe aus der Hand geben:** ↑ Trumpf. **keinen Trumpf mehr/einen Trumpf in der Hand haben:** ↑ Trumpf. **alle Trümpfe in der Hand/in [den] Händen haben:** ↑ Trumpf. **jmdm. die Trümpfe aus der Hand nehmen:** ↑ Trumpf. **sich die Türklinke in die Hand geben:** ↑ Türklinke. **[wie] Wachs in jmds. Händen sein:** ↑ Wachs. **die Zügel [fest] in der Hand haben/halten.** ↑ Zügel. Vgl. auch die Stichwörter »Finger« und »Arm«.

Handel: Handel und Wandel (geh.): *Wirtschaft und Verkehr:* Auch in den vom Krieg verwüsteten Gebieten kamen Handel und Wandel wieder in Gang. Handel und Wandel sollten wieder belebt werden.

handeln: mit Zitronen gehandelt haben: ↑ Zitrone.

handelseinig / handelseins: **[mit jmdm.] handelseinig/handelseins werden/sein:** *sich [mit jmdm.] in Bezug auf einen geschäftlichen Abschluss einig werden/sein:* Händler und Hersteller sind über die Mengenrabatte noch nicht handelseins geworden. Wir sind mit den Engländern handelseinig, der Vertrag wird morgen unterschrieben.

Handgelenk: ein lockeres/loses Handgelenk haben (ugs.; veraltend): *schnell dazu bereit sein, jmdm. eine Ohrfeige zu geben:* Die neue Laborantin ließ sich nichts gefallen. Sie hatte ein lockeres Handgelenk.

aus dem Handgelenk [heraus] (ugs.): *ohne Vorbereitung, ohne weiteres:* Der Geschäftsführer konnte aus dem Handgelenk auch nicht entscheiden, ob dem Kunden der Betrag zu erstatten sei. Und plötzlich beschließt Enno Kluge ganz aus dem Handgelenk heraus, von dieser Minute an anders zu leben (Fallada, Jeder 71).
Vgl. die folgende Wendung.
etwas aus dem Handgelenk schütteln/ (auch:) **machen** (ugs.): *etwas ohne Mühe, leicht und schnell machen:* Der Regierungschef schüttelt so eine Rede aus dem Handgelenk. Glaube nur nicht, dass sich so eine Aktion aus dem Handgelenk schütteln lässt.
▶ Die Wendungen beziehen sich darauf, dass derjenige, der etwas beherrscht, es

ohne sichtbaren Kraftaufwand, ohne große Anstrengung bewerkstelligt.

handgemein: [miteinander] handgemein werden: *einander tätlich angreifen:* Nach einigen heftigen Worten wurden die Burschen plötzlich handgemein. Es war zum ersten Mal, dass die beiden handgemein wurden, aber die Feigheit wog den Zorn so ziemlich auf ... (Hesse, Sonne 37).

Handkuss: mit Handkuss: *sehr bereitwillig, sehr gern:* Absolventen der Eliteschulen werden in der Industrie mit Handkuss eingestellt.

zum Handkuss kommen (österr.): *draufzahlen; für andere einstehen müssen, die negativen Folgen tragen:* »Jetzt passiert, wovor wir gewarnt haben«, sagte AAB-Chef Kohlmaier, »die sozial Schwachen kommen zum Handkuss!« (Presse 30. 3. 1984, 1).

Handschlag: keinen Handschlag tun (ugs.): *nichts tun, seine Arbeit nicht machen:* Er war schon drei Stunden im Büro und hatte noch keinen Handschlag getan. Und in der Mittagspause haben sie mir mein ganzes Handwerkszeug gestohlen und ich ... muss es suchen, und ich kann keinen Handschlag tun (Fallada, Blechnapf 258).

Handschrift: eine gute/kräftige Handschrift schreiben/haben: (ugs.): *kräftig zuschlagen [sodass man es im Gesicht deutlich erkennen kann]:* Er rieb sich die Backe und meinte nur, dass der Kerl eine kräftige Handschrift schreibe. Du hast aber eine ganz schön kräftige Handschrift für ein so schmächtiges Mädchen (Ruark [Übers.], Honigsauger 357).

Handschuh: jmdm. den Handschuh hinwerfen/vor die Füße werfen/ins Gesicht schleudern, werfen (geh.): *jmdn. herausfordern, jmdm. den Kampf ansagen:* Die Ärzte hatten dem Leiter der Klinik den Handschuh hingeworfen.
Vgl. den Artikel »Fehdehandschuh«.

den Handschuh aufnehmen (geh.): *eine Herausforderung annehmen:* Die Gewerkschaften waren nicht bereit, klein beizugeben, sie nahmen den Handschuh auf. Sie hatte den Handschuh aufgenommen, den der entsetzliche Unbekannte ihr in den armen hilflosen Worten ihres gequälten Freundes entgegengeschleudert hatte (Langgässer, Siegel 357).

Vgl. den Artikel »Fehdehandschuh«.

Handtuch: das Handtuch werfen (ugs.): *resignierend aufgeben:* Kurz vor den Wahlen hatte der Oppositionsführer das Handtuch geworfen. Du wirst doch jetzt nicht das Handtuch werfen – wir stehen kurz vor dem Durchbruch!

► Die Wendung stammt aus dem Boxsport, wo zum Zeichen der Aufgabe ein Handtuch (oder ein Schwamm) in den Boxring geworfen wird.

passen wie der Igel zum Handtuch: ↑ passen. **ein schmales Handtuch:** ↑ schmal.

Handumdrehen: im Handumdrehen (ugs.): *mühelos und schnell; überraschend schnell:* Er war im Handumdrehen mit der Arbeit fertig. Na, das ging ja im Handumdrehen. ... sie sehen das Plakat, und im Handumdrehen wird die Unterhaltung ziemlich schweinisch (Remarque, Westen 105).

Handwerk: Handwerk hat goldenen Boden: *wer ein Handwerk erlernt, hat eine gute berufliche Zukunft, wird viel Geld verdienen:* Warum soll der Junge nicht Fliesenleger werden – Handwerk hat goldenen Boden! Handwerk hat goldenen Boden ... Es gibt nichts Besseres als einen selbstständigen Gewerbetreibenden (Chotjewitz, Friede 27).

jmdm. das Handwerk legen: *jmds. schlechtem Treiben ein Ende setzen:* Die Polizei hat den beiden Verbrechern endlich das Handwerk gelegt. Wir konnten uns darauf konzentrieren, die Spur der Flugzeugentführer aufzunehmen und ihnen das Handwerk zu legen (Cotton, Silver-Jet 107).

► Die Wendung schließt sich an »legen« in der heute nicht mehr üblichen Bedeutung »stilllegen« an. Wer früher gegen die Innungsvorschriften verstieß, dem konnte von der Innung verboten werden, sein Handwerk auszuüben.

sein Handwerk verstehen: *in seinem Beruf tüchtig sein:* Der Pilot hat die Maschine, obwohl zwei Triebwerke ausgefallen waren, sicher gelandet. Der versteht sein Handwerk. ... käme die Sache vor Gericht, wir brauchten einen Advokaten, der sein Handwerk versteht (Bieler, Bonifaz).

jmdm. ins Handwerk pfuschen: *sich in einem Bereich betätigen, für den ein ande-*

rer zuständig ist; sich in die Angelegenheiten eines anderen einmischen: Der Trainer wollte sich bei seiner Arbeit vom Vereinsvorstand nicht ins Handwerk pfuschen lassen. Eine sonderbare Rolle spielt die Zigarettenverkäuferin Jenny Grant, die dem Kommissar ständig ins Handwerk pfuscht (Bild und Funk 17, 1966, 41).

Klappern gehört zum Handwerk: ↑ klappern.

hangen: mit Hangen und Bangen (geh.): *mit großer Angst, voller Sorge:* Mit Hangen und Bangen wartete die Familie auf die Rückkehr des Vaters.

▶ Die Wendung schließt sich wohl an »hangen« (eine veraltete, aber noch mundartlich gebräuchliche Nebenform von »hängen«) in der Bedeutung »baumeln, im Schwebezustand sein« an. »Hangen« meint hier nicht »das Hängen an einem Galgen« (vgl. die Wendung »mit Hängen und Würgen«).

¹hängen: an jmdm. hängen wie eine Klette (ugs.): *jmdn. sehr gern haben und sich ständig in seiner Nähe aufhalten; sehr anhänglich sein:* Wo soll ich tun, die Kinder hängen wie eine Klette an mir, besonders die beiden jüngsten. ... sie hängt wie eine Klette an meinem Mann und spielt den verliebten Teenager (Hörzu 7, 1972, 96).

mit Hängen und Würgen (ugs.): *mit sehr großer Mühe:* Er hat die Zwischenprüfung beim zweiten Anlauf gerade so mit Hängen und Würgen bestanden. Das einzige Lied, das ich mit Hängen und Würgen ... von mir geben konnte, war »Ade, du mein lieb Heimatland« (Hörzu 20, 1980, 22).

▶ Die ältere Form dieser Wendung lautete »zwischen Hängen und Würgen« und bedeutete ursprünglich »im letzten Augenblick, wenn der zum Tode Verurteilte bereits am Strange hängt, aber noch nicht erstickt ist« (würgen = »mühsam nach Atem ringen«). Die Präposition »mit« trat im 19. Jh. an die Stelle von »zwischen«.

das Schwert des Damokles hängt über jmdm./über jmds. Haupt: ↑ Damokles. **an einem [seidenen] Faden hängen:** ↑ Faden. **die Flügel hängen lassen:** ↑ Flügel. **am Geld hängen:** ↑ Geld. **die Glocke läuten**

hören, aber nicht wissen, wo sie hängt: ↑ Glocke. **nur noch in den Gräten hängen:** ↑ Gräte. **an einem Haar hängen:** ↑ Haar. **bei jmdm. hängt der Haussegen schief:** ↑ Haussegen. **jmds. Herz hängt an etwas:** ↑ Herz. **jmdm. hängt der Himmel voller Geigen:** ↑ Himmel. **[jmdm.] nicht in den Kleidern hängen bleiben:** ↑ Kleid. **den Kopf hängen lassen:** ↑ Kopf. **an jmds. Lippen hängen:** ↑ Lippe. **in der Luft hängen:** ↑ Luft. **jmdm. hängt der Magen bis in die Kniekehlen:** ↑ Magen. **das Maul hängen lassen:** ↑ Maul. **an jmds. Mund hängen:** ↑ Mund. **die Ohren hängen lassen:** ↑ Ohr. **an jmds. Rockzipfel hängen:** ↑ Rockzipfel. **habt ihr daheim Säcke an/vor der Tür hängen?:** ↑ Sack. **der Mutter an der Schürze/am Schürzenband/am Schürzenzipfel hängen:** ↑ Schürze. **den Schwanz hängen lassen:** ↑ Schwanz. **an der Strippe hängen:** ↑ Strippe. **jmdm./dem Fuchs hängen die Trauben zu hoch:** ↑ Traube. **die Trauben hängen zu hoch [für jmdn.]:** ↑ Traube.

²hängen: ich will mich hängen lassen, wenn ... (ugs.): *Beteuerung, dass etwas ganz bestimmt so ist:* Ich will mich hängen lassen, wenn das nicht stimmt. Wenn das nicht das gestohlene Fahrzeug ist, will ich mich hängen lassen.

jmdm. den Brotkorb höher hängen: ↑ Brotkorb. **die kleinen Diebe hängt man, die großen lässt man laufen:** ↑ Dieb. **etwas an die große Glocke hängen:** ↑ Glocke. **sich an jmds. Hacken/sich jmdm. an die Hacken hängen:** ↑ Hacke. **jmdm. etwas an den Hals hängen:** ↑ Hals. **sein Herz an jmdn., an etwas hängen:** ↑ Herz. **sich etwas auf den Hintern hängen:** ↑ Hintern. **den Mantel nach dem Wind hängen:** ↑ Mantel. **an der Nadel hängen:** ↑ Nadel. **etwas an den Nagel hängen:** ↑ Nagel. **etwas in den Rauchfang hängen können:** ↑ Rauchfang. **sich an die Strippe hängen:** ↑ Strippe.

Hannemann: Hannemann, geh du voran!: *Aufforderung, [bei etwas Unangenehmem] den Anfang zu machen, voranzugehen:* Ich traue mich nicht, deinen Vater schon wieder um Geld zu bitten – Hannemann, geh diesmal du voran!

▶ Die Redensart geht zurück auf den Schwank von den »Sieben Schwaben«. Dort wird der eine der sieben Schwaben angesichts eines Furcht erregenden Tieres, das aber in Wirklichkeit ein harmloser Hase ist, aufgefordert: »Hannemann, geh du voran! Du hast die größten Stiefel an, dass dich das Tier nicht beißen kann.« »Hannemann« ist eine landschaftlich gebräuchliche Koseform des Namens »Johannes«.

Hans: Hans im Glück sein (ugs.): *immer wieder Glück haben [und daher ein glücklicher und zufriedener Mensch sein]:* Du bist ein richtiger Hans im Glück.

▶ Mit »Hans im Glück« ist die Märchengestalt aus dem gleichnamigen Märchen gemeint. »Hans«, die Kurzform von »Johannes«, war früher ein so gebräuchlicher Vorname, dass er zum Gattungsnamen wurde, vgl. »Prahlhans, Hans Taps, Hans Guckindieluft« u. a.

Hans Guckindieluft: *jmd., der beim Gehen nicht auf den Weg achtet:* Prompt war der kleine Hans Guckindieluft in die einzige Pfütze am Weg getappt.

Hans Taps: *ungeschickter Mensch:* Schau nur, was dieser Hans Taps aus dem schönen Blumenbeet gemacht hat – alles abgeknickt und niedergetrampelt!

jeder Hans findet seine Grete: *jeder Mann findet eines Tages die zu ihm passende Frau:* Es ist doch nicht tragisch, wenn dein Sohn mit siebenundzwanzig noch nicht verheiratet ist – nur Geduld, jeder Hans findet seine Grete.

was Hänschen nicht lernt, lernt Hans nimmermehr: *was man in der Jugend nicht lernen will oder kann, das lässt sich später auch nicht mehr lernen:* Bring dem Kleinen bei, dass er auch einmal mit anderen teilen muss, sonst wird er es im späteren Leben sehr schwer haben – was Hänschen nicht lernt, lernt Hans nimmermehr!

ich will Hans heißen, wenn ...: ↑ heißen.

Hansdampf: [ein] Hansdampf in allen Gassen sein (ugs.; abwertend): *überall dabei sein und sich auskennen:* Der neue Abteilungsleiter war im Betrieb nicht sehr beliebt. Er war ein Hansdampf in allen Gassen. Constantine Morton ... ist ein redegewandter Fantast, ein unermüdlicher Projektemacher und gerissener Hansdampf in allen Gassen (Bild und Funk 8, 1966, 25).

▶ Vgl. die Wendung »Hans im Glück sein«. Neben der heute üblichen Form waren früher auch »Hans Dampf«, »Hans in allen Gassen« und »Hans in allen Ecken« gebräuchlich, die alle einen überaus betriebsamen Menschen meinen.

Happen: ein Happen doof/hä sein (ugs.): *nicht recht bei Verstand, dumm sein:* Manchmal habe ich den Eindruck, du bist ein Happen hä.

▶ »Ein Happen« bedeutet in dieser Wendung »ein bisschen«. Mit »hä« ist das umgangssprachliche hä? (= was?) gemeint, das man sagt, wenn man etwas nicht verstanden hat.

Harke: jmdm. zeigen, was eine Harke ist (ugs.): *jmdm. deutlich und nachdrücklich seinen Standpunkt klarmachen:* Wenn du deine Arbeit nicht bis heute Abend erledigt hast, werde ich dir mal zeigen, was eine Harke ist. Er ist ... der einfache Mann, der die Muskeln spielen lässt und den Menschen im gegebenen Moment zeigt, was »eine Harke ist« (Zeit 24. 4. 1964, 60).

▶ Die Herkunft der ursprünglich norddeutschen Wendung (in Süddeutschland sagt man »Rechen«) ist nicht sicher zu klären. Angeblich ist von einer viel erzählten Geschichte auszugehen, wonach ein Bauernjunge, der nach längerem Aufenthalt in der Stadt nach Hause zurückkehrt, so tut, als ob er keine Harke mehr kenne. Da tritt er auf die Zinken einer daliegenden Harke. Der Stiel schlägt gegen seinen Kopf, und er schreit: »Die verfluchte Harke!« Die holsteinische Wendung »he kennt de hark nich« wird gebraucht, wenn jemand sich in seiner Heimat fremd stellt.

Harnisch: jmdn. in Harnisch bringen: *jmdn. zornig machen:* Die ständigen Zwischenrufe brachten den Redner allmählich in Harnisch. Bernadette sieht den Kaplan mit derselben sonderbaren Mischung von Festigkeit und Apathie an, welche Sœur Marie Thérèse vorhin in Harnisch gebracht hat (Werfel, Bernadette 25).

Vgl. die Wendung »in Harnisch sein«.

in Harnisch geraten/kommen: *zornig werden:* Die Störungen hielten an, und der Professor kam allmählich in Har-

nisch. Aber über die Möglichkeit, die atomare Bewaffnung der Bundeswehr könne eingefroren werden, gerieten Bonner Minister in Harnisch (Augstein, Spiegelungen 118).
Vgl. die folgende Redewendung.

in Harnisch sein: *zornig sein:* Nahezu alles ging schief, und der Trainer war ganz schön in Harnisch.

▶ Für alle drei Wendungen ist von »Harnisch« (= Ritterrüstung; kriegerische Ausrüstung) in der übertragenen Bedeutung »Kampfbereitschaft« auszugehen; z. B. bedeutete »in Harnisch sein« eigentlich »in Kampfbereitschaft sein«, dann »in Erregung, in Zorn sein«.

harren: der Dinge harren, die da kommen sollen: ↑ Ding.

hart: hart im Nehmen sein (ugs.): *viel aushalten, ertragen können; sehr robust sein:* Er hat nach dem schweren Unfall schon wieder mit dem Training begonnen. Der Bursche ist unwahrscheinlich hart im Nehmen. ... er bestehe nur aus Fleisch, Muskeln und Knochen und habe kein Gehirn, deshalb sei er so hart im Nehmen (Ott, Haie 351).

es geht/kommt hart auf hart: *es geht ums Letzte, um die Entscheidung in einer extremen Situation:* Er wird, wenn es hart auf hart geht, bestimmt kneifen. ... sie werden das Leben der Geiseln nicht länger schonen, wenn es hart auf hart geht (Cotton, Silver-Jet 136).

gelobt sei, was hart macht: *[ironischer] Kommentar zu etwas sehr Unangenehmem [das einem bevorsteht]:* Die haben mich dazu verdonnert, die alten Akten in den Keller zu schleppen – na ja, gelobt sei, was hart macht! Das warme Wasser ist ausgefallen, aber geduscht wird trotzdem – gelobt sei, was hart macht!

▶ Diese Redensart ist ein Zitat aus Nietzsches »Also sprach Zarathustra« (3. Teil »Der Wanderer«).

ein hartes Brot sein: ↑ Brot. **der harte Kern:** ↑ Kern. **einen harten Kopf haben:** ↑ Kopf. **das Leben ist hart:** ↑ Leben. **eine harte Nuss [für jmdn.] sein:** ↑ Nuss. **jmdm. eine harte Nuss zu knacken geben:** ↑ Nuss. **eine harte Nuss zu knacken haben:** ↑ Nuss. **etwas auf eine harte Probe stellen:** ↑ Probe. **einen harten Schädel haben:** ↑ Schädel.

Härte: das ist die Härte (ugs.): *das ist schlimm, unerhört:* Zwei Wochen Fernsehverbot, weil ich nicht mit zu Tante Marianne wollte – das ist ja wohl die Härte! ... der Dritte, das war absolut die Härte. Er war Alkoholiker, hat mich geschlagen ... (Spiegel 36, 1991, 286).

Hasard: Hasard spielen: *leichtsinnig sein, sein Glück leichtfertig aufs Spiel setzen:* Er würde auch den Verlust all seiner Habe riskieren; Hasard zu spielen war ihm zur zweiten Natur geworden.

▶ Das Wort »Hasard« stammt aus dem Französischen, wo »jeu de hasard« so viel wie »Glücksspiel« bedeutet.

haschen: hasch mich, ich bin der Frühling!: ↑ Frühling.

Haschmich: einen Haschmich haben (ugs.): *nicht recht bei Verstand sein, verrückt sein:* Die Schauspieler waren fest davon überzeugt, dass der Regisseur einen Haschmich habe. Was soll man dazu sagen? Da hat, so scheint es, der und jener einen Haschmich ... (Hann. Allgemeine 4. 7. 1979, 5).

▶ Die Wendung geht wahrscheinlich davon aus, dass sich ältliche Frauen lächerlich machen und kindisch wirken, wenn sie neckische Annäherungsversuche machen (vgl. die Redensart »hasch mich, ich bin der Frühling!« unter dem Stichwort »Frühling«).

Hase: ein alter/kein heuriger Hase sein (ugs.): *Erfahrungen haben, sich auskennen:* Er weiß, wie man das Zeug aus dem Freihafen bekommt, er ist hier ein alter Hase. Wer so lange wie ich mit ein und demselben Modell zu tun hat, der kennt sich damit aus (Bild 31. 3. 1964, 3). Schließlich war die Madeleine auch kein heuriger Hase und würde sich ihrer Haut schon wehren (Fallada, Herr 16).

▶ Die Wendung geht davon aus, dass ein alter Hase sich gut auskennen muss, da er immer wieder den Kugeln der Jäger und den Hunden entgangen ist.

da/hier liegt der Hase im Pfeffer (ugs.): *da/hier ist die Ursache der Schwierigkeit:* Weitaus mehr Eltern würden ihre Kinder an diesen Bildungsreisen teilnehmen lassen, aber sie haben nicht das Geld dafür. Da liegt doch der Hase im Pfeffer.

▶ Der Ausgangspunkt der Wendung ist dunkel. Vielleicht soll ausgedrückt werden, dass es für etwas zu spät ist: Der Hase ist nicht mehr lebendig zu machen, er ist bereits in scharfer Pfeffersoße eingelegt. (Vgl. »Hasenpfeffer« als Bezeichnung für ein scharf gewürztes Gericht aus bestimmten Teilen des Hasen.)

sehen/wissen, wie der Hase läuft (ugs.): *sehen/wissen, wie es weitergeht:* Er wollte die Stelle in dem Betrieb erst annehmen, wenn er wusste, wie der Hase läuft.

▶ Die Wendung meint eigentlich, dass der erfahrene Jäger die Richtung, in die der Hase läuft, erkennt und sich nicht von den Haken des Hasen beirren lässt.

mein Name ist Hase [ich wohne im Walde und weiß von nichts] (ugs.): *ich weiß nichts von der Sache; ich möchte nichts mit der Sache zu tun haben:* Haben Sie einen der Männer, die an dem Überfall beteiligt waren, wieder erkannt? – Mein Name ist Hase.

▶ Der Ursprung der Wendung lässt sich nicht mit Sicherheit klären. Nach einem Bericht aus dem Jahr 1898 von Karl Alfred von Hase geht diese Wendung auf einen Ausspruch seines Bruders Victor von Hase bei einer Vernehmung vor Gericht zurück. Victor von Hase soll danach einem Studenten, der in Heidelberg einen anderen im Duell erschossen hatte, zur Flucht verholfen haben, indem er seinen Studentenausweis absichtlich verlor. In der Vernehmung soll er gesagt haben: »Mein Name ist Hase ..., ich weiß von nichts«.

wo sich Fuchs und Hase gute Nacht sagen: ↑ Fuchs. **hätt der Hund nicht gekackt, hätt er den Hasen gepackt; wenn der Hund nicht geschissen hätte, hätte er den Hasen gekriegt:** ↑ Hund. **viele Hunde sind des Hasen Tod:** ↑ Hund.

Hasenpanier: das Hasenpanier ergreifen (ugs.): *fliehen:* Als der Hausmeister den Schlauch auf sie richtete, ergriffen die beiden Jungen das Hasenpanier. Man ließ die Beute im Stich und ergriff das Hasenpanier (MM 29. 3. 1966, 10). ... nachdem ich die alte Bunduki leer geschossen hatte, ergriff ich das Hasenpanier (Ruark [Übers.], Honigsauger 507).

▶ Mit »Hasenpanier« ist in dieser Wendung der Schwanz des Hasen gemeint. Wenn der Hase flieht, ist sein weißer Schwanz, der bei der Flucht wie ein Pa-

nier in die Höhe steht, weithin sichtbar (früher sagte man auch »das Hasenpanier aufwerfen oder aufstecken«). »Panier« ist eine heute veraltete Nebenform von »Banner«.

hasenrein: nicht [ganz] hasenrein: *verdächtig, nicht ganz einwandfrei:* Diese so genannte »freiwillige« Vereinbarung scheint mir nicht ganz hasenrein zu sein. Wohlmeinende Bekannte raten Ihnen, sich von dieser Person zurückzuziehen, besonders wo sie auch politisch nicht hasenrein ist ... (Rinser, Mitte 202).

▶ Das Wort »hasenrein« stammt aus der Jägersprache und charakterisiert dort einen Jagdhund, der Hasen zwar aufstöbert, aber nur auf Befehl verfolgt. Ein nicht hasenreiner Hund ist für bestimmte Aufgaben nicht brauchbar.

hassen: jmdn., etwas hassen wie die Pest (ugs.): *jmdn., etwas sehr hassen:* Verlogenheit und Scheinheiligkeit hasst sie wie die Pest. Er hasste die Verwandten seiner Frau wie die Pest. Während der »Abstand-Typ« jegliche Abhängigkeit hasst wie die Pest (Grossmann, Beziehungsweise 171).

lass das, ich hass das!: ↑ lassen. **jmdn., etwas auf den Tod hassen:** ↑ Tod.

hässlich: hässlich wie die Nacht/wie die Sünde sein (ugs.): *sehr hässlich sein:* Er war eine ganz stattliche Erscheinung, während seine Frau hässlich wie die Nacht war. Sie war eine großartige Komödiantin, aber hässlich wie die Sünde.

klein und hässlich: ↑ klein.

Hast: nur keine jüdische Hast! (ugs.): *immer mit der Ruhe!; nur keine übertriebene Eile!:* Wir kommen schon noch rechtzeitig hin, nur keine jüdische Hast!

▶ Die Wendung bezieht sich auf das Vorurteil von einer besonderen Betriebsamkeit oder Hast jüdischer Händler oder Kaufleute, wenn es darum geht, ein Geschäft abzuschließen.

haste: haste was, biste was: ↑ haben. **haste, was kannste:** ↑ haben.

Hau: einen Hau [mit der Wichsbürste]/(landsch. auch:) **Hieb haben** (ugs.): *nicht recht bei Verstand sein, verrückt sein:* Mit diesen dreckigen Schuhen liegst du auf der Couch? Bei dir tickts doch nicht mehr! ... 'nen Hau haste! (Heim, Traumschiff 327).

▶ Mit »Hau« ist eigentlich ein Hieb, ein Schlag über den Kopf gemeint, durch den die Verstandesfunktionen beeinträchtigt werden.

Haube: jmdn. unter die Haube bringen (ugs.; scherzh.): *jmdn. (bes. eine Frau) mit jmdm. verheiraten:* Sie hatte alles versucht, um ihre beiden Töchter unter die Haube zu bringen. Ich kenne einen eingefleischten Junggesellen ... den viele Frauen schon »unter die Haube« bringen wollten (Ruthe, Partnerwahl 123).

▶ Diese und die beiden folgenden Wendungen beziehen sich auf die Haube, die früher übliche Kopftracht verheirateter Frauen.

unter die Haube kommen (ugs.; scherzh.): *sich verheiraten (bes. von einer Frau):* Sie war fast dreißig und hatte es eilig, unter die Haube zu kommen. ... wir ... mochten uns fragen, warum wir immer gezweifelt hatten, dass sie auf einfache und glückliche Weise unter die Haube kommen werde (Chr. Wolf, Nachdenken 151).

Vgl. die vorangehende Wendung.

unter der Haube sein (ugs.; scherzh.): *verheiratet sein (bes. von einer Frau):* Er war erleichtert, dass seine Schwester endlich unter der Haube war.

Vgl. die Wendung »jmdn. unter die Haube bringen«.

Haubitze: voll wie eine Haubitze [sein]: ↑voll.

hauen: das ist nicht gehauen und nicht gestochen (ugs.): *das ist nichts Richtiges, nichts Halbes und nichts Ganzes:* Der Entwurf ist nicht als Diskussionsgrundlage geeignet, das ist nicht gehauen und nicht gestochen.

▶ Die Wendung stammt aus der Fechtersprache und bezieht sich auf einen nicht sauber ausgeführten Hieb.

das ist gehauen wie gestochen (ugs.; veraltend): *das bleibt sich gleich:* Du kannst auch erst das Gepäck zum Bahnhof bringen, das ist gehauen wie gestochen.

Vgl. die vorangehende Wendung.

auf Hauen und Stechen mit jmdm. stehen (ugs.): *mit jmdm. verfeindet sein:* Er stand mit den Gastarbeitern im Betrieb auf Hauen und Stechen.

sich ins Bett hauen: ↑Bett. **das haut den stärksten Eskimo vom Schlitten:** ↑Eski-

mo. **mit der Faust auf den Tisch hauen:** ↑Faust. **jmdn. den Frack voll hauen:** ↑Frack. **jmdn. vom Hocker hauen:** ↑Hocker. **jmdn. die Hucke voll hauen:** ↑Hucke. **jmdn. die Jacke voll hauen:** ↑Jacke. **in die gleiche/dieselbe Kerbe hauen:** ↑Kerbe. **etwas in/zu Klump[en] hauen:** ↑Klump[en]. **etwas auf den Kopf/Kopp hauen:** ↑Kopf. **jmdn. eins/ein paar hinter die Löffel hauen:** ↑Löffel. **haut den Lukas:** ↑Lukas. **das haut den stärksten Mann aus dem Anzug:** ↑Mann. **jmdn. zu Mus hauen:** ↑Mus. **sich aufs Ohr hauen:** ↑Ohr. **jmdn. übers Ohr hauen:** ↑Ohr. **auf die Pauke hauen:** ↑Pauke. **jmdn. in die Pfanne hauen:** ↑Pfanne. **jmdn. eins vor die Platte hauen:** ↑Platte. **auf den Pudding hauen:** ↑Pudding. **auf den Putz hauen:** ↑Putz. **jmdn. eins auf/über die Rübe hauen:** ↑Rübe. **in den Sack hauen:** ↑Sack. **über die Schnur hauen:** ↑Schnur. **jmdn. aus den Stiefeln hauen:** ↑Stiefel. **jmdn. vom Stuhl hauen:** ↑Stuhl. **auf den Tisch hauen:** ↑Tisch. **dich/den hau ich ungespitzt in den Boden:** ↑ungespitzt. **jmdn. aus der Wäsche hauen:** ↑Wäsche.

Häufchen: [wie] ein Häufchen Elend: ↑Elend. **[wie] ein Häufchen Unglück:** ↑Unglück.

Haufen: einen Haufen machen (ugs.; verhüll.): *seinen Darm entleeren:* In die Ecke des Gartens hatte jemand einen Haufen gemacht. ... Weil die Hunde von unserer Seite ihre Haufen in die Vorgärten auf der anderen Seite machen (v. d. Grün, Glatteis 8).

jmdn., etwas über den Haufen fahren/reiten/rennen (ugs.): *jmdn., etwas umfahren/umreiten/umrennen:* Als er aus dem Kino stürmte, rannte er die Platzanweiserin über den Haufen. Ehe er sich versieht, sind die über den Haufen gerannten Gendarmen herbeigestürmt (Sieburg, Robespierre 261).

▶ Diese und die beiden folgenden Wendungen meinen eigentlich »so mit jmdm., mit etwas verfahren, dass die Person oder Sache wie ein unförmiger Haufen aussieht«. Früher war die Präposition »zu« statt »über« gebräuchlich.

jmdn. über den Haufen schießen/knallen (ugs.): *jmdn. niederschießen:* Er drohte, ihn über den Haufen zu knallen, wenn er sich ihm in den Weg stellte. Rothe ... hat-

te seine Wache über den Haufen geschossen und war mit einem schwedischen Pass geflohen (Grzimek, Serengeti 56).
Vgl. die vorangehende Wendung.
etwas über den Haufen werfen (ugs.): *etwas umstoßen, vereiteln:* Durch diesen Zwischenfall wurden alle Vorkehrungen der Polizei über den Haufen geworfen. Da ist keiner, der wagt, eine Verfügung einfach über den Haufen zu werfen (Tucholsky, Werke II, 127).
Vgl. die Wendung »jmdn., etwas über den Haufen fahren/reiten/rennen«.
in hellen Haufen: ↑Schar. **der Teufel scheißt immer auf den großen Haufen:** ↑Teufel.
Haupt: sein greises Haupt schütteln (scherzh.): *den Kopf schütteln:* Was schüttelst du dein greises Haupt? Bei solchen Vorschlägen kann ich nur mein greises Haupt schütteln!
▶ Diese Wendung ist ein Zitat aus Chamissos Gedicht »Das Schloß Boncourt«, dessen erste Strophe mit den folgenden Zeilen beginnt: »Ich träum' als Kind mich zurücke/und schüttle mein greises Haupt«.
an Haupt und Gliedern (geh.): *ganz, völlig, in jeder Hinsicht:* Sie wollten die Kirche an Haupt und Gliedern reformieren. Wenn sie (= die Selbstverwaltung) jetzt nach der Hilfe des Gesetzgebers ruft, so ganz einfach deshalb, weil eine Reform an Haupt und Gliedern nicht mehr zu umgehen ist (MM 12. 5. 1967, 22).
jmdn. aufs Haupt schlagen (geh.): *jmdn. völlig besiegen, vernichten:* Die Regierungstruppen sollten die Aufständischen aufs Haupt schlagen.
jmdm. zu Häupten; zu jmds. Häupten (geh.): *oben, in der Höhe des Kopfes:* Er lag in voller Rüstung auf der Bahre, zu seinen Häupten brannten zwei Kerzen. Ein Sühnezicklein lag außerdem immer zu ihren Häupten, wenn sie schlief ... (Th. Mann, Joseph 344).
▶ In der Form »Häupten« hat sich ein alter Dativ des Wortes »Haupt« erhalten.
sich Asche aufs Haupt streuen/sein Haupt mit Asche bestreuen: ↑Asche. **das Schwert des Damokles hängt/schwebt über jmds. Haupt:** ↑Damokles. **feurige**

Kohlen auf jmds. Haupt sammeln: ↑Kohle.
Hauptsache: in der Hauptsache: *hauptsächlich:* Es sind in der Hauptsache junge Leute, die diese Art von Musik mögen. Dabei werden, außer der Frankfurter Allgemeinen selbst, in der Hauptsache ... die folgenden Zeitungen benutzt ... (Enzensberger, Einzelheiten 23).
Haupt- und Staatsaktion: eine Haupt- und Staatsaktion aus etwas machen: *etwas Unbedeutendes aufbauschen, in übertriebener Weise darstellen, mit übertriebenem Aufwand betreiben:* Wir werden das Problem in interner Aussprache klären und keine Haupt- und Staatsaktion daraus machen. Die Polizei interessiert mich nicht, und wenn sie aus dem Quatsch eine Haupt- und Staatsaktion machen will, dann soll sie sich blamieren, so gut sie kann (Spoerl, Maulkorb 35).
▶ Die Wanderbühnen des 17. und frühen 18. Jahrhunderts pflegten ihre Stücke als [ernste] Hauptaktionen und [komische] Staatsaktionen anzukündigen.
Haus: Haus und Hof: *jmds. gesamter Besitz:* In wenigen Jahren hatte er Haus und Hof vertrunken. Niemand braucht zu befürchten, er werde eines Tages mit Gewalt von Haus und Hof vertrieben (Dönhoff, Ära 150).
Haus und Herd (geh.): *jmds. eigener Hausstand:* Fleißig arbeiten wollte er und sparen, damit er seiner Familie eines Tages Haus und Herd würde bieten können.
Haus der offenen Tür: *Gelegenheit zur Besichtigung [eines Betriebes, einer Institution o. Ä.] für die Öffentlichkeit:* Bei den Städtischen Wasserwerken ist am Samstag wieder Haus der offenen Tür.
Häuser auf jmdn. bauen: *jmdm. fest vertrauen:* Er hatte seinem Schwager den Posten gegeben, weil er ihn für einen Menschen hielt, auf den man Häuser bauen kann.
▶ Die Wendung drückt aus, dass ein Mensch einem so grundsolide erscheint wie der feste Boden, auf dem man Häuser bauen kann.
das/sein Haus bestellen (geh.): *alle seine Angelegenheiten vor einer längeren Abwesenheit oder vor dem Tod in Ordnung*

bringen: Er wollte, bevor er sich der Operation im Krankenhaus unterzog, in Ruhe sein Haus bestellen.

jmdm. das Haus einlaufen/einrennen (ugs.): *jmdn. ständig [wegen der gleichen Angelegenheit] aufsuchen:* Kaum hing ihr Aufgebot aus, da liefen ihnen auch schon die Vertreter das Haus ein. Auf Märkten und Straßen treten Magier und Zeichendeuter auf, Wahrsagern rennt man die Häuser ein (Thieß, Reich 169).

jmdm. das Haus verbieten: *jmdn. verbieten, das Haus, die Wohnung zu betreten:* Im Zorn hatte er seiner eigenen Tochter das Haus verboten. Leo Fischel nannte sie antisemitische Lümmel und wollte ihnen das Haus verbieten ... (Musil, Mann 206).

ein großes/offenes Haus führen: *Geselligkeit pflegen, oft Gäste haben:* Meine Frau liebt es, ein großes Haus zu führen (Brand [Übers.], Gangster 18). Die Weemans müssen ein großes Haus geführt haben (Dürrenmatt, Grieche 95).

das Haus hüten: *zu Hause bleiben:* Geht ihr ruhig zu dem Eishockeyspiel, ich werde das Haus hüten. Die Kinder sind ins Bett gebracht worden, sie hüten das Haus (Nachbar, Mond 254).

mit der Tür ins Haus fallen (ugs.): *ein Anliegen unvermittelt vorbringen:* Es tut mir leid, dass ich gleich mit der Tür ins Haus falle, aber ich brauche den Betrag ganz dringend. Axel wechselte mit Hanna einen Blick. Er ärgerte sich, dass er mit der Tür ins Haus gefallen war (Müthel, Baum 29).
▶ Gemeint ist, dass jmd. so ungestüm und plump in ein Haus drängt, dass er dabei die Tür aus den Angeln reißt und samt der Tür ins Haus stürzt.

ins Haus stehen (ugs.): *bevorstehen:* Sie ahnte nicht, was ihr an diesem Tag noch alles ins Haus stehen sollte. Damit stünde eine neue Hauptverhandlung gegen Hetzel noch nicht ins Haus (Spiegel 8, 1966, 40).

[jmdm.] ins Haus platzen/schneien (ugs.): *jmdn. überraschend besuchen:* Am ersten Weihnachtsfeiertag platzte ihm seine Schwiegermutter ins Haus. In den ersten Monaten nach der Hochzeit schneiten noch dann und wann Gäste ins Haus, dann wurde es völlig ruhig um sie.

komm du nur nach Hause! (meist scherzhaft): *Drohung, jmdm. gehörig die Meinung zu sagen, jmdn. zu verprügeln, sobald man nicht mehr unter Menschen ist:* Du bist heute ganz schön frech, mein Lieber – komm du nur nach Hause!

von Haus[e] aus: 1. *ursprünglich:* Von Haus aus ist er Rechtsanwalt, aber jetzt ist er Syndikus bei einer Bank. ... ich bin von Haus aus begütert, Geld lockte mich nicht (Leip, Klabauterflagge 44). 2. *seinem eigentlichen Charakter nach:* Ich weiß nicht, weshalb er plötzlich auf ihn losging. Von Hause aus ist er gutmütig. ... wir sind zerstreute Wesen, unaufmerksam und träumerisch-sorglos von Hause aus (Th. Mann, Joseph 290).

auf etwas/in etwas zu Hause sein: *sich in etwas gut auskennen, gut Bescheid wissen:* Es tut mir leid, das weiß ich nicht, auf diesem Gebiet bin ich nicht zu Hause. Aber dass das Teutach-Tal nur am Kapellenfelsen verteidigt werden kann, muss jedem klar sein, der in der Kriegsgeschichte einigermaßen zu Hause ist (M. Walser, Eiche 43).

nach Art des Hauses: ↑Art. **die Axt im Haus erspart den Zimmermann/Scheidungsrichter:** ↑Axt. **Einfälle haben wie ein altes Haus:** ↑Einfall. **der Herr im Haus[e] sein:** ↑Herr. **wenn die Katze aus dem Haus ist, tanzen die Mäuse [auf dem Tisch]:** ↑Katze. **hinter dem Mond zu Hause sein:** ↑Mond. **du hast wohl deinen Mund zu Hause gelassen:** ↑Mund. **ein öffentliches Haus:** ↑öffentlich. **Postkarte genügt, komme ins Haus:** ↑Postkarte. **seine Schussstiefel zu Hause gelassen haben:** ↑Schussstiefel. **bar auf den Tisch des Hauses:** ↑Tisch. **etwas auf den Tisch des Hauses legen:** ↑Tisch.

Häuschen: **aus dem Häuschen geraten/sein** (ugs.): *[vor Freude] aufgeregt werden/aufgeregt sein, außer sich sein:* Die Kinder gerieten vor Freude ganz aus dem Häuschen, als sie die Geschenke sahen. Wenn ich den Männern solche Scherze vormache, geraten sie unweigerlich aus dem Häuschen (Cotton, Silver-Jet 93).
▶ Die Wendung meint wahrscheinlich, dass jemand oder jemandes Verstand nicht in seinem Hause, in seiner Behausung ist, und er sich daher nicht mehr

auskennt. Früher war auch die Wendung »nicht recht zu Hause sein« (= nicht recht bei Verstand sein) gebräuchlich. – Wegen der Verkleinerungsform »Häuschen« könnte auch ein Zusammenhang mit dem französischen »Les Petites-Maisons« (Name eines früheren Irrenhauses in Paris) bestehen.

jmdn. aus dem Häuschen bringen (ugs.): *jmdn. aufregen, [vor Freude] außer sich geraten lassen:* Die Nachricht vom Lottogewinn hat die ganze Familie aus dem Häuschen gebracht. Vgl. die vorangehende Wendung.

hausen: unter einem Dach hausen: ↑ Dach.

Hausgebrauch: für den Hausgebrauch: *für durchschnittliche Ansprüche, für den Alltag:* Ein Kühlschrank dieser Ausführung reicht für den Hausgebrauch völlig aus. Was ich über die Handhabung eines PC weiß, genügt für den Hausgebrauch.

häuslich: am häuslichen Herd: ↑ Herd.

sich häuslich niederlassen/einrichten: ↑ niederlassen.

Haussegen: bei jmdm. hängt der Haussegen schief (ugs.; scherzh.): *in einer Ehe herrscht eine gereizte Stimmung, hat es Streit gegeben:* Bei unseren Nachbarn hängt mal wieder der Haussegen schief. Wegen der Nadeln in neuen Oberhemden hat bei uns schon der Haussegen schief gehangen (Hörzu 40, 1971, 114).

▶ Der häusliche Segensspruch, der schief hängt, mit dem etwas nicht stimmt, wird scherzhaft dafür gesetzt, dass etwas in der Ehe nicht in Ordnung ist. Segenssprüche (auf Holz) waren früher recht beliebt. Sie hingen gewöhnlich über der Eingangstür oder dem Sofa.

Haut: nur noch/nichts als Haut und Knochen sein (ugs.): *völlig abgemagert sein:* Er war nur noch Haut und Knochen, als er nach dreijähriger Haft zurückkehrte. Der Mann ist völlig ausgebrannt – es ist nur noch Haut und Knochen, was sich draußen zwischen den Schutthaufen noch bewegt (Plievier, Stalingrad 302).

[für jmdn., für etwas] seine Haut/(selten auch:) **sein Fell zu Markte tragen** (ugs.): *für jmdn., für etwas einstehen und sich dadurch in Gefahr begeben:* Er dachte gar nicht daran, für diese Bonzen seine Haut zu Markte zu tragen. Dann hat das Volk die Sache ausgefochten und seine Haut zu Markte getragen (Th. Mann, Buddenbrooks 134).

▶ Die Wendung geht von der Vorstellung aus, dass die Haut im Kampf Hieben, Stichen usw. zuerst ausgesetzt ist. Jemand, der seine Haut für etwas einsetzt, hergibt (= zu Markte trägt), ist also bereit, Verwundungen hinzunehmen und sein Leben zu riskieren. Vgl. dazu die Wendungen »sich seiner Haut wehren« und »mit heiler Haut davonkommen« sowie die heute nicht mehr übliche Wendung »mit der Haut bezahlen« (= sein Leben für etwas lassen).

seine [eigene] Haut retten: *sich selbst retten, in Sicherheit bringen:* Nach dem gescheiterten Putsch dachten die Generäle nur noch daran, ihre Haut zu retten.

seine Haut so teuer wie möglich verkaufen: *sich mit allen Mitteln, nach Kräften wehren:* Die Mannschaft steht am Tabellenende und wird versuchen, gegen den deutschen Meister ihre Haut so teuer wie möglich zu verkaufen.

sich seiner Haut wehren (ugs.): *sich verteidigen, sich energisch zur Wehr setzen:* Ich werde mich morgen in der Debatte schon meiner Haut wehren. Man lernte dort früh, sich seiner Haut zu wehren (Erné, Fahrgäste 119). Schließlich war die Madeleine auch kein heuriger Hase und würde sich ihrer Haut schon wehren (Fallada, Herr 16). Vgl. die Wendung »seine Haut zu Markte tragen«.

sich auf die faule Haut legen/auf der faulen Haut liegen (ugs.): *nichts tun, faulenzen:* Das haben wir gerne, der Herr Künstler frisst sich hier durch und legt sich auf die faule Haut (Jaeger, Freudenhaus 59). Die meisten Spieler wollten nicht länger auf der faulen Haut liegen und freuten sich auf den Trainingsbeginn. Vgl. die Wendung »auf der Bärenhaut liegen« (↑ Bärenhaut).

aus heiler Haut (ugs.; landsch.): *unversehens, ohne erkennbare Ursache:* Aus heiler Haut begann er zu toben und beschimpfte sie alle als Erbschleicher. Sie wundern sich verdammt, wenn bald der neue Regierer ... aus heiler Haut ... den Storch vom Haus herunterknallt, der seit

fünf oder sechs Generationen als Weihvogel oben horstet (Zweig, Grischa 309).
► Gemeint ist, dass etwas (z. B. als Geschwür) aus der Haut kommt, ohne dass eine Verletzung die Ursache ist.
aus der Haut fahren (ugs.): *wütend werden:* Es ist, um aus der Haut zu fahren (Es ist zum Aus-der-Haut-Fahren), wenn man sieht, was für Pfuscharbeit heute in den Reparaturwerkstätten gemacht wird. Nur wegen einer Angewohnheit der Massai könnte Michael aus der Haut fahren: Sie spucken (Grzimek, Serengeti 276).
► Gemeint ist, dass jmd. außer sich gerät, vor Wut seine äußere Hülle (die Haut) verlässt.
nicht aus seiner Haut [heraus]können (ugs.): *sich nicht ändern können, seine Eigenart nicht verleugnen können:* Ich habe meinem Nachbarn doch wieder die Campingausrüstung gepumpt, obwohl er sie mir im letzten Jahr verdreckt zurückgegeben hat. Na ja, ich kann nun mal nicht aus meiner Haut heraus. Ich bin träge, viel zu labil und gutmütig. Aber ich kann nicht aus meiner Haut (Hörzu 25, 1971, 12). Er konnte nicht aus seiner Haut, wusste aber, wie er seine Schwäche zu steuern hatte (Loest, Pistole 133).
sich in seiner Haut [nicht] wohl fühlen (ugs.): *[un]zufrieden sein, sich in seiner Lage [un]behaglich fühlen:* Man sah dem Mädchen sofort an, dass es sich in seiner Haut nicht wohl fühlte. Nur gut rasiert fühlt man sich wohl in seiner Haut (Quick 48, 1958, 28).
jmdm. ist [nicht] wohl in seiner Haut (ugs.): *jmd. ist [un]zufrieden, fühlt sich [un]behaglich:* Den beiden jungen Engländern war nicht wohl in ihrer Haut, wenn sie an den Abstieg durch die Steilwand dachten. Seit dem 17. Juni 1953 war ihnen nie ganz wohl gewesen in ihrer Haut (Dönhoff, Ära 90).
nicht in jmds. Haut stecken mögen (ugs.): *nicht an jmds. Stelle, in jmds. Lage sein mögen:* Angeblich hat sie Geld unterschlagen. Na, ich möchte jetzt nicht in ihrer Haut stecken.»Ja, ich möchte nicht in der Haut des Burschen stecken!«(Weber, Einzug 423)
mit heiler Haut davonkommen: *etwas unverletzt, ungestraft überstehen:* Wir können froh sein, dass wir mit heiler Haut davongekommen sind. ... der Besitzer des Blättchens, ein dunkler Ehrenmann, kam eben und eben mit heiler Haut davon (Maass, Gouffé 107).
Vgl. die Wendung »seine Haut zu Markte tragen«.
mit Haut und Haar[en] (ugs.): *ganz, völlig:* Er hatte sich mit Haut und Haaren der Soziologie verschrieben. Kein Wunder, dass seine Nerven beben, ... handelt es sich doch um die fortgeschrittene Paralyse eines Organismus, ... in dem er selbst mit Haut und Haaren eine Zelle ist (Plievier, Stalingrad 146).
► Die Formel ist verallgemeinert aus Verbindungen wie »ein Tier mit Haut und Haaren fressen, verschlingen« o. Ä.
jmdm. unter die Haut gehen/dringen: *jmdn. sehr berühren, innerlich aufwühlen:* Der Film über die Flüchtlinge ging allen unter die Haut. Dem dringt nichts unter die Haut! Wenn ich neben ihm stehe, dann ist mirs immer, als lehnte ich an einem Eisberg (Sebastian, Krankenhaus 53). Natürlich geht es einem unter die Haut, wenn ein Freund ... verunglückt (Hörzu 34, 1976, 16).
► Diese Wendung ist aus engl. »get under someone's skin« entlehnt.
sich etwas nicht aus der Haut schneiden können: ↑ Rippe.
► Zu den Wendungen »jmdm. die Haut gerben«, »jmdm. die Haut über die Ohren ziehen«, »jmds. Haut versaufen« u. a., in denen heute gewöhnlich »Fell« gebraucht wird, vgl. das Stichwort »Fell«.

Hebel: den Hebel [irgendwo] ansetzen: *mit einer Sache beginnen, etwas in Angriff nehmen:* Hier können wir den Hebel ansetzen, wenn wir den Umsatz steigern wollen. Ist alles ganz einfach, man muss nur den Hebel an der richtigen Stelle ansetzen (Ott, Haie 10).
alle Hebel in Bewegung setzen: *alle denkbaren Maßnahmen ergreifen:* Wir werden alle Hebel in Bewegung setzen, um die Mannschaft vor dem Abstieg zu bewahren. Meine Frau setzte alle Hebel in Bewegung, um mir zu Hilfe zu kommen (Niekisch, Leben 348).
am längeren Hebel sitzen: *mächtiger, einflussreicher als der Gegner sein:* Es hat

wenig Sinn, gegen eine Behörde einen Prozess anzustrengen. Die sitzen doch am längeren Hebel. So einfach ist das nicht, jetzt sitzen wir mal am längeren Hebel ... (v. d. Grün, Glatteis 169).

heben: einen heben (ugs.): *Alkohol trinken:* Na, wollen wir noch einen heben? Ich habe den Eindruck, ihr Mann hebt gern einen. Das ganze Pressekorps hatte anscheinend ... einen gehoben, als die erste Bomberwelle herüberkam (Ruark [Übers.], Honigsauger 41).

etwas aus den Angeln heben: ↑Angel. **jmdn. in den Himmel heben:** ↑Himmel. **jmdn. aus dem Sattel heben:** ↑Sattel. **jmdn. in den Sattel heben:** ↑Sattel. **jmdn. auf den Schild heben:** ↑Schild. **jmdn., etwas aus der Taufe heben:** ↑Taufe. **jmdn. auf den Thron heben:** ↑Thron. **die Welt aus den Angeln heben:** ↑Welt.

Hechel: jmdn., etwas durch die Hechel ziehen (veraltend): *über jmdn., etwas in spöttischer, boshafter Weise reden:* An der Bar wurden mal wieder die Kollegen aus der Branche durch die Hechel gezogen.

▶ Die Wendung meint, dass man jemanden in einem Gespräch wie die Fäden bei der Flachsbearbeitung durch die Hechel zieht. Die Hechel ist ein kammartiges Werkzeug mit Drahtspitzen, in dem die verknäulten Fäden geglättet und vom Werg getrennt werden.

Hecht: der Hecht im Karpfenteich sein (ugs.): *durch seine Anwesenheit für Unruhe sorgen; (unter trägeren Menschen) die führende Rolle spielen; eine besondere Stellung einnehmen:* Im Labor war er der Hecht im Karpfenteich. Unsere Mannschaft kann nicht mehr Meister werden, sie hofft aber, auch in der Rückrunde der Hecht im Karpfenteich zu sein.

▶ Die Wendung bezieht sich darauf, dass ein Hecht, wenn er in einem Karpfenteich ist, die Karpfen jagt, in Unruhe versetzt [und nicht fett werden lässt]. Im Vergleich zu den sich langsam bewegenden Karpfen ist der Hecht ausgesprochen beweglich.

ein toller Hecht [sein] (ugs.): *ein Mann [sein], der [wegen besonderen Mutes, einer gewissen Unverfrorenheit, Cleverness o. Ä.] bewundert, anerkannt wird:* Dein Bruder ist ja ein toller Hecht – wie der

die Polizei an der Nase herumgeführt hat! So wie er glauben viele junge Männer, man müsse ... schon in der ersten Nacht beweisen, was für ein toller Hecht man sei (Freizeitmagazin 12, 1978, 41).

Hechtsuppe: es zieht wie Hechtsuppe: ↑ziehen.

Hefekloß: wie ein Hefekloß aufgehen: ↑aufgehen.

Heft: das Heft ergreifen/in die Hand nehmen: *die Leitung, die Macht übernehmen:* Er wartete auf den Tag, an dem er in diesem Ressort das Heft in die Hand nehmen würde. Alle Versicherungen können nicht darüber hinwegtäuschen, dass das große Wollen fatalerweise in einer religiösen Diktatur geendet hat, in der Cromwell das Heft allein in die Hand nahm (Nigg, Wiederkehr 52).

das Heft aus der Hand geben: *die Leitung, die Macht abgeben:* Sein Vater fühlte sich noch jung und voller Schwung und dachte gar nicht daran, das Heft aus der Hand zu geben.

jmdn. das Heft aus der Hand nehmen/winden: *jmdm. die Leitung, die Initiative wegnehmen, die Macht entreißen:* Auch im zweiten Satz gelang es dem deutschen Doppel nicht, den Australiern das Heft aus der Hand zu nehmen. Wir erleben, wie den Linksintellektuellen, die des Wortes, aber nicht der ... Tat mächtig sind, das Heft aus der Hand genommen wird (Welt 4. 11. 1967, 2).

das Heft in der Hand haben/behalten: *die Leitung, die Initiative, die Macht haben; Herr der Lage sein:* Noch hat der Parteivorstand das Heft in der Hand. Der Europameister hatte jederzeit das Heft fest in der Hand. ... weiße Söldner, die für eine finanzielle Interessengruppe kämpften, hätten das Heft in der Hand (Enzensberger, Einzelheiten I, 64).

▶ Alle Wendungen beziehen sich darauf, dass jmd., der den Griff einer Waffe noch fest in der Hand hält, kämpfen und sich wehren kann.

Heftelmachen: das geht [ja] wies Heftelmachen: ↑gehen.

Heftelmacher: aufpassen wie ein Heftelmacher: ↑aufpassen.

heften: sich etwas an die Brust heften: ↑Brust. **sich an jmds. Fersen heften:** ↑Ferse. **sich an jmds. Hacken/sich jmdm.**

an die Hacken heften: ↑ Hacke. **den Sieg an seine Fahnen heften:** ↑ Sieg. **sich an jmds. Sohlen heften:** ↑ Sohle.

hegen: jmdn., etwas hegen und pflegen: *jmdm., einer Sache sorgfältige, liebevolle Pflege angedeihen lassen:* Er hegte und pflegte seine kranke Mutter mit großer Hingabe. Die alten Volksbräuche wurden gehegt und gepflegt, und fast alle Dorfbewohner waren Mitglied im Heimatverein. Man hat der Regierung ... häufig vorgeworfen, sie hege und pflege ihre Illusionen und sei nicht bereit, den Realitäten ins Auge zu blicken (Dönhoff, Ära 85).

Hehl: kein[en] Hehl aus etwas machen: *etwas nicht verheimlichen, nicht verbergen:* Sie hatte kein Hehl aus ihrer Abneigung gegen die Schwiegereltern gemacht. Ellen Winter ... hatte auch rotes Haar, aber gefärbt. Sie machte gar keinen Hehl daraus ... (Danella, Hotel 235).

heia: heia machen (Kinderspr.): *schlafen:* So, mein Sohnemann, jetzt wollen wir mal schön heia machen!

Heide: ... dass die Heide wackelt (ugs.): *heftig, sehr stark:* Der Chef hat getobt, dass die Heide wackelt. Du wirst an diesem Tag ein Festessen machen, dass die Heide wackelt! (Jaeger, Freudenhaus 187).

▶ Diese ursprünglich norddeutsche Wendung ist wohl eine volkstümliche Übertreibung; vgl. die Wendung »da wackelt die Wand« und die volkstümlichen Verstärkungen »... dass es kracht« und »... dass es nur so rauscht«.

heidi: heidi gehen/sein (ugs.): *verloren gehen, entzweigehen/verloren, entzwei sein:* Das neue Fahrrad ist schon wieder heidi gegangen. Seine Karriere ist heidi, wenn die Geschichte bekannt wird.

heil: aus heiler Haut: ↑ Haut. **mit heiler Haut davonkommen:** ↑ Haut.

Heil: sein Heil in der Flucht suchen: *fliehen, davonlaufen:* Die Reste der Regierungstruppen suchten ihr Heil in der Flucht. Als die Polizei erschien, suchten die Randalierer ihr Heil in der Flucht.

im Jahr[e] des Heils: ↑ Jahr. **Ski Heil:** ↑ Ski. **stur Heil:** ↑ stur.

heilen: die Zeit heilt alle Wunden: ↑ Zeit.

heilig: heilige Kuh (ugs.): *etwas Unantastbares, was nicht angegriffen werden darf:* Wenn Steuern gespart werden müssen, darf auch die Gesundheitspolitik keine heilige Kuh sein. Ruhe und Rasen sind die »heiligen Kühe« der Erwachsenenwelt (MM 30. 6./1. 7. 1979, 16).

▶ Diese Fügung geht auf die indische Vorstellung von der Kuh als heiligem Tier zurück.

[ach] du heiliger Bimbam: ↑ Bimbam. **[du] heilige Einfalt:** ↑ heilig. **[jmdm.] etwas hoch und heilig versprechen:** ↑ hoch. **heiliges Kanonenrohr:** ↑ Kanonenrohr. **[ach] du heiliger Schreck:** ↑ Schreck. **[ach] du heiliger Strohsack:** ↑ Strohsack. **den heiligen Ulrich anrufen:** ↑ Ulrich.

heiligen: der Zweck heiligt die Mittel: ↑ Zweck. **jmdn., sich mit einem Heiligenschein umgeben:** ↑ Glorienschein.

Heiliger: sonderbarer Heiliger (ugs.): *merkwürdiger Mensch, Sonderling:* Kennst du diesen sonderbaren Heiligen, der dort in der Ecke sitzt? Was ist denn das für ein sonderbarer Heiliger?

Heimat: unrasiert und fern der Heimat: ↑ unrasiert.

Heimchen: ein Heimchen am Herd[e]: *eine naive, nicht emanzipierte Frau, die sich mit ihrer Rolle als Hausfrau und Ehefrau zufrieden gibt:* Du hast kein Heimchen am Herd geheiratet, mein Lieber, ich werde meinen Beruf auf keinen Fall aufgeben! Junggesellin Christa ist entschlossen, niemals als Heimchen am Herd »zu versauern« (Hörzu 5, 1973, 95). ... Annemarie, die vernachlässigte, beiseite geschobene, in die Ecke gestellte Landratsfrau, das Heimchen am Herd ... (Bieler, Bär 262).

▶ Diese Bezeichnung geht auf Charles Dickens zurück, der einer seiner Erzählungen den Titel »Cricket on the hearth« gab.

heimgehen: zu seinen Vätern heimgehen: ↑ Vater.

heimisch: am heimischen Herd: ↑ Herd.

heimlich: heimlich, still und leise (ugs.): *völlig unbemerkt:* Heimlich, still und leise hatte er die Aktienmehrheit an sich gebracht. Mensch, Gerstein – Sie erschrecken mich. Sie kommen immer so heimlich, still und leise (Hochhuth, Stellvertreter 145).

▶ Diese Wendung stammt aus der Operette »Frau Luna« von Paul Lincke.

Dort heißt es: »Heimlich, still und leise kommt die Liebe ...«

heimzahlen: jmdm. etwas mit gleicher Münze heimzahlen: ↑Münze. **jmdm. etwas mit Zins und Zinseszins heimzahlen:** ↑Zins.

Hein: Freund Hein: ↑Freund.

Heinrich: der flotte Heinrich/Otto (ugs.): *Durchfall:* Er hatte seit drei Tagen den flotten Heinrich und fühlte sich hundsmiserabel.

▶ Neben »flotter Heinrich« und »flotter Otto« ist auch die Substantivierung »Flotter« im Sinne von »Durchfall« gebräuchlich: einen Flotten (= flotter Stuhlgang) haben, kriegen. Beide Namen stehen also scherzhaft anstelle von »Stuhlgang«.

den müden Heinrich spielen/auf müden Heinrich machen (ugs.): *beim Arbeiten langsam sein, sich nicht anstrengen:* Los, Junge, spiel hier nicht den müden Heinrich – wenn du Kohle machen willst, musst du ranklotzen! Jetzt mach aber nicht auf müden Heinrich, Stummel, steht dir gar nicht! (Fr. Wolf, Zwei 148).

heiraten: auf Abbruch heiraten: ↑Abbruch.

heiß: heißer Draht (ugs.): *direkte telefonische Verbindung [zwischen den Regierungen der Großmächte], bes. für ernste Konfliktsituationen:* Die beiden Regierungschefs sprachen sich für die Einrichtung eines heißen Drahts aus. Der »heiße Draht« wurde bei den Vertragsverhandlungen vereinbart und soll für Kontakte in dringenden Fällen benutzt werden (BM 15. 11. 1972, 1).

ein heißes Eisen (ugs.): *eine heikle, bedenkliche Sache:* Ich möchte dir abraten, darüber zu sprechen, das ist ein ganz heißes Eisen. Er scheute sich nicht, auch mal ein heißes Eisen wie die Mitbestimmung anzufassen. Denn so gut wie nie liest man ... von diesen delikaten Dingen – keiner rührt das heiße Eisen auch nur an (Tucholsky, Werke II, 233).

heiße Luft (ugs.): *leere Versprechungen, Drohungen; Angeberei:* In drei Monaten wollte er den Laden aus den roten Zahlen gebracht haben – alles heiße Luft!

nicht heiß und nicht kalt/weder heiß noch kalt sein: *in unbefriedigender Weise unentschieden, unzureichend sein:* Die Stellungnahme des Ministeriums ist weder heiß noch kalt, sie enthält nichts als unverbindliche Andeutungen.

jmdn. überläuft es heiß und kalt; jmdm. läuft es heiß und kalt über den Rücken: *jmdn. schaudert, jmd. ist betroffen:* Als sich der Prüfer mit dieser Frage an ihn wandte, lief es ihm heiß und kalt über den Rücken. Es überlief sie heiß und kalt, als sie ihren Mann mit ihrer besten Freundin ins Café kommen sah.

du bist wohl [als Kind] zu heiß gebadet worden; dich haben sie wohl zu heiß gebadet: ↑baden. **heißes Blut haben:** ↑Blut. **jmdm. wird der Boden unter den Füßen zu heiß:** ↑Boden. **um den heißen Brei herumreden:** ↑Brei. **man muss das Eisen schmieden, solange es heiß ist:** ↑Eisen. **es wird nichts so heiß gegessen, wie es gekocht wird:** ↑essen. **herumgehen/herumschleichen wie die Katze um den heißen Brei:** ↑herumgehen. **jmdn. fallen lassen wie eine heiße Kartoffel:** ↑fallen lassen. **jmdm. die Hölle heiß machen:** ↑Hölle. **sich die Köpfe heiß reden:** ↑Kopf. **mit der heißen Nadel genäht sein:** ↑Nadel. **ein heißes Pflaster sein:** ↑Pflaster. **ein Satz heiße Ohren:** ↑Ohr. **einen heißen Reifen fahren:** ↑Reifen. **[wie/nur] ein Tropfen auf den/auf einen heißen Stein sein:** ↑Tropfen. **was ich nicht weiß, macht mich nicht heiß:** ↑wissen.

heißen: ich will Emil (Hans, Meier o. Ä.) heißen, wenn ...; wenn ..., heiße ich Emil (Hans, Meier o. Ä.) (ugs.): *Formel, mit der man ausdrückt, dass man etwas für ausgeschlossen hält:* Ich will Emil heißen, wenn das stimmt. Wenn unsere Mannschaft heute gewinnt, heiße ich Meier.

etwas mit sich gehen heißen: ↑gehen. **etwas mitgehen heißen:** ↑mitgehen. **jmdn. willkommen heißen:** ↑willkommen.

heiter: das ist ja heiter; das wird ja heiter; das kann ja heiter werden (ugs.; iron.): *das ist sehr unangenehm, da erwartet uns ja einiges:* Das ist ja heiter, jetzt fängt auch noch der Motor zu bocken an. Der Buchprüfer ist im Haus, und niemand weiß, wo die Bewirtungsbelege abgeheftet sind – na, das wird ja heiter! Ich dachte: »Das kann ja heiter werden«, und sagte gleich: »Herr Schmeling, ich habe nur fünf Minuten Zeit« (Hörzu 38, 1975, 18).

wie ein Blitz aus heiterem Himmel: ↑ Blitz. **Ernst ist das Leben, heiter [ist] die Kunst:** ↑ Ernst. **aus heiterem Himmel:** ↑ Himmel. **etwas von der heiteren Seite nehmen:** ↑ Seite.

Heiterkeit: Jubel, Trubel, Heiterkeit: ↑ Jubel.

Hektor: rangehen wie Hektor an die Buletten: ↑ rangehen.

Held: kein Held in etwas sein (ugs.; scherzh.): *etwas nicht gut können:* Ich bin kein Held im Rechnen. Ihr Mann war kein Held im Einparken.

der Held des Tages sein: *im Mittelpunkt des Interesses stehen:* Der türkische Gastarbeiter, der das Kind aus den Flammen gerettet hatte, war der Held des Tages. Die Ruderer aus dem Achter waren die Helden des Tages.

die Helden sind müde: *scherzhaft-spöttischer Kommentar, wenn der erste Schwung, der Eifer, die Kraft (einer Gruppe oder eines Einzelnen) nachlässt:* Die Helden sind müde, den Rest der Hecke beschneiden wir morgen.

▶ Diese Redensart geht auf den ins Deutsche übertragenen Titel des französischen Films »Les héros sont fatigués« aus dem Jahre 1955 zurück.

Heldenzeugen: ein Wetter zum Heldenzeugen: ↑ Wetter.

helfen: ich kann mir nicht helfen ...: *ich bleibe bei meiner Ansicht, dass ...; für mich ist es so:* Ich kann mir nicht helfen, aber da ist doch jemand an der Wohnungstür. Ich kann mir nicht helfen, ich finde mich schick (Hörzu 19, 1973, 113). Ich kann mir nicht helfen, Trudel, wenn ich mir das so vorstelle, wie ich in der Fabrik herumschleiche und Maschinen verderbe, es passt nicht zu mir (Fallada, Jeder 311).

ich werde/will dir helfen ... (ugs.; scherzh.): *Ausdruck einer Drohung; Aufforderung, etwas zu unterlassen:* Ich werde dir helfen, mit den dreckigen Schuhen auf der Couch zu liegen! Euch will ich helfen, die Parkbänke zu demolieren!

jmdm. auf die Beine helfen: ↑ Bein. **jmdm. über den Berg helfen:** ↑ Berg. **jmdm. auf den Damm helfen:** ↑ Damm. **helf Gott:** ↑ Gott. **hilf dir selbst, so hilft dir Gott:** ↑ Gott. **hilf, Herr, er will mich fressen:** ↑ Herr. **jmdm. aus der Patsche helfen:** ↑ Patsche. **[doof bleibt doof] da helfen keine Pillen:** ↑ Pille. **wem nicht zu raten ist, dem ist auch nicht zu helfen:** ↑ raten. **sich nicht zu raten noch zu helfen wissen:** ↑ raten. **jmdm. auf die Sprünge helfen:** ↑ Sprung. **so wahr mir Gott helfe:** ↑ wahr.

hell: in hellen Flammen stehen: ↑ Flamme. **in hellen Scharen/(veraltet:) Haufen:** ↑ Schar.

Heller: keinen/nicht einen [roten, lumpigen, blutigen] Heller (ugs.): *nicht einen einzigen Pfennig, gar nichts:* Er hat keinen roten Heller mehr. Das Mittel, das ihm der Händler aufgeschwatzt hatte, war nicht einen blutigen Heller wert. Und ich rechtfertige mich damit, dass ich nicht einen Heller besäße (Jahnn, Nacht 77).

keinen [roten] Heller für jmdn., etwas geben (ugs.): *für jmdn., etwas keine Chance sehen; für jmdn., etwas das Schlimmste befürchten:* Ich gebe keinen roten Heller für einen erfolgreichen Abschluss der Verhandlungen. Wenn er den Terroristen in die Hände gefallen ist, gebe ich keinen Heller mehr für sein Leben.

auf Heller und Pfennig (ugs.): *ganz genau, ohne dass von einer Summe etwas übrig bleibt:* Er wird seine Schulden auf Heller und Pfennig zurückzahlen. ... dann werden wir abrechnen. Haargenau – auf Heller und Pfennig (Kirst, 08/15, 761).

hellhörig: hellhörig werden: *stutzig werden und daraufhin weitere Entwicklungen mit Aufmerksamkeit verfolgen:* Als der Name des Innenministers fiel, wurden die Journalisten hellhörig. Durch den Dammbruch in Carlingen ... sei die Bevölkerung besonders hellhörig in Sachen Anlegung eines Stauweihers geworden (Saarbr. Zeitung 30. 11. 1979, 20).

jmdn. hellhörig machen: *jmdn. stutzig machen und seine Aufmerksamkeit für weitere Entwicklungen schärfen:* Plötzlich war von Sprengstoff die Rede; das hat mich damals hellhörig gemacht. ... 19 Treffer hat er in der 2. Liga schon erzielt. So einer macht die Bundesliga hellhörig (Bild 20. 3. 1984, 15).

Hemd: jmdm. ist das Hemd näher als der Rock: *jmdm. ist der eigene Vorteil wichtiger als die Interessen anderer:* Als die Firma in Schwierigkeiten geriet, habe ich natürlich sofort mein Kapital in die Schweiz transferiert – schließlich ist mir das Hemd näher als der Rock. Natürlich ist auch Ranek ... das Hemd näher als der Rock; wo es ums nackte Überleben geht, ist für Bruderliebe wenig Platz (MM 2. 10. 1978, 28).

▶ Diese Redensart geht auf die Komödie »Trinummus« des römischen Dichters Plautus zurück. Dort heißt es (V, 2, 30): »Tunica propior palliost.«

sich das Hemd ausziehen lassen (ugs.): *sich ausnutzen lassen:* Immer wieder hast du dir von deinen Kindern das Hemd ausziehen lassen, jetzt denke doch auch einmal an dich selbst!

kein [ganzes] Hemd [mehr] am/auf dem Leib/auf dem Hintern haben (ugs.): *völlig heruntergekommen und mittellos sein:* Als er sie damals in Wien bei sich aufnahm, hatte sie kein ganzes Hemd mehr auf dem Leib. Er kam 47 aus der Gefangenschaft, da hatte er kein Hemd auf dem Hintern (Danella, Hotel 34).

sich das letzte Hemd/sein letztes Hemd vom Leib[e] reißen; das letzte Hemd/sein letztes Hemd hergeben (ugs.): *das Letzte für jmdn., für etwas opfern:* Ich würde mir das letzte Hemd vom Leib reißen, um dir zu helfen. Für die Flüchtlinge hatte sie ihr letztes Hemd hergegeben.

jmdm. das Hemd über den Kopf ziehen (ugs.): *jmdn. restlos ausplündern:* Die Burschen hatten ihm beim Pokern das Hemd über den Kopf gezogen. Adalbert sah mit klaren Augen, diese Leute zogen ihm das Hemd über den Kopf (Beheim-Schwarzbach, Freuden 53).

jmdn. bis aufs Hemd ausziehen (ugs.): *jmdn. restlos ausplündern:* Er hatte wenig Lust, sich vom Finanzamt bis aufs Hemd ausziehen zu lassen.

alles bis aufs Hemd verlieren (ugs.): *nur das Nötigste retten können:* Zweimal hatten sie einen Krieg überlebt, zweimal alles bis aufs Hemd verloren.

mach dir nicht ins Hemd! (ugs.): *stell dich nicht so an!:* Mach dir nicht ins Hemd, nur weil du mal Schmiere stehen sollst!

jmdm./jmdn. ins Hemd treten (ugs.): *jmdn. mit groben Mitteln zu etwas veranlassen:* Der Meister wird ihm ins Hemd treten, wenn er die Werkstatt nicht ausgefegt hat.

ein Schlag, und du stehst im Hemd! (ugs.): *Drohung:* Leg dich nicht mit mir an, Kleiner – ein Schlag von mir, und du stehst im Hemd!

ich tret dir 'n Achter ins Hemd: ↑ Achter. **sich einen Bonbon ins Hemd machen:** ↑ Bonbon. **jmdm. ein[en] Bonbon ans Hemd kleben:** ↑ Bonbon. **ich tret dir 'ne Delle ins Hemd:** ↑ Delle. **sich einen Fleck ins Hemd machen:** ↑ Fleck. **halbes Hemd:** ↑ halb. **mach dir keinen Pup ins Hemd:** ↑ Pup. **etwas wechseln wie das Hemd/wie seine Hemden:** ↑ wechseln.

Henker: weiß der Henker! (ugs.): *ich weiß es nicht:* Ich habe ihr nichts gesagt, weiß der Henker, von wem sie es erfahren hat. Den ganzen Boden habe ich nach ihnen umgedreht. Weiß der Henker, woher sie jetzt gekrochen kommen (Fallada, Hoppelpoppel 58).

hols/hol mich der Henker! (ugs.): *Verwünschung:* Hols der Henker, wir sind doch keine Schlappschwänze!

den Henker nach etwas fragen (ugs.): *nicht nach etwas fragen, sich nicht um etwas kümmern:* Den Henker werde ich fragen, ob es damit einverstanden ist. Er fährt, und damit Schluss!

sich den Henker um etwas scheren (ugs.): *sich nicht um etwas kümmern:* Die Unternehmer scheren sich den Henker um die Stabilitätsmaßnahmen der Regierung. Sie wird sich den Henker darum scheren, was der Trainer sagt.

geh/scher dich zum Henker! (ugs.): *verschwinde!; lass mich in Ruhe, verschone mich damit! (Ausdruck der Verwünschung):* Scher dich zum Henker! Ich habe genug von deinen Meckereien. Ach, geh zum Henker mit deinen Ahnungen!

zum Henker! (ugs.): *Ausruf der Verärgerung, des Erstaunens:* Wer, zum Henker, hat die Flasche aus meinem Schrank genommen?

Henne: das Ei/Küken will klüger sein als die Henne: ↑ Ei.

her: nur hin und her: ↑ hin. **nach langem Hin und Her:** ↑ hin. **... hin, ... her:** ↑ hin. **das ist hin wie her:** ↑ hin. **hin oder her:** ↑ hin.

herab: von oben herab: ↑ oben.

herabsteigen: von seinem Thron herabsteigen: ↑ Thron.

heraus: heraus mit der Sprache: ↑ Sprache.

herausbringen: jmdn., etwas groß herausbringen: ↑groß.

herausgeben: Kotzebues Werke herausgeben: ↑Kotzebue.

heraushaben: den Bogen heraushaben: ↑Bogen. die Kurve heraushaben: ↑Kurve.

heraushängen: jmdm. zum Hals[e] heraushängen: ↑Hals. jmdm. hängt die Zunge zum Hals[e] heraus: ↑Zunge.

herauskommen: auf eins/auf [ein und] dasselbe/aufs Gleiche [he]rauskommen (ugs.): *sich gleich bleiben, keinen Unterschied machen:* Doch wie ich mich auch verhalten habe, für Schneider kam alles auf eins heraus ... (Nossack, Begegnung 68). ... seinetwegen möchte die ganze Erde im Morast versinken, das käme jetzt alles auf ein und dasselbe heraus (R. Walser, Gehülfe 55). **groß herauskommen:** ↑groß. **da kommt der Pferdefuß heraus:** ↑Pferdefuß. **aus dem Schmollwinkel herauskommen:** ↑Schmollwinkel. **aus den roten Zahlen herauskommen:** ↑Zahl.

herausrücken: mit der Sprache herausrücken: ↑Sprache.

herausschallen: wie man in den Wald [hinein]ruft, so schallt es heraus: ↑Wald.

herausschauen: da schaut der Pferdefuß heraus: ↑Pferdefuß. in die Suppe schauen mehr Augen hinein als heraus: ↑Suppe.

heraus sein: fein heraus sein: ↑fein. aus dem Gröbsten heraus sein: ↑grob. aus der größten Scheiße heraus sein: ↑Scheiße. aus dem Schneider [heraus] sein: ↑Schneider.

herauswachsen: jmdm. zum Hals herauswachsen: ↑Hals.

herbeiziehen: etwas an/bei den Haaren herbeiziehen: ↑Haar.

Herberge: Holz bei der Herberge haben: ↑Holz.

Herd: eigener Herd ist Goldes wert: *ein eigener Hausstand, ein eigener Haushalt ist etwas sehr Wichtiges und Gutes:* Das Leben in einer Kommune wäre nichts für mich – eigener Herd ist Goldes wert, sage ich immer. **am heimischen/häuslichen Herd:** *in der Geborgenheit des Heims, zu Hause:* Mochten andere in die Welt hinausziehen und Abenteuer suchen, er führte lieber ein bescheidenes Leben am heimischen Herd. ... und so manche fleißige Hausfrauenhand nähte wenige Tage später ... die Beute am heimischen Herd wieder zusammen (Böll, Erzählungen 384). **Haus und Herd:** ↑Haus. ein Heimchen am Herd[e]: ↑Heimchen.

Herde: mit der Herde laufen; der Herde folgen: *sich in seinem Tun und Denken der Masse anschließen:* Wie soll jemand, der immer nur mit der Herde gelaufen ist, nun plötzlich selbstständig Entscheidungen treffen? Sie war nie der Herde gefolgt, war stets unabhängig geblieben.

herein: herein, wenns kein Schneider ist: ↑Schneider.

hergeben: das letzte Hemd/sein letztes Hemd hergeben: ↑Hemd. sein Letztes hergeben: ↑letzte. etwas für ein Linsengericht hergeben: ↑Linsengericht.

hergehen: hergehen und ... (ugs.): *ohne Umstände, ganz einfach ...:* Da bin ich hergegangen und habe einfach noch einen zweiten Vergaser eingebaut. Jener Passagier ... der dann herging und im Privatflugzeug für 5600 DM hinter der Linienmaschine herjettete ... (Augsburger Allgemeine 29./30. 4. 1978, 5).

herholen: weit hergeholt: *allzu gesucht und daher als Argument wenig beweiskräftig:* Was Sie da sagen, scheint mir doch ein bisschen weit hergeholt. Der Zweck der Reise, Städteplanung ... andernorts zu studieren, scheint recht weit hergeholt (Zeit 19. 9. 1975, 8).

herlaufen: hinter jeder Schürze herlaufen: ↑Schürze.

Herr: meine Herren! (ugs.): *Ausruf der Überraschung, der Verärgerung:* Meine Herrn, das ist ein blödes Fernsehprogramm! Das dauert wieder, bis der Ober kommt, meine Herren!

Herr des Himmels! (ugs.): *Ausruf der Verärgerung:* Herr des Himmels, ist das ein Lahmarsch!

hilf, Herr/(auch:) **o Herr, er will mich fressen** (scherzh.): *Kommentar, wenn jemand mit weit aufgerissenem Mund gähnt, ohne die Hand vorzuhalten.* ► Diese Redensart geht auf das Alte Testament (Tob. 6,3) zurück. Vgl. die Wendung »Tobias sechs, Vers drei« (↑Tobias).

jmds. Herr und Gebieter (scherzh.): *jmds. Ehemann:* Sie will erst einmal mit

ihrem Herrn und Gebieter darüber sprechen. Er sieht an seiner Seite ... lieber eine Frau meiner Art als eine solche, die ...
als demütige Magd ihrem Herrn und Gebieter die Riemen von den Schuhen löst
(Benrath, Konstanze 38). **wie der Herr, so's Gescherr:** *jmds. negative Eigenschaften lassen sich auch an
seinen Angestellten, Untergebenen, an
seinem Eigentum o. Ä. erkennen:* Sein
Hund ist eine hysterische alte Töle – na
ja, wie der Herr, so's Gescherr!

▶ In dieser Wendung steht »Gescherr«
um des Reims und Rhythmus willen für
»Geschirr«, das früher ganz allgemein
»Werkzeug, Gerät« bedeutete. Gemeint
war also ursprünglich, dass man vom un-
gepflegten Äußeren eines Menschen auf
den miserablen Zustand seines Werk-
zeugs, Geräts schließen kann. **die Herren der Schöpfung** (ugs.;
scherzh.): *die Männer:* Die Herren der
Schöpfung hatten zum Tanzen die Ja-
cketts abgelegt. Auf welche Art und Weise und an welchem Ort die Herren der
Schöpfung ihr Wasser ablassen, interessiert den Fernsehgebührenzahler nicht
(Hörzu 26, 1981, 121). **den Seinen gibts der Herr im Schlaf[e]**
(scherzh.): *Bemerkung, wenn jmd. un-
verdientes Glück hat, ohne eigenes Zutun
etwas erreicht:* Du spielst ja schon wieder
Grand mit vieren. Na ja, den Seinen
gibts der Herr im Schlafe.

▶ Die Redensart stammt aus der Bibel:
»Es ist umsonst, dass ihr früh aufsteht
und hernach lange sitzet und esset euer
Brot mit Sorgen; denn seinen Freunden
gibt er (= der Herr) es im Schlaf«
(Psalm 127, 2). **der Herr im Haus[e] sein:** *in der Familie,
in der häuslichen Sphäre bestimmen, was
gemacht wird:* Das wollen wir sehen, sagte Sarowski ..., wer Herr im Haus ist
(Gaiser, Jagd 192). **sein eigener Herr sein:** *unabhängig sein:*
Sie schlug das Angebot, in seiner Firma
mitzuarbeiten, aus. Sie wollte ihr eigener
Herr sein. Eine große, unbändige Lust
füllte ihn an, nach den langen Jahren bei
Hofe sein eigener Herr zu sein (Feucht-
wanger, Herzogin 54). **jmds., einer Sache/über jmdn., über etwas Herr werden:** *jmdn., etwas meistern,*

*in seine Gewalt, unter seine Kontrolle
bringen:* Es dauerte mehrere Wochen,
ehe die Behörden der Seuche Herr wurden. So sah ich mich in einem so kitzli-
gen Falle allein auf mich selbst gestellt,
und der Leser wird sehen, ob ich seiner
Herr wurde (Th. Mann, Krull 86). **einer Sache/über jmdn., über etwas Herr
sein:** *mit jmdm., mit etwas fertig werden,
etwas in seiner Gewalt, unter Kontrolle
haben:* Die Verhandlung musste unterbrochen werden, weil der Angeklagte
nicht mehr Herr über sich selbst war.
Plötzlich war sie nicht mehr Herr über
den Wagen. **... vor dem Herrn** (scherzh.): *unterstreicht
jmds. Begabung, die Leidenschaftlichkeit
oder Begeisterung, mit der er etwas tut:*
Mein Freund ist ein großer Schachspie-
ler vor dem Herrn. Dieser geistliche Herr
... war so in seiner Muße auf Reusen und
Angeln verfallen, sodass er als großer Fischer vor dem Herrn die Nönnchen verließ (Winckler, Bomberg 88).

▶ Die Wendung stammt aus der Bibel
und ist aus »ein großer Jäger vor dem
Herrn« verallgemeinert: »Daher spricht
man: Das ist ein gewaltiger Jäger vor
dem Herrn wie Nimrod« (1. Moses 10,
9). **Alter Herr:** ↑alt. **mein lieber Herr Gesangverein:** ↑Gesangverein. **das ist
[doch] zum Kotzen, Herr Major:** ↑kot-
zen. **Herr der Lage/Situation sein/blei-
ben:** ↑Lage. **aus aller Herren Länder[n]:**
↑Land. **ein möblierter Herr:** ↑möblieren.
nicht schlecht, Herr Specht: ↑schlecht.
nicht mehr Herr seiner Sinne sein: ↑Sinn.
der Tag des Herrn: ↑Tag. **zum Tisch des
Herrn gehen:** ↑Tisch. **auf vielfachen
Wunsch eines einzelnen Herrn:** ↑viel-
fach.

**Herrenjahre: Lehrjahre sind keine Her-
renjahre:** ↑Lehrjahre.

Herrgott: Herrgott noch mal! (ugs.): *Aus-
ruf der Verärgerung, der Ungeduld:*
Herrgott noch mal, nun fummel doch
nicht dauernd an dem Fernseher herum!
Mit mir kannst du doch offen reden,
Herrgott noch mal (Kuby, Sieg 174).
Himmel, Herrgott, Sakrament: ↑Him-
mel.

Herrgottsfrühe: in aller Herrgottsfrühe:
sehr zeitig, früh am Morgen: In aller

Herrgottsfrühe waren sie aufgebrochen, um das Lager zu erreichen. Vor dem Baden suchen die Jungen in aller Herrgottsfrühe nach Geldmünzen (Chotjewitz, Friede 40).

herrlich: herrlich und in Freuden leben: ↑ leben.

Herrschaft: Herrschaft noch mal! (ugs.): *Ausruf der Verärgerung, der Ungeduld:* Herrschaft noch mal, nun drängelt doch nicht so!

Alte Herrschaften: ↑ alt.

herrschen: in etwas herrscht Ebbe: ↑ Ebbe. **es herrscht Heulen und Zähneknirschen/Zähneklappern:** ↑ heulen. **es herrscht dicke Luft:** ↑ Luft. **es herrscht Schweigen im Walde:** ↑ Schweigen.

hersagen: sein Sprüchlein hersagen: ↑ Spruch.

herschauen: da schau her! (landsch.): *Ausruf der Überraschung:* Da schau her, das ist der neue Freund von der Mizzi! Da schau her! ... Der Trotta hat sich in den Alten verschaut! (Roth, Radetzkymarsch 54).

her sein: mit jmdm., mit etwas ist es nicht weit her (ugs.): *jmd. lässt in seinen Leistungen o. dgl. zu wünschen übrig; etwas ist nicht besonders gut, ist unzureichend:* Mit dem neuen Intendanten ist es nicht weit her. Mit der Pünktlichkeit ist es bei meiner Frau nicht weit her. Mit seinem Französisch war es so wenig weit her, dass er Stefans Akzent nicht wahrnahm (Kuby, Sieg 387).

▶ Diese Wendung geht auf die Vorstellung zurück, dass in der Fremde erworbene Kenntnisse, Erfahrungen mehr wert seien als das zu Hause Gelernte.

hinter jmdm. her sein (ugs.): 1. *nach jmdm. fahnden:* Die Polizei war schon lange hinter den beiden her. Ich wusste, dass die Gläubiger hinter ihm her waren ... an irgendjemanden musste er sich doch wenden in seiner Not (Maass, Gouffé 264). 2. *für sich zu gewinnen suchen:* Sie war davon überzeugt, dass der Untermieter hinter ihrer Tochter her war. Nach seiner Autobiographie spürte er tatsächlich, wie der Satan hinter ihm her war und ihn ganz massiv an den Kleidern packte (Nigg, Wiederkehr 38).

hinter etwas her sein (ugs.): *etwas unbedingt haben wollen:* Hinter diesem Stück war ich für meine Sammlung schon lange her.

lang, lang ist's her: ↑ lang. **hinter etwas her sein wie der Teufel hinter der armen Seele:** ↑ Teufel.

herumdrehen: jmd. würde sich im Grabe herumdrehen, wenn ...: ↑ Grab. **jmdm. dreht sich das Herz im Leibe herum:** ↑ Herz. **jmdm. das Wort im Munde herumdrehen:** ↑ Wort.

herumfahren: in der Weltgeschichte herumfahren: ↑ Weltgeschichte.

herumfliegen: um jmdn. herumfliegen/ herumschwirren wie die Motten ums Licht: *von jmdm. unwiderstehlich angezogen werden:* In seinen Träumen war er reich und mächtig, und die Frauen schwirrten um ihn herum wie die Motten ums Licht.

herumführen: jmdn. an der Nase herumführen: ↑ Nase.

herumgehen: herumgehen/(auch:) herumschleichen wie die Katze um den heißen Brei (ugs.): *sich nicht an eine heikle Sache wagen:* Gott sei Dank ist er jetzt auch in das neue Projekt eingeweiht, und wir brauchen nicht mehr wie die Katze um den heißen Brei herumzugehen. Warum schleichen wir um die Sache herum wie die Katze um den heißen Brei? (Rinser, Freude 174).

jmdm. im Kopf herumgehen: ↑ Kopf.

herumgeistern: in jmds. Kopf/jmdm. im Kopf herumgeistern: ↑ Kopf.

herumreden: um den Brei herumreden: ↑ Brei.

herumreisen: in der Weltgeschichte herumreisen: ↑ Weltgeschichte.

herumreißen: das Steuer herumreißen: ↑ Steuer.

herumschleichen: ↑ herumgehen.

herumschwirren: um jmdn. herumschwirren wie die Motten ums Licht: ↑ herumfliegen.

herumspuken: in jmds. Kopf/jmdm. im Kopf herumspuken: ↑ Kopf.

herumtanzen: jmdm. auf dem Kopf/auf der Nase herumtanzen: ↑ Kopf, ↑ Nase.

herumtrampeln: jmdm. auf dem Kopf herumtrampeln: ↑ Kopf.

herumwerfen: das Steuer herumwerfen: ↑ Steuer.

herunterhauen: jmdm. eine/ein paar herunterhauen (ugs.): *jmdm. eine Ohrfei-*

ge/mehrere Ohrfeigen geben: Wenn du das noch einmal machst, haue ich dir eine herunter. ... plötzlich holte der Pfandleiher aus und haute mir eine herunter (Schnurre, Bart 55).

herunterkommen: von der Palme herunterkommen: ↑ Palme. **vom/von seinem hohen Ross herunterkommen:** ↑ Ross.

herunterlügen: das Blaue vom Himmel herunterlügen: ↑ blau.

herunterreden: das Blaue vom Himmel herunterreden: ↑ blau.

herunterreißen: wie heruntergerissen (südd., österr.): *zum Verwechseln ähnlich:* Sie ist wie heruntergerissen eine zweite Marlene Dietrich.

▶ Dieser Vergleich erklärt sich aus der fachsprachlichen Bedeutung von »reißen« (= zeichnerisch entwerfen); »wie heruntergerissen« meint also eigentlich »wie abgezeichnet«.

herunterrutschen: rutsch mir den Buckel herunter: ↑ Buckel.

herunterschwindeln: das Blaue vom Himmel herunterschwindeln: ↑ blau.

herunter sein: mit den Nerven herunter sein: ↑ Nerv.

heruntersteigen: vom/von seinem hohen Ross heruntersteigen: ↑ Ross.

hervorlocken: mit etwas keinen Hund hinter dem Ofen hervorlocken: ↑ Hund.

Herz: Herz, was begehrst/willst du mehr?: *jetzt sind keine Wünsche mehr offen; es sollte völlige Zufriedenheit herrschen:* Sonne, Meer und zwei Wochen Urlaub – Herz, was begehrst du mehr? Alle Superlative scheinen auf ihn zuzutreffen, Herz, was willst du mehr ... (Hörzu 40, 1982, 48).

jmdm. blutet das Herz (geh.): *jmdm. tut etwas sehr Leid, jmd. ist über etwas sehr traurig:* Ihm blutete das Herz, als er sah, wie die Soldaten mit den wertvollen alten Büchern umgingen. ... eine Äußerung, die der gleiche Verfasser schrieb, dem das Herz blutete, als er nicht für sein blindes Kind sorgen konnte (Nigg, Wiederkehr 76).

▶ Die Wendung will übertreibend zum Ausdruck bringen, dass jemand starken seelischen Schmerz empfindet, sehr leidet.

jmdm. geht das Herz auf (geh.): *jmd. hat ein erhebendes Gefühl, wird in eine feierliche Stimmung versetzt:* Als sie den Papst auf den Balkon treten sah, ging ihr das Herz auf. Dem Wanderer ging immer das Herz auf, sooft er diesen Strom zu Gesichte bekam (Schröder, Wanderer 75).

▶ Gemeint ist, dass sich jemandes Herz (= Gemüt, Seele) öffnet, dass es weit wird, um alles in sich aufzunehmen.

jmd. Herz gehört einer Sache (geh.): *jmd. ist einer Sache ganz hingegeben:* Die Arbeit in dem Architektenbüro machte ihr Spaß, aber ihr Herz gehörte noch immer ganz der Malerei. Sein ganzes Herz gehörte seiner Rosenzucht.

▶ Die Wendung geht von »Herz« im Sinne von »Sitz der Empfindungen; Gefühl, Neigung« aus.

jmds. Herz hängt an jmdm., an etwas (geh.): *jmd. hat jmdn., etwas sehr gern [und will sich nicht von jmdm., von etwas trennen]:* Er war überrascht, dass sein Herz noch immer an dieser Stadt hing. ... er litt unter ... der Erkenntnis, wie sehr sein Herz, das doch nur Gott und seinem Amt gehören sollte, an diesem Freunde hing (Hesse, Narziß 403).

▶ Die Wendung geht von »Herz« im Sinne von »Sitz der Empfindungen; Gefühl, Neigung« aus.

jmdm. fliegen alle/die Herzen zu (geh.): *jmd. ist sehr beliebt, nimmt die Menschen für sich ein:* Dem jungen Arzt flogen sofort die Herzen der Eingeborenen zu. Alle Herzen flogen der Chansonsängerin aus Frankreich zu.

▶ Die Wendung geht von »Herz« im Sinne von »Sitz der Empfindungen; Gefühl, Neigung« aus.

jmdm. dreht sich das Herz im Leibe [her]um: *jmd. ist über etwas sehr bekümmert, ist voller Mitgefühl:* Als die Kameraleute auf die verstörten Flüchtlinge trafen, drehte sich ihnen das Herz im Leibe herum. Mir dreht sich das Herz im Leibe herum, wenn ich an das Schicksal dieser behinderten Kinder denke.

jmd. lacht/hüpft das Herz im Leibe: *jmd. ist über etwas sehr erfreut:* Dem Trainer lachte das Herz im Leibe, als er sah, wie selbstbewusst die jungen Spieler auftrumpften. Da lacht mir doch das Herz im Leibe, wenn ich so einen guten Tropfen vor mir sehe.

▶ Gemeint ist, dass das Herz als Sitz der Empfindungen auch Freude und Heiterkeit anzeigt.

jmdm. rutscht/(seltener:) **fällt/sinkt das Herz in die Hose[n]** (ugs.): *jmd. bekommt große Angst:* Wenn ich an die Fahrprüfung denke, rutscht mir gleich das Herz in die Hose. ... als wir in Jaffa anlangten ..., sank mir das Herz wieder in die Hosen (Hilsenrath, Nazi 326).

▶ Die Wendung geht von »Herz« im Sinne von »Sitz der Empfindungen, auch des Muts; Gefühl, Neigung, Mut« aus. Mit »in die Hose rutschen« wird volkstümlich das Sinken des Muts ausgedrückt, wobei wohl die Vorstellung mitspielt, dass Angst auf die Eingeweide schlägt und zur unfreiwilligen Entleerung des Darms führen kann (vgl. die Wendungen »sich in die Hosen machen« und »die Hosen voll haben«). Vereinzelt kommen auch die Varianten »jmdm. fällt das Herz in die Kniekehlen« bzw. »in die Schuhe« vor.

jmds. Herz schlägt höher (geh.): *jmd. ist erwartungsvoll, voller freudiger Erregung:* Die Herzen der jugendlichen Besucher schlugen höher, als die Popgruppe aus England angesagt wurde. Die Härte seiner Erlasse konnte wohl in Rom alle frommen Herzen höher schlagen lassen (Thieß, Reich 498).

jmdm. schlägt das Herz bis zum Hals: *jmd. ist sehr aufgeregt:* Ihr schlug das Herz bis zum Hals, als sie das Aufnahmestudio betrat. Als ich das Abbild zum ersten Mal in die Hände nahm, schlug mir das Herz bis zum Halse (Erh. K. Kästner, Zeltbuch 115).

jmdm. bleibt das Herz stehen: *jmd. erschrickt sehr:* Mir blieb das Herz stehen, als ich die Kinder am Rand des Wasserfalls spielen sah.

jmdm. ist/wird das Herz schwer (geh.): *jmd. ist/wird sehr traurig:* Das Herz war ihr schwer, wenn sie an ihre beiden Söhne an der Front dachte. ... begreifen Sie, dass einem das Herz davon schwer werden kann? (Bergengruen, Rittmeisterin 194).

ein Herz und eine Seele sein: *unzertrennlich sein, eng befreundet sein:* Früher waren sie ein Herz und eine Seele gewesen, doch jetzt bekämpften sie sich erbittert.

Er zog ins Studentenheim, ich ging zu meinen Eltern zurück. Zwei Wochen später waren wir wieder ein Herz und eine Seele (Hörzu 39, 1973, 136).

▶ Die Verbindung »Herz (= Sitz der Empfindungen, Gemüt; Gefühl) und Seele« steht in dieser Wendung verstärkend für die Gesamtheit der Empfindungen und geistigen Kräfte.

alles, was das Herz begehrt: *alles, was man sich wünscht:* In dem neuen Kaufhaus findest du alles, was das Herz begehrt. Sie hatte nun alles, was ihr Herz begehrte, aber sie war nicht glücklich.

wes das Herz voll ist, des geht der Mund über: *wenn jmd. von etwas besonders begeistert ist, besonders bewegt ist, dann muss er einfach darüber sprechen:* Zwei geschlagene Stunden hat er mir von seiner neuen Freundin vorgeschwärmt; wes das Herz voll ist, des geht der Mund über.

▶ Diese alte Redensart ist allgemein bekannt, weil sie Luther in seiner Bibelübersetzung (Matthäus 12, 34) verwendet. Vgl. die Redewendung »jmdm. sein Herz ausschütten«.

jmdm. das Herz abdrücken (geh.): *jmdn. sehr bedrücken:* Der tüchtigen Exbriefträgerin Eva Kluge hätte es das Herz abgedrückt, wenn sie gehört hätte, wie sehr sie und ihr ehemaliger Liebling Karlemann in der Leute Munde waren (Fallada, Jeder 159). Wenn ihm die Wehmut das Herz abzudrücken droht, gibt er sich versonnen (MM 22. 6. 1966, 3).

jmdm. sein Herz ausschütten (geh.): *sich jmdm. anvertrauen, ihm seine Not oder Sorgen schildern:* Sie hatte keinen Menschen, dem sie ihr Herz ausschütten konnte. Sie sind für mich wie ein Jugendfreund, dem man sogar sein Herz ausschütten kann (Thieß, Legende 132).

▶ Die Wendung geht von »Herz« im Sinne von »Sitz der Empfindungen, Gemüt; Gefühl« aus. Im Herzen ist alles das, was einen Menschen bewegt (vgl. dazu die Redensart »wes das Herz voll ist, des geht der Mund über«).

jmdm. das Herz brechen (geh.): *jmdn. so sehr bedrücken, dass er daran zugrunde geht:* Es hätte ihr fast das Herz gebrochen, als sie die Verlobung auflöste. Ach, Jungfer Lisbeth, es will mir das Herz brechen, dass ich euch so – so tief im Leid finde (Hesse, Narziß 309). ... obgleich es Meg ... das Herz brechen wird, wenn ich ihr erzähle, dass ihre ganze Arbeit ... in einer einzigen Nacht ausgelöscht worden ist (Ruark [Übers.], Honigsauger, 453).

die Herzen [der Frauen] brechen (geh.): *Frauen in sich verliebt machen und sie dann enttäuschen:* Er war ein blendend aussehender Bursche, der sicherlich schon viele Herzen gebrochen hatte. Er war davon überzeugt, dass er auch die Herzen der prüden Spanierinnen brechen würde.

sein Herz für jmdn., für etwas entdecken (geh.): *unvermutet Interesse für jmdn., für etwas zeigen, sich für etwas begeistern:* Während eines Urlaubs auf Rhodos hatte er sein Herz für die Archäologie entdeckt. Seitdem seine Chefin ihr Herz für ihn entdeckte, braucht Vertreter Hugo keine Klinken mehr zu putzen ... (Hörzu 1, 1979, 56).

▶ Die Wendung geht von »Herz« im Sinne von »Sitz der Empfindungen; Gefühl, Neigung« aus.

jmds. Herz/alle Herzen im Sturm erobern (geh.): *jmds. Sympathie/alle Sympathien schnell gewinnen:* Der sympathische Showmaster hatte alle Herzen im Sturm erobert. Der Skilehrer hatte ihr Herz im Sturm erobert.

▶ Die Wendung geht von »Herz« im Sinne von »Sitz der Empfindungen; Gefühl, Neigung« aus.

sich ein Herz fassen/nehmen: *seinen ganzen Mut zusammennehmen:* Nun fass dir doch endlich einmal ein Herz, und verabrede dich mit ihr! Pak nahm sich ein Herz und redete den Priester an (Baum, Bali 261).

▶ Die Wendung geht von »Herz« im Sinne von »Sitz der Empfindungen, auch des Muts; Gefühl, Mut« aus (vgl. die Wendungen »nicht das Herz haben, etwas zu tun« und »jmdm. rutscht das Herz in die Hosen«).

nicht das Herz haben, etwas zu tun (geh.): *es nicht über sich bringen, etwas zu tun:* Er hatte nicht das Herz, das Mädchen anzusprechen. Er hatte nicht das Herz, die Hoffnungen des kleinen Emil mit seinen Zweifeln zu zerschrämmen (Strittmatter, Wundertäter 302).

▶ Die Wendung geht von »Herz« im Sinne von »Sitz der Empfindungen, auch des Muts; Gefühl, Mut« aus (vgl. die Wendungen »sich ein Herz fassen« und »jmdm. rutscht das Herz in die Hosen«).

ein Herz aus Stein haben: *hartherzig, ohne Mitgefühl sein:* Der müsste ein Herz aus Stein haben, dem das tragische Schicksal dieser Kinder gleichgültig wäre.

▶ Die Wendung geht von »Herz« im Sinne von »Sitz der Empfindungen, des Mitfühlens« usw. aus. Wer ein »weiches Herz« hat, ist mitfühlend, wer ein »hartes Herz« hat, hat kein Mitgefühl.

das Herz auf dem rechten Fleck haben: *eine vernünftige, richtige Einstellung haben, ein [prima] Kerl sein:* Der Stationsarzt war bei den Patienten sehr beliebt. Er hatte das Herz auf dem rechten Fleck. Für diese Aufgabe brauchen wir jemanden, der das Herz auf dem rechten Fleck hat. Mir scheint, sie haben das Herz auf dem rechten Fleck (Ruark [Übers.], Honigsauger 230).

▶ Die Wendung erklärt sich wohl als Gegensatz zu »das Herz auf der Zunge haben« (= alles aussprechen, was einen bewegt; offenherzig, zu gesprächig sein) und zu »jmdm. rutscht das Herz in die Hosen« (= jmd. bekommt große Angst) und dergleichen.

das Herz auf der Zunge haben/tragen (geh.): *alles aussprechen, was einen bewegt; offenherzig, zu gesprächig sein:* Es ist nicht gut, wenn ein Mensch sein Herz auf der Zunge hat. ... ich bin eine Frau von Takt, die ... ihr Herz nicht an jedem Wochentage auf der Zunge trägt (Th. Mann, Buddenbrooks 263).

▶ Die Wendung geht von »Herz« im Sinne von »Sitz der Empfindungen; Gefühl« aus (vgl. die Wendung »jmdm. sein Herz ausschütten« und die Redensart »wes das Herz voll ist, des geht der Mund über«).

ein Herz für jmdn., für etwas haben (geh.): *mitfühlend [und hilfsbereit] sein:* Sie hatte ein Herz für die Tiere. Vor seiner Zeit lebte ein größerer Dichter, der wirklich ein Herz für die Armen gehabt hat (Thieß, Reich 36).

▶ Die Wendung geht von »Herz« im Sinne von »Sitz der Empfindungen; Gefühl, Neigung« aus.

sein Herz an jmdn., an etwas hängen
(geh.): *jmdm., einer Sache seine ganze
Aufmerksamkeit, Liebe zuwenden:* Er
hatte sein Herz an den Plan gehängt, dieses Gebiet in einen Naturpark umzuwan-
deln. Auch eine solche Szene müsste das
Stück wiedergeben, ... in der gezeigt
wird, wie Elisabeth ... ihr Herz noch einmal an ein Kind hängt (Kaschnitz, Wohin 182).
▶ Die Wendung geht von »Herz« im Sinne von »Sitz der Empfindungen; Gefühl,
Neigung« aus.

**sein Herz in die Hand/in beide Hände
nehmen** (geh.): *seinen ganzen Mut zusammennehmen:* Endlich nahm er sein
Herz in die Hand und lehnte sich gegen
die ständigen Demütigungen auf. Ich bin
zwar nur ein ohnmächtiger kleiner Ober-
buchhalter ... habe aber mein Herz in
beide Hände genommen (Dürrenmatt,
Grieche 43).
▶ Die Wendung geht von »Herz« im Sinne von »Sitz der Empfindungen, des Ge-
fühls, des Muts, der Entschlusskraft
usw.; Gefühl, Mut, Entschlusskraft« aus
(vgl. die Wendungen »etwas nicht übers
Herz bringen« und »sich ein Herz fassen«, »nicht das Herz haben, etwas zu
tun«).

jmdm. sein Herz schenken/(seltener
auch:) **sein Herz verschenken** (geh.): *in
tiefer Zuneigung sich jmdm. ganz zu Eigen geben:* Er ahnte nicht, dass seine
Tochter schon längst ihr Herz verschenkt hatte. Hier war ihm zu lieben erlaubt, ... ein Herz einem bewunderten,
älteren, klügeren Freunde zu schenken
(Hesse, Narziß 40).
▶ Die Wendung geht von »Herz« im Sinne von »Sitz der Empfindungen; Gefühl,
Neigung« aus.

jmdm. das Herz schwer machen (geh.):
*jmdn. sehr traurig machen, tief beküm-
mern:* Der Gedanke, dass sie sich bald
trennen mussten, machte ihr das Herz
schwer. Warum willst du dir und mir das
Herz schwer machen, indem du dich an
alles erinnerst? (Fallada, Herr 54).
▶ Die Wendung geht von »Herz« im Sinne von »Sitz der Empfindungen; Gemüt« aus.

jmdm. das Herz stehlen (geh.; veraltend): *jmdn. in sich verliebt machen,*

jmds. Liebe gewinnen: Sie musste sich
eingestehen, dass der Fremde ihr Herz
gestohlen hatte.
▶ Die Wendung geht von »Herz« im Sinne von »Sitz der Empfindungen; Gefühl,
Neigung« aus.

sein Herz [an jmdn.] verlieren (geh.): *sich
in jmdn. verlieben:* Er hatte sein Herz in
Rom verloren, wo er zwei Semester studiert hatte. Ariadne sah den Todgeweih-
ten, und des Minos Tochter verlor ihr
Herz an ihn (Ceram, Götter 82).

jmdm. das Herz zerreißen/(seltener:)
zerschneiden: (geh.): *jmdn. sehr bekümmern, tiefes Mitgefühl in jmdm. wecken:*
Es zerreißt mir das Herz, wenn ich diese
der Hölle des Krieges entronnenen Kinder sehe. Der Gedanke an die Trennung
zerriss ihr das Herz. Die Sehnsucht zerriss Matthias Zurbriggens Herz (Trenker, Helden 72).
▶ Die Wendung will übertreibend zum
Ausdruck bringen, dass jemand starken
seelischen Schmerz empfindet, sehr leidet.

seinem Herzen Luft machen (ugs.): *sich
von seinem Ärger befreien; das, was einen
ärgert und bedrückt, aussprechen:* Der
Schaffner hatte für die Späße der Betrunkenen kein Verständnis und machte
seinem Herzen vor allen Fahrgästen
Luft.
▶ Die Wendung meint, dass man sein
Herz (= Sitz der Empfindungen) erleichtert, eigentlich dass man den Druck
beseitigt, der einem das Atmen schwer
macht.

seinem Herzen einen Stoß geben: *seinen
inneren Widerstand überwinden und sich
rasch zu etwas entschließen:* Nun gib
schon deinem Herzen einen Stoß, und
leih mir dein Boot! Sie gab ihrem Herzen
einen Stoß und schrieb einen Brief an ihre Mutter.
▶ Die Wendung geht von »Herz« im Sinne von »Sitz der Empfindungen, der Entschlusskraft usw.« aus.

leichten Herzens (geh.): *leicht, ohne dass
es jmdm. schwer fällt:* Leichten Herzens
gab er ihm seine Ersparnisse.
Vgl. die Wendung »jmdm. ist/wird
leicht/schwer o. ä. ums Herz«.

schweren/blutenden Herzens (geh.): *tief
bekümmert, nur sehr ungern:* Er trennte

sich von dem Bild nur schweren Herzens. Blutenden Herzens ließ sie ihr Kind bei den Nachbarsleuten zurück. ... der eine hat sich schweren Herzens entschlossen, ausnahmsweise doch zu fliegen (Grzimek, Serengeti 123).
Vgl. die Wendungen »jmdm. ist/wird leicht/schwer o. ä. ums Herz« und »jmdm. blutet das Herz«.

jmdm. am Herzen liegen: *jmds. innerstes Anliegen sein:* Den Stadtvätern lag der Bau eines Freizeitzentrums am Herzen. Die Mosaikbilder und Bronzetüren des Domes von Monreale ... lägen ihm mehr am Herzen als die Erfüllung seiner ehelichen ... Pflichten (Benrath, Konstanze 16).
▸ Die Wendung geht von »Herz« im Sinne von »Sitz der Empfindungen; Gemüt« aus; vgl. die Wendung »etwas ist jmds. Herzenssache« (= ist jmds. innerstes Anliegen).

jmdm. jmdn., etwas ans Herz legen: *jmdn. bitten, sich um jmdn. oder etwas besonders zu kümmern:* Sie legte uns die Pflege der Tiere besonders ans Herz. Ich ... legte ihnen ans Herz, eng mit der sozialdemokratischen Parteileitung in Fühlung zu bleiben (Niekisch, Leben 39).
▸ Die Wendung geht von »Herz« im Sinne von »Sitz der Empfindungen; Gemüt« aus (vgl. die vorangehende Wendung).

jmdm. ans Herz gewachsen sein: *jmdm. sehr lieb geworden sein:* Schon nach kurzer Zeit war ihnen das Kind, das sie adoptiert hatten, ans Herz gewachsen. Onkel Alucos Spezialgebiet war die Vogelkunde. Es gab unglaublich viele Vögel, die ihm ans Herz gewachsen waren (Schnurre, Bart 123).
▸ Die Wendung geht von »Herz« im Sinne von »Sitz der Empfindungen« aus (vgl. die Wendung »jmdm. am Herzen liegen«).

jmdm. ans Herz gehen/greifen/rühren (geh.): *jmdm. nahe gehen:* Der Abschied von den Kindern ging ihr ans Herz. Der Pfarrer hoffte, dass seine Worte den Leuten ans Herz rühren würden. Dem jungen Jaakob Jizchak griff dieses Lächeln stärker ans Herz als alles, was er bisher an ihm wahrgenommen hatte (Buber, Gog 43).

▸ Die Wendung geht von »Herz« im Sinne von »Sitz der Empfindungen; Gemüt« aus.

etwas auf dem Herzen haben: *ein Anliegen haben:* Na, was hast du denn auf dem Herzen? Das Mädchen traute sich nicht zu sagen, was es auf dem Herzen hatte. Wunderlich merkte sofort, dass der Kleine etwas auf dem Herzen hatte (Apitz, Wölfe 87).
▸ Die Wendung geht von »Herz« im Sinne von »Sitz der Empfindungen« aus.

jmdn., etwas auf Herz und Nieren prüfen (ugs.): *jmdn., etwas gründlich prüfen:* Er hatte nicht damit gerechnet, dass der Professor ihn auf Herz und Nieren prüfen würde. Wie konnte es passieren, dass eine Crew, die gewissermaßen auf Herz und Nieren geprüft wurde, ... mit Gangstern gemeinsame Sache macht? (Cotton, Silver-Jet 102).
▸ Die Formel »Herz und Nieren« steht in dieser Wendung für das Innere des Menschen. Volkstümlich ist die Wendung durch die Bibel geworden: »Lass der Gottlosen Bosheit ein Ende werden und fördere die Gerechten; denn du, gerechter Gott, prüfst Herzen und Nieren« (Psalm 7, 10; vgl. auch Jeremias 11, 20).

jmdm. aus dem Herzen gesprochen sein: *jmds. Meinung, Ansicht genau entsprechen:* Du hast mir aus dem Herzen gesprochen, als du auf die Missstände in der Vereinsführung hingewiesen hast. Der Leitartikel in der heutigen Ausgabe ist mir aus dem Herzen gesprochen.
▸ Die Wendung meint, dass jemand das ausspricht, was man selbst empfindet und denkt, und geht von »Herz« im Sinne von »Sitz der Empfindungen und Gedanken« aus.

aus seinem Herzen keine Mördergrube machen: *offen aussprechen, was man denkt und fühlt:* Die Spieler machten aus ihrem Herzen keine Mördergrube und nannten das Training Sklaventreiberei. Darin (= im Tagebuch) hatte ich aus meinem Herzen keine Mördergrube gemacht und meine geheimsten Gedanken ... niedergelegt (Niekisch, Leben 240).
▸ Die Wendung meint, dass man seine Gefühle und Gedanken nicht wie in einem Versteck verborgen halten soll, und knüpft an die Bibel an, wo »Mördergru-

be« für »Räuberhöhle, Schlupfwinkel für Räuber« steht: »Mein Haus soll ein Bethaus heißen; ihr aber habt eine Mördergrube daraus gemacht« (Matthäus 21, 13; vgl. auch Jeremias 7, 11).

aus tiefstem Herzen (geh.): *aufrichtig, voll und ganz:* Er bedauerte den Zwischenfall aus tiefstem Herzen. Sie liebt ... diesen hochgemuten, sportgestählten Mann ... aus tiefstem Herzen (Brecht, Groschen 26).

jmdn. ins/in sein Herz schließen: *jmdn. lieb gewinnen, sehr gern haben:* Er hoffte, dass seine zweite Frau die Kinder bald ins Herz schließen würde. Die Gemeinde hatte den neuen Pfarrer schnell ins Herz geschlossen. Wenn Jockum erst einmal jemand ins Herz geschlossen hat, dann ist sein Vertrauen grenzenlos (Tikkanen, Mann 73).

▶ Die Wendung geht von dem Bild des Herzens als Schrein aus, in den man jemanden einschließt und ganz mit seiner Liebe und Zuneigung umgibt.

jmdm./jmdn. ins Herz schneiden (geh.): *jmdn. sehr bekümmern, tiefes Mitgefühl in jmdm. wecken:* Der Anblick der verstümmelten Menschen schnitt ihm ins Herz. Aber dann konnte sie auch mit einem Mal ... etwas weltlich Liebloses andeuten, das ihn ins Herz schnitt (Musil, Mann 1 295).

▶ Die Wendung drückt eigentlich aus, dass jemand einen schneidenden Schmerz in der Herzgegend, in seinem Innern empfindet.

sich in die Herzen [der Menschen] stehlen (geh.): *die Sympathien vieler gewinnen:* Mit ihrer anmutig vorgetragenen Kür stahl sich die junge Eisläuferin in die Herzen der Zuschauer.

▶ Die Wendung geht von »Herz« im Sinne von »Sitz der Empfindungen; Gefühl, Neigung« aus.

jmdn. ins Herz treffen (geh.): *jmdn. mit etwas zutiefst verletzen, sehr kränken:* Die Ablehnung seines Gesuchs hatte ihn tief ins Herz getroffen. Er wollte ja diese verstockte junge Frau wohl nur ins Herz treffen, um ihr einen Dienst zu erweisen (Musil, Mann 1 354).

▶ Die Wendung geht von »Herz« im Sinne von »Sitz der Empfindungen; Gemüt, Gefühl« aus.

man kann einem Menschen nicht ins Herz sehen: *man kann nie genau wissen, was ein anderer denkt, fühlt:* Ich kann mir auch nicht erklären, warum er so schroff reagiert hat; man kann einem Menschen nicht ins Herz sehen.

▶ Diese Redensart geht von »Herz« im Sinne von »Sitz der Empfindungen und Gedanken« aus.

mit halbem Herzen (geh.): *mit wenig Interesse, ohne rechte Anteilnahme:* Wenn du es nur mit halbem Herzen tust, dann lass es lieber bleiben. Schon seit Anfang des Monats waren viele der Redakteure nur noch mit halbem Herzen bei der gewohnten Arbeit (Leonhard, Revolution 270).

▶ Die Wendung geht von »Herz« im Sinne von »Sitz der Empfindungen; Gefühl, Neigung« aus.

nach jmds. Herzen sein: *jmdm. zusagen, ganz seinen Vorstellungen entsprechen:* Die Musik war so recht nach dem Herzen der jugendlichen Zuhörer. Mallorca ist sehr schön, nur der Touristenrummel dort war nicht nach meinem Herzen.

▶ Die Wendung geht von »Herz« im Sinne von »Sitz der Empfindungen (und Gedanken)« aus.

es nicht übers Herz bringen, etwas zu tun: *zu etwas nicht fähig sein:* Er brachte es nicht übers Herz, ihr die Wahrheit zu sagen. Keiner brachte es übers Herz, das Kaninchen zu schlachten. Wir müssten ihn längst entlassen haben, bringen es aber nicht übers Herz (Grzimek, Serengeti 130).

▶ Die Wendung geht von »Herz« im Sinne von »Sitz der Empfindungen, der Entschlusskraft usw.« aus (vgl. die Wendung »nicht das Herz haben, etwas zu tun«).

jmdm. ist/wird leicht/schwer o. ä. ums Herz (geh.): *jmd. hat ein Gefühl der Erleichterung, der Bedrückung o. Ä.:* Ihr wurde schwer ums Herz, wenn sie an die eingeschlossenen Bergleute dachte. Dem Trainer wurde warm ums Herz (= er empfand Freude, war glücklich und zufrieden), als er sah, wie sich die Spieler einsetzten. Als im nächtlichen Olympiastadion die Fahnen am Mast hochgingen und die Nationalhymne erklang, wurde ihr weit ums Herz (= fühlte sie sich erhoben, fiel alles Bedrückende von ihr ab). Die Frau redete, wie ihr ums Herz war (= was sie empfand und dachte). Ob wohl Professor Sartorik ahnt, wie unsereinem ums Herz ist ...? (Sebastian, Krankenhaus 53).

▶ Die Wendung geht von »Herz« im Sinne von »Sitz der Empfindungen« aus.

ein Kind/jmdn. unter dem Herzen tragen (geh.): *schwanger/mit jmdm. schwanger sein:* Schon bald konnte sie ihrem Gatten sagen, dass sie ein Kind unter dem Herzen trage. Mutter trug unseren jüngsten Bruder noch unter dem Herzen, als wir unsere Heimat verlassen mussten. Wie hatte sie vergessen können, dass sie ein Kind unter dem Herzen trug! (Bild und Funk 48, 1966, 64).

sich etwas vom Herzen reden (geh.): *über etwas, was einen bedrückt, mit einem anderen sprechen:* Sie war froh darüber, dass sie sich endlich alles vom Herzen reden konnte.

▶ Die Wendung geht von »Herz« im Sinne von »Sitz der Empfindungen, auch der Sorgen« aus.

von [ganzem] Herzen (geh.): 1. *sehr herzlich:* Ich wünsche Ihnen von Herzen alles Gute. Er dankte den Leuten von ganzem Herzen für ihre Hilfe. Er bat ihn von ganzem Herzen, ihm diesen Wunsch zu erfüllen. 2. *aus voller Überzeugung:* Er stimmte von ganzem Herzen seinen Vorschlägen zu. Aber alle wussten, dass dieses Schreien und Händeklatschen nicht von Herzen kam und nichts bedeutete (Feuchtwanger, Erfolg 494).

▶ Die Wendung geht von »Herz« im Sinne von »Sitz der Empfindungen; Gefühl, Neigung« aus.

von Herzen gern: *sehr gern:* Von Herzen gern werde ich Ihrer Einladung folgen. Vgl. die vorangehende Wendung.

jmdm. zu Herzen gehen (geh.): *jmdn. im Innersten berühren:* Das, was die Lehrerin ihnen zum Abschied sagte, ging ihnen zu Herzen. Ich neige im Allgemeinen nicht zu Sentimentalitäten, aber mir ist dieser Bericht zu Herzen gegangen (Maass, Gouffé 302).

▶ Die Wendung geht von »Herz« im Sinne von »Sitz der Empfindungen; Gemüt, Gefühl« aus.

sich etwas zu Herzen nehmen: 1. *etwas beherzigen:* Er nahm sich die Worte sei-

nes alten Professors zu Herzen. Ich habe mir deinen Rat zu Herzen genommen. Ich hoffe ... Lothar nimmt sich die Devise des Königsringes ganz besonders zu Herzen (Benrath, Konstanze 148). 2. *etwas schwer nehmen:* Du musst dir nicht alles so sehr zu Herzen nehmen. Nehmen Sie sich diesen Unsinn nur nicht zu Herzen, Madame (Langgässer, Siegel 461).

▶ Die Wendung geht von »Herz« im Sinne von »Sitz der Empfindungen, auch der Gedanken; Gemüt, Gefühl« aus.

arm am Beutel, krank am Herzen: ↑ Beutel. **mit jeder Faser/mit allen Fasern seines, ihres usw. Herzens:** ↑ Faser. **im Grunde seines, ihres** usw. **Herzens:** ↑ Grund. **Hand aufs Herz:** ↑ Hand. **die linke Hand kommt vom Herzen:** ↑ Hand. **jmdm. fällt eine Last/Zentnerlast vom Herzen:** ↑ Last. **jmdm. fällt ein Stein/ein Steinbruch vom Herzen:** ↑ Stein. **jmdm. einen Stich ins Herz geben:** ↑ Stich.

Herzblut: sein Herzblut [für jmdn., für etwas] hingeben (geh.): *sich ganz für jmdn., etwas einsetzen; sich aufopfern:* Für die Karriere ihres Sohnes gab sie ihr Herzblut hin.

etwas mit [seinem] Herzblut schreiben (geh.): *etwas mit großem Engagement, mit starker innerer Anteilnahme schreiben:* Fassungslos las der junge Schriftsteller, was der Lektor aus seinen mit Herzblut geschriebenen Zeilen gemacht hatte.

Herzdrücken: nicht an Herzdrücken sterben (ugs.; scherzh.): *alles freiheraus sagen:* Der neue Betriebsratsvorsitzende stirbt bestimmt nicht an Herzdrücken. Gibst du denn die Anregungen und Ärgernisse deiner Kollegen auch weiter? Da sterbe ich schon nicht an Herzdrücken (Freie Presse 14. 10. 1989, 3).

▶ Die Wendung geht von »Herz« im Sinne von »Sitz der Empfindungen« aus und meint, dass sich jemand von allem, was sein Herz bedrückt, frei macht.

Herzensbedürfnis: jmdm. ein Herzensbedürfnis sein (geh.): *jmdm. ein wichtiges Anliegen, inneres Bedürfnis sein:* Es ist mir ein Herzensbedürfnis, Ihnen zu diesem Erfolg persönlich zu gratulieren. ... würde ich Sophiechen gern öfter besuchen ... Das wäre mir ein Herzensbedürfnis (Hörzu 49, 1986, 14).

Herzenslust: nach Herzenslust: *so, wie [es] jmd. mag:* In den Ferien konnten sich die Kinder nach Herzenslust an der See austoben. Da saßen sie alle, Groß und Klein, in der riesigen Halle und tafelten nach Herzenslust (Kusenberg, Mal 114).

▶ Die Wendung geht von »Herz« im Sinne von »Sitz der Empfindungen; Gefühl, Neigung« aus.

Herzenssache: jmdm. Herzenssache sein: *jmds. innerstes Anliegen sein:* Der Frieden sollte allen Völkern Herzenssache sein. ... gerade deshalb war ihm die Betreuung der antifaschistischen deutschen Literatur eine Herzenssache (K. Mann, Wendepunkt 276).

▶ Die Wendung geht von »Herz« im Sinne von »Sitz der Empfindungen; Gefühl, Neigung« aus (vgl. die Wendungen »jmdm. am Herzen liegen« und »jmdm. etwas ans Herz legen«).

hetzen: jmdm. jmdn. auf den Hals hetzen: ↑ Hals. **mit allen Hunden gehetzt sein:** ↑ Hund. **etwas zu Tode hetzen:** ↑ Tod.

Heu: Geld wie Heu haben: ↑ Geld.

Heuhaufen: eine Stecknadel im Heuhaufen suchen: ↑ Stecknadel.

heulen: es herrscht Heulen und Zähneknirschen/Zähneklappern (oft scherzh.): *es herrscht große Furcht, großes Entsetzen:* Jetzt wird gebummelt, und kurz vor der Prüfung herrscht dann wieder Heulen und Zähneknirschen. Ihr flößten all die Gebrechlichkeiten aus Glas ... nur die größte Furcht ein, denn ging ... eines davon in Bruch, so herrschte Heulen und Zähneklappern im Hause (Werfel, Himmel 89).

▶ Diese Redensart zitiert die Bibel nach Matthäus 8, 12, wo der Evangelist die Schrecken der Hölle beschreibt.

zum Heulen sein (ugs.): *sehr deprimierend sein:* Es ist zum Heulen, wie schlecht vorbereitet unsere Boxstaffel in diesen Kampf gegangen ist. Die Pfuscharbeit der Reparaturwerkstätten ist zum Heulen. ... ein Diener reicht ihm die Pickelhaube, unter der sein abgemagerter Kopf verschwindet, es ist zum Heulen, aber es ist feierlich! (Bieler, Bonifaz 162).

heulen wie ein Schlosshund (ugs.): *[laut und] heftig weinen:* Seine Frau war völlig verzweifelt und heulte wie ein Schlosshund. Warum heulst du denn wie ein Schlosshund? Jetzt wurde mir aber das Herz so weh, dass wir beide heulten wie die Schlosshunde (Normann, Tagebuch 72).

▶ Die Wendung bezieht sich darauf, dass die lang gezogenen Laute, die ein Hund auf einem Schloss (auf einer Anhöhe) von sich gibt, weithin hörbar sind. **das heulende Elend kriegen/haben:** ↑ Elend. **Rotz und Wasser heulen:** ↑ Rotz. **mit den Wölfen heulen:** ↑ Wolf.

Heuler: der letzte Heuler (ugs.): 1. *etwas besonders Anerkennenswertes, Bewundertes:* Die neue Platte von den Stones ist der letzte Heuler! 2. *etwas besonders Schlechtes, Enttäuschendes; etwas, was man heftig ablehnt:* Das Buch kannste vergessen – der letzte Heuler, sag ich dir!

heurig: kein heuriger Hase sein: ↑ Hase.

Heuschober: eine Stecknadel im Heuschober suchen: ↑ Stecknadel.

heute: heute oder morgen (ugs.): *[irgendwann] in allernächster Zeit:* Das kann sich heute oder morgen schon ändern.

von heute auf morgen (ugs.): *sehr schnell; innerhalb kurzer Zeit:* Der Trainer kann doch nicht von heute auf morgen eine neue gute Mannschaft formieren. Das geht nicht von heute auf morgen. Ich war vorsichtig genug, nicht von heute auf morgen meinen Brotgebern den Dienst aufzusagen (Th. Mann, Krull 293).

lieber heute als morgen (ugs.): *lieber gleich als später, am liebsten sofort:* Wann wollen Sie mit der Arbeit beginnen? – Lieber heute als morgen. Sie verabscheue Philipp ...; sie verlange nach der Welt und werde dem Kloster lieber heute als morgen entfliehen (Schneider, Erdbeben 58).

hier und heute: ↑ hier. **morgen, morgen, nur nicht heute, sagen alle faulen Leute:** ↑ morgen. **heute rot, morgen tot:** ↑ rot. **verschiebe nicht auf morgen, was du heute kannst besorgen:** ↑ verschieben.

hexen: ich kann doch nicht hexen! (ugs.): *so schnell geht das nicht!:* Morgen kannst du die Aufstellung noch nicht haben, ich kann doch nicht hexen.

hic et nunc (geh.): *sofort; auf der Stelle:* Die dringendsten Probleme müssen hic et nunc gelöst werden.

▶ Die lateinische Formel ist wörtlich mit »hier und jetzt« zu übersetzen.

hic Rhodus, hic salta! (geh.): *hier gilt es, hier musst du dich entscheiden, dich beweisen:* Die entscheidende Prüfung findet am Donnerstag statt; dann heißt es für dich: Hic Rhodus, hic salta!

▶ Diese Redensart stammt aus einer lateinischen Übersetzung der Fabeln des Äsop. Es geht in einer der Fabeln um einen Prahler, der erzählt, er habe in Rhodos einmal einen sehr weiten Sprung getan. Daraufhin fordert man ihn mit den Worten »Hier ist Rhodos, hier springe!« auf, an Ort und Stelle zu beweisen, wie gut er springen kann.

hie: hie ..., hie/da ...: *auf der einen Seite ... [und im Gegensatz oder Widerstreit dazu] auf der anderen Seite ...:* Wenn hie Pflicht, hie Neigung ihr Recht forderten, hat der Preuße sich noch immer für die Pflicht entschieden. Vereinfacht stellte sich das so dar: hie der Citoyen, der selbst verantwortliche Bürger ..., da der Bourgeois, Glied einer bürgerlichen Klassengesellschaft (MM 5. 4. 1977, 18).

hie und da: ↑ hier.

Hieb: auf einen Hieb (ugs.): *auf einmal:* Wir haben auf einen Hieb alle zwölf Klöße verdrückt.

einen Hieb haben: ↑ Hau. **es setzt Hiebe:** ↑ setzen.

hiebfest: hieb- und stichfest: *unwiderlegbar:* Er hat hieb- und stichfeste Argumente. Sein Alibi ist hieb- und stichfest. ... diese Indizien waren so hieb- und stichfest, dass nichts dagegen zu machen ist (Cotton, Silver-Jet 66).

▶ Die Formel rührt aus der Sprache der Fechter her und meint, dass jemand mit Hieb- und Stichwaffen umzugehen versteht.

hier: hier/hie und da/dort: 1. *an einigen Stellen, mancherorts:* Hier und da blühten noch die Kirschbäume. In manchen Stuben wuchs schon das Moos, ... in den Stirnwänden waren hier und da noch die Pflöcke fürs Vieh zu sehen (Böll, Tagebuch 43). 2. *manchmal, hin und wieder:* ... er ... warf hier und da ein knarrendes Wort in die Unterhaltung ein und bot schließlich dem Gast seine goldene Zigarettendose dar (Th. Mann, Hoheit 187). ... wobei nicht zu vergessen ist, dass auch

unsere zahmen Bullen und sogar auch einmal eine Kuh hier und da Menschen angreifen (Grzimek, Serengeti 118).

hier und heute/jetzt (geh.): *sofort, ohne Verzug:* Wir müssen uns hier und heute entscheiden. Dessen ungeachtet ging Springorum davon aus, das Hier und Heute (= die gegenwärtige aktuelle Situation) sei maßgebend (Kuby, Sieg 305).

nicht von hier sein (ugs.): *nicht recht bei Verstand sein:* Manchmal habe ich den Eindruck, der ist nicht ganz von hier. Du bist wohl nicht von hier, die Asche auf den Teppich zu schnippen.

▶ Die Wendung meint eigentlich, dass sich jemand an dem betreffenden Ort, in der betreffenden Gegend nicht auskennt und sich dumm anstellt, nicht so verhält, wie man es von ihm erwartet.

[ein bisschen] hier sein (ugs.): *nicht recht bei Verstand sein:* Du bist wohl ein bisschen hier?

▶ Mit »hier« ist die Stelle an der Stirn oder Schläfe gemeint, an die man tippt, um jmdm. anzudeuten, dass er nicht recht bei Verstand ist.

hier lasst uns Hütten bauen: ↑ Hütte.

hilfreich: jmdm. hilfreich in die Seite treten: ↑ Seite.

Himmel: [ach] du lieber Himmel! (ugs.): *Ausruf der Überraschung, der Bestürzung:* Ach, du lieber Himmel, wie siehst du denn aus? ... du lieber Himmel, wir waren schon bald auf der Höhe des Leuchtturms (Fallada, Herr 63).

▶ In diesem und in mehreren anderen Ausrufen (vgl. z. B. »gerechter/gütiger Himmel«, »weiß der Himmel«, »dem Himmel sei Dank«, »um Himmels willen«) steht »Himmel« verhüllend für »Gott«.

gerechter/gütiger Himmel! (ugs.): *Ausruf der Bestürzung:* Gerechter Himmel, wie ist denn das passiert?

Vgl. den Ausruf »[ach] du lieber Himmel«.

Himmel noch [ein]mal! (ugs.): *Ausruf der Verärgerung, des Unwillens:* Himmel noch einmal, bist du endlich fertig? Himmel noch mal, so passen Sie doch auf!

Vgl. den Ausruf »[ach] du lieber Himmel«.

Himmel, Kreuz, Donnerwetter!: *Ausruf der Verärgerung, des Unwillens; Verwün-*

schung: Himmel, Kreuz, Donnerwetter, wer hat das Salz in die Zuckerdose getan?

Himmel, [Herrgott,] Sakrament!; (ugs. abwandelnd:) **Himmel, Sack, Zement!:** *Ausruf der Verärgerung, des Unwillens; Verwünschung:* Himmel, Herrgott, Sakrament, macht endlich das Radio leiser!

Himmel, Arsch und Zwirn! (derb); **Himmel, Gesäß und Nähgarn!** (scherzh. verhüllend): *Ausruf der Verärgerung, des Unwillens; Verwünschung:* Himmel, Arsch und Zwirn, wo ist denn hier der Lichtschalter? Himmel, Arsch und Zwirn, jetzt ist auch der neue Riemen kaputt (Seghers, Transit 10).

Himmel, Arsch und Wolkenbruch! (derb): *Ausruf der Verärgerung, des Unwillens; Verwünschung:* Himmel, Arsch und Wolkenbruch, ist das ärgerlich!

weiß der Himmel! (ugs.): *wahrhaftig, gewiss:* Weiß der Himmel, eine tolle Leistung! Sind Sie hungrig? – Weiß der Himmel, mir knurrt der Magen. Vgl. den Ausruf »[ach] du lieber Himmel«.

[das] weiß der [liebe] Himmel; das mag der [liebe] Himmel wissen (ugs.): *da bin ich ratlos; wer soll das wissen?:* Weiß der liebe Himmel, wer das getan hat. ... weiß der Himmel, wo sie das Stück mal geerbt hat (Remarque, Westen 186). Vgl. den Ausruf »[ach] du lieber Himmel«.

dem Himmel sei Dank! (ugs.): *Ausruf der Erleichterung:* Es ist, dem Himmel sei Dank, niemand bei dem Unfall verletzt worden. »Geht es besser, junger Herr?« – »O ja, viel besser!« – »Dem Himmel sei Dank!« (Sacher-Masoch, Parade 188). Vgl. den Ausruf »[ach] du lieber Himmel«.

dem Himmel seis gedankt! (ugs.): *Ausruf der Erleichterung:* Dem Himmel seis gedankt, wir haben es geschafft. Vgl. den Ausruf »[ach] du lieber Himmel«.

Himmel und Menschen (ugs.): *sehr viele Menschen, wahre Menschenmassen:* Alle Ausflugslokale waren knüppeldick voll, Himmel und Menschen waren unterwegs. Himmel und Menschen strömten zu der Maikundgebung.

▶ Die Formel stammt aus Sätzen wie »Nur Himmel und Menschen waren zu sehen« (= so viele Menschen waren da, so viele Menschen waren unterwegs).

den Himmel offen sehen (geh.)/**voller Bassgeigen sehen** (ugs.; scherzh.): *sehr glücklich sein, sich am Ziel seiner Wünsche glauben:* Als er den Ruf an die Sorbonne erhielt, sah er den Himmel offen. Der junge Rechtsanwalt hatte bei ihren Eltern um ihre Hand angehalten. Sie sah den Himmel offen, ihr Leben würde nun in anderen Bahnen verlaufen.

▶ Die Wendung stammt aus der Bibel. Dort heißt es (Johannes 1, 51): »Wahrlich, wahrlich, ich sage euch, ihr werdet den Himmel offen sehen.« Zugrunde liegt die Vorstellung des Himmels als Sitz Gottes (seiner Engel und der Heiligen), der die Seligkeit birgt. Wer also den Himmel offen sieht, erlebt höchste Seligkeit. Vgl. auch die Wendung »jmdm. hängt der Himmel voller Geigen« (↑ Geige).

den Himmel auf Erden haben (ugs.): *es sehr gut haben:* Bei den Leuten, die sie aufnahmen, hatten die Kinder den Himmel auf Erden. Er versprach ihr, sie würde den Himmel auf Erden haben, wenn sie ihn heiratete.

▶ Die Wendung geht von der christlichen Vorstellung des Himmels als Sitz Gottes (seiner Engel und der Heiligen) als der Stätte höchster Seligkeit aus.

jmdm. den Himmel auf Erden versprechen: *jmdm. das angenehmste Leben, alles nur denkbare Glück versprechen:* Er versprach ihr den Himmel auf Erden, wenn sie ihn heiraten würde. Vor den Wahlen hatten die Parteien den Wählern den Himmel auf Erden versprochen.

▶ Die Wendung geht von Himmel im Sinne von »Stätte höchster Seligkeit, des vollkommenen Glücks« aus (vgl. die Wendung »den Himmel auf Erden haben«).

Himmel und Hölle/(seltener:) **Himmel und Erde in Bewegung setzen** (ugs.): *alles versuchen, um etwas zu ermöglichen:* Wir müssen Himmel und Hölle in Bewegung setzen, damit der Rohbau termingemäß fertig wird. Die Polizei setzte Himmel und Erde in Bewegung, um die Diebe ausfindig zu machen. Er hatte Himmel und Hölle in Bewegung gesetzt,

... um als Wehrmachtspfarrer einberufen zu werden (Kuby, Sieg 13).

▶ Sowohl die stabreimende Formel »Himmel und Hölle« als auch die Formel »Himmel und Erde« stehen in dieser Wendung für »alles«.

um Himmels willen (ugs.): *Ausruf des Erschreckens, des Unwillens, der Verständnislosigkeit:* Um Himmels willen! Junge, wie siehst du denn aus! ... wer, um Himmels willen, wollte sie stehlen? (Koeppen, Rußland 103). Um Himmels willen! Und mir, bei meinem Einkommen, willst du 'n Frauenzimmer empfehlen (Ruark [Übers.], Honigsauger 207). Vgl. den Ausruf »[ach] du lieber Himmel«.

aus heiterem Himmel: *unerwartet; ohne dass man es ahnen konnte:* Noch vor wenigen Jahren hatte er im Hafen Fische verkauft, aus heiterem Himmel war er reich. Silvester verlobe ich mich mit Martin. – Muss das sein? So aus heiterem Himmel? (v. d. Grün, Glatteis 112).

▶ Gemeint ist, dass etwas so überraschend kommt wie ein Unwetter, das plötzlich losbricht, ohne dass sich zuvor der Himmel mit Wolken bedeckt hat (vgl. die Wendung »wie ein Blitz aus heiterem Himmel«).

aus allen Himmeln fallen/stürzen (ugs.): *tief enttäuscht werden:* Er fiel aus allen Himmeln, als er erfuhr, dass er die Stelle nicht bekommen würde. Regine Heitzer war untröstlich, sie wirkte wie ein aus allen Himmeln gestürzter Mensch (Maegerlein, Triumph 26).

▶ Die Wendung geht von »Himmel« im Sinne von »Stätte höchster Seligkeit, Stätte des vollkommenen Glücks« aus und meint, dass jemand aus seiner Seligkeit gerissen wird (zum Plural vgl. die Wendung »im sieb[en]ten Himmel sein«).

im sieb[en]ten Himmel sein/sich wie im sieb[en]ten Himmel fühlen (ugs.): *überglücklich, selig sein:* Sie fühlte sich wie im siebenten Himmel, als er sie fragte, ob sie seine Frau werden wolle. Sie war im siebten Himmel, nachdem sie die Goldmedaille gewonnen hatte. Ich war im siebenten Himmel. In Berlin zu sein bedeutete an sich schon erregendes Abenteuer (K. Mann, Wendepunkt 114).

▶ Die Schilderung des Himmels in der Bibel geht zum Teil auf alte morgenländische Vorstellungen zurück, wonach es mehrere Himmel der Seligen übereinander gibt, vgl. z. B.: »Ich kenne einen Menschen in Christus, der ... bis zum dritten Himmel entrückt wurde« (2. Korinther 12, 2). In frühchristlichen apokryphen Schriften wird der siebente Himmel als der höchste bezeichnet, in dem Gott selbst mit den Engeln wohnt.

jmdn., etwas in den Himmel heben/(veraltet:) **erheben** (ugs.): *jmdn., etwas übermäßig loben:* Der Trainer hebt den neuen Linksaußen in den Himmel. Sie hat es gar nicht gern, wenn man ihre Intelligenz so in den Himmel hebt.

▶ Die Wendung meint eigentlich »über alles gewöhnliche Maß preisen« (= erheben) und bezieht sich auf die große Entfernung des Himmels; vgl. dazu Verstärkungen wie »himmelhoch, himmelweit«. Die Wendung ahmt möglicherweise lateinische Wendungen wie »in coelum efferre« nach; vgl. auch in der Bibel: »Und du, Kapernaum, die du bist erhoben bis an den Himmel« (Lukas 10, 15).

nicht [einfach] vom Himmel fallen: *seine Vorbedingungen haben, nicht grundlos entstehen; nicht ohne Anstrengung erreicht werden können:* Eine erfolgreiche Karriere fällt nicht einfach vom Himmel. Seine Botschaft aber ist bedenkenswert: Krisen fallen nicht vom Himmel! (MM 5. 4. 1977, 32).

zum Himmel schreien/stinken (ugs.): *skandalös, empörend sein:* Die Missstände in der Verwaltung stinken zum Himmel. Sie überschätzen sie (= ihre Positionen) zu gleicher Zeit auf einem Gebiet, wo ihre Machtlosigkeit zum Himmel schreit (Tucholsky, Werke II, 231).

▶ Die Wendung meint eigentlich, dass etwas nach Sühne verlangt. Sie geht von der christlichen Vorstellung des Himmels als Sitz Gottes aus und meint Gott in seiner Eigenschaft als höchsten Richter, als Herrn über das Weltgericht.

die Bäume wachsen nicht in den Himmel: ↑ Baum. **das Blaue vom Himmel herunterlügen/[herunter]reden:** ↑ blau. **jmdm. das Blaue vom Himmel herunter versprechen:** ↑ blau. **wie ein Blitz aus heiterem**

Himmel: ↑Blitz. **die Engel im Himmel singen/pfeifen hören:** ↑Engel. **jmdm. hängt der Himmel voller Geigen:** ↑Geige. **ein Geschenk des Himmels:** ↑Geschenk. **Gott im Himmel:** ↑Gott. **Herr im Himmel:** ↑Herr. **es ist noch kein Meister vom Himmel gefallen:** ↑Meister. **die Schleusen des Himmels öffnen sich; der Himmel öffnet seine Schleusen:** ↑Schleuse. **jmdm./für jmdn. die Sterne vom Himmel holen:** ↑Stern. **die Sterne vom Himmel holen wollen:** ↑Stern.

himmelangst: jmdm. ist/wird himmelangst: *jmd. hat/bekommt große Angst:* Dem Vater wurde himmelangst, als er sein Kind auf dem Dachfirst balancieren sah.

Himmeldonnerwetter: Himmeldonnerwetter noch [ein]mal! (ugs.): *Ausruf der Verärgerung, des Unwillens; Verwünschung:* Himmeldonnerwetter noch einmal, können Sie denn nicht aufpassen! Ja kann denn ein Mensch nicht auch mal schlappmachen, Himmeldonnerwetter noch mal! (Molsner, Harakiri 18).

Himmelherrgott: Himmelherrgott noch [ein]mal! (ugs.): *Ausruf der Verärgerung, des Unwillens; Verwünschung:* Himmelherrgott noch einmal, kommst du nun endlich!

himmelhoch: himmelhoch jauchzend, zu Tode betrübt: *krass wechselnd zwischen großer Begeisterung, Hochstimmung und tiefer Niedergeschlagenheit, Hoffnungslosigkeit:* Ihre Begeisterung über den neuen Freund wird nicht lange anhalten; du kennst sie ja – himmelhoch jauchzend, zu Tode betrübt.

▶ Diese Wendung ist ein Zitat aus Klärchens Lied in Goethes Trauerspiel »Egmont« (III, 2).

Himmelreich: des Menschen Wille ist sein Himmelreich: ↑Mensch.

himmlisch: der himmlische Vater: ↑Vater.

hin: hin und her: *auf und ab, ständig die Richtung wechselnd:* Schwestern und Sanitäter liefen aufgeregt hin und her. Dicht über der Wasseroberfläche schossen Schwalben hin und her. Sicher hat der Seelenkampf in Bunyans jungen Jahren mächtig hin und her gewogt (Nigg, Wiederkehr 36).

hin und her überlegen: *alle Möglichkeiten reiflich überlegen:* Sie überlegten hin und her, was zu tun sei. Wir haben hin und her überlegt, aber es ist uns keine Lösung eingefallen.

hin und her reden: *immer wieder etwas besprechen und zu keinem Ende kommen:* Die Männer redeten hin und her, konnten sich aber nicht auf ein gemeinsames Vorgehen einigen.

nicht hin und [nicht] her reichen/langen (ugs.): *nicht reichen, auch wenn man sich noch so sehr bemüht, damit auszukommen:* Das, was er als Stauer im Hafen verdiente, reichte nicht hin und her. Die Mittel der Gemeinden reichen nicht hin und her.

hin und her sausen/rasen wie ein Furz auf der Gardinenstange (derb): *aufgeregt, hektisch hin und her laufen:* Behaltet die Ruhe, es nützt gar nichts, wenn jetzt jeder hin und her saust wie ein Furz auf der Gardinenstange! Auf diese Weise macht die Gruppe nur gemütlich immer eine Wendung und ein paar Schritte, während der Gruppenführer hin und her saust wie ein Furz auf der Gardinenstange (Remarque, Westen 127).

hin und her gerissen sein (ugs.): *in einem starken Zwiespalt sein, sich nicht entscheiden können:* Sie war hin und her gerissen, denn beide Schmuckstücke waren wunderschöne Arbeiten.

... hin, ... her (ugs.): *wie es auch sei:* Vorschriften hin, Vorschriften her, ein Gläschen Rum würde ihm das Wachestehen angenehmer machen. Pfaff hin, Pfaff her, ... wenn so einer über ein Mädel kommt, dann redet er schon anders daher (Broch, Versucher 13).

nach langem/einigem Hin und Her: *nach reiflicher Überlegung und ausführlicher Erörterung:* Nach langem Hin und Her entschloss sich der Tourist zum Kauf des Teppichs. ... nach längerem Hin und Her rückten sie mit ihrem Anliegen raus (Ott, Haie 200).

hin und wieder: *von Zeit zu Zeit, manchmal:* Hin und wieder war das lang gezogene Bellen eines Hundes zu hören. Still waren die Straßen, hin und wieder rollte lautlos ein Auto vorüber (Koeppen, Rußland 69).

hin oder her (ugs.): *mehr oder weniger:* Zwanzig Mark hin oder her spielen jetzt auch keine Rolle mehr.

das ist hin wie her (ugs.): *das bleibt sich gleich:* Ob er das macht oder seine Frau, das ist hin wie her.
nach außen hin: *äußerlich:* Nach außen hin wirkte der Mann ganz ruhig. Sie haben sich nach außen hin nichts anmerken lassen.
wo denkst du hin: ↑denken. **futsch ist futsch, und hin ist hin:** ↑futsch. **hin und weg sein:** ↑weg.
hinauffallen: die Treppe hinauffallen: ↑Treppe.
hinausfliegen: im hohen Bogen hinausfliegen: ↑Bogen. **hochkant hinausfliegen:** ↑hochkant. **zum Tempel hinausfliegen:** ↑Tempel.
hinausgehen: zum einen Ohr hinein-, zum anderen wieder hinausgehen: ↑Ohr.
hinausjagen: sein Geld zum Schornstein hinausjagen: ↑Geld. **jmdn. zum Tempel hinausjagen:** ↑Tempel.
hinauskommen: auf das Gleiche/aufs Gleiche hinauskommen: ↑gleich.
hinauslaufen: auf das Gleiche/aufs Gleiche hinauslaufen: ↑gleich.
hinausreden: zum Fenster hinausreden: ↑Fenster.
hinausschießen: über das Ziel hinausschießen: ↑Ziel.
hinaussehen: nicht über die Nase[nspitze] hinaussehen: ↑Nasenspitze.
hinauswerfen: jmdn. achtkantig hinauswerfen: ↑achtkantig. **jmdn. im hohen Bogen hinauswerfen:** ↑Bogen. **das/sein Geld zum Fenster hinauswerfen:** ↑Geld. **jmdn. hochkant hinauswerfen:** ↑hochkant.
hinauswollen: hoch hinauswollen (ugs.): *hochfliegende Pläne haben:* Seine Frau war ehrgeiziger als er, sie wollte hoch hinaus. Meine Eltern wären Stadtgespräch geworden, wenn sie mit ihrem Sohn »so hoch hinauswollten« (Niekisch, Leben 15).
Hinblick: im Hinblick auf ...: 1. *mit Rücksicht auf, angesichts, wegen:* Im Hinblick auf die Gesundheit des Angeklagten wurde Haftverschonung angeordnet. Ich wusste, dass Bert im Hinblick auf die bevorstehende Olympiade auch am Tag trainierte (Lenz, Brot 122). 2. *hinsichtlich, in Bezug auf:* Im Hinblick auf die Umstrukturierung der Behörde sind die ersten konkreten Schritte unternommen worden.

hindenken: wo denkst du/denken Sie hin! (ugs.): *das muss ich entschieden zurückweisen, das ist eine völlig falsche Annahme:* Werden Sie zurücktreten, Herr Minister? – Wo denken Sie hin, darauf hat die Opposition doch nur gewartet!
Hindernis: jmdm. Hindernisse in den Weg legen: *jmdm. Schwierigkeiten bereiten:* Ich lasse mir von dir keine Hindernisse in den Weg legen. Die Verhandlungsdelegationen schienen nur daran interessiert, sich gegenseitig Hindernisse in den Weg zu legen. ... ich habe Beweise darüber, dass er mir verschiedene Hindernisse in den Weg gelegt hat (Kafka, Erzählungen 256).
hineinfallen: wer andern eine Grube gräbt, fällt selbst hinein: ↑Grube.
hineingehen: zum einen Ohr hinein-, zum anderen wieder hinausgehen: ↑Ohr.
hineinkommen: in etwas sind die Motten hineingekommen: ↑Motte.
hineinkriechen: jmdm. hinten hineinkriechen: ↑hinten.
hineinrufen: wie man in den Wald hineinruft, so schallt es heraus: ↑Wald.
hineinschauen: in die Suppe schauen mehr Augen hinein als heraus: ↑Suppe.
hineinstecken: seine Nase in alles hineinstecken: ↑Nase.
hineinwürgen: ↑reinwürgen.
hinfallen: wo die Liebe hinfällt: ↑Liebe.
hingeben: sein Herzblut für jmdn., für etwas hingeben: ↑Herzblut.
hingehen: das geht in einem hin (ugs.): *das lässt sich gleichzeitig, mit etwas anderem zusammen erledigen:* Wenn wir schon anfangen, die Wände neu zu tapezieren, dann sollten wir auch die Decke streichen; das geht dann in einem hin.
da geht er hin und singt nicht mehr! (scherzh.): *Kommentar, wenn jemand nach einem Misserfolg enttäuscht und niedergeschlagen fortgeht.*
▶ Diese Redensart ist ein Zitat aus dem Liederspiel »Die Kunst, geliebt zu werden« (18. Szene) von Ferdinand Gumbert.
hinhalten: den Buckel hinhalten: ↑Buckel. **die/seine Knochen für jmdn., für etwas hinhalten:** ↑Knochen. **den/seinen Kopf hinhalten:** ↑Kopf.
hinhauen: wo [d]er hinhaut, da wächst kein Gras mehr: ↑Gras.

hinhören: mit halbem Ohr hinhören: ↑ Ohr.

hinken: der Vergleich hinkt: ↑ Vergleich.

hinkend: der hinkende Bote kommt nach/ hinterher: ↑ Bote.

hinkommen: wo kommen/kämen wir hin, wenn ...: *was soll/sollte denn werden, wenn ...:* Wo kommen wir denn hin, wenn jeder nur noch seinem Privatvergnügen nachgeht! Wo kämen wir hin, wenn ... sich jeder Unhold an pubertierende Kinder heranmachen könnte? (Ziegler, Kein Recht 292).

hinlegen: da legst du dich [lang] hin! (ugs.): *das kommt völlig unerwartet, das ist eine große Überraschung:* Einer aus unserem Dorf soll in der Nationalmannschaft spielen – da legst du dich hin! **den Löffel hinlegen:** ↑ Löffel.

hinnen: von hinnen scheiden: ↑ scheiden. **von hinnen:** ↑ von.

hinreißen: sich [zu etwas] hinreißen lassen: *sich nicht beherrschen können und etwas im Affekt tun:* Voller Empörung ließ er sich zu einem Zwischenruf hinreißen. Vielleicht schämte er sich, dass er sich so weit hatte hinreißen lassen (Nossack, Begegnung 118).

hinschlagen: da schlag einer lang hin! (oft mit dem scherzhaften Zusatz: **und steh kurz wieder auf**): *Ausruf der Verblüffung:* Deine Schwester hat den Riesenslalom gewonnen? Da schlag einer lang hin. Da schlag einer lang hin, auf einmal springt der Motor wieder an. Er schminkt sich! Nu schlag einer lang hin! (H. Mann, Unrat 72).

▶ Gemeint ist, dass jemand so überrascht ist, dass er der Länge nach hinfällt.

hinschmeißen: die Brocken hinschmeißen: ↑ Brocken. **den ganzen Kram/Krempel hinschmeißen:** ↑ Kram.

Hinsicht: in ... Hinsicht: *in ... Beziehung:* In wirtschaftlicher Hinsicht geht es den Menschen heute besser. Die Aussage des Zeugen ist in zweifacher Hinsicht interessant. In meiner Abwesenheit hat er Frau Gerda ... in sittlicher Hinsicht belästigt ... (Ossowski, Flatter 164).

in Hinsicht auf: *hinsichtlich:* Die Behörde hat in Hinsicht auf den vorliegenden Bescheid ihre Kompetenz überschritten. In mehr als einer Beziehung war ihm das

Leben schwer gemacht: in Hinsicht sowohl auf die verwickelten Familienverhältnisse wie auch in Glaubensdingen (Th. Mann, Joseph 134).

hinspucken: wo man hinspuckt (ugs.): *überall:* Wo man hinspuckt, macht gerade wieder eine neue Boutique auf. »Wo du hinspuckst, nur Helden. Na schön, sind wir also Helden!« (Kirst, 08/15, 610).

hinten: hinten und vorn[e] (ugs.): *ganz und gar, in jeder Beziehung:* Er lässt sich von seiner Frau hinten und vorn bedienen. Der Kostenanschlag stimmt hinten und vorn nicht. ... auch beim Fernsehen muss gespart werden, weil das Geld hinten und vorn nicht mehr langt (Hörzu 49, 1972, 163).

weder hinten noch vorn[e] (ugs.): *überhaupt nicht, in keiner Beziehung:* Was in diesem Artikel steht, stimmt weder hinten noch vorn. Unsere Mittel reichen weder hinten noch vorn.

nicht mehr wissen, wo hinten und vorn[e] ist (ugs.): *völlig verwirrt und ratlos sein:* Die brasilianischen Abwehrspieler wussten nicht, wo hinten und vorn ist, so heizte ihnen der niederländische Meister ein.

... hinten, ... vorn: *übertriebene Aufmerksamkeit gilt ...:* Bei den Großeltern heißt es doch immer nur, Sabine hinten, Sabine vorn – kein Wunder, dass das Kind so verwöhnt ist.

jmdm. hinten hineinkriechen/reinkriechen (derb): *sich jmdm. gegenüber [in würdeloser Form] unterwürfig und schmeichlerisch verhalten:* Karriere hat der nur gemacht, weil er seinem Chef hinten reingekrochen ist. Auch wenn sie der große Star der Revue ist, kann sie nicht erwarten, dass alle anderen ihr hinten hineinkriechen.

jmdm. von hinten ansehen (ugs.): *jmdm. [durch Zukehren des Rückens] Nichtachtung, Verachtung zeigen:* Seit er ihre Freundin geheiratet hat, sieht sie ihn nur noch von hinten an.

hinten nicht mehr hochkönnen (ugs.): 1. *wirtschaftlich in einer sehr bedrängten Lage sein, nicht mehr über die notwendigen Mittel verfügen:* Wie sollen wir in neue Maschinen investieren, wenn wir schon seit Jahren hinten nicht mehr hochkönnen? 2. *[alt und] körperlich sehr* *geschwächt sein:* Opa und fremdgehen? Der kann doch schon lange hinten nicht mehr hoch! **von hinten durch die Brust [ins Auge]** (ugs.; scherzh.): *hinterrücks, heimtückisch:* Man hatte den Gewerkschaftsboss im Interview fertig gemacht, von hinten durch die Brust ins Auge. Wir machen keinen Reichsrundfunk von hinten durch die Brust ins Auge (Hörzu 4, 1975, 10).

► Die Wendung stellt in komischer Übertreibung den Weg einer aus dem Hinterhalt abgefeuerten Kugel dar. **jmdn. am liebsten von hinten sehen** (ugs.): *jmdn. nicht mögen, nicht schätzen:* Ich sehe meine Schwiegermutter am liebsten von hinten. **hinten keine Augen haben:** ↑ Auge. **von hinten Blondine, von vorne Ruine:** ↑ Blondine. **Erster von hinten:** ↑ erste. **von hinten durch die kalte Küche kommen:** ↑ Küche. **hinten Lyzeum, vorne Museum:** ↑ Lyzeum. **jmdn. schleifen, bis ihm der Schwanz nach hinten steht:** ↑ schleifen. **es jmdm. vorn[e] und hinten reinstecken:** ↑ vorn. **von vorn[e] bis hinten:** ↑ vorn.

hintendrauf: jmdm. eins/ein paar hintendrauf/(nordd.:) **hintenvor geben** (ugs.): *jmdm. einen Schlag/ein paar Schläge aufs Gesäß geben:* Gib ihm eins hintendrauf, wenn er nicht pariert!

hintenvor: ↑ hintendrauf.

hinter: einen Blick hinter die Kulissen tun/werfen: ↑ Blick. **hinter jmdm., etwas her sein:** ↑ her sein. **hinter die Kulissen schauen/blicken:** ↑ Kulisse. **hinter den Kulissen:** ↑ Kulisse. **hinter verschlossenen Türen:** ↑ Tür. **das Hinterste zuvorderst/das Unterste zuoberst kehren:** ↑ unter.

Hinterbein: sich auf die Hinterbeine setzen/stellen (ugs.): 1. *sich widersetzen, nicht nachgeben:* Wenn du dich nicht auf die Hinterbeine stellst, machen sie mit dir, was sie wollen. Die Schüler aus der Betonstadt ... stellen sich auf die Hinterbeine gegen die Betonierung und Zerstörung der Natur (tip 12, 1984, 61). 2. *sich anstrengen, sich Mühe geben:* Wenn er die Prüfung im Herbst bestehen will, muss er sich jetzt langsam auf die Hinterbeine setzen.

► Die Wendung rührt vom Pferd her, das sich widersetzt, dem Reiter nicht

folgt, indem es sich aufbäumt. In der jüngeren Bedeutung »sich anstrengen, sich Mühe geben« könnte sich die Wendung auf Tiere beziehen, die sich auf die Hinterbeine stellen, um zu betteln oder Kunststücke zu machen. Es kann aber auch eine Weiterentwicklung der älteren Bedeutung vorliegen.

Hintergrund: im Hintergrund stehen: *wenig beachtet werden:* Er war es gewohnt, bei den wichtigen Verhandlungen meist im Hintergrund zu stehen.

sich im Hintergrund halten; im Hintergrund bleiben: *nicht hervortreten, nicht öffentlich in Erscheinung treten:* Wir sollten uns eine Weile im Hintergrund halten, bis Gras über die Sache gewachsen ist. Und der Briefschreiber selbst? Wie lange noch soll er im Hintergrund bleiben? (Langgässer, Siegel 438).

etwas im Hintergrund haben: *über Reserven verfügen, noch vorrätig haben:* Haben wir noch einige Flaschen im Hintergrund? Auch die Weltmächte verschmähen nicht die Auswertung günstiger Konstellationen. Aber sie haben Reserven im Hintergrund (Niekisch, Leben 236).

jmdn., etwas in den Hintergrund drängen: *jmdm., etwas der Beachtung, des Einflusses berauben:* Wirtschaftliche Probleme haben verschiedene kulturelle Anliegen in den Hintergrund gedrängt. Innerhalb der Partei war der ehemalige Schatzmeister immer mehr in den Hintergrund gedrängt worden.

in den Hintergrund geraten/rücken: *an Bedeutung, Beachtung verlieren:* Die früher tonangebenden Modeschöpfer sind heute zum Teil ein bisschen in den Hintergrund gerückt. Spezialisierung führt zu einem Spartendenken, wobei das Gemeinsame der Berufssituation in den Hintergrund gerät (Fraenkel, Staat 37).

in den Hintergrund treten: 1. *sich zurückziehen:* Der Firmengründer war damals schon zugunsten seiner Söhne in den Hintergrund getreten. 2. *an Bedeutung, Beachtung verlieren:* Kulturelle Anliegen mussten in den Hintergrund treten, als es um die Befriedigung primärer Lebensbedürfnisse ging.

Hinterhalt: etwas im Hinterhalt haben (ugs.): *etwas in Reserve haben:* Seine

Frau ahnte nicht, dass er noch ein paar Tausend Mark im Hinterhalt hatte.

▶ Die Bedeutung »Reserve, Rückhalt« hat sich aus der Bedeutung »Versteck, in dem man jmdm. auflauert; Ort, an dem man Truppen in Reserve hält, um den Gegner unvermutet anzugreifen« entwickelt.

aus dem Hinterhalt pupen: ↑ pupen.

Hinterhand: in der Hinterhand sein/sitzen (ugs.): *den Vorteil haben, als Letzter mit etwas an der Reihe zu sein, und in Kenntnis dessen, was andere getan haben, handeln zu können:* Er kann ruhig versuchen, mit der Gegenseite Kontakt aufzunehmen, wir sind in der Hinterhand. Da sei Amerika in der Hinterhand, der Wilson habe noch reichlich Trümpfe (Zweig, Grischa 22).

▶ Die Wendung rührt vom Kartenspiel her. »Hinterhand« ist, wer zuletzt ausspielt.

etwas in der Hinterhand haben: *etwas in Reserve haben:* Er hatte noch ein paar starke Argumente in der Hinterhand. Das Referendum hat der Gewerbeverband immer in der Hinterhand gehabt ... (Basler Zeitung 26. 7. 1984, 7). Vgl. die vorangehende Wendung.

Hinterhaus: bei jmdm. ist Krach im Hinterhaus: ↑ Krach.

Hinterkopf: etwas im Hinterkopf haben/behalten: *als Wissen, Erinnerung o. Ä. im Hintergrund des Bewusstseins haben/behalten:* Sie hatte stets den Gedanken an eine Firmenvergrößerung im Hinterkopf. Es ist schwer, nach solchen Erlebnissen keine Vorurteile im Hinterkopf zu behalten.

hinterlistig: etwas zu hinterlistigen Zwecken verwenden: ↑ Zweck.

Hintern (Hinterer): **sich mit etwas den Hintern wischen können** (derb): *etwas besitzen, das sich als völlig wertlos herausgestellt hat:* Mit den alten Aktien kannst du dir den Hintern wischen.

sich etwas auf den Hintern hängen (ugs.): *etwas anziehen, tragen (nur auf Frauen bezogen):* Was hat die sich bloß auf den Hintern gehängt? »Dir ist es doch egal, was ich mir auf den Hintern hänge«, jammerte seine Frau.

sich auf den Hintern setzen (ugs.): *sehr überrascht sein:* Du wirst dich auf den

Hintern setzen, wenn ich dir sage, wen deine geschiedene Frau geheiratet hat.

sich in den Hintern beißen (ugs.): *sehr wütend, sehr ärgerlich sein:* Er hätte sich am liebsten vor Wut in den Hintern gebissen. Ich könnt mich noch heute in den Hintern beißen, dass ich damals nicht meinen Meister gemacht ... habe (Chotjewitz, Friede 127).

▶ Die Wendung drückt volkstümlich übersteigernd aus, dass jemand aus Wut, aus Verärgerung tun könnte, was nicht vorstellbar ist.

jmdm./jmdn. in den Hintern treten (ugs.): *jmdn. mit groben Mitteln zu etwas veranlassen:* Dieser Transuse muss man erst kräftig in den Hintern treten, damit sie sich mal zu irgendetwas aufrafft.

jmdm. in den Hintern kriechen (ugs.): *jmdm. in würdeloser Art schmeicheln:* Es ist widerlich, wie dieser Kerl dem Chef in den Hintern kriecht. Und außerdem sollten Sie niemals vergessen, dass nicht wenige nur deshalb nicht den Nazis in den Hintern gekrochen sind, weil die ihnen keine Gelegenheit dazu gaben (Kirst, 08/15, 761).

▶ Die Wendung will ausdrücken, dass der Betreffende vor keiner Erniedrigung zurückschreckt.

jmdm. mit dem nackten Hintern ins Gesicht springen (ugs.): *auf jmdn. äußerst wütend sein:* Wenn er das erfährt, springt er dir mit dem nackten Hintern ins Gesicht! Ich könnte dem Kerl mit dem nackten Hintern ins Gesicht springen!

Blei im Hintern haben: ↑ Blei. **jmdm. Feuer unter dem Hintern machen:** ↑ Feuer. **kein [ganzes] Hemd [mehr] auf dem Hintern haben:** ↑ Hemd. **Hummeln im Hintern haben:** ↑ Hummeln. **sich ein Monogramm in den Hintern beißen:** ↑ Monogramm. **Morgenstund hat Blei im Hintern:** ↑ Morgenstund. **Pech am Hintern haben:** ↑ Pech. **Pfeffer im Hintern haben:** ↑ Pfeffer. **Quecksilber im Hintern haben:** ↑ Quecksilber. **jmdm. [Staub]zucker in den Hintern blasen:** ↑ Zucker.

Hintertreffen: ins Hintertreffen geraten/kommen: *überflügelt werden, in eine ungünstige Position geraten:* Durch die ungünstige Lage in Grenznähe sind diese Gebiete wirtschaftlich ins Hintertreffen geraten. ... man muss immer scharf rangehen, wenn man nicht ins Hintertreffen geraten will (Kirst, 08/15, 528). Die Stimmung wurde hauptsächlich durch Mufti, Rudi und Karlchen angeheizt. Ich geriet ins Hintertreffen (Ossowski, Bewährung 109).

▶ »Hintertreffen« bedeutet eigentlich »der hintere Teil eines Heeres bei der Schlachtaufstellung«. Wer aus der kämpfenden Linie in die hinteren Reihen, zur Reserve geriet, wo die geringste Gefahr bestand, verlor an Ansehen.

jmdn. ins Hintertreffen bringen: *bewirken, dass jmd. in eine ungünstige Lage [in einem Vergleich, Wettbewerb] gerät:* Zu späte Modernisierung des Maschinenparks hatte die Firma gegenüber der Konkurrenz ins Hintertreffen gebracht. Vgl. die vorangehende Wendung.

im Hintertreffen sein: *im Nachteil sein:* Die kleinen Betriebe sind heute im Hintertreffen. Die Russen kennen nicht den Begriff Zeit. Wer ungeduldig ist gegenüber einem solchen Gegner, ist im Hintertreffen (Dönhoff, Ära 109). Vgl. die Wendung »ins Hintertreffen geraten/kommen«.

Hintertür: sich eine Hintertür/ein Hintertürchen offen halten/offen lassen (ugs.): *sich eine Möglichkeit offen lassen, sich von etwas zurückzuziehen:* Er hatte den Vertrag noch nicht unterschrieben, weil er sich noch ein Hintertürchen offen halten wollte. Ich möchte mir noch eine Hintertür offen lassen.

durch die Hintertür/eine Hintertür/ein Hintertürchen: *auf versteckten Umwegen, heimlich:* Während alles über die Lohnforderungen diskutierte, waren durch die Hintertür bereits großzügige Diätenerhöhungen beschlossen worden. Wie wollen Sie eigentlich ausschließen, dass dort nicht durch die Hintertür die Gewissensprüfung wieder eingeführt wird? (Spiegel 51, 1982, 54).

hintreten: wo [d]er hintritt, da wächst kein Gras mehr: ↑ Gras.

hinunterfallen: die Treppe hinuntergefallen sein: ↑ Treppe.

hinunterfließen: da/bis dahin fließt noch viel Wasser den Berg/den Rhein/die Elbe o. Ä. hinunter: ↑ Wasser.

hinuntergehen: den Bach hinuntergehen: ↑ Bach.

hinwerfen: [jmdm.] den [ganzen] Bettel hinwerfen: ↑ Bettel. **die Brocken hinwerfen:** ↑ Brocken. **jmdm. den Fehdehandschuh hinwerfen:** ↑ Fehdehandschuh. **jmdm. den Handschuh hinwerfen:** ↑ Handschuh.

Hinz: Hinz und Kunz (ugs.; abwertend): *jedermann:* Ich fahre nicht mehr auf diese Insel, da macht doch heute Hinz und Kunz Urlaub. Er hatte seine Spürhunde laufen, seine Riechnasen ..., die ... in Kneipen und Äppelwoigaststätten mit Hinz und Kunz redeten (Zwerenz, Erde 9).

▶ Bei »Hinz« und »Kunz« handelt es sich um alte, heute nur noch als Familiennamen vorkommende Kurzformen der Vornamen »Heinrich« und »Konrad«. Die Namen waren im Mittelalter volkstümlich und kamen so oft vor, dass sie abgewertet wurden und in der Formel »Hinz und Kunz« jeden x-beliebigen Menschen bezeichneten.

hipp: hipp, hipp, hurra! (bes. Sport): *Ruf, mit dem man jmdn., etwas feiert, jmdn. hochleben lässt:* Im Vereinshaus herrschte Hochstimmung, und immer wieder rief man »Hipp, hipp, hurra!« zu Ehren der Meistermannschaft.

Hirn: einen Pup im Hirn haben: ↑ Pup. **Scheiße im Hirn haben:** ↑ Scheiße.

Hitze: fliegende Hitze: *plötzliche Hitzewallungen im Körper, bes. während der Wechseljahre:* Sie war nervös und reizbar und litt gelegentlich unter fliegender Hitze.

in der Hitze des Gefechts: *in der Eile, in der Aufregung:* In der Hitze des Gefechts hatten sie die Hälfte vergessen. Dass in der Hitze des Gefechts manches »unqualifizierte« Wort fällt, kann dem Zuschauer noch verziehen werden (Sprachpflege 5, 1972, 107). ... in der Hitze des Gefechts sind diese kleinen Stoppuhren nicht so gut ablesbar wie die großen (Frankenberg, Fahren 97).

Hobel: blas mir den Hobel aus!; du kannst mir am Hobel/den Hobel blasen (derb): *scher dich fort!, lass mich in Ruhe!:* Ich denke gar nicht daran mitzukommen. Du kannst mir am Hobel blasen.

▶ Die derbe Abweisung beruht auf einem Vergleich der Seitenwände eines Hobels mit den Gesäßbacken.

hobeln: wo gehobelt wird, da fallen Späne: *bei energisch durchgeführten Maßnahmen kann man nicht viel Rücksicht nehmen:* Einige Unbeteiligte sind mit verhaftet worden – wo gehobelt wird, da fallen Späne.

hoch: Hoch und Nieder (veraltend): *jedermann:* Hoch und Nieder war herbeigeströmt, um dem siegreichen Heerführer zu huldigen.

▶ Mit dieser Formel sind die hohen und die niedrigen, also alle Gesellschaftsschichten gemeint.

[jmdm.] etwas hoch und heilig versprechen, beteuern o.Ä.: *[jmdm.] etwas mit allem Nachdruck versprechen, beteuern o.Ä.:* Die kleine Avril, so beteuert er hoch und heilig, habe er niemals zuvor gesehen (Bild u. Funk 21, 1966, 45). Sie mussten Velazquez hoch und heilig versprechen, ihn zu besuchen (Cotton, Silver-Jet 132).

jmdm./für jmdn. zu hoch sein (ugs.): *von jmdm. nicht verstanden werden, zu schwierig sein:* Ich kapiere das nicht, das ist mir einfach zu hoch. Das kannst du wohl nicht begreifen, dass ich dir sage, ich warte hier auf Bescheid, ich muss hier sitzen, sonst geht der Hase mir aus der Schlinge! Das ist wohl zu hoch für dich? (Fallada, Jeder 200).

... Mann hoch (ugs.): *... Mann an der Zahl:* Wir waren neun Mann hoch. Im Esszimmer droben finden wir die Miliz, ... an die zwanzig Mann hoch (Th. Mann, Buddenbrooks 19). ... zu drei Mann hoch mussten sie an den schweren, bauchigen Schubkarren des Städtischen Bauhofes ziehen (Küpper, Simplicius 12).

▶ Die Angabe meint eigentlich, dass die betreffenden Personen in ihrer ganzen Größe hoch aufragend vor jemandes Blick erscheinen.

jmdm. etwas hoch anrechnen: ↑ anrechnen. **höherer Blödsinn:** ↑ Blödsinn. **im hohen Bogen hinausfliegen:** ↑ Bogen. **jmdn. in hohem Bogen hinauswerfen:** ↑ Bogen. **jmdm. den Brotkorb höher hängen:** ↑ Brotkorb. **es ist höchste Eisenbahn:** ↑ Eisenbahn. **das höchste der Gefühle:** ↑ Gefühl. **höhere Gewalt:** ↑ Gewalt. **bei jmdm. in hohen Gnaden stehen:** ↑ Gnade. **zu hoch gegriffen sein:** ↑ greifen. **jmds. Herz**

schlägt höher: ↑ Herz. **hoch hinauswollen:** ↑ hinauswollen. **etwas auf die hohe Kante legen:** ↑ Kante. **wenns hoch kommt:** ↑ kommen. **Kopf hoch:** ↑ Kopf. **den Kopf hoch tragen:** ↑ Kopf. **auf hohem Kothurn einherschreiten:** ↑ Kothurn. **hoch im Kurs stehen:** ↑ Kurs. **alle Mann hoch:** ↑ Mann. **für jmdn. höhere Mathematik sein:** ↑ Mathematik. **die Nase hoch tragen:** ↑ Nase. **höheren Ort[e]s:** ↑ Ort. **hoch im Preis stehen:** ↑ Preis. **in höheren Regionen schweben:** ↑ Region. **auf dem hohen Ross sitzen:** ↑ Ross. **vom hohen Ross herab:** ↑ Ross. **vom/von seinem hohen Ross heruntersteigen, herunterkommen:** ↑ Ross. **hoch zu Ross:** ↑ Ross. **auf hoher See:** ↑ See. **ein höheres Semester sein:** ↑ Semester. **Tassen hoch; hoch die Tassen:** ↑ Tasse. **ein hohes Tier:** ↑ Tier. **höhere Tochter:** ↑ Tochter. **jmdn., etwas in den höchsten Tönen loben; von jmdm., von etwas in den höchsten Tönen reden/sprechen:** ↑ Ton. **jmdm./dem Fuchs hängen die Trauben zu hoch; die Trauben hängen zu hoch [für jmdn.]:** ↑ Traube. **von hoher/höherer Warte aus:** ↑ Warte. **auf einer höheren Warte stehen:** ↑ Warte. **einen hohen Wasserfall haben:** ↑ Wasserfall. **hohe Wellen schlagen:** ↑ Welle. **die Wogen gehen/schlagen hoch:** ↑ Woge. **es ist/wird höchste Zeit:** ↑ Zeit.

Hochdeutsch: Hochdeutsch mit Streifen (ugs.): *nicht ganz einwandfreies Hochdeutsch:* Sie spricht nicht Dialekt, mehr so ein Hochdeutsch mit Streifen.

Hochdruck: mit/unter Hochdruck (ugs.): *äußerst intensiv:* Wir trainieren unter Hochdruck. Dafür wurde nun aber mit Hochdruck gearbeitet. In wenigen Tagen veränderte sich das Stadtbild (Leonhard, Revolution 94).

hochgehen: da geht einem der Hut hoch: ↑ Hut. **das/es ist, um die Wände hochzugehen; da kann man doch die Wände hochgehen:** ↑ Wand.

Hochglanz: etwas auf Hochglanz bringen: *etwas sehr gründlich sauber machen:* Am Wochenende werden wir zusammen die Wohnung auf Hochglanz bringen. Für das Endspiel muss das Stadion auf Hochglanz gebracht werden!

hochhalten: die Fahne hochhalten: ↑ Fahne.

hochkant: jmdn. hochkant hinauswerfen/rausschmeißen (ugs.): *jmdn. grob und*

nachdrücklich hinauswerfen: Wenn sie
noch einmal zu spät kommt, werfe ich sie
hochkant hinaus! Lass dich in der Kneipe nicht mehr sehen, der Wirt schmeißt
dich sonst hochkant raus!
hochkant   hinausfliegen/rausfliegen
(ugs.): *grob und nachdrücklich hinausgeworfen werden:* Wer meckert, fliegt
hochkant raus, damit das klar ist!
**hochklappen: hier/da werden abends die
Bürgersteige hochgeklappt:** ↑ Bürgersteig.
**hochkommen: jmdm. kommt die Galle
hoch:** ↑ Galle.
**hochkönnen: hinten nicht mehr hochkön-
nen:** ↑ hinten.
**hochkrempeln: die Ärmel hochkrem-
peln:** ↑ Ärmel.
hochkriegen: keinen/einen hochkriegen
(ugs.): *keine/eine Erektion bekommen:*
Kein Wunder, dass er nach anderthalb
Flaschen Doppelkorn keinen mehr
hochgekriegt hat! ... die Angst, einen
hochzukriegen, würde bei mir vorherr-
schen vor der Angst, keinen hochzukriegen (Männerbilder 58).
hochleben: jmdn. hochleben lassen: *ein
Hoch auf jmdn. ausbringen:* Die Gäste
ließen den Jubilar hochleben. Es wurden
Trinksprüche gehalten. Man ließ einander hochleben (Koeppen, Rußland 141).
Hochmut: Hochmut kommt vor dem Fall:
*überheblichen, zu stolzen Menschen droht
Erniedrigung:* Du solltest auf deine Mitmenschen nicht herabsehen, Hochmut
kommt vor dem Fall!
▶ Die Redensart stammt aus der Bibel,
und zwar aus den Sprüchen Salomonis
(16, 18). Zunächst hieß es in der Übersetzung »Stolzer Mut kommt vor dem Fall.«
**hochschlagen: die Wogen schlugen
hoch:** ↑ Woge.
höchste: vgl. hoch.
Höchstfall: im Höchstfall: *höchstens:* So
eine Vase darf im Höchstfall 200 Mark
kosten. Wir kriegen also im Höchstfall
einmal täglich was Warmes in den Bauch
(Kinski, Erdbeermund 40).
**Hochtouren: jmdn. auf Hochtouren brin-
gen** (ugs.): 1. *jmdn. zu höchster Leistung
anspornen:* Der Trainer brachte die
Spieler auf Hochtouren. 2. *jmdn. sehr
wütend machen, in äußerste Erregung
bringen:* Er brachte seine Frau mit seinem Gerede auf Hochtouren.

auf Hochtouren kommen (ugs.): 1. *anfangen, höchste Leistungen zu erbringen:*
Bereits in der ersten Runde kam der
Herausforderer auf Hochtouren. 2. *sehr
wütend werden, in äußerste Erregung geraten:* Warum kommst du immer gleich
auf Hochtouren?
auf Hochtouren laufen (ugs.): *den höchsten Grad der Leistungsfähigkeit erreichen, sehr intensiv betrieben werden:* Die
Vorbereitungen zur Wahl liefen auf
Hochtouren. Angelika blieb vor den Feiertagen wenig Zeit, in ihrem Betrieb lief
alles auf Hochtouren (v. d. Grün, Glatteis 56).
Hochwasser: Hochwasser haben (ugs.;
scherzh.): *eine Hose mit zu kurzen
Hosenbeinen tragen:* Guck dir mal den
Anwalt an, der hat ja Hochwasser.
▶ Die Wendung bezieht sich darauf,
dass man die Hosenbeine hochkrempelt,
wenn man durch Wasser watet.
Hochzeit: papierne (landsch.)/**kupferne**
(landsch.)/**hölzerne** (landsch.)/**silberne/
goldene/diamantene/eiserne Hochzeit:**
*1./7./10./25./50./60./65. Jahrestag der
Heirat:* Am Sonntag feiern die beiden
goldene Hochzeit. Sie haben zur silbernen Hochzeit von ihren Kindern einen
Videorecorder bekommen.
grüne Hochzeit: *Tag der Heirat:* Neben
dem Foto von der Silberhochzeit hing
auch eine alte Schwarzweißaufnahme
von der grünen Hochzeit der Großeltern.
das ist nicht meine Hochzeit (ugs.): *das
ist nicht meine Angelegenheit, das geht
mich nichts an:* Sollen die beiden doch
vor den Kadi gehen, das ist nicht meine
Hochzeit.
**mit einem Arsch auf zwei Hochzeiten tan-
zen** (derb); **auf zwei Hochzeiten tanzen**
(ugs.): *an zwei Veranstaltungen zugleich
teilnehmen:* Du musst ihr absagen, du
kannst doch nicht auf zwei Hochzeiten
tanzen. Bei dieser Terminnot muss man
manchmal mit einem Arsch auf zwei
Hochzeiten tanzen.
auf allen Hochzeiten tanzen (ugs.): *überall dabei sein [wollen]:* Du musst aufhören, auf allen Hochzeiten zu tanzen,
sonst geht dein Familienleben vor die
Hunde!
hocken: jmdm. auf dem Hals hocken:
↑ Hals. **hinterm Ofen hocken:** ↑ Ofen.

Hocker: locker vom Hocker (ugs.): *locker, unverkrampft; mit leichter Hand:* Sie wird doch nicht mal eben ganz locker vom Hocker zwei Millionen in ein so unsicheres Projekt investieren! So locker vom Hocker zu plaudern – dazu hatten Sissy de Mas ... und Joan Haanappel kaum Gelegenheit (Hörzu 30, 1980, 33). **jmdn. vom Hocker hauen** (ugs.): *jmdn. sehr überraschen:* Das hat mich doch glatt vom Hocker gehauen, dass sie Jahrgangsbeste in Mathe geworden ist! Die Logik dieser Argumentation haut einen doch vom Hocker ... (Spiegel 31, 1977, 16).

Hof: jmdm. den Hof machen: *sich um die Gunst einer Frau bemühen, eine Frau umwerben:* Sie beobachtete, wie ihr Mann der Frau des Apothekers den Hof machte. Tatjana, ... durchaus nicht entgegenkommend, aber auch nicht ablehnend, ließ sich den Hof machen (Seidel, Sterne 104).

► Auszugehen ist von »Hof« als Bezeichnung für den Fürstenhof. Alle Menschen, die den Fürsten umgaben und ihm dienten, stellten seinen Hof dar, sie machten ihm den Hof. Das Umschmeicheln des Fürsten, das Werben um seine Gunst wurde dann auf das Umwerben einer Frau bezogen. Die Wendung ist eine Übersetzung von französisch »faire la cour«.

Haus und Hof: ↑ Haus. **du kommst schon noch auf meinen Hof Wasser trinken:** ↑ Wasser.

hoffen: hoffen wir das Beste [(ugs. scherzh.:) **lieber Leser**]!: *hoffentlich wird das gut ausgehen:* Vielleicht kann die Bank den Kredit noch einmal verlängern – hoffen wir das Beste, lieber Leser!

Hoffnung: guter Hoffnung sein (geh.; verhüllend): *schwanger sein:* Der Arzt hatte ihm anvertraut, dass seine Frau guter Hoffnung sei. Mit Neid dachte sie an die vier Frauen, die guter Hoffnung waren (Jahnn, Geschichten 12).

► Die Bedeutung »ein Kind erwarten« ist eingeengt aus »voller zuversichtlicher Erwartung sein [dass sich Nachwuchs einstellt]«.

in [der] Hoffnung sein (geh.; verhüllend): *schwanger sein:* Die Rupp ist wieder in der Hoffnung; es ist kein Platz für

das neue Kind, solange die Alte lebt (Baum, Paris 33). Vor ihr saß ... ein ... Gefreiter der Infanterie. Den zischte Tulla an, ob er nicht sehe, dass sie in Hoffnung sei (Grass, Hundejahre 383). Vgl. die vorangehende Wendung.

hoffnungslos: ein hoffnungsloser Fall sein: ↑ Fall.

Höflichkeit: da[rüber] schweigt des Sängers Höflichkeit (scherzh.): *darüber spricht man aus Takt nicht:* Der Mann, den sie geheiratet hat, soll ja sehr reich sein. Sieht er auch gut aus? – Darüber schweigt des Sängers Höflichkeit.

► Die Redensart geht auf den Kehrreim eines Couplets (»Als der liebe Gott die Welt erschaffen, schuf er Fische, Vögel, Löwen, Affen«) zurück und lautet eigentlich »Das verschweigt des Sängers Höflichkeit«.

Pünktlichkeit ist die Höflichkeit der Könige: ↑ Pünktlichkeit.

Höhe: das ist [doch] die Höhe! (ugs.): *das ist unerhört, das ist der Gipfel der Unverschämtheit:* Jetzt will die Werksleitung die Treueprämie streichen. Das ist doch die Höhe! Das ist doch die Höhe, wie sich die Telefonistin an den Chef heranmacht.

auf der Höhe sein (ugs.): 1. *gesund, voll leistungsfähig sein:* Na, sind Sie jetzt wieder ganz auf der Höhe? Er ist geistig nicht mehr auf der Höhe. Manche Leute sind morgens um 2.30 Uhr nicht gerade auf der Höhe (Spiegel 45, 1967, 90). 2. *über den neuesten Stand bestimmter Ereignisse unterrichtet sein:* Wenn man heute in seinem Fach auf der Höhe sein will, muss man viele Zeitschriften lesen. Also ich kanns kaum glauben ... Sie ist doch überhaupt nicht auf der Höhe in der Politik (M. Walser, Eiche 34).

auf der Höhe der/seiner Zeit sein: *modern sein:* Der Verlag bietet ein Programm, das auf der Höhe der Zeit ist. Das Thema ihres neuesten Romans zeigt, dass die Autorin auf der Höhe ihrer Zeit ist.

etwas in die Höhe bringen: *etwas leistungsfähig machen:* Wir müssen alles versuchen, um den Export wieder in die Höhe zu bringen. Das Leben macht ihm Spaß, er wird den Hof schon in die Höhe bringen (Fallada, Jeder 400).

in die Höhe gehen (ugs.): *wütend werden:* Warum gehst du immer gleich in die Höhe? Die Schüler merkten schnell, dass ihr neuer Klassenlehrer leicht in die Höhe ging.

▶ Die Wendung nimmt darauf Bezug, dass jemand, der aufbraust, sehr wütend ist, aufspringt (vgl. die Wendung »an die Decke gehen«).

höher: vgl. hoch.

hohl: besser als in die hohle Hand [geschissen]: ↑ besser. **eine hohle Hand machen:** ↑ Hand. **einen hohlen Schädel haben:** ↑ Schädel. **nur für den/einen hohlen Zahn reichen/sein:** ↑ Zahn.

Höhle: sich in die Höhle des Löwen begeben/wagen (ugs.): *mutig einen mächtigen oder gefährlichen Menschen aufsuchen:* Er wollte sich in die Höhle des Löwen begeben, um zu erfahren, warum es mit seiner Beförderung nicht klappte. Der Kommissar ... merkte wohl, dass er sich schwächte, wenn er gleich zu Anfang in die Höhle des Löwen ging (Zwerenz, Quadriga 11).

▶ Die Wendung geht auf eine Fabel von Äsop zurück. In der Fabel durchschaut ein Fuchs die List eines alten Löwen, der sich krank stellt und die Tiere bittet, ihn in seiner Höhle zu besuchen. Der Fuchs erklärt dem Löwen, dass er gerne in die Höhle kommen würde, wenn nicht viele Spuren hinein-, aber keine hinausführten.

höhlen: steter Tropfen höhlt den Stein: ↑ Tropfen.

Hohn: der reine/reinste Hohn sein: *vollkommen absurd sein:* Die scheinheilige Anteilnahme dieses widerlichen Menschen war der reinste Hohn. Es ist der reine Hohn, dass er die Sachen ihres verstorbenen Mannes trägt.

einer Sache Hohn sprechen (geh.): *sich einer Sache widersetzen, etwas widerlegen:* Das spröde Material sprach allen Bemühungen des Bildhauers Hohn. Noch heute grübelt man darüber nach, welche Kraft wohl das Geschoss befähigt haben mag, den Naturgesetzen Hohn zu sprechen (Kusenberg, Mal 86).

Hokuspokus: Hokuspokus Fidibus [dreimal schwarzer Kater]!: *scherzhafte Zauberformel:* Du stellst das tiefgefrorene Fertiggericht in die Mikrowelle, und Ho-

kuspokus Fidibus, dreimal schwarzer Kater – in zehn Minuten hast du eine warme Mahlzeit!

Hokuspokus Verschwindibus!: *scherzhafte Zauberformel, die beim Verschwindenlassen eines Gegenstandes gesprochen wird:* Da nehme ich einfach ein feuchtes Tuch, und Hokuspokus Verschwindibus sind die Farbspritzer verschwunden!

holen: bei jmdm./da ist nichts/nicht viel zu holen: *jmd. besitzt nichts/nicht viel [was man ihm abnehmen, stehlen, pfänden o. Ä. könnte]:* Warum sollte einer hier einbrechen – jeder weiß doch, dass bei uns nichts zu holen ist. Die Firma hat schon längst Konkurs angemeldet, da dürfte nicht mehr viel zu holen sein.

sich einen kalten Arsch holen: ↑ Arsch. **Atem holen:** ↑ Atem. **wissen, wo Barthel den Most holt:** ↑ Barthel. **sich kalte Füße holen:** ↑ Fuß. **hols der Geier; hol dich der Geier:** ↑ Geier. **hols der Henker:** ↑ Henker. **für jmdn. die Kastanien aus dem Feuer holen:** ↑ Kastanie. **sich blutige Köpfe holen:** ↑ Kopf. **sich einen Korb holen:** ↑ Korb. **hols der Kuckuck:** ↑ Kuckuck. **Luft holen:** ↑ Luft. **sich seine Papiere holen können:** ↑ Papier. **etwas heim ins Reich holen:** ↑ Reich. **sich den Rest holen:** ↑ Rest. **die Sterne vom Himmel holen wollen:** ↑ Stern. **hols der Teufel:** ↑ Teufel. **hol mich der Teufel; der Teufel soll mich holen:** ↑ Teufel.

Holland: da ist Holland in Not/in Nöten (ugs.; veraltend): *da ist man in großer Bedrängnis, da ist man ratlos:* In vier Wochen soll bereits die Einweihung des Stadions sein, da ist aber Holland in Nöten.

▶ Die Herkunft der Wendung ist nicht sicher zu klären. Vielleicht bezog sie sich ursprünglich auf die schlimme Situation der Niederländer im 2. Eroberungskrieg Ludwigs XIV., dem so genannten Holländischen Krieg.

Holle: ↑ Frau Holle.

Hölle: die grüne Hölle (veraltend): *der Urwald als bedrohlicher, Schrecken und Strapazen verursachender Lebensraum:* Auf ihrer Suche hatten sie sich immer tiefer in die grüne Hölle vorgewagt.

die Hölle ist los (ugs.): *es herrscht Aufruhr, es geht turbulent zu, es spielen sich* *unbeschreibliche Szenen ab:* Unsere Nachbarn machen heute Abend eine Faschingsparty, da ist bestimmt wieder die Hölle los. Nach dem Foul an dem brasilianischen Mittelstürmer war im Stadion die Hölle los. ... selbst für Berliner Verhältnisse war ... »die Hölle los« am Tag, als Reagan kam (Spiegel 25, 1982, 30).

jmdm. die Hölle heiß machen (ugs.): *jmdm. heftig zusetzen:* Wenn du ihm nicht die Hölle heiß machst, gibt er dir das Geld nicht zurück. Sein Vater machte ihm die Hölle heiß, er sollte endlich sein Examen machen. Die Mädchen haben doch so viele Möglichkeiten, einem Lehrer die Hölle heiß zu machen (Hörzu 38, 1971, 34).
▶ Die Wendung meint eigentlich »jmdm. die Hölle mit ihren Qualen lebhaft schildern und ihn dadurch in Angst versetzen«.

die Hölle auf Erden haben: *ein unerträgliches Leben führen, ein grauenvolles Los haben:* Die Kinder in dem Heim hatten die Hölle auf Erden. Er war ein gewalttätiger Kerl – sie hatte die Hölle auf Erden bei ihm.

die Hölle auf Erden sein: *unerträglich, grauenvoll sein:* Das Zusammenleben mit dem ständig betrunkenen Mann war die Hölle auf Erden.

jmdm. das Leben zur Hölle machen: *jmdm. das Leben unerträglich machen:* Die Wachmannschaften machten den Gefangenen das Leben zur Hölle. Dieser mahlende Narr wird mir das Leben zur Hölle machen, wenn er mit seinen vier Pritschen auf meine Ohren losdrischt (Hacks, Stücke 289).

jmdn. zur Hölle wünschen (geh.): *jmdn. verwünschen:* Sie wird mich zur Hölle wünschen, wenn sie sieht, dass ich ihre Pflanzen habe vertrocknen lassen.

fahr/geh zur Hölle! (ugs.): *Verwünschungsformel:* Fahr zur Hölle, du hast mich oft genug reingelegt. Geh zur Hölle samt deinem Schaf! ... Lene liegt im Sterben, und auch ich bin angesteckt (Hesse, Narziß 288).

zur Hölle mit jmdm., etwas!: *Verwünschungsformel:* Zur Hölle mit diesem verflixten Papierkram! Zur Hölle mit deiner ganzen Verwandtschaft, ich will an den Feiertagen meine Ruhe haben!

der Weg zur Hölle ist mit guten Vorsätzen gepflastert: ↑ Weg.

Holz: viel/eine Menge Holz [sein] (ugs.): *eine große Menge [sein]:* 200 Mark für ein Hemd, das ist viel Holz! ... der Westdeutsche Rundfunk sendet 34 700 Stunden Hörfunk und Fernsehen im Jahr, 'ne Menge Holz (Spiegel 26, 1985, 172).

Holz sägen (ugs.; landsch.): *laut schnarchen:* Du hast wieder die ganze Nacht Holz gesägt. Das kann man ja nicht aushalten, wie der Kerl Holz sägt.

Holz auf sich hacken lassen (ugs.): *sehr gutmütig sein und sich alles gefallen lassen:* Die Gäste wussten, dass der italienische Wirt Holz auf sich hacken ließ.

Holz vor der Hütte/(seltener:) **vor der Tür/bei der Herberge haben** (ugs.): *einen üppigen Busen haben:* Sie zupft leicht an der weißen Spitzenbluse, die erstaunlich »viel Holz vor der Hütt'n« preisgibt (Hörzu 40, 1974, 39). Frauen dieser Art sind ... schmal wie die Mannequins unserer Tage und haben – wie diese – nicht gerade viel Holz vor der Tür (Zeit 5. 6. 1964, 43).
▶ Die Wendung bringt scherzhaft zum Ausdruck, dass sich ein üppiger Busen auftürmt wie die vor Bauernhäusern oder an Hauswänden aufgestapelten Holzvorräte.

Holz in den Wald tragen: *etwas Sinnloses, Unnötiges tun:* Es hieße Holz in den Wald tragen, wenn man Kaffee nach Brasilien exportieren wollte.

nicht aus Holz sein (ugs.): *auf sinnliche Reize wie andere Menschen auch reagieren:* Er merkte sehr bald, dass sie nicht aus Holz war.

aus dem Holz [geschnitzt] sein, aus dem man ... macht: *die Eigenschaften, Fähigkeiten besitzen, die für eine bestimmte Funktion, ein Amt o. Ä. eine sehr gute Voraussetzung sind:* Das Mädel ist aus dem Holz, aus dem man Spitzensportlerinnen macht! Aber er ist aus dem Holz geschnitzt, aus dem Meister gemacht werden (Spiegel 37, 1985, 120).

aus anderem/dem gleichen/hartem o. ä. Holz geschnitzt sein: *ein anderes/das gleiche/ein hartes o. ä. Wesen haben:* Er ist aus anderem Holz geschnitzt, er wird es schaffen. Der neue Polizeichef ist aus härterem Holz geschnitzt als sein Vor-

gänger. Jedenfalls konnte mir nicht verborgen bleiben, dass ich ... aus feinerem Holz geschnitzt war als meinesgleichen (Th. Mann, Krull 18).
das Holz bohren, wo es am dünnsten ist: ↑Brett. **dasitzen/dastehen wie ein Stück Holz:** ↑dasitzen. **eine Karte oder ein Scheit Holz:** ↑Karte.
Holzauge: Holzauge, sei wachsam! (ugs.): *Mahnung, wachsam zu sein; Aufforderung, gut aufzupassen:* Er konnte sich erinnern, dass Stefan in Pütz immer alles darangesetzt hatte, diesen Massenreinigungen fernzubleiben. Besser so, sagte Stefan, Holzauge sei wachsam (Kuby, Sieg 414).
▶ Die Herkunft der seit dem Zweiten Weltkrieg gebräuchlichen Wendung ist nicht sicher geklärt. »Holzauge« kann in Analogie zu »Holzbein« gebildet sein und einen Menschen meinen, der ein künstliches Auge hat (und nun besonders aufpassen muss, dass ihm nicht noch etwas passiert).
Hölzchen: vom Hölzchen aufs Stöckchen kommen: *mehr und mehr vom Thema abkommen:* Der gerührte Brautvater kam vom Hölzchen aufs Stöckchen. Er zitiert Laotse und Luther, Genscher und Schiller, kommt vom Hölzchen aufs Stöckchen ... (Spiegel 8, 1985, 32).
hölzern: hölzerne Hochzeit: ↑Hochzeit.
Holzhammer: eins mit dem Holzhammer abgekriegt haben (ugs.): *nicht recht bei Verstand sein:* Manchmal habe ich den Eindruck, unser Hausmeister hat eins mit dem Holzhammer abgekriegt. Mit den dreckigen Sachen willst du auf die Couch? Du hast wohl eins mit dem Holzhammer abgekriegt!
jmdm. etwas mit dem Holzhammer beibringen (ugs.): *jmdm. wegen seiner Schwerfälligkeit etwas mit aller Gewalt beibringen:* Er hatte keine pädagogische Ader und brachte den Lehrlingen alles mit dem Holzhammer bei.
Holzweg: auf dem Holzweg sein; sich auf dem Holzweg befinden (ugs.): *im Irrtum sein:* Wenn du glaubst, dass ich dir das Geld pumpe, bist du auf dem Holzweg. Die Weißen waren ständig überzeugt, die Führer des Gettos identifiziert ... zu haben, und sie waren ständig auf dem Holzweg (Wolfe [Übers.], Radical 90).

▶ Auszugehen ist für diese Wendung von »Holzweg« in der eigentlichen Bedeutung »Weg, der der Holzabfuhr dient« Waldweg«. Da so ein Weg nicht zur nächsten menschlichen Ansiedlung führt, kommt man auf ihm nicht weiter, ist es der falsche Weg, wenn man die nächste Ortschaft erreichen will.
homerisch: homerisches Gelächter: *schallendes Gelächter:* Alle weiteren Vorschläge wurden nur noch mit homerischem Gelächter quittiert. Die Leute sahen sie mit offenen Mündern an und brachen in ein homerisches Gelächter aus (Brecht, Groschen 192).
▶ Diese Fügung spielt auf Homers Ilias an, wo an einigen Stellen vom übermenschlichen Gelächter der Götter die Rede ist.
honi: honi (auch: honni, honny) **soit qui mal y pense:** *nur wer immer gleich Schlechtes von anderen denkt, wird hieran etwas Anstößiges finden:* Auf Dienstreisen hat ihn seine Sekretärin meist begleitet – honi soit qui mal y pense.
▶ Wir zitieren hier den französischen Wahlspruch des englischen Hosenbandordens (wörtlich übersetzt: »Verachtet sei, wer Arges dabei denkt«). Der Orden verdankt seine Stiftung durch Eduard III. angeblich einem galanten Zwischenfall, bei dem der König das Strumpfband, das eine Gräfin verloren hatte, aufhob.
Honig: jmdm. Honig/(seltener:) **Brei um den Bart/ums Maul/um den Mund schmieren** (ugs.): *jmdm. schmeicheln:* Sie konnte es nicht mit ansehen, wie ihr Mann der Chefin Honig um den Mund schmierte. Schmier ihm doch mal ein bisschen Honig um den Bart, vielleicht gibt er dir dann die Erlaubnis.
▶ Gemeint ist, dass man jemanden übermäßig verwöhnt. Man reicht ihm nicht nur einen Löffel mit Honig, sondern stopft ihm den Mund mit Honig voll. Die Wendung stammt aus einer Zeit, in der Zucker und Süßigkeiten noch nicht bekannt waren.
das Land, wo Milch und Honig fließt: ↑Land.
Honigkuchenpferd: grinsen/strahlen wie ein Honigkuchenpferd: ↑grinsen, ↑strahlen.

**Honiglecken: kein Honiglecken/Honig-
schlecken sein** (ugs.): *recht mühsam, wenig angenehm sein:* Die Militärzeit war
für ihn kein Honiglecken. Das Leben in
den Flüchtlingslagern war für niemanden ein Honigschlecken. Die Autobahn
von München nach Salzburg ist kein
Honiglecken (Danella, Hotel 479).

Honigschlecken: vgl. Honiglecken.

Honneurs: die Honneurs machen (bildungsspr.): *die Gäste (bei einem Empfang) begrüßen und willkommen heißen:*
Da sein Vater erkrankt war, musste er
die Honneurs machen. ... sie ... glaubten
in mir wahrscheinlich einen ausländischen Prinzen zu sehen, dem die Verwaltung die Honneurs des Hauses machte
(Th. Mann, Krull 347).

**Hopfen: bei jmdm./an jmdm. ist Hopfen
und Malz verloren** (ugs.): *bei jmdm. ist
alle Mühe umsonst, jmd. ändert sich trotz
aller Ermahnungen nicht mehr:* Er hat
schon wieder seinen Arbeitsplatz gewechselt, bei ihm ist Hopfen und Malz
verloren.
▶ Die Wendung bezieht sich auf die
Bierbrauerei: Wenn der Brauvorgang
nicht gelingt, dann sind die Bestandteile
Hopfen und Malz verloren.

hops: hops sein (ugs.): *verloren sein:* Das
ganze Geld ist hops.

hopsen: vgl. hüpfen.

horchen: an der Matratze horchen:
↑ Matratze.

**Horcher: der Horcher an der Wand hört
seine eigene Schand:** ↑ Lauscher.

hören: hört, hört!: *Zwischenruf, besonders in Versammlungen, mit dem man
[ironisch] darauf hinweist, dass das Ge-
äußerte bemerkenswert ist, einen er-
staunlichen Sachverhalt wiedergibt o. Ä.:*
Das Geld reicht niemals aus, um die
Bauvorhaben weiter zu finanzieren. –
Hört, hört!

hör mal!; hören Sie mal! (ugs.): 1. *Einleitung einer energischen Bitte:* Hör mal,
mein Sohn, du bist jetzt bitte ein bisschen leiser, sonst setzt es was! Hören Sie
mal, entweder Sie tauschen mir den Pullover um, oder Sie geben mir mein Geld
zurück! 2. *Formel, mit der man seinen
Protest ausdrückt:* Na hören Sie mal, Sie
können sich doch nicht einfach auf meinen Platz setzen!

sich hören lassen: *akzeptabel sein:* Zweitausend Mark wollen Sie dafür haben?
Das lässt sich hören. Dieses Angebot
lässt sich hören. ... übrigens Einwände,
die sich durchaus hören lassen (Dönhoff, Ära 153).

[etwas] von sich hören lassen: *jmdm.
Nachricht geben:* Lass bald wieder von
dir hören! Sie hat schon lange nichts
mehr von sich hören lassen. Warum hast
du nie etwas von dir hören lassen? (Remarque, Triomphe 240).

noch von jmdm. hören: *die Folgen seines
Handelns noch von jmdm. zu spüren
bekommen (gewöhnlich in Drohungen):*
Das lasse ich mir nicht gefallen. Sie werden noch von mir hören, mein Herr!

**etwas von jmdm. zu hören bekommen/
kriegen** (ugs.): *von jmdm. ausgescholten
werden:* Als er seine Kollegen anschwär-
zen wollte, hat er vom Chef etwas zu hören gekriegt. Er hat von seiner Frau ganz
schön etwas zu hören gekriegt.

wer nicht hören will, muss fühlen: *Ungehorsam wird bestraft:* Siehst du, jetzt
hast du dich verbrannt! Und ich hatte dir
so oft gesagt, du sollst nicht so nah am
Ofen spielen – wer nicht hören will, muss
fühlen!

das ist das Erste, was ich höre (ugs.): *das
ist mir neu:* Man kann jetzt auch über Is-
land nach New York fliegen? Das ist das
Erste, was ich höre.

man höre und staune: *was ich jetzt sage,
ist kaum zu glauben:* Die Firma hat ihr,
man höre und staune, über 150 000 DM
als Abfindung gezahlt! Man höre und
staune: Da ist es jetzt bald vier Jahre her,
seit Chruschtschow ... sein Ultimatum
auf den Tisch legte ... (Dönhoff, Ära 85).

jmdm. vergeht Hören und Sehen: *jmd.
weiß nicht mehr, was mit ihm geschieht:*
Passanten verprügelten den Rowdy, dass
ihm Hören und Sehen verging. Als er die
Summe hörte, verging ihm Hören und
Sehen. ... plötzlich tauchte der (= Brünhildes Onkel) in der Falltür auf und brüllte mit uns herum, dass uns Hören und Sehen verging (Küpper, Simplicius 38).

die Botschaft hör ich wohl: ↑ Botschaft.

ich denk, ich hör nicht recht: ↑ denken.

**die Engel im Himmel singen/pfeifen
hören:** ↑ Engel. **die Flöhe husten/niesen
hören:** ↑ Floh. **die Glocke läuten hören,**

aber nicht wissen, wo sie hängt: ↑ Glocke.
das Gras wachsen hören: ↑ Gras. dass ich
keine Klagen höre: ↑ Klage. der Lau-
scher/Horcher an der Wand hört seine eigene Schand: ↑ Lauscher. etwas läuten
hören: ↑ läuten. Nachtigall, ick/ich hör
dir trapsen: ↑ Nachtigall. auf diesem/dem
Ohr schlecht/nicht hören: ↑ Ohr. so still
sein, dass man eine [Steck]nadel fallen
hören kann/könnte: ↑ Stecknadel. das will
ich nicht gehört haben: ↑ wollen.

Hörensagen: etwas nur vom Hörensagen
kennen/wissen: *etwas nur nach der Erzählung anderer kennen:* Er kannte die
Akupunktur nur vom Hörensagen. Es ist
ja möglich ..., dass wir Unrecht haben zu
klagen, besonders ich, die alles nur vom
Hörensagen kennt (Kafka, Schloß 179).

Horizont: ein Silberstreif[en] am Horizont: ↑ Silberstreif[en].

horizontal: das horizontale Gewerbe:
↑ Gewerbe.

Horn: sich die Hörner ablaufen/abstoßen
(ugs.): *durch Erfahrungen besonnener
werden, sein Ungestüm in der Liebe ablegen:* Er ist noch sehr jung und muss
sich erst noch die Hörner abstoßen. Ich
habe mir in literarischer Beziehung
schon vor Jahren die Hörner abgelaufen
(Seidel, Sterne 38).
► Die Wendung bezieht sich darauf,
dass Böcke ruhiger werden, nicht mehr
so übermütig sind, wenn sie sich die Hörner abgestoßen haben.

jmdm. Hörner aufsetzen (ugs.): *den Ehemann betrügen:* Er geriet außer sich vor
Wut, als er erfuhr, dass seine Frau ihm
Hörner aufgesetzt hatte. Georg behauptet, wer Frauen in einen Nachtklub mit-
bringe, lade sie ein, ihm Hörner aufzusetzen (Remarque, Obelisk 55).
► Die Wendung meint eigentlich »jemanden zum Hahnrei machen«. (Das
Wort »Hahnrei«, das heute nur noch im
Sinne von »betrogener Ehemann« gebräuchlich ist, bezeichnete früher den
verschnittenen Hahn, den Kapaun.)
Dem Hahnrei setzte man früher, um ihn
aus der Hühnerschar herauszufinden,
die abgeschnittenen Sporen in den
Kamm, wo sie weiterwuchsen und eine
Art von Hörnern bildeten.

jmdm. die Hörner zeigen (veraltend):
sich zur Wehr setzen: Die alten Leutchen

ließen sich nicht einfach auf die Straße
setzen. Sie zeigten dem Hausbesitzer die
Hörner. Ich würde mir wünschen, dass
dem mal einer die Hörner zeigt, mit dem
muss mal jemand Schlitten fahren ...
(Brot und Salz 340).
► Die Wendung bezieht sich darauf,
dass Böcke, Stiere und andere Tiere mit
Hörnern, wenn sie sich bedroht fühlen,
den Kopf senken, um dem Gegner auf die
Hörner zu nehmen. Das Tier zeigt, bevor
es zustößt, gewissermaßen seine Hörner
(vgl. die Wendung »jmdm. die Zähne zeigen«).

jmdn. auf die Hörner nehmen (ugs.):
jmdn. hart angreifen: Der Ernährungs-
minister wurde von der Opposition auf
die Hörner genommen. Der Abgeordnete ... brauchte sich nicht zu wundern,
dass ihn H. S. besonders auf die Hörner
nahm (FAZ 70, 1958, 2).

ins gleiche Horn blasen/stoßen/tuten
(ugs.): *mit jmdm. der gleichen Meinung
sein:* Gegen diesen Plan wandte sich der
schwedische Vertreter, und die anderen
skandinavischen Delegierten bliesen in
das gleiche Horn. Er tutet mit seiner
Frau immer ins gleiche Horn. In das gleiche Horn stößt Harald Schöpperle, der
stellvertretende Mannheimer DGB-Sek-
retär (MM 18. 2. 1966, 4).
► Die Wendung bezieht sich auf das früher übliche ventillose Horn, auf dem
man nur in einer Tonart spielen konnte.

kräftig/mächtig ins Horn stoßen (ugs.):
sich aufspielen, prahlen: Er hat mal wieder mächtig ins Horn gestoßen und aller
Welt erzählt, wie er den Laden in
Schwung bringen will.

den Stier bei den Hörnern fassen/pa-
cken: ↑ Stier.

Hornberger: ausgehen wie das Hornberger Schießen: ↑ ausgehen.

Hose: die Hose anhaben (ugs.): *(statt des
Mannes) im Hause bestimmen; Herr im
Hause sein:* Man merkte gleich, dass sie
die Hosen anhatte.
► Die Wendung stammt aus einer Zeit,
als die Hose das typische Kleidungsstück des Mannes war und der Mann im
Hause allein zu bestimmen hatte. Sie
brachte also zum Ausdruck, dass sich eine Frau das anmaßt, was nach Sitte und
Herkommen dem Mann zusteht.

die Hosen runterlassen: 1. (Skat) *bei einem [Null-]ouvert-Spiel die Karten auflegen:* Wenn da Null ouvert spielst, dann lass mal die Hosen runter! 2. (ugs.) *etwas bisher Verschwiegenes preisgeben, die Wahrheit bekennen:* Wir können ihm nur helfen, wenn er jetzt endlich mal die Hosen runterlässt und uns sagt, was er eigentlich angestellt hat! Er ... sei bereit, »die Hosen runterzulassen« und »sämtliche Steuerbilanzen« offen zu legen (Spiegel 17, 1977, 115).
▶ Die Bedeutung »offen darlegen« geht von »sich entblößen« aus.

jmdm. die Hose ausklopfen (ugs.): *jmdm. eine Tracht Prügel geben:* Wenn du weiter so unartig bist, muss ich dir die Hose ausklopfen.

jmdm. die Hosen/den Hosenboden stramm ziehen (ugs.): *jmdm. eine Tracht Prügel geben:* Er erinnerte sich noch, dass ihm der Turnlehrer ein paarmal die Hosen stramm gezogen hatte. Die Hosen sollte man dir stramm ziehen, Kleiner, jawohl! (Borchert, Draußen 12).
▶ Das Strammziehen der Hosen soll den Schlägen auf das Gesäß mehr Wirkung verleihen. Es geht dem Prügeln voraus.

die Hosen über ein/einem Fass/über der/die Tonne gebügelt haben (ugs.): *O-Beine haben:* Der Bräutigam sah ziemlich stattlich aus, obwohl er offensichtlich die Hosen über die Tonne gebügelt hatte.

die Hosen [gestrichen] voll haben (derb): *große Angst haben:* Als er die beiden Gestalten auf sich zukommen sah, hatte er die Hosen gestrichen voll. Hab doch bloß nicht immer gleich die Hosen voll! Natürlich hatte er dann die Hosen gestrichen voll vor Angst, ich würde ihn verpfeifen (Rechy [Übers.], Nacht 201).
▶ Die Wendung bezieht sich darauf, dass Angst auf den Darm schlägt und zu einer plötzlichen Entleerung des Darms führen kann (vgl. die Wendung »sich in die Hosen machen«).

die Hosen/den Hosenboden voll kriegen (ugs.): *[in Bezug auf ein Kind] eine Tracht Prügel bekommen:* Wenn ich als Junge so mit meinem Vater gesprochen hätte, dann hätte ich ganz schön die Hosen voll gekriegt!

die Hosen auf halbmast tragen (ugs. scherzh.): *zu kurze Hosen tragen:* Geld für neue Hosen gab es nicht, also wurden die alten auf halbmast getragen.

sich auf die Hosen/den Hosenboden setzen (ugs.): *fleißig lernen:* Wenn du dich nicht auf die Hosen setzt, wirst du nicht versetzt werden. Vor der theoretischen Prüfung muss ich mich noch auf die Hosen setzen. Also setzte ich mich auf den Hosenboden und habe Tag und Nacht geübt ... (Hörzu 11, 1978, 10).

in die Hose[n] gehen (ugs.): *misslingen, schief gehen:* Wenn der Trainer den Torwart gegen einen Feldspieler austauscht, kann das natürlich in die Hose gehen. Irgendwann ... war jedem halbwegs denkenden Menschen klar, dass die ganze ... Studentenrevolte ziemlich in die Hose gegangen war (Spiegel 2, 1986, 157).
▶ Gemeint ist, dass sich jemand aus Versehen in die Hosen macht, mit Kot die Hosen beschmutzt, etwa wenn er eine Blähung abgehen lässt.

sich in die Hosen machen (ugs.)/**scheißen** (derb): *Angst haben:* Mach dir bloß nicht in die Hosen! Als der erste Schuss fiel, schiss er sich in die Hosen. ... viele Staatsanwälte machen sich heute ja schon in die Hose, wenn sie für einen »normalen« Mord 3 000 Mark aussetzen sollen (Spiegel 11, 1975, 10).
▶ Die Wendung bezieht sich darauf, dass Angst auf den Darm schlägt und zu einer plötzlichen Entleerung des Darms führen kann (vgl. die Wendung »die Hosen voll haben«).

[et]was in der Hose haben (ugs.): *einen großen Penis haben, potent sein:* Bist du behaart? Hast du ordentlich was in der Hose? (Silverstein, Freuden 131). Kann man jemand lieben, der nichts im Hirn hat und nichts in der Hose und nur Klavier spielen kann ...? (Praunheim, Sex 96).

mit vollen Hosen lässt es sich gut stinken (ugs.): *wer über reichliche Mittel verfügt, braucht sich nicht bescheiden oder zaghaft zu geben:* Das Finanzministerium verzeichnet deutliche Mehreinnahmen, sodass sogar schon von Steuersenkungen die Rede ist – mit vollen Hosen lässt es sich halt gut stinken!

jmdm. geht die Hose mit Grundeis: ↑Arsch. **solang der Arsch in die Hosen**

passt, wird keine Arbeit angefasst: ↑Arsch. das kannst du einem erzählen, der sich die Hosen mit der Kneifzange anzieht: ↑erzählen. jmdm. fällt/rutscht das Herz in die Hose[n]: ↑Herz. Jacke wie Hose sein: ↑Jacke. bei jmdm. rieselt schon der Kalk [aus der Hose]: ↑Kalk. wo rohe Kräfte sinnlos walten, da kann kein Knopf die Hose halten: ↑Kraft. nicht alle Nieten an der Hose haben: ↑Niete. Pech an der Hose haben: ↑Pech. tote Hose: ↑tot.

Hosenboden: sich auf den Hosenboden setzen: ↑Hose. den Hosenboden voll kriegen: ↑Hose. jmdm. den Hosenboden stramm ziehen: ↑Hose.

Hosentasche: etwas aus der linken Hosentasche bezahlen (ugs.): *für etwas eine größere Summe ohne Schwierigkeiten bezahlen können:* Eine Kiste Champagner bezahlt dein Vater doch aus der linken Hosentasche!

etwas wie seine Hosentasche kennen: ↑kennen.

hott: [mal] hü und [mal] hott/[mal] hott und [mal] har sagen: ↑hü.

hü: [mal] hü und [mal] hott/[mal] hott und [mal] har sagen o. Ä. (ugs.): *sich widersprechende Anweisungen geben:* Die Spieler wissen ja nicht mehr, wie sie sich verhalten sollen, wenn der Trainer hü und der Vereinsvorsitzende hott sagt. So geht das einfach nicht ..., Stefan! Einmal hü, einmal hott und so weiter ... (Spiegel 13, 1985, 218).

▸ Mit »hü«, »har« und »hott« sind die Fuhrmannsrufe (hü! = »vorwärts!«, auch: »halt!« oder »nach links!«, har! = »nach links!« und hott! = »vorwärts!«, auch: »nach rechts!«) gemeint.

hüben: hüben und drüben; hüben wie drüben: *auf dieser und der anderen Seite:* Hüben wie drüben gab es Verluste. Die räumlichen Verhältnisse hüben und drüben sind gleich (Thorwald, Chirurgen 189).

Hucke: jmdm. die Hucke voll hauen (ugs.; landsch.): *jmdn. verprügeln:* An der hinteren Barackenwand packten sie den Küchenbullen und hauten ihm die Hucke voll. Ab jetzt kann man nicht mehr so ganz genau sehen, wer wem die Hucke voll haut (Ossowski, Flatter 23).

▸ Die Wendung schließt sich an »Hucke« im Sinne von »Rücken, Buckel« an, meint also eigentlich »jmdm. Schläge auf den Rücken geben«.

die Hucke voll kriegen (ugs.; landsch.): *verprügelt werden:* Wenn du das noch einmal machst, kriegst du die Hucke voll. Wir haben oft die Hucke voll gekriegt damals, allerdings auch von Polente sehr häufig (Schnurre, Bart 142).

Vgl. die vorangehende Wendung.

jmdm. die Hucke voll lügen (ugs.; landsch.): *jmdn. sehr belügen:* Die beiden jungen Burschen logen dem Polizisten die Hucke voll. Ich war doch schon jahrelang nicht in der Kirche – was sollt ich wohl da, mir die Hucke voll lügen lassen (Nachbar, Mond 208).

▸ Die Wendung schließt sich wohl an »Hucke« im Sinne von »Rücken, Buckel« an und meint eigentlich »jmdm. Lügen aufladen«.

sich die Hucke voll lachen (ugs.; landsch.): *aus Schadenfreude sehr lachen:* Die Bauarbeiter lachten sich die Hucke voll, als der Bürgermeister in den Mörteleimer trat. Wenn ich ihn so sehe, könnte ich mir die Hucke voll lachen.

▸ Die Wendung schließt an »Hucke« im Sinne von »Rücken, Buckel« an und bedeutet eigentlich »sich den Buckel voll lachen, sich einen Buckel lachen«; vgl. die Erklärung der Wendung »sich einen Ast lachen« (↑Ast).

sich die Hucke voll saufen (ugs.): *sich betrinken:* Sie merkte gleich, dass sich der Portier wieder die Hucke voll gesoffen hatte. Alle soffen sich die Hucke voll und schwangen große und lange Reden ... (Fels, Sünden 101).

▸ Die Wendung schließt an »Hucke« entweder im Sinne von »Rücken, Buckel« oder im Sinne von »Tragkorb, Kiepe« an und meint eigentlich, so viel trinken, dass man sich nur mit Mühe erheben kann, schwer daran zu tragen hat.

Huhn: da lachen [ja] die Hühner! (ugs.): *das ist einfach lächerlich, unsinnig:* Ich soll das gesagt haben? Da lachen ja die Hühner.

▸ Die Redensart geht wohl davon aus, dass Hühner für dumme, einfältige Tiere gehalten werden. Wenn also selbst die Hühner aufmerksam werden und zu lachen (gackern) beginnen, muss etwas schon unsinnig oder lächerlich sein.

ein blindes Huhn findet auch einmal ein Korn: *auch dem Dümmsten gelingt mal etwas:* Ich hatte doch gleich gesagt, dass es an den Zündkerzen liegt. – Na ja, ein blindes Huhn findet auch mal ein Korn.

das Huhn, das goldene Eier legt, schlachten: *sich törichter- oder unvorsichtigerweise die Grundlage seines Einkommens, Wohlstandes entziehen:* Warum sollte er sein Haus in der Innenstadt verkaufen? Da würde er ja das Huhn, das goldene Eier legt, schlachten!
▶ Diese Wendung bezieht sich auf eine Fabel von Jean de La Fontaine. In der Fabel schlachtet jemand das Huhn, das ihm goldene Eier legt, weil er glaubt, dass es einen Schatz in sich trägt.

mit den Hühnern zu Bett gehen/schlafen gehen (ugs.; scherzh.): *sehr früh schlafen gehen:* Wir sind gestern mit den Hühnern zu Bett gegangen.
▶ Die Wendung bezieht sich darauf, dass Hühner schon vor Einbruch der Dämmerung den Stall aufsuchen und, wenn die Sonne aufgeht, wieder munter sind.

mit den Hühnern aufstehen (ugs.; scherzh.): *sehr früh aufstehen:* Los, Kinder, ab in die Heia! Wir müssen morgen mit den Hühnern aufstehen. Es ist erst zwei Wochen her, dass ein Kaplan ..., der wie alle Gottesmänner mit den Hühnern aufzustehen gewohnt ist, ... bei uns erschien (Remarque, Obelisk 90).
Vgl. die vorangehende Wendung.

mit jmdm. ein Hühnchen zu rupfen haben (ugs.): *jmdn. wegen etwas zur Rechenschaft ziehen:* Sag deiner Schwester, dass ich mit ihr noch ein Hühnchen zu rupfen habe! Sie soll endlich das Gucken lassen, denn das Hühnchen hab ich mit ihm zu rupfen und nicht mit Ingefrau (Grass, Hundejahre 449).
▶ Der Ursprung der Wendung ist trotz aller Deutungsversuche unklar. Am ehesten ist noch von »etwas (Unangenehmes) mit jmdm. vorhaben, mit jmdm. gemeinsam zu erledigen haben« auszugehen wie bei den früher üblichen gleichbedeutenden Wendungen »mit jmdm. einen Apfel zu schälen haben«

und »mit jmdm. eine Nuss zu knacken haben«.

aussehen/ein Gesicht machen, als hätten einem die Hühner das Brot weggefressen: ↑ aussehen. **das Ei unterm Huhn verkaufen müssen:** ↑ Ei.

Hühnerauge: jmdm. auf die Hühneraugen treten (ugs.): *jmdn. durch sein Verhalten an einer empfindlichen Stelle treffen:* Sie war ihrem Chef wieder einmal auf die Hühneraugen getreten. Das war taktlos, ich glaube, du hast ihr damit auf die Hühneraugen getreten.
▶ Die Übertragung geht davon aus, dass man an den Hühneraugen sehr empfindlich ist und dass ein Tritt auf die Hühneraugen wehtut.

hui: im Hui; in einem Hui (ugs.): *sehr schnell, im Nu:* Die Kinder waren im Hui ausgezogen. ... wenn wir erst über der Maas sind, dann geht das in einem Hui, und die Feldküche sehen wir nie mehr (Kuby, Sieg 221).
▶ »Hui« ist die substantivierte Interjektion »hui«, die lautnachahmend für eine schnelle Bewegung steht.

außen hui, innen pfui; oben hui, unten pfui (ugs.; abwertend): *hinter einem herausgeputzten Äußeren verbirgt sich Schlampigkeit, Unansehnlichkeit:* Ich habe mir die Verkäuferin noch einmal genauer angesehen, mit der ist nichts los, oben hui, unten pfui.
▶ Im Gegensatz zu »pfui«, das Abscheu, Missfallen kennzeichnet, drückt die Interjektion »hui« Anerkennung, Bewunderung aus.

huldigen: [dem] Bacchus huldigen: ↑ Bacchus.

Hülle: in/die Hülle und Fülle: *sehr viel, im Überfluss:* Arbeit, das merkte er bald, gab es in der Firma die Hülle und Fülle. Die Natur hat eine ... Vorliebe dafür, solche Personen in Hülle und Fülle hervorzubringen (Musil, Mann 242).
▶ Die seit dem 16. Jh. bezeugte Wendung »Hülle und Fülle« bedeutete zunächst »Kleidung und Nahrung« und bezog sich auf den allernotwendigsten Lebensunterhalt. Die Bedeutung »Nahrung« des Wortes »Fülle« rührte aus »Füllung des Magens« her. Seit dem 17. Jh. wurde dann »Fülle« in seiner üblichen Bedeutung verstanden und die

ganze Wendung in »Überfluss« umgedeutet.

die sterbliche Hülle: ↑ sterblich.

hüllen: sich in Schweigen hüllen: ↑ Schweigen.

Hummel: Hummeln im Hintern haben
(ugs.): *nicht ruhig sitzen können, voller
Unrast sein:* Nun renn doch nicht dau-
ernd hin und her, hast du Hummeln im
Hintern? Seine Freundin wollte jeden
Abend ausgehen, sie hatte Hummeln im
Hintern.

▶ Die Wendung bezieht sich darauf,
dass Hummeln unruhig hin und her fliegen; vgl. dazu »wilde Hummel« als Bezeichnung für ein lebhaftes, ausgelassenes Mädchen. Früher war im gleichen
Sinn auch »Hummeln im Kopf haben«
gebräuchlich.

wilde Hummel: ↑ wild.

**Humor: Humor ist, wenn man trotzdem
lacht:** *Äußerung, mit der man ein Missgeschick, einen schlechten Witz kommentiert.*

▶ Diese Redensart hat Otto Julius Bier-
baum seiner »Yankee-doodle-Fahrt und
andere Reisegeschichten« als Devise vo-
rangestellt.

Hund: das ist ein dicker Hund (ugs.): *das
ist eine Ungeheuerlichkeit, das ist unerhört, unglaublich:* Das ist ein dicker
Hund, dass der Bursche mit der Vereins-
kasse abgehauen ist. ... ein dicker Hund
ist das. Was sich die Unternehmer heutzutage alles ausdenken (v. d. Grün,
Glatteis 110).

▶ In dieser Wendung, die erst seit der
ersten Hälfte des 20. Jh.s gebräuchlich
ist, wird ein dicker Hund volkstümlich
scherzhaft für alles Ungewöhnliche gesetzt.

ein krummer Hund (ugs.): *ein Betrüger,
ein unehrlicher Mensch:* Der alten Frau
hat er das letzte Geld abgeluchst, dieser
krumme Hund. Ich sag, du hast die Augen nicht aufgemacht, du krummer
Hund! (Döblin, Berlin 478).

Hunde, die [viel] bellen, beißen nicht: *wer
laut schimpft, lässt es meist dabei bewenden; wer fürchterliche Drohungen
ausstößt, macht sie gewöhnlich nicht
wahr:* Lass den Intendanten ruhig toben – Hunde, die viel bellen, beißen
nicht!

**die Hunde bellen, und/aber die Karawa-
ne zieht weiter:** *unbeirrt von Widerstand
oder Kritik verfolgen wir den für richtig
befundenen Kurs weiter:* Der Bundeskanzler wies die Angriffe der Opposition mit den Worten »Die Hunde bellen,
und die Karawane zieht weiter« zurück.

▶ Die Redensart ist wohl die Übersetzung eines türkischen (kurdischen)
Sprichworts: »it ürür, kervan yürür«.

da liegt der Hund begraben (ugs.): *das ist
der entscheidende, schwierige Punkt, an
dem alles scheitert:* Ihr habt nicht das
Geld, um das Schiff zu überholen und
seetüchtig zu machen. Da liegt also der
Hund begraben.

▶ Der Ursprung dieser Redensart ist
trotz aller Deutungsversuche dunkel. Ins
Reich der Fabel gehört die Deutung, die
Redensart beziehe sich auf einen Hunde-
gedenkstein (in dem Ort Winterstein in
Thüringen) zu Ehren eines Hundes, der
die Liebesbriefe seines Herrn über-
brachte. Knüpft man dagegen an den alten Volksglauben an, dass verborgene
Schätze von einem Hund (wohl eigentlich »schwarzer Hund« = Teufel) bewacht werden, dann bleibt unklar, warum der Wächter mit dem bewachten
Schatz gleichgesetzt worden ist.

wissen, wo der Hund begraben liegt
(ugs.): *den entscheidenden Punkt kennen, der [unüberwindliche] Schwierigkeiten bereitet:* Ich weiß, wo der Hund
begraben liegt – unsere Tochter hat
schlicht und einfach Liebeskummer!
Der junge Architekt hatte wohl begriffen, wo der Hund begraben lag (Frisch,
Stiller 267).

Vgl. die vorangehende Wendung.

wo die Hunde mit dem Schwanz bellen: *an
einem ganz entlegenen Ort:* Sie leben
jetzt fernab von jeder Zivilisation, in einem kleinen Dorf, wo die Hunde mit
dem Schwanz bellen.

▶ Die Abgelegenheit (älter auch das
Nichteintreten) »wenn die Hunde mit
dem Schwanz bellen« = niemals) wird
scherzhaft durch etwas ausgedrückt, was
unmöglich ist.

**von dem nimmt kein Hund ein Stück/ei-
nen Bissen Brot** (ugs.): *er ist von allen
verachtet:* Das Rauschgift hat ihn völlig

kaputtgemacht. Von dem nimmt heute kein Hund ein Stück Brot mehr.

▶ Die Redensart nimmt darauf Bezug, dass der Hund (wegen seiner Unterwürfigkeit) als niedere, getretene und geprügelte Kreatur angesehen wird. Noch nicht einmal der verachtete Hund nimmt also von dem Betreffenden etwas an.

hätt der Hund nicht gekackt, hätt er den Hasen gepackt (derb); wenn der Hund nicht gemusst/(derb:) geschissen hätte, hätte er den Hasen gekriegt (ugs.; scherzh.): *Kommentar zu einer mit »wenn« eingeleiteten Entschuldigung, Erklärung, Ausrede:* Wenn ich nicht gestolpert wäre, hätte ich den Wettlauf gewonnen. – Ja, und wenn der Hund nicht geschissen hätte, hätte er den Hasen gekriegt!

da wird der Hund in der Pfanne verrückt (ugs.): *das ist erstaunlich, kaum zu fassen, unerhört:* Da wird der Hund in der Pfanne verrückt! Wir haben fünf Richtige im Lotto. Was, du lebst jetzt auch in München? Da wird doch der Hund in der Pfanne verrückt! In der zweiten Juni-Hälfte wurde vollends »der Hund in der Pfanne verrückt« (Quick 45, 1958, 61).

▶ Bei diesem Ausruf der Verwunderung, des Erstaunens handelt es sich wohl um eine scherzhafte Anspielung darauf, dass man jemandem als Streich Hundefleisch brät.

da scheißt der Hund ins Feuerzeug (derb): *so ein Pech, es ist kaum zu fassen:* Er hat den Elfmeter verschossen – da scheißt der Hund ins Feuerzeug!

▶ Die Wendung bringt zum Ausdruck, dass etwas nicht vorstellbar, nicht zu begreifen ist.

scheiß [doch] der Hund drauf! (derb): *das ist jetzt ganz egal:* Na gut, ich hab das Geld verloren – scheiß doch der Hund drauf!

viele Hunde sind des Hasen Tod: *gegen eine Übermacht kann der Einzelne nichts mehr ausrichten:* Zwei Verteidiger konnte er umspielen, aber viele Hunde sind des Hasen Tod: Am dritten blieb er schließlich hängen.

es regnet junge Hunde (ugs.): *es regnet stark:* Das Fest findet statt, auch wenn es junge Hunde regnet. Als die Raketenteile anrollten, regnete es junge Hunde (Spiegel 6, 1984, 65).

es/das kann/muss einen Hund jammern (ugs.): *es/das ist Mitleid erregend, erbarmenswert:* Er wird von ihnen behandelt, dass es einen Hund jammern kann. Und sehe ich von den üblichen Bettelbriefen ab, so bauscht sich der Vorhang vor einer Komödie von Eitelkeit, ... dass es einen Hund ... jammern kann (Tucholsky, Werke I, 211).

▶ Die Wendung drückt aus, dass etwas schon sehr schlimm sein muss, wenn selbst der (verachtete) Hund Mitgefühl zeigt.

mit etwas keinen Hund hinter dem Ofen hervorlocken [können]/vom Ofen locken [können] (ugs.): *mit etwas kein Interesse bei jmdm. erwecken:* Mit Heimatfilmen locken die Kinos keinen Hund mehr hinter dem Ofen hervor. Fünf Mark in der Stunde willst du der Putzfrau geben? Damit kannst du heute keinen Hund hinter dem Ofen hervorlocken. Was er macht, lockt heute keinen Hund mehr hinterm Ofen hervor (Hörzu 25, 1973, 10).

▶ Die Wendung geht davon aus, dass Hunde früher oft in der warmen Fußhöhlung des Ofens lagen. Um sie hervorzulocken, musste man schon einen besonderen Leckerbissen anbieten.

das/es ist, um junge Hunde zu kriegen; das ist zum Junge-Hunde-Kriegen (ugs.): *das ist zum Verzweifeln:* Wir haben wieder nichts gewonnen, nicht einmal drei Richtige. Das ist doch zum Junge-Hunde-Kriegen.

auf den Hund kommen (ugs.): *herunterkommen:* Unter seiner Leitung ist die Firma auf den Hund gekommen. Um es freiheraus zu sagen: Er war ziemlich auf den Hund gekommen (Bild 25. 6. 1964, 4).

▶ Die Herkunft der Wendung (vgl. auch »jmdn. auf den Hund bringen« und »auf dem Hund sein«) ist nicht sicher geklärt. Wahrscheinlich nimmt sie darauf Bezug, dass der Hund als niedere, getretene und geprügelte Kreatur verachtet wird, und meint »auf ein erbärmliches Niveau kommen« (vgl. Zusammensetzungen wie Hundeleben = »schlechtes Leben« und Hundelohn = »niedriger Lohn«). Eine Beziehung zu dem alten Rechtsbrauch des Hundetragens (Missetäter mussten zur Strafe öffentlich einen Hund herumtragen) lässt sich nicht nachweisen. Fraglich ist auch, ob es sich um eine Abwandlung der alten Redensart »vom Pferd auf den Esel kommen« handelt, also um eine Fortführung der absteigenden Reihenfolge der Tiere.

jmdn. auf den Hund bringen (ugs.): *jmdn. ruinieren:* Die Nachtarbeit wird ihn noch auf den Hund bringen. Das Heroin hatte sie schnell auf den Hund gebracht. Vgl. die vorangehende Wendung.

auf dem Hund sein (ugs.): *heruntergekommen sein, in Not sein:* Es rührte sie nicht, dass ihr früherer Mann völlig auf dem Hund war. Es ist ja nicht schwer, Euer Gnaden, mutig zu sein, wenn man schon auf dem Hund ist (Frisch, Cruz 31). Vgl. die Wendung »auf den Hund kommen«.

mit allen Hunden gehetzt sein (ugs.): *sehr raffiniert sein, durch viele Erfahrungen alle Schliche kennen:* Nimm dich vor ihm in Acht! Er ist mit allen Hunden gehetzt. Wir haben hier in der Stadt keinen hervorragenden Anwalt, ... der mit allen Hunden gehetzt und in den bedenklichsten Sachen versiert wäre (Th. Mann, Buddenbrooks 358).
▶ Die Wendung stammt aus der Jagd. Sie bezog sich ursprünglich auf das Wild und meinte ein Tier, dem es immer wieder gelingt, den auf seine Fährte gehetzten Hunden zu entgehen.

kommt man über den Hund, kommt man auch über den Schwanz: *hat man erst einmal den [schwierigsten] Hauptteil geschafft, ist der Rest auch noch zu bewältigen:* Wir haben das Grundstück, das Geld und die Baugenehmigung; jetzt werden wir auch noch einen guten Architekten finden – kommt man über den Hund, kommt man auch über den Schwanz.

unter dem/unter allem Hund sein (ugs.): *sehr schlecht sein:* Das Fernsehprogramm war gestern wieder mal unter allem Hund. Wir mussten abreisen, weil das Essen in der Pension unter dem Hund war.
▶ Die Wendung geht davon aus, dass der Hund als niedere, getretene und geprügelte Kreatur verachtet wird.

vor die Hunde gehen (ugs.): *zugrunde gehen:* Wir müssen ganz schnell aus dem Stollen verschwinden, ich habe keine Lust, hier vor die Hunde zu gehen. Wer aber nichts hat, dem hilft keiner, der geht vor die Hunde (Werfel, Himmel 152).
▶ Die Wendung stammt wahrscheinlich aus der Jagd und meinte das Wild, das den Hunden zum Opfer fällt.

etwas vor die Hunde werfen (ugs.): *etwas nicht achtend wegwerfen, vergeuden:* Er hätte ein großer Künstler werden können, es ist ein Jammer, dass er seine Begabung vor die Hunde geworfen hat.

jmdn. wie einen Hund behandeln: ↑behandeln. **bekannt sein wie ein bunter/ scheckiger Hund:** ↑bekannt. **frieren wie ein junger Hund:** ↑frieren. **da liegt der Knüppel beim Hund:** ↑Knüppel. **leben wie ein Hund:** ↑leben. **wie Hund und Katze leben/sich [mit jmdm.] stehen/sich vertragen:** ↑leben, ↑stehen, ↑vertragen. **den Letzten beißen die Hunde:** ↑letzte. **müde wie ein Hund sein:** ↑müde. **wie ein geprügelter Hund:** ↑prügeln. **wie Rothschild sein Hund:** ↑Rothschild. **jetzt gehts rund, erst die Oma, dann den Hund:** ↑rundgehen. **schlafende Hunde wecken:** ↑schlafen. **schmecken wie Hund:** ↑schmecken. **bei diesem Wetter jagt man keinen Hund vor die Tür:** ↑Wetter.

hundert: jmdn. auf hundert/hundertachtzig o. ä. bringen (ugs.): *jmdn. wütend machen:* Die Toilettenfrau brachte ihn mit ihrem Gequatsche auf hundert. Er will provozieren, die Eltern auf hundert bringen, in der Hoffnung, dass er rausgeschmissen wird (Spiegel 49, 1979, 267).
▶ Diese und die beiden folgenden Wendungen sind jüngere Varianten von »jmdn. auf achtzig bringen« usw. (↑achtzig).

auf hundert/hundertachtzig o. ä. kommen (ugs.): *wütend werden:* Er kommt immer gleich auf hundert.
Vgl. die vorangehende Wendung.

auf hundert/hundertachtzig o. ä. sein (ugs.): *wütend sein:* Das ist doch nicht so schlimm, warum bist du denn immer gleich auf hundertachtzig? Diese Hand voll Leute sind die »Geschäftsfreunde« der Firmengruppe ... Die meisten davon sind auf hundert. Sie jagen hinter ihrem Geld her (DM 45, 1965, 4).

Vgl. die Wendung »jmdn. auf hundert bringen«.

[der Kandidat hat] hundert/neunundneunzig Punkte (ugs., oft spött.): *das ist völlig richtig:* Meinst du, das war gar kein echter Polizist, dem ich die fünfzig Mark gegeben habe? – Der Kandidat hat hundert Punkte! Seit Wochen warnen die Zeitungen vor diesem Trickbetrüger. ▶ Diese Redensart geht auf populäre Quizsendungen zurück, bei denen die Kandidaten durch richtige Antworten Punkte sammeln. **Freunde in der Not gehen hundert auf ein Lot:** ↑Freund. **hundertachtzig: sich um hundertachtzig Grad drehen:** ↑Grad. **jmdn. auf hundertachtzig bringen:** ↑hundert. **auf hundertachtzig kommen:** ↑hundert. **auf hundertachtzig sein:** ↑hundert. **hundertste: vom Hundertsten ins Tausendste kommen** (ugs.): *mehr und mehr vom eigentlichen Thema abkommen:* Das ist eine ganz fürchterliche Person, die kommt immer vom Hundertsten ins Tausendste. ... wir kamen vom Hundertsten ins Tausendste, und als wir uns nach zwei Stunden trennten, hatten wir den Anlass unseres Gesprächs ... vergessen (Jens, Mann 83). ▶ Die Wendung in ihrer heutigen Form ist an die Stelle von »das Hundertste ins Tausendste werfen« getreten. Ursprünglich lautete sie »das Hundert ins Tausend werfen« und bezog sich auf die bis ins 17. Jh. viel benutzten Rechenbänke. Beim Rechnen auf diesen Rechenbänken konnte es beim Auflegen der Marken (Rechenpfennige) passieren, dass jemand auf 100 gleich 1 000 folgen ließ, also 200, 300, 400 usw. übersprang. Die Wendung meinte also ursprünglich einen Fehler beim Rechnen und wurde dann im Sinne von »alles durcheinander bringen, ohne Sinn und Verstand drauflosreden« gebraucht. Als die Rechenbänke außer Gebrauch kamen, verblasste die Beziehung, und mit der Wendung verband sich die Vorstellung, dass es sich um hundert und tausend Dinge handele, auf die man im Gespräch zu sprechen kommt«. **hundertzehn: auf hundertzehn sein: vgl.** hundert.

Hundeschnauze: kalt wie eine Hundeschnauze sein: ↑kalt. **Hunger: guten Hunger!** (ugs.): *guten Appetit!:* Lasst das Essen nicht kalt werden; guten Hunger allerseits! **Hunger ist der beste Koch:** *wer hungrig ist, dem schmeckt das Essen:* Auch das trockene Brot vom Vortag war schnell aufgegessen – Hunger ist eben der beste Koch! **der Hunger treibts rein** (ugs.; scherzh.): *weil man Hunger hat, isst man etwas, obwohl es einem nicht schmeckt:* Noch einen Teller? Meine Suppe scheint dir ja ganz gut zu schmecken. – Na ja, der Hunger treibts rein. **vor Hunger umfallen:** ↑umfallen. **Hungerpfoten: an den Hungerpfoten saugen** (ugs.): *Hunger leiden:* Die Jungen, die in diesen Lagern vormilitärisch ausgebildet wurden, mussten ganz schön an den Hungerpfoten saugen. ▶ Die Wendung bezieht sich wohl auf den Bären, der für das Winterlager keine Vorräte ansammelt und, wenn er Hunger hat, an seinen Tatzen saugen muss. **Hungertuch: am Hungertuch nagen** (ugs.): *Hunger, Not leiden:* Die Zahl der Arbeitslosen stieg weiter, und viele Familien mussten am Hungertuch nagen. ▶ »Hungertuch« hieß früher das Tuch, mit dem in der Fastenzeit der Altar verhängt wurde. Aus dem Brauch, das Fastenvelum zu nähen, um mit diesem den Altar zu verhüllen und die Gläubigen zur Buße zu mahnen, ging die seit dem 16. Jh. bezeugte Wendung »am Hungertuch nähen« hervor, die später in »am Hungertuch nagen« umgedeutet wurde. **hungrig: hungrig wie ein Wolf sein:** *besonders hungrig sein:* Das Mittagessen war ausgefallen, und Vater war hungrig wie ein Wolf, als er abends nach Hause kam. **hüpfen: das ist gehüpft/gehupft (gehuppt)/gehopst wie gesprungen** (ugs.): *das ist völlig gleich, das ist einerlei:* Wir können auch erst die Essenmarken verteilen und dann die Tagesordnung diskutieren, das ist gehüpft wie gesprungen. **dem Tod noch einmal von der Schippe gehüpft sein:** ↑Tod. **dem Totengräber von der Schippe gehüpft sein:** ↑Totengräber. **Hürde: eine Hürde nehmen:** *eine Schwierigkeit überwinden:* Wenn die Regierung diese Hürde genommen hat, wird sich die Wirtschaft schnell erholen. Ist diese Hürde genommen, gewährt der Staat eine finanzielle Beihilfe (DM 45, 1965, 9).

hurra: hipp, hipp, hurra!: ↑hipp.

Hurra: und wenn du dich auf den Kopf stellst und mit den Beinen Hurra brüllst: ↑Kopf.

Husch: im Husch; in einem Husch (ugs.): *in großer Eile; schnell:* In einem Husch hatte sie die Betten abgezogen und gestaubsaugt.

auf einen Husch (ugs.): *für eine kurze Zeit:* Er kam gestern auf einen Husch, um uns rasch die wichtigsten Neuigkeiten zu erzählen.

huschen: husch, husch, ins Körbchen: ↑Korb. **husch, husch, die Waldfee!:** ↑Waldfee.

husten: jmdm. [et]was husten (ugs.): *nicht jmds. Wunsch entsprechend handeln, weil man ihn als Zumutung empfindet:* Er hustete seinem Chef etwas und ging mit seinen Freunden zum Kegeln. Ich habs bei ihrer Freundin versucht, die hat mir aber auch was gehustet.

▶ Die Wendung meint eigentlich »jemandem durch Husten und Ausspucken seine Verachtung zeigen«.

du hast [auch] schon mal besser gehustet! (ugs.; scherzh.): *Bemerkung, die man macht, wenn jemand fürchterlich hustet:* **Bröckchen husten:** ↑Brocken. **die Flöhe husten hören:** ↑Floh. **sich die Lunge aus dem Hals husten:** ↑Lunge.

¹Hut: ein alter Hut sein (ugs.): *längst nichts Neues mehr sein:* Die Geschichte, dass die beiden sich scheiden lassen wollen, ist doch ein alter Hut. Die wildesten Stämme Zentralaustraliens verständigen sich telepathisch. Das ist ein alter Hut (Hörzu 16, 1973, 40).

jmdm. geht der Hut hoch (ugs.): *jmd. wird wütend:* Wenn man diese Ungerechtigkeit sieht, kann einem doch der Hut hochgehen. Da ging mir aber der Hut hoch, als die Halbstarken den Rentner anpöbelten.

▶ Die Wendung drückt scherzhaft übertreibend aus, wie jemand aufbraust, wie in ihm die Wut aufsteigt.

Hut ab! (ugs.): *alle Achtung!, meine Anerkennung!:* Hut ab! Das war eine tolle Leistung. Hut ab vor dieser Mannschaft.

Aber das ist ein Doktor, sag ich Ihnen, der Herr Doktor Rott. Hut ab! (Hörzu 30, 1971, 20).

▶ Dieser Ausdruck der Anerkennung, der Bewunderung nimmt darauf Bezug, dass man einem Menschen oder einer Sache (z. B. einer Fahne) Achtung entgegenbringt, indem man den Hut abnimmt (vgl. die folgende Wendung).

vor jmdm., vor etwas den Hut ziehen: *vor jmdm., vor etwas große Achtung haben:* Vor den wirtschaftlichen Erfolgen dieses kleinen Landes muss man den Hut ziehen. Ich ziehe vor diesem Mann den Hut, er hat sein schweres Schicksal gemeistert. Vgl. die vorangehende Wendung.

den/seinen Hut nehmen [müssen]: *zurücktreten [müssen], aus dem Amt scheiden [müssen]:* Wenn der Minister in den Bestechungsskandal verwickelt ist, wird er seinen Hut nehmen müssen. Auch der langjährige Finanzdirektor Krupps ... musste noch im selben Jahr seinen Hut nehmen (Spiegel 12, 1967, 27).

▶ Die Wendung bezieht sich darauf, dass es ein Zeichen des Abschieds, des Aufbrechens ist, wenn man seinen Hut in die Hand nimmt.

sich etwas an den Hut stecken können (ugs.): *etwas behalten, weil der andere keinen Wert darauf legt:* Sie sagte ihm, er könne sich seine Geschenke an den Hut stecken. Deine ganze Dialektik kannst du dir an den Hut stecken (Erné, Kellerkneipe 175).

▶ Die Herkunft der Wendung ist unklar. Vielleicht ist gemeint, dass man etwas als so wertlos ansieht wie eine Feder, eine Blume oder dergleichen, die man sich als Schmuck an den Hut steckt.

mit jmdm., etwas nichts am Hut haben (ugs.): *mit jmdm., etwas nichts zu tun haben [wollen]:* Mit solchen fanatischen Nationalisten hat die Partei nichts am Hut. Wer mit dieser Art von Musik nichts am Hut hat, für den ist sie Lärm (MM 5. 9. 1986, 23). Wenn da nicht die gute Bertha Benz gewesen wäre. Mit Technik hatte sie nichts am Hut (ADAC-Motorwelt 2, 1986, 20).

jmdm. eins auf den Hut geben (ugs.): *jmdm. eine Rüge erteilen:* Es war höchste Zeit, dass ihm der Chef eins auf den Hut gegeben hat. Du siehst ja so bedeppert aus. Hat dir deine Frau eins auf den Hut gegeben?

▸ »Hut« steht in dieser Wendung für »Kopf« (vgl. die Wendung »jmdm. eins aufs Dach geben«).

eins auf den Hut kriegen/bekommen (ugs.): *getadelt werden:* Er hatte eins auf den Hut gekriegt, weil er den Schlüssel verbummelt hatte. Die schnippische Schwester kriegte vom Oberarzt eins auf den Hut. Vgl. die vorangehende Wendung.

etwas aus dem Hut machen (ugs.): *etwas improvisieren:* Die Sache muss ich gründlich vorbereiten. Das kann ich nicht so einfach aus dem Hut machen.

▸ Die Wendung meint wohl eigentlich »etwas wie ein Zauberer aus dem Hut hervorholen, hervorzaubern«.

etwas aus dem Hut ziehen (ugs.): *etwas [überraschend] hervorbringen, herbeischaffen:* Wer konnte wissen, dass der Staatsanwalt noch einen weiteren Belastungszeugen aus dem Hut ziehen würde? Auch ein Minister kann nicht nach Belieben neue Jobs aus dem Hut ziehen. Vgl. die vorangehende Wendung.

jmdn., etwas unter einen Hut bringen (ugs.): *in Übereinstimmung, in Einklang bringen:* Es war nicht sicher, ob es ihm gelingen würde, die Mitglieder des Kuratoriums unter einen Hut zu bringen. Die Kongressleitung hatte die Wünsche aller Teilnehmer unter einen Hut gebracht. Da saß sie nun und beschimpfte Journalisten, die sich ... mit dem ... Versuch beschäftigt hatten, Kommunismus und Freiheit unter einen Hut zu bringen (Erné, Kellerkneipe 294).

▸ Die Wendung drückt bildhaft die Zusammenfassung vieler Köpfe mit ihren verschiedenen Ansichten aus.

unter einen Hut kommen (ugs.): *übereinkommen; in Einklang gebracht werden:* Sie hatten vergeblich versucht, wegen der Summe unter einen Hut zu kommen. Ich hätt es lieber gesehen, wir wären beide unter einen Hut gekommen – auch was deine übrigen Ansichten betrifft (II. Gerlach, Demission 221). Vgl. die vorangehende Wendung.

das kannst du einem erzählen, der keine Krempe am Hut hat: ↑ erzählen. **[wohl] Spatzen unter dem Hut haben:** ↑ Spatz.

²**Hut: auf der Hut sein:** *vorsichtig sein, sich in Acht nehmen:* Vor diesen Kerlen musst du auf der Hut sein. Er spürte, dass er bei ihr auf der Hut sein musste. Alles pure Heuchelei, Cass. Sei bloß auf der Hut! (Baldwin [Übers.], Welt 165).

hüten: jmdn., etwas hüten/hegen wie seinen Augapfel: *jmdn., etwas besonders sorgsam [be]hüten:* Sie hüteten ihr einziges Kind wie ihren Augapfel. Ich habe dieses Kleinod gehütet wie meinen Augapfel.

das Bett hüten müssen: ↑ Bett. **lieber Flöhe/einen Sack [voll] Flöhe hüten wollen als ...:** ↑ Floh. **das Haus hüten:** ↑ Haus. **wo haben wir denn schon zusammen Schweine gehütet?:** ↑ Schweine. **das Zimmer hüten müssen:** ↑ Zimmer. **seine Zunge hüten:** ↑ Zunge.

Hüter: Hüter des Gesetzes (scherzh.): *Polizist:* Die Jungen rannten davon, als sie den Hüter des Gesetzes um die Ecke kommen sahen.

Hutschachtel: Kind Gottes in der Hutschachtel!: ↑ Kind.

Hutschnur: jmdm. über die Hutschnur gehen (ugs.): *jmdm. zu viel sein; so arg sein, dass es jmdn. aufregt:* Allmählich gingen dem Busschaffner die ständigen Anpflaumereien über die Hutschnur. Das geht mir denn doch über die Hutschnur, dass du dauernd Geld von mir haben willst.

▸ Bei dieser Wendung handelt es sich wahrscheinlich um eine scherzhafte Steigerung von »jmdm. bis an den Hals gehen« (= jmdm. zu viel sein, zu arg sein). Sehr fraglich ist, ob sich die Wendung ursprünglich auf Vorschriften für die Nutzung von Wasserleitungen bezog, wonach der Strahl nicht dicker als eine Hutschnur sein durfte.

Hütte: hier lasst uns Hütten bauen (ugs.): *hier wollen wir uns niederlassen, wollen wir bleiben:* Das Lokal hat sogar eine Kegelbahn. Hier lasst uns Hütten bauen.

▸ Bei dieser Redensart handelt es sich um eine volkstümliche Umbildung einer Bibelstelle, und zwar Matthäus 17, 4. Dort heißt es: »Herr, es ist gut, dass wir hier sind. Willst du, so will ich hier drei Hütten bauen ...«

Holz vor der Hütte haben: ↑ Holz. **Raum ist in der kleinsten Hütte:** ↑ Raum.

I

i: i bewahre!: ↑bewahren. der Punkt auf dem i: ↑Punkt. das Tüpfelchen auf dem i: ↑Tüpfelchen. i wo!: ↑wo. i woher [denn]: ↑woher.

ich: ich kann mich beherrschen: ↑beherrschen. ich muss doch sehr bitten!: ↑bitten. [aber] ich bitte Sie!: ↑bitten. ich steck/setz dir den Kopf zwischen die Ohren: ↑Kopf. ich für meine Person: ↑Person. wie du mir, so ich dir: ↑wie. was weiß ich: ↑wissen.

Idee: das ist eine Idee von Schiller (ugs.): *das ist ein guter Vorschlag:* Wollen wir nicht eine Partie Schach spielen? – Das ist eine Idee von Schiller! ▶ Die Redensart spielt wohl scherzhaft auf Friedrich Schillers Ideenbegriff an. keine Idee! (ugs.): *durchaus nicht!:* Willst du da rüberspringen? – Keine Idee, ich bin doch nicht lebensmüde. ▶ Die Verbindung schließt wohl an »Idee« im Sinne von »Kleinigkeit« an (vgl. z. B. »An der Suppe fehlt noch eine Idee Salz. Die Hose ist eine Idee zu lang«) also an »nicht die geringste Kleinigkeit, kein bisschen«. keine/nicht die leiseste/nicht die geringste Idee von etwas haben (ugs.): *von etwas überhaupt nichts wissen, verstehen:* Ich hatte ja keine Idee davon, dass deine Eltern auch hier im Hotel wohnen! Er hat nicht die leiseste Idee von den Dingen, die seine Tochter wirklich interessieren. keine blasse Idee von etwas haben: ↑blass. fixe Idee: ↑fix.

Igel: passen wie der Igel zum Taschentuch/Handtuch: ↑passen.

ihm: nicht nach ihm und nicht nach ihr schmecken: ↑schmecken.

ihr: nicht nach ihm und nicht nach ihr schmecken: ↑schmecken.

im: im Augenblick: ↑Augenblick. im Geheimen: ↑geheim. im Geist[e]: ↑Geist. im Hinblick auf: ↑Hinblick. im Höchstfall: ↑Höchstfall. im Hui: ↑hui. im Husch: ↑Husch. im Moment: ↑Moment. im Nu: ↑Nu. im Quadrat: ↑Quadrat. im Stillen: ↑still. im Stück: ↑Stück. im Tran: ↑Tran. im Übrigen: ↑übrig. im Verein mit: ↑Verein. im Verlauf: ↑Verlauf. im Voraus: ↑voraus. im Wesentlichen: ↑wesentlich. im Wuppdich: ↑Wuppdich. im Zuge: ↑Zug.

immer: [auf] immer und ewig (ugs.): *für alle Zeit:* Wir werden auf immer und ewig zusammenbleiben. Wenn Sie mir drohen, ... dann werden Sie ganz einfach auf immer und ewig verschollen sein (Hochhuth, Stellvertreter 139). was/wer/wie usw. [auch] immer: *gleichgültig, was/wer/wie usw.:* Wer auch immer den Posten bekommt, er wird es nicht leicht haben. Was immer geschah und wem immer sie begegnete, sie blieb so unduldsam wie unversöhnlich (Reich-Ranicki, Th. Mann 192). immer mit der Nase vorn[eweg] sein: ↑Nase. immer [schön] senkrecht bleiben: ↑senkrecht. immer auf dem Sprung sein: ↑¹Sprung. immer zu: ↑zu.

imstande, auch: im Stande: imstande sein: *zu etwas fähig sein, in der Lage sein:* In einigen Tagen wird der Patient imstande sein aufzustehen. Diese Avanti-Trabanten ... wären wirklich imstande, Razzia in einem Kloster zu machen (Hochhuth, Stellvertreter 133).

in: in Ansehung: ↑Ansehung. in Bälde: ↑Bälde. in bar: ↑bar. jmd., etwas in Ehren: ↑Ehre. in Ermangelung: ↑Ermangelung. in etwa: ↑etwa. in die Federn: ↑Feder. in den Federn: ↑Feder. in seiner/ihrer Gänze: ↑Gänze. in der Gegend [um]: ↑Gegend. in sich gehen: ↑gehen. in der Hauptsache: ↑Hauptsache. in ... Hinsicht: ↑Hinsicht. in Hinsicht auf: ↑Hinsicht. in Kürze: ↑Kürze. in der Pampa: ↑Pampa. in Permanenz: ↑Permanenz. in einem Stück: ↑Stück. in der Tat: ↑Tat. in einer Tour: ↑Tour. in Wahrheit: ↑Wahrheit. in einem weg: ↑weg. in Windeseile: ↑Windeseile. in der Woche: ↑Woche. in einem Zug[e]: ↑Zug. in Zukunft: ↑Zukunft.

indisch: ein Gedächtnis wie ein indischer Elefant haben: ↑Gedächtnis. nachtragend sein wie ein indischer Elefant: ↑nachtragend.

in extenso (bildungsspr.): *ausführlich, vollständig:* Der Zeuge beschrieb den Tathergang in extenso.

▶ Das lateinische »extensus« ist das Partizip Perfekt von »extendere« (= ausdehnen, sich erstrecken).

in flagranti (bildungsspr.): *auf frischer Tat:* Die Polizei hatte die beiden Drogenhändler in flagranti festgenommen. Claus war mit einem 18-jährigen Strichjungen in flagranti ertappt worden (Ziegler, Konsequenz 57).

▶ Die Fügung ist gekürzt aus »jemanden in crimine flagranti ertappen« (= jemanden auf frischer Tat ertappen, eigentlich: solange das Verbrechen noch warm, heiß ist). Lateinisch »flagrans« ist das Partizip Präsens von »flagrare« (= brennen, glühen).

infrage, auch: **in Frage: [für jmdn.], für etwas] infrage kommen:** *geeignet sein; in Betracht kommen:* Für diese Stelle kommen nur Bewerber mit Englischkenntnissen infrage. Eine Verlängerung kommt nicht infrage. Jedenfalls kann nur ein Himmel infrage, wo es auch Göttinnen gibt (Frisch, Homo 260).

in medias res: in medias res gehen (bildungsspr.): *zur Sache kommen:* Sie ging sofort in medias res, als hätte sie nur wenig Zeit und müsste sich äußerst kurz fassen (Rinser, Freude 200).

▶ Die lateinische Fügung bedeutet »mitten in die Dinge hinein«.

in memoriam (bildungsspr.): *zum Gedächtnis, zum Andenken:* Die Stadt plante einen Festakt in memoriam ihres großen Sohnes.

▶ Lateinisch »memoria« bedeutet »Gedenken, Erinnerung«.

in natura: 1. *in Wirklichkeit, in seiner wirklichen, natürlichen Gestalt:* Das Haus sieht in natura ganz anders aus als auf dem Foto. ... nimm irgendein Musical mit zwei TV-Stars, ruhig abgehalftert, damit es billiger ist, aber eben in natura ... (Kronauer, Bogenschütze 367). 2. (ugs.) *in Form von Naturalien:* Sein großer Traum war, in einer Schnapsbrennerei zu arbeiten und in natura bezahlt zu werden. Die von der CIA ausgehaltenen Stepak, Rubin und andere wurden ... großzügig in natura bezahlt ... (Horizont 12, 1977, 9).

innen: sich von innen begucken (ugs.): *schlafen:* Du siehst total abgespannt aus, du solltest dich erst mal ein Stündchen von innen begucken.

inner: jmdm. ein inneres Missionsfest sein: ↑ Missionsfest. **den inneren Schweinehund überwinden:** ↑ Schweinehund. **jmdm. ein innerer Vorbeimarsch sein:** ↑ Vorbeimarsch.

in nuce (bildungsspr.): *im Kern; in kurzer, knapper Form:* Könnten Sie uns Ihren Plan noch einmal in nuce erläutern? Matthäus 7, 4 enthält die Psychoanalyse in nuce (Sloterdijk, Kritik 95).

▶ Die lateinische Fügung bedeutet eigentlich »in der Nuss«.

Innung: die ganze Innung blamieren (ugs.): *einen Kreis von Menschen, dem man zugehört, durch sein Verhalten bloßstellen:* In diesem Aufzug kannst du nicht die Kaserne verlassen, oder willst du die ganze Innung blamieren? ... du bleibst hier. Du blamierst draußen ja doch nur die ganze Innung! (Fallada, Jeder 327).

in persona (bildungsspr.): *persönlich, selbst:* Der Bundeskanzler in persona nahm an der Ehrung der Sportler teil.

in petto: etwas in petto haben (ugs.): *etwas in Bereitschaft haben, vorhaben:* Sie hatte für ihren Mann eine Überraschung in petto. Dieses Modell war der »Renner« der letzten Saison. McGregor hat neue in petto (Herrenjournal 3, 1966, 95).

▶ Die Wendung meint eigentlich »etwas im Sinn haben«. »In petto« stammt aus dem Italienischen und bedeutet wörtlich »in der Brust«.

in puncto: *hinsichtlich, betreffend:* In puncto Finanzierung sind noch einige Fragen offen. ... die Japaner seien plumpe Amateure in puncto Blumendekoration im Vergleich mit in Basel geborenen Schweizerinnen (Ruark [Übers.], Honigsauger 360).

▶ Die lateinische Fügung bedeutet eigentlich »in diesem Punkt«.

in puncto puncti (geh.): *was das Sexuelle betrifft:* Sie dürfte in puncto puncti einiges zu beichten haben.

▶ Die Fügung ist gekürzt aus »in puncto puncti sexti« (= hinsichtlich des 6. Gebotes [der Zehn Gebote]).

Insel: reif für die Insel sein: ↑ reif.

in spe: *zukünftig [im Hinblick auf eine familiäre, politische, berufliche o. ä. Stellung]:* Seine Schwiegertochter in spe hatte er vom ersten Augenblick an ins Herz geschlossen. Als Ministerin in spe hatte sie das besondere Interesse der Lokalpresse erregt.
▶ Die lateinische Fügung bedeutet eigentlich »in der Hoffnung, in Erwartung« (lat. spes = Hoffnung).

instand, auch: **in Stand: etwas instand halten:** *etwas in gebrauchsfähigem Zustand halten:* Das Haus verfiel immer mehr, obwohl genügend Geld da war, es instand zu halten (Böll, Haus 82).

etwas instand setzen: *etwas gebrauchsfähig machen, reparieren:* Es ist Zeit, dass das Dach instand gesetzt wird. Weil Abraham reparierte Autos verabscheute, ließ er seinen zerschossenen Wagen instand setzen und kaufte ... bei Inzahlungnahme des alten einen neuen Dreiliter-BMW (Zwerenz, Erde 26).

jmdn. instand setzen, etwas zu tun: *jmdn. in die Lage versetzen, etwas zu tun:* Der Lottogewinn setzte ihn instand, eine Eigentumswohnung zu kaufen. Herrn von Knobelsdorffs Vorkenntnisse ... setzten ihn instand, durch förderliche Zwischenfragen das Schifflein wieder flottzumachen (Th. Mann, Hoheit 221).

Institution: der lange Marsch durch die Institutionen: ↑ Marsch.

intus: etwas intus haben (ugs.): 1. *etwas zu sich genommen haben:* Ich kann nicht mehr, ich habe schon vier Brötchen intus. Aber wenn er die nötige Menge intus hat, dann geht er in sein Kämmerlein und weint (Wiechert, Jeromin-Kinder 135). 2. *etwas begriffen haben:* Hast du die Mengenlehre schon intus? Dabei hatten wir den technischen Marinekram seit Jahren intus (Grass, Katz 84).
Vgl. die folgende Wendung.

einen intus haben (ugs.): *leicht betrunken sein:* Viele Gäste hatten schon einen intus. Er hatte ganz schön einen intus, als er sich auf den Heimweg machte.
▶ Die Wendung stammt aus der Schüler- und Studentensprache. Lateinisch »intus habere« bedeutet »innen drin, inwendig haben«.

inwendig: jmdn., etwas in- und auswendig kennen (ugs.): *jmdn., etwas gründlich*

kennen: Er kannte die Dienstvorschriften in- und auswendig. Sie glaubte, ihren Mann in- und auswendig zu kennen.

i-Punkt: bis auf den i-Punkt/bis auf das i-Tüpfelchen: *bis ins Letzte, ganz genau:* Immer hatten die Abrechnungen bis auf den i-Punkt gestimmt. Er war Beamter und bis auf das i-Tüpfelchen genau.
▶ Die Wendung meint, dass auch der Punkt auf dem i nicht fehlt. Menschen, die pedantisch sind, setzen diesen Punkt beim Schreiben sehr sorgfältig und lassen ihn nie weg.

irdisch: den Weg alles Irdischen gehen: ↑ Weg.

Irre: in die Irre gehen (geh.): 1. *sich verirren:* Nach einigen Stunden merkten sie, dass sie in die Irre gegangen waren. Er wusste es so einzurichten, dass sie bald in dem verworrenen Gelände in die Irre gingen (Buber, Gog 228). 2. *sich irren:* Er war mit seiner Annahme in die Irre gegangen. Unter dem geborstenen Eis rannen die Bäche frühlingshaft. Schon gingen die Büsche in die Irre und setzten scheue Triebe an (A. Kolb, Daphne 82).

jmdn. in die Irre führen/locken (geh.): 1. *auf einen falschen Weg führen/locken:* Die Frauen versuchten, die Soldaten in die Irre zu führen. Isabels Augen ... locken die Fahrer der andern Wagen in die Irre (Fries, Weg 37). 2. *jmdn. irreführen, täuschen:* Zu spät merkte er, dass man ihn mit dieser Nachricht in die Irre gelockt hatte. ... da war und ist einfach nichts zu machen. Und wer etwas anderes behauptet, der führe das Volk in die Irre (Dönhoff, Ära 204).

irren: Irren ist menschlich: *jeder kann sich einmal irren:* So eine Verwechslung kann jedem einmal passieren – Irren ist menschlich!

Irrenhaus: dem Irrenhaus entsprungen sein (ugs.): *verrückt, nicht recht bei Verstand sein:* Du bist wohl dem Irrenhaus entsprungen, mit den dreckigen Schuhen auf die Couch!

Irrtum: Irrtum vom Amt! (ugs.; scherzh.): *das stimmt nicht, da irrst du dich:* Ich soll das gesagt haben? Irrtum vom Amt, mein Lieber. Du bist doch versetzt? Irrtum vom Amt (Kuby, Sieg 361).
▶ Mit diesen Worten wies man vor der Einführung des Selbstwählverkehrs auf

dem Fernsprechamt darauf hin, dass eine falsche Verbindung hergestellt worden war.

im Irrtum sein; sich im Irrtum befinden: *sich irren:* Sie befinden sich, was das so genannte Kultvergehen anbelangt, in einem beträchtlichen Irrtum (Werfel, Bernadette 229).

i-Tüpfelchen: bis auf das i-Tüpfelchen: ↑i-Punkt.

J

ja: zu allem Ja und Amen sagen (ugs.): *mit allem einverstanden sein:* Die Delegierten sagten zu allem Ja und Amen. ... man braucht nicht zu glauben, dass afrikanische Staaten»das Prinzip akzeptieren« würden, zu Verwoerds Apartheidpolitik Ja und Amen zu sagen (Zeit 27. 3. 1964, 7).

ja, Kuchen: ↑Kuchen.

Jacke: Jacke wie Hose sein (ugs.): *einerlei sein:* Wir können auch erst essen und dann ins Kino gehen, das ist Jacke wie Hose. Donath ... hängte den Präsidenten ... an die Wand. In Liesegangs Büro hing der Generalsekretär mit dem Spitzbart. Ob Wilhelm oder Walter, war Jacke wie Hose. (Bieler, Bär 241).

▶ Die Wendung, die seit dem 17. Jh. bezeugt ist, bezieht sich darauf, dass man in der Neuzeit dazu überging, Jacke und Hose aus dem gleichen Stoff zu schneidern. Zwischen beiden Kleidungsstücken bestand, vom Stoff aus gesehen, kein Unterschied mehr.

eine alte Jacke sein (ugs.): *längst nichts Neues mehr sein:* Das ist doch eine alte Jacke, dass in den Hochhausvierteln die Jugendkriminalität besonders hoch ist.

wem die Jacke passt, der zieht sie sich an: *[ausweichender, aber im Grunde bestätigender] Kommentar, wenn jmd. eine Kritik o. Ä. auf sich bezieht:* Meinst du mich mit »alter Spießer«? – Wem die Jacke passt, der zieht sie sich an.

jmdm. die Jacke ausklopfen (ugs.): *jmdm. eine Tracht Prügel geben:* Dem Lausejungen muss einmal die Jacke ausgeklopft werden.

jmdm. die Jacke voll hauen (ugs.): *jmdn. verprügeln:* Wenn du nicht verschwindest, haue ich dir die Jacke voll. Er haute den beiden Burschen, die ihn anrempelten, die Jacke voll.

jmdm. die Jacke voll lügen (ugs.): *jmdn. unverschämt belügen:* Er log seinen Freunden die Jacke voll. Zu spät merkte der Wirt, dass die beiden ihm die Jacke voll gelogen hatten.

die Jacke voll kriegen (ugs.): *verprügelt werden:* Wenn du das noch einmal machst, kriegst du die Jacke voll. Einmal hatten sie sich einen Außenseiter rausgepickt ..., der war ihr Prügelknabe. Er kriegte jeden Tag die Jacke voll (Stern 41, 1980, 148).

sich die Jacke anziehen (ugs.): *etwas auf sich beziehen, sich getroffen fühlen:* Du brauchst dir ja diese Jacke nicht anzuziehen. Warum hast du dir denn die Jacke angezogen?

in keine Jacke mehr passen (ugs.): *jämmerlich verprügelt worden sein:* Wenn ich mit dir fertig bin, passt du in keine Jacke mehr. Drei Mann hatten den Rausschmeißer in der Mangel, der passt in keine Jacke mehr.

Jackett: [sich] einen unter das Jackett brausen (ugs.): *[ein Glas] Alkohol trinken:* Die Arbeit kann warten, jetzt wollen wir uns erst mal einen unter das Jackett brausen!

Jagdgründe: in die ewigen Jagdgründe eingehen (ugs.; scherzh.): *sterben:* Nun ist der alte Zeitungsmann auch in die ewigen Jagdgründe eingegangen.

▶ Die Wendung stammt aus Indianergeschichten. Mit den »ewigen Jagdgründen« ist das Jenseits gemeint.

jmdn. in die ewigen Jagdgründe befördern/schicken (ugs.; scherzh.): *jmdn. töten, umbringen:* Er hatte keine Lust, sich von den Verrückten in die ewigen Jagdgründe befördern zu lassen.

Vgl. die vorangehende Wendung.

Jagdschein: einen/den Jagdschein haben (ugs.): *gerichtlich für unzurechnungsfähig erklärt worden sein:* Den Vereinsboss können sie nicht wegen Betrugs ver-

urteilen, der hat schon lange den Jagdschein.

▸ Die Wendung bezieht sich darauf,
dass der Inhaber eines Jagdscheins in
seinem Revier legal jagen, also Dinge
tun darf, wofür andere bestraft werden.

jagen: jmdn. mit etwas jagen können
(ugs.): *jmdm. zuwider sein:* Mit Cock-
tailpartys konnte man ihn jagen. Fern-
sehhit? ... Mit Serien kann man mich jagen (IWZ 52, 1991, 2).

sich nicht ins Bockshorn jagen lassen:
↑ Bockshorn. **etwas durch die Gurgel/
durch die Kehle jagen:** ↑ Gurgel, ↑ Kehle.
etwas in die Luft jagen: ↑ Luft. **jmdn. zum
Teufel jagen:** ↑ Teufel. **bei diesem Wetter
jagt man keinen Hund vor die Tür:** ↑ Wetter.

Jahr: auf Jahr und Tag [genau]: *in allen
Einzelheiten mit genauem Datum:* Trotz
ihres hohen Alters weiß sie noch auf Jahr
und Tag genau, wer wann und wie lange
im Dorf gelebt hat.

binnen Jahr und Tag: *innerhalb eines
Jahres:* Binnen Jahr und Tag waren die
beiden verheiratet. Binnen Jahr und Tag
hatte er seine Schulden abbezahlt.

in die Jahre kommen: *älter werden, ins
gesetzte Alter kommen:* Ihr Mann war in
die Jahre gekommen. Frau Stuht ... hatte
sich ... darüber geäußert, dass nun
wahrhaftig auch Mamsell Buddenbrook
schon in die Jahre komme (Th. Mann,
Buddenbrooks 58).

in den besten Jahren: *im Lebensabschnitt
der größten Leistungsfähigkeit und des
größten Wohlbefindens:* Heutzutage ist
eine Frau mit vierzig doch noch nicht alt,
sondern gerade in den besten Jahren.

im Jahr[e] des Heils (veraltend, aber
noch scherzh.): *in dem betreffenden Jahr
nach Christi Geburt:* Im Jahre des Heils
1892 waren seine Großeltern nach München übergesiedelt. Die Messe fand im
Jahre des Heils 1724 statt.

▸ Die Wendung bezieht sich darauf,
dass Christus als das Heil der Welt betrachtet wird.

nach Jahr und Tag: *nach einem längeren
Zeitraum, in vielen Jahren:* Ob die Entscheidung der Regierung richtig war, das
wird sich erst nach Jahr und Tag herausstellen. Weißt du auch, wie mir zumute
war, als dieser alberne Gruß in meinen

Händen lag, dies alberne Geschwätz
nach Jahr und Tag? (Frisch, Cruz 82).

▸ Die Formel »Jahr und Tag« stammt
aus der alten Rechtssprache und bezeichnete ursprünglich eine genau festgelegte Frist von einem Jahr, sechs
Wochen und drei Tagen. Mit der Zeit
verband sich mit dieser Formel die Vorstellung eines längeren Zeitraumes.

seit Jahr und Tag: *seit längerer Zeit, seit
vielen Jahren:* Seit Jahr und Tag warteten die Mieter darauf, dass das Dach repariert wird. ... dies Letztere war umso
glaubhafter, als der berühmte Anwalt ...
seit Jahr und Tag in einem Kriminalpro-
zess nicht aufgetreten war (Maass,
Gouffé 192).

Vgl. die vorangehende Wendung.

vor Jahr und Tag: *vor längerer Zeit, vor
vielen Jahren:* Schon vor Jahr und Tag
hatte der Trainer auf die Missstände im
Verein hingewiesen. Aus der unteren
Liegehalle, von wo vor Jahr und Tag zuerst Herrn Albins Stimme an sein Ohr
geschlagen, drang leises Gespräch ... he-
rauf (Th. Mann, Zauberberg 581).

Vgl. die Wendung »nach Jahr und
Tag«.

zwischen den Jahren: *in der Zeit zwischen Weihnachten und Neujahr:* Zwischen den Jahren hat der Betrieb geschlossen. Nach Weihnachten fliegt
Schmidt nach Ägypten und macht zwischen den Jahren ... eine Bootspartie auf
dem Nil (Spiegel 50, 1977, 24).

in der Blüte seiner/ihrer Jahre: ↑ Blüte.
guten Rutsch ins neue Jahr: ↑ Rutsch.
im Jahre Schnee: ↑ Schnee. **die sieben
fetten/die sieben mageren Jahre:** ↑ ¹sieben. **die Jahre einer Sache sind gezählt:**
↑ zählen. **jmds. Jahre sind gezählt:** ↑ zählen.

jahraus: jahraus, jahrein: *jedes Jahr wieder, über einen längeren Zeitraum ohne
Unterbrechung:* Unbeirrt arbeitete er
jahraus, jahrein an der Verwirklichung
seines Planes. ... man haust so jahraus,
jahrein in der Steppe, und niemand bemerkt, wie man sich ... abplagen muss
(Grzimek, Serengeti 142).

Jakob: [nicht] der wahre Jakob sein
(ugs.): *[nicht] das Richtige sein:* Zehn
Stunden auf dem Bau schuften, das ist
auch nicht der wahre Jakob. Jeden

Abend vor dem Fernseher sitzen, glaubst du, dass das der wahre Jakob ist?
► Die Herkunft der seit dem 18. Jh. bezeugten Wendung ist nicht sicher geklärt. Vielleicht bezieht sie sich darauf, dass sich Jakob als Esau verkleidete, um von seinem blinden Vater das Erstgeburtsrecht und den Segen zu erschleichen (1. Moses, 27).

der billige Jakob: ↑ billig.

Jammer: ein Jammer [sein] (ugs.): *äußerst bedauerlich [sein]:* Ein Jammer, dass ihr nicht zu Omas Geburtstag kommen könnt. Dass das schöne Geld in die falschen Hände gekommen ist, ist ein wahrer Jammer!

ein Bild des Jammers: ↑ Bild.

jammern: es/das kann/muss einen Hund jammern: ↑ Hund. **jmdm. die Ohren voll jammern:** ↑ Ohr.

jauchzen: himmelhoch jauchzend, zu Tode betrübt: ↑ himmelhoch.

je: seit eh und je: ↑ eh. **wie eh und je:** ↑ eh.

jeder: jeder ist sich selbst der Nächste: *Kommentar bei egoistischem Verhalten:* Was gehen mich eure Geldsorgen an? Jeder ist sich selbst der Nächste.

alles und jeder: ↑ alles. **mit jeder Faser [seines Herzens]:** ↑ Faser. **unter jeder Kritik:** ↑ Kritik. **jede Menge:** ↑ Menge. **um jeden Preis:** ↑ Preis. **zu jeder Schandtat bereit sein:** ↑ Schandtat. **jeder ist seines Glückes Schmied:** ↑ Schmied. **jedem das Seine:** ↑ Seine. **jeden Tag, den [der liebe] Gott werden lässt:** ↑ Tag. **jedem Tierchen sein Pläsierchen:** ↑ Tier. **jeder kehre/fege vor seiner eigenen Tür:** ↑ Tür. **jede Wette:** ↑ Wette. **jeder Zoll:** ↑ Zoll.

jedermann: nicht jedermanns Sache sein: ↑ Sache.

jeher: von jeher: ↑ von.

jener: dies und jenes: ↑ dies. **dieser und/oder jener:** ↑ dieser. **dieses und jenes:** ↑ dieser.

Jenseits: jmdn. ins Jenseits befördern (ugs.): *jmdn. umbringen:* Er hatte alle seine Feinde ins Jenseits befördert. Der Detektiv hatte keine Lust, sich von den beiden Gangstern ins Jenseits befördern zu lassen.

Jesus: Jesus, Maria [und Josef]! (veraltend): *Ausruf des Erschreckens, Erstaunens o. Ä.:* Jesus, Maria, hast du mich erschreckt! Jesus, Maria und Josef, uns hat

jemand den Zaun vom Vorgarten eingedrückt!

jetzt: von jetzt auf gleich/nachher (ugs.): *sofort, ohne Vorbereitung, ohne Ankündigung:* Wo soll ich denn von jetzt auf gleich ein neues Auto hernehmen?

jetzt schlägts aber dreizehn: ↑ dreizehn. **hier und jetzt:** ↑ hier. **jetzt hat es aber geklingelt:** ↑ klingeln. **jetzt hats aber geschnappt:** ↑ schnappen. **jetzt ist [aber] Sense:** ↑ Sense. **jetzt wirds aber Tag:** ↑ Tag.

Jordan: über den Jordan gehen 1. (verhüll.): *sterben:* Alle ihre früheren Freunde sind längst über den Jordan gegangen. Und wenn du heute Nacht aus Versehen über den Jordan gehst? Ich habe fast reines Heroin ... da passiert das schon mal ... (Gabel, Fix 120). 2. (ugs.): *entzweigehen [und weggeworfen werden]:* Die teuren Tennisschuhe sind schon nach einem halben Jahr übern Jordan gegangen.
► In der religiösen Literatur (besonders des Pietismus) wurde der Übergang der Israeliten über den Fluss Jordan oft als Eintritt in das Himmelreich aufgefasst und damit zum Symbol des Sterbens; das den Israeliten verheißene Gelobte Land wird dabei mit dem Himmelreich gleichgesetzt.

Josef: Jesus, Maria und Josef: ↑ Jesus.

Jota: nicht [um] ein Jota; [um] kein Jota (geh.): *nicht im Geringsten:* Er ist von seinen Forderungen nicht ein Jota abgewichen. Auch Rolf hat seine Einstellung Frauen gegenüber um kein Jota verändert (Saarbr. Zeitung 11. 7. 1980, V).
► Da Jota der kleinste Buchstabe des griechischen Alphabets ist, wurde er zur Bezeichnung von etwas Winzigem, Geringem. Schon in der Bibel (Matthäus 5, 18) heißt es: »Denn ich sage euch wahrlich: Bis dass Himmel und Erde zergehen, wird nicht zergehen der kleinste Buchstabe« (iota unum ... non praeteribit).

[auch] nur ein Jota (geh.): *auch nur im Allermindesten, Allergeringsten:* Wenn die Firma auch nur ein Jota vom Vertrag abweicht, droht eine Konventionalstrafe.

Jubel: Jubel, Trubel, Heiterkeit: *angeregte, laute Fröhlichkeit:* Es war eine Faschingsparty, wie sie sein sollte: Jubel,

Trubel, Heiterkeit bis in die frühen Morgenstunden.

Jubeljahr: alle Jubeljahre (ugs.): *äußerst selten:* Alle Jubeljahre einmal sehen wir uns noch. Im Sturm der Magyaren stand Dr. Sarosi, ein Vollblutfußballer, wie es sie nur alle Jubeljahre gibt (Walter, Spiele 54).

► Mit Jubeljahr wurde im Mittelalter ein besonderes Ablassjahr der katholischen Kirche bezeichnet, das zunächst alle 50 Jahre, von 1500 an alle 25 Jahre wiederkehrte.

jubeln: sich etwas unters Netzhemd jubeln: ↑ Netzhemd. **jmdm. etwas unter die Weste jubeln:** ↑ Weste.

juchhe: unterm Dach juchhe: ↑ Dach.

jucken: lass jucken! (ugs.): *mach schon, fang schon an!:* Lass jucken, Kumpel, wir haben nicht den ganzen Tag Zeit! **jmdm./jmdn. juckt der Buckel:** ↑ Buckel. **jmdm./jmdn. juckt das Fell:** ↑ Fell. **jmdm./jmdn. jucken die Finger nach etwas:** ↑ Finger. **es juckt jmdm./jmdn. in den Fingern:** ↑ Finger. **wen's juckt, der kratze sich:** ↑ kratzen. **jmdm./jmdn. juckt die Schwarte:** ↑ Schwarte.

jüdisch: nur keine jüdische Hast: ↑ Hast.

Jugend: Jugend hat/kennt keine Tugend: *junge Menschen sind oft sehr rasch bereit, sich über moralische Bedenken hinwegzusetzen:* In der Diskothek war nur junges Gemüse.

jugendlich: das sagst du so in deinem jugendlichen Leichtsinn: ↑ Leichtsinn.

jung: ein junges Blut (dichter.): *ein junger Mensch:* Er war noch ein junges Blut, als er zum ersten Mal aufs Schloss eingeladen wurde. Aber ein junges Blut, das keinen Gepäckträger in Arbeit setzt, sondern auf der Straße selbst seine Habe schleppt, ... ist ... keines Blickes und Wortes wert (Th. Mann, Krull 148).

junges Gemüse (ugs.; abwertend): *unreife Jugendliche:* In der Diskothek war nur junges Gemüse. Unter dem jungen Gemüse kam er sich entsetzlich alt vor.

der Jüngste Tag: *der Tag des Jüngsten Gerichts, das Ende der Welt:* Wetten, dass er das Geld bis zum Jüngsten Tag nicht zurückzahlt? Wir werden dir diese Gemeinheit zurückzahlen, und wenn wir bis zum Jüngsten Tag auf eine Gelegenheit warten müssen!

jung getan, alt gewohnt: *was man in der Jugend schon häufig tut, wird später zur Selbstverständlichkeit:* Wenn der Junge jetzt lernt, sparsam mit seinem Geld umzugehen, wird es ihm später nicht so schwer fallen wie manchem anderen; es heißt nicht umsonst: jung getan, alt gewohnt.

so jung kommen wir nicht wieder zusammen (ugs.): *scherzhafte Bemerkung, wenn man jmdn. auffordert, noch etwas zu bleiben [und zu feiern]:* Was, ihr wollt schon nach Hause gehen? Nun bleibt doch noch ein bisschen, so jung kommen wir nicht wieder zusammen. ... so jung kommen wir nicht noch mal zusammen, und wer weiß, wann wir uns wieder sehen am grünen Strand der Spree (Döblin, Berlin 350).

► Diese Redensart geht möglicherweise auf die Zeile »Wir kommen doch morgen so jung nicht zusammen« aus Christian August Vulpius' Lied »Dem Gott der Reben« zurück.

Alt und Jung: ↑ alt. **jüngere Beine haben:** ↑ Bein. **jung gefreit hat nie gereut:** ↑ freien. **das Jüngste Gericht:** ↑ Gericht. **wie ein junger Gott:** ↑ Gott. **frieren wie ein junger Hund:** ↑ Hund. **das/es ist, um junge Hunde zu kriegen:** ↑ Hund. **immer langsam mit den jungen Pferden:** ↑ Pferd. **junger Wein in alten Schläuchen:** ↑ Wein.

Junge: Junge, Junge! (ugs.): *Ausruf des Erstaunens, des Unwillens:* Junge, Junge, das ist ja, Gott sei Dank, noch einmal gut gegangen.

wie die Alten sungen, so zwitschern auch die Jungen: ↑ Alten. **jmdn. wie einen dummen Jungen behandeln:** ↑ behandeln. **die blauen Jungs:** ↑ blau. **ein schwerer Junge:** ↑ schwer.

Jungfrau: zu etwas kommen wie die Jungfrau zum Kind: ↑ kommen.

jüngste: vgl. jung.

Jux: aus [lauter] Jux und Tollerei (ugs.): *nur so zum Spaß, aus Übermut:* Die Studenten haben aus lauter Jux und Tollerei alle Bedürfnisanstalten in dem Städtchen rot angestrichen. Aus Jux und Tollerei singt sie ein paar Takte des romantischen Liedes »Kannst du mir verzeihen, dass ich dich so liebe« (Praunheim, Sex 242).

K

Kacke: die Kacke ist am Dampfen (derb): *es gibt Unannehmlichkeiten:* Sie kommen, beladen mit Geschenken und schönen Gefühlen, angeflogen, und sobald die Kacke wieder mal am Dampfen ist, fliegen sie davon (Jong [Übers.], Angst 299).

Käfersammlung: du fehlst/er fehlt usw. mir [gerade] noch in meiner Käfersammlung (ugs.): *du kommst/er kommt o. Ä. mir äußerst ungelegen:* Ein Herr von der Presse möchte Sie sprechen. – Die Zeitungsfritzen haben mir gerade noch gefehlt in meiner Käfersammlung!

Kaffee: das ist [alles] kalter Kaffee (ugs.): *das ist längst bekannt, uninteressant:* Das ist doch alles kalter Kaffee, was der Vereinsvorsitzende da von sich gibt. Große Liebe – so'n Wort gibts bei mir nicht. Ist doch kalter Kaffee! (Hörzu 19, 1973, 13).
▶ Die Wendung nimmt darauf Bezug, dass Kaffee, wenn er kalt wird, sein Aroma verliert.

jmdm. kommt der Kaffee hoch (ugs.): *jmd. empfindet vor etwas Widerwillen, jmdm. wird übel:* Wenn ich diese Pfuscharbeit sehe, kommt mir gleich der Kaffee hoch.

dir hat wohl jmd. etwas in den Kaffee getan (ugs.): *du bist wohl verrückt, nicht recht bei Verstand:* Dir haben sie wohl etwas in den Kaffee getan, mit den dreckigen Schuhen auf die Couch! Guck dir mal die Frau an, die drängt sich einfach vor. Der hat wohl jemand etwas in den Kaffee getan.
▶ Die Redensart bezieht sich darauf, dass der Kaffee wegen seines bitteren Geschmacks oft dazu benutzt wurde, jemandem ein Betäubungs- oder Schlafmittel zu geben.

Käfig: im/in einem goldenen Käfig sitzen: *trotz großen Reichtums unfrei, gebunden*

sein: Er hat reich geheiratet, sitzt aber dafür jetzt in einem goldenen Käfig.

Kahn: einen im Kahn haben (ugs.): *betrunken sein:* Vater hatte wieder einen im Kahn und war zu keinem klaren Gedanken fähig.

Kaiser: dorthin gehen/dort sein, wo [auch] der Kaiser zu Fuß hingeht (ugs.; scherzh.): *auf die Toilette gehen/auf der Toilette sein:* Wo ist denn der Opa geblieben? – Der ist dort, wo auch der Kaiser zu Fuß hingeht.

wo nichts ist, hat der Kaiser sein Recht verloren: *von jmdm., der nichts hat, kann man auch nichts fordern:* Was wollen Sie bei den Leuten noch pfänden? Wo nichts ist, hat der Kaiser sein Recht verloren.
▶ Diese Redensart hat ihren Ursprung im kaiserlichen Steuerrecht. Vgl. auch die folgende Wendung.

dem Kaiser geben, was des Kaisers ist: *seine Pflicht gegenüber der Obrigkeit erfüllen:* Politik interessiert ihn nicht, er gibt dem Kaiser, was des Kaisers ist, und hält sich im Übrigen aus allem heraus.
▶ Die Redensart geht auf die Bibel (Matthäus 22, 21) zurück, wo Jesus sich zu dem Verhältnis von Religion und Staat äußert.

streiten/das ist ein Streit um des Kaisers Bart: ↑ Bart. **des Kaisers Rock anziehen/ausziehen:** ↑ Rock.

Kakao: jmdn. durch den Kakao ziehen (ugs.): *jmdn. veralbern, lächerlich machen:* Der Schaffner merkte nicht, dass ihn die Reisenden durch den Kakao zogen. Pinneberg ... ist sauwütend, dass er sich vom Meister wieder durch den Kakao hat ziehen lassen (Fallada, Mann 234).
▶ Bei »Kakao« handelt es sich wahrscheinlich um einen verhüllenden Ausdruck für »Kacke«, sodass die Wendung als »jmdn. durch die Kacke (= Kot, Dreck) ziehen« aufzufassen ist.

Kaktus: einen Kaktus pflanzen/setzen (ugs.): *einen Haufen Kot machen, seine Notdurft verrichten:* Genau vor seine Haustür hatte ihm jemand einen Kaktus gepflanzt. Vorsicht, da hat jemand einen Kaktus gesetzt!
▶ Die Wendung beruht auf einer scherzhaften Verhüllung. »Kaktus« steht für »Kacke«.

Kalb: Kalb Moses (ugs.): *ungeschickter, dummer Mensch:* Nun schüttet dieses Kalb Moses auch noch den Kaffee über die Tischdecke. Das ist doch ein Kalb Moses, sich von diesem Kerl so ausnutzen zu lassen.

ein Kalb anbinden/machen (ugs.; veraltend): *sich übergeben:* Er hatte zu viel getrunken und musste auf dem Heimweg ein Kalb anbinden.

▶ Die Herkunft der Wendung ist unklar.

das Goldene Kalb anbeten (geh.): *die Macht des Geldes anbeten, von Geldgier erfüllt sein:* Er wollte mit diesen Menschen, die nur das Goldene Kalb anbeteten, nichts zu tun haben.

▶ Das Goldene Kalb ist das Sinnbild für Geld und Reichtum. Die Wendung bezieht sich auf die Bibelstelle 2. Moses 32, nach der die Israeliten allen Schmuck für das Goldene Kalb opferten, das sie dann umtanzten und anbeteten.

um das Goldene Kalb tanzen (geh.): *die Macht des Geldes anbeten, von Geldgier erfüllt sein:* Es ist widerlich, wie die Menschen um das Goldene Kalb tanzen. Vgl. die vorangehende Wendung.

der Tanz ums Goldene Kalb: *das Streben, die Gier nach Geld:* Beim Tanz ums Goldene Kalb ist die Menschlichkeit noch immer auf der Strecke geblieben. Vgl. die Wendung »das Goldene Kalb anbeten«.

glotzen/Augen machen wie ein [ab]gestochenes Kalb: ↑ glotzen, ↑ Auge.

Kalender: sich etwas [rot] im Kalender anstreichen: *sich einen Tag besonders merken, als bemerkenswert einprägen:* Am 27. Mai habe ich fünfundzwanzigjährigen Hochzeitstag. Ich muss mir diesen Tag im Kalender rot anstreichen. Heute hat der Chef einmal gelacht. Das müssen wir uns im Kalender anstreichen.

Kalk: bei jmdm. rieselt schon der Kalk [aus der Hose] (ugs.): *jmd. wird senil, hat keinen jugendlichen Schwung mehr:* Manchmal habe ich den Eindruck, bei mir rieselt schon der Kalk. Der soll uns trainieren? Dem rieselt doch schon der Kalk aus der Hose.

▶ Die Wendung drückt scherzhaft übertreibend aus, dass jemand völlig verkalkt ist (die fortschreitende Arterienverkalkung ist eine typische Alterserschei-

nung) und dass bei ihm wie bei alten Wänden der Kalk abblättert und herabrieselt.

kalt: kalter Bauer (derb): *Spuren des Samenergusses:* Er versuchte, den kalten Bauern von seiner Hose zu entfernen. Es gibt Gesellschaftskreise, die es für ungehörig halten, dass man ihre kalten Bauern von der Wand putzt (Spiegel 44, 1976, 18).

▶ Die Herkunft der Fügung ist unklar.

kalte Ente: *bowlenartiges Getränk mit Zitronenscheiben:* Es gibt eine Kaffeetafel im Freien und nach Eintreten der Dunkelheit ein Lampionfest mit kalter Ente (Geissler, Wunschhütlein 183).

▶ Warum das Getränk – im 19. Jh. ist bereits »Ente« im Sinne von »feines Mischgetränk« bezeugt – so benannt worden ist, ist unklar.

kalter Krieg: *Politik, durch die ständig die Gefahr einer militärischen Auseinandersetzung heraufbeschworen wird:* Die Zeiten des kalten Krieges waren vorbei. Ihr Interesse musste darauf gerichtet sein, sich unter allen Umständen aus dem Kalten Krieg herauszuhalten (Dönhoff, Ära 161).

▶ Die Fügung ist eine Lehnübersetzung von englisch »cold war«.

kalter Schlag: *Blitz, der nicht gezündet hat:* Zum Glück war es nur ein kalter Schlag. Wenn es ein warmer Schlag ist, ... so schlägt der Blitz ein. Wenn es aber ein kalter Schlag ist, so schlägt der Donner ein (Th. Mann, Buddenbrooks 10).

kalt wie eine Hundeschnauze sein (ugs.): *gefühllos, ohne jedes Mitempfinden sein:* Der neue Intendant war kalt wie eine Hundeschnauze. Sie ... bleibt immer kalt wie eine Hundeschnauze und berechnend wie ein Computer (MM 21. 12. 1967, 26).

auf kaltem Wege: *ohne Aufsehen zu erregen, ohne Anwendung von Gewalt:* Diese Gruppe wollte die Demokratie auf kaltem Wege beseitigen.

auf die kalte Tour (ugs.): *ohne Aufsehen zu erregen, ohne Anwendung von Gewalt:* Es ist besser, wenn wir es auf die kalte Tour erledigen.

einen kalten Arsch haben/kriegen/sich holen: ↑ Arsch. **kaltes Blut bewahren:** ↑ Blut. **wie eine kalte Dusche wirken/sein:**

↑ Dusche. **ein kalter Fisch:** ↑ Fisch. **sich kalte Füße holen:** ↑ Fuß. **kalte Füße bekommen:** ↑ Fuß. **jmdn. überläuft es heiß und kalt/jmdn. läuft es heiß und kalt über den Rücken:** ↑ heiß. **nicht heiß und kalt/weder heiß noch kalt sein:** ↑ heiß. **das ist [alles] kalter Kaffee:** ↑ Kaffee. **von hinten durch die kalte Küche kommen:** ↑ Küche. **aus der kalten Lamäng:** ↑ Lamäng. **lieber warmer Mief als kalter Ozon:** ↑ Mief. **die kalte Pisse kriegen:** ↑ Pisse. **jmdn. kalt rasieren:** ↑ rasieren. **jmdm. die kalte Schulter zeigen:** ↑ Schulter. **ein Sprung ins kalte Wasser:** ↑ ¹Sprung. **weder warm noch kalt sein:** ↑ warm. **wie mit kaltem Wasser übergossen:** ↑ Wasser. **ins kalte Wasser springen/geworfen werden:** ↑ Wasser.

Kamellen: alte/olle Kamellen (ugs.; abwertend): *altbekannte Geschichten, längst Bekanntes:* Das sind doch alles alte Kamellen, was der Oppositionsführer da von sich gibt. Wenn ich mich im Winter meinem Publikum daheim vorstelle, dann soll ich es nicht sagen, ich bringe nur olle Kamellen (Hörzu 20, 1973, 14).
▶ »Kamelle« ist die niederdeutsche Form von »Kamille«. Mit »alten Kamellen« sind also Kamillenblüten gemeint, die zu lange gelagert worden sind und keine Heilwirkung mehr haben. Die Fügung wurde durch Fritz Reuters Erzählungen »Olle Kamellen« (1859 ff.) allgemein bekannt.

Kamin: etwas in den Kamin schreiben: ↑ Schornstein.

Kamm: bei jmdm. liegt der Kamm bei der Butter (ugs.): *bei jmdm. herrscht große Unordnung:* Bei unserem Nachbarn liegt der Kamm bei der Butter.

jmdm. schwillt der Kamm (ugs.): 1. *jmd. wird übermütig, überheblich:* Weil der Chefarzt ihr den Hof machte, schwoll ihr der Kamm. 2. *jmd. wird zornig:* Da schwoll mir denn doch der Kamm, und ich warf den unverschämten Burschen kurzerhand hinaus. Als Pawel Nikolajitsch die Antwort übersetzt hatte, schwoll dem Hauptmann der Kamm (Bieler, Bär 204).
▶ Die Wendung bezieht sich darauf, dass dem Hahn, wenn er gereizt wird, tatsächlich der Kamm schwillt.

alles über einen Kamm scheren: *alles gleich behandeln und dabei wichtige Un-*terschiede nicht beachten: Es stimmt, er hat das Geld gestohlen, aber er wollte dafür Medikamente für sein krankes Kind kaufen. Man kann nicht alles über einen Kamm scheren. Du willst alle über einen Kamm scheren, James? Auch die Opfer des Nazismus? (Kirst 08/15, 894).
▶ Die Wendung bezieht sich wohl darauf, dass der Bader für alle Kunden denselben Kamm benutzte.

Kammer: im stillen Kämmerlein (scherzh.): *für sich allein, in aller Ruhe:* Er wollte im stillen Kämmerlein noch einmal über alles nachdenken. Es mag auch sein, dass die Sowjets im stillen Kämmerlein froh sind für jedes Jahr, das die Rot-Chinesen noch nicht in der UNO sieht (Augstein, Spiegelungen 28 f.).

Kampf: jmdm., einer Sache den Kampf ansagen: *deutlich machen, dass gegen jmdn., einen Missstand energisch vorgegangen wird:* Die Bundesbank hat der Inflation den Kampf angesagt. Eine Gruppe mutiger Journalisten hatte der Mafiabossen den Kampf angesagt.

kämpfen: gegen Dummheit kämpfen Götter selbst vergebens: ↑ Dummheit. **auf verlorenem Posten kämpfen:** ↑ Posten. **mit offenem Visier kämpfen:** ↑ Visier. **gegen Windmühlen kämpfen:** ↑ Windmühle.

Kanal: den Kanal voll haben (ugs.): 1. *genug getrunken haben [und betrunken sein]:* Gib ihm nichts mehr, er hat den Kanal voll. 2. *einer Sache überdrüssig sein:* Die Arbeiter hatten von den Versprechungen der Regierung den Kanal voll. ... er war ... bei der Truppe geblieben ..., weil er annahm, dass die Menschheit »die nächsten zwanzig Jahre vom letzten Mal den Kanal noch voll habe« (Fr. Wolf, Menetekel 97).
▶ Mit »Kanal« sind in dieser Wendung die Verdauungswege (bis zum Magen) gemeint.

sich den Kanal voll laufen lassen (ugs.): *sich betrinken:* Er fühlt sich nur wohl, wenn er sich jeden Abend den Kanal voll laufen lässt.
Vgl. die vorangehende Wendung.

Kandare: jmdn. an die Kandare nehmen: *jmdn. streng behandeln, jmds. Freiheit einschränken:* Wenn wir die Kinder nicht an die Kandare nehmen, machen sie mit uns, was sie wollen. ... echte Meisterklassen wären nötig, das gute Dutzend bedeutenderer Begabungen, das sich in jedem Kursus findet, streng und in Klausur an die Kandare zu nehmen (Welt 20. 7. 1965, 7).

▶ Die Wendung meint eigentlich »ein Pferd mithilfe der Gebissstange am Zaum schärfer zügeln, zum Parieren bringen«.

jmdm. die Kandare anlegen/anziehen: *jmdn. streng behandeln, jmds. Freiheit einschränken:* Wenn die Burschen zu übermütig werden, muss man ihnen mal ein bisschen die Kandare anlegen. Geld hätte er mir keins gegeben. ... dem Ollen ziehn wir die Kandare an, ... der muss blechen, bis ihm die Luft ausgeht (H. Mann, Unrat 58).
Vgl. die vorangehende Wendung.

jmdn. an der Kandare haben/halten: *jmdn. in strenger Zucht halten, jmdm. keine Freiheit lassen:* ... die werden uns an der Kandare halten, verlass dich drauf (Kuby, Sieg 113). Die oben haben uns nicht schlecht an der Kandare (A. Zweig, Grischa 23).
Vgl. die Wendung »jmdn. an die Kandare nehmen«.

jmdn. auf Kandare reiten (veraltend): *jmdn. streng behandeln, jmds. Freiheit einschränken:* Wenn ihr nicht pariert, werde ich euch auf Kandare reiten.
Vgl. die Wendung »jmdn. an die Kandare nehmen«.

Kandidat: der Kandidat hat hundert Punkte: ↑hundert.

Kaninchen: sich vermehren wie die Kaninchen: ↑vermehren.

Kanne: in die Kanne steigen (ugs.; scherzh.): *gehörig dem Alkohol zusprechen:* Wir sind gestern Abend ausgiebig in die Kanne gestiegen.

▶ Die Wendung stammt aus der Studentensprache und bedeutet eigentlich »als Strafe für einen Verstoß gegen die Kneipordnung eine größere Menge Alkohol auf einmal trinken müssen«. Mit »Kanne« bezeichnete man früher ein Trinkgefäß für Bier und Wein.

zu tief in die Kanne gucken/schauen (ugs.): *zu viel Alkohol trinken:* Er fühlte sich elend. Anscheinend hatte er zu tief in die Kanne geguckt.
Vgl. die vorangehende Wendung.

es gießt wie aus/wie mit Kannen: ↑gießen.

Kanone: mit Kanonen nach/auf Spatzen schießen (ugs.): *auf Geringfügigkeiten mit zu großem Aufwand reagieren:* Die Regierung lehnte es ab, wegen der Studentenunruhen den Ausnahmezustand zu verhängen. Sie wollte nicht mit Kanonen auf Spatzen schießen. Hier werde »mit Kanonen auf Spatzen geschossen« ..., rügte der Tübinger Rechtsprofessor ... (Spiegel 22, 1981, 86).

unter aller Kanone (ugs.): *sehr schlecht, unter aller Kritik:* Die meisten Spieler waren völlig außer Form und spielten unter aller Kanone. Die Wege da für Autos, die sind ja unter aller Kanone (Döblin, Berlin 85).

▶ Die Wendung stammt aus der Schülersprache und ist eine scherzhafte Umdeutung von lateinisch »sub omni canone« »unter aller Richtschnur«, d.h. »so schlecht, dass ein normaler Beurteilungsmaßstab versagt« (zu lateinisch »canon« »Richtschnur, Regel, Vorschrift«).

Kanonenrohr: heiliges Kanonenrohr! (ugs.): *Ausruf der Überraschung, des Entsetzens:* Heiliges Kanonenrohr ... Da hats aber geblitzt! (Fallada, Herr 190). Heiliges Kanonenrohr, das ist ein Tag! (Fr. Wolf, Zwei 334).

Kanossa: ein Gang nach Kanossa: ↑Gang.

Kante: etwas auf die hohe Kante legen (ugs.): *Ersparnisse machen, sparen:* Der Lohn reichte nicht, um etwas auf die hohe Kante zu legen. Die badischen Sparer haben im 1. Halbjahr 1971 fast 273 Mill. DM auf die hohe Kante gelegt (MM 20. 8. 1971, 20).

▶ Die Herkunft der Wendung ist unklar. Man vermutet, dass mit »hoher Kante« ein in größerer Höhe angebrachtes Wandbrett gemeint ist, an das man nur mit Mühe heranreicht. Ein anderer Deutungsversuch geht davon aus, dass Geldstücke, wenn sie abgezählt in Rollen verpackt werden, auf der Kante stehen, »hoch« stehen.

etwas auf der hohen Kante haben (ugs.): *Ersparnisse haben, gespart haben:* Wir haben nichts auf der hohen Kante. Ich hab schon so viel auf der hohen Kante,

dass ich das erste Semester durchhalten kann (Lenz, Brot 83).
Vgl. die vorangehende Wendung.
an allen Ecken und Kanten: ↑ Ecke. **auf der Kante stehen:** ↑ Kippe.
Kanthaken: jmdn. am/beim Kanthaken kriegen/nehmen (ugs.): *sich jmdn. vornehmen, jmdn. für etwas verantwortlich machen:* Der Lehrer nahm sich vor, die Burschen am Kanthaken zu nehmen. Ich werd mal zum Röntgen gehen, bevor mich Dr. Lehmann ernstlich am Kanthaken kriegt (Sebastian, Krankenhaus 78).
▶ Die Wendung meint »mit jmdn. nicht zimperlich umgehen, so umgehen, wie man mit dem Kanthaken, einem großen Eisenhaken, Kisten, Fässer usw. kantet und fortbewegt«.
Kantonist: ein unsicherer Kantonist (ugs.): *ein nichtverlässlicher, unzuverlässiger Mensch:* Der Verbindungsmann gilt als ein unsicherer Kantonist. Er versuchte unserem Gast beizubringen, dass die deutschen Sozialdemokraten für den Westen unsichere Kantonisten seien (W. Brandt, Begegnungen 76).
▶ Die Fügung bezieht sich auf die alte Einteilung Preußens in Kantone, d. h. in Aushebungsbezirke. Sie meint also eigentlich den Angehörigen eines Kantons, einen Militärpflichtigen, auf den man sich nicht verlassen kann.
Kapee: schwer von Kapee sein (ugs.): *begriffsstutzig sein, schwerer begreifen:* Der neue Lehrling scheint ein bisschen schwer von Kapee zu sein. Das schaffst du schon, du bist doch sonst nicht schwer von Kapee.
▶ Bei »Kapee« handelt es sich um eine volkstümliche französierende Bildung des zweiten Partizips zu »kapieren«, wohl aus einem an Erklärungen angehängten »kapee?« (= verstanden?).
Kapital: aus etwas Kapital schlagen: *etwas zu seinem Vorteil ausnutzen:* Er verstand es, aus allem Kapital zu schlagen. Sein Manager hatte aus dem Gewinn der Europameisterschaft kein Kapital geschlagen. Aus einer halben Leiche lässt sich kein politisches Kapital schlagen (Plievier, Stalingrad 237).
▶ Die Wendung geht von »schlagen« im Sinne von »durch einen oder mehrere

Schläge hervorbringen, etwas herausschlagen« aus.
Kapitel: ein Kapitel für sich sein: *eine Angelegenheit sein, über die sich viel sagen ließe:* Wie man die Teilnehmer an diesem Lehrgang untergebracht hat, das ist ein Kapitel für sich. Thomas Manns Verhältnis zu Lübeck ... war ja zeit seines Lebens ein Kapitel für sich (Katia Mann, Memoiren 31).
▶ Die Wendung knüpft an »Kapitel« als Bezeichnung für die größeren Textabschnitte, die Hauptstücke der Bibel an.
Kappe: etwas auf seine [eigene] Kappe nehmen (ugs.): *die Verantwortung für etwas übernehmen:* Wenn etwas schief geht, werde ich das auf meine Kappe nehmen. Herr Schmidt ... nimmt es nicht auf seine Kappe, alemannische Königsgräber zu zerstören (M. Walser, Eiche 31).
▶ Gemeint sind eigentlich die Schläge, die jemandes Kappe treffen. (»Kappe« bezeichnete zunächst ein mantelartiges Kleidungsstück mit einer Kapuze, dann eine mützenartige Kopfbedeckung.)
Vgl. die älteren deutschen Ausdrücke »Kappen geben« (= verprügeln), »Kappen« (= Schläge auf den Kopf) und andererseits das von »Wams« abgeleitete Verb »verwamsen« (= verprügeln). Wer also etwas auf seine Kappe nimmt, ist bereit, die Prügel für etwas zu beziehen.
auf jmds. Kappe gehen/kommen (ugs.): *von jmdm. zu verantworten sein:* Die Fehlplanung im Konstruktionsbereich kommt auf Ihre Kappe, mein Lieber! Dass man sich hier traf, ging auf Inges Kappe ... Wahrscheinlich meinte sies gut (Bieler, Bär 314).
Vgl. die vorangehende Wendung.
kaputt: was ist denn jetzt kaputt? (ugs.): *was ist denn los, was ist passiert?:* Was ist denn jetzt kaputt – warum wollt ihr plötzlich nicht mehr mit ins Kino gehen?
Karacho: mit/(auch:) **im Karacho** (ugs.): *mit Tempo, sehr schnell:* Verschwinde, aber mit Karacho! Mann ..., wär ich gern Rennfahrer geworden, so mit Karacho über die Avus (Fries, Weg 275).
▶ Die Verbindung meint eigentlich »mit Donnerwetter«. Das spanische »carajo« (= Donnerwetter!; verflucht!) bedeutete ursprünglich »Penis«.

Karawane: die Hunde bellen, und/aber die Karawane zieht weiter: ↑ Hund.

Karnickel: sich vermehren wie die Karnickel: ↑ vermehren.

Karo: Karo einfach (ugs.; scherzh.): *Brotschnitte ohne Aufstrich und Belag:* Im Knast gibts nur Karo einfach [belegt mit Daumen und Zeigefinger]. Die meisten hatten nur Karo einfach, ein paar Schnitten trockenes Brot und einen Apfel (Lentz, Muckefuck 167).

▶ Mit »Karo« ist die Scheibe des rechteckigen Kommissbrotes gemeint, die, wenn sie auf der Spitze liegt, die Form eines Karos hat. »Einfach« stammt aus der Sprache der Skatspieler und bezieht sich auf das niedrigste Spiel (Karo mit einem oder ohne einen).

Karo trocken (ugs.): *Brotschnitte ohne Aufstrich und Belag:* Bei uns gibts heute Karo trocken.

Vgl. die vorangehende Wendung.

Karpfenteich: der Hecht im Karpfenteich sein: ↑ Hecht.

Karre: die Karre ist [total/vollständig] verfahren (ugs.): *etwas ist völlig in Unordnung, ist in einer ausweglosen Situation:* Die Arbeiten an dem zweiten Teilstück kamen nicht voran. Die Karre war total verfahren. Seitdem die Militärjunta die Regierung übernommen hat, ist die Karre völlig verfahren.

die Karre/(auch:) **den Karren aus dem Dreck ziehen** (ugs.): *eine verfahrene Angelegenheit bereinigen, etwas wieder in Ordnung bringen:* Sieh zu, wie du die Karre aus dem Dreck ziehst! Aber sie waren dazu da, um in Landtagsreden erwähnt zu werden, wo man ihnen ... die Rolle zuwies, die Karre aus dem Dreck zu ziehen, wenns schief gegangen wäre (Tucholsky, Werke II, 91). Immer sollen wir die Karre aus dem Dreck ziehen, die ihr in eurer Dummheit reinfahrt (v. d. Grün, Glatteis 198).

die Karre/(auch:) **den Karren in den Dreck fahren** (ugs.): *eine Sache verderben, etwas verschulden:* Jetzt, nachdem ihr die Karre in den Dreck gefahren habt, soll ich euch helfen. ... wenn ich mich recht erinnere, war es ein Fräulein namens Eva, der damals den Karren in den Dreck fuhr (Geissler, Wunschhütlein 130).

Karree: im Karree springen (ugs.): *[vor Wut] außer sich geraten:* Wenn er erfährt, dass du mit seiner Freundin aus warst, springt er im Karree.

Karren: den Karren/(auch:) **die Karre [einfach] laufen lassen** (ugs.): *sich nicht um etwas kümmern:* Sie hatten den Eindruck, dass der neue Filialleiter den Karren einfach laufen ließ. Warum regst du dich denn im Betrieb so auf? Lass doch den Karren einfach laufen.

jmdm. an den Karren fahren (ugs.): *jmdm. zu nahe treten, jmdm. etwas anhaben wollen:* Ich passe schon auf, ich lasse mir von dem Kerl doch nicht an den Karren fahren. Sie merkte nicht, dass ihre männlichen Kollegen ihr an den Karren fahren wollten.

jmdn. vor seinen Karren spannen: *jmdn. für seine Zwecke benutzen, für seine Interessen einsetzen:* Er überlegte, wie er die Mitglieder der Kommission vor seinen Karren spannen konnte. Er versteht es auch, einzelne Zöglinge vor seinen Karren zu spannen und für seine Zwecke zu missbrauchen (Ziegler, Gesellschaftsspiele 26).

Karriere: Karriere machen: *beruflich aufsteigen:* Der Leiter der Forschungsstelle hatte ungewöhnlich schnell Karriere gemacht. Frauen, die ... in der Mode Karriere machen wollen, sind es sich eigentlich schuldig, etwas Besonderes aus ihrer Erscheinung zu machen (Dariaux [Übers.], Eleganz 40).

Karte: wissen, wie die Karten fallen [werden]: *kommende Ereignisse voraussehen:* Die Lage ist völlig verworren, niemand weiß, wie die Karten fallen werden.

jmdm. die Karten legen/(landsch. auch:) **schlagen:** *jmdm. aus den Spielkarten wahrsagen:* Sie wusste, dass ihre Mutter ab und an zu einer Wahrsagerin ging, um sich die Karten schlagen zu lassen. Soll ich Ihnen mal die ... Karten legen? ... Passen Sie auf, Ihre Zukunft ist ganz anders, als Sie denken (Fallada, Mann 242).

alle Karten in der Hand haben/behalten: *die entscheidende Position innehaben, alle Machtmittel behalten:* Noch hatte das Militärregime alle Karten in der Hand. Es war ihm gelungen, alle Karten in der Hand zu behalten.

▶ Diese und die folgenden Wendungen knüpfen an »Karte« im Sinne von »Spielkarte« an und beziehen sich auf das Kartenspielen.

schlechte Karten haben: *keine guten Erfolgsaussichten haben:* Wer ohne finanziellen Rückhalt an der Börse spekuliert, hat meist schlechte Karten. Das romantische Spiel der Geschlechter ist zum Kampf geworden. Die Männer ... haben diesmal allerdings schlechte Karten (Frings, Liebesdinge 14).

die letzte Karte ausspielen: *mit dem letzten Mittel noch einmal den Versuch machen, ein Ziel zu erreichen:* Nun haben wir unsere letzte Karte ausgespielt – wenn auch diesmal der Erfolg ausbleibt, ist alles verloren.

die/seine Karten aufdecken; die/seine Karten offen auf den Tisch legen: *seine wahren Absichten erkennen lassen:* Der Trainer wollte seine Karten vor dem Spiel nicht aufdecken. Ich beschloss, meine Karten offen auf den Tisch zu legen (Fallada, Herr 149).

[eine] Karte oder ein Stück/Scheit Holz! (Kartenspiel): *ungeduldige Aufforderung an einen zögernden Mitspieler, endlich auszuspielen.*

alles auf eine Karte setzen: *bei einer einzigen Chance alles riskieren:* Um an der Macht zu bleiben, war der Diktator entschlossen, alles auf eine Karte zu setzen. Aber so war Papa immer: Am liebsten setzte er alles auf eine Karte (Fallada, Herr 8).

auf die falsche Karte setzen: *sich verrechnen, die falschen Mittel wählen:* Es stellte sich schnell heraus, dass er auf die falsche Karte gesetzt hatte. Und ich kann es nicht ruhigen Gewissens mit ansehen, wie wir ... im Begriffe sind, auf die falsche Karte zu setzen (Benrath, Konstanze 28).

jmdm. in die Karten sehen/schauen/ (ugs.:) **gucken:** *jmds. geheime Absichten, Pläne erkennen:* Wir wollen versuchen, diesen Herrschaften mal ein bisschen in die Karten zu sehen.

sich nicht in die Karten sehen/schauen/ (ugs.:) **gucken lassen:** *seine Absichten geheim zu halten wissen:* Wir wollen uns von der Konkurrenz nicht in die Karten sehen lassen. Teamchef Alf Ramsey ...

ließ sich am Dienstag noch nicht in die Karten gucken (Welt 12. 5. 1965, 17).

mit offenen/mit verdeckten Karten spielen: *ohne Hintergedanken handeln, seine Absichten erkennen lassen/heimlich handeln, seine Absichten nicht erkennen lassen:* Ich glaube, es ist besser, wenn wir mit offenen Karten spielen. Er hatte die ganze Zeit mit verdeckten Karten gespielt. Denn wo Wilhelm Voigt mit offenen Karten spielt, da greift Robert Schneider zu gezinkten (Noack, Prozesse 248).

mit gezinkten Karten spielen: *seine Pläne, Ziele mit unlauteren Mitteln verfolgen:* Die Konkurrenz hat mit gezinkten Karten gespielt; wir hatten keine Chance, den Auftrag zu bekommen.

Kartenhaus: einstürzen/zusammenfallen wie ein Kartenhaus: ↑einstürzen, ↑zusammenfallen.

Kartoffel: [die] Kartoffeln abgießen (ugs.; scherzh.): *die Blase entleeren, urinieren:* An der Litfaßsäule stand ein Rentner und goss die Kartoffeln ab. Augenblick bitte, ich muss erst noch die Kartoffeln abgießen.

wenn wir dich nicht hätten und die/keine kleinen Kartoffeln [müssten wir dauernd große essen] (ugs.; iron.): *Ausdruck der Anerkennung, des Lobes:* Du hast den Fehler wieder einmal entdeckt. Ja, ja, wenn wir dich nicht hätten und die kleinen Kartoffeln.

rin/rein in die Kartoffeln, raus aus den/ aus die Kartoffeln (ugs.): *mal lautet die Anordnung so, dann genau umgekehrt:* Erst solltest du an der Tagung teilnehmen, jetzt soll ich hinfahren. Rin in die Kartoffeln, raus aus die Kartoffeln. Wetten, dass die Fußgängerüberwege in der Innenstadt in dem Maße wieder sprießen, in dem die Stadt zu Geld kommt ...? In diesem Sinne – rin in die Kartoffeln, raus aus den Kartoffeln (MM 16. 3. 1966, 4).

▶ Die Wendung geht darauf zurück, dass früher bei Manövern keine Klarheit darüber bestand, ob Kartoffeläcker von den Soldaten zu betreten seien oder nicht. Der von einem militärischen Vorgesetzten erteilte Befehl, den Kartoffelacker in das Manöver einzubeziehen, wurde oft von einem anderen Vorgesetzten rückgängig gemacht.

Kartoffeln gehören in den Keller (ugs.; scherzh.): *bitte keine oder nicht so viel Kartoffeln, ich esse lieber Fleisch und Gemüse (dankende Ablehnung, wenn beim Essen Kartoffeln gereicht werden).*
die dümmsten Bauern haben die dicksten Kartoffeln: ↑ Bauer. **jmdn. fallen lassen wie eine heiße Kartoffel:** ↑ fallen lassen.

Kartoffelwasser: das/sein Kartoffelwasser abgießen/abschütten (ugs.; scherzh.): *die Blase entleeren, urinieren:* Gleich neben dem Eingang schüttete er das Kartoffelwasser ab.

Karton: nicht alle im Karton haben (ugs.): *nicht recht bei Verstand sein, verrückt sein:* Was ist mit dir denn los, du hast sie wohl nicht alle im Karton? Im Krieg hats ihn am Kopf erwischt, und jetzt hat er nicht mehr alle im Karton.
▶ Die aus Berlin stammende Wendung geht von »Karton« im Sinne von »Kopf« aus und meint eigentlich »nicht alle fünf Sinne im Kopf haben«.
bei jmdm. rappelts im Karton (ugs.): *jmd. ist nicht recht bei Verstand, ist verrückt:* Zwei Stunden warten wir nun schon, bei dem rappelts wohl im Karton. Bei seiner Frau rappelte es schon lange im Karton. Vgl. die vorangehende Wendung.
es knallt im Karton (ugs.): *es passiert etwas, es gibt eine gehörige Zurechtweisung:* Wenn jetzt noch die geringste Kleinigkeit schief geht, dann knallt es im Karton!
▶ Die Herkunft der Wendung ist unklar. Vielleicht bezieht sie sich auf eine in einer Pappschachtel verpackte Höllenmaschine.
es rauscht [gleich] im Karton (ugs.): *meine Geduld ist gleich zu Ende; gleich ist etwas los:* Wenn du mit dem Gedudel nicht aufhörst, rauscht es im Karton.
Ruhe im Karton: ↑ Ruhe.

Karussell: mit jmdm. Karussell fahren (ugs.): *jmdn. heftig tadeln, zurechtweisen:* Gestern ist die Chefin mit ihr Karussell gefahren, aber sie braucht trotzdem nicht um ihren Arbeitsplatz zu fürchten.

Käse: Käse schließt den Magen: *scherzhafter Kommentar, wenn man das Essen mit einem Käsegang beschließt:* Dessert möchte ich keins, aber Käse schließt den Magen.

Kasse: Kasse machen: 1. (Kaufmannsspr.) *die Tageseinnahmen abrechnen:* Wenn die Verkäuferinnen gegangen waren, schloss er die Tür ab, ließ die Läden herunter und machte Kasse. 2. (ugs.) *feststellen, über wie viel Geld man verfügt:* Kommst du mit ein Bier trinken? – Ich weiß nicht, ich muss erst mal Kasse machen. 3. (ugs.) *Geld einnehmen:* Du machst dich kaputt, der Dealer macht Kasse! (Slogan einer Anti-Drogen-Kampagne). Der VfB Stuttgart machte im Hinspiel gegen Turin ... große Kasse (Saarbr. Zeitung 3. 10. 1979, 7).
[gut/schlecht, knapp] bei Kasse sein (ugs.): *[reichlich/wenig] Geld haben:* Sobald ich wieder gut bei Kasse bin, kaufe ich mir einen Farbfernseher. Die meisten Studenten im Wohnheim waren knapp bei Kasse. Uns war etwas bang zumut, besonders da wir wieder einmal schlecht bei Kasse waren (K. Mann, Wendepunkt 173).
tief in die Kasse greifen müssen (ugs.): *viel zahlen müssen:* Für die Renovierung der Wohnung habe ich tief in die Tasche greifen müssen.
jmdn. zur Kasse bitten (ugs.): *jmdm. Geld abverlangen:* Die haben uns jahrelang ausgebeutet, jetzt wollen wir die Herren einmal zur Kasse bitten. Wie sollen die erneut zur Kasse gebetenen Zuschauer Ihre Ankündigung verstehen ...? (Hörzu 31, 1973, 10).
einen Griff in die Kasse tun: ↑ Griff. **ein [großes/gewaltiges] Loch in die Kasse reißen:** ↑ Loch.

Kassel: ab nach Kassel: ↑ ab.

Kassensturz: Kassensturz machen: 1. (Kaufmannsspr.) *den Kassenbestand feststellen:* Der Geschäftsinhaber wollte gerade Kassensturz machen, als die Gangster plötzlich vor ihm standen. 2. (ugs.) *feststellen, über wie viel Geld man verfügt:* Bevor ich mit euch ausgehe, muss ich erst mal Kassensturz machen. Wie zwei Kaufleute, die ihre gemeinsame Firma liquidieren, machten wir Kassensturz auf den Trümmern unseres Glücks (Hörzu 9, 1985, 116).

Kastanie: [für jmdn.] die Kastanien aus dem Feuer holen: *eine unangenehme Aufgabe für jmdn. übernehmen:* Ich habe keine Lust, für euch die Kastanien aus dem Feuer zu holen. ... du verbrennst dir an der Sache die Finger, weil sie dich allein die Kastanien aus dem Feuer holen lassen (v. d. Grün, Glatteis 155).

▶ Die Wendung stammt aus einer Fabel von La Fontaine. In dieser Fabel veranlasst der Affe die Katze, die gerösteten Kastanien aus dem Feuer zu holen, die er dann sofort auffrisst. Vgl. französisch »tirer des marrons du feu«.

Kasten: etwas auf dem Kasten haben (ugs.): *fähig sein, viel können:* Auch die Patienten merkten, dass der neue Oberarzt etwas auf dem Kasten hatte. Wir werden der Marine mal zeigen, was das Heer so alles auf dem Kasten hat (Kirst 08/15, 471).

▶ Die Wendung geht von »Kasten« als volkstümliche Bezeichnung für Kopf (Verstandeskasten) aus.

jmdn./etwas im Kasten haben (Filmspr.): *jmdn. fotografiert haben; etwas abgedreht haben:* Sie hatten alle Aufnahmen im Kasten und traten die Rückreise an. Jetzt kannst du aus der Konservendose raus, Kleiner, wir haben dich fünfmal im Kasten (Lenz, Brot 114).

▶ Die Wendung geht von »Kasten« als Bezeichnung für den früher üblichen Fotografenkasten aus.

im Kasten sein (Filmspr.): *abgedreht sein:* Giller sprang und sprang, obwohl die Szene längst im Kasten war (Hörzu 43, 1970, 18). Zehn Tage Probe und ein halber Tag Aufzeichnung, dann ist Alfred im Kasten (Hörzu 7, 1974, 109). Vgl. die vorangehende Wendung.

Kastor: wie Kastor und Pollux sein (bildungsspr.): *eng befreundet sein (von Männern):* In ihrer Studienzeit waren sie wie Kastor und Pollux, später kam es zum Zerwürfnis. Wir bezogen ein gemeinsames Zimmer ... und waren unzertrennlich, wie Kastor und Pollux vielleicht (Ziegler, Labyrinth 266).

▶ Die Wendung spielt auf die griechische Sage von den unzertrennlichen Zwillingen Kastor (lat. Castor) und Polydeukes (lat. Pollux) an.

Kater: Hokuspokus Fidibus, dreimal schwarzer Kater: ↑ Hokuspokus.

Katharina: die schnelle Kathrin/(veraltet:) **Katharina haben** (ugs.): *Durchfall haben:* Viele Rekruten hatten die schnel-

le Kathrin und konnten an der Übung nicht teilnehmen.

▶ Die Wendung beruht auf einer scherzhaften Umgestaltung von »Katarrh« und meint eigentlich »schnellen Stuhlgang infolge eines Magen- und Darmkatarrhs haben«; vgl. die Wendung »den flotten Heinrich haben« (↑ Heinrich).

katholisch: es ist, um katholisch zu werden/es ist zum Katholischwerden (landsch.; veraltend): *es ist zum Verzweifeln:* Es ist zum Katholischwerden, die Kartoffeln sind schon wieder teurer geworden.

▶ Die Wendung rührt von den Protestanten in den altevangelischen Ländern her, die den katholischen Glauben strikt ablehnten.

Kattun: jmdm. Kattun geben: 1. (ugs.; veraltend) *jmdn. derb zurechtweisen, verprügeln:* Der Meister gab dem Lehrling Kattun. Wenn du nicht parierst, werden wir dir Kattun geben. 2. (Soldatenspr.) *jmdn. unter Beschuss nehmen:* Sie gaben den Regierungstruppen Kattun.

▶ Die Herkunft der Wendung ist unklar.

Kattun kriegen: 1. (ugs.; veraltend) *derb zurechtgewiesen werden, verprügelt werden:* Weil er seine Schularbeiten nicht gemacht hatte, kriegte er von seinem Vater Kattun. Der Staat ist für seine Diener da. Wer dies nicht einsehen will, kriegt eben Kattun (Die Unabhängigen 18. 1. 1975, 1). 2. (Soldatenspr.) *unter Beschuss geraten:* Der Spähtrupp war entdeckt worden und kriegte Kattun. Allmählich merken wir, dass wir Kattun kriegen (Remarque, Westen 165). Vgl. die vorangehende Wendung.

Katze: da beißt sich die Katze in den Schwanz (ugs.): *das ist ein Irrkreis, ein Circulus vitiosus:* Wenn wir das Geld für die Anschaffungen von der Bank haben wollen, müssen wir erst nachweisen, dass wir Sicherheiten haben. Da beißt sich die Katze in den Schwanz.

das trägt die Katze auf dem Schwanz fort/weg (ugs.): *das ist sehr wenig, nur eine Kleinigkeit:* Was du gegessen hast, das trägt ja die Katze auf dem Schwanz fort. Das soll eine gute Bezahlung sein? Das trägt ja die Katze auf dem Schwanz weg.

das hat die Katze gefressen (ugs.): *das ist plötzlich verschwunden, ist plötzlich weg:*

Weißt du, wo das Päckchen mit den Rosinen ist? – Das hat die Katze gefressen.
die Katze lässt das Mausen nicht: *wer einmal gestohlen o. Ä. hat, wird es immer wieder versuchen:* Nach seiner letzten Gefängnisstrafe soll er sich wirklich gebessert haben. – Ich werde trotzdem vorsichtig sein; die Katze lässt das Mausen nicht. Die Katze lässt das Mausen nicht, und Manolescu, der berühmte Hoteldieb, ebenso wenig (Hörzu 24, 1972, 57).
wenn die Katze aus dem Haus ist, tanzen die Mäuse [auf dem Tisch]: *wer gewohnt ist, ständig beaufsichtigt zu werden, nutzt es aus, wenn er einmal ohne Aufsicht ist:* Die Nachbarn waren übers Wochenende weggefahren, und natürlich hat die siebzehnjährige Tochter gleich eine Riesenfete veranstaltet – wenn die Katze aus dem Haus ist, tanzen die Mäuse!
die Katze im Sack kaufen (ugs.): *etwas ungeprüft übernehmen, kaufen [und dabei übervorteilt werden]:* Wenn ich die Ware vorher nicht sehen kann, kommt das Geschäft nicht zustande. Ich kaufe doch nicht die Katze im Sack. Warum ziehst du nicht die Hosen aus, Süßer ... man kauft nicht gern die Katze im Sack (Rechy [Übers.], Nacht 270).
▶ Die Wendung, ursprünglich in der Form »etwas im Sack kaufen« bezeugt, meint eigentlich »etwas kaufen, ohne es vorher in Augenschein genommen zu haben«. Die Festlegung auf die Katze rührt daher, dass früher auf Märkten oft eine wertlose Katze anstelle eines Ferkels, Kaninchens oder Hasens in den Sack getan wurde, um den unachtsamen Käufer hereinzulegen.
die Katze aus dem Sack lassen (ugs.): *seine wahre Absicht zu erkennen geben, ein Geheimnis preisgeben:* Endlich hat der Finanzminister die Katze aus dem Sack gelassen. Die Steuern sollen wieder einmal erhöht werden. John Miller war dafür bekannt, dass er zweimal anrief und erst bei der Wiederholung die Katze ganz aus dem Sack ließ (Zwerenz, Quadriga 123).
▶ Die Wendung ist gleichen Ursprungs wie die vorangehende Wendung »die Katze im Sack kaufen«.
mit jmdm. Katz und Maus spielen (ugs.): *jmdn. hinhalten, allzu lange auf eine*

[letztlich doch negative] Entscheidung warten lassen: Er merkte nicht, dass die Tochter des Chefs nur Katz und Maus mit ihm spielte.
der Katze die Schelle umhängen: *eine gefährliche, schwierige Aufgabe als Einziger übernehmen:* Die Frage ist nur, wer hängt der Katze die Schelle um? Es wird sich niemand finden, der der Katze die Schelle umhängt.
▶ Die Wendung geht von einer alten Fabel aus, nach der die Mäuse eine Versammlung abhielten, um darüber zu beraten, wie sie sich vor der Katze schützen könnten. Sie beschlossen, der Katze eine Schelle umzuhängen, damit sie sie immer hören könnten. Es fand sich dann aber keine Maus, die diesen Plan ausführen wollte.
für die Katz sein (ugs.): *vergeblich, nutzlos sein:* Es goss in Strömen, und die Veranstaltung musste ausfallen. Die ganze Arbeit war für die Katz. Die Versuche sind für die Katz gewesen, wenn wir die Auswertung verschlampen (M. Walser, Eiche 19).
▶ Die Wendung meint eigentlich, dass etwas wertlos, so schlecht ist wie Fischreste, Wurstpellen, Käserinde, die man der Katze zum Fressen vorwirft.
herumgehen/herumschleichen wie die Katze um den heißen Brei: ↑ herumgehen.
leben/sich stehen/sich vertragen wie Hund und Katze: ↑ leben, ↑ stehen, ↑ vertragen.
in der Nacht/bei Nacht sind alle Katzen grau: ↑ Nacht.
Katzendreck: kein Katzendreck sein (ugs.): *beachtlich sein:* Dreitausend Mark hat er dir dafür gegeben? Das ist doch kein Katzendreck.
Katzenficken/Katzenmachen: das geht [ja] wie's Katzenficken/Katzenmachen: ↑ gehen.
Katzensprung: [bis .../zu .../nach ...] ein Katzensprung sein (ugs.): *[bis .../zu .../nach ...] nicht weit, nur eine kurze Entfernung sein:* Mit dem Flugzeug ist es von Bonn nach Berlin nur ein Katzensprung. Bisschen weit zur Firma, aber wenn man einen Wagen hat, ist es ein Katzensprung (v. d. Grün, Glatteis 25).
einen Katzensprung von hier (ugs.): *nicht weit von hier:* Er wohnt nur einen Katzensprung von hier.

Katzenwäsche: Katzenwäsche machen (ugs.): *sich nur flüchtig waschen:* Es ist schon spät, ihr braucht heute Abend nur Katzenwäsche zu machen. Ich hab meist Katzenwäsche gemacht. Viel zu aufgeregt gewesen, um mich jedes Mal erst noch zu duschen (Schnurre, Ich 52).
▶ Die Wendung beruht auf der Meinung, dass sich Katzen nur durch rasches Ablecken des Fells säubern.

kauen: gut gekaut ist halb verdaut: *man soll sein Essen nicht hinunterschlingen, sich beim Kauen Zeit lassen:* Bist du immer noch beim Hauptgericht? Wir sind schon mit dem Nachtisch fertig! – Immer mit der Ruhe, gut gekaut ist halb verdaut.

Kauf: leichten Kaufs (geh.; veraltend): *mit nur geringem Schaden, ohne schwere Einbußen:* Er war noch einmal leichten Kaufs davongekommen.
▶ Die Wendung bedeutet eigentlich »mit Zahlung eines geringen Preises, billig«.

etwas in Kauf nehmen: *sich mit etwas im Hinblick auf andere Vorteile abfinden:* Die Abfahrten sind so herrlich, dass man die langen Wartezeiten an den Liften gerne in Kauf nimmt. In dem Text der Strafanzeige ... heißt es, Sechser habe den Tod von Ingrid Reppel bewusst in Kauf genommen (MM 25. 8. 1971, 10).
▶ Die Wendung bedeutete ursprünglich »etwas als Zugabe zu dem, was man gekauft hat, bekommen« und wurde dann auf die schlechte Ware, die der Händler mit der guten zu verkaufen suchte, eingeengt.

kaufen: dafür kann ich mir nichts kaufen (ugs.): *das nützt mir nichts:* Es ist ja ganz nett, dass du mit mir Mitleid hast, aber dafür kann ich mir nichts kaufen.
sich einen Affen kaufen: ↑ Affe. **die Katze im Sack kaufen:** ↑ Katze. **auf Stottern kaufen:** ↑ stottern. **sich einen Strick kaufen können:** ↑ Strick.

kaum: kaum glaublich: ↑ glaublich.

Kavalier: ein Kavalier der alten Schule: *ein Mann, der sich durch ausgesuchte Höflichkeit auszeichnet:* Der Direktor des Museums war ein Kavalier der alten Schule. Georg Kroll, ein Kavalier der alten Schule, hat Renée de la Tour und Willy gebeten, seine Gäste zu sein (Remarque, Obelisk 25).

der Kavalier genießt und schweigt: *ein taktvoller Mann redet nicht über seine Liebesabenteuer:* Hast du die Sprechstundenhilfe rumgekriegt? – Der Kavalier genießt und schweigt. »Er (= der Sarg) wurde zur Liebeslaube?« ... »Der Kavalier genießt und schweigt« (Remarque, Obelisk 249).

Kegel: mit Kind und Kegel: ↑ Kind.

Kehle: jmdm. die Kehle zuschnüren/zusammenschnüren: *jmdm. ein Gefühl starker Beklemmung verursachen:* Die Aufregung schnürte ihm die Kehle zu. Abermals stieg ein Widerwille, eine Art von Brechreiz in Hanno Buddenbrook auf und schnürte ihm die Kehle zusammen (Th. Mann, Buddenbrooks 496).

sich die Kehle ausschreien/aus dem Hals schreien: *anhaltend laut schreien [müssen]:* Wo bist du denn gewesen? Ich habe mir die Kehle aus dem Hals geschrien. Die Männer auf dem Floß schrien sich die Kehle aus, aber das Schiff drehte ab und verschwand im Nebel.

sich die Kehle anfeuchten/ölen/schmieren (ugs.; scherzh.): *Alkohol trinken:* Die Maler feuchteten sich, bevor sie mit der Arbeit begannen, erst einmal die Kehle an. Ich habe mir gestern Abend anständig die Kehle geölt. Ich glaube, wir müssen uns erst mal richtig die Kehle schmieren.

[immer] eine trockene Kehle haben (ugs.; scherzh.): *ständig das Verlangen haben, Alkohol zu trinken:* Sie musste noch einen Kasten Bier besorgen, denn die Möbelpacker hatten immer eine trockene Kehle.

jmdm. geht es an die Kehle: *jmdm. droht Gefahr:* Erst jetzt, als es ihm an die Kehle ging, merkte er, worauf er sich eingelassen hatte.

aus voller Kehle: *ganz laut, lauthals:* Der Brautvater war betrunken und sang aus voller Kehle Karnevalslieder. ... er lacht zuerst verlegen, dann aber zeigt sein gesundes Preußentum, und er lacht aus voller Kehle (Borchert, Draußen 28).

etwas durch die Kehle jagen (ugs.): *etwas vertrinken:* Er hat sein ganzes Vermögen durch die Kehle gejagt.

etwas in die falsche/unrechte Kehle bekommen/kriegen (ugs.): *etwas falsch verstehen und ärgerlich, wütend werden:*

Ganz offenkundig hatte der Staatsanwalt der Bemerkung des Angeklagten in die falsche Kehle bekommen. Hören Sie doch genau her. Sie haben doch offenbar was in die falsche Kehle bekommen (Gaiser, Jagd 55).

▶ Gemeint ist, dass jemand etwas anstatt in die Speiseröhre in die Luftröhre bekommt und sich verschluckt.

jmdm. in die falsche Kehle geraten/kommen (ugs.): *von jmdm. falsch verstanden werden und ihn verärgern:* Die Bemerkung über die Zustände in Süditalien gerieten den italienischen Gästen in die falsche Kehle.

Vgl. die vorangehende Wendung.

jmdm. in der Kehle stecken bleiben (ugs.): *jmdm. nicht über die Lippen kommen, von jmdm. nicht geäußert werden können:* Die Worte blieben ihm in der Kehle stecken. In diesem Augenblick öffnete Thiel die Tür ..., weshalb der erschrockenen Frau das Ende des begonnenen Satzes in der Kehle stecken blieb (Hauptmann, Thiel 18).

einen Frosch in der Kehle haben: ↑Frosch. **Gold in der Kehle haben:** ↑Gold. **jmdm. das Messer an die Kehle setzen:** ↑Messer. **jmdm. sitzt das Messer an der Kehle:** ↑Messer. **jmdm. steht das Wasser bis an die Kehle:** ↑Wasser.

Vgl. auch die Stichwörter »Gurgel« und »Hals«.

Kehlkopf: sich einen hinter den Kehlkopf brausen (berlinisch): *Alkohol trinken:* Einige Trauergäste hatten sich einen hinter den Kehlkopf gebraust und wankten leicht.

kehren: in sich gekehrt (geh.): *versunken, nach innen gewandt:* Sie saß in sich gekehrt in einer Ecke. Ich brauchte nicht ruhiger werden, da ich zuvor schon still und fast in mich gekehrt auf kommende Dinge gewartet hatte (Grass, Blechtrommel 89).

neue Besen kehren gut: ↑Besen. **etwas von oben nach unten kehren:** ↑oben. **das Oberste zuunterst kehren:** ↑oberste. **jmdm., einer Sache den Rücken kehren:** ↑Rücken. **den Spieß gegen jmdn. kehren:** ↑Spieß. **etwas unter den Teppich kehren:** ↑Teppich. **jeder kehre vor seiner eigenen Tür:** ↑Tür. **das Unterste zuoberst/das Hinterste zuvorderst kehren:** ↑unterste.

die Waffe gegen sich selbst kehren: ↑Waffe.

Kehricht: jmdn. einen feuchten Kehricht angehen (ugs.): *jmdn. gar nichts angehen:* In meinen vier Wänden kann ich tun und lassen, was ich will. Das geht dich einen feuchten Kehricht an. Jedenfalls geht mich das einen feuchten Kehricht an (Baldwin [Übers.], Welt 238).

Kehrseite: das ist die Kehrseite der Medaille: *das ist das Nachteilige an einer an sich vorteilhaften Sache:* Die Kosten bei diesem Verfahren sind außerordentlich hoch. Das ist die Kehrseite der Medaille.

kehrtmachen: auf dem Absatz kehrtmachen: ↑Absatz.

Kehrum: im Kehrum (schweiz.): *schnell, unversehens:* So ein Unfall ist im Kehrum geschehen, sieh doch lieber vor!

Keil: auf einen groben Klotz gehört ein grober Keil: ↑Klotz.

Keim: etwas im Keim ersticken: *etwas schon im Entstehen unterdrücken, zunichte machen:* Der Aufstand wurde im Keim erstickt. Mit seiner barschen Art erstickte er jeden Widerspruch im Keim. Ich hatte nicht die Kraft, dieses Lächeln ... im Keim zu ersticken (Bachmann, Erzählungen 116).

kein: kein Aas: ↑Aas. **an jmdm., etwas ist kein Arg:** ↑Arg. **kein Bein:** ↑Bein. **das ist [doch] kein Beinbruch:** ↑Beinbruch. **keinen Deut:** ↑Deut. **erfroren sind schon viele, aber erstunken ist noch keiner:** ↑erstunken. **kein Freibrief für etwas sein:** ↑Freibrief. **kein Freund von etwas sein:** ↑Freund. **kein Gedanke:** ↑Gedanke. **kein Geringerer als ...:** ↑gering. **keinen hochkriegen:** ↑hochkriegen. **kein Honiglecken/Honigschlecken sein:** ↑Honiglecken. **keine Idee:** ↑Idee. **wo kein Kläger ist, ist auch kein Richter:** ↑Kläger. **da ist kein Kopf und kein Arsch dran:** ↑Kopf. **an etwas keinen Kopf und keinen Arsch finden:** ↑Kopf. **kein Mensch:** ↑Mensch. **kein Mensch mehr sein:** ↑Mensch. **kein Mensch muss müssen:** ↑Mensch. **keine Menschenseele:** ↑Menschenseele. **keine Miene verziehen:** ↑Miene. **keine Nerven haben/kennen:** ↑Nerv. **um keinen Preis:** ↑Preis. **keine Sau:** ↑Sau. **kein Schwanz:** ↑Schwanz. **kein Schwein:** ↑Schwein. **etwas mit keiner Silbe erwähnen:** ↑Silbe. **keine Silbe von etwas verstehen:** ↑Silbe.

jmdm. **keinen Sommer und keinen Winter machen:** ↑ Sommer. **keine Sonne sehen:** ↑ Sonne. **keine großen Sprünge machen:** ↑ ¹Sprung. **keinen Spuk machen:** ↑ Spuk. **keine Spur:** ↑ Spur. **keinen leichten Stand haben:** ↑ Stand. **keinen Stein auf dem anderen lassen:** ↑ Stein. **kein Sterbenswort/ Sterbenswörtchen:** ↑ Sterbenswort. **keinen Stich kriegen/sehen:** ↑ Stich. **keinen Strich tun/machen:** ↑ Strich. **kein Teufel:** ↑ Teufel. **keinen Ton, nicht mal Anton:** ↑ Ton. **keinen Ton sagen/von sich geben:** ↑ Ton. **keinen Trumpf mehr in der Hand haben:** ↑ Trumpf. **kein Tüttelchen:** ↑ Tüttelchen. **unter keinen Umständen:** ↑ Umstand. **kein Unmensch sein:** ↑ Unmensch. **kein Untätchen:** ↑ Untätchen. **keine Ursache:** ↑ Ursache. **in keiner/keinster Weise:** ↑ ²Weise. **das ist doch kein Zustand:** ↑ Zustand. **keinen Zweck haben:** ↑ Zweck. **wie kein Zweiter:** ↑ zweite.

keinmal: einmal ist keinmal: ↑ einmal.

Keks: einen weichen Keks haben (ugs.): *nicht recht bei Verstand sein, verrückt sein:* Lass ihn in Ruhe, der hat doch einen weichen Keks. Manchmal habe ich den Eindruck, du hast einen weichen Keks. »Was soll das? Habt ihr ›Mann über Bord‹ oder einen weichen Keks?« (Heim, Traumschiff 398).
► Die Wendung bezieht sich darauf, dass bestimmte Kekse, wenn sie längere Zeit nicht luftdicht verpackt sind, weich werden, nicht mehr ganz in Ordnung sind, und spielt mit der umgangssprachlichen Bedeutung »Kopf« von Keks.
jmdm. auf den Keks gehen (ugs.): *jmdn. ärgern, jmdn. lästig fallen:* Du gehst mir allmählich ganz schön auf den Keks mit der ewigen Nörgelei! »Die Sache geht mir langsam auf den Keks, mein Darling!« (H. Weber, Einzug 209). Die Deutschen gehen ihm auf den Keks (Hörzu 40, 1989, 35).

Kelch: der Kelch geht an jmdm. vorüber (geh.): *jmdm. bleibt etwas Schweres erspart:* Er war froh, dass der Kelch an ihm vorübergegangen war. Möge dieser Kelch an mir vorübergehen!
► Die Wendung geht von der Bibel aus. Dort heißt es (Matthäus 26, 39): »Mein Vater, ists möglich, so gehe dieser Kelch von mir; doch nicht, wie ich will, sondern wie du willst!«

Keller: Kartoffeln gehören in den Keller!: ↑ Kartoffel. **was Küche und Keller zu bieten haben:** ↑ Küche. **eine Leiche im Keller:** ↑ Leiche.

kennen: etwas wie seine Hosentasche/wie seine Westentasche/wie seine eigene Tasche kennen (ugs.): *sich sehr gut in etwas auskennen:* Ich kenne den Betrieb wie meine Westentasche. Es war ziemlich neblig, aber Stefan kannte die Gegend wie seine Hosentasche (Kuby, Sieg 55).
sich vor etwas nicht [mehr] kennen: *vor etwas außer sich sein:* Der Gast kannte sich nicht vor Zorn, als der Ober seine Bestellung wiederum nicht annahm. Wenn dergleichen geschah, dann kannte sich der König nicht mehr vor Entzücken (Frank, Tage 143).
da kennt jmd. [gar] nichts (ugs.): *da ist jmdm. alles egal, da gibt es kein Halten:* Wenn der hinter dem Steuer seines Sportwagens sitzt, da kennt er nichts. Hat sie erst einmal etwas getrunken, da kennt sie gar nichts. Wenn Armand bei einem Kumpel was klemmen kann ..., da kennt er gar nichts (Genet [Übers.], Tagebuch 272).
was der Bauer nicht kennt, frisst er nicht: ↑ Bauer. **keine Grenzen kennen:** ↑ Grenze. **etwas nur vom Hörensagen kennen:** ↑ Hörensagen. **etwas in- und auswendig kennen:** ↑ inwendig. **Jugend kennt keine Tugend:** ↑ Jugend. **weder Maß noch Ziel kennen:** ↑ Maß. **keine Nerven kennen:** ↑ Nerv. **Not kennt kein Gebot:** ↑ Not. **seine Pappenheimer kennen:** ↑ Pappenheimer. **den Pfiff kennen:** ↑ Pfiff. **die Platte kennen:** ↑ Platte. **jmdn. vom Sehen kennen:** ↑ sehen. **jmdn. von dieser/von der Seite nicht kennen:** ↑ Seite. **sich selbst nicht mehr kennen:** ↑ selbst. **bessere Tage/Zeiten gekannt haben:** ↑ Tag. **jmdn. vom Wegsehen kennen:** ↑ wegsehen. **[einst/schon] bessere Zeiten gekannt haben:** ↑ Zeit.

kenntlich: jmdn., etwas kenntlich machen: *jmdn., etwas erkennbar, auffällig, unterscheidbar machen:* Die Fundstelle war deutlich kenntlich gemacht. Er setzt die Haupthandlung deutlich von allen nur begleitenden ... Elementen ab und macht immer wieder das unterschiedliche Gewicht der Auftretenden kenntlich (Fest, Im Gegenlicht 257).

Kenntnis: von etwas Kenntnis nehmen (nachdrücklich): *etwas bemerken, von etwas Notiz nehmen:* ... er hatte sich entschlossen, von ihrem Dasein nach Möglichkeit keine Kenntnis zu nehmen (Geissler, Wunschhütlein 97). Hauptmann Tomas wusste nicht einmal Genaues ... und wollte nichts davon wissen. Er wehrte sich, davon Kenntnis zu nehmen (Plievier, Stalingrad 160). **sich jmds. Kenntnis entziehen** (Papierdt.): *jmdm. nicht bekannt sein:* Wie viel Personen an der Wirtshausschlägerei insgesamt beteiligt waren, entzog sich der Kenntnis des Angeklagten. Wie es ihm dann schließlich gelungen ist, beim Wettrennen ... als Erster durchs Ziel zu gehen, entzieht sich unserer Kenntnis (Thieß, Reich 440). **jmdn. von etwas in Kenntnis setzen** (nachdrücklich): *jmdn. über etwas unterrichten:* Er hielt es für seine Pflicht, seine übergeordnete Dienststelle von den Vorfällen in Kenntnis zu setzen. Ich möchte Sie hiermit offiziell in Kenntnis setzen, dass wir den Fall an unsere Gewerkschaft weitergeleitet haben (v. d. Grün, Glatteis 121). **[jmdm.] etwas zur Kenntnis bringen** (nachdrücklich): *jmdm. etwas mitteilen, etwas allgemein bekannt geben:* Er brachte die Vorfälle seinen Vorgesetzten zur Kenntnis. ... die ›Dame‹ ... hat ihr endlich auf das Drängen der Pfaffen und sämtlicher Betschwestern hin ihren Namen zur Kenntnis gebracht (Langgässer, Siegel 141). **etwas zur Kenntnis nehmen** (nachdrücklich): *eine Information über etwas entgegennehmen, etwas vermerken:* Die Bevölkerung nahm die Nachricht von dem Militärputsch gelassen zur Kenntnis. Nehmen Sie bitte zur Kenntnis, dass das Betreten der Laborräume Unbefugten verboten ist. ... man wird diese Erklärungen Procops mit großer Vorsicht zur Kenntnis nehmen müssen (Thieß, Reich 634).

Kerbe: in dieselbe/die gleiche Kerbe hauen/schlagen (ugs.): *die gleiche Auffassung vertreten und dadurch jmdn. unterstützen:* Der Oberarzt schlug in dieselbe Kerbe wie der Chefarzt. Er rechnete damit, dass seine beiden Zechkumpane in die gleiche Kerbe hauen würden wie er. Im Jahre 206 macht sich ... Nabis zum König, der in dieselbe Kerbe haut, aber eine scheußliche Rebellion entfesselt (Thieß, Reich 112). ▶ Die Wendung bezieht sich auf das Fällen von Bäumen. Die Holzfäller erreichen ihr Ziel am schnellsten, wenn sie immer wieder in dieselbe Kerbe hauen.

Kerbholz: etwas auf dem Kerbholz haben (ugs.): *etwas Unrechtes, eine Straftat begangen haben, sich etwas zuschulden kommen lassen haben:* Ich möchte nicht wissen, was die alles auf dem Kerbholz hat. Man nimmt an, dass er noch weitere Betrügereien auf dem Kerbholz hatte (Express 11. 10. 1968, 3). ▶ Die Wendung bezieht sich auf das bis ins 18. Jh. verwendete Kerbholz, das dazu diente, Warenlieferungen, Arbeitsleistungen und Schulden aufzuzeichnen und abzurechnen. Und zwar wurden in einen längs gespaltenen Holzstab alle Vermerke eingekerbt. Je eine Hälfte behielten zur gegenseitigen Kontrolle der Schuldner und der Gläubiger. Die Bedeutung »sich etwas zuschulden kommen lassen haben« hat sich aus »Schulden haben« entwickelt.

Kern: der harte Kern: 1. *derjenige Teil einer aggressiven [politischen, oft auch kriminellen] Gruppe, der sich mit ihren Zielen und Handlungen unbedingt identifiziert und sich an ihren Aktionen bedenkenlos beteiligt:* Der harte Kern der Terroristen konnte sich lange der Verhaftung entziehen. ... obschon von den 600 000 Exilkubanern ... offenbar nur noch ein harter Kern am Guerillakrieg gegen Castro festhält (Spiegel 46, 1976, 156). 2. (scherzh.) *diejenigen in einer Gruppe, die sich am meisten engagieren:* Der harte Kern der Fans hat dem Sänger auch in schwierigen Zeiten die Stange gehalten.

in jmdm. steckt ein guter Kern: *jmd. hat gute, entwicklungsfähige Anlagen:* Die Fürsorgerin war davon überzeugt, dass in dem Mädchen ein guter Kern steckte. Ein guter Kern steckt in dem Jungen; in einem halben Jahr wird er schon schamrot werden, wenn er an das denkt, was er dir in den ersten Tagen alles gesagt hat (Fallada, Jeder 274).

das ist des **Pudels Kern**: *das ist die eigentliche Ursache, das steckt dahinter:* Du wolltest also nur den Posten haben – das ist des Pudels Kern. Moskau fürchtet nicht die Waffengewalt des Westens, aber es fürchtet den Geist des Widerstandes in der Zone (Dönhoff, Ära 111). ▸ Die Redensart stammt aus Goethes Faust (I, 1 323: »Das also war des Pudels Kern«) und bezieht sich darauf, dass sich Mephistopheles in der Gestalt eines schwarzen Pudels Faust naht.

in einer rauen Schale steckt oft ein guter Kern: ↑ Schale.

kess: eine kesse Sohle aufs Parkett legen: ↑ Sohle. **des Wahnsinns kesse Beute sein:** ↑ Wahnsinn.

Kette: jmdn. an die Kette legen: *jmdn. in seiner Bewegungsfreiheit einschränken:* Der Parteiführung war es noch einmal gelungen, die radikalen Mitglieder an die Kette zu legen. Ich habe mich immer unwohl gefühlt gegenüber Leuten, denen ich Dankbarkeit schuldete. Sie legen einen damit an die Kette (Lenz, Brot 81).

an der Kette liegen: *in seiner Bewegungsfreiheit eingeschränkt sein:* Wenn du erst verheiratet bist, liegst du an der Kette.

kichern: dass ich nicht kichere! (ugs.): *das glaube ich nicht; das ist einfach lächerlich:* Ihr und die Karren sauber machen? Das möchte ich mal erleben! ... Dass ich nicht kichere! (Brot und Salz 374).

Kieker: jmdn. auf dem Kieker haben (ugs.): *es auf jmdn. abgesehen haben:* Die Klassenlehrerin hatte die beiden schon lange auf dem Kieker. Die Bullen haben ihn ununterbrochen auf dem Kieker. Jeder weiß, er mit Stoff schiebt (Rechy [Übers.], Nacht 239). ▸ Die Wendung geht von »Kieker« als seemännischer Bezeichnung für das Fernrohr aus und meint eigentlich »jemanden genau beobachten, genau verfolgen, was er tut«.

Kiel: etwas auf Kiel legen (Schiffsbau): *mit dem Bau eines Schiffes beginnen:* Auf der Werft wurde gerade ein Frachter auf Kiel gelegt. 1942 wurde es in den USA auf Kiel gelegt und diente als Minenräumboot der britischen Marine (Hörzu 13, 1973, 8).

Kielwasser: in jmds. Kielwasser segeln/ schwimmen; sich in jmds. Kielwasser halten: *jmdm. im Handeln, in seinen Ansichten folgen und davon profitieren:* Seiner Karriere hatte es wenig genützt, dass er stets bemüht war, im Kielwasser des Parteivorsitzenden zu segeln. Dass meine Freunde zum Teil ... in hohe Stellungen aufrückten, habe ich bereits erwähnt. Ich hielt mich bescheiden in ihrem Kielwasser (Jünger, Bienen 59).

Kieme: die Kiemen nicht auseinander kriegen (ugs.): *nichts sagen, wortkarg sein:* Ich verstehe nicht, warum sie ausgerechnet diesen Mann geheiratet hat. Der kriegt doch nicht die Kiemen auseinander. Sie drohten ihm, sie hätten ganz andere Mittel, wenn er nicht die Kiemen auseinander kriege.

etwas zwischen die Kiemen kriegen (ugs.): *etwas zu essen bekommen:* Jetzt wollen wir erst mal sehen, dass wir bald was zwischen die Kiemen kriegen.

Kien: auf dem Kien sein (ugs.): *scharf aufpassen, wachsam sein:* Der Torwart musste höllisch auf dem Kien sein, um nicht gleich noch ein Ding ins Netz zu kriegen. Das war so ein richtiger Hansdampf in allen Gassen, immer auf dem Kien, verstehen Sie? (Zwerenz, Quadriga 22). ▸ Die Herkunft der Wendung ist nicht sicher geklärt. Vielleicht ist mit »Kien« der Kienspan gemeint, der früher für die Beleuchtung unentbehrlich war. Vgl. die veraltete Wendung »auf den Kien passen« (= scharf aufpassen), die als »aufpassen, dass der Kienspan nicht ausgeht« gedeutet werden könnte. – Möglich ist auch, dass »Kien« auf jiddisch »kiwen« (= aufmerksam) zurückgeht.

etwas auf dem Kien haben (ugs.; berlinisch): *in seinem Fach gut Bescheid wissen:* Der alte Mann, der die Jungens trainierte, hatte ganz schön was auf dem Kien.
Vgl. die vorangehende Wendung.

Kimme: jmdn. auf der Kimme haben (ugs.; veraltend): *es auf jmdn. abgesehen haben:* Anna Fösken ist wirklich ein himmlisch Knabberchen, gebenedeit unter den Weibern. Ich hatte sie schon lange auf der Kimme (Winckler, Bomberg 238).

▶ Die Wendung geht von »Kimme« als Bezeichnung eines Teils der Visiereinrichtung aus und meint eigentlich »jmdn. anvisieren«.

jmdm. geht die Kimme (ugs.): *jmd. hat Angst:* Uns ging ganz schön die Kimme, als das Fahrgestell nicht ausgefahren werden konnte.

▶ Die Wendung geht von »Kimme« im Sinne von »Gesäß[einschnitt], After« aus und bezieht sich darauf, dass sich in Angst- und Erregungszuständen die Afterschließmuskeln unwillkürlich in kurzen Abständen zusammenziehen.

Kind: Kind Gottes [in der Hutschachtel]! (ugs.): *sei nicht so einfältig!:* Du musst ihm nicht alles glauben. Kind Gottes, der denkt doch gar nicht daran, dich zu heiraten.

▶ Die Wendung geht von der christlichen Vorstellung aus, dass die Menschen die [einfältigen] Kinder Gottes sind. Der scherzhafte Zusatz »in der Hutschachtel« bezieht sich wohl auf das Körbchen eines Neugeborenen.

Kinder und Kindeskinder: *die gesamte Nachkommenschaft:* Von diesem Ehrentag kannst du noch deinen Kindern und Kindeskindern erzählen.

das Kind im Manne: *der Spieltrieb, die Freude am Spiel im erwachsenen Mann:* Bei ihren Vätern zeigte sich das Kind im Manne, sie bauten am Strand eine Burg. Als er die Jungen beim Drachensteigen beobachtete, regte sich in ihm wieder das Kind im Manne. ... das Kind im Manne habe ich längst überwunden (Hildesheimer, Legenden 167).

das Kind muss [doch] einen Namen haben: *etwas bedarf einer Motivierung, wird als Vorwand genannt:* Wie wollen wir diesen Club nennen? Das Kind muss doch einen Namen haben. ... sollten wir den weiteren Kurs einrichten, den wir, weil das Kind ja einen Namen haben muss, als Phase soundso benennen wollen (Plenzdorf, Legende 43).

damit das Kind einen Namen hat: *damit etwas eine Bezeichnung bekommt; um etwas zu motivieren:* Damit das Kind einen Namen hatte, nannte man es System 2000.

ein Kind der Liebe (verhüllend): *ein uneheliches Kind:* Die Kleine ist ein Kind

der Liebe; ihren Vater hat sie nie gesehen.

ein tot geborenes Kind sein (ugs.): *keine Aussicht auf Erfolg haben, aussichtslos sein:* Er konnte das Geld nicht auftreiben, denn auch der Kiosk auf dem Bahnsteig war ein tot geborenes Kind.

ein Kind des Todes sein: *dem Tod ausgeliefert sein:* Sie drohten ihm, er würde ein Kind des Todes sein, wenn er über seine Beobachtungen mit jemandem spräche.

kein Kind von Traurigkeit sein (ugs.): *ein fröhliches, unbekümmertes Naturell haben, nicht sauertöpfisch oder überängstlich sein:* Die Ministerin ist nie ein Kind von Traurigkeit gewesen und hat auch bei Feiern im größeren Kreis kräftig auf den Putz gehauen. Ich bin gar kein Kind von Traurigkeit. Aber Kneipen hasse ich (Hörzu 16, 1973, 137).

Kinder und Narren reden/sagen die Wahrheit: *Kinder und einfältige Menschen sagen geradeheraus, ohne Rücksicht auf Konventionen und ohne [falsche] Höflichkeit, was sie denken.*

bei jmdm. lieb Kind sein (ugs.): *in jmds. Gunst stehen:* Keine drei Monate war er im Betrieb, da war er schon lieb Kind beim Chef. Sie waren lieb Kind bei den CIA-Amis, also ging alles in Ordnung mit ihnen (Zwerenz, Quadriga 299).

sich bei jmdm. lieb Kind machen (ugs.): *sich bei jmdm. einschmeicheln:* Die Kollegen fanden es widerlich, wie er sich lieb Kind beim Chef machte. Liegt es nicht ... sehr nahe ..., dass es im Grunde leicht und ungefährlich ist zu leben, wenn man sich nur einigermaßen ... bei seinem Regisseur lieb Kind macht? (Thielicke, Ich glaube 41).

jmdm. ein Kind machen (ugs.): *eine Frau schwängern:* Erst unserer Tochter ein Kind machen und sie dann nicht heiraten wollen – das haben wir gerne!

das Kind mit dem Bade ausschütten: *zu radikal vorgehen, mit dem Schlechten zugleich auch das Gute verwerfen:* Wegen dieser Zwischenfälle gleich ein allgemeines Demonstrationsverbot zu verhängen, das heißt doch das Kind mit dem Bade ausschütten. Kiesinger und Schröder sind klug genug, das Kind nicht mit dem Bad ausschütten zu wollen (MM 26. 8. 1971, 2).

▶ Gemeint ist, dass jemand so übereilt und unüberlegt handelt wie jemand, der das Badewasser ausschüttet, bevor er das Kind aus der Wanne genommen hat.

jmdm. ein Kind in den Bauch reden (ugs.): *jmdm. etwas einreden:* Ich lasse mir doch nicht von dir ein Kind in den Bauch reden! Der Autofahrer wollte dem Polizisten ein Kind in den Bauch reden.

▶ Die Wendung bedeutet eigentlich »jemandem weismachen wollen, dass er ein Kind erwartet«.

wir werden das Kind schon schaukeln (ugs.): *wir werden die Sache schon richtig erledigen; das schaffen wir schon:* Du kannst ruhig in Urlaub fahren, wir werden das Kind schon schaukeln. Es sieht nicht besonders gut aus, Karl, aber wir werden das Kind schon schaukeln (v. d. Grün, Glatteis 154).

▶ Gemeint ist eigentlich, dass der Ehemann oder andere Anwesende das Kind in der Wiege schaukeln und versorgen werden, sodass die Mutter beruhigt die Wohnung verlassen kann.

das Kind beim [rechten/richtigen] Namen nennen: *etwas ohne Beschönigung aussprechen:* Keiner unter den Funktionären traute sich, das Kind beim rechten Namen zu nennen. Wenn er das Kind beim richtigen Namen nennen würde, gäbe es sicherlich einen Sturm der Entrüstung.

▶ Der Ursprung der Wendung ist unklar. Allgemein bekannt wurde sie durch Goethes Faust (I, 589): »Wer darf das Kind beim rechten Namen nennen?«

dem Kind einen Namen geben: *eine Sache motivieren, einer Sache eine Bezeichnung geben:* Um dem Kind einen Namen zu geben, nannten sie es Energetik-Programm.

wie sage ichs meinem Kinde? (ugs.): *wie bringe ich jmdm. etwas am geschicktesten bei?:* Ich würde gerne an der Party teilnehmen, aber wie sage ichs meinem Kinde? Ihr kennt ja meinen Mann.

▶ Die Wendung meint eigentlich »wie kläre ich mein Kind über sexuelle Dinge auf?«.

aus Kindern werden Leute: *Kinder werden [oft schneller, als man es wahrnimmt] erwachsen:* Nachbars Jüngster ist jetzt auch schon bei der Bundeswehr, und sei-

ne Schwester erwartet im Mai ihr zweites Baby – aus Kindern werden Leute.

das ist nichts für kleine Kinder (ugs.): *das ist nicht für dich bestimmt, das geht dich nichts an:* Lass uns mal allein! Das ist nichts für kleine Kinder, was ich mit deinem Bruder besprechen will.

mit Kind und Kegel (scherzh.): *mit der ganzen Familie:* Mit Kind und Kegel rückten seine Schwiegereltern am ersten Weihnachtsfeiertag an. Ein Ausflug! Mit Kind und Kegel, eingepackten Brotzeiten – und ganz ohne Politik (Kühn, Zeit 113).

▶ Die Formel meint eigentlich »mit ehelichen und unehelichen Kindern«. »Kegel« ist ein veralteter Ausdruck für »uneheliches Kind«.

du bist wohl als Kind zu heiß gebadet worden: ↑ baden. **gebranntes Kind scheut das Feuer:** ↑ brennen. **den Brunnen zudecken, wenn das Kind hineingefallen ist:** ↑ Brunnen. **dastehen wie das Kind beim Dreck:** ↑ dastehen. **wes Geistes Kind jmd. ist:** ↑ Geist. **ein Kind unter dem Herzen tragen:** ↑ Herz. **zu etwas kommen wie die Jungfrau zum Kind:** ↑ kommen. **kleine Kinder, kleine Sorgen, große Kinder, große Sorgen:** ↑ Sorge. **jmdn. an Kindes statt annehmen:** ↑ statt. **unschuldig sein wie ein neugeborenes Kind:** ↑ unschuldig. **Weib und Kind:** ↑ Weib. **jmdm. zureden wie einem kranken Kind:** ↑ zureden.

Kinderschuhe: die Kinderschuhe ausgetreten/vertreten haben (veraltend): *erwachsen sein:* Aus seinem Verhalten kannst du schließen, dass er die Kinderschuhe noch nicht ausgetreten hat.

die Kinderschuhe ausziehen; den Kinderschuhen entwachsen: *erwachsen werden:* Wann wirst du endlich die Kinderschuhe ausziehen?

noch in den Kinderschuhen stecken: *am Anfang der Entwicklung stehen:* Die Raumfahrt steckt noch immer in den Kinderschuhen. Die Spezialisierung steckte damals noch in den Kinderschuhen: Im Ringen gab es keine Gewichtsklassen (Wochenpost 27. 6. 1964, 12).

Kinderspiel: [für jmdn.] ein Kinderspiel sein (ugs.): *sehr leicht sein:* Im Vergleich zu der Abfahrt über den Südhang war diese Abfahrt das reinste Kinderspiel. ... doch muss es für jeden Mann eigentlich ein Kinderspiel sein, kein Versager zu werden (Welt 8. 9. 1962, Die Frau).

kein Kinderspiel sein (ugs.): *sehr schwierig sein:* Er pflegte in einer solchen Situation zu sagen, dass die Ehe nun einmal kein Kinderspiel sei. Ich hab manchmal Lust, mich nach Brasilien zu verkrümeln, aber mit meinem verrückten Bein ist das kein Kinderspiel (Genet [Übers.], Notre Dame 167).

Kinderstube: mit dem Düsenjäger/im D-Zug durch die Kinderstube gebraust sein (ugs.; scherzh.): *ein schlechtes Benehmen haben:* Lümmele dich beim Essen nicht so herum, du bist doch nicht im D-Zug durch die Kinderstube gebraust.

im Galopp durch die Kinderstube geritten sein (ugs.; scherzh.): *ein schlechtes Benehmen haben:* Der Flegel ist wohl im Galopp durch die Kinderstube geritten!

Kindesbeine: von Kindesbeinen an: *von frühester Kindheit an:* Sie kannten sich von Kindesbeinen an. Das Opium hat diese Leute zerstört. ... sie rauchen es von Kindesbeinen an (Hörzu 18, 1973, 30).

Kindeskind: Kinder und Kindeskinder: ↑ Kind.

¹Kippe: auf der Kippe/(seltener:) **Kante stehen** (ugs.): *nicht sicher sein; gefährdet sein:* Es stand noch auf der Kippe, ob die Konferenz stattfinden würde. Die Firma steht auf der Kippe (droht Bankrott zu machen). Mit dem Kranken steht es auf der Kippe (er schwebt in Lebensgefahr).

▶ Die Wendung bedeutet eigentlich »im Begriff sein umzuschlagen, umzustürzen«. »Kippe« ist eine Bildung zum Verb kippen und bedeutet »Punkt des Schwankens oder Umstürzens«.

²Kippe: Kippe machen (ugs.): 1. *etwas gemeinsam unternehmen:* Wenn wir Kippe machen, kommt uns keiner auf den Trick! Wissen Sie, wenn drei zusammen sind, muss man immer damit rechnen, dass zwei Kippe machen (W. Brandt, Begegnungen 54). 2. *halbpart machen:* Von wegen 10% für mich und 90% für dich – wir machen natürlich Kippe!

▶ Das gaunersprachliche Wort »Kippe« in dieser Wendung bedeutet so viel wie »Gemeinschaft« und auch »Anteil«.

kippen: einen kippen (ugs.): *Alkohol trinken:* Die Blumenfrau hatte anscheinend

einen gekippt. Wollen wir nach Feierabend noch einen kippen? Wieder mal einen in der Früh gekippt, ha? (Simmel, Stoff 247).

aus dem Anzug kippen: ↑ Anzug. **[sich] einen hinter die Binde kippen:** ↑ Binde. **aus den Latschen/Pantinen kippen:** ↑ Latschen, ↑ Pantine.

Kirche: die Kirche hat einen guten Magen (abwertend): *die [katholische] Kirche nimmt Gelder und Güter an, ohne an deren [zweifelhafter] Herkunft Anstoß zu nehmen:* Die Kapelle soll ja von einem der Mafiabosse gestiftet worden sein. – Macht nichts, die Kirche hat einen guten Magen.

▶ Die Redensart ist allgemein bekannt durch Goethes Faust. Dort heißt es im »Spaziergang«: Die Kirche hat einen guten Magen, Hat ganze Länder aufgefressen, Und doch nie sich übergessen; Die Kirch allein, meine lieben Frauen, Kann ungerechtes Gut verdauen.

die Kirche im Dorf lassen (ugs.): *etwas im vernünftigen Rahmen belassen, nicht übertreiben:* Wenn er auch den Unfall verschuldet hat, so ist er noch lange kein Mörder. Nun wollen wir mal die Kirche im Dorf lassen. Lassen wir doch die Kirche im Dorf! Witterer ist hier Chef und damit unser Vorgesetzter (Kirst, 08/15, 460).

▶ Die Wendung beruht auf der Vorstellung, dass der angemessene Platz der Kirche in der Mitte eines Dorfes ist.

die Kirche ums Dorf tragen; mit der Kirche ums Dorf fahren (ugs.): *unnötige Umwege machen:* Der Weg durch die Marschen ist weitaus kürzer. Wir wollen doch nicht mit der Kirche ums Dorf fahren.

Vgl. die vorangehende Wendung.

das ist so sicher wie das Amen in der Kirche: ↑ amen. **georgelt haben, bevor die Kirche angegangen ist:** ↑ orgeln.

Kirchenlicht: kein [großes] Kirchenlicht sein (ugs.): *nicht sehr intelligent sein:* Der neue technische Direktor war kein großes Kirchenlicht. Nein, in keiner Hinsicht ein großes Kirchenlicht, dieser Enno, so weit sah sie jetzt schon klar (Fallada, Jeder 171).

▶ »Kirchenlicht« (nach lateinisch »lumen ecclesiae«) bezeichnete zunächst einen hervorragenden Theologen, eine Leuchte der Kirche, und wurde dann hauptsächlich ironisch gebraucht.

jmdm. geht ein Kirchenlicht auf (ugs.; scherzh.): *jmd. versteht, durchschaut plötzlich etwas:* Aha, jetzt geht mir ein Kirchenlicht auf. Du hast abgesagt, weil du deiner Exverlobten nicht begegnen wolltest.

▶ Bei dieser Wendung handelt es sich um eine scherzhafte Variante von »jmdm. geht ein Licht auf«.

Kirchenmaus: arm wie eine Kirchenmaus sein: ↑ arm.

Kirsche: mit jmdm. ist nicht gut Kirschen essen (ugs.): *mit jmdm. ist schwer auszukommen; mit jmdm. sollte man sich besser nicht anlegen:* Die Lehrkräfte merkten sehr schnell, dass mit dem neuen Direktor nicht gut Kirschen essen war. ... ich musste aus meinem Versteck hervor, sonst rief der Gong noch den alten Diener herbei, mit dem sicher lange nicht so gut Kirschen essen war (Fallada, Herr 137).

▶ Die Redensart lautete im Mittelalter »wer mit Herren Kirschen essen will, dem werfen sie die Stiele in die Augen«. Sie warnte davor, sich mit den hohen Herren einzulassen, weil es passieren konnte, dass diese beim Kirschenessen aus Hochmut oder Übermut den Untergebenen die Kirschkerne und -stiele ins Gesicht warfen.

Kiste: die [ganze] Kiste schmeißen (ugs.): *eine Aufgabe bewältigen, eine Angelegenheit in Ordnung bringen:* Keine Angst, wir werden die Kiste schon schmeißen. Seit sein Vater gestorben ist, schmeißt er die ganze Kiste allein.

Kittel: jmdm. brennt der Kittel (ugs.): *jmd. ist nicht ganz bei Verstand:* Ich glaub, dir brennt der Kittel – bring das Tier sofort zurück in die Tierhandlung!

kitzeln: den/jmds. Gaumen kitzeln: ↑ Gaumen.

Klage: dass mir keine Klagen kommen; dass ich keine Klagen höre (ugs.): *Ermahnung, sich anständig zu benehmen:* Du kannst ruhig zur Party gehen. Dass mir aber keine Klagen kommen! Und der gnädige Herr hat gesagt, ... dass Sie bis morgen früh zurück sind, mein Kind, hat er gesagt, und dass ich keine Klagen höre (Lederer, Liebe 19).

Klagelied: ein Klagelied über jmdn., über etwas anstimmen (ugs.): *seine Unzufriedenheit mit jmdm., mit etwas jammernd zum Ausdruck bringen:* Wenn einmal weniger Aufträge eingingen, pflegte er gleich ein Klagelied anzustimmen.

klagen: Gott seis geklagt: ↑ Gott. **jmdm. sein Leid klagen:** ↑ Leid.

Kläger: wo kein Kläger ist, ist auch kein Richter: *wenn ein Unrecht, ein Verbrechen nicht angezeigt wird, kann es auch nicht bestraft werden:* Man hätte ihre Mutter damals wegen Kuppelei belangen können, aber wo kein Kläger ist, ist auch kein Richter.

Klammerbeutel: dich haben sie/hat man wohl mit dem Klammerbeutel gepudert (ugs.): *du bist wohl nicht recht bei Verstand:* Du kannst doch nicht den Benzinkanister auf den Teppich stellen. Dich haben sie wohl mit dem Klammerbeutel gepudert! Sie sind wohl mit dem Klammerbeutel gepudert, schrie der Hauptmann, wenn Sie jetzt nicht in null Komma fünf die Verbindung herschaffen, dann knallts (Kuby, Sieg 212).

▶ Die Wendung meint scherzhaft übertreibend, dass jemandes Verstandesfunktionen deshalb beeinträchtigt sein könnten, weil man ihn anstatt mit der Puderquaste mit dem Beutel, der die Wäscheklammern enthält, gepudert hat.

klammern: sich an den Buchstaben klammern: ↑ Buchstabe. **sich an jeden Strohhalm klammern:** ↑ Strohhalm.

Klang: mit Sang und Klang: ↑ Sang. **ohne Sang und Klang:** ↑ Sang.

klanglos: sang- und klanglos: ↑ sanglos.

Klappe: Klappe zu, Affe tot! (ugs.): *die Sache ist [damit] erledigt, abgeschlossen:* Wenn das Backthermometer die richtige Temperatur anzeigte, wurde das Brot eingeschoben. »Klappe zu, Affe tot« (B. Vesper, Reise 170).

bei jmdm. geht die Klappe runter/fällt die Klappe (ugs.): *jmd. wird plötzlich unzugänglich, sperrt sich plötzlich:* Als sie dann gefragt wurde, ob sie selbst die Pflege ihrer Tante übernehmen könnte, da ging bei ihr sofort die Klappe runter. Sie hat mich ... rausgeschmissen ... Mein Vater hat einen Kanossagang zu ihr gemacht. Nutzte nichts. Bei ihr war die Klappe gefallen (Fichte, Wolli 66).

die Klappe aufreißen (ugs.): *sich wichtig machen, angeben:* Der neue Vorarbeiter riss ganz schön die Klappe auf. Das ist ja zum Kotzen, wie der die Klappe aufreißt.

eine große Klappe haben (ugs.): *sich wichtig machen, angeben:* Vor dem Spiel hatte der Trainer eine große Klappe. Er ist ein ganz netter Junge, wenn er nur nicht so eine große Klappe hätte. Klimaschefski hat jetzt nicht nur die große Klappe, sondern auch großes Format als Außenläufer (Bild 6. 4. 1964, 7).

die große Klappe schwingen (ugs.): *sich wichtig machen, angeben:* Zu Hause traut er sich kaum etwas zu sagen, aber im Betrieb schwingt er die große Klappe. Schwing doch nicht immer die große Klappe!

die/seine Klappe halten (ugs.): *still sein, nichts mehr sagen:* Warum trinken Sie nicht Ihren Wein und halten endlich mal die Klappe? (Remarque, Obelisk 135). Und halt die Klappe, oder ich murks dich ab! (Genet [Übers.], Tagebuch 189).

jmdm. eins auf die Klappe geben (ugs.): *jmdm. eine herunterhauen, ins Gesicht schlagen:* Wenn du hier noch weiter herumstänkerst, gebe ich dir eins auf die Klappe.

zwei Fliegen mit einer Klappe schlagen: ↑ Fliege.

klappen: klappen wie am Schnürchen: *reibungslos vonstatten gehen, genau nach Plan ablaufen:* Er rieb sich zufrieden die Hände, denn es klappte alles wie am Schnürchen. Es ist für viele Männer so selbstverständlich, dass zu Hause alles wie am Schnürchen klappt (Hörzu 23, 1975, 90).

▶ Der Ursprung des Vergleiches ist nicht mit Sicherheit zu klären. Mit »Schnürchen« können die Schnüre im Puppentheater gemeint sein, an denen sich die Puppen wie von selbst bewegen. Es kann aber auch die Gebetsschnur, die Schnur des Rosenkranzes sein und der Vergleich vom Herunterleiern der Gebete herrühren.

zum Klappen bringen (selten): *dafür sorgen, dass etwas [positiv] entschieden wird; etwas regeln:* Er wollte die Angelegenheit mit der Witwe seines früheren Chefs möglichst rasch zum Klappen bringen. Und während dieser Krankheit würde er die Sache mit ... Hete Häberle schon richtig zum Klappen bringen (Fallada, Jeder 135).

zum Klappen kommen: *zur [positiven] Entscheidung kommen, geregelt werden:* Die Angestellten hofften, dass die neue Gleitzeitregelung bald zum Klappen kommen würde. Abends erwischen sie ihn dann ... im Lokal bei ihm gegenüber. Und da kommt es zum Klappen (Döblin, Berlin 124).

klappern: Klappern gehört zum Handwerk: *wer mit seinen Fähigkeiten Erfolg haben will, muss auch lautstark auf sich aufmerksam machen; Reklame muss sein:* Haben Sie bei der Ankündigung Ihres neuen Buches den Mund nicht ein bisschen voll genommen? – Klappern gehört zum Handwerk!

▶ Die Redensart bezieht sich darauf, dass Verkäufer auf Märkten früher auch durch lautes Lärmen auf ihre Waren aufmerksam machten. Vgl. auch die Wendung »ohne jedes/ohne großes Aufheben« (↑ Aufheben).

mit den Augendeckeln klappern: ↑ Augendeckel.

Klapperstorch: ↑ Storch.

Klaps: einen Klaps bekommen/kriegen (ugs.): *verrückt werden:* Wenn ich diesen Krach jeden Tag ertragen muss, kriege ich einen Klaps.

einen Klaps haben (ugs.): *nicht recht bei Verstand sein, verrückt sein:* Der Mann am Nebentisch schien ganz offenkundig einen Klaps zu haben. Du hast ja 'n Klaps mit deinem Taucher. Das Boot ist doch längst im Schlick vermuddelt (Hausmann, Abel 20).

▶ Mit »Klaps« ist ein [leichter] Schlag auf den Kopf gemeint, durch den die Verstandesfunktionen beeinträchtigt werden«. Vgl. die Wendung »einen Hau haben«.

klar: das ist [doch] klar wie Kloßbrühe/wie dicke Tinte/wie dicke Suppe (ugs.; scherzh.): *das versteht sich von selbst; das ist völlig klar:* Aber das ist doch klar wie Kloßbrühe! ... Dazu brauche ich wahrhaftig keine Tabellen, um das zu wissen (Fallada, Jeder 251). Ist doch klar wie dicke Tinte, dass ich gleich nach dir sehe (Ott, Haie 191).

▶ Die Versicherungen, dass sich etwas von selbst versteht, einleuchtend ist, sind ursprünglich ironisch gemeint, denn Kloßbrühe und dicke Tinte sind alles andere als klar.

das ist [doch] klar wie Klärchen (ugs.; scherzh.): *das versteht sich von selbst; das ist völlig klar:* Das ist doch klar wie Klärchen, dass ich wieder mitmache.

▶ Bei dieser Wendung handelt es sich um eine scherzhafte Wortspielerei mit dem Adjektiv »klar« und dem weiblichen Vornamen »Klara«.

sich über etwas klar/im Klaren sein: *deutlich erkennen; wissen, welche Folgen eine Entscheidung oder Tätigkeit haben wird:* Ich bin mir noch nicht darüber im Klaren, wie er auf mein Angebot reagieren wird. Er ist ein Oppositionsmann, darüber war ich mir gleich im Klaren (Th. Mann, Zauberberg 144).

klarer Fall: ↑ Fall. **klar auf der Hand liegen:** ↑ Hand. **klipp und klar:** ↑ klipp. **einen klaren Kopf bewahren:** ↑ Kopf. **klar Schiff machen:** ↑ Schiff. **eine klare Sprache sprechen:** ↑ Sprache. **jmdm. klaren Wein einschenken:** ↑ Wein.

Klärchen: das ist [doch] klar wie Klärchen: ↑ klar.

Klartext: Klartext reden/sprechen: *unverhüllt seine Meinung zum Ausdruck bringen, ganz offen sprechen:* Die Vertreter der Gewerkschaften redeten Klartext und warfen der Regierung vor, sie würde die Reform blockieren. Klartext, Fraktur, kann nicht, oder noch nicht, gesprochen werden (Enzensberger, Einzelheiten I, 72).

▶ Mit Klartext ist ein dechiffrierter Text gemeint, der von jedem gelesen werden kann und verstanden wird.

Klassenhass: Aufreizung zum Klassenhass sein: ↑ Aufreizung.

klatschen: jmdm. eine/ein paar klatschen (ugs.): *jmdm. eine Ohrfeige/mehrere Ohrfeigen geben:* Als er sie auch noch küssen wollte, hat sie ihm eine geklatscht. Da kam mein Vater zufällig ... vorbei, hielt an und klatschte mir eine auf der Straße (Christiane, Zoo 55).

klauen: bei dir haben sie [wohl] eingebrochen und den Verstand geklaut: ↑ einbrechen. **dir hat man wohl den Verstand geklaut:** ↑ Verstand.

Klavier: mit Klavier und Geige (ugs.): *großartig; mit allem, was zu guter Unterhaltung dazugehört:* Die Künstler übertrafen sich selbst. Es war ein Abend mit Klavier und Geige. Wenn wir schon eine Fete machen, dann aber auch mit Klavier und Geige.

▶ Klavier und Geige stehen in dieser Wendung für musikalische Unterhaltung, wie sie früher in vornehmen Restaurants und Cafés und bei festlichen Anlässen üblich war.

ein Onkel, der was mitbringt, ist besser als eine Tante, die Klavier spielt: ↑ Onkel.

kleben: jmdm. eine/ein paar kleben (ugs.): *jmdm. eine Ohrfeige/mehrere Ohrfeigen geben:* Sie heulte fürchterlich, weil ihr Vater ihr ein paar geklebt hatte. Berti hätte früher sofort jedem eine geklebt, wenn er sich damit gerühmt hätte (Degenhardt, Zündschnüre 116).

an jmds. Händen klebt Blut: ↑ Blut. **jmdm. ein[en] Bonbon ans Hemd/auf die Backe kleben:** ↑ Bonbon. **am Buchstaben kleben:** ↑ Buchstabe. **jmdm. kleben die Eierschalen noch an:** ↑ Eierschale. **am Geld kleben:** ↑ Geld. **Tüten kleben:** ↑ Tüte. **jmdm. klebt die Zunge am Gaumen:** ↑ Zunge.

klebrig: klebrige Finger haben: ↑ Finger. **klebrige Hände haben:** ↑ Hand.

kleckern: nicht kleckern, sondern klotzen (ugs.): *sich nicht mit Kleinigkeiten aufhalten, sondern sich gleich mit großem Aufwand [in beeindruckender Weise] engagieren:* Jetzt wird nicht länger gekleckert, sondern geklotzt – wir bauen nicht an oder um, sondern gleich ein komplettes neues Bürozentrum.

Klee: jmdn., etwas über den grünen Klee loben (ugs.): *jmdn., etwas über Gebühr, übermäßig loben:* Die Theaterkritiker lobten die Aufführung über den grünen Klee. Der Minister lobte seinen Staatssekretär über den grünen Klee. Der Kunde begann seine Ware über den grünen Klee zu loben (Langgässer, Siegel 351).

▶ Die Herkunft der Wendung ist nicht sicher zu klären. Vielleicht geht sie darauf zurück, dass der grüne Klee (= grüner Rasen [mit Kleeblumen]) in der mittelalterlichen Dichtung und später dann im Volksmund als Inbegriff der Frische und des Frühlingshaften gepriesen wurde, und würde dann eigentlich bedeuten »etwas noch mehr loben als den Klee loben«.

Kleid: Kleider machen Leute: *gepflegte, gute Kleidung hebt das Ansehen:* Warum ziehst du denn deinen besten Anzug an, wenn du zur Bank gehst? – Kleider machen Leute; ich will einen neuen Kredit beantragen. »Kleider machen Leute, Marquis, – oder besser wohl umgekehrt: Der Mann macht das Kleid« (Th. Mann, Krull 271).

▶ Diese sprichwörtliche Redensart ist allgemein durch »Kleider machen Leute«, den Titel einer Novelle von Gottfried Keller, bekannt.

[jmdm.] nicht in den Kleidern hängen bleiben: *[für jmdn.] eine seelische Belastung darstellen:* Dass ihre eigenen Kinder sie damals im Stich gelassen haben, das ist ihr natürlich auch nicht in den Kleidern hängen geblieben.

kleiden: etwas in Worte kleiden: ↑Wort.

klein: Klein Doofi mit Plüschohren (ugs.; scherzh.): *gutgläubig-einfältiger Mensch:* Frau Mira, die sich immer so'n bisschen wie Klein Doofi mit Plüschohren fühlt (Hörzu 22, 1975, 102).

klein, aber oho (ugs.; scherzh.): *nicht sehr groß, aber sehr leistungsfähig, sehr tüchtig:* Der neue Mittelstürmer ist klein, aber oho. Er hatte ein japanisches Transistorgerät, klein, aber oho.

klein, aber fein (ugs.): *nicht sehr groß, aber sehr gut:* Ich fahre einen Mini-Austin, klein, aber fein.

klein, aber mein (ugs.): *nicht sehr groß, aber mein Eigentum:* Die Wohnung ist mit ihren dreißig Quadratmetern sehr gemütlich; klein, aber mein – das ist für mich das Entscheidende.

klein machen (ugs.): *Wasser lassen:* Seine Tochter musste mal klein machen. Wenn du nur klein machen musst, kannst du dich einfach an den Baum stellen.

klein und hässlich werden/sein (ugs.): *kleinlaut werden/sein:* Als der Polizist ihm den Führerschein abnahm, wurde er ganz klein und hässlich. Als die Mannschaft kurz vor Spielschluss 3 : 5 zurücklag, war der Trainer klein und hässlich.

von klein auf: *von Kindheit an:* Von klein auf hatte er gelernt, für sich selbst zu sor-

gen. Von klein auf mit den besten Grundsätzen vertraut gemacht, hatte es Peter schwer (Musil, Mann 1 067).

sich etwas Kleines bestellt haben (scherzh.): *ein Kind erwarten:* Weißt du schon, dass sich die Tochter von Tante Anni etwas Kleines bestellt hat?

kleine Augen machen: ↑Auge. **klein beigeben:** ↑beigeben. **kleine[re] Brötchen backen [müssen]:** ↑Brötchen. **die kleinen Diebe hängt man, die großen lässt man laufen:** ↑Dieb. **nur mit dem kleinen Finger zu winken brauchen:** ↑Finger. **das sagt mir mein kleiner Finger:** ↑Finger. **jmdn. um den kleinen Finger wickeln können:** ↑Finger. **wenn man jmdm. den kleinen Finger reicht, nimmt er gleich die ganze Hand:** ↑Finger. **etwas im kleinen Finger haben:** ↑Finger. **etwas mit dem kleinen Finger machen:** ↑Finger. **das sind kleine Fische:** ↑Fisch. **kleine Geschenke erhalten die Freundschaft:** ↑Geschenk. **Groß und Klein:** ↑groß. **hast du's nicht ein bisschen kleiner?:** ↑haben. **jmdn. einen Kopf kleiner machen:** ↑Kopf. **kurz und klein:** ↑kurz. **etwas kurz und klein schlagen:** ↑kurz. **der kleine Mann:** ↑Mann. **[wohl] einen kleinen Mann im Ohr haben:** ↑Mann. **der kleine Moritz:** ↑Moritz. **die Rache des kleinen Mannes:** ↑Rache. **Raum ist in der kleinsten Hütte:** ↑Raum. **kleine Kinder, kleine Sorgen, große Kinder, große Sorgen:** ↑Sorge. **gibt man dem Teufel den kleinen Finger, so nimmt er die ganze Hand:** ↑Teufel. **das kleinere Übel:** ↑Übel. **kleine Ursachen, große Wirkungen:** ↑Ursache. **das kleine Volk:** ↑Volk. **etwas im kleinen Zeh spüren:** ↑Zeh.

Kleinholz: aus etwas Kleinholz machen (ugs.): *etwas zertrümmern:* In seiner Wut machte er Kleinholz aus dem Fernsehapparat. Sie schlugen auf den Wirt ein und machten aus der Gaststätte »Kleinholz« (MM 2./3. 1. 1982, 18).

aus jmdm. Kleinholz/jmdn. zu Kleinholz machen (ugs.): *jmdn. fürchterlich verprügeln, zusammenschlagen:* Der Wirt machte die beiden Randalierer zu Kleinholz. Diese Burschen waren drauf und dran, Kleinholz aus mir zu machen! (Wolfe [Übers.], Radical 85).

klein-klein: klein-klein spielen (Sport): *sich den Ball auf engem Raum immer* *wieder zuspielen:* Statt steil über die Flügel wurde immer nur klein-klein im Mittelfeld gespielt.

Kleinvieh: Kleinvieh macht auch Mist (ugs.): *auch kleinere Erträge sind nützlich [weil sie sich zu größeren summieren]:* Ein normales Sparkonto bringt nicht viel Zinsen, aber Kleinvieh macht auch Mist. »... ein Vermögen wars nicht«, erwiderte Brettschneider. »Kleinvieh macht auch Mist.« (H. Gerlach, Demission 268)

Klemme: in der Klemme sitzen (ugs.): *in Schwierigkeiten sein:* Wenn er nicht geholfen hätte, dann hätten wir ganz schön in der Klemme gesessen.

klemmen: das kannst du dir unter die Vorhaut klemmen: ↑ Vorhaut.

Klette: an jmdm. hängen wie eine Klette: ↑ hängen. **zusammenhängen/zusammenkleben wie die Kletten:** ↑ zusammenhängen.

klettern: das ist, um auf die Akazien/Bäume/Palme/Pinien zu klettern: ↑ Akazie, ↑ Baum, ↑ Palme, ↑ Pinie. **in den Ring klettern:** ↑ Ring.

klimpern: sich nicht an den Wimpern klimpern lassen: ↑ Wimper.

Klinge: die Klinge[n] kreuzen: 1. *fechten, einen Fechtkampf austragen:* Gleich im ersten Durchgang musste er mit dem Europameister aus Ungarn die Klingen kreuzen. Wer mit ihm die Klinge kreuzte oder einen Lanzengang wagte, musste es jedes Mal mit dem Leben bezahlen (Hagelstange, Spielball 87). 2. *eine Auseinandersetzung mit jmdm. haben, sich mit jmdm. in einem Streitgespräch messen:* Regierungschef und Oppositionsführer kreuzten [miteinander] die Klingen. ... ich mache Gebrauch von der Möglichkeit, mit einem immerhin ebenbürtigen Gegner die Klinge der Idee zu kreuzen (Th. Mann, Zauberberg 564). **eine gute Klinge schlagen:** 1. *gut fechten:* Er merkte sehr schnell, dass sein Gegner eine gute Klinge schlägt. 2. *sich in einer Auseinandersetzung geschickt verhalten, sich bewähren, seinen Mann stehen:* Die Betriebsangehörigen wählten ihn in den Betriebsrat, weil sie wussten, dass er eine gute Klinge schlägt. **eine scharfe Klinge führen/schlagen:** *in einer Diskussion ein harter, schwerer*

Gegner sein, geschliffen argumentieren: Nimm dich vor ihm in Acht, er führt eine scharfe Klinge.

jmdn. über die Klinge springen lassen (ugs.): 1. *jmdn. töten:* Er erhielt einen Wink, dass man ihn über die Klinge springen lassen wollte. Ich befehle euch, ... alles über die Klinge springen zu lassen, was ihr an Bewohnern auf eurem Wege antrefft (Sieburg, Blick 34). 2. *jmdn. mit Vorsatz zugrunde richten, ruinieren:* Er war ein eiskalter Geschäftsmann. Ohne zu zögern, ließ er seine früheren Partner über die Klinge springen. ... da bleibt ein Minister und lässt den Staatssekretär, der sich schützend vor ihn stellte, über die Klinge springen (Dönhoff, Ära 57).

▸ Im Gegensatz zu den vorangehenden Wendungen, die aus der Fechtersprache stammen, rührt diese Wendung von der Hinrichtung mit dem Schwert her und bezieht sich darauf, dass der Kopf des Hingerichteten nach dem Streich mit dem Schwert gewissermaßen über die Klinge springt.

klingeln: bei jmdm. klingelt es (ugs.): *jmd. versteht, begreift etwas, hat eine Idee:* Auf einmal hats bei mir geklingelt – der Schlüssel konnte ja nur in der Handtasche sein! Ach, du meinst eine ganz andere Petra – jetzt klingelts bei mir!

jetzt hat es aber geklingelt (ugs.): *jetzt ist meine Geduld zu Ende:* Dreimal habe ich ihm gesagt, er soll mit dem Blödsinn aufhören. Jetzt hat es aber geklingelt.

▸ Die Redensart bezieht sich wohl auf das Klingelzeichen, mit dem das Ende von etwas angezeigt wird, z. B. das Ende einer Pause.

bei jmdm. hat es geklingelt (ugs.; scherzh.): *eine Frau ist schwanger:* Seine Frau brachte von Einkäufen die Neuigkeit mit, dass es bei der Tochter des Milchmannes geklingelt habe.

▸ Gemeint ist wahrscheinlich das Klingeln des Telefons, sodass es sich um eine Variante der Wendung »der Storch hat angerufen« handelt.

Sturm klingeln: ↑ Sturm.

klingen: in/mit klingender Münze bezahlen: ↑ Münze. **etwas in klingende Münze umsetzen:** ↑ Münze. **wie Musik in jmds.**

Ohren klingen: ↑Musik. **jmdm. klingen die Ohren:** ↑Ohr. **für jmds. Ohren in bestimmter Weise klingen:** ↑Ohr. **mit klingendem Spiel:** ↑Spiel.

Klinke: sich die Klinke in die Hand geben (ugs.): *in großer Zahl jmdn. aufsuchen, etwas besuchen:* Kaum hing ihr Aufgebot aus, da gaben sich die Vertreter auch schon die Klinke in die Hand. ... die neuen Grenzgänger ... jetzt geben sie sich praktisch die Klinke in die Hand (Spiegel 49, 1989, 102).

[die] Klinken putzen (ugs.): *von Tür zu Tür gehen, um etwas zu verkaufen, um zu betteln:* Von wegen Geschäftsmann. Ich weiß ganz genau, dass er Klinken putzt. ... die exzellente Geste ..., eh er ... die Bude verließ, um Klinken zu putzen, werde ich nie vergessen (Lynen, Kentaurenfährte 188).
▶ Die Wendung spielt scherzhaft darauf an, dass die von Tür zu Tür ziehenden Vertreter oder Bettler die Klinken allmählich blank machen.

klipp: klipp und klar (ugs.): *unmissverständlich, klar und deutlich:* Er sagte ihm klipp und klar, dass er an einer weiteren Zusammenarbeit nicht interessiert sei. Warum sagen Sie nicht klipp und klar, ... welcher von den beiden Herren Sie selbst sind? (Frisch, Gantenbein 486).
▶ Die seit dem 18. Jh. bezeugte Formel ist aus dem Niederdeutschen ins Hochdeutsche übernommen. Das niederdeutsche »klipp« bedeutet eigentlich »passend« und gehört zu »klippen« (= lassen), das wie das Verb »klappen« lautnachahmenden Ursprungs ist.

Klo: ein Griff ins Klo: ↑Griff.

klopfen: bei jmdm. auf den Busch klopfen: ↑Busch. **jmdm. auf die Finger klopfen:** ↑Finger. **etwas auf den Kopf klopfen:** ↑Kopf. **jmdm. auf die Pfoten klopfen:** ↑Pfote.

kloppen: Griffe kloppen: ↑Griff. **Schellen kloppen:** ↑Schelle. **[große] Sprüche kloppen:** ↑Spruch.

Klosett: du kommst schon noch [mal] in mein Klosett Wasser trinken: ↑Wasser.

Kloß: einen Kloß im Hals haben (ugs.): *vor Rührung, Erregung nicht sprechen können, ein würgendes Gefühl im Hals verspüren:* Als er ihr nach der langen Trennung plötzlich gegenüberstand, hatte sie einen Kloß im Hals und hätte beinahe losgeheult. Vater Honegger aus der Schweiz hat einen Kloß im Hals und vergisst vor Schreck fast seinen Namen (Hörzu 11, 1972, 22).

Kloßbrühe: das ist [doch] klar wie Kloßbrühe: ↑klar.

Klotz: jmdm. ein Klotz am Bein sein (ugs.): *eine Last, ein Hemmnis für jmdn. sein:* Sie bemühte sich um einen Platz im Altersheim, weil sie den jungen Leuten kein Klotz am Bein sein wollte. Das Mädchen lasse ich doch hier. Sie wäre mir in der ersten Zeit nur ein Klotz am Bein (Brecht, Mensch 72).
Vgl. die Wendung »sich einen Klotz ans Bein binden«.

sich einen Klotz ans Bein binden (ugs.): *sich etwas aufbürden:* Ich habe nicht gewusst, was ich mir mit dieser ehrenamtlichen Tätigkeit für einen Klotz ans Bein binden würde.
▶ Diese und die Wendungen »einen Klotz am Bein haben« und »jmdm. ein Klotz am Bein sein« beziehen sich darauf, dass dem Vieh auf nicht eingezäunter Weide die Vorderbeine zusammengebunden werden und ein Holzklotz an die Beine gebunden wird, um es in seiner Bewegungsfreiheit einzuschränken. Auch Gefangene schmiedete man früher an einen Klotz, um ihnen die Bewegungsfreiheit zu nehmen.

einen Klotz am Bein haben (ugs.): *eine Verpflichtung übernommen haben und dadurch in seiner Bewegungs- und Handlungsfreiheit eingeengt sein:* Wir haben auch einen Klotz am Bein. Die Schwiegermutter wohnt bei uns. Wenn du erst einmal Kinder hast, hast du einen ganz schönen Klotz am Bein.
Vgl. die vorangehende Wendung.

auf einen groben Klotz gehört ein grober Keil: *auf eine Grobheit, Unverschämtheit, grobe Unhöflichkeit o. Ä. soll man in gleicher Weise reagieren:* Auf so einen dreisten Brief werden wir entsprechend deutlich antworten – auf einen groben Klotz gehört ein grober Keil.

klotzen: nicht kleckern, sondern klotzen: ↑kleckern.

klug: der Klügere gibt nach: *in einem Streit sollte der Klügere eher zum Einlenken bereit sein:* Na gut, der Klügere gibt nach, aber das begründet die Weltherrschaft des Dummen. Du kannst den Wagen heute Nachmittag haben – der Klügere gibt nach. **aus jmdm., etwas [nicht] klug werden:** *jmdn., etwas [nicht] richtig verstehen, durchschauen:* Aus diesem verworrenen Gestammel soll einer klug werden! In all den Jahren war er aus dieser Frau nie richtig klug geworden. Sein Vater ... sah nach, was sich unter Merus geschicktem Messer zu formen begann, aber er wurde nicht klug daraus (Baum, Bali 145). **das Ei/Küken will klüger sein als die Henne:** ↑ Ei. **der kluge Mann baut vor:** ↑ Mann. **wenn man vom Rathaus kommt, ist man klüger:** ↑ Rathaus. **durch Schaden wird man klug:** ↑ Schaden.

Klump[en]: etwas in/zu Klump[en] hauen oder schlagen/fahren (ugs.): *etwas kurz und klein schlagen, völlig zertrümmern/ [mit einem Fahrzeug] völlig zerstören:* Kurz vor Mitternacht drangen drei junge Burschen in das Lokal und schlugen alles zu Klump. Das ist nicht das erste Auto, das er zu Klump gefahren hat. ... es ist eine verfluchte Sauerei, man möchte die ganze Welt in Klump schlagen (Döblin, Berlin 167).

knabbern: an etwas zu knabbern/zu knacken haben (ugs.): *sich mit etwas abmühen, schwer tun:* Die Kriminalpolizei wird an dem Fall noch ganz schön zu knabbern haben. Das Duo ... hatte schon vor einiger Zeit mit dem Hotel »Alpenland« ... eine gewaltige Pleite produziert, an der die Anleger und Banken noch zu knabbern haben (Erfolg 11/12, 1983, 73). Wer schon an der Unterdrückung als Frau zu knacken hat, setzt sich ungern weiteren Repressionen aus! (Grossmann, Schwul 122).

nichts mehr zu knabbern haben (ugs.): *finanziell am Ende sein:* Wenn die Hypothekenzinsen noch weiter steigen, dann dürften viele Häuslebauer bald nichts mehr zu knabbern haben.

knacken: an etwas zu knacken haben: ↑ knabbern. **jmdm. eine harte Nuss zu knacken geben:** ↑ Nuss. **eine harte Nuss zu knacken haben:** ↑ Nuss.

Knall: Knall und/auf Fall (ugs.): *plötzlich, auf der Stelle:* Weil er im Lager geraucht hatte, wurde er Knall auf Fall entlassen.

... es widerstrebt mir, einen mittellosen und kranken Menschen Knall und Fall auf die Straße zu setzen (K. Mann, Mephisto 180).

▶ Die Formel stammt aus der Sprache der Jäger und meint eigentlich »so schnell, wie auf den Knall der Büchse der Fall des getroffenen Wildes folgt« (vgl. bei Grimmelshausen »Knall und Fall war eins«).

einen Knall haben (ugs.): *nicht recht bei Verstand sein, verrückt sein:* Du hast wohl 'nen Knall, meinen Brieföffner als Schraubenzieher zu benutzen. Dass ich vielleicht 'n Knall hätte – an die Vorstellung hatt ich mich 'ne Zeit lang ziemlich gewöhnt (Bamm, Weltlaterne 61).

▶ Gemeint ist mit »Knall« wohl das Geräusch, mit dem etwas platzt, kaputtgeht.

knallen: jmdm. eine/ein paar knallen (ugs.): *jmdm. eine Ohrfeige/mehrere Ohrfeigen geben:* Du kriegst gleich eine geknallt. Sein Sohn sprach nicht mehr mit ihm, weil er ihm ein paar geknallt hatte. Ich werde ihr gleich eine knallen, sie muss dann für den Rest des Tages friedlich sein (Imog, Wurliblume 53).

jmdm. eine vor den Bug knallen: ↑ Bug. **jmdn. über den Haufen knallen:** ↑ Haufen. **es knallt im Karton:** ↑ Karton. **jmdm. eine/einen/eins/ein paar vor den Latz knallen:** ↑ Latz. **die Pfropfen knallen lassen:** ↑ Pfropfen.

knapp: knapp bei Kasse sein: ↑ Kasse. **mit knapper Mühe und Not:** ↑ Mühe. **mit knapper Not:** ↑ Not. **knapp vorbei ist auch daneben:** ↑ vorbei.

Knappe: wer wagt es, Rittersmann oder Knapp?: ↑ wagen.

Knast: Knast schieben (ugs.): *eine Freiheitsstrafe verbüßen:* Er hatte einmal Knast geschoben, und das reichte ihm. Wir beide haben doch selber schon Knast geschoben (Genet [Übers.], Tagebuch 240).

▶ »Knast« stammt aus der Gaunersprache, vgl. das jiddische »knas« (= Geldstrafe). Auch das Verb »schieben« steht in dieser Verwendungsweise (vgl. »Kohldampf schieben, Wache schieben«) unter dem Einfluss der Gaunersprache; vgl. das rotwelsche »schefften« (= machen, tun).

Kneifzange: jmdn., etwas nicht mit der Kneifzange anfassen [mögen]: ↑anfassen. **das kannst du einem erzählen, der sich die Hosen mit der Kneifzange anzieht:** ↑erzählen.

Knick: einen Knick im Auge/in der Linse/ in der Optik haben (ugs.; scherzh.): 1. *schielen:* Die neue Wirtin hatte einen Knick im Auge. Der Standesbeamte, der einen anständigen Knick in der Optik hatte, reizte sie zum Lachen. 2. *nicht richtig sehen können:* Du trittst mir ja schon wieder auf den Fuß. Du hast wohl einen Knick im Auge?

Knie: jmdn. wächst das Knie durch die Haare (ugs.; scherzh.): *jmd. bekommt eine Glatze:* Na, mein Lieber, dir wächst auch schon das Knie durch die Haare.

jmdn. werden die Knie weich (ugs.): *jmd. bekommt große Angst:* Als der Maskierte die Pistole auf ihn richtete, wurden dem Kassierer die Knie weich. ... hier flogen die Jahre »Z« (= Zuchthaus) den Leuten nur so um die Köpfe. Dem Bätes wurden die Knie weich (Spoerl, Maulkorb 131).

weiche Knie haben (ugs.): *Angst haben:* Jetzt spuckt ihr große Töne, aber als es hart auf hart ging, da hattet ihr alle erst einmal weiche Knie!

jmdn. auf/in die Knie zwingen (geh.): *jmdn. besiegen, unterwerfen:* Es gelang den Truppen nicht, die Bergstämme in die Knie zu zwingen. Auf dem Sommerfest der Feuerwehr haben wir die Widersacher auf die Knie zu zwingen (Kirst, Aufruhr 136).

vor jmdm. auf den Knien rutschen (ugs.): *jmdm. gegenüber unterwürfig, kriecherisch sein:* Sollten die anderen vor dem Diktator auf den Knien rutschen, er hatte keine Angst vor ihm!

du kannst Gott auf Knien danken, dass ... (ugs.): *du kannst sehr dankbar sein, dass ...:* Du kannst Gott auf Knien danken, dass du den Absturz ohne schwere Verletzungen überstanden hast.

[vor jmdm.] in die Knie gehen (ugs.): *[vor jmdm.] Angst haben und seine Grundsätze aufgeben; sich [jmdm.] unterwerfen:* Sie dachte gar nicht daran, vor ihrem Schwiegervater in die Knie zu gehen. Auch die Gewerkschaften waren vor dem Diktator in die Knie gegangen. Der

Junge glaubte, sein Name allein genüge und wir würden vor Ehrfurcht in die Knie gehen (Hörzu 21, 1972, 52).

in die Knie gehen/brechen: 1. *in den Knien einknicken und hinfallen/zusammenbrechen:* An der Kinnspitze getroffen, brach der Boxer in die Knie. Der Betrunkene stolperte und ging in die Knie (Fels, Sünden 43). 2. *wirtschaftlich zusammenbrechen:* Versuchten DDR-Betriebe BRD-Löhne zu zahlen, gingen sie aufgrund ihrer niedrigeren Leistungskraft in die Knie (Freie Presse 15. 2. 1990, 4).

in den Knien weich werden (ugs.): *große Angst bekommen:* Die meisten Passagiere wurden in den Knien weich, als die Entführer die Maschine zur Kursänderung zwangen. ... der Alte wird langsam weich in den Knien (Ruark [Übers.], Honigsauger 484).

mit weichen Knien (ugs.): 1. *voller Angst:* Mit weichen Knien ging er zum Chef. 2. *mit einem Gefühl körperlicher Schwäche, körperlich geschwächt:* Sie hatte sich an der Schranktür den Kopf gestoßen und wankte mit weichen Knien zum Sofa.

jmdn. übers Knie legen (ugs.): *jmdm. Schläge auf das Gesäß geben, eine Tracht Prügel geben:* Wenn du nicht hören kannst, lege ich dich übers Knie. Vermutlich hatte es dem alten langen Kerl auch noch Vergnügen gemacht, von seiner Frau übers Knie gelegt zu werden (Erich Kästner, Fabian 16).

etwas übers Knie brechen (ugs.): *etwas übereilt erledigen, tun:* Diese Umstellung braucht sehr viel Zeit, so etwas lässt sich nicht übers Knie brechen. Herr von Bühl zu Bühl beklagte bitter diese Überstürzung, welche ihn ... zwänge, die Vorbereitungen ... über das Knie zu brechen (Th. Mann, Hoheit 230).

▶ Die Wendung bezieht sich auf das Zerkleinern des Holzes. Holz (Äste, Latten o. Ä.), das man über das (angezogene) Knie bricht, ist natürlich nicht so ordentlich zerkleinert, als wenn man die Axt oder Säge benutzt.

fick dir bloß nicht aufs Knie: ↑ficken. **fick dich ins Knie; du kannst dich ins Knie ficken:** ↑ficken. **bis zu den Knien im Kot/ Morast/Schmutz waten:** ↑Kot. **sich lie-**

ber ein Loch ins Knie bohren lassen: ↑ Loch. ein Schuss ins Knie: ↑ Schuss.

Kniekehle: jmdm. hängt der Magen bis in die Kniekehlen: ↑ Magen.

knien: jmdm. auf dem Leder knien: ↑ Leder. jmdm. auf den Nähten knien: ↑ Naht. jmdm. auf der Seele knien: ↑ Seele.

Kniff: mit Griffen und Kniffen: ↑ Griff.

knistern: es knistert im Gebälk: ↑ Gebälk.

Knochen: [für jmdn., für etwas] die/seine Knochen hinhalten (ugs.): *für eine gefährliche Sache einstehen, sich für jmdn., für etwas opfern:* Er dachte gar nicht daran, für die Bonzen seine Knochen hinzuhalten. Sein Vater fing immer wieder davon an, dass er im Krieg die Knochen hatte hinhalten müssen.

du kannst dir die Knochen nummerieren lassen; lass die Knochen nummerieren (derb): *Drohung, dass es gleich Prügel setzt:* Wenn du nicht sofort verschwindest, kannst du dir die Knochen nummerieren lassen.

... dass du deine Knochen im Sack nach Hause tragen kannst (derb): *Ankündigung, dass die Prügel, die jmd. bekommen wird, schlimm sein werden:* Du kriegst eine Abreibung, dass du deine Knochen im Sack nach Hause tragen kannst. Wir verdreschen dich gleich, dass du deine Knochen im Sack nach Hause tragen kannst.

auf die Knochen gehen (ugs.) *sehr anstrengend sein:* Die Arbeit im Bergwerk geht auf die Knochen. Schon die zwei Trainingsabende ... gehen auf die Knochen (Chotjewitz, Friede 124).

bis auf/in die Knochen (ugs.): *völlig, durch und durch:* Wir waren nass bis auf die Knochen. Die Männer, die sich in dem Hinterzimmer trafen, waren Militaristen bis in die Knochen. Da stehe ich blamiert bis auf die Knochen, voll Beschämung und Wut (Remarque, Obelisk 72).

jmdm. in die Knochen fahren (ugs.): *jmdn. sehr berühren, von jmdn. stark gespürt werden:* Die frohe Botschaft aus Stockholm fuhr dem Empfänger mächtig in die Knochen (Spiegel 43, 1984, 272). Mir war die Angst ganz schön in die Knochen gefahren (Ziegler, Konsequenz 67).

jmdm. in den Knochen stecken/sitzen/liegen (ugs.): *jmdm. anhaften, von jmdn.*

gespürt werden: Der Schreck steckte ihm in den Knochen. Der Wetterumschwung lag ihm schon in den Knochen. Ernas Beschimpfungen sitzen mir noch in den Knochen (Remarque, Obelisk 96).

nichts in den Knochen haben (ugs.): *keine Kraft haben:* Die jungen Burschen hatten nichts in den Knochen.

über die Knochen gehen (ugs.): *sehr anstrengend sein, viel Kraft kosten:* So ein Spiel von 90 Minuten geht ganz schön über die Knochen.

jmdm. wie Blei in den Knochen liegen: ↑ Blei. **keine Disziplin in den Knochen haben:** ↑ Disziplin. **nur noch/nichts als Haut und Knochen sein:** ↑ Haut. **jmdm. das Mark aus den Knochen saugen:** ↑ ²Mark. **[kein] Mark in den Knochen haben:** ↑ ²Mark. **ein Pfund ohne Knochen:** ↑ Pfund.

Knochenkotzen: es ist zum Knochenkotzen! (derb): *es ist zum Verzweifeln!:* Jetzt kann ich die ganze Arbeit noch einmal machen. Es ist zum Knochenkotzen!

▶ Die Wendung drückt scherzhaft übertreibend aus, dass jemand so heftigen Widerwillen gegen etwas empfindet, dass er Knochen erbrechen könnte.

Knopf: jmdm. geht der Knopf auf (ugs.; landsch.): *jmd. begreift plötzlich:* Als er merkte, dass die beiden sich schon kannten, ging ihm der Knopf auf.

▶ Gemeint ist wohl, dass jemandes Verstand nicht mehr zugeknöpft ist; vgl. die folgende Wendung.

Knöpfe auf den Augen haben (ugs.): *nicht richtig sehen können, etwas nicht wahrnehmen:* Die Fahrkarten liegen doch auf der Kommode. Hast du denn Knöpfe auf den Augen? Natürlich sehe ich die beiden, ich habe doch keine Knöpfe auf den Augen.

▶ Die Wendung meint wohl eigentlich »seine Augen zugeknöpft haben« und drückt scherzhaft aus, dass jemand seine Augen nicht offen hält, nicht richtig hinsieht oder aufpasst.

Knöpfe in/auf den Ohren haben (ugs.): *nicht richtig hören, ein Geräusch o. Ä. nicht beachten:* Seit drei Minuten klingelt das Telefon. Hast du denn Knöpfe in den Ohren?

▶ Bei dieser Wendung handelt es sich um eine jüngere Nachbildung von

»Knöpfe auf den Augen haben« (vgl. die vorangehende Wendung).

sich etwas an den Knöpfen abzählen (ugs.): *eine Entscheidung von etwas Zufälligem abhängig machen:* Das kannst du dir an den Knöpfen abzählen, ob er sich noch einmal bei dir melden wird.

wo rohe Kräfte sinnlos walten, da kann kein Knopf die Hose halten: ↑ Kraft. **auf Spitze und Knopf stehen:** ↑ Spitze.

Knopfloch: aus allen/sämtlichen Knopflöchern (ugs.): *sehr, besonders auffällig, stark:* Die beiden Burschen ließen sich nicht einschüchtern und grinsten aus allen Knopflöchern. Das Mädchen hatte eine Eins im Diktat geschrieben und strahlte aus allen Knopflöchern. Die Möbelpacker schwitzten aus allen Knopflöchern. Geh bloß weg, du versoffener Hund! Stinkst wieder aus allen Knopflöchern nach Fusel (Marchwitza, Kumiaks 59). Es blutet dann aus allen Knopflöchern, wie wir Chirurgen sagen (Quick 24, 1977, 46).

aus allen/sämtlichen Knopflöchern platzen (ugs.): *zu dick geworden sein:* Iss nicht so viel! Du platzt schon aus allen Knopflöchern.

jmdm. aus allen/sämtlichen Knopflöchern gucken/schauen/sehen (ugs.): *jmdn. völlig beherrschen, ganz erfüllen; jmdm. anzusehen sein:* Der neuen Nachbarin guckt die Neugier aus allen Knopflöchern (= sie ist sehr neugierig). Den Soldaten sah der Hunger aus allen Knopflöchern (= sie waren sehr hungrig). Dem Aufseher guckte die Dummheit aus allen Knopflöchern (= er war sehr dumm).

mit einer Träne im Knopfloch: ↑ Träne.

Knoten: bei jmdm. platzt/reißt der Knoten (ugs.): 1. *jmd. überwindet eine Hemmung in seiner körperlichen oder geistigen Entwicklung:* Sie waren sehr glücklich, dass bei ihrer Tochter endlich der Knoten geplatzt war. Seit bei ihm der Knoten gerissen ist, läuft er Zeiten um 10,1. 2. *jmd. begreift endlich etwas:* Aha, jetzt scheint bei ihm der Knoten gerissen zu sein.

sich einen Knoten ins Taschentuch machen (ugs.): *sich bestimmt an etwas erinnern; nicht vergessen, etwas zu tun:* Mach dir einen Knoten ins Taschentuch! Du brauchst dir keine Sorgen zu ma-

chen, dass ich es vergesse. Ich mache mir einen Knoten ins Taschentuch.

▶ Die Wendung geht auf den Brauch zurück, einen Zipfel des Taschentuchs zu verknoten, um bei der Benutzung des Taschentuchs sofort an etwas erinnert zu werden.

den [gordischen] Knoten durchhauen: *eine schwierige Aufgabe verblüffend einfach lösen:* Der Sonderbeauftragte der Regierung hat den gordischen Knoten durchhauen. Insgeheim erwachte die Hoffnung, ... den gordischen Knoten mit einem Streiche zu durchhauen (Niekisch, Leben 31).

▶ Die Wendung geht auf Berichte über die Taten Alexanders des Großen zurück. Nach einem Orakel sollte derjenige, der den von Gordios, dem sagenhaften Gründer der Stadt Gordium, um Joch und Deichsel eines geweihten Streitwagens geschlungenen Knoten löste, die Herrschaft über Kleinasien erlangen. Diesen Knoten soll Alexander der Große 334 v. Chr. mit seinem Schwert zerhauen haben.

knüpfen: zarte Bande knüpfen: ↑ zart.

Knüppel: da liegt der Knüppel beim Hund (ugs.): *das also sind die unangenehmen Konsequenzen:* Dieses Abkommen führt auch zu einer politischen Abhängigkeit. Da liegt der Knüppel beim Hund.

▶ Die Wendung bezieht sich darauf, dass der Knüppel, der neben dem Hund liegt, für den Hund die drohende Strafe darstellt.

jmdm. Knüppel/einen Knüppel zwischen die Beine werfen (ugs.): *jmdm. Schwierigkeiten machen:* Vor dem Schulrat musst du dich in Acht nehmen, der kann dir einen Knüppel zwischen die Beine werfen. Der hatte, um ihm den Knüppel zwischen die Beine zu werfen, alle diese frechen, höllisch schlauen Klauseln und Erschwernisse ausgeheckt (Feuchtwanger, Herzogin 100).

Knüppelausdemsack: Knüppelausdemsack spielen (ugs.): *prügeln:* Wollt ihr wohl endlich leiser sein, ihr Lausebengel? Oder muss ich erst Knüppelausdemsack spielen?

▶ Diese Wendung bezieht sich auf das grimmsche Märchen »Tischlein deck dich!«

knurren: jmdm. knurrt der Magen: ↑ Magen.

Kobolz: [einen] Kobolz schießen (ugs.): *einen Purzelbaum machen:* Max schoss ein paar Mal Kobolz und dankte seinem Schöpfer dafür, dass er arbeitslos war (Schnurre, Bart 31).

▶ »Kobolz« hat sich aus der endbetonten Form von »Kobold« entwickelt und bezieht sich auf das neckische, quirlige Gebaren eines Kobolds.

Koch: viele Köche verderben den Brei: *wenn bei einer Sache zu viele mitreden, beteiligt sind, kommt nichts Gutes dabei heraus:* Drei Geheimdienste waren mit der Untersuchung des Terroranschlags beauftragt, aber die Täter wurden nicht ermittelt – viele Köche verderben den Brei!

Hunger ist der beste Koch: ↑ Hunger.

kochen: jmdm. kocht das Blut in den Adern: ↑ Blut. **es wird nichts so heiß gegessen, wie es gekocht wird:** ↑ essen. **jmdn. schleifen, bis ihm das Wasser im Arsch kocht:** ↑ schleifen. **sein Süppchen am Feuer anderer kochen:** ↑ Suppe. **es ist noch nicht in dem Topf, wo's kocht:** ↑ Topf. **hier/dort o. ä. wird auch nur mit Wasser gekocht:** ↑ Wasser.

Kochlöffel: den Kochlöffel schwingen (scherzh.): *das Essen zubereiten, kochen:* Wenn Vater den Kochlöffel geschwungen hatte, sah die Küche wie ein Schlachtfeld aus.

Koffer: die Koffer packen (ugs.): *einen Ort, eine Wirkungsstätte verlassen, verschwinden:* Auch der neue Trainer musste nach drei Monaten die Koffer packen. Wenn Sie die Maschine noch einmal heißlaufen lassen, können Sie die Koffer packen (= sind Sie entlassen).

einen Koffer stehen lassen (ugs., scherzh.): *eine Blähung abgehen lassen:* Puh, hier hat einer einen Koffer stehen lassen!

aus dem Koffer leben (ugs.): *dauernd unterwegs sein:* Die Sängerin war es leid, ständig aus dem Koffer zu leben. ... wenn man ... fast ein Leben lang unterwegs war, aus dem Koffer gelebt hat, dann ist es unmöglich, von heute auf morgen sesshaft zu werden (Hörzu 6, 1976, 10).

Kohl: alten Kohl aufwärmen (ugs.): *eine alte Geschichte, eine erledigte Angelegenheit erneut ins Gespräch bringen:* Seine Frau hatte zu viel getrunken und wärmte wieder den alten Kohl auf. Musst du denn immer den alten Kohl aufwärmen.

seinen Kohl bauen (ugs.): *zurückgezogen leben:* Er hatte auf eine glänzende Karriere verzichtet und baute irgendwo in der Mark seinen Kohl.

das macht den Kohl auch nicht fett (ugs.): *das nützt auch nichts:* Die Wohnungsnot der Studenten ist viel zu groß. Das eine Studentenheim macht den Kohl auch nicht fett.

Vgl. die Wendung »das Kraut nicht fett machen« (↑ Kraut).

Kohldampf: Kohldampf schieben (ugs.): *Hunger haben:* Die Bevölkerung musste in den Kriegsjahren mächtig Kohldampf schieben. Er hatte in seinem Leben oft Kohldampf geschoben. Eigentlich war ja auch nicht einzusehen, warum Russen ... sich satt essen ... sollten, während die Holländer Kohldampf schoben (Küpper, Simplicius 59).

▶ Das Wort »Kohldampf« ist eine tautologische Bildung, deren beide Bestandteile »Hunger« bedeuten: rotwelsch »Kohler, Kol[l]er« (= Hunger) und rotwelsch »Dampf« (= Hunger). Auch »schieben« steht unter dem Einfluss der Gaunersprache; vgl. das rotwelsche »schefften« (= machen, tun).

Kohle: feurige/(auch:) glühende Kohlen auf jmds. Haupt sammeln (geh.): *jmdn. durch eine gute Tat beschämen:* Mit seiner Großmut sammelte er feurige Kohlen auf das Haupt der Verschwörer. Da setzte sich Mühsam mit aller Leidenschaft für Landauer ein, er sammelte feurige Kohlen auf das Haupt seines Freundes (Niekisch, Leben 68).

▶ Die Wendung stammt aus der Bibel, und zwar aus den Sprüchen Salomonis (25, 21/22): »Hungert deinen Feind, so speise ihn mit Brot, dürstet ihn, so tränke ihn mit Wasser. Denn du wirst feurige Kohlen auf sein Haupt häufen, und der Herr wird dirs vergelten« (vgl. auch Römer 12, 20).

[wie] auf [glühenden] Kohlen sitzen: *in einer bestimmten Situation voller Unruhe sein:* Sie saß, während die Beamten die Visa kontrollierten, wie auf glühenden Kohlen. Gut, dass du wieder da bist, wir haben die ganze Zeit auf glühenden Kohlen gesessen. Ich sitze auf Kohlen und habe immer Angst, dass einer auf die Idee kommt, mich zu verklagen (Hörzu 14, 1976, 41).

▶ Die seit dem 17. Jh. bezeugte Wendung meint eigentlich, dass jemand vor Unruhe oder Ungeduld hin und her rutscht, als ob er auf glühenden Kohlen säße. Vgl. die früher übliche Wendung »wie der Hahn über die Kohlen laufen« (= [eilig] davonlaufen).

weiße Kohle: ↑ weiß.

Kohlenzange: jmdn., etwas nicht mit der Kohlenzange anfassen [mögen]: ↑ anfassen.

Koks: wie Graf Koks von der Gasanstalt: ↑ Graf.

Kolonne: die fünfte Kolonne: ↑ fünfte.

Koloss: ein Koloss auf tönernen Füßen (geh.): *etwas sehr Großes, das zusammenzubrechen, zugrunde zu gehen droht:* Der Automobilkonzern war ein Koloss auf tönernen Füßen. Kolonialland ... Koloss auf tönernen Füßen. Wir brauchen nur die Fanfare zu blasen, und alles stürzt ein (Plivier, Stalingrad 216).

▶ Die Wendung stammt aus der Bibel. Sie bezieht sich auf Nebukadnezars Traum (Daniel 2, 31–34).

Kolumbus: das Ei des Kolumbus: ↑ Ei.

Komfort: mit allem Komfort und zurück (ugs.; scherzh.): *mit allem nur erdenklichen Luxus, ganz ausgezeichnet, fantastisch:* Das ist ein Hotel mit allem Komfort und zurück. Wir wollen endlich mal wieder einen schönen Urlaub mit allem Komfort und zurück machen.

▶ Die Wendung beruht auf einer Spielerei mit der Aussprache von »Komfort«. Das Wort wird als »komm vor« aufgefasst und durch »komm zurück« ergänzt.

komisch: ein komisches Gefühl in der/um die Rosette haben: ↑ Rosette.

Komma: null Komma nichts: ↑ null. **in null Komma nichts:** ↑ null. **ohne Punkt und Komma reden.** ↑ Punkt.

kommen: wies kommt, so kommts (ugs.): *wie es vom Schicksal bestimmt ist, so tritt es auch ein – damit müssen wir uns abfinden.*

wies kommt, so wirds genommen/wirds gefressen (ugs.): *wie es vom Schicksal bestimmt ist, so nehmen wir es hin – da-*

mit werden wir schon fertig werden: Ich habe arm angefangen, ich war später ein reicher Mann, ich bin jetzt wieder ein armer Teufel, es spielt keine Rolle. Wies kommt, wirds gefressen (Kästner, Fabian 88).

erstens kommt es anders, und zweitens als man denkt (scherzh.): *etwas ereignet sich anders, als man erwartet:* Eigentlich sollten wir jetzt schon in Spanien in der Sonne liegen, aber erstens kommt es anders, und zweitens als man denkt. Erstens kommt es anders, und zweitens als man denkt, pflegt Herr Warga zu sagen, bevor er eines seiner Kinder hinter die Ohren schlägt (Ossowski, Flatter 52).

kommt er/sie heute nicht, kommt er/sie morgen (ugs.): *er (sie) lässt sich Zeit.*

spät kommt Ihr, doch Ihr kommt (scherzh.): *Floskel, mit der man jmdm. zu verstehen gibt, dass man ihm seine Unpünktlichkeit nachsieht, weil man erleichtert und froh ist, dass er überhaupt anwesend ist.*

▶ Die Redensart stammt aus Schillers »Piccolomini« (I, 1). Mit diesen Worten empfängt Wallenstein den Grafen Isolani.

das durfte [jetzt] nicht kommen (ugs.): *es war dumm, das zu sagen/zu tun.*

wenns hoch kommt: *im äußersten Fall, höchstens:* Für den verrosteten Wagen kriegt er, wenns hoch kommt, 600 Mark. Wenns hoch kommt, verdient sie 3 000 Mark.

etwas kommen sehen: *etwas voraussehen, erwarten:* Sie hatte es schon vor Jahren kommen sehen, dass die Ehe ihrer Schwester scheitern würde.

auf jmdn. nichts kommen lassen: *jmdm. nichts Schlechtes nachsagen lassen:* Der Trainer lässt auf seine Spieler nichts kommen. Du wirst sehen, dass er auf seinen Sohn nichts kommen lässt. Auf George lasse ich nichts kommen (Spiegel 46, 1975, 196).

das kommt davon: *das ist die Folge von jmds. Handlungsweise, Ungehorsam o. Ä.:* Jetzt hast du Schnupfen und Fieber – das kommt davon, wenn man nicht auf seine Mutter hört!

zu etwas kommen wie die Jungfrau zum Kind (ugs.; scherzh.): *ohne eigenes Zutun, durch Zufall zu etwas kommen:* Zu der Werbeagentur war er gekommen wie die Jungfrau zum Kind.

im Kommen sein: *modern, populär werden:* Die etablierten Parteien verlieren Wählerstimmen, neue politische Gruppierungen sind im Kommen. Trainingsanzüge sind stark im Kommen ... Trimm-dich-Anhänger sorgen für hohe Zuwachsraten (MM 16./17. 9. 1972, 57).

erst komme ich [dann kommt eine ganze Weile gar nichts, dann kommt ein großer Misthaufen], und dann kommst du noch lange nicht (ugs.; scherzh.): *Redensart, mit der man jmdn. darauf hinweist, dass man vor ihm an der Reihe ist, im Rang über ihm steht.*

in Abrechnung kommen: ↑Abrechnung. **zum Abschluss kommen:** ↑Abschluss. **auf achtzig kommen:** ↑achtzig. **an die falsche/verkehrte Adresse kommen:** ↑Adresse. **zur Anwendung kommen:** ↑Anwendung. **wieder zu Atem kommen:** ↑Atem. **jmdm. aus den Augen kommen:** ↑Auge. **jmdm. unter die Augen kommen:** ↑Auge. **zum Ausbruch kommen:** ↑Ausbruch. **zum Ausdruck kommen:** ↑Ausdruck. **zur Ausführung kommen:** ↑Ausführung. **zur Auslieferung kommen:** ↑Auslieferung. **zur Ausschüttung kommen:** ↑Ausschüttung. **zum Austrag kommen:** ↑Austrag. **auf die schiefe Bahn kommen:** ↑Bahn. **wieder auf die Beine kommen:** ↑Bein. **wenn der Berg nicht zum Propheten kommt, muss der Prophet zum Berge gehen:** ↑Berg. **in jmds. Besitz kommen:** ↑Besitz. **in Betracht kommen:** ↑Betracht. **an den Bettelstab kommen:** ↑Bettelstab. **jmdm. zu[m] Bewusstsein kommen:** ↑Bewusstsein. **wie kommst du denn auf dieses schmale Brett?:** ↑Brett. **an den Drücker kommen:** ↑Drücker. **jmdm. dumm kommen:** ↑dumm. **auf die schiefe Ebene kommen:** ↑Ebene. **wieder zu Ehren kommen:** ↑Ehre. **zum Einsatz kommen:** ↑Einsatz. **das dicke Ende kommt noch:** ↑Ende. **zur Entfaltung kommen:** ↑Entfaltung. **zum Erliegen kommen:** ↑Erliegen. **wenn man den Esel nennt, kommt er gerennt:** ↑Esel. **in Fahrt kommen:** ↑Fahrt. **zu Fall kommen:** ↑Fall. **an den Falschen kommen:** ↑falsch. **jmdm. unter die Finger kommen:** ↑Finger. **nicht vom Fleck kommen:** ↑Fleck. **in Fluss kommen:** ↑Fluss. **für jmdn., für etwas infrage kommen:** ↑infrage. **du kommst noch früh genug zu spät:** ↑früh. **an die Futterkrippe kommen:** ↑Futterkrippe. **in Gang kommen:** ↑Gang. **außer Gebrauch kommen:** ↑Gebrauch. **ins Gedränge kommen:** ↑Gedränge. **jmdm. ins Gehege kommen:** ↑Gehege. **zu Gehör kommen:** ↑Gehör. **zur Geltung kommen:** ↑Geltung. **in den Genuss kommen:** ↑Genuss. **ins Gerede kommen:** ↑Gerede. **mit jmdm. ins Geschäft kommen:** ↑Geschäft. **auf den Geschmack kommen:** ↑Geschmack. **jmdm. aus dem Gesicht kommen:** ↑Gesicht. **jmdm. zu Gesicht kommen:** ↑Gesicht. **mit jmdm. ins Gespräch kommen:** ↑Gespräch. **aus dem Gleis kommen:** ↑Gleis. **ins rechte Gleis kommen:** ↑Gleis. **an die große Glocke kommen:** ↑Glocke. **aus der Gosse kommen:** ↑Gosse. **einer Sache auf den Grund kommen:** ↑Grund. **um wieder auf besagten Hammel zu kommen ...:** ↑Hammel. **unter den Hammer kommen:** ↑Hammer. **die linke Hand kommt vom Herzen:** ↑Hand. **in gute Hände kommen:** ↑Hand. **zum Handkuss kommen:** ↑Handkuss. **in Harnisch kommen:** ↑Harnisch. **es kommt hart auf hart:** ↑hart. **unter die Haube kommen:** ↑Haube. **komm du mir nach Hause:** ↑Haus. **ins Hintertreffen kommen:** ↑Hintertreffen. **Hochmut kommt vor dem Fall:** ↑Hochmut. **auf Hochtouren kommen:** ↑Hochtouren. **vom Hölzchen aufs Stöckchen kommen:** ↑Holz. **auf den Hund kommen:** ↑Hund. **kommt man über den Hund, kommt man auch über den Schwanz:** ↑Hund. **auf hundert kommen:** ↑hundert. **vom Hundertsten ins Tausendste kommen:** ↑hundertste. **unter einen Hut kommen:** ↑¹Hut. **in die Jahre kommen:** ↑Jahr. **auf jmds. Kappe kommen:** ↑Kappe. **jmdm. in die falsche Kehle kommen:** ↑Kehle. **dass mir keine Klagen kommen:** ↑Klage. **zum Klappen kommen:** ↑klappen. **mit etwas in Konflikt kommen:** ↑Konflikt. **auf jmds. Konto kommen:** ↑Konto. **aus dem Konzept kommen:** ↑Konzept. **auf seine Kosten kommen:** ↑Kosten. **von Kräften kommen:** ↑Kraft. **zu Kräften kommen:** ↑Kraft. **von hinten durch die kalte Küche kommen:** ↑Küche. **in Teufels Küche kommen:** ↑Küche. **zu kurz kommen:** ↑kurz. **in etwas kommt Leben:** ↑Leben. **ums Leben kommen:** ↑Leben. **unter die Leute kommen:** ↑Leute.

ans Licht kommen: ↑Licht. über jmds. Lippen kommen: ↑Lippe. ins Lot kommen: ↑Lot. unters Messer kommen: ↑Messer. in Misskredit kommen: ↑Misskredit. vom Mond kommen: ↑Mond. in etwas sind die Motten gekommen: ↑Motte. aus dem Mustopf kommen: ↑Mustopf. von nichts kommt nichts: ↑nichts. jmdm. zu Ohren kommen: ↑Ohr. [wieder] in Ordnung kommen: ↑Ordnung. unter den Pantoffel kommen: ↑Pantoffel. nicht auf die Platte kommen: ↑Platte. Postkarte genügt, komme sofort: ↑Postkarte. zu Pott[e] kommen: ↑Pott. an den Pranger kommen: ↑Pranger. jmdm. in die Quere kommen: ↑Quere. unter die Räder kommen: ↑Rad. über die Rampe kommen: ↑Rampe. mit jmdm. zurande kommen: ↑zurande. mit etwas zurande kommen: ↑zurande. zur Räson kommen: ↑Räson. wenn man vom Rathaus kommt, ist man klüger: ↑Rathaus. auf seine Rechnung kommen: ↑Rechnung. jmdm. gerade recht kommen: ↑²recht. zu seinem Recht kommen: ↑Recht. an den Rechten/Richtigen kommen: ↑²Rechte. vom Regen in die Traufe kommen: ↑Regen. ins alte Register kommen: ↑Register. an die Reihe kommen: ↑Reihe. aus der Reihe kommen: ↑Reihe. [wieder] in die Reihe kommen: ↑Reihe. mit etwas ins Reine kommen: ↑rein. mit jmdm., mit sich ins Reine kommen: ↑rein. an den Richtigen kommen: ↑richtig. von der Rolle kommen: ↑Rolle. ins Rollen kommen: ↑rollen. bei dir kommts wohl ruckweise?: ↑ruckweise. ans Ruder kommen: ↑Ruder. wie gerufen kommen: ↑rufen. zur Ruhe kommen: ↑Ruhe. über die Runden kommen: ↑Runde. zu Schaden kommen: ↑Schaden. du kommst mir geschlichen: ↑schleichen. jmdm. auf die/hinter jmds. Schliche kommen: ↑Schliche. unter die Schlitten kommen: ↑Schlitten. zum Schluss kommen: ↑Schluss. in die Schusslinie kommen: ↑Schusslinie. in die schwarzen Zahlen kommen: ↑schwarz. ins Schwimmen kommen: ↑schwimmen. in Schwung kommen: ↑Schwung. in Sicht kommen: ↑Sicht. jmdm. aus dem Sinn kommen: ↑Sinn. jmdm. in den Sinn kommen: ↑Sinn. es ist nichts so fein gesponnen, es kommt doch ans Licht der Sonnen: ↑spinnen. zur Sprache kommen: ↑Sprache. auf

jmdn., etwas zu sprechen kommen: ↑sprechen. jmdm. auf/hinter die Sprünge kommen: ↑Sprung. jmdm., einer Sache auf die Spur kommen: ↑Spur. der Stein kommt ins Rollen: ↑Stein. nicht von der Stelle kommen: ↑Stelle. ins Stocken kommen: ↑stocken. mit etwas zu Streich kommen: ↑Streich. [nicht] zu Stuhle kommen: ↑Stuhl. jmds. Stunde kommt: ↑Stunde. in eine böse Suppe kommen: ↑Suppe. an den Tag kommen: ↑Tag. ans Tageslicht kommen: ↑Tageslicht. aus dem Takt kommen: ↑Takt. aufs Tapet kommen: ↑Tapet. jmdn./jmdm. teuer zu stehen kommen: ↑teuer. in Teufels Küche kommen: ↑Teufel. wenn man vom Teufel spricht, kommt er: ↑Teufel. aus dem Text kommen: ↑Text. vom Tisch kommen: ↑Tisch. zu Tode kommen: ↑Tod. auf Touren kommen: ↑Tour. zum Tragen kommen: ↑tragen. auf den [richtigen] Trichter kommen: ↑Trichter. mit jmdm. auf Tuchfühlung kommen: ↑Tuchfühlung. das kommt nicht in die Tüte: ↑Tüte. in Umlauf kommen: ↑Umlauf. nicht von ungefähr kommen: ↑ungefähr. ein Unglück kommt selten allein: ↑Unglück. jmdm. unpass kommen: ↑unpass. an den Unrechten/an die unrechte Adresse kommen: ↑unrecht. unverhofft kommt oft: ↑unverhofft. zur Verhandlung kommen: ↑Verhandlung. an den Verkehrten kommen: ↑verkehrt. zur Vernunft kommen: ↑Vernunft. in Verruf kommen: ↑Verruf. [wieder] zu Verstand kommen: ↑Verstand. zur Verteilung kommen: ↑Verteilung. zur Verwendung kommen: ↑Verwendung. in Verzug kommen: ↑Verzug. zum Vorschein kommen: ↑Vorschein. du kommst schon noch mal auf meinen Hof/in mein Klosett Wasser trinken: ↑Wasser. des Weges kommen: ↑Weg. in Wegfall kommen: ↑Wegfall. so weit kommt es noch!: ↑weit. auf die/zur Welt kommen: ↑Welt. in die Wochen kommen: ↑Woche. jmdn. zu Wort kommen lassen: ↑Wort. zu Wort kommen: ↑Wort. aus den roten Zahlen kommen: ↑Zahl. in die roten Zahlen kommen: ↑Zahl. jmds. Zeit ist gekommen: ↑Zeit. kommt Zeit, kommt Rat: ↑Zeit. über die Zeit kommen: ↑Zeit. wer nicht kommt zur rechten Zeit, der muss essen/nehmen/sehen, was übrig bleibt: ↑Zeit. wer zuerst kommt, mahlt zuerst: ↑zuerst. zum

Zug[e] kommen: ↑²Zug. **jmdm. zugute kommen:** ↑zugute. **jmdm. zupass/zupasse kommen:** ↑zupass. **sich etwas zuschulden kommen lassen:** ↑zuschulden. **zustande kommen:** ↑zustande. **jmdm. zustatten kommen:** ↑zustatten. **zutage kommen:** ↑zutage. **mit etwas zuwege kommen:** ↑zuwege. **auf keinen grünen Zweig kommen:** ↑Zweig.
Kommentar: Kommentar überflüssig (ugs.): *darüber braucht man kein Wort mehr zu verlieren:* Wie ich erfahren habe, sitzt er schon wieder im Knast. Na ja, Kommentar überflüssig!
Kommission: Kommissionen machen (veraltet; noch landsch.): *einkaufen:* Seine Frau war schon am frühen Nachmittag in die Stadt gefahren, um Kommissionen zu machen.
in Kommission (Kaufmannsspr.): *im eigenen Namen auf fremde Rechnung:* Der Juwelier zögerte, den Ring in Kommission zu nehmen. ... geben Sie mir doch mal eine Uhr in Kommission, ich werde für Sie eintauschen, was Sie wollen (Augustin, Kopf 127).
Komödie: Komödie spielen (ugs.): *jmdm. etwas vortäuschen:* Spiel keine Komödie, du bist gar nicht krank. Zu spät merkte sie, dass er nur Komödie gespielt hatte. Hatte ich nicht vor ihnen allen und vor mir selber stets nur brillante Komödien gespielt? (Thieß, Frühling 111).
Kompanie: die Mutter der Kompanie: ↑Mutter.
Kompliment: nach Komplimenten fischen (ugs.; scherzh.): *darauf aus sein, [durch Betonen eigener Schwächen Widerspruch herauszufordern und] ein Kompliment zu erhalten:* Was soll denn diese ständige Selbstkritik, fischst du nach Komplimenten?
▶ Die Wendung ist aus engl. »fish for compliments« entlehnt.
Komplott: ein Komplott schmieden: *heimlich [mit anderen] einen Anschlag vorbereiten:* Anstatt euch offen mit uns auseinander zu setzen, habt ihr ein hinterhältiges Komplott geschmiedet! Alle dachten, wir gehörten zur Opposition und wollten ein Komplott schmieden (Nossack, Begegnung 8).
Konflikt: mit etwas in Konflikt geraten/ kommen: *gegen etwas verstoßen:* Er ist

mit dem Gesetz in Konflikt geraten. Das Ehepaar Kroon genoss keinen guten Ruf, obwohl es bisher mit dem Gesetz nie in Konflikt gekommen war (Mostar, Unschuldig 99).
konform: [mit jmdm.] konform gehen/ sein: *[mit jmdm.] übereinstimmen:* In dieser Frage gehe ich mit Ihnen ganz und gar nicht konform. Rast, der mit Otto F. Walter am Anfang konform gegangen war, hatte sich mit ihm entzweit (Spiegel 4, 1967, 86).
König: unter den Blinden ist der Einäugige König: ↑blind. **Pünktlichkeit ist die Höflichkeit der Könige:** ↑Pünktlichkeit.
können: [erst] können vor Lachen (ugs.): *das ist mir nicht möglich:* Wenn du gleich abfährst, kannst du noch rechtzeitig da sein. – Erst können vor Lachen, der Wagen ist in der Reparaturwerkstatt. Pump mir doch mal 50 Mark! – Können vor Lachen. Ich fahr jetzt ... Willst du mit? Können vor Lachen (Kuby, Sieg 401).
mit jmdm. [gut] können (ugs.): *mit jmdm. gut auskommen, im persönlichen Umgang gut zurechtkommen:* Sie hatte mit vielen Leuten Streit, aber mit ihrem Schwiegervater konnte sie gut. Am besten seien schließlich die gefahren, »die gut mit ihren Abteilungsleitern konnten« (Spiegel 9, 1979, 49).
mir/uns kann keiner (ugs.): *ich bin/wir sind in einer [beneidenswerten] glücklichen Lage; mir/uns kann niemand etwas vormachen oder anhaben:* Er meinte, ihm könne keiner, weil er ein todsicheres Alibi hatte. Solange du bei uns vorne rechts gestanden hast, konnte uns keiner (Grass, Hundejahre 531). Klaus ... kannte den Wechselkurs wie den Tabellenstand der Oberliga ...; dem konnte keiner (Kant, Impressum 183).
du kannst mich/mir [mal] (ugs.): *lass mich in Ruhe, mit dir/damit will ich nichts zu tun haben:* Ich denke nicht daran, deinen Mist aufzuräumen – du kannst mich mal. Frech sagte er zu dem Polizisten, dass er ihm könne. Moll ..., der die Weiber nimmt, wie sie genommen werden wollen, und die Chefs, die ihn können ... (Bachmann, Erzählungen 96).
▶ Die Wendung ist verkürzt aus der derben Abweisung »du kannst mich [mal] am Arsch lecken«.

gegen jmdn., gegen etwas nicht anstinken können: ↑anstinken. sich etwas am Arsch abfingern/abklavieren können: ↑Arsch. sich mit etwas den Arsch/Hintern wischen können: ↑Arsch. es mit jmdm. aufnehmen können: ↑aufnehmen. sich etwas ausrechnen können: ↑ausrechnen. jmdn., etwas nicht ausstehen können: ↑ausstehen. sich etwas von der Backe putzen können: ↑Backe. über etwas Bände schreiben können: ↑Band. sich mit etwas begraben lassen können: ↑begraben. sich nicht mehr/kaum noch auf den Beinen halten können: ↑Bein. Berge versetzen können: ↑Berg. mehr können als Brot essen: ↑Brot. etwas aus dem Effeff können: ↑Effeff. sich einbalsamieren lassen können: ↑einbalsamieren. einpacken können: ↑einpacken. sich etwas einrahmen lassen können: ↑einrahmen. du kannst mir viel erzählen: ↑erzählen. sich etwas an den fünf Fingern abzählen können: ↑Finger. [jmds.] Gedanken lesen können: ↑Gedanke. sich nicht genugtun können, etwas zu tun: ↑genugtun. du kannst mich gern haben: ↑gern. von Glück sagen können: ↑Glück. sich gratulieren können: ↑gratulieren. das kannst du dir in die Haare schmieren: ↑Haar. haste, was kannste: ↑haben. sich etwas an beiden Händen abzählen/abfingern können: ↑Hand. nicht aus seiner Haut können: ↑Haut. man kann einem Menschen nicht ins Herz sehen: ↑Herz. sich mit etwas den Hintern wischen können: ↑Hintern. etwas in- und auswendig können: ↑inwendig. da kann man sich/kannst du dir [doch] nur an den Kopf fassen/greifen: ↑Kopf. jmdm. auf den Kopf spucken können: ↑Kopf. wo rohe Kräfte sinnlos walten, da kann kein Knopf die Hose halten: ↑Kraft. vor lauter Kraft nicht/kaum gehen können: ↑Kraft. du kannst mich [mal] kreuzweise: ↑kreuzweise. ein Küsschen in Ehren kann niemand verwehren: ↑Kuss. worauf du einen lassen kannst: ↑lassen. es nicht lassen können: ↑lassen. jmdn., etwas mit der Laterne suchen können: ↑Laterne. sich hinter einem Laternenpfahl ausziehen/verstecken können: ↑Laternenpfahl. nicht leben und nicht sterben können: ↑leben. was kann das schlechte Leben nützen: ↑Leben. bei

jmdm. noch in die Lehre gehen können: ↑Lehre. sich sein Lehrgeld zurückgeben lassen können: ↑Lehrgeld. jmdn., etwas [gut] leiden können: ↑leiden. von etwas ein Lied[chen] singen können: ↑Lied. jmdn., etwas mit der Lupe suchen können: ↑Lupe. das kann ja lustig werden: ↑lustig. es mit jmdm. machen können: ↑machen. das kann eine/die Maus auf dem Schwanz wegtragen: ↑Maus. der Mohr hat seine Schuldigkeit getan, der Mohr kann gehen: ↑Mohr. jmd. kann mir [mal] im Mondschein begegnen: ↑Mondschein. jmd. könnte sich vor Wut o. Ä. ein Monogramm in den Bauch beißen: ↑Monogramm. sich den Mund/das Maul wischen können: ↑Mund. nicht Nein sagen können: ↑nein. das kann ja nett werden: ↑nett. sich seine Papiere holen können: ↑Papier. nicht mehr papp sagen können: ↑papp. das könnte jmdm. so passen: ↑passen. auf jmds. Kopf kann man Pfähle anspitzen: ↑Pfahl. mit jmdm. Pferde stehlen können: ↑Pferd. keine zehn Pferde können jmdn. von etwas abbringen/abhalten: ↑Pferd. einen Puff vertragen können: ↑Puff. den Rachen nicht voll genug kriegen können: ↑Rachen. [dann] kannst du dir die Radieschen von unten ansehen/begucken: ↑Radieschen. von etwas kann [gar] keine Rede sein: ↑Rede. sich keinen Reim auf etwas machen können: ↑Reim. sich vor etwas nicht mehr retten können: ↑retten. rette sich, wer kann: ↑retten. jmdn., etwas nicht riechen können: ↑riechen. etwas [nicht] riechen können: ↑riechen. sich etwas aus den Rippen schwitzen/schlagen können; etwas durch die Rippen schwitzen können: ↑Rippe. ein schöner Rücken kann entzücken: ↑Rücken. sich vor etwas kaum rühren können: ↑rühren. ich kann dir sagen: ↑sagen. das kann ich dir sagen: ↑sagen. sich an etwas nicht satt hören/sehen können: ↑satt. sich [etwas] in Sauer einkochen lassen können: ↑Sauer. nur noch Scheiße brüllen können: ↑Scheiße. etwas im Schlaf können: ↑Schlaf. etwas wie am Schnürchen können: ↑Schnürchen. du kannst deinem Schöpfer danken: ↑Schöpfer. das kann ich dir schriftlich geben: ↑schriftlich. sich das Schulgeld zurückgeben lassen können: ↑Schulgeld. sich mit dem Schwamm frisieren können:

↑ Schwamm. **warten können, bis man schwarz wird:** ↑ schwarz. **etwas nicht mehr sehen können:** ↑ sehen. **sich mit etwas sehen lassen können:** ↑ sehen. **sich irgendwo/bei jmdm. nicht mehr sehen lassen können:** ↑ sehen. **was nicht ist, kann noch werden:** ↑ sein. **zu etwas/dazu kann man Sie sagen:** ↑ Sie. **das kannst du singen:** ↑ singen. **einen Spargel quer essen können:** ↑ Spargel. **keine großen Sprünge machen können:** ↑ ¹Sprung. **das kannst du dir ins Stammbuch schreiben:** ↑ Stammbuch. **... dass es einen Stein erweichen könnte:** ↑ Stein. **einen Stiefel vertragen können:** ↑ Stiefel. **so still sein, dass man eine [Steck]nadel fallen hören kann/könnte:** ↑ still. **mit etwas die Straße pflastern können:** ↑ Straße. **sich einen Strick kaufen können:** ↑ Strick. **jmd. kann sein Testament machen:** ↑ Testament. **an etwas nicht tippen können:** ↑ tippen. **etwas auf den Tod nicht leiden können:** ↑ Tod. **du kannst mich totschlagen, ...:** ↑ totschlagen. **tu, was du nicht lassen kannst:** ↑ tun. **man tut, was man kann:** ↑ tun. **etwas unterschreiben können:** ↑ unterschreiben. **verarschen/verscheißern kann ich mich alleine:** ↑ verarschen. **den/die/das kannst du vergessen:** ↑ vergessen. **jmdn., etwas nicht verknusen können:** ↑ verknusen. **sich [k]einen Vers auf etwas machen können:** ↑ Vers. **verschiebe nicht auf morgen, was du heute kannst besorgen:** ↑ verschieben. **sich vor/neben jmdm. verstecken können:** ↑ verstecken. **so voll sein, dass kein Apfel/keine [Steck]nadel zu Boden/zur Erde fallen kann:** ↑ voll. **sich von schreiben können:** ↑ von. **das kannst du dir unter die Vorhaut klemmen:** ↑ Vorhaut. **etwas vorwärts und rückwärts aufsagen können:** ↑ vorwärts. **das kann doch nicht wahr sein:** ↑ wahr. **da kannst du lange warten:** ↑ warten. **kein Wässerchen trüben können:** ↑ Wasser. **jmdm. nicht das Wasser reichen können:** ↑ Wasser. **der/die usw. kann sich in Watte packen lassen:** ↑ Watte. **machen können, was man will:** ↑ wollen. **den Zahn kannst du dir ziehen lassen:** ↑ Zahn. **[noch] zappeln können:** ↑ zappeln. **ich kann mich doch nicht zerreißen:** ↑ zerreißen. **ich kann gar nicht so schnell zittern, wie ich friere:** ↑ zittern. **dann/sonst kannst du dich zusammenfegen/zusammenkehren lassen:** ↑ zusammenfegen.

Konsequenz: [aus etwas] die Konsequenz[en] ziehen: *einen gemachten Fehler einsehen und folgerichtig reagieren; aus den negativen Auswirkungen einer Sache lernen, wie man sich zukünftig verhalten soll:* Der Minister zog die Konsequenzen aus der Schmiergeldaffäre und trat zurück. Er ... setzte sich für ihn ein und hatte daraus selbst die Konsequenzen zu ziehen (Ossowski, Bewährung 82). Ich bin bereit, Herr Oberst, jede erforderliche Konsequenz aus meinem Verhalten zu ziehen (Kirst, 08/15, 619).

konstant: mit konstanter Bosheit (abwertend): *immer wieder boshaft und beharrlich:* Mit konstanter Bosheit erkundigte er sich immer wieder bei seinem früheren Lehrer nach dessen geschiedener Frau. Nein, das Lernen gehe vor, ich hätte ja mit konstanter Bosheit keine Schularbeiten mehr gemacht ... (Kempowski, Tadellöser 244).

Konto: auf jmds. Konto gehen/kommen: *für etwas verantwortlich sein, jmds. Verdienst oder Schuld sein:* Der Wahlsieg der Partei geht vor allem auf das Konto des Kanzlerkandidaten. Dass das Institut heute in einem miserablen Ruf steht, geht allein auf das Konto des ehemaligen Direktoriums. ... alles, was nach elf im Hause geschah, ging aufs Konto der Weiber (Böll, Haus 7).

etwas auf dem Konto haben (ugs.): *etwas verschuldet, begangen haben:* Die Bande hatte mehrere Raubüberfälle auf dem Konto.

Kontor: ein Schlag ins Kontor sein: ↑ Schlag.

Kontra: [jmdm.] Kontra geben (ugs.): *[jmdm.] heftig widersprechen:* Als sie mir einreden wollte, die Kinder müssten in ein Internat, da hab ich ihr Kontra gegeben. Dann schlägt die konservative Sportpresse zu. Maier und Breitner geben Kontra: »Wir sind keine Terrorgruppe, wir wollen nur wie Menschen behandelt werden!« (ran 3, 1980, 35). ► Die Wendung stammt aus der Sprache des Kartenspiels (z. B. Skat).

Kontrolle: Vertrauen ist gut, Kontrolle ist besser: ↑ Vertrauen.

Konversationslexikon: ein wandelndes Konversationslexikon: ↑ Lexikon.

Konzept: jmdm. das/sein Konzept verderben (ugs.): *jmds. Pläne, Vorhaben durchkreuzen:* Die Polizeirazzia hatte der Bande gründlich das Konzept verdorben.

jmdn. aus dem Konzept bringen: *jmdn. verwirren:* Sie versuchten, ihn durch Zwischenrufe aus dem Konzept zu bringen. Und dann war es Almaidas Herzlichkeit, die mich ein wenig aus dem Konzept brachte (Thieß, Frühling 167).

aus dem Konzept kommen/geraten: *unsicher werden, den Faden verlieren:* Wegen der Unruhe im Saal geriet er völlig aus dem Konzept. Ein so kennerischer Beobachter freilich ... bemerkte, dass Dr. Geyer zweimal aus dem Konzept kam (Feuchtwanger, Erfolg 124).

▶ Gemeint ist mit »Konzept« ganz konkret der Entwurf, die Niederschrift einer Rede.

jmdm. nicht ins/in sein Konzept passen: *mit jmds. Plänen, Absichten nicht vereinbar sein:* Das hat der Schauspielerin gar nicht ins Konzept gepasst, dass sie ganz unverblümt nach ihren Vermögensverhältnissen gefragt wurde. Dass die Herzstation ... den Landespolitikern ... nicht ins Konzept passt, ficht den streitbaren Hannoveraner Professor ... nicht an (Hörzu 3, 1982, 92).

Kopf: Köpfchen, Köpfchen! (ugs.; scherzh.): *Ideen muss man haben, gescheit muss man sein:* Wie hast du denn das geschafft? – Ja, Köpfchen, Köpfchen!

▶ In dieser Redensart wird der Kopf als der Sitz des Verstandes stellvertretend für die geistigen Fähigkeiten des Menschen genannt.

da ist kein Kopf und kein Arsch dran (derb): *das ist ganz schlecht, völlig verkehrt gemacht:* Was soll ich mit dieser Zeichnung anfangen? Da ist kein Kopf und kein Arsch dran!

mit jmdm. ein Kopf und ein Arsch sein (derb): *mit jmdm. sehr eng befreundet, unzertrennlich sein:* Leg dich mit dem Vorarbeiter nicht an, der ist ein Kopf und ein Arsch mit dem Chef.

▶ Bei dieser Wendung handelt es sich wahrscheinlich um eine derbe Analogiebildung zu »ein Herz und eine Seele sein«.

jmdm. wächst der Kopf durch die Haare (ugs.; scherzh.): *jmd. bekommt eine Glatze:* Ich brauche eine warme Mütze für den Winter, mir wächst langsam der Kopf durch die Haare.

jmdm. schwirrt der Kopf (ugs.): *jmd. ist völlig verwirrt:* Ihr schwirrte der Kopf vor lauter Paragraphen und Bestimmungen, die der Anwalt zitiert hatte.

jmdm. raucht der Kopf (ugs.): *jmd. muss sich beim Nachdenken sehr anstrengen:* Die Schüler bekamen so schwere Mathematikaufgaben, dass ihnen die Köpfe rauchten. Glaub mir, bei diesen Kreuzworträtseln raucht dir der Kopf.

▶ Die Wendung bezieht sich darauf, dass bei angestrengtem Nachdenken die Körpertemperatur des Menschen ansteigt, dass man folglich einen heißen Kopf bekommt.

jmdm. steht der Kopf nicht nach etwas: *jmd. ist zu etwas nicht aufgelegt:* Bitte, lass mich in Ruhe, mir steht jetzt der Kopf nicht nach langen Diskussionen. Nach dieser schlimmen Nachricht steht deinem Bruder der Kopf bestimmt mehr nach lustigem Beisammensein.

nicht [mehr] wissen, wo einem der Kopf steht: *durch Arbeit, Sorgen o. Ä. überlastet sein:* Frag deinen Vater lieber nicht wegen der Rechenaufgaben; er weiß heute Abend sowieso nicht mehr, wo ihm der Kopf steht. Die Memsahib weiß nicht, wo ihr der Kopf steht. Sie hat noch die Lockenwickler im Haar. Sie müssen sich also noch eine Weile gedulden (Ruark [Übers.], Honigsauger 579).

Kopf an Kopf: *[in einem Wettbewerb o. Ä.] gleichauf:* Bis zuletzt lagen die beiden Kandidaten Kopf an Kopf in der Gunst der Wähler. Kopf an Kopf mit seinem schärfsten Konkurrenten bog der Favorit in die Zielgerade ein.

so viel Köpfe, so viel Sinne: *von denen, die sich über eine Sache Gedanken machen, hat oft jeder eine andere Meinung.*

jmdn./jmdm. den Kopf kosten (geh.): *jmds. Verderben sein, jmdn. ruinieren:* Es würde uns den Kopf kosten, wenn man auch nur ahnte, von wem das Flugblatt ausgehe (Niekisch, Leben 248). Den Mut ... muss schließlich einmal jemand haben, und würde es ihm auch den Kopf kosten (Dürrenmatt, Grieche 43).

▶ Diese und einige der folgenden Wendungen beruhen auf der früheren Praxis der Todesstrafe durch Köpfen; der Kopf steht hier für das Leben des Menschen.
etwas wird den Kopf nicht [gleich] kosten (geh.): *etwas wird vermutlich keine schwere Bestrafung nach sich ziehen:* Ich werde versuchen, mich ins Stadion zu schleichen; wenn sie mich erwischen, wirds den Kopf nicht gleich kosten. Nur Mut, junger Mann, gehen Sie ruhig hinein, das wird den Kopf nicht kosten. Vgl. die vorangehende Wendung.
jmdm. nicht [gleich] den Kopf abreißen (ugs.): *sich gegenüber jmdm. weniger streng verhalten, als dieser es erwartet:* Du brauchst dem Freund deiner Tochter ja nicht gleich den Kopf abzureißen, schließlich warst du auch einmal jung. Hab keine Angst, ich kenne den alten Griesgram; er wird dir den Kopf nicht abreißen.
den Kopf aus der Schlinge ziehen: *einer drohenden Gefahr gerade noch entkommen, sich in einer scheinbar ausweglosen Situation [auf geschickte Weise] retten:* Lesen Sie in der nächsten Folge unserer Serie, ob es unserem Helden gelingt, noch einmal den Kopf aus der Schlinge zu ziehen! Man ... war keineswegs davon überzeugt, dass es uns gelingen würde, ... den Kopf aus der Schlinge zu ziehen (Benrath, Konstanze 15).
▶ Die Wendung bezieht sich auf die Todesstrafe durch Erhängen. Der Delinquent, der in letzter Minute begnadigt wurde, konnte seinen Kopf wieder aus der Schlinge des Galgens ziehen.
sich den Kopf einrennen (ugs.): *trotz ungestümer und heftiger Bemühungen nicht zum Ziel kommen:* Gegen die Sturheit deiner Großmutter kommen wir nicht an, wozu sich also den Kopf einrennen? Wen man tun ließe, was er wolle, der könnte sich bald vor Verwirrung den Kopf einrennen (Musil, Mann 20).
seinen Kopf aufsetzen: *widerspenstig werden:* Wenn du deinen Kopf aufsetzt, dann gehen wir nicht fort! Deine Tochter braucht nicht zu glauben, dass sie bei mir etwas erreicht, wenn sie ihren Kopf aufsetzt und anfängt zu quengeln.
jmds. Kopf fordern: *jmds. Entlassung/ strenge Bestrafung fordern:* Der Minister

war wenig beliebt, schon nach kurzer Zeit forderten einflussreiche Gruppen seinen Kopf.
▶ Die Wendung bezieht sich ursprünglich auf die Hinrichtung von Verbrechern durch Köpfen.
den Kopf hängen lassen (ugs.): *mutlos sein:* Aber, aber, wer wird denn gleich den Kopf hängen lassen, weil nicht alles auf Anhieb klappt? Wir wollen den Kopf nicht hängen lassen und die Prüfung nächstes Jahr noch einmal machen.
sich die Köpfe heiß reden (ugs.): *zunehmend hitziger diskutieren:* Jetzt hocken sie wieder zusammen, trinken Bier und Schnaps und reden sich die Köpfe heiß. Wenn die beiden auf das Thema Fußball kommen, reden sie sich die Köpfe heiß.
▶ Dieser Wendung liegt die Erfahrung zugrunde, dass bei Eifer und Erregung die Körpertemperatur des Menschen ansteigt.
den/seinen Kopf hinhalten (ugs.): *für etwas geradestehen, die unangenehmen Folgen einer Sache auf sich nehmen:* Sieh dich vor, wenn etwas schief geht, wird dein Partner bestimmt nicht den Kopf hinhalten. Sie war es längst gewöhnt, für jedes Misslingen ihren Kopf hinhalten zu müssen (Sebastian, Krankenhaus 128). Wegen solcher Idioten soll man den Kopf hinhalten? (Erich Kästner, Fabian 29).
▶ Diese Wendung bezieht sich auf die Todesstrafe durch Köpfen, bei der der Delinquent dem Scharfrichter seinen Kopf hinhalten muss.
den Kopf in den Sand stecken: *eine Gefahr nicht wahrhaben wollen, der Realität ausweichen:* Es hat keinen Sinn, den Kopf in den Sand zu stecken. Mit meinem Onkel ist nichts anzufangen; sobald etwas Unangenehmes auf ihn zukommt, steckt er den Kopf in den Sand. Aber die Regierung der USA kann es sich nicht leisten, wegen ein paar hitzköpfigen Freischärlern den Kopf in den Sand zu stecken (Cotton, Silver-Jet 17).
▶ Dieser Wendung liegt die verbreitete falsche Annahme zugrunde, dass der Vogel Strauß bei Gefahr den Kopf in den Sand steckt.
den Kopf hoch tragen: *hochmütig sein:* Du wirst den Kopf bald nicht mehr so

hoch tragen! Sarna jedoch trug den Kopf hoch und sagte: »Ich habe einen Sohn geboren in ein Haus, das bisher nur Töchter hatte.« (Baum, Bali 116). Statt ... jeden von euch um neuem um Verzeihung zu bitten, trägt sie den Kopf höher als alle (Kafka, Schloß 205).

Kopf hoch! (ugs.): *vergiss deinen Kummer, sei zuversichtlich:* Kopf hoch, mein Junge, es gibt noch andere Mädchen auf der Welt! Kommen Sie nun also, Kopf hoch, genießen Sie Ihr Glück (Dürrenmatt, Grieche 48).

jmdn. einen Kopf kürzer/kleiner machen (ugs.): *jmdn. köpfen:* Wenn er dem Tyrannen der Wahrheit sagt, lässt er ihn einen Kopf kürzer machen. ... der letzte komfortable Aufenthalt, bevor man die Bestie um einen Kopf kürzer macht, sagte ... Jaquemar (Maass, Gouffé 173).

den Kopf oben behalten: *nicht den Mut verlieren:* In diesen schweren Zeiten ist es wichtig, den Kopf oben zu behalten. Was auch geschieht, behalte den Kopf oben! Als ich meine Gefühle für dich entdeckte, habe ich dennoch den Kopf oben behalten (Brecht, Groschen 156).

Kopf und Kragen riskieren/wagen/aufs Spiel setzen/verlieren: *das Leben, die Existenz aufs Spiel setzen/verlieren:* Dein Freund muss verrückt sein, dass er für das bisschen Geld Kopf und Kragen riskiert. Er hat unvorsichtig gespielt und dabei Kopf und Kragen verloren.

▶ Diese und die folgende Redewendung mit der Formel »Kopf und Kragen« gehen auf die Rechtssprache zurück und beziehen sich auf die Hinrichtung mit Schwert und Strang (Kragen = Hals; vgl. »jmdn./jmdn. den Kragen kosten«).

jmdm./jmdn. Kopf und Kragen kosten: *jmdm. das Leben, die Existenz kosten:* Es kann dich Kopf und Kragen kosten, wenn du dich mit diesen Leuten einlässt.
Vgl. die vorangehende Wendung.

den Kopf unter dem Arm tragen (ugs.): *sehr krank sein:* Krankfeiern gibts bei mir nicht; ich bleibe erst zu Hause, wenn ich den Kopf unter dem Arm trage.

▶ Die Wendung meint eigentlich »schon so gut wie tot sein« und beruht auf dem Volksglauben, dass enthauptete Märtyrer als Zeichen ihrer Unschuld nach der

Hinrichtung noch ein Stück mit ihrem Kopf unter dem Arm laufen konnten.

jmdm. den Kopf verdrehen (ugs.): *jmdn. verliebt machen:* Nachdem sie selbst dem Chef den Kopf verdreht hatte, heiratete sie schließlich den zweiten Buchhalter. ... wenn er bei uns war, tat er nichts als zwischen Weiberröcken herumzuhocken und ... allen Mädchen die Köpfe zu verdrehen (Fallada, Herr 19).

den Kopf verlieren: *[in einer schwierigen Lage] unüberlegt, kopflos handeln:* Reiß dich zusammen, wir dürfen jetzt nicht den Kopf verlieren. Wie entzückt sie ihn betrachtet! Sie hat den Kopf verloren, die Arme (H. Mann, Stadt 161).

den Kopf voll haben (ugs.): *an vieles zu denken haben:* Sie hatte den Kopf voll mit geschäftlichen Dingen. Gerade heute, wo ich sowieso den Kopf voll habe, kann ich mich nicht auch noch um deine Schularbeiten kümmern. ... ein Aktivist, der immer den Kopf voll davon hat, wie die Dinge anders und besser zu machen wären, hat kein Empfinden dafür (Musil, Mann 270).

ich setz/steck dir den Kopf zwischen die Ohren! (ugs.): *scherzhafte Drohung:* Wenn du nicht sofort meine Nase loslässt, steck ich dir den Kopf zwischen die Ohren!

jmdm. den Kopf waschen (ugs.): *jmdm. gründlich die Meinung sagen, jmdn. scharf zurechtweisen:* So wie dein Freund dreinschaut, hat ihm seine Frau ganz schön den Kopf gewaschen. Sollte Ihnen dieses Gefühl jemals abhanden kommen, so werde ich höchstpersönlich erscheinen und Ihnen den Kopf waschen (Baldwin [Übers.], Welt 274).

▶ Die Wendung wurde früher in der Bedeutung »jmdn. verprügeln« gebraucht; das Verb »waschen« findet sich in alten Texten häufiger in ähnlichem Zusammenhang.

sich einen Kopf [um etwas/über etwas] machen (landsch.): *sich Gedanken machen, [über etwas] nachdenken:* Er ist ein fröhlicher Mensch ..., der viel liest und gern Musik hört, der sich einen Kopf um die Probleme dieser Welt macht (NBI 39, 1989, 8).

sich den Kopf verkeilen (ugs.): *sich von einem Gedanken, einem Vorhaben nicht* *abbringen lassen:* Es ist zwecklos, auf ihn einzureden, wenn er sich den Kopf verkeilt hat.

▶ In dieser Wendung wird das Wort »verkeilen« im übertragenen Sinn gebraucht; es bedeutet konkret »durch einen Keil unbeweglich machen, festklemmen«.

sich [über etwas] den Kopf/Schädel zerbrechen/zermartern/zergrübeln: *[über etwas] angestrengt nachdenken, in einer schwierigen Lage nach einer Lösung suchen:* Tag und Nacht hatte er sich den Kopf zermartert, ohne einen Ausweg gefunden zu haben. Über die Probleme anderer Leute hat sie sich noch nie den Kopf zerbrochen. Er zergrübelte sich den Kopf: Sie hatten ihn entlassen – war er irgendwann kein guter Genosse gewesen? (Strittmatter, Wundertäter 319).

sich jmds. Kopf zerbrechen (scherzh.): *für jmdn. [ungebetenerweise] einen Ausweg o. Ä. suchen:* Nun zerbrich dir mal nicht meinen Kopf, ich weiß schon, was zu tun ist.

jmdm. den Kopf zurechtsetzen/zurechtrücken (ugs.): *jmdn. zur Vernunft bringen:* Dein Sohn benimmt sich unmöglich, dem musst du mal den Kopf zurechtsetzen. Damals hat mir mein alter Lehrer öfter den Kopf zurechtrücken müssen. ... es genügt durchaus, dass du selbst ihm den Kopf zurechtsetzest (Th. Mann, Buddenbrooks 259).

die Köpfe zusammenstecken (ugs.): *miteinander tuscheln, etwas aushecken:* Jedes Mal, wenn ich die beiden sehe, stecken sie die Köpfe zusammen und kichern. In der Pause hatten die Mädchen wieder einmal die Köpfe zusammengesteckt. Kowalski und Stamm steckten die Köpfe zusammen und schienen sich gepfefferte Witze zu erzählen (Kirst, 08/15, 815).

sich blutige Köpfe holen (ugs.): *eine Niederlage im Kampf erleiden:* Am Abend triumphierten die Verteidiger, ihre Gegner hatten sich blutige Köpfe geholt. Wenn ihr euch unbedingt blutige Köpfe holen wollt, dann versucht doch, die Polizeikette zu durchbrechen. Denn während sich Mandiaro vor Burton blutige Köpfe holte, hätte er ... das Hindernis beseitigt (Reinig, Schiffe 27).

einen kühlen/klaren Kopf bewahren: *nicht nervös werden, die Übersicht behalten:* Er ist ein Mann, der in den schwierigsten Situationen einen klaren Kopf bewahrt. Wenn wir einen klaren Kopf bewahren, wird uns nichts geschehen.

an etwas keinen Kopf und keinen Arsch finden (derb): *etwas nicht begreifen:* An der Geschichte, die du mir da erzählst, kann ich keinen Kopf und keinen Arsch finden.

▶ »Kopf und Arsch« stehen in dieser Wendung als derbe Entsprechung von »Hand und Fuß« (↑ Hand).

da kann man sich/kannst du dir [doch] nur an den Kopf greifen/fassen! (ugs.): *das ist doch unfassbar, unbegreiflich:* Schon wieder ein Tor für die anderen – da kannst du dir doch nur an den Kopf greifen!

jmdm. etwas an den Kopf werfen (ugs.): *jmdm. etwas direkt, unverblümt sagen:* Raus hier! Ich lasse mir doch nicht dauernd solche Frechheiten an den Kopf werfen! Bevor er die Tür zuknallte, warf er mir noch ein paar Unfreundlichkeiten an den Kopf. ... es tut mir Leid, dass ich dir das alles auf einmal an den Kopf geworfen habe (Ruark [Übers.], Honigsauger 238).

sich an die Köpfe/Köppe kriegen (ugs.): *Streit bekommen:* Nach dem dritten Bier kriegen sie sich jedes Mal an die Köpfe. Geht bitte nach draußen, wenn ihr euch unbedingt an die Köppe kriegen müsst.

[nicht] auf den Kopf gefallen sein (ugs.): *[nicht] dumm sein:* Eines Tages werde ich euch beweisen, dass ich auch nicht gerade auf den Kopf gefallen bin. Dann musst du es eben finden. Du bist doch sonst nicht auf den Kopf gefallen! (Genet [Übers.], Tagebuch 272).

▶ Die Wendung geht von der Vorstellung aus, dass jemand, der sich am Kopf verletzt, auch Schaden an seiner Intelligenz nehmen kann.

etwas auf den Kopf/Kopp hauen/klopfen/kloppen (ugs.): *etwas bedenkenlos verprassen, ausgeben:* Innerhalb von drei Monaten hatte er seine ganze Erbschaft auf den Kopf gehauen. Je mehr zusammen ist, umso besser. Und dann hauen wir das Geld richtig auf den Kopf (Fallada, Mann 136).

jmdm. **auf dem Kopf herumtanzen/herumtrampeln** (ugs.): *sich von jmdm. nichts sagen lassen, mit jmdm. machen, was man will:* Dieser Lehrer kann sich einfach nicht durchsetzen; die Schüler tanzen ihm auf dem Kopf herum. ... aber natürlich kommt es vor, dass es ein paar hintendrauf gibt, sonst würden sie mir manchmal auf dem Kopf rumtanzen (Hörzu 14, 1976, 142).

jmdm. **auf den Kopf spucken können** (ugs.): *größer sein als jmd. anders:* Vor ein paar Jahren hast du sie noch im Kinderwagen herumgefahren, und jetzt können dir deine Söhne schon auf den Kopf spucken.

sich nicht auf den Kopf spucken lassen (ugs.): *sich nichts gefallen lassen:* Mein Freund sieht zwar etwas schmächtig aus, aber er lässt sich trotzdem nicht auf den Kopf spucken. Von dir lasse ich mir noch lange nicht auf den Kopf spucken, mein Lieber!

und wenn du dich auf den Kopf stellst [und mit den Beinen wackelst/Hurra brüllst/ Fliegen fängst]; da kannst du dich auf den Kopf stellen o. Ä. (ugs.): *auf alle Fälle; das kannst du nicht verhindern:* Seine Verwandtschaft kommt mir nicht ins Haus, da kann er sich auf den Kopf stellen. Aber hier ... wird sich wegen dir nichts ändern, und wenn du dich auf den Kopf stellst (Fels, Sünden 62).

etwas auf den Kopf stellen (ugs.): 1. *etwas verdrehen, völlig verfälschen:* In diesem Bericht werden alle Tatsachen auf den Kopf gestellt. ... dass aber der Entschluss ... von manchem als Symbol einer deutschen Politik der Stärke ausgelegt wird, das heißt wirklich die Dinge auf den Kopf stellen (Dönhoff, Ära 151). 2. *das Unterste zuoberst kehren:* Bei der Suche nach unserem Hamster haben wir das ganze Haus auf den Kopf gestellt. Zwei Stunden lang haben die in der guten Stube alles drunter und drüber und auf den Kopf gestellt (Degenhardt, Zündschnüre 155).

jmdm. **etwas auf den Kopf zusagen:** *jmdm. etwas unverblümt, direkt sagen:* Er hatte sich fest vorgenommen, dem Chef auf den Kopf zuzusagen, was er von ihm hält – aber dann hatte ihn doch der Mut verlassen. ... ich würde ebenfalls erstaunt sein, wenn ein Fremder mir auf den Kopf zusagt: Sie sind Bankbeamter (Nossack, Begegnung 422).

eins auf den Kopf bekommen (ugs.): *eine Zurechtweisung, eine Rüge erhalten:* Wie du aussiehst, hast du von deiner Chefin eins auf den Kopf bekommen.

aus dem Kopf: *auswendig, ohne Vorlage:* Früher konnte sie »Das Lied von der Glocke« aus dem Kopf aufsagen. Aus dem Kopf weiß ich das nicht. ... jetzt sage ich aus dem Kopf her, dass der höchste Berg des Böhmerwaldes Arber heißt (Grzimek, Serengeti 16).

jmdm. **nicht aus dem Kopf gehen/wollen:** *jmds. Denken dauernd beschäftigen:* Was ich gestern gelesen habe, geht mir nicht aus dem Kopf. Der Gedanke an Sibylle wollte ihm nicht aus dem Kopf (Geissler, Wunschhütlein 58).

sich etwas aus dem Kopf schlagen (ugs.): *ein Vorhaben aufgeben:* Mit der Gehaltserhöhung hats nicht geklappt, den neuen Wagen können wir uns aus dem Kopf schlagen. Sie müssen sich das aus dem Kopf schlagen. Sie ist kein Mädchen, das mit einem Freund gehen könnte (Gaiser, Schlussball 95).

sich etwas durch den Kopf gehen lassen (ugs.): *etwas erwägen, über etwas nachdenken:* Rufen Sie mich morgen wieder an, ich werde mir Ihren Vorschlag durch den Kopf gehen lassen. Michael hat sich die Sache gründlich durch den Kopf gehen lassen (Grzimek, Serengeti 198).

jmdm. **[plötzlich] durch den Kopf schießen:** *jmdm. plötzlich einfallen, in den Sinn kommen:* Plötzlich schoss ihm eine fantastische Idee durch den Kopf. »Jetzt oder nie!«, schoss es ihr durch den Kopf. Wenn ich aufwache, schießen mir meistens ein paar Dinge durch den Kopf (Gaiser, Schlussball 153).

jmdm. **im Kopf herumgehen** (ugs.): *jmds. Denken sehr beschäftigen:* Seit Tagen geht mir im Kopf herum, was wohl aus dem armen Onkel Karl-Heinz geworden ist. Unser Gespräch neulich Abend ist mir noch lange im Kopf herumgegangen (Maass, Gouffé 54).

etwas im Kopf nicht aushalten (ugs.): *etwas überhaupt nicht begreifen können:* Fünf Richtige im Lotto, und der Trottel hat den Tippschein nicht abgegeben –

das halt ich im Kopf nicht aus! Dass Pitt schon wieder einen Unfall gebaut hat – das hältst du doch im Kopf nicht aus.

etwas im Kopf behalten (ugs.): *etwas nicht vergessen, sich merken:* Kannst du das alles im Kopf behalten, oder soll ich es dir aufschreiben?

etwas im Kopf haben (ugs.): *etwas auswendig wissen:* Wenn du die wichtigsten Daten im Kopf hast, kann dir bei der Prüfung nichts passieren. Er hatte alles im Kopf, tolles Gedächtnis (Johnson, Mutmaßungen 7).

was man nicht im Kopf hat, [das] muss man in den Beinen/Füßen haben: *wenn man bei Besorgungen o. Ä. etwas vergisst, muss man den Weg mehrmals machen.*

nicht ganz richtig im Kopf sein (ugs.): *[ein bisschen] verrückt sein:* Dein Onkel benimmt sich reichlich seltsam; der ist wohl nicht ganz richtig im Kopf? ... ich glaube, sie ist harmlos, nur nicht ganz richtig im Kopf (Zuckmayer, Fastnachtsbeichte 23).

jmdm. nicht in den Kopf [hinein]gehen/ wollen (ugs.): *jmdm. nicht einleuchten, unverständlich sein:* Mir will bis heute nicht in den Kopf, warum ihr damals nach Amerika gegangen seid. Es will ihr einfach nicht in den Kopf, dass sie alt und hässlich geworden ist und gefahren werden muss (Zwerenz, Erde 45).

sich etwas in den Kopf setzen: *etwas unbedingt tun/haben wollen:* Sie hat es sich nun einmal in den Kopf gesetzt, in der Entwicklungshilfe zu arbeiten. Wenn er sich etwas in den Kopf gesetzt hat, dann führt er es auch durch. Das Kind hatte sich ein Dreirad in den Kopf gesetzt und ließ sich nicht davon abbringen. Dieser Mensch ... hatte sich schon als Knabe eine Wallfahrt nach Rom in den Kopf gesetzt (Hesse, Narziß 259).

jmdm. in den Kopf steigen: *jmdn. eingebildet, überheblich machen:* Der Erfolg seines Romans war ihm in den Kopf gestiegen, er wollte von seinen früheren Freunden nichts mehr wissen. Der überraschende Titelgewinn war dem jungen Boxer in den Kopf gestiegen, er trainierte kaum noch und war Stammgast in Bars und Kneipen.

in jmds. Kopf/jmdm. im Kopf herumgeistern/herumspuken: *jmds. Denken be-*

schäftigen: Die Idee, ein Boot zu bauen, geisterte schon lange in seinem Kopf herum. Die wissen besser, was sie wollen, als das, was in unserem Kopf nachts herumspukt (Remarque, Triomphe 204).

mit dem Kopf durch die Wand [rennen] wollen (ugs.): *sein Vorhaben trotz offensichtlich unüberwindbarer Hindernisse [gewaltsam] durchsetzen wollen:* ... versuch nicht, mit dem Kopf durch die Wand zu rennen, das ist noch keinem bekommen (v. d. Grün, Glatteis 223). Wenn Sie klug sind, Elisabeth, dann geben Sie es auf, mit dem Kopf durch die Wand zu wollen (Sebastian, Krankenhaus 111).

über jmds. Kopf hinweg: *ohne jmds. Entscheidung, Erlaubnis o. Ä. abzuwarten:* Es ist einfach unglaublich, dass hier einfach über den Kopf des Direktors hinweg der Produktionsplan geändert wurde. ... die Amerikaner könnten es über Adenauers Kopf hinweg nun nicht mehr tun (Augstein, Spiegelungen 19).

bis über den Kopf/die Ohren in etwas stecken (ugs.): 1. *tief, rettungslos in etwas hineingeraten sein:* Da er bis über den Kopf in dieser Sache steckt, wird er einer Gefängnisstrafe kaum entgehen können. 2. *völlig von etwas beansprucht werden:* Wir stecken bis über die Ohren in Arbeit, an Urlaub ist vorläufig nicht zu denken. Er steckte damals bis über den Kopf in Termingeschäften.

jmdm. über den Kopf wachsen (ugs.): 1. *von jmdm. nicht mehr bewältigt werden können:* Die Arbeit wächst mir über den Kopf, ich brauche dringend Hilfe. ... die ganze Sache wächst uns über den Kopf, wir allein sind der Sache nicht mehr gewachsen (v. d. Grün, Glatteis 71). 2. *von jmdm. unabhängig werden:* Mach dir keine Illusionen, mein Lieber, deine Kinder sind dir längst über den Kopf gewachsen. ... so war es gewesen seit dem Tag, da er seiner Mutter über den Kopf gewachsen war (Baum, Paris 5).

sich um Kopf und Kragen bringen/reden (ugs.): *durch unvorsichtiges Handeln/Reden sein Leben, seine Existenz verlieren:* In einer Diktatur hat sich schon mancher um Kopf und Kragen geredet. Die Befragten scheuten sich nicht, Ansichten zu äußern, die sie ... um Kopf und Kragen bringen würden (MM 25. 8. 1971, 11).

Vgl. die Wendung »Kopf und Kragen riskieren«.

es geht um Kopf und Kragen (ugs.): *das Leben, die Existenz steht auf dem Spiel:* Hoffentlich hat er jetzt begriffen, dass es für ihn um Kopf und Kragen geht. Ich würde dich nicht um Hilfe bitten, wenn es nicht um Kopf und Kragen ginge. Vgl. die Wendung »Kopf und Kragen riskieren«.

von Kopf bis Fuß: 1. *von oben bis unten:* Das Kind bekleckerte sich von Kopf bis Fuß mit Erdbeermarmelade. ... als die Tür ... zurückglitt, standen Carl und Elsa wartend da, von Kopf bis Fuß auf Hochglanz poliert (Ruark [Übers.], Honigsauger 366). 2. *völlig, durch und durch:* Er ist von Kopf bis Fuß ein Gentleman.

jmdn. vor den Kopf stoßen: *jmdn. kränken, verletzen:* Ich habe seinen Vorschlag nur angenommen, weil ich ihn nicht vor den Kopf stoßen wollte. ... man weiß nie, auf wen man angewiesen ist und wen man nicht vor den Kopf stoßen darf (Gaiser, Schlussball 78).

wie vor den Kopf geschlagen sein (ugs.): *vor Überraschung wie gelähmt sein:* Als er seinen Namen nannte, war ich zuerst wie vor den Kopf geschlagen. Die Eltern waren wie vor den Kopf geschlagen, nachdem sie die Wahrheit über ihren Sohn erfahren hatten. Harald erkannte sie sofort. Er starrte sie an, wie vor den Kopf geschlagen (Lederer, Bring 152).

jmdm. zu Kopf steigen: *jmdn. betrunken, berauscht, übermütig machen:* Wenn ihm der Wein zu Kopf gestiegen war, sprach er leidenschaftlich über Politik. Ich befürchte, dass der Erfolg ihm zu Kopf steigen wird. Diese Intimität muss dem General doch zu Kopf steigen (Musil, Mann 1 192).

Augen im Kopf haben: ↑ Auge. **sich die Augen nach jmdm., nach etwas aus dem Kopf gucken/schauen:** ↑ Auge. **sich die Augen aus dem Kopf schämen:** ↑ Auge. **sich die Augen aus dem Kopf weinen:** ↑ Auge. **ein Brett vor dem Kopf haben:** ↑ Brett. **jmdm. fällt die Bude auf den Kopf:** ↑ Bude. **die Bude auf den Kopf stellen:** ↑ Bude. **Butter auf dem Kopf haben:** ↑ Butter. **[k]ein Dach über dem Kopf haben:** ↑ Dach. **jmdm. fällt die Decke auf den Kopf:** ↑ Decke. **einen Furz/Fürze im Kopf**

haben: ↑ Furz. **[große] Graupen im Kopf haben:** ↑ Graupe. **jmdm. die Haare vom Kopf fressen:** ↑ Haar. **Häcksel im Kopf haben:** ↑ Häcksel. **Hals über Kopf:** ↑ Hals. **die Hände über dem Kopf zusammenschlagen:** ↑ Hand. **jmdm. das Hemd über den Kopf ziehen:** ↑ Hemd. **sich eine Kugel durch den Kopf jagen:** ↑ Kugel. **den Nagel auf den Kopf treffen:** ↑ Nagel. **Nägel mit Köpfen machen:** ↑ Nagel. **auf jmds. Kopf kann man Pfähle anspitzen:** ↑ Pfahl. **Raupen im Kopf haben:** ↑ Raupe. **jmdm. Raupen in den Kopf setzen:** ↑ Raupe. **nicht ganz richtig im Kopf sein:** ↑ richtig. **große Rosinen im Kopf haben:** ↑ Rosine. **das ist zu rund für meinen eckigen Kopf:** ↑ rund. **Scheiße im Kopf haben:** ↑ Scheiße. **die Schere im Kopf:** ↑ Schere. **mehr Schulden als Haare auf dem Kopf haben:** ↑ Schuld. **bei jmdm. spukt es im Kopf:** ↑ spuken. **Stroh/Sägemehl im Kopf haben:** ↑ Stroh. **Sülze im Kopf haben:** ↑ Sülze.

Kopfschmerz: sich über/wegen etwas [keine] Kopfschmerzen/[kein] Kopfzerbrechen machen: *sich über etwas [nicht] sorgen, [nicht] kümmern:* Wegen des Geldes brauchst du dir keine Kopfschmerzen zu machen, mein Onkel wird es uns vorschießen. Er macht sich zu viel Kopfzerbrechen wegen der Prüfung.

jmdm. Kopfschmerzen/Kopfzerbrechen machen/bereiten: *jmdm. Sorgen bereiten:* Die Versorgung abgelegener Orte im Winter bereitet der Verwaltung zurzeit noch Kopfschmerzen. Das, worüber sich die Leute ereiferten, schien ihm wenig Kopfzerbrechen zu machen (Hauptmann, Thiel 6).

Kopfzerbrechen: Vgl. Kopfschmerz.

Kopp: Vgl. Kopf.

Korah: eine Rotte Korah: ↑ Rotte.

Koralle: da lacht die Koralle (ugs.): *das ist lächerlich, unglaubhaft:* Du willst die 100 m in 10,0 gelaufen sein? Und beim Weitsprung hast du über 8,50 m geschafft? Da lacht die Koralle!

▶ Diese Redensart geht auf eine Illustrierte der Dreißigerjahre zurück, die »Koralle«, deren Witzseite den Titel »Da lacht die Koralle« trug.

Korb: sich einen Korb holen; einen Korb bekommen/erhalten/kriegen: 1. *eine abschlägige Antwort auf einen Heiratsantrag erhalten:* Bei der reichen Witwe hat

sich schon mancher einen Korb geholt.
2. *abgewiesen werden:* Als er sie zum
Tanzen aufforderte, erhielt er einen
Korb. Gerade die treuesten unter den
Lufthansa-Kunden, Manager, Geschäftsleute, Journalisten und Techni-
ker, erhalten am häufigsten einen Korb
(Spiegel 49, 1976, 102).
▶ Diese Wendung geht auf einen alten
Brauch zurück: In früheren Zeiten ließ
sich in manchen Gegenden der Bewerber um die Gunst einer Frau von ihr in einem Korb zum Fenster hinaufziehen;
wollte eine Frau zum Ausdruck bringen,
dass sie den Bewerber ablehnte, so sorgte sie dafür, dass der Boden des Korbes
durchbrechen musste. Später wurde es
auch üblich, einem abgewiesenen Freier
einen kleinen Korb ohne Boden zu überreichen.
jmdm. einen Korb geben: 1. *jmds. Heiratsantrag ablehnen:* Schon dreimal hat
sie ihm einen Korb gegeben. Aber jetzt
wurde bekannt, dass der »schöne Haxt-
hausen« ... der Prinzessin einen Korb
gab (Bild 10. 4. 1964, 5). 2. *jmdn. abweisen:* Mit seinem Spendenaufruf hatte er
kein Glück; fast jeder gab ihm einen
Korb. Sie saß nieder ..., trank ein Glas
Wein, um keinen Korb zu geben (Kesten, Leben 16).
Vgl. die vorangehende Wendung.
husch, husch ins Körbchen! (ugs.):
schnell ins Bett!: Es ist schon nach zehn,
Kinder, husch, husch ins Körbchen!
Jetzt noch rasch unter die Dusche und
dann husch, husch ins Körbchen.
▶ Die Wendung bezog sich ursprünglich
wohl auf das Körbchen, das ein im Haus
gehaltener Hund als Schlafplatz hat.
Hahn im Korb[e] sein: ↑ Hahn.
**Korken: einen Korken abschießen/steigen
lassen** (ugs.): *etwas Unpassendes, Anstößiges sagen:* Mit dieser Bemerkung hast
du wieder mal einen Korken steigen lassen, mein Lieber!
▶ Diese Wendung geht darauf zurück,
dass es als unhöflich gilt, beim Öffnen einer Sektflasche den Korken mit lautem
Knall davonfliegen zu lassen.
**¹Korn: in etwas steckt/ist ein Körnchen
Wahrheit:** *es ist etwas Wahres an etwas:*
Er war nicht sicher, ob in der Geschichte
nicht auch ein Körnchen Wahrheit

steckte. Gerade dass ein Körnchen
Wahrheit in seinen Verleumdungen
steckte, machte mich doppelt wütend
(Fallada, Herr 179).
²Korn: jmdn./etwas aufs Korn nehmen
(ugs.): 1. *jmdn., etwas scharf beobachten,
sich für jmdn., etwas interessieren:* Das
Rauschgiftdezernat hatte das Lokal
schon lange aufs Korn genommen. Wir
werden deinen Freund mal aufs Korn
nehmen; er hat die Chance, sich zu bewähren. Zugführer und Korporal hatten
ihn aufs Korn genommen (Ott, Haie 36).
2. *jmdn., etwas [scharf] kritisieren:* Der
Kabarettist hatte eine Reihe bekannter
Politiker aufs Korn genommen. Eine
Unterhaltungssendung, in der die leeren
Versprechungen der Sexwelle aufs Korn
genommen werden (Hörzu 29/1971).
3. *mit jmdm. etwas vorhaben:* Der
Hauptwachtmeister Amsel betrat den
Saal. Ich hatte das unangenehme Gefühl, dass er mich aufs Korn genommen
habe (Niekisch, Leben 312).
▶ Die Wendung bezieht sich auf das Zielen über Kimme und Korn bei einer
Schusswaffe.
jmdn. auf dem Korn haben (ugs.): *es auf
jmdn. abgesehen haben, sich für jmdn.
interessieren:* Wenn er einen talentierten
Nachwuchsspieler erst einmal auf dem
Korn hat, dann setzt er alles daran, diesen Jungen anzuspornen und zu fördern.
Gestern ist ihr Verlobter erst gefallen,
heute hat sie schon wieder einen andern
auf dem Korn! (Fallada, Jeder 77).
Vgl. die vorangehende Wendung.
³Korn: die Flinte ins Korn werfen: ↑ Flinte.
**ein blindes Huhn findet auch mal ein
Korn:** ↑ Huhn. **von echtem Schrot und
Korn.** ↑ Schrot.
Körper: [ach] du armer Körper! (ugs.):
Ausruf der Überraschung: Ach, du armer
Körper, ich habe unseren Hochzeitstag
vergessen!
Korpus Delikti: ↑ Corpus Delicti.
**Korsett: seinen Gefühlen kein Korsett an-
legen** (ugs.): *sich unbefangen äußern,
seine Gefühle nicht verbergen:* Sag, was
dir nicht passt, mein Junge, bei mir
brauchst du deinen Gefühlen kein Kor-
sett anzulegen.
▶ Das Korsett, mit dem man seinen
Körper einschnürt, soll in dieser Wen-

dung die Vorstellung des Gezwungenen, Unterdrückten verdeutlichen.

Korsettstange: jmdm. Korsettstangen einsetzen/einziehen (ugs.): *jmdm. Mut machen, jmdn. in seiner Standhaftigkeit bestärken:* Mein Freund hatte es damals sehr schwer, aber wir haben alle zu ihm gehalten, ihm Korsettstangen eingesetzt, ihn aufgeheitert.

▶ Die Wendung bezieht sich darauf, dass die Korsettstangen die stützenden Teile des Korsetts sind, die dem Träger des Korsetts eine aufrechte Haltung geben.

kosten: nicht die Welt kosten (ugs.): *nicht sehr teuer sein:* Wir besorgen uns einfach ein paar alte Bretter und etwas Farbe, das kann nicht die Welt kosten. ... zumindest die Frisur konnte man ihnen nachmachen, das kostete nicht die Welt (Brod, Annerl 12).

sich eine Sache etwas kosten lassen (ugs.): *für etwas großzügig Geld ausgeben:* Wenn er ein besonders schönes Stück für seine Sammlung entdeckte, dann ließ er sich die Sache etwas kosten. ... der Mensch soll sich seine Freunde etwas kosten lassen (Bergengruen, Rittmeisterin 24). ... er ließ es sich etwas kosten, einen Menschen der Paria-Rasse in seinem Dienste zu haben (K. Mann, Mephisto 337).

koste es/es koste, was es wolle: *um jeden Preis, unbedingt:* Ich muss dieses Buch bekommen, koste es, was es wolle. Sie waren entschlossen, den Verschollenen aufzuspüren, es koste, was es wolle. ... der Gang nach Moskau müsse mit Paris gemeinsam gemacht werden, koste es, was es wolle (Welt 29. 10. 1965, 2).

Fragen kostet nichts: ↑fragen. **jmdm./ jmdn. den Hals kosten:** ↑Hals. **es wird nicht gleich den Hals kosten:** ↑Hals. **jmdn./jmdm. Kopf und Kragen kosten:** ↑Kopf. **jmdm./jmdn. den Kopf kosten:** ↑Kopf. **es wird den Kopf nicht gleich kosten:** ↑Kopf. **jmdm./jmdn. den Kragen kosten:** ↑Kragen. **das wird dich/dir nicht gleich den Kragen kosten:** ↑Kragen. **umsonst ist der Tod, und der kostet das Leben:** ↑umsonst. **was kostet die Welt?:** ↑Welt.

Kosten: auf seine Kosten kommen (ugs.): *zufrieden gestellt werden:* Bei dem ge-

planten Fest soll möglichst jeder auf seine Kosten kommen. Das blutgierige Publikum ist auf seine Kosten gekommen (Thieß, Legende 198).

▶ Die Wendung stammt aus der Kaufmannssprache. Bei einem Handel will der Kaufmann zumindest so viel bekommen, dass seine Kosten gedeckt werden.

Kostverächter: kein Kostverächter sein: *sinnlichen Genüssen sehr zugetan sein:* Was Frauen betraf, so war er kein Kostverächter. Die Tafel war reich gedeckt, und da ich kein Kostverächter bin, griff ich zu. In der Tat, Ludwig war kein Asket und Kostverächter (Strittmatter, Wundertäter 246).

Kot: jmdn., etwas in den Kot ziehen/treten: *jmdn., etwas schlecht machen, herabsetzen:* Ihre Versuche, das Andenken des Freiheitskämpfers in den Kot zu treten, scheiterten kläglich. Er hatte nicht nur die Ehe in den Kot gezogen ..., sondern auch Christus selber einen Scharlatan geheißen (Brecht, Geschichten 101).

[bis zu den Knien] im Kot/Morast/ Schmutz waten (geh.): *ständig Gemeinheiten begehen, einen äußerst unanständigen Lebenswandel führen:* Mit diesen Menschen, die bis zu den Knien im Kot waten, will ich nichts zu tun haben!

jmdn., etwas mit Kot bewerfen/besudeln: *jmdn., etwas verleumden:* Es war schon widerwärtig, wie man den einst gefeierten Mann jetzt mit Kot bewarf.

Kotau: einen Kotau machen (ugs.): *sich unterwürfig verhalten, nachgeben:* Nachdem er vor dem neuen Minister seinen Kotau gemacht hatte, wurde er wieder in sein Amt eingesetzt. Einen Tag mit einem alten Fahrrad über Land zu fahren, ... vor Bauern Kotau zu machen, um abends mit einem Liter Milch und sechs Eiern heimzukommen ... (Spiegel 1/2, 1966, 16).

▶ Am kaiserlichen Hof in China hatte man beim Begrüßungszeremoniell mit dem Kopf den Boden zu berühren; der chinesische Ausdruck dafür ist »kotau« (= mit dem Kopf [auf den Boden] schlagen). Die Wendung bezieht sich auf diese Demutsgebärde.

Kothurn: auf hohem Kothurn einherschreiten (geh.): *hochtrabend, schwülstig reden:* Man wusste, dass der Minister es liebte, auf hohem Kothurn einherzuschreiten, und lächelte sich verständnisvoll zu.

▶ Der Kothurn ist ein Schuh mit erhöhter Sohle, der von den Schauspielern der antiken Tragödie getragen wurde. Die Wendung bezieht sich auf die pathetische Sprache der griechischen Dramen.

Kotzebue: Kotzebues Werke herausgeben/studieren (ugs.): *sich erbrechen:* Wo ist eigentlich Karl? – Er ist eben mal rausgegangen, Kotzebues Werke herausgeben.

▶ Die Wendung beruht auf der Klangähnlichkeit zwischen dem Namen des Dichters und »kotzen«, dem umgangssprachlichen Ausdruck für »sich erbrechen«.

kotzen: das [große] Kotzen kriegen (derb): *angewidert sein:* Wenn man diese schwachen Leistungen mitansehen muss, kriegt man das große Kotzen. »... Wenn ich an meine Zukunft denke, kriege ich das Kotzen« (elan 1, 1980, 20).

▶ Die Wendung bezieht sich darauf, dass Ärger bei empfindlichen Magennerven zu Brechreiz führen kann.

zum Kotzen sein (derb): *äußerst widerwärtig sein:* Euer ständiges Geschimpfe über die Ausländer ist doch wirklich zum Kotzen. Da haben wir einen finnischen Streifen (= Film) gehabt, »Benzin im Blut«. Und er war zum Kotzen (Hörzu 12, 1973, 31).

Vgl. die vorangehende Wendung.

das/es ist [doch] zum Kotzen [Herr Major]!: *Ausruf der Verärgerung:* Es ist zum Kotzen – dauernd klingelt das Telefon. Es ist zum Kotzen ... Wenn die (= Leute) wüssten, wie ungeheuer mies es mir geht! (Hörzu 12, 1972, 54). Das kann man doch nicht aushalten, dieses stumpfsinnige Schweigen! Das ist ja zum Kotzen! (Hörzu 45, 1970, 143).

Vgl. die Wendung »das große Kotzen kriegen«.

kotzen wie ein/die Reiher (derb): *sich heftig und lange übergeben:* Nach Mitternacht schleppten sich die ersten Gäste nach draußen und kotzten wie die Reiher. Die Hälfte der Besatzung ... kotzte wie die Reiher (Ott, Haie 231).

▶ Der Vergleich geht auf die Beobachtung zurück, dass der Reiher seine Jungen aus dem Kropf füttert, die Nahrung also herauswürgt.

man hat schon Pferde kotzen sehen [und das direkt vor der Apotheke]: ↑ Pferd. **sich die Seele aus dem Leib kotzen:** ↑ Seele.

krabbeln: kribbeln und krabbeln: ↑ kribbeln.

Krach: bei jmdm. ist Krach im Hinterhaus (ugs.): *jmd. [in der Nachbarschaft] hat Familienstreit:* Hörst du das Geschrei? Bei Meiers ist wieder mal Krach im Hinterhaus.

▶ Der Ausdruck geht zurück auf ein Theaterstück von Maximilian Böttcher mit dem Titel »Krach im Hinterhaus« (1934 in Berlin uraufgeführt).

Krach schlagen (ugs.): *sich laut beschweren:* Mein Vater hätte dann auf dem Jugendamt Krach geschlagen, und die hätten ihm dann gesagt, wo ich bin (Ossowski, Bewährung 30).

mit Ach und Krach: ↑ Ach. **ein Krach, um Tote aufzuwecken:** ↑ Tote.

krachen: ... dass es [nur so] kracht (ugs.): *heftig, sehr stark:* Sie rackerten und schufteten, dass es nur so krachte. Diesem Witterer ... ziehe ich noch einmal das Fell über die Ohren, dass es nur so kracht (Kirst, 08/15, 535).

jmdm. eine krachen (ugs.): *jmdn. ohrfeigen:* Wenn du nicht aufhörst, krach ich dir eine. Du willst wohl unbedingt eine gekracht kriegen?

es kracht [gleich]! (ugs.): *es gibt [gleich] Prügel:* Sieh zu, dass du verschwindest, sonst kracht's! Nimm dich in Acht, es kracht gleich! Im Augenblick gehts noch, aber bald krachts. Deine Launen habe ich satt (Genet [Übers.], Tagebuch 166).

in allen Fugen krachen: ↑ Fuge. **es kracht im Gebälk:** ↑ Gebälk. **... dass jmdm. die Schwarte kracht:** ↑ Schwarte.

Kraft: wo rohe Kräfte sinnlos walten [(ugs.; scherzh.:) **da kann kein Knopf die Hose halten**]: *in bestimmten Situationen ist es besser, anstatt Verstand, als seine Körperkräfte einzusetzen:* Als er die Truhe öffnen wollte, hat er die schönen Beschläge abgerissen – wo rohe Kräfte sinnlos walten!

▶ Diese Redensart ist ein Zitat aus Schillers »Lied von der Glocke« [das scherzhaft erweitert wurde].

mit jmdm. seine Kräfte messen (geh.): *mit jmdm. einen Wettkampf bestreiten:* Besonders die jüngeren Athleten brannten darauf, mit dem Rekordhalter ihre Kräfte messen zu können.

aus eigener Kraft: *ohne fremde Hilfe:* Wir haben es aus eigener Kraft geschafft. ... sodass die Armut aus eigener Kraft nicht überwunden werden kann, sondern sich immer wieder von neuem reproduziert (Dönhoff, Ära 171).

außer Kraft: *ungültig:* Das Gesetz ist schon seit Jahren außer Kraft.

etwas außer Kraft setzen: *etwas für ungültig erklären:* Der Verband hatte die Bestimmungen vorübergehend außer Kraft gesetzt. Die Verfassung von Weimar wurde unter der Herrschaft des Nationalsozialismus formell nicht außer Kraft gesetzt (Fraenkel, Staat 335).

außer Kraft treten: *ungültig werden:* Dieser Vertrag ist schon vor zwei Jahren außer Kraft getreten. Das Instrument of Government trat nach kurzer Zeit außer Kraft (Fraenkel, Staat 332).

in Kraft: *gültig:* Ich möchte wissen, ob die umstrittene Regel noch in Kraft ist. Doch auch jetzt blieben die Anweisungen ..., so schonend wie möglich vorzugehen, in Kraft (Thieß, Reich 229).

etwas in Kraft setzen: *etwas für gültig erklären:* Die Gesetzesnovelle wurde am 1. Januar in Kraft gesetzt. Die im Mai 1968 in Kraft gesetzte neue Maturitäts-Anerkennungsverordnung ist ... gebilligt worden (Nationalzeitung 4. 10. 1968, 2).

in Kraft treten: *gültig werden:* Dann wird das Gesetz ... verkündet und tritt an einem verfassungsmäßig ... bestimmten Zeitpunkt in Kraft (Fraenkel, Staat 116). Denn die Beschränkungen treten ja nur in Kraft, wenn eine gesamtdeutsche Nationalversammlung gebildet ist (Dönhoff, Ära 96).

[alles] tun, was in jmds. Kraft/Kräften steht: *sein Möglichstes tun:* Er versprach, alles zu tun, was in seiner Kraft steht, um ihnen zu helfen. Wir haben alles getan, was in unseren Kräften stand, aber es war vergebens.

mit vereinten Kräften: *gemeinsam:* Wir haben das Haus mit vereinten Kräften in zwei Wochen völlig renoviert. ..., gab es für ihn keinen Zweifel mehr daran, dass man ihn mit vereinten Kräften hereingelegt hatte (Bieler, Mädchenkrieg 255).

nach besten Kräften: *so gut wie möglich:* Sie nahm sich vor, das Institut nach besten Kräften zu leiten. Auch wir haben nach besten Kräften beim Aufbau der Organisation mitgeholfen. ... der Sache walten aber soll jeder nach besten Kräften an seinem Platz (Johnson, Achim 108).

über jmds. Kraft/Kräfte gehen: *für jmdn. nicht zu bewältigen sein:* Jetzt soll ich auch noch zwei Hunde in Pflege nehmen – das geht über meine Kräfte! Vielleicht geht es über die Kraft des Einzelnen, den Sprung zu machen (Chr. Wolf, Himmel 180). Menschenskind, ich wusste ja gleich, dass es über deine Kräfte geht (Hausmann, Salut 192).

von den Kräften fallen/von Kräften kommen: *schwach [und krank] werden:* Sie fielen jetzt von den Kräften, sobald die Strecke staubig und eintönig wurde (Gaiser, Schlussball 70). ... es ist nichts so schlimm, als wenn ein Mann nicht isst und am Ende von Kräften kommt (Strittmatter, Wundertäter 231).

vor lauter Kraft nicht/kaum gehen können (ugs.): *so muskulös sein, dass man sich unbeholfen bewegt:* Schau dir mal meinen Schwiegersohn an, der kann vor lauter Kraft nicht gehen.

zu Kräften kommen: *kräftiger werden, genesen:* Nur sehr langsam kam sie wieder zu Kräften, kein Wunder bei den dünnen Suppen der Häuslerhütte (Brecht, Geschichten 154). Es ist gut und notwendig, dass Regina rasch wieder zu Kräften kommt (Waggerl, Brot 45).

ohne Saft und Kraft: ↑ Saft.

kräftig: eine kräftige Handschrift schreiben: ↑ Handschrift. **kräftig ins Horn stoßen:** ↑ Horn.

Kragen: jmdm. platzt der Kragen (ugs.): *jmd. wird so wütend, dass er die Beherrschung verliert:* Nachdem er sich das Geschwätz eine Weile schweigend mit angehört hatte, platzte ihm der Kragen, und er brüllte: »Schluss!« »Ständig hat er mich festgehalten ... Da soll einem nicht mal der Kragen platzen!« (MM 25. 2. 1974, 4).

▶ Die Wendung bezieht sich darauf, dass jemandem vor Ärger oder Wut das Blut zu Kopf steigt und seine Halsadern anschwellen. Bei ihm stellt sich das Gefühl ein, dass ihm der Kragen zu eng wird und zu platzen droht.

jmdm./jmdn. den Kragen kosten (ugs.): *jmds. Existenz, Leben vernichten:* Sein leichtsinniges Spekulieren an der Börse hat ihn schon einmal fast den Kragen gekostet. Es kann dich den Kragen kosten, wenn du mit dem alten Wagen so schnell fährst.

▶ Das Wort »Kragen« bezeichnete früher den Hals und wurde erst später für den den Hals bedeckenden Teil der Kleidung verwendet. In bestimmten Wendungen blieb die alte Bedeutung erhalten. Vgl. auch Wendungen mit »Kopf« und »Hals«.

das wird dich/dir nicht [gleich] den Kragen kosten (ugs.): *das wird nicht so schlimm für dich werden:* Vielleicht solltest du deinem Chef offen sagen, was du von seinen Anweisungen hältst; das wird dich nicht gleich den Kragen kosten. Vgl. die vorangehende Wendung.

jmdm. den Kragen umdrehen (ugs.): *jmdn. umbringen:* Als er von dieser Gemeinheit erfuhr, hätte er ihm am liebsten den Kragen umgedreht. Wenn es sich um Hühner handelte, würde ich ihnen samt und sonders den Kragen umdrehen! (Geissler, Wunschhütlein 156). Vgl. die Wendung »jmdm./jmdn. den Kragen kosten«.

lass deinen Kragen mal wieder teeren [da kommt schon das Weiße durch] (ugs.; scherzh.): *dein Kragen ist ziemlich schmutzig.*

jmdn. am/beim Kragen nehmen/packen (ugs.): *jmdn. zur Rede stellen, sich vorknöpfen:* Der Trainer wird die Spieler, die nicht zum Training erschienen sind, morgen beim Kragen nehmen.

jmdm. an den Kragen wollen (ugs.): *jmdn. verprügeln, jmdm. Schaden zufügen wollen:* Nachdem ich ihm meine Meinung gesagt hatte, wollte er mir an den Kragen. Mit einer groß angelegten Werbekampagne wollte man der Konkurrenz an den Kragen.

▶ Auch dieser Wendung liegt die alte Bedeutung von »Kragen« (= Hals) zugrunde; in einem Zweikampf versucht man, den Gegner am Hals zu packen, um ihn zu würgen.

es geht jmdm. an den Kragen (ugs.): *jmdn. ereilt sein Schicksal, jmd. geht zugrunde:* Früher oder später geht es auch dem gerissensten Ganoven einmal an den Kragen. ... es bleibt uns gar nichts anderes übrig, als gerecht und nicht feige zu sein, anders geht es uns an den Kragen (Kant, Impressum 89). Kein Mitleid hat der Einarmige mit dem auf der Anklagebank ..., dem es an den Kragen geht (Döblin, Berlin 498). Vgl. die Wendung »jmdm./jmdn. den Kragen kosten«.

Kopf und Kragen riskieren/wagen/aufs Spiel setzen/verlieren: ↑ Kopf. **sich um Kopf und Kragen bringen/reden:** ↑ Kopf. **es geht um Kopf und Kragen:** ↑ Kopf. **jmdm./jmdn. Kopf und Kragen kosten:** ↑ Kopf.

Kragenweite: jmds. Kragenweite/ (auch:) **Schuhnummer sein** (ugs.): *jmdm. zusagen, gut gefallen:* Die neue Serviererin war genau seine Kragenweite. Du bist wirklich nicht meine Kragenweite (Rechy [Übers.], Nacht 324).

Krähe: eine Krähe hackt der anderen kein Auge aus: *Berufs- oder Standesgenossen unterstützen sich gegenseitig, wenn einer von ihnen angegriffen wird, in Schwierigkeiten gerät:* In der Showbranche, das ist ungeschriebenes Gesetz, hackt eine Krähe der anderen kein Auge aus (Hörzu 38, 1975).

krähen: nach jmdm., nach etwas kräht kein Hahn: ↑ Hahn. **wenn der Hahn kräht auf dem Mist, ändert sich das Wetter oder es bleibt, wie es ist:** ↑ Hahn.

Kralle: jmdm. die Krallen zeigen (ugs.): *jmdm. zeigen, dass man sich nichts gefallen lässt:* Du brauchst da gar keine Hemmungen zu haben, wenn er frech wird, dann zeig ihm ruhig die Krallen. Auch seinem Chef gegenüber hatte er häufig die Krallen gezeigt.

▶ Diese Wendung bezieht sich auf das Verhalten von [Raub]katzen, die beim Angriff ihre Krallen herausstrecken.

die Krallen einziehen (ugs.): *nach zunächst aggressiver Haltung freundlich werden:* Erst wirft sie mir eine Unverschämtheit nach der anderen an den Kopf, dann zieht sie plötzlich die Krallen ein und will mit mir harmonisch zusammenarbeiten.

▶ Auch diese Wendung geht auf die Beobachtung von [Raub]katzen zurück, die in friedlicher Stimmung ihre Krallen eingezogen haben.

jmdn., etwas in die Krallen bekommen (ugs.): *jmdn., etwas in seine Gewalt bekommen:* Der Alkoholismus hat schon zu viele Menschen in seine Krallen bekommen. Wenn ihn die Geheimpolizei in die Krallen bekommen hätte, wäre es ihm schlecht ergangen.

Kram: das ist nur halber Kram (ugs.): *das ist nichts Richtiges, nichts Brauchbares:* Hör doch auf, dich abzurackern, das ist doch alles nur halber Kram.

den ganzen Kram/Krempel hinschmeißen (ugs.): *etwas aufgeben, [aus Verärgerung o. Ä.] nicht mehr weitermachen:* »Oft war ich so weit, dass ich am liebsten den ganzen Kram hingeschmissen hätte ...« (Hörzu 14, 1973, 60). Hingeschmissen hab ich ihr den ganzen Kram. Soll sie ihre Launen an jemand anders auslassen! (Geissler, Wunschhütlein 44).

mach doch deinen Kram alleine! (ugs.): *erledige das selbst, ich will nichts [mehr] damit zu tun haben:* Wenn du sowieso immer alles besser weißt, dann mach doch deinen Kram alleine! Machen Sie sich Ihren Kram allein, wenns Ihnen nicht passt! (Tucholsky, Zwischen 13).

nicht viel/keinen Kram machen (ugs.): *keine Umstände machen:* Man sollte nicht viel Kram machen und einfach ein paar belegte Brote hinstellen. Mach keinen Kram, rück das Geld raus und verzieh dich!

jmdm. [nicht] in den Kram passen (ugs.): *jmdm. [un]gelegen kommen:* Dass dein Onkel auch noch zum Abendessen geblieben ist, hat mir überhaupt nicht in den Kram gepasst. Diese Menschensorte hat sich festgefahren. Was nicht in ihren Kram passt, gibt es nicht (Kirst 08/15, 256). Ich will dich lieben ..., auch wenn es dir nicht in den Kram passt ... (Dorpat, Ellenbogenspiele 181).

Krämer: jeder Krämer lobt seine Ware: *auf Eigenlob darf man nichts geben:* Natürlich behauptet er, seine Arbeit sei unentbehrlich – jeder Krämer lobt seine Ware.

krank: arm am Beutel, krank am Herzen: ↑ Beutel. **auf den Tod krank:** ↑ Tod. **jmdm.**

zureden wie einem kranken Kind/Pferd/ Schimmel: ↑ zureden.

Kränke: es ist, um die Kränke zu kriegen (ugs.): *Ausdruck der Verzweiflung:* Jetzt schießt der den Elfmeter an die Latte – es ist, um die Kränke zu kriegen!

▶ »Kränke« ist ein heute nicht mehr gebräuchlicher Ausdruck für Krankheit oder Schwäche. Das Wort wurde auch häufig verhüllend für Pest und andere Seuchen verwendet und war in Flüchen und Verwünschungen besonders im 18. Jh. verbreitet.

kränken: die gekränkte Leberwurst spielen: ↑ Leberwurst. **die gekränkte Unschuld spielen.** ↑ Unschuld.

Krankenhaus: du hast wohl lange nicht mehr im Krankenhaus gefrühstückt? (ugs.): *[scherzhafte] Drohung, mit der man jemandem Prügel ankündigt.*

Kranz: dem Mimen flicht die Nachwelt keine Kränze: ↑ Mime.

Krätze: jmdm. hängt etwas an wie die Krätze (ugs.): *jmd. wird etwas Unangenehmes nicht oder nur schwer los:* Die Sache mit der Unterschlagung hängt ihm an wie die Krätze, obwohl er doch unschuldig war.

es ist, um die Krätze zu kriegen (ugs.): *Ausdruck der Verärgerung:* Seit zwei Stunden warte ich jetzt auf meine Koffer. Es ist, um die Krätze zu kriegen!

▶ Wie in dieser Redewendung erscheint die Krätze als unangenehme Hautkrankheit häufig in alten Flüchen.

sich die Krätze an den Hals ärgern: ↑ ärgern.

kratzen: wens juckt, der kratze sich (ugs.): *wen etwas stört, der möge etwas dagegen tun.*

das soll meinen Arsch nicht kratzen: ↑ Arsch. **sich den Bart kratzen:** ↑ Bart. **jmdm. das Goderl kratzen:** ↑ Goderl. **die Kurve kratzen:** ↑ Kurve.

Kratzfuß: seinen Kratzfuß [bei jmdm.] machen (ugs.; scherzh.): *sich bekannt machen, jmdn. begrüßen:* Soll ich euch vorstellen, oder habt ihr schon bei allen euren Kratzfuß gemacht?

▶ Die Wendung beruht auf einer früher üblichen Höflichkeitsbezeigung, bei der man beim Verbeugen einen Fuß nach hinten setzte und dabei mit der Fußspitze den Boden streifte.

kraus: krauses Haar, krauser Sinn: ↑ Haar.

Krause: quatsch nicht, Krause: ↑ quatschen.

Kraut: ein Kräutchen/Kräutlein Rührmichnichtan (ugs.): *ein übertrieben empfindlicher, leicht beleidigter Mensch:* Die Sekretärin im 2. Stock war bekannt als ein Kräutchen Rührmichnichtan. Jetzt sei doch nicht so ein Kräutlein Rührmichnichtan, ich meine es doch nur gut mit dir.
▶ Der Ausdruck bezieht sich auf den volkstümlichen Namen des Springkrautes, dessen reife Früchte bei der geringsten Berührung aufspringen.

gegen jmdn., etwas ist kein Kraut gewachsen (ugs.): *gegen jmdn., etwas kommt man nicht an, gibt es kein Mittel:* Gegen die Dummheit ist kein Kraut gewachsen. Gegen diesen Mann ist kein Kraut gewachsen, der redet dich einfach an die Wand. Gegen den wuchtigen Direktschuss von Asensi war kein Kraut gewachsen (MM 25. 2. 1974, 4).
▶ Die Wendung bezieht sich auf den Gebrauch von Kräutern als Heilmittel; gegen eine Krankheit kann man nichts machen, wenn es kein Heilkraut gibt, um sie damit zu kurieren.

wie Kraut und Rüben [durcheinander]: *völlig ungeordnet, ganz und gar durcheinander:* Die Spielsachen lagen herum wie Kraut und Rüben. In seinem Vortrag ging alles wie Kraut und Rüben durcheinander. ... wie da Geläufiges und Seltenes, Neues und Altes ... wie Kraut und Rüben durcheinander steht (F. J. Hausmann, Wörterbücher 211).
▶ Die Herkunft dieser Wendung ist nicht völlig geklärt. Sie könnte sich auf das Bild eines Rübenackers beziehen, auf dem während der Ernte die Rüben und die abgeschnittenen Rübenblätter ungeordnet durcheinander liegen, oder auf ein Eintopfgericht, bei dem Kraut (= Kohl) und Rüben zusammen gekocht werden.

das Kraut nicht fett machen (ugs.): *nichts mehr ändern, nichts verbessern:* Die zehn Mark mehr oder weniger im Monat machen das Kraut nicht fett. Die paar Hektoliter, die das machen das Kraut auch nicht fett (v. d. Grün, Glatteis 171).

▶ Die Wendung bezieht sich darauf, dass ein fettes Stück Fleisch ein Krautgericht entscheidend verbessern kann.

ins Kraut schießen: 1. *sich übermäßig ausbreiten:* Der Nationalismus blühte, besser gesagt, er schoss ins Kraut (Zeit 17. 4. 1964, 9). In den ästhetischen Kriterien schießt das Vorurteil besonders üppig ins Kraut (F.A.Z. 10. 6. 1961, 56). 2. *üppig wuchernd wachsen:* Durch das warme Wetter sind die Geranien ganz schön ins Kraut geschossen. So wuchs er heran und schoss ins Kraut, dunkelhäutig und mager (Thieß, Legende 11).
▶ Die Wendung meint ursprünglich, dass eine Pflanze zu viele Blätter und zu wenig Blüten und Früchte treibt, dass also ihre Wachstumskraft zu sehr auf die krautigen Bestandteile gerichtet ist.

gegen den Tod ist kein Kraut gewachsen: ↑ Tod.

Krawatte: einen hinter die Krawatte gießen/stoßen (ugs.): *ein Glas Alkohol trinken:* Komm, lass uns einen hinter die Krawatte stoßen. Er versicherte dem Wachtmeister, dass er nicht mehr als zwei Bier hinter die Krawatte gegossen habe.
▶ Das Kleidungsstück steht in dieser Wendung für den Körperteil, den es umgibt; »hinter die Krawatte« meint also »in den Hals«.

Krebs: einen Krebs fangen (Rudersport): *[durch eine unerwartete Welle o. Ä.] den Riemen zum Rückholen nicht richtig aus dem Wasser bekommen:* Kurz vor dem Ziel hatten sie einen Krebs gefangen und dadurch die Goldmedaille verloren.
▶ Die Wendung geht von der Rückwärtsbewegung des Krebses aus. Das Boot wird, wenn der Riemen im Wasser zurückgeführt wird, abgebremst, eigentlich gegen die Fahrtrichtung gerudert.

Krebsgang: den Krebsgang gehen/nehmen: *Rückschritte machen, sich verschlechtern:* Seit seine Geschäfte den Krebsgang gehen, ist er depressiv.
▶ Die Wendung bezieht sich auf die rückwärts gerichtete Bewegungsweise des Krebses.

Kreide: Kreide fressen (ugs.): *sich mäßigen, sich [scheinbar] friedfertig geben:* Wenn Strauß nach Bonn will, muss er noch »viel Kreide fressen« (Spiegel 44, 1979, 29).

▶ Diese Wendung spielt auf das Märchen vom »Wolf und den sieben Geißlein« an, in dem der Wolf Kreide frisst, um seine Stimme zu verändern.

in der Kreide stehen/sein (ugs.): *Schulden haben:* Er steht bei seinem Schwager mit 10 000 DM in der Kreide. Zwei Spiele hast du gewonnen; wie hoch stehe ich jetzt in der Kreide? Wie viel Hausfrauen der Gegend sind bei mir in der Kreide! (Werfel, Himmel 125).

▶ Diese Wendung geht darauf zurück, dass früher der Wirt eines Gasthauses die Schulden seiner Gäste mit Kreide auf einer Tafel notierte.

in die Kreide geraten (ugs.): *Schulden machen:* Durch Leichtsinn und Dummheit war er hoffnungslos in die Kreide geraten. Die Stadt ... gerät derart in die Kreide, weil die Steuergesetzgebung sie zwingt, den Löwenanteil ... an den Bund ... abzuführen (Spiegel 48, 1965, 62). Vgl. die vorangehende Wendung.

mit doppelter Kreide anschreiben: *einen Schuldner durch das Berechnen zu hoher Schuldbeträge betrügen:* Als er herausfand, dass seine Wirtin mit doppelter Kreide angeschrieben hatte, gab es einen Riesenkrach. Vgl. die Wendung »in der Kreide stehen/sein«.

Kreis: jmds. Kreise stören: *jmdn. bei einer Beschäftigung stören, belästigen:* Was willst du eigentlich?, fragte Asch wenig freundlich. Du störst hier meine Kreise. (Kirst, 08/15, 131). Jede Redaktion vermeidet es, die Kreise der anderen zu stören (Enzensberger, Einzelheiten I, 23).

▶ Die Wendung geht zurück auf die Legende vom Tod des Archimedes. Der Gelehrte soll bei der Eroberung der Stadt Syrakus durch die Römer in seinem Garten Figuren (Kreise) in den Sand gezeichnet und über geometrische Probleme nachgedacht haben, als ein römischer Soldat bei ihm eindrang und ihn tötete. Diesem Soldaten habe Archimedes zugerufen: »Noli turbare circulos meos« (= zerstöre meine Kreise nicht).

[immer weitere/größere] Kreise ziehen: *sich ausweiten, immer mehr Personen betreffen:* Die Angelegenheit zieht immer weitere Kreise, jetzt bangen schon Minister um ihren Posten. ... wir schaffen

die Sache gemeinsam aus der Welt, bevor sie Kreise zieht ... Wirst sehen! (Brot und Salz 206).

▶ Wirft man einen Stein in ein ruhiges Gewässer, so entstehen Wellen, die sich kreisförmig ausbreiten. Auf diese Erscheinung ist die angeführte Wendung zurückzuführen.

wir kriegen den Kreis schon eckig (ugs.; scherzh.): *wir werden das schon schaffen:* Es sieht zwar nicht günstig aus, aber macht euch trotzdem keine Sorgen – wir kriegen den Kreis schon eckig.

▶ Diese Redensart spielt auf das alte, nicht gelöste Problem der Quadratur des Kreises an (vgl. das Stichwort »Quadratur«).

sich im Kreis bewegen/drehen: *nicht vorwärts kommen, immer wieder auf dasselbe zurückkommen:* Es hat doch keinen etwas davon, wenn sich die Diskussion immer im Kreis bewegt.

jmdm. dreht sich alles im Kreis (ugs.): *jmdm. ist schwindlig:* Nach dem dritten Glas Likör drehte sich ihm alles im Kreis. Ihr drehte sich alles im Kreis, und sie versuchte, sich am Türrahmen festzuhalten.

die Quadratur des Kreises: ↑ Quadratur.

kreißen: der Berg kreißte und gebar eine Maus: ↑ Berg.

Krempe: das kannst du einem erzählen, der keine Krempe am Hut hat: ↑ erzählen.

Krempel: jmdm. den Kram/Krempel vor die Füße werfen: ↑ Kram. **den ganzen Kram/Krempel hinschmeißen:** ↑ Kram.

Kren: seinen Kren zu etwas geben (österr.): *seinen ungebetenen Kommentar zu etwas geben:* Der muss auch zu allem seinen Kren geben.

▶ Diese Wendung geht darauf zurück, dass der Kren (= Meerrettich) in Österreich eine häufig verwendete Speisenwürze ist, die nicht immer zu dem Gericht passen muss, das serviert wird. Vgl. die Wendung »seinen Senf zu etwas geben«.

in alles seinen Kren reiben (österr.): *sich in alles ungefragt einmischen:* Dein Onkel ist doch bekannt dafür, dass er in alles seinen Kren reiben muss. Vgl. die vorangehende Wendung.

Krethi: Krethi und Plethi (abwertend): *jedermann, alle möglichen Leute:* Sie wollte sich nicht mit Krethi und Plethi an einen Tisch setzen. ... Götterbilder, in Gips und Porzellan nachgeformt, in allen Größen an Krethi und Plethi zu verkaufen (Fussenegger, Haus 370). ▶ Diese formelhafte Wendung geht auf die Bibel (2. Sam. 8, 18) zurück, wo von der Leibwache Davids gesagt wird, sie bestehe aus Krethern und Plethern. Wahrscheinlich handelt es sich hierbei um die alten hebräischen Bezeichnungen für Scharfrichter und Schnellläufer (Boten). Diese Männer waren als sichtbarer Ausdruck der Macht des Königs allgemein gefürchtet; man wollte möglichst nichts mit ihnen zu tun haben.

kreucht: was da kreucht und fleucht: ↑kriechen.

kreuz: kreuz und quer/(auch:) **in die Kreuz und Quere:** *planlos, in alle Richtungen hin und her:* Wir sind kreuz und quer durch Frankreich getrampt. Er hat ein paar Striche kreuz und quer über das Blatt gezogen. ... die steinernen Pfade ..., welche in die Kreuz und Quere zwischen den hohen Gestellen hinführten (Th. Mann, Krull 11).

Kreuz: es ist ein Kreuz mit jmdm. (ugs.): *es ist schwer, zum Jammern mit jmdm.:* Seit Tagen sitzt er apathisch in der Ecke – es ist ein Kreuz mit ihm. Es ist ein Kreuz mit dem Mädel. Wir hätten sie noch ein Jahr im Kloster lassen sollen (A. Kolb, Daphne 169). Muss schon ein Kreuz sein mit so einem Irren in der Familie (Zwerenz, Quadriga 177). ▶ Die Wendung bezieht sich auf den Kreuzestod Christi. Das Kreuz wurde schon früh zu einem allgemeinen Symbol des Leidens, der schweren Bürde.

das/ein Kreuz machen/schlagen (kath. Rel.): *sich bekreuzigen, das Kreuzzeichen machen:* Der Priester schlug das Kreuz, und die Gläubigen erhoben sich. Er küsste sie auf die Wange, einer schlug das Kreuz auf seiner Stirn (Simmel, Affäre 215). ... muss ich ein Kreuz schlagen, wenn wir da hineingehen? (Jaeger, Freudenhaus 82).

drei Kreuze [hinter jmdm., hinter etwas] machen (ugs.): *froh sein, dass jmd. gegangen, dass etwas erledigt ist:* Wenn du erst wieder im Internat bist, werde ich drei Kreuze machen.

▶ Diese Wendung nimmt darauf Bezug, dass fromme Katholiken nach dem günstigen Ausgang einer unangenehmen Angelegenheit ein Dankgebet sprechen und sich bekreuzigen.

jmdm. das Kreuz aushängen (ugs.): *jmdn. fürchterlich verprügeln (meist als Drohrede):* Wenn du mir noch einmal über den Weg läufst, häng ich dir das Kreuz aus! Lass dich nicht von Henner erwischen, der hängt dir 's Kreuz aus! (Neues D. 20. 6. 1964, Beilage 2). ▶ Mit dieser Wendung droht man an, dass man jmdn. so zurichten werde, dass er nicht mehr gerade gehen kann, dass sein Kreuz (ugs. für »Rückgrat«) verbogen wird.

das sollst du am Kreuze bereuen (scherzh.): *das wirst du büßen:* Du hast alle Äpfel weggefuttert? Das sollst du am Kreuze bereuen! ▶ Diese scherzhafte Drohung ist ein Zitat aus Schillers Ballade »Die Bürgschaft«. Dort bezieht sich der Satz allerdings ernsthaft auf die Todesstrafe durch Kreuzigung.

aufs Kreuz fallen (ugs.): 1. *sehr erstaunt, überrascht sein:* Ich bin ja aufs Kreuz gefallen, als der Kellner mir die Rechnung vorlegte! 2. *Misserfolg haben:* Mit seiner neuen Verkaufsmethode ist er fürchterlich aufs Kreuz gefallen. Wenn du dich mit solchen Leuten einlässt, kannst du ganz schön aufs Kreuz fallen. ▶ Das Wort »Kreuz« meint in dieser Wendung den menschlichen Rücken. Schon in der Bibel findet sich häufig das Bild, dass jemand vor großem Schmerz oder Kummer »auf den Rücken fällt«, also so getroffen wird, dass er nicht mehr aufrecht zu stehen vermag.

jmdn. aufs Kreuz/(auch:) **auf den Rücken legen** (ugs.): 1. *jmdn. hereinlegen, übervorteilen:* Er schämte sich, weil man ihn mit einem so plumpen Trick aufs Kreuz gelegt hatte. ... die Mainzer Reporterin ist eine, die Prominente aufs Kreuz legt ... (Hörzu 47, 1975, 31). 2. *jmdn. zum Beischlaf bewegen:* Wetten, dass ich die kleine Blonde am Wochenende aufs Kreuz lege? ... das ist sicher 'ne flotte Biene – wollen wir sie doch mal zusammen aufs Kreuz legen! (Rechy [Übers.], Nacht 48).

jmdm. etwas aus dem Kreuz leiern (ugs.): *von jmdm. etwas [mit viel Mühe] bekommen:* Vielleicht kannst du deinem Onkel ein paar Mark aus dem Kreuz leiern. Sie hatte ihm schließlich ein neues Kleid aus dem Kreuz geleiert und war mit sich zufrieden. ... wie Charlie ihm das Boot aus dem Kreuz geleiert hatte (Plenzdorf, Leiden 129).

sich etwas aus dem Kreuz leiern (ugs.): *etwas [mit viel Mühe] zustande bringen:* Gerade noch hatte sie sich eine Entschuldigung aus dem Kreuz geleiert.

mit jmdm. über[s] Kreuz sein/stehen (ugs.): *zu jmdm. ein gespanntes Verhältnis haben:* Mit seiner Schwiegermutter stand er schon seit Jahren über Kreuz. Die beiden Genossen waren ohnehin über Kreuz, seit Schütz ... in Richtung auf eine große Koalition ... gemacht ... hatte (Spiegel 11, 1975, 23).

zu Kreuze kriechen (ugs.): *unter demütigenden Umständen nachgeben:* Erst hatte er sich als der große Revolutionär aufgespielt, aber war auch er zu Kreuze gekrochen. »Es scheint, ich bin die einzige Person in Ihrer Umgebung, welche noch nicht zu Kreuze kriecht« (Benrath, Konstanze 108).

▶ Diese Wendung geht auf den christlichen Brauch zurück, am Karfreitag als Bußübung auf den Knien zum Kreuz in der Kirche zu kriechen.

Himmel, Kreuz, Donnerwetter: ↑ Himmel.

kreuzen: die Klingen kreuzen: ↑ Klinge.

Kreuzfeuer: ins Kreuzfeuer geraten/im Kreuzfeuer stehen: *von allen Seiten angegriffen, kritisiert werden:* Mit seinen Vorschlägen geriet er bald ins Kreuzfeuer der Kritik. Vor einem Jahr verabschiedet, stand dieses Gesetz von Beginn an im Kreuzfeuer (MM 26. 3. 1969, 2).

▶ Die Wendung geht auf den militärischen Begriff des Kreuzfeuers zurück, der den »Beschuss von allen Seiten« bezeichnet.

kreuzweise: du kannst mich [mal] kreuzweise! (derb): *das hast du dir so gedacht, das kommt nicht infrage:* Ich soll dir den Garten umgraben? Du kannst mich mal kreuzweise! »Ich werd Sie zum Rapport melden.« – »Du kannst mich kreuzweise.« (Ott, Haie 156).

kribbeln: kribbeln und krabbeln (ugs.): *in der Art von Insekten in großer Anzahl hin und her laufen:* Auf dem Fußboden kribbelten und krabbelten Hunderte von kleinen Käfern und Spinnen.

▶ In dieser Paarformel wird durch Wiederholung (»kribbeln« ist eine mhd. Nebenform von »krabbeln«) eine Verstärkung der Aussage erzielt.

es kribbelt jmdm. in den Fingern: ↑ Finger.

kriechen: was da kreucht und fleucht (geh.): *alle Lebewesen [zu Lande und in der Luft]:* Er hat beschrieben, wie sehr ihn die Natur seiner Heimat beeindruckt hat, die Berge, die Wälder und alles, was da kreucht und fleucht.

▶ Die Paarformel bewahrt die alten Beugungsformen der Verben »kriechen« und »fliegen«. Sie ist allgemein bekannt durch Schillers »Wilhelm Tell« (III, 1), wo in der Handschrift allerdings »was da fleucht und kreucht« stand.

jmdm. in den Arsch kriechen: ↑ Arsch. jmdm. in den Hintern kriechen: ↑ Hintern. zu Kreuze kriechen: ↑ Kreuz. jmdm. ist eine Laus über die Leber gekrochen: ↑ Laus. jmdm. auf den Leim kriechen: ↑ Leim. jmd. würde am liebsten in ein Mauseloch kriechen: ↑ Mauseloch. vor jmdm. im Staub kriechen: ↑ Staub. auf dem Zahnfleisch kriechen: ↑ Zahnfleisch.

Krieg: im Krieg bleiben (verhüllend): *im Krieg umkommen, fallen:* Ihre beiden Söhne waren im Krieg geblieben. Dietmuts Vater war im Krieg geblieben; das hieß gemeinhin: gefallen (Gaiser, Schlussball 42).

kalter Krieg: ↑ kalt.

kriegen: ein paar kriegen (ugs.): *Prügel bekommen:* Er hat seine Mutter so lange geärgert, bis er ein paar von ihr gekriegt hat. Hat ein paar in seine freche Schnauze gekriegt ... Wozu muss er die andern auch herausfordern? (Remarque, Obelisk 107).

es mit jmdm. zu tun kriegen (ugs.): *sich mit jmdm. auseinander setzen müssen, mit jmdm. Ärger bekommen:* Wer sich mit ihm anlegt, kriegt es auch gleich mit seinen sechs Brüdern zu tun. Sei freundlich zu der alten Dame, sonst kriegst du es mit mir zu tun.

zu viel kriegen (ugs.): *sich aufregen, die Beherrschung verlieren:* Wenn man diese Stümperei mit ansehen muss, kann man doch zu viel kriegen! Ich selber kann nicht haben, wenn mich so alte Typen anstarren. Da krieg ich zu viel (Hornschuh, Ich bin 42). **Aftersausen kriegen:** ↑Aftersausen. **einen Anfall kriegen:** ↑Anfall. **es mit der Angst zu tun kriegen:** ↑Angst. **etwas aus der Armenkasse kriegen:** ↑Armenkasse. **einen kalten Arsch kriegen:** ↑Arsch. **eine/ein paar geballert kriegen:** ↑ballern. **einen/ein paar vor den Ballon kriegen:** ↑Ballon. **[so] einen Ballon kriegen:** ↑Ballon. **Beine kriegen:** ↑Bein. **kein Bein auf die Erde kriegen:** ↑Bein. **festen Boden unter die Füße kriegen:** ↑Boden. **etwas über die Bühne kriegen:** ↑Bühne. **eins aufs Dach kriegen:** ↑Dach. **den Drehwurm kriegen:** ↑Drehwurm. **das heulende Elend kriegen:** ↑Elend. **sein Fett kriegen:** ↑Fett. **jmdn., etwas in die Finger kriegen:** ↑Finger. **den Frack voll kriegen:** ↑Frack. **wer viel fragt, kriegt viel Antwort:** ↑fragen. **kalte Füße kriegen:** ↑Fuß. **etwas zu Gesicht kriegen:** ↑Gesicht. **etwas in den Griff kriegen:** ↑Griff. **sich in die Haare kriegen:** ↑Haar. **den Hals nicht voll [genug] kriegen:** ↑Hals. **etwas in den falschen Hals kriegen:** ↑Hals. **jmdn. an den Hammelbeinen kriegen:** ↑Hammelbeine. **jmdn., etwas in die Hand/in die Hände kriegen:** ↑Hand. **etwas von jmdm. zu hören kriegen:** ↑hören. **die Hosen voll kriegen:** ↑Hose. **die Hucke voll kriegen:** ↑Hucke. **wenn der Hund nicht gemusst/geschissen hätte, hätte er den Hasen gekriegt:** ↑Hund. **das/es ist, um junge Hunde zu kriegen:** ↑Hund. **eins auf den Hut kriegen:** ↑Hut. **die Jacke voll kriegen:** ↑Jacke. **jmdn. am/beim Kanthaken kriegen:** ↑Kanthaken. **Kattun kriegen:** ↑Kattun. **etwas in die falsche Kehle kriegen:** ↑Kehle. **etwas zwischen die Kiemen kriegen:** ↑Kieme. **einen Klaps kriegen:** ↑Klaps. **sich an die Köppe/Köpfe kriegen:** ↑Kopf. **einen Korb kriegen:** ↑Korb. **das große Kotzen kriegen:** ↑kotzen. **es ist, um die Kränke zu kriegen:** ↑Kränke. **es ist, um die Krätze zu kriegen:** ↑Krätze. **wir kriegen den Kreis schon eckig:** ↑Kreis. **die Kuh vom Eis kriegen:** ↑Kuh. **die Kurve [nicht] kriegen:** ↑Kurve. **eine**

gelangt kriegen: ↑langen. **den Laufpass kriegen:** ↑Laufpass. **du kriegst Läuse in den Bauch:** ↑Laus. **eins/ein paar hinter die Löffel kriegen:** ↑Löffel. **die Maulsperre kriegen:** ↑Maulsperre. **einen Moralischen kriegen:** ↑moralisch. **du kriegst die Motten; ich denke, ich kriege die Motten:** ↑Motte. **eins auf die Nase kriegen:** ↑Nase. **jmdn. vor die Nase gesetzt kriegen:** ↑Nase. **Oberwasser kriegen:** ↑Oberwasser. **die kalte Pisse kriegen:** ↑Pisse. **die Platze kriegen:** ↑Platze. **etwas in die falsche Pupille kriegen:** ↑Pupille. **den Rachen nicht voll genug kriegen [können]:** ↑Rachen. **etwas in den falschen Rachen kriegen:** ↑Rachen. **eins auf den Ranzen kriegen:** ↑Ranzen. **Recht kriegen:** ↑Recht. **etwas auf die Reihe kriegen:** ↑Reihe. **eins auf/über die Rübe kriegen:** ↑Rübe. **etwas satt kriegen:** ↑satt. **eine geschallt/geschallert kriegen:** ↑schallen, ↑schallern. **eine/ein paar gescheuert kriegen:** ↑scheuern. **Schiss kriegen:** ↑Schiss. **jmdn. am/beim Schlafittchen kriegen:** ↑Schlafittchen. **eine/ein paar geschmiert kriegen:** ↑schmieren. **etwas in den Sonntagshals/in die Sonntagskehle kriegen:** ↑Sonntagshals, ↑Sonntagskehle. **eine/ein paar gesteckt kriegen:** ↑¹stecken. **Stielaugen kriegen:** ↑Stielauge. **jmdn. an die Strippe kriegen:** ↑Strippe. **eins mit dem Topflappen gekriegt haben:** ↑Topflappen. **eine/ ein paar verpasst kriegen:** ↑verpassen. **eine gewichst kriegen:** ↑wichsen. **jmdn. am/beim Wickel kriegen:** ↑Wickel. **eine gewienert kriegen:** ↑wienern. **von etwas Wind kriegen:** ↑Wind. **eine gewischt kriegen:** ↑wischen. **sich in die Wolle kriegen:** ↑Wolle. **[et]was zwischen die Zähne kriegen:** ↑Zahn. **Zunder kriegen:** ↑Zunder. **Zustände kriegen:** ↑Zustand. Vgl. auch das Stichwort »bekommen«.

Kriegsbeil: das Kriegsbeil ausgraben (ugs.; scherzh.): *einen Streit beginnen:* Wegen so einer lächerlichen Kleinigkeit werdet ihr doch nicht das Kriegsbeil ausgraben.

▶ Diese Wendung bezieht sich darauf, dass bei einigen Indianerstämmen die Streitaxt als Symbol des Krieges gilt. Solange Friede herrscht, bleibt die Streitaxt in der Erde vergraben, wird sie ausgegraben, so bedeutet das Krieg. Durch

J. F. Coopers »Lederstrumpf«-Erzählung wurde dieser Brauch in Europa bekannt.

das Kriegsbeil begraben (ugs.; scherzh.): *einen Streit beenden, sich versöhnen:* Bei einem doppelten Korn und zwei, drei Bierchen hatten sie schließlich das Kriegsbeil begraben. Vgl. die vorangehende Wendung.

Kriegsbemalung: in voller Kriegsbemalung (ugs.; scherzh.): 1. *[auffallend] geschminkt:* Ist heute was Besonderes? Du bist ja in voller Kriegsbemalung. ... ich sitze hier in voller Kriegsbemalung – Dinner vor dem Theater ... (Baum, Paris 47). 2. *mit allen Orden und Ehrenzeichen:* Der alte General war auch erschienen – in voller Kriegsbemalung natürlich. Draußen meldete der Unteroffizier zbV den Wagen fahrbereit. Auch er war in voller Kriegsbemalung (Kirst, 08/15, 449).
▶ Diese Wendung nimmt auf den Brauch verschiedener Naturvölker Bezug, sich vor kriegerischen Handlungen Gesicht und Körper zu bemalen.

Kriegsfuß: mit jmdm. auf dem Kriegsfuß stehen/leben (ugs.): *mit jmdm. [über längere Zeit] Streit haben:* Mit den Kindern aus dem Nachbardorf lebten wir damals noch auf dem Kriegsfuß. Mit dem Seminardirektor, einem pedantischen Mathematiker, stand ich bald auf dem Kriegsfuß (Niekisch, Leben 19).

mit etwas auf dem Kriegsfuß stehen (ugs.): *etwas schlecht oder gar nicht beherrschen:* Mit der Rechtschreibung stehen viele auf dem Kriegsfuß.»Mit Zahlen stehst du auf dem Kriegsfuß«, sagt Herr Riesterer (Hartlaub, Muriel 42).

kring[e]lig: sich kring[e]lig lachen (ugs.): *sehr, herzlich lachen:* Manchmal konnten wir uns über die albernsten Witze kringelig lachen. »Meine ernüchternde Erfahrung war die Erkenntnis, dass unsere Militärs sich über die Abrüstung kringelig lachen« (Spiegel 6, 1985, 117).
▶ Das Adjektiv »kringelig« bezieht sich in dieser Wendung auf die gekrümmte Körperhaltung eines sehr heftig lachenden Menschen.

Krippe: an der Krippe sitzen (ugs.): *eine einträgliche Position haben:* Als höherer Beamter würde er endlich auch einmal an der Krippe sitzen.

▶ Die Wendung bezieht sich auf die Futterkrippe im Stall; die Krippe stillt die materiellen Bedürfnisse des Tieres.

Kritik: unter aller/jeder Kritik (ugs.): *sehr schlecht:* Auswärts hat der Verein bis jetzt unter aller Kritik gespielt. »Das Ensemble, das sie sich mitgebracht hat, ist ja wirklich unter jeder Kritik« (K. Mann, Mephisto 36).

Krone: einer Sache die Krone aufsetzen (ugs.): *an Unverschämtheit o. Ä. nicht mehr zu überbieten sein:* Dass sie den Direktor geohrfeigt hat, das setzt der ganzen Geschichte die Krone auf. Um allem die Krone aufzusetzen, war fast zur selben Zeit ... noch etwas anderes, Unheimliches vorgefallen (Th. Mann, Buddenbrooks 162).
▶ Die Wendung bezieht sich wohl auf den Brauch, den fertig gestellten Rohbau eines Hauses mit einer Richtkrone zu schmücken, um zu zeigen, dass das Werk abgeschlossen, vollendet ist. Die Wendung hätte dann die Form einer ironischen Aussage.

jmdm. in die Krone fahren (ugs.): *jmdn. verärgern:* Deine letzte Bemerkung ist ihm ganz schön in die Krone gefahren. »Hören Sie, Ingenieur, was ist Ihnen in die Krone gefahren?« (Th. Mann, Zauberberg 459).
In dieser und den beiden folgenden Wendungen steht »Krone« für »Kopf«.

jmdm. in die Krone steigen (ugs.): 1. *jmdn. überheblich machen:* Seit ihm sein Erfolg so in die Krone gestiegen ist, meiden ihn seine früheren Freunde. 2. *jmdn. betrunken machen:* Die drei kleinen Schnäpse waren ihm schon ganz schön in die Krone gestiegen. Vgl. die vorangehende Wendung.

einen [Zacken] in der Krone haben (ugs.): *betrunken sein:* Wenn man so einen Zacken in der Krone hat, sollte man das Auto stehen lassen. Er hat nämlich so seine Mucken ..., namentlich wenn er einen in der Krone hat (Fallada, Herr 36).
Vgl. die Wendung »jmdm. in die Krone fahren«.

das schlägt dem Fass die Krone ins Gesicht: ↑ Fass. **jmdm. fällt keine Perle/kein Stein aus der Krone:** ↑ Stein. **sich keinen Zacken aus der Krone brechen:** ↑ Zacken.

jmdm. fällt kein Zacken aus der Krone: ↑ Zacken.

krönen: von Erfolg gekrönt sein: ↑ Erfolg.

Kronleuchter: jmdm. geht ein Kronleuchter auf (ugs.): *jmd. erkennt, versteht plötzlich etwas:* Nachdem sie das klein Gedruckte auf der Rückseite des Vertrags gelesen hatte, ging ihr ein Kronleuchter auf. Und plötzlich ging ihm ein Kronleuchter auf, und er begann zu begreifen (Kirst, 08/15, 386).

▶ In dieser Wendung steht »Kronleuchter« als anschauliche Verstärkung scherzhaft für »Licht«. Vgl. die Wendung »jmdm. geht ein Licht auf«.

Kropf: seinen Kropf leeren (ugs.): *sich aussprechen, seinem Ärger Luft machen:* Er fuhr zu seiner Mutter. Bei ihr wollte er seinen Kropf leeren, sie würde ihm zuhören.

▶ Die Wendung bezieht sich darauf, dass manche Vögel zur Fütterung ihrer Jungen Nahrung aus dem Kropf hervorwürgen. Wenn ein Mensch sich aussprechen will, dann bringt er oft das, was ihn bedrückt, nur mühsam hervor, er muss die Worte gleichsam herauswürgen.

überflüssig wie ein Kropf: ↑ überflüssig.

Kröte: eine/die Kröte/(landsch.:) **Krott schlucken** (ugs.): *etwas Unangenehmes in Kauf nehmen, hinnehmen:* Jeder (Ehepartner) ist auf die Nachsicht des anderen angewiesen: Und dafür lohnt es sich schon, dann und wann mal eine Kröte zu schlucken (Bergsträßer Anzeiger 25. 11. 1969 Frauenseite). ... die Verkniffenheit seiner letzten Monate ist gewichen. Er hat die Kröte seines Abgangs geschluckt (Spiegel 51, 1966, 48).

Krückstock: das sieht/merkt doch ein Blinder mit dem Krückstock. ↑ blind.

Krug: der Krug geht so lange zum Brunnen/zu Wasser, bis er bricht: *übles Handeln bleibt auf die Dauer nicht ungestraft; fragwürdiges Tun scheitert eines Tages.*

Krümel: wer nie sein Brot im Bette aß, weiß nicht, wie Krümel piken: ↑ Brot.

krumm: jmdn. krumm und lahm schlagen/ prügeln: *jmdn. verprügeln und übel zurichten:* Wenn ich das zu Hause erzähle, schlägt mich mein Alter krumm und lahm.

einen krummen Buckel machen: ↑ Buckel. **den Buckel/Rücken krumm ma-** chen: ↑ Buckel. **ein krummes Ding drehen:** ↑ Ding. **krumme Dinger machen:** ↑ Ding. **krumme Finger machen:** ↑ Finger. **keinen Finger krumm machen:** ↑ Finger. **ein krummer Hund:** ↑ Hund. **krumme Pfade/auf krummen Pfaden wandeln:** ↑ Pfad. **einen krummen Rücken machen:** ↑ Rücken. **eine krumme Tour:** ↑ Tour. **krumme Touren reiten:** ↑ Tour. **etwas auf die krumme Tour machen:** ↑ Tour.

krümmen: sich krümmen und winden: *sich vor etwas Unangenehmem zu drücken versuchen:* Er konnte sich krümmen und winden – schließlich musste er mit der Wahrheit herausrücken.

jmdm. kein Haar/niemandem ein Haar krümmen: ↑ Haar. **was ein Häkchen werden will, krümmt sich beizeiten:** ↑ Haken. **sich krümmen/winden wie ein Aal:** ↑ winden. **der getretene Wurm krümmt sich; auch der Wurm krümmt sich, wenn er getreten wird:** ↑ Wurm.

krummlachen: sich krumm- und schieflachen (ugs.): *heftig lachen:* Als ich in die Brombeerhecke fiel, lachten sich die anderen krumm und schief. Und wie endete es (= das Fest)? – So trostlos, wie du dir nur denken kannst, obgleich sich viele Menschen krumm- und schiefgelacht haben (Hausmann, Salut 166).

Kübel: es gießt wie aus/wie mit Kübeln: ↑ gießen.

Küche: was Küche und Keller zu bieten haben: *eine reichhaltige Auswahl an Speisen und Getränken, das Beste aus den vorhandenen Vorräten:* Zu Ehren des hohen Gastes wurde aufgefahren, was Küche und Keller zu bieten hatten.

von hinten durch die kalte Küche kommen (ugs.): *unerwartet, über Schleichwege kommen:* Er hatte versucht von hinten durch die kalte Küche in den Vereinsvorstand zu kommen.

▶ Die Wendung bezieht sich darauf, dass bei manchen Häusern der Hintereingang durch die Anrichte, die so genannte kalte Küche, führt.

es raucht/es ist Rauch in der Küche: ↑ rauchen. **in Teufels Küche kommen:** ↑ Teufel.

Kuchen: ja, Kuchen! (ugs.): *denkste!; von wegen!:* Du hast doch so viel Geld auf der Bank. – Ja, Kuchen! Das hat die Steuerfahndung kassiert.

sich die [größten] Rosinen aus dem Kuchen picken: ↑ Rosinen.

Küchenmeister: bei jmdm./irgendwo ist Schmalhans Küchenmeister: ↑ Schmalhans.

kucken: ↑ gucken.

Kuckuck: der Kuckuck ist los (ugs.): *es geht alles drunter und drüber:* Seit wir auf EDV umgestellt haben, ist in der Firma der Kuckuck los. Hör dir den Krach an, bei den neuen Nachbarn ist der Kuckuck los.

▶ In dieser und in den folgenden Wendungen wird der Kuckuck stellvertretend für den Teufel genannt.

[das] weiß der Kuckuck (ugs.): 1. *ärgerliche oder resignierende Äußerung der Unkenntnis:* Wer in Wahrheit die Vase zerbrochen hat, das weiß der Kuckuck. Weiß der Kuckuck, was die Fernsehkameras mit seinem kantig geschnittenen Charakterschädel alles anstellen (Hörzu 39, 1975, 24). 2. *Bekräftigungsformel:* Weiß der Kuckuck, das hätte ich wirklich gerne mit angesehen! ... man kann auch durch den Wein leicht einen Stoß bekommen, von innen her, weiß der Kuckuck (Andres, Liebesschaukel 31).

hols der Kuckuck! (ugs.): *Ausruf der Verärgerung:* Hols der Kuckuck, meine Zigaretten sind alle.

beim/zum Kuckuck sein (ugs.): *verloren sein:* Nach wenigen Tagen war das ganze Geld beim Kuckuck. Heute lassen wir es uns noch einmal gut gehen, morgen ist sowieso alles zum Kuckuck.

scher dich/geh zum Kuckuck! (ugs.): *lass mich in Ruhe!; verschwinde!:* Geh zum Kuckuck mit deinem ständigen Lamentieren!

jmdn. zum Kuckuck schicken (ugs.): *jmdn. wegschicken:* Da ist jemand, der dich sprechen will. – Schick ihn zum Kuckuck, ich habe keine Zeit!

zum Kuckuck [nochmal]! (ugs.): *Ausruf der Verärgerung:* Wo, zum Kuckuck, hast du meine Sachen hingeräumt? Du gehst jetzt ins Bett, zum Kuckuck nochmal! Aber warum zum Kuckuck kommt er dann »seinem« Publikum mit so einer unmöglichen Schau? (Hörzu 6, 1972, 42).

Kuckucksei: jmdm. ein Kuckucksei ins Nest legen: *jmdm. etwas zuschieben, das sich später als unangenehm, schlecht erweist:* Mit der neuen Verordnung hat die Verwaltung uns ein Kuckucksei ins Nest gelegt.

▶ Die Wendung bezieht sich auf das Verhalten des Kuckucks, der seine Eier in die Nester fremder Vögel legt und seine Jungen von den anderen Vögeln ausbrüten und ernähren lässt. Das Kuckucksjunge drängt dabei oft die eigenen Jungen des Nestvogels aus dem Nest.

Kugel: eine ruhige Kugel schieben (ugs.): *sich [bei der Arbeit] nicht sonderlich anstrengen müssen:* Die Religionslehrer waren immer sehr nachsichtig, bei ihnen konnte man eine ruhige Kugel schieben. Der Küchenunteroffizier ..., der ansonsten die ruhigste Kugel für gesamten Abteilung schob (Kirst, 08/15, 181).

▶ Die Herkunft dieser Redensart ist nicht geklärt. Sie könnte sich vom Kegeln herleiten und sich auf den ruhigen Lauf einer langsamen, mit wenig Anstrengung geworfenen Kugel beziehen.

Kuh: man wird alt wie eine Kuh und lernt immer noch dazu (ugs.): *man lernt bis ins hohe Alter, erfährt immer wieder Neues [und Überraschendes]:* Ich hätte ja nicht gedacht, dass er freiwillig auf sein Auto verzichten würde – man wird alt wie eine Kuh und lernt immer noch dazu.

die Kuh vom Eis bringen/kriegen (ugs.): *ein schwieriges Problem lösen:* Jetzt lasst uns mal vernünftig darüber reden, wie wir die Kuh vom Eis kriegen. Ein Kompromiss brachte schließlich die »Kuh vom Eis« (MM 13. 4. 1989, 2).

die Kuh fliegen lassen (ugs.): *sich ungehemmt amüsieren:* Heute abend ist Fete beim Bürgermeister, da werden wir mal wieder die Kuh fliegen lassen.

dastehen wie die Kuh vorm neuen Tor: ↑ dastehen. **dastehen wie die Kuh, wenns donnert:** ↑ dastehen. **dunkel wie in einer Kuh:** ↑ dunkel. **heilige Kuh:** ↑ heilig. **riechen/stinken wie die Kuh aus dem Arsch[loch]:** ↑ riechen. **von etwas so viel verstehen wie die Kuh vom Radfahren/ Schachspielen/Sonntag:** ↑ verstehen.

Kuhhaut: auf keine Kuhhaut gehen (ugs.): *unerhört sein:* Seine Gemeinheiten gehen auf keine Kuhhaut. ... was die Menschen einander, sogar im Namen Gottes, antun, geht auf keine Kuhhaut (Kaschnitz, Wohin 138).

▶ Die Wendung geht auf die mittelalterliche Vorstellung zurück, dass der Teufel einem Sterbenden dessen Sündenregister auf einem aus Kuhhaut gefertigten Pergament vorhält. Es zeugt von besonderer Schlechtigkeit, wenn die Übeltaten noch nicht einmal auf einer großen Kuhhaut Platz finden. In der Regel wurden nur die Häute von Kälbern und Schafen für die Herstellung von Pergament verwendet.

kühl: aus diesem kühlen Grund[e] (ugs.; scherzh.): *aus diesem sehr einfachen, einleuchtenden Grund:* Er hat mich damals belogen, und aus diesem kühlen Grunde werde ich ihm kein Geld mehr leihen.

▶ Diese Wendung spielt auf den Anfang des Volksliedes »In einem kühlen Grunde« an und schafft so eine scherzhafte Überlagerung der Homonyme »Grund« (= Beweggrund) und »Grund« (= Tal).

einen kühlen Kopf bewahren: ↑ Kopf.
jmdn. deckt der kühle Rasen: ↑ Rasen.
unter dem kühlen Rasen liegen/ruhen: ↑ Rasen.

kühlen: sein Mütchen an jmdm. kühlen: ↑ Mütchen.

Kuhstall: Ruhe im Kuhstall [der Ochs hat Durchfall]: ↑ Ruhe.

Küken: das Küken/Ei will klüger sein als die Henne: ↑ Ei.

Kuli: arbeiten wie ein Kuli: ↑ arbeiten.

Kulisse: hinter die Kulissen schauen/blicken: *die Hintergründe, die wahren Verhältnisse kennen lernen:* Wer hinter die Kulissen blickt, kann nur von tiefem Mitleid erfüllt sein (Hörzu 8, 1972, 30). Denn wer einmal hinter die Kulissen des Eiskunstlaufs geschaut hat, weiß, dass hier wie kaum anderswo im Sport das schöne Bild trügt (Maegerlein, Triumph 36).

▶ Diese und die folgende Wendung beziehen sich auf das Theater, wo die Kulissen das Geschehen auf der Bühne gegen die Realität der Außenwelt abschirmen.

hinter den Kulissen: *im Hintergrund, vor der Öffentlichkeit verborgen:* Während im Parlament noch heftig debattiert wurde, war hinter den Kulissen bereits alles entschieden. Die gegenwärtigen juristischen Streitfragen sollte man möglichst

hinter den Kulissen lösen (Welt 7. 5. 1966, 3). Er hatte aus dem Gespräch mit mir entnommen, dass ich über die Vorgänge hinter den Kulissen ... im Bilde sei (Niekisch, Leben 117).

einen Blick hinter die Kulissen werfen: ↑ Blick.

Kultur: von [der] Kultur beleckt sein (ugs.): *zivilisiert sein, einen Sinn für Kultur haben:* Wer auch nur ein bisschen von der Kultur beleckt ist, der kann auf gute Bücher nicht verzichten wollen.

kümmeln: einen kümmeln (ugs.): *ein Glas Schnaps, Bier o. Ä. trinken:* Na, gehen wir nach der Schicht zusammen noch einen kümmeln?

▶ Das Verb ist in dieser Wendung von »Kümmel« (kurz für »Kümmelschnaps, Kümmelbranntwein«) abgeleitet.

Kummer: seinem Kummer Luft machen: ↑ Luft. **Spinne am Morgen bringt Kummer und Sorgen:** ↑ Spinne.

kümmern: was kümmert mich mein Geschwätz von gestern: ↑ Geschwätz. **sich keinen Pfifferling um etwas kümmern:** ↑ Pfifferling.

kund: jmdm. etwas kund und zu wissen tun (veraltet): *bekannt machen, mitteilen:* Hiermit sei allen Bürgern kund und zu wissen getan, dass die Stadt einen neuen Bürgermeister hat. ... und es war Dan, der ... den Sendboten den Beschluss kund und zu wissen tat (Th. Mann, Joseph 178).

Kunde: ein fauler Kunde: ↑ faul.

Kunst: die Kunst geht nach Brot: *ein Künstler ist von seinen Geldgebern abhängig, richtet sich nach ihren Wünschen:* Denn die Kunst geht nach Brot, wie jedermann, der nichts davon versteht, oft und gern versichern wird (Hildesheimer, Legenden 117).

eine brotlose Kunst: *ein Bemühen, das nichts einbringt:* Das Moderieren von Fernsehsendungen ist heutzutage alles andere als eine brotlose Kunst. Die Produktionen auf dem hohen Seil nennt der Volksmund von jeher brotlose Künste (Bamm, Weltlaterne 24).

keine Kunst/kein Kunststück sein (ugs.): *ganz einfach sein:* Ein Sprung vom Dreimeterbrett ist doch keine Kunst. Es ist wirklich kein Kunststück, einer alten, halb blinden Frau etwas vorzumachen.

was macht die Kunst? (ugs.): *wie geht es?:* Grüß dich, Helmut, was macht die Kunst?

▶ Diese zur Begrüßungsfloskel erstarrte Frage bezog sich möglicherweise ursprünglich auf das Gewerbe, die handwerkliche oder künstlerische Berufsausübung des Angesprochenen.

mit seiner Kunst am Ende sein: ↑ Ende.

ernst ist das Leben, heiter [ist] die Kunst: ↑ ernst. **nach allen Regeln der Kunst:** ↑ Regel.

künstlich: sich künstlich aufregen: ↑ aufregen.

Kunststück: keine Kunst/kein Kunststück sein: ↑ Kunst.

Kunz: Hinz und Kunz: ↑ Hinz.

kupfern: kupferne Hochzeit: ↑ Hochzeit.

kupferner Sonntag: ↑ Sonntag.

Kupferstecher: mein lieber Freund und Kupferstecher: ↑ Freund.

Kuppelpelz: sich einen/den Kuppelpelz verdienen (ugs.): *eine Heirat vermitteln:* Jedenfalls hat derjenige, der damals den Stromausfall verursacht hat, sich den Kuppelpelz verdient.

▶ Diese Wendung wurzelt im altdeutschen Eherecht. Ein Pelz war der übliche Kaufpreis dafür, dass dem Mann bei der Eheschließung die Vormundschaft über die Frau übertragen wurde.

Kur: jmdn. in [die] Kur nehmen (ugs.): *sich jmdn. vornehmen; jmdn. bearbeiten, zu beeinflussen suchen:* Wir werden den neuen Kollegen mal in die Kur nehmen, dann wird er sich schon ein bisschen anpassen. Man sollte diese beiden Gauner gleich hier einmal in Kur nehmen! (Fr. Wolf, Menetekel 161).

Kuratel: jmdn. unter Kuratel stellen (veraltend): *jmdn. unter strenge Aufsicht stellen, entmündigen:* Um die ganze Angelegenheit zu vertuschen, wurde der Onkel unter Kuratel gestellt und in ein Sanatorium gesteckt. »Als ich zurückkam, stellte mich meine Familie unter Kuratel. Es passte ihnen nicht, dass ich Geld wegzuschenken begann ...« (Erich Kästner, Fabian 87).

Kurs: etwas außer Kurs setzen: *etwas für ungültig erklären:* Die alten Zweimarkstücke sind inzwischen außer Kurs gesetzt worden. ... dieses Werk setzt einen Großteil der gängigen Begriffe und Beschreibungsweisen ... endgültig außer Kurs (Melos I, 1984, 44).

[nicht mehr] im Kurs sein: *[nicht mehr] gültig sein:* Es tut mir Leid, aber diese Briefmarken sind seit Jahren nicht mehr im Kurs.

hoch im Kurs stehen: 1. *sehr viel wert sein:* Gold steht zurzeit nicht mehr so hoch im Kurs wie früher. 2. *sehr angesehen sein:* In einigen Clubs stehen trinkfeste Männer hoch im Kurs. Kameradschaft steht unter Kommilitonen hoch im Kurs (Welt, 22. 2. 1964, Das Forum). Babuschki stehen in der Sowjetunion infolge der Berufstätigkeit der Familienmütter hoch im Kurse (Mehnert, Sowjetmensch 73).

▶ Die Wendung stammt aus dem Börsenwesen und bezieht sich ursprünglich auf den Kurswert von Aktien und Wertpapieren.

Kurve: die Kurve [he]raushaben/weghaben (ugs.): *den richtigen Weg zur Lösung eines Problems gefunden haben; eine Übung o. Ä. beherrschen:* Seit drei Stunden versucht er, den Fernseher zu reparieren, aber er hat einfach die Kurve noch nicht heraus. Wenn man die Kurve erst einmal heraushat, ist die Übung nicht schwer.

die Kurve kratzen (ugs.): *sich davonmachen:* Der Wächter kam zurück, es wurde Zeit, dass sie die Kurve kratzten. Gott distanziert sich eindeutig von denen, die ..., wenn es darauf ankommt, Gottes Willen zu tun, die Kurve kratzen (Spiegel 28, 1974, 14).

▶ Die Wendung bezieht sich wohl darauf, dass jemand, der sehr eilig in eine Kurve fährt, leicht aus der Kurve getragen wird und dabei mit dem Fahrzeug etwas streift oder ankratzt. Sie bedeutete dann ursprünglich »schnell verschwinden, sich eilig davonmachen«.

die Kurve kriegen (ugs.): *rechtzeitig fertig werden, etwas [rechtzeitig] erreichen; nicht scheitern:* Wenn du mich nicht geweckt hättest, hätte ich bestimmt wieder die Kurve nicht gekriegt. Schon halb acht? Da muss ich zusehen, dass ich die Kurve noch kriege! »Drogen warfen uns völlig aus der Bahn ... Zum Glück haben wir vor zwei Jahren die Kurve wieder gekriegt« (Hörzu 4, 1983, 76).

▶ Die Wendung bezieht sich darauf, dass man sein Ziel nicht mehr oder nicht rechtzeitig erreicht, wenn der Wagen aus der Kurve getragen wird und man verunglückt.

kurz: kurz und bündig: *ohne Umschweife, mit wenigen, aber treffenden Worten:* Sie hat ihm kurz und bündig erklärt, dass sie ihre Miete nicht bezahlen kann. »Du also bist der Neffe«, sagte Teta kurz und bündig (Werfel, Himmel 131). Die Antwort lautete kurz und bündig: Nichts, was die Verhältnisse grundsätzlich verändern könnte (Dönhoff, Ära 24). **kurz und gut/(scherzh. auch:) kurz und klein:** *zusammenfassend gesagt, mit anderen Worten:* Wir brauchen Holz, Leim, Nägel, Farbe, kurz und gut: alles, was zum Basteln gehört. Kurz und gut, weil er sich nicht zu helfen wusste, entschließt er sich, den lieben Gott höchstpersönlich zu fragen (Ott, Haie 204). ▶ Die scherzhafte Variante spielt auf die folgende Wendung an. **etwas kurz und klein schlagen** (ugs.): *etwas völlig zerschlagen:* Vor Wut hatte er die neuen Möbel kurz und klein geschlagen. Der dicke Willi. Bekommt manchmal Anfälle, dann schlägt er die Zelle kurz und klein (Ziegler, Kein Recht 241). **kurz und schmerzlos** (ugs.): *rasch, ohne Umstände:* Er hatte den Störenfried kurz und schmerzlos aus dem Haus gewiesen. **den Kürzeren ziehen** (ugs.): *benachteiligt werden, unterliegen:* Die Frau zieht am Arbeitsplatz meist den Kürzeren. Gegen die Polizei ziehst du schon einmal den Kürzeren gezogen. Ingrid Karen und Friedel Pötter spielen das junge Paar, das im Kampf um eine Wohnung den Kürzeren zieht (Hörzu 45, 1971, 102). ▶ Die Wendung bezieht sich ursprünglich auf das Losen mit zwei Grashalmen, Hölzchen o. Ä.: Wer den kürzeren Grashalm zieht, hat verloren. Dieses Verfahren wurde in früherer Rechtspraxis angewandt und galt als eine Art Gottesurteil. **binnen kurzem:** *innerhalb kurzer Zeit, bald:* Wir hatten binnen kurzem alle Exemplare des Buches verkauft. Suzanna wird ..., wahrscheinlich binnen kurzem, die Gattin Dom Miguels (Th. Mann, Krull 441).

seit kurzem: *seit kurzer Zeit:* Seit kurzem fährt die U-Bahn wieder zum Hauptbahnhof.
vor kurzem: *vor kurzer Zeit, neulich:* Ich habe ihn erst vor kurzem gesehen. Er war erst vor kurzem heimgekehrt (Koeppen, Rußland 149). Chorley war bis vor kurzem für die Bekämpfung der Trypanosomen-Krankheit ... verantwortlich (Grzimek, Serengeti 296).
über kurz oder lang: *nach einer gewissen Zeit:* Über kurz oder lang wird man die ganze Geschichte vergessen haben. Solche Löwen werden über kurz oder lang von Hyänen oder Hyänenhunden zerrissen (Grzimek, Serengeti 73).
zu kurz kommen: *zu wenig berücksichtigt werden; benachteiligt werden:* Sein Leben lang hatte er das Gefühl, zu kurz gekommen zu sein. Wir trinken weniger, damit du nicht zu kurz kommst (Ott, Haie 200).
kurz angebunden: ↑angebunden. **einen kurzen Atem haben:** ↑Atem. **sich kurz fassen:** ↑fassen. **kurze Fuffzehn machen:** ↑Fuffzehn. **lange Haare, kurzer Verstand:** ↑Haar. **jmdn. einen Kopf kürzer machen:** ↑Kopf. **Lügen haben kurze Beine:** ↑Lüge. **mit jmdm., etwas kurzen Prozess machen:** ↑Prozess. **der langen Rede kurzer Sinn:** ↑Rede. **kurz vor Tor[es]schluss/Ladenschluss:** ↑Tor[es]-schluss. **der Wahn ist kurz, die Reu ist lang:** ↑Wahn.
Kürze: in der Kürze liegt die Würze: *eine knappe Darstellung ist besser als eine ausführliche, langatmige:* In der Kürze liegt die Würze! Konzentriert finden Sie hier alle Erfahrungsbereiche der Chirologie (Jägersberg, Leute 79).
in Kürze: *bald:* Der neue Katalog wird in Kürze erscheinen. Die beiden Herren würden mich in Kürze als Posten vor Catrionas Tür finden (Fallada, Herr 199).
Kuss: ein Küsschen in Ehren kann niemand verwehren: *gegen einen freundschaftlichen Kuss ist nichts einzuwenden.*
küssen: und wer küsst mich/mir? (ugs.): *und was ist mit mir?; was bekomme ich?:* Jetzt habt ihr alle ein Glas Sekt gekriegt – und wer küsst mich? ▶ Die Redewendung geht auf ein populäres Gedicht zurück, das mit folgenden Schlusszeilen endet: »Die Hasen ram-

meln im Revier, kurzum es liebelt jedes Tier, und wer küsst mir?«
geküsst aussehen (ugs.): *drollig, lächerlich, unmöglich aussehen:* Was hast du denn für Hosen an? Du siehst ja geküsst aus!
ich denk, mich küsst ein Elch: ↑ Elch. **küss die Hand:** ↑ Hand. **jmdn. hat die Muse geküsst:** ↑ Muse.
Kusshand: jmdn., etwas mit Kusshand nehmen (ugs.): *jmdn., etwas sehr gern nehmen:* Das Geschäft hat er mit Kusshand übernommen. Fachleute wie du, die werden immer gebraucht, dich nehmen sie überall mit Kusshand (v. d. Grün, Glatteis 150).
▶ Die Wendung geht auf eine frühere Form der Dankbarkeitsbezeigung zurück, bei der man einem Wohltäter zum Dank die Hände küsste. Auch die Gebärde, bei der man die Innenseite der eigenen Finger küsst und einem anderen den Kuss gleichsam zuwirft, drückt Dank oder Wertschätzung aus.
Kutte: aus der Kutte springen (ugs.; scherzh.): *sich als Priester oder Mönch wieder laisieren lassen:* Sein Vater war ein aus der Kutte gesprungener Mönch.

L

Laban: ein langer Laban (ugs.): *ein großer, hoch gewachsener Mensch:* Jedes Mal, wenn ich im Kino sitze, habe ich so einen langen Laban vor mir!
▶ Die Herkunft dieser Wendung ist nicht geklärt. Der biblische Laban (1. Moses 29) wird nirgends als besonders hoch gewachsen geschildert. Es ist aber denkbar, dass der Gedanke an die lange Zeit, die Jakob bei Laban arbeiten musste, zu dieser Bezeichnung geführt hat.
lächeln: Fortuna lächelt jmdm.: ↑ Fortuna.
lachen: sich eins lachen (ugs.): *insgeheim über jmdn. lachen, sich amüsieren:* Wir rackern uns hier ab, und dein Bruder sitzt zu Hause und lacht sich eins über unsere Dummheit. ... der alte Hardekopf, der ... sich heimlich, still und leise über seine Schwiegertochter eins gelacht hatte (Bredel, Väter 204).
nichts zu lachen haben (ugs.): *es nicht leicht haben, von jmdm. schlecht oder streng behandelt werden:* Während seiner Militärzeit hatte er nichts zu lachen. ... dass hier ein Mensch war, der bisher im Leben nichts zu lachen gehabt hatte (Geißler, Wunschhütlein 113). Solange wir noch in See sind, werden Sie nichts zu lachen haben (Ott, Haie 116).
da/hier gibt es [gar] nichts zu lachen! (ugs.): *die Sache ist sehr ernst:* Morgen ziehe ich hier aus, da gibt es gar nichts zu lachen! Hier gibt es nichts zu lachen, mein Lieber, wir sprechen über unsere Finanzlage!
das wäre doch gelacht [wenn ... nicht ...] (ugs.): *das müsste doch getan werden können, müsste doch gelingen:* Das wäre doch gelacht, wenn wir den Tisch nicht selbst reparieren könnten. Ich finde meine Schlüssel auch alleine wieder, das wäre doch gelacht!
dass ich nicht lache! (ugs.): *das ist ja lächerlich:* Du willst durch den Ärmelkanal schwimmen? Dass ich nicht lache! Eine Frau wie mich so nebenbei und vor der Welt verheimlichen? Dass ich nicht lache! (Maass, Gouffé 284). Mit der Luftwaffe ist doch schon lange nichts mehr los. Dass ich nicht lache: Fallschirmjäger! (Grass, Katz 116).
du wirst/Sie werden lachen ... (ugs.): *auch wenn du es nicht erwartest/auch wenn Sie es nicht erwarten ...:* »Hast du denn noch Geld?« »Du wirst lachen, es sind noch über hundert Mark.« Und du wirst lachen, es wird mir nicht einmal schwer fallen (Lenz, Brot 41).
von einem Ohr [bis] zum anderen lachen (ugs.): *mit breit gezogenem Mund lachen:* Eine Weile schaute er den Kindern zu, dabei lachte er von einem Ohr bis zum anderen. ... wer lief ihnen über den Weg? Glumskopp ... Er lachte, dieser Mensch, von einem Ohr zum andern (Lenz, Suleyken 49).
▶ Die Wendung nimmt übertreibend darauf Bezug, dass sich die Mundwinkel beim Lachen den Ohren nähern.

wer zuletzt lacht, lacht am besten: *erst zum Schluss zeigt sich, wer wirklich den Vorteil hat.*

der lachende Dritte: *jmd., der aus dem Streit zweier Personen, Parteien o. Ä. seinen Nutzen zieht:* Wer bei dem Gerangel zwischen den beiden Konzernen der lachende Dritte sein wird, bleibt abzuwarten. Er konnte die westdeutsche Stellung ... derart schwächen, dass England der lachende Dritte sein würde (Weber, Tote 50).

die lachenden Erben (scherzh.): *die Nutznießer einer Erbschaft:* Ich sehe gar nicht ein, dass ich mein Geld für die lachenden Erben zusammenhalten soll, ich mache mir lieber selbst ein schönes Leben.

▶ Diese Wendung hat ihren Ursprung möglicherweise in der römischen Literatur. Bei Publilius Syrus heißt es (221. Spruch):»Heredis fletus sub persona risus est« (= Das Weinen der Erben ist ein maskiertes Lachen).

jmdm. vergeht das Lachen: 1. *jmd. hat Unannehmlichkeiten vor sich:* Wenn der neue Abteilungsleiter kommt, wird euch das Lachen schon noch vergehen. 2. *jmd. wird [plötzlich] ernst, traurig:* Das Lachen vergeht uns, wenn wir Josefine sehen (Kafka, Erzählungen 191). Indessen verging mir das Lachen angesichts der zerstörten Stadt (K. Mann, Wendepunkt 431).

am [vielen] Lachen erkennt man den Narren: *wer bei jeder Gelegenheit ohne rechten Grund kichert und lacht, ist töricht.*

sich vor Lachen biegen: *unbändig, heftig lachen:* Sie bog sich vor Lachen, als dem Kellner das Tablett aus der Hand gefallen war. Die anderen bogen sich vor Lachen. Sie schrien und johlten und schlugen sich auf die prallen Schenkel (Müthel, Baum 60).

zum Lachen sein (ugs.): *lächerlich sein, nicht ernst zu nehmen sein:* Seine Vorschläge sind zum Lachen, das müssen wir ganz anders regeln. Vor diesem Angeber hast du Angst? Das ist ja zum Lachen. ... es war nur zum Lachen, dass man plötzlich an so was denken musste (Plievier, Stalingrad 186).

sich einen Ast lachen: ↑ Ast. **mit einem lachenden und einem weinenden Auge:** ↑ Auge. **sich ausschütten vor Lachen:**

↑ ausschütten. **bar Geld (Bargeld) lacht:** ↑ bar. **sich den Bauch vor Lachen halten:** ↑ Bauch. **Bröckchen lachen:** ↑ Brocken. **sich einen Bruch lachen:** ↑ Bruch. **sich ins Fäustchen lachen:** ↑ Faust. **jmdm. ins Gesicht lachen:** ↑ Gesicht. **gut lachen haben:** ↑ gut. **sich nicht halten können vor Lachen:** ↑ halten. **jmdm. lacht das Herz im Leibe:** ↑ Herz. **jmdm. die Hucke voll lachen:** ↑ Hucke. **da lachen [ja] die Hühner:** ↑ Huhn. **Humor ist, wenn man trotzdem lacht:** ↑ Humor. **da lacht die Koralle:** ↑ Koralle. **sich kring[e]lig lachen:** ↑ kring[e]lig. **sich scheckig lachen:** ↑ scheckig. **sich [über jmdn., etwas] schimmelig lachen:** ↑ schimmelig. **sich die Seiten halten vor Lachen:** ↑ Seite. **Tränen lachen:** ↑ Träne.

Lacher: die Lacher auf seiner Seite haben: *durch eine witzige Bemerkung o. Ä. in einem Streit, einer Diskussion bei den Zuhörern einen Lacherfolg erzielen:* Da sie nicht auf den Mund gefallen war, hatte sie die Lacher meistens auf ihrer Seite. Von Anfang an hatte Kurt Schneider alle Lacher auf seiner Seite (MM 28. 12. 1966, 18).

Lächerlichkeit: Lächerlichkeit tötet: *wer nicht mehr ernst genommen wird, ist in allen Bereichen zum Scheitern verurteilt.*

Lack: der Lack ist ab (ugs.): *die schöne Oberfläche, der schöne Schein von etwas ist dahin, man sieht jetzt, wie es wirklich ist:* Vergeblich versucht man heute, so zu tun, als sei nichts geschehen; der Lack ist ab, die Partei hat viel von ihrer Popularität verloren. Der Lack ist ab. Der Glanz vergangener Jahre schimmert nur noch matt in unseren Fußballstadien (Hörzu 5, 1981, 11).

▶ Die Wendung bezieht sich auf lackierte Gegenstände, die hässlich aussehen, an Wert verlieren, wenn der Lack abblättert.

fertig ist der Lack!: ↑ fertig.

lackieren: jmdm. eine lackieren (ugs.): *jmdn. ohrfeigen:* Noch ein Wort, und ich lackier dir eine.

jmdm. die Fresse lackieren: ↑ Fresse. **jmdm. die Schnauze lackieren:** ↑ Schnauze.

laden: [schief/schwer] geladen haben (ugs.): *betrunken sein:* Gestern Abend hattest du aber ganz schön schief geladen! Du hast ganz schön geladen, sagt

Christina und nimmt ihn bei den Schultern (Bobrowski, Mühle 70). Der hat aber schwer geladen, so versaufen die Invaliden ihre Rente (Döblin, Berlin 311). **[auf jmdn.] geladen sein** (ugs.): *[auf jmdn.] sehr wütend sein:* Ich war so geladen auf diesen Kerl, dass ich ihn am liebsten rausgeworfen hätte. Seit zwei Stunden wartete ich im Regen – ich war vielleicht geladen! Das war eine Rüge, und Holmers war geladen, auf den Adjutanten, auch auf den Oberstleutnant (Plievier, Stalingrad 212).

▶ Die Wendung geht von der geladenen Schusswaffe, die jeden Augenblick losgehen kann, aus.

jmdn. auf den Besen laden: ↑ Besen. **sich jmdn., etwas auf den Hals laden:** ↑ Hals. **sich den Teufel auf den Hals laden:** ↑ Teufel.

Laden: den Laden schmeißen (ugs.): *[ein Geschäft, einen Betrieb] voller Elan leiten, schwungvoll dafür sorgen, dass etwas funktioniert, gut vorankommt:* Seit der Alte krank ist, schmeißt seine Frau den Laden. ... deshalb braucht der Kommandeur jemand, der hier den ganzen Laden für ihn schmeißt (Kirst, 08/15, 388). Den ganzen Laden schmeiße ich Ihnen mit meinen Sekretärinnen allein (Dürrenmatt, Grieche 44).

Ladenschluss: kurz vor Ladenschluss: ↑ Tor[es]schluss.

Ladestock: [wohl] einen Ladestock verschluckt haben (ugs.): *sich sehr gerade und steif halten:* Der hat wohl einen Ladestock verschluckt. Sie stand da, als hätte sie einen Ladestock verschluckt.

▶ Die Wendung stammt aus der Soldatensprache. Mit »Ladestock« bezeichnet man einen Stab, mit dem bei Vorderladern die Munition in den Lauf geschoben wird. Vgl. die Wendung »einen Besenstiel verschluckt haben«.

Lage: die Lage peilen (ugs.): *auskundschaften, wie die Dinge liegen:* Wir können ja mal ins Lager gehen und die Lage peilen. Diese Manie, einmal täglich die eigene Lage zu peilen (Grass, Hundejahre 441). Ich schicke Ihnen die erste Lieferung, sobald ich die Lage gepeilt habe (Ruark [Übers.], Honigsauger 408).

▶ Die Wendung leitet sich von der Seefahrt her. Durch Peilen werden die Lage

der Gestirne und die Wassertiefe und damit die Position des Schiffes bestimmt.

Herr der Lage/Situation sein/bleiben: *sich nicht verwirren lassen; wissen, was zu tun ist:* Nach letzten Meldungen ist inzwischen auch das Militär nicht mehr Herr der Situation. ... die Polizei ... war sofort zur Stelle ..., und wenigstens auf der Brücke war sie Herr der Lage (Frisch, Gantenbein 491).

eine Lage schmeißen (ugs.): *eine Runde Bier, Schnaps o. Ä. ausgeben:* Freunde, heute schmeiß ich eine Lage – ich bin Vater geworden. Der CDU-Spitzenkandidat ... »schmiss« nach der Stimmabgabe in seinem Wohnort ... eine Lage (MM 10. 6. 1974, 1). Ist aber wieder einer in Freiheit, ... so wird zur Begrüßung eine Lage nach der anderen geschmissen (Ossowski, Bewährung 115).

aus allen Lagen schießen (Sport Jargon): *jede Gelegenheit zum Torschuss nutzen:* Der neue Mittelstürmer schoss aus allen Lagen, hatte aber wenig Glück. Er ist jetzt der Motor der ... Mannschaft, und er schießt dazu auch aus allen Lagen aufs Tor (Welt 28. 4. 1965, 8).

in der Lage sein: *können, fähig sein, die Möglichkeit haben:* Ich bin durchaus in der Lage, für mich selbst zu sorgen. Welcher Staatsmann aber ist in der Lage, auf die Dauer mit Illusionen und Fiktionen Politik zu machen? (Dönhoff, Ära 124).

nach Lage der Dinge: *unter den gegebenen Umständen:* Wir können uns nach Lage der Dinge wahrscheinlich in diesem Jahr keinen Urlaub leisten. Jedenfalls war die Furcht seiner Anhänger nach Lage der Dinge wohl verständlich, aber unbegründet (Thieß, Reich 189).

Lager: etwas auf Lager haben: 1. *etwas vorrätig haben:* Der Kaufmann an der Ecke hat immer mehrere Sorten Bier auf Lager. 2. (ugs.) *etwas bereithalten, zur Verfügung haben:* »Hast du noch mehr solche Wunder auf Lager?« (Schnurre, Fall 53). »Mutter Leben hat immer neue Drehs auf Lager« (Remarque, Triomphe 252).

lahm: lahme Ente (ugs.): *schwungloser, langsamer Mensch:* Los, du lahme Ente, wir wollen heute noch fertig werden! Die lahme Ente braucht wieder Stunden, bis sie ihr Zimmer aufgeräumt hat.

jmdn. **krumm und lahm schlagen/prügeln:** ↑krumm. **jmdm. zureden wie einem lahmen Esel/Gaul:** ↑zureden.

Laie: da staunt der Laie, und der Fachmann wundert sich: *das ist erstaunlich:* In knapp fünf Minuten hat er den Wagen flott bekommen. – Donnerwetter, da staunt der Laie, und der Fachmann wundert sich.

laisser faire, laisser aller/passer (bildungsspr.): *gewähren lassen, sich nicht einmischen:* Wenn es um die Familienstreitigkeiten anderer Leute geht, gilt der Grundsatz: Laisser faire, laisser aller.
► Bei dieser Wendung handelt es sich um ein Schlagwort des wirtschaftlichen Liberalismus. Geprägt hat es 1758 der Großkaufmann Jean Claude Marie Vincent, Seigneur de Gournay. Er meinte damit die Forderung nach Gewerbe- und Handelsfreiheit.

lala: so lala (ugs.): *einigermaßen:* Wie fühlst du dich? – Danke, so lala. Dabei finde ich den Beruf heute noch ganz passabel. Sonst geht es mir so lala (Grass, Katz 116).

Lamäng: aus der [kalten/freien] Lamäng (ugs.): *unvorbereitet, auf der Stelle:* Aus der kalten Lamäng kann ich dir auch nicht sagen, was wir am Montag alles besprochen haben. Das hat mir imponiert, wie er so aus der Lamäng eine zwei Stunden lange Rede gehalten hat.
► Die Wendung bedeutet eigentlich »[direkt] aus der Hand«, d. h. »ohne Besteck, Teller oder andere Hilfsmittel«. Lamäng ist die phonetische Schreibweise des französischen »la main« (= die Hand).

etwas aus der [freien] Lamäng essen (ugs.): *etwas aus der Hand, ohne Teller und Besteck essen:* Mach keine Umstände, wir essen rasch ein Brot aus der Lamäng.
Vgl. die vorangehende Wendung.

Lamm: wie ein Lamm [das zur Schlachtbank geführt wird]: *wehrlos, völlig in sein Schicksal ergeben:* Das Konfirmandenmädchen stand still wie ein Lamm, sein Mund war halb offen, wehrlos und voll Angst (Lederer, Liebe 16).
► Die Redensart stammt aus der Bibel. In Jes. 53, 7 steht der prophetische Hinweis auf den Tod Jesu: »Da er gestraft

und gemartert ward, tat er seinen Mund nicht auf wie ein Lamm, das zur Schlachtbank geführt wird ...«

sanft wie ein Lamm: ↑sanft. **unschuldig wie ein [neugeborenes] Lamm:** ↑unschuldig.

Lampe: einen auf die Lampe gießen (ugs.): *[reichlich] Alkohol trinken:* Bei der Feier morgen werden wir uns ganz schön einen auf die Lampe gießen. Er hatte sich kräftig einen auf die Lampe gegossen.
► Die Wendung geht auf den Gebrauch von Öllampen zurück. »Öl auf die Lampe gießen« heißt so viel wie »Öl nachfüllen«.

nach der Lampe riechen: *gequält, gewollt wirken; die Anstrengung erkennen lassen:* Er publiziert wenig; und das, was er schreibt, riecht meist sehr nach der Lampe.
► Die Wendung bezieht sich darauf, dass mühsames Arbeiten sich bis spät in die Nacht hinzieht, dass man also lange die Lampe brennen lassen muss.

Meister Lampe: ↑Meister.

Land: Land und Leute: *die Region mit den darin lebenden Menschen:* Er wohnt seit sechs Jahren hier und kann Ihnen am besten Auskunft über Land und Leute geben. Der Fehler der meisten Sonderkorrespondenten ist, dass sie ohne jede Kenntnis von Land und Leuten ankommen (Ruark [Übers.], Honigsauger 411).

andere Länder, andere Sitten: *in einem fremden Land muss man mit anderen Lebensgewohnheiten und Anschauungen rechnen:* Wenn du zu deiner Gastfamilie kommst, denk immer daran: andere Länder, andere Sitten.

das Land, wo Milch und Honig fließt: *das Land der Freiheit und des Glücks; das Paradies:* Um die Jahrhundertwende hielten viele Europäer die USA für das Land, wo Milch und Honig fließt.
► Diese Wendung geht auf die Bibel (2. Moses 3, 8) zurück und meint das den Israeliten verheißene Land.

das Land seiner Väter (geh., veraltet): *sein Vaterland, seine Heimat:* Manchmal spielte er mit dem Gedanken, in das Land seiner Väter zurückzukehren.

Land ist in Sicht (ugs.): *das Ende einer Arbeit, die Lösung eines Problems ist ab-*

zusehen: Seit wir das günstige Darlehen von deinem Onkel bekommen haben, ist endlich Land in Sicht.

▶ Die Wendung geht auf den Seemannsruf »Land in Sicht« zurück, mit dem sich das Ende der Gefahren und Mühen der Reise ankündigte.

[wieder] Land sehen (ugs.): *das Schlimmste, den größten Teil der Arbeit hinter sich gebracht haben:* Noch zwei mündliche Prüfungen muss ich machen, dann sehe ich endlich wieder Land. Derna glühte vor Aufregung. Endlich sah er Land (Kirst, 08/15, 249).
Vgl. die vorangehende Wendung.

kein Land [mehr] sehen (ugs.): *durch Arbeit, Probleme überlastet sein:* Damals hat er einfach kein Land mehr gesehen und hat angefangen zu trinken.
Vgl. die Wendung »Land ist in Sicht«.

sieh zu, dass du Land gewinnst! (ugs.): *verschwinde!:* Ich habe die Nase von dir voll, sieh zu, dass du Land gewinnst!

jmdn., etwas an Land ziehen (ugs.): *jmdn., etwas für sich gewinnen:* Sie hatte damals einen reichen Freier an Land gezogen und sich von ihm eine Wohnung in der Stadt einrichten lassen. In diesem Antiquariat habe ich neulich eine Erstausgabe von Wieland an Land gezogen. Ziehe ich große Werbeaufträge an Land, bekomme ich drei oder fünf Prozent (Hörzu 45, 1972, 136).

▶ Die Wendung bezog sich ursprünglich wahrscheinlich auf das Bergen und In-Besitz-Nehmen von Gütern und Schiffsteilen, die nach einem Schiffsunglück an Land gespült wurden. Vielleicht hat auch die Vorstellung mitgewirkt, dass ein gefangener Fisch, wenn er sehr groß ist, vom Angler an Land gezogen werden muss.

aus aller Herren Länder/(auch:) **Ländern:** *von überall her:* Aus aller Herren Länder waren Schaulustige nach Rom gekommen. Es waren Künstler aus aller Herren Ländern, meist Engländer und Amerikaner (Hasenclever, Die Rechtlosen 398).

ins Land gehen/ziehen: 1. *vergehen, verstreichen:* Zwei Jahre waren ins Land gezogen, und es hatte sich wenig geändert. Ein paar Tage gingen ins Land, dann rüsteten wir rastlosen Eisläufer schon wie-

der zu einer größeren Reise (Maegerlein, Triumph 92). 2. *einsetzen, beginnen:* Ein neuer Frühling war ins Land gezogen. Im November war strenger Frost ins Land gegangen und hatte die Arbeit der Maurer unterbrochen.

wieder im Lande sein (ugs.): *wieder da sein:* Hast du schon gehört, dass einer deiner früheren Verehrer wieder im Lande ist? Morgen, Sartorik. Wieder im Lande? (Sebastian, Krankenhaus 102).

bleibe im Lande und nähre dich redlich: *man soll mit seiner gewohnten Umgebung zufrieden sein und nicht das Glück woanders suchen.*

▶ Die Redensart geht auf die Bibel (Psalm 37,3) zurück. Dort werden die Gläubigen aufgerufen, sich zu bescheiden, nicht neidisch zu sein.

Land unter: *Meldung [der Küstenwache], dass ein Gebiet vom Meer überschwemmt ist:* Schon früh morgens meldeten die ersten Halligen »Land unter«.

über Land [fahren]: *durch ländliche Gegenden, von Dorf zu Dorf [fahren]:* Kraftczek ... kaufte ein Pferd, gab die Arbeit in der Grube auf und fuhr mit Waren über Land (Strittmatter, Wundertäter 312). Morgen muss ich nun wirklich über Land und sehen, dass wir Kleebestellungen reinkriegen (Fallada, Mann 58).

in Stadt und Land: ↑ Stadt. **die Unschuld vom Lande:** ↑ Unschuld.

landab: landauf, landab: ↑ landauf.

landauf: landauf, landab: *überall im Land:* Man konnte landauf, landab keine schöneren Kirchen finden als in dieser Stadt. Landauf, landab erschallen in diesen Tagen die Alarmrufe der Warner (Welt 4. 11. 1967, 2).

landaus: landaus, landein: *überall:* Landaus, landein gab es niemanden, der uns Geld geliehen hätte. Die Dürre war landaus, landein zu einer ernsten Gefahr geworden.

landein: landaus, landein: ↑ landaus.

landen: einen Coup landen: ↑ Coup. **in der Gosse landen:** ↑ Gosse. **im Hafen der Ehe landen:** ↑ Hafen.

Landkarte: ein weißer Fleck auf der Landkarte: ↑ weiß.

Landplage: sich zu einer Landplage entwickeln (ugs.): *sich zu einem Unheil aus-*

wachsen, ein großes Problem werden: Die vielen Beileidsbesuche entwickelten sich für die Hinterbliebenen allmählich zur Landplage.

Landschaft: [nur noch] ein Strich in der Landschaft sein: ↑ Strich.

lang: lang und breit; des Langen und Breiten: *sehr ausführlich, mit großem Zeitaufwand:* Er hat mir lang und breit erklärt, warum er in diesem Jahr keinen Urlaub machen kann. Rochus Felgentreu ließ sich des Langen und Breiten über den Eisvogel aus (Schnurre, Bart 157). Sie ergingen sich des Langen und Breiten über die Atombombe und die Astralwelt (Ruark [Übers.], Honigsauger 574).

an langer/an der langen Leine (ugs.): *mit einem gewissen, bewusst zugestandenen Freiraum:* Kinder in diesem Alter muss man an der langen Leine führen. Erst als ich ... mein Verhalten völlig änderte, konnte ich meinen Mann – an langer Leine – an mich binden (Hörzu 16, 1973, 141).

auf lange Sicht: *auf die Dauer:* Auf lange Sicht werden die ständigen Wiederholungen den Fernsehzuschauer verärgern. Wenn wir jenen Weg nicht finden, dann kann auf lange Sicht die Freiheit ... nicht bewahrt werden (Dönhoff, Ära 172).

seit langem: *seit langer Zeit:* Sie ist seit langem krank. ... das zähe und entfärbte Gras, das seit langem nicht mehr wachsen wollte (Molo, Frieden 9).

einen langen Arm haben: ↑ Arm. **einen langen/den längeren Atem haben:** ↑ Atem. **etwas auf die lange Bank schieben:** ↑ Bank. **ein langes Bein machen:** ↑ Bein. **jmdm. lange Beine machen:** ↑ Bein. **so breit wie lang sein:** ↑ breit. **eine lange Brühe aus etwas machen:** ↑ Brühe. **ehrlich währt am längsten:** ↑ ehrlich. **langes Elend:** ↑ Elend. **lange Finger machen:** ↑ Finger. **ein langes Gesicht/lange Gesichter machen:** ↑ Gesicht. **lange Haare, kurzer Verstand:** ↑ Haar. **einen langen Hals machen:** ↑ Hals. **etwas von langer Hand vorbereiten:** ↑ Hand. **am längeren Hebel sitzen:** ↑ Hebel. **nach langem Hin und Her:** ↑ hin. **da schlag einer lang hin:** ↑ hinschlagen. **über kurz oder lang:** ↑ kurz. **ein langer Laban:** ↑ Laban. **langes Laster:**

↑ Laster. **langes Leiden:** ↑ Leiden. **eine lange Leitung haben:** ↑ Leitung. **der lange Marsch [durch die Institutionen]:** ↑ Marsch. **jmdm. eine lange Nase machen/drehen/zeigen:** ↑ Nase. **mit langer Nase abziehen:** ↑ Nase. **alle nas[en]lang:** ↑ nas[e]lang. **der langen Rede kurzer Sinn:** ↑ Rede. **viel reden, wenn der Tag lang ist:** ↑ reden. **langes Register:** ↑ Register. **einen langen Salm machen:** ↑ Salm. **lange Seiten haben:** ↑ Seite. **einen langen Senf machen:** ↑ Senf. **den lieben, langen Tag [lang]:** ↑ Tag. **der Wahn ist kurz, die Reu ist lang:** ↑ Wahn. **lange Wege gehen:** ↑ Weg. **es ist noch ein langer Weg bis zu etwas/bis etwas geschieht:** ↑ Weg. **lange Zähne machen:** ↑ Zahn. **die längste Zeit:** ↑ Zeit.

lange: was lange währt, wird endlich gut: *geduldiges Warten, geduldiges Sichbemühen wird am Ende belohnt.*

lang, lang ists her: *das liegt schon sehr lange zurück:* Weißt du noch, wie wir zusammen in die Tanzschule gegangen sind? – Tja, lang, lang ists her.

▶ Die Redensart geht auf ein Lied des englischen Dichters Thomas Haynes Bayly zurück. Das Lied beginnt mit den Zeilen »Tell me the tales that to me were so dear, long, long ago«, die Wilhelm Weidling 1855 so ins Deutsche übertrug: »Sag mir das Wort, das ich so gern gehört, lang, lang ists her«.

es nicht mehr lange machen (ugs.): *bald sterben:* Unser Nachbar sieht wirklich schlecht aus, ich glaube, der macht es nicht mehr lange. Ihr Bruder machts nicht mehr lange, das können Sie ihr sagen (Brasch, Söhne 15).

du hast wohl lange nicht mehr im Krankenhaus gefrühstückt?: ↑ Krankenhaus. **der Krug geht so lange zum Brunnen/zu Wasser, bis er bricht:** ↑ Krug. **dafür muss 'ne alte Frau/Oma lange stricken:** ↑ stricken. **da kannst du lange warten:** ↑ warten.

Länge: auf die Länge [der Zeit] (ugs.): *auf die Dauer:* Das konnte ja auf die Länge nicht gut gehen. ... vielleicht lag es aber auch daran, dass er auf die Länge überhaupt nicht gerne mehr arbeitete (Fallada, Jeder 133).

sich in die Länge ziehen: *länger dauern als erwartet:* Das Gespräch zog sich entsetzlich in die Länge. Die Diskussion zog sich in die Länge, eine Abstimmung war vor Mitternacht nicht zu erwarten. Mehmet ... war an eine regelmäßige Arbeitszeit gewöhnt. Im Gestüt aber zieht sich alles in die Länge, und Freizeit ist ein einschränkbarer Begriff (Frischmuth, Herrin 52).

etwas in die Länge ziehen: *etwas länger dauern lassen, als vorgesehen war:* Wenn ich gewusst hätte, dass sie ihren Vortrag derart in die Länge zieht, wäre ich zu Hause geblieben. ... weil, was er je eher je lieber hinter sich zu bringen wünschte, in die Länge gezogen zu werden drohte (Maaß, Gouffé 288).

der Länge nach: *in voller Größe, mit der ganzen Körperlänge:* ... wie er eine Sekunde zögernd dastand unter dem Blick des englischen Postens, bevor er sich der Länge nach hinwarf und heftig und genussvoll wusch (Lenz, Brot 12). Er ... lag wieder der Länge nach auf dem vereisten Pflaster (Frisch, Stiller 209).

langen: jmdm. eine langen (ugs.): *jmdm. eine Ohrfeige geben:* Ich kann das nicht so erklären, was mir so Wut machte, jedenfalls langte ich ihm eine ganz offiziell (Keun, Mädchen 22). Und ich habe ihr immer nur dann eine gelangt, wenn ich von ihr eine bekommen hatte (BM 18. 7. 74, 3).

eine gelangt kriegen (ugs.): *eine Ohrfeige bekommen:* Sei still, sonst kriegst du eine gelangt. Wenn man ein geborener Stänker ist, kriegt man öfters im Leben eine gelangt (Fallada, Mann 119).

jmdm. langt es (ugs.): *jmds. Geduld ist zu Ende:* Hör auf zu quengeln, mir langts jetzt! Noch ein Gesicht, etwas ... gekränkt und mit dem Ausdruck: Mir langt es jetzt aber! (Plievier, Stalingrad 267). »Jetzt langts«, entschied er (K. Mann, Wendepunkt 48).

langgehen: wissen, wos langgeht (ugs.): *wissen, was [vernünftigerweise] zu tun ist:* Sie ist eine Frau, die weiß, wos langgeht, und die sich auch durchsetzen kann. »Er weiß einfach nicht mehr, wos langgeht« erzählt ein Mädchen, mit dem Pat schon jahrelang befreundet ist (Freizeitmagazin 12, 1978, 14).

jmdm. zeigen, wos langgeht (ugs.): *jmdn. zurechtweisen, zu vernünftigem Handeln*

antreiben: So geht das mit dem Jungen nicht weiter, sein Vater sollte ihm mal zeigen, wos langgeht.

langsam: langsam, aber sicher: *allmählich:* Langsam, aber sicher holte er den Vorsprung der anderen auf. Ich habe das Wachsen der Kräfte beobachtet, die langsam, aber sicher die Rechte des Individuums für sich vereinnahmten (Praunheim, Armee 182).

langsam von Begriff sein: ↑Begriff. **Gottes Mühlen mahlen langsam [aber fein]:** ↑Gott. **immer langsam mit den jungen Pferden!:** ↑Pferd.

längst: [das ist] schon längst um die Ecke: ↑Ecke. **das habe ich mir längst an den Schuhen/[Schuh]sohlen abgelaufen:** ↑Sohle.

lang ziehen: jmdm. die Hammelbeine lang ziehen: ↑Hammelbeine. **jmdm. die Ohren lang ziehen:** ↑Ohr.

Lanze: für jmdn., für etwas eine Lanze brechen/einlegen: *für jmdn., für etwas eintreten:* Lassen Sie mich für diesen jungen Mann eine Lanze einlegen – sein Talent verdient es. Klempnermeister Miegalke brach eine Lanze für das ehrenwerte Handwerk (Kirst, Aufruhr 36). Man wollte sich nicht dem bösen Spott des Philosophen aussetzen, indem man eine Lanze für den Menschen brach (Hildesheimer, Legenden 44).

▶ Diese Wendung knüpft an Vorstellungen aus dem mittelalterlichen Turnierwesen an. Sie meint eigentlich, dass ein Ritter für jemanden, für jemandes Ehre o. Ä. einen Turnierkampf mit der Lanze austrägt.

Lappen: sich auf die Lappen machen (ugs.): *aufbrechen, sich auf den Weg machen:* Es ist jetzt acht Uhr, es wird Zeit, dass wir uns auf die Lappen machen.

▶ Die Wendung bezieht sich auf die Fußlappen, mit denen man früher die Füße umwickelte.

jmdm. durch die Lappen gehen (ugs.): *jmdm. entwischen, entgehen:* Durch seine Dussligkeit ist uns eine Menge Geld durch die Lappen gegangen. Manchmal ging ihm ein Mädchen durch die Lappen, dann saß er tragisch da ... (Lynen, Kentaurenfährte 145).

▶ Diese Wendung stammt aus dem Jagdwesen. Bei der Treibjagd spannte man Schnüre mit bunten Stofffetzen (Lappen), um dem Wild bestimmte Fluchtrichtungen zu versperren. Das Tier, das an diesen Stellen trotzdem entkam, war »durch die Lappen gegangen«.

Lapsus Linguae (geh.): *versehentlicher Fehler beim Sprechen:* Sagte ich Dudenfuß statt Drudenfuß? Das war natürlich ein Lapsus Linguae. Du kannst diese Beleidigung nicht einfach als Lapsus Linguae abtun.

▶ Die lateinische Fügung heißt wörtlich übersetzt so viel wie »Ausgleiten der Zunge«.

Lärm: viel Lärm um nichts: *viel Aufhebens, Gerede o. Ä. wegen einer unbedeutenden, harmlosen Angelegenheit:* Die ganze Aufregung war umsonst – viel Lärm um nichts.

▶ Diese Redensart geht auf den Titel einer Komödie William Shakespeares zurück. Im Englischen lautet der Titel »Much Ado About Nothing«.

Lärm schlagen: *andere auf eine Gefahr aufmerksam machen:* Wenn sich Risse im Fundament zeigen, ist es höchste Zeit, Lärm zu schlagen. Jedenfalls bemüht sich die Presse, sie (= die Fälle) herauszufinden und Lärm zu schlagen (Mehnert, Sowjetmensch 114).

▶ Diese Wendung stammt aus dem militärischen Bereich und bedeutet eigentlich »die Alarmtrommel schlagen«.

ein Lärm, um Tote aufzuwecken: ↑ Tote.

Larve: jmdm. die Larve vom Gesicht reißen: *jmdn. bloßstellen, entlarven:* Wir werden dem Verräter die Larve vom Gesicht reißen.

lassen: lass das, ich hass das! (ugs.): *scherzhafter Ausdruck der Ablehnung.*

einen lassen (derb): *eine Blähung abgehen lassen:* Hat hier jemand einen gelassen? Wenn du noch einen lässt, schmeiß ich dich raus!

▶ Die Wendung »einen lassen« ist gekürzt aus »einen fliegen/gehen/ziehen lassen«.

worauf du einen lassen kannst (derb): *worauf du dich verlassen kannst.*

▶ Die Redensart ist eine scherzhafte Vermischung von »einen lassen« und »worauf du dich verlassen kannst«.

jmdm. etwas lassen müssen: *jmdm. etwas nicht bestreiten, nicht absprechen kön-*

nen: Eines muss man ihm lassen: Er ist sehr mutig. Ich habe an meinem Bräutigam allerlei auszusetzen, aber das muss ich ihm lassen, er ist der Erste, der nichts von mir wollte (Ruthe, Partnerwahl 68).

sich nicht zu lassen wissen: *sich nicht fassen können:* Sie wusste sich nicht zu lassen vor Freude.

es nicht lassen können: *unverbesserlich sein, immer wieder dieselben Fehler machen:* Er kanns nicht lassen – er ist schon wieder zu spät gekommen. Frau Dahm ... kanns einfach nicht lassen. Sie »kauft« ein, ohne zu bezahlen (Hörzu 10, 1974, 80).

etwas außer Acht lassen; etwas aus der/aus aller Acht lassen: ↑ Acht. **jmdn. zur Ader lassen:** ↑ Ader. **nichts anbrennen lassen:** ↑ anbrennen. **jmdm. etwas angedeihen lassen:** ↑ angedeihen. **es auf etwas ankommen lassen:** ↑ ankommen. **es darauf ankommen lassen:** ↑ ankommen. **etwas anstehen lassen:** ↑ anstehen. **aufhorchen lassen:** ↑ aufhorchen. **jmdn., etwas nicht aus dem Auge/den Augen lassen:** ↑ Auge. **kein Auge von jmdm., von etwas lassen:** ↑ Auge. **etwas außen vor lassen:** ↑ außen. **jmdn. aussteigen lassen:** ↑ aussteigen. **dann muss sich jmd. einen/eine/eins backen lassen:** ↑ ¹backen. **sich mit etwas begraben lassen können:** ↑ begraben. **ein/das Bein stehen lassen:** ↑ Bein. **etwas auf sich beruhen lassen:** ↑ beruhen. **außer Betracht lassen:** ↑ Betracht. **es bei/mit etwas bewenden lassen:** ↑ bewenden. **das lässt tief blicken:** ↑ blicken. **sich blicken lassen:** ↑ blicken. **etwas dahingestellt sein lassen:** ↑ dahinstellen. **sich einbalsamieren lassen können:** ↑ einbalsamieren. **sich etwas einfallen lassen:** ↑ einfallen. **sich [mit etwas] einmotten lassen:** ↑ einmotten. **sich [mit etwas] einpacken lassen:** ↑ einpacken. **sich etwas einrahmen lassen können:** ↑ einrahmen. **sich [mit etwas] einsargen lassen:** ↑ einsargen. **etwas über sich ergehen lassen:** ↑ ergehen. **keinen guten Faden an jmdm., an etwas lassen:** ↑ Faden. **einen fahren lassen:** ↑ fahren. **Federn lassen [müssen]:** ↑ Feder. **jmdn., etwas nicht aus den Fingern lassen:** ↑ Finger. **die Finger von etwas lassen:** ↑ Finger. **jmdn. [mit etwas] in Frieden lassen:** ↑ Friede[n]. **fünf[e] gerade sein lassen:** ↑ fünf. **sich etwas gefallen lassen:** ↑ gefallen. etwas mit sich gehen lassen: ↑gehen. über Geschmack lässt sich nicht streiten: ↑Geschmack. jmdn. gewähren lassen: ↑gewähren. grüßen lassen: ↑grüßen. es gut/genug sein lassen: ↑gut. kein gutes Haar an jmdm. lassen: ↑Haar. Haare lassen [müssen]: ↑Haar. sich nicht halten lassen: ↑halten. jmdm. freie Hand lassen: ↑Hand. sich das Hemd ausziehen lassen: ↑Hemd. sich [zu etwas] hinreißen lassen: ↑hinreißen. jmdn. hochleben lassen: ↑hochleben. sich hören lassen: ↑hören. von sich hören lassen: ↑hören. mit vollen Hosen lässt es sich gut stinken: ↑Hose. lass jucken: ↑jucken. die Katze aus dem Sack lassen: ↑Katze. die Katze lässt das Mausen nicht: ↑Katze. die Kirche im Dorf lassen: ↑Kirche. jmdn. über die Klinge springen lassen: ↑Klinge. du kannst dir die Knochen nummerieren lassen/lass dir deine Knochen nummerieren: ↑Knochen. sich etwas durch den Kopf gehen lassen: ↑Kopf. sich nicht auf den Kopf spucken lassen: ↑Kopf. einen Korken steigen lassen: ↑Korken. sich eine Sache etwas kosten lassen: ↑²kosten. lass deinen Kragen mal wieder teeren: ↑Kragen. die Kuh fliegen lassen: ↑Kuh. einer Sache freien Lauf lassen: ↑Lauf. leben und leben lassen: ↑leben. sein Leben lassen: ↑Leben. sich sein Lehrgeld zurückgeben lassen können: ↑Lehrgeld. sich lieber ein Loch ins Knie bohren lassen: ↑Loch. den Löffel fallen lassen: ↑Löffel. die Luft aus dem Glas lassen: ↑Luft. sich nicht lumpen lassen: ↑lumpen. die Maske fallen lassen: ↑Maske. das Maul hängen lassen: ↑Maul. alle Minen springen lassen: ↑Mine. etwas mitgehen lassen: ↑mitgehen. du hast wohl deinen Mund zu Hause gelassen: ↑Mund. seine Muskeln spielen lassen: ↑Muskel. sich etwas nicht nehmen lassen: ↑nehmen. das muss der Neid jmdm. lassen: ↑Neid. jmd. kann sich seine Papiere geben lassen: ↑Papier. ein Pferdchen laufen lassen: ↑Pferd. die Pfropfen springen lassen: ↑Pfropfen. jmdn. am Pfropfen riechen lassen: ↑Pfropfen. die alte Platte laufen lassen: ↑Platte. etwas zu Protest gehen lassen: ↑Protest. die Puppen tanzen lassen: ↑Puppe. etwas im Raum stehen lassen: ↑Raum. etwas rechts liegen lassen: ↑rechts. über etwas lässt sich reden: ↑re-

den. mit sich reden lassen: ↑reden. jmdn. im Regen stehen lassen: ↑Regen. alle Register spielen lassen: ↑Register. jmdn. keine Ruhe lassen: ↑Ruhe. jmdn. in Ruhe/jmdm. seine Ruhe lassen: ↑Ruhe. an etwas nicht rütteln lassen: ↑rütteln. lass dir das gesagt sein: ↑sagen. sich [von jmdm.] etwas/nichts sagen lassen: ↑sagen. sich das nicht zweimal sagen lassen: ↑sagen. ich habe mir sagen lassen ...: ↑sagen. verwandte Saiten in jmdm. aufklingen lassen: ↑Saite. sich etwas sauer werden lassen: ↑sauer. sich [etwas] in Sauer einkochen lassen können: ↑Sauer. jmdn. nicht schlafen lassen: ↑schlafen. ehe ich mich schlagen lasse: ↑schlagen. jmdn. schmoren lassen: ↑schmoren. etwas schmoren lassen: ↑schmoren. sich das Schulgeld zurückgeben lassen sollen/können: ↑Schulgeld. seine Schussstiefel zu Hause gelassen haben: ↑Schussstiefel. sich irgendwo/bei jmdm. nicht mehr sehen lassen dürfen/können/sollen: ↑sehen. sich mit etwas sehen lassen können: ↑sehen. sich [bei jmdm.] sehen lassen: ↑sehen. sich sehen lassen können: ↑sehen. etwas sein lassen: ↑sein. das lass nur meine Sorge sein: ↑Sorge. jmd. lässt nicht mit sich spaßen: ↑spaßen. jmdn., etwas aus dem Spiel lassen: ↑Spiel. etwas springen lassen: ↑springen. etwas vom Stapel lassen: ↑Stapel. keinen Stein auf dem anderen lassen: ↑Stein. jmdn. im Stich lassen: ↑Stich. etwas im Stich lassen: ↑Stich. sich für jmdn. in Stücke reißen lassen: ↑Stücke. alle Tage, die/jeden Tag, den [der liebe] Gott werden lässt: ↑Tag. Taten sprechen lassen: ↑Tat. die Toten ruhen lassen: ↑Tote. dafür lasse ich mich totschlagen: ↑totschlagen. sich etwas [nicht] träumen lassen: ↑träumen. tu, was du nicht lassen kannst: ↑tun. jmds. Tun und Lassen: ↑tun. Ungeschick lässt grüßen: ↑Ungeschick. jmdn. ungeschoren lassen: ↑ungeschoren. jmdn. in Unkenntnis [über etwas] lassen: ↑Unkenntnis. alles unter sich gehen lassen: ↑unter. sich nicht unterkriegen lassen: ↑unterkriegen. nichts unversucht lassen: ↑unversucht. es sich nicht verdrießen lassen: ↑verdrießen. sich verleugnen lassen: ↑verleugnen. etwas vermissen lassen: ↑vermissen. sich voll laufen lassen: ↑voll laufen. jmdm. den Vortritt lassen: ↑Vortritt. **sich nicht vor jmds. Wagen spannen lassen:** ↑Wagen. **auf sich warten lassen:** ↑warten. **der/die usw. kann sich in Watte packen lassen:** ↑Watte. **sich nicht an den Wimpern klimpern lassen:** ↑Wimper. **jmdn. etwas wissen lassen:** ↑wissen. **es sich [bei etwas] wohl sein lassen:** ↑wohl. **sich jedes Wort [einzeln] aus der Nase ziehen lassen:** ↑Wort. **jmdn. zu Wort kommen lassen:** ↑Wort. **[viel/einiges] zu wünschen übrig lassen:** ↑wünschen. **den Zahn kannst du dir ziehen lassen:** ↑Zahn. **jmdn. zappeln lassen:** ↑zappeln. **sich [mit etwas] Zeit lassen:** ↑Zeit. **einen ziehen lassen:** ↑ziehen. **jmdn. zeigen, wo der Zimmermann das Loch gelassen hat:** ↑Zimmermann. **die Zügel schleifen lassen:** ↑Zügel. **jmdn., einer Sache die Zügel schießen lassen:** ↑Zügel. **jmdm. etwas zukommen lassen:** ↑zukommen. **etwas auf sich zukommen lassen:** ↑zukommen. **etwas auf der Zunge zergehen lassen:** ↑Zunge. **dann/sonst kannst du dich zusammenfegen/zusammenkehren lassen:** ↑zusammenfegen. **lass dich zuscheißen:** ↑zuscheißen. **sich etwas zuschulden kommen lassen:** ↑zuschulden.

Last: jmdm. fällt eine [schwere] Last/eine Zentnerlast vom Herzen: *jmd. ist sehr erleichtert:* Ihr ist eine schwere Last vom Herzen gefallen, als sie ihn gesund und munter zur Tür hereinkommen sah. Als gemeldet wurde, dass die Geiseln wieder frei waren, fiel allen eine Zentnerlast vom Herzen.
mit jmdm., etwas seine [liebe] Last haben (ugs.): *es mit jmdm., etwas sehr schwer haben; mit jmdm., etwas viel Mühe haben:* Der Polizist hatte seine Last damit, die aufgebrachten Autofahrer wieder zu beruhigen. ... der Junge ist natürlich immer noch genauso töricht, und du wirst deine liebe Last mit ihm haben (Fallada, Mann 75).
jmdm. zur Last fallen/liegen: *jmdm. Mühe, Kosten oder Unannehmlichkeiten verursachen:* Lieber wollte er betteln gehen oder hungern, als seinen Verwandten zur Last zu liegen. Ich wollte dir ja eh nur ein paar Tage zur Last fallen (Werfel, Himmel 150).
jmdm. etwas zur Last legen: *jmdm. die Schuld an etwas geben:* Diesen Fehler können Sie mir nicht zur Last legen.

Über den Hergang der ihm zur Last gelegten fünf Morde hat der Angeklagte nichts zu sagen (Noack, Prozesse 116). Manchmal legte ich ihn (= den Namen) dem Kind selbst zur Last, als hätte es sich wehren können (Bachmann, Erzählungen 115).
▶ Diese und die folgende Wendung gehen auf die Kaufmannssprache zurück. Sie beziehen sich auf die Belastung, die Schuldseite eines Kontos o. Ä. bei der Buchführung.

last, [but] not least (geh.): *nicht zu vergessen; zuletzt in der Reihenfolge, aber nicht der Wertschätzung nach:* Und last, but not least, begrüße ich unseren sehr verehrten Alterspräsidenten und Ehrenvorsitzenden. Es sind nicht nur Psychologen ...: Auch ein Betriebspädagoge und, last, not least, zwei Seelsorger sind darunter (Schreiber, Krise 45).
lasten: auf jmds. Schultern lasten: ↑Schulter.
Laster: langes Laster (ugs.): *sehr hoch gewachsener Mensch:* Wenn dieses lange Laster mit dir tanzt, sieht das komisch aus.
▶ In dieser Fügung wird das früher häufiger gebrauchte Schimpfwort »Laster« (= lasterhafter Mensch) in abgeschwächter Bedeutung verwendet.
sich dem Laster in die Arme werfen: ↑Arm. **Müßiggang ist aller Laster Anfang:** ↑Müßiggang.
Latein: mit seinem Latein am Ende sein: ↑Ende.
Laterne: jmdm. geht eine Laterne auf (ugs.): *jmd. begreift endlich:* Erst als ich ihm das Geld zeigte, ging ihm eine Laterne auf.
Vgl. die Wendung »jmdm. geht ein Licht auf«.
jmdn., etwas mit der Laterne suchen können/müssen (ugs.): *jmdn., etwas sehr selten, nur schwer finden:* So einen gutmütigen Ehemann kannst du mit der Laterne suchen. Heutzutage kann man solide Handwerker mit der Laterne suchen.
die rote Laterne: ↑rot.
Laternenpfahl: sich hinter einem Laternenpfahl ausziehen/verstecken können (ugs.): *sehr dünn sein:* Du musst tüchtig essen, du kannst dich ja hinter einem Laternenpfahl verstecken.

ein Wink mit dem Laternenpfahl (ugs.):
ein deutlicher Hinweis: Dass der Gastgeber die Schläge der Turmuhr laut mitgezählt hatte, konnte ja nur ein Wink mit dem Laternenpfahl sein.

mit dem Laternenpfahl winken (ugs.): *einen deutlichen Hinweis geben:* Bei deinem Onkel hat eine zarte Anspielung keinen Sinn, da musst du schon mit dem Laternenpfahl winken.
Vgl. die Wendung »mit dem Zaunpfahl winken«.

Latschen: aus den Latschen kippen (ugs.): 1. *ohnmächtig werden; bewusstlos zu Boden sinken:* Nach diesem Schreck ist sie glatt aus den Latschen gekippt. 2. *die Fassung verlieren:* Nun kipp mal nicht gleich aus den Latschen, wir werden dein Auto schon wieder finden.

zusammenpassen wie ein Paar/zwei alte Latschen: ↑ zusammenpassen.

Latte: jmdn. auf der Latte haben (ugs.): *jmdn. nicht leiden können:* Wenn ich einen auf der Latte habe, dann hat der es nicht leicht bei mir. Mach das nicht, sagte er, wenn sie dich erst mal auf der Latte haben, kommst du hier nicht mehr zur Ruhe (Kuby, Sieg 17).
► Mit »Latte« ist in dieser Wendung wahrscheinlich die Fixier- oder Visierlatte gemeint, die in der Landvermessung verwendet wird und früher auch bei der Artillerie gebräuchlich war. »Latte« kann hier aber auch für »Kerbholz« stehen. Vgl. die Wendung »etwas auf dem Kerbholz haben«.

[sie] nicht alle auf der Latte haben (ugs.): *nicht ganz bei Verstand sein:* Du hast sie wohl nicht alle auf der Latte!

Latz: jmdm. eine/einen/eins/ein paar vor den Latz knallen (ugs.): *jmdm. [von vorn] einen kräftigen Schlag versetzen:* Hau ab, oder ich knall dir eine vor 'n Latz! Wenn es nicht um euch beide gegangen wäre, dann hätte ich ihm ein paar vor den Latz geknallt (v. d. Grün, Glatteis 67).
► Die Wendung bezieht sich auf den früher zur Kleidung gehörenden Brustlatz.

lau: für lau (ugs.; landsch.): *umsonst, unentgeltlich:* Ich mach das doch nicht für lau! Dann stehst du da und hast den Ärger gehabt – und alles für lau. Verglichen mit seinem Rivalen Kidd, hat Gabler

fast für lau gearbeitet (Spiegel 6, 1992, 187).
► In dieser Wendung ist »lau« aus dem Jiddischen entlehnt. Das jiddische »lau« bedeutet »nicht; kein; ohne«.

einen lauen Lenz haben/schieben: ↑ Lenz.

Laube: fertig ist die Laube: ↑ fertig.

Lauer: sich auf die Lauer legen: *auf einen bestimmten Augenblick gespannt warten:* Wenn es sein muss, werden wir uns eben ein paar Stunden auf die Lauer legen. Unter der Brücke kannst du dich auf die Lauer legen.

auf der Lauer liegen/sein: *einen bestimmten Augenblick abpassen:* Der Unhold hatte im Gebüsch auf der Lauer gelegen, bis die Frau zurückkam. Ich bin seit Tagen auf der Lauer, um die ersten Störche beobachten zu können. Er hatte aber nie aufgehört, schlau, hart und sprungbereit, scharfäugig auf der Lauer zu liegen (Feuchtwanger, Herzogin 105).

Lauf: seinen Lauf nehmen: *unaufhaltsam ablaufen, sich ereignen:* Die Katastrophe nahm ihren Lauf. Dennoch, das Unheil hätte seinen Lauf genommen, wenn jetzt nicht Giovanni aufgesprungen wäre (Thieß, Legende 196). Das Geschehen nahm seinen Lauf. Aus der rauchenden Ruine ... stolperten letzte Überlebende (Plievier, Stalingrad 325).

einer Sache freien/ihren Lauf lassen/geben: *etwas nicht unterdrücken, nicht zurückhalten, nicht behindern:* Jetzt gibt Anny, da sie mich liebt, ihren Launen freien Lauf (Brod, Annerl 133). Zerbrecht euch nicht den Kopf, ihr braven Bürger ..., lasst nicht eurer politischen Fantasie freien Lauf, das verwirrt euch nur (Dönhoff, Ära 47). ... Herr Grünlich zog seine Hände zurück, um dem Geschicke seinen Lauf zu lassen (Th. Mann, Buddenbrooks 152).

im Laufe der Zeit: *allmählich, nach und nach:* Im Laufe der Zeit wirst du darüber hinwegkommen. Erst im Laufe der Zeit gewann ich Sicherheit in der Erfassung des Bedeutsamen (Jens, Mann 28). ... als wollten sie ... sich für die vielen Beleidigungen rächen, die ich im Laufe der Zeit gegen sie ausgesprochen habe (Geissler, Wunschhütlein 129).

laufen: wie am Schnürchen laufen (ugs.): *ausgezeichnet funktionieren, reibungslos*

ablaufen: Mit dem neuen System läuft die Warenausgabe wie am Schnürchen. Solange alles wie am Schnürchen lief, ... schien bei uns die Sonne (Hörzu 1, 1971, 71). Nur der Haushalt, in dem alles sinnvoll und wie am Schnürchen läuft, kann in Zukunft billig und rationell arbeiten (Bild 15. 4. 64, 3).
▸ Die Herkunft dieser Wendung ist nicht eindeutig geklärt. Sie könnte sich auf die Schnüre der Marionettenfigur beziehen, mit denen diese Figur nach dem Willen des Spielers bewegt wird. Denkbar wäre aber auch eine Herleitung von den auf einer Schnur aufgereihten Perlen des Rosenkranzes, die beim Gebet der Reihe nach durch die Finger gleiten.

wie geschmiert laufen (ugs.): *reibungslos funktionieren, sehr gut verlaufen:* Wenn jeder seine Sache richtig macht, dann läuft der Plan wie geschmiert. Der Name Gottes lief ihnen wie geschmiert über die Lippen (Ott, Haie 61).
▸ Die Wendung bezieht sich auf bewegliche Maschinenteile, die durch Schmiermittel reibungslos ihre Funktion erfüllen.

das/der laufende Meter (bes. Kaufmannsspr.): *ein Meter einer Ware, die beim Verkauf von Ballen oder Rollen abgeschnitten wird:* Der laufende Meter von diesem Stoff kostet 27,50 DM.

mit etwas auf dem Laufenden sein: *mit etwas auf dem neusten Stand sein:* Sind Sie mit der Kartei auf dem Laufenden?

auf dem Laufenden sein: *über das Neuste informiert sein:* Du musst auf dem Laufenden sein, wenn du in dieser Branche Erfolg haben willst. Sie müssen auf dem Laufenden sein über das, was ihnen (= den Emigranten) fehlt, und Vorschläge machen, wie wir ihnen helfen können (Leonhard, Revolution 143).

jmdn. auf dem Laufenden halten: *jmdn. ständig über alles Neue informieren:* Halten Sie uns bitte weiter auf dem Laufenden.

Amok laufen: ↑ Amok. **jmdn. in die Arme laufen:** ↑ Arm. **am laufenden Band:** ↑ Band. **im Keller läuft die Bart[auf]wickelmaschine:** ↑ Bart[auf]wickelmaschine. **ferner liefen:** ↑ ferner. **jmdm. vor die Füße laufen:** ↑ Fuß. **sich die Füße nach etwas wund laufen:** ↑ Fuß. **jmdm. läuft eine Gänsehaut über den Rücken:** ↑ Gänsehaut. **Gefahr laufen:** ↑ Gefahr. **ins Geld laufen:** ↑ Geld. **sehen/wissen, wie der Hase läuft:** ↑ Hase. **jmdm. läuft es heiß und kalt über den Rücken:** ↑ heiß. **mit der Herde laufen:** ↑ Herde. **auf Hochtouren laufen:** ↑ Hochtouren. **den Karren/die Karre [einfach] laufen lassen:** ↑ Karren. **jmdm. ist eine Laus über die Leber gelaufen:** ↑ Laus. **jmdm. ins offene Messer laufen:** ↑ Messer. **ein Pferdchen laufen haben/lassen:** ↑ Pferd. **die alte Platte laufen lassen:** ↑ Platte. **von Pontius zu Pilatus laufen:** ↑ Pontius. **in die Quere laufen:** ↑ Quere. **das Rennen ist gelaufen:** ↑ Rennen. **aus dem Ruder/aus den Rudern laufen:** ↑ Ruder. **besser schlecht gefahren als gut gelaufen:** ↑ schlecht. **[voll] gegen den Schrank laufen:** ↑ Schrank. **sich die Sohlen wund laufen:** ↑ Sohlen. **Spießruten laufen:** ↑ Spießruten. **vom Stapel laufen:** ↑ Stapel. **gegen etwas Sturm laufen:** ↑ Sturm. **auf vollen Touren laufen:** ↑ Tour. **sehen, wie der Wagen läuft:** ↑ Wagen. **jmdm. über den Weg laufen:** ↑ Weg. **auf dem Zahnfleisch laufen:** ↑ Zahnfleisch.

laufen lassen: die kleinen Diebe hängt man, die großen lässt man laufen: ↑ Dieb.

Lauffeuer: wie ein Lauffeuer: *außerordentlich schnell:* Die Neuigkeit ging wie ein Lauffeuer durch die Firma. Auf diese Weise verbreitete sich die Kunde wie ein Lauffeuer unter den Jugendlichen (Wolfe [Übers.], Radical 76). Die Nachricht über Rehns Handeln eilte wie ein Lauffeuer durch die Chirurgenkreise (Thorwald, Chirurgen 312).
▸ Als »Lauffeuer« bezeichnete man früher das Verbrennen einer Pulverspur zur Fernzündung einer Sprengladung o. Ä. Die Wendung bezieht sich auf die Geschwindigkeit, mit der das Pulver verbrennt und die Flamme ihren Weg nimmt.

Laufpass: jmdm. den Laufpass geben (ugs.): 1. *die Beziehungen zu jmdm. abbrechen:* ... der von ihr ernährte Mann vermutete nicht zu Unrecht, dass sie ihm den Laufpass geben wollte (Döblin, Berlin 104). Entschlossen gibt Auguste ... ihrem Zuhälter ... den Laufpass (Hörzu 2, 1973, 43). 2. *jmdn. hinauswerfen:* Wenn sich der Spieler nicht an die Anweisungen des Trainers hält, dann wird ihm der Verein bald den Laufpass geben. Hertha hatte nach dem 2:3 in Saarbrücken ... Beyer den Laufpass gegeben und Borchert als Linksaußen hereingenommen (Bild 16. 4. 1964, 7).

▶ Diese und die folgende Wendung bewahren das sonst heute nicht mehr gebräuchliche Wort »Laufpass«, das ursprünglich einen Ausweis bezeichnete, der Soldaten bei ihrer Entlassung aus dem Wehrdienst ausgestellt wurde.

den Laufpass bekommen/kriegen (ugs.): 1. *die Beziehungen zu jmdm. aufgekündigt bekommen:* Weil er von seiner Angebeteten den Laufpass bekommen hatte, schoss er sich eine Kugel in den Kopf. 2. *hinausgeworfen werden:* Sie hat von der Firma den Laufpass bekommen und sucht jetzt eine neue Stelle. Ein gewisses Subjekt hat den Laufpass bekommen, und einige Anschläge auf diesen Laden werden zu Fall gebracht werden (Brecht, Mensch 78).
Vgl. die vorangehende Wendung.

Laune: [jmdm.] Laune machen (ugs., oft ironisch): *[jmdm.] Spaß, Freude machen:* Wenn man immer nur verliert, macht das Spielen keine Laune. Sie wollen Gehaltserhöhung? Sie machen mir Laune! Die Leitung ist mir schon wieder im Arsch. Dieselbe?, sagte der eine, du machst uns Laune! (Kuby, Sieg 212).

bei Laune sein (ugs.): *gut gelaunt, in fröhlicher Stimmung sein:* Wenn er bei Laune ist, kannst du alles von ihm bekommen. Tobler konnte so ganz entzückend kameradschaftlich werden, wenn er bei Laune war (R. Walser, Gehülfe 121). Darum war er auch nach geschlossenem Vertrage verhältnismäßig bei Laune (Th. Mann, Joseph 250).

jmdn. bei Laune halten (ugs.): *jmdn. in guter Stimmung halten:* Du musst den alten Herrn bei Laune halten, sonst wirst du nichts von ihm erfahren. ... auch sie haben ... Verbündete in ihren unmittelbaren Vorgesetzten, die daran interessiert sind, ... die Untergebenen einigermaßen bei Laune zu halten (Mehnert, Sowjetmensch 41).

nach Lust und Laune: ↑ Lust.

Laus: jmdm. ist eine Laus über die Leber gelaufen/gekrochen (ugs.): *jmd. ist über etwas verärgert:* Was machst du denn für

ein Gesicht? Dir ist wohl eine Laus über die Leber gelaufen? ... um Himmels willen, welche Laus ist dir so plötzlich über die Leber gekrochen? (Ruark [Übers.], Honigsauger 391).

▶ Die Leber galt früher als Sitz der Gemütsbewegungen. Die ältere Redewendung »jmdm. ist etwas über die Leber gelaufen« wurde vermutlich wegen der Alliteration durch »eine Laus« ergänzt. Außerdem ist eine Laus etwas Kleines, Winziges, sodass in der Wendung auch zum Ausdruck kommt, dass oft Kleinigkeiten Ärger verursachen können.

jmdm. eine Laus in den Pelz setzen (ugs.): 1. *jmdm. Ärger, Unannehmlichkeiten bereiten:* Mit dem neuen Gesetz hat das Parlament mehreren Interessengruppen eine Laus in den Pelz gesetzt. Er wollte sich keine Laus in den Pelz setzen und hielt sich streng an die Vorschriften. 2. *jmdn. misstrauisch machen:* Verhaltet euch ruhig, wir wollen dem Aufseher keine Laus in den Pelz setzen!

▶ Die Wendung bezieht sich darauf, dass eine Laus im Pelz (in den Haaren, am Körper) unangenehm und nur schwer wieder loszuwerden ist.

du kriegst Läuse in den Bauch (ugs.): *Warnung, nicht zu viel Wasser zu trinken.*

▶ Die Redensart spielt wahrscheinlich auf das Kribbeln im Magen an, das man bekommen kann, wenn man sehr viel Wasser trinkt.

Lauscher: der Lauscher an der Wand hört seine eigene Schand: *es ist unanständig, andere heimlich zu belauschen:* Alec Barr war die alte Redensart wohl bekannt, wonach der Lauscher an der Wand seine eigne Schand hört (Ruark [Übers.], Honigsauger 585).

lausen: mich laust der Affe: ↑ Affe.

laut: laut werden: *[in der Öffentlichkeit] unverhohlen ausgesprochen, vorgetragen werden:* Die Forderung nach dem Nulltarif wurde auch auf dieser Versammlung wieder laut. Immer wieder werden Klagen laut über seine autoritäre Amtsführung (Dönhoff, Ära 59). Erst als Mautenbrink laut werden ließ, dass er ernstlich gewillt sei, ... offenbarte Johannes Weißblatt sich seiner Mutter (Strittmatter, Wundertäter 343).

Laut: Laut geben (Jägerspr.): *etwas durch Bellen melden:* Unser Dackel ist sehr wachsam; er gibt sofort Laut, wenn sich jemand nähert.

läuten: etwas läuten hören (ugs.): *etwas in Andeutungen erfahren:* Ich habe da etwas läuten hören, dass du kündigen willst? Sobald er von dieser Sache etwas läuten hört, gibt er uns Bescheid. Ich wusste nicht, ob es auf dem Wasser auch Verkehrsregeln gab. Ich hatte mal so was läuten hören (Plenzdorf, Leiden 132).

▶ Die heutige Form dieser Wendung ist eine Verkürzung älterer Redensarten wie »er hat etwas läuten hören, weiß aber nicht, wo die Glocken hängen« oder »er hat läuten hören, aber nicht zusammen schlagen«. Die zweite der genannten Redensarten bezieht sich auf den alten kirchlichen Brauch, zum Gottesdienst zuerst zweimal mit einer einzelnen Glocke zu läuten und erst beim dritten Läuten alle Glocken zusammen in Schwingung zu versetzen.

die Glocke läuten hören, aber nicht wissen, wo sie hängt: ↑ Glocke. **Sturm läuten:** ↑ Sturm.

lauter: vor lauter Kraft nicht/kaum gehen können: ↑ Kraft. **den Wald vor lauter Bäumen nicht sehen:** ↑ Wald.

Lavendel: uralt Lavendel sein (ugs.): *etwas völlig Veraltetes, Altmodisches sein:* Seine angeblich so neuen Ideen sind in Wahrheit uralt Lavendel.

▶ Die Wendung bezieht sich scherzhaft auf den Markennamen eines Lavendelwassers.

law and order: *Schlagwort zur [rücksichtslosen] Bekämpfung von Kriminalität:* Er gehört zu denen, die für law and order eintreten. Die Kräfte von law and order formieren sich (MM 5. 1. 1973, 65). Linker Juso sorgt für law and order (Spiegel 38, 1974, 154).

▶ »law and order« ist aus dem Englischen übernommen und bedeutet »Gesetz und Ordnung«.

leben: leben und weben (geh.): *sich regen, in Bewegung sein:* im hohen Gras lebten und webten unzählige Käfer und anderes Getier.

leben und leben lassen: *die anderen leben lassen, wie sie wollen, und selbst so leben, wie man will.*

wie jmd. leibt und lebt: *in jmds. ganz typischer Art, lebensecht:* Da auf dem Foto, das ist mein Großvater, wie er leibt und lebt. Es war ganz Pribislav, wie er leibte und lebte. Ich hätte nicht gedacht, dass ich ihn je so deutlich wieder sehen würde (Th. Mann, Zauberberg 174).

nicht leben und nicht sterben können (ugs.): 1. *zu wenig zum Leben haben:* Die Gefangenen bekommen so kleine Lebensmittelrationen, dass sie davon nicht leben und nicht sterben können. Und außerdem, von ihrer Zeichnerei kann sie nicht leben und nicht sterben (Erich Kästner, Fabian 72). 2. *[tod]krank sein:* Seit Wochen liegt die arme Frau im Krankenhaus und kann nicht leben und nicht sterben.

herrlich und in Freuden leben (geh.): *sehr angenehm, sorgenfrei leben:* Eines Tages werden wir reich sein und herrlich und in Freuden leben.

▶ Diese Wendung stammt aus der Bibel. Sie geht auf das Gleichnis vom reichen Mann und dem armen Lazarus (Luk. 16, 19) zurück.

zum Leben zu wenig, zum Sterben zu viel (ugs.): *so wenig Geld, Essen o. Ä., dass man kaum noch davon existieren kann:* Durch die Unwetterkatastrophe waren vor allem die ärmeren Bergbauern betroffen; ihnen blieb zum Leben zu wenig, zum Sterben zu viel.

so [et]was lebt nicht [mehr] (ugs.): *Ausdruck ungläubigen Staunens:* So was lebt nicht mehr – du bist Polizist geworden? Hat er sie mal mitgenommen? So was lebt nicht! (Fallada, Mann 45).

so [et]was lebt, und Schiller musste sterben (ugs.): *Ausdruck verächtlicher Missbilligung:* Diese Niete haben sie jetzt auch noch zum Abteilungsleiter gemacht – so etwas lebt, und Schiller musste sterben.

leben wie Gott in Frankreich (ugs.): *im Überfluss leben:* Mit dieser Erbschaft kannst du leben wie Gott in Frankreich.

▶ Die Herkunft dieser Wendung ist nicht eindeutig geklärt. Möglicherweise entstand sie kurz nach der Französischen Revolution, als in Frankreich für einige Zeit der »Kult der Vernunft« an die Stelle des Christentums gesetzt wurde. Der Gott des Christentums hatte damals sozusagen keine Arbeit mehr und konnte es sich bequem machen – nach dieser Vorstellung könnte die Wendung im Volksmund entstanden sein. Nach einer anderen Erklärung ist mit »Gott« die französische Geistlichkeit gemeint, der es bisweilen materiell sehr gut ging.

leben wie ein Fürst (ugs.): *im Überfluss, sorgenfrei leben:* Wenn ich mir so deine Wohnung betrachte – du lebst offensichtlich wie ein Fürst.

leben wie die Made im Speck (ugs.): *im Überfluss leben:* Er hat im Lotto gewonnen und lebt jetzt wie die Made im Speck. Und ich lebte in diesen Wochen wie die Made im Speck (Hartung, Piroschka 67).

leben wie ein Hund (ugs.): *in erbärmlichen Umständen leben:* Ich will nicht länger leben wie ein Hund.

leben wie Hund und Katze (ugs.): *sich ständig streiten:* Die beiden leben wie Hund und Katze, aber wenn es darauf ankommt, halten sie zusammen. Hildebrandt und Sammy Drechsel, sein Regisseur, leben wie Hund und Katz (MM 21./22. 8. 1971, 22).

von seiner Hände Arbeit leben: ↑ Arbeit. **unter Dach leben:** ↑ Dach. **auf großem Fuß leben:** ↑ Fuß. **von der Hand in den Mund leben:** ↑ Hand. **aus dem Koffer leben:** ↑ Koffer. **mit jmdm. auf dem Kriegsfuß leben:** ↑ Kriegsfuß. **von Luft und Liebe leben:** ↑ Luft. **der Mensch lebt nicht vom Brot allein:** ↑ Mensch. **auf dem/hinter dem Mond leben:** ↑ Mond. **in Saus und Braus leben:** ↑ Saus. **von der Schnur leben:** ↑ Schnur. **leben Sie sowohl als auch:** ↑ sowohl. **in Sünde leben:** ↑ Sünde. **nur für den Tag/in den Tag hinein leben:** ↑ Tag. **von Tisch und Bett getrennt leben:** ↑ Tisch. **über seine Verhältnisse leben:** ↑ Verhältnis. **aus dem Vollen leben:** ↑ voll. **so wahr ich lebe:** ↑ wahr. **leben Sie/lebe wohl:** ↑ wohl. **in Wolkenkuckucksheim leben:** ↑ Wolkenkuckucksheim.

Leben: was kann das schlechte Leben nützen (ugs.): *man soll sich das Leben so angenehm wie möglich machen:* Und jetzt machen wir noch eine Flasche Sekt auf – was kann das schlechte Leben nützen?

wie das Leben so spielt (oft iron.): *wie es im Leben vorkommen kann:* Wie das Leben so spielt, war ihr Ehemann gleichzei-

tig noch mit zwei anderen Frauen verheiratet.

neues Leben blüht aus den Ruinen (geh.): *etwas Zerstörtes wird wieder aufgebaut, neues Leben erwacht:* Endlich war aus den Ruinen wieder neues Leben erwacht.

▸ Diese Redensart ist ein Zitat aus Schillers »Wilhelm Tell« (IV, 2.)

das Leben ist hart [besonders an der Küste/besonders im Winter o. Ä.] (ugs.); **das Leben ist eins der schwersten** (scherzh.): *allgemeine Bemerkung bei [meist geringfügigen] Schwierigkeiten, oft als Ausdruck des Mitgefühls:* ... den Jungen nährt sie ... Und dann isst man keine Kognakkirschen? ... Dies Leben ist eins der schwersten, sage ich Ihnen! (Fallada, Mann 188).

in etwas kommt Leben: *in etwas kommt Schwung; es wird unterhaltsam, interessant:* Ich habe die Kinder eingeladen, damit wieder Leben ins Haus kommt.

man muss das Leben eben nehmen, wie das Leben eben ist: *man muss sich mit den Gegebenheiten abfinden:* Das Beste ist, wenn man das Leben eben nimmt, wie das Leben eben ist.

Leben in die Bude bringen (ugs.): *für Unterhaltung, Spannung sorgen:* Lass die beiden Alten sich ruhig streiten, das bringt doch wenigstens ein bisschen Leben in die Bude. Dem Moderator Carlheinz Hollmann ist etwas gelungen, worauf viele Fernsehfreunde mit hoffen wagten. Endlich einmal »Leben in die Bude« (Hörzu 44, 1976, 165).

sein Leben fristen (geh.): *unter äußerst schlechten Bedingungen leben:* Der verkannte Poet fristete sein Leben in einer Barackensiedlung am Stadtrand. ... ein alter Ingenieur ..., der den Bolschewismus hasst und sein Leben mit dem Verkauf von Streichhölzern fristet (Mehnert, Sowjetmensch 163).

sich das Leben nehmen: *sich umbringen:* Sie hatte versucht, sich mit Gift das Leben zu nehmen. ... ich kann es verstehen, wenn heute einer mit sich Schluss macht und sich das Leben nimmt (Plievier, Stalingrad 228).

jmdm. das Leben schenken (geh.): *jmdn. gebären:* Sie hat drei Jungen und sechs Mädchen das Leben geschenkt.

sein Leben lassen (verhüll.): *sterben, umkommen:* So viele Menschen mussten in diesem sinnlosen Krieg ihr Leben lassen. Auf den Straßen von Rheinhessen-Pfalz mussten am Wochenende fünf Menschen das Leben lassen (MM 4. 8. 1970, 6).

sein Leben teuer verkaufen: *alles tun, um zu überleben; sich erbittert wehren:* Wir werden, wenn sie uns angreifen, unser Leben teuer verkaufen.

seinem Leben ein Ende machen/setzen (geh.; verhüll.): *Selbstmord begehen:* Sie können ... mit diesem Messerchen Ihrem armseligen Leben ein Ende setzen (Böll, Erzählungen 410). Er habe daraufhin im New Yorker Stadtgefängnis seinem verpfuschten Leben selbst ein Ende gemacht (Thorwald, Chirurgen 119).

seines Lebens nicht [mehr] froh werden: *nicht mehr zur Ruhe kommen, keine Freude mehr haben:* Wenn du dich mit Ganoven einlässt, dann wirst du deines Lebens nicht mehr froh. Zwar kann man mit Gelenkrheuma 80 Jahre alt werden – aber man wird seines Lebens nicht mehr froh (Hörzu 1, 1979, 20).
▶ Diese Wendung bewahrt die veraltende Genitivkonstruktion »einer Sache froh werden« (= sich über eine Sache freuen).

jmdm. ans Leben wollen (geh.): *jmdn. töten wollen:* Sieh dich vor; es gibt eine Menge Leute in dieser Stadt, die dir ans Leben wollen. Die Mafia wollte dem Ermittlungsrichter ans Leben.

auf Leben und Tod: *bis zum Äußersten, bis zur Vernichtung:* Bei diesem Kampf ging es auf Leben und Tod. ... eine antieuropäische Front, welche in die Auseinandersetzung mit Europa auf Leben und Tod eingetreten war (Niekisch, Leben 148). Auf einem Bein zu landen ist eine Sache, die auf Leben und Tod geht (Grzimek, Serengeti 289).

[wie] aus dem Leben gegriffen: *lebensecht, realistisch:* Die Charaktere in seinem neuen Roman sind nicht gerade aus dem Leben gegriffen, sie wirken stereotyp und künstlich. Der Film ist aus dem Leben gegriffen. Der Fahrer ist ein anständiger Kerl, aber er hat Pech, und – schwapp, sitzt er im Kittchen (Mehnert, Sowjetmensch 286).

aus dem Leben abberufen werden (geh.; verhüll.): *sterben:* Unser langjähriger Leiter der Exportabteilung ist aus dem Leben abberufen worden.

sich durchs Leben schlagen (ugs.): *mühevoll für seinen Lebensunterhalt sorgen:* Nach der Entlassung aus dem Gefängnis hat er sich als Klinkenputzer durchs Leben geschlagen. Babuschka war ... eine ledige, alte Person, die sich jetzt kümmerlich durchs Leben schlug (Schaper, Kirche 14).

etwas für sein/fürs Leben gern tun (ugs.): *etwas sehr gern tun:* Ich red eben gern übers Singen, weil ich doch fürs Leben gern sing (M. Walser, Eiche 65). ... sie aber tat es aus keinem anderen Grund, als weil sie für ihr Leben gern in dem Vorgarten einer kleinen Konditorei saß (Musil, Mann 22).

im Leben nicht/nie im Leben (ugs.): *niemals, auf keinen Fall:* Meinen Bruder kriegst du im Leben nicht dazu, in die Tanzstunde zu gehen. Das hätten wir nie im Leben für möglich gehalten, dass ihr euch scheiden lasst.

ins ewige Leben eingehen (geh.; verhüll.): *sterben:* Unser lieber Bruder ist heute Nacht ins ewige Leben eingegangen.

etwas ins Leben rufen: *etwas gründen, neu schaffen:* Wir gedenken unseres verehrten Alterspräsidenten, der in jungen Jahren viel dazu beigetragen hat, unseren Verein ins Leben zu rufen. Er machte den Vorschlag, ein ... ABC-Laden-Syndikat ins Leben zu rufen (Brecht, Groschen 345). In solcher Haltung und in solchem Geiste rief ich dann den »Widerstand« als Monatsschrift ins Leben (Niekisch, Leben 140).

mit dem/seinem Leben spielen: *ein gefährliches Risiko eingehen:* Wer sich ohne Bergführer in die Wand wagt, spielt mit seinem Leben. Aber das allein kann es doch nicht gewesen sein, was den jungen Mann schließlich vergessen ließ, dass er mit seinem Leben spielte (Menzel, Herren 96).

mit dem/seinem Leben abgeschlossen haben: *nicht mehr weiterleben wollen, sich mit dem Tod abgefunden haben:* Der Verurteilte hatte bereits mit dem Leben abgeschlossen.

jmdm. **nach dem Leben trachten** (geh.): *jmdn. umbringen wollen:* Sie hat Angst, es könnte ihr einer nach dem Leben trachten. ... immerhin fällt jetzt Ihre Theorie ins Wasser, nach welcher Ihnen angeblich der Gefreite Asch nach dem Leben getrachtet hat (Kirst, 08/15, 266). jmdn. **ums Leben bringen:** *jmdn. töten, umbringen:* In früheren Zeiten ... brachten sie ihre Greise und Greisinnen ums Leben (Bergengruen, Rittmeisterin 313). ... dass der wohl situierte Bankier Macheath die Kleingewerbetreibende Swayer ums Leben gebracht haben könnte (Brecht, Groschen 300). **ums Leben kommen** (verhüll.): *sterben:* Dr. Sellmann ist vorige Woche ums Leben gekommen, seine Frau und der Sohn werden ausgesiedelt (Bieler, Mädchenkrieg 474). Mary Swayer war ... jedenfalls nicht durch Herrn Macheath ums Leben gekommen (Brecht, Groschen 337). **zeit seines Lebens:** *[schon] sein ganzes Leben lang:* Zeit meines Lebens bin ich regelmäßig zum Zahnarzt gegangen. Dazu kam, dass er zeit seines Lebens nie ganz seinen norddeutschen Dialekt verlor (Niekisch, Leben 13). **aussehen wie das blühende Leben:** ↑aussehen. **mit beiden Beinen/Füßen im Leben stehen:** ↑Bein, ↑Fuß. **den Bund fürs Leben schließen:** ↑Bund. **ernst ist das Leben, heiter [ist] die Kunst:** ↑ernst. **der Ernst des Lebens:** ↑Ernst. jmdm. **die Hand fürs Leben reichen:** ↑Hand. jmdm. **das Leben zur Hölle machen:** ↑Hölle. **Leib und Leben:** ↑Leib. **Ordnung ist das halbe Leben:** ↑Ordnung. **reich mir die Hand, mein Leben:** ↑reichen. **sein Leben für jmdn. in die Schanze schlagen:** ↑Schanze. **auf der Schattenseite des Lebens stehen:** ↑Schattenseite. **seines Lebens nicht sicher sein:** ↑sicher. **das süße Leben:** ↑süß. **es geht um Tod oder Leben:** ↑Tod. **umsonst ist der Tod, und der kostet das Leben:** ↑umsonst.

lebend: es von den Lebenden/Lebendigen nehmen (ugs.): *überhöhte Preise fordern:* Sieh dir diese Rechnung an – die nehmen es von den Lebenden.

▶ Die Herkunft dieser Wendung ist nicht völlig geklärt. Sie könnte auf den alten Rechtsbrauch zurückgehen, nach

dem dem Lehnsherrn beim Tod seines Vasallen aus dessen Hinterlassenschaft das beste Stück Vieh zustand. War ein Lehnsherr sehr habgierig, dann trachtete er schon zu Lebzeiten des Vasallen nach dessen Besitz. **wie eine lebende Leiche aussehen:** ↑aussehen. **nicht mehr unter den Lebenden weilen:** ↑weilen.

lebendig: es von den Lebendigen nehmen: ↑lebend. **bei lebendigem Leibe; lebendigen Leibes:** ↑Leib. **mehr tot als lebendig:** ↑tot.

Lebensfaden: jmdm. den Lebensfaden abschneiden: *jmdn. zugrunde richten, töten:* Mit seiner Entmündigung hatte man ihm den Lebensfaden abgeschnitten. Eine schwere Krankheit hat meiner Großmutter den Lebensfaden abgeschnitten.

▶ Diese Redewendung geht auf die alte Vorstellung von den Schicksalsgöttinnen zurück, die den Lebensfaden des Menschen spinnen und diesen bei seinem Tode durchschneiden.

Lebenslicht: jmdm. das Lebenslicht ausblasen (ugs.): *jmdn. töten:* Man hatte dem Sheriff mit einer Schrotflinte das Lebenslicht ausgeblasen.

▶ In der Volksüberlieferung wird das Leben oft mit [Kerzen]licht in Verbindung gebracht. So ist z.B. im grimmschen Märchen vom »Gevatter Tod« von unendlich vielen brennenden Kerzen die Rede, die für die lebenden Menschen stehen. Erlischt eine solche Kerze, dann stirbt ein Mensch. Auf diese alte Vorstellung nimmt die Wendung Bezug.

Leber: eine durstige/trockene Leber haben (ugs.): *oft, viel Durst haben:* Nimm zwei Flaschen mehr mit, dein Onkel hat eine trockene Leber.

▶ Die Wendung spielt ironisch darauf an, dass die Leber bei übertriebenem Alkoholgenuss schrumpft.

es muss herunter von der Leber (ugs.): *es kann nicht mehr länger verschwiegen werden:* Es musste herunter von der Leber, er gestand alles.

▶ In dieser und der folgenden Wendung wird die Leber – alten Vorstellungen entsprechend – als Sitz des Gemüts, der Empfindungen angesehen.

frei/frisch von der Leber weg reden/sprechen (ugs.): *ohne Umschweife, unge-*

hemmt sagen, was man denkt: Du bist hier unter Freunden, sprich frei von der Leber weg. Er suchte ... einen »richtigen« Jungen, der Fußball spielt und frei von der Leber weg seine Meinung sagt (Hörzu 10, 1976, 12).

▶ In dieser Wendung wird die Leber als Sitz des Gemütes und der Empfindungen angesehen; der Redende spricht so, wie ihm zumute ist, wie er empfindet, also unverhohlen.

jmdm. ist eine Laus über die Leber gelaufen/gekrochen: ↑ Laus.

Leberwurst: die beleidigte/gekränkte Leberwurst spielen (ugs.): *sich [bei geringfügigem Anlass] als der Beleidigte aufspielen:* Sobald man ihn kritisiert, spielt er die beleidigte Leberwurst. Das ist keine Vision ..., sondern die absehbare Entwicklung, wenn die SPD-Führung weiterhin ... die gekränkte Leberwurst spielt (MM, Pfingsten 1968, 46).

▶ Die Wendung bezieht sich ebenfalls auf die Leber als den Sitz der Gemütsempfindungen. Erst als diese Vorstellung verblasste, wurde an die Stelle von »Leber« scherzhaft »Leberwurst« gesetzt.

Lebtag: [all] mein Lebtag: *immer:* An diese Überfahrt würden die Passagiere ihr Lebtag denken. Teta war diesem Fide-Vide-Cui ihr Lebtag in hohem Grade treu geblieben (Werfel, Himmel 107).

mein Lebtag nicht: *niemals:* So etwas hatte der Polizist sein Lebtag nicht gesehen. Wahrscheinlich wird dieser Mensch durch irgendeinen Zufall doch entlarvt worden sein. Aber der Mensch im Allgemeinen wird es sein Lebtag nicht! (Musil, Mann 1154). Ich habe mich mein Lebtag nicht vor der schwarzen Köchin gefürchtet (Grass, Blechtrommel 724).

Lebzeiten: zu/bei Lebzeiten: *während des Lebens:* Schon bei Lebzeiten seiner Eltern hatte er den Betrieb alleine geführt. Wenn ein Massai in seiner Hütte am Sterben ist, suchen seine Verwandten ihm noch zu Lebzeiten die Armringe ... unbemerkt abzunehmen (Grzimek, Serengeti 287). Die romantische Aura, die den früheren Entdeckern erst nachträglich verliehen wurde, fällt ihnen schon bei Lebzeiten zu (Enzensberger, Einzelheiten I, 192).

lechzen: nach Blut lechzen: ↑ Blut.

lecken: wie geleckt (ugs.): *sehr sauber, adrett:* Diese Typen, die immer wie geleckt rumlaufen, kann ich nicht leiden. Er sieht in seinem neuen Anzug wie geleckt aus.

▶ Dieser Wendung liegt eine Beobachtung aus der Tierwelt zugrunde: Katzen pflegen ihr Fell zu lecken, um sich zu säubern.

leck mich fett! (derb): *lass mich in Ruhe!; scher dich fort!:* Ach, leck mich doch fett!

leck mich! (ugs.; verh.): *Kurzform für:* ↑ *leck mich am Arsch!:* »Antworten!«, flüsterte er befehlend. »Ach, leckt mich doch alle!« (Fallada, Jeder 395).

leck mich am Ärmel: ↑ Ärmel. **leck mich am Arsch:** ↑ Arsch. **Blut geleckt haben:** ↑ Blut. **sich die Finger/alle zehn Finger nach etwas lecken:** ↑ Finger. **wider den Stachel lecken/löcken:** ↑ Stachel. **jmdm. die Stiefel lecken:** ↑ Stiefel.

Leder: jmdm. das Leder gerben (ugs.; veraltend): *jmdn. verprügeln:* Sein Vater hatte ihm öfter das Leder gegerbt.

▶ In dieser und in den folgenden Wendungen steht das Wort »Leder« für die menschliche Haut.

jmdm. ans Leder wollen: *jmdn. angreifen wollen:* Mit unserer Aktion wollen wir einigen selbstzufriedenen Bonzen ans Leder. Wer meiner Schwester ans Leder will, der kriegt es mit mir zu tun. Ich wollte einem Hergelaufenen ans Leder, aber er entpuppte sich als mein Bruder (Hagelstange, Spielball 147).

jmdm. auf dem Leder knien (veraltend): *jmdn. zwingen, Druck auf jmdn. ausüben:* Man hat mir so lange auf dem Leder gekniet, bis ich unterschrieben habe.

vom Leder ziehen (ugs.): *heftig schimpfen:* Es hat wenig Zweck, hier vom Leder zu ziehen, solange die Betroffenen nicht anwesend sind. Er war bekannt dafür, dass er gern vom Leder zog, wenn er etwas getrunken hatte.

▶ In dieser Wendung war mit »Leder« ursprünglich die lederne Schwertscheide gemeint. Wer vom Leder zieht, greift zur Waffe und bedroht seinen Gegner.

zuschlagen, was das Leder hält: ↑ zuschlagen.

ledig: einer Sache ledig sein (geh.): *von einer Sache frei sein:* Er ging durch den ...

niederprasselnden Regen, als sei er des Körpers ledig (Seidel, Sterne 181). Ein paar Vaterunser, und man war aller Sünden ledig und konnte Fußball spielen gehen (Remarque, Obelisk 78).
frei/los und ledig: ↑frei. **[einer Sache] los und ledig sein:** ↑los.

leer: mit leeren Händen: ↑Hand. **leeres Stroh dreschen:** ↑Stroh. **wüst und leer sein:** ↑wüst.

Leere: [es ist/herrscht o. Ä.] gähnende Leere: *es ist niemand, nichts da:* Im Stadion herrschte gähnende Leere. Überall nur gähnende Leere – die Grabkammern waren völlig ausgeraubt. In gähnende Leere rollte die Kugel auf unendlicher Kegelbahn (Fries, Weg 170).

leeren: den [bitteren] Kelch bis auf den Grund/bis zur Neige leeren [müssen]: ↑Kelch. **seinen Kropf leeren:** ↑Kropf. **jmdm. die Taschen leeren:** ↑Tasche.

leer gebrannt: leer gebrannt ist die Stätte (scherzh.): *alles ist vernichtet, aufgebraucht:* Hast du noch Zigaretten? – Nicht eine einzige, leer gebrannt ist die Stätte [der Verwüstung].
▶ Diese Redensart ist ein Zitat aus Schillers »Lied von der Glocke«.

Legalität: etwas außerhalb der Legalität (verhüllend): *nicht den Gesetzen entsprechend, gesetzwidrig:* Ob legitim in Hamburg oder ›etwas außerhalb der Legalität‹ in Spanien – verhaftet ist verhaftet, Punktum (Dönhoff, Ära 59). Desch selber leugnet auch nicht, dass bei ihm so genannte Rückstellungen etwas außerhalb der Legalität der Brauch gewesen seien (Spiegel 42, 1974, 165).
▶ Die Wendung wurde zu einer Art geflügeltem Wort durch den früheren Bundesminister des Inneren, Hermann Höcherl, der sie in seiner Antwort auf eine parlamentarische Anfrage über die Festnahme eines Spiegel-Redakteurs gebrauchte.

legen: etwas ad acta legen: ↑ad acta. **etwas zu den Akten legen:** ↑Akte. **die Axt an etwas legen:** ↑Axt. **sich ins gemachte Bett legen:** ↑Bett. **ein Ei legen:** ↑Ei. **jmdm., etwas aufs Eis legen:** ↑Eis. **den Finger auf die [brennende] Wunde legen:** ↑Finger. **jmdm. etwas zu Füßen legen:** ↑Fuß. **wer gackert, muss auch ein Ei legen:** ↑gackern. **sich ins Geschirr legen:** ↑Geschirr.

auf etwas Gewicht legen: ↑Gewicht. **etwas auf die Goldwaage legen:** ↑Goldwaage. **den Grund zu etwas legen:** ↑Grund. **den Grundstein zu etwas legen:** ↑Grundstein. **[die] letzte Hand an etwas legen:** ↑Hand. **etwas in jmds. Hand/Hände legen:** ↑Hand. **Hand an sich legen:** ↑Hand. **Hand an jmdn. legen:** ↑Hand. **seine Hand auf etwas legen:** ↑Hand. **die Hände in den Schoß legen:** ↑Hand. **für jmdn., für etwas die Hand ins Feuer legen:** ↑Hand. **jmdm. das Handwerk legen:** ↑Handwerk. **sich auf die faule Haut legen:** ↑Haut. **jmdm. jmdn., etwas ans Herz legen:** ↑Herz. **jmdm. Hindernisse in den Weg legen:** ↑Hindernis. **das Huhn, das goldene Eier legt, schlachten:** ↑Huhn. **etwas auf die hohe Kante legen:** ↑Kante. **jmdm. die Karten legen:** ↑Karte. **die/seine Karten offen auf den Tisch legen:** ↑Karte. **jmdn. an die Kette legen:** ↑Kette. **etwas auf Kiel legen:** ↑Kiel. **jmdn. übers Knie legen:** ↑Knie. **jmdn. aufs Kreuz legen:** ↑Kreuz. **jmdm. ein Kuckucksei ins Nest legen:** ↑Kuckucksei. **jmdm. etwas zur Last legen:** ↑Last. **sich auf die Lauer legen:** ↑Lauer. **jmdn. an die Leine legen:** ↑Leine. **die Lunte ans Pulverfass legen:** ↑Lunte. **jmdn. auf die Matte legen:** ↑Matte. **eine Mine legen:** ↑Mine. **sich [für jmdn.] ins Mittel legen:** ↑Mittel. **jmdm. etwas in den Mund legen:** ↑Mund. **sich aufs Ohr legen:** ↑Ohr. **etwas glatt aufs Parkett legen:** ↑Parkett. **über etwas Rechnung legen:** ↑Rechnung. **sich in die Riemen legen:** ↑Riemen. **jmdm. die Schlinge um den Hals legen:** ↑Schlinge. **etwas in Schutt und Asche legen:** ↑Schutt. **etwas auf die Seite legen:** ↑Seite. **sich in die Sielen legen:** ↑Siele. **eine kesse Sohle aufs Parkett legen:** ↑Sohle. **etwas auf Stapel legen:** ↑Stapel. **jmdm. Steine in den Weg legen:** ↑Stein. **etwas an den Tag legen:** ↑Tag. **etwas auf den Tisch des Hauses legen:** ↑Tisch. **alles/jedes Wort auf die Waagschale legen:** ↑Waagschale. **jmdm., einer Sache nichts in den Weg legen:** ↑Weg. **auf etwas Wert legen:** ↑Wert. **jmdm. in die Wiege gelegt worden sein:** ↑Wiege. **sich für jmdn. ins Zeug legen:** ↑Zeug. **sich ins Zeug legen:** ↑Zeug. **einer Sache etwas zugrunde legen:** ↑zugrunde.

Legion: die Zahl der ... ist Legion: ↑Zahl.

Lehm: jmdn. einen feuchten Lehm/Staub angehen (ugs.): *das geht dich gar nichts* an: Und wenn ich zehn Stunden vor dem Fernseher sitze, das geht dich einen feuchten Lehm an.

▶ Die Wendung ist eine Variante von »das geht dich einen feuchten Kehricht an« (↑Kehricht).

lehnen: sich zu weit aus dem Fenster lehnen: ↑Fenster.

Lehre: jmdm. eine [heilsame] Lehre sein: *jmdm. eine Warnung, eine ernsthafte Ermahnung sein:* Das Schicksal deines Freundes sollte dir eine Lehre sein. Für Franz Ningel ... war dieser Tag eine heilsame Lehre (Maegerlein, Triumph 51). **bei jmdm. noch in die Lehre gehen können** (ugs.): *von jmdm. noch etwas lernen können:* Sie spielte als Zwölfjährige schon so gut Schach, dass selbst erfahrene Turnierspieler hätten bei ihr noch in die Lehre gehen können.

lehren: ich will/werde dich lehren ...: *ich werde dir schon austreiben ...:* Euch werd ich lehren, einen alten Mann auf den Arm zu nehmen! In diesem Augenblick schlug Papa zu. »Ich werde dich lehren, bockig zu sein.« (Jens, Mann 134). **jmdn. Mores lehren:** ↑Mores. **jmdn. Moritz lehren:** ↑Moritz. **die Nachtigall singen lehren wollen:** ↑Nachtigall.

Lehrgeld: Lehrgeld geben/zahlen [müssen]: *Erfahrungen durch Misserfolg, Schaden gewinnen:* Er hat genug Lehrgeld zahlen müssen, bis er im Antiquitätengeschäft Erfolg hatte. Sommers beständig nachgesehen, müssen sie für Wintererfahrungen immer erst einmal Lehrgeld zahlen (A. Zweig, Grischa 344).

▶ Die Wendung bezieht sich darauf, dass Lehrlinge in früheren Zeiten für ihre Ausbildung bezahlen mussten.

sich sein Lehrgeld zurückgeben lassen können (ugs.): *wenig gelernt haben:* Der Monteur ist nicht fähig, eine Waschmaschine anzuschließen; der kann sich sein Lehrgeld zurückgeben lassen. Vgl. die vorangehende Wendung.

Lehrjahre: Lehrjahre sind keine Herrenjahre: *wer sich in der Ausbildung befindet, muss einige Mühen auf sich nehmen:* Da musst du wirklich Geduld haben! Lehrjahre sind keine Herrenjahre!

Leib: Leib und Leben wagen/einsetzen/riskieren o. Ä.: *alles riskieren:* Ich verstehe nicht, wie man für das bisschen Geld Leib und Leben wagen kann.

▶ Die formelhafte Verbindung »Leib und Leben« ist wohl wegen des Stabreims entstanden; ursprünglich bedeutete »Leib« dasselbe wie »Leben«. Die Verdoppelung dient der Verstärkung.

gesegneten Leibes sein (geh.): *schwanger sein:* Ich habe aus jenen Jahren kein anderes Erinnerungsbild an meine Mutter als das, dass sie gesegneten Leibes war (Fussenegger, Zeit 16).

▶ Die Wendung geht auf die Vorstellung zurück, dass jenen Nachwuchs (Fruchtbarkeit) als Gnade, als ein Segen Gottes anzusehen ist.

etwas am Leib[e] haben (ugs.): *durch etwas [Unangenehmes] auffallen:* Die jungen Leute haben Manieren am Leibe, da kann man nur den Kopf schütteln! Was hast du nur für Ausdrücke am Leib! Der neue Briefträger hat ein erstaunliches Tempo am Leib!

etwas am eigenen Leib erfahren/[ver]spüren: *etwas selbst durchmachen müssen:* Er hat es am eigenen Leibe gespürt, was es heißt, arm zu sein. Da habe ich es am eigenen Leibe erfahren. Bis 2 Uhr nachts Filme geschnitten, 6 Uhr wieder aufstehen (Hörzu 38, 1972, 16).

sich etwas am eigenen Leibe absparen: *das Geld für etwas dadurch zusammensparen, dass man sich selbst nichts gönnt:* Er hat sich das Haus für seine Kinder am eigenen Leibe abgespart.

jmdm. auf den Leib rücken (ugs.): *jmdn. bedrängen, auf jmdn. Druck ausüben:* Der ganze Kegelverein wird dem Bürgermeister auf den Leib rücken, wenn die neue Kegelbahn nicht genehmigt wird.

jmdm. [wie] auf den Leib geschrieben sein: *genau passend für jmdn. sein:* Die Rolle der »Mutter Courage« war ihr wie auf den Leib geschrieben. Jede dieser Rollen in Haus und Garten war den Spielern auf den Leib geschrieben (Wohmann, Absicht 112). Alle diese Probleme sind für die Schwimmer schon deshalb besonders wichtig, weil dieser Wassersport fast allen Menschen auf den Leib geschrieben ist (MM 28. 10. 65, 19).

jmdm. [wie] auf den Leib geschneidert/geschnitten/zugeschnitten sein: *jmdm.*

sehr entgegenkommen, jmds. Bedürfnissen, Wünschen o. Ä. genau entsprechen: Das Programm der Partei war dem bürgerlichen Mittelstand auf den Leib geschneidert. Die Diva präsentierte eine Bühnenshow, die ihr auf den Leib geschnitten war. ... ihm, Jean, sei die Rolle des tragischen Helden wie auf den Leib geschneidert (Hohmann, Engel 329).

gut bei Leibe sein: *wohlgenährt, beleibt sein:* Die beiden Männer waren recht gut bei Leibe.

bei lebendigem Leibe/(geh.:) **lebendigen Leibes:** *[noch] lebend:* Seine Erben hätten ihn am liebsten bei lebendigem Leibe zu Grabe getragen. Die angebliche Hexe wurde lebendigen Leibes verbrannt. Ihr müsst ihnen die Haut abziehen bei lebendigem Leibe (Ott, Haie 305).

Gefahr o. Ä. für Leib und Leben: *Lebensgefahr:* Unter Gefahr für Leib und Leben hat der Detektiv seinen Auftrag ausgeführt.

Vgl. die Wendung »Leib und Leben wagen«.

noch nichts [Ordentliches] im Leib haben/in den Leib bekommen haben (ugs.): *noch nichts [Richtiges] gegessen haben:* Bevor wir nichts in den Leib bekommen haben, fangen wir auch nicht an zu arbeiten.

mit Leib und Seele: 1. *mit Begeisterung:* Er ist mit Leib und Seele Zahnarzt. 2. *ganz und gar:* Mein Onkel war mit Leib und Seele dem Alkohol verfallen. Und wie der natürliche Mensch mit Leib und Seele am Ablauf des Erdenjahres teilhat ... (Werfel, Himmel 156).

jmdm. [mit etwas] vom Leibe gehen/bleiben: *jmdn. [mit etwas] in Ruhe lassen:* Sag deiner aufdringlichen Verwandtschaft, sie soll uns vom Leibe gehen! Bleib mir mit deiner Ironie vom Leibe. Die Fakten des Daseins sind simpel und trivial (Remarque, Triomphe 155).

jmdm. jmdn., etwas vom Leibe halten: *jmdn., etwas von jmdm. fern halten:* Wir sollten uns solche falschen Freunde vom Leibe halten. Es wäre gut, wenn Sie sich diesen Prozess vom Leibe halten könnten. Denn seit das Mädchen mit mir zum Plattensee zu fahren wünschte, versuchte ich, sie mir weit vom Leibe zu halten (Hartung, Piroschka 73).

einer Sache zu Leibe gehen/rücken: *sich mit etwas näher befassen; eine Sache in Angriff nehmen:* Der Magistrat sollte dem Problem der Altbausanierung möglichst bald zu Leibe rücken. Zum Glück ist man der Sache (= Krätze) gleich energisch zu Leibe gegangen mit einer Salbe aus Schwefel und Schmalz (Normann, Tagebuch 167).

sich die Beine aus dem Leib rennen: ↑ Bein. **sich die Beine in den Leib stehen:** ↑ Bein. **keine Ehre im Leib haben:** ↑ Ehre. **Essen und Trinken hält Leib und Seele zusammen:** ↑ Essen. **keinen trockenen Faden mehr am Leibe haben:** ↑ Faden. **sich das letzte Hemd/sein letztes Hemd vom Leib[e] reißen:** ↑ Hemd. **kein [ganzes] Hemd [mehr] an/auf dem Leib haben:** ↑ Hemd. **jmdm. dreht sich das Herz im Leibe herum:** ↑ Herz. **jmdm. lacht das Herz im Leibe:** ↑ Herz. **sich die Lunge aus dem Leib schreien:** ↑ Lunge. **Quecksilber im Leib haben:** ↑ Quecksilber. **einen guten Schritt am Leibe haben:** ↑ Schritt. **sich jmdn., etwas drei Schritte vom Leibe halten:** ↑ Schritt. **jmdm. die Seele aus dem Leib fragen:** ↑ Seele. **sich die Seele aus dem Leib schreien:** ↑ Seele. **den Teufel im Leib haben:** ↑ Teufel. **einen guten Zug am Leibe haben:** ↑ Zug. Vgl. auch das Stichwort »Bauch«.

leiben: wie jmd. leibt und lebt: ↑ leben.

Leibeskraft: aus/nach Leibeskräften: *mit aller Kraft:* Er schrie aus Leibeskräften. Der jüngste Sohn bearbeitete nach Leibeskräften seine Trommel. Als aber Michael sich ... bückt, ... hole ich weit aus und schlage ihm aus Leibeskräften hinten drauf (Grzimek, Serengeti 123).

Leibgericht: jmds. Leib- und Magengericht/-speise: *jmds. Lieblingsessen:* Spaghetti sind ihre Leib- und Magenspeise.

leibhaftig: wie das leibhaftige Elend aussehen: ↑ aussehen.

Leibspeise: jmds. Leib- und Magenspeise: ↑ Leibgericht.

Leiche: eine Leiche auf Urlaub (ugs.): *ein kränklich aussehender, blasser Mensch:* Sieh dir diese Leiche auf Urlaub an, der sollte öfter an die frische Luft gehen!

eine Leiche im Keller (ugs.): *etwas Ehrenrühriges aus der Vergangenheit, was noch nicht entdeckt worden ist:* Der Traum des Sensationsjournalisten: eine

Leiche im Keller des Kanzlers, die kurz vor den Wahlen entdeckt wird! Er treibt DDR-Archäologie, er ist auf der Suche nach dem Verlorenen, nach den Leichen im Keller (Spiegel 7, 1979, 181).

über Leichen gehen (ugs.): *skrupellos vorgehen:* Die neuen Machthaber gingen über Leichen, um ihre Ziele durchzusetzen. Ist sie eine unglückliche Geisteskranke oder eine kalt berechnende, heimtückische Hexe, die über Leichen geht? (Hörzu 36, 1976, 90).

nur über meine Leiche! (ugs.): *nur gegen meinen entschiedensten Widerstand:* Ihr wollt das Klavier verkaufen? – Nur über meine Leiche.

aussehen wie eine lebende Leiche: ↑aussehen. **Spaß muss sein bei der Leiche:** ↑Spaß.

Leichenschändung: der zweite Schlag wäre Leichenschändung (ugs.): *Drohrede:* Ich will mich lieber nicht an dir vergreifen; der zweite Schlag wäre Leichenschändung.

▶ Der Drohende behauptet mit dieser Redensart, dass er seinen Gegner mit dem ersten Schlag umbringen könnte.

Leichnam: aussehen wie ein wandelnder Leichnam: ↑aussehen.

leicht: jmdn. um etwas leichter machen (ugs.): *jmdm. etwas abnehmen, stehlen:* Vergangene Nacht haben Einbrecher den Baron um 10 000 DM und den Familienschmuck leichter gemacht.

leicht reden haben (ugs.): *von den Schwierigkeiten der Sache, über die man spricht, nicht betroffen sein:* Sie wissen viel von meinem Wohlbefinden, mon cher Armand, und haben leicht reden (Th. Mann, Krull 260). Gerstein, Sie haben leicht reden. Ich wünschte auch, ich wäre hier in Rom, um Kirchen anzusehen (Hochhuth, Stellvertreter 150).

leicht gesagt sein (ugs.): *schwerer durchzuführen sein, als der, der davon spricht, annimmt:* Du willst bis zum Sommer 2 000 DM sparen? Das ist leicht gesagt. Es komme nicht infrage, sagt sie, aber das ist leicht gesagt (Frisch, Gantenbein 264). Wir kommen als siegreiches Heer, aber nicht als Unterdrücker. Leicht gesagt (Küpper, Simplicius 172).

etwas auf die leichte Achsel/Schulter nehmen: ↑Achsel. **frag mich was Leich-**

te[re]s: ↑fragen. **Glück und Glas, wie leicht bricht das:** ↑Glück. **mit leichter Hand:** ↑Hand. **[jmdm.] leicht von der Hand gehen:** ↑Hand. **leichten Herzens:** ↑Herz. **leichten Kaufs:** ↑Kauf. **jmdm. leicht von den Lippen gehen/fließen:** ↑Lippe. **ein leichtes Mädchen:** ↑Mädchen. **die leichte Muse:** ↑Muse. **leichten Mutes:** ↑Mut. **etwas auf die leichte Schulter nehmen:** ↑Schulter. **etwas von der leichten Seite nehmen:** ↑Seite. **[mit jmdm., mit etwas] leichtes Spiel haben:** ↑Spiel. **keinen leichten Stand haben:** ↑Stand. **eine der leichtesten Übungen sein:** ↑Übung. **gewogen und zu leicht befunden:** ↑¹wiegen. **jmdm. leicht von der Zunge gehen:** ↑Zunge.

Leichtfuß: Bruder Leichtfuß: ↑Bruder.

Leichtigkeit: mit Leichtigkeit (ugs.): *mühelos:* Er konnte mit Leichtigkeit fünf bis sechs Eier zum Frühstück essen. Schulz, ... wie immer durch Luschke mit Leichtigkeit aus der Fassung gebracht, betrachtete... seine Marschpapiere (Kirst, 08/15, 769).

Leichtsinn: das sagst du so in deinem jugendlichen Leichtsinn (ugs.): *Kommentar zu einer leichtfertigen, naiven Äußerung.*

leid: jmdm., etwas leid sein: *jmds., einer Sache überdrüssig sein:* Selbst die geduldigste Krankenschwester war es bald leid, sich das ständige Gejammere des Patienten anzuhören. ... er schmiss die Freunde wieder hinaus, wenn er sie leid war (Spoerl, Maulkorb 33).

etwas ist jmdm. leid (veraltet): *jmd. bedauert, bereut etwas:* Meinem Großvater ist es also leid um das schöne Geld (Bobrowski, Mühle 211).

Leid: geteiltes Leid ist halbes Leid: *die Anteilnahme eines Mitmenschen erleichtert es, den eigenen Kummer zu ertragen.*

sich ein Leid/(veraltet:) **ein Leids antun** (verhüllend): *Selbstmord begehen:* Wir müssen den Patienten finden, bevor er sich in seiner Depression ein Leid antut. Der Gestapobeamte fürchtete wohl, ich könnte mir in Verzweiflung ein Leid antun (Niekisch, Leben 337).

jmdm. sein Leid klagen: *jmdm. seinen Kummer, sein Missgeschick o. Ä. mitteilen, sich aussprechen:* Ich habe ihm schon so oft mein Leid geklagt, aber er will mir nicht helfen. Sie war entschlossen, ihm ihr Leid zu klagen, und ein Entschluss Diotimas war immer eine feste Sache (Musil, Mann 1543).

jmd. tut jmdm. Leid: *jmd. hat mit jmdm. Mitleid:* Die armen Kinder tun mir Leid. Dein kranker Großvater tut uns wirklich Leid. Welch ein Reinfall. Teichmann tat die Diva einen Augenblick lang Leid (Ott, Haie 161).

etwas tut jmdm. Leid: *jmd. bedauert, bereut etwas:* Es tut meinem Vater sehr Leid, dass er gestern Abend nicht kommen konnte. Seine Ungeschicktheit tut ihm aufrichtig Leid. Vgl. auch das Stichwort »zuleide«.

Freud und Leid: ↑ Freude.

leiden: jmdn., etwas [gut] leiden können/mögen: *jmdn., etwas mögen, gern haben:* Deinen Bruder kann ich gut leiden. Vorwitzige Kinder mochte mein Onkel noch nie leiden. Kannst du so ein Benehmen leiden? Noch nie hatte er jemanden so gern leiden gemocht wie Peter (Hausmann, Abel 1717).

der Gerechte muss viel leiden: ↑ Gerechte. **Schaden leiden:** ↑ Schaden. **Schiffbruch leiden:** ↑ Schiffbruch. **jmdn., etwas auf den Tod nicht leiden können:** ↑ Tod.

Leiden: langes Leiden (ugs.): *hoch gewachsener Mensch:* Deine neue Freundin ist aber ein langes Leiden.

aussehen wie das Leiden Christi: ↑ aussehen.

leider: leider Gottes: ↑ Gott.

Leidwesen: zu jmds. Leidwesen: *zu jmds. Bedauern:* Zu seinem Leidwesen darf der Inspektor keinen Wein mehr trinken. Sie ... feierte das Weihnachtsfest zu ihrem Leidwesen ohne den Gatten (Welt, 21. 12. 1965, 9).

Leier: die alte/die gleiche/dieselbe Leier (ugs.): *die alte, längst bekannte Sache:* Jetzt kommt er wieder mit der alten Leier! Immer dieselbe Leier. Ich bin ein Opfer der grässlichen Popularität (Hörzu 23, 1976, 18).

▶ Die Kurbel- oder Drehleier ist auf eine bestimmte Melodie, auf eine festgelegte Tonlage abgestimmt; ihre Musik ist daher wenig abwechslungsreich. Das Instrument steht somit in dieser Wendung als ein Bild für Eintönigkeit, ständige Wiederholung.

leiern: sich etwas aus dem Kreuz leiern: ↑ Kreuz. **jmdm. etwas aus dem Kreuz/aus den Rippen leiern:** ↑ Kreuz.

leihen: jmdm. sein Ohr leihen: ↑ Ohr.

Leim: jmdm. auf den Leim gehen/kriechen (ugs.): *auf jmdn., auf jmds. List hereinfallen:* Mehrere Priester im Gebiet von Leoben gingen einem raffinierten Betrüger auf den Leim (Kronen-Zeitung 13. 10. 1968, 7). Es machte ihm gar keinen Spaß, er hatte gar keine Lust mehr. Wir waren uns gegenseitig auf den Leim gegangen (Wohmann, Absicht 179).

▶ Die Wendung geht auf die Vogeljagd mit Leimruten zurück. Man legte dabei in Bäume oder Sträucher mit Leim bestrichene Stöcke, an denen die Vögel, die sich darauf setzten, hängen blieben.

jmdn. auf den Leim führen/locken (ugs.): *jmdn. überlisten:* Lasst euch von diesen Zeitschriftenwerbern nicht durch irgendeine rührselige Geschichte auf den Leim führen.

Vgl. die vorangehende Wendung.

aus dem Leim gehen (ugs.): 1. *entzweigehen:* Das alte Sofa ist mittlerweile auch aus dem Leim gegangen. Wir halten die Stellung. Und wenn hier was aus dem Leim geht, schreiben wir Ihnen eine Karte (Kirst, 08/15, 885). 2. *dick werden:* Dein Mann ist aber ganz schön aus dem Leim gegangen! Er hatte da so eine reizende Witwe kennen gelernt, nicht mehr ganz jung, ein bisschen sehr aus dem Leim gegangen (Fallada, Jeder 134).

▶ Diese Wendung bezieht sich darauf, dass bestimmte Gebrauchsgegenstände, vor allem Möbel, durch Leim zusammengehalten werden. Was aus dem Leim geht, geht auseinander, gerät aus der Form, geht entzwei.

Leine: Leine ziehen (ugs.): *verschwinden, sich entfernen:* Zieh Leine, du gehst mir auf die Nerven! Sie knurrten etwas von »Arsch mit Sprungdeckel-Reißverschluss«; und die Konkurrenz zog Leine (Lynen, Kentaurenfährte 321).

▶ Die Herkunft dieser Wendung ist nicht eindeutig geklärt. Sie stammt vielleicht aus dem Bereich der Binnenschifffahrt; mit »Leine« könnte das Seil gemeint sein, mit dem beim Treideln die Schleppkähne vom Ufer aus gezogen wurden. »Leine ziehen« hätte also ursprünglich bedeutet: »dafür sorgen, dass man mit dem Schiff weiterkommt«, und wäre später verallgemeinert worden.

jmdn. an die Leine legen (ugs.): *jmdn. unter Kontrolle bekommen, [streng] über jmdn. bestimmen:* Sie ist selbst schuld, wenn sie sich von ihrem Mann an die Leine legen lässt. Das Kabinett ... würde, dergestalt an die Leine gelegt, zu einem Verein von Hampelmännern werden (Dönhoff, Ära 25).

▶ Diese und die folgenden Wendungen beziehen sich darauf, dass man Hunde an die Leine legt, um sie beim Ausgehen unter Kontrolle zu haben.

jmdn. an der Leine haben/halten (ugs.): *jmdn. in der Gewalt haben und lenken können:* Das Syndikat hatte sogar einige Staatsbeamte an der Leine. Kahn warf ihnen einen entsetzten Blick zu, aber Solnemann hatte ihn fest an der Leine (Sebastian, Krankenhaus 39).

Vgl. die vorangehende Wendung.

an langer/an der langen Leine: ↑lang.

leise: leise weinend (ugs.): *kleinlaut:* Wenn du solchen Leuten gegenüber richtig auftrittst, dann nehmen sie leise weinend ihre Vorwürfe zurück.

heimlich, still und leise: ↑heimlich. **nicht die leiseste Idee von etwas haben:** ↑Idee. **auf leisen Sohlen:** ↑Sohle.

leisten: [jmdm.] Abbitte leisten: ↑Abbitte. **ganze/gründliche Arbeit leisten:** ↑Arbeit. **[jmdm.] gute Dienste leisten:** ↑Dienst. **einer Sache Folge leisten:** ↑Folge. **jmdm., einer Sache Genüge leisten:** ↑Genüge. **jmdm. Gesellschaft leisten:** ↑Gesellschaft. **sich ein Stück leisten:** ↑Stück. **eine Unterschrift leisten:** ↑Unterschrift. **[auf etwas] Verzicht leisten:** ↑Verzicht. **einer Sache Vorschub leisten:** ↑Vorschub. **Widerstand leisten:** ↑Widerstand. **eine Zahlung leisten:** ↑Zahlung.

Leisten: [alles] über einen Leisten schlagen: *[alles] gleich behandeln und dabei wichtige Unterschiede nicht beachten:* Es wäre falsch, in Ehefragen alles über einen Leisten zu schlagen.

▶ Diese Wendung nimmt auf den Leisten, die Modellform des Schusters, Bezug. Der Leisten bestimmt die Größe und Form des Schuhs und muss deshalb den Maßen des einzelnen Kunden möglichst genau entsprechen. Ein guter

Schuster fertigt deshalb nicht alle Schuhe nach einem Leisten an, sondern arbeitet mit möglichst vielen verschiedenen Leisten.

Schuster, bleib bei deinem Leisten: ↑Schuster.

Leistung: eine reife Leistung (ugs.): *eine anerkennenswerte, gelungene Tat:* Mit siebzehn Abitur, mit zweiundzwanzig schon Staatsexamen – das ist wirklich eine reife Leistung! Es war bei erneut bewundernswerter und reifer Leistung im Grunde nur selbstverständlich, dass alle Preisrichter ihr den ersten Rang ... zuerkannten (Maegerlein, Triumph 27).

leiten: etwas in die Wege leiten: ↑Weg.

Leitung: eine lange Leitung haben (ugs.): *schwer begreifen, schwerfällig und langsam im Denken sein:* Wer eine lange Leitung hat, kann bei uns nichts werden.

▶ Die Wendung bezieht sich auf die Telefon- oder Telegrafenleitung. In den Anfangstagen der Fernmeldetechnik war die Verständigung bei größeren Entfernungen (= langen Leitungen) oft sehr schwierig, da die Verbindungen recht störanfällig waren.

auf der Leitung stehen (ugs.): *etwas nicht verstehen, begriffsstutzig sein:* Bei diesem Schalterbeamten dauert es ewig, der steht auf der Leitung. Vor dem Landgericht sagte der Beschuldigte, er habe »auf der Leitung gestanden«, als er dem Behinderten keinen Platz gemacht habe (MM 3. 12. 1986, 19).

▶ Auch hier ist »Leitung« als Telefonleitung zu verstehen; aus der laienhaften Vorstellung, dass die Nachricht durch den Draht fließt, wie Wasser durch einen Gartenschlauch, erklärt sich diese Wendung.

Lende: seine Lenden gürten (veraltet, noch scherzh.): *sich bereitmachen, sich [zum Ausgehen] anziehen:* Dann werde ich mal meine Lenden gürten und mich auf den Weg machen.

▶ Diese altertümliche Wendung findet sich an mehreren Stellen in der Bibel (z. B. Lukas 12,35). Sie bezieht sich darauf, dass man sich den Waffengurt mit dem Schwert um die Hüften (Lenden) schnallte, bevor man in den Kampf zog.

lenken: sein Augenmerk auf jmdn., auf etwas lenken: ↑Augenmerk. **etwas in die**

richtige Bahn lenken: ↑Bahn. **der Mensch denkt, Gott lenkt:** ↑Mensch.

Lenz: einen sonnigen/ruhigen/lauen/faulen Lenz haben/schieben; (auch:) **sich einen sonnigen** usw. **Lenz machen** (ugs.): *wenig arbeiten, faulenzen:* Auf seinem neuen Posten konnte er sich einen sonnigen Lenz machen. Warum sollen wir uns abrackern, während der Chef auf Mallorca einen ruhigen Lenz schiebt?

▶ Die Wendung geht wohl auf den alten Ausdruck »fauler Lenz« (= fauler Lorenz) zurück. »Lenz« ist die Kurzform von »Lorenz«.

lernen: etwas will gelernt sein: *man muss etwas viel geübt haben, um es zu beherrschen:* Auch die scheinbar so einfachen Handgriffe des Marionettenspielers wollen gelernt sein.

gelernt ist gelernt: *was man gut gelernt, geübt hat, das beherrscht man [mühelos]:* Toll, wie du das alte Auto wieder in Gang gebracht hast! – Tja, gelernt ist gelernt. **was Hänschen nicht lernt, lernt Hans nimmermehr:** ↑Hänschen. **mancher lernts nie:** ↑mancher. **etwas von der Pike auf lernen:** ↑Pike.

lesen: [jmds.] Gedanken lesen können: ↑Gedanke. **jmdm. die Leviten lesen:** ↑Leviten. **jmdm. den Text lesen:** ↑Text. **vor Tische las mans anders:** ↑Tisch. **zwischen den Zeilen lesen:** ↑Zeile.

Leser: hoffen wir das Beste [lieber Leser]: ↑hoffen.

Letzt: zu guter Letzt (oft ironisch): *schließlich, zum [guten] Abschluss:* Zu guter Letzt ist mir auch noch ein Schnürsenkel gerissen. Auch die Braut Inge bekommt zu guter Letzt noch einen Seitenhieb: Sie ist zu kalt gewesen (Noack, Prozesse 143). Wie ihre Augen leuchteten, wenn er sich zurückbog, um sie zu guter Letzt noch einmal anzuschauen (R. Walser, Gehülfe 85).

▶ In dieser Wendung ist das alte Wort »Letzt« bewahrt, das früher im Sinne von »Abschiedsessen, Abschied« gebraucht wurde.

letzte: die letzten Dinge: *Tod und Ewigkeit [in religiöser oder metaphysischer Hinsicht]:* Was weiß der Mensch denn schon von den letzten Dingen?

das Letzte sein (ugs.): 1. *untragbar, unfassbar sein:* Mein Mathematiklehrer ist doch wohl das Letzte – gibt mir eine Fünf, obwohl ich zwei Aufgaben richtig gelöst habe! 2. *hervorragend, das Beste sein:* Die neue Platte von den Stones ist das Letzte, einfach geil!

die Letzten werden die Ersten sein: *wer sich zunächst Zeit lässt, sich zurückhält, der kann am Ende doch der Erfolgreichste sein.*

▶ Diese Redensart geht auf die Bibel (Matth. 19,30) zurück.

den Letzten beißen die Hunde: *wer sich (als Letzter) nicht rechtzeitig in Sicherheit bringt, muss alle unangenehmen Folgen tragen:* Seine Freunde blieben unauffindbar, und so hielt sich die Polizei an ihn; den Letzten beißen die Hunde!

▶ Dieses Sprichwort geht auf die Jagd mit der Hundemeute zurück. Das schwächste der gejagten Tiere bleibt zurück und wird von den Hunden gestellt (und zerrissen).

bis aufs Letzte/bis zum Letzten (ugs.): *völlig, restlos:* Straßenräuber hatten die Reisenden bis aufs Letzte ausgeplündert. Er hat sich bis zum Letzten eingesetzt, wenn er etwas für richtig und notwendig hielt. Rieti lag zerschunden ... auf der Erde, bis zum Letzten ausgezogen, völlig nackt ... (Konsalik, Promenadendeck 353).

bis ins Letzte (ugs.): *in allen Einzelheiten, sehr genau:* Der Vertrag muss bis ins Letzte überprüft werden.

bis zum letzten Atemzug: ↑Atemzug. **jmdn. behandeln wie den letzten Dreck:** ↑behandeln. **etwas bis auf den letzten Buchstaben erfüllen:** ↑Buchstabe. **der letzte Dreck:** ↑Dreck. **auf den letzten Drücker:** ↑Drücker. **jmdm. die letzte Ehre erweisen:** ↑Ehre. **letzten Endes:** ↑Ende. **jmdm. das letzte Geleit geben:** ↑Geleit. **das Letzte Gericht:** ↑Gericht. **in den letzten Hafen einlaufen:** ↑Hafen. **[die] letzte Hand anlegen:** ↑Hand. **sich das letzte Hemd/sein letztes Hemd vom Leib[e] reißen:** ↑Hemd. **das letzte Hemd/sein letztes Hemd hergeben:** ↑Hemd. **der letzte Heuler:** ↑Heuler. **die letzte Karte ausspielen:** ↑Karte. **auf/aus dem letzten Loch pfeifen:** ↑Loch. **es ist Matthäi am Letzten:** ↑Matthäi. **wie der letzte Mensch:** ↑Mensch. **in letzter Minute:** ↑Minute. **der Letzte der/die letzte Mohikaner:** ↑Mohikaner.

jmdm. **den letzten Nerv rauben/töten:** ↑Nerv. **seine letzte Reise antreten:** ↑Reise. **der letzte Rest vom Schützenfest:** ↑Rest. jmdn. **zur letzten Ruhe betten/geleiten/tragen:** ↑Ruhe. **der letzte Schliff:** ↑Schliff. **seinen letzten Schnaufer getan haben:** ↑Schnaufer. **der letzte Schrei:** ↑Schrei. jmds. **letzte Stunde/letztes Stündlein hat geschlagen:** ↑Stunde. **sich vorkommen wie der letzte Dreck:** ↑vorkommen. jmdn. **auf dem/seinem letzten Weg begleiten:** ↑Weg. **der Weisheit letzter Schluss sein:** ↑Weisheit. **der letzte Wille:** ↑Wille. jmds. **letztes Wort sein:** ↑Wort. **das letzte Wort haben/behalten:** ↑Wort. **das letzte Wort ist noch nicht gesprochen:** ↑Wort. **in den letzten Zügen liegen:** ↑Zug.

Leu: gefährlich ists, den Leu zu wecken: ↑gefährlich.

Leuchte: keine [große] Leuchte sein (ugs.): *ein wenig beschränkt, dumm sein:* Selbst in seinem Wahlfach war der Abiturient keine große Leuchte. ... vor 'nem halben Jahr saß er noch neben mir auf der Schulbank ... er war keine Leuchte, bestimmt nicht (Ott, Haie 5).

▶ Bezeichnungen wie »Leuchte«, »hell« werden in vielen sprachlichen Ausdrücken zur Kennzeichnung von geistigen Fähigkeiten eingesetzt; in dieser Wendung verdeutlicht die Verneinung den Mangel solcher Fähigkeiten. Vgl. auch das Stichwort »Licht«.

leuchten: sein Licht leuchten lassen: ↑Licht.

leuchtend: etwas in den leuchtendsten/schillerndsten Farben malen: *etwas sehr, fast übertrieben positiv darstellen:* Der Reiseführer malte die Küstenlandschaft in den leuchtendsten Farben.

Leute: unter die Leute kommen (ugs.): *Kontakt mit anderen Menschen haben, an Geselligkeiten teilnehmen:* Der Doktor sollte sich nicht in seiner Arbeit vergraben, er muss doch auch einmal unter die Leute kommen. Weil die Kinder ständig krank waren, kamen wir gar nicht mehr unter die Leute.

etwas unter die Leute bringen (ugs.): *dafür sorgen, dass etwas bekannt, verbreitet wird:* Manche Plattenfirmen versuchen, ihre Produkte mit knallharter Werbung unter die Leute zu bringen. Und er habe dieses Theorem unter die Leute zu brin-

gen gewusst, habe populäre Artikel darüber verfasst und sie in die Presse lanciert (Th. Mann, Zauberberg 90). **es ist ja nicht wie bei armen Leuten** (ugs.): *wir können uns das doch leisten, es ist genug vorrätig:* Selbstverständlich darf der Junge noch ein Stück Torte haben, es ist ja nicht wie bei armen Leuten. **so fragt man die Leute aus:** ↑ausfragen. **anderer Leute Brot essen:** ↑Brot. **sein Geld unter die Leute bringen:** ↑Geld. **aus Kindern werden Leute:** ↑Kind. **Kleider machen Leute:** ↑Kleid. **Land und Leute:** ↑Land. **den Leuten aufs Maul schauen:** ↑Maul. **morgen, morgen, nur nicht heute, sagen alle faulen Leute:** ↑morgen. **geschiedene Leute sein:** ↑scheiden.

Leviten: jmdm. die Leviten lesen (ugs.): *jmdn. gehörig tadeln, zurechtweisen:* Warte nur, bis deine Mutter das erfährt, die wird dir schon die Leviten lesen. Andreas las Fred die Leviten, und das Fest ging weiter (Ossowski, Bewährung 43). Er ... stellte sich hinter der Windschutzscheibe auf und las seinen Männern die Leviten (Kuby, Sieg 330).

▶ Die Wendung stammt aus dem Mönchswesen. Bereits im 8. Jh. n. Chr. gehörten bestimmte Andachts- und Bußübungen zum Ordensleben der Benediktiner. Dabei wurde meist ein Text aus der Bibel verlesen, sehr häufig aus dem dritten Buch Moses, das auch »Levitikus« genannt wird, weil es vorwiegend Verhaltensmaßregeln für Priester (Leviten) enthält. Auf die Lesungen folgten oft noch Mahn- und Strafpredigten zur Besserung der verwilderten Geistlichkeit, sodass das Lesen des »Levitikus« in der sprachlichen Überlieferung leicht als Umschreibung für Tadel und Ermahnung fest werden konnte.

Lexikon: ein wandelndes Lexikon sein (ugs.): *ein sehr umfangreiches Wissen haben:* Frag mal deinen Bruder, der ist doch ein wandelndes Lexikon. Dieser Mann schien geradezu alles zu wissen, er war ein wandelndes Lexikon (Zwerenz, Kopf 116).

licht: einen lichten Augenblick haben: ↑Augenblick. **einen lichten Moment haben:** ↑Moment.

Licht: wo [viel] Licht ist, ist auch [viel] Schatten: *was sehr angenehm und schön* *ist, hat oft auch eine sehr unangenehme und hässliche Seite.*

kein großes Licht sein (ugs.): *nicht sehr klug sein:* Der neue Abteilungsleiter scheint kein großes Licht zu sein.

▶ Bereits in der Bibel wird das Licht in vielen Fällen als Bild für »Erkenntnis, Erleuchtung des Geistes [durch Gott]« gebraucht. Die vorliegende Wendung könnte sich negativ auf Matth. 5, 14 beziehen, wo es heißt, dass Jesus seine Jünger als »das Licht der Welt« bezeichnet, sie also als auserwählte Verbreiter seiner Heilsbotschaft (Erkenntnis) einsetzt.

jmdm. geht ein Licht/ein Talglicht/eine Stalllaterne auf (ugs.): *jmd. versteht, durchschaut plötzlich etwas:* Als ich die alten Dokumente durchsah, ging mir ein Licht auf. Da ging Frick mit einem Mal ein Licht auf. Wer eigentlich am Telefon sei, fragte er (Niekisch, Leben 109).

▶ Auch diese Wendung ist wohl auf die Bibel zurückzuführen, auf »Licht« im Sinne von »Erleuchtung, Erkenntnis« (vgl. z. B. Matth. 4, 16).

hier/in dieser Stadt o. Ä. gehen die Lichter aus: *hier/in dieser Stadt o. Ä. ist die [wirtschaftliche] Situation so schlecht, dass die [meisten] Menschen abwandern:* Wenn die Eisenhütte in der Nachbarstadt die Produktion einstellt, dann gehen auch hier bei uns bald die Lichter aus.

auf jmdn., auf etwas fällt ein schlechtes/ungünstiges o. ä. Licht: *man bekommt einen schlechten/ungünstigen Eindruck von jmdm., von etwas:* Durch die Zeugenaussagen fiel ein schlechtes Licht auf den Angeklagten.

Licht in etwas bringen: *eine undurchsichtige Angelegenheit aufklären:* Dem Kommissar gelang es nicht, Licht in die Betrugsaffäre zu bringen. Ich zweifle überhaupt daran, dass ihr jemals Licht in diese Angelegenheit bringen werdet (Dürrenmatt, Richter 61). Gegen unsägliche Schwierigkeiten ... hatte er halb und halb Licht in die schauerliche Affäre gebracht (Maass, Gouffé 299).

das Licht der Welt erblicken (geh.): *geboren werden:* Er erblickte das Licht der Welt am 28. August 1749. Wer einmal das Licht der Welt erblickt hat, wird unvermeidlich eines Tages sterben müssen

(Thieß, Reich 543). ... hier auch das ehrwürdige Städtchen, in dem ich ... das Licht der Welt erblickte (Th. Mann, Krull 10).

das Licht scheuen: *sich zu verbergen suchen:* Die Hintermänner des Waffenhandels scheuen das Licht, sie treten fast nie an die Öffentlichkeit. Wenn du fliehen musst ..., dann dauert es nicht lange, bis du abgerissen und grau wirst und das Licht scheust (Schnabel, Marmor 56).

jmdm. das Licht auspusten/ausblasen (ugs.): *jmdn. töten:* Zwei Bandenmitglieder hatten versucht, dem Anführer das Licht auszupusten. Ich ... zielte ... nur aufs Herz, machte ihnen den Garaus, blies ihnen das Licht aus (Bieler, Bonifaz 64).

Vgl. die Wendung »jmdm. das Lebenslicht ausblasen«.

bei etwas das Licht/(auch:) die Lampe [nicht] gehalten haben (ugs.): *an etwas [nicht] beteiligt gewesen sein:* Mich brauchst du für den Blödsinn nicht verantwortlich zu machen, den deine Schwester angestellt hat – ich habe dabei das Licht nicht gehalten.

▶ Die Wendung bezieht sich auf nächtliche Einbrüche o. Ä., bei denen einer der Täter leuchtet, den anderen das Licht hält.

jmdm. ein Licht aufstecken (ugs.): 1. *jmdn. aufklären:* Langsam sollte ihm jemand mal ein Licht aufstecken. Ich will dir mal ein Licht aufstecken, was alles im Leben passiert (Hausmann, Salut 151). 2. *jmdn. zurechtweisen:* Wenn er noch einmal so unverschämt zu dir ist, werde ich ihm ein Licht aufstecken!

▶ Diese Wendung bezieht sich auf das Aufstecken einer neuen Kerze auf den Leuchter; das Licht ist – wie in vielen ähnlichen Wendungen – Ausdruck für »Erleuchtung«.

ein bezeichnendes Licht auf jmdn., auf etwas werfen: *die [schlechten] Eigenschaften von jmdm., von etwas deutlich machen:* Dass er sich einen Sportwagen kauft, während seine Mutter vom Sozialamt lebt, wirft ein bezeichnendes Licht auf ihn.

ein schlechtes/ein schiefes/ein merkwürdiges/kein gutes Licht auf jmdn., auf etwas werfen: *jmdn., etwas schlecht/merk-*

würdig erscheinen lassen: Das Verhalten des Gitarristen wirft ein schlechtes Licht auf die ganze Gruppe. Ich find das gar nicht zum Lachen ... So was wirft bloß ein schlechtes Licht auf meine Station (Sebastian, Krankenhaus 51).

sein Licht leuchten lassen (ugs.): *sein Wissen, sein Können zeigen:* Bei der abschließenden Diskussion konnte der Historiker sein Licht leuchten lassen. »Nun, Jeanne Abadie!«, nickt die Lehrerin ... Jeanne Abadie lässt flink ihr Licht leuchten (Werfel, Bernadette 24).
▸ Die Wendung geht auf die Bibelstelle Matth. 5, 15 ff. zurück. Dort heißt es, man solle sein Licht nicht unter den Scheffel stellen (vgl. die folgende Wendung), sondern es vor den Leuten leuchten lassen, damit sie sehen, welche guten Werke man getan hat. Man bezieht die Wendung heute mehr auf die Fähigkeiten eines Menschen als auf seine guten Taten.

sein Licht [nicht] unter den Scheffel stellen: *seine Leistungen, Verdienste [nicht] aus Bescheidenheit verbergen:* Man sollte sein Licht nicht unter den Scheffel stellen, wenn man Erfolg haben will. Sie ist eine ... ganz große Künstlerin ... Oh, aber sie liebt es, ihr Licht unter den Scheffel zu stellen (Seidel, Sterne 40).
▸ Der Scheffel ist ein schaufelartiges Gefäß, das früher als Getreidemaß verwendet wurde. Ein Licht, das man unter den Scheffel stellt, ist abgeschirmt, es leuchtet nicht weit. Hierauf bezieht sich die Bibelstelle Matth. 5, 15 ff., in der es heißt, dass man sein Licht nicht unter den Scheffel, sondern auf einen Leuchter stellen soll, damit es von allen gesehen werden kann. Matthäus bezieht dieses Bild auf die guten Taten eines Menschen, heute wird die Wendung auch auf besondere Fähigkeiten bezogen.

grünes Licht geben: *die Erlaubnis geben, etwas zu beginnen, etwas in Angriff zu nehmen:* Wenn die Zentrale grünes Licht gibt, fangen wir nächste Woche mit dem Umbau an. ... nach einer zweiten Inspektion gab auch sie (= die Luftfahrtbehörde) grünes Licht (MM 1. 9. 1975, 10). Dann folgte die Fraktion mit Zweidrittelmehrheit dem Beispiel Arndts und gab grünes Licht für die abschließenden Verhandlungen (Spiegel 50, 1966, 39).
▸ Die Wendung bezieht sich auf Lichtsignale wie z. B. bei der Verkehrsregelung durch Ampeln, deren grünes Licht »freie Fahrt« bedeutet.

Licht am Ende des Tunnels sehen: *in schwieriger Lage Anzeichen für eine Besserung entdecken:* Die Genossen sahen Licht am Ende des Tunnels: Auf Kosten des Staates wird ihnen ein Teil ihrer Altschulden erstattet (Spiegel 44, 1983, 18).

etwas ans Licht bringen/ziehen/zerren: *etwas [in der Öffentlichkeit] bekannt machen/[der Öffentlichkeit] preisgeben:* Die Boulevardpresse lebte wochenlang davon, immer neue Einzelheiten aus dem Privatleben der Angeklagten ans Licht zu zerren. ... als irgendeine Zeitung seine skandalöse Dienstaufsichtsbeschwerde gegen den Polizisten Hahlbohm ans Licht zog (Augstein, Spiegelungen 134).

ans Licht kommen: *[in der Öffentlichkeit] bekannt werden:* Bei der neuen Untersuchung sind eine Reihe interessanter Fakten ans Licht gekommen. Da kamen Manuskriptseiten ans Licht, Tagebücher mit sehr despektierlichen Charakterisierungen meiner Lehrer ... (Niekisch, Leben 20).

bei Licht[e]/bei Tag besehen/betrachtet (ugs.): *genau genommen:* Bei Licht besehen, ist der Preisnachlass gering. Bei Lichte besehen, sind ihm ja übrigens die mildernden Umstände nicht abzusprechen (Th. Mann, Buddenbrooks 259).

jmdn. hinters Licht führen: *jmdn. täuschen:* Der Polizist ließ sich nicht hinters Licht führen und zog den Führerschein vorläufig ein. Wenn ich die Einkommensteuer in dieser Sache nicht hinters Licht führe, ... seh ich keine Möglichkeit (Ruark [Übers.], Honigsauger 479). Aber du hast mich hintergangen und hinter das Licht geführt, sodass ich ... Lea für Rahel hielt (Th. Mann, Joseph 313).
▸ Die Wendung bedeutete ursprünglich »jmdn. ins Dunkle (= hinter das Licht) führen«, wo man nicht sieht, was vorgeht.

jmdm. im Licht stehen: *jmdn. [in seinem Fortkommen] behindern, jmdm. schaden:* Sein ganzes Leben lang stand ihm sein älterer Bruder im Licht. Was sie auch tat, sie stand sich meistens selbst im Licht dabei.

jmdn., etwas ins rechte Licht rücken/setzen/stellen: *jmdn., etwas möglichst vorteilhaft erscheinen lassen:* Meine Tante ist unschlagbar, wenn es darum geht, sich selbst ins rechte Licht zu rücken. Bei der abschließenden Besprechung versuchte der Abteilungsleiter, sein Verhalten ins rechte Licht zu setzen.

etwas in rosigem/in rosa[rotem] Licht sehen: *etwas [unkritisch] sehr positiv beurteilen:* Zur Überraschung der Fachleute sieht der Wirtschaftsminister die Konjunkturentwicklung im rosigsten Licht.

etwas in rosigem/in rosa[rotem]/im rosigsten Licht darstellen/schildern o. Ä.: *etwas sehr positiv darstellen:* Der Autor schildert die Zukunft der Menschheit in rosigem Licht.

in einem guten/günstigen o. ä. Licht stehen/erscheinen: *einen guten/günstigen o. ä. Eindruck machen:* Durch ihre großzügige Spende steht sie in einem viel günstigeren Licht. Dieser Umstand wird dazu beitragen, unseren Bahnhof in einem freundlicheren Lichte erscheinen zu lassen (Sieburg, Blick 174). ... dies wird euch zweifellos ... auch die etwas eigenmächtige Verlängerung meines Aufenthaltes dahier in milderem Licht erscheinen lassen (Th. Mann, Krull 391).

in einem schiefen Licht erscheinen: *einen ungünstigen Eindruck machen:* Durch die Unehrlichkeit eines Einzelnen erscheint plötzlich eine ganze Branche in einem schiefen Licht.

etwas in einem milderen Licht sehen: *etwas nicht [mehr] für so schlimm ansehen:* Wenn der Richter die näheren Umstände erfährt, dürfte er das Vorgehen des Angeklagten in einem milderen Licht sehen.

etwas in einem schiefen Licht sehen: *etwas falsch und zu ungünstig einschätzen:* Die Öffentlichkeit hat diesen Schauspieler bislang in einem eher schiefen Licht gesehen.

in [ein] falsches/schiefes/schlechtes/ungünstiges o. ä. Licht geraten/kommen: *einen falschen/schlechten/ungünstigen o. ä. Eindruck machen:* Als die Akten überprüft wurden, geriet die Baugesellschaft mehr und mehr in ein ungünstiges Licht. Wir müssen vermeiden, dass die Protestaktion in ein falsches Licht gerät.

um jmdn. herumfliegen/herumschwirren wie die Motten ums Licht: ↑herumfliegen. es ist nichts so fein gesponnen, es kommt doch ans Licht der Sonnen: ↑spinnen.

lichten: die Reihen lichten sich: ↑Reihe.

lieb: jmdm. lieb und teuer/wert sein: *jmdm. sehr viel bedeuten, sehr wertvoll für jmdn. sein:* Das kleine Gartenhaus ist mir besonders lieb und wert.

[ach] du liebes bisschen: ↑bisschen. lieber ein Ende mit Schrecken, als ein Schrecken ohne Ende: ↑Ende. mein lieber Freund und Kupferstecher: ↑Freund. um des lieben Friedens willen: ↑Friede[n]. mein lieber [Herr] Gesangverein: ↑Gesangverein. [ach] du lieber Gott: ↑Gott. den lieben Gott einen guten Mann sein lassen: ↑Gott. [ach] du liebe Güte: ↑Güte. du lieber Himmel: ↑Himmel. [das] weiß der liebe Himmel; das mag der liebe Himmel wissen: ↑Himmel. jmdn. am liebsten von hinten sehen: ↑hinten. hoffen wir das Beste, lieber Leser: ↑hoffen. bei jmdm. lieb Kind sein: ↑Kind. sich bei jmdm. lieb Kind machen: ↑Kind. mit jmdm., mit etwas seine liebe Last haben: ↑Last. [ach] du liebes Lieschen: ↑Lieschen. manches liebe Mal: ↑Mal. mein lieber Mann: ↑Mann. jmd. würde am liebsten in ein Mauseloch kriechen: ↑Mauseloch. seine liebe [Müh und] Not mit jmdm., mit etwas haben: ↑Not. etwas nötig haben wie das liebe Brot: ↑nötig. mein lieber Schwan: ↑Schwan. jetzt hat die liebe Seele Ruh: ↑Seele. mein lieber Spitz: ↑Spitz. alle Tage, die/jeden Tag, den der liebe Gott werden lässt: ↑Tag. dem lieben Gott den Tag stehlen: ↑Tag. den lieben langen Tag lang: ↑Tag. dann nicht, liebe Tante: ↑Tante. wie das liebe Vieh: ↑Vieh. dem lieben Gott die Zeit stehlen: ↑Zeit. [ach] du liebe Zeit: ↑Zeit.

Liebe: Liebe macht blind: *wer einen anderen liebt, der sieht dessen Fehler und Schwächen nicht.*

Liebe geht durch den Magen: *wer gut kochen kann, gewinnt leicht die Zuneigung anderer.*

alte Liebe rostet nicht: *eine Zuneigung, die schon sehr lange besteht, lässt sich nicht mehr vergessen oder unterdrücken.*

eine Liebe ist der anderen wert: *wer einem einen Gefallen getan hat, dem hilft man auch selbst gern.*

nicht die wahre Liebe sein (ugs.): *[noch] nicht so sein, wie man es gern haben möchte:* Der Vergaser funktioniert zwar wieder, aber das ist noch nicht die wahre Liebe.
muss Liebe schön sein! (ugs.): *Kommentar bei auffällig verliebtem Verhalten eines Paares.*
wo die Liebe hinfällt (ugs.): *Kommentar zu einer als ungewöhnlich oder überraschend angesehenen Liebesbeziehung:* Wo die Liebe hinfällt ... So gut wie bei diesem Pärchen ... scheint der Computer für Partnervermittlung bei Marion und Francis leider nicht funktioniert zu haben (Hörzu 39, 1973, 78). ... es handelt sich dabei um ein wertloses, nichtsnutziges Frauenzimmer ... – nun, wo die Liebe eben hinfällt (Geissler, Nacht 13).
tu mir/tun Sie mir die Liebe (ugs.): *sei bitte/seien Sie bitte so nett:* Tu mir die Liebe, und halte dir die Hand vor den Mund, wenn du hustest. »Ich hoffe, ich bringe es zusammen ...« – »Es verlangt mich danach. Tun Sie mir die Liebe.« (Bergengruen, Rittmeisterin 186).
Liebe machen (ugs.): *Geschlechtsverkehr haben:* Sie küssten sich schweigend und machten Liebe (Singer [Übers.], Feinde 101). Als ich die Augen öffne, sehe ich, dass noch andere Pärchen Liebe machen (Spiegel 43, 1979, 270).
▶ Diese Wendung ist eine Lehnübersetzung des englischen »make love«.
bei aller Liebe (ugs.): *trotz allem Wohlwollen:* Ich kann dir bei aller Liebe keinen Kredit mehr geben. Bei aller Liebe. Man ist auch nur ein Mensch, und Sie wissen genau, außerdem führ ich noch das Hausbuch (Kant, Impressum 104).
das tut der Liebe keinen Abbruch: ↑Abbruch. **eine Frucht der Liebe:** ↑Frucht. **ein Kind der Liebe:** ↑Kind. **von Luft und Liebe leben:** ↑Luft. **etwas mit dem Mantel der Liebe zudecken:** ↑Mantel.
lieben: was sich liebt, das neckt sich: *kleinere Streitereien sind bei Verliebten nicht ernst zu nehmen.*
liebend gern (ugs.): *sehr gern:* Ich hätte diese Auseinandersetzung liebend gern vermieden. Warum sollte man Heino nur heimlich lieben dürfen? Wir ... hören ihn liebend gern (Hörzu 40, 1973, 165). »Möchtest du jetzt auch einen Drink?«

»Liebend gerne.« (Baldwin [Übers.], Welt 108).
die Abwechslung lieben: ↑Abwechslung.
lieber: sich lieber ein Loch ins Knie bohren lassen: ↑Loch. **lieber den Magen verrenken, als dem Wirt etwas schenken:** ↑Magen. **lieber warmer Mief als kalter Ozon:** ↑Mief. **lieber einen Sack [voll] Flöhe hüten:** ↑Sack.
Liebesmüh[e]: vergebliche/verlor[e]ne Liebesmüh[e] [sein]: *umsonst, vergeblich [sein]:* Ich habe auch schon versucht, das dritte Programm einzustellen, das ist bei diesem Apparat verlorene Liebesmühe.
Liebling: Mamis/Muttis Liebling: ↑Mami.
Lied: [immer] das alte/dasselbe/das gleiche Lied sein (ugs.): *immer [noch] dasselbe sein:* Es ist das alte Lied: Keiner fühlt sich zuständig. Da man ... dem Luchs in Rom den Gefallen tun musste, die beste Ritterschaft auf den Kreuzzug zu schicken, ist man in wichtigen Dingen gelähmt. Das alte Lied! (Benrath, Konstanze 62).
[immer wieder] dasselbe/das alte/das gleiche Lied anstimmen (ugs.): *[immer wieder] dasselbe erzählen, sich über dasselbe beklagen:* Ich möchte nicht immer wieder dasselbe Lied anstimmen, aber wir brauchen wirklich einen neuen Kühlschrank.
von etwas ein Lied[chen] singen können/zu singen wissen (ugs.): *über etwas aus eigener unangenehmer Erfahrung berichten können:* Von den Methoden gewisser Journalisten konnte er ein Lied singen. Der Polizeipräsident wusste von den Schwierigkeiten der Verkehrsüberwachung ein Lied zu singen. Auch Heino, strohblonder Deutschsängerknabe mit bis zu 6 000 Briefen im Monat, kann ein Liedchen davon singen (Hörzu 45, 1971, 62).
▶ Die Wendung geht davon aus, dass das Lied eine alte Form ist, Geschehnisse anderen mitzuteilen, zu überliefern. Wer das Geschehen selbst erlebt hat, der kann am besten ein Lied darüber singen.
wes Brot ich ess, des Lied ich sing: ↑Brot. **das Ende vom Lied sein:** ↑Ende. **[ein] politisch Lied, [ein] garstig Lied:** ↑politisch.
liederlich: Bruder Liederlich: ↑Bruder.

liefern: geliefert sein (ugs.): *ruiniert, verloren sein:* Wenn die Bergwerksaktien noch weiter fallen, dann ist die Bank geliefert. Sollte ein ... Kunstdieb tatsächlich versuchen, ein gestohlenes Kunstwerk ... über einen Händler zu verkaufen, wäre er unweigerlich »geliefert« (Express 11. 10. 1968, 3).
► Die Wendung ist eine Kürzung aus »dem [Scharf]richter ausgeliefert sein«.
jmdn. ans Messer liefern: ↑ Messer. **jmdm. eine gute/schlechte o. ä. Partie liefern:** ↑ Partie. **jmdm. eine Schlacht/ein Treffen liefern:** ↑ Schlacht, ↑ Treffen.

liegen: an mir soll es nicht liegen: 1. *ich will kein Hindernis sein:* Wenn ihr lieber für euch sein wollt, ziehe ich eben aus – an mir soll es nicht liegen. 2. *ich will mein Bestes tun:* Es wird alles geschehen, um den Kunden zufrieden zu stellen – an uns soll es nicht liegen.
im Argen liegen: ↑ arg. **auf der Bärenhaut liegen:** ↑ Bärenhaut. **vor jmdm. auf dem Bauch liegen:** ↑ Bauch. **in etwas begründet liegen:** ↑ begründen. **in etwas beschlossen liegen:** ↑ beschlossen. **wie man sich bettet, so liegt man:** ↑ betten. **jmdm. wie Blei in den Gliedern/Knochen liegen:** ↑ Blei. **jmdm. im Blut liegen:** ↑ Blut. **unter der Erde liegen:** ↑ Erde. **jmdm. zu Füßen liegen:** ↑ Fuß. **das Geld liegt auf der Straße:** ↑ Geld. **auf der Gewinnerstraße liegen:** ↑ Gewinnerstraße. **zum Greifen nahe liegen:** ↑ greifen. **jmdm. in den Gliedern/Knochen liegen:** ↑ Glied, ↑ Knochen. **sich in den Haaren liegen:** ↑ Haar. **da liegt der Haken:** ↑ Haken. **jmdm. auf dem Hals liegen:** ↑ Hals. **klar auf der Hand liegen:** ↑ Hand. **in jmds. Hand liegen:** ↑ Hand. **in guten/schlechten Händen liegen:** ↑ Hand. **da/hier liegt der Hase im Pfeffer:** ↑ Hase. **auf der faulen Haut liegen:** ↑ Haut. **jmdm. am Herzen liegen:** ↑ Herz. **da liegt der Hund begraben:** ↑ Hund. **wissen, wo der Hund begraben liegt:** ↑ Hund. **bei jmdm. liegt der Kamm bei der Butter:** ↑ Kamm. **an der Kette liegen:** ↑ Kette. **da liegt der Knüppel beim Hund:** ↑ Knüppel. **in der Kürze liegt die Würze:** ↑ Kürze. **jmdm. zur Last liegen:** ↑ Last. **auf der Lauer liegen:** ↑ Lauer. **in der Luft liegen:** ↑ Luft. **jmdm. schwer im Magen liegen:** ↑ Magen. **auf der Nase liegen:** ↑ Nase. **in der Natur der Sache liegen:** ↑ Natur. **jmdm. in den** **Ohren liegen:** ↑ Ohr. **jmdm. auf der Pelle liegen:** ↑ Pelle. **auf dem Pflaster liegen:** ↑ Pflaster. **auf der Plauze liegen:** ↑ Plauze. **im Quartier liegen:** ↑ Quartier. **am Rande liegen:** ↑ ¹Rand. **unter dem grünen/kühlen Rasen liegen:** ↑ Rasen. **etwas rechts liegen lassen:** ↑ rechts. **[noch] im Rennen liegen:** ↑ Rennen. **auf jmds./jmdm. auf der Seele liegen:** ↑ Seele. **jmdm. im Sinn liegen:** ↑ Sinn. **auf der Straße liegen:** ↑ Straße. **mit jmdm. im Streit liegen:** ↑ Streit. **jmdm. auf der Tasche liegen:** ↑ Tasche. **in Trümmern liegen:** ↑ Trümmer. **auf der Verliererstraße liegen:** ↑ Verliererstraße. **im Wein liegt Wahrheit:** ↑ Wein. **zwischen etwas und etwas anderem liegen Welten:** ↑ Welt. **noch in den Windeln liegen:** ↑ Windel. **in den Wochen liegen:** ↑ Woche. **sich mit jmdm. in der Wolle liegen:** ↑ Wolle. **in den letzten Zügen liegen:** ↑ Zug. **einer Sache zugrunde liegen:** ↑ zugrunde. **jmdm. auf der Zunge liegen:** ↑ Zunge. **offen zutage liegen:** ↑ zutage.

liegen lassen: alles liegen und stehen lassen: *seine gegenwärtige Beschäftigung sofort einstellen:* Lass alles liegen und stehen, und komm sofort ins Krankenhaus! Wir lassen das jetzt alles liegen und stehen und gehen zu Bett.
jmdn. links liegen lassen: ↑ links. **etwas links liegen lassen:** ↑ links.

Lieschen: Lieschen Müller (ugs.): *der Durchschnittsmensch:* Wir wollen mit unserer Sendung keinen Preis der Kunstkritik anstreben, sondern ein Unterhaltungsprogramm machen, an dem Lieschen Müller seine Freude hat. Und im Flachbau ... arbeiten in je zwei 1 300 Quadratmeter großen Räumen je 180 Angestellte vom »Typ Lieschen Müller«, die »alle genau die gleichen Handgriffe tun« (Spiegel 21, 1966, 99).
[ach] du liebes Lieschen! (ugs.): *Ausruf der Überraschung, des Erschreckens:* Ach du liebes Lieschen – ich habe an der Suppe das Salz vergessen!

Lineal: [wohl] ein Lineal verschluckt haben (ugs.): *sich sehr steif und gerade halten:* Du hast wohl ein Lineal verschluckt – beweg dich ein bisschen!

Linie: Linie in etwas bringen (ugs.): *einer Sache System, Format geben:* Es fehlte jemand, der Linie in das Projekt gebracht hätte.

auf der ganzen Linie (ugs.): *völlig:* Die neue Mannschaft versagte auf der ganzen Linie. Verwirrung auf der ganzen Linie. Der Fall Lebach wurde zum Fall Neven-du Mont, und eine nochmalige Wandlung des »Falls« scheint bevorzustehen (Hörzu 24, 1972, 18).

in erster Linie: *zuerst:* Der Trainer versuchte, in erster Linie die Kondition der Spieler zu verbessern. Natürlich denke ich dabei in erster Linie an die Verleihung des Ordens vom Roten Löwen (Th. Mann, Krull 399).

in zweiter Linie: *nach etwas anderem, an weniger wichtiger Stelle:* An einer Lizenzvergabe war die Firma erst in zweiter Linie interessiert. Entscheidend für das Funktionieren ... ist freilich erst in zweiter Linie die Fixierung von Verfassungsnormen (Fraenkel, Staat 73).

linke: linker Hand (geh.): *auf der linken Seite, links:* Linker Hand sehen Sie das Stehpult des Dichters. Linker Hand, das heißt im Westen, wälzte der Don seine ... Winterdecke abwärts (Plievier, Stalingrad 5). Im vorderen Wagen erklärte Dr. Sellmann seinem Gast die Gegend, das Louisium linker Hand und die Deiche bei Vockerode (Bieler, Mädchenkrieg 13).

zur linken Hand (geh.): *auf der linken Seite, links:* Zur linken Hand erstreckte sich eine weite Ebene mit Feldern und Wiesen.

mit dem linken Bein/Fuß zuerst aufgestanden sein: ↑ aufstehen. **eine Ehe zur linken Hand:** ↑ Ehe. **die linke Hand kommt vom Herzen:** ↑ Hand. **mit der linken Hand:** ↑ Hand. **zwei linke Hände haben:** ↑ Hand. **etwas aus der linken Hosentasche bezahlen:** ↑ Hosentasche. **mit dem linken Auge in die rechte/mit dem rechten Auge in die linke Westentasche sehen:** ↑ Westentasche.

Linke: die Linke weiß nicht, was die Rechte tut; die linke Hand weiß nicht, was die rechte tut: *in einem Unternehmen, einer Organisation sind die einzelnen Handlungen, Anordnungen u. Ä. nicht aufeinander abgestimmt.*

▶ Diese Redensart leitet sich aus dem Neuen Testament her (Matthäus 6, 3).

zur Linken (geh.): *auf der linken Seite, links:* Zur Linken des Präsidenten saß

der Gastgeber. Dann machte er das kleine Plexiglasfensterchen auf, das zu seiner Linken in die Windscheibe eingeschnitten ist (Grzimek, Serengeti 32).

die Linke kommt vom Herzen: ↑ Hand.

links: jmdn. links liegen lassen: *jmdn. bewusst übersehen, sich um jmdn. nicht kümmern:* Randgruppen der Gesellschaft werden nur zu oft links liegen gelassen. ... vor sechs Wochen habe ich meinen ersten Kuss bekommen. Von einem Achtzehnjährigen ... Dann ließ er mich drei Wochen links liegen (Hörzu 36, 1974, 77).

▶ Diese Wendung geht darauf zurück, dass die linke Seite im Volksglauben als die Seite des Bösen, Unheilvollen gilt, mit der man nichts zu tun haben will.

etwas links liegen lassen (ugs.): 1. *etwas nicht beachten:* Das Mädchen hat Recht, wenn es den 08/15-Schlagermarkt links liegen lässt und sein eigenes Scheibchen auf dem Plattenmarkt abschneidet (Hörzu 25, 1973, 42). 2. *rechts an etwas vorbeigehen, -fahren:* Um in die Sophienstraße zu kommen, müssen Sie den Palmengarten links liegen lassen und an der Ampel rechts einbiegen. Paasch indessen lässt das elterliche Wohnung links liegen, steigt hoch in den ersten Stock (Fries, Weg 311).

mit links (ugs.): *nebenbei, ohne besondere Anstrengung:* Das Regal hat sie mit links zusammengebastelt. Diese mehr oder weniger belanglosen Angelegenheiten kann und muss man »mit links erledigen« (Hörzu 38, 1975, 102). Und diese Qualifikation schaffte Gerhard Klarner mit links (Hörzu 45, 1973, 159).

weder rechts noch links schauen: ↑ rechts. **nicht [mehr] wissen, wo/was rechts und links ist:** ↑ rechts.

Linse: einen Knick in der Linse haben: ↑ Knick.

Linsengericht: etwas für ein Linsengericht hergeben/verkaufen: *etwas Wertvolles für etwas sehr Geringes hergeben, für sehr wenig Geld verkaufen:* Das Angebot des Antiquitätenhändlers ist lächerlich – ich werde doch unseren schönen Barocksekretär nicht für ein Linsengericht hergeben.

▶ Die Wendung bezieht sich auf das Alte Testament (1. Moses 25, 34), wo berichtet wird, dass Esau sein Erstgeburtsrecht an Jakob für ein Linsengericht verkaufte.

Lippe: eine [dicke/große] Lippe riskieren (ugs.): *vorlaut sein, herausfordernd reden:* Wer hier eine dicke Lippe riskiert, der fliegt raus! Sei vorsichtig, Maiwald, riskiere keine große Lippe, ich meine es gut mit dir (v. d. Grün, Glatteis 224).
an jmds. Lippen hängen: *jmdm. äußerst aufmerksam, gebannt zuhören:* Wie verzaubert hingen die Kinder an den Lippen des Großvaters. Und wenn er erklärt ..., wie eine Szene gespielt werden soll, hängen Schauspieler wie Gerd ... an seinen Lippen (Hörzu 19, 1973, 52).
über jmds. Lippen kommen: *von jmdm. ausgesprochen werden:* Glaub mir, über meine Lippen wird kein Wort des Vorwurfs kommen! Lobgesänge zu Ehren des Vaters waren dabei über seine Lippen gekommen (Schaper, Kirche 70).
etwas nicht über die Lippen bringen: *etwas nicht zu sagen wagen; es nicht über sich bringen, etwas zu sagen:* Sie schämte sich, aber das Wörtchen »Entschuldigung« brachte sie nicht über die Lippen. Ich hatte sie lange darum bitten wollen und doch die Bitte nicht über die Lippen gebracht (Bergengruen, Rittmeisterin 184). ... sie vermochte auch das »Ja« nicht über die Lippen zu bringen (Th. Mann, Buddenbrooks 78).
jmdm. leicht/glatt von den Lippen gehen/ fließen: *von jmdm. ohne Bedenken geäußert werden:* Dass diesem Herrn selbst die abgedroschensten Floskeln so leicht von den Lippen fließen, das macht ihn uns auch nicht gerade sympathischer. Birotteau ist ... im Grunde ein weicher Mann, dem die Parole leicht von den Lippen geht (NJW 19, 9. 5. 1984, 1059).
List: mit List und Tücke (ugs.): *mit viel Geschick und Schläue:* Mit List und Tücke hatten die Feuerwehrleute den Wellensittich wieder in den Käfig gebracht. Ich habe es mit List und Tücke auch geschafft, dass wir einen Fernseher bekamen (Hörzu 52, 1976, 97).
Liste: schwarze Liste: ↑ schwarz.
Litanei: die alte/die gleiche/dieselbe Litanei (ugs.): *die alte Sache, Angelegenheit; das schon oft Gesagte:* »Was habt ihr bei den Verhandlungen erreicht?« – »Die al-

te Litanei: Versprechungen und nichts Konkretes.«
Lob: des Lobes voll sein (geh.): *sich sehr lobend äußern:* Ja sogar die Berliner Presse war nun voll des Lobes über ihre Arbeit (Trenker, Helden 55). Imma Spoelmann zeigte sich leidlich zufrieden ..., aber Klaus Heinrich ... war des Lobes voll (Th. Mann, Hoheit 197).
über alles/über jedes Lob erhaben sein: *so hervorragend sein, dass sich jedes Lob erübrigt:* Seine Choreographie zu »Romeo und Julia« ist über alles Lob erhaben.
Gott sei Lob und Dank: ↑ Gott.
loben: das lobe ich mir!: *damit bin ich sehr zufrieden, das gefällt mir:* Du hast eine Zwei in Mathematik? Das lobe ich mir.
Gott sei gelobt: ↑ Gott. **gelobt sei, was hart macht:** ↑ hart. **jmdn., etwas über den grünen Klee/über den Schellenkönig loben:** ↑ Klee, ↑ Schellenkönig. **jeder Krämer lobt seine Ware:** ↑ Krämer. **man soll den Tag nicht vor dem Abend loben:** ↑ Tag. **jmdn., etwas in den höchsten Tönen loben:** ↑ Ton.
Loblied: ein Loblied auf jmdn., auf etwas anstimmen/singen: *jmdn., etwas sehr loben:* Nach dem sechsten Bier stimmt er regelmäßig ein Loblied auf das deutsche Brauereiwesen an.
Loch: ein Loch zurückstecken (ugs.): *sich mit weniger zufrieden geben, nachgeben:* Damit überhaupt eine Einigung zustande kommt, müssten beide Parteien ein Loch zurückstecken. Nun steck mal ein paar Loch zurück, Schätzchen; du verstehst nämlich durchaus nicht so viel von Männern, wie du glaubst (Baldwin [Übers.], Welt 342).
▶ Die Wendung bezieht sich auf die Löcher im Gürtel. Wenn es einem schlecht geht, wenn man sich mit weniger zufrieden geben muss, dann muss man »den Gürtel enger schnallen« (↑ Gürtel).
jmdm. ein Loch in den Arsch fragen (derb): *jmdm. pausenlos Fragen stellen:* Die Kerle haben mir ein Loch in den Arsch gefragt, aber ich habe dichtgehalten.
jmdm. ein Loch/Löcher in den Bauch fragen (ugs.): *jmdm. pausenlos Fragen stellen:* Meine Tochter ist jetzt in dem Alter, in dem Kinder einem ein Loch in den

Bauch fragen können. Sie wollen euch anregen, euren Eltern ruhig »ein Loch in den Bauch zu fragen« (Hörzu 43, 1973, 137).

jmdm. ein Loch/Löcher in den Bauch reden (ugs.): *pausenlos auf jmdn. einreden:* Sei endlich still, hör auf, mir ein Loch in den Bauch zu reden! Ich habe dem Lehmann ein Loch in den Bauch geredet, nun ist er ganz wild auf Sie (Fallada, Mann 83).

ein großes/arges Loch in jmds. Beutel reißen: *jmdn. sehr viel Geld kosten:* Ein Einkauf in diesem Antiquariat könnte ein arges Loch in meinen Beutel reißen.

ein [großes/gewaltiges] Loch in die Kasse reißen (ugs.): *sehr viel Geld kosten:* Deine neue Sommergarderobe hat ein gewaltiges Loch in die Kasse gerissen. Den Urlaub um zwei Wochen zu verlängern würde ein zu großes Loch in die Kasse reißen.

ein Loch/Löcher in die Luft gucken/starren (ugs.): *geistesabwesend vor sich hin starren:* Er saß ganz hinten in der letzten Reihe, langweilte sich und guckte Löcher in die Luft. Der Major ... starrte eine Weile Löcher in die Luft (Hilsenrath, Nazi 89).

ein Loch/Löcher in die Wand stieren (ugs.): *geistesabwesend irgendwohin starren:* Sie wartete im Flur, stand in einer Ecke und stierte ein Loch in die Wand.

ein Loch in die Luft schießen (ugs.): *vorbeischießen, das Ziel nicht treffen:* Auch der spätere Schützenkönig hatte zweimal ein Loch in die Luft geschossen.

ein Loch in den Tag schlafen (ugs.): *sehr lange schlafen:* Der Student im vierten Stock schläft mal wieder ein Loch in den Tag. Das haben wir gern: Erst ein Loch in den Tag schlafen, und dann meckern, dass der Kaffee nicht mehr heiß ist!

sich lieber ein Loch ins Knie bohren lassen (ugs.): *lieber alles andere tun:* Lieber lass ich mir ein Loch ins Knie bohren, als mit euren Kindern noch einmal in den Zoo zu gehen. Mein Bruder geht nicht in die Tanzstunde, lieber lässt der sich ein Loch ins Knie bohren!

auf/aus dem letzten Loch pfeifen (ugs.): *am Ende seiner Kraft, seiner [finanziellen] Möglichkeiten sein:* Du musst mir

unbedingt helfen, ich pfeife auf dem letzten Loch! Wir Buddenbrooks pfeifen noch nicht aus dem letzten Loch, Gott sei Dank (Th. Mann, Buddenbrooks 274). ... und weil er geschäftlich auf dem letzten Loch pfiff, zog er mit mir ins Hurenviertel bei den Fortifs (Maass, Gouffé 258).

▶ Die Wendung bezieht sich wahrscheinlich auf den Tonumfang eines Blasinstruments. Wenn man auf dem letzten (= höchsten) Loch geblasen hat, kann kein höherer Ton mehr hervorgebracht werden, die Möglichkeiten des Instruments sind erschöpft.

saufen wie ein Loch: ↑saufen. **einem die Löcher in den Socken zusammenziehen:** ↑Socke. **jmdm. zeigen, wo der Zimmermann das Loch gelassen hat:** ↑Zimmermann.

locken: dich/den haben sie wohl mit der Banane[nschale] aus dem Urwald gelockt: ↑Banane[nschale]. **jmdn. auf eine falsche Fährte locken:** ↑Fährte. **jmdn. ins Garn locken:** ↑Garn. **mit etwas keinen Hund hinter dem Ofen hervorlocken/vom Ofen locken:** ↑Hund. **jmdn. in die Irre locken:** ↑Irre. **jmdn. auf den Leim locken:** ↑Leim. **jmdn. aus der Reserve locken:** ↑Reserve.

löcken: wider/gegen den Stachel löcken: ↑Stachel.

locker: ein lockerer Vogel: *ein leichtfertiger Mensch:* Dein Neffe war ein lockerer Vogel, der das Erbe seines Vaters rasch durchgebracht hatte.

eine lockere Hand haben: ↑Hand. **ein lockeres Handgelenk haben:** ↑Handgelenk. **locker vom Hocker:** ↑Hocker. **ein lockeres Mundwerk haben:** ↑Mundwerk. **bei jmdm. ist ein Rad/Rädchen locker:** ↑Rad. **bei jmdm. ist eine Schraube locker:** ↑Schraube.

lockern: die Zügel lockern: ↑Zügel. **jmdm. die Zunge lockern:** ↑Zunge.

Löffel: den Löffel abgeben/hinlegen/fallen lassen/wegschmeißen (ugs.): *sterben:* Das dauert noch ein bisschen, bis euer alter Großvater den Löffel fallen lässt! Der Soldat stirbt auch nicht, er fällt, oder er hat den Löffel weggeschmissen (Penzoldt, Mombour 13). ... ich hätte nie im Leben freiwillig den Löffel abgegeben (Plenzdorf, Leiden 147).

▶ Der Löffel steht in dieser Wendung für die lebensnotwendige Tätigkeit des Essens. Das Ende des Lebens wird verhüllend als Ende der Nahrungsaufnahme umschrieben.

silberne Löffel stehlen (ugs.): *sich etwas [Schlimmes] zuschulden kommen lassen:* Die Leute haben mich angesehen, als hätte ich schon mal silberne Löffel gestohlen.

die Löffel spitzen (ugs.): *aufmerksam zuhören:* Nun spitzt mal schön die Löffel, ich erkläre das System nur einmal. Sie unterhielten sich sehr ungezwungen, und die Kinder saßen unter dem Tisch und spitzten die Löffel.

▶ Diese und die folgenden vier Wendungen gehen auf die Jägersprache zurück, wo die Ohren des Hasen wegen ihrer löffelähnlichen Form »Löffel« heißen. In der Umgangssprache wurden schon früh auch die menschlichen Ohren so bezeichnet (vgl. das Stichwort »Ohr«).

die Löffel aufsperren (ugs.): *aufpassen, zuhören:* Und dass du mir schön die Löffel aufsperrst, wenn der Lehrer etwas sagt!

eins/ein paar hinter die Löffel bekommen/kriegen (ugs.): *geohrfeigt werden:* Er hatte als Kind allzu oft vom Vater ein paar hinter die Löffel bekommen. Ich habe selber zwei erwachsene Söhne. Was meinen Sie, wie oft die eins hinter die Löffel gekriegt haben (Ziegler, Gesellschaftsspiele 140).

jmdm. eins/ein paar hinter die Löffel geben/hauen (ugs.): *jmdn. ohrfeigen:* Pass auf, dass ich dir nicht eins hinter die Löffel gebe! Wat nu det dämliche Stück heult, die Pute. Ick hau ihr noch eens hinter die Löffel (Döblin, Berlin 355).

sich etwas hinter die Löffel schreiben (ugs.): *sich etwas gut merken:* Bei uns gibt es keinen Platz für Faulenzer, das kannst du dir hinter die Löffel schreiben. Schreib dir hinter die Löffel, was der Pfarrer über Habgier und Geiz gesagt hat!

mit einem goldenen/silbernen Löffel im Mund geboren sein: *Kind reicher Eltern sein; Glück in allen Dingen haben:* Nicht jeder in unserem Land wurde mit einem goldenen Löffel im Mund geboren.

jmdn. über den Löffel barbieren/balbieren: ↑ barbieren. **so stark, dass der Löffel darin steht:** ↑ stark. **glauben/meinen, die**

Weisheit mit Löffeln gefressen zu haben: ↑ Weisheit. **die Weisheit [auch] nicht mit Löffeln gefressen haben:** ↑ Weisheit.

löffeln: jmdm. eine/eins/ein paar löffeln (ugs.): *jmdn. ohrfeigen:* Erst haben ihn seine Spielkameraden ins Wasser geschubst, dann hat ihm seine Mutter noch eine gelöffelt.

Lohn: jmdn. in Lohn und Brot nehmen (veraltend): *jmdn. anstellen:* Nach langen Jahren der Wanderschaft wurde er bei einem schwäbischen Uhrmacher in Lohn und Brot genommen.

in Lohn und Brot stehen (veraltend): *angestellt sein, feste Arbeit haben:* Solange der Großvater in Lohn und Brot stand, konnte er den einen oder anderen Taler zurücklegen. Während die Familienoberhäupter im Saargebiet in Lohn und Brot stehen, kam Calogero Anfang Februar nach Mannheim (MM 26. 8. 1969, 4).

jmdn. um Lohn und Brot bringen (veraltend): *jmdn. seine Arbeit, seine Erwerbsquelle nehmen:* Die technische Entwicklung hat manchen Handwerker in unserem Stadtviertel um Lohn und Brot gebracht.

etwas um Gottes Lohn tun: ↑ Gott. **Undank ist der Welt Lohn:** ↑ Undank.

Lorbeer: Lorbeeren pflücken/ernten: *gelobt werden; Erfolg haben:* Nachdem unsere Turnerinnen schon bei den Vorausscheidungen Lorbeeren pflücken konnten, erwarten wir auch für den Endkampf einige gute Plätze. Doch um einmal Lorbeeren ernten zu können, bedarf es vieler Übungsstunden ... (Werftstimme 9. 8. 1984, 7).

▶ Ein Kranz aus den Zweigen des Lorbeerbaums galt schon im Altertum als Zeichen des Ruhmes: Die Sieger der Pythischen Spiele in Delphi erhielten ihn ebenso wie die siegreichen römischen Feldherren bei ihren Triumphzügen.

[sich] auf seinen Lorbeeren ausruhen (ugs.): *sich nach Erfolgen nicht weiter anstrengen:* Wer in der Nationalmannschaft bestehen will, der kann sich nicht auf seinen Lorbeeren ausruhen.

Vgl. die vorangehende Wendung.

los: es ist etwas los (ugs.): *es ist großer Betrieb, es geschieht etwas [Ungewöhnliches]:* Wenn das Wetter nicht zu schlecht ist, dann ist auf der Strandpromenade immer etwas los. Es ist Glatteis angesagt, da wird morgen früh auf den Straßen wieder etwas los sein!

jmdn., etwas los sein (ugs.): *von jmdm., von etwas befreit sein:* Die Regierung wollte die Dissidenten unbedingt los sein. Endlich war sie auch den letzten ihrer aufdringlichen Verehrer los.

mit jmdm. ist nichts/nicht viel los (ugs.): *jmd. kann nicht viel, leistet nichts Richtiges:* Mit dem neuen Deutschlehrer scheint nicht viel los zu sein. Mit mir ist heute überhaupt nichts los; ich glaube, ich bekomme eine Grippe. Nicht viel los mit dem, entscheidet Quangel. Kein Mann wie der gute Pastor (Fallada, Jeder 390).

mit etwas ist nichts/nicht viel los (ugs.): *etwas taugt nichts:* Mit diesen modernen Möbeln ist nicht viel los – nur Spanplatten und Kunststoff. Den alten Plattenspieler kannst du wegwerfen, mit dem ist nichts mehr los.

was ist los? (ugs.): *was geschieht, was geht vor, was ist passiert?:* Um Himmels willen, was ist denn hier los? »Was ist los?«, fragte sie erschreckt. »Nichts«, sagte er ruhig, »die ersten Patienten sind angekommen.« (Böll, Adam 70).

[einer Sache] los und ledig sein: *ungebunden, frei [von etwas] sein:* Noch einen guten Vertrag braucht die Firma, dann ist sie ihrer Sorgen los und ledig. Los und ledig war er damals in die Welt gezogen.

auf los gehts los! (ugs.): *jetzt fangen wir an:* Jeder weiß, was er zu tun hat; auf los gehts los!

die Hölle ist los: ↑Hölle. **der Kuckuck ist los:** ↑Kuckuck. **der Teufel ist los:** ↑Teufel.

Los: das große Los: *der Hauptgewinn:* Das große Los ist diesmal ein Fertighaus. So ein Auto kaufe ich mir, wenn ich mal das große Los gewinne.

[mit jmdm., mit etwas] das große Los ziehen: *[mit jmdm., mit etwas] sehr viel Glück haben; eine gute Entscheidung getroffen haben:* Mit den Chemieaktien hatte sein Großvater das große Los gezogen. Ob er einmal sagen kann, wenn er erwachsen ist: Mit meiner Mutter habe ich das große Los gezogen ... (Danella, Hotel 200).

lose: eine lose Hand haben: ↑Hand. **ein loses Handgelenk haben:** ↑Handgelenk. **ein loses Mundwerk haben:** ↑Mundwerk. **bei jmdm. ist eine Schraube los[e]:** ↑Schraube. **die Zügel lose halten:** ↑Zügel. **eine lose Zunge:** ↑Zunge.

lösen: jmdm. die Zunge lösen: ↑Zunge.

losgehen: ich glaub, es geht los! (ugs.): *Ausdruck der Entrüstung, des Protests:* Wir sollen das Zimmer bezahlen, obwohl wir gar nicht drin gewohnt haben? Ich glaub, es geht los!

auf los gehts los: ↑los.

loshaben: etwas loshaben (ugs.): *sehr begabt sein; etwas gut können:* In Mathematik hat das Mädchen etwas los. Im Tanzen hat er was los, aber unterhalten kann man sich nicht mit ihm. »Deine Freundin hat was los«, sagte Eric (Baldwin [Übers.], Welt 271).

den Pfiff loshaben: ↑Pfiff.

loslassen: wo haben sie denn den/die losgelassen? (ugs.): *Ausdruck der Verwunderung über eine Person.*

▶ Die Redensart unterstellt, dass man den Betreffenden [wegen seines seltsamen oder auffälligen Verhaltens oder Aussehens] besser einsperren sollte.

jmdn. auf die Menschheit loslassen: ↑Menschheit. **wehe, wenn sie losgelassen:** ↑wehe.

Lot: etwas wieder ins [rechte] Lot bringen: *etwas bereinigen, wieder in Ordnung bringen:* Früher hat Mutter immer alles wieder ins rechte Lot gebracht. Ich dachte, Amelias Rückkehr würde mich wieder ins Lot bringen (Ruark [Übers.], Honigsauger 380).

▶ Diese und die beiden folgenden Wendungen beziehen sich auf das Richtlot des Maurers. Mit dem Richtlot prüft er, ob eine Wand oder Mauer genau senkrecht und damit in Ordnung ist.

ins Lot kommen: *in Ordnung kommen, bereinigt werden:* Im Laufe der Zeit wird schon alles wieder ins Lot kommen. Jetzt erobere den Süden den Norden ... Die Geschichte komme wieder ins Lot (Fest, Im Gegenlicht 356).
Vgl. die vorangehende Wendung.

[nicht] im Lot sein: *[nicht] in Ordnung, [nicht] richtig sein:* In dieser Ehe ist schon seit langem nichts mehr im Lot. Denke nicht, wer gut sei, müsse unter an-

derm auch mit der Selbstliebe im Lot sein (Musil, Mann 1164).
Vgl. die Wendung »etwas wieder ins [rechte] Lot bringen«.

Freunde in der Not gehen hundert/tausend auf ein Lot: ↑ Freund.

lotsen: jmdm. das Geld aus der Tasche lotsen: ↑ Geld.

Lotterie: die reinste Lotterie sein (ugs.): *[was den Ausgang, das Ergebnis betrifft] völlig dem Zufall unterworfen sein:* Bei solchen Platzverhältnissen ist das Länderspiel die reinste Lotterie.

Lotto: seinen Führerschein im Lotto gewonnen haben: ↑ Führerschein.

Löwe: gut gebrüllt, Löwe!: ↑ brüllen. **sich in die Höhle des Löwen begeben/wagen:** ↑ Höhle.

Luchs: aufpassen wie ein Luchs: ↑ aufpassen. **Augen haben wie ein Luchs:** ↑ Auge. **Ohren haben wie ein Luchs:** ↑ Ohr.

Luft: eine Luft zum Schneiden (ugs.): *sehr schlechte Luft:* Macht doch mal das Fenster auf, hier drin ist eine Luft zum Schneiden!

die Luft ist raus (ugs.): 1. *es ist kein Schwung mehr da, eine Sache kommt nicht mehr voran:* In der zweiten Halbzeit war die Luft raus, es fielen keine Tore mehr. Die Verliebtheiten dauerten meistens zwischen drei und sechs Wochen. Dann war irgendwie die Luft raus ... (Siems, Coming out 174). 2. *in einer Kalkulation o. Ä. gibt es keinen Spielraum mehr:* Bei unseren Preisen ist die Luft raus, wir können die Konkurrenz auf keinen Fall unterbieten.

die Luft ist rein/sauber (ugs.): *es besteht keine Gefahr, entdeckt zu werden; der Weg ist frei, unbewacht:* Wenn die Luft rein ist, pfeifst du zweimal kurz, einmal lang! ... da kann er dann unterkriechen, wenn ... die Luft nicht sauber ist (Döblin, Berlin 205).

jmdm. bleibt die Luft weg (ugs.): *jmd. ist sehr überrascht, erschreckt:* Wenn der Chef sieht, wie schön wir aufgeräumt haben, bleibt ihm glatt die Luft weg. Mir blieb die Luft weg, als ich plötzlich meinen Deutschlehrer vor mir sah. ... sie zuckt zusammen, und ihr bleibt die Luft weg (Fallada, Mann 140).

jmdm. geht die Luft aus (ugs.): *jmdm. gehen die [wirtschaftlichen, finanziellen]*

Mittel aus: Bei einem Gebot von 150 000 DM ging den meisten Interessenten für das Gemälde die Luft aus. Der alte Herr hat nach dem Krieg keine Chance mehr, den letzten Privatverlagen geht langsam die Luft aus (Zwerenz, Kopf 58).

es ist/herrscht dicke Luft (ugs.): *es droht etwas Unangenehmes [ein Streit, Schelte o. Ä.]:* Im Büro herrscht dicke Luft. Mit dem Zeugnis traue ich mich nicht nach Hause; bei uns ist sowieso schon dicke Luft. Da wird dicke Luft sein, aber der Kollmann wird das schon machen (v. d. Grün, Glatteis 166).

Luft für jmdn. sein (ugs.): *von jmdm. nicht beachtet, absichtlich übersehen werden:* Solche Leute waren grundsätzlich Luft für ihn. Ihr entging nicht, dass alles, was Christine sprach, nur für ihren Zuhörer ... gedacht war ... Amery war anscheinend Luft für sie (Bieler, Mädchenkrieg 114). Es war das erste Mal, dass sie mit ihm gesprochen hatte, bisher war er Luft für sie gewesen (Ott, Haie 7).

[wieder] Luft haben (ugs.): *das Dringendste erledigt haben, wieder Zeit haben:* Nach dem Schlussverkauf haben wir wieder Luft, dann kümmern wir uns um die liegen gebliebenen Bestellungen.

Luft holen: *eine Pause machen, erst einmal verschnaufen:* Kinder, lasst mich erst einmal Luft holen, bevor wir weiterspielen. Ich habe so ein Gefühl, ... als stünden uns Veränderungen bevor. Wir werden erst einmal Luft holen müssen (Gaiser, Jagd 47).

seinem Ärger/Kummer o. Ä. Luft machen: *seinen Ärger/Kummer o. Ä. mitteilen, sich aussprechen, sich beschweren:* Die Passagiere machten ihrem Unmut lautstark Luft. Barry musste sich ... beherrschen, um nicht aufzuspringen und seiner Empörung Luft zu machen (Cotton, Silver-Jet 73).

halt die Luft an! (ugs.): *hör auf!, sei still!:* Jetzt halt endlich die Luft an, du bist nicht der Einzige, der Probleme hat! Der Regisseur schrie ständig: »Freddy, halt die Luft an!« (Hörzu 13, 1976, 28). Jetzt tu mir einen Gefallen ... und halt endlich die Luft an damit (Plenzdorf, Leiden 96).

Luft ablassen (ugs.): *sich aussprechen:* Bei seiner Freundin konnte er Luft ablassen. In diesen Tagen wird in Mannheim hin und wieder geschimpft und »Luft« abgelassen (Mannheim illustriert, 8, 1975, 4).

die Luft aus dem Glas lassen/machen (ugs.): *das leer getrunkene Glas wieder füllen:* Sag dem Wirt, er soll mir die Luft aus dem Glas machen.

jmdm. die Luft abdrehen/abdrücken (ugs.)/**abschnüren:** *jmdn. [wirtschaftlich] zugrunde richten:* Die beiden Supermärkte haben den kleinen Händlern die Luft abgedreht. Die Bundesanwälte waren dabei gewesen, ihm die Luft abzuschnüren (Cotton, Silver-Jet 135).

jmdm. nicht die Luft [zum Atmen] gönnen (ugs.): *sehr neidisch auf jmdn. sein:* Dein Onkel hat uns ja nicht einmal die Luft zum Atmen gegönnt.

frische Luft schnappen: *ins Freie gehen, um frische Luft zu atmen:* Nach dem Essen gehen wir ein bisschen frische Luft schnappen.

frische Luft in etwas bringen: *neue Impulse für etwas geben; Schwung in etwas bringen:* Wir brauchen eine Mitarbeiterin, die ein wenig frische Luft in unseren Betrieb bringt.

gesiebte Luft atmen (ugs.; scherzh.): *eine Gefängnisstrafe verbüßen:* Wenn sie ihn bei dem Einbruch erwischen, dann kann er ein paar Wochen gesiebte Luft atmen!

▶ Die Wendung spielt auf die vergitterten Fenster des Gefängnisses an; die Luft kommt durch das Gitter wie durch ein Sieb.

mit jmdm. die gleiche Luft atmen: *in derselben Umgebung wie jmd. leben, arbeiten u. Ä.:* Seit zwanzig Jahren hatten sie die gleiche Luft geatmet, sie verstanden sich längst ohne große Worte.

jmdn. wie Luft behandeln (ugs.): *jmdn. nicht beachten, absichtlich übersehen:* Seine früheren Freunde behandelten ihn jetzt wie Luft. Er machte in Männerbündelei. Die Studentinnen behandelte er wie Luft (Niekisch, Leben 252).

jmdn. an die [frische] Luft befördern/setzen (ugs.): *jmdn. hinauswerfen:* Und weshalb hat man Sie in ihrer alten Firma an die Luft gesetzt? ... dann hast du Beschuldigungen ausgesprochen, die nicht beweisbar sind. Dafür können sie dich an die frische Luft setzen (v. d. Grün, Glatt-

eis 33). Das betrunkene Weib hatte man inzwischen an die Luft gesetzt (Nossack, Begegnung 206).

aus der Luft gegriffen sein (ugs.): *frei erfunden, nicht stichhaltig sein:* Alles, was dem Parteisekretär vorgeworfen wurde, erwies sich später als völlig aus der Luft gegriffen. ... auch Vorurteile sind ja oft nicht ganz aus der Luft gegriffen (Dönhoff, Ära 132).

etwas in die Luft jagen (ugs.)/**sprengen:** *etwas durch Sprengen zerstören, beseitigen:* Auf dem Rückzug wurden alle drei Brücken in die Luft gejagt. Karl, hast du mal gesagt, man sollte den ganzen Betrieb in die Luft sprengen? (v. d. Grün, Glatteis 69).

in die Luft fliegen/gehen (ugs.): *explodieren:* Gestern ist in Italien eine Sprengstofffabrik in die Luft geflogen. Als ... er den Befehl erhalten hatte, seine Munitionsvorräte in die Luft gehen zu lassen, hatte er nur die Hälfte ... verschossen (Plievier, Stalingrad 204).

[schnell/leicht] in die Luft gehen (ugs.): *[schnell] böse, wütend werden; sich [leicht] aufregen:* Du brauchst nicht gleich in die Luft zu gehen. Man wusste, dass er leicht in die Luft ging, und ließ ihn deshalb in Ruhe. ... als ich das Zeichen zum siebenten Mal quäken hörte, wäre ich am liebsten in die Luft gegangen (Johnson, Mutmaßungen 151).

in die Luft gucken (ugs.): *leer ausgehen:* Der Anführer verschwand mit der Beute, und die beiden Komplizen guckten in die Luft.

sich in Luft auflösen (ugs.): *spurlos verschwinden:* Nach dem Essen werden wir noch einmal dem Brief suchen, er kann sich ja nicht in Luft aufgelöst haben. Es war wie verhext, meine Autoschlüssel hatten sich in Luft aufgelöst.

in der Luft hängen (ugs.): *ohne Rückhalt, im Ungewissen sein:* Die Firma hat auf meine Bewerbung noch nicht geantwortet; zurzeit hänge ich in der Luft.

in der Luft liegen (ugs.): *unmittelbar bevorstehen, schon fast zu spüren sein:* Die Zuschauer waren begeistert – eine Sensation lag in der Luft! Was lag in der Luft? – Zanksucht, kriselnde Gereiztheit (Th. Mann, Zauberberg 948). ... gleich musste irgendwas Aufregendes passieren; es lag in der Luft, man merkte es deutlich (Schnurre, Bart 8).

jmdn., etwas in der Luft zerreißen (ugs.): *jmdn., etwas vernichtend kritisieren:* Die Chefin zerriss ihn in der Luft. Die Kritiker zerrissen mich förmlich in der Luft (Quick 45, 1958, 54).

von Luft und Liebe leben: *wenig essen, ohne viel Nahrung auskommen:* Ist das dein ganzes Mittagessen? Du lebst wohl von Luft und Liebe?

heiße Luft: ↑ heiß. **seinem Herzen Luft machen:** ↑ Herz. **ein Loch in die Luft schießen:** ↑ Loch. **ein Loch/Löcher in die Luft gucken/starren:** ↑ Loch.

lüften: den Schleier des Geheimnisses lüften: ↑ Schleier.

Luftschloss: Luftschlösser bauen: *unrealistische Pläne machen:* Statt Luftschlösser zu bauen, solltet ihr euch um Arbeit bemühen. Auch wir haben Luftschlösser gebaut, als wir jung waren.

Lug: Lug und Trug: *List, Täuschung:* Die ganze wunderbare Geschichte ist nichts als Lug und Trug.

Lüge: Lügen haben kurze Beine: *es lohnt nicht, zu lügen; die Wahrheit kommt oft rasch zutage:* Ich rate Ihnen in Ihrem eigenen Interesse, auch heute die Wahrheit zu sagen. Lügen haben kurze Beine (Spoerl, Maulkorb 134).

jmdn., etwas Lügen strafen: *nachweisen, dass jmd. lügt, dass etwas nicht wahr ist; widerlegen:* Das Ergebnis der Untersuchung strafte alle Gerüchte Lügen. Du wagst es, die Gerechtigkeit deines Schöpfers Lügen zu strafen (Hacks, Stücke 69).

▶ In dieser Wendung bewahrt das Wort »strafen« die ältere Bedeutung »schelten«. Auch die Verbindung mit dem Genitiv ist heute veraltet.

lügen: wer lügt, der stiehlt: *wer lügt, dem kann man auch Schlimmeres zutrauen.*

wer einmal lügt, dem glaubt man nicht, und wenn er auch die Wahrheit spricht: *wer lügt, verliert seine Glaubwürdigkeit.*

lügen, dass sich die Balken biegen (ugs.): *hemmungslos lügen:* Glaub ihm kein Wort, er lügt, dass sich die Balken biegen.

lügen wie gedruckt (ugs.): *hemmungslos lügen:* Sie log wie gedruckt und hatte nicht einmal ein schlechtes Gewissen dabei. »... der lügt wie gedruckt. Hat er

nicht gesagt, er stamme aus der Gegend von Genua? Er ist aber Sizilianer!« (Borell, Verdammt 284).

▶ Wer wie gedruckt lügt, der versteht es, seinen Lügen so gut den Schein der Wahrheit zu geben, dass man seinen Worten ebenso vertraut wie dem gedruckten Wort.

das Blaue vom Himmel lügen: ↑ blau. **jmdm. die Hucke voll lügen:** ↑ Hucke. **jmdm. die Jacke voll lügen:** ↑ Jacke. **sich in die eigene Tasche lügen:** ↑ Tasche.

Lukas: haut den Lukas! (ugs.): *jetzt fest zuschlagen!:* Haut den Lukas! Der Pfosten muss noch zwanzig Zentimeter tiefer in den Boden geschlagen werden!

▶ Die Redensart ist eigentlich der Ruf des Schaustellers, der auf dem Jahrmarkt den »Lukas«, einen Kraftmesser, anpreist.

lumpen: sich nicht lumpen lassen (ugs.): *großzügig, freigebig sein:* Der Jubilar hatte sich nicht lumpen lassen und für einen guten Tropfen gesorgt. Viele Krankenkassen lassen sich im Übrigen nicht mehr lumpen, wenn es um Kuren im Ausland geht (MM 7. 9. 1972, 13). Die Frau des Vogtes ließ sich nicht lumpen ... Sie brachte eine Uhrkette aus Ersatzgold (Strittmatter, Wundertäter 56).

▶ Die Wendung meinte ursprünglich »sich nicht als einen Lumpen bezeichnen lassen«.

Lumpen: jmdn. aus den Lumpen schütteln (ugs.): *jmdn. heftig tadeln:* Man müsste diesen Faulpelz mal aus den Lumpen schütteln. Wenn er noch einmal zu spät kommt, wird die Chefin ihn kräftig aus den Lumpen schütteln.

Lumpi: scharf wie Nachbars Lumpi sein: ↑ scharf.

Lunge: eine gute Lunge haben (ugs.): *kräftig schreien können:* Mutter hatte eine gute Lunge, man konnte sie zwei Straßen weiter noch hören. Der übernächtigte Vater murmelte, so ein Baby habe schon eine verdammt gute Lunge.

sich die Lunge ausschreien/aus dem Hals/Leib schreien (ugs.): *sehr laut, angestrengt schreien:* Da kann man sich die Lunge aus dem Hals schreien, bis endlich mal einer von euch kommt! ... man ... schmiss Autos um, schrie sich die Lungen aus dem Leib ... (Praunheim, Armee 24).

sich die Lunge aus dem Hals husten (ugs.): *einen heftigen Hustenanfall haben:* Hör auf zu rauchen, du hustest dir ja die Lunge aus dem Hals!

sich die Lunge aus dem Hals rennen (ugs.): *bis zur Erschöpfung rennen:* Jeden Morgen renne ich mir die Lunge aus dem Hals, um die Bahn noch zu kriegen.

es auf der Lunge haben (ugs.): *lungenkrank sein:* Großvater hatte es auf der Lunge, er konnte damals schon lange nicht mehr arbeiten. »Er hat es auf der Lunge«, war dann eine beliebte Redensart, und man deutete auf die Stirne (A. Kolb, Daphne 53).

aus voller Lunge singen/schreien (ugs.): *sehr laut singen/schreien:* Aus voller Lunge singend, zogen sie durch die Altstadt. Die Fans schrien aus voller Lunge und versuchten, auf die Bühne zu klettern.

Lunte: Lunte riechen (ugs.): *eine Gefahr frühzeitig bemerken:* Die Bande hatte Lunte gerochen. Ein Kunde, der vor dem Betreten des Geldinstitutes auf den wartenden Alfa-Romeo aufmerksam geworden war und Lunte roch, notierte sich das Kennzeichen des Wagens (MM 7./8. 6. 1975, 17). Irgendwann riechen die Burschen garantiert Lunte, wenn wir anfangen, uns gegenseitig zu veralbern (Cotton, Silver-Jet 10).

▶ Mit »Lunte« ist in dieser Wendung die brennende Zündschnur an einem Geschütz, einer Sprengladung gemeint. Wer den schwelenden Geruch der Lunte verspürt, der weiß, dass bald ein Schuss, eine Explosion zu erwarten ist.

die Lunte ans Pulverfass legen: *einen schwelenden Konflikt zum offenen Streit werden lassen:* Seien Sie vorsichtig mit Ihren Bemerkungen, nur zu leicht könnten Sie damit die Lunte ans Pulverfass legen.

Lupe: jmdn., etwas mit der Lupe suchen können (ugs.): *jmdn., etwas von dieser Art selten finden:* Einen so sprungstarken und reaktionsschnellen Mittelstürmer kann man mit der Lupe suchen.

jmdn., etwas [scharf] unter die Lupe nehmen (ugs.): *jmdn., etwas [scharf] kontrollieren, beobachten:* Wenn die Behörde den Fall unter die Lupe nimmt, kann es unangenehm werden. ... lassen Sie uns

diesen Mister Stonehouse und seine Frau genauer unter die Lupe nehmen (Prodöhl, Tod 270).

Lust: nach Lust und Laune: *ganz wie es beliebt:* Am Nachmittag könnt ihr euch draußen nach Lust und Laune austoben. Die (= Zeichnungen) durfte ich mit Tusche und Pinsel nach Lust und Laune zeichnen (Leip, Klabauterflagge 54).

lustig: sich [über jmdn., etwas] lustig machen: *[über jmdn., etwas] spotten:* Du sollst dich nicht über deine alte Großmutter lustig machen, du Lausebengel! Carlo ... habe sich über ihre Liebe nur lustig gemacht, habe sie ein dummes Gänschen genannt, das ihm nachlaufe (Mostar, Unschuldig 69).

das kann ja lustig werden! (ugs.; iron.): *das wird sicher unangenehm, das geht sicher schief:* Mit dieser Nuckelpinne wollt ihr über die Alpen kommen? Das kann ja lustig werden!

Bruder Lustig: ↑ Bruder.

Lyzeum: hinten Lyzeum, vorne Museum (ugs.; scherzh.): *wird von einer Frau gesagt, die [durch modische Kleidung, Frisur o. ä.] von hinten jünger/hübscher aussieht, als sie ist.*

▶ »Lyzeum« hieß früher eine höhere Schule für Mädchen.

M

Mache: [nichts als/nur/reine/bloße o. ä.] Mache sein (ugs.): *nur vorgetäuscht sein:* Deine schlimmen Leiden sind doch nichts als Mache. Ob es bloße Mache war oder ob es er ernst meinte, kann ich nicht sagen.

jmdn. in der Mache haben/in die Mache nehmen (ugs.): 1. *jmdn. zu etwas bewegen wollen:* Die ganze Familie hatte den Großvater in der Mache, aber er wollte sein Testament nicht ändern. 2. *jmdn. sehr zusetzen, jmdn. ausschelten, tadeln:* Der Chef hatte unseren Buchhalter so sehr in die Mache genommen, dass der arme Mann freiwillig kündigte. 3. *jmdn. verprügeln:* Wenn meine Jungs dich in die Mache nehmen, bleibt nicht mehr viel von dir übrig. Also, wir sind in 'ner Klopperei, ..., und ich seh nun, da hat einer einen in der Mache ... (Fallada, Kleiner Mann 44).

etwas in der Mache haben (ugs.): *etwas bearbeiten:* Jetzt haben die Konstrukteure das Projekt in der Mache. Hatten Sie schon die Akte B 151 in der Mache?

machen: [das] macht nichts (ugs.): *das ist nicht schlimm:* Aber das macht doch nichts, ich konnte die Vase noch nie leiden. Macht nichts, dann probiere ich es später noch einmal.

machs/machts gut! (ugs.): *Abschiedsformel:* Machs gut, und komm mal wieder vorbei! Sie küsste mich auf der Straße ... und sagte: »Machs gut, Herr Huth, ich liebe dich.« (Bieler, Bonifaz 121).

etwas aus sich machen: 1. *Erfolg haben, etwas im Leben erreichen:* In der Schule war er in Versager, aber er hat trotzdem etwas aus sich gemacht – heute leitet er ein großes Unternehmen. Marion ... hat etwas aus sich gemacht. Mit 20 kam sie ... nach München, um als Fotomodell zu arbeiten (Spiegel 39, 1976, 244). 2. *sich sehr vorteilhaft darstellen:* Sie versteht es, etwas aus sich zu machen, sie wird die Stelle schon bekommen.

sich [et]was/nichts/nicht viel aus jmdm., aus etwas machen (ugs.): *jmdn., etwas mögen/nicht mögen:* Dein Freund glaubt immer noch, du machst dir etwas aus Gedichten? »... Geld verdirbt den Charakter, wissen Sie das noch nicht?« »Das weiß ich. Aber weshalb legen Sie dann so viel Wert darauf?« »Weil ich mir aus Charakter nichts mache.« (Remarque, Obelisk 97 f.).

sich nichts daraus/draus machen (ugs.): *sich nicht ärgern, bekümmern:* Und wenn sie alle über uns lachen, wir machen uns nichts daraus. »Machen Sie sich nichts daraus, Miss. Man muss ... sich damit abfinden« (Maass, Gouffé 270).

es mit jmdm. machen können (ugs.): *mit jmds. Gutmütigkeit rechnen können, keinen Widerstand von jmdm. zu erwarten haben:* Ihr habt euren Onkel in der kal-

ten Dachstube einquartiert? Na mit dem könnt ihr es ja machen.»Ach, das hilft ja auch nichts«, sagte Pinneberg mutlos. »Mit uns können sie es doch machen.« (Fallada, Kleiner Mann 176).

mach [keine] Sachen!: *Ausdruck des Erstaunens:* Du hast doch noch geheiratet? Mach keine Sachen!

Aa machen: ↑ Aa. **einen Abgang machen:** ↑ Abgang. **mach dich vom Acker:** ↑ Acker. **jmdn. alle machen:** ↑ alle. **aus Alt mach Neu:** ↑ alt. **den Anfang machen:** ↑ Anfang. **jmdm. Angst und Bange machen:** ↑ Angst. **sich anheischig machen:** ↑ anheischig. **Anstalten zu etwas machen:** ↑ Anstalten. **ganze/gründliche Arbeit machen:** ↑ Arbeit. **nur halbe Arbeit machen:** ↑ Arbeit. **ein Arbeiterdenkmal machen:** ↑ Arbeiterdenkmal. **viel Aufheben[s] von etwas machen:** ↑ Aufheben. **kein Aufheben von etwas machen:** ↑ Aufheben. **jmdm. seine Aufwartung machen:** ↑ Aufwartung. **kleine Augen machen:** ↑ Auge. **[große] Augen machen:** ↑ Auge. **jmdm. [schöne] Augen machen:** ↑ Auge. **jmdm. verliebte Augen machen:** ↑ Auge. **Augenschondienst machen:** ↑ Augenschondienst. **jmdn., etwas ausfindig machen:** ↑ ausfindig. **Ausflüchte machen:** ↑ Ausflucht. **an jmdm., an etwas Ausstellungen machen:** ↑ Ausstellung. **jmdm. Avancen machen:** ↑ Avance. **einen Bach/ein Bächlein machen:** ↑ Bach. **Backschaft machen:** ↑ Backschaft. **Bangemachen gilt nicht:** ↑ bang[e]. **Bankrott machen:** ↑ bankrott. **den Bärenführer machen:** ↑ Bärenführer. **ein Bäuerchen machen:** ↑ Bäuerchen. **sich auf die Beine machen:** ↑ Bein. **jmdm. [lange] Beine machen:** ↑ Bein. **ein langes Bein machen:** ↑ Bein. **die Beine breit machen:** ↑ Bein. **[jmdn. mit jmdm.] bekannt machen:** ↑ bekannt. **mit etwas Bekanntschaft machen:** ↑ Bekanntschaft. **sich bemerkbar machen:** ↑ bemerkbar. **das Beste aus etwas machen:** ↑ beste. **sich bezahlt machen:** ↑ bezahlen. **eine Biene machen:** ↑ Biene. **Bilanz machen:** ↑ Bilanz. **sich ein Bild von jmdm., etwas machen:** ↑ Bild. **bitte, bitte machen:** ↑ bitte. **böses Blut machen:** ↑ Blut. **den Bock zum Gärtner machen:** ↑ Bock. **einen Bogen um jmdn., um etwas machen:** ↑ Bogen. **sich einen Bonbon ins Hemd machen:** ↑ Bonbon. **Bruch machen:** ↑ Bruch. **eine lange Brühe um etwas**

machen: ↑Brühe. **einen krummen Buckel machen:** ↑Buckel. **Buhei machen:** ↑Buhei. **bunte Reihe machen:** ↑bunt. **einen Charlottenburger machen:** ↑Charlottenburger. **jmdm. Dampf machen:** ↑Dampf. **jmdn. dick machen:** ↑dick. **sich [mit etwas] dick[e] machen:** ↑dick. **mach keine Dinger:** ↑Ding. **krumme Dinger machen:** ↑Ding. **jmdn. dingfest machen:** ↑dingfest. **eine Doktorarbeit aus etwas machen:** ↑Doktorarbeit. **Druck hinter etwas machen:** ↑Druck. **sich etwas zu Eigen machen:** ↑eigen. **jmdm. [alle] Ehre machen:** ↑Ehre. **ei [ei] machen:** ↑ei. **mit etwas ein Ende machen:** ↑Ende. **einer Sache ein Ende machen:** ↑Ende. **Epoche machen:** ↑Epoche. **sich erbötig machen, etwas zu tun:** ↑erbötig. **[mit etwas] Ernst machen:** ↑Ernst. **eine Eroberung machen:** ↑Eroberung. **sich auf etwas gefasst machen:** ↑gefasst. **nicht viel Federlesens mit jmdm., mit etwas machen:** ↑Federlesen. **Fettlebe machen:** ↑Fettlebe. **eine gute/schlechte/traurige Figur machen:** ↑Figur. **lange/krumme Finger machen:** ↑Finger. **keinen Finger krumm machen:** ↑Finger. **sich nicht gern die Finger schmutzig machen:** ↑Finger. **etwas mit dem kleinen Finger machen:** ↑Finger. **Fisimatenten machen:** ↑Fisimatenten. **die Flatter machen:** ↑Flatter. **sich einen Fleck ins Hemd machen:** ↑Fleck. **eine Fliege machen:** ↑Fliege. **einen Flunsch machen:** ↑Flunsch. **sich in den Frack machen:** ↑Frack. **sich ein Fressen aus etwas machen:** ↑Fressen. **seinen Frieden mit jmdm., mit etwas machen:** ↑Friede[n]. **Frikassee aus jmdm. machen:** ↑Frikassee. **Front gegen jmdn., gegen etwas machen:** ↑Front. **Fuffzehn machen:** ↑fuffzehn. **kurze Fuffzehn machen:** ↑fuffzehn. **Furore machen:** ↑Furore. **jmdm. den Garaus machen:** ↑Garaus. **von etwas Gebrauch machen:** ↑Gebrauch. **sich Gedanken machen:** ↑Gedanke. **sich auf etwas gefasst machen:** ↑gefasst. **die Gegend unsicher machen:** ↑Gegend. **[das große] Geld machen:** ↑Geld. **etwas zu Geld machen:** ↑Geld. **Gelegenheit macht Diebe:** ↑Gelegenheit. **etwas geltend machen:** ↑gelten. **sich geltend machen:** ↑gelten. **sich mit jmdm. gemein machen:** ↑gemein. **sein Geschäftchen machen:** ↑Geschäft. **ein [gutes] Geschäft mit/bei etwas machen:** ↑Geschäft.

Geschichte machen: ↑Geschichte. **mach keine Geschichten:** ↑Geschichte. **ein langes Gesicht/lange Gesichter machen:** ↑Gesicht. **ein schiefes Gesicht machen:** ↑Gesicht. **ein Gesicht machen wie eine Gans, wenns donnert:** ↑Gesicht. **ein Gesicht wie drei/sieben Tage Regenwetter machen:** ↑Gesicht. **jmdn. zum Gespött machen:** ↑Gespött. **sich ein Gewerbe machen:** ↑Gewerbe. **aus allem ein Gewerbe machen:** ↑Gewerbe. **sich ein Gewissen aus etwas machen:** ↑Gewissen. **jmdn. etwas glauben machen:** ↑glauben. **gluck, gluck machen:** ↑gluck. **sein Glück machen:** ↑Glück. **seinen Frieden mit Gott machen:** ↑Gott. **die große Grätsche machen:** ↑Grätsche. **groß machen:** ↑groß. **Hackfleisch aus jmdm. machen:** ↑Hackfleisch. **[mit jmdm.] halb und halb/halbehalbe machen:** ↑halb. **[nun/jetzt] mach halblang:** ↑halblang. **[mit jmdm.] halbpart machen:** ↑halbpart. **machs [nur] halbwegs:** ↑halbwegs. **einen langen Hals machen:** ↑Hals. **jmdn. zu seinem Hampelmann machen; einen Hampelmann aus jmdm. machen:** ↑Hampelmann. **viele Hände machen der Arbeit schnell ein Ende:** ↑Hand. **eine hohle Hand machen:** ↑Hand. **etwas aus dem Handgelenk machen:** ↑Handgelenk. **gelobt sei, was hart macht:** ↑hart. **einen Haufen machen:** ↑Haufen. **eine Haupt- und Staatsaktion aus etwas machen:** ↑Haupt- und Staatsaktion. **kein[en] Hehl aus etwas machen:** ↑Hehl. **heia machen:** ↑heia. **auf müden Heinrich machen:** ↑Heinrich. **jmdn. hellhörig machen:** ↑hellhörig. **mach dir nicht ins Hemd:** ↑Hemd. **aus seinem Herzen keine Mördergrube machen:** ↑Herz. **seinem Herzen Luft machen:** ↑Herz. **einer Frau den Hof machen:** ↑Hof. **jmdm. das Leben zur Hölle machen:** ↑Hölle. **jmdm. die Hölle heiß machen:** ↑Hölle. **aus dem Holz sein, aus dem man ... macht:** ↑Holz. **die Honneurs machen:** ↑Honneurs. **sich in die Hosen machen:** ↑Hose. **etwas aus dem Hut machen:** ↑¹Hut. **ein Kalb machen:** ↑Kalb. **Karriere machen:** ↑Karriere. **Kasse machen:** ↑Kasse. **Kassensturz machen:** ↑Kassensturz. **Katzenwäsche machen:** ↑Katzenwäsche. **jmdn., etwas kenntlich machen:** ↑kenntlich. **jmdm. ein Kind machen:** ↑Kind. **sich bei jmdm. lieb Kind machen:** ↑Kind. **Kippe machen:**

↑²Kippe. **Kleider machen Leute:** ↑Kleid. **klein machen:** ↑klein. **aus etwas Kleinholz machen:** ↑Kleinholz. **aus jmdm. Kleinholz/jmdn. zu Kleinholz machen:** ↑Kleinholz. **Kleinvieh macht auch Mist:** ↑Kleinvieh. **sich einen Knoten ins Taschentuch machen:** ↑Knoten. **Kommissionen machen:** ↑Kommission. **jmdm. einen Kopf kleiner/kürzer machen:** ↑Kopf. **sich [um etwas/über etwas] einen Kopf machen:** ↑Kopf. **jmdn. kopfscheu machen:** ↑kopfscheu. **sich über/wegen etwas [keine] Kopfschmerzen/[kein] Kopfzerbrechen machen:** ↑Kopfschmerz. **jmdm. Kopfschmerzen/Kopfzerbrechen machen:** ↑Kopfschmerz. **einen Kotau machen:** ↑Kotau. **nicht viel/keinen Kram machen:** ↑Kram. **mach doch deinen Kram alleine:** ↑Kram. **seinen Kratzfuß [bei jmdm.] machen:** ↑Kratzfuß. **das Kraut nicht fett machen:** ↑Kraut. **das Kreuz machen:** ↑Kreuz. **drei Kreuze [hinter jmdm., etwas] machen:** ↑Kreuz. **was macht die Kunst?:** ↑Kunst. **es kurz machen:** ↑kurz. **es nicht mehr lange machen:** ↑lange. **sich auf die Lappen machen:** ↑Lappen. **[jmdm.] Laune machen:** ↑Laune. **seinem Leben ein Ende machen:** ↑Leben. **jmdm. um etwas leichter machen:** ↑leicht. **Liebe machen:** ↑Liebe. **Liebe macht blind:** ↑Liebe. **etwas locker machen:** ↑locker. **seinem Ärger/Kummer o. Ä. Luft machen:** ↑Luft. **sich [über jmdn., etwas] lustig machen:** ↑lustig. **jmdm. etwas madig machen:** ↑madig. **jmdn. madig machen:** ↑madig. **den wilden Mann machen:** ↑Mann. **den toten Mann machen:** ↑Mann. **ein gemachter Mann sein:** ↑Mann. **Männchen machen:** ↑Männchen. **die/eine schnelle Mark machen:** ↑¹Mark. **das Maß voll machen:** ↑Maß. **Mauer machen:** ↑Mauer. **sich mausig machen:** ↑mausig. **einen Metzgersgang machen:** ↑Metzgersgang. **Miene machen, etwas zu tun:** ↑Miene. **gute Miene zum bösen Spiel machen:** ↑Miene. **jmdn. zur Minna machen:** ↑Minna. **jmdm. von etwas Mitteilung machen:** ↑Mitteilung. **jmdn. mobil machen:** ↑mobil. **eine/die Mücke machen:** ↑Mücke. **aus einer Mücke einen Elefanten machen:** ↑Mücke. **jmdm. den Mund wässrig machen:** ↑Mund. **jmdn. mundtot machen:** ↑mundtot. **die Nacht zum Tage machen:** ↑Nacht.

Nägel mit Köpfen machen: ↑Nagel. **die Nagelprobe machen:** ↑Nagelprobe. **sich einen Namen machen:** ↑Name. **seinem Namen Ehre machen:** ↑Name. **jmdn., etwas namhaft machen:** ↑namhaft. **jmdm. eine lange Nase machen:** ↑Nase. **jmdn. nass machen:** ↑nass. **sich nicht nass machen:** ↑nass. **sich ins gemachte Nest setzen:** ↑Nest. **aus der Not eine Tugend machen:** ↑Not. **sich nützlich machen:** ↑nützlich. **lange/spitze Ohren machen:** ↑Ohr. **die Pace machen:** ↑Pace. **eine gute Partie machen:** ↑Partie. **sich patzig machen:** ↑patzig. **die Pferde scheu machen:** ↑Pferd. **keinen Piep mehr machen:** ↑Piep. **Pipi machen:** ↑Pipi. **jmdm. Platz machen:** ↑Platz. **Pleite machen:** ↑Pleite. **die Probe aufs Exempel machen:** ↑Probe. **Proselyten machen:** ↑Proselyt. **jmdm. den Prozess machen:** ↑Prozess. **[mit jmdm., mit etwas] kurzen Prozess machen:** ↑Prozess. **nun/jetzt mach aber [endlich] einen Punkt:** ↑Punkt. **mach dir keinen Pup ins Hemd:** ↑Pup. **Pupillen machen** ↑Pupille. **Quartier machen** ↑Quartier. **sich rar machen:** ↑rar. **jmdn., etwas rebellisch machen:** ↑rebellisch. **die Rechnung ohne den Wirt gemacht haben:** ↑Rechnung. **jmdm. etwas recht machen** ↑²recht. **[viel] von sich reden machen:** ↑reden. **nicht viel Redens von sich, von etwas machen:** ↑reden. **sich seinen Reim auf etwas machen:** ↑Reim. **sich keinen Reim auf etwas machen können:** ↑Reim. **sich auf die Reise machen:** ↑Reise. **das Rennen machen:** ↑Rennen. **einen krummen Rücken machen:** ↑Rücken. **etwas rückgängig machen:** ↑rückgängig. **einen Rückzieher machen:** ↑Rückzieher. **die Runde machen:** ↑Runde. **einen [langen] Ruß machen:** ↑Ruß. **seine Sache gut machen:** ↑Sache. **ganze Sache machen:** ↑Sache. **[mit jmdm.] gemeinsame Sache machen:** ↑Sache. **mach keinen Salat:** ↑Salat. **Salz und Brot macht Wangen rot:** ↑Salz. **mach 'nen Satz:** ↑Satz. **jmdn. zur Sau machen:** ↑Sau. **jmdm. zu schaffen machen:** ↑schaffen. **sich an etwas zu schaffen machen:** ↑schaffen. **sich zu schaffen machen:** ↑schaffen. **allzu scharf macht schartig:** ↑scharf. **eine Schau machen:** ↑Schau. **mach kein Scheiß:** ↑Scheiß. **Schicht machen:** ↑Schicht. **klar Schiff machen:** ↑Schiff. **eine Schippe/ein**

Schippchen machen: ↑Schippe. **Schlagzeilen machen:** ↑Schlagzeile. **sich, jmdn. schlau machen:** ↑schlau. [mit jmdm.] **Schluss machen:** ↑Schluss. **jmdn. etwas schmackhaft machen:** ↑schmackhaft. **Schmu machen:** ↑Schmu. **Schmus machen:** ↑Schmus. **etwas frei nach Schnauze machen:** ↑Schnauze. **jmdn. zur Schnecke machen:** ↑Schnecke. **einen Schnitt bei etwas machen:** ↑Schnitt. **Schule machen:** ↑Schule. **einen Schuss machen:** ↑Schuss. **eine Schwalbe macht noch keinen Sommer:** ↑Schwalbe. **einen Schwanz machen:** ↑Schwanz. **sich selbstständig machen:** ↑selbstständig. **einen langen Senf machen:** ↑Senf. **sich auf die Socken machen:** ↑Socke. **jmdm. keinen Sommer und keinen Winter machen:** ↑Sommer. **Späne machen:** ↑Span. **mach keine Späße:** ↑Spaß. **jmd. macht mir Spaß:** ↑Spaß. **sich einen Spaß daraus machen, etwas zu tun:** ↑Spaß. **das Spiel machen:** ↑Spiel. **sich einen Sport daraus machen, etwas zu tun:** ↑Sport. **Sprüche machen:** ↑Spruch. **keine großen Sprünge machen können:** ↑¹Sprung. **sich auf die Sprünge machen:** ↑¹Sprung. **keinen Spuk machen:** ↑Spuk. **viel Staat machen:** ↑Staat. **sich staats machen:** ↑Staat. **mit etwas Staat machen:** ↑Staat. **eine Staatsaktion aus etwas machen:** ↑Staatsaktion. **sich für etwas stark machen:** ↑stark. **Station machen:** ↑Station. **sich aus dem Staub[e] machen:** ↑Staub. **Stielaugen machen:** ↑Stielaugen. **für/gegen jmdn., etwas Stimmung machen:** ↑Stimmung. **auf Strahlemann und Söhne machen:** ↑Strahlemann. **jmdm. etwas streitig machen:** ↑streitig. **keinen Strich machen:** ↑Strich. **jmdm. einen Strich durch etwas machen:** ↑Strich. **jmdm. einen Strich durch die Rechnung machen:** ↑Strich. **einen Strich unter etwas machen:** ↑Strich. **sich auf die Strümpfe machen:** ↑Strumpf. **jmdn. stumm machen:** ↑stumm. **aus dir mach ich Sülze:** ↑Sülze. **jmdm. eine Szene machen:** ↑Szene. **Tabula rasa machen:** ↑Tabula rasa. **sich einen guten Tag machen:** ↑Tag. **Tempo machen:** ↑Tempo. **das Tempo machen:** ↑Tempo. **jmd. kann sein Testament machen:** ↑Testament. **reinen Tisch machen:** ↑Tisch. **der Ton macht die Musik:** ↑Ton. **trocken Brot macht Wangen rot:** ↑trocken. **Übung macht den Meister:** ↑Übung. **keine Umstände machen:** ↑Umstand. **etwas ungeschehen machen:** ↑ungeschehen. **jmdn. unmöglich machen:** ↑unmöglich. **jmdn., etwas unschädlich machen:** ↑unschädlich. **etwas unsicher machen:** ↑unsicher. **sich unsichtbar machen:** ↑unsichtbar. **sich etwas untertan machen:** ↑untertan. **Urlaub auf Staatskosten machen:** ↑Urlaub. **sich um etwas verdient machen:** ↑verdient. **jmdn. etwas vergessen machen:** ↑vergessen. **sich [k]einen Vers auf etwas machen können:** ↑Vers. **viele Wenig machen ein Viel:** ↑viel. **etwas wahr machen:** ↑wahr. **seinen Weg machen:** ↑Weg. **sich auf den Weg machen:** ↑Weg. **sich ans Werk machen:** ↑Werk. **viel/kein Wesen[s] von etwas machen:** ↑Wesen. [bei jmdm.] **gut Wetter machen:** ↑Wetter. **sich wichtig machen:** ↑wichtig. **Wiedersehen macht Freude:** ↑Wiedersehen. **viel Wind um etwas machen:** ↑Wind. **Wind machen:** ↑Wind. **reine Wirtschaft machen:** ↑Wirtschaft. **was ich nicht weiß, macht mich nicht heiß:** ↑wissen. **mach keine Witze:** ↑Witze. **machen können, was man will:** ↑wollen. **schöne Worte machen:** ↑Wort. **nicht viele Worte machen:** ↑Wort. **große Worte machen:** ↑Wort. **lange Zähne machen:** ↑Zahn. **Zicken machen:** ↑Zicken. **etwas zunichte machen:** ↑zunichte. **sich etwas zunutze machen:** ↑zunutze. **etwas zuschanden machen:** ↑zuschanden.

Macht: [alles] **was in jmds. Macht steht:** *[alles] was jmd. tun kann:* Ich werde alles, was in meiner Macht steht, versuchen, um den Termin einzuhalten. Die Ärzte haben alles getan, was in ihrer Macht stand, um das Leben des Kranken zu retten.

Wissen ist Macht: ↑Wissen.

mächtig: **seiner selbst/seiner Sinne nicht mehr/kaum noch mächtig sein** (geh.): *sich nicht mehr, kaum noch in der Gewalt haben; die Beherrschung verlieren:* Sie war ihrer selbst nicht mehr mächtig, sie raste vor Wut. Er muss seiner Sinne nicht mehr mächtig gewesen sein, als er nach dem Messer griff und auf seinen Schwager einstach.

mächtig ins Horn stoßen: ↑Horn. **der Starke ist am mächtigsten allein:** ↑stark.

machtlos: **machtlos vis-a-vis stehen** (ugs.): *nichts ändern, nicht eingreifen* *können:* Wir sehen, wie dieser Mann sich zugrunde richtet, aber wir stehen machtlos vis-à-vis. Der Kleine will einfach keinen Reisbrei essen – da stehst du machtlos vis-à-vis!

▶ Das französische »vis-à-vis« bedeutet im Deutschen »gegenüber«.

Machtwort: ein Machtwort sprechen: *eine autoritäre Entscheidung treffen:* Wenn die Geschwister sich nicht einig werden, dann müssen die Eltern wohl ein Machtwort sprechen. Weil ... Perry immer wieder ... mehrere Verkehrsunfälle verursachte, hat jetzt der Richter ein Machtwort gesprochen (ADAC-Motorwelt 6, 1975).

Macke: eine Macke haben (ugs.): *verrückt sein:* Sag mal, hat deine Schwester 'ne Macke, oder was ist mit ihr los?

Mädchen: ein leichtes Mädchen (verh.): *eine leichtlebige junge Frau; eine Prostituierte:* Statt dich aufs Examen vorzubereiten, gehst du in Nachtlokale und amüsierst dich mit leichten Mädchen!

ein gefallenes Mädchen (veraltet): *eine junge Frau mit unmoralischem Lebenswandel:* Durch eine großherzige Stiftung konnte die Stadt ein Heim für gefallene Mädchen einrichten.

ein spätes Mädchen (ugs.): *eine nicht mehr junge, sexuell unerfahrene, noch unverheiratete Frau:* Papa hat gesagt, du bist ein spätes Mädchen, Tante Helene, stimmt das denn? Die Chemielehrerin galt als spätes Mädchen.

Mädchen für alles (ugs.): *jmd., der alle anfallenden Arbeiten erledigt:* Wir suchen für unsere Versandabteilung ein Mädchen für alles. Nach den ersten beiden Verlusten war Kati immer wieder in Dienst gegangen, nicht als erstklassige Köchin ..., sondern ... als »Mädchen für alles« (Werfel, Himmel 88). Bester Spieler des Feldes war ... der Ludwigshafener Greiner, der »Mädchen für alles« war (Bild 4. 5. 1964, 7).

andere Städtchen, andere Mädchen: ↑ Stadt. **ein Mädchen von der Straße:** ↑ Straße.

Made: sich wohl fühlen wie die Made im Speck: ↑ fühlen. **leben wie die Made im Speck:** ↑ leben.

madig: jmdm. etwas madig machen (ugs.): *jmdm. etwas verleiden:* Die Nachbarn ließen sich ihre Kleingartenidylle von niemandem madig machen.

▶ Das Wort »madig« bedeutet eigentlich »von Maden befallen«, woraus sich in dieser und den folgenden Wendungen die Bedeutung zu »nicht genießbar, schlecht« entwickelt hat.

jmdn. madig machen (ugs.): *jmdn. herabsetzen, schlecht machen:* Hört auf, euren Freund madig zu machen! Es könne der CDU und der Öffentlichkeit gleichgültig sein, dass die SPD einen ihrer Spitzenpolitiker »vor aller Augen madig macht« (MM 5./6. 8. 1972, 1). Vgl. die vorangehende Wendung.

sich madig machen (ugs.): *sich unbeliebt machen:* Du hast dich durch dein ständiges Nörgeln ganz schön madig gemacht. Vgl. die Wendung »jmdm. etwas madig machen«.

die ersten Pflaumen sind madig: ↑ Pflaume.

Madrid: fern von Madrid: ↑ fern.

Magen: jmdm. knurrt der Magen (ugs.): *jmd. hat Hunger:* Den Flüchtlingen knurrte der Magen. Setzt euch an den Tisch, euch knurrt sicher schon der Magen!

▶ Die Wendung spielt auf die mehr oder weniger hörbaren Geräusche an, die ein leerer Magen hervorbringen kann.

jmdm. hängt der Magen schief/bis in die Kniekehlen (ugs.): *jmd. ist sehr hungrig:* Wir sollten etwas Essbares suchen, mir hängt der Magen bis in die Kniekehlen.

jmds. Magen rebelliert/wird rebellisch: *jmdm. wird übel:* Bei zu fettem Essen wird mein Magen rebellisch. Nach dem zwölften Korn rebellierte Vaters Magen.

etwas dreht/kehrt einem den Magen um (ugs.): *etwas verursacht Übelkeit:* Wie kann man nur diese scheußlichen Szenen im Fernsehen zeigen – das dreht einem ja den Magen um. Es kehrt einem den Magen um, wenn man dir beim Essen zusieht.

jmdm. dreht/kehrt sich der Magen um (ugs.): *jmd. wird übel:* Wenn sie an die Borniertheit mancher Politiker dachte, drehte sich ihr der Magen um. Sein Magen drehte sich um, gab wieder her, was ihm zu viel hineingeschüttet worden war (Kühn, Zeit 271).

lieber den Magen verrenken, als dem Wirt etwas schenken (ugs.): *auch wenn* man bereits satt ist, wird die bestellte Portion aufgegessen, da man sie bezahlen muss.

und das auf nüchternen Magen! (ugs.): *Ausdruck der Verärgerung, wenn etwas schief geht:* Das Auto springt nicht an und das Telefon ist kaputt – und das alles auf nüchternen Magen!

jmdm. auf den Magen schlagen (ugs.): 1. *bewirken, dass jmd. Magenbeschwerden bekommt:* Bei mir schlägt schon die kleinste Aufregung auf den Magen. Sinnvoll wäre es ... gewesen, dem Grund nachzuspüren, warum sich dieser Mann so ärgert, dass es ihm auf den Magen schlägt (Bruker, Leber 122). 2. *jmdm. die Stimmung verderben:* Die Nachricht war allen derart auf den Magen geschlagen, dass keiner mehr weiterspielen wollte.

jmdm. [schwer/wie Blei] im Magen liegen (ugs.): 1. *jmdm. sehr zu schaffen machen, ein großes Problem für jmdn. sein:* Die Zerstörung Mailands im Jahre 62 liegt den Sizilianern heute noch im Magen (Benrath, Konstanze 63). Die Pläne des Senats ... liegen einer ganzen Reihe von interessierten Havelstädtern schwer im Magen (BM 10. 3. 1974, 4). 2. *schwer verdaulich sein, Magendrücken verursachen:* Der Gänsebraten lag mir noch am Abend wie Blei im Magen.

jmdn. im Magen haben (ugs.): *jmdn. nicht leiden können:* Erwähne diesen Scharlatan nicht in meiner Gegenwart, den Kerl habe ich schon lange im Magen. ▶ Die Wendung steht verkürzend für »jmdn. wie eine schwer verdauliche Speise im Magen haben«. Der Ärger über jemanden wird mit Magenbeschwerden verglichen.

die Augen sind größer als der Magen: ↑ Auge. **Käse schließt den Magen:** ↑ Käse. **die Kirche hat einen großen Magen:** ↑ Kirche. **die Liebe geht durch den Magen:** ↑ Liebe. **sich den Magen voll schlagen:** ↑ voll schlagen.

Magengericht: jmds. Leib- und Magengericht: ↑ Leibgericht.

Magenspeise: jmds. Leib- und Magenspeise: ↑ Leibgericht.

mager: die sieben mageren Jahre: ↑ ¹sieben.

mähen: jmdm. eine gemähte Wiese sein: ↑ Wiese.

mahlen: Gottes Mühlen mahlen langsam [aber fein]: ↑ Gott. **wer zuerst kommt, mahlt zuerst:** ↑ zuerst.

Mahlzeit: pros[i]t Mahlzeit: ↑ pros[i]t.

Mai: wie einst im Mai: *wie in der Jugendzeit, wie in vergangenen schönen Zeiten:* Wir haben die ganze Nacht getanzt, getrunken, musiziert – es war wie einst im Mai! Steffi erzählte viel von daheim, von ihrem ... Papa und der schönen, stets gelassenen Mama, gegen die der Vater noch immer so galant war wie einst im Mai (Kranz, Märchenhochzeit 37). ▶ Die Redewendung ist der populär gewordene Kehrreim des Gedichts »Allerseelen« von Hermann von Gilm aus dem Jahre 1844.

Maître de Plaisir (veraltet; noch scherzh.): *jmd., der bei gesellschaftlichen Veranstaltungen das allgemeine Unterhaltungsprogramm arrangiert und leitet, der bei einem Fest für die Unterhaltung der Gäste sorgt:* Der Vereinskassierer bemühte sich krampfhaft, den Maître de Plaisir zu machen, aber kaum jemand beachtete ihn. »Dieser Tango«, sagte der Maître de Plaisir, »ist nur für Asthmatiker.« (Spiegel 6, 1975, 121). ▶ Der Ausdruck stammt aus dem Französischen und heißt wörtlich »Meister des Vergnügens«.

Major: das ist [doch] zum Kotzen, Herr Major: ↑ kotzen.

Makler: der ehrliche Makler: *der uneigennützige Vermittler:* In der Rolle des ehrlichen Maklers konnte der Botschafter nicht überzeugen, die Verhandlungen verliefen ergebnislos.

Makulatur: Makulatur reden (ugs.): *Unsinn reden:* Hör gar nicht hin, der redet doch nur Makulatur. Von Tucholsky erfährt man fast nichts. Stattdessen reden Zwerenz-Freunde pausenlos Makulatur (Hörzu 37, 1978, 57). ▶ Diese Wendung stammt aus dem Druckwesen: Makulatur ist das falsch bedruckte oder aus einem anderen Grund unbrauchbare Papier.

mal: so gewiss/sicher sein, wie zwei mal zwei vier ist: ↑ gewiss. **hör mal; hören Sie mal:** ↑ hören.

Mal: manches liebe/manch liebes Mal (veraltend): *häufig, öfter:* Manches liebe Mal habe ich schon versucht, vernünftig mit unserer Tochter zu reden. Es sind alle die bekannten, manch liebes Mal sogar in die Geschichte eingegangenen Bekenntnisse und Verkündigungen ... (Musil, Mann 1126).

ein für alle Mal: *[das ist jetzt] endgültig:* Mit deinen ständigen Extrawünschen ist jetzt ein für alle Mal Schluss! Ein für alle Mal – du bleibst zu Hause! Wir brauchen man nicht zum Barras! Ein für alle Mal vorbei! (Kempowski, Gold 82).

ein übers/ums andere Mal: *immer wieder:* Er musste ein ums andere Mal nachgeben. Ein übers andere Mal wurde ihr schmächtiger Körper von Weinkrämpfen geschüttelt.

mit einem Mal[e]: *plötzlich:* Mit einem Mal begannen alle laut zu schreien. Es hatte mit einem Mal angefangen zu schneien. »Keiner will es eigentlich, und mit einem Male ist es da. Wir haben den Krieg nicht gewollt ...« (Remarque, Westen 146).

von Mal zu Mal: *jedes Mal in abnehmendem/fortschreitendem Maße:* Ich habe von Mal zu Mal weniger Freude an unseren Klassentreffen. Die Plastik wurde ihr von Mal zu Mal unähnlicher, obwohl jeder Zug stimmte (Kuby, Sieg 355).

malen: etwas in den leuchtendsten/schillerndsten Farben malen: ↑ leuchtend. etwas schwarz in schwarz/in den schwärzesten Farben malen: ↑ schwarz. alles grau in grau malen: ↑ grau. den Teufel an die Wand malen: ↑ Teufel.

Malheur: aussehen wie ein Stück Malheur: ↑ aussehen. ein Stück Malheur sein: ↑ Stück.

Malz: bei jmdm./an jmdm. ist Hopfen und Malz verloren: ↑ Hopfen.

Mami: Mamis/Muttis Liebling (ugs.; abwertend): *ein Muttersöhnchen:* »Da kommt ja Mamis Liebling«, spotteten die Mitschüler, als er über den Schulhof ging.

man: man merkt die Absicht und ist/wird verstimmt: ↑ Absicht. man steckt/da steckt man nicht drin: ↑ drinstecken. wenn man den Esel nennt [kommt er gerennt]: ↑ Esel. man muss die Feste feiern, wie sie fallen: ↑ Fest. man höre und staune: ↑ hören. wie mans nimmt: ↑ nehmen. durch Schaden wird man klug: ↑ Schaden. man soll den Tag nicht vor dem Abend lo-

ben: ↑ Tag. man darf das alles nicht so verbissen sehen: ↑ verbissen.

mancher: mancher lernts nie: *es gibt Menschen, die immer uneinsichtig bleiben:* Schon zweimal hat man ihm den Führerschein abgenommen, trotzdem setzt er sich wieder betrunken ans Steuer – mancher lernts eben nie! wer vieles bringt, wird manchem etwas bringen: ↑ bringen. manches liebe Mal: ↑ Mal.

Mangel: jmdn. durch die Mangel drehen (ugs.): *jmdm. sehr zusetzen:* Jeder Kandidat wurde von den Prüfern erbarmungslos durch die Mangel gedreht. Gehörte man zu denen, die von der Polizei schon einmal nach allen Regeln der Kunst durch die Mangel gedreht worden waren, dann konnte man einen Sinn in diesem Trip entdecken, und man wagte den Kampf (Wolfe [Übers.], Radical 93). ▶ In dieser und in der folgenden Wendung ist die Wäschemangel gemeint, in der die feuchten Wäschestücke unter großem Druck geglättet werden. Die Übertragung auf den Menschen will ausdrücken, dass man sehr großen Druck auf ihn ausübt, ihn auspresst, z. B. in einem Verhör.

jmdn. in die Mangel nehmen (ugs.): *jmdm. sehr zusetzen:* Wenn der Staatsanwalt den Zeugen richtig in die Mangel nimmt, hat der Angeklagte keine Chance, freigesprochen zu werden. ... hier, an diesem belebten Ort, konnte er keinen der drei derart in die Mangel nehmen, dass er ihre Auftraggeber herausbekäme (Zwerenz, Quadriga 58).

mangels: mangels Masse: ↑ Masse.

Mann: Mann über Bord! (Seemannsspr.): *Notruf, wenn jmd. vom Schiff ins Wasser gefallen ist.*

Mann Gottes! (ugs.): *ärgerliche oder warnende Anrede:* Mann Gottes, wollen Sie denn Ihr Leben aufs Spiel setzen? Aber Mann Gottes! Haben Sie es dann nötig, Beton zu mischen ...? (Grass, Blechtrommel 414). ▶ Diese Fügung tritt häufig im Alten Testament auf (z. B. 5 Moses 33, 1), wo sie den an Gott glaubenden und Gott wohlgefälligen Menschen bezeichnet. Heute drückt man damit in der Umgangssprache meist Missbilligung aus.

wie ein Mann: *geschlossen, [spontan] einmütig:* Wie ein Mann standen die Spieler auf und verließen das Vereinslokal. Aber schon während seines kurzen Todeskampfes hatte alles Publikum sich wie ein Mann ... erhoben und brachte dem Helden ... den Salut seiner Hände dar (Th. Mann, Krull 435). Wie ein Mann erhob die Masse sich von den Sitzen – pfeifend, johlend, stampfend, Mützen und Tücher schwenkend (K. Mann, Wendepunkt 347).

ein gemachter Mann sein: *Erfolg gehabt haben, in wirtschaftlich gesicherten Verhältnissen leben:* Damals hatte er in der Unternehmungsführung die richtigen Ideen und die nötige Ausdauer, heute ist er ein gemachter Mann. Doch schon heute ist Gilbert O'Sullivan ein gemachter Mann. Seine Schlager ... klettern in allen Hitparaden steil nach oben (Hörzu 38, 1972, 127).

der erste Mann an der Spritze sein (ugs.): *die Führung, Entscheidungsgewalt haben:* Wenn es um die Gestaltung des Vereinsjubiläums geht, ist der Kassenwart der erste Mann an der Spritze.
▶ Die Wendung bezieht sich bildlich auf den Einsatz der Feuerwehr: Wer vorn an der Spritze steht, bestimmt, wo und wie gelöscht wird.

der kleine Mann (ugs.): *der wenig einflussreiche, finanziell nicht besonders gut gestellte Durchschnittsmensch:* Am Ende muss doch wieder der kleine Mann die Zeche bezahlen. Der kleine Mann hat gar nichts davon, wenn der Goldpreis so günstig wie nie ist. Das Private mit dem Allgemeinen verbinden, das ist die Kunst des kleinen Mannes ... (Fries, Weg 160).

der schwarze Mann (ugs.): *Schreckgestalt für kleine Kinder:* Wenn du nicht lieb bist, dann holt dich der schwarze Mann!

ein Mann von Welt: *jmd., der gewandt im [gesellschaftlichen] Auftreten ist:* Ein Mann von Welt bestellt keinen Sekt zum Kaviar. »Dir fehlen die Lackschuhe«, sagte ich, zu meinem Erstaunen irritiert über den selbstzufriedenen Mann von Welt (Remarque, Obelisk 291).

ein Mann, ein Wort: *was gesagt ist, das gilt.*

ein Mann, ein Wort; eine Frau, ein Wörterbuch (ugs.).
▶ Dies ist eine scherzhafte Erweiterung der vorangehenden Wendung; sie spielt auf die angebliche Geschwätzigkeit der Frauen an.

ein Mann von Wort: *jmd., auf den man sich verlassen kann:* Er erwies sich als ein Mann von Wort, pünktlich um sechs brachte er uns die Dokumente. »Aber gehen Sie doch, Kluge – freilich, das sehe ich nun, dass Sie kein Mann von Wort sind ...« (Fallada, Jeder 151).

ein Mann der Tat: *jmd., der entschlossen handelt, nicht lange zaudert:* So betrat Constantin die Bühne der Weltgeschichte. Ein Mann der Tat: hoch gewachsen, schön, von hinreißender persönlicher Tapferkeit ... (Thieß, Reich 265). Wir sind für ihn die Bürohengste, die den ganzen Tag herumbummeln, während er der Mann der Tat ist, der den Außendienst betreut (Remarque, Obelisk 12).

ein Mann des Todes sein: *todgeweiht sein, bald sterben müssen:* Wer unsere Bedingungen nicht erfüllt, ist ein Mann des Todes! Er war von seiner Krankheit schwer gezeichnet, ein Mann des Todes, und er wusste es.

jmds. Mann sein (ugs.): *für jmds. Zwecke, Pläne genau der Richtige sein:* Er ist schon zweimal um Kap Hoorn gesegelt? Das ist unser Mann! ... De Gaulle, der die Amerikaner das Bangen gelehrt hat – er ist ihr Mann (Zeit, 27. 3. 64, 1). Sehen Sie, wenn Sie mir das jetzt erzählen, dann sind Sie mein Mann (Fallada, Jeder 148).

[nicht] der Mann sein, etwas zu tun: *[nicht] fähig sein, etwas zu tun:* Ich bin nicht der Mann, eine Waffe auf einen Menschen zu richten. Glaub mir, du bist nicht der Mann, diese Belastungen zu ertragen.

[mein lieber] Mann! (ugs.): *Ausruf des Erstaunens, der Drohung o. Ä.:* Mein lieber Mann, mach das nicht noch einmal! Warga ... stürzt auf Schocker zu und knallt dem rechts und links eine hinter die Ohren. »Mein lieber Mann«, sagt Charli (Ossowski, Flatter 27).

der Mann auf der Straße: *der den Durchschnitt der Bevölkerung repräsentierende Bürger:* Der Mann auf der Straße interessiert sich mehr für das, was er in der Lohntüte hat, als für abstrakte Gesellschaftstheorien. Für den »Mann auf der Straße« war dieser Wandel, bewusst oder unbewusst, mit dem Raumflug von Oberst Glenn verknüpft ... (Dönhoff, Ära 197).

der brave Mann denkt an sich selbst zuletzt/(scherzh.:) **zuerst.**
▶ Diese Redensart ist ein Zitat aus Schillers »Wilhelm Tell«, das zuweilen scherzhaft ins Gegenteil verkehrt wird.

der kluge Mann baut vor: *wer klug ist, sichert sich ab, beugt vor.*
▶ Diese Redensart ist ein Zitat aus Schillers »Wilhelm Tell«. Das Verb »vorbauen« wird hier im Sinne von »vorbeugen« gebraucht.

selbst ist der Mann: 1. *Kommentar, wenn jmd. etwas selbst gemacht hat:* Wer hat denn dieses Regal gebaut? – Selbst ist der Mann! 2. *Aufforderung, etwas selbst zu tun:* Für den tropfenden Wasserhahn brauchst du doch keinen Klempner; selbst ist der Mann!

alle Mann [hoch] (ugs.): *alle zusammen:* Nachts um drei sind wir dann alle Mann hoch auf das Kriegerdenkmal geklettert. Alle Mann ins Wohnzimmer, es gibt Kaffee! Außerdem habt ihr, alle Mann, mitgesoffen (Grass, Hundejahre 283).

ein toter Mann sein (ugs.): *keine Zukunftsaussichten haben, erledigt sein:* Wenn er bis morgen nicht an die Mafia gezahlt hat, wird er ein toter Mann sein.

den toten Mann machen (ugs.): *sich in der Rückenlage ohne Bewegung im Wasser treiben lassen:* Schaut mal her, ich kann den toten Mann machen!

das haut den stärksten Mann aus dem Anzug! (ugs.): *das ist unglaublich, unfassbar!:* Dass der Polizeichef selbst der Anführer der Diebesbande war, das haut doch den stärksten Mann aus dem Anzug!

den starken/großen Mann markieren/mimen (ugs.): *so tun, als ob man besonders stark/bedeutend/einflussreich sei:* Du brauchst hier gar nicht den großen Mann zu mimen, wir wissen, was mit dir los ist. Wenn ich mich 17 Monate lang zum Affen gemacht habe, brauche ich im letzten Monat nicht den starken Mann zu markieren (Spiegel 9, 1977, 52).

den wilden Mann spielen/machen (ugs.): *unbeherrscht [ohne Berechtigung] wütend sein, toben:* Wenn dein Freund den wilden Mann machen will, dann soll er es woanders tun. Als ihm seine Verlobte ... Vorwürfe machte, spielte er den wilden Mann und musste von der Polizei eingesperrt werden (MM 13. 3. 1978, 16).
▶ Der »wilde Mann« erscheint in Volkssagen und alten Dichtungen als ein ungebärdiger Waldriese; darauf spielt die vorliegende Wendung an.

seinen Mann stellen/stehen: *sich bewähren, tüchtig sein:* Seit die junge Frau den Betrieb allein leitete, hatte sie schon einige Male ihren Mann stehen müssen. Auf diese Leute ist Verlass, jeder Einzelne stellt bei der Arbeit seinen Mann. »Nach dem Kriege wirst du auch schon deinen Mann gestanden und Schönes erlebt haben.« (Remarque, Obelisk 180).

[wohl] einen kleinen Mann im Ohr haben (ugs.): *[anscheinend] nicht ganz normal sein:* Deine Schwester hat wohl einen kleinen Mann im Ohr – sie erzählt überall, wir hätten im Lotto gewonnen! Ob Sie hier geschlafen haben, frage ich! Jawohl, Herr Oberst. Sie haben wohl 'n kleinen Mann im Ohr. Wie kommen Sie dazu? (Kuby, Sieg 390).

seinen Mann gefunden haben: *einen ebenbürtigen Gegner gefunden haben:* Was das Schachspielen betraf, so hatte der Apotheker in dem neuen Pfarrer seinen Mann gefunden.

seinen Mann ernähren: *jmdm. genügend Geld einbringen:* Mein Beruf ist zwar wenig aufregend, aber er ernährt seinen Mann. ... das Lokal geht gut und ernährt seinen Mann (Aberle, Stehkneipen 34). Die schöne Münchnerin gehört zu den Ansagerinnen, die ihre Arbeit ... nur als einen Job auf Zeit betrachten, der »seinen Mann« nicht auf ewig ernähren kann (Hörzu 9, 1973, 24).

einem nackten Mann in die Tasche greifen (ugs.): *etwas holen wollen, wo nichts zu holen ist:* Du willst Geld von mir? Versuch mal, einem nackten Mann in die Tasche zu greifen!

Manns genug sein, etwas zu tun: *genug Mut und Kraft haben, etwas zu tun:* Ich bin Manns genug, mit diesen Leuten fertig zu werden. ... einer zarten Person wie mir das Fell zu gerben, war er Manns genug (Maass, Gouffé 172). Man witterte in uns aufs Wort glauben, dass sein Gegenspieler Manns genug war, ihm die Antwort nicht schuldig zu bleiben ... (Th. Mann, Zauberberg 725).

etwas an den Mann bringen (ugs.): 1. *etwas verkaufen:* Seit Tagen bemühte er sich, seinen alten VW an den Mann zu bringen. Noch schwerer als die Wohnungen sind offenbar die gewerblichen Räume an den Mann zu bringen (MM 1. 9. 1975, 13). 2. *im Gespräch o. Ä. etwas mitteilen, äußern, erzählen:* Ständig versuchte der Friseur, seine alten Häschenwitze an den Mann zu bringen. Enttäuscht, dass er ... seinen Triumph nicht hatte an den Mann bringen können, kam er ... zurück (Maass, Gouffé 91).

jmdn. an den Mann bringen (ugs.; scherzh.): *jmdn. verheiraten:* Er würde viel darum geben, seine ältere Tochter möglichst bald an den Mann zu bringen.

mit Mann und Maus untergehen: *untergehen, ohne dass einer gerettet wird:* Zwanzig Meilen südlich von Kap Hoorn war die Annabelle II mit Mann und Maus untergegangen. ... die berühmte »Lutine«-Glocke für den Frachter ... hat ihren Namen von der ... Korvette »Lutine«, die ... mit Mann und Maus unterging (BM 20. 1. 1976, 16).
▶ Die stabreimende Formel verbindet das Wichtigste (die Menschen) und das Geringste (die Mäuse) an Bord eines Schiffes; damit macht diese Wendung bildhaft deutlich, dass bei einem Schiffsuntergang die Gesamtheit der Lebewesen umkommt.

von Mann zu Mann: *ohne Beschönigung; ernsthaft, offen und ehrlich:* Ich glaube, mein Sohn, es ist an der Zeit, dass wir beide uns einmal von Mann zu Mann unterhalten. Sagen Sie mir offen, Herr Doktor – von Mann zu Mann –, wie stehen meine Chancen bei der Operation?

jmdn. zum Mann[e] nehmen (geh.): *[als Frau] jmdn. heiraten:* Willst du meinen Sohn zum Manne nehmen? Sie dachte gar nicht daran, diesen Lackaffen zum Manne zu nehmen.

blau sein wie [zehn]tausend Mann: ↑blau.
ein alter Mann ist doch kein D-Zug:

↑D-Zug. **den lieben Gott einen guten/ frommen Mann sein lassen:** ↑Gott. **das Kind im Manne:** ↑Kind. **pro Mann und Nase:** ↑Nase. **wenn Not am Mann ist:** ↑Not. **die Rache des kleinen Mannes:** ↑Rache. **voll wie [zehn]tausend Mann:** ↑voll.

Männchen: nicht mehr wissen, ob man Männchen oder Weibchen ist (ugs.): *völlig erschöpft sein:* Sie indische Tempelhure, Sie werde ich fertig machen, bis ... Sie nicht mehr wissen, ob Sie Männchen oder Weibchen sind (Spiegel 43, 1967, 40). Im Gegenteil, diese Doppel- und Dreifachbelastung macht mich so fertig, dass ich Tage vor der Livesendung nicht mehr weiß, ob ich Männchen oder Weibchen bin (Hörzu 25, 1976, 12).

Männchen bauen/machen (Soldatenspr.): *den Vorgesetzten militärisch grüßen:* Da drüben kommt der Oberst; jetzt heißt es Männchen machen! Ich denke nicht daran, vor so 'nem scheißfeinen Marinepinkel Männchen zu machen (Ott, Haie 20).

Männchen machen: *[von Tieren] sich aufrecht auf die Hinterpfoten stellen:* Mach Männchen, Waldi, dann gibt dir Frauchen das Schokolädchen!

Männlein: Männlein und Weiblein (scherzh.): *Männer und Frauen:* In der Kirche saßen Männlein und Weiblein fein säuberlich getrennt voneinander. Die weibliche Kriminalpolizei konnte in der Wohnung des Chorleiters zahlreiche Aktfotos beschlagnahmen, auf denen Männlein und Weiblein hüllenlos zu sehen sind (MM 17. 4. 1969, 13).

Mannschaft: vor versammelter Mannschaft (ugs.): *vor der ganzen Gruppe, Abteilung o. Ä.:* Die Chefin hat ihn vor versammelter Mannschaft zur Schnecke gemacht.

Manschette: [vor jmdm., vor etwas] Manschetten haben (ugs.): *[vor jmdm., vor etwas] Angst haben:* Warum kommst du nicht mit – du hast wohl Manschetten? Mensch, vor der Mathearbeit hab ich vielleicht Manschetten. »'s geht mir an die Nieren. Ich hab Manschetten, hab Schiss.« (Genet [Übers.], Querelle 74).
▶ Im 18. Jh. wurden große, überfallende Manschetten in der Herrenbekleidung Mode, die dem Träger beim Gebrauch

seines Degens hinderlich waren. Die Wendung meinte ursprünglich, dass jemand, der solche Manschetten trägt, modische Kleidung der Kampfbereitschaft überordne, also ein Schwächling und Feigling sei.

Mantel: den Mantel/das Mäntelchen nach dem Wind hängen: *sich stets der herrschenden Meinung, den herrschenden [Macht]verhältnissen anpassen:* Der Bürgermeister hatte es immer verstanden, sein Mäntelchen nach dem Wind zu hängen. Man muss nicht, auch wenn man nach oben kommen will, den Mantel nach dem Wind hängen.
► Diese Wendung hatte ursprünglich nicht den abwertenden Charakter, der ihr heute in der Regel beigemessen wird. Sie bezog sich darauf, dass ein Wanderer bei stürmischem und regnerischem Wetter seinen Mantel (Umhang) möglichst gegen den Wind trug, sich also so gut es ging vor Wind und Regen schützte.

etwas mit dem Mantel der [christlichen Nächsten]liebe/der Barmherzigkeit zudecken: *einen Fehler, etwas Tadelnswertes großzügig übersehen, auf sich beruhen lassen:* Lassen Sie uns die Vorgänge von gestern Abend mit dem Mantel der christlichen Nächstenliebe zudecken – Sie werden uns auch künftig willkommen sein.
► Mit dem Mantel kann man etwas bedecken, verhüllen, im übertragenen Sinn etwas verbergen, verschleiern, beschönigen; vgl. die Bedeutung des abgeleiteten Verbs »bemänteln«. Die vorliegende Wendung hat ihren Ursprung wahrscheinlich in christlichen Predigten.

Mäntelchen: einer Sache ein Mäntelchen umhängen: *etwas als harmlos hinstellen, hinter einem harmlosen Namen o. Ä. verbergen:* Um dem ganzen Unternehmen ein Mäntelchen umzuhängen, einigten sich die Geschäftspartner darauf, ihre Gesellschaft unter dem Namen »Friede auf Erden AG« ins Handelsregister eintragen zu lassen. ... er hätte beunruhigt sein müssen, und wenn er das nicht ist, hat er der Sache ein ... Mäntelchen umgehängt und sich selber dahin gebracht, dass er blind für die Tatsachen ist (Kemelmann [Übers.], Mittwoch 204).

Mappe: eins rauf mit Mappe: ↑rauf.
Maria: Jesus, Maria [und Josef]: ↑Jesus.
¹Mark: keine müde Mark (ugs.): *kein Geld, nicht einmal ein kleiner Betrag:* Ein Stricher kriegt von mir keine müde Mark (Eppendorfer, Ledermann 136). Er hatte keine müde Mark mehr in den Taschen, dafür hatte er einen Durst, der nicht auf Buttermilch gerichtet war (Freizeit Revue 29, 1975, 31).
jede Mark/jeden Pfennig [zweimal/dreimal] umdrehen: *sehr sparsam sein:* Wir müssen jede Mark umdrehen, wenn wir keine Schulden machen wollen. Sie war es von klein auf gewöhnt, jeden Pfennig zweimal umzudrehen.
eine/die schnelle Mark machen/verdienen (ugs.): *[auf bequeme Weise] schnell Geld verdienen:* Mancher spekulierte darauf, im Osten die schnelle Mark machen zu können. Als Firmenberater konnte man damals eine schnelle Mark verdienen.
jmdm. fehlt ein Groschen an der Mark: ↑Groschen.
²Mark: [kein] Mark in den Knochen haben (ugs.): *[nicht] sehr kräftig sein:* Wenn du kein Mark in den Knochen hast, dann überlasse diese Arbeit anderen.
jmdm. das Mark aus den Knochen saugen (ugs.): *jmdn. hemmungslos ausbeuten:* Die Arbeiter wollten sich nicht länger das Mark aus den Knochen saugen lassen, sie forderten angemessenen Lohn und Gewinnbeteiligung.
jmdn. bis aufs Mark peinigen/quälen o. Ä.: *jmdn. in unerträglicher Weise peinigen o. Ä.:* Die zahllosen Stechmücken peinigten die Reisenden bis aufs Mark. Vgl. die Wendung »[jmdm.] durch Mark und Bein gehen«.
bis ins Mark [hinein erschrecken/treffen o. Ä.]: *bis ins Innerste, zutiefst:* Die Nachricht hatte jeden bis ins Mark erschreckt. Es hat mich bis ins Mark getroffen, dass ausgerechnet du uns verraten wolltest. Oft hat man Goebbels geschildert, wie er geistig geschmeidig, in propagandistischen Dingen erfindungsreich, vor allem aber bis ins Mark verlogen gewesen sei (Niekisch, Leben 205). Vgl. die folgende Wendung.
[jmdm.] durch Mark und Bein gehen/dringen/fahren: *[von jmdm.] in unange-*

nehmer, fast unerträglicher Weise emp-funden werden: Der Schreck ist ihr durch Mark und Bein gefahren. Ich habe nichts zu winken, sondern warte auf das stumpfe Tuten, das durch Mark und Bein geht (Frisch, Gantenbein 434).
▷ Diese Wendung geht [ebenso wie die beiden vorangehenden] davon aus, dass die Knochen (Bein) und das Knochenmark das Innerste des menschlichen Körpers sind. Mark und Bein stehen bildlich für die innerste, am tiefsten gehende Empfindung, zu der der Mensch fähig ist.

[jmdm.] durch Mark und Pfennig gehen (ugs.; scherzh.): *[von jmdm.] in unangenehmer, fast unerträglicher Weise empfunden werden:* Diese Musik geht einem ja durch Mark und Pfennig! Mit dem Messer auf die Gabel schneiden: nicht auszuhalten. Das gehe einem durch Mark und Pfennig (Kempowski, Tadellöser 371).
▷ Es handelt sich hier um eine scherzhafte Abwandlung der vorhergehenden Wendung, wobei »Mark« (= Knochenmark) absichtlich als »Mark« (= Münzbezeichnung) missverstanden wird.

Marke: eine Marke sein (ugs.): *ein merkwürdiger, komischer Mensch sein:* Du bist mir vielleicht 'ne Marke – du kannst doch nicht ohne Geld in die Kneipe gehen und ein Bier nach dem anderen bestellen!

Marke Bahndamm (ugs.; scherzh.): *schlechter Tabak:* Oje, Großvater raucht heute wieder Marke Bahndamm!
▷ Auf Bahndämmen wächst in der Regel Unkraut; der vorliegende Ausdruck macht in der Übertreibung deutlich, für wie schlecht man den Tabak hält.

markieren: den starken/großen Mann markieren: ↑ Mann. **den strammen Max markieren:** ↑ stramm.

Markt: der schwarze Markt: *der illegale Handel:* Wer sein Geld auf dem schwarzen Markt umtauscht, kann leicht das Opfer von Betrügern werden. Die Mengen, die er brauchte, konnte Gottlieb nur noch auf dem schwarzen Markt bekommen (Kuby, Sieg 327).
▷ Mit dem Adjektiv »schwarz« wird häufig das Verbotene, Schlechte oder Unheilvolle gekennzeichnet; besonders

die Dinge, die sich im Verborgenen abspielen (wie auch der schwarze Markt), werden oft mit der Farbe der Nacht in Verbindung gebracht.

der graue Markt: *der eigentlich verbotene, aber stillschweigend geduldete Handel:* Auf dem grauen Markt konnte man gelegentlich auch echte menschliche Schädel und ganze Skelette erwerben. Müller ... entdeckte vor einigen Monaten eine noch ungenutzte Lücke im grauen Markt mit Fernsehstars (Hörzu 45, 1972, 135).
▷ Diese Fügung ist eine abgeschwächte Form von »der schwarze Markt«; »grau« ist zwar noch nicht ganz legal, aber auch nicht so schlimm wie »schwarz«.

etwas auf den Markt bringen/werfen: *etwas in den Handel bringen, zum Verkauf anbieten:* Um die Konkurrenz zu verdrängen, warf der Konzern Billigprodukte in großen Mengen auf den Markt. Derselbe Verlag hat ... eine ... Taschenbuchkassette mit einer Auswahl seiner Romane und Novellen auf den Markt gebracht (Reich-Ranicki, Th. Mann 116).

mit etwas zu Markte gehen (veraltend): *etwas ausposaunen:* Wie kann ich sicher sein, dass diese Dinge vertraulich bleiben, dass keiner von Ihnen damit zu Markte geht und die Presse alarmiert?

seine Haut zu Markte tragen: ↑ Haut.

marsch: ohne Tritt, marsch!: ↑ Tritt.

Marsch: der lange Marsch [durch die Institutionen]: *die Verwirklichung [gesellschafts]politischer Ziele durch geduldige, zähe Arbeit innerhalb des bestehenden Systems:* Die studentische Linke hat entweder resigniert oder sich auf den langen Marsch eingestellt. Die Mehrheit hat den langen Marsch durch die Institutionen angetreten: Sie will Reformgesetze durchpauken (Spiegel 8, 1980, 157).
▷ Die Fügung nimmt Bezug auf die chinesische Revolution, bei der Mao Tsetung die kommunistischen Truppen in einem langen Fußmarsch nach Peking (und zum Sieg) führte.

jmdm. den Marsch blasen (ugs.): *jmdn. ausschimpfen, tadeln:* Wenn er nach Hause kommt, werde ich ihm ganz schön den Marsch blasen. Rund fünfmal im Jahr tritt das Partei- und Ständegremium zusammen, um den verantwortlichen Redakteuren ... den Marsch zu blasen (Spiegel 45, 1977, 259).

▶ Diese Wendung ist in der Soldatensprache entstanden und bezog sich ursprünglich auf das militärische Trompetensignal, das den Befehl zum Abmarsch gibt. Sie wurde im Sinne von »einen faulen oder trägen Menschen in Bewegung bringen; jemanden antreiben, etwas zu tun« gebraucht.

jmdn. in Marsch setzen (bes. milit.): *jmdn. losmarschieren lassen:* Sie wurden mit Panzerfäusten ausgerüstet und in Marsch gesetzt (Kempowski, Tadellöser 464).

sich in Marsch setzen (ugs.): *aufbrechen:* In einer Stunde gehts los, ihr könnt euch schon langsam in Marsch setzen. Wir beschlossen, uns sofort in Marsch zu setzen und unsere Ausrüstung ... nachkommen zu lassen (Cotton, Silver-Jet 121).

Marschallstab: den Marschallstab im Tornister tragen: *die Möglichkeit haben, noch sehr viel im Leben zu erreichen:* In deinem Alter und mit deiner Ausbildung trägt man den Marschallstab im Tornister, mein Junge! Den Marschallstab, so sagt man, trägt jeder im Tornister. Aber wie viele haben die Möglichkeit, ihn auszupacken? (Bausinger, Dialekte 44).

▶ Die Wendung geht wohl auf eine Ansprache des französischen Königs Ludwig XVIII. in der Militärschule von Saint-Cyr zurück. Der König sprach allerdings nicht vom Tornister, sondern von der Patronentasche; ungenaues Zitieren führte zu der heute üblichen Form. Der Marschallstab ist in einigen Armeen das sichtbare Zeichen des entsprechenden Ranges.

marschieren: getrennt marschieren, vereint schlagen: ↑ getrennt.

Masche: durch die Maschen des Gesetzes schlüpfen: *der Bestrafung durch die Justiz [durch geschicktes Ausnutzen einer Lücke im Gesetz] entgehen:* Die Anwälte halfen ihm jedes Mal, durch die Maschen des Gesetzes zu schlüpfen. Wie konnte es geschehen, dass der Verbrecher durch die Maschen des Gesetzes schlüpfte?

▶ Mit »Maschen« sind in dieser Wendung die Schlingen, die geknüpften Fä-

den des Fangnetzes gemeint; vgl. dazu die Wendung »jmdm. ins Garn gehen«. Auf die Bedeutung »Schlinge, Falle« geht wohl der übertragene Gebrauch im Sinne von »Trick« zurück; vgl. die folgende Wendung »auf eine Masche reisen«.

auf eine Masche reisen (ugs.): *mit einem bestimmten Trick vorgehen; in einer bestimmten Weise handeln, um etwas zu erreichen:* Erst tut er freundlich und verständnisvoll, dann nagelt er dich stur auf deine Äußerungen fest – er reist immer auf dieselbe Masche. Auf eine ungewöhnliche »Masche« reiste der 40-jährige Landstreicher und Betrüger Franz Hagen (MM 13. 7. 1965, 8). Vgl. die vorangehende Wendung.

Maske: die Maske fallen lassen/von sich werfen: *sein wahres Gesicht zeigen, seine Verstellung aufgeben:* Jetzt ließen sie die Maske fallen. Sie waren immer gegen den Führer gewesen (Küpper, Simplicius 173). Aber Mac ließ ja nicht einmal, wenn sie unter vier Augen sprachen, die Maske fallen (Brecht, Groschen 186).

jmdm. die Maske vom Gesicht reißen: *jmdn. entlarven; jmdn. zwingen, seinen wahren Charakter zu zeigen:* Mit einer List war es ihnen gelungen, dem Verräter die Maske vom Gesicht zu reißen. O'Hara schrie noch einmal. Macheath habe eine der besten Banden Londons und der Welt zugrunde gerichtet ... Er, O'Hara, werde ihm die Maske vom Gesicht reißen (Brecht, Groschen 341).

Maß: ein gerüttelt Maß von/an etwas: *sehr viel von etwas:* Ein gerüttelt Maß an Arbeit liegt morgen vor uns. Sie hatten schon ein gerüttelt Maß von Realismus und Skepsis in sich ... (Thielicke, Ich glaube 95).

das Maß ist voll: *die Geduld ist zu Ende, es ist genug:* Nach dieser Skandalgeschichte dürfte das Maß voll sein; noch in dieser Woche erwartet man den Rücktritt des Ministers. Nein, das Maß ist voll. Zuviel Kapital und Ansehen ist bereits verschleudert worden (Dönhoff, Ära 27).

weder Maß noch Ziel kennen: *maßlos sein; sich nicht beherrschen können:* Gib dem Jungen bloß nicht das ganze Geld, bei seinen Ansprüchen kennt er weder Maß noch Ziel.

das **Maß voll machen:** *über die Grenzen des Erlaubten hinausgehen:* Deine Unverschämtheiten haben das Maß voll gemacht, ich reise ab! Zwei Fünfen im Zeugnis – das macht das Maß voll, die Ferien in Frankreich sind gestrichen.

jmdn. Maß nehmen (ugs.): *jmdn. hart herannehmen, hart bedrängen:* Der Intendant nahm das Ensemble Maß. Schon kurz nach Spielbeginn hatten die beiden Stars sich Maß genommen und waren vom Schiedsrichter verwarnt worden. Wir haben, immer und überall ... die schwerste und mistigste Arbeit machen müssen. Uns haben sie ständig Maß genommen (Lemke, Ganz 21).

in/mit Maßen: *maßvoll:* In Maßen genossen war der Selbstgebrannte gar nicht so übel. Ich trinke nicht übermäßig, ich trinke in Maßen ... (Aberle, Stehkneipen 92).

mit Maß und Ziel: *maßvoll:* Jetzt ist es genug, Liebling, alles mit Maß und Ziel! Ich habe nichts gegen Reformen, solange die Veränderungen mit Maß und Ziel betrieben werden.

mit zweierlei Maß messen: *unterschiedliche Maßstäbe anlegen [und dadurch ungerecht sein]:* Wenn es um Steuerhinterziehung geht, scheinen die Gerichte öfter mit zweierlei Maß zu messen. ... selbst wenn man in Rechnung stellt, dass der republikanische Senator ... die Welt mit zweierlei Maß misst oder ... durch zwei verschiedene Brillen betrachtet (Dönhoff, Ära 186/187).

nach Maß: 1. *den individuellen Körpermaßen entsprechend [angefertigt]:* Da er sich weder Arbeitskittel noch Sonntagskleider nach Maß schneidern ließ, wirkte alles, was er trug ..., verzogen (Grass, Hundejahre 61/62). 2. *genau passend:* Für den Bankdirektor war der junge, strebsame Mann ein Schwiegersohn nach Maß. Der Libero schlug eine Flanke nach Maß, und der Torjäger köpfte zum 2:0 ein. Ein rabenschwarzer Tag von Fortuna Düsseldorfs Torhüter ... bescherte dem VfB Stuttgart ... einen Auftakt nach Maß in die zweite Serie (Kicker 6, 1982, 35).

ohne Maß und Ziel: *maßlos:* Sein Leben lang hat er ohne Maß und Ziel getrunken, jetzt ist seine Leber ruiniert.

über die/über alle Maßen: *außerordentlich:* Ich bin über die Maßen erfreut, Sie gesund wieder zu sehen. Die Gefangenen hatten über alle Maßen unter dem heißen Wind zu leiden. Er war über die Maßen ordnungsliebend, ... er war fleißig und energisch (R. Walser, Gehülfe 21).

Masse: die Masse/Menge (ugs.): *sehr viel von etwas:* Salzstangen gibts noch die Masse, aber die Erdnüsschen sind alle. Sein Großvater hat Wertpapiere die Menge. Als nächstes nahm ich mir seine Bücher vor. Er hatte die Masse (Plenzdorf, Leiden 80).

nicht die Masse sein (ugs.): *nicht viel [wert] sein:* Zwei trockene Brötchen und eine halbe Flasche Sprudel – das ist auch nicht gerade die Masse.

mangels Masse: *weil keine finanziellen Mittel vorhanden, verfügbar sind:* Mangels Masse konnten die laufenden Gehälter nicht gezahlt werden. Ein Antrag ... auf Eröffnung des Konkurses über das Vermögen ... wurde vom ... Landgericht durch Beschluss ... mangels Masse abgelehnt (NJW 19, 9. 5. 1984, 1104).

Maßgabe: nach Maßgabe (Papierdt.): *entsprechend:* Nach Maßgabe seiner Befugnisse kann er diese Entscheidung ohne Rückfrage treffen. Die richterliche Gewalt soll nicht von ständigen Gerichtshöfen, sondern von Personen ausgeübt werden, die jeweils nach Maßgabe der Gesetze zu diesem Zweck bestellt werden (Fraenkel, Staat 119).

massieren: jmds. Zwerchfell massieren: ↑ Zwerchfell.

Mast: Matrosen am Mast haben: ↑ Matrose.

Mastbruch: Mast- und Schotbruch! (Segelsport): *viel Glück!; alles Gute!*

Mathematik: für jmdn. höhere Mathematik sein: *für jmdn. völlig unverständlich sein:* Wie das mit den Aktienkursen an der Börse funktioniert, das ist höhere Mathematik für mich.

Matratze: an der Matratze horchen (ugs.; scherzh.): *schlafen:* Jetzt wollen wir erst einmal ein paar Stunden an der Matratze horchen. Sie kratzt schon mal die Kurve, um noch »an der Matratze zu horchen« (Hörzu 39, 1977, 20).

Matratzenball: auf den Matratzenball gehen (ugs.; scherzh.): *schlafen gehen:*

Jetzt gehen wir nicht ins Kino, sondern auf den Matratzenball.

Matratzenhorchdienst: Matratzenhorchdienst haben (ugs.; scherzh.): *schlafen:* Ruhe jetzt, Opa hat Matratzenhorchdienst!

Matrose: Matrosen am Mast haben (Seemannsspr.): *Filzläuse haben:* Die Hälfte der Besatzung hatte Matrosen am Mast.

▶ Mit »Mast« ist hier das [erigierte] männliche Glied gemeint; die Wendung spielt darauf an, dass sich Filzläuse gerne in den Schamhaaren des Menschen aufhalten.

[1]matt: jmdn. matt setzen: 1. (Schachspiel): *jmdn. im Schachspiel besiegen:* Er konnte seinen Gegner bereits im 18. Zug matt setzen. 2. *jmdn. handlungsunfähig machen, ihm jeden Ausweg nehmen:* Durch rücksichtsloses Vorgehen war es dem Unternehmer gelungen, seine Konkurrenten matt zu setzen. Er war kein geschulter Kopf ... wie Justinian, dem es ein besonderes Vergnügen machte, in ... nächtlichen Unterhaltungen seine vor Müdigkeit kaum noch aufrecht sitzenden Bischöfe auch geistig matt zu setzen (Thieß, Reich 279).

[2]matt: matt sein wie eine Fliege (ugs.): *sehr ermattet sein:* Nach der Gartenarbeit war ich matt wie eine Fliege.

Matte: jmdn. auf die Matte legen (ugs.): *jmdn. übervorteilen, täuschen:* Dieser Grünschnabel kann mich doch nicht auf die Matte legen. Er wusste genau, wie man selbst die Experten der Steuerfahndung auf die Matte legen konnte.

▶ Diese Redewendung stammt aus der Sportsprache; sie bezieht sich auf die Matte, auf der Ringkämpfe ausgetragen werden.

auf der Matte stehen (ugs.): *einsatzbereit, am [verabredeten] Ort sein:* Morgen früh steht ihr beiden um sieben auf der Matte, und dann wird alles picobello aufgeräumt! Er ... bringt die Tochter persönlich zum Ort des Geschehens ... und steht spätestens um Mitternacht wieder auf der Matte, um den Sprössling abzuholen (MM 27./28. 6. 1987, 17).

auf der Matte bleiben: ↑ Teppich.

Matthäi: bei jmdm. ist/es ist Matthäi am Letzten (ugs.): *jmd. hat/es ist das Schlimmste zu erwarten; jmd. ist am En-*

de: Wenn die nächste Klassenarbeit nicht mindestens mit Zwei benotet wird, dann ist – was die Versetzung betrifft – Matthäi am Letzten. Bei dem kleinen Gemüseladen ist auch bald Matthäi am Letzten; gegenüber wird ein Supermarkt eröffnet.

▶ »Matthäi am Letzten« bedeutet »im letzten Abschnitt des Matthäusevangeliums«. Dieses Evangelium schließt mit den Worten »bis an der Welt Ende«; die vorliegende Redewendung spielt also indirekt auf den Weltuntergang, auf das Ende aller Dinge an.

Mattscheibe: bei jmdm. ist Mattscheibe (ugs.): *jmd. ist benommen, kann nicht mehr klar denken:* Nach so viel Bier war bei ihm Mattscheibe, er konnte nicht mehr ernsthaft diskutieren.

▶ Diese und die folgende Wendung gehen von der Fotografie aus, wo mit »Mattscheibe« eine nicht durchsichtige, sondern nur durchscheinende Platte mit einseitig mattierter Oberfläche zum Sichtbarmachen von Bildern bezeichnet wird.

Mattscheibe haben (ugs.): *benommen sein, nicht mehr klar denken können:* Ihr Freund hatte Mattscheibe und verstand gar nicht, was sie von ihm wollte. Wenn du uns ... davon überzeugen willst, dass du nicht vorübergehend Mattscheibe gehabt hast – auf die Art schaffst du es nicht (Molsner, Harakiri 131).

Vgl. die vorangehende Wendung.

Mauer: Mauer machen/stehen (Gaunerspr.): *beim [Taschen]diebstahl den Dieb gegen Beobachtung abschirmen:* Ihr drei steht Mauer, ich schnapp mir die Tasche.

gegen eine Mauer reden: ↑ Wand.

Maul: ein grobes/böses/gottloses/ungewaschenes Maul haben (derb): *sehr grob, frech, lästerlich reden:* Ihr Mann hat ein reichlich grobes Maul! Hör nicht auf sie, sie hat ein böses Maul. Ich soll ein ungewaschenes Maul haben? Sag das noch einmal, du Armleuchter! Aber ich glaube, du tust recht daran, zu deinen Leuten zu gehen, denn die Welt hat ein sehr böses Maul (Werfel, Bernadette 144).

das Maul hängen lassen (derb): *enttäuscht, beleidigt sein:* Es gibt gar keinen Grund, das Maul hängen zu lassen.

sich über jmdn., über etwas das Maul zerreißen (derb): *schlecht über jmdn., etwas sprechen; [über jmdn., etwas] lästern:* Die Portiersfrau fühlt sich nicht wohl, wenn sie sich nicht über jemanden das Maul zerreißen kann. ... die Nachbarn sollen nicht erfahren, wie schlecht es um mich steht, die zerreißen sich sonst das Maul (Spiegel 13, 1985, 214).

das Maul (derb)/das Mäulchen [schon] nach etwas spitzen (ugs.): *etwas gern haben wollen:* Der Kleine spitzt schon das Mäulchen nach der Sahnetorte. Nach der Pelzjacke spitzte seine Frau schon lange das Mäulchen.

jmdm. aufs Maul schauen (derb): *beobachten, wie sich jmd. ausdrückt, was jmd. sagt [und diese Erfahrung nutzen]:* Man weiß, dass gewisse Politiker gern dem Volk aufs Maul schauen, um ihm besser nach dem Munde reden zu können.

jmdm. ums Maul gehen: ↑ Bart. **jmdm. Brei ums Maul schmieren:** ↑ Brei. **einem geschenkten Gaul sieht/guckt man nicht ins Maul:** ↑ Gaul. **jmdm. Honig ums Maul schmieren:** ↑ Honig. **das Maul aufmachen/auftun:** ↑ Mund. **jmdm. das Maul stopfen:** ↑ Mund. **ein schiefes Maul ziehen:** ↑ Mund. **das Maul aufsperren:** ↑ Mund. **das Maul aufreißen/voll nehmen:** ↑ Mund. **das Maul halten:** ↑ Mund. **sich das Maul verbrennen:** ↑ Mund. **sich das Maul wischen können:** ↑ Mund. **jmdm. das Maul verbieten:** ↑ Mund. **ein großes Maul haben/führen:** ↑ Mund. **du sollst dem Ochsen, der da drischt, nicht das Maul verbinden:** ↑ Ochse. **die gebratenen Tauben fliegen einem nicht ins Maul:** ↑ Taube.

Maulaffen: Maulaffen feilhalten (ugs.): *gaffen, müßig zuschauen:* Anstatt Maulaffen feilzuhalten, sollten sie lieber zupacken und ihr helfen. Wovon bist du denn müde? Du hast doch nur Maulaffen feilgehalten.

▶ Die Entstehung dieser Wendung ist nicht sicher geklärt. Als »Maulaffen« bezeichnete man früher tönerne Kienspanhalter, die häufig in der Form eines [menschlichen] Kopfes mit weit aufgerissenem Mund gestaltet waren. Übertragen bezeichnete man dann auch Personen, die [mit offenem Mund] gaffend dastanden, als »Maulaffen«. Die Verbindung mit dem Verb »feilhalten« dürfte später in Analogie zu anderen, heute nicht mehr gebräuchlichen Wendungen wie »Affen, Narren feilhalten« entstanden sein.

Maulkorb: jmdm. den/einen Maulkorb anlegen: *jmdn. an der freien Meinungsäußerung hindern:* Sie sagte, was sie dachte, und ließ sich von niemandem einen Maulkorb anlegen.

Maulsperre: die Maulsperre haben/kriegen (ugs.): *höchst erstaunt sein, vor Staunen sprachlos sein:* Wir haben ein Auto gewonnen – jetzt hast du die Maulsperre, was? Wenn du deinem Freund das erzählst, wird er die Maulsperre kriegen.

▶ Die Wendung steigert in einem übertreibenden Bild die Vorstellung, dass man bei großem Erstaunen den Mund öffnet. Mit »Maulsperre« bezeichnet man bei Menschen den Krampf der Kinnbacken, bei dem sich der Mund nicht mehr schließen lässt.

Maurer: pünktlich wie die Maurer: ↑ pünktlich.

Maurerschweiß: rar wie Maurerschweiß: ↑ rar.

Maus: da[von] beißt die Maus keinen Faden ab (ugs.): *das ist unabänderlich, dagegen ist nichts zu machen:* Er muss seine Schulden bezahlen, da beißt die Maus keinen Faden ab. Sie sind und bleiben Soldat, da beißt die Maus keinen Faden ab (Kuby, Sieg 343).

▶ Für die Entstehung dieser Redewendung bieten sich mehrere Erklärungsmöglichkeiten an. Sie ließe sich auf die Fabel vom Löwen und der Maus beziehen, in der die Maus das Schicksal des gefangenen Löwen wendet, indem sie das Netz zernagt. Sie könnte auch aus dem alten Volksglauben herrühren, dass man im Frühjahr keine Winterarbeit verrichten, also auch nicht mehr spinnen soll. Den Frauen, die das trotzdem tun, beißen zur Strafe die Mäuse den Spinnfaden durch – nur wer sich unbeirrt an den Brauch hält, dem »beißt die Maus keinen Faden ab«.

das kann die/eine Maus auf dem Schwanz forttragen (ugs.): *das ist sehr wenig:* Was die Gemeinde bisher für Kinderspielplätze ausgegeben hat, das kann die Maus auf dem Schwanz forttragen.

weiße Maus (ugs.; scherzh.): *Verkehrs-polizist:* Auf der Kreuzung regelt eine weiße Maus den Verkehr, solange die Ampel kaputt ist. Für die »weißen Mäuse« ist es ... schwer, den Strom der Feiertagsheimkehrer einigermaßen zu bändigen (FAZ 22. 4. 1961, 10).
► Dieser Ausdruck dürfte eine Anspielung auf die Dienstkleidung der Verkehrspolizisten sein, die häufig eine weiße Uniform oder einen weißen Mantel tragen.

weiße Mäuse sehen (ugs.): *Wahnvorstellungen haben:* Als die halbe Flasche leer war, begann Opa bereits weiße Mäuse zu sehen. Auch die Ägypter soffen, dass sie ... nicht nur weiße Mäuse ... sahen (Winckler, Bomberg 103).
► Die Wendung bezieht sich darauf, dass Menschen, die unter Wahnvorstellungen leiden, sich häufig von Ungeziefer und Tieren verfolgt glauben, die gar nicht da sind.

Mäuse merken/riechen (ugs.): *bemerken, dass etwas nicht ganz reell zugeht; Verdacht schöpfen:* Als er Vorausbezahlung wollte, habe ich Mäuse gemerkt. Wenn dir jemand so große Gewinne verspricht, dann musst du doch Mäuse riechen.

der Berg kreißte und gebar eine Maus: ↑Berg. **graue Maus:** ↑grau. **mit jmdm.** **Katz und Maus spielen:** ↑Katze. **wenn die Katze aus dem Haus ist, tanzen die Mäuse [auf dem Tisch]:** ↑Katze. **mit Mann und Maus untergehen:** ↑Mann. **mit Speck fängt man Mäuse:** ↑Speck.

Mäuschen: bei etwas Mäuschen sein mögen (ugs.): *bei etwas im Verborgenen zuhören, zusehen mögen:* Wenn der Kanzler sich mit dem sowjetischen Botschafter trifft, da möchte mancher Journalist gerne Mäuschen sein. Heute Abend willst du deinem Vater das Geld für ein Motorrad abschwatzen? Dabei möchte ich Mäuschen sein!

ich glaub, dass dich das Mäuschen beißt (ugs.): *du bist wohl verrückt; das kommt gar nicht infrage:* Hundert Mark willst du für das uralte Fahrrad haben? Ich glaub, dass dich das Mäuschen beißt!

Mauseloch: jmd. würde [vor Scham, Angst o. Ä.] am liebsten in ein Mauseloch kriechen (ugs.): *jmd. schämt, ängstigt*

sich o. Ä. *über alle Maßen:* Der ertappte Störenfried sieht aus, als würde er am liebsten in ein Mauseloch kriechen.

Mäusemelken: zum Mäusemelken sein (ugs.): *zum Verrücktwerden, unglaublich sein:* Seit zwei Wochen bastelten sie schon an dem Motor herum, ohne Erfolg zu haben – es war zum Mäusemelken! Das ist doch zum Mäusemelken, jetzt habe ich die Kellerschlüssel schon wieder vergessen!

mausen: die Katze lässt das Mausen nicht: ↑Katze.

mausig: sich mausig machen (ugs.): *sich frech und vorlaut äußern:* Wenn du dich hier mausig machen willst, fliegst du gleich raus! Was lässt sich gegen die Heilsarmee sagen, wie kommt Reinhold dazu ..., sich mausig zu machen über die Heilsarmee (Döblin, Alexanderplatz 343).
► Diese Wendung geht auf die Falkenjagd zurück. Der Falke, der gerade die Mauser überstanden hat (= mausig ist), ist besonders lebhaft und jagdlustig. Nach und nach trat bei der Wendung die Vorstellung des Übermütigen, Ungebärdigen und Vorlauten in den Vordergrund.

Max: den strammen Max spielen/markieren: ↑stramm.

Medaille: das ist die Kehrseite der Medaille: ↑Kehrseite.

Meer: wie Sand am Meer: ↑Sand.

Mehlsack: schlafen wie ein Mehlsack: ↑schlafen.

mehr: ... und was der ... mehr sind: *und was es sonst noch von etwas gibt:* Uns erwarteten zahllose Behördengänge, Bittgesuche, Anhörungen und was der Unannehmlichkeiten mehr waren.

mehr und mehr: immer mehr: Er hat sich in letzter Zeit mehr und mehr aus der Öffentlichkeit zurückgezogen. Tulla ... ging uns ... mit ewigem Gequatsche vom toten Mariner im Kahn mehr und mehr auf die Nerven (Grass, Katz 42).

mehr oder minder/weniger: *fast ohne Ausnahme, im Großen und Ganzen:* Mehr oder weniger waren alle derselben Meinung. Die Gemeinde (Kommune) ist eine mehr oder minder geschlossene und räumlich abgegrenzte Siedlung ... (Fraenkel, Staat 159). Wie lange konntest du einfach so mehr oder weniger herumgammeln? (Eppendorfer, Ledermann 14).

einmal mehr: ↑ einmal. **nicht mehr feierlich sein:** ↑ feierlich. **nach mehr schmecken:** ↑ schmecken. **nicht mehr [unter uns] sein:** ↑ sein. **weniger wäre mehr:** ↑ wenig. **nicht mehr werden:** ↑ werden.

mehrere: mehrere Eisen im Feuer haben: ↑ Eisen.

meiden: jmdn., etwas meiden wie die Pest: *jmdn., etwas unbedingt meiden:* Der alte General meidet Menschen wie die Pest. Die Mitglieder dieser Sekte meiden Alkohol wie die Pest.

Meier: keine Feier ohne Meier: ↑ Feier. **ich will Meier heißen, wenn ...:** ↑ heißen. **Mensch Meier:** ↑ Mensch. **zu Tante Meier gehen:** ↑ Tante.

Meile: etwas drei Meilen gegen den Wind riechen: ↑ riechen. **drei Meilen gegen den Wind stinken:** ↑ stinken.

meilenweit: meilenweit davon entfernt sein, etwas zu tun: ↑ weit.

mein: Mein und Dein verwechseln/nicht unterscheiden können (ugs.; verhüll.): *stehlen:* Wie kommst du denn zu der teuren Uhr? Du hast wohl Mein und Dein verwechselt! Von dem alten Herrn im ersten Stock hätte auch niemand geglaubt, dass er Mein und Dein nicht unterscheiden kann. **mein Gott:** ↑ Gott. **klein, aber mein:** ↑ klein. **meiner Seel:** ↑ Seele. **meiner Six:** ↑ Six. **meiner Treu:** ↑ Treu. **meine Wenigkeit:** ↑ Wenigkeit.

meinen: das will ich meinen! (ugs.): *selbstverständlich ist das so:* »Und da war er denn wohl ein vorzüglicher Weinkenner, Ihr Vater?« »Das will ich meinen, Herr Stabsphysikus!«, sprach ich fröhlich, ... (Th. Mann, Krull 119). »... Und wie gefällt Ihnen Venedig?« »... Ja, das ist eine Pracht«, sagte sie. »Das will ich meinen«, bestätigte der Reisemarschall (Werfel, Himmel 173).

Petrus meint es gut: ↑ Petrus. **den Sack schlagen und den Esel meinen:** ↑ Sack.

Meinung: jmdm. die/seine Meinung geigen/sagen (ugs.): *jmdm. gegenüber unmissverständlich sein Missfallen, seinen Unmut zum Ausdruck bringen:* Einmal möchte jeder seinem Chef gründlich die Meinung sagen. Zieh bloß keinen

Flunsch, Vater, weil ich dir mal die Meinung gegeigt habe (Fallada, Jeder 14).

Meise: eine Meise [unterm Pony] haben (ugs.): *verrückt sein:* Reg dich über diesen Angeber nicht auf, der hat doch eine Meise unterm Pony! »Dreißig Mark! Du hast wohl eine Meise!« erwiderte die Oma (Jaeger, Freudenhaus 77).

Meister: Meister Lampe: *Bezeichnung für den Hasen [in Fabeln und Märchen]:* Ganz verschreckt saß ein kleiner Meister Lampe hinter der Hecke.

▶ Bei »Lampe« handelt es sich um eine ältere Kurzform des Vornamens »Lamprecht«.

Meister Petz: *Bezeichnung für den Bären [in Fabeln und Märchen]:* Meister Petz kann sehr ungemütlich werden, wenn man ihn reizt!

▶ »Petz«, älter »Betz«, ist eine Koseform des Vornamens »Bernhard«.

ein Meister seines Faches: *ein überragender Könner auf einem speziellen Gebiet:* Der alte Uhrmacher ist ein Meister seines Faches. Der Geldschrank wurde ohne Beschädigung aufgebrochen; hier war ein Meister seines Faches am Werk. Als Laie sah ich ihn wie einen Meister seines Fachs, wenn er über die Töpferei ... redete (Frisch, Stiller 471). **früh übt sich, was ein Meister werden will:** *wer auf einem Gebiet Hervorragendes leisten möchte, muss sich schon in jungen Jahren entsprechend betätigen.* **es ist noch kein Meister vom Himmel gefallen:** *man muss erst lernen und üben, bevor man etwas gut kann.* **in jmdm. seinen Meister finden:** *auf jmdn. treffen, der einem überlegen ist:* Der Feldwebel galt als äußerst trinkfest, aber in dem neuen Stabsarzt hat er seinen Meister gefunden. **in der Beschränkung zeigt sich erst der Meister:** ↑ Beschränkung. **Übung macht den Meister:** ↑ Übung.

melden: etwas/nichts zu melden haben (ugs.): *etwas/nichts beeinflussen, entscheiden, durchsetzen können:* Er glaubt, er hätte hier etwas zu melden. Mein ehemaliger Deutschlehrer ... war seit einiger Zeit bei der SS, und der hatte dort was zu melden (Hilsenrath, Nazi 59). Wenn du alt bist, hast du nichts mehr zu melden (Chotjewitz, Friede 172). Wilhelmina-

Ehemann Heinrich ... hatte bei seiner Frau nämlich nichts zu melden (Frau im Spiegel 43, 1976, 107).
sich zu Wort melden: ↑ Wort.
melken: den Bock melken: ↑ Bock.
Memento mori (bildungsspr.): *etwas, das an den Tod, an die Sterblichkeit gemahnt:* Der Künstler möchte seine Skulptur als ein Memento mori verstanden wissen.
Menge: jede Menge (ugs.): *sehr viel, so viel man will, so viel wie möglich:* Man konnte jede Menge Würstchen und Cola und Eis am Stiel bekommen. Wir sind beide 15 und haben jede Menge Hobbys (Bravo 29, 1976, 47).
in rauen Mengen (ugs.): *in sehr großer Menge, Anzahl:* Äpfel und Birnen gab es in rauen Mengen. Ein Bier trinkt man natürlich immer, ... und nicht nur Bier, sondern auch Spirituosen in rauen Mengen (Aberle, Stehkneipen 16). »Der hatte überhaupt kein höheres Gemüse. Nicht einmal einen Major. Leutnants natürlich in rauen Mengen« (Remarque, Obelisk 281 f.).
die Menge: ↑ Masse. **die schwere Menge:** ↑ schwer.
Mensch: der Mensch denkt, Gott lenkt: *menschliches Planen kann nicht vollkommen sein.*

der Mensch lebt nicht vom Brot allein: *die Menschen haben nicht nur materielle Bedürfnisse.*
▶ Diese Redensart ist ein Zitat aus der Bibel (Matthäus 4, 4).
Mensch Meier! (ugs.): *Ausruf des Erstaunens:* Mensch Meier, er hat aus zwanzig Metern genau in den Torwinkel getroffen!
kein Mensch: *niemand:* Es war kein Mensch im Saal. Nicht Hanna, und vielleicht kein Mensch, hätte mich verstanden, aber in dieser Zeit begann meine Beunruhigung (Bachmann, Erzählungen 116).
kein Mensch muss müssen (ugs.): *niemand kann zu etwas gezwungen werden, was er nicht will:* Ich muss spätestens um elf zu Hause sein. – Kein Mensch muss müssen!
auch nur ein Mensch sein (ugs.): *auch Fehler machen, sich irren können:* Erwartet keine Wunder von mir, ich bin

auch nur ein Mensch. Bei aller Liebe. Man ist auch nur ein Mensch (Kant, Impressum 104).
nur [noch] ein halber Mensch sein: *nicht [mehr] im Vollbesitz seiner Kräfte sein:* Seit seine Frau diese schwere Lungenentzündung hatte, ist sie nur noch ein halber Mensch. Wenn ich nicht kräftig gefrühstückt habe, bin ich nur ein halber Mensch.
kein Mensch mehr sein (ugs.): *völlig erschöpft, am Ende sein:* Zehn Stunden Akkordarbeit – da bist du hinterher kein Mensch mehr!
ein neuer/anderer Mensch werden: 1. *sich zu seinem Vorteil ändern:* Helfen Sie mir noch einmal aus der Klemme, ich verspreche auch, dass ich alles tun will, ein neuer Mensch zu werden! Seine Mutter war, seit sie in Dietersrent lebte, ein ganz anderer Mensch geworden ... (Geissler, Wunschhütlein 132). 2. *sich gründlich erholen:* In den zwei Wochen hier im Gebirge bin ich ein neuer Mensch geworden.
ein Mensch aus/von Fleisch und Blut: *ein natürlicher, lebendiger Mensch; ein lebensecht dargestellter od. geschilderter Mensch:* Was schaust du mich an, als sei ich ein Gespenst? Ich bin ein Mensch aus Fleisch und Blut! In seinen Theaterstücken agieren Menschen von Fleisch und Blut, jeder Dialog ist realistisch, unverkrampft und überzeugend.
ein Mensch wie du und ich: *ein ganz normaler, durchschnittlicher Mensch:* Sie ist keine überspannte Diva, sie ist ein Mensch wie du und ich. Lass dich von seinen vielen Titeln nicht beeindrucken, er ist ein Mensch wie du und ich.
wie der erste Mensch (ugs.): *sehr unbeholfen, ungeschickt:* Stellt euch doch nicht an wie die ersten Menschen! Er ist ein lieber Kerl, aber manchmal benimmt er sich wie der erste Mensch.
wie der letzte Mensch (ugs.): *in ganz übler, schlechter Weise:* Du hast dich auf der Party benommen wie der letzte Mensch!
des Menschen Wille ist sein Himmelreich: *wenn jmd. etwas unbedingt tun will, soll man ihn nicht daran hindern:* Wenn du um jeden Preis wieder heiraten willst – bitte! Des Menschen Wille ist sein Himmelreich.

von Mensch zu Mensch (ugs.): *vertraulich, privat:* Sagen Sie mir von Mensch zu Mensch, was Sie von der Sache halten! Wir sollten uns einmal von Mensch zu Mensch unterhalten.
der Mensch ist ein Gewohnheitstier: ↑ Gewohnheitstier. **Glück muss der Mensch haben:** ↑ Glück. **man kann einem Menschen nicht ins Herz sehen:** ↑ Herz. **Himmel und Menschen:** ↑ Himmel. **eine Seele von Mensch/von einem Menschen:** ↑ Seele.
Menschengedenken: seit Menschengedenken: *so weit man sich zurückerinnern kann:* Seit Menschengedenken hat es keinen so trockenen Sommer mehr in dieser Gegend gegeben. Irritiert von dem höchst unzivilisierten Lärm, stieg er ins Kellergeschoss hinab, was seit Menschengedenken nicht geschehen war (K. Mann, Wendepunkt 63). In meiner Familie ... hatte ... seit Menschengedenken keiner einen Hut besessen (Zwerenz, Kopf 62).
Menschengestalt: ein Teufel in Menschengestalt: ↑ Teufel.
menschenmöglich: alles/das Menschenmögliche tun: *alles tun, was irgend möglich ist:* Die Feuerwehr hatte das Menschenmögliche getan, um ein Übergreifen des Brandes auf Wohnhäuser zu verhindern. Marville tut alles Menschenmögliche, die Leute aus Kloten das Fürchten zu lehren (Weltwoche 17. 5. 1984, 19).
Menschenseele: keine [Menschen]seele: *niemand:* Keine Menschenseele war auf der Straße zu sehen. Du darfst mit keiner Menschenseele darüber sprechen. Erzähl bloß keiner Menschenseele, was du heimlich vorhast (Freizeitmagazin 26, 1978, 32).
Menschheit: jmdn. auf die Menschheit loslassen (ugs.; scherzh.): *jmdn. ins Berufsleben entlassen:* Bevor wir Sie, meine Damen und Herren, als frisch gebackene Steuerfahnder auf die Menschheit loslassen, möchte ich noch einige Worte an Sie richten.
menschlich: ein menschliches Rühren fühlen/verspüren (verhüll.): *den Drang verspüren, seine Notdurft zu verrichten:* Er fühlte seit geraumer Zeit ein menschliches Rühren, wollte aber die Versammlung nicht verlassen. Astronauten sind harte Burschen. Auf ihren Reisen zum Mond ist ihnen »menschliches Rühren« fremd. Wohin sollten sie auch (Hörzu 46, 1972, 172).
▶ Die Zeile »Der fühlt ein menschliches Rühren« (= ist gerührt) aus Schillers »Bürgschaft« wird in dieser Redewendung auf den Bereich der menschlichen Verdauung übertragen.
nach menschlichem Ermessen: *aller Wahrscheinlichkeit nach; soweit man es beurteilen kann:* Nach menschlichem Ermessen dürfte jetzt nichts mehr schief gehen. Denn die Erde war eine Kugel! Und nach menschlichem Ermessen mussten sich Spanier und Portugiesen, wenn die einen so weit nach Westen, die andern so weit nach Osten drangen, einmal in die Arme stürzen (Jacob, Kaffee 107).
jmdm. ist etwas Menschliches passiert/ zugestoßen (verhüll.): *jmd. hat ungewollt eine Blähung abgehen lassen, seine Hosen voll gemacht:* Ausgerechnet dem Geburtstagskind ist auf der Party etwas Menschliches passiert.
nichts Menschliches ist jmdm. fremd: 1. *jmd. hat Verständnis für die Schwächen anderer:* Sagen Sie mir ganz ungehemmt, was Sie bedrückt – nichts Menschliches ist mir fremd. 2. *jmd. ist nicht frei von menschlichen Schwächen:* Einem guten Tropfen war er nie abgeneigt; nichts Menschliches war ihm fremd.
▶ Diese Redensart ist ein Zitat aus der Komödie »Heautontimorumenos« des römischen Dichters Terenz. Dort heißt es im Original: »Homo sum; humani nil a me alienum puto.«
Irren ist menschlich: ↑ irren.
mens sana in corpore sano: *in einem gesunden Körper [sollte auch] ein gesunder Geist [sein]:* »Mens sana in corpore sano«, trompetet er und bestraft jeden, der ihn fragt ... mit Nichtachtung (Sobota, Minus-Mann 102).
▶ Dieses lateinische Zitat stammt aus den Satiren des römischen Dichters Juvenal.
merken: jmd. merkt [aber] auch alles! (ugs.; iron.): *jmd. erkennt, begreift etwas, was schon längst allen bekannt ist,*

was sich von selbst versteht: In Afrika gibt es doch gar keine Kängurus! – Du merkst aber auch alles! »Du meinst, wenn kein Krieg mehr ist?«»Richtig. Du merkst auch alles.« (Remarque, Westen 61).

man merkt die Absicht und ist/wird verstimmt: *man durchschaut etwas und kann sich nun nicht mehr daran freuen, ärgert sich darüber.*

▸ Diese Redensart ist ein leicht abgewandeltes Zitat aus Goethes »Torquato Tasso«, wo es im 2. Akt heißt: »So fühlt man Absicht, und man ist verstimmt«.

Mäuse merken: ↑Maus. **merken, woher der Wind weht:** ↑Wind.

merkwürdig: ein merkwürdiges Licht auf jmdn., auf etwas werfen: ↑Licht.

messen: jmdn., etwas mit gleicher Elle messen: ↑Elle. **das** (diesen Weg, diese Entfernung o. Ä.) **hat der Fuchs mit dem Schwanz gemessen:** ↑Fuchs. **mit jmdm. seine Kräfte messen:** ↑Kraft. **mit zweierlei Maß messen:** ↑Maß. **die Straße messen:** ↑Straße.

Messer: jmdm. geht das Messer in der Tasche/im Sack auf (ugs.): *jmd. wird sehr wütend:* Als er auch noch auf die Ausländer schimpfte, ging den Zuhörern das Messer im Sack auf.

▸ Diese Wendung bezieht sich auf das Schnappmesser. Sie bringt zum Ausdruck, dass sich bei einem schwerwiegenden Anlass, in großer Erregung jemandes Messer wie von selbst, noch in der Hosentasche, aufklappt.

jmdm. sitzt das Messer an der Kehle: *jmd. ist in höchster [wirtschaftlicher] Bedrängnis:* Morgen sind zwei Wechsel fällig, wenn seine Frau nicht hilft, sitzt ihm das Messer an der Kehle.

jmdm. das Messer an die Kehle setzen: *jmdn. unter Druck setzen, zu etwas zwingen:* Der Hauseigentümer hat ihm das Messer an die Kehle gesetzt. Er muss sein Geschäft verkaufen, weil man ihm das Messer an die Kehle gesetzt hat.

jmdm. [erst/selbst] das Messer in die Hand geben: *seinem Gegner selbst die Argumente liefern:* Durch ihre Aufrichtigkeit hat sie natürlich ihrer Kontrahentin das Messer in die Hand gegeben.

jmdn. ans Messer liefern: *jmdn. verraten, ausliefern:* Deine Kollegen würden dich

ohne Bedenken ans Messer liefern, wenn sie sich damit selbst retten könnten. Er verteidigte sich nie, wenn ihm vorgeworfen wurde, seine Wohltäterin ... ans Messer geliefert zu haben (Siegburg, Blick 16).

▸ »Messer« steht in dieser Wendung für das Schwert des Henkers.

auf des Messers Schneide stehen: *in einer sehr knappen Entscheidung so oder so ausgehen können:* Wir haben das Spiel gewonnen, aber es stand auf des Messers Schneide. Ob der Misstrauensantrag angenommen wird, steht auf des Messers Schneide.

bis aufs Messer (ugs.): *mit allen Mitteln; bis zum Äußersten:* Es war ein Kampf bis aufs Messer. Die beiden Familien kämpften bis aufs Messer um die Besetzung der Vorstandsposten. Die gestern noch entschlossen waren, gegen den Tod des Königs zu stimmen, um den Krieg bis aufs Messer mit ganz Europa zu vermeiden, sie sind größtenteils ... uneinig geworden (St. Zweig, Fouché 19).

jmdm. ins offene Messer laufen/rennen: *[durch Übereifer] das leichte Opfer des Gegners werden:* Mit dem Argument der Arbeitslosigkeit lief der Minister der Opposition ins offene Messer. Werder Bremen agierte in Anbetracht der Verletzten ... doch zu offensiv und lief den Bayern so ins »offene Messer« (MM 10. 3. 1972, 15).

unters Messer kommen/müssen (ugs.): *operiert werden/operiert werden müssen:* Nächsten Montag komme ich unters Messer, die Gallenblase muss raus. Ich leide unter schrecklichen Magenkrämpfen, werde wohl noch in meinem Alter unters Messer müssen (Imog, Wurliblume 305).

jmdn. unters Messer nehmen (ugs.): *jmdn. operieren:* Der Chefarzt wollte sie gleich unters Messer nehmen. Wenn es Krebs wäre, dann hätten sie mich sofort unters Messer genommen (Frisch, Homo 234).

Meter: das/der laufende Meter: ↑laufen.

Methode: es ist zwar Wahnsinn, doch es hat Methode: ↑Wahnsinn.

Methusalem: alt wie Methusalem: ↑alt.

Metzgersgang: einen Metzgersgang machen: *einen Weg vergeblich machen:*

Zum Rathaus habe ich einen Metzgersgang gemacht, die Amtsstube ist über Mittag geschlossen. ▶ Die Redewendung ist wohl darauf zurückzuführen, dass früher die Metzger zum Einkaufen von Schlachtvieh aufs Land zu den Bauern fahren mussten und dabei nicht immer erfolgreich waren.

Michel: der deutsche Michel: *der deutsche Spießbürger, Biedermann:* Gerichte vom Balkan oder aus fernöstlichen Ländern finden beim deutschen Michel immer mehr Anklang. ... der Farben tragende Student galt ... als »deutscher Michel in seiner schmählichsten Gestalt« (Spiegel 30, 1980, 50). ▶ Möglicherweise ist der Ausdruck darauf zurückzuführen, dass der heilige Michael als Schutzpatron der Deutschen galt. Bereits im 16. Jh. ist der »deutsche Michel« in der heutigen abwertenden Bedeutung literarisch belegt.

Mief: lieber warmer Mief als kalter Ozon (ugs.): *wir lassen trotz der schlechten Luft im Zimmer das Fenster lieber geschlossen, weil es draußen sehr kalt ist.*

Miene: Miene machen, etwas zu tun: *sich nach außen erkennbar anschicken, etwas zu tun:* Der Clochard machte Miene, sich auf den Polizisten zu stürzen. Als das Stück zu Ende war, erwachte er, setzte sich gerade, machte Miene aufzustehen und schien gehen zu wollen, blieb dann aber doch sitzen ... (Hesse, Steppenwolf 25).

gute Miene zum bösen Spiel machen: *etwas wohl übel hinnehmen, sich den Ärger nicht anmerken lassen:* Sie war verärgert, versuchte aber, gute Miene zum bösen Spiel zu machen. Er muss gute Miene zum bösen Spiel machen, doch er hat einen geheimen Plan, mit dessen Hilfe er alles wieder in Ordnung bringen will (Thieß, Reich 541). ▶ Die Wendung ist eine Lehnübersetzung des französischen »faire bonne mine à mauvais jeu«, das aus dem Bereich des Glückspiels stammt.

keine Miene verziehen: *sich nichts anmerken lassen, ein unbewegtes Gesicht behalten:* Der Angeklagte verzog keine Miene, als die Zeugin in Tränen ausbrach. Er verzog keine Miene, büßte kaum an Haltung ein, doch sein Soldatenherz ... blutete (Kirst, 08/15, 715). ... sie durfte ja keine Miene verziehen, nicht durch das leiseste Wimpernzucken und durch kein Räuspern verraten, was sie litt (Werfel, Himmel 171).

ohne eine Miene zu verziehen: *mit völlig unbewegtem Gesicht:* Ohne eine Miene zu verziehen, hob er die Kippe auf. Sie weinte vor sich hin, lautlos, ohne eine Miene zu verziehen (Lederer, Liebe 42). Mein Onkel hörte sich das alles aufmerksam an, ohne eine Miene zu verziehen (Fallada, Herr 71).

Miese: in den Miesen sein (ugs.): *das Bankkonto überzogen:* Wir sind schon wieder in den Miesen. ▶ Die Wendung stammt aus dem Kartenspiel, wo »Miese« (Substantivierung von »mies« [= schlecht]) »Minuspunkte« bedeutet.

Miete: die halbe Miete sein (ugs.): *das Erreichen eines Ziels schon sehr nahe rücken lassen, schon fast zum Erfolg führen:* Kontakte sind im Job die halbe Miete. Ein gutes Trainingslager ist die halbe Miete (Augsburger Allgemeine 27./28. 5. 1978, 24). Ein Sieg zum Auftakt wäre die halbe Miete für das Halbfinale (Berliner Morgenpost 14. 6. 1984, 13). ▶ Die Wendung stammt aus der Sprache der Skatspieler und meinte zunächst »die Hälfte der zum Spielgewinn nötigen Punkte bringen« (von einem Stich mit 31 Augen).

Milch: die Milch der frommen Denkart/ (auch:) **Denkungsart** (bildungsspr.): *argloses Denken:* Was ihr uns da vorgeschlagen habt, zeugt auch nicht gerade von der Milch der frommen Denkart. ▶ Diese Wendung ist ein Zitat aus Schillers »Wilhelm Tell« (4. Akt, 3. Szene).

[bei] jmdm. wird [gleich] die Milch sauer: 1. (ugs.) *jmd. wird verdrießlich, missgelaunt:* Wenn man ihn auf seine Vergangenheit anspricht, wird bei ihm die Milch sauer. 2. (derb) *jmd. [eine Frau] trägt einen sehr tiefen Ausschnitt:* Schau mal, die Blonde in dem roten Kleid, der wird auch gleich die Milch sauer!

aussehen wie Milch und Blut: ↑ aussehen.

das Land, wo Milch und Honig fließt: ↑ Land.

Milchwagen: wie Bolle auf dem Milchwagen: ↑ Bolle.

mild[e]: eine milde Hand haben: ↑ Hand. **etwas in einem milden Licht sehen:** ↑ Licht.

Mime: dem Mimen flicht die Nachwelt keine Kränze (bildungsspr.): *der Ruhm [eines Schauspielers] ist vergänglich.*

► Diese Redensart ist ein Zitat aus Schillers »Wallenstein« (Prolog).

mimen: den starken/großen Mann mimen: ↑ Mann.

minder: mehr oder minder: ↑ mehr.

mindeste: nicht im Mindesten: *überhaupt nicht:* Das Gerede der Leute störte sie nicht im Mindesten. Er hat sich nicht im Mindesten geändert. ... er schluckte nur ... und zeigte auf den Mann, der umständlich das Tor hinter sich zumachte und sich nicht im Mindesten beeilte, näher zu kommen (Rinser, Jan Lobel 52).

zum Mindesten: *wenigstens:* Du hättest dich zum Mindesten entschuldigen können! In beschränktem Umfange vermag unter diesem System die zweitstärkste Partei zum Mindesten einen Kandidaten durchzubringen (Fraenkel, Staat 357).

Mine: eine Mine legen (ugs.): *eine Intrige spinnen:* Es reizte sie sehr, für das nächste Familientreffen eine kleine Mine zu legen.

alle Minen springen lassen (ugs.): *alle verfügbaren Mittel anwenden:* Der Konzern wird alle Minen springen lassen, um sein Ziel zu erreichen. Das war stark. Er ließ wahrhaftig alle Minen springen (Th. Mann, Krull 256).

► Diese Redewendung stammt aus dem Militärwesen und bezog sich auf den Einsatz von Sprengminen. Sie knüpft an »springen« (= platzen, bersten) an.

Minna: jmdn. zur Minna machen (ugs.): *jmdn. grob ausschimpfen, zurechtweisen:* Wenn unser Sohn heute Abend wieder betrunken nach Hause kommt, werde ich ihn zur Minna machen! Er machte das ganze Büro zur Minna. Mensch, Trainer, was haben Sie uns manchmal zur Minna gemacht ... (Hörzu 26, 1975, 16).

► »Minna«, eine Kurzform von »Wilhelmine«, war im 19. Jh. ein überaus beliebter Vorname. Da auch viele Dienstmädchen so hießen, wurde der Name geradezu zum Synonym für »Dienstmädchen, Hausangestellte«. Die Wendung bezieht sich darauf, dass Dienstmädchen oft zurechtgewiesen und schlecht behandelt wurden.

grüne Minna: ↑ grün.

Minute: auf die Minute: *zeitlich exakt, ganz genau:* Das hat auf die Minute geklappt, der Bus fährt sofort los. Ich muss auf die Minute um acht im Büro sein. Fünfeinhalb Stunden Flug ..., doch pünktliche Landung in Zürich, auf die Minute (Ziegler, Konsequenz 239).

in letzter Minute: *gerade noch rechtzeitig:* In letzter Minute hatten sie den Schwindel erkannt und nicht unterschrieben. Der Bankräuber griff zur Waffe, besann sich aber in letzter Minute eines Besseren.

es ist fünf Minuten vor zwölf: ↑ fünf.

mir: wie du mir, so ich dir: *wie du dich mir gegenüber verhältst, so verhalte ich mich dir gegenüber.*

mir nichts, dir nichts (ugs.): *ohne Umstände, ganz einfach so:* Du kannst doch nicht mir nichts, dir nichts deine Stellung kündigen! »Zehntausend oder fünfzehntausend Mark, einfach so, mir nichts, dir nichts, aus blauem Himmel ...« (K. Mann, Wendepunkt 243).

von mir aus: ↑ von. **geh mir weg mit etwas:** ↑ weggehen.

Missbrauch: mit etwas Missbrauch treiben: *etwas missbrauchen:* Wer mit seiner Macht Missbrauch treibt, dem muss sie entzogen werden. Der Missbrauch, der mit »Bildungsfragen« getrieben zu werden pflegt, ist so arg, dass das Gefühl entstehen konnte, sie seien nicht am Platz, wo der Wind bläst und Bäume stehn ... (Musil, Mann 734).

Missionsfest: jmdm. ein inneres Missionsfest sein (ugs.; scherzh.): *jmdm. große Genugtuung bereiten:* Es wird mir ein inneres Missionsfest sein, wenn du endlich die Quittung für dein unverschämtes Verhalten bekommst.

Misskredit: jmdn., etwas in Misskredit bringen: *den guten Ruf, das Ansehen von jmdm., etwas herabsetzen, zerstören:* Durch unsolides Geschäftsgebaren hat die Firma sich selbst in Misskredit gebracht. 400 Mitglieder ... die einzig und allein durch die Machenschaften des ehemaligen Bezirksvorsitzenden ... in Misskredit gebracht wurden (Freie Presse 8. 12. 1989, 2).

in Misskredit geraten/kommen: *an Ansehen verlieren:* Die internationale Hilfsorganisation war in Misskredit gekommen, als sie über den Verbleib größerer Geldspenden keine genauen Angaben machen konnte. ... die Regierungspartei ist wegen der rapiden Verschlechterung der Wirtschaftslage in Misskredit geraten (NZZ 14. 4. 1985, 5).

Mist: Mist bauen (ugs.)**:** *Unsinn, einen Fehler machen:* Du kannst ruhig zugeben, dass du damals Mist gebaut hast. Immer mit der Ruhe. Du darfst hier nie fickerig werden, sonst baust du Mist (Kuby, Sieg 209). Geh jetzt zu deinen Eltern, sag ihnen, dass du Mist gebaut hast und dass es dir Leid tut (Bravo 29, 1976, 37).

[nicht] auf jmds. Mist gewachsen sein (ugs.)**:** *[nicht] von jmdm. stammen, erarbeitet, veranlasst sein:* Sie ahnte, auf wessen Mist der Plan gewachsen war. Die Idee ... war nicht auf deutschem Mist gewachsen, sondern reiner Importartikel (Bieler, Bär 49). Das Kleid war auch nicht auf ihrem Mist gewachsen, das war mindestens zwanzig Zentimeter zu kurz (Eppendorfer, St. Pauli 94).

▶ Mist war früher das wichtigste Düngemittel in der Landwirtschaft. Ein Bauer brauchte für die Düngung seiner Felder keinen fremden Mist zu kaufen, seine Produkte waren auf eigenem Mist gewachsen.

einherstolzieren/umherstolzieren wie der Hahn auf dem Mist: ↑einherstolzieren. **wenn der Hahn kräht auf dem Mist, ändert sich das Wetter, oder es bleibt, wie es ist:** ↑Hahn. **Kleinvieh macht auch Mist:** ↑Kleinvieh.

Mistgabel: jmdn., etwas nicht mit der Mistgabel anfassen [mögen]**:** ↑anfassen.

mit: mit ohne (ugs.; scherzh.)**:** *ohne:* Mein Würstchen bitte mit ohne Senf. Sie ist mit ohne Hosen über den Marktplatz geritten.

mit Abstand: ↑Abstand. **mit Ach und Krach:** ↑Ach. **mit Bedacht:** ↑Bedacht. **mit Bezug auf etwas:** ↑Bezug. **mit Bezugnahme:** ↑Bezugnahme. **mit konstanter Bosheit:** ↑Bosheit. **[wie] mit Engelszungen:** ↑Engelszunge. **mit Handkuss:** ↑Handkuss. **mit einem Mal[e]:** ↑Mal. **mit Todesverachtung:** ↑Todesverachtung.

mit Vorbedacht: ↑Vorbedacht. **mit Willen:** ↑Wille. **mit Windeseile:** ↑Windeseile. **mit einem Wort:** ↑Wort. **mit keinem Wort:** ↑Wort. **mit einem Wuppdich:** ↑Wuppdich. **mit der Zeit:** ↑Zeit. **mit Zukunft:** ↑Zukunft.

mitbringen: ein Onkel, der was mitbringt, ist besser als eine Tante, die Klavier spielt: ↑Onkel.

mitgehen: etwas mitgehen lassen/heißen (ugs.)**:** *etwas stehlen:* Im Kaufhaus hatte sie zwei Fläschchen Parfüm mitgehen lassen. An einem Souvenirstand machten sie halt, flachsten den verängstigten Verkäufer an und ließen eine Mütze mit HSV-Emblemen mitgehen (Spiegel 8, 1975, 49). An keinem erlesenen Geschäft kann sie vorbeigehen, ohne etwas mitgehen zu lassen (Praunheim, Sex 125).

mitgegangen, [mitgefangen,] mitgehangen: *wer bei einem Vergehen mit beteiligt war, der muss auch dafür geradestehen:* Es ist egal, wer der Anstifter war – mitgegangen, mitgehangen! Ich habe mir auch schon oft sagen müssen: Mitgegangen, mitgefangen, mitgehangen – und das sollten auch Sie! (Nachbar, Mond 229).

Mitleidenschaft: jmdn., etwas in Mitleidenschaft ziehen: *jmdn. schädigen, etwas beschädigen:* Bei der Aktion dürfen keine unbeteiligten Zuschauer in Mitleidenschaft gezogen werden. Im Unterschied zum Sonnenbrand, bei dem nur die Haut geschädigt wird, ist beim Sonnenstich der ganze Organismus in Mitleidenschaft gezogen (Hörzu 22, 1976, 138).

mitnehmen: die Wand mitnehmen: ↑Wand.

mitreden: [auch] ein Wort/Wörtchen mitzureden haben: ↑Wort.

Mittag: zu Mittag essen: *die Mittagsmahlzeit einnehmen:* Im Flecken Mongeron sind sie im Gasthaus des Monsieur Evrard eingekehrt und haben dort ausgiebig zu Mittag gegessen ... (Mostar, Unschuldig 22).

nicht von zwölf bis Mittag: ↑zwölf.

Mitte: die goldene Mitte wählen: *eine angemessene, die Extreme meidende Entscheidung treffen:* Lasst uns die goldene Mitte wählen und in den Schwarzwald fahren!

jmdn. aus jmds. Mitte reißen (verhüll.): *jmdn. sterben lassen, zu Tode bringen:* Ein Unfall hat unseren Freund aus unserer Mitte gerissen. Wir trauern mit euch um euren Bruder, den der Tod viel zu früh aus eurer Mitte gerissen hat.

ab durch die Mitte: ↑ ab.

Mitteilung: jmdm. von etwas Mitteilung machen (Papierdt.): *jmdm. etwas mitteilen:* Wann hat man Ihnen von dem Vorfall Mitteilung gemacht?

Mittel: Mittel zum Zweck sein: *jmdn. nur dazu dienen, etwas zu erreichen:* Die Darstellung der Gewalt ist in diesem Film keineswegs nur Mittel zum Zweck, sie wird zum Selbstzweck. Seine Ehe mit der Filmschauspielerin war für ihn nur Mittel zum Zweck.

Mittel und Wege suchen/finden: *Möglichkeiten suchen/finden [etwas zu erreichen]:* Die Regierung wird Mittel und Wege finden, diesen Leuten das Handwerk zu legen. Der Vorstand ist nun aufgerufen, Mittel und Wege zu finden, um den Weiterbestand ... zu gewährleisten (Sprachspiegel 2, 1972, 54).

sich [für jmdn.] ins Mittel legen (veraltend): *schlichtend eingreifen, für jmdn. zu vermitteln suchen:* Sie versprach, sich für ihren Vater ins Mittel zu legen. »Du bedienst wohl nur Offiziere«, sagt Kropp gehässig. Rasch lege ich mich ins Mittel und gebe dem Sanitäter ... eine Zigarette (Remarque, Westen 18).

▶ Die Wendung meint mit »Mittel« die Mitte zwischen zwei [streitenden] Parteien, die Position, von der aus man einen Ausgleich, eine Versöhnung zu erreichen versucht.

der Zweck heiligt die Mittel: ↑ Zweck.

Mittelweg: der goldene Mittelweg: *eine angemessene, vermittelnde, die Extreme meidende Lösung eines Problems, eines Konflikts:* In dieser Frage gibt es keinen goldenen Mittelweg – entweder er ist dafür, oder er ist dagegen. Wir Menschen neigen eben einmal dazu, von einem Extrem ins andere zu fallen, ohne den goldenen Mittelweg zu sehen (Spiegel 24, 1976, 8).

mitweinen: immer ran an den Sarg, und mitgeweint: ↑ Sarg.

Möbel: [bei] jmdn. die Möbel geraderücken (ugs.): *jmdn. streng zurechtweisen; jmdn. verprügeln:* Diesem unverschämten Kerl werden wir heute Abend mal die Möbel geraderücken!

mobil: mobil machen: *die Armee kampfbereit machen:* Die beiden Staaten machten mobil, die Lage verschärfte sich. Ihr sollt morgen früh um zehn Uhr in Rendsburg sein, es wird mobil gemacht (Frenssen, Jörn Uhl 207).

jmdn. mobil machen (ugs.): *jmdn. aufscheuchen, antreiben:* Schon am frühen Morgen hatte sie der Trainer mobil gemacht. ... Carry hatte keine Zeit verloren, sondern gehandelt, gedrängt, sogar den Onkel Emmerich mobil gemacht (A. Kolb, Daphne 182).

etwas mobil machen (ugs.): *etwas aktivieren, einsetzen, mobilisieren:* Die Läufer machten die letzten Reserven mobil. Der weltberühmte Forscher macht für den kleinen Polizisten seine besten Beziehungen mobil (Ceram, Götter 62).

möblieren: ein möblierter Herr (ugs.; scherzh.): *ein Mann, der ein möbliertes Zimmer gemietet hat:* Du kannst doch zunächst als möblierter Herr wohnen und dir später in Ruhe eine Wohnung suchen.

Modell: [jmdm.] Modell stehen/sitzen: *einem Künstler als Modell dienen:* Er suchte einen jüngeren Mann, der ihm Modell stehen würde. Sie störte sich an dem »Hobby« ihres Mannes, das die Beschäftigung mit Aktaufnahmen war, wozu sie und andere Frauen Modell stehen mussten (MM 19. 11. 1965, 10). Wenn du mir einmal so Modell sitzen musst, fängst du gewiss an zu maulen (Andres, Liebesschaukel 193).

modern: schief ist englisch, und englisch ist modern: ↑ schief.

Modus Procedendi (bildungsspr.): *Verfahrensweise:* Wenn man sich erst einmal über den Modus Procedendi geeinigt hat, wird die Sache schon in Gang kommen.

Modus Vivendi (bildungsspr.): *Übereinkunft, Verständigung, die ein erträgliches Zusammenleben od. -arbeiten ermöglicht:* Alle hoffen, mit der neuen Regelung einen Modus Vivendi gefunden zu haben. Da wir aufeinander angewiesen sind, sollten wir uns auf einen Modus Vivendi einigen. Die Völker Europas gewannen den Eindruck, die Deutschen hätten ... trotz der Mauer, einen Modus Vivendi gefunden ..., miteinander auszukommen (Spiegel 43, 1980, 35).

mögen: das möchte ich mir ausgebeten haben: ↑ ausbitten. **da möcht ich nicht abgemalt sein:** ↑ abmalen. **jmdn., etwas [gut] leiden mögen:** ↑ leiden. **bei etwas Mäuschen sein mögen:** ↑ Mäuschen. **möge es dir zum Schmerbauch gedeihen:** ↑ Schmerbauch. **den/die/das usw. möchte ich sehen:** ↑ sehen. **deine Sorgen möchte ich haben:** ↑ Sorge. **ich möchte nicht wissen, was/wo/wie viel usw.:** ↑ wissen.

möglich: wo möglich: *wenn es möglich ist:* Wo möglich, werden wir seinen Wunsch erfüllen.

Möglichkeit: ist es denn/ist denn das die Möglichkeit! (ugs.): *Ausruf der Überraschung:* Ist denn das die Möglichkeit – mein alter Freund Charlie!

Mohikaner: der Letzte der Mohikaner/ der letzte Mohikaner (ugs.; scherzh.): *der/das Letzte, der/das von vielen übrig geblieben ist:* Alle seine Kollegen waren in die Gewerkschaft eingetreten, er war der Letzte der Mohikaner. Wir haben jetzt fast alle Rosenstöcke zurückgeschnitten, das hier ist der letzte Mohikaner.
▶ Diese Fügung geht auf den Titel des Romans »The last of the Mohicans« zurück, den J. F. Cooper 1826 veröffentlichte.

Mohr: der Mohr hat seine Schuldigkeit getan, der Mohr kann gehen: *jmd. hat alles getan, was zu tun war, und ist/fühlt sich jetzt überflüssig.*
▶ Diese Redensart ist ein leicht verändertes Zitat aus Schillers »Verschwörung des Fiesco zu Genua« (III, 4). Dort heißt es »Arbeit« statt »Schuldigkeit«.

einen Mohren weiß waschen: *etwas Unmögliches erreichen (bes. einen offenkundig Schuldigen als unschuldig erscheinen lassen):* Die Zeitung versucht, einen Mohren weiß zu waschen, wenn sie die Betrügereien des Bürgermeisters als Kavaliersdelikt hinstellen will.
▶ Bereits in der klassischen Antike sagte man »einen Äthiopier waschen«, wenn man von einem aussichtslosen Unternehmen sprach. Man spielt mit der vorliegenden Wendung auf die dunkle Haut-

farbe der Schwarzen an, die durch Waschen natürlich nicht hell wird.

Moment: einen lichten Moment haben: 1. *vorübergehend bei klarem Verstand sein:* Versuchen Sie, ihn zum Sprechen zu bringen, wenn er einen lichten Moment hat. 2. (scherzh.) *einen guten Einfall haben:* Als du diese Frau geheiratet hast, hattest du den einzigen lichten Moment deines Lebens.

im Moment: *[gerade] jetzt, momentan:* Er ist im Moment nicht erreichbar. ... ich trinke sehr viel, bloß im Moment darf ich nicht so viel trinken, weil ich Asthma habe (Aberle, Stehkneipen 90). Wie viele es im Moment waren, das sei nicht mehr festzustellen (Plievier, Stalingrad 315).

Moment – Sie werden gleich rasiert: ↑ rasieren.

Monat: die Monate bis ... zählen: ↑ zählen.

Mond: den Mond anbellen (ugs.): *heftig schimpfen, ohne damit etwas zu erreichen:* Lass ihn den Mond anbellen, er fühlt sich danach wohler.
▶ Die Wendung bezieht sich darauf, dass Hunde gelegentlich den Mond anbellen – ohne diesen damit beeindrucken zu können.

jmdn. auf den/zum Mond schießen (ugs.): *jmdn. wegschicken, hinauswerfen [oft auch als allgemeine Drohung]:* Einen Freund, auf den man sich so wenig verlassen kann, würde ich auf den Mond schießen. Da kam meine Oma ... angeschossen: »... Als Mädchen klettert man nicht auf Bäume«. Ich hätte meine Oma zum Mond schießen können (Hornschuh, Ich bin 41).

auf/hinter dem Mond leben (ugs.): *nicht wissen, was [in der Welt] vorgeht:* Weshalb die Straßen geflaggt sind? Du lebst wohl hinter dem Mond! Dein Onkel lebt wirklich auf dem Mond; gestern hat er mich gefragt, wer die Fußballweltmeisterschaft gewonnen hat! ... er ... erhärtet in ihr den Wunsch, anders als die Mutter zu sein, die »hinter dem Mond lebt« (MM 27./28. 9. 1975, 37).

hinter dem Mond zu Hause/(landsch.:) **daheim sein** (ugs.): *rückständig sein:* Die Zeitung behauptet, dass unsere Ärzte in vielen Dingen hinter dem Mond zu Hause seien. Was weißt du denn schon von

Mode, du bist doch hinter dem Mond daheim!

in den Mond gucken (ugs.): *das Nachsehen haben, leer ausgehen:* Ihr habt sämtliche Steaks verdrückt, und ich gucke in den Mond! ... ich seh bloß nicht ein, warum sich nur Gerd amüsieren soll, während wir in den Mond gucken (Ott, Haie 14). ▶ Die Herkunft dieser Wendung ist nicht geklärt. Vielleicht liegt ihr die abergläubische Vorstellung zugrunde, dass jemand, der zu lange den Mond anschaut, dadurch ungeschickt und dumm wird.

etwas in den Mond schreiben (ugs.): *etwas als verloren betrachten:* Die Leistungszulage können viele dieses Jahr in den Mond schreiben. Ich glaube, unsere Geflügelzucht müssen wir in den Mond schreiben.

nach dem Mond gehen (ugs.): *[von Uhren] ungenau gehen:* Dieser Wecker geht schon seit Tagen nach dem Mond, der muss zur Reparatur.

nach dem Mond greifen: *etwas Unmögliches verwirklichen wollen:* Es hat keinen Sinn, nach dem Mond zu greifen, man muss sich auf das konzentrieren, was man auch tatsächlich erreichen kann.

vom Mond kommen/gefallen sein (ugs.): *weltfremd sein, nicht Bescheid wissen:* Der neue Vertriebsleiter machte einen Eindruck, als käme er vom Mond. Du weißt nicht, wer die Beatles waren? Du bist wohl vom Mond gefallen!

ein Schloss im Mond: ↑ ²Schloss.

Mondschein: jmd. kann mir [mal] im Mondschein begegnen (ugs.): *jmd. soll mich in Ruhe lassen, ich will nichts mit ihm zu tun haben:* Sie hatte genug von seiner Verwandtschaft, sie konnten ihr alle mal im Mondschein begegnen. ... wo waren Sie in der Nacht vom 25. auf den 26. Juli, wenn ich fragen darf? ... Einen Dreck dürfen Sie. Sie können mir im Mondschein begegnen! (Maass, Gouffé 90).

Monogramm: sich [vor Wut, Ärger o. Ä.] ein Monogramm in den Bauch/Hintern/ (derb:) **Arsch beißen** (ugs.): *sich über die Maßen ärgern, über die Maßen wütend werden:* Wenn die Vase, die ich verschenkt habe, tatsächlich so viel wert ist,

beiß ich mir ein Monogramm in den Bauch. Der Wirt beißt sich ein Monogramm in den Hintern, wenn er merkt, dass wir ihn angeschmiert haben. Ich könnte mir ein Monogramm in den Arsch beißen, dass ich nicht selbst das Geld auf die Bank gebracht habe.

Montag: blauer Montag: ↑ blau.

Monte Scherbelino (ugs.; scherzh.): *Schuttabladeplatz:* Ob du es glaubst oder nicht, das Klavier stammt vom Monte Scherbelino.

Montezuma: Montezumas Rache (ugs.; scherzh.): *Durchfall [den man sich besonders auf Reisen in südliche Länder zuzieht]:* In Mexiko hatte Montezumas Rache die ganze Familie erwischt. ▶ Montezuma (genauer: Moctezuma) ist der Name mehrerer aztekischer Herrscher; Moctezuma II. wurde von dem spanischen Eroberer Cortés gefangen genommen und starb, ohne die Freiheit wiedererlangt zu haben. Auf dieses geschichtliche Ereignis spielt die Fügung scherzhaft an.

Moos: Moos ansetzen (ugs.): *alt werden:* Junge, du hast ganz schön Moos angesetzt – du warst doch früher nicht so spießig!

Mops: wie der Mops im Paletot (ugs.): *munter, vergnügt:* Er spazierte wie der Mops im Paletot durch den Park, ohne auch nur einmal an die Firma zu denken. ▶ Diese Wendung geht auf den folgenden Albumvers zurück, der im 19. Jh. sehr populär war: »Lebe lustig, lebe froh, wie der Mops im Paletot!«

Moral: jmdm. Moral predigen (ugs.): *jmdm. Vorhaltungen machen:* Mit den Lehrern können die Schüler das nicht besprechen, die fangen doch gleich an, Moral zu predigen. Aber ich verstehe nicht, warum die Eltern mir dauernd ... Moral predigen ... (Hörzu 24, 1971, 99).

moralisch: einen/den Moralischen haben/kriegen (ugs.): *[nach einem Rausch] Gewissensbisse haben/bekommen, Reue empfinden:* Wenn sie ihren Moralischen hat, sollte man sie in Ruhe lassen. Ich krieg oft meinen Moralischen. Ich hatte gestern auch den Moralischen (Fichte, Wolli 360). Nach Ephedrin kriegt man manchmal einen Moralischen (Christiane, Zoo 66).

Morast: [bis zu den Knien] im Morast waten: ↑ Kot.

Mord: das ist ja [der reine/reinste] Mord! (ugs.): *das ist unzumutbar, gefährlich, entsetzlich:* Bei der Hitze den Berg raufrennen – das ist ja der reinste Mord!

es gibt Mord und Totschlag (ugs.): *es gibt heftigen Streit:* Wenn ihr Mann das erfährt, gibt es Mord und Totschlag. Von meinem Nettoverdienst den Mädchen wieder 50% abzugeben, ... das gäbe hier Mord und Totschlag (Fichte, Wolli 17). »Wenn ich nicht wär, hätt es schon längst Mord und Totschlag gegeben.« (Fels, Sünden 61).

Mord und Brand schreien: *entsetzt um Hilfe schreien:* Der Parkwächter schrie Mord und Brand, als er die Motorräder über den Rasen fahren sah.

Mördergrube: aus seinem Herzen keine Mördergrube machen: ↑ Herz.

Mordio: Zeter und Mordio schreien: ↑ Zeter.

Mordswut: eine Mordswut im Bauch haben: ↑ Wut.

Mores: jmdn. Mores lehren (ugs.): *jmdn. energisch zurechtweisen:* Sein Vater wird ihn schon Mores lehren. Die Herren der Begleitung ... hätten den Soldaten freilich gern Mores gelehrt (Kuby, Sieg 49). Am nächsten Tag ist klar, wohin die Reise geht: nach Flandern! Die Belgier Mores lehren (Kempowski, Zeit 295). Vgl. die folgende Wendung.

ich werde/will dich Mores lehren (ugs.): *Drohung:* Gib mir das Buch zurück, oder ich werd dich Mores lehren!

▶ Die beiden Redewendungen enthalten das lateinische Wort »mores« (= Sitten, Anstand); sie sind wahrscheinlich zur Zeit des Humanismus (etwa im 15. Jh.) in der Studenten- od. Gelehrtensprache entstanden.

morgen: morgen ist auch noch ein Tag: *für heute habe ich/hast du usw. genug gearbeitet.*

morgen, morgen, nur nicht heute, sagen alle faulen Leute: *wer das, was er sofort tun könnte, aufschieben will, ist faul.*

von heute auf morgen: ↑ heute. lieber heute als morgen: ↑ heute. heute oder morgen: ↑ heute. heute rot, morgen tot: ↑ rot. verschiebe nicht auf morgen, was du heute kannst besorgen: ↑ verschieben.

Morgen: guten Morgen!: *Grußformel [während des Vormittags].*

schön/frisch wie der junge Morgen: ↑ schön. Spinne am Morgen bringt Kummer und Sorgen: ↑ Spinne.

Morgenluft: Morgenluft wittern (ugs.): *die Möglichkeit sehen, einen Vorteil zu erlangen, aus einer ungünstigen Lage herauszukommen:* Der Favorit schien am Ende seiner Kräfte, die Konkurrenten witterten Morgenluft. Die Frau reagiert zunehmend mit Nervosität und Unsicherheit, der Mann hingegen wittert Morgenluft für seine angeknackte Herrscherwürde ... (Ruthe, Partnerwahl 76). In der SED witterten jene Funktionäre Morgenluft, die Honecker seit langem Führungsschwäche und Konzeptionslosigkeit vorwerfen ... (Spiegel 4, 1977, 26).

▶ »Methinks I scent the morning air« (= Mich dünkt, ich wittre Morgenluft), sagt der Geist von Hamlets Vater im ersten Akt des Dramas. In Shakespeares Stück ist dies wörtlich zu verstehen, denn der Geist muss verschwinden, sobald der Tag anbricht. Heute wird die Wendung im übertragenen Sinne gebraucht.

Morgenstunde: Morgenstund[e] hat Gold im Mund[e]: *am Morgen lässt es sich gut arbeiten; wer früh mit der Arbeit anfängt, erreicht viel.*

▶ Dieses Sprichwort ist vielleicht aus der Übersetzung eines lateinischen Lehrbuchsatzes (»aurora habet aurum in ore«) entstanden, dem die Vorstellung einer personifizierten Morgenröte (Aurora), die Gold im Haar und im Mund trägt, zugrunde liegt. Schon früh wurde mit »Morgenstund[e] hat Gold im Mund[e]« das lateinische Sprichwort »aurora musis amica« (= die Morgenröte ist der Freund der Musen) wiedergegeben, und zwar im Sinne von »morgens studiert man am besten«. Vgl. die folgende Wendung.

Morgenstund hat Blei im Arsch (derb)/ Hintern (ugs.).

▶ Dies ist eine scherzhafte Abwandlung des voranstehenden Sprichwortes, die darauf anspielt, dass man am frühen Morgen oft nur schwer aus dem Bett findet.

Moritz: der kleine Moritz (ugs.): *jmd., der von etwas gar nichts weiß, einer Sache ganz naiv gegenübersteht:* Das geht natürlich alles nicht so, wie der kleine Moritz sich das vorstellt. So wie sich der kleine Moritz Curd Jürgens vorstellt (Spiegel 40, 1976, 219).

jmdn. Moritz lehren (ugs.; scherzh.): *jmdn. streng zurechtweisen:* Lass das Mädchen in Ruhe, sonst werd ich dich Moritz lehren!

▶ Hier handelt es sich um eine volkstümliche Verballhornung der Redewendung »jmdn. Mores lehren«.

Morpheus: jmdn. aus Morpheus' Armen reißen (geh.): *jmdn. [unsanft] wecken:* Die schrille Stimme der Biologielehrerin riss auch den letzten Schüler endgültig aus Morpheus' Armen.

▶ Morpheus ist in der griechischen Mythologie der Gott des Schlafes. Die Wendung geht von der Vorstellung aus, dass der Schlafende in den Armen, im Schutz dieses Gottes ruht.

in Morpheus' Armen (geh.): *in ruhigem und zufriedenem Schlaf:* Ich gedenke, den Nachmittag in Morpheus' Armen zuzubringen. Pst, Oma ruht in Morpheus' Armen!

Vgl. die vorangehende Wendung.

Most: wissen, wo Barthel den Most holt: ↑ Barthel.

Motte: in etwas sind die Motten [hinein]gekommen (ugs.): *etwas kommt nicht mehr voran, ist nicht mehr so schön, so gut, wie es war:* In die Steuerreform sind mittlerweile auch die Motten hineingekommen, und von der Reform des Strafvollzugs redet schon lange niemand mehr. Ich glaube, in unsere Freundschaft sind mit der Zeit die Motten gekommen.

die Motten haben (ugs.): *an Lungentuberkulose leiden:* Opa hat schon lange die Motten, da ist nicht mehr viel zu machen. ... die Operation verlief gut, aber nach drei Wochen bekam sie Lungenentzündung, na, und jetzt hat sie die Motten (Müthel, Baum 127).

▶ Die Wendung beruht auf einem Vergleich der tuberkulösen Lunge mit einem von Motten zerfressenen Gewebe.

du kriegst die Motten!; ich denke, ich kriege die Motten!: *Ausruf der Überra-*

schung: Du kriegst die Motten, der Kleine hat schon sieben Stück Kuchen verdrückt! Stefan eilte hinter die Bühne. Der General, flüsterte er. Du kriegst die Motten, sagte der Schauspieler (Kuby, Sieg 310).

von jmdm., etwas angezogen werden wie die Motten vom Licht: ↑ anziehen. **um jmdn. herumfliegen/herumschwirren wie die Motten ums Licht:** ↑ herumfliegen.

Mottenkiste: aus der Mottenkiste stammen; in die Mottenkiste gehören (ugs.): *völlig veraltet, unzeitgemäß sein:* Seine Melodien stammen aus der Mottenkiste, seine Texte sind schwachsinnig, aber er kriegt eine goldene Schallplatte nach der anderen. Ihre Vorstellungen von Unternehmensführung gehören in die Mottenkiste.

Mücke: eine/die Mücke machen (ugs.): *sich davonmachen, verschwinden:* Wir sollten die Mücke machen, da drüben kommt der Pfarrer. Mein zweiter Gedanke war: Ein herrlicher Heimatschuss; jetzt schnellstens die Mücke gemacht, dass es dich nicht noch mehr erwischt (Zwerenz, Kopf 74).

aus einer Mücke einen Elefanten machen (ugs.): *etwas unnötig aufbauschen, weit übertreiben:* Es ist schrecklich mit diesem Mann, er macht aus jeder Mücke einen Elefanten! ... der Schauspieler macht, wenn es ihm beliebt, aus einer Mücke einen Elefanten (Hohmann, Engel 81).

angeben wie eine Tüte Mücken: ↑ angeben. **sich über die Fliege/Mücke an der Wand ärgern:** ↑ Fliege. **mit Geduld und Spucke fängt man eine Mucke:** ↑ Geduld.

Mucken: [seine] Mucken haben (ugs.): 1. *eigensinnig, launisch sein:* Dein neuer Freund hat wohl seine Mucken? 2. *nicht richtig funktionieren, Schwierigkeiten machen:* Ein fabrikneues Auto sollte eigentlich nicht solche Mucken haben. Das so freundliche Aussehen der ... Plastikkajaks trügt. Die Dinger sehen sehr wohl ihre Mucken (Weltwoche 17. 5. 1984, 73).

jmdm. die Mucken austreiben (ugs.): *jmdn. dazu bringen, seinen Eigensinn, Widerstand aufzugeben:* Ein bisschen Geduld und sanfter Druck, und wir werden dem Herrn die Mucken schon austreiben. Die Mucken treib ich dir aus, mein liebes Kind, darauf kannst du dich verlassen!

müde: müde sein wie ein Hund (ugs.): *sehr müde sein:* Ich war müde wie ein Hund und wollte nichts als schlafen, schlafen, schlafen.

den müden Heinrich spielen; auf müden Heinrich machen: ↑ Heinrich. **die Helden sind müde:** ↑ Held. **keine müde Mark:** ↑ ¹Mark. **zum Umfallen müde:** ↑ umfallen.

Müdigkeit: [nur] keine Müdigkeit vorschützen! (ugs.): *keine Ausflüchte!; nicht nachlassen!; weiterarbeiten!:* Nur keine Müdigkeit vorschützen, das Zelt muss bis Sonnenuntergang aufgestellt sein! Da marschiert Franz Biberkopf durch die Straßen, mit festem Schritt, links, rechts, keine Müdigkeit vorschützen ... (Döblin, Berlin 320).

vor Müdigkeit umfallen: ↑ umfallen.

Muffe: jmdm. geht die Muffe (ugs.): *jmd. hat Angst:* Den Passagieren ging ganz schön die Muffe, als die Maschine notlanden musste. »Das ist eine ganz coole Sache, wenn dir die Muffe geht, brauchste mal deinen Namen anzugeben.« (MM 23. 9. 1972, 4).

▶ Die Wendung geht von »Muffe« (= Abschlussstück am Rohrende) im Sinne von »After« aus und bezieht sich darauf, dass sich in Angst- und Erregungszuständen die Afterschließmuskeln unwillkürlich in kurzen Abständen zusammenziehen.

Mühe: sich Mühe geben: *sich bemühen, anstrengen:* Gib dir keine Mühe, du verstehst das doch nicht. Der Schauspieler sprach sehr langsam und gab sich große Mühe, ruhig und konzentriert zu erscheinen (Jens, Mann 44). Am meisten hat Vater sich jedes Mal zu Weihnachten Mühe gegeben (Schnurre, Bart 51).

der/die Mühe wert sein: *sich lohnen:* Ich weiß nicht, ob es eigentlich die Mühe wert ist, zu dieser Ausstellung zu fahren. ... dabei wäre es der Mühe wert, Punkt für Punkt darauf einzugehen (Dönhoff, Ära 54).

mit [knapper] Müh[e] und Not: *gerade noch:* Wir sind mit Mühe und Not in die letzte Vorstellung hineingekommen. Und dann war man ernst und böse geworden und hatte sie selbst bezichtigt,

beide Briefe geschrieben zu haben. Mit Mühe und Not hatte sie diesen Verdacht zerstreuen können (Mostar, Unschuldig 111). Die Semesterprüfung verläuft folgerichtig, ich bestehe mit Mühe und Not (Becker, Irreführung 161).

Mühle: Gottes Mühlen mahlen langsam [aber fein]: ↑ Gott. **Wasser auf jmds. Mühle sein:** ↑ Wasser.

mühsam: mühsam ernährt sich das Eichhörnchen: ↑ Eichhörnchen.

Mulde: es regnet/gießt wie mit Mulden: ↑ regnen, ↑ gießen.

Müller: Lieschen Müller: ↑ Lieschen.

Mund: den Mund (die Klappe, die Fresse, die Schnauze, das Maul o. Ä.) **nicht aufbekommen/aufkriegen** (ugs.): *sich nicht trauen, etwas zu sagen:* Wer hier den Mund nicht aufbekommt, wird untergebuttert. Warum hat er gestern die Fresse nicht aufbekommen, als alle auf ihm herumgehackt haben?

einen großen Mund (eine große Klappe, ein großes Maul o. Ä.) **haben/führen** (ugs.): *vorlaut sein, angeben:* Einen großen Mund hatte sie schon immer, jetzt soll sie mal zeigen, was sie wirklich kann. Er hat zwar eine große Klappe, aber er ist sonst ein ganz netter Kerl.

du hast wohl deinen Mund zu Hause gelassen (ugs.; scherzh.): *du bist aber sehr schweigsam.*

Mund und Nase aufreißen/aufsperren (ugs.): *sehr überrascht sein:* Die anderen werden Mund und Nase aufsperren, wenn wir ihnen das neue Boot zeigen.

den Mund/(derb:) **das Maul aufsperren** (ugs.): *sehr erstaunt sein:* Die Nachbarn sperrten das Maul auf, als sie mit ihrem neuen Mercedes vorfuhr.

den Mund/(derb:) **das Maul aufreißen/voll nehmen** (ugs.): *aufschneiden, prahlen, großtun:* Das haben wir gern, erst das Maul aufreißen und dann nichts leisten! An Ihrer Stelle würde ich den Mund nicht so voll nehmen.

den Mund/(derb:) **das Maul auf dem rechten Fleck haben** (ugs.): *schlagfertig, beredt sein:* Ein guter Conférencier muss den Mund auf dem rechten Fleck haben.

den Mund (das Maul, die Fresse o. Ä.) **aufmachen/auftun:** *etwas sagen, reden:* Niemand traute sich, den Mund aufzumachen, als der junge Mann aus dem Lokal gewiesen wurde. Ich schlage Sie jetzt windelweich, wenn Sie nicht sofort den Mund aufmachen (v. d. Grün, Glatteis 42). Sie tut in der Klasse kaum den Mund auf, hat in Mathematik völlig versagt und ist deshalb sitzen geblieben (Hörzu 17, 1971, 137).

den Mund (das Maul, die Fresse o. Ä.) halten (ugs.): *schweigen, still sein; nichts verraten:* Kannst du nicht endlich einmal die Fresse halten! »Ach, halten Sie doch Ihren Mund«, sagte da eine müde und etwas schleppende Stimme (Schnurre, Bart 148). »Wie viel zahlt er euch, dass ihr den Mund haltet?« (Fallada, Kleiner Mann 213).

den Mund [zu] voll nehmen (ugs.): *[zu] viel versprechen, angeben:* Die Regierung hat wieder einmal den Mund zu voll genommen, die Wähler sind mit Recht enttäuscht. Er nimmt gern den Mund ein bisschen voll, das darf man nicht so ernst nehmen. Anfänglich nahmen sie den Mund zu voll und versicherten, bis zum letzten Augenblick ihren Mann stehen ... zu wollen (Niekisch, Leben 370).

reinen Mund halten (ugs.): *nichts verraten:* Das Wichtigste ist: reinen Mund halten! Sein Freund hatte reinen Mund gehalten, auf ihn war Verlass.

▶ Die Wendung meinte ursprünglich, dass der Mund nicht durch Sünde (z. B. Verrat) befleckt wird, also »rein« bleibt.

einen schiefen Mund/(derb:) ein schiefes Maul ziehen: *ein unzufriedenes, beleidigtes Gesicht machen:* Du brauchst gar nicht erst ein schiefes Maul zu ziehen. Ihre Tochter zog einen schiefen Mund, weil sie nicht zur Party durfte.

sich den Mund fusselig/fusslig reden (ugs.): *durch Reden [vergeblich] versuchen, jmdn. zu etwas zu bewegen, jmdm. etwas einzuprägen:* Da redet man sich den Mund fusselig, und hinterher machen doch alle, was sie wollen. Der Schaffner hatte keine Lust, sich noch lange den Mund fusselig zu reden.

sich den Mund/(derb:) das Maul verbrennen: *sich durch unbedachtes Reden schaden:* Ihre Offenheit ist prima, aber wenn sie nicht aufpasst, wird sie sich den Mund verbrennen. Nach dem dritten Schnaps mit dem Vorgesetzten hat sich schon mancher den Mund verbrannt.

sich den Mund/(derb:) das Maul wischen können: *leer ausgehen:* Das liebe Patenkind hat von deiner Mutter ein Fahrrad bekommen, aber unsere Kinder können sich wieder einmal den Mund wischen.

jmdm. den Mund öffnen: *jmdn. zum Reden bringen:* Weder durch Drohungen noch mit Geld konnten sie ihm den Mund öffnen.

jmdm. den Mund/(derb:) das Maul verbieten: *jmdm. untersagen, sich zu äußern:* Ich lasse mir von euch nicht den Mund verbieten. Du solltest dem frechen Kerl das Maul verbieten! Der Mann quengelte so lange über das Wetter, bis ihm Sellmann kurzerhand den Mund verbot (Bieler, Mädchenkrieg 130).

jmdm. den Mund wässrig machen (ugs.): *jmdm. Appetit, Lust auf etwas machen:* Nachdem du uns so den Mund wässrig gemacht hast, musst du uns schon ganz besonderes Essen servieren. Die Lieben zu Hause lebten auf Karten, und die Briefe ihrer Söhne und Männer machten ihnen den Mund wässerig (Kuby, Sieg 247).

jmdm. den Mund/(derb:) das Maul stopfen: *jmdn. zum Schweigen bringen:* Du musst dem Schwätzer endlich das Maul stopfen. Den meisten Leuten kann man mit Geld den Mund stopfen.

an jmds. Mund hängen: *jmdm. gebannt zuhören:* Selbst die älteren Kinder hingen an Großvaters Mund, wenn er aus dem großen alten Buch vorlas.

nicht auf den Mund gefallen sein (ugs.): *schlagfertig sein, gut reden können:* Donnerwetter, die Chefin ist nicht auf den Mund gefallen! Was ist los mit dir, du bist doch sonst nicht auf den Mund gefallen? Ach, aber auch der Widersacher war nicht auf den Mund gefallen; er wusste das englische Halleluja durch schlimme, glänzende Einwände zu stören (Mann, Zauberberg 724).

wie aus einem Munde: *gleichzeitig, alle zugleich sprechend:* Als man die Kinder fragte, ob sie Angst hätten, antworteten sie wie aus einem Munde: »Nein!« Wie aus einem Munde riefen die beiden Briten: »Um keinen Preis der Welt! ...« (Menzel, Herren 115).

in aller Munde sein: *sehr bekannt, schnell verbreitet, im Gespräch sein:* Das neue

Kellertheater war bald in aller Munde. Doch nach wenigen Jahrhunderten war ihr Name in aller Munde, ihr Wort war eine Lehre geworden (Thieß, Reich 196). Die Sportler, die nach gründlicher Vorbereitung und härtestem Training den Wasalauf gewinnen, sind in aller Munde (Gast, Bretter 15).

etwas [nicht] in den Mund nehmen (ugs.): *etwas [nicht] aussprechen:* Solche Ausdrücke nimmt man nicht in den Mund. Es fällt auf, dass Stoltenberg das magische Wort aus der »Mannheimer Erklärung« seiner Partei nicht in den Mund nahm (Welt 15. 8. 1975, 1).

jmdm. etwas in den Mund legen: *jmdn. auf eine bestimmte Aussage hinlenken:* Sooft er mir eine Wendung in den Mund legen wollte, mit der ich nicht völlig einverstanden war, protestierte ich (Niekisch, Leben 297). Frühere Geständnisse, er habe Doris erwürgt, damit sie ihn nicht verraten könne, seien ihm von den Kriminalbeamten in den Mund gelegt ... worden (Welt 12. 11. 1965, 13).

etwas ständig/dauernd/viel im Munde führen: *über etwas oft reden, ein Wort häufig gebrauchen:* Sie führten die Freiheit ständig im Munde, sagten aber nicht, was sie damit meinen. Wenn du solche Begriffe dauernd im Munde führst, denkst du bald nicht mehr über ihre Bedeutung nach.

mit dem Mund vorneweg sein (ugs.): *vorlaut sein:* Das ist typisch für deine Tochter, immer ist sie mit dem Mund vorneweg.

jmdm. nach dem Mund[e] reden: *jmdm. immer zustimmen, das sagen, was der andere gern hören will:* Ich kann Leute nicht leiden, die mir immer nach dem Mund reden. Mochte Naphta diese Dinge vorgebracht haben, weil er daran glaubte, oder weil er sie witzig fand, oder gar um seinem Zuhörer nach dem Munde zu reden (Th. Mann, Zauberberg 613). Diese entscheiden ... darüber, ob sie wünschen, dass es eine Zeitung für Deutschland gibt, die ihren Lesern nicht nach dem Munde redet (FAZ, 16. 6. 1961, 46).

jmdm. über den Mund fahren (ugs.): *jmdm. das Wort abschneiden; jmdm. scharf antworten:* Von so einem Grün-

schnabel lässt du dir über den Mund fahren? »Du hältst dich da raus!«, fuhr sie ihm über den Mund. Bernadette ist wieder ganz bei sich, ein Schulmädel, das einem andern Schulmädel über den Mund fährt (Werfel, Bernadette 58). Seine Enkelkinder hatten immer den Drang, zu ihm zu fahren, ... sie spielten ihm manchen Streich, fuhren ihm über den Mund (Weber, Einzug 142).

von Mund zu Mund gehen: *durch Weitererzählen [schnell] verbreitet werden:* Die Neuigkeit ging von Mund zu Mund, bald wussten alle Bescheid. In der Stadt ging der Name »Artistenklause« bei vielen nächtlichen Gesprächen von Mund zu Mund (Jaeger, Freudenhaus 86).

sich etwas am/vom Munde absparen: ↑ absparen. **Ausdrücke im Munde führen:** ↑ Ausdruck. **aus berufenem Munde:** ↑ berufen. **jmdm. die Bissen in den Mund/im Mund zählen:** ↑ Bissen. **kein Blatt vor den Mund nehmen:** ↑ Blatt. **jmdm. Brei um den Mund schmieren:** ↑ Brei. **von der Hand in den Mund leben:** ↑ Hand. **wes das Herz voll ist, des geht der Mund über:** ↑ Herz. **jmdm. Honig um den Mund schmieren:** ↑ Honig. **mit einem goldenen/silbernen Löffel im Mund geboren sein:** ↑ Löffel. **Morgenstund[e] hat Gold im Mund[e]:** ↑ Morgenstunde. **jmdm. läuft das Wasser im Mund zusammen:** ↑ Wasser. **jmdm. das Wort im Mund herumdrehen:** ↑ Wort. **jmdm. das Wort aus dem Mund nehmen:** ↑ Wort. Vgl. auch die Stichwörter »Fresse, Klappe, Maul, Schnauze«.

mundtot: jmdn. mundtot machen: *jmdn. zum Schweigen bringen, ihm jede Möglichkeit nehmen, seine Meinung zu äußern:* Die Junta versuchte mit allen Mitteln, ihre Gegner mundtot zu machen. In der Bundesrepublik wurde er umjubelt, in Pankow will man ihn mundtot machen: Wolf Biermann (MM 8. 12. 1965, 2). ... dass er gerade auf dem Weg nach Singen gewesen sei, möglicherweise doch, um die Zeugin endgültig mundtot zu machen (Noack, Prozesse 234).

► Die Wendung stammt aus der Rechtssprache; sie enthält das alt- und mittelhochdeutsche Wort »munt«, das so viel wie »Schutzgewalt, Gewalt« bedeutet. Die Wendung meint eigentlich »jemanden entmündigen«; später bezog man »mundtot« auf unser heutiges Wort »Mund« und verstand die Wendung im Sinne von »jemandes Mund ›tot machen‹, zum Schweigen bringen«.

Mundwerk: jmds. Mundwerk steht nicht still (ugs.): *jmd. redet ununterbrochen:* Ich hätte auch gern etwas gesagt, aber Tante Paulas Mundwerk stand nicht still. Sie wird dich gut unterhalten, ihr Mundwerk steht keine Minute still (Danella, Hotel 158).

ein böses/lockeres/loses/freches o. ä. **Mundwerk haben** (ugs.): *gehässig/vorlaut/frech o. ä. reden:* Sie hatte ein böses Mundwerk, das war stadtbekannt. Wer so ein loses Mundwerk hat, darf sich nicht wundern, wenn er Ärger bekommt. Die Waschfrau bewies, dass sie ein drolliges, schnellläufiges Mundwerk hatte, sie erzählte in einem fort Dorfgeschichten, Liebes- und Schauergeschichten (R. Walser, Gehülfe 118).

ein gutes/flinkes Mundwerk haben (ugs.): *sehr gewandt reden:* Keine Angst, die Neue wird sich schon durchsetzen, sie hat ein flinkes Mundwerk.

ein großes Mundwerk haben (ugs.): *großsprecherisch reden:* Erst hast du ein großes Mundwerk, aber wenn es darauf ankommt, kneifst du! Sie ist mit einem Mann verheiratet, der ein großes Mundwerk hat.

munkeln: im Dunkeln ist gut munkeln: ↑ dunkel.

munter: munter sein wie ein Fisch im Wasser: *munter, fröhlich, gesund sein:* Wie geht es deinem Bruder? – Der ist wieder munter wie ein Fisch im Wasser.

Münzanstalt: mein Arsch ist doch keine Münzanstalt: ↑ Arsch.

Münze: etwas für bare Münze nehmen: *etwas ernsthaft glauben:* Man darf nicht alles für bare Münze nehmen, was in den Zeitungen steht. Mich hält er für seinesgleichen ... Ironie hat dieser Herr für bare Münze genommen (Kuby, Sieg 342). Seine Erzählungen waren von einem mokanten Gemecker begleitet ... Dadurch war man entbunden, seine Aussprüche für bare Münze zu nehmen (Erh. Kästner, Zeltbuch 140).

etwas in klingende Münze umsetzen/umwandeln: *Geld mit etwas verdienen; sich etwas gut bezahlen lassen:* Einige seiner Erfindungen konnte der Ingenieur sogar in klingende Münze umsetzen. Wen wundert es, dass die junge Künstlerin ihr Talent auch in klingende Münze umwandeln möchte?

jmdm. etwas in/mit gleicher Münze heimzahlen: *jmdm. etwas auf die gleiche [üble] Weise vergelten:* Diese Gemeinheit wird sie ihm in gleicher Münze heimzahlen. Den Vorwurf der »Steuerlüge« wollte die Regierung der Opposition mit gleicher Münze heimzahlen.

in/mit klingender Münze bezahlen: *bar bezahlen:* Halt, mein Freund, hier wird mit klingender Münze bezahlt!

murmeln: etwas in seinen Bart murmeln: ↑ Bart.

Murmeltier: schlafen wie ein Murmeltier: ↑ schlafen.

Mus: jmdn. zu Mus hauen/schlagen (ugs.): *jmdn. schlimm verprügeln:* Dich hau ich zu Mus, wenn ich dich noch einmal mit meiner Freundin erwische! Die Hooligans hatten den Ordner zu Mus geschlagen.

Muse: die leichte Muse: *die heitere, unterhaltende Kunst:* Lassen Sie uns diesen Abend der leichten Muse widmen und ins Komödienhaus gehen. Die Vertreter der leichten Muse sorgten für Heiterkeit und gute Laune.

die zehnte Muse (scherzh.): *das Kabarett:* Auch die zehnte Muse hatte ihren Platz im kulturellen Programm der Festwochen.

jmdn. hat die Muse geküsst (scherzh.): *jmd. fühlt sich zu künstlerischer Betätigung angeregt, hat eine künstlerische Inspiration:* Wenn ihn die Muse geküsst hat, bleibt er zum Leidwesen der Nachbarn die ganze Nacht am Klavier.

Museum: hinten Lyzeum, vorne Museum: ↑ Lyzeum.

Musik: Musik in jmds. Ohren sein (ugs.); **wie Musik in jmds. Ohren klingen:** *für jmdn. sehr erfreulich, angenehm [zu hören] sein:* Du hast noch Bier im Kühlschrank? Das ist Musik in meinen Ohren! Es klang wie Musik in ihren Ohren, als er feierlich versprach, nie wieder Alkohol zu trinken.

in/hinter etwas ist/steckt/sitzt Musik (ugs.): *etwas hat Schwung, ist toll, groß-*

artig: Die Stadt will ein neues Sportzentrum bauen; in dem Projekt steckt Musik. Der Motor hat 112 PS – da ist Musik drin. Wir müssen diesen potenziellen Bahnkunden eben bessere Angebote machen ... Da ist noch viel Musik drin (Spiegel 48, 1988, 115).
▶ Die Wendung meint eigentlich: etwas klingt so angenehm wie Musik.
Musik im Blut haben: *angeborene Musikalität besitzen:* So kann man nur tanzen, wenn man Musik im Blut hat, das lässt sich nicht erlernen.
der Ton macht die Musik: ↑ Ton.
Muskel: seine/die Muskeln spielen lassen (ugs.): *seine Stärke [drohend] zeigen; erkennen lassen, dass man etwas nicht hinnehmen wird:* Noch lässt die Staatsmacht nur die Muskeln spielen, aber eine weitere Eskalation der Gewalt ist nicht auszuschließen.
Muss: Muss ist eine harte Nuss: *es ist oft schwer, Notwendiges zu akzeptieren, sich mit Notwendigem abzufinden:* Ich weiß, dass ich mich operieren lassen muss, aber Muss ist eine harte Nuss.
müssen: wer A sagt, muss auch B sagen: ↑ A. **dann muss sich jmd. einen/eine/eins backen lassen:** ↑ ¹backen. **wenn der Berg nicht zum Propheten kommt, muss der Prophet zum Berg gehen:** ↑ Berg. **das Ei unterm Huhn verkaufen müssen:** ↑ Ei. **man muss das Eisen schmieden, solange es heiß ist:** ↑ Eisen. **man muss die Feste feiern, wie sie fallen:** ↑ Fest. **wer gackert, muss auch ein Ei legen:** ↑ gackern. **der Gerechte muss viel leiden:** ↑ Gerechte. **wer nicht hören will, muss fühlen:** ↑ hören. **wenn der Hund nicht gemusst hätte, hätte er den Hasen gekriegt:** ↑ Hund. **den [bitteren] Kelch bis auf den Grund/bis zur Neige leeren müssen:** ↑ Kelch. **was man nicht im Kopf hat, muss man in den Beinen/Füßen haben:** ↑ Kopf. **jmdm. etwas lassen müssen:** ↑ lassen. **jmdn., etwas mit der Laterne suchen müssen:** ↑ Laterne. **so [et]was lebt, und Schiller musste sterben:** ↑ leben. **man muss das Leben eben nehmen, wie das Leben eben ist:** ↑ Leben. **es muss herunter von der Leber:** ↑ Leber. **muss Liebe schön sein:** ↑ Liebe. **kein Mensch muss müssen:** ↑ Mensch. **unters Messer müssen:** ↑ Messer. **mit langer Nase abziehen müssen:** ↑ Nase. **das muss der**

Neid jmdm. lassen: ↑ Neid. **was Recht ist, muss Recht bleiben:** ↑ Recht. **ich muss schon sagen:** ↑ sagen. **von irgendetwas muss der Schornstein rauchen:** ↑ Schornstein. **diese Schweinerei muss eine andere werden:** ↑ Schweinerei. **seinen Senf dazugeben müssen:** ↑ Senf. **Spaß muss sein:** ↑ Spaß. **dafür muss 'ne alte Frau/Oma lange stricken:** ↑ stricken. **es müsste mit dem Teufel zugehen, wenn ...:** ↑ Teufel. **vom Tisch müssen:** ↑ Tisch. **auf den Topf müssen:** ↑ Topf. **sich vor/neben jmdm. verstecken müssen:** ↑ verstecken. **sich warm anziehen müssen:** ↑ warm. **jmdm. jedes Wort einzeln aus der Nase ziehen müssen:** ↑ Wort. **die Zeche bezahlen müssen:** ↑ Zeche. **Zeit nehmen müssen:** ↑ Zeit. **wer nicht kommt zur rechten Zeit, der muss nehmen, was übrig bleibt:** ↑ Zeit. **das Zimmer hüten müssen:** ↑ Zimmer.
Müßiggang: Müßiggang ist aller Laster Anfang: *wer nicht arbeitet, seinen Lebensunterhalt nicht selbst verdient, ist anfällig für schlechte Einflüsse.*
Muster: nach berühmtem Muster: *wie man das kennt, wie es üblich ist:* Dann hat er sich nach berühmtem Muster zurückgezogen und uns mit seiner schwerhörigen Tante allein gelassen.
Mustopf: aus dem Mustopf kommen (ugs.): *völlig uninformiert, ahnungslos sein:* Du weißt nicht, wer die Landtagswahl gewonnen hat? Du kommst wohl aus dem Mustopf? Nur der Leiter des Kulturamtes schien aus dem Mustopf zu kommen.
in den Mustopf fassen (ugs.): *Glück haben:* Sie hat fünf Richtige im Lotto – so möchte ich auch einmal in den Mustopf fassen. Beim Kauf der Goldmünzen haben wir wirklich in den Mustopf gefasst, der Kurswert ist schon wieder gestiegen!
Mut: guten/frohen/leichten o. ä. **Mutes sein** (geh.): *zuversichtlich, fröhlich gestimmt sein:* Alle waren guten Mutes, bald wieder zu Hause zu sein. ... und schon sind alle wieder ganz obenauf. Sind guten Mutes, und viele sagen: »Haben wir es nötig ...?« (Dönhoff, Ära 45).
jmdm. den Mut/Schneid abkaufen: ↑ Schneid.
mutatis mutandis (bildungsspr.): *mit bestimmten Abänderungen:* Diese Operationstechnik wird mutatis mutandis zu

verschiedenen Zwecken eingesetzt. Dasselbe gilt, mutatis mutandis, seit längerer Zeit für die einschlägigen Bemühungen in den USA (Heringer, Holzfeuer 50).

Mütchen: sein Mütchen an jmdm. kühlen (ugs.): *an jmdm. seinen Ärger, Zorn auslassen:* Einer der Halbstarken schien sein Mütchen an ihnen kühlen zu wollen, aber seine Freunde hielten ihn zurück. Wie gern nimmt ja auch sonst eine schlichtende Macht die Gelegenheit wahr, ihr Mütchen im Schweiße streitender Parteien zu kühlen (Hagelstange, Spielball 276).

Mutter: die Mutter der Kompanie (Soldatenspr.; scherzh.): *der Hauptfeldwebel:* Die Mutter der Kompanie hatte ihre Augen überall. Er ist der Spieß, die Mutter der Kompanie (Hörzu 45, 1987, 54).

wie bei Muttern (ugs.): *ganz wie zu Hause:* Im »Goldenen Hahn« machen sie die Buletten wie bei Muttern.

wie eine Mutter ohne Brust (ugs.; scherzh.): *sehr liebevoll [von Männern gesagt]:* Er hat sich um seine Leute gekümmert wie 'ne Mutter ohne Brust.

bei Mutter Grün schlafen (ugs.): *im Freien übernachten:* Sobald die warme Jahreszeit beginnt, fahren wir mit dem Zelt hinaus und schlafen bei Mutter Grün.

der Mutter an der Schürze/am Schürzenband/am Schürzenzipfel hängen: ↑ Schürze. **Vorsicht ist die Mutter der Weisheit/der Porzellankiste:** ↑ Vorsicht.

Mutterfreuden: Mutterfreuden entgegensehen (geh.): *ein Kind erwarten:* Zur Erleichterung der Regenbogenpresse sieht endlich auch die junge Königin Mutterfreuden entgegen. Außerdem legen ... Heike ... und Diana ... ein Zwischenjahr ein, da sie Mutterfreuden entgegensehen (Freie Presse 22. 6. 1989, 5). **Mutterfreuden genießen** (geh.): *ein Kind geboren haben:* Seine Tochter wird bald Mutterfreuden genießen.

Muttermilch: etwas mit der Muttermilch einsaugen: *etwas von frühster Jugend an erlernen, erleben:* Das Schauspielern hat er bereits mit der Muttermilch eingesogen. Mit der Muttermilch eingesogene Angst vor den roten Horden oder den blutrünstigen Imperialisten ist eben nicht so leicht zu vergessen (MM 17. 12. 1966, 7).

Mutti: Mamis/Muttis Liebling: ↑ Mami.

Mütze: eine Mütze voll Wind (landsch.): *eine Brise:* Wegen so einer Mütze voll Wind bleibt doch ein alter Seemann nicht den ganzen Tag zu Hause. Gegen Abend gibt es bei uns meistens eine Mütze voll Wind (Fallada, Herr 72).

eine Mütze voll Schlaf kriegen (ugs.): *ein kurzes Nickerchen machen können:* Sieh zu, dass du noch eine Mütze voll Schlaf kriegst, bevor wir weiterfahren.

jmdm. die Mütze gerade rücken (ugs.): *jmdn. verprügeln:* Ich glaube, dem Randalierer hier muss ich mal die Mütze gerade rücken!

jmdm. nicht nach der Mütze sein (ugs.): *jmdm. nicht recht sein:* Man merkte, dass dem Präsidenten der Verlauf der Abstimmung nicht nach der Mütze war.

eins/ein paar auf die Mütze/auf den Hut kriegen: ↑ Hut.

N

na: na bitte: ↑ bitte. **na, dann gute Nacht:** ↑ Nacht. **na und?:** ↑ und. **na warte:** ↑ warten.

Nabel: der Nabel der Welt: *der Mittelpunkt; das Wichtigste, allein Entscheidende:* Jeder in der Siedlung betrachtete seinen eigenen kleinen Garten als den Nabel der Welt. Auffallend das Bedürfnis, sich unablässig der eigenen Wichtigkeit zu versichern, die Neigung, das eigene Land für den Nabel der Welt zu halten (Enzensberger, Einzelheiten I, 31). Wer Dachpappe oder sonst Kunststoff herstellt, für den ist sein Produkt der Nabel der Welt (Gaiser, Schlussball 37).

nach: nach und nach: *allmählich:* Sie werden nach und nach alles erneuern müssen. Nach und nach setzt sich aus vielen kleinen Einzelheiten ein bruchstückhaftes Bild der Personen zusammen (Chotjewitz, Friede 163).

nach wie vor: *noch immer:* Nach wie vor ist Wachsamkeit geboten. Er wird nach wie vor von allen »der Kleine« genannt. Die Gruppe Keil lag nach wie vor ... im Feuer russischer Panzer (Plievier, Stalingrad 154).

nach Adam Riese: ↑Adam Riese. **nach Ausweis:** ↑Ausweis. **nach Belieben:** ↑Belieben. **nach jmds. Dafürhalten:** ↑dafürhalten. **nach Gefallen:** ↑Gefallen. **nach Herzenslust:** ↑Herzenslust. **nach Jahr und Tag:** ↑Jahr. **nach Maß:** ↑Maß. **nach Maßgabe:** ↑Maßgabe. **der Nase nach:** ↑Nase. **nach jmds. Pfeife tanzen:** ↑Pfeife. **nach uns die Sintflut:** ↑Sintflut. **nach Tisch:** ↑Tisch. **nach Tor[es]schluss:** ↑Tor[es]schluss. **aller Voraussicht nach:** ↑Voraussicht.

Nachbar: scharf wie Nachbars Lumpi sein: ↑scharf.

Nachdruck: einer Sache Nachdruck verleihen: *etwas verstärken, nachdrücklicher machen:* Um ihren Forderungen Nachdruck zu verleihen, drohten die Entführer damit, eine Geisel zu erschießen. Ein entsicherter Revolver sollte seiner Forderung Nachdruck verleihen.

Nachfrage: danke für die gütigen Nachfrage; danke für die gütige Nachfrage: ↑danken.

nachgeben: jmdm. an/in etwas nichts nachgeben: *hinter jmdm. in etwas nicht zurückstehen:* Im Große-Sprüche-Machen gibst du deinem Bruder nichts nach. ..., denn sie sowohl wie meine Schwester Olympia ... gaben ihm an menschlicher Schwäche durchaus nichts nach (Th. Mann, Krull 21).

der Klügere gibt nach: ↑klug.

nachkommen: das dicke Ende kommt nach: ↑Ende.

nachlassen: Schmerz, lass nach: ↑Schmerz. **Schreck, lass nach:** ↑Schreck.

Nachsehen: jmdm. bleibt das Nachsehen: *jmd. ist der Benachteiligte, Betrogene:* Er hatte sich längst mit dem Geld ins Ausland abgesetzt, den anderen blieb wieder einmal das Nachsehen.

das Nachsehen haben: *der Benachteiligte, Betrogene sein:* Während die Enten sich die dicksten Brocken schnappten, hatte das kleine Teichhuhn meist das Nachsehen. Nur wenn es um ihren eigenen Fall, nämlich um die Gage, geht, haben die deutschen Kommissare gegenüber ihren amerikanischen Kollegen deutlich das Nachsehen (Hörzu 24, 1975, 8).

Nachsicht: Vorsicht ist besser als Nachsicht: ↑Vorsicht.

nächste: im nächsten Atemzug: ↑Atemzug. **der nächste Beste:** ↑beste. **jeder ist sich selbst der Nächste:** ↑jeder.

Nächstenliebe: etwas mit dem Mantel der christlichen Nächstenliebe zudecken: ↑Mantel.

Nacht: gute Nacht!: *Grußformel [am späten Abend]:* Bevor sie ins Bett gingen, sagten die Kinder allen gute Nacht. Als ich ihm gute Nacht sagen kam, stand er ... auf einem Schemel (Schnurre, Bart 44).

na, dann gute Nacht! (ugs.): *das wird schlimm werden, schlecht ausgehen:* Unser Konto ist schon wieder überzogen? Na, dann gute Nacht! Mit so einer Erkältung willst du auf den Fußballplatz gehen? Na, dann gute Nacht!

jmdm. wird es Nacht vor den Augen: *jmd. wird ohnmächtig:* Als der junge Mann das viele Blut sah, wurde es ihm Nacht vor den Augen.

die Nacht zum Tage machen: *die ganze Nacht hindurch arbeiten, feiern o. Ä.:* Heute machen wir die Nacht zum Tage, ich habe zwölf Flaschen Sekt mitgebracht! Aber die Wirte haben es nicht immer leicht, sie müssen Beziehungen haben, die Nacht zum Tage machen und alle verschlungenen Pfade des Schleichhandels kennen (Sieburg, Robespierre 168).

sich die Nacht um die Ohren schlagen (ugs.): *die ganze Nacht aufbleiben, nicht zum Schlafen kommen:* Nur weil unser Fräulein Tochter es nicht für nötig hält, uns anzurufen, werde ich mir doch nicht die ganze Nacht um die Ohren schlagen. Die deutschen Fußballfans werden wohl ewig dazu verurteilt bleiben, sich am Fernseher die Nacht um die Ohren zu schlagen (Hörzu 43, 1977, 197).

jmdm. schlaflose Nächte bereiten: *jmdn. sehr beunruhigen, ein großes Problem für jmdn. sein:* Die Entwicklung auf dem Rohstoffmarkt bereitete dem Produktionsleiter schlaflose Nächte. Die Frage der Eigenfinanzierung sollte ihr keine schlaflosen Nächte bereiten. ... ich weiß nicht, dass das Eindringen der anderthalb Jahrhunderte in den Kleinhandel ihnen schlaflose Nächte bereitet (Brecht, Groschen 152).

bei Nacht und Nebel: *heimlich [bei Nacht]:* Die Diebe hatten das Silber bei Nacht und Nebel aus dem Haus geschafft. Bei Nacht und Nebel verschwand er, in einem riesigen Lkw transportiert (Küpper, Simplicius 97).
► Die Vorstellung des Heimlichen, Verborgenen wird in dieser Fügung dadurch verstärkt, dass alliterierend zwei Begriffe aneinander gereiht werden, die beide beinhalten, dass man nicht sehr weit sehen, nicht viel erkennen kann.

bei/in der Nacht sind alle Katzen grau: *in der Dunkelheit kann man nur schwer jmdn. erkennen:* Ob es wirklich der Angeklagte war, den ich gestern über die Mauer klettern sah, kann ich nicht sagen; bei Nacht sind alle Katzen grau.

über Nacht: *unerwartet schnell; plötzlich:* Die junge Sängerin war über Nacht zum gefeierten Star geworden. Du bist anscheinend über Nacht zu einem ekelhaften Materialisten herabgesunken. Hausbesitzer! (Remarque, Obelisk 69).

zu Nacht essen (landsch.): *die Abendmahlzeit einnehmen:* Zu Hause wurde regelmäßig um sechs zu Nacht gegessen.

wie ein Dieb in der Nacht: ↑ Dieb. **dumm sein wie die Nacht:** ↑ dumm. **wo sich die Füchse/Hase und Fuchs gute Nacht sagen:** ↑ Fuchs. **hässlich wie die Nacht sein:** ↑ hässlich. **schwarz wie die Nacht sein:** ↑ schwarz. **Tag und Nacht:** ↑ Tag. **der Traum meiner schlaflosen Nächte:** ↑ Traum. **ein Unterschied wie Tag und Nacht:** ↑ Unterschied. **die Zwölf Nächte:** ↑ zwölf.

Nachteil: jmdn. in Nachteil setzen (veraltend): *jmdn. benachteiligen:* Es geht nicht an, dass durch diese Verordnung ein ganzer Berufsstand in Nachteil gesetzt wird. Der Athlet war atemlos vor Lachen und auf nichts gefasst: Das setzte ihn in Nachteil ... (H. Mann, Unrat 89).

Nachthemd: ein aufgeblasenes Nachthemd (ugs.): *jmd., der nur angibt und nichts kann:* Die Ministerin ist ein aufgeblasenes Nachthemd. Was die Leute nur an dem Kerl finden – so ein aufgeblasenes Nachthemd kann man doch nicht ernst nehmen.

Nachtigall: Nachtigall, ick hör dir trapsen (ugs.; landsch.): *ich merke, worauf die Sache hinausläuft:* Seit meinem Lottogewinn seid ihr auf einmal alle so nett zu mir – Nachtigall, ick hör dir trapsen!
► Diese Redensart könnte auf das Lied »Frau Nachtigall« aus »Des Knaben Wunderhorn« zurückgehen. Die Anfangszeilen der ersten und der zweiten Strophe (»Nachtigall, ich hör dich singen« und »Nachtigall, ich seh dich laufen«) sind möglicherweise in volkstümlicher Verballhornung zu der vorliegenden Form verschmolzen.

die Nachtigall singen lehren wollen (geh.): *einen Meister seines Faches belehren wollen:* Das weiß ich längst, mein junger Freund; Sie werden doch nicht die Nachtigall singen lehren wollen!

was dem einen sin Ul, ist dem andern sin Nachtigall: ↑ Ul.

nachtragend: nachtragend wie ein indischer Elefant/wie ein Wasserbüffel sein: *sehr nachtragend sein:* Er war leicht gekränkt und dabei nachtragend wie ein indischer Elefant.

nachtschlafend: zu nachtschlafender Stunde/Zeit (ugs.): *spät nachts, zur Schlafenszeit:* Musst du dich zu nachtschlafender Stunde noch hier herumtreiben? Zu nachtschlafender Zeit ist Geraldine ... eingetroffen. Und gleich musste sie vom Flugplatz zu Nachtaufnahmen in die Wüste fahren (Hörzu 31, 1971, 6).
► Die Wendung bewahrt das alte Adjektiv »nachtschlafend«, das trotz der aktivischen Form des Partizips Präsens passivischen Sinn hat (»die Zeit, in der geschlafen wird«).

nachweinen: jmdm., einer Sache keine Träne nachweinen: ↑ Träne.

Nachweis: den Nachweis für etwas erbringen/führen: *etwas nachweisen:* Solange der Nachweis für die Unschuld des Arztes nicht erbracht ist, werden die Leute im Dorf ihn immer schief ansehen.

Nachwelt: dem Mimen flicht die Nachwelt keine Kränze: ↑ Mime.

Nacken: den Nacken steif halten: *sich nicht unterkriegen lassen:* Halt den Nacken steif, mein Junge, so schlimm wirds nicht werden! Die Geschäfte gingen damals sehr schlecht, es hieß den Nacken steif halten und abwarten.

▶ Diese und die drei folgenden Wendungen beziehen sich darauf, dass das Beugen des Nackens, das Hängenlassen des Kopfes ein Ausdruck von Demut, Unterwerfung, auch von Resignation und Schicksalsergebenheit ist.

jmdm. den Nacken steifen/stärken: *jmdm. moralische Unterstützung gewähren:* Selbst in den schwierigsten Situationen fanden sich einige Freunde, die versuchten, uns den Nacken zu steifen und uns weiterzuhelfen. Zwei Jahre darauf brach der Weltkrieg aus. Zunächst versuchten die Deutsch-Brasilianer ... Lauro Müller den Nacken zu stärken (Jacob, Kaffee 251).

den Nacken beugen (veraltet): *sich unterwerfen:* Die Bergstämme waren nicht bereit, den Nacken zu beugen. Lasst uns vor diesem Unrecht nicht den Nacken beugen.

jmdm. den Nacken beugen (veraltet): *jmdn. demütigen, unterwerfen:* Auch diesem Tyrannen wird einst ein Stärkerer den Nacken beugen.

jmdm. auf dem Nacken sitzen: *jmdn. hart bedrängen:* Seit der DM-Aufwertung saß die ausländische Konkurrenz vielen Unternehmen noch stärker auf dem Nacken.

jmdm. im Nacken haben: 1. *von jmdm. bedrängt werden:* Sobald bekannt wurde, dass er der Alleinerbe war, hatte er seine Gläubiger wieder im Nacken. 2. *von jmdm. verfolgt werden:* Zehn Minuten nach dem Überfall hatten die Verbrecher bereits die Polizei im Nacken.

jmdm. im Nacken sitzen: 1. *jmdn. bedrängen:* Wie soll man in Ruhe ein Projekt durchführen, wenn einem ständig die Finanzprüfer im Nacken sitzen? ... dies Jahr sind die Chinesen dran, den Russen angeblich derart im Nacken sitzen, dass die Sowjets ein in die NATO integriertes Gesamtdeutschland geradezu als Erlösung empfinden müssen (Augstein, Spiegelungen 58). 2. *jmdn. verfolgen, dicht hinter jmdm. sein:* Seit einer Viertelstunde saß ihnen ein dunkelblauer Wagen im Nacken, der sich einfach nicht abschütteln ließ.

jmdm. sitzt die Angst im Nacken: ↑ Angst.

die Faust im Nacken spüren: ↑ Faust.

jmdm. den Fuß in/auf den Nacken setzen:

↑ Fuß. **jmdm. sitzt der Schalk/Schelm im Nacken:** ↑ Schalk. **jmd. hat den Schalk/Schelm im Nacken:** ↑ Schalk.

nackt: mit nacktem Auge: ↑ Auge. **man zeigt nicht mit nacktem Finger auf angezogene Leute:** ↑ Finger. **jmdm. mit dem nackten Hintern ins Gesicht springen:** ↑ Hintern. **einem nackten Mann in die Tasche greifen:** ↑ Mann. **die nackten Tatsachen:** ↑ Tatsache. **toben wie zehn nackte Wilde im Schnee:** ↑ toben.

Nadel: an der Nadel hängen (ugs.): *rauschgiftsüchtig (bes. heroinabhängig) sein:* Erst hat sie nur gelegentlich gekifft, aber seit zwei Jahren hängt sie an der Nadel. Eltern verlieren schnell die Kontrolle, wenn ihre Kinder plötzlich an der Nadel hängen (Spiegel 52, 1978, 40).

▶ Mit der Nadel ist hier die Injektionsnadel gemeint, mit der das Rauschgift in die Vene gespritzt wird.

bei jmdm. noch etwas auf der Nadel haben (landsch.): *mit jmdm. noch etwas auszutragen haben:* Er kam ihm gerade recht, mein Lieber, er hatte bei ihm sowieso noch etwas auf der Nadel!

▶ Diese Redewendung bezieht sich wahrscheinlich auf die Stricknadel: Eine nicht beendete Strickarbeit ist noch nicht von der Nadel abgenommen.

mit der heißen Nadel genäht sein: *sehr hastig, ohne Sorgfalt genäht sein:* Das Jackett ist mit der heißen Nadel genäht, da reißt ja der Saum gleich wieder auf! Infolgedessen könne dann von anderen, »mit der heißen Nadel genähten« Sparbeschlüssen abgesehen werden (MM 1. 10. 1975, 1).

wie auf Nadeln sitzen: ↑ sitzen. **so still sein, dass man eine [Steck]nadel fallen hören kann:** ↑ still. **so voll sein, dass keine [Steck]nadel zu Boden/zur Erde fallen kann/könnte:** ↑ voll.

Nagel: ein Nagel zu jmds. Sarg sein (ugs.): *jmdm. sehr viel Kummer bereiten:* Dieses schwer erziehbare Kind war ein Nagel zu ihrem Sarg! Schon wieder willst du Geld von mir – du bist wirklich ein Nagel zu meinem Sarg!

▶ In dieser Redewendung wird die Vorstellung, dass Kummer das Leben eines Menschen verkürzen kann, am Zusammenschlagen der Bretter zum Sarg veranschaulicht.

den Nagel auf den Kopf treffen (ugs.): *den Kernpunkt einer Sache [in einer Äußerung] erfassen:* Mit deiner letzten Bemerkung hast du den Nagel auf den Kopf getroffen. Die Reaktionen der anderen Diskussionsteilnehmer verrieten ihr, dass sie den Nagel auf den Kopf getroffen hatte. ▶ Wahrscheinlich stammt diese Wendung aus der Sprache der Schützen; ein Nagel bezeichnete früher den Mittelpunkt der Zielscheibe.

Nägel mit Köpfen machen (ugs.): *etwas richtig anfangen, konsequent durchführen:* Die Regierung wollte Nägel mit Köpfen machen. Also Karl, Kneipe ist immer der beste Platz für Geschäfte. Jetzt machen wir beide mal Nägel mit Köpfen: Willst anfangen bei mir oder nicht (v. d. Grün, Glatteis 325). Eindringlich forderte der Referent, bei der schulischen Sexualerziehung endlich Nägel mit Köpfen zu machen (MM 13. 11. 1969, 9). ▶ Die Wendung bezieht sich darauf, dass Nägel mit Köpfen in der Regel brauchbarer als einfache Drahtstifte sind, die sich beim Nageln leichter verbiegen.

etwas an den Nagel hängen (ugs.): *etwas aufgeben, etwas künftig nicht mehr machen:* Damals hatte er sein Studium an den Nagel gehängt und auf einem Überseefrachter angeheuert. Trotzdem: Sie denkt nicht daran, ihre Karriere mit Rücksicht auf das Kind an den Nagel zu hängen (Hörzu 18, 1974, 8). Ich habe den Assessor an den Nagel gehängt und bin im Geschäft meines Schwiegervaters (Erich Kästner, Fabian 57). ▶ Diese Wendung geht wohl darauf zurück, dass man früher sein Arbeitsgerät, seine Dienstkleidung o. Ä. in einer Baubude, Baracke oder Unterkunft ordentlich an einem Nagel aufhängte, wenn man eine Arbeit oder die Ausübung eines Berufes beendete.

jmdm. auf den Nägeln brennen (ugs.): *für jmdn. sehr dringlich sein:* Das Gutachten brennt dem Staatsanwalt auf den Nägeln, das muss zuerst erledigt werden. Sie haben viele Dinge in Ihrem Leben kommen und gehen sehen und stehen heute abseits von Geschehnissen, welche uns auf den Nägeln brennen (Benrath, Konstanze 134). Mein Irrtum war, dass ich mich an diese schicksalshaften Fragen ... wagte, ohne dass sie mir wirklich auf den Nägeln brannten ... (K. Mann, Wendepunkt 190). ▶ Die Herkunft dieser Wendung ist nicht sicher geklärt. Man könnte sie von der mittelalterlichen Folter herleiten, bei der dem Delinquenten glühende Kohlen auf die Fingerspitzen gelegt wurden. Eine andere Erklärung führt die Wendung auf die frühere Gepflogenheit von Mönchen zurück, sich kleine Wachskerzen auf die Daumennägel zu kleben, wenn es im Winter zur Frühmesse noch nicht hell genug war, um im Gebetbuch zu lesen.

sich etwas unter den Nagel reißen (ugs.): *sich etwas [unrechtmäßig] aneignen:* Die Bilder hat er sich wohl unter den Nagel gerissen. Willst du wohl den Zaster allein unter den Nagel reißen? (Degener, Heimsuchung 43). »Hau ab!« antwortete Zwieback. »Du willst dir wohl ein feines Pöstchen unter den Nagel reißen?« (Jaeger, Freudenhaus 240).

jmdm. nicht das Schwarze unter dem [Finger]nagel gönnen: ↑ schwarz.

nagelfest: [alles] was nicht niet- und nagelfest ist: ↑ niet- und nagelfest.

nageln: zu dumm sein, [um] einen Pudding an die Wand zu nageln: ↑ Pudding.

Nagelprobe: die Nagelprobe machen: *auf jmds. Wohl ein Glas ganz leer trinken:* Und nun wollen wir zu Ehren unseres lieben Gastes die Nagelprobe machen – prosit! ▶ Diese Redewendung bezieht sich auf einen alten Trinkbrauch: Um deutlich zu machen, dass das Trinkgefäß wirklich leer ist, drehte man es über dem Daumennagel um. Blieb der Nagel trocken, so war das Glas richtig leer getrunken worden.

nagen: nichts zu nagen und zu beißen haben (ugs.): *nichts zu essen haben:* Es gab Zeiten, in denen die Dorfbewohner tagelang nichts zu nagen und zu beißen hatten. Ihr jungen Leute habt das nicht erlebt, wie es ist, wenn man nichts zu nagen und zu beißen hat.

am Hungertuch nagen: ↑ Hungertuch.

nah: aus/von nah und fern: *von überall her:* Aus nah und fern waren die Kaninchenzüchter in die Kleinstadt gekommen. Die Fernsehredaktion bekam von nah und fern begeisterte Zuschriften.

von nahem: *aus der Nähe; bei kritischer Betrachtung:* Von nahem sieht die Sache ganz anders aus. Sie hatte sehr schön ausgesehen, so im Dunkeln ..., aber von nahem war sie sicher auch schweißig und roch schlecht (Böll, Adam 61). **jmdm. zu nahe treten:** *jmdn. kränken, jmds. Privatsphäre verletzen:* Ich möchte Ihnen nicht zu nahe treten, aber diese Angaben können unmöglich stimmen. Niemand sagte ein Wort, jeder hatte Angst, dem anderen zu nahe zu treten. **nahe daran sein, etwas zu tun:** ↑daran. **zum Greifen nah[e] sein/liegen:** ↑greifen. **nahe am/ans Wasser gebaut haben:** ↑Wasser.

nähen: doppelt genäht hält besser: ↑doppelt. **mit der heißen Nadel genäht sein:** ↑Nadel.

näher: jmdm. ist das Hemd näher als der Rock: ↑Hemd.

Nähkästchen: aus dem Nähkästchen plaudern (ugs.): *etwas verraten; Einblick in Dinge gewähren, die anderen sonst nicht zugänglich sind:* Man versuchte, die Vorgänge geheim zu halten, aber offensichtlich hatten schon einige Leute aus dem Nähkästchen geplaudert. Bei trockenem Weißwein ... plaudert der bärtige Hanseat aus dem Nähkästchen (Hörzu 7, 1979, 8).

nähren: mühsam nährt sich das Eichhörnchen: ↑Eichhörnchen. **bleibe im Lande, und nähre dich redlich:** ↑Land. **eine Schlange am Busen nähren:** ↑Schlange.

Nahrung: einer Sache [neue] Nahrung geben: *etwas verstärken, wieder aufleben lassen:* Mit einem ungewöhnlich schroffen Dementi hat die Regierung den Spekulationen neue Nahrung gegeben. Ein Mann wie Simon Magus hat ... der religiösen Sehnsucht Gott suchender Menschen Nahrung gegeben ... (Thieß, Reich 184). **[neue] Nahrung bekommen/finden:** *unterstützt, bestärkt werden:* Das üble Gerede bekam durch verantwortungslose Presseberichte ständig neue Nahrung. Nein, der Argwohn ... den kann keine Erklärung ausräumen, er findet immer wieder neue Nahrung (Dönhoff, Ära 161).

Nährwert: keinen sittlichen Nährwert haben (ugs.): *sinnlos, nicht wünschenswert sein:* Sie sollten sich nicht auf solche Geschäfte einlassen, das hat keinen sittlichen Nährwert
▶ Diese Wendung ist eine scherzhafte Erweiterung von »keinen Wert haben«, wobei zum einen auf den Kaloriengehalt von Nahrungsmitteln angespielt wird, zum anderen auf den ethischen Begriff des »sittlichen Wertes«.

Naht: eine Naht draufhaben (ugs.; veraltend): *eine sehr hohe Geschwindigkeit haben:* Der alte Citroën hatte vielleicht eine Naht drauf – die Zuschauer haben nur so gestaunt!
▶ Die Herkunft dieser Wendung ist unklar. Vielleicht ist von den schnellen Stichen (der Nähmaschine) beim Anfertigen einer Naht auszugehen oder aber von der Länge einer Naht, von »Naht« im Sinne von »[langer] Streifen«; vgl. die ähnliche Bedeutungsentfaltung von »Stremel«.

eine gute Naht saufen (ugs.; veraltend): *viel Alkohol trinken:* Man wusste, dass der Hufschmied eine gute Naht saufen konnte.
Vgl. die vorangehende Wendung.

eine [tüchtige] Naht beziehen/bekommen (ugs.; veraltend): *Prügel erhalten:* Damals hatte er eine tüchtige Naht bezogen. Er wird von seinem Vater eine Naht bekommen, wenn der erfährt, was sein Sohn angestellt hat.
▶ Die Herkunft dieser Wendung ist unklar. Vielleicht steht hier »Naht« für »Strieme«.

etwas auf der Naht haben (landsch.): *reich sein:* Halt dich ran, Junge, das Mädchen hat was auf der Naht!
▶ Die Herkunft der Wendung ist unklar. Vielleicht bezieht sie sich darauf, dass man in früheren Zeiten – besonders auf Reisen – Geld in die Kleidung einzunähen pflegte, um es vor Dieben zu schützen.

jmdm. auf den Nähten knien (ugs.; veraltend): *jmdn. heftig bedrängen:* Der Kohlenhändler kniete ihnen schon seit Wochen auf den Nähten, weil sie die letzte Rechnung noch nicht bezahlt hatten.
▶ Hier ist mit den »Nähten« die Kleidung gemeint, die der Betroffene trägt.

Die Vorstellung des Bedrängtseins wird durch das Bild engster körperlicher Nähe ausgedrückt; vgl. die Wendung »jmdm. auf die Pelle rücken«.

aus den/aus allen Nähten platzen (ugs.): 1. *zu dick, zu umfangreich werden:* Wenn sie den Kleinen so oft füttert, wird er bald aus allen Nähten platzen. Der Kraftprotz platzt ja mal wieder aus allen Nähten (Schnurre, Ich 115). Wo sich die Szenen noch fast beliebig weiter bereichern lassen, übt man sich oft in Sparsamkeit und Transparenz, und das ist gut so in einem Stück, das aus den Nähten platzen will (MM 27. 12. 1975, 40). 2. *zu voll werden, den Inhalt nicht mehr fassen können:* Die Taucherausrüstung bleibt hier, der Koffer platzt sowieso schon aus allen Nähten. Seit 1900 stagnieren die Gemeinden unter 2 000 Einwohnern, während die großen Wohnzentren aus den Nähten platzen (FAZ 16. 6. 1961, 5).

Name: Name ist Schall und Rauch: *der Name allein sagt noch nichts über jmdn., über etwas aus; Namen sind vergänglich.* ▶ Diese Redensart ist ein Zitat aus Goethes Faust (Szene in Marthens Garten).

sich einen Namen machen: *berühmt werden:* Das frühere Schlagersternchen versucht jetzt, sich auch im Film einen Namen zu machen. Dann hat er sich als Übersetzer niederländischer Literatur einen Namen gemacht. (Hörzu 18, 1978, 116). Er war damals schon über fünfzig Jahre alt und hatte sich als Arzt bereits einen schönen Namen gemacht (Sieburg, Blick 47).

einen guten Namen haben: *angesehen sein:* Viele der verfolgten Schriftsteller hatten auch im Ausland einen guten Namen. ... der andere war der Musiklehrer Wolfrum, der auch als Komponist einen guten Namen hatte (Niekisch, Leben 20).

seinem Namen [alle] Ehre machen: *sich als genau das erweisen, was der Name ankündigt:* Das Stinktier machte seinem Namen alle Ehre – erst nach drei Tagen konnte ich mich wieder unter Menschen wagen.

die Dinge beim Namen nennen: *konkret aussprechen, worum es geht; nichts beschönigen:* Ich bin froh, dass wir uns ein Herz gefasst hatten und die Dinge beim

Namen nannten ... (Gaiser, Schlussball 176). Der Staatsanwalt hatte zuvor die Dinge beim Namen genannt. Was dem 19-jährigen ... zunächst als fahrlässige Tötung angelastet werden sollte, könnte sich als vorsätzliche Tötung, als Raubmord herausstellen (MM 12./13. 11. 1966, 6).

in jmds. Namen: *in jmds. Auftrag, in Vertretung von jmdm.:* Im Namen aller Kollegen protestieren wir gegen die geplante Streichung der Gefahrenzulage. Im Namen des Volkes ergeht folgendes Urteil: ... Unser residierender Minister Robert Lacoste hat im Namen der Regierung diesen Beschluss gefasst (Dönhoff, Ära 116).

alles, was Rang und Namen hat: ↑ alles. **daher der Name Bratkartoffel:** ↑ Bratkartoffel. **in Gottes Namen:** ↑ Gott. **mein Name ist Hase:** ↑ Hase. **dem Kind einen Namen geben:** ↑ Kind. **das Kind beim [rechten/richtigen] Namen nennen:** ↑ Kind. **das Kind muss doch einen Namen haben:** ↑ Kind. **damit das Kind einen Namen hat:** ↑ Kind. **wo der Rücken seinen ehrlichen/ anständigen Namen verliert; wo der Rücken keinen ehrlichen/anständigen Namen mehr hat:** ↑ Rücken. **Schwachheit, dein Name ist Weib:** ↑ Schwachheit. **in des Teufels/in drei Teufels Namen:** ↑ Teufel.

namhaft: jmdn., etwas namhaft machen (Papierdt.): *jmdn., etwas [be]nennen, ausfindig machen:* Schon nach wenigen Stunden konnte der Täter namhaft gemacht werden. Dem Eingeständnis des Misserfolgs weichen wir aber dadurch aus, dass wir für diesen Schuldige namhaft machen (Hofstätter, Gruppendynamik 91).

Narr: einen Narren an jmdm., an etwas gefressen haben (ugs.): *jmdn., etwas sehr gern haben; sich in jmdn., in etwas vernarrt haben:* Vom ersten Tag an hatte der alte Kapellmeister einen Narren an seinem Enkelkind gefressen. Meine Großmutter schien einen Narren an ihr gefressen zu haben. Sie nahm sie mit ins Kino und zum Flickschuster ... (Brecht, Geschichten 143). Die Andernoth mit ihrem Zopf glotzt er an. Er hat an dem Zopf einen Narren gefressen (Gaiser, Schlussball 100).

▶ Die Wendung geht auf die Vorstellung zurück, dass derjenige, der bis zur Albernheit in jemanden oder etwas verliebt ist, einen kleinen Narren in seinem Inneren (= gefressen) habe.

jmdn. zum Narren halten (ugs.): *jmdn. täuschen, anführen:* Lass dich doch von diesem Scharlatan nicht zum Narren halten! Rolf glaubte natürlich nicht einen Augenblick lang an die Freundin in St. Gallen. Er kam sich betrogen vor, zum Narren gehalten ... (Frisch, Stiller 341).

▶ Die Wendung meint eigentlich »jmdn. als Narren behandeln«.

Kinder und Narren reden/sagen die Wahrheit: ↑ Kind. **am [vielen] Lachen erkennt man den Narren:** ↑ lachen.

Narrenhand: Narrenhände beschmieren Tisch und Wände: *es ist dumm und ungehörig, Dinge zu bemalen, die dafür nicht gedacht sind.*

Nase: jmdm. passt/gefällt jmds. Nase nicht (ugs.): *jmd. kann jmdn. nicht leiden:* Nur weil dem Chef meine Nase nicht gefällt, hat er mich bei der Beförderung übergangen. Mit Samthandschuhen erwürgen, die Ernährung rationieren, und denjenigen, deren Nase uns nicht passt, so wenig geben, dass sie verrecken (Kuby, Sieg 342).

die Nase zu tief ins Glas stecken: *mehr Alkohol trinken, als man verträgt, sich betrinken:* Hör dir diesen Lärm an, der alte Hausmeister hat wieder mal die Nase zu tief ins Glas gesteckt!

die Nase über jmdn., über etwas rümpfen: *jmdn., etwas gering schätzen, auf jmdn., auf etwas verächtlich herabsehen:* Sie gehört zu den Menschen, die nur allzu leicht die Nase über die Leistungen anderer rümpfen. Ihre englischen Schwiegereltern rümpften die Nase über die Mitgift einer armen Gouvernante (Brand [Übers.], Gangster 86).

▶ Diese Wendung bezieht sich auf das Krausziehen der Nase zum Ausdruck des Abscheus; sie überträgt diese äußere Reaktion auf die innere Haltung der Ablehnung.

eine Nase haben (familiär): *Schleim aus der Nase hervortreten lassen:* Hast du ein Taschentuch? Dein Sohn hat eine Nase.

die richtige Nase haben (ugs.): *etwas richtig voraussehen, ausfindig machen:*

Wenn sie damals nicht die richtige Nase gehabt hätte, wäre die Firma heute längst pleite.

▶ Diese und die folgende Wendung bezogen sich ursprünglich wohl auf den Spürsinn des Jagdhundes.

eine gute/feine Nase haben; eine [gute/feine] Nase für etwas haben (ugs.): *einen besonderen Spürsinn [für etwas] haben, etwas richtig einschätzen:* Der Artdirector hat eine feine Nase für den Geschmack der breiten Masse. Die Dorfleute, das sind schlaue Leute, die haben eine gute Nase für alles, was Geld einbringt ... (Waggerl, Brot 47). Aber er hatte eine gute Nase, er wusste genau, wenn ein Lehrer nicht koscher war ... (Schnurre, Bart 143).

Vgl. die vorangehende Wendung.

[von jmdm., von etwas] die Nase [gestrichen] voll haben (ugs.): *jmds., einer Sache überdrüssig sein:* Nach drei Wochen hatten die Profis die Nase voll vom Trainingslager. Pack deine Sachen, ich hab die Nase voll von dir! Der Feldwebel fragte uns sogar, ob wir den Ami mitnehmen wollten ... Nein, sie konnten ihn gerne haben, wir hatten die Nase voll (Küpper, Simplicius 134).

▶ Die Wendung geht wohl davon aus, dass bei bestimmten Reaktionen die Nasenschleimhäute allergisch anschwellen und Schleim absondern. Vgl. auch »verschnupft sein« im Sinne von »gekränkt, verärgert sein«.

die Nase vorn haben (ugs.): *den Sieg, Erfolg davontragen:* Die Japaner hatten beim Kampf um die Marktanteile letztlich die Nase vorn. Am Ende der Saison hatten die Bayern in der Bundesliga wieder die Nase vorn.

▶ Die Wendung stammt wahrscheinlich aus dem Pferdesport, wo auch die Formulierung »mit einer Nasenlänge gewinnen« gebräuchlich ist.

die Nase hoch tragen: *eingebildet sein:* Vor ein paar Jahren hatte sie noch im Hinterhof gespielt, jetzt wohnte sie in einem Luxusappartment und trug die Nase hoch.

seine Nase in etwas [hinein]stecken/überall hineinstecken (ugs.): *sich neugierig um etwas/um alles kümmern [was einen nichts angeht]:* Du sollst deine Nase nicht in Dinge stecken, von denen du nichts verstehst. Und man ist gegen die Presse, weil angeblich die Ordnung sich viel besser aufrechterhalten ließe, wenn die Journalisten nicht ihre Nase überall hineinsteckten (Dönhoff, Ära 62). ... wir haben uns darauf geeinigt, dass nur Idioten sich vornehmen, ihre Nasen niemals in die Angelegenheiten anderer Leute zu stecken (Becker, Irreführung 31).

seine/die Nase in ein Buch stecken (ugs.): *ein Buch lesen, aus einem Buch lernen:* Es würde ihm gar nichts schaden, wenn er seine Nase mal wieder in ein Buch steckte. Man kann nicht verlangen, dass Vierzehnjährige die Nase nur in die Schulbücher stecken (Hörzu 25, 1973, 88).

sich die Nase begießen (ugs.): *reichlich Alkohol trinken:* Ist das eine Freude, dich wieder zu sehen – heute Abend sollten wir uns zusammen die Nase begießen! Was endlich ist von einem Verteidigungsminister zu halten, von dem ich ... lesen konnte, dass er sich in der entscheidenden Nacht der Kuba-Krise ... die Nase begossen ... hat? (Augstein, Spiegelungen 134).

sich eine goldene Nase verdienen (ugs.): *sehr viel Geld verdienen:* Sein Bruder hat sich mit Computersoftware eine goldene Nase verdient.

jmdm. eine [lange] Nase drehen/machen (ugs.): *jmdn. verspotten, auslachen:* »Ich kann dieser ganzen dreckigen Welt eine Nase drehen!«, rief Justine (Roehler, Würde 57). Walter kam und erzählte, wie Edi, sein Bruder, einem Bärenswiler Herrn die Zunge ausgestreckt und die lange Nase gemacht habe (R. Walser, Gehülfe 120).

▶ Die Wendung bezieht sich auf die Spottgebärde, bei der man mit den gespreizten Händen die Nase verlängert.

der Nase nach (ugs.): *geradeaus:* Sie biegen am besten an der Post links ab, und dann geht es immer der Nase nach, bis Sie zu einem großen Platz kommen. »Was nun? Hier schräg hinunter und fortan hübsch der Nase nach ...« (Th. Mann, Zauberberg 669).

sich an die eigene Nase fassen (ugs.): *sich um die eigenen Fehler und Schwächen kümmern:* Hier ist keiner im Saal, der sich in Sachen Umweltschutz nicht an die eigene Nase fassen müsste.

▶ Diese Wendung geht vielleicht auf einen alten normannischen Rechtsbrauch zurück. Wer einen anderen beleidigt hatte, der musste sich beim öffentlichen Widerruf der Beleidigung mit der Hand an die Nase fassen.

jmdn. an der Nase herumführen (ugs.): *jmdn. täuschen, irreführen:* Zehn Jahre lang hatte der Fälscher die Polizei an der Nase herumgeführt, dann wurde er durch Zufall erwischt. Er habe sich maßlos darüber aufgeregt, wie die Belegschaft von der Firma an der Nase herumgeführt worden sei (Chotjewitz, Friede 282).

▶ Die Wendung bezieht sich wohl darauf, dass früher Tierbändiger oder Schausteller ihre Bären (oder andere Tiere) an einem Nasenring führten, um sie völlig in der Gewalt zu haben.

jmdm. etwas an der Nase[nspitze] ansehen (ugs.): *etwas an jmds. Miene ablesen:* Jeder konnte dem Jungen an der Nase ansehen, dass er sich nicht sehr wohl fühlte. Ich kann dir dein schlechtes Gewissen an der Nasenspitze ansehen.

▶ Die Wendung bezieht sich darauf, dass das Aussehen der Nasenspitze (Blässe oder Rötung) auf den Gesundheits- oder Gemütszustand eines Menschen schließen lässt. »Nase« kann aber auch stellvertretend für den gesamten Gesichtsausdruck stehen.

eins auf die Nase bekommen/kriegen (ugs.): 1. *Prügel bekommen:* Die Randalierer haben selbst eins auf die Nase bekommen. In der Kneipe da hat er in der vorigen Woche eins auf die Nase gekriegt. ... dass er in einem Hotel ... von einem erzürnten Ehemann eins auf die Nase bekam (Singer [Übers.], Feinde 23). 2. *zurechtgewiesen werden:* Er hat vom Abteilungsleiter eins auf die Nase bekommen. Der Spieß hatte vom Kompaniechef eins auf die Nase gekriegt.

jmdm. eins auf die Nase geben (ugs.): 1. *jmdn. verprügeln:* Lass die Finger von meinem Motorrad, sonst geb ich dir eins auf die Nase! 2. *jmdn. zurechtweisen:* Mit dem Rundschreiben wollte der Fraktionsvorstand vor allem den jüngeren Abgeordneten eins auf die Nase geben.

... und wenn er falsche Politik macht, mag ihm ein anderer was auf die Nase geben (Zweig, Grischa 291).

auf die Nase fallen (ugs.): *einen Misserfolg haben:* Mit dem Antiquariat ist er finanziell ganz schön auf die Nase gefallen. ... und da fiel ich also voll auf die Nase und war so maßlos enttäuscht, dass da mein Talent nun gar nicht zur Wirkung kam (Kempowski, Immer 212).

auf der Nase/(auch: **Schnauze**) **liegen** (ugs.): *krank sein:* Wirst du dich wohl wärmer anziehen, oder willst bald auf der Nase liegen? Auch hier beredete man die Krankheit des Klenk. Hat Pech, der Klenk. So ein baumstarker Kerl und liegt, kaum an der Macht, auf der Nase (Feuchtwanger, Erfolg 433).

jmdm. etwas auf die Nase binden (ugs.): *jmdm. etwas erzählen [was nicht für ihn bestimmt ist]:* Was ich Ihnen jetzt sage, das brauchen Sie nicht unbedingt meiner Frau auf die Nase zu binden. »Musst du jedem auf die Nase binden, wer du bist?« (A. Zweig, Grischa 61). Du weißt nicht, wie mir zumute war, als du mich stehen ließest, und ich werde mich hüten, es dir auf die Nase zu binden (Müthel, Baum 18).

▶ Diese Wendung spielt darauf an, dass sich die Nase in unmittelbarer Nähe der Augen befindet. Man kann also genau sehen, erkennen, was einem »auf die Nase gebunden« wurde.

jmdm. auf der Nase herumtanzen (ugs.): *mit jmdm. machen, was man will; jmds. Gutmütigkeit ausnutzen:* Kein Wunder, dass die Kinder gern bei Opa sind; ihm können sie auf der Nase herumtanzen. Bosch rief hinter mir her: Glauben Sie vielleicht, unsere Firma lässt sich von Ihnen auf der Nase rumtanzen (v. d. Grün, Glatteis 242). Und das, ohne je den Versuch zu machen, dem Lehrer auf der Nase herumzutanzen (Hörzu, 44, 1972, 156).

▶ Ebenso wie in der vorangehenden Wendung wird auch hier die Nähe der Nase zu den Augen zu einem Bild genutzt. Wer jemandem »auf der Nase herumtanzt«, der tut unter den Augen des Betreffenden, was er will.

jmdm. in die Nase stechen (ugs.): *jmdm. sehr gefallen, von jmdm. erstrebt, begehrt*

werden: Schon lange hatte ihr die Pelzjacke in die Nase gestochen, jetzt ging sie in den Laden und kaufte sie. Wenn ihm das Rennen so sehr in die Nase sticht, dann soll er doch allein zum Nürburgring fahren.

jmdn. mit der Nase auf etwas stoßen (ugs.): *jmdn. deutlich auf etwas hinweisen:* Du brauchst die Zollbeamten ja nicht unbedingt mit der Nase darauf zu stoßen, dass wir im Kofferraum noch mehr Wein haben.

immer mit der Nase vorneweg sein (ugs.): *vorwitzig sein:* Schaut euch den Kleinen an – immer muss er mit der Nase vorneweg sein. Sie war reichlich verwöhnt und immer mit der Nase vorneweg.

mit langer Nase abziehen müssen (ugs.): *das Nachsehen haben:* Er hatte sich sehr um den Posten bemüht, musste aber wieder einmal mit langer Nase abziehen.

[nicht] nach jmds. Nase sein (ugs.): *jmdm. [nicht] gefallen:* Küchenarbeit war nicht nach seiner Nase. Wenn irgendetwas nicht nach ihrer Nase ist, täuscht sie Kopfschmerzen vor und schließt sich in ihr Zimmer ein.

▶ Die Nase als Sitz des Geruchssinns bestimmt z. B. bei Speisen, ob man etwas mag oder nicht. Die vorliegende Wendung verallgemeinert diesen Sachverhalt.

pro [Mann und] Nase (ugs.): *pro Person:* Er bestellte zwei Bier und zwei Buletten pro Nase. Zur Kasse, die Herrschaften, das macht sechs achtzig pro Mann und Nase!

sich etwas unter die Nase schieben/stecken (ugs.): *etwas in den Mund stecken, essen:* Sie hatte Hunger und wollte sich erst mal eine Stulle unter die Nase schieben. Steck dir eine Zigarette unter die Nase, und setz dich da drüben hin!

jmdm. etwas unter die Nase reiben (ugs.): *jmdm. wegen etwas Vorhaltungen machen; jmdm. etwas Unangenehmes [unverblümt] sagen:* Er konnte es sich nicht verkneifen, ihm seinen Fehler unter die Nase zu reiben. Die Chefin rieb ihm unter die Nase, dass er sie nicht informiert hatte. Immerzu braucht er mir das nun auch nicht unter die Nase zu reiben. Sie nahm ihre Tasche ... und ging (Loest, Pistole 163).

▶ Die Wendung bezieht sich darauf, dass man jemandem etwas, dessen Geruch er genau wahrnehmen soll, dicht unter die Nase hält und hin- und herbewegt.

jmdm. jmdn. vor die Nase setzen (ugs.): *jmdm. jmdn. überordnen, zum Vorgesetzten machen:* Seit zwanzig Jahren rackert er sich für die Firma ab, und jetzt setzen sie ihm so einen Schnösel von der Universität vor die Nase. Man setzt uns die Russen vor die Nase (Mehnert, Sowjetmensch 259).

jmdn. vor die Nase gesetzt bekommen/ kriegen (ugs.): *jmdn. zum Vorgesetzten bekommen:* Es fuchste den Inspektor sehr, dass er ausgerechnet seinen jüngeren Kollegen vor die Nase gesetzt bekam. In Bochum war es auch, wo ... Mager einen neuen, bis dahin unbekannten Mann vor die Nase gesetzt bekam (Kicker 82, 1981, 20).

vor jmds. Nase: *in unmittelbarer Nähe vor jmdm.:* Die Begonie steht vor deiner Nase, du brauchst nur die Hand auszustrecken. ... wirklich verblüfft aber war er über das volle Päckchen Zigarren, das da einer vor seiner Nase aus der Tasche herausziehen konnte (Plievier, Stalingrad 264). Trotz dieser lobenswerten Vorsicht ahnte er nichts von dem Passagiertausch vor seiner Nase (Seghers, Transit 150).

jmdm. etwas vor der Nase wegschnappen (ugs.): *etwas [schnell] an sich bringen, bevor es ein anderer erlangen kann:* So eine Gemeinheit – du hast mir das letzte Stück Kuchen vor der Nase weggeschnappt! ... jetzt wollte er ihm auch die Krone seines ganzen Planes vor der Nase wegschnappen, den nationalen Putsch (Feuchtwanger, Erfolg 712).

jmdm. vor der Nase wegfahren (ugs.): *abfahren, kurz bevor jmd. das Fahrzeug erreicht:* Der blöde Bus ist mir vor der Nase weggefahren, sonst wäre ich nicht zu spät gekommen.

etwas vor der Nase haben (ugs.): *etwas in unmittelbarer Nähe haben:* In der neuen Wohnung haben wir das Stadtbad vor der Nase, da werde ich öfter schwimmen gehen können.

jmdm. etwas vor der Nase zuschlagen (ugs.): *etwas zuschlagen, während jmd.*

unmittelbar davor steht oder es gerade erreicht: Sie brüllte: »Hau ab!« und schlug ihm das Fenster vor der Nase zu. Ich entferne mich ... da ich nach Berlin reisen muss; dort jedoch schlägt mir mein Vater ... die Tür vor der Nase zu (Gregor-Dellin, Traumbuch 143).

Mund und Nase aufreißen/aufsperren: ↑ Mund. **seine Nase in alle Töpfe stecken:** ↑ Topf. **sich den Wind um die Nase wehen lassen:** ↑ Wind. **jmdm. jedes Wort [einzeln] aus der Nase ziehen müssen:** ↑ Wort. **sich jedes Wort [einzeln] aus der Nase ziehen lassen:** ↑ Wort. **jmdm. die Würmer [einzeln] aus der Nase ziehen:** ↑ Wurm.

nas[e]lang: alle nas[e]lang (ugs.): *fortwährend, ständig:* Sie konnte nicht konzentriert arbeiten, weil sie alle naslang mit etwas anderem behelligt wurde. Alle naselang gab es neue Verordnungen und Zusätze zur Dienstvorschrift. Der dicke Anton ... trug gewöhnlich sogar während der Arbeitszeit eine Bartbinde und streifte alle naselang die Bartspitzen mit Pomade (Bredel, Väter 37).

▶ Die Länge der Nase als Bild für eine sehr kurze räumliche Entfernung wird in dieser Wendung auf den zeitlichen Bereich übertragen.

Nasenspitze: nicht weiter sehen [können] als bis zur Nasenspitze/nicht über die Nasenspitze hinaussehen [können] (ugs.): *engstirnig sein:* Schuld an allem sind angeblich die Funktionäre auf der unteren Ebene, die – wie es heißt – nicht über ihre Nasenspitze hinaussehen können.

jmdm. etwas an der Nase[nspitze] ansehen: ↑ Nase.

nass: jmdn. nass machen (ugs.): 1. *jmdn. [beim Fußball o. Ä.] ausspielen:* Der Linksaußen hat seine Gegenspieler reihenweise nass gemacht. 2. *jmdn. hoch besiegen:* Niemand hätte gedacht, dass der Aufsteiger den Titelverteidiger mit 5:0 nass machen würde.

sich nicht nass machen (ugs.): *sich nicht unnötig erregen, nicht zimperlich sein:* Mach dich nicht nass, nur weil wir zwei Stangen Zigaretten geschmuggelt haben!

auf nass einsteigen wollen (ugs.): *darauf rechnen, dass man freigehalten wird:* Wer bei diesen Leuten auf nass einsteigen will, der hat sich ganz schön verrechnet, da ist bei denen nichts drin.

▶ Schon im Frühneuhochdeutschen hatte das Wort »nass« die Nebenbedeutung von »liederlich, ohne Geld«. Die Entstehung dieser Bedeutung ist nicht geklärt; möglicherweise geht sie darauf zurück, dass ein armer Mensch, der sich kein Dach über dem Kopf leisten kann, leicht durch Regen nass werden kann.

für nass (ugs.; landsch.): *umsonst, ohne Eintrittsgeld zu bezahlen:* Er kannte den Kassierer vom »Olympia« und konnte manchmal für nass in die Vorstellung. Vgl. die vorangehende Wendung.

wie ein nasser Sack (ugs.): *ohne Haltung, schlaff, erschöpft:* Jetzt liegst du da wie ein nasser Sack, aber vorhin konntest du nicht genug bekommen.

ein nasses Grab finden: ↑ Grab. **noch nass hinter den Ohren sein:** ↑ Ohr. **stinken wie ein nasser Fuchs:** ↑ stinken. **einen nassen Tod finden:** ↑ Tod.

Natter: eine Natter/Schlange am Busen nähren: ↑ Schlange.

Natur: jmdm. gegen/wider die Natur gehen: *jmdm. widerstreben:* Sie ließ sich auch durch Geld nicht dazu bewegen, etwas zu tun, was ihr gegen die Natur ging. Du hast einen Blick fürs Potenzielle. Wenn es mir nicht gegen die Natur ... ginge, würde ich sagen: Du hast einen Zukunftsfühler (Kant, Impressum 279).

in der Natur der Sache liegen: *sich aus dem Wesen, der Beschaffenheit einer Sache erklären:* Kleinere Reibereien liegen in der Natur der Sache, wenn so verschiedene Charaktere in einer Gruppe zusammenarbeiten. ... und eine völlige Trennung von Jagd- und Forstdienst ist aus in der Natur der Sache liegenden Gründen auch heute nur selten vollzogen (Mantel, Wald 114).

jmdm. zur zweiten Natur werden: *für jmdn. eine ganz selbstverständliche Gewohnheit werden:* Im Laufe der Jahre ist dem Finanzbeamten das Überprüfen von Zahlen zur zweiten Natur geworden. Denn der Schüchternheit, die ihr zur zweiten Natur geworden war, sich entäußernd, stieß da Antonie ein kurzes Lachen hervor ... (A. Kolb, Daphne 93).

▶ Schon bei mehreren Autoren der Antike finden sich Formulierungen wie »Gewohnheit ist dem Menschen eine zweite Natur«. Hierauf geht die vorliegende Wendung zurück.

am Busen der Natur: ↑ Busen.

Nebel: wegen Nebel[s] ausfallen (ugs.): *nicht stattfinden:* Die Schüler konnten nach Hause gehen, die Mathearbeit fiel aus wegen Nebels!

▶ Die Wendung bezog sich ursprünglich auf Ausflüge, Reisen, Veranstaltungen, die bei Nebel abgesagt wurden. Heute steht »Nebel« hier allgemein für einen nicht näher genannten Grund, aus dem etwas nicht stattfindet.

bei Nacht und Nebel ↑ Nacht.

necken: was sich liebt, das neckt sich: ↑ lieben.

nehmen: woher nehmen und nicht stehlen?: *ich weiß nicht, wo man das jetzt hernehmen könnte.*

sich etwas nicht nehmen lassen: *etwas unbedingt [selbst] tun wollen:* Er ließ es sich nicht nehmen, die Pferde selbst zu versorgen. Wäre ich ein freier Mann, ich ließe mich nicht nehmen, nach Marokko zurückzureisen (K. Mann, Wendepunkt 410). ... sie ließ es sich nicht nehmen, ihm jeden Morgen das Frühstück zu bereiten (Becker, Tage 48).

es nicht so genau nehmen: *nicht sorgfältig sein:* Ihre Kolleginnen wissen, dass Sie es mit der Hausordnung nicht so genau nehmen. Er nimmt es eben nicht so genau, er ist ein bisschen schlampig.

wie mans nimmt (ugs.): *man kann diese Angelegenheit so oder so ansehen:* Mit dem Auto hast du einen guten Kauf gemacht, oder? – Wie mans nimmt, der Vergaser hat seine Mucken. Sie fasste meine Lenkstange und sagte: Mein Mann hat mich rausgeschmissen. Streit gehabt? Ach, wie mans nimmt (Grün, Irrlicht 5). »Schweinerei?«, frage ich alarmiert, ... »Finden Sie das etwa nicht?« ... »Wie man es nimmt«, sage ich diplomatisch. (Remarque, Obelisk 126).

das Abendmahl auf etwas nehmen: ↑ Abendmahl. **Abschied nehmen:** ↑ Abschied. **von etwas Abstand nehmen:** ↑ Abstand. **etwas auf die leichte Achsel/Schulter nehmen:** ↑ Achsel. **sich in Acht nehmen:** ↑ ²Acht. **etwas in Acht nehmen:** ↑ ²Acht. **seinen Anfang nehmen:** ↑ Anfang. **etwas in Angriff nehmen:** ↑ Angriff.

einen [neuen] Anlauf nehmen: ↑Anlauf. jmdn., etwas in Anspruch nehmen: ↑Anspruch. [keinen] Anstand an etwas nehmen: ↑Anstand. an etwas Anstoß nehmen: ↑Anstoß. an etwas Anteil nehmen: ↑Anteil. etwas in Arbeit nehmen: ↑Arbeit. jmdn. auf den Arm nehmen: ↑Arm. Aufenthalt nehmen: ↑Aufenthalt. einen Aufschwung nehmen: ↑Aufschwung. Aufstellung nehmen: ↑Aufstellung. ein Auge/ein paar Augen voll Schlaf nehmen: ↑Auge. jmdn., etwas in Augenschein nehmen: ↑Augenschein. von etwas seinen Ausgang nehmen: ↑Ausgang. jmdn., etwas für etwas in Aussicht nehmen: ↑Aussicht. auf etwas Bedacht nehmen: ↑Bedacht. die Beine in die Hand/unter den Arm nehmen: ↑Bein. sich ein Beispiel [an jmdm., an etwas] nehmen: ↑Beispiel. etwas in Benutzung nehmen: ↑Benutzung. jmdn., etwas in Beschlag nehmen: ↑Beschlag. jmdn., etwas unter Beschuss nehmen: ↑Beschuss. etwas in Besitz nehmen: ↑Besitz. von etwas Besitz nehmen: ↑Besitz. in Betrieb nehmen: ↑Betrieb. auf etwas Bezug nehmen: ↑Bezug. kein Blatt vor den Mund nehmen: ↑Blatt. [sich] jmdn., etwas zur Brust nehmen: ↑Brust. sich nicht die Butter vom Brot nehmen lassen: ↑Butter. einen auf den Diensteid nehmen: ↑Diensteid. etwas in Empfang nehmen: ↑Empfang. jmdn. in Empfang nehmen: ↑Empfang. ein/kein Ende nehmen: ↑Ende. ein böses/kein gutes Ende nehmen: ↑Ende. wenn man jmdm. den kleinen Finger gibt, nimmt er gleich die ganze Hand: ↑Finger. jmdn. unter seine Fittiche nehmen: ↑Fittich. seinen Fortgang nehmen: ↑Fortgang. jmdn. zur Frau nehmen: ↑Frau. sich die Freiheit nehmen: ↑Freiheit. geben ist seliger als/denn nehmen: ↑geben. jmdn. ins Gebet nehmen: ↑Gebet. etwas in Gebrauch nehmen: ↑Gebrauch. die Gelegenheit beim Schopfe nehmen: ↑Gelegenheit. jmdn. in Gewahrsam nehmen: ↑Gewahrsam. darauf kannst du Gift nehmen: ↑Gift. etwas mit ins Grab nehmen: ↑Grab. als der Großvater die Großmutter nahm: ↑Großvater. im Grunde genommen: ↑Grund. in Haft nehmen: ↑Haft. jmdn., etwas auf den Haken nehmen: ↑Haken. jmdn. an/bei den Hammelbeinen nehmen: ↑Hammelbeine. jmdn. etwas aus der Hand

nehmen: ↑Hand. etwas in die/in seine Hand nehmen: ↑Hand. hart im Nehmen sein: ↑hart. jmdn. das Heft aus der Hand nehmen: ↑Heft. das Heft in die Hand nehmen: ↑Heft. sich etwas zu Herzen nehmen: ↑Herz. ein Herz in die Hand nehmen: ↑Herz. jmdn. auf die Hörner nehmen: ↑Horn. kein Hund nimmt von jmdm. ein Stück Brot mehr: ↑Hund. eine Hürde nehmen: ↑Hürde. seinen Hut nehmen müssen: ↑¹Hut. jmdn. an die Kandare nehmen: ↑Kandare. jmdn. am/beim Kanthaken nehmen: ↑Kanthaken. etwas auf seine [eigene] Kappe nehmen: ↑Kappe. etwas in Kauf nehmen: ↑Kauf. etwas zur Kenntnis nehmen: ↑Kenntnis. jmdn., etwas aufs Korn nehmen: ↑Korn. jmdn. beim Kragen nehmen: ↑Kragen. den Krebsgang nehmen: ↑Krebsgang. jmdn. in die Kur nehmen: ↑Kur. jmdn., etwas mit Kusshand nehmen: ↑Kusshand. seinen Lauf nehmen: ↑¹Lauf. man muss das Leben eben nehmen, wie das Leben eben ist: ↑Leben. sich das Leben nehmen: ↑Leben. es von den Lebenden/Lebendigen nehmen: ↑lebend. jmdn. in Lohn und Brot nehmen: ↑Lohn. jmdn., etwas [scharf] unter die Lupe nehmen: ↑Lupe. jmdn. in die Mache nehmen: ↑Mache. jmdn. in die Mangel nehmen: ↑²Mangel. jmdn. zum Mann[e] nehmen: ↑Mann. jmdn. Maß nehmen: ↑Maß. jmdn. unters Messer nehmen: ↑Messer. den Mund voll nehmen: ↑Mund. etwas nicht in den Mund nehmen: ↑Mund. etwas für bare Münze nehmen: ↑Münze. Notiz von jmdn., von etwas nehmen: ↑Notiz. jmds. Partei/für jmdn. Partei nehmen: ↑Partei. etwas persönlich nehmen: ↑persönlich. jmdn. in die Pflicht nehmen: ↑Pflicht. Platz nehmen: ↑Platz. etwas zu Protokoll nehmen: ↑Protokoll. Quartier nehmen: ↑Quartier. an jmdm. Rache nehmen: ↑Rache. Reißaus nehmen: ↑Reißaus. [auf jmdn., auf etw.] Rücksicht nehmen: ↑Rücksicht. mit jmdm. Rücksprache nehmen: ↑Rücksprache. [an etwas] Schaden nehmen: ↑Schaden. jmdn. auf die Schippe nehmen: ↑Schippe. jmdn. am/beim Schlafittchen nehmen: ↑Schlafittchen. den Schleier nehmen: ↑Schleier. jmdn., etwas ins Schlepptau nehmen: ↑Schlepptau. etwas auf die leichte Schulter nehmen: ↑Schulter. jmdn. aus der Schusslinie nehmen: ↑ Schusslinie. jmdn. in Schutz nehmen: ↑ Schutz. jmdn. zur Seite nehmen: ↑ Seite. einer Sache die Spitze/den Stachel nehmen: ↑ Spitze. vom Stamme Nimm sein: ↑ Stamm. Stellung nehmen: ↑ Stellung. jmdn. in Strafe nehmen: ↑ Strafe. den Strick nehmen: ↑ Strick. gibt man dem Teufel den kleinen Finger, so nimmt er die ganze Hand: ↑ Teufel. etwas tierisch ernst nehmen: ↑ tierisch. jmdm. die Trümpfe aus der Hand nehmen: ↑ Trumpf. jmdn. ins Verhör nehmen: ↑ Verhör. einen guten/schlechten Verlauf nehmen: ↑ Verlauf. etwas in Verwahrung nehmen: ↑ Verwahrung. jmdn. nicht für voll nehmen: ↑ voll. den Weg zwischen die Beine nehmen: ↑ Weg. jmdn. beim/am Wickel nehmen: ↑ Wickel. den guten Willen für die Tat nehmen: ↑ Wille. jmdm. den Wind aus den Segeln nehmen: ↑ Wind. jmdn. beim Wort nehmen: ↑ Wort. das Wort nehmen: ↑ Wort. jmdm. das Wort aus dem Mund[e]/von der Zunge nehmen: ↑ Wort. etwas in Zahlung nehmen: ↑ Zahlung. jmdn. in die Zange nehmen: ↑ Zange. Zeit nehmen müssen: ↑ Zeit. sich Zeit für jmdn. nehmen: ↑ Zeit. sich Zeit [für etwas] nehmen: ↑ Zeit. wer nicht kommt zur rechten Zeit, der muss nehmen, was übrig bleibt: ↑ Zeit. seine Zuflucht zu etwas nehmen: ↑ Zuflucht.

Neid: [das ist] der Neid der Besitzlosen (ugs.): *neidisch sind nur die, die selbst nichts haben:* Unser Freund lacht nur, wenn ihm solche Kritik zu Ohren kommt, und er meint, da zeige sich der Neid der Besitzlosen (Hörzu 14, 1977, 139).

das muss jmdm. der Neid lassen (ugs.): *das muss man anerkennen:* Er spielt gut Klavier, das muss ihm der Neid lassen. Und nett sah sie aus, das musste ihr der Neid lassen (Marchwitza, Kumiaks 96).

Neige: auf die/zur Neige gehen (geh.): *bald aufgebraucht sein, zu Ende gehen:* Das Schmalz ging allmählich auch zur Neige, und Butter war schon lange nicht mehr zu bekommen. Die Kohlevorräte waren längst auf die Neige gegangen. Der Nachmittag ging zur Neige, und die Tiere kamen aus ihren Schlupfwinkeln (Kessel, Patricia 100).

bis zur Neige (geh.): *bis zum Ende:* Die Sieger kosteten ihren Triumph bis zur

Neige aus. Den Nationalismus schließlich, der gerade in Deutschland ... seine extreme Ausprägung erreichte, haben wir bis zur bitteren Neige kennen gelernt (Mehnert, Sowjetmensch 347).

den [bitteren] Kelch bis zur Neige leeren [müssen]: ↑ Kelch.

nein: nicht Nein sagen können: *zu gutmütig sein:* Opa kann einfach nicht Nein sagen, jetzt hat er schon wieder zwei Katzen zur Pflege übernommen.

da sage ich nicht Nein: ↑ sagen. **nein so was/etwas!:** ↑ so.

nennen: jmdn., etwas sein Eigen nennen: ↑ eigen. der Esel nennt sich zuerst: ↑ Esel. wenn man den Esel nennt [so kommt er gerennt]: ↑ Esel. das Kind beim [rechten/richtigen] Namen nennen: ↑ Kind. Ross und Reiter nennen: ↑ Ross.

Nenner: etwas auf einen [gemeinsamen] Nenner bringen: *etwas in Übereinstimmung bringen:* Es war schwer, die verschiedenen Interessen auf einen Nenner zu bringen. ... denn da kam ihr vor, dass jeder etwas anderes sage, ohne dass sie imstande sei, es auf einen gemeinsamen Nenner zu bringen. (Musil, Mann 298).

Neptun: Neptun opfern (scherzh.): *sich [wegen Seekrankheit] übergeben:* Die See wurde rauer, und bald begannen die ersten Passagiere, Neptun zu opfern.

▶ Neptun ist der römische Gott des Meeres. Die Wendung nimmt darauf Bezug, dass sich Menschen, die seekrank sind, über die Reling beugen und ins Meer übergeben.

Nerv: [mit] jmdm. gehen die Nerven durch (ugs.): *jmd. verliert die Beherrschung:* Bei diesen Worten gingen dem Angeklagten die Nerven durch, er sprang auf und stürzte sich auf den Staatsanwalt.

keine Nerven haben/kennen: *sich durch nichts nervös machen lassen:* Ein guter Feuerwehrmann kennt keine Nerven. Wer auf dem Hochseil arbeiten will, darf keine Nerven haben.

die Nerven behalten: *ruhig und besonnen bleiben:* Wenn der Polizist nicht die Nerven behalten hätte, wäre eine Panik ausgebrochen. Klasse, wie Six ... die Nerven behielt und im zweiten Anlauf das 3:2 schoss (Kicker 6, 1982, 37).

jmd. hat vielleicht Nerven (ugs.): *jmd. ist unverschämt, rücksichtslos:* Der hat Nerven – stellt sich einfach auf unseren Parkplatz! Geld soll ich dir leihen? Du hast vielleicht Nerven, du hast doch deine Schulden vom letzten Jahr noch nicht bezahlt.

den Nerv haben, etwas zu tun (ugs.): *den Mut, die Frechheit haben, etwas zu tun:* Der betrunkene Autofahrer hatte noch den Nerv, jede Schuld an dem Unfall abzustreiten. ... der Mann hatte den Nerv, ja die Unverfrorenheit, uns ... zu sagen, dass das Geld ... praktisch verschwendet worden wäre (Kemelman [Übers.], Dienstag 13).

Nerven wie Drahtseile/wie Stricke haben (ugs.): *sehr gute Nerven haben, äußerst kaltblütig sein:* Die Männer von der Bergwacht hatten Nerven wie Drahtseile, sie schafften den Abstieg mit beiden Verletzten.

Nerven zeigen (ugs.): *nervös werden:* Der Stürmer zeigte Nerven und schoss weit am leeren Tor vorbei.

einen sonnigen Nerv haben (ugs.): *naiv und dumm sein:* Du hast einen sonnigen Nerv, wie sollen wir denn mit 2 Mark 50 bis nach München kommen?

jmdm. den [letzten] Nerv rauben/töten (ugs.): *jmdn. sehr belästigen, nervös machen:* Die Kinder rauben mir langsam den letzten Nerv! Draußen schien die Sonne, und im stickigen Klassenzimmer tötete der Pauker den Schülern den Nerv mit seinen Gedichtinterpretationen.

die Nerven verlieren: *die Ruhe, die Beherrschung verlieren:* Einige Passagiere verloren die Nerven, als das Schiff zu kentern drohte. Der jüngere der beiden Gangster verlor die Nerven und schoss auf die Polizisten.

jmdm. an die Nerven gehen (ugs.): *jmdn. sehr nahe gehen:* Die Nachricht von dem Grubenunglück ging uns doch allen an die Nerven.

jmdm. auf die Nerven fallen/gehen (ugs.): *jmdm. lästig werden:* Der Hund ging den Nachbarn mit seinem Gejaule ganz schön auf die Nerven. Du fällst mir auf die Nerven mit deinen dauernden Extrawünschen! Ihr Mutterwitz ... geht empfindlicheren Mitarbeitern schon mal auf die Nerven (Spiegel 49, 1975, 41).

mit den Nerven herunter sein (ugs.): *nervlich zerrüttet sein:* Ein Arzt, der

selbst so mit den Nerven herunter ist, sollte dringend Urlaub machen.

Nervus Rerum (bildungsspr.): 1. *die Triebfeder, das Entscheidende:* Sprechen wir doch einmal über die wirtschaftlichen Interessen des Konzerns, hier scheint mir nämlich der Nervus Rerum unseres Problems zu liegen! 2. *das Geld [als angestrebtes Ziel]:* Das Ganze nennt sich Wohltätigkeitsveranstaltung, aber im Grunde geht es diesen Leuten nur um den Nervus Rerum.

▸ Die lateinische Wendung bedeutet wörtlich übersetzt: »Nerv der (aller) Dinge«.

Nessel: sich [mit etwas] in die Nesseln setzen (ugs.): *sich [mit etwas] Unannehmlichkeiten bereiten:* Mit dem offenen Brief an den Parteivorsitzenden hatte der Abgeordnete sich ganz schön in die Nesseln gesetzt. Übertreiben Sie also nicht die Freude an der Arbeit, man kann sich nämlich auch seinen Kollegen gegenüber dabei in die Nesseln setzen (Dein Schicksalsweg 9, 1975, 25).

Nest: das eigene/sein eigenes Nest beschmutzen: *schlecht über die eigene Familie, das eigene Land o. Ä. sprechen:* Wie oft, wenn wir Hitlers Untaten ... anprangern, bekommen wir Briefe, die anklagend fragen, warum wir denn ›das eigene Nest beschmutzen‹ – als hätten nicht die Nazis das eigene Nest beschmutzt, sondern die, die heute daran erinnern! (Dönhoff, Ära 60 f.)

sich ins warme/gemachte Nest setzen (ugs.): 1. *in gute Verhältnisse einheiraten:* Der Dorfschulmeister hatte sich durch die Heirat mit einer Gutsherrentochter ins gemachte Nest gesetzt. 2. *von den Vorarbeiten anderer profitieren:* Er hatte die Materialverwaltung völlig neu organisiert; sein Nachfolger brauchte sich nur ins gemachte Nest zu setzen.

jmdm. ein Kuckucksei ins Nest legen: ↑ Kuckucksei.

nett: das kann ja nett werden! (ugs.; iron.): *das gibt sicher Ärger, Unannehmlichkeiten:* Das kann ja nett werden – jetzt habe ich auch noch meine Schwiegereltern im Haus!

Netz: sich im eigenen Netz/in den eigenen Netzen verstricken: *sich durch seine üblen Machenschaften, durch Lügen o. Ä.*

selbst in eine ausweglose Lage bringen:
Als er erkannte, dass er sich hoffnungslos in den eigenen Netzen verstrickt hatte, versuchte er sich das Leben zu nehmen.

▶ Diese und die folgende Redewendung
beziehen sich ursprünglich auf die Jagd
mit Netzen.

jmdm. ins Netz gehen (ugs.): 1. *von
jmdm. überlistet werden:* Besonders alte,
allein stehende Frauen sind dem Betrüger häufig ins Netz gegangen. 2. *von
jmdm. ertappt, überführt, gefangen werden:* Bei der Kontrolle sind der Polizei
zwölf Alkoholsünder ins Netz gegangen.
Allerdings war sie die einzige weibliche
Attentäterin, die uns ins Netz gegangen
war (Cotton, Silver-Jet 15).
Vgl. die vorangehende Wendung.

ohne Netz und doppelten Boden (ugs.):
ohne Absicherung: Das Management
agierte ohne Netz und doppelten Boden,
aber das Risiko schien sich auszuzahlen.

▶ Diese Fügung geht auf die Welt des
Zirkus und des Varietees zurück.

**Netzhemd: sich etwas unters Netzhemd
jubeln** (ugs.; landsch.): *etwas zu sich nehmen:* Jetzt wollen wir uns erst mal eine
Bockwurst und ein Bier unters Netzhemd jubeln!

neu: aufs Neue: *erneut, wieder:* Sie erhoben immer aufs Neue ihre Stimme gegen
die Benachteiligung von Minderheiten.
... einmal setzt er ab und legt dann aufs
Neue an; endlich kracht der Schuss (Remarque, Westen 197). Erst 1923 konnte
die 1914 zerfallene 2. Internationale neu
gegründet werden, um sich aber im
Zweiten Weltkrieg aufs Neue aufzulösen
(Frankel, Staat 307).

auf ein Neues: *noch einmal von vorn:*
Kleine Rückschläge sollten euch nicht
entmutigen, Kameraden – los gehts, auf
ein Neues! Also dann auf ein Neues –
diesmal haben wir sicher mehr Glück!

von neuem: *nochmals, wieder:* Das alte
Gefühl von Trauer und Verlassenheit ...
überkam ihn von neuem (Jens, Mann
62). Denn soviel steht fest: Auch wir
müssen wie jene in Washington alles von
neuem überdenken und prüfen (Dönhoff, Ära 75).

aus Alt mach Neu: ↑ alt. **neue Besen kehren gut:** ↑ Besen. **ein neuer Mensch wer-**

den: ↑ Mensch. **neue Nahrung bekom-
men/finden:** ↑ Nahrung. **guten Rutsch ins
neue Jahr:** ↑ Rutsch. **der neueste Schrei:**
↑ Schrei. **zu neuen Ufern:** ↑ Ufer. **neue
Wege gehen:** ↑ Weg. **die Neue Welt:**
↑ Welt.

neugeboren: sich fühlen wie neugeboren:
↑ fühlen. **unschuldig wie ein neugeborenes
Kind:** ↑ unschuldig.

Neujahr: pros[i]t Neujahr!: ↑ pros[i]t.

neun: [ach] du grüne Neune!: *Ausruf der
Überraschung, des Erschreckens:* Ach,
du grüne Neune – sieh dir mal an, was
mit unseren Erdbeeren passiert ist! Die
Österreicher und die Bayern, das seien
keine richtigen Deutschen ... Die sprä-
chen ja auch ganz anders. »Ach du grüne
Neune«, sagte mein Bruder, »das ist
doch bloß Dialekt!« (Kempowski, Tadellöser 257).

▶ Dieser Ausdruck geht möglicherweise
auf das Tanzlokal »Conventgarten« zurück, das im 19. Jh. in Berlin, Blumenstr.
9, Haupteingang »Am Grünen Weg«,
existierte und im Volksmund »die grüne
Neune« hieß. Da das Tanzlokal rasch an
Niveau einbüßte, lässt sich »ach, du grüne Neune« im Sinne von »um Himmels
willen« verstehen.

verrückt und fünf ist neune: ↑ verrückt.

**neunundneunzig: auf neunundneunzig
sein** (ugs.): *äußerst erregt, erbost sein:*
Kaum hatte er das Wort »Gehaltserhöhung« gesagt, war der Alte auf neunundneunzig. Wie soll man mit ihr ernsthaft
diskutieren, wenn sie bei der leisesten
Kritik gleich auf neunundneunzig ist!

▶ Bei hundert Grad Celsius fängt Wasser an zu kochen. Wer »auf neunundneunzig« ist, ist also kurz vorm »Kochen«. Die Wendung spielt auf den An-
stieg der Körpertemperatur bei starker
Erregung an.

**[der Kandidat hat] neunundneunzig
Punkte:** ↑ hundert.

neuralgisch: ein neuralgischer Punkt:
↑ Punkt.

nicht: nicht mehr/nicht wieder aufstehen:
↑ aufstehen. **nicht aus noch ein wissen:**
↑ aus. **nicht ganz beieinander sein:** ↑ beieinander. **nicht recht beieinander sein:**
↑ beieinander. **nicht die Bohne:** ↑ Bohne.
nicht einen Deut: ↑ Deut. **nicht entfernt:**
↑ entfernt. **nicht im Entferntesten:** ↑ ent-

fernt. **nicht faul:** ↑faul. **nicht im Geringsten:** ↑gering. **nicht das Geringste:** ↑gering. **vor jmdm., etwas nicht Halt machen:** ↑Halt machen. **nicht ganz hasenrein:** ↑hasenrein. **jmdm. nicht in den Kopf [hinein]gehen/wollen:** ↑Kopf. **nicht ganz richtig im Kopf sein:** ↑Kopf. **nicht auf den Kopf gefallen sein:** ↑Kopf. **etwas im Kopf nicht aushalten:** ↑Kopf. **sich nicht auf den Kopf spucken lassen:** ↑Kopf. **jmdm. nicht aus dem Kopf gehen/wollen:** ↑Kopf. **dass ich nicht lache:** ↑lachen. **im Leben nicht:** ↑Leben. **nicht die Masse sein:** ↑Masse. **nicht im Mindesten:** ↑mindeste. **nicht auf den Mund gefallen sein:** ↑Mund. **nicht [so] ohne sein:** ↑ohne. **nicht jedermanns Sache sein:** ↑Sache. **was du nicht sagst:** ↑sagen. **nicht schlecht, Herr Specht:** ↑schlecht. **nicht so sein:** ↑sein. **nicht die Spur:** ↑Spur. **von etwas stirbt jmd./man nicht gleich:** ↑sterben. **nicht ein Sterbenswort/Sterbenswörtchen:** ↑Sterbenswort. **nicht [gut] bei Stimme sein:** ↑Stimme. ↑streng. **an etwas ist nicht zu tippen:** ↑tippen. **an etwas nicht tippen können:** ↑tippen. **nicht [ganz/recht] bei Trost sein:** ↑Trost. **nicht umsonst:** ↑umsonst. **nicht von ungefähr [kommen]:** ↑ungefähr. **Unkraut vergeht/verdirbt nicht:** ↑Unkraut. **jmdm. nicht unlieb sein:** ↑unlieb. **unrecht Gut gedeiht nicht:** ↑unrecht. **sich nicht unterkriegen lassen:** ↑unterkriegen. **nicht zu verachten sein:** ↑verachten. **jmdm. etwas nicht vergessen:** ↑vergessen. **nicht ums Verrecken:** ↑verrecken. **nicht wahr?:** ↑wahr. **das kann/darf doch nicht wahr sein:** ↑wahr. **schon [gar] nicht mehr wahr sein:** ↑wahr. **etwas nicht wahrhaben wollen:** ↑wahrhaben. **nicht für einen Wald von Affen:** ↑Wald. **nicht wanken und nicht weichen:** ↑wanken. **jmdm. nicht weglaufen:** ↑weglaufen. **nicht weit her sein mit jmdm./etwas:** ↑weit. **nicht weiter; weiter nicht:** ↑weiter. **nicht die Welt sein:** ↑Welt. **nicht von dieser Welt sein:** ↑Welt. **so haben wir nicht gewettet:** ↑wetten. **nicht, dass ich wüsste:** ↑wissen. **nicht zuletzt:** ↑zuletzt.

nichtig: null und nichtig: ↑null

nichts: nichts für jmdn. sein (ugs.): *für jmdn. nicht geeignet sein, nicht zu jmdm. passen:* Dieses feuchtwarme Klima in den Flusstälern ist nichts für mich. Der Kaffee ist nichts für russische Bauern oder für chinesische Kulis (Jacob, Kaffee 269). »Fette und alte Weiber«, sagte er, »das ist nichts für mich.« (Jahnn, Geschichten 115).

nichts für ungut (veraltend): *Entschuldigungsformel:* Tut mir leid, ich habe Sie mit jemandem verwechselt, nichts für ungut, mein Herr!

nichts wie ... (ugs.): *schnell ..., schleunigst ...:* Hinter der Bühne brennt es, nichts wie raus hier! »Ich ging ins Hotel zurück, um meine Sachen zu packen – und dann nichts wie weg«, berichtete später der Flüchtling (Spiegel, 15, 1966, 116). Auf dem Neuen Markt nun stießen die Erdarbeiter ... auf ein fränkisches Gräberfeld. Nach Mittag, Andreas und ich, nichts wie hin (Küpper, Simplicius 39).

nichts da! (ugs.): *daraus wird nichts:* Was heißt hier Kaffeetrinken? Nichts da, jetzt wird erst das Geschirr gespült! Regisseur Lemke stellt die große Show der ›Rocker‹ auf die Beine. Aber Vorurteile abbauen, wie beabsichtigt? Nichts da! (Hörzu, 45, 1973, 75).

aus nichts wird nichts; von nichts kommt nichts: *man muss etwas einsetzen, sich anstrengen, bevor man etwas erreicht:* Sie hat für ihre Karriere auf vieles verzichtet – von nichts kommt nichts.

▶ Diese Redensart stammt aus dem Lehrgedicht »De rerum natura« des römischen Dichters Lukrez. Dort heißt es im Original: »De nihilo nihil.«

für/um/wegen nichts und wieder/(seltener:) **wiederum nichts** (ugs.): *völlig umsonst, vergeblich:* Die Leute haben für nichts und wieder nichts drei Tage lang geschuftet. Fünf Wochen lang habe ich die Auto-Haftpflichtversicherung und die Kraftfahrzeugsteuer für nichts und wieder nichts bezahlt (DM 23, 1967, 63). Der brachte es fertig, einem drei Tage aufzubrummen für beinahe nichts und wieder nichts (H. Kolb, Wilzenbach 6).

vor dem/(selten:) **einem Nichts stehen:** *alles verloren haben:* Nach dem Krieg standen viele vor dem Nichts. Jetzt eines guten Tages das Geschäft kaputt. Wir standen vor einem Nichts (Aberle, Stehkneipen 65).

da spielt sich nichts ab: ↑abspielen. **nach nichts aussehen:** ↑aussehen. **nichts zu beißen [und zu brechen] haben:** ↑beißen.

nichts zu bestellen haben: ↑bestellen.
nichts dafür können: ↑dafür können. **du
kannst wohl nichts dafür:** ↑dafür können.
**vor nichts [und niemandem] Halt ma-
chen:** ↑Halt machen. **wo nichts ist, hat
der Kaiser sein Recht verloren:** ↑Kaiser.
da kennt jmd. [gar] nichts: ↑kennen. **auf
jmdn. nichts kommen lassen:** ↑kommen.
nichts zu lachen haben: ↑lachen. **da/hier
gibt es [gar] nichts zu lachen:** ↑lachen.
viel Lärm um nichts: ↑Lärm. **sich nichts
aus jmdm., aus etwas machen:** ↑machen.
sich nichts daraus machen: ↑machen. **das
macht nichts:** ↑machen. **nichts im Magen
haben:** ↑Magen. **nichts Menschliches ist
jmdm. fremd:** ↑menschlich. **mir nichts,
dir nichts:** ↑mir. **jmdm. an/in etwas nichts
nachgeben:** ↑nachgeben. **null Komma
nichts:** ↑null. **in null Komma nichts:**
↑null. **der Prophet gilt nichts in seinem
Vaterlande:** ↑Prophet. **nichts ist schwerer
zu ertragen als eine Reihe von guten Tagen:** ↑schwer. **es ist nichts so fein gesponnen, es kommt doch ans Licht der Sonnen:** ↑spinnen. **irgendwo nichts zu suchen
haben:** ↑suchen. **etwas tut nichts:** ↑tun.
**mit jmdm., mit etwas nichts zu tun haben
wollen:** ↑tun. **nichts um- und anhaben:**
↑umhaben. **nichts unversucht lassen:**
↑unversucht. **sich nichts vergeben:** ↑ver-
geben. **nichts zu verlieren haben:** ↑verlie-
ren. **irgendwo nichts verloren haben:**
↑verlieren. **von jmdm., von etwas nichts
wissen wollen:** ↑wissen.

**Nichtschen: ein silbernes Nichtschen
und ein goldenes Wart-ein-Weilchen; ein
goldenes Nichtschen in einem silbernen
Büchschen** (fam.): *scherzhafte Antwort
auf neugierige Kinderfragen:* Was ist in
der Schublade? – Ein goldenes Nichtschen in einem silbernen Büchschen.

nie: nie und nimmer: *niemals:* Deine Eltern werden nie und nimmer dulden,
dass du ohne Abitur von der Schule ab-
gehst. Und er las in ihrem Blick die Er-
widerung: Nie und nimmer erkenn ich
das an (Chr. Wolf, Himmel 177). Gewiss
hätte ich, wenn wir beim Pauschalen geblieben wären, nie und nimmer die 9 000
Franken halten können (Th. Mann,
Krull 188).
man soll nie nie sagen: *man soll nichts ka-
tegorisch für alle Zukunft ausschließen:*
In dem Laden kaufe ich nie wieder et-

was! – Man soll nie nie sagen, woanders
kriegst du den Schnaps nicht so billig.
man lernt nie aus: ↑auslernen. **gehe nie
zu deinem Fürst, wenn du nicht gerufen
wirst:** ↑Fürst. **jung gefreit hat nie gereut:**
↑jung. **nie im Leben:** ↑Leben. **besser spät
als nie:** ↑spät. **jmdm. etwas nie vergessen:**
↑vergessen.

nieder: auf und nieder: ↑auf. **hoch und nieder:** ↑hoch.

**niederlassen: sich häuslich niederlas-
sen/(auch:) einrichten** (ugs.): *sich auf
Dauer irgendwo einrichten, länger bleiben:* Wer konnte denn ahnen, dass Mutter sich gleich häuslich bei uns niederlassen würde? In der Hütte am See hatten
sich den Sommer über einige Landfahrer
häuslich eingerichtet.

niederlegen: da legst di' nieder! (ugs.;
landsch.): *das ist unglaublich!:* Da legst
di' nieder – ich hab schon wieder ein
Loch im Strumpf!

niedrig: zu niedrig gegriffen sein: ↑greifen.

**niemand: vor nichts und niemandem Halt
machen:** ↑Halt machen. **ein Küsschen in
Ehren kann niemand verwehren:** ↑Kuss.

Niere: jmdm. an die Nieren gehen (ugs.):
jmdn. sehr bewegen, aufregen, angreifen:
Der plötzliche Tod des jungen Ehepaa-
res ist allen sehr an die Nieren gegangen.
Dieser Film geht auch den abgebrühtes-
ten Zuschauern an die Nieren. Schön, es
ging ihm an die Nieren, es war ein schönes Gedicht (Dorpat, Ellenbogenspiele
76).
▶ Die Nieren galten früher (ähnlich wie
die Leber) als Sitz der Gemütsbewegungen, auch allgemein als Sitz der Lebens-
kraft. Hierauf bezieht sich die vorliegende Wendung.
jmdn. auf Herz und Nieren prüfen: ↑Herz.

niesen: die Flöhe niesen hören: ↑Floh.

Niete: nicht alle Nieten an der Hose haben
(ugs.): *nicht recht bei Verstand sein:* Will
der Kerl mich rechts überholen? Der hat
wohl nicht alle Nieten an der Hose!

**niet- und nagelfest: [alles] was nicht
niet- und nagelfest ist:** *alles bewegliche
Gut; alles, was man wegtragen kann:* Die
Diebe hatten alles mitgenommen, was
nicht niet- und nagelfest war.
▶ Der Ausdruck »niet- und nagelfest«
meint eigentlich »durch Nieten und Nägel befestigt«.

nimmer: nie und nimmer: ↑nie. **nun und nimmer:** ↑nun.

Nimmerleinstag: am/bis zum Sankt-Nimmerleins-Tag: ↑Sankt.

nimmermehr: was Hänschen nicht lernt, lernt Hans nimmermehr: ↑Hans. **nun und nimmermehr:** ↑nun.

Nimmerwiedersehen: auf Nimmerwiedersehen (ugs.): *um nie mehr wiederzukehren, nie wieder aufzutauchen:* Sie hatte sich auf Nimmerwiedersehen davongemacht. Seine Bücher waren auf Nimmerwiedersehen verschwunden. Vielleicht fürchtete er, ich könnte auf Nimmerwiedersehen verschwinden (Genet [Übers.], Tagebuch 214).

nirgends: es steht nirgends geschrieben, [dass] ...: ↑schreiben. **überall und nirgends:** ↑überall.

nobel: nobel geht die Welt zugrunde: ↑Welt.

noblesse oblige (bildungsspr.): *das ist selbstverständlich für jemanden, der auf sich hält:* Du hast dir aber einen eleganten Anzug zugelegt! – Tja, noblesse oblige.

▶ Die Wendung stammt aus dem Französischen und heißt wörtlich übersetzt: »Adel verpflichtet«.

noch: noch und noch; (ugs.; scherzh.:) **noch und nöcher:** *sehr viel[e]:* Am Waldrand gibts Pilze noch und nöcher. Meine Kopfschmerzen sind seit Tagen unerträglich. Ich schlucke Tabletten noch und noch (Grün, Irrlicht 11). Es setzte Prügel noch und nöcher ... (Spiegel 50, 1979, 90). **[und] noch 'n Gedicht:** ↑Gedicht. **noch zu haben sein:** ↑haben. **noch ist Polen nicht verloren:** ↑Polen. **das wäre ja noch schöner:** ↑schön. **sonst noch was:** ↑sonst. **wir sprechen uns noch:** ↑sprechen. **noch ist nicht aller Tage Abend:** ↑Tag.

nolens volens (bildungsspr.): *ob man will oder nicht:* Schließlich musste auch der Abteilungsleiter nolens volens auf seinen Dienstwagen verzichten. In bestimmten Bereichen und Zusammenhängen ist einem »Regierenden« nolens volens das Private verwehrt (Welt 8. 10. 1966, 7). Wer den grauen Soldatenalltag kennt, wird nolens volens zugeben müssen, dass der Inspekteur des Heeres ... so unrecht nicht hat (Spiegel 4, 1970, 7).

▶ Die lateinische Fügung heißt wörtlich übersetzt: »nicht wollend wollend«. Ihre Herkunft ist nicht genau geklärt. Vergleichbare Ausdrücke finden sich in mehreren Werken der klassischen lateinischen Literatur, z. B. »velim nolim« (= ich mag wollen, ich mag nicht wollen) bei Cicero in seiner Schrift »De natura deorum«.

nomen est omen (bildungsspr.): *die Bezeichnung, der Name deutet auf den Charakter, die Beschaffenheit von jmdm., von etwas hin:* Unser Lehrer hieß Herr Sanft, und – nomen est omen – er konnte wirklich nicht streng sein. Was meinst du wohl, warum du Jesus heißt, du Komiker ... nomen est omen, sagt Blacky (Degener, Heimsuchung 103).

▶ In der Form »nomen atque omen« (= Name und zugleich Vorbedeutung) findet sich die heute meist mit »est« zitierte Wendung (= der Name ist die Vorbedeutung) bei dem lateinischen Autor Titus Maccius Plautus.

Normalverbraucher: Otto Normalverbraucher: ↑Otto.

Not: Not tun (geh.): *nötig, erforderlich sein:* Eine rasche Entscheidung tut Not, wir können nicht länger warten. Sie schrien im Chor: Kindergärten tun Not (v. d. Grün, Glatteis 157). ... ein kleines bisschen Lebenskunst, mein liebes Fräulein, auch Ihnen würde sie Not tun (Wolf, Nachdenken 104).

Not macht erfinderisch: *unter Zwang, in einer Notlage findet man manchen Ausweg, manche Lösung:* Gut, dass uns die Sache mit dem alten Wohnwagen eingefallen ist – Not macht erfinderisch.

wenn Not am Mann ist (ugs.): *im Notfall:* Wenn Not am Mann ist, müssen alle mit anpacken. ... wenn Not am Mann ist, dann wählt man seine Worte doch nicht so fein (Hausmann, Abel 105). ... dann hab ich immer Urlaubsvertretung gemacht ... na ja, wenn mal Not am Mann ist, mach ich das eben (Aberle, Stehkneipen 31).

▶ Ursprünglich bedeutet diese Wendung »wenn die Not[wendigkeit zum Kampf] für einen Mann besteht, wenn der Mann zum Kampf genötigt wird«. Später wurde die Fügung allgemein auf Notfälle angewendet.

Not kennt kein Gebot: *im Notfall haben die sonst üblichen Normen keine Gültigkeit.*

seine liebe [Müh und] Not mit jmdm., mit etwas haben (ugs.): *große Schwierigkeiten mit jmdm., mit etwas haben:* Die Rentnerin hatte ihre liebe Not, bis alle Formalitäten erledigt waren. ... ich hatte meine liebe Not mit ihr, vor allem damit, ihren Ruf zu schützen (Th. Mann, Krull 244).

mit etwas hat es keine Not: *etwas eilt nicht, ist nicht dringend:* Mit dem Artikel hatte es keine Not, er sollte erst in der Wochenendausgabe erscheinen.

der Not gehorchend [nicht dem eigenen Triebe]: *gezwungenermaßen, ungern:* Der Not gehorchend, haben wir an der Grenze noch einmal 100 Mark umgetauscht. Der Regisseur wollte, der Not gehorchend, die Rolle des erkrankten Schauspielers selbst übernehmen.
▶ Diese Wendung ist ein Zitat aus dem Anfangsvers von Schillers »Braut von Messina«.

aus der Not eine Tugend machen: *einer unangenehmen Sache noch etwas Gutes abgewinnen:* Der Clown machte aus der Not eine Tugend und baute sein Gipsbein in seine Nummer ein. Der Großvater dieses Jungen hatte offensichtlich aus der Not eine Tugend gemacht und überall seinen Stolz über seine vier Söhne hinausposaunt (Ruthe, Partnerwahl 110).

in Not und Tod zusammenstehen (veraltet): *auch in der größten Gefahr und Not zusammenhalten:* Die Freunde schworen feierlich, in Not und Tod zusammenzustehen.

in der Not frisst der Teufel Fliegen: *wenn einem nichts anderes übrig bleibt, muss man auch mit wenig auskommen, sich bescheiden:* Finanziell gesehen war das Angebot lächerlich, aber in der Not frisst der Teufel Fliegen – ich habe unterschrieben.

mit genauer/knapper Not: *gerade noch:* Mit knapper Not erreichten sie die letzte Straßenbahn. Durch einen Sprung aus dem Küchenfenster konnte er dem eifersüchtigen Ehemann mit genauer Not entwischen. Ehe drei Jahre um sind, ... hat die Mutter sich ... erhängt, hat die jüngere Tochter ihren jungen Gatten verloren, ist der Vater mit knapper Not dem

Todesurteil entronnen (Sieburg, Robespierre 49).

ohne Not: 1. *ohne Schwierigkeiten:* Die Fluggesellschaft kann ohne Not auch größere Charteraufträge übernehmen. 2. *ohne zwingenden Grund:* Sie sollte ohne Not ihre Berufsausbildung nicht vorzeitig abbrechen. Niemand nimmt sich ohne Not das Leben (Remarque, Obelisk 60). Ich weiß genau, dass ohne Not mein Gipsverband nicht geöffnet wird (Remarque, Westen 176).

zur Not: *wenn es gar nicht anders geht:* Auf das Fernsehen könnte man zur Not auch einmal verzichten. Ich nahm mir vor, Anschluss an eine Untergrundbewegung zu suchen, zur Not meine eigene aufzumachen (Küpper, Simplicius 178).

Freunde in der Not gehen tausend/hundert auf ein Lot: ↑ Freund. **da ist Holland in Not/in Nöten:** ↑ Holland. **mit knapper Müh[e] und Not:** ↑ Mühe. **spare in der Zeit, so hast du in der Not:** ↑ sparen.

Notbremse: die Notbremse ziehen (Sport Jargon): *ein Foul [kurz vor dem eigenen Tor] begehen, nachdem man bereits überspielt worden ist:* Nachdem der gegnerische Linksaußen ihn zweimal ausgetrickst hatte, zog der Nationalverteidiger die Notbremse.

Notdurft: seine Notdurft verrichten (geh.): *Darm [und Blase] entleeren:* Meine Notdurft muss ich in eine Pfanne verrichten, die mir eine Krankenschwester unterschiebt (Kinski, Erdbeermund 333). Doch erst als zwei Gammler ... im Kirchenvorraum ihre Notdurft verrichteten, schritt der kirchliche Hausherr ein (Spiegel 13, 1966, 113).

Note: jmdn. nach Noten verprügeln (ugs.): *jmdn. tüchtig verprügeln:* Er selbst hatte den Streit angefangen und war nach Noten verprügelt worden.

wie nach Noten gehen: ↑ gehen.

nötig: jmd. hat es gerade nötig (ugs.): *jmdm. steht es nicht an:* Du hast es gerade nötig, über die anderen Autofahrer zu schimpfen, du fährst auch nicht gerade rücksichtsvoll!

etwas nötig haben wie das liebe Brot (veraltet): *etwas sehr nötig haben:* Die Firma hat die Aufträge nötig wie das liebe Brot.

die nötige Bettschwere haben: ↑ Bettschwere.

Notiz: Notiz von jmdm., von etwas nehmen: *jmdn., etwas bemerken; jmdm., einer Sache Aufmerksamkeit schenken:* Niemand nahm Notiz von dem kleinen Jungen mit der Sammelbüchse. Von den politischen Vorgängen habe er kaum Notiz genommen (Niekisch, Leben 55). Nachmittags hat man stundenlang Schallplatten gehört, ... Jazzmusik, aber der Musiklehrer nahm keine Notiz davon (Kempowski, Immer 200).

notwendig: ein notwendiges Übel: *etwas Unangenehmes, was sich nicht vermeiden lässt:* Die meisten sahen die verschärften Kontrollen als ein notwendiges Übel an und reagierten mit Gelassenheit und Verständnis. Über der Bürgerbevölkerung, deren Vorhandensein ein notwendiges Übel darstellt, lagert ebenso unvermeidlich die Ortsverwaltung (A. Zweig, Grischa 122).

Nu: im Nu: *ganz schnell:* Im Nu waren alle Brötchen aufgegessen. Eine dunkle, verwilderte Allee, erstaunlich kurz übrigens: unser Kriegswagen legte sie im Nu zurück! (K. Mann, Wendepunkt 431).

nüchtern: und das auf/das ist zu viel auf nüchternen Magen: ↑ Magen.

Nücke: seine Nücken und Tücken haben (nordd.): *nicht richtig funktionieren:* Der Schreibautomat hat noch immer seine Nücken und Tücken, nur selten klappt alles nach Wunsch.

null: null und nichtig: *ungültig:* Das Gericht erklärte den Vertrag für null und nichtig. Die Abmachungen sind null und nichtig, solange nicht alle Beteiligten zugestimmt haben. Derselbe Zug hatte sie hergebracht, mit dem Hans Castorp vor Jahren, die ... erlebnisreich und dennoch null und nichtig gewesen waren, hier oben eingetroffen war (Th. Mann, Zauberberg 694).

gleich null sein: *so gut wie nicht vorhanden sein:* Unsere Bestände an Fleischkonserven sind gleich null. Ansonsten ist mein Interesse gleich null! (Kirst, 08/15, 473). Schnelligkeit hat keinen Sinn, sie ermüdet die Beinmuskulatur zu sehr, der Erfolg ist gleich null (Eidenschink, Fels 34).

null Komma nichts (ugs.): *gar nichts:* Seine Frau hatte auf der Behörde null Komma nichts erreicht.

in null Komma nichts (ugs.): *in sehr kurzer Zeit, sehr schnell:* In null Komma nichts waren sämtliche Zeitungen verkauft. Er hatte in null Komma nichts die Betten gemacht und die Küche aufgeräumt.

eins zu null für jmdn.: ↑ eins. **die Augen auf null gestellt haben:** ↑ Auge. **Nummer null:** ↑ Nummer. **die Stunde null:** ↑ Stunde.

Nullpunkt: den Nullpunkt erreichen; auf dem Nullpunkt ankommen (ugs.): *ganz negativ werden, einen absoluten Tiefpunkt erreichen:* Die Stimmung in der Abteilung hatte mittlerweile den Nullpunkt erreicht. Das ganze Unternehmen ist jetzt auf einem Nullpunkt angekommen, mehrere Teilnehmer haben bereits aufgegeben.

num: rum wie num sein: ↑ rum.

Nummer: ... Nummer eins (ugs.): *der/die/das wichtigste, bedeutendste ...:* Zu jener Zeit war der Parteivorsitzende der Buhmann Nummer eins in allen großen Zeitungen. ... die Angelegenheit, von der zu sprechen Christa sich weigerte, hatte etwas mit ihrem Reiztema Nummer eins zu tun: mit den Kerlen (Kant, Impressum 135).

Nummer null (ugs.; verhüllend): *Toilette:* Wo ist hier bitte die Nummer null?

eine Nummer/ein paar Nummern zu groß für jmdn. sein (ugs.): *zu schwierig, zu aufwendig für jmds. Fähigkeiten od. Verhältnisse sein:* Ein tolles Auto, aber ist es nicht eine Nummer zu groß für euch? Dieser Auftrag ist ein paar Nummern zu groß für die Firma. Marie Schlei aber war damals, kurz nach einer Operation, der Job eine Nummer zu groß (Spiegel 49, 1975, 41).

eine ruhige Nummer haben/schieben (ugs.): *eine angenehme, nicht anstrengende Beschäftigung ausüben:* Seit sie in der neuen Abteilung ist, hat sie eine ruhige Nummer. Ihr Mann arbeitet beim Finanzamt und schiebt da eine ganz ruhige Nummer.

bei jmdm. eine große/gute/dicke Nummer haben (ugs.): *von jmdm. sehr geschätzt werden; bei jmdm. sehr angesehen sein:* Sei froh, dass du beim Chef eine dicke Nummer hast. ... und Fanny hatte fortan eine gute Nummer bei den

Leuten am Unteren Blacksmithsquare (Brecht, Groschen 143).

▶ Diese Redewendung geht auf die Schulzensuren zurück; eine »gute Nummer« meinte ursprünglich »eine gute Zeugnisnote«.

eine Nummer abziehen (ugs): *sich in Szene setzen; sich aufspielen:* Einer der Rocker schien eine Nummer abziehen zu wollen. Wer beim Vorstellungsgespräch nur eine Nummer abzieht, hat keine Chance, den Job zu kriegen.

eine Nummer schieben (derb): *koitieren:* Nach dem Kino schoben sie im Park noch schnell eine Nummer. »Der sieht aber nicht aus wie einer, der 'ne Menge Nummern schieben kann. Ist doch bestimmt schon sechzig.« (Hilsenrath, Nazi 92).

auf Nummer sicher gehen (ugs.): *sich in jeder Hinsicht absichern:* Der Polizeipräsident wollte auf Nummer sicher gehen und wartete auf den Bescheid der Staatsanwaltschaft. Wenn wir aber glauben, nur so den Kalten Krieg durchstehen zu können, dann wärs doch besser, auf Nummer sicher zu gehen und sich gleich der Diktatur zu verschreiben (Dönhoff, Ära 51 f.).

auf Nummer sicher sein/sitzen (ugs.): *im Gefängnis sitzen:* Der ehemalige Direktor des Unternehmens sitzt seit zwei Monaten wegen Steuerhinterziehung auf Nummer sicher.

▶ Die Wendung bezieht sich darauf, dass Gefängniszellen nummeriert sind und die Inhaftierten darin »sicher« verwahrt sind.

Thema Nummer eins: ↑Thema.

nummerieren: du kannst dir die Knochen nummerieren lassen; lass deine Knochen nummerieren: ↑Knochen.

nun: nun und nimmer[mehr] (veraltet): *niemals:* Sie gelobten, den Bund nun und nimmermehr zu brechen.

nun wirds aber Tag: ↑Tag. **nun wohl:** ↑wohl.

nur: nur so (ugs.): *ohne bestimmten Grund:* Warum habt ihr denn die Steine auf die Fahrbahn geworfen? – Ach, nur so. Dieser Mann geht zögernd auf Enno zu ... und fragt, ob er nicht ... nach einer gewissen Tutti gefragt hat? »Vielleicht«, antwortete Enno Kluge vorsichtig. Warum er denn frage? »Ach, nur so ...« (Fallada, Jeder 71).

nur so tun: ↑tun. **nur zu:** ↑zu.

Nürnberger: ein Nürnberger Trichter: *ein märchenhaftes Hilfsmittel, mit dem man sich mühelos Wissensstoff aneignen kann:* Eine Videoanlage ist auch kein Nürnberger Trichter, lernen musst du den Lehrstoff schon selbst!

▶ Schon früh sprach man im Zusammenhang mit Lernen bildhaft von einem Trichter, mit dem jemand den Lehrstoff »eingetrichtert« bekommt. Der Nürnberger Dichter Harsdörfer veröffentlichte im Jahre 1647 ein Lehrbuch der Dichtkunst mit dem Titel »Poetischer Trichter«. Wahrscheinlich in Anlehnung an diesen Buchtitel wurde der Ausdruck »Nürnberger Trichter« in der angegebenen Bedeutung allgemein geläufig.

Nuss: eine harte Nuss [für jmdn.] sein (ugs.): *ein schwieriges Problem, eine unangenehme Aufgabe [für jmdn.] sein:* Die letzte Frage im Radioquiz war wirklich eine harte Nuss. Er sollte jemanden ausfindig machen, der vor fünfzehn Jahren nach Südamerika ausgewandert war, das war auch für einen guten Detektiv eine harte Nuss! Die Russen, ja, die wären eine harte Nuss, aber die verbluten sich (Plievier, Stalingrad 155).

jmdm. eine harte Nuss zu knacken geben (ugs.): *jmdm. eine schwierige Aufgabe stellen:* Mit der Frage nach dem Symbolbegriff der Romantik hatte der Prüfer uns eine harte Nuss zu knacken gegeben.

eine harte Nuss zu knacken haben (ugs.): *eine schwierige Aufgabe zu lösen haben:* Die Polizei wird eine harte Nuss zu knacken haben, wenn sie diesem Herrn den Mord nachweisen will.

Muss ist eine harte Nuss: ↑Muss. **taube Nuss:** ↑taub.

Nutz: zu jmds. Nutz und Frommen (veraltet): *zu jmds. Vorteil:* Der Notar verwaltete das Familienvermögen zu Nutz und Frommen der beiden Waisenkinder. Stülpnagel hat einiges gelernt über die Abhängigkeiten, die zwischen Menschen entstehen, besonders Menschen im Krieg, und er weiß diese auszunutzen, zum eigenen Vorteil, aber auch zu Nutz und Frommen der Männer, die er befehligt (Heym, Schwarzenberg 48).

nütze: zu etwas nütze sein: *zu etwas taugen, brauchbar sein:* Die Hauptsache ist,
dass der alte Mann das Gefühl hat, noch
zu etwas nütze zu sein. Die Weiber waren alle doof und nur zu einer Sache nütze (Fallada, Jeder 361). Auf Türme hätten die Zisterzienser absichtlich verzichtet, die seien ja auch zu gar nichts nütze
(Kempowski, Tadellöser 55).

nützen: was kann das schlechte Leben
nützen: ↑Leben.

nützlich: sich nützlich machen: *[mit]hel-
fen, [mit]arbeiten:* Auch die jüngeren
Geschwister versuchen, sich im Haushalt nützlich zu machen. Hans versucht
doch schon, sich etwas nützlich zu machen, er holt morgens Holz und bringt
uns manchmal Wasser für die Küche
(Normann, Tagebuch 22). Es sprach
nichts dagegen, dass Anna auf dem Hof
blieb, sie konnte sich nützlich machen
(Brecht, Geschichten 149).

O

o: o [mein] Gott!: ↑Gott.

O: das A und O: ↑A

ob: und ob! (ugs.): *Ausdruck der Bekräftigung, der nachdrücklichen Bestätigung:* Magst du Marzipan? – Und ob!
»Darf ich dich zu einem Glas einladen?«
»Und ob!«, erwidere ich (Remarque,
Obelisk 153). Waren wir im ersten Krieg
auch hier?, sagte Fränzel. Und ob, antwortete Stefan (Kuby, Sieg 244).

so tun, als ob: ↑tun.

Obacht: [auf jmdn., auf etwas] Obacht ge-
ben/haben: *[auf jmdn., auf etwas] aufpassen:* Gib Obacht, da ist eine Stufe hinter der Tür! Man kann nicht auf alles Obacht haben, was im Kinderzimmer geschieht. Wer im Auto durch die USA
reist, sollte Obacht auf billige Quartiere
... geben (Gute Fahrt 4, 1974, 49).

oben: sich oben halten: *sich behaupten:* Es
war schon immer schwer, sich in diesem
Gewerbe oben zu halten.

oben ohne (ugs.): *mit unbedecktem Busen:* Einige Frauen zeigten sich oben ohne am Strand. Die Barmädchen bedien-
ten »oben ohne« (MM 12. 2. 1966, 10).

von oben herab: *hochmütig, herablas-
send:* Die Ausländer beklagten, dass
man sie von oben herab behandele. ... die
Mädchen behandelten mich und Schil-
ling ... nur noch von oben herab (Grass,
Katz 52). Und der Leutnant sagte
freundlich von oben herab guten Abend
zu uns allen (H. Kolb, Wilzenbach 30).

etwas von oben nach unten kehren (ugs.):
*etwas durchsuchen [und es dabei in Un-
ordnung bringen]:* Ich habe das ganze
Haus von oben nach unten gekehrt, aber
den Ring habe ich nicht gefunden.

nicht wissen, wo/was oben und unten ist
(ugs.): *völlig verwirrt sein:* Er war so betrunken, dass er nicht mehr wusste, was
oben und unten ist.

die da oben: ↑die. Fett schwimmt oben:
↑Fett. oben hui, unten pfui: ↑hui. den
Kopf oben behalten: ↑Kopf. jmdm. bis
da/hier oben stehen: ↑stehen.

obenhinaus: obenhinaus wollen (ugs.):
*seine gesellschaftliche Stellung verbes-
sern wollen:* Seine Frau wollte immer
obenhinaus, er dagegen hätte lieber seine Ruhe gehabt.

obere: die oberen zehntausend (ugs.):
*die reichste, vornehmste Gesellschafts-
schicht:* Die ehemalige Friseuse genoss
es sichtlich, nun zu den oberen zehntausend zu gehören. Man sieht, wie die oberen zehntausend in Palästen leben, in
Sänften durch die Stadt getragen werden
(Thieß, Reich 51).

Oberhand: die Oberhand behalten: *der
Stärkere bleiben:* Der Titelverteidiger
geriet einige Male in Bedrängnis, konnte
aber schließlich die Oberhand behalten.
Aber die Fronten des Zentrums wechseln ... Im Ganzen ist es wohl so, dass
diese Partei immer wartet, wer beim
Kampf die Oberhand behält; bei dem ist
sie dann (Tucholsky, Werke II, 170f.).
► Diese und die beiden folgenden Wendungen gehen auf den Ringkampf zurück: Wer die Hand oben hat und mit ihr
den Gegner niederhalten kann, ist ihm
überlegen und Sieger des Kampfes.

die Oberhand haben: *der Stärkere sein:*
Es wird sich bald zeigen, wer in dieser

Firma die Oberhand hat. Eva hat jetzt die Oberhand, sie ... ballt die Faust (Waggerl, Brot 132).
Vgl. die vorangehende Wendung.

die Oberhand gewinnen/bekommen: *sich als stärker erweisen, sich durchsetzen:* Nachdem die Vernunft schließlich doch die Oberhand gewinnen konnte, dürfte der Streit bald endgültig beigelegt sein. Der Unmut über diejenigen, die den eigenen Ideen, Plänen und Wünschen im Wege stehen, könnte dann leicht die Oberhand gewinnen (Dönhoff, Ära 114). So sehr war dies der Fall, ... dass man jetzt, da der Westen nicht die Oberhand auf militärischem Gebiet gewann, vollständig ratlos ist (Dönhoff, Ära 144).
Vgl. die Wendung »die Oberhand behalten«.

Oberkante: etwas steht jmdm. bis Oberkante Unterlippe (ugs.): *jmd. ist einer Sache überdrüssig:* Das ganze verschlafene, stumpfsinnige Leben in diesem Kaff hier steht mir bis Oberkante Unterlippe, das kannst du mir glauben!

oberste: das Oberste zuunterst kehren (ugs.): *alles durchsuchen, durchwühlen, in Unordnung bringen:* Die Einbrecher hatten in der Wohnung das Oberste zuunterst gekehrt.

Oberstübchen: nicht ganz richtig im Oberstübchen sein (ugs.): *nicht recht bei Verstand sein, verrückt sein:* Ihre Großtante soll nicht ganz richtig im Oberstübchen gewesen sein.
▶ Dieser Wendung liegt ein Vergleich des Menschen mit einem Haus zugrunde. Das Oberstübchen, das am höchsten gelegene Zimmer, entspricht dabei dem menschlichen Kopf.

Oberwasser: Oberwasser bekommen/kriegen (ugs.): *in eine günstigere Lage kommen; widrige Umstände überwinden:* Überraschend schnell hatte der Parteivorsitzende wieder Oberwasser bekommen. Wenn dich das Nazis dösend hinter deinem Schreibtisch sehen, bekommen sie langsam wieder Oberwasser (Kirst, 08/15, 894).
▶ Das Wasser, das oberhalb einer Mühle gestaut wird, damit es auf das Mühlrad geleitet werden kann und so die Mühle antreibt, bezeichnet man als Oberwasser. Wer das Oberwasser hat, verfügt so-

mit über die Antriebskraft, ohne die die Mühle nicht arbeiten kann. Darauf beziehen sich diese und die folgende Wendung.

Oberwasser haben (ugs.): *im Vorteil sein, [wieder] in einer günstigen Lage sein:* Nach dem Konkurs hatte er bald wieder Oberwasser. Vor drei Tagen ist die ›Hindenburg‹ in Lakehurst verbrannt ... Die Flugzeugbauer haben jetzt natürlich Oberwasser (Bieler, Mädchenkrieg 314). Bonns Sozialdemokraten, eben noch von Unions-Plänen ... irritiert, haben wieder Oberwasser (Spiegel 15, 1975, 4).
Vgl. die vorangehende Wendung.

Objekt: die Tücke des Objekts: ↑ Tücke.

Obst: [ich] danke für Obst und Südfrüchte: ↑ danken.

Ochse: du sollst dem Ochsen, der da drischt, nicht das Maul verbinden: *man soll dem, der die Arbeit macht, auch etwas zukommen lassen.*
▶ Diese Redensart geht auf das Alte Testament (5. Moses 25, 4) zurück.

sich anstellen wie der Ochs beim Seiltanzen: ↑ anstellen. **dastehen wie der Ochs am/vorm Berg:** ↑ dastehen. **Ruhe im Kuhstall, der Ochs hat Durchfall:** ↑ Ruhe.

oder: ... oder so: ↑ so.

Ofen: der Ofen ist aus (ugs.): *es ist Schluss, es ist nichts mehr zu machen:* Lange genug hatten sie Geduld mit ihm gehabt, jetzt war der Ofen aus. ... Karl, spring ab, jetzt, in fünf Jahren ist für dich endgültig der Ofen aus (v. d. Grün, Glatteis 248).

hinterm Ofen hocken (ugs.): *ein Stubenhocker sein, sich von der Außenwelt abschließen:* Es hatte ihm nie gelegen, hinterm Ofen zu hocken, er musste Menschen um sich haben.

Einfälle haben wie ein alter Ofen: ↑ Einfall. **mit etwas keinen Hund hinter dem Ofen hervorlocken:** ↑ Hund. **ein Schuss in den Ofen:** ↑ Schuss.

offen: offener Brief: *Brief, der in einer Zeitung o. Ä. veröffentlicht und nicht privat zugeschickt wird:* In einem offenen Brief an den Parteivorsitzenden hatte sich die Abgeordnete kritisch mit dessen Führungsstil auseinander gesetzt.

jmdn. mit offenen Armen empfangen/aufnehmen: ↑ Arm. **den Arsch offen haben:** ↑ Arsch. **die Augen offen haben:** ↑ Auge.

mit offenen Augen schlafen: ↑ Auge. **mit offenen Augen ins Unglück rennen:** ↑ Auge. **mit offenen Augen durch die Welt gehen:** ↑ Auge. **ein offenes Buch für jmdn. sein:** ↑ Buch. **ein offenes Geheimnis:** ↑ Geheimnis. **eine offene Hand haben:** ↑ Hand. **ein offenes Haus führen:** ↑ Haus. **Haus der offenen Tür:** ↑ Haus. **den Himmel offen sehen:** ↑ Himmel. **mit offenen Karten spielen:** ↑ Karte. **die/seine Karten offen auf den Tisch legen:** ↑ Karte. **jmdm. ins offene Messer laufen/rennen:** ↑ Messer. **bei jmdm. ein offenes Ohr finden:** ↑ Ohr. **eine Politik der offenen Tür:** ↑ Politik. **auf offener Straße:** ↑ Straße. **auf offener Szene:** ↑ Szene. **Tag der offenen Tür:** ↑ Tag. **[bei jmdm.] offene Türen einrennen:** ↑ Tür. **mit offenem Visier kämpfen:** ↑ Visier. **offen zutage liegen:** ↑ zutage.

offen halten: **die Augen offen halten:** ↑ Auge. **sich eine Hintertür/ein Hintertürchen offen halten:** ↑ Hintertür. **die Tür für etwas offen halten:** ↑ Tür. **sich eine Tür offen halten:** ↑ Tür.

offen lassen: **sich eine Hintertür/ein Hintertürchen offen lassen:** ↑ Hintertür. **[einige/viele/keine] Wünsche offen lassen:** ↑ Wunsch.

offen stehen: **jmdm. stehen alle Wege offen:** ↑ Weg.

öffentlich: **die öffentliche Hand:** *der Staat, die Gemeinden o. Ä. als Verwalter von Steuergeldern und öffentlichem Vermögen:* Es wurde erwartet, dass die öffentliche Hand zur Konjunkturbelebung verstärkt Aufträge an die mittelständischen Unternehmen vergeben würde. Gesellschaftliche Zielsetzungen ... bedurften zu ihrer Realisierung der Übernahme durch die öffentliche Hand (Fraenkel, Staat 344). Gruppen von jungen Schauspielern und Regisseuren, für die es am Broadway keine Verwendung gab, wurden von der öffentlichen Hand subventioniert (K. Mann, Wendepunkt 313).

öffentliches Haus (verhüll.): *Bordell:* Die beiden letzten öffentlichen Häuser sollten im Frühjahr geschlossen werden. Auch in Hamburg verwehrte die Gesundheitsbehörde der öffentlichen Hand Einblick in die öffentlichen Häuser (Spiegel 39, 1966, 90).

Öffentlichkeit: **unter Ausschluss der Öffentlichkeit:** ↑ Ausschluss. **im Rampenlicht der Öffentlichkeit stehen:** ↑ Öffentlichkeit.

off limits!: *[Eintritt] verboten!:* Auf Befehl des Kommandeurs gilt für alle Bars und Vergnügungslokale bis auf weiteres: off limits! Die acht jugoslawischen Spielbanken – für Eingeborene off limits – werden von österreichisch-italienischen Konsorten betrieben (Spiegel 22, 1966, 106).

▶ Die Wendung stammt aus dem Englischen und bedeutet wörtlich übersetzt: »außerhalb der Grenzen«.

öffnen: **jmdm. die Augen öffnen:** ↑ Auge. **jmdm. den Mund öffnen:** ↑ Mund. **seine Pforten öffnen:** ↑ Pforte. **Sesam, öffne dich:** ↑ Sesam. **einer Sache Tür und Tor öffnen:** ↑ Tür.

oft: **unverhofft kommt oft:** ↑ unverhofft.

öfter: **des Öfteren:** *oft, wiederholt, mehrmals:* Er war schon des Öfteren wegen seiner Unpünktlichkeit ermahnt worden. Man konnte diese Tiere des Öfteren im Garten beobachten. Unser Herrgott hat des Öfteren seine schönsten und größten Gaben dem gemeinsten Tier gegeben (Grzimek, Serengeti 63).

ohne: **ohne weiteres:** 1. *ohne Schwierigkeiten:* Der Händler könnte ohne weiteres noch mehr Kunden beliefern. 2. *ohne Bedenken, ohne Umstände:* Die junge Dame lud uns ohne weiteres zu einem Kaffee bei sich zu Hause ein. Der Pilger ist der Mensch, der von weit her kommt und der in seiner Fremdartigkeit nicht ohne weiteres eingeordnet werden kann (Nigg, Pilger 20). »Für einen Christen ist der Tod kein Problem ... verstehen kann er ihn ohne weiteres« (Remarque, Obelisk 79).

nicht [so] ohne sein (ugs.): 1. *nicht so harmlos sein, wie man annehmen könnte:* Der Weg über den Gletscher ist für Anfänger nicht ohne. 2. *nicht so schlecht sein, wie man annehmen könnte:* Der neue Lehrer ist gar nicht so ohne. Das Girl, das Dir den Kopf verdrehen will, ist gar nicht so ohne (Freizeitmagazin 26, 1978, 32).

ohne Ansehen der Person: ↑ Ansehen. **jmd., etwas ist ohne Arg:** ↑ Arg. **ohne Bedacht:** ↑ Bedacht. **ohne jmds. Beisein:** ↑ Beisein. **ohne Beispiel [sein]:** ↑ Beispiel. **ohne jmds. Dazutun:** ↑ Dazutun. **ohne viel**

Federlesen[s]/ohne langes Federlesen: ↑Federlesen. ohne Fleiß kein Preis: ↑Fleiß. mit ohne: ↑mit. ohne Not: ↑Not. oben ohne: ↑oben. ohne Scherz: ↑Scherz. ohne Spaß: ↑Spaß. ohne Umschweife: ↑Umschweif. ohne Unterlass: ↑Unterlass. ohne Vorbedacht: ↑Vorbedacht. ohne Zahl: ↑Zahl. ohne Zukunft: ↑Zukunft. ohne jmds. Zutun: ↑Zutun. ohne [jeden] Zweifel: ↑Zweifel.

Ohnmacht: aus einer Ohnmacht in die andere fallen (ugs.; scherzh.): *sich ständig aufs Neue entsetzen, sich sehr aufregen:* Seine Mutter fällt aus einer Ohnmacht in die andere, wenn sie das erfährt.

oho: klein, aber oho: ↑klein.

Ohr: ganz Ohr sein (ugs.): *gespannt, mit ungeteilter Aufmerksamkeit zuhören:* Erzähl mir alles, ich bin ganz Ohr! Wenn die Engel unter sich musizieren, ... spielen sie nur Mozart, und der liebe Gott ist ganz Ohr (Spiegel 41, 1977, 218).

▶ Die Wendung drückt aus, dass jemand, der sehr konzentriert zuhört, nichts anderes mehr wahrnimmt, also nur noch Hörender (bildlich gesprochen: Ohr) ist.

jmdm. klingen die Ohren (ugs.): *jmd. spürt, dass in seiner Abwesenheit über ihn gesprochen wird:* Haben dir gestern die Ohren geklungen? Wir hatten kein anderes Thema als deinen Autounfall.

▶ Der leise, hohe Ton, den man gelegentlich in den Ohren hat, wird im Volksglauben damit in Verbindung gebracht, dass ein anderer über einen redet. Darauf geht diese Wendung zurück.

Ohren wie ein Luchs haben: *sehr gute Ohren haben, sehr gut hören:* Er hatte Ohren wie ein Luchs und verstand jedes Wort, obwohl die beiden tuschelten.

die Ohren aufmachen/aufsperren/auftun (ugs.): *genau, aufmerksam zuhören:* Sperrt die Ohren auf, ich sage euch das nur einmal! Tut die Ohren auf, Chassidim, tu die Ohren auf, Israel, tut die Ohren auf, Völker der Welt! (Buber, Gog 84). Mach also deine Ohren auf und benachrichtige mich rechtzeitig (Kirst, 08/15, 427).

▶ Hier handelt es sich um Übertragungen von Wendungen, die eigentlich vom Auge gesagt werden, auf ein anderes Sinnesorgan, das Ohr.

die Ohren spitzen (ugs.): *aufmerksam lauschen:* Die Kinder spitzten die Ohren. Und ich hab in Bonn die Ohren gespitzt – nicht nur auf Konferenzen von Polit-Profis (Hörzu 44, 1979, 8). Wir denken, du betest ...! Und dabei spitzt du die Ohren, was es wohl zu fressen gibt, wie? (W. Borchert, Geranien 107).

▶ Möglicherweise geht diese Wendung auf die Beobachtung von Tieren zurück, die – wie z. B. Hunde oder Katzen – ihre Ohren aufrichten, sodass die Spitzen nach oben zeigen, wenn etwas die Aufmerksamkeit der Tiere erregt. Vielleicht heißt »die Ohren spitzen« im Grunde aber nur so viel wie »die Ohren scharf machen«, d. h. zum genauen Hören bereitmachen. Man sagt ja auch von jemandem, der gut hört, dass er ein »scharfes« Gehör habe.

die Ohren steif halten (ugs.): *nicht den Mut verlieren:* Haltet die Ohren steif, und lasst euch nicht unterkriegen! Grüßen Sie Ihre Frau Tochter; sie soll die Ohren steif halten! (Martin, Henker 55).

▶ Dieser Wendung liegt die Beobachtung von Tieren (besonders Pferden und Hunden) zugrunde. Das Tier, das die Ohren (den Kopf) nicht hängen lässt, ist wach und munter.

die Ohren hängen lassen (ugs.): *niedergeschlagen sein:* Seit drei Tagen lässt er die Ohren hängen, weil er Krach mit seiner Freundin hat. Ich ließ die Ohren hängen, als ich durch meinen Palast ging, und ich machte mir Vorwürfe, so gut und schnell gearbeitet zu haben (Bieler, Bonifaz 80).

Vgl. die vorangehende Wendung.

sich nicht die Ohren brechen (ugs.): *sich nicht übertrieben abmühen, keinen zu großen Aufwand treiben:* Wegen der paar Mark brech ich mir hier nicht die Ohren!

die Ohren auf Durchfahrt/Durchzug stellen (ugs.): *sich etwas anhören, es aber nicht beherzigen, es gleich wieder vergessen:* Die halbe Klasse hatte die Ohren auf Durchzug gestellt, die andere Hälfte war bereits eingeschlafen.

▶ Wie ein Eisenbahnzug, der an einem Bahnhof durchfährt, also nicht anhält, oder wie die Luft durch ein Zimmer mit geöffneten Fenstern zieht (Durchzug), so geht das Gehörte zu einem Ohr hinein und zum anderen wieder hinaus, bleibt im Gedächtnis nicht haften. Auf dieser Vorstellung beruht die vorliegende Wendung.

die Ohren auf Empfang stellen (ugs.): *genau, aufmerksam zuhören:* Stellt die Ohren auf Empfang, ich habe euch etwas Wichtiges zu sagen!

vor jmdm. seine Ohren verschließen (geh.): *jmds. Bitten gegenüber unzugänglich sein:* Was hatte er getan, dass sie vor ihm ihre Ohren verschloss?

ein feines Ohr für etwas haben (ugs.): *ein feines Empfinden für etwas haben:* Als Arzt hat man ein feines Ohr dafür, ob der Patient einem die Wahrheit sagt.

ein Satz heiße/rote Ohren (ugs.): *Ohrfeigen, Prügel:* Du kriegst gleich 'nen Satz heiße Ohren! Der Kerl kann sich einen Satz rote Ohren abholen!

es gibt [gleich] rote Ohren! (ugs.): *Drohrede:* Verzieh dich, mein Junge, sonst gibts rote Ohren! Wollt ihr wohl die Katze in Ruhe lassen – gleich gibts rote Ohren!

▶ Diese Redensart spielt auf die Rötung der Ohren an, die durch Schläge verursacht wird.

lange/spitze Ohren machen (ugs.): *neugierig lauschen:* Als sie bemerkten, dass man am Nebentisch lange Ohren machte, wechselten sie das Thema. Vgl. die Wendung »die Ohren spitzen«.

jmdm. sein Ohr leihen (geh.): *jmdm. zuhören:* Sie sollten ihm wenigstens für einige Minuten Ihr Ohr leihen. Was der heutige Mensch am dringendsten braucht, ist ... jemand, der ihm sein Ohr leiht (MM 25. 8. 1972, 12). Seien wir doch froh und dankbar, dass ... uns immer noch manch ein Kellner sein Ohr leiht (Zeit 20. 3. 1964, 5).

jmdm. ein geneigtes Ohr leihen/schenken (geh.; veraltend): *jmdm. wohlwollend zuhören:* Der Präsident wird Arbeitern aus seiner Heimat immer ein geneigtes Ohr leihen.

▶ Das Wort »geneigt« steht in dieser Wendung in der veralteten Bedeutung von »willig, wohlwollend«.

bei jmdm. ein geneigtes (geh.; veraltend)/**offenes/williges Ohr finden:** *feststellen, erreichen, dass jmd. bereit ist, sich mit ei-*

nem vorgebrachten Anliegen zu befassen: Bei keinem der Abgeordneten konnten die Vertreter der Bürgerinitiative ein offenes Ohr finden. Wer durchblicken ließ, eine größere Summe verfügbar zu haben, der konnte bei ihm durchaus ein geneigtes Ohr finden. Vgl. die vorangehende Wendung.

jmdm. die Ohren voll jammern (ugs.): *jmdn. durch ständiges Klagen belästigen:* Ständig jammerte er uns die Ohren voll, wie schlecht es ihm ginge. Seine Tochter jammerte ihm so lange die Ohren voll, bis er ihr das Grundstück überschrieb.

jmdm. die Ohren voll blasen/schwätzen (ugs.): *jmdn. durch ständiges Reden [über eine bestimmte Sache] belästigen:* Es kann einem schon auf die Nerven gehen, wenn einem die Politiker ständig die Ohren voll schwätzen.

jmdm. die Ohren lang ziehen (ugs.): *jmdn. tadeln, [scharf] zurechtweisen:* Dein Vater zieht dir die Ohren lang, wenn er sieht, was du angestellt hast!

wo hast du deine Ohren? (ugs.): *hörst du nicht, was man dir sagt?:* Wo hast du deine Ohren? Du sollst sofort zur Chefin kommen!

tauben Ohren predigen: *mit seinen Ermahnungen nichts erreichen:* Mit seinen Aufrufen zum Energiesparen predigte der Minister tauben Ohren. Wieder lege ich mein Veto ein. Doch ich predige tauben Ohren (Hörzu 47, 1977, 10).

seinen Ohren nicht trauen: *von etwas, was man gehört hat, völlig überrascht sein:* Der Buchhalter traute seinen Ohren nicht, als man ihm seine Entlassung ankündigte. Wir trauten unseren Ohren nicht, als wir im Radio die Lottozahlen hörten.

auf den/auf seinen Ohren sitzen (ugs.): *nicht [zu]hören:* Sitzt du auf deinen Ohren? Du sollst den Tisch decken! Ich habe ihn schon dreimal gerufen, der sitzt wohl auf seinen Ohren!

sich aufs Ohr hauen/legen (ugs.): *sich schlafen legen:* Sie war fürchterlich müde und haute sich aufs Ohr. Legt euch noch ein bisschen aufs Ohr, ich kümmere mich ums Frühstück. Sie misstraute dieser Krankheit und war ... nicht gewillt, sich aufs Ohr zu legen (Th. Mann, Buddenbrooks 380).

auf diesem/dem Ohr schlecht/nicht hören
(ugs.): *von einer bestimmten Sache nichts wissen wollen, einem bestimmten Anliegen ablehnend gegenüberstehen:* Abwaschen und die Küche putzen sollte er, aber auf dem Ohr hört er anscheinend schlecht.

für jmds. Ohr[en] in bestimmter Weise klingen: *sich für jmdn. in bestimmter Weise anhören:* Für die Ohren eines geschulten Musikers klingen solche banalen Schlager geradezu abscheulich.

▶ In dieser und in den folgenden drei Wendungen steht das Sinnesorgan »Ohr« als Pars pro Toto für den Menschen.

für jmds. Ohren bestimmt sein: *dafür bestimmt sein, dass es jmd. hört:* Die Gespräche sind nicht für die Ohren Außenstehender bestimmt. Was er dann sagte, war besonders für die Ohren derjenigen bestimmt, die ihn in letzter Zeit immer nur kritisiert hatten.

nichts für fremde Ohren sein (ugs.): *geheim, vertraulich sein:* Was ich Ihnen zu sagen habe, ist nichts für fremde Ohren; kommen Sie bitte mit in mein Büro.

nichts für zarte Ohren sein (ugs.): *zum Erzählen vor empfindsamen [weiblichen] Zuhörern nicht geeignet sein:* Die Geschichte von seinen Erlebnissen in einem südamerikanischen Gefängnis ist nichts für zarte Ohren. Dieser Witz ist nichts für zarte Ohren.

jmdm. eins/ein paar hinter die Ohren geben (ugs.): *jmdn. ohrfeigen:* Ich sags meinem Bruder, der gibt dir eins hinter die Ohren! Der Lehrer hätte dem Bengel am liebsten ein paar hinter die Ohren gegeben.

eins/ein paar hinter die Ohren bekommen/kriegen (ugs.): *geohrfeigt werden:* Ruhe jetzt, sonst kriegst du ein paar hinter die Ohren! Er weinte, weil er eins hinter die Ohren bekommen hatte. ... wieso kriegt denn der Bengel keins hinter die Ohren? (Kant, Impressum 99).

sich etwas hinter die Ohren schreiben (ugs.): *sich etwas gut merken:* Hier wird nicht randaliert, schreibt euch das hinter die Ohren! Sie wollte sich den Rat des Chefs hinter die Ohren schreiben. Ich musste mir hinter die Ohren schreiben, dass ein Star eben nicht nur für Tiere da zu sein hat (Hörzu 41, 1975, 7).

▶ Diese Wendung geht auf einen alten Rechtsbrauch zurück. Bei Grenzfestlegungen und Grenzbegehungen wurden Knaben als Zeugen mitgenommen, die sich die Lage der Grenzsteine genau einprägen sollten. Um ihnen dies ganz deutlich zu machen, wurden sie an jedem Grenzstein geohrfeigt, hinter die Ohren geschlagen – man hat ihnen damit sozusagen die Lage der Grundstücksgrenzen »hinter die Ohren geschrieben«.

noch feucht/nass/nicht trocken hinter den Ohren sein (ugs.): *noch zu jung, unerfahren sein:* Was weißt du denn schon von unseren Problemen, du bist ja noch feucht hinter den Ohren! Wenn sie nicht trocken hinter den Ohren ist, braucht sie noch nicht in die Tanzstunde. Habt es ihr auch schon recht wichtig? Noch nass hinter den Ohren, aber wichtig habens die Herren schon (Sommer, Und keiner 165).

▶ Die Wendung bezieht sich darauf, dass Kinder unmittelbar nach der Geburt noch feucht [hinter den Ohren] sind.

ins Ohr gehen (ugs.): *gefällig klingen, sich leicht einprägen:* Hauptsache, die Melodie geht ins Ohr, den Text versteht sowieso niemand. ... unangetastet blieb vor allem die Anschaulichkeit der Schilderung, ... die, wie mir zahllose Hörerbriefe versicherten, auch den Erwachsenen so gut ins Ohr ging (Kosmos 3, 1965, 96).

jmdm. etwas in die Ohren blasen (ugs.): *jmdm. etwas einreden:* Wer hat dir nur den Unsinn mit dem Horoskop in die Ohren geblasen? Und sie sei nicht deshalb von London ... hierhergezogen, dass man auch hier den Kindern solchen feurigen Blödsinn in die Ohren blase! (Fr. Wolf, Menetekel 113).

jmdm. im Ohr bleiben: *von jmdm. [der es gehört hat] nicht vergessen werden:* Der Schrei des Verunglückten wird den Wanderern noch lange im Ohr bleiben. Eine kleine Melodie aus glücklicheren Tagen war ihr in all den Jahren immer im Ohr geblieben.

etwas im Ohr haben: *etwas innerlich hören; sich an etwas Gehörtes erinnern:* Sie hatte noch genau im Ohr, wie er damals über sie gelacht hatte. Ich habe noch die Worte Hitlers nach dem 20. Juli 1944 im Ohr: ›Eine kleine Clique ehrgeiziger Offiziere ...‹ (Dönhoff, Ära 61). Ich habe immer noch das Heulen im Ohr (Bieler, Bonifaz 123).

jmdm. in den Ohren liegen (ugs.): *jmdm. durch ständiges Bitten, Jammern o. Ä. zusetzen:* Schon seit Wochen lag sie ihm mit ihrem Gartenhäuschen in den Ohren. Sie lag mir ewig damit in den Ohren, sie gab keine Ruhe. Ich musste mich verändern, sagte sie ... (Maass, Gouffé 207). ... er lag ihm mit dem Hinweis auf das Verderbliche des Christentums dauernd in den Ohren (Thieß, Reich 249).

mit den Ohren schlackern (ugs.): *äußerst überrascht sein:* Du wirst mit den Ohren schlackern, wenn ich dir das Neueste von deiner verflossenen Freundin erzähle! Die haben mir Zusammenhänge aufgezeigt, da habe ich nur so mit den Ohren geschlackert (Spiegel 11, 1975, 84).

► Das Verb »schlackern« meint »hin und her schlagen«; die Wendung könnte sich darauf beziehen, dass man den Kopf schüttelt, wenn man von etwas überrascht wird.

mit halbem Ohr hinhören/zuhören (ugs.): *ohne rechte Aufmerksamkeit zuhören:* Bei den Streitereien der Geschwister hatte sie nur mit halbem Ohr zugehört. Wer da nicht gerade auf den Kopf gefallen ist oder nur mit halbem Ohr zuhört – der muss misstrauisch werden (Kirst, 08/15, 854). Ich hörte alledem nur mit halbem Ohre zu, nur soweit es mich nicht störte im Anschauen der Frau (Th. Mann, Krull 436).

mit roten Ohren abziehen (ugs.): *sich beschämt entfernen:* Als er auch das dritte Spiel verloren hatte, zog er mit roten Ohren ab.

► Die Wendung bezieht sich darauf, dass bei Erregungszuständen, wie z. B. Scham oder Verlegenheit, manchen Menschen das Blut zu Kopf steigt; sie erröten, was häufig besonders an den Ohren sichtbar wird.

jmdm. übers Ohr hauen (ugs.): *jmdn. betrügen:* Der Kerl hat mich übers Ohr gehauen – mein Geld ist weg! In zahlreichen französischen Varianten hauen die beiden Verliebten die alte Fee übers Ohr (Lüthi, Es 86). Wissen Sie, worüber er während der ganzen Mahlzeit sprach: dass ihn der Taximann in Neapel übers

Ohr gehauen habe (Andres, Liebesschaukel 44).

► Diese Wendung stammt aus der Fechtersprache und bedeutete ursprünglich »jmdn. mit der Waffe am Kopf (oberhalb der Ohren) treffen«. Später wurde sie allgemein im Sinne von »jmdn. übel mitspielen« gebräuchlich.

bis über die/über beide Ohren verliebt sein (ugs.): *sehr verliebt sein:* Der Junge ist bis über beide Ohren verliebt, da darf man manches nicht so ernst nehmen. ... ich rede so blöd, weil ich bis über beide Ohren verliebt bin (Ruark [Übers.], Honigsauger 135).

► Dieser und der folgenden Wendung liegt wahrscheinlich das Bild eines Ertrinkenden oder im Sumpf Versinkenden zugrunde, der kaum noch zu retten ist, wenn er bereits bis über die Ohren versunken ist.

bis über die/über beide Ohren verschuldet sein/in Schulden stecken (ugs.): *sehr große Schulden haben:* Es ist stadtbekannt, dass der Bürgermeister bis über die Ohren verschuldet war.

um ein geneigtes Ohr bitten (geh.; veraltend): *um wohlwollendes Anhören bitten:* Bitten Sie die Fürstin um ein geneigtes Ohr, sie wird Sie nicht abweisen.

Vgl. die Wendung »jmdm. ein geneigtes Ohr leihen«.

viel um die Ohren haben (ugs.): *sehr viel zu tun haben:* Er leitete jetzt die Exportabteilung und hatte deshalb sehr viel um die Ohren.

jmdm. zu Ohren kommen: *jmdm. bekannt werden:* Mir sind da ein paar Dinge zu Ohren bekommen, die ich mit dir besprechen möchte. »Es ist uns im Amt zu Ohren gekommen, dass die Nazis eine Brandstiftung planen ...« (Spiegel 45, 1978, 12).

zum einen Ohr hinein-, zum anderen wieder hinausgehen (ugs.): *sogleich wieder vergessen werden:* Gib dir keine Mühe; was du ihm auch sagst, es geht zum einen Ohr hinein, zum anderen wieder hinaus. Offen gestanden gingen mir Dom Miguels Belehrungen ... zum einen Ohr hinein und zum anderen wieder hinaus (Th. Mann, Krull 413).

Arsch mit Ohren: ↑Arsch. **Augen und Ohren offen halten:** ↑Auge. **Bohnen in**

den Ohren haben: ↑Bohne. noch die Eierschalen hinter den Ohren haben: ↑Eierschale. es faustdick hinter den Ohren haben: ↑faustdick. jmdm. das Fell über die Ohren ziehen: ↑Fell. einen Floh im Ohr haben: ↑Floh. jmdm. einen Floh ins Ohr setzen: ↑Floh. jmdm. die Ohren vom Kopf fressen: ↑Haar. Knöpfe in den Ohren haben: ↑Knopf. ich steck/setz dir den Kopf zwischen die Ohren: ↑Kopf. bis über die Ohren in etwas stecken: ↑Kopf. von einem Ohr [bis] zum anderen lachen/strahlen: ↑lachen. [wohl] einen kleinen Mann im Ohr haben: ↑Mann. Musik in jmds. Ohren sein/wie Musik in jmds. Ohren klingen: ↑Musik. sich die Nacht um die Ohren schlagen: ↑Nacht. den Schalk hinter den Ohren haben: ↑Schalk. dem Teufel ein Ohr abschwätzen: ↑Teufel. die Wände haben Ohren: ↑Wand. Watte in den Ohren haben: ↑Watte. sich den Wind um die Ohren pfeifen/wehen lassen: ↑Wind. dein Wort in Gottes Ohr: ↑Wort.

Öl: **Öl auf die Wogen gießen:** *jmdn., etwas beruhigen, besänftigen:* Es gelang dem Hausherrn schließlich, Öl auf die Wogen zu gießen und die Streithähne zur Vernunft zu bringen.

▶ Die Wendung bezieht sich darauf, dass die Wellen des Meeres bei stürmischer See durch darauf gegossenes Öl geglättet werden können.

Öl ins Feuer gießen: *einen Streit noch verschärfen, jmds. Erregung verstärken:* Mit seinen gut gemeinten Vorschlägen hat er im Grunde nur Öl ins Feuer gegossen.

▶ Diese Wendung findet sich schon in der klassischen lateinischen Literatur (Horaz: »oleum addere camino«). Sie bezieht sich darauf, dass Öl, wenn man es ins Feuer gießt, die Flammen höher schlagen lässt.

ölen: **wie ein geölter Blitz:** ↑Blitz. **sich die Gurgel ölen:** ↑Gurgel. **sich die Kehle ölen:** ↑Kehle.

Ölgötze: **wie ein Ölgötze** (ugs.): *starr und stumm, unbeweglich, teilnahmslos:* Steh nicht da wie ein Ölgötze, sag doch endlich was! Unser Schuldirektor Michailow tanzte singend in das Zimmer. Verwundert schaute er auf uns Ölgötzen, die ernst um einen Tisch herum saßen (Leonhard, Revolution 195).

▶ Dieser Vergleich geht zurück auf die im Matthäusevangelium geschilderte Szene im Garten Gethsemani am Ölberg, die seit dem 15. Jh. häufig in der Kirchenmalerei dargestellt wurde. Die Jünger, die dort schliefen, als Jesus betete, bezeichnete man volkstümlich als »Ölberggötzen«. Die verkürzte Form »Ölgötze« ist vor allem durch die vorliegende Wendung geläufig.

Olim: **aus Olims Zeiten** (veraltend): *aus schon weit zurückliegender Zeit:* Das ist ein Fernrohr aus Olims Zeiten. Dieses Album stammt auch noch aus Olims Zeiten.

▶ In dieser und in den beiden folgenden Wendungen wird das lateinische Wort »olim« (= einst) scherzhaft wie ein Eigenname behandelt.

seit Olims Zeiten (veraltend): *seit sehr langer Zeit:* Ich war seit Olims Zeiten nicht mehr im Kino. Das ist seit Olims Zeiten das erste Mal, dass er wieder Tischtennis spielt.

zu Olims Zeiten (veraltend): *in ferner Vergangenheit:* Das Kleid war schon zu Olims Zeiten nicht mehr modern.

oll: **olle Kamellen:** ↑Kamelle.

Oma: **jetzt gehts rund, erst die Oma, dann den Hund:** ↑rundgehen. **dafür muss 'ne alte Oma lange stricken:** ↑stricken. **wenn meine Oma Räder hätte, wäre sie ein Omnibus:** ↑Tante.

Omnibus: **wenn meine Tante/Oma Räder hätte, wäre sie ein Omnibus:** ↑Tante.

Onkel: **der große/dicke Onkel** (ugs.): *der große Zeh:* Au, du stehst auf meinem großen Onkel. Papa hat ein Hühnerauge auf dem dicken Onkel.

▶ Diese und die übernächste Wendung beruhen vermutlich auf einem Missverständnis des mit dem deutschen Wort »Onkel« lautähnlichen französischen Wortes »ongle«, das auf Deutsch »Zehennagel« bedeutet.

ein Onkel, der was mitbringt, ist besser als eine Tante, die Klavier spielt (ugs.): *scherzhafte Bemerkung, wenn ein Mann den Kindern seiner Freunde oder Verwandten ein Geschenk mitbringt.*

über den großen/dicken Onkel gehen (ugs.): *die Füße beim Gehen einwärts setzen:* Sie ist schon als Kind ein bisschen über den großen Onkel gegangen.

on the rocks: *mit Eiswürfeln:* Er bestellte einen Bourbon on the rocks. Manarelli spendierte seiner Reisegefährtin einen Scotch on the rocks (Ziegler, Labyrinth 117).
▶ Diese englische Wendung bedeutet wörtlich »auf die (oder auf den) [Fels]brocken«. Sie bezieht sich darauf, dass man im Allgemeinen zuerst die Eiswürfel (Brocken) in das Glas gibt und darüber dann das Getränk gießt.

Oper: quatsch keine Opern: ↑ quatschen.

Operation: Operation gelungen, Patient tot! (ugs.): *etwas ist im Prinzip korrekt durchgeführt worden, hat aber seinen eigentlichen Zweck verfehlt, hat mehr geschadet als genützt:* Die Verfechter jener Theorie sind stolz, dass sie ihr Ziel ... erreicht haben: Operation gelungen, Patient tot (Dönhoff, Ära 64).

Opfer: jmdm., einer Sache zum Opfer fallen: *das Opfer von jmdm., von etwas werden:* Die Antiquitätenhändlerin war einem Verbrechen zum Opfer gefallen. Einen Augenblick lang befürchtete er, einem Schlaganfall zum Opfer zu fallen (Brecht, Groschen 303). Sie sind einem Irrtum zum Opfer gefallen, einem jener hässlichen Gerüchte (Fallada, Blechnapf 52).

dem Rotstift zum Opfer fallen: ↑ Rotstift.

opfern: jmdm., etwas auf dem Altar der Freundschaft/der Liebe/des Vaterlandes opfern: ↑ Altar. **Neptun opfern:** ↑ Neptun.

Optik: einen Knick in der Optik haben: ↑ Knick.

Order: Order parieren (ugs.; veraltet): *gehorchen:* Wenn der Gutsherr etwas wollte, dann wurde Order pariert im Dorf.

Ordnung: Ordnung ist das halbe Leben: *es ist sehr wichtig, Ordnung zu halten.*

erster Ordnung (ugs.): *von ganz besonderer (besonders schlimmer) Art:* Das war eine Blamage erster Ordnung. Sie erlebten einen Reinfall erster Odnung. Zwar bleibt es unbestritten, dass die Aufrichtigkeit eine Tugend erster Ordnung ist, aber mit Maßen (Maass, Gouffé 311).

in Ordnung (ugs.): 1. *funktionsfähig, nicht gestört, nicht beeinträchtigt; einwandfrei:* Die Waschmaschine war noch völlig in Ordnung. ... meine Geschmacksnerven sind noch vollkommen in Ordnung (Ott, Haie 100). 2. *richtig;*

[moralisch] gerechtfertigt: Die Entscheidungen des Einsatzleiters waren absolut in Ordnung. Es ist einfach nicht in Ordnung, wenn solche Dinge vertuscht werden. 3. *tüchtig, zuverlässig, sympathisch:* Der neue Lehrer ist schon in Ordnung. Mein Vater, der ist in Ordnung, macht auch ziemlich viel mit (Hornschuh, Ich bin 9). 4. *[ich bin] einverstanden:* Hilfst du uns? – In Ordnung, ich komme gleich. In Ordnung, sagen die Polizisten aus einem Munde und reichen den Dienstauftrag zurück (Fries, Weg 116).

etwas in Ordnung bringen: 1. *etwas reparieren, in einen ordentlichen Zustand bringen:* Nachdem sie das Haus einigermaßen in Ordnung gebracht hatten, kam der Räumungsbefehl. ... will der Pfarrer nicht endlich den Schreibtisch in Ordnung bringen? (Langgässer, Siegel 88). Erdmuthe war an das Bett getreten und hatte es mit ein paar Handgriffen in Ordnung gebracht (Seidel, Sterne 156). 2. *etwas regeln, bereinigen:* Der Anwalt wird versuchen, die Angelegenheit in Ordnung zu bringen. ... ich wollte mit ihm beraten, wie wir die Geldsache in Ordnung brächten (Gaiser, Schlussball 34).

[wieder] in Ordnung kommen (ugs.): *geregelt, bereinigt werden; wieder in den ordnungsgemäßen Zustand gebracht werden:* Sie hofft, dass die Sache mit der Versicherung in Ordnung kommt. ... ich aber habe mein Vertrauen auf Sie gesetzt, und so werden Sie mir ... helfen, dass die Geschichte in Ordnung kommt (Bergengruen, Rittmeisterin 136).

in Ordnung gehen (ugs.): *erledigt, ausgeführt werden:* Ihre Bestellung geht in Ordnung, der Auftrag ist schon bearbeitet. »Kann mich nicht darum kümmern, ob mit dem Kind alles in Ordnung geht« (Apitz, Wölfe 58). ... sie sollte sich nur ausweinen, das gehe schon in Ordnung (Rocco [Übers.], Schweine 53).

alles ist in schönster/bester Ordnung: *alles ist, wie es sein soll:* Mit den beiden ist seit gestern wieder alles in bester Ordnung. ... wenn er nämlich allein geblieben wäre, hätte es dumm ausgehen können, aber nun ist ja alles in schönster Ordnung (Geissler, Wunschhütlein 109).

etwas [ganz] in [der] Ordnung finden (ugs.): *etwas für völlig richtig, ange-*

bracht halten: Sie fand es ganz in der Ordnung, dass ihre Eltern ihr einen Urlaub in Florida bezahlten.

jmdn. zur Ordnung rufen: *jmdn. [offiziell] zur Disziplin ermahnen:* Der Bundestagspräsident musste mehrere Abgeordnete zur Ordnung rufen. Mehrfach ist der Verteidigungsminister persönlich von der NATO zur Ordnung gerufen worden (Dönhoff, Ära 59).

Organ: jmdm. fehlt das/jedes Organ für etwas (ugs.): *jmd. hat kein Verständnis für etwas:* Euch fehlt anscheinend jedes Organ für die feinere Lebensart.

kein Organ für etwas haben (ugs.): *kein Verständnis für etwas haben:* Der alte Justizrat hatte kein Organ für moderne Musk. Für die Poesie des Nebeltags, der Herbststimmung ... hatte er kein Organ (Friedell, Aufklärung 189).

orgeln: georgelt haben, bevor die Kirche angegangen ist (ugs.; scherzh.): *vor der Ehe miteinander Geschlechtsverkehr gehabt haben:* Die beiden haben auch georgelt, bevor die Kirche angegangen ist; die Braut ist im sechsten Monat.

Orgelpfeife: wie die Orgelpfeifen: *in einer Reihe der Größe nach geordnet:* Die Kinder standen wie die Orgelpfeifen neben ihrer Mutter. In der Schreibtischschublade lagen die Bleistifte wie Orgelpfeifen (Kempowski, Uns 34). Neben ihr sieben junge Manarellis, wie Orgelpfeifen, alle gleich angezogen (Ziegler, Labyrinth 121).

Orgie: Orgien feiern: *in aller Deutlichkeit hervorbrechen; jedes Maß übersteigen:* Die Menschen waren aufgebracht und nicht mehr zurückzuhalten, der Hass auf die Ausländer feierte wahre Orgien. Es war eine Nacht ohne Schlaf – ... Und die Hemmungslosigkeit feierte Orgien (Kirst, 08/15, 803).

Ort: hier/das ist nicht der Ort zu/für etwas: *für etwas ist jetzt nicht die richtige Gelegenheit; etwas ist jetzt nicht angebracht:* Meine Damen und Herren, das ist wirklich nicht der Ort für persönliche Streitereien! Hier ist nicht der Ort zu langen Diskussionen, wir müssen rasch handeln!

höheren Ort[e]s: *bei einer übergeordneten [Dienst]stelle:* Ich werde mich höheren Ortes über Sie beschweren! Auch Schildknecht ... fehlte nicht, obwohl ... vermutlich höheren Orts das Urteil über ihn fertig vorlag (Gaiser, Jagd 124). Höheren Orts war man ja wohl auch zu der Einsicht gekommen, dass man jedes Risiko mit den Wissenschaftlern zu vermeiden habe (Chr. Wolf, Himmel 175).

an Ort und Stelle: *an dem eigentlichen [für etwas vorgesehenen] Platz:* Jetzt hängen die Bilder wieder an Ort und Stelle. Der Reporter sollte so bald wie möglich an Ort und Stelle recherchieren. Endlich klappte es; die Turbinen waren an Ort und Stelle, ebenso die angeforderten Arbeitskräfte (Frisch, Homo 242).

vor Ort: 1. (Bergmannssprache) *am Arbeitsort, im Minenschacht:* Vor Ort war die Luft stickig, von den Wänden des Schachtes tropfte Wasser. Wenn ich einfuhr, brach mir der Schweiß aus, und vor Ort machte ich mir ... Gedanken, in welche Ecke ich mich retten müsste, wenn ... der Berg nachgäbe (Brot und Salz 221). 2. *unmittelbar am Ort des Geschehens:* Es gibt keine Eigenheimbaustelle ... wo der Bürgermeister während der Bauphase nicht ... vor Ort ist (Freie Presse 26. 11. 1987, 3).

fehl am Ort/Platz sein: ↑ fehl.

Örtchen: das stille/gewisse/verschwiegene Örtchen (ugs.; verhüll.): *die Toilette:* Wo ist hier das stille Örtchen? Inzwischen hatten sich auch die anderen beiden auf dem stillen Örtchen eingefunden – allerdings ohne Absprache, wie sie vor Gericht versicherten (MM 21. 9. 1967, 5).

Öse: mit Haken und Ösen: ↑ Haken.

Oskar: frech wie Oskar: ↑ frech.

Ostern: weiße Ostern: *Ostern, an denen Schnee liegt:* Die Temperaturen sind wieder gefallen, wahrscheinlich stehen uns dieses Jahr weiße Ostern bevor.

wenn Ostern und Pfingsten auf einen Tag fallen (ugs.): *niemals:* Wann fahren wir denn nach Amerika? – Wenn Ostern und Pfingsten auf einen Tag fallen.

ein Gefühl wie Weihnachten und Ostern: ↑ Gefühl.

Otto: Otto Normalverbraucher (ugs.): *der statistische Durchschnittsmensch, der Durchschnittskonsument:* Otto Normalverbraucher hat sich im vergangenen Jahr nur 2,47 Paar neue Schuhe gekauft.

Wenn man die Sendung fallen lassen will, so soll man sie doch gleich einstellen und nicht erst so spät senden, wo Otto Normalverbraucher ins Bett geht. (Hörzu 1, 1979, 100).
▶ Diese Bezeichnung wurde durch die gleichnamige Hauptfigur des Films »Berliner Ballade« aus dem Jahre 1948 bekannt und gebräuchlich.
der flotte Otto (ugs.; verhüll.): *Durchfall:* Iss nicht so viele Äpfel, sonst kriegst du noch den flotten Otto!
▶ Bei dieser Wendung handelt es sich wahrscheinlich um eine Parallelbildung zur »schnellen Kathrine« (vgl. dort).
von wegen [Otto]!: ↑von
Ozon: lieber warmer Mief als kalter Ozon: ↑Mief.

P

paar: jmdm. ein paar aufzählen: ↑aufzählen. **ein paar kriegen:** ↑kriegen. **jmdm. ein paar vor den Latz knallen:** ↑Latz. **ein paar Nummern zu groß für jmdn. sein:** ↑Nummer. **jmdm. ein paar hinter die Ohren geben:** ↑Ohr. **ein paar geschmiert bekommen/kriegen:** ↑schmieren. **ein paar gesteckt kriegen:** ↑¹stecken. **jmdm. ein paar stecken:** ↑¹stecken. **ein paar Takte:** ↑Takt. **jmdm. ein paar überziehen:** ↑überziehen. **ein paar verlöten:** ↑verlöten. **jmdm. ein paar verpassen:** ↑verpassen. **ein paar verpasst kriegen:** ↑verpassen. **jmdm. ein paar wischen:** ↑wischen. **ein paar gewischt kriegen:** ↑wischen.
Paar: ein Paar/ein Pärchen werden (landsch.): *in Streit geraten:* Die beiden wurden wegen einer Erbteilung ein Pärchen.
jmdn. zu Paaren treiben (veraltet): *jmdn. in die Enge treiben, in die Flucht schlagen, besiegen:* Der Feldherr hatte mit seinem Heer die Feinde zu Paaren getrieben und die Stadt befreit. Es war ... ein Glücksfall, ... dass Prätorianergarden anzuwerben waren, die eine nationa-

le Mission zu erfüllen glaubten, wenn sie uniformiert die Arbeiterschaft zu Paaren trieben (Niekisch, Leben 200).
▶ Die Wendung geht auf den alten Ausdruck »zum baren bringen« zurück, der so viel wie »ins Jagdnetz treiben« bedeutet. Später wurde das Wort »baren« nicht mehr verstanden und zu »Paaren« umgedeutet. Dabei mag die Vorstellung mitgespielt haben, dass man einen besiegten Gegner dazu zwingen kann, sich gehorsam in Reih und Glied zu ordnen.
das sind zwei Paar Stiefel: ↑Stiefel. **zusammenpassen wie ein Paar alte Latschen:** ↑zusammenpassen.
Pace: die Pace machen (Sport): *das Tempo im Rennen bestimmen:* Während der Favorit noch zurückgehalten wurde, versuchte sein Stallgefährte auf der Gegengeraden die Pace zu machen. Der Kenia-Neger machte eine stürmische Pace. Er wollte offensichtlich den lästigen Mamo Wolde loswerden (MM 22. 10. 1968, 15).
▶ Die Wendung stammt aus dem Pferdesport. Im Englischen wird mit »pace« die Gangart, Geschwindigkeit bezeichnet.
pachten: als ob jmd. etwas gepachtet hätte (ugs.): *als ob jmd. etwas allein besäße:* Er breitete seine Sachen so aus, als ob er die Liegewiese gepachtet hätte.
glauben/meinen, die Weisheit [allein] gepachtet zu haben: ↑Weisheit.
¹Pack: mit Sack und Pack: ↑Sack.
²Pack: Pack schlägt sich, Pack verträgt sich (abwertend): *bei Menschen ohne Ehrgefühl braucht man Auseinandersetzungen, Streitereien nicht ernst zu nehmen:* Immer wenn er betrunken ist, will er mir den Hals umdrehen. ... Wird nicht so schlimm sein, antwortete ich ... Und dann dachte ich: Pack schlägt sich, Pack verträgt sich (Grün, Irrlicht 5).
Päckchen: sein Päckchen zu tragen haben (ugs.): *Sorgen und Probleme haben:* Die Tochter des Bürgermeisters ist auf einen Heiratsschwindler hereingefallen und hat ihre Ersparnisse verloren – so hat eben jeder sein Päckchen zu tragen.
▶ Wie in dieser Wendung werden in bildhaftem Sprachgebrauch Sorgen und Leid häufig als eine Last dargestellt, die jemand tragen muss.
packen: das Bett an/bei fünf Zipfeln packen wollen: ↑Bett. **sein Bündel packen:**

↑Bündel. **jmdn. bei seiner Ehre packen:** ↑Ehre. **die Gelegenheit beim Schopfe packen:** ↑Gelegenheit. **die Koffer packen:** ↑Koffer. **jmdn. beim Kragen packen:** ↑Kragen. **jmdn. am/beim Schlafittchen packen:** ↑Schlafittchen. **seine Siebensachen packen:** ↑Siebensachen. **den Stier bei den Hörnern packen:** ↑Stier. **das Übel an der Wurzel packen:** ↑Übel. **jmdn. in Watte packen:** ↑Watte. **der/die** usw. **kann/soll sich in Watte packen lassen:** ↑Watte. **jmdn. am/beim Wickel packen:** ↑Wickel.

Paletot: wie der Mops im Paletot: ↑Mops.

paletti: alles paletti (ugs.): *alles in Ordnung:* Wenn er die zehn Mark zurückgegeben hat, dann ist doch alles paletti, oder? ... alle Kohlekraftwerke ... werden in Zukunft ... mit Entschwefelungsanlagen versehen ... prima so, alles paletti (Spiegel 8, 1983, 52).
▶ Die Herkunft dieser Wendung ist nicht geklärt.

Palme: die Palme erringen (geh.): *Sieger werden:* Bei den Nachwuchswettbewerben errangen zwei Mädchen mit Arbeiten über den Umweltschutz die Palme.
▶ Diese und die folgende Wendung gehen auf den alten Brauch zurück, den Sieger eines Kampfes oder Wettbewerbs mit der Siegespalme auszuzeichnen.

jmdm. die Palme zuerkennen (geh.): *jmdn. zum Sieger, zum Besten erklären:* Die Jury wird dieser jungen Pianistin die Palme zuerkennen müssen.

jmdn. auf die Palme/(selten:) **Pinie bringen** (ugs.): *jmdn. wütend machen:* Er brachte sie mit seinem Gerede langsam auf die Palme. Die Skandale, die sich ... bei der Berufsboxveranstaltung ereigneten, brachten selbst Zuschauer und Experten mit Engelsgeduld auf die Palme (MM 4. 1. 1971, 15).
▶ Dieser und den folgenden Wendungen liegt die Vorstellung zugrunde, dass Wut und Ärger einen Menschen auffahren, »hochgehen« lassen.

es ist, um auf die Palme/(selten:) **die Pinien zu klettern** (ugs.): *es ist äußerst ärgerlich:* Schon wieder springt die Karre nicht an – es ist, um auf die Palme zu klettern!

auf der Palme sein (ugs.): *sehr wütend sein:* Ein falsches Wort, und die Chefin ist sofort auf der Palme! Er ist nicht ru-

hig, er ist immer verdammt schnell auf der Palme (H. Gerlach, Demission 79).

von der Palme herunterkommen (ugs.): *sich wieder beruhigen, seine Wut, seinen Ärger abklingen lassen:* Nun komm erst mal herunter von der Palme, und trink ein Bier mit uns!

sich einen von der Palme wedeln (derb): *masturbieren:* Mit zwei Pornoheften verschwand er ins Badezimmer, um sich einen von der Palme zu wedeln.
▶ In dieser Wendung wird das männliche Glied bildhaft als Palme umschrieben; das Verb »wedeln« spielt zum einen auf die Zusammensetzung »Palmwedel« an, zum andern auf die Handbewegung beim Masturbieren.

Pampa: in der Pampa (ugs.): *weit außerhalb [in menschenleerer Gegend]:* Die Wohnungen in der Stadt waren ihr zu teuer, da hat sie sich was in der Pampa gesucht.

Pandora: die Büchse der Pandora: ↑Büchse.

Panier: etwas auf sein Panier schreiben (veraltend): *sich etwas zum Ziel setzen:* Sie hatte den Umweltschutz auf ihr Panier geschrieben.
▶ »Panier« ist eine aus dem Französischen stammende, heute kaum noch gebräuchliche Bezeichnung für »Fahne«. Die Wendung bezieht sich darauf, dass auf eine Fahne häufig ein Leitspruch o. Ä. gestickt oder gedruckt wurde; vgl. die Wendung »etwas auf seine Fahnen schreiben«.

Pantine: aus den Pantinen kippen (ugs.): 1. *ohnmächtig werden, zusammenbrechen:* Halt durch, mein Junge, du wirst mir doch jetzt nicht aus den Pantinen kippen! Sie liegen in den Zellen, ... bis sie einander nicht mehr riechen ... können. Sie kippen aus den Pantinen (Sobota, Minus-Mann 123). 2. *die Fassung verlieren; überrascht sein:* Wenn seine Frau das erfährt, kippt sie glatt aus den Pantinen!
▶ »Pantine« ist ein landschaftlicher Ausdruck für »Pantoffel, Schuh«. Die Wendung drückt übertreibend aus, dass jemand vor Überraschung, Entsetzen oder Entkräftung zu Boden fällt und dabei seine Füße aus den Pantoffeln gleiten.

Pantoffel: den Pantoffel schwingen (ugs.): *den Ehemann unterdrücken, be-*

herrschen: Seine Frau schwingt den Pantoffel, er hat zu Hause nicht viel zu melden.

▶ Der Pantoffel war früher die für Ehe- und Hausfrauen typische Fußbekleidung. Bei ehelichen Auseinandersetzungen konnte mit dem Pantoffel auch geschlagen oder geworfen werden. Die Wendung meint also eigentlich, dass eine Frau ihren Mann durch Schläge mit dem Pantoffel unterdrückt.

unter den Pantoffel kommen (ugs.): *von der Ehefrau beherrscht werden:* Mit ihm brauchen wir beim Frühschoppen nicht mehr zu rechnen, der ist jetzt ganz und gar unter den Pantoffel gekommen.

▶ Diese und die beiden folgenden Wendungen können auf einen alten Hochzeitsbrauch zurückgehen, bei dem die Frischvermählten versuchen mussten, sich gegenseitig auf den Fuß zu treten. Wem das zuerst gelang, dem sagte man die Herrschaft in der Ehe voraus. Möglich ist aber auch, dass der Pantoffel, die früher typische Fußbekleidung der Ehe- und Hausfrau, als Pars pro Toto für Ehefrau steht (vgl. die vorangehende Wendung).

unter dem Pantoffel stehen (ugs.): *von der Ehefrau beherrscht, unterdrückt werden:* Er glaubt, er sei der Herr im Hause, aber in Wirklichkeit steht er unter dem Pantoffel. Sie sind oft rührend besorgte Familienväter ... und stehen meist unter dem Pantoffel irgendeiner robusten Person (Thieß, Reich 297).

jmdn. unter dem Pantoffel haben (ugs.): *jmdn. [den Ehemann] in der Ehe unterdrücken, beherrschen:* Sie hatte auch ihren zweiten Mann unter dem Pantoffel.

Panzer: stur wie ein Panzer: ↑ stur.

Papier: Papier ist geduldig: *geschrieben werden kann alles Mögliche, es muss aber nicht immer wahr sein:* Die Zeitungen sind voll von angeblichen Fakten über den Bestechungsskandal, aber Papier ist ja bekanntlich geduldig.

sich seine Papiere holen können/geben lassen können (ugs.): *entlassen werden:* Hören Sie sofort mit dem Unsinn auf, sonst können Sie sich Ihre Papiere holen! Wer beim Diebstahl erwischt wird, der kann sich sofort seine Papiere geben lassen!

etwas aufs Papier werfen: *etwas entwerfen, skizzieren; rasch niederschreiben:* Noch am selben Abend hatte er bereits die ersten Takte der neuen Symphonie aufs Papier geworfen. Dem wieder einmal schnell, wenn nicht hastig aufs Papier geworfenen Roman kann man freilich Betulichkeit am wenigsten anlasten (Reich-Ranicki, Th. Mann 143).

nur auf dem Papier stehen: *zwar [schriftlich] festgelegt, aber nicht verwirklicht sein:* Die Kooperation der beiden Ministerien stand lange Zeit nur auf dem Papier. Er wusste, was es heißt, wenn in einem Staat die Menschenrechte nur auf dem Papier stehen.

etwas zu Papier bringen (geh.): *etwas aufschreiben, schriftlich formulieren, niederlegen:* Es war ihm nicht gelungen, etwas Vernünftiges zu Papier zu bringen. Er brauchte ziemlich lange, um dieses Dokument schönen Menschentums zu Papier zu bringen (Geissler, Wunschhütlein 126).

nur ein Stück Papier sein: ↑ Stück.

papiern: papierne Hochzeit: ↑ Hochzeit.

papp: nicht mehr papp sagen können (ugs.): *sich restlos satt gegessen haben:* Noch ein Stück Kuchen? – Nein danke, ich kann nicht mehr papp sagen!

Pappe: nicht von Pappe sein (ugs.): *stark, kräftig, nicht zu unterschätzen sein:* Donnerwetter, dein Grog ist nicht von Pappe! Der linke Haken des Herausforderers war nicht von Pappe. »Der Advokat ist ein großer Mann«, erklärte er. »Aber auch wir sind nicht von Pappe.« (H. Mann, Kleine Stadt 436).

▶ »Papp« oder »Pappe« ist eine mundartliche Bezeichnung für »Brei«, besonders »Kinderbrei«. Wer nicht von Pappe« ist, der wurde nicht mit Brei ernährt, sondern er bekam kräftiges Essen und wurde dadurch gesund und stark.

Pappenheimer: seine Pappenheimer kennen (ugs.): *bestimmte Menschen mit ihren Schwächen genau kennen und daher wissen, was man von ihnen zu erwarten hat:* Unser alter Klassenlehrer kannte seine Pappenheimer ganz genau. Der Obergefreite Kowalski verschränkte seine Arme. Er kannte seine Pappenheimer! (Kirst, 08/15, 435). Einmal in der Woche wurden die schmutzigsten Kin-

der gebadet. Es gab welche, die ... mussten erst »weichen«. Wir kannten unsere Pappenheimer (Kempowski, Zeit 341).
▶ Die Wendung stammt aus Schillers Drama »Wallensteins Tod« (III, 15). »Daran erkenn ich meine Pappenheimer«, sagt dort Wallenstein zu einer Abordnung des Pappenheimer Regiments und drückt mit diesen Worten seine Anerkennung aus.

Pappenstiel: kein Pappenstiel sein (ugs.): *nicht wenig sein:* Zehn Stunden hintereinander am Fließband zu stehen ist kein Pappenstiel! Wenn du ... die reguläre sechste Zahl getroffen hättest, wärst du jetzt Millionär, aber 50 000 Mäuse sind auch kein Pappenstiel (Augsburger Allgemeine 6. 5. 1978, 15). ... er ist immerhin vierundachtzig, das ist kein Pappenstiel (Becker, Irreführung 201).
▶ Die Herkunft dieser und der beiden folgenden Wendungen ist nicht sicher geklärt. Vermutlich ist das Wort »Pappenstiel« aus »Pappenblumenstiel« entstanden und bezeichnet eigentlich den Stängel der Pappenblume. Der Name »Pappenblume« stammt aus niederd. päpenblōme »Löwenzahn« (eigentlich »Pfaffenblume«). Die Verwendung von »Pappenstiel« im Sinne von »Wertloses« geht dann von dem Bild der vom Wind verwehten Federkronen des Löwenzahns aus.

keinen Pappenstiel wert sein (ugs.): *nichts wert sein:* Der Plattenspieler ist keinen Pappenstiel wert.

für einen Pappenstiel (ugs.): *sehr billig:* Damals konnte man so ein Grundstück für einen Pappenstiel kaufen. Kempowski hat ihm das Haus abgekauft, aus dem Konkurs heraus, für einen Pappenstiel (Kempowski, Zeit 30).

Paprika: scharf wie Paprika sein: ↑ scharf.

Papst: päpstlicher als der Papst sein: ↑ päpstlich. **in Rom gewesen sein und den Papst nicht gesehen haben:** ↑ Rom.

päpstlich: päpstlicher als der Papst sein: *strenger, genauer sein als nötig:* Wir wollen nicht päpstlicher als der Papst sein und die Angelegenheit auf sich beruhen lassen. Um konsequent zu sein, zieht er gegen Halbheiten zu Felde, ist päpstlicher als der Papst (Sprachgefühl 163).

▶ Diese Wendung bezieht sich wohl auf das Unfehlbarkeitsdogma der katholischen Kirche, nach dem der Papst in offiziellen Erklärungen zu Glaubensfragen nicht irren kann. Wenn sich jemand »päpstlicher als der Papst« gibt, dann tut er so, als könne er selbst überhaupt keine Fehler machen, dann ist er übertrieben genau und streng.

Parade: jmdm. in die Parade fahren: *jmdm. energisch entgegentreten:* In der Diskussion ist er den Vertretern der anderen Parteien immer wieder in die Parade gefahren. Sie hatte als Einzige den Mut, dem Bürgermeister energisch in die Parade zu fahren. Was Spätrom ... kennzeichnet, ist eine fieberhafte, wimmelnde, sich selber mit immer neuen Verordnungen in die Parade fahrende Überorganisation (Thieß, Reich 361).
▶ Diese Wendung stammt aus der Fechtersprache, wo das Wort »Parade« eine Abwehrhaltung bezeichnet; »in die Parade fahren« heißt ursprünglich »die Verteidigung des Gegners durchbrechen«.

Paradies: das Paradies auf Erden haben: *in angenehmsten Verhältnissen leben:* In den drei Wochen auf dem Bauernhof hatten die Kinder das Paradies auf Erden. Er versprach ihr, sie würde an seiner Seite das Paradies auf Erden haben.

Paragraph: den Paragraph[en] 51 haben (ugs. veraltet): *nicht zurechnungsfähig sein:* Nimm den Alten nicht so wichtig, der hat doch den Paragraph 51!
▶ Im früheren Paragraphen 51 des Strafgesetzbuches wird geregelt, dass man für eine im Zustand geistiger Unzurechnungsfähigkeit begangene Straftat vor Gericht mildernde Umstände angerechnet bekommt. Darauf bezieht sich die vorliegende Wendung.

Parallele: jmdn., etwas mit jmdm., mit etwas in Parallele setzen/stellen: *jmdn., etwas mit jmdm., mit etwas vergleichen, gleichsetzen:* Einige Theoretiker haben Kant mit Sokrates in Parallele gestellt. Man kann die Verhältnisse in Südamerika nicht einfach mit denen in Europa in Parallele setzen.

Parenthese: in Parenthese (bildungsspr.): *nebenbei:* Gestatten Sie mir bitte noch eine Bemerkung in Parenthe-

se. Auf eine Feinheit dieser Triebhandlungen möchte ich hier in Parenthese hinweisen (Lorenz, Verhalten I, 202). In Parenthese: Das Gattungswort »Roman« setze ich in Anführungszeichen (MM 25. 1. 1973, 19).
▸ »Parenthese« ist ein Fremdwort für die Klammer als Satzzeichen. Das, was man in Klammern schreibt, ist meist eine zusätzliche, nebenbei gemachte Anmerkung; darauf bezieht sich die vorliegende Wendung.

par excellence (bildungsspr.): *in höchster Vollendung; schlechthin:* Er ist ein Gentleman par excellence. Das war eine Fehlentscheidung par excellence. Dieser Adam ist ein Frauentröster par excellence. Auf Anhieb versiegen bei ihm Mädchentränen ... (Hörzu 47, 1975, 111).
▸ Diese Wendung stammt aus dem Französischen, wo sie in derselben Bedeutung gebraucht wird.

parieren: Order parieren: ↑ Order.

Park: barfuß in den Park gehen: ↑ barfuß.

Parkett: etwas glatt aufs Parkett legen (ugs.): *etwas ohne Schwierigkeiten bewerkstelligen:* Sie hatte sämtliche Prüfungen glatt aufs Parkett gelegt.
eine kesse Sohle aufs Parkett legen: ↑ Sohle.

Paroli: jmdm., einer Sache Paroli bieten (veraltend): *jmdm., einer Sache wirksam entgegentreten:* Die Umweltschützer sind durchaus in der Lage, der Baubehörde Paroli zu bieten. Wir müssen zu jeder Zeit »dem Klassenfeind Paroli bieten« können und ihn »auf seinem eigenen Territorium vernichten« (Spiegel 9, 1977, 41).
▸ Das Wort »Paroli« stammt aus der Sprache der Kartenspieler. Im Pharospiel bezeichnet es die Verdoppelung des Einsatzes; die Wendung hatte ursprünglich also die Bedeutung »(unter Verdoppelung des Einsatzes) mit- bzw. gegenhalten«.

Partei: Partei sein: *parteiisch sein, von vornherein auf einer bestimmten Seite stehen:* Da ich in dieser Sache Partei bin, möchte ich die Diskussionsleitung nicht übernehmen.
jmds. Partei/für jmdn. Partei ergreifen/nehmen: *jmdn., jmds. Standpunkt unterstützen, verteidigen:* Es ist unerhört, dass

der Richter öffentlich für den Ankläger Partei ergriffen hat. Ich spürte sogar Lust, ihm einen Wink zu geben, seine Partei zu nehmen, er gefiel mir (Chr. Wolf, Nachdenken 149). Als ich den Artikel gelesen hatte, ärgerte ich mich, denn er nahm einseitig Partei für den ... Beschluss des Stadtrates (v. d. Grün, Glatteis 166).
über den Parteien stehen: *unparteiisch sein:* Sie versuchte, in den Auseinandersetzungen über den Parteien zu stehen. ... aber daraus geht bloß hervor, dass er eine echt patriotische, über den Parteien stehende Persönlichkeit ist (Musil, Mann 583). »Wir müssen unsere Gegner durch Milde ... versöhnen. Das verlangt die Klugheit des wahren Staatsmannes, der über den Parteien steht.« (H. Mann, Stadt 288).

Parteibuch: das falsche/richtige Parteibuch haben/besitzen: *[im Hinblick auf die Karriere] der falschen/richtigen Partei angehören:* Er war Minister geworden, weil er das richtige Parteibuch hatte, nicht aufgrund einer fachlichen Qualifikation. Der neue Vizepräsident ... war zwar schon Bundesrichter, aber das richtige Parteibuch besitzt auch er (Spiegel 9, 1986, 36).

parterre: parterre gehen (ugs.): *zu Boden gehen:* Er hatte einen Schlag auf den Kopf bekommen und war parterre gegangen.

Partie: eine gute Partie sein (veraltend): *viel Geld, Besitz mit in die Ehe bringen:* Der junge Zahnarzt würde eine gute Partie sein, daran bestand kein Zweifel. Manuela ... war wirklich eine Schönheit ... Und eine gute Partie dazu. Eine gute Partie war er selber (Danella, Hotel 77).
eine gute Partie machen (veraltend): *einen vermögenden Ehepartner bekommen:* Sein Ziel ist es, eine gute Partie zu machen und sich dann zur Ruhe zu setzen. Der junge Mann ... verliert sein Vermögen und beschließt, in der Provinz eine gute Partie zu machen. (Hörzu 39, 1973, 72).
eine gute/schlechte o. ä. Partie liefern (Sport): *gut/schlecht o. ä. spielen:* Der Verteidiger hatte in der ersten Halbzeit keine gute Partie geliefert und wurde ausgewechselt. Vor zehntausend ent-

täuschten Zuschauern lieferten beide Mannschaften eine sehr mäßige Partie.

mit von der Partie sein (ugs.): *bei etwas mitmachen, sich an etwas beteiligen:* Als die Studenten eine Theatergruppe gründeten, war sie sofort mit von der Partie. Anderntags zeigte ihnen Lustig ein Schloss bei Prag ... Mit von der Partie war ... auch ein Herr von Lilienthal (Bieler, Mädchenkrieg 20). Während der weiteren Ermittlungen nahm die Polizei ... einen weiteren ... Mannheimer fest, der bei drei Einbrüchen in Mannheim mit von der Partie war (MM 19. 12. 1979, 15).

Passagier: blinder Passagier: ↑ blind.

passen: das könnte jmdm. so passen (ugs.): *das wäre jmdm. angenehm [aber man wird es nicht zulassen, es zu verhindern suchen]:* Das könnte dir so passen, mich mit den Kindern allein lassen und in die Kneipe gehen – das kommt nicht infrage! Das könnte den Unersättlichen so passen: Ungehemmt und ohne Ablenkung dem Erfolg nachzujagen (Dönhoff, Ära 40). Das könnte dir so passen, knurrt meine Weibsstück so passen, knurrt mein Großvater (Bobrowski, Mühle 65).

passen wie die Faust aufs Auge (ugs.): 1. *überhaupt nicht passen:* Das karierte Halstuch zu der gepunkteten Jacke – das passt wie die Faust aufs Auge. 2. *sehr gut, ganz genau passen:* Das neue Ventil passt wie die Faust aufs Auge. Der Beamte ... vertritt die Meinung, dass die zwei Straftäter zueinander passen wie die Faust aufs Auge (Ossowski, Flatter 189).

▶ Mit dem Vergleich wurde zunächst ausgedrückt, dass etwas überhaupt nicht zu etwas passt: Faust und Auge passen nicht zusammen, weil es höchst unangenehm ist, einen Faustschlag aufs Auge zu bekommen. Durch häufigen ironischen Gebrauch entwickelte sich die gegenteilige Bedeutung.

passen wie [der] Faust aufs Gretchen (scherzh.): *sehr gut, ganz genau passen:* Wir werden morgens an genau dem Tag ankommen, an dem die Festwoche beginnt; das passt wie Faust aufs Gretchen!

▶ Hier handelt es sich um eine scherzhafte Abwandlung der vorangehenden

Wendung, wobei auf Goethes »Faust« Bezug genommen wird.

passen wie der Igel zum Taschentuch/ Handtuch (ugs.; selten): *überhaupt nicht [zu jmdm., zu etwas] passen:* Dieser Sessel passt in deine Wohnung wie der Igel zum Taschentuch.

▶ Der Vergleich stellt zwei überhaupt nicht vergleichbare Dinge zusammen, um die angegebene Bedeutung der Wendung besonders deutlich zu machen.

wie angegossen passen: ↑ angegossen. **solang der Arsch in die Hosen passt, wird keine Arbeit angefasst:** ↑ Arsch. **wem die Jacke passt, der zieht sie sich an:** ↑ Jacke. **in keine Jacke mehr passen:** ↑ Jacke. **jmdm. [nicht] in den Kram passen:** ↑ Kram. **jmdm. passt jmds. Nase nicht:** ↑ Nase. **nicht in den Rahmen passen:** ↑ Rahmen. **... dass du in keinen Sarg mehr passt:** ↑ Sarg. **der Schlüssel passt:** ↑ Schlüssel. **wem der Schuh passt, der zieht ihn sich an:** ↑ Schuh. **jmdm. [nicht] in den Streifen passen:** ↑ Streifen.

¹passieren: etwas Revue passieren lassen: ↑ Revue.

²passieren: jmdm. ist etwas Menschliches passiert: ↑ menschlich.

Pastete: die ganze Pastete (ugs.; abwertend): *alles, was da ist; das alles:* Packen Sie die ganze Pastete in eine Kiste, und stellen Sie sie in den Keller!

nun/jetzt haben wir die Pastete! (ugs.): *eine [befürchtete] unangenehme Situation ist eingetreten:* Ihr wolltet ja keinen Schirm mitnehmen – jetzt haben wir die Pastete! Nun haben wir die Pastete – der letzte Bus ist abgefahren!

Pastorentochter: unter uns Pastorentöchtern/Pfarrerstöchtern (ugs.): *in unserem Kreis von Gleichgesinnten; im Vertrauen:* Unter uns Pastorentöchtern können Sie uns doch ein paar Einzelheiten verraten!

Pate: bei etwas Pate gestanden haben: *etwas angeregt, mit hervorgerufen, beeinflusst haben:* Bei diesen Skulpturen hat offensichtlich das Frühwerk Henry Moores Pate gestanden. Beim Entwurf dieses Hauses hat offensichtlich eine Bahnhofshalle Pate gestanden.

▶ Der Pate ist Zeuge bei der Taufe eines Kindes; er ist sozusagen bei den ersten Anfängen der Entwicklung eines Menschenlebens zugegen und hat oft auch Einfluss auf die spätere Erziehung und Ausbildung des Kindes. Darauf bezieht sich die vorliegende Wendung.

Pater, peccavi: »Pater, peccavi« sagen (bildungsspr.): *demütig um Verzeihung bitten, eine Schuld eingestehen:* Ich werde mich nicht scheuen, »Pater, peccavi« zu sagen, wenn ich einen Fehler gemacht haben sollte.

▶ Die lateinische Fügung »Pater, peccavi« bedeutet »Vater, ich habe gesündigt«. Sie ist Bestandteil vieler christlicher Gebete und wird auch bei bestimmten liturgischen und sakralen Handlungen gesprochen. Sie stammt aus der Bibel, und zwar aus dem Gleichnis vom verlorenen Sohn (Lukas 15, 18).

Patient: Operation gelungen, Patient tot: ↑Operation.

Patsche: jmdm. aus der Patsche helfen (ugs.): *jmdn. aus einer Notlage, Verlegenheit befreien:* Irgendjemand wird uns schon aus der Patsche helfen. Einmal war es unser väterlicher Freund ..., der uns etwas Geld ... zukommen ließ, das nächste Mal half uns ein Zeitungsredakteur ... aus der Patsche (K. Mann, Wendepunkt 179).

in der Patsche sitzen/stecken (ugs.): *in einer Notlage, in Verlegenheit sein:* Wenn der Wagen jetzt nicht mehr anspringt, sitzen wir ganz schön in der Patsche. Als du in der Patsche stecktest, haben wir dir auch geholfen. Wenn diese Meldung ans Kriegsgericht geht, sitzen Sie in der Patsche (Kuby, Sieg 397).

jmdn. in die Patsche reiten (ugs.): *jmdn. in eine unangenehme, schlimme Lage bringen:* Du warst es doch, der uns damals in die Patsche geritten hat! Er sagte höflich, natürlich sei es nicht angenehm, jemand mit einem guten Rat in die Patsche zu reiten (A. Zweig, Grischa 219).

patzig: sich patzig machen (ugs.): *sich aufspielen:* Mach dich nicht patzig, mein Freund! Sie wollen also, dass Bürger ... zur Ader gelassen werden, damit sich die Wiener Stadtväter ... mit dem U-Bahn-Projekt patzig machen können (Kronen-Zeitung 10. 10. 1968, 4).

Pauke: auf die Pauke hauen (ugs.): 1. *ausgelassen feiern:* Kinder, heute Abend hauen wir auf die Pauke, ich habe im Lotto gewonnen! Aber lässt du dich nie richtig gehen, haust du nie auf die Pauke? (Ruark [Übers.], Honigsauger 61). Vatertag – ach ja, ... Reizt ihn der fröhliche Jux nicht mehr, der Wunsch, mal richtig auf die Pauke zu hauen? (BM 27. 5. 1976, 3). 2. *angeben, großsprecherisch sein:* Hört nur, wie der Abteilungsleiter heute wieder auf die Pauke haut!

▶ Diese Wendung geht auf die Vorstellung zurück, dass die Pauke als besonders lautes Instrument kaum zu überhören ist.

mit Pauken und Trompeten (ugs.): 1. *ganz und gar, hoffnungslos:* Er ist mit Pauken und Trompeten durchs Examen gefallen. Im Rückspiel haben die Kickers mit Pauken und Trompeten verloren. Die Kritik wurde immer härter, die Sendung immer schlechter. Die letzte Folge fiel mit Pauken und Trompeten durch (Hörzu 13, 1971, 28). 2. *mit großen Ehren:* Die Delegation aus dem Nachbarland wurde mit Pauken und Trompeten empfangen.

▶ Musik mit Pauken und Trompeten diente ursprünglich festlichen Anlässen; diese Vorstellung hat sich in der zweiten Bedeutung der Wendung erhalten, während sie in der ersten Bedeutung nur ironisch anklingt.

Paulus: aus einem Saulus zum Paulus werden: ↑Saulus.

Pause: Pause/Sendepause haben (ugs.): *schweigen müssen:* Red nicht dauernd dazwischen – wenn wir uns hier unterhalten, dann hast du Pause, verstanden! Jetzt rede ich, und solange hast du Sendepause!

Pech: Pech an der Hose/am Hintern (ugs.)/am Arsch (derb) haben: *als Gast viel zu lange bleiben, das Nach-Hause-Gehen vergessen:* Jetzt ist es schon halb zwölf – deine Freunde haben wirklich Pech an der Hose!

zusammenhalten wie Pech und Schwefel: ↑zusammenhalten.

Pegasus: den Pegasus besteigen/reiten (veraltend; scherzh.): *dichten:* Nach einigen Gläschen Wein konnte niemand mehr den Gastgeber daran hindern, den Pegasus zu besteigen und einen Vierzeiler zu improvisieren.

▶ Der Pegasus ist in der griechischen Mythologie ein geflügeltes Pferd, das durch seinen Hufschlag eine Quelle hervorbrachte. Wer aus dieser Quelle trank, wurde ein Dichter.

peilen: etwas über den Daumen peilen: ↑Daumen. **die Lage peilen:** ↑Lage.

peinigen: jmdn. bis aufs Blut peinigen: ↑Blut. **jmdn. bis aufs Mark peinigen:** ↑²Mark.

Peitsche: die Peitsche geben: *[ein Pferd] mit der Peitsche zu schnellerer Bewegung antreiben:* In der Zielgeraden gab er seinem Pferd die Peitsche, aber er wurde trotzdem nur Vierter. Ruhnau gab dem Gaul die Peitsche, und der trabte an (Kirst, 08/15, 445). **mit Zuckerbrot und Peitsche:** ↑Zuckerbrot.

peitschen: wie von Furien gepeitscht: ↑Furie.

Peking: ob/wenn in Peking ein Fahrrad/ein Sack Reis umfällt: ↑China.

Pelle: jmdm. auf die Pelle rücken (ugs.): *jmdn. bedrängen:* Sie rückten dem Vermieter geschlossen auf die Pelle, damit er den Umbau nicht länger verbietet. Auch heuer zeigte sich der führerscheinlose Fahrer nicht friedlicher und rückte den Beamten mit dem Beil auf die Pelle (MM 31. 1. 1970, 8). ▶ Das Wort »Pelle« steht häufig im umgangssprachlichen Gebrauch für die menschliche Haut. Diese und die folgenden Wendungen geben also bildhaft der Vorstellung von engster Bedrängtheit Ausdruck. **jmdm. auf der Pelle liegen/sitzen** (ugs.): *jmdn. nicht in Ruhe lassen, aufdringlich bei jmdm. bleiben:* Dieser geschwätzige Nachbar saß ihr schon den ganzen Tag auf der Pelle. Ich saß wie gelähmt. Zu Binnets hinaufgehen? Ich kann ihnen auch nicht immer auf die Pelle liegen (Seghers, Transit 141). **jmdm. von der Pelle gehen** (ugs.): *jmdn. in Ruhe lassen:* Geh mir endlich von der Pelle, ich habe zu arbeiten! Und seit der Sache mit dem Wandbild gingen ihm die Kinder nicht mehr von der Pelle! (Plenzdorf, Leiden 63).

pellen: wie aus dem Ei gepellt: ↑Ei.

Pelz: jmdm. eins/eine Kugel auf den Pelz brennen (ugs.): *auf jmdn. schießen:* Der Jäger versuchte, dem Fuchs eins auf den Pelz zu brennen. Er wollte dem Halunken eine Kugel auf den Pelz brennen, wenn er noch einmal sein Grundstück betrat. ▶ In dieser und in den folgenden Wendungen steht »Pelz« für die menschliche Haut und bezeichnet – wie z. B. auch »Fell« – als Pars pro Toto den Körper des Menschen. **jmdm. auf den Pelz rücken** (ugs.): *jmdn. bedrängen:* Was sollten sie machen, wenn ihnen in der nächsten Woche die Gläubiger auf den Pelz rücken? Nicht wenigen Gästen war Amalie schon auf den Pelz gerückt mit der Anpreisung Gustls als Lehrling (Kühn, Zeit 335). Er erinnerte sich ... an die große Angst, der Tod rücke ihm nun auf den Pelz (Becker, Tage 157). **jmdm. eins auf den Pelz geben** (ugs.): *jmdn. verprügeln:* Wir werden euch eins auf den Pelz geben, wenn ihr nicht gleich verschwindet! **jmdm. eine Laus in den Pelz setzen:** ↑Laus. **wasch mir den Pelz, aber/und mach mich nicht nass:** ↑waschen.

Pension: in Pension gehen: *pensioniert werden:* Kollege Meyer geht am nächsten Ersten in Pension. ... im Vertrag ist vorgesehen, dass Sie später auch Meister werden, wenn der dortige in Pension geht (v. d. Grün, Glatteis 25). **jmdn. in Pension schicken:** *jmdn. pensionieren:* Die Firma wollte ihn schon in Pension schicken, aber er hat durchgesetzt, dass er noch mindestens zwei Jahre weitermachen kann. ... aber schon als Major träumte er nur noch von einem langen Urlaub auf Wartegebühr, um den Zeitpunkt zu erreichen, wo er als Oberst ad honores ... in Pension geschickt würde (Musil, Mann 343).

per: per Anhalter: ↑Anhalter. **per Arm gehen:** ↑Arm. **per Daumen:** ↑Daumen. **mit jmdm. per du sein:** ↑du. **per Saldo:** ↑Saldo.

per acclamationem (bildungsspr.): *durch Zuruf, Applaus [bei einer Abstimmung]:* Der Vorsitzende wurde per acclamationem in seinem Amt bestätigt.

per annum (veraltet): *jährlich; für das Jahr:* Sie erhielt eine Apanage von 350 Goldmark per annum. Die Bezüge in der Oberklasse des Managements, die ... selten unter einer halben Million per annum liegen, würden ... eine eigene Risikovorsorge ermöglichen (Spiegel 26, 1985, 42).

per definitionem (bildungsspr.): *wie es das Wort, die Aussage beinhaltet; erklärtermaßen:* Ein Wörterbuch kann per definitionem nicht die Informationen eines Lexikons vermitteln. ... da ... die Kategorie »Fehler« per definitionem bereits an die Performanz geknüpft ist (Rosenberg, Dialekt 57).

Perle: Perlen vor die Säue werfen (ugs.): *etwas Wertvolles jmdm. anbieten, geben, der kein Verständnis dafür hat:* Dir Kaviar zu servieren heißt wirklich Perlen vor die Säue zu werfen!

▶ Die Wendung wurde durch die Bibel allgemein verbreitet, dort heißt es in Matthäus 7, 6: »... eure Perlen sollt ihr nicht vor die Säue werfen, auf dass sie dieselbigen nicht zertreten mit ihren Füßen und sich wenden und euch zerreißen.« Die Wendung ist allerdings schon früher in der Literatur belegt. Da Schweine früher überwiegend mit Abfall gefüttert wurden, bringt die Wendung die völlige Unangemessenheit einer Handlung zum Ausdruck.

jmdm. fällt keine Perle/kein Stein aus der Krone: ↑ Stein.

Permanenz: in Permanenz (veraltend): *ständig, ununterbrochen, auf Dauer:* Seit gestern wird über die neue Situation in Permanenz beraten. ... ihre Miene erschien mir wie ein stumm gewordenes Erschrecktsein in Permanenz (Frisch, Stiller 474). Wir haben theoretisch ein Erziehungswesen, eine Reformbestrebung in Permanenz, die hinter keinem Lande zurücksteht (Tucholsky, Werke II, 347).

per pedes [apostolorum] (ugs.; scherzh.): *zu Fuß:* Das Museum ist nicht weit, wir werden uns per pedes dorthin begeben.

per procura (Kaufmannsspr.): *in Vollmacht:* Der Geschäftsführer kann diesen Vertrag per procura unterschreiben.

per saldo: *alles zusammengenommen, nach abschließender Feststellung:* Per saldo ist bei der ganzen Aktion nicht viel herausgekommen.

▶ Die Wendung stammt aus der Kaufmannssprache, wo sie sich auf den Abschluss einer Bilanz bezieht.

per se (bildungsspr.): *an sich, von selbst:* Es gibt per se keinen Grund, an den Berichten zu zweifeln. Schwingt sich die NPD über die Fünfprozenthürde, so schließt sich beispielsweise die absolute Mehrheit der Union per se aus (MM 6. 9. 1969, 2).

Person: ich für meine Person ...: *was mich betrifft, ich ...:* Ich für meine Person möchte lieber ans Meer fahren als in die Berge. ... so fühlte doch ich für meine Person mich ... bis zur Ausgelassenheit belebt und ergötzt (Th. Mann, Krull 89).

etwas in Person [sein]: *die Verkörperung von etwas [sein]:* Wenn sie zurückkehrte, war sie das schlechte Gewissen in Person. Sonst die Ruhe und Liebenswürdigkeit in Person, war er an diesem Tag reizbar und nervös (Baum, Bali 180). Sie sah entzückend aus, dabei die Vernunft in Person (Frisch, Homo 92).

in [eigener] Person: *selbst, persönlich:* Der Minister kam in eigener Person zu der Einweihung. Der Vorsitzende des Tribunals, Dumas, wohnt in Person einem Teil des Verhörs bei (Sieburg, Robespierre 215).

jmdn. zur Person befragen/vernehmen (Rechtsw.): *jmdn. nach Name, Wohnort, Geburtsdatum u. Ä. befragen:* Die drei Jugendlichen wurden inzwischen ausführlich zur Person vernommen (MM 20. 3. 1974, 11). Nachdem er und die beiden Mitangeklagten vom Richter zur Person befragt worden waren, setzten die gelernten Paragraphenjongleure ihren Streit fort (Kühn, Zeit 61).

ohne Ansehen der Person: ↑ Ansehen.

persönlich: persönlich werden (ugs.): *jmdn. persönlich angreifen, beleidigen:* ... indessen habe ich ... nach heutigen Manifestationen einer schweizerischen Geistesgröße gefragt. Darauf wird mein Verteidiger geradezu persönlich (Frisch, Stiller 231).

etwas persönlich nehmen/auffassen: *etwas als Angriff auf sich, als Beleidigung auffassen:* Sie nahm sein Geschimpfe nicht persönlich. Die Bitte eines jungen Herrn, dass ich gewisse Pointen ... keinesfalls persönlich nehmen dürfte, war rührend (Frisch, Stiller 276).

Pest: jmdm. die Pest an den Hals wünschen (ugs.): *jmdm. alles Schlechte wün-*

schen: Jeder in der Stadt wünschte dem alten Geizkragen die Pest an den Hals.
jmdn., etwas hassen wie die Pest: ↑ hassen. **jmdn., etwas meiden wie die Pest:** ↑ meiden. **stinken wie die Pest:** ↑ stinken.
Peter: jmdn. den schwarzen Peter zuschieben: ↑ schwarz.
Petersilie: jmdm. ist die Petersilie verhagelt (ugs.): *jmd. ist enttäuscht:* Er hatte sich schon so auf diesen Tag gefreut, und nun war ihm die Petersilie verhagelt. Der Opposition war die Petersilie verhagelt (MM 5. 11. 1966, 2).
▶ Die Herkunft der Wendung ist nicht sicher geklärt. Vielleicht geht sie von dem alten Volksglauben aus, wonach die Petersilie ein Aphrodisiakum ist.
Petrus: Petrus meint es gut (ugs.): *es ist schönes Wetter:* Petrus meint es heute gut mit uns, wir können im Garten frühstücken.
▶ Die Wendung bezieht sich darauf, dass nach dem Volksglauben Petrus verantwortlich für das Wetter ist.
bei Petrus anklopfen (ugs.; verhüll.): *sterben:* Viele unseres Jahrgangs haben schon längst bei Petrus angeklopft.
▶ Neben der Verantwortung für das Wetter misst der Volksglauben Petrus auch die Rolle des himmlischen Türhüters zu. Davon geht diese Wendung aus.
petto: etwas in petto haben (ugs.): *etwas planen, etwas vorbereitet haben:* Für den späteren Abend hatten die Gastgeber eine Überraschung in petto. In der Friseurtasche fand sich ein Glas mit Pudding, das im Strandkorb gemeinsam ausgelöffelt wurde. Und als es leer war, hatte Robert noch Brote »in petto« (Kempowski, Tadellöser 69).
▶ Das italienische »in petto« heißt so viel wie »in der Brust«, im übertragenen Sinne »ins sich verschlossen, nur im Innern, in Gedanken«.
Petz: Meister Petz: ↑ Meister.
peu à peu (ugs.): *allmählich, nach und nach:* Wir werden uns ganz peu à peu eine neue Existenz aufbauen müssen. ... der Magistrat von Berlin ... lässt den ganzen Schnee sich selber sachte peu à peu in Dreck auflösen (Döblin, Berlin 494 f.).
▶ Die Wendung stammt aus dem Französischen und bedeutet etwa »ein bisschen und ein bisschen«.

Pfad: die ausgetretenen Pfade verlassen: *vom üblichen Schema abweichen:* Lassen Sie uns an dieser Stelle einmal die ausgetretenen Pfade verlassen und auf die übliche Tagesordnung verzichten.
krumme Pfade/auf krummen Pfaden wandeln: *etwas Unrechtes tun:* Es bekümmerte ihn sehr, dass seine Tochter auf krummen Pfaden wandelte.
auf ausgetretenen Pfaden wandeln: *immer in derselben [erprobten] Weise vorgehen, keine Neuerungen riskieren:* Auch die Verantwortlichen in der Schulbehörde sollten nicht nur auf ausgetretenen Pfaden wandeln, sondern wenigstens einmal über die neuen Vorschläge nachdenken.
auf dem Pfad der Tugend wandeln (geh.): *ein tugendhaftes Leben führen:* Sie nahm sich vor, in Zukunft nur noch auf dem Pfad der Tugend zu wandeln.
vom Pfad der Tugend abweichen/den Pfad der Tugend verlassen (geh.): *etwas Unrechtes tun:* Wer den Verlockungen des Geldes oder des Ruhmes ausgesetzt ist, verlässt leicht den Pfad der Tugend.
Pfahl: ein Pfahl in jmds. Fleisch/im Fleische (geh.): *etwas Peinigendes, das jmdn. nicht zur Ruhe kommen lässt:* Der Hund seines Nachbarn war ihm seit jeher ein Pfahl im Fleische. Sie wusste sehr gut, dass ihr Streben nach Unabhängigkeit ein Pfahl in seinem Fleische war.
▶ Die Fügung geht auf die Bibel zurück. In den Paulusbriefen (2. Korinther 12, 7) heißt es: »Und auf dass ich mich nicht der hohen Offenbarung überhebe, ist mir gegeben ein Pfahl ins Fleisch, nämlich des Satans Engel...«
auf jmds. Kopf kann man Pfähle anspitzen (ugs.): *jmd. ist sehr dumm:* So trottelig hat sich hier noch keiner angestellt – auf deinem Kopf kann man wirklich Pfähle anspitzen!
▶ Die Wendung bringt in einem übertreibenden Bild zum Ausdruck, dass jemand überaus begriffsstutzig ist. Es schadet seinem Verstand noch nicht einmal, wenn man Pfähle auf seinem Kopf anspitzt.
Pfalzgraf: Schulden haben wie ein Pfalzgraf: ↑ Schulden.
Pfandhaus: nach dem Pfandhaus gehen (ugs.): *[von Uhren] falsch gehen:* Deine Uhr geht ja nach dem Pfandhaus!

▶ Eine wertvolle Uhr gehört zu den Dingen, die am häufigsten im Pfandhaus versetzt werden. Da Uhren im Pfandhaus nicht aufgezogen und gestellt werden, gehen sie, wenn man sie abholt, falsch. Darauf spielt die Wendung scherzhaft an.

Pfanne: etwas auf der Pfanne haben (ugs.): *etwas bereit haben, etwas bekannt geben, mitteilen wollen:* Raus mit der Sprache, ich merke doch, dass du noch etwas auf der Pfanne hast! Die eifernde Esther hatte an diesem Abend wieder die altbekannten tollen Sprüche auf der Pfanne ... (Hörzu 8, 1972, 53).
▶ Diese und die folgende Wendung bezogen sich ursprünglich auf die Pulverpfanne alter Gewehre. Wer schon Pulver auf der Pfanne hat, ist vorbereitet, schussbereit.

einen auf der Pfanne haben (derb): *den Drang verspüren, eine Blähung abgehen zu lassen:* Lasst mich mal raus, ich glaube, ich habe einen auf der Pfanne!

jmdn. in die Pfanne hauen (ugs.): 1. *jmdn. heruntermachen, [durch Kritik] erledigen, vernichten:* Das Publikum war begeistert, aber die Kritiker haben den Dirigenten in die Pfanne gehauen. Die Bonzen regieren, und wir kleinen Schweine werden in die Pfanne gehauen (Ziegler, Konsequenz 94). 2. *jmdn. verprügeln:* Die Hooligans hauten die Ordner in die Pfanne.
▶ Was in der Küche in die Pfanne kommt, ist nicht mehr lebendig; die vorliegende Wendung setzt dieses Bild ein, um die Vorstellung zu verdeutlichen, dass jemand völlig erledigt, vernichtet wird.

da wird der Hund in der Pfanne verrückt: ↑ Hund.

Pfannkuchen: wie ein Pfannkuchen aufgehen: ↑ aufgehen. **platt sein wie ein Pfannkuchen:** ↑ platt.

Pfarrer: das kannst du halten wie der Pfarrer Assmann: ↑ halten. **das kannst du halten wie der Pfarrer Nolte:** ↑ halten.

Pfarrerstochter: unter uns Pfarrerstöchtern/Pastorentöchtern: ↑ Pastorentochter.

Pfau: stolz wie ein Pfau: ↑ stolz.

Pfeffer: jmdm. dahin wünschen, wo der Pfeffer wächst: *jmdn. weit weg wünschen:* Er wünschte seinen Schwiegerva-

ter dahin, wo der Pfeffer wächst. Schon wünschen ... 48 Prozent der Deutschen die Fremden dahin, woher sie zuweilen kommen – wo der Pfeffer wächst (Spiegel 25, 1980, 32).
▶ Diese und die beiden folgenden Wendungen beziehen sich auf das Herkunftsland des Pfeffers, Indien, das für die Menschen früher in einer fast unerreichbaren Ferne lag.

jmd. kann/soll bleiben, wo der Pfeffer wächst (ugs.): *jmd. ist nicht erwünscht, soll nicht kommen:* Deine seltsamen Freunde sollen bleiben, wo der Pfeffer wächst, die kommen mir nicht ins Haus!

jmd. kann/soll hingehen, wo der Pfeffer wächst (ugs.): *jmd. ist nicht erwünscht, soll verschwinden:* Diese Person kann von mir aus hingehen, wo der Pfeffer wächst! Karl, der Kerl kommt mir nicht ins Haus, der soll hingehen, wo der Pfeffer wächst (v. d. Grün, Glatteis 13).

Pfeffer im Hintern (ugs.)/**Arsch** (derb) **haben:** *lebhaft, zappelig sein, nicht still sitzen können:* Die Kleine saust dauernd irgendwo rum, die hat wirklich Pfeffer im Hintern! Damals hatte ich Pfeffer im Hintern und Feuer in den Augen, trug den klassischen Trenchcoat und fuchtelte mit einer Reiseschreibmaschine als Fähnlein herum (Ruark [Übers.], Honigsauger 24).
Vgl. die folgende Wendung.

jmdm. Pfeffer in den Arsch blasen (derb): *jmdn. antreiben:* Der Chef hat der Versandabteilung ein bisschen Pfeffer in den Arsch geblasen.
▶ Diese und die vorangehende Wendung gehen vielleicht auf die frühere Gepflogenheit betrügerischer Pferdehändler zurück, den Pferden Pfeffer in den After zu reiben, um sie lebhafter, feuriger erscheinen zu lassen.

da liegt der Hase im Pfeffer: ↑ Hase.

pfeffern: jmdm. eine pfeffern (ugs.): *jmd. eine Ohrfeige geben:* Sie hat ihrem Alten eine gepfeffert, dass der besoffene Kerl gegen den Schrank geflogen ist.

Pfeife: jmdn. in der Pfeife rauchen (ugs.): *mit jmdm. leicht fertig werden:* Das ist doch kein Gegner für mich, das Bürschchen rauche ich in der Pfeife!

nach jmds. Pfeife tanzen (ugs.): *alles tun, was jmd. von einem verlangt, jmdm. ge-*

horchen: Solange der Kapitän an Bord ist, hat alles nach seiner Pfeife zu tanzen. Aber Mutter erwartet, dass sie Mittelpunkt ist, dass sich alles um sie dreht, dass alle nach ihrer Pfeife tanzen. (Hörzu 2, 1973, 68). Rahner ... fügte noch hinzu, dass es schließlich in jedem Betrieb einen Querkopf gebe, nach dessen Pfeife die gesamte Belegschaft zu tanzen habe (v. d. Grün, Glatteis 142).
▶ Die Wendung geht davon aus, dass sich die Tänzer im Allgemeinen nach der Musik richten. Die Pfeife (= Flöte) war früher ein bei Tanzmusik sehr häufig verwendetes Instrument.

pfeifen: einen pfeifen (landsch.): *[ein Glas] Alkohol trinken:* Jetzt pfeifen wir noch einen, dann gehts nach Hause.
▶ Diese Wendung geht wahrscheinlich auf den alten Brauch zurück, vor dem Trinken leicht über den Rand der Flasche zu blasen, wobei ein leiser Pfeifton entsteht.

sich eins pfeifen (ugs.): *den Unbeteiligten spielen:* Ich pfiff mir eins und ging meiner Wege. Dreißig Mark war er losgeworden. ... Aus dem Abendessen wurde nichts. Er pfiff sich eins (Erich Kästner, Fabian 17).

jmdm. etwas pfeifen (ugs.): *nicht tun, was jmd. von einem erwartet:* Er wird diesen Leuten etwas pfeifen und sich eine andere Arbeit suchen. Wenn mir jemand so etwas zumuten würde, dann würde ich ihm etwas pfeifen!
▶ Die Herkunft dieser Wendung ist nicht genau geklärt. Vielleicht ist sie an die Stelle der älteren Wendung »jemandem eine Pfeife (= etwas ziemlich Wertloses) geben« getreten und in diesem Sinne zu verstehen.
die Engel im Himmel pfeifen hören: ↑ Engel. **Gott seis getrommelt und gepfiffen:** ↑ Gott. **auf/aus dem letzten Loch pfeifen:** ↑ Loch. **das pfeifen die Spatzen von den Dächern:** ↑ Spatz. **der Wind pfeift [jetzt, hier] aus einem anderen Loch:** ↑ Wind. **daher pfeift der Wind:** ↑ Wind. **sich den Wind um die Nase/um die Ohren pfeifen lassen:** ↑ Wind.

Pfeil: [alle] seine Pfeile verschossen haben: *keine Argumente mehr haben; nichts mehr zur Verwirklichung eines Vorhabens einsetzen können, seine Mittel erschöpft haben:* Der Ankläger hatte seine Pfeile bald verschossen; das Gericht erkannte schließlich auf Freispruch aus Mangel an Beweisen.
Amors Pfeil/Pfeile: ↑ Amor.

Pfennig: wer den Pfennig nicht ehrt, ist des Talers nicht wert: *wer mit kleinen Beträgen achtlos umgeht, wird es nicht zu finanziellem Wohlstand bringen.*
für jmdn., für etwas keinen Pfennig geben (ugs.): *jmdn., etwas aufgeben; glauben, dass jmd., etwas keine Zukunft mehr hat:* Für dieses Projekt gibt in der Stadt keiner mehr einen Pfennig. Ich gebe für unsere Mannschaft keinen Pfennig mehr, wenn wir keinen neuen Trainer bekommen.
keinen Pfennig/keine zehn Pfennig wert sein (ugs.): *wertlos sein:* Diese Perlenimitation ist keinen Pfennig wert. All seine Pläne sind keine zehn Pfennig wert, wenn die Stadt das Grundstück nicht verkauft.
auf den Pfennig sehen/mit dem Pfennig rechnen: *sehr sparsam sein:* Bei seinem Einkommen hat er es wirklich nicht nötig, auf den Pfennig zu sehen. ... da wir durch das große Haus große Ausgaben haben, müssen wir natürlich mit dem Pfennig rechnen. (Hörzu 43, 1977, 164).
nicht für fünf Pfennig (ugs.): *kein bisschen, nicht im Geringsten:* Sie hatte nicht für fünf Pfennige Lust, noch einmal hinaufzugehen. Der Vermieter war nicht für fünf Pfennige an diesem Angebot interessiert.
auf Heller und Pfennig: ↑ Heller. **jeden Pfennig/jede Mark [zweimal/dreimal] umdrehen:** ↑ ¹Mark. **jmdm. durch Mark und Pfennig gehen:** ↑ ²Mark.
pfennigweise: der Groschen fällt [bei jmdm.] pfennigweise: ↑ Groschen.

Pferd: das beste Pferd im Stall (ugs.): *der/ die tüchtigste Mitarbeiter/-in:* Der Buchhalter war in dieser Firma zweifellos das beste Pferd im Stall. Es war ein Skandal um den ... Kriminalbeamten de Jong, das beste Pferd im Stall der holländischen Kriminalpolizei (Mostar, Unschuldig 102).
ich denk, mich tritt ein Pferd! (ugs.): *Ausdruck der Verblüffung, der Verärgerung:* Da spaziert der Kerl doch quer durch meine Blumenbeete – ich denk,

mich tritt ein Pferd! Ich dachte, mich tritt ein Pferd. Das war Mutter Wibeau (Plenzdorf, Leiden 84).

das hält ja kein Pferd aus! (ugs.): *das ist ja unerträglich!:* Hören Sie mit dem Lärm auf, das hält ja kein Pferd aus! Mein Gott, ist das heiß hier, das hält ja kein Pferd aus!

▶ Das Pferd als sehr kräftiges, ausdauerndes und leistungsfähiges Tier steht in dieser Redensart zur Verdeutlichung der schweren Belastung, der sich jemand ausgesetzt sieht.

jmdn. bringen keine zehn Pferde irgendwohin/dazu, etwas zu tun (ugs.): *jmd. geht keinesfalls irgendwohin/tut keinesfalls etwas:* Nach diesen Vorfällen bringen ihn keine zehn Pferde mehr in dieses Lokal. Keine zehn Pferde hätten den Koch dazu gebracht, ein Steak länger als drei Minuten zu braten.

keine zehn Pferde können jmdn. von etwas abbringen/abhalten (ugs.): *jmd. ist keinesfalls von etwas abzubringen, abzuhalten:* Ich fahre im Sommer nach China, davon können mich keine zehn Pferde abhalten. Von dem, was sie sich einmal vorgenommen hatte, konnten sie keine zehn Pferde mehr abbringen. Keine zehn Pferde hätten sie abhalten können, nen, die Sixtinische Kapelle zu sehen, den Petersdom ... (Loest, Pistole 103).

jmdm. gehen die Pferde durch (ugs.): *jmd. verliert die Beherrschung:* Immer, wenn er sich auf eine politische Diskussion einlässt, gehen ihm die Pferde durch. Ich muss mich für gestern Abend entschuldigen, mir sind einfach die Pferde durchgegangen.

das Pferd am/beim Schwanz aufzäumen (ugs.): *eine Sache ganz verkehrt anfangen:* So wird das nichts, sie haben das Pferd am Schwanz aufgezäumt. Ich nähme das der DDR überhaupt nicht übel, die Fehler liegen wahrscheinlich bei mir, ich hatte jahrelang versucht, das Pferd am Schwanz aufzuzäumen (Spiegel 24, 1979, 73).

die Pferde scheu machen (ugs.): *Aufregung verursachen, andere [grundlos] irritieren:* Er macht jedes Mal die Pferde scheu, wenn er seine Brieftasche verlegt hat. Machen Sie nicht die Pferde scheu mit Ihren Prognosen (Bild u. Funk 2,

1967, 47). Eine erneute ... Befragung ... sollte erst erfolgen, wenn wir über mehr Fakten verfügen. Sonst verpufft die Sache, und wir machen nur die Pferde scheu (Weber, Tote 108).

man hat schon Pferde kotzen sehen [und das direkt vor der Apotheke]! (ugs.): *es geschehen manchmal die unwahrscheinlichsten Dinge.*

mit jmdm. Pferde stehlen können (ugs.): *sich auf jmdn. absolut verlassen können, mit jmdm. alles Mögliche unternehmen können:* Mit den Jungs vom Tischtennisklub konnte er Pferde stehlen. Aachen: Student sucht nette Freundin, mit der man Pferde stehlen, diskutieren und schmusen kann ... (Konkret 38, 1973, 64). Bob und Sandy, zwei Kumpel, mit denen man Pferde stehlen kann, sind ... eigens zur Premiere von New York nach Hamburg geflogen (Frau im Spiegel 31, 1978, 16).

▶ Die Wendung bezieht sich darauf, dass ein Pferdedieb sehr gewitzt und erfahren sein muss; besonders in früherer Zeit, als Pferdediebstahl streng bestraft wurde, musste der Dieb auch sehr mutig und für seine Kumpane absolut zuverlässig sein.

aufs falsche/richtige Pferd setzen (ugs.): *die Entwicklung falsch/richtig einschätzen [wenn man sich für etwas engagiert, etwas unternimmt]:* Er hatte aufs richtige Pferd gesetzt und war mittlerweile Geschäftsführer geworden. Wie soll man vorher wissen, ob man auf das falsche Pferd setzt? Hinterher ist es leicht, den Älteren ihre Irrtümer vorzuwerfen! (Chr. Wolf, Himmel 306).

▶ Diese Redewendung leitet sich vom Pferderennen und dem dazugehörigen Wettbetrieb her.

immer sachte/langsam mit den jungen Pferden! (ugs.): *nicht so voreilig, nicht so hastig, nicht so heftig!:* Immer langsam mit den jungen Pferden, wir müssen erst den Trainer um Erlaubnis bitten!

einen vom Pferd erzählen (ugs.): *etwas Unwahres erzählen:* Glaub ihm kein Wort, der erzählt wieder mal einen vom Pferd. Ich habe ... schon schlechte Erfahrungen mit Jungs ..., die dir einen vom Pferd erzählen, nur um dich ins Bett zu kriegen (Stern 38, 1980, 162).

arbeiten wie ein Pferd: ↑ arbeiten. **überlass das Denken den Pferden, die haben größere Köpfe:** ↑ denken. **auf dem hohen Pferd/Ross sitzen:** ↑ Ross. **jmdm. zureden wie einem kranken Pferd:** ↑ zureden.

Pferdchen: ein Pferdchen laufen haben/lassen (ugs.; verhüll.): *sich als Zuhälter von einer Prostituierten aushalten lassen:* Kaum aus dem Knast entlassen, hatte er schon wieder zwei, drei Pferdchen laufen. Kollegen hatten selbst einige Pferdchen laufen (Spiegel 27, 1985, 119).

Pferdefuß: da zeigt sich der Pferdefuß/da schaut der Pferdefuß heraus (ugs.): *da wird die Hinterlist, der verborgene Nachteil sichtbar:* Erst zwei Monate nach Vertragsabschluss zeigte sich der Pferdefuß.

▶ Nach altem Volksglauben hat der Teufel einen Pferdefuß. Wo sich dieser Pferdefuß zeigt, ist der Teufel im Spiel, wird eine Bosheit deutlich. Darauf gehen diese und die folgende Wendung zurück.

einen Pferdefuß haben (ugs.): *einen [zunächst verborgenen] Nachteil haben:* Ihr war es nicht ganz wohl bei der Sache, sie fürchtete, dass die Abmachung einen Pferdefuß hat. Dann aber mochte ein anderer Gedanke beiden Herrschern gezeigt haben, dass ein solches Unternehmen einen Pferdefuß hatte: es legte den ersten Riss in das Reich (Thieß, Reich 289).

Pfiff: den Pfiff kennen/loshaben (ugs.): *wissen, wie man etwas am vorteilhaftesten macht:* Wer den Pfiff kennt, hat mit der Behörde keine Schwierigkeiten.

▶ Die Herkunft dieser Wendung ist nicht genau geklärt. Vielleicht bezog sie sich ursprünglich auf den Signalpfiff der Ganoven, auf das geheime Signal, das hilft, eine Betrügerei o. Ä. erfolgreich durchzuführen.

das ist ein Ding mit 'nem Pfiff: ↑ Ding.

Pfifferling: keinen/nicht einen Pfifferling wert sein (ugs.): *überhaupt nichts wert sein:* Seine Versprechungen waren keinen Pfifferling wert. Nach den Regeln des gesunden Menschenverstandes sind Aussagen einer ... hassenden Frau ... keinen Pfifferling wert, soweit sie nicht durch ... Zeugen bewiesen werden (Mostar, Unschuldig 166).

▶ Diese und die folgende Wendung gehen darauf zurück, dass der Pfifferling

früher eine der am häufigsten vorkommenden Pilzsorten und entsprechend billig, nahezu wertlos war.

sich keinen Pfifferling um etwas kümmern/scheren (ugs.): *sich um etwas überhaupt nicht kümmern:* Sie kümmerte sich keinen Pfifferling darum, wie es ihren Eltern ging. Er schert sich keinen Pfifferling um das, was die Leute sagen.

Pfingsten: wenn Ostern und Pfingsten auf einen Tag fallen: ↑ Ostern.

Pfingstochse: geschmückt wie ein Pfingstochse: ↑ schmücken.

pflanzen: einen Kaktus pflanzen: ↑ Kaktus.

Pflaster: ein heißes Pflaster sein (ugs.): *eine Stadt, eine Gegend sein, in der zu leben gefährlich ist:* Das Bahnhofsviertel ist immer noch ein heißes Pflaster für Fremde. Damals war die Stadt ein heißes Pflaster, ein Umschlagplatz für Rauschgift und Waffen.

▶ In dieser und in den folgenden beiden Wendungen wird darauf Bezug genommen, dass es für eine Stadt charakteristisch ist, fast ausschließlich befestigte (früher also überwiegend gepflasterte) Straßen zu haben.

ein teures Pflaster sein (ugs.): *eine Stadt, ein Ort sein, wo das Leben sehr teuer ist:* Es ist nur eine kleine Stadt, aber ein sehr teures Pflaster. Das Ergebnis der Statistiker: Saarbrücken sei ein teures Pflaster (Saarbr. Zeitung 11. 10. 1979, 17).

Pflaster treten (ugs.): *lange in der Stadt herumlaufen:* Ich habe keine Lust, den ganzen Vormittag Pflaster zu treten.

auf dem Pflaster liegen (ugs.): *arbeitslos sein:* Seit zwei Jahren liegt er nun schon auf dem Pflaster.

▶ Das Pflaster, früher der übliche Straßenbelag, steht hier als Pars pro Toto für die Straße; es handelt sich bei dieser Wendung also um eine Abwandlung von »auf der Straße liegen«.

pflastern: jmdm. eine pflastern (ugs.): *jmdm. eine Ohrfeige geben:* Ich werd dir eine pflastern, wenn du nicht gleich die Füße vom Tisch nimmst!

mit etwas die Straße pflastern können: ↑ Straße. **der Weg zur Hölle ist mit guten Vorsätzen gepflastert:** ↑ Weg.

Pflaume: die ersten Pflaumen sind madig: *Kommentar zu den ersten Gewinnen* *beim Kartenspiel:* Du scheinst ja heute ein gutes Blatt zu haben. – Warten wirs ab, die ersten Pflaumen sind madig. **pflegen: jmdn., etwas hegen und pflegen:** ↑hegen. **der Ruhe pflegen:** ↑Ruhe. **Pflicht: die Pflicht ruft:** *jmd. muss zur Arbeit, zum Dienst o. Ä.:* Leg die Zeitung weg, die Pflicht ruft! Die Pflicht ruft, ich muss mich leider verabschieden. **jmds. [verdammte (ugs.)] Pflicht und Schuldigkeit [sein]:** *jmds. selbstverständliche Pflicht [sein]:* Es ist deine verdammte Pflicht und Schuldigkeit, dich um deine Kinder zu kümmern! ... dem Nachwuchs eine Chance geben ... Das ist unsere Pflicht und Schuldigkeit (Praunheim, Sex 343). **jmdn. in die Pflicht nehmen** (geh.): *dafür sorgen, dass jmd. eine Pflicht übernimmt; von jmdm. fordern, dass er eine Pflicht erfüllt:* Die Verbandsleitung hatte alle Mitglieder in die Pflicht genommen und strikte Einhaltung der Verbandsrichtlinien gefordert. Sie wollen die Heim- und Hobbywirte in die Pflicht nehmen, damit Partys keine Alkoholsünder mehr produzieren (ADAC-Motorwelt 7, 1979, 36). **Pflock: ein paar Pflöcke zurückstecken** (ugs.): *geringere Forderungen, Ansprüche stellen:* Wir mussten alle ein paar Pflöcke zurückstecken, als die Geschäfte schlecht gingen. ▶ Die Herkunft der Wendung ist nicht sicher geklärt. Vielleicht geht sie auf die früher üblichen Zählbretter zurück, mit denen Gewinnpunkte beim Spiel durch einen Pflock markiert wurden. Wer seinen Pflock zurückstecken musste, hatte Punkte verloren. Die Wendung kann sich aber auch auf den Stellpflug beziehen, bei dem die Furchentiefe durch Versetzen eines Pflocks reguliert wurde. Steckte man den Pflock zurück, ging der Pflug weniger tief in die Erde, die Arbeitsleistung wurde geringer. **pflücken: Lorbeeren pflücken:** ↑Lorbeer. **Pflug: unter dem Pflug sein** (selten): *beackert, bestellt werden:* Nächstes Jahr wird auch das Land auf der anderen Seite des Flusses unter dem Pflug sein. **Pforte: seine Pforten öffnen:** *eröffnet werden:* Am 3. Februar öffnet das neue Hallenbad seine Pforten.

seine Pforten schließen: *geschlossen werden; den Betrieb einstellen:* Das Theater hat im vergangenen Jahr seine Pforten geschlossen. Eine der ältesten Privatschulen der Welt ... muss am Ende des Sommersemesters ihre Pforten schließen (FAZ 70, 1958, 6). **Pfosten: zwischen den Pfosten stehen** (Sport): *als Torhüter spielen:* An diesem Tag wird er in seinem 75. Länderspiel zwischen den Pfosten stehen. **Pfote: sich die Pfoten verbrennen** (ugs.): *[bei einem Unternehmen] Schaden erleiden, eine Abfuhr bekommen:* Mit Grundstücksspekulationen hat sich schon mancher die Pfoten verbrannt. CIA verbrannte sich die Pfoten – sowjetische Truppen halfen in Afghanistan (elan 2, 1980, 3). **seine Pfoten überall drinhaben** (ugs.): *überall beteiligt sein, Einfluss haben:* Der Konzern hat hier in der Stadt überall seine Pfoten drin. **jmdm. auf die Pfoten klopfen/eins auf die Pfoten geben** (ugs.): *jmdn. warnend zurechtweisen; jmds. Aktionen unterbinden:* Diesen Kredithaien muss man mal auf die Pfoten klopfen. **sich etwas aus den Pfoten saugen** (ugs.): *etwas frei erfinden, sich etwas ausdenken:* Die Geschichte mit dem Autounfall hat er sich aus den Pfoten gesogen. Vgl. hierzu die entsprechende Wendung unter dem Stichwort »Finger«. **das Berühren der Figuren mit den Pfoten ist verboten:** ↑berühren. **Pfropfen: die Pfropfen knallen/springen lassen:** *Sekt ausschenken, trinken; seine Gäste großzügig mit Getränken bewirten:* Bereits in der Kabine ließen die Spieler die Pfropfen knallen. **jmdn. am Pfropfen riechen lassen** (ugs.): *jmdn. an etwas Angenehmem nicht teilhaben lassen:* Bis jetzt hat man uns immer nur am Pfropfen riechen lassen; es wird Zeit, dass wir endlich an den Einnahmen beteiligt werden. ▶ In dieser Wendung wird auf den Flaschenkorken Bezug genommen, der den Geruch des Weines annimmt. **auf dem Pfropfen sitzen** (veraltet): *in großer Verlegenheit sein:* Er sitzt jetzt wirklich auf dem Pfropfen, nachdem die Bank seinen Kredit nicht verlängert hat.

▶ In dieser Wendung war mit »Pfropfen« wohl ursprünglich der Korken gemeint, der das Pulverfass verschloss. Wer darauf saß, befand sich in einer sehr gefährlichen, unangenehmen Lage.

pfui: oben hui, unten pfui: ↑hui. **pfui Spinne:** ↑Spinne. **pfui Teufel:** ↑Teufel.

Pfund: ein Pfund ohne Knochen (ugs.): *ein Kothaufen:* Ich glaube, der Kleine hat ein Pfund ohne Knochen in der Hose!

▶ Die Wendung überträgt einen gängigen Ausdruck vom Fleischeinkauf auf den Fäkalbereich und spielt dabei auf die Weichheit (»ohne Knochen«) des Kotes an.

seine Pfunde vergraben (geh.; veraltet): *seine Fähigkeiten, Möglichkeiten nicht nutzen:* Er riet ihr, ihre Pfunde nicht zu vergraben und ihre Stimme von einem Fachmann ausbilden zu lassen.

▶ Diese und die folgende Wendung beruhen auf dem biblischen Gleichnis von den anvertrauten Pfunden (Lukas 19, 11–28).

mit seinem Pfunde/mit seinen Pfunden wuchern (geh.): *seine Fähigkeiten, Möglichkeiten klug nutzen:* Sie versteht es, mit ihren Pfunden zu wuchern, bald wird sie zu den einflussreichsten Frauen des Landes gehören. ... vielleicht war die Energie, die er ein Leben lang ... aufbrachte, um mit seinem Pfunde zu wuchern, seine eigentliche Genialität (Reich-Ranicki, Th. Mann 21). Vgl. die vorangehende Wendung.

pfuschen: jmdm. ins Handwerk pfuschen: ↑Handwerk.

Philippi: bei Philippi sehen wir uns wieder! (geh.): *ich werde mich rächen, die Sache ist noch nicht abgetan!:* Du hast mich nicht umsonst der Lächerlichkeit preisgegeben; bei Philippi sehen wir uns wieder!

▶ Diese Redensart ist ein abgewandeltes Zitat aus Shakespeares »Julius Cäsar« (IV, 3). Cäsars Geist sagt dort zu Brutus: »... dir zu sagen, dass du zu Philippi mich sehn sollst.« Bei Philippi wird dann durch Brutus' Niederlage und Tod die Ermordung Cäsars gerächt.

Phönix: wie ein Phönix aus der Asche steigen/erstehen: *nach scheinbar vollständigem Niedergang neu erstehen:* Nach zahllosen Niederlagen zu Beginn der Saison steigt die Mannschaft jetzt wie ein Phönix aus der Asche – die schwersten Gegner werden überzeugend geschlagen.

▶ Dieser Vergleich geht auf die Sage vom Vogel Phönix zurück, der sich am Ende seines Lebens im Feuer verbrennt, um dann aus der Asche neu zu erstehen.

Phrase: [leere] Phrasen dreschen (ugs.): *in schönen, aber gehaltlosen Worten reden; nicht meinen, was man sagt:* Wer immer nur leere Phrasen drischt, kann ein kritisches Publikum nicht überzeugen. Bolz hat einmal geäußert, zwölf Jahre hätten die Nazis nur Phrasen gedroschen (Welt 16. 2. 1963, Die geistige Welt 1). Jederzeit ziehe ich solche Bilder vielen Politikervisagen vor, die ja doch meistens kaum mehr als Phrasen dreschen (Deschner, Talente 371).

▶ Diese Wendung entstand wahrscheinlich durch eine Abwandlung von »leeres Stroh dreschen«; vgl. unter dem Stichwort »Stroh«.

Pi: Pi mal Daumen (ugs.): *so ungefähr, nach grober Schätzung:* Das könnte uns einiges kosten; Pi mal Daumen 10 000 Mark, würde ich sagen.

▶ Diese Fügung spielt auf die Wendung »über den Daumen peilen« an und verwendet dabei scherzhaft das Grundmuster einer mathematischen Formel mit der Kreiszahl Pi.

picken: die Rosinen aus dem Kuchen picken: ↑Rosine.

Piep: einen Piep/Piepmatz haben (ugs.): *verrückt sein, nicht recht bei Verstand sein:* Du hast wohl 'nen Piep, nimm deine Finger aus der Suppe! Ihr Mann hat 'nen Piep, der trinkt Bier zum Kuchen. Vgl. die Wendung »einen Vogel haben« (↑Vogel).

nicht piep sagen/keinen Piep von sich geben (ugs.): *kein Wort von sich geben, sich nicht äußern:* Er hatte in der Diskussion keinen Piep von sich gegeben. ... die Ziege von Schwiegertochter sagte den ganzen Weg nicht piep (Kant, Impressum 110).

keinen Piep mehr sagen/machen/tun (ugs.): *tot sein:* Da lag der arme Kerl nun und machte keinen Piep mehr.

piepe/piepegal: jmdm. piepe/piepegal sein (ugs.): *jmdm. völlig gleichgültig* *sein:* Es ist mir ganz piepe, was die Leute über mich sagen! Lauterbach gehört zu den paar Angestellten, denen es piepe ist, ob sie eine Stellung haben oder nicht (Fallada, Kleiner Mann 46). ... denn kann es Ihnen doch genauso piepe sein wie mir, was die jungen Leute treiben (H. Mann, Unrat 37).

jmdm. schnurz und piepe sein: ↑ schnurz/ schnurzpiepegal.

piepen: bei jmdm. piepts (ugs.): *jmd. ist nicht recht bei Verstand:* Bei dir piepts wohl, leg sofort das Geld wieder hin! »Ich hab mir sagen lassen, du wärest ein Spitzel geworden.« »Bei dir piepts wohl ...« (Genet [Übers.], Tagebuch 241). »Sagen Sie mal, du bist doch unser Vater?« Sagt er: »I wo, bei dir piepts wohl?« (Döblin, Berlin 356).
► Nach dem Volksglauben wird geistige Verwirrtheit durch Tiere hervorgerufen, die im Kopf nisten. Auf das Piepen von Mäusen oder Vögeln, die jemand im Kopf haben soll, bezieht sich die vorliegende Wendung.

zum Piepen [sein] (ugs.): *sehr komisch, zum Lachen [sein]:* Das war zum Piepen, wie der Kellner die Suppe über den Tisch geschüttet hat! Sie findet die Clowns im Zirkus einfach zum Piepen. Nein, wie hätten wir gelacht! Die geborene Schauspielerin, und alles so aus dem Stegreif. Zum Piepen (Kempowski, Tadellöser 273).

Piepmatz: einen Piepmatz haben: ↑ Piep.

pietschen: einen pietschen (landsch.): *[ein Glas] Alkohol trinken:* Musst du denn schon am frühen Morgen einen pietschen?

Pik: einen Pik auf jmdn. haben (ugs.): *jmdn. nicht mögen, nicht leiden können:* Er spürte deutlich, dass der Lehrer einen Pik auf ihn hatte. Dänen und Schweden, das sei schon immer Hieb und Stich gewesen ... Die Norweger ... ihrerseits hätten einen Pik auf die Dänen (Kempowski, Tadellöser 272).
► Die Wendung ist über das Niederländische ins Deutsche gekommen. »Pik« ist eine Nebenform von »Pike«, der Bezeichnung des Kampfspießes der Fußsoldaten. Wer seinen Kampfspieß auf jemanden richtete, bedrohte ihn, hatte einen Groll auf ihn.

Pike: etwas von der Pike auf lernen: *etwas von Grund auf erlernen:* Sie hat das Modehandwerk von der Pike auf gelernt. Sie werden alles von der Pike auf lernen, Setzerei, Redaktion, Vertrieb und so weiter (Ruark [Übers.], Honigsauger 194). ... sie hat die Schauspielkunst von der Pike auf gelernt (Quick 15, 1958, 3).
► Mit der Pike, dem Kampfspieß, mussten in früheren Zeiten die Anfänger im militärischen Dienst exerzieren. Später wurde die Wendung vom militärischen Bereich ins Allgemeine übertragen.

von der Pike auf dienen: *eine Laufbahn auf der untersten Stufe beginnen:* Die Firma war bei ihm in guten Händen, denn er hatte von der Pike auf gedient. ... er hatte acht Jahre straffrei gedient, von der Pike auf (Kirst, 08/15, 81). Vgl. die vorangehende Wendung.

piken: wer nie sein Brot im Bette aß, weiß nicht, wie Krümel piken: ↑ Brot.

Piksieben: wie Piksieben (ugs.): *unbeweglich, starr; mit verblüfftem, dümmlichem Gesichtsausdruck:* Sie guckte mich an wie Piksieben, als das Geld in der Schublade entdeckt hatte. Mein Blick gleitet über die Männer. Sie stehen da wie »Piksieben« (Quick 28, 1958, 36).
► Die Piksieben ist eine Spielkarte mit geringem Spielwert; wer diese Karte bekommt, ist darüber meist nicht sehr erfreut. Darauf bezieht sich die vorliegende Wendung.

Pilatus: von Pontius zu Pilatus laufen: ↑ Pontius.

Pille: [doof bleibt doof] da helfen keine Pillen (ugs.): *jmd. ist sehr dumm:* Jetzt hat er schon sein drittes Auto in den Graben gefahren – da helfen keine Pillen!

eine bittere Pille für jmdn. sein (ugs.): *für jmdn. sehr unangenehm, sehr schwer zu bewältigen sein:* Das war schon eine bittere Pille für den alten Mann, als seine Kinder ihn nicht bei sich aufnehmen wollten. Ich muss ihm aus dem Wirtschaftsteil der Zeitung vorlesen, das ist vielleicht eine bittere Pille für mich (Kronauer, Bogenschütze 403).
► Diese und die folgenden Wendungen beziehen sich darauf, dass Medikamente oft einen bitteren Geschmack haben, aber trotzdem eingenommen werden müssen.

die bittere Pille schlucken (ugs.): *sich mit etwas Unangenehmem abfinden:* Die Regierung hat schließlich die bittere Pille geschluckt und sich dem Antrag der Opposition angeschlossen. Vgl. die vorangehende Wendung.

jmdm. eine bittere Pille zu schlucken geben (ugs.): *jmdm. etwas Unangenehmes mitteilen, zumuten:* Als es um seine Beförderung ging, gab man ihm eine bittere Pille zu schlucken. Hindenburg ... gab Hitler noch eine bittere Pille zu schlucken: Er behielt sich vor, den Außenminister und den Wehrminister ganz nach seinem Wunsche zu berufen (Niekisch, Leben 232). Vgl. die Wendung »eine bittere Pille für jmdn. sein«.

jmdm. eine bittere Pille versüßen (ugs.): *jmdm. etwas Unangenehmes [ein wenig] erleichtern:* Mit einer Abfindung versuchte die Firma, ihm die bittere Pille seiner Kündigung zu versüßen. Vgl. die Wendung »eine bittere Pille für jmdn. sein«.

Pilz: wie Pilze aus dem Boden/aus der Erde schießen: ↑ Boden.

Pinie: es ist, um auf die Pinien zu klettern: ↑ Palme. **jmdm. auf die Pinie bringen:** ↑ Palme.

pinkeln: aussehen wie an die Wand gepinkelt: ↑ aussehen.

Pipi: Pipi machen (Kinderspr.): *die kleine Notdurft verrichten:* Wenn du Pipi machen musst, sag Mami oder Papi Bescheid! Sie musste so schrecklich lachen über unser absurdes Lied, dass sie Pipi machen musste (Salomon, Boche 46). Wir stehen achtundvierzig Stunden nur noch aus dem Bett auf, um Pipi zu machen (Kinski, Erdbeermund 112).

Pisse: die kalte Pisse kriegen (derb): *lange Zeit [vergeblich] warten müssen:* Bis man hier an die Reihe kommt, kriegt man die kalte Pisse!

pissen: aussehen wie an die Wand gepisst: ↑ aussehen.

Pistole: jmdm. die Pistole auf die Brust setzen: *jmdn. zu etwas zwingen, jmdn. unter Druck setzen:* Ich werde über Ihr Angebot nachdenken, aber ich lasse mir nicht die Pistole auf die Brust setzen.

wie aus der Pistole geschossen (ugs.): *prompt, ohne Zögern:* Wie aus der Pistole geschossen nannte sie den richtigen Namen. »Und wann werden Sie in diesem Hause singen?« »Wenn man Pavels erste Oper spielt«, antwortete sie wie aus der Pistole geschossen (Bieler, Mädchenkrieg 140).

Plan: jmdn. auf den Plan rufen: *jmds. Erscheinen, Handeln herausfordern:* Einige anonyme Anrufe hatten schließlich sogar den Verfassungsschutz auf den Plan gerufen. Natürlich rief der Justizmord von Eldagsen wiederum alle Gegner der Laienrechtsprechung auf den Plan (Mostar, Unschuldig 54).

▶ In dieser und in den folgenden Wendungen hat das Wort »Plan« die ursprüngliche Bedeutung »Ebene, Kampffeld«. Wer dorthin gerufen wird, ist bereit, zu kämpfen, zu handeln.

auf den Plan treten: *erscheinen, auftreten:* Plötzlich trat eine Großmacht auf den Plan. Herr Rehbein tritt selbst auf den Plan, öffnet ... eine der beiden Türen (Fries, Weg 128). ... die homerischen Schatten im Hades traten als die »Seelen« Abgeschiedener auf den Plan (Thieß, Reich 78). Vgl. die vorangehende Wendung.

Planet: der Blaue Planet: ↑ blau.

Pläsier: jedem Tierchen sein Pläsierchen: ↑ Tier.

platt: platt sein [wie eine Briefmarke/wie eine Flunder/wie ein Pfannkuchen] (ugs.): *sehr überrascht, verblüfft sein:* Sie war platt wie ein Pfannkuchen, als das neue Auto vor der Tür stand. Er hätte nie gedacht, dass er gewinnen würde – er war platt wie eine Flunder. Also Kemal hätte glatt für ein Mädchen durchgehen können. Der sah so echt aus. Richtig platt waren wir (Hornschuh, Ich bin 13, 58).

Plättbrett: ein Plättbrett mit zwei Erbsen (ugs.): *ein dünnes Mädchen/eine dünne Frau mit sehr kleinem Busen:* Sie hat mir eine geklebt, als ich sagte, sie sei ein Plättbrett mit zwei Erbsen.

flach wie ein Plättbrett sein: ↑ flach.

Platte: die Platte kennen (ugs.): *schon wissen, worauf etwas hinausläuft; etwas schon einmal gehört haben:* Die Platte kenn ich; er will nur, dass man ihm ein Bier spendiert. Wie Herr Herrfurth ... Worte über die seelische Rohheit der jüngeren Generation hervorstieß, da glaubte man ihm. Manfred stand auf. »Die Platte kenn ich.« (Chr. Wolf, Himmel 58/59).

▶ Diese und die beiden folgenden Wendungen beziehen sich auf die Schallplatte, die in der Umgangssprache kurz als »Platte« bezeichnet wird. Das Bild verdeutlicht die stereotype Wiederholung einer Äußerung.

die alte Platte laufen lassen/spielen (ugs.): *etwas zum wiederholten Male erzählen:* Wenn er heute Abend wieder die alte Platte laufen lässt, gehe ich nach Hause. Nach drei Schnäpsen spielt sie immer wieder die alte Platte von ihren vier verflossenen Ehemännern.
Vgl. die vorangehende Wendung.

eine andere Platte auflegen (ugs.): *das Thema wechseln, von etwas anderem reden, erzählen:* Leg mal eine andere Platte auf, die Geschichte kennen wir doch alle schon! Du hängst dir einen Haufen Arbeit und Ärger an den Hals und kriegst dafür keine Mark mehr im Monat. Hör auf, Angelika, leg eine andere Platte auf (v. d. Grün, Glatteis 11).
Vgl. die Wendung »die Platte kennen«.

die Platte putzen (ugs.): *verschwinden, sich schnell davonmachen:* Lasst uns die Platte putzen, hier ist doch nichts mehr los. Putzt die Platte, sagt Pranke (Degener, Heimsuchung 10).

▶ Die Herkunft dieser Wendung ist nicht genau geklärt. Möglicherweise stammt sie aus dem Rotwelschen und geht auf die jiddischen Wörter »p'lat« (= Flucht) und »puz« (= auseinander gehen, sich zerstreuen) zurück.

jmdn. auf die Platte bannen (ugs.; veraltend): *jmdn. fotografieren:* Er wollte das Brautpaar vor der Kirchentür auf die Platte bannen.

▶ In dieser Wendung ist mit »Platte« die Platte des Fotografen gemeint.

nicht auf die Platte kommen (ugs.): *nicht zugelassen, erlaubt werden:* Dass du um diese Zeit allein zum Bahnhof gehst, kommt nicht auf die Platte!

jmdn. von der Platte putzen (ugs.): *jmdn. vernichtend besiegen:* Der 1. FC hatte den Aufsteiger mit 8:1 von der Platte geputzt. Diesen Angeber putz ich mit der linken Hand von der Platte!

Vgl. die Wendung »die Platte putzen«.

jmdm. eins vor die Platte hauen (ugs.): *jmdn. heftig auf den Kopf schlagen:* Verschwinde, Kleiner, oder ich hau dir eins vor die Platte!

▶ In dieser Wendung steht »Platte« umgangssprachlich für »Glatze«, es steht also als Pars pro Toto für den Kopf des Geprügelten.

Platz: **ein Platz an der Sonne:** *Glück und Erfolg im Leben:* Wer strebt nicht nach einem Platz an der Sonne? Sie gehört zu den Menschen, die immer einen Platz an der Sonne haben werden.

jmds. Platz ist bei jmdm./an einem bestimmten Ort: *jmd. gehört zu jmdm./an einen bestimmten Ort:* In der Stunde der Gefahr war sein Platz bei seiner Familie. Sein Platz ist auf der Bühne, er ist zum Schauspieler geboren.

Platz behalten: *sitzen bleiben:* Darf ich Platz behalten? »Bitte, behalten Sie doch Platz«, sagt er und macht eine Verbeugung (Nossack, Begegnung 398).

Platz nehmen: *sich setzen:* Nimm doch Platz! Er selbst nahm im Führerhaus neben dem Fahrer Platz (Plievier, Stalingrad 107). »... was wissen Sie über diesen Herrn Rubruk?«, fragte Mütterchen ..., als Mathilde bei Tisch neben ihr Platz genommen hatte (Seidel, Sterne 113).

Platz greifen: *sich ausbreiten:* Diese Unsitte greift immer mehr Platz. Ein Fatalismus, genährt durch die Unübersichtlichkeit des verworrenen Lebens, greift Platz (Thieß, Reich 152). Die Waffe der Empörung wird stumpf, wenn das völlig Undenkbare ... Platz greift (Augstein, Spiegelungen 98).

jmdm. Platz machen: *jmdm., einer Sache weichen, die eigene Position überlassen:* Er wird Ende des Jahres einem jüngeren Mitarbeiter Platz machen. Was zunächst die Theorien anlangt, so behaupteten sich auch die älteren von ihnen noch sehr lang und machten nur zögernd modernen Auffassungen Platz (Friedell, Aufklärung 23).

in etwas keinen Platz haben: *in etwas nicht hineinpassen:* Abstecher in abgelegenere Gebiete haben in dem sorgfältig ausgeklügelten Reiseprogramm keinen Platz. Unter den Bezeichnungen »Kapitalismus« und »Proletariat« aber traten soziale Kräfte auf, die in einer ständischen Ordnung keinen Platz hatten (Fraenkel, Staat 326).

am Platz[e] sein: *angebracht, passend sein:* Beim Einstieg in die Höhle ist äußerste Vorsicht am Platz. Es ist aus diesem Anlasse einmal am Platze, dass dem Chor und seinem Leiter ... gedankt wird (Vorarlberger Nachr. 23. 11. 1968, 4). Lila findet Humor nicht am Platz (Frisch, Gantenbein 263).

jmdn. auf die Plätze verweisen (Sport): *[als Sieger] besser als andere abschneiden:* Ein Außenseiter verwies die Favoriten auf die Plätze. Christian Neureuther ... zählt im Spezialslalom zur absoluten Weltspitze. Das bewies er ..., als er Könner wie Thöni und Hinterseer auf die Plätze verwies (Hörzu 4, 1974, 40).

▶ Die Wendung stammt aus der Sprache des Pferdetotos, bei dem »auf Sieg« oder »auf Platz« gewettet wird. Heute wird sie auch auf andere [sportliche] Bereiche übertragen.

jmdn. vom Platz stellen (Sport): *jmdm. die weitere Mitwirkung in einem [Fußball]spiel untersagen:* Nach dem zweiten schweren Foul wurde der Verteidiger vom Platz gestellt. Der 1. FC Köln geriet weiter in Nachteil, als ... sein Stürmer ... wegen eines durchaus nicht schweren Fouls vom Platz gestellt wurde (FAZ 13. 10. 1961, 8).

fehl am Platz[e] sein: ↑fehl. **der rechte Mann am rechten Platz [sein]:** ↑recht. **Ruhe auf den billigen Plätzen:** ↑Ruhe.

Platze: die Platze kriegen (ugs.): *sich sehr ärgern, wütend werden:* Wenn der Nachbar das erfährt, kriegt er die Platze. ... wenn England gegen Russland wegen Indien geht, dann muss Deutschland Russland helfen. Dann kriegt Frankreich die Platze (Tucholsky, Werke II, 451).

▶ »Platze« ist eine Bildung zum Verb »platzen« im Sinne von »einen Gefühlsausbruch haben, vor Ärger, Wut hochgehen«; vgl. die Verbindung »vor Wut platzen«.

sich die Platze ärgern (ugs.): *sich sehr ärgern:* Ich habe mir heute im Büro die Platze geärgert. Der Hauswart machte die Tür zu, ärgerte sich die Platze ... und schimpfte auf die Müllmänner (BM 31. 12. 1975, 3).

Vgl. die vorangehende Wendung.

platzen: die Bombe platzt: ↑Bombe. **jmdm. ins Haus platzen:** ↑Haus. **aus allen Knopflöchern platzen:** ↑Knopfloch. **bei jmdm. platzt der Knoten:** ↑Knoten. **jmdm. platzt der Kragen:** ↑Kragen. **aus allen Nähten platzen:** ↑Naht.

plaudern: aus dem Nähkästchen plaudern: ↑Nähkästchen. **aus der Schule plaudern:** ↑Schule.

Plauze: auf der Plauze liegen (landsch.): *krank sein:* Bei dem Wetter ohne Mantel rumzulaufen – kein Wunder, dass du jetzt auf der Plauze liegst!

▶ Das aus dem Slawischen entlehnte »Plauze« ist landschaftlich im Sinne von »Bauch« (z. B. »sich die Plauze vollschlagen«) und von »Lunge« (z. B. »es auf der Plauze haben«) gebräuchlich. In dieser Wendung ist von der Bedeutung »Bauch« auszugehen.

pleite: pleite sein (ugs.): *zahlungsunfähig sein, kein Geld mehr haben:* Die Firma ist pleite, das ist jetzt offiziell! »Nun ist alles in die Luft geflogen! ... Papa ist pleite!« (Musil, Mann 1459).

▶ Das Wort »Pleite« in dieser und in den folgenden Wendungen geht auf das hebräische »pelētā« zurück, das so viel wie »Rettung, Entkommen« heißt. Es bezog sich zunächst auf die Flucht vor den Gläubigern oder den Schuldturm. Erst später setzte eine Bedeutungsverschiebung ein, sodass das Wort jetzt den Bankrott selbst bezeichnet.

Pleite: Pleite gehen (ugs.): *zahlungsunfähig werden, bankrott werden:* Die Bank ist voriges Jahr Pleite gegangen. Als der Vater mit seiner Textilfabrik Pleite geht, emigriert der ganze Clan nach Südamerika (Spiegel 45, 1977, 106). Vgl. die vorangehende Wendung.

Pleite machen (ugs.): *zahlungsunfähig werden, Bankrott machen:* Sein Vater hatte in den Zwanzigerjahren Pleite gemacht und musste damals das Haus verkaufen. Genau besehen, haben alle diese Burschen Pleite gemacht, aber sie finden immer wieder Dumme, die ihnen ... Kredit einräumen (Kirst, 08/15, 141). Vgl. die Wendung »Pleite gehen«.

eine Pleite schieben (ugs.): *einen Misserfolg haben:* Der arme Kerl hat in letzter Zeit eine Pleite nach der anderen geschoben. War ich mal nicht da, haben sie 'ne Pleite geschoben (Fallada, Mann 36).

Vgl. die Wendung »Pleite gehen«.

Pleitegeier: bei jmdm. sitzt der Pleitegeier auf dem Dach (ugs.): *jmd. ist vom Bankrott bedroht:* Bei der Kohlenhandlung an der Ecke sitzt schon seit Wochen der Pleitegeier auf dem Dach.

▶ Das Wort »Pleitegeier« ist abgewandelt aus »Pleitegeher«, bezeichnet also ursprünglich denjenigen, der Bankrott macht. Später trat die Vorstellung von dem Aas fressenden Vogel in den Vordergrund, der vom Zugrundegehen anderer profitiert.

Plethi: Krethi und Plethi: ↑ Krethi.

plötzlich: ein bisschen plötzlich! (ugs.): *schnell, unverzüglich:* Bringt mir das Essen und die Zeitung, aber ein bisschen plötzlich! Das ist dann alles ein bisschen plötzlich gegangen mit der Umsiedlung ins Ausland. »... Und jetzt verschwinde, und zwar ein bisschen plötzlich, ehe ich Meldung erstatte ...« (Fels, Sünden 132).

Plüschohr: klein Doofi mit Plüschohr: ↑ klein.

pochen: auf sein Recht pochen: ↑ Recht.

Pol: der ruhende Pol: *jmd., von dem Ruhe ausstrahlt, der die Übersicht behält:* Ein Verkehrspolizist war der ruhende Pol in der aufgeregten Menge. Vor dem Staatspräsidenten hatte auch sie ... ein wenig Respekt, war er doch der einzig ruhende Pol im politischen Hin und Her (Dürrenmatt, Grieche 7).

Polen: noch ist Polen nicht verloren (ugs., scherzh.): *noch ist Hoffnung, noch ist nicht alles verloren:* Die Mannschaft lag mit zwei Toren zurück, aber noch war Polen nicht verloren. Noch ist Polen nicht verloren, vielleicht ist noch ein bisschen Geld in meinem Sparschwein!

▶ Mit den Worten dieser Redewendung beginnt der Dombrowski-Marsch, den der polnische Dichter Joseph Wybicki 1797 schrieb. Der Überlieferung nach sollen damit die Polen im Jahre 1794 ihrem Führer Thaddäus Kościuszko geantwortet haben, als er nach einer verlorenen Schlacht das Ende Polens verkündete.

polieren: jmdm. die Eier polieren: ↑ Ei.
jmdm. die Fresse polieren: ↑ Fresse.

jmdm. die Schnauze polieren: ↑ Schnauze.

Politik: eine Politik der offenen Tür: *ein Offensein nach allen politischen Richtungen hin:* Es ist fraglich, ob sich dieser kleine Staat weiterhin eine Politik der offenen Tür wird erlauben können.

politisch: [ein] politisch' Lied, [ein] garstig' Lied: *Politik ist eine schmutzige, unerfreuliche Sache:* Denk an Watergate zum Beispiel – ich sage nur: politisch' Lied, garstig' Lied!

▶ Die Redensart ist ein abgewandeltes Zitat aus Goethes »Faust«. In der Szene in Auerbachs Keller heißt es: »Ein garstig' Lied! Pfui! Ein politisch' Lied«.

Polizei: dümmer sein, als die Polizei erlaubt: ↑ dumm.

Pollux: wie Kastor und Pollux sein: ↑ Kastor.

polnisch: polnische Wirtschaft (ugs., abwertend): *Schlamperei, Durcheinander, Unordnung:* Der Chef achtete darauf, dass in der Firma keine polnische Wirtschaft einriss. ... unser Nationaleinkommen war um 15 Prozent gesunken, wir sind angetreten, um mit der polnischen Wirtschaft Schluss zu machen (Spiegel 5, 1982, 5).

▶ Diese Wendung beruht auf einem alten Vorurteil, nach dem die Polen (ähnlich wie die Balkanbewohner und andere Volksgruppen) in ihren Lebensverhältnissen als unordentlich, nachlässig angesehen werden.

pomade: jmdm. pomade sein (berlin.): *jmdm. egal sein:* Es war ihr ganz pomade, was er mit seinem Geld macht. Na gut, dann gehen wir eben nicht ins Kino, ist mir auch pomade!

▶ Diese Wendung geht auf den polnischen Ausdruck »po mału« zurück, der so viel wie »allmählich« bedeutet und zunächst in Zusammenhängen verwendet wurde, bei denen man ausdrücken wollte, dass man sich wegen einer Sache nicht sonderlich beeilen wollte, sich nicht aus der Ruhe bringen ließ. Der fremdsprachige Ausdruck wurde später volksetymologisch an »Pomade« angelehnt; vgl. auch »pomadig« im Sinne von »blasiert; lässig; träge«.

Pontius: von Pontius zu Pilatus laufen (ugs.): *von einer Stelle [bei einer Behörde* *o. Ä.] zur anderen laufen [um etwas zu erreichen]:* Sie läuft von Pontius zu Pilatus, um mir zu helfen. Vergeblich (Hasenclever, Die Rechtlosen 456). Wir erlauben uns den Hinweis, ... dass man es Kurt Kirchner nicht übel nehmen dürfe, wenn er ... von Pontius zu Pilatus gelaufen ist, um die versprochene Wohnung zu bekommen (MM 9.2. 1966, 4).

▶ Diese und die folgende Wendung beziehen sich auf das Neue Testament (Lukas 23, 6–11), wo berichtet wird, dass Christus vom römischen Statthalter Pontius Pilatus zunächst zu König Herodes geschickt wird, von diesem aber wieder zurück zum Statthalter. In den beiden Wendungen wurden ungeachtet des ursprünglichen Zusammenhangs nur die stabreimenden Namen des Römers bewahrt.

jmdn. von Pontius zu Pilatus schicken (ugs.): *jmdn. von einer Stelle [bei einer Behörde o. Ä.] zur anderen verweisen:* Im Finanzamt haben sie ihn von Pontius zu Pilatus geschickt, bis er alle Unterlagen zusammenhatte! Doch bei den Behörden wird er von Pontius zu Pilatus geschickt (Spiegel 46, 1984, 276).

Vgl. die vorangehende Wendung.

Pony: eine Meise unterm Pony haben: ↑ Meise.

Portemonnaie: ein dickes Portemonnaie haben (ugs.): *viel Geld haben:* Der Angeber kann sich so einen Wagen auch nur leisten, weil seine Frau ein dickes Portemonnaie hat!

tief ins Portemonnaie greifen (ugs.): *viel Geld ausgeben, einen hohen Preis bezahlen:* Ihr Vater hat tief ins Portemonnaie greifen müssen, um ihre Ausbildung zu bezahlen. Für dieses schöne Stück müssen Sie schon tief ins Portemonnaie greifen!

Portion: halbe Portion: ↑ halb.

Porzellan: Porzellan zerschlagen: *durch ungeschicktes, unbedachtes Reden oder Handeln Unheil anrichten:* Mit dem, was er gestern in der Versammlung alles von sich gegeben hat, dürfte er einiges Porzellan zerschlagen haben. Durch übereilte Maßnahmen riskiert die Regierung nur, unnötig Porzellan zu zerschlagen.

Porzellankiste: Vorsicht ist die Mutter der Porzellankiste: ↑ Vorsicht.

Porzellanladen: sich wie ein Elefant im Porzellanladen benehmen: ↑ benehmen.

Positur: sich in Positur setzen/werfen/stellen: *eine würdevolle Sitzhaltung einnehmen:* Der Sachverständige warf sich in Positur und begann seinen Vortrag. Aber der Anstaltsleiter – gibt ihm die Hand. ... Dann setzt er sich in Positur und verliest folgendes Dokument ... (Mostar, Unschuldig 111).

Possen: Possen reißen (veraltend): *lustige Streiche, Witze machen:* Du kannst immer nur Possen reißen, etwas Vernünftiges bringst du nicht zustande!

▶ Als »Possen« bezeichnete man früher Figuren, besonders Scherzfiguren, an Brunnen und anderen öffentlichen Bauwerken. Auf das Entwerfen solcher lustiger Figuren auf dem Reißbrett (daher das Verb »reißen«) bezog sich ursprünglich die vorliegende Wendung.

Post: ab die Post: ↑ ab.

Posten: Posten/Posto (veraltet) **fassen:** *sich als Posten, auf seinen Posten aufstellen:* Zwei Mann fassten Posten, die andern schlugen die Zelte auf.

Posten stehen: *Wache halten, als Wachposten Dienst tun:* Drei Mann standen Posten, sie wurden alle vier Stunden abgelöst. Wenn du heute Nacht Posten stehst, sei besonders wachsam! ... die Polizei hat gedacht, die Fete ist vorbei. Einer stand Posten (Kant, Impressum 337).

auf verlorenem Posten stehen/kämpfen: *in einer aussichtslosen Lage sein, keine Erfolgschancen haben:* Nur zwei Abgeordnete waren gegen die Verfassungsänderung, sie standen auf verlorenem Posten. Doch Julian kämpfte sein Leben lang auf verlorenem Posten (Thieß, Reich 282).

auf dem Posten sein (ugs.): 1. *in guter körperlicher Verfassung sein:* Der Angeklagte war nicht ganz auf dem Posten, die Verhandlung sollte am folgenden Tag fortgesetzt werden. ... weil die Köchin noch immer nicht ganz auf dem Posten war ..., genoss ihre jüngere Kollegin den Vorzug, so viel zu tun zu haben (Musil, Mann 602). 2. *gut aufpassen, wachsam sein:* Die Ordner waren auf dem Posten, niemand kam ohne Sonderausweis in die Halle. ... da beschränkt sich der Ehrgeiz der Haut auf die Kitzligkeit, da ist sie ... höllisch auf dem Posten gegen alles, was dem Körper zu nahe treten will (Th. Mann, Zauberberg 367).

post festum (bildungsspr.): *hinterher, im Nachhinein:* Der Vertrag ist unterschrieben; post festum können wir Ihre Wünsche nicht mehr berücksichtigen.

▶ Die Wendung stammt aus dem Lateinischen und bedeutet wörtlich »nach dem Fest«, im übertragenen Sinne »wenn alles vorbei ist, wenn es zu spät ist«.

Postillon d'Amour (scherzh.; veraltet): *Überbringer eines Liebesbriefes:* Er hatte den kleinen Bruder seiner Angebeteten schon des Öfteren als Postillon d'Amour eingesetzt. ... Sigrid, wie sie drunten am Haustor einem Freunde Heinrichs, der als Postillon d'Amour diente, Grüße ... ausrichtete (Mostar, Liebe 15).

Postkarte: Postkarte genügt [komme ins Haus/komme sofort] (ugs.; scherzh.): *Sie können mit meiner Hilfe rechnen, ich stehe gerne wieder zu Ihren Diensten:* Wenn Sie mit dem Auto mal Ärger haben sollten – Postkarte genügt, komme sofort!

Posto: Posto fassen: ↑ Posten.

potemkinsch: potemkinsche Dörfer: *Vorspiegelungen, Trugbilder:* Sie konnte einfach nicht glauben, was er sagte. Das waren ihrer Meinung nach alles potemkinsche Dörfer. Dies Russland ist in der Tat proletarisch ... Mit potemkinschen Dörfern will es nicht betrügen (Niekisch, Leben 221).

▶ Diese Fügung bezieht sich auf den russischen Feldherrn und Staatsmann Fürst Potemkin (Potjomkin), der der Zarin Katharina II. auf ihrer Krimreise 1787 nur als Fassaden aufgebaute Dörfer gezeigt haben soll, um den Wohlstand des Landes vorzutäuschen.

Pott: zu Pott[e] kommen (ugs.): *mit etwas fertig werden, zurechtkommen:* Komm endlich zu Potte, sonst wirds ungemütlich (Quick 31, 1976, 16). Wenn die Neuen zu Potte kommen, dann sitze ich bestimmt schon als Rentner auf einer Bank am Rhein (Hörzu 46, 1983, 34).

▶ »Pott« steht in dieser Wendung für »Nachtgeschirr«; vgl. die entsprechende Verwendung von »Topf« (z. B. »auf den Topf müssen«). Die Wendung bedeutete also ursprünglich »es schaffen, seine Notdurft zu verrichten«.

potz: potz Blitz/Donner[wetter]! (ugs.): *Ausruf des Erstaunens, der Verärgerung o. Ä.:* Potz Blitz, hat der uns an der Nase herumgeführt! Potz Donnerwetter, du sollst nicht dauernd widersprechen! So lernten wir, dass Scheel mit Kaffeekenntnissen verblüffte; war er doch – potz Blitz! – mal Entwicklungshilfeminister (Hörzu 27, 1977, 33).

Prä: ein/das Prä haben (veraltend): *Vorrang haben:* Die Krankenhäuser haben das Prä bei der Versorgung mit Notstrom. Die Branche begriff, warum er den stellvertretenden Vorsitz der Handelskammer abgab: sein Laden hatte Prä (Bieler, Mädchenkrieg 50).

▶ Diese Wendung stammt aus der Sprache der Kartenspieler. Das Wort »Prä« (aus lateinisch »prae«) bedeutet eigentlich »vor«; wer beim Spiel das Prä hat, darf als Erster ausspielen.

Pracht: eine wahre Pracht sein (ugs.): *herrlich, hervorragend sein:* Die Blumen auf dem Feld sind eine wahre Pracht. Ich habe um mich geschlagen, und sie flogen auch durch die Luft oder gingen zu Boden, es war eine wahre Pracht (Konsalik, Promenadendeck 357).

..., dass es eine [wahre] Pracht ist (ugs.): *hervorragend:* Sie sangen und spielten, dass es eine Pracht war. Das Pferd galoppiert, dass es eine wahre Pracht ist.

prahlen: beschissen wäre noch geprahlt: ↑ beschissen.

Pranger: am Pranger stehen/an den Pranger kommen: *öffentlich beschuldigt, angeprangert werden:* Es wird Zeit, dass diese Missstände an den Pranger kommen. Die Nachbarn haben sie angezeigt, und im letzten Sommer des Krieges stand sie am Pranger (Brot und Salz 24).

▶ Im Mittelalter war es üblich, bestimmte Verbrechen damit zu bestrafen, dass man die Übeltäter an einen auf einem öffentlichen Platz stehenden Pfahl ankettete, um sie der allgemeinen Verachtung und der Schande preiszugeben. Darauf beziehen sich diese und die folgende Wendung.

jmdn. an den Pranger stellen: *jmdn. öffentlich beschuldigen, etwas öffentlich* *anprangern:* Er dachte gar nicht daran, sich von der Partei an den Pranger stellen zu lassen. Wer das Gesetz übertritt, wird an den Pranger gestellt (Bild 3. 4. 1964, 2). Was das für ein Kerl sein müsse! Na, ... die Redaktion habe diesen Schädling ... erledigt und an den Pranger gestellt (Hesse, Steppenwolf 77). Vgl. die vorangehende Wendung.

Präsentierteller: [wie] auf dem Präsentierteller (ugs.): *auf einem Platz, von dem aus man von allen gesehen werden kann, auf dem man ein leichtes Ziel bietet:* Suchen wir uns lieber einen anderen Platz, hier sitzt man ja richtig auf dem Präsentierteller. Die Autohersteller müssen umdenken: Das Autoradio gehört nicht mehr auf den Präsentierteller, sondern ... hinter eine Klappe im Armaturenbrett (ADAC-Motorwelt 8, 1986, 32). ▶ Auf dem Präsentierteller wurden früher bei der festlichen Tafel die Speisen herumgereicht. Was so dargeboten wurde, war bequem zugänglich und gut sichtbar. Darauf beziehen sich diese und die folgende Wendung.

jmdn., etwas jmdn. auf dem Präsentierteller servieren (ugs.): *jmdn., etwas jmdm. ausliefern, darbieten, ohne dass sich der Empfänger darum bemühen muss:* Geben Sie unserer Agentur eine Woche Zeit, und wir werden Ihnen den Vertrag auf dem Präsentierteller servieren! Es war angenehm für die Polizei, wenn ihr ein Privatdetektiv den Täter auf dem Präsentierteller servierte. Vgl. die vorangehende Wendung.

predigen: jmdm. Moral predigen: ↑ Moral. **tauben Ohren predigen:** ↑ Ohr. **mit tausend Zungen predigen:** ↑ Zunge.

Prediger: ein Prediger in der Wüste: ↑ Rufer.

¹Preis: hoch/(selten:)**gut im Preis stehen** (Kaufmannsspr.): *beim Verkauf guten Gewinn bringen:* Gebrauchtwagen stehen dieses Jahr wieder hoch im Preis. Sie verstehen, das Elfenbein der Stoßzähne steht noch immer hoch im Preis (Kessel [Übers.], Patricia 34). Holz steht gut im Preis, umso höher, je weniger davon aus der Einöde kommt (Waggerl, Brot 39).

um jeden Preis (ugs.): *unbedingt:* Er wollte um jeden Preis gewinnen. Ist es nicht wieder so, dass ... alle Völker im Westen zur Verständigung um jeden Preis drängen (Dönhoff, Ära 110). Er will fliehen ... Um jeden Preis will er diese Kellergruft verlassen (Jahnn, Nacht 151).

um keinen Preis [der Welt] (ugs.): *keinesfalls:* Der Sammler wollte die Standuhr um keinen Preis hergeben. Um keinen Preis setze ich noch einmal einen Fuß in dieses Haus! Warum ... hatte der Bengel sich vorhin um keinen Preis der Welt davon abbringen lassen, in Badehosen auf dem Balkon rumzutanzen? (H. Weber, Einzug 58).

²Preis: ohne Fleiß kein Preis: ↑ Fleiß.

preisen: jmdn. glücklich preisen: *jmdn. als glücklich ansehen, bezeichnen:* Du kannst dich glücklich preisen, eine gute Stelle gefunden zu haben. ... sobald er die vorderste Kuh ... überholt hat, darf er Gas geben und sich glücklich preisen, weil er einer Gefahr entronnen ist (Böll, Tagebuch 52). Doch der Pater pries die Opfer glücklich: ein Stück Erde im Heimatboden, meinte er, sei genug für den Leib (Schneider, Erdbeben 85).

prellen: wie ein geprellter Frosch (ugs.): *völlig kraftlos, ermattet:* Er lag in der Ecke wie ein geprellter Frosch. ▶ Das Wort »prellen« heißt ursprünglich so viel wie »aufprallen lassen«. Im Mittelalter war das Prellen eine Strafe für Verbrecher; sie wurden an einem Galgen so lange hochgezogen und wieder fallen gelassen, bis ihre Knochen gebrochen waren. Hierauf geht die vorliegende Wendung zurück.

die Zeche prellen: ↑ Zeche.

Preuße: so schnell schießen die Preußen nicht (ugs.): *so schnell geht das nicht:* So schnell schießen die Preußen nicht, erst muss Ihr Antrag gründlich geprüft werden. ▶ Die Herkunft der Redensart ist unklar. Vielleicht kam sie auf, nachdem die preußische Armee das Zündnadelgewehr eingeführt hatte, das schneller schoss als die bisherigen Gewehre.

Primel[topf]: eingehen wie eine Primel/ wie ein Primeltopf: ↑ eingehen. **grinsen wie ein Primeltopf:** ↑ grinsen.

Primus inter Pares (bildungsspr.): *der Wortführer, Leiter o. Ä. in einer Gruppe*

Gleichrangiger: Ein guter Lehrer sollte von seinen Schülern als Primus inter Pares angesehen werden. Volbehr ... fügte sich in diese Gemeinschaft als Primus inter Pares (Welt 1. 6. 1965, 19).

► Die lateinische Wendung heißt wörtlich übersetzt: »der Erste unter Gleichen«.

Prinzessin: eine Prinzessin auf der Erbse: *ein übermäßig empfindlicher Mensch:* Sie galt im Betrieb als Prinzessin auf der Erbse und war nicht sonderlich beliebt.

► Diese Fügung geht auf das gleichnamige Märchen von Andersen zurück, in dem eine Prinzessin ihre körperliche Feinfühligkeit dadurch erweist, dass sie durch mehrere Federbetten hindurch eine Erbse in ihrem Bett spürt.

privat: aus/von privater Hand: ↑Hand.

pro: pro [Mann und] Nase: ↑Nase.

Probe: die Probe aufs Exempel machen: *etwas [an einem praktischen Beispiel] nachprüfen:* Wenn das neue Restaurant so gut sein soll, warum machen wir dann nicht einmal die Probe aufs Exempel?

jmdn. auf die Probe stellen: *jmds. Charakterfähigkeit prüfen:* Man hatte ihm das Geld nur angeboten, um ihn auf die Probe zu stellen. Sie hat ihn auf die Probe gestellt, er meint es wirklich ehrlich.

etwas auf die/auf eine [harte] Probe stellen: *etwas übermäßig beanspruchen:* Die Kinder hatten die Geduld ihres Vaters auf eine harte Probe gestellt. Mich gelüstete es, das Reichsgericht auf die Probe zu stellen, und ich richtete dorthin eine Beschwerde (Niekisch, Leben 227). Kutschen-Meyers Gleichmut war schon von ganz anderen Intelligenzlern auf die Probe gestellt worden (Kant, Impressum 219).

auf Probe: *versuchsweise:* Er wurde für drei Monate auf Probe eingestellt. Ausschlaggebend sei gewesen, dass der Fall Kosiek heute ... anders zu beurteilen sei als bei einem Angestellten als Beamter auf Probe (MM 14. 2. 1974, 1).

probieren: Probieren geht über Studieren: *praktische Erfahrungen sind besser als rein theoretische Erkenntnisse; man sollte einfach beginnen, ohne lange Vorüberlegungen anzustellen:* Probieren geht über Studieren. Ich geh jetzt da rein und tu so, als ob ich dazugehöre (Kuby,

Sieg 249). Sie werden uns jetzt sicher von der Verderbnis Hamburgs erzählen – ja, ja, Probieren geht über Studieren! (Winckler, Bomberg 132).

sein Glück probieren: ↑Glück.

Problem: Probleme wälzen (ugs.): *sich mit Problemen [immer wieder] auseinander setzen; grübeln:* Was sitzt du hier herum und wälzt Probleme – lass uns lieber schwimmen gehen!

pro domo (bildungsspr.): *für die eigene Sache:* Der Angeklagte wird natürlich immer pro domo argumentieren.

► Die lateinische Wendung heißt wörtlich übersetzt: »für das [eigene] Haus«.

Professor: ein zerstreuter Professor (ugs.): *ein zerstreuter, vergesslicher Mensch:* Du bist mir ein zerstreuter Professor – das ist schon der vierte Schirm, den du in der Straßenbahn vergessen hast!

► Diese Fügung geht auf die Vorstellung des weltfremden Stubengelehrten zurück, der in den praktischen Dingen des Lebens versagt, weil er in Gedanken immer bei seiner Wissenschaft ist.

pro forma: *nur formell:* Er hatte sich pro forma in die Liste eingetragen. Er kontrolliert pro forma die einzelnen Posten (Wolf, Menetekel 177). Pro forma soll die Ehe sein und ohne Konsequenzen (Hörzu 53, 1972, 33).

Propeller: etwas am Propeller haben (ugs.): *nicht recht bei Verstand sein:* Die Verkäuferin schien etwas am Propeller zu haben.

Prophet: der Prophet gilt nichts in seinem Vaterlande: *in der eigenen Heimat, von den eigenen Mitbürgern wird ein außergewöhnlicher Mensch oft nicht anerkannt:* Überall in der Welt wurden seine Werke veröffentlicht, zu Hause aber beachtete ihn niemand – der Prophet gilt eben nichts in seinem Vaterlande.

► Diese Redensart geht auf die Bibel (Matthäus 13, 57) zurück.

beim Barte des Propheten: ↑Bart. **wenn der Berg nicht zum Propheten kommt, muss der Prophet zum Berge gehen:** ↑Berg.

Proselyt: Proselyten machen (bildungsspr.): *sich [mit fragwürdigen Methoden] Anhänger, Gesinnungsgenossen schaffen:* Er war gefangen gehalten worden, und es war lustig, zu hören, wie er selbst diesen Aufenthalt dazu benutzt hatte, Proselyten zu machen (Th. Mann, Joseph 438). In Washington aber hielt man es während der ganzen Eisenhower-Ära für die wichtigste politische Aufgabe, ideologische Proselyten zu machen (Dönhoff, Ära 161 f.).

▶ Das Wort »Proselyt« stammt aus dem Griechischen und ist über das Kirchenlateinische ins Deutsche gekommen. Es bedeutete ursprünglich »Hinzugekommener« und bezeichnete in der Kirche die erst vor kurzer Zeit bekehrten Gläubigen. In der Bibel (Matthäus 23,15) macht Jesus den Pharisäern zum Vorwurf, dass es ihnen nur darauf ankomme, ihre Anhängerschaft zu vermehren. Darauf bezieht sich die vorliegende Wendung.

prosit/prost: prost Mahlzeit! (ugs.): *Ausdruck der Skepsis, der Verärgerung:* Prost Mahlzeit! Jetzt haben wir die Fahrkarten vergessen! Wohin mochte sich der Kerl nur verkrochen haben? War er in die Latrine gekippt ...? Na prost Mahlzeit! (Apitz, Wölfe 225). Greck erbrach sich ... »Prost Mahlzeit!«, rief der kleine Leutnant (Böll, Adam 64).

▶ Bei diesem Ausdruck handelt es sich um die ironische Verwendung einer früher gebräuchlichen Höflichkeits- und Segensformel vor oder nach der Mahlzeit. Das lateinische »prosit« heißt zu Deutsch: »es möge gedeihen, wohl geraten«.

pros[i]t Neujahr!: *Grußformel, Segenswunsch an Silvester.*

Protest: etwas zu Protest gehen lassen (Kaufmannsspr.): *die Nichteinlösung von etwas [Wechsel o. Ä.] beurkunden lassen:* Er ließ sämtliche Wechsel zu Protest gehen. ... wir sind ein Haus von Renommee, ... wir lassen keine Wechsel zu Protest gehen (Tucholsky, Werke 440).

Protokoll: etwas zu Protokoll geben/(selten:) **bringen:** *eine Aussage über etwas in einem Protokoll festhalten lassen:* Der Angeklagte hat zu Protokoll gebracht, dass er zur Tatzeit im Kino gewesen sei. Dann gaben sie zu Protokoll, was sie wussten und was sie vermuteten (Fries, Weg 331). Mehrere Landesgruppen haben ihr Missfallen und ihre abweichende

Meinung zu Protokoll gegeben (Dönhoff, Ära 26).

etwas zu Protokoll nehmen: *etwas in einem Protokoll festhalten:* Alle Einzelheiten der Verhandlungen wurden zu Protokoll genommen. Nahezu alle Bewohner ... verlangten von dem Schutzmann, dass auch die Aussagen der Nachbarn zu Protokoll genommen würden (Bredel, Väter 74).

Prozess: jmdm. den Prozess machen: *gegen jmdn. ein Gerichtsverfahren durchführen:* Gegen Ende des Jahres wird man den Geiselnehmern den Prozess machen. Es wurde ihm der Prozess gemacht ... wegen der Ermordung der Mary Swayer (Brecht, Groschen 371).

[mit jmdm., mit etwas] kurzen Prozess machen (ugs.): *energisch, rasch, ohne große Bedenken und ohne Rücksicht auf Einwände [mit jmdm., mit etwas] verfahren:* Der Parteivorstand machte kurzen Prozess und enthob die Wahlleiter seiner Ämter. Mit solchen Störenfrieden machen wir hier kurzen Prozess! Auch mit den Gefangenen hat man früher kurzen Prozess gemacht. Man hat sie in ihre Zelle gesperrt, und dann war Ruhe im Haus (Ziegler, Konsequenz 81).

prüfen: drum prüfe, wer sich ewig bindet: *wer heiraten will, sollte sich das gut überlegen:*

▶ Diese Redensart ist ein Zitat aus Schillers »Lied von der Glocke«, das gelegentlich scherzhaft um den Zusatz »ob sich nicht noch was Bessres findet« erweitert wird.

jmdn. auf Herz und Nieren prüfen: ↑Herz.

Prügel: es setzt Prügel: ↑setzen. **eine Tracht Prügel:** ↑Tracht.

prügeln: wie ein geprügelter Hund: *beschämt, kleinlaut, ängstlich:* Nach dieser Standpauke schlich er wie ein geprügelter Hund aus dem Zimmer.

jmdn. krumm und lahm prügeln: ↑krumm.

Pudding: Pudding in den Armen/Beinen haben (ugs.): *keine Kraft in den Armen/Beinen haben:* Vor dir hab ich keine Angst, du hast doch Pudding in den Armen! Auf den letzten Metern hatte der finnische Läufer Pudding in den Beinen und fiel auf den dritten Platz zurück.

▶ Wer keine Kraft hat, dessen Muskeln sind weich wie Pudding.

auf den Pudding hauen (ugs.): *Krach schlagen, laut protestierend aufbegehren:* Es wird Zeit, dass in der Firma mal jemand auf den Pudding haut!

zu dumm sein, [um] einen Pudding an die Wand zu nageln (ugs.; scherzh.): *sehr dumm sein:* Mensch, du bist doch zu dumm, einen Pudding an die Wand zu nageln!

Pudel: wie ein begossener Pudel (ugs.): *kleinlaut, beschämt:* Er schlich sich davon wie ein begossener Pudel. Der Redner stand auf der Bühne wie ein begossener Pudel. Pitt stand wie ein begossener Pudel da, ... Bülow hatte ihm eine runtergehauen (Ott, Haie 64).

▶ Die Wendung geht von der Beobachtung aus, dass ein Hund, der nass geworden ist, oft einen kläglichen oder komischen Eindruck macht.

an jmdm. ablaufen wie das Wasser am Pudel: ↑ablaufen. **das ist des Pudels Kern:** ↑Kern.

pudern: dich haben sie/hat man wohl mit dem Klammerbeutel gepudert: ↑Klammerbeutel.

¹Puff: einen Puff vertragen [können] (ugs.): *nicht zimperlich sein, etwas aushalten können:* Ich vertrug einen Puff, doch hatte mich diese Wirklichkeit ... völlig aus der Fassung gebracht (Hauptmann, Schuß 60). Das ist kein rechter Mann und kein rechter Stand, der nicht einen ordentlichen Puff vertragen kann (Tucholsky, Werke 77).

²Puff: Ruhe im Puff: ↑Ruhe.

Pulle: das ist ein Schluck aus der Pulle: ↑Schluck.

Puls: jmdm. [auf] den Puls fühlen (ugs.): *jmdn. ausfragen, ausforschen, überprüfen:* Die Polizei wird den Verdächtigen auf den Puls fühlen. Sie wollten dem Neuen in der Abteilung mal den Puls fühlen.

▶ Diese Wendung ist eine Übertragung aus dem Bereich der medizinischen Untersuchung: der Pulsschlag gibt Auskunft über den Gesundheitszustand des Patienten.

Pulver: das Pulver/(auch:) **Schießpulver nicht erfunden haben** (ugs.): *nicht besonders klug sein:* Dein Freund hat wohl auch nicht gerade das Pulver erfunden, oder? Er ... hat 'nen Sohn, der bei meinem Vater promovieren will, und dieser Sohn hat das Pulver nicht erfunden, versteht ihr? (Ott, Haie 10).

sein Pulver verschossen haben (ugs.): *seine Möglichkeiten [übereilt] erschöpft haben:* Nach zwei Runden hatte der Herausforderer sein Pulver verschossen, er gab in der dritten Runde auf. Als die Diskussion später fortgesetzt wurde, hatte der Gegenkandidat sein Pulver bereits verschossen.

keinen Schuss Pulver wert sein: ↑Schuss.

Pulverfass: auf einem Pulverfass sitzen: *in einer brisanten Lage sein:* Als Kriegsberichterstatter war er es gewohnt, ständig auf einem Pulverfass zu sitzen. In diesen unruhigen Zeiten sitzen wir alle auf einem Pulverfass.

der Funke im Pulverfass sein: ↑Funke[n]. **den Funken ins Pulverfass schleudern:** ↑Funke[n]. **die Lunte ans Pulverfass legen:** ↑Lunte.

Pump: auf Pump (ugs.): 1. *mit geborgtem Geld:* Seit ihrer Entlassung lebt sie auf Pump. Jetzt steht sein eigenes Haus, gebaut auf Pump (Augsburger Allgemeine 3. 6. 1978, 1). Rajai, der sein auf Pump produziertes Werk dem Dritten Fernsehprogramm verkaufen will, wählte absichtlich die Mauer als Filmkulisse (Spiegel 36, 1970, 149). 2. *auf Raten:* Den Farbfernseher haben wir uns auf Pump gekauft. Privatleasing ist deutlich teurer als das Drehen am eigenen Steuer – selbst wenn man das Auto auf Pump kauft (ADAC-Motorwelt 7, 1979, 57).

Punkt: Punkt, Schluss und Streusand darüber (ugs.; veraltend): *die Sache ist abgeschlossen, erledigt, vergessen:* Er hat sich bei mir entschuldigt, und damit Punkt, Schluss und Streusand darüber!

▶ Die Wendung bezieht sich darauf, dass früher ein mit Tinte geschriebenes Schriftstück mit Streusand abgelöscht wurde. Damit war der Schreibvorgang beendet.

ein neuralgischer Punkt: *eine Stelle, an der es immer wieder zu Schwierigkeiten kommt:* Die Strecke zwischen Darmstadt und Frankfurt galt als der neuralgische Punkt im deutschen Autobahnnetz.

▶ Die Wendung stammt aus der Sprache der Medizin. Ein neuralgischer Punkt ist eine Stelle am Körper, die besonders schmerzempfindlich ist.

der springende Punkt sein (ugs.): *das Entscheidende, Ausschlaggebende, die Hauptschwierigkeit sein:* Die Heizkosten sind zu hoch, das ist der springende Punkt! »Jetzt sind wir doch zusammen am selben Ort«, sagte Paul, für den das offenbar der springende Punkt war (Seghers, Transit 162). »Meine Eintragung ist an sich belanglos. Allein Ihre Unterschrift ist der springende Punkt.« (Kirst, 08/15, 202).

▶ Diese Wendung geht auf eine Naturbeobachtung des Aristoteles zurück, der der Meinung war, dass in einem bebrüteten Vogelei das Herz des künftigen Vogels als ein sich bewegender (»springender«) Fleck zu erkennen sei. In der lateinischen Fassung seines Berichts heißt dieser Fleck »punctum saliens« (= springender Punkt). Diese Fügung wurde im Sinne von »Punkt, von dem das Leben ausgeht«, dann allgemeiner »entscheidender, wichtigster Punkt« gebräuchlich.

ein toter Punkt: 1. *ein Stadium, in dem keine Fortschritte mehr erzielt werden:* Die Verhandlungen waren auf dem toten Punkt angelangt. Dagegen ist nichts zu sagen. Die Diskussion hat einen toten Punkt erreicht (Remarque, Obelisk 188). 2. *ein Zustand stärkster Ermüdung, Erschöpfung:* Er musste den toten Punkt überwinden, um Anschluss an die Spitzengruppe halten zu können.

▶ Diese Wendung stammt aus dem Bereich der Technik. Wenn die Pleuelstange und die Kurbel einer Antriebsmaschine eine gerade Linie bilden, spricht man vom »toten Punkt«, denn dann bewegt sich die Pleuelstange weder vor noch zurück, es ist der Punkt, an dem sie ihre Bewegungsrichtung umkehrt.

ein wunder Punkt: *ein Bereich, in dem jemand sehr empfindlich, sehr anfällig ist:* Disziplin ist bei ihm nun einmal ein wunder Punkt. Nur vorm Saufen muss ihn Mieze stark zurückhalten, das ist der wunde Punkt beim Franz (Döblin, Berlin 315). Die Leute reden absichtlich aneinander vorbei, um keinen wunden

Punkt zu berühren (Nossack, Begegnungen 176).

ein dunkler Punkt: *etwas Unklares, moralisch nicht Einwandfreies [in jmds. Vergangenheit]:* Was seine frühen Jahre in Amerika betrifft, scheint es ein paar dunkle Punkte zu geben.

▶ Diese Fügung geht möglicherweise auf die Vorstellung zurück, dass die Seele des Menschen dunkle Flecken bekommt, wenn er etwas Unrechtes tut.

der Punkt auf dem i: *die letzte Vollendung:* Jetzt noch eine Flasche Champagner – das wäre der Punkt auf dem i!

nun/jetzt mach aber [endlich] einen Punkt! (ugs.): *jetzt ist es aber genug!:* Du willst schon wieder ein Eis? Nun mach aber einen Punkt!

▶ Die Wendung bezieht sich darauf, dass der Punkt, der am Ende des abgeschlossenen Satzes steht, einen Abschluss markiert.

etwas auf den Punkt bringen: *etwas präzise zum Ausdruck bringen:* Um das Problem einmal auf den Punkt zu bringen: Es geht um mehr Geld. Der Publizist ... brachte es auf den Punkt: Die größte Unglücksquelle der Menschheit ist nächst dem Krieg die Ehe (Hörzu 23, 1990, 138).

ohne Punkt und Komma reden (ugs.): *pausenlos reden:* Der Verkäufer im Schuhgeschäft redete ohne Punkt und Komma, bis wir die Schuhe schließlich kauften. Ihre Tante redete stundenlang ohne Punkt und Komma.

▶ Die Wendung nimmt darauf Bezug, dass die Satzzeichen unter anderem auch die Stellen in einem Text angeben, an denen der Sprecher normalerweise eine Pause macht.

[der Kandidat hat] hundert Punkte: ↑ hundert.

pünktlich: pünktlich wie die Maurer: *sehr pünktlich:* Es ist genau acht Uhr, wir sind pünktlich wie die Maurer. Pünktlich wie die Maurer verließen sie die Fabrik.

▶ Dieser Wendung liegt die volkstümliche Meinung zugrunde, dass Maurer auf die Minute genau Pause oder Feierabend machen.

Pünktlichkeit: Pünktlichkeit ist die Höflichkeit der Könige: *Pünktlichkeit ist eine achtenswerte Eigenschaft.*

▶ Diese Redensart geht auf einen Ausspruch Ludwigs XVIII. zurück. Im Französischen lautet er: »L'exactitude est la politesse des rois.«

Pup: mach dir keinen Pup ins Hemd! (ugs.): *stell dich nicht so an!:* Mach dir keinen Pup ins Hemd, wir kriegen den Wagen schon wieder in Gang!

einen Pup im [Ge]hirn haben (ugs.): *verrückt sein, unsinnige Ideen haben:* Ihr Freund hat offenkundig einen Pup im Hirn.

pupen: aus dem Hinterhalt pupen (Kartenspiel; ugs.): *in der Hinterhand [mit Trumpf] stechen:* Du musstest natürlich Kreuz nachspielen, dann hätte ich aus dem Hinterhalt pupen können!

Pupille: Pupillen machen (ugs.): *staunen:* Die Kleine wird Pupillen machen, wenn sie das neue Fahrrad sieht.

▶ Die Wendung ist eine umgangssprachliche Abwandlung von »[große] Augen machen«.

eine Pupille riskieren (ugs.): *[heimlich] hinschauen:* Das haben Sie noch nie gesehen, meine Herrschaften, da sollten Sie ruhig mal eine Pupille riskieren!

▶ Die Wendung ist eine umgangssprachliche Abwandlung von »ein Auge riskieren«.

sich die Pupillen verstauchen (ugs.): *die Augen durch angestrengtes Lesen ermüden:* Bei dieser kleinen Schrift verstaucht man sich ja die Pupillen.

etwas in die falsche Pupille kriegen (ugs.): *etwas falsch auffassen:* Dein Mann hat uns beobachtet, hoffentlich hat er nichts in die falsche Pupille gekriegt!

Puppe: die Puppen tanzen lassen (ugs.): 1. *sehr ausgelassen sein:* Gegen drei Uhr morgens tat ... Ladewig endlich, was seine Zechkumpane von ihm forderten: »Lade, lass doch mal die Puppen tanzen.« (Spiegel 11, 1976, 65). »Los, lasst die Puppen tanzen!«, rief Karl. Leopold brachte die Schnäpse und das Bier (Jaeger, Freudenhaus 92). 2. *einen großen Aufruhr veranstalten, energisch durchgreifen:* Wenn der Chef von dieser Panne erfährt, lässt er die Puppen tanzen. »... klappen Sie schleunigst Ihren Block wieder auf – oder ... ich lass mal ganz gehörig die Puppen tanzen in diesem Nest hier.« (Molsner, Harakiri 52)

▶ Die Wendung rührt vom Puppentheater her.

bis in die Puppen (ugs.): *sehr lange Zeit, bis spät in den Tag, in die Nacht:* Der steht an der Theke und säuft sich voll, dann schläft er bis in die Puppen (Jaeger, Freudenhaus 90). Wir haben observiert bis in die Puppen, aber es rührte sich niemand (Spiegel 24, 1967, 44).

▶ Im 18. Jahrhundert wurde im Berliner Tiergarten der Platz mit dem Namen »Großer Stern« mit Statuen aus der antiken Mythologie geschmückt. Der Berliner Volksmund nannte diese Statuen »Puppen«, und ein Spaziergang »bis in die Puppen« war damals vom Stadtkern aus ein sehr weiter Weg. Die Wendung wurde später von der räumlichen Entfernung auf die zeitliche Erstreckung übertragen.

jmdm. über die Puppen gehen (ugs.): *jmdn. empören, von jmdm. nicht mehr toleriert werden:* Er war ein gutmütiger Mensch, aber diese Zumutung ging auch ihm über die Puppen.

Puste: jmdm. geht die Puste aus (ugs.): 1. *jmdn. verlassen seine Kräfte:* In der zweiten Halbzeit ging dem 1. FC schon bald die Puste aus. Es dauert nur drei bis fünf Minuten, bis einem gehetzten Zebra die Puste ausgeht ... (Grzimek, Serengeti 148). 2. *jmds. finanzielle Möglichkeiten gehen zu Ende:* Kurz vor der Fertigstellung des Rohbaus ist der Baufirma die Puste ausgegangen. Als die Gebote bei der Auktion bis in die sechsstelligen Zahlen stiegen, ging mir die Puste aus.

pusten: jmdn. aus dem Anzug pusten: ↑ Anzug.

Putz: auf den Putz hauen (ugs.): 1. *ausgelassen sein, überschäumend feiern:* Am Rosenmontag haben wir mal so richtig auf den Putz gehauen. Aber nachmittags bei McDonald's hauen sie auf den Putz (Spiegel 52, 1979, 84). 2. *energisch vorgehen, Krach schlagen:* Bei den Lohnforderungen sollten die Arbeitnehmer dieses Jahr ruhig mal auf den Putz hauen. Dann bin ich erst mal auf das Jugendamt gegangen und hab da mal anständig auf den Putz gehauen (Fichte, Wolli 332). 3. *angeben, großsprecherisch reden:* Wenn man immer so auf den Putz haut, nimmt einen doch bald keiner mehr ernst! Es ist schon beinahe peinlich, wie die Argentinier auf den Putz hauen ... »Argentinien wird den Titel holen!« (BM 18.5. 1978, 12).

▶ Gemeint ist eigentlich »so gegen eine Wand schlagen, dass der Putz (= Mauerbewurf aus Mörtel) abbröckelt«.

putzen: sich etwas von der Backe putzen können: ↑ Backe. **[die] Klinken putzen:** ↑ Klinke. **die Platte putzen:** ↑ Platte.

Q

Quadrat: im Quadrat (ugs.): *in gesteigerter, besonders ausgeprägter Form:* Das war Pech im Quadrat.

im Quadrat springen (ugs.): *vor Wut außer sich geraten:* Wenn die Chefin sieht, was du angerichtet hast, springt sie im Quadrat!

Quadratur: die Quadratur des Kreises/Zirkels: *etwas Unmögliches:* So werden wir uns nie einig; Sie verlangen von uns die Quadratur des Kreises. Er wird ... den Fehler entdecken, welcher der Menschheit unterlief, als sie versuchte, die Quadratur des Zirkels zu lösen (Strauß, Niemand 48).

Qual: wer die Wahl hat, hat die Qual: ↑ Wahl.

quälen: jmdn. bis aufs Blut quälen: ↑ Blut. **jmdn. bis aufs Mark quälen:** ↑ ²Mark.

Qualm: es ist Qualm/Rauch in der Küche: ↑ Rauch.

qualmen: qualmen/rauchen wie ein Schlot: ↑ rauchen. **jmdm. qualmen die Socken:** ↑ Socke.

Quark: getretener Quark wird breit, nicht stark: *ein schwacher Mensch wird auch dann nicht mutig, wenn man ihn bedrängt.*

▶ Diese Redensart ist ein Zitat aus dem »Buch der Sprüche« des »Westöstlichen Diwans« von Goethe.

einen Quark: *gar nichts:* Von diesen Dingen verstehst du doch einen Quark! Das geht die anderen einen Quark an!

Quartier: Quartier machen (veraltend): *übernachten, Unterkunft nehmen:* Sie werden heute Abend bei uns Quartier machen und morgen früh weiterfahren. Sie lotsen den Lastwagen der beiden Mädchen in den nächsten Bauernhof und machten dort Quartier (Kirst, 08/15, 833).

▶ Diese Wendung stammt aus dem militärischen Bereich.

Quartier nehmen (veraltend): *sich einquartieren:* Kann ich bei Ihnen Quartier nehmen, bis die Handwerker in meiner Wohnung fertig sind?

im Quartier liegen (militär.): *einquartiert sein:* Seit drei Wochen lagen die beiden Kompanien südlich der Donau im Quartier.

Quasselwasser: Quasselwasser getrunken haben (ugs.; scherzh.): *ununterbrochen reden:* Du hast wohl Quasselwasser getrunken? Lass die anderen doch auch mal was sagen!

Quatsch: Quatsch mit Soße! (ugs.): *so ein Unsinn!:* Du liebst mich nicht mehr! – Quatsch mit Soße, ich bin nur ein bisschen müde! Wir müssen jetzt gehen. Quatsch mit Sauce. Doch. Es ist halb zehn (Kuby, Sieg 175).

quatschen: quatsch nicht, Krause! (berlin.): *sei still, red keinen Unsinn!:* Hab ich dich jetzt beleidigt? – Quatsch nicht, Krause, gib mir lieber noch ein Bier rüber!

quatsch keine Opern/Serpentinen! (ugs.): *rede nicht so viel, nicht so umständlich und weitschweifig!:* Quatsch keine Opern, sag uns, ob du mitkommst oder nicht!

▶ Die Wendung bezieht sich darauf, dass die Oper nach volkstümlicher Meinung sehr gekünstelt ist und vor allem unnötig lange dauert. Auch Serpentinen erwecken oft den Eindruck, dass sie kein Ende nehmen.

Quecksilber: Quecksilber im Leib/ (ugs.:) **Hintern/**(derb:) **Arsch haben:** *sehr lebhaft, unruhig sein:* Die Kleine hat Quecksilber im Leib, sie kann einfach nicht still sitzen!

Quelle: an der Quelle sitzen (ugs.): *etwas unmittelbar, ohne Schwierigkeiten erfahren oder beziehen können:* Als Materialverwalter sitzt er doch an der Quelle, da könnte er uns die Werkzeuge ganz leicht besorgen. Die Nachricht ist zuverlässig, unser Informant sitzt im Ministerium an der Quelle. Alle Möglichkeiten einer prima Festivität sind gegeben – ich sitze direkt an der Quelle (Kirst, 08/15, 811).

quer: quer durch den Garten: ↑ Garten. **kreuz und quer:** ↑ kreuz. **einen Spargel quer essen können:** ↑ Spargel.

Quere: jmdm. geht alles der Quere (veraltend): *jmdm. misslingt alles:* An diesem Tag ging ihnen alles der Quere.

jmdm. in die Quere kommen/(seltener:) **geraten/laufen** (ugs.): 1. *jmdn. stören, jmds. Pläne durchkreuzen:* Bei der nächsten Aktion kam ihnen wieder so ein neugieriger Journalist in die Quere. Reinhold hat vor, wenn ihm irgend was in die Quere kommt bei der Verhandlung, die ganze Pumsindustrie bloßzustellen (Döblin, Berlin 498). 2. *jmdm. zufällig begegnen, in den Weg geraten:* Ein Schirmständer war ihm in die Quere gekommen und hatte ihn zu Fall gebracht. Da muss man aufpassen, dass man nicht Verkehrsflugzeugen in die Quere gerät (Grzimek, Serengeti 15).

in die Kreuz und Quere: ↑ Kreuz.

quieken/quietschen: zum Quieken/ Quietschen [sein] (ugs.): *sehr komisch [sein]:* Dieser Tollpatsch ist ja zum Quietschen! Dann verlässt er mit dem Bericht das Zimmer. »Ein Deutsch, zum Quieken!« (Bredel, Prüfung 48).

quitt: [mit jmdm.] quitt sein (ugs.): 1. *gegenüber jmdm. keine Verpflichtungen mehr haben:* Gib mir 50 Mark, dann sind wir quitt. Er hatte ihr damals geholfen und glaubte, nun mit ihr quitt zu sein. Sie ... zog das Paket mit Geldscheinen heraus. »So! Jetzt sind wir quitt ...« (Brand, Gangster 89). 2. *mit jmdm. nichts mehr zu tun haben wollen:* Mit dir bin ich quitt, mein Lieber, geh mir aus den Augen!

▶ Das Wort »quitt« geht auf das lateinische »quietus« (= ruhig) zurück. Bereits im Altfranzösischen nahm dieses Wort in der Form »quite« die Bedeutung »frei, ungebunden« an, aus der sich der Gebrauch in dieser und der folgenden Wendung herleiten lässt.

jmdn., etwas quitt sein/werden (ugs.): *von jmdm., von etwas befreit sein/werden:* Diesen Herrn sind wir endgültig quitt.

Quivive: auf dem Quivive sein (ugs.; veraltend): *wachsam sein; aufpassen:* Bei dieser Arbeit muss man auf dem Quivive sein. Aber wieder erschien ihnen der Leutnant ... teilnahmslos und abgespannt. Er war gar nicht mehr kess und auf dem Quivive (Kuby, Sieg 342). Man müsse auf dem Quivive sein, sagte meine Mutter ... Es könnte sein, dass sie sogar noch was mitgehen lasse ... (Kempowski, Tadellöser 105).

▶ Diese Wendung geht auf das Französische zurück. Mit dem Ruf »Qui vive?« (= Wer da?) wurde man früher vom Wachtposten angerufen, wenn man ihn passieren wollte.

quod erat demonstrandum (bildungsspr.): *was zu beweisen war.*

quod licet Jovi, non licet bovi (bildungsspr.): *was einem erlaubt ist, ist noch lange nicht allen erlaubt.*

▶ In wörtlicher Übersetzung lautet dieses lateinische Sprichwort: »Was Jupiter erlaubt ist, ist dem Ochsen nicht erlaubt.«

R

Rabe: ein weißer Rabe: *eine ganz seltene Ausnahme, eine große Seltenheit:* Ein Schüler, der freiwillig seine Hausaufgaben machte, galt bei uns als ein weißer Rabe. »Wie ein weißer Rabe auf dem afrikanischen Kontinent«, so wirkt ... Senegal, eine Präsidialdemokratie französischen Musters (Spiegel 15, 1980, 272).

stehlen wie ein Rabe: ↑ stehlen.

Rache: Rache ist süß/(ugs.; scherzh.:) **ist Blutwurst!:** 1. *Kommentar, wenn man jmdm. etwas vergilt, Rache übt:* Haie sah sich noch einmal um und sagte ingrimmig, gesättigt und etwas rätselhaft: »Rache ist Blutwurst.« (Remarque, Westen 40). 2. *Androhung von Vergeltung:* Warte nur, wenn ich dich erwische – Rache ist süß!

die Rache des kleinen Mannes: *Vergeltung durch einen eigentlich Schwächeren, Unterlegenen:* Weil die Steuerbehörde sein Auto pfänden ließ, zahlt er jetzt alle Steuern nur noch bar – und zwar in Fünf- und Zehnpfennigstücken. Das ist die Rache des kleinen Mannes ...

[an jmdm.] Rache nehmen: *sich [an jmdm.] rächen:* Die Soldaten nahmen grausame Rache an den gefangenen Rebellen. Der von Verlusten schwer getroffene Held erlangt die Gunst seines Vaters zurück und nimmt Rache an dem Verleumder (Hacks, Stücke 68).

Montezumas Rache: ↑ Montezuma.

Rachen: den Rachen halten (landsch.): *still sein:* Der Bengel soll jetzt endlich den Rachen halten! Halt den Rachen, ich will die Nachrichten hören!

den Rachen nicht voll genug kriegen [können] (ugs.): *durch nichts zufrieden gestellt werden, immer noch mehr haben wollen:* Er ist mit seinem Leben ganz zufrieden, aber sie kann den Rachen nicht voll genug kriegen. Obwohl ihre Söhne im Geld schwammen, konnten sie den Rachen nicht voll genug kriegen!

jmdm. den Rachen stopfen (ugs.): 1. *jmdn. zufrieden stellen, jmds. Ansprüche befriedigen:* Mit dem Erlös der Versteigerung kann sie ihren Hauptgläubigern den Rachen stopfen. 2. *jmdn. zum Schweigen bringen:* Wenn er vorhat, uns zu verraten, werden wir ihm den Rachen stopfen.

jmdm. etwas aus dem Rachen reißen (ugs.): *etwas vor jmdm. [gerade noch] retten:* Durch die Erbschaft konnte er sein Häuschen der Finanzierungsgesellschaft gerade noch aus dem Rachen reißen.

jmdm. etwas in den Rachen werfen/schmeißen/stecken (ugs.): *jmdm. etwas [leichtfertig, ohne Widerstand] überlassen:* Warum soll ich das Geld dem Finanzamt in den Rachen schmeißen? Niemand hielt es davon ab, ihr Vermögen einem Heiratsschwindler in den Rachen zu werfen. So hat man dem Pöbel die Schauergeschichten in den Rachen geworfen, nach denen er ... lüstern war (Benrath, Konstanze 62).

etwas in den falschen Rachen kriegen (ugs.): *etwas falsch auffassen, etwas missverstehen [und dadurch beleidigt sein]:* Ich fürchte, der Chef hat diese Bemerkung in den falschen Rachen gekriegt.

Rad: bei jmdm. ist ein Rad/Rädchen locker/fehlt ein Rad/Rädchen (ugs.): *jmd. ist nicht ganz normal:* Bei dir ist wohl ein Rad locker? Der Ober glaubte, dass dem Gast ein Rädchen fehlte.

das fünfte Rad am Wagen sein (ugs.): *in einer Gruppe überflüssig, nur geduldet sein:* Mit der Clique seiner Schwester wollte er nicht in die Ferien fahren, da wäre er doch nur das fünfte Rad am Wagen gewesen. Der Chef hat seine Möbelfabrik, und ob ich Aufträge reinbringe für die Schuhfabrik, ist ihm eigentlich ganz gleich ... Man ist das fünfte Rad am Wagen ... (Döblin, Berlin 56).

ein Rad schlagen: 1. *eine Turnübung machen, bei der man sich mit gespreizten Beinen seitlich über die gestreckten Arme überschlägt:* Sie konnte als Kind sehr gut ein Rad schlagen. 2. *die Schwanzfedern hochstellen:* Als der Pfau ein Rad schlug, klickten Dutzende von Fotoapparaten.

ein Rad abhaben (ugs.): *nicht recht bei Verstand sein:* Mit 120 Sachen durch die Innenstadt zu fahren – der Typ hat doch ein Rad ab! Ein Bundeswehr-Offizier: »Der Kerl hat doch ein Rad ab, oder hatte wahnsinniges Glück« (Spiegel 40, 1978, 228).

das Rad der Geschichte zurückdrehen: *Vergangenes wieder aufleben lassen, zu historisch überwundenen Zuständen zurückkehren:* Wer heute für die Wiedereinführung der Monarchie plädiert, hat nicht begriffen, dass sich das Rad der Geschichte nicht zurückdrehen lässt.

jmdn. aufs Rad flechten (hist.): *jmdn. rädern, auf einem Rad od. radartigen Gestell hinrichten:* Bei Sonnenaufgang sollten die Führer der Aufständischen aufs Rad geflochten werden.

▶ Bei der hier angesprochenen mittelalterlichen Hinrichtungsart wurden dem Delinquenten zunächst mit einem schweren Eisenrad die Knochen zerschlagen. Danach konnte man seinen Körper zwischen die Speichen eines Wagenrades flechten.

unter die Räder kommen/geraten (ugs.): 1. *völlig herunterkommen, moralisch und wirtschaftlich ruiniert werden:* In der Großstadt ist schon mancher unter die Räder geraten. Miet- und Arbeitsverhältnis sind Grundlagen des Lebens der Familie, und da muss man sehen, dass man nicht unter die Räder kommt (Mieter-Zeitung 11, 1969, 8). 2. (Sport; Jargon) *eine empfindliche Niederlage hinnehmen müssen:* Wer hätte gedacht, dass der Pokalsieger ausgerechnet bei dieser Amateurmannschaft unter die Räder kommen würde?

▶ Diese Wendung geht von dem Unglück aus, das jemandem widerfährt, wenn er unter die Räder eines Wagens kommt, wenn er überfahren wird.

wenn meine Tante/Oma Räder hätte, wäre sie ein Omnibus: ↑ Tante

Rädchen: nur ein Rädchen im Getriebe sein: *jmd. sein, der ohne Eigenverantwortung oder Entscheidungsgewalt in ein System eingebettet ist:* Viele redeten sich damit heraus, dass sie nur ein Rädchen im Getriebe gewesen seien.

▶ Die Wendung bezieht sich darauf, dass ein [Zahn]rad in einer Maschine nur Bewegungen weitergibt, es hat keine eigene Antriebskraft.

ein Rädchen zu viel haben (ugs.): *nicht ganz normal sein:* Wenn man ihn so reden hört, meint man, dass er ein Rädchen zu viel hat.

bei jmdm. ist ein Rädchen locker/fehlt ein Rädchen: ↑ Rad.

rädern: wie gerädert sein/sich wie gerädert fühlen: *erschöpft, körperlich sehr ermüdet sein:* Er war sechshundert Kilometer fast ohne Pause gefahren und fühlte sich jetzt wie gerädert. Wieder diese Welle, die die Kopfhaut brennen machte, dass sie nicht schlafen konnte und am Morgen wie gerädert war (Loest, Pistole 175).

▶ Diese Wendung bezieht sich auf die im Mittelalter übliche Hinrichtungsart, bei der dem Delinquenten mit einem schweren Eisenrad die Knochen zerschlagen wurden.

Rad fahren: von etwas so viel verstehen wie die Kuh vom Radfahren: ↑ verstehen.

Radieschen: sich die Radieschen von unten ansehen/begucken (ugs.): *tot [und be-*

erdigt] sein: Opas Freunde von früher sehen sich mittlerweile alle die Radieschen von unten an.

... [dann] kannst du dir die Radieschen von unten ansehen/begucken! (ugs.): *Drohrede:* Wenn du das noch einmal sagst, kannst du dir die Radieschen von unten begucken!

raffen: dich raffts wohl; dich hats wohl gerafft? (landsch.): *du bist wohl verrückt?:* He, dich hats wohl gerafft, gib mir sofort die Zeitung wieder.

Rage: in der Rage (ugs.): *in der Aufregung; in der Hast, Eile:* In der Rage hatte sie ihren Regenschirm stehen lassen. Wir haben in der Rage unsere Rechnung nicht bezahlt.

Rahm: den Rahm abschöpfen (ugs.): *sich das Beste, den größten Vorteil sichern:* Bei der Steuerreform hatten die Großfirmen den Rahm abgeschöpft. Die Yankees wiederum hätten alles Interesse, ... in Fernost den Rahm abzuschöpfen (Augstein, Spiegelungen 29). Wer hat zu seinen Zeiten die Welt regiert, den Rahm abgeschöpft ...: Mozart oder die Geschäftemacher ...? (Hesse, Steppenwolf 174 f.).

▶ Die Wendung bezieht sich darauf, dass der Rahm auf der frischen Milch der nahrhafteste und wertvollste Bestandteil dieses Nahrungsmittels ist.

Rahmen: den Rahmen sprengen: *nicht innerhalb eines vorgegebenen Bereichs, nicht innerhalb des Üblichen bleiben:* Das Erscheinen des Bürgermeisters schien den Rahmen des Kinderfestes zu sprengen.

aus dem Rahmen fallen; nicht in den Rahmen passen (ugs.): *vom Üblichen abweichen, außergewöhnlich sein:* Gekauft wurde vor allem, was nicht in den Rahmen passte. Meine Utensilien passen zu diesen Hotelferien, in einem Krankenhaus fielen sie, farbig und unseriös, aus dem Rahmen (Wohmann, Absicht 18). Ich war bereits über zwanzig Jahre alt, als ich mir wieder eine Freundin zulegte, einfach um nicht noch länger aus dem Rahmen zu fallen (Jaekel, Ghetto 39).

im Rahmen bleiben/sich im Rahmen halten (ugs.): *das übliche Maß nicht überschreiten:* Bei der letzten Konferenz hielten sich die Meinungsverschiedenheiten im Rahmen. Die diesjährigen Tarifforderungen werden nach Ansicht der Gewerkschaften im Rahmen bleiben. Ich finde, bei Mädchen ist das immer viel schöner, wenn die im Rahmen bleiben ... (Schmidt, Strichjungengespräche 230).

rammeln: gerammelt voll: ↑ voll.

Rampe: über die Rampe kommen (ugs.): *die Zuschauer/Zuhörer ansprechen, begeistern; von den Zuschauern/Zuhörern aufgenommen werden:* Das Stück soll nicht nur unterhalten, es muss auch etwas von der Problematik über die Rampe kommen. Nichts kommt über die Rampe denn aufgesagter Dialogtext (Welt 27. 10. 1962, 8).

Rampenlicht: das Rampenlicht scheuen: *nicht gern öffentlich auftreten:* Er ist ein brillanter Redner, aber er scheut das Rampenlicht.

Vgl. die folgende Wendung.

im Rampenlicht [der Öffentlichkeit] stehen: *in der Öffentlichkeit wirken und von ihr beachtet werden:* Als ein Politiker, der im Rampenlicht der Öffentlichkeit steht, können Sie sich solche Eskapaden nicht erlauben. Im Unterschied zu ... anderen Jugendlichen ... hat sie schon eine ganze Reihe ... Erfolge errungen, Ruhm geerntet, im Rampenlicht gestanden (elan 2, 1980, 15).

► Das Rampenlicht ist ein Teil der Bühnenbeleuchtung. Wer ins Rampenlicht tritt, der zeigt sich auf der Bühne einem größeren Publikum. Darauf beziehen sich die beiden vorstehenden Wendungen.

ran: [immer/nur] ran an die Buletten: ↑ Bulette. **ran an den Feind:** ↑ Feind. **ran an die Gewehre:** ↑ Gewehr. **immer ran an den Sarg, und mitgeweint:** ↑ Sarg. **ran an den Speck:** ↑ Speck.

¹Rand: jmdn. an den Rand des Grabes bringen: *jmds. Gesundheit ruinieren:* Seine Trunksucht hat ihn innerhalb von drei Jahren an den Rand des Grabes gebracht. Die ewigen Anfeindungen im Betrieb brachten sie an den Rand des Grabes.

am Rande des Grabes stehen: *todkrank sein, bald sterben müssen:* Der alte Mann stand am Rande des Grabes, sein Lebenswille war längst gebrochen.

am Rande: *beiläufig, nebenbei:* Er hat die neuen Projekte nur am Rande er-

wähnt. Auf der Tagung wurde am Rande auch über die nächsten Vorstandswahlen gesprochen. Am Rande war dabei noch herausgefunden worden, dass Scheuten sich der ... Bestechung und der sexuellen Erpressung ... schuldig gemacht hatte (Prodöhl, Tod 162).

am Rande liegen: *nicht sehr wichtig sein:* Über die Probleme, die am Rande liegen, können wir später sprechen. Der Umweltschutz lag für diese Generation noch ganz am Rande.

sich am Rande verstehen: *selbstverständlich sein:* Es versteht sich am Rande, dass die Aufwandsentschädigung den gestiegenen Lebenshaltungskosten angepasst werden muss. Dass die präziseste Berechnung Lebensbedingung war bei allem, was sie tat, versteht sich am Rande (Th. Mann, Krull 224).

außer Rand und Band [geraten/sein] (ugs.): *übermütig und ausgelassen [werden/sein]:* Als die Zwillinge den kleinen Hund entdeckten, gerieten sie vor Freude außer Rand und Band. Die Stadt ... präsentierte sich im Festesglanz ... Die Leute waren außer Rand und Band (K. Mann, Wendepunkt 414).

► Diese Wendung bezog sich ursprünglich auf Fässer, die durch den Fassrand und eiserne Bänder zusammengehalten werden.

²Rand: einen großen Rand riskieren (ugs.): *angeben, großtun:* In dieser Lage würde ich nicht so einen großen Rand riskieren.

► In dieser und der folgenden Wendung hat »Rand« die Bedeutung »Mund«, für die wohl von »Lippenrand« auszugehen ist.

den/seinen Rand halten (ugs.): *still sein, schweigen:* Halt den Rand und stör mich nicht! Es braut sich was zusammen gegen mich ... Der Gufidaun ... und der Kummersbrucker haben den Rand nicht halten können (Feuchtwanger, Herzogin 126).

Vgl. die vorangehende Wendung.

Rang: jmdm. den Rang ablaufen: *jmdn. übertreffen:* Er hat seinen Konkurrenten den Rang abgelaufen. Der Demagoge ist das Zerrbild des geistigen Führers; er läuft diesem den Rang ab (Niekisch, Leben 153). ... es ist einfach untragbar, dass uns andere Kliniken den Rang ablaufen (Sebastian, Krankenhaus 116).

▶ In dieser Wendung ist mit »Rang« eigentlich das ältere Wort »Rank« gemeint, das so viel wie »[Weg]krümmung« bedeutet. Wer die Krümmung abschneidet (»abläuft«), ist schneller als der, der dem Verlauf des Weges folgt.

ersten Ranges: *von besonderer Qualität, besonders bemerkenswert:* Der Debütantinnenball galt immer noch als gesellschaftliches Ereignis ersten Ranges. Für Wedelmann war das eine Neuigkeit ersten Ranges (Kirst, 08/15, 248). ... den Sturz Gorons bedaure Carnot aufrichtig, erachte ihn für eine Ranküne und Infamie ersten Ranges (Maass, Gouffé 342).

alles, was Rang und Namen hat: ↑ alles.

rangehen: rangehen wie Blücher (ugs.): *sich unerschrocken, energisch einsetzen:* In der zweiten Halbzeit gingen die Spieler ran wie Blücher. Donnerwetter, du gehst ja ran wie Blücher!

▶ In dieser Wendung steht der populäre preußische Marschall der Befreiungskriege als Beispiel für Mut und Entschlossenheit.

rangehen wie Hektor an die Buletten (ugs.; scherzh.): *sich unerschrocken, energisch einsetzen:* Der Junge erkannte seine Chance und ging ran wie Hektor an die Buletten.

rank: rank und schlank (geh.): *hoch aufgewachsen, sehr schlank:* Sie war ein rankes und schlankes Mädchen. Rank und schlank war sie eh und je, aber grau geworden, kommt sie herein (Göttinger Tageblatt 30. 8. 1985, 5).

Ränke: Ränke schmieden (veraltet): *sich Böses ausdenken, Böses planen:* Mit denen, die Ränke schmieden und nur auf Rache sinnen, wollen wir nichts zu tun haben.

▶ Das Wort »Rank« (der heute nicht mehr gebräuchliche Singular zu »Ränke«) bedeutet so viel wie »Krümmung, Wendung«; vgl. die Wendung »jmdm. den Rang ablaufen«. Der »Ränkeschmied« handelt also nicht aufrichtig und ehrlich, sondern mit »krummen Touren«, er versucht, anderen mit List zu schaden.

Ranzen: jmdm. den Ranzen voll hauen/ jmdm. eins auf den Ranzen geben (ugs.):

jmdn. verprügeln: Sie haben dem Zechpreller den Ranzen voll gehauen und ihn rausgeworfen. Dir werd ich eins auf den Ranzen geben!

den Ranzen voll kriegen/eins auf den Ranzen kriegen (ugs.): *verprügelt werden:* Wer uns verrät, der kriegt den Ranzen voll! Du kriegst gleich eins auf den Ranzen!

▶ In diesen Wendungen steht »Ranzen« im Sinne von »Rücken«.

sich den Ranzen voll schlagen: ↑ voll schlagen.

Rappe: auf Schusters Rappen: ↑ Schuster.

rappeln: bei jmdm. rappelts [im Karton]: ↑ Karton. **gerappelt voll:** ↑ voll.

rar: rar wie Maurerschweiß (ugs.): *sehr selten:* Wirklich gute Kartoffeln sind zu dieser Jahreszeit rar wie Maurerschweiß.

▶ Dieser Vergleich geht auf das volkstümliche Vorurteil zurück, dass Maurer weniger fleißig seien als andere Menschen und bei der Arbeit nicht ins Schwitzen geraten.

sich rar machen (ugs.): *sich nur selten sehen lassen, der Begegnung mit anderen ausweichen:* Sie hat sich in letzter Zeit rar gemacht. Wer sich rar macht, hat mehr Erfolg (Petra 11, 1966, 73). Frank, der sich im deutschen Fernsehen rar gemacht hat, hofft ... ein neues Rollenfach zu erobern (Hörzu 49, 1973, 7).

rasch: mit etwas rasch bei der Hand sein: ↑ Hand. **ein rasches Mundwerk haben:** ↑ Mundwerk.

rasen: hin und her rasen wie ein Furz auf der Gardinenstange: ↑ hin.

Rasen: jmdn. deckt der kühle/grüne Rasen (geh.; verhüll.): *jmd. ist gestorben [und beerdigt]:* Er ist alt geworden, seine Jugendfreunde deckt schon längst der kühle Rasen.

sich den Rasen von unten ansehen/begucken (ugs.): *gestorben [und beerdigt] sein:* Schon mancher, der nicht von der Raserei lassen wollte, sieht sich jetzt den Rasen von unten an!

jmdn. unter den Rasen bringen (verhüll.): *jmds. Tod verursachen:* Man sagt, dass seine Frau ihn unter den Rasen gebracht habe. Seine ständige Sauferei wird ihn noch unter den Rasen bringen.

unter dem kühlen/grünen Rasen liegen/ ruhen (geh.; verhüll.): *gestorben [und be-*

erdigt] sein: Sie ruht schon lange unter
dem grünen Rasen. Wenn ich dereinst
unter dem kühlen Rasen liege, werde ich
euch nicht mehr im Wege sein.

rasieren: jmdn. kalt rasieren (ugs.):
jmdn. zurechtweisen: Wenn er sich vor
der Arbeit zu drücken versucht, muss er
kalt rasiert werden.

**[Augenblick/Moment] Sie werden gleich
rasiert!** (ugs.; scherzh.): *Sie werden
gleich bedient, ich werde mich gleich um
Sie kümmern!*
▶ Die Floskel stammt aus der Redeweise
der Herrenfriseure des 19. Jahrhunderts.

Rasierklinge: scharf wie eine Rasierklinge: ↑ scharf.

Räson: Räson annehmen/zur Räson kommen (veraltend): *zur Einsicht kommen,
vernünftig werden:* Er muss sich immer
erst die Finger verbrennen, bevor er Räson annimmt. Schließlich sagte er geradeheraus, wenn sie nicht selber zur Räson kämen, würde er sie zwingen (Gaiser, Schlussball 83).

**jmdn. zur Räson bringen; (veraltend:)
jmdm. Räson beibringen:** *jmdn. dazu
bringen, sich vernünftig, angemessen, ordentlich zu verhalten; jmdn. zur Einsicht
bringen:* Die Randalierer mussten mit
Gewalt zur Räson gebracht werden. Es
wurde Zeit, dass jemand der Fraktion
Räson beibrachte. »Er muss unbedingt
entmündigt werden – Exzellenz und der
gute Draffel bringen ihn zur Räson –«
(Winckler, Bomberg 237).
▶ Diese und die voranstehenden Wendungen bewahren das sonst im Deutschen kaum noch gebräuchliche Wort
»Räson«, das auf das französische »raison« (= Vernunft) zurückgeht.

raspeln: Süßholz raspeln: ↑ Süßholz.

Rasse: Rasse haben/[von] Rasse sein
(ugs.; veraltend): *sich durch Schönheit
und Temperament auszeichnen:* Diese
Sängerin ist zweifellos eine Frau von
Rasse. Der junge Tänzer hatte Rasse,
das sah man auf den ersten Blick. »... Ich
hab sie gesehen. Hat Rasse.« (Döblin,
Berlin 281).

rasseln: im Keller rasselt die Bart[auf]wickelmaschine: ↑ Bart[auf]wickelmaschine. **mit dem Säbel rasseln:** ↑ Säbel.

Rast: ohne Rast und Ruh (veraltend): *ohne sich Ruhe zu gönnen, rastlos:* Der
Künstler arbeitete noch im hohen Alter
ohne Rast und Ruh. Ohne Rast und Ruh
lief sie im Zimmer hin und her.

rasten: wer rastet, [der] rostet: *wer sich
nicht ständig betätigt, seine Fähigkeiten
übt und anwendet, der verliert seine Leistungsfähigkeit:* »Wer rastet, der rostet!«
Peter Schultheis ist 71 Jahre alt. Und
fährt mit Begeisterung Motorrad-Rallyes (Hörzu 20, 1971, 75). Als er seine
paar Freiübungen beendet hatte, sagte
er ...: »Weißt du, wer rastet, der rostet.«
(Ott, Haie 195).

nicht ruhen und [nicht] rasten: ↑ ruhen.

Rat: da/hier ist guter Rat teuer: *in dieser
Angelegenheit ist schwer zu raten, da gibt
es kaum einen Ausweg.*

Rat halten (geh.): *sich beraten:* Die Partisanen hielten Rat, was mit den Gefangenen geschehen sollte.

Rat wissen: *in einer schwierigen Situation einen Ausweg wissen:* Er war verzweifelt, aber seine Freundin wusste Rat.

[sich] keinen Rat wissen: *in einer schwierigen Situation keinen Ausweg wissen:*
Auch die letzte Hoffnung hatte getrogen,
sie wussten sich nun keinen Rat mehr.

mit Rat und Tat: *tatkräftig:* Sie hat ihm
damals mit Rat und Tat beigestanden.
Der Freund seines Vaters hat ihm mit Rat
und Tat bei der Konstruktion geholfen.

kommt Zeit, kommt Rat: ↑ Zeit.

Rate: in Raten sprechen (ugs.; scherzh.):
stottern: Der Kleine ist gar nicht dumm;
was er sagt, hat Hand und Fuß, auch
wenn er in Raten spricht.

**raten: wem nicht zu raten ist, dem ist auch
nicht zu helfen:** *wer von anderen keine
Ratschläge annimmt, muss seine Probleme allein bewältigen.*

sich nicht zu raten noch zu helfen wissen:
nicht mehr wissen, was man tun soll, verzweifelt sein: Die Mieter wussten sich
bald nicht mehr zu raten noch zu helfen
und wandten sich schließlich an einen
Rechtsanwalt.

dreimal darfst du raten: ↑ dreimal. **das
will ich dir geraten haben:** ↑ wollen.

Ratgeber: kein guter/ein schlechter Ratgeber sein: *einen zu [emotional bestimmtem] unklugem Handeln verleiten:* Überdenken Sie Ihre Entscheidung lieber
noch einmal; gekränkte Eitelkeit ist ein
schlechter Ratgeber.

Rathaus: wenn man vom Rathaus kommt, ist man klüger: *im Nachhinein weiß man manches besser.*

Ration: eiserne Ration: *Vorrat [an Lebensmitteln, Medikamenten o.Ä.] für den Notfall:* Diese drei Schachteln sind unsere eiserne Ration. Doch mehr als einer dachte an die Konservenbüchse, an die Hartwurst, an die eiserne Ration im eigenen Rucksack (Plievier, Stalingrad 256). Dann hatte sie ... eine eiserne Ration angegriffen, die ... aus fünf oder sechs alten Dukaten ... bestand (Hauptmann, Schuß 59).

Rätsel: jmdm. ein Rätsel sein/bleiben: *für jmdn. unbegreiflich sein:* Woher das Geld kam, ist ihr immer ein Rätsel geblieben. Es ist uns ein Rätsel, wie die Polizei davon erfahren konnte. ... sie hatte ihn in Augenblicken unbedenklicher Ehrlichkeit erlebt, und dennoch blieb er ihr ein Rätsel (Kirst, 08/15, 191).

jmdm. Rätsel aufgeben: *für jmdn. nicht [gleich] durchschaubar sein:* Ihr Verhalten gab den Ärzten einige Rätsel auf.»Und ich habe kein Nachthemd!«, rief ich plötzlich aus. Damit gab ich Greta neue Rätsel auf (Hartung, Piroschka 114).

in Rätseln reden/sprechen: *etwas für andere Unverständliches, Unbegreifliches sagen; sich unklar ausdrücken:* Der Parteivorsitzende sprach in Rätseln, die Genossen verstanden kein Wort. Sagt deutlich, was ihr wollt, anstatt hier in Rätseln zu reden!

vor einem Rätsel stehen: *etwas nicht begreifen können:* Die Juwelen waren spurlos verschwunden; der Inspektor stand vor einem Rätsel. Doch wohin mag es wohl sickern?, fragte man sich sofort und stand vor einem neuen Rätsel (Nossack, Begegnung 320).

Ratte: die Ratten verlassen das sinkende Schiff: *die Unzuverlässigen ziehen sich von einem vom Unglück bedrohten Menschen oder Unternehmen zurück.*

▶ In dieser Redensart wird ein alter Seemannsglaube aufgegriffen, nach dem bei einem drohenden Schiffsuntergang die Ratten als Erste das Schiff verlassen.

auf die Ratten spannen (landsch.): *sorgfältig aufpassen:* Du musst auf die Ratten spannen, es darf niemand zu nahe an die Grube kommen!

▶ Diese Wendung bezog sich ursprünglich auf Hunde oder Katzen, die vor dem Schlupfwinkel von Ratten lauern.

schlafen wie eine Ratte: ↑ schlafen.

Ratz: schlafen wie eine Ratz: ↑ schlafen.

rau: in rauen Mengen: ↑ Menge. **in einer rauen Schale steckt oft ein guter Kern:** ↑ Schale. **es weht ein rauer Wind:** ↑ Wind.

Raub: ein Raub der Flammen werden: ↑ Flamme.

Raubbau: mit etwas Raubbau treiben: *etwas zu stark beanspruchen, im Übermaß ausbeuten:* Die Kolonialherren trieben Raubbau mit den Bodenschätzen des Landes; über weite Strecken war die Landschaft völlig zerstört. Seit damals hat er Angst, dass sein Herz zum zweiten Mal streiken könnte. Vor allem dann, wenn er Raubbau mit seiner Gesundheit treibt (Hörzu 17, 1971, 40).

rauben: jmdm. den [letzten] Nerv rauben: ↑ Nerv. **jmdm. den Schlaf rauben:** ↑ Schlaf. **jmdm. die Sprache rauben:** ↑ Sprache. **jmdm. die Unschuld rauben:** ↑ Unschuld. **jmdm. den Verstand rauben:** ↑ Verstand. **jmdm. die Zeit rauben:** ↑ Zeit.

Räuber: unter die Räuber fallen (ugs.): *von anderen [unerwartet] ausgenutzt, übervorteilt werden:* Beim Tausch an der Sammlerbörse muss man sehr aufpassen, dass man nicht unter die Räuber fällt. Er war beim Kartenspiel unter die Räuber gefallen und hatte jetzt nicht einmal mehr genug Geld für die Fahrkarte nach Hause.

Rauch: es ist Rauch/Qualm in der Küche/ es raucht/qualmt in der Küche (ugs.): *in einer Familie, Hausgemeinschaft o.Ä. gibt es Streit:* Bei ihren Nachbarn war wieder mal Rauch in der Küche. Wenn er sein Essen nicht pünktlich kriegt, qualmts in der Küche.

wo Rauch ist, [da] ist auch Feuer: *ein Gerücht [o.Ä.] ist nicht ganz unbegründet, es könnte wahr sein:* Ich gebe im Allgemeinen nichts auf das Geschwätz der Leute, aber wo Rauch ist, ist auch Feuer.

in Rauch und Flammen aufgehen: *durch Feuer völlig zerstört werden:* Der Hof seiner Eltern war noch in den letzten Kriegstagen in Rauch und Flammen aufgegangen. Millionenwerte können durch leichtsinniges Verhalten in Rauch und Flammen aufgehen.

in Rauch aufgehen/sich in Rauch auflösen: *zunichte werden:* Alle ihre Pläne hatten sich in Rauch aufgelöst. Das ehrgeizige Projekt des Konzerns ist schließlich in Rauch aufgegangen.
etwas in den Rauch schreiben können (ugs.): *etwas verloren geben müssen:* Das Geld, das sie diesem Burschen gegeben hat, kann sie in den Rauch schreiben.
▶ Mit »Rauch« ist in dieser Wendung der Rauchfang gemeint; vgl. »etwas in den Schornstein schreiben können«.
Name ist Schall und Rauch: ↑ Name.
Schall und Rauch sein: ↑ Schall.
rauchen: rauchen/qualmen wie ein Schlot (ugs.): *sehr viel [Zigaretten o. Ä.] rauchen:* Sie ist erst siebzehn und raucht schon wie ein Schlot.
keinen Guten rauchen (landsch.): *schlecht aufgelegt, in gereizter Stimmung sein:* Lass ihn bloß in Ruhe, der raucht heute keinen Guten!
▶ Diese Wendung geht wohl darauf zurück, dass es meist nicht sehr angenehm ist, sich in der Nähe von jemandem aufzuhalten, der schlechten Tabak raucht.
es raucht (ugs.): *es gibt Schelte/Schläge:* Hör mit dem Unsinn auf, sonst rauchts! Und in Ordnung muss die Sache sein, sonst raucht es (Kirst, 08/15, 195).
... dass es nur so raucht: *mit aller Anstrengung, sehr intensiv:* Sie hatten sich in die Arbeit gestürzt, dass es nur so rauchte!
die Friedenspfeife mit jmdm. rauchen: ↑ Friedenspfeife. **jmdm. raucht der Kopf:** ↑ Kopf. **jmdn. in der Pfeife rauchen:** ↑ Pfeife. **es raucht in der Küche:** ↑ Rauch. **der Schornstein raucht:** ↑ Schornstein. **von irgendetwas muss der Schornstein rauchen:** ↑ Schornstein. **etwas mit Verstand rauchen:** ↑ Verstand.
Rauchfang: etwas in den Rauchfang/Schlot hängen/schreiben können: *etwas verloren geben, aufgeben müssen:* Das Häuschen im Grünen mussten sie in den Rauchfang schreiben. Die 16 Millionen würden bei Konkurs ... wohl ebenfalls in den Rauchfang zu schreiben sein (Erfolg 11/12, 1983, 72).
Vgl. die Wendung »etwas in den Schornstein schreiben« (↑ Schornstein).
rauf: eins rauf [mit Sternchen/mit Mappe]! (ugs.): *sehr gut gemacht!:* Ihr habt ja schon das Geschirr abgewaschen – eins rauf mit Sternchen!
rauf wie runter schmecken (ugs.): *immer gleich, sehr fade schmecken:* In der Kantine aß sie nicht gern, da schmeckte doch alles rauf wie runter.
die Speisekarte rauf und runter essen: ↑ Speisekarte.
raufen: sich die Haare raufen: ↑ Haar.
raufsteigen: steig mir den Buckel rauf!: ↑ Buckel.
Raum: Raum ist in der kleinsten Hütte: *die beengten räumlichen Verhältnisse wollen wir gerne in Kauf nehmen; auch in sehr kleinen Räumen kann man sich aufhalten, etwas unterbringen.*
▶ Diese Redensart ist ein Zitat aus Schillers Romanze »Der Jüngling am Bache«.
einer Sache Raum geben (geh.): *etwas sich entfalten, entwickeln lassen:* Auch die Stadtverwaltung wird der Erkenntnis Raum geben müssen, dass eine Umgehungsstraße unvermeidlich ist. Gerade für den Isiskult gilt dies keineswegs, obwohl er jeder Möglichkeit wüster Entartung Raum gab (Thieß, Reich 172).
etwas in den Raum stellen: *etwas zur Diskussion, Besprechung vorlegen:* Der Direktor hatte den Vorschlag in den Raum gestellt, das Theater im Sommer auf Tournee gehen zu lassen.
im Raum stehen: *noch gelöst, erledigt werden müssen:* Zwei Probleme stehen noch im Raum, die Verhandlungen müssen fortgeführt werden. Und darum bleibt etwas Unterschwelliges zwischen uns. Alles bleibt sozusagen im Raum stehen (Thielicke, Ich glaube 139).
etwas im Raum stehen lassen: *etwas unerledigt lassen:* Aus Zeitmangel musste die Kommission bei der letzten Sitzung noch einige Fragen im Raum stehen lassen. Tova ließ ihren Ärger unausgesprochen im Raum stehen, wenn Jo ... sie enttäuscht ... hatte (Tikkanen [Übers.], Mann 74).
räumen: das Feld räumen: ↑ Feld. **jmdm. die Steine aus dem Weg räumen:** ↑ Stein. **[jmdm.] etwas aus dem Weg räumen:** ↑ Weg. **jmdn. aus dem Weg räumen:** ↑ Weg.
Raupe: Raupen im Kopf haben (ugs.): *seltsame Einfälle haben, nicht recht ge-*

scheit sein: Diese Kinder, die haben doch nichts als Raupen im Kopf! Er hatte schon immer Raupen im Kopf, aber die Idee, Rennfahrer zu werden, übersteigt alles!
► Diese und die folgende Wendung wurzeln wohl in dem Volksglauben, dass Tiere in den Kopf des Menschen eindringen und dort Schädigungen hervorrufen, vgl. z. B. »einen Floh im Ohr haben« und »bei jmdm. piepts«.
jmdm. Raupen in den Kopf setzen (ugs.): *jmdn. auf törichte Gedanken bringen:* Der alte Charmeur hatte dem Mädel Raupen in den Kopf gesetzt.
Raupensammlung: jmdm. [gerade] noch in seiner Raupensammlung fehlen (ugs.): *von jmdm. abgelehnt werden, jmdm. ungelegen kommen:* Da kommt der Vermieter – der fehlt mir gerade noch in meiner Raupensammlung! So ein Jungakademiker ohne jede praktische Erfahrung fehlte ihnen gerade noch in ihrer Raupensammlung.
raus: rin in die Kartoffeln, raus aus die Kartoffeln: ↑ Kartoffel.
rausbringen: jmdn., etwas groß rausbringen: ↑ groß.
Rausch: sich einen Rausch ansaufen: ↑ ansaufen.
rauschen: es rauscht im Blätterwald (ugs.): *die Presse macht großes Aufhebens von etwas:* Es rauschte kräftig im deutschen Blätterwald: Ein Callgirl plaudert über Prominente!
... dass es nur so rauscht! (ugs.): *heftig; ungewöhnlich schnell:* Der Europameister hat den Herausforderer 15 Runden lang verprügelt, dass es nur so rauschte. Er ließ Geschützexerzieren veranstalten, dass es nur so rauschte (Kirst, 08/15, 557).
rausfliegen: hochkant rausfliegen: ↑ hochkant.
rauskommen: groß rauskommen: ↑ groß. **auf eins/auf dasselbe/aufs Gleiche rauskommen:** ↑ herauskommen. **auf Teufel komm raus:** ↑ Teufel.
rauslassen: die Sau rauslassen: ↑ Sau. **die Wutz rauslassen:** ↑ Wutz.
rausrücken: mit der Sprache [he]rausrücken: ↑ Sprache.
rausschmeißen: jmdn. achtkantig rausschmeißen: ↑ achtkantig. **das/sein Geld zum Fenster [he]rausschmeißen:** ↑ Fens-

ter. **jmdn. hochkant rausschmeißen:** ↑ hochkant.
raus sein: aus etwas ist der Dampf raus: ↑ Dampf. **aus dem Gröbsten raus sein:** ↑ grob. **die Luft ist raus:** ↑ Luft.
rebellieren: jmds. Magen rebelliert: ↑ Magen.
rebellisch: jmdn., etwas rebellisch machen (ugs.): *jmdn. aufscheuchen, in Unruhe, Aufregung o. Ä. versetzen:* Mit seiner Eingabe hat er die ganze Abteilung rebellisch gemacht. »Schreien Sie doch nicht so! ... Sie machen ja den ganzen See rebellisch!« (Fallada, Jeder 215). Die starke Propaganda ... für die Reinhaltung des Kaffees hatte das Ihre dazu getan, die Käufer in USA rebellisch zu machen. (Jacob, Kaffee 287).
jmds. Magen wird rebellisch: ↑ Magen.
Rechenschaft: jmdm. [über etwas] Rechenschaft schulden/schuldig sein: *verpflichtet sein, jmdm. gegenüber seine Handlungen zu begründen, zu rechtfertigen:* Er ist niemandem darüber Rechenschaft schuldig, was er mit dem Geld macht. Ich schulde dir doch keine Rechenschaft über mein Privatleben! Der Verwalter ... war ihr Liebhaber geworden, ihm und einem Hausherrn, der für Jahre verreist war, war sie keine Rechenschaft schuldig (Lederer, Bring 91).
[jmdm., sich über etwas] Rechenschaft geben/Rechenschaft ablegen: *[jmdm., sich selbst gegenüber] sein Handeln rechtfertigen:* Nur dem Präsidenten selbst wollte er über sein Tun Rechenschaft geben. Langsam gab er sich Rechenschaft über den Zustand, in den er unversehens geraten war (Gaiser, Jagd 160). »Wenn Heike meine Tochter wäre, müsste sie über jeden Pfennig Rechenschaft ablegen.« (Hornschuh, Ich bin 13).
[von jmdm.] Rechenschaft [über etwas] verlangen/fordern: *verlangen, dass jmd. sein Handeln rechtfertigt:* Die Gläubiger fordern von den Geschäftsführern Rechenschaft über den Verbleib des Firmenvermögens. Was werden unsere Väter tun, wenn wir ... vor sie hintreten und Rechenschaft fordern? (Remarque, Westen 184).
jmdn. [für etwas] zur Rechenschaft ziehen: *jmdn [für etwas] verantwortlich machen:* Wieder einmal werden die Fal-

schen zur Rechenschaft gezogen. Der Staatsanwalt wird die Verantwortlichen für diese Schlamperei unnachgiebig zur Rechenschaft ziehen. Dort thronte ein Inspektor und zog unregelmäßige Besucher der Kontrollstelle zur Rechenschaft (Erich Kästner, Fabian 96).

rechnen: mit dem Pfennig rechnen: ↑ Pfennig.

Rechnung: die Rechnung geht [nicht] auf: *etwas führt [nicht] zu dem gewünschten Ergebnis:* Der 1. FC spielte mit Manndeckung, und die Rechnung ging auf. Sie liebt mich nicht, und sie hat mich noch nie lieb gehabt! Erst jetzt ... geht plötzlich die Rechnung auf (Erich Kästner, Fabian 67).

die Rechnung ohne den Wirt gemacht haben (ugs.): *etwas nicht erreichen, weil man die entscheidende Person übergangen hat:* Wenn ihr glaubt, ihr könnt so einfach mein Auto benutzen, dann habt ihr die Rechnung ohne den Wirt gemacht!

eine alte Rechnung [mit jmdm.] begleichen: (ugs.): *[jmdm.] etwas [was schon längere Zeit zurückliegt] heimzahlen:* Er war in die Stadt gekommen, um eine alte Rechnung zu begleichen. Die Schauspielerin hatte mit dem Regisseur noch eine alte Rechnung zu begleichen.

jmdm. eine Rechnung aufmachen (ugs.): *an jmdn. [Gegen]forderungen stellen:* Die Opposition wird der Regierung eine Rechnung aufmachen, dass ihr die Augen übergehen!

einer Sache Rechnung tragen: *etwas [gebührend] berücksichtigen:* Die Arbeitgeber müssen der Tatsache Rechnung tragen, dass die Lebenshaltungskosten in diesen Jahren erheblich gestiegen sind. Auch die Herrenwelt ... hatte der schönen Witterung auf verschiedene Weise in ihrem Äußeren Rechnung getragen (Th. Mann, Zauberberg 132). Wir müssen daher auch der historischen Situation Rechnung tragen (Dönhoff, Ära 9).

▶ Bei dieser Wendung handelt es sich wahrscheinlich um eine Lehnübersetzung des italienischen »portare conto« (= Rechnung ablegen) aus der italienischen Kaufmannssprache.

über etwas Rechnung legen (geh.): *etwas rechtfertigen:* Niemand wird gezwungen, über seine Vergangenheit öffentlich Rechnung zu legen. ... dann ist der Arbeitnehmer verpflichtet, über seine Geschäfte Auskunft zu erteilen und Rechnung zu legen. (Hörzu 1, 1971, 54).

auf eigene Rechnung: *auf eigenes Risiko:* Sie handeln in diesem Fall völlig auf eigene Rechnung. Bin jetzt nur angestellt. Nur die Zeitung mach ich auf eigene Rechnung (Hilsenrath, Nacht 366).

auf seine Rechnung kommen: (ugs.): *zufrieden gestellt werden:* Letzten Endes waren alle auf ihre Rechnung gekommen. Bei nur 2 000 Zuschauern wird der Veranstalter kaum auf seine Rechnung kommen. Aber er kam mit seinen großen, bedrohlichen Worten durchaus nicht auf seine Rechnung. Margarete hörte mit lässiger, stumpfer Neugier zu (Feuchtwanger, Herzogin 62).

etwas in Rechnung stellen/ziehen: *etwas berücksichtigen, einkalkulieren:* Man muss bei solchen Projekten auch die klimatischen Gegebenheiten in Rechnung stellen. Haben wir alle entscheidenden Faktoren in Rechnung gezogen? Robespierre fühlt den Ansturm jener Kraftströme, die er nie studiert, nie in Rechnung gestellt hat (Sieburg, Robespierre 206).

nach jmds. Rechnung (selten): *nach jmds. Ermessen, Einschätzung:* Was ist nach Ihrer Rechnung in dieser Angelegenheit zu tun?

jmdm. einen [dicken] Strich durch die Rechnung machen: ↑ Strich.

¹recht: zur rechten Hand: *rechts:* Die Jubilarin saß zur rechten Hand des Präsidenten.

rechter Hand: *rechts:* Rechter Hand geht es zur Falkenburg, geradeaus ins Wiesental. Joseph stieg eine Treppe ... hinunter und trat rechter Hand ... in das technische Bureau ein (R. Walser, Gehülfe 5).

jmds. rechte Hand sein: ↑ Hand. **mit dem linken Auge in die rechte/mit dem rechten Auge in die linke Westentasche sehen:** ↑ Westentasche.

²recht: [nur] recht und billig sein: *angemessen, gerecht sein:* Es ist nur recht und billig, wenn den freiwilligen Helfern der Verdienstausfall ersetzt wird. Niemand aber ist ... auf den Gedanken gekommen, dass es doch wohl recht und billig gewesen wäre, dieser Tatsache Rechnung zu tragen (Dönhoff, Ära 177).

▶ In älterem Deutsch war das Wort »billig« ein Synonym für »recht«; in dieser Bedeutung ist es in der vorliegenden Wendung erhalten. Die heutige Bedeutung des Wortes »niedrig im Preis« entstand erst im 18. Jahrhundert. Mit der Formel »recht und billig« wurde zunächst ausgedrückt, dass etwas sowohl den rechtlichen Normen, den Rechtsgrundsätzen (= recht) als auch dem natürlichen Rechtsempfinden (= billig) entspricht.

alles, was recht ist (ugs.): *das muss man zugeben:* Alles, was recht ist, der Junge hat Mut! Es war ein verdienter Sieg, alles, was recht ist. Ich hingegen, alles was recht ist, kanns mir nicht verübeln (Maass, Gouffé 300).

jmdm. recht sein: *jmdm. zusagen:* Ist es Ihnen recht, wenn wir die Sitzung ein paar Tage verschieben? Es war den Kindern gar nicht recht, dass der Vater schon wieder verreisen musste.

es soll mir/mir solls recht sein (ugs.): *ich bin einverstanden:* Mir solls recht sein, wenn wir nach dem Essen ins Grüne fahren.

was dem einen recht ist, ist dem anderen billig: *was man einem Menschen zugesteht, muss man auch anderen zugestehen.* Vgl. die Wendung »[nur] recht und billig sein«.

erst recht (ugs.): *umso mehr, gerade:* Nach der Ermahnung durch den Polizisten hat er erst recht randaliert. Vor Elefanten ... davonzulaufen, hat wenig Sinn, ... weil es erst recht den Angriffsmut der Tiere reizt (Grzimek, Serengeti 185). Jetzt erst recht, so dachte das arme Julika zuweilen, gab es für sie nur die Kunst (Frisch, Stiller 48).

recht daran tun ...: *richtig handeln [indem man ...]:* Der Direktor tat recht daran, die Vorstellung abzusagen. Die Herausgeber glaubten deshalb, recht daran zu tun, ... Fachkollegen heranzuziehen (Fraenkel, Staat 14).

jmdm. recht geschehen: *von jmdm. selbst verschuldet sein, für jmdn. eine verdiente Strafe sein:* Es geschieht ihm ganz recht, dass ihm seine Frau davongelaufen ist.

Dass du nicht mehr mitspielen darfst, geschieht dir recht. »Und wenn du dabei auf die Nase zu liegen kommst, dann geschiehts dir recht!« (Plievier, Stalingrad 247).

jmdm. gerade recht kommen (ugs.): 1. *von jmdm. gerade, wenn man zu ihm kommt, gebraucht werden:* Du kommst mir gerade recht, hilf mir mal, das Regal wegzurücken! 2. *unerwünscht sein, jmdn. überhaupt nicht gebrauchen können:* Du kommst mir gerade recht – ich will heute meine Ruhe haben.

jmdm. etwas recht machen: *etwas zu jmds. Zufriedenheit machen:* Diesem griesgrämigen Menschen kann man einfach nichts recht machen. Wenn ich versuche, es dem einen recht zu machen, beschwert sich sofort der andere. »Schade, ich kann es dir nicht recht machen.« (Hesse, Narziß 149).

nicht recht beieinander sein: ↑ beieinander. **auf der rechten Bahn sein:** ↑ Bahn. **ich denk, ich hör/seh nicht recht:** ↑ denken. **nicht mit rechten Dingen zugehen:** ↑ Ding. **du bist wohl nicht recht gescheit:** ↑ gescheit. **das Herz auf dem rechten Fleck haben:** ↑ Herz. **das Kind beim rechten Namen nennen:** ↑ Kind. **jmdn., etwas ins rechte Licht rücken/setzen/stellen:** ↑ Licht. **etwas wieder ins rechte Lot bringen:** ↑ Lot. **den Mund/das Maul auf dem rechten Fleck haben:** ↑ Mund. **schlecht und recht:** ↑ schlecht. **mehr schlecht als recht:** ↑ schlecht. **vor die rechte Schmiede gehen:** ↑ Schmiede. **nicht recht bei Trost sein:** ↑ Trost. **vom rechten Weg abkommen:** ↑ Weg. **jmdn. vom rechten Weg abbringen:** ↑ Weg. **jmdn. auf den rechten Weg führen:** ↑ Weg. **zur rechten Zeit:** ↑ Zeit. **wer nicht kommt zur rechten Zeit, der muss nehmen, was übrig bleibt:** ↑ Zeit.

Recht: jmds. gutes Recht sein: *jmdm. zustehen:* Es ist selbstverständlich Ihr gutes Recht, sich höheren Orts zu beschweren. Die Aussage zu verweigern ist sein gutes Recht. ... das ist mein gutes Recht, dass ich mir das mit aller Bestimmtheit verbitte (Th. Mann, Zauberberg 63).

was Recht ist, muss Recht bleiben: *bekräftigender Kommentar, wenn man sich selbst im Recht fühlt.*

Recht sprechen: *als Richter tätig sein, ein richterliches Urteil fällen:* Zwanzig Jahre lang hatte er in dieser Stadt Recht gesprochen, bis seine politische Vergangenheit durch Zufall bekannt geworden war. ... beim Thing unter den germanischen und keltischen Eichen hatte zuerst das Volk selbst Recht gesprochen (Mostar, Unschuldig 5).

sein Recht verlangen: *seine Bedürfnisse geltend machen:* Er versuchte, sich mit Kaffee wach zu halten, aber der Körper verlangte sein Recht – schließlich fielen ihm die Augen zu. Die Natur verlangte ihr Recht, und die beiden Liebenden vergaßen alle Vorsicht.

Recht bekommen/erhalten/(ugs.:) **kriegen:** *die Bestätigung erhalten, dass man das Richtige gesagt, getan o. Ä. hat:* Wir werden ja sehen, wer vor Gericht Recht bekommt. Sie hat schließlich gegen ihre Firma Recht erhalten.

jmdm. Recht geben: *jmdm. zustimmen, sagen, dass jmds. Äußerung richtig ist:* Was die allgemeine politische Lage betrifft, da kann ich Ihnen nur mit Einschränkungen Recht geben. ... die Präfektur lachte sich ins Fäustchen (gab doch, was da vor sich ging, ihrer Prognose ... Recht) (Maass, Gouffé 41).

Recht behalten: *[letztlich] die Bestätigung bekommen, dass man das Richtige gesagt, vermutet o. Ä. hat:* Natürlich hat seine Frau wieder einmal Recht behalten. In einem anderen ... Punkt behielt aber Brünhildes Vater Recht. Die Offensive kam (Küpper, Simplicius 148).

Recht haben: *das Richtige geäußert, vermutet o. Ä. haben:* Wer hatte mal wieder Recht mit dem Wetter? – Ich natürlich! Leider hat dieser kritische Beobachter Recht. Bei uns werden die Probleme von den Behörden erledigt (Dönhoff, Ära 50).

auf sein Recht pochen: *mit Nachdruck auf seinem Recht bestehen:* Ich würde euch raten, auf euer Recht zu pochen – Vertrag ist Vertrag! Wahrscheinlich wird sie auf ihr Recht pochen und nicht verzichten. Der Posten war begehrt ... Hanna wurde beneidet, besonders von den Alten, die auf ihre Rechte pochten (Müthel, Baum 115).

im Recht sein: *[in einem Streitfall] das Richtige geäußert, getan o. Ä. haben:* Der Taxifahrer war im Recht, als er sich weigerte, in der Einbahnstraße zu wenden. Da kannst du hundertmal im Recht sein, die biegen das schon so, dass du ... mit deinem Recht nichts anfangen kannst (v. d. Grün, Glatteis 247).

mit/zu Recht: *mit Berechtigung:* Der Polizist hat die Waffe zu Recht sichergestellt. Sie hatte die Zahlung mit Recht verweigert. So stehen unsere beiden Namen mit Recht auf dem Titelblatt (Grzimek, Serengeti 7).

von Rechts wegen: *eigentlich, wenn alles seine Richtigkeit hätte:* Von Rechts wegen müsste das Geld schon ausgezahlt worden sein. Er sollte von Rechts wegen schon längst bei uns sein. Von Rechts wegen sollte nur ein Dienstbote kommen ..., wenn man am Klingelzug reißt (Fischer, Wohnungen 13).

zu seinem Recht kommen: *gebührend berücksichtigt werden:* Bei dem Straßenfest sollen auch die Kinder zu ihrem Recht kommen.

mit Fug und Recht: ↑ Fug. **Gnade vor/für Recht ergehen lassen:** ↑ Gnade. **wo nichts ist, hat der Kaiser sein Recht verloren:** ↑ Kaiser. **stimmts oder hab ich Recht?:** ↑ stimmen.

[1]Rechte: die Linke weiß nicht, was die Rechte tut: ↑ Linke.

[2]Rechte: du bist mir der Rechte/Richtige/ (landsch.:) **Schlankste:** *Ausdruck des [ärgerlichen] Erstaunens über jmds. Handeln:* Du bist mir der Rechte – erst drückst du dich vor der Hausarbeit, und dann willst du auch noch Geld haben! »Ja, du bist mir der Rechte, das Maul aufzureißen«, versetzte er. (Th. Mann, Krull 159).

an den Rechten/Richtigen kommen/geraten: *sich an die falsche Person wenden:* Mit seinem Solidaritätsaufruf ist er bei dem konservativen Abteilungsleiter an den Rechten geraten.

nach dem Rechten sehen: *sich überzeugen, prüfen, ob alles in Ordnung ist:* Solange wir im Urlaub sind, wird unser Nachbar im Haus nach dem Rechten sehen. Jetzt war man stiller und gut gekleideter Chef eines großen Nachtlokals, schlief bis zum Mittagessen und sah abends mal nach dem Rechten, winkte den Stammgästen ein Hallo zu (Borchert, Geranien 60/61).

rechtens: rechtens sein: *gerechtfertigt, rechtlich zulässig sein:* Die Handlungsweise der Behörde war absolut rechtens. Das Kammergericht hatte ... entschieden, dass die Zulieferung des Mädchens an die Ost-Justiz rechtens sei (BM 8. 6. 1974, 1). »Ist das Brauch und rechtens?«, fragte Jaacob (Th. Mann, Joseph 295).

rechts: etwas rechts liegen lassen: *links an etwas vorbeigehen:* Sie gehen am besten die Straße hinunter, lassen den Fernsehturm rechts liegen und biegen in die zweite Querstraße links ein.

nicht [mehr] wissen, wo/was rechts und links ist (ugs.): *völlig verwirrt sein:* Vor Aufregung wusste er nicht mehr, wo rechts und links war.

weder rechts noch links schauen: *unbeirrbar seinen Weg fortsetzen:* Wenn wir unser Ziel erreichen wollen, dürfen wir von jetzt an weder rechts noch links schauen

Rede: es geht die Rede ...: *man sagt ...; das Gerücht geht um ...:* Es geht die Rede in der Stadt, dass das alte Rathaus abgerissen werden soll. Es ging die Rede, den dreihundert Jahre lang im Familienbesitz gewesenen, 1928 verschluderten Hof zurückzuerwerben (Loest, Pistole 68).

von jmdm., von etwas ist die Rede: *über jmdn., über etwas wird gesprochen:* In letzter Zeit ist wieder von Neuwahlen die Rede. Tagelang war von nichts anderem mehr als von dem umstrittenen Elfmeter die Rede. Dabei ist doch in all den Jahren seit 1948 immer wieder von der Sicherheit Berlins – nicht West-Berlins – die Rede gewesen (Dönhoff, Ära 100).

von etwas kann nicht die/[gar] keine Rede sein (ugs.): *etwas trifft absolut nicht zu, etwas ist völlig ausgeschlossen:* Es kann gar keine Rede davon sein, dass die Firma ihren Sitz ins Ausland verlegt. Von einem Rücktritt des Vorsitzenden kann keine Rede sein. ... von einer Entvölkerung der Stadt, wie zur Zeit der großen Pest, konnte erstaunlicherweise nicht die Rede sein (Koeppen, Rußland 160).

jmds./bei jmdm. stehende Rede sein: *von jmdm. immer wieder geäußert werden:* Natürlich hat er wieder nach einem starken Mann in der Regierung gerufen, das ist bei ihm doch stehende Rede.

[das ist] meine Rede/mein Reden (ugs.): *das ist genau, was ich sage:* Das ist doch mein Reden: Erst werden wir deutscher Meister, dann holen wir auch noch den Europapokal! »... ich komme mir komisch vor, so parteilos.« »Meine Rede«, sagte Kutschera-Meyer (Kant, Impressum 352). Die Rosen da?, nein, die sind nicht von hier. Wem sagen Sie das, ist ja meine Rede (Brot und Salz 322).

jmdm. Rede und Antwort stehen: *sich jmdm. gegenüber rechtfertigen:* Wenn es an der Zeit ist, werde ich Ihnen für mein Verhalten Rede und Antwort stehen. Hab schon ganz anderen Leuten Rede und Antwort gestanden (Degener, Heimsuchung 63).

▶ Diese Wendung rührt von der Gerichtsrede her, die stehend vorgetragen wurde.

jmdm. die Rede verschlagen: *jmdn. sprachlos machen:* Die große Neuigkeit verschlug sogar der Hauswirtin die Rede. Es wird ihm die Rede verschlagen, wenn er uns so plötzlich vor sich sieht. Dem Cajetan Lechner, als er das Ja ... hörte, hatte es ihm die Rede verschlagen (Feuchtwanger, Erfolg 237).

vergiss deine Rede nicht! (ugs.): *vergiss nicht, was du sagen willst:* Vergiss deine Rede nicht, ich geh nur mal eben Bier aus der Küche holen.

große Reden schwingen/führen (ugs.): *prahlerisch reden:* Sie führte immer große Reden am Arbeitsplatz. Aber abends Geld zu haben, dass sie in der »Dicken Wirtin« große Reden schwingen können und weitersaufen können – dafür ist Geld da (Aberle, Stehkneipen 44).

▶ Das Wort »schwingen« in dieser Wendung leitet sich vom Gebärdenspiel des Redners her, der im Schwung des Sprechens mit den Armen gestikuliert.

nicht der Rede wert sein: *bedeutungslos sein:* Die paar Hautabschürfungen waren wirklich nicht der Rede wert. Die Unterschiede in den Berechnungen sind nicht der Rede wert. Und es folgte tatsächlich nichts, das der Rede wert gewesen wäre (Thieß, Reich 195).

der langen Rede kurzer Sinn: *kurz gesagt:* Der langen Rede kurzer Sinn: Ich habe keine Lust, heute ins Kino zu gehen.

▶ Diese Redewendung stammt aus Schillers »Piccolomini« (I, 2), wo Questenberg mit der Frage »Was ist der langen Rede kurzer Sinn?« auf eine längere Äußerung Buttlers reagiert.

in Rede stehen: *zur Debatte stehen, zu behandeln, zu erledigen sein:* Die in Rede stehenden Paragraphen können nicht aus dem Vertrag gestrichen werden. Da eine Ermessungsentscheidung in Rede steht, greift auch § 46 VwVfG nicht ein (NJW 19, 1984, 1139).

jmdm. in die Rede fallen: *jmdn. beim Sprechen unterbrechen:* Entschuldigen Sie, dass ich Ihnen in die Rede falle, aber Ihr Telefon hat geklingelt! Der Anwalt war dem Zeugen immer wieder in die Rede gefallen und wurde vom Gerichtsvorsitzenden dafür gerügt.

jmdm. zur Rede stellen: *von jmdm. Rechtfertigung, Auskunft verlangen:* Als ich G. zur Rede stellte, suchte er sich mit fadenscheinigen Ausreden zu entschuldigen (Niekisch, Leben 375). Unser Meister merkte nämlich, dass ich oft 'ne Fahne hatte. Er stellte mich zur Rede (Bravo 29, 1976, 13).
► Auch diese Wendung leitet sich von der Gerichtsrede her, in der sich der Angeklagte vor Gericht [stehend] verteidigen musste.

jmdm. die Rede abschneiden: ↑ Wort.

reden: mit sich reden lassen (ugs.): *bereit sein, über etwas zu diskutieren, etwas zu akzeptieren:* Wenn er nicht mit sich reden lässt, werden wir ihn unter Druck setzen. Und er ließ mit sich reden, bot einen günstigen Tarif an ... (Grass, Blechtrommel 244). Einerseits schlug sie über die Stränge, war rotzfrech und ließ kaum mit sich reden (Christiane, Zoo 156).

über etwas lässt sich reden (ugs.): *über etwas kann man diskutieren, etwas ist annehmbar:* Über euren Vorschlag lässt sich reden. Über Erdbeeren zum Nachtisch ließe sich reden.

[viel] von sich reden machen: *Aufmerksamkeit erregen:* Das Unternehmen hat in den letzten Jahren von sich reden gemacht. Von dem jugoslawischen Einkauf Djordevic hört man seit Saisonbeginn nichts; stattdessen macht der Däne Bastrup von sich reden (Kicker 82, 1981, 20).

Reden ist Silber, Schweigen ist Gold: *es ist besser, [über manche Dinge] nichts zu sagen.*

nicht viel Redens von sich, von etwas machen (geh.): *nicht viel über sich, über etwas reden:* Unser alter Hausarzt machte nie viel Redens von sich. Ich will nicht viel Redens von diesen unerfreulichen Dingen machen – vergessen wir das Ganze.

reden, wie mans versteht (veraltend): *ohne Sachkenntnis, ohne Überlegung reden:* Man braucht doch bloß einen kräftigen Nagel in die Wand zu schlagen! – Du redest, wie dus verstehst; das ist eine Stahlbetonwand!

wie ein Blinder von der Farbe reden (ugs.): *ohne Überlegung reden, ohne Sachkenntnis urteilen:* Es ärgert sie, wenn ein Mensch von solchen Dingen redet wie ein Blinder von der Farbe. Mir scheint, du redest wie ein Blinder von der Farbe.

reden, wie einem der Schnabel gewachsen ist (ugs.): *freiheraus, ungeniert reden:* Sie redete, wie ihr der Schnabel gewachsen war. Bei unseren Freunden kann man reden, wie einem der Schnabel gewachsen ist.

reden wie ein Buch/wie ein Wasserfall (ugs.): *unaufhörlich, sehr viel reden:* Sie redet wie ein Buch, wenn sie etwas getrunken hat. Der Major ... fing dann plötzlich wie ein Wasserfall zu reden an (Hilsenrath, Nazi 89).

viel reden, wenn der Tag lang ist (ugs.): *[viele] Dinge sagen, die man nicht ernst nehmen muss, auf die kein Verlass ist:* Ich weiß, dass er uns seine Hilfe versprochen hat; aber er redet viel, wenn der Tag lang ist.

auswärts reden: ↑ auswärts. **das Blaue vom Himmel reden:** ↑ blau. **mit jmdm. deutsch reden:** ↑ deutsch. **Fraktur mit jmdm. reden:** ↑ Fraktur. **jmdm. ins Gewissen reden:** ↑ Gewissen. **gut reden haben:** ↑ gut. **sich um den Hals/um seinen Hals reden:** ↑ Hals. **mit den Händen reden:** ↑ Hand. **mit Händen und Füßen reden:** ↑ Hand. **sich etwas vom Herzen reden:** ↑ Herz. **hin und her reden:** ↑ hin. **Kinder und Narren reden die Wahrheit:** ↑ Kind. **jmdm. ein Kind in den Bauch reden:** ↑ Kind. **Klartext reden:** ↑ Klartext. **sich um Kopf und Kragen reden:** ↑ Kopf. **frei/ frisch von der Leber weg reden:** ↑ Leber. **ins Leere reden:** ↑ leer. **leicht reden haben:**

↑leicht. **jmdm. ein Loch/Löcher in den Bauch reden:** ↑Loch. **Makulatur reden:** ↑Makulatur. **gegen eine Mauer reden:** ↑Mauer. **jmdm. nach dem Mund[e] reden:** ↑Mund. **sich den Mund fusselig/fusslig reden:** ↑Mund. **ohne Punkt und Komma reden:** ↑Punkt. **in Rätseln reden:** ↑Rätsel. **sich etwas von der Seele reden:** ↑Seele. **mit gespaltener Zunge reden:** ↑spalten. **Tacheles reden:** ↑Tacheles. **von jmdm., von etwas in den höchsten Tönen reden:** ↑Ton. **große/dicke Töne reden:** ↑Ton. **gegen eine Wand reden:** ↑Wand. **wenn die Wände reden könnten:** ↑Wand. **in den Wind reden:** ↑Wind. **jmdm., einer Sache das Wort reden:** ↑Wort. **noch ein Wörtchen mit jmdm. zu reden haben:** ↑Wort. **mit tausend Zungen reden:** ↑Zunge.

redlich: bleibe im Lande, und nähre dich redlich: ↑Land.

Regel: in der/in aller Regel: *normalerweise:* In der Regel gibt es nach dem Essen noch einen Kaffee. Die Steuergesetze werden in der Regel auf Dauer erlassen (Fraenkel, Staat 93). In aller Regel liegt ein Fehler zugrunde, wenn in der OP-Abteilung ein Herzstillstand eintritt (Hackethal, Schneide 37).

nach allen Regeln der Kunst: 1. *ganz vorschriftsmäßig, in jeder Hinsicht so, wie es sein sollte:* Sie verstand es, eine Ratatouille nach allen Regeln der Kunst zuzubereiten. 2. (ugs.) *gründlich, gehörig:* Man hatte ihm beim Hütchenspiel nach allen Regeln der Kunst sein Geld aus der Tasche gezogen. Die erwachsenen Strafgefangenen machten sich natürlich eine Freude daraus, uns nach allen Regeln der Kunst zu versauen (Eppendorf, Ledermann 71). ► Wahrscheinlich geht diese Wendung auf die so genannte »Tabulatur« der Meistersinger zurück, in der die Regeln und Konventionen der Gesangeskunst verzeichnet waren. Nur was nach diesen Regeln verfasst wurde, galt als wahre Kunst.

Regelmäßigkeit: in/mit schöner Regelmäßigkeit (ugs.; scherzh.): *immer wieder [auf dieselbe Weise]:* Er verfasste mit schöner Regelmäßigkeit wütende Leserbriefe an die hiesige Lokalzeitung. Alte Fehler wiederholen sich in schöner Regelmäßigkeit (Ruthe, Partnerwahl 36).

... mit schöner Regelmäßigkeit macht er von Zeit zu Zeit Pleite (Ziegler, Labyrinth 230).

regen: sich regen bringt Segen: *Fleiß führt zum Erfolg.*

die Hände regen: ↑Hand.

Regen: ein warmer Regen (ugs.): *eine größere [unverhoffte] Geldeinnahme:* Die Gemeinderäte hoffen auf einen warmen Regen für die Gemeindekasse, wenn die Fabrik wie geplant erweitert wird. Aber für Firmen, die wie das Volkswagenwerk am Rande der roten Zahlen kalkulieren, ist das ein warmer Regen (Welt 23. 7. 1975, 1).

jmdn. im Regen stehen lassen (ugs.): *jmdn. in einer Notlage, in einer schwierigen Situation allein lassen; jmdm. nicht helfen:* Der Kanzler lässt seinen Minister nicht im Regen stehen. Schweigen heißt gleichzeitig, Sohn oder Tochter allein im Regen stehen zu lassen (Grossmann, Liebe 78).

vom Regen in die Traufe kommen: *aus einer unangenehmen Lage in eine andere [noch unangenehmere] geraten:* Er gehört zu den Menschen, die immer vom Regen in die Traufe kommen. ► Aus der Dachtraufe läuft das vom Dach abfließende Regenwasser gesammelt nach unten. Wer also beim Unterstellen unter ein Dach nicht aufpasst und sich genau unter die Traufe stellt, wird erst recht nass.

Regenschirm: gespannt sein wie ein Regenschirm: ↑gespannt.

Regenwetter: ein Gesicht wie drei/sieben Tage Regenwetter machen: ↑Gesicht.

Regie: (ugs.): **[bei etwas] Regie führen:** *etwas lenken, nach den eigenen Plänen steuern:* Die ganze Stadt weiß, wer in Wahrheit im Rathaus Regie führt. Zu der Mannschaftsaufstellung verriet Schön nur so viel, dass Overath auf jeden Fall wieder Regie führen soll (MM 22./23. 6. 1974, 10).

in eigener Regie (ugs.): *selbstständig, auf eigene Verantwortung:* Sie war es gewöhnt, solche Dinge in eigener Regie zu erledigen. ... wenn etwa ein kleiner Eisverkäufer auf der Straße sein Eis in eigener Regie herstellen ... würde (Koeppen, Rußland 108).

regieren: Geld regiert die Welt: ↑ Geld.
mit eisernem Zepter regieren: ↑ Zepter.
Regiment: das Regiment führen: *bestimmen, herrschen:* Schon bald musste er erkennen, wer in ihrer Ehe künftig das Regiment führen würde. »... hier geht das Leben seinen Gang. Arbeit, Arbeit. Der Vater führt das Regiment. Wir fahren nicht schlecht dabei ...« (Rinser, Jan Lobel 63).
ein strenges Regiment führen: *sehr streng sein:* Sie muss in der Firma oft ein strenges Regiment führen. Der Winter führt dieses Jahr ein strenges Regiment. Ich muss allerdings selbst auch strenges Regiment führen, sonst kommen auch meine Kinder auf zu viel dumme Gedanken (Normann, Tagebuch 59).
Region: in höheren Regionen/(geh.:) **Sphären schweben:** *in einer Traumwelt leben:* Die Tochter des Pfarrers schwebte in höheren Regionen, sie war für das Landleben nicht geschaffen.
Register: altes Register (ugs.; veraltend): *alter Mensch:* Na, du altes Register, gehst du mit auf ein oder zwei Bier zum Schwanenwirt?
▶ Dieser Ausdruck geht wohl von der Wendung »ins alte Register kommen« aus.
langes Register (ugs.; scherzh.): *hoch gewachsener Mensch:* Siehst du da drüben das lange Register? Mit dem ist meine Schwester verlobt.
▶ Dieser Ausdruck ist wohl eine scherzhafte Übertragung der Registerlänge auf die Körpergröße.
alle Register spielen lassen/ziehen: *alle Möglichkeiten ausprobieren, alle Mittel einsetzen:* Sie zog alle Register ihrer Überredungskunst. Er musste alle Register spielen lassen, um einen Zahlungsaufschub zu erreichen. ... die Karosserieform, bei der ... alle Register der Raumausnutzungskunst gezogen wurden (Auto 8, 1965, 21).
▶ Diese und die folgende Wendung beziehen sich auf die Orgelregister, mit denen die Klangmöglichkeiten des Instruments bereichert und variiert werden können.
andere Register ziehen: *stärkere Mittel einsetzen, einen nachdrücklicheren Ton anschlagen:* Der Bundeskanzler will

künftig andere Register ziehen. An Selbstbewusstsein lässt es die schöne Anny durchaus nicht fehlen. Dann aber weint sie, ein anderes Register ist gezogen, auch dies unerschöpflich (Brod, Annerl 126).
Vgl. die vorangehende Wendung.
Register halten (Druckerspr.): *Vorder- und Rückseite eines Bogens ganz genau übereinander drucken:* Wenn das Papier sich verzieht, ist es schwer, Register zu halten.
ins alte Register kommen (veraltet): *alt werden:* Unser Pastor ist auch schon ins alte Register gekommen.
▶ Diese Wendung bezieht sich auf die frühere Gepflogenheit, die alten Menschen, die von der Gemeinde versorgt werden mussten, in ein Register einzutragen.
regnen: es regnet/gießt wie mit Mulden/ Kübeln/Kannen: *es regnet sehr stark:* Gestern hat es wie mit Mulden geregnet. Seit Tagen gießt es wie mit Kübeln. **es regnet Bindfäden:** ↑ Bindfaden. **es regnet junge Hunde:** ↑ Hund. **es regnet Schusterjungen:** ↑ Schusterjunge. **es regnet Strippen:** ↑ Strippe.
Reibeisen: wie ein Reibeisen (ugs.): *sehr rau:* Sie hat eine Stimme wie ein Reibeisen. Alle paar Meter fällt er in den Schnee, kann nicht mehr schlucken, der Hals ist rau wie ein Reibeisen (Trenker, Helden 269). Sein Bart wuchs schnell. Über Nacht wurde sein Gesicht rau wie ein Reibeisen (Singer [Übers.], Feinde 14).
reiben: sich die Hände reiben: ↑ Hand. **in alles seinen Kren reiben:** ↑ Kren. **jmdm. etwas unter die Nase reiben:** ↑ Nase. **einen Salamander reiben:** ↑ Salamander. **mit allen Salben gerieben sein:** ↑ Salbe. **sich den Schlaf aus den Augen reiben:** ↑ Schlaf.
reich: Arm und Reich: ↑ arm. **reiche Frucht/Früchte tragen:** ↑ Frucht.
Reich: etwas heim ins Reich holen (ugs.): *sich etwas [widerrechtlich] aneigenen:* Da drüben laufen zwei Hühner, die werden wir heim ins Reich holen.
▶ Hier handelt es sich um eine Anspielung auf die Annexion Österreichs durch die Nationalsozialisten im Jahre 1938, die unter der Parole »Heim ins Reich!« durchgeführt wurde.

ins Reich der Fabel gehören: ↑ Fabel.

reichen: es reicht (ugs.): *es ist genug, Schluss damit:* Nun reichts aber bald! Was schreist du denn hier rum mitten in der Nacht? (Brot und Salz, 335) »So, jetzt reicht es«, tobte Herford, rasend vor Zorn (Simmel, Stoff 647). **jmdm. reicht es** (ugs.): *jmd. hat genug, jmds. Geduld ist zu Ende:* Mir reichts, ich geh nach Hause. ... und offen gesagt, mir reichts allmählich; sollen sie doch die ganze Insel den gottverdammten Indianern zurückgeben. (Baldwin [Übers.], Welt 258). Ich steige sowieso aus, sagt Lilo, raus aus der verfluchten Saubande, mir reichts (Degener, Heimsuchung 73).

reich mir die Hand, mein Leben: *scherzhafter Kommentar, wenn man jmdm. die Hand gibt.*

▸ Diese Redensart ist ein Zitat aus dem deutschen Text der Oper »Don Juan« von W. A. Mozart.

so weit das Auge reicht: ↑ Auge. **sich die Hand reichen können:** ↑ Hand. **jmdm. die Hand fürs Leben reichen:** ↑ Hand. **jmdm. die Hand zur Versöhnung reichen:** ↑ Hand. **sich die Hand zum Bunde reichen:** ↑ Hand. **nicht hin und her reichen:** ↑ hin. **jmdm. nicht das Wasser reichen können:** ↑ Wasser. **nur für den/für einen hohlen Zahn reichen:** ↑ Zahn.

reif: reif für etwas sein (ugs.): *etwas verdient haben:* Die Banditen waren längst reif für den Galgen. Nach dem Messegeschäft war die ganze Abteilung reif für einen Urlaub. »Die ganze Armee ist reif fürs Irrenhaus!«, stellte er fest (Plievier, Stalingrad 143).

reif für die Insel sein (ugs.): *urlaubsreif, zivilisationsmüde sein:* Endlich ist der Vertrag unter Dach und Fach; aber jetzt sind wir alle reif für die Insel.

eine reife Leistung: ↑ Leistung.

Reifen: einen heißen Reifen fahren (ugs.): *sehr schnell [mit dem Auto] fahren:* Der Junge fährt 'nen heißen Reifen, den haben sie schon dreimal bei der Radarkontrolle erwischt.

Reigen: den Reigen anführen/eröffnen (geh.): *mit etwas den Anfang machen:* Der Minister eröffnete den Reigen humorvoller Reden. Ausgerechnet ihr früherer Lehrer hatte den Reigen der vernichtenden Kritiken angeführt. Da war der Oberst Löffelholt, der den Reigen der Leihwagenprozesse eröffnete (Dönhoff, Ära 38).

den Reigen [be]schließen (geh.): *bei etwas den Abschluss bilden:* Ein heftiger Regenguss beschloss den Reigen unvorhergesehener Zwischenfälle.

Reihe: die Reihe ist an jmdm.: *jmd. ist der Nächste, der handeln muss:* Wir haben getan, was wir konnten; die Reihe ist jetzt an euch, die Entscheidung herbeizuführen.

die Reihen lichten sich: *immer weniger sind vorhanden, immer mehr verschwinden:* Die Reihen der aktiven Vereinsmitglieder haben sich in den letzten Jahren deutlich gelichtet. Nach der Pause lichteten sich die Reihen, am Schluss waren nur noch wenige Zuschauer im Saal.

der Reihe nach/nach der Reihe: *einer nach dem anderen:* Bitte nur der Reihe nach eintreten. Aber ich will alles der Reihe nach erzählen (Jens, Mann 131). Er sah die Mädchen der Reihe nach an (Böll, Adam 66).

an der Reihe sein/an die Reihe kommen: *als Nächster abgefertigt, behandelt o. Ä. werden; als Nächster handeln dürfen/müssen:* Wer ist jetzt an der Reihe? Halt, sagt der Lagerälteste: die Mutprobe. Paasch ist an der Reihe (Fries, Weg 61). Dann kommt ... Tjaden an die Reihe, der eine ausgewachsene Predigt und drei Tage Mittelarrest erhält (Remarque, Westen 70).

etwas auf die Reihe kriegen/bringen (ugs.): *etwas bewältigen, erledigen können:* Keine Angst, wir kriegen das schon auf die Reihe! Das mit meiner Frau krieg ich auf die Reihe (Playgirl 4, 1991, 43). Bei dem Dalli-Dalli-Maschenfight gilt es, innerhalb kürzester Frist einen ... Winterschal auf die Reihe zu bringen (Göttinger Tageblatt 30. 8. 1985).

aus der Reihe kommen (ugs.): *durcheinander geraten, verwirrt werden:* Durch all den Trubel bei ihrer Silberhochzeit war die Tante ein bisschen aus der Reihe gekommen.

jmdn./etwas aus der Reihe bringen (ugs.): *jmdn., etwas durcheinander bringen, verwirren:* Die Aufregung hat uns ganz aus der Reihe gebracht. Betrunkene Jugendliche hätten den Festzug beinahe aus der Reihe gebracht.

aus der Reihe tanzen (ugs.): *sich nicht einordnen, eine vorgegebene Ordnung o. Ä. nicht einhalten:* Du musstest natürlich wieder einmal aus der Reihe tanzen! Der Verlag ... ist mit der Veröffentlichung dieses Buches mutig aus der Reihe getanzt (Spiegel 47, 1976, 225). »In einer Anstalt wie dieser kann keiner aus der Reihe tanzen. Ausnahmen gibts hier nicht ...« (Ziegler, Konsequenz 213).

▶ Diese Wendung leitet sich vom Reigentanz her, bei dem sich die Tanzenden in Reihen bewegen.

außer der Reihe: *zwischendurch, außerhalb der geplanten Reihenfolge:* Könnten Sie mich nicht außer der Reihe drannehmen, Herr Doktor? ... die Schliche der kleinen Schieber, außer der Reihe dranzukommen (Seghers, Transit 56).

in einer Reihe mit jmdm. stehen: *jmdm. im Rang gleichkommen, ebenbürtig sein:* Nach diesem Sieg steht der junge Jockey in einer Reihe mit den unvergessenen Größen des Pferdesports.

jmdn. in eine Reihe mit jmdm. stellen: *jmdn. im Rang mit jmdm. gleichstellen, jmdn. für ebenbürtig halten:* Der Diktator liebt es, sich in eine Reihe mit Cäsar und Napoleon zu stellen.

nicht alle in der Reihe haben (ugs.): *verrückt sein:* Du hast wohl nicht alle in der Reihe?

[wieder] in die Reihe bringen (ugs.): 1. *in Ordnung bringen, reparieren:* Er hat ganz allein die Waschmaschine wieder in die Reihe gebracht. 2. *[wieder] gesund machen:* Nur Mut, wir werden Sie schon wieder in die Reihe bringen!

[wieder] in die Reihe kommen (ugs.): 1. *geregelt werden, [wieder] in Ordnung kommen:* Lass Vater nur machen, dann kommt schon alles wieder in die Reihe! 2. *[wieder] gesund werden:* Erst musst du mal wieder in die Reihe kommen, dann reden wir über deine geschäftlichen Pläne.

[nicht] in der Reihe sein (ugs.): *krank sein, sich nicht wohlfühlen:* Ihr Vater war schon seit ein paar Tagen nicht in der Reihe. Die Kollegen, die nicht in der Reihe sind, sollen lieber zu Hause bleiben.

in Reih und Glied: *in strenge[r] Ordnung:* In Reih und Glied marschierten sie durch die Stadt. Die Autorität des Parteivorsitzenden brachte auch die jungen Heißsporne wieder in Reih und Glied. Viele Rosenstöcke in Reih und Glied, rote, gelbe (Sacher-Masoch, Parade 128).

bunte Reihe machen: ↑ bunt. **nichts ist schwerer zu ertragen als eine Reihe von guten Tagen:** ↑ schwer.

Reiher: kotzen wie ein/die Reiher: ↑ kotzen.

Reim: **sich einen Reim auf etwas machen** (ugs.): *Schlüsse aus etwas ziehen:* Ein Gesandter aus Granada, vermögt Ihr Euch darauf einen Reim zu machen? (Hacks, Stücke 80). Jeder konnte sich wieder einen eigenen Reim darauf machen, wer der Mörder des Kindermädchens ist ... (Prodöhl, Tod 265).

sich keinen Reim auf etwas machen können (ugs.): *etwas nicht begreifen, nicht verstehen:* Sie wusste, was geschehen war, konnte sich aber keinen Reim darauf machen. Auf dein Verhalten kann ich mir einfach keinen Reim machen. Unschlüssig faltete Schirrmeister die Zeitung zusammen. Auf diese Wende des Falles konnte er sich keinen Reim machen (Prodöhl, Tod 93).

Reime schmieden: ↑ Vers.

reimen: **reim dich, oder ich fress dich!** (ugs.; scherzh.): *Kommentar zu einem holprigen Reim.*

▶ Die Redensart ist der zum geflügelten Wort gewordene Titel einer Satire von Gottfried Wilhelm Sacer aus dem Jahre 1673.

¹rein: **etwas ins Reine bringen:** *etwas klären, in Ordnung bringen:* Er versuchte alles, die peinliche Angelegenheit wieder ins Reine zu bringen.

ins Reine kommen: *geklärt werden, in Ordnung gebracht werden:* Deine Geschäfte müssen erst ins Reine kommen, dann können wir über eine Beteiligung verhandeln.

mit jmdm. ins Reine kommen/im Reinen sein: *mit jmdm. einig werden/sein:* Mit seiner Verwandtschaft wird er schon ins Reine kommen. Ich bin mit der Firma, was das Gehalt betrifft, noch nicht im Reinen. Einige Jahre später traf sich dasselbe Bürgertum in Harzburg mit Hitler.

13*

In der Harzburger Front kam es mit diesem ins Reine (Niekisch, Leben 164).

mit etwas ins Reine kommen/im Reinen sein: *über etwas Klarheit bekommen/haben:* Sie war mit den finanziellen Regelungen noch nicht ins Reine gekommen. Wenn man erst einmal mit der Gebrauchsanweisung im Reinen ist, lässt sich das Gerät ganz leicht zusammensetzen.

mit sich ins Reine kommen/im Reinen sein: *Klarheit über etwas, eine bestimmte Einstellung zu etwas gewinnen/haben:* Ihr müsst ihm Zeit lassen, mit sich ins Reine zu kommen. ... die Stunde war offensichtlich da, wo man endgültig mit sich ins Reine kommen musste und Letztes zu bedenken hatte (Plievier, Stalingrad 268). Aber Sie glauben doch nicht, dass ich ernstlich daran dachte, sie zu befragen, bevor ich selbst mit mir im Reinen war (St. Zweig, Fouché 150).

etwas ins Reine schreiben: *etwas sauber [ab]schreiben:* Du musst die Übersetzung noch ins Reine schreiben. Bodo hatte eine alte Remington-Schreibmaschine, auf der er seine Gedichte ... ins Reine schrieb (Böll, Erzählungen 69).

reine Hände haben: ↑ Hand. **der reine/ reinste Hohn sein:** ↑ Hohn. **die reinste Lotterie sein:** ↑ Lotterie. **die Luft ist rein:** ↑ Luft. **reine Mache sein:** ↑ Mache. **das ist ja der reine/reinste Mord:** ↑ Mord. **reinen Mund halten:** ↑ Mund. **Schadenfreude ist die reinste Freude:** ↑ Schadenfreude. **rein Schiff:** ↑ Schiff. **reinen Tisch machen:** ↑ Tisch. **gegen jmdn. der reine/der reinste Waisenknabe sein:** ↑ Waisenknabe. **reinsten Wassers/von reinstem Wasser:** ↑ Wasser. **jmdm. reinen Wein einschenken:** ↑ Wein. **eine reine Weste haben:** ↑ Weste. **reine Wirtschaft machen:** ↑ Wirtschaft.

²rein: ↑ rin.

reinhauen: jmdm. eine reinhauen (ugs.): *jmdn. verprügeln; jmdm. einen Schlag [ins Gesicht] versetzen:* Er war so wütend, dass er ihm am liebsten eine reingehauen hätte. Jedenfalls habe ich dem Luden eine reingehauen (Eppendorfer, St. Pauli 214). »Du fängst dir gleich eine.« Sie: »Ja, hau mir doch eine rein, du alte Pumapisse.« (Hornschuh, Ich bin 21).

reinkriechen: jmdm. hinten reinkriechen: ↑ hinten.

Reinkultur: in Reinkultur (ugs.): *in eindeutiger Ausprägung, in ganz typischer Form:* Das ist doch Schwachsinn in Reinkultur! Doch das angelsächsische TV-Produkt ... hätte in Reinkultur hierzulande nur wenige vom Hocker gerissen (Saarbr. Zeitung 9. 10. 1979, 12).

reinsemmeln: jmdm. eine reinsemmeln (landsch.): *jmdn. verprügeln, jmdm. einen Schlag versetzen:* Wenn ich dein Vater wäre, würde ich dir eine reinsemmeln!

reinstecken: es jmdm. vorn[e] und hinten reinstecken: ↑ vorn.

reintreiben: der Hunger treibts rein: ↑ Hunger.

reinwürgen: jmdm. eine/einen/eins reinwürgen (ugs.): *jmdn. streng tadeln:* Sein Chef hat ihm eine reingewürgt, weil er nicht zur Besprechung erschienen ist. ... um irgendeinem Kultursenator eins reinzuwürgen, sollen wir da den Knast riskieren? (Eppendorfer, St. Pauli 148).

eine/einen/eins reingewürgt bekommen/ kriegen (ugs.): *streng getadelt werden:* ... der Dollfuß habe wegen seiner ewigen Raucherei und Schwätzerei einen reingewürgt gekriegt (Fallada, Jeder 41). Wenn ich krepiere, kriegen sie vielleicht einen reingewürgt (Döblin, Berlin 468).

Reis: ob/wenn in China ein Sack Reis umfällt: ↑ China. **Scheiße mit Reis:** ↑ Scheiße.

Reise: seine letzte Reise antreten (verhüll.): *sterben:* Sie kam zu spät, ihre Mutter hatte bereits ihre letzte Reise angetreten.

jmdn. auf die Reise schicken (Ballsport): *jmdm. eine weite Vorlage geben:* Jupp schickte seinen Vereinskollegen mit einem Steilpass auf die Reise (Walter, Spiele 213). Mit einer langen Flanke schickte mein Bruder mich auf die Reise, und sein Abspiel kam meistens so nach Maß ... (Wilhelm, Unter 23).

sich auf die Reise machen: *aufbrechen; eine Reise antreten:* Spätestens im Herbst werden wir uns auf die Reise in den Süden machen.

auf Reisen gehen: *verreisen:* Sie liebte es über alles, auf Reisen zu gehen und fremde Länder und andere Menschen kennen zu lernen.

auf Reisen sein: *verreist sein:* Er war lange auf Reisen, aber jetzt wird er sich in seiner Vaterstadt niederlassen. Aber ich erinnere mich nur ungewiss an ihn, er war viel auf Reisen (Bergengruen, Die Rittmeisterin 85).

reisen: auf eine Masche reisen: ↑Masche. **auf eine Tour reisen:** ↑Tour.

Reisende: Reisende soll man nicht aufhalten (oft iron.): *wenn jemand nicht mehr bleiben möchte, soll man ihn nicht halten:* Wenn Sie kündigen wollen – bitte, Reisende soll man nicht aufhalten. Der ... Verkehrsverein wird seinem Verkehrsdirektor ... der um vorzeitige Entlassung ... gebeten hat ... keine Steine in den Weg legen. Reisende soll man nicht aufhalten, war die einhellige Meinung (MM 8./9. 4. 1989, 13).

Reißaus: Reißaus nehmen: *[aus Angst] schnell davonlaufen:* Als er den großen Hund sah, nahm der Junge Reißaus. Vor der Wut des tobenden Mannes habe er Reißaus genommen (MM 14. 10. 1975, 7). Natürlich willst du jetzt wissen, warum ich von zu Hause Reißaus nehmen musste (Fels, Sünden 102).

reißen: der Faden ist gerissen: ↑Faden. **etwas aus dem Feuer reißen:** ↑Feuer. **bei jmdm./jmdm. ist der Film gerissen:** ↑Film. **jmdm. reißt die Geduld:** ↑Geduld. **jmdm. reißt der Geduldsfaden:** ↑Geduldsfaden. **sich das letzte Hemd/sein letztes Hemd vom Leib[e] reißen:** ↑Hemd. **hin und her gerissen sein:** ↑hin. **bei jmdm. reißt der Knoten:** ↑Knoten. **jmdm. die Larve vom Gesicht reißen:** ↑Larve. **ein großes/arges Loch in jmds. Beutel reißen:** ↑Loch. **ein [großes/arges/gewaltiges] Loch in die Kasse reißen:** ↑Loch. **jmdm. die Maske vom Gesicht reißen:** ↑Maske. **jmdn. aus jmds. Mitte reißen:** ↑Mitte. **jmdn. aus Morpheus' Armen reißen:** ↑Morpheus. **sich etwas unter den Nagel reißen:** ↑Nagel. **Possen reißen:** ↑Possen. **jmdm. etwas aus dem Rachen reißen:** ↑Rachen. **sich am Riemen reißen:** ↑¹Riemen. **jmdm. den Schleier vom Gesicht reißen:** ↑Schleier. **jmdn. nicht vom Sitz reißen:** ↑Sitz. **wenn alle Stränge/Stricke reißen:** ↑Strick. **sich für jmdn. in Stücke reißen lassen:** ↑Stück. **Witze/Zoten reißen:** ↑Witz, Zote.

Reißnagel: [wohl] mit Reißnägeln gegurgelt haben (ugs.): *heiser sein, eine raue Stimme haben:* Hast du mit Reißnägeln gegurgelt? Man versteht dich kaum!

reiten: den Amtsschimmel reiten: ↑Amtsschimmel. **eine Attacke gegen jmdn., gegen etwas reiten:** ↑Attacke. **jmdn. über den Haufen reiten:** ↑Haufen. **jmdn. auf Kandare reiten:** ↑Kandare. **jmd. ist im Galopp durch die Kinderstube geritten:** ↑Kinderstube. **jmdn. in die Patsche reiten:** ↑Patsche. **den Pegasus reiten:** ↑Pegasus. **[s]ein Steckenpferd reiten:** ↑Steckenpferd. **jmdn. reitet der Teufel:** ↑Teufel. **jmdn. in die Tinte reiten:** ↑Tinte. **etwas zu Tode reiten:** ↑Tod. **krumme Touren reiten:** ↑Tour.

Reiter: Ross und Reiter nennen: ↑Ross. **spanische Reiter:** ↑spanisch.

reizen: jmdn. bis aufs Blut reizen: ↑Blut. **jmdn. [bis] zur Weißglut reizen:** ↑Weißglut.

Reklametrommel: die Reklametrommel [für etwas] rühren/schlagen (ugs.): *[für etwas] werben; Reklame machen:* Sie sollten für dieses Buch kräftig die Reklametrommel rühren.

rennen: mit offenen Augen ins Unglück rennen: ↑Auge. **sich die Beine aus dem Leib rennen:** ↑Bein. **wenn man den Esel nennt, kommt er gerennt:** ↑Esel. **jmdn. über den Haufen rennen:** ↑Haufen. **mit dem Kopf durch die Wand rennen:** ↑Kopf. **sich die Lunge aus dem Hals rennen:** ↑Lunge. **ins offene Messer rennen:** ↑Messer. **ins Unglück rennen:** ↑Unglück. **in sein Verderben rennen:** ↑Verderben. **sich die Zunge aus dem Hals rennen:** ↑Zunge.

Rennen: ein totes Rennen: *ein unentschiedener Ausgang:* Wenn es ein totes Rennen gibt, wird die Siegprämie geteilt. Eine kriegerische Auseinandersetzung zwischen Atommächten kann nur als totes Rennen enden.

► Diese Fügung stammt aus dem Pferderennsport. Das Rennen, das unentschieden endet, gilt bei den Buchmachern als »tot«.

das Rennen ist gelaufen (ugs.): *die Entscheidung ist gefallen, die Sache ist erledigt:* Wozu die ganze Aufregung, wenn das Rennen längst gelaufen ist? Drei Österreicher lagen nun an der Spitze, das Rennen schien gelaufen zu sein (Olymp. Spiele 1964, 16).

das Rennen machen (ugs.): *gewinnen:* Welcher deiner vielen Anbeter wird denn nun das Rennen machen und dich zum Standesamt führen? Die Frage lautete nunmehr, ob Hindenburg oder Hitler das Rennen machen würde (Niekisch, Leben 212). Nach zahlreichen Probeaufnahmen hat er dann das Rennen gemacht (Hörzu 49, 1977, 59).

jmdn. aus dem Rennen werfen (ugs.): *jmdn. [aus dem weiteren Wettbewerb] ausschalten; jmdn. besiegen, übertreffen:* Die beiden deutschen Kandidaten wurden schon in der Vorrunde aus dem Rennen geworfen. ... könnten andere Wettbewerber die deutsche Kraftwerk-Union eventuell mit neuen Angeboten aus dem Rennen werfen (Zeit 14. 3. 1975, 33).

[noch] im Rennen liegen/sein (ugs.): *[noch] Aussichten auf Erfolg [in einem Wettbewerb o. Ä.] haben:* Für den Assistentenposten liegen noch drei Bewerber im Rennen. Der deutsche Abfahrtsmeister lag als Fünftschnellster hervorragend im Rennen (FAZ 64, 1958, 9). Darmstadt hatte dagegen allen Grund zur Freude, so gut wie nach diesem Sieg lag der Aufsteiger noch nie im Rennen (Kicker 6, 1982, 40).

Rente: auf/in Rente gehen (ugs.): *aus dem Arbeitsverhältnis ausscheiden und künftig Rente beziehen:* Ingelore wollte schon damals Inventur machen, als der Chef in Rente ging und sie Direktor wurde (BNN 29. 6. 1977, 2). Einige ziehen sich bleibende Schäden zu und gehen mit 40 in Rente (Chotjewitz, Friede 135).

Reserve: jmdn. aus der Reserve locken: *jmdn. dazu bringen, seine Zurückhaltung, Vorsicht aufzugeben:* Durch gezielte indiskrete Fragen versuchte der Reporter, den Minister aus der Reserve zu locken. Mit dieser Frage wollte ich den Schweiger noch weiter aus der Reserve locken (Mehnert, Sowjetmensch 218). ... zur Frage, wie man auch den kritischsten Verbraucher aus der Reserve locken kann (Fotomagazin 8, 1968, 6).

Respekt: mit Respekt zu sagen (veraltet): *man möge die [negative] Äußerung entschuldigen:* Der Moderator hat sich, mit Respekt zu sagen, wie ein Schwein benommen. Mit Respekt zu sagen, Hunde ziehen zu ihren recht gemeinen Zwecken eine belebte Ecke einem einsamen Felsen vor; wie sollten sie nicht Menschen ... (Musil, Mann 431).

Rest: der [letzte] Rest vom Schützenfest (ugs.): *das Letzte, was übrig geblieben ist:* Für jeden gibt es noch ein Gläschen, das ist der letzte Rest vom Schützenfest. Der letzte Rest vom Schützenfest: Bestandsaufnahme in der Stuttgarter Calwer Straße, die saniert werden soll (Hörzu 27, 1975, 56).

der Rest der Welt (ugs.): *alle anderen:* Mich interessiert nur, was du von meinen Bildern hältst – der Rest der Welt ist mir egal! Zwei Wochen vor dem 6. März trat Wahlkämpfer Helmut Schmidt aus der Reserve – mit ökonomischen Konzepten für Kanzlerkandidat Vogel und den Rest der Welt (Spiegel 9, 1983, 59).

der Rest ist Schweigen: *es bleibt nichts mehr zu sagen.*

▶ Dies sind die letzten Worte des Titelhelden in Shakespeares »Hamlet« (V, 2). Im Original heißt es: »The rest is silence.«

der Rest [ist] für die Gottlosen (scherzh.): *scherzhafter Kommentar, wenn [bei der Verteilung von etwas] ein kleiner Rest übrig bleibt:* Jeder kriegt noch ein Stück Kuchen, der Rest ist für die Gottlosen.

▶ Diese Redewendung geht wahrscheinlich auf die Bibel zurück. Im Psalm 75,9 heißt es: »... der Herr hat einen Becher in der Hand und mit starkem Wein voll eingeschenkt ...; aber die Gottlosen müssen alle trinken und die Hefen aussaufen.« Auf diesen Trinkrest bezogen ist wohl die heute gebräuchliche Wendung entstanden, die nur noch vom »Rest« spricht, den ja (z. B. beim Essen) oft niemand mehr haben will.

jmdm., einer Sache den Rest geben (ugs.): *jmdn. ganz zugrunde richten, vernichten; etwas ganz zerstören:* Die Nachricht von der Explosion in der Fabrik hat ihm den Rest gegeben. Dass schließlich auch noch die Ölwanne undicht wurde, hat dem Motor den Rest gegeben. Nur den Kochtopf durften sie behalten ... das hat den beiden Alten den Rest gegeben (Borchert, Draußen 40).

sich den Rest holen (ugs.): *ernstlich krank werden [nachdem man bereits leicht erkrankt ist]:* Mit deiner Halsentzündung solltest du lieber nicht segeln gehen, sonst holst du dir noch den Rest!

Als sie mit nassen Haaren zum Eislaufen ging, hat sie sich den Rest geholt.

Retorte: aus der Retorte: *künstlich hergestellt, nicht auf natürliche Weise entstanden, [auf]gewachsen:* Die Stadtväter schufen ein Wohnviertel aus der Retorte, das heute die größten sozialen Probleme aufwirft. Es gibt hier nichts Gekünsteltes, keine Kalligraphie, keine Literatur aus der Retorte (Deschner, Talente 178).

Retourkutsche: Retourkutsche zählt/gilt/fährt nicht (fam.): *das einfache Zurückgeben eines Vorwurfs, einer Beschimpfung wird nicht akzeptiert:* Du bist ein Blödmann! – Selber einer! – Retourkutsche gilt nicht!

retten: sich vor etwas/jmdm. nicht [mehr] retten können/zu retten wissen: *mit etwas überhäuft werden, von Personen bedrängt werden:* Wenn ihre Erbschaft bekannt wird, wird sie sich vor Heiratsanträgen nicht mehr zu retten wissen. Er konnte sich vor Besuchen der Landräte nicht retten (Winckler, Bomberg 197). ... als Benjamin Franklin nach Paris kam, konnte er sich vor Bewunderern nicht retten (Sieburg, Robespierre 92).

nicht mehr zu retten sein (ugs.): *vollkommen verrückt sein:* Dein Freund ist doch nicht mehr zu retten, der hat sich jetzt schon das dritte Motorrad gekauft! Dass Claude sich einen bildhübschen Jungen aus München mitgebracht hat ... Der ist ja nicht mehr zu retten! (Borell, Lockruf 62).

bist du noch zu retten? (ugs.): *bist du verrückt?:* Du hast ja unser ganzes Geld verspielt! Ja, bist du denn noch zu retten?

rette sich, wer kann!: *[oft scherzhafter] Warnruf vor einer Gefahr:* Rette sich, wer kann – Tante Frieda kommt zu Besuch! Der Pauker hat uns gesehen; rette sich, wer kann!

der rettende Engel (ugs.): *jmd., der in einer unangenehmen Situation unerwartet Hilfe bringt:* Herr Wachtmeister, Sie sind mein rettender Engel!

seine [eigene] Haut retten: ↑ Haut. **der rettende Strohhalm:** ↑ Strohhalm. **nach dem rettenden Strohhalm greifen:** ↑ Strohhalm. **etwas über die Zeit retten:** ↑ Zeit.

Reue: der Wahn ist kurz, die Reu ist lang: ↑ Wahn.

reuen: jung gefreit hat nie gereut: ↑ freien

Revue: etwas Revue passieren lassen: *etwas in Gedanken od. Worten [noch einmal] nacheinander vorführen:* Der Vereinspräsident hatte in seiner Ansprache die Ereignisse der letzten beiden Jahre Revue passieren lassen. So ließ Helmut Schmidt 30 Jahre Bundesrepublik Revue passieren (MM 18. 5. 1979, 2). Ich ... fing an, große schauspielerische Leistungen Revue passieren zu lassen (Hörzu 41, 1976, 43).

Rheumatismus: Rheumatismus zwischen Daumen und Zeigefinger haben (ugs.; scherzh.): *geizig sein:* Von meinem Onkel ist kein Geld zu erwarten, der hat Rheumatismus zwischen Daumen und Zeigefinger.

▶ Diese Wendung spielt darauf an, dass man Geld mit Daumen und Zeigefinger auf den Tisch oder jemandem in die Hand zählt.

anhänglich wie Rheumatismus sein: ↑ anhänglich.

richten: sein Augenmerk auf jmdn., auf etwas richten: ↑ Augenmerk. **das Wort an jmdn. richten:** ↑ Wort. **jmdn., etwas zugrunde richten:** ↑ zugrunde.

Richter: wo kein Kläger ist, ist auch kein Richter: ↑ Kläger.

richtig: nicht ganz richtig sein (ugs.): *[ein bisschen] verrückt sein:* Ihr Mann war damals schon nicht mehr ganz richtig. Hör auf mit dem Unsinn, du bist wohl nicht ganz richtig? ... seine Frau kam ins Heilig-Geist-Hospital, die war nicht ganz richtig (Kempowski, Zeit 31).

bei jmdm. an die richtige Adresse geraten: ↑ Adresse. **etwas in die richtige Bahn lenken:** ↑ Bahn. **bei jmdm. ist es unterm Dach nicht ganz richtig:** ↑ Dach. **etwas am richtigen Ende anfassen:** ↑ Ende. **im richtigen Fahrwasser sein:** ↑ Fahrwasser. **das Kind beim richtigen Namen nennen:** ↑ Kind. **nicht ganz richtig im Kopf sein:** ↑ Kopf. **die richtige Nase für etwas haben:** ↑ Nase. **nicht ganz richtig im Oberstübchen sein:** ↑ Oberstübchen. **das richtige Parteibuch haben:** ↑ Parteibuch. **auf das richtige Pferd setzen:** ↑ richtige. **den richtigen Riecher für etwas haben:** ↑ Riecher. **vor die richtige Schmiede gehen:**

↑ Schmiede. **auf der richtigen Spur sein:** ↑ Spur. **nicht [mehr] richtig ticken:** ↑ ticken. **auf dem richtigen Weg sein:** ↑ Weg.

Richtige: du bist mir der Richtige: ↑ ²Rechte. **an den Richtigen kommen:** ↑ ²Rechte.

Richtigkeit: seine Richtigkeit haben: *richtig sein:* Wenn alles seine Richtigkeit hat, können Sie nächste Woche mit dem Geld rechnen. Der Junge überflog noch einmal seine Karte und wünschte sich eine Täuschung. Aber alles hatte seine Richtigkeit (Fels, Sünden 74).

mit etwas hat es seine Richtigkeit: *etwas ist richtig, rechtmäßig:* Mit dem Zahlungsbefehl hat es schon seine Richtigkeit. Es schien ihr gewiss zu sein, dass das mit dem Mann-Sein und dem Mann-Werden schon seine Richtigkeit habe (Dierichs, Männer 29).

Richtung: jetzt/dann stimmt die Richtung (ugs.): *jetzt/dann ist alles in Ordnung:* Jetzt noch neue Zündkerzen und ein Ölwechsel, dann stimmt die Richtung! ... mach hier deine Arbeit, dann stimmt die Richtung (Kant, Impressum 357).

riechen: jmdn., etwas nicht riechen/(seltener:) **schmecken können** (ugs.): *jmdn., etwas unausstehlich finden:* Fischstäbchen konnte er nicht riechen. »Es dürfen keine Kinder ins Haus, weil die Frau sie nicht mag. Sie kann Kinder nicht riechen ...« (Böll, Und sagte 106). Donath gratulierte, obwohl sich die beiden nicht riechen konnten (Bieler, Bär 237).

etwas [nicht] riechen können (ugs.): *etwas [nicht] wissen können:* Der Arzt kann doch nicht riechen, dass sie allergisch gegen Baldrian ist. »Hier ist ein Brief für Sie. Müsste ein Schild draußen an der Tür sein. Ich kann das nicht riechen.« (Fallada, Mann 74)

an etwas mal riechen dürfen (familiär): *etwas kurz anschauen dürfen:* Das ist mein neuer Führerschein; hier, du darfst mal dran riechen!

etwas drei Meilen gegen den Wind riechen (ugs.): 1. *etwas sehr deutlich, schon sehr frühzeitig bemerken:* Der Hausmeister riecht es drei Meilen gegen den Wind, wenn die Schüler sich einen Streich ausgedacht haben. 2. *etwas sehr deutlich riechen:* Seine Schweißfüße riecht man drei Meilen gegen den Wind.

aus dem Hals riechen/stinken wie die Kuh aus dem Arsch[loch] (derb): *sehr starken Mundgeruch haben:* Ich will dir ja nicht zu nahe treten, aber du riechst aus dem Hals wie die Kuh aus dem Arsch!

den Braten riechen: ↑ Braten. **nach der Lampe riechen:** ↑ Lampe. **Lunte riechen:** ↑ Lunte. **Mäuse riechen:** ↑ Maus. **jmdn. am Pfropfen riechen lassen:** ↑ Pfropfen. **den Speck riechen:** ↑ Speck.

Riecher: einen guten/den richtigen Riecher haben (ugs.): *einen guten Spürsinn haben, etwas richtig einschätzen:* In Geldangelegenheiten hat er immer den richtigen Riecher. Mancher Saarbrücker, der vor Jahren einen guten Riecher hatte und sein Geld zu Gold machte ... (Saarbr. Zeitung 4. 10. 1979, 17). Und Ilsebill, die sofort den richtigen Riecher hatte ..., begann zu zetern (Grass, Butt 433).

Riegel: einer Sache einen Riegel vorschieben: *etwas unterbinden:* Die Spieler werden den Plänen des Verbandes einen Riegel vorschieben. ... aber ihm ging es doch darum, der weiteren Brutalisierung des Bundesliga insgesamt einen Riegel vorzuschieben (Kicker 6, 1982, 18). ... der Machtantritt Hitlers schob solchen Absichten einen Riegel vor (Niekisch, Leben 216).

hinter Schloss und Riegel: ↑ ¹Schloss.

¹Riemen: den Riemen/Gürtel enger schnallen (ugs.): *sich in seinen Bedürfnissen einschränken:* In diesen Zeiten müssen eben alle den Riemen etwas enger schnallen. ... dass sich die Münchner den Riemen noch enger schnallen mussten, weil noch weniger Lebensmittel geschickt wurden (Kühn, Zeit 299). ... es gelte, den Riemen enger zu schnallen und auf die Annehmlichkeiten des Lebens zu verzichten (Mehnert, Sowjetmensch 233).

sich am Riemen reißen (ugs.): *sich zusammennehmen, sich sehr anstrengen:* Reißt euch am Riemen, wir sind gleich am Ziel! Wenn Sie was werden wollen, müssen Sie sich ganz gewaltig am Riemen reißen (Kuby, Sieg 144).

▶ Diese Wendung leitet sich möglicherweise von der Beobachtung her, dass das Zurechtrücken des Hosengürtels, des Koppels häufig eine Geste ist, die Entschlossenheit, den Willen zu handeln ausdrückt.

²Riemen: sich in die Riemen legen (ugs.): *etwas mit großer Energie in Angriff nehmen, etwas mit großem Einsatz, Eifer machen:* Wenn es darauf ankam, konnte sie sich mächtig in die Riemen legen. Leg dich in die Riemen, in zwei Stunden muss alles fertig sein! Klenk legte sich in die Riemen. Er hoffte: Ist nur der Start richtig vorbereitet, dann wird er den Schisser, den Kutzner, schon dahin kriegen (Feuchtwanger, Erfolg 664).
▶ In dieser Wendung sind mit »Riemen« die Ruder des Ruderbootes gemeint. Durch Zurücklegen des Oberkörpers unterstützt man beim Rudern den Armzug.

rien ne va plus (bildungsspr.): *jetzt ist Schluss, es ist nichts mehr zu machen:* Immer will er nur Geld von mir, aber jetzt habe ich es satt: rien ne va plus!
▶ Diese Wendung stammt aus dem Roulettespiel, bei dem der Croupier mit diesem französischen Satz (zu deutsch: »Nichts geht mehr.«) ankündigt, dass nicht mehr gesetzt werden darf.

¹Riese: ein abgebrochener Riese: (ugs.; scherzh.): *ein kleiner Mensch:* Lass dir doch von diesem abgebrochenen Riesen keine Angst machen!

²Riese: nach Adam Riese: ↑ Adam Riese.

rieseln: bei jmdm./jmdm. rieselt schon der Kalk [aus der Hose]: ↑ Kalk.

rin: [immer] rin/[immer] herein in die gute Stube! (ugs.; scherzh.): *Aufforderung zum Eintreten:* Ah, da seid ihr ja – immer rin in die gute Stube, ich bringe euch gleich was zu trinken.
rin ins Vergnügen! (ugs.; scherzh.): *Aufforderung, ein Vorhaben auszuführen:* Hier sind die Eintrittskarten, also rin ins Vergnügen! Die Presseleute sind schon alle im Saal? Na, dann rin ins Vergnügen!
rin in die Kartoffeln, raus aus die Kartoffeln!: ↑ Kartoffel.

¹Ring: [mit jmdm.] die Ringe tauschen/wechseln (geh.): *[jmdn.] heiraten:* Im kommenden Mai wird das junge Paar die Ringe tauschen.

²Ring: in den Ring klettern/steigen (ugs.): *sich an einer Auseinandersetzung [öffentlich] beteiligen:* Beim Thema Mitbestimmung wird der Kanzler selbst in den Ring steigen und den Regierungsstandpunkt erläutern.
▶ Diese Wendung bezieht sich auf den Boxring, in den die Boxer »klettern« bzw. »steigen« müssen, weil er sich auf einer erhöhten Plattform befindet.

Ringelpiez: Ringelpiez mit Anfassen (salopp): *Tanzvergnügen:* In der Kantine ist heute Abend Ringelpiez mit Anfassen! Jeden Sonnabend war bei Müller so genannter »Ringelpiez mit Anfassen« (Kempowski, Uns 93).

ringen: mit dem Tode ringen: ↑ Tod.

rinnen: jmdm. rinnt das Geld durch die Finger: ↑ Geld.

Rinnstein: jmdn. aus dem Rinnstein auflesen: ↑ Gosse. **im Rinnstein enden:** ↑ Gosse.

Rippe: bei jmdm. kann man alle Rippen zählen (ugs.): *jmd. ist sehr dünn:* Iss dich mal richtig satt, mein Junge, bei dir kann man ja alle Rippen zählen!
nichts auf den Rippen haben (ugs.): *sehr dünn sein:* Das Kind hat ja nichts auf den Rippen, das muss erst mal richtig aufgepäppelt werden.
sich etwas nicht aus den Rippen/(seltener:) aus der Haut schneiden können; etwas nicht durch die Rippen schwitzen können (ugs.): *etwas nicht beschaffen können:* Er konnte sich ein neues Auto schließlich nicht durch die Rippen schwitzen. »Dann musst du dir 'n andern Vater aussuchen, ich kann mir das Geld auch nicht aus 'n Rippen schneiden.« (Kempowski, Tadellöser 14)
jmdm. eins in die Rippen geben (ugs.): *jmdn. knuffen, in die Seite stoßen:* Als mein Nebenmann anfing zu schnarchen, gab ich ihm eins in die Rippen.

riskieren: ein Auge riskieren: ↑ Auge. **einen Blick riskieren:** ↑ Blick. **den Hals riskieren:** ↑ Hals. **Kopf und Kragen riskieren:** ↑ Kopf. **eine [dicke] Lippe riskieren:** ↑ Lippe. **eine Pupille riskieren:** ↑ Pupille. **einen großen Rand riskieren:** ↑ ²Rand.

Ritt: auf einen/in einem Ritt (ugs.): *auf einmal:* Die Kinder haben die Schokolade auf einen Ritt aufgegessen. Da will er wissen, ob ich ein Buch von mir mithabe ..., dass er es in einem Ritt lesen kann (NNN 22. 9. 1987, 5).
ein Ritt über den Bodensee (bildungsspr.): *eine durch nichts abgesicher-*

te, sehr waghalsige Unternehmung: Die
Nazis verbrannten ihre Bücher, die
Emigration war ein Ritt über den Bodensee, seit gut 20 Jahren hat sie nichts mehr
publiziert (Spiegel 42, 1979, 5). Die
»Schlagerbörse« war für mich immer ein
Ritt über den Bodensee, ich bin ja nie mit
einem Manuskript in die Sendung gegangen (Kraushaar, Lippen 103).
▶ Diese Wendung bezieht sich auf Gustav Schwabs Ballade »Der Reiter und
der Bodensee«, in der ein Mann über den
vermeintlich fest zugefrorenen See reitet – das Eis ist jedoch bereits getaut und
brüchig.

Ritter: ein Ritter ohne Furcht und Tadel
(oft ironisch): *ein mutiger, edler Mann:*
Ist denn kein Ritter ohne Furcht und Tadel unter uns, der die beiden alten Damen ins Konzert begleitet?

ein Ritter von der traurigen Gestalt (bildungsspr.): *ein jämmerlicher, bedau-
ernswerter Mann:* Da stand er nun, verzweifelt und zitternd vor Kälte, ein Ritter von der traurigen Gestalt.
▶ Diese Fügung ist der Beiname des Titelhelden in Cervantes' Don Quijote.

**Rittersmann: wer wagt es, Rittersmann
oder Knapp?:** ↑wagen.

**Ritze: bei jmdm. durch alle Ritzen schau-
en/gucken** (ugs.): *jmdn. ganz deutlich
anzusehen sein:* Dem Wachmann schaute die Angst aus allen Ritzen.

ritzen: [die Sache] ist geritzt (ugs.): *ich
bin damit einverstanden; es ist erledigt:*
Wenn du mir zwei Mark gibst, ist die Sache geritzt! Ist geritzt, ich komm mit ins
Kino! ... man braucht nur Liebe zu machen statt Krieg, schon ist alles geritzt.
Nichts ist geritzt (Erné, Kellerkneipe
329).

**Robert Blum: erschossen sein wie Robert
Blum:** ↑erschießen.

Rochus: einen Rochus auf jmdn. haben
(ugs.): *auf jmdn. wütend sein:* Er spielt
sein bestes Tennis, wenn er auf irgendjemanden einen Rochus hat. Du bildest dir
ein, du hast uns mit deinem Vorschlag
hier rausgetrieben, und du denkst, wir
haben einen Rochus auf dich deswegen
(H. Gerlach, Demission 72).
▶ Das Wort »Rochus« in dieser Wendung stammt aus dem Jiddischen (jidd.
»rochus, rauches« = Ärger, Zorn).

**Rock: den bunten/des Kaisers Rock anzie-
hen** (veraltet): *Soldat werden:* Mit Freuden haben sie damals des Kaisers Rock
angezogen, um das Vaterland zu verteidigen!

den bunten/des Kaisers Rock ausziehen
(veraltet): *seinen Abschied vom Militärdienst nehmen:* Ihm fiel es nicht leicht,
den bunten Rock auszuziehen.

hinter jedem Rock her sein/herlaufen
(ugs.): *allen Frauen nachlaufen:* Seit er
sechzehn ist, ist er hinter jedem Rock
her. Gesanglehrer Kümmel ... war ... gewiss nicht schön, aber mit seinen langen
wippenden Schritten war er hinter jedem
Rock her (Sommer, Und keiner 246).

jmdm. ist das Hemd näher als der Rock:
↑Hemd.

**Rockschoß: sich an jmds. Rockschöße
hängen:** vgl. Rockzipfel.

**Rockzipfel: sich an jmds. Rockzipfel hän-
gen; an jmds. Rockzipfel/jmdm. am
Rockzipfel hängen** (ugs.): *unselbstständig sein; sich immer in jmds. Nähe aufhalten, sich von jmdm. ständig umsorgen,
bemuttern lassen:* Der Kleinste hängt
der Mutter noch sehr am Rockzipfel. In
ihrem Alter kann sie nicht ständig am
Rockzipfel ihrer Eltern hängen.

jmdn. am/beim Rockzipfel erwischen
(ugs.): *jmdn. [gerade noch] aufhalten,
bevor er weggeht:* Sieh zu, dass du den
Projektleiter noch am Rockzipfel er-
wischst!

Rodel: Ski und Rodel gut: ↑Ski.

**roh: jmdn., etwas behandeln wie ein rohes
Ei:** ↑behandeln. **wo rohe Kräfte sinnlos
walten:** ↑Kraft.

Rohr: spanisches Rohr (veraltet): *Rohrstock:* Damals hatten die Lehrer das spanische Rohr griffbereit auf dem Pult.

sich das Rohr verbiegen (derb): *sich (als
Mann) eine Geschlechtskrankheit zuziehen:* Auf seiner Ferienreise nach Bang-
kok hatte er sich das Rohr verbogen.
»Ich hab mir schon wieder das Rohr verbogen« – mit dieser immer gleichen Klage stürmt ... ein Binnenschiffer bis zu
sechsmal jährlich die Ambulanz (Spiegel
17, 1975, 76).

schwanken wie ein Rohr im Wind:
↑schwanken.

Röhre: in die Röhre gucken (ugs.): 1. *leer
ausgehen; das Nachsehen haben:* Wer

sich nicht beeilt, guckt nachher in die Röhre. Parker auf dem Mittelstreifen gucken schon heute in die Röhre: Von sechs Uhr an müssen sie für ihre Straßenkreuzer andere Parkplätze suchen (BM 29. 5. 1974, 4). 2. *fernsehen:* Sie haben wieder einmal den ganzen Samstagabend in die Röhre geguckt.

▶ In der ersten Bedeutung ist die Herkunft dieser Wendung nicht sicher geklärt. Vielleicht stammt sie aus der Jägersprache, wo »Röhre« den Bau (des Dachses) bezeichnet. In die Röhre kann der Hund hineinsehen, aber nicht hineinkriechen. In der zweiten Bedeutung ist »Röhre« als Kurzform von »Bildröhre« zu verstehen.

Rohrspatz: schimpfen wie ein Rohrspatz: ↑schimpfen.

¹Rolle: von der Rolle kommen (ugs.): *den Anschluss verpassen; in eine unglückliche Lage geraten:* In der Rentenfrage ist die Regierung nach Meinung der Opposition längst von der Rolle gekommen. Durch deine blöden Zwischenfragen bin ich ganz von der Rolle gekommen.

▶ Diese und die folgenden Wendungen stammen aus dem Radsport. Beim Steherrennen kommt es für den Radfahrer darauf an, möglichst ohne Unterbrechung mit seinem Vorderrad die an dem vor ihm fahrenden Motorrad angebrachte Rolle zu berühren, um so die günstigste Position im Windschatten zu haben.

von der Rolle sein (ugs.): *den Anschluss verpasst haben; in einer unglücklichen Lage sein:* Seit ein paar Wochen ist sie völlig von der Rolle; sie hat den Tod ihrer Mutter immer noch nicht überwunden. Ich war völlig von der Rolle, wusste nicht mal mehr, was Stabhochsprung ist (Spiegel 33, 1984, 73). Vgl. die vorangehende Wendung.

jmdn. von der Rolle bringen (ugs.): *jmdn. den Anschluss verpassen lassen, in eine unglückliche Lage bringen:* Von solchen Kleinigkeiten darf man sich nicht von der Rolle bringen lassen. ... wo dann unerbittliches Tempospiel, das gerade die Österreicher schon so oft von der Rolle brachte ... zu Fehlpässen führte (MM 22. 6. 1978, 13). Vgl. die Wendung »von der Rolle kommen«.

²Rolle: eine Rolle spielen 1. *für jmdn., etwas wichtig, bedeutsam sein:* Geld spielt für ihn keine Rolle. Der Präsident ... wollte wissen, ob die Außenpolitik in unserem Wahlkampf eine Rolle spielen werde (W. Brandt, Begegnungen 87). Heute spielt die Schlafkrankheit in Afrika kaum noch eine Rolle (Grzimek, Serengeti 295). Dagegen spielt in den unterentwickelten Ländern Asiens, Afrikas und Amerikas vorläufig der Hunger die entscheidende Rolle (Fraenkel, Staat 44). 2. *an etwas in bestimmter Weise teilhaben:* Der Privatdetektiv hat bei der ganzen Sache eine etwas undurchsichtige Rolle gespielt. Im griechischen Kaiserreich spielte zum ersten Mal in der antiken Welt die Frau eine beherrschende Rolle (Thieß, Reich 470).

▶ Diese und die folgenden Wendungen leiten sich vom Theaterspiel her. Die Schauspieler erhielten den Text auf Papierrollen.

seine Rolle ausgespielt haben: *keine Bedeutung mehr haben:* Die monarchistischen Bewegungen hatten schon vor zwanzig Jahre ihre Rolle ausgespielt.

aus der Rolle fallen: *sich ungehörig benehmen:* Es tut mir leid, dass ich auf deiner Party so aus der Rolle gefallen bin. Es wird für dich ohnehin nicht leicht sein, ganz klar zu erkennen ... warum Vater immer wieder aus der Rolle fällt (Hörzu 8, 1977, 114).

sich in seine Rolle finden (geh.): *sich mit seiner Lage und Stellung abfinden:* Nach langer Zeit hatte sie sich in ihre Rolle gefunden.

sich in seiner Rolle als etwas gefallen: *sich auf eine bestimmte Position, einen bestimmten Ruf etwas einbilden:* Er hat sich in seiner Rolle als Kleinstadtcasanova gefallen. Der Spieß gefiel sich in seiner Rolle als Spaßmacher sehr (Kirst, 08/15, 17).

sich in der Rolle des ... gefallen: *die Position des ... einnehmen:* Seit neuestem gefällt sie sich in der Rolle der bescheidenen Hausfrau. ... die Industrieländer ... gefallen sich noch in der Rolle eines Weihnachtsmannes für die Welt (Gruhl, Planet 263).

sich in jmds. Rolle versetzen: *sich in jmds. Situation hineindenken:* Sie ist einfach unfähig, sich einmal in die Rolle anderer zu versetzen.

rollen: ins Rollen kommen (ugs.): *in Gang kommen, [langsam] beginnen:* Wenn die Untersuchung erst einmal ins Rollen gekommen ist, kannst du sie nicht mehr aufhalten. Die Affäre in Düsseldorf brauchte ganze drei Jahre, um ins Rollen zu kommen (MM 1. 4. 1966, 25).

etwas ins Rollen bringen (ugs.): *etwas in Gang bringen, beginnen; den Anstoß zu etwas geben:* Die Recherchen zweier Journalisten hatten den Fall ins Rollen gebracht. Die Überlegung ... war ... ein »Zufall«, aber dass sie eine gewaltige Bewegung ins Rollen brachte, ... zeigt uns wieder einmal, was Zufälle in der Geschichte letztlich bedeuten (Thieß, Reich 501).

Köpfe rollen: ↑ Kopf. **der Rubel rollt:** ↑ Rubel. **den Stein ins Rollen bringen:** ↑ Stein. **der Stein kommt ins Rollen:** ↑ Stein.

Rom: Rom ist [auch] nicht an einem Tag erbaut worden: *ein größeres Projekt braucht einige Zeit zur Verwirklichung.*

in Rom gewesen sein und den Papst nicht gesehen haben: *das Wichtigste nicht gesehen, nicht bemerkt haben:* Wenn ihr in Paris nicht auf den Champs-Élysées wart, dann seid ihr in Rom gewesen und habt den Papst nicht gesehen!

alle/viele Wege führen nach Rom: ↑ Weg. **Zustände wie im alten Rom:** ↑ Zustand.

Roman: Romane/einen ganzen Roman schreiben/erzählen (ugs.): *sehr ausführlich und umständlich schreiben/erzählen:* Beantworten Sie meine Frage gewissenhaft, aber erzählen Sie keine Romane! Großmutter hat in ihrem letzten Brief wieder einen ganzen Roman geschrieben.

rosa[rot]: etwas durch die rosa[rote] Brille sehen/betrachten (ugs.): *etwas nur positiv sehen:* Im Radio: Goebbels. Er sehe unsere Lage nicht durch eine rosarote Brille. Aber: Lieber ein Ende mit Schrecken ... (Kempowski, Tadellöser 464). Leute, die nicht durch die rosarote Brille zu sehen pflegen, hatten von den Bahn-Radweltmeisterschaften in Frankfurt sowieso keine großen deutschen Erfolge erwartet (MM 2. 9. 1966, 17).

etwas in rosa[rotem] Licht sehen: ↑ Licht.

Rose: keine Rose ohne Dornen: *auch bei der schönsten Sache gibt es [kleinere] Nachteile.*

wie auf Rosen gebettet: *unbeschwert, angenehm, in Komfort und Luxus:* Die Kinder des Fürsten lebten wie auf Rosen gebettet. In diesem Bett liegt man wie auf Rosen gebettet!

▶ Diese und die folgende Wendung gehen darauf zurück, dass die Rose im Altertum als Symbol des Glücks und der Freude angesehen wurde. Mit Rosenblättern umgaben sich die Reichen bei festlichen Anlässen.

nicht auf Rosen gebettet sein (ugs.): *kein leichtes Leben haben:* Er gehört zu einer Generation, die in ihrer Jugend nicht auf Rosen gebettet war. Finanziell sind die Sozialarbeiter nicht gerade auf Rosen gebettet (Hörzu 26, 1973, 91).

Geduld bringt Rosen: ↑ Geduld.

Rosette: ein komisches Gefühl in der/um die Rosette haben (derb): 1. *eine schlimme Vorahnung haben, etwas Unangenehmes befürchten:* Lass uns abhauen, ich hab so ein komisches Gefühl in der Rosette! 2. *den Drang verspüren, den Darm zu entleeren:* Er hatte ein komisches Gefühl in der Rosette und suchte verzweifelt nach dem Klo.

rosig: etwas in rosigem/im rosigsten Licht sehen/darstellen/schildern: ↑ Licht.

Rosine: große Rosinen im Kopf haben (ugs.): *hochfliegende Pläne, Ideen haben:* Sie hatte schon immer große Rosinen im Kopf. ... für ihn ist die Rekrutenzeit die sorgloseste Zeit gewesen, weil man noch keine Verantwortung hatte und noch große Rosinen im Kopf (Ott, Haie 310).

▶ Die heute gebräuchliche Wendung ist eine Abwandlung der älteren Wendung »große Rosinen im Sack haben«, die sich auf den Wohlstand des reichen Händlers bezog. Sie wurde übertragen auf das Streben nach diesem Wohlstand, auf große Pläne.

[sich] die [größten] Rosinen [aus dem Kuchen] [heraus]picken/[heraus]klauben (ugs.): *das Beste für sich herausholen:* Als die öffentliche Versteigerung begann, hatten sich einige Händler bereits die größten Rosinen herausgepickt. Irgendwie gelang es meinem Bruder immer, die Rosinen aus dem Kuchen zu picken.

Ross: Ross und Reiter nennen: *deutlich sagen, von wem man spricht; die Urheber nennen:* »... Aber ich werds denen noch mal zeigen.« »Denen« – er nennt nicht Ross und Reiter, doch jeder weiß, was damit gemeint ist ... (Hörzu 45, 1973, 33).

auf dem hohen Ross sitzen/sich aufs hohe Ross setzen (ugs.): *hochmütig, überheblich sein:* Du hast keinen Grund, dich aufs hohe Ross zu setzen. Die Deutschen reagierten auf keinen Wink, sie saßen still auf ihrem hohen Ross, warteten ab (Dönhoff, Ära 47). »... Aber der Mann gehört zur Gegenpartei. Und außerdem sitzt er auf einem hohen Ross.« (Kirst, Aufruhr 20)

► Wer auf einem Pferd sitzt, thront über den anderen Menschen, verkehrt mit ihnen im wörtlichen Sinne »von oben herab«. Darauf beziehen sich diese und die folgenden beiden Wendungen.

vom/von seinem hohen Ross heruntersteigen/herunterkommen (ugs.): *seine Überheblichkeit ablegen:* Nun kommen Sie mal von ihrem hohen Ross herunter, und beantworten Sie meine Fragen! Sie sollten nur von Ihrem hohen Ross herunterkommen und zur Kenntnis nehmen, dass wir ja auch noch da sind (Spiegel 43, 1977, 78).

vom hohen Ross herab (ugs.): *in hochmütiger, überheblicher Weise:* Ich lasse mich nicht so vom hohen Ross herab behandeln!

hoch zu Ross (veraltend, noch scherzh.): *reitend, zu Pferde:* Vier Mann kamen hoch zu Ross in den Ballsaal galoppiert.

jmdm. zureden wie einem kranken Ross: ↑ zureden.

Rost: jmdm. den Rost runtermachen (ugs.): *jmdn. streng zurechtweisen, tadeln:* So ein Schlawiner, dem werd ich mal den Rost runtermachen, wenn er nach Hause kommt!

rosten: alte Liebe rostet nicht: ↑ Liebe. **wer rastet, [der] rostet:** ↑ rasten.

rot: heute rot, morgen tot: *Kommentar, wenn jemand unerwartet gestorben ist.*

► Mit »rot« ist in dieser Redensart die frische, gesunde Rötung der Wangen gemeint.

der rote Faden: *der leitende Gedanke, die Grundlinie, das Grundmotiv:* Der rote Faden in seinem neuen Buch ist die Auseinandersetzung des Einzelnen mit der Gesellschaft. Die besonderen Wesenszüge der Forstwirtschaft durchziehen wie ein roter Faden die ganze forstwirtschaftliche Tätigkeit (Mantel, Wald 48).

► Seit dem 18. Jh. ist in den Schiffstauen der englischen Flotte jeweils ein roter Faden eingewirkt, der sich durch das ganze Tau zieht (und auch das kleinste Stück als Eigentum der Flotte ausweist). Der übertragene Gebrauch von »roter Faden« geht von Goethe in den »Wahlverwandtschaften« aus.

die rote Laterne (Sport Jargon): *der letzte Tabellenplatz:* Mit dem letzten Sieg konnten die Münchner die rote Laterne endgültig abgeben. Dem 1. FC bleibt nach dieser Niederlage nur noch die rote Laterne.

► Dieser Ausdruck bezieht sich auf die hintere rote Beleuchtung eines Fahrzeugs, das Schlusslicht.

sich die Augen rot weinen: ↑ Auge. **jmdm. den roten Hahn aufs Dach setzen:** ↑ Hahn. **keinen roten Heller für etwas geben:** ↑ Heller. **sich etwas im Kalender rot anstreichen:** ↑ Kalender. **ein Satz rote Ohren:** ↑ Ohr. **es gibt [gleich] rote Ohren!:** ↑ Ohr. **mit roten Ohren abziehen:** ↑ Ohr. **Salz und Brot macht Wangen rot:** ↑ Salz. **ein rotes Tuch für jmdn. sein/wie ein rotes Tuch auf jmdn. wirken:** ↑ Tuch. **rote Zahlen schreiben:** ↑ Zahl. **in die roten Zahlen kommen/geraten:** ↑ Zahl. **aus den roten Zahlen [heraus]kommen:** ↑ Zahl. **in den roten Zahlen sein:** ↑ Zahl.

Rothschild: wie Rothschild sein Hund (ugs.): *in großem Luxus:* Was beklagst du dich eigentlich? Du lebst doch hier wie Rothschild sein Hund!

► Die Wendung spielt scherzhaft auf den Reichtum der Bankiersfamilie Rothschild an.

Rotstift: dem Rotstift zum Opfer fallen: *[aus Sparsamkeitsgründen o. Ä.] gestrichen werden:* Der geplante Erweiterungsbau ist leider dem Rotstift zum Opfer gefallen. Im Einzelnen sollen dem Rotstift folgende Investitionsausgaben zum Opfer fallen ... (MM 14./15. 6., 1975, 1).

Rotte: eine **Rotte Korah** (veraltend, noch scherzh.): *eine große Anzahl von [lärmenden] Menschen:* Na, dann wollen wir die Rotte Korah mal mit Würstchen und Bier versorgen!
▸ Diese Wendung geht auf die Bibel (4. Moses 16, 5) zurück.

Rotz: **Rotz und Wasser heulen** (ugs.): *laut, sehr heftig weinen:* Man zerbrach mir ... den Stab der kleinen schwarzweißroten Papierfahne, ... ich heulte Rotz und Wasser! (Kempowski, Zeit 69). ... und ein paar andere Frauen wurden davon angesteckt, bis schließlich alle Rotz und Wasser heulten (Bieler, Bär 428).
frech wie Rotz: ↑ frech. **wie Graf Rotz von der Backe:** ↑ Graf.

Rübchen: **jmdm. Rübchen schaben** (fam.): *[als Spottgeste] mit einem Zeigefinger über den anderen streichen, als ob man mit einem Messer eine Rübe schabt:* Mami, der Peter schabt mir immer Rübchen!

Rübe: **eins auf/über die Rübe bekommen/ kriegen** (ugs.): 1. *[auf den Kopf] geschlagen werden:* Hau ab, sonst kriegst du eins auf die Rübe! 2. *zurechtgewiesen werden:* Der Chef hat gestern vom Aufsichtsrat eins auf die Rübe gekriegt.
▸ In dieser und der folgenden Wendung steht »Rübe« umgangssprachlich für »Kopf«; vgl. auch die Wendung »eins auf den Deckel bekommen/kriegen«.
jmdm. eins auf/über die Rübe geben/hauen (ugs.): 1. *jmdn. [auf den Kopf] schlagen:* Der Gangster hatte dem Ladeninhaber erst mal eins über die Rübe gehauen. 2. *jmdn. zurechtweisen:* Der Meister wird ihm eins auf die Rübe geben, wenn er die Mittagspause dauernd überzieht.
wie Kraut und Rüben: ↑ Kraut.

Rubel: **der Rubel rollt** (ugs.): *es wird viel Geld eingenommen [u. ausgegeben]:* In der Sommersaison rollt hier der Rubel, aber im Winter tut sich gar nichts. »Wer macht nicht Kasse, solange der Rubel rollt?« (Spiegel 51, 1983, 136).

Rubikon: **den Rubikon überschreiten** (bildungsspr.): *den entscheidenden Schritt tun:* Mit dem Marschbefehl hatte der General den Rubikon überschritten. Sie entzog sich seinen Händen, die eben im Begriff waren, den Rubikon zu überschreiten (H. Gerlach, Demission 11).
▸ Durch das Überschreiten des Rubikon mit seinem Heer löste Julius Cäsar im Jahre 49 v. Chr. einen Bürgerkrieg in Rom aus, der ihn an die Macht brachte. Darauf bezieht sich die vorliegende Wendung.

ruck: **ruck, zuck!** (ugs.): *sehr schnell:* Es dauert nicht lange, das geht jetzt alles ruck, zuck! Eine beschäftigte den Freier oben, eine unten, und die Sache war ruck, zuck vorbei (Christiane, Zoo 132). ... doch notfalls besorgte er die Ferienplätze ruck, zuck (Bieler, Bär 319).

Ruck: **sich einen Ruck geben** (ugs.): *sich überwinden, etwas zu tun, was man nicht gerne tut:* Gib dir endlich einen Ruck, und entschuldige dich, dann ist alles wieder in Ordnung! Er gab sich einen Ruck, es war ein schwerer Entschluss (Feuchtwanger, Herzogin 128).
in einem Ruck (ugs.): *ohne Pause, ohne Aufenthalt:* Wir sind in einem Ruck bis nach Verona gefahren.
mit Ruck und Zuck (ugs.; veraltet): *zügig, flott:* Spielen Sie bitte noch eine Polka, aber mit Ruck und Zuck!

rücken: **jmdm. auf den Balg rücken:** ↑ Balg. **jmdm. auf die Bude rücken:** ↑ Bude. **in den Hintergrund rücken:** ↑ Hintergrund. **jmdm. auf den Leib rücken:** ↑ Leib. **einer Sache zu Leibe rücken:** ↑ Leib. **jmdm., etwas ins rechte Licht rücken:** ↑ Licht. **jmdm. die Möbel gerade rücken:** ↑ Möbel. **jmdm. auf die Pelle rücken:** ↑ Pelle. **jmdm. auf den Pelz rücken:** ↑ Pelz. **in den Vordergrund rücken:** ↑ Vordergrund.

Rücken: **der verlängerte Rücken** (ugs.; scherzh.): *das Gesäß:* Er hat damals ein paar Schrotkugeln in den verlängerten Rücken bekommen! Ein Gesäß oder Hintern oder Hinterteil ... oder verlängerter Rücken oder ... (Hilsenrath, Nazi 184).
da/dahin, wo der Rücken seinen anständigen/ehrlichen Namen verliert (scherzh.): *am/ans Gesäß:* Sei still, sonst kriegst du einen Klaps dahin, wo der Rücken seinen anständigen Namen verliert!
ein schöner Rücken kann [auch] entzücken: *Kommentar, wenn einem jemand den Rücken zuwendet.*
einen krummen Rücken machen; den Rücken krumm machen (veraltet): *unter-*

würfig sein: Er brachte es nie über sich, einen krummen Rücken zu machen. ... wusste man doch, für wen man sich ... plagte und ... nicht selten den Rücken krumm machte, damit die Vorgesetzten nicht den Zorn ... sahen (Kühn, Zeit 108).

den Rücken frei haben: *ungehindert, unbelastet sein:* Ich muss den Rücken frei haben, wenn ich mich für diese Sache engagieren soll.

sich den Rücken freihalten: *sich absichern:* Durch den Vertrag, der spätere Ersatzansprüche ausschließt, will die Firma sich den Rücken freihalten.

jmdm. den Rücken beugen (veraltet): *jmdn. unterwerfen, jmds. Stolz brechen:* Selbst brutale Unterdrückung konnte den Eingeborenen nicht den Rücken beugen.

jmdm. den Rücken stärken/steifen (ugs.): *jmdm. Mut machen; jmdn. unterstützen:* Die Gewerkschaften haben der Bürgerinitiative nicht gerade den Rücken gestärkt. Wenn zum Beispiel einer nach Südamerika will, um dem Deutschtum im Ausland den Rücken zu stärken ... (Kant, Impressum 58). Mutter Hardekopf hatte ihrer Tochter nach Kräften den Rücken gesteift, sie zu immer neuem Widerstand ermuntert (Bredel, Väter 119).

jmdm., einer Sache den Rücken kehren/wenden: *sich von jmdm., etwas abwenden:* Sie hatte hoch und heilig versprochen, dem Alkohol den Rücken zu wenden. Da die Kunst der gegenständlichen Beschreibung den Rücken gekehrt hat ... (Bild. Kunst III, 62). ... wie der Asket, welcher der Welt den Rücken gekehrt hat (Thieß, Reich 66).

etwas auf jmds. Rücken austragen: *jmdn. unter etwas leiden lassen:* Die Streitigkeiten der Reichen wurden wieder einmal auf dem Rücken der Armen ausgetragen.

[fast] auf den Rücken fallen (ugs.): 1. *sehr erschrecken, entsetzt sein:* Er fiel fast auf den Rücken, als er die Rechnung sah. 2. *sehr verwundert, überrascht sein:* Als meine Losnummer aufgerufen wurde, bin ich fast auf den Rücken gefallen.

hinter jmds. Rücken: *heimlich, ohne jmds. Wissen:* Schämt euch, hinter seinem Rücken schlecht über ihn zu reden! Er ahnte nicht, dass hinter seinem Rücken neue Verhandlungen geführt wurden.

jmdm. in den Rücken fallen: *sich gegen jmdn. wenden, der sich auf einen verlassen hat:* Am meisten schmerzte sie, dass selbst ihr eigener Sohn ihr in den Rücken gefallen war. »Vier Tage Streik – mehr können wir uns nicht leisten, ohne uns nachsagen lassen zu müssen, wir fielen den Soldaten an der Front in den Rücken.« (Kühn, Zeit 263)

jmdn., etwas im Rücken haben (ugs.): *sich auf jmdn., auf etwas stützen können, bei jmdm., durch etwas Unterstützung haben:* Er hat einflussreiche Leute im Rücken. Mit zwanzig Punkten aus der Vorrunde im Rücken hat die Mannschaft gute Chancen im Endkampf. Anders sieht es aus, wenn man eine Millionenfirma im Rücken hat (Quick 33, 1958, 38).

jmdn. mit dem Rücken ansehen (ugs.): *jmdn. bewusst nicht beachten:* Sie hat ihre Rivalin den ganzen Abend nur mit dem Rücken angesehen.

mit dem Rücken zur/an der Wand: 1. *aus sicherer Position:* Die Behörde operiert mit dem Rücken zur Wand, denn die Rechtslage ist eindeutig. 2. *in sehr großer Bedrängnis:* Viele Baufirmen standen in der Rezession mit dem Rücken an der Wand. Jetzt sind es nämlich die Schweden, die nach der Niederlage gegen Polen mit dem Rücken zur Wand kämpfen müssen (MM 29./30. 6. 1974, 9). Denn die zivilen Aids-Forscher stehen, trotz aller Sonderforschungsprogramme, mit dem Rücken zur Wand (Spiegel 47, 1983, 239).

einen breiten Rücken haben: ↑ Buckel. **schon viele/eine bestimmte Zahl von Jahren auf dem Rücken haben:** ↑ Buckel. **jmdm. läuft eine Gänsehaut über den Rücken:** ↑ Gänsehaut. **jmdm. läuft es heiß und kalt über den Rücken:** ↑ heiß. **jmdm. auf den Rücken legen:** ↑ Kreuz. **sich eine Rute auf den Rücken binden:** ↑ Rute.

rückgängig: etwas rückgängig machen: *etwas widerrufen, ungeschehen machen, aufheben:* Sie versuchte, die Bestellung rückgängig zu machen. Er wünschte, er hätte alles rückgängig machen können, diese dumme Geschichte mit dem Juden (Böll, Adam 63). ... und der Bräutigam machte die Verlobung rückgängig (Remarque, Obelisk 61).

Rückgrat: Rückgrat haben/zeigen: *charakterfest sein:* Es gehört schon einiges dazu, in diesen Zeiten Rückgrat zu zeigen. ... und er hat das Rückgrat, einen »schmutzigen« Auftrag abzulehnen (tip 12, 1984, 74).

jmdm., einer Sache das Rückgrat brechen: *jmds. Unternehmungen, eine Sache zum Scheitern bringen:* Dass die Bank ihm den Kredit verweigerte, hat ihm das Rückgrat gebrochen. Die Herrschaft Hitlers hat der deutschen Presse das Rückgrat gebrochen (Enzensberger, Einzelheiten I, 19).

jmdm. das Rückgrat brechen: *jmdn. demoralisieren:* Dass seine Frau ihn verlassen hat, hat ihm das Rückgrat gebrochen. Wie alles getan wurde, um dem Selbstgefühl des erprobten gemeinen Soldaten das Rückgrat zu brechen ... (A. Zweig, Grischa 192).

jmdm. das Rückgrat stärken/steifen: *jmdn. moralisch unterstützen:* Vor allem seine Familie versuchte immer wieder, ihm das Rückgrat zu stärken.

Rückhalt: ohne Rückhalt (veraltend): *ganz offen, ohne Vorbehalt:* Stattdessen fühlte sie sich zum ersten Mal, dass sie von Kopf bis Fuß sich ganz allein besaß, weil sie sich ohne Rückhalt weggegeben hatte (Bieler, Mädchenkrieg 248). Dennoch keimte in mir ... ein schrecklicher Verdacht, ich bekenne das ohne jeden Rückhalt (Weber, Tote 226).

Rücksicht: auf jmdn., auf etwas Rücksicht nehmen: *jmdn., etwas schonen, berücksichtigen; jmdn. nicht belästigen:* Nehmt doch bitte etwas mehr Rücksicht auf eure kleine Schwester! Auf Fußgänger ist besondere Rücksicht zu nehmen (Straßenverkehrsordnung 24). Hirtenvölker ... nehmen keine Rücksicht auf Boden und Pflanzen (Grzimek, Serengeti 258).

ohne Rücksicht auf Verluste (ugs.): *rücksichtslos, um jeden Preis:* Ohne Rücksicht auf Verluste drängte er sich durch die Menge. Was kann passieren, wenn man »ohne Rücksicht auf Verluste« braun werden will? (Hörzu 27, 1976, 87).

Rücksprache: mit jmdm. Rücksprache halten/nehmen (Papierdt.): *etwas mit jmdm. besprechen:* Vor Vertragsabschluss muss mit den Mitgesellschaften Rücksprache gehalten werden. Bereits am Mittwoch nahm ich in Anbetracht der Unhaltbarkeit der Lage mit Landauer Rücksprache (Niekisch, Leben 73).

nach Rücksprache mit jmdm. (Papierdt.): *nachdem man etwas mit jmdm. besprochen hat:* Nach Rücksprache mit ihrem Hausarzt stimmte sie der Operation zu.

rückwärts: etwas rückwärts essen (ugs.): *etwas erbrechen:* Sie hatte ihr ganzes Frühstück rückwärts gegessen und saß bleich am Küchentisch.

etwas vorwärts und rückwärts aufsagen können: ↑ vorwärts.

ruckweise: bei dir kommts wohl ruckweise (ugs.): *du bist wohl verrückt?:* Was machst du denn da mit dem Messer – bei dir kommts wohl ruckweise?

Rückzieher: einen Rückzieher machen: *zu seinem Versprechen nicht stehen, seine Ankündigung nicht wahr machen:* Wer dermaßen auf die Pauke haute, konnte, wenn es brenzlig wurde, schlecht einen Rückzieher machen (Bieler, Mädchenkrieg 419). Die CSU war mit dieser Regelung zunächst zwar einverstanden, machte dann aber 14 Tage später einen Rückzieher (Augsburger Allgemeine 22./23. 4. 1978, 4).

Ruder: am Ruder sein (ugs.): *an der Macht sein:* Im Stadtrat waren die fortschrittlichen Kräfte nur kurze Zeit am Ruder. Für die SPD war ... günstig, dass sie in Bonn nicht mehr am Ruder ist (Bild 20. 3. 1984, 2). ... und in beiden Zeitspannen war eine Staatsform vorübergehend am Ruder gewesen, die sich Demokratie nannte (Kirst, Aufruhr 18). ▶ Diese und die folgenden Wendungen beziehen sich auf das Steuerruder des Schiffes: Wer am Ruder ist, bestimmt den Kurs.

am Ruder bleiben (ugs.): *an der Macht bleiben:* Dem Ministerpräsidenten war jedes Mittel recht, um am Ruder zu bleiben. ... des politischen Beamten, dessen Verbleiben im Amt davon abhängt, dass sein Patron (seine Partei) am Ruder bleibt (Fraenkel, Staat 41).

ans Ruder kommen (ugs.): *an die Macht kommen:* »Hätten wir vor 33 zusammengehalten, wäre der Schlawiner nicht ans Ruder gekommen.« (Bieler, Bär 118). Das Régime Kaiser Napoleons, der selbst durch einen Putsch ans Ruder gekommen ist (Werfel, Bernadette 110). **jmdn. ans Ruder bringen** (ugs.): *jmdn. an die Macht bringen:* Es war ein offenes Geheimnis, dass nur die Mafia ihn ans Ruder gebracht haben konnte. **aus den Rudern/aus dem Ruder laufen:** 1. (Seemannsspr.) *dem Steuer nicht mehr gehorchen:* Der Kapitän ließ SOS funken, da das Schiff aus den Rudern lief. 2. *außer Kontrolle geraten:* Was geschieht, wenn einzelne Pflastersteine fliegen, einzelne Polizisten aus dem Ruder laufen (Spiegel 35, 1983, 27). ... manchmal läuft das fröhliche Treiben aus dem Ruder (Hörzu 41, 1980, 56). **sich ins/in die Ruder legen:** ↑ ²Riemen.

rufen: [jmdm.] wie gerufen kommen (ugs.): *gerade zur rechten Zeit kommen:* Du kommst mir wie gerufen! Bei dieser Hitze käme ein kühles Bier wie gerufen. **jmdn. zu den Fahnen rufen:** ↑ Fahne. **gehe nie zu deinem Fürst, wenn du nicht gerufen wirst:** ↑ Fürst. **die Geister, die ich rief:** ↑ Geist. **etwas ins Leben rufen:** ↑ Leben. **jmdn. zur Ordnung rufen:** ↑ Ordnung. **die Pflicht ruft:** ↑ Pflicht. **jmdn. auf den Plan rufen:** ↑ Plan. **sich die Seele aus dem Leib rufen:** ↑ Seele. **jmdn. zu den Urnen rufen:** ↑ Urne. **jmdn. zu den Waffen rufen:** ↑ Waffe. **wie man in den Wald ruft, so schallt es heraus:** ↑ Wald.

Rufer: ein Rufer/Prediger in der Wüste (bildungsspr.): *jmd., der vergeblich mahnt:* Wer damals über Umweltverschmutzung klagte, blieb ein Rufer in der Wüste.
▶ Diese Wendung stammt aus der Bibel (Jesaja, 40, 3). Dort heißt es: »Es ist eine Stimme eines Predigers in der Wüste«.

Ruhe: Ruhe ist die erste Bürgerpflicht: *man soll sich ruhig und besonnen verhalten.*
▶ Diese Redensart geht auf einen öffentlichen Aufruf zurück, der 1806 nach der Schlacht von Jena in den Straßen Berlins angeschlagen wurde. Der preußische Minister F. W. Graf von Schulenburg-Kehnert versuchte damit, Unruhe

in der Bevölkerung wegen der verlorenen Schlacht zu verhindern. **die Ruhe/Stille vor dem Sturm:** *die Stille, bevor ein [unangenehmes] turbulentes Ereignis eintritt:* »Das ist die Ruhe vor dem Sturm«, warnten uns die erfahrenen Polizisten, »jeden Augenblick kann hier die Hölle los sein«. Jeder nutzte die Zeit der Ruhe vor dem Sturm auf seine Weise, die meisten versuchten zu schlafen. **Ruhe im Karton!/im Puff!/auf den billigen Plätzen!** (ugs.): *Ruhe jetzt!, still!:* Ruhe im Karton, Vater will die Nachrichten hören! Also, wenn die meisten Ameisen in ihrem Bau hocken, drückst du eine volle Ladung ab, und da sollst du mal sehen, da ist Ruhe im Karton! (Brot und Salz 327). **Ruhe im Kuhstall [der Ochs hat Durchfall]!** (ugs.): *Ruhe jetzt!, still!:* Ruhe im Kuhstall, jetzt wird geschlafen! **die Ruhe selbst sein:** *[auch in einer schwierigen Lage] völlig ruhig und beherrscht sein:* Auch mitten im Schlussverkaufstrubel waren die Kassiererinnen die Ruhe selbst. Die Oberin, sonst die Ruhe selbst, ist sichtlich tief verstört (Werfel, Bernadette 404). **die Ruhe weghaben** (ugs.): *nicht zu erschüttern sein, sich Zeit lassen:* Der Polizist hatte die Ruhe weg, unbeeindruckt nahm er sein Protokoll auf. Ich, ich hab die Ruhe weg ... immer friedlich, immer gemütlich (Rechy [Übers.], Nacht 157). **die ewige Ruhe finden** (geh.; verhüll.): *sterben:* Nach langen Jahren der Krankheit hat Großmutter nun die ewige Ruhe gefunden. **Ruhe geben:** 1. *ruhig, still sein:* Gebt doch mal Ruhe, man versteht ja sein eigenes Wort nicht mehr! Sie geben Ruhe, setzen Sie sich würdig hin, damit ich mit Ihnen reden kann (Reinig, Schiffe 95). 2. *nicht länger auf etwas drängen:* Die Zuschauer gaben keine Ruhe, bis die Sänger wieder auf der Bühne erschienen. Wir werden erst Ruhe geben, wenn der Fall restlos aufgeklärt ist. ... bis ihr Zimmer ganz mit Akten gefüllt war. Ruhe aber gab sie erst, wenn sie endlich beim ersten Jahrgang angekommen war (Böll, Haus 83). **Ruhe halten:** *sich still verhalten:* Halt endlich Ruhe, der Tisch wackelt ja dauernd! Ich sagte ihm, dass er Ruhe halten müsse, ... doch ich merkte, dass die Ruhe ihm schlechter bekam, als jede Unruhe ihm bekommen wäre (Lenz, Brot 141).

jmdm. keine Ruhe lassen: *jmdn. beunruhigen, von jmdm. nicht akzeptiert werden:* Die Frage ließ ihm keine Ruhe. Es lässt mir einfach keine Ruhe, dass du diese gefährliche Arbeit übernommen hast. ... einige von diesen Gedanken haben mich immer wieder geplagt und mir keine Ruhe gelassen (Hesse, Narziß 201).

seine Ruhe haben [wollen]: *ungestört sein [wollen]:* Könnt ihr nicht verstehen, dass sie auch einmal ihre Ruhe haben will? Kann man denn nicht mal fünf Minuten seine Ruhe haben!

jmdm. seine Ruhe/jmdn. in Ruhe lassen: *jmdn. nicht stören, unbehelligt lassen:* Ihr sollt mir meine Ruhe lassen! Die Tsetse lassen uns wenigstens nachts in Ruhe (Grzimek, Serengeti 303). »Und nun lassen Sie uns mit Ihren Albernheiten in Ruhe!« (Remarque, Obelisk 137).

jmdn. aus der Ruhe bringen: *jmdn. nervös, aufgeregt, unruhig machen:* Man darf sich in einer solchen Situation nicht aus der Ruhe bringen lassen. Ekelst du dich leicht? Johnny: Nee, mich kann nichts so leicht aus der Ruhe bringen (Fichte, Wolli 359).

in [aller] Ruhe: *ungestört, ohne Zeitdruck:* Sie verzehrte in aller Ruhe das vierte Stück Kuchen. Vielleicht sollten wir irgendwohin gehen, wo wir in Ruhe miteinander sprechen können (Gabel, Fix 138).

nur die Ruhe!; immer mit der Ruhe [und den Hoffmannstropfen]! (ugs.): *nicht so hastig, nicht so aufgeregt:* Nur die Ruhe, Sie haben noch eine Stunde Zeit, um zum Bahnhof zu kommen! »... dann muss sich das ändern. Dann brauchen wir nämlich eine Wohnung.« »Na schön ... Mal sehen. Immer mit der Ruhe.« (Hilsenrath, Nazi 19).

▶ Die in der erweiterten Form dieser Redensart genannten »Hoffmannstropfen« sind ein früher verbreitetes Heil- und Beruhigungsmittel (nach dem Arzt und Chemiker Friedrich Hoffmann).

zur Ruhe kommen: *sich beruhigen, innere Ruhe finden:* In ein paar Tagen, wenn du ein bisschen zur Ruhe gekommen bist, kannst du mich ja mal anrufen. Ich werde das alles nachlesen, bestimmt, ich muss nur erst zur Ruhe kommen (Nossack, Begegnung 429).

zur ewigen Ruhe eingehen (geh.; verhüll.): *sterben:* Unser lieber Großvater ist am vergangenen Mittwoch zur ewigen Ruhe eingegangen.

jmdn. zur letzten Ruhe betten (geh.; verhüll.): *jmdn. beerdigen:* In Kollmann wurde der Schuhmachermeister ... zur letzten Ruhe gebettet (Sonntagspost 3. 12. 1967, 2).

jmdn. zur letzten Ruhe geleiten (geh.; verhüll.): *zu jmds. Beerdigung gehen:* Unter starker Anteilnahme der Bevölkerung wurden die Opfer des Grubenunglücks zur letzten Ruhe geleitet!

sich zur Ruhe setzen: *aus dem Arbeitsprozess ausscheiden, sich pensionieren lassen:* Sie hat längst genug verdient, um sich zur Ruhe setzen zu können. Er hatte immer gehört, dass die Leute sagen, wenn ich alt bin, setze ich mich zur Ruhe (Reinig, Schiffe 45).

ohne Rast und Ruh: ↑ Rast. **jetzt hat die liebe/arme Seele Ruh!:** ↑ Seele.

Ruhekissen: ein gutes Gewissen ist ein sanftes Ruhekissen: ↑ Gewissen.

ruhen: nicht ruhen und [nicht] rasten: *in den Bemühungen nicht nachlassen:* Wir werden nicht ruhen und nicht rasten, bis die Behörde endlich Abhilfe schafft! **nach getaner Arbeit ist gut ruhn:** ↑ Arbeit. **auf zwei Augen ruhen:** ↑ Auge. **nach dem Essen sollst du ruhn oder tausend Schritte tun:** ↑ Essen. **der ruhende Pol:** ↑ Pol. **unter dem kühlen Rasen ruhen:** ↑ Rasen. **auf jmds. Schultern ruhen:** ↑ Schulter. **die Toten ruhen lassen:** ↑ Tote.

ruhig: ein ruhiger Beamter sein: ↑ Beamter. **ruhig[es] Blut bewahren:** ↑ Blut. **[nur immer] ruhig Blut!:** ↑ Blut. **eine ruhige Kugel schieben:** ↑ Kugel. **einen ruhigen Lenz haben/schieben:** ↑ Lenz. **eine ruhige Nummer haben/schieben:** ↑ Nummer.

Ruhm: sich nicht [gerade] mit Ruhm bekleckern (ugs.; iron.): *nicht gerade erfolgreich sein:* Die Beamten der Sicherheitsabteilung haben sich diesmal nicht mit Ruhm bekleckert. ... der Senior der SPD-Führungstroika habe sich in den letzten Wochen der Legislaturperiode nicht gerade mit Ruhm bekleckert (Spiegel 29, 1980, 4).

Ruhmesblatt: kein Ruhmesblatt für jmdn. sein: *keine Anerkennung verdienen; etwas sein, wofür sich jmd. schämen sollte:* Die ganze Geschichte ist wirklich kein Ruhmesblatt für unsere Stadtverwaltung. Wenn die Attraktivität einer Innenstadt davon abhängt, dass man dort sein Geld loswerden kann, ist das kein Ruhmesblatt (Stadtblatt 21, 1984, 9).

rühren: sich [vor etwas] kaum rühren können (ugs.): *[wegen etwas] keine Zeit haben, kaum etwas [anderes] tun können:* Im Frühjahr konnten wir uns vor Aufträgen kaum rühren, aber jetzt ist das Geschäft sehr ruhig. Wenn du erst einmal zwei, drei Kinder hast, kannst du dich als Frau doch kaum noch rühren.

wie vom Donner gerührt: *starr [vor Schreck], entsetzt:* Als sie ihn erkannte, war sie wie vom Donner gerührt. Ich stehe wie vom Donner gerührt, ich kann im ersten Augenblick kein Wort über die Lippen bringen (Fallada, Trinker 92). **Blut rühren:** ↑ Blut. **keinen Finger rühren:** ↑ Finger. **gerührt sein wie Apfelmus:** ↑ gerührt. **keine Hand rühren:** ↑ Hand. **die Hände rühren:** ↑ Hand. **jmdm. ans Herz rühren:** ↑ Herz. **die Reklametrommel [für etwas] rühren:** ↑ Reklametrommel. **ein menschliches Rühren fühlen/verspüren:** ↑ menschlich. **jmdn. rührt der Schlag:** ↑ Schlag. **wie vom Schlag gerührt:** ↑ Schlag. **die Trommel für etwas rühren:** ↑ Trommel. **die Werbetrommel rühren:** ↑ Werbetrommel.

Rühr-mich-nicht-an: ein Kräutchen/Kräutlein Rühr-mich-nicht-an: ↑ Kraut.

Ruine: von hinten Blondine, von vorne Ruine: ↑ Blondine. **neues Leben blüht aus den Ruinen:** ↑ Leben.

rum: rum wie num sein (landsch.): *ganz gleich sein, auf welche Weise etwas auch gemacht wird:* Ob wir jetzt hier im Wald nass werden oder auf dem Heimweg, das ist doch rum wie num!

rümpfen: die Nase [über etwas] rümpfen: ↑ Nase.

rund: das ist mir zu rund [für meinen eckigen Kopf] (ugs.): *das verstehe ich nicht:* Erst willst du ins Kino, dann willst du auf einmal nicht mehr ins Kino – das ist mir zu rund für meinen eckigen Kopf!

rund um ...: *im Kreise um ...; um ... herum:* Rund um die Stadt wurden alle Straßen kontrolliert. Wir machen eine Reise rund um die Welt. Großvater ... ist viel in der Gegend herumgekommen, als Frächter in den Orten rund um Ödenburg (Sobota, Minus-Mann 16).

rund um die Uhr (ugs.): *24 Stunden lang, zu jeder Zeit:* Die Zentrale ist rund um die Uhr besetzt. Die Telefonseelsorge wird rund um die Uhr an allen Tagen besetzt sein (Hamburger Abendblatt 30. 5. 1979, 10). Mit acht Studenten, die in drei Schichten rund um die Uhr arbeiten (Hörzu 11, 1976, 49).

eine runde Sache sein: ↑ Sache. **am runden Tisch:** ↑ Tisch.

Runde: die Runde machen (ugs.): 1. *überall bekannt werden:* Die Nachricht von dem Überfall hatte schnell die Runde gemacht. Der Scherz macht alsbald die Runde durch die Stadt (Werfel, Bernadette 167). Es war eines der reaktionären Hetzblätter meiner Heimat, in welchen immer von Zeit zu Zeit heftige Schmähartikel gegen mich die Runde machten. (Hesse, Steppenwolf 126). 2. *von Hand zu Hand gereicht werden:* Bald machten die ersten Flaschen Wodka die Runde.

eine Runde schmeißen (ugs.): *eine Lage Getränke bezahlen:* Bleibt doch sitzen, ich schmeiß noch 'ne Runde!

eine/seine Runde drehen: *eine Rundstrecke/im Kreis fahren/laufen/fliegen:* Über der Stadt drehten zwei Polizeihubschrauber ihre Runden. Wir drehen noch eine Runde, dann überprüfen wir das Fahrwerk noch einmal. Klemm dir den Fahrradsattel zwischen die Schenkel. Dreh ein paar Runden (Amendt, Sexbuch 9).

in der Runde (geh.): *ringsum, im [näheren] Umkreis:* Mehrere Kilometer in der Runde sah man nur zerstörte Häuser.

etwas über die Runden bringen (ugs.): *etwas [trotz Schwierigkeiten] zustande, zu einem guten Ende bringen:* Alle waren froh, dass man die Festspiele schließlich doch noch über die Runden gebracht hatte. Da sie nur darauf bedacht ist, den Monat gut »über die Runden« zu bringen und einigermaßen mit dem Haushaltsgeld auszukommen ... (MM 10/11. 6. 1967, 37).

▶ Diese und die folgenden beiden Wendungen leiten sich vom Boxsport her. Wer beim Boxkampf »über die Runden kommt«, der wurde zumindest nicht k. o. geschlagen.

jmdn. über die Runden bringen (ugs.): *jmdm. helfen, etwas durchzustehen:* Ich konnte ihm etwas Geld geben, mein Freund vermittelte ihm Gelegenheitsarbeiten, und so haben wir ihn damals ganz gut über die Runden gebracht.

über die Runden kommen (ugs.): *mit seinen [finanziellen] Mitteln auskommen; Schwierigkeiten meistern:* Bis zum Herbst werden wir schon noch über die Runden kommen. Wir hatten 150 Mark einmalige Abfindung. Damit mussten wir über die Runden kommen (Klee, Pennbrüder, 52). Sie erzählte, dass sie ganz gut über die Runden komme. Im Betrieb esse sie in der Kantine, ... abends esse sie überhaupt nichts mehr (v. d. Grün, Glatteis 98).

rundgehen: es geht rund (ugs.): *es ist viel Betrieb:* Kurz vor Weihnachten gehts bei uns immer rund. Er kam ins Lokal, und schon ging es rund (Freizeitmagazin 12, 1978, 100). Letzte Nacht ging es rund, ich bin hundemüde ... (Borkowski, Wer 55).

jetzt gehts rund (ugs.) [**erst die Oma, dann den Hund!** (derb)]: *jetzt kommt Stimmung auf, jetzt wird es lustig!:* Da kommt Otto mit dem Schnaps, jetzt gehts rund, Kinder!

runter: rauf wie runter schmecken: ↑ rauf.

die Speisekarte rauf und runter essen: ↑ Speisekarte. Vgl. auch das Stichwort »herunter«.

runtergehen: bei jmdm. geht die Klappe runter: ↑ Klappe.

runterhauen: vgl. herunterhauen.

runterholen: jmdm., sich einen runterholen (derb): *masturbieren:* Ab und zu eine »Fickmieze«. Oder du holst dir einen runter (B. Vesper, Reise 157). Der ist mir nach aufs Klo, und wie ich mich umdreh, hat der doch die Hose runter und sagt, hol mir einen runter! (Ossowski, Flatter 131).

runterlassen: die Hosen runterlassen: ↑ Hose.

runtermachen: jmdm. den Rost runtermachen: ↑ Rost.

runterrutschen: rutsch mir den Buckel runter: ↑ Buckel.

Runzel: jmdm. die Runzeln ausbügeln (ugs.): *jmdn. [ins Gesicht] schlagen:* Wenn der Kerl dich noch einmal belästigt, werde ich ihm die Runzeln ausbügeln!

rupfen: mit jmdm. ein Hühnchen zu rupfen haben: ↑ Huhn.

Ruß: einen [langen] Ruß machen (landsch.): *umständlich herumreden:* Mach keinen langen Ruß, nimm das Geld, und kauf dir, was du brauchst!

Russe: jmdn. einen Russen aufbinden (ugs.; selten): *jmdn. belügen:* Du willst mir wohl einen Russen aufbinden?

▶ Bei dieser Wendung handelt es sich um eine Abwandlung von »jmdm. einen Bären aufbinden«; der Bär ist das Symbol für Russland.

scharf wie tausend Russen sein: ↑ scharf.

Rute: sich eine Rute aufbinden/auf den Rücken binden (veraltend): *sich zu etwas Unangenehmem verpflichten:* Mit der Organisation des Wohltätigkeitsfestes haben wir uns eine Rute auf den Rücken gebunden.

▶ Die Wendung meint eigentlich, dass jemand eine Arbeit übernimmt, bei der er wie ein Fronarbeiter, Leibeigener gezüchtigt wird.

jmdn. die Rute geben (veraltet): *jmdn. durch Schläge antreiben:* Gib den Kerlen die Rute, wenn sie nicht gehorchen wollen!

mit eiserner Rute: *sehr streng, diktatorisch:* Er war mehr Soldat als Politiker, und er würde mit eiserner Rute regieren.

Rutsch: guten Rutsch [ins neue Jahr]!: *Silvesterwunsch.*

auf einen/in einem Rutsch (ugs.): *auf einmal, ohne Pause:* Habt ihr die Plätzchen alle auf einen Rutsch gegessen? Das Buch war so spannend, dass man es in einem Rutsch durchlesen konnte.

rutschen: vor jmdm. auf dem Bauch rutschen: ↑ Bauch. **jmdm. rutscht das Herz in die Hose[n]:** ↑ Herz. **vor jmdm. auf den Knien rutschen:** ↑ Knie.

rütteln: an etwas nicht rütteln lassen: *an etwas festhalten, auf etwas beharren:* Wir wollen kein Kernkraftwerk in unserer Gemeinde, daran lassen wir nicht rütteln!

an etwas ist nicht zu rütteln [und zu deuteln]: *etwas ist unumstößlich:* An der Entscheidung des Kampfgerichts ist im Nachhinein nicht zu rütteln. Dass ich es machen muss, daran gibt es nun mal nichts zu rütteln und nichts zu deuteln, Befehl ist schließlich Befehl (H. Kolb, Wilzenbach 32).
an den Grundfesten von etwas rütteln: ↑ Grundfeste. ein gerüttelt Maß von/an: ↑ Maß.

S

Säbel: mit dem Säbel rasseln: *mit Krieg, mit heftiger Auseinandersetzung drohen:* Die Großmächte rasselten wieder einmal mit dem Säbel, aber niemand glaubte, dass es wirklich zu einem Krieg kommen könnte.
Sache: die Sache ist die [und der Umstand ist der] (ugs.): *Einleitungsformel zu einer erklärenden Äußerung:* Die Sache ist die, und der Umstand ist der, dass ich einfach keine Lust mehr habe. Also, die Sache ist die, dass mein ausgezeichneter Vorgesetzter ... auf die ... Idee gekommen ist, mich ... nach Deutschland zu schicken (K. Mann, Wendepunkt 427).
eine runde Sache sein (ugs.): *eine sehr befriedigende, schöne Angelegenheit sein:* Wir mieten einen Bauernhof und ziehen alle aufs Land – das wird eine runde Sache! Fünfhundert Mark für drei Stunden Arbeit sind schon eine runde Sache.
so eine Sache sein (ugs.): *eine heikle Angelegenheit sein:* Ob man in diesen Zeiten Aktien kaufen sollte, weiß ich nicht – das ist so eine Sache! Mit Gemeinschaftsräumen ist das so eine Sache (Spiegel 25, 1980, 188).
nicht jedermanns Sache sein: *nicht jedem liegen, gefallen:* Bergsteigen ist nicht jedermanns Sache. Es ist nicht jedermanns Sache, ohne Vorbereitung vor einer größeren Versammlung zu sprechen.

Betriebsferien sind Sommerferien, denn Schnee ist nicht jedermanns Sache (DM 5, 1966, 56).
das ist Sache [mit Ei]! (ugs.): *das ist ausgezeichnet, hervorragend!:* Ein Picknick am Meer bei Sonnenuntergang – das ist Sache, sag ich dir! Klasse, dein Zeugnis, das ist Sache mit Ei!
was sind denn das für Sachen! (ugs.): *das ist ja schlimm, bestürzend!:* Was sind denn das für Sachen – der Rasen ist ja immer noch nicht gemäht! ... Doktor-Redensarten, wie zum Beispiel: »Ei, ei, was machen wir da?« oder: »Was sind denn das für Sachen?« (Th. Mann, Krull 50).
ganze Sache machen (ugs.): *etwas richtig machen, es vollständig, mit allem, was dazugehört, durchführen:* Wenn wir schon die Wohnung renovieren, dann sollten wir ganze Sache machen und auch einen neuen Teppichboden verlegen.
[mit jmdm.] gemeinsame Sache machen: *[mit jmdm.] etwas [Schlechtes, Übles] gemeinsam machen, sich [mit jmdm.] [zu einer schlechten, üblen Tat] zusammentun:* Einer der Magistratsbeamten hatte mit den Bodenspekulanten gemeinsame Sache gemacht. Sie sollen die Unruhestifter lokalisieren. Nicht mit ihnen gemeinsame Sache machen (Chotjewitz, Friede 221).
seine Sache verstehen (ugs.): *auf seinem Fachgebiet gute Kenntnisse und Fähigkeiten haben:* Sei unbesorgt, der Doktor versteht seine Sache! Wenn einer seine Sache versteht, kann er auch in schwierigen Zeiten einigermaßen durchkommen.
seine Sache gut machen: *ordentlich erledigen, was einem aufgetragen wurde:* Wer seine Sache gut macht, bekommt eine Tafel Schokolade. Sie hatten ihre Sache gut gemacht und wurden vom Bürgermeister öffentlich gelobt.
Sachen gibts [die gibts gar nicht]! (ugs.): *Kommentar, der Erstaunen, Befremden ausdrückt:* Er hat den ganzen Lottogewinn in einem Jahr durchgebracht – Sachen gibts, die gibts gar nicht! Da hamse doch glatt Leipzsch mit weechem b geschriem. Also Leibzig statt Leipzig! Sachen gibts! (Hörzu 14, 1984, 101).

seiner Sache sicher/gewiss sein: *von der Richtigkeit seiner Meinung, seines Vorgehens überzeugt sein:* Seien Sie Ihrer Sache nicht zu sicher, diese Leute sind unberechenbar! Diesmal war er seiner Sache gewiss, er hatte die Lösung gefunden.

[nicht] bei der Sache sein (ugs.)*: [un]aufmerksam, [un]konzentriert sein:* Sie spürte, dass er nicht ganz bei der Sache war. Bei Stockenten beginnt die Nestersuche der Männer oft schon lange, bevor die Weibchen richtig bei der Sache sind (Lorenz, Verhalten I, 232). Haben Sie schon gemerkt, dass die Nachrichtensprecher im Fernsehen stets nur halb bei der Sache sind? (Hörzu 12, 1973, 3).

in eigener Sache: *die eigenen Interessen, die eigenen Angelegenheiten betreffend:* Er bat darum, noch etwas in eigener Sache vorbringen zu dürfen. In den Vereinigten Staaten legt man ... größten Wert darauf, dass aus Bonn Vorschläge in eigener Sache kommen (Dönhoff, Ära 85).

in Sachen ... (Rechtsspr.): *in dem Rechtsstreit ...:* Die Zeugen in Sachen Meier gegen Meier bitte in den Gerichtssaal!

zur Sache: 1. *zum eigentlichen Thema:* Das gehört nun wirklich nicht zur Sache! Kommen Sie bitte zur Sache! Er zog durch die Diskotheken und kam schnell zur Sache: Jedesmal verließ er die Bar mit einem anderen Mädchen (Hörzu 17, 1981, 115). 2. (Rechtsspr.) *zu dem [anliegenden] Rechtsfall:* Die Zeugin wurde vom Richter zur Sache vernommen. Zahlreiche Straftaten ... konnten von hier aus nicht abschließend bearbeitet werden, weil der Beschuldigte zur Sache nicht gehört werden konnte (Ossowski, Flatter 164).

zur Sache gehen (ugs.; bes. Sport): *kompromisslos, hart spielen; sich körperlich sehr einsetzen:* Der englische Außenverteidiger ging gleich ganz schön zur Sache.

nichts zur Sache tun: *ganz nebensächlich sein:* Der Name dieser Frau tut nichts zur Sache. Von Beruf ist er, glaube ich, Schuster, aber das tut nichts zur Sache ... (Remarque, Westen 32).

zur Sache, Schätzchen! (ugs.; scherzh.): *kommen wir zum eigentlichen Thema,*

zum Kernpunkt!: Jetzt mal zur Sache, Schätzchen – wie viel soll das Biedermeiersofa denn nun kosten?

► Diese Wendung ist der Titel eines deutschen Spielfilms aus dem Jahre 1968.

beschlossene Sache sein: ↑beschlossen. **mach [keine] Sachen:** ↑machen. **in der Natur der Sache liegen:** ↑Natur. **die Sache ist geritzt:** ↑ritzen. **seine Siebensachen packen:** ↑Siebensachen. **nicht der Sinn der Sache sein:** ↑Sinn.

Sachkenntnis: **von keiner[lei] Sachkenntnis getrübt; ungetrübt von jeglicher Sachkenntnis:** *auf keinerlei Sachkenntnis gegründet:* Die wortreichen Ausführungen des Landtagskandidaten waren von keiner Sachkenntnis getrübt. Hämische Kritik, ungetrübt von jeglicher Sachkenntnis, ist sozusagen das Markenzeichen dieser Wochenzeitschrift.

sachte: **immer sachte mit den jungen Pferden:** ↑Pferd.

Sack: **ein [ganzer] Sack voll [etwas]** (ugs.): *sehr viel [von etwas]:* Er will das Haus verkaufen, aber da gibt es einen ganzen Sack voll Probleme. Ich war mit einem ganzen Sack voller Einwände gekommen (Niekisch, Leben 119).

jmdm. den Sack abbinden (derb): *jmds. Pläne vereiteln, jmds. Tun unterbinden:* Sein Konto ist gesperrt, die Familie hat ihm eiskalt den Sack abgebunden.

den Sack schlagen und den Esel meinen: *jmdn. beschuldigen, beschimpfen, der nicht der eigentliche Schuldige ist [weil man sich an diesen nicht heranwagt]:* Im Übrigen schlagen die Kritiker wohl auch mit diesem Argument den Sack und meinen den Esel (Heringer, Holzfeuer 255).

► Diese Wendung geht wahrscheinlich auf den lateinischen Roman »Satirae« des C. Petronius Arbiter zurück. Dort heißt es in der Sat. 45: »qui asinum non potest, stratum caedit« (= Wer den Esel nicht schlagen kann, schlägt den Packsattel).

habt ihr daheim Säcke an/vor den Türen [hängen]? (ugs.): *kannst du die Tür nicht schließen?*

jmdm. auf den Sack gehen/fallen (derb): *jmdn. ärgern, stören, jmdm. lästig sein:* Kleiner, geh nach Hause, du gehst mir gewaltig auf den Sack. »Mir gehen die

Klemm-Chauvis auf den Sack, die da plötzlich in serviler Ergebenheit ... auf breiter Schleimspur der Frauenemanzipation hinterherkriechen.« (Spiegel 16, 1984, 17)
► Mit »Sack« ist hier der Hodensack des Mannes gemeint. Die Wendung spielt bildhaft auf die besondere Empfindlichkeit dieses Körperteils an.

jmdm. auf den Sack treten (Soldatenspr.): 1. *jmdn. scharf antreiben, schikanieren:* Der Spieß trat Abiturienten besonders gern auf den Sack. 2. *jmdn. derb zurechtweisen:* Es war ein Genuss, mit anzuhören, wie der Kompaniechef den Etappenhengsten auf den Sack getreten hat!
Vgl. die vorangehende Wendung.

in Sack und Asche gehen (veraltend): *Buße tun, bereuen:* Niemand fühlte sich veranlasst, in Sack und Asche zu gehen, jeder schob die Schuld auf die anderen.
► Diese Wendung geht auf das Alte Testament (Esther 4, 1) zurück, wo von dem altorientalischen Brauch berichtet wird, dass die Menschen sich zum Zeichen der Trauer in grobes Tuch (Säcke) kleideten und sich Asche auf die Haare streuten.

jmdn. in den Sack stecken/im Sack haben (ugs.): *jmdm. überlegen sein, jmdn. übertreffen:* Nur Mut, du steckst deine Konkurrenten doch leicht in den Sack! ... ich würde jetzt so spielen, wie man es bei Bobby ... immer so fürchtete. Aber als ich mir schon einbildete, ihn im Sack zu haben, brach er einen wilden Abtausch vom Zaun (Loest, Pistole 215).
► Diese Wendung geht wahrscheinlich auf eine frühere Art von Wettkampf zurück, bei der der Besiegte vom Sieger tatsächlich in einen Sack gesteckt wurde. In verschiedenen Volkserzählungen werden Kämpfe dieser Art geschildert.

etwas im Sack haben (ugs.): *etwas sicher haben, über etwas verfügen können:* Den Auftrag hätten wir im Sack, jetzt gehen wir einen trinken! Wenn er erst einmal die Erbschaft im Sack hat, wird er sich sofort ins Ausland absetzen.

in den Sack hauen (ugs.): *nicht mehr mitmachen:* Wenn die uns die Provisionen kürzen wollen, dann hau ich in den Sack. »Mir stinkt das hier alles. Vielleicht hau ich morgen schon in den Sack!« (Borell,

Romeo 172). Als ich dann in den Sack haute, hab ich noch ein bisschen Schmuck ... mitgehen lassen (Degener, Heimsuchung 148).

mit Sack und Pack (ugs.): *mit allem, was man besitzt:* Zum dritten Mal innerhalb eines Jahres musste die Familie mit Sack und Pack umziehen. Dafür durfte er auch nach dem Sturz der Monarchie mit Sack und Pack ... das Land verlassen (MM 22. 8. 1969, 10). ... denn eine vierköpfige Familie drängte sich geräuschvoll mit Sack und Pack in das Abteil (Werfel, Himmel 166).
► Diese Wendung meint eigentlich: alles das, was man in Säcken oder in Packen verstaut, also die gesamte bewegliche Habe.

ob/wenn in China/Peking ein Sack Reis umfällt: ↑ China. **lieber einen Sack [voll] Flöhe hüten:** ↑ Floh. **Himmel, Sack, Zement:** ↑ Himmel. **die Katze im Sack kaufen:** ↑ Katze. **die Katze aus dem Sack lassen:** ↑ Katze. **... dass du deine Knochen im Sack nach Hause tragen kannst:** ↑ Knochen. **jmdm. geht das Messer im Sack auf:** ↑ Messer. **wie ein nasser Sack:** ↑ nass. **tief in den Sack greifen müssen:** ↑ Säckel. **schlafen wie ein Sack:** ↑ schlafen. **voll wie ein Sack [sein]:** ↑ voll.

Säckel: [tief] in den Säckel/(seltener:) **Sack greifen müssen** (ugs.): *viel bezahlen müssen:* Für die Festspiele musste die Stadt tief in den Säckel greifen.

sich den Säckel füllen (ugs.): *sich bereichern:* Eine Gruppe einflussreicher Produzenten hatte sich auf Kosten der Allgemeinheit den Säckel gefüllt.

säen: wie gesät: *in großer Menge [ausgestreut]:* Die Äpfel lagen auf der Wiese wie gesät.

dünn gesät sein: ↑ dünn. **wer Wind sät, wird Sturm ernten:** ↑ Wind.

Saft: jmdn. im eigenen/in seinem eigenen Saft/(selten auch:) **Fett schmoren lassen:** *jmdn. mit seinen selbstverschuldeten Schwierigkeiten allein fertig werden lassen:* Diesen Gauner werden wir jetzt im eigenen Saft schmoren lassen; das wird ihm eine Lehre sein. Die kommunistischen Länder können die ganze übrige Welt in ihrem eigenen Saft schmoren lassen, ohne selbst betroffen zu sein (Gruhl, Planet 328).

ohne Saft und Kraft (ugs.): *kraftlos, fad, ohne rechten Schwung:* Seine Rede war langweilig, ohne Saft und Kraft. Das Spiel der Nationalmannschaft war an diesem Tag ohne Saft und Kraft.

Sage: es geht die Sage ...: *man erzählt sich* ...: Es stimmte zwar nicht ganz, dass er, wie die Sage ging, der Bundesregierung die Pension vor die Füße geworfen hatte (Kirst, Aufruhr 34). Es ging auch die Sage, dass er sich eine Uniform mit einem Goldkragen hätte machen lassen ... (Musil, Mann 999).

Sägemehl: Sägemehl im Kopf haben: ↑ Stroh.

sagen: sage und schreibe (ugs.): *tatsächlich:* Die alte Dame hat sage und schreibe fünf Stück Torte gegessen! Der Minutenpreis, damals 3 056 Mark, ist auf sage und schreibe 11 542 Mark gestiegen (Hörzu 18, 1973, 22).

sag bloß!; sag nur! (ugs.): *das ist kaum zu glauben; ist das wirklich wahr?:* Sag nur, du hast dein Geld schon ausgegeben! An der gleichen Stelle? Sag bloß, sagte der Betreuer, du auch? (Fries, Weg 280).

sag das nicht! (ugs.): *da wäre ich nicht so sicher:* Mit dem Alten scheint nicht mehr viel los zu sein. – Sagen Sie das nicht, der hat noch mehr drauf, als man denkt!

sage mir, mit wem du umgehst, und ich sage dir, wer du bist: *die Wahl deiner Freunde lässt Rückschlüsse auf deinen Charakter zu.*

sagen wir (ugs.): 1. *so schlage ich vor:* Die Firma zahlt Ihnen, sagen wir, ein zusätzliches Monatsgehalt, wenn Sie den Sonderauftrag übernehmen. Vollzug melden Sie mir persönlich bis morgen Abend, sagen wir: spätestens acht Uhr (H. Kolb, Wilzenbach 30). 2. *zum Beispiel, mal angenommen:* Wenn er, sagen wir, zweitausend Stück verkauft, hat er einen Reingewinn von fünftausend Mark. »Der Hahnrei ... gleicht einem essbaren Haustier, sagen wir, einem Huhn oder einem Kaninchen.« (Remarque, Obelisk 320).

[jmdm.] [etwas] zu sagen haben (ugs.): *Weisungs-, Befehlsgewalt [über jmdn.] haben:* Seit wann hat dieser Trottel denn bei uns etwas zu sagen? Wir Europäer sollten ihnen, solange wir in ihrem Land noch etwas zu sagen haben, etwas anderes vorleben (Grzimek, Serengeti 256).

[jmdm.] nichts zu sagen haben (ugs.): *nicht berechtigt sein, [jmdm.] Befehle, Weisungen zu erteilen:* Der Juniorchef hat im Grunde in der Firma nichts zu sagen. Du hast mir gar nichts zu sagen.

etwas zu sagen haben (ugs.): *wichtig, bedeutsam sein:* Hat das etwas zu sagen, wenn das Fleisch ein bisschen grünlich schillert? Ob man »rechts« oder »links« geboren ist, hat später beim Erben viel zu sagen (Grzimek, Serengeti 266).

nichts zu sagen haben (ugs.): *bedeutungslos sein:* Das Verbotsschild hat nichts zu sagen, wir baden immer hier!

sich etwas/nichts sagen lassen (ugs.): *einsichtig/eigensinnig sein:* Er ist ein Mensch, der sich auch einmal etwas sagen lässt. Ich weiß nicht, was ich mit ihr machen soll – sie lässt sich einfach nichts sagen!

sich [von jmdm.] etwas/nichts sagen lassen (ugs.): *jmdm. gehorchen/nicht gehorchen:* Muss ich mir von diesem jungen Schnösel etwas sagen lassen? Hat erst einen guten Eindruck gemacht ... War pünktlich, hat gearbeitet, hat sich auch was sagen lassen (Brot und Salz, 178). Der Junge will sich auch von mir nichts sagen lassen. Dabei ist er noch so unselbstständig (Hörzu 14, 1972, 135).

sich etwas nicht zweimal sagen lassen: *von einem Angebot sofort Gebrauch machen, einer Aufforderung sofort nachkommen:* Man bot ihr eine Stelle als Geschäftsführerin an, und sie ließ sich das natürlich nicht zweimal sagen. Dass wir uns an den Kaffeetisch setzen sollten, ließen wir uns nicht zweimal sagen.

ich habe mir sagen lassen, ...: *man hat mir erzählt, ...:* Ich habe mir sagen lassen, dass ihr das Haus verkaufen wollt. Die Geschäfte gehen sehr gut, wie ich mir habe sagen lassen.

wenn ich es [dir] sage!: *ganz bestimmt, ich versichere es dir!:* Wenn ich es sage, das Geld kriegst du spätestens morgen Abend! Hast du auch wirklich genau nachgesehen, ob der Herd abgeschaltet ist? – Wenn ich es dir doch sage!

da sage ich nicht Nein (ugs.): *das lehne ich nicht ab:* Sie nehmen ein Glas Champagner? – Da sage ich nicht Nein.

ich kann dir sagen (ugs.): *nachdrückliche Beteuerung:* Ich kann dir sagen, wir haben damals wirklich etwas durchgemacht. Das war vielleicht eine Hitze in der Stadt – ich kann Ihnen sagen!

das kann ich dir sagen (ugs.): *[drohende] Bekräftigung einer Aussage:* Bei mir gibt es keine Bummelei, das kann ich euch sagen!

ich will dir mal was sagen (landsch.): *Einleitung zu einem Vorschlag, einer entschiedenen Aussage:* Ich will dir mal was sagen: fahr doch einfach bei uns mit, und lass deinen Wagen hier stehen! Ich will dir mal was sagen, wenn die hier ein Atomkraftwerk bauen, dann hau ich ab!

ich muss schon sagen: *Ausdruck der Bekräftigung:* Ich muss schon sagen, das hätte ich nicht von dir erwartet! Ich muss schon sagen, das Konzert war Klasse!

was sage ich: *vielmehr, ja sogar:* Das kostet dich bestimmt hundert, was sage ich, tausend oder noch mehr Mark!

... dann will ich nichts gesagt haben (ugs.): *... dann nehme ich meine Behauptung, meine Kritik zurück:* Wenn das wahr ist, dass er jetzt wieder seinen Beruf ausübt, dann will ich nichts gesagt haben.

wem sagst du das!: *das weiß ich selbst sehr gut:* Dein Großvater sieht aber gar nicht gut aus. – Wem sagst du das, er ist gestern die Treppe heruntergefallen.

was du nicht sagst!: *Ausruf der Überraschung:* Ein Kabriolett fährst du jetzt? Was du nicht sagst! Sie haben geheiratet? Was Sie nicht sagen, das freut mich aber!

sagst du! (ugs.): *da bin ich anderer Meinung:* Das Haus ist höchstens zehn Jahre alt. – Sagst du! Das stand schon hier, als mein Vater noch zur Schule ging.

wer sagts denn? (ugs.): *Ausdruck der Bestätigung dessen, was man erwartet, angekündigt hat:* Na, wer sagts denn, es geht doch, wenn du dich ein bisschen anstrengst! Wer sagts denn – da sind ja noch fünfzig Mark in meiner Brieftasche!

wie gesagt: *wie ich bereits gesagt habe:* Das ist wie gesagt alles erst provisorisch geregelt. Bisher, wie gesagt, standen sich diese Meinungen unversöhnlich gegenüber (Dönhoff, Ära 143). Trotzdem respektiere ich, wie schon gesagt, den Sinn beider Gesetze (Bieler, Bonifaz 195).

gesagt, getan: *den Worten, der Ankündigung folgte unmittelbar die Tat, die Ausführung:* Man beschloss, ein neues Verwaltungsgebäude zu bauen, und – gesagt, getan – schon bald ragte ein Wolkenkratzer in den Himmel.

lass dir das gesagt sein! (ugs.): *merke dir das!:* Wir wollen dich nicht noch einmal in unserem Vereinslokal sehen, lass dir das gesagt sein!

nicht gesagt sein: *nicht sicher sein:* Es ist nicht gesagt, dass er auch tatsächlich kommt. Dass das Lokal geschlossen wird, ist gar nicht einmal gesagt.

zu viel gesagt sein: *übertrieben sein:* Dass er gar nichts von Mathematik verstünde, wäre zu viel gesagt. Wir fuhren ... zur ... Privatwohnung eines Bekannten. Wohnung war zu viel gesagt – es war nur ein einziges Zimmer (Leonhard, Revolution 11).

das Sagen haben (ugs.): *die Entscheidungen treffen, alles bestimmen:* Es ist ganz offenkundig, wer in dieser Partei das Sagen hat. ... dass im Berliner Nachtleben Gangster das Sagen haben, die die Polizei schon gar nicht mehr fürchten (Prodöhl, Tod 52). ... die Lehrer. Die haben ja das Sagen im Gemeinderat (M. Walser, Seelenarbeit 288).

wer A sagt, muss auch B sagen: ↑A. **beinahe hätte ich etwas anderes gesagt:** ↑andere. **jmdm. Bescheid sagen:** ↑Bescheid. **jmdm. [für etwas] Dank sagen:** ↑Dank. **was will uns der Dichter damit sagen?:** ↑Dichter. **das sagt mir mein kleiner Finger:** ↑Finger. **das ist Geschmackssache, sagte der Affe und biss in die Seife:** ↑Geschmackssache. **jmdm. etwas ins Gesicht sagen:** ↑Gesicht. **weder gicks noch gacks sagen:** ↑gicks. **von Glück sagen können:** ↑Glück. **mal hü und mal hott sagen:** ↑hü. **zu allem Ja und Amen sagen:** ↑ja. **Kinder und Narren sagen die Wahrheit:** ↑Kind. **wie sage ichs meinem Kinde?:** ↑Kind. **leicht gesagt sein:** ↑leicht. **das sagst du so in deinem jugendlichen Leichtsinn:** ↑Leichtsinn. **jmdm. die Meinung sagen:** ↑Meinung. **morgen, morgen, nur nicht heute, sagen alle faulen Leute:** ↑morgen. **nicht Nein sagen können:** ↑nein. **man soll nie[mals] Nie sagen:** ↑nie. **nicht mehr papp sagen können:** ↑papp. **nicht piep sagen:** ↑piep. **keinen Piep mehr sagen:**

↑Piep. **mit Respekt zu sagen:** ↑Respekt. **nur noch Scheiße sagen:** ↑Scheiße. **aber sicher, sagte Blücher:** ↑sicher. **zu etwas/ dazu kann man Sie sagen:** ↑Sie. **jmdm., bei jmdm. Guten Tag sagen:** ↑Tag. **jmdm. ein paar Takte sagen:** ↑Takt. **einen Ton sagen:** ↑Ton. **keinen Ton sagen:** ↑Ton. **unter uns gesagt:** ↑unter. **einer Sache Valet sagen:** ↑Valet. **mit Verlaub zu sagen:** ↑Verlaub.

sägen: Holz sägen: ↑Holz.

Sahne: erste/allererste Sahne [sein]: ↑erste.

Saite: andere/strengere Saiten aufziehen (ugs.): *strenger vorgehen:* Der Schulleiter wird strengere Saiten aufziehen müssen, wenn er die Disziplin an seiner Schule aufrechterhalten will. Immer wieder sei hinter mir hertelefoniert worden, ab sofort würden hier andere Saiten aufgezogen. Da gäbe es Wind von vorn (Kempowski, Tadellöser 96).

▶ Werden bei einem Musikinstrument die Saiten ausgewechselt, so verändert sich der Klang, die Tonart des Instruments. Darauf bezieht sich die vorliegende Wendung.

verwandte Saiten in jmdm. aufklingen lassen (geh.): *jmdn. ähnlich empfinden lassen:* Seine Worte ließen verwandte Saiten in seinen Zuhörern aufklingen.

▶ Die Wendung bezieht sich auf das physikalische Phänomen, dass sich Schwingungen auf andere Schwingungsträger übertragen, dass eine Saite also mitschwingt, wenn eine andere Saite mit gleicher Schwingungszahl in ihrer Nähe angeschlagen wird.

Sakrament: Himmel, Herrgott, Sakrament: ↑Himmel.

Salamander: einen Salamander reiben (Studentenspr.): *vor dem Trinken [zu jmds. Ehren] die Gläser auf dem Tisch reiben:* Und nun reiben wir alle zusammen einen Salamander auf unsere Alten Herren!

▶ Die Herkunft dieser Wendung ist nicht geklärt. Vielleicht besteht ein Zusammenhang zwischen der alten Vorstellung, der Salamander könne im Feuer leben, und dem Alkohol, der wie Feuer in der Kehle brennt.

Salat: da haben wir den Salat! (ugs.): *Ausruf des Ärgers, wenn etwas missglückt ist*

oder wenn etwas Unangenehmes eingetreten ist: Da haben wir den Salat – jetzt ist ein Reifen geplatzt! So, jetzt haben wir den Salat ... Jetzt sieh du zu, dass wir wieder aus der Patsche rauskommen, du hast uns ja schließlich reingerissen (v. d. Grün, Glatteis 141).

▶ Diese und die beiden folgenden Wendungen knüpfen an den übertragenen Gebrauch von »Salat« im Sinne von »Durcheinander, Wirrwarr, Unordnung« an.

dann hast du den Salat (ugs.): *dann ist der Ärger groß:* Es braucht bloß jemand aus Versehen an die Stange zu stoßen, dann hast du den Salat! »Jetzt hast du den Salat«, sagte Lothar zu Inge. »Mach ihr keinen Vorwurf«, bat Donath (Bieler, Bär 315).

mach keinen Salat! (ugs.): *reg dich nicht auf!:* Mach keinen Salat, das bisschen Sprudelwasser gibt bestimmt keine Flecken!

wie ein Storch im Salat: ↑Storch.

Salbe: mit allen Salben geschmiert/gerieben sein (veraltend): *verschlagen, gewitzt, abgebrüht sein:* Der Bursche ist mit allen Salben geschmiert, dem macht keiner etwas vor. Man muss in diesem Gewerbe schon mit allen Salben gerieben sein.

Saldo: ↑per saldo.

Salm: einen langen Salm machen (ugs.): *umständlich herumreden:* Hoffentlich macht er keinen langen Salm, sondern gibt bald das kalte Büfett frei – ich sterbe vor Hunger!

▶ »Salm« ist eine aus dem Niederdeutschen stammende Nebenform von »Psalm« im Sinne von »umständlichweitschweifiges Gerede«.

salvo errore (bildungsspr.): *unter Vorbehalt eines Irrtums:* Die Auskunft kann in dieser Angelegenheit zunächst nur salvo errore erfolgen.

Salz: attisches Salz (bildungsspr.): *geistreicher Witz:* Das neue Theaterstück ist mit Tiefsinn überladen; es fehlt das attische Salz, das die früheren Werke des Autors so vergnüglich und unterhaltsam macht.

▶ Das Attribut »attisch« bezieht sich auf die altattische Dichtung, den ausgefeilten, eleganten Stil der griechischen Literatur in der klassischen Zeit. »Salz« steht hier in der übertragenen Bedeutung »Würze einer Rede, einer Darstellung; [bissiger] Witz«.

Salz und Brot macht Wangen rot: *einfache, kräftige Nahrung erhält die Gesundheit.*

das Salz in der Suppe: *das eigentlich Interessante an einer Sache:* Bei einem Krimi, in dem es keine Leichen gibt, fehlt einfach das Salz in der Suppe.

weder Salz noch Schmalz sein: *nichts Richtiges, nur eine halbe Sache sein:* Was du bisher gemacht hast, ist weder Salz noch Schmalz, du musst dich endlich mal für eine klare Linie entscheiden.

jmdm. nicht das Salz in der Suppe gönnen: *sehr missgünstig, neidisch auf jmdn. sein:* Sie hatte immer sehr freundlich mit ihrem Schwiegersohn getan – dabei gönnte sie dem jungen Paar nicht das Salz in der Suppe!

nicht das Salz zum Brot/zur Suppe haben (veraltend): *Mangel, Not leiden:* Wie sollen wir denn diese Steuern zahlen, wenn wir seit Jahren nicht einmal das Salz zum Brot haben! Die Einwanderer hatten in den ersten Jahren nicht das Salz zur Suppe.

weder Salz noch Schmalz haben (ugs.): *gehaltlos, kraftlos sein:* Seine Rede hatte weder Salz noch Schmalz. Das Programm des renommierten Kabaretts hatte diesmal weder Salz noch Schmalz.

Salz auf jmds./auf die/in jmds./in die Wunde streuen: *jmds. unangenehme Situation, jmds. Kummer durch eine [vorwurfsvolle, rechthaberische o. ä.] Äußerung noch unangenehmer, schmerzhafter machen:* Ich weiß selbst, dass ich mich wie ein Trottel benommen habe; du musst nicht auch noch Salz auf meine Wunde streuen!

▶ Diese Wendung ist wohl eine Lehnübersetzung des englischen »rub salt in[to] the wound«.

Salzsäule: zur Salzsäule erstarren: *[vor Schreck, Entsetzen o. Ä.] plötzlich starr, unbewegt werden:* Die Tante erstarrte zur Salzsäule, als ihr vermeintlich so wohlerzogener Neffe laut und deutlich »Scheiße« sagte. Diese allseitige lautstarke Freudenkundgebung weckte die entschwundenen Lebensgeister meiner

zur Salzsäule erstarrten Schwester wieder (H. Grzimek, Tiere 14).

▶ Diese Wendung ist biblischen Ursprungs; sie bezieht sich auf 1. Moses 19,26, wo es heißt, dass Lots Weib zur Salzsäule wurde, als sie sich nach der brennenden Stadt Sodom umschaute.

Samariter: barmherziger Samariter: ↑barmherzig.

sammeln: feurige Kohlen auf jmds. Haupt sammeln: ↑Kohlen.

Sammlung: die/der fehlt mir noch in meiner Sammlung (ugs.): *der/die kommt mir sehr ungelegen:* Ach, du liebe Zeit, da kommt der Mann von der Versicherung – der fehlt mir noch in meiner Sammlung!

samt: samt und sonders: *ohne Ausnahme, alle:* Ich habe gestern die alten Prospekte und Kataloge samt und sonders weggeworfen. Sie tragen samt und sonders nichts als einen Lendenschurz (Ceram, Götter 81).

Samt: in Samt und Seide (veraltet): *in festliche[r] Kleidung:* Der Saal war von Hunderten von Kerzen hell erleuchtet, die Gäste in Samt und Seide schritten über das spiegelnde Parkett. In Samt und Seide gekleidet, erschienen die reichen Bürger mit ihren Frauen und Kindern auf dem Turnierplatz.

Samthandschuh: jmdn. mit Samthandschuhen/(auch:)**Samtpfötchen anfassen:** *jmdn. besonders zart fühlend und rücksichtsvoll behandeln:* Die Kritiker fassten die junge Autorin nicht mit Samthandschuhen an. Während Wirtschaftsverbrecher ... gewissermaßen als »Kavaliersdelinquenten« betrachtet und mit Samthandschuhen angefasst werden (Ziegler, Kein Recht 59).

sämtlich: aus sämtlichen Knopflöchern platzen: ↑Knopfloch. **jmdm. aus sämtlichen Knopflöchern gucken/schauen/sehen:** ↑Knopfloch. **aus sämtlichen Knopflöchern grinsen/schwitzen/stinken:** ↑Knopfloch.

Samtpfötchen: ↑Samthandschuh.

sancta simplicitas! (bildungsspr.): *heilige Einfalt! (Kommentar zu einer naiven, dummen Äußerung):* Eigentlich darf ein Parlamentarier doch keine Bestechungsgelder annehmen, oder? – Sancta simplicitas! Erst das einfache Leben von zwei jungen Geschwistern auf dem Lande lehrt ihn, wie und wo man ohne Verderbnis lebt. Sancta simplicitas! (Welt 5. 12. 1964, S. Film).

Sand: wie Sand am Meer: *zahllos, im Überfluss [von zählbaren Dingen]:* Diese nachgemachten Barocksessel gibts wie Sand am Meer. Ehrgeizige Nachwuchsschauspieler findet man wie Sand am Meer.

▶ Dieser Vergleich wurde durch die Bibel allgemein verbreitet; dort findet er sich an mehreren Stellen (z. B. 1. Moses 22, 17).

jmdm. Sand in die Augen streuen: *jmdn. etwas vormachen, jmdn. täuschen:* Der mündige Bürger wird sich nicht von falschen Propheten Sand in die Augen streuen lassen. ... weil diese Völker, die auf vielen Gebieten keine Erfahrung und keinerlei Kompetenz haben, sich leicht Sand in die Augen streuen lassen (Dönhoff, Ära 177).

▶ Beim Fechten und bei anderen Zweikämpfen ist es ein alter Trick, dem Gegner Sand in die Augen zu werfen, um ihn in seiner Kampfkraft zu beeinträchtigen. Darauf geht diese Wendung zurück.

es ist Sand im Getriebe: *etwas läuft nicht wie geplant, wie üblich ab; etwas funktioniert nicht richtig:* In der Firma herrschen desolate Zustände, seit Monaten ist Sand im Getriebe. Es war sein erster Besuch ... Er verlief sehr angenehm, es war einmal kein Sand im militärischen Getriebe (Kuby, Sieg 342).

▶ Mechanische Getriebe funktionieren nur bei möglichst geringer Reibung; wenn Sand zwischen die Zahnräder gerät, wird das Getriebe blockiert oder zerstört. Darauf geht die vorliegende Wendung zurück.

auf Sand gebaut haben: *sich auf etwas höchst Unsicheres verlassen [haben]:* Mit den Chemieaktien haben Sie bestimmt nicht auf Sand gebaut. Er hatte an die Solidarität seiner Freunde geglaubt, doch er musste erkennen, dass er auf Sand gebaut hatte.

▶ Diese und die folgende Wendung stammen aus der Bibel. Sie beziehen sich auf das Gleichnis vom törichten Mann (Matthäus 7, 26), der sein Haus auf Sand

gebaut hatte, wo es durch Regen und Wind bald einstürzte.

auf Sand gebaut sein: *äußerst unsicher, zum Scheitern verurteilt sein:* Das ganze Unternehmen ist auf Sand gebaut, das ist ganz offensichtlich.

Vgl. die vorangehende Wendung.

jmdn. auf den Sand setzen: *jmds. Pläne vereiteln:* Seit er im Finanzausschuss sitzt, hat er so manchen Kollegen auf den Sand gesetzt.

▶ Diese Wendung geht auf die mittelalterlichen Reiterturniere zurück, bei denen man versuchte, den Gegner aus dem Sattel und damit in den Sand der Kampfbahn zu stoßen.

auf dem Sand sitzen (ugs.): *nicht mehr weiterkönnen, festsitzen:* Wenn der Etat wie geplant gekürzt wird, sitzt das Ministerium mit dem neuen Forschungsprogramm auf dem Sand.

▶ Diese Wendung geht auf die Vorstellung von einem auf Sand gelaufenen Schiff zurück.

etwas in den Sand setzen (ugs.): 1. *Geld [durch geschäftliches Versagen] verlieren, einbüßen:* Der Inhaber der Baufirma soll damals mehr als zwanzig Millionen in den Sand gesetzt haben. Ewald Lienen ... wollte vor Jahren aufhören, kickte dann aber weiter, nachdem er bei einem Anlageberater »viel Geld in den Sand gesetzt hatte« (Spiegel 20, 1983, 53). 2. *bei etwas versagen, mit etwas einen Misserfolg haben:* Sie setzte die Klausur in den Sand. So wurde Geissler in der vergangenen Spielzeit für drei Jahre engagiert, setzte als Regisseur Schillers »Jungfrau« ebenso in den Sand wie Bertolt Brechts »Puntila« (MM 21. 11. 1980, 44).

im Sande verlaufen (ugs.): *nicht erfolgreich sein, nach und nach aufgegeben werden, aufhören:* Nach der ersten Begeisterung sind die Aktivitäten zugunsten der Welthungerhilfe im Sande verlaufen. Durchsuchung ... Die Untersuchungen verlaufen im Sande (Chotjewitz, Friede 160).

▶ Die Wendung bezieht sich darauf, dass Wasser im Sand rasch versickert und nicht mehr zu sehen ist.

den Kopf in den Sand stecken: ↑ Kopf.

Sandmann: bei jmdm. war [schon] der Sandmann (fam.): *jmd. ist müde:* Oh, ich glaube, bei unserer Jüngsten war schon der Sandmann da – jetzt aber schnell ins Bettchen!

▶ Diese Redensart bezieht sich auf das Kindermärchen vom Sandmann, der den Kindern Sand in die Augen streut, um sie müde zu machen.

sanft: sanft wie ein Lamm: *sehr sanftmütig:* Der grobschlächtige Kerl machte einen gewalttätigen Eindruck, aber er war sanft wie ein Lamm.

ein gutes Gewissen ist ein sanftes Ruhekissen: ↑ Gewissen.

Sang: mit Sang und Klang: 1. (veraltet) *mit Gesang und Musik:* Ein festlicher Zug bewegte sich mit Sang und Klang durch die Straßen der Stadt. 2. (ugs.) *beschämend deutlich:* Beide Brüder waren beim Vorphysikum mit Sang und Klang durchgefallen. Vgl. die folgende Wendung.

ohne Sang und Klang (ugs.): *ohne viel Aufhebens:* Es gab nur eine kurze Feier, und anschließend fand die Preisverleihung ohne Sang und Klang statt.

▶ Diese Wendung bezieht sich darauf, dass bei kirchlichen Beerdigungen Glocken und Trauerlieder erklingen. Nur bei einem sehr schlichten Begräbnis fehlen [Ge]sang und [Glocken]klang.

Sänger: da[rüber] schweigt des Sängers Höflichkeit: ↑ Höflichkeit.

sanglos: sang- und klanglos (ugs.): *ohne Aufhebens:* Er ist nach dem Essen sang- und klanglos verschwunden. Jetzt braucht er mir nicht mehr. Doch hätte ich mir nie träumen lassen, dass er das auch mit mir fertig brächte, sang- und klanglos abzuziehen (Seghers, Transit 284). Vgl. die Wendung »ohne Sang und Klang«.

Sankt-Nimmerleins-Tag: am Sankt-Nimmerleins-Tag (veraltend): *niemals [in der Zukunft]:* Wann sehen wir uns wieder? – Wenn es nach mir geht, am Sankt-Nimmerleins-Tag!

bis zum Sankt-Nimmerleins-Tag (veraltend): *auf ewig, bis zu einem niemals eintretenden Zeitpunkt:* Auf dein Geld kannst du bis zum Sankt-Nimmerleins-Tag warten. Die Hausbewohner führen die Reparaturen selbst aus, das Warten auf den Handwerker wird zu einem War-

ten bis zum Sankt-Nimmerleins-Tag (Welt 8. 9. 1976, 3).

sapienti sat! (bildungsspr.): *es bedarf keiner weiteren Erklärung für den Eingeweihten:* Ich würde dir das Geld ja gerne leihen, aber ich musste diese Woche meine Einkommensteuer überweisen. – Schon gut, sapienti sat!

Sardine: wie die Sardinen in der Büchse: *sehr eng, gedrängt:* Jeden Morgen standen sie in der Straßenbahn wie die Sardinen in der Büchse.

Sarg: ... dass du in keinen Sarg mehr passt! (ugs.): *verstärkende Ergänzung einer Drohrede:* Ich hau dich zusammen, dass du in keinen Sarg mehr passt!

immer ran an den Sarg, und mitgeweint! (derb; scherzh.): *Aufforderung zum Mitmachen.*

ein Nagel zu jmds. Sarg sein: ↑ Nagel.

Satan: vgl. Teufel.

satt: jmdn. satt haben (ugs.): *jmds. überdrüssig sein, jmdn. nicht mehr leiden können:* Er hatte sie alle satt, die lieben Kollegen, die netten Vereinskameraden, die freundlichen Nachbarn. Ich stand auf. Ich hatte ihn herzlich satt. (Seghers, Transit 50).

etwas [bis dahin] satt haben (ugs.): *einer Sache überdrüssig sein, etwas leid sein:* Sie war die ewigen Nörgeleien des Chefs satt und reichte ihre Kündigung ein. Vater ... hatte es satt, andauernd Holzwolle in tote Tiere zu tun und dafür bloß einsfünfundachtzig zu kriegen (Schnurre, Bart 33).

etwas satt bekommen/kriegen (ugs.): *einer Sache überdrüssig werden:* Die vielen Feiern und Ehrungen kann man leicht satt bekommen. Und doch war er ... älter geworden, hatte Musik und Philosophie getrieben und satt gekriegt (Hesse, Steppenwolf 251).

nicht satt werden, etwas zu tun: *nicht müde werden, etwas zu tun; etwas immer wieder tun:* Sie wurde nicht satt, die schönen Uniformen der Kavalleristen zu bewundern. Sie wurden nicht satt, ihm zuzuhören, und er blies die Schlager (Schnabel, Marmor 63).

sich an etwas nicht satt hören/sehen können: *etwas immer wieder hören/[an]sehen wollen:* An klassischer Musik kann er sich einfach nicht satt hören. ... Leute,

die sich nicht satt sehen können an dieser Akropolis (Frisch, Gantenbein 311).
... wie der Mensch sich nicht daran satt hören kann an der Versicherung, dass er gefallen ... hat! (Th. Mann, Krull 41).

Sattel: jmdn. aus dem Sattel heben: 1. *jmdn. aus einer einflussreichen Position drängen:* Es wird für die Opposition nicht leicht sein, die populäre Regierungschefin aus dem Sattel zu heben. Sollte Johannes Rau ... das Kunststück gelingen, die Regierung Kohl aus dem Sattel zu heben ... (NZZ 30. 8. 1986, 1). 2. *jmdn. sehr verunsichern, jmds. Versagen herbeiführen:* Mit der Frage nach dem Symbolbegriff der Romantik hätte der Professor den Kandidaten beinahe aus dem Sattel gehoben.
▶ Diese Wendung bezog sich ursprünglich auf die mittelalterlichen Reiterturniere, bei denen der Gegner mit der Lanze aus dem Sattel gestoßen werden musste.

in allen Sätteln gerecht sein: *sich auf allen Gebieten auskennen, für alle Aufgaben geeignet sein:* Sie suchen für den Aufbau des neuen Zweigwerkes einen Betriebsleiter, der auf kaufmännischem Gebiet in allen Sätteln gerecht ist. Auch Sherman, kurz »Sherry«, der in allen Sätteln gerechte Journalist ... (Wolf, Menetekel 55).

jmdn. in den Sattel heben/jmdm. in den Sattel helfen: *jmdm. zu einer bestimmten [einflussreichen] Position verhelfen:* Dem linken Flügel der Partei gelang es nicht, bei den Vorstandswahlen zwei eigene Kandidaten in den Sattel zu heben. Der deutsche Rätekongress hob die bürgerliche Restauration in den Sattel (Niekisch, Leben 44). ... die mit den Bolschewiken gegen den Zarismus gekämpft und ihnen erst in den Sattel geholfen hatten ... (Mehnert, Sowjetmensch 288).

fest im Sattel sitzen: *eine sichere, ungefährdete Position innehaben:* Als Schwiegersohn des Präsidenten sitzt er jetzt noch fester im Sattel als früher.

sich im Sattel halten: *sich [in seiner Position] behaupten:* Sie gehörte zu den wenigen Regierungsmitgliedern, die sich trotz der Spionageaffäre im Sattel halten konnten. Die Weimarer Koalition ... konnte sich nur noch mithilfe von Ge-

schäftsordnungskniffen einigermaßen im Sattel halten (Niekisch, Leben 211).

Satz: mach 'nen Satz! (ugs.): *verschwinde!:* Mach 'nen Satz, du störst hier! »... Bist drei Tage hier und willst das große Maul haben. ... Mach'n Satz.« (Klee, Pennbrüder 20).

ein Satz heiße/rote Ohren: ↑Ohr.

Sau: wie eine gesengte Sau (derb): *furchtbar schlecht [und rücksichtslos]:* Mit seinem Motorrad brauste er wie eine gesengte Sau durch die Altstadt. Ich fuhr ... so schnell ich konnte. Ich fuhr wie eine gesengte Sau (Martin, Henker 90).
▶ Der Vergleich stammt wohl aus der Jägersprache und meint eigentlich »wie ein angeschossenes Wildschwein, dem ein Schuss das Fell versengt hat«.

keine Sau (derb): *niemand:* Das interessiert doch keine Sau, was der mit seinem Geld macht.

die wilde Sau spielen (derb): *sich unerträglich, rüpelhaft benehmen, andere schikanieren:* Der Boss spielte wieder einmal die wilde Sau. Wer hier anfängt, die wilde Sau zu spielen, der fliegt sofort raus!

die Sau rauslassen (derb): *sich hemmungslos gehen lassen:* Er wollte sich betrinken, sich amüsieren, und wieder so richtig die Sau rauslassen. In der Kabine haben wir uns dann angebrüllt wie die Stiere. Wir haben richtig die Sau rausgelassen (Hörzu 21, 1982, 30).

eine Sau durchs Dorf treiben (ugs.): *mit einer Nachricht, Ankündigung o. Ä. Aufmerksamkeit erregen [wollen]:* In Sachen Gesundheitsreform wird jetzt ständig eine andere Sau durchs Dorf getrieben. ... die »Zusammenfassung bestimmter medialer Kräfte, die ... um mit Adenauer zu reden, jeden Tag eine andere Sau durchs Dorf treiben« (Spiegel 25, 1985, 20).

unter aller Sau (derb): *unbeschreiblich schlecht:* Meine Schrift war unter aller Sau (Kempowski, Immer 76). Die Richtung war schlecht, der Vordermann unzulänglich, die Haltung unter aller Sau (Kirst, 08/15, 808).
▶ »Sau« steht in dieser Wendung für etwas sehr gering Geachtetes, vgl. auch »säuisch« im Sinne von »sehr schlecht, hundsmiserabel«. Möglicherweise ist die

Fügung in dieser Form in Analogie zu »unter aller Kritik« oder »unter aller Kanone« entstanden.

jmdn., etwas zur Sau machen (derb): *jmdn., etwas vernichtend kritisieren, beschimpfen:* Der Trainer hatte den Mittelstürmer vor versammelter Mannschaft zur Sau gemacht. Ich hasse meinen Vater. Ich hasse alle, die mich zur Sau gemacht haben (Vesper, Reise 10).

ich werd zur Sau! (derb): *Ausruf der Überraschung:* Ich werd zur Sau – du bist ja ein Mädchen!

Perlen vor die Säue werfen: ↑ Perle.

schreien/brüllen wie eine angestochene Sau: ↑ schreien.

sauber: saubere Hände haben: ↑ Hand. **die Luft ist sauber:** ↑ Luft. **eine saubere Weste haben:** ↑ Weste.

Sauce: ↑ Soße.

sauer: sauer wie eine unreife Zitrone sein (ugs.): *sehr verärgert sein:* Vorsicht, der Alte ist immer noch sauer wie eine unreife Zitrone wegen des geplatzten Orientgeschäftes.

sich etwas sauer werden lassen: *sich mit etwas abmühen, sich mit etwas große Mühe geben:* Sie hat sich das wirklich sauer werden lassen, das Haus wieder einigermaßen bewohnbar zu machen. ... er saß am Tisch und schrieb und hatte allerhand Broschüren und Hefte um sich ausgebreitet ... Er ließ es sich sauer werden (Kuby, Sieg 186).

jmdm. Saures geben (ugs.): *jmdn. verprügeln, auf jmdn. losdreschen; es jmdm. zeigen:* Sie gaben den beiden Burschen Saures. Die Regierungstruppen gaben den Putschisten Saures. »Hierher, dritte Abteilung! Gebt ihnen Saures, Kinder!« (Brecht, Geschichten 113).

in den sauren Apfel beißen: ↑ Apfel. **jmdm. sauer aufstoßen:** ↑ aufstoßen. **etwas wie sauer/saures Bier ausbieten:** ↑ ausbieten. **bei jmdm. wird die Milch sauer:** ↑ Milch. **jmdm./dem Fuchs sind die Trauben zu sauer:** ↑ Traube.

Sauer: sich in Sauer einkochen lassen können (ugs.): *auf Nichtbeachtung, Ablehnung stoßen:* Du kannst dich in Sauer einkochen lassen, wir machen unsere Fete auch ohne dich! Der Typ kann sich in Sauer einkochen lassen, ich brauche seine Ratschläge nicht!

sich etwas in Sauer einkochen lassen können (ugs.): *etwas behalten können, mit etwas auf Ablehnung stoßen:* Dein altes Mofa kannst du dir in Sauer einkochen lassen, das will ich nicht geschenkt haben!

saufen: saufen wie ein Loch/wie ein Schlauch/wie ein Bürstenbinder/wie eine Senke (derb): *sehr viel Alkohol trinken:* Der Feuerwehrhauptmann konnte saufen wie ein Schlauch. Er soff wie ein Bürstenbinder, blieb aber ruhig und in sich gekehrt, solange man ihn nicht provozierte. Erst saufen wie eine Senke und dann Auto fahren – das kommt nicht in Frage, mein Lieber! Er hatte eine Mordswampe, soff wie ein Loch und hatte mit 19 schon einen Wagen gehimmelt (Chotjewitz, Friede 75).

sich die Hucke voll saufen: ↑ Hucke. **eine gute Naht saufen:** ↑ Naht. **Tinte gesoffen haben:** ↑ Tinte. **jmdn. unter den Tisch saufen:** ↑ Tisch.

saugen: sich etwas aus den Fingern saugen: ↑ Finger. **an den Hungerpfoten saugen:** ↑ Hungerpfoten. **jmdm. das Mark aus den Knochen saugen:** ↑ ²Mark. **sich etwas aus den Pfoten saugen:** ↑ Pfote.

Saulus: aus einem/vom Saulus zum Paulus werden: *aus einem Gegner einer Sache zu deren eifrigem Befürworter werden:* In der Frage der Rentenreform ist der Ausschussvorsitzende mittlerweile vom Saulus zum Paulus geworden. Welche Einflüsse hatten bewirkt, dass innerhalb weniger Monate aus dem Unentschiedenen der Entschlossene ... aus Saulus ein Paulus wurde? (Jens, Mann 68).

▶ Diese Wendung geht auf den Beginn des 9. Kapitels der Apostelgeschichte zurück, wo über die Bekehrung des Saulus berichtet wird.

Saus: in Saus und Braus leben (ugs.): *ein üppiges, verschwenderisches Leben führen:* Zwei Jahre lebten sie in Saus und Braus, dann war das ganze Vermögen durchgebracht. ... wenn ich einkalkuliere, dass Ihr Anteil am Bucherlös mindestens fünfzigtausend betragen wird und Sie ein Jahr lang in Saus und Braus auf Unkostenkonto leben können (Ruark [Übers.], Honigsauger 425).

▶ »Saus und Braus« bezog sich ursprünglich auf das Sausen des Windes und das Brausen der Wellen, im übertragenen Sinne auf die laute Fröhlichkeit beim geselligen Essen und Trinken.

sausen: jmdm. **saust der Frack:** ↑ Frack.

hin und her sausen wie ein Furz auf der Gardinenstange: ↑ hin.

schaben: jmdm. **Rübchen schaben:** ↑ Rübchen.

Schach: jmdm. **Schach bieten:** *jmdm. wirksam Widerstand leisten [indem man ihn seinerseits bedrängt, einengt]:* Nur durch gemeinsames Vorgehen hätten die Mieter der großen Baufirma Schach bieten können. ... dem kommunistischen Staatschef bleibe gar nichts anderes übrig, als dem Katholizismus Schach zu bieten (Dönhoff, Ära 226).

jmdm. **in Schach halten:** *jmdm. niederhalten, nicht gefährlich werden lassen:* Mit einer Handgranate konnte der Entführer die gesamte Flugzeugbesatzung in Schach halten. Wehrhahn erzählt wieder von Haiti, wie er eine Horde von solchen kaffeebraunen Kerlen in Schach gehalten hat (Härtling, Hubert 37).

schachmatt: jmdn. **schachmatt setzen:** ↑ matt.

Schächtelchen: wie aus dem Schächtelchen (ugs.): *sauber und adrett gekleidet:* Süß schauen Ihre beiden Kleinen aus – immer wie aus dem Schächtelchen!

schade: es ist schade: *es ist bedauerlich:* Es ist wirklich schade, dass ihr nicht länger bleiben könnt.

[es ist] schade um jmdn., **um etwas:** *es tut einem Leid um* jmdn., *um etwas:* Um das schöne Kleid ist es schade, das kann man nicht mehr reinigen. Schade um den Jungen, aus ihm hätte noch etwas werden können. Es war schade um diese Artigkeit, denn er hörte gar nicht darauf ... (Th. Mann, Krull 172).

für/zu etwas zu schade sein: *zu gut für etwas sein:* Die neuen Schuhe sind zum Fußballspielen aber wirklich zu schade. »Ich rauche doch nicht! Dafür ist mir mein Geld zu schade!« (Fallada, Jeder 334).

sich für etwas zu schade sein: *etwas [aus Dünkel] für sich ablehnen:* Es ist Koslowski, einer der berühmtesten Sänger des Landes, der sich für diesen Schülerchor nicht zu schade ist (Berger, Augenblick 109). ... ich möchte nicht in die Schar seiner Abenteuer eingereiht werden. Dazu bin ich mir zu schade (Hörzu 17, 1971, 134).

Schädel: jmdm. **brummt der Schädel:** *jmd. hat Kopfschmerzen:* Er hat gestern zu viel getrunken, und jetzt brummt ihm der Schädel.

einen dicken/harten Schädel haben (ugs.): *eigensinnig, unbeugsam sein:* Der Parteivorsitzende hat einen verdammt dicken Schädel. Sie hatte schon als Kind einen harten Schädel, und sie hat sich noch immer durchgesetzt.

einen hohlen Schädel haben (ugs.): *dumm sein:* Du hast einen ganz schön hohlen Schädel, mein Lieber, das muss ich dir einmal in aller Offenheit sagen!

sich den Schädel einrennen (ugs.): *mit seinem Eigensinn keinen Erfolg haben:* Wenn du dich als einfacher Sachbearbeiter mit der gesamten Firmenleitung anlegst, dann wirst du dir den Schädel einrennen, das kannst du mir glauben!

sich über etwas den Schädel zerbrechen: ↑ Kopf.

schaden: blinder Eifer schadet nur: ↑ blind.

Schaden: [an etwas] Schaden nehmen (geh.): *[in etwas] beeinträchtigt, geschädigt werden:* Der Offizier hatte dreizehn Jahre in den Tropen verbracht, ohne Schaden an seiner Gesundheit zu nehmen. Hat irgendjemand bei dem Feuer Schaden genommen? ... in jener Gasse hätten im achtzehnten Jahrhundert die Sänften ... gestanden, ... mit denen man, ohne Schaden an kostbaren Gewändern zu nehmen, durch Kot und Pestilenz getragen werden konnte (Grass, Hundejahre 132).

Schaden leiden: *beschädigt werden:* Das Porzellan war so gut verpackt, dass es unmöglich Schaden leiden konnte.

wer den Schaden hat, braucht für den Spott nicht zu sorgen: *man wird meist noch verspottet, wenn einem ein Unglück widerfährt.*

wer den Schaden hat, braucht für den Schrott nicht zu sorgen: *scherzhafte Abwandlung des voranstehenden Sprichwortes, oft auf einen Autounfall bezogen.*

durch Schaden wird man klug: *aus negativen Erfahrungen lernt man für künftiges Verhalten.*

ab/weg/fort mit Schaden! (ugs.): *Schluss damit, sei es, wie es wolle!:* Gib ihm das Geld, und dann ab mit Schaden! Vergessen die Angst, vergessen Tegel und die rote Mauer und das Stöhnen und was sonst, – weg mit Schaden, ein neues Leben fangen wir an (Döblin, Berlin 44).
▶ Diese Wendung hat die Form des volkstümlichen Zauberspruches, mit dem Unheil abgewehrt, gebannt wird.

zu Schaden kommen: *geschädigt werden:* Durch den Betrüger sind vor allem allein stehende Frauen zu Schaden gekommen. Man darf wohl sagen, dass bisher bei allen Umwälzungen auf der Erde immer der geistige Mensch zu Schaden gekommen ist (Musil, Mann 633).

Schadenfreude: Schadenfreude ist die reinste Freude: *der Schaden anderer erweckt oft besondere Freude:* Er ist fast erstickt vor Lachen, als ich mich auf die Torte gesetzt hatte – Schadenfreude ist eben die reinste Freude.

schadlos: sich an jmdm. [für etwas] schadlos halten: *sich auf jmds. Kosten [für etwas] entschädigen:* Die Gläubiger werden sich an seiner Frau schadlos halten. Für die ausgefallenen Einnahmen wird sich der Veranstalter an der Konzertagentur schadlos halten.

sich an etwas [für etwas] schadlos halten: *etwas [als Ersatz für etwas Entgangenes] nach Kräften konsumieren:* Für das verregnete Sommerfest hielten wir uns am Fassbier schadlos. ... so verließ ich behutsam mein Bett, öffnete geräuschlos den Deckel meines kleinen Schreibpultes und hielt mich schadlos an der Schokolade (Th. Mann, Krull 53).

Schaf: das schwarze Schaf: *derjenige in einer Gruppe, der sich nicht einordnet, der unangenehm auffällt:* Seine Cousine war schon immer das schwarze Schaf der Familie. ... sind manchmal achtzig, manchmal hundert Leute im Laden, dass da mal ein schwarzes Schaf dabei ist, das lässt sich gar nicht vermeiden (Aberle, Stehkneipen 86).
▶ In einer Schafherde sind die schwarzen und die gefleckten Schafe weniger erwünscht, weil man einheitlich weiße Wolle gewinnen möchte, die sich bei weiterer Verarbeitung nach Wunsch färben lässt. Schon die Bibel (1. Moses 30, 32) nimmt darauf Bezug: »Ich will heute durch alle deine Herden gehen und aussondern alle gefleckten und bunten Schafe und alle schwarzen Schafe ...«

die Schafe von den Böcken scheiden/trennen: *die Guten von den Bösen unterscheiden:* Wie soll man bei der Rasselbande die Schafe von den Böcken scheiden – da ist einer so schlimm wie der andere.
▶ Auch diese Wendung geht auf die Schafzucht zurück. Der Hirte hat die Aufgabe, zu Zuchtzwecken weibliche und männliche Schafe voneinander zu trennen, um nur die kräftigsten Böcke zur Vermehrung einzusetzen. Geläufig wurde die Redewendung durch die Bibel (Matth. 25, 32), wo von Christus gesagt wird, dass er die guten und die schlechten Menschen voneinander scheiden werde wie der Hirt die Schafe von den Böcken.

sein Schäfchen ins Trockene bringen/ (seltener:) **scheren** (ugs.): *sich [auf Kosten anderer] großen Gewinn, große Vorteile verschaffen:* Als der Konkurs nicht mehr abzuwenden war, hatte der Firmenchef längst sein Schäfchen ins Trockene gebracht. Von nun ab wollte sie ihr Schäfchen ins Trockne bringen, wie so viele andere es auch hielten (Plenzdorf, Legende 76).
▶ Die Herkunft dieser Wendung ist nicht sicher geklärt. Möglicherweise bezieht sie sich darauf, dass Schafe auf trockenen Weideplätzen besser gedeihen als auf zu feuchten Wiesen.

sein Schäfchen im Trockenen haben (ugs.): *sich [auf Kosten anderer] großen Gewinn, große Vorteile verschafft haben:* Die Hintermänner des Finanzskandals hatten ihr Schäfchen längst im Trockenen, als der Schaden bekannt wurde.
Vgl. die vorangehende Wendung.

¹schaffen: für/zu etwas wie geschaffen sein: *für etwas besonders geeignet sein:* Die neue Assistentin ist für diesen Job wie geschaffen. Er war wie geschaffen zum Gardeoffizier. Die frühere Kuhmagd schien für den Wärter wie geschaffen (Hauptmann, Thiel 5).

böses Blut schaffen: ↑ Blut. **wie Gott jmdn. geschaffen hat:** ↑ Gott.

²schaffen: jmdm. zu schaffen machen: *jmdm. Schwierigkeiten, Mühe, Sorgen* *bereiten:* Der Mittelgewichtsmeister traf bereits in der Vorrunde auf einen Gegner, der ihm schwer zu schaffen machte. Aber dieser schneidende und bohrende Schmerz in der rechten Leiste ... machte ihm arg zu schaffen (Hackethal, Schneide 71). ... nur seine Augen machten ihm ständig zu schaffen, er war die viele Helligkeit ringsum nicht gewöhnt (Schnurre, Bart 81).

sich zu schaffen machen: *eine Tätigkeit, Arbeit vortäuschen:* Sie machte sich an der Truhe zu schaffen und versuchte, die Unterhaltung mitzuhören. Statt auf Ulrichs Frage zu antworten, hatte sie sich im Zimmer zu schaffen gemacht (Musil, Mann 310).

sich an etwas zu schaffen machen: *an etwas [unbefugt, unsachgemäß] herumhantieren:* Irgendjemand hat sich am Vergaser zu schaffen gemacht, der Motor springt nicht mehr an. Sie begaben sich in mein Arbeitszimmer und machten sich an der Bibliothek zu schaffen (Niekisch, Leben 237). Die Schwarze machte sich am Grammophon zu schaffen. In die Jazzmusik hinein (K. Mann, Mephisto 78).

mit jmdm., mit etwas [nichts] zu schaffen haben: *mit jmdm. [nichts] zu tun haben, von etwas [nicht] betroffen, an etwas [nicht] beteiligt sein:* Mit den Behörden will der Durchschnittsbürger nach Möglichkeit nichts zu schaffen haben. Was habe ich mit deinen Problemen zu schaffen? Aber ich warne Sie, erzählen Sie mir bitte nicht, dass Sie etwas mit dem Toten zu schaffen hätten (Jahnn, Geschichten 200).

jmdm. jmdn., etwas aus den Augen schaffen: ↑ Auge. **sich etwas vom Hals schaffen:** ↑ Hals. **jmdn. auf die Seite schaffen:** ↑ Seite. **etwas auf die Seite schaffen:** ↑ Seite. **vollendete Tatsachen schaffen:** ↑ Tatsache. **etwas aus der Welt schaffen:** ↑ Welt.

Schafleder: ausreißen wie Schafleder: ↑ ausreißen.

Schafspelz: ein Wolf im Schafspelz: ↑ Wolf.

Schale: sich in Schale werfen/schmeißen (ugs.): *sich besonders elegant, festlich anziehen:* Jetzt haben wir uns extra in Schale geschmissen, und dann fällt das Konzert

aus! Dann schmiss sich Berta in Schale, riss die Korsettschnüre zusammen, schlüpfte trotz Hitze in ein Unterkleid (Bieler, Bär 290). Gastarbeiter ... Nach Feierabend waschen sie sich und werfen sich besser in Schale als irgendein deutscher Kollege (Chotjewitz, Friede 162).
► In dieser und der folgenden Wendung steht »Schale« für »[gepflegte] Kleidung«.

in Schale sein (ugs.): *besonders elegant, festlich gekleidet sein:* Na, du bist ja schon in Schale – es ist doch erst Viertel vor sechs! Aber er bleibt hier stehen unter der Arbeitslosen ... Äußerlich gehört Pinneberg nicht zu ihnen, ist fein in Schale (Fallada, Mann 91).
Vgl. die vorangehende Wendung.

in einer rauen Schale steckt oft ein guter Kern: *jmd., der äußerlich abweisend und ruppig ist, ist oft in Wahrheit sehr gutherzig und hilfsbereit.*

schälen: wie aus dem Ei geschält: ↑ Ei.

Schalk: jmdm. sitzt der Schalk/der Schelm im Nacken/hinter den Ohren; jmd. hat den Schalk/den Schelm im Nacken/hinter den Ohren: *jmd. ist zu Späßen aufgelegt:* Ihrem Onkel saß wieder einmal der Schalk im Nacken. Ich glaub dir kein Wort, dir sitzt der Schelm hinter den Ohren! Er hats im kleinen Finger und den Schalk im Nacken (Hörzu 18, 1976, 49).
► Diese Wendungen gehen auf die Vorstellung zurück, dass Menschen von einem Dämon, von einem schalkhaften Kobold besessen sein können. Wenn sich dieser Schalk hinter den Ohren, im Nacken eines Menschen verbirgt und nicht zu sehen ist, handelt es sich also um versteckte Schelmereien.

Schall: Schall und Rauch sein (geh.): *vergänglich, eitel, nichtig sein:* Die großen Worte, all die Versprechungen und Beteuerungen der Politiker waren Schall und Rauch – nichts ist davon geblieben. Der VW-Trabbi ist also doch nicht nur Schall und Rauch? (Freie Presse 6. 12. 1989, 1).

Name ist Schall und Rauch: ↑ Name.

schallen/schallern: jmdm. eine schallen/(landsch.:) schallern (ugs.): *jmdn. ohrfeigen:* »Ich hab ihm aber eine geschallert, der liegt noch auf dem Hof!«

(Fallada, Jeder 195). »Poche hatte Ralf schon letztes Jahr 'n paar geschallert ...« (Bieler, Bär 140).

eine geschallt/(landsch.:) **geschallert kriegen** (ugs.): *geohrfeigt werden, eine Ohrfeige bekommen:* Wenn ich meinen Vater so was frage, krieg ich gleich eine geschallert.

schalten: schalten und walten [wie es jmdm. gefällt o. Ä.]: *nach eigener Entscheidung verfahren, handeln:* In dieser Abteilung können Sie nicht einfach schalten und walten, wie es Ihnen beliebt, hier müssen Sie sich in ein Team einordnen! Das wird in der Welt des Beamten noch verstärkt, gerade weil er nicht frei schalten und walten darf (Fraenkel, Staat 38).

auf Sparflamme schalten: ↑ Sparflamme.

auf stur schalten: ↑ stur.

Schaltjahr: alle Schaltjahre (ugs.): *sehr selten:* Wozu brauchen wir ein Gästezimmer, wenn wir nur alle Schaltjahre mal Besuch bekommen?

schämen: sich die Augen aus dem Kopf schämen: ↑ Auge.

Schande: der Lauscher an der Wand hört seine eigene Schand: ↑ Lauscher. **mit Schimpf und Schande:** ↑ Schimpf.

schänden: Arbeit schändet nicht: ↑ Arbeit. **Armut schändet nicht:** ↑ Armut.

Schandtat: zu jeder Schandtat bereit sein (scherzh.): *bereit sein, jeden Unfug mitzumachen:* Ich bin zu jeder Schandtat bereit – von mir aus können wir alle Kneipen der Stadt begutachten! Er, 25, humorvoll, unternehmungslustig, reisefreudig, zu allen Schandtaten bereit, sucht Sie (Mannheimer Wochenblatt, 9. 3. 1978, 5).

Schanze: sein Leben für jmdn., für etwas in die Schanze schlagen (veraltend): *sein Leben für jmdn., für etwas einsetzen:* Er wäre bereit gewesen, für dieses Mädchen sein Leben in die Schanze zu schlagen.

► Das Wort »Schanze« in dieser Wendung geht auf das altfranzösische »cheance« (= mittelhochdeutsch »schanze«) zurück, das die Bedeutung »Glückswurf, Spieleinsatz« hat. Die Wendung »in die Schanze schlagen« bedeutete also ursprünglich »aufs Spiel setzen«.

Schar: in hellen Scharen/(veraltet auch:) **Haufen:** *in großer Anzahl [von Personen*

oder Tieren]: Maikäfer gab es damals noch in hellen Scharen. Vor allem war die Dorfbevölkerung in hellen Scharen von allen Seiten herbeigeströmt (Werfel, Bernadette 127).

scharf: allzu scharf macht schartig: *übertriebenes strenges Vorgehen schadet nur:* Lassen Sie den Kindern ruhig einmal eine Gelegenheit, sich auszutoben; allzu scharf macht schartig.

auf jmdn., auf etwas scharf sein (ugs.): *jmdn., etwas heftig begehren:* Die ganze Firma weiß doch, dass der Chef auf seine Sekretärin scharf ist. Entweder sie wollte ihrem Mann etwas beweisen oder sie war tatsächlich scharf auf mich (Plenzdorf, Legende 27). »Scharf war ich eigentlich immer nur auf deine Piepen!« (Freizeitmagazin 26, 1978, 10). Auch andere Prominente sind derart scharf auf solche Autos (Spiegel 9, 1976, 134).

scharf wie Nachbars Lumpi/wie Paprika/ wie eine Rasierklinge/wie tausend Russen sein (derb): *begierig auf sexuelle Betätigung sein:* Die Blonde tut ganz cool, aber in Wahrheit ist sie scharf wie eine Rasierklinge!

eine scharfe Klinge schlagen/führen: ↑ Klinge. **jmdm. bläst der Wind scharf ins Gesicht:** ↑ Wind. **es weht ein scharfer Wind:** ↑ Wind. **hier, dort weht ein scharfer/schärferer Wind:** ↑ Wind. **eine scharfe Zunge:** ↑ Zunge.

Scharte: die Scharte [wieder] auswetzen: *den Fehler wieder gutmachen:* Sie werden heute Gelegenheit haben, die Scharte wieder auszuwetzen. Dammers konnte seine Leute und Fahrzeuge zweieinhalb Minuten vor 21 Uhr 40 dem Zugführer melden. Damit hatte er eine Scharte ausgewetzt (Kuby, Sieg 57).

► Schneidegeräte wie Sichel oder Sense werden im Gebrauch immer wieder schartig und müssen daraufhin mit dem Wetzstein wieder geglättet werden. Darauf bezieht sich die vorliegende Wendung.

schartig: allzu scharf macht schartig: ↑ scharf.

Schatten: [nur noch] der/ein Schatten seiner selbst sein: 1. *stark abgemagert, sehr schwächlich sein:* Die Großmutter war schon damals nur noch ein Schatten ihrer selbst. 2. *in der Leistung sehr nach-*

gelassen haben: Der ehemalige Schachweltmeister ist nur noch ein Schatten seiner selbst, seit Monaten hat er kein wichtiges Turnier mehr gewonnen.

▸ Diese Wendung lässt sich zurückführen auf ein Zitat aus der »Pharsalia« des römischen Schriftstellers Marcus Annaeus Lucanus, der über den geschlagenen Pompeius schrieb, dass von diesem nur der Schatten eines großen Namens geblieben sei.

jmdm. wie ein Schatten folgen: *jmdm. überallhin folgen:* Es ist Ihre einzige Aufgabe, dem Botschafter wie ein Schatten zu folgen, sobald er das Haus verlässt.

seine Schatten vorauswerfen: *sich ankündigen:* Die anstehende Bundestagswahl wirft in den Parlamentsdebatten bereits jetzt ihre Schatten voraus.

jmdn., etwas in den Schatten stellen: *jmdn., etwas bei weitem übertreffen:* Diese Frechheit stellt alles in den Schatten, was ich bis heute erlebt habe! Sein Entwurf für Schloss Schönbrunn ... stellt das nur wenig frühere Versailles an Großzügigkeit in den Schatten (Bild. Kunst III, 27). Die Kriege der Zukunft ... werden darum an Furchtbarkeit unter Umständen alles bisher da Gewesene in den Schatten stellen (Gruhl, Planet 319).

in jmds. Schatten stehen: *neben jmdn. nicht zur Geltung kommen, unbeachtet bleiben:* Die jungen Spieler stehen natürlich immer ein wenig im Schatten der großen Stars ihrer Mannschaft.

über seinen [eigenen] Schatten springen: *über sich selbst hinauswachsen; etwas tun, was große Überwindung verlangt:* Er hat sich tatsächlich bei dir entschuldigt? Donnerwetter, dann ist er ja über seinen eigenen Schatten gesprungen! Ich hatte plötzlich gehofft, dass die Gewerkschaft endlich über ihren eigenen Schatten gesprungen wäre und die Angst vor ihrer eigenen Courage abgeworfen hätte (v. d. Grün, Glatteis 321).

[nicht] über seinen Schatten springen können: *[nicht] gegen sein eigenes Wesen, über seine Möglichkeiten hinaus handeln können:* Verfluchtes Ich, das nicht einmal in der Liebe und Sympathie über seinen eigenen Schatten springen kann! (Werfel, Himmel 238). ... aber ich kann

doch nicht zugeben, dass ich mich geirrt habe. Ich kann nicht über meinen eigenen Schatten springen (Ziegler, Liebe 275).

um den Schatten eines Esels streiten (veraltet): *sich um eine geringfügige Angelegenheit streiten:* Wir wollen nicht um den Schatten eines Esels streiten: Sie können den Parkplatz im Hof nehmen, und ich stelle meinen Wagen neben die Einfahrt.

sich vor seinem eigenen Schatten fürchten: *überängstlich sein:* Du hast vielleicht schwache Nerven, mein Junge, du fürchtest dich ja vor deinem eigenen Schatten!

große Ereignisse werfen ihren Schatten voraus: ↑ Ereignis. **wo [viel] Licht ist, ist auch [viel] Schatten:** ↑ Licht.

Schattenseite: auf der Schattenseite [des Lebens] stehen: *vom Schicksal benachteiligt, arm, unterprivilegiert sein:* Denken wir in dieser Stunde auch an diejenigen, die auf der Schattenseite des Lebens stehen, an die Kranken und Armen in unserem Lande.

Schätzchen: zur Sache, Schätzchen: ↑ Sache.

schätzen: sich glücklich schätzen, ... (geh.): *sehr froh darüber sein, dass ...:* Sie kann sich glücklich schätzen, dass sie diesen Leuten nicht in die Hände gefallen ist.

Schau: eine/die Schau sein (ugs.): *großartig, begeisternd sein:* Jetzt fahren wir an den Baggersee und grillen ein paar Steaks, das wird die Schau! Laura fing erst ein, dann noch einen Verkäufer ab. ... Allein wie sie das machte, ist eine Schau (Plenzdorf, Legende 196).

jmdm. die Schau stehlen (ugs.): *jmdn. übertreffen, jmdm. den großen Auftritt verderben:* Ein begabter junger Schauspieler hat in seiner Nebenrolle den beiden Altstars glatt die Schau gestohlen. Auf den Modeschauen der römischen Haute Couture ... stahl sie den Starmannequins die Schau (MM 28. 1. 1966, 20).

eine Schau/(auch:) Show abziehen/machen (ugs.): *sich in Szene setzen, sich aufspielen:* Man kann mit dem Mann einfach nicht reden, ohne dass er gleich eine Schau abzieht! Wenn du anfängst, deine Schau zu machen, gehe ich nach Hause! ... wie mag der innerlich gegrinst haben, während er seine Show abzog (Zwerenz, Quadriga 210).

etwas zur Schau stellen: *etwas ausstellen, öffentlich zeigen:* In der Menagerie wurden Raubtiere aus Afrika und Asien zur Schau gestellt. ... die Leichname Lenins und Stalins zu konservieren und in gläsernen Särgen zur Schau zu stellen (Mehnert, Sowjetmensch 212).

etwas zur Schau tragen: *etwas nach außen hin zeigen:* Noch trug er das starke Überlegenheitsgefühl des erfolgreichen Advokaten zur Schau (Niekisch, Leben 272). Ob sie gar etwa den ganzen guten Tag lang jammern und eine wehklagende Miene zur Schau tragen solle? (R. Walser, Gehülfe 97). Ein religiöser Mensch trägt seine Frömmigkeit nicht zur Schau (Hörzu 12, 1975, 113).

schauen: sich die Augen aus dem Kopf schauen: ↑Auge. **zu tief in den Becher schauen:** ↑Becher. **jmdm. auf die Finger schauen:** ↑Finger. **einem geschenkten Gaul schaut man nicht ins Maul:** ↑Gaul. **zu tief ins Glas schauen:** ↑Glas. **zu tief in die Kanne schauen:** ↑Kanne. **jmdm. in die Karten schauen:** ↑Karte. **jmdm. aus allen Knopflöchern schauen:** ↑Knopfloch. **hinter die Kulissen schauen:** ↑Kulisse. **weder rechts noch links schauen:** ↑rechts. **bei jmdm. durch alle Ritzen schauen:** ↑Ritze. **dem Tod ins Auge schauen:** ↑Tod. **trau, schau, wem:** ↑trauen.

schaufeln: sich selbst sein/sein eigenes Grab schaufeln: ↑Grab.

schaukeln: wir werden das Kind schon schaukeln: ↑Kind.

Schaukelpferd: ein Gemüt wie ein Schaukelpferd haben: ↑Gemüt.

Schaum: Schaum schlagen: *prahlen:* Wer nur Schaum schlägt und wer wirklich etwas kann, das wird sich bald zeigen.

▶ Die Wendung bezieht sich darauf, dass das Volumen einer Flüssigkeit, wenn man sie schaumig rührt oder schlägt, zwar größer wird, die Substanz aber dieselbe bleibt. Mit hinein spielt wohl auch, dass die Schaumdecke, die sich z. B. beim Kochen oder Braten auf einer Flüssigkeit bildet, wertlos ist.

Träume sind Schäume: ↑Traum.

schäumen: schäumen vor Wut (ugs.): *sehr wütend sein:* Der betrogene Betrüger schäumte vor Wut. ... schreit er, dass

die ganze Nachbarschaft es hört, schäumend vor Wut darüber, dass Lila ... nicht in den Boden versinkt (Frisch, Gantenbein 256).

Schaumlöffel: etwas mit dem Schaumlöffel gegessen haben (veraltet): *etwas [eine positive Eigenschaft] nicht besitzen:* Dein seltsamer Freund hat den Anstand mit dem Schaumlöffel gegessen. Man sagte von ihm, er habe die Weisheit mit dem Schaumlöffel gegessen.

▶ Die Wendung erklärt sich daraus, dass der Löffel, mit dem von Flüssigkeiten Schaum abgeschöpft wird, siebartig durchlöchert ist.

Schauspiel: jmdm. kein Schauspiel geben: *sich vor jmdm. nicht gehen lassen:* Hör auf zu weinen, du willst doch den Gästen im Lokal kein Schauspiel geben!

ein Schauspiel für die Götter sein: *ein sehr komischer Anblick sein:* Es war ein Schauspiel für die Götter, als die Kinder sich mit den Mänteln und Hüten der Gäste kostümiert hatten.

scheckig: sich scheckig lachen (ugs.): *heftig lachen:* Du lachst dich scheckig, wenn ich dir erzähle, was mir passiert ist! Anny Ondra, ... ein Wonneproppen mit pfiffigem Puppengesicht, über dessen verrückte Slapstickspäße unsere Großeltern sich einst scheckig lachten (Hörzu 10, 1974, 28).

▶ Diese Wendung bezieht sich wahrscheinlich auf die Gesichtsfarbe des Lachenden, der bei sehr angestrengtem Lachen rote Flecken im Gesicht bekommen kann.

bekannt sein wie ein scheckiger Hund: ↑bekannt.

scheel: jmdn., etwas mit scheelen Augen ansehen: ↑Auge.

Scheffel: sein Licht [nicht] unter den Scheffel stellen: ↑Licht.

Scheibe: sich von jmdm., von etwas eine Scheibe abschneiden [können] (ugs.): *sich an jmdm., an etwas ein Beispiel nehmen [können]:* Was Ehrgeiz und Trainingsfleiß betrifft, kann sich manch einer vom Altmeister eine Scheibe abschneiden. Tante achtet sehr auf ihre Kalorien, da können wir uns eine Scheibe abschneiden (Schädlich, Nähe 138).

▶ Dieser Wendung liegt ein Vergleich mit einem wohlschmeckenden Brot, Kuchen oder Braten zugrunde, wovon man sich gern eine Scheibe abschneiden würde.

scheiden: geschiedene Leute sein (ugs.): *nichts mehr miteinander zu tun haben [wollen]:* Entweder du nimmst das zurück, oder wir sind geschiedene Leute!

von hinnen scheiden (geh.; veraltet): *sterben:* Warum musste dieser begnadete Künstler so früh von hinnen scheiden?

da/hier scheiden sich die Geister: ↑ Geist.

die Schafe von den Böcken scheiden: ↑ Schaf. **die Spreu vom Weizen scheiden:** ↑ Spreu. **aus der Welt/aus dem Leben scheiden:** ↑ Welt.

Scheideweg: am Scheideweg stehen (geh.): *vor einer grundsätzlichen Entscheidung stehen:* Der junge Musiker wusste, dass er an einem Scheideweg stand – die nächsten Tage würden seine weitere Zukunft bestimmen.

Scheidungsrichter: die Axt im Haus erspart den Scheidungsrichter: ↑ Axt.

Schein: den Schein wahren: *nach außen hin den Eindruck erwecken, als sei alles in Ordnung:* Ihre Ehe ist seit langem zerrüttet; nur um den Schein zu wahren, nehmen sie noch zusammen an gesellschaftlichen Verpflichtungen teil. ... er hätte ruhig heimfahren und sich eine Ausrede dafür einfallen lassen können ... und lasst es nur, um den Schein zu wahren (Kemelman [Übers.], Mittwoch 210).

zum Schein: *scheinbar:* Er hatte zum Schein eingewilligt, das Lösegeld zu bezahlen. ... und in Wirklichkeit Doppelagent war, wobei er unsere CIA-Kollegen hereinlegte und in Wirklichkeit nur zum Schein für sie arbeitete (Zwerenz, Quadriga 277).

Scheißdreck: einen Scheißdreck (derb): *gar nicht[s]:* Was ich hier mache, geht dich einen Scheißdreck an! Einen Scheißdreck versteht er vom Maschinenbau. ... einen Scheißdreck liebst du mich (Sobota, Minus-Mann 38).

Scheiße: alles Scheiße, deine Emma! (derb): *es ist alles danebengegangen, es ist alles unerfreulich, unangenehm:* Der Kommentar zur Lage: Alles Scheiße, deine Emma!

▶ Diese Redensart entstand in Anlehnung an die gängige Grußformel »Alles Liebe, dein[e] ...« in Briefen.

Scheiße mit Reis! (derb): *Ausruf der Verärgerung:* Scheiße mit Reis, der Draht hat nicht gehalten!

Scheiße im Trompetenrohr! (derb): *Ausruf der Verärgerung:* Mein Autoschlüssel ist in den Gully gefallen – Scheiße im Trompetenrohr!

jmdm. steht die Scheiße bis zum Hals (derb): *jmd. ist in einer äußerst misslichen Lage:* Wenn das Finanzamt ihm die Steuernachforderung nicht wenigstens drei Monate stundet, dann steht ihm die Scheiße bis zum Hals.

Scheiße im [Ge]hirn/im Kopf haben (derb): *dumm sein:* Hast du Scheiße im Hirn, oder was ist mit dir los? Schon schlimm, wenn man eines Tages feststellen muss, dass der eigene Sohn Scheiße im Kopf hat!

nur noch Scheiße brüllen [können] (derb): *heftig und völlig unkontrolliert lachen müssen:* Als er auch noch auf offener Bühne die Hose verlor, brüllte das Publikum nur noch Scheiße.

nur noch Scheiße sagen [können] (derb): *völlig verzweifelt sein:* Mein Auto hat nur noch Schrottwert, und meinen Führerschein bin ich auch los, ich sag nur noch Scheiße.

jmdn. aus der Scheiße ziehen (derb): *jmdm. aus einer misslichen Situation heraushelfen:* Er wird ihr nie vergessen, dass sie ihn damals aus der Scheiße gezogen hat.

aus der [größten] Scheiße heraus sein (derb): *die schlimmsten Schwierigkeiten überwunden haben:* Mit dem Darlehen von seinem Vater dürften sie jetzt aus der größten Scheiße heraus sein.

jmdn., etwas durch die Scheiße ziehen (derb): 1. *jmdn., etwas grob verspotten, verulken:* Sie haben ihn kräftig durch die Scheiße gezogen, und er hat es nicht einmal gemerkt! 2. *jmdn., etwas schlecht machen, verleumden:* Die Boulevardpresse zog ihn wochenlang durch die Scheiße. Ich werde diesem Kerl nie vergessen, dass er unsere Ausstellung dermaßen durch die Scheiße gezogen hat.

in der Scheiße sitzen/stecken (derb): *sich in einer sehr unangenehmen Lage befinden:* Jetzt sitzen wir schön in der Scheiße – das ganze Geld ist futsch. Ahnungslos von den Folgen seiner Offenherzigkeit saß er nun mit Richy ... in der Scheiße (Ossowski, Flatter 133).

scheißen: scheißen wie ein Waldesel (derb): *laut und heftig Blähungen abgehen lassen:* Fenster auf – der Kerl neben mir scheißt wie ein Waldesel!
▶ Der »Waldesel« ist ein älteres Wort für »wilder Esel«, das in dieser Wendung übertragen für einen ungehobelten Menschen gebraucht wird.
jmdm. was/eins scheißen (derb): *jmds. Wunsch, Bitte, Ansinnen o. Ä. nicht entsprechen:* Der soll nur kommen mit seiner Einladung – dem scheiß ich eins! »... Ich bitte um die Zuteilung der Funker und der Funksprechgeräte.« »Ich werde Ihnen was scheißen!«, brüllte Schulz laut (Kirst, 08/15, 563).
[jmdm.] auf etwas [was] scheißen (derb): *auf etwas verzichten, etwas ignorieren, ablehnen:* Auf dein Mitleid scheiß ich was, das hilft mir auch nicht weiter! Ich werde für Sie beten ... Danke, darauf scheiß ich! (Ziegler, Recht 214). »Scheiß auf die Schule«, sagte er, »komm mit mir!« (Ossowski, Flatter 32).
scheiß drauf! (derb): *das ist jetzt egal!:* Vorsicht, meine Hose hängt im Stacheldraht! – Scheiß drauf, wir müssen weg! Herr Hammerl macht Greiber darauf aufmerksam, dass er so problemlos zu einer Überstunde täglich kommt. Scheiß drauf, sagt Greiber (Zenker, Froschfest 208).
besser als in die hohle Hand geschissen: ↑ besser. **dir hat man wohl ins Gehirn geschissen [und vergessen umzurühren]:** ↑ Gehirn. **grün, wie die Gans scheißt; grün scheißt die Gans ins Gras:** ↑ grün. **sich in die Hosen scheißen:** ↑ Hose. **da scheißt der Hund ins Feuerzeug:** ↑ Hund. **wenn der Hund nicht geschissen hätte, hätte er den Hasen gekriegt:** ↑ Hund. **jmdm. in die Schonung scheißen:** ↑ Schonung. **auf jmdn. hat der Teufel durch ein Sieb geschissen:** ↑ Sieb. **jmdm. in die Stiefel scheißen:** ↑ Stiefel. **der Teufel scheißt immer auf den großen Haufen:** ↑ Teufel.
Scheit: eine Karte oder ein Scheit Holz: ↑ Karte.
Scheitel: jmdm. den Scheitel mit der Axt ziehen (ugs.): *jmdn. erschlagen:* Er hat ihm den Scheitel mit der Axt gezogen, als er ihn mit seiner Frau im Bett erwischt hat.

vom Scheitel bis zur Sohle: *durch und durch, ganz und gar:* Er ist ein Gentleman vom Scheitel bis zur Sohle. ... Hausierer, Landstreicher, asozial vom Scheitel bis zur Sohle (Maass, Gouffé 97).
Schelle: Schellen kloppen (ugs.): *bei jmdm. an der Tür klingeln und dann weglaufen:* Die Schülerinnen wollten auf dem Nachhauseweg Schellen kloppen. **der Katze die Schelle umhängen:** ↑ Katze.
Schellenkönig: jmdn., etwas über den Schellenkönig loben (veraltend): *jmdn., etwas übermäßig, in übertriebener Weise loben:* Schon vor seinem Auftritt war der polnische Pianist von den Kritikern über den Schellenkönig gelobt worden. Der Medizinalrat »informierte« den Amtswalter über mich. Er lobte mich über den Schellenkönig (Niekisch, Leben 354).
▶ Der Schellenkönig ist die höchste Spielkarte im deutschen Blatt; »über den Schellenkönig« drückt also in dieser Wendung eine besonders hohe Einstufung aus.
Schelm: auf einen Schelm anderthalbe setzen (veraltend): *einen Streich, Schabernack o. Ä. mit einem noch ärgeren, pfiffigeren beantworten:* Sie auf den Arm zu nehmen war gefährlich; sie war bekannt dafür, auf einen Schelm stets anderthalbe zu setzen.
jmdm. sitzt der Schelm im Nacken/hinter den Ohren; jmd. hat den Schelm im Nacken/hinter den Ohren: ↑ Schalk.
Schema: nach Schema F (ugs.): *nach dem üblichen Muster; ohne Überlegung, mechanisch:* Hier geht alles nach Schema F. Dieses Planspiel nach Schema F, genannt Ehe, lässt mich an Scheidung denken (Hörzu 22, 1975, 92). Er ist ein Lehrer, der seinen Unterricht nicht nach Schema F abspult, sondern immer Abwechslung in den Unterricht bringt (MM 19. 9. 1979, 25).
▶ Diese Wendung leitet sich aus den seit 1861 beim deutschen Militär vorgeschriebenen »Frontrapporten« her, in denen Berichte über den Bestandsnachweis der vollen Kriegsstärke festgehalten wurden und die immer nach dem Schema »F[rontrapport]« abgefasst wurden.
schenken: sich/einander nichts schenken (Sport): *mit vollem Einsatz gegeneinan-*

der kämpfen: Beide Mannschaften haben sich nichts geschenkt, alle Spieler kämpften mit letztem Einsatz. **jmdm. wird nichts geschenkt** (ugs.): *jmd. muss alles durchmachen, hat es sehr schwer:* Den Schülern wurde im Internat nichts geschenkt. »Mir wurde auch nichts geschenkt, und ich hab auch nicht gemault.« (Fels, Sünden 77). **[glatt/halb] geschenkt sein** (ugs.): *sehr billig sein:* Eins fünfzig für die Erdbeeren? Das ist ja glatt geschenkt! **geschenkt zu teuer sein** (ugs.): *minderwertig sein:* Die alte Karre hätte ich nie gekauft, die ist doch geschenkt zu teuer! **einem geschenkten Gaul sieht/schaut/guckt man nicht ins Maul:** ↑ Gaul. **jmdm. Gehör schenken:** ↑ Gehör. **jmdm., einer Sache Glauben schenken:** ↑ Glaube. **jmdm. sein Herz schenken:** ↑ Herz. **jmdm. das Leben schenken:** ↑ Leben. **lieber den Magen verrenken, als dem Wirt etwas schenken:** ↑ Magen. **jmdm. ein geneigtes Ohr schenken:** ↑ Ohr.

Scherbe: Scherben bringen Glück: *Kommentar, wenn Glas, Porzellan o. Ä. zerbricht.*

in Scherben gehen (ugs.): *völlig zerstört werden:* Er war entschlossen durchzukommen, und wenn die ganze Welt dabei in Scherben ging (Hesse, Narziß 344). ... die Notlampen in der Zentrale waren nicht in Scherben gegangen (Ott, Haie 275).

Scherbelino: Monte Scherbelino: ↑ Monte.

Schere: die Schere im Kopf: *die freiwillige, schon fast unbewusste Selbstzensur:* Früher galt er als einer der kritischsten Journalisten, aber heute erkennt man an seinen Artikeln immer öfter die Schere im Kopf. Musterbeispiel für die Schere im Kopf sind Schillers »Räuber«, die 1783 in Berlin zunächst in einer total verhunzten Fassung über die Bühne gingen (Börsenblatt 12, 1989, 475).

[1]scheren: sich den Henker um etwas scheren: ↑ Henker. **scher dich zum Henker:** ↑ Henker. **scher dich zum Kuckuck:** ↑ Kuckuck. **sich keinen Pfifferling um etwas scheren:** ↑ Pfifferling. **scher dich zum Teufel:** ↑ Teufel. **sich den Teufel um etwas scheren:** ↑ Teufel.

[2]scheren: alles über einen Kamm scheren: ↑ Kamm. **sein Schäfchen scheren:** ↑ Schaf.

Scherz: ohne Scherz!; Scherz beiseite! (ugs.): *im Ernst:* Jetzt mal ohne Scherz – wer hat das Schild entfernt? Scherz beiseite, ich brauche das Geld sofort!

seinen Scherz/seine Scherze mit jmdm. treiben: *jmdn. necken, verspotten:* Wollt ihr wohl aufhören, eure Scherze mit dem alten Mann zu treiben! Er hatte so lange seinen Scherz mit der Laborantin getrieben, bis sie wütend geworden war.

mach keinen Scherz/keine Scherze/Witze: ↑ Witz.

scheu: die Pferde scheu machen: ↑ Pferd.

scheuen: gebranntes Kind scheut das Feuer: ↑ brennen. **das Licht scheuen:** ↑ Licht. **das Rampenlicht scheuen:** ↑ Rampenlicht. **das Tageslicht scheuen:** ↑ Tageslicht.

scheuern: jmdm. eine/ein paar scheuern (ugs.): *jmdn. ohrfeigen:* Ehe sie so recht wusste, was los war, hatte ihre Mutter ihr ein paar gescheuert. »Halt die Schnauze! Ruhig sollst du sein! Ich scheuer dir eine!« (Imog, Wurliblume 312). Würden wir nur jetzt eine scheuern, würden wir sie mit Sicherheit eine zurückbekommen (Spiegel 47, 1968, 222).

eine/ein paar gescheuert kriegen/bekommen (ugs.): *geohrfeigt werden:* Stell dich nicht so blöd an, sonst kriegst du eine gescheuert!

Scheunendrescher: fressen wie ein Scheunendrescher: ↑ fressen.

Scheunentor: mit dem Scheunentor winken: *einen überdeutlichen Hinweis geben:* Sein letzter Brief war an allen vier Ecken angebrannt – er winkt mal wieder mit dem Scheunentor, unser lieber Herr Sohn!

ein Wink mit dem Scheunentor: *ein überdeutlicher Hinweis:* Wenn sie dir erzählt hat, dass sie jeden Nachmittag im Schwimmbad ist, dann ist das doch ein Wink mit dem Scheunentor.

Schicht: Schicht machen (ugs.): *eine Arbeitspause einlegen, Feierabend machen:* Wir sollten langsam Schicht machen und ein Bierchen zischen gehen. Es ist erst zehn vor vier, jetzt wird noch nicht Schicht gemacht!

schicken: jmdn. in den April schicken: ↑ April. **etwas bachab schicken:** ↑ bachab.

jmdm. jmdn. auf den Hals schicken: ↑ Hals. **jmdn. in die ewigen Jagdgründe schicken:** ↑ Jagdgründe. **jmdn. zum Kuckuck schicken:** ↑ Kuckuck. **jmdn. in Pension schicken:** ↑ Pension. **jmdn. von Pontius zu Pilatus schicken:** ↑ Pontius. **jmdn. auf die Reise schicken:** ↑ Reise. **jmdn. schlafen schicken:** ↑ schlafen. **jmdn. zum Teufel schicken:** ↑ Teufel. **jmdn. ins Traumland schicken:** ↑ Traumland. **jmdn. in die Wüste schicken:** ↑ Wüste.

Schicksal: Schicksal/Vorsehung spielen: *etwas lenken, in die Wege leiten:* Seine Tante wollte mal wieder Schicksal spielen, sie hatte für ihn eine Braut ausgesucht. Die Wechselkurse spielten auch 1984 wieder Schicksal, wobei sich das Geschehen ... nur um eine einzige Währung drehte (Vaterland 73, 27. 3. 1985, 7). **jmdn. seinem Schicksal überlassen:** *jmdm. nicht aus einer Notlage helfen:* Wir können das kranke Tier doch nicht einfach seinem Schicksal überlassen! Walther hatte ... die äußere Operationswunde geschlossen und die Kranke ihrem Schicksal überlassen (Thorwald, Chirurgen 158).

schieben: jmdn. aufs Abstellgleis schieben: ↑ Abstellgleis. **etwas auf die lange Bank schieben:** ↑ Bank. **etwas auf ein falsches/totes Gleis schieben:** ↑ Gleis. **Knast schieben:** ↑ Knast. **Kohldampf schieben:** ↑ Kohldampf. **eine ruhige Kugel schieben:** ↑ Kugel. **sich etwas unter die Nase schieben:** ↑ Nase. **eine Nummer schieben:** ↑ Nummer. **eine Pleite schieben:** ↑ Pleite. **jmdm. [die Schuld an] etwas in die Schuhe schieben:** ↑ Schuh. **sich in den Vordergrund schieben:** ↑ Vordergrund. **jmdn., etwas in den Vordergrund schieben:** ↑ Vordergrund. **Wache schieben:** ↑ Wache. **jmdm. etwas unter die Weste schieben:** ↑ Weste.

Schiedsrichter: Schiedsrichter ans Telefon! (Sport; scherzh.): *Äußerung, mit der man seinen Unmut über die Leistungen des Schiedsrichters ausdrückt.*

schief: schief ist englisch [und englisch ist modern]! (ugs.): *Kommentar, wenn etwas schief hängt, sitzt o. Ä.*

▶ Diese Redensart geht wohl auf die hierzulande als auffällig empfundene Gewohnheit der Engländer zurück, die Mütze oder den Hut schief auf dem Kopf zu tragen.

jmdn. schief ansehen: *jmds. Verhalten, Äußerung missbilligen und ihm das [durch Blicke, Mienenspiel o. Ä.] zu verstehen geben:* Sogar die nächsten Verwandten haben ihn nach der Scheidung schief angesehen. Es sind viele Mädchen und Frauen mit Kindern hier am Strand. Sie sehen uns schief an. Sie halten uns für Drückeberger ... (Bieler, Mädchenkrieg 398).

bei jmdm. schief auflaufen (ugs.): *von jmdm. entschieden zurückgewiesen, abgewiesen werden:* Mit seinen Plänen für eine Neustrukturierung der Redaktion ist er bei den Kollegen schief aufgelaufen.

auf die schiefe Bahn kommen/geraten: ↑ Bahn. **auf die schiefe Ebene kommen/geraten:** ↑ Ebene. **ein schiefes Gesicht machen/ziehen:** ↑ Gesicht. **bei jmdm. hängt der Haussegen schief:** ↑ Haussegen. **schief geladen haben:** ↑ laden. **in [ein] schiefes Licht geraten/kommen:** ↑ Licht. **ein schiefes Licht auf jmdn., auf etwas werfen:** ↑ Licht. **in einem schiefen Licht erscheinen:** ↑ Licht. **etwas in einem schiefen Licht sehen:** ↑ Licht. **jmdm. hängt der Magen schief:** ↑ Magen. **einen schiefen Mund/ein schiefes Maul ziehen:** ↑ Mund.

schief gehen: [es] wird schon schief gehen! (ugs.): *Aufmunterung, etwas zu tun, das einem als riskant erscheint:* Melde dich einfach an zum Examen, es wird schon schief gehen! »Wird schon schief gehen!«, rief sie ihrem Bruder nach, als man ihn in den Operationssaal schob.

schief gewickelt: schief gewickelt sein (ugs.): *sich im Irrtum befinden:* Wenn du glaubst, ich würde dir so ohne weiteres das Geld geben, dann bist du schief gewickelt! »Setzen Sie sich.« Doch da ist der Herr Oberrichter schief gewickelt (Bieler, Bär 361).

schieflachen: sich krumm- und schieflachen: ↑ krummlachen.

schielen: schielen wie eine Gans, wenns donnert (ugs.): *[aus Verlegenheit o. Ä.] schielen:* Statt ihren Chef zu begrüßen, steht sie in der Ecke und schielt wie eine Gans, wenns donnert!

nach dem Bettzipfel schielen: ↑ Bettzipfel.

schießen: zum Schießen sein (ugs.): *sehr komisch, zum Lachen sein:* Wie du dich auf das Nähzeug gesetzt hast, das war einfach zum Schießen! Stan Laurel und Oliver Hardy waren wirklich zum Schießen (Hörzu 9, 1971, 58). ausgehen wie das Hornberger Schießen: ↑ ausgehen. jmdm. schießt das Blatt: ↑ Blatt. einen Bock schießen: ↑ Bock. wie Pilze aus dem Boden/aus der Erde schießen: ↑ Boden. jmdn. über den Haufen schießen: ↑ Haufen. mit Kanonen auf Spatzen schießen: ↑ Kanone. [einen] Kobolz schießen: ↑ Kobolz. jmdm. [plötzlich] durch den Kopf schießen: ↑ Kopf. ins Kraut schießen: ↑ Kraut. aus allen Lagen schießen: ↑ Lage. ein Loch in die Luft schießen: ↑ Loch. jmdn. auf den Mond schießen: ↑ Mond. wie aus der Pistole geschossen: ↑ Pistole. so schnell schießen die Preußen nicht: ↑ Preuße. schieß in 'n Wind: ↑ Wind. jmdm., einer Sache die Zügel schießen lassen: ↑ Zügel.

Schießhund: aufpassen wie ein Schießhund: ↑ aufpassen.

Schießpulver: das Schießpulver nicht erfunden haben: ↑ Pulver.

Schiff: klar Schiff machen: 1. (Seemannsspr.) *das Schiff sauber machen, aufräumen:* Morgen früh wird klar Schiff gemacht. 2. (ugs.) *eine Angelegenheit bereinigen, alles in Ordnung bringen:* Er ... habe ... das Gefühl, als könne es Helmut gut tun, wenn er hier einfach mal klar Schiff machen, die Brücken abbrechen und in eine neue Welt aufbrechen würde (M. Walser, Pferd 107). die Ratten verlassen das sinkende Schiff: ↑ Ratte.

Schiffbruch: [mit etwas] Schiffbruch [er]leiden: *Misserfolg haben, [mit etwas] scheitern:* Die Regierung hat in der Finanzpolitik Schiffbruch erlitten. Mit großen Illusionen ... steuern viele Eheaspiranten den »Hafen der Ehe« an – und erleiden dann Schiffbruch (Ruthe, Partnerwahl 177). Nun hat also die bisherige Nahostpolitik des Westens Schiffbruch erlitten (Dönhoff, Ära 168).

Schifferscheiße: dumm/dämlich, frech wie Schifferscheiße sein: ↑ dumm, ↑ frech.

Schikane: mit allen Schikanen (ugs.): *mit allem, was dazugehört, mit allem Kom-*

fort, mit allem [technischen] Zubehör: Der erste Preis beim Radioquiz war eine Stereoanlage mit allen Schikanen. Aber nur, wenn ich ein Fahrrad kriege mit Tacho und vier Gängen, Rückspiegel und allen Schikanen (Brot und Salz 262).

▶ »Schikane« geht auf das französische Wort »chicane« zurück, das ursprünglich »Rechtsverdrehung, Intrige« bedeutete. Die Bedeutung »Raffinesse« in der vorliegenden Wendung hat sich über »Kniff, Trick« entwickelt.

Schild: jmdn. auf den Schild heben: *jmdn. zum Führer bestimmen:* Die Zukunft wird zeigen, ob die Partei den richtigen Mann auf den Schild gehoben hat. Sie ... ignoriere seine Leistung, »indem sie einen ... Cliquen-Genossen ... auf den Schild erhebt« (Reich-Ranicki, Th. Mann 57).

▶ Diese Wendung geht auf einen altgermanischen Brauch zurück: Ein neu gewählter Stammesführer wurde auf einem Schild dreimal im Kreise herumgetragen, damit das versammelte Volk ihn deutlich sehen konnte.

etwas im Schilde führen (ugs.): *etwas [Unrechtes, Böses] vorhaben:* Wenn sie so vergnügt vor sich hin pfeift, führt sie bestimmt etwas im Schilde. Hösslin verteidigte sich wirr und versicherte, nichts gegen die neuen Zustände im Schilde zu führen (Niekisch, Leben 41).

▶ Die mittelalterlichen Turnierritter trugen auf ihren Schilden Abzeichen und Wahlsprüche, die ihre Identität für Eingeweihte kenntlich machten. Auch außerhalb des Turniers verrieten die Wappen, mit denen Schilde und Helme verziert waren, dem Kundigen sofort die Herkunft der gepanzerten Reiter. Welche Farbe oder welches Wappen jemand »im Schilde führte«, gab also Auskunft, ob es sich um einen Freund oder einen Feind handelte; man wusste, was man von dem Betreffenden zu erwarten hatte. Darauf geht die vorliegende Wendung zurück. Bei der Ausbildung der negativen Bedeutung »etwas Böses vorhaben« hat wohl mitgewirkt, dass der nahende Feind seine Waffen hinter dem Schild verbergen konnte.

schildern: etwas in rosigem/im rosigsten Licht schildern: ↑ Licht. etwas schwarz in schwarz/in den schwärzesten Farben schildern: ↑schwarz.

Schiller: das ist eine Idee von Schiller: ↑Idee. so [et]was lebt, und Schiller musste sterben: ↑leben.

schillernd: etwas in den schillerndsten Farben malen: ↑leuchtend.

Schimmel: jmdm. zureden wie einem kranken Schimmel: ↑zureden.

schimmelig: sich [über jmdn., etwas] schimmelig lachen (landsch.): *sehr [über jmdn., etwas] lachen:* Sie hat sich über sein dummes Gesicht schimmelig gelacht. Wir haben uns schimmelig gelacht, als die Servitererin ihm die Suppe über den Anzug schüttete.

Schimmer: keinen Schimmer [vom Dunst einer Ahnung] haben (ugs.): *nichts wissen, nichts ahnen:* Ich hatte keinen Schimmer vom Dunst einer Ahnung, dass ihr heute Abend kommen wolltet! »Ich kann mir bloß denken, dass er seinen Freund zurückholen wollte, und davon hatte ich keinen Schimmer.« (Bieler, Bär 342).
keinen blassen/nicht den leisesten Schimmer haben: ↑blass.

Schimpf: mit Schimpf und Schande: *unter unehrenhaften Bedingungen:* Die geschlagenen Feinde mussten mit Schimpf und Schande abziehen. Die Frau des Geschäftsmannes kam dahinter und jagte Beryll mit Schimpf und Schande davon (Kranz, Märchenhochzeit 43, 17).
▶ In dieser Wendung bedeutet »Schimpf« so viel wie »Spott; Schmach«. Die alliterierende Formel dient der Verstärkung.

schimpfen: schimpfen wie ein Rohrspatz (ugs.): *heftig, aufgebracht schimpfen:* Sie schimpfte wie ein Rohrspatz, wenn die Kinder von ihrer Marmelade genascht hatten. Trotz Sieg mit neuem Halleneuroparekord über 5 000 m schimpft er wie ein Rohrspatz: »Jetzt habe ich die Nase voll.« (Hörzu 10, 1974, 24).
▶ »Rohrspatz« ist ein volkstümlicher Name für den Drosselrohrsänger, dessen knarrende Stimme, besonders wenn der Vogel sich bedroht fühlt, für das menschliche Ohr nach Gezeter und Geschimpfe klingt.

Schindluder: mit jmdm., mit etwas Schindluder treiben (ugs.): *jmdn., etwas*

übel behandeln: Ich lasse mit mir nicht Schindluder treiben, auch von euch nicht! Er hat mit seiner Gesundheit jahrelang Schindluder getrieben. Mit dem Begriff »Aufklärungsfilm« ist viel Schindluder getrieben worden (Express 5. 10. 1968, 6).
▶ »Schindluder« ist eine veraltete Bezeichnung für das kranke oder alte Haustier, das zum Schinder (= Abdecker) gebracht wird. Die Wendung bedeutete also ursprünglich »jmdn. wie ein elendes Tier behandeln«.

Schinken: mit der Wurst nach dem Schinken werfen: ↑Wurst.

Schippchen: ↑Schippe.

Schippe: eine Schippe/ein Schippchen machen (fam.): *unwillig die Unterlippe vorschieben (bes. von Kindern):* Mach doch kein Schippchen, morgen darfst du wieder im Garten spielen.
jmdn. auf die Schippe nehmen (ugs.): *jmdn. verulken:* Sie fühlte sich auf die Schippe genommen und rauschte beleidigt aus dem Zimmer. ... war sein Vortrag recht witzig, weil er es verstand, einen Teil unserer Studienräte ... auf die Schippe zu nehmen (Grass, Katz 62). Also – wo sind die Sendungen, in denen sich unser Fernsehen selbst auf die Schippe nimmt? (Hörzu 40, 1971, 5).
▶ Die Herkunft der Wendung ist unklar. Vielleicht ist eigentlich gemeint »jemanden wie Kehricht, Schmutz, den man zusammenfegt und auf die Schaufel nimmt, behandeln«.
dem Tod noch einmal von der Schippe gesprungen/gehüpft sein: ↑Tod. dem Totengräber von der Schippe gehüpft sein: ↑Totengräber.

Schirm: halt mal deinen Schirm fest! (ugs.): *vergiss nicht, was du sagen wolltest! (Formel, mit der man jemanden in seiner Rede unterbricht):* Halt mal deinen Schirm fest, ich hol nur ein paar Zigaretten aus dem Wohnzimmer!
den Schirm zuklappen (ugs.): *sterben:* Als sein Alter den Schirm zugeklappt hatte, musste er die Firma weiterführen.
einen Schirm in die Ecke stellen; einen Schirm [in der Ecke] stehen lassen (landsch.): *eine Blähung abgehen lassen:* Hat hier jemand einen Schirm in die Ecke gestellt?

▶ Die Wendung bezieht sich wohl darauf, dass ein in der Ecke stehender, alter oder feuchter Schirm muffig riecht.

Schiss: [vor jmdm., vor etwas] Schiss haben (derb): *[vor jmdm., vor etwas] Angst haben:* Er hatte zu viel Schiss, um sich mit ihm anzulegen. Dieser Steinboden knarrt bestimmt nicht, doch mein Bruder hat Schiss, ich auch (Imog, Wurliblume 124). ... wenn sie die geklaute Pappe zu dir zurückbringen, meinetwegen nachts, falls sie Schiss haben (Bieler, Bär 165).

[vor jmdm., vor etwas] Schiss kriegen (derb): *[vor jmdm., vor etwas] Angst bekommen:* Zum Schluss hatte sie doch Schiss gekriegt und war nach Hause gelaufen. Im letzten Moment hatte sie dann doch noch Schiss gekriegt, weil das in Tübingen ein sehr strenger Laden war (Christiane, Zoo 260).

Schlabberwasser: Schlabberwasser getrunken haben (ugs.; scherzh.): *sehr schwatzhaft sein:* Bei seiner Schwiegermutter kann er nicht zu Wort, die hatte mal wieder Schlabberwasser getrunken.

Schlacht: jmdm. eine Schlacht/ein Treffen liefern: *gegen jmdn. [hart] kämpfen:* Die Bürgerinitiative lieferte dem Konzern eine Schlacht, in der beide Seiten hart an der Grenze des gesetzlich Erlaubten operierten.

Schlachtbank: wie ein Lamm, das zur Schlachtbank geführt wird: ↑ Lamm.

schlachten: das Huhn, das goldene Eier legt, schlachten: ↑ Huhn. **sein Sparschwein schlachten:** ↑ Sparschwein.

Schlachtfeld: auf dem Schlachtfeld bleiben (verhüll.; veraltet): *im Krieg fallen:* Zwei seiner Söhne waren bei Verdun auf dem Schlachtfeld geblieben.

Schlachtfest: jmdm. ein Schlachtfest sein (ugs.): *jmdn. sehr freuen:* Gern komm ich heute Abend zum Essen, ist mir ein Schlachtfest!

schlackern: mit den Ohren schlackern: ↑ Ohr.

Schlaf: jmdm. den Schlaf rauben: *jmdm. große Sorgen bereiten:* Die Ergebnisse der jüngsten Meinungsumfragen könnten einigen Kandidaten der großen Parteien für die nächsten Tage den Schlaf rauben. ... so entlässt du mich mit einem quälenden Fragezeichen, das mir viel-

leicht auf Wochen den Schlaf rauben wird (Hauptmann, Schuß 21).

den Schlaf des Gerechten schlafen (ugs.): *tief und fest schlafen:* Während das ganze Dorf versuchte, den Brand zu löschen, schlief der Feuerwehrhauptmann den Schlaf des Gerechten. ... und da lag der Penner ... und schlief den »Schlaf des Gerechten« (Plievier, Stalingrad 73). ▶ Die Wendung bezieht sich darauf, dass der Gerechte keine Gewissensqualen kennt und deshalb ruhig und fest schläft.

sich den Schlaf aus den Augen reiben: *sich noch verschlafen die Augen reiben, um wach zu werden:* Sie stellte den Wecker ab und rieb sich gähnend den Schlaf aus den Augen. ... Gepäckträger rieben sich unten am Kai den Schlaf aus den Augen (Böll, Tagebuch 15).

etwas im Schlaf können/tun (ugs.): *etwas mühelos, absolut sicher können/tun:* Den Minutenwalzer kann sie jetzt im Schlaf. Und Schulz beherrschte die Materie im Schlaf (Kirst, 08/15, 80).

sich im Schlaf bescheißen (derb): *unerwartetes, großes Glück haben:* Jetzt hat der Bursche schon wieder vier Asse – der bescheißt sich im Schlaf!

jmdn. in den Schlaf singen: *jmdn. durch Singen zum Einschlafen bringen:* Weißt du noch, wie ich dich abends immer in den Schlaf gesungen habe?

ein Auge/ein paar Augen Schlaf nehmen: ↑ Auge. **eine Mütze voll Schlaf kriegen:** ↑ Mütze. **den Seinen gibts der Herr im Schlaf:** ↑ Herr.

schlafen: jmdn. schlafen schicken (Boxen; Jargon): *jmdn. k. o. schlagen:* Er hatte seinen Gegner bereits in der zweiten Runde schlafen geschickt.

erst einmal darüber schlafen: *etw. erst am nächsten Tag entscheiden:* Darüber will ich lieber erst einmal schlafen.

schlafen wie ein Bär/ein Dachs/ein Mehlsack/ein Murmeltier/eine Ratte/ein Ratz/ein Sack/ein Stein/ein Toter (ugs.): *sehr tief und fest schlafen:* Er schlief um acht Uhr schon wie ein Dachs. Am besten findet sich Monika in die neue Lage. Sie schläft immer gleich wie ein Murmeltier (Normann, Tagebuch 26). Als die Gesellschaft wieder eintrat, lag Schweidnitz auf seiner Pritsche und schlief wie ein Stein (Plievier, Stalingrad 227).

wer schläft, sündigt nicht (scherzh.): *Kommentar, wenn jmd. eingeschlafen ist oder noch schläft.*

schlafende Hunde wecken (ugs.): *unnötig jmds. Aufmerksamkeit erregen und sich damit überflüssige Unannehmlichkeiten bereiten:* Sie wollten keine schlafenden Hunde wecken und ließen die Angelegenheit auf sich beruhen. Von der Angst, schlafende Hunde zu wecken. Eine Untersuchung über die problematische Situation des Katastrophenschutzes in der Bundesrepublik (MM 5. 12. 1980, 55).

mit offenen Augen schlafen: ↑ Auge. **wie man sich bettet, so schläft man:** ↑ betten. **bei Mutter Grün schlafen:** ↑ grün. **ein Loch in den Tag schlafen:** ↑ Loch. **den Schlaf des Gerechten schlafen:** ↑ Schlaf.

Schlafittchen: jmdn. am/beim Schlafittchen nehmen/kriegen/packen (ugs.): *jmdn. fassen und [für ein geringes Vergehen] zur Rechenschaft ziehen:* Der Bademeister wird die Bengels schon beim Schlafittchen nehmen, wenn die weiter so einen Radau machen. Er könnte den Kerl am Schlafittchen nehmen, ihn verdreschen (Härtling, Hubert 328).

▶ Das Wort »Schlafittchen« hat sich aus »Schlagfittich« entwickelt. Es bedeutete zunächst »Schwungfeder des Vogels«, dann »Rockschoß, Rockzipfel«. Man packt also einen Menschen am Rockzipfel wie etwa eine Gans an den Flügeln, wenn man sie fängt.

schlaflos: jmdm. schlaflose Nächte bereiten: ↑ Nacht. **der Traum meiner schlaflosen Nächte:** ↑ Traum.

Schlafrock: im Schlafrock (Kochkunst): *in einem Teigmantel gebacken:* Heute gibts Würstchen im Schlafrock. Preiswert und trotzdem etwas Besonderes: Bratwurst im Schlafrock (Hörzu 12, 1976, 121).

schlafwandlerisch: mit schlafwandlerischer Sicherheit: *mit absoluter Sicherheit:* Er beherrscht die neuen Reckübungen mit schlafwandlerischer Sicherheit. Auch ohne Brille fand sie die Cognacflasche mit schlafwandlerischer Sicherheit.

Schlag: ein Schlag ins Wasser [sein] (ugs.): *ergebnislos, ein Misserfolg [sein]:* Die Razzia im Hafenviertel war ein Schlag ins Wasser. Das ganze Projekt der Kohlevergasung erwies sich schließ-

lich als ein Schlag ins Wasser. Eine Reklamation an der Post bedeute nicht viel mehr als einen Schlag ins Wasser, leider! (Andres, Liebesschaukel 94).

ein Schlag ins Kontor sein (ugs.): *eine sehr unangenehme Überraschung sein:* Die Nachricht von der Erkrankung der Sängerin war für den Veranstalter ein Schlag ins Kontor. Als der Jugoslawe ... den Ball vehement ins deutsche Tor wuchtet, war es zugleich ein Schlag ins Kontor der deutschen Sportbuchverleger (Welt 22. 9. 1962, 17).

[für jmdn.] ein Schlag ins Gesicht sein: *[für jmdn.] eine schwere Kränkung, Brüskierung sein:* Dass du auf seine politische Vergangenheit angespielt hast, war für ihn ein Schlag ins Gesicht.

jmdn. trifft/rührt der Schlag: 1. *jmd. hat einen Schlaganfall:* Er war erst Anfang sechzig, als ihn der Schlag getroffen hat. Ich muss an die alte venezolanische Mestizin denken, die der Schlag traf, als sie zum ersten Mal Schnee sah (Hildesheimer, Tynset 260). 2. (ugs.) *jmd. ist äußerst überrascht, entsetzt:* Den Bauherrn wird der Schlag treffen, wenn er die neue Kostenkalkulation sieht! Als ich mit zwölf den Raubüberfall machte, traf ihn fast der Schlag (Sobota, Minus-Mann 40). Und als sie mit Saft ... auf die Straße gekommen ist, da traf sie der Schlag. Paul saß in Safts Auto (Plenzdorf, Legende 108).

der Schlag soll jmdn. treffen! (ugs.): *Ausruf der Verwünschung:* Der Schlag soll den Kerl treffen, der den Kratzer in den Lack gemacht hat!

Schlag auf Schlag (ugs.): *in rascher Folge:* Sie sind bald fertig mit dem Einräumen, das geht jetzt Schlag auf Schlag! Den habe sie aber nicht verstanden, so fix sei das gegangen. Schlag auf Schlag (Kempowski, Tadellöser 272).

bei jmdm. Schlag haben (ugs.): *bei jmdm. beliebt sein, in jmds. Gunst stehen:* Die Enkelin hatte Schlag bei ihm, ihr konnte er einfach nicht böse sein. Sie hatte sich sogar nach mir umgedreht ... weil ich Schlag bei ihr hatte? (Kempowski, Uns 220).

▶ Diese Wendung stammt wohl aus der Soldatensprache. Mit »Schlag« wäre dann die »mit der Schöpfkelle zugemessene [besonders große] Portion bei der Essenausgabe« gemeint.

keinen Schlag tun (ugs.): *nichts arbeiten, nichts tun:* Die Maurer werden keinen Schlag tun, solange die Kündigung ihres Kollegen nicht zurückgezogen ist. Er sitzt seit zwei Stunden an seinem Schreibtisch, aber er hat noch keinen Schlag getan.

▶ In dieser Wendung steht »Schlag« für »Handschlag«.

einen Schlag [mit der Wichsbüchse] weghaben (ugs.): *leicht verrückt sein:* Dein Schwager hat einen Schlag weg, das steht fest! Lass dich von dem Gequatsche nicht irremachen, deine so genannte Freundin hat doch einen Schlag mit der Wichsbüchse weg.

▶ Diese Wendung beruht auf der Vorstellung, dass jemandes Verrücktheit durch eine Gehirnverletzung, durch einen Schlag auf den Kopf hervorgerufen worden sei.

auf einen Schlag (ugs.): *auf einmal, gleichzeitig:* Die Polizei hatte auf einen Schlag alle vier Terroristen verhaftet. Wir begannen alle auf einen Schlag zu lachen (Andres, Liebesschaukel 164). Großzügig lieh er dem Freund auf einen Schlag zwanzig Mark (Bredel, Väter 156). Kurz vor Mittag haute es die Sicherungen durch. Mit einem Schlag standen die Maschinen still (Fels, Sünden 87).

wie vom Schlag gerührt/getroffen (ugs.): *fassungslos, äußerst überrascht, entsetzt:* Wie vom Schlag gerührt starrte er in den Koffer, der voll mit Geldscheinen war. Ich war wie vom Schlag getroffen, als ich von deinem Unfall erfuhr.

ein Schlag unter die Gürtellinie: ↑ Gürtellinie. **ein Schlag, und du stehst im Hemd:** ↑ Hemd. **kalter Schlag:** ↑ kalt. **der zweite Schlag wäre Leichenschändung:** ↑ Leichenschändung. **es setzt Schläge:** ↑ setzen.

Schlaganfall: nicht vor dem ersten Schlaganfall! (scherzh.): *Ablehnung, sich in den Mantel, in das Jackett o. Ä. helfen zu lassen.*

schlagen: ehe ich mich schlagen lasse (ugs.): *Kommentar, wenn man ein Angebot annimmt, einer Aufforderung [zu etwas Positivem] nachkommt:* Nehmen Sie doch noch ein Stück Kuchen. – Ehe ich mich schlagen lasse – gern! Bildhauer: ... Trinken wir einen zur Begrüßung. Mann: Eh ich mich schlagen lasse (Brot und Salz, 28).

schlagende Wetter (Bergmannsspr.): *explosives Gemisch von Grubengasen:* Nichts fürchteten die Bergleute mehr als schlagende Wetter.

Alarm schlagen: ↑ Alarm. **aus der Art schlagen:** ↑ Art. **in jmds. Art schlagen:** ↑ Art. **in Bande schlagen:** ↑ Band. **jmdn. in seinen Bann schlagen:** ↑ Bann. **mit Blindheit geschlagen sein:** ↑ Blindheit. **jmdn. zu Brei schlagen:** ↑ Brei. **für jmdn., für etwas eine Bresche schlagen:** ↑ Bresche. **eine Brücke schlagen:** ↑ Brücke. **sich an die Brust schlagen:** ↑ Brust. **zu Buch schlagen:** ↑ Buch. **sich [seitwärts] in die Büsche schlagen:** ↑ Busch. **jetzt schlägts aber dreizehn:** ↑ dreizehn. **mit der Faust auf den Tisch schlagen:** ↑ Faust. **jmdn. aus dem Feld[e] schlagen:** ↑ Feld. **zwei Fliegen mit einer Klappe schlagen:** ↑ Fliege. **jmdn. in die Flucht schlagen:** ↑ Flucht. **jmdm. aufs Gemüt schlagen:** ↑ Gemüt. **der Wahrheit ins Gesicht schlagen:** ↑ Gesicht. **getrennt marschieren, vereint schlagen:** ↑ getrennt. **wissen, was die Glocke/die Stunde/die Uhr geschlagen hat:** ↑ Glocke. **dem Glücklichen schlägt keine Stunde:** ↑ glücklich. **jmdn. grün und blau/grün und gelb schlagen:** ↑ grün. **einen Haken schlagen:** ↑ Haken. **jmdm. aufs Haupt schlagen:** ↑ Haupt. **jmdm. schlägt das Herz bis zum Hals:** ↑ Herz. **jmds. Herz schlägt höher:** ↑ Herz. **Kapital aus etwas schlagen:** ↑ Kapital. **jmdm. die Karten schlagen:** ↑ Karte. **in dieselbe/die gleiche Kerbe schlagen:** ↑ Kerbe. **eine gute/scharfe Klinge schlagen:** ↑ Klinge. **etwas in/zu Klump[en] schlagen:** ↑ Klump[en]. **sich etwas aus dem Kopf schlagen:** ↑ Kopf. **wie vor den Kopf geschlagen sein:** ↑ Kopf. **Krach schlagen:** ↑ Krach. **das Kreuz schlagen:** ↑ Kreuz. **jmdn. krumm und lahm schlagen:** ↑ krumm. **etwas kurz und klein schlagen:** ↑ kurz. **Lärm schlagen:** ↑ Lärm. **sich durchs Leben schlagen:** ↑ Leben. **[alles] über einen Leisten schla-**

gen: ↑ Leisten. **jmdm. auf den Magen schlagen:** ↑ Magen. **jmdn. zu Mus schlagen:** ↑ Mus. **sich die Nacht um die Ohren schlagen:** ↑ Nacht. **Pack schlägt sich, Pack verträgt sich:** ↑ ²Pack. **ein Rad schlagen:** ↑ Rad. **die Reklametrommel schlagen:** ↑ Reklametrommel. **den Sack schlagen und den Esel meinen:** ↑ Sack. **sein Leben für jmdn., für etwas in die Schanze schlagen:** ↑ Schanze. **Schaum schlagen:** ↑ Schaum. **jmdm. ein Schnippchen schlagen:** ↑ Schnippchen. **sich auf die andere/zur anderen Seite schlagen:** ↑ Seite. **sich auf jmds. Seite schlagen:** ↑ Seite. **sich etwas aus dem Sinn schlagen:** ↑ Sinn. **über die Stränge schlagen:** ↑ Strang. **jmds. letzte Stunde/letztes Stündlein hat geschlagen:** ↑ Stunde. **jmdm., einer Sache schlägt die Stunde:** ↑ Stunde. **wissen, was die Stunde geschlagen hat:** ↑ Glocke. **auf den Tisch schlagen:** ↑ Tisch. **wissen, was die Uhr geschlagen hat:** ↑ Glocke. **jmdn. mit seinen eigenen Waffen schlagen:** ↑ Waffe. **die Werbetrommel schlagen:** ↑ Werbetrommel. **schlagende Wetter:** ↑ Wetter. **hohe Wellen schlagen:** ↑ Welle. **etwas in den Wind schlagen:** ↑ Wind. **jmdn. windelweich schlagen:** ↑ windelweich. **einer Sache Wunden schlagen:** ↑ Wunde. **Wurzeln schlagen:** ↑ Wurzel. **soll ich hier Wurzeln schlagen?:** ↑ Wurzel.

Schlagseite: Schlagseite haben (ugs.): *betrunken sein:* Er hatte deutlich Schlagseite, wollte aber unbedingt noch selbst fahren. Ich spreche sie an ... Sie entfernt sich mit leichter Schlagseite, obwohl es erst acht Uhr ist (Perrin, Frauen 109). ▶ Diese Wendung vergleicht den schwankend gehenden Betrunkenen mit einem Schiff, das schief beladen oder durch ein Leck einseitig mit Wasser voll gelaufen ist und deshalb seitlich stark geneigt im Wasser liegt. In der Seemannssprache hat ein solches Schiff »Schlagseite«.

Schlagzeile: Schlagzeilen machen: *über die Presse in der Öffentlichkeit Aufsehen erregen:* Der Champion hatte in letzter Zeit mehr durch seine Affären als durch gute Leistungen Schlagzeilen gemacht. Der Fall machte Schlagzeilen, ein paar Hunderttausend Zeitungsleser empörten sich (Ziegler, Kein Recht 186).

Schlange: die Schlange beißt sich in den Schwanz: *die Sache beginnt wieder von vorn, nimmt kein Ende, führt zu keinem Ergebnis:* ▶ Das Bild der Schlange, die sich in den Schwanz beißt, ist ein altes Symbol für den ewigen Kreislauf. Darauf bezieht sich die vorliegende Redensart.

eine Schlange/Natter am Busen nähren (geh.): *jmdm. Gutes erweisen, jmdn. in seine Obhut nehmen, von dem man später geschädigt wird oder Schaden zu befürchten hat:* Er erkannte viel zu spät, dass er eine Schlange am Busen genährt hatte. ▶ Diese Wendung geht auf eine Fabel des Äsop zurück, in der ein Bauer eine Schlange unter seinem Hemd wärmt und später von ihr gebissen wird.

Schlange stehen: *hintereinander stehen und darauf warten, dass man an der Reihe ist:* Die Menschen mussten stundenlang Schlange stehen, um ein bisschen Brot oder Milch zu bekommen. Beim Wohnungsamt standen die Leute auch Schlange. Lauter Frauen mit Kopftüchern (Kempowski, Uns 330). Mit einem Stück grauer Seife und einem dünnen Handtuch bewaffnet, mussten wir jeden Morgen ... zur Waschbaracke wandern und dort Schlange stehen (Erné, Kellerkneipe 251).

schlank: rank und schlank: ↑ rank. **du bist mir der Schlankste:** ↑ ²Rechte.

schlau: aus jmdm., aus etwas [nicht] schlau/gescheit werden (ugs.): *[nicht] wissen, wie man jmdn., etwas einschätzen soll; jmdn., etwas nicht verstehen:* Aus deinen Worten werde ich nicht schlau. Frauen sind die letzten großen Rätsel der Medizin. Man wird nicht schlau aus ihnen (Hörzu 15, 1981, 168). Andreas hat mir ... regelmäßig geschrieben ... Aber ganz schlau wurde ich nicht daraus, was er eigentlich tat (Danella, Hotel 149).

sich, jmdn. schlau machen (ugs.): *sich, jmdn. [über eine bestimmte Sache] informieren:* Mir ist nicht ganz klar, wie das technisch zu lösen ist; da muss ich mich erst noch schlau machen. Wenn du so viel mehr weißt als wir, dann mach uns doch mal schlau!

ein schlaues Buch (ugs.): *ein Nachschlagewerk:* Wer Savonarola war, weiß ich nicht genau, da müsste ich mal in einem schlauen Buch nachsehen.

Schlauch: auf dem Schlauch stehen (ugs.): *nicht sofort verstehen, begriffsstutzig sein:* In Mathe hat er schon immer auf dem Schlauch gestanden. Peinlich war, dass der Minister im Verlauf des Interviews mehrmals auf dem Schlauch stand und keine Antwort wusste.

im Schlauch sein/stehen (ugs.): *unter hoher Beanspruchung, im Stress stehen:* Kurz vor Weihnachten stehen die Verkäuferinnen ziemlich im Schlauch. In zwei Wochen ist Prüfungstermin; ich bin ganz schön im Schlauch!

saufen wie ein Schlauch: ↑saufen. **junger Wein in alten Schläuchen:** ↑Wein.

schlecht: besser schlecht gefahren als gut gelaufen: *Kommentar, wenn einem eine [nicht sehr komfortable] Mitfahrgelegenheit geboten wird.*

nicht schlecht, Herr Specht!: *Ausdruck der Anerkennung:* Wir haben das Haus zu 50 % in Eigenleistung gebaut. – Nicht schlecht, Herr Specht!

schlecht und recht; mehr schlecht als recht: *so gut es eben geht, gerade noch, mit großer Mühe:* Seine Großmutter lebt mehr schlecht als recht von ihrer knappen Rente. Ich wohnte außerhalb des Lagers, tat schlecht und recht meinen Dienst (Niekisch, Leben 34). ... ihre Nägel wussten offenbar nichts von Maniküre, sie waren schlecht und recht beschnitten (Th. Mann, Zauberberg 110).

▶ Das Wort »schlecht« hatte früher noch die Bedeutung von »schlicht, glatt, richtig«. Die Paarformeln stellten also ursprünglich eine Verstärkung dar. Im heutigen Sprachgebrauch dominiert die gegenwärtige Bedeutung von »schlecht« so sehr, dass der Sinn der Wendung fast ins Gegenteil verkehrt ist.

schlecht aufgelegt sein: ↑aufgelegt. **schlecht bedient sein:** ↑bedienen. **schlecht beieinander sein:** ↑beieinander. **schlecht beraten sein:** ↑beraten. **jmdm. mit etwas einen schlechten Dienst erweisen:** ↑Dienst. **schlecht [mit jmdm.] dran sein:** ↑dran. **schlecht drauf sein:** ↑drauf. **nicht von schlechten Eltern sein:** ↑Eltern. **eine schlechte Figur machen/abgeben:** ↑Figur. **in schlechten Händen sein/lie-**

gen: ↑Hand. **schlechte Karten haben:** ↑Karte. **schlecht bei Kasse sein:** ↑Kasse. **was kann das schlechte Leben nützen:** ↑Leben. **ein schlechtes Licht auf jmdn., auf etwas werfen:** ↑Licht. **in [ein] schlechtes Licht geraten:** ↑Licht. **auf diesem/ dem Ohr schlecht hören:** ↑Ohr. **eine schlechte Partie liefern:** ↑Partie. **ein schlechter Ratgeber sein:** ↑Ratgeber. **schlecht/nicht gut auf jmdn. zu sprechen sein:** ↑sprechen. **bei jmdm. einen schlechten Stand haben:** ↑Stand. **unter einem schlechten Stern stehen:** ↑Stern. **einen schlechten Tag haben:** ↑Tag. **einen schlechten Verlauf nehmen:** ↑Verlauf.

schleichen: du kommst mir geschlichen! (landsch.): *das hast du dir so gedacht, daraus wird nichts!:* Mein Haus soll ich euch überschreiben? Ihr kommt mir geschlichen!

Schleier: jmdm. fällt ein Schleier von den Augen: *jmd. erkennt plötzlich die Wahrheit, durchschaut die Gegebenheiten:* Als er die Spritze im Schrank seiner Tochter entdeckte, fiel ihm ein Schleier von den Augen. Jahrelang habe ich dir vertraut, aber jetzt ist mir ein Schleier von den Augen gefallen!

den Schleier [des Geheimnisses] lüften: *ein Geheimnis enthüllen:* Am Wochenende werden die Anwälte den Schleier des Geheimnisses lüften und das Testament eröffnen. Seit Wochen hüllt sich die Staatsanwaltschaft über die Identität der Verhafteten in Schweigen; jetzt soll der Schleier gelüftet werden.

den Schleier des Vergessens/der Vergessenheit über etwas breiten: *etwas [Unangenehmes, Unerfreuliches] vergessen sein lassen:* Sie wollten den Schleier der Vergessenheit über die Streitigkeiten breiten und gemeinsam eine Flasche Wein leeren.

jmdm. den Schleier vom Gesicht reißen: *jmdn. entlarven:* Es ist an der Zeit, dass jemand diesem so genannten Ehrenmann den Schleier vom Gesicht reißt!

den Schleier nehmen (geh.): *Nonne werden:* Schon in sehr jungen Jahren hatte sie den Schleier genommen und der Welt entsagt. Ihre Schwester, wegen der Zusammenarbeit mit den deutschen Besatzern ... verhasst, hatte den Schleier genommen (Spiegel 29, 1985, 148).

▶ Die Wendung bezieht sich darauf, dass der Schleier (das Velum) ein Teil der Nonnentracht ist.

schleifen: jmdn. schleifen, bis ihm das Wasser im Arsch kocht (derb)/**bis ihm der Schwanz nach hinten steht** (derb)/**dass die Blümchen weinen** (ugs.): *jmdn. äußerst hart exerzieren od. trainieren lassen:* Der Spieß wird die Neuen schleifen, bis ihnen das Wasser im Arsch kocht. Obwohl er die Spieler schleift, dass die Blümchen weinen, ist der neue Trainer bei allen beliebt. Schleifen Sie ihn meinetwegen, bis ihm das Wasser im Arsch kocht (Kirst, 08/15, 236). **jmdm. die Eier schleifen:** ↑Ei. **die Zügel schleifen lassen:** ↑Zügel.

Schleifstein: wie ein Affe auf dem Schleifstein sitzen: ↑sitzen.

Schlepp/Schlepptau: jmdn., etwas im Schlepp/Schlepptau haben: 1. *jmdn., etwas [ab]schleppen:* Das Schiff hatte zwei Lastkähne im Schlepp. 2. *von jmdm., von etwas begleitet, verfolgt o. Ä. werden:* Ständig hatte sie einen Schwarm von Verehrern im Schlepptau.

in jmds. Schlepptau: *in jmds. Gefolge, Begleitung:* Der Chefarzt erschien mit einer Gruppe von Studenten im Schlepptau.

etwas in Schlepp/ins Schlepptau nehmen: *etwas abschleppen:* Ein Traktor nahm den VW ins Schlepptau und brachte ihn ins nächste Dorf. Nordöstlich Rügen musste der Fährprahm »Schiewenhorst« wegen Maschinenschadens entlastet und von der Rothebude-Käsemark-Fähre in Schlepp genommen werden (Grass, Hundejahre 491).

jmdn. in Schlepp/ins Schlepptau nehmen: *jmdn., der nicht allein zurechtkommt, sich nicht auskennt, irgendwohin bringen; jmdm. helfen voranzukommen:* Der Betrunkene wurde von den beiden Prostituierten in Schlepp genommen. Die begabteren Schüler mussten die schwächeren ins Schlepptau nehmen. ... und Bibsi unverändert dankbar dafür, dass sie mich ins Schlepptau genommen und hierher verfrachtet hatte (Erné, Fahrgäste 251).

schleudern: jmdn. aus der Bahn schleudern: ↑Bahn. **den Funken ins Pulverfass schleudern:** ↑Funke[n]. **jmdm. den Hand-**schuh ins Gesicht schleudern: ↑Handschuh.

Schleuse: die Schleusen des Himmels öffnen sich/der Himmel öffnet seine Schleusen: *es beginnt stark zu regnen:* Gegen Nachmittag öffneten sich die Schleusen des Himmels, sodass die Veranstaltung im Saale stattfinden musste. Nun hatten sich die Schleusen des Himmels geöffnet, ein Guss schoss auf die Straße (v. d. Grün, Irrlicht 19).

Schliche: hinter jmds./jmdm. auf die Schliche kommen (ugs.): *jmds. [unlautere] Methoden durchschauen:* Die Polizei wird dem Einbrecher schon auf die Schliche kommen. Früher konntest du mir einiges vormachen, aber mittlerweile bin ich hinter deine Schliche gekommen. Bei ihren Patrouillen kamen sie (= Wildhüter) Wilderern auf die Schliche ... (Wilhelm, Unter 19). ▶ Das Wort »Schlich« bedeutete ursprünglich so viel wie »Schleichweg«, dann übertragen »Kniff, Trick«. Die Wendung stammt vermutlich aus dem Jagdwesen; der Jäger macht sich mit den Wildwechseln, den Schleichwegen des Wildes vertraut.

schlicht: schlicht um schlicht (Kaufmannsspr.): *im Austausch; Leistung gegen Leistung:* Wir haben unsere Angelegenheiten geordnet schlicht um schlicht (Jahnn, Geschichten 31). Verrechnungsschwierigkeiten gibt es dabei nicht; wir tauschen schlicht um schlicht (Dönhoff, Ära 89).

schlicht und ergreifend (ugs.): 1. *nicht besonders gut, schön, aufregend o. ä.:* Wie findest du die neuen Tapeten? – Na ja, schlicht und ergreifend. Sonst trägt sie immer die ausgefallensten Sachen, aber ihr neues Kleid ist eher schlicht und ergreifend. 2. *ganz einfach, ohne Umstände [gesagt]:* Sie hat ihm schlicht und ergreifend die Autoschlüssel abgenommen. Ja, ich habe schlicht und ergreifend Angst davor rauszukommen! (Grossmann, Schwul 63).

schlicht und einfach (ugs.): *ganz einfach; ohne Umstände [gesagt]:* Den Geburtstag hatte er schlicht und einfach vergessen.

schließen: über etwas die Akten schließen: ↑Akte. **die Augen schließen:** ↑Auge.

den Bund fürs Leben schließen: ↑ Bund.
jmdn. ins Herz schließen: ↑ Herz. **Käse schließt den Magen:** ↑ Käse. **seine Pforten schließen:** ↑ Pforte. **den Reigen schließen:** ↑ Reigen.

schließlich: schließlich und endlich: *schließlich:* Schließlich und endlich war auch der letzte Gast nach Hause gegangen. »Hast du denn keine Kinderstube? Schließlich und endlich, du bist doch ein junges Mädchen aus gutem Hause ...« (K. Mann, Wendepunkt 124).

Schliff: Schliff backen (landsch.): *versagen, Misserfolg haben:* Der Plan war gut, aber trotzdem haben wir Schliff gebacken, machen wir uns doch nichts vor!
▶ »Schliff« ist eine Nebenform von »Schlief«, das so viel wie »unausgebackener Teig, nicht ausgebackene Stelle im Brot, Kuchen« bedeutet.

schlimm: ein schlimmer Finger sein: ↑ Finger.

Schlinge: [bei jmdm.] die Schlinge zuziehen: *jmdn. schließlich fassen, besiegen:* Der Fall ist so gut wie gelöst, die Kriminalpolizei wird jetzt die Schlinge zuziehen und die Bande ausheben.
▶ Diese Wendung bezieht sich auf die Drahtschlinge, das Fanggerät des Jägers.

jmdm. die Schlinge um den Hals legen: *jmdn. hart bedrängen; jmds. Ruin einleiten:* Wer hätte gedacht, dass er versuchen würde, dem eigenen Partner die Schlinge um den Hals zu legen?
▶ Diese Wendung bezieht sich auf die Schlinge des Stricks, mit dem jemand am Galgen aufgehängt wird.

sich in der eigenen Schlinge fangen: *sich bei einer Intrige, Hinterlist gegen andere selbst schaden:* Der Betrüger hatte sich in der eigenen Schlinge gefangen.
Vgl. die Wendung »die Schlinge zuziehen«.

den Hals in die Schlinge stecken: ↑ Hals.
den Hals aus der Schlinge ziehen: ↑ Hals.
den Kopf aus der Schlinge ziehen: ↑ Kopf.

Schlips: spuck dir nicht auf den Schlips! (ugs.): *stell dich nicht so an, sei nicht so empfindlich!:* Spuck dir nicht auf den Schlips, das bisschen Farbe geht schon wieder raus aus deiner Sonntagshose!

jmdm. auf den Schlips treten (ugs.): *jmdn. zu nahe treten; jmdn. kränken,*

beleidigen: Mit deinen Verdächtigungen bist du einigen Leuten ganz schön auf den Schlips getreten. Er ist ein etwas schwieriger Typ, er fühlt sich sehr leicht auf den Schlips getreten.
▶ Mit »Schlips« war in dieser Wendung ursprünglich der Rockschoß gemeint, der in norddeutscher Mundart »Slip« heißt.

[sich] einen hinter den Schlips gießen (ugs.): *Alkohol trinken:* Der Wachmann hatte sich offensichtlich einen hinter den Schlips gegossen und war dann eingeschlafen.

Schlitten: mit jmdm. Schlitten fahren (ugs.): *jmdn. hart und rücksichtslos behandeln:* Obergruppenführer Prall ließ donnernd die Faust auf den Tisch fallen: »Ich werde mit dir Schlitten fahren, du Aas!« (Fallada, Jeder 239). Morgen fahre er mit uns Schlitten, darauf könnten wir uns verlassen. (Kempowski, Tadellöser 58).
▶ Die Herkunft der Wendung ist nicht sicher geklärt. Sie könnte vom Rodeln ausgegangen sein, war aber zunächst vor allem in der Soldatensprache gebräuchlich.

unter den Schlitten kommen (ugs.): *sittlich verkommen:* Nachdem man ihn in das Erziehungsheim gesteckt hatte, ist er erst richtig unter den Schlitten gekommen.
Vgl. die Wendung »unter die Räder kommen«.

das haut den stärksten Eskimo vom Schlitten: ↑ Eskimo.

¹Schloss: hinter Schloss und Riegel: *im/ins Gefängnis:* Bereits zehn Jahre seines Lebens hat er hinter Schloss und Riegel zugebracht. Als mutmaßlichen Giftmischer brachte jetzt ... die Polizei einen 48-jährigen Krankenpfleger aus Essen hinter Schloss und Riegel (MM 7. 5. 1979, 2). Wenn die Polizei dieses läppische Papier gefunden hätte, säßen Sie jetzt erst mal hinter Schloss und Riegel wegen Spionage (Kuby, Sieg 107).

ins Schloss fallen: *zufallen:* Die Haustür war ins Schloss gefallen und der Schlüssel steckte innen – da war guter Rat teuer! Die Tür ... schwang hin und her und fiel danach krachend ins Schloss (Schnabel, Marmor 35).

ins Schloss werfen: *zuwerfen:* Voller Wut warf sie die Tür ins Schloss.

²Schloss: ein Schloss im Mond: *ein Wunschtraum; etwas, das nur in jemandes Fantasie besteht:* Deine Karriere als Filmstar ist nichts als ein Schloss im Mond, sieh das doch endlich ein!

Schlosshund: wie ein Schlosshund heulen: ↑heulen.

Schlot: qualmen/rauchen wie ein Schlot: ↑rauchen. **etwas in den Schlot schreiben:** ↑Rauchfang.

Schluck: das ist ein Schluck aus der Pulle (ugs.): *das ist eine beachtliche Menge:* 10 000 Mark für zwei Wochen Arbeit, das ist schon ein Schluck aus der Pulle. Jeden Tag 8 Stunden am Fließband – das ist ein Schluck aus der Pulle.

schlucken: eine/die Kröte/Krott schlucken: ↑Kröte. **die bittere Pille schlucken:** ↑Pille. **jmdm. eine bittere Pille zu schlucken geben:** ↑Pille.

Schlucker: armer Schlucker (ugs.): *armer Mensch:* Wo soll denn so ein armer Schlucker das Geld für eine Urlaubsreise hernehmen? Nie würde der Bruder ein Pferd von ihm erhalten. Der arme Schlucker konnte die Futterkosten nicht bezahlen (Jahnn, Geschichten 231).

schlüpfen: jmdm. durch die Finger schlüpfen: ↑Finger. **durch die Maschen des Gesetzes schlüpfen:** ↑²Masche.

Schluss: [mit sich] Schluss machen (verhüll.): *sich das Leben nehmen:* Er hat schon zweimal versucht, Schluss zu machen. Nein, wenn er nicht wiederkommt, dann mache ich mit mir Schluss! (Plievier, Stalingrad 233). »Da habe ich mir vorgenommen, ... wenn sie mir einen Knochen abnehmen, mache ich Schluss.« (Remarque, Westen 170). **[mit etwas] Schluss machen** (ugs.): *[mit etwas] aufhören:* Macht jetzt Schluss mit dem Krach, die Nachbarn haben sich schon beschwert! Freitags machen die Fahrer um halb vier Schluss. Ich wollte endgültig Schluss machen mit allen feigen Lügen (Fallada, Herr 153). **[mit jmdm.] Schluss machen** (ugs.): *eine Liebesbeziehung, eine Freundschaft [mit jmdm.] beenden:* Sie hat mit ihrem Freund Schluss gemacht. Tulla ... hatte aber mit Hotten Sonntag Schluss gemacht (Grass, Katz 110). Ich weiß eins,

dass ich nie mit dir Schluss machen werde, weil ich dich liebe (Hornschuh, Ich bin 31). **Punkt, Schluss und Streusand drüber:** ↑Punkt. **der Weisheit letzter Schluss sein:** ↑Weisheit.

Schlüssel: der Schlüssel passt (landsch.; veraltend): *der Mann und die Frau passen [in sexueller Hinsicht] zusammen:* In manchen Gegenden war es üblich, dass Verlobte schon einige Zeit vor der Heirat zusammenwohnten, um festzustellen, ob der Schlüssel passte.

schlüssig: sich schlüssig sein/werden: *sich entschieden haben/sich entscheiden:* Der Bauherr ist sich noch nicht schlüssig, ob er ein Flachdach oder ein Satteldach möchte. Wir waren uns immer noch nicht schlüssig, wie wir vorgehen mussten (v. d. Grün, Glatteis 72). ... »so besoffen, weiß er nie, in welchem Haus er wohnt, steht stundenlang drunten und versucht sich schlüssig zu werden.« (Zwerenz, Kopf 182).

Schlusspunkt/Schlussstrich: einen Schlusspunkt hinter etwas setzen/einen Schlussstrich unter etwas ziehen: *etwas [Unangenehmes] endgültig als abgeschlossen, beendet ansehen:* Du solltest hinter die ganzen Streitereien endlich einen Schlusspunkt setzen und dich mit deinem Bruder wieder vertragen. Den Schlussstrich unter eine der größten Betrugsaffären der deutschen Nachkriegsgeschichte zog die Zweite Große Strafkammer (MM 1. 4. 1969, 12). Unter das Moskauer Verfahren gegen die beiden amerikanischen Korrespondenten ... wurde gestern ein Schlussstrich gezogen (MM 19./20. 8. 1978, 5).

schmackhaft: jmdm. etwas schmackhaft machen (ugs.): *jmdm. etwas als annehmbar oder erstrebenswert darstellen, erscheinen lassen:* Es gibt also viele Möglichkeiten, seinen Kindern die Berge schmackhaft zu machen (ADAC-Motorwelt 7, 1979, 43). ... berichtet von einer Aktion, mit der die Kammer jungen Menschen das freie Leben als Unternehmer schmackhaft machen will (Neue Kronen Zeitung 12. 5. 1984, 32).

schmal: schmales Handtuch (ugs.): *dünner, schmächtiger Mensch:* Der Vater war eher ein schmales Handtuch, der Sohn dagegen hatte eine Figur wie ein Kleiderschrank.

wie kommst du denn auf dieses schmale Brett?: ↑Brett.

Schmalhans: bei jmdm./irgendwo ist Schmalhans Küchenmeister: *jmd. kann nicht viel Geld für das Essen aufwenden; bei jmdm., irgendwo gibt es wenig zu essen:* Bei der Durchschnittsbevölkerung ist in vielen Staaten der Erde noch immer Schmalhans Küchenmeister. Kurz nach dem Kriege war vor allem in den Städten Schmalhans Küchenmeister.

▶ Nach früherer Vorstellung war ein schlanker Koch ein Zeichen für schlechte Küche oder geizige Dienstherren. Darauf dürfte die Personifizierung »Schmalhans« (= schmaler Hans) für »Hunger« oder »Ungastlichkeit« zurückgehen. Vgl. dazu auch »Hans im Glück« (↑Hans).

Schmalz: weder Salz noch Schmalz sein: ↑Salz. **weder Salz noch Schmalz haben:** ↑Salz.

Schmarren: einen Schmarren (südd. u. österr.)**:** *gar nichts:* Was ich mit meinem Geld mache, das geht euch einen Schmarren an! Aber kriegen wir wenigstens die U-Bahn? Einen Schmarren kriegen wir! (Kronen-Zeitung 10. 10. 1968, 4).

▶ Diese Fügung bezieht sich auf die in Süddeutschland und Österreich beliebte Mehlspeise, die als ganz alltägliches Gericht hier stellvertretend für etwas Wertloses, Nichtiges steht.

schmecken: schmecken wie eingeschlafene Füße; nicht nach ihm und nicht nach ihr schmecken (ugs.)**:** *fad, schlecht schmecken:* Dieses Dosenpüree schmeckt wie eingeschlafene Füße. Ohne Oregano schmeckt so eine Pizza nicht nach ihm und nicht nach ihr. Der Sekt schmeckt plötzlich wie eingeschlafene Füße (Remarque, Obelisk 203).

schmecken wie Hund (ugs.)**:** *sehr schlecht schmecken:* Das Zeug besteht nur aus Chemie und schmeckt wie Hund. Nicht einmal die östliche Cola könne man genießen, wettern sie angeekelt. Sie schmecke wie Hund (Darmstädter Echo 19. 6. 1987, 5).

schmecken wie Titte mit Ei (derb)**:** *ausgezeichnet schmecken:* So eine butterzar-te Lammkeule mit frischen Kräutern – das schmeckt wie Titte mit Ei!

nach mehr schmecken (ugs.)**:** *so gut schmecken, dass man mehr davon haben möchte:* Dieses Kognäkchen schmeckt nach mehr! Ist noch von dem Gulasch da? Das schmeckt nach mehr!

wenn es am besten schmeckt, soll man aufhören: *Kommentar, wenn man nichts mehr essen möchte, obgleich man noch angeboten bekommt.*

den Braten schmecken: ↑Braten. **rauf wie runter schmecken:** ↑rauf. **jmdn. nicht schmecken können:** ↑riechen.

schmeißen: jmdm. den [ganzen] Bettel vor die Füße schmeißen: ↑Bettel. **jmdm. den Kram/den Krempel/den Laden vor die Füße schmeißen:** ↑Fuß. **sich jmdm. an den Hals schmeißen:** ↑Hals. **die [ganze] Kiste schmeißen:** ↑Kiste. **den Laden schmeißen:** ↑Laden. **eine Lage schmeißen:** ↑Lage. **jmdm. etwas in den Rachen schmeißen:** ↑Rachen. **eine Runde schmeißen:** ↑Runde. **sich in Schale schmeißen:** ↑Schale. **mit etwas um sich schmeißen:** ↑werfen.

schmelzen: schmelzen wie Butter/Schnee an der Sonne: ↑dahinschmelzen. **jmdm. unter den Händen schmelzen:** ↑Hand.

Schmerbauch: möge es dir zum Schmerbauch gedeihen (ugs.; scherzh.)**:** *möge es dir recht gut bekommen:* Wir haben dir zu deinem Ehrentag ein kleines Fässchen Wein mitgebracht – möge es dir zum Schmerbauch gedeihen!

Schmerz: Schmerz, lass nach! (ugs.)**:** *Ausruf der Verärgerung, des Unwillens:* Dein Hund ist gerade in den Gartenteich gefallen. – Schmerz, lass nach, das dumme Vieh!

sonst hast du keine/hast du sonst noch Schmerzen? (ugs.)**:** *deine Wünsche sind unerfüllbar, unvernünftig:* Du willst ein Pony zu Weihnachten? Hast du sonst noch Schmerzen? Borgst du mir dein Auto für eine Querfeldeinrallye? – Sonst hast du keine Schmerzen?

geteilte Freude ist doppelte Freude, geteilter Schmerz ist halber Schmerz: ↑Freude.

schmerzlos: kurz und schmerzlos: ↑kurz. **schmettern: einen schmettern** (ugs.)**:** *[ein Glas] Alkohol trinken:* Heut Abend schmettern wir einen zur Feier des Tages!

Schmidt: ↑ Schmidtchen.

Schmidtchen: nicht zu Schmidtchen gehen, sondern zu Schmidt (ugs.): *sich nicht an untergeordnete Stellen wenden, sondern gleich an diejenige, die über das Anliegen o. Ä. auch entscheiden kann:* Vergessen Sie den üblichen Dienstweg, in dieser Sache gehen wir nicht zu Schmidtchen, sondern zu Schmidt.

Schmied: jeder ist seines Glückes Schmied: *jeder muss die Chancen nutzen, die ihm das Leben bietet; jeder ist für sein Weiterkommen selbst verantwortlich.*

Schmiede: vor die rechte/richtige Schmiede gehen (ugs.; veraltend): *sich an die richtige Stelle wenden:* Es ist nicht ausgeschlossen, dass Sie doch noch die Baugenehmigung bekommen, Sie müssen nur vor die richtige Schmiede gehen. Ich entschloss mich anders: Mit so etwas musste ich vor die rechte Schmiede gehen, und die Schmiede hier im Hause war unbedingt die Mama (Fallada, Herr 213).

schmieden: man muss das Eisen schmieden, solange es heiß ist: ↑ Eisen. **ein Komplott schmieden:** ↑ Komplott. **Ränke schmieden:** ↑ Ränke. **Verse/Reime schmieden:** ↑ Vers.

Schmiere: Schmiere stehen (ugs.): *bei etwas Unerlaubtem aufpassen und warnen, wenn jemand kommt:* Er hat sechs Jahre Gefängnis gekriegt, bloß weil er bei dem Einbruch Schmiere gestanden hat. Schmiere stehen musste der Freund, während ein 20-Jähriger gegen 1 Uhr auf dem Parkplatz ... aus einem dort stehenden Lieferwagen Benzin abzapfte (MM 4. 8. 1967, 4).

▶ Das Wort »Schmiere« in dieser Wendung stammt aus der Gaunersprache. Es geht auf das jiddische »schmiro« zurück, das »Wache« bedeutet.

schmieren: wie geschmiert gehen (ugs.): *sich reibungslos, ohne Schwierigkeiten durchführen lassen:* Über den Steuerberater ging der ganze Papierkrieg wie geschmiert. Ich habe alles genau geplant, das geht wie geschmiert! Artikel schreiben ... Das ging bei Kurt wie geschmiert (Loest, Pistole 160).

jmdm. eine/ein paar schmieren (ugs.): *jmdn. ohrfeigen:* Sie hat sich so geärgert, dass sie ihrer Tochter erst mal eine geschmiert hat. Da hat es bei mir geblitzt. Da hab ich dem erst gleich mal eine geschmiert, aber nur eine Ohrfeige (Fichte, Wolli 368).

eine/ein paar geschmiert bekommen/ kriegen (ugs.): *geohrfeigt werden:* Dabei fing ich mir schon die erste ein, das heißt, dass ich eine geschmiert bekommen habe, dass ich vom Hocker geflogen bin (Spiegel 29, 1977, 69). Was, du nimmst mich nicht ernst, sagt der Rocker, gleich kriegste eine geschmiert (Zeit 7. 2. 1975, 55).

wer gut schmiert, der gut fährt: *wer freigebig [Bestechungsgeld] zahlt, der hat keine Schwierigkeiten:* Du hast ja doch noch die Genehmigung für den Anbau bekommen. – Tja, wer gut schmiert, der gut fährt!

jmdm. Brei um den Mund/ums Maul schmieren: ↑ Brei. **jmdm. etwas aufs Butterbrot schmieren:** ↑ Butterbrot. **sich die Gurgel schmieren:** ↑ Gurgel. **das kannst du dir, kann er sich usw. in die Haare schmieren:** ↑ Haar. **jmdm. die Hände schmieren:** ↑ Hand. **jmdm. Honig um den Bart/ums Maul/um den Mund schmieren:** ↑ Honig. **sich die Kehle schmieren:** ↑ Kehle. **mit allen Salben geschmiert sein:** ↑ Salbe.

Schmollis: [mit jmdm.] Schmollis trinken (Studenenspr.): *[mit jmdm.] darauf trinken, dass man künftig du zueinander sagt:* Er war so blau, dass er unbedingt mit dem Kellner Schmollis trinken wollte.

▶ Die Herkunft des studentensprachlichen Ausdrucks »Schmollis« ist unklar. Angeblich handelt es sich um den Namen eines Getränkes.

Schmollwinkel/-ecke: aus dem Schmollwinkel/aus der Schmollecke herauskommen (fam.): *nicht länger beleidigt, verärgert sein:* Wenn er jetzt nicht bald aus seinem Schmollwinkel herauskommt, essen wir die Torte ohne ihn! **sich in den Schmollwinkel/in die Schmollecke zurückziehen** (fam.): *beleidigt, verärgert werden; einschnappen:* Kaum sagt sie einmal, was sie wirklich denkt, schon zieht sich ihr Mann in den Schmollwinkel zurück. Intrigen nicht mit gesenktem Kopf hinnehmen, sich auch nicht in den Schmollwinkel zurückziehen (Hörzu 1, 1979, 65).

im Schmollwinkel/in der Schmollecke sitzen (fam.): *beleidigt, verärgert sein:* Nach den Äußerungen des Verteidigungsministers sitzen die Generäle im Schmollwinkel. Ihm war wie allen im Institut bekannt, dass die Theoretiker wegen des neuen Projekts im Schmollwinkel saßen (Springer, Was 109).

schmoren: jmdn. schmoren lassen (ugs.): *jmdn. im Ungewissen lassen:* »Lassen Sie sie schmoren – so lange, bis sie mit der Wahrheit herausrückt ...« (Bernstorff, Leute 50). Nach drei Tagen wurde ich aus der Zelle geholt ... Klarer Fall, die hatten mich drei Tage schmoren lassen (Spiegel 41, 1976, 123).

etwas schmoren lassen (ugs.): *etwas liegen lassen, noch nicht bearbeiten:* Bei der Baubehörde haben sie den Antrag erst einmal vier Wochen schmoren lassen.

jmdn. im eigenen/in seinem eigenen Saft/ Fett schmoren lassen: ↑ Saft.

Schmu: Schmu machen (ugs.): *einen leichten Betrug begehen, schummeln:* Sie sind keine richtigen Betrüger, sie haben bloß versucht, bei der Abrechnung ein bisschen Schmu zu machen. ... weil die immer Schmu mit den Schnäpsen machten und falsch anschrieben ... (Fallada, Mann 79).

schmücken: geschmückt wie ein Pfingstochse (ugs.): *übertrieben aufgeputzt:* Er stolzierte über die Straße, geschmückt wie ein Pfingstochse, verfolgt von einer Schar johlender Kinder.

▶ Dieser Vergleich geht auf den alten süddeutschen Brauch zurück, beim Austrieb des Viehs auf die Sommerweide (zur Pfingstzeit) einen der Ochsen besonders zu schmücken.

sich mit fremden Federn schmücken: ↑ Feder.

Schmutz: Schmutz und Schund (abwertend): *minderwertige geistige Produkte, die einen schlechten Einfluss ausüben:* Wenn in einem Kino nur noch Schmutz und Schund gespielt wird, ist es kein Wunder, dass die Besucher wegbleiben.

jmdn., etwas mit Schmutz bewerfen: *jmdn., etwas herabsetzen, verleumden:* Man hatte ihn so lange mit Schmutz beworfen und bedroht, bis er das Land verließ.

etwas in den Schmutz zerren/ziehen/treten: *etwas herabsetzen, verleumden:* Diese Leute können nichts anderes, als ehrliche Menschen in den Schmutz zu ziehen. Das Andenken aufrechter Demokraten wurde von den Neonazis in den Schmutz getreten.

bis zu den Knien im Schmutz waten: ↑ Kot.

schmutzig: sich nicht [gern] die Finger schmutzig machen: ↑ Finger. **schmutzige Hände haben:** ↑ Hand. **schmutzige Wäsche [vor anderen Leuten] waschen:** ↑ Wäsche.

Schnabel: den Schnabel halten (ugs.): *still sein:* »Aber jetzt halte den Schnabel, jetzt habe ich mit der da zu reden!« (Fallada, Herr 127). »Um Gottes willen, halt den Schnabel und iss!« (Remarque, Obelisk 301).

den Schnabel aufmachen/aufsperren (ugs.): *etwas sagen; [zu etwas] nicht länger schweigen:* Sie könnte auch mal den Schnabel aufmachen, es geht schließlich um ihre Zukunft. Sperr den Schnabel auf, wenn dir etwas nicht passt!

sich den Schnabel verbrennen (ugs.): *etwas Unvorsichtiges sagen und sich damit schaden:* Als man dem Firmeninhaber das Bundesverdienstkreuz verlieh, hätte sich mancher seiner Angestellten beinahe den Schnabel verbrannt.

seinen Schnabel an jmdm. wetzen (ugs.; veraltend): *boshaft über jmdn. sprechen:* Wenn sie nicht ihren Schnabel an anderen Leuten wetzen kann, fühlt sie sich nicht wohl.

reden, wie einem der Schnabel gewachsen ist: ↑ reden.

schnackeln: es hat [bei jmdm.] geschnackelt (ugs.; bes. südd.): 1. *jmd. hat etwas [endlich] verstanden:* Gott sei Dank, jetzt hats auch bei dir geschnackelt! 2. *etwas ist [jmdm.] geglückt, etwas hat geklappt:* Sie haben sich jahrelang ein Kind gewünscht – jetzt hats geschnackelt! 3. *jetzt ist jmds. Geduld erschöpft:* Wenn einer so dummfrech daherkommt, dann hats bei mir gleich geschnackelt. Jetzt hats geschnackelt. Die Geldgeschichten um seine Parteifreunde ... haben den

FDP-Vorsitzenden Genscher alarmiert (Spiegel 7, 1981, 90).

schnallen: den Riemen/Gürtel enger schnallen: ↑ Riemen.

schnappen: jetzt hats aber geschnappt! (ugs.): *jetzt ist meine Geduld am Ende!:* Jetzt hats aber geschnappt – macht, dass ihr vom Baum runterkommt! Ich habs dreimal erlebt und das vierte Mal und noch mal und noch mal, und nun hats geschnappt bei mir, nun ist es alle! (Fallada, Jeder 28).

nach dem Bettzipfel schnappen: ↑ Bettzipfel. **frische Luft schnappen:** ↑ Luft.

Schnaps: Dienst ist Dienst, und Schnaps ist Schnaps: ↑ Dienst.

Schnaufer: seinen letzten Schnaufer/ Seufzer getan haben (ugs.): *sterben, tot sein:* Der alte Waldhofbauer hat schon vor einem halben Jahr seinen letzten Schnaufer getan.

Schnauze: die Schnauze halten (derb): *still sein:* Ihr sollt jetzt endlich die Schnauze halten! »Fall nicht runter!«, rief die Dame, der von Caligula eigentlich befohlen worden war, die Schnauze zu halten (Erich Kästner, Fabian 55).

die Schnauze aufmachen (derb): *etwas sagen:* Keiner traute sich, die Schnauze aufzumachen, als der Hooligan sein Messer aufklappte.

eine große Schnauze haben (derb): *großsprecherisch sein, prahlen:* Er hat immer nur eine große Schnauze, geleistet hat er noch nichts.

die Schnauze voll [von jmdm., von etwas] haben (derb): *jmds., einer Sache überdrüssig sein:* Ich habe die Schnauze voll von euch! »Ich hatte die Schnauze gestrichen voll vom Schaugeschäft ...« (Hörzu 20, 1973, 48). Ein Soldat hatte an seine Frau in die Heimat geschrieben: »Von diesem Krieg habe ich die Schnauze voll.« (Leonhard, Revolution 173).

jmdm. die Schnauze polieren/lackieren (derb): *jmdn. verprügeln:* Zieh ab, sonst polier ich dir die Schnauze! »Wenn ich nicht sofort die Adresse von Brahm bekomme, ... dann lackiere ich dir deine Schnauze.« (Kirst, 08/15, 713).

frei nach Schnauze (ugs.): *ohne Vorbereitung, ohne genauen Plan; wie es einem in den Sinn kommt:* Sie hat den Pullover frei nach Schnauze gestrickt, und er

passt hundertprozentig! ... und barsch fragte, was Simrock einfalle, sich die Arbeit frei nach Schnauze auszusuchen (Becker, Tage 95).

auf der Schnauze liegen: ↑ Nase.

Schnecke: jmdn. zur Schnecke machen (ugs.): 1. *jmdn. heftig tadeln, kritisieren:* Warum lässt er sich von seinem Chef nur immer so zur Schnecke machen? »In Deutschland kann man den Eindruck haben, dass ein Gespräch nur dann zählt, wenn der Interviewer den Befragten zur Schnecke macht.« (Hörzu 47, 1977, 36). 2. *jmdn. verprügeln:* Den Kerl mach ich zur Schnecke, wenn er meine Frau nicht in Ruhe lässt!

▶ Diese Wendung ist wahrscheinlich auf die Vorstellung zurückzuführen, dass der Getadelte oder der Geprügelte sich schließlich verkriecht wie eine Schnecke in ihr Schneckenhaus.

Schnee: Schnee von gestern sein (ugs.): *nicht mehr aktuell sein:* Im modernen Leistungssport ist die Unterscheidung zwischen Profi und Amateur doch längst Schnee von gestern. ... in der nächsten Woche ist der Inhalt des letzten Heftes bereits »Schnee von gestern« (CCI 9, 1985, 19).

und wenn der ganze Schnee verbrennt (ugs.): *trotz allem, in jedem Fall:* Spätestens nächste Woche fahren wir in die Ferien, und wenn der ganze Schnee verbrennt! Es wird nicht mehr gearbeitet, und wenn der ganze Schnee verbrennt (Döblin, Berlin 144).

anno Schnee/im Jahre Schnee (österr.): *vor sehr langer Zeit:* Dieses Kleid war anno Schnee vielleicht mal modern. Mit diesem Wirtschaftsprogramm hätte die Regierung im Jahre Schnee schon keinen Hund mehr hinter dem Ofen hervorgelockt.

[dahin]schmelzen wie Schnee an der Sonne: ↑ dahinschmelzen. **toben wie zehn nackte Wilde im Schnee:** ↑ toben.

Schneekönig: sich freuen wie ein Schneekönig: ↑ freuen.

Schneid: jmdm. den Schneid/Mut abkaufen (ugs.): *jmdn. entmutigen, einschüchtern:* Er hat sich von seinen Gegnern allzu leicht den Schneid abkaufen lassen. Die Krankenblätter ... lösten eine Flut lateinischer Ausdrücke aus, die sich ... in die Ohren der Betroffenen pflanzten und ihnen den Schneid abkauften (Ossowski, Liebe 69).

Schneide: auf des Messers Schneide stehen: ↑ Messer.

schneiden: schneiden wie Gift (ugs.): *sehr scharf sein:* Das Brotmesser schneidet wie Gift.

da hast du dich geschnitten (ugs.): *da täuschst du dich sehr:* Wenn du glaubst, dass ich dir deinen Dreck wegräume, dann hast du dich ganz schön geschnitten! Du hast vielleicht gedacht, dass ich auch solch Mädchen bin wie alle andern, aber da hast du dich geschnitten, mein Junge (Döblin, Berlin 337).

jmdm. wie aus den Augen geschnitten sein: ↑ Auge. **jmdm. die Cour schneiden:** ↑ Cour. **sich in den Finger schneiden:** ↑ Finger. **sich ins eigene Fleisch schneiden:** ↑ Fleisch. **jmdm. wie aus dem Gesicht geschnitten sein:** ↑ Gesicht. **jmdm. ins Herz schneiden:** ↑ Herz. **eine Luft zum Schneiden:** ↑ Luft. **sich etwas nicht aus den Rippen schneiden können:** ↑ Rippe.

Schneider: herein, wenns kein Schneider ist! (scherzh.): *Aufforderung an jmdn., der läutet oder an die Tür klopft, einzutreten:* Hat es eben geklopft? Herein, wenns kein Schneider ist!

▶ Die Herkunft dieser Redensart ist nicht eindeutig geklärt. Vermutlich bezog sie sich ursprünglich auf den Schneider, der seine Rechnungen kassieren wollte. Eine andere Erklärung leitet sie von den Zunftsitzungen der Schneidergesellen her, zu denen nur Zunftangehörige Zutritt hatten. Dort hieß es »Herein, wenn es ein Schneider ist«, was im Volksmund scherzhaft ins Gegenteil verkehrt worden sein könnte.

aus dem Schneider [heraus] sein (ugs.): 1. *von allen Sorgen und Schwierigkeiten befreit sein:* Mit der eidesstattlichen Erklärung des Arztes ist der Angeklagte noch nicht aus dem Schneider. Ich zitterte vor Kälte und Angst, obwohl ich aus dem Schneider war (Bieler, Bonifaz 35). Dass man mit einer neuen Batterie herrlich aus dem Schneider ist, muss leider als weit verbreiteter Irrtum entlarvt werden (auto touring 2, 1979, 32). 2. *über 30 Jahre alt sein:* Seit gestern bin ich aus

dem Schneider; darauf könnten wir eigentlich auch heute noch einen trinken.

▶ Die Wendung rührt vom Skatspiel her. Dort braucht man 30 bzw. 31 Punkte, um aus dem Schneider zu kommen. Der Ausdruck »Schneider« im Kartenspiel nimmt wohl darauf Bezug, dass man früher spottete, »ein Schneider wiege nicht mehr als 30 Lot«; vgl. auch die Wendung »frieren wie ein Schneider«.

frieren wie ein Schneider: ↑ frieren.

schneien: jmdm. hat es in die Bude geschneit: ↑ Bude. **jmdm. ins Haus schneien:** ↑ Haus.

schnell: auf die schnelle Tour; auf die Schnelle (ugs.): 1. *ganz schnell und ohne Anstrengung:* Er dachte, er könnte auf die schnelle Tour zu viel Geld kommen. Der ganze Roman ist offensichtlich auf die Schnelle geschrieben, ohne Sorgfalt im Detail und dürftig in der Gesamtkonzeption. 2. *kurzfristig, innerhalb kurzer Zeit:* Ich weiß nicht, woher ich auf die Schnelle zwei neue Mitarbeiter bekommen soll. Dieses Kapital kann sich »auf die Schnelle« verzinsen, wenn Sie es als Festgeld anlegen (Spiegel 10, 1980, 127). Aber er hat kein Geld, und woher kriegt er auf die Schnelle was? (Fallada, Jeder 18).

viele Hände machen der Arbeit schnell ein Ende: ↑ Hand. **die schnelle Kathrin haben:** ↑ Katharina. **eine/die schnelle Mark machen/verdienen:** ↑ ¹Mark. **so schnell schießen die Preußen nicht:** ↑ Preuße. **von der schnellen Truppe sein:** ↑ Truppe. **auf dem schnellsten Weg:** ↑ Weg. **ich kann gar nicht so schnell zittern, wie ich friere:** ↑ zittern.

schniegeln: geschniegelt und gebügelt: ↑ geschniegelt.

Schnippchen: jmdm. ein Schnippchen schlagen (ugs.): *jmds. Absichten durchkreuzen, durch Klugheit der Verfolgung entgehen:* Der Heiratsschwindler hat der Polizei schon zweimal ein Schnippchen geschlagen. Der Junge verstand es aber, ihm ein Schnippchen zu schlagen und zu entwischen (Genet [Übers.], Tagebuch 196). Wichtig war nur, dass seine Mannen nun schon im dritten Spiel ... dem Winter mit ihrer Spielweise ein Schnippchen geschlagen hatten (Kicker 6, 1982, 37).

▶ Diese Wendung bezieht sich auf das Schnippen oder Schnalzen mit den Fingern. Mit dieser Gebärde drückte man früher Spott oder Verachtung aus. Im heutigen Sprachgebrauch dominiert die Vorstellung, dass man den andern übertölpelt, ihm einen Streich gespielt hat.

Schnitt: einen Schnitt [bei etwas] machen (ugs.): *einen Gewinn [bei etwas] erzielen:* Es ist ihm egal, wer ihm seine Waren abkauft; Hauptsache, er macht seinen Schnitt dabei. Möchte nicht wissen, wer mit der Arbeit von Knastis außerdem noch seinen Schnitt macht (Eppendorfer, Kuß 24). Als der Wagen zu teuer wird, verkauft er ihn und macht seinen Schnitt (Chotjewitz, Friede 128).

schnitzen: aus anderem/dem gleichen/ hartem o. ä. Holz geschnitzt sein: ↑ Holz.

schnuppe: jmdm. schnuppe sein (ugs.): *jmdm. gleichgültig sein:* Was sie mit dem Geld macht, ist mir doch schnuppe. Lieber Gott. Ich weiß nicht, wo du bist, ob im Himmel oder bloß auf meiner Zunge. Aber das ist mir schnuppe (Hilsenrath, Nazi 199). Sie liebte Donath, auch wenn ihn die Leute für einen Bonzen hielten. Das war ihr schnuppe (Bieler, Bär 247).

▶ Mit »Schnuppe« bezeichnet man das verkohlte Ende des Kerzendochtes oder des Lampendochtes, im übertragenen Gebrauch etwas völlig Wertloses, etwas, was jemandem gleichgültig ist.

jmdm. schnurz und schnuppe sein: ↑ schnurz.

Schnur: über die Schnur hauen (landsch.): *übermütig werden:* ... sie sollten aber etwa auch ein bisschen aufs Maß schauen und mit Trinken und Feten nicht allzu hoch über die Schnur hauen (R. Walser, Gehülfe 180). Er hat sich niemals ein wenig wild gebärdet, niemals ein wenig über die Schnur gehauen (Th. Mann, Buddenbrooks 316).

▶ Diese Wendung bezieht sich ursprünglich auf die gespannte Schnur, mit der der Zimmermann auf dem zu bearbeitenden Balken eine gerade Linie markiert. Schlägt er über die Schnur hinaus, so ist der Balken nicht maßgerecht und vielleicht sogar unbrauchbar.

von der Schnur zehren/leben (veraltet): *von Ersparnissen leben:* Wenn die Ge-

schäfte schlecht gehen, müssen wir eben mal eine Zeit lang von der Schnur leben.

▶ Dieser Wendung liegt der frühere Brauch zugrunde, gesparte Geldstücke zu durchlöchern und auf eine Schnur aufzuziehen.

Schnürchen: gehen/klappen/laufen wie am Schnürchen: ↑ gehen, ↑ klappen, ↑ laufen. **etwas können wie am Schnürchen:** ↑ können.

schnüren: sein Bündel schnüren: ↑ Bündel.

schnurz/schnurzpiepegal: **jmdm. schnurz [und piepe/und schnuppe]/ schnurzpiepegal sein** (ugs.): *jmdm. völlig gleichgültig sein:* Die Ansichten seiner Eltern sind ihm schnurzpiepegal; er macht doch, was er will. Es ist meinem Vater schnurz und schnuppe, was die Leute über ihn reden. ... gut für Leute, die den häuslichen Komfort nicht missen möchten und denen der höhere Energieverbrauch schnurz ist (Caravan 1, 1980, 17).

schon: hat ihn/ihm schon! (ugs.): *ich habe ihn/sie/es schon:* Wo ist nur mein Führerschein? Ah, hat ihn schon, da ist er ja! Kannst du mal den Fisch aus dem Aquarium fangen? – Hat ihn schon! **[das ist] schon [längst] um die Ecke:** ↑ Ecke. **es wird schon schief gehen:** ↑ schief gehen. **schon gar nicht mehr wahr sein:** ↑ wahr. **[na] wennschon:** ↑ wennschon. **wennschon, dennschon:** ↑ wennschon.

schön: [das ist alles] schön und gut (ugs.): *Einleitung zu einem Einwand, einer ablehnenden Äußerung:* Was ihr euch da ausgedacht habt, das ist alles schön und gut, aber ihr unterschätzt das Risiko. Schön und gut, du hast viel Geld verdient in Afrika – aber deine Gesundheit ist ruiniert.

das ist zu schön, um wahr zu sein!: *das ist so schön, dass man es kaum glauben kann:* Gnädige Frau, Sie haben eine vierwöchige Reise rund um die Welt gewonnen! – Ach, das ist zu schön, um wahr zu sein!

das wäre ja noch schöner (ugs.): *Ausdruck der [entrüsteten] Ablehnung:* Das wäre noch schöner, ein Vater, der nicht hilft! (Frisch, Gantenbein 479). Darauf würde ich keinen Einfluss nehmen, das wäre ja noch schöner! (Amendt, Sexbuch 186). Das wäre ja noch schöner, wenn sich aus privaten Gefühlen Rechtfertigungen für gesellschaftliche Veränderungen ableiten ließen (Wilhelm, Unter 99).

jmdm. schöne Augen machen: *jmdn. verführerisch ansehen, mit jmdm. flirten:* Sie hat ihm den ganzen Abend schöne Augen gemacht, aber dann ist sie mit einem anderen nach Hause gegangen. Ganz unten am Tisch saßen die Mädchen, saßen Werner, der Ingeborg wieder schöne Augen machte, und ich (Lentz, Muckefuck 181).

die schöne Hand; das schöne Händchen (fam.): *die rechte Hand [in Aufforderungen an Kinder, die rechte Hand zu benutzen]:* Gib die schöne Hand! Nimm den Löffel in das schöne Händchen.

schön/frisch wie der junge Morgen/Tag: *von besonders frischer, jugendlicher Schönheit:* Liebste, du bist heute wieder schön wie der junge Morgen! Sie trat in den Garten, frisch wie der junge Morgen, und begann, Blumen zu schneiden.

schön wie die Sünde: *verführerisch schön:* Sie war schön wie die Sünde und falsch wie eine Schlange.

das ist ja eine schöne Bescherung: ↑Bescherung. **das schöne Geschlecht:** ↑Geschlecht. **schönen Gruß vom Getriebe, der Gang ist drin:** ↑Gruß. **das ist [ja] alles/ganz gut und schön, aber ...:** ↑gut. **muss Liebe schön sein:** ↑Liebe. **alles ist in schönster/bester Ordnung:** ↑Ordnung. **in/mit schöner Regelmäßigkeit:** ↑Regelmäßigkeit. **ein schöner Rücken kann entzücken:** ↑Rücken. **je später der Abend, desto schöner die Gäste:** ↑spät. **um schön[es] Wetter bitten:** ↑Wetter. **schöne Worte machen:** ↑Wort. **[k]ein schöner Zug von jmdm. sein:** ↑Zug.

Schongang: den Schongang einlegen/einschalten (ugs.; Sport, Jargon): *sich nicht voll einsetzen; das Tempo drosseln, die Anstrengungen vermindern:* Die Hamburger konnten es sich leisten, 30 Minuten vor Spielende bereits den Schongang einzulegen. Wir können es uns noch nicht erlauben, den Schongang einzuschalten.

im Schongang (ugs.; Sport, Jargon): *ohne Anstrengung, mühelos; sich nicht voll* einsetzend: Die Bayern gewannen gegen den Aufsteiger im Schongang. Die Fertigungsabteilung erfüllte den Produktionsplan im Schongang. Rivera ... spielte im Schongang und verstolperte ... Ball um Ball (Spiegel 28, 1974, 56).

Schönheit: in Schönheit sterben (Sport, Jargon): *durch besonders elegantes, ästhetisches Spielen, Kämpfen o. Ä. ohne die nötige Härte das Spiel oder den Kampf verlieren:* Die Eintracht wollte keinesfalls in Schönheit sterben; noch einmal wurden alle Kräfte mobilisiert.
▶ Diese Wendung ist ein Zitat aus Ibsens Schauspiel »Hedda Gabler« (5. Akt, letzte Szene).

Schonung: jmdm. in die Schonung scheißen (derb): *jmdn. hintergehen, verärgern:* Mit dem Kerl rede ich nicht mehr, der hat mir in die Schonung geschissen.

Schopf: die Gelegenheit beim Schopf[e] fassen/packen: ↑Gelegenheit.

schöpfen: Atem schöpfen: ↑Atem. **wieder Luft schöpfen können:** ↑Luft. **Verdacht schöpfen:** ↑Verdacht. **aus dem Vollen schöpfen:** ↑voll. **Wasser in ein/mit einem Sieb schöpfen:** ↑Wasser.

Schöpfer: du kannst deinem Schöpfer danken: *du hast unerwartetes Glück gehabt:* Du kannst deinem Schöpfer danken, dass du dir bloß die Hand verstaucht hast. Ihr könnt eurem Schöpfer danken, dass ihr aus dieser üblen Geschichte noch einmal herausgekommen seid!

Schöpfung: der Herr der Schöpfung: ↑Herr.

Schornstein: der Schornstein raucht (ugs.): *die Geschäfte gehen gut, es wird Geld verdient:* In der Stahlindustrie raucht der Schornstein wieder, die Auftragseingänge sind befriedigend bis erfreulich. ... Almut ist seit 1963 Sprecherin beim Deutschlandfunk und sorgte dafür, dass »der Schornstein rauchte« (Hörzu 47, 1974, 34).

von [irgend]etwas muss der Schornstein rauchen (ugs.): *irgendwie muss man Geld verdienen:* »Von etwas muss der Schornstein eben rauchen. Beim Film gibt es keine Aufträge. Bleibt nur das Tourneetheater.« (Hörzu 35, 1974, 7).

etwas in den Schornstein/(landsch. auch:) **Kamin schreiben** (ugs.): *etwas als verloren betrachten:* Sie hatte Angst, sie

müsste den Zuschuss in den Schornstein schreiben. Wenn Dumm'se Tünn mit Begleitung anrückte, waren Getränke meist frei; lieber schrieben Gastronomen 200 Mark Zeche in den Schornstein, als dass sie 20 000 Mark Schaden durch zerschlagene Einrichtung riskierten (Spiegel 12, 1966, 37).
▶ Was man an die Innenwand eines Schornsteins schreibt, wird bald von Ruß zugedeckt und ist dann nicht mehr lesbar; das Geschriebene ist damit verloren. Darauf bezieht sich die vorliegende Wendung.

sein Geld zum Schornstein hinausjagen: ↑Geld.

Schoß: jmdm. in den Schoß fallen: *jmdm. mühelos zuteil werden:* Ihm ist schon von klein auf alles in den Schoß gefallen. Mein beruflicher Weg war schwer, mir ist nichts in den Schoß gefallen (Hörzu 14, 1976, 145). Sie haben gesagt, dass einer Frau der Mann fürs Leben nicht in den Schoß fällt, sondern dass sie ihn sich erziehen muss (Plenzdorf, Legende 211).

in Abrahams Schoß: sicher wie in Abrahams Schoß: ↑Abraham. **die Hände in den Schoß legen:** ↑Hand.

Schotbruch: Mast- und Schotbruch: ↑Mastbruch.

schräg: ein schräger Vogel (ugs.): *ein zwielichtiger Mensch:* Im Park lungern um diese Zeit immer irgendwelche schrägen Vögel herum. Der CDU/CSU-Fraktionsgeschäftsführer ... war in die verderbten Siele der großen Städte geraten, hatte festen Umgang mit schrägen Vögeln gehabt (Spiegel 10, 1975, 29).

Schrank: [voll] gegen den Schrank laufen (ugs.): *sich nicht durchsetzen können, sich erfolglos bemühen:* Er war als Leiter der Planungsabteilung in der Firma derart oft gegen den Schrank gelaufen, dass er schließlich aufgab und kündigte.

nicht alle Tassen im Schrank haben: ↑Tasse.

Schranke: einer Sache sind [keine] Schranken gesetzt: *etwas wird [nicht] eingeschränkt:* Der Fantasie der Teilnehmer an dem Fest waren keine Schranken gesetzt. Handelt es sich um Ausübung der Kunstfreiheit, werden diesem Grundrecht nur durch andere Verfassungsgüter im Wege des verhältnismäßi-

gen Ausgleichs Schranken gesetzt (NJW 19, 9. 5. 1984, 1092).

sich in Schranken halten: *das erträgliche Maß nicht überschreiten:* Die Aufregung um die neue Schulordnung hält sich bisher in Schranken. Solange sich der Lärm in Schranken hielt, konnten die Kinder im Garten spielen.

etwas in Schranken halten: *etwas begrenzen, nicht ausufern lassen:* Die Bevölkerung unterstützt die Polizei nur sehr wenig in dem Bemühen, die Kriminalität in Schranken zu halten. Die Reichswehr war das Gewaltinstrument, das aufbegehrende Gelüste in Schranken hielt (Niekisch, Leben 195).

jmdn. in die/in seine Schranken weisen (geh.): *jmdn. zurechtweisen; jmdn. dazu veranlassen, sich zu mäßigen:* Es ist an der Zeit, dass jemand diese eingebildete Politikerin in ihre Schranken weist! Nun ist es genug, beschloss Karin. Sie wollte ihn mit einem abweisenden Blick in seine Schranken weisen (Bernstorff, Himmelbett 4).

jmdn. in die Schranken fordern (geh.): *jmdn. zu einer Auseinandersetzung auffordern, jmdn. zwingen, sich einer Herausforderung zu stellen:* Er hatte mit seinem Essay keinen Geringeren als den Altmeister der Literaturkritik in die Schranken gefordert.
▶ Diese und die folgende Wendung gehen auf die mittelalterlichen Ritterturniere zurück. Die Kämpfe wurden innerhalb eines durch Balken (Schranken) abgegrenzten Kampfplatzes ausgetragen.

für jmdn., für etwas in die Schranken treten (geh.): *sich für jmdn., für etwas einsetzen:* Niemand war bereit, für die gerechte Sache in die Schranken zu treten? Gerade von dir hätte ich nicht erwartet, dass du so entschlossen für mich in die Schranken treten würdest.
Vgl. die vorangehende Wendung.

vor die/vor den Schranken des Gerichts (geh.): *vor Gericht:* Diese rücksichtslosen Umweltsünder müssen endlich vor die Schranken des Gerichts gestellt werden. Der alte Familienstreit wurde schließlich sogar vor den Schranken des Gerichts ausgetragen. Die Verfassung ... verbietet den Gerichten ausdrücklich ... Verwaltungsbeamte in Zusammenhang mit der Ausübung ihrer Funktion vor die Schranken der Gerichte zu laden (Fraenkel, Staat 287).

▶ Die Wendung bezieht sich darauf, dass der Gerichtsplatz früher gegen die Zuschauer durch hölzerne Barrieren (Schranken) abgegrenzt war.

Schraube: bei jmdm. ist eine Schraube locker/los[e] (ugs.): *jmd. ist nicht recht bei Verstand:* Bei dir ist wohl eine Schraube locker – nimm sofort die Füße vom Tisch! Manchmal glaubte sie, dass bei ihrem Mann eine Schraube lose sei. Weißt du, Minna, ich glaube, bei dem Jungen ist 'ne Schraube locker (Hilsenrath, Nazi 26).

▶ Diese Wendung stammt aus dem Bereich der Technik: eine lockere Schraube beeinträchtigt die Funktionsfähigkeit einer Apparatur. Auf den Menschen übertragen, wird damit die Funktionsfähigkeit seines Verstandes angezweifelt.

eine Schraube ohne Ende: *eine Angelegenheit, die zu keinem Abschluss kommt:* Erst mussten sie das Dach reparieren, dann die Stromleitungen erneuern, dann die Wände neu verputzen – es war eine Schraube ohne Ende.

▶ Die Wendung stammt aus dem Bereich der Technik. Sie bezieht sich auf den mit einem Schraubengewinde versehenen Zylinderschaft, der durch seine Umdrehung einen Maschinenteil in Bewegung hält.

die Schraube überdrehen (ugs.): *[mit einer Forderung o. Ä.] zu weit gehen:* Die Gewerkschaften haben in den Tarifverhandlungen die Schraube überdreht.

Schreck: Schreck in der Abendstunde (ugs.; scherzh.): *unangenehme Überraschung [am Abend]:* Das war ein Schreck in der Abendstunde, als der Polizist vor der Tür stand! Einen Schreck in der Abendstunde erlebte eine Mutter ...; ihre Kinder, ein vierjähriger Junge und ein dreijähriges Mädchen, waren einen Augenblick unbeobachtet und »rissen aus« (MM 29. 1. 1975, 19).

Schreck, lass nach! (ugs.): *Ausruf des Erschreckens:* Schreck, lass nach – das ganze Geld ist weg! Schreck, lass nach! Zum Entsetzen von Sophie, Stefan und Frau Simmerl lässt deren Mann das Tablett fallen (Hörzu 9, 1982, 61).

[ach] du [mein/heiliger] Schreck! (ugs.): *Ausruf der Überraschung:* Du mein Schreck, die Katze ist in der Küche, und der Kühlschrank steht offen! Der ist von meinem Trupp. Ach, du Schreck, rief der Sanitäter, da hast du dir was eingekauft (Kuby, Sieg 43). ... du heiliger Schreck, der Zerbster Landrat. »Ich bin bloß der Chauffeur«, beruhigte ihn Donath (Bieler, Bär 317).

lieber ein Ende mit Schrecken als ein Schrecken ohne Ende: ↑ Ende.

Schrei: der letzte/neuste Schrei (ugs.): *die neuste Mode:* Damals waren gerade Miniröcke der letzte Schrei. Sie kleidet sich immer nach dem neusten Schrei. ... die Österreicher ... mussten feststellen, dass die Franzosen ... moderner ausgestattet waren. Letzter Schrei ... großflächig karierte Hosen (Bild und Funk 32, 1966, 24).

▶ Diese Wendung ist eine Lehnübersetzung des gleichbedeutenden französischen »le dernier Cri«. Der Ursprung der Wendung ist nicht geklärt.

schreiben: wer schreibt, der bleibt: *besonders bei Kartenspielen geäußerter Kommentar, wenn jemand dazu bestimmt wurde, die Punkte aufzuschreiben.*

es steht nirgends geschrieben, dass ...; wo steht geschrieben, dass ...?: *es ist nicht unbedingt wahr, nicht notwendig, dass ...:* Es steht nirgends geschrieben, dass man im Urlaub immer verreisen muss. Wo eigentlich steht geschrieben, dass jene vollständig ahistorische Grenzziehung, quer durch Europa ... unabänderlich sei? (Dönhoff, Ära 204).

▶ Diese Redensart rührt aus der Bibel her (z. B. Matthäus 4, 4). Dahinter steht die jüdische und christliche Gleichsetzung von »Schrift« mit »Wort, Gesetz Gottes«.

über etwas Bände schreiben können: ↑ [2]Band. **etwas auf seine Fahne schreiben:** ↑ Fahne. **sich die Finger wund schreiben:** ↑ Finger. **jmdm. im Gesicht geschrieben stehen:** ↑ Gesicht. **eine gute/kräftige Handschrift schreiben:** ↑ Handschrift. **etwas mit [seinem] Herzblut schreiben:** ↑ Herzblut. **jmdm. wie auf den Leib geschrieben sein:** ↑ Leib. **sich etwas hinter die Löffel schreiben:** ↑ Löffel. **etwas in**

den Mond schreiben: ↑Mond. **sich etwas hinter die Ohren schreiben:** ↑Ohr. **etwas auf sein Panier schreiben:** ↑Panier. **etwas in den Rauch schreiben:** ↑Rauch. **etwas in den Rauchfang schreiben können:** ↑Rauchfang. **etwas ins Reine schreiben:** ↑rein. **Romane/einen ganzen Roman schreiben:** ↑Roman. **sage und schreibe:** ↑sagen. **etwas in den Schornstein/Kamin schreiben:** ↑Schornstein. **sich etwas von der Seele schreiben:** ↑Seele. **das kannst du dir ins Stammbuch schreiben:** ↑Stammbuch. **in den Sternen geschrieben stehen:** ↑Stern. **jmdm. auf der Stirn geschrieben stehen:** ↑Stirn. **etwas ins Unreine schreiben:** ↑unrein. **sich von schreiben können:** ↑von. **etwas in den Wind schreiben:** ↑Wind. **rote/schwarze Zahlen schreiben:** ↑Zahl.

schreien: schreien wie am Spieß/wie ein gestochenes Schwein/wie eine angestochene Sau (ugs.): *[in Bedrängnis] sehr laut schreien:* Sie hatte einen Schlag auf die Nase gekriegt und schrie wie ein gestochenes Schwein. Einer bekam sogar einen Herzanfall und schrie wie am Spieß (Spiegel 9, 1977, 46).

zum Schreien sein (ugs.): *sehr komisch, zum Lachen sein:* Chaplin war in dieser Szene einfach zum Schreien. Dein Onkel ist ja zum Schreien, wenn er seine eigenen Gedichte vorträgt.

Ach und Weh schreien: ↑ach. **vor Dummheit schreien:** ↑Dummheit. **zum Himmel schreien:** ↑Himmel. **sich die Kehle aus dem Hals schreien:** ↑Kehle. **sich die Lunge aus dem Hals schreien:** ↑Lunge. **aus voller Lunge schreien:** ↑Lunge. **Mord und Brand schreien:** ↑Mord. **sich die Seele aus dem Leib schreien:** ↑Seele. **Zeter und Mordio/Zetermordio schreien:** ↑Zeter.

Schrift: in Wort und Schrift: ↑Wort.

schriftlich: das kann ich dir schriftlich geben (ugs.): *dessen kannst du sicher sein:* Noch einmal passiert mir so eine Dummheit nicht, das kann ich dir schriftlich geben!

Schritt: der erste Schritt/die ersten Schritte: *der Anfang:* Wir werden dir bei den ersten Schritten in deiner neuen Heimat helfen, so gut wir können. Die Bekanntschaft mit der Frau seines Chefs war der erste Schritt zu einer raschen Karriere. Und wie geht es mit der Ent-

spannung vor sich? Was ist der erste Schritt? (Dönhoff, Ära 141).

den ersten Schritt tun: *mit einer Versöhnung beginnen, als Erster einlenken:* Sie will sich schon wieder mit ihrem Bruder vertragen, aber er muss den ersten Schritt tun.

den zweiten Schritt vor dem ersten tun: *etwas ohne die richtige Vorbereitung, überhastet beginnen:* Du hast mal wieder den zweiten Schritt vor dem ersten getan, als du das Pferd gekauft hast – wir haben doch noch gar keinen Stall.

einen guten Schritt am Leibe haben (ugs.): *sehr schnell gehen:* Donnerwetter, die Briefträgerin hat heute aber einen guten Schritt am Leibe!

[mit jmdm., mit etwas] Schritt halten: 1. *sich im gleichen Tempo [wie jmd., etwas] bewegen:* Du musst langsamer gehen, die Kinder können nicht mit uns Schritt halten. In einem gewissen Abstand folgt die Gruppe der Abgeordneten, die kaum Schritt halten können (Sieburg, Robespierre 226). »Schnell«, sagte Thea, »komm schneller«, und ich hatte Mühe, Schritt zu halten (Lenz, Brot 58). 2. *[mit jmdm., mit etwas] mithalten:* Bald wird die Firma mit der ausländischen Konkurrenz nicht mehr Schritt halten können. ... und die jungen Intellektuellen strapazieren ihr Talent, um mit dem Aufwand der Snobs Schritt halten zu können (Koeppen, Rußland 163). Die laufenden Ausgaben hielten nicht Schritt mit Unrats Pension; sie waren ihr weit voraus (H. Mann, Unrat 121).

Schritt fassen: *sich [allmählich] zurechtfinden:* Nach den langen Jahren im Gefängnis war es für ihn nicht einfach, draußen wieder Schritt zu fassen. Sie hatte schon nach wenigen Tagen in der neuen Firma Schritt gefasst.

noch einen Schritt weiter gehen: *noch mehr tun, sich noch steigern:* Ich werde sogar noch einen Schritt weiter gehen und Sie einen Betrüger nennen!

sich jmdn., etwas drei Schritte vom Leibe halten (ugs.): *jmdn., etwas von sich fern halten:* Sie hatte alle Mühe, sich ihre Verehrer drei Schritte vom Leibe zu halten. Ehrenamtliche Aufgaben hielt er sich nach Möglichkeit drei Schritte vom Leibe.

jmdm. drei Schritte vom Leibe bleiben
(ugs.): *jmdm. nicht zu nahe kommen,
jmdn. nicht belästigen:* Am liebsten ist es
mir, wenn mir meine Verwandtschaft
drei Schritte vom Leibe bleibt. Gegen
Journalisten hat sie nichts, solange die
ihr drei Schritte vom Leibe bleiben.

Schritt für Schritt: *allmählich, nach und
nach:* Schritt für Schritt kamen sich die
Verhandlungspartner näher. Die Jung-
tiere werden Schritt für Schritt an die
neue Umgebung gewöhnt. Von da an
ging es Schritt für Schritt abwärts, bis
die Fraktion schließlich seinen Rücktritt
erzwang (Dönhoff, Ära 15).

auf Schritt und Tritt: *überall, überallhin;
ständig:* Auf Schritt und Tritt begegneten den Forschern Spuren früherer Lebens. Die um 21 Jahre jüngere Simone
begleitete ihren Mann auf Schritt und
Tritt (Hörzu 1, 1972, 17).

**nach dem Essen sollst du ruhn oder tau-
send Schritte tun:** ↑ Essen. **Selbsterkenntnis ist der erste Schritt zur Besserung:** ↑ Selbsterkenntnis.

Schrot: von echtem Schrot und Korn: *von
aufrechtem Charakter:* Der neue Bürgermeister ist ein Mann von echtem
Schrot und Korn. Ein Kerl von echtem
Schrot und Korn ist bei uns immer willkommen.

▶ Diese Wendung bezog sich ursprünglich auf die Münzprägung. Früher bezeichnete man mit »Schrot« das Gewicht
der Münze, während das »Korn« den
Feingehalt, also den Anteil des Edelme-
talls an der Legierung, angab. Das Verhältnis von Schrot und Korn war gesetzlich geregelt; wenn beide der Vorschrift
entsprachen, war die Münze echt.

**Schrott: wer den Schaden hat, braucht für
den Schrott nicht zu sorgen:** ↑ Schaden.

Schub: jmdn. auf den Schub bringen
(Gaunerspr.): *jmdn. zwangsweise abschieben:* Wenn die Polizei die ausländischen Schwarzarbeiter kriegt, werden
sie noch am selben Tag auf den Schub gebracht.

Schublade: für die Schublade: *ohne dass
das Werk veröffentlicht, der Plan verwirklicht wird:* Natürlich bleibt es ein
Projekt für die Schublade, denn der Verfasser ist ... nach Frankreich emigriert
(Bieler, Mädchenkrieg 387).

**Schuh: [wissen] wo jmdm./jmdn. der
Schuh drückt** (ugs.): *[wissen] welchen
Kummer jmd. hat:* Sie wusste genau, wo
ihren Sohn der Schuh drückte ... denn er
hatte sehr wohl auch von anderen gewusst, wo sie der Schuh drückt (Plievier,
Stalingrad 122).

wo drückt denn der Schuh? (ugs.): *welchen Kummer hast du denn?:* »... Und
jetzt heraus mit der Sprache, wo drückt
der Schuh?« (Wendtland, Eisprinzes-
chen 29).

▶ Die beiden vorangehenden Redensarten gehen auf die »Coniugalia praecep-
ta« des Plutarch zurück. Dort antwortet
ein Römer auf die Frage, warum er sich
von seiner Frau habe scheiden lassen, die
doch sehr tugendhaft und schön sei, mit
den Worten: »Dieser Schuh ist auch
hübsch anzusehen und neu, aber niemand
außer mir weiß, wo er mich drückt.«

**wem der Schuh passt, der zieht ihn sich
an:** *Kommentar, wenn jmd. eine Kritik
o. Ä. auf sich bezieht.*

umgekehrt wird ein Schuh draus (ugs.):
die Sache verhält sich gerade umgekehrt:
Ich soll dich angeschrien haben? Umgekehrt wird ein Schuh draus! Dafür benötigt er nicht das Vertrauen der Schauspieler. Eher umgekehrt wird da ein
Schuh draus (MM 16. 12. 1983, 29).

▶ Die Wendung geht vielleicht davon
aus, dass früher in der Schuhmacherei
die Nähte zunächst auf der späteren Innenseite genäht wurden; danach musste
das Gebilde gewendet werden, und dann
konnte man die spätere Schuhform sehr
viel deutlicher erkennen.

einem die Schuhe ausziehen (ugs.): *unerträglich sein:* Diese Katzenmusik zieht
einem ja die Schuhe aus! Und deswegen
zogen wir diese Sprüche die Schuhe aus
(Stern 42, 1980, 115).

**das habe ich mir längst an den Schuhen/
Schuhsohlen/Sohlen abgelaufen:** *diese
Erfahrung habe ich längst gemacht:* Für
sie war so eine Gruppentherapie nichts
Aufregendes, das hatte sie sich längst
an den Schuhsohlen abgelaufen. Du
brauchst mir nichts von makrobiotischer
Ernährung zu erzählen, das habe ich mir
längst an den Schuhen abgelaufen.

▶ Diese Redensart geht auf die Zeit zurück, in der die Handwerker in ihrer Ge-

sellenzeit einige Jahre auf Wanderschaft gehen mussten, um praktische Berufserfahrung an verschiedenen Arbeitsplätzen zu gewinnen.

jmdm. [die Schuld an] etwas in die Schuhe schieben (ugs.): *jmdm. die Schuld an etwas geben:* Die Geschichte mit der frisierten Spesenabrechnung konnten sie ihr nicht in die Schuhe schieben. Im darauf folgenden Jahr starb er, und man beeilte sich, auch dies den Jesuiten in die Schuhe zu schieben (Friedell, Aufklärung 50). ▸ Die Wendung geht wohl darauf zurück, dass in früheren Zeiten in den Herbergen oft mehrere Personen in einem gemeinsamen Schlafraum übernachteten. Hier war es für Diebe ein Leichtes, vor einer drohenden Durchsuchung das Gestohlene in die Kleider oder Schuhe eines anderen zu schieben.

Schuhnummer: jmds. Schuhnummer sein: ↑ Kragenweite.

Schuhsohle: sich die Schuhsohlen [nach etwas] ablaufen (ugs.): *sehr viel herumlaufen [um etwas zu bekommen]:* Ich habe mir die Schuhsohlen abgelaufen, um noch Karten für das Länderspiel zu bekommen. Nach diesen beiden Büchern hat sie sich damals die Schuhsohlen abgelaufen.

das habe ich mir längst an den Schuhsohlen abgelaufen: ↑ Schuh.

Schulbank: die Schulbank drücken (ugs.): *zur Schule gehen:* Um die Erweiterungsprüfung machen zu können, müsste er noch einmal zwei Jahre lang die Schulbank drücken. Das ist Pitt, mit dem ich früher zusammen die Schulbank gedrückt!

schuld: schuld [an etwas] sein: *die Schuld [an etwas] haben:* Sie ist selbst schuld an ihrem Unglück. »Die Regierung! Die ist doch an der ganzen Abwertung schuld!« (Remarque, Obelisk 323).

Schuld: Schuld [an etwas] haben: *[an etwas] schuld sein:* Du hast Schuld, dass wir den Bus verpasst haben!

mehr Schulden als Haare auf dem Kopf haben (ugs.): *sehr hohe Schulden haben:* Die Bank wird ihm keinen Kredit mehr geben, er hat doch jetzt schon mehr Schulden als Haare auf dem Kopf.

Schulden haben wie ein Pfalzgraf: *sehr hohe Schulden haben:* Er spielt gern den großen Mäzen, dabei hat er Schulden wie ein Pfalzgraf.

jmdm. Schuld [an etwas] geben: *jmdn. [für etwas] verantwortlich machen:* Jeder gibt dem Bauleiter Schuld an dem Unglücksfall. Wenn irgendetwas nicht klappt, wird immer mir Schuld gegeben.

[tief] in jmds. Schuld stehen (geh.): *jmdm. sehr zu Dank verpflichtet sein:* Dank ihrer Fürsprache hatte er die Stelle bekommen und stand nun tief in ihrer Schuld.

den Buckel voll Schulden haben: ↑ Buckel. **bis an den Hals/bis über den Hals in Schulden stecken:** ↑ Hals. **bis über die/bis über beide Ohren in Schulden stecken:** ↑ Ohr.

schulden: jmdm. [über etwas] Rechenschaft schulden: ↑ Rechenschaft.

schuldig: jmdm. nichts schuldig bleiben: *jmds. Angriffe, Vorwürfe o. Ä. sofort mit Gegenangriffen, Gegenvorwürfen o. Ä. beantworten:* In der sehr heftig geführten Diskussion sind die Kontrahenten einander nichts schuldig geblieben. Der Titelverteidiger griff stürmisch an, aber der Herausforderer blieb ihm nichts schuldig. **[jmdm.] keine Antwort schuldig bleiben:** ↑ Antwort. **jmdm. [über etwas] Rechenschaft schuldig sein:** ↑ Rechenschaft.

Schuldigkeit: seine Schuldigkeit tun (veraltend): *das tun, was von einem erwartet wird, wozu man sich verpflichtet hat:* Tun Sie Ihre Schuldigkeit, und lassen Sie sich nicht durch das Geschrei der Menge beirren! ... während sie sich ... wo sie ... ihre Schuldigkeit tun, begreiflicherweise nicht anders verhalten als beim Steuerzahlen (Musil, Mann 822).

seine Schuldigkeit getan haben: *seinen Zweck erfüllt haben, ausgedient haben:* Der Weihnachtsbaum hat jetzt wirklich seine Schuldigkeit getan, morgen werden wir ihn abschmücken. So sinnvoll der Schmerz im Gefüge des Lebens jedoch ist – wenn die Diagnose gestellt ist, hat er seine Schuldigkeit getan (Fischer, Medizin II, 11).

der Mohr hat seine Schuldigkeit getan, der Mohr kann gehen: ↑ Mohr. **jmds. [verdammte] Pflicht und Schuldigkeit [sein]:** ↑ Pflicht.

Schule: Schule machen: *Nachahmer finden; sich allgemein durchsetzen:* Das Engagement der Bürgerinitiative hat Schule gemacht. Diese Lehre hat in Amerika rasch Schule gemacht (Lorenz, Verhalten I, 285).

aus der Schule plaudern (ugs.): *interne Angelegenheiten Außenstehenden mitteilen:* Sie hatte in einem Zeitungsinterview aus der Schule geplaudert. Dieses beachtliche Urteil ... sollte allen allzu redseligen Arbeitnehmern zu denken geben, wenn sie drauf und dran sind, aus der Schule zu plaudern (MM 5./6. 11. 1967, 54).

▶ Mit »Schule« ist in dieser Wendung wohl ursprünglich der eingeweihte Kreis einer wissenschaftlichen oder künstlerischen Schule gemeint. Es war z. B. in der Antike den Studierenden einer griechischen Philosophenschule nicht gestattet, die Lehren des Meisters an Außenstehende weiterzugeben.

bei jmdm. in die Schule gegangen sein: *von jmdm. gelernt haben:* Die Berliner Künstlergruppe ist offensichtlich bei den französischen Impressionisten in die Schule gegangen, hat aber einen eigenständigen Stil gefunden.

hinter die Schule gehen (veraltend): *den Unterricht absichtlich versäumen:* Wenn wir dich noch einmal dabei erwischen, dass du hinter die Schule gehst, kannst du was erleben!

ein Kavalier der alten Schule: ↑ Kavalier.

Schulgeld: sich das Schulgeld zurückgeben lassen können/sollen (ugs.): *nichts gelernt haben; unfähig sein, einer gestellten Aufgabe gerecht zu werden:* Ihr Buchhalter kann sich sein Schulgeld zurückgeben lassen – mit diesen Unterlagen kommen Sie beim Finanzamt nicht durch!

▶ Diese Wendung bezieht sich darauf, dass man früher für den Besuch einer [weiterführenden] Schule Geld bezahlen musste.

Schulter: Schulter an Schulter: 1. *dicht gedrängt [zusammenstehend]:* Die Menschen standen Schulter an Schulter auf den Bahnsteigen. 2. *[im Kampf] gemeinsam:* Wir werden Schulter an Schulter dafür kämpfen, dass diese neue Straße nicht gebaut wird! ... die Frage der ... Orientierung des deutschen Volkes ...; sollte es Schulter an Schulter mit dem

Westen oder mit dem Osten seine Freiheit wiederzugewinnen suchen? (Niekisch, Leben 150).

jmdm. die kalte Schulter zeigen: *sich gegenüber jmdm. abweisend verhalten:* Sie hatte ihm den ganzen Abend die kalte Schulter gezeigt. Inge Meysel gehört zu einem winzig kleinen illustren Kreis deutschsprachiger Show- und Theatergrößen, die lukrativen Werbeangeboten die kalte Schulter zeigen (Hörzu 45, 1972, 132).

▶ Die Herkunft der Wendung ist nicht sicher geklärt. Vielleicht handelt es sich um eine Lehnübersetzung von engl. »give/show somebody the cold shoulder«.

auf jmds. Schultern ruhen/lasten: *von jmdm. [allein] zu tragen, zu verantworten, durchzuführen sein:* Die gesamten Vorbereitungen für die Hochzeit ruhten auf den Schultern der Brautmutter. Aber das Parlament ... muss jetzt wissen, welche Verantwortung angesichts der Ratifizierung auf seinen Schultern ruht (Dönhoff, Ära 125).

etwas auf die leichte Schulter nehmen (ugs.): *etwas nicht ernst genug nehmen:* So eine Halsinfektion darf man nicht auf die leichte Schulter nehmen. Mein Rechtsanwalt warnte mich davor, das Verfahren gegen mich auf die leichte Schulter zu nehmen (Niekisch, Leben 86).

Vgl. die Wendung »etwas auf die leichte Achsel nehmen«.

auf beiden Schultern [Wasser] tragen: *zwei Parteien gleichzeitig gerecht werden [wollen]:* In der Politik kann niemand längere Zeit auf beiden Schultern Wasser tragen, ohne unglaubwürdig zu werden. ... sie (= die Prostituierten) sehen in mir eine Mutter, weil ich jedem gerecht werde. Ich habe natürlich auf beiden Schultern zu tragen, ich muss den Männern gerecht werden, ihnen gerecht werden (Aberle, Stehkneipen 109).

jmdn. über die Schulter ansehen: *auf jmdn. herabsehen:* Ihr ganzes Leben lang war sie von der Familie ihres Mannes über die Schulter angesehen worden. Auch Chile, als zweiten Gegner, sollte niemand über die Schulter ansehen (Kicker 6, 1982, 29).

Schund: Schmutz und Schund: ↑ Schmutz.

Schuppe: jmdm. fällt es wie Schuppen von den Augen: *jmdm. wird etwas plötzlich klar:* In diesem Moment fiel es ihm wie Schuppen von den Augen: Man hatte ihm die ganze Zeit eine Komödie vorgespielt. Als ich mich ... zur Ruhe gelegt hatte, fiel es mir plötzlich wie Schuppen von den Augen: Ich hatte mich den ganzen Tag über in Hinsicht auf das Datum getäuscht (Niekisch, Leben 292). ▶ Diese Wendung stammt aus der Bibel. In der Apostelgeschichte (9, 18) heißt es von dem blinden Saulus: »Und alsobald fiel es von seinen Augen wie Schuppen, und er ward wieder sehend.« Möglicherweise bezieht sich die Wendung darauf, dass die getrübten Sehlinsen eines Blinden den Eindruck erwecken können, er habe Schalen oder Schuppen vor den Augen.

Schur: jmdm. einen Schur [an]tun (veraltend): *jmdm. Ärger bereiten:* Sie hat uns nie einen Schur angetan, sie war immer freundlich und hilfsbereit. ▶ Das Wort »Schur« gehört sprachgeschichtlich zu »scheren« und ist wie »Schererei« im Sinne von »Ärgernis, Unannehmlichkeit« zu verstehen.

etwas jmdm. zum Schur tun (veraltend): *etwas tun, um jmdn. damit zu ärgern:* Gib doch zu, dass du das alles nur mir zum Schur getan hast! Vgl. die vorangehende Wendung.

Schürze: [der Mutter] an der Schürze/am Schürzenband/am Schürzenzipfel hängen: *unselbstständig sein, sich vom Einfluss der Mutter und vom Umsorgtwerden durch die Mutter nicht freimachen können:* Wer in deinem Alter noch der Mutter an der Schürze hängt, dem ist nicht mehr zu helfen. Vor ihrer Heirat hätte sie sich nicht träumen lassen, dass ihr Mann noch so sehr am Schürzenzipfel hängen würde.

hinter jeder Schürze herlaufen (ugs.; veraltend): *allen Mädchen nachlaufen:* Er wär im Dorf bekannt dafür, dass er hinter jeder Schürze herlief.

Schürzenband: ↑ Schürze.
Schürzenzipfel: ↑ Schürze.
Schuss: ein Schuss ins Knie/in den Ofen (ugs.): *ein Misserfolg:* Noch so einen Schuss ins Knie konnte er sich nicht erlauben, er stand unter Erfolgszwang. Die viel gepriesene Schulreform der 60er-und 70er-Jahre entpuppte sich als Schuss in den Ofen (Hörzu 26, 1984, 121). Die Versuche, bürgerliche Firmen aufzuziehen, erwiesen sich jedoch als »Schuss in den Ofen« (Spiegel 9, 1978, 49).

jmdm. einen Schuss vor den Bug geben (ugs.): *jmdn. nachdrücklich verwarnen:* Die Partei hat ihrer Jugendorganisation einen Schuss vor den Bug gegeben und mit Kürzung der Finanzmittel gedroht. ▶ Diese Wendung bezieht sich auf die Kriegsführung zur See. Durch einen Kanonenschuss, der vor dem Bug des feindlichen Schiffes einschlägt, wird dieses vor der Weiterfahrt gewarnt, zum Abdrehen oder Stoppen aufgefordert.

einen Schuss machen (fam.): *kräftig wachsen:* Der Junge hat einen ganz schönen Schuss gemacht; der neue Anzug ist ihm fast schon wieder zu klein.

keinen Schuss Pulver wert sein (ugs.): *überhaupt nichts wert sein:* Deine ganzen Versprechungen sind doch keinen Schuss Pulver wert! Ihr neuer Lebensgefährte ist keinen Schuss Pulver wert. ▶ Früher galt bei den Soldaten, die für ein Verbrechen mit dem Tod bestraft wurden, die Exekution mit dem Gewehr als eine immerhin noch ehrenhafte Hinrichtung. Wer hingegen etwas besonders Verachtenswertes getan hatte, war des Gewehrschusses nicht wert und wurde gehängt. Darauf ist die vorliegende Wendung zurückzuführen.

in/im Schuss (ugs.): *in Ordnung, funktionsfähig, ordentlich:* Er hielt seine Wohnung gut in Schuss. Also habe ich einen gebrauchten Granada gekauft, zwei Jahre alt und sehr gut in Schuss (ADAC-Motorwelt 3, 1983, 26). ▶ Diese Fügung bezog sich ursprünglich auf die für das Schießen fertig ausgerichteten und geladenen Geschütze.

weit/fern vom Schuss sein (ugs.): *außerhalb des Gefahrenbereichs sein:* Sie konnte nicht ermessen, welche Schwierigkeiten er hatte, sie war die ganze Zeit fern vom Schuss. Man wollte für ein paar Monate nach Berlin gehen, bis sich alles beruhigt habe. Da sei man weit vom Schuss (Kempowski, Tadellöser 91). ▶ Die vorliegende Wendung stammt aus dem militärischen Bereich und meint eigentlich »weit entfernt von dem Ort, wo geschossen wird (= wo es gefährlich ist), sein«.

zum Schuss kommen: 1. (ugs.) *die Gelegenheit haben, das auszuführen, was man sich vorgenommen hat:* Bei den ganzen Vertragsverhandlungen sind wir irgendwie nicht richtig zum Schuss gekommen. 2. (derb) *[als Mann] die Gelegenheit zum Geschlechtsverkehr bekommen:* Der Chef kam bei der neuen Laborantin nicht zum Schuss. Zu viel Druck, immer zum Schuss zu kommen, in jedem Moment attraktiv auszusehen ... (Silverstein, Freuden 62).

Schüssel: einen Sprung in der Schüssel haben: ↑Sprung. **eine Stange Wasser in die Schüssel stellen:** ↑Stange. **jmdm. in die Schüssel spucken:** ↑Suppe.

Schusslinie: jmdn. aus der Schusslinie nehmen: *jmdn. der Kritik, den Angriffen anderer entziehen:* Der Regierungschef musste seinen Finanzminister aus der Schusslinie nehmen. Marquardt sollte sich bei Vogel bedanken. Der brachte ihn erst einmal aus der Schusslinie – und regelte dann den Rest (Spiegel 5, 1984, 88).

aus der Schusslinie bleiben: *sich keiner Kritik, keinen Angriffen aussetzen:* Die Hauptsache ist, dass unser Spitzenkandidat bei dieser Affäre aus der Schusslinie bleibt.

in die Schusslinie geraten/kommen: *[heftiger] Kritik, Angriffen ausgesetzt werden:* In der Auseinandersetzung um die Kernenergie ist auch der Parteivorsitzende in die Schusslinie geraten. Mit seinen Beiträgen geriet der promovierte Jurist bei Freund und Feind immer wieder in die Schusslinie (Hörzu 39, 1976, 17).

Schussstiefel: seine/die Schussstiefel anhaben (Fußball): *häufig gut gezielt aufs Tor schießen [und Tore erzielen]:* Der Nationallinksaußen hatte seine Schussstiefel an; zweimal überwand er den gegnerischen Torhüter.

seine/die Schussstiefel vergessen haben/ zu Hause gelassen haben (Fußball): *selten, nur schlecht, erfolglos aufs Tor schießen:* Leider hatte der gesamte Sturm der Borussen an diesem Tag seine Schussstiefel zu Hause gelassen.

Schuster: Schuster, bleib bei deinem Leisten: *tu nichts/rede nicht über etwas,*

wovon du nichts verstehst: Wenn ich mir die literarischen Ergüsse dieses Schauspielers so ansehe, so kann ich nur sagen: Schuster, bleib bei deinem Leisten.

▶ Diese Redensart geht auf eine Anekdote über den griechischen Maler Apelles zurück, der zur Zeit Alexanders des Großen lebte. Als eines der Bilder dieses Malers von einem Schuhmacher kritisiert wurde, weil darauf ein Schuh nicht korrekt dargestellt worden sei, soll Apelles die Kritik mit dem hier vorliegenden Satz beantwortet haben.

auf Schusters Rappen (ugs.): *zu Fuß:* Er ließ den Wagen in der Garage und kam auf Schusters Rappen ins Büro. Noch nie hatte ich so viele Polizisten gesehen, viele auf Schusters Rappen, viele aber auch auf richtigen Pferden (Hilsenrath, Nazi 42).

▶ Mit »Rappen« sind hier scherzhaft die vom Schuster hergestellten schwarzen Schuhe gemeint.

Schusterjunge: es regnet Schusterjungen (ugs.; bes. berlin.): *es regnet sehr stark [und anhaltend]:* Die Freilichtaufführung musste abgebrochen werden, weil es Schusterjungen regnete.

▶ Die Wendung geht davon aus, dass es früher in Berlin Schusterjungen in großer Zahl gab.

Schutt: etwas in Schutt und Asche legen: *etwas zerstören und niederbrennen:* Die schwedischen Reiter legten die Stadt in Schutt und Asche und misshandelten die Einwohner. Er habe eine Globalrakete, ... mit der es ihm ein Leichtes sei, jedes beliebige Gebiet der Welt in Schutt und Asche zu legen (Dönhoff, Ära 227).

in Schutt und Asche liegen: *zerstört und niedergebrannt sein:* Bevor die befreundeten Truppen zu Hilfe kommen konnten, lag die Burg der Falkensteiner bereits in Schutt und Asche.

in Schutt und Asche versinken: *zerstört und niedergebrannt werden:* Die halbe Stadt war noch im letzten Kriegsjahr in Schutt und Asche versunken.

schütteln: jmdn. aus dem Anzug schütteln: ↑Anzug. **etwas aus dem Ärmel schütteln:** ↑Ärmel. **etwas aus dem Handgelenk schütteln:** ↑Handgelenk. **sein greises Haupt schütteln:** ↑Haupt. **jmdn. aus den Lumpen schütteln:** ↑Lumpen.

den Staub von den Füßen schütteln:
↑Staub.
Schutz: jmdn. in Schutz nehmen: *jmdn.*
[einem anderen gegenüber] verteidigen:
Er versuchte vergeblich, seinen Freund
gegen die Verleumdungen der Nachbarn
in Schutz zu nehmen. ... dass ich an dem
neuen Mieter mancherlei auszusetzen
hatte, während meine Tante ihn jedes
Mal mit Wärme in Schutz nahm (Hesse,
Steppenwolf 10).
Schütze: Schütze Arsch: ↑Arsch.
schützen: Alter schützt vor Torheit nicht:
↑Alter. **seine schützende Hand über**
jmdn. halten: ↑Hand. **seine schützende**
Hand von jmdm. abziehen: ↑Hand.
Schützenfest: der [letzte] Rest vom
Schützenfest: ↑Rest.
schwach: auf schwachen Beinen stehen:
↑Bein. **schwach auf den Beinen sein:**
↑Bein. **schwaches Bild:** ↑Bild. **schwach**
auf der Brust sein: ↑Brust. **erhebe dich,**
du schwacher Geist: ↑erheben. **auf schwa-**
chen Füßen stehen: ↑Fuß. **der Geist ist**
willig, [aber] das Fleisch ist schwach:
↑Geist. **das schwache Geschlecht:** ↑Ge-
schlecht. **mit schwacher Hand:** ↑Hand.
jmds. schwache Seite sein: ↑Seite. **in einer**
schwachen Stunde: ↑Stunde.
Schwachheit: Schwachheit, dein Name
ist Weib (scherzh.): *Kommentar, wenn*
eine Frau nachgiebig ist.
▶ Diese Redensart ist ein Zitat aus
Shakespeares »Hamlet« (1. Akt, 2. Szene).
bilde dir nur keine Schwachheiten ein!
(ugs.): *glaube nur nicht, dass deine Wün-*
sche in Erfüllung gehen: Wir können
nach dem Theater bei uns noch eine Tasse Kaffee trinken, aber bilde dir nur keine Schwachheiten ein!
▶ Hier wird das Wort »Schwachheit« für
das gebräuchlichere »Schwäche« verwendet; es bedeutet eigentlich: Glaube
nicht, dass es bei mir Schwächen gibt,
die du ausnutzen kannst.
Schwalbe: eine Schwalbe macht noch kei-
nen Sommer: *ein erstes Anzeichen für et-*
was [Positives] sollte man nicht überbe-
werten; man muss erst abwarten, bis es
tatsächlich eingetreten ist: Deine letzte
Arbeit war zwar eine glatte Zwei, aber
die Versetzung ist noch gefährdet – eine
Schwalbe macht noch keinen Sommer!

▶ Dieses Sprichwort geht auf eine Fabel
Äsops zurück: Ein junger Mann, der
sein ganzes Erbe verschleudert hatte,
sah im Frühling eine Schwalbe vorüber-
fliegen. In der Meinung, dass nun der
Sommer nicht mehr fern sei, verkaufte er
auch noch seinen letzten Mantel. Dies
erwies sich als voreilig; es kamen noch
einmal kalte Tage, an denen er frieren
musste.
Schwamm: Schwamm drüber! (ugs.): *die*
Sache soll vergessen sein; reden wir nicht
mehr darüber: Er hat sich damals ziemlich schlecht benommen – na, Schwamm
drüber!
sich mit dem Schwamm frisieren können
(ugs.; scherzh.): *keine Haare mehr auf*
dem Kopf haben.
Schwan: mein lieber Schwan!: 1. *Anrede,*
die Überraschung ausdrückt: Mein lieber
Schwan, du hast aber abgenommen!
Mein lieber Schwan, diese Preise machen Spaß (Hörzu 7, 1985, 130). 2. *dro-*
hende oder mahnende Anrede: Mein lieber Schwan, mach das nicht noch einmal! »Mein lieber Schwan«, sagte er,
»ich bin Geschäftsmann. Das musst du
dir merken«. (Kirst, 08/15, 429).
Schwang: im Schwange sein: *üblich, in*
Mode sein: Fasten ist nicht nur in der Fastenzeit im Schwange (Augsburger Allgemeine 11./12. 2. 1978, 39). Die beiden
Filmvertonungssysteme, die zur Zeit im
Schwange sind, haben einige Haken und
Zähne (Fotomagazin 8, 1968, 76).
▶ »Schwang« ist eine Bildung zu dem
Verb »schwingen«. Was »im Schwange«
ist, ist noch in Bewegung, noch nicht erstarrt und abgeschlossen.
schwanger: mit etwas schwanger gehen
(ugs.): *sich mit etwas im Geist beschäfti-*
gen, etwas in Gedanken bewegen und
vorbereiten: So ging denn der Unteroffizier Lindenberg mit seinem Befehl
schwanger (Kirst, 08/15, 106). ... umso
leichter glaubte man ihm, dass er mit
aufrichtigen sozialistischen Anschlägen
gegen die bürgerliche Gesellschaft
schwanger gehe (Niekisch, Leben 135).
schwanken: schwanken wie ein Rohr im
Wind: *sehr stark schwanken:* Gegen halb
eins kam er aus der Kneipe, schwankend
wie ein Rohr im Wind und unverständliche Worte lallend.

▶ In dieser Wendung steht »Rohr« im Sinne von »Halm, Stängel [des Schilfrohrs]«.

sich auf schwankenden Boden begeben: ↑Boden. **auf schwankenden Füßen stehen:** ↑Fuß.

Schwanz: kein Schwanz (ugs.): *niemand:* Den ganzen Abend hat sich kein Schwanz in der Kneipe sehen lassen.

einen Schwanz machen/bauen (Studentenspr.): *einen Teil des Examens beim ersten Versuch nicht bestehen und diesen Teil dann später wiederholen:* Sie hat bei der ersten Staatsprüfung einen Schwanz gebaut und ist deshalb erst ein halbes Jahr später fertig geworden. Der Sohn ... wedelte mit seinem Examensschein: doch noch geschafft ... »Mutti«, hatte er gesagt, »und wenn ich einen Schwanz mache, so ist das auch nicht grad das Schlimmste.« (Kempowski, Tadellöser 470).

sich den Schwanz verbrennen (derb; veraltend): *sich eine Geschlechtskrankheit zuziehen (vom Mann gesagt):* Bei den Damen dieses Hauses hat sich schon mancher den Schwanz verbrannt.

den Schwanz hängen lassen (ugs.): *bedrückt, traurig, mutlos sein:* So ein bisschen Ärger im Büro ist doch kein Grund, tagelang den Schwanz hängen zu lassen!

▶ Diese Wendung geht vom Verhalten eines Hundes aus, der den Schwanz hängen lässt oder zwischen die Hinterbeine klemmt, wenn er Angst hat oder krank ist.

den Schwanz einziehen/einkneifen (ugs.): *nachgeben; nicht mutig genug sein, etwas durchzusetzen, auszuführen:* Als es dann wirklich darauf ankam, kniffen die meisten sofort den Schwanz ein und hielten den Mund. »Herford ist begeistert! ... Lester hat den Schwanz eingezogen und macht auf Freundschaft, Freundschaft ...« (Simmel, Stoff 415). Vgl. die vorangehende Wendung.

jmdm. auf den Schwanz treten (ugs.): *jmdn. beleidigen:* Was kann ich dafür, dass diese Mimose sich durch jedes kritische Wort gleich auf den Schwanz getreten fühlt?

▶ Die Wendung geht von dem Verhalten eines Hundes aus, der aufjault und verschwindet, wenn ihm jemand auf den Schwanz tritt.

jmdm. Feuer unter dem Schwanz machen: ↑Feuer. **wo die Hunde mit dem Schwanz bellen:** ↑Hund. **kommt man über den Hund, kommt man auch über den Schwanz:** ↑Hund. **das trägt die Katze auf dem Schwanz fort/weg:** ↑Katze. **da beißt sich die Katze in den Schwanz:** ↑Katze. **das kann die Maus auf dem Schwanz wegtragen:** ↑Maus. **das Pferd am/beim Schwanz aufzäumen:** ↑Pferd. **die Schlange beißt sich in den Schwanz:** ↑Schlange. **jmdn. schleifen, bis ihm der Schwanz nach hinten steht:** ↑schleifen.

Schwarte: jmdn./jmdn. juckt die Schwarte (ugs.): *jmd. ist übermütig [sodass er geradezu Prügel herausfordert]:* Unseren Jüngsten juckt heute die Schwarte – sieh nur, was er mit der Katze gerade anstellt!

▶ In dieser Wendung steht »Schwarte« für die menschliche Haut, vgl. die Wendung »jmdm./jmdn. juckt das Fell«.

bis/... dass [jmdm.] die Schwarte kracht (ugs.): *sehr angestrengt, bis zur Erschöpfung:* Hier wird gearbeitet, bis die Schwarte kracht. Sie mussten trainieren, dass die Schwarte krachte.

▶ Wörtlich bedeutet diese Wendung »bis die Haut aufplatzt«; vgl. die vorangehende Wendung.

jmdm. die Schwarte gerben (ugs.): *jmdn. verprügeln:* Nach dem Schützenfest hatte den beiden Rockern die Dorfjugend ganz schön die Schwarte gegerbt. Vgl. die Wendung »jmdm./jmdn. juckt die Schwarte«.

schwarz: schwarz auf weiß (ugs.): *gedruckt, schriftlich:* Hier im Wörterbuch kannst du schwarz auf weiß nachlesen, dass ich Recht habe! Sie wollte es schwarz auf weiß sehen. »Woher weißt du das?«, fragte Menne. »Hast du es schwarz auf weiß?« (Roehler, Würde 42).

▶ Die Wendung bezieht sich auf die schwarze Tinte bzw. auf die Druckerschwärze. Sie ist allgemein bekannt durch das Zitat aus Goethes »Faust« (I, 1966 f.): »Denn was man schwarz auf weiß besitzt, kann man getrost nach Hause tragen.«

etwas schwarz in schwarz/in den schwärzesten Farben malen/darstellen/schildern: *etwas sehr pessimistisch darstellen:*

Der Bericht schildert die Situation im Erdbebengebiet in den schwärzesten Farben. Die Opposition malte im Wahlkampf die wirtschaftliche Lage schwarz in schwarz.

etwas in den schwärzesten Farben sehen: *etwas sehr pessimistisch einschätzen:* Der Autor des Buches sieht die Zukunft der Menschheit in den schwärzesten Farben.

alles durch die schwarze Brille sehen: *allzu pessimistisch sein:* Die Zeiten sind schwer, aber man darf nicht alles durch die schwarze Brille sehen.

warten können, bis man schwarz wird (ugs.): *umsonst warten:* Auf sein Geld kann er warten, bis er schwarz wird. »Fahrer, die sich weigern, ihren Lkw selbst zu entladen oder zumindest dabei zu helfen, können oft warten, bis sie schwarz werden.« (ADAC-Motorwelt 7, 1984, 16).

▶ In dieser Wendung meint »bis man schwarz wird« eigentlich »so lange, bis man gestorben ist und der Körper sich durch die Verwesung dunkel verfärbt«.

jmdm. wird [es] schwarz vor [den] Augen: *jmd. wird ohnmächtig:* Die Luft war so stickig im Zimmer, dass ihr beinahe schwarz vor Augen geworden wäre. Der Arzt stochert in der Wunde herum, dass mir schwarz vor den Augen wird (Remarque, Westen 170).

schwarzes Gold: 1. *Kohle:* Lange Jahre war das schwarze Gold nur für die Halde gefördert worden, aber nun stieg der Bedarf wieder. 2. *Erdöl:* Wer über das schwarze Gold verfügt, der verfügt auch über Geld und Macht. Nicht nur bares Geld verlangen die Norweger für ihr schwarzes Gold, sondern auch Investitionen (Spiegel 16, 1979, 174).

das schwarze Brett: *das Anschlagbrett:* Die genaue Urlaubsregelung wird am schwarzen Brett angeschlagen werden. Wer von euch hat den Anschlag auf dem schwarzen Brett angebracht? (Zenker, Froschfest 126).

die schwarze Kunst: 1. *die Magie:* Kalanag war einer der größten Meister der schwarzen Kunst. 2. *das Buchdruckerwesen:* Auch in der schwarzen Kunst sind die Arbeitsplätze mittlerweile rar geworden.

▶ In der ersten Bedeutung ist die Fügung auf eine volkstümliche Deutung des Fremdwortes »Nekromantie« (= Totenbeschwörung) zurückzuführen. Es wurde als »Negromantie« oder »Nigromantie« missverstanden und über das lateinische »niger« (= schwarz) fälschlich mit »schwarze Kunst« übersetzt. »Schwarze Kunst« als Bezeichnung für das Buchdruckerwesen bezieht sich auf die Druckerschwärze.

schwarze Liste: *Aufstellung verdächtiger, missliebiger Personen:* Viele Verleger und Schriftsteller standen bereits auf der schwarzen Liste der neuen Machthaber. In Rimini hat die Polizei bereits 35 der aller Welt bekannten und berüchtigten »lateinischen Liebhaber« auf eine schwarze Liste gesetzt und verwarnt (Bild 12. 4. 1964, 2).

der schwarze Tod (geh.): *die Pest:* Der schwarze Tod hatte die Stadt heimgesucht und fast die Hälfte der Einwohner dahingerafft.

▶ Die Bezeichnung bezieht sich darauf, dass sich der Körper eines Menschen, der an Beulenpest erkrankt ist, mit dunklen Flecken bedeckt.

jmdm. den schwarzen Peter zuschieben/ zuspielen: *etwas Unangenehmes [von sich] auf einen anderen abwälzen:* »Es nützt nichts, wenn wir uns innerhalb des Betriebes den schwarzen Peter gegenseitig zuschieben ...« (Neues D. 11. 8. 1969, 1). ... Zustände, für die ... kein Amt, keine Behörde die Verantwortung übernehmen möchte. Einer schiebt dem anderen den schwarzen Peter zu (MM 7. 1. 1976, 15).

▶ Diese Wendung bezieht sich auf das Kartenspiel »schwarzer Peter«. Wer in diesem Spiel die gleichnamige Karte am Schluss behält, hat das Spiel verloren.

jmdm. nicht das Schwarze unter dem [Finger]nagel gönnen (ugs.): *gegenüber jmdm. sehr missgünstig sein:* Nach außen hin waren sie immer freundlich zueinander, in Wahrheit aber gönnten sie sich nicht das Schwarze unter dem Nagel.

ins Schwarze treffen: *das Richtige erkennen:* Mit seinem Verdacht hat der Kommissar auf Anhieb ins Schwarze getroffen. Auch mit seiner dritten Antwort traf der Kandidat ins Schwarze.

▶ In dieser Wendung ist mit dem »Schwarzen« eigentlich das schwarze Zentrum einer Zielscheibe gemeint. **sich schwarz ärgern:** ↑ärgern. **schwarz vor Ärger werden:** ↑Ärger. **Hokuspokus Fidibus, dreimal schwarzer Kater:** ↑Hokuspokus. **der schwarze Mann:** ↑Mann. **das schwarze Schaf:** ↑Schaf. **eine schwarze Seele haben:** ↑Seele. **in die schwarzen Zahlen kommen:** ↑Zahl. **schwarze Zahlen schreiben:** ↑Zahl. **in den schwarzen Zahlen sein:** ↑Zahl.

schwatzen/schwätzen: jmdm. die Ohren voll schwatzen/schwätzen: ↑Ohr.

Schwebe: in der Schwebe: *noch nicht entschieden, offen:* Vorläufig bleibt der Ausgang der Gespräche völlig in der Schwebe. Damit trennten wir uns, die Verabredung für den Abend in der Schwebe lassend (Fallada, Herr 72). Schon am Abend des ersten Tages schien das Schicksal der Räterepublik in der Schwebe zu sein (Niekisch, Leben 73).

schweben: das Schwert des Damokles schwebt über jmdm./über jmds. Haupt: ↑Schwert. **in höheren Regionen schweben:** ↑Region. **auf Wolke sieben schweben:** ↑Wolke. **über/in den Wolken schweben:** ↑Wolke.

Schwede: alter Schwede (ugs.): *kumpelhafte Anrede:* Na, alter Schwede, dass man dich auch mal wieder sieht!

▶ Diese Fügung geht möglicherweise darauf zurück, dass der Große Kurfürst nach dem Dreißigjährigen Krieg altgediente schwedische Soldaten als Ausbilder für das preußische Heer anwarb. Diese Soldaten sollen eine solche Popularität gewonnen haben, dass die vorliegende Anrede allgemein üblich wurde.

schwedisch: hinter schwedischen Gardinen/hinter schwedische Gardinen (ugs.): *im/ins Gefängnis:* Er hatte zwölf Jahre seines Lebens hinter schwedischen Gardinen verbracht. Ich kenne deine Wege. Sie führen hinter schwedische Gardinen (Brasch, Söhne 97).

▶ Diese Wendung stammt aus der Gaunersprache. Mit »Gardinen« sind die Eisenstangen, mit denen das Gefängnisfenster vergittert ist, gemeint. Das Adjektiv »schwedisch« bezieht sich auf das Material: Schwedischer Stahl gilt als besonders haltbar.

Schwefel: zusammenhalten wie Pech und Schwefel: ↑zusammenhalten.

schweifen: warum/wozu in die Ferne schweifen: ↑Ferne.

schweigen: von jmdm., etwas ganz zu schweigen: *für jmd., etwas gilt das Gesagte in ganz besonderem Maße:* Beim gestrigen Punktspiel waren die Verteidiger weit von ihrer Bestform entfernt, vom Torwart ganz zu schweigen. Säuglingsgeschrei passt nicht ins Kloster. Du kannst sie dort nicht einmal baden, ganz zu schweigen von der Gemeinschaftskost (Hochhuth, Stellvertreter 104).

schweigen wie ein Grab: *absolut verschwiegen sein:* Du kannst ihr vertrauen, sie wird schweigen wie ein Grab. Ich kann schweigen wie ein Grab.

die schweigende Mehrheit: *die sich [zu einer politischen Frage] nicht öffentlich äußernde Mehrheit in einer Gruppe, in einem Staat:* Die schweigende Mehrheit in der Gewerkschaft war an einem Streik zum damaligen Zeitpunkt nicht interessiert. »Schweigende Mehrheit« meldet sich zu Wort. Boliviens Indios werden zur politischen Kraft (MM 21. 7. 1978, 12).

es ist/herrscht Schweigen im Walde (ugs.): *niemand sagt etwas, niemand will oder kann antworten:* Sobald es darum geht, sich auch einmal für die Interessen anderer einzusetzen, herrscht Schweigen im Walde.

sich in [Still]schweigen hüllen: *schweigen, sich zu etwas nicht äußern:* Auf die Frage nach den genauen Verkaufszahlen hüllten sich die Firmenvertreter in Schweigen. Die alte Wirtin schaute finster drein und hüllte sich in geheimnisvolles Schweigen. Mr. Dulles stellte ... fest, dass ... Washington sich in völliges Schweigen hüllte (Rothfels, Opposition 156/157).

jmdn., etwas zum Schweigen bringen: *jmdn., etwas verstummen lassen:* Sie ließ sich weder durch Drohungen noch durch Versprechungen zum Schweigen bringen. Es vergingen Minuten, bis das Flakgeschütz zum Schweigen gebracht wurde (Plievier, Stalingrad 327).

da[rüber] schweigt des Sängers Höflichkeit: ↑Höflichkeit. **der Kavalier genießt und schweigt:** ↑Kavalier. **Reden ist Sil-**

ber, Schweigen ist Gold: ↑ Reden. der
Rest ist Schweigen: ↑ Rest. in sieben
Sprachen schweigen: ↑ sieben.

Schwein: kein Schwein (derb): *niemand:
Deine Schrift kann doch kein Schwein
lesen!»... und wenn wir stecken bleiben,
zieht uns kein Schwein heraus!«* (Plievier, Stalingrad 107). *... aus dem Mädel
wird kein Schwein klug* (Döblin, Berlin
304).

Schwein haben (ugs.): *Glück haben:* Bei
seinem Autounfall hat er noch Schwein
gehabt, dass er nicht ins Röhrchen pusten musste.»... die KZ waren Schauerla-
ger. Ich hab nie eins von innen gesehen,
eben Schwein gehabt.« (Erné, Kellerkneipe 202).

▶ Die Herkunft dieser Wendung ist nicht
mit Sicherheit geklärt. Wahrscheinlich
geht sie auf die mittelalterliche Sitte zurück, bei Wettkämpfen dem Schlechtesten als Trostpreis ein Schwein zu schenken. Wer das Schwein bekam, erhielt etwas, ohne es eigentlich verdient zu haben. Aus dieser Vorstellung könnte die
vorliegende Wendung entstanden sein.

wo haben wir denn zusammen Schweine
gehütet? (ugs.): *seit wann sind wir denn
so vertraut miteinander [dass wir uns du-
zen]?:* Ich bin nicht Ihr »Kumpel« – wo
haben wir denn schon zusammen
Schweine gehütet?

den Schweinen wird alles Schwein
(scherzh.): *wer einen verdorbenen Charakter hat, sieht in allem etwas Schlechtes.*

▶ Diese Redensart ist ein Zitat nach
Friedrich Nietzsche (Zarathustra III,
Kap. 14), der das Bibelwort »den Reinen
ist alles rein« (Titus 1, 15) in dieser Weise
abwandelte.

bluten wie ein [gestochenes] Schwein:
↑ bluten. schreien wie ein gestochenes
Schwein: ↑ schreien. schwitzen wie ein
Schwein: ↑ schwitzen.

Schweinebraten: schwitzen wie ein
Schweinebraten: ↑ schwitzen.

Schweinehund: der innere Schweinehund (ugs.): *Schwäche, Trägheit, Feigheit im Hinblick auf ein richtiges Tun:* Er
kam gegen seinen inneren Schweinehund nicht an. »Los, überwind deinen
inneren Schweinehund, du Pflaume!«
(Dierichs, Männer 124).

Schweinerei: diese Schweinerei muss eine andere werden! (ugs.; scherzh.): *das
muss anders werden!*

Schweinsgalopp: im Schweinsgalopp
(ugs.): *sehr schnell:* Jetzt los in die Schule, aber im Schweinsgalopp! Müssen alle
im Schweinsgalopp weglaufen, wenn die
Polizei wegen einzelner Randalierer die
Demonstration per Lautsprecher auflöst? (Spiegel 28, 1983, 25).

Schweiß: im Schweiße meines Angesichts (scherzh.): *unter großer Anstrengung:* Im Schweiße meines Angesichts
schleppte ich die Koffer in den dritten
Stock. Neben den Flugblättern, die ich
im Schweiße meines Angesichts ... her-
stellte, spielen natürlich Radio und
Lautsprecher die wichtigste Rolle in
unserer psychologischen Kampagne
(K. Mann, Wendepunkt 418).

▶ Diese Wendung ist auf die Bibelstelle
zurückzuführen, die die Vertreibung aus
dem Paradies beschreibt: »Im Schweiße
deines Angesichts sollst du dein Brot essen« – so spricht Gott zu Adam nach
dem Sündenfall (1. Moses 3, 19).

in Schweiß gebadet sein: *sehr stark
schwitzen, schweißnass sein:* Die Läufer
waren in Schweiß gebadet, als sie das
Ziel erreichten. In Schweiß gebadet, die
Zähne in ein Kissen geschlagen und
trotzdem laut aufstöhnend, wartete ich
auf die Wirkung der Mittel (Thorwald,
Chirurgen 51).

schwellen: jmdm. schwillt der Kamm:
↑ Kamm.

schwer: ein schwerer Junge (ugs.): *ein
[gerissener] Verbrecher:* Der Schocker
hat einen umgelegt, basta. Ab jetzt ist
der ein schwerer Junge (Ossowski, Flatter 193).

▶ »Schwer« steht in dieser Fügung im
Sinne von »schwerwiegend, schlimm«
und bezieht sich auf die schweren Vergehen, die der Verbrecher begangen hat.

die schwere Menge (ugs.; veraltet): *in
großem Ausmaß:* Die Frau hat Geld die
schwere Menge.

schwere Wetter (Bergmannsspr.): *nicht
genügend Sauerstoff enthaltende Gru-
benluft:* Aus dem untersten Stollen wurden schwere Wetter gemeldet.

aller Anfang ist schwer: ↑ Anfang. schwer
von Begriff sein: ↑ Begriff. ein schweres

Brot: ↑Brot. **eine schwere Geburt sein:** ↑Geburt. **schweres Geschütz auffahren:** ↑Geschütz. **schweren Herzens:** ↑Herz. **jmdm. ist das Herz schwer:** ↑Herz. **jmdm. wird schwer ums Herz:** ↑Herz. **schwer von Kapee sein:** ↑Kapee. **schwer geladen haben:** ↑laden. **jmdm. fällt eine schwere Last vom Herzen:** ↑Last. **jmdm. schwer im Magen liegen:** ↑Magen. **ein schwerer Schlag für jmdn. sein:** ↑Schlag. **einen schweren Stand haben:** ↑Stand. **jmds. schwere Stunde:** ↑Stunde. **nichts ist schwerer zu ertragen als eine Reihe von guten Tagen:** ↑Tag. **eine schwere Zunge:** ↑Zunge. **jmdm. schwer von der Zunge gehen:** ↑Zunge.

schwer machen: jmdm. das Herz schwer machen: ↑Herz.

Schwert: ein zweischneidiges Schwert sein: *neben Vorteilen auch Nachteile haben:* So ein Exklusivvertrag ist ein zweischneidiges Schwert, ich würde mir das noch einmal überlegen.

das Schwert des Damokles hängt/ schwebt über jmdm./über jmds. Haupt: ↑Damokles.

Schwiegermutter: jmd. bekommt eine böse Schwiegermutter: *scherzhafter Kommentar, wenn jmd. an einem Tischbein oder an einer Tischecke sitzen muss.*

schwimmen: schwimmen wie eine bleierne Ente (ugs.; scherzh.): *sehr schlecht oder gar nicht schwimmen [können]:* Ihr Bruder schwimmt wie eine bleierne Ente.

ins Schwimmen kommen/geraten (ugs.): *unsicher werden:* Im zweiten Teil der Prüfung wäre ich beinahe ins Schwimmen geraten. Wie mag er sich erst vor Berufsdiplomaten verhaspeln und ins Stottern geraten, wenn er bei Fragen dieser Jungen schon ins Schwimmen gerät (Spiegel 47, 1966, 9).

in seinem Blut schwimmen: ↑Blut. **in jmds. Fahrwasser schwimmen:** ↑Fahrwasser. **Fett schwimmt oben:** ↑Fett. **im Fett schwimmen:** ↑Fett. **[der] Fisch will schwimmen:** ↑Fisch. **im/in Geld schwimmen:** ↑Geld. **in jmds. Kielwasser schwimmen:** ↑Kielwasser. **mit dem Strom schwimmen:** ↑Strom. **gegen/wider den Strom schwimmen:** ↑Strom. **in Tränen schwimmen:** ↑Träne.

schwindeln: das Blaue vom Himmel schwindeln: ↑blau. **schwindeln, dass sich die Balken biegen:** ↑lügen.

schwinden: jmdm. schwinden die Sinne (geh.): *jmd. wird ohnmächtig:* Vor Hitze und Anstrengung schwanden ihr plötzlich die Sinne.

Schwindsucht: Schwindsucht im Geldbeutel haben (ugs.): *nicht viel Geld haben:* Mit dem Urlaub in Marokko wird es dieses Jahr nichts, ich habe Schwindsucht im Geldbeutel.

sich die Schwindsucht an den Hals ärgern: ↑ärgern.

schwingen: die Becher/Gläser schwingen: ↑Becher, ↑Glas. **den Besen schwingen:** ↑Besen. **die große Klappe schwingen:** ↑Klappe. **den Kochlöffel schwingen:** ↑Kochlöffel. **den Pantoffel schwingen:** ↑Pantoffel. **große Reden schwingen:** ↑Rede. **sich auf den Strom schwingen:** ↑Strom. **das Tanzbein schwingen:** ↑Tanzbein. **das Zepter schwingen:** ↑Zepter.

schwirren: jmdm. schwirrt der Kopf: ↑Kopf.

schwitzen: schwitzen wie ein Affe/ Schwein/Schweinebraten/Tanzbär (ugs.): *sehr stark schwitzen:* Macht doch mal ein Fenster auf, ich schwitze wie ein Schweinebraten! In diesen Plastikregenmänteln schwitzt man wie ein Affe.

Blut [und Wasser] schwitzen: ↑Blut. **aus allen Knopflöchern schwitzen:** ↑Knopfloch. **etwas nicht durch die Rippen schwitzen können:** ↑Rippe.

schwören: bei seinem Barte/beim Barte des Propheten schwören: ↑Bart. **Stein und Bein schwören:** ↑Stein.

Schwung: etwas in Schwung bringen (ugs.): *etwas beleben, richtig in Gang bringen:* Er hat damals die Firma trotz aller Schwierigkeiten wieder in Schwung gebracht. Finanzspritze aus der Kreiskasse bringt Fremdenverkehr in Schwung (MM 28. 6. 1973, 12).

jmdn. in Schwung bringen (ugs.): *jmdn. aufmuntern, in Stimmung bringen:* Mit einem Gläschen Sekt wollte sie die Gäste in Schwung bringen. Er nutzte die Zeit auch, um sich in Schwung zu bringen, sich warm zu reden sozusagen (Weber, Tote 230).

in Schwung kommen (ugs.): 1. *lebhaft, munter werden:* Nach dem dritten Kognak kam der Moderator ganz schön in Schwung. Die meisten Treffer an diesem Tag erzielte Biebach, das immer besser in Schwung kommt (Saarbr. Zeitung 8. 10. 1979, 24). 2. *in Gang kommen, zu florieren beginnen:* Der Handel mit China kam erst in den letzten Jahren einigermaßen in Schwung. Damals kamen auch die spiritistischen Séancen in Schwung (Muschg, Gegenzauber 185).

in Schwung sein (ugs.): 1. *lebhaft, ausgelassen sein:* Gerade als die Party so richtig in Schwung war, kam die Polizei. Warum sollen wir denn jetzt schon gehen – ich bin gerade so schön in Schwung! 2. *florieren:* Zum ersten Mal seit der Rezession ist das Börsengeschäft wieder in Schwung.

Schwupp: auf einen Schwupp (ugs.): *auf einmal:* Sie hat den ganzen Müll auf einen Schwupp runtergebracht.

Scylla: zwischen Scylla und Charybdis (bildungsspr.): *zwischen zwei großen Gefahren:* Wer in diesem Konflikt vermitteln will, muss seinen Weg zwischen Scylla und Charybdis suchen.

▶ Diese Fügung bezieht sich auf Homers »Odyssee« und die griechische Sage, in der die Gefährlichkeit des Seeweges durch die Straße von Messina verdeutlicht wird: Scylla, eine steile und gefährliche Klippe, wird als sechsköpfiges Ungeheuer dargestellt, der gegenüberliegende Meeresstrudel Charybdis als Menschen verschlingende Riesin.

sechs: Tobias sechs, Vers drei: ↑ Tobias.

sechste: einen sechsten Sinn [für etwas] haben: *etwas im Voraus spüren, erahnen:* Das Unternehmen wird bestimmt ein Erfolg, ich habe einen sechsten Sinn für so etwas. Der Kaplan ist gescheit. Er hat zwei Gesichter und so etwas wie einen »sechsten Sinn«. Er spürt sofort, wenn jemand auf seiner Seite ist (Ziegler, Gesellschaftsspiele 49).

▶ Die Wendung bezieht sich darauf, dass der Mensch nur über fünf Sinne verfügt.

See: auf hoher See: *auf dem Meer, nicht in Küstennähe:* Wenn das Schiff erst einmal auf hoher See ist, gibt es kein Zurück mehr. Auf hoher See erfuhr er zu seinem Schrecken, dass das Schiff durch den Kaiser-Wilhelm-Kanal zu fahren beabsichtigte (Niekisch, Leben 358).

auf See bleiben (geh.; verhüll.): *den Seemannstod sterben:* Ihre beiden Söhne sind auf See geblieben.

in See stechen: *aufs Meer hinausfahren:* Morgen früh um vier stechen wir in See. Am 19. Mai 1798 stieß Napoleon ... von Toulon aus in See (Ceram, Götter 90).

zur See fahren: *den Beruf des Seemanns ausüben:* Großvater fährt schon seit zwölf Jahren nicht mehr zur See. Und er war Ingenieur gewesen und zur See gefahren ... (Kempowski, Immer 161).

Seele: zwei Seelen und ein Gedanke: *Kommentar, wenn jemand das ausspricht, was man selbst gerade gedacht hat.*

▶ Diese Fügung wurde durch Friedrich Halms Theaterstück »Der Sohn der Wildnis« (1842) bekannt. Dort heißt es im 2. Akt: »Zwei Seelen und ein Gedanke/zwei Herzen und ein Schlag«.

zwei Seelen wohnen, ach, in meiner Brust (geh.; scherzh.): *ich fühle mich zwischen zwei [einander ausschließenden] Neigungen hin- und hergerissen:* Möchten Sie lieber Käse oder ein Dessert? – Zwei Seelen wohnen, ach, in meiner Brust ... Bringen Sie mir bitte beides!

▶ Diese Redensart ist ein Zitat aus Goethes »Faust«. In der Szene »Vor dem Tor« spricht Faust diese Worte.

eine Seele von Mensch/von einem Menschen (ugs.): *ein sehr gutmütiger Mensch:* Der alte Pastor war gewiss eine Seele von einem Menschen. Knobel (so heißt mein Wärter) ist eine Seele von Mensch, der Einzige, der mir glaubt, wenn ich ihm etwas erzähle (Frisch, Stiller 27).

die Seele von etwas sein (ugs.): *die wichtigste, aktivste, für den Erfolg unentbehrliche Person [in einem Unternehmen o. Ä.] sein:* Fourier hatte den ägyptischen Feldzug mitgemacht, war ... Chef der Gerichtsbarkeit und die Seele der wissenschaftlichen Kommission gewesen (Ceram, Götter 104). Die Seele des ganzen Unternehmens war Denis Diderot, der als Gelehrter Solidität mit Eleganz zu vereinigen wusste (Friedell, Aufklärung 17).

dann/jetzt hat die arme/liebe Seele Ruh (fam.): *dann/jetzt sollten alle zufrieden sein:* Es gibt noch zwei Bonbons für jeden, dann hat die arme Seele Ruh. Die Flasche ist leer, jetzt hat die liebe Seele endlich Ruh.

▶ Die Redensart stammt wohl aus der Bibel. Dort heißt es (Lukas 12, 19): »Liebe Seele, du hast einen großen Vorrat auf viele Jahre; habe nun Ruhe.«

jmdm. die Seele aus dem Leib fragen: *jmdn. pausenlos alles Erdenkliche fragen:* Du fragst mir ja die Seele aus dem Leib, gib doch mal eine Minute Ruhe!

sich die Seele aus dem Leib schreien/rufen (ugs.): *sehr laut, mit aller Kraft schreien/rufen:* Das Kind schrie sich die Seele aus dem Leib, niemand konnte es beruhigen.

seine Seele aushauchen (geh.): *sterben:* Am Morgen des folgenden Tages hauchte die Oberin ihre Seele aus.

eine schwarze Seele haben: *böse sein, einen schlechten Charakter haben:* Dass du so eine schwarze Seele hast, hätte ich nicht gedacht. Sie hatte blonde Haare, blaue Augen, rote Lippen und eine schwarze Seele.

meiner Seel! (südd., österr.); **bei meiner Seele!** (veraltet): *Ausruf der Bekräftigung, Beteuerung:* Meiner Seel, ich hab getan, was ich konnte! Wär das Geld nicht gekommen, meiner Seel, am nächsten Tag hätt ich die Strafverfolgung einleiten lassen (Werfel, Himmel 125).

▶ Diese Bekräftigungsformel ist eine Verkürzung von »ich schwöre es bei meiner Seele«, einer nach altem Rechtsbrauch üblichen Formel.

jmdm. etwas auf die Seele binden: *jmdn. etwas besonders einschärfen, eindringlich auftragen:* Sie hatte ihrer Tochter auf die Seele gebunden, niemals allein ins Hafenviertel zu gehen.

jmdm. auf der Seele knien (ugs.): *jmdn. drängen, etwas zu tun:* Er wollte die leeren Bierkästen wegbringen, weil ihm seine Frau damit schon seit Tagen auf der Seele kniete.

auf jmds. Seele/jmdm. auf der Seele liegen: *jmdn. bedrücken, bekümmern:* Dass er sich an einem so grausamen Verbrechen beteiligt hatte, lag ihm zeitlebens schwer auf der Seele.

jmdm. auf der Seele brennen: *für jmdn. ein sehr dringendes Anliegen sein:* Es brannte ihr auf der Seele, ihrem Vater die gute Nachricht mitzuteilen. Und Karl Kraus, dem der »Wahnwitz« des ... alten österreichischen Strafgesetzbuchs auf der Seele brannte, wurde nicht müde, auf Fälle hinzuweisen, in denen ... (NJW 19, 9. 5. 1984, 1072).

jmdm. aus der Seele sprechen: *genau das sagen, was jmd. empfindet:* Mit seiner Predigt am Aschermittwoch hat der Pfarrer vielen aus der Seele gesprochen. »Du sprichst mir aus der Seele. Ich an deiner Stelle würde sofort ... den Vertrag rückgängig machen ...« (Becker, Tage 85).

aus tiefster Seele: *aufrichtig, mit großer innerer Anteilnahme:* Aus tiefster Seele wünschte sie ihm Erfolg. »Auch ihr solltet euch erinnern, dass es Franzosen gibt, die die Algerienpolitik machen, und andere, die sie aus tiefster Seele verabscheuen.« (Dönhoff, Ära 118).

in der/in tiefster Seele: *tief im Inneren:* Sie war in tiefster Seele gekränkt und verletzt. Es tat ihm in der Seele weh, dass er nicht eingeladen worden war. Diese zögernde, vorsichtige Händler- und Krämerpolitik ... war ihm in tiefster Seele zuwider (Feuchtwanger, Herzogin 136).

mit ganzer Seele: *ganz und gar, mit Begeisterung:* Sie hat sich mit ganzer Seele der Parteiarbeit gewidmet. Der langjährige Parteifreund und Fachlehrer ... ist ... mit ganzer Seele Pädagoge geblieben (NNN 26. 2. 1985, 3).

sich etwas von der Seele reden/schreiben: *sagen/schreiben, was einen bedrückt [und sich dadurch Erleichterung verschaffen]:* Es tat ihr gut, sich endlich einmal all ihren Kummer von der Seele reden zu können. ... dem ich mitteilte, dass ich diese wahrheitsgetreue Schilderung mir in der vergangenen Nacht von der Seele geschrieben hätte (Kantorowicz, Tagebuch I, 541).

Essen und Trinken hält Leib und Seele zusammen: ↑essen. **ein Herz und eine Seele sein:** ↑Herz. **mit Leib und Seele:** ↑Leib. **keine [Menschen]seele:** ↑Menschenseele. **hinter etwas her sein wie der Teufel hinter der armen Seele:** ↑Teufel. **Trumpf ist die Seele des Spiels:** ↑Trumpf.

Seelenruhe: **mit/in aller Seelenruhe** (ugs.): *in unerschütterlicher Ruhe:* Der Klempner packte erst einmal ein paar Brote aus und begann, in aller Seelenruhe zu frühstücken. Dann kann ich wohl nun endlich in aller Seelenruhe pennen (Borchert, Draußen 28).

Seemann: das haut den stärksten See-mann um (ugs.): 1. *das verkraftet niemand:* Eine halbe Flasche Rum und ein Wasserglas voll Gin, das haut den stärksten Seemann um. 2. *das ist unfasslich:* Du hast alles verkauft und gehst nach Australien? Das haut den stärksten Seemann um!

Segel: die Segel streichen: 1. (Seemannsspr.) *die Segel einholen:* Es kommt Sturm auf, streicht die Segel! 2. *seinen Widerstand, ein Vorhaben aufgeben:* Sollten wir jetzt die Segel streichen, nur weil beim ersten Versuch nicht alles so geklappt hatte, wie es geplant war? Aber nicht wie alle anderen hat Paul dann die Segel gestrichen, sondern hat sie gefragt: »Schönes Fräulein, darf ichs wagen, ...« (Plenzdorf, Legende 12). ▶ In früherer Zeit war es ein Zeichen der Kapitulation, wenn ein Segelschiff vor dem Feind die Segel einholte. Darauf ist die zweite Bedeutung der Wendung zurückzuführen.

mit vollen Segeln: *mit aller Kraft, mit vollem Einsatz:* Der Betrieb arbeitet mit vollen Segeln, um die Liefertermine einhalten zu können.

unter Segel gehen (Seemannsspr.): *abfahren:* Die »Kormoran« ist schon vor Sonnenaufgang unter Segel gegangen.

jmdm. den Wind aus den Segeln nehmen: ↑ Wind. **Wind in jmds. Segel sein:** ↑ Wind. **mit dem Wind segeln:** ↑ Wind. **gegen den Wind segeln:** ↑ Wind.

segeln: in jmds. Fahrwasser segeln: ↑ Fahrwasser. **unter falscher Flagge segeln:** ↑ Flagge. **in jmds. Kielwasser segeln:** ↑ Kielwasser.

Segen: der ganze Segen (ugs.): *etwas, was in größerer Menge herausfällt, herunterfällt, sich ergießt:* Zwei Fässer waren geplatzt, und der ganze Segen hatte sich über den Fußboden verteilt. Sie hatte einen Moment lang den Korb mit den Lebensmitteln losgelassen, und nun lag der ganze Segen im Schnee.

jmds. Segen haben (ugs.): *jmds. Einwilligung, Zustimmung haben:* Wenn ihr zusammen nach Frankreich fahren wollt, müsst ihr das mit eurer Mutter klären – meinen Segen habt ihr.

seinen Segen zu etwas geben (ugs.): *in etwas einwilligen, etwas billigen:* Wenn der Vorstand seinen Segen dazugibt, können wir morgen mit der Produktion anfangen. Er ... umriss den »wahren Staat«, in welchem das Unternehmertum der herrschende Stand sei und die Intelligenz ihren Segen dazugeben sollte (Niekisch, Leben 209).

sich regen bringt Segen: ↑ regen. **segnen: gesegnet Leibes sein:** ↑ Leib. **das Zeitliche segnen:** ↑ zeitlich.

sehen: sehen, wo man bleibt (ugs.): *die sich bietenden Vorteile nutzen; zusehen, wie man zurechtkommt:* Natürlich habe ich zwanzig Prozent Provision einbehalten, man muss doch sehen, wo man bleibt! Wenn er sich uns nicht anschließen will, kann er sehen, wo er bleibt.

den/die/das möchte ich sehen (ugs.): *den/die/das gibt es nicht:* Den möcht ich sehen, der in dieser Wildnis allein überleben kann. Das möchte ich sehen, dass du einmal freiwillig aufräumst.

etwas nicht mehr sehen können (ugs.): *einer Sache überdrüssig sein:* Langsam konnte er das Wahlplakat nicht mehr sehen. Meine Mutter ließ alle Sessel neu beziehen, die alten Samtbezüge könne sie nicht mehr sehen (Kempowski, Tadellöser 113).

sich bei jmdm. sehen lassen (ugs.): *jmdn. besuchen:* Machs gut, alter Junge, und lass dich bald mal bei uns sehen! Sie hatte sich seit drei Monaten nicht mehr bei ihren Eltern sehen lassen.

sich sehen lassen können: *beachtlich sein:* Sein Vorstrafenregister kann sich sehen lassen. Ihre Leistungen in Mathematik können sich wirklich sehen lassen. Pferde und Geschirr konnten sich allenfalls sehen lassen (Th. Mann, Krull 404).

sich irgendwo, bei jmdm. nicht mehr sehen lassen können/dürfen/sollen: *irgendwo/zu jmdm. nicht mehr hingehen können/dürfen/sollen:* Seit wir Großmutters Gummibaum rot lackiert haben, dürfen wir uns bei ihr nicht mehr sehen lassen. Nach seinen schwachen Leistungen beim Sportfest konnte er sich fürs Erste im Verein nicht mehr sehen lassen.

sich mit etwas sehen lassen können: *stolz auf etwas sein dürfen:* Mit ihrem Abiturzeugnis kann sie sich sehen lassen. Das ist ein Ergebnis, mit dem man sich sehen lassen kann.

... oder wie seh ich das? (ugs.): ... *oder täusche ich mich?:* Du kommst doch mit in die Kneipe, oder wie seh ich das? Kann ich sie nicht einfach aufs Kreuz legen, wie es doch jetzt an der Reihe wäre, oder wie seh ich das? (Rocco [Übers.], Schweine 167).

siehst du [wohl]!: *wie ich vorhergesagt habe!:* Siehst du, jetzt hast du Halsschmerzen, weil du keinen Pullover anziehen wolltest! Siehst du wohl, das kommt davon!

sieh[e] da!: *Ausruf der Überraschung:* »Sieh da, der Marquis trainiert solo ...« (Th. Mann, Krull 393). Man wird älter, ist nicht mehr ganz jung und siehe da, die Zeit beschleunigt sich (K. Mann, Wendepunkt 335).

jmdn. vom Sehen kennen: *jmdm. schon begegnet sein, ihn aber nicht persönlich kennen:* Ehe sie ... Klassenkameraden geworden waren, hatten sie sich nur vom Sehen gekannt (Hausmann, Abel 10). ... Stammgäste, die ich vom Sehen alle kannte (Hesse, Steppenwolf 46).

sehenden Auges: *obgleich man eine Gefahr kommen sieht:* Er ist sehenden Auges in sein Unglück gerannt. Das ist das Chaos, und das organisieren wir nicht, da taumeln wir sehenden Auges hinein (Plievier, Stalingrad 220).

jmdm. ähnlich sehen: ↑ähnlich. **jmdm. aus den Augen sehen:** ↑Auge. **vier Augen sehen mehr als zwei:** ↑Auge. **etwas mit eigenen Augen gesehen haben:** ↑Auge. **jmdm. nicht in die Augen sehen können:** ↑Auge. **jmdm. zu tief ins Auge/in die Augen sehen:** ↑Auge. **vor etwas nicht mehr aus den Augen sehen können:** ↑Auge. **einer Sache ins Auge sehen:** ↑Auge. **sich bemüßigt sehen ...:** ↑bemüßigt. **das sieht doch ein Blinder [mit dem Krückstock]:** ↑blind. **Blut sehen wollen:** ↑Blut. **ich denk, ich seh nicht recht:** ↑denken. **[alles] doppelt sehen:** ↑doppelt. **etwas nicht so eng sehen:** ↑eng. **jmdm. auf die Finger sehen:** ↑Finger. **einem geschenkten Gaul sieht man nicht ins Maul:** ↑Gaul. **sich für Geld sehen lassen können:** ↑Geld. **jmdm. nicht ins Gesicht sehen können:** ↑Gesicht. **Gespenster sehen:** ↑Gespenst. **alles grau in grau sehen:** ↑grau. **haste nicht gesehen:** ↑haben. **sehen, wie der Hase läuft:** ↑Hase. **man kann einem Menschen**

nicht ins Herz sehen: ↑Herz. **den Himmel offen/voller Bassgeigen sehen:** ↑Himmel. **jmdn. am liebsten von hinten sehen:** ↑hinten. **jmdm. vergeht Hören und Sehen:** ↑hören. **sich nicht in die Karten sehen lassen:** ↑Karte. **jmdn. aus allen Knopflöchern sehen:** ↑Knopfloch. **etwas kommen sehen:** ↑kommen. **[wieder] Land sehen:** ↑Land. **kein Land [mehr] sehen:** ↑Land. **etwas in rosigem/im rosigsten Licht sehen:** ↑Licht. **etwas in einem milden Licht sehen:** ↑Licht. **etwas in einem schiefen Licht sehen:** ↑Licht. **Licht am Ende des Tunnels sehen:** ↑Licht. **weiße Mäuse sehen:** ↑Maus. **nicht weiter sehen als bis zur Nase[nspitze]:** ↑Nasenspitze. **auf den Pfennig sehen:** ↑Pfennig. **man hat schon Pferde kotzen sehen:** ↑Pferd. **nach dem Rechten sehen:** ↑²Rechte. **in Rom gewesen sein und den Papst nicht gesehen haben:** ↑Rom. **etwas durch die rosa[rote] Brille/in rosa[rotem] Licht sehen:** ↑rosarot. **sich an etwas nicht satt sehen können:** ↑satt. **etwas in den schwärzesten Farben sehen:** ↑schwarz. **etwas durch die schwarze Brille sehen:** ↑schwarz. **keine Sonne sehen:** ↑Sonne. **den Splitter im fremden Auge, aber den Balken im eigenen nicht sehen:** ↑Splitter. **Sterne sehen:** ↑Stern. **bessere Tage/Zeiten gesehen haben:** ↑Tag. **der Teufel hats gesehen:** ↑Teufel. **sieh da, sieh da, Timotheus:** ↑Timotheus. **man darf das alles nicht so verbissen sehen:** ↑verbissen. **sehen, wie der Wagen läuft:** ↑Wagen. **den Wald vor [lauter] Bäumen nicht sehen:** ↑Wald. **etwas hat die Welt noch nicht gesehen:** ↑Welt. **mit dem linken Auge in die rechte/mit dem rechten Auge in die linke Westentasche sehen:** ↑Westentasche. **das will ich nicht gesehen haben:** ↑wollen. **bessere Zeiten gesehen haben:** ↑Zeit.

sehnen: sich nach dem Bettzipfel sehnen: ↑Bettzipfel. **sich nach den Fleischtöpfen Ägyptens sehnen:** ↑Fleischtopf.

sehr: sehr wohl: ↑wohl.

Seide: bei etwas ist keine Seide zu gewinnen (veraltend): *etwas bringt nichts ein:* Lass die Finger von diesen dubiosen Geschäften, dabei ist keine Seide zu gewinnen.

in Samt und Seide: ↑Samt.

seiden: an einem/am seidenen Faden hängen: ↑Faden.

Seife: das ist Geschmackssache, sagte der Affe und biss in die Seife: ↑ Geschmackssache.

Seifensieder: jmdm. geht ein Seifensieder auf (ugs.)*: jmd. versteht, durchschaut plötzlich etwas:* Als sie ihren Mann am späten Abend mit der kleinen Blonden aus der Bar kommen sah, ging ihr ein Seifensieder auf. Hätte er diese harmlose Bemerkung gehört, wäre ihm bestimmt ein Seifensieder aufgegangen (Borell, Verdammt 78).

▶ Der Seifensieder war in früherer Zeit auch Kerzenmacher. Die Wendung ist also eine gesteigerte Version von »jmdm. geht ein Licht auf«, wobei sprachspielerisch der Produzent der Kerze statt dieser genannt wird.

Seil: ein Tanz auf dem Seil: ↑ Tanz.

Seiltanzen: sich anstellen wie der Ochs beim Seiltanzen: ↑ anstellen.

¹sein: wer sein (ugs.)*: Ansehen genießen:* Im Dorf ist er wer: Bis zur Gebietsreform Bürgermeister (Chotjewitz, Friede 81). Wir sind wieder wer! Bundestrainer Jupp Derwall schreibt ... über den Leistungsstand im deutschen Fußball (Hörzu 12, 1980, 14).

nicht mehr [unter uns] sein (geh.; verhüll.)*: gestorben sein:* Aber plötzlich bemerkte er, die Angst ... war damit nicht verschwunden. Der Gedanke: ... Was wird aus all dem, wenn ich nicht mehr bin (Brot und Salz 204). »... Einer, den wir liebten, ist nicht mehr.« Wieder machte er eine Pause und blickte auf den Sarg nieder (Baldwin [Übers.], Welt 132).

nicht so sein (ugs.)*: sich großzügig verhalten, nachsichtig sein:* Sei doch nicht so, gib der Kleinen die fünf Mark! Na, dann will ich mal nicht so sein; ihr dürft noch eine halbe Stunde aufbleiben.

mit jmdm. ist [et]was (ugs.)*: jmd. ist nicht ganz gesund, hat Kummer o. Ä.:* Heraus mit der Sprache, mit dir ist doch etwas! Dein Freund sieht so traurig aus, ist was mit ihm?

wenn dem so ist, ...: *wenn sich das so verhält, ...:* Wenn dem so ist, dann haben wir uns nichts mehr zu sagen!

dem ist nicht so: *das verhält sich anders:* Ihr habt immer geglaubt, dass wir jederzeit einen neuen Kredit bekommen könnten, aber dem ist nicht so.

du bist mir [ja/vielleicht] einer! (ugs.)*: das hätte ich von dir gar nicht erwartet:* Du bist mir vielleicht einer – erst versprichst du, uns zu helfen, und dann lässt du dich den ganzen Tag nicht blicken! »Na, Sie sind mir ja einer ... Es ist wirklich mal schön, wenn einer alles so optimistisch betrachtet ...« (Leonhard, Revolution 147).

was nicht ist, kann noch werden: *das kann noch in der Zukunft Wirklichkeit werden:* Bis jetzt hat noch keiner ihrer Verehrer ihr Herz gewonnen, aber was nicht ist, kann noch werden. Du hast doch gar nicht das Geld für eine so weite Reise! – Was nicht ist, kann noch werden.

seis drum: *es ist egal, es macht nichts:* Seis drum, wir hatten doch eine schöne Zeit zusammen. Die Erbschaftssteuer ist sehr hoch, aber seis drum, mir bleibt trotzdem noch genug.

sei es, wie es will; (veraltet:) **dem sei, wie ihm wolle:** *ob es sich nun so oder anders verhält:* Sei es, wie es will, ich kann euch kein Geld mehr geben. Dem sei, wie ihm wolle, morgen fährst du zurück ins Internat!

es sei denn, [dass] ...: *wenn ... nicht ...:* Man wird Ihnen das Geld überweisen, es sei denn, dass Sie auf Barzahlung bestehen. ... weil vom Osten ... erklärt wurde, dass man dort die Wiedervereinigung nicht wolle, es sei denn, sie finde unter der roten Fahne statt (Dönhoff, Ära 203).

das wärs (ugs.)*: das ist alles:* Das wärs, ich gehe jetzt. Der Arzt schneidet mir die Nähte vom Kopf ... »Das wärs«, sagt er zu mir (Sobota, Minus-Mann 350).

jmdm., einer Sache abhold sein: ↑ abhold. **[bei jmdm.] abgemeldet sein:** ↑ abmelden. **auf etwas abonniert sein:** ↑ abonnieren. **auf [der] Achse sein:** ↑ Achse. **auf achtzig sein:** ↑ achtzig. **eine Affenschande sein:** ↑ Affenschande. **zum Anbeißen sein:** ↑ anbeißen. **danach/dazu angetan sein:** ↑ angetan. **von jmdm., von etwas angetan sein:** ↑ angetan. **im Anmarsch sein:** ↑ Anmarsch. **der Annahme sein:** ↑ Annahme. **angesagt sein:** ↑ ansagen. **das ist Ansichtssache:** ↑ Ansichtssache. **im Anzug sein:** ↑ Anzug. **[bei jmdm.] in Arbeit sein:** ↑ Arbeit. **ein Armutszeugnis für jmdn. sein:** ↑ Armutszeugnis. **im Arsch sein:**

↑Arsch. das ist Auffassungssache: ↑Auffassungssache. ein Ausbund von/an etwas sein: ↑Ausbund. nicht auszudenken sein: ↑ausdenken. nicht zum Aushalten sein: ↑aushalten. außer sich sein: ↑außer. auf dem Aussterbeetat sein: ↑Aussterbeetat. wie ausgewechselt sein: ↑auswechseln. den Bach hinunter sein: ↑Bach. am Ball sein: ↑Ball. eine Bank sein: ↑Bank. auf etwas bedacht sein: ↑bedacht. bedient sein: ↑bedienen. [das] ist nicht meine Beerdigung: ↑Beerdigung. ein Begriff sein: ↑Begriff. im Begriff sein: ↑Begriff. nicht ganz bei sich sein: ↑bei. auf den Beinen sein: ↑Bein. das ist [doch] kein Beinbruch: ↑Beinbruch. [noch nicht] über den Berg sein: ↑Berg. in etwas beschlossen sein: ↑beschlossen. im/in Besitz von etwas sein: ↑Besitz. im/in Besitz von jmdm. sein: ↑Besitz. das wäre ja noch besser: ↑besser. von Bestand sein: ↑Bestand. außer Betrieb sein: ↑Betrieb. in Betrieb sein: ↑Betrieb. ein Bild von ... sein: ↑Bild. im Bilde sein: ↑Bild. blank sein: ↑blank. jmds. Blutgruppe sein: ↑Blutgruppe. gebongt sein: ↑bongen. zum Brüllen sein: ↑brüllen. über die Bühne sein: ↑Bühne. mit jmdm. im Bunde sein: ↑Bund. nicht auf dem Damm sein: ↑Damm. wieder auf dem Damm sein: ↑Damm. unter Dampf sein: ↑Dampf. nahe daran sein, etwas zu tun: ↑daran. von Dauer sein: ↑Dauer. nicht auf Deck sein: ↑Deck. wieder auf Deck sein: ↑Deck. es ist an dem, dass ...: ↑dem. nicht ganz dicht sein: ↑dicht. guter Dinge sein: ↑Ding. ein Ding der Unmöglichkeit sein: ↑Ding. ein Ding mit 'nem Pfiff sein: ↑Ding. jmdm. ein Dorn im Auge sein: ↑Dorn. auf Draht sein: ↑Draht. dran/am dransten sein: ↑dran. nicht wissen, wie man bei jmdm./mit jmdm. dran ist: ↑dran. arm dran sein: ↑dran. ein Dreck sein: ↑Dreck. drin sein: ↑drin. am Drücker sein: ↑Drücker. mit jmdm. per du sein: ↑du. der Dumme sein: ↑dumm. jmdm. ist etwas zu dumm: ↑dumm. aus/von Dummsdorf sein: ↑Dummsdorf. im Eck sein: ↑Eck. im Eimer sein: ↑Eimer. in seinem Element sein: ↑Element. mit jmdm., mit etwas ist es ein Elend: ↑Elend. am Ende sein: ↑Ende. zu Ende sein: ↑Ende. en vogue sein: ↑vogue. jmdm. erkenntlich sein: ↑erkenntlich. auf etwas erpicht sein: ↑erpicht. mit etwas ist es Es-

sig: ↑Essig. jmds. Evangelium/für jmdn. [das] Evangelium sein: ↑Evangelium. in Fahrt sein: ↑Fahrt. der Fall sein: ↑Fall. jmds. Fall sein: ↑Fall. ohne Falsch sein: ↑Falsch. damit, mit etwas ist [bei mir] Feierabend: ↑Feierabend. das ist schon nicht mehr feierlich: ↑feierlich. jmdm. auf den Fersen sein: ↑Ferse. im Fluss sein: ↑Fluss. außer Frage sein: ↑Frage. kein Freibrief für etwas sein: ↑Freibrief. für jmdn. ein Fremdwort sein: ↑Fremdwort. zum Fressen sein: ↑fressen. kein Freund von etwas sein: ↑Freund. im Gange sein: ↑Gang. in Gang sein: ↑Gang. etwas für jmds. Gaumen sein: ↑Gaumen. in Gebrauch sein: ↑Gebrauch. gebügelt sein: ↑gebügelt. eine schwere Geburt sein: ↑Geburt. in Gedanken sein: ↑Gedanke. ein Gedicht sein: ↑Gedicht. auf etwas gefasst sein: ↑gefasst. jmdm. gegenwärtig sein: ↑gegenwärtig. gehalten sein, etwas zu tun: ↑gehalten. jmdm., einer Sache gemein sein: ↑gemein. nicht jmds. Genre sein: ↑Genre. sich selbst genug sein: ↑genug. im Gespräch sein: ↑Gespräch. nicht von gestern sein: ↑gestern. aber sonst bist du gesund?: ↑gesund. jmdm., einer Sache gewachsen sein: ↑gewachsen. einer Sache gewärtig sein: ↑gewärtig. gewillt sein, etwas zu tun: ↑gewillt. auf der Gewinnerstraße sein: ↑Gewinnerstraße. für jmdn., für etwas Gift sein: ↑Gift. hinter Gittern sein: ↑Gitter. du bist nicht aus Glas: ↑Glas. Glückssache sein: ↑Glückssache. treu wie Gold sein: ↑Gold. noch nicht über den Graben sein: ↑Graben. zum Greifen nahe sein: ↑greifen. jmdm. ein Gräuel sein: ↑Gräuel. nicht bei Groschen sein: ↑Groschen. jmdm. nicht grün sein: ↑grün. der Grundstein zu etwas sein: ↑Grundstein. für etwas gut sein: ↑gut. du bist gut: ↑gut. für etwas zu haben sein: ↑haben. [noch] zu haben sein: ↑haben. da ist der Haken: ↑Haken. nicht zu halten sein: ↑halten. in jmds. Händen sein: ↑Hand. zur Hand sein: ↑Hand. [mit jmdm.] handelseins sein: ↑handelseins. in Harnisch sein: ↑Harnisch. das ist die Härte: ↑Härte. auf etwas/in etwas zu Hause sein: ↑Haus. aus dem Häuschen sein: ↑Häuschen. heidi sein: ↑heidi. kein Held in etwas sein: ↑Held. einer Sache/über jmdn., über etwas Herr sein: ↑Herr. nach jmds. Herzen

sein: ↑Herz. **jmdm. ein Herzensbedürfnis sein:** ↑Herzensbedürfnis. **zum Heulen sein:** ↑heulen. **nicht von hier sein:** ↑hier. **[ein bisschen] hier sein:** ↑hier. **jmdm. ist himmelangst:** ↑himmelangst. **in der Hinterhand sein:** ↑Hinterhand. **im Hintertreffen sein:** ↑Hintertreffen. **in [der] Hoffnung sein:** ↑Hoffnung. **auf der Höhe sein:** ↑Höhe. **bei jmdm./da ist nichts zu holen:** ↑holen. **viel Holz sein:** ↑Holz. **nicht aus Holz sein:** ↑Holz. **auf dem Holzweg sein:** ↑Holzweg. **kein Honiglecken/kein Honigschlecken sein:** ↑Honiglecken. **hops sein:** ↑hops. **auf dem Hund sein:** ↑Hund. **auf hundert sein:** ↑hundert. **auf der Hut sein:** ↑²Hut. **imstande sein:** ↑imstande. **im Irrtum sein:** ↑Irrtum. **ein Jammer sein:** ↑Jammer. **im Kasten sein:** ↑Kasten. **für die Katze sein:** ↑Katze. **kein Katzendreck sein:** ↑Katzendreck. **ein Katzensprung sein:** ↑Katzensprung. **auf dem Kien sein:** ↑Kien. **bei jmdm. lieb Kind sein:** ↑Kind. **ein/kein Kinderspiel sein:** ↑Kinderspiel. **kein [großes] Kirchenlicht sein:** ↑Kirchenlicht. **sich über etwas im Klaren sein:** ↑klar. **im Kommen sein:** ↑kommen. **[mit jmdm.] konform sein:** ↑konform. **nicht [ganz] koscher sein:** ↑koscher. **kein Kostverächter sein:** ↑Kostverächter. **zum Kotzen sein:** ↑kotzen. **jmds. Kragenweite sein:** ↑Kragenweite. **mit jmdm. über[s] Kreuz sein:** ↑Kreuz. **es ist ein Kreuz mit jmdm.:** ↑Kreuz. **beim/zum Kuckuck sein:** ↑Kuckuck. **auf der Lauer sein:** ↑Lauer. **mit etwas auf dem Laufenden sein:** ↑laufen. **bei Laune sein:** ↑Laune. **[nicht] der Mann sein, etwas zu tun:** ↑Mann. **jmds. Mann sein:** ↑Mann. **nicht die Masse sein:** ↑Masse. **es ist zum Mäusemelken:** ↑Mäusemelken. **auch nur ein Mensch sein:** ↑Mensch. **kein Mensch mehr sein:** ↑Mensch. **jmdm. nicht nach der Mütze sein:** ↑Mütze. **[nicht] nach jmds. Nase sein:** ↑Nase. **auf neunundneunzig sein:** ↑neunundneunzig. **nichts für jmdn. sein:** ↑nichts. **zu etwas nütze sein:** ↑nütze. **obenauf sein:** ↑obenauf. **nicht [so] ohne sein:** ↑ohne. **hier/das ist nicht der Ort zu/für etwas:** ↑Ort. **auf der Palme sein:** ↑Palme. **nicht von Pappe sein:** ↑Pappe. **kein Pappenstiel sein:** ↑Pappenstiel. **Partei sein:** ↑Partei. **mit von der Partie sein:** ↑Partie. **etwas in Person sein:** ↑Person.

unter dem Pflug sein: ↑Pflug. **jmdm. piepe/piepegal sein:** ↑piepe, piepegal. **zum Piepen sein:** ↑piepen. **am Platz[e] sein:** ↑Platz. **jmds. Platz ist bei jmdm./irgendwo:** ↑Platz. **pleite sein:** ↑pleite. **jmdm. pomade sein:** ↑pomade. **auf dem Posten sein:** ↑Posten. **zum Quieken/Quietschen sein:** ↑quieken, quietschen. **mit jmdm. quitt sein:** ↑quitt. **auf dem Quivive sein:** ↑Quivive. **wie gerädert sein:** ↑rädern. **von Rasse sein:** ↑Rasse. **jmdm. ein Rätsel sein:** ↑Rätsel. **jmdm. recht sein:** ↑²recht. **im Recht sein:** ↑Recht. **[nicht] rechtens sein:** ↑rechtens. **bist du mit der Rechte/Richtige:** ↑²Rechte. **das ist meine Rede/mein Reden:** ↑Rede. **von jmdm., von etwas ist die Rede:** ↑Rede. **reif für etwas sein:** ↑reif. **[nicht] in der Reihe sein:** ↑Reihe. **an der Reihe sein:** ↑Reihe. **die Reihe ist an jmdm.:** ↑Reihe. **mit etwas im Reinen sein:** ↑rein. **auf Reisen sein:** ↑Reise. **[noch] im Rennen sein:** ↑Rennen. **nicht mehr zu retten sein:** ↑retten. **bist du noch zu retten?:** ↑retten. **bei jmdm. ist es nicht ganz richtig:** ↑richtig. **[die Sache] ist geritzt:** ↑ritzen. **am Ruder sein:** ↑Ruder. **die Ruhe selbst sein:** ↑Ruhe. **kein Ruhmesblatt für jmdn. sein:** ↑Ruhmesblatt. **etwas [bis dahin] satt sein:** ↑satt. **sich für etwas zu schade sein:** ↑schade. **es ist schade:** ↑schade. **es ist schade um jmdn., um etwas:** ↑schade. **für/zu etwas zu schade sein:** ↑schade. **in Schale sein:** ↑Schale. **auf jmdn., auf etwas scharf sein:** ↑scharf. **ein Schatten seiner selbst sein:** ↑Schatten. **eine/die Schau sein:** ↑Schau. **schief gewickelt sein:** ↑schief gewickelt. **zum Schießen sein:** ↑schießen. **jmdm. ein Schlachtfest sein:** ↑Schlachtfest. **im Schlauch sein:** ↑Schlauch. **sich schlüssig sein:** ↑schlüssig. **aus dem Schneider sein:** ↑Schneider. **jmdm. schnuppe sein:** ↑schnuppe. **jmdm. schnurz/schnurzpiepegal sein:** ↑schnurz. **das wäre ja noch schöner!:** ↑schön. **zum Schreien sein:** ↑schreien. **schuld [an etwas] sein:** ↑schuld. **im Schwange sein:** ↑Schwang. **im Schwung sein:** ↑Schwung. **die Seele von etwas sein:** ↑Seele. **auf jmds. Seite sein:** ↑Seite. **etwas selbst sein:** ↑selbst. **nicht man selbst sein:** ↑selbst. **jetzt ist [aber] Sense:** ↑Sense. **außer Sicht sein:** ↑Sicht. **in Sicht sein:** ↑Sicht. **du bist wohl singen gewesen:** ↑singen. **nicht bei Sinnen sein: ↑Sinn. [wie] von Sinnen sein: ↑Sinn. jmdm. auf den Socken sein: ↑Socke. [glatt/ganz] von den Socken sein: ↑Socke. es hat nicht sollen sein: ↑sollen. mit etwas ist nicht zu spaßen: ↑spaßen. außer Spesen nichts gewesen: ↑Spesen. [mit] im Spiel sein: ↑Spiel. auf dem Sprung sein: ↑Sprung. jmdm., einer Sache auf der Spur sein: ↑Spur. am Start sein: ↑Start. zur Stelle sein: ↑Stelle. in Stellung sein: ↑Stellung. nicht [gut] bei Stimme sein: ↑Stimme. mit jmdm., mit etwas gestraft sein: ↑strafen. starker Tobak/Tabak sein: ↑Tabak. an der Tagesordnung sein: ↑Tagesordnung. auf Tauchstation sein: ↑Tauchstation. an der Tete sein: ↑Tete. zum Teufel sein: ↑Teufel. des Teufels sein: ↑Teufel. ich bin ja Tierfreund: ↑Tierfreund. des Todes sein: ↑Tod. der Tod einer Sache/von etwas sein: ↑Tod. auf dem Topf sein: ↑Topf. auf Trab sein: ↑Trab. Trumpf sein: ↑Trumpf. von/vom Übel sein: ↑Übel. jmdm. über sein: ↑über. da bin ich überfragt: ↑überfragt. nicht umzubringen sein: ↑umbringen. ein Unding sein: ↑Unding. in/im Umlauf sein: ↑Umlauf. jmdm. nicht unlieb sein: ↑unlieb. kein Unmensch sein: ↑Unmensch. [sich] über etwas im Unsichern sein: ↑unsicher. bei jmdm. ist [et]was unterwegs: ↑unterwegs. jmdm. untertan sein: ↑untertan. unvorbereitet, wie ich bin: ↑unvorbereitet. nicht zu verachten sein: ↑verachten. jmdm. sehr verbunden sein: ↑verbunden. es ist wie verhext/verrückt: ↑verhext. auf jmdn. ist [kein] Verlass: ↑Verlass. um etwas verlegen sein: ↑verlegen. auf der Verliererstraße sein: ↑Verliererstraße. wie vernagelt sein: ↑vernageln. auf jmdn./nach jmdm. verrückt sein: ↑verrückt. auf etwas/nach etwas verrückt sein: ↑verrückt. es ist zum Verrücktwerden: ↑Verrücktwerden. nicht ganz bei Verstand sein: ↑Verstand. versucht sein, etwas zu tun: ↑versuchen. [nicht] zu verwundern sein: ↑verwundern. [mit etwas] im Verzug sein: ↑Verzug. jmdm. ein Volksfest sein: ↑Volksfest. [für jmdn.] von Vorteil sein: ↑Vorteil. schon [gar] nicht mehr wahr sein: ↑wahr. auf der Walze sein: ↑Walze. über etwas weg sein: ↑weg. [ganz/einfach] weg sein: ↑weg. jmdm., einer Sache im Weg[e] sein: ↑Weg. wie weggeblasen

sein: ↑wegblasen. nicht die Welt sein: ↑Welt. nicht aus der Welt sein: ↑Welt. nicht von dieser Welt sein: ↑Welt. am Werk sein: ↑Werk. im Werke sein: ↑Werk. jmdm. zu Willen sein: ↑Wille. zum Wimmern sein: ↑wimmern. eine Wissenschaft für sich sein: ↑Wissenschaft. ein Witz sein: ↑Witz. in den Wochen sein: ↑Woche. die/'ne Wolke sein: ↑Wolke. da/bei jmdm. ist nichts zu wollen: ↑wollen. das ist ein Wort: ↑Wort. eine/die Wucht sein: ↑Wucht. ein/kein Wunder sein: ↑Wunder. über die Wupper sein: ↑Wupper. unter jmds. Würde sein: ↑Würde. [jmdm.] Wurst sein: ↑Wurst. auf Zack sein: ↑Zack. an der Zeit sein: ↑Zeit. das waren noch Zeiten: ↑Zeit. nicht aus Zucker sein: ↑Zucker. jmdm., einer Sache zugetan sein: ↑zugetan. jmdm. ist nach etwas zumute: ↑zumute. zunichte sein: ↑zunichte. das ist [doch] kein Zustand: ↑Zustand. [über etwas] im Zweifel sein: ↑Zweifel.

²**sein:** jedem das Seine: *jeder soll das haben, was ihm zukommt:* Der neue Nachbar gibt ganz schön an mit seinem teueren Sportwagen. – Jedem das Seine, du kannst dich auch nicht beklagen!

das Seine tun: *tun, was in den eigenen Kräften steht:* Der Wirtschaftsberater hat das Seine getan, aber er konnte letztlich den Konkurs auch nicht mehr abwenden. Die Lage ist momentan sehr schwierig, aber wenn jeder das Seine tut, werden wir es schon schaffen.

den Seinen gibts der Herr im Schlafe: ↑Herr. **seines Zeichens:** ↑Zeichen. **alles zu seiner Zeit:** ↑Zeit.

seinesgleichen: seinesgleichen suchen/nicht seinesgleichen haben: *nicht zu übertreffen sein:* Die Qualität dieser Naturprodukte sucht ihresgleichen. Als Meister des Gespräches hat er heute nicht seinesgleichen (K. Mann, Wendepunkt 200).

seit: seit alters: ↑alters. **seit eh und je:** ↑eh. **seit langem:** ↑lang. **seit Menschengedenken:** ↑Menschengedenken. **seit Urzeiten:** ↑Urzeit.

Seite: jmds. grüne Seite (ugs.): *jmds. linke Seite:* Komm, setz dich an meine grüne Seite!

jmds. schwache Seite sein (ugs.): 1. *von jmdm. nicht beherrscht werden, jmdm.*

schwer fallen: In Englisch ist er ganz gut, aber Physik ist seine schwache Seite. Gesänge waren meine schwache Seite (Hartung, Piroschka 142). 2. *für jmdn. besonders reizvoll sein:* Schokoladentorte war ihre schwache Seite.

jmds. starke Seite sein (ugs.): *von jmdm. besonders gut beherrscht werden:* Geräteturnen war nie meine starke Seite. Seine starke Seite ist eine schier unerschütterliche Geduld.

lange Seiten haben (ugs.): *hoch gewachsen sein [und deshalb viel essen können]:* Gib dem Jungen mal noch 'ne Portion, der hat lange Seiten!

sich die Seiten vor Lachen halten: *sehr heftig lachen:* Die Zuschauer hielten sich die Seiten vor Lachen, als dem Dirigenten schließlich auch noch die Perücke verrutschte.

jmdn. jmdm., etwas einer Sache an die Seite stellen (veraltend): *jmdn. jmdm., etwas einer Sache gleichstellen:* Man kann doch diesen Möchtegerngeneral nicht einem Mann wie Napoleon an die Seite stellen!

etwas auf die Seite schaffen/bringen (ugs.): *etwas heimlich, unauffällig wegbringen:* Sie hatten nach und nach fast zwanzig Säcke mit Holzkohle auf die Seite geschafft. Nachdem er im Dienst neun Telefonapparate »auf die Seite gebracht« hatte ... (MM 30. 1. 1986, 13).

jmdn. auf die Seite schaffen (ugs.): *jmdn. umbringen:* Die Bande zögerte nicht, unliebsame Mitwisser auf die Seite zu schaffen.

etwas auf die Seite legen (ugs.): *etwas sparen:* Trotz ihrer knappen Rente hatte sie ein paar Hundert Mark auf die Seite legen können.

etwas auf der Seite haben (ugs.): *etwas gespart haben:* Als der Ruhm verblasste, hatte sie so viel Geld auf der Seite, dass sie sich eine Boutique kaufen konnte (Hörzu 35, 1974, 13). Schwitter: Mein Vermögen ging in Flammen auf. Olga: Ich habe schon etwas auf der Seite (Dürrenmatt, Meteor 37).

auf jmds. Seite treten; sich auf jmds. Seite schlagen/stellen: *jmds. Partei ergreifen, sich jmdm. anschließen:* Sie machten mit den Verrätern, die sich auf die Seite der Aufständischen geschlagen hatten,

kurzen Prozess. Ich werde dir nie vergessen, dass du damals als Einziger auf die Seite meines Vaters getreten bist.

auf jmds. Seite stehen/sein: *jmdn. unterstützen, zu jmdm. halten:* Auf wessen Seite stehst du eigentlich? »... Und da zögern Sie noch einen Augenblick mit der Entscheidung, auf welcher Seite Sie zu stehen haben?« (Simmel, Affäre 115).

jmdn. auf seine Seite bringen/ziehen: *jmdn. für seine Pläne gewinnen:* Mit großzügigen finanziellen Angeboten hatte der Konzern bereits einige Abgeordnete auf seine Seite gebracht. Diese Worte sollen die Richter auf seine Seite ziehen (Reinig, Schiffe 75).

jmdn. auf seiner Seite haben: *jmds. Unterstützung haben:* Wer die richtigen Leute auf seiner Seite hatte, konnte damals jederzeit eine Baugenehmigung bekommen.

jmdm. [hilfreich] in die Seite treten (ugs.; scherzh.): *jmdm. helfen:* Darf ich Ihnen beim Ausladen hilfreich in die Seite treten? Weiß, dass ich bestimmt viel schneller 'ne politische Praxis hätte entwickeln können, wenn nicht 'n Typ ewig versucht hätte, mir hilfreich in die Seite zu treten (Merian, Tod 19).
▸ Hier handelt es sich um eine Abwandlung der Wendung »jmdm. zur Seite treten«.

jmdn. [dumm] von der Seite anquatschen (ugs.): *jmdn. aufdringlich, frech ansprechen:* Sie ließ sich nicht von so einem hergelaufenen Typ von der Seite anquatschen. Wenn Sie mich noch einmal so dumm von der Seite anquatschen, kriegen Sie eine gescheuert!

sich von seiner guten/besten Seite zeigen (ugs.): *seine guten/besten Eigenschaften erkennen lassen:* Selbst das Wetter zeigte sich am Nachmittag von seiner guten Seite. Bei der letzten Vorstellung zeigte sich das Ensemble noch einmal von seiner besten Seite. Giovanni Palma zeigte sich als Furcht gebietender Brigant von seiner besten Seite (Thieß, Legende 13).

jmdn. von dieser/der Seite nicht kennen (ugs.): *von diesem Charakterzug an jmdm. noch nichts bemerkt haben:* Du willst eine Runde ausgeben? Von dieser Seite kenne ich dich ja noch gar nicht!

»Sie sind wirklich sehr theologisch heute; von dieser Seite habe ich Sie ja gar nicht gekannt!« (Musil, Mann 474).

etwas von der heiteren/leichten Seite nehmen: *etwas nicht schwer nehmen, sich durch etwas nicht bekümmern lassen:* Du musst die ganze Geschichte von der leichten Seite nehmen, es lohnt nicht, sich darüber zu ärgern.

jmdm. nicht von der Seite gehen/weichen: *ständig in jmds. Nähe bleiben:* Während der ganzen Zeit war der Schäferhund seinem Herrn nicht von der Seite gewichen. Stefan sah, dass der Major bereits aufbrechen wollte. Karohn wich nicht von seiner Seite (Kuby, Sieg 396).

jmdn. von der Seite ansehen (ugs.): *jmdn. geringschätzig behandeln:* Glaubt ihr, ich habe nicht bemerkt, wie mich diese Leute von der Seite ansehen?

jmdn. zur Seite springen/treten: *jmdm. helfen, jmdn. unterstützen:* Wäre der Passant dem Polizisten nicht zur Seite gesprungen, hätte der Einbrecher leicht entkommen können. Keiner seiner Freunde wagte es, ihm öffentlich zur Seite zu treten.

▶ Diese Wendung geht auf einen alten Rechtsbrauch zurück: Wer vor Gericht zugunsten eines Angeklagten sprechen wollte, musste sich dazu an dessen Seite stellen.

jmdm. [mit Rat und Tat] zur Seite stehen: *jmdm. helfen:* Jeder braucht einmal einen Freund, der ihm mit Rat und Tat zur Seite steht. ... der »Deutsche Ausschuss für das Erziehungs- und Bildungswesen« ..., der dem Gesetzgeber und der Verwaltung beratend zur Seite steht (Fraenkel, Staat 179).
Vgl. die vorangehende Wendung.

jmdn. zur Seite nehmen: *sich mit jmdm. [vorübergehend] von anderen entfernen:* Der Brautvater nahm seinen Schwiegersohn zur Seite, um noch ein paar Dinge wegen der Mitgift zu klären.

jedes Ding hat zwei Seiten: ↑ Ding. **die Lacher auf seiner Seite haben:** ↑ Lacher.

seitwärts: sich seitwärts in die Büsche schlagen: ↑ Busch.

Sekt: Sekt oder Selters! (ugs.): *ich lasse es darauf ankommen; alles oder nichts:* Sekt oder Selters – wir versuchen jetzt einfach mal unser Glück!

Sekundenschnelle: in Sekundenschnelle: *in außerordentlich kurzer Zeit:* Das Feuer breitete sich in Sekundenschnelle aus. In Sekundenschnelle überwinden die Lederbekleideten eine mannshohe Backsteinmauer (Degener, Heimsuchung 10).

selbe: im selben Atem: ↑ Atem. **im selben Atemzug:** ↑ Atemzug.

selber: selber essen macht fett: ↑ essen.

selbst: nicht mehr man selbst sein: *sich sehr verändert haben:* Seit er diese schwere Operation hatte, ist er einfach nicht mehr er selbst.

sich selbst nicht mehr kennen: *außer sich sein, die Beherrschung verlieren:* Er warf mir solche Unverschämtheiten an den Kopf, dass ich mich selbst nicht mehr kannte und mit geballten Fäusten auf ihn losging.

etwas selbst sein: *die vollkommene Verkörperung von etwas sein:* Ihr Onkel war immer die Ruhe selbst. Gegenüber seiner Gattin ist der Stockerpel die Rücksicht selbst (Lorenz, Verhalten I, 220).

sich von selbst verstehen: *selbstverständlich sein:* Es versteht sich wohl von selbst, dass die Firma für diesen Schaden aufkommen muss. Aber das versteht sich von selbst, dass bei der Erfüllung einer solchen Aufgabe ununterbrochen Schwierigkeiten auftauchen (Spiegel 8, 1966, 12).

von selbst: *ohne Einfluss, Mitwirkung von außen; allein:* Das Regal ist ganz von selbst umgefallen. Ich trank und wartete, bis er von selbst erzählte (Seghers, Transit 214). Jedenfalls werden Flecken von Mal zu Mal heller und verschwinden dann ganz von selbst (Horn, Gäste 157).

sich selbst genug sein: ↑ genug. **selbst ist der Mann:** ↑ Mann. **jeder ist sich selbst der Nächste:** ↑ nächste. **[nur noch] der/ein Schatten seiner selbst sein:** ↑ Schatten. **sich selbst im Weg stehen:** ↑ Weg.

Selbsterkenntnis: Selbsterkenntnis ist der erste Schritt zur Besserung (oft spöttisch): *wenn man die eigenen Fehler erst einmal erkannt hat, ist man schon auf dem Weg, sich zu bessern.*

selbstständig: sich selbstständig machen (ugs.; scherzh.): *von etwas abgehen, herunterfallen; verloren gehen:* Die Radkappe hatte sich in der Kurve selbstständig gemacht.

selig: ... **seligen Angedenkens:** 1.(veraltet) *verstorben:* Mein Großvater seligen Angedenkens hat den Komponisten noch persönlich gekannt. 2. (ugs.; scherzh.): *einstig:* Die gute alte Postkutsche seligen Angedenkens fuhr damals zweimal am Tag durch unsere Straße. Organisatorisch hat sich diese Volkspartei ganz prächtig entwickelt, und sie ist meilenweit vom Honoratiorenclub seligen Angedenkens entfernt (Badische Zeitung 12. 5. 1984, 4).
jeder soll/kann nach seiner Fasson selig werden: ↑Fasson. **Geben ist seliger als/ denn Nehmen:** ↑geben. **wers glaubt, wird selig:** ↑glauben. **Gott hab ihn selig:** ↑Gott.

selten: ein seltener Vogel (ugs.): *ein seltsamer, eigentümlicher Mensch:* Unser Mathematiklehrer war schon ein seltener Vogel!
▶ Dieser Ausdruck ist eine Übersetzung von lateinisch »rara avis«, das in der römischen Literatur auftritt. **Übermut tut selten gut:** ↑Übermut. **ein Unglück kommt selten allein:** ↑Unglück. **unrecht Gut tut selten gut:** ↑unrecht.

Seltenheitswert: Seltenheitswert haben: *sehr selten sein:* Echte Talente im Showgeschäft haben nach wie vor Seltenheitswert. Der Forstberuf hatte bei relativ großem Andrang stets einen gewissen Seltenheitswert (Mantel, Wald 113).

Selters: Sekt oder Selters: ↑Sekt.

seltsam: seltsame Blüten treiben: ↑Blüte.

Semester: ein höheres/älteres Semester sein (ugs.; scherzh.): *nicht mehr jung sein:* Seine Schwester ist ja mittlerweile auch schon ein älteres Semester.

Semmel: weggehen wie warme Semmeln: ↑weggehen.

semper idem (bildungsspr.): *immer derselbe:* Aha, Römpf, Sie waren das also. Semper idem!

Sendepause: Sendepause haben: ↑Pause.

Senf: seinen Senf dazugeben [müssen] (ugs.): *sich zu etwas äußern, ohne gefragt zu sein:* »Ich warte, bis sich Deutschland erholt.« Und Frau Schmulevitch gab ihren Senf dazu. Sagte: »Ja. Ich auch.« (Hilsenrath, Nazi 331). Manchmal gab der Alte seinen Senf dazu, empfahl Voll-

wandträger statt Fachwerkbinder (Bieler, Bär 168).
einen langen Senf machen (ugs.): *unnötig lange herumreden:* Mach keinen langen Senf, pack deine Sachen und komm mit!

sengen: sengend und brennend (veraltet): *alles niederbrennend:* Sengend und brennend zogen die schwedischen Reiter durch das Land.
wie eine gesengte Sau: ↑Sau.

Senke: saufen wie eine Senke: ↑saufen.

Senkel: jmdm. auf den Senkel gehen (ugs.): *jmdn. belästigen, ärgern:* Die Tussi ging ihm auf den Senkel mit ihrem John-Travolta-Fimmel! Der geht mir auf'n Senkel, was willst du denn mit so'm verschimmelten Affengesicht (Schädlich, Nähe 194).
▶ Worauf sich diese Wendung bezieht, ist unklar. Vgl. die folgende Wendung.
jmdn. in den Senkel stellen (ugs.): *jmdn. scharf zurechtweisen:* Wir sollten den Herrn mal kräftig in den Senkel stellen, wenn er sein unkollegiales Verhalten nicht ändert. Wenn du aber glaubst, du kannst in Dürrenmoos den Rebellen spielen und gegen unsere Vorschriften anrennen, so werden wir dich schnell in den Senkel stellen (Ziegler, Konsequenz 173).
▶ In dieser Wendung steht »Senkel« in der heute veralteten Bedeutung »Senkblei, Lot«. Die Wendung stammt also aus dem Bauhandwerk und entspricht »jmdn., etwas ins [rechte] Lot bringen«.

senkrecht: bleib senkrecht! (ugs.; scherzh.): *Kommentar, wenn jmd. zu fallen droht o. Ä.:* Bleiben Sie senkrecht, das Kopfsteinpflaster ist verdammt glatt! »... und ich sinke vor dir in die Knie.« »Bleib senkrecht, Wernerchen, und ... hole Butter und Semmeln.« (Augsburger Allgemeine 13./14. 5. 1978, 5).
immer [schön] senkrecht bleiben! (ugs.): *immer Haltung, Fassung bewahren!:* Komm, komm, hier wird nicht geweint – immer schön senkrecht bleiben!
das einzig Senkrechte sein (ugs.): *das einzig Richtige sein:* So ein heißer Grog ist bei diesem Wetter das einzig Senkrechte! ... da war es das einzig Senkrechte, zu versuchen, als Erster an die große Gulaschkanone heranzukommen und mitzufressen! (Simmel, Stoff 258).

Sense: jetzt/nun ist [aber] Sense! (ugs.): *jetzt ist es [aber] genug!; jetzt ist [aber] Schluss!:* Nun ist Sense mit der Debatte (Kant, Impressum 353). ... sind sie (die Schüler) zunächst einmal froh, dass nun, zwei Monate nach der schriftlichen Reifeprüfung, die letzten Schultage angebrochen sind:»Jetzt ist Sense, keinen Monat länger!« (MM 10./11. 5. 1975, 17).
▶ Die Herkunft der Wendung ist nicht sicher geklärt. Vielleicht wird mit »Sense« angedeutet, dass etwas abgeschnitten, umgemäht werden soll.

Serie: in Serie gehen: *serienmäßig hergestellt werden:* Das neue Modell wird erst im Herbst in Serie gehen. Das ... Waffensystem ... sollte gerade in bundesdeutschen Rüstungsfabriken in Serie gehen (Spiegel 38, 1966, 32).

Serpentine: quatsch keine Serpentinen: ↑quatschen.

Sesam: Sesam, öffne dich!: *scherzhafter Ausruf, wenn etwas sich öffnen soll.*
▶ Die Redensart stammt aus dem Märchen von Ali Baba und den vierzig Räubern. Dort ist »Sesam, öffne dich!« die Zauberformel, mit der man in den Berg hineinkommen kann, in dem die Räuber ihre Schätze verbergen.

setzen: es setzt [et]was/Hiebe/Prügel/ Schläge (ugs.): *es gibt Prügel:* Gleich setzts Hiebe! Wenn ich das Geld verliere, setzt es zu Hause Schläge.»Entweder du spurst, oder es setzt was!«, schrie Fränkie (Grass, Butt 601).
Akzente setzen: ↑Akzent. jmdn. unter Alkohol setzen: ↑Alkohol. jmdn. aufs Altenteil setzen: ↑Altenteil. sich aufs Altenteil setzen: ↑Altenteil. jmdn., etwas auf den Aussterbeetat setzen: ↑Aussterbeetat. sich mit jmdm. ins Benehmen setzen: ↑Benehmen. sich in den Besitz von etwas setzen: ↑Besitz. etwas außer Betrieb setzen: ↑Betrieb. etwas in Bewegung setzen: ↑Bewegung. sich in Bewegung setzen: ↑Bewegung. jmdn. ins Bild setzen: ↑Bild. etwas in Brand setzen: ↑Brand. sich auf seine vier Buchstaben setzen: ↑Buchstabe. hinter etwas Dampf setzen: ↑Dampf. jmdm. den Daumen aufs Auge setzen: ↑Daumen. sich ein Denkmal setzen: ↑Denkmal. jmdn. unter Druck setzen: ↑Druck. sich mit jmdm. ins Einvernehmen setzen: ↑Einvernehmen. einer Sache ein Ende setzen: ↑Ende. jmdn. in Erstaunen setzen: ↑Erstaunen. den Fall setzen: ↑Fall. gesetzt den Fall: ↑Fall. jmdm. einen Floh ins Ohr setzen: ↑Floh. jmdn., etwas in Freiheit setzen: ↑Freiheit. jmdm. den Fuß auf/in den Nacken setzen: ↑Fuß. seinen Fuß irgendwohin setzen: ↑Fuß. jmdn. auf freien Fuß setzen: ↑Fuß. etwas in Gang setzen: ↑Gang. etwas außer Gebrauch setzen: ↑Gebrauch. jmdn. außer Gefecht setzen: ↑Gefecht. einer Sache sind keine Grenzen/sind Grenzen gesetzt: ↑Grenze. jmdm. den roten Hahn aufs Dach setzen: ↑Hahn. alle Hebel in Bewegung setzen: ↑Hebel. Himmel und Erde in Bewegung setzen: ↑Himmel. sich auf die Hinterbeine setzen: ↑Hinterbeine. sich auf den Hintern setzen: ↑Hintern. sich auf die Hosen setzen: ↑Hose. sich auf den Hosenboden setzen: ↑Hosenboden. jmdn., etwas instand setzen: ↑instand. einen Kaktus setzen: ↑Kaktus. alles auf eine Karte setzen: ↑Karte. auf die falsche Karte setzen: ↑Karte. jmdn. von etwas in Kenntnis setzen: ↑Kenntnis. Kopf und Kragen aufs Spiel setzen: ↑Kopf. ich setz dir den Kopf zwischen die Ohren!: ↑Kopf. sich etwas in den Kopf setzen: ↑Kopf. etwas in Kraft setzen: ↑Kraft. etwas außer Kraft setzen: ↑Kraft. etwas außer Kurs setzen: ↑Kurs. jmdn. in die Lage setzen, etwas zu tun: ↑Lage. jmdm. eine Laus in den Pelz setzen: ↑Laus. seinem Leben ein Ende setzen: ↑Leben. jmdn., etwas ins rechte Licht setzen: ↑Licht. jmdn. an die [frische] Luft setzen: ↑Luft. sich in Marsch setzen: ↑Marsch. jmdn., etwas in Marsch setzen: ↑Marsch. jmdn. matt setzen: ↑matt. jmdm. das Messer an die Kehle setzen: ↑Messer. jmdn. in Nachteil setzen: ↑Nachteil. jmdm. jmdn. vor die Nase setzen: ↑Nase. jmdm. vor die Nase gesetzt bekommen/kriegen: ↑Nase. sich [mit etwas] in die Nesseln setzen: ↑Nessel. sich ins warme/gemachte Nest setzen: ↑Nest. jmdn., etwas mit jmdm., etwas in Parallele setzen: ↑Parallele. aufs falsche/richtige Pferd setzen: ↑Pferd. jmdm. die Pistole auf die Brust setzen: ↑Pistole. sich in Positur setzen: ↑Positur. jmdm. Raupen in den Kopf setzen: ↑Raupe. sich aufs hohe Ross setzen: ↑Ross. sich zur Ruhe setzen: ↑Ruhe. jmdn. auf den Sand setzen:

↑Sand. **etwas in den Sand setzen:** ↑Sand. **auf einen Schelm anderthalb setzen:** ↑Schelm. **einen Schlusspunkt unter/hinter etwas setzen:** ↑Schlusspunkt. **einer Sache sind keine Schranken gesetzt:** ↑Schranke. **etwas aufs Spiel setzen:** ↑Spiel. **jmdn. in den Stand setzen, etwas zu tun:** ↑Stand. **jmdn. auf die Straße setzen:** ↑Straße. **sich auf den Strom setzen:** ↑Strom. **jmdm. den Stuhl vor die Tür setzen:** ↑Stuhl. **sich zwischen zwei Stühle setzen:** ↑Stuhl. **sich in Szene setzen:** ↑Szene. **etwas in Szene setzen:** ↑Szene. **sich in Trab setzen:** ↑Trab. **jmdn. vor die Tür setzen:** ↑Tür. **etwas in Umlauf setzen:** ↑Umlauf. **jmdn. ins Unrecht setzen:** ↑Unrecht. **sich ins Unrecht setzen:** ↑Unrecht. **sich mit jmdm. in Verbindung setzen:** ↑Verbindung. **etwas unter Wasser setzen:** ↑Wasser. **sich zur Wehr setzen:** ↑Wehr. **jmdn. in die Welt setzen:** ↑Welt. **etwas in die Welt setzen:** ↑Welt. **etwas ins Werk setzen:** ↑Werk. **ein Zeichen/Zeichen/Signale setzen:** ↑Zeichen.

Seufzer: seinen letzten Seufzer getan haben: ↑Schnaufer.

Sextanerblase: eine Sextanerblase haben (ugs.; scherzh.): *häufig austreten müssen:* Lass ihn mal außen sitzen, der hat eine Sextanerblase!

Show: eine Show abziehen: ↑Schau.

sich: etwas an sich: ↑an. **an [und für] sich:** ↑an. **nicht [ganz] bei sich sein:** ↑bei.

sicher: seines Lebens nicht sicher sein: *in Lebensgefahr sein:* Bei dem heutigen Straßenverkehr ist man als Fußgänger seines Lebens nicht mehr sicher. Justinian ist sein eigener Gefangener und ... keinen Augenblick mehr im Palaste seines Lebens sicher (Thieß, Reich 540).

sicher ist sicher: *lieber zu viel als zu wenig Vorsicht:* Ich nehme doch lieber einen Regenschirm mit, sicher ist sicher.

aber sicher, sagte Blücher (ugs.; scherzh.): *ganz sicher ist das so:* Hast du wirklich mit dem Präsidenten selbst gesprochen? – Aber sicher, sagte Blücher!

sicher wie in Abrahams Schoß: ↑Abraham. **das ist so sicher wie das Amen in der Kirche:** ↑amen. **so sicher sein, wie zweimal zwei vier ist:** ↑gewiss. **in sicheren Händen sein:** ↑Hand. **langsam, aber sicher:** ↑langsam. **auf Nummer Sicher gehen:** ↑Nummer. **auf Nummer Sicher sein/**

sitzen: ↑Nummer. **seiner Sache sicher sein:** ↑Sache.

Sicherheit: jmdn., etwas in Sicherheit bringen: *jmdn., etwas aus einem Gefahrenbereich, aus einer Gefahr bergen:* Sie hat zunächst einmal die Kinder und die Großeltern in Sicherheit gebracht. Vor allem müssen die Dokumente in Sicherheit gebracht werden. Man kann ganz gut aufs Nachbardach klettern und sich in Sicherheit bringen (Th. Mann, Buddenbrooks 128).

jmdn., sich in Sicherheit wiegen: *jmdn. glauben machen, glauben, dass keine Gefahr drohe:* Durch das gefälschte Gutachten hatten sie sich alle in Sicherheit gewiegt. Wir konnten, ohne uns allzu sehr in Sicherheit zu wiegen, das dramatische Schauspiel des Aufbaus der amerikanischen Blockade ... beobachten (W. Brandt, Begegnungen 97).

mit schlafwandlerischer Sicherheit: ↑schlafwandlerisch.

Sicherung: bei jmdm. brennt die Sicherung durch/brennen die Sicherungen durch (ugs.): *jmd. verliert die Selbstbeherrschung:* Da aber brannte einem ausgebildeten Erzieher die Sicherung durch: Er packte die auffälligsten Störenfriede und stellte sie ... unter die ... Dusche (Ziegler, Gesellschaftsspiele 151). Da sei ihm die Sicherung durchgebrannt. Er habe das hysterische Gekeife der Alten nicht mehr mit anhören können und ihr ein paar aufs Maul gegeben (Prodöhl, Tod 127).

Sicht: außer Sicht sein: *nicht mehr zu sehen sein:* Der Hafen war längst außer Sicht, als der Passagier erklärte, er müsse unbedingt zurück. Erst als ich hinter den Stallungen außer Sicht vom Leutehaus war, ging ich langsamer (Fallada, Herr 143).

in Sicht sein/kommen: *sichtbar sein, werden:* Weit und breit war kein Polizist in Sicht. Als die nördlichen Vorstädte in Sicht kamen, verabschiedete er sich (H. Kolb, Wilzenbach 107).

Land ist in Sicht: ↑Land. **auf lange Sicht:** ↑lang.

sic transit gloria mundi (bildungsspr.): *so vergeht der Ruhm der Welt (Kommentar, wenn jmd. Besitz, Macht, Ansehen o. Ä. verliert).*

Sie: zu etwas/dazu kann man Sie sagen (ugs.): *das ist hervorragend:* Ein klasse Eintopf ist das, dazu kann man Sie sagen! Bravo, zu so einer Leistung kann man Sie sagen!

Sieb: jmdn. haben sie durch ein Sieb angeschissen; auf jmdn. hat der Teufel durch ein Sieb geschissen (derb): *jmd. hat Sommersprossen:* Er hat knallrote Haare, außerdem haben sie ihn durch ein Sieb angeschissen.

ein Gedächtnis wie ein Sieb haben: ↑ Gedächtnis. **Wasser in ein/mit einem Sieb schöpfen:** ↑ Wasser.

¹sieben: die sieben fetten Jahre: *gute Zeiten, nach denen schlechte Zeiten drohen:* Die sieben fetten Jahre sind für die Rentenversicherung längst vorbei.

▶ Diese Fügung bezieht sich auf die Geschichte Josephs im Alten Testament; Joseph deutete den Traum des Pharao von den sieben fetten und den sieben mageren Kühen als sieben Jahre mit guten Ernten und sieben Jahre mit Hungersnot.

die sieben mageren Jahre: *schlechte Zeiten, die guten Zeiten folgen:* Auch den Autoindustrie drohten angesichts der Ölkrise sieben magere Jahre. Vgl. die vorangehende Fügung.

in sieben Sprachen schweigen (selten): *sich zu nichts äußern:* Über das neue Projekt wird viel spekuliert, aber der Einzige, der etwas Genaueres weiß, schweigt in sieben Sprachen.

eine böse Sieben: ↑ böse. **jmdm./für jmdn. ein Buch mit sieben Siegeln sein:** ↑ Buch. **mit jmdm. um sieben Ecken verwandt sein:** ↑ Ecke. **halb sieben:** ↑ halb. **seine sieben Sachen/Zwetschgen packen:** ↑ Siebensachen. **auf Wolke sieben schweben:** ↑ Wolke.

²sieben: gesiebte Luft atmen: ↑ Luft.

Siebenmeilenstiefel/-schritt: mit Siebenmeilenstiefeln/-schritten: *sehr schnell:* Mit Siebenmeilenschritten nähern wir uns dem neuen Jahrtausend. Als die erste Landwirtschaftliche Produktionsgenossenschaft im Zerbster Kreis eingeweiht wurde, verkündete Rudi Bunge: Wir marschieren mit Siebenmeilenstiefeln vorwärts! (Bieler, Bär 257).

Siebensachen: seine Siebensachen/sieben Sachen/(bair., österr.:) **sieben Zwetschgen packen** (ugs.): *ausziehen, einen Aufenthaltsort verlassen:* Pack deine sieben Zwetschgen, und komm nach Wien; wir besorgen dir Arbeit und eine Wohnung. Doch von Glück konnte keine Rede sein. Renate packte ihre Siebensachen und fuhr zurück ins Sauerland (Hörzu 18, 1971, 24).

sieb[en]te: im sieb[en]ten Himmel sein/sich im sieb[en]ten Himmel fühlen: ↑ Himmel.

siebzehn: Trick siebzehn: ↑ Trick.

Sieg: den Sieg an seine Fahnen heften (geh.): *siegen:* Alle waren gespannt, wer in diesem Wettstreit den Sieg an seine Fahnen heften würde.

Siegel: unter dem Siegel der Verschwiegenheit: *streng vertraulich:* Er hat es mir unter dem Siegel der Verschwiegenheit anvertraut, also sprich nicht darüber! Man ... erzählte ... unter dem Siegel der Verschwiegenheit von Krankheiten, die einen befallen ... hatten (Fels, Sünden 9).

jmdm. Brief und Siegel geben: ↑ Brief. **jmdm./für jmdn. ein Buch mit sieben Siegeln sein:** ↑ Buch.

Sieger: zweiter Sieger bleiben (ugs.): *verlieren:* Im Zweikampf gegen den englischen Mittelstürmer war unser Nationalverteidiger zweiter Sieger geblieben.

Siele: sich in die Sielen legen (veraltet): *kräftig zupacken, eine Arbeit mit Einsatz und Entschlossenheit angehen:* Die Erntearbeiter mussten sich in die Sielen legen, um noch vor dem Gewitter das Getreide einzubringen.

▶ Das Wort »Siele« bezeichnet im Norddeutschen das Geschirr für Arbeitstiere (Ochsen oder Pferde). Darauf beziehen sich diese und die folgende Wendung.

in den Sielen sterben (geh.): *mitten in der Arbeit sterben:* Er war nicht fürs Altenteil geschaffen, sein Wunsch war immer, in den Sielen zu sterben. Vgl. die vorangehende Wendung.

Signal: Signale setzen: ↑ Zeichen.

Silbe: etwas mit keiner Silbe erwähnen: *etwas völlig verschweigen:* Sie hat mit keiner Silbe erwähnt, dass sie schon längst verheiratet ist. Und diese wiederum hatten mit keiner Silbe Trzinskys Besuch erwähnt (A. Kolb, Daphne 48).

Silber: Reden ist Silber, Schweigen ist Gold: ↑ reden.

silbern: silberne Hochzeit: ↑ Hochzeit. silberne Löffel stehlen: ↑ Löffel. mit einem silbernen Löffel im Mund geboren sein: ↑ Löffel. ein silbernes Nichtschen und ein goldenes Warteinweilchen: ↑ Nichtschen. ein goldenes Nichtschen in einem silbernen Büchschen: ↑ Nichtschen. Silberner Sonntag: ↑ Sonntag.

Silberstreif[en]: ein Silberstreif[en] am Horizont: *ein Zeichen beginnender Besserung [der Situation]:* Was die Arbeitslosenquote betrifft, so zeigt sich noch kein Silberstreifen am Horizont. Die Sanierung unserer gesamten Umwelt ... forderte Professor Bauer, wobei er die gesetzgeberischen Maßnahmen der letzten Jahre ... als Silberstreifen am Horizont anerkannte (MM 1. 6. 1969, 6).
► Diese Fügung ist durch eine Rede Stresemanns populär geworden, die er auf einem Parteitag 1924 gehalten hat. Er sprach im Zusammenhang mit den Reparationsverhandlungen von einem »Silberstreifen an dem sonst düsteren Horizont«.

sine ira et studio (bildungsspr.): *ohne Hass und Vorliebe, betont sachlich:* Die Staatsanwaltschaft wird den Fall sine ira et studio untersuchen.

singen: das kannst du singen! (ugs.): *das kann ich nur bestätigen:* Ob wir viel Arbeit haben? Das kannst du singen!
du bist wohl singen gewesen (ugs.): *Kommentar, wenn jemand viel Kleingeld [bei sich] hat.*
wie die Alten sungen, so zwitschern auch die Jungen: ↑ Alten. wes Brot ich ess, des Lied ich sing: ↑ Brot. die Engel im Himmel singen hören: ↑ Engel. da geht er hin und singt nicht mehr: ↑ hingehen. von etwas ein Lied[chen] singen können/zu singen wissen: ↑ Lied. ein Loblied auf jmdn., auf etwas singen: ↑ Loblied. aus voller Lunge singen: ↑ Lunge. die Nachtigall singen lehren wollen: ↑ Nachtigall. jmdn. in den Schlaf singen: ↑ Schlaf. das hat mir ein Vögelchen gesungen: ↑ Vogel. jmdm. [auch] nicht an der Wiege gesungen worden sein: ↑ Wiege.

sinken: in jmds. Augen sinken: ↑ Auge. ins Grab sinken: ↑ Grab. die Ratten verlassen das sinkende Schiff: ↑ Ratte. jmds. Stern sinkt/ist im Sinken: ↑ Stern. in Trümmer sinken: ↑ Trümmer.

Sinn: nicht der Sinn der Sache/der Übung sein: *nicht der Zweck, die Absicht sein:* Dass ihr euch gegenseitig nass spritzt, statt den Rasen zu wässern, ist nun wirklich nicht der Sinn der Sache! Nach der teuren Werbekampagne sind die Umsätze noch weiter gesunken – das war nun wahrlich nicht der Sinn der Übung!
jmdm. steht der Sinn nach etwas: *jmd. ist zu etwas aufgelegt, hat Lust zu, auf etwas:* Mir steht jetzt nicht der Sinn nach langen Diskussionen. »Sie sind ein gottverdammter Praktiker ... Steht Ihnen nicht auch ein bisschen der Sinn nach Höherem?« (Bieler, Bonifaz 52).
keinen/wenig/nicht viel Sinn haben: *zwecklos sein, nicht vernünftig sein:* Hört auf zu streiten, das hat doch jetzt keinen Sinn mehr! Ich glaube, es hat nicht viel Sinn, den Bußgeldbescheid anzufechten. »Hat deine Freundin dich sitzen gelassen?« »... Wir kamen in Streit, es hatte keinen Sinn mehr.« (Schmidt, Strichjungengespräche 168).
seine fünf Sinne zusammennehmen (ugs.): *aufpassen, sich konzentrieren:* Er musste seine fünf Sinne zusammennehmen, um die schwierige Berechnung fehlerfrei durchführen zu können.
seine fünf Sinne nicht [richtig] beisammenhaben (ugs.): *nicht recht bei Verstand sein:* Er hatte seine fünf Sinne nicht richtig beisammen, als er die Feuerwehr alarmierte. Seine Frau hat offenkundig ihre fünf Sinne nicht beisammen.
nicht mehr Herr seiner Sinne sein: *völlig außer sich, ohne Selbstkontrolle sein:* Er war vor Schmerz nicht mehr Herr seiner Sinne.
sich etwas aus dem Sinn schlagen: *etwas, was man vorhat, was man sich wünscht, aufgeben:* Das Mofa kannst du dir aus dem Sinn schlagen, wenn dein Zeugnis nicht besser wird. Schlag dir das aus dem Sinn, meine Einwilligung bekommst du nie!
jmdm. nicht aus dem Sinn gehen/wollen: *jmds. Gedanken ständig beschäftigen:* Die Worte des Pfarrers gingen ihr lange nicht aus dem Sinn. ... das blinde Pferd unterm Göpel will mir noch nicht aus dem Sinn (Langgässer, Siegel 486).
jmdm. aus dem Sinn kommen: *von jmdm. vergessen werden:* Ihre ursprünglichen

Pläne waren ihr mittlerweile ganz aus dem Sinn gekommen.

[nicht] bei Sinnen sein: *[nicht] bei klarem Verstand sein:* Du bist ja nicht bei Sinnen, wie kannst du so etwas tun! Ihre Nachbarin war zwar alt und krank, aber noch völlig bei Sinnen.

jmdm. durch den Sinn fahren: *jmdm. [plötzlich] einfallen:* Als er in den Wagen stieg, fuhr ihm durch den Sinn, dass er seine Mutter noch anrufen musste. Es fuhr ihr durch den Sinn, dass ihr Mann nicht nur Richter, sondern auch Jäger sei (Musil, Mann 126).

jmdm. durch den Sinn gehen: *jmds. Gedanken beschäftigen:* Es ging ihr durch den Sinn, dass sie ihn mal anrufen müsste. Es ist kurios, was einem manchmal so alles durch den Sinn geht. ... Vorwürfe, die mir unpassenderweise während meines Vortrages durch den Sinn gingen (Kaschnitz, Wohin 190).

jmdm. in den Sinn kommen: *jmdm. einfallen:* Es wäre ihr nie in den Sinn gekommen, am Samstag keinen Kuchen zu backen. Was ihm bisher nicht in den Sinn gekommen war: Er fühlte plötzlich, er müsse etwas sagen (Müthel, Baum 18). Freilich kam es ihm wieder in den Sinn, dass die Menschen, die ihm hinfort begegnen könnten, seinesgleichen sein mussten (Jahnn, Nacht 12).

jmdm. nicht in den Sinn wollen: *jmdm. nicht einsichtig sein, nicht einleuchten:* Dass du dein Studium einfach abgebrochen hast, will mir nicht in den Sinn.

jmdm. im Sinn liegen: *jmds. Gedanken ständig beschäftigen:* Was liegt dir im Sinn? Seit Tagen lag ihm nur eines im Sinn: Er würde reich sein.

etwas im Sinn haben: *etwas beabsichtigen:* Ich habe nicht im Sinn, gegen Sie irgendwelche Schritte zu unternehmen. ... die neuen gaullistischen Abgeordneten ..., deren Partei früher nicht viel mit Europa im Sinn hatte (Dönhoff, Ära 120). Diesmal hatte der Rabbi jedoch noch etwas Besonderes im Sinn (Buber, Gog 106).

[nicht] im Sinne des Erfinders sein (ugs.): *[nicht] in jmds. ursprünglicher Absicht liegen:* Das war nicht im Sinne des Erfinders, dass ihr meinen Schuppen als Liebeslaube benutzt. Wirklich, ohne Ironie,

brechen Sie nicht das Gespräch mit uns ab, es bekommt Ihnen schlecht. Psychisch. Das wäre nicht im Sinne des Erfinders (Spiegel 44, 1977, 226).

ohne Sinn und Verstand: *ohne jede Überlegung:* Der Prüfling hatte ohne Sinn und Verstand aus schlechten Quellen abgeschrieben. Statt ohne Sinn und Verstand herumzubrüllen, hätte er lieber selbst mit anfassen sollen.

weder Sinn noch Verstand haben: *völlig unsinnig sein:* Die neue Verordnung hat weder Sinn noch Verstand. Was er gestern gesagt hat, das hatte weder Sinn noch Verstand.

[wie] von Sinnen sein: *[fast] wahnsinnig, überaus erregt sein:* Das Tier war vor Angst wie von Sinnen. Er war wie von Sinnen, als man ihm die Unglücksbotschaft brachte.

aus den Augen, aus dem Sinn: ↑Auge. **krauses Haar, krauser Sinn:** ↑Haar. **so viel Köpfe, so viel Sinne:** ↑Kopf. **seiner Sinne nicht mehr/kaum noch mächtig sein:** ↑mächtig. **der langen Rede kurzer Sinn:** ↑Rede. **jmdm. schwinden die Sinne:** ↑schwinden. **einen sechsten Sinn für etwas haben:** ↑sechste. **im wahrsten Sinne des Wortes:** ↑wahr.

sinnen: jmds. Sinnen und Trachten (geh.): *jmds. ganzes Streben:* Sein Sinnen und Trachten war nur darauf gerichtet, immer mehr Geld anzuhäufen.

sinnlos: wo rohe Kräfte sinnlos walten: ↑Kraft.

Sintflut: nach mir die Sintflut: *es ist mir ganz gleich, was später geschieht:* Heute abend versaufe ich die Skatkasse – nach mir die Sintflut! »Dann lassen Sie es doch in die Luft fliegen!«, schrie Kluttig. »Nach uns die Sintflut!« (Apitz, Wölfe 247).

▶ Diese Redensart stammt aus dem Französischen: »Après nous le déluge!« ist ein Ausspruch, den die Marquise de Pompadour nach der Schlacht bei Roßbach (1757) geprägt haben soll.

Sitte: andere Länder, andere Sitten: ↑Land. **andere Zeiten, andere Sitten:** ↑Zeit.

sittlich: keinen sittlichen Nährwert haben: ↑Nährwert.

Situation: Herr der Situation sein/bleiben: ↑Lage.

sit venia verbo (bildungsspr.): *man verzeihe das Wort:* Ihre Frau Tante ist eine begabte Kupplerin, sit venia verbo.

Sitz: auf einen Sitz (ugs.): *auf einmal, hintereinander, ohne Unterbrechung:* Wir sind auf einen Sitz bis nach Mailand gefahren. »Ich kannte mal jemand, der konnte dreißig harte Eier auf einen Sitz essen« (Remarque, Obelisk 288). »Gestern sind auf einen Sitz gleich hundert Mann entlassen worden ...« (L. Frank, Wagen 4).

▶ Die Fügung meint eigentlich »ohne einmal (beim Essen oder Trinken) aufzustehen«.

jmdn. nicht vom Sitz reißen (ugs.): *jmdn. wenig beeindrucken, nicht begeistern:* Die Vorführung war ziemlich langweilig, mich hat sie jedenfalls nicht vom Sitz gerissen.

sitzen: einen sitzen haben (ugs.): *betrunken sein:* Gestern abend hatten wir alle ganz schön einen sitzen. Wenn sie einen sitzen hat, erzählt sie jedem von ihren Eheproblemen. »Du spinnst wohl, Franz, ... du hast wohl einen sitzen.« (Döblin, Berlin 87).

▶ Diese Wendung ist eine verkürzte Form von »einen Affen sitzen haben« (↑ Affe).

wie die Glucke auf den Eiern auf etwas sitzen: *etwas nicht herausgeben, argwöhnisch hüten:* Die Witwe des Dichters sitzt auf seinen letzten Manuskripten wie die Glucke auf den Eiern.

wie auf Nadeln sitzen: *[im Sitzen] mit quälender Ungeduld warten:* Er saß wie auf Nadeln, bis endlich sein Name aufgerufen wurde.

wie ein Affe auf dem Schleifstein sitzen (ugs.): *ungeschickt, in unglücklicher Haltung auf etwas (bes. auf einem Fahrrad) sitzen:* Nimm dich doch mal zusammen, du sitzt auf deinem Drahtesel wie ein Affe auf dem Schleifstein!

einen Affen sitzen haben: ↑ Affe. **wie angegossen sitzen:** ↑ angegossen. **jmdm. sitzt die Angst im Nacken:** ↑ Angst. **den Ast absägen, auf dem man sitzt:** ↑ Ast. **auf der Bank sitzen:** ↑ Bank. **im gleichen Boot/ in einem Boot sitzen:** ↑ Boot. **[bis an den Hals/bis über die Ohren] im Dreck sitzen:** ↑ Dreck. **am Drücker sitzen:** ↑ Drücker. **im Fett sitzen:** ↑ Fett. **an der Futterkrippe sit**

zen: ↑ Futterkrippe. **auf dem/auf seinem Geldbeutel/Geldsack sitzen:** ↑ Geldbeutel. **über jmdn. zu Gericht sitzen:** ↑ Gericht. **hinter Gittern sitzen:** ↑ Gitter. **wer im Glashaus sitzt, soll nicht mit Steinen werfen:** ↑ Glashaus. **jmdm. in den Gliedern/Knochen sitzen:** ↑ Glied, ↑ Knochen. **jmdm. [dicht] auf den Hacken sitzen:** ↑ Hacke. **da sitzt der Haken:** ↑ Haken. **auf den Händen sitzen:** ↑ Hand. **am längeren Hebel sitzen:** ↑ Hebel. **in der Hinterhand sitzen:** ↑ Hinterhand. **im goldenen Käfig sitzen:** ↑ Käfig. **jmdm. sitzt das Messer an der Kehle:** ↑ Kehle. **in der Klemme sitzen:** ↑ Klemme. **[wie] auf glühenden Kohlen sitzen:** ↑ Kohle. **an der Krippe sitzen:** ↑ Krippe. **jmdm. Modell sitzen:** ↑ Modell. **jmdm. auf dem Nacken sitzen:** ↑ Nacken. **jmdm. im Nacken sitzen:** ↑ Nacken. **auf Nummer Sicher sitzen:** ↑ Nummer. **auf den Ohren sitzen:** ↑ Ohr. **in der Patsche sitzen:** ↑ Patsche. **jmdm. auf der Pelle sitzen:** ↑ Pelle. **jmdm. auf dem Pelz sitzen:** ↑ Pelz. **auf dem Pfropfen sitzen:** ↑ Pfropfen. **bei jmdm. sitzt der Pleitegeier auf dem Dach:** ↑ Pleitegeier. **auf einem Pulverfass sitzen:** ↑ Pulverfass. **auf dem hohen Ross sitzen:** ↑ Ross. **an der Quelle sitzen:** ↑ Quelle. **auf dem Sand sitzen:** ↑ Sand. **fest im Sattel sitzen:** ↑ Sattel. **in der Scheiße sitzen:** ↑ Scheiße. **im Schmollwinkel sitzen:** ↑ Schmollwinkel. **in den Startlöchern sitzen:** ↑ Startloch. **auf der Straße sitzen:** ↑ Straße. **zwischen den/ zwischen zwei Stühlen sitzen:** ↑ Stuhl. **in der Tinte/Tunke sitzen:** ↑ Tinte. **auf dem Trockenen sitzen:** ↑ trocken. **so wahr ich hier sitze:** ↑ wahr. **bei Wasser und Brot sitzen:** ↑ Wasser. **[warm] in der Wolle sitzen:** ↑ Wolle. **in etwas sitzt der Wurm drin:** ↑ Wurm. **im falschen Zug sitzen:** ↑ Zug.

Sitzfleisch: kein Sitzfleisch haben (ugs.): 1. *es nicht lange an einem Ort aushalten:* Karl war eine knappe Viertelstunde da; du weißt doch, er hat kein Sitzfleisch. 2. *keine Ausdauer [beim Studieren, Lernen] haben:* Der Junge hat einfach kein Sitzfleisch – schon wieder hat er seine Hausaufgaben nur halb gemacht!

Six: meiner Six! (landsch.): *Beteuerungsformel:* Meiner Six, das ist das hübscheste Mädchen, das ich je gesehen habe!

▶ Diese Beteuerungsformel, die auch in der Form »meiner Sechs« zu finden ist,

ist wohl als Abwandlung von »meiner Seel« zu erklären, und zwar nach dem Muster von »verflixt« zu »verflucht«.

Ski: Ski und Rodel gut: *die Schneeverhältnisse sind für Skifahren und Rodeln gut:* »Ski und Rodel gut« hieß es gestern erstmals in diesem Jahr für die Kinder im Stadtgebiet (MM 16. 2. 1978, 19).

Ski Heil!: *Skifahrergruß:* Unsere Hotelnachbarn begrüßten uns mit einem fröhlichen »Ski Heil!«

so: [nein] so [et]was! (ugs.): *Ausruf der Überraschung:* Nein, so was – der Bus ist einfach an der Haltestelle vorbeigefahren! Watzek reißt das Maul auf. »So was! Da sind wir ja fast wie Brüder ...« (Remarque, Obelisk 319).

... oder so (ugs.): *ungefähr, etwa; oder so ähnlich:* Das kostet fünf Mark oder so, jedenfalls ist es nicht teuer. »Ein Jährchen oder so werden Sie Ihrer Krankheit schon widmen müssen ...« (A. Kolb, Daphne 135). 2 Katzenschwestern ... nur an Leute mit Garten oder so zu verschenken (Falter 12, 1984, 29).

so oder so (ugs.): *in jedem Fall:* So oder so – wir müssen das Haus verkaufen. Für die einen bin ich verblödet und für die andern von Gott veräppelt, so oder so bin ich blamiert (Dürrenmatt, Meteor 60). Merken Sie sich eines: So oder so, wir alle gelangen, jeder zu seiner Stunde, in den Zustand dieses Toten (Jahnn, Geschichten 206).

so weit das Auge reicht: ↑ Auge. **so siehst du aus:** ↑ aussehen. **wie gewonnen, so zerronnen:** ↑ gewinnen. **so gut wie:** ↑ gut. **so lala:** ↑ lala. **nur so:** ↑ nur. **so eine Sache sein:** ↑ Sache. **nicht so sein:** ↑ sein. **wenn dem so ist:** ↑ sein. **dem ist nicht so:** ↑ sein. **jmdm. ist so, als [ob] ...:** ↑ sein. **stimmt so:** ↑ stimmen. **so tun, als ob:** ↑ tun. **und so weiter:** ↑ und. **so weit, so gut:** ↑ weit. **halb so wild:** ↑ wild.

Socke: jmdm. qualmen die Socken (ugs.): *jmd. läuft sehr eilig, geschäftig hin und her, hat viel Lauferei:* Guck mal, da drüben der Lange – dem qualmen ganz schön die Socken! Wenn ich morgen in die Stadt muss, werden mir ganz schön die Socken qualmen.

jmdm. die Socken ausziehen (ugs.): *unerträglich sein:* Diese Musik zieht einem ja die Socken aus! Dass er für ein kleines

Bier 4,50 DM bezahlen sollte, das hat ihm die Socken ausgezogen.

sich auf die Socken machen (ugs.): *aufbrechen:* Wir müssen uns langsam auf die Socken machen. Und nun machen Sie sich auf die Socken, und besuchen Sie diesen Kollegen von mir (Ruark [Übers.], Honigsauger 592).

jmdm. auf den Socken sein (ugs.): *jmdn. verfolgen:* Er hatte nicht viel Zeit, die Polizei war ihm wieder mal auf den Socken.

einem die Löcher in den Socken zusammenziehen (ugs.): *sehr sauer sein:* Dieser Wein zieht einem ja die Löcher in den Socken zusammen!

[glatt/ganz] von den Socken sein (ugs.): *sehr überrascht, erstaunt sein:* Die Frau hat eine Stimme, da bist du glatt von den Socken! »Nicht wahr!«, rief die Oma durch das leere Lokal, »da seid ihr von den Socken, über was ich mir Gedanken mache ...« (Jaeger, Freudenhaus 161).

Sockenschuss: einen Sockenschuss haben (ugs.): *verrückt sein:* Der Kerl hat doch einen Sockenschuss, wenn er glaubt, dass ich mir das gefallen lasse!

Sodom: Sodom und Gomorrha; (derb; scherzh. auch:) **Sodom und Gonorrhöe:** *ein Ort, ein Ereignis höchster Verderbtheit und Unmoral (häufig als Ausruf höchster sittlicher Entrüstung):* Sodom und Gomorrha – das ist kein Hotel! ... wenn ... sich jeder Unhold an pubertierende Kinder heranmachen könnte? Dann hätten wir in kurzer Zeit Sodom und Gomorrha (Ziegler, Recht 292).

► Die Wendung bezieht sich auf das Alte Testament (1. Moses 19), wo von der Zerstörung der lasterhaften Städte Sodom und Gomorrha berichtet wird.

Sohle: sich die Sohlen [nach etwas] ablaufen/wund laufen (ugs.): *viele Gänge machen, um etwas zu finden:* Nach dieser Schallplatte habe ich mir den ganzen Vormittag die Sohlen abgelaufen.

eine kesse Sohle aufs Parkett legen (ugs.): *schwungvoll tanzen:* Das Publikum legte eine kesse Sohle aufs Parkett (Lentz, Muckefuck 269). Wer damals eine kesse Sohle aufs Parkett legen wollte, konnte es im »Tiergartenhof« (BM 22. 1. 1978, 22).

sich jmdm. an die/sich an jmds. Sohlen heften (ugs.): *jmdn. ständig verfolgen,* *ständig in jmds. Nähe bleiben:* Der Detektiv heftete sich an seine Sohlen. Zwei Leibwächter in Zivil hatten den Auftrag, sich dem Delegationsleiter an die Sohlen zu heften.

auf leisen Sohlen: *leise, unbemerkt:* Die Großmutter war auf leisen Sohlen ins Kinderzimmer gehuscht und hatte ein kleines Geschenk auf den Nachttisch gelegt. Er lief, den Zylinder in der Hand, auf leisen Sohlen die Haupttreppe hinunter (Th. Mann, Buddenbrooks 471).

es brennt jmdm. unter den Sohlen (ugs.): *jmd. ist unter Zeitdruck, jmd. hat es mit etwas sehr eilig:* Jetzt, wo er die Stelle in Aussicht hat, brennt es ihm natürlich unter den Sohlen, sein Examen abzuschließen.

vom Scheitel bis zur Sohle: ↑ Scheitel. **das habe ich mir längst an den Sohlen abgelaufen:** ↑ Schuh.

Sohn: auch du, mein Sohn Brutus?: ↑ Brutus. **[auf] Strahlemann und Söhne machen:** ↑ Strahlemann. **Zahlemann und Söhne:** ↑ Zahlemann.

solang: solang der Arsch in die Hosen passt, wird keine Arbeit angefasst: ↑ Arsch.

solche: es gibt sone und solche: ↑ sone.

Sold: in jmds. Sold stehen: *für jmdn. arbeiten und dafür bezahlt werden:* Nach Meinung der extremen Linken steht das Parlament im Sold des Großkapitals.

Soldat: der geht unter die Soldaten (Skat): *Kommentar, wenn man eine Karte abwirft.*

sollen: es hat nicht sollen sein: *das Schicksal hat einen Wunsch nicht erfüllt, einen Plan zunichte gemacht:* Großvater wollte noch einmal in seinem Leben nach Paris fahren, aber es hat nicht sollen sein.
▶ Diese Redensart geht in ihrer heute nicht mehr üblichen Wortstellung auf von Scheffels »Trompeter von Säckingen« zurück. Dort heißt es: »Behüt dich Gott! Es hat nicht sollen sein!«

was solls (ugs.): *es ist gleichgültig:* Plötzlich will keiner mehr etwas von mir wissen – na, was solls, auf solche Freunde kann ich verzichten. Dann gehe ich eben alleine ins Kino, was solls (Grossmann, Beziehungsweise 167).

das soll meinen Arsch nicht kratzen: ↑ Arsch. **einen alten Baum soll man nicht**

verpflanzen: ↑ Baum. **nie sollst du mich befragen:** ↑ befragen. **der Dinge harren, die da kommen sollen:** ↑ Ding. **nach dem Essen sollst du ruhn oder tausend Schritte tun:** ↑ Essen. **Gott soll mich strafen, wenn ...:** ↑ Gott. **das sollst du am Kreuze bereuen:** ↑ Kreuz. **an mir soll es nicht liegen:** ↑ liegen. **was an mir liegt, soll geschehen:** ↑ liegen. **du sollst dem Ochsen, der da drischt, nicht das Maul verbinden:** ↑ Ochse. **es soll mir/mir solls recht sein:** ↑ ²recht. **Reisende soll man nicht aufhalten:** ↑ Reisende. **wenn es am besten schmeckt, soll man aufhören:** ↑ schmecken. **sich das Schulgeld zurückgeben lassen sollen:** ↑ Schulgeld. **sich irgendwo/ bei jmdm. nicht mehr sehen lassen sollen:** ↑ sehen. **man soll den Tag nicht vor dem Abend loben:** ↑ Tag. **der Teufel/Kuckuck soll jmdn., etwas holen:** ↑ Teufel. **der Teufel soll mich holen, wenn ...:** ↑ Teufel. **sich warm anziehen sollen:** ↑ warm. **das soll wohl ein Witz sein?:** ↑ Witz. **soll ich hier Wurzeln schlagen?:** ↑ Wurzel. **[noch] zappeln sollen:** ↑ zappeln.

Sommer: jmdm. keinen Sommer und keinen Winter machen (landsch.): *jmdn. nicht berühren, nicht interessieren:* Dann fahren wir eben nicht nach München, das macht mir keinen Sommer und keinen Winter. Wer die Meisterschaft gewinnt, macht ihnen keinen Sommer und keinen Winter.

eine Schwalbe macht noch keinen Sommer: ↑ Schwalbe.

sonder: sonder Zahl: ↑ Zahl.

sondern: die Spreu vom Weizen sondern: ↑ Spreu.

sonders: samt und sonders: ↑ samt.

sondieren: das Terrain sondieren: ↑ Terrain.

sone: es gibt sone und solche (ugs.): *die Menschen sind unterschiedlich:* Ein merkwürdiger Mensch ist das – na ja, es gibt halt sone und solche. Es gibt immer sone und solche, und man sollte sie nicht alle in einen Mülleimer werfen (BM 31. 12. 1975, 3).

Sonne: die Sonne zieht Wasser (ugs.): *die Sonne scheint zwar, aber es sieht nach Regen aus.*

die Sonne bringt es an den Tag: *ein Unrecht bleibt auf die Dauer nicht verborgen.*

▶ Mit dieser Redensart zitieren wir den Titel (und Kehrreim) eines Gedichts von Chamisso.

keine Sonne sehen (ugs.): *keine Aussicht auf Erfolg haben:* Wenn unser FC gut aufgelegt ist, sieht die Gastmannschaft keine Sonne!

[dahin]schmelzen wie Butter/Schnee an der Sonne: ↑ dahinschmelzen. **ein Platz an der Sonne:** ↑ Platz. **es ist nichts so fein gesponnen, es kommt doch ans Licht der Sonnen:** ↑ spinnen.

Sonnenstich: einen Sonnenstich haben (ugs.): *nicht ganz bei Verstand sein:* Du hast wohl einen Sonnenstich, einfach die Tür vor uns zuzuschlagen!

sonnig: ein sonniges Gemüt haben: ↑ Gemüt. **einen sonnigen Lenz haben/schieben:** ↑ Lenz. **einen sonnigen Nerv haben:** ↑ Nerv.

Sonntag: Kupferner Sonntag (veraltet): *drittletzter Sonntag vor Weihnachten:* Am Kupfernen Sonntag fahren wir in die Stadt.

▶ Früher hatten die Kaufhäuser wegen des Weihnachtsgeschäftes an den drei letzten Sonntagen vor Weihnachten geöffnet. Die Adjektive »kupfern, silbern, golden« (vgl. die beiden folgenden Fügungen) bringen den steigenden Umsatz und Gewinn der Geschäftsleute zum Ausdruck.

Silberner Sonntag (veraltet): *vorletzter Sonntag vor Weihnachten:* Das Kaufhaus sucht noch Aushilfskräfte für den Silbernen Sonntag.

Vgl. die vorangehende Fügung.

Goldener Sonntag (veraltet): *letzter Sonntag vor Weihnachten:* Der Goldene Sonntag brachte dem Einzelhandel Rekordumsätze.

Vgl. die Fügung »Kupferner Sonntag«.

es ist nicht alle Tage Sonntag: *man kann nicht immer nur Angenehmes erwarten:* Heute gibt es nur Pellkartoffeln und Quark zum Mittagessen; es ist nun einmal nicht alle Tage Sonntag.

von etwas so viel verstehen wie die Kuh vom Sonntag: ↑ verstehen. **Weißer Sonntag:** ↑ weiß.

Sonntagshals/-kehle: etwas in den Sonntagshals/in die Sonntagskehle kriegen (landsch.): *sich an etwas verschlu-*

cken: Das Baby hat etwas in die Sonntagskehle gekriegt.

sonst: sonst noch was! (ugs.): *das fehlte gerade noch!:* Meine Eltern könnten doch jetzt zu uns ziehen, oder? – Sonst noch was! Dann ziehe ich aber aus!

[aber] sonst gehts dir gut/gehts danke/tut dir nichts weh?: ↑ danke, ↑ gut gehen, ↑ weh.

Sorge: kleine Kinder, kleine Sorgen, große Kinder, große Sorgen: *je älter die Kinder werden, desto größere Probleme bereiten sie [den Eltern].*

für etwas Sorge tragen (geh.): *für etwas sorgen, etwas veranlassen:* Tragen Sie dafür Sorge, dass wir pünktlich um acht Uhr abreisen können! Er werde für die Verpflegung und die Heimkehr der Gefangenen zu ihren Familien Sorge tragen (Niekisch, Leben 372).

das lass nur meine Sorge sein!: *darum werde ich mich schon kümmern, das erledige ich schon:* »Kommt kein Arzt für den Mann hier?« »Lassen Sie das meine Sorge sein ...« (Remarque, Obelisk 108). »Und wie werden Sie das machen ... mit einem Bein?« »Das lassen Sie meine Sorge sein«, sagte Frau Holle (Hilsenrath, Nazi 114).

deine Sorgen möchte ich haben! (ugs.): *deine Probleme sind doch völlig unbedeutend:* Ob du dir lieber einen Cadillac oder einen Rolls-Royce kaufen sollst? Deine Sorgen möchte ich haben!

Spinne am Morgen bringt Kummer und Sorgen: ↑ Spinne.

sorgen: wer den Schaden hat, braucht für den Spott nicht zu sorgen: ↑ Schaden.

Soße: Quatsch mit Soße: ↑ Quatsch.

sowohl: leben Sie sowohl als auch (scherzh.): *Abschiedsgruß.*

▶ Dieser Gruß ist eine Abwandlung der Grußformel »Leben Sie wohl!«.

spalten: mit gespaltener Zunge reden: *lügen, zweideutig reden:* Meine roten Brüder mögen sich vorsehen, der weiße Mann redet mit gespaltener Zunge.

Span: ..., dass die Späne fliegen (ugs.): *sehr eifrig, tüchtig, mit großem Einsatz:* Die ganze Gruppe arbeitete, dass die Späne flogen.

einen Span haben (ugs.): *nicht recht bei Verstand sein, verrückt sein:* Der Kleine hat einen Span, lass ihn ruhig reden!

Späne machen (ugs.): *sich widersetzen, Schwierigkeiten machen:* Mach jetzt bloß keine Späne, ich hab so schon Probleme genug! Der Bulle, ein feister, breitschultriger Mann, sieht ihn von oben an, wie kuckt der Kerl in die Welt, der will Späne machen (Döblin, Berlin 448). ▸ In dieser Wendung ist »Span« auf das mittelhochdeutsche Wort »span« zurückzuführen, das so viel wie »Zerwürfnis, Streit, Spannung« bedeutet.

zieh dir keinen Span ein! (ugs.): *mach nicht so viel Aufhebens, stell dich nicht an!:* Zieh dir keinen Span ein, ich mach das Radio ja schon leiser!

wo gehobelt wird, da fallen Späne: ↑hobeln.

Spanier: stolz wie ein Spanier: ↑stolz.

spanisch: spanische Reiter: *Absperrung mit Stacheldraht:* Der Bauplatz für das Kernkraftwerk war durch Gräben und spanische Reiter gesichert. Die Pioniere hatten den Auftrag, das Hindernis zuzuschütten und die spanischen Reiter zu sprengen (Spiegel 9, 1977, 46). ▸ Die Herkunft dieser Bezeichnung ist unklar.

spanische Wand: *Klappwand, Wandschirm:* In der Ecke des Zimmers stand eine spanische Wand aus geflochtenem Rohr. Die spanische Wand bewegte sich, wurde zur Seite geschoben, und Itzig kam in Hemdsärmeln aus der Küche heraus (Hilsenrath, Nacht 252). ▸ Die Herkunft dieser Bezeichnung ist unklar.

spanisches Rohr (veraltend): *Rohrstock:* Damals hatte der Lehrer noch das spanische Rohr griffbereit auf dem Pult liegen. ▸ Die Bezeichnung geht darauf zurück, dass früher Rohrstöcke (und Spazierstöcke) aus einer spanischen Rohrart (Peddigrohr) gefertigt wurden.

jmdm. spanisch vorkommen (ugs.): *jmdm. verdächtig, seltsam erscheinen:* Der Zeuge sagte, dass das Verhalten des Fremden ihm gleich spanisch vorgekommen sei. Am 1. Weihnachtsfeiertag kriegte ich Scharlach. Die Gänsekeule hatte ich stehen gelassen, das war meiner Mutter spanisch vorgekommen (Kempowski, Tadellöser 109). ▸ Die Wendung geht wohl auf die Zeit zurück, als Karl V., ein Spanier, die

deutsche Kaiserkrone trug, und die Deutschen spanische Mode, spanische Sitten und Gebräuche kennen lernten, die ihnen fremdartig und seltsam vorkamen.

für jmdn. spanische Dörfer sein (ugs.): *jmdm. unverständlich sein:* Du kannst mir das lange erklären; diese juristischen Feinheiten sind für mich spanische Dörfer. ▸ Diese Wendung ist eine Abwandlung von »jmdm./für jmdn. böhmische Dörfer sein«, anknüpfend an »spanisch« im Sinne von »fremdartig, seltsam« (vgl. die vorangehende Wendung).

spannen: den Bogen zu straff spannen: ↑Bogen. **jmdn. auf die Folter spannen:** ↑Folter. **gespannt sein wie ein Regenschirm/Flitzbogen:** ↑gespannt. **jmdn. vor seinen Karren spannen:** ↑Karren. **jmds. Nerven sind zum Zerreißen gespannt:** ↑Nerv. **auf die Ratten spannen:** ↑Ratte. **sich nicht vor jmds. Wagen spannen lassen:** ↑Wagen.

sparen: spare in der Zeit, so hast du in der Not: *wenn es einem wirtschaftlich gut geht, soll man sich etwas für schlechte Zeiten zurücklegen.*

spar dir deine Worte: ↑Wort.

Sparflamme: auf Sparflamme schalten (ugs.): *sparsamer wirtschaften:* Die großen Fernsehanstalten mussten selbst im Unterhaltungssektor auf Sparflamme schalten. Auf der einen Seite stecken die Arbeitgeber riesige Summen ein, auf der anderen Seite schalten sie in Ausbildungsfragen auf Sparflamme (Saarbr. Zeitung 6./7. 10. 1979, 20).

Spargel: einen Spargel quer essen können (ugs.): *einen sehr breiten Mund haben:* Die neue Fernsehansagerin kann einen Spargel quer essen.

Sparren: einen Sparren [zu viel/zu wenig] haben (ugs.): *nicht recht bei Verstand sein, ein wenig verrückt, verschroben sein:* Die Tante hatte offensichtlich einen Sparren, aber zu uns Kindern war sie immer freundlich. Du hast wohl einen Sparren zu viel – du kannst doch nicht einfach den Wecker aus dem Fenster werfen! ▸ Dieser Wendung liegt die Gleichsetzung des menschlichen Kopfes mit dem Dach eines Hauses zugrunde; vgl. auch die Wendung »jmdm. eins aufs Dach geben«. Ein Fehler im Sparrenwerk, in der Dachkonstruktion steht hier für eine Schädigung des Gehirns.

Sparschwein: sein Sparschwein schlachten (ugs.): *auf die Ersparnisse zurückgreifen:* Für den Urlaub werden wir unser Sparschwein schlachten müssen.

Spaß: Spaß muss sein [bei der Leiche]! (ugs.): *ein kleiner Scherz schadet nicht:* Sie nehmen mir meine Frotzeleien doch nicht übel? Spaß muss sein, nicht wahr?

ein teurer Spaß sein (ugs.): *sehr große Ausgaben verursachen:* Alte Autos zu sammeln ist ein teurer Spaß. Bei den vielen Extras wird so ein Urlaub ein ganz schön teurer Spaß.

da hört [für mich] der Spaß auf (ugs.): *das geht [mir] zu weit, das kann man nicht mehr gutheißen:* Da hört für mich der Spaß auf, wenn jemand anderen Leuten die Autoreifen aufschlitzt. »Hier hört sich nu aber der Spaß auf«, stöhnte Karl Böwe, »wie soll ich 'n das meiner Alten erklären?« (Kant, Impressum 272).

Spaß beiseite! (ugs.): *ernsthaft, ohne zu scherzen:* Spaß beiseite, was habt ihr mit dem Geld gemacht?

mach keine Späße! (ugs.): *Ausruf der Verwunderung, der Besorgnis o. Ä.:* Du hast ein Auto gewonnen? Mach keine Späße! Mach keine Späße, das Geld muss doch in der Schublade liegen!

du machst/der macht usw. mir [vielleicht] Spaß (ugs.): *Ausdruck des ärgerlichen Erstaunens:* Du machst mir Spaß – wo soll ich denn so schnell 5000 DM hernehmen? Dein Onkel macht mir Spaß – erst will er nicht mitessen, und dann jammert er, wie hungrig er sei!

sich einen Spaß daraus machen, etwas zu tun: *etwas mit einer gewissen Boshaftigkeit und mit schadenfrohem Vergnügen tun:* Der Prüfer machte sich einen Spaß daraus, die Kandidaten zu verunsichern. ... und am deutlichsten hört er die grobe Stimme Lecointres, der sich einen Spaß daraus macht, pöbelhafte Worte zu gebrauchen (Sieburg, Robespierre 225).

seinen Spaß/seine Späße mit jmdm. treiben: *jmdn. necken, verspotten:* Der Wirt trieb gerne seine Späße mit der Kundschaft. Er wird leicht wütend, wenn jemand seinen Spaß mit ihm treibt.

keinen Spaß verstehen: 1. *humorlos sein:* Wer sagt denn, dass Finanzbeamte keinen Spaß verstehen? 2. *etwas ernst nehmen, nicht sehr umgänglich sein:* Wenn es um Rauschgift geht, versteht die Polizei keinen Spaß. Der Magazinchef verstand keinen Spaß. Er ließ ihr für zwei Tage Verpflegung und Arbeit sperren (Müthel, Baum 97).

aus Spaß an der Freude (ugs.; scherzh.): *nur aus Vergnügen, ohne besonderen Grund:* Am Abend haben sie – nur so aus Spaß an der Freude – die Straßenlaternen der näheren Umgebung zerschossen.

spaßen: mit etwas ist nicht zu spaßen/ darf man nicht spaßen: *etwas darf nicht unterschätzt werden:* Mit so einer Infektion ist nicht zu spaßen, Sie sollten lieber zum Arzt gehen! Mit einem Schlangenbiss darf man nicht spaßen.

mit jmdm. ist nicht zu spaßen; jmd. lässt nicht mit sich spaßen: *jmd. ist gefährlich:* Die Leute von der Mafia ließen nicht mit sich spaßen. Mit dem Iwan ist nicht zu spaßen! (Hilsenrath, Nazi 130).

spät: besser spät als nie (ugs.): *Kommentar, wenn etwas sehr spät geschieht:* Im Sommer will sie heiraten, dabei ist sie schon über vierzig! – Besser spät als nie!

je später der Abend, desto schöner die Gäste: *scherzhafter Kommentar, wenn Besuch sehr spät kommt.*

von früh bis spät: ↑ früh. **du kommst noch früh genug zu spät:** ↑ früh. **früher oder später:** ↑ früh. **spät kommt Ihr, doch Ihr kommt:** ↑ kommen. **ein spätes Mädchen:** ↑ Mädchen.

Spatz: das pfeifen die Spatzen von den Dächern (ugs.): *das weiß mittlerweile jeder, das ist kein Geheimnis mehr:* Dass sämtliche Grundstücke an dieser Straße von einem Ölscheich aufgekauft worden sind, das pfeifen doch schon die Spatzen von den Dächern.

besser einen/den Spatz in der Hand als eine/die Taube auf dem Dach: *etwas, das einem sicher ist, ist besser als etwas, was man lieber hätte, das aber unerreichbar ist.*

[wohl] Spatzen unter dem Hut haben (ugs.): *den Hut beim Grüßen, in einer Wohnung o. Ä. nicht abnehmen:* Dieser Flegel hat wohl Spatzen unter dem Hut – wir sind hier schließlich in einer Kirche!

essen wie ein Spatz: ↑ essen. **mit Kanonen nach/auf Spatzen schießen:** ↑ Kanone.

Specht: nicht schlecht, Herr Specht: ↑ schlecht.

Speck: den Speck riechen (veraltend): *etwas schon vorher merken, eine Gefahr ahnen:* Die Bande hatte den Speck gerochen und war in dieser Nacht zu Hause geblieben.

ran an den Speck! (ugs.): *los, anfangen!:* Hier ist die Axt, da drüben liegt das Holz, also: ran an den Speck! Ran an den Speck, Kinder, lasst den Braten nicht kalt werden.

mit Speck fängt man Mäuse: *mit dem richtigen Lockmittel kann man bei anderen einiges erreichen:* Rechtzeitig vor den Wahlen hat die Regierung Steuersenkungen angekündigt – mit Speck fängt man Mäuse.

mit Dreck und Speck: ↑ Dreck. **sich wohl fühlen wie die Made im Speck:** ↑ fühlen.

leben wie die Made im Speck: ↑ leben.

speckig: dreckig und speckig: ↑ dreckig.

Speckseite: mit der Wurst nach der Speckseite werfen: ↑ Wurst.

speien: Gift und Galle speien: ↑ Gift.

Speisekarte: die Speisekarte rauf und runter essen (ugs.): *alles essen, was auf der Speisekarte angeboten wird; in einem Restaurant ausgiebig speisen:* Am liebsten hätte sie die Speisekarte rauf und runter gegessen, so hungrig war sie. In diesem Lokal wird so gut gekocht, dass ich die Speisekarte schon ein paar Mal rauf und runter gegessen habe.

Spendierhosen: die Spendierhosen anziehen/anhaben (ugs.): *freigebig sein:* Gestern Abend hatte der Chef die Spendierhosen angezogen. »Zweimal Wiener mit Salat und zwei freundliche Helle«, bestellte der Taxifahrer. »Hast wohl heute die Spendierhosen an?« (Borell, Verdammt 290).

Sperling: ↑ Spatz.

Spesen: außer Spesen nichts gewesen (ugs.): *der ganze Aufwand hat sich nicht gelohnt, das gewünschte Ergebnis wurde nicht erreicht:* Hast du die Neue gestern Abend rumgekriegt? – Außer Spesen nichts gewesen! Etatberatungen: Außer Spesen nichts gewesen. Hauptausschuss des Gemeinderats vertagte sich nach 40 Minuten (MM 18. 1. 1978, 13).

speziell: auf dein/Ihr Spezielles! (ugs.): *Trinkspruch:* Also dann, auf Ihr Spezielles, Herr Nachbar!

▶ Dieser Trinkspruch ist eine Verkürzung von »auf dein spezielles Wohl!«.

auf dein ganz spezielles Wohl: ↑ Wohl.

Sphäre: in höheren Sphären schweben: ↑ Region.

Spiegel: jmdm. den Spiegel vorhalten/vor das Gesicht halten: *jmdn. deutlich auf dessen Fehler hinweisen:* Er hatte sich nicht gescheut, dem Parteivorsitzenden den Spiegel vorzuhalten. Diese Zeitschrift hat es sich zur Aufgabe gemacht, der Gesellschaft ständig den Spiegel vor das Gesicht zu halten.

sich etwas nicht hinter den Spiegel stecken: *durch eine scharfe Kritik [in einem Brief o. Ä.] beschämt werden:* Meinen letzten Brief wird sich dein Bruder nicht hinter den Spiegel stecken – ich musste meinem Ärger einfach Luft machen.

▶ Diese Wendung geht auf die verbreitete Gewohnheit zurück, hübsche Bildchen, liebe Briefe, Postkarten u. Ä. so hinter den Rand des Spiegels zu klemmen, dass man sie täglich vor Augen hat.

Spiel: ein Spiel mit dem Feuer sein: *gefährlich, riskant sein:* Sie flirtete gern, liebte das Spiel mit dem Feuer. Was ihr vorhabt, ist ein Spiel mit dem Feuer – seid vorsichtig!

das Spiel ist aus: *die Sache ist verloren:* Sie mussten die Koffer packen und schnell verschwinden – das Spiel war aus!

das Spiel machen: 1. (Roulette) *setzen:* Ich bitte, das Spiel zu machen! 2. (Sport) *spielbestimmend sein:* Die deutsche Mannschaft müsste jetzt versuchen, aus der Deckung herauszukommen und selbst das Spiel zu machen.

gewonnenes Spiel haben: *sein Ziel erreicht haben oder es mühelos erreichen können:* Durch die Stimmenthaltung der Liberalen hatten die Befürworter des Kernkraftwerks gewonnenes Spiel. Falls man die opponierenden Leonidas entthronen kann, hat man gewonnenes Spiel (Thieß, Reich 107).

[mit jmdm., mit einer Sache] leichtes Spiel haben: *[mit jmdm., mit einer Sache] schnell, ohne Schwierigkeiten fertig werden:* Im Gerichtssaal hatte der Verteidiger leichtes Spiel, da die Zeugen der Anklage wenig glaubwürdig waren. Der Braunschweiger hatte leichtes Spiel mit Wilhelm V. ... hielt ihn wie einen Gefangenen und suchte ihm auch eine Ehefrau aus (Spiegel 11, 1966, 102). **sein Spiel mit jmdm. treiben:** *jmdn. [aus einer überlegenen Position heraus] ohne sein Wissen lenken, ihn täuschen:* Die Diva trieb ihr Spiel mit dem verliebten Regisseur. Er konnte nicht wissen, was Agathe bewog, ihr Spiel mit ihm zu treiben, und sie selbst hätte sich mit niemand darüber aussprechen können (Musil, Mann 1295).

das Spiel zu weit treiben: *es mit einer Sache übertreiben, die Grenze des Zulässigen überschreiten:* Ich warne Sie, treiben Sie das Spiel nicht zu weit! Als die Ganoven das Spiel zu weit trieben, kam ihnen die Polizei auf die Schliche. Der Mann blickte darauf nieder, und ihm war auf einmal, als habe hier jemand ein Spiel zu weit getrieben (Fussenegger, Haus 15).

das Spiel verloren geben: *eine Sache als aussichtslos aufgeben:* Er war bekannt dafür, dass er niemals das Spiel verloren geben würde. Die Konkurrenz hatte schließlich das Spiel verloren gegeben und war auf andere Märkte ausgewichen.

genug des grausamen Spiels! (scherzh.): *hört auf/hören wir auf damit!:* Genug des grausamen Spiels – gebt eurer Tante ihre Brille zurück!

▶ Diese Redensart ist ein leicht abgewandeltes Zitat aus Schillers Gedicht »Der Taucher«. Dort heißt es: »Lasst, Vater, genug sein das grausame Spiel!«

etwas aufs Spiel setzen: *etwas einer Gefahr aussetzen, etwas riskieren:* Wie kann man so einfach seine ganze Existenz aufs Spiel setzen! Er unterstrich, ... dass wir nicht daran dächten, bewährte Freundschaften aufs Spiel zu setzen (W. Brandt, Begegnungen 383). Ich setze auch mein Leben aufs Spiel, dachte der Pfarrer, wenn ich die Figur wegbringen lasse (Andersch, Sansibar 60).

auf dem Spiel stehen: *in Gefahr sein:* Was soll das Parteiengezänk, wenn die Freiheit auf dem Spiel steht? Offenbar stand für die Versuchspersonen gar nichts auf

dem Spiele (Hofstätter, Gruppendynamik 55). Die Zukunft der Firma steht auf dem Spiel (Remarque, Obelisk 44). **jmdn., etwas aus dem Spiel lassen:** *jmdn., etwas nicht mit hineinziehen:* Der Staatsanwalt hat zugesichert, die Familie des Angeklagten aus dem Spiel zu lassen. Mich kannst du aus dem Spiel lassen, sagte Gregor zu Knudsen. Wenn ich wegkommen will, komme ich weg (Andersch, Sansibar 62).

aus dem Spiel bleiben: *nicht einbezogen werden:* Die Kinder müssen bei dem ganzen Gerangel unbedingt aus dem Spiel bleiben! Ich wählte aus Laune den Namen, den ich auch der Wirtin des Toten angegeben hatte. Mein eigener Name blieb aus dem Spiel (Seghers, Transit 33).

jmdn., etwas ins Spiel bringen: *jmdn., etwas mit einbeziehen:* Die Presse wollte in der Frage der Schulpolitik keine zusätzlichen Emotionen ins Spiel bringen. Gegenüber dem ... modernen Staat bringt diese Lehre zwei gewichtige Elemente der Tradition ins Spiel: ... (Fraenkel, Staat 267).

[mit] im Spiel sein: *mitwirken; eine gewisse Bedeutung, Funktion haben:* Pathergische Reaktionen des Gewebes und der Zellen sind bei vielen Krankheiten im Spiele (Medizin II, 146). Beim schwersten U-Bahn-Unglück in London war Alkohol im Spiel (MM 17. 4. 1975, 31).

mit klingendem Spiel (veraltend): *mit Marschmusik:* Die Soldaten marschierten mit klingendem Spiel durch das Städtchen.

die Finger im Spiel haben: ↑ Finger. **die Hand/seine Hände im Spiel haben:** ↑ Hand. **Kopf und Kragen aufs Spiel setzen:** ↑ Kopf. **gute Miene zum bösen Spiel machen:** ↑ Miene. **bei etwas hat der Teufel seine Hand im Spiel:** ↑ Teufel. **Trumpf ist die Seele des Spiels:** ↑ Trumpf.

spielen: **..., was [hier] gespielt wird** (ugs.): *..., was [hier] vorgeht, welche Absichten verfolgt werden:* Kann mir endlich mal einer sagen, was hier eigentlich gespielt wird? Meist kommt die Frau durch ganz zufällige Entdeckungen der Untreue auf die Spur. Eines Tages also erfährt die Frau, was gespielt wird ... (Hörzu 3, 1974, 72).

den Bärenführer spielen: ↑ Bärenführer.
»Bäumchen, wechsle dich« spielen:
↑ Bäumchen. mit dem Feuer spielen:
↑ Feuer. für die Galerie spielen: ↑ Galerie.
mit dem Gedanken spielen: ↑ Gedanke.
die erste Geige spielen: ↑ Geige. die zweite Geige spielen: ↑ Geige. [aus der] Hand
spielen: ↑ Hand. jmdm. etwas in die
Hand/in die Hände spielen: ↑ Hand. Hasard spielen: ↑ Hasard. den müden Heinrich spielen: ↑ Heinrich. mit offenen/ver-
deckten Karten spielen: ↑ Karte. mit gezinkten Karten spielen: ↑ Karte. mit
jmdm. Katz und Maus spielen: ↑ Katze.
Knüppelausdemsack spielen: ↑ Knüppelausdemsack. Komödie spielen: ↑ Komödie. wie das Leben so spielt: ↑ Leben. mit
dem/mit seinem Leben spielen: ↑ Leben.
die beleidigte/gekränkte Leberwurst
spielen: ↑ Leberwurst. den wilden Mann
spielen: ↑ Mann. seine Muskeln spielen
lassen: ↑ Muskel. ein Onkel, der was mitbringt, ist besser als eine Tante, die Klavier spielt: ↑ Onkel. die alte Platte spielen: ↑ Platte. alle Register spielen lassen:
↑ Register. eine Rolle spielen: ↑ Rolle. die
wilde Sau spielen: ↑ Sau. Schicksal/Vor-
sehung spielen: ↑ Schicksal. den strammen Max spielen: ↑ stramm. jmdm. einen
Streich spielen: ↑ Streich. Theater spielen: ↑ Theater. auf ein Tor spielen: ↑ Tor.
die gekränkte Unschuld spielen: ↑ Unschuld. Vabanque spielen: ↑ Vabanque.
verrückt spielen: ↑ verrückt. Versteck
spielen: ↑ Versteck. sich in den Vordergrund spielen: ↑ Vordergrund. jmdn. an
die Wand spielen: ↑ Wand. die alte/die
gleiche/dieselbe Walze spielen: ↑ Walze.
den dicken Wilhelm spielen: ↑ Wilhelm.
auf Zeit spielen: ↑ Zeit.
Spieß: den Spieß umdrehen/umkehren
(ugs.): *mit der gleichen Methode, mit der
man angegriffen wird, seinerseits angreifen:* Jetzt werden wir den Spieß umdrehen und selbst Anzeige erstatten! Was
sagte man zu einer Frau, die zur Abwechslung mal den Spieß umgedreht und
sich selbst auf Weltreise begeben hatte,
während du den heimischen Herd wärm-
test? (Ruark [Übers.], Honigsauger 352).
den Spieß gegen jmdn. kehren (veraltend): *jmdn. angreifen:* In seiner Pole-
mik hat er den Spieß auch gegen jene gekehrt, die ihn immer unterstützt haben.

brüllen/schreien wie am Spieß: ↑ brüllen,
↑ schreien.
Spießruten: Spießruten laufen: *sich
Spott, herber Kritik, Verachtung o. Ä.
aussetzen:* Sie fürchtete, bei ihren Kollegen Spießruten laufen zu müssen, und
blieb lieber zu Hause. Jetzt muss auch
Johannsen bei 96 Spießruten laufen. In
Hannover leben alle Fußballtrainer gefährlich (MM 21. 9. 1971, 15).
▶ Diese Wendung bezieht sich auf eine
früher übliche militärische Bestrafung.
Soldaten, die zu dieser Strafe verurteilt
waren, mussten durch eine Gasse laufen,
die von anderen, mit Ruten oder spitzen
Schlagstöcken ausgerüsteten Soldaten
gebildet wurde. Während der Delinquent hindurchlief, mussten seine Kameraden auf ihn einstechen oder -schla-
gen.
Spind: nicht alle Tassen im Spind haben:
↑ Tasse. **verschwinde wie die Wurst im
Spinde:** ↑ verschwinden.
Spinne: pfui Spinne! (ugs.): *Ausruf des
Abscheus:* Pfui Spinne, hier stinkt es ja
ganz erbärmlich! »Gleich hinter Mei-
ßen, pfui Spinne, beginnt Preißen«
(Spiegel 49, 1982, 86). (»Doch halt? Ein
alter Schacht?«) Pfui Spinne, da hatte einer hineingeschissen (Kempowski, Tadellöser 77).
**Spinne am Morgen bringt Kummer und
Sorgen:** *wenn man am Morgen eine Spinne sieht, bringt das Unglück.*
▶ Dieses Sprichwort bezog sich ursprünglich nicht auf die Spinne, sondern
auf das Spinnen: Wenn eine Frau bereits
am Morgen mit dem Spinnen anfangen
musste, war das ein Zeichen der Armut,
denn sie versuchte, durch diese Tätigkeit
Geld zu verdienen. Wirtschaftlich gesicherte Frauen spannen nur für den eigenen Bedarf und taten dies erst abends,
oft in geselliger Runde mit anderen
Frauen.
**spinnen: es ist nichts so fein gesponnen,
es kommt doch ans Licht der Sonnen:** *auf
die Dauer wird jedes Verbrechen durchschaut.*
keinen guten Faden miteinander spinnen:
↑ Faden. **ein/sein Garn spinnen:** ↑ Garn.
Spiritus Rector (bildungsspr.): *die leitende, treibende Kraft eines Unternehmens o. Ä.:* Spiritus Rector der Festspie-

le ist seit Jahren der Intendant des hiesigen Theaters.

spitz: etwas mit spitzen Fingern anfassen: ↑ Finger. **spitze Ohren machen:** ↑ Ohr. **eine spitze Zunge:** ↑ Zunge.

Spitz: mein lieber Spitz! (ugs.): *Äußerung der Überraschung, der Verärgerung:* Mein lieber Spitz, hat der ein Tempo drauf! »Und zweitens?«, fragte Hergesell ... »Zweitens, mein lieber Spitz, solltest du wissen, dass es gar nicht darauf ankommt ...« (Fallada, Jeder 226).

Spitze: einer Sache die Spitze/(veraltend:) **den Stachel abbrechen/nehmen:** *einer Sache die Schärfe, das Verletzende, die Hauptwirkung nehmen:* Wenn der vorletzte Absatz gestrichen wird, ist dem ganzen Artikel die Spitze genommen. Wir werden der Protestaktion den Stachel abbrechen, wenn wir von vornherein einen Teil der Forderungen erfüllen. **jmdm., einer Sache die Spitze bieten** (veraltend): *jmdm., einer Sache mutig entgegentreten:* Es fand sich niemand, der den Praktiken der Grundstücksspekulanten die Spitze geboten hätte.

▶ Diese Wendung meinte: jemandem die Spitze des Schwertes entgegenhalten, ihn also bewaffnet entgegentreten und ihn zum Zweikampf fordern.

etwas auf die Spitze treiben: *etwas zum Äußersten treiben:* Mit seinen letzten Äußerungen hat er seine Unverschämtheit auf die Spitze getrieben. ... wir wollen doch die Sache nicht auf die Spitze treiben, wir sind an keiner strafrechtlichen Verfolgung dieser Sache interessiert, wir wollen uns gütlich verständigen (v. d. Grün, Glatteis 120).

auf Spitze und Knopf stehen: *bis jetzt nicht entschieden sein:* Es steht auf Spitze und Knopf, ob sie das Lektorat bekommt oder nicht. Die Abstimmung ist noch nicht vorüber; die Entscheidung über die Verfassungsänderung steht auf Spitze und Knopf.

▶ Mit »Spitze und Knopf« sind hier eigentlich die Degenspitze und der Degenknopf gemeint. Bei einem Gefecht, dessen Ausgang lange ungewiss ist, wird mal die Degenspitze (beim Angriff), mal der Knauf (beim Verteidigungsschlag) nach oben gehalten. Darauf bezieht sich die vorliegende Wendung.

spitzen: die Löffel spitzen: ↑ Löffel. **das Maul/Mäulchen [schon] nach etwas spitzen:** ↑ Maul. **die Ohren spitzen:** ↑ Ohr.

Splitter: den Splitter im fremden Auge, aber den Balken im eigenen nicht sehen: *kleine Fehler scharf kritisieren, aber die eigenen großen Fehler nicht wahrhaben wollen.*

▶ Diese Wendung stammt aus der Bibel. Dort heißt es (Matthäus 7, 3): »Was siehst du aber den Splitter in deines Bruders Auge und wirst nicht gewahr des Balkens in deinem Auge.«

Sporen (Plural): **sich die Sporen verdienen:** *ersten Erfolg, erste Anerkennung erringen:* Sie hat sich als junge Anwältin in der Praxis ihres Vaters die Sporen verdient. ... die denn freilich gereifte und kluge Persönlichkeiten in die Gerichtssäle schicken sollte und nicht junge Adepten, die sich dort die ersten Sporen und zehn Pfennig je Zeile verdienen sollen (Mostar, Unschuldig 15).

▶ Die Wendung bezieht sich darauf, dass man mittelalterlichen Ritterschlag den jungen Rittern zum Zeichen ihrer neuen Würde goldene Sporen angeschnallt wurden. Erst durch Bewährung in einem Turnier oder in einer Schlacht »verdienten« sie sich diese Sporen im Nachhinein.

spornen: gestiefelt und gespornt: ↑ gestiefelt.

Sport: sich einen Sport daraus machen, etwas zu tun (ugs.): *etwas mit einer gewissen boshaften Freude tun:* Der Parkwächter machte sich einen Sport daraus, die Kinder von der Wiese zu jagen. ... der Major machte sich gerade einen Sport daraus, sie (die Offiziere) fühlen zu lassen, dass es nur eine Waffe gab, auf die es jetzt ankam: die Panzer (Kuby, Sieg 230).

Spott: wer den Schaden hat, braucht für den Spott nicht zu sorgen: ↑ Schaden.

spotten: jeder Beschreibung spotten: ↑ Beschreibung.

Sprache: jmdm. bleibt die Sprache weg/ jmdm. verschlägt es die Sprache: *jmd. ist sehr überrascht, kann etwas kaum fassen:* Dem Richter verschlug es die Sprache, als die Angeklagte plötzlich ihre Bluse auszog. Bei so viel Dummheit bleibt einem doch glatt die Sprache weg!

Mir verschlug es die Sprache. Vor wenigen Tagen hatte er mich angebrüllt, ausgewiesen, und nun erkundigte er sich nach meinem Wohlbefinden! (Leonhard, Revolution 133).
Vgl. die folgende Wendung.
jmdm. die Sprache verschlagen/(geh.:) **rauben:** *jmdn. sehr überraschen, für jmdn. kaum zu fassen sein:* Seine Frechheit hatte allen die Sprache verschlagen. Es raubte mir die Sprache, als ich das Foto von meinem totgeglaubten Bruder sah. Die D. nickte vor sich hin. Sie war mit erschrocken, als der Polizist der Frau die Sprache verschlagen hatte (Johnson, Ansichten 44).
▶ Die beiden vorangehenden Wendungen beziehen sich darauf, dass man bei großer Überraschung (oder wenn man sehr schockiert wird) oft zunächst kein Wort hervorbringen kann.
die Sprache auf etwas bringen: *ein bestimmtes Thema anschneiden, das Gespräch auf etwas lenken:* Wer hatte gestern eigentlich die Sprache auf das Thema Rentenversorgung gebracht?
die gleiche Sprache sprechen: *die gleiche Einstellung, das gleiche Niveau haben [und sich daher leicht verständigen können]:* Mit seiner Chefin versteht er sich gut, sie sprechen beide die gleiche Sprache. Er spürte sofort, dass sie die gleiche Sprache sprachen.
eine andere Sprache sprechen: *etwas anderes, Gegensätzliches ausdrücken:* Sie sagen, Sie seien unschuldig, aber die Indizien sprechen eine andere Sprache! Jetzt spricht er, da er sich an eine Germanistin wendet, die über sein Werk arbeitet, eine ganz andere Sprache, hier ist schon die Rede vom »Verwandtschaftsgefühl« (Reich-Ranicki, Th. Mann 72).
eine deutliche Sprache [mit jmdm.] sprechen: *[jmdm.] etwas offen und energisch sagen:* Sie war einigen Herren unbequem, weil sie in ihren Leitartikeln immer eine deutliche Sprache sprach. Mit einigen unserer Kunden muss man eine deutliche Sprache sprechen, damit sie ihren Zahlungsverpflichtungen nachkommen.
eine deutliche/klare Sprache sprechen: *etwas sehr klar, sehr genau ausdrücken:* Die Zahlen auf der Sollseite der Bilanz sprechen eine deutliche Sprache. Neben den Bildern sprechen auch die beigefügten Tabellen eine deutliche Sprache: Abfall wird zur Bedrohung (Vaterland 27. 3. 1985, 33).
mit der Sprache [he]rausrücken (ugs.): *etwas [nach anfänglicher Weigerung, nach anfänglichem Zögern] berichten:* Wenn sie nicht mit der Sprache rausrückt, können wir ihr nicht helfen. E. wollte wissen, was es damit auf sich habe ... Die beiden Jungen sahen sich an und rückten nicht mit der Sprache heraus (Nossack, Begegnung 9). ... ihm sei sogar ... Beugehaft angedroht worden, falls er nicht mit der Sprache herausrücke (Spiegel 37, 1974, 22).
[he]raus mit der Sprache! (ugs.): *sprich endlich; sag, was du weißt, was du auf dem Herzen hast!:* Also, heraus mit der Sprache – wie viel Geld brauchst du diesmal? Raus mit der Sprache! Was wollen Sie von dem Jungen? (Ziegler, Recht 345).
etwas zur Sprache bringen: *etwas ansprechen, die Erörterung von etwas herbeiführen:* Auf der kommenden Konferenz werden wir auch das Rohstoffproblem wieder zur Sprache bringen müssen. Sie möge, sagte die andere, verzeihen, wenn er auch anderes, doch wieder ganz und gar Praktisches zur Sprache bringe (Schädlich, Nähe 86).
zur Sprache kommen: *Gegenstand eines Gesprächs werden, erörtert werden:* Leider sind die wirklichen Probleme der Behinderten in der letzten Diskussion gar nicht zur Sprache gekommen. Das war unangenehm, weil hier vor unbekannten Zeugen Dinge zur Sprache kamen, über die niemals öffentlich hätte geredet werden dürfen (Niekisch, Leben 284).
in sieben Sprachen schweigen: ↑ sieben.
Sprachengewirr: babylonisches Sprachengewirr: ↑ babylonisch.
Sprachverwirrung: babylonische Sprachverwirrung: ↑ babylonisch.
sprechen: wir sprechen uns noch!: *die Angelegenheit ist zwischen uns noch nicht erledigt:* Im Moment kann ich nichts gegen Sie unternehmen, aber ich verspreche Ihnen, wir sprechen uns noch! »Und jetzt: Wegtreten. Wir sprechen uns noch.« (Remarque, Westen 126).

auf jmdn., auf etwas schlecht/nicht gut zu sprechen sein: *über jmdn., über etwas verärgert sein:* Er ist auf seinen Schwiegersohn schlecht zu sprechen. Meine Mutter war nicht gut auf sie zu sprechen. Frau von Eschersleben kaufte nämlich im Konsum. Das konnte man doch nicht machen (Kempowski, Uns 262).

auf jmdn., auf etwas zu sprechen kommen: *jmdn., etwas im Gespräch erwähnen, das Gespräch auf jmdn., etwas lenken:* Auf dem Rückweg kam Pablo plötzlich auf seine Eltern zu sprechen (Schnabel, Marmor 28). Wir konnten sie gut ablenken, indem wir auf sexuelle Dinge zu sprechen kamen (Kempowski, Immer 149).

auswärts sprechen: ↑auswärts. **Bände sprechen:** ↑²Band. **über etwas Bände sprechen können:** ↑²Band. **jmdm. aus dem Herzen gesprochen sein:** ↑Herz. **Klartext sprechen:** ↑Klartext. **frei/frisch von der Leber weg sprechen:** ↑Leber. **wer einmal lügt, dem glaubt man nicht, und wenn er auch die Wahrheit spricht:** ↑lügen. **ein Machtwort sprechen:** ↑Machtwort. **in Raten sprechen:** ↑Rate. **in Rätseln sprechen:** ↑Rätsel. **Recht sprechen:** ↑Recht. **sprechen, wie einem der Schnabel gewachsen ist:** ↑reden. **jmdm. aus der Seele sprechen:** ↑Seele. **eine andere Sprache sprechen:** ↑Sprache. **eine deutliche Sprache [mit jmdm.] sprechen:** ↑Sprache. **eine deutliche/klare Sprache sprechen:** ↑Sprache. **die gleiche Sprache sprechen:** ↑Sprache. **Taten sprechen lassen:** ↑Tat. **wenn man vom Teufel spricht, kommt er:** ↑Teufel. **von jmdm., von etwas in den höchsten Tönen sprechen:** ↑Ton. **was tun, spricht Zeus:** ↑tun. **ins Unreine sprechen:** ↑unrein. **da hast du ein wahres Wort gesprochen:** ↑Wort. **das letzte Wort ist noch nicht gesprochen:** ↑Wort.

Spreewasser: mit Spreewasser getauft sein: ↑taufen.

Spreißel: sich einen Spreißel einziehen (südd.): *sich Ärger einhandeln:* Du wirst dir einen Spreißel einziehen, wenn du so viele Privatgespräche über dein Diensttelefon führst.

sprengen: etwas in die Luft sprengen: ↑Luft. **den Rahmen sprengen:** ↑Rahmen.

Spreu: die Spreu vom Weizen trennen/scheiden/sondern: *das Wertlose, Un-*brauchbare *vom Wertvollen, Brauchbaren trennen:* Es ist nicht leicht, bei so vielen Bewerbungen die Spreu vom Weizen zu trennen. Man warf ... gültiges und ungültiges Geld, mitunter sogar Hosenknöpfe in seinen Bettelsack, und er hatte hinterher die ... Aufgabe, die Spreu vom Weizen ... zu trennen (Borell, Romeo 109).

springen: etwas springen lassen (ugs.): *etwas spendieren:* Für das Jubiläumsfest wird die Geschäftsleitung einiges springen lassen. Eines Tages kam der Regierung die Idee, das Volk durch ein Geschenk zu erfreuen. Sie wollte sich dabei nicht lumpen und mal was springen lassen (Zeit 7. 2. 1975, 5). Friedemann sagt, dass er mir die Fahrt ja auch berechnen müsse. Zwanzig Mark müsse ich schon springen lassen (Gabel, Fix 34).

▶ Diese Wendung bezieht sich darauf, dass man früher beim Bezahlen die Geldmünze auf der Tischplatte aufspringen ließ, um durch den Klang die Echtheit des Geldes zu demonstrieren.

jmdm. mit dem [nackten] Arsch ins Gesicht springen: ↑Arsch. **ins Auge springen:** ↑Auge. **in die Bresche springen:** ↑Bresche. **vor Freude [fast] an die Decke springen:** ↑Decke. **jmdm. ins Gesicht springen:** ↑Gesicht. **jmdm. mit dem nackten Hintern ins Gesicht springen:** ↑Hintern. **das ist gehüpft/gehupft (gehuppt) wie gesprungen:** ↑hüpfen. **im Karree springen:** ↑Karree. **jmdn. über die Klinge springen lassen:** ↑Klinge. **aus der Kutte springen:** ↑Kutte. **alle Minen springen lassen:** ↑Mine. **die Pfropfen springen lassen:** ↑Pfropfen. **der springende Punkt:** ↑Punkt. **im Quadrat springen:** ↑Quadrat. **aus dem Rahmen springen:** ↑Rahmen. **nicht über seinen Schatten springen können:** ↑Schatten. **über seinen [eigenen] Schatten springen:** ↑Schatten. **jmdn. zur Seite springen:** ↑Seite. **dem Tod noch einmal von der Schippe gesprungen sein:** ↑Tod. **ins kalte Wasser springen:** ↑Wasser.

Spritze: der erste Mann an der Spritze sein: ↑Mann.

Spruch: [große] Sprüche machen/kloppen (ugs.): *prahlen, hochtrabend reden:* Kann dein Freund auch noch was anderes außer Sprüche kloppen? »... Willst du mit mir gehen, oder willst du weitersaufen und große Sprüche machen?« (Jaeger, Freudenhaus 113).

sein Sprüchlein hersagen/aufsagen (ugs.): *etwas [bereits Bekanntes, Erwartetes] vortragen, vorbringen:* Sie wollte gerade ihr Sprüchlein aufsagen, als das Telefon klingelte. Nach diesem billigen und kitschigen Anklägerpathos ... sagt der Verteidiger sein kurzes und bescheidenes Sprüchlein auf ... (Mostar, Unschuldig 108).

sprühen: ... dass die Funken sprühen: ↑ Funke[n].

¹Sprung: ein Sprung ins Dunkle/Ungewisse: *ein Wagnis:* Ein eigenes Unternehmen zu gründen ist heutzutage immer ein Sprung ins Ungewisse.

ein Sprung ins kalte Wasser: *die Auseinandersetzung mit etwas völlig Unvertrautem:* Wenn man von der Schule an die Universität kommt, ist das für die meisten zunächst einmal ein Sprung ins kalte Wasser. »Der Gegner ist zwar eine harte Nuss, doch wir müssen das Experiment mit der Jugend riskieren. Es ist so eine Art Sprung ins kalte Wasser.« (Hörzu 20, 1973, 24)

keine großen Sprünge machen können (ugs.): *keine großen [finanziellen] Mittel zur Verfügung haben:* Die Firma kann im Augenblick keine großen Sprünge machen, der Auftragseingang ist seit Monaten rückläufig. Mit ihrer Rente kann Frau Sauerbier keine großen Sprünge machen (Gut wohnen 10, 1975, 26).

immer auf dem Sprung sein (ugs.): *immer in Eile sein, voller Unrast sein:* »Wie du immer unruhig gewesen bist, immer auf dem Sprung. Heute dieser Einfall, morgen ein anderer« (Seghers, Transit 82). »Dort hat er gesessen, auf dem Hocker ... immer auf dem Sprung, trotz der beiläufigen Art zu reden und dem ruhigen Blick.« (Erné, Kellerkneipe 117).

auf dem Sprung sein/stehen [etwas zu tun] (ugs.): *Im Begriff sein [etwas zu tun]:* Wir standen damals schon auf dem Sprung, nach Südamerika zu gehen. Meine Mutter in ihrem Sessel war immer auf dem Sprung, in die Küche zu gehen und Maria zu helfen (Küpper, Simplicius 87).

auf einen Sprung (ugs.): *für einen kurzen Besuch:* Er will nach dem Essen auf einen Sprung vorbeikommen. Ich bin in rasender Eile! Ich komme nur auf einen Sprung (Dürrenmatt, Meteor 58).

sich auf die Sprünge machen (ugs.): *[eilig] aufbrechen:* Mach dich auf die Sprünge, es ist schon nach acht! Na, dann wollen wir uns mal auf die Sprünge machen, solange es noch hell ist.

jmdm. auf die Sprünge helfen (ugs.): *jmdm. [durch Hinweise, Zureden o. Ä.] weiterhelfen:* Der Prüfer versuchte, dem Kandidaten durch eine Zusatzfrage auf die Sprünge zu helfen. Wir helfen Ihrer Fantasie gern ein bisschen auf die Sprünge (Spiegel 46, 1975, 149). Und wenn die Hinterbliebenen nicht von selbst draufkommen – der Bestatter hilft ihnen auf die Sprünge (Hörzu 17, 1971, 63).

▶ Diese Wendung knüpft wohl an »Sprung« im Sinne von »Springen, rasche Vorwärtsbewegung« an. Vgl. auch die folgende Wendung.

jmdm. auf/hinter die Sprünge kommen (ugs.): *jmds. List durchschauen:* Erst nach Jahren war die Polizei dem Betrüger hinter die Sprünge gekommen. Als sie ihrem Alten auf die Sprünge gekommen war, hat sie ihn zuerst einmal kräftig verprügelt.

▶ Auch diese Wendung kann von »Sprung« im Sinne von »Springen, rasche Vorwärtsbewegung« ausgehen. Sie könnte aber auch aus der Jägersprache stammen. Als »Sprünge« bezeichnete der Jäger die Spur (besonders des Hasen). Wer einem anderen »auf die Sprünge hilft«, bringt ihn auf die richtige Spur.

²Sprung: einen Sprung in der Schüssel haben (ugs.): *nicht recht bei Verstand sein:* Ihr habt wohl einen Sprung in der Schüssel – hört sofort mit dem Geschrei auf! Was sonst so zu hören war ..., war diesem Ton angemessen. Zum Beispiel, dass die dort vor dem Eingang »einen Sprung in der Schüssel« hätten (Spiegel 44, 1983, 34).

Spucke: jmdm. bleibt die Spucke weg (ugs.): *jmd. ist sehr überrascht:* Als er ihn einen senilen alten Knacker nannte, blieb ihm erst einmal die Spucke weg. Ihm blieb die Spucke weg, als er seinen

Klassenlehrer erkannte. Beim Lesen Ihres Artikels bleibt einem glatt die Spucke weg (Spiegel 17, 1985, 7).

▶ Diese Wendung beruht auf der Beobachtung, dass man bei großer Aufregung einen trockenen Mund bekommt, weil die Speichelsekretion unterbleibt.

aussehen wie Braunbier und Spucke: ↑aussehen. **mit Geduld und Spucke fängt man eine Mucke:** ↑Geduld.

spucken: große Bogen spucken: ↑Bogen. **Gift und Galle spucken:** ↑Gift. **in die Hände spucken:** ↑Hand. **jmdm. auf den Kopf spucken können:** ↑Kopf. **sich nicht auf den Kopf spucken lassen:** ↑Kopf. **spuck dir nicht auf den Schlips:** ↑Schlips. **jmdm. in die Suppe/Schüssel spucken:** ↑Suppe. **dicke/große Töne spucken:** ↑Ton.

Spuk: keinen Spuk machen (landsch.): *kein Aufheben, keine Umstände machen:* Mach keinen Spuk wegen dieser Kleinigkeit, ich bring das schon in Ordnung!

spuken: bei jmdm. spukt es [im Kopf] (ugs.): *jmd. ist nicht recht bei Verstand, nicht ganz normal:* Bei dem Typ spukt es im Kopf: Er hat einfach meine Schuhe in den Teich geworfen!

Spur: keine Spur; nicht die Spur: *überhaupt nicht:* Hast du Angst gehabt? – Keine Spur! ... er konnte sie nicht die Spur leiden, überhaupt nicht ausstehen (Wohmann, Absicht 65). »Liebst du mich, Oskar?« Unwirsch gab ich zurück: »Bedaure, nicht die Spur!« (Grass, Blechtrommel 444).

jmdn. auf die Spur bringen: *jmdm. [durch einen Hinweis o. Ä.] helfen, etwas zu finden:* Der Moderator hat das Rateteam durch eine Zusatzfrage auf die Spur gebracht.

jmdm., einer Sache auf die Spur kommen: *jmds. [verbotenes, verborgenes] Tun, eine Angelegenheit aufdecken:* Zwei Journalisten waren der Abhöraktion auf die Spur gekommen. Wir werden diesem Betrüger schon noch auf die Spur kommen. ... er als Polizeimeister hätte einem solchen Komplott längst auf die Spur kommen müssen (Zweig, Fouché 110).

jmdm., einer Sache auf der Spur sein: *Anhaltspunkte zur Aufdeckung von jmds. [verbotenem, verborgenem] Tun, einer Angelegenheit haben:* Die Forscher glau-

ben, dem Erreger dieser Krankheit bereits auf der Spur zu sein. Seit Jahren schon war das Rauschgiftdezernat dem Großhändler auf der Spur. Arlecq ist dem dramatischen Faltenwurf der Zeitgeschichte auf der Spur (Fries, Weg 299).

auf der richtigen/falschen Spur sein: *etwas Richtiges/Falsches vermuten:* Die Journalistin glaubte, dass die Polizei auf der falschen Spur sei. Ich bin auf der richtigen Spur, und ich werde es beweisen.

in jmds. Spuren treten; in jmds. Spuren wandeln: *jmds. Vorbild folgen:* Erwarten Sie nicht von mir, dass ich in die Spuren meines Vorgängers trete, ich habe andere Vorstellungen von moderner Betriebsführung. In ihren Spuren wandeln Figuren wie Rychner und Wehrli (FAZ 16. 11. 1961, 26).

spüren: die Faust im Nacken spüren: ↑Faust. **etwas am eigenen Leib[e] spüren:** ↑Leib. **etwas im Urin spüren:** ↑Urin. **etwas im kleinen Zeh spüren:** ↑Zeh.

Staat: viel Staat machen (ugs.): *großen Aufwand treiben:* Angesichts der bescheidenen Leistungen unserer Sportler sollte man beim abschließenden Empfang nicht so viel Staat machen.

▶ In dieser und in den folgenden Wendungen ist das Wort »Staat« in einer älteren Bedeutung als »Vermögen, zur Haushaltsführung verwendetes Geld« zu verstehen.

[mit etwas] Staat machen (ugs.): *[mit etwas] Eindruck machen, sich [mit etwas] hervortun:* Mit so einem abgeschabten Anzug konnte er keinen Staat mehr machen. Nur der Dirigent hatte einen Namen, der mit dem der Stadt zusammenging, und Staat machten beide Namen (Fries, Weg 40). ... kein Mädchen, mit dem man Staat machen konnte vor seinen Kameraden (Schaper, Kirche 155).

sich in Staat werfen (ugs.): *die besten Kleider anziehen:* Zum Theaterabend kann sich Oma mal wieder so richtig in Staat werfen. ... rechtzeitig und feierlich musste man den Vollziehenden Mitteilung machen, damit sie sich in ihren besten Staat warfen (A. Zweig, Grischa 390).

etwas ist faul im Staate Dänemark: ↑faul. **Vater Staat:** ↑Vater.

Staatsaktion: eine Staatsaktion aus etwas machen (ugs.): *unnötiges Aufheben um etwas machen, unnötigen Aufwand treiben:* Vater macht immer eine Staatsaktion daraus, wenn er mal eine Glühbirne auswechseln soll. Jetzt ... wird das Gesindel frech ..., es macht aus dem gemeinen Versicherungsschwindel dieses Lumpen eine Staatsaktion (Feuchtwanger, Erfolg 586).
eine Haupt- und Staatsaktion aus etwas machen: ↑ Haupt- und Staatsaktion.
Staatsanwalt: da hat der Staatsanwalt [noch] den Finger drauf (ugs.): *das Mädchen ist minderjährig [und darf noch keinen geschlechtlichen Verkehr haben]:* Vorsicht, bei der Blonden hat der Staatsanwalt den Finger drauf!
Staatskosten: Urlaub auf Staatskosten machen: ↑ Urlaub.
Stab: den Stab über jmdn. brechen (geh.): *jmdn. verdammen, verurteilen:* Er hatte vorschnell den Stab über seinen alten Freund gebrochen und wollte es irgendwie wieder gutmachen. ... wenn ihr Bericht dahin lautete, dass der Häftling den Eindruck erwecke, »asozial« und »unverbesserlich« zu sein, war der Stab über ihn gebrochen (Niekisch, Leben 352).
▶ Diese Wendung geht auf einen alten Rechtsbrauch zurück. Als Zeichen der richterlichen Gewalt hielt der Richter den so genannten Gerichtsstab während der Verhandlung in der Hand. Wurde über den Angeklagten die Todesstrafe verhängt, so wurde kurz vor der Hinrichtung über seinem Kopf der Gerichtsstab zerbrochen. Dies bedeutete, dass nun auch die Macht des Richters dem Delinquenten nicht mehr helfen konnte.
Stachel: wider den Stachel lecken/löcken (geh.): *sich sträuben, widerspenstig sein, aufbegehren:* Die Schriftstellerin wollte mit ihren Werken bewusst provozieren, gegen den Stachel löcken, um die Menschen aufzurütteln. ... wie viel Sympathien man sich verscherzt, wenn man so gröblich gegen den Stachel der Konvention zu löcken sich erlaubt (Maass, Gouffé 311).
▶ Mit »Stachel« ist in dieser Wendung der mit einer Eisenspitze versehene Stock gemeint, mit dem man das Vieh vorantreibt; »löcken« ist ein älteres

Wort für »ausschlagen«. Die Wendung hat also ursprünglich die konkrete Bedeutung »gegen den Stock des Treibers ausschlagen«.
einer Sache den Stachel nehmen/abbrechen: ↑ Spitze.
Stadt: andere Städtchen, andere Mädchen: *wer umherzieht, bleibt nicht treu.*
in Stadt und Land (veraltend): *überall:* In Stadt und Land wurden Fahnen gehisst und feierliche Reden gehalten.
Stall: den Stall wittern (ugs.): *schneller gehen, fahren, weil das heimatliche Ziel nah ist:* Nicht so hastig, Kinder, ihr wittert wohl schon den Stall!
das beste Pferd im Stall: ↑ Pferd.
Stalllaterne: jmdm. geht eine Stalllaterne auf: ↑ Licht.
Stamm: vom Stamme Nimm sein (ugs.; scherzh.): *habgierig sein:* Auch wenn du es nicht gern hörst: Deine ganze Verwandtschaft ist vom Stamme Nimm, und zwar ausnahmslos! Man müsse auf dem Quivive sein, sagte meine Mutter, die sei vom Stamme Nimm. Es könnte sein, dass sie sogar noch was mitgehen lasse (Kempowski, Tadellöser 105).
der Apfel fällt nicht weit vom Stamm: ↑ Apfel.
Stammbuch: das kannst du dir ins Stammbuch schreiben! (ugs.): *das sage ich dir mit allem Nachdruck:* Von deinen Eltern nehme ich kein Geld, das kannst du dir ins Stammbuch schreiben!
stammen: von Adam und Eva stammen: ↑ Adam. **aus der Mottenkiste stammen:** ↑ Mottenkiste.
stampfen: etwas aus dem Boden stampfen: ↑ Boden. **etwas aus der Erde stampfen:** ↑ Erde.
Stand: keinen leichten/einen schweren Stand haben: *sich gegen starken Widerstand behaupten müssen:* In der neuen Firma hatte der junge Sachbearbeiter keinen leichten Stand. Die Gewerkschaften werden bei den Tarifverhandlungen einen schweren Stand haben.
bei jmdm. einen guten/schlechten Stand haben: *bei jmdm. beliebt/unbeliebt sein:* Ihre Tochter hatte bei den meisten Lehrern einen ziemlich guten Stand.
jmdn. in den Stand setzen, etwas zu tun (veraltend): *jmdm. ermöglichen, etwas zu tun:* Ihr Vermögen setzte sie in den

Stand, sich gewisse Extravaganzen zu erlauben. Innerhalb dieser Koalition musste sie in den Stand gesetzt werden, offen und ausdrücklich als Treuhänderin der gesamten Arbeiterinteressen zu wirken (Niekisch, Leben 123).

in den [heiligen] Stand der Ehe treten (geh.): *heiraten:* Wir haben uns heute hier versammelt, weil zwei junge Menschen aus unserer Gemeinde in den heiligen Stand der Ehe treten wollen.

gut im Stande sein (veraltend): 1. *bei guter Gesundheit sein:* Ihre Mutter war gut im Stande, sie brauchte sich nicht zu sorgen. »Sie ist so gut im Stand. Gerade für brustkrank sollte man sie nicht halten« (Th. Mann, Zauberberg 104). 2. *in Ordnung, in gutem Zustand sein:* Das Haus war gut im Stande, das konnte man schon von außen sehen.

ständig: etwas ständig im Munde führen: ↑ Mund.

Standpauke: jmdm. eine Standpauke halten (ugs.): *jmdm. Vorwürfe machen, ins Gewissen reden:* Sie hat ihrem Mann eine Standpauke gehalten, als er erst spät in der Nacht nach Hause kam. Beim Verbinden der zerschundenen Augenbraue des Bruders hielt Amalie ihrem angetrauten Haushaltungsvorstand eine gehörige Standpauke (Kühn, Zeit 364). Statt dass ihren Kindern eine Standpauke gehalten wurde, mussten sie ihr eigenes Erzieherverhalten infrage stellen (Saarbr. Zeitung 7. 12. 1979, 1).

▶ Das Wort »Standpauke« ist eine studentensprachliche Abwandlung des Wortes »Standrede«, das eine kurze »im Stehen« gehaltene Rede bezeichnet, in der meist jemand gerügt oder ermahnt wird. »Pauke« schließt sich in seiner Bedeutung an das Verb »pauken« im Sinne von »predigen« an. Es bedeutete ursprünglich »draufschlagen«. Die Bedeutung »predigen« rührt wohl daher, dass der Prediger im rhetorischen Eifer gelegentlich mit der Faust auf das Kanzelpult schlägt (paukt).

Stange: eine Stange Geld (ugs.): *viel Geld:* Das wird die Firma eine Stange Geld kosten. Stiefel und Uniformen kosteten eine Stange Geld (Hilsenrath, Nazi 55).

▶ Diese Fügung bezieht sich auf die zu Rollen zusammengepackten Geldstü-

cke, die man früher auch »Geldstangen« nannte.

eine Stange angeben (ugs.): *prahlen:* Er hat eine Stange angegeben, aber nichts geleistet.

jmdm. die Stange halten: 1. (ugs.) *jmdn. in Schutz nehmen, für jmdn. eintreten:* Ihr beiden wart die Einzigen, die mir damals noch die Stange gehalten haben. Die Zeile »Kanzler hält Bundesverteidigungsminister weiter die Stange« hatte den Unmut der Chefredaktion erregt (Spiegel 9, 1984, 218). Als Privatdetektiv geht der Expolizist ... wieder auf die Piste. Eine Nachtklubsängerin hält ihm dabei die Stange (Spiegel 38, 1984, 254). 2. (schweiz.) *es jmdm. gleichtun:* Lange Zeit schien es so, als ob der Berner Hammerwerfer seinem amerikanischen Konkurrenten die Stange halten könnte.

▶ Die erste Bedeutung dieser Wendung ist auf einen alten Rechtsbrauch zurückzuführen: Wurde ein Rechtsstreit durch einen Zweikampf der Kontrahenten ausgetragen, so stand jedem der Kämpfer ein Sekundant zur Seite, der eine Stange schützend vor oder über ihn halten konnte, wenn er sich für überwunden erklärte.

eine Stange [Wasser] in die Ecke stellen; eine Stange Wasser in die Schüssel stellen (derb): *urinieren [von Männern]:* Spielt mal eine Runde ohne mich, ich muss erst mal 'ne Stange in die Ecke stellen. Wenn einer eine Stange Wasser in die Schüssel stellen muss – zweite Tür links!

bei der Stange bleiben (ugs.): *weitermachen, nicht aufgeben:* Der Teamchef dankte allen Freiwilligen dafür, dass sie bis zum Schluss bei der Stange geblieben waren. Die Wohnungssuchenden werden oft ungeduldig, die Handwerker müssen mit Samthandschuhen angefasst werden, damit sie bei der Stange bleiben (MM 9. 2. 1966, 4).

▶ In dieser Wendung ist mit »Stange« wohl ursprünglich die Stange der Fahne, der Standarte gemeint, die für die kämpfenden Soldaten die Truppeneinheit anzeigte und den Ort des Sammelns, den eigenen Standort bezeichnete.

jmdn. bei der Stange halten (ugs.): *jmdn. dazu bringen, nicht aufzugeben:* Mit lee-

ren Versprechungen kann man die Arbeiter nicht bei der Stange halten.
Vgl. die vorangehende Wendung.

von der Stange (ugs.): *als Konfektionsware:* Ein Anzug von der Stange ist in der Regel doch wesentlich billiger als ein maßgeschneiderter. Die meisten Modelle in Annes prall gefüllter Kleiderkammer stammen von der Stange (Hörzu 46, 1973, 105).
▶ Die Wendung bezieht sich auf die Stangen, auf denen in Bekleidungsgeschäften die Textilien hängen.

fast von der Stange fallen (ugs.): *sehr überrascht sein:* Als sie auf das Preisschild schaute, fiel sie fast von der Stange.

Stängel: fast vom Stängel fallen (ugs.): *sehr überrascht sein:* Oma ist fast vom Stängel gefallen, als das Klavier vor ihrer Tür stand.

stante pede (bildungsspr.): *sofort, ohne Verzögerung:* Als sie die Einwilligung der Eltern hatten, liefen sie stante pede zum Standesamt. Schlatter: Sie kehren mit mir stante pede in die Klinik zurück (Dürrenmatt, Meteor 60).
▶ Die aus dem Lateinischen übernommene Fügung bedeutet eigentlich »stehenden Fußes«.

Stapel: etwas auf Stapel legen (Seemannsspr.): *etwas [ein Schiff] zu bauen beginnen:* Die Werft hat zwei neue Tanker auf Stapel gelegt.

vom Stapel laufen: *[von Schiffen] nach Fertigstellung ins Wasser gleiten:* Die »Schleswig-Holstein« war um die Jahrhundertwende vom Stapel gelaufen.

etwas vom Stapel lassen: 1. (Seemannsspr.) *etwas [ein Schiff] nach Fertigstellung ins Wasser gleiten lassen:* Wir werden morgen unsere Jacht vom Stapel lassen. 2. (ugs.) *etwas von sich geben:* Der Vereinspräsident ließ eine launige Stegreifrede vom Stapel. Die Reporterin hatte einige nicht sehr damenhafte Flüche vom Stapel gelassen. Ich kenne Männer ... die in trauter Männerrunde Zynismen über die Frauenbewegung vom Stapel lassen (Dierichs, Männer 81).

Star: jmdm. den Star stechen (ugs.): *jmdn. über dessen falsche Vorstellungen aufklären:* Irgendjemand muss deiner Großmutter den Star stechen – sie glaubt immer noch, dass ihr das Haus gehört, in dem sie wohnt. Er will nicht korrigieren, oder die Hausdisziplin verbietet dem einen Großkommentator, dem andern im Schwesterblatt den Star zu stechen (Zwerenz, Kopf 130).
▶ Man versuchte früher, den Star (eine Augenkrankheit) durch Aufstechen der getrübten Hornhautstellen zu heilen. Wem der Star gestochen worden war, der vermochte wieder besser zu sehen. Darauf geht die vorliegende Wendung zurück.

stark: sich für etwas stark machen (ugs.): *sich für etwas sehr einsetzen:* Vor allem die jüngeren Parteimitglieder hatten sich für Neuwahlen stark gemacht. Ein Lehrer zog mich von früh bis spät damit auf, dass ich mich ... für die SPD stark machte (Kempowski, Immer 127). Kreisky, der sich schon seit Jahren für die Belange der Palästinenser stark gemacht hat (Saarbr. Zeitung 14. 3. 80, 1).

so stark, dass der Löffel darin steht (ugs.; scherzh.): *(von Kaffee o. Ä.) sehr stark:* Sie macht ihren Kaffee immer so stark, dass der Löffel darin steht. Der Grog war so stark, dass der Löffel darin stand.

der Starke ist am mächtigsten allein (geh.): *eine starke Persönlichkeit wird durch die Verbindung mit anderen nur geschwächt.*
▶ Diese Redensart ist ein Zitat aus Schillers »Wilhelm Tell«.

das haut den stärksten Eskimo vom Schlitten: ↑ Eskimo. **das starke Geschlecht:** ↑ Geschlecht. **mit starker Hand:** ↑ Hand. **den starken Mann markieren:** ↑ Mann. **getretener Quark wird breit, nicht stark:** ↑ Quark. **das haut den stärksten Seemann um:** ↑ Seemann. **jmds. starke Seite sein:** ↑ Seite. **ein starkes Stück [sein]:** ↑ Stück. **starker Tabak/Tobak [sein]:** ↑ Tabak.

stärken: jmdm. den Nacken stärken: ↑ Nacken. **jmdm. den Rücken, das Rückgrat stärken/steifen:** ↑ Rücken, Rückgrat.

starren: Löcher/ein Loch in die Luft starren: ↑ Loch.

Start: an den Start gehen; am Start sein (Sport): *an einem Rennen teilnehmen:* Mehr als hundert Fahrer aus zwölf Nationen waren am Start. ... es war auf diesem Abendsportfest, als Behrt und Dohrn und ein halbes Dutzend anderer Läufer zum Abschluss der Saison an den Start gingen (Lenz, Brot 150). ... einer der intelligentesten Sportler, die je im Skilauf an den Start gegangen sind (Maegerlein, Piste 12).

Startloch: in den Startlöchern sitzen (ugs.): *bereit sein, sofort zu beginnen:* Sorgen Sie dafür, dass Ihre Leute in den Startlöchern sitzen; es kann jederzeit losgehen. Sein Nachfolger sitzt schon in den Startlöchern (Augsburger Allgemeine 10./11. 6. 1978, 26).

Station: freie Station (veraltend): *freie Unterkunft und Verpflegung:* Als Aupairmädchen hatten wir freie Station und ein kleines Taschengeld. Diese Stunde, wo er ein unbestimmten Luxusgeschöpf zum Diener mit freier Station und kleinem Salär befördert worden war ... (Musil, Mann 222).

Station machen: *sich [kurz] aufhalten:* Auf der Durchreise nach München hatte Fritz Stab Station gemacht, für drei Tage (Kesten, Geduld 56). Er hatte hier Station gemacht, um sich vor der Rückkehr einige Tage zu erholen (Musil, Mann 1421).

statt: an jmds. statt (veraltet): *an jmds. Stelle, für jmdn.:* ... und die Herren haben sich gefühlvoll in die Lage des Kapitäns versetzt und das Papier an seiner statt ausgefüllt (Erfolg 11/12, 1983, 32). Schickt einen Knecht nach Hause an unserer statt (Hacks, Stücke 30).

an Eides statt (Rechtsw.): *so, als ob man vereidigt worden wäre:* Hier, Karl, ich hab ein Schreiben aufgesetzt ... Du erklärst an Eides statt, dass du mit den Zeitungsartikeln nichts zu tun hast (v. d. Grün, Glatteis 154).

jmdn. an Kindes statt [an]nehmen (Amtsspr.; veraltet): *jmdn. adoptieren:* Die Schwester seiner Mutter hatte ihn an Kindes statt angenommen.

an Zahlungs statt (Kaufmannsspr.): *anstelle einer Zahlung:* Die Firma wird Ihnen an Zahlungs statt sechs Kisten Jahrgangssekt zusenden.

Stätte: leer gebrannt ist die Stätte der Verwüstung: ↑ leer gebrannt.

statuieren: ein Exempel statuieren: ↑ Exempel.

Status quo (bildungsspr.): *der gegenwärtige Zustand:* Der Botschafter wiederholte allerdings den Vorwurf, die Bundesrepublik ... beharre auf einer Veränderung des Status quo in Europa (MM 4. 9. 1968, 1). Jahrelang haben also beide Seiten zur Aufrechterhaltung des Status quo verbissen aufgerüstet (Dönhoff, Ära 188).

▶ Diese aus dem Lateinischen übernommene Fügung bedeutet eigentlich »Zustand, in dem ...«.

Status quo ante (bildungsspr.): *der anfängliche, vorherige Zustand; Stand vor dem infrage kommenden Ereignis:* Nach mühevollen Gesprächen zeigte sich bei beiden Partnern die Neigung, zum Status quo ante zurückzukehren.

▶ Diese aus dem Lateinischen übernommene Fügung bedeutet eigentlich »der betreffende Zustand vor ...«.

Staub: den Staub von den Füßen schütteln (veraltend): *einen Aufenthaltsort [für immer] verlassen, in die Ferne ziehen:* Es ist Zeit, den Staub von den Füßen zu schütteln!

▶ Diese Wendung geht auf die Bibel (Matthäus 10, 14) zurück.

Staub aufwirbeln (ugs.): *Unruhe schaffen, Aufregung bringen:* Die Untersuchungen wurden sehr diskret geführt, die Polizei wollte offensichtlich keinen Staub aufwirbeln. Es scheint eine politische Affäre zu sein, die vor einigen Jahren ... viel Staub aufgewirbelt hat (Frisch, Stiller 216).

▶ Wer Staub aufwirbelt, ob beim Kehren oder mit einem Wagen auf staubiger Straße, sorgt für Aufregung und Ärger.

sich aus dem Staub[e] machen (ugs.): *sich rasch [und heimlich] entfernen:* Macht euch aus dem Staub, da kommt der Hausmeister! Kein Mensch ... stiehlt grundlos ein Auto und macht sich damit aus dem Staube (Ziegler, Liebe 74). Es tut mir leid ..., dass euer Galan ein solcher Schuft ist, der sich aus dem Staube macht und lieber sein Mädchen im Stiche lässt (Frisch, Cruz 71).

▶ Diese Wendung bezog sich ursprünglich wohl auf den Staub, der in einer Schlacht aufgewirbelt wird und in dessen Schutz eine unauffällige Flucht möglich ist.

jmdn. in den Staub treten (geh.; veraltet): *jmdn. demütigen:* Er hat seine Familie in den Staub getreten, entehrt und ruiniert. **jmdn., etwas in den Staub/durch den Staub ziehen/zerren** (geh.; veraltet): *jmdn., etwas verunglimpfen:* Er hat das Andenken des großen Humanisten in den Staub gezerrt. Sie haben die Schönheit in den Staub gezogen (Th. Mann, Buddenbrooks 497). **vor jmdm. im Staub kriechen/liegen; sich vor jmdm. in den Staub werfen** (geh.; veraltet): *sich jmdm. feige unterwerfen:* Die Spartaner wollten vor niemandem im Staub kriechen. **[wieder] zu Staub werden; zu Staub und Asche werden** (geh.): *sterben:* Wir alle werden eines Tages zu Staub und Asche, das ist das Los der Sterblichen. **jmdn. einen feuchten Staub angehen:** ↑ Lehm.

stauben: ..., dass es nur so staubt (ugs.): *heftig, mit allem Einsatz:* Die beiden Holzhacker legten los, dass es nur so staubte. **gleich staubts!** (ugs.): *gleich gibt es Krach, Ärger, Schläge o. Ä.!:* Ich seh mir das nicht mehr lange mit an – gleich staubts!

Staubzucker: jmdm. Staubzucker in den Arsch/Hintern blasen: ↑ Zucker.

staunen: Bauklötze[r] staunen: ↑ Bauklotz. **man höre und staune:** ↑ hören. **da staunt der Laie, und der Fachmann wundert sich:** ↑ Laie.

stechen: wie gestochen: *sehr sauber und gleichmäßig (von der Schrift, vom Druckbild):* Sie hat eine ganz hervorragende Handschrift, wie gestochen! Als Kind hat er wie gestochen geschrieben. **ins Auge/in die Augen stechen:** ↑ Auge. **bluten wie ein gestochenes Schwein:** ↑ bluten. **auf die Brille kann man Torf stechen:** ↑ Brille. **jmdn. sticht der Hafer:** ↑ Hafer. **das ist nicht gehauen und nicht gestochen:** ↑ hauen. **das ist gehauen wie gestochen:** ↑ hauen. **auf Hauen und Stechen mit jmdm. stehen:** ↑ hauen. **jmdn. in die Nase stechen:** ↑ Nase. **schreien wie ein gestochenes Schwein:** ↑ schreien. **in See stechen:** ↑ See. **jmdn. den Star stechen:** ↑ Star. **wie von der Tarantel gestochen:** ↑ Tarantel. **in ein Wespennest stechen:** ↑ Wespennest.

¹stecken: es jmdm. stecken (ugs.): *jmdm. deutlich die Meinung sagen:* Dem Kerl hab ichs ordentlich gesteckt, der wird dich nicht mehr belästigen! **jmdm. eine/ein paar stecken** (landsch.): *jmdm. ohrfeigen:* Pass auf, dass ich dir nicht eine stecke, du Frechdachs! **eine/ein paar gesteckt kriegen** (landsch.): *geohrfeigt werden:* Sie heulte, weil sie vom Vater ein paar gesteckt gekriegt hatte. **sich etwas in den Arsch stecken können:** ↑ Arsch. **in Brand stecken:** ↑ Brand. **sich eine ins Gesicht stecken:** ↑ Gesicht. **den Hals in die Schlinge stecken:** ↑ Hals. **sich etwas an den Hut stecken können:** ↑ Hut. **den Kopf in den Sand stecken:** ↑ Kopf. **ich steck dir den Kopf zwischen die Ohren:** ↑ Kopf. **die/seine Nase in ein Buch stecken:** ↑ Nase. **die/seine Nase in etwas stecken:** ↑ Nase. **die Nase zu tief ins Glas stecken:** ↑ Nase. **sich etwas unter die Nase stecken:** ↑ Nase. **jmdm. etwas in den Rachen stecken:** ↑ Rachen. **jmdn. in den Sack stecken:** ↑ Sack. **sich etwas nicht hinter den Spiegel stecken:** ↑ Spiegel. **jmdn. in die Tasche stecken:** ↑ Tasche. **etwas in die eigene Tasche stecken:** ↑ Tasche. **seine Nase in alle Töpfe stecken:** ↑ Topf. **²stecken: zwischen Baum und Borke stecken:** ↑ Baum. **jmdm. bleibt der Bissen im Hals stecken:** ↑ Bissen. **mit jmdm. unter einer Decke stecken:** ↑ Decke. **[bis an den Hals/bis über die Ohren] im Dreck stecken:** ↑ Dreck. **voller Gift stecken:** ↑ Gift. **jmdm. in den Gliedern/Knochen stecken:** ↑ Glied, ↑ Knochen. **da steckt der Haken:** ↑ Haken. **bis an den Hals/bis über den Hals in Schulden stecken:** ↑ Hals. **nicht in jmds. Haut stecken mögen:** ↑ Haut. **in jmdm. steckt ein guter Kern:** ↑ Kern. **noch in den Kinderschuhen stecken:** ↑ Kinderschuh. **bis über den Kopf/die Ohren in etwas stecken:** ↑ Kopf. **in etwas steckt ein Körnchen Wahrheit:** ↑ Korn. **in der Patsche stecken:** ↑ Patsche. **in einer rauen Schale steckt oft ein guter Kern:** ↑ Schale. **in der Scheiße stecken:** ↑ Scheiße. **der Teufel steckt im Detail:** ↑ Teufel. **noch in den Windeln stecken:** ↑ Windel. **jmd. hat/in jmdm. steckt das Zeug zu etwas:** ↑ Zeug.

Stecken: Dreck am Stecken haben: ↑ Dreck.

stecken bleiben: jmdm. im Hals stecken bleiben: ↑Hals. **jmdm. in der Kehle stecken bleiben:** ↑Kehle. **auf halbem Weg[e] stecken bleiben:** ↑Weg.

Steckenpferd: ein/sein Steckenpferd reiten: *einem/seinem Hobby nachgehen:* Aber er ritt nicht nur sein Steckenpferd: Glimmergneise und Glimmergranit; er betete alle Mineralien herunter (Grass, Hundejahre 269). Er ritt ein wenig sein altes Steckenpferd, nämlich das Problem von der Berufung der Frau zur Kunst überhaupt (Seidel, Sterne 107).

Stecknadel: eine Stecknadel im Heuhaufen/im Heuschober suchen: *etwas ohne oder nur mit geringen Erfolgsaussichten suchen:* In diesen ausgedehnten Wäldern die Tatwaffe finden zu wollen, das heißt, eine Stecknadel im Heuhaufen suchen!
so still sein, dass man eine [Steck]nadel fallen hören kann/könnte: ↑still. **jmdn., etwas suchen wie eine Stecknadel:** ↑suchen. **so voll sein, dass keine [Steck]nadel zu Boden/zur Erde fallen kann/könnte:** ↑voll.

Steg: Weg und Steg: ↑Weg. **auf Weg und Steg:** ↑Weg. **weder Weg noch Steg:** ↑Weg.

Stegreif: aus dem Stegreif: *ohne Vorbereitung, ohne [Text]vorlage:* Die Präsidentin wird eine Rede aus dem Stegreif halten. Aus dem Stegreif übersetzte er, wenn auch langsam und mit Pausen, die Rede Odysseus' an Nausikaa (Bieler, Mädchenkrieg 52). ... das sind Fragen, die wir aus dem Stegreif nicht beantworten können (Frankenberg, Fahren 75).
▶ »Stegreif« ist ein altes Wort für Steigbügel. Die Wendung meinte also ursprünglich »ohne vom Pferd herunterzusteigen, sofort«.

stehen: sich [mit jmdm.] stehen wie Hund und Katze (ugs.): *sich [mit jmdm.] nicht vertragen:* Er steht sich mit seinem Schwiegervater wie Hund und Katze. Die Brüder standen sich schon als Kinder wie Hund und Katze.

stehen wie eine Eins (ugs.): *ganz gerade und fest stehen:* Die Männer haben den Zaun aufgerichtet, er steht jetzt wieder wie eine Eins. ... dass sie gleichzeitig angriffen: Zwei von vorn, einer hechtete mir aufs Kreuz, und der kleinste klammerte sich wie ein Äffchen an die Wade. Aber ich stand wie eine Eins (Loest, Pistole 212).
▶ Die Wendung stammt aus der Soldatensprache und bezieht sich auf die mustergültig-stramme Haltung des Soldaten.

mit jmdm., mit etwas stehen und fallen: *auf jmdn., auf etwas angewiesen sein:* Der Erfolg der Werbekampagne steht und fällt mit dem Einsatz des Fernsehstars. Das ganze Projekt steht und fällt mit dem guten Willen und der Einsatzbereitschaft der Beteiligten.

jmdm. bis hier/da [oben] stehen (ugs.): *von jmdm. nicht mehr ertragen werden:* Deine Launen stehen uns langsam bis da oben! »Schmeißen Sie mich nur raus, Frau Direktor. Mir steht der Laden sowieso bis hier ...« (Grass, Hundejahre 348).
▶ Diese Redewendung wird meist von einer Handbewegung zum Hals begleitet. Man deutet damit an, dass man gewissermaßen kurz davor ist, sich vor Widerwillen zu erbrechen.

stehend freihändig (ugs.): *mühelos:* So einen kleinen Reifenwechsel macht Mutti stehend freihändig! ... wenn es »flutscht«, tippt sie, »stehend freihändig«, im Tagwerk schon mal 20 Seiten voll (Spiegel 52, 1976, 123).

auf der Abschussliste stehen: ↑Abschussliste. **unter Alkohol stehen:** ↑Alkohol. **allein stehen:** ↑allein. **mit etwas allein stehen:** ↑allein. **unter Anklage stehen:** ↑Anklage. **wie angewurzelt stehen:** ↑anwurzeln. **[bei jmdm.] in Arbeit stehen:** ↑Arbeit. **auf zwei Augen stehen:** ↑Auge. **jmdm. vor Augen stehen:** ↑Auge. **in Aussicht stehen:** ↑Aussicht. **auf dem Aussterbeetat stehen:** ↑Aussterbeetat. **das Barometer steht auf Sturm:** ↑Barometer. **zwischen Baum und Borke stehen:** ↑Baum. **im Begriff stehen:** ↑Begriff. **ein/das Bein stehen lassen:** ↑Bein. **mit beiden Beinen/Füßen [fest] auf der Erde/im Leben stehen:** ↑Bein. **mit einem Bein im Grabe stehen:** ↑Bein. **mit einem Bein im Gefängnis stehen:** ↑Bein. **mit einem Bein in etwas stehen:** ↑Bein. **auf einem Bein kann man nicht stehen:** ↑Bein. **auf schwachen Beinen stehen:** ↑Bein. **sich die Beine in den Bauch/in den Leib stehen:** ↑Bein. **in**

jmds. **Belieben** stehen: ↑Belieben. **unter
Beschuss** stehen: ↑Beschuss. **mit jmdn.,
mit etwas steht es nicht zum Besten:**
↑beste. **das steht auf einem anderen
Blatt:** ↑Blatt. **in Blüte stehen:** ↑Blüte.
sein, wie jmd., wie etwas im Buche steht:
↑Buch. **mit jmdm. im Bunde stehen:**
↑Bund. **unter Dampf stehen:** ↑Dampf.
zur Debatte/Diskussion stehen: ↑Debat-
te. **im Dienst einer Sache stehen:**
↑Dienst. **über den Dingen stehen:** ↑Ding.
stehen vor Dreck: ↑Dreck. **unter Druck
stehen:** ↑Druck. **mit jmdm. auf [dem]
Duzfuß stehen:** ↑Duzfuß. **wie eingewurzelt stehen:** ↑einwurzeln. **unter der Fahne
stehen:** ↑Fahne. **im weiten Feld[e] stehen:**
↑Feld. **in [hellen] Flammen stehen:**
↑Flamme. **allein auf weiter Flur stehen:**
↑Flur. **außer Frage stehen:** ↑Frage. **im
Freien stehen:** ↑Freie. **unter jmds. Fuchtel stehen:** ↑Fuchtel. **stehenden Fußes:**
↑Fuß. **auf festen Füßen stehen:** ↑Fuß. **mit
jmdm. auf freundschaftlichem/gespann-
tem/vertrautem o. ä. Fuß stehen:** ↑Fuß.
sich selbst auf den Füßen stehen: ↑Fuß.
mit einem Fuß im Grabe stehen: ↑Fuß.
**auf schwachen / schwankenden / töner-
nen / wackligen Füßen stehen:** ↑Fuß. **auf
eigenen Füßen stehen:** ↑Fuß. **mit einem
Fuß im Gefängnis stehen:** ↑Fuß. **gut im
Futter stehen:** ↑Futter. **jmdm. zu Gebote
stehen:** ↑Gebot. **wo jmd. geht und steht:**
↑gehen. **wie jmd. ging und stand:** ↑gehen.
wie gehts, wie stehts?: ↑gehen. **im Geruch
stehen:** ↑Geruch. **im Geschirr stehen:**
↑Geschirr. **jmdm. zu Gesicht stehen:**
↑Gesicht. **jmdm. ins Gesicht geschrieben
stehen:** ↑Gesicht. **Gewehr bei Fuß stehen:** ↑Gewehr. **bei jmdm. in hohen Gnaden stehen:** ↑Gnade. **die Grazien haben
nicht an seiner, ihrer Wiege gestanden:**
↑Grazie. **jmdm. stehen die Haare zu Berge:** ↑Haar. **jmdm. bis zum Hals stehen:**
↑Hals. **da stehe ich jetzt mit meinem
[un]gewaschenen Hals:** ↑Hals. **in jmds.
Hand stehen:** ↑Hand. **auf Hauen und Stechen mit jmdm. stehen:** ↑hauen. **ins Haus
stehen:** ↑Haus. **ein Schlag, und du stehst
im Hemd:** ↑Hemd. **im Hintergrund stehen:** ↑Hintergrund. **auf der Kippe stehen:** ↑¹Kippe. **nicht [mehr] wissen, wo einem der Kopf steht:** ↑Kopf. **jmdm. steht
der Kopf nicht nach etwas:** ↑Kopf. **[alles]
tun, was in jmds. Kraft/Kräften steht:**

↑Kraft. **[hoch] in der Kreide stehen:**
↑Kreide. **mit jmdm. über[s] Kreuz stehen:** ↑Kreuz. **im Kreuzfeuer stehen:**
↑Kreuzfeuer. **mit jmdm. auf dem Kriegsfuß stehen:** ↑Kriegsfuß. **mit etwas auf
dem Kriegsfuß stehen:** ↑Kriegsfuß. **hoch
im Kurs stehen:** ↑Kurs. **auf der Leitung
stehen:** ↑Leitung. **jmdm. im Licht stehen:**
↑Licht. **in einem guten/günstigen Licht
stehen:** ↑Licht. **in Lohn und Brot stehen:**
↑Lohn. **[alles] was in jmds. Macht steht:**
↑Macht. **machtlos vis-a-vis stehen:**
↑machtlos. **seinen Mann stehen:** ↑Mann.
auf der Matte stehen: ↑Matte. **auf des
Messers Schneide stehen:** ↑Messer. **[jmdm.] Modell stehen:** ↑Modell. **vor dem Nichts stehen:**
↑nichts. **unter dem Pantoffel stehen:**
↑Pantoffel. **nur auf dem Papier stehen:**
↑Papier. **über den Parteien stehen:** ↑Par-
tei. **bei etwas Pate gestanden haben:** ↑Pa-
te. **zwischen den Pfosten stehen:** ↑Pfos-
ten. **auf verlorenem Posten stehen:** ↑Pos-
ten. **Posten stehen:** ↑Posten. **am Pranger
stehen:** ↑Pranger. **hoch/gut im Preis stehen:** ↑Preis. **im Rampenlicht [der Öffent-
lichkeit] stehen:** ↑Rampenlicht. **am Rande des Grabes stehen:** ↑¹Rand. **vor einem
Rätsel stehen:** ↑Rätsel. **im Raum stehen:**
↑Raum. **etwas im Raum stehen lassen:**
↑Raum. **jmds./bei jmdm. stehende Rede
sein:** ↑Rede. **jmdm. Rede und Antwort
stehen:** ↑Rede. **in Rede stehend:** ↑Rede.
jmdn. im Regen stehen lassen: ↑Regen. **in
einer Reihe mit jmdm. stehen:** ↑Reihe. **in
jmds. Schatten stehen:** ↑Schatten. **auf
der Schattenseite [des Lebens] stehen:**
↑Schattenseite. **an einem Scheideweg
stehen:** ↑Scheideweg. **jmdm. steht die
Scheiße bis zum Hals:** ↑Scheiße. **Schlange stehen:** ↑Schlange. **auf dem Schlauch
stehen:** ↑Schlauch. **im Schlauch stehen:**
↑Schlauch. **jmdn. schleifen, bis ihm der
Schwanz nach hinten steht:** ↑schleifen.
[bei etwas] Schmiere stehen: ↑Schmiere.
**es steht nirgends geschrieben/wo steht
geschrieben, [dass] ...:** ↑schreiben. **[tief]
in jmds. Schuld stehen:** ↑Schuld. **auf
jmds. Seite stehen:** ↑Seite. **jmdm. [mit
Rat und Tat] zur Seite stehen:** ↑Seite.
jmdm. steht der Sinn nach etwas: ↑Sinn:
in jmds. Sold stehen: ↑Sold. **auf dem
Spiel stehen:** ↑Spiel. **auf Spitze und
Knopf stehen:** ↑Spitze. **auf dem Sprung**

stehen: ↑Sprung. **so stark/steif, dass der Löffel darin steht:** ↑stark, steif. **in den Sternen stehen:** ↑Stern. **unter einem guten/glücklichen/günstigen Stern stehen:** ↑Stern. **unter einem schlechten/ungünstigen Stern stehen:** ↑Stern. **jmdm. auf der Stirn geschrieben stehen:** ↑Stirn. **unter Strafe stehen:** ↑Strafe. **auf einer/auf der gleichen Stufe stehen:** ↑Stufe. **vor vollendeten Tatsachen stehen:** ↑Tatsache. **jmdn./jmdm. teuer zu stehen kommen:** ↑teuer. **vor der Tür stehen:** ↑Tür. **vor verschlossenen Türen stehen:** ↑Tür. **unter einem Unstern stehen:** [mit jmdm.] **in Verbindung stehen:** ↑Verbindung. **jmdm. zur Verfügung stehen:** ↑Verfügung. **zum Verkauf stehen:** ↑Verkauf. **im Vordergrund stehen:** ↑Vordergrund. **Wache stehen:** ↑Wache. **unter [den] Waffen stehen:** ↑Waffe. **so wahr ich hier stehe:** ↑wahr. **ich denk, ich steh im Wald:** ↑Wald. **auf einer höheren Warte stehen:** ↑Warte. **jmdm. steht das Wasser bis an die Kehle/bis zur Kehle:** ↑Wasser. **jmdm. steht das Wasser bis zum Hals:** ↑Wasser. **unter Wasser stehen:** ↑Wasser. **jmdm. im Weg[e] stehen:** ↑Weg. **sich selbst im Weg stehen:** ↑Weg. **einer Sache steht nichts im Weg[e]:** ↑Weg. **im Zeichen von etwas stehen:** ↑Zeichen. **außer [allem] Zweifel stehen:** ↑Zweifel.

stehen bleiben: wie angewurzelt stehen bleiben: ↑anwurzeln. **wie eingewurzelt stehen bleiben:** ↑einwurzeln. **jmdm. bleibt das Herz stehen:** ↑Herz. **jmdm. bleibt der Verstand stehen:** ↑Verstand. **auf halbem Weg[e] stehen bleiben:** ↑Weg.

stehen lassen: einen Koffer stehen lassen: ↑Koffer. **alles liegen und stehen lassen:** ↑liegen lassen. **jmdn. [nicht] im Regen stehen lassen:** ↑Regen. **einen Schirm [in der Ecke] stehen lassen:** ↑Schirm.

stehlen: stehlen wie eine Elster/wie ein Rabe (ugs.): *alles stehlen, was man nur stehlen kann:* Selbst einige der kleineren Kinder stahlen schon wie die Elstern. Auch die Wagen ... wurden von den hungrigen Rotten umlungert, und sie stahlen wie die Raben, sobald der Eigentümer vergaß, den Brotwagen abzuschließen oder einen Wächter davor zu stellen (Marchwitza, Kumiaks 208/209). ▶ Der Vergleich mit der Elster bezieht sich darauf, dass dieser Vogel gern glit-

zernde Gegenstände aufsammelt und in sein Nest trägt.

jmdm. das Herz stehlen: ↑Herz. **sich in die Herzen [der Menschen] stehlen:** ↑Herz. **silberne Löffel stehlen:** ↑Löffel. **wer lügt, der stiehlt:** ↑lügen. **woher nehmen und nicht stehlen?:** ↑nehmen. **mit jmdm. Pferde stehlen können:** ↑Pferd. **jmdm. die Schau stehlen:** ↑Schau. **jmdm. den Tag stehlen:** ↑Tag. **dem lieben Gott den Tag stehlen:** ↑Tag. **jmdm. die Zeit stehlen:** ↑Zeit. **dem lieben Gott die Zeit stehlen:** ↑Zeit.

Vgl. auch das Stichwort »gestohlen«.

steif: steif und fest: *hartnäckig, ohne sich abbringen zu lassen:* Die Angeklagte blieb steif und fest bei ihrer Aussage. »Nämlich unser Häftling behauptet steif und fest, er habe Sie schon vor etlichen Jahren eigenhändig ermordet!« (Frisch, Stiller 409).

jmdn. am steifen Arm verhungern lassen: ↑Arm.

steifen: jmdm. den Nacken steifen: ↑Nacken. **jmdm. den Rücken steifen:** ↑Rücken. **jmdm. das Rückgrat steifen:** ↑Rückgrat.

steif halten: den Nacken steif halten: ↑Nacken. **die Ohren steif halten:** ↑Ohr.

Steigbügel: jmdm. den Steigbügel halten: *jmdm. zu einer Karriere verhelfen:* Sein Schwiegervater hat ihm den Steigbügel gehalten, sonst wäre er heute noch ein kleiner Angestellter.

steigen: in jmds. Augen steigen: ↑Auge. **auf die Barrikaden steigen:** ↑Barrikade. **mit jmdm. ins Bett steigen:** ↑Bett. **jmdm. aufs Dach steigen:** ↑Dach. **in die Eisen steigen:** ↑Eisen. **in die Kanne steigen:** ↑Kanne. **jmdm. in den/zu Kopf steigen:** ↑Kopf. **einen Korken steigen lassen:** ↑Korken. **in den Ring steigen:** ↑²Ring.

steil: ein steiler Zahn (Jugendspr.; veraltend): *ein hübsches, kesses Mädchen:* Die Blonde da drüben ist ein steiler Zahn, was? Er sang von »steilen Zähnen«, von Petticoats und Pferdeschwanzfrisuren – im Sound der verrückten 50er-Jahre (Bravo 51, 1976, 14).

Stein: der Stein des Anstoßes: *die Ursache eines Ärgernisses:* Ein vergessener Hochzeitstag kann leicht zum Stein des Anstoßes werden. ... Carepakete, neuester Stein des Anstoßes für den Hartl.

Viele davon gingen an altbekannte Adressen (Kühn, Zeit 401).

▶ Diese Fügung stammt aus der Bibel. Dort heißt es im Alten Testament (Jesaja 8,14):»So wird er ein Heiligtum sein, aber ein Stein des Anstoßes und ein Fels des Ärgernisses ...«

der Stein der Weisen: *die Lösung aller Rätsel, Probleme:* Ich habe zwar nicht den Stein der Weisen gefunden, aber ich weiß einen Weg, wie wir das Schlimmste verhindern können.

▶ In der Alchimie des Mittelalters war der Stein der Weisen eine magische Substanz, mit der man gewöhnliche Metalle in Gold verwandeln konnte. Viele Alchimisten versuchten verzweifelt, diese Substanz zu finden.

kein Stein bleibt auf dem anderen: *alles wird zerstört:* Bei der Erstürmung der Stadt blieb kein Stein auf dem anderen.

▶ Diese Wendung stammt aus der Bibel. In Matth. 24,2 verkündet Jesus der Stadt Jerusalem ihre Zerstörung:»Es wird hier nicht ein Stein auf dem anderen bleiben, der nicht zerbrochen werde.«

jmdm. fällt ein Stein/(scherzh.:) **ein Steinbruch vom Herzen** (ugs.): *jmd. ist [plötzlich] sehr erleichtert:* Der Köchin fiel ein Stein vom Herzen, als ihr das Soufflé gelungen war. Irgendwann ist er dann abgetorkelt Richtung Heimat, mir fiel ein Stein vom Herzen (Eppendorfer, St. Pauli 136).

jmdm. fällt keine Perle/kein Stein aus der Krone: *jmd. vergibt sich nichts:* Dir fällt kein Stein aus der Krone, wenn du deinem Vater beim Abwaschen hilfst! Dem Chef fällt keine Perle aus der Krone, wenn er zugibt, dass er sich diesmal geirrt hat.

der Stein kommt ins Rollen (ugs.): *eine Angelegenheit kommt in Gang:* Nachdem die Bank die Finanzierung zugesichert hatte, kam der Stein endlich ins Rollen.

den Stein ins Rollen bringen (ugs.): *eine Angelegenheit in Gang bringen:* Der Artikel in der Abendzeitung hat den Stein erst ins Rollen gebracht. Die Invasion, der 20. Juli, der Zusammenbruch der Mittelfront und die Paulus-Erklärung hatten den Stein ins Rollen gebracht (Leonhard, Revolution 264).

Stein und Bein schwören (ugs.): *etw. nachdrücklich versichern:* Ich schwöre Stein und Bein, dass ich die Wahrheit sage.

bei jmdm. einen Stein im Brett haben (ugs.): *bei jmdm. [große] Sympathien genießen:* Das Mädchen hatte bei seinen künftigen Schwiegereltern einen dicken Stein im Brett. Der Unterscharführer war ein lustiger Mensch, und ich hab, wie man so sagt, einen Stein im Brett gehabt bei ihm (M. Walser, Eiche 81).

▶ Diese Wendung geht auf das Tricktrackspiel zurück, bei dem es darauf ankommt, die Spielsteine gut auf dem Brett zu platzieren. Wer einen [guten] Stein im Brett hat, hat Aussichten auf Erfolg.

..., dass es einen Stein erweichen könnte; zum Steinerweichen: *herzzerreißend:* Die Kinder weinen, dass es einen Stein erweichen könnte. Casanova rackert sich zum Steinerweichen ab, er arbeitet, dass ihm schier der Kopf platzt (Spiegel 50, 1976, 211).

einen Stein gegen jmdn. aufheben/auf jmdn. werfen (geh.): *jmdn. verdammen, verurteilen:* Ich will keinen Stein gegen einen Mann aufheben, der sich mir gegenüber stets anständig verhalten hat. Wer ist der Erste, der den Stein auf den Herausgeber wirft, weil er sich nach langem Kampf entschloss, die menschliche Verpflichtung der sachlichen Notwendigkeit voranzustellen? (Jens, Mann 194)

▶ Die Wendung stammt aus der Bibel. Dort heißt es (Johannes 8,7):»Wer unter euch ohne Sünde ist, der werfe den ersten Stein auf sie.«

keinen Stein auf dem anderen lassen: *etwas völlig zerstören:* Die schwere Artillerie hatte im Dorf keinen Stein auf dem anderen gelassen. Weltkrieg I war hier noch unvergessen, der keinen Stein auf dem andern gelassen hatte (Kuby, Sieg 237).

Vgl. die Wendung »kein Stein bleibt auf dem anderen«.

jmdm. Steine statt Brot geben (veraltet): *gegenüber jmdm. hartherzig sein:* Er war bitterarm, und seine Verwandten gaben ihm Steine statt Brot.

▶ Die Wendung stammt aus der Bibel. Dort heißt es (Matthäus 7,9):»Welcher ist unter euch Menschen, so ihn sein

Sohn bittet ums Brot, der ihm einen Stein biete?«

viel Steine gab's und wenig Brot (scherzh.): *es waren harte Zeiten, es gab wenig zu essen:* Das Leben war damals wirklich nicht einfach, viel Steine gabs und wenig Brot! ► Diese Redensart ist ein Zitat aus Ludwig Uhlands Gedicht »Schwäbische Kunde«.

jmdm. einen Stein in den Garten werfen (ugs.): 1. *jmdm. schaden, Ärger bereiten:* Wir wollen niemandem einen Stein in den Garten werfen, aber einiges muss sich hier in der Nachbarschaft ändern! 2. (scherzh.) *jmdm. eine Gefälligkeit erwidern:* Vielen Dank, dass Sie mir den Rasenmäher geliehen haben; wenn ich Ihnen mal einen Stein in den Garten werfen kann, lassen Sie es mich wissen!

jmdm. Steine in den Weg legen: *jmdm. Schwierigkeiten bereiten:* Wenn die Behörden uns keine Steine in den Weg legen, wird mit den Bauarbeiten im nächsten Monat begonnen. Es wurde einmal am Familientisch das Schicksal eines Bekannten beklagt, dem die bösen Linken wegen seiner Nazivergangenheit ... Steine in den Weg seiner Karriere gelegt hätten (Zorn, Mars 46).

jmdm. die Steine aus dem Weg räumen: *für jmdn. die Schwierigkeiten beseitigen:* Früher haben ihm seine Eltern immer die Steine aus dem Weg geräumt, aber heute ist er auf sich allein gestellt.

es friert Stein und Bein: ↑ frieren. **wer im Glashaus sitzt, soll nicht mit Steinen werfen:** ↑ Glashaus. **ein Herz aus Stein haben:** ↑ Herz. **schlafen wie ein Stein:** ↑ schlafen. **über Stock und Stein:** ↑ Stock. **steter Tropfen höhlt den Stein:** ↑ Tropfen. **[wie/nur] ein Tropfen auf den/auf einen heißen Stein sein:** ↑ Tropfen.

Steinbruch: jmdm. fällt ein Steinbruch vom Herzen: ↑ Stein.

Steinerweichen: zum Steinerweichen: ↑ Stein.

Steinzeit: es bei jmdm. verschissen haben bis in die Steinzeit: ↑ verscheißen.

Steiß: sich den Steiß verrenken (ugs.): *unterwürfig und schmeichlerisch sein:* Soll er sich beim Chef den Steiß verrenken, deswegen kriegt er doch keine Gehaltserhöhung!

Stelldichein: sich ein Stelldichein geben: *zusammentreffen, sich versammeln:* Zur Messe werden sich die wichtigsten Produzenten aus vierzig Ländern ein Stelldichein geben. Die politsche, künstlerische und wissenschaftliche Prominenz der Bundesrepublik gab sich ein Stelldichein im Rathaus (Hamburger Abendblatt 30. 5. 1979, 3).

Stelle: [jmd.] an jmds. Stelle; wenn jmd. an jmds. Stelle wäre (ugs.): *wenn jmd. in jmds. Situation wäre:* An deiner Stelle hätte ich sofort einen Anwalt genommen. Wenn du an meiner Stelle wärst, würde dir das Lachen bald vergehen. Ich an deiner Stelle würde nach der nächsten Saison abtreten (Lenz, Brot 120).

auf der Stelle: *sofort:* Du bringst das Geld zurück, und zwar auf der Stelle! »Ich muss dich auf der Stelle sprechen, Mama!« (Fallada, Herr 214). Aber wenn ich dich erwisch, dass du Alkohol süffelst, fliegst du auf der Stelle (Fels, Unding 297).

auf der Stelle treten: *nicht vorankommen:* Sie wollte beruflich nicht ewig auf der Stelle treten und begann einen Umschulungskurs. Unter Stalin hatte die Nationalökonomie völlig auf der Stelle getreten (Mehnert, Sowjetmensch 199). Noch immer treten die Fahnder im Entführungsfall Oetker auf der Stelle (Spiegel 24, 1977, 94).

nicht von der Stelle kommen: *nicht vorankommen:* Im Berufsverkehr kam das Taxi nicht von der Stelle. Seit Tagen kamen die Verhandlungen nicht von der Stelle. Aber reg die Beinchen, so schnell du willst, du kommst nicht von der Stelle (Maass, Gouffé 203).

zur Stelle sein: *anwesend sein:* Der Minister wird pünktlich zur Stelle sein. Sie war immer zur Stelle, wenn Hilfe gebraucht wurde. Und da waren sie auch schon zur Stelle, kamen leise, ungesehen angefahren in ihrem Gefährt (Fries, Weg 64).

an Ort und Stelle: ↑ Ort.

stellen: sich gut mit jmdm. stellen (ugs.): *jmds. Sympathie zu gewinnen trachten:* Mit der Abteilungsleiterin muss man sich gut stellen, sonst hat man es schwer im Betrieb. Stellen Sie sich gut mit ihm, dann nimmt er Sie vielleicht mit (Andersch, Sansibar 121).

auf sich allein/selbst gestellt sein (ugs.): *für sich selbst sorgen, allein zurechtkommen müssen:* Da sie keine Kinder hat, ist sie seit dem Tod ihres Mannes ganz auf sich selbst gestellt. Nach uns wird nun niemand suchen. Wir sind ganz auf uns allein gestellt (Grzimek, Serengeti 58). **etwas in Abrede stellen:** ↑ Abrede. **jmdn. unter Anklage stellen:** ↑ Anklage. **[keine] Ansprüche stellen:** ↑ Anspruch. **jmdm. etwas vor Augen stellen:** ↑ Auge. **die Augen auf null gestellt haben:** ↑ Auge. **jmdm. etwas in Aussicht stellen:** ↑ Aussicht. **etwas auf die Beine stellen:** ↑ Bein. **jmdm. ein Bein stellen:** ↑ Bein. **etwas unter Beweis stellen:** ↑ Beweis. **die Bude auf den Kopf stellen:** ↑ Bude. **etwas zur Debatte/Diskussion stellen:** ↑ Debatte. **in Dienst stellen:** ↑ Dienst. **sich in den Dienst einer Sache stellen:** ↑ Dienst. **sich auf eigene Füße stellen:** ↑ Fuß. **sich auf die Hinterbeine stellen:** ↑ Hinterbein. **etwas infrage stellen:** ↑ infrage. **und wenn du dich auf den Kopf stellst; da kannst du dich auf den Kopf stellen:** ↑ Kopf. **etwas auf den Kopf stellen:** ↑ Kopf. **jmdn. unter Kuratel stellen:** ↑ Kuratel. **jmdn., etwas ins rechte Licht stellen:** ↑ Licht. **sein Licht [nicht] unter den Scheffel stellen:** ↑ Licht. **seinen Mann stellen:** ↑ Mann. **die Ohren auf Durchfahrt/Durchzug stellen:** ↑ Ohr. **die Ohren auf Empfang stellen:** ↑ Ohr. **jmdn., etwas mit jmdm., mit etwas in Parallele stellen:** ↑ Parallele. **jmdn. vom Platz stellen:** ↑ Platz. **sich in Positur stellen:** ↑ Positur. **jmdn., etwas an den Pranger stellen:** ↑ Pranger. **etwas auf die Probe/auf eine harte Probe stellen:** ↑ Probe. **jmdn. auf die Probe stellen:** ↑ Probe. **etwas in den Raum stellen:** ↑ Raum. **etwas in Rechnung stellen:** ↑ Rechnung. **jmdn. zur Rede stellen:** ↑ Rede. **jmdn. in eine Reihe mit jmdm. stellen:** ↑ Reihe. **jmdn., etwas in den Schatten stellen:** ↑ Schatten. **etwas zur Schau stellen:** ↑ Schau. **einen Schirm in die Ecke stellen:** ↑ Schirm. **jmdm. jmdn. zur/an die Seite stellen:** ↑ Seite. **jmdn., jmdm., etwas einer Sache an die Seite stellen:** ↑ Seite. **sich auf jmds. Seite stellen:** ↑ Seite. **jmdn. in den Senkel stellen:** ↑ Senkel. **eine Stange [Wasser] in die Ecke stellen; eine Stange Wasser an die Schüssel stellen:** ↑ Stange. **etwas unter Strafe stellen:** ↑ Strafe. **einen Strahl in die Ecke stellen:** ↑ Strahl. **jmdn., etwas auf eine Stufe [mit jmdm., mit etwas] stellen; jmdn., etwas auf die gleiche Stufe [wie jmdm., wie etwas] stellen:** ↑ Stufe. **jmdm. den Stuhl vor die Tür stellen:** ↑ Stuhl. **jmdn. vor die vollendete Tatsache/vor vollendete Tatsachen stellen:** ↑ Tatsache. **jmdm. etwas zur Verfügung stellen:** ↑ Verfügung. **sich [für etwas] zur Verfügung stellen:** ↑ Verfügung. **sein Amt, seinen Posten zur Verfügung stellen:** ↑ Verfügung. **jmdn., etwas in den Vordergrund stellen:** ↑ Vordergrund. **jmdn. vor die Wahl stellen:** ↑ Wahl. **jmdn. an die Wand stellen:** ↑ Wand. **sich jmdm. in den Weg stellen:** ↑ Weg. **die Weichen für etwas stellen:** ↑ Weiche.

Stellung: **die Stellung halten** (ugs.; scherzh.): *[als Letzter] dableiben:* »Du fährst mit Betty und Heinrich noch heute nach Karlsbad ... Oder willst du die Stellung halten, bis die Amerikaner in Prag sind?« (Bieler, Mädchenkrieg 450). Hubert fuhr in die USA. ... Das bedeutete, dass Wetter die Stellung halten musste (Springer, Was 24).
▶ Diese und die beiden folgenden Wendungen stammen aus dem militärischen Bereich. »Stellung« bezeichnet hier den ausgebauten und befestigten Punkt im Gelände, der der Verteidigung dient.
Stellung nehmen/beziehen: *seine Meinung sagen, sich äußern:* Nur einer der Abgeordneten hatte gegen den Ausbau des Autobahnzubringers Stellung genommen. Bis zum heutigen Tage ist zu diesem Memorandum nicht Stellung genommen worden (Dönhoff, Ära 54). ... ein Vorschlag, zu dem von den Westmächten noch nicht eindeutig Stellung bezogen worden ist (FAZ 13. 5. 1961, 1). **etwas in Stellung bringen** (Milit.): *etwas für den Einsatz [kampf-, feuerbereit] aufstellen:* Die Polizei brachte Wasserwerfer in Stellung. ... falls die Amerikaner in Westeuropa keine Pershings, wohl aber Marschflugkörper gegen die UdSSR in Stellung bringen (Spiegel 20, 1983, 15). ... und fünfzig Meter von uns entfernt ist schon ein Maschinengewehr in Stellung gebracht, das gleich losbellt (Remarque, Westen 84). **in Stellung gehen/sein** (veraltet): *als Hausangestellte arbeiten:* Meine Groß-

mutter war bei einer Arztfamilie in Stellung, als sie Großvater kennen lernte. Kennst du Harmonium, Mariechen? Aber na ja doch, sagt Marie, hab ich gesehen in Kowalewo, wie ich in Stellung war (Bobrowski, Levins Mühle 127).

stemmen: einen stemmen (ugs.): *[ein Glas] Alkohol trinken:* Abends nach Büroschluss geht er erst mal einen stemmen. Gegen Mitternacht hat er mit den Senioren noch »kräftig einen gestemmt« (Hörzu 5, 1987, 12).

Stempel: jmdm., einer Sache seinen Stempel aufdrücken: *jmdn., etwas auf charakteristische Weise beeinflussen:* Die Fabrik hat dem ganzen südöstlichen Stadtviertel ihren Stempel aufgedrückt. Das Leistungsprinzip der Entlohnung, das dem Leben in der Sowjetunion den Stempel aufdrückt, wird von all denen, die Vorteile aus ihm ziehen, bejaht (Mehnert, Sowjetmensch 310).

stempeln: stempeln gehen (ugs.): *Arbeitslosenunterstützung beziehen, arbeitslos sein:* In den Zwanzigerjahren mussten Millionen stempeln gehen. Kreibel geht stempeln, holt an den festgesetzten Tagen seine Unterstützung ab (Bredel, Prüfung 344).
▶ Die Wendung geht darauf zurück, dass früher bei Auszahlung des Arbeitslosengeldes zur Kontrolle das Datum in die Papiere des Arbeitslosen gestempelt wurde.

sterben: sterben wie die Fliegen (ugs.): *in großer Anzahl sehr schnell sterben:* Die Sklaven starben wie die Fliegen in den Marmorbrüchen. Wenn die Seuche sich ausbreitet, sterben die Tiere auf der Weide wie die Fliegen.

von etwas stirbt jmd./man nicht gleich (ugs.): *etwas ist nicht so schlimm:* Von so einem bisschen kalten Wasser stirbst du doch nicht gleich! Liebeskummer hat man in diesem Alter oft, davon stirbt man nicht gleich.

im Sterben liegen: *todkrank oder altersschwach darniederliegen und bald sterben müssen:* Eure Tante liegt im Sterben, und ihr denkt nur ans Erbteil!

zum Sterben (ugs.): *sehr:* Der Film war zum Sterben langweilig. Er hat zum Sterben schön gespielt. ... obwohl er nach solchen Wanderungen, zum Sterben mü-

de und traurig, wieder stundenlang sich nicht rührte (Kafka, Erzählungen 81). **nicht an Herzdrücken sterben:** ↑ Herzdrücken. **für etwas leben und sterben:** ↑ leben. **nicht leben und nicht sterben können:** ↑ leben. **zum Leben zu wenig, zum Sterben zu viel:** ↑ leben. **so [et]was lebt, und Schiller musste sterben:** ↑ leben. **in Schönheit sterben:** ↑ Schönheit. **in den Sielen sterben:** ↑ Siele. **tausend Tode sterben:** ↑ tausend.

Sterbenswort/Sterbenswörtchen: kein/nicht ein Sterbenswort/Sterbenswörtchen (ugs.): *nichts, kein Wort:* Sie hatte uns nicht ein Sterbenswörtchen von ihrem Lottogewinn erzählt. Ihr wisst Bescheid ... Schnauze halten. Kein Sterbenswort zu den Bullen (Degener, Heimsuchung 183). ... »von einem Sohn hat sie mir nie auch nur ein Sterbenswörtchen verraten.« (Fels, Unding 223).

sterblich: die sterbliche Hülle/die sterblichen Überreste (geh.; verhüll.): *der Leichnam:* Die sterbliche Hülle des Bischofs wurde in der Gruft der Basilika beigesetzt. Zwar mag es vielen gleichgültig sein, wie ihre sterblichen Überreste behandelt und »zu Staub werden ...« (MM 6./7. 11. 1965, 51).

Stern: ein guter Stern: *ein günstiges Geschick:* Ein guter Stern hat uns davor bewahrt, diesem Schwindler unser Geld anzuvertrauen. ... seine Vertrauten hören ihn klagen, sein guter Stern habe ihn verlassen (St. Zweig, Fouché 184). Vgl. die folgende Wendung.

jmds. guter Stern: *jmds. Helfer[in] und Beschützer[in]:* Fabelhaft hast du das wieder gemacht – du bist wirklich mein guter Stern!
▶ Diese und die vorangehende Wendung beruhen auf der Vorstellung, dass ein so genannter Glücksstern bestimmend für das Leben eines Menschen oder eine Epoche eines Lebens sei.

jmds. Stern sinkt/ist im Sinken: *jmds. Beliebtheit, Ruhm, Macht o. Ä. nimmt immer mehr ab:* Der Film erzählt die Geschichte eines alternden Broadwaystars, dessen Stern unaufhaltsam sinkt. Wer wählt den Bundesrat? ... Der Stern der nach dem eingefahrenen Mustern gepflegten Politik ist offenbar im Sinken (Brückenbauer 11. 9. 1985, 1).

▶ Diese Wendung beruht auf dem Volksglauben, dass jedem Menschen ein Stern zugeordnet sei, der bei seiner Geburt am Himmel aufgeht und bei seinem Tode verlischt.

jmds. Stern geht auf/ist im Aufgehen: *jmd. ist auf dem Wege, bekannt, berühmt, mächtig o. ä. zu werden:* Dies ist ein Foto des jungen Thomas Mann, aus einer Zeit, als sein Stern gerade erst im Aufgehen war.

Vgl. die vorangehende Wendung.

Sterne sehen (ugs.).: *[vor Schmerz] benommen sein:* Er spürte einen dumpfen Schlag, dann sah er nur noch Sterne.

▶ Die Wendung beruht auf der bei plötzlichem starkem Schmerz gelegentlich auftretenden Sinneswahrnehmung von hellen Funken.

jmdm./für jmdn. die Sterne vom Himmel holen: *für jmdn. alles tun:* Vor der Ehe hat er versprochen, ihr die Sterne vom Himmel zu holen, jetzt sitzt er jeden Abend in der Kneipe und versäuft das Wirtschaftsgeld.

die Sterne vom Himmel holen wollen: *versuchen, etwas Unmögliches zu erreichen:* Alle jungen Menschen in deinem Alter wollen die Sterne vom Himmel holen – das legt sich mit der Zeit, glaub mir!

in den Sternen [geschrieben] stehen: *völlig ungewiss sein:* Wann das Buch erscheint, das steht noch in den Sternen geschrieben. Ein Jugendhaus, seit 7 Jahren versprochen, steht noch immer in den Sternen (Praunheim, Sex 289).

▶ Die Wendung bezieht sich auf den Volksglauben, wonach aus dem Stand der Sterne die Zukunft abgelesen werden kann.

nach den Sternen greifen: *nach etwas [fast] Unerreichbarem streben:* Der 1. FC will in dieser Saison nach den Sternen greifen – der Verein strebt die Meisterschaft an. Schließlich erkennt er die Richtigkeit von Adolfs Lebensweisheit. Der Mensch soll nicht nach den Sternen greifen (Chotjewitz, Friede 90).

unter fremden Sternen (geh.): *in der Fremde:* Das Leben unter fremden Sternen war für die Flüchtlinge mit vielen Problemen verbunden.

unter einem guten/glücklichen/günstigen Stern geboren sein: *Glück haben:* Das Kind war unter einem glücklichen Stern geboren, alles in seinem Leben sollte ihm gelingen.

Vgl. die Fügung »jmds. guter Stern«.

unter einem guten/glücklichen/günstigen Stern stehen: *vom Schicksal begünstigt sein:* Ihr Vorhaben stand unter einem guten Stern; schon nach wenigen Tagen hatten sie das Vertrauen der Wachmannschaften gewonnen. Es war in Hollywood ein offenes Geheimnis, dass die Dreharbeiten ... unter keinem glücklichen Stern standen (Hörzu 16, 1973, 24).

Vgl. die Fügung »jmds. guter Stern«.

unter einem schlechten/ungünstigen Stern stehen: *vom Schicksal benachteiligt sein; schlechte Erfolgsaussichten haben:* Seine Amtszeit als Präsident stand von vornherein unter einem schlechten Stern.

Sternchen: eins rauf mit Sternchen: ↑rauf.

stet: steter Tropfen höhlt den Stein: ↑Tropfen.

Steuer: das Steuer herumreißen/-werfen: *den Verlauf einer Entwicklung grundlegend ändern:* Als man die Gefahr endlich erkannt hatte, war es schon zu spät, das Steuer noch herumzureißen. Dennoch darf in der gegenwärtigen kritischen Phase das Steuer nicht total herumgeworfen werden (MM 26. 6. 1967, 6).

▶ Diese Wendung stammt aus der Seefahrt und meinte ursprünglich »das Schiff durch Herumwerfen des Steuers in eine andere Fahrtrichtung lenken«.

Steuerschraube: die Steuerschraube anziehen; an der Steuerschraube drehen: *die Steuern erhöhen:* Solange die Konjunktur schwach ist, darf der Staat die Steuerschraube nicht anziehen.

Stich: Stich halten: *der Nachprüfung standhalten:* Unsere Beweise halten Stich, das werden Sie sehen! Auch meine scherzhaften Betrachtungen über den Pariser Verkehrstrubel und die französische Art des Autofahrens würden heute nicht mehr Stich halten (Sieburg, Paris 62).

▶ Wahrscheinlich ist diese Wendung ursprünglich als »dem Stich des Gegners im Kampf standhalten« zu verstehen.

einen Stich haben (ugs.): 1. *nicht recht bei Verstand sein:* Der will auch noch Geld von uns? Der hat wohl einen Stich! ... sie schleppten sich den Berg hinauf ..., um ein paar Fotos zu machen ... Das alles konnte man ... bequemer als Postkarte kaufen. Die Fremden haben schon einen Stich (Konsalik, Promenadendeck 329). **2.** *ein wenig sauer geworden sein:* Die Milch hat einen Stich, du hättest sie doch in den Kühlschrank stellen sollen! **jmdm. einen Stich geben/versetzen:** *jmdn. kränken, schmerzlich berühren:* Karin war nicht nach Hause gekommen, es gab mir einen Stich, als ich ihr Bett unberührt vorfand (v. d. Grün, Glatteis 127). ... sie ... verzog den Mund zu einem Lächeln, das ihm aus unerklärlichen Gründen einen Stich versetzte (Müthel, Baum 194). **jmdm. einen Stich ins Herz geben** (geh.): *jmdn. tief kränken, sehr schmerzlich berühren:* Es gab ihr einen Stich ins Herz, als sie das tote Kind vor sich sah. **jmdn. im Stich lassen:** 1. *jmdn. [in einer Notlage] allein lassen, jmdm. nicht helfen:* Wir brauchen heute Abend unbedingt einen dritten Mann zum Skat, du kannst uns einfach nicht im Stich lassen! Ich weiß genau, später wirst du mich im Stiche lassen, du wirst dich wie ein Schuft benehmen (Frisch, Cruz 45). ... an Stricken baumelnde Landser, mit einem Schild auf der Brust: »Ich bin ein feiges Schwein, denn ich habe den Führer im Stich gelassen.« (Kirst, 08/15, 824). 2. *nicht funktionieren, versagen:* Bei starkem Regen hat uns der Motor schon manchmal im Stich gelassen. Ging es so vor sich ..., oder lässt meine Erinnerung mich im Stich? (Rechy [Übers.], Nacht 319). ▸ Die Herkunft dieser Wendung ist unklar. Möglicherweise bezog sie sich ursprünglich auf das ritterliche Turnierwesen und meinte, dass ein von den Kampfgefährten verlassener Ritter (bei Gruppenturnieren) den »Stichen« der Gegner ausgeliefert war.

etwas im Stich lassen: *etwas aufgeben, zurücklassen:* Wegen des Waldbrandes mussten wir unsere ganze Ausrüstung im Stich lassen. Er ließ sogar sein Gepäck im Stich, um mir diesen Liebesdienst zu erweisen (Niekisch, Leben 373). Sabotiert von Schweinehunden, die die Heimat im Stich ließen! (Kirst, 08/15, 882).

stieben: ... dass die Funken stieben: ↑ Funke[n].

Stiefel: das sind zwei Paar/zwei verschiedene/zweierlei Stiefel (ugs.): *das sind zwei ganz verschiedene, nicht vergleichbare Dinge:* Wenn ich mal ein Bier trinke und wenn du dich dagegen auf jeder Party bis zum Gehtnichtmehr besäufst, dann sind das doch wohl zwei Paar Stiefel! Denn Motocross mit Dach überm Kopf und Motocross im Freien, das sind zwei verschiedene Stiefel (ADAC-Motorwelt 11, 1985, 122). **einem die Stiefel ausziehen** (ugs.): *unerträglich sein:* Hör doch mit dem Gejaule auf, das zieht einem ja die Stiefel aus! **jmdm. die Stiefel lecken:** *sich jmdm. gegenüber unterwürfig verhalten, sich kriecherisch anbiedern:* Leute, die ihm die Stiefel lecken, kann der Minister nicht gebrauchen. Der Deutsche leckt dir entweder die Stiefel, oder er springt dir mit dem nackten Hintern ins Gesicht (Kirst, 08/15, 895). **sich einen Stiefel einbilden** (veraltend): *sehr eingebildet sein:* Hat keine Ahnung und bildet sich noch einen Stiefel ein – das haben wir gerne! ▸ Die Verwendung von »Stiefel« im Sinne von »eine große Menge, sehr viel, übermäßig« geht von »Stiefel« als Bezeichnung eines großen Trinkgefäßes aus; vgl. die Wendung »einen Stiefel vertragen«.

einen Stiefel [zusammen]reden/[zusammen]schreiben/[zusammen]spielen o. Ä. (ugs.): *schlecht, in unsinniger Weise reden/schreiben/spielen:* Du hast vielleicht gestern Abend einen Stiefel zusammengeredet! Dieser Leitartikler in der Zeitung schreibt einen ganz schönen Stiefel zusammen! Die Mannschaft hat einen erbärmlichen Stiefel gespielt. ▸ Die Wendung geht von der (monotonen) Arbeit des Schuhmachers aus, der immer wieder Stiefel macht. Aus der Vorstellung des »Routinemäßigen« entwickelte sich der Begriff des »Schlechten«. Vgl. auch die vorangehenden Wendungen.

seinen [alten] Stiefel/im alten Stiefel weitermachen (ugs.): *immer weiter in der gewohnten Weise vor sich hin arbeiten:* Da kann geschehen was will, der Herr Amts-

rat macht seinen Stiefel weiter. Die Regierung ist zwar wieder gewählt worden, aber sie kann es sich jetzt nicht erlauben, im alten Stiefel weiterzumachen.
einen [tüchtigen] Stiefel vertragen/trinken können (ugs.): *eine große Menge Alkohol vertragen:* Der Wirt vom »Schwan« kann schon einen Stiefel vertragen. Dass ich einen Stiefel vertrug, ist ja selbstverständlich. Immerhin hatte mich der Wein in eine etwas gehobene Stimmung versetzt (Hauptmann, Schuß 55).
▶ Diese Wendung bezog sich ursprünglich auf das Trinkgefäß in Form eines Stiefels, das heute noch gelegentlich als Bierglas verwendet wird.
jmdn. aus den Stiefeln hauen (ugs.): *jmdn. sehr überraschen, sprachlos machen:* Das wird ihn aus den Stiefeln hauen, wenn er hört, dass wir ihn zum Vorsitzenden wählen wollen.
jmdn. in die Stiefel scheißen (derb): *jmdn. in hohem Maße verärgern:* Der Kerl hat uns in die Stiefel geschissen, der ist für uns gestorben!
stiefeln: gestiefelt und gespornt: ↑ gestiefelt.
Stiel: mit Stumpf und Stiel: ↑ Stumpf.
Stielauge: Stielaugen machen/bekommen/kriegen (ugs.): 1. *sehr verblüfft dreinschauen:* ... diese alte Hure bekam Stielaugen, als sie die Summe hörte, die ich ihr als Miete bot (Andersch, Rote 225). In Zerbst hätte das Schalterfräulein Stielaugen gemacht, wenn der Herr Landrat ein Billett nach Berlin löste (Bieler, Bär 325). 2. *sehr begehrlich dreinschauen:* Die Kinder werden Stielaugen kriegen, wenn sie die Torte sehen. Mach doch nicht solche Stielaugen, hol dir einen Teller und iss einen Happen mit!
Stier: den Stier bei den Hörnern fassen/packen: *[in einer schwierigen Lage] eine Aufgabe mutig anpacken:* Die Verhandlungen waren nicht leicht, und schließlich musste er den Stier bei den Hörnern fassen. Und es wird das Beste sein, wenn ich den Stier bei den Hörnern packe und ihr das sage (Ruark [Übers.], Honigsauger 517).
brüllen wie ein Stier: ↑ brüllen.
stieren: ein Loch/Löcher in die Wand stieren: ↑ Loch.

Stil: großen Stils; im großen Stil: *in großem Umfang:* Die Polizei hat ihm Betrügereien im ganz großen Stil nachweisen können. Alle Blumenhandlungen machten Geschäfte großen Stiles (Th. Mann, Buddenbrooks 469). Solange weiterhin Energie in großem Stil verschwendet werde ..., dürften keine neuen Großkraftwerke in Angriff genommen werden (Baselland. Zeitung 68, 21. 3. 85, 3).
still: so still sein, dass man eine Stecknadel fallen hören kann/könnte: *absolut still sein:* Als die Nachricht vom Friedensschluss kam, war es sekundenlang so still im Saal, dass man eine Stecknadel hätte fallen hören können. Im ganzen Haus war es nachts so still, dass man eine Stecknadel fallen hören konnte.
im Stillen: 1. *bei sich, insgeheim:* Sie hat sich im Stillen über das ganze Durcheinander diebisch gefreut. ... ich werde es doch nicht essen, sage ich mir im Stillen (Grzimek, Serengeti 284). Er hatte ein Hochzeitsgedicht gemacht ... Er nahm die Blätter aus der Brusttasche und memorierte im Stillen (Fries, Weg 245). 2. *unbemerkt, heimlich:* Naturschützer hatten im Stillen einen Wachdienst am Horst des Seeadlers eingerichtet.
heimlich, still und leise: ↑ heimlich. **im stillen Kämmerlein:** ↑ Kammer. **das stille Örtchen:** ↑ Örtchen. **ein stilles Wasser:** ↑ Wasser. **stille Wasser sind tief:** ↑ Wasser.
Stille: in aller Stille: *unbemerkt, ohne großes Aufsehen:* Sie haben in aller Stille geheiratet und sind nach Kanada ausgewandert. In aller Stille ermittelte er Hergang und Hintergründe der Mordtat (Prodöhl, Tod 260). Baldaufs haben sich in aller Stille einen Trabant angeschafft (Kant, Impressum 213).
die Stille vor dem Sturm: ↑ Ruhe.
Stillschweigen: sich in Stillschweigen hüllen: ↑ Schweigen.
stillstehen: jmds. Mundwerk steht nicht still: ↑ Mundwerk. **jmdm. steht der Verstand still:** ↑ Verstand.
Stimme: nicht [gut] bei Stimme sein: *nicht über die volle Leistungsfähigkeit der [Gesangs]stimme verfügen:* Die Kammersängerin war an diesem Abend wahrhaftig nicht gut bei Stimme. Ich kann heute einfach nicht auftreten, ich bin nicht bei Stimme!

stimmen: stimmt so! (ugs.): *Aufforde-rung, das Wechselgeld zu behalten:* Hier sind zwanzig Mark, stimmt so! Haseloff ... zahlte mit Scheinen, unter der Rechnung verborgen: »Stimmt so!« (Grass, Hundejahre 356).

stimmts, oder hab ich Recht? (ugs.): *scherzhafte Frage, mit der man aus-drückt, dass man Zustimmung, Bestäti-gung erwartet:* Schließlich schlagen wir doch alle ganz gern mal über die Stränge, stimmt's, oder hab ich Recht?

die Chemie stimmt: ↑ Chemie. **jetzt/dann stimmt die Richtung:** ↑ Richtung.

Stimmung: für/gegen jmdn., etwas Stim-mung machen (ugs.): *dafür sorgen, dass eine Gruppe für/gegen jmdn., etwas ein-genommen ist:* Die Lokalpresse hatte Stimmung gegen den Bürgermeister ge-macht. Am Tag vor Weihnachten be-suchte er den Staatsanwalt und den Richter, um dort Stimmung für sich zu machen (Ossowski, Bewährung 72).

stinken: drei Meilen gegen den Wind/wie die Pest/wie ein Ziegenbock/wie ein Wie-dehopf/wie ein nasser Fuchs stinken (ugs.): *unerträglich schlecht riechen:* Im ganzen Hausflur stinkt es wie die Pest. Wann hast du dich zuletzt gewaschen? Du stinkst drei Meilen gegen den Wind! ... ich, der aussah, als hätte ich mich in der Gosse gewälzt, ich, der stank wie ein Wiedehopf (Fallada, Trinker 63).

Eigenlob stinkt: ↑ Eigenlob. **stinken vor Faulheit:** ↑ Faulheit. **nach Geld stinken:** ↑ Geld. **Geld stinkt nicht:** ↑ Geld. **mit vollen Hosen stinken:** ↑ Himmel. **mit vollen Hosen lässt es sich gut stinken:** ↑ Hose. **aus allen Knopflöchern stinken:** ↑ Knopf-loch.

Vgl. auch das Stichwort »riechen«.

Stint: sich freuen wie ein Stint: ↑ freuen.

Stirn: die Stirn haben [etwas zu tun]: *die Dreistigkeit besitzen [etwas zu tun]:* Und dieser Feigling hat noch die Stirn, uns mangelnde Zivilcourage vorzuwerfen! ... dann kam der Umzug ins neue Haus, und Sibylle hatte die Stirne, ausgerech-net in jener Woche zu einer Freundin nach Sankt Gallen auf Besuch zu gehen (Frisch, Stiller 270).

▶ Die vorliegende Wendung ist eine ver-kürzte und in der Bedeutung abgewan-delte Form des älteren »eine eherne

Stirn haben« (= unbeugsam sein). Diese Wendung geht auf die Bibel zurück. Dort heißt es (Jesaja 48,4): »Denn ich weiß, dass du hart bist, und dein Nacken ist eine eiserne Ader, und deine Stirn ist ehern.«

jmdm., einer Sache die Stirn bieten: *jmdm., einer Sache [mutig] entgegentre-ten:* Der junge Schnösel wagt es, uns die Stirn zu bieten? An die 800 Männer hat-ten dem Bürgermeister Ansprenger die Stirn geboten, als er die Sozialistenver-sammlung verbot (Kühn, Zeit 163).

sich an die Stirn greifen/fassen: *etwas unfassbar, unerhört finden:* Jeder ver-nünftige Mensch kann sich doch nur an die Stirn greifen, wenn er so etwas hört! ... dass ihr eine beginnende große Bewe-gung des Zeitgeistes bisher entgangen sei, und endlich fasste sich die Hingeris-sene an die Stirn vor Staunen darüber, dass ... (Musil, Mann 882).

jmdm. auf der Stirn geschrieben stehen: *an jmds. Gesichtsausdruck deutlich ab-lesbar sein:* Der Kleinen steht das schlechte Gewissen ja förmlich auf der Stirn geschrieben!

mit eiserner Stirn: *unerschütterlich:* Mit eiserner Stirn weigerte sich der Zeuge auszusagen. Sie hielt allen Versuchungen mit eiserner Stirn stand.

Vgl. die Wendung »die Stirn haben«.

Stock: [wohl] einen Stock verschluckt ha-ben (ugs.): *sich sehr gerade und steif hal-ten:* Warum stehst du so steif da – du hast wohl einen Stock verschluckt? Es ist lieb, dass Sie mir die Suppe bringen, ... aber was ist in Sie gefahren? Sie gehen, als hätten Sie einen Stock geschluckt (Härtling, Hubert 104).

am Stock gehen (ugs.): 1. *erschöpft, in ei-ner schlechten gesundheitlichen Verfas-sung sein:* Nach drei Stunden Spezial-training gingen die Spieler alle am Stock. So eine Grippe macht einen total fertig; ich geh jetzt schon seit zwei Wochen am Stock! 2. *in einer schlechten finanziellen Lage sein:* Die Firma geht am Stock, das ist in der Branche längst kein Geheimnis mehr.

da gehst du am Stock! (ugs.): *Ausruf der Überraschung:* Du kennst den Direktor der Firma persönlich? – Da gehst du am Stock!

über Stock und Stein: *über alle Hindernisse hinweg:* Die Fahrt ging trotz der Dunkelheit quer durchs Gelände, über Stock und Stein. Die Primadonnenpferde greifen aus, über Stock und Stein, über Zäune und Gräben (Sacher-Masoch, Parade 143).

▶ Diese Wendung geht von »Stock« im Sinne von »Baumstumpf« aus, meint also »über Stümpfe und Steine«. Mit »Stock und Stein« wurde früher auch das noch nicht gerodete Waldgebiet bezeichnet.

vom Hölzchen aufs Stöckchen kommen: ↑ Hölzchen.

stocken: ins Stocken kommen/geraten: *nicht mehr vorankommen:* Die Arbeiten am Staudamm gerieten wegen des schlechten Wetters ins Stocken. »Sind Sie denn nie im Liebichtheater in Breslau gewesen?«, fragte sie trotzdem weiter, weil ... sie es gar nicht leiden konnte, wenn ein Gespräch ins Stocken kam (Klepper, Kahn 72).

jmdm. stockt das Blut in den Adern: ↑ Blut.

stolpern: über einen Strohhalm/einen Zwirnsfaden stolpern: ↑ Strohhalm.

stolz: stolz wie ein Spanier/wie ein Pfau: *sehr stolz:* Er ist stolz wie ein Spanier vorbeigegangen, ohne uns zu grüßen. Sie ist stolz wie ein Pfau, seit sie diesen Nerzmantel hat. Stolz wie ein Pfau saß Emanuel auf seinem Schimmel ... (Schneider, Erdbeben 23).

▶ Der Vergleich mit dem Spanier geht auf das alte Vorurteil zurück, dass spanische Männer besonders stolz und hochmütig seien.

stopfen: jmdm. den Hals stopfen: ↑ Hals. **jmdm. den Mund/das Maul stopfen:** ↑ Mund. **jmdm. den Rachen stopfen:** ↑ Rachen.

Storch: der [Klapper]storch beißt jmdn. ins Bein (scherzh.): *jmd. wird schwanger:* »Komm nicht so spät nach Hause, und pass auf, dass dich der Storch nicht ins Bein beißt!«, ermahnte die Mutter ihre Tochter. Deine Mama ist vom Klapperstorch ins Bein gebissen worden, und jetzt bekommst du bald ein Brüderchen oder ein Schwesterchen.

▶ Diese und die folgende Wendung beruhen auf dem Kindermärchen, dass der Storch die kleinen Kinder bringt.

der Storch hat angerufen (ugs.): *jmd. ist schwanger geworden:* Weißt du schon das Neuste von Erika? Der Storch hat angerufen!

wie ein Storch im Salat (ugs.; scherzh.): *steif und staksig:* Er geht über den Kiesstrand wie ein Storch im Salat. Die »Dame« stakst in ihren Pumps übers Parkett wie ein Storch im Salat (Hörzu 6, 1983, 8).

da/nun/jetzt brat mir einer einen Storch: ↑ braten.

stören: jmdn. stört die Fliege an der Wand: ↑ Fliege. **große Geister stört das nicht:** ↑ Geist. **jmds. Kreise stören:** ↑ Kreis.

Stoß: sich/seinem Herzen einen Stoß geben: ↑ Herz.

stoßen: jmdn. aus dem Anzug stoßen: ↑ Anzug. **jmdm. Bescheid stoßen:** ↑ Bescheid. **jmdm. stößt der Bock:** ↑ Bock. **auf Gegenliebe stoßen:** ↑ Gegenliebe. **kräftig/mächtig ins Horn stoßen:** ↑ Horn. **ins gleiche Horn stoßen:** ↑ Horn. **jmdn. vor den Kopf stoßen:** ↑ Kopf. **einen hinter die Krawatte stoßen:** ↑ Krawatte. **jmdn. mit der Nase auf etwas stoßen:** ↑ Nase. **in die Trompete stoßen:** ↑ Trompete.

stottern: auf Stottern [kaufen] (ugs.): *auf Raten [kaufen]:* Sie haben die ganze Kücheneinrichtung auf Stottern gekauft. Wieso kannst du dir denn schon wieder einen neuen Wagen leisten? – Na, auf Stottern ist das doch kein Problem!

Strafe: eine Strafe Gottes sein (ugs.): *eine sehr unangenehme, lästige Sache sein:* Mit ihr einkaufen zu gehen ist wirklich eine Strafe Gottes!

jmdn. in Strafe nehmen (Rechtsw.): *jmdn. bestrafen:* »... ich nehme Sie sofort in Strafe, wenn Sie noch einmal, ohne aufgefordert zu sein, das Wort ergreifen!« (Fallada, Jeder 357). Die Schneider, die modische Gewandung herstellen, werden in Strafe genommen (Buber, Gog 165).

unter Strafe stehen: *eine Strafe nach sich ziehen, bestraft werden:* Das Fotografieren militärischer Anlagen steht unter Strafe. Diese Qualitätsverschlechterung steht, wenn ich mich nicht irre, auch heute noch unter Strafe (Mehnert, Sowjetmensch 116).

etwas unter Strafe stellen: *etwas mit einer Strafe bedrohen:* Nach dem Putsch hat die Militärregierung jede gewerkschaftliche Betätigung unter Strafe gestellt. Die Führung eines Kraftfahrzeuges im Zustande von Alkoholbeeinflussung ... ist unter Strafe gestellt (Medizin II, 56).

strafen: mit jmdm., mit etwas gestraft sein (ugs.): *mit jmdm., mit etwas großen Kummer haben:* Sie ist mit einem versoffenen Ehemann und mit sechs unmündigen Kindern gestraft. Warum muss gerade ich mit so einem pickligen Gesicht gestraft sein!

Gott soll mich strafen, wenn ...: ↑ Gott.

jmdn., etwas Lügen strafen: ↑ Lüge.

jmdn. mit Verachtung strafen: ↑ Verachtung.

straff: den Bogen zu straff spannen: ↑ Bogen. **die Zügel straffer anziehen:** ↑ Zügel. **die Zügel straff halten:** ↑ Zügel.

Strahl: einen Strahl in die Ecke stellen (derb): *urinieren (von Männern):* Können wir mal anhalten? Ich müsste dringend einen Strahl in die Ecke stellen!

Strahlemann: [auf] Strahlemann und Söhne machen (ugs.): *ein [übertrieben] fröhliches Gesicht machen:* Als er die Fernsehkameras bemerkte, machte der Minister sofort auf Strahlemann und Söhne.

strahlen: strahlen wie ein Honigkuchenpferd (ugs.): *ein strahlendes Gesicht machen:* Die Kleine strahlte wie ein Honigkuchenpferd, als alle ihr begeistert Beifall klatschten. ... und wo man ihm die Geburt des Kindes mitteilt, da steht er also und strahlt über das ganze Gesicht wie ein Honigkuchenpferd (Danella, Hotel 27).

über beide/alle vier Backen strahlen: ↑ Backe. **aus allen Knopflöchern strahlen:** ↑ Knopfloch. **von einem Ohr zum anderen strahlen:** ↑ lachen.

stramm: den strammen Max spielen/markieren (ugs.): *großsprecherisch auftreten:* Er muss doch immer den strammen Max spielen, wenn er etwas getrunken hat.

stramm ziehen: jmdm. die Hosen stramm ziehen: ↑ Hose.

Strandhaubitze/Strandkanone: blau sein wie eine Strandhaubitze/Strandkanone: ↑ blau. **voll [sein] wie eine Strandhaubitze:** ↑ voll.

Strang: wenn alle Stränge/Stricke reißen (ugs.): *wenn alles andere nicht klappt, wenn es keine andere Möglichkeit mehr gibt:* Wenn alle Stricke reißen, müssen wir eben vom Vertrag zurücktreten und die Konventionalstrafe zahlen. Wenn alle Stränge rissen, dann könne man auch Zimmer vermieten ... Das sei noch eine stille Reserve (Kempowski, Uns 131).

▶ Diese Wendung bezog sich wahrscheinlich ursprünglich auf die Seile, mit denen Zugtiere vor den Wagen gespannt wurden. Wenn diese Stricke zerrissen, musste man nach anderen Möglichkeiten suchen, vorwärts zu kommen.

vor etwas Strang haben (landsch.): *vor etwas Angst haben:* Die Kinder haben Strang vor dem neuen Hausmeister.

▶ Die Herkunft der Wendung ist unklar.

am gleichen/am selben Strang ziehen: *in der gleichen Lage sein und das gleiche Ziel verfolgen:* Es hat keinen Sinn zu streiten; wir ziehen schließlich alle am gleichen Strang. ... dass man bei der gemeinsamen Fahrt und Aussprache im Gefängniswagen eingesehen habe, wie viel besser es sei, am selben Strang zu ziehen (Mostar, Unschuldig 38).

über die Stränge schlagen (ugs.): *übermütig werden:* Auch die solidesten Familienväter schlugen gelegentlich über die Stränge. Einerseits schlug sie über die Stränge, war rotzfrech und ließ kaum mit sich reden (Christiane, Zoo 156).

▶ Mit den »Strängen« sind in dieser Wendung die Seile des Pferdegeschirrs gemeint: Das übermütig auskeilende Pferd schlägt mit den Hinterhufen nach oben, über die »Stränge« hinaus.

Straße: die Straße messen (veraltend; scherzh.): *[auf der Straße] stürzen:* Bei dem Glatteis letzte Woche hat Opa zweimal die Straße gemessen, aber es ist ihm nichts weiter passiert.

mit etwas die Straße pflastern können (ugs.): *etwas im Überfluss, in sehr großer Zahl vorfinden:* Mit arbeitslosen Akademikern kann man hierzulande die Straße pflastern. Sie hat so viel Geld, dass sie damit die Straße pflastern kann.

auf die Straße gehen: *demonstrieren:* Nicht ohne Grund sind die Studenten damals auf die Straße gegangen und haben Reformen gefordert. Über 6 000 gingen schon im vergangenen Jahr gegen die NATO-Hochrüstung auf die Straße (DLZ 20. 3. 1981, 6).

jmdn. auf die Straße werfen/setzen (ugs.): 1. *jmdn. entlassen:* Die Unternehmensleitung wollte ein Drittel der Belegschaft auf die Straße werfen! Etliche bestechliche Bedienstete setzte Jäkels Amt in jüngster Zeit auf die Straße (Spiegel 24, 1976, 65). 2. *jmdm. die Wohnung kündigen:* Die Häuser wurden an einen Konzern verkauft, die Mieter hat man einfach auf die Straße geworfen.

auf die Straße fliegen (ugs.): 1. *entlassen werden:* Wenn wirtschaftliche Schwierigkeiten auftreten, fliegen die Ungelernten doch als Erste auf die Straße. In anderen Betrieben wird die Produktion umgestellt, und ganze Belegschaften fliegen auf die Straße (Springer, Was 58). 2. *die Wohnung gekündigt bekommen:* Der Vermieter drohte ihm, er würde auf die Straße fliegen, wenn er noch einmal nach Mitternacht Trompete übte.

auf der Straße sitzen (ugs.): 1. *keine Stellung haben; arbeitslos sein:* In diesen schlechten Zeiten haben Millionen Menschen auf der Straße gelegen. Im Winter ist für einen Zimmermann schwer Arbeit zu finden, und Moosbrugger lag oft wochenlang auf der Straße (Musil, Mann 70). Sie haben die Schule absolviert, Berufspläne geschmiedet, und nun liegen sie auf der Straße (Trommel 41, 1976, 5). 2. *keine Wohnung haben:* Es ist ein Skandal, dass eine Familie mit drei kleinen Kindern auf der Straße liegt, weil die Behörden sich an ihren Paragraphen festhalten! 3. *unterwegs sein:* Als Vertreter liegt er den ganzen Tag auf der Straße. 4. *leicht zu verdienen, zu erwerben sein:* Für junge Leute mit Ehrgeiz liegt der Erfolg auf der Straße. In der Versicherungsbranche liegen die großen Gewinne auch nicht mehr auf der Straße.

auf der Straße liegen (ugs.): 1. *keine Stellung haben; arbeitslos sein:* Sie sitzt seit drei Jahren auf der Straße, weil sie keine abgeschlossene Ausbildung hat. Ich bin 18, habe vor kurzem meine Lehre angefangen als Dreher, habe auf der Straße gesessen (Spiegel 48, 1982, 78). 2. *keine Wohnung haben:* Das Wohnungsamt wird uns schon helfen, die können uns

doch nicht einfach auf der Straße sitzen lassen.

etwas nicht auf der Straße gefunden haben (ugs.): *etwas [mühevoll] verdient, erarbeitet haben:* Wir haben das Geld für dein Studium schließlich nicht auf der Straße gefunden!

auf offener Straße: *in der Öffentlichkeit auf der Straße:* Der Politiker war auf offener Straße von einem Separatisten erschossen worden. Sich auf offener Straße mit so einer abzuknutschen (Fallada, Mann 66). So musste Michael ... sich dann auf offener Straße von dem frechen Chauffeur laut beschimpfen lassen (Grzimek, Serengeti 219).

etwas über die Straße verkaufen (ugs.): *in einem Lokal etwas zum Mitnehmen verkaufen:* Der »Weingarten« verkauft diesen Riesling auch über die Straße. Verkaufen Sie Pizza auch über die Straße?

Verkauf über die Straße (ugs.): *Verkauf zum Mitnehmen (in Lokalen):* In dem Café da drüben können wir Kuchen mitnehmen, die haben auch Verkauf über die Straße.

ein Mädchen/eine von der Straße (ugs.): *eine Prostituierte:* Sein Onkel, munkelte man, sei mit einer von der Straße verheiratet.

jmdn. von der Straße auflesen: *jmdn. in einer wenig renommierten Umgebung kennen lernen [und zu sich nehmen]:* Die so genannte feine Gesellschaft hatte ihn bald angewidert, und er begann, sich seine Saufkumpane von der Straße aufzulesen. Sie war froh und dankbar, dass er sie damals von der Straße aufgelesen hatte.

das Geld liegt auf der Straße: ↑ Geld. **sein/das Geld [mit beiden Händen] auf die Straße werfen:** ↑ Geld. **der Mann auf der Straße:** ↑ Mann.

sträuben: jmdm. sträubt sich die Feder (geh.): *jmdm. widerstrebt es, etwas zu schreiben:* Wenn ich daran denke, was ich in diesen Slums gesehen habe, sträubt sich mir die Feder – ich bin nicht in der Lage, dieses Elend zu beschreiben.

jmdm. sträubt sich das Gefieder: ↑ Gefieder. **jmdm. sträuben sich die Haare:** ↑ Haar. **sich mit Händen und Füßen gegen etwas sträuben:** ↑ Hand.

Straubinger: Bruder Straubinger: ↑ Bruder.

Strauß: einen Strauß mit jmdm. ausfechten (geh.): *eine Auseinandersetzung mit jmdm. führen:* Die beiden Politiker hatten in der Vergangenheit manchen Strauß miteinander ausgefochten. Ich war gewappnet und bereit, meinen Strauß auszufechten, und kostet es mein Leben (Hagelstange, Spielball 120).

▶ »Strauß« in dieser Wendung ist ein veralteter Ausdruck für »Streit, Zwist«.

Straußenmagen: einen Straußenmagen haben (ugs.): *alles Essbare gut vertragen:* Nach dem, was sie an diesem Abend alles durcheinander gegessen hat, muss sie einen Straußenmagen haben!

Strecke: auf der Strecke bleiben: *scheitern, unterliegen:* Was soll man machen, wenn alle Warnungen missachtet werden und die Vernunft offensichtlich auf der Strecke bleibt? Viele, die einmal mit großen Hoffnungen starteten, bleiben auf der Strecke (Hörzu 38, 1973, 79). Wenn er jetzt nicht dem Vater zuvorkam und zum Angriff überging, würde er auf der Strecke bleiben (Ossowski, Liebe 330).

▶ Diese Wendung stammt wohl aus dem Bereich des Sports, meint also eigentlich »bei einem [Lauf]wettbewerb nicht das Ziel erreichen«.

jmdn./etwas zur Strecke bringen: *jmdn. fangen/etwas erlegen:* Mit unbewegtem Gesicht erzählte der alte Globetrotter, er habe seinerzeit, nur mit einem Messer bewaffnet, an einem einzigen Tag sieben Alligatoren zur Strecke gebracht. Ode spielt einen pensionierten Kommissar, der in Frankreich Ganoven zur Strecke bringt (Hörzu 42, 1977, 18). Es erschien unglaubhaft, dass ein einziger Mensch den baumstarken Francesco in offenem Kampf zur Strecke gebracht habe ... (Mostar, Unschuldig 77).

▶ Diese Wendung stammt wahrscheinlich aus der Jägersprache. Mit »Strecke« bezeichnet der Jäger die nach der Jagd am Sammelplatz auf dem Boden aufgereihten erlegten Tiere.

strecken: die Beine unter jmds. Tisch strecken: ↑ Bein. **jmdn. zu Boden strecken:** ↑ Boden. **sich nach der Decke strecken müssen:** ↑ Decke. **die Füße unter jmds. Tisch strecken:** ↑ Fuß. **alle viere von sich strecken:** ↑ vier. **die Waffen strecken:** ↑ Waffe.

Streich: dieses/das war der erste Streich (ugs.): *das war das Erste, was zu tun war:* So, das war der erste Streich, morgen werden die beiden anderen Zimmer tapeziert!

▶ Die Redensart geht auf Wilhelm Buschs »Max und Moritz« zurück. Dort bilden die Verse »Dieses war der ...te Streich, doch der ...te folgt sogleich« die Überleitungen zwischen den einzelnen Episoden.

jmdm. einen Streich spielen: 1. *jmdn. mit einem Scherz necken, hereinlegen:* Als Kinder haben wir unseren Eltern manchen Streich gespielt. Er hasste die Bücher, lernte nur notdürftig schreiben ... Spielte den Bauern üble Streiche (Feuchtwanger, Herzogin 27). 2. *jmdn. täuschen, jmdm. übel mitspielen:* Niemand hatte an die Tür geklopft, meine überreizten Nerven hatten mir einen Streich gespielt. Das Schicksal hat unseren Nachbarn einen üblen Streich gespielt.

auf einen Streich (veraltend): *mit einem Schlag, auf einmal:* Das tapfere Schneiderlein rühmte sich, sieben auf einen Streich erschlagen zu haben. Wenn der Plan der Polizei klappt, kann sie die ganze Bande auf einen Streich verhaften.

▶ In dieser und der folgenden Wendung ist »Streich« ein veraltender Ausdruck für »Schlag; [Fecht]hieb«.

[mit etwas] zu Streich kommen (landsch.): *mit etwas zurechtkommen:* Ob Vati mit dem neuen Staubsauger allein zu Streich kommt? Nachdem eine Kommission des hohen Hauses nach heißem Bemühen nicht zu Streich kam, soll jetzt von anderer, unabhängiger Seite Rat kommen (MM 15. 11. 1974, 2). Vgl. die vorangehende Wendung.

streichen: einen streichen lassen (derb): *eine Blähung abgehen lassen:* Fenster auf, hier hat wieder einer einen streichen lassen! Der Söldner rülpste und ließ hörbar einen streichen.

jmdn. um den Bart streichen: ↑ Bart. **jmdm. etwas aufs Butterbrot streichen:** ↑ Butterbrot. **die Hosen gestrichen voll haben:** ↑ Hose. **die Nase gestrichen voll haben:** ↑ Nase. **die Flagge/die Segel streichen:** ↑ Segel.

Streifen: jmdm. [nicht] in den Streifen passen (ugs.): *jmdm. [nicht] recht sein;*

jmdm. [un]gelegen kommen: Alles, was ihm nicht in den Streifen passt, muss er lächerlich machen oder kritisieren! Sie machte mit, obwohl ihr die Demo nicht in den Streifen passte. **Hochdeutsch mit Streifen:** ↑Hochdeutsch.

Streit: einen Streit vom Zaun[e] brechen: *einen Streit beginnen, provozieren:* Er hatte im Wirtshaus einen Streit vom Zaun gebrochen und war jämmerlich verprügelt worden. ... sie entdeckt sofort den Diebstahl aus ihrem Kleiderspind. Sofort bricht sie einen Streit vom Zaun (Fallada, Jeder 68). ▶ Die Herkunft dieser Wendung ist unklar. Möglicherweise bezieht sie sich darauf, dass der Zaun, die Grenze zwischen zwei Grundstücken, oft Anlass zu Ärger zwischen den Nachbarn gibt. **nur keinen Streit vermeiden!** (ugs.; scherzh.): *Kommentar, wenn eine Auseinandersetzung wegen einer Kleinigkeit droht.* **mit jmdm. im Streit liegen:** *mit jmdm. Streit haben:* Die beiden Brüder lagen leider immer im Streit miteinander. **das ist ein Streit um des Kaisers Bart:** ↑Bart.

streiten: wenn zwei sich streiten, freut sich der Dritte: *bei einer Auseinandersetzung zweier Personen als Dritter Nutzen ziehen:* Da hat er aber Glück gehabt – wenn zwei sich streiten, lacht eben der Dritte. **um des Kaisers Bart streiten:** ↑Bart. **darüber streiten sich die Gelehrten:** ↑Gelehrte. **über Geschmack lässt sich nicht streiten:** ↑Geschmack. **um den Schatten eines Esels streiten:** ↑Schatten.

streitig: jmdm. etwas streitig machen: *etwas beanspruchen, was ein anderer beansprucht:* Nur zwei Konkurrenten können dem Spitzenreiter der Bundesliga die Meisterschaft noch streitig machen. Wer sollte England die Vorherrschaft auf dem Meer streitig machen? ... der einzige wirksame Freund, den die Elefanten und Zebras noch haben, wenn der Mensch ihnen die Heimat streitig macht (Grzimek, Serengeti 292).

streng: ein strenges Regiment führen: ↑Regiment. **strengere Saiten aufziehen:** ↑Saiten.

streuen: sich Asche aufs Haupt streuen: ↑Asche. **jmdm. Sand in die Augen streuen:** ↑Sand.

Streusand: Punkt, Schluss und Streusand darüber: ↑Punkt.

Strich: [nur noch] ein Strich in der Landschaft sein (ugs.): *sehr dünn, abgemagert sein:* Nach ihrer schweren Krankheit war sie nur noch ein Strich in der Landschaft. Du musst mehr essen, Junge, du bist ja nur noch ein Strich in der Landschaft! **Strich drunter!** (ugs.): *die Sache soll erledigt, vergessen sein:* Strich drunter! Vergessen wir den Streit, und trinken wir einen zusammen! ... ich ... bat um Entschuldigung wegen vorher. Strich drunter! Ich bin unausstehlich, wenn ich überarbeitet bin (Frisch, Homo 91). ▶ In dieser Wendung ist mit »Strich« der Schlussstrich gemeint, der unter eine abgeschlossene Rechnung gezogen wird. **einen Strich [zu viel] haben** (ugs.; veraltend): *betrunken sein:* Er hatte einen ganz schönen Strich und brauchte dringend ein Taxi. ▶ In dieser Wendung ist mit »Strich« die Markierung des Trinkglases gemeint, die anzeigt, wie weit das Glas gefüllt wird. **keinen Strich tun/machen** (ugs.): *nichts tun, nicht arbeiten:* Er hat keinen Strich gemacht, als seine Eltern die Wohnung renovierten. Ich habe, seitdem ich hierher gekommen bin, praktisch keinen Strich für mein Studium getan (Wohngruppe 76). **jmdm. einen [dicken] Strich durch die Rechnung machen** (ugs.): *jmds. Pläne, Absichten durchkreuzen:* Wir wollten am Wochenende ins Grüne fahren, aber das Wetter hat uns einen Strich durch die Rechnung gemacht. In den letzten Wochen aber hat ihm die Inflationslawine einen Strich durch die Rechnung gemacht (Remarque, Obelisk 21). ▶ Die Wendung bezieht sich darauf, dass durch einen Strich (durch Durchstreichen) eine Rechnung als ungültig gekennzeichnet wird. **einen [dicken] Strich unter etwas machen/ziehen** (ugs.): *etwas als [endgültig] erledigt, vergangen betrachten:* Sie wollte einen Strich unter ihr bisheriges Leben

machen und noch einmal ganz von vorn beginnen. ... es ist hoch an der Zeit, endlich einen Strich unter die Vergangenheit zu ziehen (Simmel, Affäre 114).
Vgl. die Wendung »Strich drunter!«
jmdn. auf dem Strich haben (ugs.): *jmdn. nicht leiden können:* Die hat der Portier sowieso auf dem Strich, ewig übernachtet alles mögliche Gesindel bei der (Fallada, Jeder 207). Vielleicht hatten sie mich auf dem Strich, weil ich zu einem mal aus Versehen »Ober« sagte (Lenz, Brot 99).
▶ In der Waffenkunde bezeichnet »Strich« die Visierlinie zum Ziel. Die Wendung meint also eigentlich »mit dem Gewehr auf jemanden zielen; im Begriff stehen, jemanden abzuschießen«; vgl. die Wendungen »in die Schusslinie geraten« und »jmdn., etwas ins Visier nehmen«.
auf den Strich gehen (derb): *sich prostituieren:* Viele heroinsüchtige Jugendliche gehen in der Bahnhofsgegend auf den Strich. Ich habe einen Laden, aber zuvor bin ich auf den Strich gegangen (Brecht, Mensch 48).
▶ Die Herkunft dieser Wendung ist trotz aller Deutungsversuche nicht sicher geklärt. Wahrscheinlich steht sie im Zusammenhang mit dem Verb »streichen« im Sinne von »entlanggehen, umherziehen«. Das Substantiv »Strich« wäre dann also im Sinne von »Zugrichtung« oder allgemeiner als »Weg, Straße« zu verstehen. Möglicherweise spielt auch das jägersprachliche »Schnepfenstrich« hinein, zumal »Schnepfe« ein umgangssprachlicher Ausdruck für »Prostituierte« ist.
etwas gegen den Strich bürsten: *etwas ganz anders als bisher [und dadurch richtiger] darstellen:* In dem Buch wird das traditionelle Bild Luthers gründlich gegen den Strich gebürstet. »Tieftraurig und lustig zugleich«, dabei »immer gegen den Strich gebürstet«, empfand »Zeit«-Kritiker Momos ... die »pointenreiche Belehrung« (Spiegel 48, 1978, 246).
▶ Hier bezeichnet »Strich« die Richtung, in der die Haare eines Felles gewachsen sind. Wenn man das Fell in der Gegenrichtung, also »gegen den Strich«

bürstet, kann man Schmutz o. Ä. besonders gut herausbürsten.
jmdm. gegen/wider den Strich gehen (ugs.): *jmdm. widerstreben, jmdm. zuwider sein:* Ohnedies ging ihm die Pariser Gewohnheit, den hellen Nachmittag der Liebe zu widmen, gegen den Strich (Baum, Paris 46/47). ... dem alten Mann ging das Gerede von Freiheit gegen den Strich (Johnson, Mutmaßungen 88).
▶ Auch in dieser Wendung ist mit »Strich« die Lage der Haare im Fell gemeint. Streichelt man z. B. eine Katze gegen den Strich, so empfindet sie das meist als unangenehm.
nach Strich und Faden (ugs.): *gehörig, gründlich:* Die sensiblen Männer ... werden sowieso von den Frauen und Mädchen verarscht und nach Strich und Faden betrogen (Dierichs, Männer 140). Nun beginnt sie damit, mich, das 15-jährige Nesthäkchen, nach Strich und Faden zu verwöhnen (Hörzu 28, 1978, 90). Wäre Franz nicht dazwischengegangen, hätte ich sie nach Strich und Faden verprügelt (v. d. Grün, Glatteis 42).
▶ Diese Wendung stammt aus der Sprache der Weber. Ein Gewebe musste in früherem Sprachgebrauch nach Strich (= Webart) und Faden (= Material) einwandfrei sein und wurde auf diese beiden Komponenten hin gründlich überprüft.
unter dem Strich: 1. *nach der Schlussrechnung, nach Abwägen der Vor- und Nachteile:* Unter dem Strich bin ich mit dem Ausgang der Verhandlungen ganz zufrieden. Das ändert also nichts an dem kritischen Einwand, dass beim Kampf gegen den Krebs unterm Strich nichts herauskomme (Spiegel 41, 1978, 217). 2. (ugs.) *von ungenügender Leistung:* Die Zeiten im Training waren durchweg unter dem Strich, meine Damen und Herren! Wenn man 'n paar Arbeiten unterm Strich geschrieben hatte, dann wurde man zu Hause verschwartet (Kempowski, Immer 153). 3. (veraltet) *im Unterhaltungsteil der Zeitung:* Die Frankfurter Zeitung brachte unter dem Strich eine lustige Kurzgeschichte.
▶ In der ersten Bedeutung dieser Fügung ist der Strich gemeint, der bei einer Additionsaufgabe unter die untereinan-

der aufgeführten Summanden gezogen wird. In der zweiten Bedeutung könnte der Strich gemeint sein, der in einem Leistungsdiagramm den Durchschnittswert angibt. Die dritte Bedeutung geht darauf zurück, dass früher in den Zeitungen der Feuilletonteil oft durch einen waagerechten Strich über die ganze Zeitungsseite vom Nachrichtenteil getrennt war.

Strick: jmdm. einen Strick aus etwas drehen: *jmds. Äußerung oder Handlung so auslegen, dass sie ihm schadet:* Die Toleranz der Gefängnisleitung hörte dort auf, wo sie befürchten musste, man könnte ihr aus ihrer liberalen Haltung in der Presse einen Strick drehen (Ziegler, Konsequenz 64). Ich kenne einige Priester, die irgendwann einmal gegen die reichlich unsinnigen Zölibatsvorschriften verstoßen haben. ... Soll man ihnen daraus einen Strick drehen? (Ziegler, Recht 143).

▶ Diese Wendung bezieht sich auf die Todesstrafe durch Hängen.

den Strick nehmen; zum Strick greifen (verhüll.): *sich erhängen:* Er war so verzweifelt, dass er schon zum Strick greifen wollte. Und 6 Wochen Gefängnis ... Wenn man selbst da mal lande, dann nehme man sich am besten gleich 'n Strick (Kempowski, Uns 306).

sich einen Strick kaufen können (ugs.): *in einer völlig ausweglosen Situation sein:* Wenn er den Auftrag vom Verteidigungsministerium nicht bekommt, kann er sich einen Strick kaufen. Wenn die Presse von der Bestechungsaffäre erfährt, können sich einige Abgeordnete einen Strick kaufen.

Nerven haben wie Stricke: ↑Nerv. **wenn alle Stricke reißen:** ↑Strang.

stricken: dafür muss 'ne alte Frau/Oma lange stricken (ugs.): *das ist viel Geld, ziemlich teuer:* Der ganze Streit hat ihn schließlich mehr als 20 000 Mark gekostet. – Dafür muss 'ne alte Frau lange stricken!

Strippe: es regnet Strippen (ugs.): *es regnet sehr stark und anhaltend:* Heute könnt ihr nicht draußen spielen, es regnet ja Strippen!

▶ Das Wort »Strippe« in dieser Wendung ist ein landschaftlicher Ausdruck

für »Schnur, Kordel«; vgl. die Wendung »es regnet Bindfäden«.

jmdn. an der Strippe haben (ugs.): 1. *mit jmdm. telefonieren:* Ich ließ mich mit Mr. High verbinden. Die Sekunde, die es dauerte, bis ich den Chef an der Strippe hatte, schien endlos (Cotton, Silver-Jet 105). Eine Viertelstunde später hatte ich ihn an der Strippe. Wir haben uns erst in Ruhe über alles und noch was unterhalten (Hörzu 38, 1972, 28). 2. *jmdn. gängeln, streng erziehen:* Seine Mutter hatte ihn immer an der Strippe gehabt, er war vollkommen von ihr abhängig.

▶ In der ersten Bedeutung ist »Strippe« ein (ursprünglich berlinischer) Ausdruck für »Telefonschnur; Telefonleitung«. Für die zweite Bedeutung ist von »Strippe« im Sinne von »Schnur, Kordel« auszugehen; vgl. die Wendung »jmdn. am Bändel haben«.

sich an die Strippe hängen (ugs.): *zu telefonieren beginnen:* Hängen Sie sich an die Strippe, und stellen Sie fest, wer zurzeit Bereitschaftsdienst hat!

Vgl. bei »jmdn. an der Strippe haben«.

an der Strippe hängen (ugs.): *telefonieren:* Sie hängt den ganzen Tag an der Strippe und quatscht mit ihren Freundinnen. »So, jetzt hängt der Bruder an der Strippe und stottert der Feuerwehr was ins Ohr und zittert um sein Leben.« (H. Gerlach, Demission 29).

Vgl. bei »jmdn. an der Strippe haben«.

jmdn. an die Strippe bekommen/kriegen (ugs.): *jmdn. telefonisch erreichen:* Versuchen Sie es weiter, irgendjemanden werden Sie schon an die Strippe kriegen! Die wichtigsten Telefonnummern ... So bekommen Sie das Fernsehen an die Strippe (Hörzu 34, 1976, 22).

Vgl. bei »jmdn. an der Strippe haben«.

Stroh: Stroh/(seltener:)**Sägemehl im Kopf haben** (ugs.): *dumm sein:* Verschon mich mit den tollen Ideen deines Onkels, der Mann hat doch Stroh im Kopf!

leeres Stroh dreschen (ugs.): *viel Unnötiges reden:* Anstatt leeres Stroh zu dreschen, solltet ihr lieber etwas tun! Im Gegensatz zum gescheiterten Vater ist sie sich nicht zu schade dafür ... Kompromisse zu machen, um Teilerfolge zu erzielen, stundenlang geduldig leeres Stroh zu dreschen (Erné, Kellerkneipe 152).

▶ Die Wendung bezieht sich darauf, dass bereits ausgedroschenes Stroh nichts mehr hergibt. Sie bedeutete ursprünglich »vergebliche Anstrengungen unternehmen, unnütze Arbeit tun«. Heute wird sie meist auf überflüssiges Reden bezogen.

Strohhalm: der rettende Strohhalm: *die letzte Rettung in [scheinbar] ausschweigloser Lage:* Das Projekt hat keine Chance mehr, aber alle Beteiligten hoffen immer noch auf den rettenden Strohhalm.

sich an jeden Strohhalm klammern: *seine Hoffnungen in jede noch so geringe Chance auf Rettung setzen:* In so einer verzweifelten Lage klammert sich der Mensch an jeden Strohhalm.

nach dem rettenden Strohhalm greifen: *die letzte Rettungsmöglichkeit wahrnehmen:* Es war ihre letzte Chance – und sie griff nach dem rettenden Strohhalm.

über einen Strohhalm/einen Zwirnsfaden stolpern (ugs.; veraltend): *bei einem größeren Unternehmen an einer Kleinigkeit scheitern:* Er war einer der erfolgreichsten Heiratsschwindler seiner Zeit, aber bei seinem größten Coup ist er über einen Strohhalm gestolpert.

Strohsack: [ach] du gerechter/heiliger Strohsack! (ugs.): *Ausruf der Überraschung o. Ä.:* Du gerechter Strohsack, meine Brieftasche ist weg! Ich ... war sehr gespannt auf seine gepriesenen Künste, als er sich ans Klavier setzte – heiliger Strohsack! (Spiegel 7, 1981, 14).

Strom: sich auf den Strom setzen/schwingen (veraltend): *in die Straßenbahn steigen:* Wir haben uns kurz entschlossen auf den Strom geschwungen und sind zweimal quer durch die Stadt gefahren.

gegen/wider den Strom schwimmen: *sich der Meinung, den Gepflogenheiten der Mehrheit entgegenstellen:* Als engagierter Liedermacher war er es gewohnt, gegen den Strom zu schwimmen. Einige der jüngeren Lehrer haben versucht, wider den Strom zu schwimmen, aber viel konnten sie nicht erreichen.

in Strömen fließen: *in großer Menge ausgeschenkt werden:* Der Sekt floss in Strömen, und die Stimmung war auf dem Höhepunkt.

mit dem Strom schwimmen: *sich der Meinung, den Gepflogenheiten der Mehrheit*

anschließen: Eins hatte sie in zwanzig Jahren Berufsleben gelernt: Sie verstand es ausgezeichnet, mit dem Strom zu schwimmen und sich anzupassen.

es gießt in Strömen: ↑ gießen.

Strumpf: jmds. Strümpfe ziehen Wasser (ugs.): *jmds. Strümpfe sind heruntergerutscht:* Das kleine Mädchen machte einen ganz erbärmlichen Eindruck, ihre Strümpfe zogen Wasser, und ihr Kleid war zerknittert.

dicke/wollene Strümpfe anhaben (ugs.; veraltend): *nicht hören [wollen]:* Kinder, ihr habt wohl dicke Strümpfe an! Ihr solltet doch schon vor einer halben Stunde ins Bett gehen!

sich auf die Strümpfe machen (ugs.): *[schnell] aufbrechen:* Schon halb zwölf – jetzt müssen wir uns aber auf die Strümpfe machen! »Wenn es euch recht ist, ... so wird sich euer Aushilfsinspektor jetzt auf die Strümpfe machen.« (Fallada, Herr 6).

gut im Strumpf sein (ugs.): *körperlich und geistig gesund und frisch sein:* Großvater ist jetzt sechsundsiebzig, aber noch gut im Strumpf.

Stube: rin/[nur immer] herein in die gute Stube: ↑ rin.

Stück: mein/unser bestes Stück (ugs.): *mein/unser Liebster/meine/unsere Liebste:* Vater ist doch unser bestes Stück! »... Vorläufig bist du noch mein bestes Stück, Lutz, und ich sähe dich nicht gern noch stärker ramponiert!« (Fallada, Herr 151).

ein starkes/tolles Stück [sein] (ugs.): *eine Unverschämtheit, eine Dreistigkeit [sein]:* Dass er mit der Frau seines besten Freundes durchgebrannt ist, ist schon ein starkes Stück! Da hast du dir ja ein tolles Stück geleistet! Als Udo mir diesen Brief schrieb, habe ich im ersten Moment gedacht: Das ist ein starkes Stück ... (Hörzu 41, 1977, 18).

Stück Malheur (ugs.): *schlimmer, unmoralischer, heruntergekommener Mensch:* Mit diesem Stück Malheur wollte sie nichts zu tun haben.

nur ein Stück Papier sein: *[als Dokument, Vertrag o. Ä.] nichts wert sein:* Diese Vereinbarung ist nur ein Stück Papier, wenn ihre Einhaltung nicht von staatlicher Seite garantiert wird.

sich ein Stück leisten (ugs.): *eine Dummheit begehen, etwas anstellen:* Auf dem Empfang gestern hat sich die Frau des Bürgermeisters wieder ein Stück geleistet! Wenn Sie sich noch so ein Stück leisten, fliegen Sie raus! **große Stücke auf jmdn. halten:** *jmdn. sehr schätzen:* Der Chef hielt große Stücke auf ihn. Auf seine Frau hält er große Stücke:»Marina ist alles für mich. Mein Ausgleich, meine Stütze ...« (Hörzu 24, 1975, 18). Johanna Müntzer hielt große Stücke auf Lilo und deren Amt (Kant, Impressum 216). ▶ Die Herkunft dieser Wendung ist nicht sicher geklärt. Sie könnte auf das Wetten zurückzuführen sein, bei dem man einen Einsatz (z. B. Geld»stücke«) auf jemanden oder etwas »hält«; je mehr man seinem Favoriten zutraut, desto größer ist der Einsatz.

aus freien Stücken: *unaufgefordert, freiwillig:* Sie ist nach einem halben Jahr aus freien Stücken zu ihrer Familie zurückgekehrt. ... auch mir hat man schon Dinge befohlen, die ich aus freien Stücken nie getan ... hätte (Frisch, Nun singen 125). Glaub ja nicht, dass ich aus freien Stücken so viel gearbeitet habe (Innerhofer, Schattseite 196). **sich für jmdn. in Stücke reißen lassen** (ugs.): *für jmdn. bedingungslos einstehen:* Für ihren Klassenlehrer würden sich die Schüler in Stücke reißen lassen. Seine Eltern ... liebten ihn ... Und beide hätten sie sich für ihn in Stücke reißen lassen (Musil, Törleß 10). **in/an einem Stück** (ugs.): *ohne Unterbrechung:* Der Pfarrer hat zweieinhalb Stunden an einem Stück gepredigt. Mutter Truczinski schimpfte an solchen Tagen in einem Stück (Grass, Blechtrommel 211). In dem Gebäude ist bisher an 1 037 Tagen verhandelt worden. Umgerechnet wären das fast drei Jahre lang in einem Stück (Weser-Kurier 20. 5. 1985, 3). **im/am Stück** (landsch.): *nicht aufgeschnitten:* Möchten Sie den Käse geschnitten oder am Stück? Bier und Schnaps schütteten sie in sich hinein und aßen Blutwurst im Stück dazu (Grass, Hundejahre 284). **in Stücke gehen** (ugs.): *entzweigehen:* Seine ganze Porzellansammlung war bei einem Fliegerangriff in Stücke gegangen. **in vielen/allen Stücken:** *in vieler/jeder Hinsicht:* Ich muss dir in vielen Stücken Recht geben, aber in einem Punkt bin ich anderer Meinung. Dagobert Graf Trümmerhauff, ein windhundähnlicher und feiner Knabe, ... hielt zu ihm in allen Stücken (Th. Mann, Hoheit 54). **aussehen wie ein Stück Malheur:** ↑ aussehen. **jmdn. behandeln wie ein Stück Dreck:** ↑ behandeln. **ein Stück aus dem Tollhaus:** ↑ Tollhaus. **sich vorkommen wie ein Stück Dreck:** ↑ vorkommen.

Student: ein ewiger Student: ↑ ewig.

studieren: ein voller Bauch studiert nicht gern: ↑ Bauch. **Kotzebues Werke studieren:** ↑ Kotzebue. **Probieren geht über Studieren:** ↑ probieren.

Stufe: jmdn., etwas auf eine Stufe [mit jmdm., mit etwas]/auf die gleiche Stufe [wie jmd., wie etwas] stellen: *jmdn., etwas als im Rang gleichwertig beurteilen, darstellen:* Es ist eine pure Anmaßung, wenn sich dieser Sonntagsmaler in künstlerischer Hinsicht mit Chagall auf die gleiche Stufe stellt. Außerdem fanden sie es beschämend, sich mit Negern und Mexikoamerikanern auf eine Stufe zu stellen und sich als Arme ... zu präsentieren (Wolfe [Übers.], Radical 77). »Dennoch geht es nicht an, Mozart und den neuesten Foxtrott auf eine Stufe zu stellen ...« (Hesse, Steppenwolf 194). **auf einer Stufe [mit jmdm., mit etwas]/auf der gleichen Stufe [wie jmd., wie etwas] stehen:** *den gleichen Rang haben, gleichwertig sein:* Der Beruf des Arztes und der des Boxmanagers stehen im Bewusstsein der Öffentlichkeit sicher nicht auf der gleichen Stufe. Annerl hat ihr Kokain, und ich habe Annerl, – wir stehen also ungefähr auf gleicher Stufe (Brod, Annerl 92).

Stuhl: der elektrische Stuhl: *Hinrichtungsgerät in Form eines Stuhles, auf dem der Delinquent durch einen Stromstoß getötet wird:* Die beiden verurteilten Mörder starben am selben Tag auf dem elektrischen Stuhl. Das Opfer zu schützen ... ihm zuliebe wurde der elektrische Stuhl erfunden (Reinig, Schiffe 123). **jmdm. den Stuhl vor die Tür stellen/setzen:** *jmdm. die Stellung kündigen:* Ohne

Angabe von Gründen wurde dem Trainer der Stuhl vor die Tür gestellt. So schlecht hatte er politisch manövriert, dass er sich ... durch Hindenburg den Stuhl vor die Tür setzen lassen musste (Niekisch, Leben 173).

▶ Diese Wendung geht auf einen alten Rechtsbrauch zurück: Der Stuhl symbolisiert (ähnlich wie der Thron) Anspruch und Recht auf Eigentum oder Macht. Wer den Stuhl vor die Tür gesetzt bekam, dem wurde damit deutlich gemacht, dass er in dem betreffenden Haus nichts mehr zu beanspruchen hatte.

fast vom Stuhl fallen (ugs.): *sehr überrascht sein:* Sie ist fast vom Stuhl gefallen, als sie den Preis des Kostüms erfuhr. Ich bin ja fast vom Stuhl gefallen, als ich hörte, dass ihr nach Südamerika gehen wollt.

jmdn. vom Stuhl hauen (ugs.): *jmdn. sehr überraschen:* Das haut meinen Vater glatt vom Stuhl, wenn ich ihm die Eins in Mathe zeige! Es hat Fielmann »vom Stuhl gehauen«, als ein Mitarbeiter ihm erklärte, die gewünschte Werbung koste nichts, sie sei schließlich schon eingeplant (Spiegel 33, 1985, 72).

[nicht] zu Stuhle kommen (ugs.): *mit etwas [nicht] fertig werden, etwas [nicht] erfolgreich abschließen:* Ob er heute noch mal mit seinen Berechnungen zu Stuhle kommt? Wir müssen sehen, dass wir mit dem Projekt endlich zu Stuhle kommen. Strauß ..., der während des SPIEGEL-Affäre mit einer Art kalten Staatsstreichs nicht zu Stuhle kam (Spiegel 39, 1979, 34).

sich zwischen die/zwei Stühle setzen: *es sich mit beiden [streitenden] Parteien verscherzen:* Mit seinem unerwünschten Kompromissvorschlag hat sich der Ausschussvorsitzende letztlich zwischen zwei Stühle gesetzt.

zwischen den/zwei Stühlen sitzen: *es sich mit beiden [streitenden] Parteien verscherzt haben:* Mit den einen konnte der Kanzler nicht verhandeln, mit den anderen wollte er nicht – jetzt saß er zwischen den Stühlen und wurde von beiden Parteien kritisiert.

stumm: stumm sein/bleiben wie ein Fisch (ugs.): *kein Wort sagen, sich nicht äußern:* Sie war den ganzen Abend stumm wie ein Fisch und rauchte eine Zigarette nach der anderen. Was die mysteriösen Geländekaufabsichten des Daimler-Benz-Konzerns betrifft, ... bleibt die Stadtverwaltung stumm wie ein Fisch (mannheim konkret 5, 1979, 1).

stumm sein/bleiben wie ein Grab (ugs.): *absolut verschwiegen sein:* Du kannst dich darauf verlassen: Ich bleibe stumm wie ein Grab! ... und meine Zeugen waren dahin, schwiegen, blieben stumm wie das Grab (A. Zweig, Claudia 23).

Stumpf: mit Stumpf und Stiel: *völlig, ganz und gar:* Er wollte die Korruption im Staat mit Stumpf und Stiel beseitigen. ... als sei nun die letzte Hoffnung mit Stumpf und Stiel ausgerodet (Langgässer, Siegel 16).

▶ Diese Wendung bezog sich ursprünglich auf das Roden von Bäumen und meint eigentlich »mit dem Wurzelstock und dem Stamm« (also »vollständig«).

Stunde: die Stunde null: *der Zeitpunkt, an dem etwas völlig neu beginnt:* Nach dem Krieg war für uns die Stunde null; alles musste neu aufgebaut werden. Wir haben zu viel gelogen, zu viel verschleiert, zu viel verschwiegen in all den Jahren bis zur berühmten Stunde null (Erné, Kellerkneipe 117).

die Stunde X: *der noch unbekannte Zeitpunkt, an dem etwas [Entscheidendes] geschehen wird:* Die Militärs waren bereit für die Stunde X, alle Vorkehrungen waren getroffen.

jmds. schwere Stunde (geh.): *der Zeitpunkt der Niederkunft einer Frau:* Die junge Frau war ganz allein zu Hause, als sie ihre schwere Stunde nahen fühlte.

jmdm., einer Sache schlägt die Stunde (geh.): *das Ende von jmdm., von etwas ist gekommen:* Einmal wird auch diesem Tyrannen die Stunde schlagen. Dem umstrittenen Paragraphen hatte endlich die Stunde geschlagen.

jmds. letzte Stunde/letztes Stündlein hat geschlagen: *jmd. muss sterben:* Sieh zu, dass du mir nicht im Dunkeln begegnest, sonst hat dein letztes Stündlein geschlagen! Die letzte Stunde des alten Feldmarschalls hatte geschlagen; seine Offiziere versammelten sich um sein Sterbelager.

... was die Stunde geschlagen hat: *... was sich Entscheidendes ereignet:* Begreif doch endlich, was die Stunde geschlagen hat! Allein der Kassierer wusste, was die Stunde geschlagen hatte.

jmds. Stunde kommt: *jmd. erhält die Gelegenheit zum Triumph, zur Rache, zur Bewährung o. Ä.:* Sie wusste, dass ihre Stunde gekommen war, und eiskalt führte sie ihren Plan durch.

▶ Die Wendung stammt aus der Bibel. Auf der Hochzeit von Kana spricht Jesus (Johannes 2, 4): »Meine Stunde ist noch nicht gekommen.«

das Gebot der Stunde (geh.): *das, was [zu einem bestimmten Zeitpunkt] notwendig ist:* Besonnenheit und Vorsicht sind jetzt das Gebot der Stunde.«... Ich werde von jetzt ab in diesen Fällen eingreifen und Richter, die ersichtlich das Gebot der Stunde nicht erkennen, ihres Amtes entheben!« (Mostar, Unschuldig 148).

dem Gebot der Stunde gehorchen (geh.): *das tun, was [zu einem bestimmten Zeitpunkt] getan werden muss:* Wir müssen dem Gebot der Stunde gehorchen und vor das Rathaus ziehen. Dem Gebot der Stunde gehorchend, schlossen die beiden Mächte ein Bündnis.

... der ersten Stunde: *... aus der Zeit der ersten Anfänge:* Carlo Schmid gehörte in der Bundesrepublik zu den Politikern der ersten Stunde. Die Hollies gehören zu der Hand voll Gruppen der ersten Stunde, die die 60er-Jahre relativ erfolgreich überlebt haben (Bravo 29, 1976, 57).

in einer schwachen Stunde (ugs.): *in einem Augenblick der Nachgiebigkeit:* In einer schwachen Stunde hatte er seiner Freundin einen italienischen Sportwagen versprochen.

in zwölfter Stunde: *im letzten Augenblick:* In zwölfter Stunde hatte man sich bei den Friedensverhandlungen auf einen Kompromiss geeinigt. ... einen Fall, der ihm überdies wohl erst in zwölfter Stunde übertragen war (Maass, Gouffé 279).

von Stund an (veraltet): *von nun/da an:* Warum musste der alte Monsignore Rettini ihn mehr als einmal ermahnen, in seinen Abrechnungen von Stund an sorgfältiger zu sein ...? (Jens, Mann 110). Dass die Elster Elsa von Stund an Tschock in Ruhe ließ ... (Lorenz, Verhalten I, 38).

zur Stunde: *jetzt, im Augenblick:* Wir können zur Stunde noch keine Angaben zur Person des Täters machen. Der Angriff brandete zur Stunde gegen den westlichen Stadtrand (Plievier, Stalingrad 210).

die blaue Stunde: ↑ blau. **dem Glücklichen schlägt keine Stunde:** ↑ glücklich. **zu nachtschlafender Stunde:** ↑ nachtschlafend. **die Stunden zählen, bis ...:** ↑ zählen.

stur: **stur Heil** (ugs.): *völlig unbeirrt, unbeirrbar:* Alle schrien »Achtung!«, aber der Busfahrer fuhr stur Heil geradeaus weiter.

stur wie ein Panzer: *sehr stur:* Du kennst meine Oma nicht, die ist stur wie ein Panzer! Sie wollten die Tagesordnung ändern, aber der Dekan hat das ganze Programm stur wie ein Panzer durchgezogen.

auf stur schalten (ugs.): *stur werden:* Es passiert einiges, was Ihnen nicht gefallen will. Schalten Sie auf stur (Bild u. Funk 46, 1966, 87). Meinen Fragen wich sie aus, schaltete auf stur (Hörzu 10, 1982, 109).

Sturm: **ein Sturm im Wasserglas:** *eine große Aufregung um einen geringfügigen Anlass:* Der ganze Wirbel war nichts als ein Sturm im Wasserglas; niemand war ernsthaft bedroht oder gefährdet, und die vermeintlichen Einbrecher entpuppten sich als harmlose Handwerker.

▶ Der Ausdruck stammt von Montesquieu, der seinerzeit die politischen Unruhen in dem Kleinstaat San Marino »une tempête dans un verre d'eau« nannte.

Sturm klingeln/läuten: *heftig läuten:* Als sie gegen sechs beim Mittagessen saßen, klingelte es Sturm (Borell, Romeo 175). Und draußen stand der Taxifahrer und klingelte Sturm (Hörzu 46, 1972, 78/IV).

gegen etwas Sturm laufen: *gegen etwas Geplantes heftig protestieren:* Die Studenten werden gegen eine Studienzeitverkürzung Sturm laufen. Die öffentlichen Arbeitgeber streben eine Kürzung bei den Ausbildungsvergütungen in der Krankenpflege an. Die ÖTV läuft dagegen Sturm (Göttinger Tageblatt 30. 8. 1985, 1).

schon manchen Sturm erlebt/überstanden haben: *sehr [erfahren und] bewährt* *sein:* Mein Auto sieht zwar klapprig aus, aber es hat schon manchen Sturm überstanden. Auf den Mannschaftsführer war Verlass, er hatte schon so manchen Sturm erlebt.

im Sturm/in vielen Stürmen erprobt: *sehr [erfahren und] bewährt:* Der Trainer ist in vielen Stürmen erprobt, den bringt so leicht nichts aus der Ruhe. Die Freundschaft zwischen den beiden ist im Sturm erprobt; sie wissen, dass sie sich aufeinander verlassen können.

das Barometer steht auf Sturm: ↑ Barometer. **jmds. Herz im Sturm erobern:** ↑ Herz. **die Ruhe vor dem Sturm:** ↑ Ruhe. **wer Wind sät, wird Sturm ernten:** ↑ Wind.

stürzen: aus allen Himmeln stürzen: ↑ Himmel. **sich in Unkosten stürzen:** ↑ Unkosten. **sich in geistige Unkosten stürzen:** ↑ Unkosten.

Stutz: auf den Stutz (landsch.): *plötzlich, sofort:* Vor ein paar Jahren hat sie die Torschlusspanik gekriegt und auf den Stutz geheiratet.

stutzen: jmdm. die Flügel stutzen: ↑ Flügel.

sub specie aeternitatis (bildungsspr.): *unter dem Gesichtspunkt der Ewigkeit:* Was sind schon zwei Mark fünfzig sub specie aeternitatis?

sub voce (bildungsspr.): *unter dem Stichwort:* Auf dieses Problem geht der Autor sub voce »Dialektik« ausführlich ein.

suchen: irgendwo nichts zu suchen/nichts verloren haben (ugs.): *irgendwo nicht störHen, nicht hingehören:* In einer guten Bratensoße hat Mehl nichts zu suchen. Wer sich vor der Arbeit drücken will, hat bei uns nichts verloren. »Machen Sie, dass Sie rauskommen! Sie haben hier nichts zu suchen, ich lass Sie abführen!« (Maass, Gouffé 288).

die [beiden] haben sich gesucht und gefunden (ugs.): *die [beiden] passen gut zueinander:* Hör dir an, wie die miteinander fachsimpeln – die beiden haben sich gesucht und gefunden!

jmdn., etwas suchen wie eine Stecknadel (ugs.): *jmdn., etwas lange überall suchen:* Da ist sie ja – wir haben die Heizkostenabrechnung wie eine Stecknadel gesucht! »Wo waren Sie denn gestern Nachmittag? Man suchte Sie wie eine Stecknadel ...« (Seidel, Sterne 114).

sein Heil in der Flucht suchen: ↑ Heil. **jmdn., etwas mit der Laterne suchen müssen:** ↑ Laterne. **jmdn., etwas mit der Lupe suchen können:** ↑ Lupe. **Mittel und Wege suchen:** ↑ Mittel. **seinesgleichen suchen:** ↑ seinesgleichen. **eine Stecknadel im Heuhaufen/Heuschober suchen:** ↑ Stecknadel. **das Weite suchen:** ↑ weit.

Südfrucht: danke für Obst und Südfrüchte: ↑ danken.

Sülze: Sülze im Kopf haben (landsch.): *dumm, beschränkt sein:* Der Mann hat doch Sülze im Kopf, jetzt hat er schon wieder den Motor abgewürgt! He, hast du Sülze im Kopf? Nimm gefälligst deine dreckigen Schuhe vom Sofa!

aus dir mach ich Sülze! (ugs.): *Drohrede:* Lass sofort meinen kleinen Bruder los, sonst mach ich Sülze aus dir!

summa summarum: *alles zusammengefasst:* Die Tombola hat summa summarum zweitausend Mark für die Behinderten zusammengebracht. In Wirklichkeit hat er sich ... ein modifiziertes Okal-Fertighaus ... für summa summarum 480 000 Mark hingestellt (Spiegel 9, 1975, 26).

Sünde: eine Sünde wert sein: *äußerst begehrenswert sein:* Die kleine Blonde aus der Devisenabteilung schien ihm eine Sünde wert zu sein.

in Sünde leben (veraltet): *unverheiratet zusammenleben:* Seine Mutter verzieh es den beiden nie, dass sie jahrelang in Sünde gelebt hatten. ... und sie wurde auch in den Frauenverein aufgenommen, obwohl sie ja mit ihrem nicht vor dem Altar angetrauten Mann – dem Kirchenrecht nach – in Sünde lebte (Kühn, Zeit 93).

faul wie die Sünde: ↑ faul. **hässlich wie die Sünde sein:** ↑ hässlich. **schön wie die Sünde:** ↑ schön.

sündigen: wer schläft, sündigt nicht: ↑ schlafen.

Suppe: die Suppe auslöffeln [die man sich eingebrockt hat] (ugs.): *die Folgen seines Tuns allein tragen:* Der Beamte hatte in dieser Sache eigenmächtig gehandelt – jetzt musste er die Suppe auch auslöffeln, die er sich eingebrockt hatte! Du hast Ja gesagt vor dem Priester und Nein gedacht. Du hast also gelogen. Jetzt löffle die Suppe aus mit dem Silberlöffel (Schwaiger, Wie kommt 19).

jmdm., sich eine schöne/böse Suppe einbrocken/einrühren (ugs.): *jmdn., sich in eine unangenehme Lage bringen:* Mit deinem Geschwätz hast du uns eine schöne Suppe eingebrockt! ... es wäre eine fatale Angelegenheit, wenn man eine wirklich diplomatische Persönlichkeit belästigen und sich unter Umständen damit eine böse Suppe einbrocken würde (Niekisch, Leben 61).

jmdm. die Suppe versalzen (ugs.): *jmds. Pläne durchkreuzen:* Der Einbruch war gut geplant, aber ein aufmerksamer Wachmann hat den Gaunern die Suppe versalzen. Was der schon denkt, so'n Kerl kann ja nicht denken, hat ja keine Grütze in seinem Dez, der will hier liegen und will bocken. Dem werden wir aber die Suppe versalzen (Döblin, Berlin 466).

sein Süppchen am Feuer anderer kochen: *sich auf Kosten anderer Vorteile verschaffen:* Der Stadtrat wollte mal wieder sein Süppchen am Feuer anderer kochen, aber daraus ist zum Glück diesmal nichts geworden.

das macht die Suppe auch nicht fett (ugs.): *das nützt, hilft auch nichts:* Ihre zehn Mark können Sie ruhig behalten, die machen die Suppe auch nicht fett.

in eine böse Suppe kommen (ugs.): *in eine sehr unangenehme Lage geraten:* Die beiden Anhalterinnen waren durch ihren Leichtsinn in eine böse Suppe gekommen.

jmdm. in die Suppe spucken (ugs.): *jmds. Pläne durchkreuzen:* Die Firma will sich von den Naturschützern nicht in die Suppe spucken lassen.

jmdm. in die Suppe/in den Suppentopf fallen (ugs.; scherzh.): *zu jmdn. kommen, der gerade beim Essen ist:* Gehen wir lieber später zu deinen Eltern, wir wollen ihnen ja nicht in die Suppe fallen.

in die Suppe schauen mehr Augen hinein als heraus (scherzh.): *die Suppe ist sehr dünn, ohne Fleisch und Fett gekocht:* Die Zeiten waren schlecht, und oft schauten beim Essen mehr Augen in die Suppe hinein als heraus.

▶ Mit »Augen« wird hier auf die Fettaugen angespielt, die bei einer kräftigen Suppe zahlreich an der Oberfläche schwimmen.

ein Haar in der Suppe finden: ↑ Haar. **klar wie dicke Suppe:** ↑ klar. **das Salz in der Suppe:** ↑ Salz. **jmdm. nicht das Salz in der Suppe gönnen:** ↑ Salz. **nicht das Salz zur Suppe haben:** ↑ Salz.

Suppentopf: jmdm. in den Suppentopf fallen: ↑ Suppe.

süß: das süße Leben: *ein Leben in Luxus und Müßiggang:* Nach dem Bankrott des Vaters war es für Sohn und Tochter vorbei mit dem süßen Leben. Sie waren einfache, biedere Handwerker. Von plötzlichem Reichtum und »süßem Leben« hatten sie nie geträumt (Bild 4. 5. 1964, 3).

▶ Der Ausdruck ist eine Übersetzung des italienischen »la dolce vita« und wurde allgemein bekannt durch den gleichnamigen Film von Federico Fellini.

voll des süßen Weines [sein] (geh.; scherzh.): *berauscht [sein]:* Der Spanier war voll des süßen Weines und sang mit Inbrunst die Lieder seiner Heimat. ... wurde ich aber durch den jungen Strasen ... aufgehalten, der mich ziemlich erhitzt und auch ein wenig voll des süßen Weines anhielt (Fallada, Herr 71).

▶ Die Wendung stammt aus der Bibel (Apostelgeschichte 2, 13): »Andre aber spotteten und sagten: ›Sie sind voll süßen Weines.‹«

ein süßes Geheimnis haben: ↑ Geheimnis. **Rache ist süß:** ↑ Rache.

Süßholz: Süßholz raspeln: *Schmeicheleien sagen:* Hören Sie auf, Süßholz zu raspeln, ich bin aus rein geschäftlichen Gründen hier! »Papperlapapp. Rasple nicht Süßholz vor mir, denn ich bin nur ein ziehender Kaufmann ...« (Th. Mann, Joseph 689).

▶ Die Wendung bezieht sich darauf, dass die zuckerhaltige Süßholzwurzel früher zur Herstellung von Arzneien und Süßwaren geschabt oder geraspelt wurde. Die Bedeutung »Schmeichelei« schließt sich an »süß« im Sinne von »angenehm, liebenswürdig« an.

suum cuique (bildungsspr.): *jedem das Seine:* Der alte Bahnwärter soll in seiner Freizeit Käfer und Spinnen sammeln. – Suum cuique!

Szene: jmdm. eine Szene machen: *jmdm. heftige Vorwürfe machen:* Jedes Mal wenn sie später als sonst nach Hause kam, machte er ihr eine Szene. Ich ...

mache dir eine Szene. Mir ist es egal, wenn du mich schlägst (Sobota, Minus-Mann 210).

▶ Diese und die folgenden Wendungen leiten sich vom Theater her und spielen besonders auf das Übertreibende, Effektvolle des Theaterspielens an.

die Szene beherrschen: *dominieren, in den Vordergrund treten, überall zu sehen sein:* Am Wahltag beherrschen die Massenmedien die Szene in den Parteizentralen. ... ein Thema, das die politische Szene beherrscht und jeden Einzelnen von uns betrifft (Hörzu 27, 1975, 5). Mehr noch als bisher werden Misstrauen und Unsicherheit die Bonner Szene beherrschen (Spiegel 25, 1975, 26).

auf offener Szene: *während der Aufführung, des Spiels:* Es gab bereits im ersten Akt Beifall auf offener Szene. Für ihr forsches und unkompliziertes Spiel erhielten diese drei oft Beifall auf offener Szene (Kicker 6, 1982, 33).

sich in Szene setzen: *sich zur Geltung bringen:* Auffallend ist seine Neigung, sich in Szene zu setzen. Er spielt oft den Hampelmann ... (Chotjewitz, Friede 20). Mit seinem Papier zur Außenpolitik glaubte sich Strauß vor allem innerparteilich in Szene zu setzen (Spiegel 7, 1972, 22).

etwas in Szene setzen: *etwas arrangieren:* Der ganze Skandal war von einigen skrupellosen Politmanagern in Szene gesetzt worden. Ich war es, der diese Flucht vorsorglich in Szene setzte (Habe, Namen 370).

Szylla: ↑ Scylla.

T

Tabak: starker Tabak/(meist:) **Tobak sein** (ugs.): *eine Unverschämtheit sein:* Seine Chefin als alte Spinatwachtel zu bezeichnen ist wirklich starker Tobak! Es ist ziemlich starker Tobak, was er über die Asylanten schreibt. ... ein Tennisspieler,

der Profi würde, sei ungefähr dasselbe wie eine junge Dame, die zur Hure würde. Das war starker Tobak (Riess, Cäsar 377).

▶ Diese Wendung geht auf einen alten Schwank zurück, in dem der Teufel von einem Jäger zum Narren gehalten wird: Der Teufel wusste nicht, was ein Gewehr ist. Der Jäger machte ihm weis, es sei eine Tabakspfeife, und bot ihm einen Zug daraus an. Er feuerte dem Teufel eine Ladung Schrot ins Gesicht, worauf dieser sich über den »starken Tabak« verwunderte.

Tabula rasa: Tabula rasa machen (bildungsspr.): *radikal Ordnung, Klarheit schaffen, unnachsichtig aufräumen:* Wenn du ein neues Leben anfangen willst, musst du erst einmal Tabula rasa machen! Daher inhäriert seiner Kulturkritik ein Moment der Clownerie. Er möchte Tabula rasa machen, den Schutt der Kultur forträumen (Adorno, Prismen 80).

▶ Das lateinische »tabula rasa« heißt so viel wie »glatt geschabte Tafel«. Die Römer schrieben auf Wachstäfelchen, die wieder glatt geschabt wurden, wenn man sie erneut benutzen wollte. Die Wendung bedeutet also ursprünglich: einen neuen Anfang machen, das Alte beseitigen.

Tacheles: Tacheles reden (ugs.): *ganz offen und deutlich reden:* Mit diplomatischen Floskeln kommt man hier nicht weiter, in dieser Sache muss endlich Tacheles geredet werden! ... so verliebte junge Dinger wie du bringen es ja nicht fertig, notfalls auch mal Tacheles mit dem Geliebten zu reden (Gabel, Fix 154).

▶ Das jiddische Wort »tacheles« heißt auf Deutsch »Ziel, Zweck«. Wer »Tacheles redet«, kommt also ohne Umschweife auf das zu sprechen, worum es ihm geht.

Tadel: ohne Fehl und Tadel: ↑ Fehl. **ein Ritter ohne Furcht und Tadel:** ↑ Ritter.

Tafel: die Tafel aufheben (geh.): *die Mahlzeit für beendet erklären, als beendet betrachten:* Nach dem Dessert wurde noch ein wenig Gebäck und Mokka gereicht, danach hob die Dame des Hauses die Tafel auf. Exzellenz möge die Tafel aufheben, wünschte so ziemlich jeder der Herren ... (A. Zweig, Grischa 227).

▶ In früheren Zeiten wurde die Tafel häufig nur für das Essen aufgebaut. Man legte eine oder mehrere Platten oder Bretter auf Holzböcke und räumte sie nach dem Essen wieder weg. Darauf geht die vorliegende Wendung zurück.

Tag: der Tag X: *[noch nicht offiziell bekannter] Tag, an dem etwas Entscheidendes geschehen soll:* Am Tag X werden zwölfhundert geschulte Partisanen die strategisch wichtigsten Punkte der Provinz angreifen und die Besatzungstruppen von der Hauptstadt ablenken. Der Pornofilmer ... präpariert sich für den Tag X: Von 1975 an soll auch in der Bundesrepublik »Softporno« erlaubt sein (Spiegel 41, 1974, 210).

der Tag des Herrn (dichter.): *der Sonntag:* Der Tag des Herrn soll uns zur Ruhe und zur inneren Einkehr dienen. »Heute ist der Tag des Herrn. Da arbeitet selbst die Börse nicht ...« (Remarque, Obelisk 208).

Tag der offenen Tür: *Tag, an dem Betriebe, Behörden und öffentliche Einrichtungen vom Publikum besichtigt werden dürfen:* Am letzten Tag der offenen Tür zählte allein die städtische Feuerwehr mehr als fünftausend Besucher. Einen Tag der offenen Tür veranstaltet das Stadtplanungsamt (Stuttg. Zeitung 25. 10. 1989, 31).

Tag für Tag: *täglich:* Tag für Tag treffen neue Flüchtlinge in den Lagern des Roten Kreuzes ein. Wenn einem jemand Tag für Tag dieselben Geschichten erzählt, kann einem das ganz schön auf die Nerven gehen! Tag für Tag war ich unterwegs, um mir ... genaue Unterlagen ... zu besorgen (Jens, Mann 70).

Tag und Nacht: *zu jeder Zeit, unaufhörlich:* Sie arbeiteten Tag und Nacht, um die neue Kollektion noch rechtzeitig fertig zu stellen. Tag und Nacht der Lärm der startenden Flugzeuge – das halte ich nicht länger aus! ... »Massenmedien« ..., die Tag und Nacht in Betrieb sind (Gehlen, Zeitalter 49).

nun/jetzt wirds aber Tag! (ugs.): *das ist ja nicht zu fassen!:* Jetzt wirds aber Tag – wirst du wohl die Finger von meinen Zigarren lassen, du Schlingel! Sie hat einfach meinen gestreiften Pullover in die Altkleidersammlung gegeben? Nun wirds aber Tag!

guten Tag!: *Grußformel am Tag:* Guten Tag, Herr Nachbar!

jmdm./bei jmdm. guten Tag sagen (ugs.): *jmdn. kurz besuchen:* Sie kommt gleich wieder, sie wollte nur mal eben bei Meiers guten Tag sagen. Wir können nicht lange bleiben, wir wollen Ihnen nur mal eben guten Tag sagen.

alle Tage, die/jeden Tag, den [der liebe] Gott werden lässt (veraltend): *jeden Tag:* Jeden Tag, den der liebe Gott werden lässt, kommt sie gelaufen und will sich Geld von mir borgen. Alle Tage, die Gott werden lässt, erzählt er seiner Frau, wie großartig seine Mutter kochen konnte.

dem lieben Gott den Tag stehlen (ugs.): *faulenzen, nicht arbeiten:* Der Bursche könnte sich endlich mal einen Job suchen, statt dem lieben Gott den Tag zu stehlen.

[einst/schon] bessere Tage/Zeiten gesehen/gekannt haben: 1. *es früher besser gehabt haben:* Der alte Klavierlehrer hat auch schon bessere Tage gekannt. 2. *ziemlich heruntergekommen sein:* ... die Lehne eines Empiresessels, der bessere Tage und feinere Gesellschaft gesehen hatte (Brecht, Groschen 206). ... in einem abbruchreifen Haus, das einmal bessere Tage gesehen hatte (Borell, Verdammt 289).

jmdm. den Tag stehlen: *jmdn. von der Arbeit abhalten:* Dein Cousin stiehlt mir nur den Tag, eine Hilfe ist er für mich nicht!

man soll den Tag nicht vor dem Abend loben: *von anfänglichem Glück, anfänglichem Erfolg soll man sich nicht in Sicherheit wiegen lassen:* Bis jetzt hat mit dem Umzug alles nach Plan geklappt! – Richtig, aber man soll den Tag nicht vor dem Abend loben.

einen guten/schlechten Tag haben: *gut/schlecht aufgelegt, disponiert sein:* Das ganze Ensemble hatte gestern einen schlechten Tag, die Aufführung war eine Katastrophe. Wenn sie einen guten Tag hat, ist sie eine geradezu begnadete Sängerin. ... wenn Dohrn einen guten Tag hat, holt er vielleicht sogar eine Medaille (Lenz, Brot 143).

sich einen guten Tag machen: *sich [an einem bestimmten Tag] etwas Schönes gönnen:* Heute wollen sie sich mal einen guten Tag machen; sie werden ins Kino gehen und hinterher in ein schönes Lokal zum Abendessen. Früher konnte man sich zu zweit mit zwanzig Mark einen guten Tag machen, aber heute reicht das nicht einmal für einen.

bei jmdm. keinen guten Tag haben: *von jmdm. schlecht behandelt werden:* Sie hat bei ihrem Chef keinen guten Tag mehr, seit sie damals die Lieferzettel vertauscht hat.

den lieben langen Tag [lang] (ugs.): *den ganzen Tag:* Er tut den lieben langen Tag lang nichts anderes, als Jazzplatten zu hören und Rotwein zu trinken. Sie flüsterten ..., jener sei stockheiser und rauche dennoch den lieben langen Tag lang Zigaretten aneinander gereiht (Grass, Hundejahre 435).

dieser Tage: *neulich:* Es war dieser Tage noch ziemlich kalt, aber jetzt kommen schon die ersten Krokusse heraus. Nun kam dieser Tage ein Brief eben dieser Person ... im Abendstern an ... (R. Walser, Gehülfe 73).

etwas an den Tag legen: *etwas zeigen, erkennen lassen:* Die Kinder legten einen Eifer an den Tag, den keiner der Veranstalter des Bastelwettbewerbs erwartet hatte. Paasch, der ... wenig Neigung für Malerei an den Tag legt, verlässt das Malerspaar ohne einen Blick auf das Porträt ... (Fries, Weg 71). Keine Freude legte er an den Tag, den Kameraden wieder zu sehen (Th. Mann, Tod 118).

etwas an den Tag bringen: *etwas aufdecken, enthüllen:* Zwei Journalisten brachten an den Tag, wie der Minister sich bereichert hatte.

an den Tag kommen: *bekannt werden, sich herausstellen:* Einmal wird es an den Tag kommen, wer bei dieser üblen Geschichte die Hand im Spiel hatte. »... Ich werde dafür sorgen, dass die Wahrheit an den Tag kommt!« (Jaeger, Freudenhaus 310).

auf meine alten Tage (ugs.): *im hohen Alter:* Großmutter ist auf ihre alten Tage erst richtig reiselustig geworden. Schauspieler Paul Dahlke, 72, hat auf seine alten Tage ein neues Hobby entdeckt (Hörzu 27, 1976, 20).

in den Tag hinein/nur für den Tag leben: *leichtfertig, ohne Ziel, ohne Sorge um die*

Zukunft leben: Sie lebten einfach in den Tag hinein und kümmerten sich nicht um die zahlreichen Rechnungen und Mahnungen, die sie jeden Morgen erhielten. Er hat immer nur für den Tag gelebt; er hat weder Ersparnisse noch eine Altersversicherung. Ich erhole mich am besten, wenn ich so in den Tag hinein lebe, ohne viel Abwechslung (Th. Mann, Zauberberg 199).

über Tag[e] (Bergmannsspr.): *an der/die Erdoberfläche:* Er hat sich bei der Arbeit im Stollen eine Staublunge zugezogen und arbeitet jetzt nur noch über Tage. Der Verletzte wurde so schnell wie möglich über Tage gebracht.

unter Tage (Bergmannsspr.): *im Bergwerk:* Er kennt die Arbeit unter Tage aus eigener Erfahrung. In diesem Gelände kann die Kohle nur unter Tage abgebaut werden. Endlich ... konnte ich anfahren, aber unter Tage ging es weiter: die Anzüglichkeiten des Steigers ... (Grün, Irrlicht 7).

unter Tags: *den Tag über:* Unter Tags bringt sie ihre Kinder in einen Kindergarten. Ich esse unter Tags nicht viel, aber mein Abendessen ist ziemlich reichhaltig.

nichts ist schwerer zu ertragen als eine Reihe von guten Tagen: *zu viele Tage des Müßiggangs machen träge, verdrießlich oder übermütig.*

von einem Tag auf den anderen: *sehr kurzfristig; plötzlich:* Keiner konnte sich erklären, warum die chinesische Delegation die Verhandlungen von einem Tag auf den anderen abgebrochen hatte. Die Franzosen zogen damals, von einem Tag auf den anderen, sämtliche Beamten, Spezialisten und Lehrer ab (Dönhoff, Ära 176).

vor Tag (veraltend): *vor Tagesanbruch:* Sie waren vor Tag aufgebrochen und rechtzeitig an der Berghütte angekommen.

es ist noch nicht aller Tage Abend: ↑Abend. **seit Adams Tagen:** ↑Adam. **wie drei Tage Regenwetter aussehen:** ↑aussehen. **seinen Tag von Damaskus erleben:** ↑Damaskus. **ewig und drei Tage:** ↑ewig. **zur Feier des Tages:** ↑Feier. **ein Gesicht wie drei/sieben Tage Regenwetter machen:** ↑Gesicht. **der Held des Tages sein:**

↑ Held. **auf Jahr und Tag [genau]:** ↑ Jahr.
nach/vor/seit Jahr und Tag: ↑ Jahr. **der
Jüngste Tag:** ↑ jung. **bei Tag besehen:**
↑ Licht. **ein Loch in den Tag schlafen:**
↑ Loch. **morgen ist auch noch ein Tag:**
↑ morgen. **die Nacht zum Tage machen:**
↑ Nacht. **wenn Ostern und Pfingsten auf
einen Tag fallen:** ↑ Ostern. **viel reden,
wenn der Tag lang ist:** ↑ reden. **Rom ist
auch nicht an einem Tag erbaut worden:**
↑ Rom. **schön wie der junge Tag:** ↑ schön.
die Sonne bringt es an den Tag: ↑ Sonne.
es ist nicht alle Tage Sonntag: ↑ Sonntag.
vor Tau und Tag: ↑ Tau. **ein Unterschied
wie Tag und Nacht:** ↑ Unterschied. **jmds.
Tage/die Tage einer Sache sind gezählt:**
↑ zählen. **die Tage bis ... zählen:** ↑ zählen.

tagaus: tagaus, tagein: *jeden Tag, immer
wieder:* Tagaus, tagein streifen Kräuterweiblein, Pilz- und Beerensucher durch
den kleinen Wald am Stadtrand. Es ist
immer die alte Geschichte, tagaus, tagein (Ruark [Übers.], Honigsauger 86).

Tageslicht: das Tageslicht scheuen
(geh.): *etwas zu verbergen haben, kriminell sein:* Früher war er ein beliebter
Schauspieler, heute gehört er zu den Figuren der Halbwelt New Yorks, die das
Tageslicht scheuen. Wer das Tageslicht
scheut, für den ist das Hafenviertel der
ideale Aufenthaltsort.

ans Tageslicht kommen: *bekannt werden,
entdeckt werden:* Im Rahmen der polizeilichen Untersuchungen sind einige für
die Baufirma unangenehme Fakten ans
Tageslicht gekommen. Die Verschwörung kam ans Tageslicht, und viele Persönlichkeiten ... wurden verhaftet (Niekisch, Leben 361).

**Tagesordnung: an der Tagesordnung
sein:** *ständig geschehen, nichts Besonderes sein:* In den wirren Zeiten nach der
Revolution waren Verhaftungen und
Exekutionen an der Tagesordnung. Täuschung und Selbstbetrug mangels ausreichender Sexualerziehung sind an der Tagesordnung (Ruthe, Partnerwahl 177).
Theaterstücke mit völlig nackten Darstellern bei einschlägiger Betätigung
sind fast an der Tagesordnung (St. Frank
[Übers.], Mann 126).

zur Tagesordnung übergehen: *auf etwas
nicht weiter eingehen, sich um etwas nicht
weiter kümmern:* Sie konnte nach dieser

Nachricht doch nicht einfach zur Tagesordnung übergehen! Man empfehle,
über Lesurques' Gesuch zur Tagesordnung überzugehen (Mostar, Unschuldig
27).

Taille: per Taille (bes. berlin.): *ohne Mantel:* Bei diesen frühlingshaften Temperaturen kann man schon per Taille gehen.
Gemächlich schlenderten sie über die
Promenade, sie im Pelzmantel, er per
Taille.

Takel: vor Topp und Takel: ↑ Topp.

Takt: ein paar Takte (ugs.): *eine kurze
Zeit:* Der Urlaub wird ihr gut tun; sie
muss unbedingt einmal ein paar Takte
ausspannen. In uns allen sind heimliche
Wünsche, die manchmal in Träumen
preisgegeben werden für ein paar Takte
der Nacht (Amendt, Sexbuch 150).

jmdm. ein paar Takte sagen/erzählen
(ugs.): *jmdn. zurechtweisen, jmdm. etwas unmissverständlich sagen:* Er nahm
sich fest vor, dem Angeber bei Gelegenheit mal ein paar Takte zu erzählen.

den Takt angeben: *bestimmen, was getan
wird:* In diesem Verein gibt nur einer den
Takt an, und das ist der Schatzmeister.

aus dem Takt kommen/geraten: *durcheinander kommen, sich verwirren lassen:*
Als eine Dame in der ersten Reihe einen
Hustenanfall bekam, geriet der Redner
völlig aus dem Takt.

jmdn. aus dem Takt bringen: *jmdn.
durcheinander bringen, verwirren:* Dieser Anruf hat mich ganz aus dem Takt
gebracht – wo waren wir stehen geblieben?

**Taler: wer den Pfennig nicht ehrt, ist des
Talers nicht wert:** ↑ Pfennig.

Talglicht: jmdm. geht ein Talglicht auf:
↑ Licht.

Tanne: schlank wie eine Tanne: ↑ schlank.

Tante: wenn meine Tante/Oma Räder hätte, wäre sie ein Omnibus (ugs.): *irreale
Möglichkeiten zählen nicht:* Wenn dein
Vater uns die zwanzigtausend leiht ... –
Wenn meine Tante Räder hätte, wäre
ein Omnibus.

dann nicht, liebe Tante! (ugs.): *dann
eben nicht!:* Sie wollen mir keinen Kredit
geben? Dann nicht, liebe Tante – gehe
ich eben zur Konkurrenz! Besten Dank
nochmal! schreit er. Krause antwortet
nich. Butgereit hört ihn auf'm Hof an

seinem Fahrrad rumfummeln. Dann nich, liebe Tante (Schnurre, Fall 26).

zu Tante Meier gehen (ugs.; verhüll.): *austreten gehen:* Wenn du mal zu Tante Meier gehen musst, das ist bei uns im ersten Stock gleich neben der Treppe.

ein Onkel, der was mitbringt, ist besser als eine Tante, die Klavier spielt: ↑ Onkel.

Tanz: ein Tanz auf dem Seil: *ein gefährlicher Balanceakt:* Die Politik des Außenministers geriet zu einem Tanz auf dem Seil, aber mit seinem diplomatischen Geschick hat er alle Schwierigkeiten gemeistert.

ein Tanz auf dem Vulkan: *unbekümmertes Verhalten in äußerst gefahrvoller Zeit:* Sorglos lebte der Adel noch im Jahr der Revolution in den Tag hinein – ein Tanz auf dem Vulkan, der ein blutiges Ende nehmen würde.

einen Tanz aufführen (ugs.): *übertrieben heftig reagieren:* Wegen jeder Kleinigkeit führt der Alte einen Tanz auf – langsam werden seine Leute sauer. Wir wissen auch, dass kein Klopapier mehr da ist, deswegen brauchst du doch nicht so einen Tanz aufzuführen!

das wird einen Tanz geben (ugs.): *das wird eine ziemliche Aufregung geben:* Morgen kommt Tante Erika, die schon seit zwanzig Jahren mit meinem Vater im Streit liegt – das wird einen Tanz geben!

eine Aufforderung zum Tanz: ↑ Aufforderung. **der Tanz ums Goldene Kalb:** ↑ Kalb.

Tanzbär: schwitzen wie ein Tanzbär: ↑ schwitzen.

Tanzbein: das Tanzbein schwingen (scherzh.): *tanzen:* Bei dieser mitreißenden Musik reizt es auch die etwas Gesetzteren, mal wieder das Tanzbein zu schwingen.

tanzen: aufs Eis tanzen gehen: ↑ Eis. **wenns dem Esel zu wohl wird, geht er aufs Eis tanzen:** ↑ Esel. **nicht auf zwei Hochzeiten tanzen können:** ↑ Hochzeit. **nach jmds. Geige tanzen:** ↑ Geige. **um das Goldene Kalb tanzen:** ↑ Kalb. **wenn die Katze aus dem Haus ist, tanzen die Mäuse [auf dem Tisch]:** ↑ Katze. **nach jmds. Pfeife tanzen:** ↑ Pfeife. **die Puppen tanzen lassen:** ↑ Puppe. **aus der Reihe tanzen:** ↑ Reihe.

Tapet: etwas aufs Tapet bringen (ugs.): *etwas ansprechen, von etwas reden:* Es war

dem Filialleiter sichtlich unangenehm, dass die Geschichte mit dem verdorbenen Joghurt bei der Besprechung aufs Tapet gebracht werden sollte. Die Gegenseite bringt die Frage in dem Augenblick aufs Tapet, da sie merkt, dass wir sie nicht anrühren (Kemelman [Übers.], Dienstag 115).

▸ »Tapet« ist eine alte Bezeichnung für den grünen Filzbelag des Verhandlungstisches. Das Wort steht in dieser Wendung stellvertretend für den Tisch selbst; die Wendung meint also eigentlich »etwas auf den Verhandlungstisch, zur Verhandlung bringen«.

aufs Tapet kommen (ugs.): *angesprochen, besprochen werden:* Griechenland, Spanien kamen als Reisepläne für den künftigen Herbst aufs Tapet (A. Kolb, Daphne 93). Wenn ich mich richtig erinnere, sprach Ernest einmal mit jemand über Literatur, und das Thema Melville kam am Lagerfeuer aufs Tapet (Ruark [Übers.], Honigsauger 435). Vgl. die vorangehende Wendung.

Tapete: die Tapeten wechseln (ugs.): *umziehen; den Aufenthaltsort, Arbeitsplatz wechseln:* Bei den Nachbarn ist schon wieder was Kleines unterwegs; da wird die Familie bald die Tapeten wechseln müssen, denn ihre Wohnung ist jetzt wirklich zu klein. Ich bin in England verrückt geworden, wie erstarrt, wissen Sie. Man muss mal die Tapeten wechseln, wissen Sie. Sonst kann man gleich einpacken (Hörzu 39, 1971, 128).

tappen: im Dunkeln tappen. ↑ dunkel. **im Finstern tappen:** ↑ finster.

Taps: Hans Taps: ↑ Hans.

Tarantel: wie von der Tarantel gestochen (ugs.): *plötzlich und überaus heftig:* Wie von der Tarantel gestochen sprang er plötzlich auf und rannte aus dem Zimmer. Wie von der Tarantel gestochen fuhren alle Beamten auf, drangen auf mich ein und brüllten mich an (Niekisch, Leben 294).

▸ Nach altem Volksglauben soll der Biss der Tarantel bei dem Betroffenen wilde, veitstanzähnliche Bewegungen hervorrufen. Darauf geht diese Wendung zurück.

Tasche: sich die Taschen füllen: *sich bereichern:* Er hatte seinen politischen Einfluss nur dazu benutzt, sich die Taschen zu füllen. In den zwölf Jahren seiner Amtszeit in Fernost hat er sich durch allerlei illegale Geschäfte reichlich die Taschen gefüllt.

jmdm. auf der Tasche liegen (ugs.; abwertend): *von jmdm. ernährt, unterhalten werden:* Wie soll der Mann sich zur Ruhe setzen können, wenn ihm noch vier unmündige Kinder und sein kranker Schwager auf der Tasche liegen? Die haben ihre Kinder so erzogen, dass sie ihnen mit fünfundzwanzig nicht mehr auf der Tasche liegen (Brot und Salz 157).

aus eigener/aus der eigenen Tasche bezahlen: *selbst bezahlen:* Obwohl seine Eltern nicht arm sind, muss er seinen Urlaub ganz aus der eigenen Tasche bezahlen. »Was halten Sie von Folgendem: wenn ich Sie bei mir anstelle, als privaten Mitarbeiter, den ich aus eigener Tasche bezahle?« (Erich Kästner, Fabian 122). ... dass eine junge Mitreisende ... sich seiner Kinder annahm, ihnen auch Kleinigkeiten kaufte, die sie sogar aus eigener Tasche bezahlte (Brecht, Geschichten 67).

sich in die eigene Tasche lügen (ugs.): *sich etwas vormachen:* Es hat doch keinen Sinn, sich in die eigene Tasche zu lügen; der Termin ist einfach nicht zu schaffen! »... Skisport ist heute kein Hobby mehr. Wer das behauptet, lügt sich selbst in die Tasche.« (Hörzu 3, 1972, 22). »Wir gehören zu den Abstiegskandidaten«, sagt er. »Wir dürfen uns nicht selbst etwas in die Tasche lügen ...« (Kicker 82, 1981, 26).

jmdn. in die Tasche stecken (ugs.): *jmdm. überlegen sein:* Es wird sich noch zeigen, wer hier wen in die Tasche steckt! Meiner Treu, ich bin kein kleiner Mann, ich stecke sie alle in die Tasche! Absetzen kann mich niemand (Werfel, Bernadette 282).

etwas in die eigene Tasche stecken (ugs.): *etwas für sich behalten, unterschlagen:* Die Hälfte der Steuern hatte der Gouverneur in die eigene Tasche gesteckt. Der Bankier soll einen Teil der Rücklagen in die eigene Tasche gesteckt haben, bevor er Konkurs anmeldete.

tief in die Tasche greifen müssen (ugs.): *viel zahlen müssen:* Für diesen Tennis-schläger hat sie tief in die Tasche greifen müssen. Um sich das Schweigen seiner Mitwisser zu erkaufen, musste der Betrüger tief in die Tasche greifen.

jmdm. in die Tasche arbeiten/in jmds. Tasche arbeiten (ugs.): *jmdm. unberechtigte Vorteile zukommen lassen:* Es kam zu einem Skandal, als die Zeitung der Stadtverwaltung vorwarf, den Wohnungsspekulanten in die Tasche zu arbeiten.

[sich] in die eigene Tasche arbeiten/wirtschaften (ugs.): *sich durch Unterschlagung bereichern; unterschlagen:* Als bekannt wurde, dass die Leiterin des Hilfswerks in ihre eigene Tasche gearbeitet hatte, ließen die Spenden schlagartig nach. Hohe Regierungsbeamte des rhodesischen Smith-Regimes haben insgesamt rund 1,5 Millionen Dollar ... in die eigene Tasche gewirtschaftet (Neues D. 18. 7. 1978, 7).

etwas [schon] in der Tasche haben (ugs.): *etwas mit Sicherheit bekommen werden; etwas schon haben:* Er hat bei uns noch den armen Arbeitslosen gespielt, als er den Vertrag schon längst in der Tasche hatte. Bevor ich noch sagen konnte, sie möge es sich in aller Ruhe überlegen, ... hatte ich ihre definitive Zusage in der Tasche (Becker, Irreführung 250). Wenn wir in einer Mannschaft spielten, hatten wir den Sieg so gut wie in der Tasche (Wilhelm, Unter 23).

jmdn. in der Tasche haben (ugs.): *jmdn. in der Gewalt haben:* Schau dir diese Fotos an – jetzt haben wir den Herrn Regierungsrat in der Tasche! Lutz fragte sich, warum der Leutnant so viel schwafelte, wenn er ihn doch in der Tasche hatte. Es gab nur zwei Menschen, die ihn überführen konnten (Loest, Pistole 108).

die Faust in der Tasche ballen: ↑ Faust. **jmdm. das Geld aus der Tasche ziehen:** ↑ Geld. **die Hand auf die/der Tasche halten:** ↑ Hand. **die Hand in anderer/fremder Leute Taschen haben:** ↑ Hand. **etwas wie seine eigene Tasche kennen:** ↑ kennen. **einem nackten Mann in die Tasche greifen:** ↑ Mann. **jmdm. geht das Messer in der Tasche auf:** ↑ Messer. **einen toten Vogel in der Tasche haben:** ↑ Vogel.

Taschenmesser: zusammenklappen wie ein Taschenmesser: ↑ zusammenklappen.

Taschentuch: sich einen Knoten ins Taschentuch machen: ↑ Knoten. **passen wie der Igel zum Taschentuch:** ↑ passen.

Tasse: trübe Tasse (ugs.): *langweiliger, dummer Mensch:* Er sieht ja ganz gut aus, aber ansonsten soll er eine ziemlich trübe Tasse sein. Ich ... schrie zum ersten Mal – wie ein wild gewordener Unteroffizier: »Halten Sie den Mund, Sie trübe Tasse!« (Simmel, Stoff 237).

Tassen hoch!; hoch die Tassen! (ugs.): *trinken wir!:* Hat jeder ein volles Glas? Also dann, hoch die Tassen!

nicht alle Tassen im Schrank/Spind haben (ugs.): *nicht bei Verstand sein:* Der hat doch nicht alle Tassen im Schrank – überholt mich rechts und biegt dann ohne zu blinken links ab! Als ich zuerst all diesen Unsinn von Hamilton hörte, dachte ich, der Alte hätte nicht alle Tassen im Schrank, aber ... (Spiegel 33, 1966, 79). ... von dieser alten Kuh, die nicht mehr alle Tassen im Schrank hatte, die mit der leeren Luft redete und anscheinend Stimmen hörte ... (Simmel, Stoff 84).

Taste: in die Tasten greifen (ugs.): *auf dem Klavier zu spielen beginnen:* Und nun, auf vielfachen Wunsch: »In the mood«! Maestro, greifen Sie in die Tasten!

Tat: Taten sprechen lassen: *etwas tun [anstatt zu reden]:* Genug geredet, jetzt werden wir Taten sprechen lassen!

jmdn. auf frischer Tat ertappen: *jmdn. bei einer verbotenen Handlung überraschen:* Diesmal kann ihn auch ein Anwalt nicht mehr vor dem Gefängnis bewahren; die Polizei hat ihn auf frischer Tat ertappt. Der Schüler wurde auf frischer Tat ertappt, als er im Keller die Sicherungen für den Chemiesaal herausdrehen wollte.

etwas in die Tat umsetzen: *etwas verwirklichen, durchführen:* Der Plan ist nicht schlecht, aber es kostet viel Geld, ihn in die Tat umzusetzen. ... sondern es waren die örtlichen Instanzen gewesen, die das Husarenstück ausgeheckt und in die Tat umgesetzt hatten (Dönhoff, Ära 116).

in der Tat: *tatsächlich:* In der Tat, Sie haben Recht – hier riecht es irgendwie verbrannt!

das ist der Fluch der bösen Tat: ↑ Fluch.
ein Mann der Tat: ↑ Mann. **mit Rat und**

Tat: ↑ Rat. **jmdm. mit Rat und Tat zur Seite stehen:** ↑ Seite. **den guten Willen für die Tat nehmen:** ↑ Wille. **mit Wort und Tat/ Worten und Werken:** ↑ Wort.

Tatsache: die nackten Tatsachen (ugs.; scherzh.): *der nackte menschliche Körper:* Die Damen waren beim Spaziergang auf das FKK-Gelände geraten und wurden nun unversehens mit den nackten Tatsachen konfrontiert.

vollendete Tatsachen schaffen: *Umstände herbeiführen, die ein anderer (den man dabei übergangen hat) nicht mehr rückgängig machen kann:* Die Baufirma hatte geglaubt, durch den ungenehmigten Abbruch des Hauses vollendete Tatsachen schaffen zu können.

jmdn. vor die vollendete Tatsache/vor vollendete Tatsachen stellen: *mit einem eigenmächtig geschaffenen Sachverhalt konfrontieren:* Man hat die Gemeinde einfach vor die vollendete Tatsache gestellt, dass in ihrer unmittelbaren Nähe ein Munitionsdepot angelegt werden soll. ... und ich bin sicher, dass er sich in alles finden wird, wenn wir ihn vor vollendete Tatsachen stellen (Th. Mann, Krull 254).

vor vollendeten Tatsachen stehen: *sich mit einem Sachverhalt konfrontiert sehen, den ein anderer eigenmächtig geschaffen hat:* Der Baum war gefällt worden, die Besitzer standen vor vollendeten Tatsachen.

den Tatsachen ins Gesicht/Auge sehen: ↑ Gesicht. **Vorspiegelung falscher Tatsachen:** ↑ Vorspiegelung.

Tau: vor Tau und Tag (dichter.): *sehr früh am Morgen:* Vor Tau und Tag waren wir aufgebrochen. Wenn morgens vor Tau und Tag, Punkt 5 Uhr 30 ... der Wecker klingelt, ... (Spiegel 13, 1981, 236).

taub: taube Nuss (ugs.): *dummer, langweiliger Mensch:* Du bist mir vielleicht 'ne taube Nuss!

auf diesem Ohr bin ich taub: ↑ Ohr. **tauben Ohren predigen:** ↑ Ohr.

Taube: die gebratenen Tauben fliegen nicht ins Maul (ugs.): *man muss arbeiten, wenn man [gut] leben will:* Der Lebensstandard hierzulande ist vergleichsweise hoch, aber auch bei uns fliegen einem die gebratenen Tauben nicht ins Maul.

▶ Diese Redensart spielt auf das Schlaraffenland an, bei dessen Beschreibung häufig von gebratenen Tauben die Rede ist, die einem von selbst in den Mund fliegen.

besser einen/den Spatz in der Hand als eine/die Taube auf dem Dach: ↑ Spatz.

Taubenschlag: hier o. Ä. gehts ja zu wie in einem Taubenschlag (ugs.): *hier herrscht ein ständiges Kommen und Gehen:* Wer ist denn jetzt schon wieder gekommen? Bei euch gehts ja zu wie in einem Taubenschlag! Es klingelte. Kurz darauf klingelte es abermals. »Das geht hier zu ... wie in einem Taubenschlag.« (Kirst, 08/15, 807).

Tauchstation: auf Tauchstation gehen/ sein/bleiben (ugs.): 1. *sich verstecken/weiterhin versteckt halten:* Nach seiner öffentlichen Kritik an der herrschenden Junta war es für den Verleger dringend notwendig, für eine Weile auf Tauchstation zu gehen. Der exzentrische Schachweltmeister blieb mehrere Jahre auf Tauchstation, nachdem ihm sein Titel am grünen Tisch aberkannt worden war. 2. *sich zurückziehen, sich vor anderen verschließen:* Aber wenn es privat wird, geht er auf Tauchstation, ist er in sich gekehrt, verschlossen (Dierichs, Männer 74). Wenn es kracht, fair bleiben. Nicht gleich beleidigt auf Tauchstation gehen, sondern sich durchbeißen (Hörzu 34, 1982, 90).

Taufe: jmdn. über die Taufe halten/aus der Taufe heben (veraltet): *bei jmds. Taufe Pate sein:* Bist du nicht der kleine Tobias? Dich habe ich vor fünf Jahren über die Taufe gehalten! Wir kennen den Bürgermeister sehr gut, er hat unseren Jüngsten aus der Taufe gehoben.

etwas aus der Taufe heben: *etwas begründen, zur Entstehung von etwas entscheidend beitragen:* Wir haben die Absicht, einen neuen Verein aus der Taufe zu heben: den ersten Neustädter Skateboardclub! Gestern wurde in der Vorstandsetage ein neues Projekt aus der Taufe gehoben: Der Verlag wird ein 10-bändiges Wörterbuch herausbringen. Vor 10 Jahren wurde das Zweite Deutsche Fernsehen aus der Taufe gehoben ... (Hörzu 13, 1973, 24).

taufen: mit Spreewasser/Alsterwasser o. Ä. getauft sein (ugs.): *ein geborener*

Berliner/Hamburger o. Ä. sein: Das ist mein Freund Anton, der ist mit Alsterwasser getauft, genau wie ich! Hanns Bornemann, Berliner, mit Spreewasser getauft, wusste schon mit 15, was er werden wollte ... (Hörzu 9, 1973, 50).

tauschen: die Ringe [mit jmdm.] tauschen: ↑ Ring.

tausend: tausend Tode sterben: *in großer Angst sein:* Seine Mutter ist tausend Tode gestorben, als sie ihn in der Felswand entdeckt hatte.

nach dem Essen sollst du ruhn oder tausend Schritte tun: ↑ Essen. **Freunde in der Not gehen tausend auf ein Lot:** ↑ Freund. **scharf wie tausend Russen sein:** ↑ scharf. **voll wie tausend Mann sein:** ↑ voll. **mit tausend Zungen reden/predigen:** ↑ Zunge.

Tausend: ei der Tausend! (veraltend): *Ausruf der Überraschung:* Ei der Tausend, das sind aber schöne Blumen! Ei der Tausend, wo kommt ihr denn plötzlich her?

▶ In diesem Ausruf steht »Tausend« verhüllend für »Teufel«.

tausendste: vom Hundertsten ins Tausendste kommen: ↑ hundertste.

Tee: einen im Tee haben (ugs.): *[leicht] betrunken sein:* Sie drängte zum Aufbruch, da ihr Ehemann inzwischen ganz schön einen im Tee hatte. Hauch mich mal an, du hast doch einen im Tee!

abwarten und Tee trinken: ↑ abwarten.

teeren: lass deinen Kragen mal wieder teeren [da kommt schon das Weiße durch]: ↑ Kragen.

Teich: der Große Teich (ugs.): *der Atlantische Ozean:* Es ist das erste Mal, dass ich über den Großen Teich fliege, und ich bin schon ein bisschen aufgeregt. »... Er kommt in vierzehn Tagen her, wir bleiben noch ein paar Wochen hier, dann gehen wir über den Großen Teich.« (Bieler, Bonifaz 132).

Teil: ein gut Teil: *ziemlich viel:* Es gehört schon ein gut Teil Kaltschnäuzigkeit dazu, seinem Chef so unverblümt die Meinung zu sagen. Bisher bin ich zu diesem Besuch noch nicht gekommen, weil ich ein gut Teil meiner Zeit dem Tennisspiel widme (Th. Mann, Krull 382).

sein[en] Teil zu tragen haben: *kein leichtes Leben haben [weil man ein bestimm-*

tes Problem, einen Kummer hat]: Sicher, er ist nicht sehr freundlich, der alte Herr Amtsgerichtsrat, aber er hat eben auch sein Teil zu tragen. Hast du gewusst, dass die Frau des Kohlenhändlers schon dreimal am Magen operiert worden ist? – Tja, wir haben eben alle unser Teil zu tragen.

sich sein[en] Teil denken (ugs.): *sich seine eigenen Gedanken bei etwas machen:* Er hat doch glatt behauptet, die Kleine sei seine Cousine! Na, ich hab mir mein Teil gedacht und bin nach Hause gegangen.

das bessere/(selten:) **den besseren Teil gewählt haben:** *es besser haben:* Ach, Schwesterchen, du hast das bessere Teil gewählt! Heirate bloß nicht, sonst sitzt du nachher genauso wie ich mit vier Kindern da!

sein[en] Teil weghaben (ugs.): 1. *einen schweren [gesundheitlichen] Schaden erlitten haben:* Mit vierzehn hat er zwei Tage unter den Trümmern eines eingestürzten Hauses gelegen, seitdem hat er sein Teil weg. 2. *keine weiteren Ansprüche stellen dürfen:* Finger weg vom Kuchen! Du hast dein Teil schon weg, jetzt sind die anderen Kinder dran!

jmdm. sein[en] Teil geben (ugs.): *jmdn. tüchtig zurechtweisen:* Die Chefin hat dem Angeber sein Teil gegeben, der ist abgezogen wie ein begossener Pudel!

jmd. für sein[en] Teil: *was jmdn. betrifft:* Dann sagte er doch glatt, er für sein Teil habe keine Lust, noch länger in unserem langweiligen Büro zu arbeiten. Sind Sie ihrer nicht vollständig überdrüssig, dieser spannenden Erzählungen ...? Ich für mein Teil habe sie alle gründlich satt (Seghers, Transit 6).

teilen: mit jmdm. das Bett teilen: ↑ Bett.

geteilte Freude ist doppelte Freude, geteilter Schmerz ist halber Schmerz: ↑ Freude. **geteiltes Leid ist halbes Leid:** ↑ Leid.

teils: teils, teils (ugs.): 1. *zum Teil:* Konntest du mit dem Material etwas anfangen? – Teils, teils. Das meiste war ganz brauchbar. 2. *nicht übermäßig gut; mäßig:* »Wie wars im Urlaub?«, fragte er. »Schön, was?« »Teils, teils«, sagte ich (Remarque, Westen 142).

Telefon: Schiedsrichter ans Telefon: ↑ Schiedsrichter.

Tell: das war Tells Geschoss! (scherzh.): *Kommentar, wenn jmd. von einem [aus Rache] geworfenen oder geschleuderten Gegenstand getroffen wird:* »Das ist Tells Geschoss!«, dachte er zufrieden, als der nasse Schwamm den Hilfslehrer ins Genick traf.

▶ Diese Redensart geht auf Schillers »Wilhelm Tell« (IV, 3) zurück, wo es wörtlich heißt: »Das ist Tells Geschoss.«

Teller: bunter Teller: *Teller mit Süßigkeiten, Gebäck, Früchten u. Ä.:* Zu Weihnachten gibt es neben den anderen Geschenken auch für jeden einen bunten Teller. Weihnachten in der Anstalt besteht aus einem bunten Teller, gemeinsamem Singen ... (Hohmann, Engel 17).

Tempel: zum Tempel hinausfliegen (ugs.): *hinausgeworfen, davongejagt werden:* Wenn ich erfahren sollte, dass einer von unseren Leuten seine Finger in dieser schmutzigen Geschichte hat, dann fliegt er zum Tempel hinaus, das kann ich dir versichern!

▶ Im Neuen Testament wird u. a. bei Johannes 2, 15 berichtet, dass Jesus Händler und Geldwechsler aus dem Tempel vertrieb. Darauf beziehen sich diese und die folgende Wendung.

jmdn. zum Tempel hinausjagen (ugs.): *jmdn. hinauswerfen, davonjagen:* Als ihr Vater entdeckte, dass sie schwanger war, hat er sie zum Tempel hinausgejagt.

Tempi passati (bildungsspr.): *das sind längst vergangene Zeiten:* Weißt du noch, wie wir damals durch Südfrankreich getrampt sind? – Ach ja, Tempi passati!

Tempo: das Tempo machen (Sport): *die Geschwindigkeit des Rennens bestimmen:* Die russische Läuferin machte von Anfang an das Tempo. Entscheidend für ihr schlechtes Abschneiden war, dass die deutschen Fahrer nicht in der Lage waren, das Tempo zu machen.

Tempo machen; aufs Tempo drücken (ugs.): *die Geschwindigkeit steigern:* Drücken Sie aufs Tempo, Mann, wir müssen in zehn Minuten am Flughafen sein! Jetzt müsste die Mannschaft einmal Tempo machen, mit diesem betulichen Aufbauspiel ist die gegnerische Verteidigung nicht zu überwinden. Herberger signalisierte vom Spielfeldrand:

»Weiter so! Drauf! Aufs Tempo drücken!« (Walter, Spiele 133).

Teppich: auf dem Teppich bleiben (ugs.): *vernünftig bleiben; Maß halten; sich nicht überschätzen:* Sicher hat sie bei den Schulaufführungen immer viel Erfolg gehabt, aber sie sollte trotzdem auf dem Teppich bleiben – eine große Schauspielerin ist sie noch lange nicht! Wissen Sie, Sturmführer, Hubert hat sich ganz gut geschlagen, der muss bloß auf dem Teppich bleiben, und das fällt ihm nicht leicht (Härtling, Hubert 46).

etwas unter den Teppich kehren (ugs.): *etwas vertuschen:* Das ist keine kleine Affäre mehr, die man unter den Teppich kehren kann, das ist ein handfester Skandal! Und ich glaube, dass ... ein paar Erkenntnisse zutage geschwemmt worden sind, die man früher verdrängt und unter den Teppich gekehrt hat (Spiegel 17, 1981, 39).

Terminus ad/ante quem (bildungsspr.): *Zeitpunkt, bis zu dem etwas gilt oder ausgeführt sein muss:* Der 15. dieses Monats ist der Terminus ad quem, einen weiteren Aufschub gibt es nicht.

Terminus a quo/post quem (bildungsspr.): *Zeitpunkt, von dem an etwas gilt oder ausgeführt wird:* Betrachten Sie bitte den kommenden Montag als Terminus a quo für unser neues Projekt.

Terminus technicus (bildungsspr.): *Fachausdruck:* »Melkkarussell« ist ein Beispiel für einen Terminus technicus der automatisierten Landwirtschaft. In der Tat ist der von der Anatomie zusammengetragene Stoff ungeheuer groß. Dies drückt sich in der Fülle der anatomischen Termini technici aus (Medizin II, 17).

Terrain: das Terrain sondieren (bildungsspr.): *die Gegebenheiten [vorsichtig] erkunden, vorfühlen:* Vielleicht können wir in Frankreich einen Markt für unseren Schnellkochtopf finden; wir sollten auf alle Fälle mal nach Paris fahren und das Terrain sondieren. Sie hatte schon einmal das Terrain sondiert, ihre Eltern schienen ihren Heiratsplänen nicht abgeneigt zu sein.

Terra incognita (bildungsspr.): *unbekanntes Gebiet:* Die im Ausland bereits vielfach angewandte Digitaltechnik war für die hiesigen Firmen lange Zeit Terra incognita. Bislang war für die Mediziner der Bewegungsvorgang im wichtigsten menschlichen Gelenk ... Terra incognita (Spiegel 5, 1978, 172).

Tertium Comparationis (bildungsspr.): *das Gemeinsame zweier verschiedener, aber vergleichbarer Gegenstände oder Sachverhalte:* Wenn man ein Pferd mit dem Wind vergleicht, dann ist die Geschwindigkeit das Tertium Comparationis. ... das Tertium Comparationis für Philosophie, Baukunst und Literatur ist einmal die Bewusstheit der Problemstellung und zum anderen die aus ihr folgende progressive Aufschließung neuer Räume des Denkens und Lebens (Curschmann, Oswald 168).

Testament: jmd. kann sein Testament machen (ugs.): *jmdm. wird es übel ergehen:* Wenn mein Bruder erfährt, dass du sein nagelneues Motorrad kaputtgemacht hast, kannst du dein Testament machen! Derjenige, der mir jeden Morgen die Zeitung aus dem Briefkasten klaut, kann sein Testament machen, wenn ich ihn erwische!

Testimonium Paupertatis (bildungsspr.): *Armutszeugnis:* Was du dir mit dieser Arbeit geleistet hast, ist wirklich ein Testimonium Paupertatis.

Tete: an der Tete sein (ugs.; veraltend): *an der Spitze, an der Macht sein:* Lange Jahre waren in den USA die Republikaner an der Tete, bis sie durch eine empfindliche Wahlniederlage von den Demokraten abgelöst wurden.

▶ Der veraltete militärsprachliche Ausdruck »Tete« (= Anfang, Spitze einer Marschkolonne) geht auf das französische »tête« zurück, das eigentlich »Kopf« bedeutet.

teuer: jmdn./(seltener:) **jmdm. teuer zu stehen kommen:** *üble Folgen für jmdn. haben:* Und die zerbrochene Tür wird euch noch teuer zu stehen kommen!, schrie Cornelia ... (Zwerenz, Erde 10). Und die Bereitschaft der spanischen Regierung, so schnell wie möglich der Nato beizutreten, kann das Land teuer zu stehen kommen ... (Spiegel 46, 1981, 14).

die Brühe ist oft teurer als der Braten: ↑ Brühe. **seine Haut so teuer wie möglich verkaufen:** ↑ Haut. **sein Leben teuer verkaufen:** ↑ Leben. **jmdm. lieb und teuer**

sein: ↑lieb. **ein teures Pflaster sein:**
↑Pflaster. **hier/da ist guter Rat teuer:**
↑Rat. **geschenkt zu teuer sein:** ↑schen-
ken. **ein teurer Spaß:** ↑Spaß. **ein teures
Vergnügen sein:** ↑Vergnügen.
Teufel: Teufel auch! (ugs.): *Ausruf des
[bewundernden/erschreckten] Erstaunens:* Teufel auch, das Mädchen hat
Courage! Teufel auch, hast du mir einen
Schrecken eingejagt!
Teufel noch [ein]mal!: *Ausruf des Ärgers:*
Kann mir denn keiner mal genau zuhören, wenn ich etwas erkläre, Teufel noch
mal!
pfui Teufel!: *Ausruf des Abscheus:* Das
schmeckt ja wie Spülwasser – pfui Teufel! Sie wollen Ihren Kameraden verpfeifen? ... da kann ich nur sagen, pfui Teufel
(Kuby, Sieg 263).
kein Teufel (ugs.): *niemand:* Kein Teufel
hat sich um ihn gekümmert, als es ihm
damals so schlecht ging. ... wenn der gegen irgendeinen boxt, den kein Teufel
kennt ... (Fichte, Wolli 35).
ein Teufel/Satan in Menschengestalt: *ein
gemeiner, niederträchtiger Mensch:* Dieser General war ein Teufel in Menschengestalt, den selbst seine Freunde fürchteten. Die Boulevardpresse hatte den
mutmaßlichen Frauenmörder schon vor
Prozessbeginn für einen Satan in Menschengestalt erklärt.
ei der Teufel! (veraltet): *Ausruf der Überraschung:* Ei der Teufel, da sind ja noch
mehr als fünfzig Mark in meinem Porte-
feuille!
der Teufel ist los (ugs.): *es gibt/herrscht
große Aufregung:* Zu Hause ist der Teufel los, wenn er sagt, dass er mit seiner
Freundin allein in die Ferien fahren will.
Ich kann keinerlei Komplikationen bei
dieser heiklen Mission brauchen. Wenn
irgendetwas dabei schief geht, ist der
Teufel los (Kirst, 08/15, 297).
▶ Die Wendung geht wohl auf die in vielen Volkssagen verbreitete Vorstellung
zurück, dass der Teufel angekettet darauf wartet, Unheil in der Welt zu verbreiten.
der Teufel hats gesehen!: *Kommentar,
wenn etwas misslingt, schief geht:* Jetzt
habe ich die Schlüssel vergessen und die
Tür zugeschlagen! Der Teufel hats gesehen!

der Teufel steckt im Detail: *gerade bei
den Einzelheiten, bei Kleinigkeiten kann
es große Probleme geben:* Auf den ersten
Blick sieht die neue Abgabenverordnung
durchaus vernünftig aus, der Teufel
steckt allerdings auch hier im Detail.
Das Kultur- und Begegnungszentrum
auf dem Lindenhof ... soll möglichst
schnell gebaut werden. Aber der Teufel,
so SPD-Fraktionschef ..., stecke auch
hier im Detail (MM 18. 7. 1973, 19).
**der Teufel scheißt immer auf den großen
Haufen** (derb): *wer schon viel hat, bekommt immer noch mehr dazu.*
**der Teufel/Kuckuck soll jmdn./etwas ho-
len!** (ugs.): *Ausdruck der Verwünschung:*
Jetzt weiß ich, dass der Mistkerl mich betrogen hat – der Teufel soll ihn holen!
Mein Gott, ist mir schlecht; der Teufel
soll das Zeug holen, das die mir gestern
als Sekt verkauft haben!
**hol mich der Teufel!; der Teufel soll mich
holen!** (ugs.): *Ausdruck der Bekräftigung:* Hol mich der Teufel, das Aas hat
mich drangekriegt! Der Teufel soll mich
holen, wenn das nicht der alte Charly aus
der Kakadubar ist!
▶ Mit diesem Ausruf bringt man – wörtlich genommen – zum Ausdruck, dass
man dem Teufel verfallen sei, wenn man
gelogen haben sollte. Es handelt sich also
um eine sehr nachdrückliche Bekräftigung der eigenen Aussage.
hols der Teufel! (ugs.): *Ausdruck der Verwunderung, Verärgerung o. Ä.:* Hols der
Teufel, diese Schnürsenkel reißen auch
immer im ungünstigsten Augenblick!
Hols der Teufel, hat der Kleine einen
Zug am Leibe! Hols der Teufel, die Tonne muss doch eine Bezeichnung haben
(Hausmann, Abel 122).
weiß der Teufel! (ugs.): *ich weiß [es]
nicht!:* Weiß der Teufel, wer um diese
Zeit noch an der Wohnungstür klingelt!
Wo könnte denn meine Armbanduhr
sein? – Weiß der Teufel! ... – Weiß der Teufel, woher sie all die jiddischen Lieder
kannte (Hilsenrath, Nacht 45).
jmdn. reitet der Teufel (ugs.): *jmd. folgt
einer schlechten Eingebung, handelt unüberlegt, leichtsinnig, gefährlich:* Diesen
Menschen reitet der Teufel – jetzt rennt
er doch tatsächlich noch einmal in das
brennende Haus hinein! Doch statt Sie

einfach sterben zu lassen, muss mich der Teufel reiten, und ich kämpfe um Ihr Leben (Dürrenmatt, Meteor 59).

▶ Nach altem Volksglauben setzt sich der Teufel denen, die er in seine Gewalt bekommen will, auf den Rücken, er reitet also auf ihnen. Darauf geht diese Wendung zurück.

bei etwas hat der Teufel die/seine Hand im Spiel: *etwas wird dauernd durch Schwierigkeiten gehemmt, bei etwas geht ständig alles schief:* Bei diesem Projekt hatte von Anfang an der Teufel seine Hand im Spiel; was wir auch unternahmen, wir hatten keinen Erfolg.

in jmdn. ist wohl der Teufel gefahren (ugs.): *jmd. ist nicht bei Verstand, jmd. handelt wie ein Wahnsinniger:* In den Kerl ist wohl der Teufel gefahren – der rast doch glatt mit 80 Sachen über den Bürgersteig!

auf etwas erpicht sein wie der Teufel auf die arme Seele; hinter etwas her sein wie der Teufel hinter der armen Seele (ugs.): *auf etwas versessen sein:* Er war zeit seines Lebens hinter dem Geld her wie der Teufel hinter der armen Seele.

▶ Dieser Wendung liegt die Vorstellung zugrunde, dass der Teufel im Wettstreit mit den Engeln danach trachtet, möglichst viele menschliche Seelen für sich zu gewinnen.

wie der Teufel (ugs.): *sehr schnell:* Als ich sie das letzte Mal sah, ist sie gerade wie der Teufel vom Werksgelände gefahren. Zu allem geht er auch noch in die Schule, lernt wie der Teufel und ist Agnes, Birgitt, Charli und Dagmar ein rechter Dorn im Auge (Ossowski, Flatter 38).

den Teufel nach etwas fragen (ugs.): *etwas für gleichgültig erachten:* Sie haben doch damals den Teufel danach gefragt, ob es ihrem Vater gut oder schlecht geht, und jetzt soll er ihnen aus der Patsche helfen!

sich den Teufel um etwas scheren (ugs.): *sich überhaupt nicht um etwas kümmern:* Er schert sich den Teufel um Recht und Gesetz, ihm geht es nur um Macht und Besitz. Er ... schert sich den Teufel darum, ob ein Ganzes, Menschliches, Vollkommenes oder was überhaupt aus seinen Feststellungen wird (Musil, Mann 215).

den Teufel werde ich tun [und ...] (ugs.): *unter keinen Umständen [...]:* Entschuldige dich sofort bei deiner Schwester! – Den Teufel werde ich tun! »Ihre Kollegen ... werden den Teufel tun und streiken ...« (Spiegel 20, 1983, 120). »Möchtest du nicht zu uns kommen?«, fragte er Christine. »Ich werde den Teufel tun«, sagte sie (Bieler, Mädchenkrieg 453).

den Teufel mit/durch Beelzebub austreiben: *ein Übel durch ein ebenso schlimmes oder noch schlimmeres beseitigen:* Wer glaubt, man könne die Inflation bekämpfen, indem man eine höhere Arbeitslosigkeit in Kauf nimmt, der versucht, den Teufel mit Beelzebub auszutreiben. Nachrüstung ist der Versuch, den Teufel mit Beelzebub auszutreiben (Alt, Frieden 45).

▶ Die Wendung stammt aus der Bibel (z. B. Matthäus 12,24). »Beelzebub« ist der Name des obersten Teufels.

den Teufel im Leib haben (ugs.): *unbeherrscht, wild, temperamentvoll sein:* Sieh dich vor, mein Junge, das Mädchen hat den Teufel im Leib! Der Gaul hat noch jeden Reiter abgeworfen, das Biest hat den Teufel im Leib!

▶ In früheren Zeiten nahm man als Ursache von Krankheiten an, dass der Teufel in den Leib des Menschen gefahren sei. Besonders bei Tobsucht o. Ä. galt der Kranke als vom Teufel besessen. Auf diese Vorstellung ist die Wendung zurückzuführen.

sich den Teufel auf den Hals laden (ugs.): *sich große Unannehmlichkeiten zuziehen:* Er ahnte nicht, dass er sich den Teufel auf den Hals lädt, wenn er sich in dieser Stadt öffentlich für die Rechte der Homosexuellen engagiert.

den Teufel an die Wand malen (ugs.): *Unheil heraufbeschwören:* Hörst du das Telefon? Jetzt sagen die Lehmanns bestimmt auch noch ab! – Mal nicht den Teufel an die Wand; dann können wir das Gartenfest gleich ganz abblasen.

▶ Nach altem Aberglauben, der wohl auf frühzeitlichen Bilderzauber zurückgeht, wird der Teufel durch die bildliche Darstellung beschworen, herbeizitiert. Darauf bezieht sich diese Wendung.

es hat den Teufel mit etwas (ugs.): *bei etwas gibt es [ständig] Schwierigkeiten:*

Mit diesem Staubsauger hat es den Teufel – mal verstopft die Düse, mal platzt der Staubsack, und jetzt hat er auch noch einen Wackelkontakt.

dem Teufel ein Ohr abschwätzen (ugs.): *ganz besonders beredt und geschwätzig sein:* Dieser Mensch schwätzt dem Teufel ein Ohr ab, er wäre ein idealer Gebrauchtwagenverkäufer!

gibt man dem Teufel den kleinen Finger, so nimmt er die ganze Hand: *wenn man mit etwas Schlechtem beginnt, kommt man nicht mehr davon los:* Lass dich ja nicht dazu überreden, »nur mal zum Spaß« Rauschgift zu probieren; gibt man dem Teufel den kleinen Finger, so nimmt er die ganze Hand.

ich will des Teufels sein/der Teufel soll mich holen, wenn ... (ugs.): *Bekräftigungsformel:* Ich will des Teufels sein, wenn das nicht eine abgekartete Sache war! »Sie haben eine schöne Stimme –, der Teufel soll mich holen, wenn das keine schöne Stimme ist ...« (Thieß, Legende 145). Georg hat mich, ohne es zu merken, schwer angeschlagen – aber der Teufel soll mich holen, wenn ich es ihm merken lasse (Remarque, Obelisk 92).

des Teufels sein (veraltend): *nicht bei Verstand sein:* Ihr seid des Teufels, Herr Graf, das könnt Ihr nicht tun! Bist du des Teufels? Leg sofort das Messer weg!

▶ Diese Wendung mit ihrer altertümlichen Genitivkonstruktion bedeutet eigentlich »dem Teufel gehören« (= vom Teufel besessen sein). Die Vorstellung der Besessenheit bestimmt die heutige Bedeutung der Wendung.

in Teufels Küche kommen (ugs.): *große Unannehmlichkeiten bekommen:* Auch ein angesehener Wissenschaftler kann in Teufels Küche kommen, wenn er seine Aufenthaltsgenehmigung nicht ordnungsgemäß verlängern lässt. Sie wären ja in Teufels Küche gekommen, wenn Sie Informationen zurückgehalten hätten in einem solchen Fall (Molsner, Harakiri 9).

▶ Im Mittelalter stellte man sich die Hölle als eine Art Hexenküche, eben als eine Küche des Teufels vor, wo die Sünder über dem Feuer gebraten werden. Die Wendung heißt also eigentlich »in die Hölle kommen«.

in drei/(selten:) **in des Teufels Namen:** *Ausdruck der Verärgerung* (ugs.): Dann soll sie eben in drei Teufels Namen mein Auto nehmen, ich habe ja eine Kaskoversicherung. Wer in des Teufels Namen hat sich denn diesen blöden Scherz ausgedacht? Wie, in drei Teufels Namen, sollen wir sonst ein wahres Bild von uns selbst bekommen (Grossmann, Schwul 63).

▶ Diese Redensarten sind analog zu »in Gottes Namen« gebildet; die »drei Teufel« stehen hier für die dreifache Gestalt Gottes in der Heiligen Dreifaltigkeit.

auf Teufel komm raus (ugs.): *mit allen Kräften, rückhaltlos:* Es hat keinen Sinn, auf Teufel komm raus Aufträge anzunehmen, wenn man nicht genügend freie Kapazitäten hat. Kalifornische Seeelefanten, einmal schon fast ausgestorben ... vermehren sich auf Teufel komm raus (Spiegel 20, 1983, 232). Geplant wird auf Teufel komm raus. Das letzte Wort haben die Stadtväter (MM 29. 6. 1977, 18).

▶ Die Beschwörung des Teufels ist in vielen Volkssagen das letzte, verzweifelte Mittel eines Menschen, sein Ziel zu erreichen. Auf diese Vorstellung des rückhaltlosen Einsatzes geht diese Wendung zurück.

es müsste mit dem Teufel zugehen, wenn ... (ugs.): *es ist sehr unwahrscheinlich, dass ...:* Es müsste doch mit dem Teufel zugehen, wenn es diesmal wieder nicht mit der Beförderung klappt.

wenn man vom Teufel spricht, kommt er: *scherzhafter Kommentar, wenn jemand erscheint, von dem man gerade gesprochen hat:* Findest du nicht auch, dass der neue Mathelehrer ein ziemliches Ekel ist? – Guck mal, da drüben! Wenn man vom Teufel spricht, kommt er!

▶ Dieser Redensart liegt der Aberglaube zugrunde, dass die Nennung des Namens, die Beschwörung zum Erscheinen des Teufels führen kann.

zum Teufel [noch einmal]! (ugs.): *Ausruf des Ärgers:* Wer zum Teufel hat die Schokolade in die Sonne gelegt? Zum Teufel noch einmal, ich hab doch gesagt, dass ich nicht gestört werden will! ... der Helm, zum Teufel noch mal, ist der Helm schwer! (Kisch, Reporter 21).

geh/scher dich zum Teufel! (ugs.): *verschwinde!:* Raus hier, scher dich zum

Teufel! Geh zum Teufel mit deinem ewigen Gejammere! »Scheren Sie sich zum Teufel, Sie Idiot!«, schrie ihn Heidmann an (Sebastian, Krankenhaus 97). **fahr zum Teufel!** (ugs.): *Verwünschung:* »Fahr zum Teufel, du Mistkerl!«, zischte sie den Kommissar an, der sie verhaften wollte. Sag deinem sauberen Bruder, er soll zum Teufel fahren mit seiner Schwindelfirma, ich habe schon genug Geld durch ihn verloren! **zum Teufel sein/gehen** (ugs.): 1. *entzwei sein/entzweigehen:* Die Uhr war zum Teufel, er hatte sie aus Versehen beim Baden angelassen. Van Brook wandte sich mit der Axt um und schlug diesmal in eine andere Richtung. Ein Blumenkübel ... ging zum Teufel ... (Lynen, Kentaurenfährte 281). 2. *verloren sein/verloren gehen:* Sicher, früher hatten wir einige ganz wertvolle Möbel, aber durch den Krieg und die Flucht nach dem Westen ist das alles zum Teufel. Wenn bei uns die Ideen populär werden, dann bleibt die Popularität, die Idee geht gewöhnlich zum Teufel (Tucholsky, Werke II, 324). **jmdn. zum Teufel/zu allen Teufeln wünschen** (ugs.): *jmdn. ganz und gar nicht leiden können und ihn weit fort wünschen:* Früher hat sie ihn wohl einmal sehr geliebt, aber jetzt wünscht sie ihn längst zu allen Teufeln. Die Höflichkeiten der Mutter täuschten sie nicht darüber hinweg, dass Tatjana sie zum Teufel wünschte (Kuby, Sieg 333). **jmdn. zum Teufel jagen/schicken** (ugs.): *jmdn. davonjagen:* Schicken Sie endlich die Reporter zum Teufel! Ich werde Sie, Schlegelberger, und die gesamte Justiz zum Teufel jagen, wenn dies Urteil nicht umgehend revidiert wird! (Mostar, Unschuldig 145). Wendet euch an Eure zuständigen Funktionäre der Gewerkschaft. Wenn sie versagen, jagt sie zum Teufel ... (v. d. Grün, Glatteis 258). **jmdn., etwas ↑fürchten wie der Teufel das Weihwasser: in der Not frisst der Teufel Fliegen:** ↑Not. **auf jmdn. hat der Teufel durch ein Sieb geschissen:** ↑Sieb. **über Tod und Teufel:** ↑Tod. **weder Tod noch Teufel fürchten:** ↑Tod. **Tod und Teufel:** ↑Tod.

Text: jmdm. den Text lesen (ugs.; veraltend): *jmdm. eine Strafpredigt halten:* Jeden Abend kommt der Junge später nach Hause; du solltest ihm einmal ordentlich den Text lesen! Vgl. »jmdm. die Leviten lesen« (↑Leviten). **jmdn. aus dem Text bringen** (ugs.): *jmdn. den gedanklichen Zusammenhang verlieren lassen:* Durch dauernde Zwischenfragen haben die Schüler ihren Lehrer ganz aus dem Text gebracht. **aus dem Text kommen** (ugs.): *vom Thema abkommen, den gedanklichen Zusammenhang verlieren:* Natürlich ist das auch ein wichtiger Gesichtspunkt, aber bevor wir endgültig aus dem Text kommen, möchte ich jetzt lieber zu unserer Ausgangsfrage zurückkehren. **weiter im Text!** (ugs.): *fahren wir/fahre fort!:* Name, Wohnort und Geburtsdatum hätten wir; also weiter im Text – welchen Beruf haben Sie? Weiter im Text: Nun gibt es solche Firmen ... die in so genannten Steuerparadiesen liegen (Spiegel 8, 1978, 54). ▶ Diese Wendung ist wahrscheinlich auf kirchliche Predigten zurückzuführen, bei denen oft ein bestimmter Bibeltext Ausgangspunkt ist, zu dem der Prediger nach der Auslegung einzelner Abschnitte immer wieder zurückkehrt.

Tezett: bis zum Tezett (ugs.): *bis ins kleinste Detail, ganz genau:* Er kennt die Geschäftsordnung bis zum Tezett. ▶ Die Wendung geht darauf zurück, dass das Tezett (tz) in alten Schulfibeln der letzte Buchstabe des Alphabets ist (es steht für zz). Die Wendung bedeutete also ursprünglich »bis zum letzten [Buchstaben], bis zum Ende«.

Theater: Theater spielen (ugs.): *etwas vortäuschen:* Jeder wusste, dass er Theater spielte, er konnte sich gar nicht wehgetan haben. Du brauchst gar nicht Theater zu spielen, das rührt mich nicht (Genet [Übers.], Miracle 318). Kein Mensch merkt, dass der Mann Theater spielt, er selbst auch nicht (Zwerenz, Kopf 152). **jmdm. Theater vormachen** (ugs.): *jmdn. täuschen:* Großvater wusste, dass er schwer krank war, aber er hat uns die ganze Zeit Theater vorgemacht. **demnächst in diesem Theater:** ↑demnächst.

Thema: Thema [Nummer] eins (ugs.): *Sex [als Gesprächsthema]:* Nach der zweiten Runde Doppelkorn waren die Herren am Stammtisch mal wieder beim Thema Nummer eins. Ich habe echte Freunde in den Kreisen gefunden, die meine Interessen pflegten. Dort gibt es auch anderen Gesprächsstoff – und nicht nur »Thema 1« (Hörzu 16, 1976, 132).

Theorie: graue Theorie sein: *rein theoretisch, nicht praktisch bewiesen, in der Praxis nicht zutreffend sein:* Wenn das Privateigentum an den Produktionsmitteln abgeschafft ist, gibt es keine Ausbeutung mehr. – Das ist graue Theorie, mein Lieber. Sie schreiben so viel über die Liebe. Aber ich habe den Eindruck, dass vieles davon graue Theorie ist (Hörzu 10, 1973, 103).

▶ Diese Wendung geht auf Goethes »Faust« zurück, wo es in der Schülerszene heißt: »Grau, teurer Freund, ist alle Theorie.«

Thomas: ein ungläubiger Thomas: *jmd., der sehr schwer zu überzeugen ist:* Dieser ungläubige Thomas rief natürlich erst noch die Zeitansage an, obwohl sie ihm ganz genau die Uhrzeit angegeben hatte! Was heißt hier Beweise – du bist mir vielleicht ein ungläubiger Thomas!

▶ Diese Fügung geht auf das Neue Testament (Johannes 20, 24 ff.) zurück, wo davon erzählt wird, dass der Jünger Thomas erst an die Auferstehung Christi glauben wollte, als er dessen Wundmale berühren konnte.

Thron: jmds. Thron wackelt (ugs.): *jmds. Position ist gefährdet:* Der Thron des Weltmeisters wackelte, aber mit Geschick und Routine hielt er den Gegner auf Distanz.

jmdn. auf den Thron heben (geh.): *jmdm. die führende Rolle auf einem Gebiet zusprechen:* Die gesamte Sportpresse hatte ihn schon vor Jahren auf den Thron gehoben, und er galt noch immer als der beste professionelle Tennisspieler der Welt.

von seinem Thron herabsteigen (ugs.): *seine Überheblichkeit, seinen Dünkel aufgeben:* Du kannst ruhig von deinem Thron herabsteigen, ganz unschuldig an dem ganzen Debakel bist du schließlich auch nicht!

jmdn. vom Thron stoßen (geh.): *jmdm. seine Vorrangstellung nehmen:* Den früher absolut tonangebenden Modepapst haben jüngere Couturiers längst vom Thron gestoßen.

ticken: nicht [mehr] richtig ticken (ugs.): *nicht ganz normal sein:* Der Typ tickt wohl nicht richtig, er kann seinen Lieferwagen doch nicht mitten auf der Straße parken! Ein Mädchen kann durchaus beides haben, Freund und Freundin – und wer das nicht klar einsieht, der tickt nicht ganz richtig (Freizeitmagazin 12, 1978, 32).

... ticken die Uhren anders: ↑ Uhr.

tief: zu tief in den Becher geschaut haben: ↑ Becher. tief in den Beutel greifen müssen: ↑ Beutel. das lässt tief blicken: ↑ blicken. zu tief in die Flasche geguckt haben: ↑ Flasche. zu tief ins Glas gucken/schauen: ↑ Glas. aus tiefstem Herzen: ↑ Herz. tief in die Kasse greifen müssen: ↑ Kasse. die Nase zu tief ins Glas stecken: ↑ Nase. tief ins Portemonnaie greifen: ↑ Portemonnaie. tief in den Sack/Säckel greifen müssen: ↑ Säckel. tief in jmds. Schuld stecken: ↑ Schuld. in tiefster Seele: ↑ Seele. aus tiefster Seele: ↑ Seele. tief in die Tasche greifen müssen: ↑ Tasche. stille Wasser sind tief: ↑ Wasser. einer Sache tiefe Wunden schlagen: ↑ Wunde.

Tier: ein hohes/großes Tier (ugs.): *eine hoch gestellte Persönlichkeit:* Der Skandal hat nur einigen unbedeutenden Mitläufern wirklich geschadet, die großen Tiere blieben wieder einmal ungeschoren. Sein Vater war im Militär ein hohes Tier (Ziegler, Kein Recht 55). »... aber in der Studentenorganisation ist er ein großes Tier ...« (Kemelman [Übers.], Dienstag 21).

jedem Tierchen sein Pläsierchen (ugs.): *jedem sein Vergnügen:* Ich hätte nie gedacht, dass unser Direktor in seiner Freizeit nichts als Comics liest – naja, jedem Tierchen sein Pläsierchen!

▶ Eine im 19. Jh. erschienene Gedichtsammlung von E. Bormann und A. Oberländer trug den Titel »Ein jedes Tierchen hat sein Pläsierchen«, der in leicht abgewandelter Form zur geläufigen Redensart wurde.

ich werd zum Tier! (ugs.): *ich werde sehr böse!:* Wenn du auch nur einen winzigen

Kratzer auf meine Lieblingsplatte machst, werd ich zum Tier! Ich werd zum Tier, wenn es jetzt nicht bald was zu essen gibt!

Tierfreund: ich bin ja Tierfreund (ugs.): *ich verzichte darauf, dich zu verprügeln, obwohl ich es könnte:* Ich habe genau gehört, was du eben über mich gesagt hast, aber ich bin ja Tierfreund!

▶ Mit dieser Redensart unterstellt man dem Angeredeten, dass er so dumm wie ein Tier sei – als Tierfreund tut man ihm selbstverständlich nichts an.

tierisch: tierischer Ernst (abwertend): *pflichtbewusste, aber humorlose Gesinnung:* Die ganze Situation war reichlich grotesk, aber der Polizist hat mit tierischem Ernst sein Protokoll geschrieben. ... wird bei aller Sachlichkeit nie der Eindruck tierischen Ernstes ausgelöst (Hörzu 44, 1972, 135).

etwas tierisch ernst nehmen (abwertend): *einer Sache unangemessen ernsthaft begegnen:* Du kannst doch diese Witzeleien deiner Kollegen nicht so tierisch ernst nehmen! Sara nahm alles tierisch ernst und war fantasielos (Praunheim, Sex 234).

Timotheus: sieh da, sieh da, Timotheus! (scherzh.): *schau an!:* Sieh da, sieh da, Timotheus! Da haben wir ja den kleinen Ausreißer wieder gefunden!

▶ Diese Redensart geht auf Schillers Ballade »Die Kraniche des Ibykus« zurück.

Timpen: einen im Timpen haben (landsch.): *leicht betrunken sein:* Ich hatte zwar schon einen im Timpen, aber ich habe noch genau mitgekriegt, was da gespielt wurde. ... will mal sagen, wie wenn du einen im Timpen hast und versuchst neben die Ritzen zu treten aufm Trottoir und das klappt nicht (Degenhardt, Zündschnüre 243).

▶ Das norddeutsche Wort »Timpen« heißt eigentlich »Zipfel, Spitze«; es steht in dieser Wendung für »Kopf«.

Tinte: über etwas ist viel Tinte verspritzt worden: *über etwas ist sehr viel geschrieben worden:* Über das Thema Erziehung ist viel Tinte verspritzt worden, aber die Gelehrten sind sich keineswegs einig.

Tinte gesoffen haben (ugs.): *verrückt sein:* Hast du Tinte gesoffen? Was machst du denn mit dem Schraubenzie-

her an meinem Schachcomputer? »Ich kann bloß sagen, wer mit den Bullen zusammenarbeitet, muss Tinte gesoffen haben.« (Spiegel 41, 1976, 74)

jmdn. in die Tinte reiten (ugs.): *jmdn. in eine missliche Lage bringen:* Mit seinen so genannten guten Ratschlägen hat er uns schon mehr als einmal in die Tinte geritten. Sie muss zugeben, dass sie ihren Freund ganz schön in die Tinte geritten hat.

in die Tinte geraten (ugs.): *in eine missliche Lage geraten:* Der Verein war finanziell ganz schön in die Tinte geraten, erst ein großzügiger Mäzen hat ihm wieder auf die Beine geholfen.

in der Tinte/(selten:) **Tunke sitzen** (ugs.): *in einer misslichen Lage sein:* Wenn morgen der Fluglotsenstreik beginnt, sitzen einige Touristen ganz schön in der Tinte. »... Schließlich sind wir Anwälte ja dazu da, Menschen beizustehen, die in der Tinte sitzen.« (Hörzu 49, 1970, 90)

das ist [doch] klar wie dicke Tinte: ↑ klar.

tippen (ugs.): *an etwas nicht tippen können:* Mach dir nichts vor; an die Leistungen solcher Spitzensportler kann unsereins nicht tippen.

an etwas ist nicht zu tippen (ugs.): 1. *etwas ist unanfechtbar:* An ihr Alibi ist nicht zu tippen, das steht fest. 2. *etwas ist ganz sicher:* Er ist nun einmal ein großartiger Schauspieler, daran ist einfach nicht zu tippen. 2 mal 2 ist 4, da ist nicht dran zu tippen (Döblin, Berlin 138).

Tisch: reinen Tisch machen (ugs.): *eine Angelegenheit bereinigen, alles in Ordnung bringen:* Dieser ständige Kleinkrieg hat doch wirklich keinen Sinn, wir sollten uns lieber in Ruhe zusammensetzen und ein für alle Mal reinen Tisch machen. Deshalb sei es an der Zeit, reinen Tisch zu machen und auch die Freudenmädchen prinzipiell unter den Schutz des ... Grundgesetzes zu stellen (Spiegel 14, 1976, 86).

▶ Die Wendung bezieht sich wohl auf den Schreib- oder Arbeitstisch, auf dem bei Arbeitsschluss keine Rechnungen, Schriftstücke usw. oder Werkzeuge liegen sollen.

am runden Tisch: *unter gleichberechtigten Verhandlungspartnern:* Wenn die Stadtverwaltung bereit ist, mit Vertretern der Bürgerinitiative am runden Tisch zu verhandeln, lässt sich der Streit um die neue Fabrik vielleicht gütlich beilegen. Wie wärs, wenn sich die Gesprächsleiter zu diesem Thema mal an den runden Tisch setzen! (Hörzu 41, 1971, 5).

am grünen Tisch/vom grünen Tisch aus: *lediglich von der Planung ausgehend, ohne Kenntnis der Praxis:* Natürlich wurde wieder einmal alles vom grünen Tisch aus entschieden, und dann wundert man sich, wenn die Betroffenen verärgert sind. So eine Entscheidung darf unter gar keinen Umständen am grünen Tisch gefällt werden.
▶ Die Wendung rührt daher, dass die Verhandlungstische früher oft mit grünem Leder oder Tuch bezogen waren.

jmdn. [mit jmdm.] an einen Tisch bringen: *jmdn. [mit jmdm.] zu Verhandlungen zusammenführen:* Wer hätte gedacht, dass es jemals gelingen würde, die verfeindeten Brüder an einen Tisch zu bringen? Wenn Sie Ihren Vater mit einem unserer Rechtsanwälte an einen Tisch bringen könnten, wäre vielleicht doch noch eine Einigung möglich.

etwas auf den Tisch des Hauses legen (ugs.): *etwas förmlich vorlegen, zur Kenntnis bringen:* Ich lege Ihnen hier einen Vertrag auf den Tisch des Hauses, der Ihnen für die nächsten zehn Jahre ein fantastisches Einkommen garantiert. ... wenn beide Vorstände ein gemeinsames Konzept auf den Tisch des Hauses legen würden (Spiegel 44, 1991, 162).

bar auf den Tisch des Hauses (ugs.): *in bar:* Ihr Scheckbuch können Sie vergessen, ich brauche das Geld bar auf den Tisch des Hauses! Mit je 50 000 Mark bar auf den Tisch des Hauses wollte eine Fertighausbaufirma ... Reklame machen ... (Hörzu 8, 1972, 30).

auf den Tisch hauen/schlagen (ugs.): *sich gegenüber anderen sehr energisch einsetzen, durchsetzen:* Du musst einfach mal auf den Tisch schlagen, du kannst dir doch nicht alles gefallen lassen! Hier kann man nicht mehr taktieren, hier muss man auf den Tisch hauen (v. d. Grün, Glatteis 138).

bei/nach/vor/zu Tisch: *beim/nach dem/ vor dem/zum Essen:* Vor Tisch wird keine Schokolade gegessen, merk dir das! Wir saßen also zu fünfen bei Tisch (Hauptmann, Schuß 34). Die Unterhaltung bei Tisch war die eines Mädchenpensionats (Remarque, Triomphe 415). Nach Tische, wie gewöhnlich, servierte ich Kaffee in der Halle ... (Th. Mann, Krull 252). ... welch seltene Gunst es sei, vom Meister zu Tisch geladen zu werden (Hesse, Narziß 233).

jmdn. über den Tisch ziehen (ugs.): *jmdn. übervorteilen:* Trotz der Eile, mit der verhandelt wurde, hätte der Anwalt sich nicht dermaßen über den Tisch ziehen lassen dürfen. Wie blutige Anfänger hätten sich die Standesführer von Gesundheitspolitikern und Krankenkassen über den Tisch ziehen lassen (Spiegel 51, 1987, 172).

unter den Tisch fallen (ugs.): *nicht berücksichtigt werden:* Die Interessen der kleineren Staaten sind bei dem internationalen Abkommen wieder einmal unter den Tisch gefallen. Freilich machte die Unbedenklichkeit, mit der Justinian gegebene Zusicherungen ... einfach unter den Tisch fallen ließ, den schlechtesten Eindruck (Thieß, Reich 555).

jmdn. unter den Tisch trinken (ugs.)/ **saufen** (derb): *mehr Alkohol vertragen als jmd., mit dem man trinkt:* Wie Hubert damals den Zweizentnermann unter den Tisch soff ... (Härtling, Hubert 322). ... und wenn er anfing zu trinken, dann trank er alle unter den Tisch (Hörzu 23, 1972, 21).

von Tisch und Bett getrennt sein/leben: *in einer gescheiterten Ehe in Trennung leben:* Da die Eheleute seit 15 Jahren von Tisch und Bett getrennt sind, dürfte einer Scheidung nichts im Wege stehen. Erst ... im neu bezogenen Haus ... erfahre ich, dass ihre Eltern ... von Tisch und Bett getrennt leben (Hörzu 38, 1976, 24).
▶ Hier handelt es sich um eine alte Rechtsformel; Tisch und Bett stehen für die wirtschaftliche und sexuelle Gemeinschaft der Ehe.

vom Tisch sein/kommen/müssen (ugs.): *erledigt sein/werden/werden müssen:* Diese unangenehme Sache muss so schnell wie möglich vom Tisch. Sorgen Sie dafür, dass das alles vom Tisch kommt, und zwar noch vor der nächsten

Aufsichtsratssitzung! Damit ist das Thema allerdings nicht vom Tisch (Spiegel 31, 1979, 135).

etwas vom Tisch bringen: *etwas erledigen:* Sie hatte erst zwei der fünf Prüfungsfragen vom Tisch gebracht. Wir blieben dabei, dieses Reizthema vom Tisch zu bringen (W. Brandt, Begegnungen 180).

etwas vom Tisch wischen/fegen: *etwas als unwichtig abtun, beiseite schieben:* Sie wischte alle Warnungen vom Tisch. Anderl wischte diesen Einwand leicht vom Tisch (Kühn, Zeit 232).

vor Tische las mans anders: *vor einem bestimmten Ereignis wurde eine ganz andere Meinung vertreten:* Er hat also schon immer gewusst, dass wir die Absatzkrise überwinden würden? Na, vor Tische las mans anders!

► Die vorliegende Redensart ist ein Zitat aus Schillers Drama »Die Piccolomini« (IV. Akt, 7. Szene).

zum Tisch des Herrn gehen (Rel.; geh.): *am Abendmahl teilnehmen, kommunizieren:* Bevor ihr zum Tisch des Herrn geht, prüft eure Herzen, ob ihr nicht im Stande der Sünde seid.

die Beine unter jmds. Tisch strecken: ↑ Bein. **mit der Faust auf den Tisch hauen/schlagen:** ↑ Faust. **die Füße unter jmds. Tisch strecken:** ↑ Fuß. **die/seine Karten offen auf den Tisch legen:** ↑ Karte. **Narrenhände beschmieren Tisch und Wände:** ↑ Narrenhand.

Tischkante: an der Tischkante (ugs.): *ad hoc, so nebenbei:* Ein so kompliziertes Problem kann man nicht an der Tischkante erledigen, das bedarf sorgfältiger Überlegung. Die Ministerin will diese Frage nicht an der Tischkante entscheiden, dazu ist die Sache zu wichtig.

Tischtuch: das Tischtuch zwischen sich und jmdm. zerschneiden/entzweischneiden (geh.): *jede Verbindung mit jmdm. abbrechen:* Sie hatte längst das Tischtuch zwischen sich und ihrem Elternhaus zerschnitten und war Mitglied einer fernöstlichen Sekte geworden. Von heute an habe ich keinen Sohn mehr – das Tischtuch zwischen uns ist entzweigeschnitten!

► In früheren Zeiten bestand der Rechtsbrauch, dass bei einer Ehescheidung die Eheleute ein Stück Leinen zwischen sich zerschnitten, um ihre Trennung symbolisch zu bekräftigen. Hierauf geht diese Wendung zurück.

Titte: schmecken wie Titte mit Ei: ↑ schmecken.

Tobak: anno Tobak: ↑ anno. **starker Tobak sein:** ↑ Tabak.

toben: toben wie zehn nackte Wilde im Schnee (ugs.; scherzh.): *sehr heftig toben:* Der Nachbar hat getobt wie zehn nackte Wilde im Schnee, weil ihm jemand sein neues Auto ruiniert hat.

Tobias: Tobias sechs, Vers drei (scherzhaft): *Kommentar, wenn jemand mit weit geöffnetem Mund gähnt, ohne die Hand vorzuhalten.*

► Mit dieser Redensart weisen wir auf die entsprechende Bibelstelle im Alten Testament (in den deuterokanonischen Schriften) hin, wo es heißt:»O Herr, er will mich fressen.«

Tochter: eine Tochter Evas (veraltend; scherzh.): 1. *ein [eitles] Mädchen:* Die kleine Susi ist eine richtige Tochter Evas; schau nur, wie sie sich vor dem Spiegel produziert! 2. *eine Frau:* Das ist doch wieder einmal typisch für euch Töchter Evas – ihr urteilt nur nach dem Gefühl! **höhere Tochter** (veraltet; noch scherzh.): *Mädchen aus gutbürgerlichem Hause:* Wie viele höhere Töchter ihrer Zeit hatte auch sie ein Schweizer Pensionat besucht. ... von der Aussperrung seien nicht nur höhere Töchter und Söhne betroffen (Spiegel 20/21, 1976, 86).

Tod: der Tod einer Sache sein: *etwas vernichten, zugrunde richten:* Die großen Supermärkte schienen der Tod des Tante-Emma-Ladens zu sein. Denunziantentum und Gesinnungsschnüffelei sind der Tod der freien Meinungsäußerung. **Tod und Teufel!** (ugs.): *Fluch:* Tod und Teufel! Ich will was zu essen haben!

weder Tod noch Teufel fürchten: *niemanden, nichts fürchten:* Sie waren beide rechte Draufgänger, die weder Tod noch Teufel fürchteten.

jmdm. den Tod an den Hals wünschen: *jmdm. alles Schlechte wünschen:* Jeder der Bauern wünschte dem Landwirtschaftsminister den Tod an den Hals. Sie wünschte den Leuten im Dorf den Tod an den Hals.

den Tod finden (geh.): *umkommen:* Zahllose Forscher und Abenteurer hatten in dieser Dschungelhölle bereits den Tod gefunden. Das amerikanische Verteidigungsministerium hatte Blanche Guinn davon benachrichtigt, dass ihr Sohn am 9. November bei Kampfhandlungen in Vietnam den Tod gefunden habe (MM 25./26. 11. 1967, 21).

einen nassen Tod finden (geh.): *ertrinken:* Schon mancher unvorsichtige Schwimmer hat an dieser Küste einen nassen Tod gefunden.

dem Tod noch einmal von der Schippe gesprungen/gehüpft sein (ugs.): *einer tödlichen Gefahr gerade noch entronnen sein:* Nach der schweren Gelbsucht hatte er auch noch eine Lungenentzündung überstanden; er war dem Tod noch einmal von der Schippe gehüpft.

dem Tod ins Auge schauen (geh.): *in Todesgefahr schweben:* In zahlreichen Schlachten hatte der alte Korporal dem Tod ins Auge geschaut.

des Todes sein (geh.): *sterben müssen:* Jeder, der dem Befehl nicht gehorchte, war des Todes. ... so würde zwar erstehen der Kranke, aber der Gesunde werde des Todes sein (Th. Mann, Joseph 341).

auf den Tod krank: *sterbenskrank:* Wochenlang hatte sie auf den Tod krank im Bett gelegen. Da kannte Remann den jungen Mann, R. I. P., der auf den Tod krank sich in seines besten Freundes Frau verliebt (Fries, Weg 304).

jmdm. auf/(seltener:)**in den Tod zuwider sein:** *jmdm. äußerst zuwider sein:* Diese süßlich-verlogenen Schlagerschnulzen sind mir auf den Tod zuwider. Er war ihr auf den Tod zuwider, aber sie lebte immer noch mit ihm zusammen.

jmdn., etwas auf/(seltener:)**in den Tod hassen/nicht leiden können/nicht ausstehen können:** *jmdn., etwas absolut nicht ausstehen können:* ... ich durfte zu meinen Eltern nicht von Gott sprechen, denn das konnten sie auf den Tod nicht leiden (Zorn, Mars 69). Eine Tür war zugefallen ..., und das war ein Geräusch, das Hans Castorp auf den Tod nicht leiden konnte, das er von jeher gehasst hatte (Th. Mann, Zauberberg 67). Klar ist, dass er Journalisten auf den Tod nicht ausstehen kann (Spiegel 44, 1976, 207).

gegen den Tod ist kein Kraut gewachsen: *vor dem Tod gibt es keine Rettung:* Auch die Reichen müssen sterben, gegen den Tod ist eben kein Kraut gewachsen.

in den Tod gehen (geh.): *bereit sein zu sterben; sein Leben opfern:* Alle waren sie bereit, für das Vaterland in den Tod zu gehen. Er ist für seine Überzeugung in den Tod gegangen.

mit dem Tode ringen: *lebensgefährlich krank oder verletzt sein, [fast] im Sterben liegen:* Seit ihrem Unfall liegt sie im Sauerstoffzelt; schon drei Tage ringt sie mit dem Tode.

über Tod und Teufel (ugs.): *über alles Mögliche:* Die ganze Nacht saßen wir zusammen und unterhielten uns über Tod und Teufel. ... man kann mit Kindern über Tod und Teufel reden. Es kommt nur aufs Wie an (Hörzu 11, 1976, 16).

es geht um Tod oder Leben: *jmds. Leben ist in höchster Gefahr:* Der Radrennfahrer war schwer gestürzt, es ging um Tod oder Leben.

zu Tode: *im äußersten Maße:* Ich würde mich an deiner Stelle zu Tode schämen! Die Kinder haben sich zu Tode gefürchtet, als plötzlich im ganzen Haus das Licht ausging. Der Mutter habe ich nichts von allem geschrieben. Sie wäre zu Tode erschrocken (Sacher-Masoch, Parade 189).

vom Tode gezeichnet sein (geh.): *durch sein Äußeres erkennen lassen, dass man bald sterben wird:* Die meisten der alten Männer im Lager waren bereits vom Tode gezeichnet.

zu Tode kommen: *tödlich verunglücken:* Beide Brüder waren beim Autorennen zu Tode gekommen. Wir werden noch alle zu Tode kommen bei deinen verrückten Sprengstoffexperimenten!

etwas zu Tode reiten/hetzen (ugs.): *etwas durch zu häufige Anwendung wirkungslos machen:* In viel zu vielen Fortsetzungen wurde die gute Grundidee dieser Fernsehserie inzwischen zu Tode geritten. Verstehen und erklären ... sind wertvolle Antithesen, die man nicht zu Tode reiten darf (Natur 92).

wie der Tod von Basel/Warschau aussehen: ↑aussehen. **himmelhoch jauchzend, zu Tode betrübt:** ↑himmelhoch. **viele Hunde sind des Hasen Tod:** ↑Hund. **ein**

Kind des Todes sein: ↑ Kind. **auf Leben und Tod:** ↑ Leben. **ein Mann des Todes sein:** ↑ Mann. **in Not und Tod zusammenstehen:** ↑ Not. **der schwarze Tod:** ↑ schwarz. **tausend Tode sterben:** ↑ tausend. **umsonst ist der Tod, und der kostet das Leben:** ↑ umsonst. **der weiße Tod:** ↑ weiß.

Todesstoß: jmdm., einer Sache den Todesstoß versetzen (geh.): *jmdn., etwas zum Scheitern bringen:* Dass die Bank seinen Kredit nicht gestundet hat, hat ihm und seinen Warentermingeschäften den Todesstoß versetzt. Ein neuer Skandal würde ihrer Karriere den Todesstoß versetzen.

Todesverachtung: mit Todesverachtung (ugs.): *sich tapfer überwindend:* Mit Todesverachtung sprang sie in das kalte Wasser. Mit Todesverachtung kippte er den Cognac hinunter (Danella, Hotel 118).

toi: toi, toi, toi!: *Glücksformel:* Du wirst es schon schaffen; wir halten dir jedenfalls die Daumen, toi, toi, toi! Das Licht im Zuschauerraum ging aus, hinter den Kulissen spuckte jedermann jedem rasch über die Schulter: Toi, toi, toi! (Ziegler, Labyrinth 103).

[unberufen] toi, toi, toi: *Formel zur Abwehr von Unglück:* Die ganze Familie hat die Grippe, aber mich hat es bis jetzt noch nicht erwischt – unberufen, toi, toi, toi!

▶ Die beiden Formeln ahmen lautmalerisch das dreifache Ausspucken nach, das dem Volksglauben nach Glück bringt.

Toilette: du kommst schon noch auf meine Toilette Wasser trinken: ↑ Wasser.

toll: ein toller Hecht: ↑ Hecht. **ein tolles Stück:** ↑ Stück.

Tollerei: aus lauter Jux und Tollerei: ↑ Jux.

Tollhaus: ein Stück aus dem Tollhaus: *ein groteskes, wahnwitziges Vorkommnis:* Was da bei der Abschlussprüfung geschah, war ein Stück aus dem Tollhaus – nicht eine Zensur ist rechtmäßig zustande gekommen. Ein Stück aus dem Tollhaus. Die konnten ja überhaupt nicht zielen, das Gewehr ja gar nicht halten (Kempowski, Tadellöser 473). Steuerreform ... Ein Stück aus dem Tollhaus (Spiegel 22, 1976, 52).

Tomate: eine treulose Tomate (ugs.; scherzh.): *jmd., der sich nicht so verhält, wie man es erwartet:* Du treulose Tomate hast natürlich wieder keine einzige Karte aus dem Urlaub geschrieben! Die treulose Tomate hat den schönen Schirmständer, den ich ihr gebastelt habe, doch glatt in den Mülleimer geworfen!

▶ Die Herkunft dieses Ausdrucks ist trotz aller Deutungsversuche unklar.

Tomaten auf den Augen haben (ugs.): *nichts sehen; etwas nicht bemerken, übersehen:* Hier stehen nachbarlich vereint zwei Gebäude, deren Portale auffallen, der nicht gerade »Tomaten auf den Augen« hat (BM 17. 3. 1974, 6). Was war los mit ihm, hatte er Tomaten auf den Augen oder vielleicht gar ein Brett vor dem Kopf? (Bastian, Brut 167).

▶ Die Wendung bedeutete ursprünglich »übernächtigt, verschlafen aussehen« und bezog sich auf die geröteten Bindehäute und verquollenen Augenpartien.

Ton: der gute/(seltener:)**feine Ton:** *das gute Benehmen:* Lautes Aufstoßen gilt nach wie vor als eindeutiger Verstoß gegen den guten Ton.

der Ton macht die Musik (ugs.): *es kommt immer darauf an, wie man etwas sagt:* Das hätten Sie mir auch etwas freundlicher mitteilen können; der Ton macht die Musik, mein Lieber!

haste/hast du Töne? (ugs.): *Ausdruck des Erstaunens:* Hast du Töne – das Kind kann ja schon laufen und sprechen! Donnerwetter. Son Junge ist das, haste Töne (Döblin, Berlin 200).

▶ In dieser Wendung steht »Ton« im Sinne von »Laut, Äußerung, Wort«.

den Ton angeben: *bestimmen, was geschieht:* Die kleine Firma aus dem Schwarzwald gibt mittlerweile in der ganzen Branche den Ton an. Meine Brüder gaben zu Hause den Ton an, und ich spielte in der Küche (A. Zweig, Grischa 148). ... weil in meiner Familie die Geistlichen den Ton angaben. Sie wollten mich zunächst einmal zum Kaufmann machen (Thorwald, Chirurgen 49).

▶ Die Wendung geht von »Ton« im älteren Sinne von »Tonart, Melodie« aus. Wer den Ton angibt, bestimmt also, was gespielt wird.

einen Ton anschlagen: *sich auf bestimmte Weise äußern:* Das nächste größere Werk Rousseaus war sein Roman »Julie ou la nouvelle Héloïse«. Auch hier schlug er einen ganz neuen Ton an ... (Friedell, Aufklärung 82). ... es musste schlimm um Escherich stehen, wenn der einen solchen Ton dem Kommissar gegenüber anschlug (Fallada, Jeder 239).

einen anderen Ton anschlagen: *strenger werden:* Bisher habe ich viel Geduld mit euch gehabt, aber wenn ihr euch jetzt nicht zusammennehmt, kann ich auch einen anderen Ton anschlagen!

einen Ton sagen (ugs.): *etwas sagen, einen Wunsch o. Ä. äußern, eine Information weitergeben:* Sie hätte mal einen Ton sagen können, als sie von der Kündigung erfuhr. Sag doch einen Ton, wenn du Durst hast, das kann ich doch nicht riechen!
Vgl. die Wendung »haste Töne?«.

keinen Ton sagen/von sich geben (ugs.): *schweigen:* Na, du sagst ja keinen Ton? Gefällt dir dein Geschenk nicht? »Hab ich was gesagt, dass du 'nen geklaut hast? Keinen Ton hab ich gesagt. ...« (Fallada, Mann 53). Und das Mädchen wehrte sich nicht, gab auch keinen Ton von sich (Andres, Liebesschaukel 160).
Vgl. die Wendung »haste Töne?«.

keinen Ton, nicht mal Anton! (ugs.; scherzh.): *keinen Laut [will ich hören]!:* Jetzt machen wir das Licht aus, und dann will ich nichts mehr hören! Keinen Ton, nicht mal Anton!

dicke/große Töne reden/spucken (ugs.): *sich aufspielen:* Statt hier große Töne zu reden, solltest du lieber mal mit anpacken! Deine Frau denkt wohl, sie kann hier große Töne spucken, weil deine Tochter einen reichen Fuhrunternehmer kriegt (v. d. Grün, Glatteis 129). Und Frau von Lossow. Die hatte in der NS-Frauenschaft große Töne gespuckt ... (Kempowski, Uns 49).
Vgl. die Wendung »haste Töne?«.

sich im Ton vergreifen: *sich sehr unpassend ausdrücken:* Es tut mir leid, dass ich mich Ihnen gegenüber gestern im Ton vergriffen habe, es war nicht so gemeint. »Wie reden Sie denn überhaupt mit mir? ... Sie vergreifen sich im Ton« (Kirst, 08/15, 202).

von jmdm., von etwas in den höchsten Tönen reden/sprechen; jmdn., etwas in den höchsten Tönen loben (ugs.): *jmdn., etwas sehr loben:* Die gesamte Presse hatte das junge Fußballtalent nach seinem Länderspieldebüt in den höchsten Tönen gelobt. Aber Frau Gleitze rede auch in den höchsten Tönen von dem Ludwig und von Neuschwanstein (M. Walser, Seelenarbeit 209).

zum guten Ton gehören: *als selbstverständlich angesehen werden:* Es gehört ja wohl heute zum guten Ton, dass man die Eltern für alle Schwierigkeiten ihrer Kinder verantwortlich macht. Natürlich wird es Wutschreie geben, aber das gehört zum guten Ton und braucht nicht ernst genommen zu werden (Nossack, Begegnung 180).

Tonart: eine Tonart anschlagen: *sich auf bestimmte Weise äußern:* Wir werden eine härtere Tonart anschlagen müssen, um unsere Interessen durchzusetzen. Der Offizier wollte hochfahren, dann besann er sich und schlug eine neue Tonart an (Müthel, Baum 83).

tönern: auf tönernen Füßen stehen: ↑ Fuß. **ein Koloss auf tönernen Füßen:** ↑ Koloss.

Tonne: die Hosen über der/die Tonne/ein Fass gebügelt haben: ↑ Hose. **schlank wie eine Tonne sein:** ↑ schlank.

Topf: jeder Topf findet seinen Deckel; für jeden Topf findet sich ein Deckel: *für jeden findet sich ein passender Ehepartner:* Sie ist schon bald dreißig und hat immer noch keinen Mann! – Nur Geduld, für jeden Topf findet sich ein Deckel.

auf den Topf müssen/gehen (ugs.): *zur Toilette müssen/gehen:* Ich geh mal eben auf den Topf, wartet bitte auf mich!
▶ In dieser und in der folgenden Wendung steht »Topf« für »Nachttopf«.

auf dem Topf sein/sitzen (ugs.): *auf der Toilette sein:* Wann kommt denn euer Opa? – Der ist gerade auf dem Topf, das dauert noch ein bisschen.
Vgl. die vorangehende Wendung.

in alle Töpfe gucken; seine Nase in alle Töpfe stecken (ugs.): *sehr neugierig sein [und sich überall einmischen]:* Er kanns nicht lassen, er muss in alle Töpfe gucken. Wer wie du seine Nase in alle Töpfe steckt, der weiß doch genau, was hier im Dorf vorgeht.

▶ In dieser Wendung ist mit »Topf« der Kochtopf gemeint, in den man schaut, um herauszufinden, was es zu essen gibt; vgl. die Bildung »Topfgucker«.

es ist noch nicht in dem Topf, wos kocht (ugs.): *die Sache ist noch nicht richtig im Gang:* Es hat keinen Sinn, jetzt schon über Details unseres neuen Projekts zu reden; das ist alles noch nicht in dem Topf, wos kocht.

alle[s] in einen Topf werfen (ugs.): 1. *alle[s] gleich behandeln oder beurteilen, ohne auf die vorhandenen Unterschiede zu achten:* Man darf die Leute nicht alle in einen Topf werfen, es gibt auch sehr nette darunter. 2. *alles durcheinander bringen, verwechseln:* Du wirfst wieder alles in einen Topf: Nicht ich habe im Lotto gewonnen, sondern mein Bruder, und nur er ist nach Mexiko gefahren.

wie Topf und Deckel zusammenpassen: ↑zusammenpassen.

Topflappen: eins mit dem Topflappen gekriegt haben (ugs.): *nicht recht bei Verstand sein:* Mitten im Winter willst du eine neue Heizung einbauen? Du hast doch eins mit dem Topflappen gekriegt!

Topp: vor Topp und Takel (Seemannsspr.): *ohne Segel:* Das Schiff trieb vor Topp und Takel im Sturm.

über die Toppen flaggen (Seemannsspr.): *alle Flaggen aufziehen:* Die Gorch Fock hatte über die Toppen geflaggt. Die Dampfschiffe tuten, und die Segelschiffe sind über die Toppen geflaggt ... (Kempowski, Zeit 267).

Tor: auf ein Tor spielen (Sport): *das Spiel so überlegen führen, dass der Gegner sich ganz auf die Verteidigung beschränken muss:* Nach der Halbzeit spielte die Borussia nur noch auf ein Tor. Wer wie sie (die Bremer) in der zweiten Halbzeit praktisch auf ein Tor spielt ..., der muss mehr Möglichkeiten herausarbeiten ... (Kicker 6, 1982, 35).

vor den Toren (geh.): *außerhalb [der Stadt]:* Vor den Toren der Stadt findet alljährlich ein großes Sängerfest statt. ..., und daraus entstand dann vor den Toren von Berlin die Avus-Rennstrecke ... (Frankenberg, Fahren 148).

dastehen wie die Kuh vorm neuen Tor: ↑dastehen. **einer Sache Tür und Tor öffnen:** ↑Tür.

Tor[es]schluss: eben vor/kurz vor Tor[es]schluss: *gerade noch vor Ablauf einer Frist:* Das ganze Jahr habt ihr gefaulenzt, und jetzt wollt ihr kurz vor Torschluss noch alles nachholen! Sie hatte ihre Anmeldung noch eben vor Toresschluss abgegeben.

▶ Diese und die folgende Wendung gehen auf die Zeit zurück, als Städte von Mauern umgeben waren und abends die Stadttore geschlossen wurden. Wer erst nach Toresschluss ankam, konnte oft nicht mehr in die Stadt hineinkommen.

nach Tor[es]schluss: *zu spät:* Wie immer ist ihr erst nach Toresschluss eingefallen, dass sie auch an dem Wettbewerb teilnehmen wollte.

Vgl. die vorangehende Wendung.

Torf: auf der Brille kann man Torf stechen: ↑Brille.

Torheit: Alter schützt vor Torheit nicht: ↑Alter.

Tornister: den Marschallstab im Tornister tragen: ↑Marschallstab.

tot: tote Hose (ugs.): 1. *Langeweile, das Fehlen von Unterhaltung, interessanten Aktivitäten:* Wie wars im Urlaub? – Total tote Hose! 2. *Versager, langweiliger Mensch:* War das ein öder Abend – der Typ ist echt 'ne tote Hose.

tot und begraben sein (ugs.): *[längst] in Vergessenheit geraten sein:* Ein ähnliches Projekt war mal geplant, aber das ist längst tot und begraben.

toter Briefkasten: ↑Briefkasten. **etwas auf ein totes Gleis schieben:** ↑Gleis. **auf ein totes Gleis geraten:** ↑Gleis. **auf dem toten Gleis sein:** ↑Gleis. **heute rot, morgen tot:** ↑heute. **Klappe zu, Affe tot:** ↑Klappe. **mehr tot als lebendig:** ↑lebendig. **den toten Mann machen:** ↑Mann. **ein toter Mann sein:** ↑Mann. **Operation gelungen, Patient tot:** ↑Operation. **ein toter Punkt:** ↑Punkt. **ein totes Rennen:** ↑Rennen. **heute rot, morgen tot:** ↑rot. **einen toten Vogel in der Tasche haben:** ↑Vogel. **der tote Winkel:** ↑Winkel.

Totalschaden: einen geistigen Totalschaden haben (ugs.): *völlig verrückt sein:* Schau dir an, wie die Blumenbeete zertrampelt sind! Manche Leute haben doch einen geistigen Totalschaden!

Tote: die Toten ruhen lassen: *über Tote nicht mehr [schlecht] reden:* Sein Großvater war schon ein merkwürdiger Mensch, aber man soll die Toten ruhen lassen.

ein Lärm/Krach, um Tote aufzuwecken: *ein sehr großer Lärm/Krach:* Wie kann sie so fest schlafen, wenn auf der Straße ein Lärm ist, um Tote aufzuwecken!
schlafen wie ein Toter: ↑ schlafen.
töten: wenn Blicke töten könnten: ↑ Blick.
Lächerlichkeit tötet: ↑ Lächerlichkeit.
jmdm. den [letzten] Nerv töten: ↑ Nerv.
Totengräber: dem Totengräber von der Schippe gehüpft sein (ugs.): *dem Tod gerade noch entronnen sein:* Die Operation war riskant, aber sie ist dem Totengräber noch einmal von der Schippe gehüpft.
tot geboren: ein tot geborenes Kind sein: ↑ Kind.
totmischen: es hat sich schon mal einer totgemischt (Kartenspiel): *Kommentar, wenn der Gebende zu lange mischt.*
Totschlag: es gibt Mord und Totschlag: ↑ Mord.
totschlagen: du kannst mich totschlagen/und wenn du mich totschlägst, ... (ugs.): *es geht beim besten Willen nicht:* Du kannst mich totschlagen, aber mir fällt der Name dieser Frau nicht mehr ein! Und wenn du mich totschlägst, ich weiß nicht, wo das Telefonbuch ist!
dafür lasse ich mich totschlagen (ugs.): *das ist ganz sicher:* Das war ein echter Nerz, dafür lasse ich mich totschlagen!
die Zeit/den Tag totschlagen: ↑ Zeit.
Tour: eine krumme Tour (ugs.): *eine Betrügerei:* Du hast doch schon wieder irgendeine krumme Tour vor! Denn 1971 kam der Bundesrechnungshof den krummen Touren beim Buttergeschäft auf die Schliche (Spiegel 49, 1980, 29).
▶ Das Wort »Tour« ist aus dem Französischen entlehnt; »tour« bedeutet dort ursprünglich »Dreheisen, Drehung«. An die spätere Bedeutung »Dreh; Art und Weise, mit Tricks etwas zu erreichen; [nicht ganz rechtmäßiges] Vorhaben« schließen sich diese Fügung und die folgenden vier Wendungen an. Von der Verwendung im technischen Bereich im Sinne von »Umlauf, Umdrehung einer Welle« gehen die Wendungen »jmdn. auf Touren bringen, auf Touren kommen, auf vollen Touren laufen« und »in einer Tour« aus.

krumme Touren reiten (ugs.): *betrügen:* Versuchen Sie nicht, krumme Touren mit mir zu reiten, sonst schalte ich die Polizei ein! Der Kerl hat doch sein Leben lang krumme Touren geritten!
Vgl. die Fügung »eine krumme Tour«.
jmdm. die Tour vermasseln (ugs.): *jmds. Vorhaben vereiteln:* Man bereitet alles bis ins Detail vor, und dann kommt so ein Trottel und vermasselt einem die Tour! ... ob sich daran auch noch eine Dame vom Strich gütlich tut. Soll sie, meinetwegen, wenn sie uns nur jetzt nicht die Tour vermasselt (Prodöhl, Tod 142).
Vgl. die Fügung »eine krumme Tour«.
seine Tour haben/kriegen (ugs.): *einen Anfall von schlechter Laune haben/bekommen:* Lass den Kleinen in Ruhe, der hat gerade seine Tour. Wenn sie ihre Tour kriegt, ist sie unausstehlich.
Vgl. die Fügung »eine krumme Tour«.
auf eine Tour reisen (ugs.): *auf eine bestimmte Art versuchen, jmdn. zu betrügen:* Sie hat dir erzählt, sie braucht das Geld für ihr krankes Kind? Jetzt reist sie also auf diese Tour! Der Heiratsschwindler reist immer wieder auf dieselbe Tour, und immer wieder fallen die Frauen auf ihn herein.
Vgl. die Fügung »eine krumme Tour«.
jmdn. auf Touren bringen (ugs.): *jmdn. antreiben, in Schwung bringen:* Zwei, drei Schnäpse können ihn schon auf Touren bringen. Reißt sich allnächtlich das Hemd vom Leibe, um die Teenager mit heißen Rhythmen auf Touren zu bringen (Hörzu 39, 1970, 18).
Vgl. die Fügung »eine krumme Tour«.
auf Touren kommen (ugs.): *in Schwung kommen:* Beim Thema Politik kommen die beiden immer mächtig auf Touren. Außer einem knappen »Ja« oder »Nö« kriegt man nicht viel aus ihm heraus. Es dauert einige Zeit, bis er auf Touren kommt (Hörzu 45, 1971, 41).
Vgl. die Fügung »eine krumme Tour«.
auf vollen Touren laufen (ugs.): *in vollem Gang sein:* Der Wahlkampf läuft bereits auf vollen Touren, obwohl erst in drei Wochen die Wahllokale geöffnet werden. ... seit der Aussprerung laufe der Klassenkampf von oben wieder auf vollen Touren (Welt 4. 5. 1963, 2).
Vgl. die Fügung »eine krumme Tour«.

in einer Tour (ugs.): *ständig:* Die Kinder wollen in einer Tour neue Spielsachen haben. »Ist es nicht wirklich ein süßes Kerlchen? ... Man könnte ihn in einer Tour abknutschen« (Augsburger Allgemeine 3./4. 6. 1978, 5).
Vgl. die Fügung »eine krumme Tour«.
auf die kalte Tour: ↑ kalt. **auf die schnelle Tour:** ↑ schnell.

Trab: auf Trab sein (ugs.): *sehr viel zu tun haben; nicht zur Ruhe kommen:* Die letzten Wochen waren die Verkäuferinnen ganz schön auf Trab; das Weihnachtsgeschäft macht sich bemerkbar.
▶ Der Trab ist eine schnellere Gangart des Pferdes. Das Wort steht in dieser und in den folgenden Wendungen für »schnelle Bewegung«.

jmdn. auf Trab bringen (ugs.): *jmdn. antreiben:* Selbst bei der entscheidenden Abstimmung mussten einige Fraktionsmitglieder erst auf Trab gebracht werden. Zimmermann will die deutsche Waschmittel- und Reinigungsindustrie auf Trab bringen. Er fordert umweltfreundlichere Produkte (Hamburger Morgenpost 24. 5. 1985, 2).
Vgl. die vorangehende Wendung.

sich in Trab setzen (ugs.): *losgehen:* Wie auf ein unhörbares Kommando setzten sich die Tabakarbeiterinnen in Trab, den Demonstranten entgegen (Kühn, Zeit 257).Vgl. die Wendung »auf Trab sein«.

jmdn. in Trab halten (ugs.): *jmdm. ständig Arbeit machen; jmdn. nicht zur Ruhe kommen lassen:* Fünf Kinder halten einen ganz schön in Trab! Ich hab immer alle Hände voll zu tun. Sie glauben ja nicht, wie einen so ein Haus und so ein Garten in Trab halten (Brot und Salz 321).
Vgl. die Wendung »auf Trab sein«.

Tracht: eine Tracht Prügel: *[reichlich] Prügel:* Der betrunkene Gast drohte dem Wirt eine Tracht Prügel an. Wenn wir etwas sagen würden, gäbe es höchstens eine Tracht Prügel für uns (Remarque, Westen 167).
▶ »Tracht« steht in dieser Wendung in der heute veralteten Bedeutung »aufgetragene Speisen«. Prügel, die man jemandem verabreicht, wurden früher oft mit Gerichten, die man jemandem serviert, verglichen.

trachten: das Dichten und Trachten: ↑ dichten. **jmdm. nach dem Leben trachten:** ↑ Leben. **jmds. Sinnen und Trachten:** ↑ sinnen. **jmds. Tun und Trachten:** ↑ tun.

tragen: zum Tragen kommen: *wirksam werden:* Es sind oft unbewusste Faktoren, die bei der Entscheidung des Käufers zum Tragen kommen. »Es gibt Unterschiede, aber sie kommen unter normalen Betriebsbedingungen kaum zum Tragen« (ADAC-Motorwelt 7, 1979, 26).
Bedenken tragen: ↑ Bedenken. **jeder hat sein Bündel zu tragen:** ↑ Bündel. **Eulen nach Athen tragen:** ↑ Eule. **[reiche] Frucht/Früchte tragen:** ↑ Frucht. **sich mit dem Gedanken tragen:** ↑ Gedanke. **jmdn. zu Grabe tragen:** ↑ Grab. **etwas zu Grabe tragen:** ↑ Grab. **jmdn. auf Händen tragen:** ↑ Hand. **seine Haut zu Markte tragen:** ↑ Haut. **das Herz auf der Zunge tragen:** ↑ Herz. **ein Kind/jmdn. unter dem Herzen tragen:** ↑ Herz. **Holz in den Wald tragen:** ↑ Holz. **die Hosen auf halbmast tragen:** ↑ Hose. **die Kirche ums Dorf tragen:** ↑ Kirche. **... dass du deine Knochen im Sack nach Hause tragen kannst:** ↑ Knochen. **den Kopf hoch tragen:** ↑ Kopf. **den Kopf unter dem Arm tragen:** ↑ Kopf. **den Marschallstab im Tornister tragen:** ↑ Marschallstab. **die Nase hoch tragen:** ↑ Nase. **sein Päckchen zu tragen haben:** ↑ Päckchen. **einer Sache Rechnung tragen:** ↑ Rechnung. **etwas zur Schau tragen:** ↑ Schau. **auf beiden Schultern [Wasser] tragen:** ↑ Schulter. **für etwas Sorge tragen:** ↑ Sorge. **sein[en] Teil zu tragen haben:** ↑ Teil. **[für etwas] Vorsorge tragen:** ↑ Vorsorge.

Tran: im Tran (ugs.): 1. *geistesabwesend:* Jetzt habe ich im Tran meine Armbanduhr mit der Wäsche in die Waschmaschine gestopft! 2. *[durch Alkoholgenuss, Schläfrigkeit o. Ä.] völlig benommen:* Jeden Morgen kommt er noch völlig im Tran im Büro an und braut sich erst einmal einen starken Kaffee. Jeder weiß, dass er mit Stoff schiebt – und das Zeug selber nimmt. Der ist immer im Tran ... (Rechy [Übers.], Nacht 239).
▶ Das Wort »Tran« bedeutet eigentlich »Tropfen« und ist in den Mundarten auch im Sinne von »Alkohol[tropfen]« gebräuchlich. Daran schließt sich vermutlich die Wendung an.

Träne: Tränen lachen: *sehr ausgelassen lachen:* Wir lachten Tränen, als der Clown sich auf die Torte setzte. Katharina lachte Tränen, selbst Christine verzog den Mund (Bieler, Mädchenkrieg 53).

blutige Tränen weinen (geh.): *tiefen Schmerz empfinden:* Heute seid ihr froh und unbekümmert, aber bald werdet ihr blutige Tränen weinen, wenn ihr meine Warnungen nicht beachtet!

jmdm., einer Sache keine Träne nachweinen (ugs.): *jmdm., einer Sache nicht nachtrauern:* Kaum jemand wird den alten Steuergesetzen eine Träne nachweinen. Nun ist er eben tot. Aber es weinte ihm auch keiner große Tränen nach (Fichte, Wolli 465).

sich in Tränen auflösen; in Tränen schwimmen; in Tränen zerfließen: *anhaltend [und sehr heftig] weinen:* Wie soll man mit ihr diskutieren, wenn sie sich bei der kleinsten Kritik in Tränen auflöst! Die Komtess zerfloss in Tränen, nachdem sie beim Spiel verloren hatte.

mit einer Träne im Knopfloch (ugs.; scherzh.): *gerührt:* Mit einer Träne im Knopfloch verlasse ich euch, liebe Freunde, es war eine wirklich schöne Zeit, die wir zusammen verbracht haben. Ein Genuss mit Herz, ein Ausflug in die Nostalgie mit einer Träne im Knopfloch (Hörzu 28, 1978, 110).

▶ Die Wendung ist eine Umdrehung von »mit einer Blume im Knopfloch und einer Träne im Auge«.

wer nie sein Brot mit Tränen aß: ↑Brot.

Tränendrüse: auf die Tränendrüse drücken (ugs.): *sehr rührselig sein:* Gegen Ende drückt der Film mächtig auf die Tränendrüsen, wenn der Held im Sterben liegt und großmütig seine Gegenspieler alle Gemeinheiten verzeiht. Im US-Fernsehen drückte Jimmy Carter Ende November auf die Tränendrüse (elan 2, 1980, 12).

Trapez: etwas aufs Trapez bringen (ugs. scherzh.): *etwas ansprechen, von etwas reden:* Immer, wenn ich mal ein Bierchen trinken will, bringt sie meinen Onkel Eduard aufs Trapez, der vor zwanzig Jahren in einer Trinkerheilanstalt gestorben ist.

▶ In dieser Wendung steht »Trapez« für das vielen Menschen unbekannte »Ta-

pet«; vgl. die Wendung »etwas aufs Tapet bringen« (↑Tapet).

trapsen: Nachtigall, ick hör dir trapsen: ↑Nachtigall.

Traube: jmdm./dem Fuchs hängen die Trauben zu hoch/sind die Trauben zu sauer: *jmd. tut so, als wolle er etwas nicht haben, das er in Wirklichkeit doch möchte, aber nicht erreichen kann:* Er hat dir gesagt, er sei an diesem Geschäft gar nicht mehr interessiert? Dem Fuchs hängen die Trauben zu hoch! Keiner wollte in dieses Projekt investieren; angesichts der ausländischen Konkurrenz waren den einheimischen Firmen die Trauben zu sauer.

▶ Diese Redensart spielt auf die äsopsche Fabel vom Fuchs an, der an die süßen Trauben nicht herankommt, weil sie für ihn zu hoch hängen. Er überspielt seine Enttäuschung mit der Behauptung, diese Trauben seien ihm viel zu sauer.

die Trauben hängen [für jmdn.] zu hoch: *etwas ist [für jmdn.] nicht zu erreichen:* Im Endspiel um die Europameisterschaft hingen die Trauben für unsere Mannschaft zu hoch. Das Eigenheim im Grünen wird für uns ein Traum bleiben, die Trauben hängen zu hoch.

Vgl. die vorangehende Redensart.

trauen: trau, schau, wem!: *vertraue anderen nicht leichtfertig:* Der Kerl ist mit meinen ganzen Ersparnissen abgehauen! – Tja, trau, schau, wem! Er ... blinzelte nach seiner Frau – trau, schau, wem?! (Winckler, Bomberg 131).

seinen [eigenen] Augen nicht trauen: ↑Auge. **dem Braten nicht trauen:** ↑Braten. **jmdm. nicht um die Ecke trauen:** ↑Ecke. **dem Frieden nicht trauen:** ↑Friede[n]. **seinen Ohren nicht trauen:** ↑Ohr. **jmdm. nicht über den Weg trauen:** ↑Weg.

Traufe: vom Regen in die Traufe kommen: ↑Regen.

Traum: der Traum meiner schlaflosen Nächte (ugs.): *mein sehnlichster Wunsch:* Schau dir dieses herrliche Biedermeiersofa an, so etwas war schon immer der Traum meiner schlaflosen Nächte!

aus der Traum!; der Traum ist ausgeträumt! (ugs.): *der Wunsch hat sich nicht erfüllt:* Wir wollten im Urlaub nach Spanien fahren, aber der Traum ist ausgeträumt, die Urlaubskasse ist leer! Aus der Traum ... vom dreifachen Sieg, wie er Toni Sailer in Cortina geglückt war, aus der Traum von einem Sieg in der Kombination (Olymp. Spiele, 14).

Träume sind Schäume: *was man geträumt hat, muss nicht wahr werden:* Ich habe geträumt, dass wir am Samstag sechs Richtige im Lotto haben werden. – Na, wenn schon; Träume sind Schäume.

nicht im Traum [einfallen/denken o.Ä.] (ugs.): *nicht im Entferntesten, ganz bestimmt nicht:* Uns Kindern wäre damals nicht im Traum eingefallen, unserem Vater zu widersprechen. Wir machen alle Fehler, aber hinterher bereuen wir sie wenigstens. Dir fällt das nicht im Traum ein (Fels, Sünden 118). ... wir haben miteinander gerackert, als man an diese Scheiß-EDV noch nicht im Traum dachte (Härtling, Hubert 327).

träumen: sich etwas nicht träumen lassen (ugs.): *mit etwas nicht im Entferntesten rechnen:* Einen solchen Verkaufserfolg hätte sich die Firma nicht träumen lassen. Ich hätte mir nicht träumen lassen, dass ich in meinen letzten Stunden, die ich bei der Armee verbringe, noch ran muss wie im ersten Monat (Spiegel 9, 1977, 52). ... geht Heinz Erhardt bereits wieder täglich spazieren. Vor einem Jahr hätte er sich das noch nicht träumen lassen (Hörzu 6, 1974, 14).

du träumst wohl! (ugs.): *du bist wohl nicht recht bei Verstand!:* Hast du meinen Kuli genommen? – Du träumst wohl, ich geh doch nicht an deine Sachen, ohne dich zu fragen!

Traumland: jmdn. ins Traumland schicken (Boxen): *jmdn. k. o. schlagen:* Mit einem rechten Haken schickte er den Herausforderer ins Traumland.

traurig: aus einem traurigen Arsch fährt kein fröhlicher Furz: ↑ Arsch. **traurige Berühmtheit erlangen:** ↑ Berühmtheit. **eine traurige Figur machen/abgeben:** ↑ Figur. **ein Ritter von der traurigen Gestalt:** ↑ Ritter.

Traurigkeit: kein Kind von Traurigkeit sein: ↑ Kind.

traut: im trauten Verein [mit]: ↑ Verein.

Treff: da ist Treff Trumpf: *der Ausgang ist ungewiss, man kann Glück haben oder nicht:* Bei so einem Wettbewerb ist Treff Trumpf, alles hängt von einer günstigen Auslosung ab.

▶ Treff (= Kreuz) ist in vielen Kartenspielen die niedrigste Kartenfarbe; wenn diese Farbe aber Trumpf ist, dann hat der Spieler mit den eigentlich niedrigsten Karten plötzlich das beste Blatt. Auf eine solche Umkehrung der normalen Gegebenheiten spielt diese Wendung an.

treffen: Anstalten treffen: ↑ Anstalten. **es trifft ja keinen Armen:** ↑ arm. **dastehen wie vom Blitz getroffen:** ↑ dastehen. **jmdn. ins Herz treffen:** ↑ Herz. **jmdn., etwas bis ins Mark treffen:** ↑ ²Mark. **den Nagel auf den Kopf treffen:** ↑ Nagel. **jmdn. trifft der Schlag:** ↑ Schlag. **wie vom Schlag getroffen:** ↑ Schlag. **der Schlag soll jmdn. treffen:** ↑ Schlag. **ins Schwarze treffen:** ↑ schwarz. **[für etwas] Vorsorge treffen:** ↑ Vorsorge. **sich auf halbem Weg[e] treffen:** ↑ Weg.

Treffen: etwas ins Treffen führen (geh.): *etwas als Argument vorbringen:* Was immer Sie auch für Ihren Plan ins Treffen führen mögen, ich halte ihn in jeder Hinsicht für ausgesprochen unmoralisch. Unsere Stärke ist die Masse. Ergo – muss man sie auch ins Treffen führen (Bredel, Väter 328).

▶ Die Wendung stammt aus der Militärsprache; mit »Treffen« bezeichnete man früher ein kleineres militärisches Gefecht. Vgl. auch »etwas ins Feld führen« (↑ Feld).

treiben: es [mit jmdm.] treiben (ugs.; verhüllend): *[mit jmdm.] Geschlechtsverkehr haben:* ... in einer Szene treiben es Jugendliche aus einem Erziehungsheim mit einem geisteskranken Bauernmädchen ... (Bayernkurier 19. 11. 1977, 2). Die beiden Nutten zum Beispiel, mit denen ich es heute Nacht trieb, ... (Simmel, Stoff 220).

etwas/es zu weit treiben: *[mit etwas] zu weit gehen:* Die Burschen haben den Spaß zu weit getrieben; das kann die Polizei nicht mehr durchgehen lassen. Treiben Sie es nicht zu weit, mein Herr, auch meine Geduld hat ein Ende! Im Übrigen hätte wahrscheinlich auch die Partei Bedenken, die Verfachlichung des Funktionärskorps zu weit zu treiben ... (Mehnert, Sowjetmensch 37).

jmdn. einem anderen, einer Sache in die Arme treiben: ↑Arm. seltsame/wunderliche Blüten treiben: ↑Blüte. es zu bunt treiben: ↑bunt. jmdn. in die Enge treiben: ↑Enge. mit etwas Missbrauch treiben: ↑Missbrauch. jmdn. zu Paaren treiben: ↑Paar. mit etwas Raubbau treiben: ↑Raubbau. eine Sau durchs Dorf treiben: ↑Sau. seinen Scherz/seine Scherze mit jmdm. treiben: ↑Scherz. mit jmdm., mit etwas Schindluder treiben: ↑Schindluder. seinen Spaß/seine Späße mit jmdm. treiben: ↑Spaß. sein Spiel mit jmdm. treiben: ↑Spiel. das Spiel zu weit treiben: ↑Spiel. etwas auf die Spitze treiben: ↑Spitze. sein Unwesen treiben: ↑Unwesen. sein Wesen treiben: ↑Wesen.

Treiben: jmds. Tun und Treiben: ↑tun.

trennen: die Schafe von den Böcken trennen: ↑Schaf. die Spreu vom Weizen trennen: ↑Spreu. hier trennen sich unsere Wege: ↑Weg. jmdn. trennen Welten [von jmdm.]: ↑Welt.

Trennungsstrich: einen klaren/deutlichen Trennungsstrich ziehen: *eine deutliche Unterscheidung treffen:* Zwischen unserer Freundschaft und unseren geschäftlichen Abmachungen müssen wir einen klaren Trennungsstrich ziehen. Der Autor bemühte sich, einen deutlichen Trennungsstrich zwischen den historischen Fakten und den Darstellungen der Zeitgenossen zu ziehen.

Treppe: die Treppe hinauffallen (ugs.): *einen plötzlichen und unerwarteten [beruflichen] Aufstieg erleben:* Ihr Vorgesetzter ging ins Ausland, und da hat sie sofort dessen Posten übernehmen können. – Da ist sie ja ganz schön die Treppe hinaufgefallen! Denn wenn ich abgelöst werde, falle ich bestimmt die Treppe hinauf, werde Obermedizinalrat und brauche gar nichts mehr zu tun (Fallada, Jeder 345).

die Treppe hinuntergefallen sein (ugs.; scherzh.): *die Haare geschnitten bekommen haben:* Na, Junge, hats dich erwischt? Biste mal wieder die Treppe hinuntergefallen?

treten: jmdm./jmdn. in den Arsch treten: ↑Arsch. jmdm. unter die Augen treten: ↑Auge. von einem Bein aufs andere treten: ↑Bein. in die Bresche treten: ↑Bresche. ich tret dir eine Delle ins Hemd:

↑Delle. jmdn., etwas in den Dreck treten: ↑Dreck. in die Eisen treten: ↑Eisen. in Erscheinung treten: ↑Erscheinung. jmdm. auf die Fersen treten: ↑Ferse. in Fettnäpfchen treten: ↑Fettnäpfchen. jmdm. auf den Fuß/auf die Füße treten: ↑Fuß. jmdn., etwas mit Füßen treten: ↑Fuß. in jmds. Fuß[s]tapfen treten: ↑Fuß[s]tapfe. jmdn. ins Hemd treten: ↑Hemd. in den Hintergrund treten: ↑Hintergrund. jmdn./jmdn. in die Hintern treten: ↑Hintern. jmdm. auf die Hühneraugen treten: ↑Hühnerauge. jmdn., etwas in den Kot treten: ↑Kot. außer Kraft treten: ↑Kraft. in Kraft treten: ↑Kraft. jmdm. zu nahe treten: ↑nahe. Pflaster treten: ↑Pflaster. ich denk, mich tritt ein Pferd: ↑Pferd. auf den Plan treten: ↑Plan. getretener Quark wird breit, nicht stark: ↑Quark. jmdm. auf den Sack treten: ↑Sack. jmdm. auf den Schlips treten: ↑Schlips. etwas in den Schmutz treten: ↑Schmutz. für jmdn., für etwas in die Schranken treten: ↑Schranke. jmdm. auf den Schwanz treten: ↑Schwanz. jmdm. zur Seite treten: ↑Seite. auf jmds. Seite treten: ↑Seite. jmdm. in die Seite treten: ↑Seite. in jmds. Spuren treten: ↑Spur. in den [heiligen] Stand der Ehe treten: ↑Stand. jmdn. in den Staub treten: ↑Staub. auf der Stelle treten: ↑Stelle. in den Vordergrund treten: ↑Vordergrund. Wasser treten: ↑Wasser. jmdm. in den Weg treten: ↑Weg. der getretene Wurm krümmt sich: ↑Wurm. jmdm. auf die Zehen treten: ↑Zeh. zutage treten: ↑zutage.

treu: treu wie Gold sein: ↑Gold. etwas zu treuen Händen haben: ↑Hand. jmdm. etwas zu treuen Händen übergeben: ↑Hand.

Treu: meiner Treu! (veraltet): *Beteuerungsformel:* Meiner Treu, war das eine Aufregung!

auf Treu und Glauben: *[ohne formale juristische Absicherung] vertrauend:* Er hat dir das Darlehen auf Treu und Glauben gewährt, du darfst ihn nicht enttäuschen.
▶ Diese Formel stammt aus der Rechtssprache und meint: »So wie es den guten Sitten entspricht (ohne dass es im formalen Recht verankert sein muss)«.

treulos: eine treulose Tomate: ↑Tomate.

Tribut: einer Sache [seinen] Tribut zollen: *etwas berücksichtigen; sich einer Sache* *beugen:* Die Politiker werden der öffentlichen Meinung ihren Tribut zollen und die Koalition beenden. Auch der Baron wusste mit einem »Grüß Gott« der landesüblichen Höflichkeit Tribut zu zollen (Thieß, Frühling 4). Und wer nun geglaubt hatte, dass die Kölner ihrem Tempo Tribut zollen würden, sah sich getäuscht (Kicker 82, 1981, 50).

Trichter: jmdn. auf den [richtigen] Trichter bringen (ugs.): *jmd. auf die richtige Lösung eines Problems bringen:* Der Hinweis einer Kollegin hatte ihn schließlich auf den richtigen Trichter gebracht, und er konnte den Fall erfolgreich abschließen. »Schönen Dank, Annemarie. Du hast mich auf'n richtigen Trichter gebracht. ...« (Bieler, Bär 262).

▶ Der Trichter ist ein Gerät zum Ab- oder Einfüllen einer Flüssigkeit; in bildhafter Sprache wird damit auch Wissen in den Kopf eines Menschen gefüllt. Daher hat »Trichter« auch die ältere Bedeutung »Lernmethode«; vgl. die Fügung »Nürnberger Trichter« und das Verb »eintrichtern«. Daran schließen sich diese und die folgende Wendung an.

auf den [richtigen] Trichter kommen (ugs.): *die Lösung eines Problems finden; etwas herausfinden:* Zwei Stunden habe ich an dem Zauberwürfel herumprobiert, dann bin ich endlich auf den richtigen Trichter gekommen. ... Und mittlerweile sind auch die ausländischen Firmen auf den Trichter gekommen, dass man in Old Germany am sichersten und billigsten abkippt (Prodöhl, Tod 212). Vgl. die vorangehende Wendung.

Nürnberger Trichter: ↑ Nürnberger.

Trick: Trick siebzehn (ugs.): *der richtige Kniff:* Wie hast du nur deinen Vater dazu gekriegt, dir das Taschengeld zu erhöhen? – Trick siebzehn! Ich habe ihm erzählt, dass wir für unsere Schulbücher jetzt eine Leihgebühr an die Schule zahlen müssten. Die Lampe brennt ja wieder! Wie hast du das gemacht? – Trick siebzehn!

Trieb: der Not gehorchend, nicht dem eignen Triebe: ↑ Not.

Triller: einen Triller [unterm Pony] haben (ugs.): *nicht recht bei Verstand sein:* Du hast doch 'nen Triller unterm Pony! Du kannst doch nicht einfach ein Krokodil in der Badewanne halten! Entschuldigen Sie, aber Sie haben in dieser Beziehung einfach einen kleinen, süßen Triller (Hausmann, Abel 129).

trillern: bei jmdm. trillert es (ugs.): *jmd. ist nicht recht bei Verstand:* Bei der Alten trillert es, das weiß mittlerweile das ganze Dorf.

trimo: ab trimo/trümo! (landsch.): *weg, fort!:* Hier gibts nichts zu holen – ab trimo!

▶ Die Herkunft dieser Wendung ist unklar.

trinken: trinken/saufen wie ein Bürstenbinder (ugs.): *große Mengen Alkohol trinken:* Der alte Kapitän konnte trinken wie ein Bürstenbinder.

einen trinken (ugs.): *[ein Glas] Alkohol trinken:* Nach Büroschluss geht er mit seinen Kollegen erst noch einen trinken, bevor er nach Hause kommt. Vielleicht trinke ich noch einen und gehe dann zu der Stelle (Brasch, Söhne 11).

[mit jmdm.] Brüderschaft trinken: ↑ Brüderschaft. **Essen und Trinken hält Leib und Seele zusammen:** ↑ Essen. **ein Glas/ein Gläschen/eins/einen über den Durst trinken:** ↑ Glas. **Quasselwasser getrunken haben:** ↑ Quasselwasser. **Schlabberwasser getrunken haben:** ↑ Schlabberwasser. **[mit jmdm.] Schmollis trinken:** ↑ Schmollis. **jmdn. unter den Tisch trinken/saufen:** ↑ Tisch. **etwas mit Verstand trinken:** ↑ Verstand. **du kommst schon noch auf meinen Hof/auf meine Toilette Wasser trinken:** ↑ Wasser. **ich trinke auf dein [ganz spezielles] Wohl:** ↑ Wohl. **kein Zielwasser getrunken haben:** ↑ Zielwasser.

Tritt: Tritt fassen: 1. (militär.) *Gleichschritt aufnehmen:* Nach Überquerung der Brücke sollen die Männer sofort wieder Tritt fassen! ... drehte sich um, aber einer der Soldaten gab ihm einen Stoß in den Rücken, dass er wieder Tritt fasste (Bieler, Bonifaz 54). 2. *sich zurechtfinden, wieder in geregelte, feste Bahnen kommen:* Die Scheidung hat ihn aus der Bahn geworfen, er muss jetzt erst langsam wieder Tritt fassen. Jetzt ... habe Apel wieder Tritt gefasst, und sein Stuhl sei sicherer geworden (MM 17. 2. 1981, 2).

ohne Tritt, marsch! (militär.): *ohne Gleichschritt marschieren!:* Wir über-

queren jetzt die Brücke – ohne Tritt, marsch! »Links um – ohne Tritt, marsch!«, hörte er den Hauptmann kommandieren (Plievier, Stalingrad 165).
auf Schritt und Tritt: ↑ Schritt.
Triumph: Triumphe feiern: *sehr große Erfolge haben:* Die Sängerin feierte Triumphe bei ihrem Gastspiel. Er hatte die schöne Isa Thibauld entdeckt und gefördert, die zur Zeit am Königlichen Schauspielhause in Berlin Triumphe feierte (Thieß, Frühling 4).
trocken: trocken Brot macht Wangen rot: *eine einfache, karge Nahrung ist gesund.*
auf dem Trockenen sitzen (ugs.): 1. *seine Reserven aufgebraucht haben; handlungsunfähig sein, nicht mehr weiter wissen:* Wir würden Ihnen ja gerne noch Heizöl liefern, aber wir sitzen selbst auf dem Trockenen. Nach dem Misserfolg mit dem neuen Modell sitzt die Firma finanziell ziemlich auf dem Trockenen. 2. *nichts mehr zu trinken haben:* Gib mal die Flasche rüber, mein Freund hier sitzt schon seit zehn Minuten auf dem Trockenen.
▶ Die Wendung bezog sich ursprünglich wohl auf ein Schiff, das auf Grund gelaufen ist oder bei Ebbe festliegt.
da bleibt kein Auge trocken: ↑ Auge. **keinen trockenen Faden mehr am Leibe haben:** ↑ Faden. **sich fühlen wie ein Fisch auf dem Trockenen:** ↑ fühlen. **Karo trocken:** ↑ Karo. **[immer] eine trockene Kehle haben:** ↑ Kehle. **eine trockene Leber haben:** ↑ Leber. **hier ist trockene Luft; die Luft ist hier ziemlich trocken:** ↑ Luft. **noch nicht trocken hinter den Ohren sein:** ↑ Ohr. **sein Schäfchen im Trockenen haben:** ↑ Schaf. **sein Schäfchen ins Trockene bringen:** ↑ Schaf.
Trommel: die Trommel für etwas rühren: ↑ Reklametrommel.
trommeln: Gott seis getrommelt und gepfiffen: ↑ Gott.
Trompete: [kräftig] in die Trompete stoßen (ugs.): *prahlen, großsprecherisch reden:* Gerade er sollte nicht so kräftig in die Trompete stoßen, wenn von finanzieller Solidität die Rede ist!
mit Pauken und Trompeten: ↑ Pauke.
Trompetenrohr: Scheiße im Trompetenrohr: ↑ Scheiße.

Tropfen: steter Tropfen höhlt den Stein: *Geduld und Hartnäckigkeit beseitigen auch unüberwindlich scheinende Hindernisse.*
▶ Dieses Sprichwort findet sich schon in der römischen Literatur, z.B. in den »Epistolae« des Ovid (lateinisch: »gutta cavat lapidem«).
[wie/nur] ein Tropfen auf den/auf einen heißen Stein sein: *viel zu wenig sein:* Eine Million ist nur ein Tropfen auf den heißen Stein, wenn es darum geht, ein so gigantisches Industrieunternehmen zu sanieren. Angesichts des Elends in der Welt ist jede noch so erfolgreiche Spendenaktion immer nur wie ein Tropfen auf einen heißen Stein.
Trost: nicht [ganz/recht] bei Trost sein (ugs.): *nicht recht bei Verstand sein:* Du bist wohl nicht bei Trost – leg sofort das Messer hin! ... er heißt Fimmelgottlieb, denn er ist nicht ganz bei Troste (Th. Mann, Hoheit 99). Wenn ich alles erzählen würde, würde jeder, der zuhört, denken, ich wär nicht ganz bei Trost« (Singer [Übers.], Feinde 36).
▶ Die Herkunft der Wendung ist unklar. Vielleicht schließt sie sich an »Trost« im Sinne von »Zuversicht« an.
Trotz: jmdm./einer Sache zum Trotz: *bewusst gegen jmds. Wunsch/trotz einer Sache:* Allen Warnungen zum Trotz hat sie sich auf dieses Abenteuer eingelassen. Er heiratet sie, allen Warnungen zum Trotz (Tucholsky, Werke II, 297). Die Verordnung ... trat allen Protesten zum Trotz in Kraft (Niekisch, Leben 93).
trotzdem: Humor ist, wenn man trotzdem lacht: ↑ Humor.
Trotzkopf: seinen Trotzkopf aufsetzen (ugs.): *schmollen, trotzig sein:* Sie braucht gar nicht ihren Trotzkopf aufzusetzen, es gibt kein Eis mehr vor dem Essen!
trüb: im Trüben fischen: *unklare Zustände zum eigenen Vorteil ausnutzen:* In den Zeiten des Umsturzes gab es nicht wenige, die versuchten, im Trüben zu fischen und schnell reich zu werden. Ich soll im Trüben fischen? Einen Menschen brutal ausbeuten? (Th. Mann, Buddenbrooks 309).
▶ Die Wendung ist wohl von der früheren Gewohnheit der Fischer herzuleiten, den Schlamm am Ufer aufzuwühlen, um

Fische, vor allem Aale, aufzuscheuchen
und in ihre Netze zu treiben.

trübe Tasse: ↑ Tasse.

Trubel: Jubel, Trubel, Heiterkeit: ↑ Jubel.

**trüben: von keiner[lei] Sachkenntnis ge-
trübt:** ↑ Sachkenntnis. **kein Wässerchen
trüben können:** ↑ Wasser.

Trübsal: Trübsal blasen (ugs.)**:** *in trauriger Stimmung sein:* Kinder, hört auf,
Trübsal zu blasen, ich geb einen aus! Seit
sein Hund gestorben ist, sitzt er nur noch
in der Wohnung und bläst Trübsal. Sie
blasen Trübsal und laufen wie ein krankes Huhn mit hängendem Kopf herum
(Ruark [Übers.], Honigsauger 546).
▶ Die Herkunft der Wendung ist nicht
sicher geklärt. Vielleicht steht »Trübsal
blasen« für das landschaftlich gebräuchliche »Trauer blasen« und meint eigentlich »Trauermusik (bei jemandes Tod)
blasen«.

Trug: Lug und Trug: ↑ Lug.

Trümmer: in Trümmer sinken (geh.)**:** *zusammenstürzen:* Das Rathaus, die alte
Stadtkirche und beide Pulvertürme waren in Trümmer gesunken. Nichts über-
raschte sie mehr, auch nicht als ... sie gerade in der anderen Wohnung erlebten,
wie sie mit dem ganzen Haus in Trümmer sanken (Kühn, Zeit 379).

in Trümmer gehen (ugs.)**:** *zerstört werden:* Alle Fensterscheiben sind bei der
Explosion in Trümmer gegangen. Diese
fundamentale Entdeckung kam nicht
von ungefähr in einer Zeit, da auch die
europäische Völkerfamilie in Trümmer
gegangen war (Menzel, Herren 123).

in Trümmern liegen: *völlig zerstört sein:*
Nach dem Fliegerangriff lag das ganze
Verlagsgebäude in Trümmern. Abdera
... eine Stadt an der thrakischen Küste,
welche längst in Trümmern liegt (Döblin, Märchen 5).

trümo: ab trümo: ↑ trimo.

Trumpf: Trumpf ist die Seele des Spiels!
(Skat)**:** *Kommentar beim Ausspielen eines Trumpfes.*

Trumpf sein (ugs.)**:** *[modisch] aktuell
sein:* Der Maxi-Look ist out, kniefreie
Röcke sind in dieser Saison Trumpf. Die
Außenpolitik spielt in den Wahlreden
dieses Sommers kaum noch eine Rolle,
ökologisches Bewusstsein ist bei allen
Parteien und Politikern Trumpf. Heute

sind Erfolg und Wohlstand Trumpf
(Dönhoff, Ära 48).
▶ Diese und die folgenden Wendungen
gehen auf das Kartenspiel zurück, wo
»Trumpf« (eine jüngere Nebenform von
»Triumph«) die höchste Spielkarte bzw.
Kartenfarbe ist.

jmdm. zeigen, was Trumpf ist (ugs.)**:**
*jmdm. deutlich machen, wer das Sagen
hat:* Dem frechen Kerl sollte der Boss
mal zeigen, was Trumpf ist.

**keinen Trumpf mehr/einen Trumpf in der
Hand haben:** *keinen Vorteil mehr/einen
Vorteil für sich haben:* Nachdem die Ent-
lastungszeuge seine Aussage widerrufen
hatte, hatte die Verteidigung keinen
Trumpf mehr in der Hand. Mit dem rou-
tinierten Torjäger auf der Ersatzbank
hatte die Gastmannschaft noch einen
Trumpf in der Hand.

**alle Trümpfe in der Hand/in [den] Hän-
den haben:** *die stärkere Position innehaben:* Der Staatsanwalt hat alle Trümpfe
in der Hand; es sieht schlecht aus für den
Angeklagten. Wir werden erst dann los-
schlagen, wenn wir alle Trümpfe in Händen haben.

**jmdm. die Trümpfe aus den Händen neh-
men:** *jmds. Vorteile zunichte machen:*
Lassen Sie sich die Trümpfe nicht aus
den Händen nehmen, stimmen Sie einer
Vertragsänderung unter keinen Umständen zu!

**einen Trumpf/alle Trümpfe aus der Hand
geben:** *sich eines/aller Vorteile begeben:*
Mit der Aufgabe der Hochzinspolitik hat
die Regierung einen wichtigen Trumpf
für die Inflationsbekämpfung aus der
Hand gegeben. Wer soll Ihnen jetzt noch
helfen, nachdem Sie so leichtfertig und
eigensinnig alle Trümpfe aus der Hand
gegeben haben?

einen Trumpf ausspielen: *eine vorteilhaf-
te Gegebenheit ausnutzen:* Auf der langen Geraden könnte der Ferrari seinen
wichtigsten Trumpf ausspielen, nämlich
die überlegene Beschleunigung seines
600-PS-Motors. Lässig ... spielte ich den
Trumpf aus: »Athenes Eule war bekanntlich ein Steinkauz« (Hildesheimer,
Legenden 95).

da ist Treff Trumpf: ↑ Treff.

Truppe: von der schnellen Truppe sein
(ugs.)**:** *flink, nicht umständlich sein:* Al-

les schon fertig? Ihr seid ja wirklich von der schnellen Truppe! Wenn ... sie mir jedes Wort aus der Nase ziehen musste, konnte ich mich damit trösten, dass mein Bruder auch nicht gerade von der schnellen Truppe war (Wilhelm, Unter 48).

Tube: auf die Tube drücken (ugs.): *die Geschwindigkeit steigern; etwas beschleunigen:* Die Burschen auf der Baustelle sollen mal ein bisschen auf die Tube drücken, im November muss das Haus schlüsselfertig sein! »... Der Nebel ist weg, Sie können auf die Tube drücken.« Oberleutnant Heinsen legte den Gang ein und gab Gas (Weber, Tote 67).
▶ Mit »Tube« ist in dieser Wendung vermutlich die Vergaserdüse des Verbrennungsmotors gemeint. Die Wendung bedeutete dann ursprünglich so viel wie »Gas geben«.

Tuch: ein rotes Tuch für jmdn. sein; wie ein rotes Tuch auf jmdn. wirken (ugs.): *jmdn. wütend machen:* Uniformen jeder Art wirken auf ihn wie ein rotes Tuch. Die neuen Ladenschlussgesetze sind ein rotes Tuch für die Gewerkschaften. »Und die Kumpels vorne haben eine Stinkwut auf uns. Für die sind wir jetzt das rote Tuch ...« (Kirst, 08/15, 483).
▶ Diese Wendung leitet sich vom Stierkampf her, bei dem der Stier mit einem roten Tuch zum Angriff gereizt wird.

Tuchfühlung: mit jmdm. Tuchfühlung aufnehmen/halten (ugs.): *mit jmdm. Verbindung aufnehmen/in Verbindung bleiben:* Er soll ja bereits vor seinem Austritt aus der SPD mit den Grünen Tuchfühlung aufgenommen haben. Der Mannheimer ERC hielt durch das 7 : 5 ... bei drei Punkten Rückstand weiterhin Tuchfühlung zu den Garmischern (Saarbr. Zeitung 18. 12. 1979, 7).
▶ Diese und die folgende Wendung gehen auf die Soldatensprache zurück: »auf Tuchfühlung« heißt dort (von den in Reih und Glied stehenden Soldaten) »so dicht nebeneinander, dass das Tuch der Uniform das des Nebenmannes berührt«.

[mit jmdm.] auf Tuchfühlung gehen/kommen (ugs.; scherzh.): *[mit jmdm.] in engeren [körperlichen] Kontakt kommen:* Immer wenn sie auf Tuchfühlung gehen

wollten, kam die Oma ins Zimmer. Besonders, wenn wir auf den Rummel zogen, um mit Mädchen auf Tuchfühlung zu kommen ... (Wilhelm, Unter 49). Aber auch die Bürger sollten mehr die Chance wahrnehmen, mit den Kommunalpolitikern auf Tuchfühlung zu gehen (Saarbr. Zeitung 10. 10. 1979, 13). Vgl. die vorangehende Wendung.

tüchtig: freie Bahn dem Tüchtigen: ↑ Bahn. **das Glück des Tüchtigen:** ↑ Glück. **eine tüchtige Naht beziehen/bekommen:** ↑ Naht. **einen tüchtigen Stiefel vertragen [können]:** ↑ Stiefel.

Tücke: die Tücke des Objekts: *die Widrigkeiten, die mit einer Sache verbunden sind:* Charlie versucht sich in diesem Film als Fließbandarbeiter, aber er scheitert wie immer an der Tücke des Objekts und wird zum Opfer der Maschine. Als Leiter von bisher vier vergleichenden Autotests ist er mit allen Tücken des Objekts vertraut (DM 5, 1966, 16).
▶ Dieser Ausdruck wurde durch den Roman »Auch einer« von Friedrich Theodor Vischer bekannt.

seine Tücken haben: *kompliziert sein:* So eine vollautomatische Waschanlage hat ihre Tücken, sie sollte nur von einem Fachmann bedient werden. Die beiden ersten Aufgaben in der Prüfung waren leicht, aber die dritte hatte ihre Tücken. **mit List und Tücke:** ↑ List. **seine Nücken und Tücken haben:** ↑ Nücken.

Tugend: Jugend hat/kennt keine Tugend: ↑ Jugend. **aus der Not eine Tugend machen:** ↑ Not. **auf dem Pfad der Tugend wandeln:** ↑ Pfad. **vom Pfad der Tugend abweichen; den Pfad der Tugend verlassen:** ↑ Pfad.

Tulpe: tun wie 'ne Tulpe: ↑ tun.

tun: nur so tun; so tun, als ob (ugs.): *markieren, sich verstellen:* Die prügeln sich nicht richtig in den Filmen, die tun nur so! Bist du jetzt wirklich beleidigt, oder tust du nur so? Er hat das Geld nicht genommen, er hat nur so getan, als ob.

mit sich [selbst] zu tun haben (ugs.): *Probleme mit sich selbst haben:* In diesem Alter hat ein junger Mensch genug mit sich selbst zu tun, lass ihn lieber in Ruhe.

es mit jmdm. zu tun bekommen/(ugs.) **kriegen:** *mit jmdm. Ärger bekommen:*

Wenn der Kerl meine Tochter nicht in Ruhe lässt, kriegt er es mit mir zu tun! Sie sind einfach noch zu jung; wenn wir Sie einstellen, bekommen wir es mit der Gewerbeaufsicht zu tun.

mit etwas zu tun haben: *mit etwas zusammenhängen:* Was hat denn das Fernsehprogramm mit deinem Schnupfen zu tun? Tanzen hat eben mehr mit Erotik zu tun als mit Musikalität (Ott, Haie 146). Einsamkeit hat nichts mit Mangel an Gesellschaft zu tun (Remarque, Obelisk 71).

[es] mit etwas zu tun haben (ugs.): *an etwas leiden; mit etwas Beschwerden haben:* Er hat seit zwei Jahren mit Rheuma zu tun, aber sonst gehts ganz gut. Wenn seine Frau es nicht so mit der Leber zu tun hätte, wärs ja nicht weiter schlimm, dass sie heimlich säuft.

mit jmdm., mit etwas nichts [mehr] zu tun haben wollen: *jmdn., etwas [künftig] meiden:* Mit diesen Leuten will ich nichts zu tun haben! Sie nimmt zwar gern das Geld, aber mit dem Geschäftlichen will sie nichts zu tun haben. Sie sehen doch ..., dass Monsieur Jaquemar mit dieser Sache nichts zu tun haben will (Maass, Gouffé 248).

es ist jmdm. um etwas zu tun: *es geht jmdm. um etwas:* Der Staatsanwältin ist es nur darum zu tun, dass die Aktion im Rahmen der Legalität bleibt. Das Einzige, worum es ihm zu tun ist, ist eine Rolle in diesem Film zu kriegen.

tu, was du nicht lassen kannst: *wenn es unbedingt sein muss, dann tu, was du vorhast – ich halte nichts davon:* Morgen lasse ich mir die Haare ganz kurz schneiden. – Tu, was du nicht lassen kannst!

man tut, was man kann (ugs.): *Kommentar, wenn man für etwas gelobt wird:* Das ist ja fantastisch, was ihr aus dem alten Schuppen für ein tolles Gartenhaus gemacht habt! – Man tut, was man kann.

es tut sich etwas: *etwas ereignet sich, ist im Gange:* Es hat sich in der Rentenpolitik etwas getan.

etwas tut nichts: *etwas ist nicht schlimm:* Ist dir dein Bonbon auf die Erde gefallen? Das tut nichts, ich gebe dir ein anderes.

was tuts?: *was macht das schon aus?:* Na, dann ist das Geld eben futsch – was tuts?

Die Bremsen des drolligen alten Wagens waren nicht recht in Ordnung, aber was tats (K. Mann, Wendepunkt 176).

was tun, spricht Zeus (scherzh.): *was sollen wir tun?:* Betrübt betrachteten wir die verkohlten Reste in der Bratpfanne. »Was tun, spricht Zeus«, sagte mein Bruder und kratzte sich hinter dem Ohr. ▶ Diese Redensart geht auf Schillers Gedicht »Teilung der Erde« zurück. Gelegentlich wird sie erweitert zu »was tun, spricht Zeus, die Götter sind besoffen«.

tun wie 'ne Tulpe (berlin.): *ahnungslos tun:* Jetzt tun Sie nicht wie 'ne Tulpe, ich habe genau gesehen, wie Sie sich an dem Automaten zu schaffen gemacht haben!

es tun: *genügen:* Ein Stück Draht tuts auch, wenn man keine Schlauchklemme hat. Du brauchst keine langen Briefe zu schreiben, eine Ansichtskarte tuts auch. ... und ein gespartes Brot und die Erbsen. Ja, das wirds tun (A. Zweig, Grischa 9).

jmds. Tun und Lassen/Treiben/Trachten (geh.): *alles, was jmd. tut:* Der König wünscht, über das Tun und Lassen des Prinzen genau unterrichtet zu werden. ... dass sie ... auf kordialische Art das Wort an mich richteten, nach meinem Tun und Treiben kameradschaftlich fragten (Th. Mann, Krull 132).

[jmdm.] Abbitte tun: ↑Abbitte. **jmdm., einer Sache Abbruch tun:** ↑Abbruch. **das tut der Liebe keinen Abbruch:** ↑Abbruch. **jmdm., einer Sache Abtrag tun:** ↑Abtrag. **jmdn. in Acht und Bann tun:** ↑Acht. **es mit der Angst zu tun bekommen/kriegen:** ↑Angst. **ganze/gründliche Arbeit tun:** ↑Arbeit. **nach getaner Arbeit ist gut ruhn:** ↑Arbeit. **etwas nicht [nur] um jmds. schöner, blauer Augen willen/nicht [nur] wegen jmds. schöner, blauer Augen tun:** ↑Auge. **jmdm. Bescheid tun:** ↑Bescheid. **Besseres zu tun haben:** ↑besser. **einen Blick hinter die Kulissen tun:** ↑Blick. **Buße tun:** ↑Buße. **gedacht, getan:** ↑denken. **sich mit etwas dicketun:** ↑dick. **[jmdm.] gute Dienste tun:** ↑Dienst. **seinen Dienst/seine Dienste tun:** ↑Dienst. **einer Sache Einhalt tun:** ↑Einhalt. **jmds., einer Sache Erwähnung tun:** ↑Erwähnung. **nach dem Essen sollst du ruhn oder tausend Schritte tun:** ↑Essen. **keiner Fliege etwas zuleide tun:** ↑Fliege. **etwas in Gedanken tun:**

↑Gedanke. etwas jmdm. zu Gefallen tun:
↑Gefallen. jmdm., einer Sache Genüge
tun: ↑Genüge. etwas um Gottes Lohn
tun: ↑Gott. einen guten/glücklichen Griff
tun: ↑Griff. einen Griff in die Kasse tun:
↑Griff. gut daran tun: ↑gut. des Guten zu
viel tun: ↑gut. sich an etwas ein Gütchen
tun: ↑Gütchen. sich an etwas gütlich tun:
↑gütlich. alle/beide Hände voll zu tun haben: ↑Hand. keinen Handschlag tun:
↑Handschlag. jung getan, alt gewohnt:
↑jung. [alles] tun, was in jmds. Kraft/
Kräften steht: ↑Kraft. es mit jmdm. zu
tun kriegen: ↑kriegen. jmdm. etwas kund
und zu wissen tun: ↑kund. etwas für sein
Leben gern tun: ↑Leben. jmd. tut jmdm.
leid: ↑leid. etwas tut jmdm. leid: ↑leid. tu
mir die Liebe: ↑Liebe. die Linke weiß
nicht, was die Rechte tut: ↑Linke. das
Menschenmögliche tun: ↑menschen-
möglich. der Mohr hat seine Schuldigkeit
getan, der Mohr kann gehen: ↑Mohr. Not
tun: ↑Not. keinen Piep mehr tun: ↑Piep.
recht daran tun: ↑recht. wenn einer eine
Reise tut, so kann er was erzählen: ↑Rei-
se. nichts zur Sache tun: ↑Sache. gesagt,
getan: ↑sagen. etwas im Schlaf tun:
↑Schlaf. keinen Schlag tun: ↑Schlag. seinen letzten Schnaufer/Seufzer getan haben: ↑Schnaufer. den ersten Schritt tun:
↑Schritt. den zweiten Schritt vor dem ersten tun: ↑Schritt. seine Schuldigkeit tun:
↑Schuldigkeit. seine Schuldigkeit getan
haben: ↑Schuldigkeit. jmdm. einen Schur
tun: ↑Schur. etwas jmdm. zum Schur tun:
↑Schur. das Seine tun: ↑²sein. etwas nur
aus/zum Sport tun: ↑Sport. keinen Strich
tun: ↑Strich. den Teufel werde ich tun
[und ...]: ↑Teufel. Übermut tut selten gut:
↑Übermut. ein Übriges tun: ↑übrig.
jmdm. unrecht tun: ↑unrecht. unrecht daran tun, etwas zu tun: ↑unrecht. sich mit
jmdm., mit etwas wichtig tun: ↑wichtig.
jmdm. den/seinen/allen Willen tun: ↑Wil-
le. jmdm. tut kein Zahn mehr weh:
↑Zahn. was du nicht willst, dass man dir
tu, das füg auch keinem andern zu: ↑zu-
fügen. sich etwas auf etwas zugute tun:
↑zugute. jmdm. etwas zuleide tun: ↑zulei-
de. wenn zwei dasselbe tun, so ist es nicht
dasselbe: ↑zwei.

Tunke: in der Tunke sitzen: ↑Tinte.

Tunnel: Licht am Ende des Tunnels sehen:
↑Licht.

Tüpfelchen: das Tüpfelchen auf dem i:
die letzte, alles abrundende Kleinigkeit:
Jetzt noch ein Stückchen Kräuterbutter
auf das Steak, das ist das Tüpfelchen auf
dem i!

bis aufs Tüpfelchen (ugs.): *genauestens:*
Der Vertrag wird bis aufs Tüpfelchen
eingehalten, sonst gehe ich vor Gericht.
Er hält sich stets bis aufs Tüpfelchen an
die Vorschriften.

Tür: jmdm. stehen alle Türen offen: *jmd.
hat die besten Möglichkeiten für eine
Karriere o. Ä.:* Mit dem Abiturzeugnis
einer so vornehmen Schule stehen einem
alle Türen offen. Der Lokalredakteur
hatte gute Beziehungen zur Stadtverwaltung; im Rathaus standen ihm alle Türen
offen.

die Tür von draußen/von außen zumachen
(ugs.): *hinausgehen, verschwinden:* Mach
die Tür von draußen zu, mein Freundchen, aber schnell! Der Kerl geht mir auf
die Nerven, hoffentlich macht er bald die
Tür von außen zu.

jmdm. die Tür weisen (geh.; veraltend):
*jmdn. abweisen, nachdrücklich aufffor-
dern, den Raum zu verlassen:* Mütter
sind sogar allein mit ihrem Kind, weil sie
einem Pascha die Tür gewiesen haben
(Wilhelm, Unter 158). Nachdem ihm das
ZDF die Tür gewiesen hatte, war er auch
als Zeitungskolumnist nicht mehr erwünscht (Hörzu 47, 1974, 34).

[ach] du kriegst die Tür nicht zu! (ugs.):
Ausruf der Überraschung: Ich glaube,
deine Milch kocht über. – Ach, du
kriegst die Tür nicht zu, die habe ich glatt
vergessen!

jmdm. die Tür einlaufen/einrennen
(ugs.): *ständig zu jmdm. kommen [um etwas zu erreichen]:* Seit die Sache mit der
Erbschaft bekannt geworden ist, laufen
ihm die Bittsteller die Tür ein. Früher
war sie eine unbekannte Statistin, heute
rennen ihr die Produzenten die Tür ein.

einer Sache Tür und Tor öffnen: *etwas
begünstigen, sich ungehindert entwickeln, ausbreiten lassen:* Die neuen
Wohnungsbaugesetze werden der
Grundstücksspekulation Tür und Tor
öffnen. Solange das Stück nicht gespielt
ist, sind allen Munkeleien und Spekulationen Tür und Tor geöffnet (Spiegel 45,
1985, 298).

[bei jmdm.] offene Türen finden: *[bei jmdm.] gut aufgenommen werden:* Mit seinem Charme fand er bei reichen Witwen jederzeit offene Türen. Mit guten Manieren findest du überall offene Türen, mein Junge.

sich eine Tür offen halten: *sich eine Möglichkeit erhalten, aus einer schwierigen Situation herauszukommen:* Der alte Fuchs hat sich in den Verhandlungen eine Tür offen gehalten.

die Tür für etwas offen halten: *dafür sorgen, dass die Möglichkeit für etwas weiterhin besteht:* Zu einer Einigung war es nicht gekommen, aber Hinweise auf eine gewisse Kompromissbereitschaft haben die Tür für weitere Gespräche offen gehalten.

[bei jmdm.] offene Türen einrennen: *mit großem Engagement für etwas eintreten, was [von jmdm.] ohnehin befürwortet wird:* Mit seiner Forderung nach mehr Verantwortung für den einzelnen Mitarbeiter rannte er bei der Geschäftsleitung offene Türen ein. Da rennen Sie bei mir offene Türen ein. Ich war der Erste, der als Sozialminister ... ein Kindergartengesetz verabschiedet hat (Spiegel 42, 1984, 117).

sich die Tür[klinke] in die Hand geben (ugs.): *in großer Zahl vorsprechen:* Die Journalisten geben sich im Haus des Außenministers die Tür in die Hand. Sie trauerte den Zeiten nach, in denen die prominenten Leute der Stadt sich bei ihr die Türklinke in die Hand gaben.

hinter verschlossenen Türen: *geheim:* Alle diese Dinge werden hinter verschlossenen Türen entschieden. ... die Redaktion sieht das Material, das ihr zukommt, hinter verschlossenen Türen (Enzensberger, Einzelheiten 23). Denn nur das, was heute hinter verschlossenen Türen geschrieben werde, sei wert, später gelesen zu werden (Ott, Haie 340).

vor der Tür stehen: *unmittelbar bevorstehen:* Weihnachten stand vor der Tür, und sie hatte noch kein einziges Geschenk. Dabei standen die großen Werbewochen der beiden Konzerne unmittelbar vor der Tür! (Brecht, Groschen 171).

vor verschlossenen Türen stehen: *überall abgewiesen werden:* In dieser Stadt steht man vor verschlossenen Türen, wenn man versucht, für ein Jugendzentrum etwas Geld aufzutreiben.

jeder kehre/fege vor seiner eigenen Tür: *jeder möge erst einmal die eigenen Fehler ablegen, bevor er andere kritisiert:* Hast du gehört, wie hässlich die Vorsitzende über den Pfarrer geredet hat? – Jeder kehre vor seiner eigenen Tür!

zwischen Tür und Angel: *eilig, nur flüchtig zusammentreffend:* So ein Geschäft kann man nicht zwischen Tür und Angel besprechen. Er pflegte die Musiker zu entlohnen, indem er ihnen zwischen Tür und Angel beim Abschied einen verschlossenen Briefumschlag zusteckte (Jahnn, Geschichten 170).

jmdn. zur Tür hinausbefördern/jmdn. vor die Tür setzen (ugs.): *jmdn. hinauswerfen:* Zwei stämmige Kellner beförderten den Betrunkenen zur Tür hinaus. »Was fangen Sie an«, fragte der andere, »wenn man Sie hier vor die Tür setzt?« (Kästner, Fabian 32). »Der da hat etwas Schlechtes von unserer Elena verlangt, und sie hat ihn vor die Tür gesetzt« (H. Mann, Stadt 273).

mit der Tür ins Haus fallen: ↑ Haus. **Haus der offenen Tür:** ↑ Haus. **Holz vor der Tür haben:** ↑ Holz. **eine Politik der offenen Tür:** ↑ Politik. **habt ihr daheim Säcke an/vor der Tür [hängen]?:** ↑ Sack. **jmdn. den Stuhl vor die Tür stellen/setzen:** ↑ Stuhl. **Tag der offenen Tür:** ↑ Tag. **bei diesem Wetter jagt man keinen Hund vor die Tür:** ↑ Wetter.

Türke: einen Türken bauen (ugs.; zum Teil abwertend): *etwas vorspiegeln:* Bangemann ... »baut einen Türken«, wenn er die FDP als nach allen Seiten hin offen darzustellen versuche (MM 11. 9. 1975, 1). Vor den bohrenden Fragen des Gerichtsvorsitzenden und der Verteidiger konnte man keinen »Türken bauen« (Noack, Prozesse 198).

▶ Die Herkunft dieser Wendung ist trotz aller Deutungsversuche nicht geklärt. Vielleicht stammt sie aus der Soldatensprache, in der früher mit »Türke« eine eingedrillte Gefechtsübung gegen einen angenommenen Feind bezeichnet wurde.

Türklinke: sich die Türklinke in die Hand geben: ↑ Tür.

Turm: in einem elfenbeinernen Turm leben/sitzen: *der realen Welt entrückt sein:*

Man hat den Dichtern immer wieder vorgeworfen, in einem elfenbeinernen Turm zu sitzen, wenn sie zu tagespolitischen Themen nicht Stellung nehmen wollten.

▶ Der »elfenbeinerne Turm« (häufiger: »Elfenbeinturm«) ist ein Symbol für die Isolation des Künstlers, der sich vom Weltgeschehen zurückzieht und nur der »reinen« Kunst lebt. Es handelt sich um eine Lehnübersetzung des französischen »Tour d'ivoire«, das der Literaturkritiker und Schriftsteller Sainte-Beuve als Erster in dieser Weise verwendete. Er charakterisiert damit – positiv – den Literaten de Vigny.

Türme auf jmdn. bauen: *jmdm. rückhaltlos vertrauen:* Auf diesen Mann kannst du Türme bauen, er hat noch nie jemanden im Stich gelassen.

Tuschkasten: in den Tuschkasten gefallen sein (ugs.; scherzh.): *übertrieben stark geschminkt sein:* Schau mal in den Spiegel, du bist mal wieder in den Tuschkasten gefallen!

Tüte: Tüten kleben (ugs.): *im Gefängnis sitzen:* Sie haben ihn schließlich doch noch erwischt, jetzt muss er fünf Jahre Tüten kleben. Statt sich mit dem Rebellen Goya zu befassen, klebte er jetzt Tüten (Feuchtwanger, Erfolg 534).

▶ Die Wendung bezieht sich darauf, dass Strafgefangene mit oft sehr einfachen Arbeiten im Gefängnis etwas Geld verdienen können. Dazu gehörte früher auch das Herstellen von Papiertüten.

[das] kommt nicht in die Tüte! (ugs.): *das lasse ich nicht zu; das ist ausgeschlossen:* In diesem Alter geht man noch nicht mit Jungs aus, das kommt gar nicht in die Tüte! Aber nun deshalb gleich was mit dem Brettschneider anfangen? Nee, das kam nicht in die Tüte (H. Gerlach, Demission 142). Det heeßt: du in Paris – un icke hier in Cannes? Kommt ja nich in die Tüte! (Borell, Verdammt 182).

angeben wie eine Tüte Mücken: ↑angeben. **die Wucht in Tüten sein:** ↑Wucht.

tuten: von Tuten und Blasen keine Ahnung haben: ↑Ahnung. **ins gleiche Horn tuten:** ↑Horn.

Tüttelchen: kein Tüttelchen (ugs.): *nichts, nicht das Geringste:* Kein Tüttelchen ist an dieser Geschichte wahr!

▶ Der umgangssprachliche Ausdruck »Tüttelchen« (= Pünktchen, winzige Kleinigkeit) gehört zu dem veralteten Wort »Tüttel«, das eigentlich »Brustspitze« bedeutet.

aufs Tüttelchen (ugs.): *ganz genau:* Die Vereinbarung wird aufs Tüttelchen eingehalten, dafür garantiere ich. Vgl. die vorangehende Fügung.

Typ: jmds. Typ ist nicht gefragt (ugs.): *jmd. ist unerwünscht:* Hau ab, Kleiner, dein Typ ist hier nicht gefragt!

jmds. Typ wird verlangt (ugs.): *jmd. soll kommen:* He, dein Typ wird am Telefon verlangt! Sag ihm, er soll die Beine in die Hand nehmen, hier wird sein Typ verlangt.

typisch: typischer Fall von denkste! (ugs.): *das hast du dir so gedacht!:* Du glaubst wohl, du kannst mich verschaukeln? Typischer Fall von denkste, mein Lieber!

U

U: jmdm. ein X für ein U vormachen: ↑X.

übel: jmdm. etwas übel vermerken: *jmdm. etwas verargen, auf jmdn. wegen etwas böse werden:* Unsere Erbtante hat es uns leider übel vermerkt, dass wir ihren Geburtstag vergessen haben. Ihr forsches Vorgehen wurde von den neuen Geschäftspartnern übel vermerkt.

jmdm. übel aufstoßen: ↑aufstoßen. **übel [mit jmdm.] dran sein:** ↑dran. **wohl oder übel:** ↑wohl.

Übel: das kleinere Übel: *die Sache mit dem geringeren Nachteil:* Sind Sie ein echter Anhänger dieser Partei, oder erschien es Ihnen nur als das kleinere Übel? Hochwürden Marcus entschloss sich nach kurzem Zögern, das relativ kleinere Übel von beiden zu wählen. So folgte er Flammer ... (Kirst, Aufruhr 140).

▶ Dieser Ausdruck rührt aus der Antike her. Im »Protagoras« des Plato sagt Sokrates: »Von zwei Übeln wird niemand das größere wählen, wenn er das kleinere wählen kann.«

das Übel an der Wurzel fassen/packen: *eine schlechte Sache von ihrer Ursache her [energisch] angehen:* Lange genug hatte die Regierung nur an den Symptomen der schlechten Wirtschaftslage herumgedoktert, jetzt sollte das Übel endlich an der Wurzel gepackt werden. Wüsste man mit Sicherheit die genauen Ursachen des Waldsterbens, könnte man vielleicht durch entsprechende Gesetze das Übel an der Wurzel fassen.

von/(geh. auch:) **vom Übel sein:** *schlecht sein, sich unheilvoll auswirken:* Mit dieser Substanz muss man vorsichtig umgehen, schon eine kleine Prise zu viel wäre von Übel. ... alles, was über das übliche Klischee ... hinausgeht, sei von Übel (Dönhoff, Ära 16).

zu allem Übel: *noch obendrein [zu allen ungünstigen Umständen]:* Zu allem Übel fing es nun noch an zu regnen. Zu allem Übel kündigte auch noch das Mädchen (Kempowski, Tadellöser 119).

ein notwendiges Übel: ↑ notwendig.

üben: früh übt sich, was ein Meister werden will: ↑ Meister.

über: über und über: *völlig, ganz und gar:* ... Lederkoffer, über und über mit bunten Hotelplaketten beklebt ... (Koeppen, Rußland 25). ... auch die Hosen und Mäntel waren über und über mit Lehmbrühe bespritzt (Kuby, Sieg 182).

jmdm. über sein (ugs.): *jmdm. überlegen sein:* Der reinblütige Stockerpel merkte sehr bald, dass ... er dem gefürchteten Rivalen über war (Lorenz, Verhalten I, 239). Bist glücklich, dass du mit Reinhold fechten kannst, und dass du ihm über bist (Döblin, Berlin 478).

es über sich bringen: *sich dazu überwinden können:* Ich bringe es einfach nicht über mich, ihm schonungslos die Wahrheit zu sagen. Wer hätte gedacht, dass sie es über sich bringen würde, das alte Sofa doch noch zu verkaufen.

über Eck: ↑ Eck. **über Gebühr:** ↑ Gebühr. **über Land [fahren]:** ↑ Land. **über Nacht:** ↑ Nacht. **über Tag[e]:** ↑ Tag. **die Woche über:** ↑ Woche.

überall: überall und nirgends: *irgendwo, an keinem bestimmten Ort:* Ich bin mein Leben lang unterwegs gewesen, meine Heimat ist überall und nirgends.

überall sein Brot finden: ↑ Brot. **seine Nase überall hineinstecken:** ↑ Nase.

überbekommen: eins überbekommen/ überkriegen (ugs.): *einen Schlag [auf den Kopf] bekommen:* Als der Wachmann um die Ecke kam, kriegte er eins über. In der allgemeinen Keilerei hatte er auch eins überbekommen und trug nun eine dicke Beule am Hinterkopf.

überdrehen: die Schraube überdrehen: ↑ Schraube.

Überfluss: zum/zu allem Überfluss: *obendrein:* Zu allem Überfluss ist einen Tag vor dem Länderspiel auch noch der Fernseher kaputtgegangen. Und dann fing es zum Überfluss noch an zu regnen. Dieses Fragezeichen von einem Menschen trug zu allem Überfluss einen gelben Spazierstock, ein Gehholz (Strittmatter, Wundertäter 162).

überflüssig: überflüssig wie ein Kropf: *ganz und gar überflüssig:* Nach Ansicht der Wirtschaftsverbände ist die ganze Steuerreform überflüssig wie ein Kropf. Dieser Artikel war so überflüssig wie ein Kropf (MM 15. 7. 1980, 18).

Kommentar überflüssig: ↑ Kommentar.

überfragt: da bin ich überfragt: *das weiß ich nicht:* Warum sie unbedingt in Münster studieren will? Da bin ich überfragt. Wieso hat die Firmenleitung das erfahren?, will Janda wissen. Da bin ich überfragt, sagt Leo (Zenker, Froschfest 176).

übergeben: etwas den Flammen übergeben: ↑ Flamme. **jmdm. etwas zu treuen Händen übergeben:** ↑ Hand. **etwas zu eigenen Händen übergeben:** ↑ Hand.

übergehen: jmdm. gehen die Augen über: ↑ Auge. **in jmds. Besitz übergehen:** ↑ Besitz. **mit fliegenden Fahnen [zu jmdm., zu etwas] übergehen:** ↑ Fahne. **jmdm. in Fleisch und Blut übergehen:** ↑ Fleisch. **in jmds. Hände übergehen:** ↑ Hand. **in fremde Hände übergehen:** ↑ Hand. **wes das Herz voll ist, des geht der Mund über:** ↑ Herz. **zur Tagesordnung übergehen:** ↑ Tagesordnung.

Übergewicht: das Übergewicht bekommen: *das Gleichgewicht verlieren:* Sie hatte sich immer weiter aus dem Fenster gebeugt, und schließlich hatte sie das Übergewicht bekommen und war hinausgefallen. Halt den Kleinen gut fest, Kinder bekommen leicht das Übergewicht.

übergießen: wie mit kaltem Wasser übergossen: ↑ Wasser.

überlassen: überlass das Denken den Pferden, die haben größere Köpfe: ↑ denken. **jmdm. das Feld überlassen:** ↑ Feld. **jmdm. seinem Schicksal überlassen:** ↑ Schicksal.

¹überlaufen: jmdn. überläuft es heiß und kalt: ↑ heiß.

²überlaufen: jmdm. läuft die Galle über: ↑ Galle.

überlegen: hin und her überlegen: ↑ hin.

Übermut: Übermut tut selten gut: *Übermut hat oft schlimme Folgen:* »Übermut tut selten gut«, sagte die Großmutter, als die Kinder beim Spielen den Glasschrank umgestoßen hatten und weinend in den Scherben saßen.

Überrest: die sterblichen Überreste: ↑ sterblich.

überschreiten: den Rubikon überschreiten: ↑ Rubikon.

überspannen: den Bogen überspannen: ↑ Bogen.

überstehen: schon manchen Sturm überstanden haben: ↑ Sturm.

Überzeugung: im Brustton der Überzeugung: ↑ Brustton.

überziehen: jmdm. eins/ein paar überziehen (ugs.): *jmdn. schlagen:* Der Lehrer zog ihm für seine Frechheit kurzerhand eins über. Zieh dem Gaul ein paar über, wenn er nicht pariert! Dem »Tilo« habe er, meldete ein Mitglied Vollzug, »mit dem Griffstück der Knarre ein paar übergezogen« (Spiegel 52, 1977, 79).

ubi bene ibi patria (bildungsspr.): *wo es mir gut geht, da fühle ich mich zu Hause:* Könntest du dir vorstellen, in Südamerika zu leben? – Warum nicht? Ubi bene ibi patria!

übrig: ein Übriges tun: *noch etwas zusätzlich tun:* Sie haben uns schon sehr geholfen; Sie könnten jetzt noch ein Übriges tun und uns den Weg zum Bahnhof beschreiben. Das unsaubere Bettzeug tat noch ein Übriges, den Aufenthalt zu verekeln (Niekisch, Leben 298). **für jmdn. viel/etwas übrig haben:** *für jmdn. Sympathie empfinden:* Er hat für seine Schwiegereltern nie viel übrig ge-

habt. Aber du hast doch immer so viel übrig für die Angeschlagenen, Neurotischen, Pathologischen, für die Wracks (Wohmann, Absicht 435).

etwas/viel/nichts für etwas übrig haben: *an etwas Interesse/großes Interesse/kein Interesse haben:* Haben Sie etwas für Pferde übrig? Die meisten Leute haben für experimentelles Theater nichts übrig. Vater hatte nicht viel übrig für Politik (Schnurre, Bart 77).

im Übrigen: *übrigens; ansonsten:* Das ist mein letztes Wort, und im Übrigen werden Sie demnächst von meinem Anwalt hören. »Dazu kommt es nicht ...! Im Übrigen danke ich Ihnen!« (Plievier, Stalingrad 302).

übrig bleiben: wer nicht kommt zur rechten Zeit, der muss nehmen, was übrig bleibt: ↑ Zeit.

übrig lassen: nichts/einiges/viel zu wünschen übrig lassen: ↑ wünschen.

Übung: Übung macht den Meister: *durch fleißiges Üben lernt man etwas beherrschen:* Nur Übung macht den Meister, ohne fleißiges Training kannst du diesen schwierigen Sprung niemals perfekt ausführen.

eine der leichtesten Übungen sein (ugs.): *kein Problem, ganz einfach zu bewerkstelligen sein:* Einen Spion ins Kanzleramt einzuschleusen scheint damals eine der leichtesten Übungen gewesen zu sein.

das ist nicht der Sinn der Übung: ↑ Sinn. **der Zweck der Übung:** ↑ Zweck.

Ufer: vom anderen Ufer sein (ugs.): *homosexuell sein:* Bei dem hat deine Freundin bestimmt keine Chance, der ist vom anderen Ufer. »... in Ihrem Wahlkreis gingen Gerüchte um, Sie seien zwar verheiratet, aber vom anderen Ufer« (Spiegel 25, 1981, 52). Wenn das stimmte, wenn Nono Querelle befummelte, so war Querelle »vom andern Ufer« (Genet [Übers.], Querelle 326).

zu neuen Ufern aufbrechen (geh.): *sich völlig neuen Zielen zuwenden:* Mit der Entscheidung, künftig auch zweisprachige Wörterbücher herauszugeben, ist der Verlag zu neuen Ufern aufgebrochen. Eines stand fest: Nach dem Examen musste er zu neuen Ufern aufbrechen (Dorpat, Ellenbogenspiele 55).

uferlos: ins Uferlose gehen: *kein Ende haben:* Wir haben die Verhandlungen abgebrochen, weil die Forderungen der Gegenseite ins Uferlose gingen. Bevor die Diskussion ins Uferlose geht, sollte über eine Fortführung erst einmal abgestimmt werden.

Uhr: jmds. Uhr ist abgelaufen (ugs.): *jmd. muss sterben:* Die Uhr des Verräters ist abgelaufen. ... denn seine Uhr sei abgelaufen, sein Grab geschaufelt ... (Th. Mann, Buddenbrooks 404).

... gehen/ticken die Uhren anders: *... gelten andere Maßstäbe, ist das [öffentliche] Leben anders geregelt:* Westliche Politiker müssen sich damit abfinden, dass in Peking die Uhren anders gehen. ..., als ob hinter den Pyrenäen die Uhren noch immer anders tickten und erst jetzt auf europäische Verhältnisse einreguliert würden (Zeitmagazin 31, 1986, 5).

wissen, was die Uhr geschlagen hat: ↑Glocke. **rund um die Uhr:** ↑rund.

Ul: was dem einen sin Ul, ist dem andern sin Nachtigall: *was der eine überhaupt nicht mag, kann für den anderen höchst erstrebenswert sein:* Nie im Leben würde ich so viel Geld für einen Sportwagen ausgeben! – Was dem einen sin Ul, ist dem andern sin Nachtigall.

▶ »Ul« ist das niederdeutsche Wort für »Eule«, die im Volksglauben oft als Unglücksbringer angesehen wird. In diesem Sprichwort dient sie zur Hervorhebung des Kontrasts, denn mit der Nachtigall verbinden sich angenehme Vorstellungen von Wohlklang und Glück.

Ulrich: den heiligen Ulrich anrufen (ugs.; verhüll.): *sich erbrechen:* Du hast sechs Portionen Pommes frites mit Majonäse gegessen? Kein Wunder, dass du den heiligen Ulrich anrufen musstest!

▶ Der Name »Ulrich« ist in dieser Wendung als lautmalerische Wiedergabe des Geräuschs anzusehen, das ein Mensch beim Erbrechen von sich gibt.

Ultima Ratio (bildungsspr.): *letztes Mittel:* Wenn alle Ermahnungen nichts nützen, ist für manche Eltern immer noch eine Tracht Prügel die Ultima Ratio. Weil sie wissen, dass sie von den Volksmassen hoffnungslos isoliert sind ..., sind Panzer ihre Ultima Ratio (Spiegel 28, 1976, 78).

um: um und um: *immer wieder herum:* Um und um drehte er den kleinen Behälter, aber er konnte nicht feststellen, wie das Kästchen zu öffnen wäre. Es war da ein kleiner verfallener Tempel aus weißem Marmor. Den kehrten wir sozusagen um und um, aber es fand sich vom Golde keine Spur (Leip, Klabauterflagge 42). **um ein Bedeutendes:** ↑bedeutend. **um den Dreh [herum]:** ↑Dreh. **mit etwas um sich werfen:** ↑werfen. **um die Wette:** ↑Wette.

umbringen: nicht umzubringen sein (ugs.): *allen Belastungen standhalten, unverwüstlich sein:* Diese modernen Kunststoffe sind einfach nicht umzubringen. Zweimal hat er dieses Jahr schon Pleite gemacht, aber er ist nicht umzubringen: Morgen eröffnet er schon wieder ein neues Geschäft.

umdrehen: sich auf dem Absatz umdrehen: ↑Absatz. **jmdm. die Gurgel umdrehen:** ↑Gurgel. **jmdm. den Hals umdrehen:** ↑Hals. **ehe man die Hand umdreht:** ↑Hand. **jmdm. dreht sich das Herz im Leibe um:** ↑Herz. **jmdm. den Kragen umdrehen:** ↑Kragen. **etwas dreht einem den Magen um:** ↑Magen. **jede Mark/jeden Pfennig [zweimal/dreimal] umdrehen:** ↑Mark. **den Spieß umdrehen:** ↑Spieß. **jmdm. das Wort im Munde umdrehen:** ↑Wort.

umfallen: vor Hunger/Durst/Müdigkeit umfallen: *sehr hungrig/durstig/müde sein:* Wann gibts was zu essen – ich falle um vor Hunger! Ich brauche jetzt ein großes Bier, ich falle um vor Durst! Kinder, lasst mich bitte in Ruhe, ich falle um vor Müdigkeit.

zum Umfallen müde: *sehr müde:* Sie hatte Überstunden machen müssen und kam zum Umfallen müde nach Hause.

wenn in China/Peking ein Fahrrad/ein Sack Reis umfällt: ↑China. **umfallen wie die Fliegen:** ↑Fliege.

umgeben: sich mit einem Glorienschein/Heiligenschein umgeben: ↑Glorienschein.

umgehen: sage mir, mit wem du umgehst, und ich sage dir, wer du bist: ↑sagen.

umgekehrt: umgekehrt wird ein Schuh draus: ↑Schuh.

umgucken: du wirst dich [noch] umgucken/umsehen!: *du wirst sehen, dass das* *alles nicht so positiv ist, wie du glaubst:* Du meinst, dass du das Studium so nebenbei erledigen kannst? Du wirst dich umgucken! Sie hält ihren neuen Freund für einen Märchenprinzen – sie wird sich noch umsehen!

umhaben: nichts um- und [nichts] anhaben (ugs.): *nur sehr spärlich bekleidet sein:* So kann er doch nicht auf die Straße gehen, er hat ja nichts um und nichts an! Die armen Kinder hatten nichts um und nichts an und mussten bei jedem Wetter im Freien schlafen!

umhängen: der Katze die Schelle umhängen: ↑ Katze. **der Sache ein Mäntelchen umhängen:** ↑ Mantel.

umhauen: das haut den stärksten Seemann um: ↑ Seemann.

umherstolzieren: umherstolzieren wie der Hahn auf dem Mist: *mit wichtigtuerischer Miene und in stolzer Haltung hin und her gehen:* Anstatt uns zu helfen, stolzierte er umher wie der Hahn auf dem Mist und gab uns unnötige Ratschläge.

umkehren: jmdm. kehrt sich der Magen um: ↑ Magen. **umgekehrt wird ein Schuh draus:** ↑ Schuh. **den Spieß umkehren:** ↑ Spieß. **mit umgekehrten Vorzeichen:** ↑ Vorzeichen. **auf halbem Weg[e] umkehren:** ↑ Weg.

umkommen: wer sich in Gefahr begibt, kommt darin um: ↑ Gefahr.

Umlauf: etwas in Umlauf bringen/setzen: 1. *dafür sorgen, dass etwas weitergetragen wird:* Wer auch immer dieses Gerücht in Umlauf gebracht hat, der wusste genau, was er damit bezweckte! Zenaide Waldmann hing an ihrem Weihnachtstelefon und brachte Nachrichten in Umlauf (A. Kolb, Daphne 92). ... ob sich der Angeklagte schuldig bekenne, in seinem Gleichnis unwahre Darstellungen von Tatbeständen geliefert und in Umlauf gebracht zu haben (Brecht, Groschen 362). 2. *als Zahlungsmittel verwenden:* Die Bande hatte bereits einen großen Teil der falschen Hundertmarkscheine in Umlauf gesetzt.

in/im Umlauf sein: 1. *kursieren, weitergetragen werden:* Es sind Gerüchte im Umlauf, dass die gesamte Regierung demnächst umgebildet werden soll. Die wildesten Gerüchte waren in Umlauf gewe-

sen (Perrin, Frauen 44). 2. *als Zahlungsmittel verwendet werden:* Dieses Fünfpfennigstück ist schon seit zwanzig Jahren in Umlauf.

in Umlauf kommen: 1. *weitergetragen werden:* Es sind damals Gerüchte in Umlauf gekommen, die seinem Renommee doch sehr geschadet haben. Über Hans Bredow sind hässliche Geschichten in Umlauf gekommen ... (Zwerenz, Quadriga 123). Dunkle Andeutungen kamen in Umlauf, die Insassen würden nach Mauthansen transportiert, um dort »liquidiert« zu werden (Niekisch, Leben 351). 2. *als Zahlungsmittel eingesetzt werden:* Damals sind die ersten Silbermünzen in Umlauf gekommen.

Umschweif: ohne Umschweife: *geradeheraus:* »Sie haben sich in die Hose geschissen, mein Herr«, sagte Vavra ohne Umschweife (Bieler, Mädchenkrieg 470). Der Kommissar stieß ohne Umschweife vor zum Kern seiner Fragen (Zwerenz, Quadriga 51).

umsehen: du wirst dich [noch] umsehen: ↑ umgucken.

umsetzen: etwas in klingende Münze umsetzen: ↑ Münze. **etwas in die Tat umsetzen:** ↑ Tat.

umsonst: nicht umsonst: *mit gutem Grund:* Nicht umsonst haben die Umweltschützer vor einer weiteren Abholzung der Berghänge gewarnt. »Ich meine, der wollte doch was, der war doch nicht umsonst hier im Park« (Bastian, Brut 105).

umsonst ist der Tod, und der kostet das Leben (scherzh.): *es ist nichts umsonst:* Ihre Beratung lassen Sie sich aber sehr teuer bezahlen! – Umsonst ist der Tod, und der kostet das Leben.

Umstand: keine Umstände machen: 1. *keinen großen Aufwand verursachen:* Sie können gerne bei uns mitessen, das macht keine Umstände. Vielleicht kommt er heute noch vorbei, aber das macht keine Umstände (Becher, Prosa 112). 2. *keinen großen Aufwand treiben:* Machen Sie nur keine Umstände, ich bin mit einem Butterbrot und einem Glas Wasser zufrieden. »... Man soll Blumen lieben, aber nicht zu viele Umstände mit ihnen machen« (Remarque, Triomphe 122).

in anderen/(geh.:) gesegneten Umständen sein (verhüllend): *schwanger sein:*
Kurz nach der zweiten Fehlgeburt war
sie schon wieder in anderen Umständen.
Er schwebt wie auf Wolken, seit seine
Frau in gesegneten Umständen ist.»...
ich habs ihr noch nicht gesagt, ich kanns
ihr nicht sagen ... Sie ist in andern Umständen« (Döblin, Berlin 55).
unter Umständen: *vielleicht, gegebenen-*
falls: Eine Entschuldigung hätte unter
Umständen eine Menge Ärger erspart. ...
dass man auf die Ostgebiete unter Umständen verzichten müsse, wenn man dafür die Wiedervereinigung einhandeln
könne (Dönhoff, Ära 156).
unter keinen Umständen: *keinesfalls:*
Über diese Dinge darf unter keinen Umständen etwas in der Presse erscheinen.
... Erklärungen darüber ..., dass Berlin
unter keinen Umständen der Gewalt
preisgegeben werde (Dönhoff, Ära 112).
die Sache ist die, und der Umstand ist
der: ↑ Sache.
umständlich: warum einfach, wenns auch
umständlich geht?: ↑ einfach.
umstoßen: zu dumm/blöd, einen Eimer
Wasser umzustoßen: ↑ Wasser.
umwandeln: etwas in klingende Münze
umwandeln: ↑ Münze.
umwenden: sich auf dem Absatz umwenden: ↑ Absatz.
umziehen: dreimal umgezogen ist so gut
wie einmal abgebrannt: *bei jedem Umzug*
wird ein Teil der Wohnungseinrichtung
beschädigt oder geht verloren.
▶ Diese Redensart geht auf das englische »three removals are as bad as a fire«
zurück, als dessen Urheber Benjamin
Franklin gilt.
unberufen: unberufen, toi, toi, toi: ↑ toi.
unbeschrieben: [noch] ein unbeschriebenes Blatt sein: ↑ Blatt.
unbewaffnet: mit unbewaffnetem Auge:
↑ Auge.
und: und, und, und (ugs.): *und noch mehr:*
20 Jahre alt, 15 Monate Knast, sechs
Jahre Drogensucht, anschaffen gegangen, Überfälle gemacht, animiert, Strip-
tease und, und, und ... (Spiegel 37, 1981,
106). Die Beatles waren angesagt und die
Rolling Stones, die Beach Boys und die
Small Faces und, und, und (Kraushaar,
Lippen 10).

[na] und? (ugs.): *was ist das Besondere*
daran?; was macht das aus?: Stell dir
vor, meine Freundin erwartet ein Baby! – Na und, was interessiert mich das!
Manchmal habe ich getrunken – und
wenn sie es riecht, kriegt sie einen Anfall. Na und, sag ich (Missildine
[Übers.], Kind 340).
und so weiter/fort: 1. *und Ähnliches:*
Nach dem Willen des Bürgermeisters
sollen alle Junkies, Fixer, Dealer und so
weiter aus der Innenstadt vertrieben
werden. Führerschein, Wagenpapiere
und so fort gehören nicht ins Hand-
schuhfach. 2. *und weiter wie üblich, wie*
gewohnt, wie erwartet: Dann kommt die
übliche Verfolgungsjagd und so weiter,
und so weiter, und am Schluss siegt wie
immer die Gerechtigkeit.
und ob: ↑ ob. und wennschon: ↑ wennschon. und wie: ↑ wie.
Undank: Undank ist der Welt Lohn: *nie-*
mand dankt es einem, wenn man Gutes
tut: Ihre besten Jahre hat sie diesem Mann
geopfert, und jetzt lässt er sie einfach sitzen – ach, Undank ist der Welt Lohn!
undenklich: seit/vor undenklichen Zeiten: *seit/vor sehr langer Zeit:* Das Dorf
ist schon vor undenklichen Zeiten von
seinen Bewohnern verlassen worden.
Dies war der Augenblick, da Quangel
lachte, zum ersten Mal seit seiner Verhaftung, nein, seit undenklichen Zeiten
(Fallada, Jeder 370).
Unding: ein Unding sein: *absolut wider-*
sinnig sein: Es ist ein Unding, dass diese
Kunstschätze der Öffentlichkeit nicht
zugänglich sind. So etwas zu behaupten – das ist doch ein Unding!
Ungedeih: auf Gedeih und Ungedeih:
↑ Gedeih.
ungefähr: wie von ungefähr: *scheinbar zu-*
fällig: Er zog wie von ungefähr das goldene Zigarettenetui aus der Tasche, das
ihm seinerzeit der Präsident geschenkt
hatte. Im Schulhof, während der Pause,
lehnte sich Lohmann gegen die sonnige
Mauer ... Ertzum trat wie von ungefähr
heran und fragte ... (H. Mann, Unrat 70).
nicht von ungefähr [kommen]: *nicht zu-*
fällig [sein]: Seine schlechte Note in
Geographie kommt ja wohl nicht von ungefähr. Daher kommt es auch nicht von
ungefähr, dass in jeder revolutionären

Epoche der Wald Ziel des Angriffs ist (Mantel, Wald 11). ... denn der Mensch hat seinen Namen nicht von ungefähr, sondern aus den Sphären des Himmels (A. Zweig, Grischa 201).

ungelegt: ungelegte Eier: ↑ Ei.

ungeschehen: etwas ungeschehen machen: *erreichen, dass etwas nicht geschehen ist; etwas rückgängig machen:* Jetzt ist das Malheur nun einmal passiert, und wir können es nicht mehr ungeschehen machen. Es tat ihr Leid, was sie getan hatte, und sie wünschte, sie könnte es ungeschehen machen.

Ungeschick: Ungeschick lässt grüßen (ugs.): *das war sehr ungeschickt:* Au, ich hab mich geschnitten! – Ungeschick lässt grüßen!

ungeschoren: ungeschoren bleiben/davonkommen: *keinen Nachteil, Schaden erleiden:* In der großen Wirtschaftskrise sind nur wenige Firmen ungeschoren geblieben. Cuxhavener Verwandte der Toten strengten zwar mehrere Prozesse ... an, doch Helmcke blieb auch diesmal ungeschoren (Prodöhl, Tod 10). Spitzenreiter Stadtbergen ... wird es in Jettingen sicher nicht ganz leicht haben, ungeschoren davonzukommen (Augsburger Allgemeine 22./23. 4. 1978, 26). ▶ Diese und die folgende Wendung beziehen sich wahrscheinlich auf die Schafschur.

jmdn. ungeschoren lassen: *jmdn. nicht behelligen:* Wie kommt es, dass die Gangster der einheimische Fremdenführerin als Einzige ungeschoren ließen? Man wollte Sie verhaften, aber ich konnte den Herren beweisen, dass es vorteilhafter ist, Sie ungeschoren zu lassen (Bieler, Mädchenkrieg 346).Vgl. die vorangehende Wendung.

ungeschrieben: ungeschriebenes Gesetz: *stillschweigende Übereinkunft:* Nach einem ungeschriebenen Gesetz durfte in dieser Familie die jüngere Tochter sich erst dann verloben, wenn die ältere verheiratet war. Quantität geht vor Qualität, das ist das ungeschriebene Gesetz dieser Branche.

ungespitzt: dich/den hau ich ungespitzt in den Boden! (ugs.): *Drohrede:* Der soll nur kommen, den Angeber, den hau ich ungespitzt in den Boden. Wenn du noch

einmal meiner Frau nachpfeifst, hau ich dich ungespitzt in den Boden!

ungesund: allzu viel ist ungesund: ↑ allzu viel.

ungetrübt: ungetrübt von jeglicher Sachkenntnis: ↑ Sachkenntnis.

ungewaschen: da stehe ich jetzt mit meinem ungewaschenen Hals: ↑ Hals. ein ungewaschenes Maul haben: ↑ Maul.

ungewiss: ein Sprung ins Ungewisse: ↑ ¹Sprung.

ungläubig: ein ungläubiger Thomas: ↑ Thomas.

Unglück: ein Unglück kommt selten allein: *wenn etwas Unangenehmes geschieht, folgen oft noch weitere Unannehmlichkeiten:* Seit wir hier am Meer sind, regnet es ununterbrochen, und jetzt ist auch noch der Wagen kaputt – ein Unglück kommt eben selten allein!

ins Unglück/in sein Verderben rennen: *etwas tun, was schlimme Folgen für einen selbst haben wird:* Das kann man doch nicht mit ansehen, wie die beiden in ihr Verderben rennen! Ich halte es also durchaus für möglich, dass jemand wissentlich in sein Unglück ... rennt (Eppendorfer, Ledermann 111).

zu allem Unglück: *noch obendrein [zu allen ungünstigen Umständen]:* Er hatte diesem Schwindler zu allem Unglück auch noch sein Auto geliehen. Carla ... verwechselte zu allem Unglück bei einem Schwangerschaftstest die Bedeutung von positiv und negativ (Praunheim, Sex 140).

mit offenen Augen ins Unglück rennen: ↑ Auge. **Glück im Unglück haben:** ↑ Glück. **[wie] ein Häufchen Unglück:** ↑ Häufchen.

unglücklich: eine unglückliche Hand haben: ↑ Hand.

Ungnade: bei jmdm. in Ungnade fallen: *jmds. Gunst verlieren:* Der früher so beliebte Sänger war beim breiten Publikum in Ungnade gefallen.

auf Gnade und/oder Ungnade: ↑ Gnade.

ungünstig: in [ein] ungünstiges Licht geraten: ↑ Licht.

ungut: nichts für ungut: ↑ nichts.

Uniform: Bürger in Uniform: ↑ Bürger.

Unkenntnis: jmdn. in Unkenntnis [über etwas] lassen: *jmdn. [über etwas] nicht informieren:* Warum wurde der Kranke über seinen wahren Zustand in Unkenntnis gelassen? Ich möchte Sie nicht unnötig lange in Unkenntnis lassen ... Sie sollen sogleich erfahren, was auf diesem Schiff nicht in Ordnung war (Schnabel, Marmor 97).

in Unkenntnis einer Sache: *etwas nicht kennend:* In Unkenntnis der örtlichen Gegebenheiten hatte er sich an die falschen Leute gewandt. ... wir haben bloß in Unkenntnis der Verhältnisse es unterlassen, das Duplikat ... abzugeben (Kisch, Reporter 38).

Unkosten: sich in Unkosten stürzen (scherzh.): *viel Geld ausgeben:* Das ist aber ein wunderbares Geschenk, da habt ihr euch ja ganz schön in Unkosten gestürzt! Aus dem fernen Ägypten gab König Fuad am selben 10. 6. 29 Berlin die Ehre, sich in Unkosten zu stürzen (Hörzu 25, 1980, 10).

sich in geistige Unkosten stürzen (scherzh.): *sich geistig anstrengen, intellektuellen Aufwand treiben:* Was soll ein Lehrer sich mit der Unterrichtsvorbereitung in geistige Unkosten stürzen, wenn die eine Hälfte der Klasse unaufmerksam ist und die andere Hälfte Blödsinn macht?

Unkraut: Unkraut vergeht/verdirbt nicht (ugs.): *mir/ihm/ihr usw. passiert nichts:* Dass er diesen schweren Unfall ohne bleibende Schäden überstanden hat, ist ein wahres Wunder. – Tja, Unkraut vergeht nicht. Sie sollte sich um ihn keine Sorgen machen – Unkraut verdirbt nicht!

Unmensch: kein Unmensch sein (ugs.): *mit sich reden lassen, nicht unnachgiebig sein:* Natürlich habe ich ihm das Geld schließlich doch gegeben, man ist ja kein Unmensch. »Wir sind ja schließlich keine Unmenschen. Sie kommen von der Front, Sie wollen sich endlich mal ausschleimen ...« (Kirst, 08/15, 391).

unmöglich: jmdn. unmöglich machen: *jmdn. bloßstellen:* Sie hat ihn doch in der ganzen Stadt unmöglich gemacht, als sie gegen ihn vor Gericht gezogen ist. Charenton war ... eine Anstalt, in die man diejenigen brachte, die sich durch ihr Verhalten in der Gesellschaft unmöglich gemacht hatten, auch ohne dass sie geisteskrank waren (Weiss, Marat 139).

bei Gott ist kein Ding unmöglich: ↑ Gott.

Unmöglichkeit: das ist ein Ding der Unmöglichkeit: ↑ Ding.

unpass: jmdm. unpass kommen (landsch.): *jmdm. ungelegen kommen:* Ihr kam dieser Besuch ausgesprochen unpass.

unrasiert: unrasiert und fern der Heimat (scherzh.): *für längere Zeit nicht zu Hause und damit ohne geregeltes Leben:* Er schätzte dieses Leben auf den Inseln, unrasiert und fern der Heimat.

▶ Die Wendung stammt aus der Soldaten- bzw. Seemannssprache und ist vielleicht eine scherzhafte Abwandlung der Zeilen aus August von Platens Gedicht »Das Grab am Busento«, wo es heißt: »Allzu früh und fern der Heimat mussten hier sie ihn begraben, während noch die Jugendlocken seine Schultern blond umgaben.«

Unrat: Unrat wittern: *etwas Schlimmes erahnen, misstrauisch werden:* Der Wärter witterte gleich Unrat, als er die Kratzspuren am Schloss der Eingangstür bemerkte. ... im Abwehrgefecht gegen Politiker, die überall subversiven Unrat wittern (Weltwoche 17. 5. 1984, 1).

unrecht: unrecht Gut tut selten gut; unrecht Gut gedeiht nicht: *man soll sich nichts auf unrechte Weise aneignen, weil das meist schlimme Folgen hat:* Lass die Finger von diesen zwielichtigen Geschäften, unrecht Gut gedeiht nicht!

jmdm. unrecht tun: *jmdn. ungerecht behandeln:* Verzeihen Sie mir, Herr Ziethen, dass ich Ihnen damals unrecht getan habe! (Mostar, Unschuldig 65). »Da habe ich mir vorgenommen, mir nie mehr etwas gefallen zu lassen. Nie mehr, wenn mir einer unrecht tun will« (Kühn, Zeit 386).

unrecht daran tun, etwas zu tun: *etwas fälschlich tun:* Du tust unrecht daran, alles zu bezweifeln, was man dir sagt. Der Arzt hat unrecht daran getan, den Patienten in eine psychiatrische Klinik einweisen zu lassen.

an den Unrechten kommen/geraten: *bei jmdm. mit etwas nicht durchkommen:* Mit ihrer nassforschen Art war sie beim Chef an den Unrechten geraten.

an die unrechte Adresse kommen/geraten: ↑ Adresse. **etwas in die unrechte Kehle bekommen/kriegen:** ↑ Kehle.

Unrecht: Unrecht haben: *nicht Recht haben:* Auch wenn er es nicht einsehen will, er hat eindeutig Unrecht. Ich fand im Stillen, Magda hatte in allen Punkten Unrecht (Fallada, Trinker 7).

Unrecht bekommen: *nicht Recht bekommen:* Trotz der Bemühungen seines Anwalts hat der Kläger Unrecht bekommen.

jmdm. Unrecht geben: *äußern, dass jmd. nicht Recht hat:* Immer gab sie ihm Unrecht, wenn sie mit Freunden diskutierten. Der Mann, dem ich Unrecht gegeben hatte, bekam einen Wutanfall (Grzimek, Serengeti 261).

sich ins Unrecht setzen: *unrecht handeln:* Auch wenn deine Motive lobenswert sind – durch Gewaltanwendung setzt du dich ins Unrecht. Kohlhaas ist Unrecht geschehen, aber in Verfolgung seines Rechts hat er sich selbst ins Unrecht gesetzt (NJW 19. 9. 1984, 1068).

jmdn. ins Unrecht setzen: *bewirken, dass jmd. im Unrecht ist oder zu sein scheint:* Mit passivem Widerstand gelang es den Demonstranten, die Polizei vor den Augen der Öffentlichkeit ins Unrecht zu setzen. Die Hälfte aller Diplomatie besteht darin, den Gegner ins Unrecht zu setzen (Augstein, Spiegelungen 44).

zu Unrecht: 1. *fälschlich:* Dieses Gebiet wurde von den Bauern zu Unrecht als unfruchtbar angesehen. 2. *ohne Berechtigung:* Das Auto war zu Unrecht vom Zoll beschlagnahmt worden. ... man könnte zu Unrecht erlittenes Leid nicht »wieder gutmachen« (Mostar, Unschuldig 16).

unreif: sauer wie eine unreife Zitrone sein: ↑ sauer.

unrein: etwas ins Unreine schreiben: *etwas schriftlich entwerfen:* Schreib den Aufsatz erst einmal ins Unreine, dann können wir zusammen die Fehler berichtigen.

ins Unreine sprechen: *nicht exakt formulieren:* Er sprach zunächst einmal ins Unreine, um den Zuhörern seine Gedanken in groben Umrissen zu verdeutlichen. Man vergibt der kauzigen Würde dieses Phänomens nichts, wenn man es auch in seiner ... Dürftigkeit zeigt; ich spreche ins Unreine, selbstverständlich (Muschg, Gegenzauber 244).

unschädlich: jmdn., etwas unschädlich machen: *dafür sorgen, dass jmd., etwas keinen Schaden mehr anrichten kann:* Der von Dellmaier war ein dummer, hohler, verbrecherischer Lump; ihn unschädlich machen war ein gutes Werk (Feuchtwanger, Erfolg 461). »Ich erteile Ihnen den Befehl, die Organisation unschädlich zu machen!« (Apitz, Wölfe 242). Es gehört zu seinen Aufgaben, Krankheitserreger unschädlich zu machen (Hackethal, Schneide 52).

Unschuld: Unschuld vom Lande: *Mädchen, das vom Land stammt und in der Großstadt durch Naivität und mangelnde Gewandtheit auffällt:* Deine Kusine, diese Unschuld vom Lande, hat sich doch tatsächlich schon zwei Zeitschriftenabonnements an der Haustür aufschwätzen lassen. Weil er ... eine verführte Unschuld vom Lande zurück ins ärmlich reine Elternhaus befördert hat (Spiegel 41, 1976, 214).

die gekränkte Unschuld spielen: *sich übertrieben beleidigt geben:* Sie spielte die gekränkte Unschuld, weil man sie in der ersten Erregung verdächtigt hatte. Spiel nicht die gekränkte Unschuld, ich weiß genau, dass du an der Sache nicht unbeteiligt warst!

jmdm. die Unschuld rauben (geh.; verhüllend): *jmdn. entjungfern:* Dieser Wüstling hat meiner Schwester nicht nur die Unschuld geraubt, sondern sie auch noch um ihre Ersparnisse gebracht. Der Onkel gerät in den Verdacht, seiner süßen Nichte die Unschuld geraubt zu haben (Hörzu 13, 1971, 81).

seine Hände in Unschuld waschen: ↑ Hand.

unschuldig: unschuldig wie ein [neugeborenes] Lamm/Kind: *völlig unschuldig:* Er erklärte dem Kommissar, er sei unschuldig wie ein Lamm. Diese Frau ist unschuldig wie ein neugeborenes Kind.

unselig: unseligen Angedenkens (geh.): *an den/die/das man sich nur ungern erinnert:* Hier stand jenes Haus unseligen Angedenkens, in dem eine ganze Familie den Tod in den Flammen fand. Die Straßen in der Stadt, hauptsächlich die große Cannebière unseligen Angedenkens, waren von verstärkten Postenketten flankiert (Maass, Gouffé 226).

unsicher: [sich] über etwas im Unsicheren sein: *an etwas zweifeln:* Der Polizist war sich im Unsicheren darüber, ob der Mann wirklich betrunken war oder nur so tat.

etwas unsicher machen (ugs.): *etwas häufiger aufsuchen, sich dort aufhalten:* Seit ein paar Tagen macht er wieder die Kneipen in der Altstadt unsicher. Ein Fuchs machte damals die Hühnerhöfe der Umgebung unsicher.

sich auf unsicheren Boden begeben: ↑Boden. **die Gegend unsicher machen:** ↑Gegend. **ein unsicherer Kantonist:** ↑Kantonist.

unsichtbar: sich unsichtbar machen (ugs.): *verschwinden:* Der Boden ist hier zu heiß für euch, ihr müsst euch erst einmal unsichtbar machen. Marianne leistete ihm ein bisschen Gesellschaft, während Evelyn sich unsichtbar machte (Baum, Paris 88). Für ihn schien die Sache erledigt zu sein, er machte sich unsichtbar (Kuby, Sieg 378).

Unstern: unter einem Unstern stehen: *nicht glücken, ungünstig verlaufen:* Das ganze Gartenfest stand von Anfang an unter einem Unstern: erst verbrannten die Würstchen, dann fiel die Bowle vom Tisch, und schließlich begann es auch noch zu regnen! Schon die Ausreise stand unter einem Unstern: Kaum hatte der Segler den Hafen verlassen, als es aus Westen kräftig zu wehen begann (Hamburger Abendblatt 24. 8. 1985, 7).

Untätchen: kein Untätchen (landsch.): *kein Fehler, kein Makel:* Ein herrliches altes Möbel ist das, Sie werden kein Untätchen daran finden können!

unten: bei jmdm. unten durch sein: ↑durch sein. **oben hui, unten pfui:** ↑hui. **etwas von oben nach unten kehren:** ↑oben. **nicht wissen, wo/was oben und unten ist:** ↑oben.

unter: alles unter sich gehen lassen (verhüllend): *Kot und Urin unkontrolliert abgehen lassen:* Der Kranke war so schwach, dass er alles unter sich gehen ließ.

unter uns [gesagt]: *im Vertrauen [gesagt]:* Es ist, unter uns gesagt, das erste Mal, dass ich so etwas mache. Wissen Sie, worüber der da vorne spricht? – Ganz unter uns – ich habe keine Ah-

nung! »Bambuss – unter uns, ein Pfuscher und Nachempfinder. ...« (Remarque, Obelisk 335).

das bleibt unter uns: *davon darf niemand etwas erfahren:* Ich kann dir sagen, warum der Chef nach Paris gefahren ist, aber das bleibt unter uns, verstanden! **unter jmds. Augen:** ↑Auge. **unter vier Augen:** ↑Auge. **unter Bezug auf etwas:** ↑Bezug. **unter Bezugnahme:** ↑Bezugnahme. **unter Brüdern:** ↑Bruder. **unter aller Kanone:** ↑Kanone. **Land unter:** ↑Land. **unter dem Strich:** ↑Strich. **unter Tage:** ↑Tag. **unter Umständen:** ↑Umstand. **unter keinen Umständen:** ↑Umstand. **nicht mehr unter uns/unter den Lebenden weilen:** ↑weilen.

untergehen: mit fliegenden Fahnen untergehen: ↑Fahne. **mit Mann und Maus untergehen:** ↑Mann. **deswegen geht die Welt nicht unter:** ↑Welt.

unterkriegen: sich [nicht] unterkriegen lassen: *[nicht] den Mut verlieren:* Das sind jetzt schlimme Zeiten für sie, aber sie darf sich nicht unterkriegen lassen. Trotz seiner schweren Körperbehinderung lässt sich der alte Herr nicht unterkriegen (Hörzu 25, 1971, 63). Was Friedrich Torberg schreibt und schrieb, sind Erfahrungen eines weit Gereisten, der sich nicht unterkriegen ließ (Kronen-Zeitung 9. 10. 1968, 11).

Unterlass: ohne Unterlass (geh.): *unaufhörlich:* Die Kirchenglocken läuteten ohne Unterlass die ganze Nacht hindurch. ... das sei noch niemals vorgekommen, dass es so lange habe schneien können. Sieben Tage und sieben Nächte ohne Unterlass (Frisch, Cruz 22). ... Bienenstaat-Methode? Alle Leute arbeiten, sammeln und bauen ohne Unterlass (Dönhoff, Ära 49).

Unterlippe: etwas steht jmdm. bis Oberkante Unterlippe: ↑Oberkante.

Untersatz: ein fahrbarer Untersatz: ↑fahrbar.

unterscheiden: Mein und Dein nicht unterscheiden können: ↑mein.

Unterschied: ein Unterschied wie Tag und Nacht: *ein großer, sehr auffälliger Unterschied:* Toll, was die beiden aus dem alten Haus gemacht haben, es sieht wieder aus wie neu – ein Unterschied wie Tag und Nacht. Sie sind zwar Zwillinge und sehen sich auch sehr ähnlich, aber was das Temperament betrifft: ein Unterschied wie Tag und Nacht!

unterschreiben: etwas unterschreiben können (ugs.): *etwas bestätigen, bekräftigen:* Was mein Vorredner über die Gefahren der Umweltverschmutzung gesagt hat, das kann ich nur unterschreiben. Diese Personen stünden für eine andere Sachpolitik, die von den Liberalen nicht mehr unterschrieben werden könne (Saarbr. Zeitung 4. 12. 1979, 22).

jedes Wort unterschreiben: ↑ Wort.

Unterschrift: eine Unterschrift leisten (Amtsdt.): *unterschreiben:* Beide Vertragspartner haben in Anwesenheit des Notars die erforderlichen Unterschriften geleistet. ... er muss das quittieren ... er leistet noch zwei Unterschriften, wird von dem Wärter ... aufgefordert, ihm zu folgen (Hohmann, Engel 43).

unterste: das Unterste zuoberst kehren: *alles gründlich durchsuchen:* Die Polizeibeamten haben das Unterste zuoberst gekehrt, aber sie konnten in der ganzen Wohnung kein Gramm Rauschgift finden. Die Kommodenschubladen wurden von ihm herausgezogen und darin das Unterste zuoberst gekehrt, aber nichts gefunden (Kühn, Zeit 49).

untertan: jmdm. untertan sein: *jmdm. unterworfen sein:* Als freie Fürsten waren sie niemandem untertan.

sich jmdn., etwas untertan machen: *jmdn., etwas unterwerfen:* Die Römer hatten sich bereits halb Europa untertan gemacht. ... auf dieser Erde, ehe der Mensch fruchtbar wurde, sich mehrte und sie »sich untertan machte« (Grzimek, Serengeti 316).

Untertasse: fliegende Untertasse (veraltend): *rundes, flaches Raumschiff von einem anderen Stern:* Das Hörspiel handelt von außerirdischen Lebewesen, die mit fliegenden Untertassen aus dem Weltraum gekommen sind. ... der ganze Rummel um die Raketenflugzeuge, die Flüge zum Mars und die künstlichen Monde und fliegenden Untertassen (Fr. Wolf, Menetekel 34).

unterwegs: bei jmdm. ist [et]was unterwegs (ugs.; verhüllend): *jmd. erwartet ein Baby:* Jeder hatte gedacht, bei den Nachbarn wäre endlich was unterwegs.

... dass in der Erlenhöhle mal wieder Ruhe und Frieden eingekehrt, aber bei Anna Kusnewski was unterwegs sei (Degenhardt, Zündschnüre 163).

unverhofft: unverhofft kommt oft: *es geschehen oft sehr unerwartete Dinge:* Wer hätte gedacht, dass wir so plötzlich eine neue Wohnung finden würden? – Tja, unverhofft kommt oft!

unverrichtet: unverrichteter Dinge: ↑ Ding.

unversucht: nichts unversucht lassen: *alles versuchen:* Die Polizei hat nichts unversucht gelassen, Zeugen für den Überfall zu finden. ... gerade jetzt müsse der Westen Verhandlungen vorschlagen ..., um wirklich nichts unversucht zu lassen (Dönhoff, Ära 123).

unvorbereitet: unvorbereitet wie ich bin (scherzh.): *Einleitung zu einer [sehr wohl vorbereiteten] Rede.*

Unwert: Wert und/oder Unwert: ↑ Wert.

Unwesen: sein Unwesen treiben: *Schaden anrichten:* Ein Sittenstrolch treibt seit ein paar Tagen sein Unwesen im Stadtpark. Solange es ihn nicht trifft, kümmert es Herrn Biedermann wenig, dass Brandstifter in der Stadt ihr Unwesen treiben (Hörzu 37, 1976, 66). Er hört nicht auf die entsetzten Stimmen seiner Gefährten, die glauben, dass böse Geister ihr Unwesen treiben (Trenker, Helden 63).

Unzeit: zur Unzeit: *unpassend, ungelegen:* Wenn eine solche Maßnahme zur Unzeit getroffen wird, können unübersehbare Schäden entstehen. Das Gesicht eines verschlafenen Mannes, eines sehr zur Unzeit schlafenden Mannes (Schnabel, Marmor 100). ... aber sie soll eine drohende Personaldiskussion in der CDU/CSU zur Unzeit im Keime ersticken (MM 25. 3. 1982, 2).

Upperten (Plural): *Oberschicht:* Ein so teurer Sportwagen wird seine Käufer nur unter den Upperten finden. Und es ist nicht mehr nur das Privileg der Upperten von Manhattan, am Discoritus teilzunehmen (Spiegel 42, 1978, 223).

up to date: *zeitgemäß, auf dem neuesten Stand:* Der Maschinenpark der Firma ist längst nicht mehr up to date. Durch regelmäßige Zeitungslektüre versuchte sie, politisch und kulturell immer up to date zu sein.

uralt: uralt Lavendel sein: ↑ Lavendel.
Urin: etwas im Urin haben/spüren (derb):
etwas intuitiv wissen, erkennen: Er spürt
es im Urin, wenn irgendwo eine Radar-
falle eingerichtet ist. Eine gewisse Logik
der Entwicklung sei es, dass es uns auch
einmal wieder besser gehen müsse, sagte
mein Bruder. Er habe das so im Urin
(Kempowski, Uns 256).
Urlaub: Urlaub auf Staatskosten machen
(ugs.; verhüllend): *eine Gefängnisstrafe
verbüßen:* Wenn sie ihn erwischen, macht
er zwei Jahre Urlaub auf Staatskosten.
eine Leiche auf Urlaub: ↑ Leiche.
Urne: zur Urne gehen: *wählen:* 87% aller
Wahlberechtigten sind an diesem Sonntag zur Urne gegangen.
jmdn. zu den Urnen rufen: *jmdn. zur
Wahl auffordern:* Spätestens im Herbst
wird der Präsident das Volk zu den Urnen rufen. Auch die im Ausland lebenden Staatsbürger wurden zu den Urnen
gerufen.
Ursache: keine Ursache!: *bitte!:* Vielen
Dank, dass Sie mir geholfen haben. –
Keine Ursache, es war mir ein Vergnügen!
kleine Ursachen, große Wirkungen: *ein
ganz geringfügiger Anlass kann schwer-
wiegende Folgen haben.*
Urschleim: vom Urschleim an (scherzh.):
von den allerersten Anfängen an: Wir
wollen diese Geschichte nicht vom Urschleim an noch einmal aufwärmen,
aber die Auswirkungen der damaligen
Entwicklung sind heute noch spürbar.
Urständ: fröhliche Urständ feiern (veraltet; aber noch scherzh.): *wieder aufleben:* In den Zusammenkünften der
Korpsstudenten feierte die alte Burschen-
herrlichkeit fröhliche Urständ.
▶ »Urständ« ist ein heute nicht mehr gebräuchlicher Ausdruck für »Auferstehung«.
Urwald: ein Benehmen wie im Urwald
(ugs.): *ein sehr schlechtes, ungehobeltes
Benehmen:* Pass doch auf, wo du hin-
trittst! Ein Benehmen wie im Urwald haben diese jungen Leute!
**dich/den haben sie wohl mit der Bana-
ne[nschale] aus dem Urwald gelockt:**
↑ Banane.
Urzeit: seit Urzeiten: *seit sehr langer Zeit:*
Das Land jenseits dieser Hügelkette bis

hinunter zum Fluss gehört seit Urzeiten
einer alten Adelsfamilie. Erechtheus war
ein alter lokaler Gott, der auf der Akropolis von Athen seit Urzeiten Kult genoss (Bild. Kunst I, 41).

V

Vabanque: Vabanque spielen: *ein über-
großes Risiko eingehen, alles riskieren:*
Der Rittmeister hatte Vabanque gespielt, als er mit den Verschwörern verhandelte. »Freundlich? Großzügig? Obwohl er bereit war, mit dem Leben eines
Menschen Vabanque zu spielen?« (Kemelman [Übers.], Mittwoch 212).
▶ Das französische »va banque«, auf
Deutsch »es gilt [die] Bank«, ist beim
Glücksspiel die Ankündigung, dass man
mit höchstem Einsatz gegen die Bank
spielen will.
Valet: einer Sache Valet sagen (veraltend):
etwas aufgeben, verlassen: Aus gesundheitlichen Gründen musste die gefeierte
Diva der Opernbühne auf immer Valet sagen. Er ... rief seine Zuhörer auf, dem
Materialismus Valet zu sagen und sich
wichtigeren Aufgaben zuzuwenden (Dönhoff, Ära 63). ... nachdem Hans Bourda-
nin dem bürgerlichen Leben Valet gesagt
und sich dem Zirkusabenteuer ausgeliefert hatte (Fussenegger, Haus 315).
▶ Diese Wendung geht auf die lateinische Abschiedsformel »valete« (= lebt
wohl) zurück.
variatio delectat (bildungsspr.): *Abwechslung macht Freude:* Nehmen wir
doch mal einen Rheinwein statt des gewohnten Mosels – variatio delectat!
Vater: Vater Staat: *der Staat:* Vor allem
die sozial Schwächeren wurden wieder
einmal von Vater Staat zur Kasse gebeten. Patienten und Mediziner ... warten
auf »dezidierte Vorschriften von Vater
Staat« (Spiegel 8, 1977, 81). Vater Staat
will an den Nebeneinkünften beteiligt
werden (MM 23. 3. 1967, 10).

der himmlische Vater (geh.): *Gott:* Wenn es dem himmlischen Vater gefällt, wird sich alles zum Guten wenden. Im gemeinsamen Gebet erflehten sie den Segen des himmlischen Vaters.

[ach] du dicker Vater! (ugs.): *Ausruf der Überraschung:* Ach, du dicker Vater, die Katze hat im Kleiderschrank Junge gekriegt! Das Finanzamt will viertausend Mark Steuernachzahlung haben. – Ach, du dicker Vater, mit so viel habe ich nicht gerechnet!

zu seinen Vätern heimgehen/versammelt werden (geh.; veraltet): *sterben:* Sie gedachten der Helden, die in blutiger Schlacht zu ihren Vätern versammelt worden waren. Viele der besten Söhne der Stadt waren bereits heimgegangen zu ihren Vätern, da die Pest im zwölften Jahr im Lande wütete.

▸ Dieser Wendung liegt die Vorstellung zugrunde, dass der Verstorbene im Jenseits seine Vorfahren (= Väter) wieder findet.

dein Vater ist doch nicht Glaser; dein Vater ist/war wohl Glaser?: ↑ Glaser. **das Land seiner Väter:** ↑ Land. **da ist der Wunsch der Vater des Gedankens:** ↑ Wunsch.

Vaterfreuden: Vaterfreuden entgegensehen (scherzhaft): *bald Vater werden:* Ihr Mann weiß noch nicht, dass er Vaterfreuden entgegensieht!

Vaterland: der Prophet gilt nichts in seinem Vaterland: ↑ Prophet.

Vaterlandsliebe: mehr Angst als Vaterlandsliebe haben: ↑ Angst.

Vaterstelle: bei jmdm. Vaterstelle vertreten: *für jmdn. wie ein Vater sorgen:* In all den Jahren hatte er bei seinen jüngeren Geschwistern Vaterstelle vertreten müssen. »Du sollst Vaterstelle an dem Kind vertreten ...« (Jaeger, Freudenhaus 82).

Veilchen: blau sein wie ein Veilchen: ↑ blau. **ein Gemüt wie ein Veilchen haben:** ↑ Gemüt.

verachten: nicht zu verachten sein (ugs.): *erstrebenswert sein:* Dafür kriegst du immerhin 500 DM steuerfrei, das ist doch nicht zu verachten, oder? Und von den Ringen gleichfalls ist einer oder der andere nicht zu verachten (Th. Mann, Krull 166). »Ein Akzept auf sechs Wochen ist nicht zu verachten. Die Bank

wollte nicht mehr geben ...« (Remarque, Obelisk 64).

Verachtung: jmdn., etwas mit Verachtung strafen: *jmdn., etwas nicht beachten:* Ihre Kritiker hatte die populäre Schriftstellerin stets nur mit Verachtung gestraft. Er ist ... dafür, die Wahrheit hochzuhalten und Lügen und Lügner mit Verachtung zu strafen (Wolff [Übers.], Bisexualität 218).

Verantwortung: jmdn. [für etwas] zur Verantwortung ziehen: *jmdn. [für etwas] verantwortlich machen [und ihn bestrafen]:* Die Öffentlichkeit erwartet, dass bestechliche Politiker für ihr Vergehen zur Verantwortung gezogen werden. Und was hülfe es auch, wenn jemand sie zur Verantwortung zöge für den Unsinn, den sie beschlossen haben? (Gruhl, Planet 163). Er ... kann von keinem Gericht seines Landes ... wegen seiner Handlungen oder Unterlassungen zur Verantwortung gezogen werden (Fraenkel, Staat 17).

verarschen: verarschen/verscheißern kann ich mich alleine (derb): *Ausdruck der Verärgerung, dass man sich nicht ernst genommen fühlt:* Erzähl mir nicht wieder die Geschichte von der Autopanne – verarschen kann ich mich alleine!

verbeulen: sich die Gießkanne verbeulen: ↑ Gießkanne.

verbiegen: sich die Gießkanne verbiegen: ↑ Gießkanne.

verbieten: jmdm. das Haus verbieten: ↑ Haus. **jmdm. den Mund/das Maul verbieten:** ↑ Mund. **jmdm. das Wort verbieten:** ↑ Wort.

verbinden: das Angenehme mit dem Nützlichen verbinden: ↑ angenehm. **du sollst dem Ochsen, der da drischt, nicht das Maul verbinden:** ↑ Ochse.

Verbindung: sich mit jmdm. in Verbindung setzen: *mit jmdm. Kontakt aufnehmen:* Der Anwalt versuchte vergeblich, sich mit den beiden Zeugen des Unfalls in Verbindung zu setzen. Morgen setze ich mich mit diesem Arzt in Verbindung (Simmel, Stoff 600). ... er setzte sich mit dem Gatten in Betreff des Scheidungsgrundes in Verbindung ... (Th. Mann, Buddenbrooks 267).

[mit jmdm.] in Verbindung stehen: *[mit jmdm.] Kontakt haben:* Eine konkrete

Zusammenarbeit gibt es nicht mehr, aber die beiden Organisationen stehen nach wie vor in Verbindung. Jeden Tag ... stehen sie durch drahtlose kleine Sender miteinander in Verbindung (Grzimek, Serengeti 57). ... dass Papa mit dem Alten in geschäftlicher Verbindung stand (Th. Mann, Buddenbrooks 196).

verbissen: das darf man [alles] nicht so verbissen sehen (ugs.): *man darf sich darüber nicht aufregen, es nicht so genau nehmen:* Müssen die Kinder ihre Platten denn immer mit dieser wahnsinnigen Lautstärke hören? – Das darf man nicht so verbissen sehen; Rockmusik wird eben laut gespielt, das gehört dazu. Als ich neulich einen von ihnen energisch zur Rede stellte, grinste er nur und sagte: »Das dürfen Sie nicht so verbissen sehen!« (Hörzu 37, 1981, 149).

verboten: verboten aussehen (ugs.): *unmöglich aussehen, grotesk wirken:* Zum Glück haben wir noch keine Tropenkleider an, sonst sähen wir ganz und gar verboten aus (Grzimek, Serengeti 25). Dr. Wolff sähe ja immer verboten aus, der kaufe bestimmt im Ausverkauf, die Taschen so ausgebeult und die Knie (Kempowski, Tadellöser 45).

das Berühren der Figüren mit den Pfoten ist verboten: ↑berühren. **verbotene Früchte:** ↑Frucht.

Verbreitung: Verbreitung finden: *verbreitet werden, bekannt werden:* Es ist bedauerlich, dass solche hässlichen Gerüchte so leicht Verbreitung finden. ... dass ein solcher temperaturfester Kunststoff ... seine weiteste Verbreitung als Kochgeschirr gefunden hat (Kosmos 2, 1965, 58).

verbrennen: sich die Finger verbrennen: ↑Finger. **sich den Mund/das Maul verbrennen:** ↑Mund. **sich die Pfoten verbrennen:** ↑Pfote. **sich den Schnabel verbrennen:** ↑Schnabel. **und wenn der ganze Schnee verbrennt!:** ↑Schnee. **sich den Schwanz verbrennen:** ↑Schwanz.

verbunden: jmdm. sehr verbunden sein (geh.): *jmdm. sehr dankbar sein:* Ich wäre Ihnen sehr verbunden, wenn Sie Ihre Zigarette ausmachen würden. Sie war ihm für sein Einschreiten sehr verbunden.

Verdacht: Verdacht schöpfen: *misstrauisch werden:* Glaubst du, dein Vater hat Verdacht geschöpft und ahnt etwas von uns beiden? Eine Sekretärin schöpfte Verdacht und erstattete bei der Gestapo Anzeige (Niekisch, Leben 356).

auf Verdacht (ugs.): *ohne Genaues zu wissen; in der Annahme, dass es so richtig ist:* Sie wusste nicht genau, wie viel Mehl man für den Kuchen braucht, und kaufte auf Verdacht drei Kilo. Dann sagte der Bildhauer plötzlich: Du hältst nichts davon? Auf Verdacht würde ich sagen: Nein. Aber wovon soll ich nichts halten? (Kuby, Sieg 34).

über jeden Verdacht erhaben sein: *absolut integer sein:* Dieser Mann kann mit Bestechung nichts zu tun haben; für mich ist er über jeden Verdacht erhaben. Guesnot, der nunmehr über jeden Verdacht erhabene Beamte, wurde höflich aufgefordert ... (Mostar, Unschuldig 23).

verdammen: verdammt noch mal!; verdammt und zugenäht! (ugs.): *Fluch:* Verdammt und zugenäht, ich hab mir in den Finger geschnitten! Ruhe, schrie Hahl mit gepresster Stimme, nicht so viel Gas. Verdammt noch mal! (Kuby, Sieg 242). Jetzt warf er wütend die Metallklemme in den Saal und schrie: »Verdammt noch mal!« (Sebastian, Krankenhaus 128).

Gott verdamm mich!: ↑Gott. **jmds. verdammte Pflicht und Schuldigkeit [sein]:** ↑Pflicht.

verdauen: gut gekaut ist halb verdaut: ↑kauen.

verdeckt: mit verdeckten Karten spielen: ↑Karte.

Verderb: auf Gedeih und Verderb: ↑Gedeih.

verderben: es [sich] mit jmdm. verderben: *sich bei jmdm. unbeliebt machen:* Er hatte es sich schon in der ersten Klasse mit allen Lehrern verdorben. Ihre Haltung ist von Anfang an undeutlich gewesen, bald treten sie als Verbündete der Goten auf, bald wollen sie es mit Justinian nicht verderben (Thieß, Reich 620). Also ich würde es nicht mit den Nachbarn verderben. Man weiß ja nie (Brot und Salz 318). **viele Köche verderben den Brei:** ↑Koch. **Unkraut verdirbt nicht:** ↑Unkraut.

verdienen: es nicht besser/anders verdienen: *zu Recht Nachteile haben, ein Miss-

geschick erleiden: Wer so leichtfertig mit seinem Geld umgeht, hat es nicht besser verdient. Geh mit mir um wie mit der letzten Dirne! Ich verdiene es nicht anders (Th. Mann, Krull 208). **seine Brötchen verdienen:** ↑Brötchen. **sich einen, den Kuppelpelz verdienen:** ↑Kuppelpelz. **eine/die schnelle Mark verdienen:** ↑¹Mark. **sich eine goldene Nase verdienen:** ↑Nase. **sich die Sporen verdienen:** ↑Sporen.

verdient: sich um etwas verdient machen: *etwas in hohem Maß fördern; sich erfolgreich für etwas einsetzen:* Dieses Jahr erhält ein Mann den Ehrenpreis, der sich wie kein anderer um den deutschen Breitensport verdient gemacht hat. Stollenberg war es nun, der sich um Reimanns Freizeitgestaltung verdient machte (Ott, Haie 39). Artabanos ... hatte sich sehr verdient um den Kaiser gemacht (Thieß, Reich 569).

verdrehen: jmdm. den Kopf verdrehen: ↑Kopf.

verdrießen: es sich nicht verdrießen lassen (geh.): *sich nicht entmutigen lassen; sich nicht die gute Laune verderben lassen:* Wein und Sekt waren längst getrunken, doch die Gäste ließen es sich nicht verdrießen und feierten mit Bier weiter. Wenn die walterschen Plätze anderweitig vergeben waren, ließen wirs uns nicht verdrießen, stundenlang anzustehen (K. Mann, Wendepunkt 84).

Verein: im [trauten] Verein [mit]: *gemeinsam [mit]:* Man hatte im trauten Verein mit dem Pfarrer ein kleines Straßenfest improvisiert. Hier hatte die frühere Besitzerin ihm oft im Verein mit ihrem Töchterchen ... Trauben oder Feigen zu kosten gegeben (Schröder, Wanderer 16). ... das Volk im Verein mit den fortschrittlichsten Köpfen des Landes unterstützte dies Verlangen (Mostar, Unschuldig 32).

vereinen: getrennt marschieren, vereint schlagen: ↑getrennt. **mit vereinten Kräften:** ↑Kraft.

verfahren: die Karre ist [total/vollständig] verfahren: ↑Karre.

verflixt: verflixt und zugenäht!; verflixt noch mal! (ugs.): *Fluch:* Verflixt und zugenäht, der Reißverschluss klemmt! Also verflixt noch mal. Schon seit Tagen ...

geht mir dieses Lied nicht mehr aus dem Kopf (Freie Presse 22. 6. 1989, 6).Vgl. die folgende Wendung.

verflucht: verflucht und zugenäht!; verflucht noch mal!; verflucht noch eins! (ugs.): *Fluch:* Wir werden diesen Termin einhalten, verflucht noch eins, und wenn wir Tag und Nacht schuften!»Lass mich ausreden, verflucht noch mal!«, schrie er mich an (Ziegler, Konsequenz 249). »Ich kenne ihn! ... Verflucht und zugenäht, wenn ich bloß wüsste, woher!« (Simmel, Stoff 66).

▶ Der Ursprung des Zusatzes »und zugenäht« ist nicht genau geklärt. Möglicherweise geht er auf ein altes Studentenlied zurück, das von einem Studenten erzählt, dessen Freundin von ihm schwanger wird. Daraufhin hat der Student in diesem Lied seinen »Hosenlatz verflucht und zugenäht«.

Verfügung: etwas zur Verfügung haben: *etwas einsetzen, verwenden können:* Wie viel Geld haben Sie für dieses Projekt zur Verfügung? Das Unternehmen hat leider keine modernen Maschinen zur Verfügung.

sich zur Verfügung halten: *bereit sein:* Im Augenblick haben wir keine Arbeit für Sie, aber halten Sie sich bitte in den nächsten Tagen zur Verfügung. Die Einsatztruppe sollte sich zur Verfügung halten.

jmdm. zur Verfügung stehen: *von jmdm. eingesetzt, verwendet werden können:* Mit dem Kindergeld ... steht dieser im Amtsdeutsch »unvollständigen Familie« monatlich eine Summe von 654 Mark zur Verfügung (Freundin 5, 1978, 93). »Ich werde als Außenminister nicht mehr zur Verfügung stehen, wenn diese Verpflichtungen nicht eingehalten werden.« (Spiegel 41, 1984, 49).

sich [für etwas] zur Verfügung stellen: *sich zur Übernahme einer Aufgabe bereit erklären:* Zahlreiche freiwillige Helfer haben sich für den Katastropheneinsatz zur Verfügung gestellt. »Ich dachte daran, nach Russland zu fahren und mich zur Verfügung zu stellen ...« (Erich Kästner, Fabian 87).

[jmdm.] etwas zur Verfügung stellen: *[jmdm.] etwas zum Gebrauch überlassen:* Die Stadt wird für das Filmfestival zwei

Säle und einen zusätzlichen Projektor zur Verfügung stellen. In den USA werden jedem Kongressmitglied finanzielle Mittel zur Verfügung gestellt, um einen Stab wissenschaftlich geschulter Mitarbeiter und sonstiger Hilfskräfte zu beschäftigen (Fraenkel, Staat 235). **sein Amt/seinen Posten zur Verfügung stellen:** *von seinem Amt/seinem Posten zurücktreten:* Wegen anhaltender wirtschaftlicher Misserfolge hat der Vorstandsvorsitzende seinen Posten zur Verfügung gestellt. Am gleichen Tage, da Sik ... sein Regierungsamt zur Verfügung stellte, war von unterrichteter Seite in Prag die Bereitschaft Moskaus zu umfassender Wirtschaftshilfe bekannt geworden (MM 5. 9. 1968, 1).

Vergangenheit: [eine Frau] mit Vergangenheit (verhüll.): *[eine Frau] mit zweifelhaftem Ruf:* Sie schämte sich zu Tode, weil sie glaubte, ihre Mutter sei eine Frau mit Vergangenheit. Der Inspektor klärte die alte Dame darüber auf, dass sie einen Untermieter mit Vergangenheit beherbergte. ... die Ehe zwischen dem Kriegsminister des Deutschen Reiches und einer »Frau mit Vergangenheit« ... verstieß gegen den Sittenkodex (Spiegel 36, 1974, 92).

Vergasung: bis zur Vergasung (ugs.): *bis zum Überdruss:* Den Einmarsch der siegreichen Truppen mussten die Statisten bis zur Vergasung üben. Französisch? Das hieß: Auswendiglernen bis zur Vergasung (Kempowski, Immer 178).

▶ Diese Wendung entstammt dem Bereich der Naturwissenschaften; sie bezieht sich auf den letzten (gasförmigen) Aggregatzustand, der bei ständiger Erwärmung eines Stoffes erreicht wird. Sekundär wurde die Wendung von vielen auf die Massenvernichtung der Juden mit Gas im Dritten Reich bezogen und ihr Gebrauch als inhumane Sprechweise geächtet.

vergeben: sich etwas/nichts vergeben: *der eigenen Würde, dem eigenen Ansehen schaden/nicht schaden:* Er glaubt, er vergibt sich etwas, wenn er mit seinen Angestellten mal ein Bier trinkt. »Es ist vernünftiger nachzugeben. Du vergibst dir nichts.« (Roehler, Würde 36). ... ein an-

derer hätte vielleicht eingelenkt jetzt so ein wenig, ohne sich was zu vergeben dabei ... (H. Kolb, Wilzenbach 69). **vergeben und vergessen:** *ich habe dir/ euch usw. verziehen, sprechen wir nicht mehr davon:* Es tut mir wirklich Leid, dass ich dich so gekränkt habe. – Vergeben und vergessen, trinken wir einen darauf!

vergebens: gegen Dummheit kämpfen Götter selbst vergebens: ↑ Dummheit.
vergeblich: vergebliche Liebesmüh[e] [sein]: ↑ Liebesmühe.
vergehen: jmdm. vergeht Hören und Sehen: ↑ hören. **jmdm. vergeht das Lachen:** ↑ lachen. **Unkraut vergeht nicht:** ↑ Unkraut.
vergelten: Gleiches mit Gleichem vergelten: ↑ gleich. **vergelts Gott:** ↑ Gott.
vergessen: jmdm. etwas nicht/nie vergessen: 1. *jmdm. für etwas immer dankbar sein:* Wir werden euch nie vergessen, dass ihr in dieser Zeit zu uns gestanden habt. 2. *jmdm. etwas nicht verzeihen:* Diese Gemeinheit würde er dem Schurken nie vergessen. Sie hat es ihm nie vergessen, dass er sie nicht geheiratet hat.
den/die/das kannst du usw. vergessen (ugs.): 1. *das taugt nichts, das ist wertlos:* Seine Handbohrmaschine kann er vergessen, wenn er in Stahl bohren muss. Hast dus schon mit Leim versucht? – Das kannst du vergessen, die Bruchstelle muss gelötet werden. Ohne Dieter Hallervorden kann man diese Sendung ruhig vergessen (Hörzu 49, 1976, 165). 2. *daraus wird nichts:* In die Disko willst du? Das kannst du vergessen, solange du in Mathe auf fünf stehst! »Die Reise nach Hoym kannst du jedenfalls vergessen.« »Bedeutet das, ich muss zehn Jahre in Zerbst bleiben?« (Bieler, Bär 419).
vergiss deine Rede nicht: ↑ Rede. **seine Schussstiefel vergessen haben:** ↑ Schussstiefel. **vergeben und vergessen:** ↑ vergeben.
Vergessenheit: in Vergessenheit geraten: *vergessen werden:* Die alten handwerklichen Techniken sind vielfach in Vergessenheit geraten. Die an diesem Ort begangenen Grausamkeiten dürfen nie in Vergessenheit geraten. »... dass auch Wahlheim einen großen Sohn besitzt; und zwar einen großen Sohn unter

vielen anderen, die nicht in Vergessenheit geraten dürfen.« (Kirst, Aufruhr 100).

Vergleich: der Vergleich hinkt: *der Vergleich stimmt nicht:* Das Auto sei das Reitpferd der modernen Zeit? Dieser Vergleich hinkt aber sehr! Wenn auch der Vergleich etwas hinkt, so ist die Baumschicht im soziologischen Aufbau des Waldes die herrschende Schicht, die übrigen sind dienende Glieder (Mantel, Wald 16). Der Vergleich ist so blendend, dass man übersieht, wie er hinkt (Kisch, Reporter 65).

vergleichen: Äpfel mit Birnen vergleichen: ↑ Apfel.

Vergnügen: ein teures Vergnügen sein (ugs.): *übermäßig hohe Kosten/großen Schaden verursachen:* Ein Prozess gegen eine Versicherungsgesellschaft kann ein teures Vergnügen werden. Eine Pferdezucht ist ein teures Vergnügen, wenn ihr alle Fohlen behaltet und keins verkauft! **mit wem habe ich das Vergnügen?:** *wer sind Sie, wie heißen Sie?:* Ich bin Dr. Jekyll – mit wem habe ich das Vergnügen? Mein Name ist Holmes, und das ist Dr. Watson. Mit wem haben wir das Vergnügen? **erst die Arbeit, dann das Vergnügen:** ↑ Arbeit. **rin ins Vergnügen:** ↑ rin.

vergraben: seine Pfunde vergraben: ↑ Pfund.

vergreifen: sich im Ausdruck vergreifen: ↑ Ausdruck. **sich im Ton vergreifen:** ↑ Ton.

verhageln: jmdm. ist die ganze Ernte/die Petersilie verhagelt: ↑ Ernte, ↑ Petersilie.

Verhältnis: über seine Verhältnisse leben: *einen Lebensstil führen, der die eigenen finanziellen Möglichkeiten übersteigt:* Schau dir unseren Kontostand an – wir haben im letzten Monat ganz schön über unsere Verhältnisse gelebt. Die US-Inflation trabt immer flotter, die Amerikaner leben weit über ihre Verhältnisse (Spiegel 10, 1980, 164).

Verhandlung: zur Verhandlung kommen (Amtsspr.): *verhandelt werden:* Die eigentlich entscheidenden Punkte werden erst in der Sitzung am Nachmittag zur Verhandlung kommen.

verhext: es ist wie verhext/verrückt: *alles geht schief, nichts verläuft wunschgemäß:* Jetzt habe ich auch noch meine Schlüssel verlegt – heute ist es einfach wie verhext! Sie hatte alles so sorgfältig geplant, aber es war wie verrückt: Das ganze Fest war eine einzige Katastrophe! ... sie sahen es und glaubten es trotzdem nicht. Es war wie verhext (Spiegel 50, 1979, 113).

Verhör: jmdn. ins Verhör nehmen: *jmdn. verhören:* Der Untersuchungsrichter nahm den Verdächtigen ins Verhör.

verhungern: jmdn. am steifen Arm verhungern lassen: ↑ Arm.

Verkauf: zum Verkauf stehen: *zu verkaufen sein:* Es wäre interessant zu wissen, ob dieses Grundstück zum Verkauf steht. Das Haus steht seit zwei Jahren zum Verkauf.

Verkauf über die Straße: ↑ Straße.

verkaufen: etwas auf Abbruch verkaufen: ↑ Abbruch. **jmdn. für dumm verkaufen:** ↑ dumm. **das Ei unterm Huhn verkaufen müssen:** ↑ Ei. **seine Haut so teuer wie möglich verkaufen:** ↑ Haut. **sein Leben teuer verkaufen:** ↑ Leben. **etwas für ein Linsengericht verkaufen:** ↑ Linsengericht. **etwas über die Straße verkaufen:** ↑ Straße. **verraten und verkauft sein:** ↑ verraten.

Verkehr: jmdn. aus dem Verkehr ziehen (ugs.; verhüll.): 1. *jmdn. ins Gefängnis bringen:* Stengel wurde eben nicht ... vom Staatssicherheitsdienst aus dem Verkehr gezogen (Spiegel 45, 1975, 46). 2. *jmdn. in einer bestimmten Stellung, Eigenschaft nicht mehr tätig sein lassen:* Diesen Funktionär hätten sie eben schon vor Jahren aus dem Verkehr ziehen sollen.

etwas aus dem Verkehr ziehen: *etwas für den Gebrauch nicht mehr zulassen:* Die alten Banknoten sind schon vor fünf Jahren aus dem Verkehr gezogen worden. Es wird Zeit, dass Heizdecken ohne Sicherheitsschalter per Gesetz aus dem Verkehr gezogen werden.

verkehrt: an den Verkehrten kommen/geraten (ugs.): *scharf abgewiesen werden:* Der Erpresser war bei ihm an den Verkehrten gekommen. Sie wollten den Alten mit ein paar Mark abfinden, aber da waren sie an den Verkehrten geraten.

an die verkehrte Adresse kommen/geraten: ↑ Adresse. **etwas am verkehrten Ende anfassen:** ↑ Ende.

verkeilen: sich den Kopf verkeilen: ↑ Kopf.

verknusen: jmdn., etwas nicht verknusen können (ugs.): *jmdn., etwas nicht mögen:* So ein aufdringliches Getue kann sie nun mal nicht verknusen. ... was der Lehrer mit dem schwächlichen Jungen, den er schon so nicht verknusen konnte, gemacht hätte? (Wolf, Menetekel 460/461). Mein Musiklehrer war K. u. K. Militärkapellmeister gewesen und konnte die Nazis nicht verknusen (Kempowski, Immer 198). ▶ Das Wort »verknusen« stammt aus dem Niederdeutschen und heißt eigentlich »verdauen«.

verlangen: am Apparat verlangt werden: ↑ Apparat. [von jmdn.] Rechenschaft [über etwas] verlangen: ↑ Rechenschaft. sein Recht verlangen: ↑ Recht. jmds. Typ wird verlangt: ↑ Typ. dein Typ wird verlangt: ↑ Typ.

verlängern: jmds. verlängerter Arm sein: ↑ Arm. der verlängerte Rücken: ↑ Rücken.

Verlass: auf jmdn. ist [kein] Verlass: *auf jmdn. kann man sich [nicht] verlassen:* In diesem korrupten Land war auf Polizei und Justiz kein Verlass. »Du bist der Einzige, auf den Verlass ist. Keiner hat daran gedacht, bloß du ...« (Bieler, Bär 306). Verlass ist dagegen auf die Abwehr, in der Torhüter Mario Huber viel Ruhe und Sicherheit ausstrahlt (Augsburger Allgemeine 29./30. 4. 1978, 25).

verlassen: und damit verließen sie ihn: 1. (Kartenspiel) *mehr Trümpfe/Karten zum Anlegen/Karten von dieser Farbe o. Ä. habe ich nicht:* Drei Asse, drei Neuner, vier Buben, und damit verließen sie ihn – du bist dran. Und jetzt die Herzdame, und damit verließen sie ihn, ... wie wärs denn jetzt mal mit Pik? 2. (ugs.) *und nicht mehr:* Wir kennen den Tatort, haben die Tatwaffe, und damit verließen sie ihn. Eins zehn, eins zwanzig, eins fünfundzwanzig, und damit verließen sie ihn – das reicht nicht mal für ein Bier! die Bühne verlassen: ↑ Bühne. von allen guten Geistern verlassen sein: ↑ Geist. [ganz und gar] von Gott/von allen [guten] Göttern verlassen sein: ↑ Gott. den Pfad der Tugend verlassen: ↑ Pfad. die ausgetretenen Pfade verlassen: ↑ Pfad. die Rat-

ten verlassen das sinkende Schiff: ↑ Ratte.

Verlaub: mit Verlaub [zu sagen] (veraltet): *wenn ich so sagen darf:* »... Das ist dem – mit Verlaub, Herr Hauptmann – scheißegal!« (Kirst, 08/15, 504). Und wie ich, mit Verlaub, mein Geschäft erledigt habe, merke ich: Da ist kein Klosettpapier (Hacks, Stücke 311).

Verlauf: einen guten/schlechten usw. Verlauf nehmen: *gut/schlecht usw. verlaufen:* Wir wollen hoffen, dass dieses Abenteuer einen guten Verlauf nehmen wird. Der Abend hatte einen äußerst überraschenden Verlauf genommen. Warum nimmt das Ganze einen so katastrophalen Verlauf?, dachte Jeanne (H. Weber, Einzug 310).

im Verlauf: *während:* Der Garten war im Verlauf des Sommers zu einer wahren Wildnis zugewachsen. Wieder, wie schon so oft im Verlauf meiner Reise, überkam mich die Angst, ich könnte nicht fertig werden (Jens, Mann 153). Plötzlich, im Verlauf ihrer Rede, erhebt Klara nach gewohnter Art scharf ihre Stimme (Werfel, Tod d. Kleinbürgers 62).

verlaufen: im Sand[e] verlaufen: ↑ Sand.

verlegen: um etwas verlegen sein: *etwas nicht haben, was man gerade braucht:* Hast du jemals erlebt, dass er um eine Ausrede verlegen gewesen wäre? Bullit dankte mir ..., dass ich ihm eine Flasche Whisky mitgebracht hatte. »Ich war gerade verlegen darum, mein Alter« (Kessel [Übers.], Patricia 102). Eines Tages war Brenten um zweihundert Mark verlegen gewesen, und Papke hatte sie großzügig ausgelegt (Bredel, Väter 382).

um etwas nicht/nie verlegen sein: *etwas stets parat haben:* Der Politiker war um eine schlagfertige Antwort nie verlegen. Ich habe meinen Mann zur Rede gestellt. Er war um Ausreden nicht verlegen (Hörzu 45, 1979, 161).

verleihen: einer Sache Ausdruck verleihen: ↑ Ausdruck. jmdm. Flügel verleihen: ↑ Flügel. einer Sache Gestalt verleihen: ↑ Gestalt. einer Sache Nachdruck verleihen: ↑ Nachdruck.

verleugnen: sich verleugnen lassen: *mitteilen lassen, dass man nicht anwesend sei, obwohl das nicht wahr ist:* Seit Tagen versuchte der Anwalt seinen Mandanten anzurufen, aber dieser ließ sich stets verleugnen. Jedes Mal, wenn ein Bittsteller zu ihm kam, ließ der alte Geizkragen sich verleugnen.

verliebt: jmdm. verliebte Augen machen: ↑ Auge. **bis über die/über beide Ohren verliebt sein:** ↑ Ohr.

verlieren: nichts zu verlieren haben: *jedes Risiko eingehen können:* Der Mann konnte ihnen gefährlich werden, er hatte nichts mehr zu verlieren. Wir werden für unsere Freiheit kämpfen, meine Freunde, wir haben nichts mehr zu verlieren und alles zu gewinnen!

etwas verloren geben: *etwas aufgeben:* Die Konkurrenz hat uns zwar im Preis unterboten, aber wir werden den Auftrag nicht verloren geben. Die Mannschaft kämpfte vorbildlich, gab keinen Ball verloren und rannte unermüdlich gegen das gegnerische Tor an.

jmdn., etwas aus dem Auge/aus den Augen verlieren: ↑ Auge. **die/seine Beherrschung verlieren:** ↑ Beherrschung. **[an] Boden verlieren:** ↑ Boden. **den Boden unter den Füßen verlieren:** ↑ Boden. **jmdn. hat der Esel im Galopp verloren:** ↑ Esel. **den Faden verlieren:** ↑ Faden. **jmdn. aus dem Gesicht verlieren:** ↑ Gesicht. **das Gesicht verlieren:** ↑ Gesicht. **alles bis aufs Hemd verlieren:** ↑ Hemd. **sein Herz [an jmdn.] verlieren:** ↑ Herz. **bei jmdm./an jmdm. ist Hopfen und Malz verloren:** ↑ Hopfen. **wo nichts ist, hat der Kaiser sein Recht verloren:** ↑ Kaiser. **den Kopf verlieren:** ↑ Kopf. **Kopf und Kragen verlieren:** ↑ Kopf. **verlor[e]ne Liebesmüh[e] [sein]:** ↑ Liebesmühe. **die Nerven verlieren:** ↑ Nerv. **noch ist Polen nicht verloren:** ↑ Polen. **auf verlorenem Posten stehen/kämpfen:** ↑ Posten. **wo der Rücken seinen ehrlichen/anständigen Namen verliert:** ↑ Rücken. **das Spiel verloren geben:** ↑ Spiel. **irgendwo nichts verloren haben:** ↑ suchen. **den Verstand verlieren:** ↑ Verstand. **darüber ist kein Wort zu verlieren:** ↑ Wort. **ein/kein Wort über etwas verlieren:** ↑ Wort. **[keine] Zeit [mit etwas] verlieren:** ↑ Zeit.

Verliererstraße: auf der Verliererstraße sein/liegen: *im Begriff sein zu verlieren:* In der zweiten Halbzeit war der FC bald auf der Verliererstraße; innerhalb von zehn Minuten bauten die Gäste die Füh-

rung auf drei Tore aus. Auf der Verliererstraße sind jene ..., die nicht genau genug den Publikumsgeschmack trafen (Hamburger Morgenpost 24. 5. 1985, 2).

verloren gehen: an jmdm. ist etwas verloren gegangen: *jmd. hätte etwas [mit viel Erfolg] werden können:* An ihr ist eine tüchtige Ärztin verloren gegangen, aber ihr Mann wollte nicht, dass sie das Studium beendete. »An Ihnen ist ein erstklassiger Stratege verloren gegangen« (Cotton, Silver-Jet 151).

verlöten: einen/ein paar verlöten (ugs.): *Alkohol trinken:* Jetzt wollten sie erst einmal ein paar verlöten, über das Geschäftliche würde man später reden. Die anderen kommen auch bald, wir können ja inzwischen schon mal einen verlöten.

Verlust: ohne Rücksicht auf Verluste: ↑ Rücksicht.

verlustig: einer Sache verlustig gehen (Amtsdt.; veraltend): *etwas verlieren:* Wer die festgelegten Anmeldefristen nicht einhält, geht seines Anspruchs auf Entschädigung verlustig. ... und wann werden junge Staatsbürger wahlberechtigt und unter welchen Umständen kann jemand des Wahlrechts wieder verlustig gehen? (Hofstätter, Gruppendynamik 37).

jmdn. einer Sache für verlustig erklären (Amtsdt.; veraltend): *erklären, dass jmd. etwas nicht mehr besitzt:* Der Verurteilte wurde seiner bürgerlichen Ehrenrechte für verlustig erklärt.

vermasseln: jmdm. die Tour vermasseln: ↑ Tour.

vermehren: sich vermehren wie die Karnickel/Kaninchen (ugs.): *sehr viel Nachwuchs [in rascher Folge] bekommen:* Bei den Nachbarn ist schon wieder was unterwegs. – Mein Gott, die vermehren sich ja wie die Kaninchen!

vermeiden: nur keinen Streit vermeiden: ↑ Streit.

vermerken: jmdm. etwas übel vermerken: ↑ übel.

vermissen: etwas vermissen lassen: *etwas nicht haben, was man/etwas haben sollte:* Der neue Gesetzesentwurf lässt jegliche soziale Ausgewogenheit vermissen. Zielloses Rowdytum in einem Privathaus, das war ungewöhnlich und ließ die Motivation vermissen (Zwerenz,

Quadriga 127). Auch Justinian lässt manchmal gute Formen vermissen (Thieß, Reich 549).

vernageln: wie vernagelt sein (ugs.): 1. *unfähig sein, einen klaren Gedanken zu fassen:* Die Prüfungsfragen fielen ziemlich leicht aus, aber ich war wie vernagelt und brachte keine vernünftige Antwort heraus. 2. *uneinsichtig, unbelehrbar sein:* Lass diese Bäckerburschen reden, umso leichter können wir sie aus ihren Löchern ziehen! Aber Rohdewald war wie vernagelt, er hat agitiert, wo er ging und stand (Loest, Pistole 145).

hier ist die Welt [wie] mit Brettern vernagelt: ↑ Welt.

vernehmen: dem Vernehmen nach: *wie man hört, erfährt:* Es ist dem Vernehmen nach nichts Schlimmes passiert. Bert Brecht ist dem Vernehmen nach ein Augsburger, wenngleich seine Vaterstadt das bei offiziellen Ehrungen eher vergessen macht (Augsburger Allgemeine 11./12. 2. 1978, 20).

jmdn. zur Person vernehmen: ↑ Person.

Vernunft: Vernunft annehmen: *vernünftig werden:* Ich gebe ihm drei Tage Bedenkzeit; wenn er bis dahin keine Vernunft angenommen hat, wird er mich kennen lernen! Du denkst, da fliegen dir die gebratenen Tauben ins Maul. Nimm doch Vernunft an! (Kempowski, Uns 314).

zur Vernunft kommen: *vernünftig werden:* Wann werden diese Bürokraten endlich zur Vernunft kommen und den Bürger als mündiges, selbstverantwortliches Individuum ansehen? Weißt du noch, wie du beinahe auf diesen Heiratsschwindler hereingefallen wärst? Zum Glück bist du noch rechtzeitig zur Vernunft gekommen.

jmdn. zur Vernunft bringen: *dafür sorgen, dass jmd. vernünftig wird:* Der Pfarrer wollte mit dem Geiselnehmer reden und versuchen, ihn zur Vernunft zu bringen. Die Ironie, mit der sie einen störrischen Schüler zur Vernunft bringt (Chr. Wolf, Nachdenken 127).

verpassen: eine/ein paar verpasst kriegen (ugs.): *geschlagen werden:* Sie hatte eine verpasst gekriegt, weil sie erst morgens gekommen war. Wer nicht spurt, kriegt ein paar verpasst, ist das klar?

jmdm. eine/ein paar verpassen (ugs.): *jmdn. schlagen:* Seine Alte hat ihm ein paar mit dem Kochlöffel verpasst. Köchin: Na, und was hat der Held nun geantwortet? Hat er dir eine verpasst? (Brot und Salz 155).

den Anschluss verpasst haben: ↑ Anschluss. **jmdm. ein Ding verpassen:** ↑ Ding. **jmdm. eine Zigarre verpassen:** ↑ Zigarre. **eine Zigarre verpasst kriegen:** ↑ Zigarre.

verpflanzen: einen alten Baum soll man nicht verpflanzen: ↑ Baum.

Verpflegung: sich von der Verpflegung abmelden (Soldatenspr.): *sterben:* Beim letzten Nachtangriff hatten sich wieder fünf Kameraden von der Verpflegung abgemeldet.

verpflichten: Adel verpflichtet: ↑ Adel. **verprügeln: jmdn. nach Noten verprügeln:** ↑ Note.

verraten: verraten und verkauft sein (ugs.): *völlig preisgegeben, im Stich gelassen sein:* Wenn man auf solche Leute angewiesen ist, dann ist man verraten und verkauft. Er fühlt sich von allen verraten und verkauft. Seine Gesprächspartner sind nicht gesprächig (Degener, Heimsuchung 88).

verrecken: nicht ums Verrecken (derb): *absolut nicht:* Dem Mistkerl geb ich nicht die Hand, nicht ums Verrecken! Als der Kulturgigant des Dritten Reiches ..., Gustaf Gründgens, ums Verrecken nicht ablassen wollte von seiner staatsgefährdenden Homosexualität ... (Bruder, Homosexuelle 73). Die Konsequenzen seiner Einsichten wollte er ums Verrecken nicht ziehen (Spiegel 53, 1979, 29).

verrenken: sich den Hals nach jmdm., nach etwas verrenken: ↑ Hals. **lieber den Magen verrenken, als dem Wirt etwas schenken:** ↑ Magen. **sich den Steiß verrenken:** ↑ Steiß.

verrichten: seine Notdurft verrichten: ↑ Notdurft.

verrückt: ich werd verrückt! (ugs.): *das ist ja unglaublich!:* Ich werd verrückt, das ist doch der dicke Neumann aus unserer Klasse! Wir haben beim Preisausschreiben gewonnen? Ich werd verrückt!

wie verrückt (ugs.): *sehr, mit hoher Intensität:* Es hatte tagelang wie verrückt geschneit. Sie putzte wie verrückt an dem alten Messingleuchter herum. Ein Zerstörer hatte sie gesehen und schoss wie verrückt (Rehn, Nichts 66). Die Klimaanlage summt wie verrückt (Hörzu 4, 1975, 72).

verrückt und fünf ist neune! (ugs.): *Kommentar zu einer unvernünftigen Handlung, einer widersinnigen Situation o. Ä.:* Guck mal, die haben ihrem Pudel einen rosa Pullover mit lila Schleifchen angezogen! – Verrückt und fünf ist neune!

auf/nach etwas verrückt sein (ugs.): *sehr begierig auf etwas sein:* Sie ist ganz verrückt nach Zitroneneis. Die Jungs waren schon als kleine Kinder verrückt auf schnelle Autos. Das Wartezimmer des Produktionsbüros ist mit Schauspielern verstopft, die alle ganz verrückt danach sind, in Rossellinis Film zu spielen (Kinski, Erdbeermund 116).

auf jmdn./nach jmdm. verrückt sein (ugs.): *in jmdn. sehr verliebt sein:* Alle Mädchen in der Klasse waren verrückt auf den neuen Biologielehrer. Merkst du denn nicht, dass der arme Junge ganz verrückt nach dir ist? »... Ich bin verrückt nach der Frau. Und sie kann mich nicht ausstehen.« (Remarque, Obelisk 38).

verrückt spielen (ugs.): 1. *sich unvernünftig gebärden:* Fast hätten wir uns gütlich geeinigt, aber dann musstest du natürlich wieder verrückt spielen und was von »Halsabschneider« murmeln! Du weißt doch, wie das vor den Feiertagen bei uns zugeht, da spielt jeder verrückt, einer treibt den andern (v. d. Grün, Glatteis 59). 2. *in ganz unerwarteter Weise funktionieren, nicht so sein wie üblich:* Das Wetter spielte verrückt. Sämtliche Instrumente spielen verrückt. Wird das Hirn reizmäßig unterernährt, spielt es verrückt (Spiegel 20, 1967, 130).

da wird doch der Hund in der Pfanne verrückt: ↑ Hund. **es ist wie verrückt:** ↑ verhext.

Verrücktwerden: es ist zum Verrücktwerden (ugs.): *es ist ausgesprochen ärgerlich:* Jetzt hat der Kleine schon wieder Kakao auf das frische Hemd gekleckert – es ist aber auch zum Verrücktwerden mit ihm! Es ist einfach zum Verrücktwerden: Das ganze Wochenende

Regen, und kaum sitzt man montags wieder im Büro, scheint die Sonne!

Verruf: in Verruf kommen/geraten: *einen schlechten Ruf bekommen:* Das Verhalten eines einzigen Mitarbeiters kann der Grund dafür sein, dass eine ganze Abteilung in Verruf kommt. Um Gottes willen, es wird doch keine Brandstiftung gewesen sein. Unser ganzer Stadtteil käme in Verruf (v. d. Grün, Glatteis 264). Wer ... die deutsch-französische Freundschaftspolitik kommentieren musste und dies mit kritischem Sinn tat, der geriet leicht in Verruf (Dönhoff, Ära 114).

jmdn., etwas in Verruf bringen: *jmdn., etwas in einen schlechten Ruf bringen:* Unsolide Spekulationen hatten die Maklerfirma in Verruf gebracht. ... aber dann schleppt uns die Alte alles aus dem Haus, und wir arbeiten die halbe Zeit umsonst, draußen aber bringt sie uns überall in Verruf, dass wir uns nicht an die Abmachungen halten (Innerhofer, Schattseite 132).

Vers: sich einen/keinen Vers auf etwas machen können (ugs.): *sich etwas erklären/ nicht erklären können:* Der Meister bleibt nachdenklich vor ihm stehen und betrachtet ihn immer weiter. Schließlich glaubt er sich einen Vers auf die Sache machen zu können und sagt ... (Fallada, Jeder 84). ... und wären nicht einige andere Unebenheiten zu bemerken gewesen, Dinge, auf die sich keiner einen Vers machen konnte ... (Gaiser, Schlussball 14).

► Die Wendung bezog sich ursprünglich vielleicht auf die Moritatensänger, die zu den vorgezeigten Bildtafeln jeweils einen Vers dichteten, der das abgebildete Geschehen erläuterte.

Verse/Reime schmieden: *[Verse] dichten:* Er beherrschte die Kunst, zu jeder Gelegenheit lustige Reime zu schmieden. Ich habe dir ein Reimlexikon gekauft, weil du so gerne Verse schmiedest.

Tobias sechs, Vers drei: ↑ Tobias. **versagen: jmdm. den Dienst versagen:** ↑ Dienst.

versalzen: jmdm. die Suppe versalzen: ↑ Suppe.

versammeln: vor versammelter Mannschaft: ↑ Mannschaft. **zu seinen Vätern versammelt werden:** ↑ Vater.

versaufen: das Fell versaufen: ↑ Fell.

versäumen: nichts zu versäumen haben: *es nicht eilig haben:* Lass dir Zeit mit der Hausarbeit, du hast doch nichts zu versäumen.

verschaffen: sich einen guten Abgang verschaffen: ↑ Abgang. **was verschafft mir die Ehre?:** ↑ Ehre. **sich Gehör verschaffen:** ↑ Gehör. **jmdm., einer Sache Geltung verschaffen:** ↑ Geltung.

verscheißen: es bei jmdm. verschissen haben [bis in die Steinzeit] (derb): *es mit jmdm. gründlich verdorben haben:* Bei Tante Amalie haben wir es verschissen bis in die Steinzeit, weil wir sie nicht zur Hochzeit eingeladen haben. »Lass mal, ich will Pauli einen reinhängen. Bei dem hab ichs sowieso verschissen.« (Ott, Haie 95).

verscheißern: verscheißern kann ich mich alleine: ↑ verarschen.

verschenken: sein Herz verschenken: ↑ Herz.

verschieben: verschiebe nicht auf morgen, was du heute kannst besorgen: *man soll zu erledigende Dinge nicht vor sich her schieben.*

verschieden: da hört sich doch Verschiedenes auf! (ugs.): *Ausdruck der Entrüstung:* Also, da hört sich doch Verschiedenes auf – die Whiskyflasche ist ja schon wieder leer! **die Geschmäcker sind verschieden:** ↑ Geschmack. **das sind zwei verschiedene Stiefel:** ↑ Stiefel.

verschießen: [alle] seine Pfeile verschossen haben: ↑ Pfeil. **sein Pulver verschossen haben:** ↑ Pulver.

verschlagen: jmdm. den Atem verschlagen: ↑ Atem. **jmdm. die Rede verschlagen:** ↑ Rede. **jmdm. die Sprache verschlagen:** ↑ Sprache. **jmdm. verschlägt es die Sprache; jmdm. bleibt die Sprache weg:** ↑ Sprache.

verschließen: die Augen vor etwas verschließen: ↑ Auge. **vor jmdm. seine Ohren verschließen:** ↑ Ohr. **hinter verschlossenen Türen:** ↑ Tür. **vor verschlossenen Türen stehen:** ↑ Tür.

verschlingen: jmdn., etwas mit den Augen verschlingen: ↑ Auge.

verschluckt: wie vom Erdboden verschluckt: *ganz plötzlich verschwunden:* Als sich ein dunkler Schatten vom Baumwipfel löste, waren alle Kaninchen plötzlich wie vom Erdboden verschluckt. Sie kann in der kurzen Zeit noch nicht weit gegangen sein, überlegte er sich. Aber er fand sie nicht, sie war wie vom Erdboden verschluckt (Ott, Haie 103).

[wohl] einen Besenstiel/eine Elle/einen Ladestock/ein Lineal/einen Stock verschluckt haben: ↑ Besenstiel, ↑ Elle, ↑ Ladestock, ↑ Lineal, ↑ Stock.

Verschluss: unter Verschluss [halten]: *eingeschlossen, nicht zugänglich [aufbewahren]:* Die Pläne des Kraftwerks sind aus Sicherheitsgründen immer noch unter Verschluss. Es war die Durchschrift der Meldung ..., die nachher der Adjutant unter Verschluss hielt (Gaiser, Jagd 196/197).

verschütten: es bei jmdm. verschüttet haben (ugs.): *jmds. Wohlwollen verloren haben:* Mit der Dienstaufsichtsbeschwerde hatte der Gefreite es natürlich bei seinem Vorgesetzten verschüttet. In einer nördlichen Villenecke Westberlins hatte sie eine ältere Verwandte zu besuchen, mit der alle Erwachsenen der Familie es verschüttet hatten (Johnson, Ansichten 38).

verschwiegen: verschwiegen sein wie ein Grab: *absolut verschwiegen sein:* Seiner Schwester kann er alles anvertrauen, sie ist verschwiegen wie ein Grab. Seien Sie in dieser Angelegenheit bitte verschwiegen wie ein Grab! **das verschwiegene Örtchen:** ↑ Örtchen.

Verschwiegenheit: unter dem Siegel der Verschwiegenheit: ↑ Siegel.

verschwinden: verschwinde wie die Wurst im Spinde! (ugs.): *verschwinde rasch!:* Du solltest längst im Bett sein! Verschwinde wie die Wurst im Spinde! **von der Bildfläche verschwinden:** ↑ Bildfläche. **von der Bühne verschwinden:** ↑ Bühne. **vom Erdboden verschwinden:** ↑ Erdboden. **in der Versenkung verschwinden:** ↑ Versenkung.

verschwindibus: Hokuspokus verschwindibus: ↑ Hokuspokus.

versehen: ehe jmd. sichs versieht: *schneller, als jmd. es erwartet:* Da trinkst du mal eben ein Fläschchen Wein mit einem netten Mädchen, und ehe du dichs versiehst, bist du verheiratet! Ehe er sichs versah, hatte er eine Ohrfeige bekommen. »... die jungen Leute sehen, dass ein Haus leer steht; und ehe Sie sichs versehen, brechen sie auch schon ein und schlagen alles kurz und klein.« (Kemelman [Übers.], Dienstag 76).

Versenkung: aus der Versenkung auftauchen (ugs.): *plötzlich wieder in Erscheinung treten:* Als die Unruhen begannen, tauchte er wieder aus der Versenkung auf. Nach einer längeren künstlerischen Pause ist er 1982 wieder aus der Versenkung aufgetaucht (MM 29. 11. 1984, 41). Vgl. die folgende Wendung.

in der Versenkung verschwinden (ugs.): *plötzlich nicht mehr in Erscheinung treten:* Nach dem Giftmüllskandal war der ehemalige Minister für zwei Jahre in der Versenkung verschwunden. Buhr fiel den Intrigen zum Opfer, erhielt eine Parteistrafe und verschwand für lange Zeit in der Versenkung (Zwerenz, Kopf 109).

▶ Diese Wendung und die vorangehende stammen aus dem Theater und beziehen sich auf die Bühnenmaschinerie, mit deren Hilfe Figuren auf der Bühne auftauchen oder im Boden versinken.

versetzen: Berge versetzen [können]: ↑Berg. **jmdn. in Erstaunen versetzen:** ↑Erstaunen. **der Glaube versetzt Berge/kann Berge versetzen:** ↑Glaube. **sich in jmds. Rolle versetzen:** ↑²Rolle. **jmdm., einer Sache den Todesstoß versetzen:** ↑Todesstoß.

versichern: etwas auf Ehre und Gewissen versichern: ↑Ehre.

versilbern: jmdm. die Hände versilbern: ↑Hand.

versinken: jmd. würde [vor Scham] am liebsten in den [Erd]boden versinken/wäre [vor Scham] am liebsten in den [Erd]boden versinken: ↑Boden. **in Schutt und Asche versinken:** ↑Schutt.

Versöhnung: jmdm. die Hand zur Versöhnung reichen: ↑Hand.

verspielen: bei jmdm. verspielt haben (ugs.): *jmds. Sympathien verloren haben:* Seit er weiß, dass du für die Konkurrenz arbeitest, hast du bei ihm verspielt.

versprechen: jmdm. goldene Berge versprechen: ↑Berg. **jmdm. das Blaue vom Himmel herunter versprechen:** ↑blau. **jmdm. etwas in die Hand versprechen:** ↑Hand. **etwas hoch und heilig versprechen:** ↑hoch.

verspritzen: sein Gift verspritzen: ↑Gift. **über etwas ist viel Tinte verspritzt worden:** ↑Tinte.

verspüren: etwas am eigenen Leib[e] verspüren: ↑Leib. **ein menschliches Rühren verspüren:** ↑menschlich.

Verstand: jmdm. bleibt der Verstand stehen/steht der Verstand still: *es ist für jmdn. unbegreiflich:* Es bleibt einem einfach der Verstand stehen, wenn man versucht, sich die ungeheuren Ausmaße des Universums vorzustellen. Im ersten Moment stand ihm der Verstand still, als er die Briefe ihres Liebhabers in der Nachttischschublade fand.

dir hat man wohl den Verstand geklaut! (ugs.): *du bist wohl verrückt!:* Wie kannst du den Vertrag nur unterschreiben, ohne ihn zu lesen? Dir hat man wohl den Verstand geklaut! He, dir hat man wohl den Verstand geklaut – mach gefälligst die Zigarette aus, bevor du tankst!

jmdm. den Verstand rauben: *für jmdn. unfassbar sein:* Allein die Vorstellung von so viel Geld raubte ihr den Verstand.

den Verstand verlieren: *verrückt werden:* Über dem Tod ihres einzigen Kindes hat sie den Verstand verloren. Er fürchtete, vor Schmerzen den Verstand zu verlieren. Du hast wohl den Verstand verloren, uns so früh am Morgen aus dem Bett zu klingeln!

nicht ganz bei Verstand sein (ugs.): *verrückt sein:* Der Kerl muss doch nicht ganz bei Verstand sein, wenn er glaubt, uns so plump belügen zu können. Wie kommst du dazu, mich so anzuschreien – du bist wohl nicht ganz bei Verstand!

etwas mit Verstand essen/trinken/rauchen (ugs.): *etwas seiner Qualität entsprechend genießen:* Raucht diese Zigarren mit Verstand, Freunde, es sind echte Havannas. Diesen Burgunder muss man mit Verstand trinken. Das Brot war dreckig und musste gesäubert werden. Es wurde in heißem Wasser geschrubbt, am Ofen getrocknet und mit Verstand gegessen (Meckel, Suchbild 66).

über jmds. Verstand gehen: *für jmdn. unverständlich, unbegreiflich sein:* Wie sie dieses Projekt in nur vier Jahren realisiert hatte, das ging über seinen Verstand. Du kannst ihm deine Handlungsweise nicht erklären; auf so viel Geld zu verzichten, das geht über seinen Verstand.

[wieder] zu Verstand kommen: *[wieder] vernünftig werden:* Lasst ihn sich ein wenig austoben, er wird schon wieder zu Verstand kommen. Junge, komm doch zu Verstand! Diese Frau liebt nun einmal einen anderen.

bei dir haben sie [wohl] eingebrochen und den Verstand geklaut: ↑ einbrechen. **mit seinem Verstand am Ende sein:** ↑ Ende. **mehr Glück als Verstand haben:** ↑ Glück. **lange Haare, kurzer Verstand:** ↑ Haar. **ohne Sinn und Verstand:** ↑ Sinn. **weder Sinn noch Verstand haben:** ↑ Sinn.

verstauchen: sich die Pupillen verstauchen: ↑ Pupille.

Versteck: Versteck spielen: *seine wahren Gedanken, Gefühle, Absichten verbergen:* Jetzt wollen wir mal aufhören, Versteck zu spielen – wer hat den Schnaps ausgetrunken? Natürlich wird der Trainer, was die Mannschaftsaufstellung betrifft, noch ein wenig Versteck spielen.

verstecken: sich vor/(seltener:) neben jmdm. verstecken müssen/können: *jmdm. weit unterlegen sein:* Er ist in diesem Geschäft bloß ein blutiger Anfänger, vor den alteingesessenen Firmen kann er sich doch nur verstecken. Neben solch einem Ausnahmeathleten müssen sich sämtliche Konkurrenten verstecken.

sich vor/neben jmdm. nicht zu verstecken brauchen: *jmdm. ebenbürtig sein:* Mit über 8 200 Punkten braucht sich auch vor der amerikanischen Konkurrenz nicht zu verstecken.

sich hinter einem Laternenpfahl verstecken können: ↑ Laternenpfahl.

verstehen: jmdm. etwas zu verstehen geben: *jmdm. etwas [auf indirekte, aber eindeutige Weise] mitteilen:* Haben Sie dem Angeklagten deutlich zu verstehen gegeben, dass Sie seine Handlungsweise missbilligen? Früher hatten die Zuschauer ihm mit unbarmherziger Lautstärke zu verstehen gegeben, wann sie mit ihm die Geduld verloren (Gregor-Dellin, Traumbuch 119).

von etwas so viel verstehen wie der Hahn vom Eierlegen/wie die Kuh vom Radfahren/wie die Kuh vom Sonntag/wie die Kuh vom Schachspielen (ugs.; scherzh.): *gar nichts von einer Sache verstehen:* Der neue Einkaufsleiter versteht von den Zollbestimmungen so viel wie der Hahn vom Eierlegen. Du bist Schiedsrichter beim DFB? Du verstehst doch vom Fußball so viel wie die Kuh vom Radfahren!

[immer] nur Bahnhof verstehen: ↑ Bahnhof. **du verstehst wohl kein Deutsch mehr/nicht mehr Deutsch?:** ↑ deutsch. **etwas aus dem Effeff verstehen:** ↑ Effeff. **weder gicks noch gacks verstehen:** ↑ gicks. **sein Handwerk verstehen:** ↑ Handwerk. **sich am Rande verstehen:** ↑ ¹Rand. **reden, wie mans versteht:** ↑ reden. **seine Sache verstehen:** ↑ Sache. **sich von selbst verstehen:** ↑ selbst. **keinen Spaß verstehen:** ↑ Spaß. **die Welt nicht mehr verstehen:** ↑ Welt. **man kann sein eigenes Wort nicht verstehen:** ↑ Wort.

verstimmen: man merkt die Absicht und ist verstimmt: ↑ merken.

verstricken: sich im eigenen Netz/in den eigenen Netzen verstricken: ↑ Netz.

versuchen: versucht sein/sich versucht fühlen, etwas zu tun: *die Neigung verspüren, etwas zu tun:* Einen Augenblick lang fühlte sie sich versucht, dem schreienden Kind einen kräftigen Klaps hintendrauf zu geben. ... so könnte man wohl versucht sein, meine damalige Existenz mit einem anstößigen Namen zu belegen (Th. Mann, Krull 140).

sein Glück versuchen: ↑ Glück.

versüßen: jmdm. eine bittere Pille versüßen: ↑ Pille.

Verteilung: zur Verteilung gelangen (Papierdt.): *verteilt werden:* Lebensmittel und warme Decken gelangten an die Flüchtlinge zur Verteilung. Neben den zahlreichen Krebsaufklärungsschriften und Merkblättern, welche durch diese Kassen an die Mitglieder ... zur Verteilung gelangten (MM 10. 7. 1969, 6).

vertragen: sich vertragen wie Hund und Katze (ugs.): *sich nicht miteinander vertragen, ständig Streit haben:* Der Älteste ist ruhig und umgänglich, aber die beiden Jüngsten vertragen sich wie Hund und Katze.

Pack schlägt sich, Pack verträgt sich: ↑ ²Pack. **einen Puff vertragen können:** ↑ Puff. **einen [tüchtigen] Stiefel vertragen [können]:** ↑ Stiefel.

Vertrauen: Vertrauen ist gut, Kontrolle ist besser: *man soll sich nur auf das verlassen, was man nachgeprüft hat.*
▶ Diese Redensart ist vielleicht aus einer ungenauen Übersetzung der Schriften oder Reden Lenins hervorgegangen, da er die russische Redewendung »Vertraue, aber prüfe nach« häufig gebrauchte.
jmdn. ins Vertrauen ziehen: *jmdm. etwas anvertrauen:* Der General hatte seinen persönlichen Adjutanten ins Vertrauen gezogen und ihm seine Pläne enthüllt. ... spricht Bernadette den Wunsch aus, Dienstmädchen ... zu werden. Dechant Peyramale, den sie ins Vertrauen zieht, ist ganz entsetzt (Werfel, Bernadette 371).
vertreiben: jmdm. die Grillen vertreiben: ↑ Grille. **jmdm., sich mit etwas die Zeit vertreiben:** ↑ Zeit.
vertreten: sich die Beine vertreten: ↑ Bein. **sich die Füße vertreten:** ↑ Fuß. **die Kinderschuhe vertreten haben:** ↑ Kinderschuhe. **bei jmdm. Vaterstelle vertreten:** ↑ Vaterstelle. **jmdm. den Weg vertreten:** ↑ Weg.
vertun: da gibt es kein Vertun (landsch.): *das ist so, das ist nicht zu bezweifeln:* Das war ein klarer Elfmeter, da gibt es kein Vertun!
Verwahrung: etwas in Verwahrung geben/nehmen/halten: *etwas aufbewahren lassen/nehmen und aufbewahren/aufbewahren:* Die Schlüssel geben Sie dem Portier in Verwahrung. Sämtliche Dokumente werden vom Ministerium in Verwahrung gehalten. »... dort brauch ich den Koffer gar nicht. Willst du ihn nicht solange bei dir in Verwahrung nehmen?« (Fallada, Jeder 227).
verwandt: mit jmdm. um sieben Ecken verwandt sein: ↑ Ecke. **verwandte Saiten in jmdm. aufklingen lassen:** ↑ Saite.
verwechseln: Mein und Dein verwechseln: ↑ mein.
verwehen: vom Winde verweht: ↑ Wind.
verwehren: ein Küsschen in Ehren kann niemand verwehren: ↑ Kuss.
verweisen: jmdn. auf die Plätze verweisen: ↑ Platz.
verwenden: etwas zu hinterlistigen Zwecken verwenden: ↑ Zweck.
Verwendung: Verwendung finden; (Papierdt.:) **zur Verwendung kommen:** *verwendet werden:* Bei der neuen Frühjahrsmode finden vor allem Naturfaserstoffe vielseitige Verwendung. Weiteres Material der beschriebenen Qualitätsstufen wird beim Innenausbau der Rathauskantine zur Verwendung kommen. Die Fiale findet auch als Bekrönung des gotischen Strebepfeilers Verwendung (Bild. Kunst III, 50).
verwundern: [nicht] zu verwundern sein: *[nicht] verwunderlich sein:* Dass von diesem Ekel niemand mehr etwas wissen will, ist wahrhaftig nicht zu verwundern. **bass verwundert sein:** ↑ bass.
Verwüstung: leer gebrannt ist die Stätte der Verwüstung: ↑ leer gebrannt.
Verzicht: [auf etwas] Verzicht leisten (Papierdt.): *[auf etwas] verzichten:* Durch die politischen Umstände sah sich der Monarch gezwungen, auf sämtliche Thronansprüche Verzicht zu leisten. Diese Menschen haben lange genug Verzicht geleistet, jetzt müssen ihre berechtigten Ansprüche erfüllt werden.
verziehen: ohne eine Miene zu verziehen: ↑ Miene. **keine Miene verziehen:** ↑ Miene.
Verzierung: sich keine Verzierung abbrechen (ugs.): 1. *sich nicht unnötig zieren:* Der Alte soll sich keine Verzierung abbrechen und einfach zugeben, dass er sich geirrt hat. Brich dir bloß keine Verzierung ab! Hier fasst jeder mit an, auch beim Küchendienst!« ... Dir will ich meine Dankbarkeit bezeigen.« »Bezeigen! Brich dir keine Verzierung ab, mein Süßer« (H. Gerlach, Demission 141). 2. *sich nichts vergeben:* Er bricht sich wahrhaftig keine Verzierung ab, wenn er seinen Fans ein paar Autogramme gibt.
Verzug: [mit etwas] in Verzug geraten/kommen: *[mit etwas] nicht termingemäß fertig werden:* Die Baufirma wird [mit etwas] in Verzug kommen, wenn das schlechte Wetter anhält. Er ist mit der Aufarbeitung dieser Akten zwei Tage in Verzug geraten.
[mit etwas] im Verzug sein: *[mit etwas] zeitlich im Rückstand sein:* Noch sind die Bauarbeiter ein wenig im Verzug, aber sie werden in den nächsten Wochen einiges aufholen können. Mit diesem Projekt ist die Forschungsgruppe bereits sechs Monate im Verzug.
es ist Gefahr im Verzug: *es droht Gefahr:* Alle waren aufgeregt und unruhig; jeder

spürte, dass Gefahr im Verzug war. ... das alles verriet mir, dass unser Gregor im Begriff war zu entfliehen, dass Gefahr im Verzuge war (Fallada, Herr 120).

vice versa (bildungsspr.): *umgekehrt:* Der Fahrdamm ... führt einen in letzter und äußerster Konsequenz von New York nach Moskau und vice versa (Kantorowicz, Tagebuch I, 446). Doch für die hiesige Kulturkritik gilt nach wie vor: Je kommerzieller etwas ist, desto weniger kann es künstlerisch wertvoll sein und vice versa (tip 12, 1984, 30).

▶ Das lateinische »vice versa« heißt wörtlich übersetzt: »im umgekehrten Wechsel«.

Vieh: wie das liebe Vieh: *in höchst ungesitteter Weise:* Auf der Wiese haben sies getrieben und am helllichten Tag – wie das liebe Vieh!

jmdn. behandeln wie ein Stück Vieh: ↑behandeln.

Viehzucht: von Ackerbau und Viehzucht keine Ahnung haben: ↑Ahnung.

viel: viele Wenig machen ein Viel: *viele Kleinigkeiten summieren sich zu einer ansehnlichen Menge:* Du trägst aber wenig Bücher! – Dafür laufe ich viel öfter als du; viele Wenig machen ein Viel.

mit vielem Ach und Weh: ↑Ach. **[nicht] viel Aufheben[s] von etwas machen:** ↑Aufheben. **nach nicht viel aussehen:** ↑aussehen.

viele sind berufen, aber nur wenige sind auserwählt: ↑berufen. **wer vieles bringt, wird manchem etwas bringen:** ↑bringen. **erfroren sind schon viele, aber erstunken ist noch keiner:** ↑erstunken. **nicht viel Federlesen[s] mit jmdm., mit etwas machen:** ↑Federlesen. **es fehlte nicht viel ...:** ↑fehlen. **viel Feind, viel Ehr:** ↑Feind. **wer viel fragt, kriegt viel Antwort:** ↑fragen. **viele Hände machen der Arbeit schnell ein Ende:** ↑Hand. **viel Holz [sein]:** ↑Holz. **viele Hunde sind des Hasen Tod:** ↑Hund. **viele Köche verderben den Brei:** ↑Koch. **nicht viel Kram machen:** ↑Kram. **am vielen Lachen erkennt man den Narren:** ↑lachen. **viel Lärm um nichts:** ↑Lärm. **zum Leben zu wenig, zum Sterben zu viel:** ↑leben. **wo viel Licht ist, ist auch viel Schatten:** ↑Licht. **mit jmdm., etwas ist nichts/nicht viel los:** ↑los. **etwas viel im Munde führen:** ↑Mund. **viel um die Ohren haben:** ↑Ohr.

viel von sich reden machen: ↑reden. **zu viel gesagt sein:** ↑sagen. **viel Staat machen:** ↑Staat. **viel Steine gabs und wenig Brot:** ↑Stein. **in vielen Stücken:** ↑Stück. **in vielen Stürmen erprobt:** ↑Sturm. **viele Wege führen nach Rom:** ↑Weg. **viel/kein Wesen[s] von etwas machen:** ↑Wesen. **viel Wind um etwas machen:** ↑Wind. **nicht viele Worte machen:** ↑Wort.

vielfach: auf vielfachen Wunsch einer einzelnen Dame, eines einzelnen Herrn (scherzh.): *auf Wunsch einer Dame, eines Herrn:* Auf vielfachen Wunsch einer einzelnen Dame spielen wir jetzt noch einmal »Strangers in the night«.

vier: alle viere von sich strecken (ugs.): *Arme und Beine [im Liegen] weit von sich strecken:* Die erschöpften Läufer lagen im Gras und streckten alle viere von sich. Das Bett ist herrlich breit, man kann problemlos alle viere von sich strecken.

auf allen vieren: *auf Händen und Füßen:* Betrunken, wie er war, konnte er die Treppe nur noch auf allen vieren bewältigen. ... keins der Kinder konnte laufen, die einen krabbelten auf allen vieren durch den Spielraum ... (v. d. Grün, Glatteis 275).

vier Augen sehen mehr als zwei: ↑Auge. **unter vier Augen:** ↑Auge. **über alle vier Backen grinsen/strahlen:** ↑Backe. **sich auf seine vier Buchstaben setzen:** ↑Buchstabe. **so gewiss/sicher sein, wie zwei mal zwei vier ist:** ↑gewiss. **in seinen vier Wänden:** ↑Wand. **in alle vier Winde:** ↑Wind.

vierkantig: ↑achtkantig.

Viertel: das akademische Viertel: ↑akademisch.

vierzehn: ein Gesicht machen wie vierzehn Tage Regenwetter: ↑Gesicht.

vis-a-vis: machtlos vis-a-vis stehen: ↑machtlos.

Visier: mit offenem Visier kämpfen: *kämpfen, ohne seine Absichten zu verbergen:* Selbst seine Parteigegner achteten ihn als einen ehrenhaften Mann, der stets mit offenem Visier kämpfte.

▶ Die Wendung spielt auf die mittelalterlichen Turnierkämpfe an, bei denen die Ritter sich durch das heruntergeklappte Visier ihres Helmes schützten und damit auch ihr Gesicht verbargen.

Vitamin: Vitamin B (ugs.; scherzh.): *Beziehungen:* So ganz ohne Vitamin B wird er die Baugenehmigung wohl nicht gekriegt haben. Schmalzbrote und Kakao, die gab es nicht mehr. »Vitamin B« versagte (Kempowski, Tadellöser 262).

▸ Mit »B« ist in dieser Wendung der Anfangsbuchstabe des Wortes »Beziehungen« gemeint.

Vogel: der Vogel ist ausgeflogen (ugs.): *jmd. ist nicht anzutreffen, hat sich davongemacht:* Sie wollte noch ihre Geschenke zurückhaben, aber der Vogel war bereits ausgeflogen. Als die Polizei das Haus umstellt hatte, war der Vogel längst ausgeflogen.

das hat mir ein Vögelchen gesungen: *das habe ich im Vertrauen erfahren:* Woher weißt du, wer uns gestern besucht hat? – Das hat mir ein Vögelchen gesungen.

▸ In vielen Märchen und Volksliedern spielen Vögel die Rolle des Boten. Darauf ist diese Redensart zurückzuführen.

den Vogel abschießen (ugs.; oft iron.): *den größten Erfolg haben:* Der Sohn des Direktors hatte mit fünfzig Fehlern im Diktat eindeutig den Vogel abgeschossen. Den Vogel schoss kürzlich Schlagersänger Ray Miller ab. Er trat in einer regionalen TV-Sendung sogar ohne Hemd vors Mikrofon (Hörzu 6, 1973, 14).

▸ Die Wendung bezieht sich darauf, dass früher bei volkstümlichen Schützenfesten auf einen Holzvogel auf einer Stange geschossen wurde. Wer den Vogel von der Stange herunterschoss, wurde Schützenkönig, war also der erfolgreichste Schütze.

einen Vogel haben (ugs.): *nicht recht bei Verstand sein:* Der Alte hat 'nen Vogel, das viele Geld für eine Weltreise kriegt der nie zusammen. »Wenn ich Unteroffizier wäre, würde ich erst noch bei den Preußen bleiben und kapitulieren.« »Haie, du hast glatt einen Vogel« (Remarque, Westen 61).

▸ Diese und die folgende Wendung gehen wahrscheinlich auf den alten Volksglauben zurück, dass Geistesgestörtheit durch Tiere (Vögel) verursacht wird, die im Gehirn des Menschen nisten.

jmdm. den/einen Vogel zeigen (ugs.): *sich mit dem Finger an die Stirn tippen, um jmdm. zu zeigen, dass er nicht recht bei Verstand sei:* Auch wenn die Dame ihm die Vorfahrt genommen hat, brauchte er

ihr nicht gleich den Vogel zu zeigen. Streckten die Zunge heraus! Zeigten einem den Vogel (Kempowski, Tadellöser 317). Softi ruft, dass er mir einen ausgeben will. Ich zeige ihm einen Vogel (Gabel, Fix 9). Vgl. die vorangehende Wendung.

einen toten Vogel in der Tasche haben (ugs.): *eine Blähung abgelassen haben:* Puh, wer von euch hat denn einen toten Vogel in der Tasche?

▸ Die Wendung geht von der Annahme aus, dass ein toter, faulender Vogel stinkt.

friss, Vogel, oder stirb!: ↑ fressen. **ein lockerer Vogel:** ↑ locker. **ein schräger Vogel:** ↑ schräg. **ein seltener Vogel:** ↑ selten.

Vogelscheuche: wie eine Vogelscheuche: *ausgesprochen unattraktiv [aussehend/gekleidet]:* Muss sie denn unbedingt wie eine Vogelscheuche herumlaufen? Sie könnte sich doch mal ein paar nette Kleider kaufen! Mit dieser scheußlichen Jacke sieht der Moderator aus wie eine Vogelscheuche.

Volk: fahrendes Volk: *nicht sesshafte Menschen [wie Zirkusleute, Schausteller, Roma, Sinti usw.]:* Zur Kirchweih war wieder allerlei fahrendes Volk in die Stadt gekommen. Scotland Yard glaubt, dass er sich im Halbdunkel der Manege hinter der schützenden Maske des Clowns oder im Wohnwagen des fahrenden Volkes versteckt (Bild 13. 6. 1964, 2).

das kleine Volk (ugs.): *die Kinder:* So, jetzt werden wir das kleine Volk mal ins Bett bringen. An einem Nachmittag spielten wir ... und ich dachte mir allerhand Tricks aus, um das kleine Volk zu verblüffen (Loest, Pistole 212).

dem Volk aufs Maul schauen: ↑ Maul.

Volksfest: jmdm. ein Volksfest/(veraltet:) **innerer Vorbeimarsch sein:** *jmdm. ein großes Vergnügen bereiten:* Dass der Exmünchner ausgerechnet beim Spiel gegen seinen früheren Verein zwei Tore schießen konnte, war ihm ein innerer Vorbeimarsch! Mag sein, dass es nicht ganz fair war, ihn derart bloßzustellen, aber mir war es ein Volksfest!

▸ Die Formulierung »innerer Vorbeimarsch« geht auf die bei festlichen Anlässen veranstalteten Aufmärsche der Nationalsozialisten zurück.

voll: voll und ganz: *uneingeschränkt:* Die Kosten werden voll und ganz durch private Spenden abgedeckt. Die Fraktion wird voll und ganz hinter dem Kanzler stehen, wenn es zur Abstimmung kommt. Die Bundesrepublik hat sich darum voll und ganz für den Westen entschieden (Dönhoff, Ära 10). **voll wie [zehn]tausend Mann/wie ein Sack/wie eine [Strand]haubitze [sein]** (ugs.): *völlig betrunken [sein]:* Freitags, wenn Vater voll wie tausend Mann nach Hause kam, war der Ehekrach unvermeidlich. Dabei deutete er auf den schnarchenden Christian Rötzel.»Der ist voll wie eine Strandhaubitze« (Prodöhl, Tod 129). **so voll sein, dass kein Apfel/keine [Steck]nadel zu Boden/zur Erde fallen kann:** *sehr voll, überfüllt sein:* In der Straßenbahn ist es um diese Zeit immer so voll, dass keine Stecknadel zu Boden fallen kann. Der Raum war schlecht belüftet und so voll, dass kein Apfel zur Erde fallen konnte. **brechend/zum Brechen voll sein:** *sehr voll, überfüllt sein:* Die Kaufhäuser sind in der Vorweihnachtszeit immer zum Brechen voll. In diesen brechend vollen Schwimmbädern kann das Baden doch keinen Spaß mehr machen. **geknüppelt/gerammelt/gerappelt voll sein** (ugs.): *sehr voll, überfüllt sein:* Das Stadion war schon Stunden vor Spielbeginn geknüppelt voll. Bleiben wir lieber draußen, drinnen ist es gerammelt voll. Das Abteil war gerappelt voll (Bieler, Bär 249). **aus dem Vollen schöpfen:** *auf reichlich vorhandene Mittel zurückgreifen:* Lange Jahre konnte die Organisation aus dem Vollen schöpfen, aber jetzt wird das Geld langsam knapp. Wir haben ... immer wieder darauf hingewiesen, dass wir die mittelfristige Finanzplanung brauchen, dass wir nicht aus dem Vollen schöpfen dürfen (Bundestag 189, 1968, 10 206). **aus dem Vollen leben/wirtschaften:** *ohne sich einzuschränken leben/wirtschaften:* Es gab aber doch immer Leute unter uns, die nicht solchen Hunger litten, ja, die in gewissen Grenzen aus dem Vollen lebten (Fallada, Trinker 137). Wenn man das Jahr über gespart hat, kann man jetzt aus dem Vollen wirtschaften (Vesper, Reise 431). **jmdn. nicht für voll ansehen/nehmen:** *jmdn. nicht ernst nehmen, nicht als vollwertig ansehen:* Wer sich so kindisch verhält, den kann man doch nicht für voll ansehen. Ich weiß, dass sie mich nicht für voll nehmen, weil ich ein chronisches Magenleiden habe (Böll, Adam 53). ... dass er trotz seiner Geistesgaben von den Seeleuten nicht für voll genommen wurde (Ott, Haie 244). ▶ Die Herkunft der Wendung ist nicht sicher geklärt. Vielleicht stammt sie aus dem Münzwesen, wo eine Münze »nicht voll« heißt, wenn sie hinsichtlich Metall und Gewicht nicht vollwertig ist. **in die Vollen gehen** (ugs.): *sich mit Nachdruck und mit ganzer Kraft einsetzen:* Die erste Halbzeit lief nicht schlecht, aber jetzt muss die Mannschaft richtig in die Vollen gehen, um mehr als ein Unentschieden zu erreichen. Nur schwer ist dabei auszumachen, wer hauptsächlich profitiert, wenn Schüler und Lehrer beim Ausschöpfen des gesetzlichen Spielraums in die Vollen gehen (Spiegel 18, 1976, 76). ▶ Die Wendung stammt aus der Sprache der Kegler, wo »in die Vollen« so viel wie »auf alle neun Kegel« bedeutet. **in voller Aktion:** ↑ Aktion. **sich den Arsch voll saufen:** ↑ Arsch. **ein ganzer Arsch voll:** ↑ Arsch. **ein voller Bauch studiert nicht gern:** ↑ Bauch. **voll Bedacht:** ↑ Bedacht. **[bis] zum Bersten voll:** ↑ bersten. **den Buckel voll bekommen:** ↑ Buckel. **jmdm. den Buckel voll hauen:** ↑ Buckel. **den Buckel voll kriegen:** ↑ Buckel. **den Buckel voll Schulden haben:** ↑ Buckel. **jmdm. den Frack voll hauen:** ↑ Frack. **den Frack voll kriegen:** ↑ Frack. **die Hacken voll haben:** ↑ Hacke. **den Hals nicht voll [genug] kriegen:** ↑ Hals. **aus vollem Hals:** ↑ Hals. **mit vollen Händen:** ↑ Hand. **alle/beide Hände voll zu tun haben:** ↑ Hand. **wes das Herz voll ist, des geht der Mund über:** ↑ Herz. **die Hosen [gestrichen] voll haben:** ↑ Hose. **die Hosen voll kriegen:** ↑ Hose. **mit vollen Hosen lässt es sich gut stinken:** ↑ Hose. **jmdm. die Hucke voll hauen:** ↑ Hucke. **die Hucke voll kriegen:** ↑ Hucke. **jmdm. die Hucke voll lügen:** ↑ Hucke. **sich**

die Hucke voll lachen: ↑ Hucke. sich die Hucke voll saufen: ↑ Hucke. jmdm. die Jacke voll hauen: ↑ Jacke. jmdm. die Jacke voll lügen: ↑ Jacke. die Jacke voll kriegen: ↑ Jacke. den Kanal voll haben: ↑ Kanal. aus voller Kehle: ↑ Kehle. den Kopf voll haben: ↑ Kopf. in voller Kriegsbemalung: ↑ Kriegsbemalung. des Lobes voll sein: ↑ Lob. aus voller Lunge singen/schreien: ↑ Lunge. das Maß ist voll: ↑ Maß. das Maß voll machen: ↑ Maß. den Mund voll nehmen: ↑ Mund. eine Mütze voll Wind: ↑ Mütze. [von jmdm., von etwas] die Nase [gestrichen] voll haben: ↑ Nase. jmdm. die Ohren voll blasen/schwätzen: ↑ Ohr. den Rachen nicht voll genug kriegen [können]: ↑ Rachen. den Ranzen voll kriegen: ↑ Ranzen. jmdm. den Ranzen voll hauen: ↑ Ranzen. lieber einen Sack voll Flöhe hüten: ↑ Sack. ein [ganzer] Sack voll etwas: ↑ Sack. [von jmdm., von etwas] die Schnauze voll haben: ↑ Schnauze. voll gegen den Schrank laufen: ↑ Schrank. mit vollen Segeln: ↑ Segel. voll des süßen Weines [sein]: ↑ süß. auf vollen Touren laufen: ↑ Tour. in vollem Wichs: ↑ Wichs. etwas in vollen Zügen genießen: ↑ Zug.

vollenden: jmdn. vor die vollendete Tatsache/vor vollendete Tatsachen stellen: ↑ Tatsache. vollendete Tatsachen schaffen: ↑ Tatsache. vor vollendeten Tatsachen stehen: ↑ Tatsache.

voll laufen: sich voll laufen lassen (ugs.): *sich betrinken:* »Meine Kollegen lassen sich heute Abend in irgendeinem Londoner Pub noch einmal voll laufen ...« (Erné, Fahrgäste 213). Ich setzte mich allein in eine finstere, verrauchte Kneipe in Ottakring und ließ mich zum ersten Mal im Leben voll laufen wie ein Schlauch (Ziegler, Labyrinth 109).

sich den Kanal voll laufen lassen: ↑ Kanal.

voll schlagen: sich den Bauch/Magen/Ranzen/Wanst voll schlagen (ugs.): *sich satt essen, viel essen:* Er hat sich zum Essen einladen lassen und sich kräftig den Wanst voll geschlagen. Wir hocken uns mit unsern Messern im Kreis und schlagen uns den Magen voll (Remarque, Westen 34).

vom: vom Bau [sein]: ↑ Bau. vom Dienst. ↑ Dienst. vom Urschleim an: ↑ Urschleim.

von: von ... wegen: *ausgehend von ..., im Auftrag von ...:* Die Angelegenheit ist von Gerichts wegen erst einmal vertagt worden. Nur diese Frau, die doch von Amts wegen täglich Hundert solcher Geschichten hörte, horchte noch immer mit Aufmerksamkeit (Seghers, Transit 261). von wegen [Otto]! (ugs.): *das ist keineswegs so!:* Glaubst du, er hätte mich mal besucht? Von wegen Otto! Nicht einmal geschrieben hat er. Sie sollen bei dem Geschäft ganz gut verdient haben. – Von wegen, draufgelegt habe ich!

von dannen (veraltet): *von dort weg:* Das Weib wird sterben; und du wirst von dannen ziehen (Jahnn, Geschichten 31). ... ich spuckte ihm ins Gesicht, und wir zogen von dannen (Perrin, Frauen 155).

von hinnen (veraltet): *von hier weg:* Wäre alles mit üblichen Dingen zugegangen, so hätte ihr Käufer und Herr sie längst von hinnen geführt aus ihres Vaters Haus (Th. Mann, Joseph 361).

von jeher: *schon immer:* Diese Menschen waren von jeher friedfertig und arbeitsam. Er empfand von jeher vom Gotteswillen einen heiligen Schauer (Nigg, Wiederkehr 102).

von mir aus (ugs.): *meinetwegen:* Sie kann den Wagen von mir aus haben. Darf ich eine Zigarette rauchen? – Von mir aus.

von vornherein: *gleich, von Anfang an:* Es war von vornherein klar, wer das Geld bekommen würde. Paneuropa war von vornherein auf die militärische Auseinandersetzung mit Sowjetrussland angelegt (Niekisch, Leben 146).

alles wieder von sich geben: *alles wieder erbrechen:* Zwei Tage lang hatte er alles wieder von sich gegeben, was man ihm eingeflößt hatte, aber dann beruhigte sich sein Magen allmählich.

sich von schreiben können (ugs.): *Glück gehabt haben:* Wenn es ihm gelingt, mehr als eine halbe Million für das Haus zu bekommen, kann er sich von schreiben. Sie kann sich von schreiben, dass sie sich an diesem Projekt nicht beteiligt hat.

▶ Mit »von« ist in dieser Wendung das Adelsprädikat gemeint, mit dem ein besonderes Verdienst gewürdigt wird.

von allein[e]: ↑ allein. von alters her: ↑ alters. von Amts wegen: ↑ Amt. [nur]von/vom Ansehen: ↑ ansehen. von Fall zu Fall: ↑ Fall. von jmds. Gnaden: ↑ Gnade. von

jmds. **Hand:** ↑Hand. **von nahem:** ↑nah.
von neuem: ↑neu. **von Rechts wegen:**
↑Recht. **von selbst:** ↑selbst. **von der Stan-**
ge: ↑Stange. **von Stund an:** ↑Stunde. **von**
weitem: ↑weit. **von Zeit zu Zeit:** ↑Zeit.
vonstatten: vonstatten gehen: *stattfin-*
den, ablaufen, vor sich gehen: Wie soll
denn nun die Sache vonstatten gehen?
Meine Geburt ging ... nur sehr langsam
und nicht ohne künstliche Nachhilfe unseres damaligen Hausarztes ... vonstatten (Th. Mann, Krull 14). Hier zeichne-
ten die Kaufleute Kapital für die große
Ostindienfahrt, die auf dem von den Portugiesen gebahnten Seeweg vonstatten
ging (Jacob, Kaffee 113).
vor: vor allem: ↑all. **vor alters:** ↑alters. **vor**
aller Augen: ↑Auge. **vor allen Dingen:**
↑Ding. **vor kurzem:** ↑kurz. **nach wie vor:**
↑nach. **vor Ort:** ↑Ort. **vor Tag:** ↑Tag. **vor**
Tisch: ↑Tisch. **vor den Toren:** ↑Tor. **vor**
Zeiten: ↑Zeit.
vorangehen: mit gutem Beispiel vorange-
hen: ↑Beispiel. **der Esel geht voran:**
↑Esel. **Hannemann, geh du voran:** ↑Han-
nemann.
voraus: im/(selten:) **zum Voraus:** *schon*
vorher: Die Hotelrechnung wurde im Voraus bezahlt. Im Voraus vielen Dank für
Ihre Bemühungen. Ein erfahrener Bergsteiger kennt schon im Voraus die
Schwierigkeiten, mit denen sein Nach-
folgender zu tun haben wird (Eidenschink, Fels 60).
Voraussicht: aller Voraussicht nach:
höchstwahrscheinlich: Es kann nun aller
Voraussicht nach nichts mehr schief gehen. Das Flugzeug wird aller Voraussicht nach gegen 14 Uhr in New York
eintreffen. Wie seltsam, dass die gelähm-
te Frau aller Voraussicht nach ihren ...
Mann wahrscheinlich überleben würde
(Hauptmann, Schuß 8).
vorauswerfen: seine Schatten voraus-
werfen: ↑Schatten.
vorbauen: der kluge Mann baut vor:
↑Mann.
Vorbedacht: mit Vorbedacht: *überlegt*
und mit voller Absicht: Er baute sich das
Haus mit Vorbedacht dreieckig (Reinig,
Schiffe 80). Niemand ... bemerkte ihn,
denn er hatte an diesem Tag mit Vorbedacht auf sein Parfum verzichtet (Süskind, Parfum 205).

ohne Vorbedacht: ohne Absicht: Wenn
ich Sie gekränkt haben sollte, so geschah
es gewiss ohne Vorbedacht.
vorbehalten: jmdm. vorbehalten sein/
bleiben: *jmdm. [als Erstem] überlassen*
bleiben: Es war einem Afrikaner vorbehalten, die Goldmedaille über 5 000 m zu
gewinnen. Zweifel jedenfalls sind nicht nur Intellektuellen
vorbehalten (Schreiber, Krise 34). Die
Entscheidung über die Außenpolitik Ge-
samtdeutschlands solle also erst einer
gesamtdeutschen Regierung in Berlin
vorbehalten bleiben (Mehnert, Sowjetmensch 344).
vorbei: dicht/knapp vorbei ist auch dane-
ben (scherzh.): *Kommentar, wenn jmd.*
etwas verfehlt: Die richtige Antwort wäre 1749 gewesen, nicht 1748. Na ja, dicht
vorbei ist auch daneben.
aus und vorbei sein: ↑aus.
vorbeigehen: jmdm. am Arsch vorbeige-
hen: ↑Arsch.
Vorbeimarsch: ↑Volksfest.
vorbereiten: den Boden für etwas vorbe-
reiten: ↑Boden. **etwas von langer Hand**
vorbereiten: ↑Hand.
Vordergrund: jmdn., etwas in den Vor-
dergrund stellen/schieben: *jmdn., etwas*
herausstellen: Natürlich hat er wieder
nur seine eigene Leistung in den Vordergrund gestellt. Zwei, drei kleinere
Gangster wurden in den offiziellen Berichten in den Vordergrund geschoben,
sodass die eigentlichen Drahtzieher
weitgehend unbeachtet blieben.
im Vordergrund stehen: *bestimmend,*
deutlich bemerkbar sein: Bei der ganzen
Aktion stehen natürlich finanzielle Interessen im Vordergrund. In der neuesten
Entwicklung der Soziologie stehen em-
pirische Untersuchungen im Vordergrund (Fraenkel, Staat 114).
in den Vordergrund treten/rücken: *be-*
stimmend werden, sich deutlich bemerk-
bar machen: Ornamentale Elemente in
der Architektur treten immer stärker in
den Vordergrund. Wenn einmal ein militärisches Disengagement durchgeführt
worden ist, dann treten zwangsläufig
wirtschaftliche Interessen in den Vordergrund (Dönhoff, Ära 94).
sich in den Vordergrund drängen/schie-
ben/spielen: *sich [auf Kosten anderer]*

bemerkbar machen, eine bestimmte Rolle nachdrücklich anstreben: Mit ausgefallenen Ideen versuchte der junge Abgeordnete, sich in den Vordergrund zu drängen und die alten Parteiführer aus dem Sattel zu heben. Schon damals ... hatte er durch seine pausenlose Arbeit, sein Wissen, seinen Verzicht auf alle Vergnügungen, aber auch durch seine Fähigkeit, sich in den Vordergrund zu spielen, ... ebenso viel Neid wie Hass erweckt (Thorwald, Chirurgen 295).

Vordermann: jmdn., etwas auf Vordermann bringen (ugs.): *jmdn., etwas zu einer gewünschten einheitlichen Ordnung, zu einem gewünschten Verhalten bringen:* Die abgeschlafften bayrischen SPD-Genossen sollen vor den Kommunalwahlen ... wieder auf Vordermann gebracht werden (Spiegel 12, 1977, 100). Er brachte desorganisierte Parteibezirke auf Vordermann (Spiegel 28, 1977, 39).»Viele Frauen stehen deshalb morgens um 5 Uhr auf, um den Haushalt auf Vordermann zu bringen, ehe sie selbst zur Arbeit gehen«(MM 14./15. 6. 1980, 16).
▶ Diese Wendung stammt aus dem militärischen Bereich; bei der Aufstellung in Gliedern richten sich die Soldaten jeweils nach dem Vordermann aus.

vorfinden: einen guten/günstigen Boden vorfinden: ↑ Boden.

vorhaben: ein Attentat auf jmdn. vorhaben: ↑ Attentat.

vorhalten: hinter vorgehaltener Hand: ↑ Hand. **jmdm. den Spiegel vorhalten:** ↑ Spiegel.

Vorhang: der Eiserne Vorhang: ↑ eisern.

Vorhaut: das kannst du dir unter die Vorhaut klemmen (vulgär): *darauf lege ich keinen Wert, das kannst du behalten:* Was soll ich mit lumpigen hundert Mark? Die kannst du dir unter die Vorhaut klemmen, du Arsch!

vorkommen: wie kommst du mir [eigentlich] vor?: *was erlaubst du dir?:* Du isst mir den ganzen Kuchen weg, und dann willst du auch noch von meiner Schokolade abhaben – wie kommst du mir eigentlich vor? Ob ich Isolde heiße? Wie kommen Sie mir denn vor? Natürlich heiß ich Isolde (Brot und Salz 194).

sich vorkommen wie ein Stück Dreck/der letzte Dreck: *sich ganz miserabel und*

minderwertig fühlen: Als sie ihn so voller Abscheu von oben bis unten ansah, kam er sich vor wie ein Stück Dreck. Der Alte staucht dich wegen nichts derart zusammen, dass du dir vorkommst wie der letzte Dreck.

jmdm. böhmisch vorkommen: ↑ böhmisch. **das kommt in den besten Familien vor:** ↑ Familie. **jmdm. spanisch vorkommen:** ↑ spanisch.

vormachen: jmdm. blauen Dunst vormachen: ↑ Dunst. **jmdm. Theater vormachen:** ↑ Theater. **jmdm. ein X für ein U vormachen:** ↑ X.

vorn[e]: von vorn[e] bis hinten (ugs.): *völlig, ganz:* Die Geschichte mit ihrer kranken Mutter war natürlich von vorne bis hinten gelogen.

es jmdm. vorn[e] und hinten reinstecken (ugs.): *jmdn. mit Zuwendungen überschütten:* Ein ganz verwöhnter Bengel ist das, dem seine Eltern es vorne und hinten reinstecken.

von hinten Blondine, von vorne Ruine: ↑ Blondine. **die Flucht nach vorn antreten:** ↑ Flucht. **... hinten, ... vorn:** ↑ hinten. **hinten und vorn[e]:** ↑ hinten. **weder hinten noch vorn[e]:** ↑ hinten. **nicht mehr wissen, wo hinten und vorn[e] ist:** ↑ hinten. **immer mit der Nase vorn[e] sein:** ↑ Nase. **die Nase vorn haben:** ↑ Nase.

vornehm: Vornehm und Gering (geh.): *jedermann:* Vor niemandem machte die schreckliche Seuche halt, Vornehm und Gering musste ihr Tribut zollen.

vornehm geht die Welt zugrunde: ↑ Welt.

vorneweg: mit dem Mund vorneweg sein: ↑ Mund. **immer mit der Nase vorneweg sein:** ↑ Nase.

vornherein: von vornherein: ↑ von.

Vorsatz: der Weg zur Hölle ist mit guten Vorsätzen gepflastert: ↑ Weg.

Vorschein: zum Vorschein kommen: *erscheinen, sichtbar werden:* Aus seinen Hosentaschen kamen die unglaublichsten Dinge zum Vorschein. Er packt die gestickte Tasche aus, es kommen ein paar gute Würste zum Vorschein (Remarque, Westen 187). Aber als der Unteroffizier prüfend sein Essen umzurühren begann, kamen dicke Fleischbrocken zum Vorschein (Kirst, 08/15, 387).

etwas zum Vorschein bringen: *etwas sichtbar machen, erscheinen lassen:* Erst die nackte Überlebensangst brachte seinen wahren Charakter zum Vorschein. Wollen Sie rauchen?, sagte Daniela und brachte eine Packung Juno zum Vorschein – behalten Sie! (Kuby, Sieg 111).

vorschieben: einer Sache einen Riegel vorschieben: ↑ Riegel.

Vorschlag: ein Vorschlag zur Güte: *ein Vorschlag zur gütlichen Einigung:* Ein Vorschlag zur Güte – du wäschst ab, und ich putze die Fenster.

etwas in Vorschlag bringen (Papierdt.): *etwas vorschlagen:* Auf der letzten Sitzung wurde eine Anhebung der Gebührensätze um durchschnittlich 12,3 % in Vorschlag gebracht. Für das Amt des Volksbeauftragten für Erziehung und Unterricht wurde ich in Vorschlag gebracht (Niekisch, Leben 68). »Ich bringe ein wenig Logik in Vorschlag«, versetzte Naphta (Th. Mann, Zauberberg 552).

Vorschub: einer Sache Vorschub leisten: *etwas fördern:* Leichtsinniger Umgang mit Wertsachen leistet der Kriminalität Vorschub. ... die Gesinnungen ..., welche der Aufrechterhaltung der schwerindustriellen Vorherrschaft in Deutschland Vorschub leisteten (Niekisch, Leben 211).

vorschützen: keine Müdigkeit vorschützen!: ↑ Müdigkeit.

Vorsehung: Vorsehung spielen: ↑ Schicksal.

Vorsicht: Vorsicht ist die Mutter der Porzellankiste (ugs.; scherzh.): *es ist gut, vorsichtig zu sein:* Du solltest noch einmal prüfen, ob du die Sicherung wirklich herausgedreht hast – Vorsicht ist die Mutter der Porzellankiste!

▶ Hier handelt es sich um eine scherzhafte Abwandlung der folgenden Redensart, wobei auf Aufschriften wie »Vorsicht! Nicht stürzen! Porzellan« o. Ä. angespielt wird.

Vorsicht ist die Mutter der Weisheit: *es ist klug, vorsichtig zu sein:* Sie sollten die Drohungen ernst nehmen und nicht mehr allein aus dem Haus gehen – Vorsicht ist die Mutter der Weisheit.

Vorsicht ist besser als Nachsicht (scherzh.): *es ist gut, vorsichtig zu sein:* Schließ die Tür gut ab, auch wenn wir nur eine halbe Stunde weg sind. Vorsicht ist besser als Nachsicht.

▶ Auch hier handelt es sich um eine Abwandlung der vorangehenden Redensart, wobei das Wort »Nachsicht«, das sonst eine andere Bedeutung hat, für »Nachsehen« (das Nachsehen haben) steht.

[nur] mit Vorsicht zu genießen sein (ugs.): 1. *nicht sehr umgänglich, leicht reizbar [und dann unangenehm gegenüber anderen] sein:* Der neue Mathelehrer ist mit Vorsicht zu genießen, der hat schon einen durchs Abi rasseln lassen, nur weil der ihn auf der Straße nicht gegrüßt hat. 2. *nicht sehr zuverlässig, eher fragwürdig sein:* Diese theoretischen Leitsätze sind, was die Umsetzung in die Praxis betrifft, nur mit Vorsicht zu genießen. »Sie lügt. Ich glaube, sie hat ein Verhältnis mit dem Offizier gehabt ... Sie ist überhaupt mit Vorsicht zu genießen« (Müthel, Baum 66).

Vorsorge: [für etwas] Vorsorge treffen, tragen (Papierdt.): *für etwas sorgen:* Man hatte für den Ernstfall Vorsorge getroffen. Tragen Sie Vorsorge, dass dieses Missgeschick nicht in der Öffentlichkeit bekannt wird. Albrecht hatte alle Vorsorge getroffen, sein Kärnten gut zu verteidigen (Feuchtwanger, Herzogin 76).

Vorspiegelung: Vorspiegelung falscher Tatsachen (scherzh.): *Vortäuschung von etwas nicht Vorhandenem:* Die Blonde da drüben hat ja 'ne tolle Oberweite! – Nach Aussage ihres kleinen Bruders: Vorspiegelung falscher Tatsachen.

vorstellig: bei jmdm. vorstellig werden: *sich an jmdn. wenden:* Sie war fast täglich bei der Ausländerbehörde vorstellig geworden, aber ohne Erfolg. ... wenn nicht einmal das Gebietskomitee der Partei etwas dagegen tun konnte, hatte es gar keinen Sinn, bei irgendeiner anderen Stelle vorstellig zu werden (Leonhard, Revolution 126).

Vorteil: [für jmdn.] von Vorteil sein: *[für jmdn.] vorteilhaft sein:* Es wäre von Vorteil, wenn man ein genaues Datum für die Transaktion festlegen könnte. Mit ihm zusammenzuarbeiten wäre für die Firma immer von Vorteil. Gewiss ist der Frack meiner Figur, die ich dem Papa verdanke, von Vorteil (Th. Mann, Krull 381).

Vortrag: [jmdm./bei jmdm.] Vortrag halten (veraltet): *[jmdm.] berichten:* Refe-

rendar Schmidt soll morgen dem Amts-
leiter über die Ergebnisse der Untersuchung Vortrag halten. Nach Ihrer Rückkehr von der Tagung halten Sie bitte sofort bei mir Vortrag.
etwas zum Vortrag bringen (Papierdt.):
etwas vortragen: Der Referent für Perso-
nalwesen und Soziales brachte seinen
Jahresbericht zum Vortrag.
Vortritt: jmdm. den Vortritt lassen:
1. *jmdn. vorangehen lassen:* Ein wohlerzogener Junge hält einer Dame die Tür
auf und lässt ihr den Vortritt. Claude öffnete die breite Wohnungstür und ließ Toni den Vortritt in die halbdunkle Diele
(Borell, Lockruf 20). 2. *jmdm. Gelegenheit geben, etwas als Erster zu tun:* Wer
würfelt als Erster? – Ich lasse Ihnen den
Vortritt, fangen Sie an! Bei dieser heiklen Aufgabe hätte er liebend gern jedem
anderen den Vortritt gelassen.
**vorübergehen: der Kelch geht an jmdm.
vorüber:** ↑ Kelch.
**vorwärts: etwas vorwärts und rückwärts
aufsagen können:** *etwas lückenlos auswendig können:* Mit dem Mieterschutz
kennt sie sich aus, die entsprechenden
Paragraphen kann sie vorwärts und
rückwärts aufsagen.
**Vorzeichen: mit umgekehrten Vorzei-
chen:** *genau entgegengesetzt:* Es handelt
sich um eine typische Räuber-und-Gen-
darm-Geschichte, aber diesmal mit umgekehrten Vorzeichen: Der Verbrecher
wird zum Jäger, der Polizist zum Gejagten. Nun wäre dies wahrlich eine entmu-
tigende Situation, wenn nicht gleichzeitig eine Entwicklung eingesetzt hätte,
die ... mit umgekehrten Vorzeichen verläuft (Dönhoff, Ära 102).
▶ Diese Fügung stammt aus der Mathematik, wo derselbe Zahlenwert bei umgekehrtem Vorzeichen eine Gleichung
völlig verändert.
**Vorzug: jmdm., einer Sache den Vorzug
geben:** *jmdn., etwas vorziehen:* Sie hat es
ihm nie verziehen, dass er vor 30 Jahren
ihrer jüngeren Schwester den Vorzug gegeben hatte. Ich will auch nicht sagen,
dass ich einer der beiden Rollen ... den
Vorzug gegeben hätte (Th. Mann, Krull
266).
Vulkan: ein Tanz auf dem Vulkan: *unbekümmertes Verhalten in äußerst gefahr-

voller Zeit: Sorglos lebte der Adel noch
im Jahr der Revolution in den Tag hinein; es war ein Tanz auf dem Vulkan,
wie wir heute wissen.
▶ Der französische Gesandte, Graf Sal-
vandy, spielte auf einem Ball in Neapel,
also in der Nähe des Vesuvs, im Jahre
1830 mit den Worten »nous dansons sur
un volcan« (= wir tanzen auf einem Vulkan) auf die gefährliche politische Lage
in Frankreich an.

Waage: sich/(geh.:)**einander die Waage
halten:** *gleich sein, sich in Qualität oder
Quantität entsprechen:* Vorteile und
Nachteile dürften hier einander die
Waage halten. ... ihre Künste hielten sich
ungefähr die Waage, mal siegte der eine,
mal der andere (Kuby, Sieg 143).
das Zünglein an der Waage sein: ↑ Zunge.
**Waagschale: jedes Wort/alles auf die
Waagschale legen:** 1. *jedes Wort/alles
sehr ernsthaft abwägen:* In so einer lebhaften Diskussion kann man nicht erwarten, dass die Redner jedes Wort auf
die Waagschale legen. 2. *jedes Wort/alles
übergenau, wortwörtlich nehmen:* Wenn
er immer alles hätte auf die Waagschale
legen wollen, was sie ihm schon an den
Kopf geworfen hat!
etwas in die Waagschale werfen: *etwas
geltend machen, einsetzen:* Obgleich er
all seinen Charme in die Waagschale
warf, gelang es ihm nicht, sie zu überzeugen. Hätte ich ein maßgebliches Amt, ich
würde es unbedenklich in die Waagschale werfen (Kirst, Aufruhr 213).
in die Waagschale fallen: *wichtig sein:*
Bei der Beurteilung der Bewerber fallen
forsches Auftreten und elegante Kleidung am wenigsten in die Waagschale.
Dass er viele Kranke ihr trauriges Ende
leichter ertragen ließ, darf ebenfalls zu
seinen Gunsten in die Waagschale fallen
(Noack, Prozesse 225).

Wache: Wache stehen/(Soldatenspr.:) **schieben:** *Wachdienst haben, Wache halten:* Der musste hier in der Hitze stehn und Wache schieben (Kempowski, Uns 82). ... Vor dem Haus ... schieben Volkspolizisten Wache (Spiegel 22, 1977, 76).

Wachs: [wie] Wachs in jmds. Händen sein: *jmdm. gegenüber sehr nachgiebig sein:* Seit sie ihm mit Scheidung gedroht hat, ist er wie Wachs in ihren Händen. ... er wäre aber Wachs gewesen in ihren Händen und ihr auf Gnade und Ungnade verfallen (Maass, Gouffé 265).

wachsam: Holzauge, sei wachsam: ↑Holzauge.

wachsen: die Bäume wachsen nicht in den Himmel: ↑Baum. **wie aus dem Boden gewachsen:** ↑Boden. **das Gras wachsen hören:** ↑Gras. **über etwas wächst Gras:** ↑Gras. **sich keine grauen Haare wachsen lassen:** ↑Haar. **jmdm. ans Herz gewachsen sein:** ↑Herz. **jmdm. wächst das Knie durch die Haare:** ↑Knie. **jmdm. wächst der Kopf durch die Haare:** ↑Kopf. **jmdm. über den Kopf wachsen:** ↑Kopf. **gegen jmdn., etwas ist kein Kraut gewachsen:** ↑Kraut. **[nicht] auf jmds. Mist gewachsen sein:** ↑Mist. **jmdn. dahin wünschen, wo der Pfeffer wächst:** ↑Pfeffer. **jmd. kann/soll bleiben, wo der Pfeffer wächst:** ↑Pfeffer. **jmd. kann/soll hingehen, wo der Pfeffer wächst:** ↑Pfeffer. **reden, wie einem der Schnabel gewachsen ist:** ↑reden. **gegen den Tod ist kein Kraut gewachsen:** ↑Tod.

wackeln: ... dass die Heide wackelt: ↑Heide. **und mit den Beinen wackelst:** ↑Kopf. **jmds. Thron wackelt:** ↑Thron. **da wackelt die Wand:** ↑Wand. **... dass die Wände wackeln:** ↑Wand.

wacklig: auf wackligen Füßen stehen: ↑Fuß.

Waffe: die Waffe gegen sich selbst kehren (geh.): *sich selbst mit einer Waffe töten:* Die Eingeschlossenen kämpften nun nicht mehr weiter; einer nach dem anderen kehrte die Waffe gegen sich selbst.

die Waffen strecken (geh.): *kapitulieren, sich geschlagen geben:* Herr Offizier, hier unten sind drei Generale, die die Waffen strecken wollen (Plievier, Stalingrad 329). Nach der 33. Runde musste Clark die Waffen strecken (Frankenberg, Fahrer 125).

jmdn. mit seinen eigenen Waffen schlagen: *jmdn. mit dessen eigenen Mitteln, Methoden besiegen:* Er hatte die Eröffnungstheorien des Schachgroßmeisters gründlich studiert und glaubte nun, ihn mit seinen eigenen Waffen schlagen zu können.

unter Waffen stehen (geh.): *bewaffnet und zur Kriegführung bereit sein:* Auf feindlicher Seite standen zehntausend Mann unter Waffen. Die Stimmung im Lande ist aufs Höchste gereizt, das ganze Volk steht unter Waffen.

unter Waffen halten: *in kriegs- oder kampfbereitem Zustand halten:* Der Diktator hält neben der offiziellen Armee aus privaten Mitteln noch zusätzlich zweitausend Mann unter Waffen.

jmdn. zu den Waffen rufen (geh.; veraltend): *jmdn. zum Militärdienst einberufen:* Alle jungen Männer über 18 Jahren wurden zu den Waffen gerufen. Ich habe meine Soldaten zu den Waffen rufen müssen (Hacks, Stücke 292).

Waffel: einen an der Waffel haben (ugs.): *nicht recht bei Verstand sein:* Bei dem Wetter Freiübungen auf dem Schulhof – der Pauker muss doch einen an der Waffel haben! Denn so große Stars, wie Sie einer sind, haben doch meistens einen an der Waffel (Hörzu 50, 1985, 158).

wagen: wer [nicht] wagt, [der nicht] gewinnt: *wage es/wagen wir es!:* Frag die Kleine doch einfach, ob sie mit dir ins Kino geht – wer nicht wagt, der nicht gewinnt! Nach dem Motto »Wer wagt, gewinnt« setzte er sein ganzes restliches Geld auf die Zahl 17.

wer wagt es, Rittersmann oder Knapp? (scherzh.): *wer traut sich, wer ist so mutig?:* Wir brauchen einen Freiwilligen, der dem Chef sagt, dass wir die Montage falsch ausgeführt haben – wer wagt es, Rittersmann oder Knapp?

▶ Diese Frage ist ein Zitat aus Schillers Ballade »Der Taucher«.

frisch gewagt ist halb gewonnen: *man soll ruhig einmal etwas wagen:* Nun, meine Herrschaften, wer riskiert eine Runde gegen unseren Champion? Nur heran, frisch gewagt ist halb gewonnen!

den Hals wagen: ↑Hals. **sich in die Höhle des Löwen wagen:** ↑Höhle. **Kopf und Kragen wagen:** ↑Kopf.

Wagen: sehen, wie der Wagen läuft
(ugs.): *abwarten, wie sich eine Sache entwickelt:* Wir wollen erst einmal sehen, wie der Wagen läuft, bevor wir in das Unternehmen unser Geld investieren.
jmdm. an den Wagen/an den Karren fahren (ugs.): *jmdm. etwas anhaben [wollen]:* Dem Minister kann keiner an den Wagen fahren, er hat sich nach allen Seiten abgesichert. Einige Journalisten haben versucht, dem Waffenhändler an den Karren zu fahren, aber sie konnten keine handfesten Beweise vorbringen.
sich nicht vor jmds. Wagen spannen lassen: *sich nicht für jmds. Interessen einsetzen lassen:* Sie war den Grünen gegenüber sehr kritisch eingestellt, ließ sich aber deswegen noch lange nicht vor den Wagen der Konservativen spannen.
das fünfte Rad am Wagen sein: ↑ Rad.
Wahl: erste Wahl: *das Beste, die Besten:* Es waren lauter junge Leute ... Leute der ersten Wahl, denn wenige können ein Jagdflugzeug erfolgreich bedienen (Gaiser, Jagd 45).
▶ Diese und die folgende Wendung stammen aus der Kaufmannssprache, wo mit »Wahl« die Güteklasse bezeichnet wird.
zweite Wahl: *nicht besonders gut:* Wie findest du den Sekt? – Ausgesprochen zweite Wahl, würde ich sagen. Sie müssen doch jetzt einen neuen Mann für den Posten benennen ... Warum sollen sie ihm sagen, dass er zweite Wahl ist? (Kemelman [Übers.], Dienstag 131).
wer die Wahl hat, hat die Qual: *es ist oft nicht leicht, sich für eine von mehreren Möglichkeiten zu entscheiden:* Das sind ja alles ausgesuchte Köstlichkeiten auf dem kalten Büfett, was nehme ich da nur? Ach, wer die Wahl hat, hat die Qual.
wählen: die goldene Mitte wählen: ↑ Mitte. **das bessere/den besseren Teil gewählt haben:** ↑ Teil.
Wahn: der Wahn ist kurz, die Reu ist lang: *scheinbares Glück hält nicht lange an [und zieht lange währendes Unglücklichsein nach sich]:* Wegen dieses Modepüppchens solltest du deine Ehe nicht aufs Spiel setzen – der Wahn ist kurz, die Reu ist lang.
▶ Diese Redensart ist ein Zitat aus Schillers »Lied von der Glocke«.

Wahnsinn: des Wahnsinns fette/kesse Beute sein; vom Wahnsinn umzingelt sein (ugs.): *völlig verrückt sein:* Der Direx ist des Wahnsinns fette Beute – das Raucherzimmer soll geschlossen werden! Du bist wohl vom Wahnsinn umzingelt – gib mir sofort das Geld zurück!
es ist zwar Wahnsinn, doch es hat Methode: *es ist absurd [wird aber ernsthaft und einer scheinbaren Logik folgend betrieben]:* Wenn die einen eine Superbombe bauen, dann entwickeln die anderen eine noch größere, und dann müssen die Ersten wieder eine größere erfinden – das ist zwar Wahnsinn, doch es hat Methode.
wahr: so wahr mir Gott helfe: *Eidesformel:* Schwören Sie, die Wahrheit zu sagen und nichts als die Wahrheit? – Ich schwöre es, so wahr mir Gott helfe. Es war keine leere Redensart, so wahr mir Gott helfe (Ruark [Übers.], Honigsauger 477).
so wahr ich lebe/hier stehe/hier sitze: *Beteuerungsformel:* Ich werde keinen Tropfen Alkohol mehr trinken, so wahr ich hier sitze. Und genau das hat sie gesagt. Wörtlich. So wahr ich lebe.
wahr und wahrhaftig (veraltet): *Beteuerungsformel:* Das hätte ich wahr und wahrhaftig niemals geglaubt!
nicht wahr?: 1. *so ist es doch?:* Du würdest mir das Geld schon leihen, nicht wahr? Nicht wahr, Mausi, wir gehen am Sonntag in den Zoo? 2. (ugs.) *verblasst als Gesprächsfloskel:* Ich gehe also zu ihm rüber, nicht wahr, und frage, wies so geht, nicht wahr, ganz freundlich, nicht wahr, und da fängt er doch gleich an, mich zu beschimpfen!
das kann/darf [doch] nicht wahr sein! (ugs.): *Ausruf der Verwunderung, des Entsetzens o. Ä.:* Du hast alle fünf Pfannkuchen allein gegessen? Das darf doch nicht wahr sein! »Das kann nicht wahr sein. Der kann mich doch nicht wegen dieser dicken, albernen Braut sitzen lassen.« (Christiane, Zoo 71).
schon [gar] nicht mehr wahr sein (ugs.): *schon sehr lange zurückliegen:* Wann haben wir uns das letzte Mal gesehen? – Das ist schon gar nicht mehr wahr.
etwas wahr machen: *etwas in die Tat umsetzen:* Wer hätte geglaubt, dass er seine Drohung wahr machen und sich umbrin-

gen würde? Sie war froh, dass sie endlich ihr Versprechen wahr machen und ihrer Enkelin das Geld für den Führerschein geben konnte.

im wahrsten Sinne des Wortes: *wirklich, ohne Einschränkung:* Ich habe mit der Sache ... nichts zu tun, im wahrsten Sinne des Wortes (Dönhoff, Ära 57). ... man betreibt »Konversation« im wahrsten Sinne des Wortes (Horn, Gäste 61).

das einzig Wahre (ugs.): *das einzig Angemessene, Richtige:* So ein Bierchen nach der ganzen Schufterei, das ist das einzig Wahre! Auch vonseiten der Prüfer ist Funkausbildung eine gute Sache. »Das ist das einzig Wahre, sonst ist es nur eine halbe Sache« (Flensburger Tageblatt, Ostern 1984, 13).

sein wahres Gesicht zeigen: ↑Gesicht. **sich in seiner wahren Gestalt zeigen:** ↑Gestalt. **[nicht] der wahre Jakob sein:** ↑Jakob. **nicht die wahre Liebe sein:** ↑Liebe. **eine wahre Pracht sein:** ↑Pracht. **dass es eine wahre Pracht ist:** ↑Pracht. **das ist zu schön, um wahr zu sein:** ↑schön. **da hast du ein wahres Wort gesprochen:** ↑Wort.

wahren: das Gesicht wahren: ↑Gesicht. **den Schein wahren:** ↑Schein.

während: ehrlich währt am längsten: ↑ehrlich. **was lange währt, wird endlich gut:** ↑lange. **während der Woche:** ↑Woche.

wahrhaben: etwas nicht wahrhaben wollen: *etwas nicht zugestehen, [sich selbst] nicht eingestehen wollen:* Sie wollte seine Untreue bis zuletzt nicht wahrhaben. Auch wenn sie es nicht wahrhaben will, sie hat manches falsch gemacht (Hörzu 31, 1973, 7). Ich wollte es einfach nicht wahrhaben, was mein Sohn mir zwischen den Zeilen zu verstehen gegeben hatte (Niekisch, Leben 290).

wahrhaftig: wahrhaftiger Gott!: *Ausruf höchsten Erstaunens:* Wahrhaftiger Gott! Bist du es wirklich, mein Sohn, oder ist es dein Geist? Dort sitzt – wahrhaftiger Gott – Sherlock Holmes! Natürlich mit einer Pfeife ... (Goetz, Prätorius 9).

wahr und wahrhaftig: ↑wahr.

Wahrheit: in Wahrheit: *eigentlich, in Wirklichkeit:* In Wahrheit sind die Dinge viel komplizierter, als sie aussehen. In Wahrheit wollen Sie mir nur Eindruck

machen mit Ihren Beziehungen (Th. Mann, Krull 367).

Dichtung und Wahrheit: ↑Dichtung. **der Wahrheit die Ehre geben:** ↑Ehre. **der Wahrheit ins Gesicht schlagen:** ↑Gesicht. **Kinder und Narren reden/sagen die Wahrheit:** ↑Kind. **in etwas ist/steckt ein Körnchen Wahrheit:** ↑Korn. **wer einmal lügt, dem glaubt man nicht, und wenn er auch die Wahrheit spricht:** ↑lügen. **im Wein ist/liegt Wahrheit:** ↑Wein.

Waisenknabe: gegen jmdn. ein/der reine/der reinste Waisenknabe sein: *an jmdn. nicht heranreichen:* Er hatte schon ein paar krumme Sachen gemacht, aber gegen die Profis von der Mafia war er natürlich ein Waisenknabe. ... gegen das, was sich Lübke da ... geleistet hat, ist der »Hauptmann von Köpenick« ein Waisenknabe! (Spiegel 50, 1968, 13).

▶ Bereits im Jahre 1349 schreibt Heinrich von Freiberg über seinen Helden Tristan, er sei »der valscheit ein veise«, d. h., dass Tristan frei von jeder Falschheit sei. Dieser übertragene Gebrauch liegt auch bei »Waisenknabe« (verbunden mit der Vorstellung der »Unbedarftheit«) vor.

Wald: den Wald vor lauter Bäumen nicht sehen: *weil es so viele Möglichkeiten gibt, das nahe Liegende nicht erkennen:* Die Lösung des Problems ist im Grunde ganz einfach, aber er sieht mal wieder den Wald vor lauter Bäumen nicht. Die Teleologen werfen uns vor, wir sähen vor lauter Bäumen den Wald nicht (Lorenz, Verhalten I, 385).

▶ Diese Wendung ist durch Christoph Martin Wieland populär geworden, der sie in mehreren seiner Werke (z. B. in der »Geschichte der Abderiten«) verwendet.

nicht für einen Wald von Affen! (ugs.): *unter keinen Umständen; keinesfalls:* Hast du nicht Lust, mit deiner Tante ins Brahmskonzert zu gehen? – Nicht für einen Wald von Affen!

▶ Diese Wendung ist ein Zitat aus Shakespeares »Der Kaufmann von Venedig« (III, 1).

wie man in den Wald [hinein]ruft, so schallt es heraus: *Antworten, Reaktionen hängen davon ab, wie vorher gefragt oder gehandelt wurde:* Dass die Presse auf die massiven Vorwürfe des Ministers und auf Formulierungen wie »Hintertreppenjournalismus« gereizt reagierte, kann niemanden verwundern: Wie man in den Wald hineinruft, so schallt es heraus.

ich denk, ich steh im Wald (ugs.): *Ausdruck der Verwunderung, Entrüstung:* Schnappt der Kerl sich doch, ohne zu fragen, mein Fahrrad – ich denk, ich steh im Wald!

[einen] vom Wald erzählen (ugs.): *etwas Unwahres erzählen:* Du willst in Alaska nach Gold gegraben haben? Junge, ich glaube, du erzählst vom Wald!

wie eine/wie die Axt im Walde: ↑ Axt.

Holz in den Wald tragen: ↑ Holz. **es ist/ herrscht Schweigen im Walde:** ↑ Schweigen.

Waldesel: scheißen wie ein Waldesel: ↑ scheißen.

Waldfee: husch, husch, die Waldfee! (ugs.): *rasch!, schnell!:* Die Kinder dürfen sich den Tierfilm um acht noch anschauen, aber dann gehts – husch, husch, die Waldfee – ab ins Bett!

Wallung: jmds. Blut gerät in Wallung: *jmd. erregt sich heftig:* Ein sanfter Mensch war er nicht; wenn sein Blut in Wallung geriet, war er nicht zu halten.

jmds. Blut in Wallung bringen: *jmdn. heftig erregen:* Der schwere Wein und die Reize der Señoritas hatten sein Blut in Wallung gebracht.

jmdn. in Wallung bringen: *jmdn. heftig erregen:* Die Blicke, die er ihr zuwarf, brachten sie in Wallung, ließen ihre Träume kühner werden. Muss man eine Kritik einstecken, ist das nicht sehr angenehm und bringt einen erst einmal, je nach Temperament, in Wallung oder in stummen Ärger (Freie Presse 22. 6. 1989, 3).

in Wallung geraten: *heftig erregt werden:* Zunächst nur leicht verärgert, geriet sie allmählich immer mehr in Wallung, bis sie schließlich ihrem Zorn lautstark Luft machen musste.

walten: das walte Gott/(scherzh.:) **Hugo!:** *Bekräftigungsformel:* Bei ihm, versprach er, würde sie in sicherer Hut sein – das walte Gott! »Nur werden wir nicht mit der Regierungsbildung beauftragt.« Darauf Schmidt: »Das walte Hugo!« (Spiegel 29, 1979, 154).

seines Amtes walten: ↑ Amt. **wo rohe Kräfte sinnlos walten:** ↑ Kraft. **schalten und walten:** ↑ schalten.

Walze: die alte/die gleiche/dieselbe Walze [auflegen/spielen] (ugs.): *die alte, längst bekannte Geschichte [erzählen]:* Wenn man Geld von ihr will, legt sie immer die gleiche Walze auf: Eine arme Witwe sei sie, die selbst kaum genug zum Leben habe. ... er ist wohl einer jener seltenen Fälle, wo das Publikum nach einem Anfangserfolg den Autor zwingt, nun ewig dieselbe Walze zu spielen (Tucholsky, Werke II, 213).

▶ Mit »Walze« ist in dieser Wendung die Musikwalze der Drehorgel gemeint.

auf die Walze gehen (ugs.; veraltend): *auf Wanderschaft gehen:* Großvater ist seinerzeit noch zwei Jahre auf die Walze gegangen, bevor er seine eigene Tischlerei aufgemacht hat. ... der ... eine zweijährige Bäckerlehre schließlich abbrach, »um aus großer Reiselust auf die Walz zu gehen« (MM 3. 5. 1974, 15).

▶ Das Wort »Walze« in dieser und der folgenden Wendung gehört zu dem Verb »walzen«, das so viel wie »rollen, sich drehen, sich fortbewegen« bedeutet und früher, besonders mundartlich, auch im Sinne von »auf der Wanderschaft sein« verwendet wurde.

auf der Walze sein (ugs.; veraltend): *auf Wanderschaft sein:* Nächstes Jahr um diese Zeit bin ich auf der Walze; ich will unbedingt nach Italien, vielleicht bis hinunter nach Sizilien. Vgl. die vorangehende Wendung.

wälzen: Probleme wälzen: ↑ Problem.

Wams: jmdm. das Wams ausklopfen (ugs.; veraltet): *jmdn. verprügeln:* Der Kutscher hatte Angst, die Burschen würden ihm das Wams ausklopfen!

▶ Das »Wams« ist ein (heute noch in Trachten zu findendes) Kleidungsstück, eine Art eng anliegende Jacke, die nur bis zur Taille reicht.

Wand: da wackelt die Wand (ugs.): *da geht es hoch her:* Wenn wir heute den Pokal gewinnen, dann wackelt die Wand, das dürfte wohl klar sein! Bei der Abschlussfeier wackelte die Wand.

dass die Wände wackeln/die Wand wackelt (ugs.): *sehr heftig:* Vater brüllte, dass die Wand wackelte – niemals würde er dieser Heirat zustimmen! Heute Abend wird bei Florestan ... gebumst, dass die Wände wackeln! (Ziegler, Labyrinth 209).

die Wände haben Ohren (ugs.): *es kann alles belauscht werden [was wir hier bereden]:* Besprechen wir das lieber an einem anderen Ort, hier haben die Wände Ohren.

wenn die Wände reden könnten: *hier ist schon manches Bemerkenswerte geschehen [über das man gern Näheres erfahren würde]:* Hier müssen damals die Geheimverhandlungen stattgefunden haben, und hier soll auch der Ratgeber des Kanzlers erstochen worden sein – ach, wenn die Wände reden könnten!

die Wand mitnehmen (ugs.; scherzh.): *sich [die Kleidung] an der Wand mit Farbe, Kalk beschmutzen:* Moment mal, Sie haben ja die Wand mitgenommen! Lassen Sie mich Ihre Jacke abklopfen.

das/es ist, um die Wände hochzugehen!; da kann man doch die Wände hochgehen (ugs.): *es ist empörend, unerträglich:* Ich sage dir, so eine Nierenkolik, das sind fürchterliche Schmerzen – das ist, um die Wände hochzugehen. Wenn man sieht, wie diese Flaschen heute spielen, da kann man doch glatt die Wände hochgehen!

scheiß die Wand an! (derb): *Ausdruck der Enttäuschung, Verärgerung:* Scheiß die Wand an – der Alte hat mein Konto sperren lassen!

jmdn. an die Wand stellen [lassen]: *jmdn. standrechtlich erschießen [lassen]:* Nach der Revolution wurden die ehemaligen Minister an die Wand gestellt. ... er hatte sich aber während des Krieges nicht an die Wand stellen und erschießen lassen (Hesse, Steppenwolf 144).

▶ Die Wendung bezieht sich darauf, dass standrechtliche Erschießungen gewöhnlich vor einer Wand oder Mauer vorgenommen wurden.

jmdn. an die Wand spielen: 1. *jmds. Einfluss [durch geschicktes Vorgehen] ausschalten:* Ein erfahrener Funktionär lässt sich nicht so ohne weiteres von einem jungen Karrieristen an die Wand spielen. 2. *jmdn. [bes. einen Sportler, Schauspieler o. Ä.] durch gutes Spiel deutlich übertreffen:* Er war ein absolu-

ter Ausnahmestürmer, der an guten Tagen eine ganze gegnerische Mannschaft allein an die Wand spielen konnte. Mit seinem Charme spielte der Hässliche alle schönen Kollegen an die Wand (Hörzu 7, 1974, 113).

jmdn. an/gegen die Wand drücken (ugs.): *jmdn. in den Hintergrund drängen:* Sie war eine Regisseurin, die sich von keinem Intendanten gegen die Wand drücken ließ. Den steckte er, was politisches Wissen betraf, in die Tasche; den drückte er auch als Redner glatt an die Wand (Bredel, Väter 89).

gegen eine Wand/Mauer reden: *vergeblich auf jmdn. durch Reden einzuwirken suchen:* Bei ihm redest du gegen eine Mauer; wenn er sich etwas vorgenommen hat, kann ihn niemand davon abbringen. Der August merkte es meistens nicht, dass er gegen eine Wand redete (Kühn, Zeit 149).

in seinen/in den eigenen vier Wänden: *zu Hause, in der eigenen Wohnung:* So schön es im Urlaub ist, man ist doch froh, wieder in seinen vier Wänden zu sein. ... nicht einmal in meinen eigenen vier Wänden darf ich unbefangen sein! (Geissler, Wunschhütlein 102).

aussehen, wie an die Wand gepisst/gepinkelt: ↑ aussehen. **jmdn. stört die Fliege an der Wand:** ↑ Fliege. **mit dem Kopf durch die Wand rennen/wollen:** ↑ Kopf. **der Horcher/Lauscher an der Wand hört seine eigene Schand:** ↑ Lauscher. **ein Loch/Löcher in die Wand stieren:** ↑ Loch. **Narrenhände beschmieren Tisch und Wände:** ↑ Narrenhand. **zu dumm sein, [um] einen Pudding an die Wand zu nageln:** ↑ Pudding. **mit dem Rücken an der/zur Wand:** ↑ Rücken. **spanische Wand:** ↑ spanisch. **den Teufel an die Wand malen:** ↑ Teufel. **weiß wie die [gekalkte] Wand:** ↑ weiß.

Wandel: Handel und Wandel: ↑ Handel.

wandeln: wie ein wandelnder Leichnam aussehen: ↑ aussehen. **ein wandelndes Lexikon sein:** ↑ Lexikon. **krumme Pfade/auf krummen Pfaden wandeln:** ↑ Pfad. **auf ausgetretenen Pfaden wandeln:** ↑ Pfad. **auf dem Pfad der Tugend wandeln:** ↑ Pfad. **in jmds. Spuren wandeln:** ↑ Spur.

Wange: Salz und Brot macht Wangen rot: ↑ Salz. **trocken Brot macht Wangen rot:** ↑ trocken.

wanken: nicht wanken und [nicht] wei-chen: *hartnäckig auf seiner Position be-harren, sich nicht vertreiben lassen:* Sie würde nicht wanken und nicht weichen, bis der Amtleiter sie zu sich vorließe. Die Stürmer berannten das Tor, aber die Ab-wehr wankte und wich nicht.

jmdm. wankt der Boden unter den Füßen: *jmd. ist in einer unsicheren Lage, jmds. Stellung ist erschüttert:* Nach all den po-litischen Rückschlägen der letzten Wo-chen wankt dem Präsidenten der Boden unter den Füßen.

jmdn., etwas ins Wanken bringen: *jmdn., etwas erschüttern, unsicher machen:* Nichts und niemand vermochte das Selbstvertrauen der jungen Künstlerin ins Wanken zu bringen. Im Zeitalter der Industrie bedeutet das Wunder zweifel-los einen Notstand des Staates, da es die moderne Gesellschaftsordnung ins Wanken bringt (Werfel, Bernadette 235).

ins Wanken geraten: *unsicher, erschüttert werden:* Das ganze Unternehmen war ins Wanken geraten, als bestimmte In-formationen an die Presse durchgesi-ckert waren. Sie ist heftig kritisiert wor-den, aber so leicht gerät eine gestandene Politikerin nicht ins Wanken.

wann: dann und wann: ↑ dann.

Wanne: das ist ein Ding wie 'ne Wanne: ↑ Ding.

Wanst: sich den Wanst voll schlagen: ↑ voll schlagen.

Ware: jeder Krämer lobt seine Ware: ↑ Krämer.

warm: warmer Bruder (ugs.; abwertend): *Homosexueller:* Der hat noch nie 'ne Freundin gehabt, ob das ein warmer Bruder ist? ... soll ich Ihnen sagen, wofür ich Sie halte, für einen Schwulen, für een warmen Bruder (Döblin, Berlin 404).

weder warm noch kalt sein (ugs.): *gleich-gültig, uninteressiert sein:* Was auch im-mer geschieht, er ist weder warm noch kalt – ein seltsamer Mensch!

[mit jmdm., mit etwas] warm werden (ugs.): *[mit jmdm., mit etwas] vertraut werden:* Als gebürtige Norddeutsche ist sie in der bayrischen Provinzstadt nie so recht warm geworden. ... war es, trotz zahlreicher Geschenke und Bemühun-gen unsererseits, schwer, mit der Schwie-gertochter warm zu werden (Hörzu 15, 1979, 118). Hatte er schon mehrmals feststellen müssen, dass er mit diesen stocksteifen Hamburgern nicht warm werden konnte (Prodöhl, Tod 91).

sich warm anziehen sollen/müssen (ugs.): *sich auf eine schwere Auseinanderset-zung, eine unangenehme Erfahrung vor-bereiten sollen/müssen:* Für das Rück-spiel müssen die Jungs vom 1. FC sich warm anziehen; im Wembley-Stadion hat in dieser Saison noch keine auswär-tige Mannschaft gewonnen. Der Bause-nator will es auf eine öffentliche Diskus-sion ankommen lassen? Dann soll er sich nur warm anziehen!

jmdm. wird es warm ums Herz: ↑ Herz.

lieber warmer Mief als kalter Ozon: ↑ Mief. **sich ins warme Nest setzen:** ↑ Nest. **ein warmer Regen:** ↑ Regen. **weg-gehen wie warme Semmeln:** ↑ weggehen. **warm in der Wolle sitzen:** ↑ Wolle.

Warte: auf einer höheren Warte stehen: *eine bessere Übersicht haben:* Als Mit-glied des Aufsichtsrates steht sie natür-lich auf einer höheren Warte als eine kleine Angestellte.

von hoher/höherer Warte aus: *von einer Position aus, in der man eine gute/besse-re Übersicht hat:* Von höherer Warte aus gesehen, stellen sich die Dinge in einem ganz anderen Zusammenhang dar. Er sprach von hoher Warte aus, fast wie als zweiter Parteichef oder Staatschef (Ta-ges Anzeiger 14. 10. 1985, 3).

von jmds. Warte aus: *von jmds. Stand-punkt aus:* Von seiner Warte aus gese-hen, war das natürlich ein glatter Ver-trauensbruch. »Ich meine, dass sie den Reichen alles wegnehmen ... das kann man noch verstehn.« »Von ihrer Warte aus«, sagte mein Bruder, »aber nur von ihrer.« (Kempowski, Uns 251).

Wart-ein-Weilchen: ein silbernes Nichts-chen und ein goldenes Wart-ein-Weil-chen: ↑ Nichtschen.

warten: warten können, bis man schwarz wird (ugs.): *umsonst warten:* Auf sein Geld kann er warten, bis er schwarz wird. Wenn ihr auf mein Häuschen spe-kuliert, könnt ihr warten bis ihr schwarz werdet – das erbt meine Freundin!

▶ Ursprünglich war mit »bis man schwarz wird« gemeint: »so lange, bis man gestorben ist und der Körper sich durch Verwesung dunkel verfärbt«.

na warte! (oft scherzh.): *Drohung:* Da wusste sie Bescheid. Na warte, dachte sie, dir werde ich es geben (Kranz, Märchenhochzeit 4). »Du feiges Aas ... Vor so was reißt der natürlich aus. Na warte!« (Fallada, Mann 95).

da kannst du/kann er usw. lange warten (ugs.): *darauf wartest du umsonst:* Da kann er lange warten. Ich bin nämlich kein Richard Wagner, auf meinen Parsifal kannste lange warten (Ott, Haie 205). **auf dich/ihn usw. habe ich/hat er usw. gerade gewartet** (ugs.): *dich/ihn usw. kann ich/kann er usw. bestimmt nicht gebrauchen:* Du willst in der ersten Mannschaft spielen? Die haben auf solche Flaschen wie dich gerade gewartet! »Auf Leute wie Sie haben wir hier gerade gewartet.« (Remarque, Westen 69).

auf sich warten lassen: *[lange Zeit] nicht eintreffen:* Die Verwirklichung dieser Pläne wird noch lange auf sich warten lassen, zur Zeit ist nicht genug Geld verfügbar. Der Winter hat dieses Jahr lange auf sich warten lassen. Der Zusammenbruch ließ nicht lange auf sich warten (Plievier, Stalingrad 336).

warum: warum ist die Banane krumm?: ↑Banane. **warum in aller Welt ...?:** ↑Welt. **wunders warum:** ↑wunder[s].

was: ach was (ugs.): *keinesfalls; nein, gar nicht:* Darf ich Ihnen für Ihre Mühe zwanzig Mark geben? – Ach was, das war doch eine Selbstverständlichkeit. Du hast wohl schlechte Laune heute? – Ach was, ich bin bloß hundemüde. Ich glaube, der Kleine hat Fieber. – Ach was, das ist bloß die Aufregung.

was jmdn., etwas anbelangt: ↑anbelangen. **was jmdn., etwas anbetrifft:** ↑anbetreffen. **[dann/gleich] gibts was:** ↑geben. **haste, was kannste:** ↑haben. **was jmd. an jmdm., an etwas hat:** ↑haben. **hast du was, dann bist du was:** ↑haben. **was ein Häkchen werden will, krümmt sich beizeiten:** ↑Haken. **jmdm. zeigen, was eine Harke ist:** ↑Harke. **was sage ich:** ↑sagen. **was du nicht sagst:** ↑sagen. **auf etwas was scheißen:** ↑scheißen. **jmdm. was scheißen:** ↑scheißen. **was nicht ist, kann noch werden:** ↑sein. **es setzt was:** ↑setzen. **so was:** ↑so. **was solls:** ↑sollen. **sonst noch**

was: ↑sonst. **verschiebe nicht auf morgen, was du heute kannst besorgen:** ↑verschieben. **was tuts:** ↑tun. **was kostet die Welt?:** ↑Welt. **was weiß ich:** ↑wissen. **was weiß ich noch alles:** ↑wissen. **weißt du was:** ↑wissen. **was will man/ich usw. mehr:** ↑wollen. **was Wunder:** ↑Wunder. **wunder[s] was:** ↑wunder[s]. **was das Zeug hält:** ↑Zeug.

Wäsche: schmutzige Wäsche [vor anderen Leuten] waschen: *missliche Angelegenheiten [vor Außenstehenden] diskutieren, aufdecken:* Die Parteiführer verständigten sich darüber, dass man wegen der Spendenaffäre keinesfalls im Parlament schmutzige Wäsche waschen werde. ... dass ich da über jemanden lese, der seine sprichwörtliche schmutzige Wäsche in der Öffentlichkeit wäscht (Denneny [Übers.], Lovers 163). In der Nacht nach der Blamage ... wurde schmutzige Wäsche gewaschen (MM 23. 6. 1978, 9).

jmdm. an die Wäsche gehen (ugs.): *jmdn. [im Intimbereich] betasten:* Dann hat er den Wagen im Wald geparkt und versucht, ihr an die Wäsche zu gehen. Wenn einer mal frech wurde oder mir sogar an die Wäsche wollte, war Detlef sofort da (Christiane, Zoo 103).

jmdn. aus der Wäsche hauen (ugs.): *jmdn. kräftig verprügeln:* Der Portier drohte den beiden, sie aus der Wäsche zu hauen.

dumm aus der Wäsche gucken: ↑gucken.

waschen: wasch mir den Pelz, aber/und mach mich nicht nass!: *jmd. möchte einen Vorteil genießen, ohne dafür irgendeinen Nachteil in Kauf nehmen zu wollen:* Alle wollten sie an der Erschließung des Neubaugebietes mitverdienen, aber keiner war bereit, sich öffentlich mit den Umweltschützern anzulegen. Man kennt das ja: Wasch mir den Pelz, aber mach mich nicht nass! Heute handeln viele nach der Methode: Wasch mir den Pelz, aber mach mich nicht nass (Dierichs, Männer 252).

sich gewaschen haben (ugs.): *besonders unangenehm sein:* Der kriegt eine Ohrfeige, die sich gewaschen hat! Zu allem Überfluss wollte das Finanzamt noch eine Steuernachzahlung, die sich gewaschen hatte. »... und todsicher gibt es

jetzt einen Krach, der sich gewaschen hat.« (Baldwin [Übers.], Welt 407).
da stehe ich jetzt mit meinem gewaschenen Hals: ↑ Hals. **eine Hand wäscht die andere:** ↑ Hand. **seine Hände in Unschuld waschen:** ↑ Hand. **jmdm. den Kopf waschen:** ↑ Kopf. **einen Mohren weiß waschen:** ↑ Mohr. **schmutzige Wäsche [vor anderen Leuten] waschen:** ↑ Wäsche. **mit allen Wassern gewaschen sein:** ↑ Wasser.
Wasser: **Wasser hat keine/(selten:) keinen Balken:** *Wasser ist gefährlich, weil man darin untergehen und ertrinken kann:* Nein, mit so einer Nussschale würde er nicht aufs offene Meer hinausfahren – Wasser hat keine Balken.
Wasser auf jmds. Mühle sein: *jmdn. unterstützen, beflügeln:* Solche halbherzigen Dementis vonseiten des Kanzlers waren Wasser auf die Mühle der Opposition. Die neuen Statistiken über gewalttätige Ehemänner sind Wasser auf die Mühle der Feministinnen.
jmdm. läuft das Wasser im Mund[e] zusammen (ugs.): *jmd. bekommt großen Appetit auf etwas, großes Verlangen nach etwas:* Schau dir den Auktionskatalog an! Da läuft doch jedem Sammler das Wasser im Mund zusammen! Silbi hat ihren Kochherd in Betrieb genommen, sie brät sich Zucker in einer Puppenpfanne. Das Wasser läuft ihr im Munde zusammen dabei, obwohl es schon sehr angebrannt riecht (Kempowski, Zeit 114).
jmdm. steht das Wasser bis zum Hals/bis an die Kehle/bis zur Kehle (ugs.): *jmd. ist in größten [finanziellen] Schwierigkeiten:* Nach dem Verlust zweier wichtiger Aufträge steht der Firma das Wasser bis an die Kehle. Ja, dieser Brief. Rohdewald schrieb ihn einen Monat vor seiner Verhaftung, da stand ihm das Wasser bis zum Hals (Loest, Pistole 144).
ein stilles Wasser (ugs.; scherzh.): *ein ruhiger Mensch:* Sein jüngerer Bruder war eher unscheinbar, ein stilles Wasser. Ich weiß, dass du ein stilles Wasser bist und geübt in der Verstellung und schielst nach mir ... (Hacks, Stücke 287).
stille Wasser sind tief: *äußerlich zurückhaltende, ruhige Menschen haben oft überraschende [Charakter]eigenschaften:* Eigentlich ist er in all den Jahren nie

besonders aufgefallen, und jetzt stellt sich heraus, dass er mit drei Frauen gleichzeitig verheiratet war! – Tja, stille Wasser sind tief.
da/bis dahin fließt noch viel Wasser den Berg/den Rhein/die Elbe/die Spree o. Ä. hinunter (ugs.): *das dauert noch eine lange Zeit:* Bis dieser Prozess durch alle Instanzen gelaufen ist, fließt noch viel Wasser den Neckar hinunter.
[jmdm.] Wasser in den Wein gießen (geh.): *[jmds.] Begeisterung dämpfen:* Ich bedaure, Ihnen Wasser in den Wein gießen zu müssen, aber vom Erlös dieser Verkäufe wird der Fiskus einen erheblichen Anteil fordern.
du kommst schon noch mal auf meinen Hof/in mein Klosett/auf meine Toilette Wasser trinken (ugs.): *du wirst mich schon noch einmal um meine Hilfe bitten:* Dann behalt doch dein blödes Geld für dich, du Geizkragen! Du kommst schon noch mal in mein Klosett Wasser trinken!
Wasser treten: 1. *sich durch tretende Beinbewegungen an der Wasseroberfläche halten:* Der Kleine kann zwar noch nicht richtig schwimmen, aber schon ganz gut Wasser treten. 2. *[bei der Anwendung eines Heilverfahrens] barfuß im kalten Wasser gehen:* Vor dem Frühstück mussten wir erst zehn Minuten Wasser treten.
Wasser in ein/mit einem Sieb schöpfen: *sich mit etwas Aussichtslosem abmühen:* Diesem Strohkopf etwas erklären zu wollen heißt Wasser in ein Sieb schöpfen.
sein Wasser/sich das Wasser abschlagen (veraltend): *[von Männern gesagt] urinieren:* Er eilte zum nächsten Baum, um sein Wasser abzuschlagen. Da es kaum öffentliche Toiletten gibt, schlagen sich viele Touristen das Wasser an irgendeiner Hauswand ab.
jmdm. das Wasser abgraben (ugs.): *jmdn. seiner Wirkungsmöglichkeiten berauben; jmdm. die Existenzgrundlage nehmen:* »Wir ... unterstützen den Nationalismus, weil er das beste Mittel ist, den Roten das Wasser abzugraben« (Feuchtwanger, Erfolg 553). Notfalls besitzt der Staat immer noch die Möglichkeit, dem Volke zusätzliche Konsumgü-

ter zur Verfügung zu stellen und so einer denkbaren Opposition das Wasser abzugraben (Mehnert, Sowjetmensch 250).
► Diese Wendung bezog sich wahrscheinlich ursprünglich auf den Betrieb der Wassermühle. Wer den Wasserzulauf verändert (z. B. durch das Graben eines neuen Bachbettes), sodass das Mühlrad nicht mehr oder mit weniger Kraft angetrieben wird, kann die Mühle stilllegen.

jmdm. nicht das Wasser reichen können (ugs.): *an jmds. Fähigkeiten, Leistungen o. Ä. nicht heranreichen:* Sie ist sicher eine gute Eiskunstläuferin, aber ihrer Konkurrentin aus Kanada kann sie nicht das Wasser reichen. ... ein Weltstar, dem unsere »Sterne« nicht das Wasser reichen können (Hörzu 26, 1979, 129).
► Im Mittelalter wurde vor den Mahlzeiten Wasser zur Reinigung der Hände herumgereicht. Die vorliegende Wendung meinte ursprünglich, dass jemand es nicht einmal wert sei, diese niedrige Tätigkeit auszuüben.

zu blöd/dumm, einen Eimer Wasser umzustoßen (ugs.): *sehr dumm und ungeschickt:* Lass ihn reden, der Typ ist doch zu blöd, einen Eimer Wasser umzustoßen!

kein Wässerchen trüben können (ugs.): *völlig harmlos sein:* Der Angeklagte sieht aus, als ob er kein Wässerchen trüben könne. Was für eine lächerliche Beschuldigung – Tante Annette kann kein Wässerchen trüben, das weiß doch jeder!
► Diese Wendung geht auf eine äsopische Fabel vom Wolf und dem Lamm zurück. Darin frisst der Wolf das Lamm mit der Begründung, es habe sein Trinkwasser verunreinigt (getrübt). In Wahrheit war das ausgeschlossen, da das Lamm weiter unten am Bach getrunken hatte als der Wolf.

reinsten Wassers; von reinstem Wasser: *ohne Einschränkung, durch und durch:* Die neue Leiterin des Staatsballetts war eine Tänzerin und Choreographin reinsten Wassers. Hermann ..., ein tief religiöser Mensch und ein Idealist von reinstem Wasser, fiel als ein Opfer des 20. Juli (Rothfels, Opposition 193).
► In der Fachsprache der Diamantenschleifer wird mit »erstes, zweites, drit-

tes usw. Wasser« der Reinheitsgrad der Diamanten bezeichnet. Hierauf geht diese Fügung zurück.

nahe am/ans Wasser gebaut haben (ugs.): *sehr leicht in Tränen ausbrechen:* Wer nahe ans Wasser gebaut hat, sollte für diesen Film eine besonders große Packung Papiertücher mitnehmen. Einige haben nah am Wasser gebaut, andere sind durchs Leben gehärtet (Hörzu 1, 1980, 25). ... manche haben so nahe am Wasser gebaut, dass eine rührende Zeitungsnachricht ihre Tränendrüsen aktiv werden lässt (Thielicke, Ich glaube 137).
► Die Wendung will ausdrücken, dass jemand den Tränen so nahe ist wie ein am Ufer gebautes Haus dem Wasser. Dabei klingt an, dass »Wasser« auch die Bedeutung »Tränen« haben kann; vgl. z. B. »das Wasser tritt, schießt jemandem in die Augen«.

wie aus dem Wasser gezogen sein (ugs.): *nass geschwitzt sein:* Es war derart schwül an diesem Tag, dass man nach einer halben Stunde Arbeit wie aus dem Wasser gezogen war.

bei Wasser und Brot sitzen: *im Gefängnis sein:* Lass dich auf solche krummen Dinger nicht ein – oder willst du ein paar Jahre bei Wasser und Brot sitzen?

ins Wasser fallen (ugs.): *ausfallen, nicht stattfinden können:* Es hatte einen riesigen Krach zwischen dem Intendanten und dem Regisseur gegeben, und die Premiere war ins Wasser gefallen. Katharina lächelte und bedauerte, dass die geplante Fahrt ins Neckartal nun ins Wasser gefallen sei (Ossowski, Liebe ist 73).

ins Wasser gehen (verhüll.): *sich das Leben nehmen, indem man sich in einem Fluss, See o. Ä. ertränkt:* Als sie wusste, dass sie schwanger war und dass der Kerl sie niemals heiraten würde, ging sie ins Wasser. Das Mädchen, dem das individuelle Dasein mit seinem Kummer zur Last geworden ist, will sich im Elementaren auflösen. Es geht ins Wasser (Niekisch, Leben 302).

ins kalte Wasser springen/geworfen werden (ugs.): *sich in ungewohnter Situation, bei einer völlig neuen Aufgabe bewähren müssen:* Nach dem Tod seines Vaters war er ins kalte Wasser gesprungen und hatte die Firmenleitung übernommen.

Als Reporterin ist sie damals ins kalte Wasser geworfen worden, aber sie hat sich hervorragend bewährt.

hier/dort o. ä. **wird auch nur mit Wasser gekocht; der kocht/die kochen auch nur mit Wasser:** *hier/dort/bei dem/bei denen geht es auch nicht anders zu als überall, werden auch keine Wunder vollbracht:* Das Institut hat einen hervorragenden Ruf auf dem Gebiet der Materialprüfung, aber letztlich wird dort auch nur mit Wasser gekocht. In der »Baracke« ... sah ich nicht nur fröhliche Gesichter: Es hat sich gezeigt, ... dass andere auch nur mit Wasser kochten (W. Brandt, Begegnungen 46).

► Diese Redensart bezog sich ursprünglich auf die (wirtschaftlichen) Verhältnisse ärmerer Leute, bei denen mit Wasser statt mit Wein, Fleischbrühe o. Ä. gekocht wurde.

mit allen Wassern gewaschen sein (ugs.): *sehr gerissen sein, alle Tricks kennen:* Wer es in diesem Job zu etwas bringen will, der muss schon mit allen Wassern gewaschen sein. ... ich hatte, obwohl ich selbst, wie man zu sagen pflegt, schon mit allen Wassern gewaschen war, ein wenig Angst vor ihm (Roth, Beichte 89). Aufsiepe, als alter Geheimdienstler mit allen Wassern gewaschen, trieb in der Kölner Unterwelt zwei tüchtige Halunken auf (Zwerenz, Quadriga 131).

► Diese Wendung bezog sich ursprünglich auf Seeleute, die schon mit dem Wasser verschiedener Ozeane in Berührung gekommen waren, also weit gereist und daher sehr erfahren waren.

wie mit kaltem Wasser übergossen: *plötzlich ernüchtert, enttäuscht:* Die Hinterbliebenen saßen da wie mit kaltem Wasser übergossen, als der Notar das Testament verlesen hatte.

jmdn., sich über Wasser halten: *jmds., seine eigene Existenz [in wirtschaftlicher Hinsicht] erhalten:* Der neue Kredit sollte ihn so lange über Wasser halten, bis er seine Produktion umgestellt hat. Mit Holzhacken für ein warmes Essen, mit Botengängen hielt er sich über Wasser (Kühn, Zeit 58). Es sind die vom Leben am härtesten Gebeutelten, die sich mit Drehorgelmusik ... mühsam über Wasser halten (Hörzu 3, 1973, 57).

etwas unter Wasser setzen: *etwas mit Wasser überfluten:* Durch den Staudamm wird das Tal unter Wasser gesetzt werden. Eine defekte Waschmaschine hatte die Küche unter Wasser gesetzt. ... indem sie die Blüten mit dem Zerstäuber verschwenderisch unter Wasser setzte (Langgässer, Siegel 505).

unter Wasser stehen: *überflutet sein:* Nach dem letzten Gewittersturm standen sämtliche Straßen der Altstadt unter Wasser. Wir haben einen Rohrbruch im Haus, der ganze Keller steht schon unter Wasser. ... weil die Au ... jedes Jahr nach der Schneeschmelze unter Wasser steht (Zenker, Froschfest 109).

zu Wasser werden (ugs.): *nicht verwirklicht werden können:* Das ist alles bereits gebrieft und gesiegelt, und es müsste der Gottseibeiuns selbst die Hand im Spiele haben, damit alles wieder zu Wasser werde wie so oft in meinem Leben (Werfel, Himmel 44).

an jmdm. ablaufen wie das Wasser am Entenflügel/an der Gans/am Pudel: ↑ ablaufen. **Blut und Wasser schwitzen:** ↑ Blut. **Blut ist dicker als Wasser:** ↑ Blut. **ein Gegensatz wie Feuer und Wasser:** ↑ Gegensatz. **gesund wie ein Fisch im Wasser:** ↑ gesund. **der Krug geht so lange zum Wasser, bis er bricht:** ↑ Krug. **munter wie ein Fisch im Wasser:** ↑ munter. **Rotz und Wasser heulen:** ↑ Rotz. **ein Schlag ins Wasser [sein]:** ↑ Schlag. **jmdn. schleifen, bis ihm das Wasser im Arsch kocht:** ↑ schleifen. **auf beiden Schultern Wasser tragen:** ↑ Schulter. **die Sonne zieht Wasser:** ↑ Sonne. **ein Sprung ins kalte Wasser:** ↑ ¹Sprung. **eine Stange Wasser in die Ecke stellen:** ↑ Stange. **jmds. Strümpfe ziehen Wasser:** ↑ Strumpf.

Wasserbüffel: nachtragend wie ein Wasserbüffel sein: ↑ nachtragend.

Wasserfall: einen hohen Wasserfall haben (derb; scherzh.): *langbeinig sein (von Frauen):* Donnerwetter, die Blonde da vorn hat aber einen hohen Wasserfall! **reden wie ein Wasserfall:** ↑ reden.

Wasserglas: ein Sturm im Wasserglas: ↑ Sturm.

Wasserleiche: aussehen wie eine Wasserleiche: ↑ aussehen.

Wassersuppe: nicht auf der Wassersuppe dahergeschwommen sein (ugs.; veraltend): *nicht irgendwer, nicht von niedriger Herkunft sein:* Er soll sich nicht so aufspielen mit seinem Grafentitel; unsereins ist schließlich auch nicht auf der Wassersuppe dahergeschwommen.

wässrig: jmdm. den Mund wässrig machen: ↑ Mund.

waten: im Blut/in jmds. Blut waten: ↑ Blut. **[bis zu den Knien] im Kot/Morast/ Schmutz waten:** ↑ Kot.

Watte: Watte in den Ohren haben (ugs.): *nicht hören wollen:* Der Azubi hatte Watte in den Ohren und musste mal zusammengestaucht werden. Hast du Watte in den Ohren? Du sollst gefälligst die Finger von der Stereoanlage lassen!

der/die usw. **kann/soll sich in Watte packen lassen** (ugs.): *er/sie* usw. *ist allzu empfindlich:* Deine Schwester kann sich in Watte packen lassen – es hat sie doch kein Mensch beleidigen wollen! Wenn er Angst hat, er könnte sich beim Fußballspielen schmutzig machen, dann soll er sich doch in Watte packen lassen!

jmdn. in Watte packen: *jmdn. in übertriebener Weise behüten, umsorgen:* Man darf die Kinder nicht in Watte packen, die können ruhig auch mal bei Regen draußen spielen. Dauernd fragte sie, ob ich was brauche, was sie mir zu essen richten solle, ... Sie hätte mich am liebsten wie ein Kind in Watte gepackt (v. d. Grün, Glatteis 238).

weben: leben und weben: ↑ leben.

Webfehler: einen Webfehler haben (ugs.): *nicht recht bei Verstand sein:* Die Frau des Lehrers hatte seit dem Bombenangriff einen Webfehler, das war bekannt in der Stadt. Du hast wohl 'nen Webfehler – wieso sollte ich deinen Schnaps bezahlen?

wechseln: etwas wechseln wie das Hemd/ wie seine Hemden (ugs.): *etwas sehr häufig wechseln:* Er wechsele seine Jobs wie seine Hemden. Darf ein Politiker seine Meinung wechseln wie das Hemd? **»Bäumchen, wechsle dich« spielen:** ↑ Bäumchen. **die Farbe wechseln:** ↑ Farbe. **die Ringe [mit jmdm.] wechseln:** ↑ ¹Ring. **die Tapeten wechseln:** ↑ Tapete. **der Worte sind genug gewechselt:** ↑ Wort.

wecken: gefährlich ists, den Leu zu wecken: ↑ gefährlich. **schlafende Hunde wecken:** ↑ schlafen.

Wecker: jmdm. auf den Wecker fallen/gehen (ugs.): *jmdm. lästig werden:* Du fällst mir langsam auf den Wecker mit deiner ewigen Nörgelei! Ich sah mich schon als einsame Jungfer, die völlig isoliert ist und allen Leuten nur auf den Wecker fällt (Schwarzer, Unterschied 66). Ich will ihn loswerden, der geht mir langsam auf den Wecker (Spiegel 15/1976, 81).

wedeln: sich einen von der Palme wedeln: ↑ Palme.

weder: ent oder weder: ↑ ent.

weg: [ganz/einfach] weg sein; hin und weg sein (ugs.): *begeistert sein:* Ein Blick, ein Lächeln dieser Frau, und alle Männer waren weg. ... wir haben uns kaputtgelacht, und die Mädchen waren ganz weg von ihm (Kicker 82, 1981, 44). Miriam sehen und hin und weg sein war eins. Drei Jahre später haben wir geheiratet (Danella, Hotel 68).

über etwas weg sein (ugs.): *etwas überwunden haben:* Es wird einige Zeit dauern, bis er über diese Enttäuschung weg ist. Schon seit einem Jahr lebt sie getrennt von ihm, aber sie ist immer noch nicht darüber weg.

in einem weg (ugs.): *ununterbrochen:* Wie soll sie denn mit meiner Arbeit fertig werden, wenn sie in einem weg unterbrochen wird. Der Alte hat in einem weg vor sich hin gebrabbelt.

weg vom Fenster sein: ↑ Fenster. **vom Fleck weg:** ↑ Fleck. **weg mit Schaden:** ↑ Schaden.

Weg: Weg und Steg: *alle Wege; die ganze Gegend:* Hier war sie aufgewachsen, hier kannte sie Weg und Steg. Der alte Schäfer wird Ihnen sagen, wie Sie zur Hütte hinaufkommen; ihm sind Weg und Steg vertraut wie keinem anderen.

weder Weg noch Steg: *kein Weg:* In dem Wald gibt es weder Weg noch Steg. Sie stolperten durch die Dunkelheit und fanden den Weg noch Steg.

der Weg zur Hölle ist mit guten Vorsätzen gepflastert: *gute Vorsätze werden meist nicht verwirklicht, bringen meist keine Rettung:* Wir hatten uns so fest vorgenommen, sparsam zu sein, aber heute haben wir weniger Geld als je zuvor! – Tja, der Weg zur Hölle ist mit guten Vorsätzen gepflastert.

▶ Diese Redensart ist wahrscheinlich aus dem Englischen übernommen, wo »hell is paved with good intentions« (= die Hölle ist mit guten Absichten gepflastert) seit dem 18. Jh. belegt ist.

es ist noch ein langer/weiter Weg bis zu etwas: *es ist noch viel zu tun, es dauert noch lange bis zu etwas:* Die Verhandlungen haben gerade erst begonnen, bis zu einer Einigung ist es noch ein weiter Weg. Es ist noch ein langer Weg, bis wir von einem echten Fortschritt in der Krebsbekämpfung sprechen können.

viele Wege führen nach Rom: *es gibt mehrere Möglichkeiten, ein Ziel zu erreichen:* Wenn sie von der staatlichen Akademie nicht angenommen wird, geht sie eben in eine private Kunstschule; es führen viele Wege nach Rom. ▶ Die Herkunft der Redensart ist unklar. Sie geht wohl von der Vorstellung aus, dass Rom der (geistige) Mittelpunkt der Welt ist, während das Sprichwort »Alle Wege führen nach Rom« in dem Sinne zu verstehen ist, dass alle Wege in die katholische Kirche münden.

jmdm. stehen alle Wege offen: *jmd. hat viele gute Möglichkeiten für seine Zukunft:* Als Sohn des Oberbürgermeisters stehen ihm in der Politik alle Wege offen.

hier trennen sich unsere Wege: *hier hört unsere bisherige Zusammenarbeit, die Übereinstimmung unserer Ansichten auf:* Bis zu einem gewissen Grad war ich bereit, deine dunklen Geschäfte zu decken, aber hier trennen sich unsere Wege – mit Erpressung will ich nichts zu tun haben.

jmdm. den Weg abschneiden: *jmdm. auf kürzerem Weg zuvorkommen:* Die Polizisten versuchten, den Flüchtenden den Weg abzuschneiden.

jmdm. den Weg vertreten: *jmdn. am Weitergehen hindern, indem man sich vor ihn stellt:* An einer dunklen Straßenecke vertraten ihm zwei finstere Gestalten den Weg. »Halt, halt!« Ronni vertrat ihr den Weg. »So schnell sind wir diesmal nicht miteinander fertig, Eva« (Geissler, Wunschhütlein 180).

jmdm., einer Sache den Weg/die Wege ebnen: *jmdn., etwas fördern [indem man Schwierigkeiten aus dem Weg räumt]:* Ihr Charme hatte ihr häufig den Weg geebnet. ... wissen Sie, dass mein Vater,

Großvater und Urgroßvater mir die Wege geebnet haben (Th. Mann, Buddenbrooks 245). Den Besprechungen, die zwischen den Landtagsparteien eingeleitet worden waren, ... ebnete ich die Wege (Niekisch, Leben 52).

den Weg allen/alles Fleisches gehen (geh.): *sterben:* Auch die Großen und Mächtigen müssen den Weg allen Fleisches gehen. ▶ Wahrscheinlich geht diese Wendung auf die Bibel (1. Moses 6,12f.) zurück, wo Gott zu Noah sagt, er habe das »Ende allen Fleisches« beschlossen.

den Weg alles Irdischen gehen (scherzh.): *unbrauchbar werden, entzweigehen:* Zu dem Service hat auch eine große Suppenterrine gehört, aber die ist inzwischen den Weg alles Irdischen gegangen. Dann zeigte sie auf Hannas nackte Beine – ihre Seidenstrümpfe waren längst den Weg alles Irdischen gegangen – und sagte ... (Müthel, Baum 84).

den Weg des geringsten Widerstandes gehen: *allen Schwierigkeiten ausweichen, auszuweichen suchen:* Die Funktionäre gingen meistens den Weg des geringsten Widerstandes. Um aber auf diese Weise nicht ständig mit Ihrer Umwelt in Konflikt zu kommen, gehen Sie den Weg des geringsten Widerstandes und hetzen andere gegen Ihre Vorgesetzten auf ... (Innerhofer, Schattseite 230).

den Weg zwischen die Beine nehmen (veraltet): *schnell gehen, eilen:* Mein Gott, es ist schon halb sieben – wir müssen den Weg zwischen die Beine nehmen.

mit etwas hat es noch gute Wege: *etwas tritt in absehbarer Zeit nicht ein; etwas dauert noch lange:* Eines Tages wird auch dieses einsame Tal für den Tourismus erschlossen werden, aber damit hat es noch gute Wege.

eigene Wege gehen: *selbstständig, unabhängig handeln:* Der Künstler ist bei seiner Interpretation der Ödipussage ganz eigene Wege gegangen. Sie beschließt ..., ein Zimmer zu mieten und ihre eigenen Wege zu gehen (Chotjewitz, Friede 231). ... schließlich hat sich auch niemand gewundert, wenn Ehefrauen, vom Manne übersehen, ihre eigenen Wege gingen (Thieß, Reich 366).

neue **Wege gehen:** *auf neue, noch nicht erprobte Weise handeln:* Die Regierung muss in der Finanzpolitik neue Wege gehen, wenn die Wirtschaftskrise überwunden werden soll. Bei der Entwicklung dieses Impfstoffes sind die Wissenschaftler ganz neue Wege gegangen.

lange Wege gehen (Sport): *lange Strecken im Spiel zurücklegen:* Mit gut platzierten Vorhandschlägen zwang er seinen Gegner, lange Wege zu gehen. Der Mann hat Kondition, kann lange Wege gehen, ist also als defensiver Aufbauspieler bestens geeignet.

seinen Weg gehen: *sein Leben so einrichten, wie man es für richtig hält:* Sie würde ungeachtet aller Schwierigkeiten ihren Weg gehen, davon waren wir damals alle überzeugt.

seinen Weg machen: *[im Leben] vorwärts kommen, Erfolg haben:* Das neue Ensemble ist zwar noch etwas unerfahren, aber es wird seinen Weg machen. Das Publikum war mit ihm stolz. Er hat seinen Weg gemacht!, dachten sie, und jedem unter ihnen schien es ein Versprechen zu sein, dass es auch ihm einmal gelingen könnte, seinen Weg zu machen (Lederer, Bring 100).

des Weges kommen (veraltend): *daherkommen:* Ein Müllersohn kam gerade des Weges, der einen Mühlstein auf den Schultern trug.

woher/wohin des Weg[e]s? (geh.; sonst scherzh.): *woher kommst du/wohin gehst du gerade?:* Na, junger Freund, woher des Wegs? Wir haben wohl ein wenig die Schule geschwänzt? Und als die beiden ... zur Stadt ritten, holten sie einen Schornsteinfeger ein. Gleich bot ihm der Baron freundlich Tageszeit: »Wohin des Weges?« – »Zurück nach Münster ...« (Winckler, Bomberg 100).

seiner Wege gehen (veraltend): *fortgehen:* Mancher blieb wohl eine Weile kopfschüttelnd vor dem Plakat stehen, ging dann aber achselzuckend seiner Wege. Er setzte die Mütze auf seinen Kopf, schob die Hände tief in die Hosentaschen und ging seiner Wege (Hausmann, Salut 27).

auf Weg und Steg: *überall:* Auf Weg und Steg begegneten sie Pilzsammlern und Beerenpflückern.

sich auf den Weg machen: *aufbrechen:* Nachdem ich mich etwas erfrischt und im Restaurant mein Abendbrot verzehrt hatte, machte ich mich auf den Weg (Jens, Mann 52). Es herrschte mildes Winterwetter ..., als sie sich auf den Weg machte (H. Kolb, Wilzenbach 106).

jmdn. auf den rechten Weg führen: *jmdn. vor [weiteren] Fehlern, Verfehlungen bewahren:* Auch dem Pfarrer war es nicht gelungen, diesen alten Halunken auf den rechten Weg zu führen. Was soll denn aus euch werden? Ihr braucht eine sichere Hand, die euch auf den rechten Weg führt (Innerhofer, Schattseite 222).

jmdm. etwas mit auf den Weg geben: *jmdm. etwas geben/sagen, was für seinen weiteren [Lebens]weg nützlich sein soll:* Für die Eltern war es selbstverständlich, dass sie ihren Kindern vor allem eine gute Ausbildung mit auf den Weg geben würden. Wir beherzigen weiterhin die Ratschläge, die erfahrene Skiläufer immer wieder den Anfängern mit auf den Weg geben (Gast, Bretter 44). Man musste freilich wissen, dass er kaum einen Millimeter von dem abwich, was ihm der General als ... Richtlinie mit auf den Weg gegeben hatte (W. Brandt, Begegnungen 133).

auf dem schnellsten Weg[e]: *so schnell wie möglich:* Diese Missverständnisse müssen auf dem schnellsten Weg ausgeräumt werden. Ihre Aufgabe ist jetzt, auf dem schnellsten Wege zu verschwinden (Kuby, Sieg 262).

auf dem besten Wege sein: *im Begriff sein, nahe daran sein:* Sie war auf dem besten Wege, deutsche Meisterin im Eiskunstlauf zu werden. Beide waren auf dem besten Wege, ihre kleinen Meinungsverschiedenheiten ins Unermessliche zu potenzieren (Ruthe, Partnerwahl 150). Diese Rohstoffe ... sind seit wenigen Jahrzehnten auf dem besten Wege, der Kohle ihren Rang abzulaufen (Kosmos 3, 1965, 113).

auf dem falschen Weg sein: *sich irren, das Falsche tun [um etwas zu erreichen]:* Waren die Politiker auf dem falschen Weg, als sie sich für die Energiegewinnung aus Atomkraft einsetzten? Die Polizei war auf dem falschen Weg, der Verdächtige hatte ein wasserdichtes Alibi.

auf dem richtigen Weg sein: *Recht haben, das Richtige tun [um etwas zu erreichen]:* Die Forschungsgruppe glaubt, mit dem Einsatz von Laserenergie auf dem richtigen Weg zu sein. Wir haben Klarheit, und wir sind auf dem richtigen Weg (Hacks, Stücke 348).

auf dem Wege einer Sache: *mithilfe einer Sache, über etwas:* Der Konflikt kann nur auf dem Wege bilateraler Verhandlungen beigelegt werden. Wir hätten auf dem Wege eines Kompromisses wahrscheinlich mehr erreichen können.

auf dem Wege der Besserung sein: *allmählich wieder gesund werden:* Das Schlimmste ist überstanden, die Patientin befindet sich auf dem Wege der Besserung. Er war bereits auf dem Wege der Besserung, als ein schlimmer Rückfall ihn wieder aufs Krankenlager warf.

auf halbem Weg[e] stecken bleiben: *nicht zum Abschluss kommen, nicht fertig werden:* Mit der Steuerreform blieb die Regierung auf halbem Wege stecken, da der Finanzminister plötzlich neue Bedenken anmeldete. Die Bauarbeiten sind auf halbem Wege stecken geblieben.

auf halbem Weg[e] stehen bleiben/umkehren: *etwas Begonnenes mittendrin abbrechen, nicht zu Ende führen:* Nachdem ihr euch getrennt habt, solltet ihr euch auch scheiden lassen – warum auf halbem Weg stehen bleiben? Natürlich macht er jetzt auch sein zweites Staatsexamen, er wird doch nicht auf halbem Wege umkehren!

sich auf halbem Weg[e] treffen: *sich durch einen Kompromiss einigen:* Wozu der Streit? Wir könnten uns doch auf halbem Weg treffen. Man lat sich auf halbem Wege getroffen – dies war der Kommentar eines ... Beamten zu jenem Gespräch zwischen Adenauer und de Gaulle (Dönhoff, Ära 122).

jmdm. auf halbem Weg[e] entgegenkommen: *jmdm. gegenüber teilweise nachgeben:* Wenn Sie mir auf halbem Wege entgegenkommen, können wir uns über die Lieferbedingungen sicher einig werden. Wenn sie ihrem Freund auf halbem Weg entgegenkommt, wird er sich bestimmt wieder mit ihr versöhnen.

jmdn. auf dem/seinem letzten Weg begleiten (geh.): *an jmds. Beerdigung teil-*

nehmen: Am Dienstagmorgen werden die Hinterbliebenen den teuren Verblichenen auf seinem letzten Weg begleiten. Hunderte von Trauergästen begleiteten den verstorbenen Schauspieler auf dem letzten Weg.

jmdm., einer Sache aus dem Weg[e] gehen: *jmdn., etwas meiden:* Die Delegation war entschlossen, jeder Konfrontation aus dem Weg zu gehen. Sie hätten von Anfang an wissen müssen, dass sie keine Freunde sind, und sich aus dem Wege gehen (Reinig, Schiffe 76). Es ist ihm nicht mehr möglich, dem unseligen Schicksal aus dem Wege zu gehen (Penzoldt, Mombour 18).

jmdn. aus dem Weg räumen (ugs.): *jmdn. ausschalten, umbringen:* Als der Bürgermeister sich mit der Mafia anlegte, wurde er kaltblütig aus dem Weg geräumt. Belastungszeugen wird es bei dem Prozess nicht geben, die werden von den Freunden des Angeklagten rechtzeitig aus dem Weg geräumt.

[jmdm.] etwas aus dem Weg[e] räumen: *[für jmdn.] etwas überwinden, beseitigen:* Ihre Wahl zur Präsidentin ist so gut wie sicher, die Fraktion hat ihr alle Widerstände innerhalb der Partei aus dem Weg geräumt. ... später habe ich meinen Teil dazu getan, das ... Problem aus dem Wege zu räumen (W. Brandt, Begegnungen 195). In die Gruppe der verzärtelten Kinder gehören auch jene, denen man alle Schwierigkeiten aus dem Wege räumt (Ruthe, Partnerwahl 147).

noch gut bei Wege sein (veraltet): *noch gesund und rüstig sein:* Achtzig ist er geworden, und er ist durchaus noch gut bei Wege.

jmdm., einer Sache nichts in den Weg legen: *jmdn., eine Sache nicht behindern; jmdm., einer Sache keine Schwierigkeiten machen:* Die Behörden werden dem Projekt nichts in den Weg legen, aber mit Protesten einzelner Bürgerinitiativen ist zu rechnen. Die Eltern sind vernünftig und legen ihnen nichts in den Weg (Sebastian, Krankenhaus 111).

jmdm. in den Weg treten; sich jmdm. in den Weg stellen: 1. *jmdn. den Weg verstellen:* Ein finster blickender Mensch trat ihr in den Weg und forderte sie auf, sofort zu verschwinden. 2. *sich jmdm.*

entgegenstellen: Es waren gleich vier Bürgerinitiativen, die sich der Baubehörde in den Weg stellten und eine vorläufige Einstellung der Bauarbeiten erreichten. Er übertrieb nicht, denn in seinen Geschichten war er so, wie er hätte sein können ..., wenn sich ihm keiner von den Besserwissern in den Weg stellte (Härtling, Hubert 258).

etwas in die Wege leiten: *etwas anbahnen; dafür sorgen, dass etwas geschieht:* Der Staatsanwalt hat ein Ermittlungsverfahren in die Wege geleitet. ... will die DDR ... eine große Expertengruppe ... entsenden, um die ... Zusammenarbeit in die Wege zu leiten (MM 20. 8. 1971, 11).

jmdm., einer Sache im Weg[e] stehen/sein: *für jmdn., etwas ein Hemmnis sein:* Der Unmut über diejenigen, die den eigenen Ideen, Plänen und Wünschen im Wege stehen, könnte dann leicht die Oberhand gewinnen (Dönhoff, Ära 114). »O bitte«, sagte ich, »keine Umstände. Ich sehe, Sie sind bewaffnet. Ich will Ihnen nicht im Wege sein« (Bieler, Bonifaz 36).

einer Sache steht nichts im Weg[e]: *etwas ist [ohne Probleme] möglich:* Der Teilnahme von Wissenschaftlern aus den osteuropäischen Staaten an dieser Konferenz steht nichts im Wege. Die alten Machthaber waren ins Exil geschickt worden, und einem politischen Neubeginn stand nun nichts mehr im Wege.

sich selbst im Weg[e] stehen: *sich selbst behindern:* Bei seiner übertriebenen Genauigkeit steht er sich bei der Bewältigung praktischer Probleme meistens selbst im Weg. ... ich verstand plötzlich die Invaliden ..., die niemand mehr haben wollte, die anderen und sich selbst im Wege standen (v. d. Grün, Glatteis 293).

jmdm. über den Weg laufen (ugs.): *jmdm. zufällig begegnen:* Sie hatten die letzte Schulstunde geschwänzt und wollten auf keinen Fall einem der Lehrer über den Weg laufen. ... in einem so kleinen Ort könntet ihr euch über den Weg laufen, was peinlich wäre (Saarbr. Zeitung 14. 3. 1980, 27/29).

jmdm./einer Sache nicht über den Weg trauen: *jmdm./einer Sache sehr misstrauen:* Die alte Dame traute ihrem Schwiegersohn nicht über den Weg. Was

nun die Statistik anbelangt, so kann man ihr nicht unbesehen über den Weg trauen (MM Pfingsten 1979, 49).

jmdn. vom rechten Weg abbringen (veraltet): *jmdn. zu unrechtem Verhalten, zu einem schlechten Lebenswandel verleiten:* Er war keine kriminelle Natur, ließ sich aber von seinen Freunden immer wieder vom rechten Weg abbringen.

vom rechten Weg abkommen (veraltet): *anfangen, einen schlechten Lebenswandel zu führen:* Durch Alkohol und Drogen war er schon als Schüler vom rechten Weg abgekommen.

jmdm. Hindernisse in den Weg legen: ↑ Hindernis. **auf kaltem Wege:** ↑ kalt. **Mittel und Wege finden/suchen:** ↑ Mittel. **jmdm. Steine in den Weg legen:** ↑ Stein. **jmdm. die Steine aus dem Weg räumen:** ↑ Stein. **wo ein Wille ist, ist auch ein Weg:** ↑ Wille.

wegblasen: wie weggeblasen [sein] (ugs.): *(meist von etwas Unangenehmem gesagt) plötzlich verschwunden [sein]:* Nach einer Tasse Kaffee war ihre Müdigkeit wie weggeblasen. Sobald ich im Wartezimmer Platz genommen hatte, waren meine Zahnschmerzen wie weggeblasen. Wenn Terris einmal nicht auf der Liste der Darsteller prangte, war die Menge an der Kasse wie weggeblasen (Erné, Fahrgäste 78).

wegbleiben: jmdm. bleibt die Luft weg: ↑ Luft. **jmdm. bleibt die Sprache weg:** ↑ Sprache. **jmdm. bleibt die Spucke weg:** ↑ Spucke.

wegen: von Rechts wegen: ↑ Recht. **von ... wegen:** ↑ von. **von wegen [Otto]:** ↑ von.

wegfahren: jmdm. vor der Nase wegfahren: ↑ Nase.

Wegfall: in Wegfall kommen (Papierdt.): *wegfallen:* Bei der Neufassung der vorliegenden Verordnung sollen die Paragraphen 4, 9a und 15 in Wegfall kommen. Die Vergütung der Unterhausmitglieder kam im 17. Jh. in Wegfall (Fraenkel, Staat 234).

wegfliegen: jmdm. fliegt das Blech weg: ↑ Blech.

wegfressen: aussehen/ein Gesicht machen, als hätten einem die Hühner das Brot weggefressen: ↑ aussehen.

weggehen: weggehen wie warme Semmeln: *sich sehr gut verkaufen:* Wenn vor

Weihnachten noch Schnee fällt, dann werden die Rodelschlitten weggehen wie warme Semmeln. Sie werden sehen: Der Käse geht weg wie warme Semmeln (Bieler, Bonifaz 156). Die Platten gingen weg wie warme Semmeln: und Oskar wurde reich (Grass, Blechtrommel 694). **geh mir weg mit etwas** (ugs.): *von etwas halte ich nichts:* Geht mir doch weg mit eurem Beethoven, für mich ist Bach der Größte! Diese Wunderheilmittel kenne ich – geh mir damit weg! Geh mir weg mit Familie ... (Degener, Heimsuchung 50).

weghaben: einen weghaben (ugs.): 1. *betrunken sein:* Gestern Abend hat er ganz schön einen weggehabt! 2. *nicht recht bei Verstand sein, verrückt sein:* Der Alte muss doch einen weghaben – jetzt hat er sein ganzes Geld dieser komischen Sekte vermacht! Seit sie damals vom Pferd gefallen ist, hat sie einen weg. **sein Fett weghaben:** ↑ Fett. **die Kurve weghaben:** ↑ Kurve. **die Ruhe weghaben:** ↑ Ruhe. **einen Schlag [mit der Wichsbürste] weghaben:** ↑ Schlag. **sein[en] Teil weghaben:** ↑ Teil. **einen Zacken weghaben:** ↑ Zacken.

weglaufen: [jmdm.] nicht weglaufen: *[von jmdm.] nicht gleich erledigt werden müssen:* Morgens macht sie einen Stadtbummel; die Hausarbeit läuft ihr ja nicht weg. ... fragt Annemarie, ob Hermann die Bilder ... selber abholen möchte. Frühestens in vierzehn Tagen. Die Bilder laufen nicht weg (Bieler, Bär 74).

wegschmeißen: den Löffel wegschmeißen: ↑ Löffel.

wegschnappen: jmdm. etwas vor der Nase wegschnappen: ↑ Nase.

wegschwimmen: jmdm. sind die/alle Felle weggeschwommen: ↑ Fell. **seine Felle wegschwimmen sehen:** ↑ Fell.

wegsehen: jmdn. vom Wegsehen kennen (ugs.): *jmdn. nicht mögen [und deshalb näheres Kennenlernen vermeiden]:* Den Rentner vom dritten Stock kenne ich nur vom Wegsehen, der ist heute noch stolz auf seine Karriere bei den Nazis.

wegtragen: das trägt die Katze auf dem Schwanz weg: ↑ Katze.

wegtreten: [geistig] völlig weggetreten sein (ugs.): *völlig geistesabwesend sein:* Der Lkw-Fahrer muss geistig völlig weg-

getreten sein, als er seinen Lastzug mitten auf den Gleisen stehen gelassen hat. ... kam er ... an mir vorbei; mit glasigen Augen und, allen Anzeichen nach, geistig weggetreten (Amory [Übers.], Matten 63).

wegziehen: jmdm. den Boden unter den Füßen wegziehen: ↑ Boden.

weh: [aber] sonst tut dir nichts weh? (ugs.): *du bist nicht recht bei Verstand, wenn du das wirklich so meinst:* Ich soll dir zweitausend Mark fürs Spielkasino leihen? Aber sonst tut dir nichts weh? **Ach und Weh schreien:** ↑ ach. **wenn Dummheit weh täte, müsste er den ganzen Tag schreien:** ↑ Dummheit. **jmdm. tut kein Zahn mehr weh:** ↑ Zahn.

Weh: mit vielem Ach und Weh: *stöhnend, seufzend:* Mit vielem Ach und Weh hatte sie endlich die zwanzig Mark aus ihrem Portemonnaie gekramt. **jmds. Wohl und Wehe:** ↑ Wohl.

wehen: [ach] daher weht der Wind: ↑ Wind. **sich den Wind um die Nase wehen lassen:** ↑ Wind. **hier, dort weht ein anderer/scharfer/schärferer Wind:** ↑ Wind. **wissen/merken, woher der Wind weht:** ↑ Wind. **es weht ein rauher Wind.** ↑ Wind.

Wehr: sich zur Wehr setzen: *sich verteidigen, sich wehren:* Die Bauern wurden aufgerufen, sich gegen die Brüsseler Beschlüsse zur Wehr zu setzen. Mit lauter Stimme setzt er sich gegen irgendwelche Leute zur Wehr (Chotjewitz, Friede 276). Helene erzählte mir, dass auch Georg ... sich oft allein gegen mehrere zur Wehr setzen musste (Innerhofer, Schattseite 120).

wehren: wehret den Anfängen: ↑ Anfang. **sich mit Händen und Füßen gegen etwas wehren:** ↑ Hand. **sich seiner Haut wehren:** ↑ Haut.

Weib: Weib und Kind (veraltet; noch scherzh.): *die Ehefrau und das Kind/die Kinder:* Wie soll man mit so wenig Geld Weib und Kind ernähren? Er hat Weib und Kind verlassen und ist zur Fremdenlegion gegangen. **Männlein und Weiblein:** ↑ Männlein. **Schwachheit, dein Name ist Weib:** ↑ Schwachheit.

Weibchen: nicht mehr wissen, ob man Männchen oder Weibchen ist: ↑ Männchen.

weich: eine weiche Birne haben: ↑ Birne. einen weichen Keks haben: ↑ Keks. mit weichen Knien: ↑ Knie. weiche Knie haben: ↑ Knie. jmdm. werden die Knie weich: ↑ Knie. in den Knien weich werden: ↑ Knie.

Weiche: die Weichen für etwas stellen: *etwas anbahnen [und in seiner künftigen Entwicklung mehr oder weniger festlegen]:* Dank unermüdlicher diplomatischer Aktivitäten konnten die Weichen für ein neues Gipfeltreffen noch in diesem Jahr gestellt werden. Die entscheidenden Weichen in den Koalitionsgesprächen wurden ... gestellt (W. Brandt, Begegnungen 174). Kein Zweifel, die Weichen sind gestellt. Es könnte sein ..., dass wir an einer Wende stehen (Dönhoff, Ära 230).

weichen: jmdm. nicht von der Seite weichen: ↑ Seite. nicht wanken und nicht weichen: ↑ wanken.

Weihnachten: weiße/grüne Weihnachten: *Weihnachten mit/ohne Schnee:* Bei dem milden Wetter werden wir wohl wieder grüne Weihnachten haben. Sie sind ins Hochgebirge gefahren, weil sie unbedingt weiße Weihnachten erleben wollen.

ein Gefühl wie Weihnachten: ↑ Gefühl.

Weihnachtsgans: jmdn. ausnehmen wie eine Weihnachtsgans: ↑ ausnehmen.

Weihnachtsmann: [noch] an den Weihnachtsmann glauben (ugs.): *sehr naiv sein:* Du meinst, er wird dir das geliehene Geld morgen zurückgeben? Du glaubst auch noch an den Weihnachtsmann! Mit meiner Sehnsucht nach Vaters Liebe kam ich meinem Bruder wohl vor wie einer, der noch an den Weihnachtsmann glaubt (Wilhelm, Unter 155).

Weihwasser: jmdn., etwas fürchten wie der Teufel das Weihwasser: ↑ fürchten.

Weile: mit etwas hat es gute Weile (veraltet): *mit etwas wird es noch dauern:* Mit dem Erscheinen seiner Memoiren hat es gute Weile.

gut Ding will Weile haben: ↑ Ding. eile mit Weile: ↑ eilen.

weilen: nicht mehr unter uns/unter den Lebenden weilen (verhüllend): *verstorben sein:* Die meisten Augenzeugen der Katastrophe weilen nicht mehr unter

den Lebenden. Unser guter Freund und väterlicher Ratgeber weilt nicht mehr unter uns; erheben wir uns zu seinem Gedenken!

Wein: junger/neuer Wein in alten Schläuchen: *etwas nicht grundlegend Erneuertes, nur halbherzig Umgestaltetes:* Da ist sie nun, die großartig angekündigte Hochschulreform – und was bringt sie uns? Jungen Wein in alten Schläuchen.
▶ Diese Wendung geht auf die Bibel (Matthäus 9,17) zurück.

jmdm. reinen/(seltener:) klaren Wein einschenken: *jmdm. uneingeschränkt die Wahrheit sagen:* Niemand wagte es, ihm reinen Wein einzuschenken und ihm zu sagen, was aus seiner Tochter geworden war. Seit seiner Ankunft suchte Sellmann nach einer Gelegenheit, Lustig reinen Wein einzuschenken (Bieler, Mädchenkrieg 42). Es galt diesmal ..., denen dort unten reinen Wein einzuschenken und weder sich noch ihnen länger etwas vorzumachen (Th. Mann, Zauberberg 313).

im Wein ist/liegt Wahrheit: *unter Alkoholeinfluss äußert man sich offener:* Nach dem fünften Glas hat er gestanden, dass er den Chef eigentlich nicht leiden kann. – Tja, im Wein liegt Wahrheit.

voll des süßen Weines [sein]: ↑ süß. [jmdm.] Wasser in den Wein gießen: ↑ Wasser.

weinen: leise weinend (ugs.; scherzh.): *kleinlaut, mit Bedauern:* Na gut, wenn alle dagegen sind, dann werde ich eben leise weinend meine Geige wieder einpacken.

mit einem lachenden und einem weinenden Auge: ↑ Auge. sich die Augen aus dem Kopf weinen: ↑ Auge. sich die Augen rot weinen: ↑ Auge. jmdn. schleifen, dass die Blümchen weinen: ↑ schleifen.

weise: weise Frau (veraltet): *Hebamme:* Am Fluss unten wohnte die weise Frau des Dorfes, die sich auch auf die Bereitung von allerlei Kräutertränken verstand.

¹Weise: der Stein der Weisen: ↑ Stein.

²Weise: in keiner/(ugs.; scherzh.:) keinster Weise: *überhaupt nicht:* Dieses Vorgehen lässt sich in keiner Weise rechtfertigen. Die Frauen sind bei der Aufstellung der Kandidatenliste in keinster

Weise benachteiligt worden. Bald setzten Pilgerzüge zu dem Fluss ein, die in keiner Weise den Verdacht der deutschen Verwaltung erweckten (Grzimek, Serengeti 107).

Art und Weise: ↑ Art. **das ist doch keine Art und Weise:** ↑ Art.

weisen: sich nicht von der Hand weisen lassen; nicht von der Hand zu weisen sein: ↑ Hand. **jmdn. in die/in seine Schranken weisen:** ↑ Schranke. **jmdm. die Tür weisen:** ↑ Tür.

Weisheit: die Weisheit [auch] nicht mit Löffeln gefressen haben (ugs.): *nicht besonders intelligent sein:* Der Herr Gemeinderat sollte sich nicht so aufplustern, der hat die Weisheit auch nicht mit Löffeln gefressen. Er hatte die Weisheit nicht mit Löffeln gefressen, aber er hatte diesen Durchblick (Denneny [Übers.], Lovers 121).

glauben/meinen, die Weisheit mit Löffeln gefressen zu haben/[alleine] gepachtet zu haben (ugs.): *sich für besonders intelligent halten:* Er redet nichts als Unsinn und glaubt noch, die Weisheit mit Löffeln gefressen zu haben. Seine Frau meint, sie hätte die Weisheit alleine gepachtet.

seine Weisheit für sich behalten (ugs.): *sich nicht [mit Kommentaren] einmischen:* Als ich euch einen Rat geben wollte, habt ihr gesagt, ich solle meine Weisheit für mich behalten; nun seht zu, wie ihr allein zurande kommt.

der Weisheit letzter Schluss sein: *das Klügste, Angemessenste sein:* Die vom Kabinett verabschiedete Lösung ist sicher populär, aber kaum der Weisheit letzter Schluss. Was gestern als Patentrezept zur Ankurbelung der Wirtschaft angesehen wurde, gilt heute längst nicht mehr als der Weisheit letzter Schluss.

► Diese Wendung ist ein Zitat aus dem 5. Akt des 2. Teils von Goethes »Faust«.

mit seiner Weisheit am Ende sein: ↑ Ende.

weiß: weiß wie die [gekalkte] Wand: *sehr bleich:* Die junge Frau wurde weiß wie die gekalkte Wand, als sie ihren Kinderwagen auf die Straße rollen sah. Du bist ja weiß wie die Wand, ist dir schlecht? (Kuby, Sieg 155).

Weißer Sonntag: *Sonntag nach Ostern; Tag der Erstkommunion:* Am Morgen des Weißen Sonntags begegnete sie kleinen Mädchen mit Spitzenkrausen und gefältelten Stulpen, die den Erwachsenen in die Kirche vorausliefen (Bieler, Mädchenkrieg 446).

weiße Kohle: *Elektrizität:* Die Industrie setzte verstärkt auf die weiße Kohle und forderte den Bau neuer Kraftwerke.

der weiße Tod: *der Tod durch eine Lawine oder durch Erfrieren im Schnee:* Der weiße Tod hat eine Gruppe junger Skiläufer ereilt, die bei schlechtem Wetter von der Piste abgekommen waren.

ein weißer Fleck auf der Landkarte: *ein unerforschtes Gebiet:* Sein Traum war die Erkundung der letzten weißen Flecken auf der Landkarte Zentralasiens. Bislang war für die Mediziner der Bewegungsvorgang im wichtigsten menschlichen Gelenk das, was für die Geographen der weiße Fleck auf der Landkarte ist: Terra incognita (Spiegel 5, 1978, 172).

jmdm. nicht das Weiße im Auge gönnen (ugs.): *gegenüber jmdm. äußerst missgünstig sein:* Was heißt hier Geschwisterliebe – er gönnt seinem Bruder doch nicht das Weiße im Auge!

Halbgötter in Weiß: ↑ Halbgott. **lass deinen Kragen mal wieder teeren, da kommt schon das Weiße durch:** ↑ Kragen. **weiße Maus:** ↑ Maus. **weiße Mäuse sehen:** ↑ Maus. **einen Mohren weiß waschen:** ↑ Mohr. **weiße Ostern:** ↑ Ostern. **ein weißer Rabe:** ↑ Rabe. **schwarz auf weiß:** ↑ schwarz. **weiße Weihnachten:** ↑ Weihnachten. **eine/keine weiße Weste haben:** ↑ Weste.

weißbluten: bis zum Weißbluten: *ganz und gar, bis zu den letzten Reserven:* Der alte Gutsherr hatte seine Pächter bis zum Weißbluten ausgebeutet.

► Das Wort »weißbluten« bedeutet eigentlich »so lange bluten, bis man durch den Blutverlust bleich (weiß) wird«.

Weißglut: jmdn. [bis] zur Weißglut bringen/reizen: *jmdn. äußerst zornig machen:* Ihre Spötteleien reizten ihn bis zur Weißglut. Dieses Grinsen verkniff er sich nie, obwohl er damit Reimann jedes Mal zur Weißglut brachte (Ott, Haie 36). ... als eine Wespe an der Fensterscheibe mich mit ihrem Gesurre zur Weißglut bringt (Kinski, Erdbeermund 174).

weit: weit und breit: *in der ganzen Umgebung:* Hier werden Sie weit und breit kein besseres Restaurant finden. ... von der Wolga bis zum Don und weit und breit ... war Stille (Plievier, Stalingrad 346). ... es ist ein verschlafener Vorortbahnhof, kein Mensch weit und breit (Becker, Irreführung 9).

weit/meilenweit davon entfernt sein, etwas zu tun: *etwas keinesfalls tun [wollen oder können]:* Sie war meilenweit davon entfernt, auf das Unterhaltsgeld zu verzichten. Mein Vater ist weit davon entfernt, sich freiwillig operieren zu lassen.

bei weitem: 1. *weitaus, in hohem Maße:* Sie war allen Konkurrentinnen bei weitem überlegen. Die bei weitem schönsten Seidenstoffe gab es bei einem Händler unten am Hafen. 2. *längst:* Er singt gut, aber er ist bei weitem kein zweiter Caruso. Die Bundesrepublik erreicht diese Zahl an Organisationen bei weitem nicht (Fraenkel, Staat 280).

so weit, so gut: *bis hierhin ist alles in Ordnung, gibt es nichts Besonderes:* Sie wollen mehr Gehalt und möchten eine bessere Position. So weit, so gut – aber Sie wissen ja, dass die wirtschaftliche Entwicklung alles andere als rosig ist. So weit, so gut: Christlichkeit ist flexibel (Ziegler, Kein Recht 185).

so weit kommt es noch! (ugs.): *Ausdruck der [empörten] Ablehnung:* Du willst in den Ferien nach Amerika fahren? So weit kommts noch – du bleibst zu Hause und übst Latein und Mathe!

von weitem: *aus großer Entfernung:* Man konnte schon von weitem sehen, dass das Haus völlig verfallen war. Sie sieht mich nicht; aber ich erkenne ihre roten Haare schon von weitem (Remarque, Obelisk 52).

zu weit führen: *zu lange dauern, zu sehr vom Thema wegführen, zu umständlich zu erklären sein:* Die Frage der Finanzierung ist völlig offen, aber genaue Überlegungen führen jetzt zu weit. Aus Spanien kommen vor allem Süßweine, wie Malaga, Sherry, aus Portugal Madeira und Portwein; aus Griechenland der Samos – aber es führte zu weit, sie hier alle zu nennen (Horn, Gäste 89).

zu weit gehen: *über das vertretbare, erträgliche Maß hinausgehen:* Sie ist mit ihren persönlichen Angriffen zu weit gegangen, sie wird sich entschuldigen müssen. Hoffentlich hat Herr ... aus dem betretenen Schweigen des Publikums entnommen, dass er mit seinen politischen Witzen zu weit gegangen ist (Hörzu 14, 1973, 153).

das Weite suchen (geh.): *fliehen:* Beim Anblick des schwer bewaffneten Feindes suchten sie sofort das Weite. Mir blieb nichts anderes übrig, als mich von der Dorfstraße zu erheben und das Weite zu suchen (Plenzdorf, Legende 50).

der Apfel fällt nicht weit vom Stamm: ↑ Apfel. **es weit bringen:** ↑ bringen. **der Duft der großen, weiten Welt:** ↑ Duft. **weit gefehlt:** ↑ fehlen. **im weiten Felde stehen:** ↑ Feld. **ein weites Feld sein:** ↑ Feld. **sich zu weit aus dem Fenster lehnen:** ↑ Fenster. **allein auf weiter Flur:** ↑ Flur. **weit hergeholt:** ↑ herholen. **mit jmdm., mit etwas ist es nicht weit her:** ↑ her sein. **nicht weiter sehen als bis zur Nase[nspitze]:** ↑ Nasenspitze. **noch einen Schritt weiter gehen:** ↑ Schritt. **weit vom Schuss sein:** ↑ Schuss. **das Spiel zu weit treiben:** ↑ Spiel. **etwas zu weit treiben:** ↑ treiben. **es ist noch ein weiter Weg bis zu etwas/bis etwas geschieht:** ↑ Weg.

weiter: nicht weiter; weiter nicht: *kaum, nicht so sehr:* Der Stromausfall hat die Montagearbeiten weiter nicht behindert. »... ich verstehe nicht recht, wieso ein neuer Wagen gleich zwei Liter Öl verbraucht.« »Weil irgendeine Dichtung defekt ist. Gar nicht weiter gefährlich« (Kemelman [Übers.], Freitag 17).

des Weiteren: *weiterhin, darüber hinaus:* Die Firma verpflichtet sich des Weiteren, in den nächsten Monaten keine Warenlieferungen ins Ausland vorzunehmen. Des Weiteren suchen wir zum frühestmöglichen Termin einen Buchhalter mit fundierten Fachkenntnissen (Saarbr. Zeitung 1. 12. 1979, 56).

bis auf weiteres: *vorerst, vorläufig:* Es werden bis auf weiteres keine zusätzlichen Hilfskräfte eingestellt. ... So gibt mir denn diese Familie ... bis auf weiteres Obdach (Seghers, Transit 288).

ohne weiteres: ↑ ohne. **weiter im Text:** ↑ Text. **und so weiter:** ↑ und.

weiterkommen: Bescheidenheit ist eine Zier, doch weiter kommt man ohne ihr: ↑ Bescheidenheit.

weitermachen: seinen [alten] Stiefel/im alten Stiefel weitermachen: ↑ Stiefel.

weiterziehen: die Hunde bellen, und/ aber die Karawane zieht weiter: ↑ Hund.

Weizen: jmds. Weizen blüht (ugs.): *jmdm. geht es gut, jmd. ist erfolgreich:* In Krisenzeiten sind es meistens die radikalen Parteien, deren Weizen blüht. Die Waffenhändler sind zufrieden: Ihr Weizen blüht, während die Diplomatie versagt. Der Hartl lächelte impertinent, ja, der sah seinen Weizen blühen (Feuchtwanger, Erfolg 644).

▶ Diese Wendung geht auf den landwirtschaftlichen Bereich zurück und bezieht sich auf den erfolgreichen Getreideanbau; blühender Weizen verspricht gute Ernte.

die Spreu vom Weizen trennen/sondern/ scheiden: ↑ Spreu.

welche: jmdm. welche aufzählen: ↑ aufzählen: **derjenige, welcher:** ↑ derjenige.

Welle: hohe Wellen schlagen: *große Erregung verursachen:* Der Skandal hatte in der Landeshauptstadt hohe Wellen geschlagen. Ein zunächst rein sportliches Ereignis kann oft auch politisch hohe Wellen schlagen.

sein Grab in den Wellen finden: ↑ Grab.

grüne Welle: ↑ grün. Vgl. auch das Stichwort »Woge«.

Wellenlänge: die gleiche Wellenlänge haben; auf der gleichen/derselben Wellenlänge funken/liegen (ugs.): *die gleiche Art haben, zu fühlen und zu denken; sich gut miteinander verstehen:* Die beiden haben die gleiche Wellenlänge. Pfarrer und Bürgermeister funken auf derselben Wellenlänge und lassen Konflikte zwischen Politik und Kirche gar nicht erst aufkommen. Ihre erste gemeinsame Langrille ... verrät, dass sie ... auf der gleichen Wellenlänge liegen (Hörzu 10, 1977, 103).

▶ Die Wendungen stammen aus dem Funkverkehr, wo Sender und Empfänger auf der gleichen Wellenlänge liegen müssen.

Welt: alle Welt: *jeder, alle:* Alle Welt freut sich über den herrlichen Sonnenschein. Und mochte fünfzig Jahre lang alle Welt ins Kaffeehaus gehen ..., eines Tages war diese Mode vorbei (Jacob, Kaffee 101).

alle Welt! (veraltend): *Ausdruck der [freudigen] Überraschung:* Alle Welt, das ist ja wirklich ein ganz vorzügliches Tröpfchen!

die Alte Welt: *Europa:* Die Staaten der Alten Welt werden viel Geduld aufbringen müssen, wenn in der politischen Einigung Fortschritte erzielt werden sollen. Seitdem hat Michail ... in vielen Musikmetropolen der Alten und Neuen Welt mit großem Erfolg gastiert (MM 16. 3. 1981, 17).

die Neue Welt: *Amerika:* Er hatte Verwandte in der Neuen Welt, die seine Flucht finanziell unterstützten. ... die frühere Miss Dorothy Nielsen, ... deren Vorfahren vor über hundert Jahren übern großen Teich in die Neue Welt gekommen waren (Fr. Wolf, Menetekel 19).

die Dritte Welt: *die Entwicklungsländer:* In der Bekämpfung des Hungers in der Dritten Welt wurden bisher nur bescheidene Erfolge erzielt. Es ist eben doch plattester Ökonomismus, die Ausbeutung der Dritten Welt nur wirtschaftlich zu sehen (Vesper, Reise 43).

die große Welt: *die vornehme, reiche Gesellschaft:* Bürgermeister, Sparkassendirektor und Vereinsvorstand – das ist die große Welt in unserer kleinen Stadt. All ihr Streben war darauf gerichtet, einmal zur großen Welt zu gehören, sich einmal allen Luxus leisten zu können.

nicht die Welt sein (ugs.): *nicht viel sein, nichts ausmachen:* Sie verlangt 30 Mark für die Stunde, das ist wirklich nicht die Welt.

die Welt ist ein Dorf: *Kommentar bei einem überraschenden, unwahrscheinlichen Zusammentreffen:* Schau mal, da drüben am Colosseum gehen Schmidts aus der Wohnung über uns – die Welt ist ein Dorf! Dass er mitten im Urwald seinen ehemaligen Schulfreund treffen würde, hätte er nie gedacht – die Welt ist eben ein Dorf!

etwas hat die Welt noch nicht gesehen: *etwas hat es noch nie gegeben, etwas ist ganz außergewöhnlich:* Sie drohte, ihm einen Skandal zu machen, den die Welt noch nicht gesehen habe! Das hat die Welt noch nicht gesehen! Sitzen hier herum, die Palms, alle beide, und unsereins kann sich die Hacken abrennen! (Bobrowski, Mühle 57).

für jmdn. bricht eine Welt zusammen:
*jmd. wird in höchstem Maße enttäuscht
und erschüttert:* Alles hätte er für sie getan, und als sie ihn verließ, brach für ihn
eine Welt zusammen.
davon/deswegen geht die Welt nicht unter
(ugs.): *das ist kein so großes Unglück:* Na
schön, deine Kleine hat dich heute mal
versetzt, davon geht doch die Welt nicht
unter.
nobel/vornehm geht die Welt zugrunde
(ugs.): *[spöttischer] Kommentar bei
verschwenderischen Ausgaben:* Einen
Sechshunderter hat er sich gekauft?
Nobel geht die Welt zugrunde!
was kostet die Welt? *für mich/ihn/sie
usw. gibt es keine [finanziellen] Schwierigkeiten:* Man kennt ja diesen Typ –
kein Geld, keine Arbeit, aber ein Leben
nach dem Motto: Was kostet die Welt?
**hier ist die Welt [wie] mit Brettern verna-
gelt** (ugs.): *hier ist ein sehr abgelegener,
langweiliger Ort:* Wenn in unserem Dorf
mal ein Hahn überfahren wird, ist das eine Sensation – hier ist die Welt wie mit
Brettern vernagelt.
▶ Anfang des 17. Jhs. erschien das Buch
»Ethographia mundi« des deutschen
Schriftstellers Johannes Olorinus Varis-
cus (eigentlich: Johannes Sommer), eine
Sammlung von Lügengeschichten. Dort
wird unter anderem von einer Reise ans
Ende der Welt berichtet, wo die Welt
»mit Brettern daselbst sei unterschlagen«. Hierauf ist diese Redensart zurückzuführen.
**zwischen etwas und etwas anderem liegen
Welten:** *zwischen etwas und etwas anderem bestehen riesige, unvereinbare Gegensätze:* Zwischen der christlichen und
der hinduistischen Auffassung vom Weiterleben nach dem Tode liegen Welten.
Sie können Wein für drei Mark fünfzig
die Flasche kaufen, aber auch für vier-
hundertfünfzig. Beides ist echter Wein,
und doch liegen Welten dazwischen
(Konsalik, Promenadendeck 224).
jmdn. trennen Welten [von jmdm.]: *jmd.
hat ganz andere, unvereinbare Auffassungen [als jmd.]:* Von diesem oberfläch-
lichen Menschen trennten ihn Welten.
Nach kurzer Diskussion stellten wir fest:
In allen grundsätzlichen Fragen trennten uns Welten.

die Welt nicht mehr verstehen: *überhaupt
nicht mehr verstehen, was vorgeht; völlig
verständnislos, fassungslos sein:* Der arme Mann verstand die Welt nicht mehr –
warum durfte ausgerechnet er seinen
geliebten Schäferhund nicht behalten?
»Wenn ich die Zeitung les, versteh ich
die Welt überhaupt nicht mehr. Alles
handelt bloß von Politik und Verbrechen« (Fels, Sünden 34).
▶ Die Wendung wurde durch Friedrich
Hebbels Trauerspiel »Maria Magdale-
ne« allgemein bekannt, geht vielleicht
sogar darauf zurück. Am Ende des
Stücks sagt Meister Anton: »Ich verstehe die Welt nicht mehr.«
die Welt aus den Angeln heben: *entscheidende Änderungen herbeiführen:* In ihrem Alter glaubt man noch, man könne
die Welt aus den Angeln heben.
▶ Diese Wendung geht auf die altgrie-
chische Philosophie zurück. Sie findet
sich in den Kommentaren zu Aristoteles
von Simplikios und bezieht sich auf physikalische Überlegungen zu den Hebel-
gesetzen, wie sie in ähnlicher Form auch
Archimedes zugeschrieben werden. Danach bedarf es nur eines festen Punktes
im Weltall, um die Welt aus den Angeln
zu heben.
der Welt entsagen (geh.): *sich ganz aus
dem allgemeinen [gesellschaftlichen] Leben zurückziehen:* Verbittert und enttäuscht beschloss sie, der Welt zu entsagen und ins Kloster zu gehen. Nach dem
Tode seiner zweiten Frau hatte er der
Welt entsagt und seither zurückgezogen
auf seinem Landgut gelebt.
am Ende der Welt: *sehr weit entfernt:* Sie
ist schon im achten Monat, und ihr
Mann arbeitet irgendwo am Ende der
Welt an einem Staudamm. Ein Häuschen im Grünen fände ich auch ganz
schön, aber deswegen möchte ich nicht
am Ende der Welt wohnen.
bis ans Ende der Welt: *sehr weit weg:* Warum müssen die Leute im Urlaub immer
bis ans Ende der Welt fahren, in der
Schweiz ist es doch auch sehr schön!
davon gibts noch mehr auf der Welt
(ugs.): *der Verlust dieser Sache ist nicht
schlimm:* Um den verlorenen Kugel-
schreiber mach dir keine Sorgen, davon
gibts noch mehr auf der Welt.

auf die/zur Welt kommen: *geboren werden:* Stimmt es, dass im Frühling mehr Kinder auf die Welt kommen als im Winter? In ein paar Wochen, wenn hier Hunderte von jungen Kälbern zur Welt gekommen sind, wird sich kein Gnu mehr sonderlich nach ihnen umschauen (Grzimek, Serengeti 279). Ich bin zur Welt gekommen im Haus Nummer 22 (Genet [Übers.], Tagebuch 58).

etwas mit auf die Welt bringen: *mit einer Veranlagung o. ä. geboren werden:* Sie war davon überzeugt, dass ihr Jüngster eine große musikalische Begabung mit auf die Welt gebracht hätte.

nicht aus der Welt sein (ugs.): *leicht erreichbar sein:* Sei nicht traurig, dass ich nächstes Jahr nach München ziehe, ich bin ja dort nicht aus der Welt.

etwas aus der Welt schaffen: 1. *etwas bereinigen, in Ordnung bringen.* Diese leidige Angelegenheit muss endlich aus der Welt geschafft werden. ... und Goron hatte die Sache lautlos, selbst unter Umgehung seiner unmittelbaren Vorgesetzten, aus der Welt geschafft (Maass, Gouffé 12). 2. *etwas beseitigen:* Ich bin froh, dass wir dieses Missverständnis aus der Welt schaffen konnten. Er hat Material, das Zeuch entlastete und Becher belastete, aus der Welt geschafft (Niekisch, Leben 296).

aus der Welt gehen/scheiden (geh. verhüllend): *sterben:* Sie wollte den alten Streit vergessen, um in Frieden aus der Welt gehen zu können. Allzu jung musste dieser geniale Mensch aus der Welt scheiden.

aus aller Welt: *von überall in der Welt her:* Sie hatte Briefmarken und Münzen aus aller Welt gesammelt. Automobile aus aller Welt parken unter der Säule, auf der Marc Aurel alle Welt besiegt (W. Koeppen, Nach Rußland 187). Er hat gebaut und gewerkelt und sich ehrlich geplagt, um seinen Besuchern aus aller Welt ... den Sport und das Leben so angenehm wie möglich zu machen (Olymp. Spiele 1964, 10).

fröhlich/finster o. ä. in die Welt gucken (ugs.): *fröhlich/finster o. ä. dreinschauen:* Seit sie ihre Gehaltserhöhung durchgesetzt hat, guckt sie wieder fröhlicher in die Welt. Hör auf, so finster in die Welt

zu gucken, du hast noch Glück im Unglück gehabt.

in alle Welt: *überallhin auf der Welt:* Die Produkte dieser Firma werden in alle Welt exportiert.

jmdn. in die Welt setzen: *jmdn. gebären:* Innerhalb von fünf Jahren hatte sie vier gesunde Knaben in die Welt gesetzt. Ich möchte gerne eine Familie gründen. Würde gerne heiraten und Kinder in die Welt setzen (Fichte, Wolli 360).

etwas in die Welt setzen: *etwas [Erfundenes] in Umlauf bringen:* Wer auch immer dieses Gerücht in die Welt gesetzt hat, er hat der Firma sehr damit geschadet. Behauptungen, dass etwas anderes vereinbart worden sei, seien ... von Dritten, die nicht an dem Gespräch teilgenommen hätten, in die Welt gesetzt worden (FAZ 4. 10. 1961, 3).

um alles in der Welt (ugs.): *Bekräftigungsformel:* Wir dürfen um alles in der Welt jetzt keine weiteren Fehler machen. Wer um alles in der Welt soll denn so viel Geld aufbringen können?

nicht um alles in der Welt (ugs.): *auf keinen Fall:* Nicht um alles in der Welt wollte sie ihm an diesem Ort begegnen. Ich möchte nicht um alles in der Welt mit dir tauschen!

in aller Welt: *überall:* Seine großen sportlichen Erfolge haben ihn in aller Welt berühmt gemacht. Die Influenza hatte 1917/18 wie in aller Welt auch in Tanganjika gewütet (Grzimek, Serengeti 114). **was/wo/wer/warum** usw. **in aller Welt** (ugs.): *emotionale Verstärkung der Frage:* Wo in aller Welt sind meine Hausschlüssel? Was in aller Welt willst du eigentlich? Wer in aller Welt ist das denn?

mit sich und der Welt zerfallen sein: *über sich selbst und alle anderen verärgert, wütend sein:* Er hat vor Gericht nicht Recht bekommen und ist seither mit sich und der Welt zerfallen.

mit sich und der Welt zufrieden sein: *rundum zufrieden sein:* Sie lebte mit sich und der Welt zufrieden in einem kleinen griechischen Fischerdorf.

nicht von dieser Welt sein: *völlig weltfremd sein:* Man mochte im Dorf den alten Pfarrer, aber man glaubte, dass er nicht von dieser Welt sei, und nahm ihn nicht besonders ernst.

jmdn. zur Welt bringen: *jmdn. gebären:* Ihren Ältesten hatte sie seinerzeit im Luftschutzbunker zur Welt gebracht. Als man ihr den Knaben zeigte, den sie in der Frühe ... zur Welt gebracht hatte, löste ein lautloses Weinen ihre Erstarrung (Benrath, Konstanze 119).

am Arsch der Welt: ↑ Arsch. **mit offenen Augen durch die Welt gehen:** ↑ Auge. **die Bretter, die die Welt bedeuten:** ↑ Brett. **eine Dame von Welt:** ↑ Dame. **der Duft der großen, weiten Welt:** ↑ Duft. **eine Frau von Welt:** ↑ Frau. **Geld regiert die Welt:** ↑ Geld. **das älteste Gewerbe der Welt:** ↑ Gewerbe. **Gott und die Welt:** ↑ Gott. **nicht die Welt kosten.** ↑ kosten. **das Licht der Welt erblicken:** ↑ Licht. **ein Mann von Welt:** ↑ Mann. **der Nabel der Welt:** ↑ Nabel. **um keinen Preis der Welt:** ↑ Preis. **Undank ist der Welt Lohn:** ↑ Undank.

Weltgeschichte: da hört [sich] doch die Weltgeschichte auf! (ugs.): *Ausruf empörten Erstaunens:* Da hört sich doch die Weltgeschichte auf – die haben uns einen riesigen Müllcontainer direkt vor die Garageneinfahrt gestellt!

in der Weltgeschichte herumfahren/herumreisen (ugs.; scherzh.): *[irgendwo] in der Welt herumfahren/herumreisen:* Während der Chef in der Weltgeschichte herumfährt, müssten in der Firma wichtige Entscheidungen getroffen werden. Sie haben die Kinder einfach bei den Großeltern abgegeben, damit sie ungestört in der Weltgeschichte herumreisen können.

wem: wem die Jacke passt, der zieht sie sich an: ↑ Jacke. **wem nicht zu raten ist, dem ist nicht zu helfen:** ↑ raten. **wem sagst du das:** ↑ sagen. **trau, schau, wem:** ↑ trauen.

wenden: kein Auge von jmdm., von etwas wenden: ↑ Auge. **das Blatt/das Blättchen hat sich gewendet:** ↑ Blatt. **das Blatt wenden:** ↑ Blatt. **sich drehen und wenden, wie man will:** ↑ drehen. **etwas drehen und wenden, wie man will:** ↑ drehen. **hier wendet sich der Gast mit Grausen:** ↑ Gast. **den Rücken wenden:** ↑ Rücken. **jmdm., einer Sache den Rücken wenden:** ↑ Rücken.

wenig: ein [klein] wenig: *[gar] nicht viel, etwas:* Wenn er mich nur ein klein wenig gern hätte, würde er mich doch nicht so schlecht behandeln. Nur eine Flügelspit-

ze ist ein wenig eingedrückt (Grzimek, Serengeti 88). War seine Haltung Entschlossenheit oder verhaltene Scheu? Es lag wohl ein wenig von beidem darin (Dönhoff, Ära 190).

weniger wäre mehr: *Übertreibung schadet; Zurückhaltung ist besser:* Wie findest du mein neues Make-up? – Weniger wäre mehr.

zum wenigsten (veraltet): *wenigstens:* Er sollte sich zum wenigsten bei ihr entschuldigen. Die Brüder Herrn Dumenehoulds ... wurden niemals eingeladen, zum wenigsten erschienen sie nicht (Jahnn, Geschichten 171).

viele sind berufen, aber nur wenige sind auserwählt: ↑ berufen. **zum Leben zu wenig, zum Sterben zu viel:** ↑ leben. **mehr oder weniger:** ↑ mehr. **viele Wenig machen ein Viel:** ↑ viel.

Wenigkeit: meine Wenigkeit (ugs.; scherzh.): *ich:* Wenn meine Wenigkeit auch mal was dazu sagen dürfte: Die Katze hat keine Magenkrämpfe, die kriegt Junge! Gibts nichts Neues? ... Wart mal ... Ach ja: Da gibt es jemanden, der interessiert sich für meine Wenigkeit (Brot und Salz 235). Das werden Sie mir nicht missverstehen, dass nicht meine Wenigkeit es auf Sie abgezielt hat, sondern der Zufall auf mich (Hacks, Stücke 257).

wenn: Wenn und Aber: *Zweifel, Einwände:* Die Gegenseite hat den Vergleichsvorschlag ohne Wenn und Aber akzeptiert. Du solltest mir lieber helfen, wie du mir früher geholfen hast. Da hast du kein Wenn und Aber gebraucht (Seghers, Transit 237). Eine positive Empfehlung werde er annehmen und kandidieren – »ohne jedes Wenn und Aber« (Spiegel 49, 1983, 31).

wenn das Wörtchen wenn nicht wär [wär mein Vater Millionär]: *die genannte Bedingung trifft nicht zu:* Wenn ich etwas zu sagen hätte, würdest du den Job sofort kriegen. – Tja, wenn das Wörtchen wenn nicht wär!

wenn anders (veraltet): *falls; vorausgesetzt, dass:* Ich stelle mich als Vermittler zur Verfügung, wenn anders die Betroffenen das akzeptieren.

wenn Dummheit weh täte, müsstest du/ müsste er/sie usw. den ganzen Tag

schreien: ↑Dummheit. **wenn der Hund nicht gemusst/geschissen hätte, hätte er den Hasen gekriegt:** ↑Hund. **und wenn du dich auf den Kopf stellst:** ↑Kopf. **wenn ich es [dir] sage!:** ↑sagen. **wenn dem so ist, ...:** ↑sein. **wenn meine Oma/Tante Räder hätte, wäre sie ein Omnibus:** ↑Tante. **wenn man [so] will:** ↑wollen.

wennschon: na/und wennschon (ugs.): *das ist gleichgültig:* Ich und hübsch? Und wennschon, was hatte das mit dem harten Schulalltag zu tun? (H. Weber, Einzug 168). Wer ist das? ... Ein Hofmeister. Und Philosoph, Bürger General ... Na wennschon. (Brot und Salz 45).

wennschon, dennschon (ugs.): *wenn etwas schon getan wird, dann soll es auch richtig, gründlich getan werden:* Das Badezimmer wird von oben bis unten gekachelt, und neue Armaturen kommen auch rein – wennschon, dennschon! Wennschon, dennschon, dachte ich und brachte mich, so gut es ging, über die Runden (Spiegel 43, 1979, 265).

wer: wer A sagt, muss auch B sagen: ↑A. **wer anderen eine Grube gräbt, fällt selbst hinein:** ↑Grube. **wer nicht hören will, muss fühlen:** ↑hören. **wer zuletzt lacht, lacht am besten:** ↑lachen. **wer den Pfennig nicht ehrt, ist des Talers nicht wert:** ↑Pfennig. **wer sagts denn:** ↑sagen. **wer den Schaden hat, braucht für den Spott nicht zu sorgen:** ↑Schaden. **wer sein:** ↑sein. **wer wagt, gewinnt:** ↑wagen. **wer weiß wie:** ↑wissen. **wer weiß was für:** ↑wissen. **wer weiß was/wer:** ↑wissen.

Werbetrommel: die Werbetrommel [für jmdn., für etwas] rühren/schlagen: *[für jmdn., für etwas] Reklame machen:* Für das neue Waschmittel wird die Firma kräftig die Werbetrommel rühren. Eigentlich hatte ich mir gedacht, wenn wir fleißig die Werbetrommel rühren, könnten wir genug Geld zusammenkriegen (Kemelman [Übers.], Mittwoch 16). Als Pressesprecher rührte er tüchtig die Werbetrommel für sich und verschaffte sich Popularität (Prodöhl, Tod 178).

werden: [na] wirds bald? (ugs.): *los, gehorche und beeile dich!:* Los, her mit dem Geld! Wirds bald, oder soll ich nachhelfen? Na, wirds bald? Ich hab gesagt, du sollst nach vorn kommen mit deinem Heft (Schnurre, Fall 47).

nicht mehr werden (ugs.): *aus dem Staunen nicht mehr herauskommen, seine Fassung nicht wiedererlangen:* Als ich das hörte, dachte ich, ich werd nicht mehr!

wo werd ich denn (ugs.): *[sei beruhigt,] das tue ich keinesfalls:* Du willst dich doch nicht nach sechs Kognaks noch ans Steuer setzen? – Wo werd ich denn, ich rufe mir ein Taxi. Und Sie werden nicht die Polizei rufen? – Wo werd ich denn, das kleine Missverständnis können wir doch unter uns klären.

irgendwo nicht alt werden: ↑alt. **jmds., einer Sache ansichtig werden:** ↑ansichtig. **jmdm. wird es zu bunt:** ↑bunt. **jmdm. wird etwas zu dumm:** ↑dumm. **fündig werden:** ↑fündig. **zum Gespött werden:** ↑Gespött. **jmds., einer Sache habhaft werden:** ↑habhaft. **mit jmdm. handelseinig/handelseins werden:** ↑handelseinig/handelseins. **[miteinander] handgemein werden:** ↑handgemein. **das wird ja heiter; das kann ja heiter werden:** ↑heiter. **hellhörig werden:** ↑hellhörig. **jmds., einer Sache/über jmdn., über etwas Herr werden:** ↑Herr. **aus jmdm., etwas [nicht] klug werden:** ↑klug. **kopfscheu werden:** ↑kopfscheu. **laut werden:** ↑laut. **das kann ja nett werden:** ↑nett. **aus nichts wird nichts:** ↑nichts. **ein Paar/ein Pärchen werden:** ↑Paar. **persönlich werden:** ↑persönlich. **jmdn., etwas quitt werden:** ↑quitt. **nicht satt werden, etwas zu tun:** ↑satt. **ich werd zur Sau:** ↑Sau. **aus jmdm., aus etwas nicht schlau werden:** ↑schlau. **bei etwas kann einem [ja] schlecht werden/wird einem schlecht:** ↑schlecht. **sich schlüssig werden:** ↑schlüssig. **was nicht ist, kann noch werden:** ↑sein. **zu Staub und Asche werden:** ↑Staub. **[wieder] zu Staub werden:** ↑Staub. **nun/jetzt wirds aber Tag:** ↑Tag. **ich werd zum Tier:** ↑Tier. **du wirst dich [noch] umgucken/umsehen:** ↑umgucken. **ich werd verrückt:** ↑verrückt. **[mit jmdm., etwas] warm werden:** ↑warm. **zu Wasser werden:** ↑Wasser. **es wird Zeit:** ↑Zeit. **zunichte werden:** ↑zunichte. **zuschanden werden:** ↑zuschanden. **jmdm. zuteil werden:** ↑zuteil.

werfen: mit etwas um sich werfen/schmeißen (ugs.): 1. *etwas [beim Reden] häufig verwenden:* Wenn man einem Laien etwas erklären will, darf man nicht dauernd mit Fremdausdrücken um sich werfen. 2. *etwas großzügig weggeben, ausgeben:* Das eigentliche Künstlerfest wurde von Bürgern bestritten, die einmal im Jahr mit Geld um sich werfen, wie Künstler leben und feiern wollten (Grass, Blechtrommel 581). Sowohl Belisar wie Narses haben ... mit Geschenken und Sonderspenden nur so um sich werfen müssen (Thieß, Reich 600). **Anker werfen:** ↑Anker. **sich jmdm./dem Laster/der Wollust in die Arme werfen:** ↑Arm. **ein Auge auf jmdn., auf etwas werfen:** ↑Auge. **jmdn. aus der Bahn werfen:** ↑Bahn. **jmdm. den [ganzen] Bettel vor die Füße werfen:** ↑Bettel. **einen Blick auf jmdn., auf etwas werfen:** ↑Blick. **einen Blick hinter die Kulissen werfen:** ↑Blick. **etwas über Bord werfen:** ↑Bord. **sich in die Bresche werfen:** ↑Bresche. **sich in die Brust werfen:** ↑Brust. **jmdn., etwas zum alten Eisen werfen:** ↑Eisen. **große Ereignisse werfen ihre Schatten voraus:** ↑Ereignis. **die Flinte ins Korn werfen:** ↑Flinte. **jmdm. etwas vor die Füße werfen:** ↑Fuß. **sich in Gala werfen:** ↑Gala. **sein Geld aus dem Fenster werfen:** ↑Geld. **sein/das Geld [mit beiden/vollen Händen] auf die Straße werfen:** ↑Geld. **wer im Glashaus sitzt, soll nicht mit Steinen werfen:** ↑Glashaus. **jmdn. aus dem Gleis werfen:** ↑Gleis. **sich jmdm. an den Hals werfen:** ↑Hals. **jmdm. etwas in den Hals werfen:** ↑Hals. **jmdm. den Handschuh vor die Füße/ins Gesicht werfen:** ↑Handschuh. **das Handtuch werfen:** ↑Handtuch. **etwas über den Haufen werfen:** ↑Haufen. **etwas vor die Hunde werfen:** ↑Hund. **jmdm. etwas an den Kopf werfen:** ↑Kopf. **ein schlechtes/merkwürdiges/kein gutes Licht auf jmdn., auf etwas werfen:** ↑Licht. **ein bezeichnendes Licht auf jmdn., auf etwas werfen:** ↑Licht. **etwas auf den Markt werfen:** ↑Markt. **die Maske von sich werfen:** ↑Maske. **etwas aufs Papier werfen:** ↑Papier. **Perlen vor die Säue werfen:** ↑Perle. **sich in Positur werfen:** ↑Positur. **jmdm. etwas in den Rachen werfen:** ↑Rachen. **jmdn. aus dem Rennen werfen:** ↑Rennen. **sich in Schale werfen:** ↑Schale. **ins Schloss werfen:** ↑Schloss. **sich in Staat werfen:** ↑Staat. **sich vor jmdn. in den Staub werfen:** ↑Staub. **einen Stein**

auf jmdn. werfen: ↑Stein. **jmdm. einen Stein in den Garten werfen:** ↑Stein. **jmdm. auf die Straße werfen:** ↑Straße. **alle[s] in einen Topf werfen:** ↑Topf. **etwas in die Waagschale werfen:** ↑Waagschale. **ins kalte Wasser werfen:** ↑Wasser. **sich in Wichs werfen:** ↑Wichs. **mit der Wurst nach dem Schinken/nach der Speckseite werfen:** ↑Wurst. **etwas über den Zaun werfen:** ↑Zaun.

Werk: **sich ans Werk machen** (veraltend)/**begeben** (geh.): *[mit einer Arbeit, einem Vorhaben] beginnen:* Noch zwölf dicke Akten wollten durchgearbeitet sein – seufzend begab der alte Kommerzienrat sich ans Werk. Arthur machte sich schweigend ans Werk. (Erh. Kästner, Zeltbuch 119).

frisch ans Werk! (veraltend): *los, beginnt/beginnen wir!:* Die Zelte werden in einer Reihe am Fluss entlang aufgestellt – frisch ans Werk, Jungs!

am Werk sein: *tätig sein:* Der Tresor war in Minutenschnelle geknackt worden; hier mussten Spezialisten am Werk gewesen sein. Siehst du die kleinen Löcher? Hier war der Holzwurm am Werk. Ein scharfsinniger und origineller Kopf, der immer bis zum Kern der wesentlichen Dinge vordrang, war hier am Werk (Niekisch, Leben 241).

etwas ins Werk setzen (geh.): *etwas beginnen, ausführen:* Es ist an der Zeit, die versprochenen Reformen ins Werk zu setzen. ... und mit stiller Umsicht begann Jaakob seine Flucht ... ins Werk zu setzen (Th. Mann, Joseph 360).

im Werke sein (veraltend): *vor sich gehen:* Im alten Schloss sind merkwürdige Dinge im Werke. Inzwischen war es in der Bucht lebendig geworden; möglich auch, dass der Wanderer erst jetzt bemerkte, dass da drunten etwas im Werke sei (Schröder, Wanderer 88).

zu Werke gehen (geh.): *verfahren, vorgehen:* Wer in dieser Sache etwas erreichen will, muss äußerst umsichtig zu Werke gehen. Frau Fischold ging bei der Vorbereitung und Ausführung ihrer Tat außerordentlich planmäßig zu Werke (Noack, Prozesse 136). Bei der Entlarvung des Schülers Lohmann musste Unrat geheim und geschickt zu Werke gehen (H. Mann, Unrat 15).

Kotzebues Werke herausgeben/studieren: ↑Kotzebue. mit Worten und Werken: ↑Wort.

Wermutstropfen: ein Wermutstropfen im Becher der Freude sein (geh.): *die Freude ein wenig trüben:* Dass die neue Stellung den Abschied von vielen guten Freunden bedeutete, war ein Wermutstropfen im Becher der Freude. Ein Wermutstropfen fiel allerdings in den Becher der Schwabenfreude. In der 83. Minute erhielt National-Vorstopper Karl-Heinz Förster ... die rote Karte (Kicker 6, 1982, 35).

▶ In dieser Wendung ist mit »Wermutstropfen« nicht der Wermutwein, sondern der bittere Saft des Heilkrautes gemeint, der jedem Getränk einen bitteren Beigeschmack gibt.

wert: aller Ehren wert: ↑Ehre. **Gold wert sein:** ↑Gold. **eigener Herd ist Goldes wert:** ↑Herd. **jmdm. lieb und wert sein:** ↑lieb. **eine Liebe ist der anderen wert:** ↑Liebe. **der/die Mühe wert sein:** ↑Mühe. **keinen Pappenstiel wert sein:** ↑Pappenstiel. **keinen Pfennig/keine zehn Pfennig wert sein:** ↑Pfennig. **wer den Pfennig nicht ehrt, ist des Talers nicht wert:** ↑Pfennig. **keinen/nicht einen Pfifferling wert sein:** ↑Pfifferling. **nicht der Rede wert sein:** ↑Rede. **keinen Schuss Pulver wert sein:** ↑Schuss. **eine Sünde wert sein:** ↑Sünde.

Wert: Wert und/oder Unwert: *der Nutzen, der Wert:* Sie wollte über Wert und Unwert dieser Maßnahmen kein Urteil abgeben. Über Wert oder Unwert dieser Informationen werden erst die kommenden Tage entscheiden.

auf etwas Wert legen: *etwas für wichtig halten:* Wenn jemand auf Ruhe und gesunde Luft Wert legt, sollte er seinen Urlaub hier verbringen. Lassen Sie mich Ihnen sagen, dass wir den größten Wert darauf legen, mit der Behörde auf gutem Fuß zu stehen (Brecht, Mensch 37). ... er legte Wert darauf, seine Unentbehrlichkeit zu befestigen (Gaiser, Jagd 94).

Wesen: ein einnehmendes Wesen haben (ugs.; scherzh.): 1. *geldgierig, habgierig sein:* Hundertfünfzig Mark für eine zehnminütige Konsultation? Dein Arzt hat aber wirklich ein einnehmendes Wesen. 2. *Geliehenes o. Ä. nicht zurückgeben, sich Dinge aneignen:* Vorsicht, der

Bursche hat ein einnehmendes Wesen! Ich würde ihm das teure Buch nicht leihen, er soll ein ziemlich einnehmendes Wesen haben.

viel/kein Wesen[s] um jmdn. machen: *jmdm. besonders viel/keine große Aufmerksamkeit widmen:* Sie machten viel Wesen um ihren Gast, weil sie ihn für einen emigrierten russischen Großfürsten hielten. Die Ministerin wird ganz froh sein, wenn einmal kein Wesens um ihre Person gemacht wird.

▶ Diese und die beiden folgenden Wendungen gehen von »Wesen« in der heute veralteten Bedeutung »Tun, geschäftiges Treiben« aus.

viel/kein Wesen[s] von etwas machen: *einer Sache große/keine besondere Bedeutung beimessen:* Er macht weiter kein Wesens von seinem Reichtum, er lebt ausschließlich für die Musik. Eine hohe Glastür gab den Blick auf Orangenkübel, Zwergpalmen ... frei, an denen Lustig eine besondere Freude hatte, ohne viel Wesens davon zu machen (Bieler, Mädchenkrieg 43).

Vgl. die vorangehende Wendung.

sein Wesen treiben: *sich aufhalten, sich betätigen:* Zwischen der ... Querstraße und dem Geländer ... stehen Zuschauer oder gehen umher. Die Possenreißer, die hier ihr Wesen treiben, machten dennoch schlechte Geschäfte (Schädlich, Nähe 173).

Vgl. die Wendung »viel/kein Wesen[s] um jmdn. machen«.

wesentlich: im Wesentlichen: *in der Hauptsache:* Die Probleme sind jetzt im Wesentlichen gelöst. Die Spenden setzen sich im Wesentlichen aus kleinen Beiträgen unserer Mitglieder zusammen. ... im Falle der parlamentarischen Monarchie ist der Monarch im Wesentlichen auf die Ausübung zeremonieller Funktionen beschränkt (Fraenkel, Staat 318).

Wespennest: in ein Wespennest greifen/stechen (ugs.): *[unerwartet] eine sehr heikle Angelegenheit berühren:* Mit der scheinbar harmlosen Frage nach der Verwendung der Spendengelder hatte der Journalist in ein Wespennest gegriffen. Junge, wir müssen in ein verdammt großes Wespennest gestochen haben (Simmel, Stoff 323).

Weste: eine/keine saubere/reine/[blüten]weiße Weste haben (ugs.): *nichts/etwas Unehrenhaftes getan haben:* Viele waren in den Bestechungsskandal verwickelt, aber der Stadtrat schien wirklich eine blütenweiße Weste zu haben. Ich will niemandem, der eine reine Weste hat, am Zeug flicken (J. Maass, Der Fall Gouffé 146).

jmdm. etwas unter die Weste jubeln/ schieben (ugs.): *jmdm. etwas [ohne dass er davon etwas merkt] zuschieben, aufbürden, anlasten:* Seine Kollegen hatten ihm wieder die gesamte Monatsabrechnung unter die Weste gejubelt! Bei der Scheidungsverhandlung wollte er ihr unter die Weste schieben, sie hätte sich nicht genügend um die Kinder gekümmert. Kosten können nicht so einfach über die Preise an die Verbraucher weitergegeben werden, wie das Herr Blüm ... den Bürgern unter die Weste jubelt (MM 11. 3. 1985, 24).

einen Fleck[en] auf der [weißen] Weste haben: ↑ Fleck.

Westentasche: etwas aus der Westentasche bezahlen (ugs.): *etwas mühelos bezahlen können [weil der Betrag für den Zahlenden relativ gering ist]:* So einen Abend im teuersten Nachtlokal bezahlen diese Herren doch aus der Westentasche. Auch ein Firmenchef bezahlt ein derartiges Luxusauto nicht gerade aus der Westentasche.

mit dem linken Auge in die rechte Westentasche/mit dem rechten Auge in die linke Westentasche sehen (ugs.): *stark [auf dem linken/rechten Auge] schielen:* Den Kleinen da drüben meine ich, der mit dem linken Auge in die rechte Westentasche sieht.

etwas wie seine Westentasche kennen: ↑ kennen.

Wette: jede Wette (ugs.): *da bin ich ganz sicher:* Das ist ein echter Nierentisch aus den Fünfzigern, jede Wette! ..., er weiß ein paar Plätze, da haben sie eine gute Küche, Aloisia wird einverstanden sein, jede Wette (M. Walser, Seelenarbeit 208).

um die Wette 1. *um festzustellen, wer es am besten kann:* Wollen wir um die Wette laufen? Zwei Rennboote fuhren um die Wette, Achter mit Steuermann

(Kreuder, Gesellschaft 83). 2. *mit viel Eifer, intensiv:* Auf der Bank im Park saßen drei alte Damen und strickten um die Wette. Im Kinderzimmer waren sechs Bettchen aufgestellt, in jedem lag ein Säugling, und alle schrien um die Wette. Plötzlich stand Soldner neben ihm auf einer anderen Kiste und fing auch an auszuwickeln und verkaufte mit ihm um die Wette (Gaiser, Schlußball 202).

wetten: so haben wir nicht gewettet (ugs.): *so geht es nicht; so war es nicht vereinbart:* So haben wir nicht gewettet, Freundchen, gib mir sofort mein Geld zurück! Ungestüm forderte er Zärtlichkeiten von Doris, die sich aber, nach wohl berechnetem Entgegenkommen, entrüstet von ihm abwandte (»so haben wir nicht gewettet«) (MM, 19./20. 8. 1967, 5).

Wetter: alle Wetter! (ugs.): *Ausruf der Bewunderung, des Erstaunens:* Alle Wetter, das ist aber ein wunderschönes Kleid!

ein Wetter zum Heldenzeugen/Eierlegen (ugs.): *besonders schönes Wetter:* Ah, die Sonne tut gut, das ist heute ja ein Wetter zum Eierlegen! Der Himmel war blau, und die Sonne strahlte – es war ein Wetter zum Heldenzeugen!

bei diesem Wetter jagt man keinen Hund vor die Tür (ugs.): *Kommentar bei sehr schlechtem Wetter:* Schau mal, wie das stürmt – bei so einem Wetter jagt man keinen Hund vor die Tür!

[bei jmdm.] gut Wetter machen (ugs.): *jmdn. günstig stimmen:* Einer muss vorausgehen und bei der Sekretärin gut Wetter machen, sonst kommen wir über das Vorzimmer gar nicht erst hinaus. Ein Blumenstrauß für mich? Du willst wohl gut Wetter machen?

▶ Diese und die folgende Wendung knüpfen an »Wetter« in der heute veralteten Bedeutung »Stimmung, Gemütszustand« an.

um gut[es]/schön[es] Wetter bitten (ugs.): *um Verzeihung bitten; darum bitten, dass der/die andere einem wieder gewogen sein möge:* Der Kerl hatte sie vor versammelter Mannschaft beleidigt, der sollte jetzt erst mal um gut Wetter bitten!

Vgl. die vorangehende Wendung.

wenn der Hahn kräht auf dem Mist, ändert sich das Wetter, oder es bleibt, wie es ist: ↑ Hahn. **schlagende Wetter:** ↑ schlagen. **schwere Wetter:** ↑ schwer. **bei/in Wind und Wetter:** ↑ Wind.

Wetterfahne: sich drehen wie eine Wetterfahne: ↑ drehen.

wettmachen: Boden wettmachen ↑ Boden.

wetzen: seinen Schnabel an jmdm. wetzen: ↑ Schnabel.

Wichs: sich in Wichs werfen/schmeißen (ugs.; veraltet): *sich [für einen formellen Anlass] besonders gepflegt, festlich kleiden:* Heute Abend ist Empfang beim Bürgermeister, da wird man sich wohl oder übel in Wichs werfen müssen.
▶ Diese und die folgende Wendung entstammen der Studentensprache. Das Wort »Wichs« gehört zu »wichsen« (= glänzend machen, [heraus]putzen), bedeutet also eigentlich »Glanz, Putz«.
in vollem Wichs (ugs.): *in formeller, feierlicher Kleidung [mit allen Orden und Ehrenzeichen]:* Alles, was Rang und Namen hatte, war in vollem Wichs erschienen. ... Verbindungsstudenten zeigen sich heute wieder selbstbewusst in vollem Wichs (IWZ 23, 1983, 6).
Vgl. die vorangehende Wendung.

Wichsbürste: einen Schlag mit der Wichsbürste [weg]haben: ↑ Schlag.

Wichse: alles eine Wichse (ugs.): *alles dasselbe:* Ob du jetzt zu Hause als fahnenflüchtig verhaftet wirst oder in der Schweiz wegen fehlender Aufenthaltserlaubnis, das ist doch alles eine Wichse.

wichsen: jmdm. eine wichsen (ugs.): *jmdn. ohrfeigen:* Ich wichs dir gleich eine, du unverschämte Göre!

eine gewichst kriegen (ugs.): *geohrfeigt werden:* Wenn er frech wird, kriegt er eine gewichst!

wichtig: sich [mit jmdm., mit etwas] wichtig haben/machen/tun: *sich [wegen jmds., wegen etwas] aufspielen:* Jetzt tut er sich wieder mit seinem Doktortitel wichtig. Manche von den älteren Offizieren fand er direkt ungebildet, aber sie machten sich wichtig mit ihrer Erfahrung in Kolonialkriegen (Baum, Bali 252). »Man trinkt Sekt nicht, um vornehm zu sein, man trinkt ihn, um sich wichtig zu machen« (Remarque, Obelisk 200).

Wicke: in die Wicken gehen (ugs.): *misslingen:* Schlechtes Wetter, verkohlte Würstchen und besoffene Gäste – die Gartenparty ist so ziemlich in die Wicken gegangen. ... der Filmkokolores ging dann doch total in die Wicken (Hörzu 50, 1982, 7).
▶ Die Herkunft der Wendung ist nicht sicher geklärt. Sie könnte von der früher üblichen Verwendung von »Wicke« als Bezeichnung für etwas Minderwertiges, Wertloses – entwickelt aus dem Gegensatz zu »Weizen« – ausgehen, aber auch in Analogie zu »in die Binsen gehen« (↑ Binse) entstanden sein und dann eigentlich »im Wickenfeld verschwinden, untertauchen« bedeuten.

Wickel: jmdn. am/beim Wickel packen/kriegen/haben/nehmen (ugs.): 1. *jmdn. fassen und festhalten:* Der Lümmel wollte abhauen, aber der Polizist hatte ihn gleich beim Wickel. ... wir haben ihn beim Wickel, aber er fleht uns an: Lasst mich am Leben, ich erfülle euch auch jeden Wunsch (Brot u. Salz 261). 2. *jmdn. heftig zurechtweisen:* Du musst deine Tochter mal beim Wickel nehmen, das Mädchen wird in letzter Zeit reichlich kess.
▶ Mit »Wickel« bezeichnete man früher das Band, das den [Männer]zopf zusammenhält. Diese und die folgende Wendung gehen also in ähnlicher Weise wie z. B. »jmdn. am Kragen packen« auf eine ganz konkrete Situation zurück.

etwas beim Wickel haben (ugs.): *sich mit etwas eingehend beschäftigen:* Sie hatten gerade das Problem der inneren Sicherheit beim Wickel, als die Nachricht von dem Attentat durchs Radio kam. Hatte er ein Thema beim Wickel, so baute er es weidlich aus (Bastian, Brut 54).
Vgl. die vorangehende Wendung.

wickeln: jmdn. um den kleinen Finger wickeln können: ↑ Finger.

wider: das Für und Wider: ↑ für. **wider den Stachel löcken:** ↑ Stachel. **Wurst wider Wurst:** ↑ Wurst.

Widerpart: jmdm. Widerpart halten/bieten/geben (geh.; veraltend): *sich jmdm. widersetzen:* Er war der Einzige, der den Mut hatte, dem Chef Widerpart zu bieten. Mehr als einmal empfand Klaus, dass sie sich den andern nicht als gedemütigt

betrachtete, wenn er ihr nicht Widerpart
zu halten vermochte (Th. Mann, Hoheit
163). Er setzte ungeheure Summen.
Schließlich hielt ihm niemand mehr Widerpart als der ... Burggraf (Feuchtwanger, Herzogin 21).
▶ »Widerpart« ist ein veralteter Ausdruck für »Widersacher; Gegenpartei«.

**Widerstand: [jmdm.] Widerstand leis-
ten:** *sich [jmdm.] widersetzen:* Hätte die
Bürgerinitiative damals nicht erbitterten
Widerstand geleistet, wäre da drüben ein
zehnstöckiges Parkhaus gebaut worden.
Wer sich selbst aufgegeben hat, vermag
keinen Widerstand mehr zu leisten
(Kaschnitz, Wohin 182). Riggs ergreift
die Zahnzange ... Er öffnet Wells' Kiefer,
die keinen Widerstand leisten (Thorwald, Chirurgen 87).

**den Weg des geringsten Widerstandes
gehen:** ↑ Weg.

wie: wie du mir, so ich dir: *so schlecht, wie
du dich mir gegenüber verhältst/verhal-
ten hast, so verhalte ich mich auch dir gegenüber:* Du wolltest mir damals kein
Geld leihen, heute habe ich keins für
dich – wie du mir, so ich dir!

und wie! (ugs.): *heftig, sehr:* Sie hat ihm
ans Schienbein getreten, und wie! Vor ei-
nem halben Jahr noch ... würde mich die
Hochbeschaffenheit einer derartigen
Frage eingeschüchtert haben, und wie!
(R. Walser, Gehülfe 6).

wie zum Beispiel: ↑ Beispiel. **wie im/aus
dem Bilderbuch:** ↑ Bilderbuch. **wie aus
dem Boden gewachsen:** ↑ Boden. **wie eh
und je:** ↑ eh. **wie finde ich denn das?:** ↑ finden. **wie jmd. ging und stand:** ↑ gehen. **wie
gewonnen, so zerronnen:** ↑ gewinnen. **so
gut wie:** ↑ gut. **wie nichts Gutes:** ↑ gut. **wie
gehabt:** ↑ haben. **wie der Herr, so's Gescherr:** ↑ Herr. **wie heruntergerissen:**
↑ herunterreißen. **wie sage ichs meinem
Kinde?:** ↑ Kind. **wie aus einem Munde:**
↑ Mund. **wie bei Muttern:** ↑ Mutter. **nach
wie vor:** ↑ nach. **nichts wie ...:** ↑ nichts. **wie
aus der Pistole geschossen:** ↑ Pistole. **wie
gesagt:** ↑ sagen. **so gut wie:** ↑ so. **wie gestochen:** ↑ stechen. **wie von ungefähr:** ↑ ungefähr. **wie verrückt:** ↑ verrückt. **wie der
Wind:** ↑ Wind. **wie ein Wirbelwind:** ↑ Wirbelwind. **wer weiß wie:** ↑ wissen. **wunder[s] wie:** ↑ wunder[s]. **wie kein Zweiter:**
↑ zweite.

Wiedehopf: stinken wie ein Wiedehopf:
↑ stinken.

wieder: wieder auf die Beine kommen:
↑ Bein. **wieder auf den Beinen sein:** ↑ Bein.
hin und wieder: ↑ hin. **so jung kommen wir
nicht wieder zusammen:** ↑ jung. **wieder im
Lande sein:** ↑ Land. **für/wegen nichts und
wieder nichts:** ↑ nichts.

**Wiedersehen: Wiedersehen macht Freu-
de!** (ugs.): *Bemerkung beim Ausleihen
von etwas an jmdn., der es mit der Zurückgeben [möglicherweise] nicht so genau nimmt:* Hier sind die beiden Bücher,
die du ausleihen wolltest – übrigens:
Wiedersehen macht Freude!

auf Wiedersehen: *Grußformel beim
Abschied:* Auf Wiedersehen bis zum
nächsten Mal! Auf Wiedersehen, Herr
Doktor!

**wieder sehen: bei Philippi sehen wir uns
wieder:** ↑ Philippi.

**wiederum: für/wegen nichts und wiede-
rum nichts:** ↑ nichts.

**Wiege: jmdm. [auch] nicht an der Wiege
gesungen worden sein:** *für jmdn. eine
unerwartete Entwicklung oder Veränderung seines Lebens bedeuten:* Als Tochter eines Fabrikbesitzers war ihr ein Leben in Armut und Verfolgung nicht an
der Wiege gesungen worden. Jetzt muss
ich armer, alter Mann mit meinem dicken Bauch mich auch noch bücken, das
ist mir auch nicht an der Wiege gesungen
worden (Tucholsky, Werke I, 457).
▶ Die Wendung bezieht sich wohl darauf, dass manche Wiegenlieder von der
schönen Zukunft des kleinen Kindes
handeln.

jmdm. in die Wiege gelegt worden sein:
jmdm. von Geburt an gegeben sein: Die
Musikalität war ihm in die Wiege gelegt
worden. Das Talent war dem kleinen
Fritz ... in die Wiege gelegt (Kicker 6,
1982, 12).

von der Wiege bis zur Bahre (geh.): *das
ganze Leben hindurch:* Der Glaube deiner Väter begleite dich von der Wiege bis
zur Bahre und führe dich sicher durch
alle Fährnisse des Lebens.

**die Grazien haben nicht an seiner/ihrer
Wiege gestanden:** ↑ Grazie.

¹wiegen: gewogen und zu leicht befunden
(geh.): *den sachlichen, fachlichen, ethischen o. ä. Anforderungen nicht genü-*

gend: Nach dem letzten Skandal heißt das Urteil der Öffentlichkeit über den neuen Präsidentschaftskandidaten: gewogen und zu leicht befunden.

▶ Die Redensart stammt aus der Bibel. Im Alten Testament (Daniel 5, 27) finden sich die Worte »Man hat dich gewogen und zu leicht befunden« als Deutung des Wortes »Tekel« aus der warnenden Schrift an der Wand (Menetekel).

²**wiegen: jmdn., sich in Sicherheit wiegen:** ↑Sicherheit.

wiehern: der Amtsschimmel wiehert: ↑Amtsschimmel.

wienern: eine gewienert kriegen/bekommen (ugs.): *geohrfeigt werden:* Du kriegst gleich eine gewienert! Ruhe jetzt, oder willst du noch eine gewienert bekommen?

▶ Das Verb »wienern« in dieser und der folgenden Wendung stammt aus der Soldatensprache. Es bedeutet eigentlich »mit Wiener Putzkalk scheuern, reinigen«.

jmdm. eine wienern (ugs.): *jmdn. ohrfeigen:* Er hat so frech gegrinst, sie musste ihm einfach eine wienern!

Wiese: [jmdm.] eine gemähte Wiese sein (ugs.): *[für jmdn.] erledigt, kein Problem mehr sein:* Sie führt 5:0 bei eigenem Aufschlag, der Satz dürfte eine gemähte Wiese sein.

auf der grünen Wiese: *vor der Stadt, in noch unbebautem Gelände:* Wenn er damals schon gewusst hätte, in welches Abenteuer man sich einlasse, hätte er für den Saalbau auf der grünen Wiese gestimmt (MM 22. 7. 1971, 6). In dem 1968 auf der »grünen Wiese« ... eröffneten Selbstbedienungsgroßladen werden am 14. Juli zum letzten Male die Kassen klingeln (MM 19. 5. 1971, 10).

Wiesel: flink wie ein Wiesel: ↑flink.

wild: wilde Hummel (ugs.): *lebhaftes, ausgelassenes Mädchen:* Seine Tochter ist eine wilde Hummel, ganz das Gegenteil von ihm.

halb so wild (ugs.): *nicht so schlimm:* In der Zeitung stand etwas von »Hochwasserkatastrophe« und »Millionenschäden«, aber in Wirklichkeit war alles nur halb so wild. Pulver ... wickelte den Verband ab ... und betrachtete die Kratzer. »Halb so wild«, sagte er dann, »nicht der

Rede wert ...« (Kirst, Aufruhr 51). Daher kam ... mein schlechter Ruf. Playboy und Verführer und alles mögliche. Aber das ist alles halb so wild (Bravo 29, 1976, 29).

[wie] vom wilden Affen gebissen [sein]: ↑Affe. **wildes Blut haben:** ↑Blut. **wilde Ehe:** ↑Ehe. **den wilden Mann spielen/machen:** ↑Mann. **die wilde Sau spielen:** ↑Sau.

Wilde: toben wie zehn nackte Wilde im Schnee: ↑toben.

Wilhelm: den dicken Wilhelm spielen (ugs.; veraltend): *sich aufspielen, großtun:* Er fühlt sich nur wohl, wenn er den dicken Wilhelm spielen kann. Das Personal des Schiffes spielt den dicken Wilhelm, und die Passagiere müssen 'sich anstellen (Konsalik, Promenadendeck 371).

▶ Die Wendung bezieht sich wohl auf Kaiser Wilhelm II., der den Prunk über alle Maßen liebte.

falscher Wilhelm: ↑falsch. **seinen Friedrich Wilhelm unter etwas setzen:** ↑Friedrich.

Wille: der letzte Wille: *das Testament:* Der letzte Wille des Verstorbenen wurde in Anwesenheit aller Erben verlesen. Kurz vor ihrem Tod hatte sie ihren letzten Willen noch einmal geändert.

wo ein Wille ist, ist auch ein Weg/ (scherzh.:) **Gebüsch:** *wenn man etwas ernsthaft will, findet man auch eine Möglichkeit, es zu erreichen:* Er wird seinen Traum vom Eigenheim verwirklichen, wo ein Wille ist, ist auch ein Weg. Was heißt hier, die beiden gehen nur ganz unschuldig miteinander spazieren? Wo ein Wille ist, ist auch ein Gebüsch!

den guten Willen für die Tat nehmen: *anerkennen, dass sich jmd. bemüht hat, auch wenn er keinen Erfolg hatte:* Ich weiß ja, dass ihr euch sehr angestrengt habt, ein Geschenk für mich zu finden, und ich will den guten Willen für die Tat nehmen.

jmdm. den/seinen/allen Willen tun: *tun, was jmd. will:* Dem Kind immer nur seinen Willen tun, das ist doch keine Erziehung! »Kommen Sie her, Lutz!« ... Und als ich ihr ganz überrascht den Willen tat, warf sie mir die Arme um den Nacken und küsste mich (Fallada, Herr 9).

mit Willen (veraltet): *absichtlich:* ... dann fing er an, nach ihm zu schlagen ... Aber er traf ihn nicht, sei es aus Ungeschick oder mit Willen (Fallada, Mann 166). ... ist er eigentlich nur zufällig, aber nicht mit Willen Vater, ist im besten Fall Familienfunktionär (Bodamer, Mann 139). **jmdm. zu Willen sein** (veraltet): 1. *sich jmdm. hingeben:* Als das Mädchen ihm nicht zu Willen sein wollte, schlug er auf es ein. In der Gartenlaube, betäubt vom Duft der Rosen, war sie ihm zu Willen gewesen. 2. *jmdm. seinen Willen erfüllen:* Stets war er seinem Herrn zu Willen, aber was er jetzt von ihm verlangte, konnte er nicht tun.
des Menschen Wille ist sein Himmelreich: ↑ Mensch.
willen: um des lieben Friedens willen: ↑ Friede[n].
willig: der Geist ist willig, [aber] das Fleisch ist schwach: ↑ Geist. **bei jmdm. ein williges Ohr finden:** ↑ Ohr.
willkommen: jmdn. willkommen heißen: *jmdn. [feierlich] begrüßen:* Die Astronauten wurden vom Bürgermeister der Stadt willkommen geheißen. Maria Holzmann ... hieß uns in ihrer gemütlichen Wohnküche willkommen (Erné, Kellerkneipe 255).
wimmern: zum Wimmern sein (ugs.): *deprimierend, unerträglich sein:* Die Hose war gerade in der Reinigung, und jetzt sind schon wieder Kaffeeflecken darauf – es ist doch zum Wimmern! Der Auftritt der abgetakelten Schlagertante war zum Wimmern.
Wimper: sich nicht an den Wimpern klimpern lassen (ugs.): *sich nichts gefallen lassen:* Seine Frau lässt sich nicht an den Wimpern klimpern.
Vgl. die folgende Wendung.
mit den Wimpern klimpern (ugs.; veraltend): *Männer begehrliche Blicke zuwerfen, flirten:* Die Blondine am Nebentisch klimperte aufgeregt mit den Wimpern.
▶ Die Wendung geht von der Beobachtung aus, dass man beim Flirten die Wimpern senkt und hebt, mit den Wimpern gewissermaßen Klavier spielt. Das Verb »klimpern« steht in dieser Wendung, weil es sich mit »Wimpern« reimt.
ohne mit der Wimper zu zucken: *ungerührt; ohne Bedenken:* Er zahlt, ohne mit der Wimper zu zucken, die Differenz (Remarque, Obelisk 188). Biggis Söhne ... haben die ungewöhnliche Ehe ihrer Mutter, ohne mit der Wimper zu zucken, akzeptiert (Hörzu 26, 1974, 8).
nicht mit der Wimper zucken: *keine Reaktion zeigen:* Sie zuckte nicht mit der Wimper, als die Nadel in ihre Vene gestoßen wurde. Als man ihm von dem Unglück berichtete, zuckte er nicht mit der Wimper.
Wind: frischer Wind: *neuer Schwung, neue Begeisterung:* Mit der Wahl des ehemaligen Jusovorsitzenden dürfte etwas frischer Wind in das Komitee gekommen sein. Der neue Linksaußen hat frischen Wind in die Mannschaft gebracht.
wie der Wind: *sehr schnell:* Die Nachricht verbreitete sich wie der Wind. Sie sauste wie der Wind durch den Korridor.
Wind in jmds. Segeln sein: *jmdm. Unterstützung, Auftrieb geben:* Das ist natürlich Wind in seinen Segeln, dass die Direktion seinen Vorschlag unterstützt.
[ach] daher pfeift/weht der Wind (ugs.): *das ist also die Ursache, so verhalten sich die Dinge:* Ach, daher pfeift der Wind – ihr wollt mich moralisch unter Druck setzen, damit ich das Geschäft platzen lasse! Wusstest du nicht, dass der Alte auf die Kleine von gegenüber scharf ist? – Daher weht der Wind! Jetzt wird mir manches klar!
der Wind hat sich gedreht: *die Verhältnisse haben sich geändert:* Sowohl im politischen als auch im wirtschaftlichen Bereich hatte der Wind sich gedreht – die großen Konzerne hatten an Einfluss verloren.
hier/dort usw. weht ein anderer/scharfer/schärferer Wind (ugs.): *hier/dort usw. geht es streng, unfreundlich/strenger, unfreundlicher zu:* Solche Bummeleien sind ab sofort nicht mehr drin, hier weht jetzt ein anderer Wind! Im Geschäftsleben weht ein scharfer Wind, das wirst du schon noch begreifen!
der Wind pfeift [jetzt/hier] aus einem anderen Loch (ugs.): *es herrscht [jetzt/hier] eine strengere Ordnung, es werden [jetzt/hier] strengere Maßnahmen ergriffen:* Seit der Juniorchef die Firma übernommen hat, pfeift der Wind hier aus einem

anderen Loch. Sie haben bei meinem Vorgänger eine ruhige Kugel schieben können, aber jetzt pfeift der Wind aus einem anderen Loch.

wissen/merken, woher der Wind weht (ugs.): *wissen/merken, was vor sich geht, welche Ursache die Ereignisse haben:* Als er plötzlich nicht mehr für sie zu sprechen war, merkte sie endlich, woher der Wind wehte. Wir wissen, woher der Wind weht; hinter all dem steckt doch nur dein Schwiegervater, stimmts?

es weht ein scharfer Wind: *die Zeiten sind rau, es geht ungemütlich zu:* Es wehte ein scharfer Wind für Oppositionelle in diesem Land. Die Automobilindustrie fürchtet um ihre Exportchancen; es weht ein scharfer Wind auf den internationalen Märkten.

jmdm. bläst der Wind [scharf] ins Gesicht: *jmd. hat eine schwere Zeit voller Widrigkeiten durchzustehen:* Den konservativen Politikern blies nach dem Putsch der linken Militärs der Wind scharf ins Gesicht.

Wind machen (ugs.): *prahlen:* Der Angeber kann doch nur Wind machen, geleistet hat der in seinem Leben noch nichts. Ob das Trio ... nur Wind macht ..., kann man nachprüfen ... in der Ruhrlandhalle (ran 2, 1980, 30).

▶ In dieser und in der folgenden Wendung steht der Wind als Bild für das Ungreifbare, Leere.

viel Wind um etwas machen (ugs.): *großes Aufhebens von etwas machen:* Erst hat man viel Wind um das neue Theater gemacht, aber jetzt hat das Publikumsinteresse schon merklich nachgelassen. Immerzu und unter allen Regierungen machten spaltenlange Artikel und empörte Leserbriefe Wind um den Aktienteich (Grass, Hundejahre 309). Vgl. die vorangehende Wendung.

von etwas Wind bekommen (ugs.): *von etwas, das geheim bleiben sollte, erfahren:* Woher die Presse von den Regierungsplänen Wind bekommen hat, ist noch nicht geklärt. Die Kripo hatte schon vor geraumer Zeit von der Existenz des Spielclubs Wind bekommen (MM 20. 5. 1975, 17).

▶ Diese Wendung stammt aus der Jägersprache. Sie bezieht sich auf die Witterung, die das Wild bekommt, wenn der Wind ihm den Geruch des Jägers zuträgt.

wer Wind sät, wird Sturm ernten: *wer andere angreift, muss mit heftigen Gegenreaktionen rechnen:* Wir können den Wirtschaftsminister nur vor jeder Einmischung in die Tarifauseinandersetzungen warnen; die Verbände werden sich zu wehren wissen – wer sät, wird Sturm ernten!

▶ Diese Redensart ist ein Zitat aus dem Alten Testament (Hosea 8, 7).

jmdm. den Wind aus den Segeln nehmen: *einem Gegner den Grund für sein Vorgehen oder die Voraussetzungen für seine Argumente nehmen:* Die Regierung wird ihren Fehler eingestehen und damit der Opposition den Wind aus den Segeln nehmen. Aber dass sie Goron den Wind aus den Segeln genommen hat, verstärkt den Ruhm ihrer abenteuerlichen Schönheit (Maass, Gouffé 127).

▶ Die Wendung stammt aus der Seemannssprache. Vor allem bei Seegefechten kam es früher darauf an, durch geschickte Manöver das gegnerische Schiff in den Windschatten zu bringen.

sich den/frischen Wind um die Nase/Ohren wehen/pfeifen lassen: *die Welt und das Leben kennen lernen:* Mit siebzehn ist er dann nach Südamerika gegangen, wollte sich ein bisschen den Wind um die Nase wehen lassen. ... dass Doktor Überbein sich den Wind hatte um die Nase wehen lassen, verfehlte nicht seine Wirkung auf Klaus und Heinrich (Th. Mann, Königl. Hoheit, 55).

gegen den Wind segeln: *sich der vorherrschenden Tendenz, Meinung nicht anschließen:* Sie gehört zu denen, die stets gegen den Wind segeln, immer etwas Neues ausprobieren wollen.

bei/in Wind und Wetter: *bei jeder Witterung, auch bei schlechtem Wetter:* Die Briefträger müssen ihren Dienst bei Wind und Wetter versehen. Der Mantel ist sehr praktisch und wird in jedem Wind und Wetter gute Dienste leisten (Schädlich, Nähe 107).

in alle [vier] Winde: *überallhin, in alle Himmelsrichtungen:* Nach dem Abitur hatte sich unsere Clique in alle Winde zerstreut. Die Brüder waren nach dem

Tod der Eltern in alle vier Winde auseinander gegangen.

etwas in den Wind schlagen (ugs.): *etwas [gut Gemeintes] nicht beachten:* Alle Warnungen in den Wind schlagend, gab sie dem Schwindler ihre letzten Ersparnisse. ... weder Sie noch wir sind so überheblich, das Veto der Gegenseite einfach in den Wind zu schlagen (Weber, Tote 20). Es ist auch wahr, dass bislang Ratschläge für eine differenziertere Integration ... in den Wind geschlagen wurden (W. Brandt, Begegnungen 640).

▶ Der Wind als etwas, was nicht fassbar, nicht von Dauer ist, steht in dieser und in der folgenden Wendung als Bild für Leere, Vergeblichkeit, Verlust; auch zum Ausdruck der Geringschätzigkeit, die einer Sache gegenüber deutlich wird. Bei der Vorstellung »ins Leere schlagen« kann auch die Handbewegung mitgewirkt haben, mit der man etwas von sich weist, abtut.

etwas in den Wind schreiben: *etwas als verloren ansehen:* Ihr Geld kann sie in den Wind schreiben; er hat noch nie seine Schulden bezahlt. Wenn er die Prüfung wieder nicht schafft, kann er seine Medizinerkarriere in den Wind schreiben.

Vgl. die vorangehende Wendung.

in den Wind reden: *reden, ohne Gehör zu finden:* Niemand hörte auf die Worte des Propheten, er redete in den Wind. Ich hatte das Gefühl, in den Wind geredet zu haben, stand ernüchtert auf ... und wollte mich entfernen (Hildesheimer, Legenden 73).

schieß in'n Wind! (ugs.): *verschwinde!:* Na los, schieß in'n Wind, ich will dich nicht mehr sehen! Das hier ist nichts für dich, Kleiner, schieß in'n Wind!

mit dem Wind segeln: *sich [in charakterloser Weise] der jeweiligen Situation, Tendenz anpassen:* Den Schriftstellern blieb nichts übrig, als mit dem Wind zu segeln.

die/seine Fahne nach dem Wind[e] drehen: ↑ Fahne. **den/seinen Mantel/das/sein Mäntelchen nach dem Wind hängen:** ↑ Mantel. **eine Mütze voll Wind:** ↑ Mütze. **schwanken wie ein Rohr im Wind:** ↑ schwanken. **sieben Meilen gegen den Wind stinken:** ↑ sieben.

Windel: noch in den Windeln stecken/liegen: *noch im Anfangsstadium sein:* Die computergestützte Textverarbeitung steckte damals ja noch in den Windeln. Es handelt sich um ein Projekt, das derzeit noch in den Windeln liegt.

windelweich: jmdn. windelweich schlagen (ugs.): *jmdn. gründlich verprügeln:* Ich riss sie am Arm ... und schrie sie an: Ich schlage Sie jetzt windelweich, wenn Sie nicht sofort den Mund aufmachen (v. d. Grün, Glatteis 42). Der starke Vater schlug den athletischen Knaben stets windelweich, wenn dieser »trotz Warnung« etwas ausgefressen hatte (Spiegel 40, 1978, 136).

winden: sich winden/krümmen wie ein Aal: *sich aus einer unangenehmen Lage zu befreien suchen; sich vor Verlegenheit winden, peinlich berührt sein:* Der Dieb wand sich wie ein Aal und gab vor, er könne sich an nichts mehr erinnern.

sich drehen und winden: ↑ drehen. **jmdm. das Heft aus der Hand winden:** ↑ Heft. **sich krümmen und winden:** ↑ krümmen.

Windeseile: in/mit Windeseile: *sehr schnell:* In Windeseile hatte das ganze Dorf von der Verlobung erfahren. Die Neuigkeiten, die sie am Abend vorher noch mit hereingebracht hatten, verbreiteten sich mit Windeseile im Lager (Apitz, Wölfe 357/358).

Windmühle: mit/gegen Windmühlen kämpfen: *gegen etwas kämpfen, das überhaupt nicht besteht:* Er behauptete, die Feministen kämpften gegen Windmühlen, die Emanzipation der Frau sei längst verwirklicht!

▶ Diese Wendung spielt auf den Roman »Don Quijote« von Miguel Cervantes an, in dem der tragikomische Held Windmühlen für feindliche Riesen hält.

Wink: ein Wink mit dem Laternenpfahl: ↑ Laternenpfahl. **ein Wink mit dem Scheunentor:** ↑ Scheunentor. **ein Wink mit dem Zaunpfahl:** ↑ Zaunpfahl.

Winkel: toter Winkel: *nicht einsehbarer Bereich:* Der Angreifer befand sich im toten Winkel der Befestigungsmauern. Denken wir nur an ... das überholende Fahrzeug, das plötzlich aus dem toten Winkel im Seitenspiegel auftaucht (Mensch im Verkehr 22). Durch den Draht kommen ist eine Kleinigkeit, dann zwischen den Fässern durch, die Fässer liegen bis zum anderen Zaun, da ist ein toter Winkel (v. d. Grün, Glatteis 55).

winken: nur mit dem kleinen Finger zu winken brauchen: ↑ Finger. **mit dem Laternenpfahl winken:** ↑ Laternenpfahl. **mit dem Scheunentor winken:** ↑ Scheunentor. **mit dem Zaunpfahl winken:** ↑ Zaunpfahl.

Winter: jmdm. keinen Sommer und keinen Winter machen: ↑ Sommer.

wir: wir werden das Kind schon schaukeln: ↑ Kind.

Wirbel: vom Wirbel bis zur Zehe (veraltet): *am ganzen Körper:* Sie war braun gebrannt vom Wirbel bis zur Zehe.

Wirbelwind: wie ein Wirbelwind: *sehr schnell und [große] Verwirrung, Aufregung stiftend:* Der Linksaußen dribbelte wie ein Wirbelwind durch die gegnerischen Abwehrreihen. Sie fuhr wie ein Wirbelwind auf mich zu, eine flackernde Flamme der Empörung, mit hochrotem Gesicht ... und wild blitzenden Augen (Salomon, Boche 105).

wirken: wie eine kalte Dusche für jmdn. wirken: ↑ Dusche. **Wunder wirken:** ↑ Wunder.

Wirkung: mit Wirkung vom ... (Amtsspr.): *ab dem ...:* Das Dokument verliert mit Wirkung vom 1. Oktober seine Gültigkeit.

Wirt: lieber den Magen verrenken, als dem Wirt etwas schenken: ↑ Magen. **die Rechnung ohne den Wirt gemacht haben:** ↑ Rechnung.

Wirtschaft: reine Wirtschaft machen (landsch.): *die Dinge in Ordnung bringen, bereinigen:* Jetzt wird reine Wirtschaft gemacht – du zahlst deine Schulden und heiratest das Mädchen!

wirtschaften: [sich] in die eigene Tasche wirtschaften: ↑ Tasche. **aus dem Vollen wirtschaften:** ↑ voll.

wischen: jmdn. eine/ein paar wischen (ugs.): *jmdn. ohrfeigen:* Hörst du auf damit, oder muss ich dir erst eine wischen? Der Diakon Hamacher hat mir mal abends im Schlafsaal (ich hatte trotz des »Silentiums« gesprochen) eine gewischt (Ziegler, Gesellschaftsspiele 159).

eine/ein paar gewischt kriegen/bekommen (ugs.): *geohrfeigt werden:* Lass das sein, sonst kriegst du eine gewischt! We-

gen seiner dauernden Frechheiten hatte er ein paar gewischt bekommen.

sich mit etwas den Arsch wischen können: ↑ Arsch. **sich mit etwas den Hintern wischen können:** ↑ Hintern. **sich den Mund/das Maul wischen können:** ↑ Mund. **etwas vom Tisch wischen:** ↑ Tisch.

wissen: weißt du was (ugs.): *mir ist Folgendes eingefallen, ich denke Folgendes:* Weißt du was, wir gehen heute mal wieder in den Zoo! Wissen Sie was, geben Sie mir fünfzig Mark, und wir sind quitt.

was weiß ich (ugs.): 1. *das weiß ich nicht:* Wo ist bloß mein gelber Pullover? – Was weiß ich, pass doch auf deine Sachen besser auf! 2. *ich weiß es nicht genau:* Da werden wir wohl – was weiß ich – so zehn- bis fünfzehntausend Mark investieren müssen.

wer weiß was/wer (ugs.): *etwas Besonderes:* Der hält sich für wer weiß wen, seit er seinen Doktor gemacht hat. Sie glaubt, sie hat wer weiß was geleistet, dabei haben wir alles noch mal machen müssen. Da kannst du wer weiß was anstellen, der merkt gar nicht, was du willst.

wer weiß was für (ugs.): *alle möglichen:* Sie hat später dann wer weiß was für Leute angeschleppt, die uns angeblich helfen wollten. Er erfindet wer weiß was für Ausreden, nur um seinen Kopf zu retten.

wer weiß wie (ugs.): *besonders, unabsehbar:* Diese Serie ist im Fernsehen schon wer weiß wie oft gelaufen. Bevor ich wer weiß wie lange auf den Bus warte, nehme ich mir lieber ein Taxi. Da sind wer weiß wie viele Millionen Steuergelder in dunkle Kanäle geflossen.

ich möchte nicht wissen, was/wo/wie viel usw.: *Ausdruck der Missbilligung:* Ich möchte nicht wissen, was das wieder gekostet hat. Ich möchte nicht wissen, wo sie diese Leute aufgegabelt hat.

ich weiß, was ich weiß: *ich weiß es besser; ich bin mir meiner Sache ganz sicher:* Glaub mir, er hat wirklich an diesem Abend Überstunden gemacht. – Du willst deinen Freund nur decken. – Ich weiß, was ich weiß.

jmdn. etwas wissen lassen: *jmdm. etwas mitteilen:* Der Kassenwart hat den Vereinsvorstand wissen lassen, dass sich die finanzielle Lage drastisch verschlechtert habe. »Auf Wiedersehen«, sagte ich zu dem Wirt. »Wenn Sie was von den beiden Herren hören, lassen Sie es mich bitte wissen« (Bieler, Bonifaz 188). Gott hatte ... durch den Mund Theodoras ihn wissen lassen, was seines Amtes war (Thieß, Dämonen 555).

von jmdm., etwas nichts [mehr] wissen wollen: *an jmdm., etwas nicht [mehr] interessiert sein:* Erst war der Nachbarsjunge sein bester Freund, jetzt will er nichts mehr von ihm wissen. Von einer Umschulung zum Pharmavertreter wollte der arbeitslose Redakteur nichts wissen. Du wolltest nichts mehr von Gott wissen (Ott, Haie 341).

was ich nicht weiß, macht mich nicht heiß: *über etwas, was ich nicht [genau] weiß, rege ich mich nicht auf [und deshalb will ich davon auch gar nichts wissen]:* Manche Leute sagen, deine Frau ginge heimlich ins Spielkasino. – Ach, weißt du, was ich nicht weiß, macht mich nicht heiß. Er braucht von der Sache nichts zu erfahren – was er nicht weiß, macht ihn nicht heiß.

nicht, dass ich wüsste: *davon weiß ich nichts, ich glaube nicht:* Gibt es einen besonderen Grund für seine schlechte Laune? – Nicht, dass ich wüsste. Wohnt bei Ihnen ein gewisser Herr Grünlich? – Nicht, dass ich wüsste. Bist du nervös ... Nicht, dass ich wüsste (Fichte, Wolli 418). **weder aus noch ein/ein noch aus wissen; nicht aus noch ein/ein noch aus wissen; nicht aus und ein/ein und aus wissen:** ↑aus. **wissen, wo Barthel den Most holt:** ↑Barthel. **Bescheid wissen:** ↑Bescheid. **nicht wissen, wie man bei jmdm./mit jmdm. dran ist:** ↑dran. **weiß der Geier:** ↑Geier. **weder gicks noch gacks wissen:** ↑gicks. **die Glocke läuten hören, aber nicht wissen, wo sie hängt:** ↑Glocke. **wissen, was die Glocke/die Uhr/die Stunde geschlagen hat:** ↑Glocke. **noch nichts von seinem Glück wissen:** ↑Glück. **... dass jmd. nicht mehr weiß, wo Gott wohnt:** ↑Gott. **weiß Gott:** ↑Gott. **Gott weiß:** ↑Gott. **das wissen die Götter:** ↑Gott. **wissen, wie der Hase läuft:** ↑Hase. **weiß der Henker:** ↑Henker. **weiß der Himmel:** ↑Himmel. **[das] weiß der [liebe] Himmel:** ↑Himmel. **das mag der [liebe] Himmel wissen:** ↑Himmel. **etwas nur vom Hören-**

sagen wissen: ↑Hörensagen. **wissen, wo der Hund begraben liegt:** ↑Hund. **wissen, wie die Karten fallen [werden]:** ↑Karte. **nicht [mehr] wissen, wo einem der Kopf steht:** ↑Kopf. **[das] weiß der Kuckuck:** ↑Kuckuck. **jmdm. etwas kund und zu wissen tun:** ↑kund. **wissen, wos langgeht:** ↑langgehen. **sich nicht zu lassen wissen:** ↑lassen. **von etwas ein Lied[chen] zu singen wissen:** ↑Lied. **die Linke weiß nicht, was die Rechte tut:** ↑Linke. **nicht mehr wissen, ob man Männchen oder Weibchen ist:** ↑Männchen. **nicht wissen, wo/was oben und unten ist:** ↑oben. **Rat wissen:** ↑Rat. **sich keinen Rat wissen:** ↑Rat. **sich nicht zu raten noch zu helfen wissen:** ↑raten. **nicht [mehr] wissen, wo/was rechts und links ist:** ↑rechts. **sich vor etwas nicht zu retten wissen:** ↑retten. **wissen, wo jmdn. der Schuh drückt:** ↑Schuh. **weiß der Teufel:** ↑Teufel. **wissen, woher der Wind weht:** ↑Wind.

Wissen: Wissen ist Macht: *Kenntnisse verhelfen zu Einfluss:* Das Geld für das Lexikon ist gut angelegt – Wissen ist Macht.

nach bestem Wissen und Gewissen: *absolut aufrichtig:* Sie sind verpflichtet, die Fragen des Richters nach bestem Wissen und Gewissen zu beantworten. ... die Vernehmungsbeamten schwören nach bestem Wissen und Gewissen ..., dass es (= das Geständnis) »ohne jeden Druck« erfolgte (Mostar, Unschuldig 8). **meines Wissens:** *soweit ich informiert bin:* Es gibt meines Wissens keine neueren Publikationen zu diesem Thema. Simrock ... versuchte ..., sich alle die Personen ins Gedächtnis zu rufen, die seines Wissens ein Herzleiden hatten (Becker, Tage 9).

Wissenschaft: eine Wissenschaft für sich sein (ugs.): *sehr kompliziert sein:* Das ist ja eine tolle Videokamera, aber die Bedienung ist eine Wissenschaft für sich. Es ist also eine ganze Wissenschaft für sich, das Fährtenlesen (Gut wohnen 2, 1976, 27).

wittern: Morgenluft wittern: ↑Morgenluft. **den Stall wittern:** ↑Stall. **Unrat wittern:** ↑Unrat.

Witterung: Witterung von etwas bekommen: *bemerken, dass etwas geplant, im Gange ist:* Trotz höchster Geheimhaltungsstufe haben die Journalisten Witterung von den Verhandlungen bekommen. Die Firma hatte die Pläne für das Projekt noch nicht richtig ausgearbeitet, da hatte die Konkurrenz schon Witterung davon bekommen.

Witwe: grüne Witwe: ↑grün.

Witz: das soll wohl ein Witz sein!; das ist [doch/ja] wohl ein Witz?: *Ausdruck der Ablehnung, der Ungläubigkeit:* Fünfzig Mark für zwei Tage Arbeit? Das ist doch wohl ein Witz? Ich soll dir mein neues Auto leihen? Das soll wohl ein Witz sein! **mach keine Witze!** (ugs.): *Ausdruck des [ungläubigen] Erstaunens:* Wir haben ein Haus geerbt? Mach keine Witze! Mach keine Witze. Er kommt auch aus Mettray? (Genet [Übers.], Miracle 68). **Witze reißen** (ugs.): *Späße machen, Witze erzählen:* Für einen Showmaster genügt es nicht, wenn er ein paar Witze reißen kann. Nach dem dritten Bier fing er an, obszöne Witze zu reißen.

▶ Die Wendung schließt sich wohl an »reißen« im Sinne von »entwerfen, zeichnen« an (vgl. Bildungen wie »Reißbrett« und »Reißzeug«) und bezog sich ursprünglich auf die bildliche Darstellung von Scherzen.

wo: ach/i wo (ugs.): *durchaus nicht, keineswegs:* Stört es Sie, wenn ich rauche? – I wo, ich wollte mir selbst gerade ein Pfeifchen stopfen.»Ich hab einfach das Gefühl, dass uns das 1 : 3 das Genick gebrochen hat.« »Ach wo, du sollst sehen, die zwei Tore holt ihr glatt noch auf!« (Walter, Spiele 17). **wo denkst du/denken Sie hin:** ↑denken. **wo gibts denn so was?:** ↑geben. **wo kommen/kämen wir hin, wenn ...:** ↑hinkommen. **wo man hinspuckt:** ↑hinspucken. **wo gehobelt wird, fallen Späne:** ↑hobeln. **wo nichts ist, hat der Kaiser sein Recht verloren:** ↑Kaiser. **wo kein Kläger ist, ist auch kein Richter:** ↑Kläger. **wo [viel] Licht ist, ist auch [viel] Schatten:** ↑Licht. **wo möglich:** ↑möglich. **wo werd ich denn:** ↑werden. **wo ein Wille ist, ist auch ein Weg:** ↑Wille. **wer weiß wo:** ↑wissen.

Woche: englische Woche (bes. Fußball): *Zeitraum von einer Woche od. acht Tagen, in dem eine Mannschaft drei [Punkt]spiele bestreiten muss:* Wegen der vielen Spielausfälle im Februar stehen den meisten Vereinen einige englische Wochen bevor. So genannte ›englische Wochen‹, drei Spiele in sieben Tagen ... (Hörzu 19, 1977, 10). **in die andere Woche gucken** (landsch.): *gedankenverloren vor sich hin starren:* He, was ist los? Du guckst ja in die andere Woche! **in den Wochen sein/liegen:** *im Kindbett liegen:* Mutter lag noch in den Wochen, als die Nachricht vom Tod unseres Vaters kam. **in die Wochen kommen:** *niederkommen:* Seine Frau wird bald in die Wochen kommen, er ist schon ganz aufgeregt. **während/in der Woche; die Woche über:** *an den Wochentagen, nicht an Sonn- oder Feiertagen:* Während der Woche ist der Straßenverkehr hier unerträglich laut. ... was Samenkorn der Woche über bei der Kompanie einnahm, war zusätzlicher Verdienst (Kuby, Sieg 10).

Woge: die Wogen [der Empörung, Entrüstung o. Ä.] gehen/schlagen hoch: *man empört, erregt sich:* Noch vor wenigen Jahren schlugen die Wogen hoch, wenn über Homosexualität gesprochen wurde; heute sieht man das alles nüchterner. Ein junger Mann aus guter Familie spielte falsch ... Die Wogen der Empörung gingen hoch (H. Mann, Unrat 134). **die Wogen glätten sich:** *man beruhigt sich, die Erregung, Empörung klingt ab:* Die Wogen hatten sich schon geglättet, als neue Enthüllungen den Skandal wieder in die Schlagzeilen brachten. **die Wogen glätten:** *beruhigend wirken, die Erregung, Empörung o. Ä. dämpfen:* Nur durch schnelle Reformen könnte die Regierung die Wogen der allgemeinen Empörung wieder glätten. Jedes Mal, wenn es zu Unruhen kam, liefen die Weißen zu den Negerführern und baten sie, ihr Bestes zu tun, um die Wogen zu glätten (Wolfe [Übers.], Radical 87). **Öl auf die Wogen gießen:** ↑Öl. Vgl. auch das Stichwort »*Welle*«.

woher: ach/i woher [denn]: *keineswegs:* Sie haben ja gar keine Rennpferde? – Ach woher denn, ich züchte Kaninchen! Stören wir? – I woher, kommt, setzt euch zu uns! **woher nehmen und nicht stehlen?:** ↑nehmen. **woher des Wegs?:** ↑Weg.

wohin: wohin des Wegs?: ↑ Weg.

wohl: wohl oder übel: *ob man will oder nicht:* Die Partei wird sich wohl oder übel nach einem neuen Kanzlerkandidaten umsehen müssen. Die ganze Gesellschaft brach in ein homerisches Gelächter aus, dem auch der eben noch so ergrimmte Emil sich wohl oder übel anschließen musste (K. Mann, Wendepunkt 175).

sehr wohl! (veraltet): *Bestätigung [eines Wunsches, einer Anordnung o. Ä.]:* »Bringen Sie uns noch einen Espresso und die Rechnung, bitte.« – »Sehr wohl, der Herr!«

wohl denn (veraltet): *Ausdruck der Zustimmung [nach einiger Überlegung]:* Wohl denn, man führe den Fremdling herein! Wohl denn, wir werden euch die nötigen Mittel zur Verfügung stellen.

lebe wohl!: *Abschiedsgruß [beim Abschied für längere Zeit]:* Leben Sie wohl, und seien Sie noch einmal für Ihre Gastfreundschaft bedankt. Lebt wohl, ihr schönen Berge, bis zum nächsten Urlaub!

gehab dich wohl! (veraltet): *Abschiedsgruß:* Gehabt euch wohl, Freunde, und schreibt mir bald! »An wie vielen Frauen bin ich vorbeigekommen! Auch du, Nello, wirst glücklich an dieser vorbeikommen, wie noch an jeder. Gehab dich wohl.« (H. Mann, Stadt 27).

wohl bekomms!: *Trinkspruch:* Mit einem freundlichen »Wohl bekomms!« hob er sein Glas und trank mit zu.

es sich [bei etwas] wohl sein lassen: *etwas genießen:* Sie lagen in der Sonne, tranken kühlen Wein und ließen es sich wohl sein. Er hatte einen Sessel vor den Kamin gerückt und ließ es sich bei einer guten Zigarre wohl sein.

wenns dem Esel zu wohl wird, geht er aufs Eis [tanzen]: ↑ Esel. **du bist wohl nicht recht gescheit:** ↑ gescheit. **sich in seiner Haut [nicht] wohl fühlen:** ↑ Haut. **jmdm. ist [nicht] wohl in seiner Haut:** ↑ Haut. **sich wohl fühlen wie die Made im Speck:** ↑ fühlen. **dich raffts wohl?; dich hats wohl gerafft?:** ↑ raffen. **siehst du wohl:** ↑ sehen. **wohl Spatzen unter dem Hut haben:** ↑ Spatz. **du träumst wohl:** ↑ träumen.

Wohl: jmds. Wohl und Wehe: *jmds. Wohlergehen, Schicksal:* Wohl und Wehe der Patienten hat die erste Sorge der Krankenhausverwaltung zu sein. Sie fühlte sich für das Wohl und Wehe ihrer Angestellten verantwortlich.

[ich trinke] auf dein [ganz spezielles] Wohl!: *Trinkspruch:* Da ist ja endlich das Bier – also dann: auf Ihr Wohl, Herr Nachbar! Ich trinke auf dein ganz spezielles Wohl, lieber Schwiegervater!

zum Wohl[e]!: *Trinkspruch:* Den Wein werden Sie mögen, Herr Doktor – zum Wohle! Ich erhebe mein Glas und trinke auf unsere bezaubernden Gastgeber – zum Wohl!

Wohlgefallen: sich in Wohlgefallen auflösen (ugs.): 1. *[spurlos] verschwinden:* Sie hatten drei Schirme mitgenommen, einer davon hatte sich offensichtlich in Wohlgefallen aufgelöst. 2. *in seine Bestandteile zerfallen, entzweigehen:* Mit dem alten Teddy kann man nicht mehr spielen, der hat sich in Wohlgefallen aufgelöst. 3. *sich erledigen; aufhören, ein Problem zu sein:* Sämtliche Protestaktionen hatten sich in Wohlgefallen aufgelöst, die neue Autobahn konnte ungehindert gebaut werden. Der Skandal hat sich in Wohlgefallen aufgelöst (Saarbr. Zeitung 6./7. 10. 1979, 30).

Wohlgeruch: alle Wohlgerüche Arabiens (scherzh.): *viele angenehme [starke] Düfte:* In ihrem Schlafzimmer duftet es nach allen Wohlgerüchen Arabiens.

▶ Diese Fügung ist ein Zitat aus Shakespeares »Macbeth« (V, 1).

Wohlsein: zum Wohlsein! 1. *Trinkspruch:* Ist das Bier für mich? Na dann, zum Wohlsein! 2. *Kommentar, wenn jemand geniest hat:* Zum Wohlsein! Sie haben sich aber ganz schön erkältet.

wohnen: unter einem Dach wohnen: ↑ Dach. **... dass jmd. nicht mehr weiß, wo Gott wohnt:** ↑ Gott. **zwei Seelen wohnen, ach, in meiner Brust:** ↑ Seele.

Wolf: ein Wolf im Schafspelz: *ein Mensch mit üblen Absichten, der sich aber äußerlich sanft und friedlich gibt:* Unter den Nachtklubbesitzern der Stadt galt er allgemein als Wolf im Schafspelz. Will der Präsident wirklich den Frieden mit den Nachbarvölkern, oder ist er nur ein Wolf im Schafspelz?

▶ Bei Matthäus 7, 15 heißt es im Neuen Testament, dass man sich vor falschen

Propheten hüten soll, »die in Schafskleidern zu euch kommen, inwendig aber sind sie reißende Wölfe«. Darauf ist die vorliegende Wendung zurückzuführen.

jmdn. durch den Wolf drehen (ugs.): *jmdm. sehr zusetzen, jmdn. hart herannehmen:* Die Anwälte des Angeklagten haben die Kronzeugin zwei Stunden lang durch den Wolf gedreht. Und wer sich daran erinnert, wie ... Friedrich ... noch vor einem Jahr, vor und vom gleichen Publikum durch den Wolf gedreht wurde, kann ermessen, was sich in diesem Jahr verändert hat (Rhein. Merkur 2. 2. 1985, 31).
▶ In dieser und der folgenden Wendung ist mit »Wolf« der Fleischwolf, das Gerät zum Zerkleinern von Fleisch, gemeint.

wie durch den Wolf gedreht sein: *völlig zerschlagen, erschöpft sein:* Zur Zeit der Kartoffelernte waren sie jeden Abend wie durch den Wolf gedreht.
Vgl. die vorangehende Wendung.

mit den Wölfen heulen: *sich der Mehrheit [aus Opportunismus] anschließen:* Was versuchst du immer, die Welt zu verbessern? Man muss mit den Wölfen heulen, wenn man es zu etwas bringen will! Man gibt sich progressiv, man heult mit den Wölfen, denn sonst könnte man ja als ... reaktionärer Trottel angesehen werden (Ziegler, Kein Recht 302).

unter die Wölfe geraten: *rücksichtslos behandelt, übervorteilt, ausgebeutet werden:* Die Jugendlichen, die sich aus Sehnsucht nach Geborgenheit einer Sekte anschließen, bemerken meist zu spät, dass sie unter die Wölfe geraten sind.

sich wie durch den Wolf gedreht fühlen: ↑fühlen. **hungrig wie ein Wolf sein:** ↑hungrig.

Wolke: die/'ne Wolke sein (bes. berlin.): *großartig sein:* Die neue Disko ist 'ne Wolke, musst du unbedingt hingehen! Ich finde, der Typ ist einfach 'ne Wolke! (Hörzu 37, 1975, 43).

auf Wolke sieben schweben (ugs.): *überglücklich, in Hochstimmung sein:* Sie hatte die Einladung angenommen, sie hatte ihn angelächelt – er schwebte auf Wolke sieben!
▶ Bei dieser Wendung handelt es sich wahrscheinlich um eine Lehnüberset-

zung des englischen »be on cloud seven«; vgl. auch die Wendung »im siebten Himmel sein« (↑Himmel).

aus allen Wolken fallen (ugs.): *völlig überrascht sein:* Sie ist aus allen Wolken gefallen, als plötzlich der Sportwagen vor ihrer Tür stand. Sie fielen aus allen Wolken, als die Polizei ihnen das Doppelleben ihrer Sprösslinge mitteilte (MM 4./5. 4. 1981, 16).
▶ Die Wendung meint eigentlich »aus der Welt der Träume, der Fantasie auf den Boden der Realität gelangen«.

über/in den Wolken schweben: *völlig realitätsfern sein:* Künstler wie er, die meist über den Wolken schweben, haben dennoch einen erstaunlich handfesten Geschäftssinn. Du schwebst in den Wolken, meine Liebe, das Geld für so ein Haus bekommen wir nie zusammen.

Wolkenbruch: es klärt sich auf zum Wolkenbruch: ↑aufklären. **Himmel, Arsch und Wolkenbruch:** ↑Himmel.

Wolkenkuckucksheim: in/im Wolkenkuckucksheim leben: *in völliger Realitätsferne leben, wirklichkeitsfremd sein:* Du kannst nicht ewig in Wolkenkuckucksheim leben, du musst dich mit den Gegebenheiten auseinander setzen! Dein Vater ist ein Materialist! Deine Mutter lebt im Wolkenkuckucksheim! (Schwaiger, Wie kommt 94).
▶ Diese Wendung geht auf die Komödie »Die Vögel« des Aristophanes zurück. Der in diesem Stück von den Vögeln gegründete Staat heißt »Wolkenkuckucksheim«.

Wolle: sich in [die] Wolle reden (ugs.): *[beim Reden] in Zorn geraten:* Erst unterhielten wir uns ganz ruhig, aber dann redete er sich immer mehr in die Wolle.
▶ Diese und die folgenden Wendungen knüpfen wohl an die heute nicht mehr gebräuchliche Bedeutung »Pflanzenhaar, flaumiger Blütenstand« an. Vgl. die veraltete Wendung »in der Wolle sein« (= zornig sein), eigentlich »ausschlagen, treiben (von Pflanzen)«.

jmdn. in die Wolle bringen (ugs.): *jmdn. reizen, wütend machen:* Lasst euch von dem alten Spinner doch nicht in die Wolle bringen! Bei ausgesprochener Gutherzigkeit ... konnte ihn ein Wort oder eine

taktlose Wendung derart in die Wolle bringen, dass er seine Seelenruhe nicht wieder gefunden hätte, ohne durch vollen Einsatz seiner Person die Sache zu regulieren (Zuckmayer, Herr 19).
Vgl. die vorangehende Wendung.
mit jmdm. in die Wolle geraten/sich mit jmdm. in der Wolle liegen/haben (ugs.): *mit jmdm. Streit bekommen/sich mit jmdm. zanken:* Nach dem sechsten Bier war er mit dem Wirt in die Wolle geraten. Wir hatten uns ständig in der Wolle. Kaum war er zu Hause, ging schon der Streit los (Grossmann, Liebe 61).
▶ In dieser und in der folgenden Wendung steht »Wolle« für das Kopfhaar des Menschen; vgl. die Wendung »sich in die Haare geraten/kriegen« (↑Haar).
sich in die Wolle kriegen (ugs.): *miteinander Streit bekommen:* Weswegen habt ihr euch eigentlich damals in die Wolle gekriegt? Darin spielen Alain ... und Jean ... zwei Ganoven, die sich ... in die Wolle kriegen (Spiegel 52, 1981, 180).
Vgl. die vorangehende Wendung.
in der Wolle gefärbt: *durch und durch, echt:* Er ist ein in der Wolle gefärbter Chauvinist. Den Sozialdemokraten, mögen sie auch in der Wolle gefärbte Marxisten ... sein, kann ein Machtwechsel nur wie etwas Unanständiges vorkommen (Spiegel 41, 1980, 14).
▶ Die Wendung bezieht sich darauf, dass ein Stoff, der aus bereits gefärbter Wolle gewebt wird, farbechter ist als nachträglich gefärbtes fertiges Tuch.
[warm] in der Wolle sitzen (veraltet): *wohlhabend sein:* Die Probleme der Entwicklungsländer interessieren sie nicht, sie sitzt ja warm in der Wolle und ist mit sich und der Welt zufrieden.
▶ Diese Wendung stammt aus der Zeit, in der Schafwolle einen großen wirtschaftlichen Wert darstellte.
viel Geschrei und wenig Wolle: ↑Geschrei.
¹wollen: da/bei jmdm. ist nichts zu wollen (ugs.): *das ist [bei jmdm.] aussichtslos:* Wenn es ums Geld geht, ist bei ihr nichts zu wollen, sie rückt nichts raus. ... ohne gute Schnee-, Wand- und Wetterverhältnisse ist mit der ausgefeiltesten Technik und der größten Erfahrung nichts zu wollen (Eidenschink, Eis 115).

dann wollen wir mal: *los gehts, fangen wir an:* Alles fertig? Dann wollen wir mal!
wenn man [so] will: *man kann es auch so sehen/sagen:* Der Vorsitzende wurde, wenn man so will, auf sanfte Weise entmachtet. Das war zunächst, wenn Sie so wollen, eine entfernte Bekanntschaft (Spiegel 46, 1984, 24).
was will man/ich usw. mehr (ugs.): *damit kann man zufrieden sein:* Ich habe meine Rente, das Häuschen ist fast abbezahlt, und nächstes Jahr zahlen sie mir die Lebensversicherung aus – was will ich mehr? Freispruch in allen Punkten und eine Haftentschädigung – was will er eigentlich mehr?
das will ich dir geraten haben: *drohende Bekräftigung:* Wir bringen den Schaden an deinem Auto gleich morgen wieder in Ordnung. – Das will ich euch auch geraten haben!
das will ich nicht gehört/gesehen haben: *tadelnde Zurückweisung einer Äußerung/Missbilligung einer Handlung:* Der alte Trottel kann mich mal! – Das will ich nicht gehört haben – du sprichst immerhin von deinem Vater! Legst du das Geld sofort wieder hin – das will ich nicht gesehen haben, mein Lieber!
wer nicht will, der hat schon (ugs.): *na, dann nicht:* Noch einen kleinen Schnaps? – Nein, danke. – Auch gut. Wer nicht will, der hat schon. »Kommen Sie ... wir haben Zeit genug, um zu Nettelbeck zu gehen.« »Danke. Ich esse in der Kantine.« ... »Schön. Wer nicht will, der hat schon«, sagte Steiner und zog ab (Baum, Paris 73).
machen können, was man will: *nichts ausrichten können:* Da kann man machen, was man will, der Bengel hört einfach nicht. Sie kann machen, was sie will, sie kriegt die Flecken nicht aus dem Teppich.
Blut sehen wollen: ↑Blut. **was will uns der Dichter damit sagen?:** ↑Dichter. **gut Ding will Weile haben:** ↑Ding. **das Ei/Küken will klüger sein als die Henne:** ↑Ei. **wollte Gott, dass ...:** ↑Gott. **so Gott will:** ↑Gott. **was ein Häkchen werden will, krümmt sich beizeiten:** ↑Haken. **ich will Hans/Emil/Meier ö. Ä. heißen, wenn ...:** ↑heißen. **Herz, was willst du mehr?:** ↑Herz. **wer nicht hören will, muss fühlen:** ↑hören.

jmdm. nicht in den Kopf wollen: ↑Kopf. mit dem Kopf durch die Wand wollen: ↑Kopf. es koste/koste es, was es wolle: ↑²kosten. jmdm. an den Kragen wollen: ↑Kragen. jmdm. ans Leben wollen: ↑Leben. jmdm. ans Leder wollen: ↑Leder. etwas will gelernt sein: ↑lernen. das will ich meinen: ↑meinen. die Nachtigall singen lehren wollen: ↑Nachtigall. auf nass einsteigen wollen: ↑nass. obenhinaus wollen: ↑obenhinaus. ich will dir mal was sagen: ↑sagen. ... dann will ich nichts gesagt haben: ↑sagen. es sei, wie es will; dem sei, wie ihm wolle: ↑sein. jmdm. nicht in den Sinn wollen: ↑Sinn. jmdm. nicht aus dem Sinn wollen: ↑Sinn. die Sterne vom Himmel holen wollen: ↑Stern. ich will des Teufels sein, wenn ...: ↑Teufel. mit jmdm., mit etwas nichts zu tun haben wollen: ↑tun. früh übt sich, was ein Meister werden will: ↑üben. etwas nicht wahrhaben wollen: ↑wahrhaben. was du nicht willst, dass man dir tu, das füg auch keinem andern zu: ↑zufügen.

²**wollen:** wollene Strümpfe anhaben: ↑Strumpf.

Wollmilchsau: Eier legende Wollmilchsau (ugs.; scherzh.): *etwas, das nur Vorteile hat, alle Bedürfnisse befriedigt, allen Ansprüchen genügt:* Es geht dem Sachverständigen um eine vernünftige und rasch durchführbare Agrarreform; dabei kann keine Eier legende Wollmilchsau herauskommen.
▶ Die Fügung benennt ein Fantasienutztier, das die Eigenschaften von Huhn, Schaf, Kuh und Schwein in sich vereinigt.

Wort: geflügeltes Wort: *oft zitierter Ausspruch:* Er war so populär, dass fast alles, was er sagte, zum geflügelten Wort wurde. »Durch diese hohle Gasse muss er kommen« ist ein geflügeltes Wort aus Schillers »Wilhelm Tell«.
▶ Diese Fügung geht auf Homer zurück; sie wurde in der heutigen Bedeutung durch G. Büchmanns Zitatensammlung »Geflügelte Worte« allgemein bekannt.

das Wort Gottes: *das Evangelium, die Bibel:* Sie zogen hinaus, das Wort Gottes in der Welt zu verkünden. ... auch die Menschen unserer Tage können nur die Botschaft vom Heil Gottes erfahren, wenn sie auf solche treffen, an die das Wort Gottes ergangen ist (Glaube 51/52, 1966, 4).

Wort für Wort: *wörtlich, dem genauen Wortlaut nach:* Sie wiederholte Wort für Wort, was ihr die Nachbarn erzählt hatten. Nicht umsonst haben wir dieses Gespräch, dessen sonst nirgends gedacht ist, Wort für Wort ... hier aufgeführt (Th. Mann, Joseph 898).

dein Wort in Gottes Ohr: *dein Wunsch möge erhört werden; was du gesagt hast, möge sich bewahrheiten:* Wir werden aus der Kernenergie aussteigen, ohne Arbeitsplätze zu gefährden. – Dein Wort in Gottes Ohr! ... er braucht Sie als Dolmetscher. Nehmen Sies als eine Woche Ferien, länger wird es nicht dauern ... Ihr Wort in Gottes Ohr, Herr Leutnant (Kuby, Sieg 372).

das ist ein Wort!/(veraltend) **soll ein Wort sein** (ugs.): *Ausdruck erfreuter Zustimmung:* Kommt, ich gebe eine Runde Bier aus! – Das ist ein Wort, ich bin dabei! Wir haben einen Käufer für Ihr altes Auto gefunden, der noch 5 000 Mark dafür zahlen will. – Das soll ein Wort sein!

jmds. letztes Wort sein: *jmds. äußerstes Entgegenkommen, endgültiger Standpunkt sein:* Sie werden ihm ... für jedes Auftreten dreißig Lire zahlen, und zwar jeweils am Wochenende. Das ist mein letztes Wort (Thieß, Legende 171). Ich bin geneigt, sie dir abzunehmen, und zwar, wie wir im Voraus ausgemacht, zu einem vernünftigen Preise ... Siebenhundert Francs – mein letztes Wort (Th. Mann, Krull 187).

das ist ja mein erstes Wort! (landsch.): *davon höre ich ja zum ersten Mal!:* Der Pastor hat wieder geheiratet? Das ist ja mein erstes Wort!

ein Wort gibt das andere: *es kommt zum Streit durch immer heftigere Erwiderungen:* Erst flachsten sie ganz harmlos, dann gab ein Wort das andere, und plötzlich flogen die Fäuste. Als Maria davon erfuhr, stellte sie Fiechtner zur Rede. Ein Wort gab das andere, beide wurden heftig (Jens, Mann 98).

jmdm. fehlen die Worte: *jmd. ist sprachlos:* Ihr fehlten die Worte, denn diesen Erfolg hätte ihm nicht zugetraut. Der hat mich »Opa« genannt! So eine Unverschämtheit! Mir fehlen die Worte!

Wort halten: *sein Versprechen halten:* Die Freundin hatte Wort gehalten und das Geld sicher aufbewahrt. Glaubst du, dass der Gefangene Wort hält und keinen Fluchtversuch unternimmt?

das letzte Wort ist noch nicht gesprochen: *die letzte Entscheidung ist noch nicht getroffen:* Er braucht nicht zu verzweifeln, in seiner Angelegenheit ist das letzte Wort noch nicht gesprochen.

jedes Wort unterschreiben: *eine Äußerung uneingeschränkt bestätigen, ihr uneingeschränkt zustimmen:* Was Ihre Schilderung der Situation betrifft, so unterschreibe ich jedes Wort, aber Sie ziehen die falschen Konsequenzen daraus!

das Wort ergreifen/(seltener:) **nehmen:** *[in einer Besprechung, Versammlung o. Ä.] anfangen zu sprechen:* Nach einer kurzen Pause ergriff der Gesandte erneut das Wort. Der Angeklagte erhob sich und nahm das Wort. Doch ich ergriff in der Ratifizierungsdebatte noch einmal das Wort (W. Brandt, Begegnungen 139).

jmdm. das Wort geben/erteilen: *[in einer Besprechung, Versammlung o. Ä.] jmdm. die Erlaubnis zum Sprechen geben:* Wir kommen nun zu Punkt sieben der Tagesordnung, ich gebe unserem Kassenwart das Wort. Ohne dass ihm jemand das Wort erteilt hätte, marschierte er ans Rednerpult.

jmdm. das Wort entziehen: *[in einer Besprechung, Versammlung o. Ä.] jmdm. nicht erlauben, weiterzusprechen:* Als der Redner begann, die Akademie unflätig zu beschimpfen, entzog ihm der Vorsitzende das Wort.

das Wort haben: *[in einer Besprechung, Versammlung o. Ä.] [jetzt] sprechen dürfen:* Ich bitte um Ruhe, der Herr Abgeordnete hat das Wort. Endlich hatte sie das Wort und konnte ihre Bedenken vorbringen.

jmdm. das Wort/die Rede abschneiden: *jmdn. [in seinen Ausführungen] unterbrechen:* Sie wollte sich rechtfertigen, aber er schnitt ihr ungeduldig das Wort ab. Nervös schnitt der Vorsitzende dem Zeugen das Wort ab (Niekisch, Leben 332).

das Wort an jmdn. richten: *sich an jmdn. wenden, jmdn. ansprechen:* Und, meine Damen, wenn ich das Wort nun an Sie richten darf, vergessen wir doch nicht,

dass wir uns gemeinsam für die volle Gleichberechtigung der Frau einsetzen sollten. Der Minister lächelte kurz in die Kameras und richtete dann das Wort an seinen berühmten Gast.

das große Wort führen/(seltener:) **haben:** *prahlen, großsprecherisch reden:* Erst das große Wort haben und sich dann vor der Arbeit drücken – typisch mein Bruder! Einmal in der Kneipe und dann gleich großes Wort führen (v. d. Grün, Glatteis 129).

das letzte Wort haben/behalten: *so lange immer wieder etwas erwidern, bis der andere nichts mehr sagt:* Natürlich musste sie wieder einmal das letzte Wort behalten. Es ist ganz einerlei, worüber bei uns zu Hause geredet wird – Vater hat das letzte Wort (Hörzu 49, 1974, 122). Wenn Sie auch gar nichts mehr zu sagen wissen, müssen Sie doch das letzte Wort haben (Benrath, Konstanze 132).

jmdm./einer Sache das Wort reden (geh.): *sich für jmdn., für etwas einsetzen, aussprechen:* Wer hat denn seinerzeit einer Steuererhöhung das Wort geredet? Das waren doch Sie, meine Damen und Herren von der Opposition!

jmdm. jedes Wort [einzeln] aus der Nase ziehen müssen (ugs.): *nur mühsam und nach und nach Auskünfte, einen Bericht von jmdm. erhalten können:* Sie hat alles zugegeben, aber wir mussten ihr jedes Wort einzeln aus der Nase ziehen.

sich jedes Wort [einzeln] aus der Nase ziehen lassen (ugs.): *nur sehr wortkarg und auf Drängen Auskunft geben, berichten:* Lass dir doch nicht jedes Wort aus der Nase ziehen – haben wir nun geerbt oder nicht?

jmdm. das Wort aus dem Mund[e]/von der Zunge nehmen: *genau das sagen, was jmd. gerade selbst sagen wollte:* Mit Ihrem Vorschlag haben Sie mir das Wort aus dem Munde genommen. Das ist eine der dämlichsten Fernsehshows, die ich je gesehen habe! – Du nimmst mir das Wort aus dem Mund.

jmdm. das Wort im Mund[e] [her]umdrehen (ugs.): *jmds. Aussage ins Gegenteil verkehren:* Drehen Sie mir doch nicht das Wort im Munde herum – ich habe ausdrücklich gesagt, dass ich gegen Atomkraftwerke bin, nicht dafür! So hab ichs nicht gemeint, Mama. Dreh mir nicht die Worte im Mund herum (Singer [Übers.], Feinde 35).

da hast du ein wahres Wort gesprochen: *das ist in der Tat richtig:* Dein neuer Vorgesetzter ist wohl ein bisschen schwierig? – Da hast du ein wahres Wort gesprochen!

du sprichst ein großes Wort gelassen aus: *das ist nicht so einfach:* Wir brauchten doch nur eine allgemeine Rentenerhöhung, dann wäre allen geholfen. – Du sprichst ein großes Wort gelassen aus; hast du mal an die Finanzierung gedacht? ▶ Diese Redensart ist ein Zitat aus Goethes »Iphigenie« (I, 3).

[noch] ein Wörtchen mit jmdm. zu reden haben: *jmdn. wegen etwas zur Rechenschaft ziehen wollen:* Das passt mir gut, dass der Spediteur auch kommt, mit dem habe ich noch ein Wörtchen zu reden. Sohnemann, deine Mutter hat ein Wörtchen mit dir zu reden!

[auch] ein Wörtchen/Wort mitzureden haben: *etwas mit zu entscheiden haben:* Der Lehrer will mit der Klasse eine Studienreise nach Rom machen, aber da hat der Elternbeirat auch ein Wort mitzureden.

ein gutes Wort für jmdn. einlegen: *sich zum Fürsprecher für jmdn. machen:* Nachdem selbst der Pfarrer ein gutes Wort für die Jugendlichen eingelegt hatte, war der Zorn des Bürgermeisters verraucht. Sie müsste sich mit Dr. Lehmann aussöhnen, müsste ihn bitten, ein gutes Wort beim Chef für sie einzulegen (Sebastian, Krankenhaus 173).

große Worte machen: *prahlerisch reden:* Große Worte machen, das kann er, aber sonst bringt er nichts zustande.

nicht viele Worte machen: *nicht viel reden [und rasch handeln]:* Wenn ihm einer dumm kommt, macht er nicht viele Worte, sondern schmeißt ihn einfach raus. Der Notarzt machte nicht viele Worte, sondern wies die Frau sofort ins Krankenhaus ein.

jmd./man kann sein eigenes Wort nicht verstehen: *es ist so laut, dass jmd./man sich nicht unterhalten kann:* Die Musik in der Disko war so laut, dass sie ihr eigenes Wort nicht verstehen konnte. Wegen der tief fliegenden Düsenjäger konnte man sein eigenes Wort nicht verstehen.

ein/kein Wort über etwas verlieren: *etwas [nicht] erwähnen; über etwas [nicht] reden:* Denkst du, sie hätte auch nur ein Wort darüber verloren, wo sie gestern Abend war? Er hatte kein Wort darüber verloren, dass seine Frau sich von ihm getrennt hatte. Schwiegermutter hat kein Wort darüber verloren, dass wir sie zu Ostern nicht eingeladen haben.

darüber ist kein Wort zu verlieren: *versteht sich von selbst:* Eine Provision bekommen Sie, darüber ist kein Wort zu verlieren, aber ein großes Spesenkonto ist vorläufig nicht drin. Das wissen wir ja ... das bringt man ja schon den Rekruten bei. Darüber sind keine Worte zu verlieren (Bergengruen, Rittmeisterin 437).

für jmdn., für etwas keine Worte finden: *jmds. Verhalten, etwas für unfassbar, unerhört halten:* Sie hat ihre eigenen Kinder zur Prostitution gezwungen – für solch einen Menschen finde ich keine Worte. Ich bin noch ganz erschüttert über die Nachricht von seinem Selbstmord; ich finde einfach keine Worte dafür.

spar dir deine Worte!: *rede nicht weiter, du kannst mich/uns/sie/ihn usw. doch nicht umstimmen!:* Lasst mich erklären, wie das alles passiert ist! – Spar dir deine Worte, wir wollen mit dir nichts mehr zu tun haben. Verschont doch wenigstens die Kinder! – Sparen Sie sich Ihre Worte; das sind Fanatiker ohne jedes Mitgefühl.

jmdm. ein gutes Wort/gute Worte geben: *jmdm. etwas Freundliches sagen:* In all den Jahren hatte er ihr kein gutes Wort gegeben. Sie wollte gute Worte, wir gaben sie ihr, wir scharwenzelten um sie herum (Chr. Wolf, Nachdenken 13).

schöne Worte machen: *[unverbindlich] sagen, was andere gern hören:* Politikern, die schöne Worte machen, ist sie nie getraut. Er kann doch nur schöne Worte machen, wenn man ihn wirklich einmal braucht, dann kneift er.

hast du/hat man da noch Worte? (ugs.): *das ist ja unglaublich, unerhört!:* Der Geldautomat hat einfach meine Scheckkarte eingezogen – hast du da noch Worte? Hat man da noch Worte? Der hat mir die Sachen einfach auf den Tisch geknallt und ist gegangen!

der Worte sind genug gewechselt: *jetzt haben wir genug geredet [nun wollen wir*

etwas tun]: Jeder weiß jetzt, was er zu tun hat. Der Worte sind genug gewechselt, fangen wir an!
▶ Diese Redensart ist ein Zitat aus dem »Vorspiel auf dem Theater« in Goethes »Faust«.

auf ein Wort (veraltend): *für eine kurze Mitteilung, ein kurzes Gespräch:* Kommen Sie doch auf ein Wort in mein Büro, bitte. Auf ein Wort, Herr Nachbar, ist ein Päckchen für mich abgegeben worden?

auf mein Wort: *Beteuerungsformel:* Auf mein Wort, ich habe es mit eigenen Augen gesehen! Auf mein Wort, verehrter Meister, das ist die faszinierendste Landschaft, die Sie je gemalt haben!

aufs Wort: *[auf Äußerungen bezogen] ohne Einschränkung:* Was der Guru ihr sagt, glaubt sie aufs Wort. Der Hund gehorcht aufs Wort.

jmdn. beim Wort nehmen: *jmds. Angebot annehmen, sich auf jmds. Aussage verlassen:* Wer Wahlversprechen macht, muss damit rechnen, vom Wähler beim Wort genommen zu werden. Man sollte alle, die so eindringliche Reden halten, beim Wort nehmen und sie ... in das Goldene Buch ... eintragen, um sie in bestimmten Abständen an ihre Bekenntnisse zu erinnern (Dönhoff, Ära 72).

in Wort und Schrift: *mündlich und schriftlich:* Wir hatten in Wort und Schrift für unsere Sache geworben und viele Anhänger gewonnen.

in Wort und Bild: *mit Text/Texten und Abbildung/Abbildungen:* Jede Woche berichtete die Illustrierte in Wort und Bild über Ereignisse in den europäischen Fürstenhäusern.

jmdm. ins Wort fallen: *jmdn. in seiner Rede unterbrechen:* Wie soll er seine Vorstellungen überzeugend darlegen, wenn man ihm ständig ins Wort fällt? Wütend fiel er ihr ins Wort und schrie: »Das ist eine Lüge!«

etwas in Worte kleiden (geh.): *etwas sprachlich ausdrücken:* Das Gefühl, das uns beim Anblick dieses Menschen überkam, lässt sich nicht in Worte kleiden.

mit Wort und Tat/Worten und Werken: *mit Reden und Handeln:* Nur wenige waren bereit, sich mit Worten und Werken für die gute Sache einzusetzen. ... Per-

sönlichkeiten, die mit Wort und Tat der Sozialpolitik dienen (Fraenkel, Staat 282).

mit einem Wort: *kurz [und deutlich] gesagt:* Paul kann nicht kommen, Wilma hat was Besseres vor, und Franziska darf nicht – mit einem Wort, die ganze Party fällt ins Wasser. Der Bürger ist also weder mit geistigen noch mit politischen Aufgaben konfrontiert worden ... – mit einem Wort: Ihm wird nichts abverlangt (Dönhoff, Ära 30).

etwas mit keinem Wort erwähnen: *etwas überhaupt nicht erwähnen:* Die neuen Zahlen werden in der Besprechung mit keinem Wort erwähnt. Die Lehrerin hatte mit keinem Wort erwähnt, dass sie heute eine Klassenarbeit schreiben lassen würde.

ums Wort bitten: *[in einer Besprechung, Versammlung o. Ä.] darum bitten, etwas sagen zu dürfen:* Hatte noch jemand ums Wort gebeten? Herr Vorsitzender, ich bitte ums Wort!

sich zu Wort melden: *[in einer Besprechung, Versammlung o. Ä.] anzeigen, dass man etwas sagen möchte:* Als politisch engagierter Mensch darf man keine Angst davor haben, sich in größeren Versammlungen zu Wort zu melden. Zu allem Übel meldete sich auch einer ihrer Hofleute zu Wort und vergröberte in seiner Liebedienerei noch das bereits Gesagte (Hagelstange, Spielball 224).

zu Wort kommen: *[in einem Gespräch, einer Diskussion] die Möglichkeit haben, sich zu äußern:* Die leicht angetrunkene Schauspielerin ließ keinen anderen mehr zu Wort kommen. ... sie haben gestern vereinbart, keinen der Redegewaltigen ... zu Wort kommen zu lassen (St. Zweig, Fouché 73). Es sind eigentlich immer dieselben Leute, die in diesem Blatt zu Worte kommen (Tucholsky, Werke II, 174).

nicht für Geld und gute Worte: ↑Geld.
jedes Wort auf die Goldwaage legen: ↑Goldwaage. **ein Mann von Wort:** ↑Mann. **ein Mann, ein Wort:** ↑Mann. **jedes Wort auf die Waagschale legen:** ↑Waagschale. **im wahrsten Sinne des Wortes:** ↑wahr. **wenn das Wörtchen wenn nicht wär [wär mein Vater Millionär]:** ↑wenn.

wuchern: mit seinen Pfunden/seinem Pfunde wuchern: ↑ Pfund.

Wucht: eine/die Wucht [in Tüten/Dosen] sein (ugs.): *großartig sein:* Sie ist intelligent, hübsch, reich und charmant – die Frau ist einfach eine Wucht! Sonne, Strand, ein Viersternehotel – der Urlaub war einfach eine Wucht in Dosen! ... außer hygienisch einwandfreien Gläsern gabs dort warme Brötchen, frisch gebacken, welch ein Wunder zu jeder Tageszeit, war das eine Wucht (Zwerenz, Quadriga 50).

wund: sich die Finger wund schreiben: ↑ Finger. **sich die Füße nach etwas wund laufen:** ↑ Fuß. **ein wunder Punkt:** ↑ Punkt. **sich die Sohlen wund laufen:** ↑ Sohle.

Wunde: einer Sache [tiefe] Wunden schlagen: *etwas [sehr] schädigen:* Der Krieg hatte dem Land viele Wunden geschlagen. Sexuelle Untreue kann einer Partnerbeziehung tiefe Wunden schlagen. Wir sind so tief gesunken wie zu keinem Zeitpunkt unserer Geschichte ... So tiefe Wunden hat sich noch kein Volk geschlagen (Kirst, 08/15, 762).

alte Wunden [wieder] aufreißen: *von weit zurückliegenden und vergessenen, sehr unangenehmen oder schmerzhaften Angelegenheiten wieder sprechen und damit erneut Schmerz oder Unannehmlichkeiten verursachen:* Eine neuerliche Untersuchung dieser Vorgänge würde nur alte Wunden wieder aufreißen. Die Fernsehdokumentation hatte bei den politisch Verfolgten jener Zeit alte Wunden aufgerissen.

den Finger auf die Wunde legen: ↑ Finger. **Salz auf jmds./auf die/in jmds./in die Wunde streuen:** ↑ Salz. **die Zeit heilt alle Wunden:** ↑ Zeit.

wunder: ↑ wunder[s].

Wunder: was Wunder: *niemanden verwundert es:* Den ganzen Tag hat sie in der Sonne gelegen, was Wunder, dass sie sich jetzt noch ein wenig benommen fühlt. Die innere Uhr der Spätaufsteher ... kommt am Morgen fast gar nicht in Gang, während sie am Abend viel zu hastig tickt. Was Wunder also, dass diese Leute am Morgen völlig erschöpft sind? (Saarbr. Zeitung 6./7. 10. 1979, 33).

ein/kein Wunder [sein] (ugs.): *verwunderlich/nicht verwunderlich [sein]:* Ein

Wunder, dass bei diesem Unfall niemand verletzt wurde. Wenn einem derartige Schwierigkeiten gemacht werden, ist es kein Wunder, wenn wir bald pleite sind! (Remarque, Obelisk 140).

Wunder wirken (ugs.): *erstaunlich wirkungsvoll sein:* Wenn die Kinder nicht im Haushalt helfen wollen, wirkt die Androhung einer Taschengeldkürzung oft Wunder. Die Akupunktur hat bei ihr Wunder gewirkt, sie ist völlig schmerzfrei.

sein blaues Wunder erleben (ugs.): *eine große, unangenehme Überraschung erleben:* Und wer selber in der Hoffnung kündigt, er werde jederzeit einen neuen, ja besseren Job bekommen, der kann nun sein blaues Wunder erleben (Spiegel 40, 1983, 129). Lass dich nicht quälen von dem kleinen Luder. Sie soll ihr blaues Wunder erleben, wenn ich zu Hause bin (Imog, Wurliblume 304).

► Blau ist in älterem Sprachgebrauch die Farbe der Täuschung, Lüge; in dieser Wendung hat sich die Bedeutung auf den Aspekt der Überraschung [des Getäuschten] verlagert.

es geschehen noch Zeichen und Wunder: ↑ geschehen.

wunderlich: wunderliche Blüten treiben: ↑ Blüte.

wundern: da staunt der Laie, und der Fachmann wundert sich: ↑ Laie.

wunder[s]: wunder[s] wer/was (ugs.): *jmd./etwas ganz Besonderes:* Sie tat so, als habe sie wunders wen auf der Party kennen gelernt. Sie glaubt, wunder was für eine Idee sie da hat (Kinski, Erdbeermund 40). Wenn man euch nicht kennt, kann man wunder was vermuten! (Weber, Einzug 330).

wunder[s] wie (ugs.): *besonders, sehr:* ... er glaubte sich ja wunder wie vertraut und eingesessen, wenn er gängige Ausdrücke benutzte (Johnson, Ansichten 143). Ich hielt ihn für wunders wie erfahren (Frank, Tage 70).

wunder[s] warum (ugs.): *aus welchem besonderen Grund:* Wir dachten, wunders warum du so lange fortgeblieben bist.

Wunsch: ein frommer Wunsch: *eine ehrenwerte, aber falsche Vorstellung; eine Illusion:* Dass höhere Bildung zu mehr Toleranz führen werde, schien ein frommer Wunsch der Sozialreformer zu bleiben. Ich bin ein Schriftsteller geworden, der Wert darauf legt, nichts anderes zu sein als das, was er gewesen ist: Arbeiter. Das ist ein frommer Wunsch (Zwerenz, Kopf 234).

Ihr, dein usw. Wunsch ist/sei mir Befehl (geh.; auch scherzh.): *ich werde Ihrem, deinem usw. Wunsch uneingeschränkt nachkommen:* Bringen Sie mir eine Flasche Champagner, aber vom besten! – Ihr Wunsch ist mir Befehl, gnädige Frau. Mama, ich möchte heute Mittag gern Frikadellen essen. – Dein Wunsch ist mir Befehl, mein lieber Sohn!

da ist der Wunsch der Vater des Gedankens: *der Gedanke ist von Wunschvorstellungen geprägt und entspricht nicht den wirklichen Gegebenheiten:* Ich dachte immer, die nächste Fußballweltmeisterschaft findet bei uns statt. – Da war wohl der Wunsch der Vater des Gedankens.

▷ Diese Redensart geht auf Shakespeares Drama »König Heinrich IV.« (IV, 4) zurück. Dort heißt es im Original: »Thy wish was father, Harry, to that thought.«

[einige/viele] Wünsche offen lassen: *[recht/sehr] unvollkommen sein:* Die neue gesetzliche Regelung ist zwar ein Fortschritt, aber sie lässt einige Wünsche offen. Das Ergebnis der ersten Werbeaktion ließ noch viele Wünsche offen.

keine Wünsche offen lassen: *völlig befriedigend sein:* Eine Vereinbarung, die keine Wünsche offen lässt, wird kaum zu erzielen sein.

auf vielfachen Wunsch einer einzelnen Dame/eines einzelnen Herrn: ↑ vielfach.

wünschen: [viel/einiges] zu wünschen übrig lassen: *nicht hinreichend, verbesserungsbedürftig sein:* Der Wagen ist schnell und wendig, aber Fahrkomfort und Wirtschaftlichkeit lassen doch viel zu wünschen übrig. Ich bin sehr froh über deine Leistungen, Katrin ... nur das Gesamtverhalten lässt zu wünschen übrig (H. Weber, Einzug 304).

nichts zu wünschen übrig lassen: *völlig befriedigend sein:* Das war ein sehr musikalischer Kürlauf, der auch sportlich nichts zu wünschen übrig ließ. Wir hatten ungefähr hundert schwarze Träger mit, dazu eine Anzahl Lasttiere, sodass

unsere Versorgung ... nichts zu wünschen übrig ließ (Hauptmann, Schuß 19).

jmdn. zur Hölle wünschen: ↑ Hölle. **jmdm. die Pest an den Hals wünschen:** ↑ Pest. **jmdn. dahin wünschen, wo der Pfeffer wächst:** ↑ Pfeffer. **jmdm. zum Teufel/zu allen Teufeln wünschen:** ↑ Teufel. **jmdm. den Tod an den Hals wünschen:** ↑ Tod.

Wuppdich: mit einem/im Wuppdich (ugs.): *rasch, schwungvoll:* Er fasste den Kartoffelsack an einem Zipfel und schleuderte ihn mit einem Wuppdich auf den Wagen.

▷ Die Interjektion »wuppdich« ist eine Weiterbildung zu »wuppen« und drückt wie dieses eine schnelle, ruckartige Bewegung aus.

Wupper: über die Wupper sein (ugs.): *entzwei, aufgegeben, verloren sein:* Er hat zwei Drähte falsch angeschlossen, und jetzt ist der Verstärker über die Wupper. In einer Kurve hat der Wagen sich überschlagen, damit waren 20 000 Mark über die Wupper. ... gingen bei der Umstrukturierung von angestammten Filialen ... die Lebensmittelabteilungen über die Wupper (MM 24. 9. 1987, 5).

▷ Bei dieser Wendung könnte es sich um eine landschaftliche Abwandlung zu »über den Jordan gehen« handeln (↑ Jordan).

Würde: unter jmds. Würde sein: *für jmdn. unzumutbar sein:* Sie war davon überzeugt, dass es unter ihrer Würde sei, ihrem Mann die Socken zu stopfen. Der Herr Gefreite ... hielt es für unter seiner Würde, dem Gemeinen Rolling zu antworten (Strittmatter, Wundertäter 359).

unter aller Würde sein: *unzumutbar sein:* Für ihn war es unter aller Würde, mit seiner Hände Arbeit Geld zu verdienen.

in Amt und Würden: ↑ Amt.

würdigen: jmdn., etwas keines Blickes würdigen: ↑ Blick.

Wurf: ein großer/der große Wurf: *etwas sehr Erfolgreiches, Bedeutendes:* Mit dem zweiten Roman war ihr der ganz große Wurf gelungen. Der heute erreichte Zustand unserer Zivilisation ist alles andere als ein großer Wurf (Gruhl, Planet 257).

▷ Diese Fügung ist wahrscheinlich auf das Würfelspiel zurückzuführen.

Würfel: der Würfel ist/die Würfel sind gefallen: *eine Entscheidung wurde getroffen [jetzt gibt es kein Zurück mehr]:* Die Würfel sind gefallen – der Aufsichtsrat hat der Fusion der beiden Firmen zugestimmt. Sicher haben Sie vollkommen recht ..., aber die Würfel sind nun einmal gefallen. (Cotton, Silver-Jet 17).

▶ Diese Redensart (lat.: alea iacta est) wird auf Julius Cäsar zurückgeführt, der mit diesen Worten seine Entscheidung, mit den Truppen den Rubikon zu überschreiten und damit den Bürgerkrieg zu beginnen, kommentiert haben soll.

würgen: mit Hängen und Würgen: ↑ hängen.

Wurm: der getretene Wurm krümmt sich; auch der Wurm krümmt sich, wenn er getreten wird: *auch der noch so Unterlegene, Ängstliche, Unterwürfige begehrt auf, wenn man ihn zu sehr bedrängt:* Glauben Sie nicht, dass ich weiterhin so mit mir umspringen lasse! Auch der Wurm krümmt sich, wenn er getreten wird!

in etwas ist/sitzt der Wurm drin (ugs.): *etwas ist nicht in Ordnung, nicht so, wie es sein sollte:* So viele Pannen hatten wir noch bei keiner Testserie; in diesem Projekt saß von Anfang an der Wurm drin. Im ganzen Strafwesen ist doch der Wurm drin (Eppendorfer, Kuß 87).

▶ Diese Wendung bezieht sich auf den Wurm im Obst.

den Wurm baden (ugs.; scherzh.): *angeln:* Papa ist schon ganz früh aus dem Haus gegangen, er will mal wieder den Wurm baden.

▶ Mit »Wurm« ist in dieser Wendung der Regenwurm gemeint, der beim Angeln als Köder dient.

jmdm. die Würmer [einzeln] aus der Nase ziehen (ugs.): *jmdm. etwas [mühsam] nach und nach durch Fragen entlocken:* Lasst euch doch nicht die Würmer einzeln aus der Nase ziehen – was geschah danach? Borkhausen war tatsächlich der Ansicht, dass so ein Kommissar nichts anderes zu tun hatte, als den Leuten die Würmer aus der Nase zu ziehen und andere für sich arbeiten zu lassen (Fallada, Jeder stirbt 181).

▶ Diese Redensart erklärt sich aus der alten Volksmedizin; man glaubte, dass Krankheiten von wurmförmigen Dämo-

nen verursacht werden. Jahrmarktsquacksalber behaupteten im 17. Jahrhundert, sie könnten depressive Menschen dadurch heilen, dass sie ihnen den »Gehirnwurm« aus der Nase ziehen.

Wurst: Wurst wider Wurst (ugs.): *so wird Gleiches mit Gleichem vergolten:* Wenn du mir nicht beim Renovieren hilfst, kannst du dein Auto allein reparieren – Wurst wider Wurst!

▶ Diese Redensart geht auf die alte Sitte zurück, beim Schlachtfest den Nachbarn Wurst (oder Fleisch) zu schenken. Dafür wurde man bei deren nächster Schlachtung selbst beschenkt.

[jmdm.] Wurst/Wurscht sein (ugs.): *[jmdm.] gleichgültig sein:* Es ist doch Wurst, wer gewinnt, Hauptsache, es macht Spaß. Unter uns, mir ist es auch vollkommen Wurst, ob unsere Heldentaten der Nachwelt erhalten bleiben oder nicht (Kuby, Sieg 307).

▶ Die Herkunft der Wendung ist trotz aller Deutungsversuche unklar. Am ehesten ist von der Vorstellung auszugehen, dass »Wurst« hier – im Gegensatz etwa zu »Braten« – für etwas nicht besonders Wertvolles, etwas Alltägliches steht.

es geht/jetzt geht es um die Wurst (ugs.): *es ist/jetzt ist es wichtig, sich einzusetzen, es kann Entscheidendes erreicht werden:* Strengt euch noch mal an, Jungs; die Endrunde haben wir erreicht, jetzt geht es um die Wurst. Für Hundefreunde gehts um die Wurst. Ilvesheim ist Schauplatz der Hauptleistungs- und Siegerprüfung (MM 6. 9. 1968, 6).

▶ Diese Wendung bezog sich ursprünglich auf volkstümliche Spiele oder Wettkämpfe auf Volksfesten, bei denen als Preis eine Wurst winkte (z. B. Wurstklettern, -angeln, -schnappen).

mit der Wurst nach dem Schinken/nach der Speckseite werfen (ugs.): *mit kleinem Einsatz Großes zu gewinnen, zu erreichen suchen:* Ich dachte mir, wirfst mal mit der Wurst nach dem Schinken und lädst den Mann für ein paar Tage in dein Wochenendhaus ein – und tatsächlich: Nach drei Wochen hatte ich den Auftrag in der Tasche. »Wir müssen wohl oder übel«, so die Erkenntnis im Kanzleramt, »mit Wurst nach der Speckseite werfen« (Spiegel 44, 1977, 102).

▶ Die Wendung bezieht sich darauf, dass eine Wurst einen geringeren Wert hat als ein Schinken bzw. eine Speckseite.

alles hat ein Ende, nur die Wurst hat zwei: ↑ Ende. **verschwinde wie die Wurst im Spinde:** ↑ verschwinden.

Wurstkessel: noch in Abrahams Wurstkessel sein: ↑ Abraham.

Würze: in der Kürze liegt die Würze: ↑ Kürze.

Wurzel: Wurzeln schlagen: 1. *[neue] Wurzeln ausbilden [und anwachsen]:* Die neu angepflanzten Bäume haben rasch Wurzeln geschlagen. 2. *irgendwo bleiben; sich einleben, heimisch werden:* Nach ein paar Monaten hatte er an seiner neuen Wirkungsstätte schon Wurzeln geschlagen. ... so waren sie Angreifer und wollten ein Stückchen Boden erobern, um darin wieder Wurzeln schlagen zu können (Niekisch, Leben 254). Diese Wohnung behalten wir – aber wir müssen endlich Wurzeln schlagen (Hörzu 16, 1973, 33).

soll ich hier Wurzeln schlagen? (ugs.): *ungeduldiger Kommentar, wenn man lange [stehend] warten muss:* Wann wird die Pressekonferenz denn endlich eröffnet? Sollen wir hier vielleicht Wurzeln schlagen?

das Übel an der Wurzel fassen/packen: ↑ Übel.

Wüste: jmdn. in die Wüste schicken (ugs.): *jmdn. entlassen:* Zweimal hat er versucht, das neue Produktionsverfahren durchzusetzen, dann hat ihn die Geschäftsleitung in die Wüste geschickt. ... würde ich einen Fehlgriff tun, so solle er alle Verantwortung auf mich abwälzen und mich in die Wüste schicken (Niekisch, Leben 61).

▶ Dieser Wendung liegen alttestamentliche Vorstellungen zugrunde. Nach 3. Moses 16, 21 ff. wurde ein mit den Sünden des jüdischen Volkes beladener Bock am großen Versöhnungstag in die Wüste gejagt (daher auch der Ausdruck »Sündenbock«).

ein Prediger/Rufer in der Wüste: ↑ Rufer.

Wut: eine [Mords]wut im Bauch haben (ugs.): *äußerst wütend sein:* Die Stimmung war großartig: Vater hatte eine Mordswut im Bauch und Mutter fühlte

sich unverstanden. »Die haben ja nur eine Wut im Bauch, weil ich ihnen die Arbeit weggeschnappt habe!« (Fallada, Blechnapf 202).

mit einer [Mords]wut im Bauch (ugs.): *äußerst wütend:* Sie kam mit einer Mordswut im Bauch hier hereingestürmt und wollte sofort den Chef sprechen. ... wo er heute lebt ..., mit vielen Träumen im Kopf, mit viel Wut im Bauch und mit wenig Hoffnung (Petersen, Resonanz 147).

schäumen vor Wut: ↑ schäumen.

wüten: wüten wie ein/die Berserker: *in maßloser Raserei gewalttätig sein:* Die betrunkenen Fans haben in der Kneipe gewütet wie die Berserker und das gesamte Mobiliar zerschlagen.

Wutz: die Wutz rauslassen (landsch.): *sich [beim Feiern o. Ä.] hemmungslos gehen lassen:* Nach zwölf Monaten Kasernierung wollten die jungen Burschen mal wieder so richtig die Wutz rauslassen, da kam ihnen das Schützenfest im Nachbardorf gerade recht.

▶ »Wutz« ist ein landschaftlicher Ausdruck für Schwein; vgl. die Wendung »die Sau rauslassen« (↑ Sau).

X: jmdm. ein X für ein U vormachen (ugs.): *jmdn. täuschen:* Langsam kam ihr der Verdacht, dass man ihr ein X für ein U vormachen wollte. Du sagst uns besser gleich die Wahrheit; wir lassen uns kein X für ein U vormachen.

▶ Im lateinischen Alphabet steht für U das V, das zugleich Zahlzeichen für »fünf« ist. Dieses V ist ein halbes X (das für »zehn« steht). Die Wendung bedeutet also ursprünglich, dass jemandem, z. B. auf der Schuldentafel, doppelt so viel berechnet wurde, wie er eigentlich zu zahlen hatte.

anno X: ↑ anno. **die Stunde X:** ↑ Stunde. **der Tag X:** ↑ Tag.

Z

Z: von A bis Z: ↑ A.

Zack: auf Zack sein (ugs.): 1. *seine Sache gut machen, reaktionsschnell, energisch sein:* Donnerwetter, die Kleine ist ja schwer auf Zack! ... sei vorsichtig. Du musst auf Zack sein (Zenker, Froschfest 186). 2. *bestens funktionieren, in optimalem Zustand sein:* Es dauerte ein paar Stunden, dann war die Wohnung wieder auf Zack.

▶ Für diese und die beiden folgenden Wendungen ist von der Interjektion »zack [zack]!« auszugehen, mit der ausgedrückt wird, dass etwas ohne jede Verzögerung, in Sekundenschnelle abläuft oder auszuführen ist.

jmdn. auf Zack bringen (ugs.): *dafür sorgen, dass jmd. tut, was man von ihm erwartet:* In der Pioniergruppe wird man ihn schon auf Zack bringen.
Vgl. die vorangehende Wendung.

etwas auf Zack bringen (ugs.): *etwas in einen gewünschten, aufgeräumten, funktionsgerechten Zustand bringen:* Der Verein muss mal wieder auf Zack gebracht werden. Nach zwei Stunden hatte sie die Wohnung auf Zack gebracht.
Vgl. die Wendung »auf Zack sein«.

Zacken: jmdm. fällt/bricht kein Zacken aus der Krone (ugs.): *jmd. vergibt sich nichts:* Dir fällt doch kein Zacken aus der Krone, wenn du deine Nachbarn ein bisschen freundlicher grüßt.

sich keinen Zacken aus der Krone brechen (ugs.): *sich nichts vergeben:* Er wird sich keinen Zacken aus der Krone brechen, wenn er seiner alten Mutter mal die Wohnung putzt. Das Lokal ist dir zu proletarisch? Brich dir bloß keinen Zacken aus der Krone!

einen Zacken [weg]haben (ugs.): *betrunken sein:* Er wollte sich unbedingt ans Steuer setzen, obwohl er einen ziemlichen Zacken weghatte.

einen Zacken draufhaben (ugs.): *sehr schnell fahren:* Der Lastwagen hatte einen unglaublichen Zacken drauf.

zagen: mit Zittern und Zagen: ↑ zittern.

Zahl: die Zahl der ... ist Legion: *von ... gibt es unermesslich viele:* Die Zahl der Unzufriedenen im Lande ist Legion.

▶ Diese Redewendung geht auf die Bibelstellen Markus 5,9 und Lukas 8,30 zurück, wo der »unreine Geist« in einem Kranken auf die Frage nach seinem Namen mit »Legion« antwortet. Begründet wird diese Aussage damit, dass sehr viele Geister in den Kranken gefahren seien.

rote Zahlen schreiben: *Verluste machen:* Seit zwei Jahren schreibt der Konzern rote Zahlen.

▶ In einer kaufmännischen Bilanz werden traditionell die Ziffern eines Defizits mit roten Zahlen geschrieben. In Schwarz stehen dagegen die Gewinne. Darauf beziehen sich die Wendungen mit »rote Zahlen/schwarze Zahlen«.

schwarze Zahlen schreiben: *Gewinne machen:* Der Betrieb wurde saniert und schreibt jetzt wieder schwarze Zahlen.
Vgl. die vorangehende Wendung.

zwei, drei usw. an der Zahl (veraltend): *zwei, drei usw.:* Partisanen, es mochten hundert an der Zahl gewesen sein, hielten sich im Wald verborgen. ... und hatte die Zugführer versammelt, vier an der Zahl (H. Kolb, Wilzenbach 70).

aus den roten Zahlen [heraus]kommen/ [heraus] sein: *[wieder] Gewinne machen:* Die Firma wird nie aus den roten Zahlen kommen, wenn sie ihre Produktionsverfahren nicht modernisiert.
Vgl. unter »rote Zahlen schreiben«.

in die roten Zahlen kommen/geraten: *Verluste machen:* ... das ZDF hat offen zugegeben, dass es auch mit einer auf 12 Mark erhöhten Gebühr schon 1976 wieder in die roten Zahlen gerät (Hörzu 18, 1973, 20).
Vgl. unter »rote Zahlen schreiben«.

in die schwarzen Zahlen kommen: *[wieder] Gewinne machen:* Nach mehreren kritischen Jahren ist der Betrieb wieder in die schwarzen Zahlen gekommen.
Vgl. unter »rote Zahlen schreiben«.

in den roten Zahlen sein: *Verluste machen:* Wie kann eine Fluggesellschaft

überleben, die seit Jahren in den roten Zahlen ist?
Vgl. unter »rote Zahlen schreiben«.

in den schwarzen Zahlen sein: *Gewinne machen:* Noch ist die Firma in den schwarzen Zahlen, aber die Erträge werden immer schlechter.
Vgl. unter »rote Zahlen schreiben«.

ohne/(geh.; veraltend) sonder Zahl: *unzählige:* Der Krieg brachte Leiden sonder Zahl über die Menschen. Wilde Tiere ohne Zahl lauerten auf den, der in die Wälder eindrang.

Zahlemann: Zahlemann und Söhne (ugs.; scherzh.): *es muss [viel] gezahlt werden:* Wenn sie ihm draufkommen, was er alles an der Steuer vorbei eingenommen hat, dann heißt es aber Zahlemann und Söhne! Ein Auto für die Dame, angemessene Wohnung ... Zahlemann und Söhne, ein Leben lang (Hörzu 32, 1981, 90).
▶ Diese Wendung ist eine scherzhafte Nachahmung von [früher üblichen] Firmennamen, wobei das Verb »zahlen« zugrunde gelegt wird.

zahlen: wer zahlt, schafft an: *wer das Geld für etwas gibt, investiert, der bestimmt auch, was getan wird:* Wenn der Besitzer der Firma das Produkt vom Markt nehmen will, dann wird es eben vom Markt genommen – wer zahlt, schafft an.
Lehrgeld zahlen müssen: ↑ Lehrgeld.

zählen: jmds. Jahre/Tage/Stunden usw. **sind gezählt:** 1. *jmd. lebt nicht mehr lange:* Ihre Jahre waren gezählt. ... der Medizinalrat ... versicherte in seinem Gutachten, meine Lebenstage seien sowieso gezählt (Niekisch, Leben 353). 2. *jmd. wird in absehbarer Zeit seine Position aufgeben, seine Anwesenheit an einem Ort beenden o. Ä.:* Die Jahre der Kolonialherren waren gezählt; viele wollten wieder nach Hause. Seine Tage hier waren gezählt, und er spürte auch keine Lust, unentbehrlich zu werden (Gaiser, Jagd 158).
die Jahre/Tage/Stunden usw. **einer Sache sind gezählt:** *etwas geht zu Ende, wird nicht mehr lange existieren, in Gebrauch sein o. Ä.:* Sichere und zuverlässige Nachrichten ... fehlten, trotzdem lag es wie eine Witterung in der Luft, dass die Tage, ja, die Stunden des Lagers gezählt waren,

dass täglich, stündlich mit dem Abzug ... zu rechnen war (Apitz, Wölfe 355).
die Stunden/Tage/Monate usw. **bis ... zählen:** *mit Ungeduld auf ... warten:* Die Kinder zählten die Tage bis Weihnachten. Leben Sie wohl für heute, lieber Großvater, und glauben Sie mir, dass ich die Stunden zähle, bis ich mit Ihnen über viele Dinge sprechen kann, die mich bewegen (Benrath, Konstanze 135).
jmdm. die Bissen in den Mund/im Mund zählen: ↑ Bissen. **nicht bis drei zählen können:** ↑ drei. **Retourkutsche zählt nicht:** ↑ Retourkutsche. **bei jmdm. kann man alle Rippen zählen:** ↑ Rippe.

Zahlung: eine Zahlung leisten: *einen Betrag zahlen:* Sobald Sie die erste Zahlung leisten, tritt der Vertrag in Kraft. Sie hat einige größere Zahlungen zu leisten und braucht etwas mehr Kreditspielraum.
etwas in Zahlung geben: *etwas anstelle einer Zahlung zur Verrechnung aushändigen:* Sie können Ihre alte Waschmaschine in Zahlung geben, wenn Sie bei uns eine neue kaufen. ... bis er ... sein letztes Hemd um ein paar Gläser Bier in Zahlung gab (Böll, Erzählungen 414).
etwas in Zahlung nehmen: *etwas anstelle einer Zahlung annehmen und verrechnen:* Die Firma nimmt seinen alten Wagen mit 3 000 Mark in Zahlung.
an Zahlungs statt: ↑ statt.

Zahn: dritte Zähne (ugs.; scherzh.): *künstliches Gebiss:* Wenn die dritten Zähne zur Reparatur müssen, darf ein Arbeitnehmer zu Hause bleiben (Hörzu 6, 1974, 108). Angesichts der erheblichen Bedeutung eines Gebisses für das menschliche Wohlbefinden habe der Zahnarzt ... seine Patientin durch das Vorenthalten ihrer dritten Zähne körperlich misshandelt (Spiegel 4, 1981, 81).
der Zahn der Zeit: *die im Laufe der Zeit auftretenden Zerstörungen:* Der Zahn der Zeit hatte an den alten Möbeln seine Spuren hinterlassen.
▶ Diese Fügung wurde wahrscheinlich als Zitat aus Shakespeares »Maß für Maß« (V, 1) allgemein gebräuchlich. Im Original heißt es: »Tooth of time«.
jmdm. tut kein Zahn mehr weh (ugs.; verhüll.): *jmd. ist tot:* Wenn du mit der Zigarette den Tanks zu nahe kommst, dann tut dir bald kein Zahn mehr weh!

lange Zähne machen; mit langen Zähnen essen (ugs.): *auffällig langsam kauen und damit zeigen, dass es einem nicht schmeckt:* Wenn es Hafergrütze gab, machten die Kinder lange Zähne. Sie fand den Heringssalat köstlich, aber die Gäste aßen mit langen Zähnen.
▶ Die Wendung geht von der Beobachtung aus, dass man bei Widerwillen das Gesicht verkrampft und dabei die oberen Zähne entblößt.

die Zähne zusammenbeißen (ugs.): *Schmerzen, schwere Zeiten, Unangenehmes tapfer ertragen:* Werden Sie nicht schwach. Beißen Sie die Zähne zusammen. Dann schaffen Sie es (Petra 11, 1966, 73). Oft muss die junge Hauptdarstellerin jedoch die Zähne zusammenbeißen, um nicht in Tränen auszubrechen (Hörzu 16, 1976, 10).
▶ Diese Wendung geht von der Beobachtung aus, dass Menschen bei großer Anstrengung, bei Schmerz, Wut o. Ä. die Zähne fest zusammenbeißen.

jmdm. die Zähne zeigen (ugs.): *jmdm. [heftig und unerschrocken] Widerstand leisten:* Der Minister war es nicht gewohnt, dass seine Referenten ihm die Zähne zeigten. Wie konnten Sie sich von dem König einschüchtern lassen ... Sie hätten ihm die Zähne zeigen müssen (Hacks, Stücke 277).
▶ Diese Wendung geht auf die Drohhaltung von Hunden und bestimmten Raubtieren zurück, die das Maul weit aufreißen oder bei geschlossenem Maul die Lippen auseinander ziehen, sodass die Zähne bedrohlich sichtbar werden.

jmdm. den Zahn ziehen (ugs.): *jmdm. eine Illusion nehmen, jmdn. ernüchtern:* Der Alte glaubt, er könne mit uns umspringen wie mit Rekruten auf dem Exerzierplatz – den Zahn werden wir ihm ziehen. Ich weiß, dass du darauf spekulierst, das Haus zu erben, aber den Zahn kannst du dir ziehen lassen.
▶ Diese Wendung vergleicht Wunschvorstellungen, falsche Vorstellungen mit kranken Zähnen, von denen der Mensch (zu seinem Besten) zu befreien ist.

sich an etwas die Zähne ausbeißen: *mit etwas trotz großer Anstrengung nicht fertig werden:* An dem Rätsel hatten sich die meisten Leser die Zähne ausgebis-

sen. Ich bin mir im Klaren darüber ..., dass ich nicht über Nacht das erreichen kann, woran andere sich seit Jahren die Zähne ausbeißen (Hörzu 26, 1975, 22).

einen Zahn draufhaben (ugs.): 1. *sich mit hoher Geschwindigkeit [fort]bewegen:* Der Wagen hatte einen irren Zahn drauf und schlitterte mit quietschenden Reifen durch die Kurven. 2. *sehr schnell arbeiten:* Schon fast alles abgetippt? Sie haben ja einen ganz schönen Zahn drauf!
▶ Diese Wendung bezog sich ursprünglich wahrscheinlich auf die aus einem Zahnkranz bestehende Arretierung des Handgashebels im Auto, mit dem die Fahrgeschwindigkeit geregelt wurde.

einen Zahn zulegen (ugs.): 1. *die Geschwindigkeit der Fortbewegung steigern:* Wenn wir einen Zahn zulegen, sind wir rechtzeitig zur Fußballübertragung zu Hause. 2. *die Arbeitsgeschwindigkeit steigern:* Legt mal einen Zahn zu, Leute, wir wollen heute noch fertig werden!
Vgl. die vorangehende Wendung.

jmdm. auf den Zahn fühlen (ugs.): *jmdn. ausforschen, überprüfen:* Man fühlte mir politisch auf den Zahn (Niekisch, Leben 120). Mein Bruder akzeptierte meine Angetraute. Nachdem er ihr auf den Zahn gefühlt hatte, war sie auch seiner Freundschaft würdig (Wilhelm, Unter 120).
▶ Der Zahnarzt versuchte früher an der Reaktion des Patienten zu erkennen, welcher Zahn der kranke war, indem er mit den Fingern die infrage kommenden Zähne beklopfte oder befühlte. Hierauf geht die vorliegende Wendung zurück.

nur für den/einen hohlen Zahn reichen/ sein (ugs.): *[bes. von Speisen] sehr knapp bemessen sein:* So ein Wachtelbrüstchen ist nur für den hohlen Zahn, davon wird man nicht satt. Ein bisschen mehr Kartoffelbrei bitte; was du mir gegeben hast, reicht gerade für meinen hohlen Zahn.

[et]was zwischen die Zähne kriegen (ugs.): *etwas zu essen bekommen:* Wenn er nicht bald was zwischen die Zähne kriegt, wird er ungemütlich. Die Kinder hatten seit Tagen nichts zwischen die Zähne gekriegt.

au Backe, mein Zahn: ↑ au. **Auge um Auge, Zahn um Zahn:** ↑ Auge. **bis an die Zähne bewaffnet sein:** ↑ bewaffnet. **Haa-**

re auf den Zähne haben: ↑Haar. ein steiler Zahn: ↑steil.

Zähneklappern: es herrscht Heulen und
Zähneknirschen/Zähneklappern: ↑heu-
len.

Zahnfleisch: auf dem Zahnfleisch gehen/
laufen/kriechen (ugs.): 1. *in einer wirtschaftlich sehr schwierigen Lage sein:*
Seit die Hypothekenzinsen wieder gestiegen sind, gehen einige Häuslebauer
auf dem Zahnfleisch. Er hatte sich als
freier Übersetzer versucht, kroch aber
schon nach einem Jahr fürchterlich auf
dem Zahnfleisch. 2. *körperlich völlig erschöpft sein:* Nach zwei Stunden Hantel-
training ist sie ganz schön auf dem Zahnfleisch gegangen.

Zange: jmdn. in die Zange nehmen (ugs.):
1. *jmdn. hart unter Druck setzen, ihm mit
Fragen zusetzen:* Primanerinnen nehmen die Moderatoren fernsehkritischer
Sendungen in die Zange (Hörzu 14,
1973, 8). Der Wachtmeister ... wird jetzt
die Alte noch einmal sanft in die Zange
nehmen (Wolf, Zwei 331). 2. (Sport):
*jmdn. zu zweit durch gleichzeitiges An-
greifen von rechts und links vom Ball oder
Puck zu trennen versuchen:* Der Linksaußen umspielte einen Verteidiger, wurde
aber dann von zwei anderen in die Zange
genommen und fiel in Strafraumnähe.
▶ Diese und die folgende Wendung bezogen sich ursprünglich auf das Schmieden, bei dem der Schmied das glühende
Eisen mit der Zange festhält.

jmdn. in der Zange haben (ugs.): *jmdn. in
der Gewalt haben, jmdn. zu etwas zwingen können:* Seine Gläubiger hatten ihn
in der Zange, er musste Konkurs anmel-
den.

Vgl. die vorangehende Wendung.

jmdn., etwas nicht mit der Zange anfassen [mögen]: ↑anfassen.

zappeln: jmdn. zappeln lassen (ugs.):
*jmdn. [länger als nötig] warten, im Unge-
wissen lassen:* Er ist verrückt nach ihr,
aber sie lässt ihn vorläufig noch zappeln.
Dr. Brobeil herrscht mit der Stoppuhr
und lässt seine Stars bis kurz vor der Livesendung zappeln. Erst dann entscheidet
er, ob überhaupt und wie lange die ... auftreten dürfen (Hörzu 8, 1976, 10).

zart: zarte Bande knüpfen (geh.): *ein Lie-
besverhältnis anbahnen:* Im Frühling

wurden auf der Urlaubsinsel so manche
zarten Bande geknüpft.

im zarten Alter von ...: *im frühen Alter
von ...:* Im zarten Alter von neun Jahren
ist die Südafrikanerin ... Mutter eines
Jungen geworden (Saarbr. Zeitung 10. 7.
1980, 15).

das zarte Geschlecht: ↑Geschlecht.

nichts für zarte Ohren sein: ↑Ohr.

Zauber: fauler Zauber (ugs.; abwertend):
Schwindel: Das so genannte »Institut
für medizinische Körperhygiene« war
nichts als fauler Zauber; ein falscher
Arzt wollte reichen Damen ihr Geld ab-
knöpfen. ... die Gäste hörten ihm zu,
weil er ihnen keinen ... faulen Zauber
vormachte, sondern die Wahrheit sagte
(Bieler, Bär 223).

Zaum: sich, etwas im Zaum[e] halten:
sich, etwas beherrschen, zügeln: Sie
konnte sich nicht im Zaum halten und
warf eine Blumenvase nach ihm. Gute
Erziehung hat ihr leidenschaftliches
Temperament von jeher im Zaum gehalten (Seidel, Sterne 164). Ich versprech
dir, dass ich mich besser im Zaum halten
werde als das letzte Mal (Ruark [Übers.],
Honigsauger 315).

▶ Pferden wird Zaumzeug angelegt, damit man sie lenken und unter Kontrolle
halten kann. Auf diese Vorstellung ist die
vorliegende Wendung zurückzuführen.

seine Zunge im Zaum halten: ↑Zunge.

Zaun: mit etwas nicht hinterm Zaun halten: *etwas nicht verschweigen:* Sie würde
mit ihrer Meinung nicht hinterm Zaun
halten. Ruhig sagen, warum nicht, nicht
hinterm Zaun halten, mit Offenheit wird
alles besser (Döblin, Berlin 203).

jmdm. etwas über den Zaun werfen
(ugs.): *jmdm. etwas zukommen lassen,
jmdm. einen Gefallen tun:* Ich habe Ihnen die gewünschte Informationen verschafft, jetzt müssten Sie mir auch etwas
über den Zaun werfen.

einen Streit vom Zaun brechen: ↑Streit.

Zaunpfahl: ein Wink mit dem Zaunpfahl:
*ein indirekter, aber sehr deutlicher Hin-
weis:* Die Gäste verstanden den Wink
mit dem Zaunpfahl und verabschiedeten sich. »Ich habe mich mit dem Präsidenten von ... getroffen«, gestand Cser-
nai freiweg, wohl darauf hoffend, dass
die Bayern den Wink mit dem Zaun-

pfahl richtig verstehen (Kicker 6, 1982, 41).

▶ Mit »Zaunpfahl« ist in dieser und der folgenden Wendung wohl lediglich etwas Großes, das man nicht übersehen kann, gemeint. Gelegentlich wird auch die scherzhafte Abwandlung »ein Wink mit dem Laternenpfahl« gebraucht.

mit dem Zaunpfahl winken: *einen indirekten, aber sehr deutlichen Hinweis geben:* Du brauchst gar nicht mit dem Zaunpfahl zu winken, mein Auto verleihe ich grundsätzlich nicht!
Vgl. die vorangehende Wendung.

Zeche: die Zeche bezahlen [müssen] (ugs.): *die Folgen zu tragen haben:* Die Arbeiter und kleinen Angestellten mussten natürlich die Zeche zahlen, als die Firma in Konkurs ging. Entgegen dem Votum des Bundesrates ... soll unter dem Deckmantel »Familienlastenausgleich« die Zeche in voller Höhe der Versicherte zahlen (DÄ 47, 22. 11. 1985, 18).

die Zeche prellen (ugs.): *seine Rechnung im Restaurant o. Ä. nicht bezahlen:* Als sie draußen ein bisschen frische Luft schnappen wollte, fürchtete der Wirt schon, sie würde die Zeche prellen. ... er pumpte, schnorrte, vergaß die Schulden, prellte Zechen (Fels, Sünden 11).

zehn: sich alle zehn Finger nach etwas lecken: ↑Finger. **zehn an jedem Finger haben:** ↑Finger. **ein Gesicht machen wie zehn Tage Regenwetter:** ↑Gesicht. **die zehnte Muse:** ↑Muse. **keine zehn Pfennige wert sein:** ↑Pfennig. **keine zehn Pferde können jmdn. von etwas abbringen/abhalten:** ↑Pferd. **toben wie zehn nackte Wilde im Schnee:** ↑toben.

zehntausend: die oberen Zehntausend: ↑obere. **voll wie zehntausend Mann [sein]:** ↑voll.

Zeh, Zehe: jmdm. auf die Zehen treten (ugs.): 1. *jmdn. kränken, jmdm. Ärger bereiten:* Ein kritischer Journalist wird es kaum vermeiden können, gelegentlich gewissen Leuten auf die Zehen zu treten. 2. *jmdn. unter Druck setzen, antreiben:* Weil in letzter Zeit reichlich nachlässig geputzt wurde, wollte der Personalleiter der Reinigungsfirma mal ein bisschen auf die Zehen treten.

etwas im kleinen Zeh spüren (ugs.): *etwas vorausahnen:* An diesem Tag würde

es zum großen Krach kommen, das spürte sie im kleinen Zeh.

▶ Diese Wendung geht darauf zurück, dass sich bei Menschen mit rheumatischen o. ä. Beschwerden ein Wetterumschlag durch vermehrte Schmerzen ankündigen kann.

vom Wirbel bis zur Zehe: ↑Wirbel.

Zeichen: ein Zeichen/Zeichen/(seltener:) Signale setzen (geh.): *etwas tun, was richtungweisend ist; Anstöße geben:* Mit den jüngsten Kabinettsbeschlüssen sollten Zeichen für mehr gesellschaftliche Solidarität gesetzt werden. Aber es sei ... auch notwendig, auf dieser Konferenz ein Zeichen zu setzen (W. Brandt, Begegnungen 356).

die Zeichen der Zeit erkennen: *die Situation, Lage [im Hinblick auf kommende Entwicklungen] richtig einschätzen:* Die Opposition erklärte, die Regierung habe die Zeichen der Zeit nicht erkannt.

▶ Diese Wendung geht auf die Bibel zurück. Dort heißt es (Matthäus 16, 3) »... könnt ihr dann nicht auch über die Zeichen der Zeit urteilen?«.

seines Zeichens (veraltend): *von Beruf, Rang o. Ä.:* Der Großvater, seines Zeichens Metzgermeister, hatte wenig Verständnis für die vegetarischen Neigungen seines Enkels. Feist, ursprünglich Arzt seines Zeichens, fing damals an, sich als Übersetzer hervorzutun (K. Mann, Wendepunkt 195).

▶ Das Wort »Zeichen« in dieser Wendung bezieht sich auf die früher üblichen Haus- oder Zunftzeichen.

im Zeichen von etwas stehen: *von etwas geprägt, beeinflusst werden:* Die Wettkämpfe am kommenden Wochenende stehen bereits im Zeichen der Olympiaqualifikation. »Das verflossene Jahr stand ganz im Zeichen der Abstimmung über die Bildung einer evangelisch-reformierten solothurnischen Kantonalkirche« (Nordschweiz 72, 27. 3. 1985, 9).

▶ In dieser Wendung ist mit »Zeichen« ursprünglich das Tierkreis- oder Sternzeichen gemeint, das das Horoskop für ein Ereignis bestimmt.

es geschehen noch Zeichen und Wunder: ↑geschehen.

zeichnen: vom Tode gezeichnet sein: ↑Tod.

Zeigefinger: Rheumatismus zwischen Daumen und Zeigefinger haben: ↑ Rheumatismus.

zeigen: es jmdm. zeigen (ugs.) 1. *jmdm. seinen Standpunkt unmissverständlich klarmachen; jmdn. maßregeln, verprügeln:* Diesen Denunzianten würde ers schon zeigen. Na warte, du Mistkerl, dir zeig ichs! »Na los, zeigs ihm!«, brüllte die Menge. 2. *jmdm. die eigenen Qualitäten beweisen, jmdn. von seinem Können überzeugen:* In der zweiten Halbzeit zeigten die Feierabendkicker es den Profis. Später würde er reich und berühmt werden, nahm er sich vor und dachte bei sich: »Euch zeig ichs noch allen!«
in der Beschränkung zeigt sich erst der Meister: ↑ Beschränkung. **seine Borsten zeigen:** ↑ Borste. **sich erkenntlich zeigen:** ↑ erkenntlich. **wie Figura zeigt:** ↑ Figura. **mit [den] Fingern/mit dem Finger auf jmdn., auf etwas zeigen:** ↑ Finger. **Flagge zeigen:** ↑ Flagge. **sein wahres Gesicht zeigen:** ↑ Gesicht. **sich in seiner wahren Gestalt zeigen:** ↑ Gestalt. **jmdm. zeigen, was eine Harke ist:** ↑ Harke. **jmdm. die Hörner zeigen:** ↑ Horn. **jmdm. die Krallen zeigen:** ↑ Kralle. **jmdm. zeigen, wos langgeht:** ↑ langgehen. **da zeigt sich der Pferdefuß; da schaut/kommt der Pferdefuß heraus:** ↑ Pferdefuß. **Rückgrat zeigen:** ↑ Rückgrat. **jmdm. die kalte Schulter zeigen:** ↑ Schulter. **sich von seiner guten/besten Seite zeigen:** ↑ Seite. **jmdm. den/einen Vogel zeigen:** ↑ Vogel. **jmdm. die Zähne zeigen:** ↑ Zahn. **jmdm. zeigen, wo der Zimmermann das Loch gelassen hat:** ↑ Zimmermann.

Zeiger: ist kein Zeiger dran (ugs.): *ablehnende, unwillige Antwort auf die Bitte oder Aufforderung, etwas zu zeigen:* Zeig doch mal deinen neuen Füller. – Ist kein Zeiger dran!

Zeile: zwischen den Zeilen lesen: *auch das nicht ausdrücklich Gesagte [in einem Text] verstehen:* Sie schrieb zwar, dass sie seinen Heiratsantrag nicht annehmen könne, aber zwischen den Zeilen las er, wie sehr sie ihn liebte. »Sagt Ihnen der Brief was?«, fragte Larry ... »Jawohl, das tut er ... Ich bin zu alt für die Aufgabe. Es steht zwar nicht so da, aber es ist laut und deutlich zwischen den Zeilen zu lesen« (Ruark [Übers.], Honigsauger 495).

zwischen den Zeilen stehen: *[in einem Text] nicht direkt gesagt, aber doch darin zum Ausdruck gebracht werden:* Es war von einem befremdenden Versagen, von einem Mangel an Angriffsgeist die Rede. Das Wort Feigheit war nicht benutzt, aber stand zwischen den Zeilen (Gaiser, Jagd 123).

zeit: zeit seines Lebens: ↑ Leben.

Zeit: [ach] du liebe Zeit!: *Ausruf, der [leichtes] Erschrecken oder Missbilligung ausdrückt:* Du liebe Zeit, wie sieht denn der Fußboden schon wieder aus! Und wenn da ein paar raue Worte gefallen sind, du liebe Zeit, wenn Not am Mann ist, dann wählt man seine Worte doch nicht so fein (Hausmann, Abel 105).

die längste Zeit (ugs.): *[lange genug und daher] künftig nicht mehr:* Der Zahn hat Sie die längste Zeit gequält, den ziehen wir heute einfach raus! Ich stehe Ihnen im Wege. Wenn es nach Ihnen ginge, dann wäre ich die längste Zeit Kommandant gewesen (Apitz, Wölfe 242).

andere Zeiten, andere Sitten: *Bräuche, Wertvorstellungen u.a. ändern sich im Verlauf der Zeit:* Früher hat ein Mädchen gewartet, bis der junge Mann sich ihr erklärte. – Andere Zeiten, andere Sitten, Großmutter, wir fahren ja auch nicht mehr mit der Postkutsche.

Zeit ist Geld: *man soll die Zeit nicht ungenutzt lassen, Zeitverlust bedeutet materiellen Verlust:* Sie kennen Ihren Auftrag, meine Herren, also stehen Sie nicht länger untätig herum – Zeit ist Geld! Das Flugzeug ist zweieinhalb Stunden schneller, und Zeit ist Geld.

▸ Diese Redensart könnte an antike Vorstellungen anknüpfen, wonach Zeit ein kostbares Gut ist. Sie könnte aber auch eine Lehnübersetzung des englischen »time is money« sein.

jmds. Zeit ist gekommen (geh.; verhüllend): 1. *jmd. muss sterben:* Sie spürte, dass ihre Zeit gekommen war, und ließ ihre Kinder und Enkel zu sich kommen. 2. *die Niederkunft einer Frau steht bevor:* Ihre Zeit war gekommen, man rief nach der Hebamme.

die Zeit arbeitet für jmdn.: *die Gegebenheiten ändern sich nach und nach zu jmds. Gunsten [ohne sein Zutun]:* In Genf aber hat sich nun herausgestellt, dass auch die Russen es gar nicht eilig haben, dass sie also offenbar der Meinung sind, die Zeit arbeite für sie (Dönhoff, Ära 183/184).

die Zeit heilt alle Wunden: *irgendwann vergeht jeder Schmerz, ist jede Enttäuschung usw. überwunden:* Noch sind die Ereignisse des Krieges nicht vergessen, aber die Zeit heilt alle Wunden.

es ist [höchste/allerhöchste/(geh.:) hohe] Zeit: *es ist [sehr] spät, die Zeit drängt:* Trink deinen Kaffee aus, es ist höchste Zeit, dass wir gehen. Es ist Zeit, wir müssen jetzt Abschied nehmen. Außerdem musste er jetzt wirklich daran denken, sich davonzumachen. Es war allerhöchste Zeit (Thieß, Legende 49).

es wird [höchste/allerhöchste] Zeit: *es ist dringend notwendig:* Es wird höchste Zeit, dass mal einer diesen Schweinestall aufräumt! Es wurde Zeit, dass er sich mehr um sein Studium kümmert. Die Genossen meinen, für mich wird es Zeit, wegzukommen (Kühn, Zeit 84).

kommt Zeit, kommt Rat: *mit etwas Geduld findet sich ein Ausweg, eine Antwort:* Wir werden aus dieser misslichen Lage herausfinden; kommt Zeit, kommt Rat. Heirat? »Kommt Zeit, kommt Rat«, sagt Martin, und Joanna lacht (Hörzu 17, 1981, 118).

das waren noch Zeiten!: *damals war es viel besser als heute:* Das heutige Diskogejaule kann ich nicht ausstehen; die Fünfzigerjahre mit echtem Rock 'n' Roll, Elvis, Bill Haley – das waren noch Zeiten! »Das waren Zeiten!«, sagte ich. »Frieden herrschte, Sicherheit regierte ...« (Remarque, Obelisk 263).

[noch] Zeit haben: *nicht eilig sein:* Sie schrieb zuerst den Geschäftsbericht, die Briefe hatten Zeit. Sollen wir jetzt die Würstchen heiß machen? – Damit hat es noch Zeit, die Gäste kommen sicher nicht vor acht. »Den brauchen wir jetzt nicht einzuwickeln!« »Das hat Zeit ...« (Hilsenrath, Nazi 118).

sich [mit etwas] Zeit lassen: *sich [mit etwas] nicht beeilen:* Er ließ sich Zeit mit der Antwort. Sie ist viel zu hektisch, sie muss sich bei allem, was sie tut, mehr Zeit lassen.

Zeit nehmen müssen (Boxen): *sich anzählen lassen müssen:* Nach einer knall-

harten Rechten seines Gegners musste der Herausforderer Zeit nehmen.

jmdm. die Zeit stehlen/(geh.:) rauben: *jmdn. unnötig aufhalten:* Sie wurde äußerst ungehalten, wenn sie das Gefühl hatte, dass man ihr die Zeit stahl.

dem lieben Gott die Zeit stehlen: *seine Zeit vertun, faulenzen:* Anstatt dem lieben Gott die Zeit zu stehlen, sollte er lieber zu Hause seinen Eltern helfen!

[keine] Zeit [mit etwas] verlieren: *sich mit etwas [nicht] aufhalten:* Die Regierung darf in der Abrüstungsfrage jetzt keine Zeit mehr verlieren. Die Verhandlungspartner verloren keine Zeit mit Höflichkeiten, sondern kamen gleich zur Sache.

sich Zeit [für etwas] nehmen: *sich [bei, mit etwas] nicht übereilen:* Man muss sich Zeit nehmen, wenn man die Tiere in ihrer natürlichen Umgebung beobachten will. Die Abgeordneten nahmen sich Zeit für eine gründliche Erörterung des Problems.

sich für jmdn. Zeit nehmen: *sich längere Zeit, ohne Hast um jmdn. kümmern:* Du musst dir mehr Zeit für deine Kinder nehmen, das bist du ihnen schuldig.

jmdm., sich [mit etwas] die Zeit vertreiben: *jmdm., sich [mit etwas] für einen bestimmten Zeitraum unterhalten, beschäftigen:* Mit seinen Späßen hat er uns auf angenehme Weise die Zeit vertrieben. Jeder vertreibt sich die Zeit, so gut er eben kann (Langgässer, Siegel 49).

die Zeit totschlagen: *seine Zeit [aus Langeweile] nutzlos verbringen:* Wenig Verständnis hatte sie für Leute, die nicht arbeiteten, sondern die Zeit in Kneipen und Wettbüros totschlugen.

[einst/schon] bessere Zeiten gekannt/gesehen haben: 1. *es früher besser gehabt haben:* Ihr Vater hatte schon bessere Zeiten gekannt, war aber durch eine missglückte Börsenspekulation völlig mittellos geworden. 2. *ziemlich heruntergekommen sein:* Der Film spielt in einem dieser Badeorte, die schon einmal bessere Zeiten gesehen haben. Das Hotel hatte auch einst bessere Zeiten gekannt.

es ist an der Zeit [für etwas/etwas zu tun]: *der Zeitpunkt [für etwas/etwas zu tun] ist gekommen:* Wenn Sie ins Plaudern und Ihre Kollegen ins Gähnen kommen, ist es an der Zeit, etwas gegen die Trägheit zu tun (Bild und Funk 2, 1967, 47). Herr Coax hielt es noch nicht an der Zeit, seine Karten aufzulegen (Brecht, Groschen 54).

auf Zeit: *befristet:* Es wurde ein Vertrag auf Zeit abgeschlossen. Mit Strafe bedrohte Handlungen ... führen zur Entziehung der Fahrerlaubnis ... für immer oder auf Zeit (Straßenverkehrsrecht, StVO, 15).

auf Zeit spielen (Sport): *das Spieltempo absichtlich verzögern, um das Ergebnis zu halten:* Die Kickers begannen zu früh, auf Zeit zu spielen; in der 89. Minute mussten sie den Ausgleich hinnehmen.

für die Zeit (Boxsport): *bis zum Aus des Ringrichters:* Ein Leberhaken schickte ihn für die Zeit auf die Bretter.

für alle Zeiten; (geh.:) für Zeit und Ewigkeit: *für immer:* Eine Koalition ist nicht als ein Bündnis für Zeit und Ewigkeit gedacht. Durch das Hemishofener Stauwehr könnte die Hochwassergefahr für alle Zeiten gebannt werden (Kosmos 2, 1965, 54).

mit der Zeit: *allmählich:* Es wurde mit der Zeit immer schlimmer. Es war ziemlich gemütlich und wurde mit der Zeit noch gemütlicher (Küpper, Simplicius 69). Ich habe mit der Zeit einen recht harten Handschlag entwickelt (Grzimek, Serengeti 123).

mit der Zeit gehen: *fortschrittlich sein:* Natürlich habe ich Kabelanschluss – man muss doch mit der Zeit gehen! Nur wer mit der Zeit geht, kann auf die Dauer erfolgreich sein. »Man geht mit der Zeit«, erklärte Frau Hohlfeld nicht ohne Stolz (Erich Kästner, Fabian 36).

über die Zeit kommen (Boxen): *[trotz Unterlegenheit] nicht durch K.o. besiegt werden:* An einen Sieg glaubte der Herausforderer selbst nicht so recht, aber er war fest entschlossen, eine gute Figur zu machen und über die Zeit zu kommen.

etwas über die Zeit bringen/retten (Sport): *etwas bis zum Ende des Spiels erfolgreich verteidigen:* Es gelang den Borussen, das Unentschieden über die Zeit zu bringen.

seit/vor undenklichen/ewigen Zeiten: *seit/vor sehr langer Zeit:* Seit undenklichen Zeiten hatten die Bauern aus diesem Brunnen Wasser geschöpft. Das Schloss ist schon vor undenklichen Zeiten von seinen Bewohnern verlassen worden. Ich habe seit ewigen Zeiten nichts mehr von ihm gehört.

von Zeit zu Zeit: *gelegentlich:* Das Wasser im Seerosenbecken muss von Zeit zu Zeit erneuert werden. Von Zeit zu Zeit braucht der Mensch mal ein Gläschen Wein. Wir sind das ganze Jahr hindurch von Zeit zu Zeit immer wieder über den Natronsee geflogen (Grzimek, Serengeti 326/327).

vor Zeiten (geh.) *vor langer Zeit:* ... Grabplatten ..., unter denen vor Zeiten Kleriker, Gelehrte und fromme Wohltäter bestattet wurden (Fest, Im Gegenlicht 404).

zurzeit: *jetzt:* Zurzeit gibt es wieder frische Erdbeeren. Die Firma ist zurzeit wirtschaftlich sehr erfolgreich. Zurzeit wächst die Erdölproduktion jährlich etwa um 10 % (Kosmos 3, 1965, 113).

zur [rechten] Zeit (veraltend): *rechtzeitig:* Wir waren gerade noch zur Zeit am Bahnhof eingetroffen. Zur rechten Zeit erfuhr er, dass ihm die Gestapo auf der Spur war. Da floh er nach Dänemark (Niekisch, Leben 358).

wer nicht kommt zur rechten Zeit, der muss nehmen/sehen, was übrig bleibt: *wer zu spät kommt, darf sich nicht beklagen, wenn er nur noch wenig oder nur noch weniger Gutes abbekommt.*

alles zu seiner Zeit: *jetzt nicht; es sollte alles zum richtigen Zeitpunkt getan werden:* Kinder, es ist schon viel zu spät, um noch Fußball zu spielen; alles zu seiner Zeit. Kannst du mal eben die Goldfische füttern? – Alles zu seiner Zeit, jetzt ist erst mal die Katze dran.

seit Adams Zeiten: ↑ Adam. **nur eine Frage der Zeit sein:** ↑ Frage. **auf der Höhe der/seiner Zeit sein:** ↑ Höhe. **auf die Länge der Zeit:** ↑ Länge. **im Laufe der Zeit:** ↑ ¹Lauf. **zu nachtschlafender Zeit:** ↑ nachtschlafend. **aus Olims Zeiten:** ↑ Olim. **seit Olims Zeiten:** ↑ Olim. **zu Olims Zeiten:** ↑ Olim. **spare in der Zeit, so hast du in der Not:** ↑ sparen. **der Zahn der Zeit:** ↑ Zahn. **die Zeichen der Zeit erkennen:** ↑ Zeichen.

Zeitalter: ein augusteisches Zeitalter: ↑ augusteisch.

zeitlich: das Zeitliche segnen: 1. (geh.) *sterben:* Großvater hatte noch vor dem Krieg das Zeitliche gesegnet. Schöne Amazonen, anschmiegsam und zärtlich, fühlen sich speziell zu schwerreichen Ölbossen hingezogen, die dann sehr plötzlich das Zeitliche segnen (Hörzu 27, 1971, 42). 2. (ugs.; scherzh.) *völlig entzweigehen:* Meine alten Lederhandschuhe haben inzwischen auch das Zeitliche gesegnet. Der Bus hatte Verspätung, und dann segnete sein Motor das Zeitliche (Welt 6. 10. 1979, 25).
▶ Die Wendung geht auf den alten Brauch zurück, nach dem ein Sterbender auf seinem Totenbett die »zeitlichen« (d. h. irdischen) Dinge, die er auf dieser Erde zurückließ, segnete.

Zelt: die/seine Zelte abbrechen: *wegziehen, seinen bisherigen Lebensbereich aufgeben:* Nächstes Jahr werden sie die Zelte abbrechen und nach Australien gehen. Freilich brachen wir doch nicht die Zelte ab, sondern blieben ohne Botschafter präsent (W. Brandt, Begegnungen 184).
die/seine Zelte aufschlagen: *sich niederlassen, sich auf längeres Bleiben einrichten:* Er hatte finanzielle Unabhängigkeit erreicht und wollte seine Zelte nun an der Côte d'Azur aufschlagen.

Zement: Himmel, Sack, Zement: ↑ Himmel.

Zentnerlast: jmdm. fällt eine Zentnerlast vom Herzen: ↑ Last.

Zepter: das Zepter führen/schwingen: *herrschen; die Führung, Macht haben:* Drei Tage lang wird nun wieder der Karneval das Zepter schwingen. Seit Casablanca führt die Vernunft im Weißen Haus nicht mehr allein das Zepter (Hochhuth, Stellvertreter 164).
mit eisernem Zepter regieren: *sehr streng regieren, etwas sehr streng leiten:* Der Fürst hatte jahrzehntelang mit eisernem Zepter regiert. Der neue Schulleiter galt als verknöcherter Beamter, der mit eisernem Zepter regieren würde.
▶ Diese Wendung geht auf die Psalmen der Bibel zurück; in Psalm 2,9 heißt es: »Du sollst sie mit einem eisernen Zepter zerschlagen.«

zerbrechen: sich den Kopf zerbrechen: ↑ Kopf. **sich jmds. Kopf zerbrechen:** ↑ Kopf. **sich an/bei etwas die Zunge zerbrechen:** ↑ Zunge.

zerfallen: mit sich und der Welt zerfallen sein: ↑ Welt.

zerfließen: jmdm. unter den Händen zerfließen: ↑ Hand. **in Tränen zerfließen:** ↑ Träne.

zergehen: etwas auf der Zunge zergehen lassen: ↑ Zunge.

zergrübeln: sich den Kopf zergrübeln: ↑ Kopf.

zerreißen: ich kann mich doch nicht zerreißen (ugs.): *ich kann nicht alles gleichzeitig machen:* Die Wäsche ist noch nicht gebügelt, meine Mutter will, dass ich für sie einkaufen gehe, und jetzt kommst du und bringst mir deine Socken zum Stopfen – ich kann mich doch nicht zerreißen!
jmdm. das Herz zerreißen: ↑ Herz. **jmdn., etwas in der Luft zerreißen:** ↑ Luft. **sich [über jmdn.] das Maul zerreißen:** ↑ Maul.

zerren: etwas ans Licht zerren: ↑ Licht. **etwas in den Schmutz zerren:** ↑ Schmutz. **jmdn., etwas in den Staub/durch den Staub zerren:** ↑ Staub.

zerrinnen: jmdm. unter/zwischen den Fingern zerrinnen: ↑ Finger. **wie gewonnen, so zerronnen:** ↑ gewinnen. **jmdm. unter den Händen zerrinnen:** ↑ Hand.

zerschlagen: Porzellan zerschlagen: ↑ Porzellan.

zerschneiden: jmdm. das Herz zerschneiden: ↑ Herz. **das Tischtuch zwischen sich und jmdm. zerschneiden:** ↑ Tischtuch.

zerstören: am Boden zerstört sein: ↑ Boden.

zerstreut: ein zerstreuter Professor: ↑ Professor.

Zeter: Zeter und Mordio/Zetermordio/zetermordio schreien (ugs.): *ein großes Geschrei anstimmen, [unangemessen] lautstark protestieren:* Wenn das Gesetz in dieser Form vom Landtag verabschiedet wird, werden die Umweltschützer Zeter und Mordio schreien. Als man ihr das Geld aus der Handtasche nehmen wollte, schrie sie Zeter und Mordio.
▶ Das außerhalb dieser Wendungen nicht mehr gebräuchliche Wort »Zeter« stammt aus dem Mittelhochdeutschen, wo es »Hilfe bei Raub, Diebstahl usw.« bedeutete. Die weitere Herkunft ist un-

bekannt; vielleicht handelt es sich um eine Zusammenziehung von »ze aehte her!« (= zur Verfolgung herbei!). Das Wort »Mordio«, älter auch »Mordigo«, ist der entsprechende Hilferuf bei einem Mord oder Mordanschlag.

Zeug: dummes Zeug (ugs.): *Unsinn:* Hast du Schwierigkeiten im Büro? – Dummes Zeug, alles läuft bestens! ... wichtig war, dass er selbst nicht wieder ohnmächtig wurde und dummes Zeug redete (Loest, Pistole 83).

jmd. hat/jmd. besitzt/in jmdm. steckt das Zeug zu etwas (ugs.): *jmd. hat die Anlage, das Talent, etwas zu werden:* Sie hätte das Zeug zu einer tüchtigen Rechtsanwältin. Robespierre besaß das Zeug zu einem großen Moralphilosophen und Staatstheoretiker (Sieburg, Robespierre 88).

▶ In dieser Wendung war mit »Zeug« ursprünglich das Werkzeug, die Ausrüstung des Handwerkers, gemeint. Wer gutes Werkzeug hat, kann gute Arbeit leisten.

... was das Zeug hält (ugs.): *in höchstem Maße, mit höchstem Einsatz:* Im Goldenen Anker wurde gestern wieder gebechert, was das Zeug hielt. Setz dich an die Maschine, und schreib, was das Zeug hält!

▶ In dieser Wendung steht »Zeug« für das Geschirr, mit dem Pferde oder Ochsen angespannt werden. Wenn die Zugtiere hart arbeiten, wird das Geschirr stark beansprucht, muss es viel aushalten.

jmdm. etwas am Zeug[e] flicken (ugs.): *jmdn. in Misskredit bringen [wollen]:* Jetzt können wir endlich auf die Pauke hauen, ohne dass uns einer ans Zeug flicken kann (v.d. Grün, Glatteis 87). Toller hatte sich vor dem Standgericht würdig benommen; auch die Böswilligen konnten ihm nichts am Zeuge flicken (Niekisch, Leben 100).

▶ In dieser Wendung ist mit »Zeug« die Kleidung gemeint. Wer sich an jemandes Kleidung zu schaffen macht, verändert dessen Aussehen, beeinträchtigt – in bildlicher Übertragung – sein Ansehen.

sich ins Zeug legen (ugs.): *sich anstrengen:* Sie hatte sich beim Umbau am meisten ins Zeug gelegt, aber niemand hat es ihr gedankt. ... Remann, ein alter Mann, muss sich gehörig ins Zeug legen, denn

hier ist noch Handbetrieb (Fries, Weg 297).

▶ In dieser und den folgenden Wendungen steht »Zeug« für das Geschirr von Zugpferden oder -ochsen, die sich bei angestrengter Arbeit mit ihrem ganzen Gewicht in das Geschirr legen müssen.

sich für jmdn. ins Zeug legen (ugs.): *sich für jmdn. nachdrücklich einsetzen:* Der Alte hat sich mächtig für sie ins Zeug gelegt, als es um die Vergabe der Stipendien ging. ... Johann Schweiger legte sich für ihn ins Zeug. »Das ist ein Verwandter von mir, den kannst du laufen lassen« (Kühn, Zeit 240).

Vgl. die vorangehende Wendung.

mit jmdm., mit etwas [scharf] ins Zeug gehen: *jmdn. [sehr] streng behandeln:* Der Staatsanwalt ist mit der Angeklagten scharf ins Zeug gegangen.

Vgl. die Wendung »sich ins Zeug legen«.

Zeuge: jmdn. als Zeugen/zum Zeugen anrufen: *sich auf jmdn. berufen:* Ich rufe die ganze Welt zum Zeugen an: Hier wurde ein Unschuldiger verurteilt und eingekerkert! Sie rief ihre Mutter als Zeugin an, dass sie während der ganzen drei Wochen das Haus nicht verlassen hatte.

Zeus: was tun, spricht Zeus: ↑tun.

Zicken (Plural): **Zicken machen** (ugs.): *Unfug, Schwierigkeiten machen:* Wenn sie Zicken macht, kann sie nicht mitkommen. Hast du sie schon flachgelegt, fragt er ... Macht sie Zicken? (Chotjewitz, Friede 39).

▶ Die Wendung könnte mit »Zicke« (= Ziege) zusammenhängen und sich ursprünglich auf die unberechenbaren Sprünge der jungen Ziege bezogen haben. Sie könnte aber auch zu »Zickzack« (= sprunghafte Bewegung hin und her) gehören und als »sich im Zickzack bewegen« zu verstehen sein.

Ziegenbock: stinken wie ein Ziegenbock: ↑stinken.

ziehen: es zieht wie Hechtsuppe (ugs.): *es herrscht starke Zugluft:* Macht doch mal das Fenster zu, es zieht ja wie Hechtsuppe! Das Turmzimmer ist sehr hübsch, aber es zieht darin wie Hechtsuppe.

einen ziehen lassen (derb): *eine Blähung ablassen:* Hier stinkts auf einmal so – hast du einen ziehen lassen?

sich aus der Affäre ziehen: ↑Affäre. die Backenbremse ziehen: ↑Backenbremse. jmdn. in seinen Bann ziehen: ↑Bann. jmdn., etwas in Betracht ziehen: ↑Betracht. die Bilanz [aus etwas] ziehen: ↑Bilanz. Blasen ziehen: ↑Blase. jmdn. aus dem Dreck ziehen: ↑Dreck. jmdn., etwas durch/in den Dreck ziehen: ↑Dreck. etwas in Erwägung ziehen: ↑Erwägung. das Fazit ziehen: ↑Fazit. gegen jmdn., etwas zu Felde ziehen: ↑Feld. jmdm. das Fell über die Ohren ziehen: ↑Fell. einen Flunsch ziehen: ↑Flunsch. jmdm. das Geld aus der Tasche ziehen: ↑Geld. ein schiefes Gesicht ziehen: ↑Gesicht. jmdm. die Giftzähne ziehen: ↑Giftzahn. jmdn. aus der Gosse ziehen: ↑Gosse. jmdn. durch die Gosse ziehen: ↑Gosse. den Hals aus der Schlinge ziehen: ↑Hals. jmdn., etwas durch die Hechel ziehen: ↑Hechel. jmdm. das Hemd über den Kopf ziehen: ↑Hemd. vor jmdm., vor etwas den Hut ziehen: ↑Hut. jmdn. durch den Kakao ziehen: ↑Kakao. etwas aus dem Hut ziehen: ↑Hut. die Karre/den Karren aus dem Dreck ziehen: ↑Karre. [aus etwas] die Konsequenzen ziehen: ↑Konsequenz. den Kopf aus der Schlinge ziehen: ↑Kopf. jmdn., etwas in den Kot ziehen: ↑Kot. [immer weitere/größere] Kreise ziehen: ↑Kreis. den Kürzeren ziehen: ↑kurz. jmdn., etwas an Land ziehen: ↑Land. ins Land ziehen: ↑Land. etwas in die Länge ziehen: ↑Länge. sich in die Länge ziehen: ↑Länge. vom Leder ziehen: ↑Leder. Leine ziehen: ↑Leine. etwas ans Licht ziehen: ↑Licht. mit jmdm., mit etwas das große Los ziehen: ↑Los. jmdn., etwas in Mitleidenschaft ziehen: ↑Mitleidenschaft. mach den Mund zu, es zieht: ↑Mund. einen schiefen Mund/ein schiefes Maul ziehen: ↑Mund. die Notbremse ziehen: ↑Notbremse. jmdn., etwas zurate ziehen: ↑Rat. jmdn. [für etwas] zur Rechenschaft ziehen: ↑Rechenschaft. etwas in Rechnung ziehen: ↑Rechnung. alle Register ziehen: ↑Register. andere Register ziehen: ↑Register. jmdn. aus der Scheiße ziehen: ↑Scheiße. jmdn., etwas durch die Scheiße ziehen: ↑Scheiße. jmdm. den Scheitel mit der Axt ziehen: ↑Scheitel. einen Schlussstrich unter etwas ziehen: ↑Schlussstrich. etwas in den Schmutz ziehen: ↑Schmutz. jmdn. auf seine Seite ziehen: ↑Seite. die Sonne zieht Wasser: ↑Sonne. jmdn., etwas in den Staub/durch den Staub ziehen: ↑Staub. am selben/am gleichen Strang ziehen: ↑Strang. einen [dicken] Strich unter etwas ziehen: ↑Strich. jmds. Strümpfe ziehen Wasser: ↑Strumpf. jmdn. über den Tisch ziehen: ↑Tisch. jmdn. [für etwas] zur Verantwortung ziehen: ↑Verantwortung. etwas aus dem Verkehr ziehen: ↑Verkehr. jmdn. aus dem Verkehr ziehen: ↑Verkehr. jmdn. ins Vertrauen ziehen: ↑Vertrauen. wie aus dem Wasser gezogen sein: ↑Wasser. jmdm. jedes Wort [einzeln] aus der Nase ziehen müssen: ↑Wort. sich jedes Wort [einzeln] aus der Nase ziehen lassen: ↑Wort. jmdm. die Würmer [einzeln] aus der Nase ziehen: ↑Wurm. jmdm. den Zahn ziehen: ↑Zahn. etwas in Zweifel ziehen: ↑Zweifel.

Ziel: über das Ziel hinausschießen: *mit zu viel Eifer handeln [und dabei zu weit gehen]:* Sie sollten die Männer ein wenig aufmuntern, aber doch kein allgemeines Saufgelage veranstalten – wie konnten Sie nur so über das Ziel hinausschießen! Und wie oft habe ich erlebt, dass der an sich notwendige Ehrgeiz des Kriminalbeamten über das Ziel hinausschoss (Mostar, Unschuldig verurteilt 103). ► Der Schütze, der das Ziel nicht trifft, weil er den Bogen zu stark gespannt hat (sich zu sehr bemüht hat), sodass der Pfeil weit über das Ziel hinausfliegt, ist das Bild, das dieser Wendung zugrunde liegt. **Beharrlichkeit führt zum Ziel:** ↑Beharrlichkeit. **mit Maß und Ziel:** ↑Maß. **ohne Maß und Ziel:** ↑Maß. **weder Maß noch Ziel kennen:** ↑Maß.

Zielwasser: kein Zielwasser getrunken haben (ugs.): *nicht treffen:* Die Stürmer des 1. FC hatten an diesem Tag kein Zielwasser getrunken. Dreimal schoss sie, dreimal verfehlte sie das Ziel; sie hatte in der Tat kein Zielwasser getrunken. ► »Zielwasser« ist ein scherzhafter Ausdruck für Schnaps, der früher beim Preisschießen als Anregungsmittel ausgeschenkt wurde.

Zier: Bescheidenheit ist eine Zier, doch weiter kommt man ohne ihr: ↑Bescheidenheit.

Zieten: wie Zieten aus dem Busch: *plötzlich und unerwartet:* Plötzlich tauchte sie wie Zieten aus dem Busch aus der Menge auf und schwenkte triumphierend drei Eintrittskarten. Johannes ... wehrte sich gegen den Vorwurf, »wie Zieten aus dem Busch« gekommen zu sein (Spiegel 52, 1984, 78).

▶ Diese Wendung ist ein Zitat aus Fontanes Ballade »Der alte Zieten« über den Reitergeneral Hans Joachim von Zieten (1699–1786). Der General stand in dem Ruf, schnell und für den Feind unerwartet auf dem Kriegsschauplatz zu erscheinen.

Zigarre: jmdm. eine Zigarre verpassen (ugs.): *jmdn. zurechtweisen, tadeln:* Er ist beleidigt, weil der Chef ihm wegen seiner Bummelei eine Zigarre verpasst hat.

▶ Die Herkunft der Wendung ist unklar.

eine Zigarre verpasst kriegen (ugs.): *zurechtgewiesen, getadelt werden:* Der Azubi hat eine Zigarre verpasst gekriegt, weil er sich verspätet hatte.

Zimmer: das Zimmer hüten müssen: *wegen Krankheit das Zimmer nicht verlassen dürfen:* Sie muss noch ein, zwei Wochen das Zimmer hüten; mit so einer verschleppten Grippe ist nicht zu spaßen!

ein Engel geht/fliegt durchs Zimmer: ↑ Engel.

Zimmermann: jmdm. zeigen, wo der Zimmermann das Loch gelassen hat (ugs.): *jmdn. aus dem Zimmer oder Haus weisen:* Nimm dich zusammen, sonst zeige ich dir, wo der Zimmermann das Loch gelassen hat. Als er wieder mit seinen Zoten anfing, zeigte ich ihm, wo der Zimmermann das Loch gelassen hat.

die Axt im Haus erspart den Zimmermann: ↑ Axt.

zinken: mit gezinkten Karten spielen: ↑ Karte.

Zins: jmdm. etwas mit Zins und Zinseszins heimzahlen: *jmdm. etwas gründlich heimzahlen:* Jetzt wusste sie endlich, wer sie verraten hatte – das würde sie ihm mit Zins und Zinseszins heimzahlen!

Zinseszins: jmdm. etwas mit Zins und Zinseszins heimzahlen: ↑ Zins.

Zipfel: das Bett an/bei fünf Zipfeln packen wollen: ↑ Bett.

Zirkel: die Quadratur des Zirkels: ↑ Quadratur.

zischen: einen zischen (ugs.): *ein Glas Bier o. Ä. trinken:* Eine Hitze ist das heute – jetzt muss ich erst mal einen zischen! Sicher gingen die jetzt in eine Kneipe und tranken einen Korn und ein Bier, sie nannten das »einen zischen« (Kreuder, Gesellschaft 138).

Zitrone: mit Zitronen gehandelt haben (ugs.): *mit einer Unternehmung o. Ä. Pech gehabt haben:* Wenn die Stadt die Grundstücke nicht bebauen wird, haben die Spekulanten mit Zitronen gehandelt. Ich bin ein ruhiger Mensch, aber ... wer nicht spurt, keine profihafte Einstellung zeigt, der hat eben mit Zitronen gehandelt (Blick 27. 7. 1984, 13).

▶ Möglicherweise geht die Wendung auf die Vorstellung zurück, dass man beim Essen einer Zitrone wegen deren Säure das Gesicht in ähnlicher Weise verzieht wie bei einem Misserfolg.

jmdn. auspressen/ausquetschen wie eine Zitrone: ↑ auspressen. **sauer wie eine unreife Zitrone sein:** ↑ sauer.

zittern: zittern wie Espenlaub (ugs.): *[vor Kälte/Angst] sehr zittern:* Nie zuvor hatten sie einen so grässlichen Schrei gehört; alle zitterten wie Espenlaub. Ich habe schon ausgekochte Fußballprofis erlebt, die wie Espenlaub zitterten (Hörzu 18, 1973, 18).

▶ Die Espe, auch Zitterpappel genannt, hat leichte, relativ kleine Blätter, die beim leisesten Windhauch in Bewegung geraten.

ich kann gar nicht so schnell zittern, wie ich friere (scherzh.): *mir ist sehr kalt:* Frierst du etwa? – Ich kann gar nicht so schnell zittern, wie ich friere.

mit Zittern und Zagen: *angstvoll, voller Furcht:* Das arme Bäuerlein näherte sich mit Zittern und Zagen dem mächtigen Erzbischof.

Zoll: jeder Zoll; Zoll für Zoll: *ganz und gar, völlig:* Sie ist jeder Zoll eine Dame. Ihre Begleiter, Zoll für Zoll Beherrschung und Verantwortungsbewusstsein, baten taktvoll, ein wenig aus jener Zeit zu erzählen (Müthel, Baum 218). ... Frau Alma wirkt etwas reduziert, gestürzte Königin jeder Zoll (K. Mann, Wendepunkt 369).

zollen: einer Sache [seinen] Tribut zollen: ↑ Tribut.

Zoon politikon (geh.): *der Mensch als Gemeinschaftswesen:* Das Einsiedlerleben ist auf die Dauer für das Zoon politikon keine angemessene Daseinsform. Der Mensch ist zwar ein atavistisches Tier, aber doch auch ein Zoon politikon (Spiegel 20, 1989, 217).

Zopf: ein alter Zopf: *eine völlig veraltete Einrichtung, Idee, Sache:* Der ganze Knigge ist doch ein alter Zopf, heutzutage benimmt man sich viel ungezwungener.

▶ In dieser und der folgenden Wendung steht »Zopf« für Überholtes, nicht mehr Zeitgemäßes. Nach der Französischen Revolution wurde die Mode des 18. Jahrhunderts, nach der Männer [Perücken mit] Zopf trugen, nur noch von Konservativen beibehalten; daher galt der Zopf in späterer Zeit als Sinnbild für Rückständigkeit.

einen alten Zopf/alte Zöpfe abschneiden: *eine veraltete Einrichtung, Idee/veraltete Einrichtungen, Ideen aufgeben:* In der Besoldungsstruktur des öffentlichen Dienstes sollten einige alte Zöpfe abgeschnitten werden. ... ich glaube ..., dass es eine Frauenfrage in Frankreich gar nicht gibt und dass es völlig genügte, den alten Zopf aus allerlei törichten, die Frauen benachteiligenden Gesetzen einfach abzuschneiden (Sieburg, Blick 130).
Vgl. die vorangehende Wendung.

Zorn: jmdn. hat Gott im Zorn erschaffen: ↑Gott.

zu: nur/immer/dann man zu! (ugs.): *ja!; vorwärts!:* »Ein bisschen Klangkulisse?« »Nur zu.« Lorenzo legte etwas vom Modern Jazz Quartett auf (Baldwin [Übers.], Welt 329).
ab und zu: zu ab. zu Befehl: ↑Befehl. **zu dem/diesem Behuf[e]:** ↑Behuf. **zu jmds. Ehre:** ↑Ehre. **jmdm. zu Ehren:** ↑Ehre. **zu Fuß:** ↑Fuß. **jmdm. zu Häupten; zu jmds. Häupten:** ↑Haupt. **zu Tisch:** ↑Tisch. **zu Tode:** ↑Tod. **zu Unrecht:** ↑Unrecht.

zuck: ruck, zuck ↑ruck.

Zuck: mit Ruck und Zuck: ↑Ruck.

zucken: die Achsel[n]/mit den Achseln zucken: ↑Achsel. **jmdm. zuckt es in den Händen:** ↑Hand. **ohne mit der Wimper zu zucken:** ↑Wimper. **nicht mit der Wimper zucken:** ↑Wimper.

Zucker: jmdm. Zucker/Staubzucker in den Arsch/Hintern blasen (derb):

1. *jmdn. übermäßig verwöhnen:* Du hast grade Grund, dich zu beschweren. Andere rackern sich ab, und dir blasen sie Zucker in den Hintern (Bieler, Bär 255). Denen wird doch Zucker in den Arsch geblasen, die haben Privilegien, wie man es sich hier nicht vorstellen kann (Augsburger Allgemeine 27./28. 5. 1978, 8). 2. *jmdn. übertrieben freundlich behandeln:* Soll uns dem Kerl Zucker in den Arsch blasen, bloß weil ihm das Haus gehört, in dem sie wohnt?
nicht aus Zucker sein (ugs.): *ein paar Regentropfen nicht scheuen:* Kommen Sie doch mit unter den Schirm! – Vielen Dank, ich bin ja nicht aus Zucker.
seinem Affen Zucker geben: ↑Affe.

Zuckerbrot: mit Zuckerbrot und Peitsche: *mit Belohnungen und [strengen] Strafen:* Wir versuchen, unsere Mitarbeiter durch Partnerschaftlichkeit zu motivieren, nicht mit Zuckerbrot und Peitsche. Alle diese Experimente, mit Zuckerbrot und Peitsche die neuen Staaten aus der von ihnen bevorzugten Neutralität herauszulocken oder zu ängstigen ..., haben sich methodisch als Fehlschlag erwiesen (Dönhoff, Ära 176).

zudecken: den Brunnen zudecken, wenn das Kind hineingefallen ist: ↑Brunnen. **etwas mit dem Mantel der Nächstenliebe zudecken:** ↑Mantel.

zudrehen: jmdm. den Geldhahn zudrehen: ↑Geldhahn.

zudrücken: ein Auge/beide Augen zudrücken: ↑Auge. **jmdm. die Gurgel zudrücken:** ↑Gurgel.

zuerkennen: jmdm. die Palme zuerkennen: ↑Palme.

zuerst: wer zuerst kommt, mahlt zuerst: *wer zuerst kommt, ist zuerst an der Reihe; wer später kommt, hat keine Ansprüche mehr:* Die Wohnung ist noch frei, aber es gibt mehrere Interessenten, und wer zuerst kommt, mahlt zuerst.

▶ Dieses Sprichwort geht auf den »Sachsenspiegel« des Eike von Repgow zurück, eine alte Gesetzessammlung mit dem Untertitel »Das sächsische Landrecht«.

mit dem linken Bein/Fuß zuerst aufgestanden sein: ↑aufstehen. **der Esel nennt sich zuerst:** ↑Esel. **der brave Mann denkt an sich selbst zuerst:** ↑Mann.

zufliegen: jmdm. fliegen alle Herzen zu: ↑ Herz.

Zuflucht: seine Zuflucht zu etwas nehmen: *auf etwas [als letztes Mittel] verfallen:* Verbittert und enttäuscht von der Welt, nahm er seine Zuflucht zum Spiritismus. Um sich zu helfen, nimmt er (= der Händler) jetzt wirklich seine Zuflucht zu minderen Sorten (Jacob, Kaffee 221).

zufrieden: mit sich und der Welt zufrieden sein: ↑ Welt.

zufügen: was du nicht willst, dass man dir tu, das füg auch keinem andern zu: *beachte bei deinem Handeln, dass du anderen nichts zumutest, was du selbst als unangenehm, schmerzhaft o. ä. empfinden würdest.*

Zug: der/dieser Zug ist abgefahren (ugs.): *es ist zu spät, man kann nichts mehr ändern:* Eigentlich wollte er als Lehrer in den Schuldienst, aber dieser Zug ist abgefahren. »Der Zug ist abgefahren«, murmelt ein Betriebsrat, als lese er die Worte von einer Kranzschleife (Spiegel 37, 1982, 104).

ein Zug durch die Gemeinde (ugs.; scherzh.): *ein Lokalbummel:* Sie war schon ziemlich angetrunken und bestand darauf, dass jetzt noch mal ein zünftiger Zug durch die Gemeinde angebracht sei. Von seiner Stammkneipe ausgehend, macht Rudi einen »Zug durch die Gemeinde« (Hörzu 41, 1982, 63).

ein/kein schöner Zug von jmdm. sein: *freundlich/nicht sehr freundlich von jmdm. sein:* Dass sie ihre Mutter nicht ein einziges Mal im Krankenhaus besucht hat, war kein schöner Zug von ihr. Das ist ein schöner Zug von dir, dass du an mich gedacht hast (Hilsenrath, Nacht 458).

Zug um Zug: *zügig, ohne Unterbrechung:* Die neuen Reformen müssen jetzt Zug um Zug durchgesetzt werden. Auf der IAA ... 1987 präsentiert Peugeot die neuen 405, der die seit 1977 gebaute 305-Baureihe Zug um Zug ablösen wird (ADAC-Motorwelt 12, 1986, 46).

▶ Dieser Ausdruck leitet sich von den Brettspielen (z. B. Schach) her. Er bedeutete ursprünglich »immer abwechselnd ziehend«.

einen guten Zug [am Leibe] haben (ugs.): *in kräftigen Schlucken viel trinken können:* Ist die Flasche schon leer? Du hast aber einen guten Zug am Leibe! Sechs Bier in einer Stunde sind für ihn kein Problem, er hat einen guten Zug!

im Zuge: *im Verlauf:* Im Zuge einer Neugestaltung des Bahnhofsvorplatzes sollen zwei Reihen Kastanien angepflanzt werden. ... das alte Haus ... soll im Zuge der Stadtsanierung abgerissen werden (Becker, Irreführung 146).

in einem Zug[e]: *ohne Unterbrechung:* Wir sind in einem Zug von Hamburg nach Florenz durchgefahren. ... und diese Milch habe ich mit ... zugehaltener Nase und in einem Zug hinuntergestürzt (Kempowski, Zeit 86).

etwas in vollen Zügen genießen: *etwas ausgiebig genießen:* Sie genoss es in vollen Zügen, dass sie wieder einmal im Mittelpunkt des Interesses stand. In vollen Zügen genoss Weber die Herrlichkeiten Italiens (Niekisch, Leben 145).

in den letzten Zügen liegen (ugs.): 1. *mit dem Tod ringen, bald sterben müssen:* Der alte Mann lag schon in den letzten Zügen, als sein Sohn endlich im Krankenhaus eintraf. 2. *bald am Ende sein:* Die einheimische Stahlindustrie lag in den letzten Zügen, schon hatte die Hälfte aller Betriebe schließen müssen.

▶ Mit »Zug« ist hier der Atemzug gemeint. Die vorliegende Wendung findet sich bereits in den apokryphen Schriften der Bibel im 2. Makkabäer 3, 31.

im falschen Zug sitzen (ugs.): *sich für das Falsche entschieden, sich geirrt haben:* Sie glaubt, sie könne mit dem Geld machen, was sie will, aber da sitzt sie im falschen Zug!

gut im Zug/im besten Zuge sein: *bei der Arbeit, einer Tätigkeit gut/sehr gut vorankommen:* Ich war gerade im besten Zuge, als der Schlagbohrer den Geist aufgab.

▶ In diesen beiden Wendungen geht »Zug« wohl auf das Ziehen der Zugtiere zurück; die Arbeit geht gut voran, wenn das Gespann tüchtig »im Zug« liegt, kräftig zieht.

jmdn. gut im Zug haben: *jmdn. gut diszipliniert, erzogen haben:* Ihre Söhne hat sie gut im Zug, das muss man ihr lassen.

Vgl. die vorangehende Wendung.

zum Zuge kommen: *entscheidend aktiv werden können:* Irgendwann wird dieser Verbrecher einen Fehler machen, und dann kommt die Polizei zum Zuge! Um zu erreichen, dass auch die Minderheit zum Zuge kommt, werden dem Wähler weniger Stimmen gewährt, als Personen zu wählen sind (Fraenkel, Staat 357).

zugehen: nicht mit rechten Dingen zugehen: ↑Ding. **hier gehts ja zu wie in einem Taubenschlag:** ↑Taubenschlag. **es müsste mit dem Teufel zugehen, wenn ...:** ↑Teufel.

Zügel: jmdm., einer Sache Zügel anlegen: *jmdn. strenger behandeln, etwas dämpfen, bändigen:* Die Kleine ist ziemlich wild; der sollten die Eltern Zügel anlegen, bevor es zu spät ist. Die Länder haben ... dem schrankenlosen Egoismus der Parteien Zügel angelegt (Augstein, Spiegelungen 14/15).

die Zügel [fest] in der Hand halten/haben: *die Führung, Autorität innehaben:* Unser Klassenlehrer hatte die Zügel stets in der Hand und war trotzdem bei den meisten Schülern sehr beliebt. Sie ... ließen ihn in dem Glauben, die Zügel fest in der Hand zu haben (H. Gerlach, Demission 181).

die Zügel lose/straff halten: *nachgiebig/streng sein:* Vater hatte die Zügel stets lose gehalten, aber Mutter wusste für Disziplin zu sorgen! Der neue Kommandant würde die Zügel straff halten, dessen war man sich sicher.

die Zügel lockern/straffer anziehen: *nachgiebiger/strenger werden:* Seien Sie nicht so stur, Herr Kollege, lockern Sie ein wenig die Zügel. Wenn ihr euch nicht benehmen könnt, werden wir eben die Zügel künftig straffer anziehen müssen.

die Zügel schleifen lassen: *nachlässig sein; die Disziplin vernachlässigen:* Der frühere Vorsitzende hat schon zu lange die Zügel schleifen lassen; jetzt muss der Verein wieder auf Vordermann gebracht werden! Manchmal fuhr er ... eine Rekordschicht, manchmal ließ er die Zügel schleifen und erfüllte haarscharf seine Norm (Loest, Pistole 124).

jmdm., einer Sache die Zügel schießen lassen: *die Disziplin vernachlässigen, einer Sache freien Lauf lassen:* Sie haben ihrem Neffen die Zügel schießen lassen,

und jetzt hat er ständig Schwierigkeiten mit der Polizei! Ben ... saß gern breitbeinig an einem ... Kaminfeuer abends in einem Blockhaus, Whisky trinkend und seiner Fantasie bei jedem beliebigen Gesprächsthema die Zügel schießen lassend (Ruark [Übers.], Honigsauger 373).

[einem Pferd] in die Zügel fallen: *[ein Pferd] durch energisches Ergreifen und Festhalten der Zügel zum Stehen bringen, am Durchgehen hindern:* Der Stallbursche fiel dem Braunen in die Zügel und versuchte, ihn zu beruhigen.

zugetan: jmdm., einer Sache zugetan sein: *jmdn., etwas gern mögen:* Er war Junggeselle, besaß einiges Vermögen ... und war dem Essen und Trinken herzlich zugetan (Th. Mann, Buddenbrooks 486). Ich war ihm ... ganz besonders zugetan. Er hatte Willy nicht offen verteidigt, aber doch versucht, ihm eine Brücke zu bauen (Leonhard, Revolution 199).

zugreifen: mit beiden Händen zugreifen: ↑Hand.

zugrunde, auch: zu Grunde: zugrunde gehen: *vernichtet, ruiniert werden:* Das römische Weltreich ist trotz seiner Macht und seines Reichtums zugrunde gegangen. Sie werden diese Konkurrenz nicht auf die Dauer aushalten. Sie werden elend zugrunde gehen (Roth, Beichte 149).

einer Sache etwas zugrunde legen: *etwas als Grundlage für eine Sache nehmen:* Ich möchte meinem Schlusswort ein Zitat unseres großen Schiller zugrunde legen. In den USA legen die Fraktionen beider Häuser des Kongresses ihren Vorschlägen das Anciennitätsprinzip ... zugrunde (Fraenkel, Staat 236).

einer Sache zugrunde liegen: *die Grundlage, Ursache für eine Sache sein:* Der Theorie liegen bestimmte experimentelle Beobachtungen zugrunde. ... ich fand es unmöglich, in die Empfindungen, Gesetze, Stammessitten, die diesem Benehmen zugrunde liegen ... einzudringen. (Th. Mann, Herr 50).

jmdn., etwas zugrunde richten: *jmdn., etwas ruinieren, verderben, vernichten:* Die Steppen und Halbwüsten der Erde kann man ... mit Rinder- und Schafherden zugrunde richten, dann sind sie ganz und gar Wüste (Grzimek, Serengeti

231). Gehorcht er den Befehlen, so richtet er die Truppen zugrunde (Plievier, Stalingrad 274).

nobel/vornehm geht die Welt zugrunde: ↑Welt.

zugute: jmdm. zugute kommen: *sich positiv für jmdn. auswirken:* Einen Teil der Siegprämie ließ der Verein auch den Reservespielern zugute kommen. Manches, was damals die Fürsten taten, sah zwar sehr willkürlich aus, kam aber weiten Kreisen zugute (Jacob, Kaffee 149). **jmdm. etwas zugute halten:** *etwas zu jmds. Entlastung, Entschuldigung berücksichtigen:* Man muss ihm zugute halten, dass er uns nie bewusst belogen hat. Wir wissen nicht, ob man es ihm zugute halten soll, dass die Umstände seinem Mangel an gutem Willen ... so sehr zustatten kamen (Th. Mann, Zauberberg 752).

sich etwas/viel o. Ä. auf etwas zugute tun: *auf etwas stolz sein:* Gewisse Schriftsteller ... taten sich auf ihre Beziehungen zur Macht viel zugute (K. Mann, Wendepunkt 169). Er ... las von schöngeistigen Büchern außer Memoirenwerken nur die Bibel, Homer und Rosegger, und darauf tat er sich etwas zugute (Musil, Mann 208).

zuhören: mit halbem Ohr zuhören: ↑Ohr.

zuklappen: den Schirm zuklappen: ↑Schirm.

zukneifen: den Arsch zukneifen: ↑Arsch.

zukommen: jmdm. etwas zukommen lassen: *veranlassen, dass jmd. etwas erhält:* Warum haben Sie mir keine Nachricht zukommen lassen, als Sie von der Katastrophe erfuhren? Gewiss, er hat die Früchte solcher Freiheitsliebe auch denen zukommen lassen wollen, die wegen ihrer Armut nicht imstande waren, sie auszukosten (Thieß, Reich 55).

etwas/die Dinge auf sich zukommen lassen: *sich in einer Sache abwartend verhalten:* Es genügt nicht mehr, die Dinge auf sich zukommen zu lassen. Vielmehr kommt es schon im Schulalter auf perspektivisches Denken an (Technikus 11, 1968, 4). Man kann die Dinge auch zunächst einmal auf sich zukommen lassen (MM 6. 4. 1966, 17).

zukriegen: [ach] du kriegst die Tür nicht zu: ↑Tür.

Zukunft: [keine] Zukunft haben: *[k]eine viel versprechende Entwicklung erwarten lassen:* Dienstleistungsberufe haben Zukunft. Der traditionelle Liberalismus hatte in der Dritten Welt keine Zukunft. Sie lernt auch Englisch in der Volkshochschule, Englisch, das hat Zukunft (Fries, Weg 277).

einer Sache gehört die Zukunft: *etwas wird eine bedeutende Entwicklung nehmen:* Der Mikroelektronik gehört die Zukunft. ... eine jener Organisationen, die das fortschrittliche Gedankengut der DDR (der ja angeblich die Zukunft gehört) in der Bundesrepublik verbreiten möchte (Dönhoff, Ära 218).

in Zukunft: *künftig:* Dass mir so etwas in Zukunft nicht wieder vorkommt! ... da Krisen immer wieder auftreten können, muss auch in Zukunft mit der Möglichkeit des Militarismus gerechnet werden (Fraenkel, Staat 195).

mit/ohne Zukunft: *mit/ohne Zukunftsperspektive:* Die neue Partei könnte sich zu einer politischen Kraft mit Zukunft entwickeln. Die Stellmacherei schien ein Metier ohne Zukunft zu sein.

zulegen: einen Gang zulegen: ↑Gang.

einen Zahn zulegen: ↑Zahn.

zuleide, auch: **zu Leide: jmdm. etwas zuleide tun:** *jmdm. etwas antun:* Hab keine Angst, niemand wird dir etwas zuleide tun. ... habe auch nie in meinem Leben mörderische Gedanken gehabt, am wenigsten gegen den Hirten Meier, ... der mir nie etwas zuleide getan (Mostar, Unschuldig 39).

keiner Fliege etwas zuleide tun: ↑Fliege.

zuletzt: nicht zuletzt: *[besonders] auch:* Aber man kann sehr wohl durch Arbeit, Geschick ..., nicht zuletzt auch durch das Schreiben von Büchern ... reich werden (Koeppen, Rußland 108). Und dass wir heute ... so gesund und friedlich hier versammelt sind, verdanken wir nicht zuletzt der Beherztheit unseres Alois Grübel (M. Walser, Eiche 79).

wer zuletzt lacht, lacht am besten: ↑lachen. **der brave Mann denkt an sich selbst zuletzt:** ↑Mann.

zum: zum Anfassen: ↑anfassen. **[wie] zum Beispiel:** ↑Beispiel. **zum Donnerwetter [auch]:** ↑Donnerwetter. **zum Erbarmen:** ↑erbarmen. **zum Geleit:** ↑Geleit. **zum**

Gotterbarmen: ↑ Gotterbarmen. **zum Sterben:** ↑ sterben. **zum Teufel [noch einmal]:** ↑ Teufel. **jmdm., einer Sache zum Trotz:** ↑ Trotz. **zum Voraus:** ↑ voraus. **zum wenigsten:** ↑ wenig. **zum Wohl[e]:** ↑ Wohl. **zum Wohlsein:** ↑ Wohlsein.

zumachen: die Augen zumachen: ↑ Auge. **kein Auge zumachen:** ↑ Auge. **die Tür von draußen/von außen zumachen:** ↑ zumachen.

zumute, auch: **zu Mute: jmdm. ist [in bestimmter Weise] zumute:** *jmd. ist in einer bestimmten Gemütsverfassung:* Allen war sehr feierlich zumute, als die Kerzen brannten und die Orgel ertönte. So war mir auch, während du vorgelesen hast, bald zum Weinen, bald zum Lachen zumute (Musil, Mann 755).

jmdm. ist nach etwas zumute: *jmd. würde gern etwas haben, tun:* Angesichts seiner Not war ihm nicht nach Feiern zumute. ... in Wahrheit war ihr keineswegs nach Ironie zumute, wenn sie von Höfgen sprach (K. Mann, Mephisto 35).

zunähen: verdammt und zugenäht: ↑ verdammen. **verflixt und zugenäht:** ↑ verflixt. **verflucht und zugenäht:** ↑ verflucht.

zünden: bei jmdm. hat es gezündet (ugs.): *jmd. hat etwas [endlich] verstanden:* Er sah mich einige Sekunden mit großen Augen an, dann hatte es bei ihm gezündet und er fing herzlich an zu lachen.

Zunder: jmdm. Zunder geben (ugs.): 1. *jmdn. prügeln:* Auf sie, Jungs, den Kerlen geben wir Zunder! 2. *jmdm. heftig zusetzen:* Seine Alten haben ihm ganz schön Zunder gegeben, als die Sache mit der Fensterscheibe rauskam. Man muss immer von links Zunder geben, damit sich in Deutschland überhaupt etwas tut! (Vesper, Reise 158).
▶ Zunder ist ein leicht entflammbares Material, das in dieser und in der folgenden Wendung bildlich für das plötzliche Auflodern von Zorn und vielleicht auch für das Brennen der Schläge auf der Haut steht.

Zunder bekommen/kriegen (ugs.): 1. *Schläge bekommen:* Wenn wir als Kinder etwas ausgefressen hatten, kriegten wir gleich ordentlich Zunder. 2. *scharf zurechtgewiesen werden:* Zugleich läuft Genosse Gaus Gefahr, von SPD-Minister Franke Zunder zu kriegen, weil er ...

selber Politik zu machen versuche (Spiegel 6, 1977, 20). 3. (Soldatenspr.) *unter Beschuss liegen:* Wir hatten uns am Flussufer verschanzt und bekamen seit Tagen Zunder von den Aufständischen. Vgl. die vorangehende Wendung.

brennen wie Zunder: ↑ brennen.

Zunge: eine lose Zunge: *die Neigung, freche Bemerkungen zu machen:* Die Nachbarin hatte eine lose Zunge, war aber sonst sehr hilfsbereit und freundlich. Ich kannte die Lage in Berlin nicht ..., und ich hätte ... meine lose Zunge hüten sollen (Kantorowicz, Tagebuch I, 255).

eine scharfe/spitze Zunge: *die Neigung, Fähigkeit, bissige, boshafte Bemerkungen zu machen:* Er kann charmant und liebenswürdig sein, hat aber oft auch eine ziemlich scharfe Zunge. Größte Künstler übertreffen ihre eigentliche Kunst noch mit der ihrer spitzen Zunge (Zwerenz, Kopf 112).

eine schwere Zunge: *[durch Alkoholgenuss, Müdigkeit o. Ä. bedingte] Mühe beim Sprechen:* Die letzten Worte hatte er zwar laut, doch bereits mit schwerer Zunge ausgestoßen (Thieß, Legende 185).

böse Zungen: *gehässige Reden führende Menschen:* Böse Zungen verbreiteten, sie habe ihr Geld im Bordell verdient. Böse Zungen, oder vielmehr deren Besitzer, behaupten ..., dass ich an einem Buch über Kafka schreibe (Hildesheimer, Legenden 18).

jmdm. hängt die Zunge zum Hals[e] heraus (ugs.): *jmd. hat großen Durst:* Nach zwei Stunden Training hing uns allen die Zunge zum Halse heraus.

jmdm. klebt die Zunge am Gaumen: *jmd. hat großen Durst:* Ist das heiß heute! Mir klebt die Zunge am Gaumen. Nach drei Stunden Fahrt in dem stickigen Bus klebte uns allen die Zunge am Gaumen.

das Zünglein an der Waage sein: *den Ausschlag geben:* Die Aussage der Schwägerin könnte im Prozess das Zünglein an der Waage sein. Es ist gewiss nicht erfreulich, aber es ist so: Inkompetente, der Spielregeln Unkundige, sind das Zünglein an der Waage unseres Schicksals (Dönhoff, Ära 175).
▶ Mit »Zünglein« bezeichnete man eine Art kleinen Zeiger in der Mitte des Waa-

gebalkens, der anzeigt, nach welcher Seite sich die Waage neigt.

jmdm./nach jmdm. die Zunge herausstrecken: *jmdn. durch Zeigen der Zunge [schadenfroh] verhöhnen:* Pfui, du Lümmel, du kannst doch nicht einfach deiner Tante die Zunge herausstrecken!

sich eher die Zunge abbeißen: *um keinen Preis [etwas sagen, verraten]:* Eher beißt sich der Alte die Zunge ab, als dass er einen Fehler zugibt. ... ehe Procop in seiner Geheimgeschichte etwas Gutes über Justinian sagt, beißt er sich lieber die Zunge ab (Thieß, Reich 484).

sich an/bei etwas die Zunge abbrechen/zerbrechen: *etwas nur mit Mühe und sehr holprig aussprechen können:* Sie hat so einen komplizierten Namen, an dem man sich die Zunge zerbricht. Lieber Himmel, Anton, Sie werden sich bei Ihrem Satzstil noch einmal die Zunge abbrechen (Bernstorff, Leute 6).

sich die Zunge aus dem Hals rennen (ugs.): *bis zur Erschöpfung rennen:* So etwas Blödes – ich renne mir die Zunge aus dem Hals, und die Bahn hat eine Dreiviertelstunde Verspätung!

jmdm. die Zunge lösen/lockern: *jmdn. gesprächig machen:* Zwei, drei Hundertmarkscheine würden ihr schon die Zunge lockern. Sie sagte mir nicht, wie sie den Matrosen zum Sprechen brachte, aber es ist anzunehmen, dass der Alkohol auch in diesem Fall die Zunge gelöst hat (Menzel, Herren 96).

seine Zunge im Zaum halten: *schweigen, nichts Unbedachtes sagen:* Sie hätte wenigstens bei der Beerdigung mal ihre Zunge im Zaum halten können.

seine Zunge hüten: *sich vor einer unbedachten Äußerung hüten:* Hüten Sie Ihre Zunge, mein Freund, diese unfreundliche Anspielung auf meine Vorfahren will ich nicht gehört haben!

sich auf die Zunge beißen: *im letzten Moment eine Äußerung unterdrücken:* Einiges hätte ich dem Großmaul gern erwidert, aber ich biss mir auf die Zunge und schwieg. Gustl biss sich auf die Zunge. Sonst wäre ihm herausgefahren: »Sie wären damit bestimmt auch nicht zufrieden.« (Kühn, Zeit 207).

etwas auf der Zunge haben: *nahe daran sein, etwas auszusprechen:* Sie hatte eine bissige Bemerkung auf der Zunge, sagte aber schließlich nur: »Hm!«. Wie die Hauptstadt von Texas heißt? Einen Moment, ich habe es auf der Zunge ...

jmdm. auf der Zunge liegen: *von jmdm. fast ausgesprochen werden:* Es lag ihm auf der Zunge, wie das Mädchen hieß, aber er kam in diesem Moment einfach nicht darauf. Die Frage nach dem Haus lag ihm auf der Zunge, aber er wartete noch (Jaeger, Freudenhaus 25).

etwas brennt jmdm. auf der Zunge: *es drängt jmdn., etwas zu sagen:* Die Neuigkeit brannte ihm auf der Zunge, er musste sie jemandem erzählen.

etwas auf der Zunge zergehen lassen: *etwas mit großem Genuss, schwärmerisch sagen:* »Die Frau hat Beine, sage ich dir, einfach toll!«, schwärmte er und ließ das Wort »Beine« genüsslich auf der Zunge zergehen. »... ein Meister des idioma gentile«, sagte Settembrini mit äußerstem Genuss, indem er die heimatlichen Silben langsam auf der Zunge zergehen ließ (Th. Mann, Zauberberg 136).

mit tausend Zungen reden/predigen: *mit großer Beredsamkeit reden/predigen:* Ach, könnte ich mit tausend Zungen reden, um dir zu sagen, wie sehr ich mich nach dir sehne! Sie drohte, flehte, schmeichelte, predigte mit tausend Zungen, aber er ließ sich nicht erweichen.

jmdm. leicht/glatt/schwer von der Zunge gehen: *von jmdm. leicht/glatt/schwer ausgesprochen werden können:* Die Entschuldigung vor versammelter Mannschaft ist ihr gewiss nicht leicht von der Zunge gegangen. Es ist immer wieder erstaunlich, wie glatt ihm seine Lobhudeleien von der Zunge gehen. Es geht den Beamten schwer von der Zunge: Er soll sich von seiner Familie verabschieden, er wird vorläufig nicht wiederkommen. Haftbefehl (Spoerl, Maulkorb 124).

das Herz auf der Zunge haben/tragen: ↑Herz. **mit gespaltener Zunge reden:** ↑spalten. **jmdm. das Wort von der Zunge nehmen:** ↑Wort.

zunichte: zunichte sein: *vereitelt, zerstört worden sein:* Seine schönsten Hoffnungen waren zunichte, als die Zeitungen vom Kriegsausbruch berichteten.

zunichte werden: *vereitelt, zerstört werden:* Alles, was sie sich in den Jahrzehnten aufgebaut hatten, wurde in einer einzigen Bombennacht zunichte.

etwas zunichte machen: *etwas vereiteln, zerstören:* Das kategorische Nein des Finanzministers hat alle Pläne für eine Steuerreform zunichte gemacht. China hat jede Hoffnung auf eine Wiederaufnahme der Verhandlungen mit Vietnam zunichte gemacht (Saarbr. Zeitung 11. 7. 1980, 2).

zunutze: *sich etwas zunutze machen:* *etwas ausnutzen:* International tätige Firmen machen sich das Lohn-, Sozial- und Rechtsgefälle zwischen verschiedenen Sozialsystemen zunutze, zum Beispiel durch Verlagerung von Fabriken in die Dritte Welt (Hamburger Rundschau 23. 8. 1984, 2). Beide Künstler haben sich auch in der Glasradierung betätigt, die sich die Errungenschaften der Fotografie zunutze macht ... (Bild. Kunst III, 88).

zuoberst: *das Unterste zuoberst kehren:* ↑unterste.

zupass/zupasse: *jmdm. zupass/(auch:) zupasse kommen:* *jmdm. gelegen, gerade recht kommen:* So ein schönes, kühles Bier käme mir jetzt zupass! ... nach der Entlassung von der Bundesarmee war ihm die freie Fotografenstelle bei der Zeitung zupass gekommen (Johnson, Ansichten 130).

zupfen: *sich an der eigenen Nase zupfen:* ↑Nase.

zur: *zur Gänze:* ↑Gänze. *zur Hölle mit jmdm., mit etwas:* ↑Hölle. *zur Not:* ↑Not. *zur Stunde:* ↑Stunde. *zur Unzeit:* ↑Unzeit. *zurzeit:* ↑Zeit.

zurande, auch: **zu Rande:** *mit etwas zurande kommen* (ugs.): *etwas bewältigen, meistern, erfolgreich beenden:* Die Schüler kamen mit der Aufgabe nicht zurande. Sie wird mit ihrem Problem ganz gut allein zurande kommen. Settembrini ... nickte. Er tat dies noch, als Hans Castorp vorläufig mit seiner Kritik zurande gekommen war (Th. Mann, Zauberberg 277).
▶ Mit »Rand« ist in dieser Wendung der Uferrand gemeint. Die Wendung bedeutete also ursprünglich »[mit dem Schiff] das Ufer erreichen, anlegen«.

mit jmdm. zurande kommen (ugs.): *mit jmdm. auskommen; sich mit jmdm. einig*

werden: Wer mit dem Chef nicht zurande kommt, hat es in dieser Firma nicht leicht. Wenn wir mit uns schon nicht zurande kommen, dann sollen andere leiden (Bieler, Mädchenkrieg 170).
Vgl. die vorangehende Wendung.

zurate, auch: **zu Rate:** *mit sich zurate gehen* (geh.): *gründlich überlegen:* Nachdem er lange mit sich zurate gegangen war, begnadigte der Präsident den Verurteilten. Ich muss erst mit mir zurate gehen, ob ich deinem Vorschlag überhaupt zustimmen kann. Gerade politische Menschen mussten mit sich zurate gehen, inwieweit sie sich noch mit Politik befassen wollten (Niekisch, Leben 382). *jmdn., etwas zurate ziehen* (geh.): *jmdn., etwas befragen, in etwas nachschlagen:* Sie entschloss sich, einen Fachmann zurate zu ziehen. Wer nicht weiterweiß, darf ein Wörterbuch zurate ziehen. Um Sinn in die Zusammenhänge zu bringen, ist es daher nötig, ... die Logik ... neben der philologischen Textkritik zurate zu ziehen (Thieß, Reich 537 [Anm.]).

zurechtrücken: *jmdm. den Kopf zurechtrücken:* ↑Kopf.

zurechtsetzen: *jmdm. den Kopf zurechtsetzen:* ↑Kopf.

zureden: *jmdm. zureden wie einem lahmen Gaul/einem kranken Schimmel/einem kranken Pferd/einem kranken Ross/einem kranken Kind* (ugs.): *jmdm. anhaltend und nachdrücklich zureden:* Wir mussten ihm zureden wie einem lahmen Gaul, bis er schließlich die Vollmacht unterschrieb. Pfaundler tätschelte Tüverlin die Schulter. Redete ihm gut zu wie einem kranken Kind. Er soll doch auf seine politischen Faxen verzichten (Feuchtwanger, Erfolg 285).

zurück: *mit allem Komfort und zurück:* ↑Komfort.

zurückdrehen: *das Rad der Geschichte zurückdrehen:* ↑Rad.

zurückgeben: *sich sein Lehrgeld zurückgeben lassen können:* ↑Lehrgeld. *sich sein Schulgeld zurückgeben lassen können:* ↑Schulgeld.

zurückschalten: *einen Gang zurückschalten:* ↑Gang.

zurücksehnen: *sich nach den Fleischtöpfen Ägyptens zurücksehnen:* ↑Fleischtopf.

zurückstecken: ein Loch zurückstecken: ↑ Loch. **ein paar Pflöcke zurückstecken:** ↑ Pflock.

zurückziehen: sich auf sein/aufs Altenteil zurückziehen: ↑ Altenteil. **sich in seine Gemächer zurückziehen:** ↑ Gemach. **sich in den Schmollwinkel/in die Schmollecke zurückziehen:** ↑ Schmollwinkel.

zusagen: jmdm. etwas auf den Kopf zusagen: ↑ Kopf.

zusammenbeißen: die Zähne zusammenbeißen: ↑ Zahn.

zusammenbrechen: für jmdn. bricht eine Welt zusammen: ↑ Welt.

zusammenfallen: zusammenfallen/zusammenstürzen wie ein Kartenhaus: *jäh zunichte werden, ein gefährliches Ende nehmen:* Die Lügen der Angeklagten stürzten wie ein Kartenhaus zusammen. Wie ein Kartenhaus fiel das Gebäude recht zynischer und ihm herzensfremder Überlegungen zusammen, als er einmal nachts Anny nicht zu Hause antraf (Brod, Annerl 120).

zusammenfegen: dann/sonst kannst du dich zusammenfegen/zusammenkehren lassen (ugs.): *Androhung von Prügel:* Gib sofort das Geld wieder her, sonst kannst du dich zusammenfegen lassen!

zusammenhalten: zusammenhalten wie Pech und Schwefel: *unerschütterlich zusammenhalten:* Sie streiten oft miteinander, aber gegen andere halten sie zusammen wie Pech und Schwefel. ... unter sich hielten sie wie Pech und Schwefel zusammen (Kempowski, Zeit 320).

▶ Die Paarformel »Pech und Schwefel« geht auf die volkstümliche Vorstellung zurück, dass die Hölle aus brennendem Pech und Schwefel besteht; vgl. die älteren Wendungen »brennen wie Pech und Schwefel« oder »jmdm. Pech und Schwefel wünschen«. Die klebrige Beschaffenheit von Pech hat wohl zu der Verbindung mit »zusammenhalten« geführt.

Essen und Trinken hält Leib und Seele zusammen: ↑ Essen.

zusammenhängen: zusammenhängen wie die Kletten (ugs.): *eng verbunden, unzertrennlich sein:* Sie hat einen kleinen Freund im Kindergarten, die beiden hängen zusammen wie die Kletten.

zusammenkehren: ↑ zusammenfegen.

zusammenklappen: zusammenklappen wie ein Taschenmesser (ugs.): *plötzlich aus Schwäche zu Boden fallen, das Bewusstsein verlieren:* Als sie die Nachricht von dem Unfall erhielt, ist sie zusammengeklappt wie ein Taschenmesser. Nach einem Schlag ans Kinn klappte er zusammen wie ein Taschenmesser.

zusammenkneifen: den Arsch zusammenkneifen: ↑ Arsch.

zusammenkommen: so jung kommen wir nicht mehr zusammen: ↑ jung.

zusammenlaufen: alle Fäden laufen in jmds. Hand zusammen: ↑ Faden. **jmdm. läuft das Wasser im Mund zusammen:** ↑ Wasser.

zusammennehmen: seine fünf Sinne zusammennehmen: ↑ Sinn.

zusammenpassen: zusammenpassen wie ein Paar/wie zwei alte Latschen (ugs.): *sehr gut zusammenpassen:* Der einäugige Wirt und der ständig besoffene Handelsvertreter passten wie ein Paar alte Latschen zusammen. **zusammenpassen wie Topf und Deckel:** *sich im Negativen ergänzen:* Der Lärm und meine Kopfschmerzen passten zusammen wie Topf und Deckel.

zusammenreden: einen Stiefel zusammenreden: ↑ Stiefel.

zusammenschlagen: die Hände über dem Kopf zusammenschlagen: ↑ Hand.

zusammenschnüren: jmdm. die Kehle zusammenschnüren: ↑ Kehle.

zusammenschreiben: einen Stiefel zusammenschreiben: ↑ Stiefel.

zusammenspielen: einen Stiefel zusammenspielen: ↑ Stiefel.

zusammenstecken: die Köpfe zusammenstecken: ↑ Kopf.

zusammenstehen: in Not und Tod zusammenstehen: ↑ Not.

zusammenstürzen: ↑ zusammenfallen.

zusammenzählen: Äpfel und Birnen zusammenzählen: ↑ Apfel.

zusammenziehen: einem die Löcher in den Socken zusammenziehen: ↑ Socke.

zuschanden, auch: **zu Schanden: zuschanden werden:** *vereitelt, zerstört werden:* Durch die Umsicht der Polizeibeamten wurden die Pläne der Terroristen zuschanden.

etwas zuschanden machen: *etwas vereiteln, zerstören:* Die anhaltenden Regenfälle machten alle Hoffnungen auf eine gute Ernte zuschanden. Wir haben diese Jugend in eine Welt gesetzt, die gründlich zuschanden gemacht worden war (Wochenpost 13. 6. 1964, 20).

zuscheißen: lass dich zuscheißen! (derb): *Verwünschungsformel:* Ich brauch dein dämliches Geld gar nicht, lass dich zuscheißen, du alter Geizkragen!

zuschieben: jmdm. die besten Bissen zuschieben: ↑ Bissen. **jmdm. den schwarzen Peter zuschieben:** ↑ schwarz.

zuschlagen: zuschlagen, was das Leder hält: *heftig [mehrmals] zuschlagen:* Seine Zornesadern schwollen, und er schlug zu, was das Leder hielt.

jmdm. etwas vor der Nase zuschlagen: ↑ Nase.

zuschnüren: jmdm. die Gurgel zuschnüren: ↑ Gurgel. **jmdm. die Kehle zuschnüren:** ↑ Kehle.

zuschulden, auch: **zu Schulden: sich etwas/nichts zuschulden kommen lassen:** *etwas/nichts Unrechtes tun:* Sie hat sich zeitlebens nichts zuschulden kommen lassen. ... dann habe ichs ihm eben erzählt, dass die Kollegin ... sich was hat zuschulden kommen lassen (Brot und Salz 381).

zusehen: sieh zu, dass du Land gewinnst: ↑ Land.

zuspielen: sich gegenseitig die Bälle zuspielen: ↑ Ball. **jmdm. den schwarzen Peter zuspielen:** ↑ schwarz.

Zustand: das ist [doch] kein Zustand! (ugs.): *das kann so nicht bleiben, das muss geändert werden:* Wenn ich von der Arbeit komme, gehst du zur Nachtschicht – das ist doch auf die Dauer kein Zustand! ... ist doch kein Zustand bei den Schwiegereltern in der Wohnküche ... mit Frau und Kind (Brot und Salz 361).

Zustände wie im alten Rom (ugs.): *unmögliche, unhaltbare Zustände:* Der alte Graf ist Tag und Nacht betrunken, die Komtess liegt mit dem Chauffeur im Bett, und ihr Bruder schießt mit der Schrotflinte auf Besucher – im fürstlichen Schloss herrschen Zustände wie im alten Rom!

Zustände kriegen (ugs.): *sich maßlos erregen:* Er kriegt jedes Mal Zustände, wenn er eine Katze in der Nähe seiner

Voliere sieht. ... weil ich Zustände krieg bei allem, was nach Mittelalter riecht (Kant, Impressum 299).

zustande, auch: **zu Stande: etwas/nichts zustande bringen:** *etwas/nichts bewerkstelligen, fertig bringen:* Im Kochen bin ich nicht so gut, aber eine serbische Reispfanne kriege ich noch zustande. ... als Onkel Aluco an den folgenden Wochen versuchte, an seinem Krähenmanuskript weiterzuschreiben, da brachte er nicht eine vernünftige Zeile zustande (Schnurre, Bart 130).

zustande kommen: *verwirklicht, erreicht werden:* Wenn ein vernünftiger Kompromiss zustande kommen soll, müssen beide Seiten einige Zugeständnisse machen. So kamen im Zeichen der freien Währungen immerhin gewisse völkerrechtliche Währungsverbindungen zustande (Fraenkel, Staat 364).

zustatten: jmdm. zustatten kommen: *jmdm. nützlich, gelegen kommen:* Es kam ihr in ihrem neuen Beruf sehr zustatten, dass sie fließend Italienisch sprach.

zustecken: jmdm. die besten Bissen zustecken: ↑ Bissen.

zustoßen: jmdm. ist etwas Menschliches zugestoßen: ↑ menschlich.

zutage, auch: **zu Tage: zutage kommen/treten:** *offenkundig werden:* Die Mängel des neuen Modells kamen bereits bei der ersten Probefahrt zutage. Als die Schwierigkeiten zutage traten, kam man unter zeitlichen Druck (NZZ 21. 1. 1983, 26).

etwas zutage fördern/bringen: *etwas zum Vorschein bringen:* Die Untersuchungen haben mehrere Korruptionsfälle zutage gefördert. Eine Niederlage ... würde wahrscheinlich die Gegensätze zwischen linken Alternativen und den eher bürgerlichen Grünen erneut zutage fördern und ihre Aussichten für den Einzug in den Nationalrat schmälern (NZZ 5. 9. 1986, 5).

offen zutage liegen: *deutlich erkennbar sein:* Es lag offen zutage, dass der Vertrag nicht eingehalten werden konnte. ... ich bin weder ein Bauernbursche noch ein gefährlicher Mann. Alles ist klar bei mir, alles liegt offen und unverhohlen zutage (Langgässer, Siegel 43).

zuteil: jmdm. zuteil werden (geh.): *jmdm. gewährt werden:* Ihr ist eine hohe Auszeichnung zuteil geworden. Joseph Fouché, dem Herzog von Otranto, wird nun eine höchste, eine letzte Ehrung zuteil (St. Zweig, Fouché 212).

zutun: die Augen zutun: ↑ Auge.

Zutun: ohne jmds. Zutun: *ohne jmds. Mitwirkung:* Die Informationen sind ohne Zutun des Ministeriums an die Öffentlichkeit gedrungen. Zwar hat sich die Schweiz gesellschaftlich und wirtschaftlich gewandelt, aber ohne ruckartiges politisches Zutun (Basler Zeitung 230, 2. 10. 1985, 9).

zuunterst: das Oberste zuunterst kehren: ↑ Oberste.

zu viel: was zu viel ist, ist zu viel: *meine/ seine/unsere ganze Geduld, Leistungsfähigkeit, Leidensfähigkeit o. Ä. ist am Ende:* Diese ständigen Demütigungen wird er nicht mehr lange aushalten; was zu viel ist, ist zu viel. Ich kündige, wenn für dieses Wochenende schon wieder Überstunden angeordnet werden – was zu viel ist, ist zu viel!

jmdm., einer Sache zu viel Ehre antun: ↑ Ehre. **zu viel des Guten/des Guten zu viel sein:** ↑ gut. **des Guten zu viel tun:** ↑ gut. **zu viel kriegen:** ↑ kriegen. **ein Rädchen zu viel haben:** ↑ Rädchen. **einen Sparren zu viel haben:** ↑ Sparren. **einen Strich zu viel haben:** ↑ Strich.

zuvorderst: das Hinterste zuvorderst kehren: ↑ hinter.

Zuwachs: Zuwachs erwarten/bekommen (ugs.): *ein Kind, Kinder erwarten/bekommen:* Die Nachbarn haben schon wieder Zuwachs bekommen; diesmal sind es Zwillinge! Im Frühjahr brauchen sie eine neue Wohnung, sie erwarten Zuwachs.

auf Zuwachs (ugs.): *reichlich groß:* Sie hatte den Pullover auf Zuwachs gestrickt, aber jetzt waren die Ärmel allmählich doch zu kurz geworden.

zuwege, auch: zu Wege: noch gut zuwege sein (ugs.): *noch rüstig sein:* Seine Mutter war schon über achtzig, aber noch gut zuwege.

etwas zuwege bringen: *etwas fertig kriegen:* Man hatte lange verhandelt und schließlich einen vernünftigen Kompromiss zuwege gebracht. Ich hatte es immer zuwege gebracht, meine Miete zu zahlen (Seghers, Transit 197).

mit etwas zuwege kommen: *mit etwas fertig werden:* Na, bist du mit deinen Mathematikaufgaben zuwege gekommen? Ich komme mit deinem Mikrowellenherd einfach nicht zuwege.

zu wenig: für die Augen zu wenig, für den Bauch zu viel: ↑ Auge.

zuwerfen: sich [gegenseitig] die Bälle zuwerfen: ↑ Ball.

zuwider: jmdm. auf/in den Tod zuwider sein: ↑ Tod.

zuziehen: [bei jmdm.] die Schlinge zuziehen: ↑ Schlinge.

zwacken: jmdn. zwickt und zwackt es [überall]: ↑ zwicken.

Zwang: sich keinen Zwang antun: *sich ganz ungezwungen verhalten:* Darf ich mein Jackett ausziehen? – Tun Sie sich keinen Zwang an! Der Dr. Matthäi, als er den anderen so kräftig daherreden sah, tat sich keinen Zwang mehr an, legte die widerwärtige, feierliche Sanftmut ab (Feuchtwanger, Erfolg 391).

zwanzig: jmdm. zwanzig aufzählen: ↑ aufzählen.

Zweck: der Zweck der Übung (ugs.): *das Ziel dieses Vorgehens:* Sie hat durch ihren Protest den Bau der Straße zunächst einmal verhindert, und das war schließlich der Zweck der Übung. Der Zweck der Übung ist sicherlich nicht, irgendwelche Ermittlungen gegen mich durchzuführen (Spiegel 41, 1978, 124).

der Zweck heiligt die Mittel: *zum Erreichen eines guten Ziels sind auch unmoralische Mittel erlaubt:* Natürlich ist das eine Art Erpressung, mit der wir diese Spende von ihm bekommen haben, aber der Zweck heiligt die Mittel.

▶ Diese Redensart wird allgemein als ein moralisches Prinzip der Jesuiten angesehen; in der »Moraltheologie« des Jesuitenpaters Busenbaum von 1652 ist dieser Grundsatz aber mit deutlichen Einschränkungen versehen. Es dürfte sich in der vorliegenden uneingeschränkten Form um ein altes Prinzip der Machtpolitik handeln, das sinngemäß schon bei Machiavelli auftaucht.

etwas zu hinterlistigen Zwecken verwenden (ugs.; scherzh.): *sich mit etwas das Gesäß auswischen:* Wozu brauchst du denn die Papiertaschentücher? – Die werde ich dahinten im Gebüsch zu hinterlistigen Zwecken verwenden. **Mittel zum Zweck sein:** ↑ Mittel.

zwei: dazu gehören zwei (ugs.): *dazu ist auch meine/deine usw. Zustimmung nötig:* Was heißt hier, wir fahren mit meinem Auto nach Italien? Dazu gehören zwei, mein Freund!

wenn zwei dasselbe tun, so ist es nicht dasselbe: *was einem Menschen [aufgrund seines Ranges, seiner Autorität] erlaubt ist, ist nicht unbedingt auch jedem anderen erlaubt.*

vier Augen sehen mehr als zwei: ↑ Auge. **jedes Ding hat zwei Seiten:** ↑ Ding. **eins, zwei, drei:** ↑ eins. **zwei Eisen im Feuer haben:** ↑ Eisen. **zwei Fliegen mit einer Klappe schlagen:** ↑ Fliege. **zwei linke Hände haben:** ↑ Hand. **nicht auf zwei Hochzeiten tanzen können:** ↑ Hochzeiten. **ein Plättbrett mit zwei Erbsen:** ↑ Plättbrett. **zwei Seelen wohnen, ach, in meiner Brust:** ↑ Seele. **zwei Seelen [und] ein Gedanke:** ↑ Seele. **so sicher, wie zwei mal zwei vier ist:** ↑ sicher. **wenn zwei sich streiten, freut sich der Dritte:** ↑ streiten. **zusammenpassen wie zwei alte Latschen:** ↑ zusammenpassen.

zweierlei: mit zweierlei Maß messen: ↑ Maß. **das sind zweierlei Stiefel:** ↑ Stiefel.

Zweifel: außer [allem] Zweifel stehen: *nicht zu bezweifeln sein, ganz sicher sein:* Dass die Beendigung der direkten Kirchenverfolgung zu einer Wiedergeburt des kirchlichen Lebens geführt hat, steht außer Zweifel (Mehnert, Sowjetmensch 210). ... dass die Folgerungen klug und scharfsinnig sind, steht außer allem Zweifel (Erich Kästner, Fabian 156).

etwas in Zweifel ziehen: *etwas bezweifeln:* Niemand wird die Integrität des Staatssekretärs in Zweifel ziehen. Was eigentlich berechtigt die Deutschen dazu, unsere Vertrauenswürdigkeit immer wieder in Zweifel zu ziehen? (Dönhoff, Ära 199). Es ist für mich unstreitig, dass man die im Grundgesetz geregelte staatliche Ordnung vom Grundsatz her in Zweifel ziehen darf (W. Brandt, Begegnungen 272).

[über etwas] im Zweifel sein/bleiben: *sich [über etwas] nicht klar sein/bleiben:* Wir blieben nicht lange im Zweifel darüber,

dass unser Besuch den Schwiegereltern höchst unwillkommen war. Der Angeklagte ... nahm das Urteil ohne Widerspruch hin, sodass man im Zweifel sein konnte, ob er wieder einmal nicht zugehört ... hatte (Jens, Mann 107).

ohne [jeden] Zweifel: *ganz gewiss, zweifellos:* Die Vase ist ohne Zweifel beim Transport beschädigt worden. Die beiden kräftigen Frauen ... sind ohne Zweifel die Ringkämpferinnen vom Programm des Altstädter Hofes (Remarque, Obelisk 97).

Zweig: auf einen/keinen grünen Zweig kommen (ugs.): *einen/keinen [wirtschaftlichen, finanziellen] Erfolg haben:* Ohne ein modernes, neu strukturiertes Management wird sie mit ihrer neuen Firma auf keinen grünen Zweig kommen. Immer mehr junge Leute versuchen, auf einen grünen Zweig zu kommen, indem sie Teestuben ... eröffnen (Hörzu 48, 1977, 102). Es versteht sich ..., dass die Stadt kein Wohlfahrtsinstitut ist, auch Bedürftige alles tun müssen, um sozusagen »auf einen grünen Zweig« zu kommen (MM 24. 2. 1976, 14).

▶ Der grüne Zweig steht in dieser Wendung bildlich für das Wachsen der Natur im Frühjahr.

zweimal: jede Mark/jeden Pfennig zweimal umdrehen: ↑ Mark. **sich das nicht zweimal sagen lassen:** ↑ sagen.

zweischneidig: ein zweischneidiges Schwert sein: ↑ Schwert.

zweite: wie kein Zweiter: *unnachahmlich [gut, viel, schnell usw.]:* Mathematische Probleme löst er wie kein Zweiter. Sein Freund konnte Witze erzählen wie kein Zweiter.

das zweite Gesicht: *die Gabe der Prophetie:* Sie konnte kunststopfen und häkeln, wahrsagen und handlesen ... Manche glaubten, sie hätte das zweite Gesicht (Bieler, Bär 308).

auf den zweiten Blick: ↑ Blick. **die zweite Geige spielen:** ↑ Geige. **aus zweiter Hand:** ↑ Hand. **der zweite Schlag wäre Leichenschändung:** ↑ Leichenschändung. **in zweiter Linie:** ↑ Linie. **jmdm. zur zweiten Natur werden:** ↑ Natur. **den zweiten Schritt vor dem ersten tun:** ↑ Schritt. **zweiter Sieger bleiben:** ↑ Sieger. **zweite Wahl sein:** ↑ Wahl.

Zwerchfell: jmds. Zwerchfell massieren
(ugs.): *jmdn. zum Lachen bringen:* Von
einem Kabarettisten erwarten sie, dass
er ihr Zwerchfell massiert, und nicht,
dass er ihnen mit Moral und Tiefsinn
daherkommt.

**Zwetschge: seine sieben Zwetschgen pa-
cken:** ↑Siebensachen.

**zwicken: jmdn. zwickt und zwackt es
[überall]:** *jmd. hat vielerlei kleinere körperliche Beschwerden:* In seinem Alter
zwickt und zwackt es einen halt überall,
deswegen muss er ja nicht gleich jeden
Tag zum Doktor rennen.

**Zwiesprache: [mit jmdm.] Zwiesprache
halten/führen** (geh.): *[mit jmdm. (oft einem imaginären Partner)] ein vertrautes
Gespräch führen:* Sie ging oft allein auf
den Friedhof, wo sie lange auf einer
Bank sitzen konnte, um mit ihrem verstorbenen Mann stumme Zwiesprache
zu halten. Saint-Just schöpft alles aus
dem unbekannten Abgrund seines Wesens, und da, wo Robespierre die ortho-
doxen Jakobiner befragt, führt er mit
den Toten Zwiesprache (Sieburg, Robespierre 144).

zwingen: jmdn. auf/in die Knie zwingen:
↑Knie.

Zwirn: Himmel, Arsch und Zwirn: ↑Him-
mel.

**Zwirnsfaden: über einen Zwirnsfaden
stolpern:** ↑Strohhalm.

**zwischen: zwischen achtzig und schein-
tot sein:** ↑achtzig. **zwischen den Jahren:**
↑Jahr. **sich zwischen zwei Stühle setzen:**
↑Stuhl. **zwischen Tür und Angel:** ↑Tür.
zwischen den Zeilen: ↑Zeile.

zwitschern: einen zwitschern (ugs.): *Alkohol trinken:* Das Essen war prima, und
jetzt werden wir noch einen zwitschern.
Und die Frau, mit der ich jetzt verheiratet bin, hat ja auch ganz gern einen ge-
zwitschert (Schreiber, Krise 237). Erst
rennen sich die Waldläufer ein Stück
Speck ab. Danach zwitschern die gewaltig einen. Und so halten sie prima die
runde Figur (BM 20. 1. 1978, 13).
**wie die Alten sungen, so zwitschern auch
die Jungen:** ↑Alte.

zwölf: die Zwölf Nächte: *die Nächte vom
25. Dezember bis zum 6. Januar:* Nach
altem Volksglauben soll man in der Zeit
der Zwölf Nächte keine Bettlaken waschen, weil sonst im folgenden Jahr jemand stirbt. Was man in den Zwölf
Nächten träumt, hat eine ganz besondere Bedeutung.
nicht von zwölf bis Mittag: *nicht einmal für ganz kurze Zeit:* Was man ihm
sagt, behält er nicht von zwölf bis Mittag.
davon gehen zwölf auf ein Dutzend:
↑Dutzend. **es ist fünf [Minuten] vor
zwölf:** ↑fünf.

zwölfte: in zwölfter Stunde: ↑Stunde.

Quellenverzeichnis zu den zitierten Belegen

Die Quellenangaben erscheinen im Wörterbuch in abgekürzter, aber meist leicht zuzuordnender Form. Einige weniger leicht aufzulösende Abkürzungen und Kurzformen sind im Folgenden aufgeführt.

BdW	Bild der Wissenschaft	LNN	Luzerner Neuste Nachrichten
BM	Berliner Morgenpost	MM	Mannheimer Morgen
BNN	Brandenburgische Neueste Nachrichten	NBI	Neue Berliner Illustrierte
CCI	clima commerce international	Nds. Ä.	Niedersächsisches Ärzteblatt
DÄ	Deutsches Ärzteblatt	Neues D.	Neues Deutschland
EKB	Evangelischer Kirchenbote	NjW	Neue juristische Wochenschrift
e & t	essen & trinken	NMZ	Neue Musikzeitung
E + Z	Entwicklung und Zusammenarbeit	NN	Nürnberger Nachrichten
		NNN	Norddeutsche Neueste Nachrichten
FAZ	Frankfurter Allgemeine Zeitung	NZZ	Neue Zürcher Zeitung
IWZ	Illustrierte Wochenzeitung	RNZ	Rhein-Neckar-Zeitung
J & T	Jugend & Technik	Stories	Science-Fiction-Stories
		w & v	werben und verkaufen

ABC-Zeitung, Die (Zeitung). Berlin (Ost).

Abend, Der (Zeitung). Berlin.

Abendpost/Nachtausgabe (Zeitung). Frankfurt a. M.

Abendzeitung (Zeitung). München.

Aberle, Gerhard: Stehkneipen. Frankfurt a. M.–Hamburg: Fischer Bücherei 119, 1971.

ADAC-Motorwelt (Zeitschrift). München.

Adler, Alfred: Über den nervösen Charakter. Frankfurt a. M.: Fischer Taschenbuch Verlag, 1972. – EA 1912.

Adler, H. G.: Eine Reise. Bonn: Verlag bibliotheca christiana, 1962.

Adorno, Theodor W.: Prismen, Kulturkritik und Gesellschaft. München: dtv 159, 1963. – EA 1955.

Afanasjew, Alexander N.: [Übers.], Erotische Märchen aus Rußland. Frankfurt a. M.: Fischer Taschenbuch Verlag, 1977.

Aggression und Anpassung in der Industriegesellschaft. Aufsatzsammlung. Frankfurt a. M.: Edition Suhrkamp, 2. Aufl. 1969.

Agricola, Erhard: Tagungsbericht oder Kommissar Dabberkows beschwerliche Ermittlungen im Fall Dr. Heinrich Oldenbeck. Rudolstadt: Greifenverlag, 1976.

Aichinger, Ilse: Die größere Hoffnung. Frankfurt a. M.–Hamburg: Fischer Bücherei 327, 1960. – EA 1948.

Alexander, Elisabeth: Die törichte Jungfrau. Köln: Literarischer Verlag Helmut Braun, 1978.

Alles über Aktien. Dresdner Bank. Arbeitskreis zur Förderung der Aktie e. V.

Allgemeine Zeitung Mainz (Zeitung). Mainz.

Alpinismus (Zeitschrift). München.

Alt, Franz: Frieden ist möglich. Die Politik der Bergpredigt. München–Zürich: Piper Verlag, 1983.

Amendt, Günter: Das Sex Buch. Dortmund: Weltkreis Verlag, 1979.

Amory, Richard: Rote Männer auf grünen Matten [Übers.]. Reinbek: rororo 4903, 1982.

Andersch, Alfred: Die Rote. Olten und Freiburg: Walter-Verlag, 1960.

Andersch, Alfred: Sansibar oder der letzte Grund. Frankfurt a. M.–Hamburg: Fischer Bücherei 354, 1962. – EA 1957.

Andres, Stefan: Die Liebesschaukel. Frankfurt a. M.–Hamburg: Fischer Bücherei 46, 1961. – EA 1943 u. d. T. Der gefrorene Dionysos.

Andres, Stefan: Die Vermummten. Stuttgart: Reclams U.-B. 7703/7704, 1959.

Andres, Stefan: Die Reise nach Portiuncula. München: Piper Verlag, 1954.

Antel, Franz: Großaufnahme. Wien: Paul Neff Verlag, 1988.

Apitz, Bruno: Nackt unter Wölfen. Reinbek: rororo 416/417, 1961. – EA 1958.

Aufbruch (evangelische Kirchenzeitung). Karlsruhe.

Augsburger Allgemeine (Zeitung). Augsburg.

Augstein, Rudolf: Spiegelungen. München: List Taschenbücher 272, 1964.

Augstein, Rudolf: Ist die SPD (noch) zu retten? Vortrag an der Universität Tübingen am 29. 11. 1965, Beilage zum Spiegel vom 22. 12. 1965.

Augustin, Ernst: Der Kopf. München: Piper Verlag, 1962.

auto touring (Clubmagazin des ÖAMTC). Wien.

Auto, Motor und Sport (Zeitschrift). Stuttgart.

Bachmann, Ingeborg: Gedichte, Erzählungen, Hörspiel, Essays. München: Piper Verlag, 1964. Die Bücher der Neunzehn, Nr. 111.

Badener Tagblatt (Zeitung). CH-Baden.

Badische Zeitung (Zeitung). Freiburg.

Bahro, Rudolf: Die Alternative. Zur Kritik des real existierenden Sozialismus. Köln–Frankfurt: Europäische Verlagsanstalt, 1977.

Baldwin, James: Eine andere Welt. Übers. von Hans Wollschläger. Reinbek: Rowohlt Verlag, 1965.

Bamm, Peter: Die kleine Weltlaterne. Frankfurt a. M.–Hamburg: Fischer Bücherei 404, 1962. – EA 1935.

Barmer, Die (Zeitschrift). Wuppertal.

Basellandschaftliche Zeitung (Zeitung). CH-Liestal.

Basler Zeitung (Zeitung). Basel.

Bastian, Horst: Die Brut der schönen Seele. Berlin (Ost): Verlag Das Neue Berlin, 1976.

Bauern-Echo (Zeitung). Berlin (Ost).

Baum, Vicky: Liebe und Tod auf Bali. Frankfurt a. M.–Berlin: Ullstein Bücher 143, 1962. – EA 1937.

Baum, Vicky: Rendezvous in Paris. Frankfurt a. M.–Berlin: Ullstein Bücher 76, 1962. – EA 1951.

Bausinger, Hermann: Dialekte, Sprachbarrieren, Sondersprachen. Frankfurt a. M.: Fischer Bücherei 6 145, 1972.

Bauwirtschaft, Die (Zentralblatt für das gesamte Bauwesen). Wiesbaden–Berlin.

Bayernkurier (Zeitung). München.

Becher, Johannes: Lyrik, Prosa, Dokumente. Wiesbaden: Limes Verlag, 1965.

Becker, Jurek: Irreführung der Behörden. Frankfurt a. M.: Suhrkamp Verlag, 1973.

Becker, Jurek: Schlaflose Tage. Frankfurt a. M.: Suhrkamp Verlag, 1978.

Beheim-Schwarzbach, Martin: Die diebischen Freuden des Herrn von Bißwange-Haschezek. Hamburg: rororo 47, 1952. – EA 1948.

Benn, Gottfried: Die Stimme hinter dem Vorhang und andere Szenen. München: dtv 25 sr, 1964. – EA von Die Stimme hinter dem Vorhang 1952.

Benn, Gottfried: Provoziertes Leben. Frankfurt a. M.–Berlin: Ullstein Bücher 54, 1962. – EA 1955.

Benn, Gottfried: Den Traum alleine tragen. Neue Texte, Briefe, Dokumente, Hrsg. Paul Raabe und Max Niedermayer. München: dtv 557, 1969. – EA 1966.

Benrath, Henry: Die Kaiserin Konstanze. Frankfurt a. M.–Hamburg: Fischer Bücherei 330, 1960. – EA 1935.

Berg, Corona: Italienische Miniaturen. Bonn: Athenäum Verlag, 1952.

Bergengruen, Werner: Die Feuerprobe. Stuttgart: Reclams U.-B. 7 214, 1933.

Bergengruen, Werner: Die Rittmeisterin. München: Nymphenburger Verlagshandlung, 1954.

Berger, Uwe: Nur ein Augenblick. Berlin–Weimar: Aufbau-Verlag, 1981.

Bergsträßer Anzeiger (Zeitung). Bensheim.

Berliner Morgenpost (Zeitung). Berlin.

Berliner Zeitung. Berlin (Ost).

Berlinmagazin (Zeitschrift). Berlin.

Berndorff, Hans Rudolf: Das schwarz-weißrote Himmelbett. Frankfurt a. M.–Hamburg: Ullstein, 1963. – EA 1961 u. d. T. Cancan und großer Zapfenstreich.

Bernstorff, Ruth: Die Leute reden über Mutti. Silvia-Roman 674. Bergisch Gladbach: Bastei Verlag, 1965.

Bibel, Die oder Die ganze Heilige Schrift des Alten und Neuen Testaments. Nach der deutschen Übersetzung Martin Luthers. Stuttgart: Württembergische Bibelanstalt, 1975. – EA 1912.

Bieler, Manfred: Bonifaz oder der Matrose in der Flasche. Neuwied/Rhein–Berlin: Hermann Luchterhand Verlag, 1963.

Bieler, Manfred: Der Mädchenkrieg. Hamburg: Hoffmann & Campe Verlag, 1975.

Bieler, Manfred: Der Bär. Hamburg: Hoffmann & Campe Verlag, 1983.

Bienek, Horst: Erde und Feuer. München: Deutscher Taschenbuchverlag, 1987.

Bild der Wissenschaft (Zeitschrift). Stuttgart.

Bildende Kunst I: vgl. Fischer Lexikon, Das: Bildende Kunst I.

Bildende Kunst III: vgl. Fischer Lexikon, Das: Bildende Kunst III.

Bild und Funk (Zeitschrift). Offenburg/Baden.

Bild-Zeitung. Hamburg.

Blanc, Klaus: Tatort: Wort. München: Weismann Verlag, 1983.

Blick (Beilage der DDR-Zeitung »Freiheit«). Wittenberg.

Blick auf Hoechst (Zeitung).

Bloch, Ernst: Durch die Wüste. Frühe kritische Aufsätze. Frankfurt a. M.: Edition Suhrkamp 74, 1964. – EA 1923.

BMFT-Mitteilungen. Hrsg. vom Pressereferat

des Bundesministeriums für Forschung und Technologie. Bonn.

Bobrowski, Johannes: Levins Mühle. Frankfurt a. M.: S. Fischer Verlag, 1964.

Bodamer, Joachim: Der Mann von heute. Freiburg: Alber Verlag, 1962. – EA 1956.

Böll, Heinrich: Ansichten eines Clowns. Köln-Berlin: Kiepenheuer & Witsch, 1963.

Böll, Heinrich: Doktor Murkes gesammeltes Schweigen und andere Satiren. Köln-Berlin: Kiepenheuer & Witsch, 1963. – EA 1958.

Böll, Heinrich: Erzählungen, Hörspiele, Aufsätze. Köln-Berlin: Kiepenheuer & Witsch, 1961.

Böll, Heinrich: Haus ohne Hüter. Berlin: Ullstein Bücher 185, 1967. – EA 1954.

Böll, Heinrich: Irisches Tagebuch. München: dtv 1, 1957.

Böll, Heinrich: Der Mann mit den Messern. Stuttgart: Reclams U.-B. 8 287, 1958.

Böll, Heinrich: Und sagte kein einziges Wort. Frankfurt a. M.–Berlin: Ullstein Bücher 141, 1962. – EA 1953.

Böll, Heinrich: Wo warst Du, Adam? Frankfurt a. M.–Berlin: Ullstein Bücher 84, 1962. – EA 1951.

Borchert, Wolfgang: Draußen vor der Tür und ausgewählte Erzählungen. Reinbek: rororo 170, 1962. – EA 1956. – EA von Draußen vor der Tür 1947.

Borchert, Wolfgang: Die traurigen Geranien und andere Geschichten aus dem Nachlaß. Reinbek: Rowohlt Verlag, 1962.

Borell, Claude: Romeo und Julius: erotische Novellen aus der Welt der anderen (Lockruf – Romeo und Julius – Verdammt noch mal – ich liebe dich). München: Wilhelm Goldmann Verlag Nr. 3 713, 1979.

Borkenau, Franz: Karl Marx. Frankfurt a. M.–Hamburg: Fischer Bücherei, 1956.

Borkowski, Dieter: Wer weiß, ob wir uns wiedersehen. Frankfurt a. M.–Hamburg: Fischer Bücherei 3 479, 1983.

Börsenblatt für den Deutschen Buchhandel. Frankfurter Ausgabe. Organ des Börsenvereins des Deutschen Buchhandels e. V. Frankfurt a. M.

Börsenblatt für den Deutschen Buchhandel. Hrsg. vom Börsenverein der Deutschen Buchhändler zu Leipzig.

Bottroper Protokolle. Aufgezeichnet von Erika Runge. 7. Auflage. Frankfurt a. M.: Suhrkamp Verlag, 1972. – EA 1968.

Brand, Christianna: Gangster, Geister und Ganoven. Übers. von Klaus Prost. Reinbek: rororo 2 246, 1972.

Brandenburgische Neueste Nachrichten (Zeitung). Potsdam.

Brandstetter, Alois: Altenehrung. München: dtv 10 595, 1986. – EA 1983.

Brandt, Willy: Begegnungen und Einsichten. Hamburg: Hoffmann & Campe Verlag, 1976.

Brasch, Thomas: Vor den Vätern sterben die Söhne. Berlin: Rotbuch Verlag, 1977.

Bravo (Zeitschrift). München.

Brecht, Bertolt: Drei Groschen Roman. Reinbek: rororo 263/264, 1961.

Brecht, Bertolt: Geschichten. Frankfurt a. M.: Bibliothek Suhrkamp 81, 1962.

Brecht, Bertolt: Der gute Mensch von Sezuan. Frankfurt a. M.: Edition Suhrkamp 73, 1964. – EA 1953.

Brecht, Bertolt: Songs aus der Dreigroschenoper. Berlin: Gebrüder Weiss Verlag, 1949.

Brecht, Bertolt: Hauspostille. Berlin-Frankfurt a. M.: Bibliothek Suhrkamp 4, 1956. – EA 1927.

Bredel, Willi: Die Prüfung. Berlin: Aufbau-Verlag, 1946. – EA 1934.

Bredel, Willi: Die Väter. Berlin-Weimar: Aufbau-Verlag, 1967. – EA 1941.

Brehms Tierleben, hrsg. von Adolf Meyer-Abich. Hamburg: Standard Verlag, 1953. – EA 1864–69. 6 Bände.

Bremer Nachrichten – Weser Zeitung – Die Norddeutsche (Zeitung). Bremen.

Brentano, Bernard von: Theodor Chindler. Zürich-Freiburg: Atlantis-Verlag, 1945. – EA 1936.

Brigitte (Zeitschrift). Hamburg.

Britting, Georg: Der Eisläufer. Erzählung. Stuttgart: Reclams U.-B. 7 829, 1959. – EA 1948.

Broch, Hermann: Esch oder die Anarchie. Frankfurt a. M.–Hamburg: Fischer Bücherei 57, 1954. – EA 1931.

Broch, Hermann: Pasenow oder die Romantik. Frankfurt a. M.: Bibliothek Suhrkamp 92, 1962. – EA 1931.

Broch, Hermann: Der Versucher. Reinbek: rororo 343/344, 1960. – EA 1953.

Brod, Max: Annerl. Reinbek: rororo 189, 1956. – EA 1937.

Brot und Salz (Hörspiele). Leipzig: Verlag Philipp Reclam jun., 1982.

Brückenbauer, Wir (Wochenblatt). Basel.

Brückner, Christine: Die Quints. Frankfurt a. M.–Berlin: Ullstein, 1986.

Bruder, Bert: Der Homosexuelle. Augsburg: Thomas Verlag, 1977.

Bruker, M. O.: Leber, Galle, Magen – Darm – Ursachen von Erkrankungen und ihre Heilung. St. Georgen/Schwarzwald: Schnitzer-Verlag, 1975. – EA 1972 u. d. T. Leber, Galle, Magen, Darm: Ursachen und Heilung.

Buber, Martin: Gog und Magog. Frankfurt a. M.–Hamburg: Fischer Bücherei 174, 1957. – EA 1949.

Bühler, Charlotte: Psychologie im Leben unserer Zeit. München-Zürich: Droemer/Knaur, 1968. – EA 1962.

Bukowski, Charles [Übers.]: Fuck Machine. Frankfurt a.M.: Fischer Taschenbuch Verlag, 1980.

Bulletin des Presse- und Informationsamts der Bundesregierung. Bonn.

Bund, Der (Zeitung). Bern.

Bundesbahn (Zeitschrift). Darmstadt.

Bundestag, Deutscher (Sitzungsprotokolle). Bonn.

Bunte (Illustrierte). Offenburg/Baden.

Burger, Hermann: Blankenburg. Frankfurt a.M.: S. Fischer Verlag, 1986.

Buschor, Ernst: Von griechischer Kunst. München: R. Piper, 1963. – EA 1956.

BZ (Zeitung). Berlin.

BZ am Abend (Zeitung). Berlin (Ost).

B + Z-Berater (Zeitschrift). Bielefeld.

Capital (Zeitschrift). Hamburg.

Caravan Camping Journal (Zeitschrift). Herford.

Carossa, Hans: Aufzeichnungen aus Italien. Wiesbaden: Insel-Verlag, 1947. – EA 1946.

Carstensen, Broder: Beim Wort genommen. Tübingen: Gunter Narr Verlag, 1986.

Ceram, C. W.: Götter, Gräber und Gelehrte. Hamburg: Rowohlt Verlag, 1949.

Chiemgau-Zeitung (Zeitung). Rosenheim.

Chotjewitz, Peter O.: Der dreißigjährige Friede. Düsseldorf: Claassen Verlag, 1977.

Christiane F.: Wir Kinder vom Bahnhof Zoo. Hamburg: Gruner und Jahr, 1979. – EA 1978.

Christ und Welt (Zeitung). Bonn.

clima commerce international (Zeitung). Karlsruhe.

Clipper. PAN AM Magazin. Preetz/Holstein.

Communale (Zeitung). Heidelberg.

Cotton, Jerry: Silver-Jet ins Jenseits. Bergisch Gladbach: Bastei Verlag, 1971.

Courage (Zeitschrift). Berlin.

Curschmann, Michael: Der Münchener Oswald und die deutsche spielmännische Epik. München: C. H. Beck'sche Verlagsbuchhandlung, 1964.

Cziffra, Géza von: Ungelogen. München–Berlin: Heibig-Verlagsbuchhandlung, 1988.

Danella, Utta: Das Hotel im Park. Hamburg: Hoffmann & Campe Verlag, 1989.

Dariaux, Geneviève Antoine: Eleganz. Übers. von Ilse Feldhusen. Frankfurt a.M.–Berlin: Ullstein, 1965.

Darmstädter Echo (Tageszeitung). Darmstadt.

Degener, Volker W.: Heimsuchung. Stuttgart: Deutsche Verlags-Anstalt, 1975.

Degenhardt, Franz Josef: Zündschnüre. Hamburg: Hoffmann & Campe Verlag, 1973.

Deine Gesundheit (Zeitschrift). Berlin (Ost).

Dein Schicksalsweg (Broschüre). Freiburg.

Delius, F. C.: Unsere Siemens-Welt. Berlin: Rotbuch-Verlag, 1977. – EA 1972.

Denneny, Michael: Lovers. Zwei Männer und ihre Geschichte. Reinbek: Rowohlt, 1980.

Deschner, Karlheinz: Talente, Dichter, Dilettanten. Wiesbaden: Limes Verlag, 1964.

Dessauer, Maria: Herkun. Hamburg: Marion von Schröder Verlag, 1959.

Deubzer, Franz: Methoden der Sprachkritik. Münchner germanistische Beiträge. München: Wilhelm Fink Verlag, 1980.

Deutsches Allgemeines Sonntagsblatt (Zeitung). Hamburg.

Deutsches Arzneibuch. 1926. Neudruck Hamburg–Berlin–Bonn 1951. – EA u. d. T. Dt. Miniatur-Pharmakopöe, 1874, hg. v. Max Biechele.

Deutsches Ärzteblatt (Zeitschrift). Köln.

Devi, Kamala: Tantra Sex. Die moderne Liebestechnik des Ostens. München: Wilhelm Goldmann Verlag, 1979.

Dierichs, Helga und Mitscherlich, Margarete: Männer. Zehn exemplarische Geschichten. Frankfurt a.M.: Fischer/Goverts, 2. Aufl. 1980. – EA 1980.

Dietrich, Rolf: Grundzüge der Literatur- und Sprachwissenschaft. München: dtv 4 227, 1974.

Dill-Zeitung (Zeitung). Dillenburg.

DM/Deutsche Mark (Zeitschrift). Frankfurt.

Döblin, Alfred: Berlin Alexanderplatz. Olten und Freiburg: Walter-Verlag, 1961. – EA 1929.

Döblin, Alfred: Märchen vom Materialismus. Stuttgart: Reclams U.-B. 8 261, 1959.

Doderer, Heimito von: Die Dämonen. München: Biederstein Verlag, 1956.

Doderer, Heimito von: Die Wasserfälle von Slunj. München: Biederstein Verlag, 1963.

Doderer, Heimito von: Das letzte Abenteuer. Stuttgart: Reclams U.-B. 7 806/07, 1958. – EA 1953.

Dolomiten. Tagblatt der Südtiroler (Zeitung). Bozen.

Domin, Hilde: Das zweite Paradies. München, Piper Verlag. 1986.

Don. Deutschlands Magazin von Männern für Männer. Darmstadt.

Don Gil. Clubjournal (Zeitschrift). Wien.

Dönhoff, Marion Gräfin: Die Bundesrepublik in der Ära Adenauer. Reinbek: Rowohlt Verlag, 1963.

Dönhoff, Marion Gräfin: Ostpreußen. Berlin: Siedler, 1989.

Dorpat, Draginja: Ellenbogenspiele. Hamburg: Merlin Verlag, 1967. – EA 1966.

Drewitz, Ingeborg: Eingeschlossen. Düsseldorf: Claassen Verlag, 1986.

DS magazin. Beilage zum Deutschen Allgemeinen Sonntagsblatt.

Dunbar, Flanders: Deine Seele, dein Körper. Übers. von Günter Wagner. Meisenheim/Gl.: Westkulturverlag, 1951.

Dunkell, Samuel: Körpersprache im Schlaf. Übers. von Gerda Kurz u. Siglinde Summerer. München–Zürich: Droemersche Verlagsanstalt, 1977.

Dürrenmatt, Friedrich: Grieche sucht Griechin. Frankfurt a.M.–Berlin: Ullstein Bücher 199, 1962. – EA 1955.

Dürrenmatt, Friedrich: Der Meteor. Zürich: Verlag der Arche, 1966.

Dürrenmatt, Friedrich: Der Richter und sein Henker. Reinbek: rororo 150, 1961. – EA 1952.

Du & ich (Zeitschrift). Hannover.

Dwinger, Edwin Erich: Das Glück der Erde, Reiterbrevier für Pferdefreunde. Heidenheim: Erich Hoffmann Verlag, 1965. – EA 1957.

Edschmid, Kasimir: Der Liebesengel. Reinbek: rororo 254, 1961. – EA 1937.

Eidenschink, Otto: Richtiges Bergsteigen in Fels und Eis. 1. Die Technik im Fels. 2. Die Technik im Eis. München: F. Bruckmann Verlag, 1964. – EA 1951.

Elan (Zeitschrift). Dortmund.

Elbvororte Wochenblatt. Hamburger Wochenblatt-Kombination. Hamburg.

Elektronik (Fachzeitschrift für die gesamte elektronische Technik und ihre Nachbargebiete). München.

Elektrotechnik (Zeitschrift). Würzburg.

ELO. Die Welt der Elektronik. München.

Eltern (Zeitschrift). Hamburg.

Emma (Zeitschrift). Köln.

Entwicklung und Zusammenarbeit (Zeitschrift). Bonn.

Enzensberger, Hans Magnus: Einzelheiten I, Bewußtseins-Industrie. Frankfurt a.M.: Suhrkamp Verlag, 1964. – EA 1962.

Enzensberger, Hans Magnus: Mittelmaß und Wahn. Frankfurt a.M.: Suhrkamp Verlag, 1989.

Eppendorfer, Hans: Barmbeker Kuß. Szenen aus dem Knast. Reinbek: Rowohlt Verlag, 1981.

Eppendorfer, Hans: Der Ledermann spricht mit Hubert Fichte. Frankfurt a.M.: Suhrkamp Verlag, 1977.

Eppendorfer, Hans: Gesichtslandschaften. München: Wilhelm Goldmann Verlag, 1989.

Eppendorfer, Hans: Kleine Monster. Hamburg: Hoffmann & Campe Verlag, 1985.

Eppendorfer, Hans: Szenen aus St. Pauli. Hamburg: Hoffmann & Campe Verlag, 1982.

Erfolg (Zeitschrift). 1983.

Erné, Nino: Kellerkneipe und Elfenbeinturm. München: C. Bertelsmann Verlag, 1979.

Erné, Nino: Fahrgäste. München: Verlag Steinhausen GmbH, 1981.

essen & trinken (Zeitschrift). Hamburg.

Eulenspiegel (Zeitschrift). Berlin (Ost).

Evangelischer Kirchenbote (Wochenzeitung). Speyer.

Express (Zeitung). Köln.

Express (Zeitung). Wien.

Extra (Zeitschrift). Weinheim.

Fallada, Hans: Der Trinker. Reinbek: rororo 333, 1959. – EA 1950.

Fallada, Hans: Hoppelpoppel wo bist du? Kindergeschichten. Stuttgart: Reclams U.-B. 7314, 1957. – EA 1936.

Fallada, Hans: Jeder stirbt für sich allein. Reinbek: rororo 671/672, 1964. – EA 1947.

Fallada, Hans: Junger Herr – ganz groß. Frankfurt a.M.–Berlin: Ullstein Verlag, 1965.

Fallada, Hans: Kleiner Mann – was nun? Reinbek: rororo 1, 1960. – EA 1932.

Fallada, Hans: Wer einmal aus dem Blechnapf frißt. Reinbek: rororo 1, 54/55, 1961. – EA 1934.

Faller, Gerda: Zwei Frauen für ein Jahr. Stuttgart: Engelhornverlag, 1967.

Falter (Zeitschrift). Wien.

Fels, Ludwig: Die Sünden der Armut. Darmstadt–Neuwied: Sammlung Luchterhand Bd. 202, 1975.

Fels, Ludwig: Ein Unding der Liebe. Darmstadt–Neuwied: Luchterhand Verlag, 1981.

Fels, Ludwig: Rosen für Afrika. München–Zürich: Piper Verlag, 1987.

Fest, Joachim: Im Gegenlicht. Berlin: Siedler-Verlag, 1988.

Feuchtwanger, Lion: Erfolg. Reinbek: Rowohlt Verlag, 1956. – EA 1930.

Feuchtwanger, Lion: Die häßliche Herzogin. Reinbek: rororo 265, 1962. – EA 1923.

Fichte, Hubert: Versuch über die Pubertät. Hamburg: Hoffmann & Campe Verlag, 1974.

Fichte, Hubert: Wolli Indienfahrer. Frankfurt a.M.: S. Fischer Verlag, 1978.

Fichte, Hubert: Die Palette. Frankfurt a.M.: S. Fischer Verlag, 1981.

Fichte, Hubert: Lob des Strichs. Frankfurt a.M.: S. Fischer Verlag, 1988.

Film (Zeitschrift). Niedernhausen/Ts.

Fischer, Joschka: Von grüner Kraft und Herrlichkeit. Reinbek: rororo 5532, 1984.

Fischer, Marie Louise: Kein Vogel singt um Mitternacht. München: Blanvalet Verlag, 1986.

Fischer, Wolfgang Georg: Wohnungen. München: Hanser Verlag, 1969.

Fischer Lexikon, Das: Bildende Kunst I u. III. Frankfurt a.M.–Hamburg: Fischer Bücherei, 1960 u. 1961.

Fischer Lexikon, Das: Medizin II. Frankfurt a.M. – Hamburg: Fischer Bücherei, 1959.

Fisch und Fang. Zeitschrift für Angler. Hamburg-Berlin.

Flensburger Tageblatt (Zeitung). Flensburg.

Fono forum (Zeitschrift). Bielefeld.

Forster, Hans A.: Wörter erzählen die Geschichte der Menschheit. Zürich: Orell Füssli Verlag, 1964.

Föster, Michael: Jürgen Bartsch. Nachruf auf eine »Bestie«. Essen: Torso-Verlag, 1984.

Foto-Magazin. München.

Fraenkel, Ernst, und Bracher, Karl Dietrich: Staat und Politik. Frankfurt a. M.–Hamburg: Das Fischer Lexikon, II, 1957.

Frank, Bruno: Tage des Königs. Reinbek: rororo 193, 1956. – EA 1924.

Frank, Leonhard: Im letzten Wagen. Erzählungen. Stuttgart: Reclams U.-B. 7 004, 1959. – EA 1957. – EA von Im letzten Wagen 1925.

Frank, Leonhard: Links, wo das Herz ist. München: dtv 137, 1963. – EA 1952.

Frank, Stanley: Der sexuell aktive Mann über vierzig. Übers. München: Goldmann Taschenbücher 9 019, o. J. – Dt. EA u. d. T. Die vitale Generation. Wien: Scherz Verlag, 1970.

Frankenberg, Richard von: Die großen Fahrer unserer Zeit. Stuttgart: Motorbuch-Verlag, 1964. – EA 1956.

Frankenberg, Richard von: Hohe Schule des Fahrens. Stuttgart: Motor-Presse-Verlag, 1963. – EA 1957.

Frankfurter Allgemeine Zeitung für Deutschland (Zeitung). Frankfurt a. M.

Frankfurter Neue Presse (Zeitung). Frankfurt.

Frankfurter Rundschau (Zeitung). Frankfurt.

Frau im Spiegel (Zeitschrift). Lübeck.

Freie Presse. Organ der Bezirksleitung Karl-Marx-Stadt der SED (Zeitung).

Freiheit (Zeitung). Wittenberg.

Freizeit-Magazin (Zeitschrift). Offenburg/Baden.

Frenssen, Gustav: Jörn Uhl. Berlin: Deutsche Buch-Gemeinschaft Berlin, o. J. – EA 1901.

Freud, Sigmund. Abriß der Psychoanalyse. Das Unbehagen in der Kultur. Frankfurt a. M.–Hamburg: Fischer Bücherei 47, 1960. – EA 1940.

Frevert, Walter: Das jagdliche Brauchtum. Hamburg–Berlin: Verlag Paul Parey, 1952. – EA 1936.

Friedell, Egon: Aufklärung und Revolution. München: dtv 23, 1961. (Teilausg. von Kulturgeschichte der Neuzeit. EA 1927–31. 3 Bände.)

Fries, Fritz Rudolf: Der Weg nach Oobliadooh. Frankfurt a. M.: Suhrkamp Verlag, 1966.

Frings, Matthias: Fleisch und Blut. Über Pornographie. Reinbek: rororo, 1988.

Frings, Matthias: Liebesdinge. Bemerkungen zur Sexualität des Mannes. Reinbek: rororo, 1984.

Frings, Matthias und Kraushaar, Elmar: Männer. Liebe. Reinbek: rororo, 1982.

Frings, Matthias und Kraushaar, Elmar: Heiße Jahre. Das Ding mit der Pubertät. Reinbek: rororo, 1984.

Frisch, Max: Andorra. Frankfurt a. M.: Suhrkamp Verlag, 1975.

Frisch, Max: Bin oder die Reise nach Peking. Frankfurt a. M.: Bibliothek Suhrkamp 8, 1960. – EA 1945.

Frisch, Max: Homo faber. Frankfurt a. M.: Bibliothek Suhrkamp 87, 1957.

Frisch, Max: Mein Name sei Gantenbein. Frankfurt a. M.: Suhrkamp Verlag, 1964.

Frisch, Max: Montauk. Frankfurt a. M.: Suhrkamp Verlag, 1975.

Frisch, Max: Santa Cruz. Nun singen sie wieder. Frankfurt a. M.: Suhrkamp Verlag, 1962. – EA 1961. – EA von Santa Cruz 1947. EA von Nun singen sie wieder 1946.

Frisch, Max: Stiller. Frankfurt a. M.: Suhrkamp Verlag, 1963. – EA 1954.

Frischmuth, Barbara: Herrin der Tiere. Erzählung. Salzburg–Wien: Residenz Verlag, 1986.

Frösi (Zeitschrift). Berlin (Ost).

Fuchs, Ottmar: Sprechen in Gegensätzen. Meinung und Gegenmeinung in kirchlicher Rede. München: Kösel Verlag, 1978.

Fühmann, Franz: Das Judenauto. Berlin: Aufbau-Verlag, 1962.

Funkschau (Fachzeitschrift für Radio- und Fernsehtechnik, Elektroakustik und Elektronik). München.

Furche, Die (Zeitung). Wien, 1984.

Fussenegger, Gertrud: Das Haus der dunklen Krüge. Salzburg: Otto Müler Verlag, 1951.

Fussenegger, Gertrud: Zeit des Raben – Zeit der Taube. Stuttgart: Deutsche Verlags-Anstalt, 1960.

Future. Frankfurt: Ingenieur Digest Verlagsgesellschaft mbH, 1972 und 1976.

Gabel, Wolfgang: Fix und fertig. Weinheim: Beltz Verlag, 1978.

Gaiser, Gerd: Schlußball. Frankfurt a. M.–Hamburg: Fischer Bücherei 402, 1961. – EA 1958.

Gaiser, Gerd: Die sterbende Jagd. Frankfurt a. M.–Hamburg: Fischer Bücherei 186, 1962. – EA 1953.

Garmisch-Partenkirchner Tagblatt (Zeitung). Garmisch-Partenkirchen.

Gast, Herbert: Bretter, Schanzen und Rekorde. Berlin: Der Kinderbuchverlag, 1961.

Gauger, Hans Martin: Der Zauberberg (in Neue Rundschau 86, 1975).

Gay-Journal (Zeitschrift). Heidelberg.

Gehlen, Arnold: Die Seele im technischen Zeitalter. Reinbek: rororo, 1957.

Geiser, Christoph: Das geheime Fieber. Frankfurt a. M.: S. Fischer Verlag, 1990.

Geiser, Christoph: Wüstenfahrt. Frankfurt a. M.: S. Fischer Verlag, 1987.

Geissler, Horst Wolfram: In einer langen Nacht. Frankfurt a. M.-Hamburg: Fischer Bücherei, 1961. - EA 1954.

Geissler, Horst Wolfram: Das Wunschhütlein. Frankfurt a. M.-Berlin: Ullstein Bücher 250, 1962. - EA 1939.

Geistige Welt: vgl. Welt, Die.

Gelbhaar, Klaus: Immer hübsch im Bilde bleiben. Würzburg: Arena Verlag, 1961.

Genet, Jean: Miracle de la rose. Wunder der Rose. Übers. von Manfred Unruh. Hamburg: Merlin Verlag, 1963.

Genet, Jean: Notre-Dame-des-Fleurs. Übers. von Gerhard Hock. Hamburg: Merlin Verlag, 1962. - EA 1960.

Genet, Jean: Pompes Funebres - Das Totenfest. Übers. von Marion Lockow. Hamburg: Merlin Verlag, 1966.

Genet, Jean: Tagebuch eines Diebes. Übers. von Gerhard Hock und Helmut Voßkämpfer. Hamburg: Merlin Verlag, 1961.

Genet, Jean: Querelle. Übers. von Ruth Uecker-Lutz. Reinbek: Rowohlt, 1965.- Dt. EA 1955.

Gerlach, Hubert: Demission des technischen Zeichners Gerald Haugk. Rudolstadt: Greifenverlag, 1976.

Gerlach, Walther: Die Sprache der Physik. Bonn u. a.: Ferdinand Dümmlers Verlag, 1962.

Gerlach, Walther: Physik des täglichen Lebens. Berlin-Göttingen-Heidelberg: Springer-Verlag, 1957.

Gesundheit im Beruf. Zeitschrift der Bundesversicherungsanstalt für Angestellte. Berlin.

Gießener Allgemeine (Zeitung). Gießen.

Gießener Franken-Zeitung - Neue Folge. Gießen: Burschenschaft Frankonia.

Giordano, Ralph: Die Bertinis. Frankfurt a. M.: Fischer Verlag, 1985.

Girl (Zeitschrift).

Glaser, Georg K.: Geheimnis und Gewalt. Frankfurt: Ullstein Taschenbücher-Verlag 111, 1956. - EA 1951.

Glaube und Leben (Katholische Kirchenzeitung für das Bistum Mainz). Mainz.

Goes, Albrecht: Hagar am Brunnen. Frankfurt a. M.-Hamburg: Fischer Bücherei 211, 1962. - EA 1958.

Goetz, Curt: Dr. med. Hiob Prätorius. Stuttgart: Reclams U.-B. 8 445, 1960. - EA 1934.

Goetz, Curt: Die Memoiren des Peterhans von Binningen. Frankfurt a. M.-Berlin: Ullstein 443, 1963. - EA 1960.

Goldschmit-Jentner, Rudolf, K.: Die Begegnung mit dem Genius. Frankfurt a. M.: Fischer Bücherei 56, 1954. - EA 1939.

Gong (Zeitschrift). München -Nürnberg.

Göttinger Tageblatt (Zeitung). Göttingen.

Graber, Gustav Hans: Psychologie des Mannes. Stuttgart: Klett Verlag, 1957.

Grass, Günter: Der Butt. Darmstadt-Neuwied: Luchterhand Verlag, 1977.

Grass, Günter: Die Blechtrommel. Neuwied/ Rhein-Berlin: Luchterhand Verlag, 1960. - EA 1959.

Grass, Günter: Hundejahre. Neuwied/Rhein-Berlin: Luchterhand Verlag, 1963.

Grass, Günter: Katz und Maus. Neuwied/ Rhein-Berlin: Luchterhand Verlag, 1961.

Gregor, Ulrich und Patalas, Enno: Geschichte des modernen Films. Gütersloh: Sigbert Mohn Verlag, 1965.

Gregor-Dellin, Martin: Italienisches Traumbuch. München: Piper Verlag, 1986.

Greiner, Martin: Die Entstehung der modernen Unterhaltungsliteratur. Reinbek: rde 207, 1964.

Grimm, Brüder, Märchen der. München-Zürich: Th. Knaur, 1963. - EA 1812-15 u. d. T. Kinder- und Hausmärchen. 2 Bände.

Grimme, Matthias T. J.: Käufliche Träume. Erfahrungen mit Pornographie. Reinbek: rororo 8210, 1986.

Grossmann, Thomas: Beziehungsweis andersrum schwul - und dann? Reinbek: rororo, 1986.

Grossmann, Thomas: Eine Liebe wie jede andere. Mit homosexuellen Jugendlichen leben und umgehen. Reinbek: rororo, 1984.

Grossmann, Thomas: Schwul - Na und? Reinbek: rororo, 1982.

Gruhl, Herbert: Ein Planet wird geplündert. Frankfurt a. M.: S. Fischer Verlag, 1975.

Grün, Max von der: Stellenweise Glatteis. Darmstadt-Neuwied/Rhein: Luchterhand Verlag, 1973.

Grün, Max von der: Irrlicht und Feuer. Reinbek: rororo 916, 1974. - EA 1963.

Grzimek, Bernhard: Serengeti darf nicht sterben. Frankfurt a. M.-Wien-Berlin: Ullstein Verlag, 1959.

Grzimek, Hildegard: Mein Leben für die Tiere. Mainz: Verlag Helios Impex, 1957.

Gute Fahrt (Zeitschrift). Bielefeld-Stuttgart.

Gütermann Näh-Lexikon: Selbstschneidern von A-Z. Hamburg: Heinrich-Bauer-Verlag, 1963.

Gut wohnen (Zeitschrift). Köln.

Haarer, Johanna: Die Mutter und ihr erstes Kind. München: Carl Gerber Verlag, 1961. - EA 1934 u. d. T. Die dt. Mutter und ihr 1. Kind.

Habe, Hans: Im Namen des Teufels. München: Lichtenberg Verlag, 1963. - EA 1956.

Haber, Heinz: Drei Welten. Stuttgart: Deutsche Verlags-Anstalt, 1971.

Habermas, Jürgen: Legitimationsprobleme im Spätkapitalismus. Frankfurt a. M.: Suhrkamp Verlag, 1973.

Hacker, Friedrich: Aggression. Wien-Frankfurt a. M.-Zürich: Verlag Fritz Molden, 1971.

Hackethal, Julius: Auf Messers Schneide. Hamburg: Rowohlt Verlag, 1976.

Hacks, Peter: Fünf Stücke. Frankfurt a. M.: Suhrkamp Verlag, 1965.

Hagelstange, Rudolf: Offen gesagt. Frankfurt a. M.: Ullstein Bücher 212, 1958.

Hagelstange, Rudolf: Spielball der Götter. Hamburg: Hoffmann & Campe Verlag, 1959.

Hahn, Ulla: Ein Mann im Haus. Stuttgart: Deutsche Verlags-Anstalt, 1991.

Hamburger Abendblatt (Zeitung). Hamburg.

Hamburger Morgenpost (Zeitung). Hamburg.

Hamburger Rundschau (Zeitung). Hamburg.

Handbuch für die Öffentlichkeitsarbeit (PR). Von Betrieben, Parteien, Verbänden, Behörden und Institutionen. Hrsg. Dr. Werner Mühlbradt. Neuwied/Rhein–Berlin: Luchterhand Verlag.

Handelsblatt (Zeitung). Düsseldorf.

Handke, Peter: Der kurze Brief zum langen Abschied. Frankfurt a. M.: Suhrkamp Verlag, 1973. – EA 1972.

Handke, Peter: Kaspar. Frankfurt a. M.: Suhrkamp Verlag, 1969. – EA 1967.

Handke, Peter: Die linkshändige Frau. Frankfurt a. M.: Suhrkamp Verlag, 1976.

Handwerksordnung. Gesetz zur Ordnung des Handwerks. Bergisch Gladbach: Heider-Verlag, 1966.

Hannoversche Allgemeine Zeitung (Zeitung). Hannover.

Harig, Ludwig: Weh' dem, der aus der Reihe tanzt. München–Wien: Carl Hanser Verlag, 1990.

Hartlaub, Geno: Muriel. Bern–München–Wien: Scherz Verlag, 1985.

Härtling, Peter: Hubert oder die Rückkehr nach Casablanca. Darmstadt–Neuwied: Luchterhand Verlag, 1978.

Hartung, Hugo: Ich denke oft an Piroschka. Frankfurt a. M.–Berlin: Ullstein Bücher 221, 1962. – EA 1954.

Hartung, Hugo: Ein Junitag. Erzählungen. Stuttgart: Reclams U.-B. 7 658, 1959. – EA 1950.

Hauptmann, Gerhart: Bahnwärter Thiel. Stuttgart: Reclams U.-B. 6 617, 1955. – EA 1892.

Hauptmann, Gerhart: Der Schuß im Park. München: Piper Bücherei 39, 1951. – EA 1942.

Haus, Das (Zeitschrift). Offenburg/Baden.

Hauser, Heinrich: Brackwasser. Reinbek: rororo 239, 1957. – EA 1928.

Hausmann, Manfred: Abel mit der Mundharmonika. Frankfurt a. M.–Hamburg: Fischer Bücherei 90, 1961. – EA 1932.

Hausmann, Manfred: Salut gen Himmel. Frankfurt a. M.–Hamburg: Fischer Bücherei 201, 1961. – EA 1929.

Heilbronner Stimme (Zeitung). Heilbronn.

Heiliger, Anita: Angst. Stuttgart: Ernst Klett Verlag, 1972.

Heim, Peter: Einmal Traumschiff und zurück. Bayreuth: Hestia Verlag, 1986.

Heisenberg, Werner: Das Naturbild der heutigen Physik. Reinbek: rororo 8, 1955.

Herdan-Zuckmayer, Alice: Das Scheusal. Frankfurt a. M.: Fischer Taschenbuch Verlag, 1975. – EA 1972.

Heringer, Hans Jürgen: Holzfeuer im hölzernen Ofen. Aufsätze zur politischen Sprachkritik. Tübingen: Gunter Narr Verlag, 1982.

Herrenjournal (Modezeitschrift). Berlin.

Herzmanovsky-Orlando, Fritz: Der Gaulschreck im Rosennetz. München–Wien: Langen Müller Verlag, 1964. – EA 1928.

Hesse, Hermann: Briefe. Erweiterte Ausgabe. Frankfurt a. M.: Suhrkamp Verlag, 1964. Die Bücher der Neunzehn, Nr. 117.

Hesse, Hermann: Das Glasperlenspiel. 2 Bände. Berlin: Suhrkamp Verlag, 1946. – EA 1943, 2 Bände.

Hesse, Hermann: In der alten Sonne. Leipzig: Reclams U.-B. 7 557, 1943. – EA 1914.

Hesse, Hermann: Narziß und Goldmund. Frankfurt a. M.: Suhrkamp Verlag, 1960. – EA 1930.

Hesse, Hermann: Der Steppenwolf. Frankfurt a. M.: Suhrkamp Verlag, 1961. – EA 1927.

Heym, Stefan: Nachruf. München: C. Bertelsmann Verlag, 1988.

Heym, Stefan: Schwarzenberg. München: C. Bertelsmann Verlag, 1984.

Hildesheimer, Wolfgang: Tynset. Frankfurt a. M.: Suhrkamp Verlag, 1965.

Hildesheimer, Wolfgang: Lieblose Legenden. Frankfurt a. M.: Bibliothek Suhrkamp 84, 1962. – EA 1952.

Hiller, Kurt: Ratioaktiv. Reden 1914–1964. Wiesbaden: Limes Verlag, 1966.

Hilscher, Eberhard: Der Morgenstern oder die vier Verwandlungen eines Mannes, Walther von der Vogelweide genannt. Berlin (Ost): Verlag der Nation, 1976.

Hilsenrath, Edgar: Der Nazi & der Friseur. Köln: Literarischer Verlag Helmut Braun, 1977.

Hilsenrath, Edgar: Nacht. Köln: Literarischer Verlag, 1978.

Him Applaus (Zeitschrift). Hamburg.

Historische Zeitschrift (Zeitschrift). München.

Hobby (Zeitschrift). Stuttgart.

Hochhuth, Rolf: Der Stellvertreter. Reinbek: Rowohlt Verlag, 1963.

Hoffmann, Ulrich René: Die Phobie. In: Ungewisser Tatbestand. München: dtv 27 Tb., 1964.

Hofmann, Gert: Die Fistelstimme. Salzburg–Wien: Residenz Verlag, 1980.

Hofmann, Werner: Die Plastik des 20. Jahrhunderts. Frankfurt a. M.–Hamburg: Fischer Bücherei 239, 1958.

Hofmannsthal, Hugo von: Die Erzählungen. Gesammelte Werke in Einzelausgaben, hrsg. von Herbert Steiner. Frankfurt a. M.: Fischer Verlag, 1953.

Hofmannsthal, Hugo von: Gedichte und lyrische Dramen. Gesammelte Werke in Einzelausgaben, hrsg. von Herbert Steiner. Frankfurt a. M.: Fischer Verlag, 1952.

Hofstätter, Peter R.: Gruppendynamik. Reinbek: rde 38, 1961.

Höhler, Gertrud: Offener Horizont. Düsseldorf: Econ Verlag, 1991.

Höhler, Gertrud: Spielregeln für Sieger. Düsseldorf: Econ Verlag, 1991.

Hohmann, Joachim S.: Entstellte Engel. Frankfurt a. M.: S. Fischer Verlag, 1983.

Hollander, Walther von: Der Mensch über Vierzig. Darmstadt: Ullstein Bücher 170, 1965. – EA 1938.

Hollander, Walther von: Akazien. Frankfurt a. M.–Berlin: Ullstein Bücher 371, 1961. – EA 1941.

Höllhuber, Ivo: Sprache – Gesellschaft – Mystik. München–Basel: E. Reinhardt Verlag, 1963.

Hölscher, Thomas: Keine Konzessionen. Berlin: Bruno Gmünder Verlag, 1989.

horizont (Zeitung). Berlin (Ost).

Hörmann, Hans: Psychologie der Sprache. Berlin–Heidelberg–New York: Springer, 1967.

Horn, Erna: Für liebe Gäste und häusliche Feste. Kempten/Allgäu: Verlag Albert Pröpster, 1963. – EA 1951.

Hornschuh, Heike: Ich bin 13. Reinbek: rororo – rotfuchs 57, 1974.

Hörzu (Zeitschrift). Hamburg.

Husumer Nachrichten (Zeitung). Husum.

Illustrierte Wochenzeitung (Beilage des Mannheimer Morgens). Stuttgart.

Imog, Jo: Die Wurliblume. Hamburg: Gala Verlag, 1967.

Info (Zeitschrift). Hannover.

Informationsschrift der Stadtwerke. Mannheim.

Innerhofer, Franz: Schattseite. Salzburg: Residenz Verlag, 1975.

Jacob, Heinrich Eduard: Sage und Siegeszug des Kaffees. Reinbek: rororo 675/676, 1964. – EA 1934.

Jaeger, Henry: Das Freudenhaus. München: Rütten und Loening Verlag, 1966.

Jaeggi, Eva: Auch Fummeln muß man lernen. Köln: Bund Verlag, 1978.

Jaekel, Hans Georg: Ins Ghetto gedrängt. Hamburg: Lutherisches Verlagshaus, 1978.

Jägersberg, Otto: Nette Leute. Zürich: Diogenes Verlag, 1967.

Jahnn, Hans Henny: 13 nicht geheure Geschichten. Frankfurt a. M.: Bibliothek Suhrkamp 105, 1963. – EA 1954.

Jahnn, Hans Henny: Die Nacht aus Blei. München: dtv 5 sr, 1962. – EA 1956.

Jens, Walter: Der Mann, der nicht alt werden wollte. Reinbek: rororo. – EA 1955.

Jeversches Wochenblatt (Zeitung). Jever.

Johnson, Uwe: Das dritte Buch über Achim. Frankfurt a. M.: Suhrkamp Verlag, 1961.

Johnson, Uwe: Mutmaßungen über Jakob. Frankfurt a. M.–Hamburg: Fischer Bücherei 457, 1963. – EA 1959.

Johnson, Uwe: Zwei Ansichten. Frankfurt a. M.: Suhrkamp Verlag, 1965.

Joho, Wolfgang: Jeanne Peyrouton. Berlin–Weimar: Aufbau Verlag, 1966. – EA 1949.

Jong, Erika: Angst vorm Fliegen. Übers. von Kai Molvig. Frankfurt a. M.: S. Fischer Verlag, 1976.

Jonke, Gert: Schule der Geläufigkeit. Erzählung. Frankfurt a. M.: Suhrkamp Verlag, 1977.

Jugend + Technik (Zeitschrift). Berlin (Ost).

Jünger, Ernst: Capriccios. Stuttgart: Reclams U.-B. 7 796, 1960. – EA 1953 (Auszüge aus: Das abenteuerliche Herz. Figuren und Capriccios, 1938).

Jünger, Ernst: Gläserne Bienen. Reinbek: rororo 385, 1960. – EA 1957.

Jünger, Ernst: Strahlungen I. Das erste Pariser Tagebuch/Kaukasische Aufzeichnungen. München: dtv 207, 1964. – EA 1949.

Junge Welt (Zeitung). Berlin (Ost).

Kafka, Franz: Amerika. Frankfurt a. M.–Hamburg: Fischer Bücherei 132, 1963. – EA 1927.

Kafka, Franz: Die Erzählungen. Frankfurt a. M.: S. Fischer Verlag, 1961.

Kafka, Franz: Der Prozeß. Frankfurt a. M.–Hamburg: Fischer Bücherei, Exempla Classica 3, 1962. – EA 1925.

Kafka, Franz: Das Schloß. Frankfurt a. M.: S. Fischer Verlag, 1958. – EA 1926.

Kaiser, Georg: Die Bürger von Calais. Bamberg–Wiesbaden: Bayerische Verlagsanstalt, 1965. – EA 1914.

Kaiser, Georg: Villa Aurea, Mannheim: Kessler Verlag, 1952. – EA 1940.

Kant, Hermann: Das Impressum. Berlin: Rütten und Loening, 1973. – EA 1972.

Kant, Hermann: Der Aufenthalt. Berlin (Ost): Verlag Rütten und Loening, 1977.

Kantorowicz, Alfred: Deutsches Tagebuch. München: Kindler, 1. Teil 1959, 2. Teil 1961.

Kanu-Sport (Zeitschrift). Wuppertal: Wassersport-Verlag.

Kasack, Hermann: Der Webstuhl. Das Birkenwäldchen (zwei Erzählungen). Stuttgart: Reclams U.-B. 8 052, 1959. – EA 1957.

Kaschnitz, Marie Luise: Wohin denn ich. Hamburg: Claassen Verlag, 1963.

Kästner, Erhart: Zeltbuch von Tumilad. Frankfurt a. M.–Hamburg: Fischer Bücherei 139, 1963. – EA 1949.

Kästner, Erich: Fabian. Frankfurt a. M.–Berlin: Ullstein Bücher 102, 1962. – EA 1931.

Kästner, Erich: Die Schule der Diktatoren. Frankfurt a. M.–Hamburg: Fischer Bücherei 261, 1961. – EA 1956.

Kelly, Petra Karin: Um Hoffnung kämpfen. Bornheim Merten: Lamuv Verlag, 1983.

Kemalman, Harry: Am Dienstag sah der Rabbi rot. Übers. von Edda Janus. Reinbek: rororo thriller 2346, 1975.

Kemelman, Harry: Am Freitag schlief der Rabbi lang. Übers. von Liselotte Julius. Reinbek: rororo thriller 2 090, 1966.

Kemelman, Harry: Am Mittwoch wird der Rabbi naß. Übers. von Gisela Stege. Reinbek: rororo thriller 2430, 1977.

Kempowski, Walter: Aus großer Zeit. Hamburg: Albrecht Knaus Verlag, 1978.

Kempowski, Walter: Ein Kapitel für sich. München: dtv 1 347, 1978. – EA 1975.

Kempowski, Walter: Haben Sie Hitler gesehen? München: Carl Hanser Verlag, 973.

Kempowski, Walter: Immer so durchgemogelt. München: Carl Hanser Verlag, 1974.

Kempowski, Walter: Tadellöser & Wolf. München: dtv 1 043, 1975. – EA 1971.

Kempowski, Walter: Uns geht's ja noch gold. München: Carl Hanser Verlag, 1972.

Kessel, Joseph: Patricia und der Löwe. Dt. Übers. von Karl Rauch. Frankfurt a. M.–Hamburg: Fischer Bücherei 477, 1962. – Dt. EA 1959.

Kesten, Hermann: Casanova. Darmstadt: Ullstein Bücher 359/360, 1962. – EA 1952.

Kesten, Hermann: Mit Geduld kann man sogar das Leben aushalten. Stuttgart: Reclams U.-B. 8 015, 1957.

Keun, Irmgard: Das kunstseidene Mädchen. Düsseldorf: Droste-Verlag, 1951. – EA 1932.

Keun, Irmgard: Das Mädchen, mit dem die Kinder nicht verkehren durften. Düsseldorf: Droste-Verlag, 1959. – EA 1936.

Kicker. Sportmagazin (Zeitschrift). Nürnberg.

Kieler Nachrichten (Zeitung). Kiel.

Kinski, Klaus: Ich bin so wild nach deinem Erdbeermund. München: Rogner und Bernhard, 1975.

Kirsch, Sarah: Die Pantherfrau. Ebenhausen: Langewiesche-Brandt, 1975. – EA 1974.

Kirst, Hans Hellmut: Aufruhr in einer kleinen Stadt. München: Lichtenberg Taschenbücher 3, 1963. – EA 1953.

Kirst, Hans Hellmut: 08/15. München–Wien–Basel: Verlag Kurt Desch, 1965. – EA 1954/55. 3 Bände.

Kisch, Egon Erwin: Der rasende Reporter. -1KKH-Rundbrief. Kaufmännische Krankenkasse Halle.

Klee, Ernst: Pennbrüder und Stadtstreicher. Frankfurt a. M.: Fischer Taschenbuch Verlag, 1979.

Klein, Helmut: Polytechnische Bildung und Erziehung in der DDR. Reinbek: rde 144, 1962.

Klepper, Jochen: Der Kahn der fröhlichen Leute. Frankfurt a. M.–Hamburg: Fischer Bücherei 74, 1961. – EA 1933.

Köcher, Der. Liederheft für die Jungengemeinschaft des Bundes Neudeutschland. Wolfenbüttel: K. H. Mösler, Graphischer Betrieb, 1953.

Koeppen, Wolfgang: Nach Rußland und anderswohin. Frankfurt a. M.–Hamburg: Fischer Bücherei 359, 1961. – EA 1958.

Koeppen, Wolfgang: New York. Stuttgart: Reclams U.-B. 8 602, 1961.

Köhler, Erich: Hartmut und Joana oder Geschenk für Kinder. Filmerzählung. Rostock: Hinstorff Verlag, 1980.

Kolb, Annette: Daphne Herbst. Frankfurt a. M.–Hamburg: Fischer Bücherei 516, 1960. – EA 1928.

Kolb, Annette: Die Schaukel. Frankfurt a. M.–Hamburg: Fischer Bücherei 365, 1960. – EA 1934.

Kolb, Herbert: Wilzenbach – wenn der noch dagewesen wäre. Gütersloh: Sigbert Mohn Verlag, 1964.

Kölner Stadt-Anzeiger (Zeitung). Köln.

Kommunalwirtschaft (Zeitschrift). Düsseldorf.

Konsalik, Heinz G.: Promenadendeck. München. Blanvalet Verlag, 1985.

Konzelmann, Gerhard: Allahs neues Weltreich. Der Kampf um die arabische Einheit. München–Berlin: Herbig, 1989.

Korn, Karl: Sprache in der verwalteten Welt. Olten und Freiburg: Walter Verlag, 2. Aufl. 1959.

Kosmos (Zeitschrift). Stuttgart.

Kranz, Herbert: Märchenhochzeit im Schloß Zell. Der neue Prinzeß-Roman 43. München: Moewig-Verlag, 1965.

Kraus, Karl: Die letzten Tage der Menschheit. München: dtv 23/24, 1964. – EA 1922.

Kraus, Karl: Literatur und Lüge. München: dtv 570, 1969. – EA 1929.

Kraushaar, Elmar: Rote Lippen. Die ganze Welt des deutschen Schlagers. Reinbek: Rowohlt Verlag, 1983.

Kretschmer, Ernst: Körperbau und Charakter. Berlin–Göttingen–Heidelberg: Springer Verlag, 1955. – EA 1921.

Kretschmer, Ernst: Der sensitive Beziehungswahn. Berlin–Göttingen–Heidelberg: Springer Verlag, 1950. – EA 1918.

Kreuder, Ernst: Die Gesellschaft vom Dachboden. Hamburg: Rowohlt Verlag, 1953. – EA 1946.

Kreuzer, Helmut und Gunzenhäuser, Rul: Mathematik und Dichtung. München: Nymphenburger Verlagshandlung, 1965.

Kriegsruf, Der (Zeitschrift der Heilsarmee). Köln.

Kristall (Illustrierte). Hamburg.

Kronauer, Brigitte: Berittener Bogenschütze. Stuttgart: Klett-Cotta Verlag, 1987.

Kronen-Zeitung. Wien.

Krutoff, Leo: Nie zu alt, um jung zu sein. München: Goldmann-Taschenbücher 9 026, 1972.

Kuby, Erich: Rosemarie, des deutschen Wunders liebstes Kind. Reinbek: rororo 434, 1962. – EA 1958.

Kuby, Erich: Sieg! Sieg! Reinbek: Rowohlt Verlag, 1961.

Kühn, August: Zeit zum Aufstehn. Frankfurt a. M.: S. Fischer Verlag, 1975.

Kunert, Günter: Zurück ins Paradies. München–Wien: Carl Hanser Verlag, 1984.

Kunze, Reiner: Die wunderbaren Jahre. Frankfurt a. M.: S. Fischer Verlag, 1976.

Küpper, Heinz: Simplicius 45. Köln: Friedrich Middelhauve Verlag, 1963.

Kurier (Zeitung). Wien.

Kursbuch (Zeitschrift). Berlin.

Kusenberg, Kurt: Mal was andres. Reinbek: rororo 113, 1960. – EA 1954.

Langgässer, Elisabeth: Das unauslöschliche Siegel. Hamburg: Claassen Verlag, 1959. – EA 1946.

Lebensmittel-Lexikon, Das große. Frankfurt a. M.–St. Johann/Tirol: Umschau Verlag – Pinguin Verlag, 1956.

Lederer, Joe: Drei Tage Liebe. Bring mich heim. Frankfurt a. M.–Berlin: Ullstein Bücher 278, 1962. – EA von Drei Tage Liebe 1931. EA von Bring mich heim 1932.

Lehndorff, Hans Graf v.: Ostpreußisches Tagebuch. München: Biederstein Verlag, 1961.

Leip, Hans: Die Klabauterflagge. Stuttgart: Reclams U.-B. 7 900, 1958. – EA 1933.

Leipziger Tageblatt (Zeitung). Leipzig.

Lemke, Jürgen: Ganz normal anders. Auskünfte schwuler Männer. Berlin (Ost): Aufbau Verlag, 1989.

Lembke, Robert E., Hrsg.: Die Olympischen Spiele 1964, Tokio–Innsbruck. Gütersloh: C. Bertelsmann Verlag, 1964.

Lentz, Georg: Muckefuck. München: C. Bertelsmann Verlag, 1976.

Lenz, Hermann: Der Tintenfisch in der Garage. Frankfurt a. M.: Insel Verlag, 1977.

Lenz, Siegfried: Brot und Spiele. München: dtv 233, 1964. – EA 1959.

Lenz, Siegfried: So zärtlich war Suleyken. Frankfurt a. M.–Hamburg: Fischer Bücherei 312, 1962. – EA 1955.

Lenz, Siegfried: Der Spielverderber. Hamburg: Hoffmann & Campe Verlag, 1965.

Lenz, Siegfried: Heimatmuseum. Hamburg: Hoffmann & Campe Verlag, 1978.

Leonhard, Wolfgang: Die Revolution entläßt ihre Kinder. Frankfurt a. M.–Berlin: Ullstein Bücher 337/338, 1963. – EA 1955.

Lernet-Holenia, Alexander: Ollapotrida. (In: Österreichisches Theater des XX. Jahrhunderts.) Stuttgart–Zürich–Salzburg: Europäischer Buchklub, o. J. – EA 1927.

Lindenberg, Udo: El Panico. München: Goldmann Verlag, 1989.

Lindlau, Dagobert: Der Mob. Hamburg: Hoffmann & Campe Verlag, 1988.

Loest, Erich: Pistole mit sechzehn. Erzählungen. Hamburg: Hoffmann & Campe Verlag, 1979.

Löns, Hermann: Dahinten in der Haide. Hannover: Sponholtz Verlag, 1910.

Löns, Hermann: Das zweite Gesicht. Düsseldorf: Eugen Diederichs Verlag, 1965. – EA 1912.

Löns, Hermann: Der letzte Hansbur. Hannover: Sponholtz Verlag, 1909.

Lorenz, Konrad: Über tierisches und menschliches Verhalten (I). München: Piper u. Co. Verlag, 1965.

Lorenz, Konrad: Das sogenannte Böse. Zur Naturgeschichte der Aggression. Wien: W. G. Borotha-Schoeler, 1963.

Lukács, Georg: Goethe und seine Zeit. Berlin: Aufbau-Verlag, 1950. – EA 1947.

Lüscher, Max: Signale der Persönlichkeit. Stuttgart: Deutsche Verlags-Anstalt, 1973.

Lüthi, Max: Es war einmal. Göttingen: Kleine Vandenhoeck-Reihe 136/137, 1964. – EA 1962.

Luzerner Neuste Nachrichten (Zeitung). Luzern.

Luzerner Tagblatt (Zeitung). Luzern.

Lynen, Adam R.: Kentaurenfährte. München: Kindler Verlag, 1963.

Maass, Joachim: Der Fall Gouffé. Frankfurt a. M.–Hamburg: Fischer Bücherei 546, 1963. – EA 1952.

Machui, Artur von: Titel · Anreden · Ränge. Heidelberg–München: Keysersche Verlagsbuchhandlung, 1959.

Maegerlein, Heinz: Triumph auf dem Eis. Berlin–München: Verlag Bartels & Wernitz, 1964.

Maegerlein, Heinz: Olympia 1960 Rom u. Squaw Valley. Frankfurt a. M.: Wilhelm-Limpert Verlag, 1960. 2 Bände.

Maegerlein, Heinz: Könige der Piste. München: Franz Schneider Verlag, 1964.

Main-Echo (Zeitung). Aschaffenburg.

Management-Wissen (Beilage der Zeitschrift »Elektrotechnik«). Würzburg.

Mann, Heinrich: Die kleine Stadt. Hamburg: Claassen Verlag, 1960. – EA 1909.

Mann, Heinrich: Professor Unrat. Reinbek: rororo 35, 1951. – EA 1905.

Mann, Heinrich: Die Vollendung des Königs Henri Quatre. Hamburg: Claassen Verlag, 1959. – EA 1938.

Mann, Katia: Meine ungeschriebenen Memoiren. Frankfurt a.M.: S. Fischer Verlag, 1974.

Mann, Klaus: Mephisto. München: Nymphenburger Verlagshandlung, 1965. – EA 1936.

Mann, Klaus: Der Vulkan. Frankfurt a.M.: G. B. Fischer Verlag, 1956. – EA 1939.

Mann, Klaus: Der Wendepunkt. Frankfurt a. M.–Hamburg: Fischer Bücherei 560/561, 1963. – EA 1952.

Mann, Klaus: Tagebücher 1931–1933. Frankfurt a. M.: Edition Spangenberg, 1989.

Mann, Thomas: Bekenntnisse des Hochstaplers Felix Krull. Frankfurt a.M.: S. Fischer Verlag, 1957. – EA 1954 (Teildruck 1922, erweitert 1937).

Mann, Thomas: Buddenbrooks. Frankfurt a. M.–Hamburg: Fischer Bücherei, Exempla Classica 13, 1960. – EA 1901.

Mann, Thomas: Herr und Hund. Frankfurt a. M.–Hamburg: Fischer Bücherei 85, 1961. – EA 1919.

Mann, Thomas: Joseph und seine Brüder. 2 Bände. Frankfurt a.M.: S. Fischer Verlag, 1962. – EA 1933–43. 4 Bände.

Mann, Thomas: Königliche Hoheit. Frankfurt a. M.–Hamburg: Fischer Bücherei 2, 1962. – EA 1909.

Mann, Thomas: Sämtliche Erzählungen. Frankfurt a.M.: S. Fischer Verlag, 1963. Die Bücher der Neunzehn, Nr. 98.

Mann, Thomas: Der Tod in Venedig und andere Erzählungen. Frankfurt a.M.–Hamburg: Fischer Bücherei 54, 1962. – EA 1954. – EA von Der Tod in Venedig 1913.

Mann, Thomas: Unordnung und frühes Leid. Gesammelte Werke, 9. Bd.: Erzählungen. Berlin (Ost): Aufbau-Verlag, 1955. – EA 1926.

Mann, Thomas: Der Zauberberg. Frankfurt a.M.: S. Fischer Verlag, 1960. – EA 1924.

Männerbilder. Geschichten und Protokolle von Männern. München: Trikont-Verlag, 1978.

Mannheimer Kommunale (Zeitung). Mannheim.

Mannheimer Morgen (Zeitung). Mannheim.

Mannheimer Wochenblatt (Anzeigenblatt). Mannheim.

Mannheim illustriert (Zeitschrift). Mannheim.

Mantel, Wilhelm: Wald und Forst. Reinbek: Rowohlt, 1961.

Marchwitza, Hans: Die Kumiaks. Berlin–Weimar: Aufbau-Verlag, 1965. – EA 1934.

Marcuse, Herbert: Konterrevolution und Revolte. Frankfurt: Suhrkamp Verlag 591, 1973.

Marek, Kurt: Provokatorische Notizen. Reinbek: rororo 487, 1962. – EA 1905.

Marine Forum (Zeitschrift). Bonn.

Märkische Union (Zeitung). Potsdam.

Maron, Monika: Die Überläuferin. Frankfurt a.M.: S. Fischer Verlag, 1986.

Martin, Hansjörg: Rechts hinter dem Henker. Reinbek: rororo 2167, 1969.

Mathematik I: Ein Lexikon zur Schulmathematik Sekundarstufe I (5.–10. Schuljahr). Mannheim: Bibliographisches Institut, 1981.

Mathematik II. Ein Lexikon zur Schulmathematik Sekundarstufe II (11.–13. Schuljahr). Mannheim: Bibliographisches Institut, 1982.

Mayröcker, Friederike: Das Herzzerreißende der Dinge. Frankfurt a.M.: Suhrkamp Verlag, 1985.

Meckel, Christoph: Suchbild. Über meinen Vater. Düsseldorf: Claassen Verlag, 1980.

Medizin II: vgl. Fischer Lexikon, Das: Medizin II.

Mehnert, Klaus: Der Sowjetmensch. Frankfurt a. M.–Hamburg: Fischer Bücherei 388, 1961.

Melos (Zeitschrift). Mainz.

Melville, Herman. Moby Dick. Übers. von Thesi Mutzenbecher. Hamburg: rororo 173/174, 1956. – Dt. EA 1927.

Mensch im Verkehr, Der. Eine Auswahl von Beiträgen des 11. Kongresses der Gesellschaft für Arbeitswissenschaft e.V. Mainz: Krausskopf-Verlag, 1965.

Menzel, Roderich: Die Herren von morgen. München: Lichtenberg Taschenbücher 33, 1963.

Merian, Svende: Der Tod des Märchenprinzen. Reinbek: rororo, 1984.

Meyer, Ernst: Unterrichtsvorbereitung in Beispielen. Bochum: Verlag F. Kamp, o.J.

Meyers Handbuch über Afrika. Mannheim: Bibliographisches Institut, 1962.

Michelsen, Jens: Andere Verhältnisse. Frankfurt a. M.: Suhrkamp Verlag, 1984.

Mieterzeitung. Köln.

Miethe, Käthe: Der erste Rang. Rostock: Carl Hinstorff Verlag, 1957.

Miller, Alice: Am Anfang war Erziehung. Frankfurt a.M.: Suhrkamp Verlag, 1980.

Miller, Alice: Das Drama des begabten Kindes und die Suche nach dem wahren Selbst. Frankfurt a.M.: Suhrkamp Verlag, 1979.

Mishima, Yukio: Geständnis einer Maske [Übers.]. Reinbek: Rowohlt Verlag, 1985.

Molo, Walter von: Wo ich Frieden fand. München: Braun und Schneider, 1959.

Molsner, Michael: Harakiri einer Führungskraft. Reinbek: rororo 2178, 1969.

Morgen, Der (Zeitung). Berlin (Ost).

Morgenstern, Christian: Galgenlieder. Der Gingganz. München: dtv 124, 1963. – EA 1919.

Morgenstern, Christian: Palmström. Wiesbaden: Insel Bücherei 318, 1952. – EA 1910.

Morus: Skandale, die die Welt bewegten. Berlin–Frankfurt a. M.–Wien: Ullstein, 1967.

Mostar, Herrmann: Liebe vor Gericht. Frankfurt a. M.–Berlin: Ullstein Bücher 500, 1961.

Mostar, Herrmann: Unschuldig verurteilt. Frankfurt a. M.–Berlin: Ullstein Bücher 344, 1962. – EA 1956.

Müller, Herta: Niederungen. Berlin: Rotbuch-Verlag, 1984.

Münchner Merkur (Zeitung). München.

Münchner Rundschau (Zeitung). München.

Münchner Stadt-Zeitung (Zeitung). München.

Muschg, Adolf: Gegenzauber. Frankfurt a. M.: Suhrkamp Verlag, 1981.

Muschg, Adolf: Im Sommer des Hasen. Frankfurt a. M.: Suhrkamp Verlag, 1982.

Muschg, Adolf: Literatur als Therapie? Ein Exkurs über das Heilsame und das Unheilbare. Frankfurt a. M.: Suhrkamp Verlag, 1982.

Musik und Medizin (Internationale Fachzeitschrift für Medizin). Neu-Isenburg.

Musil, Robert: Der Mann ohne Eigenschaften. Reinbek: Rowohlt Verlag, 1960. – EA 1930–43. 3 Bände.

Musil, Robert: Die Verwirrungen des Zöglings Törleß. Reinbek: rororo 300, 1960. – EA 1906.

Müthel, Eva: Für dich blüht kein Baum. Frankfurt a. M.–Hamburg: Fischer Bücherei 296, 1959. – EA 1957.

Nachbar, Herbert: Der Mond hat einen Hof. Berlin: Aufbau-Verlag, 1967. – EA 1956.

National-Zeitung (Zeitung). Basel.

National-Zeitung (Zeitung). Berlin (Ost).

natur (Zeitschrift). München.

Natur und Geist. Eine Auswahl von Sendungen des Saarländischen Rundfunks. Frankfurt: Vittorio Klostermann, 1964.

Neue AZ (Zeitung). Wien.

Neue Berliner Illustrierte (Zeitung). Berlin (Ost).

Neue Juristische Wochenschrift (Zeitung). Frankfurt a. M.–München.

Neue Kronen Zeitung (Zeitung). Wien.

Neue Rundschau (Zeitschrift). Frankfurt.

Neues Deutschland (Organ des Zentralkomitees der SED). Berlin (Ost).

Neues Leben (Zeitschrift). Berlin (Ost).

Neue Zeit (Zeitung). Berlin (Ost).

Neue Zürcher Zeitung (Zeitung). Zürich.

Niedersächsisches Ärzteblatt (Zeitschrift). Hannover.

Niekisch, Ernst: Der Clerk. In: Der Gesichtskreis. Joseph Drexel zum sechzigsten Geburtstag. München: C. H. Beck'sche Verlagsbuchhandlung, 1956.

Niekisch, Ernst: Gewagtes Leben. Köln–Berlin: Kiepenheuer und Witsch, 1958.

Nigg, Walter: Des Pilgers Wiederkehr. Frankfurt a. M.–Hamburg: Fischer Bücherei 202, 1958. – EA 1954.

Noack, Dr. Paul und Naumann, Bernd: Wer waren sie wirklich? Ein Blick hinter die Kulissen der elf interessantesten Prozesse der Nachkriegszeit. Bad Homburg v. d. H.: Hermann Gentner Verlag, 1961.

Noelle, Elisabeth: Umfragen in der Massengesellschaft. Reinbek: rde 177/178, 1973.

Norddeutsche Zeitung (Zeitung). Schwerin.

Nordschweiz (Zeitung). Basel.

Normann, Käthe von: Ein Tagebuch aus Pommern 1945–1946. München: dtv 29, 1963. – EA 1955.

Nossack, Hans Erich: Begegnung im Vorraum. Erzählungen. Frankfurt a. M.: Suhrkamp Verlag, 1963.

Nossack, Hans Erich: Der jüngere Bruder. Frankfurt a. M.: Suhrkamp Verlag, 1958.

Nuissl, Ekkehard; Rendtorff, Rolf und Webler, Wolff-Dietrich: Scheitert die Hochschulreform? Reinbek: rororo 1706, 1973.

Nürnberger Nachrichten (Zeitung). Nürnberg.

Oberösterreichische Nachrichten (Zeitung). Linz.

Oltner Tagblatt (Zeitung). Olten.

Olympia 1964. München: Südwest-Verlag, 1964.

Orchester, Das (Zeitschrift). Mainz.

Ortega y Gasset, José: Über die Jagd. Übers. von G. Lepiorz und G. Klipper. Hamburg: rde 42, 1957. – Dt. EA 1953.

Orwell, George: Neunzehnhundertvierundachtzig. Übers. von Kurt Wagenseil. Konstanz–Stuttgart: Diana Verlag, 1956. – Dt. EA 1950.

Ossowski, Leonie: Die große Flatter. Weinheim–Basel: Beltz Verlag, 1977.

Ossowski, Leonie: Liebe ist kein Argument. München: Piper Verlag, 1981.

Ossowski, Leonie: Zur Bewährung ausgesetzt. München: Piper Verlag, 1972.

Ostschweiz, Die (Zeitung). St. Gallen.

Ostsee-Zeitung (Zeitung). Rostock.

Ost-West-Kurier (Wochenzeitung für Ostpolitik). Frankfurt a. M.

Ott, Wolfgang: Haie und kleine Fische. Frankfurt a. M.–Hamburg: Fischer Bücherei 370, 1961. – EA 1956.

Oxmox (Zeitung). Hamburg.

Pasolini, Pier Paolo: Amado Mio. Berlin: Verlag Klaus Wagenbach, 1985.

Passauer Neue Presse (Zeitung). Passau.

Peesch, Reinhard: Das Berliner Kinderspiel der Gegenwart. Deutsche Akademie der Wissenschaften zu Berlin. Veröffentlichung des Instituts für deutsche Volkskunde, Band 14, 1957.

Penzoldt, Ernst: Korporal Mombour. Erzählungen. Stuttgart: Reclams U.-B. 8217, 1961. – EA von Korporal Mombour 1941.

Perrin, Elula: Nur Frauen können Frauen lieben. München: Blanvalet Verlag, 1977.

Petersen, Wolfgang und Greiwe, Ulrich: Die Resonanz. Briefe und Dokumente zum Film »Die Konsequenz«. Frankfurt a. M.: Fischer Taschenbuch Verlag, 1980.

Petra (Zeitschrift). Hamburg.

Pilgrim, Volker Elis: Dressur des Bösen. Mutterliebe und Verstörung. München: Goldmann Verlag, 1974.

Pilgrim, Volker Elis: Manifest für den freien Mann. München: Trikont Verlag, 1978. – EA 1977.

Pilgrim, Volker Elis: Der selbstbefriedigte Mensch. München: Goldmann Verlag, 1979.

Pirsch, Die. Der deutsche Jäger vereinigt mit »Westfälischer Jägerbote« (Zeitschrift). München.

Playgirl: Das freche Frauenmagazin (Zeitschrift). München.

Plenzdorf, Ulrich: Legende vom Glück ohne Ende. Frankfurt a. M.: Suhrkamp Verlag, 1979.

Plenzdorf, Ulrich: Die neuen Leiden des jungen W. Frankfurt: Suhrkamp Verlag, 1973.

Plievier, Theodor: Stalingrad. Frankfurt a. M.–Berlin: Ullstein Bücher 345/346, 1961. – EA 1945.

Pobé, Marcel und Rast, Josef: Die Provence. Darmstadt: Wissenschaftliche Buchgesellschaft, 1962.

Pohrt, Wolfgang: Endstation. Berlin: Rotbuch Verlag, 1982.

Polgar, Alfred: Im Laufe der Zeit. Hamburg: Rowohlt Verlag, 1954.

Postmagazin (Zeitschrift). Bonn.

Praunheim, Rosa von: Armee der Liebenden oder Aufstand der Perversen. München: Trikont Verlag, 1979.

Praunheim, Rosa von: Sex und Karriere. Reinbek: rororo 4214, 1978. – Ea 1976.

Presse, Die (Zeitung). Wien.

Prodöhl, Günther: Der lieblose Tod des Bordellkönigs. Berlin (Ost): Verlag Das Neue Berlin, 1977.

Profil (Zeitschrift). Wien.

Pschyrembel, W.: Praktische Gynäkologie für Studierende und Ärzte. Berlin: de Gruyter Verlag, 1968.

Psyche (Zeitschrift). Stuttgart: Klett, 1966.

Publikation (Zeitschrift für literarische Öffentlichkeit). München–Düsseldorf.

Quick (Zeitschrift). München.

Raddatz, Fritz J.: Traditionen und Tendenzen. Frankfurt a. M.: Suhrkamp Verlag, 1976.

Radecki, Sigismund von: Der runde Tag. Frankfurt a. M.–Hamburg: Fischer Bücherei 224, 1958. – EA 1947.

Raesfeld, Ferdinand von: Das deutsche Waidwerk. Hamburg–Berlin: Verlag Paul Parey, 1957.

Rallye racing (Zeitschrift). Alfeld/Leine.

ran (Zeitschrift). Köln.

Ranke-Heinemann, Uta: Eunuchen für das Himmelreich. Hamburg: Hoffmann & Campe Verlag, 1989.

Ransmayr, Christoph: Die letzte Welt. Nördlingen: Franz Greno, 1988.

Rechy, John: Nacht in der Stadt. Übers. von Kai Molwig. München: Droemer/Knaur, 1965.

Reform-Rundschau (Zeitschrift). Bad Homburg v. d. H.

Rehn, Jens: Der Zuckerfresser. Darmstadt-Neuwied/Rhein: Luchterhand, 1961.

Rehn, Jens: Nichts in Sicht. Reinbek: rororo 827, 1966. – EA 1954.

Reich-Ranicki, Marcel: Thomas Mann und die Seinen. Stuttgart: Deutsche Verlags-Anstalt, 1988.

Reik, Theodor: Das Verlangen, geliebt zu werden. München: Kindler, 1974.

Reinig, Christa: Drei Schiffe, Erzählungen. Frankfurt a. M.: Fischer Verlag, 1965.

Remarque, Erich Maria: Arc de Triomphe. München: Kurt Desch Verlag, 1960. – Dt. EA 1946.

Remarque, Erich Maria: Der Funke Leben. Frankfurt a. M.–Berlin: Ullstein Bücher 177, 1963. – Dt. EA 1952.

Remarque, Erich Maria: Geborgtes Leben. In: Kristall, 1959.

Remarque, Erich Maria: Der schwarze Obelisk. Frankfurt a. M.–Berlin: Ullstein Bücher 325/326, 1963. – EA 1956.

Remarque, Erich Maria: Im Westen nichts Neues. Frankfurt a. M.–Berlin: Ullstein Bücher 56, 1967. – EA 1929.

Renn, Ludwig: Adel im Untergang. Berlin–Weimar: Aufbau-Verlag, 1966. – EA 1944.

Report, Der (Zeitung). Waldfelden.

Rezzori, Gregor von: Blumen im Schnee. München: C. Bertelsmann Verlag, 1989.

Rheinische Post (Zeitung). Düsseldorf.

Rheinischer Merkur (Zeitung). Koblenz.

Rhein-Neckar-Zeitung (Zeitung). Heidelberg.

Rheinpfalz, Die (Zeitung). Ludwigshafen/Rhein.

Rhein-Zeitung (Zeitung). Koblenz.

Richartz, Walter E.: Büroroman. Zürich: Diogenes Verlag, 1976.

Richter, Hans Werner: Im Etablissement der Schmetterlinge. München–Wien: Carl Hanser Verlag, 1986.

Richter, Horst E.: Flüchten oder Standhalten. Reinbek: Rowohlt Verlag, 1976.

Riess, Curt: Auch du, Cäsar ... München: Universitas, 1981.

Rilke, Rainer Maria: Die Aufzeichnungen des Malte Laurids Brigge. München: dtv 45, 1962. – EA 1910. 2 Bände.

Rinser, Luise: Die vollkommene Freude. Frankfurt a. M.: S. Fischer Verlag, 1962.

Rinser, Luise: Mitte des Lebens. Frankfurt a. M.–Hamburg: Fischer Bücherei 256, 1961. – EA 1950.

Rinser, Luise: Jan Lobel aus Warschau. Erzählungen. Stuttgart: Reclams U.-B. 8 897, 1956. – EA 1948.

Rittershausen, Heinrich: Wirtschaft. Frankfurt a. M.: Fischer Lexikon, 1958/1962.

Rocco und Antonia: Schweine mit Flügeln. Sex und Politik. Übers. von Wolfgang S. Baur. Reinbek: Rowohlt Verlag, 1977.

Roehler, Klaus: Die Würde der Nacht. München: Piper Verlag, 1958.

Roth, Gerhard: Winterreise. Frankfurt a. M.: S. Fischer Verlag, 1980.

Roth, Joseph: Beichte eines Mörders, erzählt in einer Nacht. Frankfurt a. M.: Bibliothek Suhrkamp 79, 1962. – EA 1936.

Roth, Joseph: Die Kapuzinergruft. München: dtv 459, 1967. – EA 1938.

Roth, Joseph: Radetzkymarsch. Reinbek: rororo 222/223, 1967. – EA 1932.

Rothfels, Hans: Die deutsche Opposition gegen Hitler. Frankfurt a. M.–Hamburg: Fischer Bücherei 198, 1961.

Ruark, Robert: Der Honigsauger. Übers. von Egon Strohm. Reinbek: rororo 1 647, 1973. – Dt. EA 1966.

Ruhr-Nachrichten (Zeitung). Dortmund.

Ruthe, Reinhold: Psychologie der Partnerwahl. Freiburg: Herderbücherei 496, 1974.

Saarbrücker Zeitung (Zeitung). Saarbrücken.

Sacher-Masoch, Alexander: Die Parade. Wien: Paul Neff Verlag, 1971. – EA 1946.

Sächsische Zeitung (Zeitung). Leipzig.

Saison (Zeitschrift). Leipzig-Berlin (Ost).

Salinger, Jerome D.: Der Fänger im Roggen. Übers. von Heinrich Böll. Köln-Berlin: Kiepenheuer & Witsch, 1963. – Dt. EA 1954 u. d. T. Der Mann im Roggen.

Salomon, Ernst von: Boche in Frankreich. Hamburg: rororo 13, 1960. – EA 1950.

Salzburger Nachrichten (Zeitung). Salzburg.

Savigny, Eike von: Grundkurs im wissenschaftlichen Definieren. München: dtv, 1970/73.

Schädlich, Hans Joachim: Versuchte Nähe. Reinbek: Rowohlt Verlag, 1977.

Schaper, Edzard: Der große offenbare Tag. Stuttgart: Reclams U.-B. 8 018, 1960. – EA 1949.

Schaper, Edzard: Die sterbende Kirche. Frankfurt a. M.–Hamburg: Fischer Bücherei 37, 1958. – EA 1936.

Schelsky, Helmut: Soziologie der Sexualität. Reinbek: rde 2, 1962.

Schirmer, Friedel: Zehnkämpfer. Frankfurt a. M.: Wilhelm-Limpert-Verlag, 1965.

Schmidt, Helmut: Eine Strategie für den Westen. Berlin: Siedler Verlag, 1986.

Schmidt-Relenberg, Norbert/Kärner, Hartmut/Pieper, Richard: Strichjungen-Gespräche. Darmstadt–Neuwied/Rhein: Sammlung Luchterhand 188, 1975.

Schmuck (Zeitschrift). Konstanz.

Schnabel, Ernst: Anne Frank. Spur eines Kindes. Frankfurt a. M.–Hamburg: Fischer Bücherei 199, 1960. – EA 1958.

Schnabel, Ernst: Sie sehen den Marmor nicht. Frankfurt a. M.–Hamburg: Fischer Bücherei 533, 1963. – EA 1949.

Schneider, Reinhold: Das Erdbeben. Frankfurt a. M.–Berlin: Ullstein Bücher 313, 1961. – EA 1932.

Schneider, Reinhold: Das Leiden des Camoes. Hamburg: rororo 324, 1959. – EA 1930.

Schneider, Reinhold: Taganrog. Stuttgart: Reclams U.-B. 7 869, 1959. – EA 1946.

Schneider, Rolf: November. Hamburg: Albrecht Knaus Verlag, 1979.

Schnitzler, Arthur: Liebelei. Reigen. Frankfurt a. M.–Hamburg: Fischer Bücherei 361, 1960. – EA von Liebelei 1896. – EA von Reigen 1903.

Schnurre, Wolfdietrich: Ein Fall für den Herrn Schmidt. Erzählungen. Stuttgart: Reclams U.-B. 8 677, 1966. – EA 1962.

Schnurre, Wolfdietrich: Ich brauch dich. Frankfurt a. M.–Berlin–Wien: Ullstein Verlag, 1978.

Schnurre, Wolfdietrich: Der Schattenfotograf. München: Paul List Verlag, 1978.

Schnurre, Wolfdietrich: Als Vaters Bart noch rot war. Frankfurt a. M.–Berlin: Ullstein Bücher 382, 1958.

Scholl-Latour, Peter: Frankreich. Stuttgart: Deutsche Verlags-Anstalt, 1988.

Schreiber, Hermann: Midlife Crisis. Die Krise in der Mitte des Lebens. München: C. Bertelsmann Verlag, 1977.

Schröder, Rudolf Alexander: Der Wanderer und die Heimat. Frankfurt a. M.–Berlin, 1961. – EA 1931.

Schwaiger, Brigitte: Wie kommt das Salz ins Meer. Wien–Hamburg: Paul Zsolnay Verlag, 1977.

Schwamborn, Winfried: Schwulenbuch. Köln: Paul-Rugenstein, 1983.

Schwarzer, Alice: Der »kleine Unterschied« und seine großen Folgen. Frankfurt a. M.: S. Fischer Verlag, 1983.

Schweizer Maschinenbau (Zeitung). Zürich.

Schweriner Volkszeitung (Zeitung). Schwerin.

Science-Fiction-Stories 72. Frankfurt a. M.–Berlin–Wien: Ullstein Buch 3 478, 1978.

Sebastian, Peter: Kaserne Krankenhaus. München: Lichtenberg Taschenbücher 16, 1963. – EA 1965.

Seghers, Anna: Transit. Neuwied/Rhein–Berlin: Luchterhand Verlag, 1963. – Dt. EA 1948.

Seidel, Ina: Sterne der Heimkehr. Frankfurt a. M.–Hamburg: Fischer Bücherei 371, 1961. – EA 1923.

Seidel, Ina: Das Wunschkind. Hamburg: rororo 129/130, 1954. – EA 1930. 2 Bände.

Seidler, Herbert: Allgemeine Stilistik. Göttingen: Vandenhoeck & Ruprecht, 1963. – EA 1953.

Sieburg, Friedrich: Blick durchs Fenster. Reinbek: rororo 201, 1963. – EA 1939.

Sieburg, Friedrich: Paris. Stuttgart: Reclams U.-B. 8 293, 1959.

Sieburg, Friedrich: Robespierre. München: dtv 413, 1963. – EA 1935.

Siegel, Dieter H.: Bruchheilung ohne Operation. Schopfheim: Heinrich Schwab Verlag, 1974.

Siems, Martin: Coming out. Reinbek: Rowohlt Verlag, 1980.

Siemens Presseinformation (Zeitschrift). München.

Silverstein/White: Die Freuden der Schwulen. Berlin: Bruno Gmünder, 1984.

Simmel, Johannes Mario: Der Stoff, aus dem die Träume sind. München–Zürich: Droemer/Knaur, 1971.

Simmel, Johannes Mario: Affäre Nina B. Hamburg: Rowohlt Verlag, 1960. – EA 1958.

Singer, Isaac B.: Feinde, die Geschichte einer Liebe. Übers. von Wulf Teichmann. München: dtv 1 216, 1978. – Dt. EA 1974.

Skipper (Zeitschrift). Miesbach.

Sloterdijk, Peter: Kritik der zynischen Vernunft. Bd. I und II. Frankfurt a. M.: Suhrkamp Verlag, 1983.

Sobota, Heinz: Der Minus-Mann. Köln: Kiepenheuer & Witsch, 1978.

Solf, Kurt Dieter: Fotografie; Grundlagen, Technik, Praxis. Frankfurt a. M.–Hamburg: Fischer Handbücher 6 034, 1971.

Solothurner Zeitung (Zeitung). Solothurn.

Sommer, Siegfried: Und keiner weint mir nach. München: Süddeutscher Verlag, 1977.

Sommerauer, Adolf: Das Bild zum Sonntag. München: Kindler Verlag, 1964.

Sonntag (Zeitung). Berlin (Ost).

Sonntag Aktuell (Zeitung). Stuttgart.

Sonntagsblatt (Zeitung). Hamburg.

Sonntagspost (Zeitschrift). Wörgl/Tirol.

Sowjetunion heute (Zeitschrift). Köln.

Speyerer Tagespost (Zeitung). Speyer.

Spiegel, Der. Das deutsche Nachrichtenmagazin. Hamburg.

Spiel, Hilde: Der Mann mit der Pelerine. Bergisch Gladbach: Gustav Lübbe Verlag, 1985.

Spoerl, Heinrich: Der Maulkorb. Reinbek: rororo 262, 1961. – EA 1936.

Springer, Michael: Was morgen geschah. Hamburg: Hoffmann & Campe Verlag, 1979.

Stadtblatt (Zeitung). Münster.

Stamokap: vgl. Thesenstreit um »Stamokap«, Der.

Steimann, Flavio: Aperwind. Zürich–Köln: Benziger Verlag, 1987.

Stern, Der (Zeitschrift). Hamburg.

St. Galler Tagblatt (Zeitung). St. Gallen.

Straßenverkehrs-Ordnung. Nebst dem Straßenverkehrsgesetz, den wichtigsten Bestimmungen der Straßenverkehrs-Zulassungs-Ordnung und dem Verkehrsstraf- und Ordnungswidrigkeitenrecht. Mit systematischer Einführung und Erläuterungen von Hermann Mühlhaus, 5. Aufl. München: C. H. Beck'sche Verlagsbuchhandlung, 1975.

Strauß, Botho: Niemand anders. München–Wien: Carl Hanser Verlag, 1987.

Strauß, Botho: Rumor. München–Wien: Carl Hanser Verlag, 1980.

Stricker, Tiny: Trip-Generation. Reinbek: rororo 1 514, 1972.

Strittmatter, Erwin: Der Laden. Köln: Kiepenheuer & Witsch, 1989.

Strittmatter, Erwin: Der Wundertäter. Berlin: Aufbau-Verlag, 1964. – EA 1957.

Studium Generale (Zeitschrift). Berlin: Springer Verlag, 1966.

Stuttgarter Zeitung (Zeitung). Stuttgart.

Süddeutsche Zeitung (Zeitung). München.

Süskind, Patrick: Das Parfum. Zürich: Diogenes Verlag, 1985.

Szene (Zeitschrift). Hamburg.

Tages Anzeiger (Zeitung). Zürich.

Tagesspiegel, Der (Zeitung). Berlin.

tango (Zeitschrift). Hamburg.

taz (Zeitung). Berlin.

Technikus (Zeitschrift). Berlin (Ost).

Tempo (Zeitschrift). Hamburg.

Therapeutische Berichte, Verkehrsmedizin. Hrsg. Bayer Leverkusen, 1968.

Thesenstreit um »Stamokap«, Der. Reinbek: rororo aktuell 1 662, 1973.

Thielicke, Helmut: Ich glaube. Stuttgart: Quell-Verlag, 1965.

Thienemann, August Friedrich: Leben und Umwelt. Hamburg: rde 22, 1956.

Thieß, Frank: Neapolitanische Legende. Frankfurt a. M.–Hamburg: Fischer Bücherei 237, 1958. – EA 1942.

Thieß, Frank: Das Reich der Dämonen. Hamburg–Wien: Paul Zsolnay Verlag, 1960. – EA 1941.

Thieß, Frank: Stürmischer Frühling. Hamburg: rororo 62, 1952. – EA 1937.

Thieß, Frank: Der Tenor von Trapani. Stuttgart: Reclams U.-B. 7 506, 1952. – EA 1942.

Thorwald, Jürgen: Das Jahrhundert der Chirurgen. Frankfurt a. M.–Berlin: Ullstein Bücher 320/321, 1961. – EA 1956.

Tier, Das (Internationale Tierillustrierte). Bern–Stuttgart.

Tikkanen, Märta: Wie vergewaltige ich einen Mann? Übers. von Verena Reichel. Reinbek: rororo neue frau 4 581, 1985.

tip magazin (Zeitschrift). Berlin.

Tiroler Tageszeitung (Zeitung). Innsbruck.

Torberg, Friedrich: Die Mannschaft. Wien–Frankfurt a. M.–Zürich: Verlag Fritz Molden, 1968. – EA 1935.

Trenker, Luis: Helden der Berge. Hamburg: Mosaik Verlag, 1964.

Trommel (Zeitung). Berlin (Ost).

Tucholsky, Kurt: Ausgewählte Werke. Reinbek: Rowohlt Verlag, 1965.

Tucholsky, Kurt: Schloß Gripsholm. Hamburg: rororo 4, 1954. – EA 1931.

Tucholsky, Kurt: Zwischen gestern und morgen. Reinbek: rororo 50, 1961. – EA 1952.

TV (Zeitschrift). Hamburg.

Twen (Zeitschrift). München.

Umschau in Wissenschaft und Technik (Zeitschrift). Frankfurt a. M.

Unabhängigen, Die (Zeitung für soziale Neuordnung und gesamtdeutsche Realpolitik). München.

Unfall-Stop 73. Mitteilungen der Großhandels- und Lagerei-Berufsgenossenschaft, Hauptverwaltung Mannheim.

Universitas. Zeitschrift für Wissenschaft, Kunst und Literatur. Stuttgart: Wissenschaftliche Verlagsgesellschaft.

Vaterland (Zeitschrift). Luzern.

VDI nachrichten (Zeitung). Düsseldorf.

Venzmer, Gerhard: Glücklicher Lebensabend, aber wie? München: Humboldt-Taschenbuch Nr. 189, 1972.

Vesper, Bernward: Die Reise. Frankfurt a. M.: März-Verlag, 1978.

Vesper, Guntram: Laterna Magica. Pfaffenweiler: Pfaffenweiler Presse, 1985.

Vogelstang Echo (Zeitung). Mannheim.

Volk, Das (Zeitung). Erfurt.

Volksblatt (Zeitung). Berlin.

Vorarlberger Nachrichten (Zeitung). Bregenz.

Vorwärts (Zeitschrift). Bonn.

Vries, Theun de: Baruch de Spinoza. Reinbek/Hamburg: Rowohlts Monographien 171, 1970.

Wachenburg, Die. Nachrichten des Weinheimer Senioren-Convents. Weinheim.

Waggerl, Karl Heinrich: Brot. München: dtv 15, 1963. – EA 1930.

Waggerl, Karl Heinrich: Und es begab sich ... Leipzig: St. Benno Verlag, o. J. – EA 1953.

Wallraff, Günter: Ganz unten. Köln: Kiepenheuer & Witsch Verlag, 1985.

Walser, Martin: Eiche und Angora. Eine deutsche Chronik. Frankfurt a. M.: Suhrkamp Verlag, 1962.

Walser, Martin: Ein fliehendes Pferd. Frankfurt a. M.: Suhrkamp Verlag, 1978.

Walser, Martin: Seelenarbeit. Frankfurt a. M.: Suhrkamp Verlag, 1979.

Walser, Robert: Der Gehülfe. Frankfurt a. M.–Hamburg: Fischer Bücherei 452, 1962. – EA 1908.

Walter, Fritz: Spiele, die ich nie vergesse. München: Copress-Verlag, 1955.

Weber, Hans: Einzug ins Paradies. Berlin (Ost): Verlag Neues Leben, 1979.

Weber, Karl Heinz: Auch Tote haben einen Schatten. Berlin (Ost): Militärverlag der Deutschen Demokratischen Republik (VEB), 1975.

Weigel, Hans: O du mein Österreich. München: dtv 488, 1968. – EA 1956.

Weinberg, Johannes: Deutsch für Deutsche. Frankfurt a. M.–Hamburg: Fischer Bücherei 6 071, 1971.

Weinheber, Josef: Gedichte, ausgewählt von Friedrich Sacher. Hamburg: Hoffmann & Campe Verlag, 1966.

Weiss, Peter: Abschied von den Eltern. Frankfurt a. M.: Suhrkamp Verlag, 1965. – EA 1961.

Weiss, Peter: Die Verfolgung und Ermordung Jean Paul Marats. Frankfurt a. M.: Suhrkamp Verlag, 1965. – EA 1964.

Weizsäcker, C. F. von: Die Tragweite der Wissenschaft. Stuttgart: S. Hirzel Verlag, 1964.

Weizsäcker, Richard von: Von Deutschland aus. Berlin: Siedler Verlag, 1985.

Wellershoff, Dieter: Die Körper und die Träume. Köln: Kiepenheuer & Witsch, 1986.

Welt, Die (Zeitung). Hamburg.

Weltwoche, Die (Zeitung). Zürich.

Wendt, Hermann: Das neue Sexbuch. München: Wilhelm Goldmann Verlag, 1988.

Wendtland, Gerda: Das Eisprinzeßchen. Erika-Roman 963. Hamburg: Kelter Verlag, 1965.

werben und verkaufen (Zeitschrift). München.

Werfel, Franz: Das Lied von Bernadette. Frankfurt a. M.–Hamburg: Fischer Bücherei 240/241, 1962. – EA 1941.

Werfel, Franz: Der Tod des Kleinbürgers. Stuttgart: Reclams U.-B. 8 268, 1959. – EA 1927.

Werfel, Franz: Der veruntreute Himmel. Frankfurt a. M.–Hamburg: Fischer Bücherei 9, 1958. – EA 1939.

Werftstimme (Zeitung). Rostock.

Weser-Kurier (Zeitung). Bremen.

Westdeutsche Zeitung (Zeitung). Düsseldorf.

White, Edmund: Staaten der Sehnsucht. Frankfurt a. M.–Hamburg: S. Fischer Verlag, 1982.

Wiechert, Ernst: Die Jeromin-Kinder. Wien–München–Basel: Verlag Kurt Desch, 1957. – EA 1945–47. 2 Bände.

Wie funktioniert das? Technische Vorgänge, in Wort und Bild erklärt. Mannheim: Bibliographisches Institut, 1963.

Wiedemann, Hans Georg: Homosexuelle Liebe. Stuttgart–Berlin: Kreuz Verlag, 1982.

Wiener (Zeitschrift). München.

Wiener Zeitung (Zeitung). Wien.

Wiesbadener Kurier (Zeitung). Wiesbaden.

Wieser, Wolfgang: Organismen, Strukturen, Maschinen. Frankfurt a. M.–Hamburg: Fischer Bücherei 230, 1959.

Wilder, Thornton: Die Iden des März. Übers. von Egon Herlitschka. Frankfurt a. M.–Hamburg: Fischer Bücherei 263, 1959. – Dt. EA 1949.

Wilhelm, Gerhard: Unter Brüdern. Frankfurt a. M.: Fischer Taschenbuch Verlag, 1982.

Winckler, Josef: Der tolle Bomberg. Frankfurt a. M.–Hamburg: Fischer Bücherei 344, 1960. – EA 1922.

Wochenpost (Zeitschrift). Berlin (Ost).

Wochenpresse (Zeitschrift). Wien.

Wohmann, Gabriele: Ernste Absicht. Neuwied/Rhein–Berlin: Luchterhand Verlag, 1970.

Wohmann, Gabriele: Der Irrgast. Darmstadt: Luchterhand Verlag, 1986.

Wohnfibel: Farbige Wohnfibel, 7. Ausg., 2. Aufl. Arbeitsgemeinschaft Wohnzirkel Detmold.

Wohngruppe, Kommune. Großfamilie. Reinbek: rororo 6726, 1972.

Wolf, Christa: Der geteilte Himmel. Berlin-Schöneberg: Gebrüder Weiss Verlag, 1964. – EA 1963.

Wolf, Christa: Nachdenken über Christa T. Neuwied/Rhein–Berlin: Luchterhand Verlag, 1969. – EA 1968.

Wolf, Friedrich: Mentekel oder die fliegenden Untertassen. Berlin: Aufbau-Verlag, 1961. – EA 1952.

Wolf, Friedrich: Zwei an der Grenze. Zürich-New York: Oprecht, 1938.

Wolfe, Tom: Radical Chic und Mau Mau bei der Wohlfahrtsbehörde. Dt. Übers. von Uwe Friesel und Mark W. Rien. Reinbek: Rowohlt-Verlag, 1972.

Wolff, Charlotte: Bisexualität [Übers.]. Frankfurt a. M.: S. Fischer Verlag, 1979.

Wollschläger, Hans: In diesen geistfernen Zeiten. Zürich: Haffmans Verlag, 1986.

Zander, Helmut: Der Regenbogen. München: Knaur, 1988.

Zeit, Die (Wochenzeitung). Hamburg.

Zeitmagazin (Beilage der »Zeit«). Hamburg.

Zeller, Eva: Nein und Amen. Stuttgart: Deutsche Verlagsanstalt, 1986.

Zenker, Helmut: Das Froschfest. München: C. Bertelsmann Verlag, 1977.

Ziegler, Alexander: Eines Mannes Liebe. CH-Jona: Schweizer Verlagshaus, 1980.

Ziegler, Alexander: Die Konsequenz. Zürich: Schweizer Verlagshaus, 1975.

Ziegler, Alexander: Gesellschaftsspiele. Zürich: Schweizer Verlagshaus, 1980.

Ziegler, Alexander: Kein Recht auf Liebe. Zürich: Schweizer Verlagshaus, 1978.

Ziegler, Alexander: Labyrinth. Zürich: Schweizer Verlagshaus, 1976.

Zilius, Wilhelm: Natur und Geist. Frankfurt a. M.: Vittorio Klostermann, 1963.

zitty (Zeitung). Berlin.

Zivildienst, Der (Zeitschrift). Köln.

Zorn, Fritz: Mars. Frankfurt a. M.: S. Fischer Verlag, 1980.

Zuckmayer, Carl: Die Fastnachtsbeichte. Frankfurt a. M.: S. Fischer Verlag, 1960. – EA 1959.

Zuckmayer, Carl: Der Hauptmann von Köpenick. Frankfurt a. M.–Hamburg: Fischer Bücherei 423, 1961. – EA 1930.

Zuckmayer, Carl: Herr über Leben und Tod. Frankfurt a. M.–Hamburg: Fischer Bücherei 6, 1964. – EA 1938.

Zuckmayer, Carl: Die Magdalena von Bozen. Frankfurt a. M.–Hamburg: Fischer Bücherei 282, 1959. – EA 1936.

Zweig, Arnold: Novellen um Claudia. Reinbek: rororo 541, 1963. – EA 1912.

Zweig, Arnold: Der Streit um den Sergeanten Grischa. Berlin–Weimar: Aufbau-Verlag, 1964. – EA 1927.

Zweig, Stefan: Schachnovelle. Frankfurt a. M.: S. Fischer Verlag, 1951. – EA 1941.

Zweig, Stefan: Fouché ... Frankfurt a. M.–Hamburg: Fischer Bücherei 4, 1962. – EA 1929.

Zwerenz, Gerhard: Die Quadriga des Mischa Wolf. Frankfurt a. M.: S. Fischer Verlag, 1975.

Zwerenz, Gerhard: Die Erde ist unbewohnbar wie der Mond. Frankfurt a. M.: S. Fischer Verlag, 1973.

Zwerenz, Gerhard: Kopf und Bauch. Frankfurt a. M.: Fischer Taschenbuch Verlag, 1973. – EA 1971.